TABLEAU
D'HONNEUR

MORTS

pour la France

DÉCORATIONS POSTHUMES

L'Éditeur a pu tenir compte jusqu'en mars 1920 — au moment où commença l'impression du TABLEAU D'HONNEUR — de toutes les décorations posthumes (Légion d'Honneur et Médaille Militaire) et au fur et à mesure, au cours de l'impression. Celles ne pouvant trouver place dans la Liste générale ont été notées dans les *Addenda* [page 982].

Donc, toutes les nominations parues au *Journal Officiel* jusqu'à la date du 31 décembre 1920 ont pu être indiquées.

Nous continuerons à suivre le *Journal Officiel* et relèverons les Décorations qui vont y être insérées encore pendant plusieurs mois, pour, au besoin, publier un *Supplément* qui compléterait définitivement ce TABLEAU D'HONNEUR.

GUERRE de 1914-1918

 Tableau d'Honneur

MORTS POUR LA FRANCE

1921

PUBLICATIONS LA FARE
55, Chaussée d'Antin, 55
PARIS (IXe)

SIGNES ET ABRÉVIATIONS

✳	Légion d'Honneur.	D.I.	Division d'Infanterie.
O ✳	Officier id.	É.M.	État-Major.
C ✳	Commandeur id.	G.Q.G.	Grand quartier général.
GO ✳	Gd-Officier id.	I.D.	Infanterie divisionnaire.
GC ✳	Gd-Croix id.	J.O.	Journal Officiel.
✳	Médaille militaire.	P.C.	Poste de commande-ment.
✳	Croix de guerre.		
✳	Autres décorations.	S.B.M.	Société de Secours aux blessés militaires.
C.A.	Corps d'Armée.		

> Les noms commençant par L', LA ou LE sont généralement classés à la lettre L.

☞ Voir page 982 : *Errata et Addenda.*

Pour les noms composés, l'inscription a été faite au nom sous lequel la Famille est le plus généralement connue.

Un INDEX ALPHABÉTIQUE (page 1053) indique, pour ces noms, le renvoi au nom principal.

Deux éditions du *Tableau d'Honneur* sont publiées :

Édition simple, demi-toile....... 40 francs.
Édition reliée (papier spécial).... 60 francs.

NOTE DE L'ÉDITEUR

L'Éditeur a le devoir, tout d'abord, d'adresser ses très sincères remerciements à toutes les personnes qui ont bien voulu répondre à ses multiples demandes d'informations, qui avaient pour but de publier des renseignements aussi exacts que possible.

Nous n'avons pas la prétention de présenter un ouvrage complet sur les morts de la guerre ; combien malheureusement faudrait-il de volumes de ce format ? Nous n'avons pas eu non plus la prétention de faire de ce *Tableau d'Honneur* une publication littéraire, car nous avons pensé que les faits et les citations officielles étaient assez éloquents par eux-mêmes pour marquer tout l'intérêt des hautes actions auxquelles ont pris part nos Glorieux Disparus.

Le lecteur ne sera pas surpris de rencontrer, parmi les noms de tous ces Français, quelques noms d'officiers ou soldats de nationalité étrangère, grands amis de notre pays, ou qui, par leurs liens de famille ou leurs relations, avaient droit de cité parmi nous.

Nous avons dû retarder la publication du *Tableau d'Honneur* jusqu'à ce jour, quoiqu'il fût prêt à être

imprimé depuis plusieurs mois, mais nous avons pensé
que cet ouvrage devait contenir les promotions posthumes (Légion d'honneur et Médaille militaire). Néanmoins nous devons arrêter ce travail au 15 mars 1920.
Les renseignements, parvenus après cette date, sont
insérés en *Addenda*.

PRÉFACES

> Ainsi, quand de tels morts sont couchés dans la tombe,
> En vain l'oubli, nuit sombre où va tout ce qui tombe...
> Passe sur leur sépulcre où nous nous inclinons.
>
> VICTOR HUGO.

> Gloire à notre France immortelle,
> Gloire à ceux qui sont morts pour elle.
>
> VICTOR HUGO.

> C'est là cendre des morts qui créa la Patrie.
>
> LAMARTINE.

[Ce Tableau d'Honneur, par tous les documents éloquents qu'on va lire, pouvait se passer d'une préface. Néanmoins, l'Éditeur a cru pouvoir rappeler à ses lecteurs quelques-unes des belles pages empruntées, au jour le jour, aux grands écrivains ou orateurs dont le cœur a vibré à la vue de tous ces hauts faits, que le public lira ou relira avec « une noble et réconfortante émotion ».]

TOUS SOLDATS

Tout se dépense dans cette guerre de forme nouvelle, et tout se gagne en peu de temps. Elle est l'effort de la nation tout entière. Un vieux militaire à idées d'autrefois, comparant les mois présents à ceux que nous vivions avant la guerre, me disait : « Je savais bien que ce que la France a de mieux c'est son armée ! » Il avait raison ; seulement, l'armée, maintenant, c'est tout le monde. Qu'est-ce que ce hussard ? Un journaliste. Et ce dragon ? Un magistrat. Et ce capitaine d'artillerie ? Un ingénieur des mines. Et ce lieutenant blessé, qui perd ses lunettes ? Un instituteur. Et ce petit sergent qui vient de tomber au feu ? Un curé de village.....

DENYS COCHIN,
de l'Académie Française.

(*Figaro*, 19 septembre 1914.)

*
* *

MARTYRS

L'Église considère comme martyr celui qui meurt dans l'exercice héroïque d'une vertu ; or, le patriotisme est une vertu, puisqu'il est une extension de l'affection familiale, base de la société voulue par Dieu ; le soldat qui tombe avec la volonté de contribuer à la réparation d'une injustice est donc un martyr au sens théologique du mot. Après avoir fait un rempart de son corps, il priera au ciel pour que la France, votre patrie, qui bientôt sera la mienne, continue à remplir sa mission civilisatrice.....

Abbé WETTERLÉ.

(Extrait du Sermon prononcé à Bordeaux, 19 septembre 1914.)

*
* *

LIVRE D'OR

... Lisez-vous le tableau des citations à l'ordre de l'armée que publient les journaux ? C'est un mémorial de gloire où revit dans tout son éclat l'histoire, tant de fois séculaire, de notre race. Les grades, les corps, les armes y sont confondus, et cette égalité dans l'honneur est la juste récompense de l'égalité dans le dévouement. Lequel du général Bataille ou du brigadier Voituret mérita le mieux l'admiration de la patrie ? L'un tombe au milieu d'une grande bataille, illustre désormais dans l'histoire ; l'autre, dans une reconnaissance ignorée, dont les livres ne parleront jamais, mais tous deux sont des héros et chacun à la manière qui convient à son grade.

Mais, dans l'embarras où je suis pour tout dire, il est un

point que je veux noter, à cause de l'enseignement salutaire
et profond qu'il porte avec lui. C'est la noble émulation des
gradés, officiers et sous-officiers de l'active et de la réserve. A
chaque ligne du martyrologe, on les voit paraître, rivalisant
de courage et de dévouement et, pendant qu'on lit, la pensée
d'elle-même retourne en arrière.

Il y a deux mois, où étaient-ils, les officiers de réserve ? Et
la même remarque pourrait, plus fortement encore, s'appli-
quer à ceux de la territoriale, si nombreux dans les rangs. Ils
étaient à leurs affaires, à leur profession, souvent à leurs plaisirs ; les uns, dans la vie rude du labeur nécessaire ; les autres,
dans la vie facile des jours assurés du lendemain. Soudain, un
ordre est venu, un papier affiché à la mairie, apporté par un
gendarme. Sur l'heure, sans regarder en arrière, ils ont tout
quitté : logis, intérêts, femmes et enfants, et maintenant ils
sont là, tout entiers au grand devoir, jaloux d'égaler leur
valeur à celle des camarades du métier. Rien ne peut mieux
justifier, pour les luttes que nous garde l'avenir, notre belle
confiance, car ces hommes, ce sont les cadres où s'enfermeront
les formations nouvelles.

Albert DE MUN,
de l'Académie Française.

(*Écho de Paris*, 21 septembre 1914.)

CEUX QU'ON NE REVERRA PLUS

Combien sont-ils, déjà ? Belles fleurs de notre race, fière
jeunesse couchée dans les sillons, sur les crêtes, dans les
chaumes. Foule d'ombres héroïques où se confondent rangs
et grades, nos fils, nos frères, nos amis : nos morts !

Non seulement nous ne les reverrons plus, mais nous ne
les aurons pas assistés à l'heure où le dernier souffle s'est
exhalé de leurs lèvres ; nous ne savons quels visages se seront
penchés sur leur souffrance, quelles mains pieuses auront
pansé leur agonie. Et c'est une amertume inexprimable, entre
tant d'autres !

Tous sont à présent égaux dans la grande paix ; tous également nous les pleurons ; et avec leurs proches, leurs camarades et l'histoire où survivra leur nom, nous sommes fiers
d'eux qui moururent en sauvant la patrie.

Il en est cependant auxquels nous pensons avec une tendresse plus poignante, parce que — et ils furent légion — la

noblesse de leur mort se vit certifiée d'avance par la noblesse de leur vie, et préparée en quelque sorte au suprême holocauste par l'exercice quotidien du devoir et du sacrifice......

Paul MARGUERITTE.

(*Gaulois*, 8 octobre 1914.)

**

LE SOLDAT DE 1914

... Hélas ! la beauté de la lutte ne m'en cache pas les tristesses. Combien sont partis, pleins de jeunesse et d'espérance, et ne reviendront pas ! Combien déjà sont tombés avant d'avoir vu se réaliser ce qu'ils ont tant souhaité, semeurs qui, pour féconder la terre, l'ont arrosée de leur sang et n'auront pas vu lever la moisson ! Du moins leur sacrifice n'aura pas été inutile. Ils ont réconcilié leur patrie divisée, ils lui ont fait reprendre conscience d'elle-même, ils lui ont rappris l'enthousiasme. Ils n'ont pas vu la victoire, mais ils nous l'ont méritée. Honneur à eux, frappés les premiers, et gloire à ceux qui les vengeront ! Nous les embrassons tous dans le même culte de la même piété.

René DOUMIC,
de l'Académie Française.

(Extrait du discours prononcé à la séance annuelle de l'Institut, 26 octobre 1914.)

**

TOUTE LA FRANCE !

... Faites donc, grands Français inconnus, qui n'aurez point de noms dans les fastes glorieux de votre pays — n'ayant pas besoin d'historiens pour vous installer dans l'histoire de France. La place que vous vous y taillez est si grande que certains peut-être, un jour, seront jaloux que vous ayez tout pris. Vous qui avez cru, dans le rang, sous le feu, que vous ne pouviez rien faire que donner votre vie, sachez qu'au delà de la mort même, vous restez vivants, et chers, entre tous, au cœur de ceux que vous aurez sauvés. Car c'est vous, vraiment, qui sauvez la France, en ce moment, ou, si vous aimez mieux, c'est la France elle-même qui, par vous, fait sa destinée. La France recrue, renouvelée, rajeunie, la France meilleure et plus belle, en qui vous transfusez le plus pur de votre vie.

Honneur à vous, bons ouvriers de la grande Patrie retrouvée. Une France meilleure et plus belle attestera que vous avez vécu.

G. CLEMENCEAU.

(*L'Homme enchaîné*, 27 octobre 1914.)

**

LE TEMPS DES MORTS

. . . .

Ceux qui meurent pour la patrie dans les batailles de 1914 ne s'anéantissent pas plus que ne s'anéantit le génie. Ils prendront place sur le plan du sentiment dans les destinées de la France, non loin d'un Pierre Corneille, et tout aussi bien que, sur le plan de l'intelligence, survivent les Claude Bernard, les Berthelot et les Pasteur.

Maurice BARRÈS,
de l'Académie Française.

(*Écho de Paris*, 31 octobre 1914.)

**

COMMUNION !

. . . .

Pleurez, mais ne soyez pas inconsolables ! Eux-mêmes nous font cette suprême recommandation. Plus d'un soldat, blessé et se voyant mourir, de son lit d'hôpital écrit à ses parents : « N'ayez pas de chagrin, car je meurs pour la France. » Ah ! ce n'est pas une phrase. Quand on sent s'ouvrir, près de soi, la porte de l'éternité noire, on ne songe pas à faire des phrases. Ceux qui écrivent ce conseil sublime ne sont pas des soldats de métier, non plus des poètes, des écrivains qui pourraient garder, jusque dans leurs derniers instants, le pli professionnel et faire de la littérature ; mais ce sont des enfants très simples devenus simplement des héros. Ils écrivent ce qu'ils pensent ; ils meurent avec une résignation joyeuse, car ils savent que leur mort ne sera pas stérile ; ils entrevoient une France libre et belle.

'Oui, que de leur lit d'hôpital ils aient la force de l'écrire, ou bien que, tués sur le champ de bataille, ils aient encore le temps de le crier, leur dernière pensée est celle-là !

Mais quoi ? Est-ce une consolation pour des sœurs, des épouses, des mères ? Eh bien ! oui : par la noblesse et la dignité de leur douleur, elles nous le prouvent chaque jour. C'est qu'il y a une contagion du courage ; une vague d'héroïsme vient du Nord et de l'Est, réchauffant tout le pays. Il a suffi de quelques semaines pour que la France retrouve son âme douce et forte, son âme des grandes épreuves.....

Maurice DONNAY,
de l'Académie Française.

(*Figaro*, 3 novembre 1914.)

* *
*

LES GRANDES HEURES

Leur vraie place.

...Voici, en comptant celle de 1917, quatre fêtes des Morts célébrées depuis la guerre.

Ce jour de deuil, chaque fois qu'au cours du cycle douloureux Novembre le ramène, nous apparaît plus chargé de désolation, plus accablant et plus imposant.

Nous ne pouvons nous empêcher de penser que l'armée des glorieux défunts s'est encore accrue, élargie, et tous les cimetières de Paris et de France nous semblent trop petits pour recevoir et contenir ces innombrables troupes.....

Il semble aussi ce jour-là que les champs de bataille, gorgés, nous renvoient tous ces morts dont ils ont le dépôt... qu'ils veulent bien au moins, comme pour une permission, nous les prêter quelques heures : et notre amour, de son côté, va les chercher, s'applique à les rapprocher de nous, de notre cœur et de notre maison.

* *
*

Ce qui cause aux vivants en deuil de guerre un affreux chagrin — que la date où nous sommes vient augmenter — c'est en effet l'éloignement de leurs morts, l'impossibilité où ils sont d'aller les retrouver, de passer un moment avec eux, de les avoir à portée de la main et des genoux.

Presque tous ceux qui ont perdu quelqu'un « de cette façon-là » ont le sentiment de l'avoir perdu davantage, puisque cette consolation suprême de la proximité, de la visite, de l'épanchement sur le tombeau leur est refusée, même le jour des Morts !

. . . .

...Quelques-uns seulement ont pu connaître le lieu où reposait celui qui n'est plus, et s'y rendre dans les jours qui ont suivi la terrible nouvelle. Ceux-là ont vu, ils savent, ils ont rapporté, dans leur esprit, dans leur cœur, l'image indélébile, ils n'ont pas besoin de fermer les yeux pour se figurer le petit espace devenu désormais l'immensité de leur pensée.

D'autres qui furent empêchés d'accomplir ce déchirant voyage, ont obtenu néanmoins toutes les indications, ils ont le nom de la petite ville, du bourg ou du hameau, des photographies, très bien prises, de l'emplacement, devant lesquelles ils s'abîment pendant des heures qui font l'effet d'un moment, et des moments qui durent des heures.....

Il y a ensuite ceux qui ne savent rien, hors le nom du coin de pays où il a été enseveli ; et puis enfin ceux qui, n'ayant même pas cette simple et stricte certitude, sont seulement assurés de la disparition totale du manquant. Où se cache-t-il ? Où dort-il ? Mystère.

Ces désorientés-là sont les plus malheureux.

Même en ce jour des Morts, où le souvenir fait des miracles de lucidité, ils ne peuvent arriver à se représenter cette tombe nécessaire à leur désir, à s'imaginer son aspect, si l'endroit est doux ou sinistre, s'il y a des arbres, un peu de verdure, un rosier.....

Et presque tous, ils n'ont plus qu'une idée fixe avec laquelle ils vivent, celle de ramener ici, aussitôt après la guerre, le mort éloigné, perdu, et de le rapporter jalousement dans le tombeau de la famille, pour qu'il soit parmi les siens.

. . . .

Leur place, à présent, n'est plus ici, c'est là-bas.

Ce n'est pas l'endroit où ils sont nés, mais celui où ils sont morts.

C'est le creux de terre où ils sont tombés qui doit devenir leur éternel berceau.

Ils appartiennent à cette terre et elle leur appartient.

Quand ils se prosternent sous la balle et l'obus et qu'ils embrassent largement le sol, les doigts crispés, c'est pour en prendre possession. Ils s'arrêtent juste au point où ils ont arrêté l'ennemi, et c'est une sorte de « Halte ! » que commande le dernier cri qu'ils poussent. De la longueur de leur corps ils marquent sur la terre l'étendue qu'ils veulent dessous.

. . . .

Aussi, ne dégarnissons pas d'un seul de ses conquérants les terres qui sont leur fief. La complète réunion des morts exceptionnels qui l'habitent pour toujours créera seule et justifiera dans l'avenir le mouvement d'incessante gratitude, la caravane des dévotions, quand de toutes les parties du monde on viendra visiter au Nord, en Flandre, dans la Somme, en Champagne, à Verdun, en Alsace, partout, ces asiles du sommeil, de l'éternelle paix, voisins des villes dévastées, dont ils seront le calme et la mélancolie, l'annexe et le reposoir, la grâce funèbre et la poésie divine, la chapelle en plein air, le jardin des âmes....

Et, en les laissant là-bas, laissez-les comme ils sont, comme ils étaient quand leurs camarades les ont mis, les ont arrangés et bordés de leurs mains, dans la simplicité sublime et la tendre égalité qui continuent de les régir. Pas de monuments. Des croix. Vous n'aurez pas mieux. La croix sur un mort c'est la plus belle architecture.

. . . .

... C'est là-bas qu'est le Panthéon. *Hic et urbi ceciderunt.*

Henri LAVEDAN,
de l'Académie Française.

(*Illustration*, 27 octobre 1917.)

＊ ＊

GLOIRE A NOTRE ARMÉE !

... Je pense, messieurs, qu'en me faisant l'honneur de m'accueillir parmi vous, vous avez voulu rendre hommage à cette glorieuse armée française qui a tant mérité qu'on l'honore et qu'on l'aime.

Quelque reconnaissance que vous lui gardiez, quelque affection que vous ayez pour elle, vous me pardonnerez de tenter aujourd'hui de vous la faire aimer davantage. C'est que la tendresse de mon cœur est infinie pour elle et que je n'imagine pas de plus beaux soldats, de plus grands héros que ceux à la tête desquels la destinée m'a placé durant trois années.

. . . .

Je ne puis me rappeler sans une profonde émotion les journées qui précédèrent et suivirent celle où fut signé l'ordre de mobilisation. A ces heures tragiques, je sentis naître dans l'armée, qui venait se ranger sous mes ordres, cette résolution, ce renoncement, cette confiance qui proclament la justice de la cause et rendent les armées invincibles.

Ce peuple amoureux de liberté acceptait avec fermeté la dure servitude de la guerre, parce qu'il avait conscience d'avoir voulu sincèrement la paix, et qu'un sûr instinct lui dévoilait la grandeur de la tâche qu'il devait accomplir : faire la guerre, non seulement pour que la France demeure grande et belle, mais aussi pour que les peuples vivent libres, pour que l'honnêteté et la loyauté des faibles soient défendues contre la méchanceté et la félonie des forts.

. . . .

Durant ces trois mois, que de gloire avait amassé pour la France notre héroïque armée !

Vous avez voulu l'honorer en m'appelant à prendre place dans votre Compagnie. Laissez-moi vous dire à qui doit aller votre reconnaissance.

A ces chefs résolus et calmes qui, toujours, dans les moments les plus tragiques, gardèrent intacte leur foi dans la victoire de nos armes, illustrant victorieusement la règle la plus vraie de tout l'art militaire, qui veut qu'un général soit battu alors seulement qu'il se croit battu.

Parmi eux, qu'il me soit permis de citer du moins celui que vous avez déjà distingué en l'appelant à siéger parmi vous, le maréchal Foch, dont l'énergie indomptable et la haute science militaire ont exercé la plus heureuse influence partout où il a commandé.

A notre corps d'état-major, qui fut notre force au début de la guerre, et qui l'est demeuré malgré les pertes cruelles qui ont éclairci ses rangs. Je tiens à rendre ici un hommage solennel à ses mérites, à sa probité, à sa conscience, à son savoir.

. . . .

Mais, qu'eussent pu faire ces généraux et ces états-majors en face d'un ennemi redoutable, disposant de moyens supérieurs, s'ils n'avaient commandé aux plus magnifiques soldats du monde ? Pour louer ces soldats, les mots sont impuissants, et seul mon cœur, s'il pouvait laisser déborder l'admiration dont il est pénétré pour eux, traduirait l'émotion que j'éprouve en en parlant. Je les ai vus, couverts de poussière et de boue, par tous les temps et dans tous les secteurs, dans les neiges des Vosges, dans les boues de l'Artois, dans les marécages des Flandres, toujours égaux à eux-mêmes, bons et accueillants, affectueux et gais, supportant les privations et les fatigues avec bonne humeur, faisant sans hésitation et toujours simplement le sacrifice de leur vie. Dans les yeux de ceux qui rentraient du combat comme dans les yeux de ceux qui y montaient, j'ai vu toujours le même mépris du danger, l'ignorance de la peur, la bravoure native qui donne à leurs actes d'héroïsme tant de naturel et de beauté ; et toujours aussi, dans des milliers et des milliers de regards francs et anonymes, j'ai lu cette foi instinctive dans les destinées de la France, cet amour et ce respect de la vérité, de la justice, cette honnêteté apportée dans l'accomplissement du devoir journalier, qui sont la force et la discipline de notre armée, et qui n'appartiennent qu'à elle. C'est pour cela que nos soldats sont les premiers du monde, et qu'on ne peut les voir sans les admirer, les regarder sans leur sourire, les commander sans les aimer.

Ils ont sauvé notre pays, ils nous ont acquis l'admiration du monde entier. Nous pouvons être fiers de voir toutes les nations généreuses qui se sont battues à nos côtés célébrer à l'envi le courage intelligent, la fermeté tranquille, la mâle résolution de la France.

. . . .

Dans une fraternelle accolade, la France et l'Amérique se sont donné leur foi pour le présent, pour l'avenir.

Grâce à cet événement décisif, la France, appuyée sur ses alliés, a enfin conquis la victoire que ses vertus lui ont méritée.

Qu'elle aille sans défaillance jusqu'au bout de son effort ; elle le doit à ses morts, elle le doit aux tout petits qui grandissent insouciants du danger et qui vivront libres parce que leurs pères sont morts pour la liberté !

Que le peuple de France garde dans la victoire ce ferme attachement aux idées de liberté et de justice qui ont fait sa force dans la guerre ! Qu'il conserve ce bel équilibre moral qui l'a préservé de la chute aux heures les plus dangereuses ! Qu'il n'oublie jamais que les faibles et les petits ne sauraient vivre libres dans le monde, si les forts et les grands ne sont pas toujours prêts à mettre leur force et leur puissance au service du droit !

La France doit rester, dans l'avenir, la gardienne des libertés des peuples. Les vertus dont elle a fait preuve dans cette guerre lui ont acquis à ce beau titre des droits impérissables, et l'expérience est faite désormais que sa prospérité est le gage de la tranquillité du monde.

MARÉCHAL JOFFRE.

(Extrait du Discours de réception à l'Académie Française, 19 décembre 1918.)

**

L'ORDRE DU JOUR

En un seul ce mot semble tordre
Les deux plus beaux que nous ayons.
L'Ordre du Jour : le Jour et l'Ordre !
La Discipline et les Rayons !
La Volonté, mais la Lumière !

Ces deux mots sont la France entière ;
Et, comme les plus beaux rameaux
Servent à former la couronne,
Pour qu'un nom d'honneur s'environne
On pose sur lui ces deux mots.

. . . .

Oui, le goût devenant hostile
Aux phrases que nous entassions,
Je crois qu'on rapprendra le Style
En lisant les Citations.
Perdant toute trace d'usure,
Les vieux mots remplis de mesure,
Les vrais mots, reprennent leur sens ;
Belle louange sèche ou verte,
Les soldats t'ont redécouverte,
Le Laurier remplace l'Encens.

. . . .

Pudeur qu'exige l'héroïsme !
Style hautain et détaché !
« A trouvé la mort », euphémisme
Qui veut toujours dire : « A cherché ! »
L'expression : « Soldat dans l'âme »
Semble inscrite sur une lame !
Oh ! comme vous rédigez bien,
Témoins qui nous initiâtes
A ces histoires spartiates
En français lacédémonien !

. . . .

Quand l'Ordre du Jour énumère
L'Alpin, le Zouave et le Hussard,
Il fait ce que faisait Homère :
Faisons ce que faisait Ronsard !
Pendant un jour, posant sa lyre,
Pour lire Homère et le relire,
Il s'enfermait à double tour ;
Nous, quand notre âme est embrumée,
Pour lire l'Ordre de l'Armée
Enfermons-nous pendant un jour !

. . . .

... Et sur cette liste infinie
Il n'est pas un de ces exploits
— Émouvante monotonie ! —
Qui ne revienne plusieurs fois !
On imite l'exploit qu'on aime.

Contagion qui gagne même
Le Noir fier d'éblouir le Blanc !
Beaux plagiats dont on s'enivre !
— Regardons les exploits se suivre,
Et se suivre en se ressemblant !

. . . .

Combien de ces Croix, réservées
A des Morts pour la Nation,
N'auront pas été soulevées
Par une respiration !
La Croix, faite pour la poitrine,
Se sent mourir dans la vitrine,
Et c'est comme un second trépas ;
J'ai toujours pensé que la mère
Devrait porter la Croix de Guerre
Quand le fils ne la porte pas.

. . . .

Sans cesse, comme une fumée
Qui se changerait en airain,
Les Ordres du Jour de l'Armée
Montent du farouche terrain.
Et le tournoyant édifice
Qui s'exhale du sacrifice
Où fondent nos soldats de fer
S'accroît d'une volute neuve
Chaque fois qu'un d'eux « a fait preuve »,
Chaque fois qu'un d'eux « s'est offert » !

. . . .

Edmond ROSTAND,
de l'Académie Française.

(*Revue des Deux-Mondes*, 1er mars 1919.)

* *
*

LEUR SOUVENIR !

... Un jour, pendant la guerre, votre illustre directeur, notre maître à tous, M. Ernest Lavisse, se représentait, par anticipation, la France victorieuse ; et il songeait à ceux qui ne seraient plus là ; et il disait que, dans la joie du triomphe, on sentirait doublement leur absence. Comme il avait raison ! Oui, nous voudrions aujourd'hui que la victoire eût le privilège de ressusciter ceux qui sont restés sur les champs de bataille ; nous sommes presque étonnés qu'elle n'accomplisse pas ce miracle ; nous sommes affligés de penser qu'ils n'ont pas vu leurs espérances réalisées et que nous célébrons sans eux l'œuvre de leur sang.

Si quelque chose pourtant nous peut consoler de leur départ, c'est la certitude que, même tombés en pleine jeunesse, ils ont rempli leur tâche humaine. Ils ont versé dans une vie courte et sublime une force capable d'animer une longue existence ; ils ont condensé, en une brève série d'actions fécondes, l'essence de leur âme ; ils ont été, au feu des combats, tout ce que, s'ils avaient vécu, ils auraient été dans la noble carrière où ils s'étaient engagés : des éducateurs, des porteurs de flambeaux, des modèles pour les générations prochaines ; et ils n'ont pas disparu tout entiers, puisqu'ils ont laissé derrière eux le meilleur d'eux-mêmes dans de magnifiques exemples et dans des leçons immortelles.

. . . .

Raymond POINCARÉ,
Président de la République.

(Extrait du discours prononcé, le 23 mars 1919, à la réouverture de l'École Normale supérieure.)

**
* *

LES POILUS.

. . . .

... Ce sont tous ceux qui sont tombés sur le tragique chemin qui menait à la victoire, qu'en votre nom je confonds aujourd'hui dans le même hommage : les morts de Charleroi, étonnés de reculer, et ceux de Verdun, étonnés de tenir, les morts de la Champagne, de la Somme et de l'Yser, les morts de la Marne, des deux Marnes, consolés de mourir puisque l'ennemi reculait.

En même temps que les glorieux enfants du barreau de Paris, je salue tous les autres enfants de France morts pour la patrie, ces soldats qui rejoignent dans la légende impérissable les grognards de l'épopée napoléonienne. Héros anonymes de la véritable grande armée, combattants obscurs et émouvants, nous vous célébrons avec ce sentiment de fervente piété qui poussait les anciens à dresser des autels au dieu inconnu.

Qui étaient-ils ? Ouvriers ? Paysans ? Intellectuels ? Aristocrates ou bourgeois ? Ils étaient toute la France ! Ils étaient les « Poilus », fils d'une race indomptable, qui, s'arrachant à leurs foyers, laissant tout ce qui leur était cher, coururent aux brèches du rempart et firent à la patrie envahie une infranchissable muraille de leurs poitrines et de leurs cœurs !

Quelle tristesse que nos héros n'aient pas vu la victoire ! Et comme on voudrait, pas à pas, dans les immenses cimetières du front ou dans la solitude des plaines où ils ont été frappés face à l'ennemi, pouvoir aller sur chaque tombe et leur dire : « Votre œuvre est achevée, la France est victorieuse ! Reposez en paix ! »

HENRI-ROBERT,
Bâtonnier de l'Ordre des Avocats.

(Extrait du discours prononcé le 21 juin 1919.)

HOMMAGE A NOS MORTS !

Dans la limpidité d'un matin rayonnant, viennent d'être à jamais effacées les dernières traces de ce passé douloureux. Les chaînes de l'Arc de Triomphe sont tombées pour livrer passage à nos armées victorieuses. Paris s'est mis en fête pour recevoir nos soldats. L'Alsace et la Lorraine sont accourues elles-mêmes pour les acclamer joyeusement.

Tous, hélas ! n'étaient pas là. Les meilleurs artisans de nos succès sont ceux qui n'en ont pas connu l'aboutissement glorieux et vers qui sont montés, cette nuit, pendant la veillée des armes, les regrets et la reconnaissance de tout un peuple. C'est à eux surtout que nous devons ces grandes heures lumineuses. La nation l'a compris, et a pieusement associé les morts à l'apothéose des vivants.

. . . .

(Extrait de la lettre de M. Raymond POINCARÉ, Président de la République, écrite le 14 juillet 1919, à M. Georges CLEMENCEAU, ministre de la Guerre, Président du Conseil des ministres.)

LE JOUR DES MORTS

En ce jour consacré aux morts, notre pensée va tout d'abord vers ceux qui, au cours des quatre années de guerre, tombèrent pour la patrie et dont le sacrifice héroïque assura la victoire.

A leur égard notre dette est sacrée. Nous en acquitter fidèlement reste notre premier devoir.

C'est pourquoi, chers enfants, à vous les héritiers de nos
héros, nous venons affirmer la sollicitude du pays entier.

Celui qui devait être votre guide et votre soutien s'est sacrifié
pour la France, la France ne manquera pas à sa tâche de le
remplacer près de vous. Tous nous aurons à cœur de vous
apporter son appui moral et matériel.

C'est ainsi que vous grandirez, entourés et soutenus par
l'affection de tout un peuple, puisant dans l'exemple de vos
pères les grandes qualités indispensables à la lutte de la vie.
Vous deviendrez des hommes forts et vous prendrez également
une part efficace à la reconstitution nationale. Car vous
voudrez vous souvenir toujours que si nos morts héroïques
ont préparé à la France un avenir glorieux, cet avenir ne sera
que ce que vous le ferez ; que votre œuvre sera seule un cou-
ronnement digne de leur sacrifice et que, pour y atteindre,
votre nom oblige.

Maréchal Foch.

(Déclaration du Général en chef des Armées alliées faite, le 1er novembre 1919, à la manifestation nationale en l'honneur des Pupilles
de la Nation.)

*
* *

LE SOLDAT FRANÇAIS

... Pendant un demi-siècle, cinquante ans, j'ai eu le grand
honneur de vivre au contact du soldat français, de toute classe,
de tout rang, de toute condition, de toute confession, de toute
doctrine philosophique et sociale ; pendant deux grandes
guerres, en particulier, j'ai été le témoin ému et édifié de ses
incomparables vertus héroïques ; et, comme vous, comme vous
tous en particulier, mes chers camarades de combat, si nombreux dans cette Assemblée, j'ai voué au soldat français une
admiration sans borne et une infinie gratitude.

. . . .

Pour créer et pour entretenir pendant la guerre ces cadres,
la France n'a pas hésité à risquer, à sacrifier l'élite de sa puissance intellectuelle, officiers de carrière dont il ne m'appartient
pas de louer les qualités et les vertus, officiers de complément,
hier savants ingénieurs, brillants écrivains, magistrats, orateurs, hommes politiques comme vous êtes là, prêtres, instituteurs, commerçants, artisans, artistes, ouvriers dont la guerre
a mis en lumière et mis en œuvre les merveilleuses facultés
d'initiative, d'adaptation, d'assimilation et le riche trésor d'une
inépuisable bravoure.

Nos cadres, ne l'oublions pas, pendant la guerre, ont fait le tour du monde. Sur tous les fronts et dans la plupart si ce n'est dans la totalité des armées alliées et associées, ils ont porté la sève puissante de leurs vertus guerrières et aussi le ferment fécond de leurs intelligences pétries du plus pur limon de la culture française.

L'histoire dira que, sans l'armée française, sans les cadres de l'armée française, l'Entente n'aurait pas gagné la guerre. Qu'elle ne l'oublie pas !

Nos morts n'ont pas voulu laisser protester la signature apposée par la France d'un passé multiséculaire de gloire, d'indépendance et de labeur. Nous, les vivants, nous ne laisserons pas s'aggraver, se corrompre, se dissiper les fruits de ces sacrifices, les fruits de leur longue passion, de leur douloureuse agonie et de leur immolation suprême.

La classe 1920, non moins généreuse que ses devancières, tiendra à honneur de monter fièrement la garde sur le Rhin pour que soient respectées les volontés dernières et sacrées des camarades, de nos fils tombés au champ d'honneur.

Ces volontés, vous les connaissez. Ce sont le rayonnement et la prospérité de la France dans une paix définitivement assise par l'exécution intégrale d'un traité qui nous a coûté bien cher, je vous assure.

Général DE CASTELNAU.

(Extrait du discours prononcé à la Chambre des Députés, le 26 février 1920.)

LOI

relative à la commémoration et à la glorification des morts pour la France au cours de la grande guerre.

———

Le Sénat et la Chambre des Députés ont adopté,

Le Président de la République promulgue la loi dont la teneur suit :

ART. 1er. — Les noms des combattants des armées de terre et de mer ayant servi sous les plis du drapeau français et morts pour la France, au cours de la guerre de 1914-1918, seront inscrits sur des registres déposés au Panthéon.

ART. 2. — Sur ces registres figureront, en outre, les noms des non-combattants qui auront succombé à la suite d'actes de violence commis par l'ennemi, soit dans l'exercice de fonctions publiques, soit dans l'accomplissement de leur devoir de citoyen.

ART. 3. — L'État remettra à chaque commune un livre d'or sur lequel seront inscrits les noms des combattants des armées de terre et de mer, morts pour la France, nés ou résidant dans la commune.

Ce livre d'or sera déposé dans une des salles de la mairie et tenu à la disposition des habitants de la commune.

Pour les Français nés ou résidant à l'étranger, le livre d'or sera déposé au consulat dont la juridiction s'étend sur la commune où est né ou a résidé le combattant mort pour la patrie.

ART. 4. — Un monument national commémoratif des héros de la grande guerre, tombés au champ d'honneur, sera élevé à Paris ou dans les environs immédiats de la capitale.

ART. 5. — Des subventions seront accordées par l'État aux communes, en proportion de l'effort et des sacrifices qu'elles feront en vue de glorifier les héros morts pour la patrie.

La loi de finances ouvrant le crédit sur lequel les subventions seront imputées réglera les conditions de leur attribution.

ART. 6. — Tous les ans, le 1er ou le 2 novembre, une cérémonie sera consacrée, dans chaque commune, à la mémoire et à la glorification des héros morts pour la patrie. Elle sera organisée par la municipalité avec le concours des autorités civiles et militaires.

ART. 7. — La présente loi est applicable à l'Algérie et aux colonies.

La présente loi, délibérée et adoptée par le Sénat et par la Chambre des Députés, sera exécutée comme loi de l'État.

Fait à Paris, le 25 octobre 1919.

GUERRE 1914-1918

MORTS POUR LA FRANCE

A

AARON (*Robert*-Roger-Mathias), ☓ (posthume), ✺ (1 palme), étudiant en médecine, *engagé volontaire*, brigadier au 8ᵉ Chasseurs à cheval.

Blessé très grièvement le 16 avril 1917, à Craonne (offensive de Champagne); mort le 17 à l'ambulance où il avait pu être transporté.

> Citation posthume : *Jeune brigadier plein d'entrain et de courage, toujours volontaire pour les missions dangereuses, a été très grièvement blessé le 17 avril 1917 en s'élançant avec les premières vagues d'assaut comme coureur d'artillerie. Mort des suites de ses blessures le 17 avril 1917.*

[Né le 10 décembre 1896. Fils de M. Fernand AARON (décédé) et de Mᵐᵉ née LÉVY.]

ABARTIAGUE (Jean-Roland de BORDENAVE d'), ✺, caporal pilote-aviateur.

La mobilisation le trouva en Angleterre; il accourut aussitôt en France et prit du service dans l'infanterie coloniale. Attiré ensuite vers l'aviation, il y obtint rapidement son brevet de pilote, et tint à s'entraîner sans tarder à la conduite d'un nouvel et puissant avion. Moins d'une heure après, alors qu'il allait atterrir à quelques mètres du point de départ, l'appareil capota subitement, à 80 mètres de hauteur; on vit les efforts désespérés qu'il faisait pour le redresser; tout fut inutile, la masse de deux mille kilos, lancée à une vitesse de plus de cent kilomètres, s'écrasa sur le sol; le moteur fit explosion, et les quelques centaines de litres d'essence prirent feu; aucun secours n'était possible, et on ne put retirer que les restes informes et carbonisés du pauvre garçon. Au cimetière, le chef du service aéronautique du camp retranché de Paris tint à lui dire un dernier et touchant adieu, dont nous n'extrayons que ces lignes :

> ...Jeune, ardent et enthousiaste, le caporal d'Abartiague était venu à l'aviation après avoir donné dans l'infanterie coloniale toute sa me-

sure et s'être fait remarquer par ses chefs à Massiges et à Tahure. Jean-Roland d'Abartiague est mort en héros.

[Né le 7 décembre 1894. Fils de M. Villiam d'Abartiague, ingénieur, et de Mme née Sculfort. Neveu du comte de Morelle.]

ABBADIE D'ARRAST (Marc-*Antoine* d'), propriétaire, lieutenant au 18ᵉ d'Infanterie.
Tué à Craonne, le 16 septembre 1914.

[Né le 2 septembre 1883. Fils de M. Michel-Armand d'Abbadie d'Arrast et de Mme née Elisabeth-Virginie West Young.]

ABBADIE D'ARRAST (Guilhem d'), 🎖, ✠ (palme), *engagé volontaire.*
Engagé dans l'Infanterie, à 17 ans, tué en juillet 1918.

ABBATUCCI (Antoine), maire de Zicavo, caporal au 2ᵉ Chasseurs alpins.
Tué le 1ᵉʳ mars 1916.

[Fils de M. et de Mme Charles Abbatucci.]

ABBATUCCI (Charles-Jean), adjudant au 106ᵉ Chasseurs à pied.
Tué le 28 juillet 1916.

[Né en 1896. Frère du précédent.]

ABBATUCCI (Joseph-Jacques), 🎖 (posthume), ✠, sergent au 163ᵉ d'Infanterie.

Citation : *Le 16 juin 1915, a dirigé avec la plus belle énergie et un rare sang-froid les travaux de sape exécutés dans une redoute à 40 mètres de l'ennemi, sous un feu incessant de bombes, d'obus et de balles. A été tué par une bombe. A été cité.*

ABEILLE (Pierre), ✠ (palme), ✳ (Médaille de sauvetage), secrétaire général de 1ʳᵉ classe à Nancy, sous-préfet de 1ʳᵉ classe à Saint-Omer, *engagé volontaire* au 42ᵉ d'Infanterie.
Tué d'une balle au front au début d'un assaut, au plateau de Vingré-Nouvron, près d'Autrèches (Aisne), le 12 novembre 1914, jour où son colonel le proposait comme sous-lieutenant après six semaines de campagne.
M. Mirman, alors préfet de Meurthe-et-Moselle, écrivait à sa veuve une lettre émue, de laquelle nous pouvons citer quelques passages :

Quelle perte pour ses enfants, pour vous, pour ses amis, pour son pays ! Il avait une nature d'élite, artiste, administrateur et soldat, autant de finesse que de force, autant d'intelligence que de sensibilité.
Oh ! le beau et brave Français qui nous est enlevé.
Madame, la mort glorieuse d'un tel mari vous impose de grands devoirs. Soyez digne de lui ! Pleurez-le comme il veut être pleuré, non dans l'accablement, mais les yeux fiers et la tête haute. Elevez ses deux chers enfants dans le culte du souvenir; qu'ils chérissent la mémoire d'un père dont ils ont le grand honneur de porter le nom, hier, si justement honoré, aujourd'hui, glorieux !
... Je vous salue, Madame, *au nom de la Nation !...*

Citation : *Bien qu'occupant une fonction administrative qui le dispensait d'aller au front, a demandé à venir en première ligne.*

S'est fait remarquer dès les premiers jours par son énergie, son courage et son entrain. A gagné rapidement les galons de caporal et de sous-officier. A été tué dans la tranchée alors qu'il observait l'ennemi et qu'il donnait à sa troupe l'exemple de la crânerie.

[Né le 1ᵉʳ décembre 1881. Fils de M, ABEILLE, sénateur de la Haute-Garonne (décédé), et de Mᵐᵉ née Blanche DESCAMPS. Marié à Mˡˡᵉ VERPILLAT, — dont deux fils jumeaux.]

ABEILLE (Louis), admissible à l'École Polytechnique, lieutenant. Tué d'une balle au front, au Col de la Chipotte.

[Cousin germain du précédent.]

ABEILLE (François-Marie), ✠ (1 palme, 1 étoile), docteur, médecin-major au 340ᵉ d'Infanterie.

Fait prisonnier à Malancourt, en mars 1916, rentré en octobre suivant, fut versé, sur sa demande, au 340ᵉ de ligne, où il fit la campagne d'Italie ; le 22 avril 1918, il tombait glorieusement au Bois de Sénécat (Somme).

Citation : *Médecin d'une haute valeur morale et professionnelle, d'un entrain admirable, d'un moral élevé, d'un dévouement inlassable, il inspirait à tous confiance et affection. A été tué à son poste en sortant pour surveiller un violent bombardement à obus toxiques.*

[Né le 1ᵉʳ juillet 1884. Fils de M. Elzéar ABEILLE DE PERRIN et de Mᵐᵉ née PHILIBERT.]

ABEL-TRUCHET, ✻, ✠, artiste peintre, *engagé volontaire* à 59 ans.

Engagé au début de la guerre, avait été affecté comme lieutenant à la section de camouflage, dont le commandant, le capitaine GUIRAND DE SCÉVOLA, avait trouvé en lui le plus actif et le plus dévoué des collaborateurs ; dirigeait l'atelier de cette section à Auxerre. Il s'était très fréquemment rendu, pour y surveiller la marche des services de camouflage, sur le front, et y avait fait preuve d'une ardeur et d'un courage qui lui avaient valu d'être cité et de recevoir la Croix de guerre.

ABET DE BOURGOGNE (Jehan-Marie-Léon), ✠ (palme), sous-lieutenant au 32ᵉ d'Infanterie.
Tué le 25 août 1914, à Erbeviller (Meurthe-et-Moselle).

Citation : *Tombé mortellement blessé en tête de ses hommes, en les entraînant vers l'ennemi, au combat du 25 août 1914.*

ABORD (Charles), ✻ (posthume), ✠ (palme), capitaine de réserve d'Infanterie.
Tué le 7 juillet 1915, à la Tête-à-Vache, Forêt d'Apremont (Meuse).

Citation : *Terrassé le 4 juillet par l'explosion d'une bombe, a refusé de se laisser évacuer. Le 7 juillet, a été tué par un obus alors qu'il ramenait au combat des fractions surprises par une attaque à revers de l'ennemi.*

[Né le 5 mars 1874. Fils de M. et de Mᵐᵉ née JOSSERAND. Marié à Mˡˡᵉ DE CHATILLON, fille de M. et de Mᵐᵉ née DE MONARD, — dont trois enfants.]

ABOUCAYA (Robert), sous-lieutenant.

Tué au combat de Sillery (Marne), d'un éclat d'obus, le 14 septembre 1914, à l'âge de 21 ans.

ABOVILLE (Marie-Xavier-*Jean* d'), � (posthume), ✠ (palme), ancien élève de l'Ecole Polytechnique, lieutenant au 5e d'Artillerie lourde.

Tué le 24 octobre 1914, d'une balle au front.

> Citation : *Le 24 octobre 1914, a reçu l'ordre d'aller dans une tranchée avancée de nos lignes d'infanterie observer notre tir sur des tranchées allemandes en pleine activité. Rendu à destination, n'écoutant que son courage, pressé de remplir sa mission avant la chute du jour, il exposa sa vie à plusieurs reprises pour mieux voir l'objectif ennemi, à 250 mètres seulement. C'est alors qu'il fut atteint d'une balle au front, qui l'étendit raide mort.*

[Né le 6 décembre 1890. Fils du Général Vte d'Aboville, O ✳, et de la V^{tesse} née Jeanne de Gouvello de Kériaval.]

ABOVILLE (Bernard d'), ✠, maréchal des logis au 3e Chasseurs à cheval.

Tué le 19 septembre 1914.

[Né le 20 juin 1889. Fils du Bon Christian et de la B^{onne} née Hennecart, des C^{tes} Hennecart.]

ABOVILLE (Ange-*Gabriel* d'), ✪ (posthume), ✠, *engagé volontaire*, soldat au 38e d'Infanterie.

> Citation : *Jeune mitrailleur, animé du plus haut sentiment du devoir. S'est montré plein de courage et de sang-froid pendant les dures journées des 2 et 3 octobre 1918. A été mortellement frappé le 3, alors qu'il ravitaillait sa section en munitions. A été cité.*

[Né le 20 octobre 1898. Frère du précédent.]

ABZAC (*Jean*-Marie-Emmanuel-Théophile, Comte Jean d'), ✳, ✠ (3 palmes, 4 étoiles), ✳ (Médaille du Maroc), ✳ (Mérite militaire d'Espagne), chef d'escadrons au 17e Chasseurs à cheval.

Tué par éclats d'obus, le 11 août 1918, à Boulogne-la-Grasse, près Montdidier.

> Citation posthume : *Officier supérieur de la plus haute valeur morale. Possédant les plus belles qualités de l'officier de cavalerie, s'est fait remarquer dès le début par l'audace et le succès dans de nombreuses reconnaissances, a affirmé pendant tout le cours de la campagne, son jugement, sa décision et le plus complet mépris du danger. Le 10 août 1918, commandant l'avant-garde, contribuant puissamment à l'enlèvement du village de Bus par une attaque à pied lancée avec le meilleur à propos. Tué le 11 au matin, après avoir maintenu sa position toute la nuit sous le plus violent bombardement.*

[Né le 25 juillet 1878. Fils du Colonel (décédé) et de la Ctesse née d'Alesme de Meycourby. Marié à Mlle Marguerite d'Humières, fille du Cte (décédé) et de la Ctesse Elie d'Humières, — dont quatre enfants.]

ACHALME (Henri), ✪ (posthume) ✠ (palme), étudiant en droit, aspirant au 148e d'Infanterie.

Tué d'un éclat d'obus à la tempe, le 16 juin 1915, en montant à l'assaut de la ferme de Quennevières, à la tête de sa section.

> Citation à l'Ordre de l'Armée : *Aspirant d'un moral superbe et*

d'une bravoure magnifique. Le 15 avril 1915, dans un bois, a enlevé un petit poste ennemi et rapporté du matériel de guerre; s'est distingué pendant tout le mois de mai 1915 dans un secteur périlleux; a été glorieusement tué à la tête de sa troupe en même temps que quatre de ses hommes alors qu'il les entraînait à l'attaque, malgré un tir de barrage d'obus de gros calibre.

[Fils du Dʳ Pierre ACHALME, ✻, directeur du Laboratoire Colonial du Muséum, et de Mᵐᵉ née RIFFAUD.]

ACHEUX (Comte Louis-Ernest d'), ✠, aide-major dans un régiment de Zouaves.

Tué le 19 juin 1915, à Sedd-ul-Bahr (Dardanelles).

[Marié à Mˡˡᵉ Jeanne DELACHAISE.]

ACKER (Paul-Théodore), ✠, homme de lettres, interprète stagiaire.

D'origine alsacienne, il prit du service au début de la guerre comme interprète. Blessé grièvement en juin 1915, au cours d'une mission à Neuhausen, succomba peu après aux suites de ses blessures, à l'hôpital de Hoosch. — Auteur de plusieurs ouvrages, dont *Petites Confessions*, 2 vol. couronnés par l'Académie française en 1903. Avait publié, peu avant sa mort, *Le soldat Bernard*, qui obtint un légitime succès.

[Né en 1874, à Saverne.]

ADAM (Étienne), ✠ (2 étoiles d'argent), commis d'agent de change, *engagé volontaire*, éclaireur monté, détaché au 36ᵉ d'Infanterie.

Blessé mortellement le 10 août 1918, mort le 12 à l'hôpital militaire où il avait été transporté.

Citation : *Éclaireur monté doué d'un grand sang-froid, ne connaissant pas le danger. Le 10 août 1918, a été blessé grièvement au cours d'une reconnaissance dans un bois occupé par l'ennemi. Décédé des suites de ses blessures. Déjà cité.*

[Né le 28 mars 1883. Fils de M. Louis ADAM, agent de change (décédé), et de Mᵐᵉ née Hélène PIERRET.]

ADAM (Alfred), ✠ (3 citations), *engagé volontaire*, maréchal des logis au 1ᵉʳ Chasseurs à cheval.

Tombé en Belgique, le 18 octobre 1918.

[Né en 1899. Fils du capitaine Gabriel ADAM et de Mᵐᵉ née BARBOU DES PLACES.]

ADAM (François), ✠ (3 citations), Saint-Cyrien de la promotion de Montmirail, capitaine au 9ᵉ Tirailleurs de marche.

Tué à Villers-Hélon, le 18 juillet 1918.

[Né en 1893. Fils de M. et de Mᵐᵉ Lucien ADAM.]

ADAM (Henry-Louis), ✠, avocat à la Cour de Paris, docteur en droit, lieutenant aux 301ᵉ et 317ᵉ d'Infanterie, détaché au Ministère des Affaires Etrangères.

Décédé, le 9 décembre 1918, des suites d'une maladie contractée aux armées.

[Né le 26 avril 1889. Fils de M. Georges ADAM et de Mᵐᵉ née GODEFROY.]

ADHÉMAR (Pierre-Roger-Gabriel-*Raoul*, Vicomte Raoul d'), �, des (2 palmes), capitaine adjudant-major au 21e Chasseurs à pied.

Mort au champ d'honneur, à l'assaut de Souchez, le 25 septembre 1915.

> Citation posthume : *A dirigé avec un sang-froid remarquable des fractions du bataillon à l'attaque d'une tranchée très fortement organisée. Tué en abordant l'ennemi. Déjà cité.*

[Né le 28 mai 1867. Fils aîné du Vte Philippe d'Adhémar et de la V^{tesse} née Isabelle d'Adhémar. Marié à Mlle Antoinette-*Madeleine* du Puy-Montbrun de Nozière, fille du Mis et de la M^{ise} née de Terson de Paleville, — dont trois enfants.]

ADHÉMAR (Jean-Pierre-*Amaury*, Vicomte Amaury d'), O ✻, des (2 palmes, 1 étoile), ✻ (Médaille coloniale, agrafes Congo, Tchad, Afrique occidentale), lieutenant-colonel commandant le 8e Colonial mixte.

Mort le 30 août 1915, à l'hôpital de Saint-Mandrier, d'une maladie contractée aux Dardanelles.

[Né le 20 juillet 1868. Frère du précédent. Marié à Mlle Marie de Monbrison, fille de M. Jacques de Monbrison et de Mme née Hélène de Gervain, — dont quatre enfants.]

ADRIEN (René), mitrailleur au 52e d'Infanterie.

Après avoir pris part à la campagne d'Alsace, où il fut blessé à deux reprises, puis aux glorieux combats de Verdun, il trouvait la mort, le 26 novembre 1916, à la Neuville, et était inhumé à Hermonville, près Reims.

[Né le 20 mars 1893. Fils de M. Paul Adrien-Bey et de Mme née Mugnier.]

AESCHIMANN (*Jacques*-Jules-Marie), commerçant, sergent au 99e d'Infanterie.

Interprète et agent de liaison, fut tué le 22 août 1914, à Rothan (Alsace), seize jours après son entrée en campagne.

[Né à Lyon le 7 octobre 1889. Fils de M. le Pasteur Aeschimann, président du Conseil presbytéral de l'Eglise réformée de Lyon, et de Mme née Jeanne de Puyroche. Marié à Mlle Madeleine Vial, fille de M. et de Mme née Toureille.]

AESCHIMANN (*Alfred*-Jules), étudiant en Théologie, soldat au 10e Chasseurs à pied.

Tué le 17 juin 1915, à Aix-Noulette (au nord d'Arras), seize jours après son arrivée sur le front.

[Né à Lyon le 9 avril 1895. Frère du précédent.]

AFFRY DE LA MONNOYE (Madame d'), infirmière de la Société de secours aux Blessés militaires.

Veuve du Commandant, mort pour la France à Madagascar, Mme d'Affry de la Monnoye avait, dès le début de la guerre, prodigué, sans se ménager, ses soins aux blessés. Vaincue par la fatigue et par la maladie, elle expirait, le 5 janvier 1916, d'un mal contracté au chevet des blessés.

[Fille du Bon de Schonen (qui ne put supporter cette grande douleur et mourut quelques mois après) et de la B^{onne} née Hennet de Goutel.]

AGON (Auguste-Éloi-*Henri* GUÉRIN d'), ✻ (posthume), des, capitaine au 3e Hussards.

Tué le 2 mai 1916, à Suippes.

Citation : *Doué des plus belles qualités militaires, d'une énergie et d'un sang-froid remarquables, animé du sentiment le plus élevé du devoir, a fait preuve dans toutes les circonstances d'une grande bravoure et a déjà mérité une citation à l'ordre du corps d'armée. A eu, le 2 mai 1916, la tête traversée par une balle pendant que, sorti de la tranchée, il reconnaissait de nuit le réseau de fil de fer de son secteur qui, soumis à un bombardement violent pendant toute la journée, nécessitait des réparations urgentes. Est mort des suites de ses blessures. A été cité.*

AGOULT (*Hector*-Hugues-Alphonse-Marie, Comte d'), O ✳, ✠ (palme), ✳ (Médaille du Tonkin), ancien député du Sénégal, lieutenant de vaisseau, commandant la 6e section d'autos-projecteurs de la marine.

Tué en Champagne, le 25 août 1915. Dans la citation : « Officier d'une bravoure rare. »

[Né le 9 mai 1860. Fils du Cte et de la Ctesse née O'CONNOR (décédés). Marié en 1891 à Mlle Valentine D'ESTAMPES, fille du Mis et de la M^{ise} née DE ROBIAC.]

AIGUILLON (Henri d'), ✠, aide-major au 340e d'Infanterie.
Tombé devant Verdun, le 28 juin 1916.

Citation : *Officier du service de santé, d'un dévouement admirable. A participé, dans des conditions particulièrement difficiles, à l'organisation du poste de secours et du service de relève des blessés lors des combats meurtriers des 25 et 27 juin 1916, et dans la période d'occupation qui les a suivis. Tué à son poste de secours, le 28 juin 1916.*

[Fils du Général (décédé) et de Mme née Andrée DU PUY-MONTBRUN. Marié à Mlle FABRE, fille du Colonel.]

AIGUILLON (Maurice-Louis-Marie d') ⚜ (posthume), ✠, sergent au 129e d'Infanterie.
Mort pour la France, le 26 septembre 1914.

AIGUY (René-Aimé-Joseph, Vicomte d'), ✠ (étoile), sous-lieutenant au 49e Chasseurs à pied.

Le 30 octobre 1914, avait demandé à conduire une reconnaissance extrêmement périlleuse, à Bétheny, au cours de laquelle il fut grièvement blessé et fait prisonnier avec tout son détachement, puis évacué sur Wurzbourg (Bavière), où il est mort le 13 novembre suivant.

Citation : *A été grièvement blessé le 30 octobre 1914 au cours d'une patrouille effectuée en plein jour, dans le but de reconnaître si une tranchée située à 1.600 mètres de nos lignes était encore occupée par l'ennemi.*

[Né en 1876. Fils du Cte (décédé) et de la Ctesse, qui épousa en secondes noces le Bon PIERLOT.]

AILHAUD DE BRISIS (François-*Roger* d'), Saint-Cyrien de la promotion de Montmirail, sous-lieutenant d'Infanterie.

Sorti de l'Ecole au moment de la déclaration de guerre, est nommé sous-lieutenant, sur sa demande, au 42e d'Infanterie de Belfort. — Après dix-neuf jours de campagne, est blessé mortellement, à la tête de sa section, d'une balle à la hanche, dans les deux combats autour de Mulhouse, le 19 août 1914; meurt le lendemain à l'ambulance de Niedermorschwiller, à peine âgé de

20 ans. Il reste dans le souvenir de ses chefs, de ses camarades et de ses hommes, comme le vrai modèle de l'officier français.

[Né le 3 avril 1894. Fils de M. D'AILHAUD DE BRISIS, caissier à la Banque de France, et de Mme née Nancie ARSAC.]

AILLAUD (Jean), ✠, maréchal des logis au 41e d'Artillerie.
Tombé sous Verdun, le 24 février 1916.

> Citation : *Sous-officier d'une bravoure et d'un dévouement dignes d'admiration. Observateur de première ligne au début des attaques de février 1916, a rempli sa mission avec le plus grand sang-froid sous un bombardement continuel d'obus des plus gros calibres. Lorsque les liaisons téléphoniques furent coupées, n'a pas hésité à traverser plusieurs fois les barrages ennemis pour apporter spontanément des renseignements jusqu'au poste d'infanterie. Est tombé le 24 février, en se rendant de nouveau à son poste sous un barrage d'une extrême violence, avec une crânerie magnifique.*

[Né en 1896. Fils du Colonel et de Mme AILLAUD.]

AILLIÈRES (François CAILLARD d'), ✠ (palme), sous-lieutenant au 103e d'Infanterie.
Porté blessé et disparu le 24 février 1915, à Perthes-les-Hurlus (Marne), on apprit bientôt officiellement qu'il était glorieusement tombé au champ d'honneur.

> Citation du 29 mars 1915 : *A été grièvement blessé en chargeant à la baïonnette à la tête de sa section qu'il entraînait par son exemple.*

[Né le 4 avril 1889. Fils de M. D'AILLIÈRES, député de la Sarthe (décédé), et de Mme née Marie-Louise GÉRARD.]

AILLIÈRES (Max CAILLARD d'), ✻, ✠ (11 citations), lieutenant au 178e d'Artillerie.
Commandant de la 26e batterie d'Artillerie de tranchée, est tombé à son poste, le 15 juillet 1918, en défendant le village de Vandières, entouré par l'ennemi.

> Citation posthume : *Commandant de batterie d'artillerie de tranchée plein d'énergie et d'entrain. A montré pour l'installation d'emplacements d'artillerie de tranchée sur la position des avant-postes, dans le bois de Trotte, de grandes qualités d'énergie et de commandement. Le 15 juillet 1918, a participé avec l'infanterie à la défense du cantonnement avancé où il s'était installé pour mieux diriger les travaux. Est glorieusement tombé sur le terrain dont la défense lui avait été confiée, encourageant jusqu'au bout ses hommes par son exemple.*

[Né en 1889. Fils du Colonel (décédé) et de Mme née BILLARD DE SAINT-LAUMER.]

AIMÉ (Ernest-Jean), C ✻, ✠ (3 palmes), Général de brigade, commandant une Division.
Glorieusement tombé en septembre 1916, abattu par un obus près du fort de Souville, alors que, sous un bombardement intense, il était allé reconnaître le terrain où devait se déclancher un assaut.

> Citation : *Officier général de la plus haute valeur militaire et morale. Tué glorieusement sur le champ de bataille alors qu'il allait, sur la ligne de feu, reconnaître le terrain de combat et*

soutenir le moral de ses troupes qui étaient sur le point de se lancer à l'assaut.

Ce vaillant officier général est un des rares parmi nos grands chefs, qui, de simple soldat, soit parvenu au plus haut degré de l'armée. En Lorraine, en Woëvre, sur l'Yser, en Artois, il se fit remarquer sur tous les champs de bataille; le 24 février 1915, il était promu officier de la Légion d'honneur et recevait la cravate de commandeur le 5 avril 1916.

AJAM (*Pierre*-Félix), ✳ (posthume), ✠ (palme), sous-lieutenant au 117e d'Infanterie.
Tué à Andechy (Somme), le 7 septembre 1914.

> Citation : *Promu sous-lieutenant à titre temporaire le 7 septembre 1914, a pris part aux combats des 16-18 septembre, 2 et 4 octobre 1914, où il s'est montré très courageux. A été frappé mortellement par un éclat d'obus en faisant une reconnaissance à la lisière d'un bois. A été cité.*

> [Né le 19 janvier 1890. Fils de M. Maurice AJAM, député de la Sarthe, et de Mme née OUDINEAU.]

ALAYER DE COSTEMORE D'ARC (*Jacques*-Auguste-Georges d'), ✳ (posthume), ✠ (palme), sous-lieutenant au 1er Chasseurs à pied.

> Citation : *Officier d'élite, ayant toujours fait preuve de remarquables qualités de bravoure, d'audace et d'énergie. Toujours volontaire pour les missions dangereuses, s'était acquis l'estime et l'admiration de ses subordonnés. Tué héroïquement à Gildwiller, le 8 février 1917, en entraînant ses hommes à la contre-attaque. A été cité.*

ALBANO DI SPACCOME (Raphaël-Michel), ⚅ (posthume), ✠, soldat au 11e d'Infanterie.

> Citation : *A montré une grande bravoure dans la journée du 26 septembre, restant à son poste de veilleur sous un bombardement très violent. A été tué par un éclat d'obus. A été cité.*

ALBERT-ROULHAC (Jacques), ⚅ (posthume), ✠ (palme), maréchal des logis au 5e Hussards.

> Citation : *Faisant partie d'un groupe de service aux tranchées, s'est spontanément offert, sous un feu violent d'artillerie lourde, à secourir des cavaliers enfouis sous les décombres provoqués par l'éclatement des premiers obus et a été victime lui-même de son dévouement.*

ALBERT-ROULHAC (Louis-Paul), ⚅ (posthume), ✠ (palme), sergent au 70e d'Infanterie.

> Citation : *Excellent sous-officier, qui a fait preuve, au feu, d'une magnifique bravoure et d'une haute valeur morale. Au cours de l'attaque du 30 avril 1917, a donné le plus bel exemple d'énergie et de sang-froid, en ralliant, avec un parfait mépris du danger, les hommes de sa compagnie dispersés par le feu meurtrier des mitrailleuses allemandes. Est tombé mortellement blessé en montrant à ses hommes le chemin du devoir.*

ALBIAT (Marcel d'), ✠ (posthume), ✠ (palme), lieutenant de vaisseau au 1er Fusilliers Marins.

Tué à Dixmude, le 10 novembre 1914.

> Citation : *S'est distingué d'une façon particulière dans la journée du 10 novembre 1914, en opérant une diversion qui a permis de délivrer des prisonniers. Grièvement blessé dans cette opération. Mort des suites de ses blessures.*

ALBON (Marie-Suzanne-Hilaire-Jean-Bertrand, Comte d'), ✠, *engagé volontaire,* sous-lieutenant au 171e d'Infanterie.

Déjà blessé en Champagne, fut tué le 24 juin 1916, sous Verdun, en abordant, à la tête de sa section, les premières lignes ennemies.

[Né le 16 décembre 1893. Fils du Mis (décédé), et de la Mme née Yolande DE NETTANCOURT-VAUBECOURT.]

ALÈGRE DE LA SOUJEOLE (Charles), ✠ (étoile d'argent), *engagé volontaire,* sous-lieutenant au 12e Dragons.

Tué à l'ennemi, le 2 mai 1916, près le Moulin de Schüler, à Guewenheim (Alsace), au moment où il faisait abriter ses cavaliers surpris par un violent bombardement.

> Citation : *Officier renommé au groupe léger de la 2e division de cavalerie, par le courage et le sang-froid dont il avait donné des preuves multiples dans de nombreuses reconnaissances d'avant-postes. Officier d'élite, exemple de dévouement, tombé avec gloire le 2 mai 1916, en faisant abriter ses hommes au cours d'un bombardement.*

[Né à Carcassonne le 24 mars 1891. Fils du Capitaine et de Mme née SALAMAN. Marié à Mlle Geneviève GINESTE, fille de M. et Mme née SAULNIER.]

ALESSANDRI (Josué d'), soldat au 1er Zouaves.

Tombé, à 27 ans, aux combats des 20-25 septembre 1914, à la Ferme de la Creute (Aisne).

ALEYRAC (*Robert*-Louis-Marie, Baron Robert d'), ✠ (posthume), ✠, sergent mitrailleur au 156e d'Infanterie.

Parti au début de la mobilisation comme maréchal des logis au 23e Dragons, passa ensuite dans l'Infanterie. Il prit une part glorieuse aux batailles de l'Artois, de Champagne, de Verdun, fort estimé de ses chefs et aimé de ses hommes. Tué, le 28 juin 1916, par un éclat d'obus, et inhumé à Maricourt dans la Somme.

> Citation : *Sous-officier exemplaire, très brave, ayant beaucoup de sang-froid et d'ascendant sur ses hommes. Présent à la compagnie depuis le 1er juin 1915, s'est déjà fait remarquer à diverses reprises, notamment à Verdun. A été tué au moment où il dirigeait sa section sur son emplacement de combat. A été cité.*

[Né le 9 décembre 1886. Fils du Bon René D'ALEYRAC et de la B^{onne} née DE COLOMBEL, décédée.]

ALIGNY (*Pierre*-Louis-Marie, Comte Pierre QUARRÉ DE CHATEAU-REGNAULT d'), ✠ (posthume), ✠ (étoile), étudiant pour Saint-Cyr, caporal observateur au 410e d'Infanterie.

Grièvement blessé, le 30 mai 1918, pendant la retraite de son régiment entre Bagneux et Épagny (Aisne), défendant le terrain pied à pied. Évacué sur Villers-Cotterets, il succombait le même jour à l'hôpital, encore étendu sur sa civière de bataille.

Citation : Jeune gradé, courageux et dévoué. A rendu les plus grands services comme observateur en première ligne, en dépit d'un bombardement très violent, le 30 mai 1918, s'est maintenu à son poste où il a été grièvement blessé. Décédé des suites de ses blessures. A été cité.

[Né le 13 août 1897. Fils du Cte et de la Ctesse née DE BIGOT DE MOROGUES.]

ALLAIN-LAUNAY (Yves), ✳ (posthume), ✳ (4 citations), lieutenant d'Artillerie, pilote-aviateur, chef d'Escadrille.

Tué, au cours d'un combat aérien, sur le front bulgare, le 31 mai 1917, à l'âge de 25 ans.

Citation : Pilote rempli d'allant et d'un merveilleux entrain, s'est révélé récemment chef d'escadrille accompli. A pris le commandement de la 398e dans des circonstances très difficiles. Alors que cette escadrille, frappée de pertes anormales, avait besoin d'un chef dans toute l'acception du terme, a réussi par son exemple, exécutant les missions les plus longues et les plus périlleuses, à obtenir de cette unité le rendement durant la récente période d'opérations actives. Glorieusement tombé dans les lignes ennemies, au cours d'un combat contre quatre avions adverses, pendant une mission à longue portée. A été cité..

ALLARD (Henri d'), ✳, capitaine au 14e Chasseurs à cheval.

Décédé, en mars 1920, des suites d'une longue maladie contractée aux Armées.

[Né en 1882. Fils du Vte (décédé) et de la V^{tesse} née AUBINEAU.]

ALLARD-MEEUS (*Léon*-Pierre-Joseph), ancien officier de Cavalerie, avait repris du service, dès le début des hostilités, au 3e Dragons.

Mort pour la France, le 13 mars 1915.

[Marié à Mme BOUGLEUX.]

ALLARD-MEEUS (*Jean*-Edmond-Léon), ✳ (posthume), ✳ (palme), Saint-Cyrien de la promotion de Montmirail, sous-lieutenant au 162e d'Infanterie.

Tué glorieusement à Pierrepont (Meurthe-et-Moselle), le 22 août 1914, d'une balle au front et d'une autre au cœur.

Citation : Jeune officier, estimé de ses chefs et adoré de ses hommes. Le 22 août 1914, a fait l'admiration de tous en entraînant sa section à l'assaut. A été tué d'une balle à la tête en criant : « En avant ! » A été cité.

[Fils du précédent.]

ALLENS (Marcel d'), sergent au 102e d'Infanterie.

Blessé le 26 septembre 1914, mort des suites, à Paris, deux jours plus tard.

ALLENS (BOUVET d'), sous-lieutenant.

Tué le 9 juillet 1917.

[Marié à Mlle Jeanne-Lucienne CHAMPION.]

ALLEST (Frédéric-Émile-Léon-*Louis* d'), ✳ (posthume), ✴ (5 citations), ✳ (Saint-Stanislas), élève de l'Ecole Polytechnique, lieutenant au 253ᵉ d'Artillerie.

Tué, le 30 mai 1918, au Mont Kemmel ; a été proposé pour la Légion d'honneur. Cinquième citation (du 1ᵉʳ février 1918), antérieure à la mort :

> *Officier hors pair, dont la vie et la mort ont été un exemple de l'accomplissement du devoir et de l'esprit de sacrifice. Tombé glorieusement en plein combat, le 30 mai 1918, alors qu'il affrontait, avec sa vaillance habituelle et un mépris complet du danger, un tir de barrage très violent. Déjà titulaire de cinq citations.*

[Né le 4 juin 1892. Fils de M. Jules d'ALLEST, O ✳, et de Mᵐᵉ née BOURQUELOT DE CERVIGNIÈRES.]

ALLIER (Roger), ✴ (palme), étudiant en droit, ancien élève de l'Ecole des Sciences Politiques, sous-lieutenant mitrailleur au 51ᵉ Chasseurs à pied.

A défendu pendant deux heures, avec une quinzaine de chasseurs, le passage à niveau des Tiges, à Saint-Dié, le 29 août 1914. Blessé aux jambes, a été relevé par les Allemands, a été porté dans une de leurs ambulances de Saint-Dié, et a été tué le lendemain d'un coup de feu tiré à bout portant.

> Citation : *Quoique blessé grièvement aux deux jambes, a continué à encourager ses chasseurs avec la plus remarquable énergie.*

[Né le 13 juillet 1890. Fils de M. Raoul ALLIER, professeur à la Faculté libre de théologie protestante, et de Mᵐᵉ née FREISS.]

ALLOËND BESSAND (Jean-François), ⚜ (posthume), ✴ (palme), soldat au 104ᵉ d'Infanterie.

> Citation : *Excellent soldat, d'un courage et d'un sang-froid exemplaires, qui a fait preuve au combat d'Ethe (Belgique), le 22 août 1914, d'une conduite digne de tous éloges. Capturé par l'ennemi et faisant partie, avec le lieutenant Dagand du 104ᵉ régiment d'infanterie, d'un groupe de prisonniers que les Allemands allaient fusiller, a sauvé la vie à cet officier en le faisant tomber sur le sol, et est mort en héros. Croix de guerre avec palme.*

ALLOEND BESSAND (Henri), ✳ (posthume), ✴, lieutenant aux Tirailleurs Algériens.

> Citation : *Jeune commandant de compagnie. A mené très énergiquement son unité à l'attaque de la position ennemie ; a fait tomber par son mouvement débordant la résistance de l'ennemi, capturant deux mitrailleuses et dix-neuf prisonniers et forçant l'ennemi à nous abandonner deux canons de 77. Mort des suites de ses blessures, le 20 juillet 1918. A été cité.*

ALLOTTE DE LA FUŸE (Daniel), lieutenant au 8ᵉ Chasseurs à cheval.

Parti le premier jour de la mobilisation, a fait avec son régiment la terrible campagne de l'Argonne, s'est signalé dans de dangereuses reconnaissances qu'il a continuées jusqu'à l'extinction de ses forces. Transporté trop tard à Bar-le-Duc, il y est mort de la fièvre typhoïde, le 19 octobre 1914, dans les plus beaux sentiments de chrétien et de breton.

[Né le 19 septembre 1884. Fils de M. le colonel du génie ALLOTTE DE LA FUYE, C ✵, membre correspondant de l'Institut, et de Mme née Louise JÉGOU D'HERBELINE.]

ALOUIS (Georges), ✠ (1 palme, 3 étoiles), ✵ (Sainte-Anne de Russie), ingénieur des Arts et Manufactures, capitaine au 49e d'Artillerie.

En permission à Fontainebleau, est mort d'une grippe infectieuse à laquelle il n'a pu résister, épuisé par quatre années de front et par de nombreuses intoxications de gaz, principalement les dernières à Moreuil, Hangard, Grivesnes, en avril-mai 1918.

Citation à l'Ordre de l'Armée : *Officier d'une rare énergie et d'une haute valeur morale. Au front depuis le début de la guerre, n'a cessé en toutes circonstances de donner l'exemple d'un dévouement sans limites. En particulier, le 4 avril 1918, lors d'une violente attaque allemande, a puissamment contribué par son sang-froid et son énergique attitude à briser les assauts de l'ennemi. Malgré les feux de mitrailleuses, a arrêté l'infanterie ennemie à quelques centaines de mètres de ses pièces.*

[Né le 16 novembre 1889. Fils de M. et de Mme née LIZARS. Marié à Mlle Hélène TRÉFEU, fille du Directeur Hre au ministère de la Marine, O ✵, et de Mme née Odette RATISBONNE, — dont deux enfants.]

ALPHEN (Fernand), ✵ (posthume), ✠ (2 palmes, 1 étoile), industriel, lieutenant au 35e d'Artillerie.

Cité à l'Ordre de la Division (Général BONNIER), le 4 juin 1916; cité à l'Ordre de l'Armée (Général FAYOLLE), le 15 août 1916, il obtenait la citation posthume suivante, également à l'Ordre de l'Armée (Général MICHELER), le 12 décembre 1916 :

Officier des plus distingués. A fait preuve constamment des plus belles qualités d'énergie, de sang-froid et de mépris du danger, se dépensant sans compter pour assurer l'exécution des missions qui lui étaient confiées. A été tué au cours d'une reconnaissance effectuée dans un secteur particulièrement périlleux.

[Né le 1er décembre 1879. Fils de M. Mathieu ALPHEN (décédé) et de Mme née JULES-CAHEN.

ALPY (Maurice), capitaine au 45e d'Artillerie.

Tué en septembre 1914.

[Fils de M. et de Mme née DE GABORY.]

ALQUIÉ (Jean), ✵, ✠, lieutenant d'Artillerie.

Tué le 3 juin 1916.

[Fils de M. et de Mme née BOURZAC.]

ALTON (William d'), ✵ (posthume), ✠ (2 palmes), sous-lieutenant aviateur.

Sous-lieutenant au 5e d'Infanterie, passa dans l'aviation; il faisait partie de cette brillante équipe d'escadrilles qui arrêta l'avance des Allemands devant M.... A succombé, le 31 mars 1918, dans une lutte inégale contre cinq avions ennemis, après avoir combattu pendant plusieurs jours avec une bravoure et un entrain qui lui ont valu l'admiration de ses chefs et de ses camarades.

Citation : *Pendant une liaison d'infanterie, a trouvé une mort glorieuse au cours d'un combat inégal contre cinq avions ennemis.*

ALVERNY (François d'), lieutenant d'Infanterie coloniale.
Mort, le 15 août 1915, à Paris, des suites de ses blessures.

ALVIMARE DE FEUQUIÈRES (Comte d'), capitaine au 236e d'Infanterie.
Tué, le 30 mai 1915, à l'attaque du Labyrinthe de Neuville-Saint-Vaast, en entraînant ses hommes.
[Né en 1878. Fils du Mis et de la M^{ise} née WAUTIER (décédée en 1916). Marié à Mlle Claire DRAKE DEL CASTILLO, décédée en 1916.]

AMADE (Gérard d'), � (posthume), ✠ (palme), élève du cours de Saint-Cyr au Lycée Saint-Louis, sous-lieutenant au 131e régiment d'Infanterie.
Mortellement frappé, au cours d'une reconnaissance de nuit, 25-26 janvier 1915, au Bois du Bas-Jardinet, en Argonne.
Citation à l'Ordre de l'Armée : *A peine arrivé au corps, n'a pas hésité à accomplir une mission périlleuse. Est tombé grièvement blessé à quelques mètres des tranchées ennemies. A été cité.*
[Né le 13 décembre 1895. Fils du général D'AMADE et de Mme née MIEULET DE RI-CAUMONT.]

AMBANOPULO (Georges), ✱, ✠ (2 palmes), sous-lieutenant d'Artillerie.
Tué, dans la région de Locre, le 14 mai 1918.
[Né en 1897. Fils de M. Jean AMBANOPULO, neveu du Ministre de Grèce à Paris.]

AMBELLE (Leu-Gilles de PINDRAY d'), ⚜ (posthume), ✠, soldat au 41e Colonial.
Citation : *Bon soldat, ayant toujours fait vaillamment son devoir. Tombé au champ d'honneur, le 1er mars 1917, près du fort de Vaux. A été cité.*

AMBRIÈRES (Georges GOUIN d'), ✠ (palme), ingénieur de la Cie Huanchaca, de Bolivie.
Tué à Nieuport-Ville, le 24 décembre 1914.
Citation : *Officier de la plus grande énergie. Observateur dans les postes particulièrement dangereux. A été tué au moment où il rétablissait ses liaisons téléphoniques interrompues par un premier bombardement.*

AMBRIÈRES (Henri GOUIN d'), ✱ (posthume), ✠, sous-lieutenant au 90e d'Infanterie.
Citation : *Tombé glorieusement, le 9 mai 1915, à la tête de sa section qu'il entraînait à l'assaut des positions allemandes. A été cité.*

AMBRIÈRES (Jacques GOUIN d'), religieux de la Compagnie de Jésus.
Tué le 8 octobre 1915.

AMET (André-Gustave-Achille-Charles-Louis-Marie), ✱ (posthume), ✠ (palme), élève de l'Ecole Navale.

Cité à l'Ordre de l'Armée Navale (*Journal Officiel* du 10 juillet 1915), dans les termes suivants :

Pendant l'engloutissement du Léon-Gambetta (27 avril 1915), a éclairé les échelles inférieures avec des lampes de poche ou des allumettes, permettant ainsi à l'équipage de monter sur le pont et de se sauver. A travaillé ensuite à mettre les embarcations à la mer ; a contribué, par ses paroles et son exemple, à maintenir l'ordre sur le pont ; a été jeté à la mer par le chavirement du navire et a trouvé la mort.

[Né le 27 juin 1893. Fils de l'Amiral, G O ✳, ▓, et de Mme AMET.]

AMIC (Antoine-Émile-*Paul*), ✳ (posthume), ▓ (2 palmes), capitaine au 15e Chasseurs à pied.

Citation : *Officier de la plus grande bravoure. Mort pour la France au moment où il pénétrait, à la tête de sa compagnie, dans la tranchée ennemie, le 21 décembre 1915, à l'Hartmannswillerkopf. A été cité.*

[Né à Evreux le 22 avril 1883. Fils de M. et de Mme née DESVIGNES DE DAVAYÉ.]

AMIC (Antoine), soldat au 237e d'Infanterie.
Tué à l'ennemi, à Souchez, le 29 juillet 1915.

[Né à Grasse le 5 février 1887.]

AMILLY (Juvénal-Osmont d'), ✳, ▓ (palme) capitaine au 1er Etranger.
Disparu, le 9 mai 1915, en conduisant ses légionnaires polonais à l'attaque de la falaise de Vimy.

AMIOT (Georges-*Philippe*), ▓ (étoile), inspecteur des Finances, ancien élève de l'Ecole Polytechnique, lieutenant au 41e d'Artillerie.
Tué à son poste, le 4 décembre 1914.

Citation du 15 décembre (5e armée) : *Jeune officier sérieux et dévoué, ayant fait preuve en plusieurs occasions de sang-froid et d'énergie. Le 4 décembre, est resté à son poste de commandement, malgré un feu violent ; y a trouvé la mort.*

[Né le 1er mai 1886. Fils de M. Henri AMIOT, O ✳, ingénieur en chef des Mines, et de Mme née Marie DA. Marié à Mlle Louise FUNCK-BRENTANO, infirmière de la S.B.M. (Médaille des Epidémies), fille de M. Frantz FUNCK-BRENTANO, ✳, homme de lettres, et de Mme née Alice REGRAY.]

AMONVILLE (Marie-*Louis* d'), ✳ (posthume), ▓ (palme), ingénieur, sous-lieutenant au 33e d'Artillerie.
A été tué par éclats d'obus au poste de combat de sa batterie, le 13 octobre 1916, près de Combles (Somme).

Citation : *Jeune officier très ardent, ayant maintes fois fait preuve d'intrépidité et de sang-froid. S'est distingué déjà aux combats de Verdun. Tué glorieusement, le 13 octobre, à son poste de combat (bataille de la Somme). A été cité.*

[Né le 7 juillet 1894. Fils du Vte, colonel de cavalerie, et de la Vtesse née de CHÉRISEY.]

AMPHERNET (*Louis*-Michel-Marie, Vicomte d'), ✳, ▓ (étoile), avocat, capitaine au 87e territorial d'Infanterie.
Mort à Saint-Marc (Finistère), le 25 mai 1919, des suites de maladies contractées aux armées (absorption de gaz).

Citation : *Officier de haute valeur morale. Bien qu'atteint par la limite d'âge, montre en toutes circonstances une endurance, un entrain et une ardeur remarquables. Dans la nuit du 23 au 24 septembre 1917, pendant un bombardement par obus asphyxiants sur les abris de sa compagnie, a su, par son sang-froid dans l'exécution des mesures de sécurité et par son activité courageuse, préserver sa troupe de tout accident.*

[Né le 12 août 1857. Fils du Cte et de la Ctesse née NOUEL DE LESQUERNEC. Marié à Mlle Clémence PAYEN, fille du Capitaine de vaisseau et de Mme née CHOMBART DE LAUWE, — dont cinq enfants.]

AMPHERNET (*Georges*-Augustin-Marie, Vicomte Georges d'), ✠ (posthume), ✠ (palme), Saint-Cyrien de la promotion de Montmirail, sous-lieutenant au 125e d'Infanterie.

Tué glorieusement à Reméréville (Lorraine), le 25 août 1914.

Citation : *A conduit très brillamment sa section soumise à un feu des plus violents, lui donnant constamment l'exemple du plus beau courage. A eu son sabre brisé dans sa main par une balle au moment où il se portait à l'assaut, et a été tué en entrant avec ses hommes dans les tranchées.*

[Né le 24 mai 1892. Fils du précédent.]

AMPHERNET (Comte Bertrand d'), Saint-Cyrien de la promotion de la Croix du Drapeau, sous-lieutenant au 156e d'Infanterie.

Blessé grièvement à Drouville (Lorraine), le 25 août 1914, et disparu depuis lors ; sa tombe ne fut retrouvée qu'en 1919.

[Né le 22 juillet 1893. Fils du Cte et de la Ctesse née DE VERNÉTY.]

AMPHOUX (*Roger*-Henri), ✠ (posthume), ✠ (étoile), attaché à la Direction de la Banque Privée à Lyon, sous-lieutenant au 10e Chasseurs à pied.

Tué d'une balle au front, à son poste, dans la tranchée avancée devant N.-D. de Lorette, le 31 janvier 1915. Inhumé dans le cimetière de Bouvigny (Pas-de-Calais).

Citation : *Officier d'une haute valeur morale et d'une grande conscience ; chef de section plein d'entrain et de courage ; s'est distingué en Artois, notamment à Ablain-Saint-Nazaire, le 15 janvier 1915. Tombé glorieusement, le 31 janvier 1915, dans une tranchée avancée. A été cité.*

[Né le 3 novembre 1886. Fils de M. et Mme Ernest AMPHOUX. Marié à Mlle Renée MONOD, fille du Dr Eugène MONOD et de Mme née Magdeleine BELLAMY, — dont une fille : Monique.]

AMPHOUX (*Olivier*-Henri), ✠ (posthume), ✠, étudiant, licencié en droit, diplômé de l'Ecole des Sciences Politiques, caporal au 46e d'Infanterie.

Tombé, mortellement blessé, sur le champ de bataille de Vassincourt (Meuse), le 7 septembre 1914.

[Né le 30 janvier 1893. Frère du précédent.]

AMYOT D'INVILLE (Édouard-Marie-*Jacques*) ✠ (posthume), ✠, capitaine au 44e d'Infanterie.

Venu du 11e Chasseurs à cheval dans l'Infanterie, a été tué le 26 septembre 1915.

Citation : *Venu de la cavalerie. A su bientôt comprendre toute la beauté de la tâche de l'arme dans laquelle il entrait, a su incul-*

quer à tous les sentiments du devoir et du plus pur sacrifice. Mortellement atteint, le 25 septembre 1915, en entraînant sa compagnie à l'assaut d'une tranchée ennemie qu'il allait atteindre. A été cité.

[Fils du Colonel, C ✳, et de Mme Louise-Noémie DE THOMAS DE LABARTHE.]

AMYOT D'INVILLE (Jean), ✳, lieutenant au 9e Dragons.

Tué à Nieuport, le 28 décembre 1914.

[Frère du précédent.]

ANCHALD (Vicomte Pierre SAULNIER d'), ✳, ✳ (3 palmes), lieutenant au 10e Chasseurs à cheval, *engagé volontaire* dans l'aviation.

Tué, le 12 septembre 1915, en combat en lignes allemandes au-dessus de Montfaucon, comme observateur d'armée (Escadrille M. S. 37). Enterré à Montfaucon avec les honneurs de la guerre.

Citation posthume à l'Ordre de l'Armée : Très habile observateur qui avait soutenu avec succès plusieurs luttes avec les avions de combat ennemis. Tué en combat aérien le 12 septembre 1915.

[Né le 19 janvier 1889. Fils du Bon Armand D'ANCHALD, chef d'escadron d'artillerie, et de la B^onne née BÉRARD DE CHAZELLES.]

ANCHALD (Charles-Ludovic-*Jean* SAULNIER d'), ✳ (posthume), ✳ (palme), sous-lieutenant au 9e Cuirassiers à pied.

Tombé glorieusement, en conduisant à l'attaque sa section de mitrailleuses, le 2 octobre 1918.

Citation : Officier d'une très haute valeur morale. Adoré de ses hommes dont il avait su en peu de temps conquérir la confiance absolue, par ses qualités de cœur, son courage, son esprit de devoir. Le 2 octobre 1918, chargé d'appuyer le bataillon qui se portait à l'attaque de la cote 176, malgré un barrage terrible d'artillerie, poussa à propos ses sections de mitrailleuses dans les organisations ennemies, lui causant des pertes et arrêtant les contre-attaques. Blessé mortellement au cours de cette progression, a soulevé l'admiration de ses hommes par son esprit de sacrifice.

[Fils de M. Ludovic D'ANCHALD et de Mme née LEFÈVRE DES FONTAINES. Marié à Mlle Jacqueline DE BELLEVAL.]

ANDELARRE (Marie - Joseph - Raymond - *Gonzague* JAQUOT, Comte Gonzague d'), ✳ (posthume), ✳ (palme), sous-lieutenant au 1er Chasseurs à pied.

Deux fois cité, blessé grièvement, le 29 mai 1918, dans un assaut terrible où son bataillon était cerné, il a été sauvé des mains de l'ennemi par quatre de ses chasseurs dans les circonstances les plus critiques, ce qui, mieux que toute phrase, indique combien il était aimé de ses hommes. Mort, le 6 juin suivant, à l'hôpital de Meaux.

Citation : Le 29 mai, s'est distingué à la tête de sa section en luttant pied à pied contre un ennemi bien supérieur en nombre. Blessé grièvement, a maintenu sa troupe au combat, se faisant transporter par ses chasseurs pendant plusieurs heures. Mort des suites de ses blessures, le 6 juin. Déjà cité.

[Fils du colonel Mis D'ANDELARRE, qui s'illustra, en 1870, à la bataille de Champigny, et de la M^ise née DE DUESME (décédés récemment). Neveu du Mis D'ANDELARRE, membre de l'Assemblée nationale.]

ANDLAU (*Antoine*-Jean-Marie, Comte Antoine d'), ✠ (posthume), ✠ (palme), capitaine au 243ᵉ d'Infanterie.

Tué d'une balle à la tête, en avant de ses hommes, le 10 juin 1915, à l'assaut des tranchées d'Hébuterne.

> Citation : *Venu de la cavalerie pour prendre les délicates fonctions de commandant de compagnie. S'est acquitté de sa tâche avec conscience et un dévouement remarquable. A été tué à la tête de sa troupe, qu'il entraînait à l'assaut des tranchées ennemies.*

[Né le 31 mai 1879. Fils du Cᵗᵉ (décédé), et de la Cᵗᵉˢˢᵉ née DE CHABROL-CHAMÉANE.

ANDLAUER (Jacques), ✠, ✠ (3 citations), aspirant au régiment d'Infanterie coloniale du Maroc.

Tué le 22 octobre 1918.

[Né en 1899. Fils du Général et de Mᵐᵉ née GÉRUSEZ.]

ANDRÉ (Maxime, Vicomte d'), O ✠, ✠ (palme), lieutenant-colonel commandant le 5ᵉ régiment de Chasseurs à cheval.

Blessé à la bataille d'Ypres, le 2 novembre 1914, a succombé dans une ambulance de Poperinghe.

> Citation : *A brillamment conduit son régiment, le 2 novembre 1914, dans un combat contre l'infanterie ennemie, où il a été grièvement blessé.*

[Marié à Mˡˡᵉ DE TRINQUELAGUE.]

ANDRÉ (Henri-Raoul d'), ✠ (posthume), ✠, sergent au 281ᵉ d'Infanterie.

> Citation : *Brave sergent, donnant toujours à ses hommes le plus bel exemple de courage. Tombé glorieusement pour la France, le 2 octobre 1915, devant Neuville-Saint-Vaast (attaques de l'Artois). A été cité.*

ANDRÉ (Georges-Henri-Marie-Nicolas), ✠, ✠ (palme), capitaine de vaisseau.

Commandant le *Léon-Gambetta*, a coulé avec son bâtiment, le 27 avril 1915.

> Citation : *A conservé le plus grand calme et le plus grand sang-froid pendant l'engloutissement de son bâtiment torpillé deux fois. A attendu la mort à son poste de commandement après avoir donné tous les ordres nécessaires pour le sauvetage de son équipage.*

ANDRÉ (Balthazar-Alexandre-Maxime d'), ✠ (posthume), ✠, sergent au 346ᵉ d'Infanterie.

> Citation : *Brave sous-officier, d'un dévouement absolu, donnant à ses hommes le plus bel exemple en toutes circonstances. Tombé glorieusement pour la France, le 23 septembre 1914, à Lironville (Meurthe-et-Moselle).*

ANDRÉ (Blanchard-Albert-Augustin d'), ✠ (posthume), ✠, caporal au 346ᵉ d'Infanterie.

> Citation : *Bon caporal, brave et dévoué. A fait vaillamment son devoir, dès les premiers combats de la campagne. Tombé glorieusement pour la France, le 23 septembre 1914, à Lironville (Meurthe-et-Moselle).*

ANDREZEL (Henri NOUETTE d'), ✳ (posthume), � (étoile), élève de Saint-Cyr, sous-lieutenant au 36ᵉ d'Infanterie.

Tombé au champ d'honneur, le 25 septembre 1915.

[Fils de M. Charles D'ANDREZEL, capitaine de vaisseau, O ✳, et de Mᵐᵉ née DE FROTTÉ.]

ANDRIÉ (Maurice), ✳ (5 citations), élève de l'Ecole Centrale, capitaine au 107ᵉ d'Artillerie.

Tué le 28 mai 1918.

[Né en 1892. Fils de M. et de Mᵐᵉ née ROUSSELLIER.]

ANDRILLON (Henri), ✳, ✳ (2 palmes), littérateur, licencié en droit, chef de bataillon au 83ᵉ d'Infanterie.

Tué à son poste de combat, le 31 janvier 1917, à l'âge de 41 ans.

ANDURAIN DE MAŸTIE (Marie - Jean - Ovide - *Clément* d'), ✳ (étoile), sous-lieutenant mitrailleur au 142ᵉ d'Infanterie territoriale.

Grièvement blessé, le 2 mars 1916, sous Verdun, mort le 6 des suites de ses blessures.

> Citation à l'Ordre du XXᵉ Corps d'armée : *Officier courageux et plein d'entrain ; au front depuis le début de la campagne ; a été blessé grièvement, le 2 mars 1916, par une bombe d'aéroplane pendant le tir que dirigeait contre cet avion la section de mitrailleuses qu'il commandait.*

[Né le 21 juillet 1878. Fils de M. Édouard D'ANDURAIN de MAŸTIE et de Mᵐᵉ née D'ARTHEZ-LASSALLE.]

ANGELI (Marie-*Jacques* de), brigadier au 29ᵉ Dragons.

Tué le 22 août 1914.

[Petit-fils du Général DE BUSSY.]

ANGINIEUR (Claude - Marie - Charles - *Fernand*), ✳ (posthume), ✳ (palme), capitaine au 22ᵉ d'Infanterie.

Tué, dans les Vosges, le 6 septembre 1914.

> Citation : *Admirable figure de chef et de Français, joignant à une bravoure chevaleresque la culture la plus étendue. Après avoir montré, au cours de voyages d'exploration en Asie centrale, les preuves d'une énergie infatigable, mise au service d'une curiosité scientifique jamais satisfaite, a donné au cours de la campagne l'exemple des plus hautes vertus militaires. Tué le 6 septembre 1914, en entraînant sa compagnie à l'assaut. A vécu en savant et en saint. Est mort en héros. A été cité.*

[Fils de M. et de Mᵐᵉ née DU PASQUIER.]

ANGLADE (François-Antoine-*Jean* d'), ✳, ✳ (2 palmes), élève de philosophie au Collège d'Arcachon, *engagé volontaire*.

Après avoir été nommé caporal sur le champ de bataille, fut blessé par un obus, le 22 juin 1915, à Neuville-Saint-Vaast. Avec les fatigues écrasantes de la guerre, il eut à supporter les tortures d'une longue agonie. Il est mort à Paris, le 3 août, à l'hôpital auxiliaire 156, après avoir subi quatre opérations chirurgicales, dont deux amputations. Avec les sentiments de la piété

la plus vive, il a offert à Dieu, pour le salut de la France, le sacrifice de sa jeunesse et de sa vie.

Le 10 juillet 1915, cité à l'Ordre du jour de l'Armée : *Blessé gravement et douloureusement au cours d'un travail de nuit exécuté
sous le feu et près de l'ennemi, a maîtrisé sa douleur avec une
énergie stoïque, en disant à son officier : « Parlez-moi, mon lieu-
» tenant, de la France; parlez-moi d'elle souvent et longtemps,
» cela me fera oublier mes souffrances. »*

[Né le 26 juin 1896. Fils de M. Maxime D'ANGLADE et de Mᵐᵉ née Jeanne PERREAU.]

ANGLEJAN-CHATILLON (Guy d'), ✠, lieutenant aviateur.

Du 4ᵉ Dragons, il passa dans l'aviation de bombardement, et
trouva la mort, au cours d'un combat aérien, le 11 juin 1918, au
retour d'une mission.

[Fils du Cᵗ Bᵒⁿ D'ANGLEJAN-CHATILLON, ✠, et de la Bᵒⁿⁿᵉ née Catherine DE BURGUES
DE MISSIESSY.]

ANNOVILLE (Comte Charles MICHEL d'), ✳, ✠ (palme), consul de France au Luxembourg, sous-lieutenant au 294ᵉ d'Infanterie.

Blessé grièvement, le 22 mai 1916, succomba à ses blessures,
le 22 juin suivant.

ANNOVILLE (Charles-Godefroy MICHEL d'), ✳, ✠ (palme), capi-taine au 348ᵉ d'Infanterie.

Citation : *Officier de valeur qui s'était distingué dès les premiers
combats de la campagne par sa grande bravoure et sa mâle énergie.
Glorieusement tombé au champ d'honneur, le 11 septembre 1914, au
cours d'une opération de nuit.*

[Fils du Cᵗ (décédé) et de la Cᵗᵉˢˢᵉ née LE PELLETIER D'ANNOVILLE. Marié à Mˡˡᵉ Marie
GRESSIER, — dont quatre enfants.]

ANSART DU FIESNET (Pierre), sergent au 19ᵉ d'Infanterie.

Disparu le 6 octobre 1914.

ANSELIN (Ernest-François-Amédée), O ✳, ✠, général comman-dant la 214ᵉ brigade d'Infanterie.

Tué à l'ennemi devant Douaumont, le 24 octobre 1916.

Citation : *Officier général remarquable par ses belles qualités
de soldat et de chef. Tombé glorieusement au cours d'une reconnaissance précédant une attaque imminente.*

[Né le 16 janvier 1861. Fils de M. et de Mᵐᵉ née DUBUCHE. Marié, en 1887, à
Mˡˡᵉ BOULLIER.]

ANTHENAY (Baron Georges BOCQUET d'), ✳ (posthume), ✠ (palme), ✳✳ (Médaille commémorative de Cassablanca et Médaille du Maroc), capitaine au 112ᵉ, puis au 161ᵉ d'Infanterie.

Prit part, au Maroc, au combat de la Chouia, comme officier
au 2ᵉ Tirailleurs. Revenu en France à la déclaration de guerre, fut
tué, le 29 janvier 1915, dans les parages de Bagatelle et du Four
de Paris, au bois de la Gruerie.

Citation à l'Ordre de l'Armée : *S'est mis en tête de sa compagnie
pour donner l'assaut. A été mortellement blessé au moment où il
tenait les tranchées ennemies.*

[Né le 30 octobre 1877. Fils du Bᵒⁿ D'ANTHENAY, ancien receveur des Finances, et
de la Bᵒⁿⁿᵉ née Marguerite BROSSONNEAU, décédés.]

ANTIN (*Raymond*-Marie-Louis-François, Baron d'), �֍ (posthume), ▨ (palme et étoile), officier d'Infanterie démissionnaire en 1912, réintégré au 48ᵉ d'Infanterie, son ancien régiment, passé au 41ᵉ en décembre 1917.

Tué en entraînant ses hommes à l'assaut, à Hangard-en-Santerre, le 26 avril 1918, à trente mètres des lignes allemandes. L'ennemi avait braqué une mitrailleuse sur son corps, pour empêcher ses hommes de le reprendre.

Cité une première fois le 8 septembre 1915 ; Voici sa citation posthume. :

> *Commandant une compagnie de première ligne, a, malgré le bombardement intense et le feu extrêmement nourri de mitrailleuses dirigés sur son unité, réussi à faire progresser ses hommes, marchant lui-même toujours en avant. Tué glorieusement au moment où il abordait l'objectif qui lui avait été donné. A été cité.*

[Né le 11 juin 1880. Fils du Bᵒⁿ d'Antin (décédé) et de la Bᵒⁿⁿᵉ née de Cintré. Marié, en 1908, à Mˡˡᵉ Marie-Josèphe Espivent de la Villeboisnet de Catuélan, fille du Mⁱˢ de Catuélan (décédé) et de la Mⁱˢᵉ née de la Rochethulon, — dont quatre enfants.]

ANTOINE (Charles-Georges d'), �֍ (posthume), ▨, sous-lieutenant au 163ᵉ d'Infanterie.

Citation : *Officier d'une très grande bravoure. Est mort en entraînant sa section à l'assaut d'une tranchée allemande. A été cité.*

ANTONIO (André de), ⚜ (posthume), ▨, adjudant d'Infanterie.

Citation : *Sous-officier brave et dévoué, d'une belle attitude au feu. Mort pour la France, le 6 octobre 1915, à la Main-de-Massiges. A été cité.*

APPERT (*Félix*-Étienne-Eugène), ✖, ▨ (2 palmes), ✖ (Médaille coloniale, Maroc), ✖ (Sainte-Anne de Russie), ✖ (Saint-Stanislas), C ✖ (Nicham Iftikar), ✖ (Sauveur de Grèce), colonel breveté du 11ᵉ d'Infanterie.

Tué le 20 décembre 1914, au combat de Mesnil-les-Hurlus (Marne), d'un éclat d'obus à la tête.

> Première citation (9 octobre 1914) : *A eu, sous le feu, la plus belle tenue dans les combats qui se sont livrés du 22 au 26 août, blessé le 28 août, a conservé le commandement de son régiment et l'a exercé avec une remarquable énergie jusqu'à la fin de la journée.*

> Citation posthume (27 février 1915) : *Chef de corps brillant, déjà blessé une première fois, est revenu, à peine guéri, sur le front ; a pris le commandement des tranchées de son secteur et a été mortellement blessé à son poste de commandement au combat du 20 décembre 1914.*

[Né le 3 août 1860. Fils du général de division Appert, G C ✖, ancien ambassadeur de France en Russie, et de Mᵐᵉ née Hoskier. Marié à Mˡˡᵉ Germaine Le Riche de Breuilpont, fille du Mⁱˢ et de la Mⁱˢᵉ née Blanche de Coëtquen des Ormeaux de Coëtdihuel, — dont un fils : Antoine.]

ARAGO (Jean), ✖ (posthume), ▨, lieutenant au 365ᵉ d'Infanterie.

Tué, à la tête de sa compagnie, le 29 août 1918, à l'âge de 23 ans.

ARAGON (*Robert*-Charles-Marie-François de BANCALIS DE MAUREL, Marquis d'), ✠ (posthume), ✠ (palme), capitaine au 63e d'Infanterie.

Tombé au champ d'honneur, le 21 décembre 1914.

Citation à l'Ordre de l'Armée : *A donné le plus bel exemple de sang-froid et de courage en entraînant sa compagnie à l'attaque des positions allemandes, et a réussi, malgré un violent feu d'artillerie et de mitrailleuses, à pénétrer dans la tranchée ennemie. Tombé au champ d'honneur. A été cité.*

[Né le 1er juin 1882. Fils du Mis D'ARAGON (décédé) et de la Mise née Louise-Mathilde DE LORDAT.]

ARAGON (*Henry*-Jean-Marie-Victor de BANCALIS DE MAUREL, Comte d'), ✠, ✠, capitaine au 20e Dragons.

Passé, sur sa demande, dans l'aviation. Tué sous Verdun le 13 mars 1916.

[Né le 22 mai 1883. Frère du précédent. Marié en 1909, à Mlle Madeleine SCHAEFFER, — dont une fille : Chantal.]

ARAILH (Albert-*Joseph*-Marie-Michel d'), ✠ (posthume), ✠ (palme et étoile d'or), capitaine au 78e d'Infanterie.

Tué glorieusement, le 11 avril 1916.

Citation (14 mai 1916) à l'Ordre de l'Armée : *Officier remarquable à tous les points de vue. Au front depuis le début de la campagne. Avait élevé au plus haut degré le moral de sa compagnie et en avait fait une unité de premier ordre. Est tombé mortellement frappé, le 11 avril 1916, au moment où il se portait en avant pour faire la reconnaissance du terrain en vue d'une contre-attaque. A été cité.*

[Né le 23 octobre 1878. Fils de M. Paul-Ernest D'ARAILH et de Mme née Emma GUY. Marié à Mlle Marie-Antoinette LAPARRE DE SAINT-SERNIN, fille du Cte DE SAINT-SERNIN, O ✠, ✠, ancien chef d'escadron, et de la Ctesse née Marie DE LAGORSSE, — dont deux filles.]

ARAILH (Gérard d'), soldat au 14e régiment d'Infanterie.

Disparu à la bataille de Charleroi, près de Bertrix (Belgique), le 22 août 1914.

[Né le 3 mai 1888. Frère du précédent.]

ARAM (Bernard-*Henri*-Marie d'), ✠, ✠ (2 palmes), capitaine au 59e d'Infanterie.

Tué à l'ennemi le 11 mai 1915, à Roclincourt.

Dernière citation : *Officier très brillant et très brave, déjà décoré pour faits de guerre. Le 9 mai, s'est élancé à l'assaut à la tête de sa compagnie, a reçu une blessure; il a néanmoins conservé le commandement de sa compagnie, s'est de nouveau porté à l'attaque, et a trouvé une mort glorieuse.*

[Né le 10 avril 1881. Fils de M. et de Mme née MAZENS.]

ARAMON (*Henry*-Ghislain-Marie-Hubert, Comte de SAUVAN d'), ✠ (posthume), ✠ (palme), lieutenant aviateur à l'Escadrille F. 54.

Venu du 5e Chasseurs à cheval dans l'aviation; à la veille d'être nommé au commandement d'une escadrille, trouva une mort glorieuse au retour d'un réglage de tir sur les lignes ennemies, accompli par un temps de violente bourrasque. Son appareil, pris dans un remous, est venu s'effondrer sur le sol, entraînant la mort du pilote et de son observateur.

Citation : *Officier pilote d'un grand courage et d'une haute conscience. N'a pas hésité à partir en reconnaissance, le 12 avril 1917, malgré la violence du vent. Blessé très grièvement à l'atterrissage. Est mort des suites de ses blessures. A été cité.*

[Fils du Mis et de la M^ise née DE LA BASTIDE.]

ARAMON (*Hubert*-François-Ghislain-Claude, Comte Hubert de SAUVAN d'), du 58e d'Infanterie.

Avait fait la campagne de Lorraine comme maréchal des logis au 7e Dragons, et réformé pour maladie contractée au front, en septembre 1914 ; avait tenu néanmoins à contracter un engagement spécial dans l'infanterie. La maladie devait être plus forte que son patriotisme, et il succomba soudainement, le 21 janvier 1917.

[Frère du précédent.]

ARBAUMONT (Jean MAULBON d'), ✠ (étoile), candidat à Saint-Cyr, *engagé volontaire*, aspirant au 27e d'Infanterie.

Engagé le 27 février 1915 au 27e de ligne. Fit successivement tous les fronts, le Bois d'Ailly, Tahure ; entre temps un cours à Saint-Cyr, puis le Bois Brûlé, Verdun (Vaux-Chapitre), la Lorraine, la Somme, l'Argonne et enfin la Champagne où, à l'assaut du Mont Cornillet, il trouva la mort en avril 1917. Il venait d'avoir 20 ans.

Citation : *Plein d'entrain et d'allant, courageux à l'excès, toujours volontaire pour les missions les plus périlleuses. Blessé mortellement en chargeant à la tête de sa section, le 17 avril 1917.*

[Né le 12 février 1897. Fils de M. Maurice D'ARBAUMONT, O ✱, ✠, chef d'escadron de cavalerie, détaché dans l'infanterie, et de Mme née BELGRAND.]

ARBELLOT DE ROUFFIGNAC (Marie-*Jean*), ✠ (posthume, ✠ (palme), adjudant au 232e d'Infanterie.

A pris part aux combats du Grand-Couronné, du Bois Mortmare, de Flirey, et participa à une attaque nocturne des avant-postes ennemis devant Port-sur-Seille (Meurthe-et-Moselle), le 13 janvier 1915. Il y trouva une mort glorieuse à la tête de sa section le 16 février suivant, après trois jours d'un combat terrible qui interdit aux Allemands l'occupation de la hauteur du Signal-de-Xon et aboutit à la reprise du village de Norroy.

Citation : *A été tué le 16 février 1915, en entraînant sa section dans des circonstances particulièrement difficiles. Mort en brave. A été cité.*

[Né le 5 novembre 1892.]

ARBOUSIER (Montplaisir-Charles-Lucien d'), ✠ (posthume), ✠ (palme), adjudant au 243e d'infanterie.

Citation : *Chef de section d'une rare valeur et d'un entrain à toute épreuve, ayant montré, au cours des combats de Lorraine, de Woëvre et des Flandres (en août, septembre et octobre 1914), les plus brillantes qualités de courage personnel et de commandement. Est tombé mortellement frappé, le 9 novembre 1914, en entraînant ses hommes à l'assaut des tranchées allemandes. A été cité.*

ARBOUX (Georges-*Michel*), avocat à la Cour de Paris, sous-lieutenant au 5e d'Infanterie.

Tué à l'ennemi, au Godat, le 27 septembre 1914.

[Né à Paris le 1er mars 1889. Fils de M. le Pasteur et de Mme Jules ARBOUX.]

ARCHAMBAULT DE BEAUNE (Jacques), ✠ (posthume), ✠ (palme et plusieurs citations), Saint-Cyrien de la promotion 1914 (Croix du Drapeau), lieutenant au 26e Dragons, passé sur sa demande au 15e Chasseurs à pied, en octobre 1915.

Brillant officier, plein d'entrain et offrant les plus belles espérances, apprécié de ses chefs, aimé de ses camarades et adoré de ses hommes, il tombait à la tête de son groupe, à l'Hartmannswillerkopf, le 21 décembre 1915, à l'âge de 20 ans.

Citation posthume : *Venu récemment de la cavalerie sur sa demande, est tombé glorieusement face à l'ennemi, le 21 décembre 1915, au moment où il prenait la tête de l'attaque. A été cité.*

[Né le 10 mars 1895. Fils de M. Roger ARCHAMBAULT DE BEAUNE et de Mme née LAMARCHE. Petit-fils du colonel ARCHAMBAULT DE BEAUNE, tué à la charge de Reischoffen, en août 1870.]

ARCIMOLES (Marie-Joseph-Auguste-Raoul d'), ✠, capitaine de frégate.

Passager sur le *Niemen*, disparu le 17 septembre 1917.

ARCY (Marie-*Joseph*-Gustave, Comte Joseph d'), ✠ (posthume), ✠, sergent au 339e d'Infanterie.

Citation : *Sous-officier dévoué, très crâne et très courageux. Glorieusement tombé à son poste de combat, le 15 décembre 1914, à Remières. A été cité.*

ARCY (Comte François d'), maréchal des logis à la S. S. no 11.

Mort, le 14 octobre 1918, à l'hôpital militaire d'Ecury-sur-Coole (Marne).

[Tous deux fils du Cte et de la Ctesse née Élisabeth DE PÉLACOT.]

ARCY (Samuel-H. d'), ✠ (palme), ✠ (Distinguished Service Order), lieutenant aviateur.

Remarquable officier d'aviation dans le corps britannique, où il s'était mesuré si souvent avec l'escadrille du fameux Richtofen; après avoir été blessé et décoré en Flandre, il avait été affecté, pour ses qualités de pilote, à l'expérimentation des nouveaux appareils. C'est dans ce service délicat et périlleux qu'il a trouvé la mort en France le 8 juin 1918.

[Fils du Vte Patrice D'ARCY et de la Vtesse née DE LA VALETTE.]

ARCY (Jacques d'), ✠ (posthume), ✠ (palmes), sous-lieutenant au 170e d'Infanterie.

Citation : *Le 1er novembre 1918, a entraîné d'un bel élan sa section à l'attaque d'une position solidement organisée, sous un feu violent d'artillerie et de mitrailleuses. A été mortellement blessé au moment où il se portait seul en avant dans une zone balayée par les balles, pour reconnaître une position d'où il pût mieux contrebattre les mitrailleuses ennemies. Déjà trois fois cité.*

ARDANT DU MASJAMBOST (*Emmanuel*-Georges-Christian-Marie), ✠, sous-lieutenant au 147e d'Infanterie.

> Citation : *S'est élancé le 15 octobre 1914, au Bois de la Gruerie, à la tête de sa section, à l'attaque d'une tranchée ennemie. Des hommes de sa section l'ont vu tomber blessé ; a disparu.*

[Né le 11 février 1890. Fils de M. et de Mme née du Bost de Saint-Leu.]

ARDOUIN-DUMAZET (Maurice), ✠ (1 palme, 1 étoile), Saint-Cyrien (promotion de Mauritanie), capitaine au 15e Chasseurs à pied.

Tombé le 4 juin 1915, en service commandé, au pied de l'Hartmannswillerkopf, mort des suites de sa blessure à l'ambulance de Moosch (Alsace française), le 5 juin 1915.

> Citation : *A, pendant plus d'un mois, lutté pied à pied pour élargir et fortifier une position conquise (Hartmannswillerkopf) malgré la résistance très vive et les contre-attaques incessantes de l'adversaire. Officier de haute valeur, de la plus vive intelligence et d'une bravoure merveilleuse.*

[Né le 12 mars 1889. Fils de M. E. Ardouin-Dumazet, ✿ (70) (engagé volontaire), littérateur, et de Mme née Edmée Mathieu.]

ARENBERG (*Ernest*-Charles-Marie-Élie, Prince et Duc Ernest d'), ✠ (posthume), ✠ (palme), sous-lieutenant de réserve.

Blessé, le 21 octobre 1914, près de Flirey, est mort à Combreux, le 20 mars 1915, des suites de ses blessures.

> Citation à l'Ordre de l'Armée : *Blessé une première fois en menant ses hommes à l'assaut, ne s'est arrêté qu'après avoir reçu deux nouvelles blessures l'immobilisant, en criant à ses hommes de ne pas s'occuper de lui.*

[Né le 3 mars 1886. Fils du prince-duc Auguste d'Arenberg, membre de l'Institut, et de la Pesse née Jeanne Greffulhe, décédée. Marié, en 1908, à Mlle Thérèse de La Rochefoucauld d'Estissac, fille du duc d'Estissac et de la Desse née Jeanne de Rochechouart—Mortemart.]

ARGENCE (Pierre-Marie-Jean-*Roland* JOUMARD TIZON d'), ✠ (posthume), ✠ (palme), cavalier au 11e Cuirassiers à pied.

Tombé à l'attaque de Prosnes (Champagne), le 26 juillet 1916.

> Citation à l'Ordre de l'Armée : *Au cours d'une attaque de nuit, le 26 juillet 1916, et sous un feu d'artillerie des plus violents, dirigé sur sa section de mitrailleuses, s'est fait bravement tuer à côté de sa pièce plutôt que de s'abriter et d'interrompre le tir. A été cité.*

[Né le 25 mars 1895. Quatrième fils du Cte Frédéric d'Argence et de la Ctesse née Barrot.]

ARGENSON (Marc-Pierre de VOYER DE PAULMY, Comte d'), ✠ (posthume), ✠ (palme), ancien député de la Vienne, capitaine au 32e d'Infanterie.

Capitaine de Territoriale, passa, sur sa demande, dans l'armée active. Tué, le 30 avril 1915, en montant à l'assaut, près d'Ypres.

> Citation : *Officier de l'armée territoriale, qui a demandé à commander une compagnie d'active, n'a cessé de montrer une bravoure admirable ; a été tué le 30 avril 1915, au moment où il venait, à la tête de sa compagnie, d'enlever une tranchée fortement organisée.*

[Né le 9 mars 1877. Fils du Mis et de la Mise née d'Argout (décédée). Marié, en 1901, à Mlle Elisabeth Lanjuinais, fille du Cte, député du Morbihan, et de la Ctesse née Marie de Boisgelin (décédés), — dont deux enfants.]

ARGENTON (François de BILLEHEUST d'), religieux de la Compagnie de Jésus, sergent au 125e d'Infanterie.
Tué le 26 août 1914.

[Né en 1890. Fils du B°ⁿ et de la B°ⁿⁿᵉ née Marguerite DE CUMONT.]

ARGENTON (Henry de BILLEHEUST d'), lieutenant au 3e d'Artillerie lourde.
Tué le 27 janvier 1915.

ARGENVILLIER (Pierre), ☖ (posthume), ✠, banquier, *engagé volontaire* au 85e d'Infanterie.
Tué au combat du Bois Brûlé, le 22 février 1915, « en donnant l'exemple d'un grand courage », dit une lettre de félicitations à sa famille.

[Né le 21 septembre 1885. Fils de M. Emile ARGENVILLIER, banquier, et de Mᵐᵉ née BURET.]

ARGŒUVES (Olivier GORGUETTE d'), soldat d'Infanterie.
Tué le 16 septembre 1915.

[Fils de M. et de Mᵐᵉ née DE MAINDREVILLE.]

ARLES (Louis-Émilien d'), ☖ (posthume), ✠, cavalier au 8e Hussards.
Citation : *Infirmier d'un grand courage, n'a pas hésité à se porter sur la ligne de feu pour donner des soins à un officier blessé. Tombé entre les lignes en donnant le plus bel exemple d'abnégation, le 12 juin 1918. A été cité.*

ARLIN (Marcel), ✠ (1 étoile d'argent, 1 étoile de bronze), étudiant, soldat au 56e d'Infanterie.
Tué à son poste, le 14 mai 1915.

Citation posthume : *Soldat intrépide. Faisant partie, le 14 mai, d'un groupe de grenadiers chargé de garder un barrage dans un boyau, a contribué très énergiquement, en lançant des calendriers, à repousser une violente attaque allemande. A été frappé mortellement à son poste.*

[Né le 6 juin 1894. Fils de M. Joannès ARLIN, capitaine au 4ᵉ bataillon de Chasseurs alpins, et de Mᵐᵉ née GAUTHIER.]

ARMAGNAC (Vicomte Xavier d').
A succombé, en mai 1919, aux suites d'une maladie contractée aux armées.

[Marié à Mˡˡᵉ Marie-Thérèse DE BAUDUS.]

ARMAGNAC (Jules-Pierre-Augustin-*Jacques*), lieutenant de réserve au 109e d'Infanterie.
Blessé et fait prisonnier, a succombé à ses blessures, le 8 avril 1915, à Munich.

[Né à Paris le 8 mars 1881. Fils de M. et de Mᵐᵉ née BONNASSIEUX. Marié à Mˡˡᵉ Marthe DE BOSIA.]

ARMAILLÉ (*Henry* de LA FOREST, Marquis d'), officier interprète près l'Armée Britannique.
Malgré son âge, qui le plaçait dans la réserve de l'armée terri-

toriale, il avait demandé à partir au front dès le début de la guerre. Après avoir enduré les fatigues de deux années de front, il revint chez lui fort souffrant. Il a été enlevé après quelques jours de maladie par une congestion pulmonaire, en février 1917.

[Né le 1er juillet 1872. Fils du Mis et de la M^{ise} née DE BUISSERET DE BLARENGHIEN-STEENBECQUE (décédés). Marié, en 1911, à Mlle Odette D'ORLIER DE SAINT-INNO-CENT.]

ARMAU DE POUYDRAGUIN (Jacques d'), ✳ (posthume), ✠ (2 palmes), avocat à la Cour de Paris, sous-lieutenant au 37e d'Infanterie.

Tué le 11 mai 1915, à Neuville-Saint-Vaast (Artois).

> Citation : *Toujours le premier au danger, s'est jeté bravement à l'attaque d'un cimetière par le boyau qui y conduisait, y a tué les Allemands qui le défendaient et enlevé à la baïonnette une des faces de ce point d'appui. Est tombé face à l'ennemi, donnant à tous l'exemple d'une héroïque bravoure.*

[Né le 5 août 1892. Fils du général B^{on} D'ARMAU DE POUYDRAGUIN et de la B^{onne} née ROUGET, décédée en 1918.]

ARMAU DE POUYDRAGUIN (François d'), ✳ (étoile), Saint-Cyrien, sous-lieutenant au 26e d'Infanterie.

Tué le 9 mai 1915, au Labyrinthe (Artois).

> Citation : *A enlevé vigoureusement son unité en s'élançant à l'attaque d'une position ennemie, hérissée de mitrailleuses, et est tombé glorieusement en donnant à tous un bel exemple de courage, d'énergie et de mépris du danger.*

[Né le 14 mars 1896. Frère du précédent.]

ARNAL (Marie-Bernard-Auguste-Joseph-*Pierre*), ancien député de Tarn-et-Garonne, lieutenant au 139e d'Infanterie.

Mort de blessures de guerre, le 31 août 1914, à l'hôpital de Rambervillliers.

[Né le 18 mars 1873. Fils de M. et de Mme née DELIBES. Marié, en 1897, à Mlle Émilie ROCA.]

ARNAL DE SURDUN (Charles MARTIN d'), soldat d'Infanterie.

Tué le 20 août 1915.

ARNAUD (William), ✠ (palme), *engagé volontaire*, sous-lieutenant d'artillerie, aviateur.

Tué en combat aérien, le 16 mai 1918.

> Citation : *Engagé volontaire dans l'artillerie à dix-sept ans, passé sur sa demande dans l'aviation, y a montré toutes les qualités du soldat : intelligence, entrain, énergie et courage. Chargé de la protection d'un camarade, a soutenu, pour le dégager, le combat contre trois avions de chasse ennemis et est tombé mortellement atteint.*

[Né en 1899. Fils du Chef d'escadron, professeur à l'École centrale, et de Mme née HERPIN.]

ARNAUD (Maurice), ✠, capitaine au 31e d'Infanterie.

Blessé à l'assaut de Vauquois, le 1er mars 1915, à la tête de sa compagnie, succomba à ses blessures le 22 du même mois.

[Né le 5 novembre 1877. Fils de M. et de Mme née DUCHEYRON DE BEAUMONT. Marié à Mlle Alice RIOTTEAU, fille du Sénateur et de Mme RIOTTEAU.]

ARNAULD DE PRANEUF (*Antoine*-Adrien-Valère), ✠ (posthume), ✠ (1 palme, 1 étoile), sous-lieutenant au 97e d'Infanterie.

Sous-officier de réserve dans un régiment de dragons au début de la campagne, il avait sollicité son incorporation dans l'infanterie afin de rester sur le front où sa bravoure lui valut maints éloges de ses chefs. A été tué, le 30 mars 1918, à l'attaque de Plémont, près de Lassigny.

Citation : *Attaqué par un ennemi bien supérieur en nombre, a défendu sa position avec une ténacité sans pareille, prenant la place d'un fusilier-mitrailleur qu'il avait envoyé chercher des munitions, occasionnant lui-même à l'ennemi des pertes sévères, jusqu'au moment où il fut mortellement atteint à son poste de combat.*

[Né le 9 avril 1890. Fils du Cte René ARNAULD DE PRANEUF, ancien officier de cavalerie, et de la Ctesse née RÉAL.]

ARNOUX (Vicomte *Daniel*-Ernest-Albert d'), ✠, ✠, capitaine au 25e Dragons.

Tué le 24 mai 1915.

ARNOUX DE MAISON-ROUGE (Antoine), ✠, ✠ (1 palme, 2 étoiles), *engagé volontaire,* brigadier au 7e Cuirassiers, puis officier aviateur.

A reçu trois blessures le 14 avril 1917, au cours d'un combat aérien; mort des suites, le 29 mai, à l'hôpital militaire de Troyes.

Citation (Ordre n° 4884, du 5 mai 1917) : *Officier très brave. Attaqué le 14 avril par trois appareils ennemis, a réussi, grâce à son sang-froid et à son énergie, malgré une très grave blessure, à se dégager de l'étreinte de ses adversaires et à ramener son appareil dans nos lignes. A sauvé ainsi d'une mort certaine son observateur, blessé lui aussi au cours de l'action. Déjà deux fois cité à l'ordre.*

[Né le 2 mai 1895. Fils du général Bon ARNOUX DE MAISON-ROUGE et de la Bonne née DE TRUCHIS DE LAYS (décédée en 1918).

ARNOUX DE MAISON-ROUGE (Gilbert), ✠ (posthume), ✠ (palme), lieutenant au 7e Dragons.

Citation : *Officier remarquable. Pilote de combat ayant toujours donné l'exemple de la bravoure et de la conscience dans le devoir. A trouvé une mort glorieuse en attaquant seul, dans les lignes ennemies, un groupe d'avions de chasse, le 31 mai 1918.*

ARON (Maurice), ✠ (4 citations), capitaine d'Artillerie, commandant d'Escadrille.

Tué en combat aérien, le 18 juillet 1918.

[Fils du Dr et de Mme ARON, de Besançon.]

ARON (Gilbert), ingénieur des Ponts et Chaussées, capitaine d'Artillerie.

Tué à l'ennemi, à Auberive en Champagne, le 25 février 1916.

[Frère du précédent.]

ARONIO DE ROMBLAY (Henry), étudiant, maréchal des logis au 16e Dragons.

Blessé mortellement au combat de Marquivillers, le 27 mars 1918, est mort le 29 au lazaret de Nesle (Somme).

[Né le 22 juillet 1891. Fils de M. et de Mme née DE CANECAUDE.]

ARRAS (Maurice d'), ✠, capitaine adjudant-major au 41e d'Infanterie.

Tué, le 25 mars 1916, au Four de Paris (Argonne) ; avait déjà été blessé en août 1914 et mai 1915.

[Marié à Mlle BLANCHARD DE LA BROSSE.]

ARRAS (Jean d'), lieutenant au 16e Dragons.
Tué le 28 août 1914.

ARRAS (Frédéric d'), ✠, ✠ (palme), *engagé volontaire*, sous-lieutenant de Cavalerie, détaché au 8e régiment de marche des Tirailleurs.

Tué, au cours d'une reconnaissance offensive, le 31 mars 1918.

Citation : *Officier d'un courage et d'un dévouement remarquables, d'une belle tenue au feu. Est tombé glorieusement pour la France, le 31 mars 1918, au combat au nord de Carlepont (Oise).*

[Né en 1897. Fils de M. et de Mme Marcel D'ARRAS.]

ARRIGADE (William d'), ✸, ✠ (palmes), sous-lieutenant aviateur.
Mort en juin 1918.

ARRIVET (Paul-Blaise-Marcel) O ✸, ✠ (palmes), général commandant la 109e brigade d'Infanterie.
Tué d'une balle à la tête, à Crouy, le 29 octobre 1914.

Citation : *A conduit brillamment sa brigade au feu. A trouvé une mort glorieuse, le 29 octobre, frappé d'une balle à la tête, pendant la visite de tranchées situées à moins de 300 mètres de l'ennemi.*

[Né à Paris le 10 décembre 1850. Fils de M. et de Mme née DE BULLIOUD. Marié, en 1877, à Mlle Marie GESLIN.]

ARTAUD (Roger-Marie-Charles d'), ✠ (posthume), ✠, caporal-fourrier au 243e d'Infanterie.

Citation : *Brave gradé, ayant toujours fait courageusement son devoir. Mort glorieusement, le 14 décembre 1914, devant Wytschaete (Belgique).*

ASSAS (*Louis*-Marie d'), ✠ (posthume), ✠, caporal au 2e Colonial.

Citation : *Bon caporal, courageux et dévoué, ayant eu au feu une belle attitude. Le 28 octobre 1915, est tombé glorieusement pour la France, en faisant bravement son devoir. A été cité.*

ASSIGNY (Jean-Claude FLAMEN d'), ✸ (posthume), ✠ (palme), sous-lieutenant au 14e Dragons.

Citation : *Modèle d'officier de cavalerie. Le 10 août 1918, abandonnant son cheval dans un trou d'obus, est allé reconnaître à pied un cheminement, pour faire sortir son peloton d'un passage dangereux. A accompli sa mission avec beaucoup de calme, de courage et d'intelligence, sous des tirs violents d'artillerie et de mitrailleuses. Mortellement blessé au moment où, sa mission terminée, il faisait retraiter ses cavaliers et ses chevaux.*

4

ASTOUL (Louis), ✳, ✠ (palme), étudiant en droit, sous-lieutenant au 70e bataillon de Sénégalais.

Passé, sur sa demande, du 4e Dragons dans les troupes noires, tomba glorieusement, le 16 avril 1917, au Chemin-des-Dames, en première vague d'assaut.

> Citation : *A entraîné sa section avec un brio remarquable à l'assaut des positions allemandes, dirigeant ses hommes comme à l'exercice, jusqu'au moment où il a été mortellement frappé.*

ATGER (Louis-*Jacques*), ✳ (posthume), ✠ (palme), enseigne de vaisseau.

Nommé commissaire du Gouvernement sur le cargo autrichien *Kémény* avec mission de surveiller le rapatriement de soldats autrichiens de l'armée de Bukovine ; ce vapeur, ayant pris à Cattaro 2000 Autrichiens pour les conduire à Fiume, était dans l'Adriatique, en vue de Spalato, lorsque le 22 novembre 1918 le feu se déclara à bord. L'enseigne ATGER, n'écoutant que son devoir, fit tous ses efforts pour sauver tout le monde et combattre l'incendie. Il y réussit, mais, victime de son dévouement, il périt lui-même avec un second maître.

> Citation : *Victime de son dévouement, a trouvé la mort en essayant de sauver sur un vapeur en feu le plus grand nombre possible des soldats autrichiens que transportait ce vapeur. A donné ainsi l'exemple de la plus grande bravoure et témoigné devant tous la grandeur de son âme bien française en agissant avec autant de générosité vis-à-vis de ses ennemis d'hier.*

[Né le 16 août 1897. Fils du Trésorier-Payeur général du Cher et de Mme née FÉRAND.]

ATTENDOLI (*Maximilien*-Jean-Galéas-Marie, Comte), ✳ ✳ (Médaille de la Valeur militaire et Médaille de Guerre Italiennes), agent de liaison au Régiment Royal des batteries volantes.

Sur le front du Carso depuis deux ans, le 25 mai 1917, au cours d'une mission volontaire particulièrement dangereuse précédant le combat de Boscomalo, fut atteint par un feu convergent de fusillade et de mitrailleuses. Relevé mourant, à quelques mètres de l'ennemi, il expira peu après sur le champ de bataille, victime de blessures très nombreuses, dont plusieurs mortelles. Deux fois cité à l'ordre de l'armée du Duc d'Aoste.

[Né le 30 octobre 1894. Fils cadet de Don Enrico ATTENDOLI, Cte DE COTIGNOLA, et de la Ctesse née Donna Clelia FILIPPO-SAN GIORGI.]

AUBEIGNÉ (Jacques-Charles-Bernard-*René* d'), ♟ (posthume), ✠ (palme), sergent au 268e d'Infanterie.

Tué à l'ennemi, le 25 septembre 1914, à Thuisy (Marne).

> Citation : *Sous-officier d'une valeur morale et d'un caractère des plus élevés, modèle de courage et de bravoure. A Thuisy, le 25 septembre 1914, s'est bravement élancé en tête de sa section, l'a vigoureusement enlevée à l'assaut d'une tranchée ennemie ; est tombé mortellement frappé en l'entraînant par son bel exemple et son mépris du danger.*

AUBERJON (Comte Antoine d'), ✳ (posthume), ✠ (palme), lieutenant au 9e Cuirassiers.

Citation : *Officier de haute valeur, qui, au cours de la campagne, a toujours fait preuve de brillantes qualités militaires. Le 2 septembre 1914, étant en reconnaissance, a voulu rapporter lui-même un renseignement très important et a trouvé une mort glorieuse en accomplissant la mission qu'il s'était fixée ; avait insisté pour faire partie de la division provisoire. A été cité.*

AUBERJON (Comte Serge d'), ✠, lieutenant au 31e Dragons. Tué le 18 août 1914.

AUBERT (Jean-Hector-Henri-Hubert), ✠ (posthume), ✠ (palme), enseigne de vaisseau de 1re classe.

A bord du *Bouvet*, fut englouti avec son bâtiment aux Dardanelles, le 18 mars 1915.

Citation : *Chef de la tourelle AR du bâtiment, a soutenu son feu de la façon la plus remarquable pendant le combat du 18 mars 1915. Est mort à son poste.*

AUBERTIN (L.-L.), ✠, ✠ (palme), chef d'escadron au 61e d'Artillerie.

Citation : *Après s'être prodigué depuis le début de la campagne, a été blessé mortellement d'un éclat d'obus à son poste de commandement, le 25 septembre 1914, alors qu'il venait d'amener de l'artillerie à 800 mètres des tranchées ennemies.*

AUBIER (René), ✠, ✠ (3 palmes, 2 étoiles), *engagé volontaire*, capitaine au 19e Chasseurs à pied.

Engagé au 14e Chasseurs à cheval, prit part aux premiers combats en Alsace; puis, après un stage à Saumur, d'où il sortait avec le n° 2, il passa, sur sa demande, dans les Chasseurs à pied, en février 1917. Tant dans la cavalerie que dans l'infanterie, il fut engagé sur tous les fronts : en Alsace, en Lorraine, sur la Somme, en Champagne; enfin aux environs de Montdidier où il s'illustra particulièrement, à Grivesnes et à Étolfay. Blessé mortellement le 29 août 1918, il expirait le 19 septembre suivant, à Pontoise.

Citation (Légion d'honneur) : *Officier d'un sang-froid et d'une bravoure remarquables, d'un moral particulièrement élevé. Cerné avec une demi-compagnie dans le parc d'un château, en même temps que l'état-major d'un régiment, s'est porté vigoureusement à la contre-attaque, a formé un noyau de résistance et a permis le retour offensif des nôtres. A ensuite accompagné une auto-mitrailleuse, chassant l'ennemi, maison par maison, jusqu'à la dernière barricade qu'il a occupée. Le lendemain, au cours d'une nouvelle attaque de l'adversaire, a rallié des fractions dispersées d'un autre corps et est parvenu à empêcher toute progression de l'ennemi. Deux citations.*

[Né le 8 septembre 1893. Fils du Général de division, C ✠, et de Mme Aubier, née Apostolidès. — Le fils aîné du Général, *engagé volontaire*, était mort, à 19 ans, en 1911, des suites d'un accident de manœuvres.]

AUBIGNY (*Joseph*-Marie-Jean-Gérard, Comte Joseph HENRYS d'), ✠ (posthume), ✠ (1 palme, 1 étoile), *engagé volontaire*, maréchal des logis au 4e Dragons; passé sur sa demande dans l'infanterie et promu sous-lieutenant au 9e d'Infanterie, le 23 février 1915.

A été tué le 11 mai 1915, en s'élançant seul à l'assaut des tranchées allemandes qui flanquaient le côté gauche du " Labyrinthe", près de la route d'Arras à Lille, à proximité de Thébus. Tombé à trois mètres de la tranchée française, blessé grièvement à la cuisse, puis mortellement d'une balle au front. Ses derniers mots ont été : « Allons, les enfants, en avant ! »

Citation du 15 décembre 1914 : *Est resté sous le feu, à côté de son officier blessé, attendant que les hommes viennent l'aider à enlever ce dernier.*

Citation du 22 juin 1915 : *A été mortellement frappé en essayant courageusement d'entraîner sa section à l'assaut des tranchées, le 11 mai 1915. A été cité.*

[Né le 25 octobre 1892. Fils de Henry Cte D'AUBIGNY et de la Ctesse née Anna DE KUYPER.]

AUBIGNY (Daniel DROUËT d'), ✠ (étoile), sergent au 127e d'Infanterie (22e Cie de mitrailleuses).
Tué à Hardecourt, le 27 août 1916.

Citation : *Sous-officier très brave et très energique. Passé, sur sa demande, de l'artillerie dans l'infanterie. S'est distingué aux combats de Verdun, où, par son attitude, il avait inspiré une confiance sans bornes à ses hommes. A été tué le 27 août 1916 au moment où, sous un violent bombardement, il rassemblait sa section, heureux de la conduire en première ligne.*

[Fils de M. Charles-Henry DROUET D'AUBIGNY et de Mme née Isabelle DUBRULLE.]

AUBIGNY (*Henry*-Marie-Yves-Antoine DROUËT d'), étudiant, *engagé volontaire* au 8e régiment du Génie (Radio-Gonio T.S.F.).
Mort pour la France, des suites de fatigues, le 8 novembre 1918, à l'H. O. E. no 1, de Sézanne (Marne).

[Né à Beauvais le 14 juin 1897. Frère du précédent.]

AUBIN DE LA MESSUZIÈRE (Charles), soldat au 20e d'Infanterie.
Décédé à l'hôpital de Mayenne, le 19 septembre 1918.

[Né le 11 mai 1883. Fils de M. et de Mme née Alix DOYNEL DE SAINT-QUENTIN.]

AUBIN DE LA MESSUZIÈRE (François-Xavier), brigadier interprète près de la Mission Britannique.
Tué le 4 juillet 1915.

[Né le 20 novembre 1895. Frère du précédent.]

AUBUGEOIS DE LA VILLE DU BOST (Marie-Joseph-*Pierre*), ✠ (posthume), ✠, sous-lieutenant au 66e d'Infanterie.

Citation : *A été tué, le 13 mai 1915, en portant sa section à l'attaque d'une tranchée allemande, avec le plus grand entrain sous un feu violent de mitrailleuses. A été cité.*

AUBUGEOIS DE LA VILLE DU BOST (Henri), du 66e d'Infanterie.
Tué le 2 octobre 1914.

AUCOC (Jean-Eugène-*Henri-André*), caporal au 119e d'Infanterie.
Tué à l'ennemi, le 29 août 1914, à Origny (Aisne).

[Né le 18 juillet 1890. Fils de M. (décédé) et de Mme née Louise THOMAS.]

AUDIAT-THIRY (Charles), ✠, ✠ (palme), lieutenant-colonel commandant le 135e d'Infanterie.

Citation : *Chef de corps de tout premier ordre, aussi brave qu'intelligent, qui a su faire de son régiment une unité de combat de tous points remarquable, et qui a été tué en donnant à tous le plus bel exemple de conscience militaire et de bravoure.*

AUDIGIER, dit RICARD (Joseph-Augustin-Raoul d'), ✠, ✠ (palme), séminariste, soldat au 3e Colonial.

Séminariste à la mission de Cochinchine Occidentale, vint aussitôt prendre du service au début de la guerre.

Citation (Médaille militaire) : *Excellent soldat ; s'est signalé en toutes circonstances par son esprit de dévouement et son courage, notamment le 6 août 1917, où il a été très grièvement blessé à son poste en première ligne.*

Peu de temps après, il était blessé mortellement.

AUDOLLENT (*Bernard*-Marie-Léon), ✠, ✠, sous-lieutenant au 53e d'Artillerie.

Mort pour la France, à Eppeville-Ham (Somme), le 2 mars 1917.

[Né le 30 novembre 1895. Fils de M. et de Mme née Petit de Julleville.]

AUDRA (*Jacques*-Hubert-Maxime-Francis), ✠; ✠ (2 palmes, 1 étoile), *engagé volontaire*, sous-lieutenant au 1er Chasseurs à pied.

Tombé glorieusement, le 25 octobre 1918, à l'attaque de Bannogne-Recouvrance.

[Né le 11 juillet 1896. Fils de M. Edouard Audra et de Mme née Henrotte.]

AUDRAS (Hubert), ✠ (2 étoiles), aspirant au 2e Dragons.

Dernière citation : *Jeune aspirant connu par son courage et son mépris du danger. Tombé pour la France, au milieu de son peloton, au moment où il cherchait à le mettre à l'abri du bombardement (17 avril 1918).*

[Fils de M. et de Mme née Bondet.]

AUFERVILLE (Albin BROCHAND d'), lieutenant de réserve d'Infanterie.

[Fils du B^on et de la B^onne née Brun de Rochefond. Marié à Mlle de Sigaud de Lestang.]

AUFERVILLE (Edme-Marie *Bernard* BROCHAND d'), ✠ (étoile), sous-lieutenant au 59e Chasseurs à pied.

Aspirant au 17e Dragons, passa, sur sa demande, aux Chasseurs à pied. Tué, le 14 juillet 1916, à La Maisonnette, près de Péronne, au moment où il allait donner des ordres à ses sous-officiers, sous un violent bombardement.

Citation : *Officier d'une très grande bravoure personnelle. S'est offert volontairement pour remplir une reconnaissance périlleuse, au cours de laquelle il a su forcer l'admiration des hommes qui l'accompagnaient. A été tué au cours d'un bombardement.*

Ses chasseurs disaient : « Partout où ira le lieutenant d'Auferville, nous irons, car il marche toujours le premier. »

[Né le 30 octobre 1892. Fils du Commandant, ✠, et de Mme née Deroudille.]

AUGÉ (Albert), ✠, capitaine aviateur.

Tué en 1917, au cours d'un combat aérien. Avait abattu neuf avions ennemis.

[Fils du Général et de Mᵐᵉ Augé.]

AUGER (*Étienne*-Georges-Émile-Marie), soldat au 79ᵉ d'Infanterie.

Tué à l'ennemi, le 6 avril 1916, devant Malancourt (Meuse).

[Né le 18 septembre 1895. Fils de l'Avocat au Conseil d'État et de Mᵐᵉ née Carré.]

AUGIER DE MAINTENON (Jean), lieutenant.

Tué le 11 août 1915.

[Marié à Mˡˡᵉ Eugénie-Françoise Pesante.]

AUGUEZ DE SACHY (Roger), maréchal des logis d'Artillerie.

Mort, le 11 mai 1916, des suites d'une maladie contractée aux Dardanelles. Avait été proposé pour la Médaille militaire, puis pour sous-lieutenant.

AUGUSTIN (F.-E.), ✠ (posthume), ✠ (palme), enseigne de vaisseau de 1ʳᵉ classe.

Citation : *De quart au moment du torpillage de son bâtiment, a fait preuve du plus grand courage. Après s'être dévoué au sauvetage du personnel, est remonté sur la passerelle où il est mort héroïquement, englouti avec le* Gallia.

AULOIS (*Louis*-Philibert-Alphonse), ✠, ✠ (palme), capitaine au 163ᵉ régiment d'Infanterie.

Tué, le 6 avril 1915, à l'attaque des tranchées de Flirey (Meurthe-et-Moselle).

Extrait d'une lettre du lieutenant-colonel Rivas, commandant le 163ᵉ (21 août 1915) :

... Ce matin, un ordre général appelle « tranchée Aulois » celle même où une balle ennemie l'a tué, et que nous avons conquise pour la cinquième fois.

Le 6 avril, placé dans la tranchée de première ligne, à 100 mètres de la tranchée Aulois, votre frère parcourait les rangs de sa compagnie et surexcitait les énergies. Comme l'heure de l'attaque s'approchait, sa belle vaillance, qui était celle d'un mousquetaire, lui fit naturellement venir aux lèvres ce que disaient les brillants officiers de la guerre en dentelle. S'adressant à ses soldats, il leur cria : « Mes amis, ajustez vos képis, nous allons avoir l'honneur de charger ! »

Puis il chargea. Sa compagnie, emballée derrière lui, entra baïonnettes hautes dans la tranchée Aulois.

Trente minutes après, une mitrailleuse le fauchait. Puis la garde prussienne contre-attaquait, et, privés de leur capitaine, les soldats pliaient sous le choc, puis rentraient dans nos lignes.

Le corps de votre frère n'est pas resté longtemps aux mains de l'ennemi. Nous l'avons repris de haute lutte. Il repose dans le cimetière d'Ansouville-en-Woëvre. Une croix et une galerie en bois entourent le corps et indiquent son nom et son grade. Sa tombe est dans le cimetière militaire, à l'extérieur du cimetière civil, côté Est. Il est en sûreté.

La citation posthume à l'Ordre de l'Armée reproduit en abrégé le texte ci-dessus.

[Né en 1867. Fils de M. Félix Aulois, ✠, avocat, et de Mᵐᵉ née Martel. Marié à Mˡˡᵉ Vincent-Peyron, fille de M. Vincent et de Mᵐᵉ née Peyron, — dont deux enfants.]

AUREAU (*Marcel*-Auguste-Denis), industriel, sergent d'infanterie.
Tué à Neuville-Saint-Vaast, le 23 mai 1915 ; il est mort sur le coup d'un éclat d'obus à la tête. Devait être promu officier quelques jours plus tard.

[Né le 23 septembre 1878. Fils de M. Gustave AUREAU et de Mᵐᵉ née BRILLET. Marié à Mˡˡᵉ Charlotte LEFEBVRE, fille de M. et de Mᵐᵉ née DELOZANNE, — dont deux enfants.]

AUREAU (André), commissaire-priseur à Paris, soldat au 228e d'Infanterie.
Tué le 7 juin 1915, à Neuville-Saint-Vaast.

[Frère du précédent.]

AUROUS (Hervé), ✠ (posthume), ✠ (palme), ✱ (Médaille d'Italie), sous-lieutenant au 256e d'Artillerie.
Tombé à Grisolles, le 22 juillet 1918.

Citation : *Jeune officier d'un beau courage ; mort au champ d'honneur en assurant, en dépit du bombardement, les liaisons d'un poste vivement bombardé, le 22 juillet 1918.*

[Né en 1897. Fils de l'Ingénieur général du Génie maritime et de Mᵐᵉ née LIVACHE DU PLAN.]

AURRAN DE SANCY (François), ✠, ✠ (3 citations), lieutenant.
Tombé, le 20 mai 1917, à l'âge de 28 ans.

AUSSAGUEL DE LASBORDES (Charles d'), ✠, ✠, chef de bataillon au 263e d'Infanterie.
Tué le 2 novembre 1914.

[Marié à Mˡˡᵉ Marie-Th. CHAUVEAU.]

AUSSAGUEL DE LASBORDES (Vicomte Henri d'), O ✠, ✠ (4 citations), ✱ (Distinguished Service Order), chef de bataillon au 22e d'Infanterie.
Blessé grièvement, au cours des combats de Champagne, le 1er octobre 1918, mort le 13, des suites de ses blessures, dans une ambulance du front.

[Marié à Mˡˡᵉ ROTH, — dont deux enfants.]

AUSSEUR (Pierre), ✠ (étoile), architecte, sous-lieutenant de Chasseurs à pied.
Tué aux Éparges, le 5 mai 1915.

Citation : *Officier d'une grande bravoure ; tué en assurant la liaison de son bataillon sous un violent bombardement.*

[Fils de M. Edmond AUSSEUR et de Mᵐᵉ née FAUVAGE.]

AUTEROCHE (*Claude*-Marie-Edmond CHAPPE d'), ✠ (posthume), ✠ (1 palme, 3 étoiles), Saint-Cyrien de la promotion de Montmirail, capitaine commandant la 3e Cⁱᵉ du 4e Chasseurs à pied.
Sorti de Saint-Cyr, le 2 août 1914, comme sous-lieutenant au 155e régiment d'Infanterie ; blessé le 22 août à Mercy-le-Bas, près Longuyon (Meurthe-et-Moselle), passa au 2e régiment d'Infanterie et fut promu capitaine, le 25 mars 1916, à l'âge de 23 ans. — Nommé ensuite, sur sa demande, au 4e bataillon de

Chasseurs à pied, il y commanda la 3e compagnie, prit avec elle une part glorieuse à la grande offensive de la 10e armée et tomba mortellement frappé à Hignières, près Soissons, le 18 juillet 1918, en conduisant ses hommes à l'attaque, sous le feu d'un violent tir de barrage.

Il fut deux fois blessé, décoré de la Croix de guerre avec cinq citations, dont voici la dernière :

Officier de tout premier ordre, d'une bravoure sans égale. A l'attaque du 18 juillet 1918, chargé avec sa compagnie d'une mission délicate de liaison avec la division voisine, s'est porté spontanément dans un intervalle qui s'était produit entre deux régiments. Par cette initiative courageuse, a permis une progression importante des troupes d'avant. Tombé glorieusement à la tête de sa compagnie, en s'emparant d'une importante position, malgré une violente résistance. A été cité.

[Né le 14 mai 1892. Fils du Bon CHAPPE D'AUTEROCHE et de la B^{onne} nés HICKS-LA BEAUME DE TARTERON.]

AUTEROCHE (Christian CHAPPE d'), ✠, Saint-Cyrien de la promotion de la Grande-Revanche, sous-lieutenant au 24e d'Infanterie.

Disparu en Artois, le 25 mai 1915.

Citation : A fait preuve du plus beau sang-froid et d'une bravoure toujours calme dans toutes les missions à lui confiées. A entraîné brillamment sa section, le 25 mai 1915, à l'assaut d'une ligne de tranchées allemandes très fortement défendues. A été grièvement blessé au cours de cette attaque.

AUTRIC (Jean-Baptiste-Pierre-Marius), ✳, ✠ (palme), capitaine de frégate.

Commandant en second du *Bouvet*, a coulé avec son bâtiment, le 18 mars 1915, aux Dardanelles.

Citation : Lorsque le bâtiment a été touché par une mine, est descendu dans l'entrepont pour tenter de lutter contre la voie d'eau, et y a trouvé la mort.

AUVIGNY (Anne-Marie-Gabriel BOYELDIEU d'), ⚜ (posthume), ✠ (palme), adjudant-chef au 307e d'Infanterie.

Citation : Chef de section modèle, d'une rare énergie. A fait preuve d'un sang-froid remarquable, alors que la position qu'il occupait était violemment bombardée. Tué au cours de l'action.

AUVRAY (*Joseph*-Louis-Anatole, Baron Joseph), ⚜, ✠ (palme), brigadier pilote aviateur.

Blessé mortellement le 17 novembre 1916.

[Né en 1881. Fils du B^{on} et de la B^{onne} née REY, décédée. Marié à Mlle Solange DE BONNEFOY, fille du Vte, O ✳, capitaine au 2e Dragons, — dont deux fils.]

AUXION (*Paul*-Marc-Hilaire, Baron d'), ✳, ✠ (2 palmes), chef de bataillon au 128e d'Infanterie.

Tué, le 24 août 1917, au combat de la cote 304 (Meuse).

Citation : S'est très bien comporté au cours des combats de fin avril 1916. A exécuté une reconnaissance particulièrement périlleuse en allant vérifier, à quelques mètres des Allemands, sur un terrain où les tranchées étaient détruites, s'il ne restait plus d'en-

nemis dans nos lignes et si chacun avait bien repris sa place. Glorieusement tombé, le 24 août 1917, en entraînant son bataillon à la conquête d'une position d'une très grande importance.

[Né le 14 novembre 1874. Fils du capitaine B⁰ⁿ D'AUXION et de la B⁰ⁿⁿ⁰ née Marie-Louise BLEYNIE (décédés). Marié à Mˡˡᵉ SAINT-CÔME, fille de M. SAINT-CÔME (dédédé) et de Mᵐᵉ née DE LADEVÈZE, — dont un fils.]

AUZAC DE CAMPAGNAC (Henri-Jean-*Louis* d'), ✠ (posthume), ✠ (palme), capitaine au 123ᵉ d'Infanterie.

Tué, le 6 mai 1916, en première ligne, près du Fort de Vaux, sous Verdun.

Citation : *Officier d'une bravoure éprouvée. Occupant, avec sa compagnie, une tranchée violemment bombardée, a su, par son exemple et son mépris absolu du danger, maintenir très haut le moral de sa troupe. Est tombé glorieusement à son poste le 6 mai 1916.*

[Marié à Mˡˡᵉ Charlotte DE VIRIEU (décédée), fille du Colonel Mⁱˢ DE VIRIEU, O ✠, et de la Mⁱˢᵉ née MAZURIER, décédée.]

AUZOUY (Paul) O ✠, ✠, chef de bataillon au 7ᵉ Tirailleurs de marche.

Tué à l'ennemi le 17 avril 1917.

Citation : *Officier supérieur d'une haute valeur morale et d'une bravoure éprouvée, ayant donné au cours de la campagne de nombreuses preuves de son courage et de son dévouement. Avait, le 17 avril 1917, pris les meilleures dispositions pour mener son bataillon à l'attaque. Est tombé en atteignant la première ligne allemande.*

[Né le 1ᵉʳ mai 1871. Fils de M. et de Mᵐᵉ née BOUTIN. Marié, en 1914, à Mˡˡᵉ Louise DROUILLET.]

AVON (*Camille*-Joseph), ✠, ✠ (palme), ✠ (Médailles d'Algérie, du Congo et du Tchad), chef d'escadron au 24ᵉ Dragons, pilote aviateur au 2ᵉ groupe d'Escadrilles de bombardement.

Après une très brillante conduite au Tchad, où il avait eu le bras droit fracassé par un coup de fusil de Touaregs tiré à bout portant, et, malgré ses 47 ans, demande, étant en congé de trois ans, à partir dans l'aviation. Le 28 avril 1915, par un vent violent, il voulut rejoindre Dunkerque, mais une panne de moteur l'entraîna en mer, près d'Hardelot, où il se noya.

Citation : *S'est signalé par de très belles qualités d'entrain et de mépris du danger. A été tué en service commandé (accident d'aéroplane) en rejoignant son poste.*

[Né le 25 mai 1867. Fils du Général AVON (décédé) et de Mᵐᵉ.]

AVRIL DE L'ENCLOS (Charles), ✠, ✠ (palme), capitaine au 308ᵉ d'Infanterie.

Tué, le 28 août 1914, au combat de Bapaume.

Citation : *Est mort glorieusement, le 28 août 1914, en cherchant à maintenir ses hommes sous un feu violent d'artillerie et de mousqueterie et en restant à son poste au milieu d'eux, malgré la blessure dont il était atteint, donnant jusqu'à la fin le plus bel exemple de courage et de mépris de la mort.*

[Marié à Mˡˡᵉ Renée D'ABZAC, fille du Cᵗᵉ et de la Cᵗᵉˢˢᵉ Charles D'ABZAC.]

AX DE CESSALES (Marie-François-Hubert-Henri d'), ✠, ✠ (palme), capitaine au long cours, enseigne de vaisseau de réserve, lieutenant au 294ᵉ d'Infanterie.

Mort en Champagne, le 21 août 1916, des suites d'une blessure faite par une balle reçue en plein front.

> Citation (Légion d'honneur) : *Officier d'une haute valeur morale. Affecté à un régiment d'infanterie territoriale, a demandé à servir dans un régiment actif. Très grièvement blessé le 27 juin en faisant courageusement son devoir.*

[Né le 9 juin 1889. Fils de Louis d'Ax, Bᵒⁿ de Cessales, et de la Bᵒⁿⁿᵉ née Marguerite Courtois.]

AYGUESVIVES (Gaston-Richard-*Pierre* MARTIN d'), ⚓ (posthume), ✠, maréchal des logis au 10ᵉ Dragons, détaché au 26ᵉ d'Infanterie.

Faisant fonctions d'agent de liaison, a trouvé la mort, le 16 avril 1917, dans une mission périlleuse sur le front de l'Aisne.

> Citation : *Nouvellement arrivé au front où il remplissait avec dévouement les fonctions d'agent de liaison, a fait preuve du plus grand sang-froid au combat du 16 avril 1917, en demeurant à son poste de combat, malgré un violent bombardement. Tombé glorieusement. A été cité.*

[Né en 1895. Fils du Cᵗᵉ et de la Cᵗᵉˢˢᵉ née de Dampierre.]

AYGUESVIVES (Charles MARTIN d'), ✠ (3 citations), lieutenant aviateur.

Mort, le 21 février 1919, à l'hôpital auxiliaire 47, à Paris, après quatre années de front.

[Né en 1897. Fils du Vᵗᵉ et de la Vᵗᵉˢˢᵉ née de Possel-Deydier.]

AYMERY (Comte Jacques d') ⚓ (posthume), ✠ (étoile), *engagé volontaire*, quoique dégagé de tout service militaire, ayant été réformé ; canonnier au 13ᵉ d'Artillerie.

Tué, le 20 mai 1916, dans un accident d'avion, à Antrecourt (Meuse).

> Citation : *A toujours été un vaillant canonnier, faisant constamment preuve de courage et de dévouement. Mort glorieusement pour la France, le 20 mai 1916, au cours d'un accident d'avion.*

[Né le 10 octobre 1882. Fils du Cᵗᵉ d'Aymery et de la Cᵗᵉˢˢᵉ née La Roche, décédés.]

AYNARD (Raymond), O✠, ministre plénipotentiaire, commissaire français à la Dette Égyptienne, *engagé volontaire*, lieutenant d'Infanterie.

Indisponible en raison de sa fonction, libéré de toute obligation militaire par son âge, — il avait cinquante-six ans, — s'était engagé au début de la guerre. Après avoir servi, tout d'abord, comme sous-lieutenant, dans un état-major, il avait sollicité, comme une faveur, au printemps de 1915, de prendre un commandement. Et c'est à la tête de sa compagnie qu'il est glorieusement tombé au champ d'honneur, sous Verdun.

Il avait débuté dans la diplomatie, en 1890. Après avoir occupé divers postes, il avait été l'un des délégués français à Algésiras, puis ministre de France au Monténégro.

[Fils de M. AYNARD, député du Rhône (décédé). Marié à Mᵐᵉ GARIN.]

AYNARD (Paul), ✠ (étoile), soldat au 75ᵉ d'Infanterie.

Mortellement blessé d'une balle au front dans la tranchée qu'il occupait à Lihons (Somme).

[Né le 15 janvier 1881. Fils de M. Édouard AYNARD et de Mᵐᵉ née DE MONTGOLFIER (décédés). Marié à Mˡˡᵉ Madeleine DE MONTGOLFIER, fille de M. Henri DE MONT-GOLFIER et de Mᵐᵉ née GILLET (décédés).]

AYRAL (*Bernard*-Louis-Henry-Léon), ✠, ✠ (3 palmes, 3 étoiles), ✳ (Aigle blanc de Serbie), ancien élève de l'École Polytechnique (1908), capitaine d'Artillerie, observateur, pilote aviateur, commandant la S. 208.

Détaché à l'aviation, après avoir commandé la 5ᵉ batterie du 49ᵉ d'Artillerie à la première attaque de Champagne. Décoré de la Légion d'honneur dès février 1915. Tué glorieusement à la prise de Bouchavesnes (Somme), le 12 septembre 1916, tandis que, survolant à très faible altitude les lignes ennemies, il assurait les liaisons d'infanterie, dont il était un des promoteurs.

[Né le 1ᵉʳ octobre 1888. Fils de M. Louis AYRAL et de Mᵐᵉ née Jenny BUCAILLE.]

AYRAULT DE SAINT-HENIS (Pierre), ⚜ (posthume), ✠, contrôleur du Chemin de fer du Nord, sergent au 19ᵉ Chasseurs à pied.

Tué en Champagne, le 20 mai 1916.

    Citation : *Bon et brave sous-officier. Mortellement atteint au champ d'honneur dans l'accomplissement du devoir, le 20 mai 1916, à la ferme Navarin (Champagne). Croix de guerre avec étoile de bronze.*

[Né le 1ᵉʳ avril 1888. Fils de M. Pierre AYRAULT DE SAINT-HENIS et de Mᵐᵉ née Olympe LE MINTIER DE LA MOTTE-BASSE.]

AYRAULT DE SAINT-HENIS (Antoine), du 33ᵉ d'Artillerie.

Évacué d'Ypres, malade, est mort à l'hôpital d'Abbeville, le 29 janvier 1915.

[Né le 22 septembre 1889. Frère du précédent.]

AZAMBUJA (*Emmanuel*-Marie-Joseph d'), ✠, *engagé volontaire* au 27ᵉ Chasseurs alpins.

Tué à l'attaque de Pargny-Filain (Chemin-des-Dames), le 25 octobre 1917.

    Citation : *Observateur d'une grande intelligence et d'une magnifique élévation morale. S'est montré, dans toutes les circonstances, d'un calme qui semble ignorer le danger et d'une impassibilité qui l'a fait admirer par ses camarades plus âgés. A été frappé mortellement en se portant en avant pour renseigner son chef de section sur les mouvements de l'ennemi.*

[Né le 27 mars 1899. Fils de M. Gabriel D'AZAMBUJA et de Mᵐᵉ née GUIBAL.]

AZÉMA (*Georges*-Jules-Simon), soldat au 87ᵉ d'Infanterie.

Mort à Verdun, le 16 avril 1915, des suites de blessures de guerre.

[Né à Paris, le 1ᵉʳ mars 1894. Fils de M. et de Mᵐᵉ née FARNAN.]

B

BABERT DE JUILLÉ, ✠, Aspirant d'Infanterie.
Tué en Argonne, le 18 novembre 1915.

BABEY DE MONTIGNY (Marcel).
Tué à l'ennemi, à 31 ans.

BADIN (Jean-Georges), ✠, sous-lieutenant au 117e d'Artillerie lourde.
Disparu en Argonne, le 28 septembre 1918, au cours d'une reconnaissance volontaire.

BAGARD (Vicomte Joseph de), ✠ (posthume), ✠, professeur aux Ecoles Commerciales de Kieff (Russie), aspirant au 358e d'Infanterie.
Tué face à l'ennemi, le 4 mars 1916, au combat des Étangs de Thiaville, à l'est de Badonviller.

Citation (Ordre de la Division) : Chef de section d'un courage et d'un sang-froid remarquables ; ayant brillamment coopéré à l'exécution d'une contre-attaque (nuit du 28 au 29 février), a réussi à se maintenir, malgré un feu intense, sur la position conquise. Au combat du 4 mars, a fait preuve, sous un violent tir de barrage, du plus beau mépris du danger. A été tué à son poste de combat. A été cité.

[Né le 1er janvier 1882. Fils du Cte Frédéric DE BAGARD et de la Ctesse née Gabrielle DARDEL.]

BAGUENIER DESORMEAUX (Jacques), ✠, homme de lettres, caporal au 23e régiment d'Infanterie coloniale.

Citation : Très belle attitude au combat de Neufchâteau (Belgique), le 22 août 1914. Ayant reçu l'ordre de se replier, a fait rentrer ses hommes et a continué à tirer sur l'ennemi qui avançait.

[Né le 26 juillet 1888. Fils de M. Henri BAGUENIER-DESORMEAUX et de Mme née FAUGERON.]

BAILLARD DU LYS (Pierre-Édouard de), ✠ (posthume), ✠ (palme), lieutenant au 35e d'Infanterie.

Citation : Officier très brave, chef de section plein d'entrain. A donné à ses hommes un exemple constant du devoir. A été frappé mortellement, le 26 octobre 1915, dans un élément de tranchée avancée, en faisant une ronde de liaison. A été cité.

[Né en 1888. Fils de M. et de Mme James DE BAILLARD DU LYS.]

BAILLENX (Vicomte Joseph de CAUMIA-), ✠, adjudant-chef au 28e Dragons.
Evacué du front le 12 octobre 1918, décédé à l'ambulance de Petite-Synthe, près Dunkerque, le 20 suivant.

BAILLIENCOURT (Robert de), 🎖 (posthume), ✠ (palme), sergent d'Infanterie, aviateur à l'Escadrille N. 15.

> Citation : *Jeune pilote. Sitôt arrivé à l'escadrille, a montré l'étoffe d'un pilote de chasse de valeur. Tombé dans les lignes ennemies, le 7 juin 1917, après un combat acharné qu'il avait engagé à très basse altitude pour se porter au secours de son capitaine aux prises avec deux biplaces ennemis.*

BAILLIENCOURT - COURCOL (Gaëtan de), ✠ (étoile de vermeil), étudiant, *engagé volontaire* à 17 ans, aspirant au 17ᵉ d'Artillerie.

Glorieusement blessé à la Butte de Tahure, et mort, le 22 octobre 1915, à Vitry-le-François, des suites d'un empoisonnement du sang par les gaz asphyxiants.

> Citation du 9 décembre 1915 : *A fait, dans les journées des 2 et 5 octobre, par un bombardement des plus violents et dans des conditions particulières d'audace, une reconnaissance remarquable des positions ennemies. Est tombé à son poste, victime des gaz asphyxiants.*

[Né à Compiègne le 31 décembre 1896. Fils de M. Rodolphe DE BAILLIENCOURT-COURCOL et de Mᵐᵉ née CAILLIAU.]

BAILLIENCOURT - COURCOL (Edmond-Joseph-Siméon-Marie - *Alexandre* de), ✠ (posthume), ✠ (palme), sous-lieutenant au 33ᵉ d'Infanterie.

> Extrait de la citation : *... A reçu, avec une inébranlable fermeté, des colonnes d'attaque se présentant sur le front de sa compagnie en masse impressionnante ; a maintenu sa troupe dans le calme par sa belle attitude et arrêté l'effort de l'assaillant. A été tué au cours de l'action, le 4 mars 1915. A été cité.*

BAILLOT (Albert), ✠ (1 palme, 1 étoile), artiste peintre, élève à l'Ecole des Beaux-Arts, sous-lieutenant au 32ᵉ d'Infanterie.

A été tué, le 16 juin 1915, d'une balle en plein front en entraînant sa section à l'attaque de la cote 140.

> Citation : *Brillante conduite au feu. D'un courage à toute épreuve. Glorieusement tué le 16 juin en entraînant sa section à l'assaut d'une tranchée allemande dans laquelle il est entré le premier.*

[Né le 9 février 1892. Fils de M. Georges BAILLOT, avocat à la Cour d'appel de Paris, et de Mᵐᵉ née BERTOT.]

BAILLOU (Guy), 🎖, ✠ (5 citations), adjudant-pilote à l'Escadrille N. 86.

> Dernière citation : *Sous-officier pilote de haute valeur qui a fait preuve dans l'aviation de corps d'armée, comme dans la chasse, des plus belles qualités militaires. Le 12 août 1917, a trouvé une mort glorieuse en combat aérien.*

BAILLOUD (Ennemond), ✠ (palme), maréchal des logis, pilote-aviateur de l'Escadrille de Saint-Cyr.

> Citation : *Après avoir accompli plusieurs reconnaissances périlleuses, avait été chargé d'une mission, le 8 septembre 1914, a quitté l'aérodrome de Saint-Cyr à 15 h. 45 ; mais, surpris par un violent orage, est tombé avec son appareil dans le bois de Vincennes, où il a trouvé la mort.*

[Fils du Général, C ✳, ✠, et de Mᵐᵉ née CHAMBERT.]

BAIN DE LA COQUERIE (Fernand), ✠, lieutenant de vaisseau.

Tombé, à Nieuport, à l'attaque des Fusilliers Marins, le 13 février 1917.

[Marié à Mme Marguerite CAROUGE.]

BAIR (*René*-Michel), ✠ (étoile de vermeil), ingénieur des Arts et Manufactures, lieutenant au 208e régiment d'Artillerie de campagne.

Glorieusement tombé à son poste, le 14 août 1918, au nord de Mareuil-Lamotte (Oise).

Citation à l'Ordre du XVe Corps d'armée : *Officier doué des plus belles qualités militaires et d'une haute valeur morale. Évacué des Dardanelles pour cause de maladie, a demandé à reprendre du service au front bien qu'incomplètement guéri. Le 14 août 1918, sa batterie étant soumise à un bombardement violent, a donné à ses hommes le plus bel exemple de calme et d'intrépidité. A été tué à son poste par un obus ennemi.*

[Né le 17 avril 1891. Fils de M. Martin-Michel BAIR et de Mme née Marie-Françoise MOREAU.]

BALANÇA (*Jean*-Francisque), ✸ (posthume), ✠ (palme), associé d'agent de change, sous-lieutenant d'Infanterie de réserve.

Tué à l'ennemi, d'une balle au front, le 20 juin 1915, en entraînant sa section à l'assaut devant Goudrexon, cote 303 (Lorraine). Inhumé au cimetière de Fréménil (Meurthe-et-Moselle).

Citation : *Tombé glorieusement en combattant avec un courage et une énergie dignes des plus grands éloges, au cours de contre-attaques violentes livrées à l'ennemi, dans ses tranchées.*

[Né le 7 décembre 1882. Fils de M. Eugène BALANÇA et de Mme née BLANC (décédés). Marié à Mlle ROBELLET, fille de M. Émile ROBELLET (décédé) et de Mme née CARRET.]

BALAŸ (Félix), ✠, ✠ (2 palmes, 3 étoiles), notaire à Lyon, *engagé volontaire*, lieutenant au 26e d'Infanterie (Fourragère de la Légion d'honneur).

Parti comme simple canonnier d'artillerie, il passa, sur sa demande, dans l'infanterie pour mieux venger son fils, tué à l'ennemi.

Le lieutenant BALAŸ a pris une part active et glorieuse à tous les combats livrés par son régiment, comme officier mitrailleur ; au Mort-Homme, à Saint-Vaast, en 1916 ; au Chemin-des-Dames, au printemps de 1917 ; enfin, en 1918, à la grande offensive du 18 juillet, sur la rive gauche de l'Aisne, face à Soissons. Il devait trouver la mort glorieuse du soldat, à l'attaque de Follenbray ; il a été inhumé dans le cimetière de Hautefeuille.

Le Général MANGIN, commandant la Xe armée, a cité ce vaillant officier dans les termes suivants :

S'est engagé à 49 ans et a participé dans le rang à toutes les grandes attaques, faisant preuve d'une bravoure et d'une énergie au-dessus de tout éloge. Exemple magnifique du plus pur patriotisme, au combat de......, ayant été blessé, est resté au milieu de ses hommes jusqu'au moment où il fut une deuxième fois atteint, cette fois mortellement, en essayant de réduire un nid de mitrailleuses.

[Né en 1866. Marié à Mlle Aulois.]

BALAŸ (Pierre), ☥ (posthume), ✠ (palme), licencié en droit, brigadier au 16e Chasseurs à cheval, passé, sur sa demande, caporal au 163e d'Infanterie,

Tombé au champ d'honneur, à l'attaque des tranchées de Flirey (Meurthe-et-Moselle), le 6 avril 1915.

> Citation : *Le 6 avril 1915, s'est élancé à l'assaut des tranchées allemandes à la tête de son escouade à laquelle il a donné le plus bel exemple de courage et d'abnégation. A ensuite, malgré une blessure grave, porté secours à son capitaine. A été tué près de cet officier pendant qu'il le soignait.*

[Né le 12 mai 1891. Fils du précédent.]

BALBIANI (Comte Roger), ☥ (posthume), ✠ (2 palmes, 1 étoile), adjudant pilote-aviateur, *engagé volontaire.*

Mort pour la France, en service commandé, le 21 mai 1918, victime d'un accident d'aviation. Engagé volontaire au 1er régiment étranger et sur le front depuis le début de la guerre, il avait mérité, pour « ses belles qualités de vaillance et d'endurance » pendant les journées de Verdun et de la Somme, trois magnifiques citations que son chef et ami, le capitaine aviateur Cahen d'Anvers, a rappelées dans une émouvante allocution, lors de la cérémonie funèbre qui eut lieu à Tours.

[Fils du Cte Balbiani et de la Ctesse née de Justiz del Castillo.]

BALDET (René), ✳ (posthume), ✠ (palme), élève de l'École Polytechnique, *engagé volontaire*, sous-lieutenant d'Artillerie d'assaut.

Tué d'une balle au front, à Leuilly-sous-Coucy (Aube). Son tank individuel étant tombé dans une fosse, a voulu se dégager, sans succès. Voyant sa section hésitante, faute de direction, est sorti bravement de son tank, et froidement, bien en vue de l'ennemi, a dirigé ses hommes vers les positions à enlever.

> Citation : *Jeune polytechnicien, engagé volontaire, classe 1918, passé, sur sa demande, d'un état-major d'artillerie à l'artillerie d'assaut. Au cours de l'attaque du 2 septembre 1918, s'est dégagé de son char tombé dans une tranchée profonde, en a retiré le fanion de commandement et a dirigé sa section à pied, le fanion à la main, électrisant ses hommes par son entrain et sa bravoure. Mort au champ d'honneur, frappé d'une balle en plein front.*

[Né à Paris le 28 septembre 1897. Fils du Docteur, médecin en chef, adjoint de la Préfecture de la Seine, et de Mme Baldet.]

BALESTRIER (Marcel de), ✠ (palme), médecin aide-major au 50e d'Infanterie.

> Extrait de la citation : *...A été mortellement blessé, le 16 octobre 1915, à proximité des lignes ennemies, en guidant des brancardiers et des musiciens chargés d'ensevelir les morts.*

BALLANDE (Marie-Antoine-Michel-*Louis*), ✠ (étoile), ✳ (Military Cross), négociant-armateur, officier interprète au 17e Corps Britannique.

Mort à Rouen, le 3 novembre 1918, des suites d'une atteinte des gaz toxiques.

Cité en dernier lieu à l'ordre de la Mission française aux Troupes Britanniques, après la prise de Cambrai.

[Né à Bordeaux le 18 juin 1887. Fils de M. André BALLANDE, député de la Gironde, et de Mme née ALFRED-PINCHON. Marié à Mlle Marthe BLANCHY, fille de M. Charles BLANCHY et de Mme née DE GEORGES DE BARGETON.]

BALLANDE (Ch.-A.), ✳, ✠ (palme), lieutenant de vaisseau, aide de camp.

Citation : *Pendant l'engloutissement du* Léon-Gambetta, *a éclairé les échelles intérieures avec des lampes de poche ou des allumettes, permettant ainsi à l'équipage de monter sur le pont et de se sauver. A travaillé ensuite à mettre les embarcations à la mer; a contribué, par ses paroles et son exemple, à maintenir l'ordre sur le pont; a été jeté à la mer par le chavirement du navire et y a trouvé la mort.*

[Fils de M. et de Mme née DUZON. Marié à Mlle DUPUY.]

BALLEYGUIER (Jean-Marie-*Jacques*), ✳ (posthume), ✠ (palme), Saint-Cyrien de la promotion de Montmirail, sous-lieutenant au 120e d'Infanterie.

Citation : *Vaillant officier. Mortellement frappé en entraînant sa section à l'attaque le 10 septembre 1914. A été cité.*

BALLOT (Charles), ✳, ✠ (3 citations), agrégé d'histoire, lieutenant au 152e d'Infanterie.
Tué le 6 décembre 1917.

BALLOY (Édouard-*Henri*-Jean DAVY DE CHAVIGNÉ de), ⚜ (posthume), ✠, maréchal des logis au 9e Dragons. *Engagé volontaire.*
Tué le 28 août 1914, au cours d'une reconnaissance.

Citation : *En reconnaissance près de Péronne, le 28 août 1914, a été tué alors qu'il se portait à l'attaque à la tête de son peloton.*

[Né le 7 mars 1890. Fils de M. Marie-*René* DAVY DE CHAVIGNÉ DE BALLOY et de Mme née Marie TIERSONNIER.]

BALLY (*Michel*-Gérard), ✠ (étoile d'or), ✳ (Croix de Saint-Georges), étudiant-ingénieur civil, interprète-stagiaire à l'E.-M. du 3e régiment Russe (Mission française auprès des Troupes Russes).
Tué le 5 mai 1917, en assurant la liaison entre les unités alliées.

Citation : *Chargé d'assurer la liaison entre l'infanterie russe et un groupe d'artillerie de campagne (français) violemment bombardé, a rempli sa mission avec un courage et un sang-froid admirables. Tué glorieusement à son poste par un obus de gros calibre le 5 mai 1917.*

[Né le 25 janvier 1894. Fils de M. R. BALLY, ingénieur, directeur de Mines, et de Mme née BEURAL.]

BALORRE (Vicomte François de), caporal au 105e d'Infanterie.
Tué face à l'ennemi, à 400 mètres de Chaulnes (Somme), par un obus, en service commandé, le 18 septembre 1916.

[Né le 8 octobre 1885. Fils du Vte Henri DE BALORRE et de la V^{tesse} née DE COMBES DES MORELLES.]

BALORRE (Mademoiselle Alix IMBERT de), infirmière de la Croix-Rouge.

Décédée, en janvier 1919, à l'ambulance 274, rue Saint-Maur, à Paris, chez les Petites Sœurs de l'Assomption, des suites d'une maladie infectieuse contractée au chevet des blessés, après une maladie de 50 jours héroïquement supportée.

[Fille du commandant B⁰ⁿ DE BALORRE (décédé) et de la B⁰ⁿⁿᵉ née LE REBOURS.]

BALORRE (Anne-*Maurice*-Henri-Ferdinand IMBERT de), ✠ (posthume), ✠ (palme), sous-lieutenant au 212ᵉ d'Infanterie.

Tombé glorieusement, le 31 juillet 1916, pendant une reconnaissance.

Citation : Le 22 mai 1916, faisant partie comme volontaire d'un groupe d'attaque, a contribué grandement au succès de l'opération; dans la nuit du 24 au 25 juillet 1916, a maintenu son détachement de travailleurs sous un bombardement violent et, par son exemple, a pu obtenir l'exécution de la tâche qui lui était confiée, malgré des pertes sensibles. Tué, le 31 juillet 1916, au cours d'une reconnaissance.

BALORRE (Anne-*Jacques*-Jean-Frédéric IMBERT de), ✠ (posthume), ✠, soldat au 128ᵉ d'Infanterie.

Tué à l'ennemi, le 10 juin 1915, aux Carrières d'Haudiomont.

Citation : Brillante conduite au combat du 10 juin 1915 au cours duquel il a été mortellement blessé en allant chercher au dehors de la tranchée son chef de section grièvement atteint. A été cité.

[Né à Paris le 22 décembre 1893. Fils de M. et de Mᵐᵉ née DE COSSART.]

BALORRE (Anne-Louis-Hubert IMBERT de), lieutenant au 11ᵉ Cuirassiers.

Disparu le 9 juin 1918.

BALTET (Lucien-Charles), ✠, ✠ (4 citations), horticulteur, capitaine au 137ᵉ d'Infanterie.

Tué, le 27 mai 1918, à l'attaque du Chemin-des-Dames.

BAMMEVILLE (Éric-Guy JOLY de), ✠ (posthume), ✠, sous-lieutenant pilote à l'Escadrille N. 26.

Citation : Excellent pilote. Le 14 septembre, a attaqué quatre drachen qu'il a contraints à descendre au sol. Le 21 septembre, par très mauvais temps, a attaqué un drachen et a disparu au cours de cette mission.

BANES DE GARDONNE (Jean de), ✠ (posthume), ✠ (palme), sergent-fourrier au 2ᵉ bis régiment de marche de Zouaves.

Citation : Très épris de ses devoirs militaires, n'a pas hésité, le 24 avril 1915, à traverser une zone particulièrement dangereuse pour ravitailler sa compagnie. A été tué dans l'accomplissement de sa mission. A été cité.

BANVILLE (*Robert*-Marie-Charles-Alphonse, Vicomte Robert de), O ✠, ✠ (palmes), chef d'escadrons au 22ᵉ Dragons, détaché à l'E.-M. d'une armée.

Blessé et prisonnier, le 7 mars 1918, près de Davenescourt (Somme), succomba le 27 à ses blessures.

Citation : *Est tombé atteint d'une balle à bout portant, en exécutant une reconnaissance sur les premières lignes pendant la bataille.*

[Fils du Vte (décédé) et de la V^tesse née Berthe DE BEAUVOIR. Marié à Mlle DU PLESSIS, fille de M. (décédé) et de Mme née DE SAINT-MAUR.]

BAR (Ludwig de), maréchal des logis au 59e d'Artillerie.
Tué à l'ennemi le 22 juin 1917.

[Né en 1885. Fils de M. Eugène DE BAR (décédé) et de Mme née Alexina GALLANTY.]

BARANTE (*Georges*-Amable-Guillaume, Baron Georges BRUGIÈRE de), ✠ (posthume), ▦, capitaine au 161e d'Infanterie.
Décédé à l'hôpital de Sainte-Menehould, le 27 avril 1915, des suites de blessures reçues aux combats d'Argonne.

Citation : *Blessé très grièvement le 10 septembre, revenu prendre le commandement de sa compagnie, incomplètement guéri. A été de nouveau grièvement blessé le 21 avril en se portant dans les tranchées alors que deux mines venaient de faire sauter une partie des parapets confiés à sa garde. Mort pour la France des suites de ses blessures. A été cité.*

[Né en 1883. Fils du B^on et de la B^onne née Marie-Louise LE BERTRE. Marié, en 1910, à Mlle Gabrielle DE FROIDEFOND DE FLORIAN.]

BARAT (Pierre), Saint-Cyrien de la promotion de Montmirail.
Tombé au combat de Fillières (Meurthe-et-Moselle), le 22 août 1914; frappé dans un bond de tirailleurs alors qu'il conduisait sa section à l'attaque.

[Né le 27 février 1894. Fils de M. R. BARAT, conseiller à la Cour d'appel de Paris, et de Mme née PARIGOT.]

BARATIER (Albert-Ernest-Augustin), C ✠, Général commandant la 134e Division d'Infanterie.
Ancien compagnon du Colonel MARCHAND dans ses randonnées en Afrique, la guerre le trouva Colonel du 14e Hussards, à la tête duquel il pénétra à Mulhouse. Promu Général au cours de la bataille de la Marne, il mourut, le 17 octobre 1917, emporté par une ambolie, dans une tranchée de première ligne, près de Reims ; son corps repose dans le cimetière de Gueux.

[Né à Belfort le 11 juillet 1864. Fils de l'Intendant général, C ✠ (décédé), et de Mme née DELAMBRE.]

BARBADE (Ernest-Auguste), O ✠, ▦, Général commandant la 25e Brigade d'Infanterie.
Tué à l'ennemi, le 10 septembre 1914, à Sompuis.

Citation : *A montré les plus belles qualités d'énergie et de courage en différents combats et est glorieusement tombé à la tête de sa brigade.*

[Né le 4 septembre 1856. Marié à Mlle CHATELLIER.]

BARBANÇOIS (Charles-Xavier-Hélion, Comte de), ancien député, conseiller général de l'Indre, capitaine au 25e Dragons.

Tombé glorieusement en Lorraine, le 24 août 1914, au cours d'une reconnaissance.

[Fils du Mis (décédé) et de la M^{ise} née DE SAINT-VINCENT. Marié à Mlle Charlotte GAIRAL.]

BARBARIN (Jacques de), ✳, ✠ (4 citations), sous-lieutenant.
Tué à Craonne, le 7 juin 1917.

BARBARY DE LANGLADE (*Jacques*-Marie), soldat au 7e Colonial.
Tué à Revigny, le 13 octobre 1915.

BARBÉ (Maurice), ✠, licencié ès lettres, avoué à Paris, *engagé volontaire*, sous-lieutenant au 67e d'Infanterie.
Tué, le 25 septembre 1915, à l'offensive de Champagne.

BARBOT (Ernest-Jacques), ✳, ✠ (palme), Général de brigade.
Tombé glorieusement à Notre-Dame de Lorette, en mai 1915.

Citation : *A fait preuve, depuis le début de la campagne, d'une énergie et d'une bravoure au-dessus de tout éloge; d'une activité inlassable, a acquis sur sa troupe un ascendant considérable.*

BARBOU DES COURIÈRES (Marie-*Aymar*-Prosper), ✠ (2 citations), élève de l'Ecole des Beaux-Arts et de l'Ecole des Arts décoratifs de Paris ; grand prix du Ministre, de l'Ecole des Arts décoratifs de Limoges. *Engagé volontaire* au 9e bataillon de Chasseurs à pied.
Mort glorieusement à Verdun, le 21 février 1916.

Citation : *Classé dans le service auxiliaire, a demandé à passer dans le service armé pour partir au front. Est tombé courageusement au cours d'un assaut de nuit exécuté sous un feu violent de l'ennemi, le 21 février 1916.*

[Fils de M. Prosper BARBOU DES COURIÈRES et de Mme née MARTINOT DE LAVALADE. — Le nom de son aïeul, le Général Gabriel BARBOU DES COURIÈRES, qui fit, comme lieutenant, la guerre d'indépendance des Etats-Unis, et qui fut gouverneur d'Ancône (Italie) de 1810 à 1815, est gravé sur l'Arc de Triomphe.]

BARCLAY (George), avocat anglo-français à Paris, capitaine à la 2e Armée Britannique.
Tué à l'ennemi.

[Fils de Sir Thomas BARCLAY, O ✳, ancien membre du Parlement anglais.]

BARET DE LIMÉ (Jules du), 🏅 (posthume), ✠, sergent au 359e d'Infanterie.
Blessé une première fois à la Marne, en septembre 1914, une seconde fois dans la Somme, en 1916; tomba le 11 juin 1918 aux combats de l'Oise.

BARJAC DE RAUCOULE (Joannès de), ✳, ✠ (palme), lieutenant au 27e Dragons.
Blessé le 28 septembre 1914, succomba le 30 à l'hôpital militaire d'Arras.

Citation : *Très belle conduite à l'attaque d'une position, le 28 septembre, où il fut blessé de six balles de mitrailleuses en entraînant son peloton à l'attaque.*

BARMON (Paul-Louis NICOLAZO de), ✠ (posthume), ✠ (palme), capitaine au 147ᵉ d'Infanterie.

> Citation : *Excellent officier, ayant une haute conception du devoir. Commandant un bataillon pendant les combats du 28 mai au 2 juin 1918, a forcé l'admiration de sa troupe par son énergie et sa belle bravoure devant l'ennemi. Est mort glorieusement pour la France, au combat de Chezy (Aisne), le 2 juin 1918.*

BARNAUD (Marc), ✠ (4 citations), lieutenant d'Artillerie. Tué au Mont Kemmel, le 25 avril 1918.

[Né en 1896. Fils de l'Amiral (décédé) et de Mᵐᵉ née Marie Fournier.]

BARNOUIN (Charles), lieutenant de vaisseau, commandant le *Chevalier.....*

[Fils du Contre-Amiral et de Mᵐᵉ Barnouin. Marié à Mˡˡᵉ Bramaud du Boucheron.

BAROLET (René-Gustave-Eugène-Auguste de), ⚓ (posthume), ✠ (palme), chasseur au 8ᵉ Chasseurs à pied.

> Citation : *Téléphoniste d'un sang-froid remarquable, pendant l'attaque du 10 au 11 avril 1916, la liaison étant coupée, s'est offert comme volontaire pour porter un pli urgent au chef de bataillon. Grièvement blessé, est mort de ses blessures. A été cité.*

BARONCELLI DE JAVON (Jacques-Marie-Joseph-Philippe-*Alain*, Vicomte Alain de), ⚓ (posthume), ✠ (étoile), caporal au 1ᵉʳ Génie. Tué d'un éclat d'obus, près de Souchez (Pas-de-Calais), le 4 octobre 1915.

> Citation : *Caporal d'un grand mérite, dévoué et consciencieux. S'est distingué au cours d'une guerre de mines de très longue durée; volontaire pour toutes les missions difficiles. A été blessé mortellement à Souchez, en établissant les communications des premières lignes sous un bombardement intense. A été cité.*

[Né à Paris le 10 juillet 1888. Fils du Vᵗᵉ Philippe de Baroncelli de Javon et de la Vᵗᵉˢˢᵉ née Mauricia des Rosières Durup de Balaine.]

BARONCELLI DE JAVON (Lucien-Marie-Joseph-*Henri*, Vicomte Henri de), *engagé volontaire*, sergent au 153ᵉ d'Infanterie. Porté disparu à Massiges (Marne), le 24 septembre 1915.

[Né à Nîmes, le 30 mai 1884. Fils du Cᵗᵉ Raymond de Baroncelli de Javon et de la Cᵗᵉˢˢᵉ née Henriette de Chazelles-Lunac. Marié à Mˡˡᵉ Christine Cordier, fille de M. Robert Cordier, capitaine de vaisseau, chef d'état-major à l'escadre de la Méditerranée, officier de la maison militaire et aide de camp du Président Sadi Carnot, et de Mᵐᵉ née Lucie Hillemacher.]

BARRAL (Marie-Joseph-Ernest-Eugène-*Octave*, Comte de), ✠ (posthume), ✠ (palme), littérateur, *engagé volontaire* en août 1914, au 67ᵉ d'Infanterie.

Blessé, le 22 septembre 1914, d'un éclat d'obus dans la cuisse ; reparti avant guérison, comme volontaire au 404ᵉ de ligne. Tué, le 5 août 1915, au ravin de Bonval (Aisne), dans un poste d'écoute, où il allait volontairement chaque nuit.

> Citation à l'Ordre de l'Armée : *Bien qu'appartenant à l'armée territoriale et versé dans le service auxiliaire, a demandé et obtenu de passer dans le service armé. Parti comme volontaire avec le 67ᵉ, a été blessé. Reparti après guérison comme volontaire au 404ᵉ régi-*

ment d'infanterie, n'a cessé de donner l'exemple du courage et du dévouement, s'offrant toujours pour les missions dangereuses. A été tué d'une balle dans un poste d'écoute.

[Né le 24 septembre 1877. Fils du Cte DE BARRAL (décédé) et de la Ctesse née RIGAUX. Marié à Mlle Geneviève DE BEAUFRANCHET, fille du Cte Fernand DE BEAUFRANCHET et de la Ctesse née DE DREUILLE, — dont deux enfants.]

BARRAL D'ARÈNES (Théodore-Henri-Marie-*Joseph*, Comte de),

✠ (posthume), ✠ (palme, étoile d'argent et étoile de bronze), sorti de Saint-Cyr, officier de Cavalerie au 4ᵉ Dragons, lieutenant, pilote-aviateur à l'Escadrille 45.

Tué en combat aérien contre trois avions ennemis, le 9 mars 1917, entre Serres et Athienville (Meurthe-et-Moselle). Son appareil est tombé dans nos lignes, et les honneurs militaires ont pu lui être rendus au cimetière de Saint-Nicolas-du-Port (Meurthe-et-Moselle).

Citation : *Le 9 mars 1917, au cours d'une mission photographique, a trouvé une mort glorieuse, dans un combat aérien contre trois avions ennemis.*

[Né le 14 décembre 1887. Fils du Mis DE BARRAL D'ARÈNES et de la M^ise née Gabrielle DE GRASSET.]

BARRAU (Marie-Xavier-Georges, Vicomte d'ABBADIE de),

✠ (posthume), ✠ (palme), *engagé volontaire*, lieutenant au 358ᵉ d'Infanterie.

Citation : *Engagé volontaire pour la durée de la guerre. Officier d'élite du plus beau caractère et d'une bravoure exceptionnelle. Tué le 18 mars 1916, alors qu'à la tête de sa section et sous un violent bombardement, il se portait crânement en avant pour exécuter une contre-attaque. A été cité.*

[Marié à Mlle Françoise DE LA FOREST-DIVONNE.]

BARRAU (*Jean*-Marie-Pierre-Henri de), secrétaire particulier de

Mgr le Duc d'Orléans, caporal téléphoniste au 142ᵉ d'Infanterie.

Tombé, le 18 août 1914, à Bisping (Lorraine annexée), au cours d'une charge à la baïonnette. Porté d'abord disparu. Sa famille apprit, six mois après, par des camarades, qu'une balle l'avait frappé au front, alors qu'à la tête du groupe téléphoniste, il s'élançait en criant : « En avant ! En avant ! C'est pour la France ! »

[Né le 20 novembre 1889. Fils de M. Fernand DE BARRAU et de Mme née FABRE.]

BARRAU (*Paul*-Xavier-Bernard de), ✠ (étoile), stagiaire agricole,

chasseur au 19ᵉ bataillon de Chasseurs à pied.

Versé d'abord au 19ᵉ Dragons, il fut affecté, en mars 1916, à un bataillon de Chasseurs à pied.

Frappé, dans la nuit du 20 au 21 décembre 1916, à Bouchavesnes (sur la route de Péronne à Bapaume), par un obus, alors qu'il était en corvée de ravitaillement.

Citation : *Chasseur d'une grande élévation de sentiments. Blessé, n'a été se faire panser au poste de secours que sur l'ordre de son chef de section et est immédiatement venu reprendre son poste de combat.*

[Né le 12 septembre 1891. Frère du précédent.]

BARRAU (Louis de), associé de banque à Toulouse, incorporé au 19ᵉ Dragons, versé ensuite dans l'Aviation, et en dernier lieu au 39ᵉ d'Artillerie, en septembre 1916.

Etant de guet, par une nuit très froide, dans la forêt de Parroy (région de Nancy), il contracta une pneumonie. Transporté à l'hôpital de Saint-Nicolas-du-Port, il y mourut le 21 mars 1917.

Etant pilote-aviateur au centre d'aviation de Dijon, Louis de Barrau avait, dans les premiers jours d'août 1916, reçu de ses chefs le témoignage suivant :

> *Le Commandant du centre d'aviation de Dijon exprime toutes ses félicitations au brigadier* DE BARRAU *pour son acte de dévouement envers un camarade qui, se baignant dans le canal de Bourgogne, allait périr noyé sans son intervention.*

[Né le 30 juin 1882. Fils de M. Raymond DE BARRAU, ancien magistrat, et de Mᵐᵉ née ROUQUETTE.]

BARRAUD-DUCHÉRON (André-Paul), ✠ (étoile), sergent au 79ᵉ d'Infanterie.

> Citation : *Sous-officier très brave et très courageux. Au front depuis le mois de janvier 1915 sans aucune interruption, a participé à toutes les affaires depuis cette date. A été tué par un éclat d'obus le 9 avril, alors qu'il maintenait courageusement sa demi-section sous un très violent bombardement. A toujours été un modèle de calme et de sang-froid en face du danger.*

BARRÊME-VERDOL (Jean de), ✠, avocat, lieutenant au 275ᵉ d'Infanterie.

Tué à Flirey en 1915.

BARRÈS (*Henri*-Marie-Joseph-Louis de), ✠ (posthume), ✠ (palme), lieutenant au 8ᵉ Cuirassiers, observateur en avion à l'Escadrille C. 225.

Tombé glorieusement, le 23 avril 1918, au cours d'une mission photographique aérienne.

> Citation : *A toujours fait preuve d'énergie et de courage en accomplissant plusieurs missions lointaines dans les lignes ennemies. Est tombé glorieusement au cours d'une mission photographique. A été cité.*

[Fils du Bᵒⁿ et de la Bᵒⁿⁿᵉ née Marthe LAGARRIGUE.]

BARRES (Adrien-Charles des), ⚜ (posthume), ✠, soldat au 121ᵉ Chasseurs à pied.

> Citation : *Bon et brave chasseur. Tué à l'attaque des tranchées ennemies du Lingekopf, le 27 juillet 1915. A été cité.*

BARRIAL DU BREUIL (Paul-Marie-Charles), ✠, capitaine.

Tué le 6 mars 1915.

[Marié à Mˡˡᵉ LEVALLOIS.]

BARRIN DE CHAMPROND (Bᵒⁿ Joseph de), capitaine au 157ᵉ d'Infanterie.

Tué le 5 avril 1915.

[Marié à Mˡˡᵉ Jacqueline DE MAULÉON-NARBONNE.]

BARRIN DE CHAMPROND (Pierre de), ✠ (posthume), ✠, caporal au 299ᵉ d'Infanterie.

Tué aux combats de la Somme, le 4 octobre 1914. Inhumé dans le cimetière de Harbonnières.

BARRY (Paul), ✠, ✠ (palme), avocat à la Cour de Paris, capitaine.
Décédé, en juillet 1918, des suites de ses blessures.

[Fils de M. Charles BARRY, avocat à la Cour de Cassation, et de Mᵐᵉ née JOUET.]

BARTH (Jacques), ✠ (posthume), ✠ (palme), avocat à la Cour de Paris, diplômé des Sciences politiques, docteur en droit, sous-lieutenant de réserve au 315ᵉ d'Infanterie.

Tombé au champ d'honneur, au Quesnoy-en-Santerre (Somme), le 30 octobre 1914.

Citation à l'Ordre de l'Armée : *A fait preuve des plus belles qualités de bravoure et d'énergie, enlevant ses hommes à l'assaut des retranchements ennemis, lors de la prise du Quesnoy, le 30 octobre. A été tué à la tête de sa section, à dix mètres des mitrailleuses allemandes. A été cité.*

[Né à Paris le 27 mars 1887. Fils du Dʳ Henri BARTH, ✠, médecin de l'hôpital Necker, et de Mᵐᵉ née Henriette VOISIN.]

BARTHAL (Émile-Frédéric-Joseph), ✠ (posthume), ✠ (palme), colonel commandant une Artillerie de Corps.

Citation : *Les batteries n'ayant pu, à cause de l'obscurité et des difficultés du terrain, occuper, le 7 septembre 1914, au soir, les emplacements qui leur avaient été assignés, s'est rendu, dès l'aube, auprès d'elles, les a placées lui-même, malgré un feu violent; a été tué, à cette occasion, par un obus le 8 au matin.*

BARTHÉLEMY (Jacques), ✠ (étoile), industriel, adjudant au 276ᵉ d'Infanterie.

Tué, le 12 janvier 1915, à la bataille de Crouy (Aisne). Avait été proposé pour sous-lieutenant.

Citation : *A renforcé avec sa section une compagnie très éprouvée dans les tranchées allemandes et a fait preuve de la plus grande énergie au moment de la contre-attaque générale au cours de laquelle il a disparu.*

[Né le 10 juin 1874. Fils de M. André BARTHÉLEMY et de Mᵐᵉ née DURAND. Marié, en 1907, à Mˡˡᵉ Blanche GUÉRIN, fille de M. Louis GUÉRIN et de Mᵐᵉ née TEXIER, — dont trois enfants.]

BARTHES (*Pierre*-Marie-Prosper), ✠ (posthume), ✠, ✠ (4 palmes), ingénieur diplômé E.S.A., sous-lieutenant pilote-aviateur à l'Escadrille N. 95.

A trouvé la mort à l'offensive de Verdun, le 20 août 1917, dans un combat contre six avions ennemis. Son corps a été retrouvé, le même jour, à la reprise du Bois des Caurettes; enterré au cimetière de Fromeriville, près de Verdun. — Avait été proposé, le 15 mai 1917, pour la Légion d'honneur.

Citation : *Très beau caractère d'officier. A fait l'admiration de tous par sa bravoure et sa haute conception du devoir, aussi bien dans la reconnaissance que dans l'aviation de chasse, où il s'était classé parmi les meilleurs pilotes et les plus ardents combattants. Tué en combat aérien engagé contre six adversaires.*

[Né le 11 janvier 1890. Fils de l'Amiral BARTHES, ✳, ⊕, et de Mme née FOURNIER.]

BARTHES (L.), ✳ (posthume), ⊕ (palme), **enseigne de vaisseau, commandant le *Montaigne*.**

    Citation : *Officier de valeur, s'est toujours signalé par son entrain et son sentiment du devoir. Frappé sur sa passerelle au moment de l'attaque de son bâtiment par des torpilleurs ennemis, a eu l'énergie de donner avant de mourir l'ordre le plus opportun sous la forme la plus claire.*

BARTHOU (Max), ⊕, **étudiant,** *engagé volontaire* **à 18 ans.**
    Tué, à Thann (Alsace), par un obus allemand, le 14 décembre 1914.

[Né le 29 janvier 1896. Fils de M. Louis BARTHOU, de l'Académie Française, député des Basses-Pyrénées, ancien président du Conseil des ministres.]

BARY (Georges de), ⊕, **soldat cycliste.**
    Tué le 9 avril 1915.

BASCHET (Pierre), 🏅 (posthume), ⊕ (palme), **collaborateur à l'*Illustration*, brigadier d'Artillerie de campagne.**
    Sur le front depuis six mois, le 25 septembre 1917, devant le massif de Moronvilliers, il fut tué d'un éclat d'obus éclatant derrière l'affût de sa pièce.

    Citation : *Excellent brigadier ; modèle de dévouement et de bravoure. Étant chef de pièce, a trouvé la mort glorieuse du soldat, le 25 septembre 1917, vers le Mont-sans-Nom, pendant un tir de barrage qu'il faisait exécuter, malgré un violent bombardement adverse.*

[Né en 1897. Fils de M. René BASCHET, O ✳, directeur de l'*Illustration*, et de Mme née GUILLEMETEAU.]

BASLY (Charles-Henri de), **soldat au 1er Colonial.**
    Mort, le 1er octobre 1914, à Clermont-Ferrand, des suites de ses blessures.

[Né le 29 février 1880. Fils de M. et de Mme née CAPPE.]

BASLY (Émile-Lucien-Paul), ✳, **chef de bataillon, chef d'état-major de la 3e division d'Infanterie.**
    Tué, le 14 décembre 1914, à Vienne-le-Château.

BASSEREAU (François-Charles-Jean-*Raymond*), **licencié ès lettres, licencié en droit, sergent au 131e d'Infanterie.**
    Disparu en entraînant son escouade, dans un combat près de la cote 263, à l'ouest de Boureuilles-en-Argonne (Meuse), le 16 février 1915.

[Né le 22 octobre 1889. Fils de M. Léon BASSEREAU et de Mme née DUPRÉ.]

BASSETTI (*Jean*-Marie), ✳ (posthume), ⊕ (palme), **sous-lieutenant au 55e d'Artillerie, observateur à la 51e Cie d'Aérostiers.**

    Citation : *Observateur volontaire en ballon, a montré de belles qualités d'initiative et de sang-froid au cours d'ascensions exécutées dans des conditions atmosphériques souvent défavorables. Mort glorieusement à son poste en ballon, au cours d'une tempête.*

BASTARD (*Raymond*-Dominique-Octave, Baron Raymond de), ✖, capitaine au 8e Cuirassiers à pied.
Tombé le 4 avril 1918.

Citation : *Officier d'un courage héroïque, a contenu une attaque ennemie et protégé la retraite de son régiment en servant lui-même une mitrailleuse jusqu'au moment où il fut grièvement blessé.*

[Fils du B⁰ⁿ et de la B⁰ⁿⁿᵉ née GREENOUGH, décédés.]

BASTIEN (Étienne), ✖, ✖, lieutenant automobiliste.
Tué, le 29 octobre 1918, au cours d'une reconnaissance.

[Fils du Greffier en chef de la Cour de Nancy.]

BATAILLE (Marie-Désiré-Pierre-Amédée-Victor) O ✖, ✖ (palme), Général commandant la 41e Division.
Tombé glorieusement en 1914.

Citation : *Apprenant que nos positions étaient violemment bombardées par l'artillerie de gros calibre de l'ennemi, il considéra comme le plus sacré de ses devoirs d'y courir pour se rendre compte de la situation et encourager les défenseurs par sa présence, s'il était nécessaire. C'est au moment où, au milieu des chasseurs des 28e et 30e bataillons, il donnait ses instructions avec le sang-froid et le mépris du danger qui lui étaient habituels, qu'il fut mortellement frappé par les éclats d'un projectile. Il a ainsi donné jusqu'à sa dernière heure, l'exemple de la bravoure et les plus belles qualités militaires.*

BATAILLE-FURÉ (*Vincent*-Marie-Gabriel-Edmond, Comte Vincent de), ✖ (étoile), Saint-Cyrien, capitaine au 83e d'Infanterie.
Tué au sud de Perthes-les-Hurlus, face à l'ennemi, par un éclat d'obus à la tête ; sa mort fut instantanée. Il avait pris part aux combats de Bertrix, Sedan, la retraite de la Marne ; c'est après cette victoire qu'il trouva la mort, le 17 septembre 1914.

Citation : *Officier de beaucoup de cœur et de tempérament énergique ; a commandé sa compagnie avec vaillance et bonne humeur dans tous les combats au début de la guerre. A été tué, le 17 septembre, à la tête de ses hommes, au moment où il abordait la lisière d'un village occupé par l'ennemi.*

[Né le 27 mai 1883. Fils du Cᵗᵉ et de la Cᵗᵉˢˢᵉ née DE SAINT-HILAIRE. Marié, en janvier 1914, à Mˡˡᵉ Germaine GUIOT DE LA ROCHÈRE, fille du Commandant et de Mᵐᵉ née DE MÉRAC DE DUCHOSSY, — dont un fils posthume : Vincent.]

BATBÉDAT (Mademoiselle Louise), infirmière-major à l'hôpital auxiliaire n° 12, à Vichy.
Décédée dans l'exercice de ses fonctions.

BATTESTI (Jules-Augustin-William-Léon), O ✖, ✖, Général de brigade, commandant une Division d'Infanterie.
Tué le 17 septembre 1914.

Citation : *Placé à la tête de la ...e division en pleine bataille de la Marne, fit preuve de brillantes qualités d'énergie, d'une froide bravoure et d'un complet mépris du danger, restant jour et nuit au milieu de ses troupes les plus avancées. Chargé de missions offensives au nord-est de Reims, toujours au péril, trouva une mort glorieuse sur le champ de bataille le 17 septembre 1914.*

BAUBIET (*Jacques-Marie-Barnabé*), ✠, brigadier au 53ᵉ d'Artillerie.

Tué à l'ennemi, le 6 octobre 1916, à Vermandovilliers (Somme).

[Né à Paris le 8 octobre 1897. Fils de M. et de Mᵐᵉ née DE MAISTRE.]

BAUCHART (*Pierre*-Romain-Henri), lieutenant au 67ᵉ d'Infanterie.

Mort de ses blessures, à Verdun, le 1ᵉʳ mars 1915.

[Né le 7 mai 1887. Fils du Conseiller à la Cour de Paris, et de Mʳᵉ Henri BAUCHART. Marié à Mˡˡᵉ LÉON.]

BAUCHE (Pierre), ✠ (étoile), étudiant, *engagé volontaire* au 20ᵉ Chasseurs à cheval.

Mort en service commandé, le 17 septembre 1918, des suites d'une maladie contractée à l'Observatoire de l'Armée de Lorraine.

Citation : *Très bon chasseur. De service à un poste d'observation et se sentant malade, a continué son service jusqu'à l'extrême limite de ses forces.*

[Né le 18 juin 1897. Fils de M. Gaston BAUCHE (de Sainte-Adresse), et de Mᵐᵉ née MICHEL.]

BAUDEAN (Gustave-Jules-Marie-Émile de), ✠ (posthume), ✠, sous-lieutenant au 414ᵉ d'Infanterie.

Citation : *Montre toujours le même entrain énergique et courageux dans tous les engagements. A dirigé crânement plusieurs patrouilles difficiles. A été mortellement blessé, le 10 mai 1917, en se rendant spontanément près d'un soldat de sa section qui, dans la première ligne, venait d'être atteint par un éclat de grenade. A été cité.*

BAUDENS DE PIERMONT (*Gaston*-Maurice-Pierre-Marie), ✠ (posthume), ✠ (palme), élève de Saint-Cyr (promotion des Marie-Louise), sous-lieutenant au 54ᵉ d'Infanterie.

Porté disparu, le 24 août 1914, à la suite d'une charge à la baïonnette, près de Longuyon.

Citation : *Vaillant officier, tombé glorieusement à la tête de sa compagnie, le 24 août 1914, en menant une attaque à la baïonnette.*

[Né le 17 août 1890. Fils du Général BAUDENS, C ✠, et de Mᵐᵉ née DOUEY.]

BAUDOIN (M.), ✠ (posthume), ✠ (palme), enseigne de vaisseau de la *Provence II*.

Citation : *A fait preuve de beaucoup de calme et d'énergie en dirigeant jusqu'au dernier moment la mise à l'eau des embarcations. A disparu avec le bâtiment.*

BAUDOT (Marcel), ✠, sous-lieutenant au 77ᵉ d'Infanterie.

Tombé le 31 juillet 1918.

[Né en 1891. Fils du Conseiller à la Cour de Nancy, et de Mᵐᵉ née LE MOYNE.]

BAUDOUY (Émile), ✠ (4 citations), lieutenant.

Blessé en 1915 ; tué en octobre 1918.

BAUDREUIL (Charles-Gaston-*Pierre* de), ✵ (palme et étoile), officier de cavalerie démissionnaire, capitaine au 8ᵉ Cuirassiers à pied.

Tué, le 24 mars 1918, à Ugny-le-Gay (Aisne), à la tête de sa compagnie.

> Citation posthume : *Officier du plus grand courage qui, au combat du 24 mars 1918, a donné comme commandant de la 3ᵉ compagnie l'exemple d'une très grande fermeté. A arrêté le mouvement offensif des Allemands jusqu'au moment où il a été blessé mortellement.*

[Né le 30 octobre 1875. Fils de M. Émile de BAUDREUIL et de Mᵐᵉ née de FITTE DE SOUCY. Marié à Mˡˡᵉ Magdeleine de COURCY, fille du Bᵒⁿ Guy de COURCY et de la Bᵒⁿⁿᵉ née WATIN.]

BAUDRY (Adrien-Édouard), ✳, lieutenant de vaisseau.

Tué à Dixmude, en novembre 1914.

BAUDUS (Joseph-*Pierre* de), ✳ (posthume), ✵ (2 étoiles), sous-lieutenant au 94ᵉ d'Infanterie.

Mort d'une balle à la tête ayant traversé son casque, le 25 septembre 1915, en Champagne.

> Citation : *Jeune officier animé du plus pur sentiment du devoir militaire, est tombé mortellement frappé, le 25 septembre 1915, en entraînant son peloton de mitrailleurs à l'assaut des positions ennemies.*

[Né le 8 mai 1896. Fils du Lieutenant-Colonel et de Mᵐᵉ née de FRANSURES.]

BAULANT (Maurice), fusillier-mitrailleur au 350ᵉ d'Infanterie.

Tué à l'ennemi, le 9 septembre 1918.

[Né en 1899. Fils du Notaire de Chartres, et de Mᵐᵉ née VÉDIE.]

BAUMLIN (*André*-Jules-Henri), négociant, sergent au 355ᵉ d'Infanterie.

Disparu, le 16 septembre 1914, à Fontenoy (Aisne).

[Né à Paris le 4 mai 1887. Fils de M. et de Mᵐᵉ née GALLOIS.]

BAUMLIN (*Robert*-François), licencié en droit, caporal mitrailleur au 254ᵉ d'Infanterie.

Tombé, le 13 avril 1916, au Mort-Homme (Meuse).

[Né à Paris le 29 décembre 1892. Frère du précédent.]

BAYENGHEM (Auguste LE SERGEANT de), ✵, *engagé volontaire*, chef de char dans l'Artillerie d'assaut.

Tué à l'ennemi, le 23 octobre 1917, à l'attaque du plateau de Laffaux.

[Né en 1876. Fils de M. et de Mᵐᵉ née de BUTLER, décédés.]

BAYET (Charles), C ✳, ✵ (1 palme, 1 étoile), directeur honoraire de l'Enseignement supérieur au Ministère de l'Instruction publique, lieutenant au 95ᵉ régiment d'Infanterie territoriale, *engagé volontaire* en 1914 pour la durée de la guerre, à l'âge de 65 ans.

Il est mort à Toulon, après une longue campagne à Salonique, où sa connaissance particulière des choses de l'Orient l'avait fait attacher à l'état-major.

Ancien élève de l'École normale, ancien doyen de la Faculté des lettres de Lyon et recteur de l'Académie de Lille, il laisse des ouvrages de critique et d'histoire fort appréciés : *l'Art byzantin, les Élections pontificales sous les Carolingiens ; Histoire de l'art*, etc.

[Né à Liège, en 1849. Fils de M. et de Mme BAYET, née LEMONNIER. Marié à Mlle DE BEHR, fille de M. et de Mme DE BEHR, née PIERCOT, — dont cinq enfants.]

BAYET (Jean), �֎ (posthume), ✸ (palme), homme de lettres, rédacteur au Sous-Secrétariat des Beaux-Arts, lieutenant de réserve au 356e d'Infanterie.

Tué, le 7 avril 1915, au Bois Le Prêtre (Meurthe-et-Moselle).

Citation : *Officier de grande bravoure, donnant en toute circonstance l'exemple. Chargé de relier sa tranchée à une tranchée voisine, est sorti en terrain découvert et a été tué.*

[Né le 25 janvier 1882. Fils du précédent.]

BAZELAIRE (Pierre-André de), ✖ (posthume), ✸ (palme), lieutenant au 135e d'Infanterie.

Tué à la bataille de la Marne.

Citation : *Jeune Saint-Cyrien plein d'entrain, qui reçut crânement le baptême du feu le 25 août 1914, où il fut contusionné à la face par un éclat d'obus ; le 6 septembre, ayant été chargé de protéger le repli de sa compagnie, tomba glorieusement frappé tandis qu'il dirigeait les feux de sa section avec intelligence, autorité, sang-froid et décision. A été cité.*

[Fils du Général et de Mme DE BAZELAIRE.]

BAZELAIRE DE RUPPIERRE (Henri de), ✖, ✸, capitaine.

Tué le 2 mars 1916.

[Marié à Mlle Madeleine LAFITTE.]

BAZELAIRE DE RUPPIERRE (Maurice de), ✸, lieutenant au 42e d'Infanterie.

Tué en 1915.

BAZELAIRE DE RUPPIERRE (Marie-Joseph-*Robert* de), ✖, ✸, sous-lieutenant au 42e d'Infanterie.

Tué en Champagne, le 25 septembre 1915.

[Né le 24 mars 1888. Fils de M. et de Mme née PETITOT-BELLAVÈNE.]

BAZIN DE JESSEY (Jules), ✖, Commandant.....................?

BAZIRE (*Pierre*-Henry-François-Joseph), ✖, ✸ (2 palmes, 1 étoile d'or), élève à l'École Polytechnique, lieutenant au 39e d'Artillerie de campagne, commandant la 4e batterie.

Blessé à Douaumont, le 27 février 1916 ; à Maricourt (Somme), le 24 juillet 1916, et au Mont Kemmel, le 29 avril 1918, rejoignit son régiment le 30 juin 1918, à peine remis de cette troisième blessure. Il prit part à l'offensive du 18 juillet 1918 et, après avoir victorieusement traversé Château-Thierry, fut tué, le 21 juillet

1918, d'un éclat d'obus au front, sur la route de Verdilly, tandis que son régiment se portait à la poursuite de l'ennemi.

[Né le 23 novembre 1891. Fils de M. Louis-Henry BAZIRE, ingénieur, chef de division à la Compagnie P.-L.-M., et de Mme née DE GUNTZ. Neveu du général PAU.]

BAZIRE (Robert), ✠ (palme), Saint-Cyrien de la promotion des Marie-Louise, lieutenant au 29e Chasseurs à pied.

Mort pour la France, le 10 septembre 1914.

[Né en 1893. Frère du précédent.]

BAZIRE (Henri), ✠, ✠ (3 citations), avocat à la Cour de Paris, capitaine à l'E.-M. de la 1re Armée.

Mort en juillet 1919, succombant à une douloureuse maladie provoquée par les gaz asphyxiants.

[Né en 1874. Marié à Mlle RICHARDEZ, — dont six enfants.]

BAZON, Baron de BAULENS (*Charles*-Pierre-Xavier-Gabriel, Comte de), ✠ (posthume), ✠ (2 palmes, 1 étoile), lieutenant au 10e Dragons, détaché sur sa demande à l'Etat-Major de la 30e brigade d'Infanterie. Ancien élève de l'Ecole de Saint-Cyr.

A été tué au Bois Brûlé, le 15 février 1916, d'une balle à la face, à l'âge de 28 ans.

> Citation posthume : *Sur le front depuis le début de la guerre, s'est toujours fait remarquer par son audace, son sang-froid et sa ténacité, recherchant toujours les missions les plus périlleuses. A été tué, le 15 février 1916, en exécutant une reconnaissance dans un endroit particulièrement dangereux.*

[Né le 26 décembre 1887. Fils du L^t-C^el Roger, Cte DE BAZON, B^on DE BAULENS, et de la Ctesse née DE VIDAILHAN.]

BEAUCHAMP (Comte Édouard ROBERT de), sergent au 68e d'Infanterie.

Blessé grièvement à la première bataille de la Marne, de trois balles dans le corps, il succombait quelques jours après, le 13 septembre 1914, à l'hôpital de Châlons.

[Né le 18 mars 1889. Fils du Mis DE BEAUCHAMP et de la M^ise née PARSY (décédée).]

BEAUCHAMP (Comte François ROBERT de), ✠, ✠ (2 palmes), ingénieur de l'Ecole Centrale, capitaine de réserve au 5e groupe du 86e d'Artillerie lourde.

Placé dans un état-major d'artillerie à la suite d'une maladie contractée aux armées, avait, sur sa demande, obtenu de reprendre du service au front. Tué à l'ennemi, le 1er mai 1917, par un éclat d'obus au front, près de Cormicy (bataille de l'Aisne).

Dernière citation le nommant chevalier de la Légion d'honneur :

> *Commandant de batterie d'une haute valeur morale et d'une énergie remarquable. Le 1er mai 1917, sa batterie étant soumise à un bombardement très violent qui venait de provoquer plusieurs incendies, s'est porté au milieu de ses canonniers, les soutenant, les encourageant par son exemple, est tombé grièvement blessé pour la seconde fois.*

[Né le 7 avril 1887. Fils du Commandant Cte DE BEAUCHAMP, O ✠, et de la Ctesse née VITALI. Marié à Mlle Yvonne SAN FELICE DE VIGGIANO, fille du P^ce DE VIGGIANO et de la P^cesse née DE BAUFFREMONT.]

BEAUCHAMP (Louis ROBERT de), O ✠, ✠ (7 palmes), ✳
(Médaille Militaire Italienne), capitaine pilote-aviateur, chef de
l'Escadrille 23.

A trouvé glorieusement la mort, le 17 décembre 1916, au
cours d'un combat aérien dans la région de Douaumont.

Auteur des premiers raids de bombardement à grandes
distances : Essen (2 septembre 1916), et Munich (17 novembre
1916), d'où il allait atterrir, quelques heures plus tard, à Venise.

> Citation : *Officier de la plus grande bravoure. Placé à la tête
> d'une escadrille d'armée, y a montré, pendant la bataille de
> Verdun, des qualités exceptionnelles d'allant, d'initiative et d'en-
> train. Dans les missions de reconnaissances comme dans celles de
> chasse, a donné sans cesse à ses pilotes les plus beaux exemples de
> courage réfléchi et de sentiment du devoir. A réussi le premier à
> organiser et à exécuter des bombardements à grande distance,
> montrant, dans l'accomplissement de ces missions, une énergie,
> une ténacité et une audace hors de pair.*

[Né le 4 octobre 1887. Fils du Vte Maurice DE BEAUCHAMP, ancien officier de cuirassiers (décédé en 1917), et de la V^{tesse} née TURQUET BRAVARD DE LA BOISSERIE,
décédée au Bazar de la Charité, en 1897.]

BEAUCHAMP (Hubert ROBERT de), ✠ (posthume), ✠ (palme),
sous-lieutenant de réserve au 125e d'Infanterie.

Tué aux tranchées d'Ypres, le 19 janvier 1915.

> Citation : *N'a cessé, depuis le début de la campagne, de faire
> preuve d'une bravoure et d'un entrain remarquables. Frappé
> mortellement, le 19 janvier 1915, à la tête de sa compagnie.*

[Né le 3 janvier 1889. Frère du précédent.]

BEAUCHAMP (Jean ROBERT de), ✠ (2 palmes, 2 étoiles), sous-
lieutenant pilote-aviateur.

Tombé glorieusement au cours d'un combat aérien, le 25 juillet
1918, à Oulchy-le-Château (Aisne).

[Né le 28 juin 1894. Frère des précédents. Marié à Mlle Madeleine DE BEAUCHAMP,
fille du Mis et de la M^{ise} née PARSY, — dont un enfant posthume.]

BEAUCHESNE (*Henri*-Gustave-Charles, Vicomte Henri BARLUET
de), ✠ (posthume), ✠ (palme), lieutenant au 93e d'Infanterie.

> Citation : *A été frappé mortellement, le 22 août 1914, en entraî-
> nant sa section à l'assaut de la position ennemie devant Maissin
> (Belgique), a donné à ses hommes, en cette circonstance, un exemple
> frappant de courage et de mépris du danger. A été cité.*

BEAUCORPS (*Jean*-Marie-Joseph-François-Xavier, Comte Jean
de), *engagé volontaire*, cavalier au 25e Dragons.

Tué, le 2 novembre 1914, à Saint-Eloi (Belgique).

[Fils du Mis (décédé) et de la M^{ise} née Marie DE GAALON.]

BEAUDIEZ (Charles du), ✠, sous-lieutenant au 63e bataillon de
Tirailleurs Sénégalais.

Tué le 16 avril 1917.

BEAUFOND (*Alfred*-Maurice-Gustave-Marie LE MERLE de), ✳
(posthume), ✠ (7 citations), capitaine au 213e d'Artillerie.

Tombé le 26 mars 1918.

Citation : *Blessé mortellement au cours d'une reconnaissance, dominant ses souffrances, s'oubliant lui-même, pour ne songer qu'à l'ennemi, ne cessa d'exalter le courage et la confiance de ses hommes, faisant jusqu'à sa mort l'admiration de tous par l'élévation de sa pensée et l'énergie de son caractère.*

[Fils du Cte et de la Ctesse DE BEAUFOND. Marié à Mlle DE ROUSSELLE DE PRÉVILLE, — dont quatre enfants.]

BEAUFOND (..... de), du 27e d'Infanterie.
Tué à 22 ans en 1916.

BEAUFORT (*Joseph*-Marie de GROUT de), ✠ (posthume), ✠ (palme et étoile), ingénieur des Arts et Manufactures, capitaine au 33e d'Artillerie.
Tué à l'ennemi, à Combles (Somme), le 13 octobre 1916.

Citation : *Officier de haute valeur, d'un calme et d'un sang-froid à toute épreuve ; s'est particulièrement distingué en Belgique et à Verdun. Tué glorieusement à son poste de combat, le 13 octobre 1916 (bataille de la Somme). A été cité.*

[Né le 6 février 1885. Fils du Vte DE GROUT DE BEAUFORT (décédé) et de la V^tesse née DE THÉLIN. Marié à Mlle Hortense VUILLAUME, fille de M. et de Mme née VUILLAUME, — dont trois enfants.]

BEAUFORT (Marie-Sylvain-*André* de GROUT de), ✠ (étoile d'or), attaché à la Cie d'Assurances générales, sous-lieutenant au 26e Chasseurs à pied.
Tué à l'ennemi, d'une balle au cœur, le 1er janvier 1916, à la Ferme Navarin (Champagne), en posant des fils de fer barbelés en avant des tranchées, pour encourager ses hommes par sa présence.

Citation : *Excellent officier qui savait communiquer à ses chasseurs sa gaîté et son courage : modeste autant que brave. Toujours en premier dans les missions les plus périlleuses, a trouvé une mort glorieuse, dans l'accomplissement d'une de ces missions en avant des tranchées.*

[Né le 15 août 1886. Frère du précédent. Marié, le 19 juin 1912, à Mlle Thérèse DURANT DE SAINT-ANDRÉ, fille de M. Jacques DURANT DE SAINT-ANDRÉ (décédé) et de Mme née LE MOUTON DE BOISDEFFRE, — dont deux enfants.]

BEAUFORT (Maurice de GROUT de), ✠ (étoile), Saint-Cyrien de la promotion de Montmirail, sous-lieutenant au 27e Dragons.
Blessé et fait prisonnier dans la nuit du 4 au 5 octobre 1914, à Givenchy-en-Gohelle, est décédé des suites de ses blessures, à Douai, le 13 octobre 1914.

Citation : *A été grièvement blessé en défendant, avec le plus grand courage, à la tête de son peloton combattant à pied, le village de Givenchy-en-Gohelle, dans la nuit du 4 au 5 octobre 1914 (disparu).*

[Né en novembre 1890. Frère des précédents.]

BEAUFORT (Vicomte Jacques d'HERTAULT de).
Chargé par le Gouvernement d'une mission à Constantinople.
Disparu dans le naufrage de la *Chaouia*, le 13 janvier 1919.

[Marié à Mlle VUCCINO, — dont trois enfants.]

BEAUFORT (Philippe-Marie-Paul de), ✠, ✠, chef de bataillon au 77ᵉ d'Infanterie.

Tombé glorieusement, le 9 septembre 1914, à l'assaut du château de Mondement (bataille de la Marne).

[Fils de M. et de Mᵐᵉ née COUDERT DE LA VILLOTTE (décédés). Marié à....., — dont trois filles.]

BEAULAINCOURT (L.-Bernard de), ✠ (posthume), ✠ (palme), capitaine au 88ᵉ d'Infanterie.

Citation : ... *Le 25 août 1914, a fait ouvrir le feu sur la ligne ennemie à 50 mètres, infligeant en un instant aux Allemands des pertes cruelles. Resté lui-même debout, en vrai paladin, est tombé criblé de balles, pendant qu'il encourageait ses hommes.*

BEAULAINCOURT (Anthoine de), pilote-aviateur.

Tué le 17 mars 1915.

BEAUMONT (*Jean*-Marie Armel BONNIN DE LA BONNINIÈRE, Marquis de), ✠..

[Né le 12 juillet 1855. Fils du Mⁱˢ et de la Mⁱˢᵉ née DE GALLET DE MONDRAGON (décédés). Marié à Mˡˡᵉ Charlotte LE FEBVRE DE LABOULAYE.]

BEAUMONT (*Guy*-Joseph-Marie-Paul BONNIN DE LA BONNINIÈRE, Comte Guy de), ✠, lieutenant au 18ᵉ Dragons.

Tombé le 10 octobre 1914, à Foncquevillers, frappé de quatre blessures, mort à l'hôpital militaire d'Alençon, le 15 novembre suivant.

Citation : *Officier de premier ordre, s'est distingué une première fois, le 7 août 1914, au passage de la frontière en se lançant à la tête de son peloton en fourrageurs pour reconnaître les abords de la route de Pfetterhausen et les lisières des bois d'où partait une vive fusillade; et plus tard aux batailles de Saint-Dié et de la Marne. Est mort des suites de blessures reçues le 10 octobre, à Foncquevillers.*

[Né le 27 mai 1889. Fils du Cᵗᵉ René DE BEAUMONT et de la Cᵗᵉˢˢᵉ née Marie CHRESTIEN DE TRÉVÉNEUC.]

BEAUMONT (Hervé BONNIN DE LA BONNINIÈRE de), Saint-Cyrien, brigadier au 4ᵉ Hussards.

Mort à Mons-sur-Fère (Aisne), le 3 septembre 1914.

[Né le 14 janvier 1892. Fils du Cᵗᵉ Max DE BEAUMONT et de la Cᵗᵉˢˢᵉ née SANGNIER, décédée.]

BEAUMONT (Jean), ✠, ⚜, ✠ (palmes), lieutenant aviateur.

Tué, au-dessus de Perthes, le 8 juillet 1918.

BEAUMONT DU REPAIRE (Christophe-Joseph-Marie-*Aymar* de), soldat au 80ᵉ d'Infanterie.

Blessé, le 4 décembre 1914, d'un éclat d'obus, à Ypres; transporté à l'ambulance de Poperinghe (Belgique), y succomba deux jours plus tard.

[Né le 15 août 1892. Fils du Mⁱˢ et de la Mⁱˢᵉ née DE VILLÈLE.]

BEAUNAY (Comte de), O ✠, ✠, chef de bataillon au 236ᵉ d'Infanterie.

Blessé grièvement le 11 octobre 1915, mort à l'hôpital de Vichy, où il avait été évacué.

[Marié à Mlle DE LENTAIGNE DE LOGIVIÈRE.]

BEAUNAY (André de), ✳ (posthume), ✠, lieutenant au 130e d'Infanterie.

Tué, le 9 juillet 1916, en défendant les ouvrages de Thiaumont.

[Fils du précédent.]

BEAUNE DE LA FRANQUE (*Charles*-Louis-Jean-Marie de), ✠, capitaine au 1er de Marche de Tirailleurs.

Tué à l'ennemi, le 25 septembre 1915, à Cuperly (Marne).

[Né le 13 mars 1884. Fils de M. et de Mme née Gabrielle ANDRÉ.]   —

BEAUPUIS (Maurice de), ✳, ✠ (palme), ✠ (Belge), O ✳ (Couronne de Belgique), lieutenant-colonel breveté, commandant le 77e d'Infanterie.

Tué à Loos, le 12 décembre 1915, dans une reconnaissance de première ligne.

> Citation du Général D'URBAL (1er janvier 1916) : *Chef de corps de la plus haute valeur, exerçant depuis un an avec autant de vigueur que d'intelligence et d'autorité le commandement du 77e régiment d'infanterie, n'a cessé de donner le plus bel exemple d'une bravoure calme et réfléchie en même temps que du dévouement le plus absolu à ses devoirs, s'exposant chaque jour dans ses tranchées de première ligne, avec mépris complet du danger. Tué, le 12 décembre 1915, dans une de ses reconnaissances en première ligne.*

[Né le 22 septembre 1866. Fils de M. Auguste DE BEAUPUIS et de Mme née HUOT. Marié à Mlle Gabrielle CAPITAIN, — dont un fils : Henry, qui suit.]

BEAUPUIS (Henry de), ✳ (posthume), ✠ (palme), sous-lieutenant au 56e d'Infanterie.

Tombé au champ d'honneur, au Bois d'Ailly, le 12 avril 1915.

> Citation : *A montré beaucoup d'énergie et d'autorité dans le commandement de sa section, qu'il a maintenue dans une situation très critique pendant quatre jours et quatre nuits, subissant un bombardement très intense de l'artillerie lourde qui bouleversait les tranchées et infligeait des pertes cruelles à sa section. A été blessé mortellement à son poste au milieu de ses hommes.*

[Né le 3 juillet 1889. Fils du précédent. Marié à Mlle Germaine PINETTE, — dont deux enfants.]

BEAURAIN (*François*-Ignace-Marie-Joseph BOUCHELET de), ✠ (étoile), *engagé volontaire*, Saint-Cyrien de la promotion du Drapeau et de l'Amitié Américaine, sous-lieutenant au 202e d'Infanterie.

Décédé, le 1er octobre 1918, à l'hôpital mixte de Vannes, des suites d'une maladie contractée au front.

> Citation : *Jeune chef de section plein d'entrain, d'allant et d'énergie. A, par sa belle attitude et les mesures judicieusement prises, contribué à l'échec d'une tentative ennemie sur un de nos petits postes, dans la nuit du 7 au 8 août 1918.*

[Né le 18 avril 1898. Fils du Cte DE BEAURAIN et de la Ctesse née DE LOYNES.]

BEAUREGARD DE SAINT-GONANT (*Pierre*-Gabriel-Marie-Charles DUBOIS, Marquis de), ⚜ (posthume), ✠ (palme), étudiant ingénieur-chimiste, caporal au 26ᵉ d'Infanterie.

Tué à l'ennemi, le 26 août 1914, au combat d'Anthelupt (Meurthe-et-Moselle), défense du Grand-Couronné de Nancy.

Citation : Jeune gradé, animé du plus bel entrain ; s'est porté, à la tête de ses hommes, à l'assaut d'une position dont sa compagnie s'empara, malgré la perte de tous les officiers. Est tombé glorieusement le 26 août 1914. A été cité.

[Né le 25 juillet 1892. Fils du Mⁱˢ Henri DUBOIS DE BEAUREGARD (décédé) et de la Mⁱˢᵉ née Anaïs PERRET.]

BEAUREGARD (Philippe-Joseph-Marie-*Henri* SOURDEAU de), ✠ (étoile), maréchal des logis de réserve au 27ᵉ d'Artillerie.

Mortellement blessé, le 8 décembre 1915, mourut à bord du vaisseau-hôpital le *Duguay-Trouin*, en rade de Seddul-Bahr (Dardanelles).

Citation à l'Ordre de la Brigade : A toujours montré le plus profond mépris du danger. Le 8 décembre 1915, sa pièce étant violemment prise à partie par l'artillerie lourde ennemie, a fait abriter son personnel, est resté lui-même à son poste attendant des ordres. A été mortellement blessé.

[Né le 22 mars 1883. Fils de M. Jean SOURDEAU DE BEAUREGARD et de Mᵐᵉ née COUET DE MONTARAND. Marié à Mˡˡᵉ Edith DE TAFFIN DE TILQUES, fille de M. Agénor DE TAFFIN DE TILQUES et de Mᵐᵉ née LOCHTENBERGH, — dont deux fils.]

BEAUREGARD (Louis-Marie-*Roger* BONNEAU DU CHESNE de), ✠, ✠ (3 citations), capitaine au 68ᵉ d'Infanterie.

Glorieusement tombé au Chemin-des-Dames, le 27 mai 1918.

Citation : Brillant officier, doué des plus hautes qualités militaires. Bien que cerné avec une poignée d'hommes, a refusé de se rendre. Tombé glorieusement frappé d'une balle de revolver à bout portant alors qu'il faisait le coup de feu, donnant à tous le plus bel exemple de dévouement.

[Marié à Mˡˡᵉ Odette DE SAINT-DIDIER.]

BEAUREGARD (Édouard LEBIGOT de), soldat au 205ᵉ d'Infanterie.

Tué le 29 novembre 1914.

BEAUREGARD (Yvan SAVARY de), *engagé volontaire*, brigadier au 25ᵉ Dragons.

Après 22 mois de campagne, est mort, le 24 juin 1916, d'une maladie contractée aux Armées.

[Fils de M. et de Mᵐᵉ René DE BEAUREGARD.]

BEAUREGARD (Jean SAVARY de), sous-lieutenant au 409ᵉ d'Infanterie.

Tué à l'ennemi, le 8 mars 1916, à Vaux-devant-Damloup (Meuse).

[Né le 10 novembre 1892. Fils de l'ancien Député et de Mᵐᵉ née Louise DE SALVAING DE BOISSIEU.]

BEAUREGARD (Hubert SAVARY de), caporal au 118ᵉ d'Infanterie.

Tué, le 7 avril 1917, à l'assaut du Moulin de Laffaux (Chemin-des-Dames).

[Né le 8 décembre 1894. Frère du précédent.]

BEAUREGARD (Georges-Adolphe BOURDIER de), ☦ (posthume), ✠, soldat au 61ᵉ d'Infanterie.

    Citation : *A fait vaillamment son devoir dès les premiers combats de la campagne. Tombé glorieusement pour la France, le 7 septembre 1914, à Saint-Soupplet (victoire de la Marne).*

BEAUREGARD (*Henry*-Jules-Gustave-Adolphe), ✠ (palme), étudiant en médecine, médecin auxiliaire au 308ᵉ d'Infanterie.

    Tué au combat d'Ablaincourt, dans la Somme, le 7 novembre 1916.

    Citation : *Durant l'attaque d'un village, s'est prodigué avec un remarquable courage, malgré le danger et l'intensité du bombardement. Est tombé mortellement frappé, victime de son dévouement.*

[Né le 6 mai 1893. Fils de M. Paul BEAUREGARD, membre de l'Institut, professeur à la Faculté de Droit de Paris, député de la Seine (décédé en mars 1919), et de Mᵐᵉ née STOFFEL.]

BEAUREPAIRE (Mademoiselle Marie de ROBILLARD de), ✴ (Médaille de la Croix-Rouge), infirmière à l'hôpital auxiliaire nº 9, à Caen.

    Décédée, le 22 septembre 1916, à la suite des fatigues qu'elle s'était imposées pour le service des blessés de guerre.

BEAUREPAIRE DE LOUVAGNY (*Gérard*-Marie-Reine, Vicomte Gérard de), ✠ (palme), lieutenant au 17ᵉ Chasseurs à pied, sorti de l'Ecole de Saint-Cyr (promotion de 1908).

    Tué au combat de Saint-Léon (Alsace), le 20 août 1914.

    Citation : *A été tué à l'ennemi, après avoir brillamment enlevé à la contre-attaque, le 20 août, la première ligne de sa compagnie. A été cité.*

    Extrait d'une lettre de son capitaine : « J'ai été témoin de sa bravoure, et je peux vous dire qu'il est mort en plein héroïsme et en pleine victoire, en entraînant ses hommes dans une attaque que son courage a fait réussir. Sa perte est cruelle pour moi et le 17ᵉ bataillon, pour lequel il a conquis une gloire qui ne sera pas vaine. »

[Né le 28 juin 1889. Fils du Cᵗᵉ DE BEAUREPAIRE DE LOUVAGNY, chef d'escadrons de cavalerie en retraite, et de la Cᵗᵉˢˢᵉ née DE LESPINASSE DE BOURNAZEL DE DAMAS.]

BEAUREPAIRE DE LOUVAGNY (*René*-Marie-Julien de), étudiant à l'Ecole de Commerce de Lyon. *Engagé volontaire* le 3 décembre 1917 au 36ᵉ d'Artillerie.

    Mort le 3 février 1918, à l'hôpital 31 de Moulins-sur-Allier, d'une méningite cérébro-spinale, contractée au régiment.

[Né le 18 juin 1899. Fils du Cᵗᵉ Louis DE BEAUREPAIRE DE LOUVAGNY et de la Cᵗᵉˢˢᵉ née DE SAINT-GENYS.]

BEAUREPAIRE DE LOUVAGNY (*Ghislain*-Marie-Joseph, Vicomte Ghislain de), ✴ (posthume), ✠ (3 palmes), ingénieur de l'Ecole Centrale, sous-lieutenant au 37ᵉ d'Artillerie.

Tué d'une balle au cœur, le 25 septembre 1915, à l'offensive de Champagne.

Citation : *Employé comme agent de liaison entre l'artillerie et les éléments avancés de l'infanterie, a été tué au combat du 25 septembre 1915, en se portant à l'assaut avec les troupes de première ligne. A été cité.*

[Né en avril 1887. Fils du Vte Urbain DE BEAUREPAIRE DE LOUVAGNY, capitaine au 7e Dragons, et de la V^tesse^ née LE CLERC DE BUSSY.]

BEAUREPAIRE DE LOUVAGNY (Marie-Hubert-Joseph-*Franck* de), ♁ (posthume), ✠ (étoile), brigadier au 9e Cuirassiers à pied, pilote-aviateur.

Blessé de guerre, mort pour la France, le 5 mars 1918.

Citation : *Brigadier énergique, plein d'allant, ayant le feu sacré. S'est fait remarquer, dès l'entrée en campagne, en prenant volontairement part à toutes les missions difficiles. Pilote plein d'entrain et de cran, moniteur excellent, très écouté de ses élèves ; a trouvé une mort glorieuse en entraînant les jeunes pilotes qui lui étaient confiés. Croix de guerre avec étoile d'argent.*

[Né en juin 1893. Frère du précédent.]

BEAUSIRE SEYSSEL (Vicomte Jean de), ✠ (palme), Saint-Cyrien de la promotion de Montmirail, sous-lieutenant au 172e d'Infanterie.

Tué, au Bois d'Ailly, le 20 octobre 1914.

[Né en novembre 1890. Fils du Vte Paul DE BEAUSIRE SEYSSEL et de la V^tesse^ née DE BAUX.]

BEAUSSE (*Gaston*-Marie-Joseph-Benoît-Maurice-Edmond, Baron Gaston de), ✠ (étoile), licencié en droit, élève sortant de l'Ecole nationale des Chartres, sous-lieutenant de réserve au 48e d'Infanterie.

A fait la campagne de Charleroi. Frappé d'une balle à la tête, à Sains-Richaumont, près Guise, le 29 août 1914, a été vu, par ses soldats, sur le champ de bataille, ne donnant plus signe de vie.

Citation : *A été tué en chargeant à la tête de sa section.*

[Né le 30 mai 1888. Fils du B^on^ DE BEAUSSE, ancien zouave pontifical, chevalier de Pie IX, médaillé de Castelfidardo (décédé en 1901), et de la B^onne^ née Fernande D'ESPINOSE.]

BEAUSSIER (Vicomte Emmanuel de), *engagé volontaire*, maréchal des logis au 3e Dragons, passé, sur sa demande, dans l'aviation.

Tué dans un accident d'entraînement, au camp d'aviation de Pau, le 18 novembre 1917.

[Né le 9 janvier 1896. Fils du Vte (décédé) et de la V^tesse^ née DE MARBAIS.]

BEAUVAIS (Pierre de), du 34e d'Artillerie.

Tué, à 26 ans, en 1914.

BECDELIÈVRE (Joseph de), ♁, ✠ (1 palme, 1 étoile d'argent), ✠ (Military Cross), étudiant, *engagé volontaire*, sergent au 15e d'Infanterie.

Engagé dans la cavalerie, passa ensuite dans l'infanterie. Blessé au combat du Mont Kemmel (Belgique), le 11 mai 1918, mort des suites de ses blessures, le 31 mai, à l'hôpital de Rosendael (Nord).

> *Citation du Général* PÉTAIN *(médaille militaire) : Sous-officier venu de la cavalerie sur sa demande ; animé d'un beau sentiment du devoir et du plus ardent courage. Au cours d'une récente affaire, a exécuté plusieurs reconnaissances d'un groupe de mitrailleuses jusqu'au pied même du parapet qui les abritait. A été grièvement blessé en attaquant l'ennemi à la grenade.*

[Né à Réalmont (Tarn), le 19 janvier 1897. Fils de Marie-*Christian* Vᵗᵉ DE BECDE-LIÈVRE et de la Vᵗᵉˢˢᵉ née Jeanne PRADAL DE FARGUETTES.]

BECDELIÈVRE (Anne-Marie-Xavier-Georges-Jules-*Amaury* de), ✠ (posthume), ✠ (étoile), élève de l'Ecole Sainte-Geneviève. *Engagé volontaire à 17 ans au 32ᵉ d'Infanterie,* promu aspirant en septembre 1915 et sous-lieutenant au 77ᵉ d'Infanterie, le 7 octobre 1916.

Tué quelques jours après, devant Sailly-Saillisel (Somme).

> *Citation du Général commandant le 9ᵉ C. A. : Jeune officier plein d'allant et d'un courage à toute épreuve ; très aimé de ses hommes ; mortellement blessé le 10 octobre 1916 à la tête de sa section.*

[Né le 13 mars 1897. Fils du commandant Vᵗᵉ Eric DE BECDELIÈVRE, ✠ (3 citations), et de la Vᵗᵉˢˢᵉ née Cécile ROGER DE VILLERS.]

BECDELIÈVRE (Marie-Joseph-*Hervé* Vicomte Hervé de), ✠ (posthume), ✠ (palme), avocat à la Cour de Paris, lieutenant au 272ᵉ d'Infanterie.

Tué au combat de la Butte du Mesnil, le 28 septembre 1918.

> *Citation : Pendant les journées des 26 et 27 septembre 1918, a conduit sa section à l'attaque avec un courage et une audace admirables. Le 28, son capitaine venant d'être blessé, a pris le commandement de la compagnie, l'a maintenue sur les positions conquises, malgré le feu violent de l'ennemi, et a été tué en se portant en avant pour une nouvelle progression.*

[Né le 5 février 1883. Fils du Vᵗᵉ Gaston (décédé) et de la Vᵗᵉˢˢᵉ née Gabrielle DE PAVIN DE LAFARGE. Marié, en 1913, à Mˡˡᵉ Reyne DE BONNECORSE DE LUBIÈRES.]

BÉCHENEC (Olivier-*Louis* de), ⚚ (posthume), ✠ (étoile), sergent au 2ᵉ Colonial.

> *Citation : Vaillant sous-officier, mort pour la France, le 26 septembre 1915, des suites de blessures reçues en faisant courageusement son devoir, à Suippes (Marne).*

BÉCHILLON (Comte Joseph de), lieutenant.
Tué, le 22 août 1914, en Belgique.

[Fils du Mⁱˢ et de la Mⁱˢᵉ, décédés.]

BÉCHILLON (Pierre-Henri-*Jacques* de), ✠ (posthume), ✠ (palme), capitaine au 79ᵉ d'Infanterie.

> *Citation : A pris part avec distinction à tous les combats de Lorraine. Mortellement frappé dans la nuit du 10 au 11 novembre 1914, en s'efforçant de conduire sa compagnie au cœur même de la position ennemie, à travers un boyau occupé par les Allemands.*

[Frère du précédent.]

BÉCHILLON (Pierre de), caporal au 212ᵉ d'Infanterie.
Tué à Aboncourt (Lorraine), le 22 novembre 1914.
[Frère des précédents.]

BÉCHILLON (Hilaire de), sergent-fourrier.
Blessé grièvement, le 29 septembre 1914, succomba à l'hôpital de Verdun.

BECK (Léon), avocat à la Cour de Paris, lieutenant.
Mort au champ d'honneur, le 3 novembre 1917.

BECKER (Maurice), ingénieur, sous-lieutenant au 46ᵉ d'Artillerie.
Tombé glorieusement, en service de liaison, le 22 août 1914, à Pierrepont (Meurthe-et-Moselle), où sa sépulture fut retrouvée en 1919.

BECQUEREL (*Georges*-Marie-Joseph), éleveur (estanciero) en Argentine, cycliste au 117ᵉ d'Infanterie.
Tué d'un éclat d'obus au poumon, le 9 octobre 1915, en Champagne.
[Né le 13 novembre 1894. Fils de M. Théodore BECQUEREL (décédé) et de Mᵐᵉ née DE BURE.]

BECQUIÉ DE PEYREVILLE (Marcelin-Charles), canonnier au 4ᵉ d'Artillerie lourde.
Mort, le 9 février 1916, à Berck-sur-Mer, de maladie contractée aux Armées.
[Né le 19 janvier 1880. Fils de M. et de Mᵐᵉ née FRANCK.]

BÉGENNE-LAMOTTE (*Pierre*-Marie-Raymond), ✠ (3 citations), étudiant en médecine, sous-aide-major au 27ᵉ Chasseurs alpins.
Tué sur les lignes, le 31 août 1918, au nord de Chevillecourt, d'un éclat d'obus qui lui perfora le crâne.
    3ᵉ citation : *Jeune médecin, plein de la plus grande bravoure, a été mortellement blessé à son poste de secours qu'il avait construit lui-même en terrain conquis.*
[Né à Neuilly-sur-Seine, le 14 mai 1893. Fils de M. Louis BÉGENNE-LAMOTTE, industriel, et de Mᵐᵉ née Marguerite DE MILLY.]

BEGOUEN-DEMEAUX (Gabriel-Henri-Robert), ✳ (posthume), ✠, sous-lieutenant au 9ᵉ de marche de Zouaves.
    Citation : *Au front depuis le début de la campagne, a toujours donné l'exemple du courage et du sang-froid. Son capitaine étant tombé, a pris le commandement de sa compagnie, l'a portée, avec un courage et un entrain au-dessus de tout éloge, à l'assaut des lignes allemandes. A été tué au cours de l'action. A été cité.*

BÉJARRY (*Paul*-Marie-Joseph de), ✳ (posthume), ✠ (1 palme, 1 étoile), sous-lieutenant au 25ᵉ Dragons.
Mort au champ d'honneur le 6 octobre 1915, au Trou-Bricot, près de Tahure.
    Citation à l'Ordre de l'Armée : *Officier d'un grand mérite, a donné, en toutes circonstances, aux hommes de son peloton, l'exemple du*

courage, de l'énergie, du calme au feu. Est tombé mortellement frappé, le 6 octobre 1915, à la tête de sa troupe.

[Né le 28 décembre 1891. Fils du Cte DE BÉJARRY, ✠, sénateur de la Vendée, ancien commandant du 35e régiment de mobiles, et de la Ctesse née Elisabeth DE SIBEND DE SAINT-FERRIOL.]

BÉJOT (Pierre), ✠, lieutenant au 36e d'Infanterie.

Tué, le 25 septembre 1915, au combat de Neuville-Saint-Vaast.

Citation : *S'est élancé, en tête de sa section, à l'assaut d'une barricade ; a donné à ses hommes l'exemple d'un courage et d'un sang-froid remarquables. A été blessé à la tête et est revenu au front quatre jours après, sans attendre que sa blessure fût complètement guérie.*

[Fils de M. (décédé) et de Mme née D'HAUDICOURT DE TARTIGNY.]

BEL (François-*Ferréol*), ✠, ✠ (palme et étoile), ✠ (Belge), colonel breveté, commandant le 5e Groupe de Chasseurs alpins.

Officier de l'Etat-Major du Général Joffre, a commandé longtemps l'un des bureaux du Grand Quartier Général. A été tué en Italie, le 13 décembre 1917, alors qu'il effectuait une reconnaissance sur le Mont Tomba, que sa division devait si brillamment enlever quelques jours plus tard.

Citation à l'Ordre de l'Armée : *Depuis le début de la guerre, a rendu des services éminents dans l'état-major et dans la troupe. A su maintenir et développer, dans le groupe de chasseurs qu'il commandait, les traditions qui en avaient fait une troupe d'élite. A été tué glorieusement alors qu'il faisait, en première ligne, la reconnaissance d'une position que devait occuper l'un de ses bataillons.*

[Né le 31 décembre 1871. Marié à Mlle Cécile TEXIER, fille de l'ancien Bâtonnier du barreau d'Aubusson, — dont deux enfants.]

BELENET (Marie-Ferdinand-Alexis de), lieutenant au 7e Tirailleurs Algériens.

Tué à l'ennemi, le 21 décembre 1914, au Bois Saint-Mard, près Tracy-le-Mont (Oise).

[Né le 3 février 1882. Fils de M. et de Mme née BERTIER DE GRANDRY.]

BELEYS (Alcide),

Tué le 30 septembre 1914.

[Fils de M. et de Mme Albert BELEYS.]

BELFORT (Christian DELFAU de), ✠ (posthume), ✠, caporal au 279e d'Infanterie.

Citation : *Jeune caporal, volontaire pour toutes les missions périlleuses. Blessé grièvement, le 31 juillet 1918, en entraînant ses hommes à l'assaut. Décédé des suites de sa blessure. A été cité.*

BELIN (Marie-Marcel-*Emmanuel-Tony*), ✠, caporal au 79e d'Infanterie.

Tué, le 18 juin 1915, à Neuville-Saint-Vaast.

[Né à Paris en 1896. Fils de M. Tony BELIN et de Mme née GOSSELIN.]

BELIN (*Max*-Paul-Marie-Marcel), ✠, ✠ (palmes), adjudant-pilote au 2e Groupe d'Aviation.

Disparu, le 11 février 1917, à Abancourt-Hautecourt (Meuse).

[Né à Paris en 1891. Fils de M. Paul BELIN et de Mme née GOSSELIN.]

BELLABRE (*Paul*, Baron FRADIN de), ✻, ✻, chef de bataillon au 165ᵉ d'Infanterie.

Tombé glorieusement aux combats de la Meuse, le 6 septembre 1914.

[Marié à Mˡˡᵉ Le Metayer de Kerdaniel.]

BELLABRE (Guillaume FRADIN de), ✻, sous-lieutenant.

Citation : *A l'attaque du 16 juin 1915, est allé occuper un poste d'écoute ennemi; a été tué en entraînant toute sa section par son courageux exemple.*

[Fils du précédent.]

BELLABRE (*Raymond-Arthur-Marie* FRADIN de), ✻, ✻ (palme), ✻ (Aigle blanc de Serbie), ancien élève de Saint-Cyr; à la déclaration de guerre, lieutenant au 24ᵉ d'Infanterie, promu capitaine sur le champ de bataille.

Mortellement blessé à la ferme de Godot, a succombé le 30 septembre 1914, à l'ambulance de Jonchery-sur-Vesle.

Dernière citation à l'Ordre de l'Armée : *A pris, sous le feu, le commandement de son bataillon et l'a brillamment conduit dans toutes les affaires auxquelles il a assisté. Mort des suites de ses blessures successives, glorieusement reçues et stoïquement supportées.*

[Né le 23 août 1879. Fils de Jules-Louis-François-Marie Bᵒⁿ Fradin de Bellabre, O ✻, intendant général, et de la Bᵒⁿⁿᵉ née Renée-Pauline-Marie de La Fare.]

BELLABRE (Charles FRADIN de), ✻ (posthume), ✻ (palme), officier de Dragons, détaché au 125ᵉ d'Infanterie.

Citation : *A fait preuve, dans l'infanterie, des plus belles qualités d'audace et de bravoure; chargé, le 18 novembre, d'apporter un ordre au chef de corps, n'a pas hésité à exécuter sa mission sous un feu d'artillerie intense et prolongé et l'a accomplie jusqu'au bout. A été blessé grièvement au moment où il la terminait. Mort des suites de ses blessures, le 4 décembre 1914. A été cité.*

BELLAIGUE DE BUGHAS (Vicomte François de), ✻ (posthume), ✻, lieutenant au 228ᵉ d'Infanterie.

Tué à Tahure, le 12 octobre 1915.

Citation : *Commandant de compagnie d'une rare distinction d'esprit et de cœur; a, sous un feu violent de mitrailleuses placées à une courte distance, entraîné, le 11 octobre 1915, sa compagnie à l'assaut d'un blockaus ennemi, dont il s'est emparé, blessant un capitaine allemand et provoquant la reddition de la compagnie entière qui occupait l'ouvrage. Tué le lendemain, au cours d'une relève de sa compagnie. A été cité.*

[Marié à Mˡˡᵉ Madeleine Neustadt.]

BELLAING (Sidoni-Raphaël-Marie-Joseph-*Alexandre* MOREAU de), ✻ (posthume), ✻, brigadier au 85ᵉ d'Artillerie lourde.

Tué le 9 novembre 1916.

Citation : *Gradé remarquable, constamment prêt à accomplir les missions les plus périlleuses, dont il s'est toujours parfaitement acquitté, grâce à son sang-froid et à son tranquille courage. Le 9 novembre, alors que sa batterie complètement à découvert était soumise à un violent bombardement, a fait preuve d'une grande énergie morale en maintenant ses hommes au feu afin d'accomplir, à tout prix la mission confiée à sa batterie. Tué glorieusement près de sa pièce. A été cité.*

[Fils du Colonel B⁰ⁿ DE BELLAING, O ✳.]

BELLAN (*Léopold*-Auguste), ▨ (palme et étoile), lieutenant au 353ᵉ d'Infanterie.

Blessé grièvement, le 7 mai 1915, au Bois Le Prêtre, décédé le 9 suivant à Pont-à-Mousson.

[Né le 7 août 1884. Fils de M. et de Mᵐᵉ née SANCEY.]

BELLAY (Pierre-Gabriel du).

Tué à Boesinghe (Belgique), le 23 avril 1915, à 21 ans.

BELLEGARDE (Albert-Joseph-Alphonse de), ✳ (posthume), ▨ (palme), chef de bataillon, commandant le 46ᵉ Chasseurs alpins.

Citation : *Après avoir préparé avec un soin remarquable l'attaque de son bataillon, a montré une fois de plus, en marchant à l'assaut des positions ennemies, un admirable courage. Blessé au début du combat, a conservé son commandement. Puis, entouré par des forces ennemies supérieures, a résisté jusqu'à la mort, donnant à ceux qu'il commandait l'exemple d'un superbe héroïsme.*

BELLEGARDE (Marie-Camille-*Pierre* de LA FORGUE de), ✳ (posthume), ▨ (palme), capitaine de Dragons, détaché à l'Etat-Major de la 33ᵉ Division d'Infanterie, commandant l'Escadron divisionnaire.

Blessé mortellement au retour d'une reconnaissance aux tranchées, le 28 décembre 1915, en traversant le village d'Achicourt (Artois) sous un violent bombardement. Mort deux heures après.

Citation : *Officier plein d'allant, qui a montré à diverses reprises un sang-froid remarquable et un mépris complet du danger. A rendu les services les plus appréciés à l'état-major d'une Division. Blessé très grièvement au cours d'une reconnaissance, le 28 décembre 1915.*

[Né à Saumur, le 16 avril 1875. Fils du Général DE LA FORGUE DE BELLEGARDE et de Mᵐᵉ née Valentine DE LA PANOUSE. Marié à Mˡˡᵉ Marie-Thérèse DE LA HANTE, fille de M. Marie DE LA HANTE et de Mᵐᵉ née Thérèse DE LA HAYE, — dont une fille.]

BELLEJAME (Gaston DUBOIS de), ⚲ (posthume), ▨, soldat au 169ᵉ d'Infanterie.

Tué, le 26 juillet 1915, aux combats de la Harazée.

[Fils de M. (décédé) et de Mᵐᵉ née DE GESLIN.]

BELLEROCHE (Harry de), ✳ (posthume), ▨, sous-lieutenant au 12ᵉ Chasseurs alpins.

Citation : *Vaillant officier, d'une bravoure remarquable. Mort glorieusement, au champ d'honneur, le 28 août 1914. A été cité.*

[Marié à Mˡˡᵉ CHABRIER.]

BELLETRUD (*Paul*-Louis-Henri), ▨ (étoile), du 19ᵉ Escadron du Train des Equipages, adjudant-interprète près l'Armée Britannique.

Tombé glorieusement le 29 août 1918.

Citation : *Volontaire au service du contact depuis plus d'un an et toujours prêt à remplir, avec un zèle remarquable, les missions les plus périlleuses. A été tué à son poste, le 29 août 1918, en donnant, sous un violent tir de destruction, l'exemple du plus grand courage, alors qu'il assurait, en première ligne, la liaison entre les troupes britanniques et françaises.*

BELLEVILLE (Jean HARPEDANNE de), ✠, lieutenant au 5e Tirailleurs Algériens.
Tué le 21 décembre 1914.

Citation : *Est tombé glorieusement à la tête de sa section qu'il entraînait avec un sang-froid et une maîtrise de soi héroïques, à l'assaut d'une tranchée ennemie formidablement organisée.*

[Né en 1883. Fils de M. Anselme DE BELLEVILLE.]

BELLEVILLE (André HARPEDANNE de), ✠, caporal au 125e d'Infanterie.
Tué le 24 août 1914.

Citation : *A fait preuve, dès les premiers engagements de la guerre, d'une vaillance à toute épreuve qu'il a su communiquer à ses hommes. Le 24 août 1914, après avoir combattu toute la journée, a groupé dans la soirée autour de lui un certain nombre d'hommes dispersés de sa compagnie, et les a portés vigoureusement en avant. A été frappé mortellement à ce moment en avant du groupe qu'il menait à l'attaque.*

[Né en 1894. Frère du précédent.]

BELLEVILLE (de), ✠, capitaine au 62e d'Infanterie.
Blessé grièvement, décédé des suites de ses blessures, le 18 octobre 1914, à l'hôpital de Lorient.

[Marié à Mᵐᵉ DIÉMERT.]

BELLEVILLE (*Bernard*-Antonin-René-Marie de LAJAMME de), ✠ (posthume), ✠ (palmes), sous-lieutenant au 4e Cuirassiers à pied.
Tué le 5 mai 1917.

Citation : *Jeune officier mitrailleur, deux fois cité. Tombé glorieusement le 5 mai 1917, au moment où, n'écoutant que son courage, il venait de rassembler quelques isolés et de se précipiter sur une tranchée ennemie pour dégager le flanc menacé de son bataillon. A été cité.*

[Fils de M. et de Mᵐᵉ née TROTTÉ DE LA ROCHE.]

BELLIER DE LA CHAVIGNERIE (Pierre-Joseph), ⚭ (posthume) ✠, soldat au 101e d'Infanterie.

Citation : *Brave soldat, a été tué (1914) en portant un ordre sous un feu violent d'infanterie et d'artillerie. A été cité.*

BELLIER DU CHARMEIL (*Robert*-Édouard-Marie), ✠ (Médaille du Maroc), *engagé volontaire* au 4e Colonial.
S'est distingué au combat de la Main-de-Massiges, où il fut grièvement blessé. Transporté à l'ambulance 12, à Braux-Sainte-Cohière, y succomba à ses blessures, le 9 février 1915.

[Né le 6 juillet 1888. Fils de M. et de Mᵐᵉ née Louise MARTIN.]

BELLISLE (Jean-Baptiste-Marie-Alfred-Julien PÉPIN, Vicomte de), ⚭ (posthume), ✠, *engagé volontaire,* caporal au 65e d'Infanterie.

Tombé à **Chestres**, devant Vouziers, le 21 octobre 1918, au cours de la dernière contre-attaque de la Garde Impériale contre le 65ᵉ d'Infanterie.

    Citation : *Caporal d'un beau dévouement et d'un allant admirable, d'une grande crânerie au feu. Est tombé glorieusement en repoussant une contre-attaque ennemie.*

[Né le 21 octobre 1898. Fils du Cᵗᵉ et de la Cᵗᵉˢˢᵉ née DE TALHOUET-BOISHORAND.]

BELVALLE (Charles-Louis COSSIN de), *engagé volontaire* aux Chasseurs alpins.
    Tué le 23 octobre 1917.

[Né en 1899. Fils du Colonel d'artillerie, décédé.]

BÉNAC (Edme-Adolphe-*Jean*), (posthume), (palme), avocat à la Cour d'appel de Paris, sergent au 46ᵉ d'Infanterie.
    Blessé mortellement à Thann, le 14 décembre 1914. Décédé le lendemain à l'hôpital de Thann.
    Cité à l'Ordre de l'Armée, le 11 janvier 1915.

[Né le 1ᵉʳ juillet 1891. Fils de M. André BÉNAC, C ✳, et de Mᵐᵉ née CHAMPION.]

BENARDAKY (Dimitri de), canonnier au 22ᵉ d'Artillerie.
    Mort à Versailles, le 2 juillet 1915.

[Né à Paris, le 12 novembre 1895. Fils de M. et de Mᵐᵉ née DE LEBROCK.]

BENET DE MONTCARVILLE (Henri), (posthume), (palme), médecin auxiliaire au 116ᵉ d'Infanterie.

    Citation : *Au front depuis le début de la campagne, s'est toujours montré un auxiliaire précieux et compétent pour son chef de service. En maintes circonstances, a méprisé le danger en allant secourir les blessés sur la ligne de feu. A été atteint mortellement au Bois de Thiepval, le 29 mars 1915, tandis qu'il allait porter secours à un blessé dans les tranchées de première ligne très exposées. A été cité.*

BENOIST (Baron Maurice de), ✳ (posthume), , sous-lieutenant au 3ᵉ Cuirassiers.
    Tué en Champagne, le 11 novembre 1915.

    Citation : *Le 11 novembre 1915, près de Reims, s'est porté en avant du réseau de fils de fer pour reconnaître le terrain et y faire disposer de nouvelles défenses accessoires. A été mortellement blessé. A été cité.*

[Fils du Général Bᵒⁿ DE BENOIST et de la Bᵒⁿⁿᵉ née DURAND DE VILLERS.]

BENOIST (*Joseph*-Octave-Marie-François, Baron Joseph de), ✳ (posthume), (2 palmes, 1 étoile), ✳ (Aigle blanc de Serbie), *engagé volontaire*, capitaine au 10ᵉ Cuirassiers.
    Tombé face à l'ennemi, le 1ᵉʳ novembre 1914, à Zonnebeeke, près d'Ypres.

    Extrait de la 3ᵉ citation : ..... *Est parti gaiement pour accomplir une mission qu'il savait périlleuse; a reçu une première blessure et a conservé le commandement de ses cavaliers jusqu'au moment où il a été tué à son poste, sans avoir cédé un pouce de terrain à l'ennemi.*

[Né le 1ᵉʳ janvier 1876. Fils du Général Bᵒⁿ Paul DE BENOIST et de la Bᵒⁿⁿᵉ née DE MAILLIER. Marié à Mˡˡᵉ Hélène DE BAILLEUL, fille du Mˡⁱ et de la Mⁱˢᵉ née DE BRETTES-THURIN, — dont un enfant.]

BENOIST (Eugène de), �, ✠, capitaine de Dragons, détaché au
1ᵉʳ Tirailleurs Algériens.
 Tué aux combats d'Arras, le 17 juin 1915.

BENOIST (Madame Charles),
 Décédée, en mars 1919, des suites d'une maladie contractée au
chevet des malades ; elle avait fondé, organisé et dirigé l'hôpital
auxiliaire 154, rue de Vaugirard, ce qui lui avait valu la Médaille
de vermeil de la Reconnaissance française, avec ce motif :

> *Femme de bien, ayant montré de tout temps beaucoup d'initia-
> tive pour les œuvres d'assistance sociale, a fondé, organisé et n'a
> cessé de diriger, depuis le début de la guerre, l'hôpital auxiliaire 154,
> situé 92, rue de Vaugirard, où ont été reçus un grand nombre
> de blessés. D'un dévouement inlassable se traduisant autant par
> son généreux concours que par ses soins effectifs et permanents
> auprès de nos glorieuses victimes de la guerre, elle a contracté, à
> leur chevet, une maladie incurable.*

[Mariée à M. Charles BENOIST, ✖, membre de l'Institut.]

BENOIST D'AZY, née **JONES** (Comtesse), ✠ (2 citations), infirmière de la S. B. M.
 Malgré les fatigues endurées, depuis 1914, auprès de nos blessés
dans les ambulances du front, prit volontairement du service à
l'Armée d'Orient, où elle contracta une maladie à laquelle elle
devait succomber en novembre 1919.

BENOIST DU BUIS (*Luc*-Joseph-Henri), ⚭, ✠, adjudant au 63ᵉ
d'Infanterie.
 Tombé glorieusement à Roclincourt, le 22 septembre 1915,
décédé des suites de ses blessures, le 6 octobre suivant.

> Citation : *Parti en campagne sur sa demande, blessé et revenu
> pour la troisième fois sur le front, a été très grièvement blessé le
> 25 septembre 1915, en entraînant, dans un élan magnifique, sa sec-
> tion sous un feu des plus violents et avec une bravoure qui a été
> un exemple pour toute sa troupe.*

[Né le 8 avril 1892 ; dernier rejeton d'une famille qui, depuis 1321, s'est trouvée
intimement liée à l'histoire du Limousin.]

BENOIT (Nicolas), ✖, lieutenant de vaisseau.
 Tué, le 17 décembre 1914, à l'attaque de Steenstraete (Yser).

BENTZMANN (*Gaston*-Anne-Marie-Léon-Théobald de), ✠, élève
à l'Ecole Centrale des Arts et Manufactures, aspirant au 18ᵉ d'Artillerie.
 Mort à Arras, le 27 novembre 1915, dans les circonstances
relatées au cours de la citation posthume ci-dessous :

> *Dès son arrivée au front, a fait preuve des plus belles qualités
> militaires. Remarquable d'entrain, de courage et de sang-froid ; a
> trouvé une mort glorieuse, frappé en pleine poitrine, alors qu'il se
> portait, sans hésitation et malgré un violent bombardement de 210,
> au secours de ses camarades ensevelis sous un abri effondré.*

[Né le 22 mars 1893. Fils du Vᵗᵉ DE BENTZMANN et de la Vᵗᵉˢˢᵉ née DE PELLAN.]

BÉRANGER (Charles-Maurice) ✠ (3 citations), sous-lieutenant pilote-
aviateur.

Tombé glorieusement, au cours d'un combat aérien, le 1er juin 1918.

Citation : Officier pilote d'une grande valeur, superbe d'énergie et de fougue, admirable de calme et d'audace. Dans sa brillante carrière de pilote-bombardier, s'est fait remarquer par le nombre d'expéditions auxquelles il a pris part et les combats nombreux qu'il a soutenus. Attaqué par une forte patrouille ennemie, a été très grièvement atteint dans cette lutte inégale. Trois citations.

[Né en 1886. Fils de M. et de Mme née HUNTER.]

BÉRARD (Daniel), ancien élève de l'Ecole normale supérieure, agrégé des lettres, lieutenant mitrailleur au 246e d'Infanterie.

Ce régiment a pris une part que tous les historiens disent avoir été grande à la bataille de la Marne. En repoussant l'ennemi jusqu'à Soissons où il s'accrochait pour longtemps, nos troupes débordaient cette ville, et le lieutenant BÉRARD fut chargé de *tenir* à la distillerie de Vauxrot; il le fit pendant six jours et six nuits, et mourut le 10 octobre 1914, d'épuisement, à l'ambulance militaire de Villers-Cotterets. Ses dernières paroles furent : « En avant, pour la France ! »

[Né le 2 juillet 1889. Fils de M. Albert BÉRARD, avocat à la Cour d'appel de Paris, et de Mme née DE MINIAC.]

BÉRARD (Roger), ✠, ✳, lieutenant.
Mort pour la France, en service, le 22 janvier 1919.

[Fils de M. et de Mme née DANA. Marié à Mlle DE MIMONT.]

BÉRARD (*Léon*-Henry-Louis), ✳, ✠ (2 palmes et 3 étoiles), Saint-Cyrien, capitaine au 11e Cuirassiers à pied.

Blessé à l'attaque du Moulin de Laffaux, le 5 mai 1917. Tué aux tranchées de Rosières, près Coucy-le-Château, le 9 janvier 1918.

Citation posthume : Officier d'une haute valeur morale, d'une bravoure légendaire, admirable entraîneur d'hommes. A été tué le 9 janvier 1918, au moment où, sous un violent bombardement qui se déclenchait, il se précipitait à son poste de combat.

[Né à Veauche (Loire), le 23 juin 1883. Fils de M. Albert BÉRARD, ✳, ingénieur des ponts et chaussées, et de Mme née DOUVRELEUR (décédés). Marié à Mlle CARLES DE CARBONNIÈRES, fille du Colonel, O ✳, et de Mme née DE SÉGANVILLE, — dont une fille.]

BÉRARD DE MALAVAS (Hippolyte), ⚜ (posthume), ✠ (étoile), soldat au 117e territorial d'Infanterie.

Citation : A toujours servi en brave et excellent soldat, donnant en toutes circonstances la valeur de son dévouement. Mort glorieusement pour la France.

BÉRAUD (*Victor*-Pierre-Marie-Joseph), ✠ (étoile), étudiant, *engagé volontaire* au 11e Chasseurs alpins, puis versé au 20e Chasseurs à pied où il était adjudant.

A disparu le 21 juin 1915 au cours d'une attaque contre les tranchées ennemies. Plusieurs chasseurs auraient entendu dire qu'il avait été tué au début de l'attaque, mais aucun témoin présent n'a pu certifier le fait. Depuis cette date, aucun renseignement n'a pu être recueilli permettant de déterminer sa situation.

Le 17 juillet 1915, la citation suivante précisa la mort de ce brave :

Jeune sous-officier, s'est distingué à plusieurs reprises par un réel mépris du danger ; a entraîné sa section à l'attaque des tranchées ennemies le 21 juin et a été tué pendant le bombardement qui a suivi leur enlèvement.

[Né le 29 octobre 1894. Fils de M. Jean BÉRAUD et de Mme née DUBOST.]

BERC (*Joseph*-Marie-Antoine-François BÈS de), ✠ (posthume), ✠ (palme), capitaine au 46e d'Infanterie.

Tué en Lorraine, le 24 août 1914, en ralliant ses sections ébranlées et en les portant en avant.

[Marié à Mlle TEISSERENC.]

BERCEGOL DU MOULIN (Albéric), Saint-Cyrien de la promotion de Montmirail, lieutenant au 8e Cuirassiers, détaché au 135e d'Infanterie.

Disparu, le 12 novembre 1914, à Zonnebeeke (Belgique).

BERCOURT (Jean de), lieutenant de Hussards.

Tué le 7 février 1917.

BEREND (Henri-Sedgwick), ✠, *engagé volontaire*, sergent au 156e d'Infanterie, pilote-aviateur à l'Escadrille Spa. 91.

D'origine américaine, engagé dans l'infanterie où il avait été blessé, passa ensuite dans l'aviation. Tué le 16 août 1918.

Citation : *Excellent pilote. Toujours prêt à remplir les missions les plus périlleuses. S'est particulièrement distingué, au cours des dernières opérations, en mitraillant les troupes ennemies et en livrant plusieurs combats. Mort pour la France, le 16 août 1918.*

BÉRENGER (Michel de), ✠ (posthume), ✠ (palme), sous-lieutenant au 12e Cuirassiers à pied.

Blessé le 1er juin 1918 et resté aux mains de l'ennemi, est mort pour la France, en captivité, des suites de ses blessures, le 21 suivant, au lazaret de Lahr (Grand-Duché de Bade).

Citation : *A merveilleusement entraîné sa section à l'attaque de l'ennemi. Blessé successivement par trois balles de mitrailleuse, a refusé d'aller se faire panser, montrant le plus bel exemple de courage et de dévouement. Chef de section de très grande valeur. Déjà cité antérieurement.*

[Né en 1895. Fils du Vte et de la Vtesse née RENDU.]

BERGE (Jacques), soldat au 129e d'Infanterie.

Tombé à la bataille de Charleroi, près de Roselières (Belgique), le 22 août 1914, où il a été inhumé.

[Fils de M. René BERGE, ✠, ingénieur civil des Mines, et de Mme née FÉLIX-FAURE ; petit-fils de l'ancien Président de la République.]

BERGEAUD (Marcel), médecin aide-major, chef de l'équipage radiologique no 50.

Tué à Baleycourt, le 28 février 1916.

[Né à Haïti en 1877. Fils de M. et de Mme née HORELLE. Marié à Mlle Marie-Louise RÉVEILHAC.]

BERGER (Eugène), ✠ (1 palme, 2 étoiles), archiviste paléographe, *engagé volontaire*, sous-lieutenant au 2ᵉ Bataillon d'Afrique.
Tué glorieusement au Maroc, le 15 octobre 1917.

> Citation : *Archiviste paléographe réformé, engagé dès le début de la guerre, a gagné ses galons aux champs de bataille de France et d'Orient, où il a été blessé. Venu récemment au front marocain, a dirigé, au combat de Rhorm El Alem, la défense de son secteur avec une bravoure admirable. A été tué glorieusement, dans la nuit du 14 au 15 octobre 1917, à la tête de sa section, au cours d'un furieux corps à corps avec un adversaire fanatisé et supérieurement armé. Modèle de héros tombé en héros.*

[Né le 7 mars 1889. Fils de M. Ph. BERGER, membre de l'Institut, sénateur du Haut-Rhin (décédé), et de Mᵐᵉ née BOIGEOL.]

BERGEROT (*Albert*-Pierre-Jean), ✻, ✠ (palme), ancien élève de l'Ecole Centrale des Arts et Manufactures, ingénieur-électricien ECP., lieutenant au 22ᵉ d'Artillerie.
La citation à l'Ordre de l'Armée, qui suit, donne tous détails sur la mort de ce brave :

> *Officier de la plus grande valeur. Technicien remarquable. S'est spécialisé dans le tir contre avion, et a obtenu depuis quatre mois, avec la section qu'il commande à Verdun dans un secteur très exposé, les résultats les plus satisfaisants. A abattu plusieurs avions ennemis dans nos lignes, s'est maintenu à son poste d'observation sous un bombardement d'une violence inouïe, donnant à tous le plus bel exemple de la bravoure et du sang-froid, et a eu les deux jambes et le bras droit emportés par un projectile ennemi.*

[Né le 27 février 1884. Fils de M. Gustave BERGEROT, ✻, ancien conseiller municipal de Paris (décédé), et de Mᵐᵉ VIMENEY. Marié à Mˡˡᵉ BOISSELIER, fille de M. BOISSELIER, ✻, industriel, et de Mᵐᵉ née PERRET, — dont un enfant.]

BERLANDI (Victor), ✠ (2 palmes), maréchal des logis au Régiment de marche des Spahis marocains.
Tué, le 20 octobre 1917, sur la crête de Chavany (Albanie), à l'âge de 21 ans.

BERLET (François), ✠, capitaine au 37ᵉ d'Infanterie.
Tué, le 30 septembre 1914, aux combats de la Somme, près de Fricourt.

> Citation : *Officier d'un courage et d'un dévouement au-dessus de tout éloge. Est glorieusement tombé, le 29 septembre 1914, à quelques mètres des tranchées allemandes, à la tête de sa compagnie qu'il entraînait brillamment à l'assaut.*

BERLHE (Paul de), ✻, ✠ (palme), ingénieur-agronome, lieutenant d'Artillerie.
Tombé glorieusement, le 2 mai 1916, à l'âge de 29 ans.

> Citation : *Officier très distingué, d'une bravoure hors ligne. Au front depuis le début de la campagne. S'est constamment signalé par l'audace de ses reconnaissances qu'il pousse, de sa propre initiative, auprès des postes d'infanterie les plus avancés. A continué, depuis que son groupe a pris position, à occuper, avec un mépris absolu du danger, les postes d'observation les plus exposés, fournissant les renseignements les plus précieux à son capitaine, et permettant ainsi d'obtenir de sa batterie un rendement exceptionnel. Blessé très grièvement, le 2 mai 1916, à son poste de combat.*

BERMOND DE VAULX (*Pierre*-Antoine-Auguste-Anne-Marie, Comte de), capitaine au 4e Zouaves.
Tué à l'ennemi, à Bir-oum-Souigh (Tunisie), le 3 octobre 1915.

[Né le 23 juin 1874. Fils du Cte et de la Ctesse née Barthélemy de Chadenède.]

BERNARDAC (G.-F.-M.), ✠ (posthume), ✠ (palme), lieutenant de vaisseau du *Dupleix*.

Citation : *S'est avancé à découvert, sous le feu de l'ennemi, pour lancer une amarre à un canot ramenant des blessés et se trouvant dans une situation critique.*

BERNARD (J.-M.-I.). ✠ (posthume), ✠ (palme), enseigne de vaisseau des Fusiliers marins.

Citation : *Officier énergique et plein d'entrain, blessé une première fois le 5 mai, est revenu au front, a été tué dans un poste avancé le 25 juillet 1915.*

BERNARD (Maurice), député du Doubs, capitaine d'état-major, aviateur.
Tué en accident d'aviation, à Pau, le 10 octobre 1916, à 39 ans.

BERNARD-CHAMBINIÈRE (GUY), ✠ (posthume), ✠ (palme), *engagé volontaire,* maréchal des logis au 32e Dragons, versé au 1er Génie.
Tué à Tracy-le-Mont, le 20 mars 1916.

Citation : *Engagé volontaire pour la durée de la guerre. Sous-officier d'un courage et d'un dévouement à toute épreuve. Tué le 20 mars 1916, alors qu'il exécutait une très dangereuse reconnaissance de travaux entre deux lignes très rapprochées.*

BERNARD DE FEYSSAL (Jacques de), ✠ (posthume), ✠, ✠ (palme), sous-lieutenant au 22e Chasseurs.

Extrait de la citation : ..... *Blessé très grièvement dans une tranchée au cours d'un violent bombardement, a fait preuve d'un courage stoïque en continuant à encourager ses hommes et à leur prodiguer ses conseils; est mort des suites de ses blessures.*

BERNARD DE JANDIN (Antoine-Victor-*René*), soldat à la 23e section d'Infirmiers.
Mort à Nancy, le 1er janvier 1916.

BERNARD DE LAUZIÈRE (François de), ✠, élève de l'Institut National Agronomique, caporal au 13e Chasseurs alpins.
Tombé glorieusement, le 17 août 1915, à Sondernach (Alsace).

Citation : *Chasseur extrêmement courageux, toujours parmi les premiers; tué le 17 août 1915, en précédant sa demi-section qui se portait à l'attaque des tranchées ennemies.*

[Né le 24 juin 1894. Fils du Cte et de la Ctesse née de Balathier-Conygham.]

BERNARDI (Étienne-Honoré-François-Xavier de), ✠ (posthume), ✠, capitaine au 36e Colonial.

Citation : *Officier d'une superbe bravoure, qui a conquis d'emblée, par son attitude au feu, l'admiration enthousiaste de ses hommes. Tué aux tranchées, le 11 août 1915. A été cité.*

BERNARDY (Marc-Joseph-Jules de), ✠ (posthume), ✠, soldat au 355e d'Infanterie.

> Citation : *Brave soldat, courageux et dévoué, qui s'est fait remarquer par sa belle conduite au feu. Mort glorieusement pour la France, le 14 octobre 1918, des suites de blessures glorieuses reçues au plateau de Nouvron. Croix de guerre avec étoile de bronze.*

BERNARDY DE SIGOYER (Comte Martian de), ✠, chef de bataillon au 143e d'Infanterie.

Ancien élève de l'Ecole de Saint-Cyr ; fut grièvement blessé le 25 août 1914, à l'attaque de Rozelieures, et mourut après six mois de souffrances, le 18 mars 1915, à l'âge de 47 ans.

[Fils du Mⁱˢ DE BERNARDY DE SIGOYER, commandant le 26ᵉ bataillon de chasseurs, qui sauva le palais du Louvre et ses musées de l'incendie, le 24 mai 1870, puis fut victime de l'insurrection, le 26 mai 1870.]

BERNAUD (Étienne), sous-lieutenant au 105e d'Infanterie.

Tué dans la tranchée, près d'Armancourt (Somme), le 4 juillet 1915.

[Né en 1894. Fils de M. Charles BERNAUD.]

BERNE (*André*-Louis-Georges), ✠ (étoile), principal clerc d'avoué, sous-lieutenant au 57e d'Infanterie.

Tué, le 2 novembre 1914, à Verneuil (Aisne).

> Citation : *Sous-lieutenant ayant participé à toutes les affaires du début de la campagne, a été tué le 2 novembre 1914, à Verneuil, au moment où il se dépensait sans compter et encourageait ses hommes à une victorieuse résistance.*

[Né le 7 mai 1888. Fils du Dʳ BERNE et de Mᵐᵉ née MAURE (décédée). Marié à Mˡˡᵉ JOFFROY, fille du Dʳ, professeur à la Faculté de Médecine (décédé), et de Mᵐᵉ née LEFEBVRE, — dont un enfant.]

BERNIER (Abbé Maximin), ✠, brancardier divisionnaire.

Tué, le 28 septembre 1915, à 37 ans.

> Citation : *Toujours volontaire pour les besognes périlleuses. Modèle de courage et d'abnégation. Tué à l'ennemi le 28 septembre.*

BERNIS (Marie-Florentin-Christian-*Hervé*, Comte de PIERRE de), propriétaire, maréchal des logis.

Mobilisé en Guinée, où il se trouvait au moment de la déclaration de guerre, demanda avec instance à rentrer en France pour rejoindre le front, mais en vain. Le climat meurtrier de Konakry l'anémia complètement, et il fut envoyé au Maroc, où, admis à son arrivée à l'hôpital militaire de Rabat, il succomba le 10 janvier 1918.

[Né le 24 mai 1873. Fils du Mⁱˢ (décédé) et de la Mⁱˢᵉ née LUCE. Marié à l'Honorable Camille GREVILLE, fille de Lord GREVILLE (décédé) et de Lady GREVILLE, fille de feu le duc de MONTROSE.]

BERNON (Baron Paul de), ✠ (posthume), ✠, lieutenant au 120e d'Infanterie.

Tué à Bellefontaine (Belgique), le 22 août 1914.

> Citation : *Modèle parfait de l'officier et du chef. Très belle conduite au combat de Bellefontaine, le 22 août 1914. Blessé d'une première balle au bras, a refusé de quitter sa section dans un*

*moment critique. Frappé d'une balle en plein cœur quelques ins-
tants après. A été cité.*

BERNON (François de), caporal au 3e Chasseurs.

Fait prisonnier en octobre 1917. Mort en captivité, au camp de
Darmstadt.

[Né en 1894. Frère du précédent.]

BERNOÜIS (Julien BOUAÏSSIER de), ✠ (palme), capitaine au 105e d'Infanterie.

Tué à Rambervillers, en septembre 1914. Cité pour son sang-
froid et sa belle attitude sous le feu.

[Marié à Mlle MORTUREUX.]

BÉROT (Louis-Edmond-Charles), ✳, ✠ (palme), colonel du 146e d'Infanterie.

Tombé glorieusement à Morhange, le 26 août 1914.

> Citation : *A déployé, au début de la campagne, pendant la cou-
> verture et les premières opérations offensives, une autorité inlas-
> sable, ne dormant presque jamais ; a su élever au plus haut point
> l'enthousiasme de son régiment, qui avait en lui la plus entière
> confiance. Grièvement blessé à cheval le 20 août 1914 ; tandis qu'il
> dirigeait le combat du régiment, allant de sa personne en avant
> des lignes. Mort quelques jours après des suites de ses blessures.*

BÉROT (Louis) ✳ (posthume), ✠ (palme), Saint-Cyrien de la promo-tion de Montmirail, sous-lieutenant au 82e d'Infanterie.

Tué à Doulcon (Meuse), le 1er septembre 1914.

> Citation : *Jeune officier qui venait de sortir de Saint-Cyr. A fait
> preuve de belles qualités militaires, se faisant remarquer par son
> entrain et son attitude. A su, par son exemple et sa bravoure,
> maintenir sa troupe sous un feu violent, le 1er septembre 1914.
> Frappé à mort, a donné une dernière preuve d'énergie, en disant
> à ses hommes qui voulaient l'emporter : « Allez-vous-en ; laissez-
> moi ; je suis touché. »*

[Fils du précédent.]

BERR (*Maxime*-Charles-Gustave), ✳ (posthume), ✠ (1 palme, 4 étoiles), ancien élève de l'Ecole Polytechnique, capitaine commandant la 25e batterie du 252e d'Artillerie.

A été tué à l'ennemi, le 2 mai 1917, au Mont-sans-Nom, près
Auberive, en Champagne.

Le général ANTHOINE, commandant la IVe Armée, a honoré la
mémoire du capitaine BERR par cette citation :

> *Officier d'une valeur technique de premier ordre, doué des plus
> belles vertus militaires : autorité, bravoure, abnégation. S'est dé-
> pensé sans compter dans la préparation et le développement de
> l'offensive du 17 avril 1917, pour assurer le plein rendement de sa
> batterie dont il réglait journellement les tirs des premières lignes
> d'infanterie. Tombé glorieusement, le 2 mai 1917, sur la position
> avancée où il venait d'installer ses pièces, dans des conditions par-
> ticulièrement périlleuses. A été cité.*

[Né le 3 juillet 1888. Fils de M. Louis BERR, conseiller à la Cour d'appel de Paris,
et de Mme née MAURICE-LÉVY. Marié à Mlle Claire SCHWOB, fille de M. Georges
SCHWOB, industriel, et de Mme née GRADIS, — dont deux enfants.]

BERSAUCOURT (*René*-Charles-Marie-Édouard SERPETTE de), archiviste-paléographe, soldat au 128e d'Infanterie.

Etant au dépôt à Landerneau, il n'avait cessé de demander à partir au front. C'est dans un combat en Argonne qu'il a reçu une balle dans la jambe le 28 octobre 1914. Il est mort des suites de cette blessure à l'hôpital temporaire de Châtel-Guyon, le 16 novembre 1914.

[Né le 13 octobre 1880. Fils de M. Georges-Marie-Antoine SERPETTE DE BERSAUCOURT (décédé) et de Mme née Jeanne-Emilie TILLOY.]

BERSAUCOURT (Jean SERPETTE de), aspirant au 63e d'Artillerie.

Mort des suites de maladie contractée dans un poste de défense contre avions, du camp retranché de Paris.

BERT DE LA BUSSIÈRE (Jacques), ✠ (posthume), ✠ (palme), lieutenant au 90e d'Infanterie.

Tombé glorieusement le 8 septembre 1914.

Citation : *Commandant une section de mitrailleuses et blessé mortellement le 8 septembre, a refusé de se laisser porter en arrière, maintenant sa section sur la ligne de feu ; a continué à donner, avant de mourir, à un de ses camarades, les indications sur la marche du combat, remplissant ainsi, jusqu'à la dernière minute, son devoir militaire.*

BERTEVILLE (*Roger*-Georges), ✠ (posthume), ✠ (1 palme, 2 étoiles), sous-lieutenant au 149e d'Infanterie.

Déjà cité comme caporal au cours du combat de Notre-Dame de Lorette, le 9 mai 1915, puis, comme sergent, le 26 septembre de la même année, à l'assaut d'Angres, ce jeune brave devait trouver la mort, le 23 octobre 1917.

Citation : *Officier d'un allant, d'une bravoure et d'un entrain remarquables, a entraîné brillamment sa section à l'assaut d'une position ennemie fortement organisée. Blessé mortellement au cours de l'attaque, a donné à ses hommes le plus bel exemple de bravoure et de sang-froid.*

[Né le 26 juillet 1892. Fils de M. Maurice BERTEVILLE (décédé) et de Mme née Berthe SIMON.]

BERTHAUD (René), sergent-fourrier, agent de liaison au 1er Tirailleurs Marocains.

Tué, le 16 septembre 1915, à Crouy, près Soissons.

[Né en 1894. Fils du Bon et de la Bonne BERTHAUD.]

BERTHAUD (*Joseph*-Marie), élève à l'Ecole Centrale de Lyon, agent de liaison au 75e d'Infanterie.

A été grièvement blessé d'une balle au front, le 17 décembre 1914, à Lihu, en allant, sous le feu ennemi, chercher un de ses amis grièvement blessé. Cet ami a été sauvé, mais Joseph BERTHAUD, transporté à l'ambulance d'Harbonnières, n'a pu survivre à l'opération du trépan et est mort le 20 décembre 1914.

[Né le 20 août 1893. Fils de M. Hippolyte BERTHAUD et de Mme née Hélène QUINSON.]

BERTHET (*Jules*-Jean-Marie-Joseph), agent de change honoraire, brigadier au Service automobile du 2ᵉ groupe de la IIIᵉ Armée.

Blessé mortellement pendant un bombardement par une escadrille d'avions allemands, au moment où il portait secours à une femme déjà atteinte par une bombe. Transporté à l'hôpital Jeanne-d'Arc, à Bar-le-Duc, où il mourut quelques jours après.

[Né le 25 mars 1876. Fils de M. Barthélemy BERTHET et de Mᵐᵉ née Honorine RICHARD DU MONTELLIER. Marié à Mˡˡᵉ Marie-Louise CHEVALIER, fille de M. Paul CHEVALIER, ancien président de la Chambre des Notaires de Lyon, et de Mᵐᵉ née Marie MANHÈS, — dont quatre fils.]

BERTIER DE SAUVIGNY (*Pierre*-Marie-Fernand, Comte Pierre de), ✠ (posthume), ✠ (palme), ✠ (Aigle Blanc de Serbie), ancien élève de Saint-Cyr, capitaine au 8ᵉ, puis au 273ᵉ d'Infanterie.

Disparu le 6 octobre 1915. D'une lettre écrite par le lieutenant-colonel de PRANDIÈRES au colonel de BERTIER, citons les lignes qui suivent :

« ..... En effet, le capitaine de Bertier a disparu dans les combats du 6 octobre, où il a été admirable. A la tête du bataillon qu'il commandait, il a, par son exemple, entraîné ses quatre compagnies dans une charge magnifique et dépassé les tranchées ennemies. Quand il a fallu revenir les occuper, il n'est pas rentré avec ses hommes : il était tombé blessé. Personne n'a pu me dire ce qu'il était devenu, car, les jours suivants, les Allemands n'ont cessé de contre-attaquer violemment leurs positions perdues. »

Citation à l'Ordre de la Vᵉ Armée : *Après une explosion de mine, qui avait bouleversé les tranchées qu'occupaient ses hommes, a donné à tous l'exemple du calme et du sang-froid, et a réorganisé aussitôt la défense de sa position.*

[Né le 7 février 1874. Fils d'Emmanuel, Colonel Cᵗᵉ DE BERTIER DE SAUVIGNY et de la Cᵗᵉˢˢᵉ née Mathilde DE FONTAINES. Marié à Mˡˡᵉ Emma OSTERRIETH, fille de M. Ernest OSTERRIETH et de Mᵐᵉ née Léonie MOLS, — dont trois fils.]

BERTIER DE SAUVIGNY (*André*-Marie-Xavier, Comte André de), ✠, ✠ (étoile d'or), ✠ (Médaille coloniale agrafe du Sahara), ✠ (Aigle Blanc de Serbie), ancien élève de Saint-Cyr, capitaine au 124ᵉ d'Infanterie.

Tué à l'ennemi, le 15 septembre 1914, sous Nampcel, plateau de Moulin-sous-Touvent. D'une lettre du Commandant du 124ᵉ, il appert que le capitaine de BERTIER « a été tué en chargeant » brillamment, comme il savait le faire, à la tête de sa compagnie, » et il est tombé tout près des tranchées ennemies ».

Citation à l'Ordre du 4ᵉ Corps d'Armée : *Tué à Moulin-sous-Touvent le 15 septembre. Officier d'une rare bravoure, s'étant distingué dans tous les combats auxquels le régiment a pris part du 21 août au 15 septembre 1914. A été tué en se portant, à la tête de sa compagnie, à l'assaut des tranchées ennemies.*

[Né le 21 août 1875. Frère du précédent. Marié à Mˡˡᵉ Henriette DE GRANCEY, fille du Cᵗᵉ DE GRANCEY et de la Cᵗᵉˢˢᵉ née Jeanne SAPIA DE LENCIA, — dont deux enfants.]

BERTIER DE SAUVIGNY (*Alexis*-Bénigne-Henry de), ✠, *engagé volontaire* au 15ᵉ Dragons le 9 mars 1916, puis caporal au 153ᵉ d'Infanterie.

Tombé blessé, dans la soirée du 9 mars 1916, devant les tranchées ennemies près du village de Douaumont, et est mort deux heures après, dans un poste de secours allemand.

Citation : *A toujours fait preuve d'un grand courage, d'un entrain et d'une bravoure exemplaires. Est tombé mortellement frappé en entraînant son escouade à l'assaut des lignes ennemies.*

[Né le 23 octobre 1896. Fils du Cte Albert DE BERTIER DE SAUVIGNY et de la Ctesse née Cécile DE CHÉZELLES.]

BERTIN (*Ernest*-Hippolyte-Clément), ✳, ✠ (2 palmes), capitaine au 150ᵉ d'Infanterie.

Tombé glorieusement le 13 juin 1915.

Citation : *Le 13 juin 1915, est tombé mortellement frappé à la tête de sa compagnie, qu'il entraînait dans une vigoureuse contre-attaque.*

[Né le 2 juin 1870. Fils de M. et de Mme née ROLIN. Marié à Mlle PIRION, — dont cinq enfants.]

BERTIN (*Jacques*-Marcel), ✠, lieutenant au 226ᵉ d'Infanterie.
Tué à l'ennemi, le 2 octobre 1914, au Bois Bernard (Pas-de-Calais), à 35 ans.

BERTOULT (Comte Jacques de), ⚜ (posthume), ✠, brigadier au 9ᵉ Cuirassiers à pied.
Tué, le 2 novembre 1916, aux tranchées des Pommiers, près la Maisonnette (Somme).

Citation : *Gradé ayant de hautes qualités militaires, remarquable d'entrain, de bravoure et de sang-froid. S'est particulièrement fait remarquer au cours des opérations de la Somme. A été frappé mortellement, au cours d'un violent bombardement, le 3 novembre 1916. A été cité.*

[Né le 3 octobre 1894. Fils du Mis DE BERTOULT et de la M^ise née Jeanne DE ROUGÉ.]

BERTRAN DE BALANDA (Jehan), ✳, ✠ (étoile), capitaine au long cours, *engagé volontaire*, capitaine au 205ᵉ d'Infanterie.
Tué glorieusement, à la tête de sa compagnie, le 9 juin 1918, devant Noyon (Oise), au moment où il prenait ses dispositions pour l'attaque.

[Né à Toulouse le 17 novembre 1885. Fils de M. Henri BERTRAN DE BALANDA, ✳, capitaine de cavalerie, et de Mme née DE FALGUIÈRE.]

BERTRAN DE BALANDA (Paul), Saint-Cyrien, *engagé volontaire* au 46ᵉ d'Infanterie.
Blessé mortellement, le 15 septembre 1914, au combat de Laheycourt (Meuse); décédé des suites de ses blessures, le 8 octobre 1914, à l'hôpital militaire de Moulins.

[Né le 12 octobre 1894. Frère du précédent.]

BERTRAND (Joseph de), ✳ (posthume), ✠ (2 palmes), Saint-Cyrien de la promotion Croix du Drapeau, sous-lieutenant au 6ᵉ Chasseurs alpins.
Tué, sous Montfaucon, le 25 octobre 1914, à 20 ans.

Citation : *Chargé, avec sa section, d'établir un ouvrage dans des conditions particulièrement périlleuses, a entraîné ses hommes, prêchant d'exemple, et en commençant lui-même la tranchée, sous le feu violent de l'ennemi. A été tué en accomplissant sa mission.*

BERTRAND (Adrien), ✠, littérateur, lieutenant de Dragons.
Auteur de l'*Appel du Sol*, couronné par l'Académie Goncourt ;
fut grièvement blessé, et succomba, à Grasse, aux suites de ses
blessures, en 1918.

BERTRAND (Henri), ✶, ✠, lieutenant-colonel, attaché au Sous-
Secrétariat de l'Aéronautique.
Décédé le 1er septembre 1917.
[Né le 12 novembre 1865. Marié à Mlle DAUSSY.]

BERTRAND (Gabriel), *engagé volontaire*, sergent.
Tombé en Champagne, le 11 octobre 1915.
[Fils du précédent.]

BERTRAND DE BROUSSILLON (Henri-*Xavier*), ✶ (posthume), ✠,
lieutenant au 42e d'Artillerie, adjoint au Colonel commandant la
52e Division.
Citation : *Excellent officier, très actif, très ardent. Adjoint au
commandant de groupe, a toujours fait preuve du plus grand
sang-froid et d'une intelligente initiative. Tué le 21 février 1915. A
été cité.*

BERTROU (Michel), ⚜ (posthume), ✠ (4 citations), *engagé volontaire*,
maréchal des logis pilote-aviateur.
Tué en combat aérien, le 12 août 1918, à 21 ans.

BESLAY (François), ✠ (4 citations), lieutenant au 67e d'Infanterie.
Glorieusement tué à son poste de combat, le 2 mai 1917, dans
le secteur de Braye-en-Laonnois (Aisne), à 24 ans.
Dernière citation : *Officier d'élite, doué des plus belles qualités
militaires, se dépensant sans compter en toutes circonstances avec
un sang-froid et un courage remarquables. Est tombé frappé, à
son poste de combat, le 2 mai 1917.*

BESLAY (Maurice), ✶ (posthume), ✠ (2 palmes), lieutenant au 1er
Génie.
Citation : *Officier très audacieux, qui s'est comporté en toutes
circonstances avec une bravoure et un entrain magnifiques. A
maintenu sa section au travail pendant trois nuits consécutives,
dans des circonstances très difficiles, sur un plateau soumis à un
bombardement intense. Tué le 29 mai 1915. A été cité.*

BESNARD (François), ✠ . . . .
[Fils de l'Amiral (décédé) et de Mme née LAURENS.]

BESNARD (Robert), artiste peintre. . . . .
[Fils de M. Albert BESNARD, C ✶, membre de l'Institut, artiste peintre, et de
Mme née VITAL-DUBRAY.]

BESSAND (Jean), ✶ (posthume), ✠ (palme), ✶ (Ordre de la Bravoure de
Serbie), sous-lieutenant au 43e d'Artillerie.
Glorieusement tué à son poste, le 20 juillet 1918.
Citation : *Officier d'une bravoure exceptionnelle, très brillant
passé militaire pendant la campagne, modèle de courage et d'éner-
gie, donnant à ses hommes l'exemple d'une splendide attitude au*

feu et d'un mépris complet de la mort. Glorieusement tombé, le 20 juillet 1918, au milieu de ses hommes qu'il encourageait sous le feu.

[Né en 1887. Fils du Directeur de la *Belle-Jardinière*, O ✻, et de Mme Paul BESSAND.]

BESSAND (André).

Fait prisonnier, mort en captivité, en juillet 1916.

[Frère du précédent.]

BESSEREAU (Max), caporal au 67e d'Infanterie.

Fut mortellement blessé, le 8 septembre 1914, à Rembercourt-aux-Pots (Meuse), et mourut, le 2 novembre, à l'hôpital militaire de Dijon.

[Né le 14 septembre 1893. Fils de M. Victor BESSEREAU et de Mme née Marguerite LUCAS.]

BESSON (R.-J.), ✻ (posthume), ✠ (palme), lieutenant de vaisseau de la *Provence II*.

Citation : *Après être venu prendre, sur la passerelle, des ordres du commandant, s'est employé avec le zèle et le dévouement le plus complet, et a dirigé la mise à l'eau des embarcations. A disparu avec le bâtiment.*

BESSON (Paulin-*Georges*), ✠, sous-lieutenant au 46e d'Artillerie.

Tué a l'ennemi, le 17 février 1917, au Bois Le Prêtre.

[Né à Rochefort le 31 mai 1887. Fils du Vice-Amiral, G O ✻, et de Mme née THOYO N.

BESSON (*Albert*-Robert), ✠ (2 palmes, 3 étoiles), sous-lieutenant au 45e d'Artillerie.

Tué à l'ennemi, près de Berry-au-Bac, le 16 mars 1917.

[Né à Brest le 7 décembre 1894. Frère du précédent.]

BETGÉ DE LAGARDE (*Pierre*-Marie-Charles-Jacques), ✻ (posthume), ✠ (palme), du 118e d'Artillerie, détaché à l'Escadrille AR. 40.

Citation : *Officier d'un dévouement absolu, ayant la plus haute conception du devoir. A été tué, en combat aérien, au cours de la deuxième mission qu'il accomplissait dans la journée.*

BÉTHENOD (Henry), ✠, fondé de pouvoir du Crédit Lyonnais, sous-lieutenant au 79e d'Infanterie.

Tombé à Zuydshoot, près d'Ypres, en Belgique, le 12 novembre 1914.

Citation : *Le Général commandant la 11e Division d'infanterie cite à l'Ordre de la Division le sous-lieutenant Béthenod, du 79e d'infanterie : A été tué au moment où il s'était placé debout sur le parapet pour encourager ses hommes, engagés dans une action violente avec l'ennemi.*

[Né le 26 mai 1882. Fils de M. Émile BÉTHENOD, O ✻, et de Mme née RIMAUD. Marié à Mlle Renée DESCOURS, fille de M. Auguste DESCOURS et de Mme née RALLET, — dont trois enfants.]

BÉTHENOD, née Pierrette-Marie-Thérèse TRESCA-BELLON (Madame Emmanuel), infirmière-major de l'hôpital auxiliaire n° 24, à Lyon.

Morte, à l'âge de 39 ans, des suites d'une maladie contractée aux services des blessés militaires, le 15 mars 1915. Inscrite au Livre d'or de la Société de Secours aux Blessés Militaires, dont elle faisait partie. Les honneurs militaires lui ont été rendus par la Place de Lyon.

BÉTHERY DE LA BROSSE (*Jacques*-Paul), caporal au 66e d'Infanterie.

Tué à l'ennemi, le 20 septembre 1914, à Prosnes (Marne).

BÉTHUNE (Alfred de), (posthume), matelot-canonnier, de la *Madeleine III*.

Citation : *A fait preuve des plus belles qualités de discipline, d'énergie et de sang-froid au cours d'un engagement avec un sous-marin ennemi, le 8 mai 1917. Mort des suites de ses blessures, le 21 mai 1917.*

BÉTHUNE-SULLY (Marcel de), (posthume), (palme), sous-lieutenant au 2e Tirailleurs de marche.

Citation : *Le 14 juillet 1917, s'est joint spontanément à une reconnaissance de nuit qui devait opérer en dehors de nos lignes. Ayant rencontré l'ennemi, a été très grièvement blessé. Est mort, en arrivant à l'ambulance, des suites de ses blessures.*

BETTIGNIES (Mademoiselle Louise de), (posthume), (palme).
Habitant Lille, elle fut arrêtée par les Allemands, en 1915, pour avoir favorisé la fuite de soldats français. Condamnée à mort, en 1916, sa peine fut commuée en celle des travaux forcés. Transférée de Bruxelles à la prison de Siegburg, elle tomba gravement malade; opérée au lazaret de la prison, en mai 1918, elle devait succomber dans une clinique de Cologne, en septembre 1918.

Citation (Légion d'honneur) : *Titres exceptionnels : s'est volontairement dévouée, pendant plusieurs mois, animée uniquement par le sentiment patriotique le plus élevé, pour rendre à son pays un service des plus importants pour la défense nationale. A affronté avec un courage inflexible toutes les difficultés périlleuses de sa tâche patriotique; a surmonté pendant longtemps ces difficultés, grâce à ses capacités et son dévouement, risquant sa vie en plusieurs occasions, assumant les plus graves responsabilités, déployant, en un mot, un héroïsme qui a été rarement surpassé. Sa santé a été gravement compromise du fait des mauvais traitements de l'ennemi.*

BEUGNY D'HAGERUE (Léon de), capitaine de Cavalerie de réserve.
Parti sur sa demande dès le début des hostilités, le glorieux défunt avait pris part à la retraite de Belgique, à la bataille de la Marne et à la fameuse course à la mer. Après la stabilisation de notre front, sa division venait occuper un des secteurs de la Somme. C'est là qu'épuisé par les fatigues qu'il avait supportées, il ressentit les premières atteintes du mal qui devait l'emporter en janvier 1918.

BÉVILLE (Louis-Henri-*Gabriel*), sergent au 136e d'Infanterie.
Tué, le 7 novembre 1914, à Blangy-lès-Arras.

BÉVOTTE (*Abel*-Camille-René GENDARME de), avocat à la Cour de Paris, sergent au 102e d'Infanterie.
Tué le 10 août 1914.

> Citation : *Excellent sergent, très courageux. S'est distingué, le 10 août 1914, comme chef de patrouille de reconnaissance ; a été tué, en venant rendre compte de sa mission sous un feu violent d'infanterie.*

[Né le 27 juillet 1891. Fils de M. Georges GENDARME DE BÉVOTTE et de Mᵐᵉ née Cécile MARTNER.]

BEZANÇON (Hector), avocat à la Cour de Paris, commis-greffier au Conseil de guerre.
Mort pour la France, à Moudros, le 7 novembre 1915.

[Né le 18 septembre 1879. Fils de M. et de Mᵐᵉ née GOLFIER. Marié à Mˡˡᵉ Suzanne AUFFRAY.]

BEZIAT (J.-J.-L.), (posthume), (palme), enseigne de vaisseau du *Golo II*.

> Citation : *Au moment où son bâtiment coulait, torpillé par un sous-marin ennemi, est descendu dans les logements pour s'assurer de l'évacuation des passagers.*

BIADELLI (*Napoléon*-Joseph, Comte Napoléon), *engagé volontaire*, maréchal des logis au 7e Chasseurs à cheval.
Cité à l'Ordre du jour pour la défense de Verdun (fort de Souville), mort à la Neuville-aux-Bois (Marne), le 27 juillet 1916.

> Citation : *Sous un bombardement violent et ininterrompu, dans des conditions rendues périlleuses par une violente émission de gaz, a, avec le plus grand courage, assuré le service de liaison entre le poste de commandement et les éléments avancés de la 130e Division d'infanterie.*

[Né le 20 juillet 1893. Fils aîné du Cᵗᵉ BIADELLI et de la Cᵗᵉˢˢᵉ née Dolorès DE ZUBIAURRE. Petit-fils du Colonel Cᵗᵉ BIADELLI et des Généraux Cᵗᵉˢ DE CASABIANCA.]

BIBAL DES ANGES (Jean de), chef de bataillon au 95e d'Infanterie.
Tué, à la tête de son bataillon, le 25 août 1914, près de Sarrebourg.

BIBAL DES ANGES (Jacques de), (3 étoiles), *engagé volontaire*, lieutenant.
Tombé aux combats de l'Aisne, en août 1918.

[Né en 1896. Fils du précédent.]

BIDAULT DES CHAUMES (Louis), soldat au 50e Chasseurs à pied.
Blessé et fait prisonnier, le 25 août 1914, succombait en Bavière, le 21 novembre suivant.

BIDEAUX (*René*-Prosper-Adolphe), (étoile), étudiant, Saint-Cyrien de la promotion de Sainte-Odile (1918), sergent au 320e d'Infanterie.

Tué d'un éclat d'obus, au Bois de Bruyères-sur-Fère (près de Fère-en-Tardenois), le 1er août 1918.

Citation : Sous-officier d'une bravoure remarquable. A fait preuve du plus beau courage au cours des combats du........ au........ Le 26 juillet, s'est précipité, à la tête de sa demi-section, sur un groupe ennemi fortement retranché, l'a dispersé et a ramené des prisonniers. A été tué, le 1er août, en faisant une ronde aux postes avancés de sa compagnie.

[Né le 11 octobre 1898. Fils de M. Henri BIDEAUX et de Mme née DERVELOY, décédée.]

BIÉVILLE (Henri DESNOYERS de), ✠ (étoile d'argent), agent de change près la Bourse de Paris, lieutenant au 48e d'Infanterie.

Porté disparu, le 9 mai 1915, à l'assaut de Saint-Nicolas, au nord d'Arras, ce n'est qu'en juillet 1916 qu'une liste allemande l'indique comme blessé grièvement et décédé probablement lors de cette offensive. Les renseignements émanant de ses chefs et de ses soldats disent qu'il est sorti de la tranchée le premier, entraînant son bataillon dont il était adjudant-major, remplaçant son chef blessé. On l'a vu courir presque seul, sous une pluie de balles, puis il disparut. Jusqu'à ce jour, toutes les démarches furent vaines pour retrouver le lieu de l'inhumation et connaître exactement les circonstances de la mort.

Citation : Officier d'un entrain, d'un zèle et d'un courage hors pair ; s'est vaillamment comporté à l'assaut des retranchements de Chantecler, où il est tombé glorieusement, le 9 mai 1915.

[Né le 5 septembre 1879. Fils de M. Albert DE BIÉVILLE et de Mme née MONTANDON. Marié à Mlle DE BONDELI, fille du Bon DE BONDELI et de la Bonne née HERPIN, — dont un enfant.]

BIÈVRE (Félix-Victor-Henri-Gaston de), ✠ (posthume), ✠, capitaine au 25e d'Infanterie.

Citation : Ayant été grièvement blessé au début de la campagne, est revenu sur le front à peine guéri. A été mortellement atteint d'un éclat d'obus le 19 novembre 1914, en organisant, sous un bombardement violent, l'enlèvement des nombreux hommes de sa compagnie mis hors de combat. Officier des plus braves et des plus énergiques. A été cité.

BIGOT D'ENGENTE (*Charles-Marie-Alexis*), ✠ (posthume), ✠ (1 palme, 1 étoile), capitaine au 107e d'Infanterie.
Tombé glorieusement le 22 septembre 1915.

Citation : Officier de premier ordre, déjà cité à l'Ordre du Corps d'armée, à la suite du sang-froid, du courage et de l'énergie dont il avait donné les preuves dans les premiers mois de la campagne. Est tombé mortellement frappé, dans la tranchée avancée, en préparant les travaux précédant les attaques de septembre 1915. A été cité.

[Fils de M. (décédé) et de Mme née Bonne DE SCHAUENBURG. Marié à Mlle Jeanne MOREAU DE LIZOREUX, — dont deux enfants.]

BILLIOUD (Horace).
Tué en mars 1915.

BILLOT (Henry), maire de Guingamp, chef de bataillon au 71e d'Infanterie.
Tué à Dixmude, le 22 avril 1915.

BILLOT (Henry), ✠, capitaine au 71ᵉ d'Infanterie.
Tué, à Vic-sur-Aisne, le 11 juin 1918.

[Né en 1892. Fils du précédent.]

BILLOTTE (Georges), sous-lieutenant au 72ᵉ d'Infanterie.
Tué à Riaville (Meuse), le 6 avril 1915.

BILLY (Marie-François-*Pierre* VARENARD de), ✠ (posthume), ✠
(étoile), élève à l'École des Hautes Études Commerciales, *engagé
volontaire*, brigadier au 1ᵉʳ d'Artillerie.
Tué à Seddul-Bahr, le 31 décembre 1917.

> Citation : *Brave sous-officier. A été tué, le 31 décembre 1915, à
> son poste de commandement, où il était resté malgré un violent
> bombardement d'artillerie lourde. A été cité.*

[Né le 26 mars 1895. Fils de M. Alphonse DE BILLY et de Mᵐᵉ née Jeanne BOURRE.]

BILLY (*Joseph*-Marie-Germain POTERAT de), ✳ (posthume), ✠
(palme), sous-lieutenant au 309ᵉ d'Infanterie.

> Citation : *Officier plein d'entrain, très courageux et très aimé
> de ses hommes. En octobre 1915, au cours d'une reconnaissance très
> délicate et périlleuse, a été mortellement atteint d'une balle à la
> tête. Décédé le 6 octobre des suites de sa blessure.*

BILLY (Georges-Louis-Xavier-Joseph de), ✳ (posthume), ✠ (palme),
capitaine au 25ᵉ d'Infanterie.
Tué, le 22 août 1914, à la bataille de Charleroi.

> Citation : *Officier d'un grand courage. Le 22 août 1914, a vail-
> lamment entraîné sa compagnie à l'assaut du village du Châtelet.
> Glorieusement tombé à la tête de ses hommes.*

[Né le 21 juillet 1874. Fils de M. et de Mᵐᵉ née GOGUIN. Marié à Mˡˡᵉ TORTAT.]

BINET (*Pierre*-Robert), ✠ (étoile), externe des hôpitaux, médecin
auxiliaire.
Est décédé à Minden (Westphalie), des suites d'une maladie
contractée aux Armées, le 9 juillet 1916.

> Citation : *Bel exemple de courage et de dévouement pendant les
> journées des 14, 15, 16, 17 septembre 1914, sous un bombardement
> violent et prolongé ; a prodigué, sans compter, ses soins à de nom-
> breux blessés de différentes formations.*

[Né le 28 décembre 1888. Fils du Dʳ et de Mᵐᵉ BINET.]

BINET DU JASSONNEIX (Ernest), ✳, ✠ (palme), ✳ (Médaille coloniale Sahara), ✳ (Médaille du Maroc), capitaine au 3ᵉ Chasseurs à pied,
détaché à l'École Supérieure de Guerre, commandant une compagnie au 308ᵉ d'Infanterie.
Tué à l'ennemi, le 15 septembre 1914, d'une balle au front,
devant Moulin-sous-Touvent.

> Citation posthume : *A brillamment conduit la 20ᵉ compagnie,
> qu'il commande depuis la mobilisation, aux combats d'Hébuterne
> et de Moislains ; a été blessé au cours d'un de ces combats ; est re-
> venu au front incomplètement guéri. Au combat de Moulin-sous-
> Touvent, s'est porté tout en avant, sous le feu de l'artillerie et de
> l'infanterie ennemie, reconnaître le terrain où sa compagnie allait
> s'engager. A été tué d'une balle au front. Énergique et brave, s'était
> distingué au Maroc*

Avait été cité à l'Ordre du jour, au Maroc, comme « commandant la section entrée la première dans Settat ».

[Né le 14 mars 1878. Fils du Dr BINET DU JASSONNEIX et de Mme née BARDON.]

BINGEN (Max), *engagé volontaire,* ancien élève de l'Ecole des Hautes Études Commerciales, sous-lieutenant au 225e d'Infanterie Italienne.

Tué, le 29 juillet 1916, sur le plateau d'Asiago.

[Né à Gênes le 5 janvier 1890. Fils de M. et de Mme Gustave BINGEN.]

BIOCHE (Henri-Jules-Marie), ✠, enseigne de vaisseau.

Blessé grièvement, le 17 décembre 1914, à l'attaque de Steenstraete (Yser) ; succomba à ses blessures, à 24 ans.

BIRAN (*Christian*-Guy-Marie-Maine GONTIER de), engagé dès avant la guerre, soldat au 84e d'Infanterie.

Blessé à Verdun, en mai 1916 ; au mois d'octobre de la même année, est parti à Salonique, sur sa demande. A été emporté en 24 heures d'un accès de paludisme pernicieux, le 13 août 1917 ; est mort à l'ambulance de Kodzo-Déré de Kupa (Grèce).

[Né le 9 novembre 1895. Fils du D^r DE BIRAN et de Mme née DE ROUSIERS.]

BIRAS (*Jean*-Baptiste-Edmond-Guillaume de), ✠ (posthume), ✠, capitaine au 326e d'infanterie.

Tué à l'ennemi, le 25 septembre 1915, à Neuville-Saint-Vaast.

Citation : *Commandant son bataillon de la façon la plus brillante, a été tué le 25 septembre 1915, alors qu'il le conduisait avec la plus grande énergie à l'assaut des tranchées allemandes. A été cité.*

[Né le 15 avril 1885. Fils de M. et de Mme née CALBIAC. Marié à Mlle AGERT.]

BIRAUD (Francis), ✠, professeur à l'École de Médecine de Poitiers, médecin-major de 1re classe.

Mort à Poitiers, le 18 janvier 1919, succombant aux suites d'une cruelle maladie contractée pendant les sept mois que les Allemands le retinrent en captivité, à douze mètres sous terre, dans les forts d'Ingolstadt, en violation des règlements de la Croix-Rouge internationale.

BIRAUD (Gérard), ✠, ✠, lieutenant-colonel commandant le 33e d'Artillerie de campagne.

Tué, le 2 août 1917, au plateau de Californie.

BIRE (Édouard-Michel-Anne-*René* de), aspirant au 4e Hussards.

Disparu, le 22 août 1914, à Ethe (Belgique).

BIRON (*Henri*-Prosper-François), ✠ (étoile), capitaine au 224e d'Infanterie.

Tué à l'ennemi, le 26 septembre 1915, à Perthes-les-Hurlus.

[Né à Paris le 10 janvier 1880. Fils de M. et de Mme née BOUTIN. Marié, en 1905, à Mlle Germaine CAUVIN.]

BIVILLE, aide-major.

Tué en Lorraine, en 1916.

[Fils du Professeur à la Faculté de Droit de Caen (décédé), et de Mme née Monod.]

BIVILLE (Octave), ⚓ (posthume), ✠, aspirant au 132e d'Artillerie.

Tué par une bombe d'avion, le 12 août 1918.

[Né en 1895. Frère du précédent.]

BIVILLE (Gaston), sous-lieutenant d'Artillerie.

Tué par une balle de mitrailleuse, le 12 août 1918.

[Né en 1897. Frère des précédents.]

BIZARD (Paul-Jacques-*André*), ✠, ✠ (palmes et étoiles), lieutenant de Cavalerie, commandant l'Escadrille F. 114.

Tué en combat aérien, au cours d'une reconnaissance, dans la nuit du 25 au 26 septembre 1918.

Dernière citation : Officier de grande valeur, brillant chef d'escadrille, pilote de nuit remarquable. Est tombé au champ d'honneur dans un combat de nuit, en rentrant de reconnaissance. Grièvement atteint une première fois, a fait des prodiges d'énergie pour rentrer dans nos lignes, jusqu'au moment où il s'est affaissé sur son siège, atteint cette fois d'une balle à la gorge. Avait accompli 48 bombardements et 5 reconnaissances depuis sa dernière citation.

[Fils du Colonel et de Mme née Bréchard.]

BIZEMONT (*Joseph*-Louis-Marie, Comte Joseph de), ✠ (posthume), ✠ (palme et étoile), capitaine au 66e territorial d'Infanterie.

Tombé pour la France, au Bois des Buttes, le 11 mars 1916.

Citation : Officier de haute valeur, qui a trouvé une mort glorieuse, le 11 mars 1916, en entraînant un peloton de sa compagnie à l'attaque d'une de nos tranchées que l'ennemi avait réussi à occuper.

[Né le 22 mai 1880. Fils du Cte et de la Ctesse née Alice d'Oiron. Marié, en 1911, à Mlle Madeleine de Vion de Gaillon, fille du Vte et de la V^{tesse} née de la Ville-Guérif, — dont une fille.]

BIZEMONT (*Charles*-Marie de), ✠ (posthume), ✠ (1 palme, 2 étoiles), élève au Grand Séminaire de Rennes, lieutenant au 410e d'Infanterie.

Tué, le 26 septembre 1918, dans la région de Somme-Py (Marne), d'une balle au front, à la tête de sa compagnie qu'il entraînait à l'attaque.

Citation : Officier d'une grande valeur. Mortellement frappé au moment où, électrisant sa troupe par son exemple, il enlevait une position opiniâtrement défendue.

[Né le 13 février 1888. Fils du Vte et de la V^{tesse} née de Bruc de Montplaisir.]

BIZEMONT (*Jean*-René-Marie, Comte Jean de), ✠ (posthume), ✠ (palme), lieutenant au 168e d'Infanterie.

Citation : Officier de territoriale, passé, sur sa demande, dans un bataillon actif; a entraîné sa section, le 15 décembre 1914, avec la plus grande vigueur, à l'assaut d'une tranchée ennemie, sur le parapet de laquelle il est tombé, frappé à mort, en s'écriant : « Vive la France ! En avant ! » A été cité.

[Né le 11 mai 1879. Marié à Mlle Marie-Antoinette de Latouche.]

BIZIEN DU LÉZARD (*Jean*-Louis-René-Marie-Joseph, Marquis de), brigadier au 2e d'Artillerie lourde.

Mort, le 28 octobre 1914, à l'hôpital militaire de Bar-le-Duc, d'une maladie contractée au front, en Argonne.

[Né le 21 février 1892. Fils du Mis DE BIZIEN DU LÉZARD (décédé) et de la M^{ise} née Marie BRUNET DU GUILLIER.]

BIZOT (Édouard), ✳ (posthume), ✸ (palme), avocat et propriétaire, capitaine de Territoriale en retraite, avait repris du service à la mobilisation, comme capitaine au 315e d'Infanterie.

Tué à la tête de sa compagnie, le 25 septembre 1915, à l'attaque d'Auberive, en Champagne.

Citation du Général DE LANGLE DE CARY : *Libéré de ses obligations militaires, a tenu à partir au moment de la mobilisation. Le 25 septembre 1915, lors de l'attaque d'un village puissamment fortifié, est parti bravement à la tête de sa compagnie, formant la deuxième vague ; a rejoint la première et l'a entraînée, par son allant irrésistible, au delà de la tranchée ennemie ; a progressé ainsi vers la deuxième ligne, sous un feu terrible, avec un sang-froid admirable, jusqu'au moment où il a été tué.*

[Né le 7 décembre 1868. Fils de M. Jules BIZOT et de Mme née COSTE. Marié à Mlle COTTIN, fille du Cte Paul COTTIN et de la Ctesse née MARILHAT.]

BLACHEZ (Paul), sergent au 32e d'Infanterie.

Tué, le 8 septembre 1914, à Fère-Champenoise.

[Né en 1885. Fils de M. et de Mme née VERSTRAETE.]

BLACHEZ (Georges-Henri), sergent au 90e d'Infanterie.

Tué, le 25 juillet 1917, à Hurtebise.

BLACKE (G.-E.), ✳ (posthume), ✸ (palme), enseigne de vaisseau de la *Surprise*.

Citation : *Excellent officier. A dirigé, avec habileté et avec le plus grand sang-froid, le tir de la* Surprise, *sous un feu violent de mitrailleuse. Blessé mortellement à son poste d'officier de tir. Combat de Coco-Beach (21 septembre 1914).*

BLAINVILLE (Paul CÉLORON de), ✳, ✸, chef de bataillon au 64e d'Infanterie.

Tué le 10 juin 1915.

[Marié à Mlle MOLLARD.]

BLAIZE DE MAISONNEUVE (*Louis*-Marie), ✳, capitaine de Cavalerie territoriale.

Mort à Orléans, le 30 juin 1916.

[Né le 22 juin 1860. Fils de M. et de Mme née LE POMMELLEC.]

BLANC (Jacques), ⬙ (posthume), ✸, aspirant au 416e d'Infanterie.

Blessé grièvement au Mont Kemmel, le 25 avril 1918, et fait prisonnier, a succombé à Gand, le 14 mai suivant, aux suites de ses glorieuses blessures.

Citation : *Le 25 avril 1918, a fait preuve de belles qualités de chef, animant ses hommes par son courage et son entrain au combat.*

Mort pour la France, le 14 mai 1918, des suites de blessures glorieusement reçues. A été cité.

[Né le 24 août 1891. Fils de M. Charles Blanc et de Mme née Gabrielle Herment décédés.]

BLANC DE KIRWAN (*René*-Victor-Antonin-Claude), ingénieur, lieutenant au 2ᵉ d'Artillerie.

Disparu près de Roye (Somme), le 1ᵉʳ octobre 1914.

[Né le 13 mai 1887. Fils de M. et de Mme née Henriette de Kirwan.]

BLANC DU COLET (Jean-Louis-Alexandre), ⚜ (posthume), ✠, maréchal des logis au 116ᵉ d'Artillerie lourde.

Citation : *Excellent sous-officier. S'est toujours dépensé sans compter ; a donné, en maintes circonstances, le plus bel exemple de bravoure et d'abnégation. Mortellement blessé le 25 juin 1917. A été cité.*

BLANC-PERDUCET (*Charles*-Henri-Marie), étudiant, élève-caporal au 97ᵉ d'Infanterie.

Décédé à l'hôpital du Sacré-Cœur de Chambéry, d'une maladie contractée au cours de son instruction militaire, le 25 juillet 1915.

[Né le 27 mars 1896. Fils de M. Émile Blanc-Perducet, ingénieur ECP., et de Mme née Charlotte Soulier.]

BLANCARD DE LÉRY (Jules-Charles-César-Ferdinand), ✠, capitaine au 1ᵉʳ Zouaves.

Tué à l'ennemi, le 15 septembre 1914, en avant du Godot (combats de l'Aisne).

[Né le 23 août 1866. Fils de M. et de Mme née Cloutot. Marié à Mlle Gros.]

BLANCARD DE LÉRY (Raoul-Jules-Louis-Ferdinand-Séraphin), caporal au 77ᵉ d'Infanterie.

Mort de ses blessures, le 26 octobre 1918, à l'ambulance de Senoncourt (Meuse).

BLANCHARD (Marcel), littérateur, ancien élève de l'Ecole Normale Supérieure, sous-lieutenant au 231ᵉ d'Infanterie.

Tué glorieusement, le 19 juin 1915, à l'offensive d'Arras.

BLANCHARD (*Maurice*-François), ✠, ✠ (2 palmes), capitaine au 54ᵉ d'Artillerie.

Tombé au champ d'honneur, le 4 septembre 1914, à Rougéville (Vosges), franchissant une barricade, et chargeant l'ennemi, après avoir tué plusieurs Allemands et blessé un officier.

[Né le 14 mai 1875. Fils de M. et de Mme née Pillet. Marié à Mlle Marthe Pagnon, fille de M. et de Mme née Vallas.]

BLANCHET (René), ✠, élève à l'Ecole Supérieure des Sciences Economiques, caporal au 416ᵉ d'Infanterie.

Blessé, le 15 mai 1915, au Bois Le Prêtre et le 15 septembre 1915 au Bois de la Grurie. Mort pour la France, le 20 septembre 1917, des suites des fatigues éprouvées de mai à décembre 1916, aux tranchées devant Verdun.

[Né le 1ᵉʳ novembre 1895. Fils de M. Blanchet, notaire à Paris, et de Mme née Massion.]

BLANCHIN (P.-M.-J.), ✠ (posthume), ✠ (palme), lieutenant de vaisseau des Fusiliers Marins.

Citation : *A la brigade depuis dix mois. A commandé successivement, avec autorité, une section de mitrailleuses et une compagnie d'infanterie. Grâce à son calme et à son sang-froid, a maintenu toujours ses troupes en main dans des postes très exposés et souvent bombardés. Tué, le 1er décembre 1915, au moment où, sous un fort bombardement, il faisait mettre ses hommes à l'abri.*

BLANCHON (Henri), ✠ (posthume), ✠ (2 palmes), étudiant, licencié en droit en philosophie, lieutenant pilote-aviateur à l'Escadrille C. 51.

A trouvé glorieusement la mort, le 10 juillet 1916, près d'Herbecourt (Somme), au cours d'un combat aérien contre quatre avions, au retour d'une longue reconnaissance sur les lignes ennemies.

Dernière citation : *Pilote remarquable par son dévouement et sa bravoure. Excellent officier. Mort glorieusement, le 10 juillet, au cours d'un combat aérien.*

[Né le 30 octobre 1891. Fils de M. Hermann BLANCHON, ancien magistrat (décédé), et de Mme née DE NANTES.]

BLANCHON DE LATOUR (Jean), soldat réserviste au 229e d'Infanterie.

Tombé au champ d'honneur, à Taintrux (Vosges). le 27 août 1914, à l'âge de 30 ans,

[Fils de M. Joseph BLANCHON DE LATOUR et de Mme née DE LATOUR. Marié à Mlle PANSIER, — dont deux enfants.]

BLANCHON DE LATOUR (Louis), soldat au 210e d'Infanterie (Armée d'Orient).

Blessé grièvement, le 13 mars 1917, au cours d'une reconnaissance aux bords du Lac Presba ; mort le lendemain, à l'âge de 29 ans.

[Frère du précédent. Marié à Mlle ROCHE, — dont un enfant.]

BLANCHY (Marie-Robert), ✠ (posthume), ✠ (palme), Saint-Cyrien de la promotion de la Grande-Revanche, sous-lieutenant au 101e d'Infanterie.

Tué en Argonne, le 26 février 1915, à 20 ans.

Citation : *Est allé à l'assaut des tranchées allemandes avec une fougue et un enthousiasme admirables. A été glorieusement tué en arrivant sur le réseau de fil de fer.*

BLANCHY (Marie-*Maurice*), ✠, ✠ (4 citations), lieutenant aviateur.

Tué en combat aérien, le 20 avril 1917, à Coucy-le-Château, à 23 ans.

BLANGERMONT (Jean LE MOINE de), caporal au 39e d'Infanterie.

Grièvement blessé le 15 mars 1915, mort trois jours après à l'hôpital de Châlons.

BLAVETTE (*Jacques*-Pierre-Louis), � (étoile), élève-architecte de 1re classe à l'Ecole Nationale des Beaux-Arts, sous-lieutenant au 102e d'Infanterie.

Tué à Ethe (Luxembourg Belge), le 22 août 1914.

Citation à l'Ordre de la Brigade : *A fait preuve de bravoure en entraînant sous le feu sa section, à la tête de laquelle il a été tué.*

[Né le 21 décembre 1891. Fils de M. Victor BLAVETTE, O ✽, Architecte en chef des Bâtiments civils, et de Mme née DESFONTAINES.]

BLAVIER (Léon), ✽ (2 palmes), aspirant au 171e d'Infanterie.

Tombé à la tête de sa section de mitrailleuses, le 5 septembre 1918.

[Né en 1898. Fils du Lt-Col Ernest BLAVIER.]

BLAŸ (Henri-Georges-César de), � (posthume), ✽ (palme), sous-lieutenant au 151e d'Infanterie.

Citation : *A entraîné sa section à l'assaut de la tranchée ennemie, le 26 octobre 1916, sous un feu violent de mitrailleuses et de grenades. A trouvé une mort glorieuse en montrant à tous le plus bel exemple de mépris du danger.*

BLAY (Georges CONTEPOIX de), ✽ (posthume), ✽ (palme), *engagé volontaire,* sous-lieutenant au 228e d'Infanterie.

Citation : *Sous-lieutenant dégagé de toute obligation militaire, a contracté un engagement volontaire pour la durée de la guerre. Officier d'une grande énergie et d'une grande bravoure, n'a cessé de donner à ses hommes l'exemple du dévouement et du mépris du danger le plus absolu. A trouvé une mort glorieuse en menant sa section à l'attaque, sous le feu des mitrailleuses ennemies.*

BLECH, dit LEFER (Jean-Pierre), ✽ (posthume), ✽ (palme), industriel, *engagé volontaire,* caporal au 74e d'Infanterie.

Blessé mortellement à la tête, au cours des combats pour la prise de Labyrinthe, le 9 juin 1915, décédé le 11 suivant.

Citation : *Caporal de grande valeur, engagé volontaire pour la durée de la guerre. Par sa bravoure et son sang-froid en toutes circonstances, s'était acquis la confiance et l'admiration de ses chefs et de ses camarades. A été blessé mortellement, le 9 juin 1915, en défendant une barricade fortement attaquée par l'ennemi.*

[Né le 14 décembre 1885. Fils de M. et de Mme née WEBER. Marié à Mlle Jeanne STREISGUTH, fille de M. et de Mme née ROUX.]

BLÉGIER DE TAULIGNAN (Charles-Marie de), soldat au 212e d'Infanterie.

Disparu le 3 septembre 1916, à Vaux-Chapitre.

BLEY (Jacques), ✽, sous-lieutenant mitrailleur au 146e d'Infanterie.

Tombé glorieusement, le 2 juin 1918, à 30 ans.

BLIC (Édouard de), enseigne de vaisseau.

Mort pour la France, le 3 décembre 1916, à bord de *La Surprise,* torpillée, dans la baie de Funchal, par un sous-marin allemand.

[Né le 15 mars 1894. Fils de M. Raymond DE BLIC et de Mme née DE FOUCAULD.]

BLIC (Philippe de), ✠, ✠, religieux de la Compagnie de Jésus, enseigne de vaisseau de réserve.

Blessé à Dixmude, en octobre, revenu à la brigade des Fusiliers Marins, à peine guéri. Se proposant toujours pour les missions périlleuses, trouva la mort dans une reconnaissance volontaire tout près des lignes ennemies, le 17 décembre 1915.

BLIC (Dominique-Marie-*René* de), ✠, inspecteur des Finances, sous-lieutenant au 10e d'Infanterie.

Tué à l'ennemi, le 5 mai 1916, au combat de la Tête-à-Vache.

[Né le 9 décembre 1888. Fils de M. et de M\u1d50\u1d49 née MAREY-MONGE.]

BLIN (Gaston), ✠, avocat à la Cour de Paris, aspirant au 29e Dragons.

Tué à Souain, le 29 septembre 1915.

[Né à Paris en 1890. Fils de M. Lucien BLIN, O ✠, avocat à la Cour, et de M\u1d50\u1d49 née THUILLIER.]

BLIN DE BAILLEUL (René-Camille-Désiré), soldat au 233e d'Infanterie.

Tué à l'ennemi, le 13 octobre 1914, au Godat (Aisne).

[Né le 24 février 1880. Fils de M. et de M\u1d50\u1d49 née PLANQUETTE.]

BLIVES (Marie-Joseph-Octave-*Roger* LEVESQUE de), ⚜ (posthume), ✠ (palme), artiste-peintre, maréchal des logis d'Artillerie à pied territoriale, parti au front, sur sa demande, dans les autos-mitrailleuses.

Tué à l'ennemi, en combattant, à l'attaque de Loos (bataille d'Artois), le 9 mai 1915.

> Citation à l'Ordre de l'Armée : *A toujours fait preuve d'un courage et d'un calme parfaits. Au combat du 9 mai 1915, sa mitrailleuse étant écrasée par un tir à courte distance de l'ennemi, s'est immédiatement occupé de la remettre en état de tirer dans des conditions particulièrement dangereuses. A été tué en la nettoyant sous le feu.*

[Né le 10 mai 1876. Fils de M. Édouard LEVESQUE DE BLIVES et de M\u1d50\u1d49 née LE ROY. Marié à M\u1d50\u1d49 Lucile ARNOULT, fille de M. et de M\u1d50\u1d49 ARNOULT-GUIBOURGÉ, — dont une fille.]

BLIVES (Jacques LEVESQUE de), ✠ (étoile), maréchal des logis au 5e Chasseurs d'Afrique, estafette à l'état-major de la 38e Division d'Infanterie.

Tué, le 25 octobre 1916, à l'âge de 25 ans.

BLOCH (Abraham), grand rabbin de Lyon, aumônier du 14e Corps d'Armée.

Le 28 août 1914, les troupes allemandes avaient incendié à Taintrux (Vosges) une grange qui servait d'ambulance. Pendant qu'on évacuait les blessés, l'un de ceux-ci, voyant le grand rabbin et le prenant pour un prêtre catholique, lui demanda un crucifix pour l'embrasser avant sa mort. Le grand rabbin ne détrompa pas le blessé; simplement, sans souci du danger, sous les obus qui pleuvaient autour de lui, il se rendit auprès d'un aumônier catholique, lui demanda à son tour un crucifix en lui faisant part du suprême désir du soldat qui, avant de mourir, eut la consolation religieuse qu'il avait souhaitée. Mais, presque au même instant, il était atteint par un obus et succombait, après avoir donné un héroïque exemple de largeur d'esprit et de bonté.

BLOCH (*Jean*-Max), sergent au 39e d'Infanterie.

Blessé mortellement d'un éclat d'obus, le 30 mai 1915, à Neuville-Saint-Vaast, il mourut le lendemain à l'ambulance d'Aubigny-en-Artois.

[Né le 25 mai 1889. Fils de M. Camille BLOCH et de Mme née WEILL.]

BLOIS (*Gérard*-Raoul-Marie-Joseph, Vicomte Gérard de), ✠ (posthume), ✠ (1 palme, 2 étoiles), maréchal des logis au 14e Hussards, passé sous-lieutenant au 115e d'Infanterie.

Tué en Champagne, le 29 septembre 1915, au sud de l'Épine-de-Védégrange.

Citation : *Venu de la cavalerie. Très brillant entraîneur d'hommes, toujours le premier au péril ; a été tué à la tête de sa fraction en la portant vers les lignes ennemies. A été cité.*

[Né le 1er novembre 1880. Fils du Vte Xavier DE BLOIS et de la Vtesse née DE SEVIN.]

BLOIS (*Étienne*-Léon-Eugène, Vicomte Étienne de), ✠ (posthume), ✠ (palme), diplômé de l'Ecole des Sciences Politiques, caporal au 165e d'Infanterie.

Apprécié de ses chefs et aimé de ses camarades, il donna à ceux-ci l'exemple encourageant d'une grande bravoure et d'une énergie qui ne se démentirent jamais pendant les durs moments qn'il traversa en sept mois de campagne. La mort le trouva prêt, car c'est avec la sérénité d'âme et la foi d'un vrai chrétien qu'il l'acceptait et s'y préparait chaque jour.

Tué, le 28 février 1915, au Bois de Consenvoye (Meuse).

Ordre du jour de l'Armée (*Officiel* du 11 juin 1915) : *A fait preuve de courage et de fermeté, en contre-attaquant l'ennemi dans une tranchée allemande fortement occupée. Tué pendant l'attaque.*

[Né le 11 février 1891. Fils du Vte Adrien DE BLOIS et de la Vtesse née Thérèse MIZZI.]

BLOIS (Vicomte Robert de), ✠, sous-lieutenant au 116e d'Infanterie.

Tué, sous Verdun, en avril 1916.

Citation : *Officier remarquable, qui a toujours fait preuve du plus beau courage.*

[Né le 18 février 1892. Fils du Vte Renan DE BLOIS et de la Vtesse née LE CAMUS, décédée.]

BLONAY (*Louis*-Roger-Alexandre, Baron Louis de), soldat au 131e d'Infanterie.

Blessé, au combat d'Aubreville (Argonne), d'une balle dans le genou et une à la tête, le 30 septembre 1914. Fait prisonnier et emmené en captivité, le 31 septembre, à Cassel (Allemagne). Mort des suites de ses blessures, au lazaret de Cassel, le 14 mars 1915.

[Né le 12 mai 1890. Fils du Bon Roger DE BLONAY (décédé en 1919) et de la Bonne née MORICAND.]

BLONDEL (Georges), ⚜ (posthume), ✠ (étoile), caporal au 149ᵉ d'Infanterie.

Glorieusement tombé à Bazien (Vosges), le 25 août 1914.

Citation : Gradé plein d'ardeur et d'initiative. Est tombé mortellement atteint, à la tête de son escouade, le 25 août 1914.

[Né le 12 juin 1892. Fils de M. Jacques BLONDEL et de Mᵐᵉ née Marie BLAU.]

BLONDEL LA ROUGERY (Marie-Louis-*Roger*), ⚜ (posthume), ✠ (palme), soldat au 49ᵉ d'Infanterie.

Tué le 8 septembre 1914.

Citation : Agent de liaison de la compagnie, a fait en maints combats, en particulier les 23 et 29 août 1914, l'admiration de tous par sa bravoure héroïque, son sang-froid remarquable, en traversant les lignes de feu pour assurer son service. Mort glorieusement pour la France, le 8 septembre 1914, en allant volontairement, sous un intense bombardement, porter un ordre à une fraction de la compagnie.

BLOTTEFIÈRE (*Marcel*-Paul de), sous-lieutenant au 154ᵉ d'Infanterie.

Tué à l'ennemi, le 22 août 1914, à Fillières, près de Longuyon.

[Né à Paris le 23 janvier 1892. Fils de M. et de Mᵐᵉ née GARNEAU.]

BLOTTEFIÈRE (*Jacques*-Gustave de), ⚜ (posthume), ✠, soldat au 132ᵉ d'Infanterie.

Mort de ses blessures, le 23 janvier 1915, à Neufchâteau.

Citation : Bon soldat. Est mort, le 23 janvier 1915, des suites de ses blessures reçues dans l'accomplissement de son devoir. A été cité.

[Né à Paris le 6 mai 1897. Frère du précédent.]

BLUMENFELD-SCIAMA (André), ✠ (palme et étoile), sous-lieutenant au 129ᵉ d'Infanterie.

Tué à Douaumont, le 11 avril 1916, à 31 ans.

Citation : Officier de grande valeur, accomplissant les missions les plus difficiles avec la plus grande bravoure. Est tombé glorieusement en cherchant à réparer une mitrailleuse.

BLUMENTHAL (Jacques), ✻ (posthume), ✠ (palme), sous-lieutenant au 368ᵉ d'Infanterie.

Tué au Bois Le Prêtre, le 25 juin 1915.

Citation à l'Ordre de l'Armée : Jeune officier plein d'entrain, méprisant le danger et n'hésitant pas à se proposer pour les missions les plus délicates ; très aimé de ses hommes. Tué à l'ennemi, le 25 juin 1915. A été cité.

[Fils de M. Willy BLUMENTHAL, ✻, et de Mᵐᵉ née PINTO.]

BO (de), ⚜ (posthume), ✠ (palme), caporal au 69ᵉ d'Infanterie.

Tué en 1914.

Citation : S'est offert pour porter un ordre, sous un feu violent. Atteint mortellement, est parvenu à transmettre l'ordre à un camarade, en lui disant : « Ne t'occupe pas de moi, prends l'ordre d'abord. »

BOAS (Jacob-*Robert*), ✠, ✠ (2 palmes), capitaine à l'état-major de la 58e Division d'Infanterie.

Blessé, le 10 mars 1915, devant La Bassée; mort de ses blessures à Saint-Pol, le 23 mars.

Citation : *Blessé très grièvement, le 10 mars 1915, en se portant, malgré un violent bombardement, dans la tranchée la plus avancée, pour observer de plus près la position de l'ennemi.*

[Né le 11 août 1876. Fils de M. et de Mme née SCHWOB. Marié, en 1900, à Mlle Amélie FALCO.]

BOBY DE LA CHAPELLE (Édouard), ✠, lieutenant aviateur pilote de chasse.

Tué en combat aérien, le 26 septembre 1918, après avoir abattu son adversaire et ramené son appareil dans nos lignes.

[Fils de M. (décédé) et de Mme née Claire DE CHAUNAC-LANZAC.]

BOCHER (*Philippe*-Marie), ✠ (étoile), caporal.

Tué devant Verdun (Ravin de la fausse côte), le 16 décembre 1916, en remplissant une mission périlleuse pour laquelle il s'était offert.

[Né le 12 janvier 1885. Fils de M. Gabriel BOCHER et de Mme née POLACK, décédés.]

BOCK (Georges-Désiré de), ✠ (posthume), ✠ (palme), sapeur-mineur du Génie.

Citation : *Bon sapeur, dévoué et brave. A été mortellement frappé, le 14 mai 1916, à Haudiomont, en accomplissant son devoir. A été cité.*

BOCQUET DE BECHEVORT (Louis-Marius), ✠ (posthume), ✠ (palme), sergent au 132e d'Infanterie.

Citation : *Brave sous-officier, plein de zèle et de dévouement; a donné le plus bel exemple aux hommes de sa section en prodiguant ses soins à des blessés, sous le plus violent bombardement. Tué par un éclat d'obus, le 19 juin 1916. A été cité.*

BODARD DE LA JACOPIÈRE (Diégo de), ✠, lieutenant au 130e d'Infanterie.

Tué le 6 octobre 1915.

[Fils de M. (décédé) et de Mme née Caroline DE CHARETTE DE LA CONTRIE.]

BODARD DE LA JACOPIÈRE (Louis de), *engagé volontaire* au 130e d'Infanterie.

Tué le 27 septembre 1915.

[Frère du précédent.]

BODINAT (*Louis*-Marie-Joseph-Ferdinand, Comte Louis de), ancien élève de Saint-Cyr, sous-lieutenant au 125e d'Infanterie.

Tué à l'ennemi, le 1er septembre 1914, à Reméréville, près de Nancy.

Le Général GUIGNABAUDET (tombé depuis au champ d'honneur) écrivait à sa famille :

... Je faisais un très grand cas de Louis DE BODINAT, que je considérais comme un officier d'avenir ; je signais sa nomination au grade de lieutenant au moment où j'ai appris sa mort. Il avait fait preuve, depuis le commencement de la campagne, de la plus admirable bravoure...

[Né le 11 mars 1892. Fils du Cte DE BODINAT, chef d'escadron en retraite, commandant le dépôt des 5e et 8e Cuirassiers, et de la Ctesse née CASSIN DE LA LOGE.]

BODINAT (*Jean*-Marie-Xavier, Comte Jean de), ✠ (posthume), ✠ (1 palme, 1 étoile d'argent, 2 étoiles de bronze), lieutenant au 26e Chasseurs à pied (passant sur sa demande dans l'infanterie, venant du 5e Cuirassiers où il était aspirant).

Tombé glorieusement à Mortcourt (Aisne), le 7 octobre 1918. Il avait été proposé pour la Légion d'honneur quelques jours auparavant, pour la part qu'il avait prise à la conquête d'un village.

Dernière citation à l'Ordre de l'Armée : *Officier d'élite, merveilleux de calme et d'audace. Commandant un groupement de trois compagnies et une compagnie de mitrailleuses, au cours des opérations du 24 au 28 septembre 1918, a assuré le succès d'une attaque et la conservation d'une position délicate ; s'est rendu personnellement en première ligne, sur un terrain violemment battu, pour se rendre compte de la situation et donner des ordres sur place. Tombé glorieusement au champ d'honneur, le 7 octobre 1918.*

[Né le 27 juin 1893. Frère du précédent.]

BODMAN (*Gonzague*-Jean-Charles de), ✠ (posthume), ✠ (étoile), *engagé volontaire* au 21e Dragons, puis aspirant au 14e Hussards.

Tombé glorieusement en Lorraine, le 29 mars 1917.

Citation : *Dans la nuit du 28 au 29 mars 1917, étant en patrouille, en avant de la tranchée de première ligne, a été mortellement atteint par des éclats de grenade. Aspirant très brave, ayant une haute conception de son devoir. A été cité.*

[Né le 25 septembre 1898, au château de Saint-Florent (Maine-et-Loire). Fils du Bon Jean DE BODMAN, ✠, maréchal des logis au 21e Dragons, et de la B^onne née Noémie D'ANTHENAISE.]

BOËRIO (*Henri*-Marie-Antoine, Baron Henri de), O ✠, ✠, chef d'escadrons au 3e Spahis.

Après avoir repris du service et brillamment combattu en Belgique, il fut envoyé à Batna, où il réprima la révolte avec la plus grande énergie. C'est là qu'il trouva la mort le 21 août 1917.

[Né en novembre 1858. Fils du Général, G O ✠, et de la B^onne née CALENDINI. Marié à Mlle HOOKE, — dont six enfants.]

BŒSWILLWALD (Louis), ✠, ✠ (3 palmes), capitaine de Cavalerie, détaché au 106e Chasseurs à pied.

Tombé, dans un assaut, à la tête de ses troupes, le 11 juin 1918.

Citation : *Adjudant-major d'un bataillon de chasseurs, officier d'un sang-froid imperturbable et ayant un superbe passé militaire. Glorieusement tombé, le 11 juin, aux côtés de son chef de bataillon, au cours de l'attaque que menait son bataillon sur les positions adverses.*

[Fils de M. Paul BŒSWILLWALD, O ✠, inspecteur général des monuments historiques.]

BOIDRON (C.), ✠ (posthume), ✠ (palme), enseigne de vaisseau de l'*Ariane*.

Citation : *Officier de la plus haute valeur ; disparu lors du torpillage de son bâtiment.*

BOIGNE (*Charles*-Marie-Albert de), ✳ (posthume), ✣ (palme et étoile, *engagé volontaire* à 18 ans, sous-lieutenant à l'Artillerie de la 1re Division de Cavalerie.

Tué, le 7 mai 1917, à l'attaque du Moulin de Laffaux.

Première citation (Régiment), octobre 1915 : Est parvenu, au prix de grandes difficultés et de réels dangers, à ramener un canon ennemi abandonné, lors d'une attaque précédente, en toute première ligne, à l'intérieur des ruines d'un village encore occupé en partie par les Allemands.

Citation à l'Ordre de l'Armée (juin 1917) : Officier d'une valeur et d'un courage au-dessus de tout éloge; n'a cessé de montrer, depuis le début de la campagne, les plus belles qualités militaires. Le 5 mai 1917, au combat de L..., a fait preuve d'un sang-froid remarquable en prodiguant, sous un bombardement intense d'obus de gros calibre, à son maréchal des logis, grièvement blessé à ses côtés, des soins qui ont sauvé la vie de ce dernier. Tué, le 7 mai, sur le même terrain, en recherchant un poste d'observation avancé.

[Né le 13 septembre 1896. Fils du Cte Raoul DE BOIGNE, lieutenant-colonel d'Artillerie, et de la Ctesse née DE NADAILLAC.]

BOILLOT (Georges), ✳, ✣, lieutenant aviateur.

Ancien champion des courses d'automobiles, avait emporté le Grand Prix du Circuit de Dieppe, en 1912. Il dut à sa maîtrise du volant d'être désigné au début de la guerre pour piloter l'auto du Général en Chef, mais, attiré par l'aviation, il devait, après de nombreux succès, y trouver la mort, le 20 mai 1916, sur les bords de la Meuse, après un combat contre cinq fokkers, dont il était parvenu à en descendre un en flammes; son corps repose dans le cimetière de Vadelaincourt.

BOINVILLIERS (*Jean*-Édouard), ✳ (posthume), ✣ (palme), artiste-peintre, sous-lieutenant au 66e d'Infanterie.

Tué le 21 février 1915.

Citation : Laissé pour mort, une première fois, au combat du 8 septembre, et revenu sur le front le 28 novembre, a été tué d'une balle au front en entraînant sa compagnie à l'assaut d'une tranchée allemande, le 21 février 1915.

[Né le 15 février 1890. Fils de M. Émile BOINVILLIERS et de Mme née AUDRA.]

BOIS (*Maurice*-Louis-Auguste du), ⚜ (posthume), ✣, sergent au 101e d'Infanterie.

Citation : Excellent sous-officier, dévoué et courageux, donnant entière satisfaction à ses chefs. Tombé glorieusement, en se portant à l'assaut des lignes ennemies, le 26 février 1915, devant Perthes-les-Hurlus. A été cité.

BOISBOISSEL (*Henri*-Marie-Sévère, Comte de), ✳ (posthume), ✣, ✳ (Médaille Coloniale Sahara), sous-lieutenant au 41e Colonial.

Ancien sous-officier de cavalerie, passé, sur sa demande, dans l'infanterie, au commencement de 1915, promu sous-lieutenant porte-étendard au 41e Colonial.

Tombé glorieusement entre Souchez et Vimy, le 1er octobre 1915. Il a été l'objet de la citation suivante :

Officier d'un moral très élevé et d'une grande bravoure. Blessé

*mortellement, le 1ᵉʳ octobre 1915, à Souchez, en faisant vaillam-
ment son devoir.*

[Né le 30 janvier 1876. Fils du Cⁱᵉ et de la Cᵗᵉˢˢᵉ née Louise HAMON DE LA PORTE,
décédés.]

BOISBRUNET (Gérard SORET de), ✠, Saint-Cyrien, lieutenant
au 22ᵉ Chasseurs alpins.
Tombé en Alsace, le 24 janvier 1916.

BOIS D'AUFRAY (Henri-Joseph-Louis), ☖ (posthume), ✠ (palme),
cavalier au 7ᵉ Hussards.

Citation : *Détaché, comme coureur, au poste de commandement
de la brigade. Très bon soldat, très dévoué. A été mortellement
blessé, en allant porter un ordre sous un bombardement des plus
violents, le 11 juin 1916. A été cité.*

BOISDEFFRE (*Jean*-Emmanuel-Marie LE MOUTON de), ✳
(posthume), ✠ (3 palmes), lieutenant pilote à l'Escadrille C.E.P. 115.
Tué le 28 avril 1917.

Citation : *Officier d'une haute valeur morale, toujours prêt à
marcher, d'une énergie et d'un sang-froid remarquables. A participé à de nombreux bombardements de nuit. Le 29 avril 1917, s'est
tué sur le terrain d'atterrissage, en revenant d'une expédition.*

[Fils du Général, G O ✳, et de Mᵐᵉ née CHALVET.]

BOISDEFFRE (*Joseph*-Marie-Raoul-Ignace LE MOUTON de), ✳
(posthume), ✠, capitaine au 6ᵉ Dragons, détaché à l'état-major
d'une Division d'Infanterie.
Tombé, face à l'ennemi, le 13 octobre 1918.

Citation : *Officier d'une grande valeur morale, ayant la plus
haute idée de son devoir militaire. Depuis le début de la campagne,
a fait preuve en toutes circonstances d'un absolu dévouement, de
sang-froid et d'un calme courage. A été très grièvement blessé au
cours d'une mission de liaison, et est mort peu après des suites
de ses blessures. A été cité.*

[Marié à Mˡˡᵉ DE CHALAMBERT.]

BOIS D'ENGHIEN (Émile-François), ☖ (posthume), ✠ (palme), soldat
au 60ᵉ Chasseurs à pied.

Citation : *Bon chasseur. Tombé glorieusement pour la France,
au cours de l'offensive du 9 mai 1915. A été cité.*

BOIS DE SALIGNY (Alphonse du), chef de bataillon d'Infanterie
Coloniale.
Tué à Mibang (Cameroun), en janvier 1915.

BOISFLEURY (Paul POTIRON de), soldat au 6ᵉ d'Infanterie.
Mort en 1916, en service commandé.

[Né en 1896. Fils de M. et de Mᵐᵉ née Agathe DE FONTAINE DE RESBECQ.]

BOISGELIN (*Robert*-Marie-Charles-Louis de), prêtre du Diocèse
de Fréjus, sous-lieutenant au 111ᵉ d'Infanterie.
Tué en Lorraine, le 20 août 1914.

[Né le 1ᵉʳ janvier 1887. Fils du Cⁱᵉ Augustin DE BOISGELIN et de la Cᵗᵉˢˢᵉ née Germaine DE DRÉE.]

BOISGELIN (Bruno-Louis-Marie-*Alexandre* de), ✠ (posthume), ✹ (étoile), brigadier au 19e Dragons.
Tué, le 5 octobre 1914, au nord d'Arras.

Citation à l'Ordre de la Brigade : *Tombé glorieusement, le 5 octobre 1914, au combat d'Aix-Noulette, en chargeant, avec son escadron, l'infanterie ennemie. A été cité.*

[Né le 31 mai 1893. Fils du C‍ᵗᵉ Louis DE BOISGELIN et de la Cᵗᵉˢˢᵉ née Winifrède CONSETT.]

BOISGROLLIER (*Joseph*-Pierre-Marie GARNIER de), ✠ (posthume), ✹, sergent de réserve au 95e d'Infanterie.

Citation : *Sous-officier d'une haute valeur morale, adoré de ses hommes dont il faisait l'admiration, ainsi que celle de ses chefs. Le 8 avril 1915, au cours d'une contre-attaque ennemie au Bois Brûlé, en forêt d'Apremont, étant dans une tranchée peu profonde, alors qu'on lui faisait remarquer que sa tête dépassait le parapet, n'a pas voulu se baisser. A été mortellement frappé d'une balle au front.*

BOISHAMON (Charles du), ✹, ✹, ✹ (Médaille du Maroc et de l'Annam), capitaine de Chasseurs à pied.
Tué devant Bouchavesnes, le 20 septembre 1916.

[Fils du Cᵗᵉ et de la Cᵗᵉˢˢᵉ née DE TERVES.]

BOISMARMIN (Marie-Charles-Henri THOMAS DES COLOMBIERS de), ✹, ✹, commandant.
Tué le 5 septembre 1918.

BOISMONTBRUN (Baron *Pierre*-Marie-Alfred-Adrien BOST-MEMBRUN de), ✹, caporal au 18e territorial d'Infanterie.
Tué, le 13 mai 1916, dans les tranchées de Tilloloy (Somme).

Citation : *Mortellement blessé, le 13 mai 1916, en accomplissant courageusement son devoir.*

BOISMORIN-LASSEAU (Marcel de), ingénieur, sous-lieutenant au 305e d'Infanterie.
Blessé le 9 décembre 1914, mort le 17 suivant à l'ambulance de Fontenoy.

BOISREDON (Yves ALEFSEN de), licencié en droit, élève de l'Ecole des Sciences Politiques.
A succombé à Grasse, en 1918, aux suites d'une maladie contractée au service du pays.

[Fils du Bᵒⁿ et de la Bᵒⁿⁿᵉ née FRAVAL DE COATPARQUET.]

BOISRENARD (G. de BODIN de), ✹, ✹ (6 citations), lieutenant de Tirailleurs.
Deux fois blessé antérieurement, a été tué glorieusement, le 26 avril 1918, en entraînant ses hommes à l'attaque.

BOISRICHEUX (*Albéric*-Marie-Joseph-Amédée de), ✹, ✹ (2 palmes), capitaine au 49e d'Artillerie.
Sorti de Saint-Cyr en 1903, passa dans l'Artillerie en 1910.

Blessé, le 9 mai 1915, à Brielen (Belgique), transporté à 5 kilomètres, à l'ambulance de Saint-Sixte, il demanda les secours de la religion, fit généreusement le sacrifice de sa vie pour la France, et mourut le 10 mai.

Citation posthume à l'Ordre de l'Armée : Officier de grand mérite, blessé le 30 août 1914, cité à l'ordre de l'armée pour sa belle conduite aux combats de la Marne, blessé mortellement à son poste de commandement, au combat du 9 mai 1915.

[Né le 24 juin 1880. Fils de M. Albéric DE BOISRICHEUX, ancien capitaine des Mobiles de la Mayenne en 1870 (décédé), et de la Ctesse née Thérèse DES LOGES. Marié à Mlle Henriette ARRIVET, fille du Général ARRIVET (tué à l'ennemi le 29 octobre 1914), et de Mme née GESLIN, — dont une fille.]

BOISSAT-MAZERAT (A.-P.-M.), ✠ (posthume), ✠ (palme), enseigne de vaisseau des Fusiliers Marins.

Citation : Déjà blessé en décembre 1914, a toujours montré les plus belles qualités militaires. Tué d'un éclat d'obus, le 10 mai 1915.

BOISSEAU (Jean-Marie-Eugène), ✠, étudiant pour Saint-Cyr, soldat d'Infanterie.

Tué au secteur du Doigt-d'Heurtebise, le 22 juillet 1917, à 20 ans.

Citation : Excellent soldat ; a été tué, le 22 juillet 1917, à son poste de fusilier-mitrailleur, où il était resté très crânement en dépit d'un violent bombardement.

BOISSEGUIN (*Henri*-Xavier du GROS de), ✠, ✠ (palme), chef de bataillon au 41e d'Infanterie.
Glorieusement tombé le 27 juin 1916.

Citation : Chargé avec son bataillon d'attaquer, le 27 juin 1916, une position ennemie, a pris les dispositions les plus judicieuses, et a conduit l'attaque avec son entrain et sa bravoure habituels. Son bataillon ayant été forcé d'arrêter sa marche en avant par suite de la violence du feu des mitrailleuses, a fait le coup de feu avec ses hommes pour leur donner l'exemple. A été tué.

[Fils de M. (décédé) et de Mme née COLINEAUX. Marié à Mlle Yvonne DE PIOGER.]

BOISSÉSON (Comte Joseph BARBARA DE LA BELLOTERIE de), ✠ (posthume), ✠ (palme), capitaine au 100e d'Infanterie.
Tué en Champagne, le 25 septembre 1915.

Citation : Brave entre les braves, a toujours été un modèle de sang-froid, d'énergie et de courage. S'était déjà fait remarquer par sa belle bravoure, au mois de septembre 1914, dans des circonstances particulièrement difficiles. Le 25 septembre 1915, s'est élancé, avec une magnifique ardeur, à l'assaut des lignes ennemies, et a été mortellement frappé au moment où il allait les atteindre. A été cité.

[Fils du Mis et de la M^{ise} née DE LONJON. Marié à Mlle DE GARY.]

BOISSET (Roger de), ✠, soldat mitrailleur au 167e d'Infanterie.
Tué le 8 septembre 1917.

[Né en 1886. Fils de M. et de Mme née DE CLAVIÈRE (décédée). Marié à Mlle DE PAMPELONNE.]

BOISSET (*Camille*-Louis-Henri), ✠, employé de commerce, soldat au 322e d'Infanterie.

Blessé grièvement à son poste d'observation, dans sa tranchée de Mesnil-les-Hurlus, le 20 mai 1915, il expirait sur le brancard le transportant au poste de secours.

> Citation : *Mortellement blessé, a fait preuve d'une résignation et d'une abnégation remarquables, demandant, sans se plaindre lui-même, des nouvelles de son lieutenant, atteint par les éclats de la même bombe.*

[Né le 14 juillet 1893. Fils de M. et de Mme née GRAFF.]

BOISSIER (Abel de), ⚓ (posthume), ✠ (palme), second maître de manœuvre, chef de quart sur l'*Alexandra*.

> Citation : *Disparu avec son bâtiment, le 8 mars 1918, au cours d'un combat, en accomplissant son devoir militaire.*

BOISSIEU (*Antoine*-Amédée-Paul-Marie-Joseph, Comte Antoine de), ✱ (posthume), ✠ (3 étoiles), *engagé volontaire*, Saint-Cyrien de la promotion Croix des Drapeaux, sous-lieutenant au 8e Chasseurs à pied.

Atteint d'une balle au cœur, à la tête de sa compagnie, en attaquant la position Hunding, nord de Bethancourt-Ardennes, le 25 octobre 1918.

> Citation : *Beau modèle d'officier. Animé du plus profond esprit de devoir et de sacrifice. Le 25 octobre 1918, au nord-est de Bethancourt, s'est élancé, à la tête de sa section, à l'attaque d'une position ennemie. Son commandant de compagnie ayant été blessé, a pris le commandement de l'unité qu'il a assuré avec une maîtrise, une crânerie et un sang-froid admirables, et a continué la progression, malgré les feux violents de mitrailleuses. Tué glorieusement pendant l'attaque. A été cité.*

[Né le 23 février 1898. Fils du Cte et de la Ctesse née COSTA DE BEAUREGARD, décédés.]

BOISSIEU (*Aymon*-Jacques-Marie-Joseph, Baron Aymon de SALVAING de), ✱, ✠ (1 palme, 3 étoiles), ✳ (Médaille du Maroc), O ✳ (Houissam Alaouite), capitaine au 3e mixte de Zouaves-Tirailleurs.

Officier de réserve de Cavalerie, reprit du service pour la campagne du Maroc, puis rentra en France et passa dans l'infanterie.

Tué, à la tête de ses tirailleurs, le 12 septembre 1916, à Bouchavesnes.

> Citation posthume (Ordre de la VIe Armée) : *Officier d'une bravoure chevaleresque, gardant, en toutes circonstances et dans les pires dangers, le même calme intrépide et confiant. Abordant une tranchée ennemie et ses hommes paraissant hésiter, s'est retourné à demi et a dit : « Eh bien !... » Est tombé comme un preux, mortellement frappé.*

[Né le 28 février 1874. Fils du Bon Maurice DE BOISSIEU et de la B^onne née Yvonne GIRARD DE VILLESAISON (décédés). Marié à Mlle Germaine LAVIE, — dont trois enfants.]

BOISSIEU (*Joseph*-Michel de SALVAING de), ⚓ (posthume), ✠ (palme), Révérend Père Dominicain, missionnaire en Kurdistan, soldat agent de liaison au 175e d'Infanterie.

Tombé au champ d'honneur, le 12 juillet 1915, dans la péninsule de Gallipoli.

> Citation : *N'a cessé, depuis son arrivée au corps expéditionnaire d'Orient, de faire preuve du plus grand entrain et du plus grand*

*courage, s'offrant toujours pour les missions les plus périlleuses.
A été tué en portant un ordre en un endroit très dangereux.*

[Né à Paris le 28 mai 1878. Fils de M. Hippolyte DE BOISSIEU et de Mme née Alice DE BOISSIEU, décédés.]

BOISSOUDY (Pierre BAUCHERON de), 🎖 (posthume), ✠ (palme), aspirant au 160e d'Infanterie.

Sous-officier d'élite, sans cesse sur la brèche et possédant la confiance entière de ses chefs et de ses hommes. S'est affirmé comme un brave dans tous les combats auxquels il a pris part. A trouvé une mort glorieuse, le 9 avril 1916, à la cote 304 (Verdun).

[Né en 1899. Fils du Général O ✳, ✠, et de Mme née DE MISCAULT.]

BOISSOUDY (Jacques BAUCHERON de), 🎖 (posthume), ✠ (palme), aspirant au 102e Chasseurs à pied.

Citation : *Aspirant remarquable à tous égards, déjà cité à l'ordre pour sa belle conduite au feu et son mépris absolu du danger. Tombé glorieusement pour la France, au combat de Hangart-en-Santerre, le 28 mars 1918. A été cité.*

BOISSY D'ANGLAS (Robert), ✠, soldat au 240e territorial d'Infanterie.

Citation : *Bon soldat, tombé au champ d'honneur le 26 septembre 1916, près de Lihons (Somme), alors qu'il ravitaillait les premières lignes.*

BOIVIN (Raoul), caporal au 176e d'Infanterie.
Tué, le 5 novembre 1916, près de Rembi (Grèce).

[Fils de M. et de Mme née ONO. Marié à Mlle Clara DUBUC.]

BOLLACK (Robert), représentant de fabrique, chasseur au 1er Chasseurs à pied.

Bravement tombé, face à l'ennemi, devant Angres (Pas-de-Calais), le 8 juillet 1915. Tué net, dans les tranchées de première ligne, d'une balle en pleine tête, lors d'une attaque, au Chemin-Creux, à trois heures du matin.

[Né le 21 octobre 1885. Fils de M. Henri BOLLACK et de Mme née Ida BERNHEIM.]

BOLLAËRT (*Raymond*-Marie-Édouard), ✠ (1 palme, 2 étoiles), dessinateur, *engagé volontaire* en 1914. Promu lieutenant en 1916, il prit le commandement d'une section sanitaire de volontaires américains.

Tué, le 10 août 1918, d'un éclat d'obus, à Rubescourt (Somme), alors qu'en pleine avance il organisait le transport des blessés.

Dernière citation : *Officier d'un courage et d'un dévouement remarquables, qui, au combat, a toujours donné à ses conducteurs l'exemple du sang-froid et du zèle le plus absolu. Mortellement frappé par un obus, dans l'accomplissement de son service, le 10 août 1918. Deux citations antérieures.*

[Né le 24 avril 1882. Fils de M. Léon BOLLAËRT, ancien magistrat, et de Mme née Marie DE VALROGER. Marié à Mlle Simone DECROIX, fille de M. Pierre DECROIX et de Mme née PLAIDEAU (décédés), — dont quatre enfants.]

BOLLARDIÈRE (René PÂRIS de), ✳, chef de bataillon d'Infanterie Coloniale.

Officier retraité, demanda à reprendre du service au début de la campagne, et fut, en 1916, attaché à l'état-major du Général LYAUTEY, au Maroc. Mort à Rabat, le 11 mars 1917, des suites d'une maladie contractée au service.

[Né en 1862. Marié à Mlle DE THOMASSON.]

BOLLOT (P.-E.), ✠ (posthume), ✠ (palme), **aspirant de Marine du** *Doxa.*

> Citation : *Disparu avec son bâtiment, torpillé par un sous-marin ennemi, en accomplissant son devoir militaire.*

BOMBES DE VILLIERS (Eugène), ✠, (posthume), ✠ (palme), **capi-taine à l'état-major du 14e Corps.**
Blessé à Robach, près de Saint-Dié, décédé le 2 septembre 1914, à Epinal.

> Citation : *Officier d'état-major de valeur exceptionnelle, faisant preuve au feu des qualités d'entrain, de jugement et d'initiative les plus remarquables. Blessé grièvement au cours d'une mission, a tenu à continuer néanmoins son service ; a succombé quelques jours plus tard.*

BOMBES DE VILLIERS (Henri-Louis-Fernand), 🎖 (posthume) ✠, **sergent au 157e d'Infanterie.**

> Citation : *Sergent ; excellent sous-officier, courageux et dévoué. Mort héroïquement, le 28 septembre 1914, à l'attaque du bois de Géréchamp, alors qu'il entraînait sa troupe à l'assaut. A été cité.*

BOMBOY (René), lieutenant au 350e d'Infanterie.
Tué à Etrepilly, le 7 septembre 1914.

[Né le 19 mai 1885. Fils de M. et de Mme née JACQUIN.]

BON (Bernard), ✠ (posthume), ✠ (palme), **lieutenant au 109e d'Infan-terie.**
Tué à Notre-Dame de Lorette, le 13 mai 1915.

> Citation : *Au front depuis le début de la campagne, admiré et aimé de tous pour sa jeunesse, son entrain et sa bravoure, a été mortellement blessé, le 13 mai 1915, à la tête de sa compagnie, et a refusé le secours que voulait lui porter le chef de section, en disant : « Allez à votre place, à votre section. » Est mort au cours de son transport au poste de secours.*

[Fils du Général et de Mme BON.]

BON DE CHABRAN (Maurice), ✠ (2 citations)................

BONADONA (*Jacques*-Louis-Marie de), sergent au 58e d'Infan-terie.
Disparu, le 11 août 1914, à Lagarde (Lorraine).

[Né le 21 décembre 1891. Fils du Vte, O ✠, intendant militaire, et de la V^tesse née DE GUILHERMIER.]

BONADONA (Félicien-Eugène-Roland de), 🎖 (posthume), ✠, **sergent au 69e d'Infanterie.**
Tué sous Lunéville, le 18 septembre 1914.

> Citation : *Excellent gradé, brave et dévoué. Le 10 septembre 1914,*

a transporté en lieu sûr un de ses soldats blessé, puis est revenu prendre sa place au feu. Tué glorieusement, d'une balle en plein front, le 18 septembre 1914.

BONAL (René), ✠ (posthume), ✠ (étoile), capitaine au 74ᵉ d'Infanterie.

Tué à La Neuvillette, le 18 septembre 1914.

> Citation : *Très belle attitude au feu. Sa section ayant été soumise, le 22 août 1914, à un feu violent de mitrailleuses et d'artillerie, l'a maintenue sur sa position, continuant, malgré les pertes élevées, à couvrir le flanc gauche du 3ᵉ bataillon. Officier d'une énergie remarquable, adoré de ses hommes, auxquels il a donné l'exemple de la plus belle intrépidité. Tué, le 18 septembre 1914, en se portant à l'attaque.*

[Né le 9 mars 1889. Fils de M. et de Mᵐᵉ née DIET. Marié à Mˡˡᵉ Marguerite BILLET, fille du Colonel, O ✠, et de Mᵐᵉ née BENOIST, — dont un fils.]

BONAMOUR (Henri), ✠ (posthume), ✠ (palme), Saint-Cyrien de la promotion de la Croix du Drapeau, lieutenant au 15ᵉ Chasseurs à pied.

> Citation : *Superbe chef de section, glorieusement tombé en entraînant ses hommes à l'assaut, en Alsace, le 14 juin 1915.*

BONAND DE MONTARET (Henri de), ✠ (étoile de vermeil), licencié ès lettres, étudiant en droit, *engagé volontaire*, sous-lieutenant au 2ᵉ Chasseurs à pied.

Il s'était engagé dans les dragons au début de la guerre, puis il était passé dans l'infanterie, sur sa demande, et avait suivi les cours d'élève-aspirant.

Il combattit durant de longs mois en Alsace. Le 5 mai 1917, comme il avait conquis, à la tête de sa section, la ferme de Maleval, au nord du Chemin-des-Dames, ses hommes, qui le voyaient en danger, lui crièrent : « Couchez-vous, mon lieutenant ! » Mais il voulut continuer à surveiller la mise en place de ses mitrailleuses ; c'est alors qu'il fut atteint mortellement.

> Citation : *Jeune officier, venu sur sa demande de la cavalerie, plein d'audace et d'entrain. Blessé à la tête par un éclat d'obus, le 16 avril 1917, dans la matinée, ne s'est laissé panser qu'en fin de journée, n'a pas voulu se laisser évacuer et a continué à prendre part aux opérations du bataillon. Tombé glorieusement en dirigeant sa section à l'attaque du 5 mai 1917.*

[Né le 19 mars 1895. Fils de M. DE BONAND DE MONTARET et de Mᵐᵉ née DE MEAUX. Arrière-petit-fils, par sa mère, de l'illustre MONTALEMBERT.]

BONDET (Amédée), ✠, ✠, lieutenant-colonel.

Tombé glorieusement à Verdun.

[Marié à Mˡˡᵉ DE SÈRÉSIN.]

BONDY (Vicomte Harald de TAILLEPIED de), ⚜ (posthume), ✠, planteur à l'île de Bornéo (Indes Hollandaises), soldat au 91ᵉ d'Infanterie.

Venu de Malaisie pour défendre son pays, il est tombé au champ d'honneur, le 4 juin 1918, à Villers-Cotterets, à côté de son lieutenant ; le même éclat d'obus les frappa mortellement tous les deux. Son corps repose en pleine forêt de Villers-Cotterets, au carrefour du Château des Fées.

Extrait d'une lettre d'un de ses camarades :

..... J'avais rencontré chez votre fils des qualités de cœur, que je n'ai connues chez aucun autre de mes camarades. Il était mon meilleur ami, et je vous confesse que je l'ai souvent pris comme exemple dans la conduite de mes actes. J'essayais toujours d'être aussi bon que lui. Il était bon par-dessus tout et il était simplement brave. Il faisait son devoir sans rechercher les honneurs si vains d'ici-bas. Il n'a jamais tremblé; je l'ai toujours vu calme et souriant dans les circonstances les plus difficiles.....

Citation : *Bon et brave soldat signaleur, belle attitude au feu. Tué à son poste de combat, le 4 juin 1918, au cours d'une violente attaque allemande, dans la forêt de Retz.*

[Né à Paris le 2 août 1895. Fils du Cte Raphaël DE BONDY, ancien secrétaire d'Ambassade à Tokio (décédé Consul de France à Singapore, en avril 1916), et de la Ctesse née BLOMSTEDT.]

BONESTÈVE (Léon), ✠, maréchal des logis.

Mort pour la France, à Verria (Armée d'Orient), le 16 novembre 1918, à 28 ans.

BONHOMME (*Pierre*-Adolphe-Marie), étudiant, caporal au 101e d'Infanterie.

Tué d'une balle au cœur, le 22 août 1914, au combat d'Ethe (Belgique).

[Né le 23 novembre 1893. Fils de M. Henri BONHOMME, C ✷, contrôleur général de l'Armée, et de Mme née LARGILLIER.]

BONJEAN (Bernard-Marie-Stéphane-*Louis*), ✷ (posthume), ✠, avocat à la Cour de Paris, lieutenant au 119e d'Infanterie.

Citation : *Officier de réserve d'une très haute élévation morale. A montré, dès le début de la guerre, les sentiments les plus nobles et le désir impérieux de bien servir son pays. A entraîné avec un courage splendide sa compagnie à l'assaut, le 29 octobre 1914, au bois du Luxembourg, alors que la situation était très compromise. A fait preuve dans cette action d'une bravoure admirable et y a trouvé une mort glorieuse.*

[Né 24 janvier 1883. Fils de M. et de Mme née LARSONNIER (décédés). Marié à Mlle Yvonne DE LA CELLE DE CHATEAUBOURG, fille du Colonel (décédé) et de la Ctesse née LE POITTEVIN DE LA CROIX DE VAUBOIS, — dont deux enfants.]

BONNAFFÉ (Pierre), ✷, ✠, chef de bataillon au 272e d'Infanterie.

Tué au Four-de-Paris (Argonne), le 30 octobre 1914.

BONNAFONT (*André*-Jean-Édouard), ✪, ✠ (1 palme, 1 étoile), artiste-peintre dessinateur sous le pseudonyme de Ed. TOURAINE, maréchal des logis au 12e Dragons, pilote-aviateur à l'Escadrille M. F. 20.

Grièvement blessé dans un combat aérien, le 24 octobre 1916, dans la région de Verdun. Mort pour la France, le 25 octobre 1916, à l'ambulance de Monthairons. Inhumé dans le cimetière militaire de Dieue-sur-Meuse.

Deuxième citation (1er novembre 1916) à l'Ordre de l'Armée : *Pilote ayant un sentiment élevé de son devoir; s'est acquitté, pendant cinq mois, dans un secteur difficile, de toutes les missions qui lui ont été confiées, avec une conscience et un dévouement au-dessus de tout éloge. Atteint, le 24 octobre 1916, d'une très grave blessure au cours d'un combat qu'il livrait au-dessus des lignes ennemies, a fait preuve d'une énergie admirable en surmontant ses souffrances et parvenant à ramener son passager au terrain d'atterrissage.*

[Né à Paris le 26 janvier 1883. Fils de M. Albert Bonnafont, ingénieur, et de Mme née Clicquot de Mentque.]

BONNAFONT (*Georges*-Eugène-Louis), ☉ (posthume) ✠ (1 étoile),

ingénieur-agronome, sergent à la 3e Section d'Infirmiers militaires, puis sergent au 214e d'Infanterie.

Tué par un obus, le 13 février 1918, dans la région de Reims (Cavaliers de Courcy). Inhumé dans le cimetière militaire de Merfy (Marne).

Citation (16 février 1918) à l'Ordre de la 157e Division : *Le 13 février 1918, commandant un détachement de travailleurs et étant surpris par un violent tir d'artillerie ennemie, a donné le plus bel exemple d'abnégation en mettant d'abord tous ses hommes à l'abri du danger, négligeant ainsi d'assurer sa propre sécurité. Tué en faisant son devoir.*

[Né à Paris le 21 février 1884. Frère du précédent. Marié à Mlle Louise Écomard; — dont une fille.]

BONNAFONT (*Jacques*-Joseph-Henri), ✠ (posthume), ✠ (1 palme, 3 étoiles), lieutenant au 29e Dragons, passé, sur sa demande, dans l'Infanterie, capitaine au 156e d'Infanterie.

Mort pour la France, tué par un obus, le 17 avril 1917, en avant de Moussy-sur-Aisne; inhumé dans le cimetière militaire de Verneuil-Courtonne.

Quatrième citation (7 mai 1917) à l'Ordre de l'Armée : *Le 16 avril 1917, a entraîné sa compagnie à l'extrême limite du terrain à conquérir, sous un feu violent d'artillerie et de mousqueterie. A été tué, le 17 avril 1917, à son poste de combat.*

[Né le 13 décembre 1886. Frère des précédents. Marié, en 1912, à Mlle Geneviève Retailliau, — dont un fils et deux filles.]

BONNAFOS (*Aymar*-Marie-Paul-Henri, Baron Aymar de), maire de Lacapelle-Viescamp (Cantal), lieutenant de réserve au 19e Dragons.

Mort, le 16 février 1918, des suites d'une maladie contractée en service commandé sur le front des armées.

[Né le 17 février 1871. Fils du Bon Henry de Bonnafos et de la B^onne née d'Humières. Marié à Mlle Marie-Thérèse de Chérisey, fille du Vte et de la V^tesse née de Romeuf, — dont deux fils.]

BONNAVENTURE (Marie-Louis-*Guy* DENYS de), ☉ (posthume), ✠ (palme), aspirant au 127e d'Infanterie.

Tombé glorieusement le 31 mai 1917.

Citation : *Sous-officier d'un courage à toute épreuve. Le 31 mai, sous le feu de l'ennemi et à 50 mètres de ce dernier, n'a pas hésité à ouvrir le feu avec un de ses fusils mitrailleurs pour arrêter sa progression. A été mortellement frappé au cours de cette opération.*

[Fils du Lieutenant-Colonel et de Mme née de Cauvigny.]

BONNAY (*Paul*-Jules de).

Mort de blessures de guerre, le 1er décembre 1914, à Somme-dieue (Vosges).

[Fils de M. et de Mme née BONNERAVE.]

BONNE (*Joseph*-Marie-Léon, Vicomte Joseph de), �֍ (posthume), ✠ (2 palmes), ✵ (Médaille du Maroc), docteur en droit, écrivain, lieutenant au 2e de marche de Tirailleurs.

Mortellement frappé d'un éclat d'obus, en Champagne, le 25 septembre 1915, en tête de sa compagnie de tirailleurs s'élançant à l'assaut sous son impulsion.

> Citation posthume : *Excellent officier de réserve, d'un courage calme. Blessé une première fois, le 9 septembre 1914, est revenu sur le front dès guérison. Mort pour la France en entraînant sa section à l'assaut des tranchées allemandes, le 25 septembre 1915.*

[Né à Toulouse le 26 mars 1883. Fils du Vte Charles DE BONNE, ancien magistrat, et de la V^tesse née BARDY DE LISLE (décédée).]

BONNE (Louis-Joseph), �֍, ✠, colonel commandant une Brigade d'Infanterie.

> Citation : *A commandé avec beaucoup de distinction la ...e brigade depuis le 24 août 1914 et l'a brillamment menée au feu en diverses circonstances. A organisé avec beaucoup de méthode et de succès le secteur. Tué par un éclat d'obus, le 26 septembre 1915, en effectuant une reconnaissance de terrain pour conduire sa brigade à l'attaque de positions ennemies.*

BONNEFOUS DE CAMINEL (Guy de), capitaine au 7e de marche de Tirailleurs Algériens.

Tué le 11 juillet 1916.

[Fils du Colonel et de Mme DE BONNEFOUS DE CAMINEL. Marié à Mlle SIRVEN.]

BONNEFOUS DE CAMINEL (Gaëtan de), maréchal des logis.

Décédé, en mai 1919, des suites d'une maladie contractée aux Armées.

[Frère du précédent.]

BONNEFOY (Marie-Gaston-*Hugues* de), �֍ (posthume), ✠ (palme et étoile), candidat à Saint-Cyr, *engagé volontaire*, sous-lieutenant au 9e Cuirassiers à pied, commandant le peloton de 37.

Tombé glorieusement devant Lassigny, le 17 mai 1918, dans une attaque partielle victorieuse. S'était distingué tout particulièrement, le 5 mai 1917, à l'attaque du Moulin de Laffaux.

> Citation : *Le 17 mai, lors d'un coup de main, chargé d'appuyer une unité d'attaque en prenant à partie des mitrailleuses repérées les jours précédents, a préparé sa mission avec un soin extrême et s'en est acquitté de la façon la plus efficace. A été tué au cours de l'action, à côté d'une de ses pièces. A été cité.*

[Né le 13 novembre 1895. Fils du Lieutenant-Colonel, ✖, et de Mme née D'ALDÉGUIER, décédée le 8 septembre 1915.]

BONNEHÉ (*Pierre*-Joseph-Frix de), ✖, ✠ (3 palmes, 1 étoile), Saint-Cyrien de la promotion des Marie-Louise, lieutenant au 63e d'Infanterie.

Parti à la mobilisation en qualité de sous-lieutenant commandant la 2ᵉ section de mitrailleuses, fut grièvement blessé, le 28 août 1914, à la bataille de Mouzon (Meuse), bois de la Besace (fracture grave du fémur). Ayant refusé de se laisser emporter par les hommes de sa section, auxquels il ordonna de se replier avec les mitrailleuses comme il venait d'en recevoir l'ordre, resta seul, sans mouvement, abandonné entre les lignes françaises et allemandes, l'ennemi avançant rapidement. Il ne dut son salut, après de longues minutes d'angoisse, qu'à l'initiative de son ordonnance, qui, rencontrant le colonel, le prévint de la situation critique du blessé, auquel fut envoyé du secours.

Quoique imparfaitement guéri, sur sa demande expresse, il rejoignit son régiment à Verdun, le 6 mai 1916, et le 26 juin suivant, à l'attaque de l'ouvrage de Thiaucourt, il fut atteint d'éclats d'obus de gros calibre; au cours de son transport dans un poste de secours, il succomba sans qu'on ait pu savoir exactement dans quelles circonstances, son corps ayant été retrouvé sur le terrain d'évacuation; on suppose qu'un nouvel obus aura atteint les brancardiers et le blessé. Il a été inhumé au cimetière militaire de Glorieux, près de Verdun, le 5 juillet 1916.

> Dernière citation du Général NIVELLE : *Grièvement blessé en août 1914, revenu volontaire sur le front. Grièvement atteint, le 26 juin 1916, en maintenant sa compagnie sur le terrain conquis sous une pluie de balles et de projectiles d'artillerie lourde.*

[Né le 27 août 1891. Fils de M. Daniel DE BONNEHÉ, avocat (décédé), et de Mᵐᵉ née J. DE BROQUA.]

BONNESCUELLE DE LESPINOIS (Cyriaque-Félix), ✠, ✠, chef de bataillon au 160ᵉ d'Infanterie.

> Citation : *Le 20 août 1914, a tenu son bataillon sous un feu d'infanterie et d'artillerie très intense. Bien que sans armes, s'est mis à la tête d'une contre-attaque tentée par un peloton, qu'il a bravement entraîné derrière lui. Est tombé mort à quelques pas de l'ennemi.*

[Marié à Mˡˡᵉ CHAUMONOT.]

BONNET (*André*-Jacques-Remy), avocat à la Cour d'appel de Paris, *engagé volontaire* au 146ᵉ d'Infanterie.

Engagé le 10 août 1914 (il était réformé), il rejoignait le front en septembre suivant. Prit part à la bataille de l'Yser, à la fin de laquelle il fut tué d'une balle au ventre, le 9 décembre 1914, au combat de Saint-Julien, en Belgique.

[Né le 2 janvier 1882. Fils de M. Gaston BONNET, conseiller à la Cour de cassation (décédé), et de Mᵐᵉ née TEXIER.]

BONNET (Ferdinand-*Jacques*), ✠, ✠ (2 palmes), ✶ (Ordre de la Couronne de Belgique), ✠ (Belge), enseigne de vaisseau au 2ᵉ régiment de la brigade des Fusiliers Marins.

Mortellement blessé devant Nieuport, le 2 juin 1915; mort le 4 juin à l'ambulance de Zuydcoote.

> Citation : *Blessé et revenu à son régiment de Fusiliers Marins, s'est fait remarquer par ses reconnaissances de jour et de nuit qui lui ont valu d'être cité à l'Ordre de l'Armée; a fait porter en plein*

jour, le 14 février, deux canons de 57 dans une maison en ruines, à dix mètres des tranchées ennemies, et, après avoir bombardé ces tranchées, a pu ramener personnel et matériel, exploit qui lui a valu d'être cité à l'Ordre. A organisé et dirigé, le 12 mars, une attaque sur un fortin ennemi placé entre les deux lignes, attaque qui a réussi et nous a permis d'occuper ce fortin.

[Né le 7 juillet 1884. Fils de M. Henry BONNET, avocat à la Cour de Paris, et de Mme née MATHIAS (décédée).]

BONNET (René), ✠, maréchal des logis au 20e d'Artillerie.
Enseveli, le 10 avril 1916, dans un poste d'observation, à Massiges.

> Citation : *Sous-officier de l'active très dévoué, énergique et d'une grande bravoure, s'est distingué comme téléphoniste pendant les attaques de Champagne, le 25 septembre 1915. Agent de liaison d'artillerie, le 10 avril 1916, auprès du chef de bataillon, en première ligne, a été tué à son poste.*

BONNEVAL (*André*-Hervé-Joseph-Marie, Comte André de), sergent au 130e d'Infanterie.
Mort de blessures de guerre, le 8 octobre 1914, à Saint-Maurice (Seine).

[Né à Paris le 8 janvier 1885. Fils du Cte et de la Ctesse née Aline DE BELLOY DE SAINT-LIÉNARD, décédée.]

BONNEVIALLE (Auguste-Urbain-Joseph de), capitaine au 9e groupe de campagne d'Afrique.
Tué à l'ennemi, à Salonique, le 21 septembre 1916.

[Né le 11 octobre 1880. Fils de M. et de Mme née MIGAYROU. Marié à Mlle Eugénie LABORDE.]

BONNEVIALLE (Jules-Casimir-Marie de), ✠, sous-lieutenant au 96e d'Infanterie.
Tué à l'ennemi, au Mort-Homme, le 21 août 1917.

[Né le 20 mai 1893. Fils de M. et de Mme née LEBLOND.]

BONNEVILLE (Camille de), maire de Saint-Régis-du-Coin, maréchal des logis d'Artillerie.
Blessé grièvement, comme chef de tank, le 23 octobre 1917 ; succomba à ses blessures.

BONNEVILLE-COLOMB (Charles de BRUNEL de), ⚱, ✠ (palme), médecin auxiliaire.
Blessé mortellement devant Douaumont, le 26 octobre 1916, mort le 31 à l'ambulance de Dugny.

> Citation (Médaille militaire) : *Très bon médecin auxiliaire. A fait preuve des plus belles qualités de bravoure et d'énergie au cours des récentes opérations offensives sous Verdun. Est tombé très grièvement blessé en accomplissant son devoir.*

BONNEVILLE-COLOMB (Marie-*Henry* de BRUNEL de), ✳ (posthume), ✠, sous-lieutenant au 1er Chasseurs à pied.

> Citation : *Récemment venu de la cavalerie. Officier aussi courageux que modeste, doué des plus belles qualités du cœur. A sa pre-*

mière affaire, est tombé glorieusement en entraînant sa section à l'assaut, le 15 juin 1915. A été cité.

[Frère du précédent.]

BONNEVILLE-COLOMB (Floris de BRUNEL de), ✳ (posthume), ✠ (palme), sous-lieutenant au 2ᵉ de marche de Zouaves.

Citation : Magnifique officier, animé du plus haut sentiment du devoir. Venu de la cavalerie aux zouaves sur sa demande. S'est déjà couvert de gloire à l'attaque de Quennevières, le 8 juin 1915, où il est glorieusement blessé. Revenu au front, imparfaitement guéri, pour prendre part à l'offensive de Champagne. Le 25 septembre 1915, a conduit sa compagnie, avec un élan que n'a pu briser le feu meurtrier des mitrailleuses ennemies, à l'assaut de trois lignes de tranchées et d'un bois fortement organisé, et contribuant, malgré les pertes subies cruelles, à l'anéantissement de cinq compagnies du 107ᵉ saxon. Tombé en héros, en lisière du Bois Volant. Décédé, le 28 septembre 1915, des suites de ses blessures. A été cité.

BONNICHON (M.-J.-Edmond), ✳, ✠ (palme), chef d'escadron au 53ᵉ d'Artillerie.
Tué en octobre 1914.

Citation (Légion d'honneur) : Belle conduite au combat. A reçu quatre blessures mettant sa vie en danger.

BONNIER (*Eugène*-Marie-Auguste), ✳ (posthume), ✠ (palme et étoile bronze), propriétaire-agriculteur, capitaine de réserve au 23ᵉ d'Infanterie.

Lieutenant de réserve au 14ᵉ Dragons, au début de la guerre, fut versé, en janvier 1916, au 23ᵉ d'Infanterie, comme capitaine commandant une compagnie de mitrailleuses. Fut tué à l'attaque de Maurepas (Somme), dans le bois de Hem, le 30 juillet 1916. Sortant de la tranchée avec la deuxième vague d'assaut, le capitaine BONNIER prit possession du premier objectif et y installa ses pièces de mitrailleuses. Une balle ennemie lui traversa la cuisse entraînant l'hémorragie de l'artère fémorale. Mourut sur le champ de bataille, quelques heures après, sans avoir été relevé. Enterré au cimetière des Buttes, à Curlu (Somme).

Citation à l'Armée, 20 août 1916 (Général FAYOLLE) : Officier de cavalerie, ayant la plus haute conception de son devoir. A été tué au moment où, sous le feu des mitrailleuses ennemies, il se portait auprès d'une de ses sections dont le chef venait de disparaître.

[Né le 16 janvier 1882. Fils de M. Eugène BONNIER et de Mᵐᵉ née LE MIRE. Marié à Mˡˡᵉ Jeanne PAILLIETTE, fille de M. Henri PAILLIETTE et de Mᵐᵉ née CORNEAU.]

BONNIER (Marc), ⚙, ✠, sous-lieutenant pilote à l'Escadrille V. B. 102.

Ancien élève de l'Ecole des Sciences Politiques, se destinait à la diplomatie, mais l'aviation le tenta et il fit, dès avant la guerre, de sensationnels voyages. Après avoir pris une part active aux combats sur les fronts français et belge, fut envoyé en mission en Russie, où il trouva la mort en 1916.

Citation : Toujours prêt à accomplir les missions les plus périlleuses. A pris part, notamment, à de nombreux bombardements d'établissements militaires et de positions ennemies. A plus de 125 heures de vol au-dessus de l'ennemi.

[Né en 1886. Fils de M. Louis Bonnier, O ✽, architecte, et de M™• née Deconchy.]

BONNIÈRES DE WIERRE (François de), ✽ (posthume), ✸ (étoile), maréchal des logis au 5ᵉ Dragons.

> Citation : *Sous-officier d'un beau caractère, d'une énergie et d'un courage exceptionnels. Après avoir rendu, le 2 juin 1918, comme adjudant de bataillon, de précieux services, est tombé pendant l'attaque à proximité immédiate des mitrailleuses ennemies. A été cité.*

[Né le 26 mars 1888. Fils de M. (décédé) et de M™• née Félicie Élie de Beaumont.]

BONNY (H.-F.), ✽ (posthume), ✸ (palme), enseigne de vaisseau de l'*Edgard-Quinet*.

> Citation : *Tué glorieusement à la tête de ses hommes, en progressant contre des forces ennemies.*

BONPAIN (*Albert*-Marie), ✽, ✸, *engagé volontaire*, capitaine.

Mort pour la France, le 25 octobre 1918, à Merrey (Haute-Marne).

BONREPOS (Marie-François-Joseph-*Jean* MOREAU de), ✽, ✸ (3 palmes, 3 étoiles), inspecteur des Finances, capitaine-commandant d'un secteur aéronautique (3ᵉ Corps d'Armée).

Parti lieutenant d'artillerie, entré dans l'aviation, sur sa demande, devenant successivement pilote, chef d'escadrille, capitaine, commandant de secteur. Tombé en service commandé, le 11 septembre 1917.

> Dernière citation : *Commandant l'aéronautique d'un Corps d'Armée, obtient, par son activité, son autorité et un constant exemple, un remarquable rendement de ses escadrilles. Le 15 août 1917, grâce à un vol à très faible altitude, a précisé les emplacements des forces ennemies et permis ainsi un tir extrêmement efficace, qui a contribué au succès de l'attaque. Est retourné ensuite, par un temps très mauvais, au-dessus du terrain d'attaque, suivre le mouvement de l'infanterie, provoquant l'admiration et l'enthousiasme des exécutants, et fixant de manière précise la position atteinte.*

[Né le 23 avril 1886. Fils de M. Louis de Bonrepos et de M™• née Jeanne de La Valette de Chabriol. Marié à M™• Marie-Antoinette Laudet, fille de M. Fernand Laudet, O ✽, directeur de la *Revue Hebdomadaire*, et de M™• née Geneviève Lagelouze, — dont trois enfants.]

BONTEMPS (Maurice), *engagé volontaire* aux Chasseurs alpins.

Tué, le 20 août 1918, devant Roye.

BONTIN (Charles de GISLAIN de), canonnier au 16ᵉ d'Artillerie.

Mort accidentellement au camp d'instruction, le 25 août 1918.

BONVOULOIR (*Paul*-Marie-Louis-François, Comte Paul ACHARD de), *engagé volontaire*.

Engagé à 54 ans, au début des hostilités, fut envoyé, sur sa demande, en Orient, à Moudras, durant toute l'expédition des Dardanelles, et il y contracta les germes de la maladie qui l'enleva, en août 1918, à l'affection des siens. Rentré en France, et, malgré son insistance pour être maintenu au service, les commissions le réformèrent inexorablement. Ce fut pour lui un grand chagrin.

[Né en 1860. Fils du Cte et de la Ctesse née DE GALLET DE MONDRAGON. Marié à Mlle Madeleine LEPEL-COINTET.]

BONY DE LAVERGNE (Pierre de), ✠ (posthume), ✠ (palme), ancien élève de Saint-Cyr, lieutenant au 8e Chasseurs à cheval.

Tué, le 10 novembre 1914, sur l'Yser, à Zuischoott (Belgique).

Citation à l'Ordre de l'Armée : *Belle attitude sous le feu depuis le début de la campagne ; a fait preuve du plus beau dévouement et du plus grand courage au combat du 10 novembre 1914, où il est glorieusement tombé frappé d'une balle en plein front.*

[Né le 29 janvier 1886. Fils du Mis Jean DE BONY DE LAVERGNE et de la M^ise née Alice LE ROY DE CHAVIGNY.]

BONY DE LAVERGNE (Raymond de), ✠ (2 étoiles), ingénieur de l'Ecole Centrale, lieutenant au 57e, puis au 23e d'Artillerie.

Tué en Champagne, à Manonviller, le 26 avril 1917.

Citation à l'Ordre du 57e Régiment d'Artillerie : *Très bon officier, au front depuis le début de la campagne, a constamment donné l'exemple par son courage et son dévouement. Le 18 septembre 1916, s'est porté spontanément dans un quartier violemment bombardé pour chercher des renseignements et assurer la liaison avec l'infanterie.*

Citation posthume à l'Ordre de la Division : *Jeune commandant de batterie, plein d'ardeur, tué à son poste de combat, le 26 avril 1917, après avoir donné, pendant toutes les attaques, le plus bel exemple de bravoure et de sang-froid.*

[Né le 11 mars 1889. Frère du précédent.]

BONY DE LAVERGNE (*Joseph*-Marie-Jean, Vicomte Joseph de), caporal au 3e mixte de Zouaves et Tirailleurs.

Tué à l'ennemi, le 12 septembre 1916, à Le Forest (Somme).

[Né le 7 octobre 1883. Fils du Cte et de la Ctesse née TRIBOUDET DE MAINBRAY. Marié à Mlle DE BRIOT DE LA MALLERIE.]

BONZELOT (Guy de), frère convers de la Congrégation de l'Assomption.

Blessé et fait prisonnier en janvier 1915, mort en captivité des suites de ses blessures, le 10 mars suivant.

BORDAS-LARRIBE (*Jean*-Marie-Pierre-Émile), ✠ (posthume), ✠, lieutenant au 96e d'Infanterie.

Blessé le 20 août 1917, mort le 22 à l'ambulance des Clairs-Chênes.

Citation : *Commandant de compagnie de mitrailleuses ; enthousiaste, au cœur chaud et adoré de ses hommes. Lors de l'attaque du 20 août 1917, s'est élancé, avec la première vague d'assaut, à la recherche d'emplacement de batterie pour mitrailleuses ; dans sa marche à la victoire, a abattu de sa main deux Allemands prêts à se jeter sur lui, mais est tombé, presque aussitôt, frappé mortellement par des éclats d'obus. A été cité.*

[Né en 1890. Fils de M. et de Mme née Ctesse GRÜNDLER.]

BORDE-SOMMÉRÉ (Baron de).
Tué à l'ennemi.
[Fils de M. Yvan DE BORDE et de Mme née BLANC.]

BOREL (Jean), secrétaire d'ambassade, sergent au 355e d'Infanterie,
Tué à Vic-sur-Aisne, le 20 septembre 1914.
[Fils du Ministre plénipotentiaire (décédé en 1917) et de Mme née Laura OSTROM.]

BOREL (Paul), ✠, interne des hôpitaux de Paris, médecin auxiliaire au 21e d'Infanterie.
Tué à Bally-les-Mines (Pas-de-Calais), le 8 octobre 1914.
[Frère du précédent.]

BOREL (Guillaume), ✠ (posthume), ✠ (3 citations), lieutenant au 5e Cuirassiers.
Citation : Officier très brave. Après s'être signalé dans les combats de la Somme et du Soissonnais, nommé au commandement d'une compagnie, a maintenu ses positions en dépit de tous les efforts de l'ennemi, au sud de Dommiers, pendant la journée du 12 juin 1918. Mortellement blessé.
[Frère des précédents.]

BOREL (Albert), ✠, ✠ (3 palmes), sous-lieutenant aviateur.
Appartenait à une escadrille de repérage et d'observation aérienne comme observateur. Son avion fut assailli par une escadrille de onze avions allemands qui parvinrent à le tuer, mais le pilote réussit à rentrer dans nos lignes avec son appareil criblé de balles et la dépouille du jeune officier.
[Fils du Professeur à l'Institut Pasteur et de Mme BOREL.]

BORGNIS-DESBORDES (Émile-Paul), ✠ (posthume), ✠ (palme), sous-lieutenant au 131e d'Infanterie.
Citation : Bravoure hors ligne ; au cours d'une contre-attaque, sous le feu le plus violent, s'est jeté en avant pour entraîner ses hommes et s'est précipité le premier, l'arme à la main, sur une tranchée allemande où il est tombé le 18 mars 1915. A été cité.

BORGOLTZ (Jacques), ✠, ✠ (3 citations), élève-ingénieur des Ponts et Chaussées, lieutenant du Génie, observateur de l'équipage de l'avion R. 4-1900.
Tombé le 6 avril 1917.
Dernière citation : Chargé d'une importante mission, a livré combat à cinq avions ennemis pour franchir les lignes. A disparu au cours de cette reconnaissance.

BORNE DE GRANDPRÉ (Joseph de), soldat au 13e d'Infanterie.
Tué au Bois Le Prêtre, le 31 mars 1915.

BORSON (Fernand), sous-lieutenant au 58e d'Infanterie.
Tué à Kœking, près Saint-Nicolas-du-Port, en septembre 1914.

BORT DE PIERREFITTE (René de), ✠ (posthume), ✠ (palme), capitaine au 2e Chasseurs à pied.

Blessé, le 25 août 1914, à Rozelieures, fut tué le 7 octobre suivant à Fricourt.

    Citation : Pendant un combat de nuit, a, tout en protégeant le flanc gauche du bataillon très menacé, pris une part active à l'attaque du village. Il est tombé frappé à mort alors qu'il allait, au milieu des balles, communiquer sa belle humeur et son courage aux différentes fractions de sa compagnie.

BOS (Louis-Marie-*René* du), maréchal des logis au 1er d'Artillerie lourde.

Tué par un obus, dans un abri, au bois de Gernicourt (Aisne), le 20 septembre 1914.

[Né le 7 juillet 1892. Fils de M. Robert DU BOS, ✳, chef d'escadron de Cavalerie en retraite, et de Mme née Cécile DE COSSART D'ESPIÈS, décédée.]

BOSC DE PEYRAN (Gérard du), ✴ (posthume), ▨ (palme et étoile de bronze), sous-lieutenant au 84e d'Infanterie.

Après la bataille de la Marne et toute la première partie de la campagne, passa volontairement, en 1915, du 15e Dragons dans l'Infanterie et versé au 57e de ligne, où il fut grièvement blessé à Verneuil, près Berry-au-Bac. — A peine remis, demanda à partir avec le 84e de ligne pour l'Armée d'Orient (Salonique). — Mort au champ d'honneur, le 10 mai 1917, à l'attaque du Skra di Legen (frontière macédonienne).

    Citation à l'Ordre du Régiment, 15e Dragons (14 août 1914) : Le 13 août 1914, a chargé le premier de son régiment avec cinq cavaliers, tué de sa main le chef de la patrouille ennemie et ramené tous ses hommes dans les lignes.

    Citation à l'Ordre de l'Armée (26 mai 1917) : Ayant demandé à servir dans l'infanterie, a donné le plus bel exemple à ses hommes, en les entraînant à l'assaut d'une tranchée qu'il a conquise et où il est tombé glorieusement.

[Né le 12 août 1893. Fils de M. DU BOSC DE PEYRAN, officier des Haras, et de Mme née DE LA MOTTE-ROUGE.]

BOSCREDON (Georges), Saint-Cyrien, sous-lieutenant au 9e d'Infanterie.

Tué à Perthes-les-Hurlus, le 5 mars 1915.

BOSMELET (*Jacques*-Henri-Gaston THOMAS DU FOSSÉ de), ✴ (posthume), ▨ (palme), enseigne de vaisseau.

A trouvé une mort glorieuse dans le torpillage du *Danton*, le 19 mars 1917, à l'âge de 21 ans. — Malgré l'ordre donné d'évacuer, a persisté avec une poignée de ses hommes à tenter de détacher un radeau et à mettre à la mer quantité d'engins de sauvetage, jusqu'au moment où il fut englouti avec son bateau.

Admis à 17 ans à l'Ecole Navale, il s'y fit vite remarquer par ses brillantes aptitudes. La guerre l'en fit sortir avant la fin de sa première année, et il reçut l'ordre d'embarquer successivement sur *La Marseillaise*, puis *La Bretagne*, et enfin sur le torpilleur *La Hire* à la chasse des sous-marins. C'est là que, réclamé, sur le vu de ses notes, par le commandant Délage du *Danton*, il vint rejoindre le poste où, trois jours après, il devait trouver une fin héroïque.

Citation à l'Ordre de l'Armée navale : *Embarqué depuis deux jours sur le* Danton, *a fait preuve de la plus grande initiative. A pu assurer la mise à l'eau d'un grand nombre d'engins de sauvetage dans des conditions très délicates, et a eu, dans ces circonstances, une conduite admirable. Mort pour la France.*

[Né le 25 septembre 1895. Fils du B^on^ DU FOSSÉ DE BOSMELET, ✠, ancien chef d'escadron de Cavalerie, et de la B^onne^ née Régine DU TRÉSOR DE BACTOT.]

BOSQUET DE MALABRY (*Paul*-Marie-Joseph), ✠, capitaine au 144e d'Infanterie.

Tué, le 8 septembre 1914, près de Fère-Champenoise.

BOSQUILLON DE JENLIS (Albert), ✠ (posthume), ✠ (palme), maréchal des logis au 9e Cuirassiers à pied.

Citation : *Sous-officier très crâne au feu, dévoué, et ayant une haute conscience de ses devoirs militaires. Blessé au fort de Douaumont, a succombé à la suite de ses blessures. A été cité.*

BOSSION (Jacques), propriétaire, *engagé volontaire* en août 1914, adjudant au 5e Chasseurs d'Afrique.

Comme agent de liaison, il fut mortellement blessé d'un éclat d'obus, le 21 novembre 1914, au poste d'Ecurie. Evacué à l'ambulance de Haute-Avesnes (Pas-de-Calais), il y succomba le lendemain.

Le colonel CODET, depuis général, écrivait à sa famille :

... Très regretté et aimé de tous pour sa grande bravoure et son profond mépris du danger, toujours le premier à s'offrir pour les postes périlleux, a sauvé la vie et ramené à l'ambulance deux camarades blessés à la Marne. — Il était pour tous un ami et un exemple : son remarquable sang-froid, son activité lui avaient acquis les sympathies de tous.

[Né le 28 avril 1875. Fils de M. Georges BOSSION, ancien inspecteur des Finances (décédé en 1914), et de Mme née COUSIN.]

BOST (Jean-Marie-Maurice de), ✠ (posthume), ✠ (étoile), soldat au 27e d'Infanterie.

Citation : *Bon soldat. A été tué, dans la nuit du 5 au 6 avril 1915, au Bois d'Ailly, en se portant à l'attaque d'une tranchée allemande.*

BOÜARD DE LAFOREST (Sébastien de), ✠ (posthume), ✠ (palme et étoile de vermeil), propriétaire, sous-lieutenant au 8e Cuirassiers à pied.

Tombé au champ d'honneur, le 4 avril 1918 (Journée des Cuirassiers), à Castel (Somme), à la tête de ses hommes qu'il entraînait bravement, fièrement contre la ruée des Allemands vers Amiens. Inhumé au cimetière de Cottenchy (Somme), le 24 avril.

Citation posthume à l'Ordre de l'Armée : *Officier d'une très haute valeur morale, très énergique et très courageux, donnant continuellement à ses hommes l'exemple du sang-froid et du sacrifice noblement consenti. A pris part, avec son courage habituel, à l'action du 4 avril 1918, au cours de laquelle il a été mortellement blessé. A déjà été cité par sa belle conduite au feu.*

[Né le 14 octobre 1880. Fils du B^on^ DE BOÜARD DE LAFOREST, ancien zouave pontifical, ancien lieutenant des Mobiles de la Gironde en 1870, et de la B^onne^ née Marguerite ONFFROY DE VÉRÈZ. Marié à Mlle Jeanne TISSOT, fille de M. et de Mme née DUPRAZ, — dont trois fils : Bruno, Guy et Jean.]

BOUBÉE, née Camille JORDAN (Comtesse Robert), infirmière à l'hôpital auxiliaire n° 1, à Lyon.

Décédée, en 1916, à 63 ans, des fatigues supportées par son service ininterrompu depuis le début de la campagne.

BOUBÉE DE GRAMONT (Marie-Louis-Henri, Comte de), ✳, ✳ (palme), colonel du 6e Chasseurs à cheval.

Glorieusement tombé à l'ennemi, le 25 août 1914, à Matagne-la-Petite (Belgique).

Citation : Chef de corps d'une haute valeur morale et d'une grande bravoure. Est tombé glorieusement, le 25 août 1914, à la tête de son régiment, à Matagne-la-Petite.

[Né le 19 octobre 1858. Fils de M. et de Mme née DE BONRECUEIL. Marié à Mlle DE MOLETTE DE MORANGIES.]

BOUBÉE DE GRAMONT (Marie-Joseph-Étienne-Savinien de), ✳, ✳, capitaine au 288e d'Infanterie.

Citation : A conduit, avec beaucoup d'entrain, une contre-attaque de deux compagnies sur le flanc d'une attaque ennemie. Le 22 septembre 1914, a contribué, par une intervention opportune et rapide, à arrêter l'offensive allemande ; a été grièvement blessé. Disparu.

[Marié à Mlle GUILHEM, — dont un enfant.]

BOUCHAUD DE BUSSY (André de), ✳ (posthume), ✳ (palme), capitaine au 167e d'Infanterie.

Citation : A fait progresser sa compagnie avec méthode, sous un feu violent de plusieurs mitrailleuses et de canons, pour aller à l'assaut des tranchées allemandes. A été tué, au cours de l'attaque, le 7 avril 1915. A été cité.

[Né le 27 novembre 1874. Fils de M. et de Mme née Huberte DE MASSON D'AUTUME.]

BOUCHÉ (Georges).

Mort pour la France, aux Dardanelles.

BOUCHER (Henri), ✳, fusilier-mitrailleur au 110e d'Infanterie.

Blessé devant Craonne, le 18 avril 1917 ; mort le 29 à l'ambulance de Montigny-sur-Vesle.

[Fils de M. et de Mme Achille BOUCHER.]

BOUCHER (Jacques), ✳, *engagé volontaire,* maréchal des logis au 261e d'Artillerie.

Tombé, le 26 septembre 1918, au Fort de Condé (Aisne).

[Frère du précédent.]

BOUCHER D'ARGIS DE GUILLERVILLE (*Jean*-Paul-Gaspard), sergent au 4e d'Infanterie.

Tué à l'ennemi, en forêt d'Argonne, le 27 novembre 1915.

BOUCHER D'ARGIS DE GUILLERVILLE (Gustave-Gaston), soldat au 276e d'Infanterie.

Disparu, le 10 janvier 1915, à Crouy (Aisne).

BOUCHER DE MONTBERT (Louis), mitrailleur au 402e d'Infanterie.

Tué, le 25 septembre 1915, près de Souain.

BOUCHIÉ DE BELLE (Edmond), ✠ (posthume), ✠ (palme), conseiller référendaire à la Cour des Comptes, payeur particulier, chef de service à l'Armée d'Orient.

Mort pour la France à Uskub (Serbie), le 23 octobre 1918. Depuis deux ans à l'Armée d'Orient, il avait assumé, au Quartier Général, la direction de tous les services de la Trésorerie ; lourde tâche à laquelle il devait succomber, épuisé par le climat et une suite d'efforts continus imposés par les événements.

> Citation : *Volontaire pour l'armée d'Orient, après avoir servi devant Verdun, où son attitude lui valut une première citation. A donné, à maintes reprises et dans des circonstances difficiles, des preuves de son courage et de son dévouement absolus. Épuisé par des efforts incessants, il est mort à la tâche, refusant de se laisser évacuer en faisant ressortir l'insuffisance du personnel et les nécessités d'assurer le service.*

[Marié à Mlle Suzanne LEGRAND, — dont quatre enfants.]

BOUCHUT (Joseph), ✠, ✠ (palme), sous-lieutenant au 3e Chasseurs alpins.

Tué dans les Vosges, en septembre 1914.

> Citation (Légion d'honneur) : *S'est fait remarquer par son sang-froid et courage ; a entraîné sa section sous un feu très violent de mitrailleuses, et, très grièvement blessé, surmonta la souffrance pour ne pas affoler ses chasseurs.*

BOUDEMANGE (Gaëtan GIRAUDET de), ✠, ✠, Saint-Cyrien, sous-lieutenant d'Infanterie.

Décédé, des suites de ses blessures, à l'hôpital d'Amiens, le 14 août 1916.

[Fils du Capitaine, O ✠, et de Mme née DE GUILLEBON.]

BOUDEMANGE (Étienne GIRAUDET de), ✠ (posthume), ✠, novice de l'Ordre du Saint-Sacrement, soldat au 331e d'Infanterie.

> Citation : *Soldat d'une bravoure réputée. Est mort glorieusement pour la France, le 19 septembre 1916, à Bouchavesnes, en faisant vaillamment son devoir. Une citation antérieure.*

[Frère du précédent.]

BOUDEMANGE (Emmanuel de), sous-lieutenant d'Artillerie.

Tué le 17 août 1916.

BOUDÈNE-PEREZ (Henri), ✠, sous-lieutenant au 9e Dragons.

Tué, le 17 juillet 1918, à 20 ans.

BOUDONNET (Théodore-Georges-Auguste), ✠, ✠, colonel commandant la 4e Brigade d'Infanterie Coloniale.

Tombé glorieusement le 31 août 1914.

BOUÉ DE LAPEYRÈRE (Édouard-Emmanuel), sous-lieutenant au 21e Colonial.

Disparu à Écriennes, le 6 septembre 1914.

[Né le 16 décembre 1881. Fils de M. et de Mme née Bonnecaze.]

OUËXIC DE LA DRIENNAYS (Joseph-Marie-Bertrand-*Pierre* du), *engagé volontaire*, maréchal des logis d'Artillerie d'assaut. Tombé au champ d'honneur, sur son tank, le 17 août 1918.

[Né le 5 mai 1896. Fils du Vte et de la V^{tesse} née Jeanne Bouillet de la Faye.]

OUGY (Christian HUE DE CARPIQUET, Marquis de), ⚜, ✠, maréchal des logis au 6e d'Artillerie.

Mort des suites de ses blessures, le 13 juin 1916, à Manonville (Meurthe-et-Moselle).

[Fils du Mis et de la M^{ise} née Desjardins.]

OUILHAC DE BOURZAC (Comte Jean de), ✠, *engagé volontaire*.

Tué, le 8 mars 1917, à Maisons-de-Champagne, en se portant à l'assaut de tranchées allemandes. Avait été plusieurs fois blessé.

[Fils du Cte et de la Ctesse née Marie-Th. de Reiset.]

OUILLÉ (*Charles*-Amour-Marie-Joseph, Comte Charles de), ✠ (posthume), ✠ (palme et étoile), capitaine au 9e Cuirassiers, détaché au 252e d'Infanterie (compagnie de mitrailleuses n° 5).

Blessé, le 27 mai 1918, à Pont-Arcy, en défendant, à la tête de son bataillon, les ponts du Canal et de l'Aisne. Mort quatre heures après au poste de secours de Longueval (Aisne).

> Citation : *Le 27 mai 1918, a placé lui-même ses mitrailleuses aux points les plus importants, et a donné à tous le plus bel exemple de courage et de mépris du danger. A été blessé mortellement au moment où il venait d'abattre, de sa main, deux cavaliers allemands.*

[Né le 24 juin 1889. Fils du Cte Albert de Bouillé, O ✠, chef d'escadron de Cavalerie (ayant repris du service pendant la guerre), et de la Ctesse née Marie d'Avesgo de Coulonges.]

BOUILLÉ (*Guillaume*-Léon-Amour, Comte Guillaume de), ✠, ✠ (1 palme, 1 étoile d'or, 3 étoiles de bronze), maire de Casson (Loire-Inférieure), lieutenant au 208e d'Infanterie.

Officier de cavalerie au début de la guerre, il avait demandé à passer dans l'infanterie et avait été nommé au 208e de ligne.

Blessé grièvement, le 24 août 1918, il succombait à la suite de ses blessures, le 5 septembre suivant, à l'hôpital de Villers-Cotterets.

> Cinquième et dernière citation : *Officier de cavalerie venu volontairement dans l'infanterie, et ayant tenu, malgré son âge, à servir son pays sur le front même. D'une bravoure et d'un sang-froid légendaires dans son régiment, et toujours au danger. Modèle de courage et d'abnégation, animé du plus pur esprit de dévouement. Grièvement blessé, le 24 août, au cours d'une reconnaissance extrêmement périlleuse de positions ennemies. A donné un bel exemple d'énergie et de sacrifice en demandant, malgré la gravité de sa blessure, à n'être évacué qu'après un camarade blessé également à ses côtés.*

[Né le 26 mai 1870. Fils du Cte Jacques DE BOUILLÉ (mort pour la France le 2 décembre 1870), et de la Ctesse née Jeanne DU CHEMIN DE CHASSEVAL. Marié, en 1898, à Mlle Edith-Marie-*Suzanne* DE TRIQUERVILLE, fille du Mis DE TRIQUERVILLE (décédé) et de la M^{ise} née DE GRANDIN DE L'EPREVIER.]

BOUILLÉ DU CHARIOL (Amour-Louis-Georges-*Bertrand*, Marquis de),

✳, ❈ (3 palmes), capitaine de réserve au 24e Dragons, détaché à l'Etat-Major de la 131e Division d'Infanterie. *Engagé volontaire.*

Tombé au champ d'honneur, le 11 octobre 1917, devant Verdun.

Citation à l'Ordre de la IIe Armée (Général GUILLAUMAT) : *Soldat sans peur et sans reproche. Dégagé de toute obligation militaire, avait repris du service à cinquante-six ans; faisait, depuis plus de deux ans, l'admiration des troupes de sa division par son infatigable activité et sa chevaleresque bravoure. Blessé deux fois au cours de reconnaissances en première ligne, frappé mortellement de deux balles, sur un sommet des hauteurs de..., au moment où, en plein jour, à découvert, il en descendait la pente, face à l'ennemi, pour aller encourager dans une tranchée avancée une fraction qui, restée isolée depuis deux jours, y repoussait tous les assauts de l'adversaire.*

[Né le 22 novembre 1860. Fils du Mis DE BOUILLÉ et de la M^{ise} née O'CONNOR (décédés). Marié à Mlle Marie-Thérèse D'HUNOLSTEIN, fille du Cte et de la Ctesse née DE MONTMORENCY-LUXEMBOURG, — dont deux fils : Pierre et Antoine.]

BOUILLONNEY (Bernard-Louis-Marie-François du),

❈, capitaine au 130e d'Infanterie.

Tué à l'ennemi, le 27 septembre 1915, à l'Épine-de-Vedegrange.

[Né le 29 mai 1880. Fils de M. et de Mme née DE PIPEREY. Marié à Mlle Suzanne LAFOND.]

BOUILLONNEY (Guy du),

❈ (palme et étoile), vicaire à Notre-Dame-de-Mortagne, aspirant au 26e Chasseurs à pied.

Grièvement blessé aux combats de Champagne, le 26 septembre 1915, mort le 17 octobre 1918.

BOULAN (Louis de),

sergent au 176e d'Infanterie.

Tué, le 13 juillet 1915, à Seddul-Bahr, à 32 ans.

BOULET DE LA BOISSIÈRE (Jean du),

lieutenant au 110e d'Infanterie.

Tué à Mesnil-les-Hurlus, le 9 mars 1915.

BOULLENOIS DE SENUC (Marcel de),

Blessé sous Verdun, mort à l'hôpital de cette ville, le 6 février 1916.

[Marié à Mlle Isabelle RAGUENET DE SAINT-ALBIN.]

BOULLOCHE DU MÉRET (Comte Raymond de),

✳ (posthume), ❈, capitaine commandant au 22e Dragons.

Blessé grièvement, le 27 mars 1918, au combat de Marquivillers; fait prisonnier, est mort le 4 mai suivant à Heilbronn (Wurtemberg).

Citation : *Très grièvement blessé, le 27 mars 1918, au moment où il préparait une contre-attaque, a refusé de se laisser empor-*

ter pour ne pas compromettre la vie ou la liberté de ses cavaliers. Décédé en captivité des suites de ses blessures, le 6 mai 1918. A été cité.

[Marié à M¹¹ᵉ Selim-Pacha, — dont un fils.]

BOULNOIS (Joseph), compositeur de musique, chef de chant à l'Opéra-Comique, sergent-infirmier à l'hôpital de Chalaines, près Vaucouleurs (Meuse).

Mort pour la France, le 20 octobre 1918.

BOURBLANC (*Yves-Marie-Pierre-Saturnin*, Comte Yves du), ⚜ (posthume), ✠, caporal au 202ᵉ d'Infanterie.

Tué sous Verdun, le 25 octobre 1917.

Citation : *Chef de pièce, d'une bravoure et d'un sang-froid exemplaires. A participé à toutes les affaires où son régiment a été engagé, et s'y est toujours distingué. Mortellement blessé à son poste de combat, le 25 octobre 1917, au moment où, par les feux de sa pièce, il contribuait à arrêter une violente attaque ennemie. A été cité.*

[Fils du Cᵗᵉ et de la Cᵗᵉˢˢᵉ née Artur de la Villarmois (décédés). Marié, en 1914, à M¹¹ᵉ Elisabeth d'Huart, fille du Bᵒⁿ et de la Bᵒⁿⁿᵉ née de Spœlberch.]

BOURBON (Marie-Robert-*Philippe* de) [Vicomte de LIGNIÈRES, par adoption de son oncle, le Comte de BOURBON-LIGNIÈRES], ✠, *engagé volontaire* dans la Cavalerie, passa, sur sa demande, dans l'Infanterie.

Tombé glorieusement à Moronvilliers, le 20 avril 1917, et mort le 24 suivant. Trois fois volontaire au front, — volontaire à Verdun, — toujours volontaire pour les missions périlleuses, il avait, pour cette dernière attaque de Moronvilliers, du 17 avril, obtenu la promesse que sa pièce partirait la première à l'assaut.

Citation : *Bon soldat courageux, toujours volontaire pour accomplir les missions périlleuses. Faisant fonction de chef de pièce, a été grièvement blessé à son poste de combat, pendant une contre-attaque ennemie, le 20 avril 1917.*

[Né le 25 février 1894. Fils du Cᵗᵉ Georges de Bourbon et de la Cᵗᵉˢˢᵉ née de Kerret.]

BOURBON (Marie-Louis-*Henry* de) [Vicomte de LIGNIÈRES à la mort de son frère Philippe, qui précède], ⚜ (posthume), ✠, *engagé volontaire*, brigadier au 8ᵉ Hussards.

Tué dans un combat à pied, le 2 juin 1918, à l'attaque de la Loge-aux-Bœufs (près La Ferté-Milon), de trois balles au front. Le Général de BOISSIEU, commandant la 3ᵉ Division de Cavalerie, avait cité ce jeune brave à l'Ordre de la Division, dans les termes suivants :

Jeune brigadier, qui s'était souvent fait remarquer par son allant et son courage, au cours des opérations antérieures. A été mortellement atteint, en entraînant ses hommes bravement à l'assaut des positions ennemies, le 2 juin 1918. A été cité.

[Né le 18 février 1897. Frère du précédent.]

BOURBON (Charles-Louis de), ✠ (posthume), ✠ (1 palme, 2 étoiles), sous-lieutenant au 53ᵉ d'Artillerie.

Citation : *Toujours au poste le plus dangereux, sous des bom-*

*bardements violents ; en plusieurs circonstances, notamment les
50 janvier, 6 février, 13 et 15 mars 1916, a été un vivant exemple
de courage et d'intrépidité pour la demi-batterie de bombardiers
qu'il commandait. Disparu au cours de l'attaque du 20 mars, a été
vu une dernière fois, se défendant, un fusil à la main, contre l'as-
saillant. Déjà cité à l'Ordre du Régiment et de la Division.*

BOURBON-BUSSET (Comte Jean de), sous-lieutenant au 16e
Chasseurs à cheval.
Tué en 1914.

[Né en octobre 1889. Fils du Cte (décédé) et de la Ctesse née Ctesse Juliette d'Ursel.]

BOURCERET (*Frédéric*-Camille-François), ☖ (posthume), ✠, admi-
nistrateur-délégué des Etablissements Raynaud et Bourceret, sergent au 23e d'Infanterie.
Tué à l'ennemi, le 9 octobre 1914, au Bois d'Hauzy (Argonne),
près Ville-sur-Tourbe, par un shrapnel.

[Né le 14 septembre 1883. Fils de M. Alfred Bourceret (décédé) et de Mme née Courot.]

BOURDEAU D'ANTONY (Jean), ✠, ✠ . . . .

BOURDEAU DE FONTENAY (François-Paul), ✠ (posthume), ✠,
sous-lieutenant au 161e d'Infanterie.

Citation : *Excellent officier ayant montré, dans les circonstances
les plus difficiles, du courage, du sang-froid et un réel mépris du
danger. A été mortellement blessé, le 23 mai 1916, alors que, sous
un tir de barrage des plus violents, il faisait prendre à sa section
de mitrailleuses un nouvel emplacement qu'il venait de reconnaître,
afin de faire face directement à l'attaque probable de l'ennemi.
Avait déjà été grièvement blessé le 7 novembre 1914. A été cité.*

[Marié à Mlle Yvonne-Lucie Corron.]

BOURDEL (Michel-Adolphe-*Henri*), ✠ (2 étoiles), imprimeur-éditeur,
capitaine au 312e d'Infanterie.
Tué d'une balle au front, le 29 décembre 1916, au Mort-Homme.

Citation : *Officier d'une bravoure et d'un courage à toute épreuve ;
le 29 décembre 1916, s'est porté à la contre-attaque en tête de sa
compagnie, et a été mortellement blessé aux réseaux de fils de fer
ennemis.*

[Né le 22 septembre 1887. Fils de M. Joseph Bourdel, O ✠, ✠, imprimeur-éditeur,
et de Mme née Nourrit.]

BOURDIAUX (Jules), ✠, chef d'escadron au 20e d'Artillerie.
Tué, le 14 septembre 1914, à Thuisy.

BOURDONNAY DU CLÉSIO (Pierre), ✠ (posthume), ✠, garde
général des Eaux et Forêts, lieutenant au 13e Chasseurs à pied.
Tué le 8 décembre 1914.

Citation : *Appelé à renforcer, avec la section de mitrailleuses du
bataillon, les troupes chargées de la défense d'une position, s'ac-
quitta de sa mission avec la plus grande bravoure et le plus grand
sang-froid, infligea des pertes sensibles aux Allemands, et fut
frappé mortellement en voulant contrôler la justesse du tir de la
pièce qu'il dirigeait personnellement.*

BOURDONNEAU, dit BARDE (*Marcel*-Georges), ✠ (étoile d'or), étudiant, *engagé volontaire* au début de la guerre au 1er d'Artillerie.

Nommé brigadier, part en 1915 pour les Dardanelles; maréchal des logis en 1916, entre dans l'aviation, à l'Escadrille F. 16, comme pilote. Tué, le 1er juin 1917, en partant en reconnaissance devant Craonne.

> Citation : *Jeune pilote plein d'allant, toujours prêt à exécuter les missions les plus périlleuses. Au cours des dernières opérations, a survolé les tranchées allemandes à très faible altitude, et a eu son appareil plusieurs fois atteint par les projectiles ennemis. Compte actuellement 68 heures de vol au-dessus des lignes ennemies.*

[Né le 24 juin 1896. Fils de M. Bourdonneau, dit André Barde, homme de lettres, et de Mme née Antoinette Onzoni.]

BOURÉLY (*Paul*-Eugène-Charles), ✠, sous-lieutenant au 117e d'Infanterie.

Disparu, le 6 octobre 1915, au cours d'un engagement, à Saint-Hilaire-le-Grand (Marne).

BOURÉLY (*Raymond*-Georges-Lucien), ✠, sous-lieutenant au 6e Dragons.

Mort le 23 octobre 1918.

[Tous deux fils de l'ancien Député et de Mme née Émelina Harel.]

BOURG (Amédée MERLE du), agriculteur, soldat au 22e d'Infanterie.

Tué, le 30 septembre 1914, au combat de Foucaucourt (Somme).

[Né à Saint-Amant-de-Vendôme le 21 mars 1883. Fils de M. Xavier du Bourg, percepteur des Finances, et de Mme née Chavanis. Marié à Mlle Marguerite Richard, — dont un fils : Amédée.]

BOURG (Marie-*Paul* MERLE du), ✠ (étoile), maréchal des logis. au 13e Chasseurs à cheval, attaché à l'escorte de l'Etat-Major de la 27e Division.

Tué, le 25 septembre 1915, à Perthes-les-Hurlus, lors de l'offensive de Champagne.

> Citation du Général de Bazelaire : *Etant adjoint à un chef de bataillon d'infanterie, s'est fait remarquer par son mépris du danger et son sang-froid, notamment à l'attaque générale du 25 septembre 1915. A été tué au cours de l'assaut d'une tranchée ennemie.*

[Né le 16 septembre 1889. Frère du précédent.]

BOURGEOIS (Jean), ✠, Saint-Cyrien de la promotion de la Grande-Revanche, capitaine au 125e d'Infanterie.

Tué le 11 août 1918.

BOURGEOIS (Fernand-Marie-*Pierre*), ✠ (2 étoiles), caporal au 51e d'Infanterie.

Tué, le 1er septembre 1917, à la cote 304, devant Verdun.

> Citations : *Caporal énergique; a brillamment entraîné ses hommes à l'assaut des tranchées ennemies fortement occupées et*

garnies de nombreuses mitrailleuses en action (combat du 4 mai 1917).

Très bon caporal; s'est fait remarquer en toutes circonstances par sa bravoure et son esprit d'abnégation. Tombé glorieusement à son poste de combat le 1er septembre 1917.

[Né le 3 septembre 1889. Fils de M. Paul BOURGEOIS, Agent de change, et de Mme née HELLOT.]

BOURGOING (Vicomte de), ✠, capitaine de Territoriale.
Tué le 29 avril 1915.

[Marié à Mlle de SERMIZELLES.]

BOURGOING (*Noël*-Antoine-Charles-Marie, Vicomte Noël de), ✠ (posthume), ✠ (palme), sous-lieutenant au 54e Chasseurs alpins.
Tué en 1918.

Citation : *Chargé d'attaquer un poste allemand, a entraîné sa section en avant, malgré des feux croisés de mitrailleuses; est tombé frappé mortellement au moment où, après un bond, il donnait des ordres pour la reprise du mouvement, debout au milieu des balles.*

[Fils du précédent.]

BOURGOING (Baron Pierre de), ✠, ✠ (Serbie), ancien officier de Dragons, *engagé volontaire,* capitaine de Cavalerie à l'Etat-Major.
Mort à Remiremont (Vosges), en janvier 1916, des suites d'une maladie contractée aux Armées.

[Né le 21 février 1857. Fils du Bon Philippe DE BOURGOING et de la B^onne née DOLLFUS. Marié à Mlle Suzanne REICHENBERG.]

BOURGUIGNON DE SAINT-MARTIN (*Louis*-Anne-Joseph-Marie de), ✠ (posthume), ✠, sous-lieutenant au 20e Chasseurs à cheval.
Tué le 27 septembre 1914.

Citation : *Est tombé mortellement frappé au moment où il entraînait son peloton à l'attaque des bois de la Haute-Charrière. A poussé, en tombant, le cri de : « En avant, les gars ! » A été cité.*

BOURIAT (*Jacques*-Pierre-Félix), enseigne de vaisseau de 1re classe.
Décédé le 22 février 1919, de grippe infectieuse contractée à la suite de surmenage résultant de quatre ans passés au front de mer en qualité de commandant de patrouilleurs (contre sous-marins) et de dragueurs de mines.

[Fils de M. et de Mme née MARTIN DE RANDAL.]

BOURLET-PAQUET (André), lieutenant au 25e d'Artillerie.
Tué à Smokvika (Serbie), le 10 décembre 1915.

BOURMONT (Comte René de GHAISNE de), ✠, ✠ (palme), capitaine au 30e Dragons.
Blessé une première fois à l'Yser, en octobre 1914, trouva la mort, le 30 décembre 1917, dans les combats de Champagne.

[Né le 3 août 1883. Fils du Cte Henri DE BOURMONT et de la Ctesse née DENION DU PIN (décédés). Marié, en 1917, à Mlle Sibylle DE MONTFERRAND, fille du Cte et de la Ctesse née Suzanne DE LESTRADE.]

BOURMONT (*Guy*-Jean-Louis, Comte Guy de GHAISNE de), ✠ (posthume), ✠ (palme), lieutenant au 101ᵉ d'Infanterie.
Tué, le 26 février 1915, à Perthes-les-Hurlus.

> Citation : *A superbement enlevé sa compagnie, le 26 février, à l'assaut d'une tranchée allemande qui lui avait été assignée comme objectif. A trouvé une mort glorieuse alors que, debout, il donnait ses ordres.*

[Frère du précédent.]

BOURMONT (*Carle*-Jean-Louis-Auguste, Comte Carle de GHAISNE de), ✠ (posthume), ✠, capitaine au 45ᵉ d'Infanterie.
Blessé, en 1914, à Charleroi, trouva la mort, le 20 septembre 1916, près de Péronne.

> Citation : *Excellent officier plein d'allant, se dépensant sans compter. Tué, le 20 septembre 1916, à son poste d'observation.*

[Frère des précédents.]

BOURMONT (*Armand*-Louis-Henri, Comte Armand de GHAISNE de), ✠ (posthume), ✠ (1 palme, 2 étoiles), capitaine à la Commission d'expériences des Poudres de guerre, à Versailles ; capitaine commandant le 10ᵉ groupe du 101ᵉ d'Artillerie lourde.
Tué sous Verdun, le 23 juillet 1917.

> Citations : *Ayant été obligé, pour la préparation de l'attaque du 16 avril, d'établir un groupe dans des conditions si dangereuses que la moitié de ses canons ont été démolis par le feu ennemi, a montré le plus grand sens tactique pour faire rendre l'effet maximum à ceux qui restaient disponibles. A exécuté, pour la préparation de l'attaque du 5 mai, un changement de position extrêmement rapide, et, dans les jours qui ont suivi, a effectué, malgré l'emploi d'un matériel hâtivement réparé, des destructions complètes, grâce à l'organisation d'un système d'observation très judicieusement établi.*

> *Tué glorieusement, le 25 juillet 1917, en procédant avec le courage qui lui était habituel à une reconnaissance dans une région violemment bombardée.*

[Né le 10 mars 1880. Fils du Cᵗᵉ Louis DE BOURMONT et de la Cᵗᵉˢˢᵉ née D'INDY. Marié à Mˡˡᵉ Magdeleine COCHIN, fille du Bᵒⁿ Denys COCHIN, de l'Académie Française, et de la Bᵒⁿⁿᵉ née PÉAN DE SAINT-GILLES.]

BOURNAT (*Fernand*-Marie-Joseph, Vicomte Fernand de), � (posthume), ✠, adjudant au 39ᵉ d'Artillerie.
Tué le 24 octobre 1916.

> Citation : *A fait preuve, pendant toute la préparation d'attaque du 24 octobre 1916, d'une bravoure splendide. Mortellement blessé en faisant transporter un canon de 58 sur le terrain conquis, immédiatement après l'assaut de l'infanterie. A été cité.*

[Né en 1888. Fils du Vᵗᵉ et de la Vᵗᵉˢˢᵉ née HOUETTE.]

BOURNONVILLE (*Charles*-Fulgence-Jacques-Lucien, Comte Charles ESMANGART de), ✠ (étoile), adjoint au maire de Richemont (Charente), sergent au 107ᵉ d'Infanterie.
Tué à Écurie (Pas-de-Calais), le 25 septembre 1915.

> Citation : *Sous-officier modèle, exemple de courage ; le 25 sep-*

tembre 1915, s'est bravement élancé à la tête de sa demi-section, et a été tué dans un combat corps à corps avec l'ennemi.

[Né le 29 juin 1881. Fils du Cte et de la Ctesse née Amélie AUGIER.]

BOURNONVILLE (Jean-Charles-Eugène-Antoine-Marie ESMAN-GART de), sergent-fourrier au 350e d'Infanterie.
Tué à Souain (Champagne), le 27 septembre 1915, à 36 ans.

BOURY (*Joseph*-Marie-Gabriel AUBOURG, Vicomte de), ✠ (1 palme, 1 étoile), lieutenant de réserve au 128e d'Infanterie.
Cité à l'Ordre de l'Armée, le 10 novembre 1914, pour son attitude héroïque à la bataille de Melzicourt où, avec moins de 30 hommes, il fit 100 prisonniers. Promu lieutenant, en juin 1915, pour faits de guerre en Champagne et en Woëvre, se signala aux attaques de Marcheville et des Éparges (2e citation). Contracta dans les tranchées des Eparges une maladie, dont il mourut, le 17 juin 1915, à l'ambulance militaire de Gondrecourt (Meuse), en criant : « En avant ! »

> Deuxième citation : *Officier mitrailleur de grande valeur et de noble exemple, s'est multiplié dans ses fonctions, soit comme observateur d'artillerie, soit comme chef des sections encadrant ses pièces, sans prendre aucun souci de ses forces. Affaibli et malade pendant une période de tranchées, a refusé de se laisser évacuer avant la relève du régiment. Mort à l'hôpital quelques jours après son arrivée.*

[Né à Gadancourt (Seine-et-Oise), le 1er avril 1890. Fils de Guillaume AUBOURG, Vte DE BOURY et de la V[tesse] née Louise PERROT DE CHAZELLE. Marié à Mlle Béatrix DE BODIN DE GALEMBERT, fille du Cte Gustave DE GALEMBERT et de la Ctesse née DE ROODENBEKE, — dont deux enfants.]

BOUSIGNAC (Maurice de), ⚜ (posthume), ✠ (palme), sergent au 69e d'Infanterie.
Tué le 29 octobre 1914.

> Citation : *Au cours d'une charge à la baïonnette, a entraîné sa section avec la plus grande bravoure; a été tué en arrivant le premier sur les fils de fer précédant la tranchée.*

BOUSIGNAC (*Henri*-Marie de), soldat au 131e d'Infanterie.
Tué, le 3 octobre 1916, à Raucourt (Somme), à 26 ans.

BOUSQUET (Henri du), ✠ (1 étoile), *engagé volontaire*, sergent au 104e d'Infanterie.
Tué, le 22 août 1914, au combat d'Ethe (Belgique).

> Citation : *Très grièvement blessé à Ethe, le 22 août 1914, en entraînant, avec une fougue admirable, sa demi-section sous un feu très violent de mitrailleuses et d'artillerie.*

[Né le 3 mai 1894. Fils de M. Robert DU BOUSQUET, ✳, avocat à la Cour de Paris, et de Mme née DANET.]

BOUSQUET (René du), brigadier au 88e d'Artillerie lourde.
Tué dans un accident d'avion, à Villacoublay, le 29 septembre 1917.

[Né le 23 novembre 1895. Frère du précédent.]

BOUSQUET (*Paul*-Louis), ✳, ✳ (palme et étoile), ✳ (Médaille de Chine), capitaine aviateur, commandant une Escadrille de bombardement.

Tué au cours d'un combat aérien, le 6 septembre 1915, à Cappel (Lorraine reconquise), après un raid sur Sarrebrük.

Citation posthume : Pilote commandant l'escadrille V. B. 105 ; pilote de tout premier ordre, a accompli de nombreux bombardements dans des conditions difficiles ; s'est proposé pour exécuter des bombardements de nuit à grandes distances de nos lignes et les a réussis.

[Né le 20 juillet 1878. Fils du Conseiller d'État honoraire et de Mme née JAGER-SCHMIDT. Marié à Mlle Marina MICHAUDEL, — dont trois enfants.]

BOUSQUET DE MONTLAUR (*Jacques*-Amédée-Olivier du), ✳ (posthume), ✳ (palme), aspirant au 3ᵉ Cuirassiers, détaché au au 26ᵉ Tirailleurs Sénégalais.

Mort de ses blessures, le 18 juillet 1916, à Marcelcave (Somme).

Citation : Aspirant de cavalerie, courageux et dévoué. Tombé au champ d'honneur, pour le salut de la Patrie, le 18 juillet 1916. Mort en brave. A été cité.

[Né le 6 août 1895. Fils du Cte et de la Ctesse née CHARLIER DE GERSON.]

BOUSSENOT DU CLOS (Étienne), ✳, auteur dramatique, caporal pilote-aviateur.

Tombé, le 9 août 1916, dans la Somme, au retour d'une mission photographique.

Citation : Mobilisé dès le début de la guerre, avait été libéré de toute obligation militaire après des fièvres contractées sur l'Yser. Rengagé pour la durée de la guerre, a rendu comme pilote-aviateur d'excellents services. Au retour d'une reconnaissance photographique, a trouvé une mort glorieuse dans une chute en avion le 9 août 1916.

[Fils de M. (décédé) et de Mme née GAUTHEY DU RET.]

BOUSSÈS (J.-J.-Maurice-Léonce), ✳, lieutenant de vaisseau à bord du *Yatagan*.

Englouti avec son bâtiment, le 3 décembre 1916.

BOUSSIERS (Henry de), sous-lieutenant au 8ᵉ Génie.

Tué à Chavigny (Aisne), le 22 mai 1918.

[Né en 1896. Fils du Cte et de la Ctesse née Alix DU CHEVRON DU PAVILLON.]

BOUTEILLER (Henry), sous-lieutenant d'Infanterie, attaché à l'Etat-Major de la 198ᵉ Brigade.

Sergent au 86ᵉ d'Infanterie, fut nommé sous-lieutenant au 282ᵉ, puis appelé à l'Etat-Major d'une Brigade, qu'il quitta gravement malade. Décédé le 15 juin 1916.

[Né le 17 juillet 1875. Fils de M. Pierre BOUTEILLER et de Mme née Jeanne DELAUNAY (décédés). Marié à Mlle Claire BERNARD-BRULS, fille de M. et de Mme Augustin BERNARD-BRULS, — dont trois enfants.]

BOUTELOUPT (Émile-Nicolas-Adolphe), ✳, ✳ (palme), lieutenant-colonel commandant le 5ᵉ d'Infanterie.

Citation : Ayant succédé dans le commandement du 5ᵉ régiment à deux colonels qui avaient été successivement tués, a entretenu la tradition d'héroïsme de ses prédécesseurs et s'est montré un véritable chef, sachant, par son exemple, tenir élevé le moral de sa troupe, gardant, quoique blessé à deux reprises et le bras en écharpe, la direction du combat. Tué lui-même en repoussant, dans la nuit du 25 au 26 septembre 1914, une attaque très violente dirigée sur un village.

BOUTET DE MONVEL (.....), ☙ (posthume), ✠, soldat au 90ᵉ d'Infanterie.

    Citation : *Soldat énergique et plein d'entrain. S'est distingué à plusieurs reprises par sa bravoure et son sang-froid. Tombé glorieusement à son poste de combat le 9 juin 1915. A été cité.*

BOUTIBONNES (Jean), sous-lieutenant au 25ᵉ d'Artillerie.
    Tué sous Verdun, le 11 juin 1916.

BOUTINY (Aimé-*Gustave* de), ✠ (posthume), ✠ (palme), lieutenant au 23ᵉ Chasseurs alpins.
    Tué, le 20 août 1914, à Dieuze (Lorraine).

    Citation : ..... *Est tombé mortellement frappé après avoir donné un admirable exemple de bravoure et de mépris du danger. A été cité.*

[Fils de M. (décédé) et de Mᵐᵉ née DE CHARPIN-FEUGEROLLES. Marié à Mˡˡᵉ Lucie FOUCARD-NIEL.]

BOUTINY (Ernest de), ✠, lieutenant aviateur.
    Tombé, le 4 septembre 1918, dans la région de Monastir, à 26 ans.

BOUTINY (Louis de), ✠, ✠ (palmes), lieutenant pilote-aviateur.
    Mort, en février 1919, des suites d'une maladie contractée aux Armées.

[Frère du précédent.]

BOUTINY (Robert de) ....

BOUTON (Henri), ✠, *engagé volontaire*, lieutenant au 330ᵉ d'Infanterie.
    Tué sur le front de Champagne, le 2 décembre 1917, à 22 ans.

BOUTRAY (*Gérard*-Marie-Eugène, Baron Gérard de), ✠ (posthume), ✠ (étoile de vermeil), enseigne de vaisseau de 1ʳᵉ classe auxiliaire.
    Il commandait le *Saint-Hubert*, coulé par une mine le 30 octobre 1916.
    Témoignage de satisfaction (7 août 1916) :

    Le Vice-Amiral, commandant en chef, préfet maritime, prie M. le Capitaine de vaisseau, commandant le front de mer, de vouloir bien exprimer à l'enseigne de vaisseau de 1ʳᵉ classe auxiliaire DE BOUTRAY, commandant l'arraisonneur *Saint-Hubert*, le témoignage de sa satisfaction pour l'esprit de décision dont il a fait preuve en n'hésitant pas à se porter sans ordres au secours d'un bâtiment coulé par un sous-marin ennemi.

    Citation à l'Ordre du Jour (16 novembre 1916) : *Excellent officier, plein d'entrain, s'est toujours acquitté de son service d'arraisonnement, souvent pénible, avec le plus grand zèle; aimé et estimé de ses chefs et de ses camarades. Tombé glorieusement à son poste de combat, englouti avec le bâtiment qu'il commandait, l'arraisonneur Saint-Hubert, coulé en mer, après avoir heurté une mine.*

[Né le 14 août 1886. Fils du B⁰ⁿ René DE BOUTRAY et de la B⁰ⁿⁿᵉ née Berthe DE MONTEVILLE. Marié à Mˡˡᵉ Françoise GILBERT, fille de M. et de Mᵐᵉ née HOUSSARD, — dont trois enfants.]

BOUTROUX (Robert-Jacques-Gontrand), ✠ (posthume), ✠ (palme), lieutenant de vaisseau.

Englouti avec son bâtiment, le 18 mars 1915.

Citation : *Chef de la tourelle 4 du Bouvet, est resté à son poste, continuant le tir, alors que la tourelle était envahie par des gaz asphyxiants. Est tombé inanimé et a été englouti avec le bâtiment.*

BOUTTIEAUX (Victor-Paul), C ✠, ✠, Général commandant le Génie de la VIᵉ Armée.

Le 17 juillet 1918, l'éminent officier vaquait à ses importantes fonctions, lorsque son automobile entra en collision avec un camion militaire. Dans le choc, le Général reçut de telles blessures que, malgré les soins les plus dévoués, il expirait le 22 juillet à l'ambulance 226 de Boursonne, où on l'avait transporté.

Dernière citation : *Officier général dont la haute valeur est faite d'activité, d'énergie, de bravoure, de connaissances militaires tactiques étendues et de sentiment élevé du devoir. Très grièvement blessé dans l'exercice de ses fonctions.*

[Marié à Mˡˡᵉ FAISANT-LAMOTHE.]

BOUTTIEAUX (*André*-Victor-Joseph), ✠ (posthume), ✠ (2 palmes), attaché à l'Inspection de la Société Générale, sous-lieutenant observateur à l'Escadrille C. 27.

A été tué, dans la matinée du 19 août 1917, en avion, au-dessus des lignes ennemies entre le fort de la Malmaison et la ferme Vaurains (Aisne).

Citation : *Officier d'administration venu comme volontaire dans l'aviation ; s'y est distingué dès son arrivée par une bravoure et un entrain qui ont fait l'admiration de tous au cours de délicates et périlleuses missions de photographie. Parti le 19 août 1917 pour une mission qu'il avait recherchée et dont il savait les dangers, a été attaqué par une patrouille d'avions ennemis. Son avion d'accompagnement ayant été de suite abattu en flammes, a continué à faire face seul à ses adversaires. Après une lutte sans merci, est glorieusement tombé, atteint de trois balles en pleine poitrine.*

[Né le 20 mars 1889. Fils du précédent.]

BOUVAIST (*Jean*-René-Maurice), ✠ (posthume), ✠, sous-lieutenant au 10ᵉ Chasseurs à pied.

Citation : *Tout jeune officier arrivé au bataillon depuis deux mois, avait su montrer en toutes circonstances, sous le feu, les plus belles qualités de courage, d'énergie et de sang-froid. Le 3 mars 1915, s'est fait noblement tuer à la tête d'un groupe de chasseurs en se refusant à abandonner une tranchée que l'ennemi avait envahie. A été cité.*

[Un de ses frères, Henry, est aussi tombé au champ d'honneur. Tous deux fils de M. Gustave BOUVAIST, O ✠, inspecteur général des Ponts et Chaussées.]

BOUX DE CASSON (*Guy*-Marie-Edmond-Joseph, Baron Guy) ✳, ✳ (Médaille de Chine), inspecteur d'assurances, lieutenant de Cavalerie en non-activité, capitaine au 287e d'Infanterie.

Tué d'une balle au front, à l'attaque d'un convoi, le 13 septembre 1914, au combat d'Orainville-Sapigneul. Avait été nommé capitaine quelques jours avant sa mort.

[Né le 20 avril 1868. Fils du Bᵒⁿ BOUX DE CASSON et de la Bᵒⁿⁿᵉ née POULLAIN DE LA VINCENDIÈRE. Marié à Mˡˡᵉ Bibiane LEVESQUE DU ROSTU, fille du Colonel et de Mᵐᵉ née DE LA BAJONNIÈRE, — dont quatre enfants.]

BOUYGUES (André), ✳ (posthume), ✠ (palme), **enseigne de vaisseau à bord de la** *Vérité*.

Citation : *Tué glorieusement à la tête de ses hommes en prenant des dispositions de défense.*

BOUYGUES (Pierre), ✳ (posthume), ✠ (palme), **lieutenant au 11e Dragons.**

Citation : *Conduisant, le 10 octobre 1914, une section du 16e territorial encadrée et renforcée par des dragons à pied du 11e, l'a entraînée avec la plus grande bravoure jusqu'à l'attaque à la baïonnette d'une tranchée dont tous les défenseurs (deux officiers et trente hommes) ont été tués. Est tombé mortellement frappé par la première décharge de l'ennemi en commandant l'assaut.*

[Frère du précédent.]

BOVET (Albert de), ☉, ✠, ✳ (Médaille du Maroc), **brigadier au 54e d'Artillerie.**

Mort de ses blessures, en octobre 1918.

BOVIS (Edmond de), ✳ (posthume), ✠, **lieutenant à l'Etat-Major d'un groupe du 254e d'Artillerie.**

Tué près de Lunéville, le 5 septembre 1914.

Citation : *Agent de liaison de son groupe avec les lignes avancées de l'infanterie, au combat du 5 septembre 1914, a accompli sa mission avec le plus grand courage sous un feu violent de l'artillerie ennemie, et a été mortellement blessé au moment où il prenait le cheval d'un sous-officier, le sien ayant été tué sous lui.*

BOVIS (Paul-*Maurice*-Victor de), **sergent au 11e Chasseurs alpins.**

Tué, le 20 juillet 1916, à 20 ans.

[Tous deux fils de M. et de Mᵐᵉ née DE FONTENAY.]

BOXTEL (Louis-Hippolyte-Marie de), ☉ (posthume), ✠, **cavalier au 22e Dragons.**

Citation : *Cavalier très brave et énergique, ayant fait partie comme volontaire de presque toutes les reconnaissances. Entraîné par son ardeur, est tombé à son poste, n'ayant pu être touché par l'ordre de retraite, le 20 octobre 1914. A été cité.*

BOYAU (*Jean*-Paul-Maurice), O ✳, ☉, ✠ (11 citations), **sous-lieutenant au 8e Escadron du Train, pilote-aviateur.**

Tué en 1918. La citation qui suit, à l'occasion de sa promotion d'officier de la Légion d'honneur, résume éloquemment les services de ce fameux aviateur :

Pilote d'une incomparable bravoure dont les merveilleuses qualités physiques sont mises en action par l'âme la plus belle et la volonté la plus haute. Officier magnifique, animé d'un admirable esprit de sacrifice, fournit chaque jour, avec la même simplicité souriante, un nouvel exploit qui dépasse le précédent. A excellé dans toutes les branches de l'aviation, reconnaissances, photographies en monoplaces, bombardement à faible altitude, attaques des troupes à terre, et s'est classé rapidement parmi les premiers pilotes de chasse. A remporté vingt-sept victoires, les douze dernières en moins d'un mois, en abattant seize drachens et onze avions ennemis. Médailles militaire et chevalier de la Légion d'honneur pour faits de guerre. Onze citations.

BOYER (Eugène), lieutenant de vaisseau.
Sombra avec le *Léon-Gambetta*, le 27 avril 1915.

BOYER DE BOUILLANE (Henry), ✠ (2 étoiles), *engagé volontaire,* maréchal des logis au 37e d'Artillerie, 103e Batterie de bombardiers.
Tué à Fleury-devant-Douaumont, le 6 août 1916, au cours d'une mission volontaire.

Citation : *Excellent sous-officier, modèle de courage et d'énergie. Déjà cité à l'Ordre du Régiment le 13 juin 1916. Volontaire pour toutes les missions périlleuses. Tué d'une balle à la tête, le 6 août 1916, au cours d'une reconnaissance faite dans les éléments les plus avancés de notre ligne, pour y installer un canon de 37.*

[Né le 27 mars 1895. Fils de M. BOYER DE BOUILLANE, ancien magistrat, avocat à la Cour de Paris (décédé), et de Mme née NICOLET.]

BOYSSON (Marie-Alexis-*Xavier* de), ✠ (1 étoile), *étudiant, engagé volontaire,* brigadier mitrailleur au 11e Cuirassiers à pied.
Très aimé de ses camarades et de ses chefs pour son ardeur et sa bravoure. Engagé au début de la guerre au 29e Dragons.

Citation à l'Ordre du Régiment : *Brigadier très courageux. A été tué, le 5 mai 1917, en continuant à progresser au mousqueton, après la mise hors de service de son canon de 37 au cours de l'attaque du Moulin de Laffaux.*

[Né le 23 avril 1896. Fils de M. Henry DE BOYSSON, ✻, officier de marine en retraite, et de Mme née Jeanne D'AUBIGNY.]

BOYSSON D'ÉCOLE (Marie-Paul-Simon-Robert), ✾ (posthume), ✠, caporal au 6e d'Infanterie Coloniale.
Tué à l'ennemi, le 20 août 1914, à Walscheid (Lorraine), à 26 ans.

[Fils de M. et de Mme née OURSON.]

BOYVEAU (*Gaston*-Charles-Louis, Comte Gaston de), ✻ (posthume), ✠ (palmes), ancien élève de Saint-Cyr, capitaine au 95e d'Infanterie, commandant une compagnie du 295e.
Tué, le 19 octobre 1914, au combat de La Bassée.

Citation : *Officier d'un beau courage, électrisant ses hommes par son exemple et sa fière attitude. Tué glorieusement à la tête de sa compagnie, qu'il conduisait à l'assaut des premières maisons de La Bassée le 19 octobre 1914. A été cité.*

[Fils du Cte DE BOYVEAU et de la Ctesse née DU TERTRE. Marié, en 1910, à Mlle Henriette SABATIÉ-GARAT, fille du Bon et de la Bonne née MORIO DE L'ISLE, — dont deux enfants.]

BRACHET (Henri-*Thibault* de), 🎖 (posthume), ✠, sergent au 2e d'Infanterie.
Tué, le 6 septembre 1914, à Charleville.

> Citation : *Sergent très brave et d'une haute valeur morale. Tué à la tête de sa section en attaquant l'ennemi (bataille de la Marne), le 6 septembre 1914. A été cité.*

[Fils du Vte et de la V^tesse née D'HAUTESERVE.]

BRACKERS DE HUGO (Antoine), ✠ (posthume), ✠ (palme), sous-lieutenant au 125e d'Infanterie.

> Citation : *Très bon officier, s'était déjà fait remarquer par son calme et son sang-froid. A l'attaque du 17 avril 1917, faisant partie de la troisième vague d'assaut, s'est élancé à la tête de sa section sur les défenseurs ennemis. Couché devant le parapet d'une tranchée garnie d'Allemands qui se défendaient avec énergie, a préparé son attaque et ouvert sur eux un feu violent de grenades. A été tué à bout portant d'une balle à la tête, en sautant dans la tranchée conquise. A été cité.*

BRACKERS DE HUGO (René), ✠ (posthume), ✠, sous-lieutenant au 2e de Marche d'Afrique (Armée d'Orient).
Tué en Serbie, le 17 novembre 1915.

> Citation : *Arrivé depuis quelques jours à peine, s'est distingué par sa bravoure et son courage. A été tué, en repoussant une attaque ennemie, à la tête de la compagnie dont il venait de remplacer le chef tué. A été cité.*

BRAGELONGNE (Marie-Joseph-Henri-*Louis* de), ✠ (posthume), ✠ (1 palme, 1 étoile de bronze et 1 étoile d'or), Saint-Cyrien de la promotion Croix du Drapeau, sous-lieutenant au 101e d'Infanterie.
Lorsqu'il tomba glorieusement à Halles (Meuse), le 31 août 1914, était depuis 15 jours sorti de Saint-Cyr. Il faisait partie de cette héroïque et inoubliable promotion de la Croix du Drapeau, qui compta tant de jeunes héros, dont le sang généreux et pur à rougi notre sol envahi. Il partit avec l'enthousiasme de ses 19 ans, heureux et fier de ses galons, convaincu qu'il allait à la victoire.

> Citation : *A fait preuve, pendant un trop court séjour aux Armées, des plus belles qualités militaires. A été tué le 31 août 1914 en conduisant sa section sous un feu très violent d'infanterie, avec beaucoup d'autorité et de sang-froid. A été cité.*

[Né à Senlis le 18 février 1895. Fils du Mis DE BRAGELONGNE, capitaine de cavalerie, et de la M^ise née Marie DEBOILLE.]

BRAGELONGNE (Édouard de), caporal-fourrier.
Tué le 9 avril 1915.

> Citation : *Chargé de transmettre un ordre à son chef de bataillon, a accompli sa mission sous un feu d'une violence extrême de mitrailleuses et d'artillerie. Blessé en cours de route, a pu, à force d'énergie, arriver jusqu'à l'officier supérieur, mais n'a pu que prononcer ces mots : « Mon commandant..... » Atteint alors d'une nouvelle blessure, cet héroïque soldat tomba glorieusement sur le champ de bataille.*

[Fils du Bon Charles DE BRAGELONGNE, ✠, ✠, et de la B^onne née Denise DE LARRARD.]

BRAMAUD DU BOUCHERON (Georges-François-*Édouard*), 🎖 (posthume), ✠ (palme), adjudant au 63e d'Infanterie.

Tué, le 28 août 1914, au combat de la Besace.

> Citation : *Chef de section de grand mérite, d'un moral des plus élevés. Le 28 août 1914, à la Besace, en se portant à l'assaut, à la tête de sa section, sous un feu très violent de mitrailleuses, est tombé mortellement blessé. S'est refusé à ce que ses hommes abandonnent leur poste pour lui porter secours, demandant simplement qu'on lui laisse son revolver pour vendre chèrement sa vie. A été cité.*

[Né le 29 janvier 1886. Fils de M. et de Mᵐᵉ née DENIS.]

BRAME (Louis), soldat au 102ᵉ d'Infanterie.

Disparu à Margny-aux-Cerises (Oise), le 26 septembre 1914, après avoir été blessé.

[Né le 23 septembre 1886. Fils de M. Paul BRAME (décédé) et de Mᵐᵉ née DE RON-SERAY.]

BRANDOIS (Marie-Calixte-Olivier FOUCHER, Baron de), conseiller général de la Vendée, automobiliste aux Armées.

Mort, le 9 juin 1916, des suites de maladie contractée au front.

[Né le 21 juin 1870. Fils du Bᵒⁿ DE BRANDOIS et de la Bᵒⁿⁿᵉ née Victorine DE MALET (décédés). Marié à Mˡˡᵉ Marguerite DE GOURGUE, fille du Mˡˢ et de la Mˡˢᵉ née Madeleine DE PONTAC, — dont quatre enfants.]

BRANDT (*Maurice*-Marie-Joseph-Honoré, Vicomte Maurice de), ✠ (posthume), ✖ (palme), lieutenant au 14ᵉ territorial d'Infanterie.

> Citation : *Officier d'élite, commandant la compagnie de mitrailleuses du corps, a montré la plus belle énergie. Mort pour la France en se portant au secours d'un de ses militaires, qui venait d'être frappé par un obus, le 8 août 1915. A été cité.*

[Fils du Vᵗᵉ (décédé) et de la Vᵗᵉˢˢᵉ née Gabrielle DE LA GORGUE DE ROSNY.]

BRANDT, née VAN DYCK (Madame L. de), infirmière de la Croix-Rouge, à Lyon.

Décédée, le 19 août, à la suite d'une longue maladie contractée au chevet des blessés.

BRASIER DE THUY (Xavier), ✖, Saint-Cyrien de la promotion du Drapeau et de l'Amitié Américaine, aspirant au 133ᵉ d'Infanterie.

Tombé, le 9 novembre 1917, à 20 ans.

> Citation : *Malgré son jeune âge, a su communiquer à tous ses soldats ses belles qualités de race. Le 9 novembre 1917, a brillamment enlevé sa section à l'assaut. Blessé dès le début de l'opération, n'en a pas moins continué la progression jusqu'au moment où il fut frappé mortellement.*

BRAUER (Edme-Pierre de), sous-lieutenant au 104ᵉ d'Infanterie.

Tué en 1914.

BRAULT (Alfred), ✖ (3 citations), lieutenant au 9ᵉ Cuirassiers à pied.

Tombé glorieusement en Argonne, le 7 octobre 1918.

[Fils du Membre de l'Académie de Médecine, ✠. Marié, en 1918, à Mᵐᵉ Jeanne OUTHENIN-CHALANDRE.]

BRAUNECKER (Baron de), ✖, capitaine au 6ᵉ Chasseurs alpins.

Tué le 29 octobre 1914.

BRAUNSTEIN (Pierre), ✠ (posthume), ✠, lieutenant au 2e de marche de Zouaves.

> Citation : *Officier d'élite, d'une bravoure exceptionnelle, donnant au feu le plus bel exemple d'héroïsme. Est tombé mortellement frappé, le 16 septembre 1914, en défendant avec énergie, un village assailli par des forces supérieures. A été cité.*

BRÉART DE BOISANGER (Marie-Geoffroy-*Henri*), ✠ (posthume), ✠, capitaine au 114e d'Infanterie.

Blessé le 24 août 1914, tué le 8 septembre suivant, près de Fère-Champenoise.

> Citation : *Officier très brave et très énergique. Blessé le 24 août, a refusé d'être évacué. Blessé à nouveau le 8 septembre, s'est fait panser et a repris le commandement de sa compagnie, à la tête de laquelle il est glorieusement tombé quelques instants plus tard. A été cité.*

[Fils du Capitaine de frégate, ✠, et de Mme née Ursule HERSART DE LA VILLE-MARQUÉ (décédée). Marié à Mlle Marie DE RAISMES, fille du Cte et de la Ctesse née ARNAULDET.]

BRÉART DE BOISANGER (Augustin), ✠ (posthume), ✠ (palme), lieutenant au 16e d'Infanterie.

> Citation : *Brave entre les braves ; toujours en première ligne avec ses hommes, qui avaient pour lui un véritable culte. Blessé en tête de sa compagnie, le 17 décembre 1914, au combat d'Orvillers-la-Boisselle, répondait à ses camarades qui le pressaient de se laisser évacuer : « Un de Boisanger n'abandonne pas ses bretons. » Tombé glorieusement quelques instants après. A été cité.*

BRÉCHARD (Vicomte Henri de CHAMPS DE SAINT-LÉGER de), ✠, maréchal des logis au 3e Dragons, estafette du Général commandant le IIIe Corps.

Tué, au cours d'une reconnaissance commandée, au Chemin-des-Dames, le 26 avril 1917.

> Citation : *A fait preuve, en de nombreuses circonstances et en particulier au cours de reconnaissances et de missions diverses exécutées dans des conditions très périlleuses, des plus grandes qualités de bravoure et de mépris du danger. Tué dans l'accomplissement de son service d'estafette.*

[Né le 8 septembre 1888. Fils du Cte Paul DE BRÉCHARD et de la Ctesse née Marie DE MONTI DE RÉZÉ.]

BRÉCOURT (*Jean*-Joseph-Fernand-Paul, Baron Jean LE NEZ COTTY de), ☖ (posthume), ✠ (étoile), maréchal des logis au 13e Dragons.

Tombé glorieusement, frappé par une grenade allemande, dans les tranchées de première ligne, près de Thuisy (Marne), le 1er février 1916.

> Citation : *Maréchal des logis d'un grand courage. Tombé en brave, le 1er février 1916, à Bouy, en faisant le sacrifice de sa vie pour la défense du pays. A été cité.*

[Né le 10 janvier 1890. Fils du Colonel B^on DE BRÉCOURT (décédé en juin 1919) et de la B^onne née DU MAISNIEL DE SAVEUSE.]

BREGEOT (Paul-Eugène-Marie de), ☖ (posthume), ✠ (palme), adjudant au 265e d'Infanterie.

Citation : *Tué glorieusement, le 28 août 1914, en communiquant les ordres de son chef de bataillon. A été cité.*

BREGHOT DU LUT (Jean) ✠ (posthume), ✠, maréchal des logis au 30e d'Artillerie.

Citation : *Très bon sous-officier. Mortellement atteint à son poste de chef de pièce, le 28 avril 1916, à la Grange-aux-Bois (Marne), au cours d'un violent bombardement ennemi.*

BREGHOT DU LUT (Joseph), sous-officier mitrailleur au 149e d'Infanterie.

Tué, le 29 mars 1915, à 23 ans.

BRÉGI (*Henri*-Louis), ✠, ✠, ✠, sous-lieutenant pilote-aviateur au service de la Marine.

A péri en mer, sur son hydravion, le 12 janvier 1917, près de Toulon.

Citation : *A déployé, dans une brillante carrière d'aviateur en France et au Maroc sur les fronts de terre et de mer, les plus belles qualités d'énergie et de courage; a trouvé une mort glorieuse dans un départ en patrouille par brise très fraîche, à la recherche d'un sous-marin ennemi.*

[Né le 4 décembre 1888. Fils du Dr et de Mme née MARÉE. Marié à Mlle H. DIEDERICHS.]

BREIL (Charles-Marie-*Jean* VIOLLET du), ✠, ✠ (1 palme, 2 étoiles), Saint-Cyrien de la promotion de Montmirail, capitaine au 287e d'Infanterie.

Faisant fonctions de capitaine adjudant-major et chargé de repousser une contre-attaque, a été tué devant Beaumont (Meuse), d'une balle à la tête, le 26 août 1917.

Citation : *Officier brave et plein de sang-froid, d'un entrain remarquable; blessé très grièvement, le 26 août 1917, au moment où il s'élançait à la tête de quelques éléments pour repousser une contre-attaque allemande.*

[Né le 17 mai 1893. Fils de M. Alfred DU BREIL, conseiller référendaire à la Cour des Comptes, et de Mme née Lucienne DE VALROGER.]

BREIL DE PONTBRIAND (André-Marie-*Robert* du), ✠ (posthume), ✠ (palme), sous-lieutenant au 7e Colonial.

Citation : *Officier connu et admiré dans tout le régiment pour son abnégation et son profond sentiment du devoir. Le 30 mai 1918, à Muizon, attaqué par des forces très supérieures et cerné avec quelques hommes par l'ennemi, a lutté jusqu'à épuisement des munitions et s'est brûlé la cervelle plutôt que de se rendre.*

[Né le 6 mars 1883. Fils du Cte Roland DU BREIL DE PONTBRIAND et de la Ctesse née DUMONT-SAUZET (décédée). Marié, en 1910, à Mlle Dolly DE GHAISNE DE BOURMONT, fille du Cte (décédé) et de la Ctesse née DE QUATREBARBES, — dont deux filles.]

BREIL DE PONTBRIAND (Armand-Achille-Marie-*Albert* du), ✠ (posthume), ✠ (étoile), étudiant, sergent au 52e Colonial.

Tué à la ferme de Navarin, le 25 septembre 1915.

Citation : *Blessé à la jambe en entraînant ses hommes à l'assaut, s'est relevé pour crier : « En avant ! » et est tombé mortellement frappé quelques instants après. A été cité.*

[Né le 28 mai 1894. Frère du précédent.]

BREJERAC (Henry LE BOUËTOUX de), professeur au Lycée de Caen, du 236e d'Infanterie.
Tué en 1914.

BREJERAC (Joseph LE BOUËTOUX de), (posthume), (étoile), *engagé volontaire*, soldat au 144e d'Infanterie.
Réformé avant guerre, à la suite d'un accident survenu au camp de la Valbonne, partit pour le Canada et revint en hâte à la mobilisation pour s'engager dans l'infanterie. Fut tué, le 2 novembre 1914, à Vendresse (Aisne).

> Citation : *Quoique réformé, s'était engagé dès le début de la guerre ; a été tué dans un poste avancé, qu'il n'a pas abandonné malgré un bombardement des plus violents.*

[Né le 25 janvier 1884. Fils de M. Arthur DE BREJERAC et de Mme née Emma DE PORCARO. Marié à Mlle Armelle DE LA CHOUË DE LA METTRIE, fille de M. et de Mme née DE VITTON DE PEYRINS, — dont deux enfants : Alain et Anne.]

BRELET (Pierre), , sous-lieutenant au 83e d'Artillerie.
Tué, le 21 juin 1916, à Charny (Meuse).

[Né le 16 juin 1885. Fils du Conseiller d'État, O , et de Mme née SERMAGE.]

BRÉMARD (*Henry-Georges-Maurice*), soldat au 353e d'Infanterie.
Tué dans les tranchées du Bois Le Prêtre, le 22 juin 1915.

[Né le 10 novembre 1894. Fils de M. (décédé) et de Mme née Marthe LECOQ.]

BREMOND D'ARS (*François-Marie-Léon-Théophile, Comte François de*), , (étoile d'or), (Saint-Stanislas de Russie), O (Medjidié), O (Sauveur de Grèce), ancien attaché militaire à Athènes et à Constantinople, chef d'escadrons au 14e Hussards.
Porté disparu au combat d'Ethe (Belgique), le 22 août 1914, ce n'est que longtemps après que l'on fut assuré de sa mort glorieuse au cours de ce combat ; on retrouva sa tombe dans la commune de Latour, arrondissement d'Arlen.

> Citation à l'Ordre du IVe Corps d'Armée : *Officier supérieur très énergique ; le 22 août 1914, au combat d'Ethe (Belgique), après la mort du lieutenant-colonel DE HAUTECLOCQUE, a, par sa décision et son courage, rassemblé sous le feu de l'ennemi les débris du régiment et protégé la retraite de la Division ; a été porté comme disparu à la suite de ce combat.*

Le 3 août 1914, il écrivait à une de ses parentes une lettre, dont nous extrayons le passage suivant :

> ..... Devant la mort possible et que je souhaite glorieuse comme il nous sied à nous autres, je vous demande de prier Dieu pour que, si je suis tué à la tête de mes hussards, l'âme loyale d'un soldat aille auprès de lui. Je pars demain soir pour la frontière, pensez à la France et dites-vous bien qu'elle sera victorieuse.....

[Né le 18 décembre 1867. Fils du Colonel Cte Gaston DE BREMOND D'ARS, O , et de la Ctesse née Alexandrine DE LUR-SALUCES ; petit-fils du Général Cte Théophile DE BREMOND D'ARS, Mis de MIGRÉ. Marié à Mlle DUMESNIL, fille de M. et de Mme née ROBLIN, — dont une fille.]

BREMOY (*Raymond-Marie LE BOUCHER de*), , (3 palmes, 2 étoiles), (Ordre de l'Épée de Suède), chef de bataillon d'Infanterie Coloniale.
Tué sous Verdun, le 25 mai 1916.

> Citation : *Officier supérieur d'une bravoure remarquable, admiré de ses hommes pour son sang-froid et ses connaissances militaires. Titulaire de trois citations, dont deux à l'Ordre de l'Armée. Mort pour la France, le 25 mai 1916.*

[Né le 6 janvier 1875. Fils de Félix-Arthur LE BOUCHER DE BREMOY et de Mme née DURAND DE PRÉMOREL. Marié à Mlle Gabrielle DE LA TAILLE, fille de M. Vincent-Charles-Maurice DE LA TAILLE, ✳, Conservateur des forêts en retraite, et de Mme née Berthe DE LUZY, — dont Henry, Jehanne et Guillaume.]

BRESSE (*Henry*-Octave), ✳ (posthume), ✸ (palme), admissible à l'Ecole Polytechnique, ingénieur civil des Mines, lieutenant au 1er d'Artillerie lourde.

Prit part, au début de la campagne, aux combats de Namur, Charleroi, et fit la retraite de la Marne. Aux batailles de l'Artois, commandant une section de sa batterie, fut tué d'un éclat d'obus, le 12 mai 1915, près du Bois de Berthonval (Pas-de-Calais); inhumé à Ecoivres, près du Mont Saint-Eloi.

> Citation : *A fait preuve, depuis le début de la campagne, des plus belles qualités de commandement et de bravoure. Dirigeant avec un sang-froid imperturbable le tir de sa section sous un bombardement intense d'artillerie ennemie, a été tué à son poste par un éclat d'obus.*

[Né le 17 avril 1888. Fils de M. et de Mme née Emma BERTINI.]

BRESSIEUX (*Henry*-Marie-Arthur, Vicomte de), ✳, ✸ (3 palmes), élève de l'Ecole Centrale, lieutenant commandant une batterie du 44e d'Artillerie.

Etait parti comme simple soldat au début de la campagne. Tué à son poste, le 24 avril 1917.

> Troisième citation à l'Ordre de l'Armée : *Officier de tout premier ordre, s'est distingué dans le commandement d'une batterie de tranchée et d'une batterie d'artillerie de campagne. Blessé très grièvement, le 24 avril 1917, en dirigeant de la tranchée de première ligne un tir de destruction sur les réseaux allemands. Déjà deux fois cité à l'Ordre de l'Armée.*

[Né le 13 octobre 1893. Fils du Cte DE BRESSIEUX et de la Ctesse née DE BOIGNE.]

BRESSON (*Edgard*-Paul-Louis-Georges, Vicomte Edgard de), ✳ (posthume), ✸, *engagé volontaire*, capitaine au 175e d'Infanterie. Tué au combat de Flirey, sous Verdun, le 5 avril 1915.

> Citation : *Officier d'une bravoure remarquable; s'est, le 5 avril 1915, lancé en tête de sa compagnie à l'assaut d'une tranchée ennemie, sur le parapet de laquelle il est tombé mortellement frappé.*

[Né en 1868. Fils du Ministre plénipotentiaire, O ✳ (décédé), et de la Ctesse née DU HALLAY-COËTQUEN. Marié à Mlle Anna B. HAGEMAN.]

BRETAGNE (Henry LE ROUX de), sergent au 1er d'Infanterie. Tombé à la Côte du Poivre, le 29 mars 1916.

[Fils de M. et de Mme née DUBRULLE DE ROUVROY, décédés.]

BRETEUIL (*Robert*-Gérard-Charles, Comte Robert LE TONNELIER de), Saint-Cyrien. Tombé au champ d'honneur, à Clermont-en-Argonne, le 4 septembre 1914.

[Né le 29 mars 1894. Fils du Cte (décédé) et de la Ctesse née Germaine ROUSSEL, remariée au Duc D'ELCHINGEN, décédé.]

BRETIZEL (Marie-Durand-Alexandre, Baron de BOREL de), ✠, ✠ (5 citations), chef de bataillon au 70e d'Infanterie.

Tombé glorieusement, le 4 août 1918, à la ferme La Grange, après avoir, le premier, traversé la Vesle, à la tête de son bataillon.

Dernière citation : *Au cours de quinze jours de bataille, a monté et conduit personnellement des attaques presque journalières. Le 4 août, a trouvé une mort glorieuse à la tête de son bataillon, en forçant, le premier de l'armée, les passages de la Vesle.*

[Fils du Bon (décédé) et de la Bonne née LE MARESCHAL. Marié à Mlle DE RAMBURES, — dont quatre enfants.]

BRETON (Michel), ✠, ✠, lieutenant au 140e d'Infanterie, détaché à l'Artillerie d'assaut.

Mort des suites de ses blessures, le 22 septembre 1918.

BRETTES (Charles de), *engagé volontaire,* sergent au 63e d'Infanterie.

Disparu à Jonchery-sur-Suippe, au cours d'une attaque, le 21 décembre 1914.

[Né le 17 mai 1893. Fils de M. Alexandre DE BRETTES (décédé en 1917), et de Mme née Elisabeth DE MONCHY.]

BREUIL DE SAINT-GERMAIN (Marie-Thomas-*Jean* du), ✠ (posthume), ✠ (palme), ancien officier, lieutenant au 13e Dragons.

Tué d'une balle au cœur, le 22 février 1915, à Rivières (Pas-de-Calais), près d'Arras, en voulant arracher aux Allemands trois de ses cavaliers blessés.

Citation à l'Ordre de l'Armée : *Officier d'une bravoure éprouvée. A été tué, le 22 février, en se portant au secours de plusieurs de ses cavaliers en patrouille qui venaient d'être tués ou blessés en avant de sa tranchée. A été cité.*

Ancien élève de Saint-Cyr, après quelques années passées dans l'armée, donna sa démission. Prit part à la guerre du Transvaal, fit de grands voyages, se consacra à l'étude des questions sociales, brillant conférencier, publiciste distingué.

[Né le 30 janvier 1873. Fils de M. DU BREUIL DE SAINT-GERMAIN, ancien député (décédé en 1919), et de Mme née TRUBERT.]

BREUILLÉ (Albert), adjudant au 346e d'Infanterie.

Blessé à Lérouville (Meuse), le 23 septembre 1914, a succombé le 1er octobre suivant à l'hôpital de Poligny (Jura), où il avait été transporté.

BREUVAND (Marie-Ludovic-*Adhémar* GAUTIER de), lieutenant au 227e d'Infanterie.

Tué, le 19 août 1914, par un éclat d'obus à la tête, à Doloing, où son corps est inhumé.

[Né le 2 mars 1882. Fils de M. Ferdinand GAUTIER DE BREUVAND et de Mme née Berthe FALCON DE LONGEVIALLE. Marié, en 1913, à Mlle Marguerite DE MAUROY, fille du Mis et de la Mise née Marie HOPPENOT, — dont une fille.]

BRÉVEDENT D'ABLON (André-René-*Guy* de), ✠ (posthume), ✠, maréchal des logis au 7e Chasseurs à cheval.

Tué le 1er juillet 1916.

Citation : *Parti comme agent de liaison de l'artillerie avec les vagues d'assaut, a trouvé une mort glorieuse en faisant bravement son devoir. A été cité.*

RÉVEDENT DU PLESSIS (*Jean*-Marie de), ✠ (2 étoiles vermeil), sorti de Saint-Cyr, lieutenant au 4e Chasseurs à cheval, détaché à l'Escadrille de chasse Nieuport 57.

Mort pour la France à l'Aérodrome de Tours, le 23 octobre 1916.

Citation : *Officier observateur de grande valeur à l'Escadrille Nieuport 57 depuis décembre 1915; a, dans plusieurs combats inégaux, su prendre la supériorité sur ses adversaires, notamment en attaquant, le 14 mars, deux Albatros, le 30 mars, trois L. V. G., obligeant, dans les deux cas, un des avions ennemis à atterrir précipitamment dans ses lignes et dispersant les autres.*

[Né le 24 décembre 1890. Fils de M. Gontran DE BRÉVEDENT DU PLESSIS et de Mme née Marthe D'ORNANT.]

BRÉVEDENT DU PLESSIS (*Louis*-Marie de), ✠ (étoile de vermeil), élève à l'Ecole Nationale des Mines, sous-lieutenant au 106e d'Artillerie lourde.

Tombé au champ d'honneur, à Monastir, le 17 mars 1917.

Citation : *Officier d'une belle tenue au feu, donnant l'exemple du sang-froid et du courage, toujours disposé aux missions dangereuses; après être resté trois jours et trois nuits constamment en éveil en vue d'une attaque importante, a été mortellement atteint au poste de commandement dans la nuit du 16 au 17 mars 1917.*

[Né le 12 janvier 1892. Frère du précédent.]

BRICHE (Vicomte Jean de), soldat au 102e d'Infanterie.

Tué aux combats de l'Oise, à Nanteuil-le-Haudouin, le 9 septembre 1914.

[Fils du Cte (décédé) et de la Ctesse née GODELLE.]

BRICOGNE (René), ✠, ✠ (palme et étoile), avocat à la Cour de Paris, lieutenant au 330e d'Infanterie.

Mort, à l'hôpital de Sceaux, de ses blessures de guerre, le 13 octobre 1917.

[Né en 1887. Fils de M. et de Mme née CRÉPON.]

BRICOURT (Pierre DUCHÉ de), ✠ (posthume), ✠ (palme), avocat à la Cour de Paris, lieutenant au 13e d'Infanterie.

Tué, le 26 novembre 1914, dans les bois d'Apremont.

Citation : *Est tombé mortellement blessé à la redoute du Bois Brûlé, le 27 novembre 1914, en montrant l'exemple à sa troupe. A été cité.*

BRIDIERS (Marie-Ludovic-*René* de), ✠, propriétaire, sergent-chef de section au 228e d'Infanterie.

Versé comme caporal au 66e territorial d'Infanterie, il fut envoyé dans le camp retranché de Paris, où il resta jusqu'après la bataille de la Marne. En novembre 1914 il était nommé sergent, et en décembre il partait pour l'Aisne, où il passait la plus grande partie de sa vie dans les tranchées. Tué, le 5 mai 1917, à Sancy (Aisne), d'une balle au front.

Extrait d'une lettre du lieutenant G... : « ..... DE BRIDIERS, qui était un ami plutôt qu'un subordonné, a été tué le 5 mai 1917. Il est mort sur le coup et n'a pas souffert. Son corps a été enlevé à la tombée de la nuit, et il a été inhumé pieusement devant nombre de ses camarades. Je l'avais vu quelques instants avant sa mort, et aucune crainte ne le hantait; d'ailleurs il avait déjà vu la mort de près à mes côtés; c'était un brave. »

Citation : *Excellent sous-officier, ayant déjà donné des preuves de son courage. Le 5 mai 1917, a été tué à la tête d'un groupe de grenadiers, au moment où il arrivait dans la tranchée ennemie.*

[Né le 18 octobre 1899. Fils du Vte Auguste DE BRIDIERS et de la V^{tesse} née Marguerite DE MILLON.]

BRIDIEU, née *Yolande*-Marie-Andrée de ROBIN DE BARBENTANE (Marquise de), ✳ (Médaille d'argent des Epidémies), ✳ (Croix de la Charité Serbe), ✳ (Médaille de vermeil des Epidémies), infirmière de la S. B. M., du 3 août 1914 au 16 juin 1918.

Décédée, victime de son dévouement, d'une maladie contractée au chevet des blessés, le 16 juin 1918.

[Née le 3 novembre 1873. Fille du Mis DE BARBENTANE (décédé) et de la M^{ise} née Hélène D'AOUST. Mariée, en 1895, au Mis DE BRIDIEU, — dont un fils.]

BRIDOUX (Marie-Joseph-*Eugène*), O ✳, ✠, Général de division commandant le Corps de Cavalerie.

Tué à l'ennemi, le 17 septembre 1914, à Pœuilly (Somme).

Citation : *A fait preuve d'une énergie inébranlable dans le commandement du Corps de cavalerie; grièvement blessé au cours d'une reconnaissance, est mort en disant à ceux qui l'entouraient : « Je meurs avec une grande joie pour mon pays, et dites au Corps de cavalerie que le sacrifice de ma vie doit lui servir d'exemple. »*

[Né le 25 février 1856. Fils de M. et de Mme née CARON. Marié, en 1886, à Mlle QUESNEL.]

BRIEY (Comte Pierre de), ✠, sous-lieutenant mitrailleur au 16e Dragons.

Tué, le 27 mars 1918, aux combats de Montdidier.

[Né en 1882. Fils du Cte et de la Ctesse née D'ASPREMONT-LYNDEN, décédés. Marié à Mlle DE MEEUS.]

BRIEY (*Jacques*-Antoine-Charles-Gobert, Comte Jacques de), ✳ (posthume), ✠ (palme), lieutenant au 226e d'Infanterie.

Tombé à Courbesseaux, le 25 août 1914.

Citation : *Tombé au combat de Courbesseaux, où il a eu la plus belle conduite, prenant le commandement de sa compagnie et la maintenant sous le feu le plus violent. A été cité.*

BRIMONT (Vicomte Pierre RUINART de), ✳ (posthume), ✠ (étoile), sous-lieutenant au 14e Hussards, détaché comme agent de liaison au 264e d'Infanterie.

Tué à l'ennemi, le 25 mai 1915, à la carrière Mingasson, près Tracy-le-Mont (Oise), en faisant une reconnaissance avec son Colonel dans les tranchées.

Citation à l'Ordre de la Division : *Le 8 septembre 1914, chargé de*

*porter un ordre sur la ligne de feu, a été blessé dès le commence-
ment de sa mission, a continué à transmettre l'ordre, malgré une
deuxième blessure grave à la jambe droite, et ne s'est reporté à
l'arrière que sa mission entièrement remplie. A été tué le 25 mai
1915, en même temps que son colonel, en effectuant une reconnaissance dans les tranchées. A été cité.*

[Né le 27 février 1883. Fils du Vte DE BRIMONT et de la V^{tesse} née DE FINGERLIN-
BISCHHINGEN.]

BRINDEJONC (Léonce-Charles-Jean), ✳ (posthume), ✠ (palmes), sous-lieutenant au 50e d'Artillerie, détaché à l'Escadrille B.R. 257.

Citation : *Officier digne d'être donné en exemple pour ses magnifiques qualités de courage et d'abnégation. Comme observateur,
a déjà été cité à l'Ordre sur la demande de l'infanterie. Au cours
des dernières batailles, malgré les attaques répétées des avions ennemis et au mépris des balles de terre qui ont maintes fois criblé
son appareil, a rendu les plus grands services, demandant les
missions les plus difficiles, les exécutant avec une persévérance
acharnée et les réussissant quelles que puissent être les difficultés
à vaincre, en particulier les 11 et 22 octobre 1918. Le 24 octobre,
attaqué par six avions ennemis, leur a fait face résolument et,
après un combat désespéré, a trouvé dans cette lutte inégale une
mort glorieuse.*

BRINDEJONC DES MOULINAIS (*Marcel*-Georges), ✳, ✠ (3 palmes), ✳ (Sainte-Anne de Russie), étudiant, puis pilote-aviateur civil avant la guerre, lieutenant au 4e groupe d'Aviation.

Abattu par une batterie antiaérienne, devant Verdun, le 18
août 1916.

Dernière citation à l'Ordre de l'Armée : *Pilote hors pair; officier
aussi brave que modeste, incarnant en lui toutes les qualités qui
font le héros simple et accompli. A tenu à retourner au front,
bien qu'incomplètement remis d'une longue maladie contractée au
service, donnant ainsi à tous le plus bel exemple d'énergie. Mort
pour la France le 18 août 1916.*

[Né le 8 février 1892. Fils de M. Georges BRINDEJONC DES MOULINAIS et de Mme née
MERLIN.]

BRINON (Albert de), ✳ (posthume), ✠ (palme), Saint-Cyrien, capi-taine au 157e d'Infanterie.

Tué, le 5 avril 1915, dans les combats de Lorraine.

Citation : *Est tombé mortellement frappé, le 5 avril 1915, à l'attaque des tranchées ennemies, après avoir brillamment enlevé sa
compagnie.*

[Fils du Cte et de la Ctesse née DE BALATHIER-LANTAGE.]

BRION (Pierre de), ✠, sous-lieutenant au 105e d'Artillerie.

Tué en juillet 1918.

BRIONNE (Édouard-Edmond-Adrien de), ✺ (posthume), ✠, caporal au 401e d'Infanterie.

Citation : *Bon et brave gradé, courageux et dévoué. Tué à son
poste de combat le 28 mars 1918.*

BRIQUET (Raoul), député du Pas-de-Calais.

S'étant rendu à Bapaume, après le recul de l'ennemi, pour organiser des secours aux populations libérées, a été tué au cours

de sa mission, étant à l'Hôtel de Ville, par l'explosion de ce monument, le 25 mars 1917.

BRISOULT (*Bernard*-Marie-Antoine-Joseph de), ✠ (posthume), ✠,
capitaine au 44ᵉ d'Artillerie.
Tué aux combats de l'Oise, le 22 septembre 1914.

> Citation : *A montré en plusieurs combats de grandes qualités d'énergie et de jugement, s'est particulièrement distingué le 22 septembre, et a été tué à son poste de commandement. A été cité.*

BRISSET (Louis), ✠, notaire à Paris, capitaine au 37ᵉ territorial
d'Infanterie.
Affecté, en septembre 1917, à l'Etat-Major du 2ᵉ Corps d'Armée colonial, sur le front depuis la mobilisation, mort pour la France le 8 janvier 1918.

BRISSY LE CHOLLEUX (*Charles*-Étienne-Sigismond), ✠ (palme
et étoile), ancien élève de l'Ecole Polytechnique, ingénieur, lieutenant au 7ᵉ d'Artillerie à pied.
Tué par un éclat d'obus, à Vailly (Aisne), le 3 juillet 1917.

> Citation : *Officier remarquable, ayant montré, en toute occasion, une haute conception de ses devoirs de chef. Chargé de l'aménagement d'une position particulièrement exposée, a tenu à rester constamment auprès de ses hommes, les maintenant au travail par son calme et son sang-froid, sous les bombardements les plus violents, et donnant à tous le plus bel exemple de courage et d'abnégation de soi-même. A été mortellement blessé à son poste, le 5 juillet 1917.*

[Né à Paris le 30 janvier 1885. Fils de M. René BRISSY LE CHOLLEUX, président des Rosati et du Comité d'appui des réfugiés des Professions Libérales, et de Mᵐᵉ née LEGAY.]

BROCHAND D'AUBERVILLE (Edme - Marie - *Bernard*), ✠
(posthume), ✠, sous-lieutenant au 59ᵉ Chasseurs à pied.

> Citation : *Officier d'une très grande bravoure personnelle, s'est offert volontairement pour remplir une reconnaissance périlleuse au cours de laquelle il a su forcer l'admiration des hommes qui l'accompagnaient. A été tué au cours d'un bombardement. A été cité.*

BRODY (*Henri*-Marie), ✠ (étoile d'argent), sous-lieutenant au 5ᵉ
Hussards, détaché au 146ᵉ d'Infanterie.
Tombé, le 12 mai 1915, à la tête de la 3ᵉ Compagnie, lors d'une attaque à l'est de Neuville-Saint-Vaast.

> Citation à l'Ordre de la Division : *Désigné une heure avant l'attaque pour prendre le commandement d'une compagnie, s'est porté en avant pour entraîner ses hommes à l'assaut. A pénétré le premier dans les tranchées allemandes. A été grièvement blessé.*

[Né le 8 février 1889. Fils du Général E. BRODY, O ✠, et de Mᵐᵉ née CHAMPALLIER.]

BROGLIE (*Jean*-Anatole, Prince Jean de), ✠, lieutenant d'Artillerie.
Mort pour la France, le 21 septembre 1918.

[Né le 27 janvier 1886. Fils du Pᶜᵉ François DE BROGLIE, O ✠, et de la Pᵉˢˢᵉ née CABOT DE DAMPMARTIN (décédée). Marié, en 1910, à Mˡˡᵉ Marguerite DECAZES, fille du Duc et de la Dᵉˢˢᵉ née SINGER, — dont trois enfants.]

BROGLIE-REVEL (*Charles-Albert*-Marie-Joseph, Prince Charles-Albert de), ✠ (posthume), ▨ (palme et étoile), lieutenant de réserve au 19e Chasseurs à cheval, de l'Escadrille N. 38.

Passé, sur sa demande, dans l'aviation, fut tué au cours d'un combat aérien, au-dessus du Mont Cornillet, le 19 avril 1917. Inhumé au cimetière militaire de Châlons-sur-Marne.

> Citation posthume (IVe Armée) : *Officier observateur de la plus haute valeur, dont le calme et le courage égalent la modestie. Au cours de nombreuses missions de reconnaissances lointaines et périlleuses, a su donner la mesure de son esprit sûr, de sa conscience et de son mépris du danger. Le 19 avril 1917, au cours d'une reconnaissance, a trouvé une mort glorieuse.*

[Né le 23 juin 1887. Fils du Pce Georges DE BROGLIE-REVEL et de la Pcesse née Léontine COSTA DE BEAUREGARD.]

BROIN (..... SEGUIN de), sous-lieutenant au 53e d'Infanterie.

Disparu, le 14 septembre 1917, au Bois des Caurières (Verdun).

BROLEMANN (Paul), ✠ (posthume), ▨ (1 palme, 2 étoiles), étudiant à Cambridge, *engagé volontaire*, sous-lieutenant au 12e Cuirassiers à pied.

Tué, le 5 avril 1918, à l'attaque du Bois de Sénécat (Somme), d'une balle au cœur.

> Citation : *Jeune officier plein d'ardeur, toujours le premier au danger; a trouvé une mort glorieuse en entraînant ses hommes à l'attaque.*

[Né le 28 avril 1895. Fils de M. Auguste BROLEMANN et de Mme née STEWART.]

BROSSARD (*Robert*-Ferdinand), étudiant en droit, sergent au 28e d'Infanterie.

Disparu, le 26 mai 1915, en Artois, à l'attaque du Bois-Carré (Aix-Noulette); avait été blessé et vu dans un trou d'obus à 50 mètres en avant de la tranchée.

Extraits de lettres de ses officiers :

> ... C'était un garçon de valeur, très intelligent et très courageux ; nous avons tous déploré sa disparition...
> ... Si la destinée veut qu'il ne soit plus, vous aurez au moins cette consolation, c'est qu'il sera mort en brave, ayant fait tout son devoir, plus que son devoir !...

[Né le 28 août 1893. Fils de M. et de Mme née Camille LÉGER.]

BROSSET (*Guy*-Marie-Dominique), ▨ (étoile de bronze), étudiant, caporal au 150e d'Infanterie.

Blessé et fait prisonnier à l'attaque du 16 avril 1917, devant Sapigneul (Marne). Mort en captivité, des suites de ses blessures, le 30 avril 1917, au camp de Hammelburg (Bavière), où il est inhumé.

> Citation à l'Ordre du Régiment : *Dans la nuit du 11 au 12 novembre 1916, a, dans une situation difficile, puissamment contribué à arrêter les contre-attaques ennemies. — Brave et dévoué.*

[Né à Buenos-Aires le 16 septembre 1897. Fils de M. Georges BROSSET et de Mme née Jeanne MESTREIT.]

BROSSET-HECKEL (Emmanuel), ▨ (étoile), sortant de Saint-Cyr et de Saumur, sous-lieutenant au 11e Hussards.

Parti dès la fin de juillet 1914 pour la frontière, il prit part en Lorraine aux premières opérations où, le 18 août, avec son escadron il chargea à Sarrebourg. Le 26 août 1914, commandé pour diriger une reconnaissance au village de Girivillers (Meurthe-et-Moselle), il fut frappé d'une balle en plein cœur, alors qu'il fouillait une maison pour s'emparer de soldats ennemis.

[Né le 8 mars 1889. Fils de M. Maurice BROSSET-HECKEL et de Mme née Camille BERNARD DE DOMPSURE.]

BROSSOLLET (Louis), ✳, ✠ (palme), sous-lieutenant au 140e d'Infanterie.
Disparu à Chaulnes (Somme), le 25 septembre 1914.

Citation (Légion d'honneur) : *A fait preuve d'une grande énergie en conservant le commandement de sa section, après avoir été grièvement blessé au poignet, et n'a été à l'ambulance que sur l'ordre formel du colonel.*

BROSSOLLET (Jean), sous-lieutenant au 19e d'Artillerie.
Disparu à La Garde (Lorraine), le 11 août 1914.

BROUARDEL (*René-Léon-Georges*), étudiant, *engagé volontaire* au 22e d'Artillerie.
Décédé le 4 avril 1916.

[Né le 13 novembre 1896. Fils du Dr Georges BROUARDEL, ✳, et de Mme née LÉON-HEUZEY.]

BROUET (E.), ✳, ✠ (palme), lieutenant-colonel commandant le 223e d'Infanterie.

Citation : *A été frappé d'une balle en pleine poitrine, le 25 août 1914, au moment où, debout sur la tranchée, il demandait à son régiment, arrêté par un feu violent, la reprise du mouvement en avant.*

BROUTTIN DE FERQUE (Henri-Marie-Joseph), ✳ (posthume), ✠ (palme), capitaine au 9e Cuirassiers à pied.

Citation : *Sa compagnie étant en réserve, l'a engagée spontanément dans une contre-attaque, sous un feu violent de mitrailleuses, pour empêcher son bataillon d'être tourné. A été tué au cours de l'action.*

BRUC DE LIVERNIÈRE (*Rogatien-Albert-Édouard-Marie*, Comte Rogatien de), ✳ (posthume), ✠ (palme), Saint-Cyrien de la promotion de la Grande-Revanche, sous-lieutenant au 96e d'Infanterie.
Tombé glorieusement à Mesnil-les-Hurlus, le 4 juillet 1915.

Citation : *Jeune sous-lieutenant de 22 ans, provenant des admissibles à Saint-Cyr. Placé avec sa section dans une portion de tranchée constamment battue par de grosses bombes, a donné, le 5 juillet, l'exemple à ses hommes au moment d'un éboulement de tranchée, en se portant sur la brèche avec un outil; a trouvé une mort glorieuse le lendemain, au même point, en observant les effets des bombes. A été cité.*

[Né le 25 mars 1893. Fils du Cte et de la Ctesse née Renée DE CHABANS.]

BRUCE (*Robert-Marie-Hervé-Charles-Prosper*, Comte Robert de), ✳ (posthume), ✠ (2 palmes, 2 étoiles), licencié en droit, lieutenant au 30e Dragons, pilote à l'Escadrille N. 75.

Parti, dès le début de la campagne comme maréchal des logis de Dragons, mis aux escadrons à pied qui défendirent si héroïquement l'Yser, il fut blessé grièvement devant Soissons ; il passa enfin dans l'aviation qu'il demanda, recherchant l'arme et le poste le plus dangereux avec un mépris absolu de la mort. Au cours d'une patrouille exécutée volontairement, emporté par son ardeur habituelle, il succomba dans un combat aérien livré au-dessus de Consenvoye (Meuse), — dans le cimetière duquel il est inhumé, — à 7 heures du soir, le 11 septembre 1917. Il obtint quatre magnifiques citations, dont voici la dernière :

> *Pilote de chasse hors ligne. Modèle de courage et d'entrain. Glorieusement tué en combat aérien, au retour d'une expédition offensive, loin dans les lignes ennemies.*

[Né le 18 novembre 1889. Fils du C¹ᵉ DE BRUCE et de la Cᵗᵉˢˢᵉ née Pᵉˢˢᵉ Élisabeth DE CROŸ.]

BRUCHARD (Guy de), homme de lettres . . . .

BRUGEROLLE DE FRAISSINETTE (Pierre de), ⚜ (posthume), ✠ (palme), soldat au 26ᵉ d'Infanterie.
Tué en 1914.

> Citation : *Excellent soldat, qui s'est toujours fait remarquer par sa belle attitude au feu. Frappé mortellement en plein combat. A été cité.*

BRUHL (*Roger*-Albert), ✠, aspirant au 27ᵉ d'Artillerie.

> Citation : *Aspirant d'un moral élevé et d'une très belle tenue au feu. Le 17 octobre 1918, surpris en pleine nuit par l'éclatement, dans son abri, d'un obus toxique, n'a consenti à se laisser évacuer qu'après être allé lui-même avertir son capitaine commandant. Est mort à son arrivée à l'ambulance.*

[Né en 1898. Fils de M. et de Mᵐᵉ Paul BRUHL.]

BRULLE (Marie-Gabriel-Henri-Simon-*Roger*), ✠ (2 étoiles), docteur ès sciences politiques, sous-lieutenant au 8ᵉ Cuirassiers.

Atteint par un tir de barrage au rassemblement de sa section pour aller au feu. Blessé mortellement par un obus de 150, le 31 mars 1918, près de Moreuil (Somme). Mort quelques heures après.

[Né le 5 mai 1889. Fils de M. Henri BRULLE et de Mᵐᵉ née MORANGE.]

BRUMAULD DES ALLÉES (Robert), ✲ (posthume), ✠ (palme), lieutenant au 24ᵉ Chasseurs à cheval, détaché à l'Escadrille 62.

> Citation : *Magnifique figure d'observateur d'armée. Légendaire dans l'aviation d'observation, a montré, pendant trois ans, en toutes circonstances, une bravoure froide, jointe à un magnifique esprit de sacrifice. Le 2 août, commandant par intérim son escadrille, a tenu à assurer la mission la plus délicate. Est tombé glorieusement au retour, en tentant de regagner à tout prix nos lignes à faible altitude, avec un appareil gravement atteint à la suite de combats acharnés.*

BRUN (André), ✲, ✠, lieutenant aviateur.
Tué, le 11 juin 1918, alors qu'il accomplissait une mission périlleuse, en luttant contre deux appareils ennemis.

BRUN (Léon).
Blessé le 30 mai 1918. Disparu.
[Frère du précédent.]

BRUN (Antoine), capitaine d'Etat-Major à la 56e Brigade.
Tué à Saint-Dié, le 27 août 1914.

BRUN (Gaston), ✠, ✠, artiste peintre, capitaine.
Mort des suites de ses blessures, à Amélie-les-Bains, en mai 1918.

BRUNEAU (*Georges*-Ambroise-Marie-Dominique), ✠, ✠ (étoile),
agriculteur, capitaine au 50e territorial d'Infanterie.
Officier de mérite, toujours prêt à se dévouer, mort des suites
de la guerre
[Né le 17 décembre 1862. Fils de M. et de Mme née PETITJEAN-ROGET. Marié à Mlle JULIEN, fille du Colonel et de Mme née CHAURAND, — dont deux enfants.]

BRUNEL (Joseph), avocat, lieutenant d'Infanterie.
Tombé glorieusement au Moulin de Laffaux, en avril 1917.
[Marié, en 1914, à Mlle DE NEYMET.]

BRUNEL DE PEERAARD (Jacques), ✠, brigadier au 43e d'Artillerie.
Tué en 1914, au Chenay (Marne), à l'âge de 21 ans.

BRUNIER (François de), ✠ (posthume), ✠ (palme), capitaine au
3e mixte de Zouaves et Tirailleurs.
Citation : *Officier de territoriale passé aux zouaves sur sa demande. D'une activité et d'un allant remarquables. Tombé glorieusement, le 6 septembre 1916, en opérant de jour une reconnaissance sous un feu très vif de mitrailleuses (bataille de la Somme). A été cité.*
[Marié à Mlle VALLÉE.]

BRUTÉ DE RÉMUR (Mademoiselle Simone), infirmière de la S.B.M.
A succombé aux suites d'une maladie contractée près des soldats blessés et malades, le 26 octobre 1918, à Montgermont, près Rennes.
[Née le 17 décembre 1890. Fille du Général Augustin BRUTÉ DE RÉMUR, C ✠, et de Mme née Louise O'DELAUT, décédée.]

BRUYÈRE (*Alexandre*-François-Marie-Michel, Comte Alexandre),
✠ (posthume), ✠ (palme), capitaine au 1er d'Infanterie.
Citation : *Officier de grande valeur. Est tombé glorieusement à la tête de sa compagnie, au combat de la Herie-la-Vieville, le 29 août 1914, en donnant l'assaut, le fusil à la main, et en entraînant ses hommes au cri : « Mes enfants, en avant ! » A été cité.*

BRUYÈRE (René), ✠ (posthume), ✠ (palme), lieutenant au 70e d'Infanterie.
Tué aux combats de Belgique, le 21 août 1914.
Citation : *Animé d'une audacieuse ardeur et dédaigneux de tout danger, courait au-devant de sa section pour l'entraîner à l'assaut ; parvint ainsi, sous une grêle de balles, à amener une partie de ses hommes jusqu'aux lignes ennemies, où il succomba.*

BRYAS (Marquis de), caporal au 49e d'Infanterie.
Tombé glorieusement à la bataille de Guise, le 29 août 1914.

[Fils du Mis (décédé) et de la Mme née DE BRIMONT. Marié à Mlle Germaine DE WITTE.]

BRYE DE VERTAMY (*Henri*-François-Alphonse-Marie de), ✳, ✣ (palme), Saint-Cyrien, chef de bataillon breveté d'Etat-Major au 252e d'Infanterie.
Blessé grièvement le 29 juillet 1915, succomba à ses blessures, à Lyon, le 16 novembre 1915.

> Citation : *Officier supérieur d'une très haute valeur morale et professionnelle. Remarquablement doué, ayant le don du commandement. S'est imposé rapidement au respect et à l'affection de son bataillon, en lui donnant constamment l'exemple de l'activité, de la bravoure et de la plus belle conception du devoir. Atteint, le 29 juillet 1915, d'une grave blessure.*

[Né le 29 janvier 1874. Fils de M. Henri DE BRYE DE VERTAMY, ancien magistrat, et de Mme née MEAUDRE DE SUGNY. Marié à Mlle Anne DUHAMEL, fille de M. et de Mme née PUVIS DE CHAVANNES, — dont quatre enfants.]

BRYOIS (Henri), ✣, consul de France à Cuba, *engagé volontaire,* sous-lieutenant.
Engagé comme simple soldat au début de la campagne, avait conquis ses grades sur les champs de bataille. Tué, en 1917, aux combats de la Malmaison.

BUCHET (Henri de), ✣, sous-lieutenant de réserve au 221e d'Infanterie.
Tué, le 21 août 1914, à Sainte-Marie-aux-Mines.

[Fils de M. et de Mme née DE ROCHETAILLÉE. Marié à Mlle Valérie GUYOT DE SAINT-MICHEL.]

BUCHET (Jean-Baptiste-*Emmanuel* de), ✳ (posthume), ✣, capitaine au 42e d'Infanterie.
Tué au combat de Dornach, en août 1914.

> Citation : *Capitaine d'une bravoure exceptionnelle; s'est lancé, à la tête de sa compagnie, à l'assaut d'un village, et est tombé mortellement blessé au moment de la victoire. A été cité.*

[Frère du précédent.]

BUCHET (Jean), ✣, sous-lieutenant au 24e Chasseurs alpins.
Tué le 23 octobre 1917.

[Né en 1896. Fils du B^{on} et de la B^{onne} BUCHET.]

BUCY (Ghislain de), ✣, sous-lieutenant au 9e Cuirassiers à pied.
Tombé, le 9 juin 1918, au plateau de Saint-Claude, près Lassigny.

[Fils du Cte et de la Ctesse née DE METZ, décédée en 1916.

BUCY (Robert de), ingénieur, caporal au 153e d'Infanterie.
Tombé, le 20 août 1914, au signal de Marthil (bataille de Morhange).

[Frère du précédent.]

BUDAN DE RUSSÉ (Henri), maréchal des logis au 68e d'Artillerie.
Décédé, le 1er novembre 1918, à l'hôpital militaire de Sens, d'une maladie contractée aux Armées.

[Né en 1876. Fils de M. et de Mme née DE MAILLÉ DE LA TOUR-LANDRY, décédés.]

BUDAN DE RUSSÉ (Jacques), capitaine au 264e d'Infanterie.
Blessé en septembre 1914, mort le 13 octobre suivant à l'hôpital 10, à Nantes.

BUFFET (Félix-Louis-Marie-*Pierre*), ✠ (étoile), *engagé volontaire*, caporal au 37e d'Infanterie.
Tué, le 1er août 1916, devant Maurepas, d'une balle au cœur.

    Citation : *Venu de la cavalerie, comme volontaire, dans l'infanterie, a fait preuve de suite du plus bel entrain. Chargé de tenir un point délicat sous un bombardement violent, s'y est maintenu avec un sang-froid admirable. Est tombé à son poste, donnant à tous le plus bel exemple de sacrifice à la Patrie.*

[Né le 15 novembre 1897. Fils de M. Jean BUFFET, président de la Société Nancéienne (décédé en 1917), et de Mme née GOSSET.]

BUFFET (Michel), *engagé volontaire*.
Mort, en 1918, des suites d'une maladie contractée au front.

[Fils de M. Jules BUFFET et de Mme née LE FERAUT DE BOISGUILBERT.]

BUFFÉVENT (Marie-Charles-*Georges* LIFFORT de), ✶, ✠ (palme), chef de bataillon au 318e d'Infanterie.
Mort, le 2 septembre 1914, à Sailly-Saillisel, des suites d'une blessure reçue au combat de Bapaume, le 27 août.

    Citation : *A continué à commander son bataillon sous le feu, malgré une première blessure, et a refusé de se laisser emporter jusqu'à ce qu'une deuxième blessure grave l'ait atteint.*

[Né le 1er juin 1866. Fils de M. et de Mme née GERMAIN. Marié à Mlle RIGAUX, — dont quatre enfants.]

BUHOT DE LAUNAY (Robert-Prosper-Guillaume), ✠, capitaine au 156e d'Infanterie.
Blessé grièvement le 9 mai 1915, succomba à ses blessures le 12, à Aubigny (Pas-de-Calais).

    Citation : *Officier plein d'entrain et de vigueur. Exemple constant de courage et de sang-froid pour ses hommes. Atteint mortellement, le 9 mai, au moment où, sous un feu violent, il marquait lui-même, avec ses drapeaux, le front à battre par l'artillerie amie.*

[Né le 4 octobre 1878. Fils de M. et de Mme née COMBROUSE.]

BUISSON (Jean-Baptiste-Georges-*Bernard* JACQUELIN du), ✶ (posthume), ✠ (palme), sous-lieutenant au 44e d'Infanterie.
Tué, le 13 août 1916, au Bois de Hem (Somme).

    Citation : *D'une grande bravoure et d'une haute valeur morale. Est tombé glorieusement, le 13 août 1916, au cours d'une mission particulièrement périlleuse, en traversant une zone battue par les tirs de barrage et le feu des mitrailleuses ennemies. A été cité.*

[Né le 5 octobre 1892. Fils de M. et de Mme née TRESCQ.]

BUNOUST (Émile), ✶ (posthume), ✠ (palme), élève commissaire de la Marine à bord du *Léon-Gambetta*.

Citation : *Alors que le bâtiment, torpillé deux fois, était sur le point de chavirer, a donné l'exemple du calme le plus admirable en faisant le sacrifice de sa vie pour permettre à un plus grand nombre des hommes de l'équipage de prendre place dans les embarcations. A été englouti avec son bâtiment.*

BUOR DE LA VOY (*Ludovic-Marie-Robert-Gilbert*, Comte Ludovic de), ⚓ (posthume), ✠ (étoile), soldat au 66ᵉ d'Infanterie.

Tombé glorieusement, avec quinze de ses camarades, au combat de Neuville-Saint-Vaast.

Citation : *Bon et brave soldat. Tué, le 17 juin 1915, à Neuville-Saint-Vaast, en accomplissant vaillamment son devoir. Croix de guerre avec étoile de bronze. A été cité.*

[Né le 24 mai 1893. Fils du Cᵗᵉ et de la Cᵗᵉˢˢᵉ née DE COTIGNON.]

BUOR DE VILLENEUVE (*Henri*-Joseph-Marie de), ✠, sergent au 101ᵉ d'Infanterie.

Tué, le 25 septembre 1915, au Mont Sans-Nom (Marne).

[Né le 16 mars 1891. Fils de M. et de Mᵐᵉ née DE LA DÉBUTERIE.]

BUOT DE L'ÉPINE (Paul-V.), capitaine au 248ᵉ d'Infanterie.

Tué le 20 novembre 1914.

[Marié à Mˡˡᵉ DE BOUTINY.]

BURE (Marcel de), ✠, soldat au 260ᵉ d'Infanterie.

Mort pour la France, en Serbie, le 28 octobre 1918.

[Fils de M. et de Mᵐᵉ née TOURNIÈRE-BLONDEAU.]

BURETEL DE CHASSEY (Charles de), ✵, ✠, chef de bataillon au 23ᵉ d'Infanterie.

Tué, le 22 septembre 1914, au Col d'Ormont (Vosges).

Citation : *Est tombé mortellement frappé, à la tête de ses hommes, en arrivant aux tranchées ennemies.*

[Fils de M. et de Mᵐᵉ née DE BALATHIER-LANTAGE. Marié à Mˡˡᵉ Suzanne DE PINA DE SAINT-DIDIER, — dont six enfants.]

BURETEL DE CHASSEY (Aristide-Marie-Joseph-*Louis* de), ✵, ✠, chef de bataillon au 44ᵉ d'Infanterie.

Citation : *Le 26 février 1916, sous Verdun, chargé de tenir une position avec son bataillon, et deux de ses compagnies ayant été mises hors de combat dès le début de l'action, a renoncé à se replier, alors qu'il le pouvait encore ; s'est élancé, à la tête de ce qui lui restait d'hommes disponibles, contre un ennemi dix fois supérieur en nombre, voulant remplir jusqu'au bout la mission qui lui avait été confiée. Est tombé dans une charge désespérée. A été cité.*

[Frère du précédent. Marié à Mˡˡᵉ Camille MARQUISET, — dont six enfants.]

BURGUE (Richard de), ✠, avocat à la Cour de Paris...........

BURIN DES ROZIERS (Joseph-*Raymond*), ✵ (posthume), ✠ (palme), lieutenant au 108ᵉ d'Infanterie.

Citation : *Officier très courageux et ayant un profond sentiment du devoir. Placé à la tête de sa compagnie, qui venait de perdre son capitaine, a fait preuve de belles qualités de sang-froid et d'énergie. Blessé légèrement à la jambe, le 24 août 1914, a néan-moins conservé son commandement. A été mortellement blessé à la tête de sa compagnie, le 30 août 1914, à la ferme de Saint-Denis. A été cité.*

BUROS (Baron Gérard de), ✠ (étoile), capitaine commandant au 1er Léger.

Tué dans la tranchée, devant Bétheny, à la suite d'un effroyable bombardement, le 21 juillet 1917.

> Citation : *Officier de valeur, dont la belle attitude au feu, la conscience et le sang-froid ont été remarqués dans plusieurs situa-tions difficiles. Mortellement atteint, le 21 juillet 1917, à son poste de combat.*

[Fils du Colonel Bⁿ DE BUROS (décédé) et de la Bⁿⁿⁿ née Amélie DE GAUJAL.]

BUROT DE L'ISLE (*Jean*-Marie), ✶ (posthume), ✠ (palme), sous-lieutenant au 313ᵉ d'Infanterie.

> Citation : *Le 2 septembre 1914, a entraîné sa section à l'assaut d'un village, sous un feu violent d'artillerie et de mitrailleuses. A été blessé mortellement, quelques jours plus tard, en défendant un bois avec sa compagnie, dont il avait pris le commandement ; avait refusé de se laisser emporter en arrière des lignes. A été cité.*

BUSSY (Marie-*Adhémar*-Adolphe-Charles LE CLERC, Comte de), ✶, ✠ (palme), chef de bataillon au 33ᵉ d'Infanterie à Arras, puis passé au 233ᵉ de ligne.

Blessé à la tête de son bataillon, à l'attaque du 23 août 1914, est mort le 28, des suites de ses blessures, dans un couvent de Belgique, assisté par Mgr CARTON DE WIART.

> Citation : *A mené bravement son bataillon à l'attaque du 23 août 1914. Blessé très grièvement une première fois sous un bombarde-ment violent, a voulu assurer le placement de ses compagnies, et a reçu une deuxième blessure ; a refusé de se faire évacuer avant que tous les hommes blessés de son bataillon ne l'aient été ; a montré le plus beau courage, et a dû être abandonné dans les lignes allemandes.*

[Né le 15 mars 1862. Fils du Cᵗᵉ Charles LE CLERC DE BUSSY et de la Cᵗᵉˢˢᵉ née GOUPY DE BEAUVOLERS (décédés). Marié à Mˡˡᵉ Marguerite TOUSSAINT, fille de M. Henri TOUSSAINT et de Mᵐᵉ née FARCIS (décédés), — dont onze enfants.]

BUSSY (*Gilles*-Marie LE CLERC de), ✠ (palme), Saint-Cyrien de la promotion Croix du Drapeau, sous-lieutenant au 8ᵉ d'Infanterie.

Tué, le 8 septembre 1914, à la bataille de Montmirail (Marne).

> Citation du Général FRANCHET D'ESPÉREY, commandant la Vᵉ Ar-mée : *Jeune Saint-Cyrien, d'un courage et d'un entrain remar-quables. Le 8 septembre 1914, à Bergères-les-Montmirail, a en-traîné vigoureusement sa section à l'assaut, et est tombé mortelle-ment frappé en entrant le premier dans le village.*

[Né le 9 octobre 1894. Fils du précédent.]

BUSSY (..... LE CLERC de), ✶, ✠, ✶ (Ordre de Léopold), lieutenant aviateur.

Blessé au cours d'un combat aérien, a succombé aux suites de ses blessures, à l'ambulance de La Panne (Belgique), le 15 octobre 1918.

BUSSY (Gaston de), homme de lettres, soldat au 106e d'Infanterie.
Mort, à Bourges, le 24 septembre 1914.

BUSSY (*Louis*-Paul-Marie-Eugène de), sous-lieutenant au 2e Chasseurs à cheval.
Tué à L'Epine, près Châlons-sur-Marne, le 12 septembre 1914.
[Né le 20 février 1886. Fils de M. et de Mme née NICOLAZO DE BARMON.]

BUTLER (Vicomte Maurice de), lieutenant au 4e Cuirassiers.
Tué en septembre 1914.

BUTLER (*Enguerrand*-Raymond de), ✠, lieutenant au 7e Tirailleurs indigènes.
Tué à l'ennemi, le 22 septembre 1914, à Lassigny.
[Né le 11 avril 1886. Fils de M. et de Mme née ROGER.]

BUTRUILLE (Léon), ✠ (étoile), étudiant, soldat au 129e d'Infanterie.
Après s'être vaillamment battu aux grandes attaques d'Artois, de Champagne, de Verdun, etc..., il fut grièvement blessé, le 22 mai 1916, auprès du fort de Douaumont, et mourut des suites de ses blessures, à l'hôpital de Vadelaincourt, le 2 juin 1916.
> Citation : *Soldat très brave, d'un calme et d'un sang-froid remarquables, s'est distingué, pendant les journées des 9 et 10 avril 1916, par le brillant exemple donné à ses camarades, sous un violent bombardement.*

[Né à Douai le 10 avril 1895. Fils de M. Édouard BUTRUILLE, industriel, et de Mme née DUPONT.]

BUTTET (Henri-Marie-*Louis* de), ✳ (posthume), ✠ (2 palmes), capitaine au 23e d'Infanterie.
Mort à Saint-Dié, des suites de ses blessures, le 23 juin 1915.
> Citation : *A été glorieusement frappé, alors qu'avec son énergie habituelle il entraînait sa compagnie à l'assaut sous un bombardement effroyable.*

[Né le 10 juin 1876. Marié à Mlle Anne RICHARD.]

BUYER DE MIMEURE (*Jacques*-François-Régis de), ✳ (posthume), ✠ (palme), sous-lieutenant au 60e d'Infanterie.
> Citation : *Officier très brave, très énergique, qui a été mortellement blessé en entraînant sa section à l'assaut des tranchées ennemies, le 25 septembre 1915.*

BUYER DE MIMEURE (Robert de), ✳ (posthume), ✠ (palme), lieutenant au 105e d'Infanterie.
Tué, le 20 août 1917, à 22 ans.
> Citation : *A porté d'un élan irrésistible sa compagnie à l'attaque de la position allemande. A été tué en l'abordant. Jeune officier d'une bravoure reconnue de tous, et qui avait su faire de sa compagnie une unité animée d'un esprit offensif merveilleux. A été cité.*

BUYER DE MIMEURE (Marie-Mélina-Arthur-Jacques de), ✳ (posthume), ✠ (palme), lieutenant au 93e d'Infanterie.
> Citation : *Officier plein d'entrain. A été frappé mortellement d'une balle en coopérant à la défense d'un entonnoir, lors de l'attaque du 26 septembre 1915, à Mesnil-les-Hurlus. A été cité.*

C

CABAT (*Louis*-Marie-Pierre), ✠ (étoile), sous-chef de bureau au Ministère de la Justice, adjudant au 17ᵉ territorial d'Infanterie.
Tué par un éclat d'obus, le 28 juin 1916, sous Verdun.

> Citation : *Excellent sous-officier, énergique et courageux, a conduit plusieurs fois, avec le plus grand sang-froid, les corvées de ravitaillement de première ligne dans un secteur particulièrement bombardé, près de Verdun. A été tué le 28 juin 1916.*

[Fils de M. Augustin CABAT, ✠, et de Mᵐᵉ née FONTAINE. Marié à Mˡˡᵉ Jeanne PRADIÉ, fille de M. et de Mᵐᵉ née SALLES, — dont deux enfants.].

CACQUERAY (*Jacques*-Michel-Gaston, Comte Jacques de), ✠ (posthume), ✠ (palme), Saint-Cyrien de la promotion de la Croix du Drapeau, sous-lieutenant au 63ᵉ Chasseurs à pied.
Tué à l'ennemi, le 11 novembre 1914, à Hébuterne (Pas-de-Calais).

> Citation : *N'étant plus, en raison de ses fonctions d'adjoint au chef de corps, appelé à marcher à l'attaque des tranchées ennemies, a demandé à prendre le commandement d'une section, à la tête de laquelle il a été mortellement blessé, le 11 novembre 1914. A été cité.*

[Né le 27 avril 1893. Fils du Mˡˢ et de la Mˡˢᵉ née LA PROSTE.]

CACQUERAY DE LORME (..... de), lieutenant.
Tué en service commandé, le 16 octobre 1918.

[Marié à Mˡˡᵉ ALLINGES, — dont un enfant.]

CACQUERAY DE VALMÉNIER (Pierre de), ✠ (posthume), ✠ (2 étoiles), sous-lieutenant au 151ᵉ d'Infanterie.

> Citation : *Très bon officier. A entraîné brillamment sa section à l'attaque du 25 septembre 1915. Blessé grièvement lors de l'engagement, a été tué quelques instants après. A été cité.*

[Fils du Vᵗᵉ et de la Vᵗᵉˢˢᵉ née D'OZOUVILLE.]

CADET DE VAUX (René), sergent au 94ᵉ d'Infanterie.
Disparu le 20 août 1914.

CADORET (Georges), ✠ (étoile de bronze), lieutenant au 35ᵉ d'Artillerie.
Disparu au combat de La Boisselle, le 24 décembre 1914, à la tête d'une compagnie d'infanterie dont il prit spontanément le commandement.

> Citation : *Avait demandé à prendre le commandement d'une section de mortiers lisses de 15 centimètres. Au cours du combat du 24 décembre, devant La Boisselle, ne pouvant utiliser son matériel, s'est porté spontanément à l'assaut du village avec les premiers*

éléments d'infanterie, et, par deux fois, est allé jusqu'au centre du village. A disparu au cours de ce combat, blessé vraisemblablement, un sous-officier l'ayant vu tomber.

[Né le 25 septembre 1888. Fils de M. P. CADORET, industriel, et de Mᵐᵉ née GICQUEL.]

CADORET (Marcel), ✠ (étoile d'argent), **sous-lieutenant au 230ᵉ d'Artillerie.**

Mort glorieusement près de Noyon.

Citation : *Jeune officier plein d'entrain, ayant exécuté d'intéressants travaux techniques d'artillerie. Atteint mortellement, le 28 mars 1918, à son poste de combat.*

[Né le 25 avril 1894. Frère du précédent.]

CAGNINACCI (Hubert), ⚜ (posthume), ✠ (palme), **maréchal des logis, pilote à l'Escadrille C. 56.**

Citation : *Sous-officier brave et plein d'allant. A peine arrivé sur le front comme jeune pilote, s'est montré prêt à remplir toutes les missions. A trouvé une mort glorieuse, dans un combat aérien, le 18 mai 1916.*

CAHOURS DE VIRGILE (André-Joseph), ⚜ (posthume), ✠ (palme), **aspirant au 20ᵉ Chasseurs à pied.**

Citation : *Sous-officier de grand mérite, brave et résolu, ayant toujours eu un ascendant considérable sur ses hommes. Le 19 juillet 1918, chargé d'enlever une barricade fortement organisée, a entraîné ses chasseurs à l'assaut avec un élan extraordinaire ; a refoulé l'ennemi et occupé la position. S'est de nouveau distingué, le 25 juillet, où il a été tué à la tête de sa section, après avoir pris la première ligne ennemie, et capturé un certain nombre de prisonniers et deux mitrailleuses.*

CAHUZAC (M.-G.-L.-E.), ✠ (posthume), ✠ (palme), **médecin à bord du *Bouvet.***

Citation : *Mort victime de son dévouement aux blessés du Bouvet, englouti avec son bâtiment.*

CAILAR (*Jean*-Marie-Maxime), ✠, **avocat à la Cour d'appel d'Indo-Chine, sous-lieutenant au 23ᵉ Colonial.**

Tué à Massiges, le 5 février 1915.

[Né à Paris le 16 avril 1883. Fils de M. et de Mᵐᵉ née Marie ALBESSARD.]

CAILLAUD (Georges), ⚜, ✠ (palme), **religieux de la Compagnie de Jésus, aumônier du 20ᵉ d'Artillerie.**

Mort, le 4 novembre 1916, des suites de blessures reçues l'avant-veille aux combats de la Somme.

CAILLOL DE PONCY, ✠ (posthume), ✠ (palme et étoile), **lieutenant au 12ᵉ d'Artillerie.**

Tué le 21 février 1917.

Citation : *Officier de réserve de grande valeur et de grand courage. S'est présenté comme volontaire pour servir dans les premières formations d'artillerie de tranchée, dès la fin de 1914. Depuis ce temps, s'y est toujours distingué, restant à son poste, malgré deux blessures successives. A trouvé une mort glorieuse dans une reconnaissance des positions ennemies, en vue de la préparation d'une attaque. Déjà cité à l'Ordre d'un Corps d'Armée.*

[Né en 1885. Marié à Mlle CHABOUD.]

CAILLOL DE PONCY, 🎖 (posthume), ✠ (palme), caporal au 2e Génie.

    Citation : *Le 23 décembre 1914, à l'attaque du village de Steinbach, ayant reçu l'ordre de faire replier ses hommes, l'a exécuté avec le plus grand sang-froid. Est resté le dernier dans la tranchée, et est tombé mortellement frappé en rejoignant sa section. A été cité.*

CAILLON LA BUSSATTE (René-Alphonse-Auguste-Pierre), ✶ (posthume), ✠, sous-lieutenant au 9e de marche de Zouaves.

    Citation : *Calme, énergique, a maintenu sa section sous un bombardement des plus violents. Au cours d'une contre-attaque, est tombé en se portant à l'assaut. A été cité.*

CALA (*Raphaël*-Émile-Michel de), soldat au 246e d'Infanterie.
Tué à Souchez, le 23 mai 1915.

[Né en 1882. Fils de M. et de Mme née BALLIN.]

CALLON (Emmanuel), lieutenant au 48e d'Infanterie.
Blessé et disparu dans un combat sous Arras, le 9 mai 1915.

[Fils de M. et de Mme née DE GIBERGUES.]

CALMELS (Gaston de), ✶ (posthume), ✠ (palme), sous-lieutenant au 14e d'Infanterie.

    Citation : *A fait preuve du plus grand courage et du plus grand dévouement en restant à son poste de combat, malgré un tir d'artillerie des plus violents, et est ainsi glorieusement tombé, le 15 mai 1915, devant Souchez. A été cité.*

CALUWE (Jean-Marie de), ✶ (posthume), ✠ (palme), sous-lieutenant au 291e d'Infanterie.

    Citation : *Jeune officier plein d'entrain et remarquable par son esprit du devoir. Le 8 juin 1916, sa section étant soumise à un violent bombardement et à un tir d'enfilade de mitrailleuses, soutenait ses hommes par sa gaieté et son « cran ». Blessé mortellement le même jour en repoussant une attaque, avant de mourir ne s'occupait pas de lui, mais uniquement de la non-réussite de l'attaque.*

CALVET (Gérard), 🎖, ✠, maréchal des logis au 10e Hussards.
Grièvement blessé en mai 1917, mort des suites en 1918.

[Fils de M. et de Mme née DE LESTAPIS.]

CAMBEFORT (Philippe), ✶ (posthume), ✠ (5 citations), ✶ (Valeur Italienne), inspecteur des Finances, lieutenant aviateur à l'Escadrille Spa 36.
Tué à l'ennemi, le 10 août 1918, au cours d'une mission d'infanterie où il avait été attaqué par cinq avions ennemis.

    Citation : *Observateur de premier ordre, à l'escadrille depuis plus d'un an et demi, a toujours accompli avec entrain et une énergie inlassable les missions les plus délicates et les plus péril-*

leuses, faisant l'admiration de tous ses camarades. Le 10 août 1918, au cours d'une mission d'infanterie, atteint par le tir ennemi, est tombé glorieusement au champ d'honneur.

[Fils de M. et de Mme née Suzanne DE WITT.]

CAMBEFORT (*Robert*-Charles-Édouard), ✠, étudiant, *engagé volontaire* au 54e d'Artillerie, puis aspirant au 60e d'Artillerie.

Blessé au Fort de Souville, le 6 mars 1916. Décédé le 8 des suites de ses blessures, à Bévaux, près Verdun.

Citation : *Est allé passer l'inspection du matériel sous un violent bombardement, afin que la batterie puisse effectuer un tir de barrage, demandé par l'infanterie. Blessé grièvement, est tombé en criant : « Je suis content, c'est pour la France ! »*

[Né à Lyon le 7 septembre 1896. Fils de M. Oscar CAMBEFORT et de Mme née JOHNSTON.]

CAMBOURG (*Augustin*-Jean-Barthélemy-Marie, Vicomte Augustin de), ✠ (posthume), ✠ (3 étoiles), Saint-Cyrien, capitaine au 4e Cuirassiers à pied.

Disparu au Plémont, le 9 juin 1918.

Dernière citation : *Commandant la compagnie en réserve de son bataillon, a su faire face aux différentes attaques de l'ennemi; s'est dépensé sans compter au cours du combat, communiquant à toute sa compagnie l'énergie qui l'animait; a ainsi puissamment contribué à arrêter l'ennemi devant le Plémont pendant plus de dix heures. A été grièvement blessé.*

[Né le 27 septembre 1877. Fils du Vte et de la V^tesse née DE BOISPÉAN.]

CAMONDO (Nissim de), ✠ (posthume), ✠ (2 palmes, 2 étoiles), étudiant, lieutenant pilote-aviateur à l'Escadrille F. 33.

Devançant l'appel de sa classe, a été incorporé, en septembre 1911, au 2e Hussards, à Senlis, avec lequel il est parti, le premier jour de la mobilisation, comme maréchal des logis. Evacué au début de 1915, à la suite d'une attaque d'appendicite, est retourné au feu comme fantassin (Hussards à pied) et, sur sa demande, est entré en janvier 1916 dans l'Aviation, où il a été successivement observateur, photographe et pilote. Tué, le 5 septembre 1917, au cours d'un combat aérien, près d'Avricourt (Lorraine), à 25 ans.

Citation : *Le 5 septembre 1917, après avoir contraint un avion ennemi à atterrir dans ses lignes, son propre appareil étant gravement endommagé, a tenté jusqu'au dernier moment de se maintenir en vol. A ainsi trouvé, en combat aérien, une mort glorieuse.*

CAMPEAU (*Albéric*-Georges REMŸ de), ✠ (étoile).
Tué, le 14 février 1917, au plateau de Quennevières (Oise).

Citation : *A fait preuve, au cours d'un coup de main exécuté le 14 février 1917, des plus belles qualités de courage, de sang-froid et d'entrain. Descendant dans l'escalier d'un abri occupé, a sommé de se rendre les ennemis qui s'y trouvaient et, sur leur refus, a engagé avec eux un combat à la grenade, puis a incendié leur abri. Tombé glorieusement, au moment où il venait de rapporter sur ses épaules un blessé au poste de secours.*

[Né en août 1887. Fils de M. Georges DE CAMPEAU et de Mme née RUINART DE BRIMONT.]

CAMPION (Alfred), ✠, lieutenant.
Décédé, en 1918, à l'hôpital militaire d'Abbeville.
[Né en 1885. Marié à Mlle ELBY, — dont trois enfants.]

CAMY (*Hubert*-Paul-Marie GUYOT de), ⚜ (posthume), ✠ (palme),
sergent au 7ᵉ d'Infanterie.

> Citation : *Excellent sous-officier, très courageux. A montré une bravoure admirable, dans la journée du 22 août 1914, au cours des combats de Bertrix (Belgique), où il fut grièvement blessé. Mort en captivité, des suites de ses blessures. A été cité.*

CANCEL (J.), ✳ (posthume), ✠ (palme), enseigne de vaisseau du
Saphir.

> Citation : *A entrepris avec héroïsme une opération des plus périlleuses, qui a entraîné la perte du bâtiment.*

CANDAMO (Gaspard GONZALEZ de), ✳ (posthume), ✠ (étoile),
lieutenant au 13ᵉ Dragons.
Tué en Champagne, dans les tranchées, à l'attaque du 27 octobre 1915.

> Citation à l'Ordre du Corps de Cavalerie : *Lors de l'attaque du 27 octobre 1915, a résisté avec la dernière énergie, préparant les hommes à lutter jusqu'à la fin. Blessé mortellement. A été cité.*

[Né à Paris le 1ᵉʳ juin 1875. Fils de M. C. GONZALEZ DE CANDAMO, C ✳, Ministre plénipotentiaire du Pérou en France, et de Mme née ASCENCIOS.]

CANLERS (Vicomte *Pierre*-Antoine-Sainte-Marie de), propriétaire,
maire de Neufvy-sur-Aronde (Oise), lieutenant de réserve.
Mort, le 17 mai 1915, des suites de maladie contractée au front.
[Né le 29 juin 1887. Fils de M. Edmond DE CANLERS et de Mme née CAVÉ.]

CANNAC (Louis-Pierre), ✠ (étoile), étudiant en médecine, infirmier.
Tué le 4 septembre 1915.

> Citation : *Infirmier d'un absolu dévouement, s'est porté spontanément, n'étant pas de service, au secours des blessés bombardés, et a été tué le 4 septembre 1915.*

[Né le 12 février 1895. Fils du Dr CANNAC, sénateur de l'Aveyron, et de Mme née RIGAL.]

CANTILHON DE LACOUTURE (Marie-Joseph-Charles de), ✳
(posthume), ✠, sous-lieutenant au 245ᵉ d'Infanterie.
Mort des suites d'un accident en service commandé, le 17 juillet 1917.

> Citation : *Officier animé du plus haut esprit du devoir, ayant fait preuve en maintes circonstances des plus belles qualités militaires. Mortellement blessé, le 17 juillet 1917, à son poste. A été cité.*

[Marié à Mlle DESGEORGES.]

CAP DE LA CARRÈRE (Jean-Léon), ✳ (posthume), ✠ (palme),
sous-lieutenant au 139ᵉ d'Infanterie.

> Citation : *Excellent officier, modèle de bravoure et de dévouement. Tombé glorieusement, le 20 août 1917, à la cote 304, en entraînant ses hommes à l'attaque. A été cité.*

CAPÉRAN (Pierre), ✠, soldat au 155ᵉ d'Infanterie.
Mort de blessures de guerre, le 8 juillet 1918, à Catenoy (Oise).

CAPLEN (Jacques), élève pilote-aviateur, *engagé volontaire*.
S'était engagé dès le début de la guerre, à 16 ans, dans l'armée Britannique, son jeune âge lui interdisant l'accès de l'armée Française. A 18 ans, il passait alors dans un de nos régiments d'Artillerie, puis attiré par l'Aviation, il faisait son apprentissage de pilote, lorsqu'il fut blessé grièvement, le 18 septembre 1917, dans une chute d'aéroplane. Quelques jours après il succombait à l'hôpital militaire de Paris-Plage.

[Né le 9 octobre 1898. Fils de M. Henri CAPLEN et de Mᵐᵉ, qui, sous le pseudonyme de « Comtesse MAUD », collabore à plusieurs journaux parisiens.]

CAPPE (Charles-Gabriel-Alexandre de), ✶ (posthume), ✠ (palme), lieutenant au 22ᵉ Colonial.
Citation : *Ayant entraîné sa compagnie à l'attaque d'une puissante position ennemie, a été grièvement blessé, alors qu'il se multipliait pour découvrir les obstacles s'opposant à la progression et les faire détruire. Est mort des suites de sa blessure.*

CAPPE (Antony), chef de bataillon au 87ᵉ d'Infanterie.
Tué en octobre 1914.

CAPTIER DE MASSILIAN (Henri), ✠, caporal d'Infanterie.
Blessé et disparu à l'attaque de Tahure, le 26 septembre 1915.

CAQUERAY - VALOLIVE (*Hubert*-Raoul-Jean-Paulin-Emmanuel-Marie-Joseph, Vicomte de), ✶ (posthume), ✠ (1 palme, 2 étoiles), lieutenant au 24ᵉ Dragons.
Tué, le 14 février 1917, au ravin de Courtes-Chausses (Meuse).
Citation à l'Ordre de l'Armée : *Chargé de la préparation d'un coup de main, s'est porté en plein jour, afin de bien voir le terrain sur lequel il devait diriger ses hommes, en un point très dangereux et à une cinquantaine de mètres de la tranchée ennemie. Préoccupé de sa mission, n'a pas hésité à s'exposer à nouveau, et a trouvé une mort glorieuse au moment où il se montrait à découvert, pour mieux se rendre compte de la situation.*

[Né le 6 avril 1884. Fils du Cᵗᵉ DE CAQUERAY-VALOLIVE (décédé en 1918), et de la Cᵗᵉˢˢᵉ née DE CHAZELLES-LUNAC, décédée en 1914.]

CARAYON-TALPAYRAC (Jacques-Marie-*Joseph* de), ✶, ✠ (palme), *engagé volontaire*, capitaine commandant le 5ᵉ bataillon du 288ᵉ d'Infanterie.
Tué à Cumières (Meuse), le 7 mars 1916.
Citation : *Le 7 mars 1916, a été chargé de la défense d'une position importante. A su, par son attitude courageuse et son énergie, maintenir son bataillon sous un feu violent d'artillerie et résister jusqu'au dernier moment à l'assaut des Allemands. Est tombé glorieusement, frappé d'une balle dans la tête, au moment où il donnait des ordres à sa liaison.*

[Fils de M. DE CARAYON-TALPAYRAC et de Mᵐᵉ née DE BRIGNAC. Marié à Mˡˡᵉ Germaine DE LESTAPIS, fille de M. Henri DE LESTAPIS et de Mᵐᵉ née DE LESTAPIS, — dont cinq enfants.]

CARBONNIER, Marquis de MARZAC (Arnaud de), ✠, ✠ (palmes), capitaine au 7ᵉ Tirailleurs Algériens, chef de l'Escadrille S.M. 106.

Engagé en 1913 pour le Maroc, revenu en France à la déclaration de guerre; blessé, le 18 décembre 1914, aux combats de l'Aisne, puis, en septembre 1915, en Champagne, passa dans l'Aviation, où il devait trouver la mort, en mai 1917.

Citation : Déjà décoré et cité à l'Ordre de l'Armée dans l'infanterie, pour des motifs qui font honneur à la fois à sa bravoure et aux services qu'il a rendus ; blessé deux fois grièvement. Chef d'escadrille, donnant l'exemple de tous les dévouements et de toutes les qualités militaires. A trouvé la mort en pilotant dans des conditions très difficiles, voulant ainsi donner l'exemple à un moment où la situation réclamait de tous qu'ils fassent plus que leur devoir.

[Fils du Cᵗᵉ et de la Cᵗᵉˢˢᵉ née DE BEAUMONT DU REPAIRE, décédés.]

CARBUCCIA (*Jean-Luc-Georges-Marie de*), ✠ (posthume), ✠ (1 palme, 2 étoiles d'argent, 1 étoile d'or), sous-lieutenant au 9ᵉ Cuirassiers à pied.

Tué en entraînant son peloton à l'attaque victorieuse du Moulin de Laffaux, le 5 mai 1917.

Dernière citation : Au front depuis le début, à pied depuis 1915. Officier plein d'énergie et de courage, entraîneur d'hommes remarquable. La veille de l'attaque du Moulin de Laffaux, s'est emparé d'un élément avancé de tranchées allemandes, s'y est maintenu toute la nuit, malgré de nombreuses contre-attaques à la grenade. Au moment de l'attaque du 5 mai 1917, a entraîné son peloton, est tombé mortellement frappé. Est mort quelques minutes après, ayant fait preuve d'un courage et d'une résistance héroïques. A été cité.

[Né le 1ᵉʳ mai 1898. Fils de M. Pierre DE CARBUCCIA, ancien Conseiller général de la Corse (décédé en 1916), et de Mᵐᵉ née Louise DE CHAMBINE.]

CARDENAU DE BORDA (Marie-Joseph-Jean de), ✠ (posthume), ✠, sous-lieutenant au 144ᵉ d'Infanterie.

Citation : Jeune officier d'un dévouement à toute épreuve, ayant de la bravoure et de l'allant ; blessé grièvement, est resté aux mains de l'ennemi, le 17 septembre 1914, au combat de Pontavert. Mort des suites de ses blessures.

CARDEVACQUE (W. de), lieutenant........................

CARINI (Prince Rodolphe de), ✠, *engagé volontaire.*

A succombé, en 1914, à l'hôpital de Cherbourg. Correspondant du *Matin* à Rome, était rentré en France à la mobilisation et avait été incorporé dans un régiment d'infanterie qui participa à la défense d'Ypres. Ce fut au cours de ce combat qu'il fut atteint des graves blessures qui amenèrent sa mort.

Citation : Engagé volontaire pour la durée de la guerre, a donné les plus belles preuves de courage et d'initiative lors du combat du 26 octobre 1914, devant Poëlcapelle ; mort des suites de ses blessures.

[Fils du Pᶜᵉ et de la Pᶜᵉˢˢᵉ née D'ORNANO.]

CARIOU (A.-T.-H.), ✠ (posthume), ✠ (palme), enseigne de vaisseau du *Smeul.*

> Citation : *S'est distingué en faisant sauter, sous un bombardement d'avions, un pont que les tentatives précédentes n'avaient réussi qu'à ébranler, en organisant des groupes de chalands armés de pièces de marine, et en faisant tous les tirs de réglage sous un feu violent d'artillerie.*

ARISSAN (Jacques), ✠ (posthume), ✠ (palme), enseigne de vaisseau.

Etait à bord du *Mousquet*, qui fut coulé par l'*Emden*, au large de Pinang, le 28 octobre 1914.

> Citation : *Grièvement blessé au cours du combat, a continué jusqu'au dernier moment à faire courageusement son devoir. Recueilli à bord d'un croiseur allemand, n'a voulu être soigné qu'après tous les autres blessés de l'équipage du Mousquet. Est mort des suites de ses blessures, à Sabang, après avoir, par son courage, excité l'admiration des ennemis mêmes.*

ARLES DE CARBONNIÈRES (*Louis-Marie-Firmin*), ✠ (posthume), ✠ (palme), ✶ (Médaille Coloniale et Médaille du Maroc), O ✶ (Allouït Chérifien), ancien élève de Saint-Cyr, lieutenant aux Spahis Marocains.

Passé, sur sa demande, au 9e Chasseurs à pied, il était blessé le 13 août 1915 aux tranchées des Éparges, et mourait le 19, à l'hôpital militaire de Verdun, des suites de l'amputation de la cuisse gauche.

> Citation du 29 octobre 1915 : *Arrivé du Maroc récemment officier de cavalerie, est passé aux chasseurs à pied, sur sa demande; s'est aussitôt fait remarquer par son courage et son entrain. A été blessé mortellement, le 13 août 1915, dans une tranchée de première ligne violemment bombardée, où il s'était porté pour soutenir le moral de ses chasseurs.*

[Né le 31 juillet 1886. Fils du Colonel CARLES DE CARBONNIÈRES, O ✶, et de Mme née DE SÉGANVILLE.]

ARLHIAN (Paul), architecte-décorateur.

Tué, le 2 octobre 1914, au cours d'une reconnaissance pour laquelle il s'était proposé volontairement.

[Né le 12 décembre 1875. Fils de M. et de Mme née HAUDUC. Marié à Mlle Marguerite PETEL, fille de M. et de Mme née SAINT-JAMES, — dont deux enfants.]

ARLY DE SVAZZÉMA (Henri), sergent-major au 128e d'Infanterie.

Mort, le 18 décembre 1914, des suites d'une maladie contractée dans les tranchées.

ARNÉ (*Jean*-Edmond-Marie, Comte Jean de), ✠, sous-lieutenant au 56e d'Infanterie.

Blessé mortellement, le 18 août 1918, en tête de ses hommes montant à l'assaut.

[Né le 27 février 1882. Fils du Cte et de la Ctesse née Mathilde DE ROQUEFEUIL, décédés.]

ARNÉ-TRÉCESSON (*Christian*-Marie-Louis-Henri, Comte Christian de), ✠ (posthume), ✠ (2 palmes, 1 étoile), sous-lieutenant au 271e territorial d'Infanterie.

Passé, sur sa demande, de la cavalerie dans l'infanterie, il fut tué à Thiaumont, le 30 juin 1916, et inhumé au cimetière de Glorieux.

Citation posthume du Général MANGIN : *Très bon officier, déjà cité deux fois à l'Ordre de l'Armée. Tué à la tête de sa section pendant qu'il la menait à l'attaque, sous un bombardement intense. A été cité.*

[Né le 7 octobre 1879. Fils du Cie Louis DE CARNÉ-TRÉCESSON, chef d'escadrons en retraite, et de la Ctesse née Clotilde DE GUÉHÉNEUC.]

CARON (Paul), ✳, ✳, capitaine d'Infanterie.

Blessé déjà en septembre 1914, a été tué le 15 octobre 1917, sous Verdun.

[Fils de M. Ernest CARON, O ✳ (décédé en 1919), et de Mme née GIRAUDEAU.]

CARON (Pierre), aspirant au 217e d'Artillerie.

Tué à son poste, le 1er novembre 1918.

[Fils de M. Henry CARON, conseiller référendaire à la Cour des Comptes, et de Mme née TRUBERT. Marié à Mlle MAGNIER.]

CARRABIN (*Eugène*-Marie-François-Joseph), ✳ (posthume), ✳ (palme), étudiant en médecine, médecin auxiliaire au G. B. D. 129.

Cité en exemple au Linge et en Champagne, fut tué, le 26 juin 1916, sous Verdun, au poste de commandement dit des Quatre-Cheminées, en organisant l'évacuation des blessés. Inhumé au cimetière de Bévaux.

Citation : S'est distingué par une superbe crânerie, dans la relève des blessés, entraînant les brancardiers dans des régions périlleuses.

[Né à Lyon le 16 janvier 1894. Fils de M. Adrien CARRABIN et de Mme née F. PERRACHON.]

CARRÉ DE BUSSEROLLE (*Raoul*-Louis-Joseph-Auguste), ✳, ✳, chef de bataillon au 130e d'Infanterie.

Citation : Parti à l'assaut, un fusil à la main, en tête de son bataillon que son esprit de devoir et sa bravoure au feu avaient rempli d'enthousiasme, a été tué magnifiquement, le 22 août 1914, au combat de Virton.

[Marié à Mlle Marie-Louise GOUIN D'AMBRIÈRES.]

CARRÉ DE BUSSEROLLE (Philippe), ✳, lieutenant aviateur.

Décédé, à Châlons-sur-Marne, des suites d'une blessure reçue au cours d'un combat aérien.

[Fils du précédent.]

CARRÉ DE MALBERCK (*Charles*-Antoine-Félicien), ✳ (posthume), ✳ (1 palme), ✳ (Médaille du Maroc), *engagé volontaire*, capitaine au 72e d'Infanterie.

Engagé au 4e Cuirassiers, puis sous-lieutenant au 20e Dragons et lieutenant au 1er Spahis, et en mars 1915, sur sa demande, il passa dans l'infanterie comme capitaine au 72e de ligne.

Il prit part aux campagnes de Belgique, de l'Aisne, de l'Oise, et aux sanglants combats des Eparges, où il devait trouver la mort, le 25 avril 1915, à la tête de sa compagnie.

Citation : *Capitaine de cavalerie venu au front, sur sa demande, dans l'infanterie ; a pris le commandement d'une compagnie dès son arrivée au corps, et dans les différents combats auxquels il a assisté, a fait preuve d'un entrain et d'une bravoure au-dessus de tout éloge. A été tué dans les tranchées de première ligne en donnant l'exemple à ses hommes en lutte à un bombardement violent et de longue durée.*

[Né le 10 octobre 1879. Fils du Lieutenant-Colonel CARRÉ DE MALBERCK, O ✳, et de Mᵐᵉ née ROLLIN.]

CARRÉ DE MALBERG (*François*-Marie-Auguste-Hervé), ✳ (posthume), ✠ (palme et étoile), licencié en droit, lieutenant au 11ᵉ Chasseurs alpins.

Arrêté en 1911, en Alsace, où il passait ses vacances, et détenu pendant dix jours sous l'inculpation d'espionnage pour avoir photographié les nouveaux canons de 105 allemands. Engagé au 35ᵉ de ligne en 1912. Blessé à la Marne. Tombé, le 15 août 1916, dans les attaques de la Somme (éclat d'obus à la tête).

Citation : *Très brillant officier, possédant un ascendant moral sur ses hommes ; tombé glorieusement, le 15 août 1916, à la tête de sa compagnie à laquelle il a donné le plus bel exemple, sous un violent bombardement. A été cité.*

[Né le 28 février 1892. Fils de M. Félix CARRÉ DE MALBERG, président du Tribunal civil de Belfort, et de Mᵐᵉ née ADAM. Petit-fils du commandant CARRÉ DE MALBERG, du 5ᵉ Chasseurs à pied, tombé lui-même à Servigny, le 31 août 1870.]

CARRELET (Vicomte Jean), ✳ (posthume), ✠ (palme), enseigne de vaisseau des Fusiliers Marins.

Tué à Dixmude, en 1914, alors qu'il entraînait ses hommes à l'assaut.

Citation : *A été tué à la tête de ses hommes, en repoussant brillamment les attaques répétées d'un ennemi très supérieur.*

[Fils du Vᵗᵉ (décédé) et de la Vᵗᵉˢˢᵉ née LANGLAIS DE SAINT-CHÉRON.]

CARRELET (Vicomte Pierre), ✠, correspondant à Rome de l'*Agence Havas*, sergent au 237ᵉ d'Infanterie.

Tué, sous Arras, le 7 octobre 1914.

[Frère du précédent.]

CARRIER (*Philip*-Maurice-Marie), maréchal des logis au 45ᵉ d'Artillerie.

Tué, le 20 septembre 1916, à Maurepas (Somme).

[Né à Paris le 8 octobre 1895. Fils de M. et de Mᵐᵉ née EDMUNDS.]

CARRON DE LA CARRIÈRE (*Guy*-Marie), ⚵ (posthume), ✠ (palme), ✳ (Saint-Georges), maréchal des logis au 19ᵉ escadron du Train, observateur à l'Escadrille V. B. 101.

Tué, le 14 novembre 1917, en survolant Metz.

Citation : *Observateur hors pair, ayant au plus haut degré la conception du devoir militaire. Tombé glorieusement au cours d'un bombardement de nuit.*

[Né en 1895. Fils du Dʳ, O ✳, et de Mᵐᵉ née JOUET-PASTRÉ.]

ARS (*Amédée*-Jean-Désiré de PERUSSE, Comte des), ✳, ✠ (palme), capitaine au 27ᵉ Chasseurs alpins.

Mort des suites de ses blessures, le 1er juillet 1917.

[Né le 13 janvier 1882. Fils du Duc et de la D**** née Thérèse LAFOND, des C*** LA-
FOND, décédés.]

CARSIGNOL (Henri), ✠ (palme), lieutenant au 22e d'Infanterie.
Tué à Foucaucourt (Somme), le 24 septembre 1915, en enlevant
la lisière d'un bois.

CARTERON (*Jacques*-Auguste-Marie-Émile), ancien élève de
l'Ecole des Sciences Politiques, caporal grenadier au 205e d'Infanterie.
Désigné au début des hostilités comme interprète dans l'Armée
anglaise, préféra partir comme simple soldat avec son régiment.
Blessé mortellement en Champagne, près de Tahure, le 27 septembre 1915, il succomba le lendemain à l'ambulance de Somme-
Suippes.

[Né le 16 mars 1882. Fils de M. Eugène CARTERON et de M** née Jeanne CLOUET.]

CARTIER-BRESSON (Pierre), ✻, ✠, industriel, capitaine au 94e
d'Infanterie.
Mort des suites de ses blessures, en novembre 1918.

CARTIER-BRESSON (Louis), soldat au 153e d'Infanterie.
Blessé grièvement, le 9 mai 1915, à l'attaque de La Targette;
succomba le 11 suivant à Frevin-Capelle (Pas-de-Calais).

CARVALHO (Raphaël-Xavier de), étudiant à Porto (Portugal),
engagé volontaire dans la Légion étrangère.
Mort à l'offensive de Champagne, le 28 septembre 1915, devant
la ferme Navarin, à 50 mètres de la 3e ligne.

[Né à RUEIL, en 1897. Fils de M. Xavier DE CARVALHO, O ✻, homme de lettres
(décédé en 1919), et de M** née D'AOÛT.]

CASABAN (Marie-François-Gustave-Auguste-*André* de), ✻
(posthume), ✠, sous-lieutenant au 14e d'Infanterie.
Tué, le 1er août 1916, au bois de Vaux-Chapitre (Verdun).

Citation : *Officier plein d'allant et d'entrain, donnant constamment à ses hommes les plus beaux exemples de dévouement et de
courage. Chargé de défendre un barrage avec sa section de mitrailleuses, au combat du 1er août 1916, a été tué, alors qu'il réglait lui-
même le tir d'une de ses pièces, par une mitrailleuse allemande.
A été cité.*

CASALIS (André), sergent au 36e Tirailleurs Sénégalais.
Tombé, au cours d'une attaque victorieuse, le 20 août 1918.

[Fils du Pasteur et de M** Alfred CASALIS.]

CASALIS (Alfred-Eugène).
Tombé en Artois, en 1915.

[Frère du précédent.]

CASAMAJOR (*Paul*-Joseph-Marc de), soldat au 12e d'Infanterie.
Tué près de Pontavert (Aisne), le 21 octobre 1915.

CASENAVE (Constantin) . . . .
[Fils du Ministre plénipotentiaire, ✳, et de Mme née Tambacopoulos.]

CASENAVE (Robert), ✳, ✳ (3 citations), Saint-Cyrien de la promotion de la Grande-Revanche, lieutenant au 46e d'Infanterie.

Grièvement blessé, le 28 mars 1918, près Guiscard, porté ce jour-là comme disparu. S'était signalé, en mars 1915, au troisième assaut de Vauquois : cruellement blessé au crâne et aux mains, et, bien que mutilé, n'ayant plus que deux doigts à chaque main, il obtenait, à fin septembre 1915, de rejoindre son régiment.

> Citation : *Jeunesse ardente, bravoure et énergie exceptionnelles. Ce jeune officier, très grièvement blessé, a donné à tous le plus bel exemple de courage et d'abnégation dans les journées du 28 février au 2 mars.*

[Fils de M. Henri Casenave (décédé) et de Mme née Jeanne Récamier.]

CASEVITZ (Henry), ✳ (posthume), ✳ (palme), ingénieur des Arts et Manufactures, lieutenant au 107e d'Artillerie lourde.

Tué devant Verdun, le 8 juin 1916.

> Citation : *Commandant de batterie ayant un grand ascendant sur sa troupe par son énergie, son calme et sa bravoure. Le 8 juin 1916, a été atteint mortellement au cours d'une reconnaissance dans une région violemment bombardée. A été cité.*

[Né le 16 septembre 1869. Fils de M. Albert Casevitz et de Mme née Ollendorff. Marié à Mlle Thérèse Rouff, fille de M. et de Mme née Veil, — dont trois enfants.]

CASIMIR-PÉRIER (Claude), ✳ (posthume), ✳ (palme), lieutenant de réserve au 76e d'Infanterie, nommé capitaine au 276e après la bataille de la Marne.

A été tué, le 12 janvier 1915, à Crouy, près de Soissons, en défendant la cote 184 contre l'attaque ennemie. Inhumé en ce lieu par les Allemands.

> Citation à l'Ordre de l'Armée : *Nommé capitaine après la bataille de la Marne où il s'était conduit valeureusement. A commandé pendant quatre mois sa compagnie avec une distinction, une intelligence et un entrain remarqués de tous. A été mortellement frappé le 12 janvier en défendant ses tranchées.*

[Né le 17 septembre 1880. Fils de M. Casimir-Perier, ancien Président de la République, et de Mme née Perier. Marié à Mlle Simone Benda.]

CASSAGNAC (Guy GRANIER de), ✳ (posthume), ✳, homme de lettres, sous-lieutenant de réserve au 344e d'Infanterie.

Tombé glorieusement à Morhange, en août 1914.

> Citation : *A fait preuve, le 20 août, de la plus grande bravoure et d'un véritable mépris de la mort. Blessé une première fois, a continué à commander et à entraîner sa section en avant. A été tué au moment où, ayant pris le commandement de sa compagnie, il exaltait, par ses paroles et son attitude, le moral de ses hommes. Se sentant perdu, n'a pas voulu qu'on l'emportât, disant qu'il voulait rester en territoire annexé.*

[Fils de M. Paul de Cassagnac (décédé) et de Mme née Julia Aicard.]

CASSAIGNAU DE SAINT-FÉLIX (*Roger*-Marie-Gaston de), ✳ (posthume), ✳, soldat au 215e d'Infanterie.

Tué à Diedenheim (Alsace), le 19 août 1914.

[Né en 1889. Fils de M. et de Mme née Élisabeth DE CRUZY-MARCILLAC.]

CASSANY DE MAZET (Hugues), ✠ (palme et étoile), *engagé volontaire*, adjudant aux Tirailleurs Marocains.
Tombé, le 18 juillet 1918, à l'attaque de Soissons.

CASSIDANIUS (Marcel), ✠ (3 citations), aide-major.
Tué à l'ennemi, à Somme-Py, le 1er octobre 1918.

CASTAING (Paul-Louis), ✳, ✠ (2 étoiles), commandant.
Tué à l'ennemi, le 15 juillet 1918, entre Epernay et Dormans.

[Marié à Mlle BARBIER.]

CASTE (Marcel), ✳, ✠ (3 citations), sous-lieutenant au 16e d'Artillerie.
Blessé grièvement, le 6 juin 1918, à la Ferté-Milon, mort à l'hôpital 49, à Orléans, le 12 août suivant, de ses blessures.

CASTÉJA (Comte Emmanuel ALVAR DE BIAUDOS de), ⚜ (posthume), ✠, sergent au 79e d'Infanterie, versé au 20e Chasseurs à pied.
Grièvement blessé au combat de Souchez, le 25 septembre 1915, il mourut à l'hôpital militaire de Creil, le 10 octobre suivant.

> Citation : *Très brillante conduite au cours de l'attaque du 25 septembre ; s'est élancé à la tête de son demi-peloton, l'entraînant par son exemple, et a été blessé gravement en franchissant la troisième ligne allemande. A continué à commander jusqu'au moment où il a été évacué. Mort des suites de ses blessures. A été cité.*

[Né le 20 novembre 1880. Fils du Mis DE CASTÉJA et de la M^ise née Gabrielle DE FARET DE FOURNÈS. Marié à Mlle Claude DE KERGORLAY, fille du Cte Jean DE KERGORLAY et de la Ctesse née Marie-Louise CARROLL, — dont deux enfants.]

CASTEL (André du), ✳ (posthume), ✠ (4 citations), *engagé volontaire*, sous-lieutenant au 360e d'Infanterie.
Tombé à l'ennemi, le 17 octobre 1918, en Belgique reconquise, à 38 ans.

> Citation : *Officier qui a fait preuve, en toutes circonstances, des plus belles qualités militaires. A exercé le commandement de sa compagnie de mitrailleuses, du 14 au 17 octobre 1918, avec un rare mérite, s'imposant, sous des bombardements sérieux ou de violentes rafales de balles, le contrôle de ses pièces, et leur déterminant, en plusieurs circonstances, des positions qui ont grandement facilité la progression des unités de première ligne. A été blessé, pour la troisième fois, à la tête de sa compagnie. Mort pour la France, le 19 octobre 1918. A été cité.*

CASTEL DU LYS (Pierre), du 225e d'Infanterie.
Mort, en 1918, à l'hôpital de Saint-Dié.

CASTELLANE (*Boniface*-Foy-Marie, Comte Boniface de), maréchal des logis aviateur.
Disparu au cours d'un bombardement nocturne, dans la nuit du 11 au 12 mars 1918, dans la région de Laon-Sissonne-Montcornet. D'après une note de l'ambassade d'Espagne, du 11 novembre 1918,

l'aviateur devait être prisonnier au camp de Dillingen ; mais toutes les démarches pour le retrouver sont restées infructueuses.

[Né le 26 janvier 1886. Fils du Mis DE CASTELLANE-ESPARRON et de la M^{ise} née Jeanne D'ARMAGNAC DE CASTANET, décédée.]

CASTELLANE-SALERNES (Marie-*Joseph* de), ✠, ✠ (palme), chef de bataillon au 300e d'Infanterie.

    Citation : *Officier supérieur d'une haute valeur morale, qui a commandé son bataillon avec une remarquable énergie pendant les premières quinzaines de la guerre. Le 10 septembre 1914, après avoir reconnu personnellement la position ennemie, s'est porté à l'attaque sous le feu le plus violent. A été tué au moment où son bataillon allait s'engager dans le combat de Saint-Souvent.*

[Marié à Mlle DUHAR DES MAISONS, — dont deux enfants.]

CASTELLI (Louis-Joseph-Albert-*Robert* de), ✠ (posthume), ✠ (4 citations), lieutenant au 19e Chasseurs à pied.

Glorieusement tombé près de Saint-Quentin, le 2 octobre 1918.

    Citation : *Ame d'élite de la plus haute délicatesse de sentiments, caractère noble, ayant du devoir le culte le plus profond. D'une grande bravoure et déjà plusieurs fois cité. Le 2 octobre 1918, appelé à remplir une mission de liaison, part aussitôt, s'engageant sans hésiter dans une zone particulièrement dangereuse, tombe glorieusement frappé dans l'accomplissement de son devoir. A été cité.*

[Fils du Général, ancien commandant du 8e Corps, et de Mme DE CASTELLI.]

CASTELNAU (Gérard de CURIÈRES de), ✠ (posthume), ✠ (palme), capitaine au 7e d'Infanterie.

Glorieusement tombé le 8 septembre 1914.

    Citation : *A montré le plus grand courage pendant toute la campagne et a trouvé la mort en installant, sous le feu, sa section de mitrailleuses, pour l'attaque d'une ferme. A été cité.*

[Fils du Général Vte DE CASTELNAU, GC ✠, ✠, ✠, député, et de la V^{tesse} née DE MANDEGOURY.]

CASTELNAU (Hugues de CURIÈRES de), ✠, ✠, élève de l'Ecole Polytechnique, sous-lieutenant au 8e d'Artillerie.

Mort pour la France au bois de Givenchy, 1er octobre 1915.

[Né le 19 juin 1895. Frère du précédent.]

CASTELNAU (Xavier de CURIÈRES de), ✠ (posthume), ✠ (palme), sous-lieutenant au 4e Chasseurs à pied.

S'est fait tuer héroïquement, le 20 août 1914.

    Citation : *A fait preuve du plus grand courage au cours du combat du 20 août. Ayant pris le commandement de sa compagnie, a tenu tête à l'ennemi pendant cinq heures et a été tué au moment où il venait de le rejeter en arrière par une vigoureuse contre-attaque. A été cité.*

[Frère des précédents.]

CASTELNAU (Henry), ✠, ✠ (palme), ✠ (Médaille du Tonkin), lieutenant-colonel au 46e d'Artillerie.

Tué sur le front de son régiment, le 24 août 1914, à Arrancy

(Meuse), en même temps que son colonel et tout l'état-major du régiment.

[Fils de M. et de Mme née BRETTES. Marié à Mlle Madeleine LE BŒUF, fille de M. et de Mme née REGRENY, — dont trois enfants.]

CASTELNAU (Gustave), ✶ (posthume), ✖ (palme et étoile), sous-lieutenant au 19e Chasseurs à pied.

Citation : *Officier d'une bravoure proverbiale et d'une haute valeur morale. A su par son exemple, pendant les combats des 29 et 50 août 1918, entraîner ses hommes malgré leur fatigue. Blessé, a refusé de se laisser évacuer pour ne pas quitter ses chasseurs pendant ces combats acharnés. Le 31, pendant qu'il se faisait panser, apprend que sa compagnie reprend l'attaque, rejoint immédiatement sa section qu'il enlève à l'assaut, et tombe mortellement atteint en avant de ses hommes. Deux citations antérieures.*

CASTERAN (Henri de), ♟ (posthume), ✖, sergent pilote-aviateur.

Citation : *Excellent pilote, plein d'ardeur et d'entrain, toujours prêt à exécuter les missions les plus périlleuses. Mort pour la France, à bord de son avion de chasse, en partant en patrouille, le 1er juin 1918.*

CASTÉRAS (Paul de), ✶, ✖, capitaine d'Infanterie.

Citation : *Commandant de compagnie, superbe d'allant et de bravoure, toujours de bonne humeur, même dans les moments les plus durs, ne connaissant que le devoir. Tombé pour la France, le 27 septembre 1916, à la tête des braves dont il avait su obtenir tous les dévouements et tous les sacrifices.*

[Fils du Cte et de la Ctesse DE CASTÉRAS.]

CASTÉRAS (Amédée de).
Tué en 1915.

[Frère du précédent.]

CASTEX (Maurice HUBERT de), O✶, ✖ (4 palmes, 1 étoile), ✶ (Saint-Stanislas de Russie), commandant le 24e Chasseurs alpins.

Blessé une première fois le 27 août 1914, et, ayant rejoint le front, encore mal guéri, il fut tué, le 23 octobre 1917, à l'attaque de l'Aisne.

Dernière citation : *Officier d'élite, d'une bravoure admirable, sachant communiquer à ses chasseurs l'ardeur et l'enthousiasme qui l'animent. A été très grièvement blessé, le 25 octobre 1917, dans la tranchée de départ, au moment où son bataillon s'élançait à l'assaut. Une blessure antérieure. Quatre fois cité à l'Ordre.*

[Né le 4 février 1875. Fils du Général HUBERT DE CASTEX, C✶ (décédé). Marié à Mlle Jacqueline DE CONIAC, fille de M. et de Mme née DE BREUILPONT (décédés), — dont deux enfants.]

CASTEX (*Jacques*-Paul-André), ✖ (palme), étudiant, 75e batterie du 1er d'Artillerie de montagne.

Citation : *Disparu, en accomplissant son devoir militaire, lors du torpillage de l'Eloby par un sous-marin.*

Note du Commissaire français de la Marine à Malte : « Très aimé de tous les hommes de la batterie, passait pour très courageux. Grand, plein d'allant, ayant produit sur les quelques survivants de l'*Eloby* une impression de tout premier ordre. »

[Né à Paris le 24 juin 1893. Fils du Dr André CASTEX, O✶, et de Mme née CARMIER.]

CASTILLA (J. de), sergent au 117e d'Infanterie.
Tué le 21 décembre 1914.

CASTILLON DE LAJAUMARIE (Pierre-Louis-*Roger*), soldat au 92e d'Infanterie.
Tué à Brouderdorff (Lorraine), le 20 août 1914.

[Né le 19 octobre 1891. Fils de M. et de Mme née PETIT DE PRESSIGNY.]

CASTRIES (Comte Maurice de LA CROIX de), ✠ (posthume), ✠, capitaine au 4e Chasseurs à pied.
Officier de cavalerie démissionnaire, reprit du service au début de la campagne. Blessé à Douaumont, sous Verdun, le 27 février 1916, mort le 7 mars suivant, à Dijon, des suites de ses blessures.

Citation : *Officier de cavalerie de l'armée territoriale, venu, sur sa demande, au 4e bataillon de chasseurs à pied. Au combat du 25 février 1916, a donné un bel exemple de calme courage et de décision. Chargé, avec sa compagnie, de protéger le repli du bataillon, s'en est acquitté avec une fermeté et une ténacité remarquables, dans des circonstances de guerre très difficiles. Grièvement blessé le 27 février.*

[Né le 3 mai 1877. Fils du Cte Gabriel DE CASTRIES et de la Ctesse née Jeanne DENESVRE DE DOMECY.]

CATALA DE BRUZAUD (Marie-Joseph-Robert-*Ignace* de), ✠ (posthume), ✠, soldat au 296e d'Infanterie.
Tué, le 15 octobre 1914, à Vermelles (Pas-de-Calais).

Citation : *Brave soldat. Sur le front au début de la campagne, s'est fait remarquer par sa courageuse attitude dès les premiers combats. Tombé glorieusement pour la France le 15 octobre 1914.*

[Fils de M. et de Mme née DE SAINT-GERMAIN.]

CATHELIN (Pierre-Félix), ✠, ✠ (1 palme, 2 étoiles), élève de l'École régionale d'Architecture, sous-lieutenant pilote-aviateur à l'Escadrille de chasse Spa 154.
Tué en combat aérien, le 2 mai 1918, au bois de Mongival (Somme), en attaquant deux avions ennemis, dont un biplace.

Dernière citation : *Jeune officier d'une bravoure et d'un dévouement au-dessus de tout éloge. Venu de l'aviation de Corps d'Armée où il avait rendu d'éclatants services, s'est révélé dans la chasse comme un pilote de premier ordre. Le 2 mai 1918, a attaqué deux appareils ennemis qui franchissaient nos lignes et a trouvé une glorieuse mort dans le combat.*

[Né le 10 février 1894. Fils de M. Henry CATHELIN et de Mme née TRAMOY.]

CATHEU (*Pierre*-Louis-Marie de), ✠ (posthume), ✠ (palme), docteur en droit, propriétaire, sous-lieutenant au 86e territorial d'Infanterie.
Tué, le 16 avril 1917, d'une balle de mitrailleuse, près du bois de Chercheux, à l'offensive de Craonne.

Citation : *Dans les journées des 4, 5 et 6 septembre 1916, en qualité d'officier adjoint au major de cantonnement, a, au mépris de tout danger, assuré le service d'ordre, et, par son activité intelligente, permis l'écoulement des divers convois, tout en tâchant d'éviter les pertes humaines.*

[Né le 24 août 1872. Fils de M. Victor DE CATHEU et de Mme née Marguerite GAUTIER. Marié à Mlle Marie DUVERGIER DE HAURANNE, fille de M. Emmanuel DUVERGIER DE HAURANNE et de Mme née Léonie DELEBECQUE, — dont cinq enfants.]

CAUBERT DE CLÉRY (*Pierre*-Charles), ✠ (étoile), étudiant-chimiste, soldat mitrailleur au 64e d'Infanterie.
   Soldat au 129e de ligne, blessé d'une balle au Châtelet, près Charleroi, le 22 août 1914, puis d'un éclat d'obus à Douaumont, le 21 mai 1916 ; versé au 64e d'infanterie, tué par un obus dans les tranchées, devant Cerny, le 8 mai 1917.

> Citation : *Alors que sa section était appelée en renfort sur une position récemment conquise, s'est dépensé sans compter à l'organisation de cette position. Blessé mortellement, le 8 mai 1917, à son poste de combat.*

[Né le 29 mars 1891. Fils de M. et de M⁴ᵉ Jules CAUBERT DE CLÉRY.]

CAUDRELIER (Paul-Constant), C ✻, ✠ (2 palmes), Général commandant la 6e Brigade d'Infanterie Coloniale.
   Tué à l'ennemi, à Minaucourt, le 30 novembre 1914.

> Citation : *Tombé glorieusement, le 30 novembre, en examinant de la tranchée la plus avancée de la brigade les travaux ennemis, après avoir, au cours de la campagne, exposé cent fois sa vie avec un absolu mépris du danger. Blessé précédemment, n'avait pas cessé son service un seul jour.*

[Né à Strasbourg le 11 février 1858. Fils de M. et de Mᵐᵉ née SCHULER. Marié à Mˡˡᵉ RAISONNIER.]

CAUNA (Henry de CABANNES de), brigadier pilote-aviateur.
   Tombé le 13 juillet 1917.

[Né en 1893. Fils du Bᵒⁿ et de la Bᵒⁿⁿᵉ née DE RIVALS.]

CAUSANS (René de VINCENS, Marquis de), ✠ (étoile), prêtre-assomptionniste, adjudant-aumônier au 404e d'Infanterie.
   Tué, le 15 juillet 1916, à Assevillers.

[Né le 6 janvier 1871. Fils du Mⁱˢ DE CAUSANS et de la Mⁱˢᵉ née Marie DE LASTIC.]

CAUSSE (Charles-Louis-Albert), ✻, capitaine de frégate à bord de l'*Amiral-Charner*.
   Englouti avec son bâtiment, le 8 février 1916.

CAUVIÈRE (Henry), ✻, ✠ (2 palmes, 2 étoiles), avocat à la Cour de Paris, licencié d'histoire, capitaine au 74e d'Infanterie.
   Blessé, le 4 octobre 1914, très gravement, déclaré inapte, reparti sur sa demande ; blessé de nouveau, le 25 septembre 1915, en Champagne, reparti sur sa demande ; tué, le 22 mai 1916, à l'assaut du fort de Douaumont, à la tête de sa compagnie.

> Quatrième citation : *Officier d'une bravoure et d'un entrain remarquables. A été tué, le 22 mai 1916, à la tête de sa compagnie, qu'il enlevait à l'assaut des tranchées allemandes puissamment organisées.*

[Né le 27 août 1887. Fils de M. (décédé) et de Mᵐᵉ née MAGLIONE.]

CAUVILLE (*Édouard*-Désiré), homme de lettres, caporal au 80e territorial d'Infanterie.
   Mort de ses blessures, le 30 décembre 1914, à Amiens.

[Né le 14 juin 1876. Marié à Mˡˡᵉ Thérèse MARTIN.]

CAYLA (Pierre BRUGUIÈRE du), ✠ (posthume), ✠ (palme), sous-lieutenant au 322ᵉ d'Infanterie.

> Citation : *Officier d'un cran remarquable. Le 9 août 1916, a enlevé brillamment sa section à l'assaut ; a progressé et a réussi à se maintenir sur sa nouvelle position, malgré un bombardement des plus violents et le feu meurtrier de plusieurs mitrailleuses. A été tué au moment où il organisait le terrain conquis.*

CAZALET (François), ✠ (posthume), ✠, lieutenant au 152ᵉ d'Infanterie.

Tué à l'ennemi à la tête de sa section, le 3 septembre 1916, à la prise de Cléry-sur-Somme.

[Fils du Colonel et de Mᵐᵉ CAZALET.]

CAZALIS DE FONDOUCE (*Pierre*-Paul-Marcel), ✠ (posthume), ✠ (palme et étoile d'argent), ancien officier de Dragons démissionnaire, capitaine au 1ᵉʳ Hussards, détaché à l'Etat-Major de la 61ᵉ Brigade d'Infanterie.

Mort devant Verdun, le 8 août 1916.

> Citation : *Officier brillant, actif, énergique et très brave, remplissant avec zèle et dévouement les missions les plus périlleuses. Etant de liaison, le 8 août 1916, s'est porté au secours des occupants d'un abri bombardé et incendié ; est mort victime de son dévouement. A été cité.*

[Né le 14 janvier 1875. Fils de M. Paul CAZALIS DE FONDOUCE et de Mᵐᵉ née DE MAZARIN. Marié à Mˡˡᵉ THOMAS-PIETRI, fille de M. Eugène THOMAS et de Mᵐᵉ née PIETRI, — dont trois enfants.]

CAZANOVE (Jacques de BIGAULT de), ✠ (posthume), ✠ (palme et étoile), *engagé volontaire*, sous-lieutenant au 94ᵉ d'Infanterie.

> Citation : *Jeune officier plein d'avenir. A été mortellement blessé à l'attaque du 8 août 1918, en entraînant magnifiquement sa section en première vague. A été cité.*

CAZAUVIEILH (André), ⚕-(posthume), ✠, médecin auxiliaire au 3ᵉ Génie.

Parti, le 15 juillet 1918, en première ligne, pour relever un officier de liaison grièvement blessé, fut tué avec deux de ses hommes par un obus, au moment où il allait atteindre son but.

> Citation : *Sous-aide-major de la plus haute valeur morale et d'un courage à toute épreuve. Intoxiqué par les gaz au début d'un violent bombardement ennemi, ne cessa de se prodiguer autour des blessés de diverses armes, assurant personnellement leur transport et leur évacuation. Apprenant qu'un agent de liaison, gravement blessé, était resté en arrière de la compagnie, accompagna spontanément ses brancardiers, au milieu d'un tir de barrage d'une extrême violence et malgré l'approche de l'ennemi. A été tué en arrivant auprès du blessé, le 15 juillet 1918. A été cité.*

[Né en 1895. Fils de l'ancien député et de Mᵐᵉ CAZAUVIEILH.]

CAZE D'ORTAIL (Emmanuel-René), ⚕ (posthume), ✠, maréchal des logis au 19ᵉ Dragons.

Blessé grièvement en 1914, succomba dans les bras de son frère jumeau, brigadier dans le même escadron.

> Citation : *Sous-officier d'une grande bravoure. S'est particulièrement distingué, le 19 août 1914, par son énergie et son sang-froid,*

en chargeant, avec les débris de son peloton, contre des cavaliers très supérieurs en nombre. A été tué bravement au cours de cet engagement. A été cité.

CAZENOVE (Quirin-Raoul-*Arnaud* de), lieutenant au 99e d'Infanterie (groupe cycliste de la 6e D. C.).

Tué, le 25 août 1914, à Saint-Remy-au-Bois.

Citation : *Officier d'une haute valeur morale. Le 21 août 1914, à l'attaque de nuit d'Herlzing, a pris le commandement du groupe cycliste de la 6e D. C., après la mort de son chef, et a mis définitivement l'ennemi en fuite. Le 25 août 1914, à Rozelieures, a défendu brillamment le bois de Lalan confié à sa garde. Durant tout le combat, s'est dépensé sans compter avec le plus profond mépris du danger. Dans un moment critique, a groupé ses chasseurs autour de lui, s'est élancé à l'assaut à leur tête et a repoussé l'ennemi en lui faisant subir de lourdes pertes. Est tombé frappé à mort dans le noble accomplissement de son devoir.*

[Né en 1887. Marié à Mlle Velten.]

CAZENOVE DE PRADINE (*Fernand*-Léon-Marie de), ✠, ✠ (3 étoiles), ✠ (Médaille de Madagascar), capitaine au 208e d'Infanterie.

Capitaine de Cuirassiers à la déclaration de guerre, passa, sur sa demande, dans l'infanterie. A été tué en entraînant à l'assaut sa compagnie de mitrailleuses, le 20 juillet 1916, près Herleville (Somme).

Texte de la première citation : *Officier de cavalerie, ayant de ses devoirs militaires la plus haute conception. Placé sur sa demande dans l'infanterie, a été placé à la tête de la 1re compagnie de mitrailleuses de la Brigade, et a constamment montré le plus grand zèle et une rare énergie. Pendant la période du 6 au 14 octobre, a tenu sans interruption un poste des plus dangereux, remontant sans cesse le moral de ses hommes, soumis à un bombardement intense et exposés au feu incessant des mitrailleuses ennemies; s'exposant lui-même, au mépris de tout danger, pour leur donner l'exemple.*

[Né le 7 août 1870. Fils de M. Edouard de Cazenove de Pradine, ancien député, et de Mme née Marie de Bouillé (décédée en 1920). Marié à Mlle Geneviève de la Madelaine, fille du Colonel, ✠, et de Mme née Le Breton des Grapillières, — dont deux enfants.]

CECCATY (Baron Max PAVANS de), ✠, ✠, chef de bataillon au 73e d'Infanterie.

Tué, le 6 septembre 1914, à la bataille de la Marne, à 49 ans.

CELLERY D'ALLENS (*Georges*-Jean-Marie-Joseph, Baron de), ✠ (posthume), ✠ (palme), capitaine au 1er Etranger.

Officier d'élite, tombé en Champagne, le 28 septembre 1915; blessé une première fois, se releva et reprit la tête de ses hommes jusqu'à ce qu'il tombât mortellement frappé.

Citation : *Commandant de compagnie, brave et énergique. A été mortellement blessé, le 28 septembre 1915, en entraînant son unité à l'assaut des tranchées allemandes.*

[Né le 15 mars 1865. Fils de Bon et de la Bonne née de Lamée de Soulage. Marié à Mlle Marguerite de Cambolas, fille du Mis et de la Mise née de Guer de Boisjolin, — dont deux fils et une fille.]

CEPOY (Aymard-*Raymond* BOUVIER DE LA MOTTE, Marquis

de), ✠ (posthume), ✠ (palme), Saint-Cyrien, capitaine au 169e d'Infanterie.

Blessé très grièvement à Haumont, le 22 février 1916, eut sa santé compromise à la suite de ses blessures et, déclaré inapte, s'occupa de l'instruction des jeunes classes; le 4 novembre 1918 il succomba aux suites de ses blessures.

> Citation: *A conduit bravement sa compagnie à la contre-attaque, pour la défense d'un village. A fait preuve du plus grand sang-froid, sous le plus violent des bombardements, et a été sérieusement blessé à la tête de sa troupe, au cours de l'attaque allemande des 22 et 23 février 1916.*

[Né en 1888. Fils du Mᴵˢ (décédé en 1917) et de la Mᴵˢᵉ née DE GORCE DU GENEST.]

CEPOY (*Robert*-Jean-Baptiste BOUVIER DE LA MOTTE, Comte Robert de), ⚜ (posthume), ✠, ✠ (Cambodge), *engagé volontaire*, caporal au 42e Colonial.

Fut grièvement blessé, le 22 août 1914, au combat de Charmes, près Charleroi. Volontaire pour la Compagnie d'élite du XVe Corps, tomba au champ d'honneur, le 20 décembre 1914.

Extrait de la lettre du Général LEGROS :

> Vous pouvez dire à sa famille qu'il avait demandé à faire partie de la compagnie d'élite (chargée des missions hardies), que le caporal est mort bravement en faisant tout son devoir de soldat et de Français.

> Citation posthume : *Belle conduite au feu, depuis le début de la campagne. A été tué à son poste de combat, le 20 décembre 1914. A été cité.*

[Né en 1884. Frère du précédent.]

CERNESSON (André), ✠ (posthume), ✠ (palme), auditeur à la Cour des Comptes, lieutenant au 44e d'Infanterie.

> Citation : *Très bon officier, est tombé glorieusement le 10 août 1916 après avoir organisé, au contact d'un bois fortement occupé, une position qu'il avait conquise et conservée à force de courage et de ténacité.*

CERTAIN (Marie-Antoine-*Pierre* de), ✠ (posthume), ✠ (2 palmes, 3 étoiles), lieutenant au 26e d'Infanterie.

Tombé le 11 juin 1918. Cinq blessures antérieures.

> Citation : *Commandant d'une compagnie chargée de la défense d'un point d'appui extrêmement important, a résisté pendant deux jours et deux nuits aux attaques acharnées de l'ennemi. Est tombé pour la France, au cours de cette admirable défense. A été cité.*

[Né en 1895. Fils du Lieutenant-Colonel et de Mᵐᵉ née DE LAVENNE DE SICHAMPS.]

CESBRON-LAVAU (*René*-Jules), ✠, ✠, chef de bataillon au 366e d'Infanterie.

Tué en septembre 1914.

[Marié à Mˡˡᵉ Yvonne DU BUISSON DE COURSON.]

CESSOLE (Vicomte Raymond de), ✠ (étoile d'argent), *engagé volontaire*, maréchal des logis au 6e Dragons.

Tombé glorieusement au Labyrinthe (Pas-de-Calais), le 4 juillet 1915.

Citation : A toujours eu une très belle attitude au feu et a témoigné, dans diverses circonstances, d'un très grand courage. A été tué le 4 juillet 1915, à son poste de combat, au cours d'un violent bombardement.

[Né en 1895. Fils du C⁰ᵉ Ludovic DE CESSOLE, ☒, engagé volontaire au 32ᵉ Dragons.]

CHABANET (François), aspirant au 105ᵉ d'Infanterie.
Tué le 13 mai 1915.

CHABANNES (Jean de), ☒, ☒ (palme), aspirant d'Artillerie.
Mort en mai 1918.

[Né le 27 septembre 1897. Fils du Lieutenant-Colonel C⁰ᵉ et de la C⁰ᵉˢˢᵉ née Gabrielle GONIN.]

CHABERT (Jean)..........................

[Fils du B⁰ⁿ et de la B⁰ⁿⁿᵉ née Geneviève DES GROTTES.]

CHABERT (Henri-*Georges*), ☒ (étoile), élève à l'École Nationale Supérieure des Mines, sous-lieutenant au 50ᵉ d'Artillerie.
Tué, sous Verdun, le 27 juin 1916.

Citation : Officier de tout premier ordre, qui, en maintes circonstances, a donné des preuves d'un courage et d'un sang-froid remarquables. A été tué, à son poste de combat, pendant un violent bombardement.

[Né le 1ᵉʳ février 1890. Fils de M. Gabriel CHABERT, chef d'escadron d'Artillerie (décédé), et de Mᵐᵉ née FAY.]

CHABERT (Edmond), *engagé volontaire*.
Tué près de Lunéville, le 1ᵉʳ septembre 1914.

CHABERT-OSTLAND (Clément de), ☒ (posthume), ☒ (palme), capitaine au 23ᵉ Colonial.

Citation : Atteint de deux blessures, a conservé le plus grand calme et a continué à encourager ses hommes pendant le combat du 3 février 1915. Est mort glorieusement des suites de ses blessures.

CHABOT (*Antoine*-Marie-Joseph, Vicomte Antoine de), propriétaire, lieutenant de réserve.
Blessé et fait prisonnier à Dieuze, le 20 août 1914, est mort pour la France, en captivité, à Ingolstadt (Bavière), le 5 juin 1918.

[Fils du Colonel Vᵗᵉ DE CHABOT et de la Vᵗᵉˢˢᵉ née BUREZ (décédés). Marié à Mˡˡᵉ Madeleine DE JOURSENVAULT-MAREILLES, fille de M. DE JOURSENVAULT-MAREILLES (décédé) et de Mᵐᵉ née DE GAUDIN, — dont Emmanuel et Louise-Jacqueline.]

CHABOT (Maxime-Marie-Auguste-*Henri* de), étudiant, caporal au 33ᵉ d'Infanterie.
Parti comme volontaire avec un renfort pour le front, il fut tué, quelques semaines après, au combat des Eparges (bois de Darmont), le 8 avril 1915.

[Né le 5 novembre 1893. Fils du Vᵗᵉ Charles DE CHABOT et de la Vᵗᵉˢˢᵉ née DE FRÉDY.]

CHABRE (Charles-Henri-*Louis* de), ☒ (posthume), ☒ (palme), adjudant au 109ᵉ d'Infanterie.

Citation : Chef de section distingué, véritable entraîneur d'hommes. A toujours fait preuve d'un courage et d'un moral

*remarquables. Tué, en entraînant sa section à l'assaut des tran-
chées allemandes, le 25 septembre 1915, à Tahure (Marne). A été cité.*

[Fils du C⁺⁺ et de la C⁺⁺⁺⁺ née Marie du PENHOAT.]

CHABRIER (Jean), ☉ (posthume), ✠, élève au Lycée Condorcet, aspirant au 62ᵉ d'Artillerie.

Tué d'un éclat d'obus à la tête, le 15 juillet 1918, près de
Souain (Champagne).

Citation : *Jeune aspirant, très calme, s'exposant sans abri au
feu du 15 juillet pour mieux surveiller l'exécution des tirs, a été
tué à son poste de combat, tandis qu'il donnait l'exemple à ses
hommes.*

[Né le 22 septembre 1898. Fils de M. CHABRIER (en littérature : Jean REIBRACH.]

CHABROL (Emmanuel-Pierre-Gabriel), O ✠, colonel commandant
la 15ᵉ Brigade d'Infanterie.

Tué au combat de Virton (août 1914), un fusil à la main, face à
l'ennemi.

CHABROL-TOURNOELLE (*Louis*-Marie-François, Comte Louis
de), ✠, ✠ (2 palmes, 1 étoile), prêtre à Clermont-Ferrand, aumônier
militaire de la 26ᵉ Division.

Tué à l'ennemi, à Chaulnes, le 4 septembre 1916.

Citation : *Modèle de courage et de dévouement. A l'attaque du
4 septembre 1916, est parti avec les premiers éléments d'assaut,
prodiguant à tous ses encouragements. A été tué par les défenseurs
d'un blockaus non réduit, alors qu'il parcourait le terrain conquis
pour secourir les blessés.*

[Né le 7 août 1877. Fils du C⁺⁺, ancien député, et de la C⁺⁺⁺⁺ née Marguerite DE
BOURBON-BUSSET, décédée.]

CHACATON (*Henri*-Marie-Gilbert de), caporal au 150ᵉ d'Infanterie.

Tué, vers le 25 août 1914, au combat de La Montagne; son
corps fut retrouvé à Domptail (Vosges), et inhumé au cimetière.

[Né en 1894. Fils de M. Maurice DE CHACATON et de Mᵐᵉ née AUBERT DE CHARROUX.]

CHACATON (*Guy*-Marie-Théophile de), ✠ (posthume), ✠ (étoile),
engagé volontaire, sous-lieutenant au 34ᵉ d'Infanterie (Fourragère).

Tué, sur le plateau de Craonne, le 6 mai 1917, d'une balle en
plein front, en résistant à une furieuse contre-attaque ennemie.

Citation : *Officier de très grande bravoure. A été tué à la tête de
sa section qu'il entraînait à l'attaque d'une position ennemie.
A été cité.*

[Né en 1896. Frère du précédent.]

CHADEBEC DE LAVALADE (Baptiste-Hector-Jean), ✠ (posthume),
✠ (étoile), capitaine au 103ᵉ d'Infanterie.

Tué à Ethe (Luxembourg), le 22 août 1914.

Citation : *Est tombé glorieusement à la tête de sa compagnie au
moment où il venait d'accomplir, dans les conditions les plus périlleuses, la mission qui lui avait été confiée.*

[Né le 31 août 1875. Fils de M. et de Mᵐᵉ née GAILLARD. Marié à Mˡˡᵉ Marguerite
BEER.]

CHADEBEC DE LAVALADE (Jules-Lucien), 🎖 (posthume), ✠, cavalier au 8ᵉ Cuirassiers à pied.

> Citation : *Cuirassier énergique et brave. Mort pour la France des suites de sés blessures, le 16 juin 1918. A été cité.*

CHADOIS (Jean-Joseph de), � (posthume), ✠ (palme), sous-lieutenant au 207ᵉ d'Infanterie.

> Citation : *Officier venu volontairement de la cavalerie. A fait preuve, depuis son arrivée, des plus belles qualités de courage et de sang-froid en demandant toujours de conduire les petites opérations difficiles et dangereuses. Le 3 août 1916, a pris le commandement de sa compagnie après le départ de son lieutenant blessé et a maintenu sa troupe sous un feu violent de l'ennemi; a été lui-même blessé mortellement le 4 août 1916. A été cité.*

CHAFFAUT (Vicomte Jean AMAUDRIC du), 🎖 (posthume), ✠ (étoile d'or), étudiant en droit, sergent au 21ᵉ Génie, pilote-aviateur à l'Escadrille S. O. P. 141.
Tombé, en mission, le 22 mai 1918.

> Citation du Général DUPORT : *Pilote d'une adresse et d'un courage remarquables, s'est dépensé sans compter pour assurer le travail de l'Escadrille, a eu son avion fréquemment atteint par le tir de l'artillerie ennemie, au cours de vols exécutés à une faible altitude, a trouvé la mort au cours d'une mission aérienne le 22 mai 1918.*

[Né le 30 juin 1894. Fils du Cᵗᵉ Melchior DU CHAFFAUT et de la Cᵗᵉˢˢᵉ née RAIBAUD-L'ANGE.]

CHAIGNE (Jean-*Georges*), ✳ (posthume), ✠ (palme), député de la Gironde, avocat à la Cour de Paris, lieutenant au 367ᵉ d'Infanterie.
Tué, le 5 avril 1915, dans la Woëvre, à l'attaque du bois de Mortmare.

> Citation : *A su inspirer à sa compagnie un entrain et un esprit de sacrifice complet par son exemple et son autorité. A été tué, le 5 avril, en entraînant une de ses sections à l'attaque.*

[Né le 16 octobre 1887. Fils de l'ancien député (décédé) et de Mᵐᵉ née BEAUREILLE.]

CHAIGNON (Christian de), attaché à la Compagnie des Chemins de fer du Midi, sous-lieutenant mitrailleur au 8ᵉ territorial d'Infanterie.
Tué sous Verdun, le 14 juillet 1916.

[Né en 1876. Marié à Mˡˡᵉ LE TERSEC, — dont deux enfants.]

CHAIGNON (Jean de), sergent infirmier à l'hôpital de Grenoble.
Mort, le 16 août 1915, à 44 ans.

CHAILLEY (Pierre), ✳ (posthume), ✠ (palme), enseigne de vaisseau, commandant en second le sous-marin *Curie*.

> Citation : *A fait preuve du plus grand héroïsme en pénétrant au fond d'un port ennemi, malgré la multiplicité des moyens de défense, a lutté avec la plus grande énergie pour échapper à l'ennemi.*

CHAILLEY-BERT, ✠, *engagé volontaire*, aspirant d'Artillerie.
Tombé à son poste, le 27 novembre 1917.

[Né en 1898. Fils du Trésorier-Payeur de la Guyane Française et de Mme née BERT Petit-fils de Paul BERT.]

CHAILLOU (Docteur A.), de l'Institut Pasteur.
Mort pour la France, à Vauquois, en 1915.

CHAILLOU DE L'ÉTANG (Louis-Ambroise-Marie), ✠ (posthume), ✠, soldat au 61e d'Infanterie.

Citation : *Brillante attitude au feu. Tué, le 1er mai 1915, dans la tranchée devant Hamel. A été cité.*

CHAIX-BRYAN (*Joseph*-Benjamin-Édouard), ✠ (étoile), ✠ (Médaille Coloniale), capitaine au 2e Dragons.
Tué au combat de Rozelieures, le 25 août 1914.

Citation : *Officier du plus grand sang-froid et de la plus belle tenue au feu. Le 25 août, son escadron étant en première ligne, a été tué, en observant, d'un point particulièrement dangereux, la progression de l'attaque ennemie.*

[Né le 21 mars 1876. Fils de M. Édouard CHAIX-BRYAN, (70), consul de Bolivie, ancien volontaire de l'Ouest, et de Mme née MENDEZ DE CASTRO.]

CHALAIN (*Pierre*-Georges-Maurice BLANDIN de), ✠, ✠ (palme), ✠ (Médaille du Tchad), capitaine au 5e Chasseurs à cheval.
Tué, d'une balle dans le cou, au combat de La Fosse, sous Béthune, le 11 octobre 1914.

Citation : *Glorieusement tué à l'ennemi au combat de Fosse, le 11 octobre 1914, à la tête du demi-régiment dont il avait le commandement effectif avant d'avoir reçu le grade auquel ses beaux services militaires lui donnaient tous les droits. La vie et la mort de ce brave officier ont été un exemple.*

CHALHOUB (*Maurice*-Adolphe-Georges), avocat, homme de lettres [en littérature : Maurice MAREIL], soldat élève-pilote d'aviation.
Mort, le 6 février 1916, au camp d'aviation d'Étampes.

[Né le 24 mai 1884. Fils de M. Eugène CHALHOUB, banquier, et de Mme née CHANCENOTTE. Marié, en 1913, à Mlle Suzanne BELIN, fille du Dr et de Mme née ROBINOT, — dont deux enfants.]

CHALIGNY (Jean de), caporal.
Blessé, le 12 décembre 1914, d'une balle au front, succomba le surlendemain à ses blessures, à l'hôpital de Commercy.

CHALLAMEL (Georges), adjudant au 303e d'Infanterie.
Tué le 5 septembre 1914.

CHALLAMEL (Jean), soldat au 4e d'Infanterie.
Tué, en Argonne, le 9 mai 1915.

[Fils de M. et de Mme Jules CHALLAMEL.]

CHALLE (Georges-Emile-Paul), O ✠, ✠ (3 palmes, 2 étoiles), Général de brigade, commandant la 4e Division d'Infanterie.

Etait, à la mobilisation, chef d'état-major du 7e Corps d'Armée, et avait pris, à ce titre, une part active aux opérations d'Alsace et à notre entrée à Mulhouse. Promu ensuite chef d'état-major du Détachement d'Armée des Vosges, il était nommé au commandement d'une Brigade, en octobre 1914, puis d'une Division, en 1916.

> Citation : *Officier général doué d'une haute intelligence, d'une grande bravoure et d'une activité inlassable. A montré en toutes circonstances des qualités militaires de premier ordre, en particulier lors des opérations qui, en octobre 1916, ont amené la reprise du fort de Vaux. Tombé glorieusement en faisant une reconnaissance dans les premières lignes d'un secteur nouvellement reconquis, et dont il dirigeait l'organisation avec la plus grande activité.*

[Né le 17 janvier 1864. Fils de M. et de Mme née GUIBLIN. Marié, en 1897, à Mlle FROMONT.]

CHALLE (Maurice), O ✳, directeur de l'Aéronautique d'une Armée.

Aviateur militaire de la première heure, disparu sur la Somme, le 7 octobre 1916, au cours d'une reconnaissance aérienne exécutée à basse altitude et dans des circonstances atmosphériques des plus défavorables.

[Frère du précédent.]

CHALMEL (Raymond), ✳ (posthume), ✠ (4 citations), professeur de philosophie au lycée de Saint-Omer, capitaine au 327e d'Infanterie.

> Dernière citation : *Capitaine mitrailleur d'une haute valeur morale, légendaire par sa bravoure, son calme, son esprit de décision. Apportait dans l'exécution de ses devoirs militaires l'ardeur de sa jeunesse, les connaissances de son esprit cultivé au plus haut point, la noblesse de ses sentiments, les ressources inépuisables de son cœur. Adoré de ses chefs et de ses hommes ; entraîneur d'hommes remarquable. Est tombé glorieusement, le 4 juin 1918, alors qu'au cours d'une attaque ennemie il cherchait à reconnaître les positions allemandes pour pouvoir engager ensuite sa troupe judicieusement et avec fruit.*

CHALONGE (Guy GILET de), ✳ (posthume), ✠ (palme), sous-lieutenant au régiment de Tirailleurs Marocains.

> Citation : *Officier d'une énergie et d'une bravoure admirables. Blessé, n'a pas voulu abandonner sa troupe. A été ensuite mortellement atteint.*

CHALONGE (Jean GILET de), *engagé volontaire* au 2e d'Artillerie, passé, sur sa demande, au 28e Chasseurs alpins.

A succombé, le 7 juin 1917, aux suites d'une maladie contractée au front.

CHALUP (Jean-Marie-*Aymeric* de), maréchal des logis au 34e d'Artillerie.

Mort le 15 avril 1915.

[Fils du Cte et de la Ctesse née DE COSNAC.]

CHALUS (Maurice), ✠, lieutenant au 305e d'Infanterie.
Tué, sous Reims, le 28 mars 1916.

[Marié à Mlle CAVY.]

CHALVRON (Joseph GUILLIEN de), ✠ (posthume), ✠ (palme), capitaine au 155e d'Infanterie.

Citation : *Excellent officier, d'une haute valeur morale, s'était magnifiquement conduit, malgré une santé assez précaire, dans toutes les affaires du début de la guerre, et s'était montré commandant de compagnie remarquable. Mort pour la France, le 29 mai 1916. Croix de guerre avec palme.*

CHAMBAUD-MONTAIGNE (*Gaston* - Guillaume - Amédée - Paul - Robert, Baron Gaston de), ✠ (posthume), ✠ (palme), *engagé volontaire*, maréchal des logis au 2e d'Artillerie.
Tombé glorieusement, à Verdun, le 19 juillet 1916.

Citation : *Maréchal des logis téléphoniste de la classe 1886. Engagé pour la durée de la guerre, n'a cessé de donner l'exemple d'un dévouement absolu et du plus grand courage, en particulier dans les journées du 6 au 18 juillet, où il a réparé à plusieurs reprises la ligne d'un observatoire, malgré de violents bombardements et tirs de barrage. Tué, le 19 juillet, au cours d'un bombardement de sa batterie. A été cité.*

[Né en 1866. Fils du B^{on} et de la B^{onne} née DE SÉGUR-MONTAIGNE, décédés.]

CHAMBERT (Marie-François-*Pierre*), ✠, ✠ (3 citations), capitaine au 12e Chasseurs alpins.
D'abord porté disparu, a été tué, dans la nuit du 6 au 7 mars 1915, près de Munster (Haute-Alsace).

Citation : *Prenait, le 22 février, le commandement du bataillon, dont le chef venait d'être blessé. Dans des circonstances extrêmement critiques, en face d'un ennemi d'une supériorité numérique écrasante, a déployé une énergie, un courage et un esprit d'à-propos admirés de tous. Dans la nuit du 6 au 7 mars, il disparaissait alors qu'il était en tête du 12e bataillon qu'il commandait à l'attaque du bois d'Eich-Wald. Le colonel commandant décide qu'en souvenir de ce chef vigoureux, les ouvrages de la cote 654 porteront le nom de : « bastion nord du capitaine Chambert », et ceux d'Imbery, de : « bastion sud du capitaine Chambert ».*

[Né le 27 mars 1880. Fils du Général et de Mme née MORIN. Marié à Mlle PROTAT, fille de M. et de Mme née ISNARD, — dont trois enfants.]

CHAMBON (*François-Soffrey-Louis*, Comte François DU PONT du), ✠ (posthume), ✠, étudiant, soldat au 401e d'Infanterie.
Tué, le 4 mai 1918, devant Bailleul (Nord), de deux balles à la poitrine et au cœur, à dix mètres de la tranchée ennemie.

Citation : *Très bon soldat. Superbe au feu. Le 4 mai 1918, s'est élancé avec enthousiasme, au premier rang de sa section, à l'attaque d'une position ennemie fortement occupée. Blessé grièvement pendant l'assaut.*

[Né le 31 octobre 1898. Fils du Mis et de la M^{ise} née DE BEAUMONT DU REPAIRE.]

CHAMBONAS (Scipion-Marie-*Guy* de LA GARDE, Comte de), ✠ (posthume), ✠ (4 citations), *engagé volontaire*, sous-lieutenant au 8e Cuirassiers à pied.

Blessé une première fois en 1915, tomba glorieusement, le 30 mai 1918, au nord de Soissons ; inhumé par l'ennemi, à Juvigny (Aisne).

> Citation : *Commandant de compagnie de la plus haute valeur morale, animé des sentiments les plus élevés. Le 30 mai, après s'être opposé pendant toute la journée à l'avance ennemie, a reçu l'ordre de commander une arrière-garde. Avec autant de sang-froid que de bravoure, a engagé résolument le combat dans les boyaux, à la grenade et au fusil mitrailleur, arrêtant la progression ennemie sous un feu violent d'artillerie et de mitrailleuses. Tombé en accomplissant sa mission. Deux blessures. Trois citations.*

[Fils du Mis, ✳, et de la M^{ise} DE CHAMBONAS. Marié à Mlle Y. HÉRIARD, — dont deux enfants.]

CHAMBOST (Vicomte Georges de RIVÉRIEULX de), ✳ (posthume), ✠ (1 palme, 2 étoiles), étudiant en chimie, sergent au 11ᵉ Chasseurs alpins à la mobilisation, devenu capitaine au même corps, le 1ᵉʳ mai 1916.

Tombé mortellement frappé à la bataille de Curlu (Somme), le 20 juillet 1916. Mort de sa blessure au poste de secours, le 21, à quatre heures du matin, après avoir demandé et reçu tous les secours de la religion. — « Je fais le sacrifice de ma vie, pour Dieu et pour la France. » Telles furent ses dernières paroles à l'aumônier du bataillon, qui lui ferma les yeux.

> Dernière citation à l'Ordre de l'Armée : *Officier d'une conscience professionnelle scrupuleuse et d'une haute élévation de sentiments. Frappé en se portant à l'attaque, en tête d'une section de mitrailleuses. A fait preuve pendant vingt heures d'un courage stoïque sans se départir, malgré ses souffrances, de son urbanité coutumière. Déjà cité. Mort de sa blessure peu après son arrivée au poste de secours. A été cité.*

[Né le 2 juillet 1886. Fils du Vte Louis DE CHAMBOST et de la V^{tesse} née Marie PENET DE MONTERNO.]

CHAMBURE (Maurice PELLETIER de), ✳, ✠, ingénieur des Mines, chef de bataillon d'Infanterie.

A succombé, en novembre 1917, à une courte maladie, après trente mois consécutifs de front.

CHAMEROT (Raymond), ✳ (posthume), ✠ (étoile), publiciste, lieutenant au 28ᵉ d'Infanterie.

Nommé capitaine en récompense de sa belle conduite au combat de Souchez, en 1915. Tué le 6 juillet de la même année ; inhumé au cimetière militaire d'Ecoivre.

> Citation du 14 août 1915 : *Chargé, le 26 mai, de conduire sa compagnie à une attaque difficile et dangereuse, a vigoureusement entraîné ses hommes et, malgré un feu violent de mitrailleuses, a réussi à occuper la tranchée adverse. Tué, le 6 juillet, au cours d'un bombardement.*

[Né le 1ᵉʳ octobre 1885. Fils de M. Georges CHAMEROT, ✳, et de Mme née Claudie VIARDOT.]

CHAMP (Guy du), sergent au 153ᵉ d'Infanterie.
Tué en novembre 1914.

CHAMP (*Max*-Joseph du), ✳, 🎖, capitaine au 161ᵉ d'Infanterie. Tué en décembre 1914.

> Citation (Légion d'honneur) : *Belle conduite au feu. A été grièvement blessé à la tête de sa compagnie.*

[Fils de M. et de Mᵐᵉ née GAGNOLÉ DE LATAILHÈDE, décédés.]

CHAMPAGNE DE LABRIOLLE (Roger), ✳ (posthume), 🎖, capitaine au 29ᵉ d'Artillerie.

> Citation : *Commandant la batterie de bombardement du C. A., n'a cessé de déployer la plus grande activité et la plus belle bravoure, dans l'exercice de ce commandement difficile. Lors de l'attaque du 11 juillet 1915, a tenu à diriger de tout près l'action de ses canons employés pour cette attaque. A été tué dans l'accomplissement de ce devoir. A été cité.*

[Marié à Mˡˡᵉ Marguerite-Louise CHRÉTIEN-LALANNE.]

CHAMPCHESNEL, née Jeanne **QUENTIN DE COUPIGNY** (Madame Sébastien FAISANT de), infirmière de la S. B. M., Hôpital auxiliaire 75, à Paris.

Morte pour la France, le 24 octobre 1918. Titulaire des palmes d'argent des Infirmières, le Ministre de la Guerre lui décerna une médaille d'honneur en vermeil, avec cette citation :

> *A fait preuve d'un inlassable dévouement. A contracté, au cours de son service, une affection grave à laquelle elle a succombé.*

[Née le 6 septembre 1883. Fille de M. Georges QUENTIN DE COUPIGNY et de Mᵐᵉ née LE GOHIER DE PRÉCAIRE. Mariée à M. Sébastien FAISANT DE CHAMPCHESNEL, administrateur de la Compagnie *La Réparatrice.*]

CHAMPEAUX (Maurice de), 🎖 . . . .

[Fils du Vᵗᵉ et de la Vᵗᵉˢˢᵉ née Élisabeth BLACHE, décédés.]

CHAMPEAUX (René-Jacques-Emmanuel de), sergent au 169ᵉ d'Infanterie.

Mort, le 13 juillet 1916, à Dugny.

CHAMPEAUX DE LA BOULAYE (Marie-Joseph-Eugène-*Pierre* de), 🎖 (posthume), 🎖 (palme), étudiant, *engagé volontaire*, adjudant au 12ᵉ Chasseurs alpins.

Tué glorieusement, le 1ᵉʳ août 1915, en entraînant ses chasseurs à l'assaut du Barrenkopft; inhumé au col de Wetstein (Alsace).

> Citation : *Pour encourager ses chasseurs, s'est porté en avant de sa section, immobilisée par la violence de feux croisés de mitrailleuses. Est tombé mortellement frappé. A été cité.*

[Né le 7 novembre 1894. Fils de M. Charles DE CHAMPEAUX DE LA BOULAYE, O ✳, capitaine de vaisseau, et de Mᵐᵉ née ABORD-SIBUET.]

CHAMPÉRON (Gustave de), artilleur.

Tué à son poste, en Champagne, en 1917.

[Fils du Cᵗᵉ, ✳, et de la Cᵗᵉˢˢᵉ née DUPONT-DELPORTE. Marié à Mˡˡᵉ Lucienne BRISSET, — dont deux enfants.]

CHAMPETIER DE RIBES (Paul-Émile-Marie-Jacques), 🎖 (posthume), 🎖 (palme), sergent au 129ᵉ d'Infanterie.

Après avoir pris part aux batailles de Charleroi, de Guise et de la Marne, porté disparu, le 17 septembre 1914, dans les caves du château de Brimont.

> Citation : *Sous-officier d'une bravoure et d'un sang-froid remarquables. A su, par sa conduite au feu et son courage, s'attirer l'éloge unanime de ses chefs. Est tombé mortellement frappé, le 17 septembre 1914, à Courcy, pendant l'exécution d'une mission périlleuse pour laquelle il s'était volontairement offert: Croix de guerre avec palme.*

[Marié à Mˡˡᵉ THIBOUST.]

CHAMPETIER DE RIBES (*Alfred*-Louis-Maurice), ✠, soldat au 332ᵉ d'Infanterie.

Tué à Fromereville (Meuse), le 26 avril 1916.

[Né à Paris le 30 décembre 1889. Fils de M. (décédé) et de Mᵐᵉ née Lucie HACHETTE.]

CHAMPETIER DE RIBES (*René*-Marie-Georges), ⚕ (posthume), ✠, soldat au 28ᵉ d'Infanterie.

> Citation : *Soldat valeureux. A toujours donné entière satisfaction, tant par sa belle attitude au feu que par sa manière habituelle de servir. Tombé pour le salut de la Patrie, le 22 août 1914, à Leernes (Belgique). A été cité.*

[Né à Paris le 16 septembre 1891. Frère du précédent.]

CHAMPETIER DE RIBES (Marie-Jean-*Philippe*), ✠ (posthume), ✠ (3 citations), capitaine au 5ᵉ d'Artillerie, détaché à l'Escadrille Br. 207.

> Citation : *Officier de la plus haute valeur morale. Chef accompli. Après s'être distingué dans l'aviation de corps d'armée, donnait, dans le commandement des escadrilles d'armée, la mesure de son courage et de son intelligence. Entraînant ses pilotes et ses observateurs par son exemple, a toujours assuré l'exécution des reconnaissances éloignées qui lui ont été confiées. Le 2 septembre 1918, au cours d'une mission, dans un combat inégal contre quatre adversaires, a succombé glorieusement. A été cité.*

[Né en 1890. Fils de M. et de Mᵐᵉ née BOUILHET.]

CHAMPFEU (Pierre de), ✠, ✠ (palme et étoile), étudiant en Droit et Sciences politiques, sous-lieutenant mitrailleur au 4ᵉ Zouaves.

Passé, sur sa demande, de la cavalerie dans l'infanterie, ce brillant officier avait été grièvement blessé, le 23 octobre 1917, à l'attaque du fort de la Malmaison. Amputé de la cuisse, il a succombé aux suites de ses blessures, le 13 décembre suivant, à l'ambulance Astoria, à Paris.

> Citation posthume : *Admirable tempérament de soldat, donnant à tout le régiment l'exemple des plus belles qualités françaises. A l'assaut du fort de la Malmaison, a conduit sa section de mitrailleuses avec sa fougue habituelle, l'a mise en batterie au point fixé et est tombé en pleine victoire.*

[Né à Cherbourg le 12 juin 1894. Fils du Cᵗᵉ DE CHAMPFEU, O ✠, capitaine de frégate en retraite, et de la Cᵗᵉˢˢᵉ née Brigitte DE NANTEUIL DE LA NORVILLE.]

CHAMPFEU (Jacques de), ✠ (posthume), ✠ (3 citations), sous-lieutenant au 69ᵉ Chasseurs à pied.

Tombé pour la France, en mars 1918, à La Boissière (Somme).

> Citation : *Jeune officier plein d'allant, d'un courage poussé jus-*

qu'à la témérité ; au cours du combat du 27 mars 1918, sa compagnie étant presque complètement entourée par l'ennemi, s'est défendu avec une énergie farouche ; grièvement blessé en faisant le coup de feu avec ses hommes. Mort des suites de ses blessures. A été cité.

[Frère du précédent.]

CHAMPFLOUR (*Jacques*-Gérard-Jean de), ⚜ (posthume), ✠ (palme), sergent au 338ᵉ d'Infanterie.

> Citation : *Sous-officier très courageux, ayant une haute idée de son devoir. Au front depuis le début de la campagne, avait tenu à combattre au milieu de ses camarades, bien que son âge lui permît d'être affecté à une formation moins exposée. S'est très bien comporté pendant les jours des 29, 30 et 31 mars 1916, a trouvé la mort sous un violent bombardement, le 2 avril 1918. A été cité.*

CHAMPGRAND (*René*-Marie LABBÉ de), ✠ (posthume), ✠ (palme), sous-lieutenant au 294ᵉ d'Infanterie.

> Citation : *Officier d'un très grand courage et d'une très haute valeur morale. En mars 1918, à Hargicourt (Somme), tandis que les Allemands en masses compactes, appuyés par une puissante artillerie, tentaient de bousculer nos faibles avant-postes, a infligé avec sa section de mitrailleuses de très lourdes pertes à l'ennemi. A épuisé ses munitions, puis complètement débordé, a rendu ses pièces inutilisables et a continué la lutte à coups de revolver. A été blessé ainsi mortellement sur les débris de ses mitrailleuses.*

[Fils du Cᵗᵉ et de la Cᵗᵉˢˢᵉ née DE BAUDREUIL.]

CHAMPGRAND (Guy LABBÉ de), ⚜ (posthume), ✠, maréchal des logis au 21ᵉ Chasseurs à cheval.

Détaché comme agent de liaison dans un régiment d'Infanterie, avait demandé à participer à l'attaque du 15 décembre 1916, où il trouva la mort glorieuse du soldat.

> Citation : *Avait demandé à prendre part, en volontaire, à l'attaque du 15 décembre. S'est conduit avec la plus belle crânerie. A été tué à son poste de combat.*

[Frère cadet du précédent.]

CHAMPION (Louis), ✠, lieutenant-colonel au 2ᵉ Dragons. Tué le 31 août 1914.

CHAMPORIN (René-Gabriel VINCENT LEFEBVRE de), ✠ (posthume), ✠, sous-lieutenant au 39ᵉ d'Infanterie. Tué à l'ennemi, le 21 février 1916, à 31 ans.

> Citation : *Officier de cavalerie venu, sur sa demande, dans l'infanterie. Le 21 février 1916, devant Souchez, chargé de défendre une barricade violemment attaquée par l'ennemi, a tenu sa ligne avec une extrême bravoure. Tombé glorieusement au cours du combat. A été cité.*

CHAMPORIN (*François*-André-Julien-Louis VINCENT LEFEBVRE de), ✠ (posthume), ✠, sous-lieutenant au 155ᵉ d'Infanterie. Tué à l'ennemi, le 26 mai 1916, à 25 ans.

> Citation : *Excellent officier ; le 26 mai 1916, a brillamment procédé avec sa section à l'enlèvement d'une partie d'un village fortement défendu ; a été tué à la tête de sa section. A été cité.*

CHAMPOZOU (Hippolyte HÉBERT de), ✳ (posthume), ✠ (palme), capitaine au 148ᵉ d'Infanterie.

> Citation : ... *S'est signalé en particulier le 15 août 1914, en portant en avant le bataillon qu'il commandait, pour appuyer l'offensive d'une brigade voisine. Est tombé glorieusement, à la tête de son bataillon, le 26 août 1914.*

[Marié à Mˡˡᵉ Taulier.]

CHAMPS (Vicomte Antonin de), ✳ (posthume), ✠ (palme), lieutenant au 13ᵉ d'Infanterie.

> Citation : *Lieutenant démissionnaire ; versé dans la territoriale, a obtenu de partir avec le régiment actif, a montré le plus bel entrain dès le début de la campagne ; mortellement blessé le 20 août 1914.*

CHAMPS (Georges-Maurice de), ⊕ (posthume), ✠ (palme), soldat au 19ᵉ Chasseurs à pied.

> Citation : *A été tué le 6 mai 1915, par un projectile de minenwerfer, au moment où il allait, spontanément et sans aide, relever un chasseur blessé. A été cité.*

CHAMPSAVIN (*Louis-Marie-Joseph* LE BESCHU de), ✳, ✠ (2 palmes), ✳ (Saint-Sava de Serbie), ✳ (Alphonse XIII), sorti de l'Ecole de Saint-Cyr en 1890, chef d'escadrons au 20ᵉ Chasseurs à cheval.

Mort, le 20 décembre 1916, à l'hôpital militaire de Nantes, des suites d'intoxication par les gaz, après avoir commandé, pendant sept mois, le fort de Tavannes, sous Verdun.

> Citation du Général Guillaumat (13 janvier 1917) : *Commandant un fort de première ligne soumis à un bombardement incessant, s'est acquitté de ses fonctions, pendant sept mois, avec le plus beau sang-froid et le dévouement le plus absolu. Intoxiqué, le 11 juillet, par les obus asphyxiants, n'a pas voulu se laisser évacuer : a tenu à rester à son poste, malgré un état de santé très précaire, et n'est entré à l'hôpital qu'à bout de forces. Est mort des suites de l'intoxication dont il avait été victime.*

[Né le 24 novembre 1867. Fils de Louis Le Beschu de Champsavin, ancien sous-lieutenant aux Dragons pontificaux, et de Mᵐᵉ née Esther Portevin de la Rochette. Marié à Mˡˡᵉ Le Quen d'Entremeuse, fille de M. et de Mᵐᵉ née de Pellan, — dont neuf enfants.]

CHAMPSAVIN (*Paul*-Marie-Joseph LE BESCHU de), ✠ (étoile), *engagé volontaire*, maréchal des logis pilote-aviateur.

Nommé moniteur à l'Ecole d'Aviation de Pau, mort, le 7 mars 1918, des suites d'un accident.

> Citation du 10 octobre 1916 : *A fait preuve en maintes circonstances, aux tranchées, de bravoure et d'entrain. Chef d'un détachement d'escorte dans un secteur d'attaque violemment bombardé, s'est parfaitement acquitté de sa mission. A été blessé en tête de son groupe.*

> Citation du capitaine commandant l'Ecole (mars 1918) : *Excellent pilote, d'une grande adresse et d'une audace allant jusqu'à la témérité ; moniteur remarquablement zélé et dévoué, il sert à l'école de Pau à la satisfaction générale de ses chefs, donnant toujours l'exemple du devoir, de la discipline et d'une parfaite tenue militaire.*

[Né le 16 septembre 1896. Fils du précédent.]

CHANCEL (Évariste), médecin militaire.
Mort pour la France, le 14 décembre 1914, à Ypres (Belgique).

CHANCEL (Henri), ✠, lieutenant au 6e Tirailleurs Algériens.
Mort pour la France, le 23 août 1914, aux combats de Charleroi.

CHANCEL (Joseph), sous-lieutenant aviateur.
Mort pour la France, le 23 juin 1916, à Juvisy.

[Tous trois fils de M. Gustave CHANCEL, ✱, ancien officier d'Artillerie.]

CHANDESRIS (Charles), ✱ (posthume), ✠ (palme), capitaine au 115e d'Infanterie.
Tué à Virton, le 22 août 1914.

CHANDON DE BRIAILLES (Vicomte Frédéric), ✱, ✠, capitaine d'Artillerie.
Mort, en 1918, d'une maladie contractée aux Armées.

[Marié à Mlle DE BAUDREUIL DE FONTENAY, — dont quatre enfants.]

CHANGY (*Henry*-Marie-François, Vicomte Henry CARPENTIER de), ✱ (posthume), ✠ (2 palmes), capitaine breveté d'état-major, détaché au 72e d'Infanterie.
Tombé, frappé d'une balle au front, le 22 février 1915, en entraînant sa compagnie à l'assaut, près de Mesnil-les-Hurlus (Marne).

Deuxième citation à l'Ordre de l'Armée : *Officier d'une rare valeur morale et intellectuelle. Déjà cité à l'Ordre de l'Armée pour sa bravoure et la façon brillante dont il avait commandé sa compagnie, puis son bataillon, dans tous les combats depuis le début de la campagne. Le 22 février, a été tué en entraînant sa compagnie à l'assaut et en donnant à tous le plus bel exemple du mépris du danger. A été cité.*

[Né le 20 septembre 1876. Fils du Cte DE CHANGY et de la Ctesse née BOULARD DE VAUCELLES. Marié à Mlle Louise LE GENDRE D'ONSEMBRAY, fille du Vte Henry D'ONSEMBRAY et de la Vtesse née GÉRARD DE RAYNEVAL, — dont trois enfants.]

CHANGY (*Charles*-Marie-René-François, Vicomte Charles CARPENTIER de), ✱, ✠ (palme et 2 étoiles), capitaine au 20e Chasseurs à cheval.
Blessé mortellement en Lorraine, a succombé à l'ambulance de Ménerville (Meurthe-et-Moselle), le 10 avril 1918.

Citation (Légion d'honneur) : *Officier d'une bravoure à toute épreuve. A donné, depuis le début de la campagne, la mesure de son intelligence, de son énergie et de sa haute conception du devoir. A été très grièvement blessé en première ligne. Deux citations.*

[Né le 26 juillet 1879. Frère du précédent. Marié à Mlle Cécile DE VILLEBOIS-MAREUIL, fille du Bon et de la Bonne née Constance DE DANNE, — dont quatre fils.]

CHANZY (*Henry*-Léon-Auguste), ✱, ✠, chef de bataillon au 340e d'Infanterie.

Citation : *A fait preuve, depuis le début de la campagne, d'une activité inlassable, d'un entrain et d'un zèle au-dessus de tout éloge. Frappé mortellement, le 10 avril 1915, d'une balle à la tête au moment où il venait de lancer son bataillon à l'attaque des tranchées ennemies.*

CHAPELAIN DE CAUBEYRES (Robert), ✠ (posthume), ✠ (étoile),
Saint-Cyrien, lieutenant au 29e Dragons.

> Citation : *Officier remarquable, d'une énergie et d'un sang-froid incomparables. A commandé sa section au combat d'Armancourt, le 27 mars 1918, avec la plus belle crânerie. A tenu, jusqu'à la dernière limite du possible, la position qui lui avait été confiée. Disparu.*

[Né le 18 octobre 1891. Fils de M., ✠, et de Mme née Cécile DE RANSE.]

CHAPMAN (Victor), ✠, *engagé volontaire*, sergent aviateur.

Diplômé de l'Ecole d'Architecture de Harvard, il complétait ses études à Paris lorsque la guerre éclata; dès les premiers jours d'août, il s'engageait dans la Légion étrangère, puis passa dans l'Aviation; il faisait partie d'une Escadrille, exclusivement américaine, qui rendit à l'Armée de Verdun de précieux services. Le 24 juin 1916, trois pilotes de cette escadrille se battaient contre quatre avions allemands; le sergent CHAPMAN se jeta dans le combat avec une magnifique ardeur, et dans la terrible lutte où trois appareils ennemis touchèrent le sol, il fut tué de plusieurs balles. Au télégramme que s'était empressé d'envoyer à la famille le Président de la République, le père de ce vaillant répondit :

> Permettez-moi de vous adresser mes profonds remerciements pour votre si touchant message de sympathie au sujet de mon fils. Vos paroles sont pour moi un laurier qui ne se fanera jamais et fait partie du trésor que mon fils nous a laissé.

[Né en 1891. Fils de l'Écrivain américain et de Mme J. J. CHAPMAN.]

CHAPTAL-LAMURE (Romain de), ✠ (posthume), ✠ (étoile), *engagé volontaire* de la classe 1916, sergent au 75e d'Infanterie.
Tué, le 25 septembre 1915, en Champagne.

> Citation (Ordre de la Division) : *Très belle conduite au feu ; a été tué, le 25 septembre, en conduisant bravement sa demi-section à l'assaut.*

[Fils de M. Henri DE CHAPTAL-LAMURE, ✠, ✠, ancien officier d'Infanterie.]

CHAPUT (Jean), ✠, ✠, ✠ (14 palmes, 2 étoiles), ✠ (Médaille de Saint-Georges), ✠ (Belge), ingénieur-électricien, *engagé volontaire*, lieutenant, commandant l'Escadrille S. 57.
Tué en combat aérien, le 6 mai 1918, dans l'Oise.

> Dernière citation : *Soldat merveilleux. Chef unique, modèle parfait de la jeunesse française ; a trouvé la mort la plus glorieuse, après trois ans d'exploits constants, dans un combat aérien, à la tête de son escadrille. Est tombé dans nos lignes, le....., après avoir remporté une double victoire.*

[Né le 17 septembre 1893. Fils du Dr Henri CHAPUT, qui se suicida de chagrin en février 1919, et de Mme née SANDRIQUE.]

CHARBONNEAUX (Marcel), ✠, avocat à la Cour de Paris, lieutenant au 6e territorial d'Infanterie.
Tué le 11 novembre 1914.

> Citation : *Le 1er octobre au soir, a aidé à reformer sous le feu les unités dont les chefs étaient pour la plupart tués. A pris ensuite la tête de la colonne ainsi formée, qui a forcé les lignes ennemies.*

[Marié à Mlle Pauline PICARD.]

CHARBONNEAUX (Jean), ✠ (posthume), ✠, avocat à la Cour de Paris, sous-lieutenant au 130e d'Infanterie.

> Citation : *Versé, sur sa demande, du service auxiliaire dans le service armé. A été blessé grièvement deux fois. Est revenu au front volontairement et avant rétablissement complet. A trouvé une mort glorieuse, le 27 mai 1917, alors qu'entouré de toutes parts par l'ennemi, il défendait avec la dernière énergie la partie de la tranchée qui avait été confiée à sa section. A été cité.*

[Frère du précédent.]

CHARDENET (Alexandre-Louis-Victor), ✠, ✠ (palme et étoile), lieutenant-colonel au 3e mixte de Zouaves et Tirailleurs.

Blessé une première fois sous Verdun, tombé glorieusement dans la Somme, le 12 septembre 1916, frappé mortellement d'une balle de mitrailleuse, à la tête du régiment qu'il commandait, en le conduisant à l'attaque des positions ennemies.

CHARDON (Henri), ✠, homme de lettres, sous-lieutenant de Chasseurs à pied.

Tombé à l'attaque de Beuvraignes (Somme), en juillet 1918.

[Né en 1890. Fils du Conseiller d'État, O ✠.]

CHARETTE DE LA CONTRIE (Marie-Joseph-Athanase-Georges-Henri de).

Dégagé par son âge de toute obligation militaire, avait repris du service au début de la campagne; terrassé par les fatigues, il succomba à Nantes, le 8 mars 1917.

[Né le 10 janvier 1866. Fils de M. Louis DE CHARETTE DE LA CONTRIE et de Mme née DE GOYON-MATIGNON DE MARCÉ (décédée). Marié, en 1901, à Mlle Marie PATARD DE LA VIEUVILLE, — dont cinq enfants.]

CHARETTE DE LA CONTRIE (Marie-Joseph-Gaspard-Xavier-*François* de), ✠ (posthume), ✠ (palme), lieutenant de réserve au 66e d'Infanterie.

Porté disparu aux combats de Sailly-Saillisel, le 18 octobre 1916, sa tombe fut retrouvée à Morval, plusieurs mois après.

> Citation (Légion d'honneur) : *Dégagé de toute obligation militaire, a repris du service à la mobilisation. Passé sur demande dans l'infanterie, y a commandé une section avec un parfait dévouement, et fait preuve des plus hautes qualités morales. A déjà été cité.*

[Né le 17 octobre 1869. Fils de M. Alain DE CHARETTE DE LA CONTRIE et de Mme née DE BOURBON-BUSSET (décédés). Marié, en 1898, à Mlle Germaine BERNARD, — dont deux filles.]

CHARETTE DE LA CONTRIE (Marie-Louis-Emmanuel-Henri-*Maxence* de), ✠ (posthume), ✠ (palme et étoile), médecin aide-major au 26e d'Artillerie.

Blessé au combat d'Ethe (Luxembourg belge), le 22 août 1914, et, transporté à l'ambulance de Gomery, il y fut fusillé par les Allemands, le 24 août.

> Citation : *Fortement indisposé le 19 août, reste néanmoins à son poste ; le 22 août, au combat d'Ethe, blessé de deux balles aux reins et à la cuisse, demande qu'on enlève d'abord les autres blessés, et*

*dit à un lieutenant : « Laisse-moi et occupe-toi de tes échelons. »
Transporté au poste de secours de Gomery, en est enlevé le 24 par
les Allemands, sous le prétexte mensonger qu'on a tiré des fenêtres,
et fusillé avec d'autres blessés. A été cité.*

[Né le 27 décembre 1882. Frère du précédent. Marié, en 1909, à Mlle Clotilde ODART
DE RILLY, fille du Cte et de la Ctesse née DE RASILLY.]

CHARIÉ-MARSAINES (Pierre), ✠ (posthume), ✠ (palme), capitaine au 55e d'Infanterie.

Citation : *Tué au moment où, bien que menacé sur son flanc, il
arrêtait net, de front, les attaques ennemies.*

[Fils du Lieutenant-Colonel, O ✠ (décédé), et de Mme née DE GASQUET.]

CHARIGNON (Léon-*Robert*), ⚜ (posthume), ✠ (étoile), étudiant en droit, aspirant au 9e Chasseurs à cheval.

Tué le 27 mai 1918.

Citation : *Sous-officier dévoué et animé du plus grand courage ;
tué le 27 mai 1918, à son poste de combat, en accomplissant son
devoir bravement.*

[Né le 28 janvier 1897. Fils de M. CHARIGNON, premier Président de la Cour d'appel
d'Aix, et de Mme née COLLOMB.]

CHARLES-ROUX (C.-L.-W.), O ✠, ✠, lieutenant-colonel, commandant le 11e Tirailleurs.

Tombé, en avant de La Fère, à la tête de son régiment, le 25
octobre 1918.

Citation : *Magnifique chef de corps ; soldat sans peur et sans
reproche. Le 25 octobre 1918, a été blessé grièvement au moment où,
au milieu de sa troupe et sous le bombardement de l'ennemi, il
donnait ses derniers ordres pour une attaque qui réussissait victorieusement peu après. A fait preuve d'une élévation de sentiments qui restera gravée dans l'esprit de tous ceux qui l'ont connu.
Deux blessures antérieures. Trois citations.*

[Marié à Mlle YVAREN.]

CHARLET (Germain), ✠, ✠ (3 palmes, 2 étoiles), capitaine au 123e d'Infanterie.

Mort, le 10 août 1918, par suite d'intoxication de gaz.

CHARLET-REYJAL (*Maurice*-Paul-Marie), élève de l'Ecole Centrale, caporal au 72e d'Infanterie.

Parti comme volontaire au front, un mois après sa mobilisation,
il était tué, le 30 septembre 1914, au Four-de-Paris, où il chargeait, avec son escouade, sur deux mitrailleuses.

[Né le 5 août 1893. Fils de M. Paul CHARLET-REYJAL, directeur des Compagnies
d'assurances *Le Monde* (décédé), et de Mme née TARDU.]

CHARLON (*Jean*-Paul-Hyppolite), *engagé volontaire*, étudiant, caporal au 13e Chasseurs alpins.

Tué au col de la Béhouille (Vosges), le 3 septembre 1914.

[Né le 8 janvier 1894. Fils de M. Julien CHARLON et de Mme née BURKHARDT.]

CHARLOT (Jean), ✠ (posthume), ✠ (3 citations), *engagé volontaire*, sous-lieutenant d'Artillerie, aviateur à l'Escadrille S.P.A. 212.

Engagé à 17 ans dans l'Artillerie ; blessé, passa, sur sa demande, dans l'aviation. Tué, le 4 juin 1918, dans un combat aérien contre quatre avions.

CHARPENTIER (*André*-Antoine-Alfred-Abel), étudiant, aspirant au 1er d'Artillerie de campagne.

Mort, le 25 février 1919, des suites de fatigues contractées aux Armées après la dure campagne de 1918.

[Né le 27 octobre 1898. Fils du capitaine Henri CHARPENTIER, ✳, ingénieur civil des Mines, et de M™* née FRANCHOMME.]

CHARPIN-FEUGEROLLES (*Henri*-Alexis-Jean-Marie, Vicomte Henri de), ✳ (posthume), ▓ (palme), sous-lieutenant au 54e Chasseurs alpins.

Tué, sous Verdun, au combat de Curlu, le 20 juillet 1916.

Citation : *Jeune officier plein d'entrain et d'une bravoure exemplaire. A été mortellement frappé en se portant, à la tête de ses chasseurs, à l'attaque des positions ennemies énergiquement défendues. A été cité.*

[Né le 19 décembre 1892. Fils du C¹* et de la C¹**** née D'AGOULT.]

CHARPIN-FEUGEROLLES (*Pierre*-Marie-Hippolyte-François, Vicomte Pierre de), ✳ (posthume), ▓, sous-lieutenant de réserve au 334e d'Infanterie.

Tué, sous Soissons, le 17 février 1915.

[Né le 20 juin 1889. Fils du V** et de la V**** nés Renée DU SOULIER.]

CHARPIN-FEUGEROLLES (*Raymond*-Jean-Marie, Vicomte Raymond de), ✳ (posthume), ▓ (palme), Saint-Cyrien de la promotion de Montmirail, sous-lieutenant au 42e d'Infanterie.

Blessé, le 6 août 1914, en Alsace, puis, le 6 septembre 1914, à la Marne, fut tué glorieusement le 17 janvier 1915.

Citation : *Officier de haute valeur. Glorieusement tombé le 17 janvier 1915 en organisant la défense du château de Saint-Paul.*

[Né le 14 janvier 1891. Frère du précédent.]

CHARRÉRAU (Paul), ▓ (posthume), ▓ (étoile), élève à l'Ecole Centrale, soldat au 52e d'Infanterie.

Dix jours après sa mobilisation, partit au front comme volontaire, le 25 août 1914, et fut tué quelques jours après, le 29.

[Né le 2 mai 1893. Fils de M. Louis CHARRÉRAU, avoué honoraire, et de M™* née Lucie CHARRAT.]

CHARREYRON (Jacques), ✳ (posthume), ▓ (2 palmes), Saint-Cyrien de la promotion de la Grande-Revanche, sous-lieutenant au 50e d'Infanterie.

Citation : *Officier d'une bravoure à toute épreuve, déjà cité à l'Ordre de l'Armée. Le 28 janvier 1916, a brillamment entraîné sa section à l'attaque d'une position fortement défendue. Tué au cours de l'action.*

[Fils du Commandant et de M™* Paul CHARREYRON.]

CHARRIÈRE (Jules-Eugène-*Jean*), ▓ (posthume), ▓ (étoile), maréchal des logis de la 125e batterie de 340, du 246e d'Artillerie.

Tué à l'ennemi, le 17 octobre 1917, au Bessy (Aisne).

> Citation : *Excellent sous-officier, ayant toujours donné entière satisfaction à ses chefs. Chargé d'une mission délicate dans des conditions pénibles, en a assuré l'exécution avec zèle, et a été tué par un obus ennemi au cours de cette mission.*

[Né le 29 avril 1887. Fils de M. Alfred CHARRIÈRE et de Mᵐᵉ née LELEU.]

CHARRY (Comte Joseph de), capitaine au 98ᵉ d'Infanterie.
Décédé à Lyon, le 29 septembre 1914, des suites de maladie contractée aux Armées, à l'âge de 39 ans.

CHARSONVILLE (Étienne-Charles-Augustin-*Arthur* TASSIN de), ⚜, ✠ (palme), propriétaire, ancien élève de l'Institut National Agronomique, sergent au 294ᵉ d'Infanterie.
Bien que dégagé de toute obligation militaire, il ne voulut pas se soustraire au devoir qui incombait à tout bon Français, et il insista pour être incorporé dans le service actif ; après quelques mois passés au dépôt, il fut envoyé sur le front et tomba, le 7 octobre 1916, dans un assaut, atteint de multiples blessures, devant Sailly-Saillisel, dont il mourut le 23 octobre.

> Citation : *Sous-officier d'un dévouement et d'un courage exemplaires. Blessé très grièvement, le 7 octobre 1916, en faisant bravement son devoir. Plaies multiples.*

[Né le 7 juillet 1876. Fils de M. Gaston TASSIN DE CHARSONVILLE et de Mᵐᵉ née Suzanne RAVOT (décédés). Marié à Mˡˡᵉ Valentine TAFFIN DE TILQUES, fille de M. Agénor TAFFIN DE TILQUES et de Mᵐᵉ née Marguerite LOCHTEMBERGH, — dont trois enfants.]

CHARTIER (Louis), soldat au 6ᵉ d'Infanterie.
Tué aux combats de l'Aisne, le 10 octobre 1918.

CHARTIER (Marcel), soldat au 76ᵉ d'Infanterie.
Disparu à Véry (Meuse), le 22 septembre 1914.

[Frère du précédent.]

CHARTRON (*Georges*-Pierre-Joseph), ⚜ (posthume), ✠ (palme), élève à l'Ecole des Beaux-Arts, sergent au 140ᵉ d'Infanterie.
Grièvement blessé d'un éclat d'obus à la poitrine, en Alsace, le 24 août 1914, repartit pour le front, sitôt rétabli. Tué, le 26 septembre 1915, d'une balle à la tête, devant Tahure (Champagne).

> Citation : *Sous-officier très courageux et très énergique. Blessé, le 25 septembre 1915, d'un éclat d'obus à la tête, a conservé le commandement de sa demi-section. A été tué le lendemain à l'assaut de retranchements ennemis.*

[Né le 7 juin 1890. Fils de M. René CHARTRON et de Mᵐᵉ née LAMAIN.]

CHARVÉRIAT (Marc), prêtre, soldat au 52ᵉ d'Infanterie.
Tué, le 28 août 1915, près de Saint-Remy (Vosges).

[Né en 1888. Fils de M. (décédé) et de Mᵐᵉ née BERJEAT.]

CHARVÉRIAT (Jean), ⚜ (posthume), ✠, soldat au 133ᵉ d'Infanterie.
Tué, le 30 juillet 1916, en se portant à l'assaut d'une position ennemie.

[Frère du précédent.]

CHASSAIGNE - GOYON (*Marcel* - Alexandre), ✠ (posthume), ✠ (palme), docteur en droit, sous-lieutenant au 226e d'Infanterie.

Blessé mortellement à Carency, le 12 mai 1915 ; mort à l'ambulance du front le 17.

Citation : Officier d'un splendide courage. Le 25 août 1914, au combat de Courbesseaux, fit l'admiration de tous par son entrain et son mépris absolu du danger. Le 1er septembre 1914, au bois d'Hinville, donna un bel exemple de dévouement en allant chercher et en ramenant son capitaine blessé, sous un violent bombardement et un feu nourri de mitrailleuses. Blessé mortellement, le 12 mai 1915, à Carency, en entraînant sa section à l'attaque des tranchées ennemies.

[Né le 17 mars 1885. Fils de M. Paul CHASSAIGNE-GOYON, ✠, député, et de Mme née Lucie DE LANGE.]

CHASSAING DE BOURDEILLE (Jacques-Remy-Élie), ✠ (posthume), ✠, soldat au 132e d'Infanterie.

Citation : Brave soldat, encourageant ses camarades par sa bonne humeur, plaisantant dans les moments difficiles. Parti gaiement à l'assaut, le 16 avril 1917. Tué au moment où il entrait un des premiers dans la tranchée ennemie. A été cité.

CHASSÉRIAUD (Paul-*René*), ✠, ✠, capitaine au 6e d'Artillerie.

Mort de ses blessures, le 12 avril 1916, à Brocourt (Meuse).

[Né le 8 décembre 1883. Fils de M. et de Mme née PLANTECOSTE.]

CHASSEVAL (*Henri*-Augustin-Marie, Vicomte Henri du CHEMIN de), ✠, ✠ (étoile de vermeil), Saint-Cyrien de la promotion de la Croix du Drapeau, lieutenant mitrailleur au 11e Dragons.

Dans la nuit du 12 juin 1918, fut blessé mortellement en forêt de Villers-Cotterets, au milieu de sa section de mitrailleuses qui avait été appelée pour protéger le poste de commandement d'une Division d'Infanterie. Transporté à l'ambulance de Crépy-en-Valois (Oise), y a succombé, quelques heures après, en donnant à tous ceux qui l'entouraient le plus bel exemple de sacrifice et d'abnégation.

Citation : Excellent officier, d'une haute valeur morale. A montré en toutes occasions un sang-froid remarquable et le plus brillant courage. Blessé mortellement au milieu des hommes qu'il commandait.

[Né le 23 août 1892. Fils du Cte et de la Ctesse née DE GOULAINE.]

CHASSICOURT (Victor-Louis de), ✠ (posthume), ✠, soldat au 25e d'Infanterie.

Citation : Soldat brave et plein d'entrain. Mortellement blessé, le 10 août 1917, à Vacherauville, dans l'accomplissement de son devoir. A été cité.

CHASSINCOUR (Raoul de), ✠ (étoile), soldat au 169e d'Infanterie.

Tombé, le 22 juillet 1915, à 25 ans.

CHASSINCOUR (Marius de), ✠, ✠ (palme), sergent au 342e d'Infanterie.

Tué à la Grange-au-Bois (Marne), le 27 novembre 1916, à 22 ans.

Citation : *Gradé plein d'allant et de bravoure, s'est élancé avec le plus bel entrain, le 23 août, sur la position allemande à enlever, et s'y est maintenu malgré les plus violentes contre-attaques ; et cité à l'Ordre de l'Armée, le 26 novembre 1916, en ces termes : « Sous-officier très brave et plein d'allant, toujours volontaire pour les missions périlleuses, a été très grièvement blessé, le 23 novembre 1916, en vérifiant une pose de fils de fer récemment faite. » Déjà cité à l'Ordre.*

CHASSOT (*Théophile*-Albert-Adrien), ✠ (posthume), ✠ (1 palme, 2 étoiles), étudiant, *engagé volontaire*, sous-lieutenant au 215e d'Artillerie de campagne.

Son régiment était en batterie à 4.000 mètres environ au sud de Dormans. Envoyé en mission à Dormans, dans la soirée du 14 au 15 juillet 1918, il rentrait à son corps, lorsque se déclancha le tir de préparation de l'attaque que les Allemands effectuèrent vers deux heures du matin. Frappé par un obus qui atteignit en même temps son ordonnance, seul militaire qui l'accompagnait, l'officier fut laissé sur le terrain par ce militaire qui, le voyant inanimé, le considéra comme mort. Les Allemands ayant envahi le terrain, vers deux heures du matin, toutes recherches furent impossibles, et, depuis, aucune trace de ce brave ne put être retrouvée.

Citation : *Officier d'un grand calme et d'une belle bravoure au feu. S'est particulièrement distingué, le 3 juin 1918, au cours de la défense de sa batterie contre l'infanterie ennemie parvenue à moins de 200 mètres. Grâce à sa présence d'esprit et à son attitude exemplaire, a réussi à maintenir son personnel aux pièces et largement contribué au succès de la défense et à la mise en fuite de l'ennemi.*

[Né le 15 novembre 1897. Fils du Colonel et de M°° née Rémont.]

CHASTANET (Georges SALEL de), maréchal des logis au 32e d'Artillerie.

Tué, le 22 juin 1917, à Vendresse-Troyon (Aisne), à 26 ans.

CHASTANG (F.), ✠ (posthume), ✠ (palme), médecin des Fusiliers Marins.

Citation : *S'est signalé, dès les premiers engagements, par son courage, son sang-froid et ses qualités professionnelles. Le 10 novembre 1914, l'ennemi envahit son poste de secours ; ce jeune officier, grâce à son sang-froid, sauve la vie à son chef. Frappé à mort le lendemain au cours d'un bombardement, en donnant ses soins aux blessés français et allemands, a su, par son attitude, forcer l'admiration même de nos ennemis.*

CHASTEIGNER DE LA ROCHEPOZAY (*René*-Jean-Marie-Victor, Comte René de), ✠ (posthume), ✠ (1 palme, 3 étoiles), capitaine au 9e Cuirassiers à pied.

Officier démissionnaire, il reprit du service à la mobilisation. Tombé en entraînant victorieusement son escadron à l'assaut du Moulin de Laffaux, le 5 mai 1917.

Citation : *A préparé, dans les plus grands détails, la marche de son escadron pour l'attaque du 5 mai 1917. A entraîné brillamment son escadron à l'assaut et a été frappé mortellement par une balle de mitrailleuse, en arrivant à la tranchée ennemie. A été cité.*

[Né le 1ᵉʳ octobre 1875. Fils du Bᵒⁿ A. DE CHASTEIGNER et de la Bᵒⁿⁿᵉ née Marie D'ABZAC DE LA DOUZE. Marié à Mˡˡᵉ Germaine MARRAUD DES GROTTES, fille de M. et de Mᵐᵉ née Renée DE MIRANDOL, — dont trois enfants.]

CHASTEIGNER DE LA ROCHEPOZAY (*Thibaud*-Jean-Charles Marie, Comte Thibaud de), ✠ (posthume), ✠ (2 étoiles), capitaine au 161ᵉ d'Infanterie.

Tué, le 25 septembre 1915, en entraînant victorieusement sa compagnie à l'assaut d'Aubérive, en Champagne.

> Citation : *Officier très distingué, personnifiant le Devoir, s'occupant avec un soin tout particulier de ses hommes qui l'adoraient. A été tué héroïquement, le 25 septembre 1915, en entraînant sa compagnie à l'assaut d'une position ennemie très fortement organisée avec des abatis et des réseaux de fils de fer.*

[Né le 8 janvier 1878. Frère du précédent. Marié à Mˡˡᵉ Bonne DE LESTANG d'HUST, fille du Cᵗᵉ et de la Cᵗᵉˢˢᵉ née Élisabeth DE COSNAC, — dont quatre enfants.]

CHASTEIGNER DE LA ROCHEPOZAY (Jean de), ⚜ (posthume), ✠, Saint-Cyrien (promotion Sainte-Odile), aspirant au 8ᵉ Tirailleurs.

Tombé lors de notre grande offensive, le 20 juillet 1918.

> Citation : *A brillamment entraîné sa section à l'assaut des positions ennemies, sur un terrain découvert soumis à un feu violent de mitrailleuses et d'artillerie ennemies, galvanisant ses hommes par son exemple admirable. Tombé mortellement frappé au cours de la progression.*

[Né en 1898. Fils du Mⁱˢ et de la Mⁱˢᵉ née Madeleine D'ESPINAY SAINT-LUC.]

CHASTEL (Comte Emmanuel du), *engagé volontaire*, adjudant au 2ᵉ Carabiniers belges.

Tué, le 23 juin 1915, aux combats de l'Yser.

[Fils du Cᵗᵉ, ministre plénipotentiaire (décédé), et de la Cᵗᵉˢˢᵉ née Pˢˢᵉ DE CROŸ.]

CHATAUX (Pierre de), caporal.

Tombé à l'ennemi, le 18 avril 1917.

[Fils du Bᵒⁿ et de la Bᵒⁿⁿᵉ née APPERT.]

CHATEAUNEUF-RANDON DU TOURNEL (Comte Honoré de), ✠ (posthume), ✠, maire de Bagneux (Indre), sous-lieutenant de réserve au 26ᵉ Dragons.

Blessé mortellement au cours d'une reconnaissance, dans les Vosges, le 2 septembre 1914, il succomba, le 4, à l'hôpital de Fraize (Vosges).

> Citation : *Officier d'élite, sans cesse sur la brèche et possédant la confiance entière de ses chefs et de ses hommes. S'est affirmé comme un brave dans tous les combats auxquels il a pris part. A trouvé une mort glorieuse, le 4 septembre 1914.*

[Né à Melun le 26 octobre 1888. Fils du Vᵗᵉ René DE CHATEAUNEUF-RANDON, officier de Cavalerie (décédé), et de la Vᵗᵉˢˢᵉ née DE LONGUERUE.]

CHATEAURENARD (André d'AYMAR de), ✠ (posthume), ✠, sous-lieutenant au 153ᵉ d'Infanterie.

Tué à Morhange, le 20 août 1914.

Citation : *Jeune officier plein d'entrain. Tombé glorieusement, le 20 août 1914, en se portant au secours de son capitaine grièvement blessé. A été cité.*

CHATEAURENARD (François d'AYMAR de), ✠ (posthume), ✠ (palme), aspirant de Marine.

Englouti, le 18 mars 1915, avec le *Bouvet*.

Citation : *Tourelle AV du navire, a pris part aux remplacements successifs lorsque les hommes ont été tour à tour asphyxiés par les gaz. A assuré, en dernier lieu, le service des hausses. Est sorti de la tourelle à la dernière minute, et a été englouti avec le bâtiment.*

CHATEAUVIEUX (Joseph-Ignace-Charles d'ARMAND de), ✠ (posthume), ✠ (palme), sous-lieutenant au 6e Colonial.

Citation : *Modèle de bravoure calme et réfléchie. N'a cessé de donner le meilleur exemple à ses hommes. A fait brillamment son devoir au combat du 12 juillet 1918, au cours duquel il a été mortellement blessé en disposant ses troupes pour contre-battre une mitrailleuse ennemie qui arrêtait notre progression.*

CHATENAY (Comte Henri GENÊT de), ✠ (posthume), ✠ (palme), sous-lieutenant d'Infanterie, pilote à l'Escadrille 301.

Citation : *Quoique blessé au front, et inapte au service de l'infanterie, a demandé à passer dans l'aviation. Pilote calme et plein de sang-froid, s'est imposé tout de suite à ses camarades de l'escadrille par l'énergie de son caractère, sa haute valeur morale et l'audace de son courage. A exécuté des reconnaissances périlleuses à longue portée au-dessus de territoires ennemis. A disparu avec son observateur au cours de bombardement.*

[Fils du Cte et de la Ctesse née Louise DE MONTBLANC D'INGELMUNSTER, décédés.]

CHATIN (Fernand), avocat à la Cour de Paris.

Tué le 10 janvier 1915.

[Fils de M. (décédé) et de Mme née BOUIS.]

CHAUDÉ (Henry), ✠ (palme), notaire à Paris, lieutenant au 133e d'Infanterie.

Blessé grièvement à Gerbeviller (Meurthe-et-Moselle), le 28 août 1914, succombait le 30 à l'hôpital de Bayon.

[Né le 23 novembre 1884. Fils de M. Albert CHAUDÉ (décédé) et de Mme née ROUSSEL. Marié à Mlle TOLLU, fille de M. Paul TOLLU (décédé) et de Mme née DURAND DE VILLERS, — dont un enfant.]

CHAUDESAIGUES DE TARRIEUX (Jean de), ✠ (posthume), ✠, élève de l'Ecole des Sciences Politiques, sous-lieutenant au 404e d'Infanterie.

Citation : *Vaillant officier, s'est maintes fois distingué par sa froide bravoure et son énergie. Mort glorieusement pour la France, le 6 novembre 1917. Deux citations antérieures.*

[Né le 15 mars 1894. Fils de M. (décédé) et de Mme née BAUZON.]

CHAULIAC (Louis-Alexis-*Henri* de), ✠ (posthume), ✠ (palme), ✠✠ (Médailles Coloniales du Tonkin et du Maroc), lieutenant de vaisseau.

Nommé, sur sa demande, aux Fusiliers Marins; capitaine de la 2e compagnie du 1er régiment. Grièvement blessé à Dixmude, le

24 octobre 1914, à l'assaut des réservoirs à pétrole. S'est fait abandonner de ses hommes et a disparu.

> Citation à l'Ordre du jour de l'Armée : *Blessé à la tête de ses hommes, en repoussant brillamment les assauts d'un ennemi très supérieur en nombre.*

[Né le 16 avril 1876. Fils de M. DE CHAULIAC, capitaine de vaisseau, et de Mme née DE MONTBEL. Marié à Mlle Anne DU PRÉ DE-SAINT-MAUR, fille de M. Georges DU PRÉ DE SAINT-MAUR (décédé) et de Mme née D'ILLIERS, — dont quatre enfants.]

CHAUMETTE, Baron GARRET (*Gaston*-Jean-Marie), ✳, lieutenant-colonel d'Etat-Major.

Mort, le 29 janvier 1917, des suites d'une maladie contractée aux Armées.

[Né le 25 septembre 1859. Fils du Colonel CHAUMETTE et de Mme née ROTH. Marié à Mlle JOLEAUD DES FORGES, fille du Colonel et de Mme née FRISSARD, — dont six enfants.]

CHAUMETTE (*Charles*-Louis-Marie), ✳ (posthume), ✠ (palme), capitaine au 143e d'Infanterie.

Blessé grièvement à Wyschaëte (Belgique), est mort à l'hôpital maritime de Cherbourg, le 3 décembre 1914, après l'amputation d'une jambe.

> Citation : *Jeune capitaine ayant montré à l'assaut de Wyschaëte de brillantes qualités militaires. A fait preuve de courage et de sang-froid. Voyant l'ennemi enfoncer son bataillon, a lancé sa compagnie à l'assaut en se mettant à sa tête et est tombé mortellement blessé. A été cité.*

[Né le 18 septembre 1886. Fils du précédent.]

CHAUMETTE (*René*-Ferdinand-Jules-Marie), ✳ (posthume), ✠ (palme), capitaine au 176e d'Infanterie (Armée d'Orient).

Blessé une première fois, en octobre 1914, a été tué d'une balle au front, à l'assaut de Karavez-Déré (Dardanelles), le 13 juillet 1915. Proposé pour chef de bataillon.

> Citation : *Tué glorieusement à la tête de sa compagnie qu'il menait brillamment à l'assaut.*

[Né le 29 février 1888. Frère du précédent.]

CHAUMONT (Paul-Albert BOLE de), ⬟ (posthume), ✠, soldat au 15e Chasseurs à pied.

> Citation : *Excellent chasseur d'un grand courage, plein d'entrain et de dévouement. Tombé en brave, le 14 septembre 1916, à Bouchavesnes (Somme). Une citation antérieure.*

CHAUMONTEL (*Pierre*-Marie-Edgard, Vicomte Pierre de), ⬟ (posthume), ✳ (étoile d'argent), étudiant se préparant pour Saint-Cyr, *engagé volontaire*, aspirant au 42e d'Artillerie.

Le 2 juillet 1916, il partait, comme agent de liaison, à l'attaque de Frize (Somme); on le vit faisant le coup de main avec les Sénégalais, puis il disparut. Ce n'est que le 7 que son corps fut retrouvé près d'un trou d'obus, frappé en pleine poitrine.

> Citation : *A fait preuve, en toutes circonstances, des plus grandes qualités de bravoure et de sang-froid. Agent de liaison auprès d'un chef de bataillon de première ligne, pendant les attaques du 1er au 4 juillet 1916, a donné au commandement des renseignements pré-*

cieux qui ont contribué au succès des opérations ; a été blessé mortellement pendant l'action.

[Né le 2 juillet 1895. Fils du Vte Auguste de Chaumontel et de la V^tesse née Costé de Bagneaux.]

CHAUNY (Louis MALLET de).
Décédé, le 1er juillet 1915, des suites de ses blessures.

CHAUSSE (Charles-*Henri*), soldat au 236e d'Infanterie.
Tué le 21 septembre 1914, à Berry-au-Bac, à 33 ans.

CHAUTEMPS (Marie-*Félix*), ✖, ✖, avocat à la Cour de Paris,
ancien député de la Savoie, lieutenant au 53e Chasseurs à pied.
Tué à Silberlock, le 20 janvier 1915.

[Marié à Mlle Spinelli.]

CHAUTEMPS (Louis-*Maurice*), sergent au 31e d'Infanterie.
Tué, le 22 août 1914, à Cutry (Meurthe-et-Moselle), à 32 ans.

CHAUVEAU DES ROCHES (*Amaury*-Alphonse-Arthur), ✖, ✖
(palmes), ✖ (Médaille Coloniale du Maroc), capitaine au 54e d'Infanterie.
Glorieusement tué par un éclat d'obus, le 22 juin 1916, à l'attaque de Damloup, sous Verdun. Etait adjoint au colonel, proposé depuis longtemps déjà pour le grade de chef de bataillon, allait être promu au moment de sa mort.

> Citation : *Officier d'un zèle, d'un dévouement et d'une bravoure à toute épreuve, ayant un sentiment élevé du devoir. A été tué, le 22 juin 1916, au cours d'une reconnaissance qu'il effectuait avec son chef de corps.*

[Né le 28 septembre 1881. Fils de M. Arthur Chauveau des Roches, ✖, ingénieur (décédé), et de Mme née Hélène Despine.]

CHAUVELIN (Comte de), ✖, ✖ (Valeur Militaire Italienne), adjudant
pilote-aviateur.
A succombé, en octobre 1918, après quatre années d'aviation sur le front, à une maladie contractée aux Armées.

[Fils du Mis et de la M^ise née Brabant.]

CHAUVENET (Edmond-Ernest-*René* de), capitaine au 2e Colonial.
Blessé, et porté disparu, le 23 août 1914, aux premiers combats de Belgique, entre Saint-Vincent et Rossignol.

[Fils du Général et de Mme née Anne Sieyes. Marié à Mlle de Coussemacker.]

CHAUVENET (Louis-Maximilien-*Henri* de), ✖, ✖ (2 palmes), chef
de bataillon au 415e d'Infanterie.
Blessé, et porté disparu, le 15 juillet 1918, à Wez-Prunay (Champagne).

> Citation posthume : *Officier supérieur d'une haute valeur morale. Chargé, le 15 juillet 1918, de la défense de la première position, a tenu tête pendant quatre heures à un ennemi trois fois supérieur en nombre ; entouré de toutes parts, a conduit lui-même le combat pied à pied, donnant l'exemple de la plus complète abnégation, et est tombé en combattant, à la tête de ses hommes, ayant épuisé toutes ses munitions et rempli jusqu'à la mort sa mission de sa-*

crifice. Déjà chevalier de la Légion d'honneur et titulaire de deux citations à l'ordre.

[Frère du précédent.]

CHAUVENET (Émile-Paul-*Louis* de), ✠ (posthume), ✠, lieutenant au 22ᵉ Dragons.

Grièvement blessé en chargeant à la tête de son peloton, le 7 août 1914, mourut le lendemain à l'hôpital-séminaire de Bastogne (Luxembourg belge).

Citation du Général Robillot (1ᵉʳ janvier 1915) : Le 7 août, au cours d'une mission de découverte confiée à son escadron, s'est porté à la tête de son peloton pour reconnaître un village qu'il savait occupé par l'ennemi, en a reconnu l'effectif et est tombé mortellement frappé. A été cité.

[Né le 1ᵉʳ avril 1882. Fils de M. Gaston DE CHAUVENET et de Mᵐᵉ née SIEYES. Marié à Mˡˡᵉ Antoinette DE MARTIMPREY, fille du Cᵗᵉ Auguste DE MARTIMPREY et de la Cᵗᵉˢˢᵉ née HENNET DE BERNOVILLE.]

CHAUVERON (Robert de), ✠, ✠ (palme), lieutenant d'Infanterie.

Blessé mortellement à la Fille-Morte (Argonne), le 12 août 1916. Succomba aux suites de ses blessures, le 16 août 1916.

Citation : Excellent officier, dont le courage calme et résolu était à toute épreuve ; a été très grièvement blessé alors qu'il dirigeait la pose de défenses accessoires en première ligne et à l'endroit le plus dangereux du secteur.

[Né le 8 juin 1893. Fils de M. Jean DE CHAUVERON et de Mᵐᵉ née LAGORCE.]

CHAUVET (Georges de), ✠, lieutenant.

Tué à l'ennemi, le 25 août 1918.

CHAUVIGNY DE BLOT (Henri de), ✠, ✠ (3 citations), avocat à la Cour de Paris, sergent au 360ᵉ d'Infanterie.

Blessé deux fois, a trouvé la mort le 7 septembre 1918.

Dernière citation : Sous-officier d'une haute valeur morale, exemple d'énergie et d'abnégation. A été grièvement blessé à son poste de combat le 6 septembre 1918.

[Marié à Mˡˡᵉ Jeanne MUNIER.]

CHAUVIN (A.-J.), ✠ (posthume), ✠ (palme), enseigne de vaisseau du *Casablanca.*

Citation : Mort à son poste, broyé par l'explosion du bâtiment sur une mine.

CHAUVIN (Maurice), ✠, sous-lieutenant au 201ᵉ d'Infanterie.

Tué le 21 juillet 1918.

[Né en 1889. Fils de l'Intendant militaire, O ✠, et de Mᵐᵉ née MILLOT.]

CHAVAGNAC (Comte Xavier de), ✠, ✠, lieutenant d'Artillerie.

De retour de mission au Canada, rejoignit son régiment sur le front italien, où il fut mortellement atteint le 28 juin 1918.

[Né le 2 février 1885. Fils du Cᵗᵉ René et de la Cᵗᵉˢˢᵉ née Mathilde VALLON DE LANCÉ. Marié, en 1912, à Mˡˡᵉ Edith DE SILVESTRE, — dont trois enfants.]

CHAVANE DE DALMASSY (Marie-*Paul*), ✠ (étoile), maréchal des logis au 12ᵉ Cuirassiers, passé, sur sa demande, dans l'aviation.

Nommé pilote-moniteur à l'Ecole d'Avord, y a été victime d'un accident d'aviation, le 3 novembre 1917.

Citation antérieure : A participé, sur sa demande, dans la nuit du 9 au 10 mars 1917, à l'exécution d'un coup de main difficile au cours duquel ont été faits dix prisonniers. A fait preuve d'un sang-froid, d'une intelligence et d'un courage tout à fait remarquables.

[Né le 5 août 1894. Fils de M. Emmanuel Chavane de Dalmassy, O ✠, ✠, chef d'escadrons, et de Mme née Baillod.]

CHAVANES (Marcel), ingénieur des Constructions civiles, administrateur-directeur de la Société de Construction d'Appareils de levage, caporal au 22e territorial d'Infanterie.

Mort au champ d'honneur, à Puisieux (Pas-de-Calais), le 29 septembre 1914.

[Né le 11 avril 1876. Fils de M. Emile Chavannes et de Mme née Marguerite Martin Le Roy. Marié à Mlle Hélène Siry, fille de M. Etienne Siry et de Mme née Juliette Redelsperger, — dont trois enfants.]

CHAVANNE DES HERBIERS (Pierre), ✠, capitaine.

Tué, le 1er septembre 1914, d'une balle au cœur.

CHAVIGNY (*Georges*-Alexandre de), sergent au 102e d'Infanterie.

Tué, le 24 février 1915, à Perthes-les-Hurlus (Marne).

CHAVOIX (Albert), ✠, ✠ (3 palmes, 3 étoiles), avocat à la Cour de Bordeaux, lieutenant au 9e Zouaves.

Versé dans le service armé, sur sa demande, lors de la mobilisation, fait chevalier de la Légion d'honneur sur le champ de bataille de Cœuvres et Cutry (Aisne), le 29 juin 1918; tombé au champ d'honneur à la tête de sa compagnie, à Saconin-et-Breuil (Aisne), le 18 juillet 1918.

Citation (Légion d'honneur) : Officier très brave, entraîneur d'hommes. Lors d'une récente affaire, cherchant à assurer la liaison avec une unité voisine, a rencontré sur sa route une maison constituant un îlot de résistance d'où étaient partis des coups de mitrailleuses; l'attaquant résolument, y a pénétré de vive force avec deux zouaves, et a ramené huit prisonniers, un sous-officier et deux mitrailleuses.

[Né le 8 février 1891. Fils du Conseiller à la Cour de Bordeaux et de Mme née Widemann.]

CHAZELLES (Gabriel DELTOUR de), sergent.

Tué, le 29 juillet 1918, à 37 ans.

CHAZELLES DE BEAUREGARD (Vicomte René de), ✠ (posthume), ✠ (palme), capitaine au 108e d'Infanterie.

Citation : Officier de valeur. Blessé, le 28 août 1915, à la tête de sa compagnie. A brillamment conduit sa compagnie à l'assaut, le 26 septembre 1915, au cours duquel il est tombé mortellement frappé. A été cité.

[Marié à Mlle Henriette de Lafabrie de Cassagnes de Peyronnenq, — dont deux enfants.]

CHEFFONTAINES (Marquis de).

Décédé, en juin 1920, des suites d'une longue maladie contractée aux Armées.

[Marié à Mlle Amelot de la Roussilhe, — dont une fille.]

CHENARD (Maurice), ✠, ✳ (Médaille Militaire Italienne), *engagé volontaire*, adjudant pilote-aviateur.
Tué en combat aérien, en septembre 1918.

CHÊNE (Henri), ☦, ✠ (palme), étudiant en droit, soldat au 5e Colonial.
Mortellement blessé, le 9 juin 1918, succomba le lendemain, à
22 ans.

CHÊNEVARIN (Pierre DELAMARE DE LA VILLENAISE de),
soldat au 74e d'Infanterie.
Porté disparu au combat de Roselies (Belgique), le 22 août
1914, revenu de Suisse en juillet 1918, est mort des suites de sa
longue captivité.

CHENEVIER (Cyrille-François), ✳ (posthume), ✠ (palme et étoile),
lieutenant au 52e d'Infanterie.
Blessé le 19 août 1916, et intoxiqué par les gaz, a succombé,
le 4 mars 1917, à l'hôpital 8, à Nice.

> Citation : *Officier d'une très grande bravoure et d'un grand
> sang-froid; très grièvement blessé à son poste, le 19 août 1916, au
> moment où il assurait personnellement l'écoulement de sa compa-
> gnie par un défilé, soumise à un bombardement d'une violence
> continue.*

[Né le 9 juillet 1875. Fils de M. et de Mme née Gérin. Marié à Mlle Jeanne Bied.]

CHENU DE GUÊCHE (Pierre), ✠ (4 citations), lieutenant.
Blessé mortellement le 17 septembre 1918.

CHENU-LAFITTE (Comte René), ✠, caporal.
Tué aux combats de la Somme, le 12 septembre 1916.

CHÉRON (P.-H. de), O ✳, ✠, colonel du 150e d'Infanterie.
Blessé grièvement, le 6 mai 1915, par un éclat d'obus, succomba
le lendemain à ses blessures. Etait proposé pour général de brigade.

[Marié à Mlle de Gislain.]

CHÉRONNET-CHAMPOLLION (Jean-François-Léonce-Austin-
André), ☦ (posthume), ✠, soldat au 168e d'Infanterie.

> Citation : *À quitté les États-Unis, où il était établi, pour venir,
> dès la déclaration de guerre, prendre sa place sur le front. Soldat
> courageux et brave; le 24 mars 1915, au Bois Le Prêtre, s'est offert
> comme volontaire pour réparer, sous le feu, sa tranchée qui venait
> d'être bouleversée par l'explosion souterraine d'un fourneau de
> mines allemandes. A été tué d'une balle en plein front au moment
> où il accomplissait sa mission avec le plus absolu mépris du dan-
> ger. A été cité.*

CHÉROT (René-Marcel-Albert), ☦ (posthume), ✠, élève de l'Ecole
des Sciences Politiques, caporal au 51e d'Infanterie.
Frappé mortellement en pleine poitrine, à Villers-la-Loue, près
Virton (Luxembourg belge), le 22 août 1914.

> Citation : *Brave gradé, au front depuis le début de la cam-
> pagne, s'est fait remarquer par sa courageuse attitude au feu dès*

les premiers combats. Tombé glorieusement pour la France, le 22 août 1914.

[Né le 12 juin 1891. Fils de M. Ernest Chérot, ✳, Conseiller à la Cour de Paris (décédé), et de M᷏ᵐᵉ née Herbet.]

CHEUVREUX (Jacques), sergent au 46ᵉ d'Infanterie.
Disparu aux combats de Vauquois, le 28 février 1915.

[Fils de M. (décédé) et de M᷏ᵐᵉ née Marcellot.]

CHEVALON (C.-J.), ✳ (posthume), ✠ (palme), enseigne de vaisseau de l'*Italia*.

    Citation : *Disparu avec son bâtiment torpillé par un sous-marin, en accomplissant son devoir militaire.*

CHEVEIGNÉ (Michel LE RICHE de), aspirant au 146ᵉ d'Infanterie.
Disparu, le 17 juin, à Neuville-Saint-Vaast.

[Né en janvier 1895. Fils du Capitaine et de M᷏ᵐᵉ née DE Salvaing DE Boissieu.]

CHEVIGNÉ (*Guillaume*-Anne-Marie-Joseph, Vicomte Guillaume de), ✠, sergent au 124ᵉ d'Infanterie.
Tué, le 2 juin 1916, à Vaux, sous Verdun.

[Né le 25 octobre 1893. Fils du Cᵗᵉ et de la Cᵗᵉˢˢᵉ née Pˢˢᵉ Éléonore DE Croÿ.]

CHEVIGNÉ (Hubert de), sergent au 8ᵉ Génie.
A succombé, le 19 septembre 1918, dans un camp américain où il était en mission.

[Né en 1884. Fils du Cᵗᵉ et de la Cᵗᵉˢˢᵉ Olivier DE Chevigné, décédés.]

CHEVILLON (Frédéric), ✳ (posthume), ✠ (palme), député des Bouches-du-Rhône, sous-lieutenant au 132ᵉ d'Infanterie.
Tué aux Eparges, le 21 février 1915, à 36 ans.

    Citation : *Très brillant officier, s'est toujours fait remarquer par son calme et son mépris absolu du danger ; très aimé et écouté de ses hommes. Tombé glorieusement au champ d'honneur, le 21 février 1915, en entraînant sa section à l'attaque (secteur des Éparges).*

CHEVILLON (Maurice), ancien sous-préfet.
Tué, le 4 juin 1918, devant Noyon.

[Frère du précédent.]

CHEVILLON (Jean-Marie-Joseph), ⚜ (posthume), ✠ (palme), prêtre, caporal au 414ᵉ d'Infanterie.

    Citation : *Prêtre catholique qui, le 22 mai 1917, dans la parallèle de départ, sous un bombardement violent, exaltait le moral de la compagnie. Comme caporal, a entraîné ses hommes à l'attaque avec une furie bien française. Un de ses tireurs étant tombé, a ramassé le fusil du mitrailleur, s'est engagé dans une partie du réseau de fils de fer de la tranchée ennemie, et, ne pouvant la traverser, est resté debout, tirant sur une mitrailleuse ennemie en action, jusqu'au moment où il a été tué par une balle. A été cité.*

CHEVREUSE (*Charles* - Honoré - Jacques - Philippe - Marie - Louis d'ALBERT DE LUYNES, Duc de), ✠, ✳ (Mérite de Serbie), sous-lieutenant aviateur.
Il faisait son service, au début de la guerre, et, comme cavalier

au 3e Hussards, il assista à la bataille de la Marne, où il fut chargé de porter un ordre sous le feu de l'ennemi. Ayant à traverser un cours d'eau, il abandonna son cheval, qui périt, et fut lui-même porté disparu ; deux jours plus tard, il rejoignait son régiment. Devenu aspirant et agent de liaison à l'Armée anglaise, il voulut un service plus actif et partit pour Salonique, où il fut nommé sous-lieutenant. Atteint des fièvres, il revint en France et entra dans l'aviation. Déjà, il était réputé un de nos meilleurs pilotes, et, le 28 janvier 1918, il trouvait la mort dans une brutale chute de son avion, tombant de 80 mètres de haut.

[Né le 31 avril 1892. Fils du Duc DE LUYNES et de la D^{esse} née Simone DE CRUSSOL D'UZÈS.]

CHEVRIER (Madame Albertine et Mademoiselle Louise), ✳✳, infirmières bénévoles de l'Association des Dames Françaises.

Décédées en 1919, à Rastadt (Grand-Duché de Bade), d'une maladie contractée à l'hôpital où elles donnaient leurs soins aux prisonniers alliés rapatriés d'Allemagne.

CHEVRINAIS (Roger), ✳ (posthume), ✳ (palme), lieutenant au 70e d'Infanterie.

Citation : *Le 6 septembre 1914, atteint successivement de plusieurs coups de feu dont le dernier fut mortel, ne se préoccupa jusqu'au bout que de diriger sa compagnie et de renseigner ses chefs, expira en disant : « Tirez, mes enfants, tirez. » A été cité.*

CHEVROZ (Maurice de).
Tué le 19 septembre 1915.

CHEZELLES (Vicomte Richard LE SELLIER de), maréchal des logis au 27e Dragons.
Tué le 17 juin 1915.

[Fils du Vte (décédé) et de la V^{tesse} née Amélie DE PRACOMTAL.]

CHEZELLES (Vicomte Edmond LE SELLIER de), 👑 (posthume), ✳, maréchal des logis au 9e Cuirassiers.
Tué, sous Péronne (Somme), le 24 septembre 1914, au combat de la Maisonnette.

Citation : *Jeune sous-officier très brave, ayant au plus haut degré le sentiment du devoir. S'est particulièrement fait remarquer par sa hardiesse et son mépris absolu du danger, au cours d'une reconnaissance de cavalerie dans la région de Péronne, en septembre 1914. A trouvé une mort glorieuse pendant l'attaque allemande sur la Maisonnette, le 24 septembre 1914.*

CHEZELLES (Henri-Gabriel-Marie LE SELLIER de), ✳ (posthume), ✳, sous-lieutenant au 319e d'Infanterie.

Citation : *Passé, sur sa demande, de la cavalerie dans l'infanterie. Est tombé mortellement frappé, en entraînant sa section à l'avant des tranchées ennemies. A été cité.*

CHILLAZ (*Jules*-Laurent-Marie de), ✳, ✳ (palme), chef d'escadron au 56e d'Artillerie.

Tombé à Bernécourt (Meurthe-et-Moselle), le 22 septembre 1914.

> Citation : *A commandé son groupe de batteries, au cours de nombreux combats, avec une habileté, une activité et un courage dignes de tout éloge. Tué le 22 septembre, sur la ligne de feu de l'infanterie où il s'était porté pour, de là, diriger le feu de ses batteries.*

[Né le 1er décembre 1865. Fils du Bon et de la Bonne née DE VILLE DE FERRIÈRES. Marié à Mlle BEAUNE, fille de M. et de Mme née DARBOIS.]

CHIVOT (Raymond), ☆ (posthume), ✠ (2 citations), *engagé volontaire*, aspirant au 21e d'Infanterie.
Tué le 19 juillet 1918.

[Né en 1898. Fils de M. et de Mme née FLANDIN.]

CHIVRÉ (*Gilles*-Henri, Vicomte de), ✳, ✠ (2 palmes), ✳ (Médaille Coloniale Sahara), ✳ (Nicham), sous-lieutenant de Spahis, détaché à l'Aviation.
Tombé glorieusement, au cours d'un combat aérien, le 20 mai 1916.

[Né le 6 septembre 1886. Fils du Cte et de la Ctesse née LAGIER DE VAUGELAS, décédée.]

CHIVRÉ (Bernard de), ✠, soldat au 404e d'Infanterie.
Tombé aux combats du Nord, le 27 mai 1918, succomba le 28 dans un hôpital du front.

[Né en 1895. Fils du Vte (décédé) et de la Vtesse née Berthe GILLIARD.]

CHIVRÉ (François de), ✠, ✳ (Médaille du Maroc), maréchal des logis au 2e Chasseurs d'Afrique.
Élève aspirant à Saint-Cyr, il mourut, le 1er décembre 1918, à l'hôpital militaire de Versailles.

CHIVRÉ (Geoffroy de), caporal au 102e Chasseurs à pied.
Disparu en Champagne, le 29 septembre 1915.

CHOCHEPRAT (Jean), ✳ (posthume), ✠ (étoile), ✳ (Médaille de Sauvetage), lieutenant au 10e Chasseurs à cheval.
Tué dans les tranchées de la Fosse-Calonne, près d'Arras, le 12 juillet 1915.

> Citation du Général MAISTRE (18 juillet 1915) : *Étant de service aux tranchées, a continué, sous les éclatements de torpilles, à surveiller les travaux de terrassements dont son peloton était chargé, et a été tué à son poste. A été cité.*

[Fils du Vice-Amiral P. CHOCHEPRAT, G O ✳, et de Mme née CONTE DU BOURDIEU. Marié à Mlle CAILLET, fille de M. Ferdinand CAILLET et de Mme née HUBNER, — dont trois enfants.]

CHOCQUEUSE (Marie-Antoine-*Charles* LE CARON de), ✳ (posthume), ✠ (palme), capitaine au 80e territorial d'Infanterie.
Tué, d'une balle au front, au combat de Bixschoote, à la tête de son bataillon, dont il avait pris le commandement à la bataille d'Ypres.

Citation : *Est tombé mortellement frappé, le 10 novembre 1914, comme il chargeait bravement à la tête de son bataillon. A été cité.*

[Fils de M. (décédé) et de Mme née DE BELLEFONT. Marié à Mlle Henriette DE LUR-SALUCES.]

CHOISEUL, née Claire COUDERT (Duchesse de).

Titulaire de la Médaille d'or des Epidémies, a succombé, en mars 1919, aux suites d'une maladie contractée en prodiguant ses soins aux évacués.

CHOLET (Vicomte Guy de), ✠ (posthume), ✠, sous-lieutenant au 418e d'Infanterie.

Citation : *Dégagé de toute obligation militaire, est reparti en campagne avec le 418e. A été blessé ; guéri, est aussitôt reparti. A été mortellement blessé peu après dans une action au cours de laquelle il avait brillamment entraîné sa section sous un feu violent de mitrailleuses, le 26 septembre 1915, à Beauséjour. A été cité.*

[Fils du Vte (décédé) et de la Vtesse née DU POUGET DE NADAILLAC.]

CHOLET (Baron Charles de), ✠ (posthume), ✠, sous-lieutenant au 135e d'Infanterie.

Porté disparu à Arras, le 25 septembre 1915.

Citation : *Excellent officier appartenant à la territoriale. Passé sur sa demande dans l'armée active. Plein de courage et d'entrain. A été tué, le 25 septembre 1915, en se portant à l'attaque des tranchées ennemies.*

[Fils du Bon et de la Bonne née DE MIEULLE (décédés). Marié à Mlle Jeanne DE LAS CASES.]

CHOLET (Baron Bernard de), ✠ (posthume), ✠ (étoile), maréchal des logis au 3e Chasseurs à cheval.

Tué, le 20 janvier 1915, d'une balle au front, à Coudun (Oise).

Citation : *Ayant demandé à diriger une embuscade de nuit, est parti au reçu de sa mission, avec le mépris du danger dont il était coutumier, pour reconnaître de jour, et, malgré la proximité des lignes ennemies, les cheminements qu'il aurait à prendre avec sa troupe. Est tombé à quelques pas de nos lignes, frappé à mort par une balle au front.*

[Frère du précédent.]

CHOLLET (Louis), ✠, sergent au 74e d'Infanterie.

Tué au Labyrinthe de Neuville-Saint-Vaast, le 8 juin 1915.

[Né à Paris le 15 juin 1893. Fils de M. Paul CHOLLET, ✠, et de Mme née Jeanne LEVASSEUR.]

CHOMBART DE LAUWE (Henri-Louis-Marie), C ✠, ✠, colonel.

Mort des suites de blessures de guerre, le 4 mars 1920.

CHOMEL DE JARNIEU (Philippe), prêtre scolastique de la Société de Marie.

Tué en 1916.

CHORIVIT DE SAGARDIBURU, Comte de RAYMOND (*Jean-André-Marie-Joseph de*), ✠ (posthume), ✠ (étoile), maréchal des logis au 10e Hussards.

Envoyé par son capitaine en patrouille volante au combat de Guise, le 28 août 1914, il est tombé face à l'ennemi.

Citation : A trouvé glorieusement la mort, le 28 août 1914, au combat de Guise, au cours d'une reconnaissance faite sous les balles et les obus allemands.

[Né le 13 mars 1888. Fils de M. Joseph DE CHORIVIT DE SAGARDIBURU et de Mᵐᵉ née DE RAYMOND.]

CHOUDENS (*Jacques*-Robert de), ✳ (posthume), ✠, homme de lettres, sous-lieutenant au 236ᵉ d'Infanterie.
Tué le 13 juin 1915.

Citation : Officier très brave. Blessé très grièvement au mois d'août. A été tué le 13 juin pendant que, sous un violent bombardement, il cherchait un cheminement pour conduire sa compagnie à l'endroit qui lui avait été désigné. A été cité.

CHRÉTIEN (Marcel), ✳ (posthume), ✠ (4 citations), *engagé volontaire*, sous-lieutenant au 3ᵉ Zouaves.
Engagé à 17 ans. Blessé deux fois, est tombé glorieusement à l'attaque de Moreuil, le 8 août 1918.

[Né en 1899. Fils du Général et de Mᵐᵉ Paul CHRÉTIEN.]

CINTRÉ (*Raoul*-Henri-Marie, Vicomte Raoul HUCHET de), ✠, maréchal des logis au 3ᵉ Dragons.
Mort de ses blessures, le 11 février 1916, à l'ambulance de Fosseux.

[Fils du Vᵗᵉ et de la Vᵗᵉˢˢᵉ née Adèle DUPUY, décédés.]

CIRCAN (Robert), ✳, ✠ (4 citations), capitaine.
Tué à l'ennemi, le 28 mars 1918.

[Fils du Général (décédé en 1919) et de Mᵐᵉ CIRCAN.]

CIROTTEAU (*Paul* - Marie - Alfred), ✳ (posthume), ✠ (2 palmes, 3 étoiles), lieutenant d'Artillerie, observateur à l'Escadrille S. A. L. 105.
Tué au Bois-le-Roi, près d'Épernay, le 18 juillet 1918.

Dernière citation : Officier d'élite et observateur d'une très grande valeur, a fait preuve, en toutes circonstances, et en particulier pendant les batailles de..., d'un courage et d'un esprit de sacrifice au-dessus de tout éloge. Mortellement blessé en mitraillant des troupes à terre, au cours d'une liaison d'infanterie à basse altitude. En mourant, a exprimé sa joie d'avoir donné sa vie pour la France et pour une belle cause. Déjà quatre fois cité à l'Ordre.

CISSEY (Marie-Joseph-Claude-Henri-*René* COURTOT de), ✳, ✠ (étoile), O ✳ (Ordre d'Orange-Nassau), colonel du 69ᵉ d'Infanterie, commandant la 21ᵉ Brigade.
Mort, le 1ᵉʳ septembre 1914, à Vitrimont, près Lunéville (Grand-Couronné).
Du rapport officiel, citons les lignes suivantes :

Le 1ᵉʳ septembre 1914, le Colonel DE CISSEY, faisant fonction de général de brigade, venait, pour la troisième fois, d'entraîner sa brigade à l'attaque des hauteurs de Frescati. Après avoir réussi à occuper la ferme de Saint-Epon, il dictait un ordre, lorsqu'un éclat d'obus le blessa mortellement à la gorge.

Citation à l'Ordre du Corps d'Armée : *A commandé le 69ᵉ, puis la 21ᵉ brigade avec beaucoup de distinction. A plusieurs reprises, du 25 août au 1ᵉʳ septembre, a conduit avec la plus grande énergie la 21ᵉ brigade à l'attaque, notamment le 1ᵉʳ septembre 1914, où il a donné à tous l'exemple d'un grand sang-froid et du plus beau courage. A été tué au cours de l'attaque.*

[Né le 11 avril 1862. Fils de M. Joseph COURTOT DE CISSEY et de Mᵐᵉ née DE MIS-CAULT. Marié à Mˡˡᵉ Mathilde PERNOT DU BREUIL, fille de l'ancien magistrat, — dont huit enfants (cinq vivants).]

CISTERNES DE L'ORME (Michel - Joseph - Marie - François de), maréchal des logis au 53ᵉ d'Artillerie.

Tué accidentellement, le 23 août 1914, à Saint-Laurent (Vosges).

[Né le 30 novembre 1893. Fils de M. et de Mᵐᵉ née ANDRIEU.]

CITROËN (Bernard), ✠ (posthume), ✠ (palme), industriel, *engagé volontaire*, caporal au 51ᵉ d'Infanterie.

Citation à l'Ordre de l'Armée : *Engagé pour la durée de la guerre, à l'âge de 39 ans, quoique réformé antérieurement. A demandé à venir sur le front dans un régiment actif. S'est toujours fait remarquer par son entrain, son dévouement et sa bravoure. A été tué en allant porter secours à un de ses hommes blessé en avant des tranchées. A été cité.*

[Né le 21 juillet 1875. Fils de M. Louis-Bernard CITROËN et de Mᵐᵉ née Amélia KLEINMANN.]

CIVILLE (François PORET, Marquis de), ✠, propriétaire, maire de Bois-Héroult, lieutenant de réserve.

Blessé grièvement à Guise et en Champagne, déclaré inapte, entra au Ministère de la Guerre (service général des Pensions). Atteint de grippe infectieuse, rendue mortelle par ses deux graves blessures, succomba, le 2 août 1918, au château de Bois-Héroult.

[Né le 11 mai 1885. Fils du Mⁱˢ et de la Mˡˢᵉ née Clotilde DE MONTGEON. Marié à Mˡˡᵉ D'ANTHOUARD DE VRAINCOURT (décédée, le 5 août 1918, soignant son mari, de la même maladie), fille du Cᵗᵉ D'ANTHOUARD DE VRAINCOURT et de la Cᵗᵉˢˢᵉ née DE MONSEIGNAT, — dont un fils : Jacques.]

CIZANCOURT (Guy MENIOLLE de), ✠ (posthume), ✠ (palme), maréchal des logis, pilote à l'Escadrille 508.

Citation : *Beau pilote, plein d'ardeur et de courage. Incomplètement guéri d'une blessure reçue en avion, a voulu quand même participer à l'offensive de septembre, et a rendu des services signalés. Disparu au cours d'une mission de guerre.*

CLAMORGAN (*Michel - Marie*), ✠ (posthume), ✠ (étoile), étudiant, *engagé volontaire*, caporal au 66ᵉ Chasseurs à pied.

Blessé grièvement au combat de Beuvraignes, le 7 octobre 1914; n'a pas survécu à sa blessure. Repose dans le cimetière de Boulogne-la-Grasse (Oise).

Citation : *Jeune caporal, d'une bravoure admirable et d'une énergie extraordinaire. Gravement blessé au début de la guerre, a supporté les souffrances avec une gaieté et un entrain qui ont fait l'admiration de son entourage. Mort héroïquement pour la France, le 8 octobre 1914. A été cité.*

[Né le 23 octobre 1894. Fils du Général, C ✻ (décédé), et de Mᵐᵉ née CUZON.]

CLAPARÈDE (Frédéric); ✻, ✠ (3 palmes, 2 étoiles), sous-lieutenant d'Artillerie.

Mort des suites de sa quatrième blessure, le 22 août 1918.

CLAPARÈDE (Louis), ✻ (posthume), ✠ (palme), sous-lieutenant au 162e d'Infanterie.

> Citation : *Blessé une première fois, le 24 août 1914. Blessé mortellement, le 30 juin 1915, en entraînant sa section à la contre-attaque. Avait toujours montré le plus noble exemple. Une blessure antérieure. A été cité.*

CLAUDE (*Charles*-Édouard), ✻ (posthume), ✠ (2 étoiles), sous-lieutenant mitrailleur au 245e d'Infanterie.

Mobilisé comme sous-officier au 39e de ligne, grièvement blessé lors de la retraite de Charleroi, reparti pour le front, sur sa demande, il fut frappé mortellement par un obus, au bois Le Chaume, nord de Verdun, le 12 septembre 1917, au cours d'une relève, sous un tir de barrage meurtrier.

> [Né le 13 février 1890. Fils de M. Georges CLAUDE, ✻, artiste peintre, capitaine honoraire, et de Mme née NANQUETTE. Marié à Mlle Henriette LA PORTE, fille du Contre-Amiral, O ✻, et de Mme née CARON.]

CLAUDE (*Pierre*-Jean-Jacques), soldat, agent de liaison au 74e d'Infanterie.

Mobilisé au 31e de ligne en septembre 1915, puis au 74e, disparu, le 10 octobre 1916, en allant porter un ordre aux lignes avancées, au nord de Bouchavesnes (Somme).

> [Né le 14 mai 1895. Frère du précédent.]

CLAUDOT (Xavier), ✻, ✠, commandant.

Tué glorieusement, à la tête de ses troupes, le 9 mai 1915, dans une charge victorieuse, à la Maison-Blanche, près Neuville-Saint-Vaast.

> [Né en 1875. Fils du Médecin inspecteur général, petit-fils du Sénateur des Vosges.]

CLAUS (Gaston), agent de change à Paris.
CLAUS, née BACHELET (Madame Gaston).
CLAUS (Mademoiselle Andrée).

Victimes du bombardement de l'église Saint-Gervais, le Vendredi-Saint, 29 mars 1918.

CLAUSADE (César-Albert-Joseph-Jules de), ✻, ✠, lieutenant-colonel au 8e d'Infanterie.

Tué à l'ennemi, le 12 octobre 1914, à Pontavert (Aisne).

CLAVEAU (Maurice), ✻ (posthume), ✠ (étoile), clerc de notaire, lieutenant au 32e Dragons.

Blessé mortellement, le 13 septembre 1914, sous Soissons, succomba le 17 à l'ambulance de Vauxbuin.

> Citation : *Le 15 septembre, à la « Montagne de Paris », a rallié son peloton avec le plus grand calme, sous un feu violent, et a été mortellement blessé.*
>
> [Fils de M. (décédé) et de Mme née CONRARD.]

CLAVIÈRE (Marie-Albert-*François* de), ✠ (posthume), ✦, sous-lieutenant au 279ᵉ d'Infanterie.

> Citation : *Officier aussi modeste que brave. Le 28 mars 1918, a fait preuve du plus beau sang-froid et du plus grand courage. A été tué sur sa mitrailleuse au moment où, à découvert, il dirigeait à courte distance un feu meurtrier sur l'assaillant. A été cité.*

[Né en 1897. Fils de M. et de Mᵐᵉ née DE VIGNET DE VENDEUIL.]

CLAVIÈRE (Bernard de), sous-lieutenant au 75ᵉ d'Infanterie.
Tué à Charleroi (août 1914).

CLÉDAT DE LA VIGERIE (Jean), adjudant au 404ᵉ d'Infanterie.
Tué, le 20 juillet 1916, en entraînant sa section à l'assaut.

[Fils du Colonel commandant une Brigade.]

CLÉDAT DE LA VIGERIE (André), ✦ (posthume), ✦ (palme), séminariste à Issy, aspirant au 260ᵉ d'Infanterie.
Grièvement blessé, près de Monastir, le 27 novembre 1916, succomba, le 10 décembre suivant, à l'hôpital de Florina.

> Citation : *Jeune aspirant très brave. Blessé mortellement, le 27 novembre 1916, en entraînant sa section à l'assaut. A été cité.*

[Frère du précédent.]

CLÉDAT DE LA VIGERIE (Jules-Jacques), sergent-major au 70ᵉ Chasseurs alpins.
Tué le 20 juillet 1915.

CLÉMENT (Georges), ✠ (posthume), ✦, avocat à la Cour de Paris, lieutenant au 30ᵉ Dragons.
Tombé glorieusement à Noorschoote (Belgique), le 26 octobre 1914.

> Citation : *Nature d'élite, inspirant à tous le respect et l'affection, et qui, sous le feu, donnait l'exemple du sang-froid et de la mesure. Mortellement blessé dans les tranchées, en cherchant personnellement à améliorer la sécurité de ses hommes. N'avait d'autre préoccupation, malgré ses souffrances, que d'empêcher ceux qui voulaient le soustraire au feu de l'ennemi de s'exposer pour lui.*

CLÉMENT D'HUART (Baron André), ✦ (posthume), ✦ (étoile), élève à l'École Sainte-Geneviève (préparation à Saint-Cyr), caporal au 36ᵉ d'Infanterie.
Tué, le 15 décembre 1916, aux Éparges.

> Citation, à l'Ordre du Régiment : *Gradé d'un grand sang-froid, s'est montré plusieurs fois, dans des circonstances difficiles, énergique et consciencieux. A été tué, le 15 décembre 1916, aux Éparges, au cours d'un bombardement violent, alors qu'il faisait son devoir avec sa bravoure habituelle.*

[Né le 28 juillet 1894. Fils du Bᵒⁿ CLÉMENT D'HUART (décédé) et de la Bᵒⁿⁿᵉ née DE VASSART D'ANDERNAY.]

CLERC (Jacques), ✠ (posthume), ✦, lieutenant au 3ᵉ d'Infanterie.
Tué à Bethincourt (Meuse), le 11 mars 1916.

[Né en 1889. Fils du Conseiller à la Cour des Comptes, ✦, et de Mᵐᵉ née JAURÈS.]

CLERC (François-Louis-Joseph), ✳, ✠ (palme), chef de bataillon au 6ᵉ Tirailleurs indigènes.
Tué le 28 août 1914.

> Citation : *Le 27 et le 28 août, a fait preuve de la plus grande bravoure et d'un mépris complet du danger. A été tué au moment où, précédant son bataillon, il l'entraînait à la charge contre une batterie de mitrailleuses ennemies, brusquement démasquée à très faible distance.*

CLERCK (*Pierre*-Paul-Eugène-Joseph-Marie de), ✳ (posthume), ✠ (étoile), capitaine au 124ᵉ d'Infanterie.
Tué à Virton, le 22 août 1914.

> Citation : *A montré, au combat du 22 août, les plus belles qualités de bravoure, d'énergie et de sang-froid. Blessé très grièvement, pendant qu'il cherchait un cheminement pour sa compagnie. Décédé des suites de ses blessures. Déjà cité.*

[Né à Arras le 17 septembre 1872. Fils de M. Paul DE CLERCK et de Mᵐᵉ née LANTOINE. Marié à Mˡˡᵉ Marie OBERTHÜR, fille de M. et de Mᵐᵉ René OBERTHÜR, — dont un enfant.]

CLERCK (*Paul*-Alexandre-Marie-Joseph-Pierre de), ✳ (posthume), ✠ (palme), président de la Jeunesse catholique d'Arras, administrateur de l'Université catholique de Lille, lieutenant de réserve au 351ᵉ d'Infanterie, proposé pour capitaine.
Tué, le 3 octobre 1915, à la reconnaissance du bois de Forges (Meuse); inhumé à Chattancourt.

> Citation à l'Ordre de la IIIᵉ Armée : *Les officiers supérieurs de son régiment ayant été mis hors de combat, a pris le commandement de son bataillon et l'a mené victorieusement à l'attaque d'un village, le 16 septembre 1915, avec son audace accoutumée. Tué, le 3 octobre 1915, à l'attaque des tranchées allemandes.*

[Né à Arras le 7 juin 1874. Frère du précédent. Marié à Mˡˡᵉ Mathilde BOUDOUX D'HAUTEFEUILLE, fille de M. Charles BOUDOUX D'HAUTEFEUILLE et de Mᵐᵉ née BEAUCOUSIN; — dont six enfants.]

CLERCQ (Comte Robert-Emmanuel de), ✠, attaché à la Légation de France en Belgique, sergent d'Infanterie.
Tué au Mont Kemmel, le 27 avril 1918.

[Fils du Cᵗᵉ Jules DE CLERCQ, O ✳, Ministre de France à la Havane, et de la Cᵗᵉˢˢᵉ née Louise ERNAULT.]

CLÉRET DE LANGAVANT (Jules-Marie-*Louis*), ✳ (posthume), ✠ (palme), sous-lieutenant au 64ᵉ d'Infanterie.
Tué au combat de Messain (Belgique), le 22 août 1914.

> Citation : *Très brillante conduite à l'assaut du village. Le 22 août, est tombé en tête de ses hommes ; le premier officier du 64ᵉ tué dans cette campagne. A été cité.*

[Né en 1890. Fils de M. et de Mᵐᵉ née Marthe DE LA BONNINIÈRE DE BEAUMONT. Marié à Mˡˡᵉ Isabelle DES SALLES.]

CLERMONT (Émile), homme de lettres.
Tué à Suippes, le 5 mars 1916.
Il avait écrit, peu avant sa mort :

> ..... Grande corruption de la Germanie, avoir perdu totalement le sens du divin : avoir avili tous les buts nobles, avoir fait de la divinité la servante des grossiers appétits germains du commerce et des

plaisirs de la Germanie ; l'avoir faite le protecteur attitré des assassins, des bandits, des asphyxieurs ; quand cette autre idée s'éveillait que la guerre est un crime en elle-même, avoir fait Dieu l'auteur, le conducteur, le grand-maître de la guerre la plus atroce.....

CLERMONT-TONNERRE (Aimé-*Charles-Henry*, Prince Romain et Comte de), O ✳, ✳ (palme), C ✳ (Sainte-Anne de Russie), O ✳ (Nicham Iftikar), Général commandant la 113ᵉ Brigade d'Infanterie.

Commandait cette Brigade depuis dix-huit mois et était parti pour l'expédition d'Orient, où il contracta un violent accès de paludisme, qui l'emporta le 22 décembre 1916. Au début de la guerre, était colonel du 18ᵉ Chasseurs. Nommé au commandement d'une Brigade d'infanterie, en février 1915, il reçut la croix d'officier de la Légion d'honneur avec une citation des plus élogieuses. Le 25 novembre 1915, il avait été promu au grade de général de brigade.

[Né le 6 juin 1857. Fils du Général Cᵗᵉ DE CLERMONT-TONNERRE et de la Cᵗᵉˢˢᵉ née Victoire DE LA TOUR DU PIN DE CHAMBLY DE LA CHARCE. Marié, en 1883, à Mˡˡᵉ Gabrielle DE COSSÉ-BRISSAC, fille du Cᵗᵉ Ferdinand et de la Cᵗᵉˢˢᵉ née Caroline DU BOUTET, — dont trois enfants.]

CLERMONT-TONNERRE (*Louis*-Marie-Amédée-Henri, Comte Louis de), ✳, ✳ (6 palmes, 2 étoiles), ✳ (Légion d'Honneur Belge), ✳ (Belge), chef de bataillon au 4ᵉ de marche de Zouaves.

Affecté à l'Etat-Major au début de la guerre, demanda à passer au 4ᵉ régiment de marche de Zouaves, en 1916. Commanda la 13ᵉ compagnie, puis le 3ᵉ bataillon, fut adjoint au colonel, prit part à toutes les attaques de Vaux-Chapitre, Douaumont, Hurtebise, le Chemin-des-Dames, la Malmaison, etc. Trouva glorieusement la mort, le 30 mars 1918, comme son régiment barrait à l'ennemi la route de Paris.

Citation à l'Ordre de l'Armée : *Officier supérieur accompli, dont la bravoure, l'ardeur, le dévouement inlassable, joints à une valeur morale exceptionnelle, a été la gloire du régiment et faisait dire de lui : « Son nom est un drapeau. » Tué glorieusement en ralliant des éléments privés de leurs chefs et en les reportant à l'attaque d'un ennemi très supérieur en nombre.*

[Né le 13 décembre 1877. Fils du Mˡˢ DE CLERMONT-TONNERRE et de la Mˡˢᵉ née DE BIENCOURT (décédée). Marié, en 1905, à Mˡˡᵉ DE KERGORLAY, fille du Cᵗᵉ DE KERGORLAY et de la Cᵗᵉˢˢᵉ née DE LA ROCHEFOUCAULD, — dont quatre enfants.]

CLERVAUX DE FONTVILLIERS (Paul-Henri-Charles-Marie de), ✳, ✳, capitaine d'Infanterie coloniale.

Tué, le 10 septembre 1914, au Bois-Blandin.

[Marié à Mˡˡᵉ BOUAÏSSIER DE BERNOÜIS.]

CLOQUEMIN (*Caromy*-Jean-Augustin), ✳ (1 palme, 2 étoiles), lieutenant au 16ᵉ Chasseurs à pied.

Tué, le 23 mai 1916, à Cumières, sous Verdun.

Citation : *Officier de haute valeur, dont les vertus guerrières ont fait l'admiration de ses camarades et de ses chefs. Le 25 mai 1916, au cours d'un bombardement qui durait depuis plus de douze heures, s'est porté à l'emplacement d'une de ses pièces, qui venait d'être enterrée avec ses servants, pour les faire dégager. A été tué en procédant à cette opération.*

CLOSEL (Henri BARBAT du), inspecteur des Finances, attaché à l'Intendance.

Mort pour la France, le 20 septembre 1915, à Monchy-Humières (Oise).

[Né le 1ᵉʳ octobre 1884. Marié à Mˡˡᵉ Henriette DE LASSUS.]

CLUNET (Jean), ✳, ✳ (1 palme, 2 étoiles), O ✳ (Saint-Sava), O ✳ (Couronne de Roumanie), docteur en médecine, ancien interne des hôpitaux de Paris, préparateur à la Faculté de médecine, médecin-major de 1ʳᵉ classe.

Mort pour la France, à la tête de l'hôpital des contagieux, à Jassy (Roumanie), le 3 avril 1917, en mission française.

S. M. la Reine de Roumanie a publié, dans le *Figaro* du 4 septembre 1917, une page émouvante rendant hommage à ceux qui sont tombés sur le sol roumain. Du long passage de sa lettre consacré au Dʳ Jean CLUNET, nous citerons les lignes qui suivent :

..... CLUNET était un enthousiaste, un idéaliste, avec quelque chose de l'artiste. Son regard reflétait une énergie qui touchait au fanatisme, quand il s'enflammait à la pensée du travail et de la lutte. CLUNET lutta au cours de cet atroce et interminable hiver, qui semblera plus tard, dans la mémoire de ceux qui se débattirent contre son horreur, n'avoir été qu'un funèbre cauchemar. Le froid, la faim et la maladie nous assaillaient à la fois ; nos moyens s'épuisaient, les communications étaient interrompues, la circulation presque impossible. Le typhus avait éclaté parmi nos troupes, couchant par milliers ceux qui avaient été les défenseurs de notre sol, et que, dans le premier désarroi, nous fûmes impuissants à sauver.

A moitié enseveli dans les neiges, dans son lointain hôpital, presque isolé du reste du monde, entouré de quelques héroïques Françaises et de ces saintes que sont les Sœurs de Saint-Vincent de Paul, CLUNET lutta héroïquement, plus heureux quand la lutte était dure. Il parlait du printemps qui viendrait, comme on parlerait d'une terre promise que l'on espérerait bientôt atteindre, et où tout serait aisé, facile... Le mauvais rêve s'évanouirait avec les premiers lilas en fleur ...: CLUNET ne vit pas fleurir les lilas.....

Dernière citation (Légion d'honneur) : *S'est distingué au Maroc, en donnant ses soins aux victimes de l'insurrection de Fez. Dans la guerre contre l'Allemagne, d'abord en France, puis aux Dardanelles, à Corfou, en Albanie, a donné partout l'exemple de l'abnégation et du courage. Echappé, grâce à son énergie, au torpillage du transport La Provence, a demandé, dès son retour en France, à repartir en mission à l'étranger. En Roumanie, a réclamé l'honneur de diriger un hôpital de contagieux, auprès desquels il a contracté le typhus exanthématique.*

[Né à Paris le 26 janvier 1878. Fils de M. Édouard CLUNET, avocat à la Cour de Paris, et de Mᵐᵉ née DESOUCHES. Marié à Mˡˡᵉ Margaet MARQUET, fille de M. et de Mᵐᵉ née DE VILLENEUVE, — dont un fils.]

COATGOUREDEN (*Guy*-Marie-Antonin de), ✳ (posthume), ✳ (4 citations), lieutenant au 270ᵉ d'Artillerie.

Attaché à l'Etat-Major de l'Artillerie d'une Division d'Infanterie, tombé glorieusement le 15 décembre 1917.

Citation : *Déjà cité trois fois. S'est volontairement exposé pour accomplir des reconnaissances. A collaboré très utilement à l'organisation des pièces antitanks. Atteint mortellement, le 15 dé-*

cembre 1917, *au cours d'une reconnaissance en première ligne. A été cité.*

[Né le 5 juin 1882. Fils de M. et de Mme née PERRAUDEAU DE BEAUFIEF (décédés). Marié, en 1912, à Mlle Yvonne LE BORGNE DE LA TOUR, — dont deux enfants.]

COATGOUREDEN (René de), ✠, chef de bataillon.

Tué, le 20 juillet 1918, à la prise de Tigny.

[Frère du précédent.]

COCHARD (Joseph-Ernest-*Louis*), ✠ (2 étoiles), avocat à la Cour d'appel de Paris, président de l'Association générale des Etudiants de Paris, capitaine-adjoint d'Intendance.

Mort, le 13 octobre 1918, à l'hôpital d'Hargicourt, près Montdidier (Somme), des suites d'une maladie contractée aux Armées.

[Né le 8 juillet 1888. Fils de M. Raymond COCHARD et de Mme née Marie AUBERT.]

COCHIN (*Augustin*-Denis-Marie), ✠, ✠ (4 palmes), ✠ (Médaille de Serbie), ancien élève de l'Ecole des Chartres, licencié ès lettres et philosophie, capitaine commandant la 9e compagnie du 146e d'Infanterie.

Tué d'une balle à la tête, à l'assaut, le huitième jour de l'attaque (8 juillet 1916), tombé au pied du Calvaire de Hardecourt.

> Dernière citation : *Officier d'une bravoure et d'un entrain superbes, animé de l'esprit de devoir et de sacrifice le plus absolu. Blessé à tous les combats auxquels il a assisté, n'a jamais consenti à être guéri complètement pour reprendre plus vite sa place dans le rang. Malgré toutes les instances, est revenu au corps avec un bras brisé. Exemple vivant des plus hautes qualités militaires. Est tombé glorieusement, le 8 juillet, à la tête de sa compagnie, défendant une ligne qui venait d'être conquise.*

[Né le 22 décembre 1876. Fils du Bon Denys COCHIN, ✪, Membre de l'Académie Française, et de la B^{onne} née PÉAN DE SAINT-GILLES.]

COCHIN (*Jacques*-Henry-Marie), ✠ (posthume), ✠ (palme), ancien élève de Saint-Cyr, capitaine commandant la 21e compagnie du 325e d'Infanterie.

Ancien lieutenant au 87e de ligne, était, le 1er août 1914, attaché comme officier d'ordonnance au Général DUBAIL, commandant alors un Corps d'Armée. Le 30 octobre suivant, il passait, sur sa demande, au 325e, et, le 14 février 1915, il était tué d'une balle à la tête, à l'assaut de Xon.

> Citation : *Ayant pénétré, avec sa compagnie, dans un ouvrage occupé par l'ennemi, y a progressé pied à pied pendant une journée, et séparé de sa troupe au cours de la lutte, a succombé en luttant héroïquement.*

[Frère du précédent. Marié à Mlle Marthe FIRMIN-DIDOT, fille de M. Maurice FIRMIN-DIDOT et de Mme née CHAUCHAT, — dont deux enfants : Adeline et Denys.]

COCQUEBERT DE TOULY (Henri-J.), ✠ (posthume), ✠ (palme), capitaine au 3e Colonial.

Tué le 16 mai 1915.

> Citation : *Ayant pris le commandement d'une partie de sa compagnie, chargée de participer à une contre-attaque, s'est porté courageusement en avant pour reconnaître le terrain d'attaque. Est tombé mortellement frappé au cours de sa reconnaissance.*

[Marié à Mlle Gabrielle HARDY.]

CODET (Louis), ancien député de la Haute-Vienne, sous-lieutenant au 90e territorial d'Infanterie.
Mort de ses blessures, au Havre, le 27 décembre 1914.

COËSSIN DE LA FOSSE (Yves), ✠ (étoile), *engagé volontaire.*
Tué sous Verdun, le 5 mars 1917.
[Né le 26 janvier 1898. Fils de M. Jean COËSSIN DE LA FOSSE et de Mme née VALLET.]

COGNEAUX DE LODELINSART (Adolphe), ✠, sergent mitrailleur au régiment d'Infanterie Coloniale du Maroc.
Tué le 17 août 1916.

COIFFARD (Michel), O ✠, ⚕, ✠ (15 citations), sous-lieutenant pilote-aviateur.
S'était spécialisé dans la chasse aux drachen et comptait 32 victoires. Au cours d'une patrouille, le 28 octobre 1918, il tombait glorieusement après avoir soutenu une vaillante lutte contre un groupe de fokkers, à l'âge de 26 ans.

> Citation (Officier de la Légion d'honneur) : *Officier d'une énergie farouche et d'une bravoure incomparable. Au Maroc, s'était déjà fait remarquer par son audace. Dans la campagne actuelle, a servi successivement dans l'artillerie, l'infanterie et l'aviation, forçant partout l'étonnement et l'admiration par son mépris de la mort et son admirable esprit de sacrifice. Dans l'aviation de chasse, sa volonté de vaincre lui a fait accomplir une série d'exploits avec une régularité et une rapidité qui n'ont jamais été égalées. A remporté 52 victoires officielles, dont 27 en trois mois, 3 blessures. Médaille militaire et chevalier de la Légion d'honneur pour faits de guerre. Quinze citations.*

COIGNET DES GOUTTES (Alain du).......................

COLBRANT (P.-F.), ✠ (posthume), ✠ (palme), enseigne de vaisseau du *Léon-Gambetta.*
Englouti avec son bâtiment.

COLCOMBET (Emmanuel), capitaine au 149e d'Infanterie.
Tué en septembre 1914.

COLCOMBET (François), ✠ (étoile), maréchal des logis au 14e Dragons, pilote-aviateur.
Observateur au 31e Corps d'Armée, passa, sur sa demande, dans l'Aviation. Tué accidentellement, au cours d'un vol d'essai à l'Ecole d'Aviation d'Ambérieu, le 20 mai 1916.
[Né à Saint-Étienne. Fils de M. Alexandre COLCOMBET et de Mme née GOUBARD DE DRACY. Marié à Mlle Suzanne CHARVET, fille de M. et de Mme née PHILIP, — dont deux enfants.]

COLIN (Jean-Lambert-Alphonse), O ✠, ✠ (palme), C ✠ (Aigle blanc de Serbie), Général commandant l'Infanterie d'une Division.
Mortellement blessé en Macédoine, le 29 décembre 1917. Il était un des officiers généraux les plus distingués de l'Armée. Après avoir été chef d'Etat-Major du Général PAU pendant la courte campagne d'Alsace, il avait, pendant deux ans, commandé sur le front français l'artillerie d'un Corps d'Armée. Il était aussi

un des meilleurs historiens militaires de notre temps ; il a écrit sur les campagnes de Napoléon de nombreux ouvrages qui font autorité.

[Né le 27 décembre 1863.]

COLLASSON (Marie-Joseph-*Stéphane* de), ✳ (posthume), � (palme et étoile), capitaine au 42ᵉ d'Infanterie.

D'abord lieutenant de réserve au 14ᵉ Dragons, passa, sur sa demande, dans l'Infanterie. Tué, le 25 septembre 1915, à l'attaque de Champagne, devant Souain.

> Dernière citation : *A été tué à la tête de la compagnie qu'il entraînait, avec la plus grande bravoure, à l'assaut de la première ligne allemande. Officier de la plus haute valeur morale. A été cité.*

[Né le 19 février 1877. Fils de M. Félix DE COLLASSON et de Mᵐᵉ née LE ROY DE CHAVIGNY. Marié à Mˡˡᵉ DE VÉLARD, fille du Vᵗᵉ (décédé) et de la Vᵗᵉˢˢᵉ née DE SENEVAS, — dont quatre enfants.]

COLLEDEBŒUF (André), ✠ (posthume), � (étoile), propriétaire, maréchal des logis.

A pris part aux combats de Charleroi, de Vitry-le-François, du Four-de-Paris, des Éparges, de Tahure, de Cerny et de Belloy-en-Santerre.

> Citation à l'Ordre de la IIIᵉ Division d'Infanterie (7 janvier 1917) : *Excellent sous-officier, d'une très grande bravoure. Pris, le 20 décembre 1916, sous un bombardement à obus asphyxiants, a, par son sang-froid, contribué à maintenir le calme dans le personnel. Grièvement atteint, est mort de ses blessures.*

[Né le 2 mars 1892. Fils de M. Émile COLLEDEBŒUF et de Mᵐᵉ née LÉVY.]

COLLEVILLE (Comte Yves ESTIENNE de), ✺ (palme), camérier secret de S. S., propriétaire, homme de lettres, *engagé volontaire,*

Bien qu'appartenant au service auxiliaire et exempté de tout service, s'engagea volontairement au 6ᵉ Dragons ; il partit dès le lendemain à Vincennes, comme estafette du général PAU, puis du général PUTZ, et demanda à aller au front extrême ; passa au 26ᵉ Dragons et fut tué net à Thann (Alsace), le 17 janvier 1915, au moment où il téléphonait dans un poste très avancé. — La citation le donne comme un « modèle de bravoure, de discipline et de sang-froid ».

[Né le 3 novembre 1884. Fils du Cᵗᵉ et de la Cᵗᵉˢˢᵉ née D'OSMOY. Marié à Mˡˡᵉ LACROIX, fille de l'Ingénieur des Mines, — dont trois enfants.]

COLLEVILLE (Joseph-Augustin-Adrien PINEL de), ✠ (posthume), ✺, caporal mitrailleur au 7ᵉ d'Infanterie.

> Citation : *Chef de pièce d'un entrain, d'un dévouement et d'un courage au-dessus de tout éloge ; s'est fait remarquer à Verdun, le 12 juillet 1916, par son initiative heureuse et hardie. A été mortellement frappé un mois après, le 10 août 1916, alors que, sous un violent bombardement, il assurait à lui seul le service de sa pièce. A été cité.*

COLLIGNON (Henri), O ✳, ✠ (posthume), ✺ (palme), Conseiller d'État, ancien préfet, ancien secrétaire général de la Présidence de la République, *engagé volontaire* au 46ᵉ d'Infanterie.

Engagé à 58 ans, il refusa le grade de sous-lieutenant pour faire campagne comme simple soldat. Le colonel lui avait confié la garde du drapeau et tous aimaient à voir, auprès des trois couleurs, ce troupier à barbe blanche qui portait sur sa capote la rosette rouge. Le 16 mars 1915, à Vauquois, le régiment occupait le village bombardé. Les hommes avaient cherché un abri dans les caves des maisons en ruines. Sous la pluie des obus, COLLIGNON sortit pour aller porter secours à un soldat blessé. Un éclat d'obus l'atteignit à la carotide et il mourut presque aussitôt. Il a été enterré, le 18 mars, à Aubreville. Tous ses compagnons d'armes ont pleuré sa mort. Afin de commémorer le souvenir de ce brave, non moins glorieux que celui du premier grenadier de France, son nom, aux appels du 46ᵉ régiment, suivra le nom de La Tour d'Auvergne. Selon la tradition, il sera répondu : « Mort au champ d'honneur. »

Citation posthume (Médaille militaire) : *Le soldat de 1ʳᵉ classe* COLLIGNON, *conseiller d'Etat, officier de la Légion d'honneur, engagé volontaire pour la durée de la guerre, âgé de 58 ans, a toujours donné à tous, depuis le début de la campagne, le plus bel exemple d'héroïsme et de dévouement. A été tué en allant, sous un bombardement intense, accomplir de sa propre initiative une mission périlleuse. A été cité.*

COLLIGNON D'ANCY (*Yves*-Joseph-Théodore), O ✠, sous-intendant de 1ʳᵉ classe.

Evacué de la zone des Armées, il est mort, le 19 juillet 1918, après une agonie d'un mois, à l'hôpital nº 24, à Lyon, des suites de fatigue contractée au service. Il avait rempli pendant les deux premières années de la guerre les fonctions d'Intendant au Xᵉ Corps, et avait été nommé officier de la Légion d'honneur, avec une citation parue à l'*Officiel*, le 14 juillet 1915.

[Né le 27 octobre 1855. Fils du Général COLLIGNON D'ANCY et de Mᵐᵉ née Élisabeth DE MALHERBE. Marié à Mˡˡᵉ DE VAUCOULEURS DE LANJAMET, fille du Mⁱˢ et de la Mⁱˢᵉ née HIBON DE FROHEN, — dont deux enfants.]

COLLIN (G.), ✠ (posthume), ✠ (palme), médecin à bord du *Kléber*.

Citation : *D'un dévouement sans bornes, s'est particulièrement distingué lors du naufrage du* Kléber. *Blessé mortellement au moment où le bateau coulait.*

COLLIN DE LA CONTRIE (*Paul*-Édouard-François-Marie), ✠ (posthume), ✠ (palme et étoile), Saint-Cyrien (promotion des Marie-Louise), sous-lieutenant au 12ᵉ Chasseurs à cheval.

Tué à Mouilly-les-Eparges (Meuse), dans la tranchée de Calonne, le 26 avril 1915.

Citation : *A exécuté, depuis le début de la campagne, plusieurs reconnaissances dans des circonstances difficiles, qui lui ont valu une citation à l'Ordre du jour du Régiment. A été tué, en exécutant une reconnaissance à pied sous un feu violent d'artillerie.*

[Né le 6 novembre 1891. Fils de M. Paul COLLIN DE LA CONTRIE et de Mᵐᵉ née DU BEAUDIEZ.]

COLLOT (Pierre), ✠, *engagé volontaire,* caporal au 5ᵉ Chasseurs alpins.

Tombé au combat de Vauxaillon, le 14 septembre 1918.

[Né en 1899. Fils du Notaire de Bar-le-Duc.]

COLMET D'AÂGE (Henri), ✻, ▦ (3 citations), lieutenant d'Artillerie.

Tué le 11 novembre 1916.

[Né en 1888. Fils de M., ✻, et de Mme née HUET.]

COLMET D'AÂGE (Marie-*René*), ✻ (posthume), ▦, capitaine au 146e d'Infanterie.

Citation : *Pendant les combats qui se sont livrés de nuit comme de jour, du 9 au 15 mai 1915, dans les rues d'un village, a fait preuve du plus beau calme et du plus grand sang-froid. A su gagner du terrain pied à pied, maison par maison; officier de très haute valeur. A de nouveau donné le plus bel exemple, à l'attaque du 16 juin, en entraînant à l'assaut sa compagnie et en tombant à sa tête. A été cité.*

[Né à Paris le 3 juin 1876. Fils de M. et de Mme née SALMON. Marié à Mlle FOUQUES-DUPARC.]

COLMET D'AÂGE (Léon), ✻ (posthume), ▦ (palme), capitaine au 405e d'Infanterie.

Citation : *Avait su communiquer à sa compagnie le beau courage qui l'animait. A été tué, le 28 septembre 1915, en dirigeant l'attaque d'une tranchée. A été cité.*

COLNET (Marie-René-Gustave de), ✻ (posthume), ▦, lieutenant au 4e Dragons.

Citation : *Officier d'une grande élévation morale, d'un grand courage, calme et absolument dédaigneux du danger. Mortellement blessé, le 28 avril 1918, à la tête de sa section qu'il menait au combat. A été cité.*

COLOMB (Mademoiselle Berthe de), infirmière.

S'était consacrée, depuis le début des hostilités, aux soins des blessés contagieux ; a succombé, en 1917, à Autoire (Lot), aux fatigues accumulées et au surmenage.

[Fille du Général et de Mme DE COLOMB, décédés.]

COLOMBEL (Ernest-Emmanuel-Henri de), ✻ (posthume), ▦, lieutenant au 29e Chasseurs à pied.

Citation : *Tué, le 22 août 1914, à la tête de sa section qu'il entraînait à l'attaque sous un feu extrêmement violent d'infanterie et d'artillerie. A été cité.*

[Fils de M. (décédé) et de Mme née ÉTIENNE. Marié à Mlle Odette DE VALORI, fille du Général (décédé) et de la Ctesse née Jeanne DE FARET DE FOURNÈS.]

COLOMBEL (Louis de), caporal d'Infanterie.

Tué le 29 septembre 1915.

[Frère du précédent.]

COLOMBIER (René LE COMTE de), *engagé volontaire*, infirmier à l'hôpital auxiliaire n° 8, à Orléans.

Infirmier volontaire depuis le début de la campagne, mort en décembre 1916, victime de son dévouement.

[Né en 1867. Marié à Mlle Yvonne ADAM, — dont quatre enfants.]

COLOMBIER (Charles LE COMTE de), ✠, maréchal des logis au 4e groupe d'Autos-Canons.
Mort, le 17 octobre 1918, à Haringhe (Belgique).

[Né en 1888. Fils de M. et de Mme née GIRARD DE VASSON.]

COLOMBIER (Paul MARTIN du), ⚜ (posthume), ✠ (étoile), soldat au 228e d'Infanterie.

Citation : *A fait vaillamment son devoir, dès les premiers combats de la campagne. Mort glorieusement pour la France, le 31 août 1914, à Macquigny (Aisne).*

COLONJON (Édouard de), ✳, ✠, sous-lieutenant d'Infanterie.
Mort des suites de ses blessures, le 2 août 1918, à 27 ans.

COLONNA DE LECA (Innocent), ✠, chef de bataillon d'Infanterie Coloniale.
Tué à l'ennemi, le 13 novembre 1914, à Khenifra (Maroc).

[Né le 16 juillet 1869. Fils de M. et de Mme née MATTÉI.]

COLONNA DE LECA (Dominique-Marie), lieutenant au 2e Étranger.
Tué à l'ennemi, le 25 juin 1915, à Djebel-Medjoug (Maroc).

[Né le 10 janvier 1885. Frère du précédent.]

COLONNA DE LECA (François-Marie), ✳ (posthume), ✠ (2 étoiles), sous-lieutenant au 9e Zouaves.
Mort de ses blessures, le 18 mars 1918, à Coggia (Corse), son pays natal.

Citation : *Vaillant officier. A été blessé grièvement, en conduisant sa section à une attaque pour repousser l'ennemi, sous un violent bombardement. Mort pour la France, le 18 mars 1918. A été cité.*

[Né le 2 décembre 1890. Frère des précédents.]

COLONNA DE LECA (François-Antoine), ✳ (posthume), ✠, sous-lieutenant au 8e Chasseurs à pied.

Citation : *Vaillant officier, dévoué et courageux. A mérité par sa belle conduite devant l'ennemi d'être promu officier. Mort glorieusement pour la France, le 1er juillet 1915.*

COLONNA D'ISTRIA, ✳, ✠ (palme), chef de bataillon, commandant le 77e Tirailleurs Sénégalais,
Englouti, le 17 février 1917, avec l'*Athos*, en Méditerranée.

Citation : *A trouvé la mort en dirigeant le sauvetage de ses hommes. A refusé de quitter le navire, parce que tous n'étaient pas partis.*

COLONNA D'ISTRIA (Guillaume-André-Xavier), ✳ (posthume), ✠ (palme), sous-lieutenant au 2e Colonial.

Citation : *Officier brave, calme, plein d'entrain. Est tombé glorieusement, le 17 septembre 1916, en dirigeant, dans la ligne ennemie enlevée, le combat de sa section.*

COLONNA D'ISTRIA (Charles-Jacques-Vincent), ✠ (posthume), ✠, sergent-major au 21e Colonial.

Citation : *Excellent sous-officier, qui a fait preuve de beaucoup de courage et de sang-froid sur le champ de bataille. Est tombé glorieusement, le 4 janvier 1915, à Massiges, en faisant vaillamment son devoir. A été cité.*

COMA (Joseph-Antoine de), ✠ (posthume), ✠, maréchal des logis au 5e Chasseurs à cheval.

Citation : *Le 3 novembre 1914, chargé de défendre, avec son peloton, la lisière d'un village violemment attaqué par l'ennemi, a montré dans l'accomplissement de sa mission le plus bel exemple de courage, de sang-froid et d'énergie. Grièvement blessé à son poste de combat, est mort des suites de ses blessures. A été cité.*

COMBEROUSSE (Paul), ✻ (posthume), ✠ (palme), enseigne de vaisseau de 2e classe.

De la promotion de 1914 de l'École Navale, était officier adjoint au lieutenant de vaisseau, chef du poste central de tir du cuirassé *Bouvet*, de la Division navale des Dardanelles. Le 18 mars 1915, ladite division engagea la troisième série des opérations du forcement de l'entrée du détroit. Après un violent combat contre les forts ennemis, qui furent presque complètement détruits, les navires français cessèrent le feu, au début de l'après-midi, pour laisser entrer en ligne l'escadre anglaise destinée à poursuivre la bataille. En virant de bord, le *Bouvet* fut atteint par une mine flottante et sombra en 55 secondes, engloutissant les neuf dixièmes de son équipage.

Citation : *A assuré, pendant tout le combat du 18 mars 1915, le service des transmissions au poste central dans de parfaites conditions, malgré les continuels changements d'objectif au transport du tir d'un bord à l'autre sans cessation du feu. Est mort à son poste lorsque le bâtiment a chaviré.*

[Né le 15 mars 1893. Fils de M. Denis COMBROUSSE, ingénieur ECP., et de Mme née BACHELET.]

COMBES DE PATRIS (Mathilde-*Marie*) [en religion Sœur MARIE-BERNARD], de l'ordre de la Charité et de l'Instruction chrétienne de Nevers.

Décédée à Nevers, des suites d'une maladie contractée au chevet des soldats tuberculeux, le 28 septembre 1918. Médaille d'honneur des Epidémies.

[Née le 18 mai 1856.]

COMBY (*Jules*-Pierre-Louis), ✠, ✠ (palme et étoile), *engagé volontaire*, pilote-aviateur, maréchal des logis d'Artillerie.

Tué près de Verdun, le 28 juin 1918.

Citation (Médaille militaire) : *Pilote hors de pair, d'une adresse et d'un courage remarquables, qui n'a cessé, pendant plus de deux ans, de combattre avec la même ardeur. Toujours volontaire pour les missions dangereuses et spécialisé dans les liaisons avec l'in-*

fanterie, s'est fait remarquer particulièrement pendant les attaques de Verdun et de la Somme en 1916, de l'Aisne en 1917, rentrant fréquemment avec un appareil criblé de balles, et rapportant des renseignements de la plus haute importance. Le 28 mars 1918, attaqué au cours d'une mission par trois avions ennemis, leur a fait face et les a obligés à fuir. Parti récemment pour une mission photographique dans les lignes ennemies, a été blessé grièvement au cours de son expédition. Une citation.

[Né le 12 octobre 1893. Fils du Dr, ✻, et de Mme Jules COMBY.]

COMMENT (*Georges*-Alexandre-Florent), caporal au 303e d'Infanterie.

Blessé à Gercourt (Meuse), le 1er septembre 1914, et porté disparu.

[Né le 23 mars 1885. Fils de M. (décédé) et de Mme née BERTHAULT. Marié à Mlle VAUTRIN.]

COMMINES DE MARSILLY (*Philippe*-Edgar-Marie de), ✠ (étoile), ingénieur-agronome en 1911, novice bénédictin en 1914, brancardier au 236e d'Infanterie.

Tué devant Vic-sur-Aisne, étant en première ligne, le 17 janvier 1916.

Citation : *Est connu de tout le régiment pour son dévouement. Depuis le début de la campagne, ne cesse d'accomplir son devoir avec autant de modestie que de bravoure. S'est particulièrement distingué aux mois de mai et de juin, et dans les combats de fin septembre 1915.*

[Né à Paris le 28 décembre 1890. Fils de M. Jacques DE COMMINES DE MARSILLY et de Mme née DE LIVOIS.]

COMMINGES (*Roger*-Marie-Michel-Bernard, Vicomte Roger de), ✻ (posthume), ✠, sous-lieutenant au 121e Chasseurs à pied.

Citation : *Officier d'une bravoure à toute épreuve et d'un entrain remarquable. Tué, au cours d'une contre-attaque ennemie, le 4 octobre 1915. A été cité.*

[Fils du Vte (décédé) et de la Vtesse née LAMOTHE-TENET.]

CONCHY (*Auguste*-Léon-Marie, Baron de), ✻ (posthume), ✠ (palme), capitaine au 120e d'Infanterie.

A trouvé glorieusement la mort au cours du combat de Bellefontaine (Belgique), le 22 août 1914, où, blessé grièvement de deux balles et continuant à commander sa compagnie, il fut atteint par un éclat d'obus qui le blessa mortellement.

Citation à l'Ordre de l'Armée (17 juin 1915) : *A conduit avec une remarquable énergie sa compagnie à l'attaque, le 22 août 1914. Grièvement blessé de deux balles, a tenu à rester au milieu de ses hommes et a conservé le commandement de sa compagnie. A été tué à son poste de commandement, donnant à sa troupe un magnifique exemple de dévouement et d'énergie. A été cité.*

[Né le 9 juin 1874. Fils du Général Bon DE CONCHY et de la Bonne née LAFONT. Marié à Mlle Germaine ROLLAND DE CHAMBAUDOIN D'ERCEVILLE, fille du Cte Maurice et de la Ctesse née D'ANISY, — dont trois enfants.]

CONDÉ (Fernand de), ingénieur-agronome, lieutenant au 279e d'Infanterie.

Tué en Lorraine, le 25 août 1914.

CONFÉVRON (François de Sales DEMONGEOT de), ✠ (posthume), ✠ (palme), ingénieur-agronome, lieutenant de réserve au 143e d'Infanterie.

Tué le 9 mars 1915.

> Citation : *Est tombé glorieusement à la tête de sa compagnie, en l'entraînant à l'assaut d'une tranchée allemande.*

[Marié à Mlle Alice CHERVAU.]

CONILH DE BEYSSAC (Jean-*Jacques*), ✠, ✠ (5 citations), lieutenant au 500e d'Artillerie d'assaut.

Tué, à la tête de sa section de tanks, le 11 juin 1918, sur le plateau de Méry. Ce vaillant était un de nos meilleurs athlètes. Originaire de Bordeaux, il était depuis 1912 « international » de footbal-rugby et avait participé à tous les grands matches d'avant-guerre.

> Citation : *Au cours du combat du..., s'est dépensé sans compter jusqu'au moment où il fut mortellement atteint.*

[Fils de M. (décédé) et de Mme née Marie EXSHAW.]

CONSOLAT (Max), *engagé volontaire* dans l'Artillerie.

Tombé sur le front italien, le 9 décembre 1917.

[Né en 1898. Fils de M. et de Mme née TIREL DE LA MARTINIÈRE.]

CONSTANS (*Pierre*-Louis), ✠ (posthume), ✠ (palme), représentant de commerce, lieutenant au 30e Chasseurs alpins.

Tué d'une balle au front, après avoir été blessé au pied dans la même attaque, le 25 septembre 1916, à Cléry-sur-Somme.

> Citation du Général FAYOLLE (24 septembre 1916) : *Au moment de l'assaut, a répondu à un camarade, qui lui montrait nos parapets balayés par les mitrailleuses ennemies : « On s'en f..., c'est pour la France. » A bondi hardiment, en entraînant sa section; blessé immédiatement, a continué la charge et est glorieusement tombé à la tête de ses chasseurs.*

[Né le 25 décembre 1880. Fils de M. Paul CONSTANS, député de l'Allier, et de Mme née HOUY. Marié à Mlle Fernande BUSSIÈRE, — dont un enfant.]

CONSTANTIN (*Henri*-Clément), ✠, sous-lieutenant au 202e d'Infanterie.

Tué à Souain, le 5 juin 1915.

[Né le 28 juillet 1895. Fils de M. et de Mme née PÉRIER D'HAUTERIVE.]

CONTAGNET (Franck de), ✠ (posthume), ✠ (palme), religieux de la Compagnie de Jésus, aumônier d'une Division (Corps d'Armée d'Orient).

> Citation : *Aumônier militaire plein d'entrain, d'un tranquille et souriant courage, n'hésitant pas à aller au milieu des troupes de première ligne pour enhardir les combattants, consoler les blessés, réconforter les mourants. A été tué, le 9 juin 1915, par un éclat d'obus, dans une position avancée des lignes françaises.*

CONTAMIN (Antoine), docteur en médecine de l'Institut Pasteur, aide-major à la 23e compagnie d'Aérostation, faisant fonction d'observateur.

Blessé mortellement à Sentheim (Alsace), le 1er juillet 1916, en accomplissant sa fonction de liaison du ballon avec la direction du tir de l'artillerie. Inhumé le lendemain à Lachapelle-sous-Rougemont (Alsace).

[Né le 10 juin 1883. Fils du Dr et de Mme CONTAMIN, née GÉRARD.]

CONTAMIN (*Henry*-François), ✠ (posthume), ✠ (palme), licencié en droit, secrétaire général de la Compagnie générale d'Eaux minérales et de Bains de mer, lieutenant d'Etat-Major, commandant la 23e compagnie du 263e d'Infanterie.
Disparu le 17 décembre 1914.

Citation à l'Ordre de l'Armée : *Chargé, le 17 décembre, d'une attaque de nuit, est parti avec un magnifique élan ; a réussi à franchir la première tranchée allemande, puis a vaillamment lutté contre une contre-attaque ennemie supérieure en nombre.*

[Né le 28 novembre 1884. Fils de M. Albert CONTAMIN, ✠, et de Mme née BOUDON.]

CONTANT (Paul), Fondé de pouvoirs à la Banque de l'Union Parisienne, sergent au 34e d'Infanterie.
Tué à Forges (Meuse), le 5 octobre 1915.

[Né le 19 novembre 1876. Fils de M. et de Mme née GROSJEAN. Marié à Mme Marguerite HAREL.]

CONTENCIN (Henri de), ✠ (posthume), ✠ (palme), capitaine au 231e d'Infanterie.
Tué le 6 septembre 1914.

Citation : *Au combat du 6 septembre, a été frappé mortellement, à 80 mètres de la ligne ennemie, au moment où il lançait sa compagnie à l'assaut, après avoir donné à tous ceux qui l'entouraient le plus bel exemple de courage et de fière audace.*

CONTES D'ESGRANGES (Henri de), sergent au 347e d'Infanterie.
Epuisé de fatigue par les premiers mois de la campagne, il voulut néanmoins continuer son service, jusqu'à ce que, tombé sans connaissance, il fut relevé et transporté à l'hôpital de Reims, où il succomba le 19 octobre 1914.

[Né le 5 mai 1891. Fils de M. Henri DE CONTES D'ESGRANGES et de Mme née Louise HUYGHE, décédée le 9 mars 1919.]

COPPINGER (*Georges*-Guillaume-Marie-Joseph), ✠ (étoile d'argent), pointeur au 286e d'Artillerie lourde.

Citation : *Pointeur très dévoué, n'a cessé de pointer sa pièce avec sang-froid, le 20 août 1918, malgré un très violent bombardement d'obus toxiques.*

[Né le 4 mars 1895. Fils de M. (décédé) et de Mme née GUILLOU.]

COQUEREAUMONT (Marie-Joseph-Raoul CAUDRON de), ✠ (posthume), ✠ (palme), sous-lieutenant au 119e d'Infanterie.
Tombé à Souchez, le 25 juin 1915.

Citation : *Officier animé d'un sentiment très élevé du devoir militaire, ayant acquis sur ses hommes un grand ascendant moral par sa remarquable attitude au feu. A été tué, le 25 juin 1915, en tête de sa section qu'il entraînait, un fusil à la main, à l'assaut d'une tranchée ennemie. A été cité.*

[Marié à Mlle POUPINEL, fille de M. (décédé) et de Mme née ADAM.]

COQUILLE DE ROMENAY (Louis-Guy), soldat au 246ᵉ d'Infanterie.

Tué à Souchez, le 25 septembre 1915.

CORBIE (Henri de), 🎖 (posthume), ✠ (palme), aspirant au 137ᵉ d'Infanterie.

Blessé deux fois, trouva la mort le 5 mai 1917.

> *Citation : A contribué, le 5 mai 1917, à la prise du blockhaus qui arrêtait la progression de son bataillon, conduisant avec héroïsme le combat de sa section. Est tombé mortellement blessé. A été cité.*

CORBIE (Pierre de), poète.......................................

CORBIER (Jean, Baron de), ✠ (étoile), diplômé des Hautes-Etudes, licencié en droit, soldat au 50ᵉ d'Infanterie.

Blessé mortellement, le 30 septembre 1914, en s'emparant, avec sa section, d'une tranchée à la bataille d'Auberive (Marne); il expira le lendemain, des suites de sa blessure.

[Né le 30 janvier 1880. Fils du Bᵒⁿ DE CORBIER, écrivain, et de la Bᵒⁿⁿᵉ née Alexandrine ROYANEZ DE TERSSAC. Marié, en 1909, à Mˡˡᵉ Marthe DE FIEUX DE MONTAUNET, fille de M. et de Mᵐᵉ née LAPEYRE, — dont deux enfants.]

CORBIN DE MANGOUX (*Roger-Marie-Gabriel*), ✱ (posthume), ✠ (2 palmes, 1 étoile), lieutenant au 40ᵉ d'Artillerie.

Tué à Damery (Marne), le 20 juillet 1918, au matin de l'attaque. Il avait été blessé déjà en 1916, aux combats de la Somme.

> *Citation : Officier modèle de bravoure et de dévouement. Est tombé glorieusement en effectuant, sous un bombardement très violent, la reconnaissance d'une position que sa batterie avait ordre de venir occuper. A été cité.*

[Né le 30 juin 1888. Fils de M. et de Mᵐᵉ Pierre CORBIN DE MANGOUX.]

CORCELLES (Louis CHEVRIER de), 🎖, ✠ (2 palmes, 1 étoile), étudiant (préparait l'Ecole des Chartres), *engagé volontaire*, aspirant au 23ᵉ d'Infanterie.

D'abord caporal au 133ᵉ de ligne, puis promu aspirant au 23ᵉ, est tombé pour la France, le 30 juillet 1916, à la tête des éclaireurs-patrouilleurs, qu'il commandait sur sa demande.

Trois citations, dont voici la dernière :

> *Citation : Jeune chef de section, plein d'entrain et de bravoure. A été tué, à la tête d'un groupe d'éclaireurs, au moment où il s'élançait à l'assaut d'une tranchée ennemie fortement occupée.*

[Né le 10 avril 1895. Fils de M. et de Mᵐᵉ DE CORCELLES, née DECROSO.]

CORDIER (Jean), ✱, ✠ (palmes), chef de bataillon, commandant le 4ᵉ Chasseurs à pied.

> *Citation : Chef de corps remarquable, d'un haut caractère, estimé et aimé de tous ses subordonnés. A commandé avec distinction, pendant huit mois, un bataillon de chasseurs à pied qui a pris une part brillante à de nombreux combats. A maintenu son bataillon pendant trois jours dans un secteur difficile, sous un bombardement violent et continu. Est tombé glorieusement, au cours d'une reconnaissance particulièrement dangereuse.*

[Marié à Mˡˡᵉ BEAUDENOM DE LAMAZE, fille du Général.]

CORDIER (*Jacques*), ✳, ✳ (6 citations), capitaine au 2e Zouaves.
Blessé trois fois, mort dans une ambulance du front, le 16 novembre 1918.

[Né en 1890. Fils du Colonel et de Mme née Corvisart (décédée). Marié à Mlle Chambige.]

CORDOËN (*Jean*-Adolphe-Pierre-Marie), ✳ (posthume), ✳ (palme), sous-lieutenant au 26e Chasseurs à pied.
Grièvement blessé à Saint-André (Marne), le 6 septembre 1914, décédé, le 16 mars 1915, des suites de ses blessures, à Paris, clinique du Sergent-Hoff.

Citation : *Officier plein de courage et d'entrain. Est tombé mortellement frappé, le 6 septembre 1914, en entraînant sa section à l'attaque des positions ennemies. A été cité.*

[Né le 3 décembre 1890. Fils de M. André Cordoën, avocat au Conseil d'État et à la Cour de cassation, et de Mme née Jeanne Marc.]

CORDOËN (*Xavier*-Raymond-André-Marie), sous-lieutenant au 31e d'Infanterie.
Décédé à Rouen, hôpital de la Compassion, le 26 août 1914, d'une maladie contractée à l'Armée.

[Né le 23 février 1892. Frère du précédent.]

CORDONNIER (*Albert*-Pierre), ✳ (Étoile de Roumanie), ingénieur, sous-lieutenant au 8e Génie T.S.F.
Mort, le 10 mai 1917, à Botosani (Roumanie), en service commandé, alors qu'il essayait un appareil de T. S. F. à bord d'un avion.

[Né le 29 mai 1892. Fils de M. A. Cordonnier, O ✳, statuaire, et de Mme née Adam, décédée.]

CORDONNIER (Jean), ✳, sous-lieutenant au 24e d'Infanterie.
Tué près de la Ferme de Godat (Marne), le 14 octobre 1914.

Citation : *Pour avoir repoussé la contre-attaque allemande et repris les tranchées de Godat (près de la ferme de ce nom), à la tête de sa compagnie.*

CORDONNIER (Louis), ✳ (posthume), ✳ (étoile), sous-lieutenant au 74e d'Infanterie.
Blessé, le 22 août 1914, aux combats de Roselies, succomba, le 12 novembre suivant, à l'hôpital de Montigny, près Charleroi, des suites de ses blessures.

Citation : *Officier d'élite, ayant fait preuve à la bataille de Charleroi d'un sang-froid et d'une bravoure hors de pair. A été très grièvement blessé en dirigeant, sous un feu intense, la progression de sa demi-section.*

[Né le 3 avril 1890. Fils de M. Charles Cordonnier et de Mme née Alice Flavigny. Marié, en 1914, à Mlle Elisabeth Lachèvre, fille de M. et de Mme née Roquigny.]

CORDOÜE (*Gonzalve*-Marie-Charles, Comte Gonzalve de), ✳ (posthume), ✳ (2 citations), sous-lieutenant au 93e d'Infanterie.
Tombé, le 29 septembre 1918, au combat de Sainte-Marie-à-Py.

Citation : *Officier mitrailleur déjà plusieurs fois cité. Est parti à l'assaut avec un entrain et un mépris absolu du danger. A été blessé très grièvement pendant la progression. Décédé des suites de ses blessures, le 30 septembre 1918. A été cité.*

[Né le 25 octobre 1883. Fils du Mis et de la M^{ise} née Marie THOMAS DES CHESNES. Marié, en 1914, à Mlle COLOMBEL, — dont trois filles.]

CORLIEU (Henri de), ✠, chef d'escadron au 30e d'Artillerie.
Tué en 1915.

[Marié à Mlle SALLOT DES NOYERS, — dont cinq enfants.]

CORLIEU (M.-A.-Jacques de), ✠ (posthume), ✠, lieutenant au 7e d'Artillerie.
Tombé, en 1914, pendant la retraite de la Marne.

Citation : *Blessé mortellement, le 29 août 1914, en assurant avec le plus bel entrain, malgré un feu violent auquel sa batterie était exposée, le service de ses pièces. A été cité.*

CORLIEU (Maurice de), ✠ (2 citations), sous-lieutenant au 106e d'Artillerie lourde.
Mort pour la France, à la suite d'intoxication de gaz asphyxiants.

[Né en 1898. Fils du Commandant et de Mme DE CORLIEU.]

CORMIER DES FOSSES (Auguste), ✠, maréchal des logis au 49e d'Artillerie.
Tué au Labyrinthe, le 8 octobre 1915.

[Né le 18 février 1883. Fils de M. et de Mme née LE GUILLOUZER.]

CORMONT (Georges de)..

CORMONT (Jacques de), lieutenant au 6e Cuirassiers.
Mort, le 25 janvier 1917, à Fismes (Marne).

CORNE (Claude-*Henri*), ✠, juge au Tribunal civil de la Seine, capitaine au 289e d'Infanterie.
Disparu à Crouy (Aisne), le 14 janvier 1915.

CORNET D'HUNVAL (Jacques), soldat au 7e Colonial.
Tué à Ville-sur-Tourbe, le 25 septembre 1915.

CORNUDET (*Jean*-Michel-Marie), ✠ (posthume), ✠ (2 étoiles), *engagé volontaire* le 15 juillet 1915, sous-lieutenant au 47e d'Artillerie de campagne.
Tué à Tahure, le 7 octobre 1918, à son poste de combat.

Dernière citation du Général PHILIPPOT : *Officier très brillant, d'un courage et d'une énergie hors ligne. Insouciant du danger, méprisant la fatigue, s'est montré, pendant les dures journées de septembre-octobre 1918, un entraîneur d'hommes et un officier de premier ordre. Tombé à son poste, le 7 octobre 1918.*

[Né le 21 juin 1897. Fils de M. Léon CORNUDET et de Mme née Cécile DE TANQUEREL DE LA PANISSAIS.]

CORNULIER-LUCINIÈRE (*Alfred*-Louis-Charles, Vicomte Alfred de), ✠, ✠, lieutenant de Fusiliers Marins.
Blessé, le 6 décembre 1914, aux combats de Dixmude, mort, le 28 suivant, à l'hôpital de Malo-les-Bains.

[Né le 12 janvier 1872. Fils du Vte et de la V^{tesse} née DU COUËDIC DE KERGOUALER (décédés). Marié à Mlle Elisabeth DE GUIGNÉ, — dont sept enfants.]

CORNY (André ETHIS de), réserviste au 46ᵉ d'Infanterie.
Disparu au combat de Montblainville (Meuse), le 18 septembre 1914.

[Né le 11 septembre 1881. Fils de M. Christian DE CORNY, avocat à la Cour de Paris, et de Mᵐᵉ née DE LA MORINIÈRE.]

CORNY (Paul ETHIS de), ✠ (posthume), ▨ (palme), garde général des Eaux et Forêts, lieutenant de réserve au 94ᵉ d'Infanterie.
Tué à l'attaque du fortin de Zillebecke (Belgique), le 16 décembre 1914.

> Citation : *Le 16 décembre 1914, a conduit, vers un fortin allemand, la colonne de droite du 94ᵉ d'infanterie et, sous un feu terrible, a réussi à atteindre le talus de ce fortin et à s'y maintenir pendant plusieurs heures, jusqu'au moment où il a été tué en cherchant encore à gagner de l'avant. A été cité.*

[Né le 2 novembre 1888. Frère du précédent.]

CORRARD (François), sous-lieutenant au 56ᵉ d'Infanterie.
Tué le 28 mai 1916.

CORVISART (Lucien-Charles-*Didier*), ✠ (posthume), ▨ (palme), sous-lieutenant au 15ᵉ Chasseurs à cheval.
Tué d'une balle à la poitrine, le 17 décembre 1914, en entraînant son peloton à l'attaque.

> Citation : *Malade au moment où son escadron partait pour les tranchées de première ligne, n'a pas hésité à marcher au feu, tenant à garder le commandement de son peloton. Blessé mortellement quelques heures plus tard, le 17 décembre 1914. A été cité.*

[Né en 1885. Fils du Général, GO ✠, ▨, et de la Bᵒⁿⁿᵉ née Marguerite BIDON DE LA PRÉVÔTERIE.]

COSMAO-DUMANOIR (Eugène-Ed.), ✠, ▨ (palme), capitaine de frégate, adjoint au commandant en second du *Bouvet*.

> Citation : *Lorsque le bâtiment a été touché par une mine, est resté au pied de l'échelle de l'avant du poste central, encourageant le personnel au calme jusqu'à ce qu'il soit englouti lui-même avec le bâtiment.*

COSNAC (Comte Daniel de), lieutenant de Cuirassiers, pilote-aviateur, commandant d'Escadrille.
Tombé glorieusement, sur le front de l'Est, le 26 février 1916.

[Né en janvier 1885. Fils du Mⁱˢ (décédé) et de la Mⁱˢᵉ née Henriette DU CHEMIN DE CHASSEVAL.]

COSNARD DES CLOSETS (Odon-Marie-Edme-*Pierre*), ⚓ (posthume), ▨ (2 citations), maréchal des logis au 14ᵉ Hussards.
Tombé à Ville-sur-Tourbe, le 10 février 1916, dans une reconnaissance périlleuse qu'il avait sollicitée.

> Citation : *Sous-officier très brave. Mort pour la France des suites de ses blessures, le 10 février 1916. A été cité.*

[Né le 26 mars 1892. Fils de M. (décédé) et de Mᵐᵉ née DE VATHAIRE.]

COSSÉ (Jean), maréchal des logis, pilote-aviateur.
Tombé le 10 juin 1916.

COSSE (Jacques), ✠ (3 citations), *engagé volontaire*, brigadier téléphoniste au 343ᵉ d'Artillerie lourde.
Mort, le 7 novembre 1918, à Prilep.

COSSÉ (Lionel), ✠.
Tué, le 1ᵉʳ juillet 1916, aux combats de la Somme.

COSSÉ (Marie-Émilien-*Marcel*), ✠ (posthume), ✠, sous-lieutenant au 35ᵉ d'Artillerie.
Mort, le 1ᵉʳ octobre 1914, des suites de blessures reçues le 8 septembre, à Fère-Champenoise.

    Citation : *Officier d'une grande valeur, d'une intelligence et d'une bravoure remarquables. Blessé mortellement au combat du 8 septembre 1914, à Lenharre, en emportant le corps de son chef de section grièvement blessé. A été cité.*

COSSÉ BRISSAC (*Paul*-Jean-Timoléon-Louis-Joseph, Comte Paul de), lieutenant au 116ᵉ d'Artillerie lourde.
Mortellement blessé par un éclat d'obus, en août 1918, près de Vic-sur-Aisne ; succomba à ses blessures, le 4 septembre suivant.

[Né le 7 août 1892. Fils du Cᵗᵉ Charles DE COSSÉ BRISSAC (décédé) et de la Cᵗᵉˢˢᵉ née Jeanne DE PÉRUSSE DES CARS.]

COSSÉ BRISSAC (*Henri*-Marie-Timoléon, Comte Henri de), ✠ (posthume), ✠ (palme), lieutenant au 73ᵉ d'Infanterie.
Blessé une première fois, puis frappé à mort d'une seconde balle, le 6 septembre 1914, à Esternay, en enlevant ses troupes dans une charge à la baïonnette.

    Citation : *Officier d'une haute valeur morale, modèle d'entrain et de courage. Tué le 6 septembre 1914, à la tête de sa section, en se portant à l'assaut des positions ennemies. Croix de guerre avec palme.*

[Né en 1885. Fils du Cᵗᵉ Henri DE COSSÉ BRISSAC et de la Cᵗᵉˢˢᵉ née Laurence DE MANDAT-GRANCEY.]

COSSETTE (Comte Stéphane de), ✠ (étoile), *engagé volontaire*.
Décédé, le 29 octobre 1918, des suites d'une maladie contractée aux Armées.

    Citation : *Venu comme volontaire, à deux reprises, du 12 au 25 juin et du 11 au 22 juillet 1916, au poste de secours d'un village soumis à des bombardements fréquents et meurtriers, a fait preuve de belles qualités de courage et de dévouement, n'hésitant pas à exposer sa vie pour aider à assurer le plus rapidement possible la relève, le pansement et l'évacuation des blessés.*

[Né le 29 juin 1884. Fils du Vᵗᵉ et de la Vᵗᵉˢˢᵉ née DE L'ÉPINE.]

COSSON (*Roger*-Édouard-André), ✠ (posthume), ✠ (palme), secrétaire d'Ambassade, lieutenant au 44ᵉ d'Infanterie.
Tué d'une balle au cœur, le 13 janvier 1915, en se portant à l'assaut d'une tranchée ennemie, près de Soissons.

    Citation : *A été tué à la tête de sa section, qu'il a entraînée jusque sur la position ennemie, au nord de Soissons.*

[Né à Paris le 3 mars 1879. Fils de M. et de Mᵐᵉ née Laurence CHEVILLARD.]

COSTA DE SAINT-GENIX DE BEAUREGARD (*Stanislas-*Victor-Marie-Catherine, Comte Stanislas), O ✠, ✠ (étoile), ✠ (Sainte-Anne de Russie), ✠ (Christ du Portugal), adjoint de la commune de Saint-Léger-sous-Beuvray (Saône-et-Loire), chef d'escadrons de Cavalerie en retraite; a repris du service à la déclaration de guerre.

A rejoint à Blamont, le 15 août 1914, l'Etat-Major du 8ᵉ Corps d'Armée, avec lequel il a pris part aux batailles de Sarrebourg et de la Mortagne, et, au commencement des opérations dans la région de Lérouville. Malade, il fut évacué par ordre supérieur. Depuis, il commanda les dépôts des 5ᵉ et 15ᵉ Chasseurs à Poitiers et à Alençon. — Renvoyé au front en décembre 1916, il commanda les trains régimentaires de la 58ᵉ Division d'Infanterie jusqu'au mois de mars 1918. Atteint par les gaz de l'ennemi, il succomba aux suites de cette maladie, le 12 août 1918.

Citation : *Dégagé de toute obligation militaire, a repris du service à 57 ans. Par deux fois, à Sarrebourg et à Moyeux (août 1914), a rendu les plus précieux services en faisant dégager pendant la nuit, sous un violent bombardement, la route de retraite encombrée de convois, et permettant ainsi aux troupes du 8ᵉ Corps de s'écouler au lever du jour. Le 14 août 1917, comme commandant des T. R., ayant appris que le ravitaillement d'un régiment de la Division aux tranchées avait des difficultés pour traverser un terrain battu, est allé de son propre mouvement reconnaître un chemin moins en vue ; a été pris, à l'aller et au retour, sous un violent feu d'artillerie dirigé sur nos batteries, et a été atteint sans gravité d'un éclat d'obus arrivé sur lui par ricochet.*

[Né à la Ravoire (Savoie) le 24 juillet 1857. Fils du Cᵗᵉ Bérold COSTA DE BEAUREGARD et de la Cᵗᵉˢˢᵉ née DE LAGOUTTE (décédés). Marié, en 1883, à Mˡˡᵉ Christine DE NARCILLAC, fille du Vᵗᵉ et de la Vᵗᵉˢˢᵉ née TERRAY DE VINDÉ (décédés), — dont trois enfants.]

COSTA DE SAINT-GENIX DE BEAUREGARD (*Carl*-Marie-Barthélemy, Comte Carl)..

[Né le 8 juin 1867. Fils du Cᵗᵉ Victor COSTA DE BEAUREGARD et de la Cᵗᵉˢˢᵉ née DE LA GOUTTE DE MONTAUGEY (décédés). Marié, en 1895, à Mˡˡᵉ Jeanne AUBRY-VITET, — dont deux enfants.]

COSTANTIN (René), soldat au 45ᵉ d'Infanterie.
Tué à Mametz, le 18 décembre 1914.

[Fils du Membre de l'Académie des Sciences.]

COSTEBONEL (Paul-Léon) ✠, ✠ (palme), colonel, commandant la 43ᵉ Brigade.
Mort de ses blessures, le 6 octobre 1914.

Citation : *Blessé très grièvement au combat du 5 octobre, s'est tout particulièrement distingué, dans un moment critique, par sa bravoure, son énergie, son calme et son coup d'œil. A maintenu, par son action personnelle, sa brigade au feu, sous une canonnade intense. A donné à tous l'exemple des plus hautes vertus militaires. Est mort à l'ambulance, le 6 octobre.*

COT (Jean), ✠, ✠ (palme), chef de bataillon au 4ᵉ Tirailleurs.
Tué en 1914.

Citation : *Blessé trois fois, n'a pas un instant quitté le commandement qu'il exerce de la façon la plus brillante.*

COTTIN DE MELVILLE (Pierre), ✠ (posthume), ✠ (palme), *engagé volontaire,* sous-lieutenant au 134e d'Infanterie.

Blessé à Verdun en 1916, a trouvé la mort glorieuse, le 18 février 1918.

> Citation : *Jeune officier plein de bravoure et d'allant. Violemment attaqué, s'est vigoureusement défendu et a fait des prisonniers avant d'être débordé par le nombre de ses adversaires. Délivré ensuite, a de nouveau pris part au combat, et n'a cessé, malgré sa fatigue et un commencement d'intoxication, de soutenir et de diriger ses hommes jusqu'au moment où il a été mortellement blessé à son poste de combat.*

[Né en 1896. Fils du Lieutenant-Colonel, O ✠, et de Mme née ROÜILLARD DE KERIVILY.]

COTTINEAU (Raymond), littérateur.

Connu, dans le monde littéraire, sous son pseudonyme *Jean L'Hiver*. Tombé glorieusement sur les bords de l'Yser, en 1914.

COUBÉ DE GAUTRAND (Félix), *engagé volontaire.*

Tombé le premier jour de son arrivée au front.

COUBERTIN, née MACHIELS (Baronne FRÉDY de), ✠ (Médaille des Epidémies), infirmière.

Victime du bombardement de l'église Saint-Gervais, le Vendredi-Saint, 29 mars 1918.

COUBERTIN (Guy FRÉDY de), ✠ (étoile), *engagé volontaire,* sous-lieutenant au 1er Dragons.

Blessé grièvement, le 14 novembre 1914, devant Pilken (Belgique). Transporté à Mols-les-Bains, où il est mort le 16 novembre.

> Citation : *Le 1er novembre 1914, est allé seul à la ferme d'Eikoff, après la mort de deux officiers tués en essayant d'y arriver, rechercher son général de brigade blessé. Nommé sous-lieutenant pour sa bravoure et sa belle conduite au feu. Mortellement blessé, le 14 novembre 1914, dans sa tranchée devant Pilken.*

[Né le 18 février 1892. Fils du Bon et de la Bonne DE COUBERTIN, qui précède.]

COUCY (Marie-*Paul* de), ✠, ✠ (3 citations), capitaine au 210e d'Artillerie.

Tombé, le 16 juillet 1917, à 42 ans.

COUDENHOVE (Louis-Léon-Henri-*Roger* de), canonnier au 17e d'Artillerie.

Mort des suites de maladie contractée aux Armées, le 7 octobre 1915, à Sacy (Marne).

[Né le 6 avril 1891. Fils de M. et de Mme née Thérèse DE GUILLEBON.]

COUDENHOVE (Gaëtan-*Adrien* de), soldat au 2e mixte de Zouaves et Tirailleurs.

Tué, le 5 août 1916, à la ferme de Monacu (Somme).

[Né le 14 juin 1897. Frère du précédent.]

COUDRAY-JOLLIVET (Yves du), brigadier au 12e d'Artillerie.

Tué à Vaux (Verdun), le 12 mars 1916.

COUÉ DE LA TREMBLAYE (*Yves*-Henri-Paul-Marie), ✳, ✠ (3 citations), sous-lieutenant au 35ᵉ d'Infanterie.

Blessé cinq fois, n'a succombé, le 20 mai 1918, qu'après avoir tué de sa main quatre Allemands.

> Citation : *Jeune officier de la plus haute valeur morale. Parti volontairement à l'assaut, alors qu'il était placé en réserve de commandement, a donné le plus bel exemple de l'esprit de sacrifice librement et noblement consenti. Est tombé dans une lutte corps à corps, qu'il a soutenue jusqu'à la limite des forces humaines, après avoir atteint l'objectif qui lui avait été assigné.*

COUËDIC DE KERGOUALER (*André*-Emmanuel-Marie-Joseph, Comte André du), du 500ᵉ d'Artillerie d'assaut.

Mort, à l'hôpital de Nancy, en mai 1919, des suites d'une maladie contractée aux Armées.

[Né le 1ᵉʳ janvier 1893. Fils du Cᵗᵉ et de la Cᵗᵉˢˢᵉ née RICHARD DE VILLIERS.]

COUËDIC DE KERGOUALER (Pierre - Paul - Albert - *Raoul* du), ✳ (posthume), ✠ (palme), capitaine au 95ᵉ d'Infanterie.

Tué glorieusement à Sarrebourg, le 20 août 1914.

> Citation : *... Chargé, le 20 août 1914, de couvrir le repli de son bataillon, a réussi, grâce à son énergie, à maintenir ses hommes en position ; a été blessé mortellement. A été cité.*

[Né le 19 février 1872. Fils du Vᵗᵉ et de la Vᵗᵉˢˢᵉ née Cᵗᵉˢˢᵉ Mathilde DE WESDEHLN (décédés). Marié, en 1908, à Mˡˡᵉ Evelyn DE ROBILLARD-COSNAC, — dont deux enfants.]

COUËSPEL DU MESNIL (Georges), ✳ (posthume), ✠ (palme et étoile), sous-lieutenant au 158ᵉ d'Infanterie.

Sous-lieutenant au 3ᵉ Dragons, passa, sur sa demande, dans l'Infanterie. Blessé mortellement après un combat où il venait d'enlever, à la tête de sa compagnie, une position ennemie à Notre-Dame-de-Lorette ; il succomba, le 20 juin 1915, dans la tranchée qu'il faisait établir sous un bombardement des plus violents.

> Citation du Général D'URBAL (27 août 1915) : *Venu, sur sa demande, de la cavalerie dans l'infanterie, a montré en toutes circonstances le plus beau calme dans les combats auxquels il a assisté ; a été mortellement frappé, le 19 juin, en allant encourager ses hommes soumis à un bombardement des plus violents.*

[Né le 23 avril 1889. Fils de M. et de Mᵐᵉ née Geneviève DES NOUHES DE ROBINEAU.]

COUËSSIN (Hyacinthe de), ✳ (posthume), ✠ (palme), capitaine au 113ᵉ territorial d'Infanterie.

Mort, le 4 octobre 1916, dans les circonstances que relate la citation suivante, à l'Ordre de l'Armée :

> *Passager à bord du Gallia. Lors du torpillage du bâtiment, s'est uniquement préoccupé du salut de ses hommes. Mort héroïquement en se dévouant pour l'assurer.*

COUËT (Bernard de), ✠, sous-lieutenant d'Artillerie d'assaut.

Tombé, le 20 juillet 1918, à 22 ans.

COULOMB (Henri FAVIER de), ✳ (posthume), ✠, Saint-Cyrien de la promotion de la Grande-Revanche, lieutenant au 63e Chasseurs alpins.

Blessé et disparu à Maurepas, le 27 août 1916, à 20 ans.

Citation : *Jeune officier plein d'ardeur et de bravoure. Commandant un peloton de mitrailleuses, a brillamment pris part à l'attaque du 27 août 1916. Est glorieusement tombé à quelques mètres des tranchées ennemies, qu'il s'apprêtait à prendre d'enfilade avec ses pièces.*

COULON (Jean-Louis), ✸ (posthume), ✠ (palme), lieutenant au 4e d'Artillerie lourde.

Citation : *Très brillante conduite sous des feux violents d'artillerie. Tué à l'ennemi le 8 septembre 1914.*

COUP (Étienne-Victor-Alex.-Marie), ✸ (posthume), ✠ (palme), chef de bataillon au 7e Colonial.

Citation : *Tombé glorieusement, le 28 août 1914, en contre-attaquant l'ennemi à la tête de son bataillon.*

COUPIGNY (*Maurice*-Marie QUENTIN de), ⊛ (posthume), ✠ (étoile), inspecteur d'Assurances, matelot de la Brigade des Fusiliers Marins.

Tué d'une balle à la tête, à Dixmude, à son poste d'observation, le 9 novembre 1914.

Citation : *Soldat discipliné et courageux ; s'est particulièrement distingué par sa bravoure, au combat de Beerst, le 19 octobre 1914. Mort pour la France, à Dixmude, le 9 novembre 1914.*

[Né le 29 juillet 1887. Fils de M. et de Mme née LE GOHIER DE PRÉCAIRE. Marié à Mlle Marguerite ACHARD DE LA VENTE, fille de M. et de Mme née LE FORESTIER DE VENDEUVRE, — dont un enfant.]

COUPIGNY (*André*-Marie QUENTIN de), ⊛, ✠ (palme), agriculteur, soldat mitrailleur au 313e d'Infanterie.

Blessé grièvement, le 30 décembre 1915, par éclats d'obus au genou et à la hanche, succomba, après avoir été amputé de la cuisse gauche, le 4 janvier 1916, à l'ambulance des Islettes. Ses dernières paroles exprimèrent sa conviction de la victoire finale.

Citation (Médaille militaire) : *Très bon soldat, toujours prêt à marcher comme volontaire en toutes circonstances. Blessé grièvement, a dû subir l'amputation de la cuisse gauche.*

[Né le 19 août 1890. Frère du précédent. Marié à Mlle Nathalie FAISANT DE CHAMPCHESNEL, fille de M. et de Mme née DUTERTRE, — dont un enfant.]

COUPILLAUD (Max), ⊛ (posthume), ✠ (3 palmes, 3 étoiles), étudiant, *engagé volontaire* au 82e d'Artillerie lourde, adjudant pilote-aviateur à l'Escadrille Spa 57.

Disparu, le 11 août 1918, au nord-ouest de Chaulnes, où il commandait une reconnaissance.

Sixième citation : *Pilote remarquable par son courage et son énergie. Le 9 août 1918, a abattu un appareil ennemi, portant à 5 le nombre de ses victoires. Le 11 août, au cours d'un combat, est tombé dans les lignes ennemies. Cinq citations.*

[Né le 8 mai 1898. Fils de M. et de Mme née Marthe BRUNOT.]

COUPRIE (*Claude*-Ennemond-Jean-Joseph-Marie), ✳ (étoile), avocat à la Cour de Paris, sous-officier au 252e d'Infanterie.

Tué à l'ennemi, le 28 novembre 1914, à Saint-Boussand (Meurthe-et-Moselle), alors qu'il s'assurait qu'aucune attaque ne menaçait sa section ; a été inhumé dans le cimetière de Mandres-aux-quatre-Tours.

[Né le 21 mai 1879. Fils de M. Rambert COUPRIE, ✳, ancien bâtonnier, et de Mme née Fleury FAVRE.]

COURBET DE CHAMPROUGE (René), sergent au 106e d'Infanterie.

Tué aux Éparges, le 20 février 1915.

COURBIÈRES (André de BOHET de), ✳ (posthume), ✶, sous-lieutenant au 26e d'Infanterie.

Tué à Neuville-Saint-Vaast, le 9 mai 1915.

Citation : *A enlevé vigoureusement son unité en s'élançant à l'attaque d'une position hérissée de mitrailleuses, et est tombé le 9 mai 1915, glorieusement, en donnant à tous un bel exemple de courage, d'énergie et de mépris du danger. A été cité.*

COURBON (Adolphe de), ✳ (posthume), ✶, lieutenant au 17e d'Artillerie.

Citation : *Observateur dans les tranchées, a dirigé avec beaucoup de sang-froid et d'habileté les tirs de sa batterie, et lui a permis d'obtenir d'excellents résultats. Blessé mortellement à son poste d'observation, le 27 avril 1915, devant les Eparges. A été cité.*

COURCY (*Emmanuel*-Marie-Philippe, Vicomte Emmanuel ROUSSEL de), ✳, ✶ (palme et étoile), capitaine au 30e Dragons.

Tombé glorieusement à Suippes, en Champagne, le 29 septembre 1915.

Citation : *Le 29 septembre 1915, accompagnant le commandant des escadrons à pied dont il était l'adjoint, a manifesté un courage et un sang-froid admirables au milieu d'un violent bombardement. A été tué par un éclat d'obus en faisant vaillamment son devoir.*

[Né le 19 décembre 1868. Fils du Vte Max DE COURCY (décédé) et de la Vtesse née TERRAY.]

COURCY (*Alfred*-Auguste-Henri-Marie, Vicomte Alfred POTIER de), ✳ (posthume), ✶ (palme), aspirant de Marine.

Reçu à l'Ecole Navale en octobre 1914, embarqué sur le *Saint-Louis* au début de la guerre, passa, sur sa demande, sur le *Bouvet* en janvier 1915. Fut une des glorieuses victimes de la bataille des Dardanelles. Le *Bouvet* fut tout entier cité à l'Ordre du jour de l'Armée pour son héroïque conduite le 18 mars 1915, et Alfred DE COURCY fut personnellement cité à l'Ordre de l'Armée avec ce motif :

A pris une part active au combat du 18 mars. A trouvé une mort glorieuse à son poste, dans sa tourelle, lorsque le Bouvet, touché par une mine, a chaviré.

[Né le 16 février 1894. Fils du Vte Jean POTIER DE COURCY, colonel d'infanterie breveté, et de la Vtesse née SLANY D'HARCOURT.]

COURDIER DE BREYNE (Jules), ✠, ✠, chef de bataillon au 59e d'Infanterie.

Tué à l'ennemi, en Artois, le 11 mai 1915.

> Citation : *Officier du devoir, très énergique, d'une ténacité et d'une endurance à toute épreuve. A entraîné son bataillon avec beaucoup d'énergie, à l'attaque de Perthes, le 21 décembre 1914. Engagé de nouveau à Roclincourt, fut mortellement blessé, le 11 mai 1916, au moment où son bataillon allait partir à l'attaque.*

[Né le 16 janvier 1866. Fils de M. et de Mme née CLARÈNE. Marié à Mlle DE BREYNE.]

COURNON (*Raoul*-André-Marie-Joseph, Comte Raoul REMY de), propriétaire-éleveur, maréchal des logis au 5e d'Artillerie à pied.

Mort, le 16 juin 1915, au château du Ham (annexe de l'ambulance de Gondrecourt), des suites d'une affection contractée au premier bombardement de Verdun (lésion du cœur).

[Né le 21 juin 1875. Fils de M. Henri REMY DE COURNON et de Mme née Marthe AUBOURG DE BOURY. Marié à Mlle Geneviève SCELLE-HÉBERT, fille de M. Albert SCELLE-HÉBERT et de Mme née Nelly MARCHAIS-LADRANGE, — dont quatre enfants.]

COURRÈGES D'AGNOS (Roger - Marie - Joseph - Henri de), ✠ (posthume), ✠ (palme), capitaine au 101e d'Artillerie lourde.

> Citation : *Officier du plus noble esprit militaire qui, dans tous les postes qu'il a occupés, a toujours donné avec simplicité le témoignage de sa nature droite et de son cœur élevé. Commandant de batterie admirablement dévoué à ses fonctions. Brave jusqu'à la témérité. Tombé sous les balles allemandes le 4 novembre 1918, alors que, méprisant le danger, il reconnaissait, en avant des lignes d'infanterie, des objectifs pour le tir de ses canons.*

COURS (Marie-Paul-Alfred de), ✠ (3 étoiles), Saint-Cyrien (promotion de la Grande-Revanche), lieutenant au 83e d'Infanterie.

Mortellement blessé à l'assaut du Cornillet, le 17 avril 1917, il succomba, quelques heures après, à l'ambulance de Bouy.

[Né le 25 février 1893. Fils du Vte DE COURS et de la Vtesse née DE BRIGNAC.]

COURSANGE, ✠, ✠ (palme), lieutenant-colonel, commandant le 212e d'Infanterie.

> Citation : *Blessé mortellement, le 6 septembre 1914, en parcourant la ligne de feu de son régiment pour encourager ses hommes.*

COURSEULLES (Ferdinand de), du 46e d'Infanterie.

Fait prisonnier, est décédé en captivité des suites de blessures reçues dans un camp de représailles.

[Né en 1893. Fils du Vte (décédé) et de la Vtesse née Antoinette DE CUSSY.]

COURSON (*Robert*-Marie-Félix, Comte Robert du BUISSON de), ✠ (posthume), ✠ (palme), Saint-Cyrien, capitaine au 308e d'Infanterie.

Tué, le 7 novembre 1917, à la prise d'Ablaincourt (Somme), commandant une compagnie de mitrailleuses.

> Citation : *Officier dont le courage et le dévouement égalaient la modestie. S'est porté bravement en avant de sa compagnie de mitrailleuses, pour chercher des emplacements durant l'attaque d'un*

village; méprisant le danger, a été frappé à bout portant d'une balle au front. A été cité.

[Né le 3 août 1880. Fils du Cte et de la Ctesse née D'ORSANNE DE THIZAY. Marié à Mlle Germaine LHUILIER, fille de M. et de Mme née BOURIAT, — dont deux enfants.]

COURSON DE LA VILLENEUVE (Vicomte Jean de), � (posthume), ✠ (palme), chef de bataillon au 77ᵉ d'Infanterie.

Tué le 6 septembre 1914.

Citation : *Tué glorieusement à la tête de sa troupe, qu'il a bravement entraînée dans toutes les affaires auxquelles le régiment a a pris part (Lannois, Coisard, Faux, Prosnes). A été cité.*

COURSON DE LA VILLENEUVE (Robert-Armand-Marie, Vicomte Robert de), ✳ (posthume), ✠ (palme), ✳ (Aigle blanc de Serbie), lieutenant au 82ᵉ d'Infanterie.

A été tué, le 6 septembre 1914, à Esnes-sur-Argonne (Meuse) — première bataille de la Marne, — en dirigeant le tir de ses mitrailleuses.

Citation : *Commandant une section de mitrailleuses, s'est fait remarquer, dès le début de la campagne, par son initiative, son entrain et sa bravoure, en particulier le 22 août 1914, où il a appuyé très efficacement l'attaque d'un village. Tué le 6 septembre au moment où, debout, il reconnaissait la position ennemie.*

[Né le 29 mai 1878. Fils du Général Cte DE COURSON et de la Ctesse née DUTFOY. Marié à Mlle PESLIN, — dont quatre enfants.]

COURSON DE LA VILLENEUVE (Bertrand de), ✳, ✠, ✳ (Couronne de Roumanie), lieutenant d'Artillerie, aviateur.

Tué à Beyrouth, le 20 avril 1920, en rentrant de mission de guerre.

[Né en 1892. Frère du précédent.]

COURSON DE LA VILLENEUVE (Alain-Marie-Geoffroy de), ✳ (posthume), ✠ (palme), Saint-Cyrien, sous-lieutenant au 67ᵉ d'Infanterie.

Tué aux Éparges, le 20 février 1915.

[Né le 22 novembre 1893. Frère des précédents.]

COURSON DE LA VILLENEUVE (Georges-Félix-Marie-Robert de), ✳ (posthume), ✠ (palme), capitaine au 27ᵉ Dragons.

Citation : *Faisant fonctions de chef d'escadrons, et lancé avec son demi-régiment, le 28 septembre 1914, à l'attaque de Courcelles-le-Comte, a fait preuve en cette journée des plus belles qualités militaires. Est tombé grièvement blessé de quatre balles de mitrailleuses, tandis qu'il entraînait vers le village la ligne de tirailleurs.*

COURSON DE LA VILLENEUVE (Yves-Henri-Marie-Robert de), lieutenant au 67ᵉ d'Infanterie.

Tué aux Éparges, le 7 avril 1915.

[Né le 19 décembre 1893. Fils de M. et de Mme née PERRAUD DE CAIRE.]

COURSON DE LA VILLENEUVE (François de), *engagé volontaire.*

Mort à l'hôpital militaire de Versailles.

[Frère du précédent.]

COURT DE PAYEN (Emmanuel)............................

COURTÈS (Yves), ✠, ▓ (7 citations), lieutenant au 16e Chasseurs à cheval.

Blessé en 1915 et en 1917, a trouvé la mort, le 13 février 1918, au cours d'une attaque, en tête de ses hommes.

    Citation (Légion d'honneur) : *Officier d'élite ayant une haute conception du devoir. A fait preuve, dans la conduite de plusieurs coups de main heureux, des plus belles qualités de sang-froid, d'audace et d'énergie. A été blessé pour la deuxième fois, le 14 novembre 1917, en observant à découvert les positions ennemies pour la préparation d'un raid.*

[Fils unique du Général Mis COURTÈS, C ✠, ▓, et de la Mise née DU BOIS.]

COURTET DE L'ISLE (Paul-*René*), ▓ (posthume), ▓, caporal au 7e Génie, pilote-aviateur.

    Citation : *Le 25 août 1915, au retour d'une expédition de bombardement à très longue distance, a engagé vaillamment un combat aérien, au cours duquel il a dû, dans des conditions particulièrement difficiles, atterrir en territoire ennemi et s'est tué. A été cité.*

COURTENAY (Justin-Robert de), ▓ (posthume), ▓, soldat au 369e d'Infanterie.

    Citation : *S'est porté avec un entrain admirable, à l'assaut des lignes ennemies, pendant les attaques des 31 mars et 4 avril 1918. A été tué à son poste de combat. A été cité.*

COURTHIAL (*Pierre*-Auguste), ▓, industriel, *engagé volontaire* (réformé avant la guerre), soldat au 46e d'Infanterie.

Blessé à la Marne ; mort des suites de ses blessures et de maladie contractée dans les tranchées, le 13 septembre 1918.

[Né le 27 août 1887. Fils de M. S.-B. COURTHIAL et de Mme née BÉCHARD.]

COURTIS DE LA GROYE (Philippe LE FRANÇOIS dès), ✠ (posthume), ▓, *engagé volontaire*, sous-lieutenant au 41e d'Artillerie à pied.

    Citation : *Le 25 août 1918, a fait preuve des plus belles qualités morales et militaires, en dirigeant avec un sang-froid merveilleux le tir de ses pièces, alors que celles-ci étaient prises sous un violent bombardement. A été tué au cours de ce tir.*

[Fils du Mis et de la Mise née Isabelle D'ASSAILLY.]

COURTIVRON (*Léon*-Charles-Auguste-Marie, Comte Léon LE COMPASSEUR CREQUY-MONTFORT de), ▓ (posthume), ▓, soldat au 13e d'Infanterie.

Mort, le 25 février 1915, ayant eu les deux jambes brisées à la suite d'un accident en service commandé.

    Citation : *Bon soldat, courageux et brave. A été mortellement blessé à son poste de combat. Mort des suites de ses blessures, le 25 février 1915. A été cité.*

COURTOIS (Hippolyte), ✠, ▓, capitaine instructeur à Saumur.

Tué en septembre 1914.

[Marié à Mlle LEBEY.]

COURTOIS DE MALEVILLE (Roger), ✳ (posthume), ✳, capitaine aviateur.

Tué en combat aérien, le 5 janvier 1916, au-dessus de Saint-Jean-sur-Tourbe, en Champagne.

> Citation : *Officier d'élite, travailleur, très sportif, plein d'entrain. Toujours prêt à marcher, s'est distingué comme officier d'état-major, en exécutant des missions périlleuses au cours des dernières attaques. A trouvé une mort glorieuse dans un combat aérien pendant une reconnaissance au-dessus des lignes ennemies. A été cité.*

[Marié à Mlle Antoinette DE LA VILLESTREUX.]

COURVILLE, née Renée de BRAUËR (Vicomtesse Xavier BERNARD de).

Victime du bombardement de l'église Saint-Gervais, le Vendredi-Saint, 29 mars 1918.

[Fille du Colonel et de la Ctesse DE BRAUËR, née BOULAND. Marié au Vte Xavier DE COURVILLE, fils du Cte et de la Ctesse née RONDEL.]

COURVILLE (*Joseph*-Louis-Marie BERNARD de), ✳ (posthume), ✳, sous-lieutenant au 2e Dragons.

> Citation : *Officier d'un courage et d'une audace rares. Blessé au début de l'affaire du 2 novembre 1914, a conservé le commandement de sa troupe et a été grièvement blessé en fin de journée.*

[Fils de M. (décédé) et de Mme née VATAR.]

COUSIN (Camille), C ✳, Général commandant la 165e Brigade (1914-1917).

Engagé volontaire mineur en 1870, est mort dans l'exercice de son commandement, à Paris, le 16 avril 1917.

[Né le 22 mai 1852. Fils de M. Édouard Cousin et de Mme née D'ALBERT DE ROQUE-VAUX. Marié à Mlle Berthe RENAUD, fille du Premier président à la Cour des Comptes, et de Mme née DAVID DE SANSON, — dont un fils : Jacques, ✳, ✳.]

COUSTIS DE LA RIVIÈRE (*Gaëtan*-Marie-Napoléon), ✳ (posthume), ✳ (palme), sous-lieutenant au 116e d'infanterie.

Tué d'un éclat d'obus, dans sa tranchée, le 29 septembre 1917.

> Citation : *Officier d'une haute valeur morale, ayant acquis sur ses hommes un grand ascendant par son entrain et sa grande vaillance en toutes les situations difficiles. Glorieusement tombé, au moment où il groupait ses hommes pour parer à une menace d'attaque. A été cité.*

[Né en 1894. Fils du Général (décédé en 1917) et de Mme née Madeleine DARU.]

COUTANCE (Alfred BARD de), sergent.

Mort, le 11 décembre 1914, des suites de blessures reçues le 1er du même mois au combat de Vermelles.

COUTARD (Marie-Eugène-*Ludovic* FRÉNAIS, Comte de), ✳, ✳ (1 palme, 2 étoiles), chef d'escadrons au 8e Hussards, adjoint au Lieutenant-Colonel commandant le 32e d'Infanterie.

Tué, le 27 mars 1917, dans les circonstances que relate la citation qui suit, signée par le Général HUMBERT :

> *Officier de cavalerie, ayant servi d'abord dans le service d'état-*

major, puis affecté sur sa demande à un régiment d'infanterie, où il a rendu les plus grands services tant à l'instruction des cadres qu'en opérations. Homme de devoir, qui a toujours fait preuve d'une bravoure calme et réfléchie. Tué, le 27 mars 1917, au poste de commandement, où il assurait, sous un bombardement violent, l'exécution des ordres du chef de corps.

[Né le 20 juillet 1865. Fils du Cie et de la C^iesse née DE LA RUE (décédés). Marié à Mlle C. MILLOT, fille de M. et de Mme née BRUANT (décédés), — dont trois enfants.]

COUTARD (Marie-Joseph-*Henry* FRÉNAIS, Vicomte de), O✳,

✳ (3 palmes), ✳ (Chevalier du Bain), ✳ (Karageorgevitch), ✳ (Médaille Coloniale et du Maroc), colonel commandant une Infanterie Divisionnaire.

Mortellement blessé à la défense du Mont Kemmel, le 29 avril 1918, est mort des suites de ses blessures à l'hôpital de Rennes, le 6 mai 1918.

> Citation du Général DE MITRY (10 mai 1918) : *Officier supérieur de sentiments élevés, d'une conscience scrupuleuse et d'une haute valeur morale et professionnelle. A remarquablement commandé l'infanterie divisionnaire sur l'Aisne et devant Verdun. Blessé grièvement en plein combat, au moment où ses régiments repoussaient une furieuse attaque ennemie, a conservé son commandement toute la journée dans un poste de commandement bombardé et non protégé, et a refusé de se laisser évacuer avant d'avoir donné les ordres nécessaires pour briser l'effort de l'ennemi. Mort des suites de ses blessures.*

[Né le 24 mai 1868. Frère du précédent. Marié à Mlle Gabrielle DULAU, fille de M. et de Mme née SÉNAC-LAGRANGE, — dont un fils : François.]

COUTARD (Henri-Charles), sergent au 228e d'Infanterie.

Tué, le 22 novembre 1914, aux tranchées de Sapigneul, près Berry-au-Bac.

[Né le 20 janvier 1882. Fils de M. Charles COUTARD (décédé) et de Mme née TENAILLE. Marié à Mlle Lucy GUÉRIN–CATELAIN, fille de M. et de Mme née WHITE, — dont deux enfants.]

COUTAUD-DELPECH (E.), avocat à la Cour de Paris...........

COUTOT (André), maréchal des logis au 18e d'Artillerie.

Tué à Cuperly (Marne), le 29 octobre 1915.

[Né en 1894. Fils de M. et de Mme née MERCIER.]

COUTOULY (Pierre de), statuaire.

Tué le 10 décembre 1914.

[Fils de M. Gustave DE COUTOULY, ministre plénipotentiaire (décédé).]

COUTURE (Georges), avocat à la Cour de Paris, sous-lieutenant.

Tombé au champ d'honneur, à 24 ans.

COUVRAT DES VERGNES (L.-F.), ✳, ✳ (palme), chef d'escadron de réserve au 52e d'Artillerie.

> Citation : *Au combat du 28 août 1914, a fait preuve du sentiment le plus élevé du devoir et du mépris complet de la mort, en même temps que d'un admirable dévouement, en se maintenant jusqu'à la dernière extrémité sur la position sous un feu violent de mitrailleuses et d'obusiers, pour couvrir le repli des éléments d'une division. A été mortellement frappé à son poste de commandement.*

COUVREUR (Louis), sous-lieutenant au 334ᵉ d'Infanterie.
Tué à l'ennemi, le 22 août 1914, dans la vallée de la Bruche.

[Né le 10 février 1887. Fils de M. et de Mᵐᵉ née SCHNEIDER.]

COUY (Alexandre-Henri), ✳, lieutenant de vaisseau.
Englouti avec le cuirassé *Danton*, le 19 mars 1917.

COYREAU DES LOGES (Guy), ⚙ (posthume), ✵, *engagé volontaire* au 125ᵉ d'Infanterie.
Tué, le 11 mai 1915, près de Mazingarbe (Pas-de-Calais), où il a été inhumé.

> Citation : *S'est porté à l'assaut des tranchées ennemies, avec le plus grand sang-froid et la plus grande insouciance du danger. Tombé mortellement frappé en arrivant à la ligne allemande.*

[Fils de M. et de Mᵐᵉ née Isabelle D'ORFOND.]

COYREAU DES LOGES (Jean), *engagé volontaire* au 125ᵉ d'Infanterie.
Tué le 10 novembre 1914.

[Fils de M. et de Mᵐᵉ née DU MOUSTIER.]

COZON (Scipion), ✵, sous-lieutenant au 134ᵉ d'Infanterie.
Tué en octobre 1914.

CRABBE (Emmanuel), ✵, commandant.
Tué le 1ᵉʳ novembre 1915.

[Marié à Mˡˡᵉ D'HUART.]

CRABOS (Pierre-Thomas-*Gilbert*) [en littérature : PIERRE GILBERT], ✳ (posthume), ✵, rédacteur en chef de la *Revue Critique*, lieutenant de réserve au 107ᵉ d'Infanterie.
Mort au combat de Chatel-Raould (Marne), le 8 septembre 1914.

> Citation : *A été tué, le 8 septembre 1914, alors que, chef de la section d'avant-garde de sa compagnie, il marchait en tête pour reconnaître le terrain. Le 31 août 1914, aux Alleux, il avait fait l'admiration de sa compagnie par sa belle conduite au feu et son mépris du danger. A été cité.*

[Fils de M. CRABOS et de Mᵐᵉ née THOMAS. Marié à Mˡˡᵉ Valia BERNARD DE COURVILLE, fille du Cᵗᵉ Maurice BERNARD DE COURVILLE, O ✳, et de la Cᵗᵉˢˢᵉ née RONDEL, — dont une fille.]

CRAVE (Georges), ✳ (posthume), ✵ (palme), rédacteur au *Matin*, sous-lieutenant au 22ᵉ Colonial.
Tué au fortin de Beauséjour, le 24 février 1915.

> Citation : *Au combat des 23-24 février, est tombé glorieusement en tête de sa section, en la portant d'un élan, pendant la nuit, à l'assaut d'une portion de tranchée occupée par un ennemi supérieur en nombre, sous une fusillade très violente et le jet de nombreuses grenades.*

[Né le 21 février 1889. Fils du Colonel CRAVE, O ✳, et de Mᵐᵉ née AURIEL.]

CRÉMIÈRE (Léon-Henri-*Jean*), ✳ (posthume), ✵ (palme et étoile), juge-adjoint à la Société d'Encouragement, lieutenant au 2ᵉ d'Artillerie, observateur à la 49ᵉ compagnie d'Aérostiers.

Détaché, sur sa demande, dans l'Aérostation, fut tué, en ascension, par un avion ennemi, le 1ᵉʳ mai 1917.

> Dernière citation : *Officier d'une grande bravoure, excellent observateur, a rempli, avec autant de simplicité que d'énergie, de nombreuses missions rendues pénibles par les éléments. Tué, en ascension, par un avion ennemi, le 1ᵉʳ mai 1917. A été cité.*

[Né le 3 mars 1884. Fils de M. Henri Crémière et de Mᵐᵉ née Berthelon.]

CRÉMIEUX (André), 🎖 (posthume), ✠ (étoile), commis d'agent de change, *engagé volontaire*, canonnier au 41ᵉ d'Artillerie.
Tombé, le 25 août 1916, à Feuillères (Somme).

> Citation : *Le 25 août, la batterie ayant été soumise à un violent bombardement, a été tué à son poste de combat ; a donné à tous le plus bel exemple d'abnégation par son attitude courageuse et calme jusqu'au bout.*

[Né le 14 avril 1895. Fils de M. Paul Crémieux, agent de change près la Bourse de Paris, et de Mᵐᵉ née Moyse.]

CRÉPIN (*Pierre*-Auguste-Henri), ✠, ✠ (1 palme, 3 étoiles), lieutenant au 28ᵉ Dragons.
Grièvement blessé à la tête, au Bois Sénécat, le 6 avril 1918, succomba, le 23 juin 1919, après de longs mois de souffrances et après une dernière opération tentée *in extremis*. Il avait été blessé antérieurement dans l'aviation.

> Citation (Légion d'honneur) : *Excellent officier qui, depuis le début de la campagne, a toujours fait preuve d'un courage et d'un sang-froid remarquables. A été grièvement blessé, en encourageant ses hommes par sa belle attitude et son mépris du danger. Trois blessures antérieures, trois citations.*

[Fils de M. Adolphe Crépin et de Mᵐᵉ née Maurice.]

CRÉPON DES VARENNES (Pierre), aspirant au 16ᵉ Dragons.
Blessé aux combats de la Marne, a succombé à l'hôpital de Malo-les-Bains, le 3 janvier 1915.

CRÉPY (Joseph-Maxime-Antonin-*Jean* de), ✠ (posthume), ✠, lieutenant au 4ᵉ Hussards.
Tué en Belgique, en août 1914.

> Citation : *A exécuté, avec adresse et courage, une mission de reconnaissance, au cours de laquelle il a été tué glorieusement. A été cité.*

[Fils du Bᵒⁿ et de la Bᵒⁿⁿᵉ née Chanzy. Marié, en 1913, à Mˡˡᵉ Fontaine.]

CRÉPY (Charles-Louis-*Pierre*), ✠, ingénieur, arbitre-rapporteur près le Tribunal de Commerce de la Seine, chef de bataillon du Génie territorial, breveté d'Etat-Major.
Mobilisé, le 3 août 1914, à l'E.-M. du Génie de Maubeuge, il prit une part active à la défense de cette Place, fut fait prisonnier le 8 septembre 1914 et mourut des suites des fatigues du siège, en captivité à Torgau-sur-l'Elbe, le 21 mars 1915.

[Né à Paris le 8 octobre 1856. Marié à Mˡˡᵉ Gabrielle Vercken de Vreuschmen, — dont quatre enfants.]

CRESPIN DE BILLY (*Bernard*-Marie-Jean-Robert, Comte Bernard de), ⚬, ✠ (palme), étudiant, canonnier-servant au 223ᵉ d'Artillerie.

Grièvement blessé le 5 juin 1918, décédé le jour même dans une ambulance du front.

> Citation conférant la Médaille militaire : *Pendant un violent bombardement par obus de gros calibre, a donné un bel exemple de mépris du danger en ravitaillant sa pièce en munitions ; a été grièvement blessé.*

[Né le 14 janvier 1897. Fils du Cⁱᵉ et de la Cᵗᵉˢˢᵉ née Alix Van Cappel de Prémont.]

CRESSAC DE SOLEUVRE (Hélie-Marie-Eutrope-*Édouard* de), ✳ (posthume), ✠ (2 étoiles), élève au Collège Saint-Joseph de Poitiers, *engagé volontaire* au 25ᵉ Dragons.

Tué, le 19 juin 1917, devant Craonne, au cours d'un violent bombardement, alors qu'il occupait un poste de guetteur, en avant des lignes, sur le remblai du chemin de fer de Corbény à Chevreux et Pontavert.

Le 26 mai 1917, par sa brillante conduite comme agent de liaison à Hurtebise, il avait mérité la citation suivante à l'Ordre de la Brigade :

> *Cavalier de la classe 1917, sur le front depuis peu de temps, brave, énergique et plein d'entrain ; s'est particulièrement distingué dans son service de coureur, constamment aux postes avancés ; toujours volontaire pour les missions les plus dangereuses.*

Sa mort glorieuse lui valut une citation à l'Ordre de la 47ᵉ Division de Chasseurs à pied, qui résume de la manière la plus magnifique ses trop courts mais brillants états de services :

> *Jeune cavalier modèle de bravoure et d'entrain, volontaire pour toutes les missions périlleuses. S'est comporté, en maintes circonstances, avec le plus grand mépris du danger, faisant preuve d'audace et de sang-froid. Mortellement blessé à son poste, le 19 juin 1917. Déjà cité à l'Ordre de la Brigade.*

[Né le 22 septembre 1897. Fils du Vᵗᵉ de Cressac, Bᵒⁿ de Soleuvre, chevalier de Malte, et de la Vᵗᵉˢˢᵉ née de Cressac de Bachélerie.]

CRESSONNIÈRES DE VILLIERS (André des), ⚬ (posthume), ✠, maréchal des logis au 61ᵉ d'Artillerie.

> Citation : *Agent de liaison, a toujours rempli avec beaucoup d'exactitude et d'entrain les missions parfois difficiles qui lui étaient confiées. Blessé mortellement à son poste, le 15 décembre 1914. A été cité.*

CREST (*Jean*-Jacques-Étienne du), ✳, ✠, chef de bataillon au 19ᵉ d'Infanterie.

Blessé grièvement le 25 août 1914, succomba à ses blessures, le 27 suivant, à Sedan.

[Né le 27 mars 1863. Fils de M. et de Mᵐᵉ née Virely. Marié à Mˡˡᵉ de la Rochebrochard d'Auzay.]

CRÉTÉ (Maurice), ✳ (posthume), ✠, sous-lieutenant au 108ᵉ d'Infanterie.

Tué à Neuville-Saint-Vaast, le 25 septembre 1915.

Citation : Officier très distingué, d'une haute valeur morale. Blessé grièvement d'une balle à la tête en pénétrant dans la tranchée ennemie. Est mort sur le terrain conquis, en souriant et en encourageant ses camarades et ses hommes, le 25 septembre 1915. A été cité.

CREUZÉ (Comte Adrien), automobiliste d'une Section Sanitaire. Tué près de Nancy, le 18 octobre 1917.

[Fils de M. Adrien Creuzé, ancien député.]

CRÈVECŒUR (Jean de), ✠. . . . .

[Marié à Mlle Martine Hottinguer.]

CREVOISIER (Michel de), ✠ (posthume), ✠, sergent d'Infanterie.

Citation : Exemple vivant d'abnégation et de sang-froid. A, en toutes circonstances, montré les plus belles qualités d'entrain et de courage. Tué, le 5 novembre 1916, en encourageant son équipe à l'exécution d'un travail pénible et dangereux. Bataille de la Somme.

[Fils du Bon et de la Bonne de Crevoisier.]

CRIVELLI (Jean-Robert), ✠, ✠ (5 palmes, 3 étoiles), ✠ (Aigle blanc de Serbie), attaché à la Société Franco-Serbe d'Entreprises, capitaine au 59e d'Infanterie. Tombé glorieusement, le 14 octobre 1918, à l'attaque du Mont d'Origny; avait précédemment été cinq fois blessé.

Dernière citation : Officier d'élite, d'une énergie et d'une intrépidité hors de pair, est tombé glorieusement, le 14 octobre 1918, au cours de l'attaque du Mont d'Origny, après avoir enlevé, à la tête de son bataillon, les positions allemandes sur une profondeur de plus de 5 kilomètres et avoir fait échouer de violentes contre-attaques ennemies.

[Né le 15 juin 1886. Fils de M. et de Mme née Pickard. Marié à Mlle Steinheil, fille de M. et de Mme née Dubois, — dont une fille.]

CROCÉ-SPINELLI (René), ✠ (posthume), ✠, sergent au 29e d'Infanterie, pilote à l'Escadrille F. 41.

Citation : A rendu les meilleurs services sur la Somme, sur l'Aisne et à Verdun. Tué le 20 août 1917, en combat aérien, alors qu'il exécutait volontairement une mission très périlleuse de liaison avec l'infanterie.

CROIZÉ DE POURCELET (Adalbert-Marcel), ✠ (posthume), ✠, adjudant au 87e d'Infanterie, pilote-aviateur à l'Escadrille S. 123 (G. B. 4). Tué, le 6 janvier 1918, au cours d'un combat aérien.

Citation : Très bon pilote, courageux et plein d'énergie. Tombé glorieusement, au cours d'un combat inégal contre cinq avions ennemis.

CROLARD (Jean-Jules-Adrien), ✠ (posthume), ✠ (palme), candidat à Saint-Cyr, engagé volontaire, caporal au 20e Chasseurs à pied. Disparu, le 22 juin 1915, à Notre-Dame-de-Lorette.

Citation : Engagé volontaire de la classe 1915, excellent sujet, animé du meilleur esprit, a été tué au moment où il entraînait, le 22 juin, au cours d'un combat de nuit, les chasseurs restant de son escouade contre des grenadiers ennemis.

[Né le 28 septembre 1896. Fils de M. Albert CROLARD, député de la Haute-Savoie, et de Mme née AUSSEDAT.]

CRONEAU (Louis), brigadier au 51e d'Artillerie.
Mort le 12 janvier 1919.

[Né en 1899. Fils de l'Ingénieur général du Génie maritime et de Mme née ROCHAS D'AIGLUN.]

CROS (E.-M.-F.-J.), ✠ (posthume), ✠ (palme), enseigne de vaisseau du *Casablanca*.

Citation : *Mort à son poste, broyé par l'explosion du bâtiment sur une mine.*

CROTTI DE COSTIGLIOLE (*Guy*-Jules-Jacques-Marie, Comte Guy), ✠ (posthume), ✠ (palme), ✠ (Médaille du Maroc), diplômé des Sciences Politiques, sous-directeur de l'Office du Gouvernement général de l'Algérie à Paris, lieutenant de réserve au 4e Zouaves.
Tombé mortellement frappé à la poitrine, le 23 août 1914, sous Charleroi, à son premier combat.

Citation : *Très bon officier, d'une haute valeur morale. S'est distingué par sa belle attitude au cours des combats du 23 août 1914. Blessé dans le courant de la matinée, il refusa de se laisser évacuer. A trouvé une mort glorieuse, en fin de journée, pendant une violente contre-attaque. Croix de guerre avec palme.*

[Né le 8 août 1881. Fils du Cte et de la Ctesse née DE CHISEUIL. Marié à Mlle HOUEL, fille de M. et de Mme née ALFAU, — dont un fils.]

CROUSAZ-CRÉTET (Baron Henri de), ✠ (posthume), ✠, capitaine au 159e d'Infanterie.
Tombé glorieusement le 4 septembre 1916.

Citation : *Au front depuis le début de la campagne. Blessé en mai 1915. Officier de territoriale servant, sur sa demande, dans un régiment d'infanterie actif, avec lequel il prit part à de nombreux combats en Artois. Le 4 septembre 1916, a, par son exemple, sa confiance, son calme, entraîné sa compagnie à l'assaut des tranchées ennemies. S'est emparé de la première ligne, où il a été mortellement frappé.*

[Marié à Mlle Élizabeth COPPINGER.]

CROUSNILHON (Bernard de), ✠, caporal.
Tué à Monastir, le 9 novembre 1918.

[Fils de M. (décédé) et de Mme née LE MYRE DE VILERS.]

CROUSNILHON (Jean de), ✠, maréchal des logis.
Mort au service de la France, à Metz, le 17 février 1919.

[Frère du précédent.]

CROUZET DE RAYSSAC (Marie-Gabriel-*Louis* de), ✠ (posthume), ✠, docteur en droit, *engagé volontaire*, brigadier au 9e d'Artillerie.
Blessé grièvement le 20 juillet 1916, mort le lendemain dans une ambulance du front.

Citation : *Excellent gradé, engagé pour la durée de la guerre malgré une réforme antérieure. Brigadier de tir, a été grièvement blessé dans un poste d'observation soumis à un violent bombardement. Mort pour la France, le 21 juillet 1916, des suites de ses blessures. A été cité.*

CROZÉ DE CLESMES (Pierre de), ✠....................

CROZEFON (Marie - Joseph - *Octave* de BERTRAND, de), ✠ (posthume), ✠ (palme), sous-lieutenant au 20ᵉ d'Infanterie.
Tombé à Perthes, le 16 février 1915.

Citation : *A fait preuve en toutes circonstances des plus belles qualités de courage et de sang-froid; à l'attaque du 16 février, a défendu avec la dernière énergie un boyau de communication; est tombé à la tête de sa section. A été cité.*

[Né le 26 octobre 1883. Fils de M. et de Mᵐᵉ née DE DOUHET.]

CRUPPI (Jean-Louis), maréchal des logis au Groupe cycliste de la 1ʳᵉ Division de Cavalerie.
Disparu, le 4 novembre 1914, à Messines (Belgique).

[Né à Paris le 17 novembre 1892. Fils de l'ancien Ministre et de Mᵐᵉ née CRÉMIEUX.]

CRUSSOL DES ÉPESSES (de), ✠ (posthume), ✠, soldat au 15ᵉ Chasseurs à pied.

Citation : *Chasseur d'une grande bravoure. Glorieusement tué à son poste de combat, le 25 septembre 1916, devant Berny (Somme).*

CRUZY-MARCILLAC (*Henri*-Gaston-Emmanuel de), ✠ (posthume), ✠ (palme et étoile), *engagé volontaire*, sous-lieutenant au 28ᵉ Chasseurs alpins.
Engagé, le 25 août 1914, au 10ᵉ Dragons; passa, sur sa demande, dans l'Infanterie. Tué à Suzanne (Somme), le 31 octobre 1916.

Citation : *Jeune officier, venu de la cavalerie sur sa demande. A toujours fait preuve d'un entrain et d'une bravoure remarquables. S'est notamment distingué dans les derniers combats de septembre, où sa belle conduite lui valut une citation à l'Ordre de la Division. A été blessé mortellement, le 31 octobre 1916, au cours d'un exercice de lancement de grenades qu'il dirigeait, en voulant repousser hors de la tranchée une grenade arrêtée sur le parapet, se dévouant ainsi pour préserver un groupe d'officiers et de chasseurs.*

[Né le 20 janvier 1895. Fils du Bᵒⁿ et de la Bᵒⁿⁿᵉ née DE CAMBOLAS.]

CUEL (*Georges*-Charles), ✠ (posthume), ✠ (étoile), industriel, officier de réserve, sous-lieutenant au 24ᵉ d'Infanterie.
Officier de liaison ayant pris part à tous les combats depuis le premier jour de la guerre. Tomba au cours d'une mission à Loivre (Marne), le 23 septembre 1914.

Citation à l'Ordre du jour : *Officier des plus distingués; comme agent de liaison, a rendu de grands services, s'est toujours montré courageux, plein d'allant et d'entrain. Toujours prêt à remplir les missions les plus dangereuses; a été tué, en transmettant un ordre, le 23 septembre 1914.*

[Né le 1ᵉʳ septembre 1881. Fils de M. Gilbert CUEL, industriel, et de Mᵐᵉ née LEVESQUE (décédés). Marié à Mˡˡᵉ Marguerite ODENT, fille de M. Joseph ODENT (de Senlis) et de Mᵐᵉ née CORDIER (décédée).]

CUERS DE COGOLIN (Henri de), ⚜ (posthume), ✠, *engagé volontaire*, soldat au 212e d'Infanterie.

> Citation : *Au front depuis le 19 septembre 1916, n'a cessé de se faire remarquer par son courage et sa bravoure exemplaires, remplissant les fonctions d'agent de liaison dans les conditions les plus périlleuses et sous les bombardements les plus violents. A été mortellement blessé à son poste de combat, le 10 août 1917. A été cité.*

CULHIAT DU FRESNES (*Paul*-Marie-Jean-Baptiste, Comte), propriétaire, soldat au 13e territorial d'Infanterie.

Avait demandé à devancer l'appel; tombé dans les tranchées et mort à l'hôpital de Dieue-sur-Meuse, le 23 novembre 1914.

[Né le 12 août 1873. Fils du Cte et de la Ctesse née Noémie DE MAURÈS DE MALARTIC. Marié à Mlle Germaine DE LA VAISSIÈRE DE LAVERGNE (décédée), fille du Vte et de la V^{tesse} née Gabrielle LE MULIER, — dont deux enfants.]

CUNRADI (*Frédéric*-Radama), ⚜ (posthume), ✠ (palme), élève de l'Ecole des Hautes-Etudes Commerciales, caporal au 87e d'Infanterie.

Alors qu'il était en service de liaison près de Belloy-en-Santerre, il fut blessé mortellement à la tête, le 17 septembre 1916, et mourut le lendemain à l'ambulance de Chuignolles (Somme).

> Citation à l'Ordre de l'Armée du Général MICHELER (8 octobre 1916) : *Le 15 septembre 1916, montrant le mépris le plus absolu du danger, a repoussé trois attaques ennemies, lancées contre un barrage qu'il tenait avec quelques grenadiers seulement. Les 16 et 17 septembre 1916, s'empara, au cours de durs combats à la grenade, de deux boyaux avec tous leurs barrages, et y tint tête aux contre-attaques après les avoir organisés. Est tombé au champ d'honneur.*

[Né le 7 décembre 1895. Fils de M. F.-R. CUNRADI, sous-directeur du Crédit Lyonnais, et de Mme née Marie KAULL.]

CUREL (Paul-Marie-*Bernard* de), ✠ (posthume), ✠ (palme), *engagé volontaire*, sous-lieutenant aviateur à l'Escadrille M. F. 72.

Engagé au 1er Dragons, passa, sur sa demande, dans l'Aviation, en 1915. Tué dans une chute d'avion, à Autrecourt (Marne), le 20 mai 1916.

> Citation : *Pilote d'un courage et d'une hardiesse incomparables. A pris part à toutes les opérations devant Verdun, recherchant les missions les plus périlleuses et donnant à tous l'exemple d'un mépris absolu du danger. A trouvé la mort dans une chute d'avion, le 20 mai 1916.*

[Né le 13 janvier 1894. Fils du Vte Albert DE CUREL et de la V^{tesse} née Anne DE DURFORT CIVRAC DE LORGE.]

CURNIER (Pierre), ✠, chef de bataillon au 155e d'Infanterie.

Tué le 6 octobre 1915.

CURNIER (Léonce), ✠, ✠ (3 citations), sous-lieutenant au 156e d'Infanterie.

Mort, le 13 juillet 1918, des suites de ses blessures.

[Né en 1897. Beau-fils et fils de M. Henri DESLANDRES, ✠, membre de l'Institut, et de Mme née Adèle CHÉVRIER.]

CURZON (Marie-*Joseph* PARENT de), ✳ (posthume), ✠, capitaine au 151ᵉ d'Infanterie.

Grièvement blessé et fait prisonnier à la bataille de Longwy, le 14 septembre 1914, succomba à ses blessures, à Trèves (où il est enseveli), le 17 octobre suivant.

[Né à Poitiers le 30 avril 1878. Fils de M. Hilaire Parent de Curzon et de Mᵐᵉ née Gabrielle Bain de la Coquerie. Marié à Mˡˡᵉ Terrien de la Haye, fille de M. et de Mᵐᵉ née d'Harembert, — dont une fille.]

CURZON (E.-M.-C.-*Joseph* PARENT de), ✳ (posthume), ✠, enseigne de vaisseau.

A bord du destroyer *Le Bouclier*, prit part, le 20 mai 1917, au combat naval qui se déroula, au large de Dunkerque, contre deux flotilles de destroyers allemands, et fut tué au cours du combat.

Citation : *Mort à son poste de combat, dans l'engagement du 20 mai 1917 contre des destroyers allemands.*

[Fils du Commandant et de Mᵐᵉ E. de Curzon.]

CURZON (Henri-Pierre-Marie PARENT de), ⚓ (posthume), ✠, sergent au 142ᵉ d'Infanterie.

Citation : *Sous-officier énergique et courageux. A montré, en toutes circonstances, les plus belles qualités de bravoure et de sang-froid, notamment le 4 avril 1918, à côté de Motisel, où il fut mortellement blessé. Mort pour la France en captivité.*

CUVERVILLE (Jacques de CAVELIER de), *engagé volontaire*, cavalier au 2ᵉ Chasseurs à cheval.

Mort pour la France, en 1916, à l'hôpital de Nantes.

[Fils du Cᵗᵉ et de la Cᵗᵉˢˢᵉ Jules de Cuverville.]

CYVOCT (Léon-Jules-Joseph), ✳ (posthume), ✠ (palme), capitaine au 30ᵉ d'Infanterie.

Le détachement dont faisait partie ce vaillant officier, a été cité à l'Ordre de l'Armée, avec une mention particulière à son nom :

Le détachement s'étant trouvé en pointe dans la soirée du 21 août 1914, après une vigoureuse offensive, se maintint toute la nuit en face des retranchements ennemis, et, attaqué dès le jour par des forces très supérieures, il réussit, grâce à sa vigoureuse attitude et à ses charges à la baïonnette, à se dégager après avoir fait subir de lourdes pertes à l'ennemi. Une mention particulière est accordée au capitaine Cyvoct, tombé en entraînant ses hommes.

[Fils du Général et de Mᵐᵉ Cyvoct.]

CZERNICHOWSKI (Pol de), officier d'Administration du service des Subsistances.

Tué à l'ennemi le 30 mars 1916.

D

DADVISARD (*Henry*-Marie-François-Claude, Comte Henry), ✳ (posthume), ✳ (palme), ✳ (Médaille du Maroc), ✳ (Catherine de Russie), capitaine au 1ᵉʳ Cuirassiers, commandant une compagnie d'Infanterie.

Tombé, le 27 avril 1915, aux environs d'Ypres.

Citation à l'Ordre de l'Armée : *Cœur chaud et vibrant, remarquable entraîneur d'hommes, venu sur sa demande dans l'infanterie pour mettre au service de la Patrie d'admirables qualités militaires. Est tombé glorieusement à la tête de sa compagnie en l'entraînant à l'assaut. A été cité.*

[Né le 4 juillet 1877. Fils du Mⁱˢ et de la Mⁱˢᵉ née Cˢˢᵉ D'URSEL.]

DAGNAN-BOUVERET (Jean), médecin aide-major.

A succombé, en 1918, à une maladie contagieuse contractée dans le service du sous-centre de neurologie, dont il était le chef, à Vitry-le-François.

[Fils du Membre de l'Institut, O ✳, et de Mᵐᵉ née WALTER.]

DALAIN (*Pierre*-Frédéric-Édouard), ✳ (posthume), ✳ (palme), sous-lieutenant au 369ᵉ d'Infanterie.

Tombé, sur le front de Lorraine, le 3 janvier 1917.

Citation à l'Ordre de l'Armée : *Officier très brave, très consciencieux ; a été tué alors que, sous un bombardement violent, il se portait au secours de soldats d'une compagnie voisine enterrés par une mine.*

[Né le 25 novembre 1876. Beau-fils et fils de M. et de Mᵐᵉ Albert FLEURY, petit-fils du docteur Edouard DALAIN.]

DAMAS D'ANLEZY (*Henri*-Charles-Marie, Baron Henri de), ✳ (posthume), ✳ (1 palme, 1 étoile), sous-lieutenant au 4ᵉ Génie.

Tombé, le 19 juillet 1916, sous Verdun ; décédé le 20 à Dugny (Meuse).

Citation : *Très remarquable officier du génie. N'a cessé d'être pour ses hommes un modèle d'abnégation, d'énergie et de dévouement. Blessé mortellement le 19 juillet 1916, dans un violent bombardement, a insisté pour n'être pansé qu'après ses hommes. A donné ainsi un bel exemple de courage et de sang-froid. Déjà cité à l'Ordre de la 16ᵉ Division.*

[Né le 16 avril 1886. Fils du Cⁱᵉ et de la Cᵗᵉˢˢᵉ née DE MAILLÉ DE LA TOUR-LANDRY.]

DAMPIERRE (Vicomte Antoine de), ✳, ✳ (4 palmes), ✳ (Military Cross), lieutenant au 16ᵉ Dragons, pilote-aviateur.

Glorieusement tombé, le 19 novembre 1917.

Citation : *Officier remarquable, s'imposant à l'admiration de tous par son courage, son sentiment très élevé du devoir, son mépris absolu du danger, son énergie et par sa modestie. Malgré une santé des plus précaires, a tenu à accomplir chaque jour et par n'importe quel temps des reconnaissances d'une rare hardiesse sur les lignes ennemies, pénétrant même très loin dans les régions arrière pour rapporter au commandement des renseignements importants, en particulier le 15 septembre 1917.*

[Né le 4 octobre 1887. Fils du Colonel Cte Septime DE DAMPIERRE, ✳, et de la Ctesse née SÉGUIER, des barons SÉGUIER. Marié, en 1911, à Mlle Étiennette DE MOULINS DE ROCHEFORT, — dont trois enfants.]

DAMPIERRE (*Guillaume*-Roger-Francisco-Pedro-Edgard de), engagé avant la guerre, maréchal des logis au 18e Dragons.

Est mort, le 16 novembre 1915, à l'hôpital militaire de Dôle, des suites d'un empoisonnement par les gaz asphyxiants contracté dans les Flandres.

[Né le 2 avril 1892. Fils du B^on DE DAMPIERRE et de la B^onne née DE ECHEGUREN.]

DAMPIERRE (Louis de), ☦ (posthume), ✠ (palme), caporal au 14e d'Infanterie.

Tué, le 8 septembre 1914, au combat de La Certine (Marne).

Citation : *D'un courage, d'un sang-froid au-dessus de tout éloge. Le 8 septembre 1914, au moment où sa section subissait un feu très violent, a été tué d'une balle au front en maintenant très énergiquement ses hommes à leur poste de combat.*

[Né le 4 novembre 1893. Fils du Bon Pierre DE DAMPIERRE (décédé en 1917) et de la B^onne née Gabrielle DE BASTARD.]

DAMPIERRE (Gabriel-Marie-*Renaud* du VAL de), ✳, ✠ (3 citations), sous-lieutenant au 60e Chasseurs à pied.

Tué d'une balle en plein cœur, le 14 octobre 1918, à 23 ans.

Dernière citation : *Officier d'une bravoure légendaire, modèle de vertu militaire. Le 14 octobre 1918, a enlevé superbement sa section à l'assaut d'une position ennemie, réduisant plusieurs nids de mitrailleuses. A été frappé mortellement en tête de sa section.*

DANNE (Louis-Philippe-Antoine-*Jacques* BERNARD DE LA BARRE de), ☦ (posthume), ✠ (étoile), étudiant, *engagé volontaire*, brigadier au 30e Dragons.

Engagé le 21 septembre 1915. Tué à Ronviel (Somme), le 5 avril 1918.

Citation : *Engagé volontaire pour la durée de la guerre. Très bon brigadier. A très bien dirigé son équipe de fusils mitrailleurs sous un violent bombardement ; très brave au feu. Tué à son poste de combat, le 5 avril 1918. A été cité.*

[Né le 18 janvier 1898. Fils du Cte Charles DE DANNE et de la Ctesse née Marie DE GOISLARD DE VILLEBRESME.]

DANSETTE (Marie-Charles-Adrien-*Jules*), ✳ (posthume), ✠ (palme), licencié ès lettres, *engagé volontaire*, sous-lieutenant au 333e d'Infanterie.

Engagé au 1er Dragons, passa, sur sa demande, dans l'Infanterie. Tombé glorieusement à l'attaque du fort de Vaux, le 24 octobre 1916.

Citation : *Venu de la cavalerie. Officier plein d'allant, s'est fait remarquer par sa belle attitude au feu, en septembre et octobre 1916. A été tué à l'attaque du 24 octobre 1916. A été cité.*

[Né à Armentières le 17 août 1894. Fils de M. Jules DANSETTE, ancien député du Nord (décédé), et de Mme née Adrienne DE FORCEVILLE.]

DARAN (Pierre de), religieux de la Compagnie de Jésus, sergent au 3e Colonial.
Victime du Torpillage de la *Provence* (1916).

DARAS (Louis), ▒ (étoile), maréchal des logis au 21e d'Artillerie.
Tué, le 11 octobre 1916, à Buscourt (Somme), d'un éclat d'obus, au cours d'une mission périlleuse qu'il avait sollicitée.
[Né le 20 avril 1892. Fils de M. Henri DARAS et de Mme née POITEVIN, décédée.]

DARAS (Pierre), ⚜ (posthume), ▒ (étoile), *engagé volontaire*, caporal au 67e d'Infanterie.
Tué, le 16 avril 1915, aux Éparges, d'un éclat d'obus.

> Citation : *Engagé volontaire à 18 ans, dès le début de la guerre. Après dix jours d'instruction, a demandé à partir au front et a assisté à la bataille de la Marne. Versé dans un bataillon de marche, a pris volontairement la place d'un autre soldat désigné pour aller au feu. Passé au 67e d'infanterie, a été blessé le 14 avril 1915, aux Éparges, dans l'accomplissement d'une mission dangereuse qu'il avait lui-même sollicitée. Est mort le surlendemain à l'ambulance, donnant jusqu'au bout à tous ceux qui l'entouraient un magnifique exemple de fermeté, de courage et d'abnégation.*

[Né le 20 mai 1896. Frère du précédent.]

DARCEL (Charles-Jacques-Jean-Nicolas-Sélim), ▒ (2 palmes, 1 étoile d'argent, 1 étoile de bronze), du 40e d'Artillerie.
Mort pour la France, le 9 octobre 1916.
[Né le 19 décembre 1892. Fils de M. Alphonse DARCEL et de Mme née Jeanne TAILHANDIER DU PLAIX.]

DARCY (Jean-*Gérard*-Lazare-Pierre), ✠ (posthume), ▒ (étoile), séminariste, sous-lieutenant au 154e d'Infanterie.
Blessé grièvement à l'épaule, à la poitrine et à la tête, le 30 août 1918, près de Catigny (Somme), à l'attaque du canal du Nord; transporté à Roye-sur-Matz, y est mort le 31 août 1918.

> Citation : *Chef de section de mitrailleuses ; a brillamment entraîné ses hommes à l'assaut des positions allemandes devant le canal du Nord. A été grièvement blessé à son poste, le 30 août 1918.*

[Né le 8 octobre 1898. Fils de M. Jean DARCY (décédé) et de Mme née DE FRANQUEVILLE.]

DARCY (Henri-Marie), ▒ (palme), sous-lieutenant au 120e d'Infanterie.
Tué, le 12 juin 1916, au bois des Loges, au cours d'une reconnaissance nocturne qu'il avait sollicitée.

DARD D'ESPINAY (Marcel-Georges-Roger), ✠ (posthume), ▒, lieutenant au 9e de marche de Zouaves.
Tué à Tracy-le-Mont, le 27 février 1915.

> Citation : *A commandé sa compagnie depuis le combat du 16 septembre 1914, après que son capitaine eut été blessé. A fait preuve en toutes circonstances d'un courage et d'un dévouement exemplaires. A été mortellement atteint d'un éclat d'obus, le 27 février 1915. A été cité.*

DARDIER (L.-E.), ✶, ✠ (palme), colonel du 59ᵉ d'Infanterie.

> Citation : *Tué après avoir dirigé, pendant plus de deux heures, l'attaque de son régiment sur des positions ennemies (combat du 27 août 1914).*

DARESTE DE LA CHAVANNE (Clément), ✠ (posthume), ✠ (2 citations), *engagé volontaire* en 1915 dans l'Artillerie d'assaut, brigadier au 111ᵉ d'Artillerie.

Blessé mortellement à Combles, le 1ᵉʳ novembre 1916, mort le lendemain à Bray-sur-Somme.

> Citation : *Brigadier éclaireur d'une bravoure et d'un sang-froid remarquables. Toujours prêt à remplir les missions les plus difficiles. Grièvement blessé en contribuant à la réparation d'une ligne téléphonique dans une zone particulièrement dangereuse. Mort pour la France, le 2 novembre 1916. A été cité.*

[Né en 1897. Fils de M. et de Mᵐᵉ Paul DARESTE DE LA CHAVANNE.]

DARTEIN (*Charles*-Ernest de), ✶ (posthume), ✠ (palme et étoile), sous-lieutenant au 29ᵉ Chasseurs à pied.

Tué, le 18 octobre 1918, d'une balle en pleine poitrine, alors qu'il disposait sa section sur le terrain conquis.

> Citation : *Officier d'élite, alliant un courage chevaleresque à un sang-froid imperturbable ; frappé mortellement au moment où, sans souci du danger, il disposait sa section sur une position que sa compagnie venait d'enlever. A été cité.*

[Né en 1900. Fils du Général de Division et de Mᵐᵉ Félix DE DARTEIN.]

DARTEIN (Mademoiselle Marguerite de), infirmière à l'hôpital auxiliaire nº 13, à Vitry-le-François.

Morte des fatigues éprouvées dans son service depuis le début de la guerre, notamment aux durs moments de l'offensive de Champagne, en septembre 1915.

DAT DE SAINT-FOULC (Georges), ✶, ✠ . . . .

DAUCHEZ DE BEAUBERT (Raymond), ✶ (posthume), ✠ (palme), sous-lieutenant au 70ᵉ d'Infanterie.

> Citation : *S'est bravement élancé à l'assaut pour entraîner sa section, et est tombé, atteint de plusieurs blessures, à quelques pas des retranchements ennemis.*

DAUFRESNE DE LA CHEVALERIE (Marcel), ✶ (posthume), ✠ (palme), sous-lieutenant au 149ᵉ d'Infanterie.

> Citation : *Officier très jeune, dont la bravoure était légendaire au régiment. A toujours été un entraîneur d'hommes hors de pair. Est tombé bravement pour la France, le 2 avril 1916, à Vaux, devant Damloup.*

DAUGER (*Jacques*-Marie-Joseph, Baron Jacques), ✠ (posthume), ✠ (étoile), ancien élève de l'École d'Agriculture de Beauvais, sergent au 67ᵉ d'Infanterie.

Tué au combat de Beauzée (Meuse), le 6 septembre 1914, en entraînant sa demi-section à l'assaut.

Citation : *A été mortellement blessé, alors qu'il entraînait sa demi-section sous un feu violent d'artillerie et d'infanterie.*

[Né le 1er mai 1890. Fils du Vte et de la Vtesse née DEBONNEFOY DE MONTBAZIN, décédée.]

DAUM (Jean), ✠ (posthume), ✠ (2 étoiles), maître de verreries à Nancy, lieutenant au 8e d'Artillerie.
Tué, le 2 avril 1916, à Esnes, sous Verdun.

Citation : *Officier du plus grand mérite et du courage le plus éprouvé; observateur hors ligne, qui a montré dans des circonstances critiques le plus grand mépris du danger. Déjà cité à l'Ordre de la Division en mai 1915. Tué à son poste, le 2 avril 1916, au moment où il organisait avec calme et méthode l'installation d'une batterie sur une position très violemment bombardée par des obus de gros calibres. A été cité.*

[Né le 20 octobre 1885. Fils de M. et de Mme Auguste DAUM. Marié à Mlle BATAULT, — dont quatre enfants.]

DAVACH (René-Thèse-Delphin-*François* de), ✠ (posthume), ✠, capitaine au 356e d'Infanterie.

Citation : *A l'assaut d'une forte position en terrain découvert, sous un feu violent, a porté sa compagnie en avant, servant lui-même de guide à sa section de direction, et restant debout sous les balles pour surveiller l'ennemi et donner des ordres. A été tué le 25 septembre 1914. A été cité.*

[Marié à Mlle VÉTELAY.]

DAVID (Henri), ✠, lieutenant-colonel au 146e d'Infanterie.
Tué le 16 mai 1915.

DAVID-BEAUREGARD (Vicomte Louis de), ✠ (posthume), ✠ (2 étoiles), *engagé volontaire*, sous-lieutenant au 5e Colonial.
Tué à Craonne, le 17 avril 1917.
Le Général BLONDAT cita une première fois le sergent DE DAVID-BEAUREGARD, pour avoir, dans la nuit du 14 au 15 mars 1916, dirigé volontairement une patrouille chargée d'une mission dangereuse dans les lignes ennemies.

Citation posthume : *Officier très brave. Toujours le premier pour remplir une mission périlleuse. Glorieusement tombé au moment où, sous un tir de barrage intense, il indiquait des emplacements de mitrailleuses.*

[Fils du Vte Joseph DE DAVID-BEAUREGARD et de la Vtesse née DE DRÉE.]

DAVILLIER (Baron André), ✠ (posthume), ✠, banquier, capitaine de réserve au 232e d'Infanterie.
Tombé au bois de Mortmart, près de Flirey, le 13 décembre 1914, en entraînant sa compagnie à l'assaut.

Citation : *Le 13 décembre, a, d'un vigoureux élan, entraîné sa compagnie à l'assaut d'une tranchée ennemie sous un feu violent. Blessé mortellement, a conservé assez de maîtrise sur lui-même pour s'écrier : « Ce n'est rien, ne vous occupez pas de moi, ce n'est rien. » A été cité.*

[Fils du Bon et de la Bonne née RÉAL. Marié à Mlle Reine DE NOÜE, fille du Vte et de la Vtesse née RODIER, — dont deux enfants.]

DAVRILLÉ DES ESSARDS (Robert), avocat à la Cour de Paris, sergent au 74ᵉ d'Infanterie.

Tué à Douaumont, le 22 mai 1916.

[Né le 10 mai 1898. Fils de M. et de Mᵐᵉ née DULONG. Marié à Mˡˡᵉ Anne PALYART.]

DAVY (Joseph), ✠, capitaine au 109ᵉ d'Infanterie.

Tué le 14 août 1914.

DAYET (Alexandre), ✠, ✠, colonel du 133ᵉ d'Infanterie.

Tué glorieusement, le 24 janvier 1915, à la tête de ses hommes, tombant à quelques mètres des tranchées ennemies, un fusil à la main. Quelques heures après la bataille, les Allemands envoyèrent un parlementaire, offrant de rendre le corps du colonel, à condition que nous leur cédions les deux tranchées conquises dans la journée. Le Général de division répondit : « On ne recule pas. »

DEAN DE SAINT-MARTIN (Emerich), *engagé volontaire*, infirmier d'Infanterie.

Tué, en portant secours à des camarades, le 1ᵉʳ août 1918.

[Fils de M. (décédé) et de Mᵐᵉ née DE MIEULLE.]

DEBARNOT (Philibert), ✠, ✠ (3 palmes), chef de bataillon au 404ᵉ d'Infanterie.

Tué le 11 août 1918.

[Marié à Mˡˡᵉ MAILLOT, fille du Général.]

DEBEUGNY (Charles - François), ✠ (posthume), ✠ (palme et étoile), étudiant, *engagé volontaire*, sous-lieutenant au 59ᵉ Chasseurs à pied.

Grièvement blessé au bois des Caures, le 22 février 1916, mort le 24 au lazaret du XVIᵉ Corps allemand, à Longuyon.

Citation : *Officier de liaison du chef de bataillon, a fait preuve des plus belles qualités militaires; a pris spontanément le commandement d'une section de contre-attaque, dont le chef venait d'être atteint. A été très grièvement blessé. A été cité.*

[Né le 22 octobre 1896. Fils du Colonel et de Mᵐᵉ née PARIS.]

DEBIDOUR (*Louis-Antoine*), ✠ (posthume), ✠ (palme), lieutenant au 102ᵉ d'Infanterie.

Citation : *Officier d'une haute valeur morale, n'a cessé, depuis son arrivée sur le front au mois d'octobre 1914, de faire preuve de la plus grande bravoure, notamment aux combats de X... et de Y... Est tombé glorieusement, le 25 septembre 1915, en se portant à l'assaut en tête de sa section.*

DEBIÈVRE (Michel), ✠ (posthume), ✠, religieux de la Compagnie de Jésus, professeur de rhétorique, capitaine au 365ᵉ d'Infanterie.

Citation : *Officier d'une très haute valeur morale, d'une bravoure froide et d'un absolu mépris du danger ; commandant de compagnie incomparable, qui avait su gagner le cœur de ses hommes, dont il pouvait tout obtenir. Le 19 juillet 1918, a entraîné sa compagnie à l'attaque dans un élan magnifique, progressant de plus de 800 mètres en profondeur sous un feu violent de mitrailleuses et faisant des prisonniers. Est tombé mortellement frappé d'une balle en pleine tête, en avant de ses hommes. A été cité déjà trois fois.*

DECAN DE CHATOUVILLE (*Pierre*-Marie-Daniel), ✠, ✠, **chef de bataillon au 23e d'Infanterie.**
Tué le 16 avril 1917.

[Marié à Mⁿᵉ Douillard-Mahaudière.]

DECAN DE CHATOUVILLE (Xavier), ✠ (posthume), ✠, **sous-lieutenant au 153e d'Infanterie.**
Tué le 16 avril 1917.

Citation : *A conduit sa section avec un entrain et un courage remarquables à l'attaque d'un fortin, sous un feu violent de mitrailleuses. Est tombé glorieusement frappé dans les fils de fer ennemis, à la tête de sa troupe.*

[Marié à Mⁿᵉ Pujo-Soulot, — dont deux enfants.]

DÉCAP (Gilbert), **soldat au 83e d'Infanterie.**
Tué le 15 avril 1915.

DECAZES (*Jacques*-Louis-Élie, Comte Jacques).
Tué à l'ennemi, le 15 mars 1916, à Beaumont-en-Beine (Aisne).

[Né le 30 août 1891. Fils du Duc et de la Dᵉˢˢᵉ née Singer, décédés.]

DECAZES (Élie-Marie-Joseph-*Raymond*, Vicomte), *engagé volontaire* **dans l'Aviation.**
Ancien combattant de 1870, s'engagea à 63 ans, mais ne put supporter les fatigues de la campagne, et mourut, en 1917, des suites de fatigues et d'une maladie contractée aux Armées.

[Né le 19 février 1851. Fils du Vᵗᵉ et de la Vᵗᵉˢˢᵉ née de Mauvise de Villars. Marié à Mⁿᵉ Koechlin (décédée), — dont sept enfants.]

DECAZES (Émile-Louis-*Nicolas*), ✠, ✠, **lieutenant pilote-aviateur à l'Escadrille S. 88.**
Tombé glorieusement, dans les lignes allemandes, à Anizy-le-Château, au cours d'une mission, le 26 octobre 1917.

Citation posthume : *Officier hors de pair, ayant un mépris absolu du danger. Merveilleux entraîneur des pilotes de son escadrille auxquels il insufflait les élans de son âme ardente; a affirmé ses belles qualités de soldat et de chef dans de multiples reconnaissances et dans plus de cinquante combats, au cours desquels il a abattu trois avions allemands. Resté à l'ennemi, le 26 octobre 1917, alors qu'il survolait à cinquante mètres de hauteur les lignes allemandes, pour repérer des batteries ennemies.*

[Né le 25 avril 1893. Fils du précédent.]

DÉCHELETTE (Joseph), ✠, ✠ (palme), **conservateur du musée de Roanne, membre correspondant de l'Institut, capitaine de territoriale au 298e d'Infanterie.**
Tué à l'attaque du plateau de Nouvron, le 3 octobre 1914.

Citation : *A été tué, le 3 octobre, alors qu'il entraînait sa compagnie sous un feu violent d'artillerie et d'infanterie, et lui avait fait gagner 300 mètres de terrain. Avant de mourir, a demandé au lieutenant-colonel commandant le régiment si on avait gardé le terrain conquis, et, sur sa réponse affirmative, lui a exprimé sa satisfaction en ajoutant qu'il était heureux que sa mort servît à la France.*

DECORIO SAINT-CLAIR (Jehan), brigadier au 24ᵉ Dragons. Mort à Dinan, le 31 août 1914.

[Né le 28 novembre 1894. Fils de M. et de Mᵐᵉ née Péan.]

DECOUZ (Baron Pierre), 🎖 (posthume), ✠ (étoile), brigadier éclaireur et agent de liaison au 2ᵉ d'Artillerie de campagne.

Tombé glorieusement devant Verdun, le 16 mars 1916, à son poste de combat, entre le fort de Moulainville et l'ouvrage de Thavanne ; atteint par un obus de 130 autrichien, ses membres furent dispersés en tous sens.

> Citation : *Soldat brave et dévoué, ayant accompli avec tact et sang-froid les missions parfois périlleuses dont il était chargé ; tué à son poste de combat le 16 juin 1916.*

[Né le 23 mai 1883. Fils du Bᵒⁿ Decouz et de la Bᵒⁿⁿᵉ née de Chenevière. Arrière-petit-fils du Général de l'Empire Bᵒⁿ Decouz.]

DECROIX (Francis), ✠ (posthume), ✠, religieux de la Compagnie de Jésus, lieutenant au 413ᵉ d'Infanterie.

> Citation : *Officier ayant la plus haute conscience de son devoir et un mépris absolu du danger. Dans une affaire récente, a eu une conduite admirable, parcourant les lignes sous le feu des mitrailleuses pour encourager ses combattants. Ayant reçu l'ordre d'organiser, avec sa compagnie, la défense d'un village, a trouvé une mort héroïque en se portant, avec ses éléments de réserve, à la contre-attaque de l'ennemi, qui menaçait d'encercler son unité.*

DECUGIS (Robert), ✠ (posthume), ✠ (5 citations), sous-lieutenant pilote à l'Escadrille de chasse Spad 165.

Tombé, le 20 octobre 1918, dans les lignes ennemies, à la suite d'une collision en un vol de nuit, au cours d'une reconnaissance offensive.

[Né en 1895. Fils de M. et de Mᵐᵉ Antoine Decugis.]

DECUGIS (Jean), pilote-aviateur. Mort, au Maroc, victime d'une chute d'avion.

[Né en 1900. Fils de M. et de Mᵐᵉ née Chamerot.]

DEDET (Jean-Louis-Pierre), ✠ (palme), capitaine au 16ᵉ Dragons, détaché au 102ᵉ d'Infanterie.

Tué, à la tête de sa compagnie, à l'attaque d'Auberive, le 25 septembre 1915.

[Né le 23 octobre 1885. Fils du Dʳ, ✠, et de Mᵐᵉ née Séglas.]

DEDONS DE PIERREFEU (Comte Alain). Tué dans les premiers mois de la guerre.

[Fils du Cᵗᵉ (décédé) et de la Cᵗᵉˢˢᵉ née Anne de Quérangal de Villeguries. Marié à Miss Elsa Tudor, — dont trois enfants.]

DEDONS DE PIERREFEU (*Jehan-Marie-Alphant-René*, Comte Jehan), 🎖 (posthume), ✠, sergent au 289ᵉ d'Infanterie.

Tué, le 20 août 1918, à Audignicourt (Aisne).

Citation : *Pendant l'attaque, malgré un barrage d'artillerie et le feu de nombreuses mitrailleuses, a progressé devant un village fortement occupé par l'ennemi. Est tombé mortellement frappé, mais a permis, par son acte d'héroïsme, la progression et le succès de la journée. A été cité.*

[Frère du précédent. Marié à Miss Elisabeth BURTON.]

DEFAIT (Paul), ✠ (posthume), ✠ (étoile), Saint-Cyrien, lieutenant au 89e d'Infanterie.

Mort au champ d'honneur, le 22 août 1914, dans un combat au nord-est de Saint-Romain, près de Longwy.

Citation : *Tombé glorieusement, le 22 août 1914, à la tête de sa section, au cours d'une contre-attaque. A été cité.*

[Né le 21 mars 1883. Fils de M. Emile DEFAIT, C ✠, intendant général, et de Mme née Marguerite FOUGÈRES. Marié à Mlle Yvonne USELMANN, fille du Commandant et de Mme née PERRIN.]

DEFFONTAINES (Achille-Pierre), ✠, ✠ (palme), Général commandant la 5e Brigade d'Infanterie.

Blessé le 22 août 1914, succomba le 25, à Rennes, aux suites de ses blessures.

Citation : *Le 22 août 1914, s'est porté, avec la plus grande bravoure, sur un terrain que battait violemment l'artillerie ennemie, à hauteur du 128e régiment d'infanterie dont il voulait diriger l'attaque sur Robelmont (nord de Virton). Blessé à la tête, est mort, quelques jours après, des suites de ses blessures.*

[Né le 16 février 1858. Fils de M. et de Mme née MAES. Marié à Mlle WIBAUX.]

DEFRASSE (Jacques), ✠ (posthume), ✠ (1 étoile d'or, 1 étoile d'argent), architecte, lauréat de l'École des Beaux-Arts, sous-lieutenant au 74e d'Infanterie.

En 1915, il se distingua aux Éparges, à Notre-Dame-de-Lorette et à Ablain-Saint-Nazaire. Le 16 juin 1915, près de Souchez, à la tranchée des Saules, il fut envoyé pour surprendre l'ennemi; après avoir pris deux tranchées d'assaut, recevant l'ordre d'en prendre une troisième, il partit dans un élan merveilleux pour entraîner ses hommes qui, voyant le danger, hésitaient; mais, au moment où il franchissait le parapet, il fut tué sur le coup d'une balle au front.

Citation : *Très bon officier, dévoué et énergique, animé du meilleur esprit de sacrifice, très estimé de ses chefs. Tombé glorieusement, le 16 juin 1915, au combat d'Angres.*

[Né le 9 mai 1892. Fils de M. Alphonse DEFRASSE, ✠, architecte du Gouvernement, grand prix de Rome, et de Mme née Stépha HAUBERT.]

DEFOULENAY (Jean-Baptiste-*Prosper*), ✠, ✠ (palme et étoile), avocat, attaché au Parquet de la Seine, lieutenant au 16e d'Artillerie.

Mobilisé comme maréchal des logis éclaireur au 53e d'Artillerie. Nommé sous-lieutenant, pour sa conduite, au 16e d'Artillerie; remplissait ensuite les fonctions de lieutenant adjoint au colonel commandant l'A. D.. de la la 63e Division. A été mortellement blessé, le 17 novembre 1916, au cours d'une reconnaissance; mourut le 19 à l'ambulance de Dugny (Meuse).

> Citation : *Excellent officier, plein d'entrain et très dévoué. A fait preuve, en plusieurs circonstances, de beaucoup de courage et de sang-froid. Très grièvement blessé, le 17 novembre 1916, au cours d'une reconnaissance. Déjà blessé et cité à l'Ordre.*

[Né le 14 mars 1887. Fils de M. Raoul Defoulenay et de Mᵐᵉ née Marthe Meunier.]

DEGUINGAND (Gilbert), ⚜, ✠ (8 citations), ✠ (Belge), ✳ (Distinguished Service Order), sous-lieutenant pilote-aviateur.

A descendu victorieusement une vingtaine d'avions et deux drachens. Mort à Revigny (Meuse), le 22 octobre 1918, à 27 ans.

DEITZ (Maurice), ⚜ (posthume), ✠ (3 citations), maréchal des logis, pilote à l'Escadrille N. 23.

> Citation : *Pilote de chasse intrépide et ardent, se lançant à l'attaque des avions ennemis quel qu'en soit le nombre. Mort en héros, au cours d'un combat aérien, le 27 avril 1916.*

DEJEAN DE LA BÂTIE (Charles-Antoine-*Marc*), ✳ (posthume), ✠ (palme), sous-lieutenant au 61ᵉ d'Artillerie.

Blessé en avril 1917, à Berry-au-Bac, fut tué le 20 août suivant, à Belrupt, à l'âge de 20 ans.

> Citation : *Jeune officier. Mort bravement pour la France, à son poste de combat, assurant son service de chef de section, sous un violent bombardement à obus toxiques, en août 1917, devant Verdun. Une citation antérieure.*

DELABORDE (Fernand-Marie-*Henri*, Vicomte), ✳ (posthume), ✠ (palme), sous-chef de service au Crédit Lyonnais, lieutenant au 57ᵉ Chasseurs à pied.

Mortellement blessé, le 26 août 1914, au col de la Chipotte, à la tête d'un groupe qu'il avait rallié; mort, le 27 août, à Autrey (Vosges).

> Citation à l'Ordre de l'Armée : *Grièvement blessé, en entraînant son groupe à l'ennemi.*

[Né le 12 novembre 1883. Fils du Cᵗᵉ Delaborde, ✳, membre de l'Institut, et de la Cᵗᵉˢˢᵉ née Petit.]

DELABORDE (Louis - Maxence - *Pierre*), ✳ (posthume), ✠ (palme et étoile), capitaine au 30ᵉ Chasseurs alpins.

Tué, le 27 juillet 1915, au bois du Linge.

> Citation : *Jeune officier, d'une haute valeur morale et d'une rare conscience; après avoir conduit brillamment, en tête du bataillon, l'assaut de sa compagnie sur une forte position ennemie, a été tué en préparant l'organisation du terrain conquis.*

[Né le 28 novembre 1887. Frère du précédent.]

DELABORDE (Hugues-Bénigne-Henri-*Jean*), ⚜ (posthume), ✠ (étoile), *engagé volontaire*, aspirant au 30ᵉ Chasseurs alpins.

Mortellement blessé à Chevreux, le 24 juin 1917, mort le 25 juin, à Guyencourt.

> Citation : *Aspirant animé de sentiments très élevés, a toujours fait preuve de la plus grande bravoure. Très grièvement blessé, en*

parcourant la tranchée de première ligne sous un bombardement de nuit subit et très violent, qui faisait craindre une attaque.

[Né le 20 juillet 1897. Frère des précédents.]

DELACHENAL (Jean), ingénieur.......................

[Fils de l'ancien Député et de Mᵐᵉ née Geneviève DE MONTGOLFIER.]

DELADRIÈRE (Marie-Étienne-*André*), ✠ (posthume), ✠, capitaine au 319ᵉ d'Infanterie.

Mort de ses blessures, le 23 décembre 1914.

Citation : *Le 17 décembre 1914, a enlevé très brillamment sa compagnie à l'attaque de la ligne ennemie. A été grièvement blessé en pénétrant dans la tranchée allemande ; est mort des suites de ses blessures. A été cité.*

[Né le 9 décembre 1868. Marié à Mˡˡᵉ Annie WILLIAMSON.]

DELAFOND (Marcel), ✠ (posthume), ✠ (2 étoiles), étudiant, sergent au 31ᵉ d'Infanterie.

Tombé au champ d'honneur, au bois des Buttes (Pontavert), le 14 avril 1917.

Citation : *Le 14 avril 1917, faisant fonctions de chef de section, a su, par son énergie et son complet mépris de la mort, maintenir sa section sur une position fortement bombardée, s'est dépensé sans compter ; a été tué en se portant au secours d'un homme blessé.*

[Né le 10 septembre 1893. Fils de M. DELAFOND, C ✠, inspecteur général des Mines en retraite, ancien directeur de l'Ecole supérieure des Mines, et de Mᵐᵉ née PONDEVEAUX.]

DELAGE (Joseph-Paul-Marcel), O ✠, ✠ (palme), capitaine de vaisseau.

Commandant du cuirassé *Danton*, fut englouti avec son bâtiment, le 19 mars 1917.

DELAGE DE LUGET (Maurice), ✠, ✠, chef d'escadrons au 6ᵉ Cuirassiers. Tué le 28 janvier 1915.

[Marié à Mˡˡᵉ Marie DE BEAUCÉ, — dont trois enfants.]

DELAGE DE LUGET (Yvan-Louis-*Jacques*), ✠ (posthume), ✠, capitaine au 40ᵉ d'Artillerie.

Citation : *Commandant de batterie, habile autant qu'audacieux. Tué à son poste de combat, le 7 septembre 1914. A été cité.*

[Marié à Mˡˡᵉ DE MATHAREL.]

DELANGLADE (Docteur), O ✠, ✠, professeur à l'Ecole de Médecine de Marseille, médecin-major de 1ʳᵉ classe.

Frappé à mort au moment où il organisait des services de secours en première ligne ; inhumé provisoirement en Alsace.

[Marié à Mˡˡᵉ WARRAIN.]

DELANGLADE (Jules), infirmier à l'ambulance chirurgicale automobile n° 23.

Tué, le 5 septembre 1917, en se portant volontairement au secours des blessés sous un violent bombardement par avions.

[Fils du précédent.]

DELAROCHE-VERNET (Georges), ✠, ✠, capitaine au 175e d'Infanterie, détaché à la Mission Française en Amérique.
Décédé des suites d'une maladie contractée au front, en 1918.

DELARUE (Gabriel), C ✠, ✠, Général de brigade, commandant une Division d'Infanterie.
Tombé glorieusement à Mesnil-les-Hurlus, le 20 mars 1915.

> Citation : *Passé dans le cadre de réserve depuis le 12 août 1914, a commandé avec la plus grande vigueur une brigade, puis une division de première ligne, à partir du 2 septembre ; a su leur inculquer l'ardeur patriotique qui l'enflammait. Tué glorieusement le 20 mars 1915, alors qu'il s'était porté aux tranchées de première ligne de sa division pour assurer la possession du terrain conquis la veille sur l'ennemi et préparer les opérations ultérieures.*

DELARUE (*René*-Ludovic-Alexandre), ✠ (posthume), ✠ (palme et étoile), sorti de Saint-Cyr, capitaine au 60e d'Infanterie.
Tué, le 25 septembre 1915, à la tête de sa compagnie, lors du premier assaut de la grande offensive de Champagne, près de Saint-Hilaire-le-Grand.

> Citation : *Au cours de l'attaque du 25 septembre 1915, a brillamment entraîné sa compagnie jusqu'à la première ligne allemande, où il est tombé mortellement atteint.*

[Né à Alger le 24 août 1884. Fils du Général de Division R. DELARUE et de Mme née VILLÉ (décédée). Marié à Mlle VINCENT-DARASSE; — dont un enfant.]

DELATTRE (Baron Robert), directeur de l'Agence de la Société Générale de Tanger, sergent au 27e territorial d'Infanterie.
Tué à Caudry (Pas-de-Calais), le 26 août 1914.

DELAUNAY (Jean-Antoine-Jules), sergent à l'Escadrille Spa 156.
Mort de ses blessures, le 1er septembre 1918, à Vitry-le-François.
[Né en 1898. Fils de M. et de Mme née LEFRANC.]

DELAUNE (Roger), ✠, *engagé volontaire*, caporal au 8e Chasseurs à pied.
Tué le 16 avril 1917.
[Fils de M. et de Mme née BRUYN.]

DELAUNE (Jacques), ✠, *engagé volontaire*, brigadier au 20e Chasseurs à cheval.
Prisonnier de guerre, rapatrié, mort le 20 juillet 1918.
[Frère du précédent.]

DELAVAUD-DUMONTEIL (Louis-Paul), ⚜ (posthume), ✠, brigadier au 1er Chasseurs à cheval.

> Citation : *Brigadier courageux, ayant vaillamment rempli son devoir devant l'ennemi ; tué à Richebourg, le 11 octobre 1914. A été cité.*

DELCASSÉ (Jacques), ✠, ✠, lieutenant au 56e Chasseurs à pied.
Trois fois blessé dans la journée du 1er septembre 1914, ramassé sur le champ de bataille de Gercourt par l'ennemi. La haine allemande s'est exercée sur lui, sur son nom d'autant plus exécré de

l'autre côté de la frontière qu'il est honoré en terre française : il a passé par tous les camps de représailles et fut évacué en Suisse, après tant d'épreuves, pour y mourir dans les bras des siens qu'animait l'impatient désir de le revoir.

[Fils de M. Théophile Delcassé, ✳, ancien ministre, et de Mᵐᵉ née Wallet.]

DELCASSE D'HUC DE MONSEGOU (Georges), ✳, ▩ (palme), capitaine au 27ᵉ Dragons.
Tombé glorieusement à l'ennemi, le 28 mars 1918, à 48 ans.

Citation : *Officier de cavalerie, passé dans l'infanterie, sur sa demande. Commandant du 8ᵉ groupe d'autos-canons, autos-mitrailleuses, a constamment donné à son groupe l'exemple de toutes les vertus militaires. Est tombé glorieusement, en protégeant le repli de l'infanterie combattant contre un ennemi supérieur en nombre.*

DELETTE (*Paul-Louis*), ◉, ▩, ingénieur, caporal au 3ᵉ Chasseurs à pied.

Citation : *Très bon chasseur, très brave. Est tombé mortellement frappé en entraînant les camarades de son escouade à l'attaque, le 26 mai 1915, devant Notre-Dame-de-Lorette.*

[Né le 11 octobre 1894. Fils de M. et de Mᵐᵉ née Marguerite Zeller.]

DELHUMEAU (Armand-Alexandre-*Roger*), ✳ (posthume), ▩, Saint-Cyrien, lieutenant au 79ᵉ d'Infanterie.
Tué au Grand-Couronné de Nancy, le 17 août 1914, atteint par un obus en pleine poitrine.

Citation : *Officier du plus grand courage et du plus bel entrain, s'est avancé seul à la tête d'une patrouille jusqu'au signal de Frascati, au milieu des avant-postes allemands ; s'en est retiré le dernier et a été tué le même jour. A été cité.*

DELHUMEAU (Pierre), ◉, ▩ (palmes et étoiles), *engagé volontaire*, aviateur, observateur mitrailleur.
Mort de ses blessures, en 1918, à l'hôpital anglais d'Ebblinghen.

[Frère du précédent.]

DELIN (Guy), ◉, ▩, sergent d'Infanterie.
Blessé à Sarrebourg, le 22 août 1914 ; tombé au combat du bois de la Louvière.

DELMOTTE (Nicolas-Victor), C✳, ▩ (palme), Général commandant la 33ᵉ Division d'Infanterie.
Mort à Doullens, le 22 janvier 1916.

Citation : *Officier général avisé et prudent, prodigue de sa peine et de sa bravoure, toujours énergique, forçant la confiance de tous par sa calme assurance, son jugement sûr et droit, et l'étendue de ses connaissances. Sur le front depuis le début de la campagne, s'est affirmé dans le commandement d'une brigade, puis dans celui d'une division comme un chef de grande valeur. A gravement compromis sa santé en résistant, jusqu'à l'extrême limite de ses forces, à une maladie contractée dans les tranchées au cours de l'hiver 1914-1915.*

[Né le 18 avril 1855. Fils de M. et de Mᵐᵉ née Lefèvre. Marié à Mˡˡᵉ Marie Aurioux.]

DELOBELLE (Gilbert), ✠, ✠ (1 palme, 4 étoiles), étudiant en médecine, aide-major au 8e d'Infanterie.

Blessé grièvement, le 1er juin 1918, à Ambleny (Aisne), décédé le 10 à l'ambulance du château d'Ognon (Oise).

> Citation : *Médecin de la plus haute valeur, ayant les plus belles qualités professionnelles ; d'un courage inébranlable et d'un dévouement absolu. A été blessé grièvement à son poste. Trois citations antérieures.*

[Né le 14 septembre 1889. Fils de M. et de Mme Paul DELOBELLE.]

DELOISON (Roger), sergent au 36e d'Infanterie.

Tué à Souchez, le 22 juin 1915.

[Fils de M. DELOISON, ✠, ✠, avoué, et de Mme née OFFROY.]

DELOMBRE (Roger), soldat au 226e d'Infanterie.

Tué le 11 septembre 1914, à Haraucourt (Meuse).

[Né en 1884. Fils de M. Paul DELOMBRE, C ✠, ancien ministre.]

DELORD (Louis), ✠, lieutenant de vaisseau.

Englouti avec le cuirassé *Danton*, le 19 mars 1917.

DELPIT (Pierre), ✠, sous-lieutenant au 110e d'Infanterie.

Blessé grièvement en Champagne, le 23 septembre 1914, a dû subir l'amputation de la jambe ; mort au Val-de-Grâce, à 20 ans.

DELVERT, ✠, ✠, capitaine au 101e d'Infanterie.

Glorieusement tombé, le 26 juin 1916, à la défense du fort de Vaux, sous Verdun. Auteur d'une relation poignante : *Histoire d'une compagnie* (la 8e qu'il commandait), qui, ayant reçu la mission de défendre le retranchement du fort, repoussait cinq assauts en quatre jours et qui, tout entière, à part quelques hommes, mourut au champ d'honneur.

DEMANEST (Georges), ✠ (posthume), ✠ (étoile), propriétaire, sous-lieutenant au 201e d'Infanterie.

Tué, le 4 avril 1917, devant Craonne.

> Citation : *Ce brillant officier, affecté sur sa demande au 201e d'infanterie, y a été tué glorieusement, le lendemain de son arrivée sur le front, en allant reconnaître le secteur qu'il avait été chargé d'aménager.*

[Né en 1883. Fils de M. et de Mme Charles DEMANEST. Marié à Mlle Marguerite WOUSSEN.]

DEMANEST (Eugène-*Léon*), ⚜ (posthume), ✠, soldat au 31e d'Infanterie.

Tué à Vauquois, le 1er mars 1915, après avoir pris part aux différents assauts dans ce secteur.

DEMARTRES (E.-G.), ✠ (posthume), ✠ (palme), lieutenant de vaisseau du *Cassini*.

> Citation : *Disparu avec son bâtiment torpillé par un sous-marin ennemi, en accomplissant son devoir militaire.*

DEMEULDRE (.....), ✠, ⊛, ✠ (6 palmes, 2 étoiles), sous-lieutenant aviateur.
Tué glorieusement, le 3 mai 1918, au-dessus de Montdidier, après 13 victoires.

DEMIRGIAN (Guy), sergent au 329ᵉ d'Infanterie.
Tué sous Verdun, le 4 juillet 1916.

[Né le 29 octobre 1883. Fils de M. et de Mᵐᵉ née NARGUILIGIAN. Marié à Mˡˡᵉ LE HUIRON.]

DEMIRGIAN (René), sous-lieutenant au 23ᵉ Dragons.
Tué, le 23 octobre 1914, à Savy-Berlette (Pas-de-Calais).

[Né le 3 juin 1885. Frère du précédent.]

DEMONGEOT (Marcel), ⊛, chef de bataillon d'Infanterie.
Tué, sous Soissons, le 27 mai 1918.

[Fils de Mᵐᵉ RIBOT et beau-fils de M. Alexandre RIBOT, de l'Académie Française, Sénateur, ancien Président du Conseil.]

DENAINT (C.-M.), ⊛, ⊛, maréchal des logis, pilote-aviateur.
Mort des suites de ses blessures, en juin 1918.

DENIAU (Henry), ✠, ✠ (palme), capitaine au 301ᵉ d'Infanterie.
Grièvement blessé aux Éparges, mort des suites de ses blessures, le 14 novembre 1914.

Citation : *Officier de la plus grande valeur. Dans la journée du 7 septembre 1914, à Rembercourt, sous un feu de mitrailleuses des plus intenses, a maintenu sa compagnie sur une position avancée des plus dangereuses et non organisée. A enrayé sur ce point l'avance allemande jusqu'à 15 heures, bien qu'il eût reçu deux ordres de repli successifs à 9 h. 30 et à 11 heures. A été grièvement blessé de sept éclats d'obus, le 10 octobre, dans une reconnaissance à Trésaudaux (crête des Éparges). Mort des suites de ses blessures.*

DENIS (Henri)...

[Fils de l'ancien Sénateur, ✳, et de Mᵐᵉ née MERLE D'AUBIGNÉ.]

DENIS DU DÉSERT (*Paul*-Charles-Armand), ✠ (posthume), ⊛ (2 palmes), lieutenant au 161ᵉ d'Infanterie.
Blessé grièvement le 1ᵉʳ mai 1915, a été tué le 7 octobre 1916, à la tête de ses hommes montant à l'assaut.

Citation : *Officier de valeur, ayant une haute idée du devoir ; a été tué, le 7 octobre 1916, en entraînant sa compagnie à l'attaque d'une tranchée fortement occupée. A été cité.*

DENIS-GUIBERT (Hervé), publiciste.................................

DENIS-LAROQUE (Marie-Eugène-Adolphe), ✠, ⊛ (2 palmes), lieutenant-colonel au 129ᵉ d'Infanterie.

Citation : *Officier d'une valeur exceptionnelle, possédant au plus haut point la confiance de ses supérieurs et de ses subordonnés. Est tombé glorieusement au moment où, dans un élan magnifique, il lançait son régiment à l'assaut d'un village très fortement organisé.*

DENOYEL (Jean), ✠, lieutenant au 249ᵉ d'Artillerie.
Tombé à son poste, le 14 août 1918.

[Né en 1891. Fils de M. Camille DENOYEL (décédé) et de Mᵐᵉ née Hélène DE LA BRIÈRE.]

DENOYELLE (André), lieutenant au 15ᵉ d'Artillerie.
Tué dans les Vosges, en 1914.

DEPAUX-DUMESNIL (*Guy* - Gabriel - Serge), ✳ (posthume), ✠ (1 palme, 1 étoile), *engagé volontaire*, sous-lieutenant au 6ᵉ Chasseurs alpins.
Grièvement intoxiqué en novembre 1917, tombé glorieusement, le 12 juillet 1918, près de Mareuil.

Citation : *Excellent officier, d'une bravoure remarquable. Le 12 juillet 1918, se portant à la tête de son peloton, a entraîné, par son élan irrésistible, sa troupe arrêtée dans sa progression par des mitrailleuses ennemies ; a, malgré de fortes pertes, continué à progresser jusqu'au moment où, frappé d'une balle à la poitrine, il est tombé glorieusement face à l'ennemi, donnant ainsi à tous le plus bel exemple de courage et d'abnégation.*

[Fils de M. L. DEPAUX-DUMESNIL, avoué.]

DÉPINAY (Auguste-Léon-*René*), ✳ (posthume), ✠ (1 palme, 2 étoiles), ingénieur des Arts et Manufactures, capitaine au 101ᵉ d'Artillerie lourde.
Tombé à son poste, le 1ᵉʳ mars 1918, à Gernicourt.

Citation : *Commandant de batterie, d'une grande valeur professionnelle, d'un dévouement absolu et d'un haut esprit de devoir. Brave et actif, a été tué à son poste.*

[Né le 9 mars 1882. Fils de M. et de Mᵐᵉ Georges DÉPINAY. Marié à Mˡˡᵉ Suzanne DELESALLE, — dont quatre enfants.]

DERODE (*Jean*-Émile-Marie), ✳, ✠ (10 palmes), ✳ (Military Cross), ✳ (Ordre de Léopold), ✠ (Belge), capitaine au 6ᵉ Dragons, pilote-aviateur, commandant l'Escadrille N. 99.
Tué en combat aérien, à Chaumuzy (Marne), le 4 juin 1918. Avait abattu neuf avions.

Dixième citation : *Officier d'une valeur exceptionnelle, joignant, comme chef d'escadrille, aux plus brillantes qualités d'un pilote de chasse, celles d'un chef admirable d'entrain. Au cours d'un récent combat, a probablement abattu un avion ennemi ; le jour même, a attaqué une patrouille fort supérieure à la sienne, l'a mise en fuite, et a trouvé une mort glorieuse. Chevalier de la Légion d'honneur, neuf fois cité à l'Ordre de l'Armée.*

[Né le 16 septembre 1887. Fils du Commandant Alphonse DERODE, O ✳, et de Mᵐᵉ née ROUSSELIN.]

DERODE (*Hubert*-Marie-François-Bénédit), ✳ (posthume), ✠ (palme et étoile), élève à l'Ecole forestière de Nancy, élève à l'Institut national Agronomique, lieutenant au 360ᵉ d'Infanterie.
Parti, le 2 août 1914, avec le 237ᵉ de ligne, avec lequel il fit toute la campagne jusqu'en 1916, où il passa au 360ᵉ en mars 1916. Quelque temps après, il fut, sur sa demande, mis dans une compagnie dont il prit le commandement. Au moment de l'offensive de septembre 1916, le 12 septembre, sa compagnie partait à l'as-

saut de la tranchée des Berlingots, devant Cléry-sur-Somme. Après s'être emparé de deux lignes de tranchées, il tomba, sous le feu de mitrailleuses, mortellement blessé. Il obtint alors la citation suivante à l'Ordre de la VIe Armée :

> *Officier d'un grand courage et d'une grande valeur ; a été tué le 12 septembre 1916, à la tête de sa compagnie qu'il conduisait à l'assaut des tranchées allemandes.*

[Né le 9 mai 1893. Fils de M. Victor DERODE, ✳, ✠, chef de bataillon au 305e d'Infanterie, et de Mme née DE SAINT-QUENTIN.]

DERODE (Lucien), ✳ (posthume), ✠, ancien élève de l'École Polytechnique, lieutenant au 8e Génie.

Tué à l'ennemi, à Cormicy (Marne), le 18 septembre 1914, à l'âge de 31 ans.

> Citation : *Glorieusement tombé le 18 septembre 1914, alors qu'il assurait le fonctionnement de son service dans un village violemment bombardé, au moment où il s'efforçait de faire mettre à l'abri un de ses hommes blessé.*

[Fils de M. Lucien DERODE, O ✳, censeur de la Banque de France, administrateur de la Compagnie du chemin de fer du Nord (décédé en mars 1919), et de Mme née TOURANGIN.]

DERUÉ (Soulange), ingénieur des Mines, lieutenant au 61e d'Artillerie.

Tué en octobre 1914.

DESAZARS DE MONTGAILHARD (*Jacques*-Marie-Roger-Guillaume, Baron Jacques), ✳ (posthume), ✠ (palme), capitaine au 7e Hussards.

Tué, le 30 août 1914, sous Rethel.

> Citation : *Chargé de couvrir le flanc de la 17e division d'infanterie qui se portait à l'attaque, a arrêté, par une charge poussée à fond, une contre-attaque que l'ennemi lançait sur le flanc de cette division. Est tombé glorieusement à la tête de sa troupe. A été cité.*

[Marié à Mlle PATRAS DE CAMPAIGNO, fille du Mis et de la Mise née DE BREMOND D'ARS.]

DESCATLLAR (Comte Roger de), ✳, ✠, capitaine commandant au 8e Cuirassiers.

Décédé des suites de ses blessures, le 6 avril 1918.

[Marié à Mlle LAGARDE, — dont deux enfants.]

DESCHAMPS (*Jean*-Auguste-Ernest), ✳ (posthume), ✠ (palme), sous-lieutenant au 405e d'Infanterie.

Tué, le 28 septembre 1915, près de Neuville-Saint-Vaast.

> Citation : *A été tué à la tête de sa section, qu'il avait enlevée à l'assaut avec un sang-froid remarquable.*

[Né le 6 avril 1894. Fils de M. Auguste DESCHAMPS, professeur à la Faculté de Droit, et de Mme née GLASSON.]

DESCHAMPS (*René*-Jean), ☙ (posthume), ✠ (étoile), élève au Lycée Louis-le-Grand, *engagé volontaire* au 81e d'Artillerie lourde.

A pris part aux batailles de la Somme, puis de Champagne et

enfin de Verdun. Blessé grièvement aux Bois-Bourrus, le 13 août 1917, est mort dans la nuit du même jour, à l'hôpital de Vadelaincourt.

Citation : *Jeune téléphoniste, brave et plein d'allant. Avec un mépris absolu du danger, a réparé une ligne téléphonique sous un violent bombardement. Blessé mortellement en accomplissant sa tâche, le 15 août 1917.*

[Né le 3 août 1898. Fils de M. Georges DESCHAMPS, avoué à Paris, et de Mme née DELPON DE VISSEC.]

DESCHAMPS, née *Augusta*-Marguerite-Catherine CHANSARD (Madame Léon), ✱ (Médaille d'argent des Épidémies), Vice-Présidente de la Croix-Rouge de Périgueux.

Décédée, le 28 décembre 1917, d'une maladie infectieuse contractée en soignant les blessés de l'hôpital auxiliaire nº 3, à Périgueux. N'avait cessé, depuis le début des hostilités, de prodiguer les soins les plus dévoués aux typhiques de la population civile et aux blessés militaires.

[Née le 13 juin 1876. Fille de M. Rodolphe CHANSARD et de Mme née DULAC. Mariée à M. Léon DESCHAMPS, notaire à Périgueux, président de la Croix-Rouge, — dont une fille.]

DESCHAMPS DE LA PORTE (Maurice-Émile), ✠ (posthume), ✠ (palme), maréchal des logis au 105e d'Artillerie lourde.

Citation : *Excellent sous-officier, d'un dévouement à toute épreuve. Tué près de sa pièce, le 21 août 1916, au cours d'un violent bombardement. A été cité.*

DESCHAMPS DE PAILLETTE (Maurice), ✱ (posthume), ✠, lieutenant au 51e d'Infanterie.

Tué à Mesnil-les-Hurlus, le 27 février 1915.

Citation : *Sorti de Saint-Cyr à la mobilisation, s'est fait remarquer en toutes circonstances par son courage et son sang-froid extraordinaires. A été tué, au cours d'une contre-attaque ennemie, le 27 février 1915. A été cité.*

[Né en 1892. Fils de M. et de Mme née DOUBLET.]

DESCHARD (Louis), lieutenant au 19e d'Infanterie.

Tué en 1914.

DESCHARD (Raymond), lieutenant au 118e d'Infanterie.

Tué en 1914.

DESCHARS (Charles), ✱ (posthume), ✠, consul de France, attaché commercial à Berlin, officier interprète à l'Etat-Major de la 7e Division d'Infanterie.

Citation : *Affecté à l'état-major de la 7e division d'infanterie au début de la guerre, a fait preuve des plus belles qualités d'intelligence, de bravoure et de sang-froid pendant les premiers jours de la campagne. Ayant été blessé, le 22 août 1914, en accompagnant le général commandant la division d'infanterie, sous un feu très violent, et, ayant vu, le 24 août 1914, l'ambulance où il se trouvait envahie par les Allemands, s'est efforcé, malgré ses graves blessures, d'empêcher le massacre des blessés français de l'ambulance ; a été, au moment où il remplissait cette noble tâche, assassiné par un sous-officier allemand qui, lâchement, lui brûla la cervelle. A été cité.*

[Marié à Mlle BECHET.]

DESCLOS LE PELEY (Maurice), maréchal des logis, éclaireur d'Artillerie.
Tué le 16 avril 1917.

DESCOURS-DESACRES (*Jacques - Achille*), ✳ (posthume), ✠ (palme et étoiles), sous-lieutenant au 329e d'Infanterie.
Tué à Neuville-Saint-Vaast, le 3 juin 1915.

   Citation : *Sous un bombardement d'artillerie d'une extrême violence, et bien qu'ayant été contusionné par un premier éboulement, a continué à donner à toute la compagnie l'exemple du calme et de l'impassibilité. A été écrasé sous son abri par un second éboulement. A été cité.*

[Né le 23 mars 1884. Fils de M. Alexandre DESCOURS-DESACRES, ✳, ✠, et de Mme née MOREAU. Marié à Mlle Yvonne LANIEL.]

DESEILLIGNY (François-Marie-Gustave PIERROT-), ✳ (posthume), ✠, lieutenant au 226e d'Infanterie.
Tué à Champenoux, le 24 septembre 1914.

   Citation : *A assuré, avec une entière bravoure, les fonctions d'adjoint à son chef de bataillon. Venu se mettre à la disposition de son chef de corps pour l'aider à reformer la ligne de tirailleurs, a pris momentanément le commandement d'éléments regroupés, les a maintenus en ligne et a été frappé mortellement en contribuant à contenir la progression de l'ennemi, le 24 septembre 1914. A été cité.*

[Né le 2 août 1885. Fils de l'Agent de change de Paris et de Mme née Jeanne MAZERAT. Marié à Mlle DESEILLIGNY.]

DESEILLIGNY (Michel PIERROT-), *engagé volontaire*, sous-lieutenant au 342e d'Artillerie.
Mort, en 1918, des suites d'une maladie contractée au front.

[Fils du Chef d'escadron d'Artillerie et de Mme DESEILLIGNY.]

DESHAIS DU PORTAIL (Maurice), du 123e d'Infanterie.
Tué, le 19 août 1917, à 22 ans.

DESHOULIÈRES (Jacques THABAUD-), ⚙ (posthume), ✠ (palme et 2 étoiles vermeil), *engagé volontaire*, maréchal des logis pilote-aviateur.
Blessé, le 8 septembre 1914, au nord de Crépy-en-Valois, il fut tué en combat aérien, le 5 septembre 1917, dans les Flandres.

   Troisième citation à l'Ordre de l'Armée (23 septembre 1917) : *Pilote très courageux et toujours prêt à marcher. Tombé glorieusement, le 5 septembre 1917, en livrant combat, au cours d'un réglage de tir, à quatre avions de chasse ennemis.*

[Né le 13 janvier 1892. Fils de M. François THABAUD-DESHOULIÈRES et de Mme née SCHAFFERS.]

DESJARDINS (Michel), ✠, *engagé volontaire*, élève de l'Ecole des Chartes, lieutenant au 204e d'Infanterie.
Tué d'une balle au front, à notre offensive du 18 juillet 1918.

DESJOBERT (Marie-Pierre-*Charles*), ✠ (posthume), ✠ (étoile d'argent), ancien élève de Saint-Cyr, capitaine au 78e d'Infanterie.

Après une pointe hardie en Belgique, le XIIe Corps, dont il faisait partie, s'était replié successivement derrière la Semoy, la Chiers et la Meuse, puis, les 27 et 28 août, tenait tête aux Allemands entre Beaumont et Reuilly. Le 28, blessé d'une balle au bras à l'attaque du Bois-Gerfaut (Ardennes), Charles DESJOBERT ne veut pas qu'on parle de sa blessure, il garde le commandement de sa compagnie. Quelques jours plus tard, le 7 septembre 1914, il prenait part à la bataille de la Marne, et, à Chatel-Raoult, était atteint au ventre par un éclat d'obus. Transporté successivement, le 8 septembre, au poste de secours de Chapelaine, puis à l'ambulance de Brienne-le-Château (Aube), il y expirait dans la soirée.

Citation : *Brillante conduite habituelle, et notamment le 7 septembre, à Chatel-Raoult, où il a été frappé mortellement.*

[Né le 13 novembre 1876. Fils de M. Maurice DESJOBERT, ✠, lieutenant-colonel d'Infanterie, et de Mme née Lucie DE LAAGE DE MEUX (décédés). Marié à Mlle Jeanne VINCHON, fille de M. René VINCHON (décédé) et de Mme née Alice MARIOTTI, — dont cinq enfants.]

DESJOBERT (Marie-Jean-Baptiste-*François*), ✠ (posthume), ✠ (3 palmes, 1 étoile), ✠ (Ouissam Alaouïte), O✠ (Ordre de Moulay Yonief), ancien élève de Saint-Cyr, capitaine d'Infanterie des Renseignements Affaires indigènes, attaché à l'E.-M. du Général LYAUTEY, résident général du Maroc.

Retenu au Maroc, malgré sa demande de passer au front français, obtint enfin de venir rejoindre le 7e bataillon de Tirailleurs Marocains, avec lequel il prit part, dans la nuit du 4 au 5 juin 1917, à une attaque près du Chemin-des-Dames, à Soupir, où il a été porté disparu. Son corps n'a pu être retrouvé ; il n'a pas été relevé par les brancardiers divisionnaires ; il a dû être enseveli par les obus.

Citation : *Officier d'élite, d'un dévouement et d'une bravoure exemplaires. Chargé, dans la nuit du 4 au 5 juin 1917, de reprendre à l'ennemi une tranchée, s'est magnifiquement porté à l'assaut en tête de ses tirailleurs qui, entraînés par son exemple, ont brillamment enlevé la position. Est tombé glorieusement en plein succès. A été cité.*

[Né le 2 septembre 1884. Frère du précédent.]

DESJOYEAUX (Noël), ✠, sous-lieutenant au 14e Dragons, détaché, sur sa demande, au 15e d'Infanterie.

Tué à Coucy-le-Château, le 26 septembre 1918.

[Fils du Conseiller général de la Loire et de Mme née DESJOYEAUX. Marié à Mlle RUFFIER.]

DESMIERS DE CHENON (*Georges*-Paul-Marie-Joseph, Comte Georges), ✠ (posthume), ✠, Saint-Cyrien, capitaine au 118e d'Infanterie.

Avait pris part au combat de Messin, le 22 août 1914, puis, en décembre, à celui de Chaumont-Saint-Quentin. Le 3 avril 1915, chargé de fournir des renseignements sur l'ennemi, poussant jusqu'à la dernière limite le sentiment du devoir, il voulut observer par-dessus le parapet et vérifier l'exactitude de son compte rendu. C'est à ce moment qu'il fut frappé à mort.

> Citation : *Officier d'une bravoure et d'un sang-froid admirables, qui a fait preuve des plus brillantes qualités militaires au cours de la campagne, et a pris part à toutes les affaires auxquelles le 118e a assisté. A été tué glorieusement, le 5 avril 1915, en effectuant une reconnaissance. A été cité.*

[Né le 9 avril 1884. Fils du Cte (décédé) et de la Ctesse née Hélène DE LESTANG. Marié, en 1913, à Mlle Jacqueline PICERRON DE MONDESIR.]

DESMONS (André), ✠ (posthume), ✠ (palme), sorti de Saint-Cyr en 1911, lieutenant au 16e Dragons.

Tué, le 8 octobre 1914, à Bailleul (Nord), dans les circonstances relatées par la citation qui suit :

> *Arrêté par des cyclistes ennemis qui l'empêchaient de reconnaître les forces à attaquer, s'est bravement jeté sur eux et est tombé mortellement atteint.*

[Né en 1886. Fils de M. DESMONS, ingénieur, et de Mme née JORDANET.]

DESMOUSSEAUX DE GIVRÉ (François), ✠, ✠ (2 palmes), sous-lieutenant au 44e Chasseurs à pied.

Porté disparu, le 9 mai 1915, à Carency. La 7e compagnie, sous la conduite du vaillant officier, a été citée en ces termes à l'Ordre de l'Armée :

> *Dans un élan admirable, a enlevé trois lignes de tranchées et s'est jeté, à la baïonnette, sur la lisière d'un village fortement organisé. A perdu, en quelques minutes, son chef, ses 4 chefs de section, 10 sergents et 120 caporaux ou hommes. Le reste de la compagnie, un sergent et 80 hommes, s'est installé et a tenu dans la tranchée de troisième ligne allemande.*

[Né le 21 novembre 1887. Fils du Bon et de la Bonne née AUGIER DE MOUSSAC.]

DESMOUSSEAUX DE GIVRÉ (*Félix*-Abel), ✠ (posthume), ✠ (palme), lieutenant au 1er Etranger.

> Citation : *Officier de réserve, d'un courage et d'un sang-froid admirables. Grièvement blessé en dirigeant des travaux à proximité de la première ligne, sur un terrain battu en permanence par le feu de l'ennemi. Est mort des suites de ses blessures.*

[Marié à Mlle BAILLOUD, fille du Général, GC ✠, �})\, ✠, et de Mme née Gabrielle CHAMBERT.]

DESNOS (Henri), ✠ (posthume), ✠ (1 palme, 1 étoile), étudiant, sous-lieutenant aviateur.

Tué, le 24 septembre 1916, dans la Somme, au cours d'un combat aérien contre plusieurs appareils ennemis. Son aéroplane redescendait en vol plané après ce combat, quand il fut abattu par l'artillerie de terre. Inhumé au cimetière de Nurlu (Somme).

> Citation : *Observateur en avion, à l'Etat-Major d'une Artillerie divisionnaire, a donné, en maintes circonstances, les preuves du plus grand courage en survolant à une faible hauteur les lignes ennemies. Mort glorieusement, au cours d'une reconnaissance aérienne, le 24 septembre 1916.*

[Né le 22 mai 1894. Fils du Dr, O ✠, et de Mme née VÉE.]

DESNUES (*Jean*-Georges), maréchal des logis au 6e Dragons.

Fait prisonnier, le 22 août 1914, à Saint-Vincent-Rossignol (Belgique). Rentré en France après quatre années de captivité, le 20 juillet 1918, est mort, le 30 du même mois, des suites de privations endurées pendant cette longue détention.

[Né le 11 novembre 1888. Fils de M. Lucien DESNUES, ✳, architecte diplômé par le Gouvernement, et de Mme née DUMESNIL.]

DESPINE (Jean-Constant, Baron), ✳ (posthume), ⬥, sous-lieutenant au 6e Colonial.

    Citation : *Jeune officier doué des plus belles qualités militaires, plein d'allant, de bravoure et de sang-froid. A fait preuve d'un courage remarquable, le 10 octobre 1917, en contre-attaquant, à la tête de ses hommes, sous un bombardement allemand d'une grande violence, l'ennemi qui avait réussi à pénétrer dans la tranchée de première ligne. A été mortellement blessé au cours de l'action.*

[Fils du B^{on} (décédé en 1917) et de la B^{onne} DESPINE.]

DES POMMARE (Marcel), ✳ (Médaille du Maroc), maréchal des logis au 44e d'Artillerie.

    Engagé dans l'Artillerie en 1910, parti en 1911 comme brigadier volontaire au groupe du 2e d'Artillerie de campagne d'Afrique (1re batterie), à Oudja (Maroc).

    Rappelé en 1914 au 44e d'Artillerie, fut, en mai 1915, blessé d'un éclat d'obus, alors qu'il était indicateur de sa batterie, près d'Albert (Somme); le poumon était traversé, et, le 15 mai 1916, il mourait, à Paris, des suites de cette blessure.

[Né le 16 octobre 1891. Fils de M. Joseph DES POMMARE et de Mme née Léonie CROISY.]

DESPREZ (Léon-Joseph-Ubald-Henry-*Guy*), ✳ (posthume), ⬥ (2 étoiles), licencié en droit, lieutenant au 81e d'Artillerie lourde.

    Parti comme brigadier lors de la déclaration de guerre. Tué à l'ennemi, dans la nuit du 9 au 10 juillet, à Brunswick, près Monastir (Macédoine).

    Citation : *Officier d'une haute valeur morale et professionnelle; fréquemment chargé de missions délicates et périlleuses. Commandant en dernier lieu une section avancée, très exposée. Tué, le 9 juillet 1917, d'un éclat d'obus à son poste de commandement, en dirigeant le feu de ses pièces.*

[Né le 14 mars 1891. Fils de M. Henry DESPREZ, ✳, ingénieur en chef des ponts et chaussées, et de Mme née DEMONJAY.]

DESPREZ (Gabriel-Georges-*Jean*), ✳ (posthume), ⬥ (étoile), élève à l'Ecole Polytechnique, sous-lieutenant au 107e d'Artillerie lourde.

    Tué à l'ennemi, le 29 mai 1916, à Cumières, près Verdun, en commandant le tir de sa batterie.

    Citation : *Jeune officier plein d'allant, très courageux. Pendant l'affaire de Champagne, a occupé, avec le plus grand mépris du danger, les postes d'observation très avancés, d'où il a envoyé des renseignements intéressants sur les emplacements de l'artillerie et de l'infanterie.*

[Né le 15 mai 1894. Frère du précédent.]

DESREZ (*Maxime*-Marie-André), ✳ (posthume), ⬥ (palme et étoile), étudiant en droit, sous-lieutenant au 156e d'Infanterie.

    A été tué dans la nuit du 10 au 11 août 1917, à la tête d'une patrouille de 50 volontaires qu'il commandait, et qui avait pour mission de se porter à la reconnaissance du bois de Lesménil (Meurthe-et-Moselle), situé à 1.800 mètres de nos lignes. Cette mission terminée, la patrouille fut attaquée par un détachement ennemi. Les nôtres se battirent vaillamment, dispersant les Allemands, et rentrèrent dans nos lignes en ramenant tous leurs morts et blessés et des prisonniers. Le sous-lieutenant DESREZ, en tête de ses hommes, fut mortellement touché de deux balles dans la poitrine, tirées à bout portant.

> Citation à l'Ordre de la VIII° Armée (13 août 1917) : *Jeune officier plein d'entrain et de bravoure, toujours volontaire pour les missions périlleuses. Est tombé glorieusement au cours d'une reconnaissance, qu'il avait conduite avec son énergie et son audace habituelles.*

[Né le 18 février 1894. Fils de M. Paul DESREZ, notaire (décédé), et de M™° née D'ÉTÉ.]

DESROUSSEAUX DE MÉDRANO (Henri), ✳ (posthume), ✳, sous-lieutenant au 82° d'Infanterie.

Tué aux combats de la Meuse, le 6 septembre 1914.

> Citation : *Officier d'une haute valeur morale, d'un courage et d'une bravoure remarquables. S'est distingué brillamment dans les combats du début de la campagne. Mort glorieusement à la tête de sa section, le 6 septembre 1914, au combat de Esnes. Croix de guerre avec étoile de vermeil.*

[Fils de M. (décédé) et de M™° née GRÜNDLER.]

DESROUSSEAUX DE VENDIÈRES (Comte Marcel), ✳ (5 étoiles), ancien élève de Polytechnique, chef d'escadron au 8° d'Artillerie de campagne.

Décédé, le 13 août 1917, des suites d'une maladie contractée au front, où il commandait un groupe d'artillerie depuis le commencement d'août 1914 jusqu'au 21 mars 1917, date où il dut être évacué et dirigé sur un hôpital.

> Cinquième citation : *A obtenu de son groupe, par son action personnelle, pendant trois mois de combats presque ininterrompus, sur la Somme, notamment au cours de la préparation de trois attaques, malgré un bombardement incessant des batteries, des résultats remarquables, tant comme efficacité de tir que comme résistance physique et maintien du niveau moral de tout le personnel sous ses ordres.*

[Né le 10 août 1867. Fils du C™ (décédé) et de la C™° née BLANCHET.]

DESSIRIER (L.-A.-E.), O ✳, ✳ (3 palmes), chef d'escadron au 1er d'Artillerie.

> Citation : *Officier hors ligne, d'une science complète dans l'emploi de l'artillerie, d'une bravoure magnifique, d'un dévouement sans borne. Tué au milieu de ses batteries en barrant la route à l'ennemi.*

DESSIRIER (Jean), ✳, ✳, capitaine aviateur.

Ayant reçu la mission, le 29 avril 1915, d'aller bombarder, de nuit, une position ennemie, un second aéroplane suivait le sien et marchait sous ses ordres : soudain, ceux qui montaient cet autre avion virent une vive flamme entourer l'appareil de leur chef, tandis qu'une forte détonation retentissait. Puis l'aéroplane s'effondra dans les lignes allemandes. Il avait été touché par les projectiles de l'ennemi.

[Fils du Général (décédé) et de Mme Dessirier.]

DESSIRIER (Edmond), ✠, sous-lieutenant au 2e Tirailleurs Indigènes.

Tué à Tracy-le-Mont, le 2 octobre 1914.

[Frère du précédent.]

DESTOUESSE (Jean-Baptiste-Marie-Joseph-Antoine-*Maurice*), *engagé volontaire* au 58e d'Artillerie.

Parti volontaire à la 15e batterie, 7e groupe du 82e d'Artillerie lourde. Evacué le 20 janvier 1917, et décédé à l'hôpital militaire Bégin, le 20 février 1917.

[Né le 18 juillet 1897. Fils de M. Edmond Destouesse et de Mme née Lagrolet.]

DESTREICHER (*Réné*-Charles), soldat au 303e d'Infanterie.

Tué, le 3 mars 1916, à Haudiomont, devant Verdun, au cours d'un bombardement intense de 380.

[Né le 15 janvier 1881. Fils de M. Charles Destreicher et de Mme née Chavanne (décédés). Marié à Mlle Geneviève Bagriot, fille de M. Félix Bagriot (décédé) et de Mme née Pitiau, — dont trois enfants.]

DESURMONT (Jacques), maréchal des logis, pilote-aviateur.

Tué, le 27 mai 1916, à Boves-Rouvrel (Somme).

[Né le 7 juillet 1891. Fils de M. et de Mme née Motte. Marié à Mlle Marcelle Desurmont.]

DESURMONT (Paul-Émile), sergent au 43e d'Infanterie.

Tué à Beauséjour (Marne), le 17 février 1915.

DESVALLIÈRES (*Daniel*-Olivier), ⚜ (posthume), ✠ (étoile), élève artiste peintre, *engagé volontaire* à 17 ans, au 6e Chasseurs alpins.

Tué glorieusement, le 19 mars 1915, au Reichackerkopf (Haute-Alsace).

Citation à l'Ordre du Bataillon : *Jeune chasseur de la classe 1914, animé du plus bel esprit militaire, plein d'entrain et de courage. A été tué, le 19 mars 1915, au moment où il sautait dans une tranchée allemande.*

[Né le 12 mai 1897. Fils du Commandant Georges Desvallières, ✻, ✠, artiste peintre, et de Mme née E. Lefebvre.]

DESVIGNES DE LAJAMBERTIE (Raybaud-Édouard-Ludovic-Fernandez), ✠ (posthume), ✠, capitaine au 32e d'Infanterie.

Blessé grièvement en Lorraine, au combat d'Herbevillers, le 25 août 1914; succomba le 27 à Nancy.

DESVIGNES DE SURIGNY (Louis-Marie-Pierre), ✠, ✠, capitaine au 9e Dragons, passé au 8e Chasseurs à pied.

Tué glorieusement, le 30 juin 1915, à Bagatelle (Argonne), en entraînant ses hommes à une contre-attaque.

[Né le 23 juin 1865. Fils de M. et de Mᵐᵉ née Élisabeth DE FORAS. Marié à Mˡˡᵉ DE TERROUENNE.]

DETANGER (Émile), ✳, ▨, littérateur, capitaine au 43ᵉ d'Infanterie.

Connu dans les Lettres sous son pseudonyme d'EMILE NOLLY. Blessé à la Faisanderie, mort, le 31 août 1915, à l'hôpital de Blainville-sur-l'Eau.

Citation : *Blessé à la main, a tenu à conserver le commandement de sa compagnie, et a été de nouveau gravement blessé.*

DETHOMAS (Paul), ✳, ⬤, ▨ (2 palmes), avocat à la Cour de Paris, sous-lieutenant.

Blessé en 1914, tomba glorieusement à Cerny (Chemin-des-Dames), le 27 juillet 1917.

[Marié à Mˡˡᵉ GODARD-DECRAIS.]

DÉTRIE, ✳, ▨, colonel du 20ᵉ d'Infanterie.

Citation : *Le 22 août 1914, commandant l'avant-garde de la 66ᵉ brigade, a engagé lui-même deux bataillons de son régiment pour essayer de déboucher de la lisière d'une forêt. S'est constamment tenu à la première ligne, sous les balles et les shrapnells, donnant à tous l'exemple du courage le plus calme et du dédain le plus héroïque de la mort. Est tombé glorieusement, en montrant aux siens l'ennemi à atteindre.*

DÉTRY (Robert), ▨ (2 citations), prêtre, vicaire à Notre-Dame de la Croix de Ménilmontant, capitaine au 26ᵉ d'Infanterie.

Tué le 22 août 1918.

DEVAULX DE CHAMBORD (Louis-Marie-*Albéric*), ✳, ▨ (palme), licencié en droit, sous-lieutenant au 7ᵉ Chasseurs alpins.

A été frappé d'une balle à la tête, en visant un officier qu'il a tué au plateau de Californie, le 9 septembre 1917. Il est tombé sans connaissance et est mort quelques heures après à l'ambulance de Beaurieux.

Citation : *Officier extrêmement brave ; a été frappé mortellement en s'élançant à la tête de ses hommes.*

[Né le 26 septembre 1891. Fils de M. (décédé) et de Mᵐᵉ née DE CHASTEIGNER.]

DEVÉ (A.-T.-R.), ✳ (posthume), ▨ (palme), lieutenant de vaisseau du *Vergniaud*.

Citation : *Tué glorieusement à la tête de sa compagnie, en combattant contre des forces très supérieures.*

DEVELAY (Albert), ✳ (posthume), ▨ (palme), enseigne de vaisseau du croiseur auxiliaire *La Provence II*.

Citation : *A fait preuve de beaucoup de calme et d'énergie en dirigeant, jusqu'au dernier moment, la mise à l'eau des embarcations. A disparu avec le bâtiment (25 février 1916).*

DEVEMY (Jean), sous-lieutenant de Dragons, passé au 113e d'Infanterie.
Tué en Argonne, le 19 mai 1916.

DEVERIN (André-Marie-*Maurice*), ✳ (posthume), ✳ (étoile), élève de l'École Polytechnique, sous-lieutenant au 86e d'Artillerie.
Tué par un obus, près de Berry-au-Bac, le 29 avril 1917, au cours d'une mission d'observation qu'il avait sollicitée.

> Citation : *Officier énergique et courageux, plein d'entrain. Volontaire pour une reconnaissance périlleuse en première ligne, le 29 avril 1917, a été tué au cours de cette mission.*

[Né le 12 juillet 1894. Fils du Lieutenant-Colonel, O ✳, et de Mme née ALLORGE.]

DEVILLE (A.-J.-J.), ✳ (palme), médecin de 1re classe à bord du *Bouvet*.
Englouti avec son bâtiment, le 18 mars 1915, aux Dardanelles.

DEVIN (Charles), ✳, lieutenant aviateur.
Tombé en combat aérien, le 25 septembre 1915, près d'Elzach, à 39 ans.

DEVUNS (Gaston), ✳, ✳, lieutenant-colonel commandant le 125e d'Infanterie.
Tombé glorieusement à Arras, le 9 mai 1915.

DEVUNS (Georges), ✳, soldat.
Tué à Chavigny (Aisne), le 8 juillet 1918.

DEZAUNAY (*Jacques*-Marie-Cyr), ✳, ✳ (1 palme, 2 étoiles), sous-lieutenant au 22e Dragons.
Tué à Roulers, le 26 décembre 1914.

> Citation : *Le 20 octobre, a eu la cuisse brisée par une balle; est resté sur le terrain, au milieu de son peloton à peu près détruit. Avait déjà été cité deux fois à l'Ordre de la Brigade et de la Division pour des reconnaissances d'une rare audace.*

[Né à Angers le 30 octobre 1891. Fils du Colonel DEZAUNAY, O ✳, et de Mme née Marie DE NEGRONI.]

DIANOUS DE LA PERROTINE (Marie-Amédée-*Paul* de), ✳ (posthume), ✳, sous-lieutenant au 258e d'Infanterie.
Tué le 26 septembre 1914, inhumé, en 1915, près Saint-Mihiel.

> Citation : *Officier très brave et d'une grande valeur. A donné un bel exemple de courage et d'énergie en entraînant brillamment sa section, le 26 septembre 1914, à l'assaut d'une position ennemie. Est tombé mortellement atteint à quelques pas des tranchées ennemies. A été cité.*

[Né en 1886. Marié à Mlle BAUDOT.]

DIAZ DE SORIA (Guido), ⚕ (posthume), ✳ (étoile), *engagé volontaire*, adjudant au 418e d'Infanterie.
A fait l'Argonne, Verdun, la Somme; parti simple soldat, il était proposé pour le grade de sous-lieutenant lorsqu'il fut grièvement blessé, le 12 août 1916, d'une balle au front, devant Maurepas; il expira, le 28 suivant, à l'hôpital Lavalard, à Amiens.

Citation : *Excellent chef de section, remarquable par la crânerie qu'il n'a cessé de montrer en toutes circonstances. Grièvement blessé le 12 août 1916.*

[Né le 23 décembre 1877. Fils de M. et de Mme née ALPHANDERY.]

DIBART DE LA VILLETANET (Charles-Eugène), ✠, ✠, capitaine d'Artillerie.

Tué à Maricourt, le 17 juillet 1916.

[Né le 23 août 1881. Fils de M. et de Mme née DOMENECH.]

DIENVAL (*Adrien*-Marie BOITEL de), ✠ (posthume), ✠ (palme et étoile), sorti de Polytechnique (promotion de 1914), sous-lieutenant au 46ᵉ d'Artillerie.

Mort à Cléry-sur-Somme, le 28 octobre 1916, quelques minutes après avoir été blessé à son poste. Inhumé dans le jardin du château de Suzanne (Somme).

Citation posthume : *Jeune officier d'une bravoure ardente et d'un sang-froid imperturbable au feu, joignant à de rares qualités du cœur et de l'esprit la plus haute conception du devoir. S'est distingué à maintes reprises, en Champagne en 1915, à Verdun et dans la Somme en 1916, en accomplissant avec bonheur des missions périlleuses d'observation et de reconnaissance en première ligne, qu'il recherchait particulièrement. Blessé mortellement à son poste de combat, le 28 octobre 1916.*

[Né le 26 mai 1894. Fils de M. DE DIENVAL, ancien capitaine d'Artillerie, et de Mme née GRÉA.]

DIESBACH DE BELLEROCHE (*Eugène*-Marie-Frédéric-Ernest-Ghislain, Comte Eugène de), ✠ (posthume), ✠ (4 citations), lieutenant au 90ᵉ d'Infanterie.

Tué à Auberive (Champagne), le 10 juillet 1916.

Quatrième citation : *Officier de cavalerie, d'une énergie, d'un sang-froid et d'un cran merveilleux. Blessé grièvement au début de la campagne et passé dans l'infanterie sur sa demande, s'est imposé de suite comme chef d'une trempe supérieure. Adoré de sa section, qui le suivait partout. Tombé glorieusement, le 10 juillet 1916, alors que, debout sur le parapet de la seconde ligne allemande, le revolver au poing et tirant sur une ligne d'ennemis à six pas devant lui, il entraînait ses hommes électrisés par son exemple. A été cité.*

[Né le 7 février 1894. Fils du Cte et de la Ctesse née Caroline VERMEULEN DE MIANOY.]

DIEUDONNÉ, née Florica ILIESCO (Madame).

Fille du général ILIESCO, chef de la Mission militaire Roumaine en France ; patriote ardente, et devenue Française par son mariage, elle prit une part active au mouvement interventionniste roumain. Depuis le début de la guerre, elle s'était consacrée aux malades tuberculeux, qu'elle soignait dans le sanatorium de Cambo ; elle a succombé à Pau, des suites de fatigues et de maladie contractée au chevet des soldats.

DIEUDONNÉ (Roger), ✠, ✠ (2 palmes), lieutenant au 4ᵉ de marche de Tirailleurs.

Citation : *Officier distingué et d'une activité inlassable. Adjoint au chef de corps, s'est dépensé sans compter. Est tombé glorieuse-*

ment, le 25 septembre. 1915, en se portant à l'assaut des positions
ennemies. (Champagne).

[Né le 9 juin 1889. Fils du Général et de Mme née LE VALOIS, décédée.]

DIEUDONNÉ (Bernard), ✠ (posthume), ✠ (étoile), Saint-Cyrien de
la promotion de Montmirail, sous-lieutenant au 54e d'Infanterie.

Citation : *Modèle de courage et d'énergie. A été tué, le 22 août
1914, alors qu'il entraînait sa section à l'assaut d'un village (près
Longwy).*

[Né le 19 septembre 1894. Frère du précédent.]

DIEULAFOY, née *Jeanne*-Paule-Rachel **MAGRE** (Madame Marcel), ✠, infirmière au Maroc.

Décédée, le 25 mai 1916, dans sa terre de Langlade, des suites
d'une phlegmosie infectieuse, contractée au lit des malades dans
les ambulances du Maroc.

[Née le 29 juin 1851. Fille de M. et de Mme MAGRE, née MANCEL. Mariée à M. Marcel DIEULAFOY, O ✠, lieutenant-colonel, membre de l'Institut (décédé en février
1920), fils de M. et de Mme DIEULAFOY, née DAMMIENS.]

DILLARD (P.-M.-G.), ✠ (posthume), ✠ (palme), enseigne de vaisseau
du *Dupleix*.

Citation : *Commandant un canot armé en guerre ; blessé deux
fois en soutenant la baleinière assaillie par un feu intense, tombé
glorieusement après avoir lutté jusqu'au bout.*

DILLON (*Édouard*-Marie-Georges, Comte Édouard), ✠, ✠ (étoile),
capitaine de Cavalerie, versé, sur sa demande, au 7e d'Infanterie.

Commandant une compagnie de mitrailleuses du 7e régiment
d'Infanterie, a été tué à l'ennemi le 24 avril 1918.

Citation : *Entouré de tous côtés par des forces très supérieures
dans le parc du château de Hangard-en-Santerre (Somme), il a refusé de se rendre et est tombé glorieusement à la tête de ses
hommes.*

[Né en 1874. Fils du Colonel Cte DILLON, O ✠, et de la Ctesse née DE BEUVERAND DE
LA LOYÈRE (décédés). Marié à Mlle Alice PARENT, fille de M. et de Mme née DE
FÉRUSSAC.]

DIMOUX-DIME (Joseph), ✠, chef d'escadron au 7e Chasseurs à
cheval.

Tué en novembre 1914.

DINET (Comte), ✠, camérier secret du Pape, commandant d'E.-M.
au Q. G. de la VIe Armée.

Ancien officier de cavalerie, avait repris du service en août
1914; il fut blessé à la bataille de la Marne et succomba aux suites
des fatigues de la campagne, le 11 février 1919, à 52 ans.

DINET (Vicomte Paul-Noël), ✠ (posthume), ✠, Saint-Cyrien, sous-
lieutenant du 23e d'Infanterie.

Tué, le 9 août 1914, sous Mulhouse.

Citation : *S'est fait remarquer par son courage et son entrain.
A donné à ses hommes le plus bel exemple d'héroïsme dont puisse*

faire preuve un jeune officier. A été tué en enlevant ses hommes à la baïonnette.

[Fils du précédent.]

DINET (Jean), ✳ (posthume), ✠ (palme), sous-lieutenant au 369ᵉ d'Infanterie.

> Citation : *Le 14 novembre 1914, blessé mortellement en enlevant sa section dans un combat sous bois ; n'a pas voulu être emporté à l'ambulance. Avait déjà été blessé deux fois, les 22 et 25 septembre, et s'était fait soigner au régiment pour rester à son poste.*

[Frère du précédent.]

DIOU (Paul-Émile), O ✳, ✠ (palme), Général commandant la 63ᵉ Brigade d'Infanterie.

Tué à l'ennemi au bois de Muhlwald. En réalité, a été blessé mortellement le 20 août ; on apprit beaucoup plus tard que l'ennemi l'avait inhumé au cimetière de Dieuze et qu'il est mort le 23 août.

> Citation : *D'un courage à toute épreuve, a été blessé mortellement, le 20 août 1914, en luttant contre un ennemi supérieur en nombre avec sa brigade, à laquelle il donna le plus bel exemple de bravoure, tombant frappé au milieu d'elle, un fusil à la main.*

[Né le 6 septembre 1855. Fils de M. et de Mᵐᵉ née PEULTIER.]

DIRAISON-SEYLOR (Olivier), ✳ (posthume), ✠ (2 palmes), enseigne de vaisseau, *engagé volontaire* comme simple soldat, lieutenant au 106ᵉ Chasseurs à pied.

> Citation : *Ancien officier de marine engagé pour la durée de la guerre, ayant gagné au feu les galons de lieutenant et une citation ; a entraîné sa section à l'assaut du 17 juin 1916, avec le plus complet mépris de la mort. La main traversée d'une balle, a continué de progresser jusqu'au moment où il fut atteint d'une blessure au ventre. Tombé dans un trou d'obus, a demandé le mousqueton d'un mitrailleur et a continué à tirer jusqu'à ce que l'ennemi l'eût achevé à coups de grenades.*

DISPAN DE FLORAN (Henry), publiciste.

Tué au Chemin-des-Dames, en mai 1918.

DISSON DE BAYS (Baron Étienne), ✠ (étoile), sous-lieutenant au 146ᵉ d'Infanterie.

Passé, sur sa demande, de la cavalerie dans l'infanterie, déjà blessé sous Douaumont, a trouvé la mort glorieuse du soldat, le 8 juillet 1916, à Hardicourt (Somme), frappé en plein cœur, à la tête de sa section, par une balle de mitrailleuse.

> Citation : *Venu de la cavalerie dans l'infanterie sur sa demande ; officier de valeur énergique, courageux, plein d'entrain, a commandé sa section avec beaucoup de sang-froid dans des circonstances critiques.*

[Né le 28 novembre 1889. Fils du Bᵒⁿ Albert DISSON DE BAYS, ✳, et de la Bᵒⁿⁿᵉ née BOULLEY.]

DITTE (*Pierre*-Marie-Honoré), ✳ (posthume), ✠, inspecteur des Finances, sous-lieutenant de réserve au 104ᵉ d'Infanterie.

Chargé d'assurer la défense de la ferme de Confrécourt, près

Fontenoy-sur-Aisne, à la tête d'une compagnie de renfort dirigée sur le 216e pendant la bataille de l'Aisne, a rempli cette mission en restant à découvert sous un violent bombardement, et a été tué, le 17 septembre 1914, par éclatement d'un obus.

[Né le 15 janvier 1880. Fils de M. Henry DITTE, C ✳, Conseiller à la Cour de cassation (décédé), et de Mᵐᵉ née SIMONET.]

DITTE (André), ✳ (posthume), ✳ (palme), ✳ (Médaille du Maroc), O ✳ (Nicham Alaouïte), lieutenant de Chasseurs d'Afrique, passé, sur sa demande, au 31e Chasseurs à pied.

Tué d'une balle au cœur, le 9 mai 1915, à Notre-Dame-de-Lorette, en avant de sa compagnie, après avoir été blessé à la jambe dans la même journée et avoir refusé de se faire évacuer.

[Né le 2 janvier 1888. Fils du Général DITTE, C ✳, et de Mᵐᵉ née HENRY.]

DITTE (Alfred), ✽ (posthume), ✳ (palme), adjudant d'Artillerie, interprète auprès de l'Armée Britannique.

Mobilisé sur place à Tien-Tsin (Chine), était revenu à ses frais pour faire campagne en France. Tué par un gros projectile avec son commandant de batterie à Dyckebusch, près Ypres, le 25 janvier 1916.

[Né le 4 mai 1889. Frère du précédent.]

DOÉ DE MAINDREVILLE (Charles-*Maxime*), ✳, ✳ (palme), ✳ (Médaille du Tonkin), colonel du 6e d'Infanterie.

Mort à Origny-Sainte-Benoîte (Aisne), le 29 août 1914, pendant l'invasion.

Citation à l'Ordre de l'Armée : *A montré, en toute circonstance, le calme, le sang-froid et l'énergie du chef. A Walcourt, le 24 août, a fait l'admiration de son régiment, qui a résisté, pendant sept heures, à la pression de forces supérieures. Malgré l'épuisement de ses forces physiques, est resté à la tête de son régiment jusqu'au 29 août, date de son entrée à l'ambulance où il est mort.*

[Né le 1ᵉʳ août 1857. Fils de M. Adrien DOÉ DE MAINDREVILLE, ancien magistrat, et de Mᵐᵉ née Esther DE NAZON. Marié à Mˡˡᵉ Thérèse AUBÉPIN DE LAMOTHE-DREUZY, fille de M. Roland DE LAMOTHE-DREUZY et de Mᵐᵉ née CHOPPIN DE SERAINCOURT, — dont onze enfants.]

DOËRR (Jacques), ✳ (posthume), ✳ (1 palme, 2 étoiles), officier des Haras, sous-lieutenant de réserve de Dragons, passé, sur sa demande, au 17e Chasseurs à pied.

Tué d'une balle au front, le 13 juin 1915, sur le plateau de Notre-Dame-de-Lorette.

Citation du Général D'URBAL (29 juin 1915) : *Officier adjoint au chef de corps; modèle de bravoure et d'énergie, toujours en quête des missions les plus périlleuses et les accomplissant avec un dévouement et une intrépidité extraordinaires. S'est offert spontanément à conduire, à l'assaut d'une position allemande très fortement organisée, une compagnie privée de ses officiers et de la moitié de ses cadres ; l'a entraînée avec un entrain au-dessus de tout éloge, et est tombé mortellement frappé au moment où, ayant dépassé la position ennemie, il poursuivait les fuyards l'épée dans les reins. A été cité.*

[Né le 4 avril 1888. Fils de M. DOËRR, inspecteur général des ponts et chaussées.]

DOËRR (André), ✠ (posthume), ✠ (1 étoile), sorti de Saint-Cyr, promotion des Marie-Louise, sous-lieutenant au 16e Dragons.

Tué d'une balle au front, le 9 novembre 1914, à l'assaut des tranchées ennemies.

> Citation : *Officier d'une grande audace et d'une bravoure exemplaire. Le 9 novembre 1914, à Langemarck, a été mortellement frappé d'une balle à la tête pendant qu'il parcourait les tranchées attaquées pour diriger et encourager ses cavaliers. Mort pour la France. A été cité.*

[Né le 7 avril 1892. Frère du précédent.]

DOGNON DU POMERAIT (Comte Louis VIDAUD du), ✠, capitaine au 143e d'Infanterie.

Tué, le 17 octobre 1914, au combat de La Bassée.

[Marié à Mlle ROMMELAERE.]

DOGNY (Pierre), ✠, lieutenant pilote-aviateur à l'Escadrille Spa 85.

Evacué du front le 15 octobre 1918, succomba, le 4 juillet 1919, aux suites des fatigues contractées aux Armées.

[Né le 18 juillet 1893. Fils de M. et de Mme née SEGUIN.]

DOLÉRIS (*Pierre*-Jean-Maurice), ✠ (posthume), ✠, propriétaire-colon au Rio-Negro (République Argentine), brigadier au 60e d'Artillerie.

Présent sous les drapeaux à la déclaration de guerre, a fait la campagne de Belgique et de la Marne. Grièvement blessé en Artois, le 18 mai 1915, est mort le surlendemain, 20 mai 1915.

> Citation : *Agent de liaison ; a montré le plus grand courage en réparant à plusieurs reprises la ligne téléphonique, sous un feu violent. A été cité.*

[Né le 19 décembre 1891. Fils du Dr Jacques-Amédée DOLÉRIS, O ✠, membre de l'Académie de Médecine, et de Mme née TAVEAU DE LAVIGERIE.]

DOLÉRIS (*Jacques*-Gabriel), étudiant en médecine de 3e année, soldat au 136e d'Infanterie.

A refusé son enrôlement dans le service de santé, et a réclamé son incorporation dans le service armé. A demandé à faire partie du premier détachement de volontaires de son régiment, engagé sur le front de Souchez-Neuville-Saint-Vaast. Tué par un obus, en Artois, le 23 mai 1915.

[Né le 15 décembre 1895. Frère du précédent.]

DOLL (Jean-René), ✠ (posthume), ✠ (palme), lieutenant au 4e mixte de Zouaves et Tirailleurs.

> Citation : *Le 25 septembre 1915, a brillamment entraîné sa section à l'assaut des tranchées allemandes, malgré de très violentes rafales de mitrailleuses. A été tué en abordant les réseaux de fils de fer ennemis.*

DOLLFUS (Henri), ✠ (posthume), ✠ (étoile), sergent au 67e d'Infanterie.

Tombé au champ d'honneur à la Tranchée de Calonne, le 24 avril 1915.

> Citation : *Sous-officier, animé de sentiments très élevés et d'un ardent patriotisme ; blessé, le 6 septembre 1914, au combat de*

Beauzée-sur-Aire. Revenu sur le front le 16 avril 1915, a été tué, le 24 du même mois, au cours d'une violente attaque allemande, pendant qu'il maintenait solidement par son attitude courageuse, signalée par plusieurs témoins, la section qu'il commandait et qui avait déjà perdu plus de la moitié de son effectif.

[Né en 1889. Fils de M. Gustave DOLLFUS, ✳, et de Mme née Fanny BAZIN.]

DOLLFUS (Étienne), ☗ (posthume), ✠ (étoile), brigadier au 44e d'Artillerie.

Tombé au champ d'honneur, en Champagne, le 22 décembre 1915.

Citation : *Excellent chef de pièce, très intelligent, payant de sa personne. Dans la nuit du 22 au 23 décembre, construisant des positions de canons de tranchées à proximité des lignes ennemies, a été tué par un éclat d'obus.*

[Né en 1891. Frère du précédent.]

DOLLFUS (Daniel), ✠, ✠ (3 palmes, 1 étoile d'or), ✳ (Médaille du Gabon), Saint-Cyrien, capitaine au 22e Colonial.

Le 3 juillet 1916, au soir, après trois journées glorieuses de l'offensive de la Somme, a refusé d'être relevé; a été tué le lendemain matin.

Citation : *Officier d'un rare mérite. Grâce à son coup d'œil, à son énergie, à son activité, a facilité grandement, pendant l'action offensive du 1er juillet 1916, la progression qu'il appuyait à l'aide de ses mitrailleuses et de ses canons de 37^{mm}. Tué glorieusement, le 4 juillet 1916, après avoir donné depuis le début de la campagne l'exemple de toutes les vertus.*

[Né le 31 mars 1890. Fils de M. et de Mme née KOECHLIN. Marié à Mlle SIMONET, fille de M. et de Mme née RITOIT, — dont un fils.]

DOLLFUS (Robert), ✠ (étoile), industriel, *engagé volontaire* au 60e d'Artillerie.

Tué à l'ennemi, le 2 octobre 1914, à Suzanne (Somme).

[Né le 23 février 1879. Fils du Lieutenant-Colonel Alfred DOLLFUS, O ✳, et de Mme née Lucy PERDONNET. Marié à Miss Frances CHRYSTIE, fille du Colonel et de Mrs. CHRYSTIE, — dont trois enfants.]

DOLLFUS (Jules), sergent au 5e Génie.

Mort de ses blessures, le 25 septembre 1915, à Woesten (Belgique).

[Né le 6 octobre 1887. Fils de M. Jules DOLLFUS (décédé en 1919) et de Mme née CONTEJEAN.]

DONCKÈLE (Raymond), ✠, ✠ (2 palmes), lieutenant au 66e Chasseurs à pied.

Citation : *Blessé au bout de deux mois de campagne, a rejoint son corps avant d'être complètement guéri. N'a cessé de faire preuve des plus belles qualités militaires : audace, ténacité, esprit et sacrifice. A mérité d'être fait, à 25 ans, chevalier de la Légion d'honneur. Est tombé mortellement frappé au cours d'une reconnaissance de nuit, où il a donné aux chasseurs qui l'aimaient un suprême exemple de bravoure et de mépris du danger.*

[Fils du Membre de la Chambre de Commerce de Paris, C ✳, et de Mme G. DONCKÈLE.]

DONEAUD (Charles), ✠, lieutenant au 13e Dragons.
Tué le 27 octobre 1915.

DONEAUD (Maurice), ✱ (posthume), ✠ (palme), aspirant de Marine.
Englouti avec le *Bouvet,* le 18 mars 1915.

Citation : *A assuré le service d'adjudant de tir avec un parfait sang-froid, et a rendu les plus grands services dans l'observation des batteries et la surveillance des mines flottantes. Mort à son poste lorsque le* Bouvet *a sombré, le 18 mars 1915.*

DONGUY (Georges-*Paul*), ✱ (posthume), ✠ (palme et étoile), élève au Lycée Saint-Louis, sous-lieutenant au 266e d'Artillerie de campagne.
Blessé mortellement au Mont-Rouge.

Citation : *Jeune officier qui, par son courage, son abnégation et sa haute valeur morale, a toujours fait l'admiration de sa troupe. A été blessé mortellement, le 25 avril 1918, au moment où, sous un bombardement d'une violence inouïe, il surveillait avec un sang-froid et un calme admirable le tir de barrage exécuté par ses pièces.*

[Né le 9 juillet 1894. Fils de M. et de Mme née BARDIN.]

DONNAU (Comte William de), homme de lettres.
Mort pour la France, au cours de l'expédition des Dardanelles.

DONNEDIEU DE VABRES (Édouard-Albert-*André*), ✱ (posthume), ✠ (5 citations), sous-lieutenant au 45e d'Infanterie.
Tué à l'attaque du Dobropolje (Serbie), le 15 septembre 1918, à 22 ans, en se portant à l'assaut, à la tête de sa section.

DORAT DES MONTS (Marie-Joseph-Louis-Roger-Martial-Maximilien), ✱ (posthume), ✠ (palme), sous-lieutenant au 63e d'Infanterie.

Citation : *Jeune officier plein d'allant; a conduit sa section, pendant les combats du 18 octobre 1918, avec le plus grand calme et le plus grand sang-froid. A été tué au cours d'une contre-attaque ennemie, en résistant avec acharnement. A été cité.*

DORDAYGUE (*Emmanuel*-Marie-François-Pierre de), ⚜ (posthume), ✠, soldat au 61e Chasseurs à pied.

Citation : *Bon chasseur, qui s'est fait remarquer par sa belle conduite au feu. Mort glorieusement pour la France, le 28 septembre 1915, à Souchez. A été cité.*

[Fils de M. et de Mme née DE BEAUPUY.]

DORGUIN DE LAVEAU (Charles), ✠, avocat, sous-lieutenant au 90e d'Infanterie.
Blessé à Ypres, le 31 octobre 1914, succomba à ses blessures, le 9 novembre, au Havre.

DORIER (*Augustin*-Marie-François), ✠ (palme et étoile), lieutenant au 173e d'Infanterie.
Tué, le 9 juin 1918, à Villers-sous-Coudun (Oise).

Citation à l'Armée : *Attitude admirable au feu ; étant encore sergent et tous les officiers de sa compagnie ayant été mis hors de combat, en a pris le commandement et l'a entraînée avec un élan superbe.*

[Né le 20 juillet 1878. Fils de M. et de Mme née Antoinette FRÉCON.]

DORION (Fernand), ✠ (étoile), maréchal des logis au 214e d'Artillerie de campagne.

Décédé à l'ambulance de Senlis (Oise), le 11 octobre 1918, après une courte maladie contractée au front.

Citation : *Agent de liaison, toujours volontaire pour les missions les plus périlleuses. A la plus heureuse influence sur le moral de la batterie, grâce à son sang-froid et à sa bonne humeur. Pendant les combats de juillet 1918, s'est rendu maintes fois aux observatoires sous de violents tirs de barrage, et a toujours donné d'utiles renseignements.*

[Né en octobre 1887. Fils de M. Fernand-Joseph DORION, ingénieur civil des Mines, ancien élève de l'Ecole Polytechnique, et de Mme née CONGY. Marié à Mlle Tapia COUSIÑO.]

DORIZON (Henri-*François*), ✱ (posthume), ✠ (2 palmes), étudiant, *engagé volontaire* à 17 ans, au 12e Chasseurs alpins, puis sous-lieutenant aviateur à l'Escadrille Spad 150.

Devenu aspirant, ayant eu un pied gelé dans les Vosges, à Metzeral, et ne pouvant plus assurer son service, il avait contracté un engagement dans l'aviation où il était devenu pilote de chasse, puis promu sous-lieutenant après une première citation à l'Armée.

Tué en combat aérien à Roderen (Alsace), le 6 mars 1918.

Seconde citation : *Jeune officier de grande valeur. Pilote adroit, très allant, donnant sans cesse le bon exemple à ses camarades pilotes. Est tombé glorieusement au cours d'un combat aérien.*

[Né le 17 décembre 1897. Fils de M. Louis DORIZON, C ✱, ancien directeur de la Société Générale.]

DORLHAC DE BORNE (Jean-Marie-Alphonse-Joseph-Victor-*Henry*), avocat, docteur en droit, caporal au Corps d'occupation d'Orient.

Mort à Moudros (île de Lemnos), le 27 décembre 1915, des suites de maladie et de fatigues contractées aux Armées.

[Né le 18 février 1892. Fils unique de M. Alphonse DORLHAC DE BORNE, bâtonnier de l'Ordre des Avocats, ancien maire de Tarascon, ancien vice-président du Conseil général des Bouches-du-Rhône, et de Mme née FAYN.]

DORME (René), ✱, ✪, ✠ (11 palmes, 1 étoile), sous-lieutenant aviateur.

Tombé glorieusement après 23 victoires homologuées.

DORMEUIL (*Jean*-Marie), ✱ (posthume), ✠ (2 étoiles), sous-lieutenant mitrailleur au 132e d'Infanterie.

Tombé glorieusement à son poste de combat, à Bouchavesnes (Somme), le 28 septembre 1916.

Citation : *Très bon chef de section, dont la bravoure froide savait inspirer confiance à ses hommes. Blessé mortellement, le 28 septembre 1916, pendant un violent bombardement. A été cité.*

[Né le 26 avril 1896. Fils de M. et de Mme André DORMEUIL.]

DORMY (*François*-Marie-Joseph, Vicomte François de), soldat infirmier.

Mort, le 9 mars 1915, à l'hôpital militaire n° 68, à Autun, d'une double pneumonie infectieuse contractée en soignant ses malades.

[Né le 25 décembre 1888. Fils du Vte Lyonel DE DORMY et de la V^{tesse} née DE BOIGNE.]

DOUAU (Victor-François), ✠ (posthume), ✠ (2 étoiles), sous-lieutenant au 96e d'Infanterie.

Mortellement blessé, en reconnaissance à la tête de ses hommes, le 26 octobre 1918, au passage de la Serre (Armée Mangin).

[Né le 8 octobre 1890. Fils de M. Max DOUAU, ✠, ingénieur, et de Mme née Marie BLOT.]

DOUBLE DE SAINT-LAMBERT (*Maurice*-Louis-Marie-Léopold-Léon), ✠ (posthume), ✠ (étoile), téléphoniste au 5e groupe d'Artillerie de campagne d'Afrique.

Tué dans les carrières de Curlu (Somme), le 8 septembre 1916.

Cité à l'Ordre de la Division par le Général NAULIN, commandant la 45e Division d'Infanterie, dans les termes suivants :

> *Excellent téléphoniste, dévoué et courageux ; s'est toujours très bien conduit. A été tué, le 8 septembre 1916, à son poste de combat.*

[Né le 5 novembre 1890. Fils de M. Paul DOUBLE DE SAINT-LAMBERT et de Mme née MAGNAN.]

DOUGLAS (*Olivier*-Marie-René, Vicomte Olivier de), ✠ (posthume), ✠ (palme), lieutenant au 23e d'Infanterie.

Tué à la prise de Mulhouse, le 9 août 1914.

> Citation : *A été blessé mortellement au moment où, avec énergie et courage, il entraînait sa section à une contre-attaque à la baïonnette. A été cité.*

[Fils du Cte, O ✠, et de la Ctesse née DE PARROY (décédée). Marié à Mlle DARESTE DE LA CHAVANNE (décédée), — dont deux enfants.]

DOUHET DE VILLOSSANGES (Henri-Paul-Marie, Marquis de), ✠ (posthume), ✠ (palme), capitaine au 106e d'Infanterie.

> Citation : *Officier d'une remarquable bravoure et d'une haute valeur morale. Le 24 août 1914, à Arrancy, s'est sacrifié pour protéger jusqu'à la dernière extrémité, par le feu de ses mitrailleuses, le repli de son bataillon, attaqué par des forces très supérieures. Mort glorieusement pour la France.*

[Né le 21 décembre 1875. Fils du Mis (décédé) et de la M^{ise} née B^{onne} DE CARONDELET.]

DOUMER (Marcel), ✠, ✠ (3 palmes), capitaine au 20e Chasseurs à cheval, commandant l'Escadrille de combat S.P.A. 88.

Mort glorieusement en combat aérien, à Dampleux, près la forêt de Villers-Cotterets, le 28 juin 1918.

Il fut fait chevalier de la Légion d'honneur, avec cette belle citation :

> *Chef d'escadrille d'élite, animé du sentiment du devoir le plus élevé. Par ses remarquables qualités de chef, a su faire de son escadrille une unité homogène et un redoutable instrument de*

*guerre. Le 28 juin 1918, est tombé glorieusement en pleine bataille
à la tête de ses patrouilles*

[Né à Laon (Aisne) le 12 juillet 1886. Fils de M. Paul DOUMER, sénateur, ancien
Président de la Chambre des Députés, et de Mme née RICHEL.]

DOUMER (René), �֍, ✠ (9 palmes), capitaine au 2e Chasseurs à pied,
pilote-aviateur, commandant l'Escadrille de chasse de la Ve Armée,
N. 76.

Blessé grièvement dans l'infanterie, le 22 août 1914, cité à
l'Ordre de l'Armée et fait chevalier de la Légion d'honneur.
Déclaré inapte à servir dans l'infanterie, passa dans l'aviation.
Nommé capitaine et chef d'escadrille à la bataille de Verdun. Tué
dans un combat aérien livré contre plusieurs avions ennemis, près
du fort de Brimont, le 26 avril 1917. Les Allemands ont écrit sur
sa tombe, au cimetière d'Asfeld-la-Ville (Ardennes) : « Mort en
héros. »

> *Dernière citation : Magnifique modèle du chef et du soldat,
> exemple vivant de bravoure et d'honneur militaire. S'est imposé à
> l'admiration de tous ceux qui l'ont connu. A abattu sept avions
> ennemis. Est mort glorieusement, le 26 avril 1917, en se sacrifiant
> pour sauver un avion de Corps d'Armée aux prises avec un ennemi
> supérieur.*

[Né à Laon le 31 octobre 1887. Frère du précédent.]

DOUMER (André), ✖ (posthume), ✠ (palme), lieutenant au 8e d'Artillerie, commandant la 22e batterie.

Mortellement blessé d'un éclat d'obus, en Lorraine, le 24 septembre 1914; a succombé le même jour à l'hôpital militaire de
Nancy.

> *Citation : A toujours fait preuve de la plus grande bravoure. A
> été blessé mortellement, le 24 septembre 1914, en s'approchant d'une
> crête située en avant de son poste d'observation, pour essayer de
> découvrir une batterie ennemie qui bombardait sa position. A été
> cité.*

[Né à Paris en 1889. Frère des précédents.]

DOUMIC (Max), ✠, architecte, lieutenant au 1er Étranger.

Son bataillon eut une citation spéciale le 9 mai 1915, lors de
l'enlèvement des Ouvrages Blancs, sous Arras, « pour avoir donné
» dans cette journée un exemple incomparable du plus pur esprit
» de dévouement et de sacrifice ».

DOURY (E.-L.), ✖, ✠, colonel du 5e d'Infanterie.
Tombé glorieusement le 14 septembre 1914.

> *Citation : A montré en toutes circonstances, depuis le début de
> la campagne, des qualités très brillantes de commandement, d'éner-
> gie et de bravoure. Le 14 septembre, ayant reçu de son général de
> brigade, dans un moment très critique, l'ordre de résister sur place
> et à outrance à une attaque de l'ennemi, dirigée sur un pont, a ré-
> pondu : « C'est bien, on résistera, et maintenant, pour mot d'ordre :
> le sourire. » A été tué quelques instants après par un éclat d'obus,
> à son poste de commandement.*

DOUSSE (Jean), ✖, ✠ (2 palmes, 3 étoiles), lieutenant de Tirailleurs.
Revenu de Madagascar dès la déclaration de guerre, se battit

vaillamment en Lorraine; mort, le 29 mars 1918, des suites de ses blessures.

DOUVILLÉ (Robert), sergent au 28ᵉ d'Infanterie.
Tué à Sapigneul, le 2 novembre 1914.

[Né le 26 juillet 1881. Fils du Membre de l'Institut, O ✱, et de Mme née BRISAC. Marié à Mlle GIROT.]

DOUVILLE DE FRANSSU (Maurice), ✱ (posthume), ✠, Saint-Cyrien, sous-lieutenant au 32ᵉ d'infanterie.
Tué à Hooge, sous Ypres, le 26 février 1915.

Citation : *Excellent officier, brave et dévoué. Mortellement frappé d'une balle à la tête, le 26 février 1915, au cours d'une reconnaissance. A été cité.*

DOVILLE (René), ✠, Saint-Cyrien de la promotion du Drapeau et de l'Amitié Américaine, sous-lieutenant au 158ᵉ d'Infanterie
Tué sur le front des Ardennes, le 27 octobre 1918, à 20 ans.

DRESNAY (*Renaud*-Xavier du), ✱ (posthume), ✠ (5 citations), sous-lieutenant au 111ᵉ d'Artillerie lourde, observateur à l'Escadrille M.S. 215.
Tué en combat aérien, sur Verdun, le 18 septembre 1917.

Citation : *Observateur de premier ordre. Est tombé glorieusement, le 18 septembre 1917, frappé par une balle ennemie au cours d'un combat avec trois monoplaces.*

[Né le 23 février 1897. Fils du Vte et de la Vtesse née Pauline MEUNIER.]

DRIANT (Émile), O ✱, ✠, littérateur, député de Meurthe-et-Moselle, lieutenant-colonel de Chasseurs à pied.

Sous le pseudonyme de « Capitaine DANRIT », avait publié plusieurs ouvrages dont le plus remarqué fut *La Guerre de demain,* couronné par l'Académie Française. Ancien officier supérieur de Chasseurs à pied, reprit du service au début de la campagne, et se signala maintes fois. Il trouva la mort glorieuse du soldat, le 21 février 1916, dans la fameuse affaire du bois des Caures, au début de la bataille de Verdun; l'ennemi, ayant pu avancer, lui rendit solennellement les honneurs dus à un brave. La veille de sa mort, il écrivait à sa femme :

..... Je ne t'écris que quelques lignes hâtives, car je monte là-haut encourager tout mon monde, voir les derniers préparatifs.

L'ordre du général X..., hier, prouve que l'heure est proche. Leur assaut peut avoir lieu cette nuit, comme il peut encore reculer d'un jour ou deux. Le premier choc sera terrible; les Allemands emploieront flammes et gaz; nous le savons par un prisonnier de ce matin. Mes pauvres chasseurs si épargnés jusqu'ici! Mon cœur se serre, mais je suis très calme, — je ferai de mon mieux. A la grâce de Dieu! J'ai toujours eu une telle chance que j'y crois encore pour cette fois. Mais comme on se sent peu de chose à ces heures-là.....

[Né à Neufchâtel le 11 septembre 1855. Marié à Mlle Marcelle BOULANGER, fille du Général, ancien ministre de la guerre, décédé.]

DROUARD (Henri), O ✱, ✠ (4 palmes, 2 étoiles), médecin-major au 329ᵉ d'Infanterie.

Blessé mortellement à Estrées, le 13 juillet 1916, est décédé à l'ambulance d'Harbonnières le surlendemain.

> Sixième citation : *Officier d'une bravoure et d'un allant remarquables, ayant un absolu mépris du danger, toujours présent aux endroits les plus exposés, trois fois blessé depuis le début de la campagne ; a été atteint d'une blessure très grave, le 13 juillet 1916, en se portant au secours de blessés sous un bombardement d'une extrême violence. Déjà quatre fois cité à l'Ordre de l'Armée.*

[Né le 19 juin 1869. Fils de M. et de Mme Pascal DROUARD. Marié à Mlle PAULET, — dont un enfant.]

DROUOT (Vicomte Paul), ✠, homme de lettres.

Tué, le 9 juin 1915, frappé d'un éclat d'obus en plein cœur, pendant le bombardement de Notre-Dame-de-Lorette.

DROZ DES VILLARS (Antonio), ✠ (posthume), ✠ (palme), lieutenant au 5e Tirailleurs.

Tué le 11 août 1918.

> Citation : *Chargé avec sa compagnie de réduire un nid de mitrailleuses, s'en est approché à moins de 30 mètres, puis l'a enlevé dans un dernier élan. Est tombé glorieusement, à la tête de ses tirailleurs, après avoir reçu deux blessures au cours de cette même action.*

[Fils du Colonel et de Mme née MADELOR.]

DRU (Louis-Auguste), ✠, maréchal des logis aviateur.
Mort en 1918.

[Fils de M. et de Mme Auguste DRU.]

DRUARD DE SAVIGNY (*Harold* - Marie - Émile - Charles), ✠ (posthume), ✠ (palme), Saint-Cyrien (promotion de la Grande-Revanche), sous-lieutenant.

Tombé à Thélus, le 24 octobre 1915; inhumé au cimetière d'Habarcq (Pas-de-Calais).

> Citation : *Commandant sa compagnie, a, par son énergie, son sang-froid, sa bravoure, maintenu pendant trois jours ses hommes sur une position nouvellement conquise, malgré un bombardement constant et des plus violents, qui a occasionné de nombreuses pertes. Tué, le 24 octobre 1915, en s'exposant pour mieux observer le tir de notre artillerie.*

[Né le 22 décembre 1894. Fils du B^on et de la B^onne née DE COLONGES DE CÉNAC.]

DUBARLE (Louis-Dominique-Joseph-Pierre-*Robert*), ✠, ✠ (1 palme, 3 étoiles), avocat à la Cour de Paris, ancien député de l'Isère, capitaine au 68e Chasseurs alpins.

Tué au combat des hauteurs de Metzeral (Alsace), le 15 juin 1915. Il fut frappé d'une balle au cœur, tandis qu'il entraînait sa troupe, criant : « En avant, c'est pour la France ! » En mémoire de son exploit, le point où il est mort s'est appelé camp Dubarle; et, parlant de lui, le colonel disait « le Bayard du 68e ».

> Citation : *Déjà décoré sur le champ de bataille pour sa brillante conduite, est mort en faisant le geste du chef dont il avait toute la grandeur d'âme, entraînant, avec un absolu mépris du danger, sa compagnie à l'assaut d'une position ennemie fortement défendue, au cri de : « En avant, pour la France ! »*

[Né le 16 octobre 1881. Fils de M. Léon DUBARLE et de Mme née CANTEL. Marié à Mlle Marie MARBEAU, fille de l'ancien capitaine des Mobiles de 1870, et de Mme née ADAM.]

DUBARLE (André), ✳, ✳ (5 citations), capitaine au 31e Chasseurs à pied.

Mort au champ d'honneur, le 4 mars 1915, à Notre-Dame-de-Lorette.

> Citation : *Ayant reçu l'ordre, le 19 septembre 1914, de se porter au secours de fractions d'un corps voisin, en péril et dépourvues de munitions, a accompli cette mission avec une rare bravoure, sous une grêle de balles et le feu du canon ennemi. Son intervention a permis à ces fractions de se dégager. A reçu cinq balles au cours de cette mission. N'en a pas moins ramené sa compagnie à son poste primitif dans le plus grand ordre, et ne s'est fait panser qu'une heure après avoir été blessé, ses forces l'abandonnant.*

[Marié à Mlle Henriette DE POLINIÈRE.]

DUBOIS (*Louis - Marie - Jules*), ✳ (posthume), ✳ (3 citations), ✳ (Médaille du Maroc), O✳ (Ouissam Alaouïte), lieutenant au 9e Zouaves (Division Marocaine de marche).

A pris part à la bataille de la Marne, comme officier de liaison, puis comme officier d'ordonnance du colonel NIESSEL (promu depuis général). Tombé devant Ypres, à Boesinghe (Belgique), le 29 avril 1915, en tête de sa compagnie qu'il entraînait à l'assaut de la seconde tranchée après avoir enlevé la première.

> Citation : *Jeune officier du plus haut mérite, modèle de vaillance et d'énergie, toujours prêt à donner l'exemple en se portant le premier à l'attaque de l'ennemi, plein d'enthousiasme et d'ardeur, entraînant ses hommes qui l'aimaient. Tombé en héros, au champ d'honneur, à Boesinghe (Belgique), le 29 avril 1915.*

[Né le 14 juin 1887. Fils de M. Louis DUBOIS (décédé) et de Mme née EICHER, mariée en secondes noces à M. Edmond MEINER, ✳, lui aussi mort pour la France.]

DUBOIS (*Albert*-François-André), étudiant, *engagé volontaire* au 99e d'Infanterie.

Tué, le 6 août 1916, à La Laufée, devant Verdun.

[Né à Paris le 15 janvier 1896. Fils de M. Félix DUBOIS, ✳, homme de lettres, et de Mme née TRIBERT.]

DUBOIS (Paul), ✳ (3 citations), sous-lieutenant au 29e d'Infanterie.

Tué le 29 septembre 1918, à 24 ans.

DUBOIS (Jean-Marcel), ✳, ✳, enseigne de vaisseau, lieutenant aux Fusiliers Marins.

Tué, le 14 septembre 1918, à la prise du Moulin de Laffaux.

DUBOIS (Marcel), ✳, ✳ (3 palmes), capitaine pilote, commandant l'Escadrille d'Armée M.F. 16.

> Citation : *Par ses qualités de chef et d'organisateur, malgré des pertes cruelles, a su faire rendre à son unité les services les plus considérables et les plus divers : réglages, reconnaissances et bombardements de jour et de nuit, liaisons d'infanterie, photographie. A toujours donné le plus bel exemple, effectuant le premier les missions les plus périlleuses. Tué, le 21 juillet 1916, dans un combat aérien.*

DUBOIS (*Henri*-Louis), ✠ (2 étoiles), ✦ (Valeur Militaire Italienne), étudiant, *engagé volontaire*, sous-lieutenant au 412ᵉ d'Infanterie.

Tué à Vierzy, le 21 juillet 1918, au début de nos attaques victorieuses dans le Soissonnais.

> Citation : *Officier remarquable par son sang-froid et sa bravoure calme. Au cours de l'attaque des 11 et 12 juin, a fait preuve des plus grandes qualités d'énergie dans le commandement de sa section, qu'il a parfaitement dirigée sur ses objectifs, malgré de violents tirs d'artillerie ennemie.*

[Né le 1ᵉʳ octobre 1898. Fils de M. et de Mᵐᵉ née LAVRAND.]

DUBOIS DE LA SABLONIÈRE (Jacques), ✦, ✠ (3 palmes, 3 étoiles), ingénieur des Arts et Manufactures, capitaine au 15ᵉ d'Artillerie, commandant l'Escadrille S.P.A. 255.

Tombé au champ d'honneur, le 20 août 1918, au retour d'une liaison d'infanterie ; un obus de 150 éclata dans son appareil. Transporté à l'ambulance de Villers-Cotterets, il y expira dans la nuit.

> Citation : *Chef d'escadrille ayant fait preuve, dans l'exercice de son commandement, des plus belles qualités militaires. Aussi bon pilote qu'observateur accompli, avait su, par ses qualités de commandement et son exemple journalier, faire d'une escadrille de nouvelle formation une unité de premier ordre. Sur la brèche depuis quatre ans, se dépensant sans compter, s'adjugeant les missions les plus délicates ou les plus périlleuses. A trouvé, le 20 août 1918, au cours d'une liaison d'infanterie, une mort glorieuse, digne de tout son passé de chef d'escadrille et d'observateur.*

[Né le 4 juin 1887. Fils de M. André DUBOIS DE LA SABLONIÈRE et de Mᵐᵉ née Louise GARDIEN DE VERZUN.]

DUBOIS DE LA SABLONIÈRE (Mayeul), ✦, ✠, garde général des Eaux et Forêts, lieutenant d'État-Major.

Blessé le 25 septembre 1915, décédé le 10 octobre suivant.

[Fils de M. Joseph DUBOIS DE LA SABLONIÈRE et de Mᵐᵉ née RAMEAU DE SAINT-PÈRE (décédée). Marié, en 1913, à Mˡˡᵉ Antoinette DE JOUFFROY D'ABBANS (décédée), fille du Mⁱˢ et de la Mⁱˢᵉ née PERNOT DE BREUIL, décédée.]

DUBOIS DE LA SABLONIÈRE (Maurice), ⚕ (posthume), ✠ (palme), maréchal des logis au 115ᵉ d'Artillerie.

> Citation : *Sous-officier très brave et très énergique, qui a donné en toutes circonstances le plus bel exemple de sang-froid et du mépris du danger. Mortellement blessé sous Verdun, le 26 juin 1916, en dirigeant le tir de sa pièce sous le feu ennemi. A été cité.*

[Frère du précédent.]

DU BOS (Auguste-Albert-*Jean*), ✦, ✠ (palmes), lieutenant au 94ᵉ d'Infanterie.

> Citation posthume : *Officier d'élite, entraîneur d'hommes, animé du plus bel esprit de sacrifice. Déjà cité trois fois à l'Ordre et fait chevalier de la Légion d'honneur pour de brillants faits d'armes antérieurs. Mort glorieusement pour la France, le 25 septembre 1916, devant Rancourt, en entraînant ses hommes à l'attaque.*

[Né en 1890. Fils de M. et de Mᵐᵉ née JOHNSTON.]

DUBOST (Joseph), ✦, ✠, lieutenant-colonel au 124ᵉ d'Infanterie.
Tué le 19 janvier 1915.

DU BOYS (Jean), ⚜ (posthume), ✠ (palme), maréchal des logis au 106ᵉ d'Artillerie lourde.

> Citation : *Le 9 juin, sa pièce étant soumise à un violent bombardement, a continué à tirer. A été blessé mortellement. A été cité.*

DUBOYS DE LAVIGERIE (*Henri*-Marie), �֎ (posthume), ✠ (palme), sous-lieutenant au 16ᵉ Chasseurs à pied.

> Citation : *Officier d'une bravoure remarquable. Le 1ᵉʳ novembre 1918, après avoir entraîné sa section sous un feu de mitrailleuses, a été tué en héros au moment où il allait s'élancer sur une de ces mitrailleuses dont il n'était plus qu'à quelques mètres. A été cité.*

DUBRUJEAUD (Jean-*André*), secrétaire d'État-Major. Mort le 11 octobre 1915.

[Né le 21 février 1877. Fils de M., O �֎, et de Mᵐᵉ née Marie Doucet.]

DUBUFE (Vincent), architecte diplômé, brigadier pilote-aviateur. Tué d'une chute d'avion en service commandé, le 8 mars 1916, au Plessis-Belleville.

[Né le 10 juin 1889. Fils de M. Guillaume Dubufe, O ✖, artiste peintre (décédé), et de Mᵐᵉ née Woog.]

DU BUIT (Charles - *Marcel*), ✖ (posthume), ✠ (palme), élève de l'Ecole Centrale, sous-lieutenant au 22ᵉ d'Artillerie. Tué d'une balle au cou, le 11 janvier 1915, sous Reims.

> Citation : *Jeune officier plein d'ardeur et d'énergie, s'est fait remarquer par sa hardiesse et son habileté dans les missions d'observation. Tué bravement, le 11 janvier 1915, dans la tranchée de première ligne, où il assurait la liaison avec l'infanterie.*

[Né en 1893. Fils de M. (décédé) et de Mᵐᵉ née Quesnel.]

DUBUJADOUX (V.-E.), ✖, ✠, lieutenant-colonel breveté du 2ᵉ Zouaves. Tué glorieusement en 1914.

> Citation : *A conduit son régiment dans le combat du 7 septembre, avec la plus grande bravoure, et a trouvé une mort glorieuse à la tête de ses hommes en les entraînant à l'attaque de nuit d'un village.*

DUCASSE (Paul), ✖, ✠, chef d'escadrons de Dragons. Tombé devant Locre, le 26 avril 1918, un fusil à la main, entraînant ses cavaliers à l'assaut d'une tranchée.

[Fils de M. (décédé) et de Mᵐᵉ née Louise Chaperon. Marié à Mˡˡᵉ C. Horeau.]

DUCHAINE (Charles), Saint-Cyrien, sous-lieutenant au 3ᵉ Zouaves. Tué à Saint-Hilaire-le-Grand, le 25 septembre 1915.

DUCHAUSSOY (Baron Joseph), ✖, ✠, lieutenant-colonel d'Infanterie. Tué le 25 septembre 1915.

[Marié à Mˡˡᵉ Lambert.]

DU CHEF DE LA VILLE (Édouard), ✖ (posthume), ✠ (4 citations), sous-lieutenant au 46ᵉ d'Infanterie.

Citation : *Jeune officier d'une bravoure remarquable, trois fois cité à l'Ordre. Mortellement blessé, le 20 septembre 1916, à Bouchavesne.*

DUCLAUX DE MARVILLE (*Jean*-Paul-Louis), �֎ (posthume), ✖, sous-lieutenant au 414ᵉ d'Infanterie.

Citation : *Très bon officier. Blessé mortellement, le 5 août 1916, s'est adressé à ses hommes, en leur disant : « Je suis perdu, ne vous inquiétez pas de moi ! Continuez ! » A été cité.*

DUCLER DES ROCHES (Léon-Joseph), ⚭ (posthume), ✖, adjudant au 418ᵉ d'Infanterie.

Citation : *Sous-officier remarquable de devoir et de dévouement, observateur de premier ordre. Tombé glorieusement, le 20 avril 1917, à l'attaque de fortes positions ennemies de la sucrerie de Cerny. A été cité.*

DUCRETET (*Pierre*-Bonaventure), ✖, ✖, capitaine au 103ᵉ d'Infanterie.
Tué, le 20 mars 1915, sous Verdun, à la prise du village de Béthincourt.

[Né le 14 juillet 1870. Marié à Mˡˡᵉ Feuillâtre, — dont deux enfants.]

DUCROCQ (Paul), ✖, adjudant-major au 25ᵉ Chasseurs à pied.
Tué le 21 août 1918.

[Fils du Colonel et de Mᵐᵉ Ducrocq. Marié à Mˡˡᵉ Terré.]

DUCROT (Joseph), ✖, capitaine au 63ᵉ d'Infanterie.
Tué aux combats de la Somme, en octobre 1914.

DUCROT (Jules), ✖, chef de bataillon au 21ᵉ Colonial.
Tué le 25 septembre 1915.

DUFAU (Henri de), ingénieur, aspirant au 153ᵉ d'Infanterie.
Tué, le 7 avril 1916, dans les tranchées de première ligne.

[Fils de M. et de Mᵐᵉ née d'André.]

DUFAURE DE CITRES (Gabriel), ✖, ✖, chef de bataillon, commandant le 47ᵉ d'Infanterie.

Citation : *Officier de haute valeur, dont l'esprit de décision et le courage tranquille en imposaient à tous. Tombé mortellement frappé le 8 juin 1915, alors qu'il observait, sur le parapet de la tranchée, la progression des fractions qu'il venait de lancer à l'attaque d'un ouvrage ennemi.*

[Marié à Mˡˡᵉ de Sevin.]

DUFAURE DE CITRES (Antoine), caporal au 301ᵉ territorial d'Infanterie.
Mort de ses blessures, le 9 janvier 1916.

[Fils de M. et de Mᵐᵉ née du Lac de Fugères, décédée.]

DUFAURE DE CITRES (Charles), du 23ᵉ Chasseurs alpins.
Tué le 4 septembre 1916.

DUFLOS (Louis-Henri-René), ✳ (posthume), ✠ (3 citations), étudiant, sous-lieutenant au 159ᵉ d'Infanterie alpine.

Tombé glorieusement, le 30 mars 1918, à la défense du Plémont (combat du Plessis-de-Roye).

> Citation : *Modèle de l'officier accompli, plein des plus belles espérances ; aussi modeste que brave, aussi ardent que calme au combat. Glorieusement tombé, en se portant à la contre-attaque contre un ennemi de beaucoup supérieur en nombre.*

[Né le 22 novembre 1896. Fils de M. et de Mᵐᵉ née Bonnet.]

DUFLOS (Jean), ✳, ✠ (2 palmes, 1 étoile d'argent, 1 étoile de bronze), ✳ (Médaille du Maroc, 3 agrafes), capitaine au 19ᵉ Chasseurs à pied.

Tué, le 27 septembre 1915, en Champagne, à la tête de sa compagnie, lors de l'assaut de la ferme de Navarin, entre Souain et Somme-Py (Marne).

> Citation posthume : *Officier de carrière. Enthousiaste et plein d'entrain, passionné du sacrifice. Déjà décoré pour faits de guerre. Le 27 septembre 1915, avant l'assaut, interpellé par son chef de corps, qui remarque l'éclat particulier de son regard et qui lui affirme que nous irons à Vouziers, répond : « Je crois que nous irons, puisque vous le dites, mais nous n'irons pas tous », et il ajoute fièrement : « Soyez sans crainte, mon commandant, cela ne nous empêchera pas de marcher. » Quelques minutes après, dans un élan superbe, il enlève sa compagnie sous un feu violent d'artillerie et de mitrailleuses, et tombe aussitôt mortellement frappé.*

[Né le 28 octobre 1879. Fils de M. Gustave Duflos et de Mᵐᵉ née Dubois. Marié à Mˡˡᵉ Marie-Alix Méplain, fille de M. Firmin Méplain et de Mᵐᵉ née de Bure, — dont trois enfants.]

DUFOUR DE LA THUILLERIE (Marie-Charles-*Jean*), ✳ (posthume), ✠ (palme), sous-lieutenant au 36ᵉ d'Infanterie.

Tué le 6 juin 1915.

> Citation : *A été tué au moment où, sous un bombardement terrible et sous une pluie de balles, il entraînait sa section à l'assaut des maisons d'un village. A été cité.*

DUFOURMANTELLE (Georges), ✳ (posthume), ✠ (palme et étoile d'or), sous-lieutenant de réserve au 282ᵉ d'Infanterie.

Tué à Chambry, près Meaux, le 7 septembre 1914.

> Citation au Corps d'Armée : *Brillant officier de complément ; a, en toutes circonstances, donné l'exemple de la plus grande bravoure et d'un parfait sang-froid ; héroïquement tombé en entraînant sa section à la baïonnette à l'assaut des tranchées allemandes. A été cité.*

[Né le 18 janvier 1889. Fils de M. Léon Dufourmantelle, ✳, et de Mᵐᵉ née Laborne.]

DUFOURT (Maurice), ⚱ (posthume), ✠ (2 étoiles), maréchal des logis au 8ᵉ Cuirassiers.

Tombé le 13 septembre 1916.

> Première citation à l'Ordre du 2ᵉ Dragons (2 décembre 1915) : *S'est offert spontanément, pendant les nuits des 15, 16 et 17 octobre, pour la pose d'un réseau de fil de fer en terrain découvert et fortement battu par le feu ennemi.*

> Deuxième citation à l'Ordre de la 6ᵉ Division de Cavalerie (13 septembre 1916) : *Sous-officier très courageux. A été mortellement*

frappé, dans la nuit du 12 au 13 septembre 1916, en revenant d'un poste d'écoute menacé, où il était accouru avec un mépris complet de tout danger.

[Né à Paris le 6 août 1893. Fils du D^r et de Mme Dufourt.]

DUGAS (André), lieutenant au 53e d'Artillerie.
Tué, sous Verdun, le 18 mai 1916.

DUGAS (Jean), 🎖 (posthume), ⬡ (palme), ingénieur civil des Mines, sergent de réserve au 16e d'Infanterie.
Tué au combat de Roye, le 7 octobre 1914.

[Fils de M. Jean Dugas et de Mme née Keller.]

DUGAS DE LA BOISSONNY (André), 🎖 (posthume), ✠, *engagé volontaire* au 30e Dragons.
Engagé à 17 ans, est tombé au champ d'honneur, à Arvillers (Somme), le 28 mars 1918, en remplissant, sur sa demande, les fonctions d'agent de liaison en extrême pointe d'avant-garde.

> Citation : *Cavalier d'une extrême bravoure, ayant demandé à faire partie de toutes les missions périlleuses ; tombé glorieusement, en vrai cavalier français, le 28 mars 1918, en abordant un village occupé par l'ennemi.*

[Né le 20 octobre 1898. Fils de M. Paul Dugas de la Boissonny et de Mme née Elisabeth Descours.]

DUGAS DE LA BOISSONNY (Marie-*Joseph*), ⬡ (posthume) ✠ (étoile), ancien élève de Saint-Cyr, lieutenant au 229e d'Infanterie.
Tué d'une balle, le 27 août 1914, dans les bois de Taintrux (Vosges).

> Citation : *A été tué, le 27 août, en entraînant dans un assaut à la baïonnette sa section contre des forces supérieures. Avait, dans les combats des jours précédents, donné le plus bel exemple de bravoure et de sang-froid.*

[Né le 24 juin 1884. Fils de M. Laurent Dugas de la Boissonny et de Mme née Marie Munet. Marié à Mlle Benoîte d'Aboville, fille du B^{on} et de la B^{onne} née Hennecart, — dont trois enfants.]

DUGON (Marie-Joseph-*Armand*, Vicomte), ⬡ (posthume), ✠ (étoile de vermeil), sous-lieutenant au 7e Cuirassiers.
Tué au Mont Kemmel, d'une balle à la tête, le 26 avril 1918.

> Citation à l'Ordre du Corps de Cavalerie : *Officier d'un moral très élevé. S'est dépensé sans compter dans toutes les missions qui lui ont été confiées sous le feu. Commandant la section d'avant-garde, a subi, avec un sang-froid exemplaire, un bombardement violent. A été tué, le 26 avril 1918, à son poste de combat.*

[Né le 24 février 1892. Fils du Cte Dugon et de la Ctesse née de Mareschal-Vezet.]

DUGUÉ MAC CARTHY (Charles-Joseph-Edmond), ⬡ (posthume), ✠, capitaine au 12e Cuirassiers, détaché au 159e d'Infanterie.
Tué le 18 juin 1915.

> Citation : *S'est montré admirable d'entrain et de bravoure durant les attaques du 16 au 18 juin ; s'est employé au dehors de ses fonctions spéciales et a assuré le débouché de la tranchée de première ligne d'un bataillon d'attaque sous un barrage d'artillerie*

lourde d'une intensité extrême ; est tombé, un des premiers, mortellement frappé. A été cité.

[Marié à M‍ⁱˡᵉ Claire LANÇON.]

DUGUIT (Pierre), 🎖 (posthume), ✠ (2 étoiles, dont 1 d'argent), étudiant à la Faculté des Sciences de Bordeaux, aspirant au 12ᵉ d'Infanterie.

Appelé le 17 août 1914, partit pour la frontière, sur sa demande, le 25 septembre suivant. — Blessé mortellement, le 20 août 1917, à la cote 344 ; décédé, le jour même, à l'ambulance 6/16 de Landrecourt (Meuse).

> Citation du Général DE SAINT-JUST (20 octobre 1917) : *Jeune aspirant d'une rare énergie et d'un calme admirable ; mortellement blessé le 20 août 1917 en entraînant, dans un élan superbe, sa section à l'assaut des positions ennemies. Déjà cité à l'Ordre du Régiment.*

[Né le 13 novembre 1893. Fils de M. Léon DUGUIT, professeur à la Faculté de Droit de Bordeaux, et de Mᵐᵉ née A. BEGLARD.]

DUHAZÉ (Robert), *engagé volontaire,* motocycliste de liaison.
Tué, le 3 septembre 1918, à 20 ans.

DUHIL (Jean), étudiant en droit, publiciste, *engagé volontaire* au 124ᵉ d'Infanterie.
Tué à Virton, le 22 août 1914.

[Né le 15 décembre 1894. Fils de M. Armand DUHIL, avocat à la Cour de Paris, et de Mᵐᵉ née Jeanne HARODIEZ.]

DUJARDIN (Léon), ✠ (4 citations), héliograveur, capitaine au 369ᵉ d'Infanterie.
Tué le 13 août 1918.

DUJAT DES ALLIMES (Joseph-Benoît), ✳ (posthume), ✠, capitaine au 2ᵉ Zouaves.
Tué, le 17 septembre 1914, à la défense de la Pommeraye, en maintenant ses hommes sous un feu violent d'artillerie lourde.

DUMAS (André), ✳, ✠ (6 citations), médecin-chef au 59ᵉ Chasseurs à pied.
Tombé à son poste de secours, le 26 juillet 1918.

[Fils du Lieutenant-Colonel et de Mᵐᵉ Henri DUMAS. Marié à Mⁱˡᵉ MAURY.]

DUMAS (Charles), ✠, littérateur, capitaine.
Tué aux avant-postes en allant faire, tout seul et à courte distance de l'ennemi, une reconnaissance très périlleuse ; a donné ainsi un bel exemple de bravoure et d'intrépidité.

DUMAS (B.), ✠ (palme), mécanicien en chef à bord du *Bouvet.*
Englouti avec son bâtiment, le 18 mars 1915, aux Dardanelles.

DUMAS DE RAULY, ✠, *engagé volontaire,* capitaine.
Engagé à 68 ans, tombé glorieusement en 1917.

DUMAT (François), ✳ (posthume), ✠ (étoile de vermeil), étudiant, *engagé volontaire,* sous-lieutenant d'Artillerie.

Citation : *Jeune officier plein d'ardeur, d'intelligence et déjà de science. Frappé à mort, le 30 juillet 1916, pendant qu'il accomplissait une mission de liaison avec les groupes d'artillerie de campagne.*

[Né le 11 janvier 1895. Fils de M. Paul DUMAT et de Mme née Marie DE LAPPARENT.]

DUMESNIL (*Gaston*-Arsène-Joseph), O ✠, ✠ (4 citations), avocat à la Cour de Paris, député de Maine-et-Loire, capitaine au 106e d'Infanterie, stagiaire à l'Etat-Major d'une Division.

La citation qui suit résume éloquemment le rôle militaire de ce brave :

Parti à la mobilisation comme sergent au 106e régiment d'infanterie, a conquis, sur le champ de bataille, ses grades de sous-lieutenant, lieutenant et capitaine, en prenant brillamment part à tous les combats de ce régiment. Stagiaire à l'état-major d'une division de chasseurs, s'est multiplié dans le service extérieur, remplissant souvent des missions de confiance avec les troupes d'attaque de première ligne. Modèle de bravoure souriante, adoré de ses hommes et de ses camarades pour son entrain, son haut sentiment du devoir, son exceptionnel mépris du danger. Grièvement blessé en se portant en liaison sur la ligne de combat, s'est écrié : « Je meurs, c'est pour la France. » Trois citations. Chevalier de la Légion d'honneur pour faits de guerre.

DUMESNY (André), ✠, sous-lieutenant d'Infanterie.
Tué à Gellenoncourt, le 7 septembre 1914.

DUNOYER DE SEGONZAC (*Guy*-Marie-Joseph-Amadour), ⚇ (posthume), ✠, propriétaire, soldat au 139e d'Infanterie.
Mort au champ d'honneur, le 20 août 1914, à Brusterdorf, en Lorraine annexée.

Citation : *Brave soldat. Sur le front au début de la campagne, s'est fait remarquer par sa courageuse attitude dès les premiers combats. Tombé glorieusement pour la France, le 20 août 1914, devant Sarrebourg (Alsace).*

[Né au château de Langlade le 10 mai 1892. Fils de M. Ernest DUNOYER DE SEGONZAC (décédé) et de Mme née DE LAMARGÉ.]

DU PASQUIER (André), ✠ (posthume), ✠ (palme), lieutenant au 99e d'Infanterie.
Tué à l'ennemi, le 2 septembre 1914, à Rougiville, sous Saint-Dié (Vosges), en tête de la 12e compagnie qu'il commandait à l'attaque du bois de la Pierre-Percée. Cité pour sa brillante conduite et sa belle attitude au feu.

[Né le 5 décembre 1892. Fils du Commandant René DU PASQUIER, ✠, et de Mme née RIETSCHLIN.]

DU PASQUIER (Louis), *engagé volontaire*, aspirant au 340e d'Infanterie.
Tué fin juin 1916, à Fleury-sous-Verdun.

[Fils de M. Léon DU PASQUIER. Cousin du précédent.]

DU PASQUIER (Marc-Joseph), ✠ (posthume), ✠ (palme), sous-lieutenant au 7e Dragons, détaché dans l'Aviation.

Citation : *Combattant superbe, a soutenu dans l'aviation de chasse la réputation de bravoure qu'il s'était acquise dans la cavalerie. Glorieusement tué dans un combat aérien, le 17 avril 1917.*

DUPIN DE JUNCAROT (Frédéric), ✳ (posthume), ✠ (palme), capitaine au 3e Tirailleurs Algériens.
Tué le 18 mars 1915.

> Citation : *A trouvé une mort glorieuse en enlevant sa compagnie à l'assaut contre une tranchée ennemie.*

DUPIN DE MAJOUBERT (Georges-Louis-Monique), ✳ (posthume), ✠, sous-lieutenant au 43e Tirailleurs Sénégalais.

> Citation : *Très bon officier. Sa section se trouvant arrêtée par un tir violent de mitrailleuses ennemies, s'est rendu maître de la situation en détruisant matériel et personnel, et est tombé mortellement frappé, le 18 juillet 1918, au moment où il reprenait la marche en avant. A été cité.*

DUPLESSIS DE POUZILHAC (Albert - Marie - Georges), ✳ (posthume), ✠ (palme), médecin aide-major au 24e d'Infanterie.

> Citation : *Est glorieusement tombé pour la France, le 1er juin 1917, au Chemin-des-Dames.*

DUPOIZAT (*Charles*-Louis-Camille), ✳, ✠ (palme et étoile de bronze), lieutenant au 272e d'Infanterie.
Blessé, à la cote 304 (Verdun), par un éclat d'obus à la cuisse, refusa de se faire évacuer, et continua son commandement pendant quatre heures, ne se laissant soigner que lorsque l'ennemi fut repoussé. Transporté à l'ambulance de Fleury-sur-Aire, son état s'aggava rapidement, et il succombait après 48 heures, ayant reçu à ses derniers moments et en pleine connaissance la Croix de la Légion d'honneur.

[Né le 8 juin 1885. Fils de M. et de Mme née LABBÉŸ. Marié à Mlle GAUTHIER, fille de M. et de Mme née FOREST, — dont deux enfants.]

DUPONCHEL (*Robert*-Marie-Anne), employé de Banque, caporal-réserviste au 76e d'Infanterie.
Disparu, le 6 septembre 1914, dans un combat près de Vaubécourt (Meuse), lors de la première bataille de la Marne.

[Né le 18 juillet 1890. Fils de M. Eugène DUPONCHEL, professeur, et de Mme née Catherine OPATZIL.]

DUPONT (Paul), ✳ (posthume), ✠ (étoile), licencié en droit, entrepreneur de transports, lieutenant de réserve au 254e d'Infanterie.
Tombé glorieusement, le 14 septembre 1914, à Berry-au-Bac (Aisne).

> Citation : *Officier brave et courageux, d'un moral qui ne s'est jamais démenti pendant les plus pénibles journées de la retraite de la Marne. Tombé glorieusement à Berry-au-Bac, le 14 septembre 1914.*

[Né le 3 septembre 1887. Fils de M. Albert DUPONT, ✳, membre de la Chambre de Commerce (décédé). Marié à Mlle Lucie BEZANÇON, fille du Dr Paul BEZANÇON, ✳, et de Mme née RODONT, — dont deux enfants.]

DUPONT-AUBERVILLE (Jean), ✳ (posthume), ✠, ingénieur-agronome, sous-lieutenant au 11e d'Artillerie de campagne.

Parti simple brigadier, il fit tout son devoir avec un courage calme et réfléchi et une modestie qu'il poussait presque à l'exagération. Malgré lui, pourrait-on dire, il fut distingué de ses chefs, dont le dernier écrivait à son père, en lui annonçant sa mort, « qu'il était une des plus belles figures de soldat qu'il ait connue au cours de cette guerre ». — Tombé à Celle-les-Condé, le 15 juillet 1918, en réglant le tir de sa batterie.

Citation du Général Diebold (28 août 1918) : *D'un dévouement complet dans les circonstances les plus difficiles, d'un sang-froid faisant l'admiration de tous, a été frappé mortellement à son poste de combat, le 15 juillet 1918. A été cité.*

[Fils de M. Gaston Dupont-Auberville, directeur du Haras de Blois, et de Mme née Lorgnier, décédée.]

DUPONT DE DINECHIN (Marie-Camille-Jean-*Ludovic*), ✠ (posthume), ✠ (palme et étoile), ancien élève de l'Ecole Polytechnique, lieutenant au 120e d'Artillerie lourde.

Mort pour la France, à Lihons (Somme), le 3 août 1916.

Citation : *Officier de tout premier ordre, joignant aux plus hautes qualités professionnelles un courage à toute épreuve et un dévouement sans bornes. Tué à son poste de combat, le 3 août 1916. A été cité.*

[Né le 27 novembre 1890. Fils du Colonel d'Artillerie, O ✠, ✠, et de Mme née Vyau de Lagarde.]

DUPONT DE DINECHIN (Philibert-Odon-Marie-*Jean*), ✠ (posthume), ✠ (palme), élève ingénieur des Ponts et Chaussées, sous-lieutenant au 6e Génie.

Mort pour la France, à Zonnebeeke (Belgique), le 24 décembre 1914.

Citation : *Précédant avec un groupe de sapeurs une colonne d'attaque, a donné le plus bel exemple de courage et de sang-froid en allant détruire les défenses accessoires à 20 mètres en avant des tranchées allemandes. Tombé glorieusement en accomplissant sa mission.*

[Né le 3 septembre 1892. Frère du précédent.]

DUPONT DE DINECHIN (Marie-Jean-*Guy*), ✠ (posthume), ✠ (palme), capitaine au 77e d'Infanterie.

Mort pour la France, à Zonnebeeke (Belgique), le 29 octobre 1914.

Citation : *S'est fait remarquer par son courage et son sang-froid sous le feu. Tombé glorieusement, le 29 octobre 1914, au cours d'une reconnaissance.*

[Fils du Capitaine d'Infanterie, ✠ (décédé), et de Mme née Testot-Ferry.]

DUPONT DE DINECHIN (Louis), ✠, ✠ (palme), adjudant d'Infanterie.

Mort pour la France, à Neuville-Saint-Vaast, le 16 juin 1915.

[Frère du précédent.]

DUPONT-DELPORTE (Henri-Hugues-Jean), ✠ (posthume), ✠, sous-lieutenant au 9e Dragons.

Citation : *Très brave officier, d'un bel exemple pour sa troupe. Le 14 octobre 1914, au cours d'un combat près de la Gorgue, montrant le plus beau mépris du danger, est allé sous les balles d'une vive fusillade porter secours à un officier, et a été tué. A été cité.*

DUPORT (Jean), ⚓ (posthume), ✠ (2 palmes), sergent pilote à l'Escadrille de combat N. 84.

A trouvé une mort glorieuse, le 18 septembre 1917, en dégageant, par son attaque, un de nos avions attaqué par trois avions ennemis.

DUPOUY (Louis), ✺ (posthume), ✠ (4 citations), capitaine d'Infanterie Coloniale.

Tué d'une balle au front, à l'attaque du Moulin d'Herpy (Ardennes), le 19 octobre 1918.

[Né en 1889. Marié, en 1917, à Mlle DE LA TERRIE.]

DUPRAT DE PAUL (Ernest-Louis-Casimir), ⚓ (posthume), ✠ (étoile), soldat au 19e Chasseurs à pied.

Citation : *Bon et brave chasseur. Mortellement atteint au champ d'honneur, dans l'accomplissement du devoir, le 8 mai 1915, à Bagatelle (Argonne).*

DUPRÉ (Paul), sergent au 132e d'Infanterie.

Blessé grièvement en entraînant sa section à la baïonnette, aux Eparges, le 20 février 1915, succomba le 28 à l'hôpital militaire d'Amélie-les-Bains.

[Né le 4 mars 1883. Fils de M. et de Mme née Marthe LOYSEAU DE GRANDMAISON. Marié à Mlle Alice BARRALLON, — dont une fille.]

DUPUIS (Gaston), O ✺, ✠, Général commandant la 67e brigade d'Infanterie.

Glorieusement tombé aux combats de la Marne, le 8 septembre 1914.

Citation : *A conduit de la manière la plus brillante sa brigade aux combats des 22, 27 et 28 août, des 7 et 8 septembre, où il a été tué dans une tranchée, par un obus allemand, en donnant le plus bel exemple de crânerie à la troupe qu'il a su maintenir intacte sous le feu.*

DUPUIS (Pierre), ✠ (palme), capitaine adjudant-major au 1er Tirailleurs Marocains.

Tombé, le 3 septembre 1918, à l'attaque des positions allemandes au nord de la Vesle.

[Né en 1886. Fils du Général et de Mme Jules DUPUIS ; neveu du précédent.]

DUPUIS (René), ✺ (posthume), ✠, maire de Lunery, lieutenant au 285e d'Infanterie.

Tué, le 16 juin 1915, en Artois, à l'âge de 28 ans.

Citation : *A conduit brillamment sa compagnie à l'attaque d'une tranchée dont il s'est emparé ; a résisté à plusieurs contre-attaques. A été mortellement frappé, alors que sa compagnie, succombant sous le nombre, était contrainte d'évacuer la tranchée.*

DUPUY DE LA BADONNIÈRE (Charles - Pierre - *Roger*), &
(posthume), ✚ (palme), adjudant au 301ᵉ d'Infanterie.

Tué, le 6 octobre 1914, près de Roye.

Citation : *Bien que blessé, a pu faire sortir ses hommes de la tranchée, pour les déployer face à une attaque que l'ennemi exécutait sur son flanc. Grâce à son énergie, maintenait sa troupe dans cette situation critique, lorsqu'il fut tué d'une balle au front, le 6 octobre 1914. A été cité.*

DUPUY DE LA GRAND'RIVE (Claude-Marie-Roger), ✚ (posthume), ✚ (palme), capitaine au 305ᵉ d'Infanterie.

Tué, sous Verdun, le 26 octobre 1916, au cours d'une de nos attaques victorieuses.

Citation : *Officier plein de courage et de sang-froid en toutes circonstances. Est tombé mortellement frappé en organisant une position conquise. A été cité.*

[Marié, en 1914, à Mˡˡᵉ DE BESSÉ, — dont deux enfants.]

DURAND (Georges-Jacques), O ✚, ✚ (palme), Général commandant la 69ᵉ Brigade d'Infanterie.

Blessé le 16 septembre 1914, à Craonne, mort le 18 novembre suivant à La Rochelle.

Citation : *Pour la bravoure dont il a fait preuve en toutes circonstances, et la valeur qu'il a montrée dans le commandement de sa brigade.*

[Né le 16 avril 1859. Fils de M. et de Mᵐᵉ née SERIEYS. Marié à Mˡˡᵉ BRUN.]

DURAND (Henry), ✚ (palme), attaché au Ministère de la Justice, lieutenant au 118ᵉ d'Infanterie.

Tué, le 24 décembre 1914, à l'attaque de la Boisselle (Somme).

[Fils du Président de Chambre à la Cour d'appel de Paris, ✳, et de Mᵐᵉ Félix DURAND.]

DURAND (Régis), ✚ (posthume), ✚ (1 palme, 1 étoile), élève de l'École Polytechnique, sous-lieutenant au 40ᵉ d'Artillerie.

Tué d'une balle à la tête, le 8 février 1916, près de Souain, en Champagne, en réglant le tir dans une tranchée de première ligne.

Citation : *Jeune officier doué des plus belles qualités militaires, qui, depuis le début de la guerre, a rempli avec le plus grand courage les missions les plus variées et les plus dangereuses. Cité à l'Ordre de l'Artillerie divisionnaire pour sa belle conduite au cours des violents combats auxquels il a pris part pendant les premiers mois de la campagne; blessé, revenu au front, sur sa demande, à peine guéri, a commandé avec compétence sa batterie au cours des combats livrés en septembre et en octobre 1915. Brave et ardent, toujours observateur en toute première ligne, a été mortellement frappé d'une balle à la tête, en réglant le tir à moins de 20 mètres de l'ennemi.*

[Né le 19 août 1894. Fils de M. Louis DURAND, président de l'Union des Caisses rurales et ouvrières françaises (décédé le 16 octobre 1916), et de Mᵐᵉ née Antoinette FAHY.]

DURAND (Pierre-Jean), & (posthume), ✚ (palme), second maître canonnier-pointeur.

Citation : Tourelle AR du Bouvet, *d'un sang-froid, d'une comba-tivité et d'une ardeur remarquables, a fait preuve des plus belles qualités de pointeur ; est resté dans sa tourelle, lorsque le* Bouvet *a sauté sur une mine, préférant mourir à son poste que de le quitter sans ordre.*

DURAND-DAUBIN (*Jacques-*Jules), ✻ (posthume), ✻ (palme), **sous-lieutenant au 2e de marche d'Afrique (Armée d'Orient).**

Citation : Mortellement blessé par un obus qui dispersait son personnel, fit appeler le commandant de la compagnie voisine pour lui recommander ses pièces. A été cité.

[Fils du Commandant, O ✻, et de Mᵐᵉ DURAND-DAUBIN.]

DUROUCHOUX (Pierre), ✻, ✻, **religieux de la Compagnie de Jésus, capitaine au 274e d'Infanterie.**

Il a été frappé, le 11 avril 1916, au moment où, s'élançant un fusil à la main, il s'opposait personnellement à une attaque ennemie ; une grenade lancée par un officier allemand vint l'atteindre aux jambes et l'abattit grièvement blessé ; il est mort, le 7 mai, des suites de ses blessures.

Citation : A brillamment commandé sa compagnie au cours des attaques du 29 janvier au 7 février 1916. Par le puissant ascendant moral qu'il a toujours su exercer sur sa troupe, l'a dirigée et maintenue dans des circonstances difficiles. Déjà cité à l'Ordre du Régiment.

DURRE (Victor), **député du Nord.**

Accomplissant une visite dans les régions dévastées par l'ennemi, le 29 octobre 1918, a été tué d'une balle tirée par une mitrailleuse allemande, dissimulée dans une maison à demi démolie des faubourgs de Valenciennes.

DURRY (Georges), ✻ (palme), **sergent au 45e d'Infanterie, interprète auxiliaire à l'Armée d'Orient.**

Au cours de diverses missions dont il fut chargé, contracta un accès de fièvre pernicieuse et mourut en quelques jours à l'ambulance de Slivica (Serbie), le 12 février 1918.

[Né à Paris le 1ᵉʳ novembre 1892. Fils de M. Charles DURRY, professeur agrégé au Lycée Henri IV, et de Mᵐᵉ née Marthe MÉTIN.]

DURSUS DE CARNANVILLE (Louis-Marie-*Paul*), **sergent au 94e d'Infanterie.**

Tué à Cumières, le 9 avril 1916.

[Né le 28 août 1891. Fils de M. et de Mᵐᵉ née BERTHIN.]

DURUP DE BALAINE DE BUSSY (Charles), ✻ (2 citations), **sous-lieutenant au 412e d'Infanterie.**

Parti au front au début de la campagne comme sergent-major au 319e de ligne, il fut fait prisonnier, s'évada et retourna au front où il trouva la mort en 1917.

DURUY (Victor), O ✻, ✻, **lieutenant-colonel au 1ᵉʳ Tirailleurs Algériens.**

Tué à l'ennemi, le 30 octobre 1914, à Merckens (Belgique).

[Né le 24 avril 1874. Marié à Mˡˡᵉ Magdeleine FAUQUEUX.]

DUSSAUGE (Achille-Ernest-André), ✳, ✠, lieutenant-colonel commandant le 15ᵉ groupe de Chasseurs à pied.

Mort pour la France, en mars 1919, alors qu'il était en convalescence à la suite d'une intoxication par les gaz.

[Marié à Mˡˡᵉ Dubail, fille du Général, GC ✳, ☚, ✠, grand chancelier de la Légion d'honneur, et dé Mᵐᵉ née L. Richard.]

DUSSUMIER DE FONBRUNE (René), ✳ (posthume), ✠ (3 étoiles), élève de l'Ecole Centrale, lieutenant au 8ᵉ d'Artillerie.

Commandant une batterie d'artillerie de tranchées, a été tué, le 21 mai 1917, au Chemin-des-Dames.

> Troisième citation : *Officier d'une valeur exceptionnelle, admiré de tous pour son courage et son mépris du péril. A su obtenir de la batterie de tranchées qu'il commandait des efforts considérables et de longue haleine, malgré des pertes sensibles, payant de sa personne et s'exposant toujours le premier au danger. Le 21 mai 1917, s'est porté sur un point soumis à un bombardement intense d'obus de gros calibre pour protéger de ses feux l'infanterie en danger. A été tué dans l'accomplissement de ce devoir. A été cité.*

[Né en mai 1894. Fils de M. Louis Dussumier de Fonbrune, ✳ (décédé), et de Mᵐᵉ née Thérèse de Cacqueray de Lorme.]

DUSSUMIER LA TOUR DE SARCIGNAN (Guy), ✠ (palme et étoile), *engagé volontaire*, sergent pilote à l'Escadrille C. 4.

Abattu, le 2 juin 1916, entre l'étang et le village de Vaux (Verdun), par le feu de l'ennemi.

[Fils de M. (décédé) et de Mᵐᵉ née de Ghéïman.]

DUTEIL (Raymond-Eugène), ☚ (posthume), ✠, cavalier au 19ᵉ Chasseurs à cheval.

Tué le 2 juin 1918.

> Citation du Colonel de Tavernost (9 juillet 1918) : *Chasseur de la classe 1918, voyant le feu pour la première fois, a fait preuve d'un calme et d'un sang-froid superbes. Tombé glorieusement à son poste de combat.*

[Né le 27 juillet 1898. Fils de M. Lucien Duteil, armateur et assureur maritime, et de Mᵐᵉ née Lagneau.]

DUVAL-ARNOULD (Rémy-Eugène), ✳ (posthume), ✠ (palme), élève du Grand Séminaire d'Issy, sous-lieutenant au 228ᵉ d'Artillerie.

Tué le 31 juillet 1918.

> Citation : *Comme officier téléphoniste, a assuré, par des reconnaissances continuelles, les liaisons de son groupe au cours des bombardements qui ont précédé et accompagné les attaques allemandes du 15 juillet 1918 dans la Marne. Le 31 juillet, a organisé parfaitement les liaisons et l'observation dans la marche en avant. A été tué au poste d'observation.*

[Fils du Député, O ✳, et de Mᵐᵉ Duval-Arnould.]

DUVAL DE FRAVILLE (Paul-Marie-Fernand), ✳ (posthume), ✠ (étoile), Saint-Cyrien, sous-lieutenant au 8ᵉ Cuirassiers.

> Citation : *Officier très brillant, plein d'allant et d'entrain. Chargé, le 30 août 1914, de reconnaître les débouchés de Rethel au nord de l'Aisne, est arrivé, grâce à son énergie, à traverser les lignes ennemies et à faire parvenir un renseignement important. Disparu à cette date.*

Le renseignement auquel l'ordre ci-dessus fait allusion a été rapporté par un brigadier de la patrouille, lequel put passer. Un peu plus tard, la patrouille, enfermée dans les lignes ennemies, a voulu se frayer un passage de vive force..... Le sous-lieutenant DE FRAVILLE et deux de ses cuirassiers furent tués; les quatre autres cavaliers, faits prisonniers. — On ne connut ces détails au corps que cinq mois plus tard.

Citation posthume (Légion d'honneur) : *Brillant officier. Tué au cours d'une reconnaissance dans les lignes ennemies, le 30 août 1914, aux environs de Rethel. A été cité.*

[Né le 24 octobre 1890. Fils de M. Georges DUVAL DE FRAVILLE, ✻, chef d'escadron breveté en retraite, et de Mme née Eugénie BOURDON DE VATRY.]

E

EBENER (Georges), ✠, ✠, capitaine au 9e Dragons.
Tué à Souchez, le 22 juin 1915.

> Citation : *Sous un bombardement intense d'artillerie lourde d'une grande violence, a maintenu, avec le plus grand calme, sa compagnie de mitrailleuses sur une position particulièrement dangereuse; a donné, en maintes circonstances, des preuves indiscutables de la plus active bravoure. Tombé glorieusement à son poste, le 22 juin 1915, en Artois. A été cité.*

EBENER (Pierre), ✠ (posthume), ✠, adjudant au 13e d'Infanterie.
Tué au Bois-Brûlé, le 27 octobre 1914.

[Tous deux fils du Général (décédé en 1919) et de Mme Ch. EBENER.]

EBRARD (Jean), ✠ (posthume), ✠ (étoile d'or), agent enropéen de la « Southern Cotton Oil C° », de New-York, capitaine commandant la 5e compagnie de mitrailleuses du 366e d'Infanterie.

Blessé grièvement, le 4 septembre 1916, à l'attaque de Vermandovillers, il mourut des suites de ses blessures (amputation de la jambe droite, poumon perforé par un éclat de grenade), à Hanovre, le 12 octobre 1916.

> Citation posthume du Lieuteuant-Colonel DE TORQUAT (5 décembre 1916) : *Type admirable de l'officier français, généreux, énergique et brave, d'un patriotisme ardent s'alliant à une finesse de nature et à une élévation de sentiments qui lui conciliaient tous les cœurs. Adoré de ses hommes, s'exposant toujours le premier avec une élégante crânerie, le capitaine EBRARD avait pris une part brillante à tous les combats du régiment depuis le début de la campagne. A l'attaque de Vermandovillers, le 4 septembre 1916, est entré, à la tête de sa compagnie de mitrailleuses, dans une position formidablement organisée, et, quoique mortellement blessé, a combattu glorieusement jusqu'à l'épuisement de ses forces. Déjà cité et blessé antérieurement.*

[Né à Paris le 20 décembre 1881. Fils de M. Saint-Ange EBRARD et de Mme née LECOCQ-SENOLET. Marié à Mlle Juliette-Alice BARON, — dont deux enfants.]

ECORCHEVILLE (*Jules*-Armand-Joseph), ✠ (posthume), ✠ (palme et étoile), docteur ès lettres, directeur de la revue musicale S.I.M., lieutenant de territoriale, parti volontairement au 130e d'Infanterie.

Tombé au champ d'honneur, le 18 février 1915, à Perthes-les-Hurlus, frappé d'une balle au cœur. Enseveli au cimetière de la Maison forestière des Hurlus (route de Perthes à Suippes).

> Citation : *Déjà blessé à Rethonvilliers le 25 septembre 1914, cité à l'Ordre du Corps d'Armée à l'attaque d'Audéchy, a donné en toutes circonstances l'exemple de la bravoure et du sang-froid; est tombé mortellement blessé à la tête d'une compagnie du 130e d'infanterie, à l'assaut d'une tranchée allemande, en criant à ses hommes : « En avant ! faites votre devoir ! » A été cité.*

[Né le 17 mars 1872. Fils de M. Charles ECORCHEVILLE, maire de Saint-Ouen-l'Aumône, et de Mme née Nathalie MONTHIERS. Marié à Mlle Madeleine OGIER (décédée en mars 1919), fille du Dr OGIER et de Mme née Jeanne RENOUARD, — dont trois enfants.]

ECUROLLES DE CHARNACÉ (Baron L.-H. GAUTIER d'), agent de la Compagnie Forestière au Congo.

Mort, le 25 août 1914, au combat d'Ouesso (Afrique Equatoriale Française), à 39 ans.

EDOUX (Alfred), ✳, ✠, chef de bataillon au 48e d'Infanterie.

Tué à la bataille de la Marne, en septembre 1914.

EICHTHAL (Philippe d'), ✳ (posthume), ✠ (3 étoiles), *engagé volontaire* au 5e Dragons, le 23 août 1914, puis sous-lieutenant au 24e Chasseurs alpins.

Tué à l'ennemi, à Chezy-en-Orzois (Aisne), le 7 juin 1918.

Citation du 4 juin 1915 : *Patrouilleur volontaire à toute occasion depuis plusieurs périodes, notamment du 30 mai au 3 juin. Actif et audacieux : s'est, le 1er et le 2 juin, porté dans une zone particulièrement battue de feux, à 200 mètres environ de nos défenses accessoires à proximité de l'ennemi, pour déterminer l'emplacement d'un nouvel ouvrage allemand. A réussi dans sa mission.*

Citation du 16 janvier 1918 : *Excellent officier, actif, courageux, s'occupant d'une façon parfaite de ses hommes. Blessé au Mont Tomba (Italie), le 12 décembre 1917.*

Citation du 9 juillet 1918 : *Officier de Cavalerie servant comme volontaire dans l'Infanterie, qui demandait constamment à remplir les missions les plus périlleuses. Est tombé glorieusement pour la France au moment où il tendait une embuscade aux Allemands. A été cité.*

[Né le 14 avril 1896. Fils de M. William D'EICHTHAL et de Mme née MIRABAUD.]

EICHTHAL (Gérard d'), ✝ (posthume), ✠ (2 étoiles), *engagé volontaire* au 11e Chasseurs alpins.

Promu caporal le 8 octobre 1914, sergent le 21 mars 1915, adjudant le 8 juin 1915. Tué à l'ennemi, à Metzeral, le 21 juin 1915.

Citation du 12 octobre 1914 : *S'est signalé par son entrain et son courage sous le feu, en allant reconnaître une tranchée allemande.*

Citation du 30 juin 1915 : *A fait preuve en toutes circonstances d'une bravoure et d'un entrain dignes des plus beaux éloges; est tombé au champ d'honneur en entraînant brillamment sa section à l'assaut.*

[Né le 12 septembre 1897. Frère du précédent.]

EKNAYAN (Ara-Ekma-Revork), ✝ (posthume), ✠, sergent au 294e d'Infanterie.

Citation : *Brave sous-officier, d'un dévouement absolu, donnant à ses hommes le plus bel exemple en toutes circonstances. Tombé glorieusement pour la France, le 4 octobre 1914, devant Beuvraignes (Somme).*

ELBÉE (*Philippe*-Marie-Émile-Augustin-Maurice, Comte Philippe d'), ✳ (posthume), ✠ (1 palme, 1 étoile), ingénieur-chimiste, sous-lieutenant au 135e d'Infanterie.

Tué à Agny, au lieudit Chemin-du-Chat-Maigre, près Arras,

par un obus, pendant l'ouverture de la tranchée, le 14 septembre 1915.

> Citation à l'Ordre de l'Armée : *Blessé deux fois grièvement, le 14 septembre 1914 et le 26 avril 1915, est revenu chaque fois au front sur sa demande. Mortellement frappé le 14 septembre 1915, dans la tranchée, pendant que, sous un bombardement violent, il donnait à ses hommes l'exemple du plus grand calme et du plus haut sentiment du devoir. A été cité.*

[Né le 26 février 1882. Fils du Lieutenant–Colonel Mᵗ d'Elbée et de la Mᵗᵐ née Jeanne Hoskier.]

ELBÉE (*François*-Raphaël-Eugène-Marie, Comte François d').
Tombé au champ d'honneur le 16 juin 1915 et porté disparu depuis lors.

[Né le 14 novembre 1884. Frère du précédent. Marié à Mˡˡᵉ Alix Blanquet du Chayla.]

ELBÉE (*Bertrand*-Marie-Benoît-Germain, Comte Bertrand d'), (posthume), (étoile), ingénieur-chimiste, caporal au 49ᵉ d'Infanterie.
Tué à Gozée, près Charleroi ; tombé à la troisième contre-attaque de sa compagnie, le 23 août 1914.

> Citation à l'Ordre de la Division : *Volontaire, le 23 août 1914, pour aller couper les défenses accessoires des tranchées ennemies, s'acquitta de sa mission avec le dévouement le plus sublime, en dépit d'un tir nourri de mitrailleuses, et tomba mortellement frappé après avoir frayé un chemin à la contre-attaque exécutée par sa compagnie.*

[Né le 23 septembre 1889. Frère des précédents.]

ELBÉE (*Gonzague*-Marie-Camille-Louis d'), (posthume), (palme), Saint-Cyrien de la promotion de la Grande-Revanche, *engagé volontaire* au 49ᵉ d'Infanterie, le 11 août 1914.
Tombé à Craonne, au Chemin-des-Dames, le 15 septembre 1914.

> Citation à l'Ordre de l'Armée : *Admissible à Saint-Cyr à la déclaration de guerre, s'engage aussitôt, et, sur sa demande renouvelée, obtient de partir sur le front le 2 septembre 1914. S'y distingue par un mépris absolu du danger, une audace incomparable, un entrain irrésistible, un désir ardent de prendre part à toutes les missions les plus périlleuses. Le 15 septembre 1914, à Craonne, dans un mouvement d'une superbe crânerie, entraîna ses camarades à l'assaut des lignes ennemies, malgré une grêle de balles et un violent bombardement. Tombé au cours de cette action.*

[Né le 18 mai 1894. Frère des précédents.]

ELBÉE (*Maurice*-Joseph-Audoin, Vicomte Maurice d'), (posthume), (2 citations), maréchal des logis au 9ᵉ Cuirassiers à pied.

> Citation : *Excellent chef de demi-section, sous-officier énergique et brave. Deux fois blessé. Déjà cité à l'Ordre du Régiment. Tombé glorieusement atteint, le 28 mars 1918, en allant chercher des chargeurs destinés à approvisionner les fusiliers mitrailleurs qui se trouvaient auprès de lui. A été cité.*

[Né le 5 décembre 1889. Fils du Cᵗᵉ d'Elbée et de la Cᵗᵉˢˢᵉ née Claire de la Cropte de Chantérac.]

ENFERT (Marie-*André* d'), (posthume), (palme), maréchal des logis au 17ᵉ d'Artillerie.

Tué à Virton (Belgique), le 22 août 1914, ayant fait preuve, comme agent de liaison, des plus belles qualités de courage et de dévouement.

ENGEL (Jean), ⚙ (posthume), ✠, soldat au 13e Chasseurs à pied. Tué à Rancourt (Somme), le 20 septembre 1916.

[Né le 9 novembre 1881. Fils de M. et de Mme née Gros.]

ENGEL (Georges), ✳ (posthume), ✠ (étoile), capitaine au 166e d'Infanterie. Mort pour la France, le 10 octobre 1918, à Haringhe (Belgique).

[Né le 9 avril 1885. Frère du précédent.]

ENGELHARD (Joseph-*Raoul*), ✳ (Médaille de sauvetage), rentier, *engagé volontaire* au 41e Colonial. S'est engagé dans l'Infanterie coloniale pour venger la mort de ses deux frères et dans le même régiment; a été envoyé d'abord au front, puis au Sénégal, et est mort d'épuisement au retour de ce voyage, le 9 mai 1916, après avoir donné l'exemple de la plus grande abnégation.

[Né le 18 janvier 1869. Fils de M. et de Mme née Le Febure. Marié à Mlle Pétau de Maulette, fille de M. et de Mme née Cottereau, — dont quatre enfants.]

ENGELHARD (Gustave), ⚙ (posthume), ✠ (palme), docteur en droit, soldat au 41e Colonial. A été tué d'une balle au front, le 11 septembre 1914, au combat de Remereville. Il s'était signalé par un admirable sang-froid et un courage stoïque en passant une rivière sous le feu ennemi.

Citation : *Vaillant soldat. Dès les premiers combats de la campagne, s'est fait remarquer par sa courageuse attitude au feu. Bel exemple du devoir pour ses camarades. Glorieusement tombé pour la France, le 10 septembre 1914. A été cité.*

[Né le 6 février 1884. Frère du précédent.]

ENGELHARD (Jean-*René*), ⚙ (posthume), ✠ (palme), étudiant, soldat au 21e Colonial. Jeune et intrépide soldat, tué par un obus aux premières lignes de tranchées où il était allé, sans que ce fût son tour, pour réconforter des camarades, le 28 septembre 1914.

[Né le 18 mars 1890. Frère des précédents.]

ENOS (Edmond), ✳ (posthume), ✠ (palme), ingénieur du Génie maritime, lieutenant d'Artillerie, observateur à l'Escadrille N. 37. Prit part avec son régiment aux batailles de Charleroi, de Guise, de la Marne, de l'Aisne, de Picardie, d'Artois et de l'Argonne, et passa, sur sa demande, dans l'Aviation, le 3 novembre 1915. — Le 22 juin 1916, parti sur un Nieuport de chasse à la poursuite d'avions ennemis signalés sur le front de l'armée, livra combat à trois fokkers dans la région Autry-Binarville (Argonne), combat au cours duquel il trouva la mort.

Citation : *Excellent observateur ; a fait de nombreuses reconnaissances lointaines. Le 22 juin, attaqué par trois fokkers au cours d'une croisière dans les lignes ennemies, a bravement fait tête et combattu héroïquement pendant plus d'une demi-heure. A succombé dans cette lutte inégale. A été cité.*

[Né le 7 août 1892. Fils de M. Léopold Enos (décédé en 1916) et de Mme née Sée.]

ENOS (*Robert-Maurice*), 🎖 (posthume), ✠ (étoile), *engagé volontaire*, soldat au 46e d'Infanterie.

Blessé grièvement, le 25 mars 1918, à l'attaque du château de Tirlancourt, et ne voulant pas tomber aux mains des Allemands, il eut l'énergie de se tirer un coup de revolver qui mit fin à ses jours.

> Citation : *Soldat très crâne et d'un entrain superbe. Au cours d'une contre-attaque exécutée par sa compagnie, s'est élancé un des premiers pour arrêter la progression de l'ennemi. Frappé de deux balles, a préféré mettre fin à ses jours plutôt que de tomber aux mains des Allemands. A été cité.*

[Né le 26 avril 1899. Frère du précédent.]

ENTRAIGUES (Madame la Générale d'), infirmière-major à l'ambulance de la gare de Nîmes.

Pendant les premiers mois de la guerre, le service de cette infirmerie fut très pénible. S'y est consacrée jour et nuit avec un dévouement de tous les instants. Est morte de surmenage en février 1915.

ENTRAIGUES (René-Diégo, Baron d'), 🎖, ✠ (4 citations), *engagé volontaire*, maréchal des logis au 6e Dragons, porte-fanion du Général commandant la 3e Division d'Infanterie Coloniale.

> Dernière citation (posthume) : *Sous-officier d'une bravoure et d'un dévouement au-dessus de tout éloge. Sur le front depuis le début de la campagne, a, comme sous-officier estafette, rempli à maintes reprises des missions très périlleuses au cours des combats auxquels a pris part la division. Tombé au champ d'honneur, le 15 juillet 1918, lors de l'offensive allemande sur Reims.*

[Né le 24 septembre 1883. Fils de M. et de Mme née Mourgues. Marié à Mlle Nicole DE Dorlodot, fille du B^{on} et de la B^{onne} née Lefebvre, — dont un fils.]

ÉPENOUX (Charles-Jean-Baptiste-Gabriel-*Maxime* RUFFIER d'), ❋, ✠ (palmes), lieutenant-colonel au 11e Dragons.

Mis en non-activité à la suite d'un grave accident, demanda, quoique imparfaitement rétabli, à reprendre du service dès le début des hostilités. Il fit la campagne d'Alsace en août, la Marne et l'Artois en septembre 1914, et fut tué glorieusement, le 10 octobre 1914, à l'attaque du village de Monchy-aux-Bois (Pas-de-Calais).

> Citation : *..... Dans la nuit du 10 octobre 1914, a dirigé l'attaque d'un village avec une bravoure et un sang-froid remarquables. Frappé de deux balles, a été laissé mourant devant l'ennemi, sur le terrain du combat.*

[Né le 22 novembre 1862. Fils de M. et de Mme née d'Angerans. Marié à Mlle Yvonne Georgette du Buisson de la Boulaye, fille du B^{on} et de la B^{onne} née Joannin, — dont huit enfants.]

ÉPENOUX (Gabriel-Charles-*Roger* RUFFIER d'), 🎖 (posthume), ✠

(étoile), diplômé des Sciences Politiques, sergent au 23e Chasseurs alpins.

Fit la campagne d'Alsace et des Vosges en août 1914 et fut blessé, le 9 septembre, au col des Fournaux. Sur sa demande, repartit au front comme skieur, et prit part au combat de l'Hartmannswillerkopf. Le 7 mars 1915, grièvement blessé au Reichackerkopf (Alsace), resta sur le terrain du combat et fut porté disparu.

Citation : *A entraîné brillamment sa section à l'attaque d'une position ennemie, sur laquelle il est arrivé un des premiers ; a résisté sur place à toutes les contre-attaques, et, quoique grièvement blessé, a donné le plus bel exemple de courage et d'énergie.*

[Né le 22 septembre 1891. Fils du précédent.]

EPENOUX (Antoine-Marie-Bernard-*Guy* RUFFIER d'), ✠ (posthume), ✠ (étoile), Saint-Cyrien de la promotion de la Grande-Revanche, sous-lieutenant au 150e d'Infanterie.

Tué, le 4 février 1915, d'une balle au cœur, au Bois de la Gruerie (Argonne).

Citation : *Tué à la tête de sa section, qu'il conduisait avec énergie à l'assaut des tranchées ennemies, alors qu'il débouchait à une tête de sape repérée par les mitrailleuses adverses. Pendant tout le cours de la journée, s'était déjà exposé pour observer le réglage de l'artillerie. A été cité.*

[Né le 7 septembre 1894. Frère du précédent.]

EPINAY (Antoine-Marie-*Henri* CAÏEZ d'), ✠, ✠, capitaine adjudant-major au 234e d'Infanterie.

Tué, sous Verdun, le 2 juin 1916.

Citation : *Officier animé de la plus belle énergie et du plus beau courage, ayant une haute conception de son devoir. Chevalier de la Légion d'honneur et cité trois fois pour sa vaillante conduite. Est mort glorieusement pour la France, le 2 juin 1916, des suites de glorieuses blessures reçues devant l'ennemi.*

[Marié à Mlle Huvier.]

ERCEVILLE (Comte Jean ROLLAND DE CHAMBAUDOIN d'), ✠ (posthume), ✠, sergent au 46e d'Infanterie.

Tué, le 30 octobre 1914, à Vauquois ; a marché au-devant de l'ennemi, bien que blessé au front, inondé de sang, après avoir été donner à boire aux blessés dont personne n'osait s'approcher.

[Né le 5 juin 1889. Fils du Cte (décédé) et de la Ctesse née de Moré de Pontgibaud.]

ERCEVILLE (*Bernard*-Marie-Jean-Gabriel ROLLAND, Comte Bernard de CHAMBAUDOIN d'), ✠ (posthume), ✠ (étoile de bronze), soldat au 324e d'Infanterie.

Demanda à faire partie du premier départ pour le front, qui eut lieu le 25 août 1914. — Le 15 septembre, il fut blessé de deux balles de schrapnel à la tête, à Tracy-le-Mont (Aisne). Reparti pour le front le 17 janvier 1915, il y mourut le 18 novembre suivant, à l'hôpital militaire de Verdun, d'un mal contracté dans la tranchée des Eparges, et qui l'emporta en quelques jours.

Citation posthume : *Modèle extraordinaire de devoir et de patriotisme dans ce que ces sentiments ont de plus élevé et de plus noble. D'une santé délicate, a toujours fait preuve de bravoure (blessé le 15 septembre 1914) et de la plus grande énergie, jusqu'au jour où, terrassé par la maladie, il fut évacué. A l'hôpital, son dernier mot avant de mourir fut : « Vive la France ! »*

[Né le 27 décembre 1880. Fils du Cte et de la Ctesse D'ERCEVILLE, née REGNAULT D'EVRY. Marié à Mlle DE FARCY DE PONTFARCY, fille du Cte et de la Ctesse DE PONT-FARCY, née DE HEERE, — dont trois enfants.]

ESBECK (Mademoiselle Christine d').

Victime du bombardement de l'église Saint-Gervais, le Vendredi-Saint, 29 mars 1918.

ESCALIER (Henri), ✠, ✠ (5 citations), lieutenant au 143e d'Infanterie.

Tué à l'ennemi, le 3 août 1918.

ESCALIER DE LADEVÈZE (Jean - Marie - Joseph - *Paul*), ✠ (posthume), ✠, chef de bataillon au 170e d'Infanterie.

Tombé glorieusement le 12 août 1916.

Citation : *Soldat sans peur, chef aimé, respecté, obéi. Avait, par ses habiles dispositions et son action incessante, préparé l'attaque victorieuse au cours de laquelle il a trouvé la mort des braves. Tué d'une balle au cœur en montant à l'assaut de la position ennemie.*

[Fils de M. et de Mme née Isabel DAUDÉ.]

ESCARGUEL (Paul), ✠, ✠ (palme), directeur des Services de l'*Agence Havas* à Madrid.

Parti comme sous-officier d'Infanterie, il n'avait pas quitté le front depuis le début de la guerre; avait été cité à l'Ordre de l'Armée et avait été décoré de la Médaille Militaire à la suite d'une blessure qu'il avait reçue au cours d'une mission qu'il remplissait, en Alsace, comme agent de liaison. A succombé, en 1918, dans une ambulance du front, aux suites d'une intoxication par les gaz.

ESCLAIBES (*Pierre*-Amable-Joseph-Marie, Comte Pierre d'), ✠ (posthume), ✠ (palme), capitaine breveté à l'Etat-Major de la 14e Division d'Infanterie.

Tué au combat de Proyart (Somme), le 29 août 1914. Atteint par plusieurs éclats d'obus, il ne survécut que peu d'instants à ses blessures, et ses dernières paroles, au soldat-prêtre qui le soutenait, furent : « Pour Dieu et pour la France ! »

Citation : *Officier d'Etat-Major de très grande valeur, se dépensant sans compter; a montré à plusieurs reprises la plus grande bravoure dans les reconnaissances qui lui ont été confiées; est tombé mortellement frappé, le 29 août 1914, au moment où il rapportait un renseignement à son général.*

[Né le 31 décembre 1874. Fils du Général Cte Henry D'ESCLAIBES et de la Ctesse née DU BUYSSON DES AIX (décédés). Marié à Mlle Noémie DE PROYART DE BAILLESCOURT, fille du Cte et de la Ctesse née PRIOUX, — dont deux enfants.]

ESCLAIBES D'HUST (Gérard, Comte d'), ✠ (posthume), ✠ (palme), capitaine au 9e Cuirassiers.

Tué à la Maisonnette, le 24 septembre 1914. Inhumé dans le cimetière de Biaches.

Citation : *A fait preuve de grand sang-froid et de bravoure en tenant son escadron en contact avec une division de cavalerie ennemie. A protégé la retraite de l'infanterie, restant plusieurs heures sous le feu de l'ennemi.*

[Marié à Mlle DE LA GRANGE, — dont un fils, qui suit.]

ESCLAIBES D'HUST (Raymond-Henri-Alfred, Comte d'), ✠ (posthume), ✠ (palme), sous-lieutenant au 17e Chasseurs à pied.

Sorti de Saint-Cyr comme aspirant de cavalerie, fut, sur sa demande, versé dans l'infanterie. Tué à Barleux, le 3 septembre 1914.

Citation : *Jeune sous-lieutenant récemment passé, sur sa demande, de la cavalerie dans l'infanterie. Officier de la plus haute valeur morale, dont la personnalité s'est vite affirmée autour de lui. A promptement acquis la confiance de ses hommes et l'estime affectueuse de ses chefs. Tombé mortellement frappé en septembre 1914, devant le village où est enterré son père, mort pour la France. A été cité.*

[Fils du précédent.]

ESCODECA DE BOISSE (Gabriel-Armand-*Raymond*, Comte d'), ✠ (posthume), ✠ (palme), capitaine au 123e d'Infanterie.

Tué, le 21 octobre 1914, en défendant courageusement ses tranchées contre une violente attaque ennemie.

Citation : *Officier d'un rare mérite, aussi bien par ses qualités militaires que par ses sentiments élevés. Avait, par son exemple, fait de sa compagnie une unité de combat de premier ordre. Blessé, le 15 septembre 1914, en conduisant ses hommes à l'assaut de X...; revenu au front avant guérison complète. Tomba glorieusement, le 21 octobre 1914, au cours d'une tentative d'attaque allemande sur les tranchées de Y... A été cité.*

[Né à Beaumont-du-Périgord le 3 février 1878. Fils du Cte et de la Ctesse née ROUSSET DE MONDELAND. Marié à Mlle Marie DE LA BASTIDE, fille de M. et de Mme née DÉALIS DE SAUJEAN, — dont quatre enfants.]

ESGONNIÈRE DU THIBEUF (Marie-Philippe-*Henri*), ✠ (posthume), ✠ (palme), capitaine au 293e d'infanterie.

Tué le 25 septembre 1915.

Citation : *A brillamment entraîné sa compagnie à l'assaut, au cours duquel il a été mortellement atteint. Est tombé en continuant de crier : « En avant, en avant ! » N'a pas voulu se laisser panser. A été cité.*

[Fils de M. et de Mme née Élise GOURRAUD DE LA PROUSTIÈRE. Marié, en 1910, à Mlle Germaine GUILBERT.]

ESMEIN (Maurice), ✠, artiste peintre, médecin auxiliaire au 72e d'Infanterie.

Tombé en première ligne, le 4 février 1918.

[Fils de M. (décédé) et de Mme née LE BLANT.]

ESPANET (Raoul-Jules), ✠, lieutenant au 3e Zouaves.

Tué, le 29 août 1914, au combat de Launois (Ardennes).

ESPIÈS (Vicomte René de COSSART d'), ✠ (posthume), ✠ (palme),

étudiant, maréchal des logis à la 104e batterie du 62e d'Artillerie.
Tué le 7 août 1915.

Citation à l'Ordre de l'Armée : *Sous-officier ayant repris du service à la mobilisation, quoique réformé ; passé volontairement dans une section de bombardiers, où il montra les plus belles qualités militaires et beaucoup de hardiesse. Frappé mortellement à son poste d'observation.*

[Né le 10 mai 1890. Fils du Cte Henri D'ESPIÈS et de la Ctesse née DE LAUBESPIN.]

ESPIÈS (Gabriel de COSSART d'), ✳, ✳, sous-lieutenant au 287e d'Infanterie.
Tué le 26 août 1917.

[Fils du Vte et de la V^{tesse} Henri D'ESPIÈS.]

ESPINASSY DE VENEL (Jean d'), ✳ (posthume), ✳, capitaine au 40e d'Infanterie.

Citation : *Brillant officier, plein d'allant. Tombé pour la France, devant Chauvoncourt, le 14 novembre 1914.*

[Né le 2 décembre 1868. Marié à Mlle Jeanne DE BRÈME, — dont plusieurs enfants.]

ESPINAY SAINT-LUC (*Bertrand*-Pierre-Antoine-Ernest, Comte Bertrand d'), ✳ (posthume), ✳ (2 palmes), élève de l'Ecole Polytechnique (promotion de 1913), sous-lieutenant au 49e d'Artillerie.
Tombé à Wailly (Artois), le 25 septembre 1915.

Citation : *Officier d'une activité et d'une bravoure remarquables. A fait preuve, aux attaques des 24 et 25 septembre 1915, d'un calme et d'un sang-froid au-dessus de tout éloge. N'a pas hésité à suivre les premières vagues d'infanterie au moment de l'assaut, pour faire une reconnaissance plus rapide du terrain. Est tombé mortellement blessé. A été cité.*

[Né le 6 avril 1893. Fils du Cte (décédé) et de la Ctesse née Élisabeth PIQUEMAL.]

ESPINOSE (*Alonze*-Marie-Joseph-Louis-Edmond, Baron d'), ✳ (posthume), ✳ (palme), propriétaire-agriculteur, sous-lieutenant au 225e d'Infanterie.

Appelé à son dépôt, à Cherbourg, dès le début de la mobilisation, partit volontairement comme sergent de réserve, le 10 août 1914, pour la frontière belge. (On avait oublié de le faire inscrire dans la territoriale, et jamais il n'avait voulu réclamer, malgré ses cinq enfants.) Le 1er octobre, il est nommé sous-lieutenant, après avoir pris part à la bataille de Montgemont, en Belgique ; fait la retraite ; participe à plusieurs combats. Le 12 octobre, il marche à l'assaut en tête de sa compagnie, remplaçant les autres officiers prisonniers ou disparus. Blessé une première fois à l'épaule, il continue à marcher en avant. Sept blessures l'immobilisent, mais il refuse de se laisser emporter, avant que ses hommes blessés soient évacués. Le 15 octobre 1914, il meurt à l'ambulance de Suippes.

Citation à l'Ordre de l'Armée : *A entraîné avec une grande bravoure ses hommes à l'attaque, au combat du 12 octobre 1914. Blessé à la tête de sa compagnie, n'a voulu se laisser emporter de la ligne de feu qu'après s'être assuré que tous ses hommes blessés avaient été évacués. Décédé à l'ambulance des suites de ses blessures. A été cité.*

[Né le 8 juillet 1880. Fils du B°° D'ESPINOSE (décédé) et de la B°°° née Madeleine LEMONNIER DE GOUVILLE. Marié, en 1906, à M¹¹° Antoinette PAYS, fille de M. Henri PAYS et de M°° née Albertine GALLEMAND, — dont cinq enfants.]

ESPIVENT DE LA VILLESBOISNET, née Claire-Amélie LEFÉBURE D'HÉDANCOURT (Comtesse Georges), Infirmière-major de la Société de Secours aux Blessés militaires, Présidente du Comité de Nantes.

Décédée des suites d'une maladie contractée au chevet des blessés, en novembre 1916.

[Née le 20 juillet 1853. Mariée, en 1875, au C¹° Georges ESPIVENT DE LA VILLESBOISNET (décédé en 1918), — dont deux enfants.]

ESSARTS (André des) . . . . /

ESTAINTOT (*Guillaume*-Robert-Edgard-Marie LANGLOIS, Comte Guillaume d'), ✳ (posthume), ✸ (palme), ingénieur agricole, sous-lieutenant de Cavalerie, pilote à l'Escadrille B.M. 118 (groupe de bombardement n° 5).

En sursis d'appel pour terminer ses études agronomiques, avait, en juillet, passé ses examens d'ingénieur agronome. Le 12 août, rejoint le 27e Dragons, brigadier le 18 novembre 1914, maréchal des logis le 28 janvier 1915; demanda à passer dans l'Infanterie. Nommé sous-lieutenant à titre temporaire au 151e de ligne en octobre 1916, fait campagne en Champagne et à Verdun; blessé le 9 avril au Mort-Homme; à la suite de ses blessures, déclaré inapte pour l'Infanterie, demanda à passer dans l'Aviation, où il fut cité à l'Ordre de l'Armée, et mourut quelques jours après, le 9 juillet 1917, des suites de ses blessures.

> Citation : *Officier pilote d'un courage et d'un allant remarquables; a participé à plusieurs bombardements toujours réussis, depuis son arrivée au G. B. 5. A notamment, dans la nuit du 4 au 5 mai, accompli une mission à grande distance, malgré trois attaques successives d'avions ennemis auxquels il a, par trois fois, livré combat; blessé au retour, a tenu à reprendre sans délai sa place à son escadrille. Très grièvement blessé par accident d'avion au cours d'une mission préparatoire d'opérations de nuit.*

[Né le 2 décembre 1892. Fils du C¹° D'ESTAINTOT et de la C¹°°°° née BATAILLE DE BELLEGARDE.]

ESTAMPES (*Charles*-Louis-Marie-Joseph-Jean, Comte Charles d'), ✸ (posthume), ✸ (1 palme, 2 étoiles), ✳ (Médaille pour la Valeur Italienne), se préparait à Saint-Cyr, *engagé volontaire* au 16e Dragons.

Passé, sur sa demande, au 70e Chasseurs alpins, où il était bientôt nommé aspirant, il prit part à la campagne d'Italie; de retour en France, fut blessé en juin 1918, et tomba au champ d'honneur le 24 juillet 1918.

> Citation à l'Ordre de l'Armée (affaire du Tomba) : *A brillamment entraîné ses chasseurs à l'attaque du 30 décembre 1917. Avec un petit groupe de chasseurs, a fait face à une contre-attaque beaucoup plus nombreuse, commandée par un capitaine; l'a arrêtée et forcée à se rendre.*
>
> Dernière citation (Ordre de la Division) : *Jeune aspirant, brave et*

ardent ; a été tué, le 24 juillet 1918, devant Coincy, alors qu'il s'élan-
çait en avant, à la tête de ses chasseurs. A été cité.

[Né le 28 août 1894. Fils du Cte Louis d'ESTAMPES (décédé) et de la Ctesse née Jeanne BAYET.]

ESTRÉES (Comte Louis de LOYNES d'), ✳ (posthume), ▧ (palme), inspecteur général d'Assurances, lieutenant au 370e d'Infanterie. Tué le 10 mai 1915.

Citation : *Dans une attaque de nuit à la baïonnette, a enlevé brillamment sa section ; a dit aux hommes les plus rapprochés de lui : « Eh bien, mes amis, c'est le moment ! » et au cri : « En avant ! », s'est jeté sur l'ennemi. Est tombé au premier coup de feu, à quelques pas des tranchées, et, bien que mortellement atteint, n'a cessé de crier : « En avant ! En avant ! »*

[Né le 12 mai 1885. Fils du Cte et de la Ctesse née Marthe BERTHEMY (décédée). Marié à Mlle Yvonne LUCAS DE BOURGEREL, fille de M. et de Mme née DE CHITRAY.]

ESTRÉES (Guillaume-*Walter* d'), ✳ (posthume), ▧ (palme), C ✳ (Nicham Iftikar), ✳✳ (Médailles du Cambodge et de l'Annam), avocat, capitaine au 111e d'Infanterie.
Tué, le 9 septembre 1914, à la bataille de Vassincourt (Meuse), au moment où il entraînait sa compagnie à l'assaut.

Citation : *Avait su inculquer à ses soldats les plus hauts sentiments de patriotisme et de sacrifice. A été tué, le 9 septembre 1914, à V....., pendant qu'il entraînait pour la seconde fois sa compagnie à l'assaut, en criant : « Pour la France, mes enfants ! Vive la Patrie ! »*

[Né le 14 octobre 1870. Fils de M. Jules-Guillaume D'ESTRÉES et de Mme née Joséphine D'ESTRÉES DE BAUDOUR.]

ÉTANGS (Bernard-Raymond-Charles de DAVID des), ✳ (posthume), ▧ (étoile), lieutenant au 15e Dragons.
Tué, le 13 août 1914, à Chazelles (Meurthe-et-Moselle).

Citation : *Le 13 août 1914, envoyé en reconnaissance dans la région de Vého, avait heureusement accompli sa mission et envoyé d'utiles renseignements. Surpris par une fusillade et en présence d'un parti de cavalerie ennemie trois fois plus nombreux, n'a pas hésité à se porter à l'attaque, a chargé à fond à la tête de son peloton, et a été tué de plusieurs coups de lance. A été cité.*

[Né le 14 décembre 1887. Fils de M. et de Mme née Marie GARAT DE NEDDE.]

ÉTANGS (Pierre-Marie-Augustin des), ✳ (posthume), ▧ (palme), sous-lieutenant au 167e d'Infanterie.

Citation : *Jeune officier d'une énergie et d'une bravoure exemplaires. Le 10 février 1917, est tombé glorieusement au cours d'un engagement de nuit, en avant de nos lignes, en s'élançant le premier sur un groupe ennemi qu'il venait de découvrir.*

ÉTAULES (Marcel-J.-J.-B. HUGUET d'), O ✳, ▧, colonel commandant une Brigade d'Infanterie.

Citation : *S'est porté à l'assaut des tranchées ennemies en tête de sa brigade avec la plus belle bravoure, le plus parfait dédain du danger. A été tué avant d'atteindre la ligne ennemie (combat du 26 septembre 1915).*

ETCHANDY (René de HUGO d'), lieutenant.................
[Marié à Mlle FLORY.]

ETCHEGOYEN (*Louis*-Marie-Charles, Vicomte Louis d'), brigadier au 4e escadron du Train des Equipages.
Décédé à l'hôpital mixte de Chartres, le 6 octobre 1915, de maladie contractée sur le front.

[Né le 25 avril 1887. Fils du Vᵗᵉ Jean D'ETCHEGOYEN et de la Vᵗᵉˢˢᵉ née DE LORIÈRE.]

ÉTIENNE (Pierre), ✠, agent de liaison au 21e d'Infanterie.
Tombé à Orfeuil (Ardennes), le 1er octobre 1918.

[Fils de M. et de Mᵐᵉ née LENSEIGNE.]

EUDE (Paul), ✠ (étoile), sous-lieutenant au 269e d'Infanterie.
Tué à Douaumont, le 2 avril 1916.

[Né à Paris le 14 juillet 1890. Fils de M., ✠, et de Mᵐᵉ née LE BLANC.]

EUDEVILLE (Marie-Joseph-Henri-Albert EUDES d'), ✠ (posthume), ✠, sous-lieutenant au 154e d'Infanterie.

Citation : *Officier d'une bravoure reconnue de tous, ayant donné constamment l'exemple d'un calme inébranlable dans les circonstances les plus difficiles, et notamment dans la période du 10 au 16 mars 1916. A été tué, le 16 mars 1916, sur une position qu'il organisait, encourageant par sa présence ses hommes au travail. A été cité.*

EVENO (Joseph-Germain), ✠, ✠ (palme), chef de bataillon commandant le 10e Chasseurs à pied.

Citation : *Le 25 août 1914, a mené son bataillon à l'attaque avec une compétence et une audace remarquables. A été tué au moment où il allait l'entraîner à l'assaut.*

EVENO (Louis-Marie), ✠ (posthume), ✠, sous-lieutenant au 71e d'Infanterie.

Citation : *A donné pendant 20 mois de campagne l'exemple de la plus grande bravoure et du plus haut sentiment du devoir. Mortellement frappé en entraînant sa section à l'assaut des lignes ennemies, le 1er juin 1916. A été cité.*

EXÉA (Élie-François-Marie-Ambroise d'), ✠ (posthume), ✠ (palme), capitaine au 15e d'Infanterie.

Citation : *Le 11 novembre 1914, a pris, en plein combat, le commandement d'une compagnie dont le chef venait d'être grièvement blessé, alors que la sienne était relevée ; est glorieusement tombé, encourageant jusqu'au dernier moment ses hommes à tenir jusqu'au bout. Admirable type de l'officier français.*

EXÉA-DOUMERC (Pierre d'), ✠ (posthume), ✠ (4 citations), *engagé volontaire*, lieutenant d'Infanterie, détaché dans l'Aviation. (Escadrille S.A.L. 27).
A trouvé la mort dans un combat aérien, au-dessus d'Orfeuil (Ardennes), le 5 octobre 1918.

Citation : *Excellent observateur, très adroit, très courageux. A réussi de nombreuses missions photographiques, durant lesquelles il a eu souvent à combattre contre des avions ennemis. A soutenu un dur combat, au cours duquel il a obligé son adversaire à pi-*

quer rapidement vers le sol. Est rentré avec des balles dans son avion.

[Né en 1895. Fils du Cte, ✳, ⚇, engagé volontaire en 1870, et de la Ctesse née LA HURE.]

EXPERT-BEZANÇON (Jacques), avocat à la Cour de Paris......

EXSHAW (Édouard-*Arthur*), ✠, caporal au 49e d'Infanterie. Tué à Douaumont, le 23 mai 1916.

[Né le 10 décembre 1893. Fils de M. (décédé) et de Mme née Marthe DE LESTAPIS.]

EYMARD (*Paul*-Robert-René), industriel, sergent au 159e d'Infanterie.

A la mobilisation, rejoignait à Briançon le dépôt du 359e territorial d'Infanterie. Demanda à partir de suite avec le 159e de l'active. Tué, le 19 août 1914, à la première offensive entre Altkirch et Mulhouse, à Luemswiller, où il a été inhumé.

[Né le 28 juillet 1886. Fils de M. Hugues EYMARD, ancien agent de change, et de Mme née Charlotte LAMY.]

EYMARD DE LAVERRIE (Emmanuel), O✳, ✠, chef de bataillon. Tué le 27 septembre 1915.

[Marié à Mlle CABADÉ.]

F

FABRE DE LAMAURELLE (Pierre), ✠ (posthume), ✠ (palme), lieutenant au 7ᵉ Chasseurs à pied.

Tué le 25 septembre 1914.

Citation : *Mortellement atteint pendant qu'il commandait la section de mitrailleuses, n'a pas voulu que des hommes se risquent sous le feu pour le relever ; a passé avec un sang-froid superbe le commandement de son unité, donnant ainsi un bel exemple de dévouement.*

FABRE DE MONTBEZ (*Henri*-Charles-François), ✠ (posthume), ✠ (palme et étoile d'or), ingénieur-agronome, maréchal des logis au 59ᵉ d'Artillerie.

Tué à Mouilly, le 10 juillet 1916; repose au cimetière de Rupt-en-Woëvre.

Citation : *Excellent sous-officier, modèle de courage et de dévouement, adoré de ses hommes. Tué glorieusement à son poste de combat, le 10 juillet 1916, pendant l'exécution d'un tir qu'il avait préparé d'une façon tout à fait remarquable. Déjà cité à l'Ordre du Corps d'Armée.*

[Né le 27 juillet 1894. Fils de M. Charles-Denis FABRE DE MONTBEZ et de M** née DELMAS.]

FABRY (Baron Georges de), ✠, ✠, capitaine breveté.

Blessé au combat de Couthil, près Morhange (Lorraine), resté à la tête de sa compagnie jusqu'à ce qu'une nouvelle blessure le terrassât. Mort peu après, le 20 août 1914.

[Fils du Bᵒⁿ et de la Bᵒⁿⁿᵉ née DE LA JAILLE. Marié à Mˡˡᵉ BONNAIRE.]

FAILLE DE LEVERGHEM (*André*-Gaston-Alphonse-Jean-Marie-Joseph della), O ✠ (Ordre de Léopold), ✠ (Belge, 4 citations), docteur en droit, *engagé volontaire*, lieutenant au 20ᵉ d'Infanterie Belge.

Engagé comme simple soldat le 3 août 1914, trouva une mort glorieuse, le 23 octobre 1918, au combat d'Overbroeck.

Citation (Officier de l'Ordre de Léopold) : *Officier d'élite, ayant une haute conception du devoir ; d'un courage et d'une audace à toute épreuve. Quoique marié et père de famille, il s'engage le 4 août 1914. Réformé en septembre 1914, par suite de blessures reçues à l'ennemi, il se réengage quatre mois après. Est, en toute circonstance, un exemple d'abnégation et de dévouement. Blessé deux fois par la suite, il demande toujours à rentrer à son unité, disant : « Je me suis engagé pour faire mon devoir à l'infanterie, et j'y resterai jusqu'au bout. » Le 23 octobre 1918, au combat d'Overbroeck, est tombé en brave pour la défense des foyers et l'honneur du peuple belge, au moment où il venait d'atteindre son objectif, après avoir entraîné magnifiquement son peloton sous un feu nourri de mitrailleuses ennemies et avoir fait plusieurs prisonniers. Au front depuis le début. Est déjà chevalier de l'Ordre de Léopold, de l'Ordre de la Couronne, et est porteur de la Croix de guerre ; trois citations.*

[Né le 5 août 1887. Fils de M. et de Mme née MARTINEAU DES CHESNEZ. Marié à Mlle DE RANST DE BERCHEM DE SAINT-BRISSON, fille du M{is} et de la M{ise} née DE SAINT-PIERRE (décédée), — dont trois enfants.]

FAILLY (Jean-Baptiste), ✠ (posthume), ✠ (étoile de bronze), cavalier au 7ᵉ Hussards.

Blessé à Manoncourt-sur-Seille, le 12 août 1914, succomba le lendemain à l'ambulance de Serrières (Meurthe-et-Moselle), des suites de ses blessures.

Citation : Le Colonel porte à l'Ordre du Régiment le nom de ce brave, tombé glorieusement à l'ennemi pendant cette première partie de la campagne.

[Né le 27 mars 1894. Fils de M. et de Mme née Louise ROUDIER.]

FAIVRE (Wilfrid), ✳, ✠ (2 palmes), lieutenant-colonel au 21ᵉ d'Infanterie.

Tué à Souain (Marne), en septembre 1914.

Citation : A été tué à la tête du régiment, au commandement duquel il avait été nommé pour la durée de la guerre, et où il avait su se faire remarquer par les plus brillantes qualités de sang-froid, de bravoure et d'intelligence.

FAIVRE D'ARCIER (Antoine), ✳, ✠ (3 citations), capitaine au 109ᵉ d'Infanterie.

Tombé glorieusement le 28 mai 1918.

FAIVRE D'ARCIER (Michel), ✳ (posthume), ✠ (palmes), lieutenant au 5ᵉ Chasseurs à pied.

Deuxième citation : ..... Se sentant mortellement atteint, chargea avec le plus grand sang-froid un de ses chasseurs de transmettre à un de ses chefs de section les ordres du capitaine, et eut encore, avant de mourir, la présence d'esprit de faire déployer les hommes qui l'entouraient, pour éviter les balles ennemies. A été cité.

FAIVRE D'ARCIER (François-Xavier), ✠ (posthume), ✠, soldat au 69ᵉ d'Infanterie.

Citation : Soldat d'une haute valeur morale. Réformé avant guerre, s'est fait réinscrire sur les contrôles pour prendre, à la mobilisation, sa place au combat. A fait preuve de la plus belle bravoure, à l'affaire de Focquevilliers, le 11 octobre 1914, où il a été blessé mortellement. A été cité.

FAJET DE CASTELJAU (M.-X.)...

FALCO (Fernand), ✠, capitaine au 355ᵉ d'Infanterie.
Tué à Souain, le 26 septembre 1915.

[Né le 27 novembre 1883. Fils de M. et de Mme née ALDROPHE.]

FALCONNET (Lucien).......................................

[Fils de l'Ingénieur, ✳, et de Mme née DEROCHE.]

FALCONNIER (Georges), ✳ (posthume), ✠ (étoile d'argent), homme de lettres, lieutenant au 354ᵉ d'Infanterie.
Tué à Beuvraignes (Somme), le 7 octobre 1914.

FALLOIS (Adolphe-Marie-*Léon* de), ✠ (posthume), ✠, Saint-Cyrien de la promotion de Montmirail, sous-lieutenant au 160e d'Infanterie.

Blessé tout au début des hostilités, tomba le 20 août 1914.

[Fils de M. et de M&supme; née FOUGEROUX DE SOYRES, décédés.]

FALLOIS (Eugène-*Théodore* de), ✠ (posthume), ✠ (étoile), collaborateur à l'*Action Française*, sous-lieutenant de réserve au 161e d'Infanterie.

Tué, le 3 février 1915, en Argonne; enterré à La Harazée (bois de la Gruerie).

    Citation : *D'une bravoure froide et résolue, du plus bel exemple pour ses hommes et personnifiant le devoir. A été blessé le 27 septembre, est revenu sur le front, à peine guéri. Le 3 février 1915, étant commandant de compagnie, a dirigé une contre-attaque de sa compagnie sur des tranchées fortement organisées. A été tué net d'une balle au front, au moment où, en tête de ses hommes, il abordait les Allemands. A été cité.*

[Né le 9 septembre 1889. Fils de M. Armand DE FALLOIS (décédé) et de M&supme; née LEBLOND.]

FALQUE (Vincent), ✠ (posthume), ✠, sous-lieutenant au 19e d'Artillerie.

A trouvé la mort, en 1914, dans des circonstances particulièrement tragiques. Sorti récemment de Polytechnique, ce jeune officier avait été attaché au régiment de son père. Celui-ci, ayant à confier à un de ses officiers une mission périlleuse, vit son fils se mettre sur les rangs et solliciter l'honneur d'être désigné. Le colonel FALQUE, n'écoutant que son devoir, désigna son fils, et quelques heures après le jeune officier tombait mortellement blessé.

FALVELLY (Jean-*Philippe* de), ✠ (posthume), ✠, capitaine au 17e Chasseurs à pied.

Tué, le 20 mars 1915, à la tête de sa compagnie, tenant tête, le fusil à la main, au milieu de ses chasseurs, à une attaque ennemie.

FAMELART (*Henri*-Émile), O ✠, ✠ (3 palmes), chef d'escadron au 8e d'Artillerie.

Tué à la Butte-du-Mesnil, près Beauséjour, le 28 septembre 1915, par un obus. Il avait pris part aux combats de Lorraine, de la Somme (où il fut blessé), de l'Artois, de Belgique, et de Champagne.

    Dernière citation : *Officier supérieur d'une très grande activité. A fait preuve, en maintes circonstances, d'un mépris absolu du danger ; a pris une part très active, comme commandant de groupe, à la préparation de l'attaque du 25 septembre 1915 ; a porté audacieusement ses batteries en avant, dès le déclenchement de l'attaque de l'infanterie; a été tué, le 28 septembre 1915, alors qu'il se portait à son poste d'observation situé sur notre ligne la plus avancée.*

[Né le 28 janvier 1862. Marié à M&suplle; Marie-Antoinette ARNOULD, — dont sept enfants.]

FAMELART (*André*-Marie), ※ (étoile), aspirant au 79ᵉ d'Infanterie. Disparu, enseveli dans une tranchée, à la cote 304, le 10 avril 1916. Le lieutenant, qui a été témoin du fait, déclare qu'il s'est très courageusement et merveilleusement conduit jusqu'au bout et particulièrement la veille de sa mort.

[Né le 8 juillet 1893. Fils du précédent.]

FAMIN (*Étienne*-César), ※ (posthume), ※ (1870), ※ (palme et étoile), arbitre au Tribunal de Commerce, *engagé volontaire* à 16 ans, en 1870, et à 60 ans, en 1914, lieutenant au 23ᵉ Colonial. Tué à Massiges, le 25 septembre 1915.

Citation du Général Pétain (27 octobre 1915) : *Médaillé de 1870. Engagé pour la durée de la guerre à l'âge de 61 ans ; toujours vaillant, cité continuellement en exemple. Est tombé glorieusement, le 25 septembre 1915, en entraînant ses hommes à l'assaut, et en leur criant : « En avant, c'est aujourd'hui un jour de fête. »*

[Né le 22 février 1854. Fils de M. Charles Famin, membre de l'Institut, et de Mᵐᵉ née Mollot (décédés). Marié à Mˡˡᵉ Martin Saint-Léon, fille de M. Gabriel Martin Saint-Léon et de Mᵐᵉ née Leger (décédés), — dont deux filles.]

FAMIN (Henri-*Bernard*), ※ (posthume), ※ (5 citations), lieutenant au 57ᵉ d'Infanterie. Tué dans la Somme, le 1ᵉʳ septembre 1918.

Citation : *Officier remarquable à tous les points de vue. Chef aimé et estimé de tous. S'est élancé, à la tête de son unité, à l'attaque d'une position formidablement défendue sous des barrages violents d'obus de gros calibres, électrisant sa compagnie par son mépris du danger et sa bravoure communicative. Blessé une première fois, a continué à entraîner ses hommes en criant : « En avant ; toujours ! » Est tombé glorieusement, quelques minutes après, criblé de balles. A été cité.*

[Né en 1894. Fils du Lieutenant-Colonel et de Mᵐᵉ née Bichot.]

FARAMOND (Vicomte Melchior de), ※, ※ (palme), lieutenant au 11ᵉ d'Infanterie.

Citation : *Sous un feu terrible, le 22 août 1914, a conduit à l'assaut sa section, qui a été à peu près entièrement anéantie, en courant à l'ennemi ; est tombé lui-même glorieusement à sa tête.*

[Marié à Mˡˡᵉ Élisabeth Bayon de la Tour.]

FARCIS (Bernard), ※, capitaine au 129ᵉ d'Infanterie. Tué à Neuville-Saint-Vaast, le 5 juin 1915.

FARCY (Pierre de), ※, adjudant au 135ᵉ d'Infanterie. Tué le 2 octobre 1914.

FARGES (Jules des), ⚜ (posthume), ※, sergent au 100ᵉ d'Infanterie.

Citation : *Blessé en arrivant à la tranchée allemande vers laquelle il avait entraîné ses hommes, Bois de la Gruerie, 26 juillet 1915. Décédé des suites de ses blessures. A été cité.*

FARGES DE FILLEY DE LA BARRE (Pierre), ※, ※, Saint-Cyrien, capitaine de Zouaves. Tué le 7 novembre 1916.

Citation : *Officier d'une bravoure et d'un courage à toute épreuve ; déjà cité à l'Ordre de la Division.*

FAUCHER (Adrien de), ✠, capitaine au 63e Chasseurs alpins.
Tué en 1916.

FAUCOMPRÉ (Louis-Augustin-*Henri* de), ✹, ✠ (palmes), capitaine
d'Infanterie.
Tué à l'ennemi à la tête de sa compagnie, à Raincourt (Somme),
le 28 août 1914.

[Né en juin 1874. Marié à Mlle Albane Thomas d'Arneville.]

FAUCON (Henri-François-*Albert* de) ✹ (posthume), ✠, ingénieur,
sous-lieutenant au 58e d'Artillerie.
Tué sous Soissons, le 25 septembre 1914.

 Citation : *Très brave au feu, a exercé avec la plus grande auto-*
rité le commandement de sa batterie, son capitaine ayant été blessé.
Tué à son poste de combat, le 25 septembre 1914, pendant qu'il fai-
sait abriter, sans se soucier lui-même du danger, son personnel
soumis à un violent bombardement de l'artillerie ennemie, le
25 septembre 1914, près de Soissons. A été cité.

[Marié à Mlle de Boisset de Torsiac, — dont deux enfants.]

FAUGIER (Paul), ✹ (posthume), ✠ (palme), étudiant, sous-lieutenant
au 99e d'Infanterie.
Au début de la guerre, maréchal des logis au 2e Cuirassiers, a
été, avec son régiment, jusque sous les murs de Liège. Prit part
aux batailles de la Marne et de l'Yser. Passa dans l'Infanterie en
février 1915, et fut tué à l'offensive de Champagne, le 25 septembre 1915.

 Citation : *Brillant officier. A entraîné ses hommes à l'assaut*
avec un élan irrésistible. Blessé dès le début de l'action, a voulu
continuer de se battre jusqu'à la mort, donnant le plus bel exem-
ple d'esprit de sacrifice et de bravoure.

[Né à Lyon. Fils de M. Benoît Faugier, avocat à la Cour d'appel, et de Mme née
Adeline Rivoire.]

FAULTRIER (Baronne de), infirmière, vice-présidente du Conseil
des Dames du Comité de Vitry-le-François.
Morte des fatigues éprouvées dans son service depuis le début
de la guerre, notamment aux durs moments de l'offensive de
Champagne, au mois de septembre 1915.

FAURE (Eugène), ✹ (posthume), ✠, lieutenant au 39e d'Artillerie,
observateur, officier de renseignements à l'Aéronautique du XXe
Corps.
Tombé, le 23 juin 1918, au cours d'un combat aérien.

FAURE (Albert), ✹, ✠, ✹ (Military Cross), chef d'escadron d'Artillerie.
Tué à l'ennemi, le 13 octobre 1918, à Mokra (Serbie); venait
d'être proposé pour officier de la Légion d'honneur.

FAURE (Thierry), ☦ (posthume), ✠ (étoile d'or), *engagé volontaire* en
1914, au 6e Cuirassiers.

Passa, sur sa demande, dans l'Aérostation; mort le 25 janvier 1918, au Bois-Bourru.

> Citation à l'Ordre du Corps d'Armée : *Observateur en ballon d'une grande énergie ; le 25 janvier, attaqué à faible altitude par un avion ennemi, a d'abord assuré le sauvetage de l'élève observateur qui était avec lui, puis s'est jeté en parachute au moment où le ballon prenait feu ; s'est tué à l'atterrissage.*

[Né le 5 novembre 1896. Fils de M. Jacques THIERRY (décédé) et de Mme née GALLAY.]

FAURÉ LE PAGE (Robert), 🎖 (posthume), ✠, arquebusier, caporal au 57e Chasseurs alpins.

Tombé glorieusement, frappé d'une balle au cœur, le 23 octobre 1914, au combat de Saint-Laurent-Blangy, près Arras.

[Né le 7 septembre 1880. Fils de M. Émile-Henri FAURÉ LE PAGE et de Mme née Lucie BLOT.]

FAUTEREAU (Comte Eudes de), 🎖 (posthume), ✠, sergent réserviste au 8e Chasseurs à pied.

Tué à la bataille de la Marne, le 10 septembre 1914.

FAUVART-BASTOUL (Paul - Jacques - *Louis*), ✠ (posthume), ✠ (palme), docteur en droit, avocat à la Cour de Dijon, homme de lettres, lieutenant de réserve au 361e d'Infanterie.

Mort, le 4 septembre 1914, à l'hôpital Villemin, des suites de ses blessures reçues au combat de Senlis, le 2 septembre.

> Citation du Général DE CASTELNAU (28 mars 1915) : *Commandant sa compagnie au combat de Senlis, le 2 septembre 1914, a maintenu ses hommes sous un feu violent de l'ennemi, et a été grièvement blessé en donnant à tous l'exemple du plus grand courage et du plus grand sang-froid. Est mort des suites de ses blessures. A été cité.*

[Né à Blois le 19 septembre 1877. Fils du Commandant FAUVART-BASTOUL, ✠, et de Mme née Marcelle DEVADE.]

FAUVERGE (*René*-Jules), 🎖 (posthume), ✠ (étoile), soldat au 147e d'Infanterie.

> Citation : *Soldat remarquable par son courage et son sang-froid, toujours volontaire pour les missions les plus périlleuses. Tué glorieusement à son poste de combat, le 28 août 1914.*

FAVIER DU PERRON (Jean), ✠, sergent-major au 317e d'Infanterie.

Tué le 15 juillet 1918, à 26 ans.

FAVRE (Jean-François), ✠, sergent au 37e d'Infanterie.

Blessé grièvement aux combats de l'Yser, le 14 novembre 1914, a succombé au château d'Houtulst, le 21 suivant.

[Fils de M. et de Mme née NAEGELY.]

FAVRE D'ÉCHALLENS (Philippe), sous-lieutenant au 20e Dragons.

Mort pour la France, le 16 janvier 1916.

[Né le 7 avril 1887. Fils de M. et de Mme née GOMBAUD DE SÉRÉVILLE, décédée.]

FAY (Joseph), ✠ (posthume), ✠, lieutenant de vaisseau.

Englouti avec le *Léon-Gambetta*, le 26 avril 1915.

FAŸ (Maurice), ✠ (posthume), ✠, ingénieur des Ponts et Chaussées, capitaine au 1er Génie, aviateur.
Tué en combat aérien, le 18 mai 1918.

[Fils de M. Henry FAŸ, notaire. Marié à Mlle CHAMPETIER DE RIBES, fille de l'avocat à la Cour de Paris.]

FAYARD DE MILLE (*Ennemond*-Marie-Henri), conseiller municipal de Saint-Barthélemy-de-Vals (Drôme), caporal au 216e d'Infanterie.
Décédé à l'hôpital Bauer, à Nantes, le 16 novembre 1914, de la fièvre typhoïde contractée dans les tranchées.

[Né le 19 août 1880. Fils de M. Prosper FAYARD DE MILLE, ancien magistrat, et de Mme née DAVID DE SAUZÉA. Marié, en 1912, à Mlle Th. JULLIEN, fille de M. et de Mme née BOREL DE SOUBEYRAN.]

FAYE (Alexandre de), ✠, ✠ (6 citations), lieutenant.
Tué en Champagne, le 1er octobre 1918.

[Né en 1896. Fils du Professeur à l'École des Hautes Études.]

FAYE (Paul de)...

FAYE (Roger), ✠ (posthume), ✠ (3 citations), docteur en droit, *engagé volontaire*, capitaine au 7e Tirailleurs de marche.
Tué, le 26 avril 1918, à Villers-Bretonneux.

FAYET (E.), ✠ (posthume), ✠ (palme), enseigne de vaisseau de 1re classe à bord du *Bouvet*.
Englouti avec son bâtiment, le 18 mars 1915, aux Dardanelles.

FAYET DE MONTJOYE (Florent de), ✠ (posthume), ✠, lieutenant au 26e Dragons, passé, sur sa demande, dans l'Artillerie d'assaut.
Tombé glorieusement, en août 1918, à bord de son tank.

FAYET DE MONTJOYE (Raoul de), ✠ (posthume), ✠, lieutenant au 80e d'Infanterie.
Tué, le 15 juin 1915, en Argonne.

[Né en 1873. Marié à Mlle GANGLOFF.]

FAYOLLE (*Alain*-Marie-Émile, Vicomte Alain de), ✠ (posthume), ✠ (palme), Saint-Cyrien, sous-lieutenant au 50e d'Infanterie.
Tué glorieusement, au combat de Névraumont (Belgique), le 22 août 1914.

Citation : *Au combat du 22 août, a mis ses gants blancs et son plumet de Saint-Cyrien pour conduire sa section à l'assaut, et a été tué à la tête de sa section, près de Rossart. A été cité.*

[Fils du Mis et de la Mise née D'ARLOT DE SAINT-SAUD.]

FAYOUT (J.-B.-G.-H.), ✠ (posthume), ✠ (palme), enseigne de vaisseau, observateur en hydravion.

Citation : *Officier observateur plein d'allant et de décision. A attaqué brillamment un sous-marin ennemi. Donne à tous un constant exemple de bravoure en s'attachant fréquemment à voler avec les pilotes les moins expérimentés pour accroître leur audace. Nombreuses heures de vol. Mort au cours d'une reconnaissance de guerre.*

FEBVAY (*André*-Marie), ✵, ✵ (palme), O ✳ (Nicham), chef de bataillon au 48ᵉ d'Infanterie.

Blessé mortellement à la bataille de Charleroi, le 22 août 1914; succomba le 2 septembre dans un hôpital belge, après l'amputation de la cuisse.

    Citation : *A la bataille de Charleroi, est tombé mortellement frappé en entraînant ses hommes au combat avec une admirable énergie ; la cuisse cassée, n'a pas voulu être relevé par ses hommes, et a continué à les exhorter à combattre, en leur criant : « En avant, toujours ! » Mort de ses blessures, après trois jours passés sur le champ de bataille.*

[Né le 25 août 1862. Fils de M. et de Mᵐᵉ née BERNARD. Marié à Mˡˡᵉ Marie DU COUËDIC DU COSQUER, fille de M. et de Mᵐᵉ née BELLANGER, — dont un fils.]

FÉBVRET (Henri), ✵ (posthume), ✵ (4 étoiles), élève de l'École nationale des Mines, lieutenant au 46ᵉ d'Artillerie.

    Tué, dans la nuit du 26 septembre 1918, à la ferme des Waques, près Souain.

[Né le 6 mars 1891. Fils de M. Georges FEBVRET, Président à la Cour d'appel de Douai, — emmené comme otage, décédé dans un camp de représailles, en Lithuanie, le 11 février 1918, — et de Mᵐᵉ née PRIMAT.]

FELDMANN (Charles-Maurice-*Albert*), ⚫ (posthume), ✵, auditeur au Conseil d'Etat, sergent au 26ᵉ d'Infanterie.

    Citation : *Blessé une première fois au début des opérations ; revenu récemment et blessé à nouveau, a entraîné néanmoins ses hommes sous un violent feu de mitrailleuses ; a été tué, le 9 mai 1915, au moment où il atteignait les lignes ennemies devant Neuville-Saint-Vaast. A été cité.*

FELICIS (Marcel-Henri-Jacques *de*), ⚫ (posthume), ✵, brigadier au 43ᵉ d'Artillerie.

    Citation : *Brigadier brancardier d'un dévouement et d'un courage à toute épreuve. Par son énergie, son esprit de décision, par les connaissances professionnelles qu'il a su acquérir, a rendu les plus grands services aux blessés. Tué, le 21 mai 1916, à son poste de secours. A été cité.*

FELIGONDE (Louis PELLISSIER *de*), ✵ (posthume), ✵, ✳ (Médaille Coloniale), O ✳ (Cambodge), capitaine au 89ᵉ d'Infanterie.

Blessé une première fois le 22 août 1914, fut tué le 24 sous Longuyon.

    Citation : *Officier remarquable; tué le 24 août 1914, à la tête de sa compagnie, donnant à tous un bel exemple de bravoure. A été cité.*

FÉLIZET (Georges-Clément), ✵ (posthume), ✵, avocat à la Cour de Paris, sous-lieutenant, puis capitaine.

Tué le 15 mars 1915, frappé par une torpille aérienne, près de Nieuport.

    Citation : *Officier plein d'entrain et d'énergie, qui a toujours su, par sa bonne humeur et sa bravoure, entraîner ses hommes, maintenir leur moral et leur servir d'exemple.*

[Né le 28 septembre 1879. Fils du D' Félizet (décédé) et de Mme née Clément-Laurier.]

FELS (Comte Hubert de), ✠ (posthume), ✠ (3 citations), lieutenant au 4e Hussards, pilote à l'Escadrille Spa 38 (2e groupe d'aviation).

Tombé glorieusement sur Suippes, le 9 novembre 1916, au cours d'un combat aérien.

Citation posthume : *Officier pilote d'un rare courage, ayant au suprême degré la notion du devoir et le mépris du danger. A affirmé, dans de nombreuses rencontres avec l'ennemi, ses brillantes qualités d'audace et son merveilleux entrain. Le 9 novembre 1916, attaquant deux avions ennemis, a trouvé une mort glorieuse au cours du combat.*

[Fils du Cte et de la Ctesse née Lebaudy.]

FELZINS (Jean de)..

FENWICK (René), ✠, ✠, capitaine.

Tué à l'ennemi, le 28 avril 1918.

[Marié à Mlle Gillou.]

FÉRAL (Dantel), ✠, ✠, chef d'escadron au 3e d'Artillerie Coloniale.

Tué à Minaucourt, le 10 février 1915.

[Né le 40 juillet 1875. Marié à Mlle Marie-Thérèse de Gramont de Villemontès.]

FÉRAUDY (Georges de), O ✠, ✠, colonel du 77e d'Infanterie.

Commandant une Brigade par intérim, fut tué en octobre 1914.

FERBER (Jehan), ✠ (posthume), ✠, Saint-Cyrien de la promotion de Montmirail, sous-lieutenant au 74e d'Infanterie.

Tombé et porté disparu à Roselies (Belgique), le 22 août 1914.

Citation : *Blessé à la main dès le début du combat, s'est fait panser sur place sans abandonner le commandement de sa section. Blessé le même jour, une seconde fois, à la cuisse, au moment où la compagnie recevait l'ordre de battre en retraite, a refusé de se laisser emporter par ses hommes.*

[Né le 1er octobre 1882. Fils du Capitaine (décédé) et de Mme née de Stoutz (remariée au Bon Roger de Dampierre, Colonel de Cavalerie.]

FERNET (André), ✠ (palme), auditeur au Conseil d'État, lieutenant au 2e groupe d'Aviation.

Tué en Lorraine, le 1er juin 1916.

[Fils du Membre de l'Académie de Médecine et de Mme Fernet.]

FÉROL (Mademoiselle Laure de), ✠ (Médaille de vermeil des Épidémies), infirmière-major à l'hôpital de Gondrecourt (Meuse).

Morte, le 28 août 1916, victime de son dévouement.

Citation : *A fait preuve du plus grand dévouement, en prodiguant ses soins aux malades contagieux. A contracté une affection grave à laquelle elle a succombé.*

[Fille du Cte Jean de Férol et de la Ctesse née Louise de Bremoy.]

FERQUE (Henry de), ✠, ✠, capitaine au 9e Cuirassiers à pied.
Tué, le 23 mars 1918, devant Tergnier.

FERRAND (Robert), ✠ (posthume), ✠ (étoile), sergent au 169e d'Infanterie.
Tué au Bois Le Prêtre, le 31 mai 1915.

[Né à Paris le 15 janvier 1895. Fils du Conseiller à la Cour des Comptes et de Mme née EYMARD.]

FERRARI DA GRADO (Marie-François-André), ✠ (posthume), ✠ (palme), soldat au 226e d'Infanterie.

> Citation : *Au front depuis le début de la campagne, vaillant soldat qui s'est fait remarquer par sa belle attitude au feu dès les premiers combats. Tombé glorieusement pour la France, le 25 août 1914. A été cité.*

FERRAT DE GAUDE, artiste peintre, *engagé volontaire* au 54e d'Artillerie.
Tué le 11 octobre 1916.

FERRÉ DE PÉROUX (Marie - Charles - *Roger*, Vicomte de), ✠ (posthume), ✠, *engagé volontaire* (ayant été réformé), caporal au 325e d'Infanterie.
Tombé à Nomény (Meurthe-et-Moselle), le 20 août 1914, frappé d'une balle au front au moment où, sur l'ordre de se porter en avant, il se levait en agitant son képi et en criant : « En avant, mes amis, c'est pour la France ! »
Voici un passage d'une lettre de son capitaine, M. DE SIORAC, adressée au commandant DOUMERC, du 325e.

> Un de ceux dont j'avais le plus remarqué la bravoure, c'est le caporal DE FERRÉ ; il était littéralement sur mes talons, en avant de son escouade, encourageant ses hommes du geste et de la voix. Comme je le félicitais de sa belle attitude et lui donnais un ordre, il est tombé mortellement frappé d'une balle à la tête.

Son corps a été inhumé provisoirement sur le champ de bataille, à 1.500 mètres environ du village de Nomény.

> Citation à l'Ordre de la Division : *A fait preuve d'un magnifique mépris de la mort, en encourageant ses hommes de la voix et du geste, et en les entraînant magnifiquement en avant, jusqu'au moment où il est tombé mortellement blessé. A été cité.*

Sous le pseudonyme de ROGER PERRÉOUD, avait publié deux volumes de vers : *Les Ombres* et *Le mariage de Jean*. En juillet 1914, semblant avoir le pressentiment de sa fin prochaine, il écrivait les vers suivants, sous le titre : *Les Heures :*

> Et toutes m'ont crié : « Regarde
> La tombe ouverte sous tes pas.
> Que Dieu te bénisse et te garde,
> Car nous te menons au trépas...
> Nous ne sommes rien pour la foule
> Qui compose l'humanité.

> Pourtant toute heure qui s'écoule
> Et qui fait qu'un bonheur s'écroule
> Est un pas vers l'éternité. »

. . ..

[Né le 18 août 1887. Fils du Cte DE FERRÉ DE PÉROUX, officier démissionnaire ayant repris du service le 2 août 1914, et de la Ctesse née Edmée DE SURINEAU, décédée.]

FERRÉ DE PÉROUX (Comte Henri de), O ✺, ✖, chef de bataillon au 409e d'Infanterie.

Tombé mortellement blessé, le 10 janvier 1916, dans une contre-attaque allemande, en Champagne; a succombé le 15 dans une ambulance du front.

[Né en 1867. Fils du Cte Gustave DE FERRÉ DE PÉROUX et de la Ctesse née GRANIER, décédée.]

FERRIÈRE LE VAYER (Jean-*Bernard* de), ✚ (posthume), ✖ (palme), brigadier au 5e Cuirassiers à pied.

Tué à Moreuil (Somme), le 4 avril 1918.

Citation : *Atteint mortellement en défendant avec énergie la position qu'il occupait contre des forces supérieures en nombre, le 4 avril 1918, près de Mérisel. A été cité.*

[Né en 1895. Fils du Mis et de la M^{ise} née BÉGÉ, décédée.]

FERRON DU CHESNE (*Woldhemar*-Paul-Émile-Adolphe, Vicomte Woldhemar de), ✚ (posthume), ✖, sergent d'Infanterie territoriale.

Tué le 13 avril 1915.

[Né le 21 avril 1877. Fils du Cte et de la Ctesse née BOTHEREL DE LA BRETONNIÈRE (décédée). Marié, en 1904, à Mlle Germaine DELENTE.]

FERRON DU CHESNE (*Raphaël*-Charles-Léon-Marie, Vicomte Raphaël de), ✺ (posthume), ✖, capitaine au 70e d'Infanterie.

Tué le 9 mai 1915.

Citation : *Sous un feu violent de mitrailleuses, a entraîné crânement sa compagnie à l'assaut des tranchées ennemies. Blessé et tombé à quelques mètres du réseau de fils de fer. A été cité.*

[Né le 1er juillet 1878. Frère du précédent.]

FERRON (*Fernand*-Marie-Joseph, Vicomte Fernand de), lieutenant aux Troupes Marocaines.

Tué à Kenifra (Maroc), le 12 juin 1914, quelques semaines avant la grande guerre.

[Né le 26 septembre 1882. Fils du Général et de la V^{tesse} née DE SAINT-MELEUC.]

FERRY (*Abel*-Édouard-Jules), ✺, ✖ (palme), député des Vosges, ancien sous-secrétaire d'Etat, capitaine au 91e d'Infanterie.

Membre de la Commission parlementaire de l'Armée, étant, le 8 septembre 1918, aux premières lignes pour examiner de plus près un engin d'infanterie, fut grièvement blessé à la poitrine par l'explosion d'un obus; succomba à ses blessures le 16 septembre.

Citation (Légion d'honneur) : *Incarne les plus belles qualités françaises de courage et de haute conscience. Après avoir fait vaillamment son devoir de soldat comme officier au début de la guerre, a accompli, comme délégué aux armées pour le contrôle, les missions les plus périlleuses, se dépensant sans compter pour l'accomplissement de son devoir parlementaire. Grièvement blessé au cours d'une mission en première ligne. Une citation.*

Le 17 août 1919, son corps fut transporté au cimetière de Saint-Dié, dans le caveau de la famille.

[Marié à Mlle Hélène BERGER.]

FERTÉ (Léopold), ✠, capitaine au 128e d'Infanterie.
Tué en octobre 1914.

FESCH (Jules), ✳, ✠, lieutenant-colonel au 24e d'Infanterie.
Tué en septembre 1914.

FESQ-SALVADOR (Paul-Gabriel du), ✳ (posthume), ✠, sous-lieutenant au 40e d'Infanterie.

Citation : *Excellent officier, brave, plein d'entrain. Mort pour la France, le 15 octobre 1915, devant Suippes, au cours d'une mission de ravitaillement particulièrement dangereuse pour laquelle il s'était offert comme volontaire.*

FESTUGIÈRE (*Georges*-Barthélemy-Clément-Jean), ☗ (posthume), ✠ (palme), élève de mathématiques spéciales au Lycée Henri IV, *engagé volontaire*, aspirant au 7e d'Artillerie Coloniale (mortiers de tranchées).
Tué à Cappy (Somme), le 9 février 1916.

[Né le 15 mars 1897. Fils de M. Paul FESTUGIÈRE et de Mme née SAINT-MARC-GIRARDIN.]

FEUILLÂTRE (*Paul*-Benjamin), ✳ (posthume), ✠ (palme), homme de lettres, lauréat de l'Académie Française, archiviste de la Grande Chancellerie de la Légion d'Honneur, lieutenant au 156e d'Infanterie.
Adjoint au Commandant, a trouvé la mort au combat de la Voissagne, entre Limey et Flirey, le 22 septembre 1914, en faisant la liaison sous une pluie d'obus et de mitraille.

[Né le 28 janvier 1881. Fils de M. et de Mme A.-B. FEUILLÂTRE.]

FEUILLET (Pierre de), ✳ (posthume), ✠, élève à l'École nationale des Ponts et Chaussées, sous-lieutenant au 19e Chasseurs à pied.
Tué à l'ennemi, le 26 septembre 1915.

[Né le 10 mars 1893. Fils de M. et de Mme Emmanuel DE FEUILLET.]

FEUILLET (Georges de), ✳ (posthume), ✠, Saint-Cyrien de la promotion Croix du Drapeau, sous-lieutenant au 156e d'Infanterie.
Tué à Crévic (Meurthe-et-Moselle), le 26 août 1914.

[Né le 26 janvier 1895. Frère du précédent.]

FÉVAL (Paul-Octave-Jean), ☗ (posthume), ✠ (étoile), *engagé volontaire*, caporal au 115e d'Infanterie.

Tué, le 18 mai 1917, à Moronvilliers (Marne), au lieudit Le Téton.

> Citation : *Gradé consciencieux, brave, dévoué, volontaire pour les missions périlleuses. Tombé glorieusement, le 18 mai 1917, en exécutant des travaux à proximité des lignes ennemies.*

[Né le 27 juillet 1894. Fils de M. et de Mᵐᵉ Pierre FÉVAL. Petit-fils et neveu de PAUL-FÉVAL et de PAUL-FÉVAL fils, romanciers.]

FÉVRIER (Jean) . . . .

[Fils de M. (décédé) et de Mᵐᵉ née DE BOUSIGNAC.]

FEYDEAU DE SAINT-CHRISTOPHE (*François*-Alexandre-Marie de), docteur en droit, élève inspecteur à la Compagnie d'Assurances *L'Union*, sergent de réserve au 353ᵉ d'Infanterie.

Grièvement blessé, le 22 septembre 1914, au combat qui eut lieu entre Lironville et Reignéville, resta toute la nuit sur le champ de bataille sous une pluie battante et ne fut relevé par les Allemands que dans la matinée du lendemain. Transporté à l'hôpital municipal de Francfort-sur-le-Mein, il y subit, le 26 septembre, une première opération, qui fut suivie, le 9 octobre, de l'amputation de la cuisse gauche. Il succomba le 12 octobre et fut enterré avec les honneurs militaires, dans le cimetière de Francfort, sous une tombe spéciale qui porte son nom.

[Né le 26 octobre 1883. Fils de M. Henri DE FEYDEAU DE SAINT-CHRISTOPHE, C ✠, Contrôleur général de l'Armée, et de Mᵐᵉ née Fanny LÉON DE TRÉVERRET.]

FICHOT (Pierre), ✠, prêtre, secrétaire de l'Archevêché de Paris, aumônier d'une Division Coloniale.

Mort au champ d'honneur, le 27 septembre 1917, à 41 ans.

FIEFFÉ (Louis), ✠ (posthume), ✠, avocat à la Cour de Paris, sous-lieutenant au 16ᵉ d'Infanterie.

Tué à Avocourt, le 22 août 1917.

[Né le 12 octobre 1891. Fils du Président au Tribunal civil de la Seine et de Mᵐᵉ FIEFFÉ.]

FIERLANT-DORMER (Baron Charles de) . . . .

FILHOL (W.-A.), ✠ (posthume), ✠ (palme), aspirant à bord du *Bouvet*.

Englouti avec son bâtiment, le 18 mars 1915, aux Dardanelles.

FILIOL DE RAIMOND (Georges-Marie), ✠ (posthume), ✠ (palme), capitaine au 21ᵉ Chasseurs à cheval, détaché au 63ᵉ d'Infanterie.

> Citation : *Est tombé glorieusement, le 25 septembre 1915, en conduisant, avec une crânerie superbe, une compagnie d'infanterie à l'assaut des tranchées allemandes. A été cité.*

FILIQUIER (Jean de) . . . .

FILLEUL BROHY (Marc), ✠ (posthume), ✠ (étoile d'argent), étudiant, engagé volontaire.

Mort le 27 janvier 1917, après un an de front, à Lespinoy (Somme), d'une maladie contractée aux Armées.

> Citation : *Engagé volontaire à 17 ans; excellent soldat brave et énergique, resté debout et à son poste jusqu'à la limite de ses forces, ne s'est laissé évacuer que mortellement atteint.*

[Né le 21 octobre 1897. Fils de M. George FILLEUL BROHY et de Mme née HAENTJENS. Arrière-petit-fils du Maréchal MAGNAN.]

FILLION (Charles), ✠, conseiller municipal de Paris, avocat à la Cour d'Appel.
Tué à Hurtebise, en 1917.

FILLION (Jean), ✳, ✠, *engagé volontaire*, lieutenant au 372e d'Infanterie.
Tué en Albanie, le 8 juillet 1918.

[Frère du précédent.]

FILLOT (Roger), ✠ . . . .
[Fils de M. et de Mme Narcisse FILLOT.]

FINANCE DE CLAIRBOIS (Pierre de), sous-lieutenant au 98e territorial d'Infanterie.
Mort en service commandé, le 21 octobre 1915.

[Fils de M. et de Mme née DE TROCHEREAU (décédée). Marié à Mlle Berthe KIRGENER DE PLANTA, fille du Général, décédé.]

FINAZ (*Marc*-Louis-Pierre-Marie), ✳ (posthume), ✠ (étoile), banquier, lieutenant de réserve au 238e d'Infanterie.
Blessé une première fois à la bataille de la Marne, le 7 septembre 1914, il revint sur le front, à la fin d'octobre, dans les tranchées de l'Aisne. Tué à Nouvron, le 12 novembre, d'une balle au front, en s'élançant à la tête de sa compagnie.

> Citation à l'Ordre du Régiment : *Blessé une première fois à la bataille de la Marne, revenu sur le front, a été tué, le 12 novembre, en sortant de la tranchée pour observer l'ennemi dans la préparation d'une attaque.*

[Né le 15 juin 1883. Fils de M. Louis FINAZ et de Mme née DE VILLAINE. Marié à Mlle Marguerite DE VILLAINE, fille de M. Hector DE VILLAINE et de Mme née VIOLLET, — dont un fils.]

FINFE DE SAINT-PIERREMONT (Baron Raphaël-Achille-Max de), ✳ (posthume), ✠, sous-lieutenant au 20e d'Infanterie.
Mortellement atteint à l'attaque du 26 octobre 1916, succomba à Tours, le 31 suivant.

> Citation : *Officier brave et généreux. Très grièvement blessé, le 26 octobre 1916, en première ligne, alors qu'il circulait sous un bombardement d'obus de gros calibre, au milieu des abris de sa section, pour s'assurer que ses hommes étaient à leur poste. Mort des suites de ses blessures. A été cité.*

[Né en 1874. Fils du B^on et de la B^onne née VALENTIN D'HERBAULT, décédés. Marié à Mlle Antoinette DE CAQUERAY DE VALOLIVE.]

FIRINO (Jean-Victor), ✳ (posthume), ✠ (palme), lieutenant au 19e escadron du Train des Équipages.

> Citation : *Excellent officier animé du plus haut sentiment du devoir, et ayant toujours donné l'exemple du plus haut sentiment du courage et du sang-froid. Dans la nuit du 29 au 30 mai 1918,*

chargé d'un embarquement dans une gare de l'avant, a accompli sa mission jusqu'au bout sous un bombardement violent. A été tué à son poste. A été cité.

FIRMAS DE PÉRIÈS (Jean de), ✠, sergent au 23e Chasseurs à pied.
Tué à Xermaménil, le 28 août 1914.

FISCHHOF (Robert), ✠ (posthume), ✠, sous-lieutenant de Dragons, passé, sur sa demande, au 1er Zouaves et Tirailleurs.
Tué, le 18 août 1916, au combat de Maurepas.

> Citation : *A l'attaque du 18 août, a été blessé à la cuisse au moment où, à la tête de sa section, il allait atteindre l'objectif qui lui était assigné. A été tué pendant son transport au poste de secours.*

[Fils de M. et de Mme Eugène Fischhof.]

FLACHAIRE (Charles), ✠ (posthume), ✠ (palme), ancien élève de l'Ecole Normale supérieure, professeur au Lycée de Poitiers, sous-lieutenant mitrailleur au 255e d'Infanterie.
Tué à l'ennemi, le 10 septembre 1914, à Heippes (Meuse).

[Né le 28 août 1887. Marié à Mlle Marthe Rébelliau, — dont un enfant.]

FLACHAIRE DE ROUSTAN (Joseph-Marie-*Gabriel*), ✠ (posthume), ✠, sous-lieutenant au 52e d'Infanterie.

> Citation : *Jeune officier plein de courage et d'entrain. Est tombé glorieusement, le 25 septembre 1915, en entraînant sa section à l'attaque des positions ennemies de Champagne. A été cité.*

[Né en 1890. Fils de M. et de Mme née Sauzion.]

FLAMENG, née Henriette **TURQUET** (Madame François), infirmière à l'hôpital 19, à Mantes.
Décédée en janvier 1919, victime de son devoir.

[Mariée à M. François Flameng, O ✠, artiste peintre, membre de l'Institut.]

FLAMENG (Léon), ✠, sergent-pilote au 2e groupe d'Aviation.
Mort pour la France, à Eve (Oise), le 2 janvier 1917.

[Né le 30 avril 1877. Fils de M. et de Mme Auguste Flameng.]

FLANDIN (Joseph), ✠, ✠, capitaine à l'Etat-Major de la 37e Division.
Tué le 20 juillet 1916.

FLANDRE (*Fernand*-Maurice), ✠ (3 étoiles), licencié ès lettres, étudiant en droit, aspirant au 332e d'Infanterie.
Mort pour la France, au cours d'une mission en Roumanie, dans la catastrophe du *Chaouïa*, le 16 janvier 1919.

[Né le 9 mai 1898. Fils de M. et de Mme née Alice Raudus.]

FLAUJAC (Baron Jehan de GARRIGUES de).
Mort pour la France, en février 1917, à l'hôpital de Saint-Fons (Rhône).

[Né en 1870. Fils du Bon (décédé) et de la Bonne née de Lasteyrie du Saillant. Marié à Mlle de Loriol.]

FLERS (Mademoiselle Georgette de LA MOTTE ANGO de), infirmière de la Société de Secours aux Blessés Militaires à l'hôpital militaire n° 24, à Valognes, depuis le 29 août 1914. Y a contracté une diphtérie infectieuse en soignant les blessés, et a été enlevée en deux jours. Morte le 23 février 1915.

[Née le 16 mai 1895. Fille d'Adrien DE LA MOTTE ANGO, Vte DE FLERS, ✠, et de la V^{tesse} née Marthe VITALI.]

FLEURAC (Marie-Emile-Jean-*André* BONNIOT de), ⚜, ✠ (2 étoiles), étudiant en droit, aspirant au 2e Génie, compagnie 18/51.

Blessé grièvement près de Nesle, le 31 août 1918; succomba le lendemain à l'ambulance de Conty (Somme).

> Citation : *Très bon sous-officier, d'une haute valeur morale. A été mortellement blessé alors qu'il allait, en avant de sa section, reconnaître en première ligne un passage pour l'infanterie, sur le canal du Nord et la rivière d'Ingon. A été cité.*

[Né le 28 septembre 1895. Fils du Lieutenant-Colonel et de Mme née DOUMERC.]

FLEURELLE (Pierre-Gabriel-Edmond de GRELLET DES PRA-DES, Vicomte de), ✸, ✠ (7 citations), chef d'escadron d'Artillerie.

Décédé, le 22 décembre 1918, à l'hôpital de Sofia. Avait pris part, avant la guerre, à la Mission d'OLLONE, en Chine et au Thibet.

> Citation : *Ayant un rôle important dans l'attaque du 24 octobre, a accompli sa mission d'une façon parfaite, et, par la précision de ses tirs, aidé puissamment l'assaut de l'infanterie; a dirigé ensuite, avec une grande sûreté, le déplacement de ses batteries dans un terrain très difficile et battu par les obus ennemis.*

[Fils du Mis DE GRELLET et de la M^{ise} née RICHELOT DE LA VERRIE. Marié à Mlle DE PINTEVILLE DE CERNON, fille du Colonel (décédé) et de la B^{onne} née Marie PUISSANT DU LÉDO, — dont trois enfants.]

FLEURIEU (*Robert*-Annibal-Edmond-Fleury CLARET, Comte de), ✸ (posthume), ✠ (2 palmes, 1 étoile d'argent), licencié en droit, capitaine au 358e d'Infanterie.

Tué, le 21 juillet 1918, par un éclat d'obus à la poitrine, dans le secteur de Prosnes, en surveillant lui-même le fonctionnement de ses mitrailleuses. A été inhumé, avec les honneurs militaires, au cimetière militaire de Sept-Saulx (Marne).

> Troisième citation (posthume) : *Commandant de compagnie de mitrailleuses, technicien remarquable et d'une bravoure exceptionnelle; au régiment sans interruption depuis le 5 août 1914. Le ....., au cours d'une attaque ennemie, est tombé glorieusement à son poste de combat sur ses pièces, dont il dirigeait personnellement le feu. A été cité.*

[Né le 22 juin 1889. Fils du Cte DE FLEURIEU (décédé) et de la Ctesse née Blanche FROMENTIN DE SAINT-CHARLES.]

FLEURIEU (Comte Jacques CLARET de), ✸ (posthume), ✠ (palme), sous-lieutenant au 134e d'Infanterie.

Tué, le 1er mars 1918, à la Butte du Mesnil.

> Citation : *Officier d'élite dont le calme, la bravoure et la belle attitude en toutes circonstances ont toujours fait l'admiration de tous. Aimé et estimé de ses chefs, de ses camarades et de ses sol-*

dats, qui avaient en lui une confiance absolue. Chargé de défendre, avec la compagnie qu'il commandait, une partie importante de tranchées allemandes conquises, a opposé une vigoureuse résistance à un ennemi supérieur. A été gravement blessé. Mort des suites de ses blessures, le 1er mars 1918. A été cité.

[Fils du Cte (décédé) et de la Ctesse née DE LA ROCHE-NULLY.]

FLEURIOT DE LANGLE (Vicomte Ivan), ✳ (posthume), ✠ (palme), Saint-Cyrien de la promotion de la Grande-Revanche, sous-lieutenant au 23e d'Infanterie.

Se trouvant en mission à Saint-Dié, le 22 juin 1915, et apprenant qu'une attaque allemande se déclanchait à La Fontenelle (région du Bois de Sapt), il s'y rendit en toute hâte, organisa la défense et tomba mortellement blessé. Il mourut le lendemain à l'hôpital de Saint-Dié.

Citation : *Sous un bombardement d'une extrême violence, n'a pas voulu, malgré les instances de son capitaine, se mettre à l'abri, pour pouvoir exalter, par son exemple personnel, le courage de ses hommes ; a été mortellement blessé. A été cité.*

[Fils du Cte et de la Ctesse née Hélène DE MORGAN DE RIVERY.]

FLEURY (Jean-Léon de), ⚰ (posthume), ✠, soldat au 338e d'Infanterie.

Citation : *A toujours été un brave et excellent soldat, donnant en toutes circonstances la valeur de son dévouement. Mort pour la France, le 14 novembre 1916. A été cité.*

FLEURY (Pierre-Laurent-*Jehan* de), ⚰ (posthume), ✠, canonnier au 8e d'Artillerie.

Mort de ses blessures, le 26 mai 1915, à Frévin-Capelle (Pas-de-Calais).

Citation : *Brave artilleur. Grièvement blessé à son poste de combat. Mort pour la France, le 26 mai 1915. A été cité.*

FLEURY (C.-A.), ✳, ✠ (palme), enseigne de vaisseau, commandant de Dirigeable.

Citation : *Officier extrêmement courageux et très habile pilote. En décembre 1917, dans des conditions de temps particulièrement difficiles, a sauvé son ballon d'une perte certaine. En janvier 1918, a bombardé, atteint et probablement avarié un sous-marin. Mort, le 20 janvier 1918, au cours d'une patrouille aérienne.*

FLICHER (Pierre), ✳ (posthume), ✠ (3 étoiles), étudiant, appelé avec la classe 1916, en avril 1915, sous-lieutenant au 273e d'Infanterie.

Tué au combat de Vierzy (Aisne), le 2 juin 1918.

[Né le 3 janvier 1896. Fils de M. Maurice FLICHER et de Mme née LE BEDEL.]

FLOGNY (Émile-Pierre de), ✠, caporal au 40e d'Infanterie.

Tué à Ville-sur-Tourbe, le 10 juin 1915.

FLORAND (*René*-Paul-Émile), ⚰ (posthume), ✠ (étoile), élève à l'Institut agronomique, *engagé volontaire*, sergent au 46e d'Infanterie.

Tué d'une balle à la tête, à Vauquois, le 6 avril 1915.

Citation du général VALDANT (1er mai 1915) : *Sous-Officier très actif et courageux ; se distingua en plusieurs circonstances, et fut tué en organisant sa tranchée avec un complet mépris du danger, à quelques mètres des lignes ennemies.*

[Né le 30 janvier 1895. Fils du Dr Antoine FLORAND, O ✻, et de Mme née Marguerite VUAFLART.]

FLORÈS (Ricardo), artiste dessinateur.

Mort, en octobre 1918, à l'hôpital militaire de Rennes, des suites d'une blessure reçue au Mont Kemmel.

FLORIS (Baron Paul LANÈTE DAVID de), ✻, ✠, capitaine au 18e Dragons, détaché au 43e d'Infanterie.

Blessé grièvement le 3 mai 1918, succomba le 16 suivant dans une ambulance du front.

[Fils du Bon (décédé) et de la Bonne née Gabrielle DE GUIGNÉ. Marié à Mlle Gabrielle D'ADHÉMAR DE CRANSAC.]

FLORIS (Baron Jean LANÈTE DAVID de), ✻ (posthume), ✠, lieutenant au 144e d'Infanterie.

Blessé, le 23 août 1914, à Charleroi, mort le 6 septembre suivant.

[Frère du précédent. Marié, en 1910, à Mlle Gabrielle LABAT, fille de M. et de Mme née LASSERRE.]

FLOTARD D'ARNAL (Eugène), ✻ (posthume), ✠ (palme), capitaine au 3e Chasseurs à cheval.

Tué le 17 septembre 1914.

Citation : *A montré dans des circonstances difficiles un grand mépris du danger, et a été tué, le 17 septembre 1914, en remplissant une mission délicate qui lui avait été confiée.*

[Né en 1879. Fils de M. Fernand FLOTARD D'ARNAL et de Mme née FORRER. Marié à Mlle ROLLIN.]

FLOTTE (Comte Louis de), ✻, ✠, colonel du 48e d'Infanterie.

Tué le 23 août 1914.

[Marié à Mlle DE ROUBIN (décédée), — dont deux enfants.]

FLOTTES DE POUZOLS (Marie-Joseph-Robert-*Louis*), lieutenant de réserve au 4e Zouaves.

Au front depuis un mois, fut blessé, le 21 juin 1915, au combat de Szérévès-Déré (Dardanelles), et mourut, le 29, à bord du *Duguay-Trouin,* qui le ramenait en France.

[Né le 20 juillet 1887. Fils de M. Désiré FLOTTES DE POUZOLS (décédé) et de Mme née DOLIVIER-MANSAN.]

FLOURENS (Marie-Jean-*Pierre*), ✻, ✠, docteur en médecine, médecin-major au 44e Colonial.

Tué à Souáin, le 1er octobre 1915.

[Né le 11 septembre 1877. Fils de M. Emile FLOURENS, O ✻, ancien ministre, et de Mme née CHEVALIER. Marié à Mlle Germaine JEGRÉ.]

FLOURENS (Jules), ✠ . . . .

[Fils de M. et de Mme Abel FLOURENS.]

FLÛRY-HÉRARD (Jacques), 🎖 (posthume), ✠ (étoile), *engagé volon-taire*, maréchal des logis au 11e Cuirassiers à pied.

Tombé au champ d'honneur, le 5 mai 1917, à l'attaque du Moulin de Laffaux.

Citation : *Mortellement blessé, le 5 mai 1917, en conduisant sa section à l'assaut avec une magnifique bravoure. Malgré d'affreuses blessures, a conservé le plus complet sang-froid, et s'est imposé à l'admiration de tous par son calme héroïque. Est mort de ses blessures le même jour. A été cité.*

[Né le 10 octobre 1896. Fils de M. Max FLÛRY-HÉRARD, capitaine de Cavalerie, et de Mme née SUBERVIELLE.]

FLYE SAINTE-MARIE (Bernard), 🎖, ✠ (palme), aspirant au 15e d'Infanterie.

Mort pour la France, le 21 septembre 1918.

[Né en 1899. Fils du Commandant, O ✳.]

FOCH (Jules-Louis-*Germain*), 🎖 (posthume), ✠ (palme), aspirant au 131e d'Infanterie.

Tombé au champ d'honneur, le 22 août 1914, en chargeant à la baïonnette, à la tête de sa section, au combat de Ville-Houdle-mont (Meurthe-et-Moselle).

Citation à l'Ordre du jour de l'Armée : *Aspirant ayant fait preuve du plus grand courage, lors des premiers combats. Dans la mati-née du 22 août 1914, envoyé en reconnaissance avec une partie de sa section, a surpris une patrouille de uhlans et en a tué un grand nombre. Le soir du même jour, a su, par son exemple et sa crâne-rie bien française, entraîner sa section à la prise de contact avec l'ennemi solidement retranché. Tué glorieusement à bout portant. A été cité.*

[Né le 23 décembre 1889. Fils de M. le Maréchal FOCH, GC ✳, 🎖, ✠, et de Mme la Maréchale, née BIENVENÜE.]

FOCKEDEY (*André*-Alphonse-Marie-Joseph), ✠ (posthume), ✠ (étoile), capitaine au 11e Chasseurs alpins.

Tué, le 27 août 1914, à Nompatelize (Vosges).

Dans une lettre adressée à Madame FOCKEDEY, le Comman-dant du bataillon disait :

Il ne nous a pas été possible de faire mettre votre mari dans un cercueil, les obus pleuvaient aux alentours ; le bataillon a reçu l'ordre de partir, nous l'avons enveloppé dans son manteau et couché dans une fosse profonde ; le petit groupe a récité de toute son âme une prière, et puis nous sommes partis après que j'eus recommandé sa tombe au curé de Nompatelize.

Citation à l'Ordre de la Division (Général D'ARMAN DE POUYDRAGUIN), 13 septembre 1915 : *Brillant officier, tué en tête de son unité, en lui donnant, sous un violent bombardement, le plus bel exemple de sacrifice.*

[Né à Saint-André-lès-Lille (Nord) le 29 juin 1870. Fils de M. Jules FOCKEDEY et de Mme née Maria CATEL. Marié à Mlle DESJOBERT, fille de M. Conrad DESJOBERT et de Mme née Louise PELTEREAU, — dont quatre fils.]

FOCKEDEY (Hippolyte-*Maurice*), ✠ (posthume), ✠ (palmes), capi-taine au 265e d'Infanterie.

Blessé mortellement, le 28 août 1914, au village de Ginchy.

> Citation : *Officier de très grande valeur. Dès le début de la campagne, la connaissance parfaite de son devoir de chef, alliée à une belle bravoure, firent l'admiration de tous. Le 22 août 1914, devant Ginchy, l'ennemi attaquant en force nos positions, s'est porté à la contre-attaque avec sa compagnie, et est tombé héroïquement après avoir repoussé plusieurs assauts.*

[Frère du précédent. Marié à Mlle DE LAVENNE. — dont trois enfants.]

FOLLEVILLE (Henri de), ✠ (5 citations), aspirant au 4e Zouaves de marche (Fourragère).

Blessé grièvement, en mars 1918, et fait prisonnier, a succombé en captivité, en mai suivant. La section qu'il commandait a été citée en ces termes :

> *A fait l'admiration du régiment par son esprit de sacrifice, pendant les dures journées du ... et du ... mars 1918. Sous le commandement de l'aspirant DE FOLLEVILLE, a mis en batterie à plusieurs reprises, sous une grêle de balles, et éteint le feu des mitrailleuses ennemies qui arrêtaient la progression de nos troupes. Le ... mars, s'est sacrifié jusqu'au dernier homme pour tenir dans une position en flèche donnant de bons flanquements et arrêter la poussée formidable de l'ennemi.*

[Né en 1896. Fils de M. et de Mme née LE BOUCHER.]

FONCLARE (Jacques RIOLS de), ✠, ✠, sous-lieutenant au 127e d'Infanterie.

Blessé grièvement sous Verdun, le 7 mars 1916, a succombé le 9 avril suivant à l'hôpital de Bar-le-Duc.

> Citation : *Officier plein d'entrain, d'énergie et de bravoure. Déjà blessé deux fois au cours de la campagne, a été de nouveau atteint d'une blessure très grave au cours d'une reconnaissance périlleuse qu'il accomplissait avec son habituel mépris du danger.*

[Fils du Général et de Mme DE RIOLS DE FONCLARE.]

FONDCLAIR (Marc FAURE de), ✠, ✠, capitaine au 134e d'Infanterie.

Blessé grièvement à Rozelieures, le 7 septembre 1914, succomba le 21 novembre suivant à l'hôpital militaire d'Amiens.

[Marié à Mlle DE MASSIA.]

FONDET DE MONTUSSAINT (*Pierre*-Jean-Marie), ✠ (posthume), ✠ (2 étoiles), étudiant, *engagé volontaire*, sous-lieutenant au 96e d'Infanterie.

Glorieusement tombé le 22 avril 1916.

> Citation : *Jeune candidat à Saint-Cyr, passé de la cavalerie dans l'infanterie, où il était devenu successivement aspirant et sous-lieutenant. Témoignait, en toutes circonstances, d'une bravoure touchant à la témérité, et avait un ascendant énorme sur ses hommes. A trouvé la mort, le 22 avril 1916, à son poste de combat, au cours d'un violent bombardement.*

[Né le 14 décembre 1896. Fils de M. Eugène FONDET DE MONTUSSAINT (décédé) et de Mme née Antoinette GRIFFOND.]

FONSCOLOMBE (Marie-Roch-Philippe-*Guy* de BOYER, Baron de), ⚓ (posthume), ✠ (étoile), licencié en droit, diplômé des Sciences Politiques, agent de liaison au 303e d'Infanterie.

Tombé face à l'ennemi, à l'attaque de Vermandovillers, le 4 septembre 1916, au moment où il secourait son Commandant de compagnie mortellement frappé.

Citation : Agent de liaison de la 19e compagnie pendant les attaques du 4 septembre 1916, a contribué dans une large mesure à relier son commandant de compagnie avec le chef de bataillon, donnant, sous un violent bombardement, l'exemple du mépris de la mort. A été tué, le 4 septembre, en portant un ordre.

[Né le 15 août 1889. Fils du Bᵒⁿ DE FONSCOLOMBE (décédé) et de la Bᵒⁿⁿᵉ née PASCAL.]

FONTAINE (Marcel), ✠, sous-lieutenant.
Tué en Artois, le 25 septembre 1915.

[Marié à Mˡˡᵉ ANDRÉ-AUCOC.]

FONTAINE (Roger), ✠, maréchal des logis d'Artillerie d'assaut.
Tué le 11 juin 1918.

[Frère du précédent.]

FONTAINE DE RESBECQ (René de), ✳, ✠, officier au 19e d'Infanterie.
Mort des suites de ses blessures, le 28 décembre 1915.

[Fils du Vᵗᵉ et de la Vᵗᵉˢˢᵉ née D'ESPINOSE, décédés.]

FONTAINEMARIE (Robert-Marie de), ✳ (posthume), ✠ (palme), sous-lieutenant au 346e d'Infanterie.

Citation : Officier d'une bravoure exceptionnelle. Entouré par les Allemands au cours d'une contre-attaque, a été tué à son poste de combat avec tous les hommes qui l'accompagnaient. Une citation antérieure.

FONTAINES (Edmond-Eugène-Raymond de), ✠ (posthume), ✠ (palme), maréchal des logis au 1ᵉʳ Dragons, agent de liaison au 293e d'Infanterie.
Tombé pour la France, en avant de Verdun, le 2 juin 1916.

Citation : Excellent sous-officier ; n'a cessé, pendant près d'une année, de remplir les fonctions d'agent de liaison, avec un calme complet et un dévouement absolu, assurant son service dans les circonstances et les conditions les plus difficiles. A pris part aux combats du commencement de juin, et, au cours d'un violent bombardement, a été enseveli par l'éboulement du poste de commandement du colonel, près duquel il assurait la liaison. A été cité.

[Fils de M. Raymond DE FONTAINES, ✳, député de la Vendée, et de Mᵐᵉ née Marguerite MÖLLER.]

FONTAINES (Guy de).
Tué en juin 1915.

[Fils de M. et de Mᵐᵉ née DE JOUAN DE KERVENOAËL.]

FONTAINES (Gabriel de), ✠ (posthume), ✠, brigadier au 101e d'Artillerie lourde.
Tué sur le front de la Somme, le 21 août 1916.

Citation : Brigadier téléphoniste, remarquable par son courage et son dévouement constant, se proposant toujours pour les missions périlleuses. N'a pas hésité à se porter, dans la nuit du

21 août 1916, sur un terrain violemment bombardé, pour y réparer une ligne rompue. A trouvé une mort glorieuse en accomplissant sa mission.

[Fils de M. et de Mme née Jeanne AUGIER DE MOUSSAC.]

FONTANE (Jean de), maréchal des logis aviateur. Tué le 28 janvier 1916.

[Fils du B^on et de la B^onne née DE LA BOULINIÈRE, décédée.]

FONTANES (Raymond COIQUAUD de), ✴, ✚, licencié en droit, artiste peintre, capitaine de réserve au 70ᵉ d'Infanterie.

Foudroyé par une balle au front, à l'attaque du Labyrinthe, le 16 juin 1915, au moment où, à la tête de ses hommes, il criait : « En avant ! Vive la France ! »

[Né en 1877. Marié à Mlle May SEGRÉTAIN, — dont une fille : Jacqueline.]

FONTANGES DE COUZAN (Marie-Louis-Joseph-*René* de), ✴ (posthume), ✚, capitaine au 3ᵉ Hussards.

Citation : *Jeune officier, admirable de calme au feu. S'est porté, le 17 juillet 1918, à l'attaque d'un village, entraînant dans un élan superbe toute sa section en avant, sous le feu des mitrailleuses ennemies. A trouvé la plus belle mort que puisse rêver un soldat. A été cité.*

[Né le 10 juillet 1895. Fils du Vte et de la V^tesse née Agnès D'HANTECOURT.]

FONTAUBERT (Jean-Marie-*Alexandre* VASLET de), ✴ (posthume), ✚ (palme), capitaine au 5ᵉ Colonial.

Mort, le 24 août 1914, de blessures reçues quelques jours avant.

Citation : *Officier d'une héroïque bravoure. N'étant pas appelé par ses fonctions au commandement de la troupe, n'a pas hésité à prendre le commandement d'une compagnie désemparée par la mise hors de combat de ses officiers, et a été mortellement frappé au moment où il tentait, sous un feu meurtrier, de contre-attaquer l'ennemi débordant de toutes parts. A été cité.*

[Marié à Mlle HÉRON, — dont trois enfants.]

FONTENAILLES (*Jacques*-Marie, Comte Jacques GILLES de), ✚ (posthume), ✚, caporal au 66ᵉ d'Infanterie. Tué, le 8 septembre 1914, près de Fère-Champenoise.

Citation : *Caporal ayant un haut sentiment de son devoir, qu'il accomplit avec une belle énergie, en septembre 1914, à Fère-Champenoise, où il trouva une mort glorieuse.*

[Fils du Cte et de la Ctesse née LIÉBERT DE NITRAY.]

FONTENAY (Joseph-Étienne-*Charles* de), ✴ (posthume), ✚ (2 palmes), *engagé volontaire*, sous-lieutenant au 130ᵉ d'Infanterie. Tué à Maisons-de-Champagne, le 10 janvier 1916.

Citation : *Officier d'une bravoure et d'un héroïsme remarquables. Tombé glorieusement, le 10 janvier 1916, à la tête de sa compagnie qu'il entraînait avec son ardeur habituelle. A été cité.*

[Né le 25 juillet 1889. Fils du Vte, ✴, Ministre plénipotentiaire, et de la V^tesse née PICHON.]

FONTENAY (Étienne de), ✴ (posthume), ✚ (3 palmes), lieutenant au 54ᵉ d'Infanterie.

Tué dans la Somme, le 25 septembre 1916.

> Citation : *Officier d'une valeur incomparable, véritable entraîneur d'hommes. Tué à la tête de sa compagnie, en se portant à l'attaque des tranchées ennemies, sous un feu intense de l'artillerie et des mitrailleuses ennemies. A été cité.*

[Frère du précédent.]

FONTENAY (*Louis*-Anne-Édouard-Marie, Vicomte Louis de), ✳ (posthume), ✠, capitaine d'État-Major.

Tué dans la Somme, près d'Achonvillers, le 5 octobre 1914, près de son général.

[Fils du Vte et de la V^tesse née DU VERDIER DE LA SORINIÈRE (décédée en 1919). Marié à Mlle Marie DE BEAUREGARD.]

FONTENAY (Étienne de)..

[Fils de M. et de Mme née LE CLERC. Marié à Mlle CORRON.]

FONTENILLIAT (Jean de), ✳, ✠ (4 palmes, 2 étoiles), ✳ (Saints-Maurice et Lazare), élève de Saint-Cyr (promotion 1914), capitaine au 21e Dragons, pilote-aviateur, chef de l'Escadrille S.O.P. 17.

Fit la première partie de la campagne au 21e Dragons, et, à la fin de 1914, entra dans l'Aéronautique, où il devint bientôt un observateur remarquable, puis un pilote d'une habileté consommée. A sa sortie du cours d'État-Major de Senlis, il prit le commandement de l'Escadrille 17, dans l'attente d'un commandement plus important. Six fois cité à l'Ordre du Jour, capitaine et chevalier de la Légion d'honneur à 24 ans. Meurt glorieusement pour la France au cours d'une reconnaissance aérienne, son appareil atteint par le tir de la défense ennemie contre avions, tomba dans nos lignes, et les honneurs militaires ont pu être rendus au vaillant officier, à Fismes (Marne), où il est enterré dans le cimetière.

> Dernière citation à l'Ordre de la VIe Armée, signée du Général DUCHÊNE (16 mars 1918) : *Brillant soldat, d'une admirable bravoure et d'une audace fertile en résultats. Depuis le début de la guerre, d'abord dans la cavalerie, puis dans l'aviation, n'a cessé de prodiguer son intelligence et sa jeune énergie au service de la patrie. Par son ardeur et la recherche des missions périlleuses, tant sur le front français que sur le front italien, a toujours été pour tous un exemple de dévouement et de courage. Cité cinq fois à l'Ordre du jour, chevalier de la Légion d'honneur. Tombé glorieusement, le 8 mars 1918, au cours d'une mission photographique.*

[Né le 3 avril 1893. Fils du Général Cte DE FONTENILLIAT et de la Ctesse née ESPINASSE.]

FONTENIOUX (Marie-Alfred-Joseph-*François*, POIGNAND du), ✳ (posthume), ✠, inspecteur des Finances, lieutenant au 114e d'Infanterie.

Glorieusement tombé à Loos (Pas-de-Calais), le 1er octobre 1915.

> Citation : *Officier du plus grand mérite, sur le front depuis le début de la campagne. Adjoint au chef de corps, le 25 septembre 1915, a assuré la transmission des ordres pendant toute la durée du combat, dans les conditions les plus difficiles. A été tué, le 1er octobre 1915, au poste de commandement de son colonel. A été cité.*

[Né le 4 janvier 1890. Fils de M. et de Mme née Joséphine FLOUCAUD DE FOURCROY, décédée le 2 février 1916.]

FONTENOY (Joseph-Jean-Baptiste-Léon), ✠, ✠ (palme), chef de bataillon au 3e Colonial.

Tué glorieusement le 26 septembre 1914.

FONTMAGNE (*Jacques*-François-Joseph DURAND de), ✠ (posthume), ✠ (palme), docteur en droit, sous-lieutenant au 58e d'Infanterie.

Tué, le 19 août 1914, au combat de Saint-Médard, près de Dieuze (Lorraine).

Citation posthume : *Le 11 août 1914, dans une situation très difficile, n'a pas hésité à faire cesser le feu de ses hommes, à sortir du fossé qui leur servait d'abri et à se promener debout pour se rendre compte de la situation et leur montrer que les Allemands tiraient trop haut, et qu'on pouvait encore tenir. Presque entouré par l'ennemi, a réussi à ramener dans les lignes françaises tout son détachement, y compris les blessés. Blessé mortellement le 19 août 1914, refusa tout secours et, jusqu'au dernier moment, n'eut que des mots d'encouragement pour ses hommes. A été cité.*

[Né le 6 juillet 1890. Fils de M. Louis DURAND DE FONTMAGNE et de Mme née Marguerite DE COLOMBET DE LANDOS.]

FONTMERVAULT (Jean PASQUERON de), ✠, ✠, capitaine au 87e d'Infanterie.

Citation : *Officier admirable, personnification des plus belles traditions de l'officier français, modèle de bravoure chevaleresque, de droiture impeccable, de dévouement inlassable pour ses hommes dont il était adoré. Est tombé glorieusement le ..., à la tête de sa compagnie qu'il entraînait dans un élan irrésistible, à l'assaut des positions ennemies. Deux citations antérieures.*

FONT-RÉAULX (*Étienne*-Marie-Gabriel de), ✠ (posthume), ✠ (étoile), candidat à l'Ecole Polytechnique, admis en 1914 à l'Ecole Nationale supérieure des Mines, aspirant au 34e d'Artillerie.

Tué, le 11 octobre 1915, à Neuville-Saint-Vaast (Pas-de-Calais).

Citation : *Aspirant calme et courageux, a constamment eu une très belle attitude au feu. Tué à son poste de combat, le 11 octobre 1915.*

[Né à Montmorillon le 28 février 1894. Fils de M. Gustave DE FONT-RÉAULX, notaire, et de Mme née CONSTANTIN.]

FONT-RÉAULX (Pierre de), docteur en médecine, aide-major.

Mort à Dunkerque, en 1915.

[Né en 1870. Marié à Mlle Jeanne DELOMBRE, fille de l'ancien Ministre.]

FONT-RÉAULX (Jacques de), ✠, ✠, sous-lieutenant au 5e Chasseurs alpins.

Blessé grièvement le 12 juillet 1918, mort le 18 suivant à l'ambulance où il avait été transporté.

[Né en 1896. Fils du Colonel et de Mme DE FONT-RÉAULX.]

FONT-RÉAULX (Jean-Marie de), ✠ (posthume), ✠, aspirant au 34e d'Artillerie.

Citation : *Aspirant calme et courageux ; a constamment eu une très belle attitude au feu. Tué à son poste de combat, le 11 octobre 1915. A été cité.*

FORAS (Comte Rodolphe de), ✳ (posthume), ✠ (palme), **capitaine au 22e d'Infanterie.**
Tombé glorieusement le 27 septembre 1914.

Citation : *Est tombé mortellement atteint à la tête de sa compagnie, qui se portait à l'attaque du cimetière de Foucaucourt. A été cité.*

[Fils du Cte Amédie DE FORAS et de la Ctesse née DURANDY. Marié à Mlle Madeleine GAUTIER-VIGNAL, ✠, infirmière.]

FORAS (Mademoiselle Ferdinande de), ✳ (Médaille d'or des Épidémies), **infirmière de la Croix-Rouge.**
Quitta le Canada, où sa famille était fixée, s'engageant avec les Anglaises et les Canadiennes pour le service des blessés. Envoyée par la Croix-Rouge à l'ambulance de Dinard, elle y perdit la santé, et contracta un mal qui ne lui pardonna pas. Elle mourait à Genève, le 19 décembre 1915.

[Fille du Cte Barle DE FORAS et de la Ctesse née de BARROS-MOREIRA.]

FORBIN LA BARBEN (*Palamède*-Régis-Raymond, Comte Palamède de), cavalier au 17e Dragons.
Mort, le 23 novembre 1916, à l'hôpital militaire de Dijon.

[Né en 1892. Fils du Mis et de la M^ise née Jeanne LEGENDRE.]

FORCEVILLE (*Bernard*-Adalbert-Léopold-Henri-Gaston, Comte Bernard de), ✠ (posthume), ✠ (étoile), **étudiant, aspirant au 89e d'Infanterie.**
Disparu à Vauquois, le 28 février 1915.

Citation : *Faisant partie de la première vague d'assaut, s'est précipité à l'assaut à la tête de sa section, et, ayant dépassé la première ligne allemande, est tombé glorieusement dans la deuxième, donnant ainsi le plus bel exemple d'abnégation et de courage.*

[Né le 17 novembre 1894. Fils du Cte (décédé) et de la Ctesse née Jeanne D'ORTHO.]

FOREST DE FAYE (Marie-Joseph-Jules), ✠ (posthume), ✠ (palme), **adjudant au 7e d'Infanterie.**

Citation : *Sous-officier plein d'entrain et de vaillance glorieuse. Tué, le 18 août 1915, en se portant bravement à la tête de sa section violemment attaquée. A été cité.*

FORGEMOL DE BOSTQUENARD (Antoine), ✳ (posthume), ✠ (palme), **capitaine au 2e Tirailleurs Algériens.**

Citation : *Officier d'une bravoure remarquable. A été tué d'une balle à la tête en entraînant sa compagnie à l'attaque des tranchées allemandes, dans la nuit du 15 au 16 juin 1915.*

[Fils du Général (décédé) et de Mme née Laure FORGEMOL.]

FORGES (Robert de), du 48e d'Infanterie.
Tué le 22 août 1914.

23

FORT (*Pierre*-Marie-Joseph-Georges GALBAUD du), élève à l'Institut Agricole de Beauvais, secrétaire au Recrutement.
Mort, en 1917, des suites d'une maladie contractée à l'armée.

[Né le 24 février 1896. Fils du Cie GALBAUD DU FORT et de la Ctesse née PAYS-MEL-LIER.]

FORTIER (Louis-Edmond-Henri), licencié en droit, soldat au 95e d'Infanterie.
Décédé, le 20 janvier 1915, à Bourges, dans un hôpital militaire, un mois à peine après son départ pour les Armées.

[Né le 17 octobre 1894. Fils de M. Gustave FORTIER et de Mme née Marie MAR-CADIER.]

FORTIER-BEAULIEU (Madame).
FORTIER-BEAULIEU (Mademoiselle Alice).
Victimes du bombardement de l'église Saint-Gervais, le Vendredi-Saint, 29 mars 1918.

FORTIN (Marie-Joseph-*Georges*), caporal mitrailleur au 125e d'Infanterie.
Blessé, le 9 septembre 1914, au combat de Fère-Champenoise, décédé le 25 suivant à Niort, à 24 ans.

FORTOUL (Gustave-Louis), ✠ (posthume), ✠ (palme), enseigne de vaisseau du *Joule*.

Citation : *A fait preuve d'un grand héroïsme en accomplissant une expédition des plus périlleuses. Est mort à son poste, englouti avec son bâtiment.*

FORTS (Jacques-Marie-Joseph-Philippe-*Paul* FEUGÈRE des), ✠ (posthume), ✠ (4 citations), lieutenant au 117e d'Infanterie, pilote-aviateur à l'Escadrille 121.
A fait, le 13 août 1918, une chute mortelle en service commandé.

Citation : *Brillant officier et excellent pilote, faisait l'admiration de tous. Désigné pour essayer un nouvel avion dans une école, n'en a pas moins participé à toutes les expéditions de son escadrille. A trouvé une mort glorieuse, le 13 août 1918, dans l'accomplissement de son devoir, qu'il exécutait avec la plus scrupuleuse conscience. A été cité.*

[Né en 1895. Fils de M. et de Mme née Marguerite DE MALHERBE.]

FORTY DE LAMARRE (Charles-Anselme), ✠ (posthume), ✠ (palmes), lieutenant au 11e territorial d'Infanterie.

Citation : *Vaillant officier, d'une bravoure réputée. Mort glorieusement au champ d'honneur, le 30 mai 1918. Deux citations antérieures.*

FOS (*Jean*-Joseph-Auguste-Jules de), ✠, agent maritime, caporal au 67e d'Infanterie.
Tué au combat des Eparges, le 8 avril 1915.

[Né au château d'Aigné le 4 mars 1894. Fils du Vte Maurice DE FOS et de la V^tesse née Marthe DE FOS.]

FOUARD (Antoine-Léon ARNAUD de), ⚕ (posthume), ✠ (palme), adjudant au 57ᵉ Chasseurs alpins.

> Citation : *Le 9 mai 1915, devant Lorette (Artois), a assuré avec courage et énergie le commandement de sa section au combat, sous un feu intense. A continué, même blessé grièvement, à maintenir le moral de sa troupe par sa belle attitude. Mort pour la France. A été cité.*

FOUCART (Paul-*André*), ✳ (posthume), ✠ (palme), lieutenant au 247ᵉ d'Infanterie.

Tombé glorieusement à Souain, le 25 septembre 1915.

> Citation : *Blessé une première fois ; revenu au front sur sa demande. A l'attaque du 25 septembre 1915, a réussi à rassembler sa section très éprouvée par un tir de barrage, et l'a brillamment conduite à l'assaut des lignes ennemies. A été tué dans les tranchées conquises, au moment où il encourageait ses hommes, en leur disant : « Bravo, les enfants ! Les Boches s'en vont ! En avant ! Vive la France ! »*

[Né le 27 juillet 1873. Fils du Membre de l'Institut, O ✳, et de Mᵐᵉ née RENIÉ.]

FOUCHÉ (René), ✠, sous-lieutenant au 130ᵉ d'Infanterie.

Tué à l'Epine de Védegrange, en Champagne, le 6 octobre 1915.

FOUCHER (Maurice), ⚕ (posthume), ✠, prêtre, vicaire, à Notre-Dame de la Croix de Ménilmontant, caporal-infirmier au 2ᵉ bis de Zouaves.

Tué au front d'Orient, sur la Varda, le 22 août 1916.

FOUDRAS (Romain de), ✳ (posthume), ✠ (palme), sous-lieutenant au 38ᵉ d'Infanterie.

Blessé grièvement, le 17 octobre 1914, au cours d'une patrouille audacieuse (secteur de Ribécourt) ; décédé le 18 à l'hôpital de Compiègne.

FOUGÈRE (Raoul), ✠, commissaire-priseur à Paris, lieutenant d'Etat-Major.

Tué à l'ennemi, à Lizerne (Belgique), le 28 avril 1915.

[Né le 3 février 1874. Fils de M. et de Mᵐᵉ née GUÉRIN. Marié à Mˡˡᵉ Thérèse DE HAUREGARD.]

FOUGÈRES (André-Joseph-Marie-Bernard CRUBLIER de), lieutenant au 8ᵉ Chasseurs à cheval.

Tué sur les bords de l'Yser, le 10 novembre 1914.

> Citation : *S'est signalé par son audace et son habileté au cours de nombreuses reconnaissances, dans lesquelles il a recueilli des renseignements précieux. A fait preuve de la plus grande ténacité et du plus grand courage au combat du 10 novembre 1914, où il est tombé mortellement frappé.*

FOUGEROLLE (Jean de), ✠ (3 citations), sous-lieutenant au 7ᵉ Hussards.

Décédé en août 1919, victime des fatigues de la guerre.

[Né en 1890. Fils du Cᵗᵉ et de la Cᵗᵉˢˢᵉ née D'ASSY.]

FOUQUERAY (*Jean*-Charles-Sigismond), ☩, ✠ (palme), étudiant en droit, élève à l'Ecole des Langues Orientales, aspirant au 152ᵉ d'Infanterie.

Au front depuis quatre mois, blessé une première fois à Curlu (Somme), tué à Sailly-Saillisel, le 21 octobre 1916.

> Citation : *Jeune aspirant, officier d'une énergie et d'un dévouement au-dessus de tout éloge, animé des sentiments les plus élevés, donnant à ses hommes dans les circonstances difficiles l'exemple du courage et du sang-froid. A entraîné vaillamment sa section à l'assaut, le 15 octobre 1916. A atteint son objectif, malgré les feux violents de mitrailleuse et d'artillerie. Tombé glorieusement en organisant ses positions.*

[Né à Paris le 14 mai 1895. Fils de M. Charles FOUQUERAY, ✳, artiste peintre, peintre du Musée de l'Armée et du Ministère de la Marine, et de Mᵐᵉ née Alice JANSÉ.]

FOUQUET (Roger de), adjudant au 10ᵉ Hussards.

Mort, à Pau, des suites de ses blessures, en juillet 1917.

[Fils de M. et de Mᵐᵉ née DE BORDES DE FORTAGE. Marié à Mˡˡᵉ Paule DE ROIG (décédée), fille du Bᵒⁿ et de la Bᵒⁿⁿᵉ née Clotilde DES GRAVIERS.]

FOUQUIER D'HEROUËL (*Hubert*-Antoine-Ferdinand), ☩(posthume), ✠ (étoile), soldat chef d'escouade au 45ᵉ d'Infanterie.

Tué à Maricourt (Somme), par un obus, le 30 septembre 1914, au moment où sa compagnie se trouvait dans une situation très critique.

> Citation : *Depuis le début de la campagne, s'était montré très brave, plein d'entrain, entraînant ses camarades par son exemple; sa conduite avait déjà été remarquée aux combats de Onhaye (Belgique), de La Hérie-la-Vieville près de Guise, et de Fismes.*

[Né le 7 septembre 1893. Fils de M. et de Mᵐᵉ née D'ALDIN.]

FOURCADE (Joseph), ✠ (posthume), ✠, sous-lieutenant au 1ᵉʳ Hussards.

Tombé à Ypres, le 3 novembre 1914.

FOURIER DE BACOURT (Jules-Antoine-*Pierre*), ✠ (posthume), ✠, sous-lieutenant au 42ᵉ d'Infanterie.

Tué à Dornach, le 9 août 1914.

> Citation : *Officier d'une haute valeur. S'est distingué dans les durs combats du début de la campagne. Tué glorieusement, le 9 août 1914, à Dornach, au cours d'une reconnaissance dans les lignes ennemies. A été cité.*

[Né le 23 octobre 1892. Fils du Commandant et de Mᵐᵉ née PASSERAT DE LA CHAPELLE.]

FOURNAS DE LA BROSSE (Gaston de), ✠ (posthume), ✠ (palme), sous-lieutenant au 12ᵉ d'Infanterie.

> Citation : *Jeune officier d'une crânerie superbe et d'une noblesse de sentiments remarquables. A fait brillamment son devoir aux combats de Verdun, de la Matz et de Thiescourt. Le 9 octobre 1918, s'est lancé joyeusement à l'assaut des positions ennemies en tête de ses hommes. Est tombé mortellement frappé au cours de l'action, en plein succès.*

FOURNIÉ (William), ✳ (posthume), ✠, capitaine au 54ᵉ Chasseurs à pied.

> Citation : *A pris le commandement du bataillon, le 5 octobre, à 19 h. 30, dans des conditions particulièrement difficiles. A montré une extrême ténacité et une rare énergie en maintenant, sous un feu intense, le bataillon attaqué par des forces très supérieures. Mortellement frappé le 4 au matin.*

[Marié à Mˡˡᵉ GASTON-SAUTTER.]

FOURNIER (L.-P.), ✳ (posthume), ✠ (palme), commandant le *Saphir*.

> Citation : *A entrepris avec héroïsme une opération des plus périlleuses, qui a entraîné la perte du bâtiment.*

FOURNIER (Marie-*Abel*), ✳, capitaine de frégate de réserve.

Victime du bombardement de l'église Saint-Gervais, le Vendredi-Saint, 29 mars 1918.

FOURNIEZ (*Paul*-Adolphe-Louis), négociant, caporal-fourrier au 110ᵉ d'Infanterie.

Blessé à la cuisse, le 26 février 1915, à l'attaque de la cote 196 (Mesnil-les-Hurlus), il essaya de rejoindre le poste de secours sous un bombardement intense, on ne 'le vit pas au poste de secours, et depuis on n'a pu avoir aucune nouvelle; il a donc été porté disparu. Sans doute a-t-il été tué en brave au cours de ce terrible combat.

[Né à Roubaix le 22 juillet 1889. Fils de M. (décédé) et de Mᵐᵉ née Angèle DELAHAYE.]

FOVILLE (*Jean*-Achille-Lucien-Léon de), bibliothécaire à la Bibliothèque Nationale, *engagé volontaire*, caporal au 301ᵉ d'Infanterie.

Disparu, le 25 avril 1915, à la tranchée de Calonne (Meuse). Il n'a jamais été possible de recueillir des renseignements exacts sur sa mort. Des camarades revenus de captivité sont cependant certains de l'avoir vu tomber blessé à la tête, et sa famille le considère comme mort au champ d'honneur.

[Né le 26 février 1877. Fils de M. Alfred DE FOVILLE, membre de l'Institut (décédé), et de Mᵐᵉ née Jeanne HENNEQUIN. Marié à Mˡˡᵉ Marguerite ALLOU, fille de M. Roger ALLOU, avocat à la Cour, et de Mᵐᵉ née CENTURINI, ⊤ dont trois enfants.]

FOVILLE (Robert de), ✠, aspirant au 29ᵉ Chasseurs à pied.

Tué le 11 juin 1916.

[Frère du précédent. Marié à Mˡˡᵉ Angèle-Jeanne MASSIN.]

FOZIÈRES (Marie-*Robert* BÉRARD LA TREILHE de), ✳ (posthume), ✠ (étoile), directeur d'usine à Saint-Denis-du-Sig (Algérie), sous-lieutenant au 418ᵉ d'Infanterie.

Blessé une première fois, le 8 septembre 1914, à Rambercourt (Meuse), est tombé à Hardecourt (Somme), dans la nuit du 11 au 12 juillet 1916. Frappé mortellement, il survécut trois heures seulement à ses cruelles blessures.

> Citation : *Officier de valeur, adjoint au chef de bataillon, très consciencieux, d'un grand dévouement et d'un beau courage. A tou-*

jours été pour son chef un auxiliaire précieux. Tombé à ses côtés, pendant qu'il prenait ses ordres pour une opération prochaine. A été cité.

[Né au château de Fozières le 19 octobre 1884. Fils de M. et de M⁰ⁿ née Fourcade (décédée en 1915). Marié à Mˡˡ° Claire Lazeu de Peyralade, fille de M. et de M⁰ⁿ née de Marion de Brézillac, — dont un enfant.]

FRACHON (Mathieu), capitaine d'Infanterie.
Tué en Artois, en juin 1915.

FRACHON (Louis), soldat au 52ᵉ d'Infanterie.
Tué en 1914.

FRACHON (Paul), caporal au 52ᵉ d'Infanterie.
Tué en 1914.

FRADEL (Raymond de), caporal au 321ᵉ d'Infanterie.
Tombé au champ d'honneur, le 12 novembre 1914, à Fontenoy, dans une héroïque, mais vaine attaque à la baïonnette, comme on les faisait au début de la campagne.

[Né à Brout-Vernet le 14 octobre 1877. Fils du Vˡᵉ de Fradel, ✳, ancien colonel des Mobiles de l'Allier, et de la Vˡᵉˢˢᵉ née Chalvon de la Faye. Marié, en 1913, à Mˡˡᵉ de Keating, fille du Bᵒⁿ et de la Bᵒⁿⁿᵉ née de Sampigny.]

FRAGER (*Jean*-Alphonse-Henri), ✳, ✠ (1 palme, 2 étoiles d'argent), élève à l'École Polytechnique, lieutenant au 10ᵉ d'Artillerie.
Blessé mortellement, le 19 avril 1917, à la tête d'un bataillon d'Infanterie, en enlevant le Téton. Décédé, le 23 avril, à l'hôpital militaire de Châlons-sur-Marne.

Motif de la nomination dans la Légion d'honneur (Général Nivelle) : *Officier d'une bravoure exceptionnelle. Détaché en première ligne, le 19 avril 1917, s'est porté à trois reprises à l'assaut de la position ennemie. Le chef de bataillon qu'il accompagnait ayant été blessé, a entraîné les hommes à la contre-attaque en même temps qu'il cherchait à se rendre compte de la position des troupes ennemies. Est tombé entre les lignes très grièvement blessé. Déjà deux fois cité à l'Ordre.*

[Né le 14 décembre 1894. Fils de M. Alphonse Frager (décédé) et de M⁰ⁿ née Sauvier.]

FRAGUIER (Edmond de), ✳, ✠ (palmes), ✠ (Valeur Militaire Italienne), capitaine au 90ᵉ d'Infanterie.
Tué à l'assaut, le 23 août 1918.

Dernière citation : *Tombé en preux, à la tête d'un bataillon dont il avait pris le commandement la veille, et qui l'a suivi avec enthousiasme, malgré une grêle de balles, entraîné par la légende de bravoure qui lui faisait une auréole glorieuse aux yeux de toute la division.*

[Né le 14 juillet 1890. Fils du Vˡᵉ et de la Vˡᵉˢˢᵉ née Amélie Boulard de Vaucelles.]

FRAGUIER (*Xavier*-Marie-Olympe-Amédée de), ✳ (posthume), ✠ (4 citations), sous-lieutenant au 9ᵉ Zouaves.
Tombé à l'assaut des lignes allemandes, le 31 septembre 1918.

Citation posthume : *Officier d'une bravoure éprouvée, tué le 31 septembre 1918, en se ruant à la tête de sa section sur les mitrailleuses ennemies.*

[Né le 14 juillet 1893. Fils du Vˡᵉ et de la Vˡᵉˢˢᵉ née Marie de Coulombiers.]

FRAGUIER (Jean de), novice de la Compagnie de Jésus.
Porté disparu en 1916.

[Frère du précédent.]

FRAISSINETTE (Antoine-*Pierre* de), ✠ (posthume), ✷ (étoile), élève
de l'Ecole nationale des Beaux-Arts, soldat au 26e d'Infanterie.
Tombé glorieusement au combat de Vitrimont, assaut de la
ferme de Léaumont (Meurthe-et-Moselle), le 25 août 1914.

Citation : *Excellent soldat ; s'est toujours fait remarquer par sa
belle attitude au feu. Frappé mortellement en plein combat.*

[Né le 18 décembre 1893. Fils de M. René DE FRAISSINETTE et de Mme née ALBANEL.]

FRAIX DE FIGON (Pierre de), avocat au barreau de Moulins,
sergent au 98e d'Infanterie.
Blessé le 22 septembre 1914 à Lassigny ; mort le 10 novembre
suivant à Brest.

[Né en 1884. Fils de M. et de Mme née Jeanne THIOLLIÈRE.]

FRAMOND (*Jean*-Marie-Emmanuel, Baron Jean de), ✠ (posthume),
✷ (étoile), avocat, *engagé volontaire* au 22e Colonial, en février
1915.
Blessé une première fois, aux deux jambes, en Champagne
(septembre 1915) ; une seconde fois, à la tête, en juillet 1916, dans
la Somme. Cité à l'Ordre du Régiment, en mars 1917 :

*Très bon soldat, au front depuis mars 1915, courageux, s'est
particulièrement distingué au cours des combats de septembre 1915
et juillet 1916. Deux blessures.*

Le 22 avril 1917, blessé mortellement au Moulin de Laffaux par
un éclat d'obus. Décédé des suites de ses blessures dans une ambulance de Soissons, le 27 avril 1917.

[Né au château de Saint-Lambert (Lozère) le 17 mai 1882. Fils du Vte Olivier DE
FRAMOND et de la Vtesse née DE GOUDIN.]

FRANCE (*Hubert*-Guislain-Marie-Pierre, Vicomte Hubert de), ✠
(posthume), ✷ (palme), caporal au 128e d'Infanterie.
Faisant la liaison, est tombé au Bois de la Gruerie, en Argonne,
le 29 octobre 1914.

Citation : *Tué en assurant une liaison, sous un feu violent. A
eu le courage, après avoir été blessé, de se traîner vers son capitaine, auquel il a remis l'ordre dont il était porteur. A été cité.*

[Fils du Vte (décédé en 1919) et de la Vtesse née DUREAU.]

FRANCE (Eugène de), ✹, ✷, capitaine adjudant-major du 9e Cuirassiers à pied.
Tué le 9 juin 1918.

FRANCE (*Louis*-Guillaume-Marie de), ✹ (posthume), ✷ (palme),
directeur de Banque à Abbeville, lieutenant de réserve au 208e
d'Infanterie.
Mort au champ d'honneur, le 6 octobre 1915, près de Souain
(Marne).

Citation à l'Ordre de l'Armée : *Officier d'une grande bravoure. Après avoir superbement entraîné ses hommes à l'assaut des tranchées, a trouvé une mort glorieuse dans un combat rapproché où, armé d'un fusil, il luttait au premier rang, à la ferme de Navarin. A été cité.*

[Né le 13 août 1879. Fils de *René-Charles-Guislain*, Bᵒⁿ DE FRANCE et de la Bᵒⁿⁿᵉ née Jeanne DE ROCQUIGNY DU FAYEL (décédée). Marié à Mˡˡᵉ Henriette BLONDIN DE SAINT-HILAIRE, fille de M. Louis BLONDIN DE SAINT-HILAIRE, O ✠, chef d'escadrons, et de Mᵐᵉ née Marthe POUJOL D'ACQUEVILLE, — dont un fils.]

FRANCE-MANDOULS (Pierre-Auguste de), ✠ (posthume), ✠, maréchal des logis au 10ᵉ Dragons.

Tué, le 25 août 1914, près Magnières (Meurthe-et-Moselle), à 28 ans.

Citation : *Brave sous-officier. Faisant partie d'une reconnaissance tombée au milieu d'une troupe ennemie, a été tué en combattant pour se dégager, le 25 août 1914. A été cité.*

FRANCESCHINI (Charles), ✠, détaché à l'Etat-Major de la 93ᵉ Brigade.

Citation : *Au front depuis plus de deux ans sans interruption, s'est fait apprécier comme un serviteur modèle du plus grand cœur et du plus grand dévouement. Mort des suites d'une blessure grave.*

FRANCEZ (*René*-Joseph-Henri), attaché à l'Ambassade de France à Berlin, sous-lieutenant à l'Etat-Major de la 27ᵉ Brigade d'Infanterie.

Se trouvant à l'Ambassade de Berlin au moment de la déclaration de guerre, il partagea avec les membres de l'ambassade le pénible voyage de retour, et, en arrivant à Christiana, il y trouva l'ordre du Gouvernement d'y remplir le rôle de secrétaire auprès du Ministre de France. Malgré les instances de ses chefs, il préféra rentrer au plus tôt en France. Sa carrière l'ayant laissé hors cadres, il obtint hâtivement sa réintégration et fut affecté à l'Etat-Major du Gouverneur de Paris, mais son ardeur de servir n'était pas satisfaite, et, après de nouvelles démarches, il obtint d'être envoyé au front. Après quarante-huit heures de séjour à l'Etat-Major de la 27ᵉ Brigade, il tombait tué d'une balle à la tête, tandis qu'il portait un ordre près des premières lignes.

[Né le 27 janvier 1888. Fils de M. et de Mᵐᵉ née VERBERCKMOES.]

FRANCFORT (Léon), C ✠, Général de Brigade du cadre de réserve.

Victime du bombardement de l'église Saint-Gervais, le Vendredi-Saint, 29 mars 1918.

FRANCHET D'ESPÈREY (A.-L.), O ✠, ✠ (palmes), lieutenant-colonel commandant le 333ᵉ d'Infanterie.

A pris part aux batailles de l'Ourcq, de Soissons, des Vosges, et a trouvé la mort, le 17 décembre 1916, à Douaumont (Verdun).

Citation : *Chef de corps à l'âme ardente, montrant en toutes circonstances le plus grand mépris du danger. Après avoir mené brillamment son régiment à l'attaque du 24 octobre 1916, et l'avoir*

*maintenu pendant cinq jours sous un bombardement des plus in-
tenses sur les positions conquises de haute lutte, est tombé glorieusement frappé, le 17 décembre, en parcourant les tranchées les
plus exposées de son secteur pour veiller personnellement aux mesures destinées à assurer la sécurité de ses unités de première
ligne, au cours d'une petite opération en préparation.*

[Né à Versailles le 11 janvier 1865.]

FRANCHET D'ESPÈREY (*Louis* - François - Marie - Joseph), ✵ (posthume), ✠ (palme), *engagé volontaire*, sous-lieutenant au 401e d'Infanterie.

Engagé à 17 ans, il prit une part glorieuse, le 25 octobre 1916,
à l'attaque qui nous rendit Douaumont. Une contre-attaque allemande lui étant signalée, il se porta en avant pour installer sa
troupe afin de repousser cette attaque. C'est alors qu'il fut tué net
d'une balle au cœur.

> Citation du Général NIVELLE : *Tout jeune officier, doué des plus
> belles qualités militaires : intelligence, initiative, calme, bravoure,
> sang-froid. A su, malgré son jeune âge, acquérir le plus grand
> ascendant sur sa troupe par l'élévation de ses sentiments et son
> mépris absolu du danger. Le 24 octobre, a brillamment enlevé sa
> section à l'assaut d'une position ennemie, et a été tué, le 25 oc-
> tobre, en dirigeant personnellement l'organisation du terrain con-
> quis sous un bombardement des plus violents. A été cité.*

[Né le 21 décembre 1897. Fils du Général FRANCHET D'ESPÈREY, commandant en
chef des Armées alliées en Orient, et de Mme née DUMAINE DE LA JOSSERIE.]

FRANCIÈRE (Mademoiselle Germaine), infirmière à l'ambulance Américaine de Neuilly.

Victime du bombardement de l'église Saint-Gervais, le Vendredi-Saint, 29 mars 1918.

FRANCIOSI (*Henri*-Charles-Marie de), ✵ (posthume), ✠ (5 citations), lieutenant au 128e d'Infanterie.

> Citation : *Jeune officier d'une bravoure et d'un sang-froid exem-
> plaires. A trouvé la mort, le 9 août 1917, à l'école Caudron, le
> Crotoy (Somme), au cours d'un vol d'essai. Quatre citations anté-
> rieures. Une blessure.*

FRANÇOIS, ✵, ✠ (2 palmes), chef de bataillon au 149e d'Infanterie. Tué en 1914.

> Citation : *Atteint d'un éclat d'obus, est mort à la tête du batail-
> lon dont il avait pris le commandement pour la durée de la
> guerre, et où il avait fait preuve des plus brillantes qualités d'en-
> train, de bravoure et d'intelligence. Avait, en particulier, puis-
> samment contribué à repousser de violentes attaques dirigées
> contre un village bombardé et incendié, à en chasser l'ennemi qui
> y avait pénétré et à maintenir, dans la situation la plus critique,
> la possession de ce village.*

FRANÇOIS-PONCET (Maxime), étudiant, canonnier au 246e d'Artillerie de campagne.

Tombé au champ d'honneur, le 4 juin 1918, au sud-ouest de
Saint-Bandry, au cours du repli des troupes françaises de Soissons
sur Villers-Cotterets.

[Né à Paris le 12 mars 1898. Fils du Conseiller à la Cour de Paris et de Mme née
GUIDONET.]

FRANCONI (Gabriel-Tristan), ☙, ✠ (8 citations), homme de lettres, *engagé volontaire* dans l'Infanterie.

Auteur notamment de *Un Tel de l'Armée Française*. Tombé au champ d'honneur, au bois de Sauvilliers (Somme), le 25 juillet 1918, à 31 ans.

FRANCQ (Robert-Émile-Paul de), ✠ (posthume), ✠, sous-lieutenant d'Artillerie, pilote-aviateur à l'Escadrille N. 62.

Disparu le 2 octobre 1917.

> Citation : *Officier de la plus grande valeur, remarquable par son courage, son dévouement et ses grandes qualités morales. Le 2 octobre, s'est porté résolument au-devant de quatre avions ennemis qui attaquaient un biplace. A disparu au cours du combat.*

FRANCS (Marie-Louis-*Jacques* COLAS des), ☙ (posthume), ✠, attaché à la Société Générale, caporal de réserve au 31ᵉ d'Infanterie.

Tué le 17 septembre 1915.

> Citation : *Caporal courageux et dévoué. A été tué, le 17 septembre 1915, à Avocourt, au cours d'un violent bombardement.*

[Né à Orléans le 11 juin 1890. Fils de Gonzague, Cᵗᵉ DES FRANCS et de la Cᵗᵉˢˢᵉ née Alix ALLOUVEAU DE MONTRÉAL.]

FRANCS (Michel COLAS des), ✠ (posthume), ✠ (étoile de bronze), Saint-Cyrien de la promotion des Marie-Louise, sous-lieutenant au 6ᵉ Colonial.

Parti à la déclaration de guerre pour les Vosges, où il prit part aux différents combats qui s'y livrèrent, fut blessé, le 28 août 1914, de cinq balles de shrapnells dans le ventre, au combat de Saint-Benoît, en défendant le passage du col de la Chipotte, à la tête de sa section de mitrailleuses. Mort le lendemain à l'hôpital de Rambervillers.

[Né à Orléans le 7 février 1892. Frère du précédent.]

FRANCS (*Étienne*-Marie-Simon COLAS des), ✠ (posthume), ✠ (palme et étoile d'or), Saint-Cyrien de la promotion de Montmirail, lieutenant au 1ᵉʳ Chasseurs à pied.

Tué, le 5 mars 1915, dans les tranchées de Bouvigny (Pas-de-Calais), et enterré le 7 au cimetière de Sains, avec le capitaine DE GONCOURT, tombé au cours de la même attaque.

Blessé une première fois, le 15 novembre 1914, avait été cité à l'Ordre du Corps d'Armée.

> Deuxième citation (à l'Ordre de l'Armée) : *Depuis le début de la campagne, a fait preuve, dans toutes les circonstances, des plus belles qualités militaires : calme, sang-froid, décision. Le 5 mars, a entraîné, dans un magnifique élan, sa section à l'attaque des tranchées ennemies et s'en est emparé. Tué en résistant à une contre-attaque ennemie, à Notre-Dame-de-Lorette. A été cité.*

[Né à Orléans le 25 septembre 1892. Frère des précédents.]

FRANCS (Marie-Joseph-*Georges* COLAS des), ✠ (posthume), ✠ (palme et étoile), élève à l'École nationale Forestière de Nancy, sous-lieutenant au 6ᵉ Chasseurs alpins.

Blessé, le 15 juin 1915, dans la tranchée conquise du Braunkopf, par une balle qui lui perfora le cou, il mourut le 20 à l'hôpital de Gérardmer.

> Citation : *A fait preuve de la plus belle vigueur et du plus grand mépris du danger au cours de l'assaut du 15 juin d'une position fortement occupée par l'ennemi ; a été mortellement blessé au cours de l'assaut. A été cité.*

[Né le 16 février 1892. Fils du Commandant Léon DES FRANCS, ✳, et de M^mo née Marie DE CALIGNON.]

FRANCS (Antoine-Marie-Joseph-*Adrien* COLAS des), 🏅 (posthume), ✠ (étoile), aspirant au 46e d'Infanterie.

Tué, le 2 mars 1915, à l'assaut de Vauquois, d'une balle au front ; son corps est resté entre les deux lignes sans pouvoir être relevé.

> Citation : *Au cours d'une attaque de nuit, a été tué le premier de sa compagnie en entraînant à l'assaut sa section sous un feu très violent.*

[Né le 4 avril 1894. Frère du précédent.]

FRANCS (*Robert*-Marie-Gabriel COLAS des), 🏅 (posthume), ✠ (étoile), *engagé volontaire* au 9e escadron du Train (bien que dispensé de toute obligation militaire).

Versé, comme automobiliste, à l'E.-M. de la 77e Division, il faisait partie, au commencement de 1916, des troupes d'élite qui furent appelées dans la région de Verdun pour maintenir et arrêter la ruée allemande. Le 16 mars, ayant reçu l'ordre d'aller chercher, avec sa voiture, des officiers dans un endroit très repéré et copieusement bombardé, il s'acquittait de sa mission, lorsqu'il fut atteint par les éclats d'un obus qui cribla sa voiture. Ce ne fut que plusieurs heures après, quand, le bombardement de la route diminuant d'intensité, une ambulance automobile put venir le prendre, qu'il fut transporté dans un hôpital de Verdun, où l'amputation de la jambe gauche fut jugée nécessaire. Proposé pour la Médaille militaire, cette distinction ne put lui être décernée, car le lendemain il rendait le dernier soupir. Le Général DE CUGNIAC, commandant la Division, cita ce brave, le 15 avril 1916, dans les termes suivants :

> *Engagé volontaire pour la durée de la guerre. A montré dans l'accomplissement de son devoir journalier un dévouement absolu, un caractère égal et de hautes qualités morales, qui ont fait de lui le modèle de tous ses compagnons. Est tombé mortellement blessé, le 16 mars 1916, en s'acquittant avec entrain d'une mission périlleuse.*

[Né à Lyon le 16 novembre 1884. Fils de César-Marie-Lionel COLAS DES FRANCS, ancien officier de Cavalerie, maire de Meylan (Isère), et de Mme née MAUREL DE ROCHEBELLE. Marié, le 15 avril 1913, à Mlle Marie-Louise-Elisabeth DE COUGNY, fille de M. DE COUGNY, ancien officier (décédé), et de Mme née DE BILLY, — dont une fille : Marie-Magdelaine.]

FRANCS (Édouard COLAS des), ✳, ✠ (palme), chef de bataillon au 131e d'Infanterie.

Commandant en retraite, reprit volontairement du service en 1914. Tombé glorieusement près Varennes (Argonne), le 1er octobre 1914.

Citation : *A repris du service pour la guerre. Est tombé mortellement frappé en conduisant son bataillon à l'assaut dans une forêt.*

[Né le 19 janvier 1858. Fils de M. Timothée des Francs et de Mme née Robert de la Matholière. Marié à Mlle Thérèse de Cauvigny, fille du B^on et de la B^onne née Sanlot-Baguenault, — dont deux enfants.]

FRANCS (Pierre COLAS des)............................

[Fils de M. Adhémar des Francs (décédé) et de Mme née Gabrielle de Luzy.]

FRANK (Oscar), ✠ (posthume), ✠ (palme), avocat à la Cour de Paris, sous-lieutenant au 28e d'Infanterie.

Citation : *Officier modèle qui, en août et septembre 1914, a fait preuve des plus belles vertus militaires au cours des combats livrés par le régiment, comme chef de section, commandant de compagnie et commandant d'un bataillon. Tué glorieusement, le 26 septembre 1914, à Villers-Franqueux, au cours d'une violente attaque de l'ennemi sur son secteur.*

FRANK CARDINAL DE CUZEY (Armand-Alfred-Gabriel), ✠ (posthume), ✠, capitaine au 12e d'Infanterie.

Citation : *A secondé intelligemment et courageusement le chef de corps pendant les journées des 16, 17 et 18 septembre 1914. A été mortellement frappé aux côtés du lieutenant-colonel, commandant le régiment, au poste de commandement d'Oulches. A été cité.*

FRANQUEVILLE (*Charles-Albert-Aimé*, Comte Charles BELHOMME de), ✠ (posthume), ✠ (palme), Saint-Cyrien, lieutenant au 107e d'Infanterie.

Tué, le 23 septembre 1914, à Bétheny, près Reims, alors qu'il commandait sa compagnie sous un feu violent.

Citation : *A su, par son énergie, maintenir sa compagnie sous des rafales très violentes et arrêter des fractions des régiments de première ligne qui se repliaient; a été tué par un éclat d'obus au moment où il dictait ses ordres. A été cité.*

[Né le 12 octobre 1881. Fils du Cte et de la Ctesse née Ctesse du Monceau (décédés). Marié à Mme Elisabeth de Sigalas, fille du B^on et de la B^onne née de Fumel, — dont deux enfants.]

FRAPPA (Jean-Marius-Paul), ✠, capitaine à l'E.-M. de l'Artillerie de l'Armée d'Orient.

Mort pour la France, le 20 septembre 1918, à Samlé (Macédoine).

FRAPPA (Paul-Marius), ✠, ✠ (2 palmes), capitaine au 321e d'Infanterie.

Tué, le 5 mai 1917, au Chemin-des-Dames.

FRAPPIER (Charles), ✠ (posthume), ✠ (palme), capitaine au 32e d'Infanterie.

Tué, le 8 septembre 1914, à Fère-Champenoise.

Citation : *Grièvement blessé le 8 septembre 1914, après avoir commandé jusqu'au dernier moment sa compagnie dans les conditions les plus difficiles, a refusé de se laisser porter en arrière, pour ne pas exposer ses hommes et ne pas abandonner son poste; est mort de ses blessures sur le champ de bataille.*

[Marié à Mlle Testard-Vaillant.]

FRAVAL DE COATPARQUET (Armand), ✠, capitaine au 74ᵉ d'Infanterie.

Tombé aux combats de Belgique, le 10 novembre 1914.

[Fils de M. (décédé) et de Mᵐᵉ née Pauline DE KERSAUSON DE PENNENDREF. Marié, en 1903, à Mˡˡᵉ THEREMIN D'HAME, fille de M. et de Mᵐᵉ née COUTURIER (décédés); petite-fille du Général tué, le 4 octobre 1870, au siège de Laon, — dont quatre enfants.]

FRAYSSEIX-BONNIN (*Louis-Marie-Joseph*, Comte Louis de), ✳, ✠ (palme), ✳ (Médaille Coloniale avec 3 agrafes : Sénégal, Madagascar, Tonkin), capitaine au 67ᵉ d'Infanterie.

Cité pour sa brillante conduite au combat de Porédéka (Afrique Occidentale), le 14 novembre 1894; fut grièvement blessé, le 28 août 1914, aux combats de l'Oise, et succomba à l'ambulance d'Avesnes, le 15 septembre suivant.

> Citation : *Chargé, le 28 août 1914, de défendre avec sa compagnie le passage d'une rivière et attaqué par des forces très supérieures en nombre, a montré sous le feu le calme et le sang-froid dont il était coutumier, a résisté énergiquement et a été mortellement blessé à la poitrine, au moment où, presque entouré par l'ennemi, il allait se replier.*

[Né le 14 novembre 1872. Fils du Mˡˢ, O ✳, capitaine de vaisseau (décédé), et de la Mˡˢᵉ née Alix D'HAUTPOUL-CASTELLANE. Marié à Mˡˡᵉ Germaine DE MARCILLAC, fille de M. et de Mᵐᵉ née DE FLEURY, — dont deux fils.]

FRAYSSINET (Pierre DEL'PECH de), O ✳, ✠, chef de bataillon commandant le 65ᵉ Chasseurs à pied.

Tombé glorieusement le 29 mars 1918.

[Marié à Mˡˡᵉ DE GASQUET.]

FRÉDAULT (Maurice), ✳, ✠, interne des hôpitaux de Paris, médecin aide-major de 1ʳᵉ classe.

Mort, en octobre 1918, dans une ambulance du front, d'une maladie contractée au chevet des blessés.

[Fils de l'Intendant militaire, O ✳, et de Mᵐᵉ née DU BARRY.]

FRÉDÉRIC - MOREAU (*Lucien*-Paul), ✳ (posthume), ✠ (palme et étoile), ingénieur des Arts et Manufactures, capitaine au 228ᵉ d'Artillerie.

A été tué d'un éclat d'obus, le 13 avril 1918, à Quiry-le-Sec (Somme).

> Citation posthume : *Officier de la plus grande valeur, ayant donné des preuves répétées d'un courage inébranlable et d'un dévouement absolu durant tout le cours de la campagne. Mortellement atteint pendant une reconnaissance qu'il effectuait, le 13 avril, dans un village bombardé. A été cité.*

[Né le 21 mai 1878. Fils de l'ancien Président du Tribunal de Commerce, et de Mᵐᵉ née HÉRELLE (décédés). Marié à Mˡˡᵉ Elisabeth DU PETIT-THOUARS, fille du Cᵗᵉ (décédé) et de la Cᵗᵉˢˢᵉ née LAMBRECHT, — dont deux enfants.]

FRÉMINVILLE (de LA POIX de), ✳, ✠, commandant.

Tué le 3 février 1917.

[Marié à Mˡˡᵉ MOUCHOT.]

FRÉMINVILLE (Marie-Joseph-*Antoine* de LA POIX de), ✠

(posthume), ✠ (étoile), *étudiant*, *engagé volontaire* le 10 août 1914, aspirant au 133ᵉ d'Infanterie.

Blessé, le 1ᵉʳ janvier 1916, à l'Hartmannswillerkopf (Alsace), il fut tué au Bois de Hem (Somme), le 28 juillet 1916.

> Citation : *S'est fait remarquer de ses hommes par son sang-froid et son courage. Blessé grièvement par un bombardement qui a précédé l'attaque. A été cité.*

[Né le 12 avril 1895. Fils de M. Paul DE LA POIX DE FRÉMINVILLE et de Mᵐᵉ née Alice ROYER DE LA BASTIE.]

FRÉMONT (Amable-*René* MARTIN de), ✳ (posthume), ✠, avocat, lieutenant au 250ᵉ d'Infanterie.

Tué au combat du Mesnil, près Bapaume, le 28 août 1914.

> Citation : *Officier énergique et brave qui, dès le début de la guerre, a donné la mesure de ses belles vertus militaires. Le 28 août 1914, a évité des pertes sensibles à sa compagnie par ses dispositions judicieuses et le sacrifice de sa propre vie qu'il fit en brave, face à l'ennemi.*

[Né en 1883. Fils de M. et de Mᵐᵉ née MALEPEYRE. Marié à Mˡˡᵉ DES SALLES.]

FRÉMY (*Raymond*-Pierre-Marie-Germain, Comte Raymond), ☉ (posthume), ✠, chasseur au 60ᵉ Chasseurs à pied.

Tué près de Moussey (Vosges), en patrouille volontaire, le 26 septembre 1914.

[Né le 19 février 1884. Fils du Cᵗᵉ et de la Cᵗᵉˢˢᵉ née BAUDE.]

FRESLON (*Alain*-Marie-Amédée de), ✠ (2 palmes, 1 étoile), *engagé volontaire*, maréchal des logis pilote-aviateur à l'Escadrille 152.

Engagé à 17 ans, brigadier au 13ᵉ Hussards, passa, sur sa demande, dans l'aviation de chasse, où il devait trouver la mort glorieuse, le 14 septembre 1918, au cours d'un combat très dur, à Révillon (Aisne), où il fut inhumé par les Allemands.

> Troisième citation : *Pilote énergique et plein d'entrain. Au cours d'une patrouille, malgré la présence de nombreux avions ennemis, s'est porté à l'attaque d'un draken et l'a incendié (2ᵉ appareil).*

[Né le 30 septembre 1897. Fils du Cᵗᵉ et de la Cᵗᵉˢˢᵉ née Marie LEFEBVRE DE RUMFORD.]

FRESNEL (*Roger*-Jean-Marie-Joseph, Baron Roger DOLLIN du), ✳ (posthume), ✠, capitaine commandant le 7ᵉ groupe de Chasseurs cyclistes.

Tombé, le 24 juillet 1917, devant la Pompelle (Champagne).

> Citation : *Placé momentanément en secteur sous les ordres du Général commandant la 4ᵉ D. C. Tué d'une balle, le 25 juillet, au moment où il se portait rapidement par la tranchée dans une direction où on venait de lui signaler des bruits suspects paraissant provenir des fils de fer. A été cité.*

[Fils du Cᵗᵉ et de la Cᵗᵉˢˢᵉ née Lucie DU MORIEZ.]

FRESQUIÈRE DE CAZE (Xavier-Augustin de), ☉ (posthume), ✠ (palme), soldat au 3ᵉ d'Infanterie.

> Citation : *Soldat d'un courage et d'un sang-froid digne d'éloges. Le 25 avril 1917, au cours d'une émission de gaz et sous un violent bombardement, a contribué à enrayer l'attaque ennemie en exécu-*

tant des tirs. A été mortellement atteint au cours de l'action. A été cité.

FRÉVILLE DE LORME (Ernest-Louis-Marie-*Robert*, Baron de), ✠ (posthume), ✠, archiviste paléographe, lieutenant de réserve au 303ᵉ d'Infanterie.

Parti les premiers jours de la mobilisation pour la région de Verdun, a été blessé mortellement, en entraînant sa section à l'assaut du Bois de Gercourt (Meuse), le 1ᵉʳ septembre 1914, et est mort le soir de la bataille à l'ambulance d'Esnes (Meuse), où on l'avait transporté.

[Né le 19 décembre 1882. Fils du Conseiller-Maître à la Cour des Comptes (décédé) et de Mᵐᵉ née MERTZDORF. Marié à Mᶫᶫᵉ DE VASSART D'ANDERNAY, fille du Général et de Mᵐᵉ née PANEY, — dont deux enfants.]

FREYCINET (Emmanuel de), soldat au 113ᵉ d'Infanterie.

Mort, en 1914, à l'hôpital de Bar-le-Duc.

FRIESÉ (Paul), O ✠, ✠, architecte, officier interprète de 1ʳᵉ classe.

Tué à l'ennemi, à Vendresse, le 21 avril 1917.

[Né à Strasbourg le 12 avril 1851. Marié à Mᶫᶫᵉ H. ROSENTIEHL.]

FRINGS (Lucien).

Blessé et fait prisonnier à la bataille de Courbesseaux, le 26 août 1914, on a la presque certitude que le malheureux fut achevé par les Bavarois.

FROBERVILLE (Henri-Lucien-*Xavier* HUET de), canonnier au 81ᵉ d'Artillerie lourde.

Mort de ses blessures, le 5 mai 1916.

[Fils de M. et de Mᵐᵉ née Jeanne DE FALANDRE.]

FROISSARD DE BROISSIA (*Léon*-Marie-Claude, Vicomte Léon de), propriétaire, maire de Dammartin, maréchal des logis au 5ᵉ d'Artillerie de campagne.

Tué par éclats d'obus, à Merfy, le 5 avril 1916.

[Né le 15 août 1882. Fils du Vᵗᵉ Marcel et de la Vᵗᵉˢˢᵉ née Anatolie LE CHARRON (décédés).]

FROISSART (Jacques), *engagé volontaire*, aspirant au 217ᵉ d'Artillerie.

Tué, le 14 septembre 1918, dans un observatoire avancé, en réglant le tir de sa batterie.

[Né en 1897. Fils de M. et de Mᵐᵉ Jehan FROISSART.]

FROMANTIN (René), capitaine au long Cours, lieutenant au 54ᵉ Chasseurs à pied.

Tombé à l'attaque du Linge (Alsace), le 20 juillet 1915, à 30 ans.

FROMENT (Ferdinand-Marie-*Guy* de), ✠ (posthume), ✠ (palme et étoile), ancien élève de Saint-Cyr, capitaine au 90ᵉ d'Infanterie.

Tombé glorieusement, le 9 mai 1915 (offensive de l'Artois), en tête de sa compagnie, qui venait de prendre deux lignes de tranchées aux Allemands. C'est en abordant la troisième ligne, à 500 mètres de Loos, qu'une balle ennemie, reçue en plein front, le foudroya.

> Citation du Général d'URBAL (8 juin 1915) : *Brillant officier, tué glorieusement, le 9 mai, à la tête de sa compagnie, au moment où il venait de s'emparer d'une deuxième ligne de tranchées allemandes. A été cité.*

[Né le 31 octobre 1880. Fils de M. Léon DE FROMENT, engagé volontaire en 1870, et de Mme née Marie ALADANE DE PARAIZE. Marié à Mlle Désirée RICHARD DE SOULTRAIT, fille du Vte et de la V^tesse née DE MARNE, — dont trois enfants : Jeanne, François, Pierre.]

FROMENT (Louis-Joseph-Marie-*Maurice* de), sergent au 55e territorial d'Infanterie.

Victime du torpillage du *Gallia*, le 4 octobre 1916.

[Né le 22 décembre 1875. Marié à Mlle Louise DUPUY DE LA GRAND'RIVE.]

FROMENT (Marie-Joseph-*Pierre* de), �֍ (posthume), ✠ (palme et étoile), capitaine au 297e d'Infanterie.

Tué à l'Epine de Vedegrange, le 6 octobre 1915, à 30 ans.

> Citation : *Officier du plus grand mérite. A été tué au combat du 6 octobre 1915, en conduisant l'assaut à la tête de sa compagnie, en Champagne. A été cité.*

FROMONT DE BOUAILLE (Jean - Baptiste - *André* de), ✖ (posthume), ✠, capitaine au 28e territorial d'Infanterie.

> Citation : *Officier aussi aimé de ses hommes qu'estimé de ses chefs. Tué glorieusement, le 6 octobre 1914, à la tête de sa compagnie, au cours d'un violent bombardement.*

[Marié à Mlle BERTAULD.]

FROMONT DE BOUAILLE (Pierre de), ✖, ✠, lieutenant au 130e d'Infanterie.

Mort, en 1916, des suites de ses blessures.

FROSSARD-NEUZI (Maurice), ✠, capitaine au 6e Tirailleurs Indigènes.

Tué le 24 décembre 1914.

FULCRAND (C.-P.-H.), ✖ (posthume), ✠ (palme), enseigne de vaisseau du *Cassini*.

> Citation : *Disparu avec son bâtiment torpillé par un sous-marin ennemi en accomplissant son devoir militaire.*

FUMEL (Joseph-Marie-Roger de), ⚓ (posthume), ✠, canonnier au 57e d'Artillerie.

> Citation : *Canonnier vaillant et brave. Blessé à son poste de combat, le 11 septembre 1914, à la Certine. Mort des suites de ses blessures. A été cité.*

FUNCK-BRENTANO (Léon), ✖ (posthume), ✠ (3 palmes), médecin aide-major au 152e d'Infanterie.

> Citation : *Médecin d'un dévouement et d'un entrain remarquables, donnant aux soldats et aux blessés l'exemple constant de la bonne*

humeur et de la bravoure. Animé des sentiments les plus élevés, se prodiguant sans aucun souci du danger pour relever et soigner les blessés sous le feu le plus violent. Glorieusement tué, le 2 septembre 1916, à son poste de secours dans les tranchées de première ligne. A été cité.

FUNCK-BRENTANO (*Théophile*), ⚕, ✠ (3 citations), sergent pilote-aviateur à l'Escadrille N. 73.

Citation : *Pilote d'une audace hors de pair ; a attaqué seul plusieurs avions allemands qui manœuvraient groupés et, après une lutte inégale, est tombé glorieusement sous le feu de ses adversaires. Déjà cité deux fois pour avoir abattu deux avions ennemis. Combat du 25 juin 1916.*

[Tous deux fils de M. Frantz FUNCK-BRENTANO, ✻, homme de lettres, et de Mme née Alice REGRAY.]

FURST (Paul de), ✠ (étoile), secrétaire du Conseil de la Banque Impériale Ottomane, sous-lieutenant interprète.
Tué sous Verdun, le 20 juillet 1917.

Citation : *Officier intelligent, dévoué et consciencieux, s'acquittant parfaitement de ses fonctions, s'est particulièrement distingué au cours de l'offensive de l'Aisne (avril 1917) dans des conditions difficiles et parfois périlleuses.*

[Né le 2 janvier 1875. Fils de M. Edmond DE FURST et de Mme née WARNOD (décédés). Marié à Mlle L. MAUBERT, fille de M. et de Mme née HÉRAULT.]

FURST (André de), ✻ (posthume), ✠ (palme), ancien élève de l'Ecole Polytechnique, lieutenant d'Artillerie Coloniale.
Tombé héroïquement au Cameroun, le 24 novembre 1914.

Citation : *Magnifique attitude au combat de Debascoum (4 novembre 1914), où il a, le premier de tous, pris pied sur le massif montagneux dont les Allemands avaient fait une forteresse ; n'a battu en retraite que par ordre. Le 24 du même mois, cerné à Gagadema par des forces très supérieures, a combattu jusqu'au bout, entouré de ses braves tirailleurs ; a succombé sous le nombre, ainsi que seize des vingt-cinq hommes qui constituaient la garnison de son poste. A donné par sa mort l'exemple de la plus belle abnégation.*

[Né le 28 septembre 1887. Frère du précédent.]

FUSTER (Henri), ✠, soldat au 10e d'Infanterie.
Tué à Tavannes (Meuse), le 2 août 1916.

[Fils de M. et de Mme née DU BOUSQUET. Marié à Mlle Germaine LÉPINE.]

G

GAALON (Marie-*Hugues* de), soldat au 27e Chasseurs à pied.
Disparu, le 20 août 1914, à Dieuze.

[Né le 8 décembre 1894. Fils du Vte (décédé) et de la V^{tesse} née Madeleine DE
MIBULLE.]

GABRIAC (Henri-I. PONS de), ✠ (posthume), ✠ (palme), capitaine
au 109e d'infanterie.

Citation : *Le 15 mai 1915, a été tué en entraînant sa compagnie
à l'attaque des tranchées ennemies.*

GAIL (Baron André de), enseigne de vaisseau, élève pilote à l'Ecole
d'Aviation de Chartres.

Sorti de l'Ecole Navale à la mobilisation, embarqué sur la
France, le *Paris,* le *Jules-Michelet,* le *Condorcet,* la *Provence,*
fit la campagne de l'Adriatique et le Levant. Enseigne de
vaisseau sur le contre-torpilleur le *Téméraire,* passé à l'Ecole
d'Aviation de Chartres, comme élève pilote. Tombé en rentrant à son centre d'atterrissage, le 2 février 1917.

[Né le 16 octobre 1895. Fils du Bon Jean DE GAIL, O ✠, ✠, Colonel du 4e Cuirassiers à pied, et de la B^{onne} née Rozan (décédée). Le Bon Jean DE GAIL a épousé
en secondes noces, en 1916, Mlle Yolande DE KERMAINGANT.]

GAIL (*Pierre*-Henri-Dominique, Baron Pierre de), ✠, ✠ (palme),
chef d'escadrons de Cavalerie, passé au 72e d'Infanterie.
Tombé glorieusement aux Éparges, le 18 avril 1915.

[Né le 1er mai 1867. Marié, en 1905, à Mlle Marie D'ABOVILLE, fille du Vte et de la
V^{tesse} née DE GOUVELLO DE KERIAVAL.]

GAIL (André-Charles-Lucien de), ✠ (posthume), ✠ (palmes), lieutenant
au 149e d'Infanterie.

Citation : *A été tué le 9 août en portant sa section en avant et
au moment où, debout à 50 mètres des tranchées ennemies, sous
un feu très meurtrier, il essayait d'entraîner la chaîne de tirailleurs qu'il venait de renforcer. A été cité.*

GAILHAC (Édouard), ✠ (posthume), ✠, capitaine au 1er Chasseurs
à cheval, détaché au 110e d'Infanterie.
Tué en Champagne, le 29 septembre 1915.

GAILHARD-BANCEL (*Louis*-Marie-Joseph-Roch de), O ✠, ✠
(2 palmes, 4 étoiles), ✠ (Distingued Service Order), chef d'escadrons de
Cavalerie, détaché au 251e d'Infanterie.
Blessé grièvement, le 15 juillet 1918, au bois de Rodemot, près
Châtillon-sur-Marne, aux premières heures de la dernière offensive
allemande, a succombé le 2 août à l'hôpital de Sézanne.

Motif de la promotion au grade d'Officier de la Légion d'honneur (22 juillet 1918) :

Officier supérieur d'une haute valeur morale. Grièvement blessé au cours de la campagne et revenu au front sur sa demande, y a exercé avec une compétence, un dévouement et un courage remarquables, ses fonctions d'adjoint au chef de corps. A été de nouveau gravement atteint, au cours d'un intense bombardement. Une blessure antérieure. Quatre citations.

[Né le 7 août 1878. Fils de M. DE GAILHARD-BANCEL, député de l'Ardèche, et de Mme née Thérèse MAREY (décédée). Marié, en 1907, à Mlle Delphine TREDICINI DE SAINT-SÉVERIN, fille du Mis et de la M^{ise} née DE VARINE, — dont deux enfants.]

GAILHARD-BANCEL (André de), �֎ (posthume), ✠ (palme et étoile d'argent), scolastique de la Compagnie de Jésus, sous-lieutenant au 252e d'Infanterie.

Tué, le 12 décembre 1914, au combat de Saint-Baussant (Lorraine), d'une balle au front.

Citation à l'Ordre de la 64e Division : *A été tué, le 12 décembre 1914, en accomplissant son devoir avec une bravoure et une énergie admirables, à l'attaque des tranchées allemandes au nord du bois de R.....*

[Né le 10 mars 1887. Fils de M. DE GAILHARD-BANCEL, député de l'Ardèche, et de Mme née Amélie BERGASSE.]

GAILHARD-BANCEL (Pierre de), ✖ (posthume), ✠ (1 palme, 1 étoile d'or, 1 étoile de bronze), ingénieur agricole, lieutenant au 252e d'Infanterie.

Tué, le 12 décembre 1914, au combat de Saint-Baussant (Lorraine), d'une balle au front.

Citation à l'Ordre de l'Armée : *Officier plein d'allant et de courage, pure figure de héros. Mortellement tombé pour la France, le 12 décembre 1914, en entraînant sa compagnie entière à l'assaut des tranchées ennemies avec un incomparable entrain. Deux fois blessé antérieurement, n'avait jamais voulu se faire évacuer. A été cité.*

[Né le 7 décembre 1888. Frère du précédent.]

GAILLARD (Gabriel), ✖ (posthume), ✠ (3 palmes, 2 étoiles), *engagé volontaire,* sous-lieutenant aviateur.

Abattu en combat aérien, le 17 mai 1918.

[Né en 1898. Fils du Pharmacien principal de l'Armée.]

GAILLARD (*Jacques*-Antoine), ✠ (étoile), conducteur-automobiliste à la 39e compagnie d'Aérostiers.

Décédé, le 14 octobre 1918, des suites d'une maladie contractée en service commandé.

Citation à l'Ordre de l'Aéronautique de l'Armée (7 août 1916) : *Blessé de deux éclats à la cuisse pendant qu'une escadrille ennemie bombardait le parc de la compagnie, incendiant un camion et faisant éclater les tubes d'hydrogène qu'il contenait, est monté sur son siège malgré ses blessures et a conduit son camion hors de danger. Ne s'est laissé panser qu'après avoir mis sa voiture en sûreté.*

[Né le 6 juillet 1892. Fils de M. Henri GAILLARD, conseiller général du Calvados (décédé), et de Mme née BAUDOUIN.]

GAILLON (Isidore - Gabriel - Marie - *Charles* de VION de),
(posthume), ✠ (1 palme, 2 étoiles), *engagé volontaire* au 28e Chasseurs alpins.

Déjà cité pour sa brillante conduite en août 1917, fut tué à Bouillancourt, le 9 août 1918.

> Citation : *Chasseur d'une bravoure et d'un entrain remarquables. Le 9 août 1918, s'est élancé courageusement à l'assaut des lignes ennemies et est glorieusement tombé en portant secours à son lieutenant mortellement frappé. A été cité.*

[Né le 24 janvier 1897. Fils du Mis et de la M^{ise} née Marguerite DU SOULIER.]

GAIN (Louis), ✠, lieutenant au 8e Tirailleurs.

Tué à Bou-Denib (Maroc Oriental), le 13 juillet 1915.

GALAIS-PHEASANT (Olivier), ✠, ✠ (2 palmes, 1 étoile), capitaine au 14e Chasseurs alpins.

Tué à Cléry (Somme), le 25 septembre 1916.

[Né à Paris le 11 mars 1891. Fils de M. et de Mme née GOLFIER.]

GALARD TERRAUBE (*Henry-Auguste-Joseph-Marie*, Vicomte Henry de), ✠, ✠ (2 palmes, 1 étoile d'argent), capitaine au 14e Dragons.

Déjà blessé, en 1915, à la suite d'un exploit qui lui valut la Légion d'honneur, est tombé glorieusement, le 3 juin 1918, en face de Dammard (Aisne).

> Citation : *Officier de la plus haute valeur morale. Le 3 juin 1918, tenant avec sa compagnie une position non fortifiée sur laquelle il venait de s'établir, a résisté à une attaque très violente de l'ennemi donnant à tous ses hommes le plus bel exemple de courage et de calme. Blessé grièvement, a refusé de se laisser emporter avant un de ses sous-officiers, disant à ses hommes : « Celui-ci est plus gravement atteint que moi, emmenez-le d'abord. »*

[Né le 4 septembre 1879. Fils du Vte et de la V^{tesse} née Cécile DE PUYMIROL. Marié, en 1905, à Mlle Yvonne DE SINETY, fille du Cte et de la Ctesse née Edith DE MIRAMON-FARGUES, — dont quatre enfants.]

GALBERT (Vicomte Maurice de), ✠, ✠ (1 palme, 2 étoiles), ✠ (Belge), C ✠ (Saint-Stanislas de Russie), C ✠ (Ordre des Saint-Michel et Saint-George d'Angleterre), ✠ (Distingued Service Order), O ✠ (Saints-Maurice et Lazare), O ✠ (Couronne de Belgique), O ✠ (Aigle Blanc avec glaives de Serbie), O ✠ (Nicham Iftikar), O ✠ (Ouissam Allaouïte Chérifien), chef de bataillon breveté, commandant le 27e Chasseurs à pied.

Officier de carrière, sorti le 1er de l'Ecole de Guerre, il était officier d'ordonnance du Général commandant en chef, du début des hostilités jusqu'en juillet 1916. Puis nommé au commandement du 27e Chasseurs à pied, à la tête duquel il a trouvé une mort glorieuse à l'attaque de Bouchavesnes, le 13 septembre 1916. Fait pour lequel le bataillon était cité à l'Ordre de l'Armée, dans les termes suivants :

> *27e bataillon de Chasseurs à pied. Sous les ordres du commandant DE GALBERT, officier d'une rare valeur, tombé glorieusement au cours de la lutte, a progressé dans les lignes allemandes, du 4 au 12 septembre, avec une énergie et une audace remarquables, réalisant dans deux attaques successives, malgré de lourdes pertes,*

un gain de terrain de 4 kilomètres, faisant 400 Allemands prisonniers, enlevant 5 canons et 8 mitrailleuses et participant en fin de combat à l'enlèvement à la baïonnette d'un village fortement organisé.

Ordre du 27e bataillon de Chasseurs à pied :

Le 12 septembre, le commandant DE GALBERT vous conduisait à la victoire. Votre fourragère avait acquis un peu plus de gloire. Le lendemain, celle que portait votre chef fut rougie de son sang. Il tombait glorieusement pendant un furieux combat. Vous tous qui l'avez vu, droit et fier comme une épée, sur les champs dévastés par la mitraille, enorgueillissez-vous d'avoir suivi un chef magnifique et intrépide, un preux. Agenouillez-vous devant sa tombe et recueillez-vous. D'autres heures tragiques viendront..... Alors, souvenez-vous, chasseurs, de l'héroïque commandant de Galbert, et, comme lui, vous saurez..... mourir !   Signé : Commandant WAGNER.

[Né le 17 mars 1874. Fils du Cte DE GALBERT et de la Ctesse née Gabrielle DE PRANDIÈRES. Marié à Mlle Yvonne DU BOIS DE BEAUCHESNE, fille du B^{on} DE BEAUCHESNE et de la B^{onne} née D'ELMONT, — dont quatre enfants.]

GALEMBERT (*François*-Anne-Marie-Charles-Jules, Baron François BODIN de), ⚜ (posthume), ✠ (étoile), maréchal des logis de réserve au 26e Dragons.

Blessé mortellement par des éclats d'obus, dans les tranchées de Massiges, en Champagne, dans la nuit du 16 octobre 1915. Mort le même jour à l'ambulance de Virginy (Marne), où il a été inhumé.

Citation à l'Ordre de la 8e Division de Cavalerie (Général BARATIER) : *Le 6 octobre 1915, a montré, sous un violent bombardement, un courage et une bravoure exemplaires. Blessé mortellement le 16 octobre 1915, a été jusqu'à la fin, pour ses hommes, un modèle de calme et de sang-froid.*

[Né le 2 mars 1884. Fils du B^{on} DE GALEMBERT et de la B^{onne} née Marie-Anne HENNECART.]

GALEMBERT (Antoine de BODIN de), ✠, sous-lieutenant au 9e Cuirassiers à pied.

Mort à l'hôpital d'Auve (Marne), le 5 décembre 1918.

[Né en 1897. Fils du B^{on} et de la B^{onne} née HOSKIER.]

GALLARD (Georges), ✠, avoué à Paris, sous-lieutenant au 18e d'Infanterie territoriale.

Tué au combat de Puisieux, le 1er octobre 1914, à 37 ans.

GALLET (Édouard), ⚜ (posthume), ✠ (3 citations), *engagé volontaire*, sergent au 74e d'Infanterie.

Tué le 14 mai 1918, atteint par un éclat d'obus au moment d'une relève.

[Fils de M. et de Mme née DUMONTET. Marié à Mlle BARLOW.]

GALLET (*François*-René-Joseph), ⚜ (posthume), ✠ (étoile), étudiant.

Frappé par une balle de mitrailleuse, à l'assaut du Chemin-des-Dames, le 5 mai 1917, est mort dans la tranchée conquise.

Citation à l'Ordre du Régiment (6 juin 1917) : *A fait preuve, pendant l'attaque du 5 mai 1917, des plus belles qualités de bravoure et de dévouement. A été tué à son poste de combat.*

[Né le 16 décembre 1895. Fils de M. et de Mme Charles-Edmond GALLET.]

GALLET DE SAINT-AURIN (Victor), ✠ (posthume), ✠, sous-lieu-tenant au 8ᵉ Tirailleurs Marocains.

> Citation : *Jeune officier animé d'un bel esprit du devoir. Au cours de l'attaque, a fait preuve du plus grand mépris du danger. Toujours aux endroits les plus exposés, a chargé résolument à la tête de ses Marocains sur les différentes positions allemandes. Est tombé glorieusement en enlevant un nid de mitrailleuses. A été cité.*

GALLI (Robert), ✠ (posthume), ✠, étudiant, *engagé volontaire* (quoique réformé), caporal au 130ᵉ d'Infanterie.

Tombé glorieusement au combat du Linge (Alsace).

> Citation : *A fait preuve, lors des combats du Linge, d'un extra-ordinaire dévouement et d'un remarquable mépris du danger, qui a fait l'admiration de tous. A été tué d'un éclat d'obus au cœur, en dirigeant le service d'évacuation des blessés dans une région battue par l'artillerie allemande.*

[Né le 27 décembre 1892. Fils de M. Henri GALLI, ✠, député de Paris, et de Mᵐᵉ née PLÉSANT.]

GALLIFFET (Comte Marius de), ✠, ✠, ✠ (Military Cross), capi-taine de Cavalerie.

A succombé, en novembre 1919, aux suites d'une pleurésie contractée au front.

[Né le 15 février 1867. Fils du Général Mⁱˢ DE GALLIFFET et de la Mⁱˢᵉ née Georgina LAFFITTE. Marié à Mˡˡᵉ MAC CARTY, fille de M. et de Mᵐᵉ née DE LONGUEÜIL.]

GALLOU (E.-F.), ✠ (posthume), ✠ (palme), enseigne de vaisseau.

> Citation : *Embarqué depuis deux jours sur le Danton, a fait preuve de la plus grande initiative. A pu assurer la mise à l'eau d'un grand nombre d'engins de sauvetage dans des conditions très délicates, et a eu, dans ces circonstances, une conduite admirable.*

GALZAIN (Ernest-Marie-Léopold-Georges de), ✠, *engagé volon-taire* au 78ᵉ d'Infanterie.

Mort, le 31 mai 1918, des suites d'un accident de chemin de fer dû à la faiblesse de ses jambes mal guéries de ses blessures de guerre.

[Né en 1885. Fils de M. et de Mᵐᵉ née DE KÉRATRY.]

GANAY (*Henri*-Osmond-Marie, Comte Henri de), ✠, ✠, capi-taine au 6ᵉ Cuirassiers.

Mort à l'hôpital de Châlons-sur-Marne, le 14 décembre 1914.

> Citation : *Officier de cavalerie en congé de trois ans, a repris du service à la mobilisation. Ne pouvant être envoyé au front, est passé, sur sa demande et malgré une affection cardiaque grave dont il se savait atteint, au 11ᵉ régiment d'infanterie, où, pendant le temps trop court qu'il y est resté, il a su acquérir au plus haut point la confiance de ses chefs et le respect de ses subordonnés. Officier d'une haute valeur morale et d'un dévouement absolu.*

[Né le 17 septembre 1876. Fils du Général Cᵗᵉ Jacques DE GANAY (décédé) et de la Cᵗᵉˢˢᵉ née DE MAILLÉ DE LA TOUR-LANDRY. Marié, en 1905, à Mˡˡᵉ Marguerite SAULNIER D'ANCHALD, — dont quatre enfants.]

GANAY (*Élie*-Armand-Marie, Comte Élie de), ✠, caporal au 63ᵉ d'Infanterie.

Mort à Nantes, en 1914, des suites de ses blessures.

[Né le 14 octobre 1879. Frère du précédent. Marié, en 1908, à Mlle Nadège DE FON-TENAY, — dont un fils.]

GANDT (Pierre-François-Marie-Joseph de), ✻ (posthume), ✠, sous-lieutenant au 43e d'Infanterie.

Citation : *Officier de très grande valeur, qui s'est encore fait remarquer, au combat du 25 septembre 1916, par son ardeur et sa bravoure, alors qu'il menait sa section à l'assaut d'une position ennemie. Est glorieusement tombé au moment où il pénétrait dans la tranchée devant Maricourt. A été cité.*

GANEVAL (Marie-François-Adolphe-Gabriel), C ✻, ✠ (palmes), Général commandant la 3e Brigade du Corps expéditionnaire d'Orient.

Tué à l'ennemi, le 7 juin 1915, dans la presqu'île de Gallipoli.

Citation : *N'a cessé, depuis son débarquement, de donner le meilleur exemple à ses troupes par son entrain, son endurance, sa bravoure exceptionnelle, dont il avait déjà donné tant de preuves dans ses nombreuses et brillantes campagnes coloniales. Tué dans la tranchée de première ligne par une balle qui l'atteignit en plein front.*

[Né le 27 septembre 1853. Marié à Mlle TOUSSAINT.]

GARBIL (*Albert*-Pétrus), soldat au 149e d'Infanterie.

Tué, le 26 septembre 1914, au combat de Souain (Marne).

[Né le 22 décembre 1884. Fils de M. et de Mme née PERRET.]

GARBIL (*Alfred*-Stanislas), ⚜ (posthume), ✠ (étoile), instituteur, sergent-major au 44e d'Infanterie.

Tué le 26 septembre 1915.

Citation : *A, le 26 septembre 1915, conduit sa section à l'assaut d'une tranchée ennemie avec la plus grande bravoure. Quoique blessé mortellement, a continué à encourager ses hommes jusqu'au dernier souffle.*

[Né le 2 mai 1890. Frère du précédent.]

GARCIA CALDERON (José), ✻ (posthume) ✠ (3 palmes), *engagé volontaire*, sous-lieutenant à la 30e compagnie d'Aérostiers.

Tué sous Verdun, le 5 mai 1916.

Citation : *Sujet péruvien, engagé volontaire pour la durée de la guerre. A montré, dans ses fonctions d'observateur, autant de courage que de hardiesse et de zèle intelligent. Le 5 mai 1916, les amarres de son ballon ayant été rompues par l'ouragan, n'a quitté son bord, pour descendre en parachute, qu'après avoir jeté la sacoche contenant ses papiers et les renseignements recueillis. A trouvé la mort dans sa chute. A été cité.*

GARDET (Jean-Louis), ✻ (posthume), ✠ (palme), sous-lieutenant au 221e d'Infanterie.

Tué le 14 octobre 1918.

[Né en 1898. Fils de M. G. GARDET, ✻, statuaire, membre de l'Institut, et de Mme née AUBURTIN.]

GARDIER (*Jacques*-Hector ROBERT du), ✻, ✠ (palme et étoile), ✻ (Médaille Coloniale Casablanca), ✻ (Sainte-Anne de Russie), chef d'es-

cadrons au 11e Dragons, adjoint au Colonel commandant le 42e
d'Infanterie.

*Citation : Le 16 avril 1917, à l'attaque de B....., a pris en plein
combat le commandement d'un bataillon dont le chef venait d'être
tué, a trouvé lui-même une fin glorieuse en conduisant ce bataillon
à l'attaque.*

[Né le 12 mars 1870. Fils de M. Raoul DU GARDIER et de Mme née SERPETTE.]

GARET (Marcel), 🎖, ✠ (3 palmes, 1 étoile d'or), étudiant, sergent
aviateur.

Tué en combat aérien, le 2 juillet 1916.

[Né le 24 janvier 1891. Fils de M. Gaston GARET, avoué à Paris (décédé), et de
Mme née MERCIER.]

GARET (André), ✼ (posthume), ✠ (palme), étudiant, sous-lieutenant
d'Artillerie d'assaut.

Mort de ses blessures, le 26 juillet 1918.

[Né le 16 décembre 1893. Frère du précédent.]

GARETS (Vicomte Francisque de GARNIER des), sous-lieutenant
au 11e Chasseurs à pied.

Grièvement blessé, le 22 août 1914, au col de la Saale (Alsace),
et fait prisonnier, succomba à l'hôpital de Strasbourg, le 7 novembre suivant.

GARETS (Antoine de GARNIER des), ✼, ✠ (3 citations), capitaine
au 12e Dragons.

Tué, le 12 juin 1918, dans la région de Villers-Cotterets.

*Citation : A conduit son bataillon à l'attaque avec un tel en-
train que ce dernier a enlevé plusieurs lignes ennemies, pris de
nombreuses mitrailleuses et disloqué une attaque en préparation.
Glorieusement tombé au cours de l'action.*

GARETS D'ARS (Vicomte Vincent de GARNIER des), ✼, ✠,
capitaine au régiment d'Infanterie Coloniale du Maroc.

Tué, le 23 octobre 1917, à l'attaque de la Malmaison.

[Né en 1878. Marié à Mlle DE BEAUCHESNE, fille du Général et de la Vtesse née DES-
BOUDARDS.]

GARIEL (Pierre-Félicien), sergent au 236e d'Infanterie.

Tué à Carnoy (Somme), le 14 mars 1915.

GARNIER DE FALLETANS (Hervé), maréchal des logis.

Mort à Besançon, le 4 mai 1918, des suites d'une maladie contractée aux Armées.

GARREAU (Pierre), 🎖 (posthume), ✠, étudiant à la Faculté des
Lettres de Paris, admissible à l'Ecole des Chartres, aspirant au
167e d'Infanterie.

Tombé glorieusement, le 8 septembre 1917, à l'attaque du Bois
des Caurières (Meuse).

*Citation à l'Ordre du Régiment (20 septembre 1917) : A entraîné
ardemment sa section à l'attaque du 8 septembre 1917. Blessé légèrement au début de l'action, a continué, dans des conditions*

particulièrement difficiles, à garder le flanc de sa compagnie ; a été tué au cours de sa mission.

[Né le 8 avril 1894. Fils de M. Maurice GARREAU, ✳, chef du bureau du Cabinet du Ministre de l'Instruction publique et des Beaux-Arts, et de Mme née MARGOT.]

GARREAU DE LA MECHENIE (Charles du), ✳, ✵ (palme), capitaine au 207e d'Artillerie.

Citation : *Officier remarquable. Ayant pris temporairement le commandement de son groupe dans des circonstances difficiles, a su l'exercer en donnant à tous un haut exemple de valeur et de courage. Le 13 mai 1918, est resté dans une de ses batteries, alors soumise à un bombardement, donnant à sa troupe un nouvel exemple de calme et de bravoure. Y a été tué.*

GARRETA (Léon), ✳ (posthume), ✵, sous-lieutenant au 225e d'Infanterie.

Tué à Mogimont (Belgique), le 23 août 1914.

[Né le 31 mars 1877. Fils de M. et de Mme née Amélie STOECKLIN. Marié à Mlle Suzanne BARBÉ.]

GARRETA (Pierre), sergent-fourrier au 403e d'Infanterie.

Tué à Mametz-Fricourt (Somme), le 19 juillet 1915.

[Né le 26 août 1892. Frère du précédent.]

GARRIC (Gabriel)..

[Fils de M. (décédé) et de Mme née TIXIER DE LA CHAPELLE.]

GARROS (Adrien-*Roland*-Georges), O✳, ✵, lieutenant au 27e Chasseurs à pied, pilote à l'Escadrille Spa 26.

Aviateur d'avant-guerre ayant obtenu de nombreux succès, rendit de grands services dès le début des hostilités; il fut le promoteur du tir à travers l'hélice, qui depuis fut adopté généralement. Jusqu'au commencement de 1915, il abattit trois avions ennemis, ce qui, à l'époque, était un résultat important. Au cours d'un vol dans les lignes ennemies, le 18 avril 1915, il fut obligé d'atterrir à Ingelmunster, par suite d'une panne de moteur, et fait prisonnier. Interné à la citadelle de Magdebourg, il parvint, après plusieurs tentatives, à s'évader et revint en France le 18 février 1918. Il s'occupa alors de fabrication d'avions, mais son esprit combatif l'attirait de nouveau vers le front, et, bien qu'on lui offrît divers postes plus sûrs, il voulait prendre sa revanche sur l'Allemand. Le sort en décida autrement : le 5 octobre 1918, il tombait, mortellement atteint, dans les lignes ennemies, et, quelques jours plus tard, nos troupes avançant retrouvèrent sa tombe dans le cimetière de Vouziers.

Citation posthume : *Officier pilote, d'une énergie et d'un courage admirables. Le 5 octobre, s'est porté à l'attaque de plusieurs groupes d'avions ennemis; a fini par succomber héroïquement au cours d'une lutte par trop inégale, se donnant tout entier, la veille de la victoire, à sa patrie, qu'il avait si bien servie en apportant à sa défense le concours de ses recherches et les lumières de son esprit. Laisse à la France la gloire la plus pure à transmettre avec son nom à toutes les générations futures.*

[Né à la Réunion le 6 octobre 1888. Fils de M. Georges GARROS, avocat.]

GARROS (Adrien), ⚙ (posthume), ✠, caporal au 132e d'Infanterie.
Blessé grièvement, le 26 novembre 1914, aux Eparges, décédé des suites de ses blessures, le 9 mars 1915.

> Citation : *Bon caporal. Grièvement blessé dans l'accomplissement de son devoir, est mort pour la France, le 9 mars 1915, des suites de ses blessures.*

[Né le 20 juin 1894. Fils de M. Paul GARROS et de Mme née LAFFON.]

GASQUET (Léon de), ✠ (posthume), ✠ (palme), sous-lieutenant au 150e d'Infanterie.

> Citation : *Le 16 avril 1917, a conduit vaillamment sa section à l'assaut ; vigoureusement contre-attaqué sur la position conquise, a su résister énergiquement. A été tué.*

GASQUET (*Henri* de), ⚙ (posthume), ✠ (3 citations), *engagé volontaire* aux Chasseurs alpins.
Tombé, le 4 septembre 1916, devant Cléry (Somme).

> Citation : *Au front depuis le début de la campagne. Déjà blessé à l'attaque du 4 septembre, a eu une très belle attitude pendant toute la progression. Comme chef de liaison de la compagnie, a été tué sur la position, en portant un ordre urgent dans un endroit particulièrement battu par les mitrailleuses.*

[Né en 1896. Fils du Lieutenant-Colonel et de Mme DE GASQUET.]

GASSART (*Louis*-Joseph des HAYES, Vicomte de), ✠ (étoile), propriétaire.

Ayant été réquisitionné avec son auto, il partit dès le début de la guerre, et, le 29 septembre 1914, il fut grièvement blessé par une balle de mitrailleuse qui l'atteignit à l'aine. Se dissimulant dans un fossé, sous des feuilles, il put, à la nuit, en rampant sur les mains, rejoindre nos lignes. Evacué, il reçut les premiers soins dans une ambulance d'Aubervilliers. — Reparti au front à la place d'un camarade exténué de fatigue, et, avant d'être complètement guéri, sa blessure se rouvrit et fit de si rapides progrès, que, dans la nuit du 21 octobre 1914, il rendait le dernier soupir, à l'hôpital Boucicaut.

[Né le 17 juillet 1874. Fils du Cte DE GASSART (décédé) et de la Ctesse née DE CHAMPS DE SAINT-LÉGER. Marié à Mlle Marie DE RARÉCOURT DE LA VALLÉE DE PIMODAN, fille du Cte DE PIMODAN (décédé) et de la Ctesse née Yvonne LARCHER DE LA VERNADE, — dont deux enfants.]

GAST (Jean), maréchal des logis au 8e d'Artillerie.
Mort de ses blessures, le 7 septembre 1914, à Plainval.

[Né le 2 décembre 1890. Fils de M. et de Mme née BUFFET.]

GASTALDI (*Henri*-Félix), ✠ (posthume), ✠ (étoile de vermeil), premier clerc de notaire, lieutenant de réserve au 72e d'Infanterie.
Blessé une première fois, dans le Bois de la Gruerie, le 30 décembre 1914. Faisant fonction de capitaine, blessé mortellement aux Eparges, le 25 avril 1915, en défendant sa tranchée à côté de ses hommes. Mort, aux mains de l'ennemi, dans le lazaret de campagne n° 3, à Hattonville (Meuse), le 28 avril 1915.

[Né le 11 septembre 1885. Fils de M. GASTALDI, notaire à Paris, et de Mme née GÉRIN.]

GASTAMBIDE (Edmond-Adrien-*Maurice*), ✠ (posthume), ✠, avocat au Conseil d'État et à la Cour de Cassation, sous-lieutenant au 18e territorial d'Infanterie.

Tué, le 30 septembre 1914, à la ferme de Beauregard-Puisieux.

> Citation : *Chef de section intelligent et actif. Mort glorieusement, le 1er octobre 1914, au combat de Beauregard, au moment où, sur l'ordre de son chef de corps, il se portait en avant avec sa section pour soutenir une fraction du régiment aux prises avec l'ennemi. A été cité.*

GASTINES (Robert de).

Mort, en octobre 1918, à l'hôpital de Saint-Hilaire-Saint-Mesmin.

[Fils du Vte et de la Vtesse née Marie DE BEAUREGARD.]

GATELLIER (Vicomte Maurice BOULARD de), ✠, ✠ (palme et étoile), chef d'escadrons de Cavalerie, adjoint au Colonel du 298e d'Infanterie.

Tué glorieusement le 3 décembre 1916.

> Citation à l'Ordre de l'Armée : *Officier ayant la plus haute conception du devoir; en maintes circonstances, a fait preuve d'une froide bravoure et d'abnégation absolue. Le 3 décembre, au cours du bombardement d'un village, apprenant que des blessés étaient ensevelis sous un éboulement, s'est spontanément porté à leur secours et a réussi à les dégager. A été tué par obus en opérant ce sauvetage.*

[Né en 1861. Fils du Cte DE GATELLIER et de la Ctesse née DE CHÊNELETTE.]

GATELLIER (Simon-Marie-*François* BOULARD de), ✠ (posthume), ✠ (palme et étoile), maréchal des logis au 54e d'Artillerie.

Frappé d'un éclat d'obus, le 16 avril 1917, devant Saint-Quentin, transporté immédiatement dans une ambulance du front, il y est mort le lendemain, assisté par un prêtre brancardier.

> Citation : *Sa batterie étant en action et bombardée par obus de gros calibre, a continué avec le plus grand calme à faire tirer sa pièce jusqu'au moment où il a été blessé mortellement par un éclat d'obus. Se sentant perdu, a gardé tout son calme jusqu'à son dernier soupir. A été cité.*

[Né le 11 novembre 1894. Fils du Commandant Vte Charles DE GATELLIER et de la Vtesse née LE REBOURS.]

GATELLIER (Gaston-Marie-Louis BOULARD de), *engagé volontaire*, caporal au 292e d'Infanterie.

Tué à Quennevières, le 10 juillet 1915.

[Né le 15 juin 1896. Frère du précédent.]

GATINE (Jean)...

[Fils de M. et de Mme Roger GATINE.]

GATTO (J.-A.), ✠ (posthume), ✠ (palme), enseigne de vaisseau, commandant l'*Edouard-Corbière*.

> Citation : *A donné à maintes reprises des preuves de ses remarquables qualités d'énergie et d'homme d'action. A été tué à son poste, ayant accompli tout son devoir lors du torpillage de l'Edouard-Corbière par un sous-marin ennemi.*

GAUCHAS (*Jean*-Charles), ✠ (posthume), ✠ (palme), sous-lieutenant au 2ᵉ d'Artillerie lourde.
Mort de ses blessures, aux Islettes, le 20 janvier 1915.

> Citation : *Employé comme observateur du tir de l'artillerie lourde dans une observation très exposée au feu de l'artillerie ennemie. A fait preuve, dans ce poste dangereux, des plus belles qualités militaires, y a été blessé mortellement le 20 janvier 1915.*

[Né à Paris le 15 juin 1891. Fils du Dʳ, ✠, et de Mᵐᵉ née GARIEL.]

GAUDIN DE VILLAINE (*Paul*-Marie), ✠ (posthume), ✠ (étoile), sous-lieutenant de réserve au 16ᵉ Dragons.
Tué à Vivières (Aisne), le 10 septembre 1914.

> Citation : *Jeune officier donnant les plus belles espérances, a montré ce dont il était capable à l'attaque de nuit commandée par le lieutenant de Gironde, contre le parc d'avions ennemis. Y a fait preuve du courage le plus éclatant et du plus beau dévouement. Tué glorieusement au cours de l'action, le 10 septembre 1914. A été cité.*

[Né le 3 septembre 1889. Fils du Général GAUDIN DE VILLAINE (décédé) et de Mᵐᵉ née Marie DE VEDEL.]

GAUDRIAULT (Médéric), ✠, ✠ (palme), chef de bataillon au 78ᵉ d'Infanterie.

> Citation : *A été tué, le 28 août 1914, au moment où il se dressait dans une tranchée pour crier : « Bravo la 9ᵉ ! » à une de ses compagnies, qui, sur son ordre, prononçait un mouvement en avant et qu'il tenait à encourager.*

GAUJAC (François-Auguste-*Pierre* de MARCELIER de), ✠ (posthume), ✠ (4 citations), lieutenant au 9ᵉ Chasseurs à pied, détaché à l'E.-M. de la 1ʳᵉ Brigade Marocaine.

> Citation : *Officier d'état-major remarquable par son dévouement, son activité et son calme mépris du danger. Chargé, le 30 mai, de porter un renseignement urgent à un chef de bataillon engagé, s'est acquitté de sa mission en traversant, à cheval, une zone battue par des mitrailleuses ennemies. S'est encore distingué, les jours suivants, au cours des opérations du 30 mai au 15 juin, par des reconnaissances hardies et d'un grand intérêt pour le commandement. Glorieusement tombé le 16 juin 1918. A été cité.*

[Né en 1882. Fils du Bᵒⁿ (décédé) et de la Bᵒⁿⁿᵉ née Marie DE PARADES.]

GAUJAC (François de MARCELIER de), ✠ (posthume), ✠ (palme), sous-lieutenant au 14ᵉ d'Infanterie.

> Citation : *A fait preuve en toutes circonstances des plus belles qualités militaires. Au cours d'une attaque, le 26 mai 1915, a entraîné sa section à l'assaut, malgré une vive fusillade et un violent bombardement ; la tranchée ennemie conquise, a pris le commandement des pionniers du bataillon, pour construire un boyau de communication particulièrement exposé au feu de l'ennemi. Blessé d'une balle au bras, a voulu continuer à diriger le travail dont il était chargé. A été tué d'une balle à la tête. A été cité.*

[Né en 1892. Frère du précédent.]

GAUJAC (Alphonse C. de).........................

GAULE (Charles de), ✠.........................

GAULÉJAC (Georges de), ✳, ✠ (3 citations), capitaine au 18e d'Infanterie.

Blessé déjà le 23 août 1914, reçut une blessure mortelle, le 25 janvier 1915.

Citation : *Blessé grièvement au combat du 25 janvier 1915, est mort des suites de ses blessures.*

[Né en 1878. Fils de M. et de Mme née Elisabeth DELBOURG, décédée. Marié à Mlle Marie DE BAZIGNAN, fille du B^{on} (décédé) et de la B^{onne} née DUMON, — dont un enfant.]

GAUQUELIN DES PALLIÈRES (Eugène-Émile-*Auguste*), ✳ (posthume), ✠ (palme), lieutenant au 2e d'Infanterie.

Citation : *Blessé mortellement, le 6 septembre 1914, à Charleville (Marne), par un éclat d'obus à l'aine et par une balle qui lui brisa le coude droit. Resté dix heures sur le champ de bataille, fut relevé par l'ennemi et délivré le lendemain par nos troupes. Décédé des suites de ses blessures, le 24 octobre 1914. A été cité.*

GAUTHIER (Melchior), religieux de la Compagnie de Jésus.

Mort pour la France, le 15 février 1917.

[Né en 1889. Fils de M. et de Mme née DUGAS DE LA BOISSONNY.]

GAUTHIER-FERRIÈRES (*Léon*-Adolphe-Désiré), ✠ (étoile), poète, secrétaire de la Direction du Dictionnaire Larousse, passé du service auxiliaire au 176e d'Infanterie.

Tué à l'ennemi, à Sitil-Bahr (Turquie), le 17 juillet 1915.

Citation : *A fait preuve d'une abnégation remarquable au combat du 21 juin; a franchi plusieurs fois le parapet pour aller soigner les blessés.*

[Né le 16 mai 1880. Fils de M. et de Mme née RIGADAT.]

GAUTHIER-VILLARS (Albert), O ✳, ✠ (2 étoiles), éditeur, *engagé volontaire*, capitaine au 77e d'Artillerie.

Tombé glorieusement à son poste, le 14 juillet 1918.

Citation : *Officier de tout premier ordre, alerte et énergique, d'une très belle tenue au feu. Grâce à sa valeur technique, à sa science d'artilleur, à la belle impulsion qu'il a su donner à sa batterie, a su obtenir des résultats remarquables dans ses tirs de destruction sur des pièces à longue portée.*

GAUTIER (G.-F.), ✳ (posthume), ✠ (palme), enseigne de vaisseau des Fusiliers Marins.

Citation : *A été tué à la tête de ses hommes en repoussant brillamment les attaques répétées d'un ennemi très supérieur.*

GAUTIER (*Antonin*-Dominique), ☉ (posthume), ✠, ingénieur, adjudant pilote de chasse à l'Escadrille Spa 80.

Tombé au cours d'un combat aérien, le 15 septembre 1918.

[Fils de M. et de Mme née VERZIEUX.]

GAUTIER (Marie-René-*Étienne*), ✳ (posthume), ✠ (2 étoiles de vermeil, 1 de bronze), sous-lieutenant au 6e d'Infanterie.

Passé, sur sa demande, de la cavalerie dans l'infanterie. Mortellement blessé à la tête de sa section, en la conduisant à l'assaut au combat de Thiescourt, près d'Elincourt-Sainte-Marguerite (Oise), lors de notre offensive victorieuse de l'Oise.

> *Dernière citation : Le 11 août 1918, s'élançant à l'assaut d'une position fortement tenue par l'ennemi, a enlevé ses hommes par son magnifique exemple. — Est tombé mortellement atteint au moment où il attaquait, à la tête de sa section, l'ennemi qui s'enfuyait sous la poussée de son attaque. — Officier d'élite, doué de la plus haute conception du devoir, modèle de bravoure et d'abnégation.*

[Né le 4 juillet 1878. Fils de M. Henri GAUTIER et de Mᵐᵉ née PUVIS DE CHAVANNES. Marié à Mˡˡᵉ Madeleine FOURNIER-SARLOVÈZE, fille de M. et de Mᵐᵉ née FABRY, — dont un fils.]

GAUTIER VIGNAL (Eugène-Louis-*Paul*-Albert, Comte Paul), ✠ (posthume), ✠ (palme), rentier, lieutenant au 27e Chasseurs alpins.

Se trouvant en Amérique lors de la déclaration de guerre, accourut au premier appel. Plein d'ardeur, il accomplissait son devoir sur le front. Repose ignoré sur le champ de bataille de Carency, où il a été tué le 27 décembre 1914; son corps n'a jamais été retrouvé.

> *Citation : A très crânement enlevé sa section à la baïonnette contre une tranchée allemande, et l'a conduite avec un entrain admirable jusqu'à quelques mètres de l'ennemi, où il a été tué glorieusement. A été cité.*

[Né le 1ᵉʳ mars 1887. Fils du Cᵗᵉ et de la Cᵗᵉˢˢᵉ née BOUTÁU.]

GAUTROT (Pierre), ✠, ✠ (1 palme, 1 étoile), maréchal des logis de réserve au 9e Dragons, détaché au 1ᵉʳ Colonial.

Obtenait une première citation pour s'être porté, sous un feu violent d'artillerie, au secours de deux agents de liaison blessés, et fut blessé lui-même. Blessé de nouveau, le 29 septembre 1915, en ralliant des hommes ayant perdu leur officier pendant l'attaque de la ferme de Navarin, est mort, le 1ᵉʳ octobre 1915, à Bussy-le-Château, des suites de sa blessure.

> *Citation à l'Ordre de l'Armée (30 octobre 1915) : Agent de liaison du chef de bataillon, n'a cessé de faire preuve de sang-froid et de courage, en assurant la liaison des unités du bataillon, sous le feu de l'ennemi. A été très grièvement blessé, amputé d'un membre.*

[Né le 3 décembre 1883. Fils du Général de Division Abel GAUTROT, C ✠, et de Mᵐᵉ née BOURDIN DE VILLEMESSANT.]

GAUVRIT (Armand-Joseph-Jean-Marie), ✠ (posthume), ✠, soldat au 123e d'Infanterie.

> *Citation : Bon et brave soldat, ayant toujours eu une belle attitude au feu. A été grièvement blessé dans l'accomplissement de son devoir, le 12 octobre 1914. Mort des suites de ses blessures.*

GAVARDIE MONCLAR (René - Michel - *Édouard* - Gustave DUFAUR de), ✠ (posthume), ✠ (palme), sorti de Saint-Cyr, capitaine au 93e d'Infanterie.

Tué, le 6 septembre 1914, à l'attaque d'Ecury-le-Repos (Marne).

> *Citation à l'Ordre de l'Armée (Général DE CASTELNAU) : A pris le commandement de son bataillon après que son chef eut été grièvement blessé; a combattu à sa tête, avec la plus grande bravoure, pendant plusieurs dures journées, et a été tué dans une attaque de nuit qu'il menait avec la plus grande énergie. A été cité.*

[Né le 13 mars 1868. Fils du B⁰ⁿ DE GAVARDIE, ancien sénateur, et de la Bᵒⁿⁿᵉ née Henriette DE MONCLAR (décédés). Marié à Mˡˡᵉ DAVID, fille de M. Edmond DAVID, ancien Conseiller d'État, et de Mᵐᵉ née RUFFIN (décédés). — dont neuf enfants.]

GAVARDIE-MONCLAR (*Michel*-Edmond DUFAUR de), ✳, ✠

(3 palmes, 1 étoile), *engagé volontaire* à 17 ans, sous-lieutenant au 93ᵉ d'Infanterie.

> Citation à l'Ordre de l'Armée (Général DEGOUTTE) : *Jeune officier animé des sentiments les plus nobles. Revenu au front sur sa demande, à peine remis d'une grave blessure. A été pris sous le feu d'une attaque générale de l'ennemi, au moment où il exécutait une patrouille audacieuse. Après mille efforts, a pu rejoindre sa compagnie et participer à la défense, fournissant des renseignements précieux et luttant avec acharnement contre des forces considérables. Écrasé sous le nombre, presque cerné, a rallié encore quelques isolés et continué le combat pied à pied, jusqu'au moment où il est tombé grièvement blessé.*

Laissé sans connaissance sur le terrain à Jouy (Aisne), le 27 mai 1918.

[Né le 18 septembre 1898. Fils du précédent.]

GAVINI (Sampiero), ✠ (étoile), avocat, diplômé de l'Ecole des Sciences Politiques, sous-lieutenant au 7ᵉ d'Artillerie à pied.

Disparu dans le torpillage du *Balkan*, nuit du 15 au 16 août 1918, en vue des côtes de Corse.

> Citation : *Commandant une batterie de tir, a fait preuve en toute circonstance d'un courage et d'un sang-froid remarquables ; s'est particulièrement distingué le 12 mars 1918, en se portant à la tête de son personnel hésitant pour le conduire, en ordre et à une allure régulière, à la position soumise à un violent bombardement par obus explosifs et asphyxiants, a su, par son seul exemple, entraîner ses hommes vers le devoir.*

[Né le 13 janvier 1887. Fils de M. Sébastien GAVINI, ancien député, président de Chambre à la Cour d'appel de Bastia, et de Mᵐᵉ née GRÉGORJ, décédée.]

GAY-LUSSAC, née HACHETTE (Madame Albert), infirmière à l'hôpital complémentaire J.-B. Carreau.

Décédée à Pau, à la suite d'affections contractées en soignant les blessés français et allemands.

GAZAN (Joseph), ✠, lieutenant au 23ᵉ Colonial.

Blessé deux fois, mort aux Dardanelles, après trois mois d'agonie, à 31 ans.

[Fils de M. (décédé) et de Mᵐᵉ née BARDOUX.]

GAZAN (Charles), ✳ (posthume), ✠ (2 palmes), lieutenant au 104ᵉ d'Infanterie.

Blessé déjà en 1914, tué à Perthe-les-Hurlus, le 27 février 1915, à 26 ans.

> Citation : *A brillamment enlevé sa section à l'assaut des tranchées ennemies, les 27 et 28 février 1915 ; est tombé mortellement blessé alors qu'il entraînait sa section vers un organe de flanquement ennemi pour s'en emparer. A été cité.*

[Frère du précédent.]

GAZAN (René), ☖ (posthume), ✠, caporal au 164e d'Infanterie.

Après avoir pris part aux combats de Verdun, fut tué à Biaches (Somme), le 9 juillet 1916, à 21 ans.

[Frère des précédents.]

GAZIER (*Félix*-Augustin), � (posthume), ✠ (palme et étoile d'argent), professeur de rhétorique au Lycée d'Orléans, capitaine au 331e d'Infanterie.

Tombé devant Bouchavesnes, le 20 septembre 1916.

    Citation : *Officier du plus noble caractère, d'une énergie admirable, donnant sans cesse à sa compagnie l'exemple du courage et du dévouement. Blessé en juillet 1915, puis le 15 septembre 1916, a refusé d'être évacué. Le 20 septembre, a repoussé victorieusement l'attaque d'un ennemi supérieur en forces, entraînant ses hommes par son irrésistible élan en faisant de nombreux prisonniers. Glorieusement tombé sur le parapet qu'il venait de franchir.*

[Né le 23 février 1878. Fils de M. A. GAZIER, professeur honoraire à la Sorbonne, et de Mme née ROGUET (décédée). Marié à Mlle Louise GONNET, fille de M. et de Mme née BILLOT (décédée), — dont deux enfants.]

GEFFROY DE VILLEBLANCHE, ☖ (posthume), ✠ (palme), cavalier au 6e Cuirassiers.

    Citation : *Brave cavalier ayant l'estime de ses chefs et leur confiance. Tué à son poste de combat, dans la nuit du 29 au 30 octobre 1917. A été cité.*

GÉLAS (Marie-Joseph-Claude-*Hector* DUCOS DE SAINT-BARTHÉLEMY de), ☖ (posthume), ✠ (palme), étudiant, *engagé volontaire*, aspirant au 369e d'Infanterie.

Engagé, en 1914, dans la Cavalerie, passa, sur sa demande, dans l'Infanterie. Tué, le jour de Pâques, 31 mars 1918, d'une balle au front, en conduisant ses mitrailleurs à l'attaque.

    Citation : *A mis sa section en batterie sous un feu violent de mousqueterie et de mitrailleuses, l'a maintenue sur ses emplacements et, par son tir, a permis aux unités d'assaut, qu'il était chargé d'appuyer, de déboucher en terrain découvert. A été tué sur ses pièces. A été cité.*

[Né le 28 janvier 1896. Fils du Cte André DE GÉLAS et de la Ctesse née Lucie DE GERVAIN.]

GELOES D'ELSLOO (Gonzague de), ☖, ✠, aspirant au 6e Colonial.

Tué en juillet 1918, à 19 ans.

GENAY (Marc), ✠, avoué à Lunéville, capitaine de Chasseurs alpins.

Tué le 28 mai 1918.

GENDRIN (*René*-Jacques), � (posthume), ✠ (palme), contrôleur des Contributions directes, capitaine au 336e d'Infanterie.

Tué, le 25 novembre 1914, à Souain, d'une balle au front.

    Citation : *A donné le plus bel exemple de bravoure en entraînant sa compagnie à l'assaut des tranchées allemandes, le 25 novembre 1914. A été tué au cours de cette attaque.*

[Né le 12 février 1884. Fils de M. et de Mme Henri GENDRIN. Marié à Mlle Marguerite LAUNETTE, — dont deux enfants.]

GENNES (Adolphe-André DUBOIS de), ✳, lieutenant-colonel d'Artillerie.

Mort des suites d'un accident survenu en service commandé, le 21 septembre 1916.

[Marié à Mlle Marguerite-Emma PILLET.]

GENOUILLAC (Charles du VERDIER de), ✳, ✠, lieutenant au 117e d'Infanterie.

Tué aux combats de la Somme, le 12 octobre 1914.

Citation (Légion d'honneur) : *A montré, depuis le début de la guerre, les plus nobles qualités militaires et la plus grande intrépidité. A été grièvement blessé.*

[Marié à Mlle Nicole D'ARCANGUES, fille de M. et de Mme née DE CADARAN.]

GENOUILLAC (Jean du VERDIER de), ✳ (posthume), ✠, ingénieur aux Mines de Lens, lieutenant d'Artillerie.

Tué sous Reims, le 30 juillet 1915.

[Marié à Mlle BAVIÈRE.]

GENOUX-PRACHÉE (Fernand-Joseph), ✳ (posthume), ✠ (palme), capitaine au 11e d'Artillerie.

Citation : *Son observatoire étant soumis à un feu extrêmement violent et précis de l'artillerie ennemie, a fait preuve d'un sang-froid et d'un courage dignes des plus grands éloges ; a mis hors de danger tout son personnel et est demeuré seul à son poste, où il a été mortellement blessé.*

GENTIEN-MEY-DE-CHALES (André-Eugène), ☉ (posthume), ✠, sergent au 132e d'Infanterie.

Citation : *Très bon gradé, d'une belle tenue au feu. Mortellement frappé, le 27 mars 1915, au bois des Eparges, dans l'accomplissement de son devoir. A été cité.*

GENTIL DE ROSIER (Georges-*Henri* de), ✳ (posthume), ✠ (palme), capitaine au 139e d'Infanterie.

Blessé le 14 août 1914, tombé dans les Vosges, le 25 suivant.

Citation : *... Blessé une seconde fois, le 25 août 1914, a encore conservé son commandement. Blessé une troisième fois mortellement, a dit aux hommes qui voulaient l'emporter : « C'est fini pour moi, continuez, mes enfants, ce que vous faites. » Est mort héroïquement, face à l'ennemi. A été cité.*

GENTY (Edmond), ✳ (posthume), ✠ (2 palmes, 1 étoile), ingénieur de la Société Générale, capitaine au 38e d'Artillerie.

Avait déjà été cité pour sa belle conduite en janvier 1915 et mai 1916. Tué à son poste, le 23 mars 1917.

Citation : *Officier de la plus belle conscience, ayant, au plus haut degré, le sentiment du devoir, apportant dans l'accomplissement des missions les plus périlleuses le même courage tranquille et souriant. Après avoir dirigé brillamment sa batterie dans des conditions particulièrement difficiles, en 1915, juin et décembre 1916, janvier 1917, a trouvé une mort glorieuse à sa batterie, le 23 mars 1917.*

[Né le 4 octobre 1883. Fils de l'Inspecteur général des Ponts et Chaussées (décédé), et de Mme née VILLENEUVE.]

GEOFFROY (Henri-Jean de), ✳ (posthume), ✠ (palme), capitaine au 21ᵉ d'Infanterie.

Mortellement blessé d'un éclat d'obus, le 15 octobre 1914, à Aix-Noulettes (Pas-de-Calais).

Citation : A la tête de sa compagnie, s'est particulièrement dis-tingué dans la défense de la fosse n° 5 dite de Loos, pendant la période du 9 au 15 octobre 1914. Le 14, a pris le commandement d'un bataillon dans des conditions excessivement difficiles. A fait preuve d'une très grande énergie et d'un courage remarquable en conduisant ce bataillon plusieurs fois à l'assaut des positions allemandes. A été blessé mortellement, le lendemain, par un éclat d'obus. A été cité.

La 1ʳᵉ compagnie tout entière, « commandée par le capitaine DE GEOFFROY », a été citée à l'Ordre du jour de l'Armée (*Journal Officiel* du 28 novembre 1914).

[Né à Paris le 22 mars 1884. Fils de M. DE GEOFFROY, ✳, directeur de manufactures de l'État, et de Mᵐᵉ née OLLIVIER. Marié à Mˡˡᵉ BRACCINI, fille du Colonel de Cavalerie BRACCINI, O ✳, et de Mᵐᵉ née GAZAN, — dont une fille.]

GEOFFROY-CHATEAU (Robert), ✳, capitaine au 19ᵉ Dragons. Tué à Thuizy (Marne), le 13 avril 1917.

[Né le 29 août 1874. Marié à Mˡˡᵉ Jeanne MERTIAN.]

GÉRARD (L.-L.), ✳ (posthume), ✠ (palme), enseigne de vaisseau du *Danton*.

Citation : S'est employé, d'après les ordres reçus, à la mise à l'eau des radeaux et de tout ce qui pouvait servir au sauvetage des hommes et n'a évacué que sur l'ordre du commandant en second.

GÉRARD (Jacques), ⚙, ✠ (4 citations), adjudant aviateur.

Disparu, le 3 juillet 1918, au cours d'un combat aérien contre cinq adversaires. Avait abattu huit avions allemands.

[Fils de M. et de Mᵐᵉ née BOIVIN.]

GÉRARD DU BARRY (*Pierre*-Marie-René, Vicomte Pierre de), ✳, ✠ (3 palmes, 4 étoiles), sorti de Saint-Cyr, lieutenant, puis capitaine au 15ᵉ Dragons, détaché, sur sa demande, au 4ᵉ Zouaves (Fourragère de la Légion d'honneur).

Il prit part, à la tête de la 9ᵉ compagnie, à la bataille d'Orvilliers-Sorel, du 27 mars au 1ᵉʳ avril 1918, et commandait la 11ᵉ compagnie, à la bataille de Carlepont, du 29 mai au 5 juin.

Citation du Général HUMBERT (10 juillet 1918) : Sous les ordres du capitaine DE GÉRARD DU BARRY, la 11ᵉ compagnie du 4ᵉ régiment de Zouaves, a constitué un bastion de la ligne que l'ennemi n'a pu entamer, malgré ses attaques violentes et répétées. Du 30 mai au 5 juin 1918, a résisté victorieusement à cinq attaques ennemies, et exécuté deux contre-attaques couronnées de succès.

Nommé adjudant-major, proposé pour chef de bataillon, il commandait le 5ᵉ bataillon du 4ᵉ Zouaves, le 18 juillet 1918, premier jour de l'offensive victorieuse (bataille de l'Ourcq). Tué, à midi, frappé par un obus, au bois de Mauloy, au nord-est de Villers-Hélon, en poursuivant l'ennemi en déroute.

Cité par le Général MANGIN à l'Ordre de l'Armée avec le Régiment : Le 4ᵉ régiment de marche de Zouaves, brillamment entraîné par lès chefs de bataillon DE JUVIGNY, SALBERT *et le capitaine* DE GÉRARD DU BARRY *(commandant le 5ᵉ bataillon, glorieusement tué au cours de l'action)......, a conquis de haute lutte six kilomètres de terrain, faisant plus de 1.200 prisonniers, capturant 40 canons, 120 mitrailleuses et un important matériel.*

[Né le 11 novembre 1881. Fils du Cᵗᵉ Gaston DE GÉRARD DU BARRY et de la Cᵗᵉˢˢᵉ née DE LA GUISTIÈRE.]

GÉRARDIN (Louis), ✷, colonel du 81ᵉ d'Infanterie.
Tué le 22 août 1914.

GERHARDT (Louis-Maurice), ✷, ✠ (5 citations), ✷ (Distinguished Service Order), chef de bataillon au 208ᵉ d'Infanterie.

Citation : *Chef de haute valeur, d'une bravoure et d'un sang-froid superbes, qui avait su faire de son bataillon une unité d'élite. A trouvé, le 22 août, la seule mort digne de lui en tombant frappé d'une balle au front alors qu'il organisait la poursuite de l'ennemi qu'il venait de bousculer avec son bataillon. A laissé dans son régiment un souvenir impérissable.*

GÉRIN (Maurice), ✷ (posthume), ✠ (3 citations), sous-lieutenant pilote-aviateur à une Escadrille de bombardement.
Tué à son bord, le 18 juin, à 25 ans.

[Fils du Président du Tribunal de Commerce de Dijon.]

GERMINY (Comte Stanislas LE BÈGUE de), ✷, ✠, lieutenant au 351ᵉ d'Infanterie.
Blessé le 20 décembre 1914, a succombé, le 1ᵉʳ janvier 1915, à l'hôpital de Verdun.

[Né en 1884. Fils du Général Cᵗᵉ LE BÈGUE DE GERMINY, C ✷, et de la Cᵗᵉˢˢᵉ née LE ROY DE VALANGLART (décédés). Marié, en 1908, à Mˡˡᵉ Henriette DUQUESNE, — dont deux enfants.]

GERMINY (*Alain*-François-Marie-Antoine, Comte Alain LE BÈGUE de), ✷ (posthume), ✠ (palme), ancien élève de Saint-Cyr, lieutenant au 7ᵉ Tirailleurs Indigènes.
Tué, le 6 septembre 1914, aux marais de Saint-Gond (première bataille de la Marne).

Citation à l'Ordre de l'Armée : *Tombé mortellement frappé d'une balle au front en entraînant, avec la plus belle bravoure et un mépris complet du danger, sa section à l'assaut à la baïonnette, sous un feu de mitrailleuses des plus violents. A été cité.*

[Né le 20 juillet 1891. Fils du Colonel Cᵗᵉ LE BÈGUE DE GERMINY, ✷, et de la Cᵗᵉˢˢᵉ née Laurence DUMAINE DE LA JOSSERIE.]

GERMINY (*Maurice*-Charles-Joseph, Comte Maurice LE BÈGUE de), *engagé volontaire* dans la Marine.
Embarqué, comme candidat à l'Ecole Navale, à bord du cuirassé d'escadre *La République*. Mort des suites de fatigues endurées pendant la campagne maritime, le 13 juin 1916.

[Né le 11 mars 1897. Frère du précédent.]

GERMOND (Comte Adhémar de).....................
[Fils du Cᵗᵉ (décédé) et de la Cᵗᵉˢˢᵉ née DE LOSSE.]

GERVAIS (Joseph-Marie-*Henry*), ✷, ✠ (étoile d'or), ancien inspec-

teur des Finances, clerc minoré du diocèse de Paris, sous-lieutenant au 122ᵉ d'Infanterie.

Tombé au champ d'honneur, le 11 novembre 1914, bataille
d'Ypres, en chargeant l'ennemi à la tête de sa compagnie. Inhumé
le jour même par les mains pieuses de ses soldats, dans le cimetière de Zillebeeke.

> Citation : *Officier modèle, est tombé en chargeant à la tête de sa
> compagnie.*

[Né le 27 décembre 1883. Fils de M. Prosper GERVAIS, membre de l'Académie d'agriculture, et de Mᵐᵉ née BENOIST.]

GERVAIS DE LAFOND (Marc), ✳, ✸, élève de l'École Polytechnique, sous-lieutenant aviateur.

Tué, en avril 1917, à 23 ans.

GESLIN DE BOURGOGNE (Henry, Comte de), ✸, maréchal
des logis au 4ᵉ Chasseurs d'Afrique.

Envoyé au Corps expéditionnaire d'Orient, est mort à Salonique.

[Fils du Général et de la Vᵗᵉˢˢᵉ née Marie ROUXEL DE VILLEFÉRON, décédés.]

GESLIN DE BOURGOGNE (*Joseph*-Marie-Jacques de), ✳
(posthume), ✸ (palme), sous-lieutenant au 142ᵉ d'Infanterie.

> Citation : *Officier d'un rare courage et d'une haute valeur mo-
> rale, payant de sa personne en toutes circonstances. Le 12 mai
> 1917, au cours d'un coup de main, est parti en tête de sa troupe,
> entraînant ses hommes sous un violent bombardement. A été mor-
> tellement blessé en sautant le premier dans les tranchées ennemies.
> A été cité.*

[Frère du précédent.]

GESTAS DE LESPÉROUX (René-*Gaston* de), ✳ (posthume), ✸,
lieutenant d'Artillerie d'assaut.

Tué à bord de son tank, à notre offensive victorieuse du 20
juillet 1918.

> Citation : *Officier de valeur, s'est fait remarquer, dès le début de
> la campagne, dans la cavalerie, pour ses qualités de décision et de
> sang-froid. A apporté dans sa nouvelle arme, l'artillerie d'assaut,
> un entrain et une intrépidité, qui faisaient l'admiration de ses ca-
> marades. Pendant les combats des 18 et 19 juillet 1918, a mené sa
> section à l'ennemi, avec une énergie telle qu'il réduisit, à lui seul,
> très rapidement un centre important de mitrailleuses. Se trou-
> vant, au cours de la progression, en présence de mitrailleurs qui
> refusaient de se rendre, est sorti de son capot, revolver au poing,
> obligeant, par son attitude énergique, les mitrailleurs à se rendre.
> Mort glorieusement, le 20 juillet 1918. A été cité.*

[Né le 31 janvier 1894. Fils du Lieutenant-Colonel et de la Cᵗᵉˢˢᵉ née D'EUDEVILLE.]

GETTEN (Jacques), ✳ (posthume), ✸ (palme), sous-lieutenant au 60ᵉ
d'Artillerie.

Tué à Maurepas, le 30 juillet 1916.

[Fils de l'Ingénieur en chef des Ponts et Chaussées, O ✳, et de Mᵐᵉ Maxime GETTEN.]

GEUSER (Georges de), ⚜, ✸ (3 palmes), sergent du Génie, pilote-
aviateur à l'Escadrille N. 37.

Tombé, au cours d'un combat aérien, à Miséry (Somme), le 17 septembre 1916.

Citation : *Pilote de valeur, volontaire pour toutes les missions difficiles. A livré de nombreux combats à des appareils ennemis. Le 14 septembre 1916, a mitraillé à plusieurs reprises, à très faible hauteur, des réserves allemandes; est revenu avec son appareil criblé de balles. Déjà deux fois cité à l'Ordre.*

[Né le 11 juillet 1892. Fils de M. et de Mme née LOYSEAU DE GRANDMAISON.]

GEUSER (Marie-André-*Hubert* de), �֎ (posthume), ✕, novice de la Compagnie de Jésus, sous-lieutenant au 37e d'Infanterie.

Blessé mortellement près de Château-Thierry, succomba le 20 juillet 1918.

Citation : *Le 20 juillet 1918, a conduit sa section avec la plus grande bravoure à la poursuite de l'adversaire. A été mortellement blessé en fin de combat. A été cité.*

[Né en décembre 1896. Frère du précédent.]

GEYER D'ORTH (Yves-Paul-Jean de), ✖ (posthume), ✕, capitaine au 412e d'Infanterie.

Citation : *Excellent officier, d'une bravoure exemplaire et ayant de son devoir la plus grande conception. S'est toujours fait particulièrement remarquer, dans tous les emplois qu'il a occupés, par son initiative intelligente et sa scrupuleuse conscience. A été tué à son poste de commandement, le 26 février 1917, dans l'accomplissement de son devoir. A été cité. Une blessure.*

[Marié à Mlle Henriette PRINS, — dont deux enfants.]

GEYER D'ORTH (Georges de), ✕ (3 citations), capitaine.

Mort, dans un hôpital de Troyes, en mars 1919, des suites d'une maladie contractée aux Armées.

[Fils du Général et de Mme DE GEYER D'ORTH. Marié à Mlle DE RUBERCY.]

GEYNET (Gabriel), O ✖, ✕, capitaine de frégate.

Tué, à la tête de ses fusiliers marins, le 17 décembre 1914, à l'attaque de Steenstraete (Yser).

GIAFFERI (Charles-*Joseph*), ⚕ (posthume), ✕ (3 étoiles), sergent pilote à l'Escadrille 280.

D'abord soldat au 355e de ligne, il fut blessé, le 1er janvier 1915, à Foncquevilliers. Versé dans l'aviation en 1916, prit part aux grandes opérations de Verdun, Somme, Champagne, Monastir. Le 14 septembre 1918, au cours d'une mission périlleuse, il fut entouré par cinq avions de chasse allemands; il succomba sous le nombre, au nord de Vieil-Arcis (Aisne), après avoir abattu l'un de ses adversaires.

Citation : *Sous-officier pilote, joignant au plus bel esprit du devoir et du sacrifice, une rare énergie. A donné maintes fois le plus bel exemple de dévouement, de sang-froid et de bravoure. Le 14 septembre 1918, au cours d'une mission de commandement, a soutenu un dur combat contre cinq avions ennemis jusqu'au moment où il a été descendu, en flammes, dans nos premières lignes.*

[Né le 3 janvier 1885. Fils du Chef d'escadrons et de Mme née CORNETTO.]

GIBERTON (Jacques-Marc), soldat au 90e d'Infanterie.
Mort, à l'hôpital de Poperinghe (Belgique), des suites de blessures reçues à l'ennemi.

GIDE (Louis-*Paul*), ✖, sous-lieutenant au 28e d'Infanterie.
Tué à La Targette, le 6 juillet 1915.
[Fils du Professeur à la Faculté de Droit, ✖, et de Mme Charles GIDE.]

GIGNOUX (Régis), ✖, ✖ (3 citations), chef de bataillon au 16e d'Infanterie.
Tué, le 29 juillet 1918, à 38 ans.

GIGNOUX (Charles), sergent au 140e d'Infanterie.
Tué, le 1er septembre 1914, au Quesnoy-en-Santerre, à 21 ans.
[Frère du précédent.]

GILBERT (Eugène), ✖, ✖, pilote-aviateur.
Aviateur d'avant-guerre (breveté en 1910), rendit, dès le début des hostilités, de grands services à l'armée; spécialisé dans les raids de bombardement, c'est au retour d'une de ces expéditions que, par suite d'une panne de moteur, il atterrit en Suisse, où il fut gardé prisonnier sur parole; le 26 août 1915, il s'évadait, mais, sur l'ordre du Gouvernement français, il retourna se constituer prisonnier. Une seconde tentative d'évasion réussit le 25 février 1916. Le 16 mai, en essayant un nouvel appareil au-dessus de l'aérodrome de Villacoublay, l'avion, pour une cause inconnue, tomba en vrille d'une hauteur de 1.200 mètres, et s'écrasa à l'entrée du tunnel de Chaville; le malheureux pilote fut tué sur le coup.

GILBERT DE GOURVILLE (Marie-Albert-*Denis*), ✖ (posthume), ✖ (palme), sous-lieutenant au 150e d'Infanterie.
Tué à Beauzé, le 7 septembre 1914.
Citation : *Jeune Saint-Cyrien plein d'ardeur et d'entrain, d'une crânerie remarquable sous le feu, faisant l'admiration de ses hommes, dont il avait rapidement su gagner la confiance malgré son extrême jeunesse. A trouvé une mort glorieuse à la tête de sa section, le 7 septembre 1914, pendant la bataille de la Marne. A été cité.*

GILBERT DE GOURVILLE (Jean), soldat au 418e d'Infanterie.
Tué à Pypergaele (Belgique), le 24 avril 1915.
[Né le 7 novembre 1884. Fils de M. et de Mme née DE COURSON DE LA VILLENEUVE.]

GILBRIN (Marie-Louis-*Paul*), avocat à la Cour de Paris, maréchal des logis au 3e Hussards.
Tué à l'ennemi, à Lagny (Oise), le 16 septembre 1914.
[Fils du Conseiller à la Cour de Paris, et de Mme Henri GILBRIN.]

GILLES (Mademoiselle Suzanne), ✖ (palme), infirmière à l'hôpital 102, à Lunéville.
Citation : *Infirmière dans un hôpital de Lunéville bombardé par les Allemands, a fait preuve du plus grand courage en continuant,*

malgré le danger, à assurer son service auprès des blessés. A été tuée à son poste qu'elle n'avait pas voulu abandonner.

GILLON (Edmond), ✠ (posthume), ✠ (étoile), lieutenant au 120e d'Infanterie.

Tué aux Eparges, le 17 septembre 1915.

Citation : *A constamment fait preuve d'entrain et de sang-froid dans le commandement d'une compagnie dont il n'a cessé d'encourager les hommes par son exemple. Le 17 septembre, a tenu, malgré un violent bombardement, à parcourir son secteur, dont les tranchées de première ligne étaient bouleversées par le feu. A été tué en rentrant à son poste de commandement.*

[Né le 5 novembre 1884. Marié à Mlle Renée DE MOLORÉ DE SAINT-PAUL.]

GINESTET (Vicomte Maxime de), ✠ (posthume), ✠, maréchal des logis au 10e Dragons, pilote-aviateur à l'Escadrille Spad 77.

A trouvé la mort, le 29 juillet 1917, au cours d'un glorieux combat aérien livré contre quatre avions. Tombé dans les lignes allemandes à Bailly (Lorraine), et inhumé avec les honneurs militaires dans le cimetière militaire de cette localité. (Renseignement fourni par un message lancé dans les lignes françaises par les aviateurs allemands, rendant ainsi hommage à son courage.)

Citation : *Pilote d'une admirable audace et d'une belle bravoure. Dans les missions photographiques et dans les protections d'avions de Corps d'Armée, a montré une conscience et une habileté qui ont permis de mener à bien les missions les plus délicates. Le 14 avril, arrête l'observation ennemie en contraignant les deux observateurs du drachen de N..... à sauter en parachute. Les 24 janvier, 14 février et 7 mai, brillants combats au cours de progressions dans la région de N.....*

[Né le 1er septembre 1892. Fils du Cte et de la Ctesse née DE ROUX DE PUIVERT.]

GINESTOUS (Baron Amédée de), ✠, ✠, sergent au 285e d'Infanterie.

Grièvement blessé, le 20 octobre 1914, au combat de Cambrin (Pas-de-Calais), succomba, le 26 novembre suivant, à l'hôpital de Bruay.

Citation : *Grièvement blessé au combat du 20 octobre 1914, où il a fait preuve des plus brillantes qualités d'énergie et de bravoure. Décédé, le 26 novembre 1914, des suites de ses blessures.*

[Né en 1883. Fils du Vte DE GINESTOUS (décédé) et de la Vtesse née DE ROCHEGUDE.]

GINISTY (Pierre), ✠ (posthume), ✠ (étoile), avocat à la Cour de Paris, lieutenant au 153e d'Infanterie.

Tué, le 24 décembre 1914, à Poelscappelle (Belgique).

Citation : *Mortellement blessé pendant qu'il reconnaissait une tranchée ennemie, n'a pas voulu se faire panser avant d'avoir remis son commandement. A donné l'exemple de la plus haute fermeté d'âme, disant, avant de mourir, à ses hommes : « Je suis perdu, mais qu'importe, si nous avons la victoire ! » A été cité.*

[Né le 8 mars 1884. Fils de M. Paul GINISTY, O ✠, homme de lettres, et de Mme née Louise BELLAMY. Marié à Mlle Anne-Marie BRISSON, fille de M. Adolphe BRISSON, O ✠, homme de lettres, et de Mme, ✠, née Madeleine SARCEY, — dont un enfant.]

GIOANNI (Rosin-André-Marius de), ✠ (posthume), ✠, sous-lieutenant au 261e d'Infanterie.

Citation : *Officier remarquable par son courage et son sang-froid, donnant à ses hommes un mâle exemple du devoir. Tué à son poste de combat, à la Croix-sur-Meuse, le 24 septembre 1914. A été cité.*

GIRARD (Marie-Paul-*Frédéric* de), ✷ (posthume), ✸ (palme), capitaine au 38e d'Infanterie.

Extrait de la citation : ..... *A été mortellement frappé, le 11 février 1915, en dirigeant l'organisation d'un poste très rapproché de l'ennemi. A été cité.*

[Marié à Mlle CHABAMON DE BERNARDY, — dont un enfant.]

GIRARD (Raoul de), lieutenant au 1er Chasseurs à cheval........

. . . .

[Fils de M. et de Mme Joseph DE GIRARD.]

GIRARD (Georges), ✷ (posthume), ✸, Saint-Cyrien de la promotion de la Croix du Drapeau, sous-lieutenant d'Infanterie.

Citation : *Jeune et brillant officier, plein d'entrain et de bravoure, tombé glorieusement en se portant à l'assaut des positions ennemies de Beuvraignes, le 4 octobre 1914.*

[Fils de M. et de Mme née BERNTZVILLER.]

GIRARD-MADOUX (Antoine-Marie), ⚓ (posthume), ✸, soldat au 30e d'Infanterie.

Citation : *Soldat très brave et très courageux, ayant une belle attitude au feu. A été frappé mortellement, le 25 septembre 1915, à l'attaque de Champagne.*

GIROD DE NOVILLARS (Marie-Antoine-Léonel-Simon), ✷ (posthume), ✸, sous-lieutenant au 104e d'Infanterie.

Citation *Jeune officier, énergique, toujours au premier rang dans les moments difficiles. Est glorieusement tombé pour la France, le 2 septembre 1916.*

GIRODON (Pierre), C✷, ✸ (2 palmes), Général commandant la 12e Division d'Infanterie.

Tombé glorieusement, le 23 septembre 1916, à 46 ans, alors qu'il inspectait, comme il en avait coutume, les préparatifs d'une attaque qui devait avoir lieu le lendemain, près de Suzanne (Somme). — Entré à l'Ecole de Guerre avec le n° 1, fit la campagne du Soudan, fut attaché militaire à Vienne, combattit au Maroc, où il était blessé en avril 1914 ; sous-chef d'Etat-Major du général GALLIÉNI, gouverneur militaire de Paris, puis chef d'Etat-Major du général GOURAUD, aux Dardanelles, où il était de nouveau grièvement blessé ; depuis six mois il commandait une division dans l'est du front français, où il devait trouver la mort.

[Né le 25 décembre 1869. Marié à Mlle DELASALLE.]

GIRON (Émile-Henri-Hippolyte de), ✷ (posthume), ✸ (palme), sous-lieutenant au 36e Tirailleurs Sénégalais.

Citation : *A fait preuve, au cours des combats du 15 juillet 1918, des plus belles qualités militaires, de courage, d'audace et d'énergie, Tombé glorieusement à la tête de sa section qu'il entraînait à l'assaut.*

GIRONDE (*Gaston*-Eugène-Marie-Laurent, Comte Gaston de), ✠ (posthume), ✠, capitaine au 16e Dragons.

Tué dans le Nord-Est, le 11 septembre 1914.

Citation : *Commandant un escadron envoyé en reconnaissance au milieu des lignes allemandes, fit, dans la nuit du 11 septembre 1914, une attaque héroïque contre un convoi automobile, porteur d'aréoplanes, qu'il détruisit. Fut mortellement blessé. A été cité.*

[Né le 3 avril 1873. Fils du Cte et de la Ctesse née Valentine DE LUR-SALUCES, décédés.]

GIRONDE (*Bertrand*-René-Charles-Marie, Vicomte Bertrand de), *engagé volontaire* au 12e Cuirassiers.

Occupait au Caire une brillante situation, et, quoique dégagé de toute obligation militaire, s'engagea pour la durée de la guerre. Mort, en service commandé, d'une chute de cheval, le 8 novembre 1914.

Le Commandant du dépôt a mis en relief, dans la décision du régiment, la perte ressentie par cette mort ; en voici un passage :

..... Il adresse l'adieu ému et respectueux de tous ou, mieux, un au revoir, plein d'espérance, au cuirassier de Gironde, tombé dans le plein accomplissement du devoir journalier, plus obscurément, mais aussi glorieusement qu'en plein enivrement des combats auxquels il se préparait à courir. Le commandant s'incline profondément devant le noble Français qui quittait, il y a quelques semaines, son foyer à peine fondé pour courir, comme tant d'autres, au devoir.

[Né le 3 décembre 1876. Fils du Vte Jules DE GIRONDE (décédé en 1914) et de la Vtesse née Jeanne DE LAULANIÉ DE SAINTE-CROIX. Marié, le 1er août 1914, à Mlle Odette CŒURET DE SAINT-GEORGES, fille du Général et de Mme née BARROT.]

GIRONDE (Gilbert de), ✠, ✠ (palme), religieux de la Compagnie de Jésus, sous-lieutenant au 81e d'Infanterie.

Tué le 7 décembre 1914.

Citation : *Pendant un combat de nuit, a pénétré, à deux reprises, dans un bois jusqu'au contact immédiat des Allemands dont il a reconnu les emplacements et l'organisation, ne s'est retiré que sous le feu le plus vif échangé par les deux parties. A accompli déjà, seul ou comme chef de patrouille, de nombreuses reconnaissances du même genre.*

[Né en 1881. Fils du Vte (décédé) et de la Vtesse née Thérèse DE RESSÉGUIER.]

GIROUX (*Marcel*-François-Ernest), ✠ (palme), *engagé volontaire*, sous-lieutenant au 87e d'Artillerie lourde.

Engagé volontaire à 37 ans, comme canonnier cycliste, blessé en 1914, il obtenait la citation suivante :

Classé dans le service auxiliaire, s'est engagé dans le service armé, à 37 ans. A fait constamment preuve de zèle, de dévouement. Blessé le 18 septembre en portant un ordre sous une rafale d'obus.

Sorti de l'École de Fontainebleau comme sous-lieutenant, et rejoignant aussitôt le front, il était de nouveau blessé, le 31 juillet 1917, par un éclat d'obus. Intoxiqué par les gaz en Belgique, il fut évacué à Pau, où il succombait le 17 juin 1919.

[Né le 5 janvier 1877. Fils du Capitaine, ✠ (décédé) et de Mme née CHAPET.]

GIRVAL (*Bernard*-Charles-Marie-Alfred de), � (posthume), ✖ (5 citations), lieutenant au 13e Chasseurs alpins, détaché à l'Escadrille Spa 73.

Tombé glorieusement le 30 juin 1918.

Citation : Combattant magnifique, alliant à une très haute conception de son devoir et à une complète abnégation, le sublime courage et le plus merveilleux allant. Sur le front depuis le début de la campagne, successivement cavalier, chasseur alpin, puis pilote de combat. Grièvement blessé, a provoqué partout l'admiration unanime de ses camarades. A été très gravement atteint en allant accomplir une mission. Mort pour la France des suites de ses blessures. A été quatre fois cité.

[Né en 1892. Fils de M. et de Mme Henry DE GIRVAL.]

GIRY (*Étienne*-Marie-Eugène), ✿ (posthume), ✖ (2 étoiles), avoué à Paris, sergent au 129e d'Infanterie.

Blessé grièvement à l'attaque d'Artois, le 25 septembre 1915, succomba à ses blessures, le 2 octobre suivant, à l'ambulance de Frévin-Capelle.

Deuxième citation : S'est élancé à l'assaut d'une position fortement défendue avec une bravoure remarquable. S'est fait tuer héroïquement en abordant la position, montrant par son attitude le plus beau mépris de la mort.

[Né le 14 janvier 1885. Fils de M. et de Mme née COTELLE. Marié à Mlle Odile SALLE, fille de M. et de Mme née BADOULLEAU, — dont un enfant.]

GISLAIN (Joannès-Pierre-Alexandre de), ✿ (posthume), ✖, caporal-fourrier au 128e d'Infanterie.

Citation : Gradé d'une belle bravoure. Mort pour la France, en mars 1915, à Beauséjour.

GISSAC (Baron Jacques d'ALBIS de), ✳ (posthume), ✖ (1 palme, 3 étoiles), lieutenant au 501e d'Artillerie d'assaut.

D'abord lieutenant de Dragons, passa, sur sa demande, aux Chasseurs à pied, puis dans les tanks. A été tué, le 4 juin 1918, à la lisière de la forêt de Villers-Cotterets, au cours d'une attaque qu'il menait à la tête de sa section de tanks, suivie par une compagnie d'infanterie, contre des nids de mitrailleuses allemandes. Son char ayant pris feu, le conducteur tué, et lui-même blessé à l'intérieur, il sortit de l'appareil pour mener l'attaque à pied. On le vit faire le signe « En avant! » et se diriger vers l'ennemi qui était à quelques mètres, en déchargeant son revolver, quand une rafale de mitrailleuses l'étendit raide mort.

Citation du Général MANGIN (Ordre de l'Armée) : Commandant d'une section de chars légers, s'est porté à l'attaque, le.. .., avec sa section, sur un terrain extrêmement difficile, pour dégager des éléments d'infanterie particulièrement menacés. Son mécanicien ayant été tué et son char ayant pris feu, en est sorti pour continuer à diriger à pied la marche de ses chars vers les centres de résistance qui ont été détruits. Est mort glorieusement dans l'accomplissement de sa mission.

[Né le 21 janvier 1893. Fils du Bon d'ALBIS DE GISSAC, O ✳, ✖, Colonel de Cavalerie, et de la Bonne née FABRE DE LA RIPELLE.]

GIVENCHY (Robert TAFFIN de), ✠, mitrailleur au 365ᵉ d'Infanterie.
Tué le 15 juin 1918.

GLAENZER (Christian), ✠ (posthume), ✠ (4 citations), *engagé volontaire*, sous-lieutenant au 320ᵉ d'Infanterie.

Citation : *Au début d'un coup de main exécuté sur les organisations ennemies, s'est élancé sur une mitrailleuse en action qu'il a capturée, permettant ainsi la progression des groupes d'attaque; s'est précipité ensuite à l'intérieur des lignes ennemies avec une admirable vaillance. Tué glorieusement, au cours de l'action, le 20 juin 1918. A été cité.*

[Né en 1897. Fils de M. et de Mᵐᵉ née Girod.]

GLAIZE (Raymond), artiste peintre, sergent au 102ᵉ d'Infanterie.
Disparu, le 26 septembre 1914, à Morgny-aux-Cerises (Oise).

[Né à Paris le 7 avril 1880. Fils de M. Léon Glaize, O ✠, artiste peintre, et de Mᵐᵉ née Lefèvre. Marié à Mˡˡᵉ Marie Carlier.]

GLANDIÈRES (Henri-René-Paul-Auguste de), ☙ (posthume), ✠ (palme), sergent au 20ᵉ d'Infanterie.

Citation : *Excellent sous-officier, d'un courage remarquable et d'un dévouement absolu. Mortellement blessé à son poste de combat, le 30 avril 1917, au cours des attaques de Moronvillers. Trois citations antérieures.*

GLANDY (Émile-François-Étienne), ✠, ✠, chef d'escadron au 57ᵉ d'Artillerie.

Citation : *Blessé mortellement, le 7 septembre 1914, près d'une ferme, à son poste de combat, au milieu de ses batteries, sous le feu le plus violent, et arrêtant, par la précision et l'opportunité de leur tir, le mouvement offensif des Allemands débouchant de la crête dominant cette ferme.*

GLATIGNY (Jules), ✠, avocat à la Cour de Paris, soldat au 301ᵉ d'Infanterie.

Citation : *Toujours volontaire dans les missions les plus périlleuses. Le 22 octobre 1914, a pu notamment s'approcher d'une tranchée solidement occupée par l'ennemi. Ne s'est retiré que sous un feu nourri, lentement, d'arbre en arbre. A reçu une grave blessure à la jambe.*

GLORIAUD (Séraphin-Pierre-Marcel), ✠ (posthume), ✠, ingénieur du Génie Maritime.

Citation : *Officier d'un mérite et d'une énergie peu communs. Lieutenant dans un régiment d'artillerie lourde sur le front français, a montré en toutes circonstances les plus belles qualités de sang-froid, d'initiative et de mépris du danger. Plus tard, ayant repris son poste dans le génie maritime à l'arsenal de Sidi-Abdallah, est mort glorieusement pour la France à bord du sous-marin Ariane, parti en volontaire à une opération de guerre où, seul, l'appelait le plus noble sentiment du devoir, uni à la soif ardente du sacrifice.*

GLOS (Gaston de), ✠, lieutenant d'Etat-Major.
A pris part à la bataille de Virton, en 1914, où il fut blessé,

puis aux combats de la Marne, de l'Argonne, des Eparges et de Tahure. Mort, en décembre 1916, à l'hôpital de Montdidier.

[Fils de M. et de Mme née DE DOMPIERRE D'ORNOY. Marié à Mlle Jeannie MORAL, — dont quatre enfants.]

GOBRON (Jacques), ✠ (posthume), ✠ (palme et étoile), **sous-lieutenant au 61e Chasseurs à pied.**
Tué à Souchez, le 28 septembre 1915.

Citation : *Officier remarquable par son entrain et sa belle humeur. A glorieusement entraîné sa section à l'assaut des tranchées ennemies. A été tué sur les fils de fer, où il faisait le coup de feu.*

[Né à Paris le 12 juillet 1887. Fils de M. Gustave GOBRON (décédé) et de Mme née Suzanne SCHEURER-KESTNER.]

GODARD (Marcel), ✠ (posthume), ✠ (3 citations), **élève à l'École des Beaux-Arts, sous-lieutenant d'Infanterie.**
Tué en 1918.

[Né en 1896. Fils de M. et de Mme née AUBERT.]

GODIN (André), ✠, **avocat et homme de lettres.**
Tué en 1916.

GODON (Henri de), ✠ (posthume), ✠ (palme), **enseigne de vaisseau de 1re classe.**
Disparu le 5 octobre 1916.

Citation : *A fait preuve de grand calme et de beau courage lors du torpillage de son bâtiment. S'est efforcé, jusqu'au dernier moment, de faire fonctionner les appareils de T. S. F. Est mort héroïquement à son poste, englouti avec le Gallia.*

[Fils du Cte et de la Ctesse née DARRIEUX. Marié à Mlle DE MÉRIGNAC.]

GODON (Maurice de), ✠ (posthume), ✠, **lieutenant au 205e d'Infanterie.**

Citation : *Officier brave et résolu. S'est brillamment conduit à l'affaire du 30 mai 1915, où il est tombé à la tête de sa section. A été cité.*

[Frère du précédent.]

GOËR DE HERVE (*Jean*-Marie de), ✠, ✠ (palme), **capitaine au 130e d'Infanterie.**
Tué au combat de Virton, le 22 août 1914 ; inhumé au cimetière militaire de Bellevue (Luxembourg Belge).

Citation : *A pris part au combat du 22 août 1914. Debout au milieu des balles et des obus, à environ 100 mètres des tranchées ennemies, ne cessait d'encourager ses hommes, montrant le plus grand mépris de la mort. A été tué d'une balle à la gorge.*

[Né à Saint-Julien (Aube) le 7 juin 1867. Fils de M. Edmond DE GOËR DE HERVE et de Mme née LECOMTE (décédés). Marié à Mlle Mathilde DE FRANCE, fille du Bon René et de la B^onne née Jeanne DE ROCQUIGNY DU FAYEL, — dont deux enfants : René et Louise.]

GOËR DE HERVE (Jacques de).
Blessé pour la troisième fois, a été porté disparu le 27 mai 1918.

GOETSCHY (Gabriel).

Blessé et fait prisonnier le 4 octobre 1914, succomba, en mars 1920, aux suites d'une maladie contractée en captivité.

[Né en 1881. Fils du Général, C ✳, et de M⁰ᵉ GOETSCHY.]

GOINEAU (Jean), ✳, avocat à la Cour de Paris, sous-lieutenant au 359ᵉ d'Infanterie.

Tué le 30 août 1918, à 33 ans.

GOLBÉRY (Marie - Georges - Victor - *André* de), ✳ (posthume), ✠ (palme), officier de Chasseurs à pied, puis capitaine au 255ᵉ d'Infanterie.

Tué à l'ennemi, à Lamorville (Meuse), le 7 avril 1915.

Citation : *A fait preuve d'une bravoure remarquable et d'un entrain exemplaire en enlevant sa compagnie pour la porter à l'assaut. A été grièvement blessé sur la tranchée conquise. A été cité.*

[Né le 20 août 1873. Marié à Mˡˡᵉ Héléna DELHERM DE NOVITAL.]

GOMBERT (Comte Olivier de), ✳, ✠ (palme), chef d'escadrons au 3ᵉ Chasseurs d'Afrique.

Blessé grièvement en Belgique, le 29 octobre 1914, succomba le 31 à l'hôpital de Rosendaël.

Citation : *Officier supérieur de premier ordre, véritable entraîneur d'hommes, d'une admirable bravoure au feu. Mort pour la France, le 31 octobre 1914, des suites de glorieuses blessures reçues en Belgique, en faisant vaillamment son devoir.*

[Fils du Mⁱˢ et de la Mⁱˢᵉ née D'ALBERTAS.]

GOMIECOURT (Edmond-*Gothelon*, Comte DRAGON de), ✳, ✠ (1 palme, 1 étoile d'argent), Saint-Cyrien, lieutenant au 5ᵉ Cuirassiers, puis capitaine au 28ᵉ d'Artillerie.

Blessé mortellement en Champagne, le 1ᵉʳ octobre 1918, succomba à ses glorieuses blessures, le 8 suivant.

Citation (Légion d'honneur) : *Officier d'élite, venu sur sa demande de la cavalerie dans l'artillerie où, brillant commandant d'unité, il a fait preuve des plus belles qualités militaires. A été grièvement blessé, le 1ᵉʳ octobre 1918, au poste d'observation, alors qu'avec sa froide bravoure habituelle il réglait, sous un feu violent, le tir de sa batterie. Une blessure antérieure. Une citation.*

[Né le 19 février 1889. Fils du Cᵗᵉ, Lieutenant-Colonel de Cavalerie (décédé), et de la Cᵗᵉˢˢᵉ née RUYNEAU DE SAINT-GEORGE.]

GOMPEL (Jacques), ✳, ✠ (3 palmes, 2 étoiles), capitaine au 319ᵉ d'Infanterie.

Au front depuis le début de la campagne, deux fois blessé, tomba glorieusement à Hainviller (Somme), le 30 mars 1918.

GONCOURT (Louis-Marie-*Joseph* JACOBÉ DE PRINGY de), O ✳, ✠ (palme et étoile), lieutenant-colonel du 32ᵉ d'Artillerie.

Tué, le 24 juin 1916, à Béthelainville (Meuse), à son poste de commandement, d'où il dirigeait les batteries d'Avocourt, pour la défense de la cote 304 (Mort-Homme).

Citation : *Officier supérieur de premier ordre, aussi remarquable par ses connaissances techniques que par ses aptitudes manœu-vrières ; blessé grièvement en septembre 1914, n'a pas voulu aban-donner son commandement, donnant à tous un superbe exemple d'énergie ; a continué à faire preuve des plus belles qualités mili-taires pendant tout le cours de la campagne, toujours présent aux postes les plus périlleux, et communiquant à son entourage son ardeur guerrière qui n'avait d'égales que sa bienveillance et sa modestie ; a été mortellement frappé, le 24 juin 1916, en allant porter secours à des camarades ensevelis par l'explosion d'un obus.*

[Né le 6 août 1863. Fils de M. et de Mme née Cécile BECQUEY. Marié à Mlle Antoi-nette NOUVEL, fille de M. et de Mme née Fanny GOSSET, — dont huit enfants.]

GONCOURT (Maurice JACOBÉ DE PRINGY de), ✠ (posthume), ✠, capitaine au 1er Chasseurs à pied.

Ancien officier d'infanterie, *engagé volontaire* comme lieute-nant au début de la campagne, fait capitaine sur le champ de ba-taille, tombé glorieusement à Notre-Dame-de-Lorette, le 4 mars 1915.

Citation : Officier animé du sentiment du devoir le plus pur et du patriotisme le plus élevé. A tenu à reprendre du service dès le début de la campagne ; n'a cessé de donner à tous l'exemple d'un courage calme et d'un mépris du danger qui faisait l'admiration de tous et lui avait conquis l'affection de ses chasseurs. Chargé de porter sa compagnie à l'attaque, a été tué au moment où, monté le premier sur une échelle de franchissement, il déterminait la di-rection d'attaque, le 4 mars 1915, à Notre-Dame-de-Lorette. A été cité.

[Né en 1867. Marié en premières noces à Mlle DE NERVO (décédée en 1894), — dont un fils : Louis, qui suit ; et en secondes noces à Mlle Françoise PRÉVOST DE LA BOUTETIÈRE (décédée), — dont un fils : Gilbert.]

GONCOURT (Louis JACOBÉ DE PRINGY de), ✠ (posthume), ✠, Saint-Cyrien, sous-lieutenant au 129e d'Infanterie.
Tué à Mesnil-les-Hurlus, le 9 mars 1915.

Citation : A entraîné brillamment sa section lors d'une violente attaque allemande, et a été tué à sa tête.

[Né en 1894. Fils du précédent.]

GONDRECOURT (René-Marie-Elzéar-Henri de), ⚜ (posthume), ✠ (palme et étoile), *engagé volontaire*, maréchal des logis au 8e Cui-rassiers, pilote à l'Escadrille C. 30.

Engagé dans la Cavalerie, passa, sur sa demande, dans l'Avia-tion. Le 17 août 1917, s'est proposé pour remplacer un camarade dans une mission au-dessus de Saint-Quentin ; mortellement atteint par une batterie antiaérienne, est tombé dans les lignes allemandes.

Citation : Pilote remarquable par ses qualités d'audace et de sang-froid. Toujours prêt et volontaire pour les missions les plus périlleuses, n'a cessé de donner à tous le plus bel exemple des plus brillantes qualités militaires. Tombé glorieusement dans les lignes ennemies, le 17 août 1917.

[Né le 4 avril 1897. Fils du Général Cte DE GONDRECOURT et de la Ctesse née Dau-phine DE SABRAN-PONTEVÈS.]

GONNARD (Philippe-Claude), ⚜ (posthume), ✠ (étoile), professeur, docteur ès lettres, adjudant au 299e d'Infanterie.

Tué devant Vaux, le 29 octobre 1916, après 26 mois de cam-pagne.

Citation : *Sous-officier d'élite ; n'a cessé, pendant les combats du 24 au 25 octobre, de donner le meilleur exemple au feu par son calme et son sang-froid. S'est fait tuer en accomplissant son devoir.*

[Né le 5 décembre 1878. Fils de M. et de Mme née Putois. Marié à Mlle Marie Madinier, fille de M. et de Mme née Boffard, — dont un fils.]

GONTAUT-BIRON (*Armand*-Félix-Marie-Clément, Comte Armand de), ✠ (étoile), lieutenant aviateur.

Parti dans la cavalerie au début de la campagne, il demanda plus tard à entrer dans l'aviation, fut promu lieutenant, et commandait en dernier lieu l'escadrille d'Etaples.

Citation : *A fait preuve d'un rare sang-froid au cours d'une reconnaissance ; bien que blessé, a eu le courage de monter à bicyclette pour porter un renseignement précieux. S'est fait panser seulement après avoir rendu compte.*

Décédé, le 30 octobre 1918, alors qu'il était en convalescence à Pau, des suites d'une maladie contractée au service.

[Né le 18 avril 1880. Fils du Cte Antoine de Gontaut-Biron, ✳, et de la Ctesse née de La Panouse. Marié à Mlle Germaine Burchard.]

GOROSTARZU (René de), maréchal des logis au 24e d'Artillerie.

Décédé, en 1920, des suites d'une maladie contractée aux Armées.

[Fils du Commandant, O ✳, et de Mme née de Bourdoncle de Saint-Salvy.]

GORRA BEY (Henri), interprète militaire.

Tué à Richebourg-Saint-Waast, le 29 octobre 1914.

GORSSE (François-Raoul de), ✠ (posthume), ✠ (palme), capitaine au 100e d'Infanterie.

Tombé glorieusement au Bois d'Ailly, le 24 avril 1915.

Citation : *A été frappé mortellement par une balle au moment où, en tête de sa compagnie, il l'entraînait à l'assaut des tranchées ennemies, le 24 avril 1915. A été cité.*

[Né le 31 août 1884. Fils de M. et de Mme née de Thonel d'Orgeix. Marié à Mlle Marie de Rigaud.]

GOSSART (*François*-Henri), ✠ (posthume), ✠ (étoile), étudiant, *engagé volontaire*, brigadier au 2e Cuirassiers.

Blessé mortellement à la tête par un éclat d'obus, le 16 juillet 1918, près de Monvoisin, au sud de la Marne, en combattant à pied avec son escadron.

Citation à l'Ordre de la Brigade : *Jeune brigadier plein d'allant et de courage. A été grièvement blessé à son poste de combat, le 16 juillet 1918, en faisant bravement son devoir. A succombé à ses blessures.*

[Né le 18 août 1898. Fils du Lieutenant-Colonel Gossart, ✳, et de Mme née Hesbert.]

GOSSET-GRAINVILLE (*André*-Jean-Marie), ✠ (étoile), agent de change près la Bourse de Paris, sous-lieutenant au 22e Chasseurs alpins.

Mobilisé comme automobiliste, il passa, sur sa demande, dans l'Infanterie. Nommé sous-lieutenant, il demanda les Chasseurs alpins et fut versé au 22ᵉ bataillon, avec lequel il prit part à l'attaque de Maurepas (Chemin-Creux) dans la Somme, le 24 août 1916. Il y fut grièvement blessé et mourut, après avoir été amputé d'une jambe, le 31 août 1916, à l'ambulance de Cerisy-Gailly.

> Citation à l'Ordre du 1ᵉʳ Corps d'Armée (Général GUILLAUMAT) : *Le 24 août 1916, par son exemple, entraîna ses hommes à l'assaut d'une tranchée, sous un feu intense d'artillerie et de mitrailleuses. Grièvement blessé et incapable de se déplacer, a trouvé l'énergie nécessaire pour orienter son unité, et refusa de se laisser évacuer avant d'avoir appris le succès de l'assaut.*

[Né le 4 juillet 1884. Fils de M. Ernest GOSSET-GRAINVILLE (décédé) et de Mᵐᵉ née Léonie DOUCHY. Marié à Mᵐᵉ Lucien ANDRÉ, fille de M. Richard ROBLOT, O ✠, agent de change, et de Mᵐᵉ née MURAT.]

GOUDOT (Albert), ✠ (posthume), ▨ (palme), enseigne de vaisseau. Commandant une section de Fusiliers Marins, tué en l'entraînant à l'attaque, le 11 mai 1915.

> Citation : *Jeune officier de la plus haute valeur, tué d'une balle au cœur, le 11 mai 1915, en préparant la défense de sa position devant une contre-attaque allemande.*

GOUÉ (*Alain*-Joseph-Marie-François de), sergent au 356ᵉ d'Infanterie (Fourragère).
Frappé d'une balle au cœur, dans la matinée du 8 octobre 1918, en montant bravement, à la tête de ses hommes, à l'attaque des positions allemandes à Orfeuil (Ardennes). Inhumé au cimetière militaire, dans le ravin d'Orfeuil.

[Né le 18 avril 1879. Fils de M. DE GOUÉ et de Mᵐᵉ née Fanny MAUJOÜAN DU GASSET. Marié à Mˡˡᵉ Sabine DE LASSAT, fille de M. et de Mᵐᵉ née DE MEYNARD DE LA FARGE.]

GOÜIN (Pierre), sous-lieutenant de réserve au 66ᵉ d'Infanterie.
Tué, aux combats de Belgique, en 1914.

GOÜIN (J.-J.-Eugène), ✠, ▨, lieutenant de vaisseau.
Tué à Dixmude, le 10 novembre 1914.

GOUJON (*Pierre*-Étienne-Henri), ✠ (posthume), ▨, avocat à la Cour de Paris, député de l'Ain, sous-lieutenant au 223ᵉ d'Infanterie.
Tombé à la tête de sa section, le 25 août 1914, au combat de Méhoncourt, pour la défense de la trouée de Charmes. Il fut le premier député tombé à l'ennemi.

[Né le 31 août 1875. Fils du Dʳ GOUJON, C ✠, maire du XIIᵉ arrondissement de Paris, sénateur de l'Ain, et de Mᵐᵉ née Gilberte ROUEN (décédés). Marié à Mˡˡᵉ Lily REINACH, fille de M. Joseph REINACH, ✠, ancien député, homme de lettres, et de Mᵐᵉ née DE REINACH, décédée.]

GOUPIL DES PALLIÈRES (Henri), ✠ (posthume), ▨, sous-lieutenant d'Infanterie.

> Citation : *Officier d'un courage à toute épreuve ; s'est distingué dans toutes les affaires auxquelles il a pris part. Tombé glorieusement, le 26 juin 1917, à son poste de combat.*

GOUPIL DES PALLIÈRES (Marcel-Jean), ▨ (posthume), ▨, caporal au 2ᵉ de marche de Zouaves.

> Citation : *Etant chef d'un petit poste avancé, a montré à ses hommes l'exemple du devoir. Est tombé mortellement atteint, en accomplissant sa mission, le 23 septembre 1914. A été cité.*

GOURAUD (Pierre), ✳, ✠ (4 citations), chef de bataillon au 67ᵉ d'Infanterie.

Tombé à Bouchavesnes, le 14 octobre 1916.

> Dernière citation : *Officier supérieur brave entre les plus braves, et dont l'entrain était proverbial au régiment, sous un bombardement des plus violents, s'est dépensé sans compter pendant plusieurs jours avant l'attaque du 13 octobre, pour assurer dans les plus petits détails toutes les conditions du succès. Est tombé glorieusement pour la France, à quelques mètres de l'ennemi, en allant visiter ses postes avancés, et en faisant la reconnaissance du terrain conquis pour en assurer l'organisation.*

[Frère du Général GOURAUD, commandant d'Armée.]

GOURDAULT (Pierre), ✳ (posthume), ✠, artiste peintre, caporal au 4ᵉ Zouaves.

Tombé au champ d'honneur, en décembre 1914.

Une exposition posthume de ses œuvres fut organisée en avril 1919, au cours de laquelle M. le Président de la République, s'avançant vers le portrait que l'artiste fit de lui-même à la veille de son départ aux Armées, fixa la croix de la Légion d'honneur sur le rebord du cadre.

GOURDON DE L'ÉCHO (Marquis Guy de).

Mort, en septembre 1917, des suites d'une maladie contractée aux Armées.

GOURKO, née Émilie **MARTINOW** (Madame la Générale), ✠ (palme), infirmière (au titre étranger) à l'ambulance 221.

Bien qu'âgée de 54 ans, avait pris du service dans une de nos ambulances du front les plus exposées aux entreprises des avions ennemis. C'est là qu'elle fut atteinte mortellement par une bombe, dans l'accomplissement du devoir qu'elle s'était imposé, et qu'elle remplissait avec un inlassable dévouement.

> Citation à l'Ordre de l'Armée (13 avril 1918) : *Infirmière au titre étranger, venue au front sur sa demande. A mis son zèle, ses qualités d'organisation et son dévouement inlassable au service des blessés. A donné de nombreuses preuves de bravoure sous le bombardement où elle est restée à son poste. A trouvé une mort glorieuse dans l'ambulance où elle remplissait ses fonctions d'infirmière.*

GOURMELON (J.-P.), ✠ (palme), second maître canonnier à bord du *Bouvet*.

> Citation : *Chef de la tourelle 12 du* Bouvet, *lorsque le navire a été touché par une mine, a fait sortir tout l'armement de sa tourelle en bon ordre et est resté seul dans la tourelle, englouti avec le bâtiment.*

GOURNAY (J.-L. de), ✳, ✠, capitaine.........................

GOURY DU ROSLAN (*Henri*-Louis-Lucien-Anne-Marie), ✳ (posthume), ✠, sous-lieutenant de réserve au 226ᵉ d'Infanterie.

Tué, à la tête de sa troupe, en montant à l'assaut de La Targette le 13 octobre 1914, à l'âge de 26 ans.

[Fils du B⁰ⁿ Jules Goury du Roslan et de la B⁰ⁿⁿᵉ née Nouette-Delorme, décédés.]

GOUT (*Jacques*-Samuel-Édouard), ⚜ (posthume), ✠ (palme), élève de l'École d'Aéronautique, caporal pilote à l'Escadrille M.F. 8.
Tué, le 12 mars 1916, en Champagne.

> Citation du Général Gouraud (24 novembre 1916) : *Pilote plein d'ardeur et d'enthousiasme, ayant rendu de grands services par ses croisières de réglage et de reconnaissance sur les lignes ennemies. Est tombé glorieusement en Champagne, le 12 mars 1916, pendant un vol de réglage.*

[Né le 10 septembre 1892. Fils de M. Jean Gout, O ✳, ministre plénipotentiaire, et de Mᵐᵉ née Elise Im-Thurn.]

GOUTIÈRE (Mademoiselle Marthe de), ✠ (palme), infirmière à l'ambulance 13/21.
Partie à Salonique avec le Corps expéditionnaire d'Orient, a succombé à l'hôpital de Koritza, en remplissant ses saints devoirs.

> Citation : *En service ininterrompu aux armées depuis le 10 juin 1914 (au Maroc, en France, en Orient), avec un long séjour dans les formations sanitaires de l'avant ; y a fait preuve sans cesse de qualités morales hors de pair, alliées à une très grande compétence technique et à une réelle autorité dans les fonctions d'infirmière-chef. A tenu à rester dans un poste particulièrement dangereux et pénible au cours d'une épidémie, malgré une santé délicate et un état de fatigue manifeste, et y a contracté une maladie mortelle.*

GOUTTEPAGNON (Marie-Joseph-Louis-Benjamin GÉNÉBRIAS de), ⚜ (posthume), ✠, soldat au 21ᵉ d'Infanterie.

> Citation : *Bon soldat au feu. Tué, le 10 mars 1916, au cours d'un bombardement précédant une attaque allemande. A été cité.*

GOUVELLO DE KÉRIAVAL (Georges de), ✠ (posthume), ✠, admissible à Saint-Cyr en 1914, sous-lieutenant au 94ᵉ d'Infanterie.
Tué, le 25 septembre 1916, à l'attaque de Raucourt (Somme).

> Citation : *Officier très dévoué et très distingué. A brillamment entraîné sa section à l'assaut, le 25 septembre 1916. Est parvenu jusqu'à la tranchée ennemie, sur le parapet de laquelle il est tombé glorieusement. A été cité.*

[Né le 22 novembre 1895. Fils du Lieutenant-Colonel Mⁱˢ, O ✳, ✠, et de la Mⁱˢᵉ née Anne de Tailfumyr de Saint-Maixent (décédée).]

GOUVELLO DE LA PORTE (Henri le), ✠ (étoile), lieutenant au 7ᵉ Tirailleurs Algériens.
Fit la dernière campagne du Maroc, avant la déclaration de guerre. Rappelé en France, le 21 août 1914, incorporé dans la 1ʳᵉ Division Marocaine, 1ᵉʳ régiment de marche, 15ᵉ compagnie. Tué à Réthel, le 30 août 1914, dans sa tranchée, en fusillant lui-même l'ennemi, quoique blessé.

> Citation posthume du 22 avril 1915, à l'Ordre des troupes de la Division du Maroc : *Tombé glorieusement, le 30 août 1914, à Réthel, à la tête de sa compagnie, qu'il maintenait sous un feu violent d'artillerie.*

[Né le 16 mai 1884. Fils du Vte Hippolyte Le Gouvello de la Porte et de la V^{tesse} née de Terves; décédée.]

GOUVELLO DE LA PORTE (Yves le), ✳ (posthume), ✠ (palme et étoile), élève sous-officier d'Artillerie à l'École de Fontainebleau, sous-lieutenant au 44e d'Artillerie, adjoint du Commandant.

Blessé au visage à Virton, le 22 août 1914, fait prisonnier à l'ambulance et transporté en Allemagne, à Torgau (Saxe), où il mourut des suites de sa blessure, le 29 septembre 1914.

Citation : Le 22 août, a donné son cheval à un capitaine démonté, blessé et pris le même jour, mort en captivité. A été cité.

[Né le 29 octobre 1889. Frère du précédent.]

GOUVELLO DU TIMAT (Louis-Exupère-*François* le), O ✳, ✠ (3 palmes), colonel commandant la 74e Brigade d'Infanterie.

Il fit la première partie de la campagne comme chef de bataillon au 3e Zouaves, puis comme lieutenant-colonel au 3e Tirailleurs. Passé au commandement du 293e d'Infanterie, puis du 3e de marche de Tirailleurs, il était promu colonel en avril 1916, et trouva la mort, à la tête de sa brigade Algérienne, le 14 décembre 1916, aux combats de Verdun.

Citation : Tombé glorieusement à son poste de commandement, le 14 décembre 1916, à la veille d'une attaque qu'il avait préparée et au cours de laquelle les deux régiments de sa brigade enlevèrent deux positions ennemies sur une profondeur de 5 kilomètres et capturèrent plus de mille prisonniers et une vingtaine de canons.

[Né le 27 janvier 1864. Fils de M. et de Mme née de La Moussaye, décédés. Marié, en 1903, à Mlle Amélie Robin de Morhéry.]

GOUVELLO DU TIMAT (Charles-Joseph-François-Aimé-*Gilles* le), ✳ (posthume), ✠ (palme), lieutenant au 71e d'Infanterie.

Tombé glorieusement sous Verdun, le 28 septembre 1917; il avait été nommé sous-lieutenant à la suite de sa vaillante conduite à Charleroi.

Citation : Officier brave et énergique, d'une haute valeur morale. A toujours fait preuve des plus belles qualités militaires et donné l'exemple à sa troupe. Blessé le 30 avril 1917, est revenu au front, à peine guéri. A été mortellement frappé, le 28 septembre 1917, en dirigeant, sous un violent bombardement, l'organisation d'une position nouvellement conquise. A été cité.

[Né le 5 juillet 1891. Fils du Colonel Vte Arthur de Gouvello, ✳, commandant une Brigade, et de la V^{tesse} née Marie Le Tort.]

GOUVELLO DU TIMAT (Arthur-*Amaury* le), ✳, ✠, lieutenant au 410e d'Infanterie.

Tué, à la tête de ses hommes, en Champagne, le 26 septembre 1918.

Citation : D'une bravoure légendaire, soldat dans l'âme, a toujours fait rayonner autour de lui sa foi invincible en la victoire, son sentiment élevé du devoir et ses belles qualités morales. Est glorieusement tombé face à l'ennemi, le 26 septembre 1918, à l'aube d'un jour de victoire, en conduisant ses hommes à l'attaque des positions allemandes. A été cité.

[Né le 13 avril 1895. Frère du précédent.]

GOUVILLE (Marie-Joseph-*Michel* LE MONNIER de), ☉, ✠ (palme), étudiant, *engagé volontaire*, soldat au 409ᵉ d'Infanterie.

Engagé à 17 ans, le 23 février 1915, au 66ᵉ de ligne, versé, en 1916, au 409ᵉ régiment de marche. Blessé à Quennevières, le 9 août 1916, à son poste de combat, décédé à l'hôpital des Sablons, à Compiègne, le 13 suivant.

> Citation à l'Ordre de l'Armée (Médaille militaire) du 12 août 1916 : *Excellent soldat, volontaire pour toutes les missions périlleuses. A été blessé très grièvement, le 9 août 1916, à son poste de combat ; plaies multiples.*

[Né le 12 décembre 1898. Fils de M. Alain LE MONNIER DE GOUVILLE, capitaine de Cavalerie, et de Mᵐᵉ née HEURTEVENT-PRÉMER.]

GOUVION SAINT-CYR (Laurent de), ✳, ✠ (2 palmes), *engagé volontaire*, sous-lieutenant au 22ᵉ Chasseurs alpins.

Blessé grièvement, le 1ᵉʳ novembre 1916, à la tête de ses hommes, les entraînant à l'assaut, a succombé, le 18 suivant, à l'ambulance de Bray-sur-Somme.

> Citation : *A brillamment entraîné sa section à l'assaut, exaltant par son ardeur le courage de ses hommes. Très grièvement blessé sur la position conquise. Déjà cité à l'Ordre.*

[Né le 14 octobre 1896. Fils du Cᵗᵉ et de la Cᵗᵉˢˢᵉ née Anne SIMONIS DE DUDEZEELE.]

GOUYON-BEAUFORT (Jean de), ✳ (posthume), ✠, sous-lieutenant au 2ᵉ Chasseurs à cheval.

Tué à Maissin (Belgique), le 22 août 1914, au moment où il venait d'être nommé sous-lieutenant.

> Citation : *Officier d'une haute valeur morale, ayant fait preuve de la plus belle bravoure au combat de Maissin, où il a été tué à la tête d'une patrouille.*

[Né le 12 décembre 1888. Fils du Cᵗᵉ DE GOUYON-BEAUFORT, ancien officier, et de la Cᵗᵉˢˢᵉ née DE NOMPÈRE DE CHAMPAGNY.]

GOUYON-BEAUFORT (Xavier de), ✳ (posthume), ✠ (2 citations), sous-lieutenant au 68ᵉ d'Infanterie.

Maréchal des logis au 13ᵉ Hussards à la mobilisation, passa, sur sa demande, dans l'infanterie ; promu sous-lieutenant au 68ᵉ régiment de ligne, en mars 1915 ; tué à Verdun, le 4 mai 1916. Venait d'être proposé pour lieutenant.

A obtenu deux citations, voici le texte de la dernière :

> *Venu sur sa demande de la cavalerie dans l'infanterie. Plein de courage et d'ardeur juvénile. Glorieusement tué, le 4 mai 1916, au milieu de ses hommes qu'il soutenait par son exemple. A été cité.*

[Né le 22 novembre 1891. Frère du précédent.]

GOUZY (Jean), ☉, ✠, *engagé volontaire*, sous-lieutenant d'Infanterie.

Tué sous Verdun, le 24 décembre 1917.

[Né en 1897. Fils de M. et de Mᵐᵉ née DE LA VERNÈDE.]

GOY (*Hervé*-Edme-Marie-Louis de), ✳ (posthume), ✠ (palme et étoile), ingénieur, sous-lieutenant au 26ᵉ d'Artillerie.

Tombé glorieusement à la ferme du Choléra (Aisne), le 5 janvier 1916.

Citation : *Officier d'une bravoure, d'un sang-froid et d'une audace au-dessus de tout éloge. Le 5 janvier, a dirigé avec la plus grande habileté, sur un point particulièrement dangereux de l'organisation ennemie, un violent tir de canons de tranchées, au cours duquel il fut frappé mortellement. A été cité.*

[Né le 13 janvier 1890. Fils de M. et de Mme née DE LA TAILLE.]

GOY (Jacques de), ✳, ✳ (palmes), sous-lieutenant au 13e d'Infanterie.

Citation : *A fait preuve, dès le début de la campagne, de la plus grande énergie, qu'il communiquait à ses hommes. Blessé, le 20 août 1915, est revenu sur le front le 12 octobre. Le 6 novembre 1915, comme commandant de compagnie, s'est mis à la tête de sa troupe pour attaquer les tranchées, et est tombé grièvement blessé près des fils de fer tendus par l'ennemi.*

GOY (Jacques-Irénée-Marie-Étienne de), ✳ (posthume), ✳, sous-lieutenant au 9e Cuirassiers.

Citation : *Excellent officier, a toujours fait preuve des plus belles qualités et d'entrain. Tué, le 27 août 1914, en faisant une reconnaissance du terrain, alors que son peloton, soutien des mitrailleuses, était pris sous les feux de l'infanterie et de l'artillerie ennemies. A été cité.*

GOY (Gilbert), ✳ (posthume), ✳, soldat au 13e Chasseurs à pied.

Citation : *S'est courageusement porté à l'attaque d'une position ennemie fortement retranchée, entraînant par son exemple tous ses camarades, est glorieusement tombé dans les réseaux de fils de fer qu'il cherchait à franchir.*

[Fils du Sénateur et de Mme GOY.]

GOYON (Jean-Marie-François de), ✳ (posthume), ✳, soldat au 71e d'Infanterie.

Citation : *Jeune soldat de la classe 1915, plein d'ardeur et de bravoure au combat. Mort glorieusement pour la France, le 25 juin 1915, aux Éparges.*

GRAFF (Antoine-Jacques-Paul), ✳ (posthume), ✳ (palme), lieutenant-colonel au 115e d'Infanterie.
Tué en 1914.

Citation : *A, depuis le début de la campagne, donné dans de nombreuses affaires, auxquelles a participé le régiment, les preuves des qualités de commandement les plus brillantes ; a été tué à la tête de son régiment dans une attaque de nuit.*

GRAMONT, Marquis de COIGNY (Sanche-Antoine-Louis-Marie-Arnaud, Comte Sanche de), ✳ (posthume), ✳ (1 palme, 1 étoile), licencié ès lettres (préparait une thèse de doctorat ès lettres sur l'*Histoire de la Navarre au XIIIe siècle*), lieutenant au 2e Cuirassiers, détaché dans l'Aviation, officier pilote commandant l'Escadrille N. 471.
Disparu, le 3 juillet 1918, dans un combat aérien contre quatre avions allemands.

Citation à l'Ordre de l'Armée (23 juillet 1918) : *Officier de valeur, ayant une haute conception de son devoir. Pilote de chasse adroit et audacieux, donnant en toutes circonstances le plus bel exemple de courage et d'énergie. Disparu, le 5 juillet 1918, au cours d'un combat sur les lignes.*

[Né le 2 juillet 1888. Fils du Cᵗᵉ Arnaud DE GRAMONT, DUC DE COIGNY, �֎, membre de l'Institut (Académie des Sciences), et de la Cᵗᵉˢˢᵉ née Marie BRINCARD, des Barons BRINCARD. Petit-fils du Général Cᵗᵉ DE GRAMONT, qui perdit un bras à Reischoffen, et arrière-petit-fils du Lieutenant-Général Duc DE GRAMONT.]

GRAMONT-LESPARRE (Antoine - Bon - *Adrien* - Louis - Armand, Comte Adrien de), �֎ (posthume), ✠ (palme), capitaine au 274ᵉ d'Infanterie.

Le 26 septembre 1915, près de Neuville-Saint-Vaast, pendant l'offensive du Nord, les hommes étaient couchés afin d'éviter les balles qui arrivaient en rafales. Adrien DE GRAMONT, debout, achevait de donner ses ordres, lorsqu'il tomba frappé au cœur.

Citation : *Officier plein d'ardeur, toujours prêt à l'accomplissement d'actes périlleux, n'a cessé de donner, pendant toute la campagne, le plus parfait exemple de courage calme et résolu. A su s'attirer par sa bonté et sa sollicitude l'affection et la confiance de ses hommes. Atteint d'une balle au cœur, le 26 septembre 1915, en entraînant sa compagnie à l'assaut d'une tranchée, est mort quelques instants après en souriant, heureux de mourir pour son pays. A été cité.*

[Né le 12 mai 1885. Fils du Cᵗᵉ Armand DE GRAMONT, Duc DE LESPARRE, et de la Cᵗᵉˢˢᵉ né Hélène DUCHESNE DE GILLEVOISIN DE CONEGLIANO, décédée.]

GRAMONT DE VILLEMONTÈS (de), brigadier au 10ᵉ Dragons.
Mort le 5 octobre 1915.

GRANCHER (Alexis), ✠, sergent au 365ᵉ d'Infanterie.
Tué à l'ennemi, le 2 août 1918.

Citation : *Sous-officier très énergique ; a, sous un feu intense de mitrailleuses, porté des renseignements précieux à son chef de bataillon.*

GRAND D'ESNON (Charles-Antoine, Baron), C �֎, ✠ (palme), Général commandant la 149ᵉ Brigade d'Infanterie.
Tué à l'ennemi, le 21 septembre 1914, à Vigneulles-les-Hatton-chatel (Meuse).

Citation : *Ayant reçu l'ordre de tenir un village, a exécuté l'ordre reçu jusqu'au moment où il a été tué, frappé d'une balle au cœur à la tête d'un bataillon.*

[Né le 3 février 1850. Fils du Bᵒⁿ et de la Bᵒⁿⁿᵉ née BOILEAU DE CASTELNAU. Marié à Mˡˡᵉ VELAY.]

GRAND D'ESNON (Baron William), ⚜, ✠, sergent au 129ᵉ d'Infanterie.

Citation : *Dans une attaque de nuit (1914), s'est porté seul en avant, sous une grêle de balles, pour reconnaître les positions ennemies sur lesquelles il a ensuite vigoureusement entraîné sa section.*

GRAND D'ESNON (Henri), ✠, lieutenant au 6ᵉ Dragons.
Tué aux combats de Belgique, le 18 août 1914.

GRANDIN DE L'ÉPREVIER (*Gaston-Marie-Norbert*), ⚜ (posthume), ✠ (palme), sergent au 113ᵉ d'Infanterie.
Tué le 17 octobre 1918.

Citation : *Sous-officier d'une bravoure admirable, qui a poussé l'esprit du devoir jusqu'au sacrifice de sa vie. Un des hommes de sa section ayant été blessé au cours d'une reconnaissance et étant sur le point de tomber aux mains de l'ennemi, n'a pas hésité à se porter vers lui et à le charger sur son épaule. A été, à ce moment, frappé mortellement par une balle.*

GRANDLAUNAY (René GUÉRIN DE LA PIVERDIÈRE du), ✠ (posthume), ✠ (palme et étoile), capitaine au 68e d'Infanterie.

Capitaine au 8e Hussards, avait été cité pour avoir, en novembre 1914, deux nuits de suite, essayé d'aller rechercher jusqu'aux premières lignes allemandes, le corps d'un camarade tué. Passé, sur sa demande, dans l'Infanterie, a trouvé une mort héroïque à Angres (Pas-de-Calais), le 25 mai 1915.

Citation : *D'une bravoure, d'un courage et d'une énergie remarquables, tombé glorieusement en entraînant sa compagnie, sous un tir de barrage écrasant, à l'assaut des tranchées ennemies.*

[Marié à Mlle Marie DE LABARTHE, fille du Cte et de la Ctesse née DE BEAUPRÉ, — dont un enfant.]

GRANDMAISON (François-Jules-*Louis* LOYZEAU de), C ✠, ✠ (palmes), ✠ (Médaille Coloniale), O✠ (Cambodge), O✠ (Dragon de l'Annam), C ✠ (Sainte-Anne de Russie), Général de division, commandant de Corps d'Armée (Lauréat de l'Académie Française).

Décédé à Soissons, le 19 février 1915, des suites de ses blessures.

Citation : *Officier général de la plus haute valeur intellectuelle, extrêmement brave au feu. Grièvement blessé en Lorraine. Commande admirablement sa division. Mis à la tête d'un corps d'armée dans un secteur particulièrement exposé, est tombé, le 18 février 1915, mortellement blessé en se bornant à dire à son chef d'armée accouru près de lui : « C'est pour le pays ! »*

[Né le 24 janvier 1861. Fils de M. et de Mme née RAVOT. Veuf de Julia GILLET, marié en secondes noces, à Mme veuve SELLIER, née DELAMBRE, fille du Général et de Mme DELAMBRE.]

GRANDMAISON (François-Alfred-*Robert* LOYSEAU de), ☉ (posthume), ✠ (palme), sergent au 319e d'Infanterie.

Tombé près de la Butte de Tahure, le 26 septembre 1915, en enlevant sa section à l'assaut.

Citation : *Très bon sous-officier. A été frappé mortellement à son poste de combat, le 20 septembre 1915, en accomplissant courageusement son devoir. A été cité.*

[Né le 15 mars 1883. Fils de M. et de Mme née ARLIN.]

GRANDMAISON (Jean-Henri-*Max* DESAVENELLE de), ✠ (posthume), ✠, capitaine au 325e d'Infanterie.

Tué à Nomény (Lorraine), le 23 août 1914.

Citation : *A fait preuve d'un magnifique courage, entraînant, sous un feu terrible, sa troupe d'un élan irrésistible à l'assaut des positions ennemies. Est tombé mortellement atteint au cours de cette héroïque poussée en avant. A été cité.*

GRANDSAIGNES D'HAUTERIVES (de), ingénieur, sergent au 342e d'Infanterie.

Tué le 30 août 1914.

GRANEL (Marcel), ☖ (posthume), ✠ (palmes), aviateur breveté, caporal aviateur à l'Escadrille R. 27.

Avait fait, comme aviateur, la guerre turco-balkanique; mobilisé d'abord à la réception des appareils, puis à la défense de Paris, enfin sur le front. — Plusieurs citations. — Tué, le 11 janvier 1915, à Béthune.

> Citation : *A exécuté journellement des reconnaissances souvent dans les circonstances atmosphériques les plus périlleuses, faisant preuve de remarquables qualités de bravoure et d'adresse. Le 11 janvier, s'est chargé, malgré la tempête, d'une reconnaissance au cours de laquelle il a fait une chute mortelle, causée par la violence du vent.*

[Né le 20 juillet 1881. Fils de M. Louis GRANEL et de M⁰ née LANCESTREMAIRE.]

GRANET (Jean), lieutenant au 313ᵉ d'Infanterie.

Tué, le 12 août 1917, au cours d'une reconnaissance, à la Ville-au-Bois (Aisne).

[Fils de M. Félix GRANET, O ✠, ancien ministre.]

GRANGENEUVE (Xavier de), ☖ (posthume), ✠ (palme), *engagé volontaire*, aspirant au 81ᵉ d'Artillerie lourde, chef de char à l'Artillerie d'assaut 4.

Commandant un tank, a été tué le 18 avril 1917.

> Citation : *Ayant son char en panne, a travaillé toute la journée à le remettre en état, sous un violent bombardement. Est tombé mortellement blessé au cours de cette tâche.*

[Né en 1897. Fils de M. et de Mᵐᵉ Paul DE GRANGENEUVE.]

GRANGER (*Pierre*-Lucien), ✠, ✠ (palme et étoile), sous-lieutenant d'Artillerie, pilote-aviateur.

Mort de ses blessures, à Billy-le-Grand, le 7 mars 1918, à 27 ans.

GRANGES DE SURGÈRES (Comte *Ludovic*-René-Albert-Charles-Marie de), ✠ (posthume), ✠, ✠ (Médaille du Maroc, Haut-Guir, Oudja), Saint-Cyrien, capitaine au 31ᵉ d'Infanterie.

Tombé à l'ennemi, le 24 août 1914, au combat de Saint-Laurent, près Longuyon (Meuse). Tué à la tête de sa compagnie, après avoir été déjà blessé d'un éclat d'obus; ses derniers mots ont été : « En avant, les enfants !... »

[Né le 11 septembre 1880. Fils du Mⁱˢ et de la Mⁱˢᵉ née MORETUS-PLANTIN.]

GRANRUT (Louis de BIGAULT de), ☖ (posthume), ✠, caporal au 94ᵉ d'Infanterie.

Tombé à Douaumont, mort des suites de ses blessures, à Vadelaincourt (Meuse), le 22 mars 1916, à 22 ans.

> Citation : *Caporal plein d'entrain. Toujours volontaire pour faire les patrouilles. Grièvement blessé le 15 mars 1916, tandis qu'il dirigeait une équipe de pose de fils de fer. A été cité.*

GRAS (Vicomte CHAPELAIN de)......................................

GRASSET (*Emmanuel*-Joachim-Pierre-Antoine, Comte Emmanuel de), homme de lettres, brigadier au 11ᵉ Hussards.

Mort à l'hôpital de Verdun, le 11 octobre 1914.

[Né le 3 octobre 1889. Fils du Cᵗᵉ (décédé) et de la Cᵗᵉˢˢᵉ née HEILBUTH.]

GRAVERON (*Pierre*-Marie-Charles-Alban, Vicomte Pierre de), ✠ (posthume), ✠ (2 étoiles de bronze), sous-lieutenant au 146e d'Infanterie.

Est tombé glorieusement, le 16 avril 1917, à l'attaque de Chivy (Aisne), alors qu'il levait sa canne pour entraîner ses hommes au delà de la première tranchée allemande; il fut grièvement blessé d'une balle; peu après, un éclat d'obus en pleine poitrine vint l'achever.

Un de ses chefs écrivait à sa famille :

Entre tous, il est mort de la mort des braves, face à l'ennemi, entraînant ses hommes par son exemple et contribuant de toutes ses forces à nous assurer la victoire.

Citation posthume : *Chef de section, d'une ardeur et d'un zèle infatigables, se dépensant sans compter ; tombé glorieusement, le 16 avril 1917, à la tête de sa section, en l'entraînant à l'attaque avec un mépris absolu du danger. A été cité.*

[Né le 18 juillet 1881. Fils du Cte Maurice DE GRAVERON (décédé) et de la Ctesse née Germaine DES CHAMPS DE BOISHÉBERT.]

GRAVIER (Robert), ✠, Saint-Cyrien, capitaine au 77e d'Infanterie.

Tué à Monceau (Belgique), le 23 août 1914.

GRÉAU (Jacques), sous-lieutenant au 61e d'Artillerie, 5e Division de Cavalerie.

Tué le 26 janvier 1915.

GRÉAULME (Pierre de), du 250e d'Infanterie.

Tué en 1914, à 26 ans.

GRÉES DU LOU (Xavier-M. des), O ✠, ✠ (2 palmes), colonel du 65e d'Infanterie.

Blessé en août 1914, tombé glorieusement le 23 septembre 1915.

Citation : *Chef de corps d'un magnifique courage. Déjà blessé au cours de la campagne, était revenu incomplètement guéri sur le front. A vaillamment succombé au premier rang en entraînant son régiment à l'assaut d'une position ennemie garnie de fils de fer.*

[Marié à Mlle DAUDETEAU, — dont trois enfants.]

GRÉES DU LOU (*Pierre*-Marie des), ✠ (posthume), ✠, capitaine au 162e d'Infanterie.

Citation : *Officier d'une rare énergie et d'une bravoure remarquable. S'est brillamment conduit aux combats des 22 et 24 août et des 5 et 6 septembre 1914, à Soisy-aux-Bois. A été tué, le 7 septembre, en entraînant sa compagnie à l'assaut. A été cité.*

[Marié à Mlle COURET.]

GRELLET (Barthélemy-*Camille*), O ✠, ✠ (étoile), C ✠ (Saint-Stanislas de Russie), Général de Brigade, commandant de Division.

Prit part aux batailles de Sarrebourg, de la trouée de Charmes, de la Marne, de l'Yser, lorsqu'en juin 1915, à la suite des fatigues du début de la grande guerre, il dut être évacué dans un hôpital de Belfort. A peine convalescent, il reprit du service jusqu'au moment de son passage dans le cadre de réserve, en 1916. Il succomba, en 1919, aux suites d'une maladie contractée aux Armées.

Citation : A fait preuve de belles qualités militaires tant au cours des opérations actives de la 10e division de cavalerie, d'août à novembre 1914, que dans le commandement ultérieur d'un secteur de Haute-Alsace.

[Né le 4 juin 1855. Fils de M. et de Mme née DE LA RIBIÈRE. Marié à Mlle Isabelle DE MOUSSAC, fille de M. et de Mme née DODUN DE KÉROMAN, — dont trois enfants.]

GRELLET DE LA DEYTE (Baron Henri), ✠, ✠ (palme), Saint-Cyrien, capitaine au 19e Chasseurs à cheval.

Quatre jours après son entrée en campagne, le 8 août 1914, il trouvait une fin glorieuse et héroïque, au village de Mercy-le-Bas (Meurthe-et-Moselle), dans une reconnaissance au cours de laquelle « il avait, suivant l'expression de son colonel, chargé avec une folle bravoure quarante uhlans avec cinq hommes, » tuant de sa main l'officier du groupe ennemi.

Citation à l'Ordre de l'Armée : A fait preuve, aux premières heures de la couverture, d'une bravoure à toute épreuve, forçant à plusieurs reprises des fractions de cavalerie ennemie, supérieures en nombre, à lui céder le terrain. Est tombé glorieusement, le 8 août 1914, pendant la reconnaissance d'un village fortement occupé.

[Né le 9 juillet 1882. Fils de M. et de Mme née DE LANDRIAN DE FISSON DU MONTET, Bonne héréditaire du Saint-Empire. Marié à Mlle Jenny CALEMARD DE LA FAYETTE, infirmière-major depuis son veuvage, fille de M. et de Mme née OLIVIER.]

GRELLET DE LA DEYTE (Baron Gaston), ✠, ✠ (palme), ✠ (Maroc), O ✠✠ (2 Ordres Chérifiens), Saint-Cyrien, capitaine commandant le 2e escadron de Spahis Marocains.

Ce brillant officier s'était distingué au Maroc, où il avait fait campagne pendant trois ans, avait été blessé, cité et décoré avant la grande guerre. Mort héroïquement, le 11 septembre 1917, d'une balle au cœur, en entraînant son escadron à l'assaut des redoutes du piton de Pogradie (Albanie), qui fut enlevé de haute lutte.

Citation à l'Ordre de l'Armée : Tombé glorieusement, en entraînant son escadron à l'assaut de positions ennemies fortement tenues et qui ont été enlevées de haute lutte.

[Né le 23 novembre 1883. Frère du précédent.]

GRELLETY (René), docteur en médecine, médecin consultant à Vichy, aide-major au 169e d'Infanterie.

S'est distingué dans les hôpitaux ou ambulances de Vichy, Royat, Besançon, Gray, Lunéville, Verdun et Roanne. Après avoir beaucoup souffert des gaz asphyxiants au fort de Souville, ne parvint pas à se relever de son épuisement prématuré, et succomba victime du devoir.

[Né le 17 juin 1883. Fils du Dr L. GRELLETY et de Mme née NICOLAS-SIMONARD.]

GRENIER (*Pierre*-Louis-Édouard), ✠, ✠ (étoile d'argent), avocat à la Cour de Paris, juge suppléant au Tribunal de Reims, Saint-Cyrien, chef de bataillon, commandant le 4e territorial de Chasseurs alpins.

Tombé glorieusement à Corcieux (Vosges), le 19 mai 1916.

Citation : Chef de corps d'une haute valeur. A commandé avec beaucoup de zèle et de dévouement un bataillon de chasseurs. Est mort glorieusement pour la France, au moment où son bataillon allait franchir l'ancienne frontière pour descendre en Alsace.

[Né le 7 mai 1873. Fils de M. Léon GRENIER, ancien préfet (décédé), et de Mme née FOREST. Marié à Mlle TOURNIÈRE-BLONDEAU, fille de M. et de Mme née GRENIER (décédés), — dont deux enfants.]

GRENIER DE LATOUR (Élisée-Franck-Samuel de), ✳ (posthume), ✠ (palme), sous-lieutenant d'Artillerie, observateur à l'Escadrille 505.

Tombé sur le front d'Orient, au cours d'une mission.

Citation : *Officier remarquable, modeste et brave. Après de nombreuses missions de guerre difficiles et dangereuses, a trouvé une mort glorieuse. A été cité.*

GRESLOU (Louis), ✠, capitaine au 64e d'Infanterie.

Tué le 28 septembre 1914.

GRESSOT (Baron Eugène de).

Mort, en août 1916, en service commandé.

[Fils du B^on et de la B^onne née DE ROBINET DE PLAS. Marié à Mlle d'ALBIGNAC, fille du Vte (décédé) et de la V^tesse née Hélène VERNEUIL.]

GRÉZEL (Marie-Jean-*Maurice* de), ✳ (posthume), ✠ (4 citations), sous-lieutenant au 2e Zouaves.

Citation : *Officier plein d'entrain, ayant maintes fois fait ses preuves au combat. Mortellement frappé, le 8 août 1918, devant Thennes, alors qu'avec une ardeur et un courage admirables, il entraînait ses hommes à la poursuite de l'ennemi. A été cité.*

[Fils de M. et de Mme née DAUGARON.]

GRÉZEL (Fernand de), ✳, Intendant militaire.

Mort à Dakar, le 16 février 1917, après un séjour de 22 mois au front.

[Fils de M. et de Mme née DE NADAL.]

GRÉZEL (Godrick de), ✠.

Tué à Douaumont, en 1916.

[Fils du précédent.]

GRIFFATON (René), sous-lieutenant au 14e Dragons.

Tué à Meteren (Nord), le 11 octobre 1914.

GRILLE D'ESTOUBLON (*Joseph*-Léonide-Marie, Vicomte de), ✳ (posthume), ✠ (palme), capitaine au 261e d'Infanterie.

Tué à Boureuilles (Meuse), le 20 décembre 1914. Chargé avec sa compagnie de faire l'assaut d'une colline occupée par l'ennemi, a pu, grâce à son énergie et à son courage, gagner 600 mètres; puis, cerné de toute part et sommé de se rendre, a préféré mourir glorieusement.

Citation : *Le 20 décembre 1914, tandis qu'il marchait à l'attaque des tranchées de l'ennemi, à la tête de sa compagnie, a été contre-attaqué par des forces supérieures. A reçu leur choc à l'arme blanche et a été mortellement blessé en essayant de conserver le terrain qu'il venait de conquérir. A été cité.*

[Né le 30 mars 1874. Fils du Cte et de la Ctesse née Stéphanie DE GUYON DE GEYS DE PAMPELONNE. Marié à Mme Madeleine DE MIRIBEL, fille du Général (décédé) et de Mme née DE GROUCHY, — dont un enfant.]

GRILLET (Joseph-Adrien), 🎖, ✠ (palme), sergent pilote-aviateur. Tué, le 12 octobre 1917, à 23 ans.

GRIMAL (André de), 🎖 (posthume), ✠ (palme), aspirant au 122e d'Infanterie.

Citation : *Chef de section de mitrailleuses. Le 20 août 1917, a été atteint mortellement en plein front, tandis que, complètement découvert de sa personne et sur un terrain battu par des feux de mitrailleuses, il dirigeait le tir de ses pièces.*

GRIMALDI D'ESDRA (François-Antoine), ✠ (palme), sous-lieutenant au 363e d'Infanterie. Tué en 1916.

GRIMBERT (*Henri*-Théodore-Bernard), externe des Hôpitaux, médecin auxiliaire au 26e d'Artillerie.

A été massacré avec une partie de son ambulance, le 24 août 1914, à Gommery (Belgique).

[Né le 23 novembre 1889. Fils du Dr GRIMBERT, membre de l'Académie de Médecine, professeur à l'Ecole supérieure de Pharmacie, et de Mme née ROCHE.]

GRISET (*Jean*-Marc), *engagé volontaire*, aspirant au 76e d'Infanterie.

Blessé mortellement, le 22 août 1914, au combat de Lexy (Meurthe-et-Moselle), mort le 23 à Longwy.

[Né le 9 avril 1895. Fils de M. Jules GRISET (décédé) et de Mme née CAHAGNE.]

GROOTE (François de), 🎖 (posthume), ✠ (palme), sergent au 16e Chasseurs à pied.

Citation : *Sous-officier énergique, modèle de courage. Le 1er novembre 1916, est allé, la nuit, sous un bombardement d'obus de gros calibre, à la recherche de deux chasseurs de sa demi-section qui n'avaient pas rejoint la tranchée de première ligne. A montré pendant le combat de belles qualités de gradé en indiquant à tous où était le devoir. A eu la jambe brisée à son poste de combat. Mort pour la France, le 16 décembre 1916, des suites de ses blessures. A été cité.*

GROS, née **THORAILLER** (Madame Lucien).

Victime du bombardement de l'église Saint-Gervais, le Vendredi-Saint, 29 mars 1918.

GROSCLAUDE (Jean), ✠ (posthume), ✠ (palme), Saint-Cyrien de la promotion de la Croix du Drapeau, sous-lieutenant au 42e d'Infanterie.

Citation : *Jeune officier plein d'entrain et d'énergie; a été tué en donnant à tous ses hommes l'exemple d'un admirable mépris de la mort.*

GROSSELIN (Robert), ✠, ✠ (palme), Saint-Cyrien de la promotion de Montmirail, sous-lieutenant au 161e d'Infanterie.

Tué, le 29 janvier 1915, à la tête de sa section, dans le Bois de la Gruerie.

[Né le 28 juin 1892. Fils de M. et de Mme née LOUVET-LAMARRE.]

GROSSETTI (Paul-François), GO ✳, ✳(palmes), Général de Division.

Après s'être révélé à la tête de la fameuse 42ᵉ division, pendant la bataille de la Marne, après avoir assuré avec cette division la vaillante défense de l'Yser, en novembre et décembre 1914, il avait exercé, en Champagne d'abord et devant Verdun ensuite, le commandement du XVIᵉ Corps d'armée jusqu'en janvier 1917, époque à laquelle il avait été appelé à commander l'Armée Française d'Orient. Rentré de Macédoine au début d'octobre 1917, gravement atteint dans sa santé, dut s'aliter aussitôt et succomba le 7 janvier 1918.

Parmi les nombreuses citations à l'Armée de cet admirable soldat, nous détachons celle que lui valut sa conduite pendant la bataille des Flandres :

Appelé, du 25 octobre au 2 novembre 1914, à renforcer les troupes belges aux prises avec des forces ennemies supérieures, a multiplié les actions offensives de divisions. Par son activité, sa ténacité, son esprit de décision, son grand courage personnel, a rétabli une situation compromise et contribué très efficacement à l'échec des attaques allemandes sur l'Yser. Placé, le 7 novembre, en pleine bataille, à la tête d'un corps d'armée très éprouvé, est parvenu, par son énergie et son action personnelle, aux points et aux moments les plus critiques, à briser l'offensive ennemie dans ce secteur.

[Marié à Mme CASTAGNETO.]

GROSSOUVRE (Louis-Jean-Marie DURAND de), ✳ (posthume), ✳, sous-lieutenant.

Citation : *Officier d'élite qui s'est signalé, dès le début de la campagne, par la façon hardie dont il a conduit ses reconnaissances et par la netteté des renseignements qu'il a envoyés. Le 14 septembre 1914, en patrouille de pointe, s'est avancé seul pour reconnaître un groupe d'Allemands qui faisaient mine de se rendre, et a été alors traîtreusement frappé d'une balle en plein cœur. Est mort en héros. A été cité.*

GROTTES (Aimé-Jean-Honoré MARRAUD des), ✳ (posthume), ✳ (4 citations), capitaine mitrailleur au 144ᵉ d'Infanterie.

Citation : *Officier de la plus grande valeur morale ; a toujours été pour tous et en toutes circonstances un modèle de dévouement et de devoir. Blessé mortellement à son poste de combat, le 23 octobre 1918. A été cité.*

[Fils de M. et de Mme née Jeanne DE CHASTEIGNER.]

GROTTES (André MARRAUD des), sergent au 6ᵉ d'Infanterie.
Tué sous Verdun, le 30 juin 1916.

[Frère du précédent.]

GROUCHY (*Jacques-Adrien-Marie*, Comte Jacques de), sergent au 37ᵉ Colonial.

A Java, lors de la déclaration de guerre, est venu aussitôt rejoindre son régiment. Tombé, le 20 août 1916, aux combats de la Somme.

[Né en 1884. Fils du Mis et de la M^{ise} née LAMBRECHT (décédés). Arrière-petit-fils du Maréchal DE GROUCHY.]

GRUIN (André), ☉ (posthume), ✠ (étoile), étudiant, *engagé volontaire,* adjudant au 131e d'Infanterie.

Tué au combat de Raucourt, le 2 octobre 1916.

Citation à l'Ordre de la 125e Division : *Jeune chef de section d'une bravoure et d'un sang-froid à toute épreuve. S'est fait remarquer à maintes reprises par la conception élevée de ses devoirs ; a été blessé mortellement, le 2 octobre 1916, à la tête de sa section, qu'il maintenait sur les positions conquises, sous un violent bombardement.*

[Né à Paris. Fils de M. H. GRUIN, juge au Tribunal de Commerce de la Seine, et de Mme née BOULANGER.]

GRUNDELER (*Jean-Marie-Eugène-Étienne*), ☉ (posthume), ✠ (palme), soldat au 128e d'Infanterie.

Au moment de la mobilisation, en sursis d'incorporation pour continuation d'études comme candidat à l'Ecole Centrale, a rejoint son régiment le 10 août 1914. Quoique non instruit, a, sur sa très vive insistance, été versé comme volontaire dans un détachement de renfort partant pour le front. — Tombé au Bois de la Gruerie, le 7 novembre 1914.

Citation : *Étant observateur du chef de bataillon, le 7 novembre, et apercevant du haut d'un arbre l'attaque de la cote 176, s'est porté spontanément vers sa compagnie menacée. Ayant vu tomber un sous-officier, a pris le commandement de la section. Est tombé mortellement blessé en criant : « En avant ! » A été cité.*

[Né le 15 février 1893. Fils de M. et de Mme Louis GRUNDELER.]

GUARDIA (Jean de), ✠ (posthume), ✠ (palme), sous-lieutenant au 51e Chasseurs à pied.

Tué d'une balle au front, le 20 février 1915, en Alsace.

Citation : *Connaissant le pays, s'est offert spontanément pour diriger les reconnaissances faites par des fractions n'appartenant pas à son bataillon sur un terrain fortement occupé par l'adversaire ; a été mortellement atteint après avoir, pendant deux heures, guidé la marche des colonnes d'attaque. A été cité.*

GUASCO (Édouard), O ✠, ✠ (palme), chef de bataillon au 43e d'Infanterie.

Citation : *Superbe attitude au feu depuis le début de la campagne. A remarquablement enlevé son bataillon à l'attaque des tranchées allemandes. A traversé avec un calme magnifique tout le terrain battu par l'artillerie, par les feux d'infanterie et de mitrailleuses, et a été tué d'une balle au cœur, face à l'ennemi et debout, au moment où la compagnie de tête de son bataillon allait atteindre les réseaux de fils de fer de l'ennemi.*

GUASTALLA (Henri-S.), ✠ (posthume), ✠ (palme), agent de change à Paris, lieutenant de réserve au 360e d'Infanterie.

Citation : *Très belle attitude au feu. A été tué au moment où, armé de son revolver, il faisait feu sur l'ennemi, arrivé à huit mètres de la tranchée qu'il occupait.*

GUASTALLA (Alfred), ✠ (posthume), ✠ (étoile), sous-lieutenant au 74ᵉ d'Infanterie.
Tué à Neuville-Saint-Vaast, le 9 juin 1915, à 23 ans.

Citation : *S'est jeté avec quelques hommes dans une sape où l'ennemi venait d'enlever une barricade. Par son bel exemple de sang-froid et de mépris du danger, a non seulement arrêté le mouvement de repli, mais encore a beaucoup contribué à la reprise du terrain perdu. A été tué au cours de cette action. A été cité.*

GUBERNATIS (Arthur-Émile-Charles de), ✠ (posthume), ✠ (palme), soldat au 276ᵉ d'Infanterie.

Citation : *A toujours servi en brave et excellent soldat, donnant en toutes circonstances la valeur de son dévouement. Mort glorieusement pour la France le 16 septembre 1914. A été cité.*

GUDIN DE VALLERIN (Raoul), ✠ (posthume), ✠ (palme), *engagé volontaire*, brigadier au 3ᵉ Spahis.
Tombé, en 1918, au cours des opérations du groupe mobile de Meknès.

Citation : *Jeune brigadier, modèle de bravoure et de sang-froid. S'est distingué dès sa première affaire à ..., le ..., gardant tout son calme sous le feu de l'ennemi. Atteint d'une balle en pleine tête au moment où il donnait des ordres à ses spahis pour empêcher un mouvement tournant de l'adversaire, est tombé glorieusement au champ d'honneur. A été cité.*

[Fils du Colonel, O ✠, et de Mᵐᵉ née RICARD.]

GUÉHÉNEUC DE BOISHUE (Comte Charles), ✠, ✠ (4 palmes, 2 étoiles), commandant le 59ᵉ Chasseurs à pied.
Grièvement blessé en 1915, est reparti sur sa demande, quoique inapte, fut tué, en juillet 1918, en entraînant, dans un combat victorieux, son bataillon de chasseurs.

Citation : *Chef de bataillon d'élite. Réputé pour sa grande bravoure, sa haute intelligence et son calme parfait au feu. Possédant la confiance entière de ses chefs et de ses subordonnés. Blessé deux fois. Titulaire de la Légion d'honneur et de quatre citations pour sa brillante conduite au feu. Mort glorieusement pour la France, le 20 juillet 1918, à Prize (Aisne).*

[Fils du Cᵗᵉ GUÉHÉNEUC DE BOISHUE (décédé) et de la Cᵗᵉˢˢᵉ née Henriette DE CHABREFY. Marié à Mˡˡᵉ Geneviève COCHIN, fille du Colonel COCHIN, O ✠, et de Mᵐᵉ née BOULLAY, — dont trois enfants : Antoinette, Marie-Henriette et Régis.]

GUENEAU DE MUSSY (François), ✠ (posthume), ✠ (2 palmes), lieutenant au 129ᵉ d'Infanterie.
Revenu en toute hâte de la Colombie Britannique, à la déclaration de guerre, prit part, dès le 24 août 1914, aux combats livrés par le 119ᵉ de ligne qu'il avait rejoint. Passa ensuite au 129ᵉ, et fut tué, le 22 mai 1916, au fort de Douaumont.

Citation : *Officier ayant une haute conception du devoir, aimé et admiré de ses hommes, a brillamment entraîné sa compagnie à l'assaut d'un fort avec une vigueur remarquable. Grièvement blessé sur le terre-plein du fort au moment où il en organisait la défense. A été cité.*

[Né le 14 octobre 1883. Fils de M. Philippe GUENEAU DE MUSSY et de Mᵐᵉ née SÉRÉ DE RIVIÈRES. Marié à Mˡˡᵉ Isidora Cousiño, — dont un enfant.]

GUENEAU DE MUSSY (Henri), ✠ (posthume), ⚜ (palme), élève inspecteur à la Compagnie d'Assurances Générales, adjudant au 36ᵉ d'Infanterie.

Blessé mortellement, le 22 août 1914, à Châtelet, près de Charleroi, et mort à l'hôpital de cette ville, le 17 septembre 1914, muni des sacrements de l'Eglise.

> Citation : *Chef de section d'un grand mérite et d'un magnifique courage. A été blessé très grièvement à deux reprises, au combat du 22 août 1914, en entraînant sa section à l'assaut. Est mort des suites de ses blessures.*

[Né le 3 février 1887. Frère du précédent.]

GUÉPIN (Rodolphe-Marie), O ✸, capitaine de vaisseau à bord du *Suffren*.

Englouti avec son bâtiment, en novembre 1916.

GUERARD (*Pierre*-Henri-Richard), ✸, ⚜ (1 palme, 2 étoiles), lieutenant-colonel du 3ᵉ Hussards.

Grièvement blessé, le 1ᵉʳ juin 1918, lors de l'offensive allemande, décédé, le 5, des suites de ses blessures dans une ambulance du front.

[Né en 1867. Fils de M. et de Mᵐᵉ née DE SAINT-GENIÈS (décédés). Marié à Mˡˡᵉ WADDINGTON, fille du Sénateur (décédé) et de Mᵐᵉ née MILES, — dont un fils.]

GUERARD (Jean), lieutenant de réserve au 216ᵉ d'Infanterie.

Tué, le 20 septembre 1914, à Nouvion-Vingré (Aisne), en entraînant sa section à l'attaque de la ferme de Confrécourt.

[Frère du précédent.]

GUÉRARD DES LAURIERS (*Maurice*-Robert), ✠ (posthume), ⚜ (palme), maréchal des logis au 20ᵉ Dragons, détaché au 30ᵉ d'Infanterie.

> Citation : *S'est distingué à maintes reprises par sa belle attitude au feu et notamment, le 26 octobre 1918, en contribuant personnellement à arrêter une puissante contre-attaque ennemie. A été tué, les armes à la main, en faisant le coup de feu à la tête des agents de liaison du bataillon.*

GUERDAVID (Yves LE ROUGE de), ✠, ⚜ (palme), lieutenant au 274ᵉ d'Infanterie.

Tué le 28 février 1917.

[Né en 1893. Fils du Cᵗᵉ (décédé) et de la Cᵗᵉˢˢᵉ née Marguerite DE ROBIEN.]

GUÉRIN DE LA HOUSSAYE (Albert-Louis-Marie-Bernard), ✸ (posthume), ⚜ (palme), lieutenant au 4ᵉ Cuirassiers à pied.

> Citation : *Officier d'une bravoure éclatante. Le 9 juin 1918, complètement entouré par un ennemi pressant et nombreux, s'est dégagé à la tête d'une poignée d'hommes. Est tombé glorieusement, le 15 juin, sur la position qu'il défendait avec acharnement depuis trois jours, en exaltant ses hommes par son exemple. A été cité.*

GUÉRINES (Léon-Guillaume-*Henri* MICOLON de), ⚜ (2 étoiles), *engagé volontaire*, brigadier au 3ᵉ Chasseurs à cheval.

Blessé le 15 juillet 1918, décédé au château de Bourgnon, le 23 mars 1919, des suites d'intoxication et de maladie contractée au front.

[Né le 25 décembre 1896. Fils de M. et de Mme née Caroline MICOLON DE GUÉRINES.]

GUÉRIOT (Jean), ✠, canonnier au 223e d'Artillerie.
Tué le 18 octobre 1918.

[Né en 1896. Fils de M. GUÉRIOT, avoué, et de Mme née GUIDOU.]

GUERNON (Ludovic-Charles-Arthur de), ✠ (posthume), ✠ (2 palmes), capitaine au 5e Chasseurs à pied.
Mort pour la France, à Lyon, le 8 mai 1915, des suites d'une maladie contractée aux Armées.

> Citation : *Quoique atteint d'une grave maladie au moment de la mobilisation, est parti avec son bataillon et a fait preuve en toutes circonstances des plus belles qualités militaires ; malgré la souffrance causée par sa maladie, a conservé son commandement jusqu'au jour où, grièvement blessé au feu, il dut être évacué; a fait preuve de la plus belle énergie. A été cité.*

[Né le 18 avril 1872. Marié à Mlle MÉNARD DE COUVRIGNY.]

GUERPEL DE RENNEVILLE (*Louis*-Marie-Jules de), ✠ (posthume), ✠ (3 étoiles), séminariste, sous-lieutenant au 236e d'Infanterie.
Mort au champ d'honneur, d'une balle reçue en plein cœur, au moment où il veillait, debout dans une tranchée peu profonde, à la sûreté de ses hommes, dans le bois de Thiescourt (Oise), le 10 juin 1918. Inhumé le lendemain dans les carrières de Chevincourt.

> Troisième citation (posthume) : *Officier d'un courage éprouvé, animé des plus hauts sentiments. A eu une attitude des plus brillantes pendant les journées des 9 et 10 juin. Blessé mortellement.*

[Né le 18 septembre 1896. Fils de M. Henry-Marie-Adalbert DE GUERPEL DE RENNEVILLE et de Mme née Marie-Thérèse DE SAINT-POL.]

GUERRY DE BEAUREGARD (Vicomte Louis de), enseigne de vaisseau.
Victime de la catastrophe de l'*Iéna* (1914).

GUERRY DE BEAUREGARD (Marie-Antoine-Tancrède-Auguste-Louis-*Henri* de), ✠ (posthume), ✠ (palme), lieutenant au 7e Hussards.
Mort à Nancy, le 10 août 1914, des suites de blessures reçues à l'ennemi.

> Citation : *Tombé glorieusement à l'ennemi pendant la première période de la campagne. A été cité.*

[Fils du Cte (décédé) et de la Ctesse née Marie DE BEAUMONT.]

GUERVILLE (Robert HUET de), ✠ (posthume), ✠ (palme), ✠ (Médaille du Maroc), capitaine au 8e Tirailleurs Indigènes.

> Citation : *Au combat de Gaouz (Maroc), le 9 août 1918, blessé à deux reprises, a gardé le commandement jusqu'au moment où ses forces l'ont abandonné ; a, par son exemple, contribué à obtenir de sa troupe, aux prises avec un ennemi acharné, le rendement maximum. Tombé glorieusement à la tête de sa compagnie. A été cité.*

[Né le 15 février 1884. Fils du Vte et de la V^tesse née DE MAIRESSE. Marié à Mlle BIZIEN, — dont trois enfants.]

GUERVILLE (Marcel HUET de), ✳, ✠ (palme), sous-lieutenant au 120ᵉ d'Infanterie.

Mort des suites de ses blessures, le 27 août 1914, reçues le 22 au combat de Bellefontaine (Belgique).

Citation : A fait preuve, le 22 août, de la plus grande bravoure et du plus grand sang-froid. A été grièvement blessé.

[Né le 1ᵉʳ mars 1887. Frère du précédent.]

GUET (Georges du), ✳, ✠ (palme), capitaine adjudant-major au 297ᵉ d'Infanterie.

Citation : Officier du plus grand mérite, déjà cité deux fois à l'Ordre de l'Armée. Le chef de bataillon ayant été blessé, a pris le commandement du bataillon, ordonnant les dispositions les plus judicieuses pour enrayer une attaque ennemie. Est tombé en exécutant une reconnaissance de terrain en vue de la défense de la position.

[Né en 1880. Fils de M. et de Mᵐᵉ née Berthe DE LA TOUR D'ARTHAISE. Marié, en 1914, à Mˡˡᵉ Louise DE LANDER, fille de M. (décédé) et de Mᵐᵉ née Mélanie DU VEYRIER.]

GUEUDET (*Robert*-Charles), ⚰ (posthume), ✠ (palme), employé de Banque, maréchal des logis, pilote-aviateur de chasse à l'Escadrille Spad 461.

Porté d'abord disparu, les restes de ce vaillant aviateur furent retrouvés et exhumés, le 13 août 1919, à Neuilly-Saint-Front (Aisne), où il tomba glorieusement.

Citation : Excellent pilote de chasse. Sous-officier d'un courage et d'une énergie remarquables, ayant fait preuve en toutes circonstances du plus bel allant; disparu, le 1ᵉʳ juin 1918, au cours d'une patrouille de protection sur le front Château-Thierry-Villers-Cotterets.

[Né le 25 janvier 1892. Fils de M. (décédé) et de Mᵐᵉ née Marie-Léontine NOËL.]

GUEYTAT (Alphonse-Léon-Pierre-Marie), ✳, ✠ (palme), chef de bataillon au 63ᵉ d'Infanterie.

Citation : A fait preuve du plus grand courage, d'une extrême ténacité et d'une rare énergie en maintenant sous un feu intense trois compagnies attaquées de nuit, le 28 septembre 1914, par une brigade de la garde prussienne. A été tué en repoussant cette attaque.

GUIARD (Robert), ✳, ✠ (2 palmes), banquier, capitaine au 35ᵉ Colonial.

Citation : D'une bravoure admirable, a chargé brillamment, le 29 septembre 1915, à la tête de sa compagnie, l'enlevant à l'assaut d'une position ennemie puissamment fortifiée. Est tombé glorieusement, mortellement frappé au moment où il atteignait son objectif (Butte de Souain, en Champagne).

[Fils de M. Maxime GUIARD, ✳, ✠, agent de change, et de Mᵐᵉ née BERTEAUX.]

GUIBERT (Jean-Lucien-Paul-Charles de), ✳ (posthume), ✠, sous-lieutenant au 4ᵉ Chasseurs à cheval.

Citation : Jeune officier sortant de Saumur, plein d'entrain, d'allant et de courage. S'est particulièrement distingué pendant la bataille de la Marne, le 10 septembre 1914, au combat de Som-

puis, en attaquant un peloton de uhlans qui défendait ce village. Belle tenue au feu. Blessé mortellement par un éclat d'obus, en Champagne, le 16 septembre 1914.

GUIBERT (Roger de), ✠ (posthume), ✠, sous-lieutenant au 417e d'Infanterie.

Citation : *Brave et courageux officier. Tué à son poste de combat, le 12 février 1916, à Vingré. Déjà cité pour sa belle conduite au feu, une blessure antérieure.*

GUICHEN (Maxime du BOUËXIC, Vicomte de), ✠ (posthume), ✠, sous-lieutenant au 67e d'Infanterie.

Tombé glorieusement, le 18 juillet 1918, au cours de notre offensive victorieuse.

Citation : *Officier d'une bravoure sans pareille, qui, après s'être évadé des prisons de l'ennemi, au milieu de difficultés inouïes, a contracté un engagement à la légion étrangère, y a rapidement conquis les galons d'officier. Tombé glorieusement, le 18 juillet 1918, en s'élançant à l'attaque. A été cité.*

[Né le 10 avril 1895. Fils du Cte et de la Ctesse née Marthe VIELLARD.]

GUICHEN (René du BOUËXIC, Vicomte de), ✠, ✠ (palme et étoile), élève de Saint-Cyr (promotion du Drapeau et de l'Amitié Américaine), *engagé volontaire*, aspirant au 317e d'Infanterie.

Blessé une première fois à la tête, en octobre 1917, revenu au front, aussitôt guéri. Blessé à nouveau et mortellement, le 21 mars 1918, au Mont-Blond (Champagne), alors que, debout sur le parapet, il cherchait à démasquer les mouvements que l'ennemi couvrait par un nuage de fumée artificielle. Mort de ses blessures, le 26 mars, à l'ambulance 7/4.

Citation (Médaille militaire), 23 mars 1918 : *Jeune sous-officier de la plus haute valeur et d'une vaillance à toute épreuve. S'est particulièrement distingué au cours d'une préparation d'attaque ennemie. Quoique très grièvement blessé, a donné une fois de plus, en cette occasion, le plus bel exemple de sang-froid et de mépris du danger. Une blessure antérieure, une citation.*

[Né le 17 février 1898. Frère du précédent.]

GUIEYSSE (Paul), soldat au 18e d'Infanterie.

Tué à l'ennemi, le 6 février 1915, à Glennes (Aisne).

GUIGNABAUDET (*Pierre*-Amable), C ✠, ✠ (2 palmes), ✠ (Belge), C ✠ (Ordre de Karageorgevitch), C ✠ (Aigle Blanc de Serbie), ✠ (Médaille Coloniale), ✠ (Médaille du Tonkin), ✠ (Ordre Royal du Cambodge), ✠ (Dragon d'Annam), O ✠ (Nicham Iftikar), Général de Division, commandant la 41e Division.

Sorti de Saint-Cyr en 1880, entré à l'École de Guerre en 1890, fit la campagne du Tonkin (1883-1886), et fut blessé au combat de Hav-Moc.

Chevalier de la Légion d'honneur à 25 ans, il fut colonel du 152e d'Infanterie, qui devait, le premier, recevoir la fourragère. Général de brigade en 1912 et divisionnaire en décembre 1914, il se distingua dans toutes les grandes batailles de cette guerre : le Grand-Couronné, la Marne, l'Yser, l'Artois, Verdun, la Somme, où sa division emporta Combles, l'Aisne en 1917. C'est sur un des points du front des Flandres les plus âprement disputés, dans les dernières attaques ennemies, qu'il a trouvé la mort glorieusement, le 30 mai 1918, à la Montagne, près du Mont Kemmel. Mort le soir même à l'ambulance de Terdeghem (Nord).

> Citation posthume : *Officier général plein de vaillance, de cœur et d'énergie, qui n'a cessé, depuis le début de la campagne, de donner des marques de ses belles qualités militaires. Appelé à défendre avec sa division un secteur particulièrement exposé, a été mortellement atteint à son poste de combat.*

[Né le 22 septembre 1859. Marié à Mlle Lecasble, — dont deux enfants.]

GUIGNÉ (Comte Jacques de), �֎ (posthume), ✠, capitaine de Chasseurs alpins.
   Blessé trois fois, tombé en Alsace, le 22 juillet 1915.

[Marié, en 1910, à Mlle Antoinette de Charette de la Contrie, fille du Cte et de la Ctesse née de Bourbon-Busset, décédés.]

GUIGOU (Albert), ✖, ✠, chef de bataillon au 281e d'Infanterie.
   Tué le 9 mai 1915.

GUILHEM DE LANSAC (Marie-Jean-*Henry*, Vicomte de), cavalier au 15e Chasseurs à cheval.
   Blessé aux combats de Belgique, mort le 6 mars 1915.

[Né le 1er janvier 1891. Fils de M. Alban de Guilhem de Lansac (décédé) et de Mme née Marguerite d'Aure.]

GUILHOT DE LAGARDE (Louis-Michel-Marie-*Paul*), ✖ (posthume), ✠ (palme), *engagé volontaire* au 8e Hussards.
   Engagé, le 9 janvier 1915, comme simple cavalier, il était nommé sous-lieutenant au même régiment, le 13 août 1917. — Tué à l'ennemi, le 2 juin 1918, pendant la bataille de La Ferté-Milon, dans les circonstances suivantes :
   Le 8e Hussards ayant mis ses cavaliers pied à terre pour s'opposer à l'avance des Allemands sur La Ferté-Milon et Mareuil-sur-Ourcq, il prit part, le 2 juin 1918, à l'attaque de Passy-en-Valois, à la tête d'un peloton de cavaliers à pied qu'il commandait. Frappé mortellement en première vague d'assaut, d'une balle en pleine poitrine, à 200 mètres du Buisson-de-Borny et à 200 mètres de la ferme de la Loge-aux-Bœufs, il fut tué quelques minutes après par une deuxième balle. Son corps, reconnu sur le champ de bataille, a pu être relevé et inhumé dans le nouveau cimetière d'Autheuil-en-Valois.

> Citation à l'Ordre de la VIe Armée : *Officier plein d'allant et de sang-froid; d'une haute valeur morale. À l'attaque du 2 juin 1918, malgré un violent feu de mitrailleuses, a porté audacieusement sa section en avant pour reprendre liaison avec les unités voisines. A été tué glorieusement au cours de l'action. A été cité.*

[Né à Auch le 2 novembre 1896. Fils de M. Émile Guilhot de Lagarde, ✖, ✠, capitaine au 8e Hussards, et de Mme née Geneviève de Batz de Trenqelléon.]

GUILLAND (Louis-Jean-*Pierre*), ✖ (posthume), ✠ (palme), licencié ès lettres et en droit, lieutenant d'Artillerie, observateur en avion, attaché à la Division du Maroc.

Prit part aux combats de Dieuze, la Marne, la Somme, la Champagne, Moronvilliers, Verdun, C'est là, à la reprise du Mort-Homme, le 20 août 1917, qu'il devait trouver une mort glorieuse : remplissant sa mission de liaison d'infanterie, son pilote fut tué au cours d'un combat aérien, et son appareil tomba désemparé sur les fils de fer des tranchées reconquises. Grièvement blessé, il expirait quelques heures plus tard, en pleine connaissance et ne s'inquiétant que de la réussite de l'attaque.

> Citation : *Observateur d'élite, a témoigné, pendant toute la préparation de l'attaque, des plus habiles qualités militaires. Le 20 août, effectuant dans des conditions pénibles une liaison d'accompagnement d'infanterie, volant à faible altitude, a trouvé une mort glorieuse dans un combat inégal contre trois avions ennemis.*

[Né à Marseille le 27 août 1892. Fils de M. Michel GUILLAND (décédé) et de Mᵐᵉ née RONDEL.]

GUILLAND (*Jacques*-Marie-Antoine), ✠ (posthume), ✠ (1 palme, 1 étoile), étudiant, sous-lieutenant au 1ᵉʳ Chasseurs à pied.

A admirablement entraîné sa section, les trois premiers jours de l'offensive de Champagne commencée le 26 septembre 1918. Le 28 au soir, fut mortellement frappé au delà de Somme-Py.

> Dernière citation : *Jeune officier plein d'allant, animé des plus beaux sentiments du devoir. A participé à l'attaque du 26 septembre 1918, où il a capturé sept Allemands. Le 27, a assuré une liaison difficile, délicate, entre son corps et une unité voisine. Le 28, est parti à l'attaque à la tête de sa section sous un feu nourri de mitrailleuses ; son entrain, sa belle attitude furent un exemple pour ses hommes jusqu'au moment où il fut frappé mortellement à son poste de combat.*

[Né le 6 mars 1895. Frère du précédent.]

GUILLEBON DE BEAUVOIR (Comte Henri de), ✠ (posthume), ✠ (2 palmes), lieutenant au 1ᵉʳ Colonial.
Tué à Gallipoli, le 19 mai 1915.

> Citation : *A fait preuve de la plus grande bravoure au cours de l'attaque d'une tranchée turque. Blessé à trois reprises, n'a cessé de commander et d'encourager ses tirailleurs jusqu'au moment où il a été mortellement frappé.*

GUILLEMINOT (Pierre), ✠, ✠ (6 citations), capitaine au 70ᵉ d'Infanterie.
Tué, le 4 août, à la ferme La Grange, sur la Vesle.

GUILLEMINOT (Bernard), sergent.
Tué à Acy-en-Multien, le 6 septembre 1914.

[Frère du précédent.]

GUILLEROT (*Paul*-Léon), ✠ (posthume), ✠ (étoile), propriétaire, sous-lieutenant au 137ᵉ d'Infanterie (1ʳᵉ compagnie de mitrailleuses).
Tué à l'ennemi, à Souain (Marne), le 30 septembre 1918.

> Citation : *Chef de section de haute valeur morale et du plus bel exemple. Modèle de bravoure et d'énergie. Tué à son poste de combat.*

[Né le 21 août 1882. Fils de M. Paul GUILLEROT (décédé) et de Mᵐᵉ née Aline BLAY.]

GUILLIN D'AVENAS (René de), ✠ (posthume), ✠, capitaine au 90ᵉ d'Infanterie.

Tombé, le 11 novembre 1914, au combat de Vanderbrom (Belgique), en entraînant ses hommes à l'attaque.

> Citation : *Malgré une santé précaire, est resté sur le front sans défaillance. Tué glorieusement à Valbranden-Molen, le 11 novembre 1914. A été cité.*

[Fils de M. (décédé) et de Mᵐᵉ née HUMBERT DE QUINCY. Marié à Mᵐᵉ Marie-Louise DE BONFILS, veuve de M. Robert BUSQUET DE CAUMONT.]

GUILLOCHET DE LA PERRIÈRE (Charles), ✠, caporal au 167ᵉ d'Infanterie.

Tué au Bois Le Prêtre, le 31 mars 1915.

[Né le 10 juillet 1890. Fils de M. et de Mᵐᵉ née DE VILLENEUVE.]

GUILLON (Robert), élève de l'Institut national Agronomique, *engagé volontaire* au 1ᵉʳ d'Artillerie.

Mort, le 7 octobre 1918, à l'âge de 18 ans, à l'hôpital du Havre, d'une maladie contractée en service commandé.

[Né le 19 mai 1900. Fils de M. Albert GUILLON, industriel, et de Mᵐᵉ née RISPAL.]

GUILLOT (Abel), ✠, capitaine de Troupes Coloniales.

Tué au Cameroun, le 25 août 1914.

GUILLOTEAUX (*Marc*-Jean-Joseph), ✠ (posthume), ✠ (palme), *engagé volontaire*, maréchal des logis au 13ᵉ d'Artillerie.

Il fit successivement campagne au 23ᵉ Dragons, où il fut nommé maréchal des logis et attaché comme estafette au Général D'URBAL, puis au 27ᵉ Dragons, d'où il fut détaché, en vue d'un stage d'élève-aspirant, au 13ᵉ d'Artillerie coloniale. Lors de la ruée allemande sur Paris, au printemps de 1918, son régiment, pendant une semaine de sanglants combats, barra la route à l'envahisseur depuis Coucy-le-Château jusqu'à Orvillers-Sorel (Oise). C'est là qu'il fut tué glorieusement, le 30 mars 1918, d'une balle de mitrailleuse à la tête, en commandant une reconnaissance d'éclaireurs. — Le Chef d'escadrons commandant l'Artillerie de la 1ʳᵉ Division de Cavalerie écrivit à son père :

> Je n'insiste pas sur les qualités exceptionnelles de bravoure et de sentiment du devoir, que possédait votre fils ; plein d'allant, il était l'admiration de tous et un modèle pour nos artilleurs ; tous, nous l'avons pleuré !

> Citation : *Chef des éclaireurs d'un groupe à cheval, a, au cours des récents combats, fait l'admiration de tous par son allant et sa belle bravoure cavalière, réclamant toujours l'honneur d'accomplir les missions les plus périlleuses. A été tué en reconnaissant les premières lignes ennemies.*

[Né le 10 mars 1891. Fils de M. Jean GUILLOTEAUX, sénateur du Morbihan, et de Mᵐᵉ née Alice BIDAULT.]

GUINAND (*Antonin*-André-Marie), ingénieur, caporal au 75ᵉ d'Infanterie.

Disparu, le 25 août 1914, dans les bois de Raon-l'Étape (Vosges).

[Né le 12 juillet 1886. Fils de M. Antoine GUINAND, membre du Conseil de la Croix-Rouge, et de Mᵐᵉ née DAMIRON.]

GUINDEY (Claude), ✠, sous-préfet de Boulogne-sur-Mer, sous-
lieutenant au 228e d'Infanterie.
   Tué en 1914.

[Marié à Mlle Francfort, décédée en 1919.]

GUINY (Jean du), ✠, ✠, capitaine au 4e Colonial.
   Tué sur le front de la Marne, le 18 avril 1915.

[Marié à Mlle Marie-Marcelle du Boishamon.]

GUIRINGAUD (Jean-Léon-*Pierre* de), ✠ (posthume), ✠, capitaine
au 7e Chasseurs à cheval.
   Blessé grièvement, le 5 novembre 1914, à Bixschoote, succomba
le 8 suivant à l'hôpital de Vernon.

   Citation : *Officier très brave. A donné un bel exemple de sang-
   froid et de décision en rassemblant, sous un feu meurtrier, ses
   hommes à pied pour courir aux tranchées violemment attaquées.
   A contribué ainsi, de la façon la plus efficace, à l'échec de l'attaque
   allemande sous Bixschoote. Blessé grièvement au cours de l'action.
   Décédé des suites de ses blessures, le 8 novembre 1914. A été cité.*

[Né le 8 avril 1877. Marié à Mlle Madeleine de Cátheu.]

GUIROYE (*Bertrand*-François-Auguste-Vincent de), ✠, ✠
(3 palmes, 1 étoile d'argent, 1 étoile de bronze), ✠ (Médaille de sauvetage or
avec rosette), ✠ (Américaine), capitaine d'active au 2e Cuirassiers,
détaché, sur sa demande, dans l'Artillerie d'assaut (Compagnie
307. — Fourragère de la Médaille Militaire).
   Il était en pleine attaque avec sa compagnie, la 307e de chars
Renault, quand il fut tué net d'un éclat d'obus dans les reins,
le 3 octobre 1918, devant la ferme Médéah, région de Somme-Py,
en Champagne.

   Citation : *Après avoir réussi, dans les conditions les plus difficiles, à faire traverser à sa compagnie de chars d'assaut une zone
   de terrain profondément bouleversée et battue par l'artillerie ennemie, l'a amenée la première à l'appui de l'infanterie arrêtée
   par des résistances qu'il a aussitôt réduites; a ainsi contribué, par
   son action personnelle constante, son sang-froid, sa bravoure et
   son allant exemplaire, à assurer le succès de l'attaque. Mortellement frappé le 3 octobre 1918.*

[Né le 29 janvier 1875. Fils de M. René de Guiroye, O ✠, ancien officier de Cavalerie (décédé), et de Mme née Batbedat. Marié à Mlle Houssaye, fille de M. Henri
Houssaye, de l'Académie Française (décédé), et de Mme Houssaye, — dont un
enfant.]

GUIROYE (*Jacques*-René-Joseph-Louis de), ✠ (posthume), ✠
(palme), capitaine au 279e d'Infanterie.
   Officier de territoriale, était passé, sur sa demande, au 279e
de ligne. Il fut tué, le 12 mai 1915, à la tête de sa compagnie, à
l'attaque de Carency, d'une balle de mitrailleuse dans le côté.

   Citation : *Capitaine d'un régiment d'infanterie territoriale,
   avait demandé son passage dans un régiment actif pour être plus
   sûr de combattre. Est mort en brave, debout sur la tranchée, gui-
   dant ses unités au fur et à mesure qu'elles escaladaient le parapet
   sous les rafales des mitrailleuses ennemies.*

[Né le 27 mars 1879. Frère du précédent. Marié à Mlle de Pedro-Baro, fille de
M. et de Mme née de Varona, — dont un enfant.]

GUNZBURG (Alexis de), *engagé volontaire*, sous-lieutenant au 11e Hussards.

Résidant en Angleterre, s'est engagé dès le premier jour de la guerre dans l'Armée Anglaise. — Promu sous-lieutenant au 11e Hussards, il fut affecté comme officier de liaison et interprète aux « Royal Horse Guards », et témoigna continuellement de la plus héroïque bravoure, s'offrant pour toutes les missions dangereuses. Il tomba devant Ypres, le 6 novembre 1914, et le colonel DAROUEY fut tué à ses côtés en cherchant à le sauver. — Cité dans des dépêches de LL. MM. le Roi et la Reine d'Angleterre. — Le Général KAVANAGH, qui commandait la Brigade, a dit dans son Ordre du Jour :

> Le sous-lieutenant de Gunzburg a eu, pendant les cinq semaines où il fut avec nous en Belgique, la plus belle attitude. Son entrain, son endurance et son courage ne l'abandonnèrent jamais, et, sous le feu le plus violent, il s'offrait pour les missions les plus dangereuses. Ses actes d'héroïsme ne se comptent pas, et je perds en lui un de mes meilleurs officiers.

[Né le 6 mai 1887. Fils du Bᵒⁿ (décédé) et de la Bᵒⁿⁿᵉ née GOLDSCHMIDT.]

GURGY (Louis-*Hubert* DUCHÉ de), ✠ (posthume), ▩, chef de bataillon au 25e d'Infanterie.

> Citation : *A fait preuve, depuis le début de la campagne, des qualités militaires les plus brillantes et commandé son bataillon avec une intelligence, un zèle, une compétence remarquables. Tué le 3 juin 1915, au moment où il arrivait à la tranchée de départ pour pousser ses compagnies à l'assaut de la ligne allemande. A été cité.*

[Fils de M. (décédé) et de Mᵐᵉ née DE SERESIN.]

GURNAUD (Désiré), ▩, avocat à la Cour de Paris, sergent d'Infanterie.

Tué, en avril 1915, en s'élançant à l'assaut à la tête de sa section.

GUYAU (Augustin), docteur ès sciences, *engagé volontaire*.

Tué le 2 juillet 1917.

[Fils du philosophe J.-M. GUYAU ; petit-fils de M. Alfred FOUILLÉE.]

GUYNEMER (Georges), O ✠, ▨, ▩ (26 palmes), ✶ (Saint-Georges de Russie), ✶ (Michel le Brave de Roumanie), ✶ (Distinguished Service Order), ✶ (Ordre de Léopold), ▩ (Belge), ✶ (Karageorges de Serbie), ✶ (Danilo de Monténégro), ✶ (Tour et Épée de Portugal), étudiant, *engagé volontaire*, capitaine aviateur.

Engagé volontaire le 23 novembre 1914, breveté pilote militaire le 26 avril 1915, caporal le 8 mai, sergent le 20 juillet, décoré de la Médaille Militaire le 21, chevalier de la Légion d'honneur le 24 décembre, promu sous-lieutenant le 12 avril 1916, lieutenant le 31 décembre, capitaine le 18 février 1917, promu officier de la Légion d'honneur le 11 juin. Cité 21 fois à l'Ordre de l'Armée, sans compter les motifs de ses décorations. — A abattu 54 avions ennemis, le premier le 19 juillet 1915, le dernier le 6 septembre

1917. — Tombé, le 11 septembre 1917, près d'Ypres, à Poelscappelle et inhumé dans le petit cimetière de ce village.

Le Parlement, à l'unanimité, décida de faire mettre au Panthéon une inscription destinée à perpétuer la mémoire du capitaine GUYNEMER « symbole des aspirations et des enthousiasmes de l'Armée, de la Nation ».

Citation posthume du 16 octobre 1917 (Général ANTHOINE) : Mort au champ d'honneur le 11 septembre 1917. Héros légendaire tombé en plein ciel de gloire après trois ans de lutte ardente. Restera le plus pur symbole des qualités de la race. Ténacité indomptable, énergie farouche, courage sublime. Animé de la foi la plus inébranlable dans la victoire, il lègue au soldat français un souvenir impérissable qui exaltera l'esprit de sacrifice et les plus nobles émulations.

Pour commémorer la mémoire de ce vaillant, la Ville de Paris a décidé de donner le nom de GUYNEMER à la rue du Luxembourg, dès 1918.

[Né à Paris le 24 décembre 1894. Fils de M. Paul GUYNEMER et de M.me née Julie DOYNEL DE SAINT-QUENTIN.]

GUYOT D'ASNIÈRES DE SALINS (Comte Christophe), ✠, ✠ (palme), lieutenant-colonel commandant le 348e d'Infanterie.
Tombé sous Reims, le 6 novembre 1914.

Citation : Après avoir dirigé, dans la nuit du 4 au 5 novembre, l'exécution d'une tranchée à 500 mètres en avant de nos lignes et à 500 mètres de l'ennemi, a été mortellement frappé de six balles, en se portant en avant, dans le brouillard, pour préparer un second bond. Tombé à 200 mètres de nos lignes, a refusé pendant une heure de se laisser secourir, pour ne pas exposer ses hommes au feu de l'ennemi.

[Fils du M.is et de la M.ise née DE SAINT-AVOYE (décédés). Marié à M.lle Jeanne-Marie HAMON.]

GUYOT D'ASNIÈRES DE SALINS (Pierre-Joseph-Marie-Guy), ✠ (posthume), ✠, sous-lieutenant au 1er Chasseurs à cheval.
Tué à la bataille de la Marne, en septembre 1914.

Citation : Jeune officier, plein d'entrain et de cœur, s'étant fait remarquer dans plusieurs reconnaissances par son intelligence et sa crânerie. Blessé mortellement, le 16 septembre 1914, au combat de Villeneuve-Saint-Germain. Croix de guerre avec étoile de vermeil.

GUYOT D'ASNIÈRES DE SALINS (. . . . .), du 41e d'Infanterie.
Blessé et fait prisonnier, a succombé dans un lazaret allemand.

GUYOT D'ASNIÈRES DE SALINS (Alexis-René-Camille), ✠ (posthume), ✠ (palme), sous-lieutenant au 65e d'Infanterie.

Citation : Officier d'élite. Blessé grièvement, a continué, sous un feu violent, à conduire avec bravoure sa compagnie à l'assaut. Est tombé mortellement atteint en abordant les tranchées allemandes à Mesnil-les-Hurlus (Champagne). A été cité.

GUYOT D'ASNIÈRES DE SALINS (Guy), sous-lieutenant d'Infanterie.
Tué à la Marne, en septembre 1914.

[Fils du V.te et de la V.tesse née FANNEAU DE LA HORIE.]

GUYOT D'ASNIÈRES DE SALINS (Fernand), sous-officier d'Artillerie.

A succombé, en 1914, à l'hôpital de Châlons-sur-Marne, des suites de blessures reçues aux combats de Reims.

GUYOT D'ASNIÈRES DE SALINS (Anne-Marie-Arthur-*Herbert*), ✳ (posthume), ✠, lieutenant de vaisseau.

S'est tué au cours d'un exercice en mer sur hydravion. Avait été cité à l'Ordre, à la suite d'un combat contre trois avions ennemis.

> *Citation : Officier ayant toujours fait preuve des plus belles qualités militaires. Capturé après une défense héroïque, en combat aérien, contre plusieurs appareils ennemis, ayant repris son service de pilote dès son retour, est mort pour la France, le 11 mars 1919.*

[Né en 1892. Fils du Général et de Mᵐᵉ GUYOT D'ASNIÈRES DE SALINS.]

H

HABERT (Henri), ✻, ✠, lieutenant au 11ᵉ Cuirassiers à pied.
Blessé mortellement d'une balle à la poitrine, le 21 octobre 1918, près de Grandpré.

[Né en 1891. Fils de M. et de Mᵐᵉ née BOURDILLON.]

HACHE (Marcel), ✠, sous-lieutenant d'Artillerie.
Tué aux combats de Roye, le 10 août 1918.

[Fils du Général et de Mᵐᵉ née PORLIER.]

HAENE (Henri-Désiré d'), ◉ (posthume), ✠, caporal au 412ᵉ d'Infanterie.

Citation : *Excellent caporal, d'un courage et d'un dévouement exemplaires. A été tué, le 20 août 1917, en entraînant vaillamment son groupe à l'attaque des positions ennemies. A été cité.*

HAËNTJENS (J.-Maurice), ✻, ✠, chef de bataillon au 1ᵉʳ Zouaves.
Tué le 17 septembre 1914.

Citation : *Ayant emmené son bataillon, par les dispositions les plus habiles, de la deuxième ligne sur un village soumis à une canonnade intense, s'est avancé en reconnaissance avec bravoure et calme, avant l'engagement de ses compagnies. A été tué pendant cette reconnaissance.*

HAINAUT (René d'), ◉ (posthume), ✠, sergent au 364ᵉ d'Infanterie.

Citation : *Brave sous-officier, d'un dévouement absolu, donnant à ses hommes le plus bel exemple en toutes circonstances. Tombé glorieusement pour la France, le 16 février 1916, devant Verdun. A été cité.*

HALBRONN (Chéri-Robert), ✻ (posthume), ✠ (palme), ingénieur du Génie Maritime, pilote-aviateur.

Citation : *Officier d'élite et de la plus haute valeur morale, ayant rendu des services exceptionnels tant sur le front terrestre que dans l'aviation maritime. Blessé sur avion, au cours d'un réglage d'artillerie. Tué sur avion de chasse, le 5 septembre 1918.*

[Né en 1890. Fils de M. (décédé) et de Mᵐᵉ C.-R. HALBRONN.]

HALFON (André), ✠ (étoile), attaché à la Compagnie Générale du Maroc (Banque de Paris et des Pays-Bas), *engagé volontaire* roumain au début de la guerre (naturalisé Français en novembre 1914), maréchal des logis au 22ᵉ d'Artillerie (113ᵉ batterie de tranchée).

Mortellement blessé au Chemin-des-Dames, le 16 septembre 1917, mort de ses blessures le 20 septembre. Son corps repose dans le cimetière militaire de Courlandon, près de Fismes (Marne).

Citation à l'Ordre de la Division : *Sous-officier très courageux et très dévoué, a donné en maintes circonstances à ses hommes le meilleur exemple de sang-froid. Blessé le 17 septembre, lorsqu'il commandait avec calme le tir de sa section, violemment prise à partie par l'artillerie ennemie. Mort de ses blessures.*

[Né à Bucarest le 12 novembre 1887. Fils de M. et de Mme Moïse HALFON.]

HALGOUËT (*Maurice-Marie-Roger*, Vicomte Maurice de POUL-PIQUET du), ⚭ (posthume), ✠, *engagé volontaire*, caporal au 41e d'Infanterie.

Tombé au champ d'honneur, au Four de Paris, le 8 septembre 1915; inhumé à Florent, dans le voisinage.

Citation : *Chargé par son commandant de compagnie de porter un renseignement au chef de bataillon, a demandé formellement à rester au danger avec ses hommes. A été frappé mortellement quelques minutes après dans une lutte de pétards à laquelle il prenait part personnellement.*

[Né le 14 août 1884. Fils du Lieutenant-Colonel Vte DU HALGOUËT, O ✠, député d'Ille-et-Vilaine (décédé en mars 1919), et de la Vtesse née Alice DE L'ESPÉE (décédée). Marié, en 1910, à Mlle Marguerite DU BREIL DE FONTBRIAND DE MARZAN, fille du Vte et de la Vtesse née DE BOISRENARD, — dont un fils.]

HALGOUËT (*Yves-Marie-Charles*, Vicomte Yves de POULPI-QUET du), ✠, ✠ (1 palme, 2 étoiles), maire de Saint-Just (Ille-et-Vilaine), capitaine adjudant-major au 70e d'Infanterie.

Lieutenant au 25e Dragons, demanda à passer dans l'Infanterie. Blessé, le 10 mars 1916, sous Verdun, décoré de la Légion d'honneur en septembre 1916, est tombé frappé d'une balle en plein front, le 30 avril 1917, à la tête de son bataillon, au combat du Mont-Blond, près Moronvilliers.

Troisième citation (posthume) : *Soldat magnifique. A forcé une fois de plus l'admiration de son bataillon, en disputant pied à pied, le fusil à la main, un terrain que l'ennemi tenait à garder à tout prix. Est tombé frappé d'une balle en plein front.*

[Né le 1er mars 1887. Frère du précédent. Marié, en 1908, à Mlle Fanny DE CHA-VAGNAC (décédée en octobre 1919), fille du Cte Xavier (décédé) et de la Ctesse née Adrienne DE VALANGLART, — dont un fils.]

HALLER (Georges), ⚭ (posthume), ✠ (palme), étudiant à la Faculté des Lettres de Paris, caporal pilote à l'Escadrille V.B.N. 114 (devant Verdun).

Tombé, le 5 août 1916, à Fleury-sur-Aire, au cours d'un bombardement de nuit sur les lignes ennemies.

[Né le 4 mars 1891. Fils de M. Albin HALLER, O ✠, membre de l'Institut, et de Mme née COMON.]

HALLIER (Henri), ✠, ✠, *engagé volontaire*, sous-lieutenant observateur à l'Escadrille N. 38.

Tombé en combat aérien, le 12 avril 1917, au Mont Cornillet.

[Né le 1er janvier 1895. Fils du Général et de Mme née BASTET.]

HALLUIN (*Édouard-Léon-Joseph d'*), ✠ (posthume), ✠, capitaine au 300e d'Infanterie.

Citation : *Officier distingué, doué des plus brillantes qualités militaires, d'un moral très élevé et d'un courage remarquable. Le 24 août 1914, blessé à la tête d'une section qu'il conduisait à l'ai-*

taque; tombé, a continué à exciter de la voix et du geste ses hommes à aller de l'avant. Revenu au front sur sa demande. Le 25 février 1916, monté sur le parapet d'une tranchée, qui venait d'être bouleversée par l'explosion d'une mine ennemie, a été tué au moment où il donnait ses ordres pour l'occupation de l'entonnoir. A été cité.

HALLUIN (Jean-Joseph-*Jacques* d'), �֍ (posthume), ✚ (palme), sous-lieutenant au 33e d'Infanterie.
Tué au Bois d'Ailly, le 5 mai 1915, à 25 ans.

> Citation : *Chef de section du plus grand mérite et du plus grand courage. Le 5 mai 1915, a exécuté avec une rare audace une reconnaissance de nuit qu'il a poussée jusqu'au deuxième réseau ennemi, malgré la violence du bombardement. A été mortellement atteint au cours de sa mission.*

HALLUIN (Pierre-Clovis-Étienne d'), ✚ (posthume), ✚, canonnier au 24e d'Artillerie.

> Citation : *Excellent soldat. Mort en brave, à sa pièce, le 9 novembre 1916. A été cité.*

HALLUIN-NAMUR (Paul d'), capitaine au 11e territorial d'Infanterie.
Tué le 4 octobre 1914.

HALNA DU FRETAY (*Bertrand*-Charles-Anne-Marie-Victor), ✖ (posthume), ✚ (palme), sous-lieutenant au 71e d'Infanterie.
Blessé mortellement, le 30 mai 1918, au combat de Trosly-Loire (Aisne).

> Citation : *Officier très énergique, d'un grand allant, a fait preuve de belles qualités morales et militaires au feu. Le 30 mai 1918, chargé avec sa section d'une mission de couverture, a opposé à l'ennemi une vigoureuse résistance et lui a infligé des pertes sévères. Grièvement blessé alors qu'il observait des mouvements de l'ennemi, a continué, malgré la gravité de sa blessure, à donner des ordres à sa section, a refusé de se laisser emporter par ses hommes et a prononcé ces paroles : « Adieu France, je ne combattrai donc plus pour toi. » Croix de guerre avec palme. Mort au champ d'honneur.*

HALNA DU FRETAY (*Hervé*-Adolphe-Alexandre-Gabriel), ✖ (posthume), ✚ (4 citations), lieutenant au 25e Dragons.

> Dernière citation : *Officier d'élite, admiré de ses hommes qu'il a superbement enlevés à l'assaut d'un village, le 12 juillet 1918. Mortellement frappé à leur tête au moment où il atteignait l'objectif final. Trois citations antérieures.*

[Fils du Général, O ✖, ✚, et de la Cⁱᵉˢˢᵉ née COLLAS DE LA MOTTE.]

HALPHEN (*Pierre*-Constant-Jacques-Robert), ✚ (posthume), ✚ (3 étoiles), étudiant en droit.
Était caporal au 1er groupe d'Aérostiers, au moment de la mobilisation. — Fait prisonnier à Maubeuge, le 8 septembre 1914; s'évade du camp de Friedrichsfeld, par la frontière hollandaise, le 6 octobre 1915, après 13 mois de captivité, activement employés à organiser et à diriger plusieurs Œuvres d'assistance immédiate et de mutualité entre prisonniers. — Sergent le 21 octobre, jour

de son retour au dépôt de son Corps, — Engagé volontaire, le 20 janvier 1916, au 1er groupe d'Aviation. Pilote breveté le 20 mai. Nommé, le 15 octobre, à l'Escadrille F. 394, affectée à la Défense aérienne du Camp retranché de Paris. — Adjudant le 1er juin 1917. — Proposé pour le grade de sous-lieutenant, le 25 janvier 1918. — Tué en service commandé, le 30 janvier 1918, au cours d'une ronde de protection effectuée par une brume épaisse, au-dessus d'Argenteuil (Seine-et-Oise).

> *Troisième citation (posthume) : Sous-officier modèle de conscience et d'énergie. Excellent et très habile pilote, toujours volontaire pour toutes les missions. Evadé d'Allemagne dans les conditions les plus périlleuses, a contracté un engagement volontaire dans l'aviation. N'a cessé d'être, pour ses camarades, un exemple d'esprit de sacrifice et de courage ; et a contribué, par son attitude, à maintenir et à élever le moral de tous les pilotes de son escadrille. A fait une chute mortelle, le 30 janvier 1918, au cours d'un vol dans la brume.*

[Né le 26 février 1892. Fils de M. Edmond HALPHEN, ✳, ancien capitaine d'Artillerie hors cadres, ancien Conseiller général de la Gironde, et de Mme née SPEYER, décédée le 31 août 1919.]

HALPHEN (Fernand), compositeur de musique (Prix de Rome), capitaine au 13e territorial d'Infanterie.

Mort, le 16 mai 1917, des suites de maladie contractée aux Armées.

HAMEL (Mademoiselle *Nicole*-Marie-Joséphine du), ✳ (Médaille d'argent des Épidémies), infirmière de la Croix-Rouge (Hôpitaux de Poitiers).

Morte, le 2 octobre 1918, victime de son dévouement, d'une maladie infectieuse contractée au chevet des blessés.

[Née le 21 janvier 1892. Fille du Cte DU HAMEL et de la Ctesse née LEGENDRE, décédés.]

HAMELET (André), infirmier à la 6e Section.

Décédé dans son service, à Châlons-sur-Marne, le 14 juin 1918.

[Né le 3 juin 1882. Fils de M. et de Mme née COEUILLET.]

HAMELIN (Emmanuel), ✠, ✠ (2 citations), de l'Artillerie d'assaut.

Blessé mortellement en 1918.

[Né en 1899. Fils du Bon et de la Bonne née BOIGNES.]

HAMOT (Pierre), ✳ (posthume), ✠, sous-lieutenant au 224e d'Infanterie.

Tué dans les Flandres, à Roulers, le 14 octobre 1918.

[Né en 1888. Fils de M. (décédé) et de Mme René HAMOT.]

HAMY (Marcel), sergent au 88e d'Infanterie.

Tué à Thuisy (Marne), le 31 janvier 1917.

[Né le 24 janvier 1896. Fils du Membre de l'Institut et de Mme née DE LUYNES.]

HANRIOT (Émile), ✠, lieutenant.

Tombé glorieusement à la cote 304.

[Fils du Membre de l'Académie de Médecine, O ✳, et de Mme HANRIOT.]

HANSY (Louis de), ✠ (posthume), ✠, capitaine au 168e d'Infanterie.
Tué à la tête de sa compagnie, le 11 septembre 1914, au combat de Champenoux (Meurthe-et-Moselle).

Citation : *S'est mis à la tête de sa compagnie, pour l'entraîner à l'attaque du village de Champenoux ; a été tué au cours de cette attaque.*

[Né le 21 avril 1878. Fils de M. et de Mme Clément DE HANSY. Marié, en 1905, à Mlle Germaine ROMIEUX, fille de M. et de Mme née DE MORINEAU.]

HARCOURT (*Guillaume*-Marie-Louis, Comte Guillaume d'), ✠ (posthume), ✠ (palme et étoile), lieutenant au 9e groupe d'Artillerie d'assaut.
Tué, le 16 avril 1917, près de Guignicourt.

Citation : *Chef de char au 9e groupe d'artillerie d'assaut, a conduit son char avec ardeur à l'attaque d'une tranchée ennemie, et y a combattu bravement jusqu'à ce que son appareil ait été détruit par l'artillerie allemande.*

[Né à Paris le 19 janvier 1888. Fils du Cte Louis D'HARCOURT et de la Ctesse née LANJUINAIS. Marié, en 1911, à Mlle Félicie DE BLACAS D'AULPS, fille du Cte et de la Ctesse née DE MUN, — dont une fille : Solange.]

HARCOURT (Christian d'), brigadier au 3e d'Artillerie Coloniale.
Blessé de guerre. Mort, en août 1919, des suites d'une maladie contractée pendant sa captivité en Allemagne.

HARDEMARE (Vicomte Henry d')..............................

HARDIVILLE (Maurice-Louis-Lucien d'), ✠ (posthume), ✠, soldat au 21e Colonial.

Citation : *Excellent soldat. Est tombé glorieusement au champ d'honneur, le 6 septembre 1914, à Ecriennes (Marne), en faisant vaillamment son devoir. A été cité.*

HARDOUIN-DUPARC (Pierre), ingénieur-électricien, soldat au 117e d'Infanterie.
Disparu au combat de Montigny, le 31 août 1914.

[Né le 4 janvier 1884. Fils de M. et de Mme née Marie LOYZEAU DE GRANDMAISON. Marié à Mlle Solange BLACHE, fille de M. et de Mme née Charlotte ADAM.]

HARDOUIN-DUPARC (Paul), ingénieur-agronome, *engagé volontaire*, soldat au 131e d'Infanterie.
Tué à Maison-Forestière, près Perthes-les-Hurlus, le 18 avril 1915.

[Né le 10 juillet 1888. Frère du précédent. Marié à Mlle Marie-Anne LECOUR, — dont une fille née posthume.]

HARDOUIN-DUPARC (Gabriel), ✠ (posthume), ✠, novice de la Compagnie de Jésus, soldat au 124e d'Infanterie.
Blessé le 2 juin 1916, à la tranchée du Bois Fumin, près le fort de Vaux, décédé le 4 suivant à l'ambulance 3/18.

Citation : *Soldat d'une grande bravoure, toujours prêt à accomplir les missions les plus périlleuses. A été blessé mortellement, le 2 juin 1916, au cours du combat.*

[Né le 15 mars 1894. Frère des précédents.]

HARDY (Edouard-Pierre), ✳, lieutenant de vaisseau à bord du *Renaudin*.
Englouti avec son bâtiment le 18 mars 1916.

HARDY DE LA LARGÈRE (Joseph), brigadier au 31e d'Artillerie.
Mort en juillet 1917, à 20 ans.

HARDŸ DE PÉRINI (Marie-*Ludovic*), 🎖 (posthume), ✳, *engagé volontaire* au 22e Dragons.
Tombé au champ d'honneur, à Gilloçourt, forêt de Compiègne (Oise), à la sixième charge de son escadron, le 10 septembre 1914.

    Citation : *Cavalier très audacieux ; s'est toujours proposé pour des missions périlleuses qu'il a exécutées ; mort glorieusement pour la France, le 10 septembre 1914, à Gillocourt. A été cité.*

[Né le 26 novembre 1894. Fils du Général HARDŸ DE PÉRINI (décédé) et de Mme née Adrienne VINCENS-COEUR.]

HARDŸ DE PÉRINI (Jean), ✳ (posthume), ✠ (palme), lieutenant au 18e Chasseurs à pied.
Tué le 31 mai 1918.

    Citation : *Officier ayant au feu une superbe tenue. Exerçant le commandement provisoire d'une compagnie de mitrailleuses, en a fait l'emploi le plus judicieux, arrêtant longtemps l'adversaire sur la position qu'il était chargé de défendre. Tombé glorieusement.*

[Né en 1894. Fils de M. et de Mme née DE LEUSSE.]

HAREL DE LA NOË (Georges), ingénieur aux Chemins de fer départementaux, caporal au 97e d'Infanterie.
Tué en Argonne, en 1915.

HARENBERT (Maurice-Louis-Marie-Joseph d'), ✳ (posthume), ✠ (palme), capitaine au 118e d'Infanterie.
Tombé à Tahure le 28 septembre 1915.

    Citation : *Commandant la compagnie de mitrailleuses du régiment, a, à deux reprises, les 25 et 27 septembre, fait preuve du plus grand courage et d'un grand esprit de décision en amenant des mitrailleuses assez à temps sur une position conquise pour repousser une contre-attaque. A été tué en plaçant une des mitrailleuses dans un endroit très important, mais des plus dangereux.*

[Né le 30 mai 1890. Fils de M. et de Mme née Émilie DU PONTAVICE DE VAUGARNY.]

HARIAT (E.-H.), ✳ (posthume), ✠ (palme), enseigne de vaisseau, pilote-aviateur.

    Citation : *A servi comme officier pilote dans un centre d'aviation maritime des plus actifs. Mort d'une explosion de bombe, victime de son devoir.*

HARISPE (Jean).......................................

HARLÉ D'OPHOVE (Jean-Charles-Marie), *engagé volontaire* au 3e Cuirassiers, le 12 août 1916.
Décédé à l'ambulance auxiliaire n° 21, à Meaux, le 1er avril 1918, d'une maladie contractée en service.

[Né le 10 février 1899. Fils de M. et de Mme HARLÉ D'OPHOVE, née Louise LABOUR.]

HARLEZ (Chevalier Guillaume de)........................

HARLINGUE (Marcel-Gustave d'), ✠ (posthume), ✠ (palme), sous-lieutenant au 25e Chasseurs à pied.

Citation : *Officier d'une bravoure remarquable et d'un moral très élevé, sachant conserver en toutes circonstances un calme souriant, et soutenant son entourage par sa bonne humeur inaltérable. Déjà cité trois fois pour sa belle attitude au feu. A été blessé mortellement, le 12 juillet 1916, en se portant en avant sous un violent tir de barrage.*

[Marié à Mlle Marie-Marguerite MORIZOT.]

HARLINGUE (Gaston-Maurice d'), sergent au 51e d'Infanterie.
Tué à la bataille de la Marne, près de Blesmes, le 7 septembre 1914.

HARMEL (Hubert), sous-lieutenant au 94e d'Infanterie.
Tué, le 8 septembre 1914, à Soizy-au-Bois (Marne).

[Né le 30 août 1886. Fils de M. Albert HARMEL et de Mme née Virginie SANCOURT (décédés). Marié à Mlle TOURNEUR, fille de M. (décédé) et de Mme née GONTAUD, — dont deux enfants.]

HARMENON (*André*-Charles-Philippe d'), écrivain-poète, sergent au 20e Chasseurs à pied.
Blessé, fin août 1914, au col de la Chipote, rejoignit son corps en octobre suivant, et tomba glorieusement à Notre-Dame-de-Lorette, le 5 juin 1915, à l'assaut d'une tranchée ennemie.

[Né le 5 mars 1893. Fils de M. et de Mme née PRIEUX.]

HARMENON (*Fernand*-Charles-Émile d'), étudiant, *engagé volontaire* au 54e d'Infanterie.
Passa, en février 1915, au 80e de marche où l'on demandait des volontaires, et fut tué à Mesnil-les-Hurlus, le 19 mars 1915.

[Né le 3 novembre 1895. Frère du précédent.]

HARTAUT (*Hugues*-Claudius-Lucien), ✠ (posthume), ✠, caporal au 28e Chasseurs alpins.
Le colonel HOCHSTETTER écrivait à sa famille :

Malgré son jeune âge, le caporal HARTAUT incarnait l'amour du devoir et exaltait le courage de ses hommes. Sa mort est une perte pour le bataillon tout entier.

Blessé le matin du 4 septembre 1914, en Alsace, il succombait le soir même, en arrivant à l'ambulance de la Schlucht.

Citation : *Excellent gradé plein de courage et d'entrain, ayant, en plusieurs circonstances, fait preuve d'une admirable abnégation, en s'offrant spontanément pour remplacer, pour des missions périlleuses, d'autres gradés ou chasseurs, pères de famille ; a été tué, le 4 septembre 1914, en entraînant son escouade à l'assaut.*

[Né le 12 avril 1894. Fils de M. et de Mme Camille HARTAUT.]

HARTMANN-DESVERNOIS (Robert), ✠, ✠, chef de bataillon au 76e d'Infanterie.
Tué le 8 janvier 1915.

HARTUNG (Henri), ✠, ✠, capitaine au 159e d'Infanterie.

Mort de ses blessures, le 7 octobre 1915, à Estrées-Cauchy (Pas-de-Calais).

[Né le 7 janvier 1879. Fils du Général (décédé) et de Mme née CHATONEY. Marié à Mlle Mary REUSS.]

HATIN (Paul), ✠ (posthume), ✠ (2 palmes, 2 étoiles), adjudant aviateur.

Tombé au cours d'un combat aérien, le 30 avril 1916.

[Né à Paris le 15 décembre 1881. Marié à Mlle BERTRAND.]

HATTECOURT (Georges-Antoine d'), maréchal des logis au 4e Chasseurs d'Afrique, détaché au 159e d'Infanterie.

Blessé mortellement en Belgique, a succombé le 22 octobre 1918; inhumé dans le cimetière de Westoleteren.

HAUSSOULLIER (Pierre), ✠, ✠ (8 citations), Saint-Cyrien de la promotion de la Croix du Drapeau, capitaine au 171e d'Infanterie.

Blessé cinq fois, trouva la mort glorieuse le 25 septembre 1918.

Citation : *Officier d'une bravoure réputée, vrai type du soldat français. Après avoir, pendant toute la campagne, fait preuve de qualités exceptionnelles, reçu six blessures, obtenu de nombreuses citations et la croix de la Légion d'honneur, est tombé glorieusement pour la France, le 25 septembre 1918, au moment où s'affirmait la victoire de nos armes, dont les héros de sa trempe ont été les meilleurs artisans.*

[Né en 1893. Fils du Membre de l'Institut, ✠, et de Mme Bernard HAUSSOULLIER.]

HAUSSY (Jean DENIS d'), du 43e d'Infanterie.

Mort en mars 1918.

[Fils de M. et de Mme née FIÉVET. Marié à Mlle MAES.]

HAUSSY (René-Roger d'), ✠ (posthume), ✠, caporal au 154e d'Infanterie.

Citation : *Gradé très brave, en avait donné maintes preuves pendant les deux ans qu'il avait passés au front. A été tué glorieusement, le 8 juillet 1916, devant Biaches (Somme).*

HAUTECLOCQUE (*Henry*-Marie-François-Xavier, Comte Henry de), ✠, ✠ (palme), chef de bataillon au 37e d'Infanterie.

Blessé à la tête, le 22 septembre 1914, à Bixschoote (Belgique), il fut tué d'une seconde balle au moment où les brancardiers essayaient de l'emporter.

Citation : *Blessé grièvement en entraînant son bataillon à l'attaque, a donné un magnifique exemple d'abnégation en défendant à ses hommes de s'exposer pour le relever. Est resté toute la journée sur le terrain de combat, en butte au feu de l'ennemi, continuant à donner ses ordres avec calme et fermeté, et a été tué finalement après avoir assuré l'occupation de la position enlevée par ses compagnies.*

[Né le 25 mai 1862. Fils du Cte et de la Ctesse née Marie DE MORGAN-FRONDEVILLE (décédés). Marié à Mlle Geneviève DE LA CROIX DE CASTRIES (décédée en 1918), fille du Cte et de la Ctesse née DE SAINT-GEORGES DE VÉRAC (décédés), — dont quatre enfants.]

HAUTECLOCQUE (*Wallerand*-Marie-Alfred, Comte Wallerand de), ✠, ✠, lieutenant-colonel au 14e Hussards.

Tué aux combats de Belgique, en août 1914.

Citation posthume : Dès le début des opérations, s'est affirmé comme un véritable chef, vigoureux, entraîneur d'hommes. A Mangiennes, il a arrêté, avec son régiment, des forces de cavalerie supérieures, qui débouchaient de Pillon. Par ses mitrailleuses très judicieusement employées, il a infligé des pertes sérieuses au 3e bataillon de chasseurs à pied de Silésie. Entre temps, par son impulsion vigoureuse, il n'a permis à aucune patrouille ennemie de franchir nos lignes. Le 22 août 1914, à Ethe, il a, dans un élan aussi téméraire que brave, entraîné ses hussards à la charge et dégagé les têtes de colonne d'infanterie. Ayant eu son cheval tué, il en a remonté un autre et est reparti de nouveau pour charger furieusement l'adversaire. Tombé cette fois mortellement blessé, il n'a cessé d'encourager ses hussards et a montré la résignation la plus sublime. Le lieutenant-colonel de Hauteclocque laissera au 4e Corps le souvenir impérissable d'un chef de cavalerie remarquable et d'un soldat des plus vaillants.

[Né le 4 octobre 1866. Fils du Cte et de la Ctesse née Fanny DE DOUVILLE-MAILLEFEU (décédés). Marié, en 1895, à Mlle Elisabeth DE SAVEUSE DE PONS RENEPONT, — dont neuf enfants.]

HAUTECLOCQUE (François-Marie-*Bernard* de), ⚜ (posthume), ✠ (palme), cavalier au 14e Hussards.

Citation : Brave hussard. Tué à l'ennemi, le 22 août 1914, au combat d'Ethe (Belgique). A été cité.

[Né le 23 mai 1896. Fils aîné du précédent.]

HAUTEFEUILLE (Marie-Auguste-Joseph-*Charles* BOUDOUX d'), ✵, ✠ (6 palmes, 1 étoile), licencié en droit, chef de l'Escadrille S.P.A. 100.

Ancien lieutenant au 9e Cuirassiers, était, sur sa demande, passé dans la Ve Armée; avait pris part, en 1915, aux bombardements de Stroumitza, Monastir, Pazarly, Pétrich, gare de Stroumitza, campements allemands de Volodie, Bodgana, Bogorodosa, etc... En 1916, il passa dans l'aviation de chasse : abattit 4 avions ennemis et 1 drachen, et c'est alors citation sur citation. Voici celle qui accompagna sa nomination dans la Légion d'honneur :

Brillant pilote, d'une audace merveilleuse. Le 25 août 1917, a exécuté le bombardement d'une gare de ravitaillement ennemie à faible hauteur, malgré un feu violent d'artillerie et de mitrailleuses. Une blessure; un drachen, un avion ennemi abattu. Trois fois cité à l'Ordre.

A trouvé glorieusement la mort, le 20 avril 1918, au cours d'un combat aérien, dans la région de Montdidier, à l'intérieur des lignes ennemies.

[Né au château d'Hinacourt (Aisne) le 27 août 1890. Fils de M. Charles D'HAUTE-FEUILLE, ancien magistrat (décédé), et de Mme née Marie DE ROBERT DU CHÂTELET.]

HAUTEFEUILLE (Bernard-Marie-Joseph-Emeric-Charles BOU-DOUX d'), ⚜ (posthume), ✠ (palme), maréchal des logis au 9e Cuirassiers.

Citation : Sous-officier de grande valeur, gardant dans des circonstances les plus difficiles tout son sang-froid et sa belle humeur. Est tombé en entraînant brillamment, le 7 mai 1917, son peloton à l'attaque d'un poste. A continué, sous un violent feu ennemi, malgré la gravité de ses blessures, à encourager ses cavaliers, refusant tous soins jusqu'au moment où, épuisé, il perdit connaissance. Mort des suites de ses blessures. A été cité.

HAUTERIVE (Louis d')...

HAUTEVILLE (Louis d'), O ✖, ✖, chef d'escadrons au 18ᵉ Dragons, passé chef de bataillon au 109ᵉ d'Infanterie.
Tué sous Verdun, le 8 mars 1916.

HAUTIÈRE DE L'ANGLE-BEAUMANOIR (Célestin-Pierre-Marie-*Léopold*), ✖ (posthume), ✖ (étoile), maréchal des logis au 10ᵉ d'Artillerie.
Tombé au combat de Malzicourt, le 8 septembre 1915.

> Citation : *Affecté à la mobilisation à une section de munitions, est passé, sur sa demande, dans une unité active. Toujours prêt à remplir les missions difficiles ou périlleuses, a été tué d'une balle, le 8 septembre, en dirigeant l'aménagement d'un emplacement de pièce près des tranchées de première ligne.*

[Né le 26 novembre 1884. Fils de M. Pierre HAUTIÈRE et de Mᵐᵉ née AMELINE, — fils adoptif de Mˡˡᵉ DE L'ANGLE-BEAUMANOIR.]

HAUTSCHAMPS (Baron Guy des), ✖ (posthume), ✖ (palme), capitaine, commandant l'Escadrille M.S. 31.

> Citation : *Officier de la plus grande bravoure. S'est affirmé, dans le commandement de son escadrille, comme un chef au caractère énergique et droit. N'a cessé de donner l'exemple du courage en exécutant de nombreuses et périlleuses reconnaissances. Est mort glorieusement en accomplissant son devoir.*

[Fils du Colonel Bᵒⁿ, C ✖, et de la Bᵒⁿⁿᵉ née Alix D'ABZAC.]

HAUTSCHAMPS (Gabriel-Alexandre-*Henry*-Robert, Baron Henry des), ✖ (posthume), ✖ (palme et étoile), ✖ (Médaille de Chine), capitaine commandant au 21ᵉ d'Artillerie.
Tombé héroïquement le 23 avril 1916.

> Citation : *Remarquable commandant de batterie ; depuis le début de la campagne, a montré journellement un courage chevaleresque et le plus absolu mépris du danger. S'est porté, le 25 avril 1916, dans les tranchées d'infanterie de première ligne, pour y régler son tir, sous un violent bombardement ennemi ; a été tué au moment où, ayant rempli la mission qu'il s'était assignée, il quittait les tranchées.*

[Né le 18 mai 1877. Frère du précédent. Marié à Mˡˡᵉ Andrée DE BEAUPUY FORMIGIER DE GENIS, fille du Cᵗᵉ (décédé) et de la Cᵗᵉˢˢᵉ née Jeanne DE FLOTTE DE POUZOLS, — dont un fils.]

HAYAUX DU TILLY (Alain), ✖ (posthume), ✖ (palme), sous-lieutenant au 175ᵉ de marche (Corps expéditionnaire d'Orient).
Tué glorieusement, à 20 ans, le 2 mai 1915, d'une balle en plein cœur, à Seddul-Bahr (Dardanelles), en entraînant sa section à l'assaut d'une tranchée. Débarqué le 27 avril, comme aspirant, il méritait, par sa bravoure et son sang-froid, d'être promu sous-lieutenant sur le champ de bataille.

> Citation : *A été tué en entraînant à l'assaut sa section pour ramener en avant une ligne qui fléchissait. A, par sa bravoure, donné le plus bel exemple. A été cité.*

[Fils du Colonel R. HAYAUX DU TILLY et de Mᵐᵉ née DE GOUVILLE.]

HAYEM (Henri), ✖ (posthume), ✖, professeur de droit à Tokio (Japon), lieutenant de réserve au 33ᵉ d'Infanterie.

Tué à l'ennemi, en Champagne, le 16 février 1915.

Citation : *A brillamment enlevé sa compagnie à l'assaut d'une position très forte; a été tué en tête de sa compagnie. Officier très brave.*

[Né le 1er janvier 1880. Fils du Professeur Georges HAYEM, O ✻, de l'Académie de Médecine, et de Mme née JAVAL.]

HAYEM (Émile), ✻ (posthume), ✠, homme de lettres, capitaine au 19e Dragons.

Citation : *Est tombé glorieusement, le 19 août 1914, en Alsace, en chargeant bravement avec son lieutenant-colonel, à la tête de son escadron, contre des cavaliers allemands très supérieurs en nombre. A été cité.*

Auteur très apprécié, il écrivit notamment la *Garde au Rhin*, la *Menace Prussienne* et *Au Rhin gaulois*, prévoyant la guerre où il devait trouver une fin glorieuse.

[Fils de M. et de Mme Julien HAYEM.]

HÉBRARD DE SAINT-SULPICE (Jean d'), ✻ (posthume), ✠ (palme), sous-lieutenant au 53e Chasseurs alpins.

Tué, le 18 juin 1915, en tête de sa section de chasseurs, à Ilsinfurst (Alsace).

Citation : *A entraîné, d'un élan magnifique, sa section à l'assaut d'une position fortement organisée. Mortellement frappé, a donné à ceux qui l'entouraient un exemple sublime de courage, de résignation et de confiance. A été cité.*

[Né en 1895. Fils de M. et de Mme née Eugénie DE BOUTEVILLE.]

HÉBRARD DE VILLENEUVE (Jean)........................

HEDOUVILLE (Marie-*Jean* de), ✇ (posthume), ✠, caporal au 26e d'Infanterie.

Citation : *Jeune gradé plein de bravoure et d'entrain, ayant toujours fait preuve du plus bel esprit de sacrifice. Tué glorieusement, le 25 septembre 1915, à la tête de ses hommes, lors de l'attaque d'une position allemande. A été cité.*

HECQUET (*Robert*-Louis du), ✻ (posthume), ✠ (4 citations), sous-lieutenant au ...e d'Infanterie.

Tué à Maurepas, le 30 juillet 1916.

HEECKEREN D'ANTHÈS (*Lothaire*-Jean-Philipp, Baron de), ✻ (posthume), ✠ (étoile), sous-lieutenant au 161e d'Infanterie.

Maréchal des logis au 2e Cuirassiers, passa, sur sa demande, au 161e de ligne, nommé sous-lieutenant. Tué, le 25 septembre 1915, à Souain, lors de l'offensive en Champagne.

Citation à l'Ordre de la Division : *Le 25 septembre 1915, est tombé glorieusement, entraînant sa section à l'assaut d'une position ennemie très fortement organisée. A été cité.*

[Né le 29 octobre 1888. Fils du Bon DE HEECKEREN D'ANTHÈS et de la Bonne née DE SCHAUENBOURG.]

HEERE (Jean-Alfred-Marie de), ✻ (posthume), ✠ (2 palmes, 1 étoile), lieutenant au 117e d'Infanterie.

Citation : *A été tué, le 6 octobre 1915, au moment où il se portait à l'attaque, en donnant à sa compagnie un bel exemple de vaillance et de bravoure. A été cité.*

[Né le 14 août 1892. Fils du M^r et de la Mme née Marie LE DAUPHIN.]

HEIMANN (*Louis*-Marc), caporal élève pilote-aviateur.

Tué dans un accident d'avion, le 30 septembre 1915, à Beauvilliers (Eure-et-Loir), en passant les épreuves pour l'obtention du brevet de pilote.

[Né le 21 mars 1890. Fils de M. René HEIMANN et de Mme née LEVEN. Marié à Mlle Madeleine SCHWOB, fille de M. Jules SCHWOB (d'Héricourt) et de Mme née BERR.]

HEIMANN (Marcel), ✠ (posthume), ✠ (palme), sergent pilote-aviateur.

Tué en combat aérien, le 15 août 1918, au-dessus des lignes ennemies, dans la région de Roye.

Citation à l'Ordre de l'Armée : *Très bon pilote ; a fait preuve des plus belles qualités de bravoure et d'audace. A été engagé dans plusieurs combats au cours de ses diverses patrouilles, et a fait preuve des plus belles qualités combatives. Le 28 juillet, après un combat très dur et inégal, a eu son appareil criblé de balles et complètement hors d'usage. Le 10 août, a mitraillé, à très basse altitude, les arrière-gardes ennemies en retraite. Le 15 août, a disparu, après un rude combat, dans les lignes allemandes.*

[Né le 21 novembre 1892. Frère du précédent.]

HEKKING (Charles-Gilbert), ✠, aspirant au 46e d'Infanterie.
Tué à Bouchavesnes, le 20 septembre 1916.

HELBRONNER (*Louis*-Rodolphe-Victor), ✠ (posthume), ✠, avocat à la Cour de Paris, lieutenant d'E.-M. de la 12e Brigade d'Infanterie.

Décédé, le 21 septembre 1914, des suites de blessures reçues à Saint-Bon, près d'Esternay (Marne).

Citation : *Officier d'une haute valeur morale, d'un dévouement à toute épreuve et d'une bravoure admirable ; mortellement blessé en portant un ordre sur le champ de bataille.*

[Né le 12 décembre 1876. Fils de M. (décédé) et de Mme née SAINT-PAUL. Marié, en 1902, à Mlle Germaine ELLISSEN, fille de M. (décédé) et de Mme née HALFON, — dont cinq enfants.]

HÉLIE (Baron François d'), ✠ (posthume), ✠ (palme), capitaine au 165e d'Infanterie.

Citation : *Blessé, le 6 septembre 1914, d'une balle à l'épaule, a conservé son commandement en montrant un bel exemple d'énergie et de mépris de la souffrance. A été tué glorieusement, le 28 février 1915, en repoussant avec énergie une violente attaque de l'ennemi.*

HÉLY D'OISSEL (François), étudiant, pilote-aviateur.
Mort, en service commandé, d'un accident d'aviation, le 3 juillet 1915.

[Né en 1892. Fils de M. Étienne HÉLY D'OISSEL (décédé) et de Mme née ROEDERER.]

HÊME DE LACOTTE (Marie-Joseph-Bernard), ✠ (posthume), ✠ (palme), capitaine au 46e d'Infanterie.

Citation : *Officier de la plus haute valeur morale. Calme, énergique et d'un sang-froid proverbial. Blessé mortellement en amenant sa compagnie sur la ligne d'assaut, le 16 avril 1917. A été cité.*

HÊME DE LACOTTE (*Maurice*-Marie-Gaston-Aignan), ✠, ✠ (palme et étoile), sous-lieutenant au 5e d'Artillerie.

Blessé mortellement d'un éclat d'obus à la tête, sur la tranchée conquise, à l'attaque de Berny-en-Santerre, le 4 septembre 1916 ; inhumé au cimetière militaire de Wiencourt (Somme).

Citation : *Officier de grande valeur, ayant des qualités exceptionnelles d'énergie et de cran. Beaucoup de sang-froid. A assuré à merveille la liaison entre le bataillon chargé de l'attaque et le groupe qui l'appuyait. Sous un feu intense de mitrailleuses, est parvenu à régler le tir des batteries du groupe sur les réseaux de fil de fer de la seconde position.*

[Né le 24 février 1892. Fils de M. (décédé en 1916) et de Mme née VIGNAT.]

HÉNARD (Gaston), ✠, Saint-Cyrien de la promotion de la Grande-Revanche, sous-lieutenant.

Mort pour la France, en 1915, à 21 ans.

HÉNARD (Louis), ✠, Saint-Cyrien de la promotion du Drapeau et de l'Amitié Américaine, aspirant.

Tombé, le 13 avril 1918, à Orvillers-Sorel, à 19 ans.

HENCHES (Jules-Émile), ✠, ✠, chef d'escadron d'Artillerie.

Tué à son poste de commandement, le 16 octobre 1916. Avait publié *Lettres d'un Artilleur* (août 1914 - octobre 1916), qui sont les récits fort intéressants de ses combats à la Marne, aux Eparges, en Champagne, à Verdun et sur la Somme.

HENDECOURT (Vicomte Edward LE SERGEANT d'), ✠ (2 étoiles), soldat au 20e escadron du Train des Equipages.

Tué sous Verdun, le 7 septembre 1917, à 36 ans.

Citation : *Conduisant de nuit une voiture automobile prise dans un violent tir de barrage, et grièvement blessé, a eu l'énergie de conserver son poste pendant encore presque un kilomètre, ne s'arrêtant qu'au point où il avait ordre de se rendre.*

HENNESSY (*Raymond*-Bruno-James-Richard), ✠ (posthume), ✠, élève de l'Ecole Navale, ***engagé volontaire***, sous-lieutenant au 8e Chasseurs à pied.

Blessé à mort, devant Combles (Somme), le 22 septembre 1916.

Citation : *Blessé très grièvement, le 22 septembre 1916, dans des circonstances graves et lors d'une grosse attaque ennemie. Jeune officier de chasseurs, venu de l'armée de mer, toujours sur la brèche, superbe au feu ; mort pour la France des suites de ses blessures. A été cité.*

[Né à Cognac, en 1895. Fils de M. James HENNESSY, député de la Charente, capitaine de corvette aux Canonniers marins.]

HENNET DE GOUTEL (Mademoiselle Geneviève), ✠ (palme), ✠ (Médaille des Épidémies), ✠ (Regina Maria de Roumanie), infirmière de la S. B. M.

Envoyée, au mois d'octobre 1916, en Roumanie, avec la Mission sanitaire destinée à assurer le fonctionnement de l'hôpital offert à nos alliés roumains, a succombé, le 4 mars 1917, à Jassy, où l'hôpital, primitivement installé à Bucarest, avait dû se transporter par ordre à l'approche de l'ennemi.

> Citation : *Affectée, sur sa demande, au service des contagieux de l'hôpital de Greesul, à Jassy ; a donné, dans ce poste d'honneur, le plus bel exemple d'abnégation et d'esprit de sacrifice. S'est dépensée sans compter, avec le plus grand mépris du danger, prodiguant nuit et jour ses soins aux malades les plus gravement atteints. A contracté auprès d'eux le typhus exanthématique, auquel elle a succombé le 4 mars 1917, victime de son dévouement.*

[Fille de M. et de Mme née BALZE.]

HENNOCQUE DUMOTTIER DE LA FAYETTE (Gustave), ⚭, ✠. Tué en 1914.

HENNOCQUE DUMOTTIER DE LA FAYETTE (*Auguste-Antoine-Anatole*), ✠ (posthume), ✠, sous-lieutenant au 13e Dragons. Tué en 1916.

> Citation : *Etant en reconnaissance avec quatre cavaliers et ayant rencontré dans une rue du village un groupe d'ennemis d'environ une quinzaine, n'a pas hésité à les charger, et, son cheval abattu, a été mortellement blessé d'une balle tirée à bout portant. A été cité.*

HENRIET (*Émile-Louis-Joseph*), ✠ (2 étoiles), lieutenant au 163e d'Infanterie.

Sous-lieutenant au bois Mortmare, lieutenant à Verdun ; refusa d'entrer dans un Etat-Major où il avait été demandé, afin de rester avec ses hommes. — Tué, le 13 août 1917, d'une balle au front, alors qu'il venait de reprendre, à la tête de sa compagnie, une tranchée ennemie au Chemin-des-Dames.

[Né le 5 juin 1889. Fils de M. Albert HENRIET et de Mme née DE GAIL.]

HENRIOT (A.), ✠ (posthume), ✠ (palme), enseigne de vaisseau du *Cassini*.

> Citation : *Disparu avec son bâtiment torpillé par un sous-marin ennemi, en accomplissant son devoir militaire.*

HENROTTE (René), ✠, ✠ (3 citations), lieutenant au 4e Cuirassiers à pied.

Grièvement blessé le 13 juin 1918, est mort le 18 suivant à l'ambulance.

[Fils de M. (décédé) et de Mme née GANNERON.]

HENRY-COÜANNIER (Louis), ✠ (posthume), ✠ (palme), ingénieur, lieutenant au 4e groupe d'Artillerie de campagne d'Afrique.

> Citation : *Officier de l'armée territoriale, ayant demandé à être placé dans une unité active. A sans cesse fait preuve des plus belles qualités morales et d'un entrain qui ne s'est jamais démenti. Le 17 juin 1915, placé en observation d'artillerie au point le plus dangereux du champ de bataille, n'a cessé, sous le bombardement le plus intense, d'assurer son service avec un sang-froid merveilleux, faisant preuve d'un parfait mépris du danger. A été tué d'un obus à son poste d'observation.*

[Fils de M. et de Mme André HENRY-COÜANNIER.]

HÉRAIL DE BRISIS (*Henry*-Jean, Vicomte Henry d'), ✳ (posthume), ✠ (3 palmes, 1 étoile), *engagé volontaire*, capitaine au 147ᵉ d'Infanterie.

Appartenant au 4ᵉ Dragons, passa volontairement à titre provisoire dans l'Infanterie, en février 1915.

> Citation posthume : *Officier de tout premier ordre, fanatique, d'une bravoure exceptionnelle. A été tué par éclats d'obus, le 20 mars 1916, au moment où il venait de remettre la croix de guerre à des hommes de sa compagnie. A été cité.*

L'obus frappa le sol à une quinzaine de mètres du capitaine DE BRISIS, qui chancela d'abord, puis tomba sur les genoux. Aussitôt relevé et transporté à l'abri, il demanda avec insistance s'il n'y avait pas eu d'hommes blessés ; on lui répondit que non. Il dit alors : « Tant mieux, moi c'est un détail ! » Il perdit connaissance et cinq minutes après il mourait en exhalant un grand souffle. Transporté mort à l'ambulance de Benoîte-Vaux, il fut inhumé dans le cimetière de cette localité.

[Né le 11 août 1890. Fils du Vᵗᵉ et de la Vᵗᵉˢˢᵉ née SAILLARD, décédée.]

HÉRAIL DE BRISIS (*Guy*-Octave-Félix, Vicomte Guy d'), ✠ (étoile d'argent), sous-lieutenant au 152ᵉ d'Infanterie.

Blessé, le 19 août 1914, par éclats d'obus, à Munster, fut tué à Steinbach (Alsace), le 6 janvier 1915.

> Citation : *A fait preuve d'intelligence et d'initiative dans l'exécution des ordres reçus. Malgré les difficultés du terrain, a su avec son peloton, dans une attaque de nuit, entourer l'église et le cimetière des deux côtés, et a ainsi facilité le succès des deux autres sections de la compagnie ; a brillamment enlevé sa section à l'assaut. (Tué, le 6 janvier 1915, par un éclat d'obus.)*

Le sous-lieutenant DE BRISIS était à son poste dans une tranchée lorsqu'il fut recouvert par un obus de gros calibre ; son porte-cartes émergeait seul et c'est grâce à cet indice que ses soldats parvinrent à le retrouver. Transporté mort à l'ambulance de Bitschwiller, il fut inhumé dans le cimetière de cette ville.

[Né le 20 novembre 1892. Frère du précédent.]

HERBE (François d'), ⚕ (posthume), ✠ (étoile), canonnier au 12ᵉ d'Artillerie.

> Citation : *A toujours servi en brave et excellent canonnier, donnant en toutes circonstances la valeur de son dévouement. Mort glorieusement pour la France, le 26 avril 1916, à Montzeville (Meuse).*

HERBOMEZ (Émile-Joseph d'), ⚕ (posthume), ✠, canonnier au 40ᵉ d'Artillerie.

> Citation : *Très bon conducteur, courageux et dévoué. Tué glorieusement, le 11 mai 1917, au cours d'un bombardement des échelons, devant Berry-au-Bac. A été cité.*

HERBOMEZ (Julien d'), ⚕ (posthume), ✠ (palme), soldat au 65ᵉ d'Infanterie.

> Citation : *Agent de liaison très dévoué et très courageux ; sous*

un violent tir de barrage, a assuré la liaison entre les commandants de compagnie et les sections d'assaut. A trouvé une mort glorieuse, le 30 mars 1917, dans l'accomplissement de sa mission. A été cité.

HÉRIARD (*Paul*-Joseph-Pierre), ✵ (posthume), ✻ (palme), capitaine au 58ᵉ d'Artillerie.

Tué à Arras, le 28 octobre 1914. Inhumé au cimetière de Saint-Nicolas d'Arras.

Citation à l'Ordre de l'Armée : S'est porté de lui-même dans une tranchée de première ligne pour observer le tir de nos batteries et renseigner sur le réglage de ce tir. A été tué, le 28 octobre 1914, par un obus ennemi. Avait déjà, auparavant et spontanément, recherché les missions périlleuses.

[Né le 3 mars 1881. Fils de M. Maurice HÉRIARD et de Mᵐᵉ née Marguerite RAMBAUD DE LAROCQUE. Marié à Mˡˡᵉ Marcelle GINOT, fille de M. Louis GINOT et de Mᵐᵉ née Amélie DE MARGERIE, — dont deux enfants : Roger et Marie.]

HÉRIARD (Jean-Jacques), ✻, *engagé volontaire* au 8ᵉ Cuirassiers, passé, sur sa demande, dans les Chasseurs alpins.

Tué au combat de la ferme des Wacques, le 25 juillet 1918.

[Né en 1896. Fils de M. Élie HÉRIARD et de Mᵐᵉ née Marie CASTILLON DU PERRON.]

HÉRICAULT (Charles-Bernard-*Jean* de RICAULT d'), ✵ (posthume), ✻ (palme et 3 étoiles), directeur de la *Revue Catholique et Royaliste*, lieutenant au 208ᵉ d'Infanterie.

Blessé à Verdun, fut tué devant Craonne, le 16 avril 1917.

Citation : Excellent officier, déjà titulaire de deux superbes citations à l'Ordre. Donnant toujours et à tous le meilleur exemple en toutes circonstances. Mort pour la France, devant Craonne, le 16 avril 1917.

[Né le 9 juin 1876. Fils de M. Charles D'HÉRICAULT (décédé) et de Mᵐᵉ née Louise DUPONT.]

HÉRICOURT (*Jean*-Antoine-Marie, Marquis de SERVINS d'), ✵ (posthume), ✻ (palme et étoile), étudiant en droit, *engagé volontaire*, sous-lieutenant au 111ᵉ d'Artillerie lourde, observateur en avion.

A trouvé glorieusement la mort, le Jeudi-Saint 5 avril 1917, au cours d'un combat aérien, dans la région de Reims. Son appareil est tombé dans nos lignes et son corps, ainsi que celui de son pilote, a été inhumé au cimetière de Sermiers (Marne).

Citation à l'Ordre de l'Armée : Jeune officier d'un courage éprouvé, s'étant maintes fois signalé au cours des missions qui lui étaient confiées. Le 5 avril 1917, a attaqué, avec un bi-moteur, trois avions ennemis ; a trouvé une mort glorieuse au cours du combat.

Il était le dernier du nom. Son corps sera transféré à Héricourt (Pas-de-Calais), où il sera inhumé dans le caveau de famille.

[Né le 24 août 1896. Fils du Mˡˢ DE SERVINS D'HÉRICOURT, O ✵, ministre plénipotentiaire (décédé), et de la Cᵗᵉˢˢᵉ née Olga HUGO DE SPITZEMBERG.]

HÉRISSEM (Baron Charles de), ✵ (posthume), ✻ (palme et étoile), *engagé volontaire*, sous-lieutenant au 27ᵉ Dragons, détaché au 15ᵉ groupe d'Autos-mitrailleuses.

Tombé au champ d'honneur, dans l'Aisne, le 27 mai 1918.

Citation à l'Ordre de l'Armée. (14 juin 1918) : Officier du plus grand mérite et d'une remarquable valeur technique. Engagé volontaire pour la durée de la guerre, a gagné tous ses grades au front et n'a jamais cessé d'être un précieux collaborateur pour ses chefs. Sollicitant toujours un emploi en première ligne, a tenu, lors des dernières attaques allemandes, à y être envoyé dès que le groupe a été engagé. Est tombé glorieusement à son poste de combat.

[Né en septembre 1876. Fils du Bᵒⁿ et de la Bᵒⁿⁿᵉ née Aline LE CLÉMENT DE TAINTEGNIES (décédés). Avec lui s'éteint une vieille famille Belge, qui n'est plus représentée que par la Bᵒⁿⁿᵉ F. DE ROLLAND, sa sœur.]

HERMELIN (Maurice), maréchal des logis au 1ᵉʳ Dragons.
Tué sous Ypres, en 1914.

HERMELIN (Jacques), ✠, ingénieur-agronome, sergent aux Tirailleurs Sénégalais.
Tué en juin 1918.

[Tous deux fils de M. et de Mᵐᵉ née DE LA BRÛLERIE.]

HERMY (Louis d'), ✠, ✠, capitaine au 251ᵉ d'Infanterie.
Tué le 2 juin 1918.

HÉROUVILLE (Marie-Joseph-Félix-*Henry* LE BOUCHER, Comte d'), ✠ (posthume), ✠ (palme et étoile), capitaine commandant au 7ᵉ Cuirassiers.
Glorieusement tombé, le 14 septembre 1916, à l'attaque de Raucourt (Somme).

Citation posthume : Appartenant à l'Etat-Major de la 45ᵉ division, et temporairement détaché en liaison auprès d'une brigade dont il devait suivre les attaques, a fait preuve de la plus grande bravoure et du plus complet mépris du danger. Glorieusement tombé, le 14 septembre 1916, en plein combat. A été cité.

[Né le 30 mai 1877. Fils du Lieutenant-Colonel Mⁱˢ D'HÉROUVILLE, ✠, et de la Mⁱˢᵉ née Marie LEDOUX DE MONTROY (décédée en 1918). Marié, en 1905, à Mˡˡᵉ Germaine CÔTE, fille de M. et de Mᵐᵉ née DECROZO, — dont trois enfants : Chantal, Bertrand, Nicole.]

HÉROUVILLE (*Félix*-Marie-Joseph, Comte Félix LE BOUCHER d'), ✠, ✠ (palme), lieutenant-colonel d'Infanterie, breveté d'Etat-Major, au 79ᵉ d'Infanterie.
Commandait, à la mobilisation, le 279ᵉ d'Infanterie. Tombé, le 28 août 1914, à la tête de la 140ᵉ Brigade, au combat de Courbesseaux (Meurthe-et-Moselle).

Citation du Général DE CASTELNAU à l'Ordre de la IIᵉ Armée : Ayant, le 28 août, le commandement de la 140ᵉ brigade, a dirigé l'action de cette brigade contre la position Hoéville-Bois-de-Sainte-Libiaire, et est tombé mortellement blessé en entraînant ses régiments sous un feu violent de mitrailleuses et de canons.

[Né le 8 novembre 1863. Fils du Mⁱˢ LE BOUCHER D'HÉROUVILLE et de la Mⁱˢᵉ née DE MALART. Marié, en 1901, à Mˡˡᵉ Madeleine FAURE-BIGUET, fille du Général et de Mᵐᵉ née ATHÉNOR, — dont quatre enfants.]

HÉROUVILLE (*Raoul*-Marie-Gustave-Paul LE BOUCHER d'), ✠ (posthume), ✠ (palme), sous-lieutenant au 5ᵉ Colonial.
Tombé le 6 octobre 1914, a succombé à l'hôpital de Commercy.

Citation : *A montré la plus grande bravoure, en lançant sa section à l'assaut d'une barricade. Est tombé mortellement atteint,
n'ayant cessé de donner à ses hommes l'exemple des plus belles
qualités militaires. A été cité.*

[Né le 29 août 1891. Fils du Vte (décédé) et de la V^tesse née Marie LEGRAND DES
CLOIZEAUX.]

HERSART DE LA VILLEMARQUÉ (*François-Alexandre-Marie-Théodore-Philippe, Vicomte François*), ✠ (posthume), ✠ (palme), capitaine au 124e d'Infanterie.

Déjà blessé, le 12 septembre 1914, à l'attaque du plateau de
Nampcel, sur l'Aisne; a été tué, le 19 février 1915, en conduisant
sa compagnie à l'assaut des positions allemandes en Champagne.
Il a été inhumé dans le cimetière de la Maison-Forestière, près de
Perthes-les-Hurlus.

Citation : *A entraîné sa compagnie en avant, malgré un feu
très violent de mitrailleuses qui prenait sa compagnie de flanc.
Blessé mortellement, a appelé son chef de bataillon pour lui dire
au revoir, et a ajouté : « Je sais que je vais mourir, mais c'est
pour la France ! » A été cité.*

[Né le 30 mai 1884. Fils du Vte Pierre et de la V^tesse née Gabrielle DE FRESLON DE
BOISHAMON (décédée). Marié, en 1910, à Mlle Noëlie DU CREST DE LORGERIE, fille
du Cte et de la Ctesse née DE BOTHEREL, — dont trois enfants.]

HERSART DE LA VILLEMARQUÉ (Vicomte Paul)...........

[Fils du Vte et de la V^tesse née PINCZON DU SEL, décédés.]

HERSART DE LA VILLEMARQUÉ (*Marie - Ernest - Théodore*), élève aspirant au 106e d'Infanterie.

Mort de ses blessures le 8 avril 1916.

[Né en 1894. Frère du précédent.]

HERSART DE LA VILLEMARQUÉ (Xavier), sergent-fourrier au 116e d'Infanterie.

Mort pour la France, le 24 mars 1915, à Bruxelles.

[Né le 19 décembre 1893. Fils du Vte et de la V^tesse née Alix DE KERGARIOU, décédée.]

HERSART DE LA VILLEMARQUÉ (*Georges*-Marie, Vicomte Georges), ✠ (posthume), ✠ (palme), ingénieur agricole, lieutenant de réserve au 316e d'Infanterie.

Avait été proposé pour le grade de capitaine, en raison de sa
belle conduite à Nanteuil-le-Haudouin dans les dures journées du
6 au 10 septembre 1914. Tué par un obus, quelques jours après,
le 20; son corps repose où il est tombé.

Citation : *Officier d'une haute valeur morale. Le 20 septembre
1914, à la tête d'une compagnie, a résisté à de violentes attaques
et a été tué glorieusement en observant les mouvements de l'ennemi.
A été cité.*

[Né le 3 septembre 1882. Fils du Cte Eugène et de la Ctesse née Marguerite DE GRO-
SOURDY DE SAINT-PIERRE. Marié, en 1910, à Mlle Suzanne HARDY, fille de M. et
de Mme née GAYARD, — dont trois enfants.]

HERSCHER-GENESTE (Robert-Joseph), ✠ (posthume), ✠, brigadier au 11e Cuirassiers à pied.

Citation : *Le 12 octobre 1914, chargé de la reconnaissance d'une ferme, dans des conditions particulièrement dangereuses et à proximité d'une ligne de tirailleurs au combat, a été accueilli par un feu nourri, et a été tué en essayant de préciser dans quelles conditions cette ferme était occupée. A été cité.*

HERSENT (*Jacques*-Hildebert), ✳, ❋ (2 palmes, 1 étoile), **sous-lieutenant au 112ᵉ d'Artillerie lourde.**

Tombé glorieusement, le 26 juillet 1917, à Billy-le-Grand (Marne).

Citation : *Jeune officier qui, en maintes circonstances, a donné les plus belles preuves de sa froide bravoure et de son dévouement; commandant une section avancée, souvent prise à partie par le tir de l'artillerie allemande, s'est toujours parfaitement acquitté des missions dont il a été chargé. Le 26 juillet 1917, au cours d'un violent bombardement, un projectile ennemi étant tombé sur un abri, n'a pas hésité à sortir de son P. C. pour s'assurer que personne n'avait été atteint. Blessé très grièvement à ce moment par un deuxième projectile, a fait preuve pendant son évacuation d'une abnégation au-dessus de tout éloge.*

[Né le 3 février 1893. Fils de M. et de Mᵐᵉ née Berthe THOMAS.]

HERVAIS (Jean-François-Marcel d'), ⚜ (posthume), ❋, **soldat au 65ᵉ d'infanterie.**

Citation : *Soldat d'une valeur réputée. Est mort glorieusement pour la France, le 2 février 1917, au bois de la Folie, en faisant vaillamment son devoir.*

HERVEY (*Jacques*-Edgard), ✳, ❋ (1 palme, 1 étoile), **ingénieur agricole, lieutenant au 3ᵉ Chasseurs à cheval.**

Citation (Légion d'honneur) : *Officier de haute valeur, d'une belle bravoure et d'une très grande élévation de caractère. S'est distingué par son courage, en effectuant des reconnaissances de combat en pleine action, pendant les opérations de mai-juin 1918, dans la Marne. A été blessé très grièvement au cours des opérations de poursuites du 1ᵉʳ au 8 novembre 1918, qui ont rejeté l'ennemi de l'Aisne sur la Meuse.*

[Né le 25 décembre 1888. Fils de M. Maurice HERVEY, ✳, ❋, sénateur de l'Eure, et de Mᵐᵉ née RAOUL-DUVAL. Marié, en 1918, à Mˡˡᵉ Evelyne LAFAURIE, fille de M. et de Mᵐᵉ née YUNG.]

HERVOUET DE LA ROBRIE, ✳ (posthume), ❋ (palme), **sous-lieutenant d'Artillerie de tranchée.**

Tué à son poste, en 1917.

Citation : *Officier d'élite, brave jusqu'à la témérité, donnant à ses hommes le plus bel exemple de courage et d'endurance. S'est dépensé sans compter pour l'installation de sa position de demi-batterie. A contribué, dans une forte part, à la destruction de la première position ennemie. Tué glorieusement, à son poste d'observation, en première ligne.*

HÉRY (Louis), ✳, ❋ (palme), ✳ (Médaille de Tunisie), **commandant breveté d'État-Major (84ᵉ territorial d'Infanterie).**

Tombé héroïquement à Beaucourt, le 29 septembre 1914, en se portant, selon les ordres, à l'assaut d'un pont qu'il avait reconnu impossible de prendre; courageusement résigné, il avait répondu: « Puisqu'il le faut, on passera coûte que coûte ! »

Citation : *S'est mis, le 29 septembre 1914, à la tête de ses troupes, pour prendre d'assaut un pont occupé par l'ennemi, en disant:*

« Il n'y a pas de Prussiens qui tiennent, il faut passer. » A été tué dans cet acte d'héroïsme.

[Marié à Mlle Jaffre du Ponteray, — dont trois enfants.]

HESPEL (*Paul*-Marie-Ludovic, Comte Paul d'), ⚜ (posthume), ✸, étudiant, adjudant au 12e Cuirassiers.

Tombé sous les balles ennemies, le 29 septembre 1915, au cours d'une attaque de la ferme Navarin, en Champagne.

[Né le 12 janvier 1897. Fils du Cte Gaston d'Hespel (décédé) et de la Ctesse née de Peñaranda.]

HESPEL (Joseph d'), lieutenant aviateur dans l'Armée Belge, *engagé volontaire.*

Tombé glorieusement dans les Flandres, le 14 octobre 1918.

[Frère du précédent.]

HESPEL (*François*-Jean-Marie-Edmond, Comte François d'), ✳ (posthume), ✸ (palmes), sous-lieutenant au 12e d'Artillerie.

Tombé au champ d'honneur le 28 octobre 1916.

> Citation : *A fait preuve d'une bravoure incomparable et de l'initiative la plus heureuse en se portant, le 10 octobre 1916, à hauteur de nos premières lignes d'infanterie, afin de mieux assurer l'accompagnement de l'attaque par le tir de sa batterie, qui a été des plus efficaces. La progression étant arrêtée, s'est porté en avant, entraînant avec lui quelques éléments d'infanterie qu'il a conduits jusqu'aux premières maisons d'un village. Au cours de cette avance, a fait réaliser la prise de 2 mitrailleuses gênant la marche de l'infanterie, et a forcé à se rendre 5 officiers allemands, dont un chef de bataillon, et 18 hommes. Tué à son poste de commandement. A été cité.*

[Né en 1893. Fils du Cte Ludovic d'Hespel (décédé) et de la Ctesse née de Chatellus.]

HESPEL (Edmond d'), lieutenant.

Décédé, le 1er novembre 1914, à l'hôpital de Folkestone, des suites de ses blessures.

[Fils du Cte Maurice d'Hespel et de la Ctesse née d'Hespel.]

HESPEL DE FLENCQUES (*Frédéric*-René-Joseph d'), *engagé volontaire* au 7e Dragons.

Mort, le 21 juin 1915, des suites d'une maladie contractée aux Armées.

[Né le 9 septembre 1897. Fils du Cte Eugène d'Hespel de Flencques et de la Ctesse née Madeleine d'Halloy d'Hocquincourt.]

HEUDE (Léopold), ✸, lieutenant-colonel au 1er Zouaves.

Mort en septembre 1914.

HEUDE (Georges), lieutenant au 5e Chasseurs à pied.

Tué au col de Maudray (Vosges), le 7 septembre 1914.

HEUDE (C.-G.-A.), ✳ (posthume), ✸ (palme), enseigne de vaisseau des Fusiliers Marins.

> Citation : *Officier des plus énergiques et d'une bravoure éprouvée, venu sur sa demande à la brigade, resté volontairement au bataillon où il ne cessait de demander des postes exposés. Tué le*

18 mai dans une tranchée de première ligne, où il dirigeait les travaux de réfection sous le feu de l'ennemi.

HEUDIÈRES (*Paul*-Marie LEDESVE d'), ✠ (posthume), ✠ (palme), *engagé volontaire,* sous-lieutenant au 4e Chasseurs à pied.

Tombé glorieusement, le 7 octobre 1918, à Morcourt (Aisne).

Citation : *Officier d'élite, dont l'énergie, l'initiative, l'esprit du devoir ne se sont jamais démentis. Est glorieusement tombé à la tête de ses chasseurs, le 7 octobre 1918, au cours d'un rude assaut, qui a précédé la retraite de l'ennemi. A été cité.*

HEURSEL (Comte Pierre d'), ✠, interprète auprès de l'Armée Britannique.

En congé de convalescence à Pau, est mort à la suite d'un tragique accident.

Cité à l'Ordre de l'Armée Britannique, en ces termes :

S'est comporté, le 27 septembre, de la plus brillante manière, quand son régiment était exposé à un terrible bombardement ; n'a cessé durant la journée de veiller à ses hommes, maintenant la communication et rebâtissant la tranchée détruite par le feu. Le soir, il prit le commandement des troupes, au moment où il était le seul officier restant, et rendit de ce fait le plus signalé service. Bien que blessé, il donna un magnifique exemple de sang-froid et de bravoure sous le plus violent bombardement.

HEUZÉ (Robert), ✠ (étoile), ancien député de l'Oise, *engagé volontaire,* sergent au 24e d'Infanterie territoriale.

Fit toutes les campagnes de Champagne, de l'Artois et de la Meuse. Tué à Verdun, le 4 septembre 1916.

Citation : *Sous-officier d'un calme et d'un sang-froid remarquables. Dans la nuit du 10 au 11 juillet 1916, a su, par son énergie et son exemple, maintenir son équipe au travail sous un bombardement violent et malgré une forte émission de gaz asphyxiants. Le 14 juillet, s'est rendu spontanément, sous un feu intense d'artillerie, auprès de nouveaux blessés d'un autre régiment, et a aidé pendant plusieurs heures à les transporter au poste de secours et à les évacuer. S'était déjà distingué en Champagne, en septembre 1915.*

[Né le 1er juin 1873. Fils de M. Edmond Heuzé et de Mme née Coquais.]

HEYDENREICH (Michel), Saint-Cyrien, sous-lieutenant au 57e d'Infanterie.

Tué le 26 janvier 1916.

HIERRE (Marcel-Florent-Léon d'), ✠ (posthume), ✠, soldat au 51e d'Infanterie.

Citation : *Bon et brave soldat, ayant toujours fait preuve de beaucoup de sang-froid. Mort glorieusement pour la France, le 5 octobre 1915. A été cité.*

HILLEMACHER (Jean), artiste peintre, sergent au 128e d'Infanterie.

Tombé pour la France, à 25 ans.

Une exposition posthume de ses œuvres, en 1920, obtint un légitime succès.

HILLY (Adonis-Edgar-Eugène d'), ✠ (posthume), ✠, maître pointeur au 29e d'Artillerie.

Citation : *Maître pointeur, plein de courage et d'allant. S'est fait remarquer maintes fois par son audace et son mépris du danger au cours des reconnaissances de première ligne. Chargé d'assurer la liaison optique avec l'infanterie, s'est acquitté de sa tâche d'une manière parfaite, n'hésitant jamais à risquer sa vie pour assurer une mission. Tué glorieusement sur sa pièce, le 17 octobre 1917, au ravin de la Dame (Verdun). A été cité.*

HINNIN (*Jacques*-Alfred-Louis d'), ✳ (posthume), ▒ (palme), ingé-nieur, sous-lieutenant au 3e Zouaves.
Tombé le 18 décembre 1916.

Citation : *Officier de grande valeur et de grand mérite; a bril-lamment entraîné sa section à l'attaque. Tué glorieusement dans les positions ennemies. A été cité.*

[Marié à Mlle Jane PICHON.]

HIRIART (Robert d'), caporal-fourrier au 142e territorial d'Infan-terie.
Tué, le 23 octobre 1914, à Cambrin (Pas-de-Calais).

HIRSCH DE BOUHÉLIER (Jean), ☗ (posthume), ▒ (étoile), élève à l'Ecole des Beaux-Arts, élève-officier.
Tué au combat de Gorcy-Aussigny, près Longwy (Meurthe-et-Moselle), le 22 août 1914.

Citation : *Bon et courageux soldat. A trouvé une mort glorieuse à son poste de combat, le 22 août 1914, à Gorcy.*

[Né le 5 novembre 1892. Beau-fils et fils de M. René VIVIANI, député, ancien Pré-sident du Conseil des Ministres, et de Mme née DE BOUHÉLIER-LEPELLETIER.]

HOARAU DE LA SOURCE (André), ▒, capitaine au 176e d'In-fanterie.
Tué à Kiresé-Déré (Gallipoli), le 20 mai 1915.

[Fils de M. (décédé) et de Mme née DE POUTHET. Marié à Mlle Louise DE LAIZER.]

HOCHE (*Jean*-Philippe), ▒ (étoile), avocat à la Cour de Paris, ca-poral au 5e d'Infanterie.
Tué en Artois, entre Souchez et Neuville-Saint-Vaast, le 26 septembre 1915.

Citation : *Pour sa belle conduite, son courage et le mépris du danger dont il a fait preuve dans la nuit du 15 au 16 octobre, nuit pendant laquelle ont été repoussées avec succès trois violentes attaques de l'ennemi.*

[Né le 21 mars 1894. Fils de M. Gustave HOCHE et de Mme née DUMESNIL.]

HOINVILLE (Élisée), ✳ (posthume), ▒ (palme), élève à l'Ecole natio-nale des Arts et Métiers, *engagé volontaire*, sous-lieutenant avia-teur, observateur à l'Escadrille C. 56.
Tombé, le 10 décembre 1917, au cours d'un combat aérien, devant Verdun.

Citation : *Le 10 décembre 1917, attaqué au cours d'une mission photographique dans les lignes allemandes par des avions enne-mis, s'est défendu avec une énergie farouche jusqu'au moment où son appareil est tombé désemparé, trouvant ainsi une mort exem-plaire.*

[Né le 19 août 1896. Fils de M. Paul HOINVILLE et de Mme née KOCH.]

HOLLANDE (Robert) *engagé volontaire*, caporal au 117e d'Infanterie.

Tué dans la Somme, le 18 décembre 1914.

HONDT (Henri d'), ⚬ (posthume), � (palme), cavalier au 9e Cuirassiers à pied.

> Citation : *Blessé mortellement, le 14 mars 1916, au cours d'un violent bombardement, a fait preuve pendant toute son agonie d'un courage extraordinaire, confirmant ainsi toutes les brillantes qualités dont il n'avait cessé de faire preuve depuis le début de la campagne, tant au groupe cycliste qu'au groupe léger. A été cité.*

HONDT (Jean-Alphonse d'), ⚬ (posthume), ✠, canonnier-servant au 58e d'Artillerie.

> Citation : *Très bon canonnier, consciencieux et dévoué. Grièvement blessé, le 12 juin 1918, lors du bombardement de l'échelon par obus de gros calibre. Mort pour la France, le lendemain, des suites de ses blessures. A été cité.*

HOPPENOT (Jacques), brigadier au 81e d'Artillerie.

Faisant la liaison comme motocycliste, a été tué dans la Somme, le 25 juin 1916.

[Né en 1896. Fils de M. et de Mᵐᵉ née CORBIN.]

HORRER (*Léon - Marie - Joseph,* **Vicomte d'),** ✸ (posthume), ✠ (palme et étoile de vermeil), propriétaire, capitaine de réserve au 305e d'Infanterie.

Tué à Sapigneul (Marne), le 28 février 1916, d'un éclat d'obus au cœur.

> Citation : *Commandant une compagnie chargée d'occuper une série d'entonnoirs de mines, à quelques mètres de la tranchée allemande, a fait preuve de réelles qualités militaires, et s'est parfaitement acquitté de la mission qui lui avait été confiée.*

[Né le 31 juillet 1885. Fils du Cᵗᵉ Arsène D'HORRER et de la Cᵗᵉˢˢᵉ née GUILHOMET. Marié à Mˡˡᵉ Amélie DE LA DURE, fille de M. et de Mᵐᵉ née REGNARD, — dont cinq enfants.]

HOTEL (Edmond d'), ⚬ (posthume), ✠ (palme), caporal au 369e d'Infanterie (6e compagnie de mitrailleuses).

> Citation : *Chef de pièce merveilleux de sang-froid et d'énergie, a pris part à toutes les attaques d'août 1918. S'est distingué à l'assaut de la ferme d'Attiche. A été tué sur sa pièce pendant une contre-attaque. A été cité.*

HOTELANS (Étienne BROCH d'), ✸ (posthume) ✠ (palme), capitaine au Régiment mixte colonial.

Blessé, le 25 mars 1914, à Zrarka (Maroc), vint en France dès le début de la campagne, et trouva la mort le 1er septembre 1914, à 35 ans.

> Citation : *Mortellement blessé le 1ᵉʳ septembre, en tête de sa compagnie, à laquelle depuis plusieurs heures il donnait, sous un feu intense de l'ennemi, l'exemple du calme et du courage.*

HOUDAILLE (Maurice), ✸ (posthume), ✠ (5 citations), lieutenant aviateur, commandant d'Escadrille.

Tombé glorieusement au cours d'un combat aérien.

HOUDAILLE (Robert), brigadier au 23e Dragons.

Tué, le 13 octobre 1914, lors d'une reconnaissance, à Mirnart (Belgique).

[Né le 9 septembre 1893. Fils de M. Robert HOUDAILLE, ✻, inspecteur général des Finances.]

HOUDETOT (*Jean*-Louis-Augustin-Marie, Comte Jean de), ✻ (posthume), ✠, sergent au 224e d'Infanterie.

Tué, le 15 septembre 1914, à La Neuville, près Berry-au-Bac.

Citation : *Excellent sous-officier ; parti sur le front sur sa demande, s'est fait remarquer par sa bravoure et son énergie. Est tombé à la tête de sa section, le 15 septembre 1914, au combat de La Neuville.*

[Né le 1er janvier 1880. Fils du Mis et de la Mise née Marguerite DU PRÉ DE SAINT-MAUR (décédés). Marié, en 1907, à Mlle AUBUSSON DE SOUBREBOST.]

HOUDETOT (*Edmond*-Paul-Marie-Louis, Comte Edmond de), ✻, ✠, ✻ (Médaille du Maroc), capitaine aux Tirailleurs Marocains.

Blessé grièvement le 13 mars 1915; retourné au front en septembre suivant, fut tué à Souain, le 5 octobre 1915.

[Né le 9 mars 1883. Frère du précédent.]

HOUETTE (Edmond), ✠, capitaine au 153e d'Infanterie.

Tué en Lorraine (novembre 1914).

HOURY (*Victor*-Camille), ✻ (posthume), ✠ (étoile), docteur en droit, ancien avocat à la Cour d'Appel de Grenoble, sous-lieutenant au 136e d'Infanterie.

Sergent de réserve au 75e d'Infanterie, parti dans un détachement de volontaires, le 26 août 1914; blessé à la main droite le 3 septembre aux combats de Raon-l'Etape, amputé de l'index; promu sous-lieutenant au 99e d'Infanterie en mai 1915, envoyé au front sur sa demande, nommé au 136e d'Infanterie, et tué d'une balle à la tête aux combats de Vienne-le-Château (bois de la Gruerie - Argonne), le 18 août 1915.

Citation : *Chef de section brillant au feu ; tué d'une balle à la tête, le 18 août 1915, dans les tranchées de première ligne, en cherchant à reconnaître le terrain en avant.*

[Né le 19 juin 1882. Fils de M. Henri HOURY et de Mme née Cécile MONTAGNAT.]

HOUSSET (*Jean*-François-Marie-Joseph-René), sous-lieutenant au 52e d'Artillerie.

Tué, le 28 août 1914, à la ferme du Gouvernement, près Moislains (Somme).

[Né le 16 mars 1893. Fils de M. René HOUSSET, notaire, et de Mme née Thérèse JONNIER.]

HOUSSET (*Bernard* - Jules - Marie), ✻ (posthume), ✠ (2 palmes, 4 étoiles), Saint-Cyrien de la promotion de la Grande-Revanche, capitaine au 4e Chasseurs à pied.

Tué sur les bords du canal de l'Ailette, d'un éclat d'obus à la tête, le 2 septembre 1918.

Citation : *Jeune capitaine, doué des plus belles qualités mili-*

taires. A remarquablement commandé, pendant les combats du 20 août, un groupement de deux compagnies et d'une compagnie de mitrailleuses; blessé pendant la progression, a conservé son commandement, menant l'attaque avec l'intelligence, le sang-froid et l'énergie d'un vrai chef; a enlevé brillamment tous ses objectifs.

[Né le 15 septembre 1894. Frère du précédent.]

HOUSSET (*Claude*-Marie-Gaston), étudiant, soldat au 79e d'Infanterie.

Décédé à l'hôpital de Nevers, le 31 janvier 1915.

[Né le 26 septembre 1895. Frère des précédents.]

HOUSSIN DE SAINT-LAURENT (*René*-Gabriel), ✳ (posthume), ✠ (palme), lieutenant au 16e d'Infanterie.

Tué, le 28 août 1914, en enlevant brillamment à l'assaut, les positions ennemies de La Marfée.

[Marié à Mlle Le Jariel.]

HOUYVET (*Marc*-Henri), ✳ (posthume), ✠ (palme), licencié en droit, clerc de notaire à Paris, *engagé volontaire*, sous-lieutenant au 104e d'Infanterie.

Tué sous Verdun, le 12 septembre 1916.

Citation : *Engagé pour la durée de la guerre, officier d'un courage et d'un entrain remarquables. Tué le 12 septembre en s'élançant à l'assaut à la tête de sa section. A été cité.*

[Né le 29 septembre 1889. Fils de M. Alfred Houyvet, ancien agréé au Tribunal de Commerce de la Seine, et de Mme Houyvet.]

HOUZÉ DE L'AULNOIT (Georges), canonnier au 85e d'Artillerie lourde.

Décédé, à 22 ans, en juillet 1919, des suites d'une maladie contractée aux Armées.

HUART (Baron Auguste d'), ✳, ✠ (palme), capitaine au 5e Hussards.

Citation : *A fait preuve, en maintes circonstances, d'un très beau courage personnel et d'un absolu mépris du danger. Tué à son poste de combat pendant un violent bombardement de la position occupée par son escadron.*

HUART (Baron Alfred d'), maréchal des logis de Cavalerie Belge.

Mort à l'ambulance de la porte de Gravelines, à Calais.

[Fils du Cte et de la Ctesse née de Spoelberg.]

HUART (Baron Charles d'), artilleur dans l'Armée Belge.

Tué à l'ennemi, le 11 décembre 1916.

HUART SAINT-MAURIS (*Jean* - Joseph - Emmanuel d'), ✳ (posthume), ✠ (2 palmes), se préparait à Saint-Cyr, *engagé volontaire*, sous-lieutenant au 6e Hussards.

Tué glorieusement le 11 août 1918.

Citation du Général de Saint-Just : *Jeune chef de peloton plein d'entrain. Détaché auprès de l'infanterie dans une région fré-*

*quemment bombardée par obus ordinaires et toxiques, a organisé
un service d'estafettes et de coureurs de façon parfaite et avec autant de zèle que de modestie.*

*Citation à l'Ordre de l'Armée : Commandant un peloton détaché
auprès d'une division d'infanterie engagée dans la bataille, a donné,
pendant deux mois en première ligne, et notamment pendant les
combats du 10 au 14 juin et du 10 au 11 août 1918, l'exemple d'une
bravoure, d'une abnégation et d'un dévouement sans bornes. A été
mortellement frappé, le 11 août, à son poste de combat. A été cité.*

[Né le 14 novembre 1893. Fils du B᎓ᵒⁿ D'HUART SAINT-MAURIS, ✳, chef d'escadron de Cavalerie, et de Mᵐᵉ née TOLLOU DE BONALD.]

HUBERT (Augustin), ✳, ✠ (3 citations), capitaine observateur à l'Escadrille C. 13.

Blessé en 1914 et en 1916 dans l'Infanterie, versé dans l'aviation, y a trouvé la mort, à la cote 344, le 20 août 1917.

HUBERT (Paul-Émile), ⚶ (posthume), ✠ (palme), adjudant au 102ᵉ d'Infanterie.

A trouvé la mort glorieuse du soldat, le 4 novembre 1914, à
Andéchy, près de Roye (Somme).

*Citation à l'Ordre de l'Armée (Journal officiel du 12 décembre 1914) :
Le 4 novembre 1914, a été blessé au côté, au moment où il s'élançait, à la tête de sa section, sur les tranchées ennemies. Est tombé
en criant : « En avant ! » pour continuer à entraîner ses hommes ;
n'a cessé ses cris qu'au moment où une balle l'atteignait à la tête
et l'a tué.*

[Fils de M. Denis HUBERT, ✳, industriel.]

HÜE (Isidore-*Henri*), notaire à Paris, sergent au 328ᵉ d'Infanterie.

Tué, le 28 mars 1915, au bois de La Gruerie, près de la Harazée
(Marne).

[Né le 1ᵉʳ janvier 1874. Fils de M. et de Mᵐᵉ née DUCHESNE. Marié à Mˡˡᵉ BEAU, fille
de M. et de Mᵐᵉ née JOUIAUX, — dont quatre enfants.]

HUET DE COURJAMONT (Marie-André-*Robert*), ⚶ (posthume), ✠, sergent fusilier-mitrailleur au 35ᵉ d'Infanterie.

A pris part aux combats de Woëvre, d'Argonne, de Champagne, de Verdun et de la Somme. Tué en entraînant sa section
à l'attaque.

*Citation : Sous-officier énergique et brave. Chargé, le 20 août
1916, de commander les spécialistes d'une vague d'assaut, a entraîné ses hommes avec la plus magnifique ardeur. Mortellement
frappé en abordant les tranchées ennemies. A été cité.*

HUGHES OLIVER (Jacques), ✳ (posthume), ✠, *engagé volontaire* au 56ᵉ d'Artillerie.

Brigadier, tombé en Champagne, le 29 avril 1915. Cité avec ce
motif :

*Étant chargé d'assurer le ravitaillement en munitions, au mo-
ment où sa batterie était violemment bombardée par l'artillerie
ennemie, n'a pas hésité à exécuter l'ordre et a été tué au cours de
sa mission.*

[Né le 29 septembre 1894. Petit-fils de M. Paul CÈRE, ancien préfet, fils et beau-fils
de M. et de Mᵐᵉ CORMIER-MIRAMONT.]

HUGLEVILLE (Marie-Gabriel-*Hélion*, Vicomte d'), sous-lieutenant de réserve au 72ᵉ d'Infanterie.
Tué en 1915.

[Né le 10 décembre 1889. Fils du Mⁱˢ et de la Mⁱˢᵉ née Anne DE PÈCHE.]

HUGON (Pierre), ✠ (palme), lieutenant au 109ᵉ d'Infanterie.
Tué à Visch (Alsace), le 19 août 1914.

HUGON DE SCŒUX (Charles), ⚭ (posthume), ✠ (2 étoiles), étudiant, *engagé volontaire*, sergent au 3ᵉ bis de Zouaves.
Engagé en août 1914 dans l'Infanterie, blessé une première fois et cité, il demanda à repartir dans les Zouaves. Adoré de ses hommes et très estimé de ses chefs, il fut tué, le 14 septembre 1916, à Bouchavesnes, d'une balle en plein cœur, en se portant en avant avec sa section de mitrailleuses. Cité une seconde fois :

> *Engagé volontaire pour la durée de la guerre, a toujours fait preuve de brillantes qualités militaires. Tombé glorieusement à la tête de sa section, alors qu'il accompagnait les vagues d'assaut. A été cité.*

[Né le 16 juillet 1895. Fils du Bᵒⁿ (décédé) et de la Bᵒⁿⁿᵉ née DE GENESTEIX.]

HUGON DE SCŒUX (Louis-Marie-Théobald-*André*), ⚭ (posthume), ✠, séminariste du diocèse de Limoges, caporal au 418ᵉ d'Infanterie.
Blessé également une première fois, fut tué, le 16 avril 1917, à l'attaque de la sucrerie de Leruy, alors qu'il voulait atteindre un point favorable pour mitrailler l'ennemi. A obtenu, par sa mort, la citation suivante :

> *Très bon gradé, exemple de courage et d'entrain, est tombé glorieusement, le 16 août 1917, en se portant, avec un fusilier-mitrailleur, sur un point où il voulait contrebattre une mitrailleuse ennemie. A été cité.*

[Né le 23 août 1896. Frère du précédent.]

HUGONNEAU DE BOYAT (Paul d'), aspirant.
Tué le 26 mai 1915.

[Fils du Général et de Mᵐᵉ D'HUGONNEAU DE BOYAT.]

HUGOT-DERVILLE (*Guy*-Marie-Gonzague-Charles), ✠, ✠ (palme), capitaine au 2ᵉ Chasseurs Marocains.
Tué le 5 septembre 1914.

> Citation : *La compagnie étant violemment contre-attaquée dans un bois où elle venait de pénétrer, ayant la jambe brisée, continuait, à genoux, à rallier ses hommes et les lançait à la baïonnette jusqu'au moment où il est tombé atteint mortellement.*

[Né le 24 juin 1881. Fils du Colonel et de Mᵐᵉ née DE ROMANS.]

HUGOT-DERVILLE (*Georges*-René-Marie-Alfred), ✠ (posthume), ✠ (étoile d'or), lieutenant au 15ᵉ d'Infanterie.
Tué, le 25 août 1914, à l'attaque de Rozelieures.

> Citation : *Brillant officier, modèle de bravoure et d'allant. Glorieusement tombé, le 25 août 1914, en entraînant sa section à l'at-*

taque du village de Rozelieures, avec une crânerie superbe. A été cité.

[Né le 5 juillet 1884. Frère du précédent.]

HUGOT-DERVILLE (*René*-Marie-Louis), ✠ (posthume), ✠ (palme et étoile d'argent), lieutenant au 2e mixte de Zouaves et Tirailleurs.

Blessé, le 14 août 1914, à Montreux-Vieux. Tué à Mouilly-sous-Verdun, le 29 avril 1915.

Citation : *Officier de haute valeur. Tombé glorieusement en entraînant sa compagnie à l'assaut d'une tranchée allemande.*

[Né le 25 mars 1886. Frère des précédents.]

HUGUES DE VALAURIE (Alfred-Auguste-Charles), ✠ (posthume), ✠ (palme), sous-lieutenant au 6e Tirailleurs Sénégalais.

Citation : *Officier d'une rare bravoure, sous un violent bombardement, n'a pas hésité à monter sur le parapet pour mieux assurer son commandement. A été tué glorieusement en donnant à sa section un bel exemple de courage et de sang-froid.*

HUILLARD (*Jacques*-François), ✠ (posthume), ✠ (palme), élève ingénieur, soldat au 102e d'Infanterie.

Blessé grièvement près de Roye, les 4-5 octobre 1914, et fait prisonnier, il dut subir l'amputation de la jambe, et mourut courageusement à Noyon, le 21 novembre suivant, après de grandes souffrances.

Citation : *S'est fait remarquer en toutes circonstances par son dévouement, son entrain et son énergie. Ayant appris, le 4 octobre, la mort de l'adjudant auquel il était adjoint comme homme de liaison, est allé chercher le corps de son chef, sous une grêle de balles, à proximité des tranchées ennemies ; a tenté de retrouver les dossiers et le boni de la compagnie dont l'adjudant était porteur, a été grièvement blessé pendant l'accomplissement de ce devoir.*

[Né le 15 mars 1892. Fils de M. et de Mme née O'NEILL PEARSON.]

HULOT DE COLLART (*Alfred*-Jacques-Louis, Baron Alfred), ✠, ✠ (palme), O✠ (Nicham), capitaine au 355e d'Infanterie.

Etait proposé pour le grade de chef de bataillon, lorsqu'il fut tué d'une balle au front, le 20 septembre 1914, près Vic-sur-Aisne.

Citation : *Magnifique attitude au feu ; s'est distingué tout d'abord, le 7 septembre, en entraînant ses hommes avec une ardeur incomparable et renouvelant sans cesse ses attaques malgré le feu du canon et des mitrailleuses ennemies. Le 20 septembre, s'est lancé avec sa compagnie baïonnette au canon contre l'ennemi, au moment où celui-ci tentait de forcer nos lignes par une surprise de nuit. Est tombé frappé à mort d'une balle en plein front.*

[Né le 7 février 1868. Fils du Bon HULOT DE COLLART (Jules-Louis-Charles) et de la Bonne née Isabelle BRULÉ DE LACROIX. Marié au château des Rochers-Sévigné (Vitré), le 3 août 1899, à Mlle Jeanne HAY DES NÉTUMIÈRES, fille du Cte Ivan, conseiller général, et de la Ctesse née DES NÉTUMIÈRES, — dont deux fils et une fille.]

HUMANN (*Henry*-Marie-Joseph), ✠ (posthume), ✠ (étoile), sous-lieutenant au 28e Dragons.

Après s'être vaillamment battu à Craonne, fut blessé mortellement à Vieux-Berquin (Pas-de-Calais), au combat du 9 octobre 1914; inhumé le lendemain à Saint-Pol-sur-Ternoise.

> Citation : *Au combat du 9 octobre, est resté auprès de son chef d'escadron blessé et a été lui-même grièvement blessé, en essayant de le ramener. A été cité.*

[Né le 7 janvier 1890. Fils de l'Amiral HUMANN (décédé) et de Mᵐᵉ née DE BOUTHIL-LIER-CHAVIGNY.]

HUMANN (*Georges*-Marie-Carlo), ✠ (posthume), ✖ (palme et étoile), sous-lieutenant au 60ᵉ d'Artillerie.
Tué à l'ennemi, près Sailly-Saillisel (Somme), le 15 novembre 1916.

> Citation : *Grièvement blessé à Verdun, au début de février 1916, n'a pas voulu profiter de son congé de convalescence qui lui était accordé et a rejoint son groupe. Le 15 novembre, sa batterie étant soumise à un violent bombardement d'obus asphyxiants, n'a cessé de se prodiguer pour assurer le calme dans le personnel et veiller à l'exécution des tirs urgents. A été tué au poste où il s'était rendu de lui-même, pour assurer la transmission des ordres, après en avoir fait retirer tout le personnel.*

[Né le 24 mars 1895. Frère du précédent.]

HUMBLOT (Pierre), ✖ (3 étoiles), candidat à l'Ecole Polytechnique, *engagé volontaire*, sous-lieutenant au 61ᵉ d'Artillerie.
Parti en juillet 1915, fut tué, le 28 juillet 1917, au bois de la Bêche, près de Douaumont.

[Né le 20 novembre 1897. Fils de M. Auguste HUMBLOT et de Mᵐᵉ née Jeanne LUC.]

HUMIÈRES (*Robert*-Marie-Aymeric-Eugène, Vicomte Robert d'), ✠ (posthume), ✖ (palme), littérateur, lieutenant au 4ᵉ Zouaves.
Tué à Lizerne (Belgique), le 26 avril 1915.

> Citation : *Nouvellement arrivé au bataillon, a pris, sous le feu, le commandement de sa compagnie dont le chef venait de tomber mortellement blessé. A été superbe de bravoure et de sang-froid en entraînant sa compagnie à l'attaque d'un village et en chargeant avec un élan magnifique en tête. Est arrivé le premier sur les tranchées ennemies dont il a assuré immédiatement l'occupation et dans lesquelles il a été mortellement frappé. A été cité.*

Écrivain de talent, traducteur de Rudyard Kipling, le lieutenant Robert D'HUMIÈRES dirigea aussi le Théâtre des Arts, où il fit connaître bien des pièces du théâtre étranger, la plupart traduites par lui.

[Né le 2 mars 1868. Fils du Cᵗᵉ et de la Cᵗᵉˢˢᵉ née KELLY. Marié à Mˡˡᵉ Marie DE DAMPIERRE (décédée en 1917), fille du Cᵗᵉ Eric DE DAMPIERRE, ✳, et de la Cᵗᵉˢˢᵉ née DE CHATEAUBOURG, — dont deux enfants.]

HUMIÈRES (Vicomte Augustin d'), ✠ (posthume), ✖ (palme et étoile), lieutenant au 8ᵉ Hussards, détaché au 11ᵉ d'Artillerie.
Glorieusement tombé, le 20 juillet 1916, à Estrées (Somme); inhumé au cimetière de Proyart.

> Citation : *Officier possédant au plus haut degré l'esprit de devoir et de sacrifice. Le 20 juillet, assurant la liaison entre un groupe d'artillerie et un bataillon d'attaque, a réussi, grâce à son activité, à transmettre des renseignements précieux. Une contre-attaque étant survenue au contact de la fraction d'infanterie avancée parmi laquelle il se trouvait, a donné le plus bel exemple*

d'énergie et de sang-froid. A été tué dans cette circonstance. A été cité.

[Né le 25 septembre 1885. Fils du Cte et de la Ctesse née Henriette DE MÉRONA. Marié à Mlle Marthe PÉROUSE DE MONCLOS, fille de M. et de Mme née ROCHER, — dont deux enfants.]

HUMIÈRES (*Henri*-Philippe-Marie d'), ✠ (posthume), ✠, lieutenant au 14e Dragons.

Citation : *Officier doué des plus belles qualités militaires. S'est distingué par son intrépidité au cours de plusieurs reconnaissances. A trouvé une mort héroïque au combat de Zonnebeeke, le 2 novembre 1914.*

HUNOLSTEIN (*Henri*-Antoine-Sigismond-Marie, Comte Henri d'), ✠ (posthume), ✠ (1 palme, 2 étoiles), ✠ (Médaille Italienne), sous-lieutenant au 7e Chasseurs à cheval, pilote-aviateur.

Tué, le 2 juillet 1918, au cours d'un combat aérien, dans la région de Villers-Cotterets.

Précédemment cité à l'Ordre d'une Division d'Infanterie Coloniale, il méritait cette citation posthume à l'Ordre de l'Armée :

Officier pilote de la plus haute valeur, modèle de conscience et de devoir. Pilote à l'escadrille depuis plus d'un an et demi, s'est toujours distingué par un courage, un entrain et une énergie sans pareils. Le 2 juillet 1918, au cours d'une mission photographique, a livré combat à deux avions de chasse ennemis qui lui barraient la route. Est tombé glorieusement au champ d'honneur, au cours du combat. A été cité.

[Né le 22 mai 1893. Fils du Cte D'HUNOLSTEIN, ✠, lieutenant de vaisseau démissionnaire, et de la Ctesse née Nelly DE LÉVIS MIREPOIX.]

HUOT DE NEUVIER (Georges-*Robert*), ✠ (posthume), ✠ (palme), lieutenant au 120e d'Infanterie.

Tué, le 6 novembre 1914, au front de la Marne.

Citation : *Officier brave et énergique. Mortellement atteint par plusieurs balles de mitrailleuses, le 6 novembre 1914, au bois de la Gruerie, en organisant la défense de son secteur.*

HURBE (Jean d'), ✠ (posthume), ✠, soldat au 57e d'Infanterie.

Citation : *Excellent soldat, d'une grande énergie, de beaucoup de courage et d'une belle ardeur. A été mortellement blessé, le 1er juin 1918, alors qu'il faisait héroïquement son devoir au cours d'une attaque allemande sur nos positions de Saconin-et-Breuil.*

HURBE (Philippe-Claude d'), ✠ (posthume), ✠, soldat au 320e d'Infanterie.

Citation : *Soldat courageux qui a fait vaillamment son devoir dès les premiers combats de la campagne. Tombé glorieusement pour la France, le 15 novembre 1914, à la ferme de Confrécourt.*

HUSBAND (Adrien), lieutenant au 19e Dragons, détaché au 2e Tirailleurs Marocains.

Tué le 27 septembre 1918.

[Fils du Colonel, commandant une Infanterie divisionnaire.]

HUSSENOT-DESENONGES (Bernard), ✠ (posthume), ✠ (étoile), étudiant en droit, *engagé volontaire*, maréchal des logis au 16e d'Artillerie.

Affecté à l'Artillerie de tranchées, fut tué, le 19 juillet 1916, par une grenade, dans les Hauts-de-Meuse, près de Troyon.

Citation : *Excellent sous-officier, d'une très belle attitude au feu ; a toujours montré, dans les diverses missions dont il était chargé, un dévouement parfait et le plus grand mépris du danger. A été tué, le 19 juillet 1916, dans un exercice de lancement de grenades. A été cité.*

[Né le 13 octobre 1893. Fils du Commandant (décédé) et de Mme née TALAMON.]

HUSSON (Abbé Henri), ✠ (posthume), ✠ (3 citations), professeur au Collège Stanislas, sous-lieutenant au 26e Chasseurs à pied.

Citation : *Officier d'un grand sang-froid et d'une bravoure admirable. Le 30 mars 1918, à Aubvillers (Somme), après avoir contenu pendant sept heures une contre-attaque, menacé d'être cerné et contraint de se replier, a été grièvement blessé au cours de l'action, a refusé de se laisser emmener, continuant à combattre, a permis ainsi à ses chasseurs de se replier. Pris par l'ennemi, a succombé à ses blessures.*

HUTIN (Roger HIRSCH, dit), ✠, ✠ (palme), *engagé volontaire*, sergent aviateur.

Passé dans l'Aviation sur sa demande, fut grièvement blessé, le 31 mai 1918, au cours d'un combat aérien. Après dix-huit mois d'atroces souffrances, succomba en décembre 1919.

[Fils de M. Marcel HUTIN, O ✠, publiciste.]

I

IBELS (*Robert*-André), ✱ (posthume), ✠ (palme), sous-lieutenant au 411e d'Infanterie.

Tué à l'ennemi, à Louvemont, le 19 août 1917.

[Né à Paris le 11 février 1895. Fils de M. et de Mme née Delaporte.]

IMBERT (René), ✱, ✠, chef d'escadron au 81e d'Artillerie lourde.

Tué le 3 septembre 1917, à 40 ans.

IMBERT (Jean), ✱ (posthume), ✠ (6 citations), directeur de Verreries, capitaine au 147e d'Infanterie.

Tué le 1er octobre 1918.

Citation : *Officier d'une énergie et d'un courage au-dessus de tout éloge. Faisant l'admiration de tous par son calme et son sang-froid imperturbables. Adoré de ses hommes pour lesquels il était en toutes circonstances un modèle de bravoure... Le sens du devoir et l'esprit de sacrifice étaient portés chez lui à un suprême degré.*

IMBRECQ (Pierre), sergent au 66e territorial d'Infanterie.

Tué, le 10 décembre 1914, à Zonnebeeke (Belgique), d'une balle au front, au moment où il observait une tranchée ennemie avant d'y lancer sa section.

[Fils de M. F. Imbrecq et de Mme née Duponchel.]

IMBRECQ (Georges), ✠ (2 citations), caporal-fourrier au 340e d'Infanterie.

Après avoir fait toute la campagne, à Carency, à Verdun, en Italie (Mont Tomba), et avoir été deux fois blessé et cité, il arrivait avec son régiment sur la Somme pour arrêter la nouvelle ruée des Allemands quand il fut, le 28 avril 1918, tué par un éclat d'obus.

[Frère du précédent.]

IMHAUS (Théodore-Nicolas-Émile), O ✱, ✠, commandant.

Mort pour la France, le 30 mars 1916.

[Marié à Mlle de Mahy, — dont un enfant.]

IMHAUS (Marc), ✱ (posthume), ✠ (palme), administrateur-directeur des Imprimeries de Nancy, lieutenant au 37e d'Infanterie.

Tombé, à la tête de sa section, près de Riche (Lorraine), le 20 août 1914.

IRAY (Marie-Emile-*Louis*, Baron LE PRÉVOST d'), maréchal des logis fourrier au 32e Dragons.

Rentrant de Belgique, a pris part à l'offensive de la Marne et, en chargeant avec son escadron pour protéger un groupe d'artillerie, est tombé raide mort, frappé d'une balle à la tête, à Baron (Oise), le 9 septembre 1914.

[Né le 9 octobre 1892. Fils du Vte d'Iray, capitaine aux services automobiles, et de la V^tesse née Célinie de Joigny.]

IRAY (Marie-Gabriel-*Joseph* LE PRÉVOST d'), 🎖 (posthume), ✠, canonnier au 11e d'Artillerie à pied.

Ayant été affecté, vu sa santé, au Train des Équipages, a demandé à aller sur le front, s'est fait verser au 5e d'Artillerie à pied, puis au 11e. Broyé par un obus sur la plate-forme de sa batterie, au bois de Génicourt, le 15 mars 1916.

[Né le 15 octobre 1875. Fils du Vte Raoul d'Iray et de la V^tesse née Louise Humbert de Molard (décédés). Oncle du précédent.]

ISAAC (Philippe), ✠ (posthume), ✠, lieutenant au 1er d'Artillerie.
Tué à Saint-Hilaire, près Auberive, en Champagne, le 25 septembre 1915.

[Fils du Député du Rhône et de Mme née Dognin.]

ISLE DE BEAUCHAINE (Vicomte Georges-Marie-Raoul), ✠ (posthume), ✠, lieutenant au 11e Chasseurs à cheval.
Tué le 29 septembre 1915.

[Fils du B^on et de la B^onne née Couët de Montarand. Marié, en 1913, à Mlle Jeanne Fachard, fille de l'ancien Député et de Mme née Dodun des Perrières, décédée.]

ISNARDS (Édouard des), ✠, élève officier au 7e Chasseurs alpins.
Mort le 5 février 1915.

[Né le 3 décembre 1896. Fils du Cte René des Isnards, ✠, et de la Ctesse née de Teyssier de Cadillan.]

ISNARDS (*Jean*-François-Marie-Alfred, Comte Jean des), ✠ (posthume), ✠ (palme), Saint-Cyrien (promotion de la Grande-Revanche), sous-lieutenant au 166e d'Infanterie.
Tombé, le 8 avril 1915, au combat de Marcheville.

Citation : *A conduit sa section avec une audace superbe dans l'attaque de nuit du 7 au 8 avril. Est tombé dans les lignes ennemies, après avoir été blessé.*

[Né le 1er avril 1895. Fils du Cte Helen des Isnards et de la Ctesse née Marie du Laurens d'Oiselay.]

ITIER (Jehan-*François*-Ythier), ✠ (posthume), ✠ (palme), ancien élève de Saint-Cyr, capitaine au 29e Chasseurs à pied.
Lieutenant au début de la guerre, tua de sa main un officier saxon et fit cinq prisonniers en défendant son parc d'approvisionnement. Blessé un jour de sept shrapnells, une autre fois d'un éclat d'obus, refusa de quitter le combat. Nommé capitaine sur le champ de bataille, le 14 septembre 1914. Tué, le 23 du même mois, au combat de Vaux-les-Palamein.

Citation à l'Ordre de l'Armée : *Le 25 septembre 1914, est tombé dans les rangs ennemis à la tête de sa compagnie qu'il conduisait à l'assaut d'une ligne d'abatis.*

[Né à Montpellier le 6 mai 1886. Fils de M. Paul-Jules ITIER, avocat, et de Mme née BLANCHET. Marié à Mlle Yvonne NICOLLE DU LONG-PRAŸ, fille de M. Eugène NICOLLE DU LONG-PRAŸ, ✳, capitaine de Cavalerie, et de Mme née FRANCONIE, — dont un enfant.]

ITIER (*Anatole*-Michel-Guilhem), ✠ (posthume), ✠ (palme), sous-lieutenant au 30e Chasseurs alpins.

Elève de l'Ecole Normale Supérieure, où il préparait l'Agrégation. Auteur d'une thèse sur le temple de la ville antique d'Assos (700 ans avant J.-C.), citée élogieusement par la *Gazette archéologique* de Paris.

Officier de réserve passé dans l'active, sur sa demande, avant la guerre. Assista à de nombreuses affaires dans les Vosges, notamment à la Poutroye, pour laquelle il obtint ce témoignage encore rare à cette époque :

> Citation. Ordre général n° 63 (11 octobre 1914) : *Le Général commandant la Ire Armée cite à l'Ordre de l'Armée, les officiers, sous-officiers et soldats dont les noms suivent qui se sont particulièrement distingués par leur courage et leur belle conduite au feu : Le sous-lieutenant* ITIER, *du 30e bataillon de Chasseurs alpins, etc.*

Trois jours après, le 14 octobre 1914, à l'attaque du col de Basgenelles, près le Bonhomme (Vosges), il tombait à la tête de sa section qu'il conduisait vigoureusement à l'attaque du mamelon 950, au sud-est du col. Son corps étant resté dans les lignes ennemies, il a été porté disparu.

[Né à Montpellier le 14 mai 1887. Frère du précédent.]

IVOI (Henry-Paul d'), ✠ (posthume), ✠ (2 palmes, 2 étoiles), licencié en droit, diplômé de l'Ecole des Sciences Politiques, capitaine au 120e d'Infanterie.

A pris part aux opérations dès le début de la campagne, d'abord en Argonne, où il reçut sa première blessure au bois de la Gruerie, puis à Perthes-les-Hurlus, aux Eparges, en Champagne, à Verdun, puis enfin dans la Somme, où, le 6 septembre 1916, il devait trouver la mort glorieuse du soldat, à la prise du village de Berny-en-Santerre.

> Citation posthume : *Officier d'un courage et d'une bravoure remarquables. A entraîné sa compagnie à l'attaque d'un village fortement occupé, le 6 septembre 1916 ; s'y est retranché. A été grièvement blessé au cours d'une contre-attaque, au moment où il s'élançait de nouveau à la rencontre de l'ennemi. Décédé des suites de ses blessures. A été cité.*

[Né le 31 juillet 1892. Fils de M. Paul D'IVOI, ✳ (décédé en septembre 1915), et de Mme née ARNAUDON.]

IVOLEY (*Carlos*-Alexandre BOGGS d'), ✠ (posthume), ✠ (palme), capitaine adjudant-major au 242e d'infanterie.

> Citation : *Officier énergique et particulièrement courageux. Ayant le plus absolu mépris du danger, a été tué, le 25 novembre 1916, à son poste de commandement.*

IVRY (Comte Jacques d'), O ✠, ✠ (palme), capitaine commandant le 5e bataillon de Chasseurs Indigènes.

Glorieusement tombé en août 1914.

Citation : *Attaquant à la tête de son bataillon un bois défendu par l'ennemi, et ayant été atteint d'une balle à la jambe, est monté à cheval pour continuer d'entraîner sa troupe à l'attaque ; est glorieusement tombé percé de plusieurs balles, au delà de la première ligne allemande.*

[Fils du Mis, compositeur, auteur des *Amants de Vérone*.]

IZARNY-GARGAS (François d'), ✠ (posthume), ✠, sergent. Tué le 13 novembre 1914.

[Fils du Vte, ✠, et de la V^{tesse} née ROBINET DE VENOGE.]

J

JAC (Charles), maréchal des logis au 33ᵉ d'Artillerie.
Tué près de Souchez, le 21 juin 1915.

JAC (Yves).
Tué à la bataille de la Marne, le 10 septembre 1914.

[Tous deux fils de M. et de Mᵐᵉ Ernest JAC.]

JACQUAND (*Henri*-Anne-Félix), ✳, ✠ (3 palmes), chef d'escadron d'Artillerie.
Ancien élève de l'Ecole Polytechnique, entré à l'Ecole Supérieure de Guerre avec le nº 1, en est sorti avec le nº 1.
Cité à l'Ordre du jour de l'Armée après la victoire du Grand-Couronné de Nancy.
Mort, à Bar-le-Duc, le 10 juin 1916, de la fièvre typhoïde. Son chef, le général PÉTAIN, a prononcé sur sa tombe l'éloge de sa brillante carrière militaire et de ses hautes qualités comme chef d'Etat-Major des Armées du Centre.

[Né le 12 avril 1868. Fils de M. JACQUAND, ancien Président du Tribunal de Commerce de Lyon, et de Mᵐᵉ née RICHARD. Marié à Mˡˡᵉ Marie JACQUEMIN, fille du Général JACQUEMIN, commandant le XIIIᵉ Corps d'Armée, Président du Comité de Cavalerie, et de Mᵐᵉ née DE VEYVIALLE.]

JACQUELOT DU BOISROUVRAY (Vicomte Alain de), ✳ (posthume), ✠ (palme), capitaine au 148ᵉ d'Infanterie.
Disparu, le 13 septembre 1914, au combat de La Chapelle-Servon (Marne).

Citation : *Officier qui était de tout premier ordre comme valeur morale et militaire. Faisant partie d'un détachement du 148ᵉ encerclé par l'ennemi, a essayé pendant quinze jours de le ramener dans les lignes françaises. Blessé une première fois, a héroïquement continué à se défendre, ne voulant pas abandonner son capitaine grièvement blessé. Est glorieusement tombé pour la France, transpercé de dix autres balles.*

[Fils du Vᵗᵉ et de la Vᵗᵉˢˢᵉ née DE KERGOS. Marié à Mˡˡᵉ Marthe DE RAVINEL.]

JACQUES (Eugène), ✠ (4 citations), capitaine au 40ᵉ d'Artillerie.
Tué, le 1ᵉʳ novembre 1918, près de Condé-les-Vouziers. Etait proposé pour la Légion d'honneur.

JAHAN (Léopold), ✳, lieutenant-colonel au 93ᵉ d'Infanterie.
Tué le 25 septembre 1915.

JAHAN DE LAUDONNIÈRE (Marie-François-Joseph-*Henry*), soldat au 331ᵉ d'Infanterie.
Mort de blessures de guerre, à Aubréville, le 31 octobre 1914.

[Fils de M. et de Mᵐᵉ née MARCILLE (décédés). Marié, en 1914, à Mˡˡᵉ Gabrielle DE CHOLET, fille du Cᵗᵉ et de la Cᵗᵉˢˢᵉ née SEILLIÈRE.]

JAILLARD (Pierre), ✠ (posthume), ✠ (palme), enseigne de vaisseau. Englouti avec le *Léon-Gambetta*, le 26 avril 1915.

Citation : *Alors que son bâtiment, torpillé deux fois, était sur le point de sombrer, a donné l'exemple du calme le plus admirable, en faisant le sacrifice de sa vie pour permettre à un plus grand nombre des hommes de l'équipage de prendre place dans les embarcations. A été englouti avec son bâtiment.*

JALAGUIER (Robert), aspirant au 165e d'Infanterie. Tué à l'ennemi, le 12 avril 1918, à Hangard-en-Santerre (Somme).

[Né à Paris le 18 janvier 1894. Fils de M. (décédé) et de Mme née Jeanne Monod.]

JALAGUIER - BOISSY D'ANGLAS (Mademoiselle *Élisabeth-Jeanne-Mathilde*), ✠ (posthume), ✠ (2 palmes, 1 étoile), ✠ (d'Italie), infirmière militaire à l'ambulance auto-chirurgicale 32. Tuée à son poste, le 20 août 1918.

Citation (Légion d'honneur posthume) : *Infirmière militaire animée du plus bel esprit de sacrifice et du plus pur idéal patriotique. Tuée à son poste, dans la nuit du 20 août 1918, au milieu de ses blessés qu'elle réconfortait par sa présence et ses soins, au cours d'un bombardement aérien. A été citée.*

[Née le 4 septembre 1890. Fille de M. Henri-Louis Jalaguier et de Mme née Boissy d'Anglas.]

JAN DE LA HOUSSAYE (Robert), ✠ (posthume), ✠ (étoile), sous-lieutenant mitrailleur au 232e d'Infanterie. Frappé mortellement par un éclat d'obus, le 2 avril 1918, à Coullemelle (Somme).

Citation : *Jeune officier plein d'allant et d'entrain, a commandé brillamment, pendant huit mois, une section de mitrailleuses dont il savait tirer le meilleur parti, grâce à ses connaissances militaires et à l'autorité qu'il avait acquise sur ses hommes. Blessé mortellement.*

[Né le 2 mars 1897. Fils de M. Hippolyte Jan de la Houssaye, juge au Tribunal civil du Havre, et de Mme née Robin de Morhéry.]

JANET (Pierre), ✠ (posthume), ✠ (3 citations), lieutenant d'Artillerie, pilote-aviateur. Tombé glorieusement, en septembre 1917, dans un combat aérien contre une escadrille d'avions ennemis.

[Marié à Mlle Geneviève Ruprich-Robert.]

JANET (Henri), lieutenant aviateur. Tué en 1916.

[Frère du précédent.]

JANNET (Henri-Claudio)..........................

[Fils de M. (décédé) et de Mme née de Barlet.]

JANNET (Henri), ✠, ✠ (palme), chef d'escadron au 36e d'Artillerie. Tué en septembre 1914.

Citation : *A fait preuve d'une bravoure héroïque en allant se placer, pour donner l'exemple à tous, à l'endroit le plus exposé d'une batterie d'artillerie, puis sous un feu extrêmement violent d'infanterie et de mitrailleuses allemandes. Grièvement blessé.*

JANSON (Jean), ✳, lieutenant-colonel au 105ᵉ d'Infanterie.
Tué en septembre 1915.

JARISLOWSKY (Henri-*René*), brigadier au 25ᵉ d'Artillerie.
Tué à l'ennemi, à Conchy-les-Pots, le 5 octobre 1914, à 30 ans.

JARNY (Louis-*Jean* de), ⚜ (posthume), ✠ (palme), architecte, *engagé
volontaire*, caporal au 119ᵉ d'Infanterie.
Tué à Aix-Noulette, le 20 juin 1915, au moment où il secourait
un camarade blessé.

> Citation : *Excellent gradé. Engagé volontaire pour la durée de
> la guerre, a montré, depuis son arrivée sur le front, les plus belles
> qualités militaires. Au cours de l'attaque du 20 juin, s'est fait re-
> marquer par sa bravoure et son audace. Mortellement frappé à la
> fin de cette action, alors qu'il s'efforçait de ramener un blessé dans
> nos lignes devant Aix-Noulette (Pas-de-Calais). A été cité.*

[Né en 1878. Marié à Mˡˡᵉ Gabrielle Cuny.]

JAUFFRET (Paul-Léon-Joseph), O✳, ✠ (3 palmes, 3 étoiles), ✳
(Médaille du Maroc), C✳ (Nicham Iftikar), Saint-Cyrien, chef de batail-
lon au 4ᵉ mixte de Tirailleurs Indigènes (Fourragère).
Tombé glorieusement, le 30 mars 1918, à Biermont (Oise).

[Né à Reims le 29 novembre 1867. Fils de M. et de Mᵐᵉ née Tubigni. Marié à
Mˡˡᵉ Bazin de Gribeauval, fille de M. et de Mᵐᵉ née du Bos de Gribeauval, —
dont sept enfants.]

JAUFFRET (Jean), ✠, capitaine adjudant-major au 4ᵉ d'Infanterie.
Blessé et disparu à l'offensive du 16 avril 1917.

[Fils aîné du précédent.]

JAUFFRET (François), sous-lieutenant au 12ᵉ d'Infanterie.
Tué sous Verdun, le 20 août 1917.

[Frère du précédent.]

JAURÈS (Louis), ⚜ (posthume), ✠, aspirant au 10ᵉ Chasseurs à pied.
Tué, en 1918, à la tête de sa section.

> Citation : *Sous-officier de première valeur. Le 5 juin 1918, atta-
> qué avec sa section par des forces supérieures en nombre, a chargé
> à la baïonnette, en tête de ses chasseurs. Est tombé glorieusement
> pour la France.*

[Fils de l'ancien Député (décédé) et de Mᵐᵉ Jean Jaurès.]

JAURIAS (*Guy*-Marie AUBIN de), ingénieur, sergent instructeur
à l'Ecole d'Electricité de l'Aéronautique.
Décédé, le 2 mars 1919, à Arcachon, des suites d'une maladie
contractée au service de la France.

[Né le 24 septembre 1888. Fils de M. et de Mᵐᵉ née Germon.]

JAURIAS (*Pierre*-Marie-Alexandre AUBIN de), ✳ (posthume), ✠
(palme), lieutenant au 107ᵉ d'Infanterie.

> Citation : *Brillant officier, a donné les preuves des plus hautes
> qualités morales, d'un sang-froid, d'une bravoure qui étaient un
> exemple. A été tué, à la tête de sa section, le 23 septembre 1915, de-
> vant les tranchées conquises. A été cité.*

JAVAL (Pierre), ✳ (posthume), ✠, sous-lieutenant au 164ᵉ d'Infanterie.

> Citation : *A été tué à la tête de sa section, au moment où il l'entraînait avec une grande énergie à l'attaque des tranchées.*

[Fils de M. (décédé) et de Mᵐᵉ née Ellissen.]

JAVEL (*Louis*-Charles-François-Marie de), ✳, ✠ (palme), lieutenant au 141ᵉ territorial d'Infanterie.

Blessé mortellement, le 7 décembre 1914, décédé à l'hôpital de Nœux-les-Mines, le 10 décembre 1914.

> Citation (Légion d'honneur) : *Très grièvement blessé en entraînant sa compagnie à l'attaque, ordonna aux hommes qui lui portaient secours de continuer leur mouvement, et, en remettant le commandement de sa compagnie, se préoccupa de faire transmettre les renseignements qu'il avait recueillis sur l'emplacement d'une batterie et d'une mitrailleuse ennemies.*

[Né le 26 septembre 1878. Fils de M. Joseph de Javel et de Mᵐᵉ née de Casamajor de Charritte. Marié à Mˡˡᵉ Yvonne Massias, fille de M. et de Mᵐᵉ née de la Barre, — dont deux enfants.]

JAWORSKI (Henri), ✳ (posthume), ✠ (palme), sous-lieutenant au 319ᵉ d'Infanterie.

> Citation : *Soldat dans l'âme, brave, plein d'entrain et de bonne humeur. A été mortellement atteint, le 2 juin 1915, en exhortant ses hommes à la patience, sous le feu de l'artillerie ennemie, au moment où ils s'apprêtaient à aller de l'avant. A été cité.*

[Fils de M. et de Mᵐᵉ née Lassery.]

JAYR (*Marcel*-Aimé-Benoît-Victor), ✳ (posthume), ✠ (1 palme, 1 étoile), *engagé volontaire*, lieutenant au 276ᵉ d'Infanterie.

Dégagé de toute obligation militaire, s'est engagé pour la durée de la guerre. A été tué, le 11 octobre 1915, en Artois, à Souchez (cote 119), en conduisant ses hommes à l'attaque.

> Citation du 25 octobre 1915 : *Ayant demandé à reprendre du service pendant la durée de la guerre, d'une valeur morale exceptionnelle, avait acquis un ascendant remarquable sur les hommes ; commandant sa compagnie avec une réelle expérience, a montré la plus grande bravoure en la conduisant à l'attaque d'une position fortement organisée. A été mortellement blessé au cours de l'attaque. A été cité.*

[Né le 11 septembre 1867. Fils de M. Camille Jayr (décédé) et de Mᵐᵉ née Alice Bourgeois. Marié à Mˡˡᵉ Marie de Pomairols, fille de M. Charles de Pomairols et de Mᵐᵉ née Marguerite Dissez, — dont trois enfants.]

JEANBERNAT-BARTHÉLEMY DE FERRARI DORIA (*Jules*-Marie-Louis), ✳, ✠ (2 palmes, 4 étoiles), avocat, licencié ès lettres, capitaine commandant le 4ᵉ bataillon du 339ᵉ d'Infanterie.

Tué, face à l'ennemi, d'un éclat d'obus au front, à la tête de son bataillon, devant Bagneux, près de Soissons (Aisne), le 7 septembre 1918.

> Citation : *Après avoir conduit son bataillon avec une bravoure admirable et mérité la Croix des braves sur le champ de bataille du 29 août 1918, a conduit de nouveau son bataillon à l'attaque le 7 septembre. Est tombé mortellement frappé, sans pouvoir jouir de son triomphe, au moment où son bataillon enlevait les positions allemandes. Déjà cité trois fois antérieurement. En outre, a reçu*

*sur le champ de bataille, le 29 août, la Croix de la Légion d'hon-
neur avec Croix de guerre (palme), pour sa glorieuse conduite à
la bataille de l'Ailette.*

[Né à Marseille le 25 février 1890. Fils de M. Jules-Marie-Émile-Emmanuel JEAN-
BERNAT, avocat, docteur en Droit, et de Mme née BARTHÉLEMY DE FERRARI DORIA
(décédée).]

JEANBERNAT-BARTHÉLEMY DE FERRARI DORIA (*Louis-Marie-Adolphe*), avocat, *engagé volontaire*, caporal secrétaire d'Etat-Major à la 15ᵉ Section de Secrétaires d'Etat-Major et de Recrutement, attaché au Bureau de Recrutement de Marseille.

Décédé, le 22 août 1918, des suites d'une maladie contractée au service.

[Né à Marseille le 7 août 1891. Frère du précédent.]

JEANNEROD (Joseph), capitaine de Spahis, détaché aux Tirailleurs Marocains.

Tué aux Eparges, le 5 mai 1915.

JEANSON (Auguste), ✳, colonel d'Infanterie.

Tué en juin 1916.

JEAUFFREAU DE LAGÉRIE (Marie-Jean-Charles-*Bertrand*), ✳ (posthume), ✳ (2 palmes, 2 étoiles), capitaine au 93ᵉ d'Infanterie, observateur à l'Escadrille F. 8.

Tombé au cours d'un rude combat contre sept avions ennemis, le 27 octobre 1917.

> Citation : *Officier d'un très grand mérite, d'un dévouement et d'une bravoure extraordinaires. A trouvé, le 27 octobre, une mort glorieuse, à la suite d'un âpre combat livré à plusieurs avions ennemis qu'il avait résolument attaqués. A été cité.*

[Fils du Colonel, O ✳, ✳, et de Mme née Denise THORÉ.]

JEAUFFREAU DE LAGÉRIE (Roland), ✳ (posthume), ✳ (2 palmes), attaché à la Banque des Pays du Nord, sergent au 159ᵉ d'Infanterie.

Tué, le 20 août 1914, au combat de Sainte-Barbe, en Lorraine.

> Citation : *Le 20 août, a effectué, avec la plus grande bravoure, une reconnaissance très périlleuse sur un village fortement tenu par l'ennemi. A été blessé grièvement au cours de la reconnaissance. A été cité.*

[Frère du précédent.]

JEAUFFREAU DE LAGÉRIE (Robert), ✳, caporal au 124ᵉ d'Infanterie.

Blessé, le 14 septembre 1914, à l'attaque d'Andechy (Somme), mort le 4 novembre suivant.

JEAUFFREAU DE LAGÉRIE (Jacques), ✳, sous-lieutenant.

Tué le 21 mai 1916.

[Frère du précédent.]

JÉRAMEC (*André*-Édouard), diplômé des Sciences Politiques, ancien attaché au cabinet du Ministre de la Guerre, caporal d'Infanterie.

S'est battu, quoique évacué trois fois par ses chefs, et s'est lancé en avant, d'après le récit de ses camarades témoins de sa belle conduite. Tué à Charleroi, le 23 août 1914.

[Né le 30 juin 1893. Fils de M. Édouard JÉRAMEC (décédé) et de Mme née PICARD.]

JERPHANION (Baron Gabriel de), ✳ (posthume), ▨, capitaine au 58e d'Infanterie.

Tué en Lorraine, le 19 août 1914.

    Citation : *A courageusement enlevé sa compagnie, le 19 août 1914, à Dieuze, sous un feu violent. Mortellement blessé, ne s'est laissé transporter qu'après avoir donné les ordres d'exécution d'une contre-attaque. A été cité.*

[Fils du B^on (décédé) et de la B^onne née DE LYLE-TAULANE. Marié à Mlle D'ALLAMEL DE BOURNET, décédée.]

JEUNE (Henri), ▨, *engagé volontaire*, lieutenant au 118e d'Artillerie.

Tué le 30 octobre 1918.

[Né en 1898. Fils du Lieutenant-Colonel et de Mme JEUNE.]

JOANNÈS (Gérard), ▨, sous-lieutenant au 149e d'Infanterie.
Tué devant Souain, en septembre 1914.

[Né en 1894. Fils du B^on, O ✳ (décédé en 1919), et de la B^onne née CLÉMENT D'AERZEN, décédée en 1917.]

JOANNIS (Marie-Joseph-*Yves* de), ▨ (posthume), ▨, élève du Séminaire Français à Rome, brigadier au 51e d'Artillerie.
Tué, le 8 septembre 1914, à Fère-Champenoise.

    Citation : *Jeune brigadier, d'une haute valeur morale, qui, depuis le début de la campagne, avait donné à tous ceux qui l'entouraient un bel exemple de courage et de dévouement du devoir. Le 8 septembre 1914, remplissant les fonctions de brigadier de tir, la batterie devant amener les avant-trains sous un violent bombardement, s'est placé à découvert pour entraîner les hommes qu'il voyait hésiter à quitter l'abri de leurs caissons. A été blessé grièvement d'un éclat d'obus. Transporté à l'hôpital, y est mort quelques jours après avec une belle résignation, et en exprimant sa joie de mourir pour la France. A été cité.*

JOANNIS DE PAGAN (Marie-Roch-*Joseph* de), sergent au 367e d'Infanterie.
Tué à l'ennemi, à Lironville, le 23 septembre 1914.

JOCAS (*Louis*-Jean-Joseph, Comte Louis de BRASSIER de), ✳ (posthume), ▨ (palme), capitaine au 119e d'Infanterie.
Tué, le 17 septembre 1914, au combat de la ferme de Luxembourg, près Reims.

    Citation : *Officier d'une grande valeur. A commandé successivement, avec une audace et une habileté admirables, une section de mitrailleuses et une compagnie dont les chefs avaient été mis hors de combat. A été cité.*

[Né le 24 février 1885. Fils du Mis et de la M^ise née Thérèse DEPIEDS.]

JOHANET (Gustave), *engagé volontaire* au 20e Chasseurs à pied.
Tué le 30 octobre 1918.

[Né en 1899. Fils de M. et de Mme née GALLARD.]

JOHANNY DE ROCHELY (Charles), docteur, médecin aide-major de 1re classe.
Mort à l'hôpital de Riom, le 28 avril 1916.
[Né en 1873. Marié à Mlle Marsal.]

JOHNSTON (*Raoul*-William), ✠, lieutenant attaché à l'Armée Britannique comme agent de liaison.
Extrait de la citation : ..... N'a cessé, depuis lors, de donner l'exemple des meilleures qualités militaires. Tué d'une balle à la tête, dans la nuit du 13 au 14 mai 1915, en accompagnant le commandant de sa brigade dans la visite des tranchées.

JOIGNY (*Jean*-Pierre, Comte Jean BLONDEL de), ✠ (posthume), ✠ (palme), capitaine au 47e d'Artillerie.
Citation : A montré, dès le début de la campagne, une bravoure remarquable. Le 6 septembre 1914, s'est maintenu plusieurs heures sous un feu violent d'artillerie ennemie, non loin de sa batterie, où il a maintenu une régularité de feu parfaite. Mortellement blessé par un éclat d'obus, il a continué à diriger le tir jusqu'à ce qu'il mourût à son poste de combat. A été cité.
[Fils du Mis (décédé) et de la M^{ise} née Pedesclaux.]

JOLIBOIS (*Victor*-Napoléon), ✠ (3 citations), avocat à la Cour de Paris, secrétaire de la Conférence, chef de bataillon de réserve d'Infanterie.
Tué à l'assaut du village de Chavigny, le 28 août 1918, à la tête de son bataillon.
[Né le 14 mai 1886. Fils de l'ancien Député (décédé) et de Mme née Walker.]

JOLLAN DE CLERVILLE (Patrice), ✠ (posthume), ✠, capitaine au 13e Hussards, détaché au 279e d'Infanterie.
Tué en juin 1915.
Citation : Brillant officier de cavalerie, venu dans l'infanterie pour y commander une compagnie. A été tué au moment où ses hommes chassaient l'ennemi de la position sur laquelle il les avait conduits. A été cité.

JOLLAN DE CLERVILLE (Alain), ✠, ✠ (5 citations), capitaine au 50e d'Artillerie.
Tué le 6 mai 1917; inhumé à Mourmelon-le-Grand.
[Frère du précédent.]

JOLLOIS, O ✠, ✠, colonel, chef d'Etat-Major d'un Corps d'Armée.
Tombé glorieusement le 29 mars 1918.
[Marié à Mlle Brossard de Corbigny.]

JOLY D'AUSSY (Marie-Éliacin-Hippolyte-*Armand*), ✠ (posthume), ✠ (palme), chef de bataillon au 293e d'Infanterie.
Citation : Parti avec un régiment territorial à la mobilisation, affecté sur sa demande à un régiment d'active, a trouvé une mort glorieuse au moment où il venait de repousser une violente contre-attaque à la grenade, le 26 septembre 1915. A été cité.
[Marié à Mme Jeanne Cremière.]

JONCHAY (Gaston SARTON du), ✳, ✠ (4 citations), capitaine au 3ᵉ Tirailleurs.

Blessé mortellement, le 18 octobre 1918, à la tête de ses hommes, en enlevant le mont d'Origny ; est mort des suites de ses blessures, le 23 suivant, à l'ambulance de Cugny.

> Citation : *Officier d'un courage et d'un calme imperturbables. A l'attaque du 28 mars 1918, s'est cramponné avec sa section à une position en l'air qu'il a su organiser de nuit sous bois, sous le feu des mitrailleuses ennemies ; n'a voulu l'abandonner que sur ordre formel de repli. Le 31 mars 1918, souffrant d'une entorse, à bout de forces, a voulu prendre part à l'attaque pour entraîner ses tirailleurs. Exemple de force morale, animé d'esprit de devoir et de sacrifice absolu.*

[Fils du Colonel et de Mᵐᵉ née Paule DE SONIS.]

JONES (Fred), *engagé volontaire* au 27ᵉ Dragons.

Décédé, le 23 février 1915, à l'hôpital militaire de Versailles.

[Né le 14 juin 1896. Fils de M. John-F. JONES, ✳, et de Mᵐᵉ née DIETZ.]

JORDAN (*Charles*-Noël), ✳, ✠ (palme), ✳ (Médaille : Madagascar, Tchad, Afrique Occidentale Française), capitaine d'Artillerie Coloniale du Maroc.

Est venu, sur sa demande, en août 1914, combattre en France. Tué à Alincourt (Ardennes), le 1ᵉʳ septembre 1914 ; inhumé à Witry-les-Reims.

> Citation : *A commandé sa batterie dans des circonstances périlleuses, avec un calme et un sang-froid remarquables. A été tué à son poste, par un obus, le 1ᵉʳ septembre 1914.*

[Né le 23 avril 1877. Fils de M. Camille JORDAN, O ✳, Membre de l'Institut, et de Mᵐᵉ née MUNET. Marié à Mˡˡᵉ Antoinette DE BEYLIÉ, fille de M. et de Mᵐᵉ née CHAPER, — dont deux enfants.]

JORDAN (*Pierre*-Joseph), ✠, capitaine au 4ᵉ Zouaves.

Tué à l'ennemi, le 2 novembre 1914, à la ferme du Matz (Aisne).

[Frère du précédent.]

JORDAN (Camille), aspirant au 47ᵉ d'Artillerie.

Mort de ses blessures, à Verdun, le 19 février 1916.

[Frère des précédents.]

JORDAN (Edward), ✳, ✠ (palme), capitaine au 29ᵉ d'Infanterie.

Mort de ses blessures, à Sarrebourg, le 21 août 1914.

> Citation : *Officier d'une bravoure et d'un sang-froid remarquables. Le 20 août 1914, a su, par son calme et son grand ascendant sur la troupe, maintenir sa compagnie en position pendant toute une journée, sous une canonnade des plus violentes. Est mort au champ d'honneur.*

[Marié à Mˡˡᵉ Amélie DE GARDYE-LACHAPELLE.]

JOSSE (Adalbert), ✠, caporal pilote-aviateur.

Avait passé trois années dans l'Infanterie, aux 39ᵉ et 119ᵉ de ligne. Victime d'un accident d'aviation, à l'Ecole de Pau, en 1917.

[Fils de M. et de Mᵐᵉ Léon JOSSE.]

JOSSO (Jean), ✠ (étoile), lieutenant au 3ᵉ Colonial.
Tombé glorieusement, le 22 août 1914, à Rossignol (Belgique).

[Fils de M. et de Mᵐᵉ née Marie LE ROUX.]

JOSSO (François), caporal au 64ᵉ d'Infanterie.
Tué en septembre 1915.

JOTEMPS (*Pierre-Marie-Louis*, Vicomte Pierre PERRAULT de),
✠ (posthume), ✠ (palme), *engagé volontaire*, sous-lieutenant au 18ᵉ
Chasseurs à pied.
Blessé à la tête, au combat de La Challade, en Argonne, au
moment où, franchissant le parapet, il entraînait sa section, le 29
septembre 1914. Mort des suites de cette blessure, à Sainte-Menehould, le 13 octobre 1914.

> Citation : *Blessé très grièvement à la tête de sa section, au mo-
> ment où il l'enlevait à l'attaque de la position. Mort pour la
> France des suites de ses blessures, le 13 octobre 1914. A été cité.*

[Né le 5 août 1894. Fils du Vᵗᵉ (décédé) et de la Vᵗᵉˢˢᵉ née D'ARBOIS DE JUBAINVILLE.
Petit-fils du Membre de l'Institut.]

JOUBERT (André), sous-lieutenant au 8ᵉ d'Infanterie.
Tué à la Ville-au-Bois (Reims), le 7 juin 1915.

[Fils du Cᵗᵉ JOUBERT et de la Cᵗᵉˢˢᵉ née DUVAL, décédée.]

JOUBERT DE LA MOTHE (Henry), ✠ (palme), *engagé volontaire* au 246ᵉ d'Artillerie.
Tué le 1ᵉʳ août 1918.

JOUCLA-PELOUS (Maurice-Eugène), ✠ (posthume), ✠ (étoile), diplômé des Sciences Politiques, lieutenant de réserve au 291ᵉ d'Infanterie.
Tombé au champ d'honneur, le 30 août 1914, au combat
d'Ecordal (Ardennes).

> Citation : *Très brave, donnant à tous l'exemple du plus grand
> courage, s'est distingué pendant tous les combats auxquels il a
> pris part. Le 30 août 1914, au combat d'Ecordal, a été mortellement
> blessé alors que, sous un feu intense, il entraînait au pas de
> course sa section à l'attaque.*

[Né le 2 avril 1886. Fils de l'ancien Préfet, C ✠, et de Mᵐᵉ née HART.]

JOUËT-PASTRÉ (Marie-Henri-Jean-Baptiste), lieutenant au 58ᵉ
d'Infanterie.
Tué à l'ennemi, le 30 septembre 1914, à 33 ans.

JOUFFROY GONSANS (Comte Bernard de), ✠ (posthume), ✠
(étoile), soldat au 251ᵉ d'Infanterie.
Tué, le 2 novembre 1914, au combat de Soupir (Aisne). Porté
d'abord comme disparu, sa mort a été confirmée.

> Citation : *A fait preuve, en toutes circonstances, d'un moral
> élevé et d'une belle énergie ; s'est particulièrement distingué au
> combat du 2 novembre 1914, en défendant une tranchée isolée avec
> quelques camarades, dont il a assuré, sous un feu violent, le ravi-
> taillement en cartouches. Grièvement blessé à la fin de l'action.*

[Né en 1893. Fils du Cᵗᵉ et de la Cᵗᵉˢˢᵉ née DE CHABRILLAN, décédés.]

JOURDAIN (Pierre), chimiste..................................
[Fils de M. Roger JOURDAIN (décédé) et de Mme née DE MOULIGNON.]

JOURDAN DU MAZOT (André), sergent d'Infanterie.
Tué le 18 juin 1915.

JOURNEL (Ernest), ✳, ✳, lieutenant-colonel, commandant l'Artillerie de la 132e Division.
Tué sous Verdun, le 24 avril 1916.

JOUSSELIN, née Jeanne PONSARD (Madame Joseph de), infir-
mière-major de la S. B. M. (Croix-Rouge), à l'hôpital 23 de Fleury-
Meudon.
Morte pour la France, victime de son devoir, dans le noble
exercice de ses fonctions, le 17 mars 1918.
[Fille du B^{on} et de la B^{onne} PONSARD. Mariée à M. le Colonel J. DE JOUSSELIN, O ✳.]

JOUSSELIN (Henry), ✳, brigadier au 3e Spahis.
Tué, le 3 août 1915, au Francport, près Choisy-au-Bac.
[Né le 8 août 1893. Fils du Conseiller municipal de Paris et de Mme née CUTLER.]

JOUSSELIN DE SAINT-HILAIRE (Maurice), ✳ (posthume), ✳
(palme), ingénieur, sous-lieutenant au 6e Génie.
Tombé sous Verdun, le 12 octobre 1916.
> Citation : *A dirigé, avec la plus grande compétence et le plus
> grand sang-froid, les travaux importants qui lui étaient confiés
> dans une région particulièrement exposée au feu de l'ennemi. A
> trouvé la mort au moment où, payant de sa personne, il avait pris
> le commandement d'une manœuvre rendue difficile par le bombar-
> dement.*

[Fils de M. (décédé) et de Mme née Louise CHAGRIN DE SAINT-HILAIRE.]

JOUVENCEL (*Pierre*-Aldegonde-Edmond-Marie, Comte de), ✳
(posthume), ✳ (étoile), capitaine au 7e Dragons, affecté à l'E.-M. de
la 7e Division d'Infanterie.
Mort au champ d'honneur, le 22 août 1914, à Ethe (Belgique).
> Citation : *Au début de la guerre, s'est affirmé de suite officier
> plein de bravoure et d'allant. Ayant été chargé par le général
> commandant la division, le 22 août 1914, de guider un bataillon
> de flanc-garde, a exécuté cet ordre sous un feu violent d'artillerie
> et de mousqueterie. A été blessé mortellement au moment où il ter-
> minait vaillamment sa mission, et est tombé aux mains de l'en-
> nemi. A été cité.*

[Né le 14 février 1876. Fils du Cte et de la Ctesse née Isabelle BONNEAU DU MARTRAY.]

JOUVET DES MARANDS (Pierre-Henri), ✳, ✳, chef d'escadrons
au 4e Hussards, détaché dans l'Infanterie.
> Citation : *Officier supérieur toujours prêt à donner l'exemple
> d'un ardent courage. Frappé mortellement, le 25 septembre 1915, à
> l'attaque du bois de la Folie, alors que, le sabre au clair, il se
> mettait à la tête d'une vague d'assaut.*

[Marié à Mlle DE RENUSSON.]

JOYBERT (Antoine de), ✳ (posthume), ✳ (palme), lieutenant au 226e
d'Artillerie.

Citation : *Commandant d'unité parfait, toujours au feu au mi-*
lieu de ses hommes. Tué à son poste, le 21 juin 1917, pendant un
barrage exécuté par son unité, sous un violent bombardement, au
moment où il se portait au secours d'un de ses chefs de pièce qui
venait d'être blessé. A été cité.

[Marié à Mlle D'ANDRÉ.]

JOYEUX (Louis-*Henry*), soldat au 135e d'Infanterie.

Tué, le 25 septembre 1915, dans les tranchées au sud du village
d'Agny, près Arras. Au moment où, se mettant debout pour examiner la situation de l'ennemi, il recevait une balle en plein front.

[Né le 14 mars 1894. Fils de M. (décédé) et de Mme née Denyse DESBORDES.]

JOYEUX (Louis-*André*), ✠ (3 étoiles), caporal au 4e Zouaves de marche (Fourragère à la couleur de la Légion d'honneur).

Blessé et porté disparu au combat d'Orvillers (Oise), le 30 mars
1918.

Troisième citation : *Gradé d'une bravoure exemplaire. Le 25 avril*
1917, alors que son unité attaquait une position ennemie forte-
ment organisée et défendue, a fait preuve de la plus belle crânerie
en s'élançant à l'assaut sur un terrain battu par des mitrail-
leuses.

[Né le 6 septembre 1896. Frère du précédent.]

JUBÉCOURT (Alfred STHÈME de), ✠ (posthume), ✠, lieutenant au 9e Dragons, passé, sur sa demande, au 146e d'Infanterie.

Tué dans la tranchée, à Zonnebeeke (Belgique), le 31 mars 1915.

Citation : *Officier qui s'est distingué par sa bravoure. Est tombé*
glorieusement à son poste de combat, le 31 mars 1915.

[Né le 5 septembre 1883. Fils de M. Félix STHÈME DE JUBÉCOURT, directeur de la
Faïencerie de Digoin, et de Mme née Berthe GUEYMARD. Marié à Mlle Madeleine
DULIMBERT, fille de M. Georges DULIMBERT et de Mme née CULET, — dont une
fille.]

JUBÉCOURT (*Gaston*-Xavier-Joseph STHÈME de), sergent au 227e d'Infanterie.

Tué dans une attaque, à la Vaux-Féry (Forêt d'Apremont), le
29 septembre 1914.

[Né le 11 mars 1886. Frère du précédent.]

JUBÉCOURT (*Bernard*-André-Marie STHÈME de), ✠ (posthume), ✠ (2 palmes), maréchal des logis au 17e Dragons.

Tué en reconnaissance, près d'Emberménil (Meurthe-et-Moselle),
le 28 septembre 1914.

Citation (*Officiel du 24 mars 1915*) : *A été tué, le 28 septembre, en*
secondant son officier de peloton, dans une reconnaissance exécu-
tée dans des circonstances particulièrement périlleuses et après
une énergique défense. Avait été proposé pour la médaille mili-
taire pour avoir ramené sous le feu son officier de peloton grièvе-
ment blessé.

[Né le 12 août 1893. Frère des précédents.]

JUBERT (Raymond), ✠, ✠ (2 palmes, 2 étoiles), avocat et homme de lettres, *engagé volontaire* en 1914, sous-lieutenant d'Infanterie.

Promu officier en 1915, il avait pris part aux batailles de l'Argonne, de la Champagne, de la Lorraine et surtout de Verdun, dont il fit une relation remarquée dans la *Revue des Deux Mondes*. Tué le 26 août 1917, à l'âge de 27 ans, à l'attaque de la tranchée du Chaume, devant Verdun.

Citation : *Officier de devoir, dont la bravoure et l'audace allaient jusqu'à la témérité, et sachant, par son exemple et sa parole, surexciter tous ceux qui l'entouraient. Le 26 août, devant Verdun, après une période de travaux pénibles en première ligne, sous le bombardement, a conduit sa section, dans des conditions difficiles, à l'assaut de la position allemande. Tué glorieusement en arrivant sur la position.*

JUBERT (Maurice), *engagé volontaire*, caporal au 91ᵉ d'Infanterie. Disparu au plateau de Bolante, en Argonne, le 13 juillet 1915.

[Né en 1895. Frère du précédent.]

JUBINEAU (*Maurice*-Marie-Anne), � (posthume), ✚ (étoile), docteur en droit, sous-lieutenant au 316ᵉ d'Infanterie. Tué à Quennevières, le 24 juillet 1915.

Citation : *A donné le plus bel exemple de sang-froid et de courage, pendant un bombardement intense de la tranchée occupée par sa section. A été tué en assurant la sécurité de ses hommes.*

[Né le 22 février 1890. Fils du Dʳ et de Mᵐᵉ Fernand JUBINEAU.]

JUDET DE LA COMBE (Henri), ✚, sous-lieutenant au 3ᵉ Colonial. Disparu dans le naufrage de la *Provence*, le 26 février 1916.

JUDET DE LA COMBE (Marie - Jean - Baptiste - Maurice), ✱ (posthume), ✚ (palme), lieutenant au 107ᵉ d'Infanterie.

Citation : *Vaillant officier. Tué au combat des Alleux, le 31 août 1914, alors qu'il contre-attaquait héroïquement, en tête de sa compagnie, l'ennemi qui s'apprêtait à forcer notre ligne. A été cité.*

[Fils de M. et de Mᵐᵉ née DOURSAULT. Marié à Mˡˡᵉ Marguerite MATHIEU, — dont un enfant.]

JUDET DE LA COMBE (Marie-François-Xavier), ⚕ (posthume), ✚, caporal au 322ᵉ d'Infanterie.

Citation : *Modèle de courage, de sang-froid et de bravoure pour ses hommes. A été tué sur sa pièce, le 8 août 1916. A été cité.*

JUGE (Hervé), ✱ (posthume), ✚, capitaine au 114ᵉ d'Artillerie lourde.

Citation : *A fait, en maintes circonstances, l'admiration de ses hommes, de ses camarades et de ses chefs par son mépris absolu du danger. Le 21 février 1916, sa batterie se trouvant prise sous le feu de plusieurs batteries lourdes ennemies, s'est porté, pour exalter l'ardeur de ses servants, à l'endroit le plus exposé, se tenant debout et immobile en terrain découvert. A été tué dans cette belle attitude.*

JUGE-MONTESPIEU (Claude-Paul-Odon-*Henry* de), ✱ (posthume), ✚, capitaine au 12ᵉ Hussards. Tué à Thiaumont, le 23 juin 1916.

Citation : *Officier de cavalerie détaché à l'état-major de la 258ᵉ bri-*

gade d'infanterie, d'une grande valeur morale et ayant une haute conception de son devoir. Tombé glorieusement pour la France.

JUHELLÉ (François), capitaine à l'E.-M. de la 127e Brigade.
Tué à l'ennemi, à Rambercourt (Meuse), le 20 octobre 1914.
[Né le 30 novembre 1880. Fils de M. (décédé) et de Mme née BOURSY. Marié à Mlle BONNET-MASIMBERT.]

JULIEN DE LASALLE (Jean), adjudant au 4e d'Infanterie.
Tué à Vaubécourt, le 6 septembre 1914.

JULIEN-LAFERRIÈRE (Paul), 🎖, ✠ (palmes), aspirant au 113e d'Infanterie.
_ Grièvement blessé à Dormans, en juillet 1918, a succombé à ses blessures à l'hôpital militaire de la rue Oudinot.
[Fils du Caissier principal de la Banque de France.]

JULLIAN, prêtre, aumônier du *Léon-Gambetta*.
Lorsque ce vaisseau sombra, en avril 1915, debout sur le pont du cuirassé, dans la nuit lugubre, et au milieu du bruit des vagues envahissantes, il cria aux marins qui allaient mourir : « Recommandez-vous à Dieu, je vais vous absoudre. » Puis, étendant la main vers tous ces infortunés, il traça sur eux un grand signe de croix, en prononçant la formule du pardon divin. Quelques instants après, le corps de ces intrépides défenseurs de la France disparaissait dans la mer.

JUNET D'AIGLEPIERRE (Henri-Joseph-Désiré-*Georges* de), �֍ (posthume), ✠ (palme), capitaine au 8e Chasseurs à cheval.
Citation : *Excellent capitaine commandant, ayant toujours été d'un parfait exemple pour ses hommes. Modèle d'abnégation et de dévouement. Mortellement frappé au combat du 10 novembre 1914, en dirigeant, sous un feu très violent, l'exécution d'ordres qu'il venait de recevoir.*
[Marié à Mlle Madeleine DE TINSEAU.]

JUNG (Raymond-Charles-*Jules*), �֍ (posthume), ✠ (palme), sous-lieutenant d'Infanterie à l'E.-M. de la 10e Division.
Mort en octobre 1918.
Citation : *Avec le très pur sentiment du devoir qui l'animait et dictait tous ses actes, a prodigué, trois années durant, à la division coloniale où il servait, les preuves d'un dévouement sans bornes, recherchant de préférence les missions qui le portaient sur la ligne de feu. Gravement atteint par la maladie, est resté à son poste jusqu'à la limite de ses forces. Est mort en soldat.*
[Marié à Mlle Thérèse CLEMENCEAU, fille de l'ancien Ministre de la Guerre, Président du Conseil.]

JUNIAC (B. de), capitaine . . . .

JUSTER (Jean), 🎖 (posthume), ✠, avocat à la Cour de Paris, soldat au 109e d'Infanterie.
Tué à Givenchy, le 12 octobre 1915.
Citation : *Tombé glorieusement pour la France, en faisant courageusement son devoir, le 12 octobre 1915, sur les hauteurs de Givenchy. A été cité.*

JUTET (Roger), ✠ (1 étoile), caporal au 405e d'Infanterie.

Etait depuis six semaines au front lorsque, le 21 février 1916, à Souchez (Pas-de-Calais), cote 119, pendant qu'il était de garde dans la tranchée avec son escouade, il fut tué par la commotion résultant de l'éclatement d'un obus de 150 qui tomba au milieu de son groupe.

Citation du 19 avril 1916 : Agent de liaison courageux, tombé glorieusement au champ d'honneur le 21 février 1916. Quelques jours auparavant, avait donné un bel exemple de bravoure et de mépris du danger en s'offrant de lui-même et en allant, sous un violent bombardement, réparer une ligne téléphonique coupée.

[Né le 7 juin 1889. Fils de M. Gaston JUTET, lieutenant honoraire, et de Mme née VALLET.]

JUVENEL (Vicomte Georges de), ☙, ✠ (palme), caporal du 55e d'Infanterie.

Grièvement blessé, le 15 décembre 1916, à l'attaque victorieuse de Vacherauville, il succomba après un mois de terribles souffrances.

[Marié à Mlle VIGIER, — dont un fils.]

K

KAINLIS (Henry de), ✳, ✠ (palme et étoile), élève à l'École Polytechnique, lieutenant au 16ᵉ d'Artillerie.

Mortellement blessé, le 15 avril 1917, près d'Essigny-le-Grand (Aisne).

> Citation (Légion d'honneur) : *Commandant de batterie d'une bravoure et d'un sang-froid à toute épreuve. Grièvement blessé à son poste de combat, le 15 avril 1917, a donné le plus bel exemple d'énergie et d'abnégation.*

[Né le 19 août 1893. Fils du Bᵒⁿ et de la Bᵒⁿⁿᵉ née DE SOLAGES.]

KAINLIS (Gaëtan de), ✳ (posthume), ✠, élève de Saint-Cyr, sous-lieutenant au 137ᵉ d'Infanterie.

Venu du 12ᵉ Dragons dans l'Infanterie, a été tué à Thiaumont, le 12 juin 1916.

> Citation : *Jeune officier animé de la bravoure la plus vibrante et la plus enthousiaste, venu de la cavalerie dans l'infanterie. Tombé glorieusement, le 12 juin 1916, à Thiaumont, après avoir abattu plusieurs Allemands avec son revolver.*

[Né le 25 août 1894. Frère du précédent.]

KARCHER (Ivan-*André*), ✳, ✠ (palme), lieutenant au 62ᵉ d'Artillerie.

Mort des suites de ses blessures, le 29 juillet 1915, à l'hôpital de l'École Polytechnique.

> Citation : *Le 25 septembre, à Souain, s'est offert spontanément pour observer un tir dans des conditions particulièrement dangereuses ; a exécuté sa mission sous un feu très violent de l'artillerie ennemie, et a été très grièvement blessé.*

[Né le 6 novembre 1889. Fils de M. et de Mᵐᵉ née Laure GRUBER.]

KELLER (François), ✳ (posthume), ✠ (étoile de bronze), ancien officier mis en retraite pour infirmités contractées en service commandé, *engagé volontaire*, lieutenant au 3ᵉ d'Artillerie lourde.

Mort, le 24 octobre 1914, à l'hôpital de Bar-le-Duc, à la suite d'une opération nécessitée par une maladie contractée au front, maladie provenant du surmenage et des fatigues de la dure retraite de Lorraine.

> Citation : *D'abord à une colonne légère, puis à une batterie du 3ᵉ bataillon d'artillerie lourde, a donné à tous l'exemple du plus haut sentiment du devoir, se dépensant sans compter, du 15 août 1914 jusqu'au 17 octobre 1914, où il a dû enfin se laisser évacuer. Mort le 24 octobre 1914.*

[Né le 21 décembre 1871. Fils de M. Émile KELLER (Comte romain), député protestataire du Haut-Rhin, et de Mᵐᵉ née HUMANN. Marié à Mˡˡᵉ DE BEYLIÉ, fille de M. et de Mᵐᵉ née CHAPER, — dont deux enfants.]

KELLER (Émile), ✱, ✱ (Serbie), ancien élève de l'École Polytechnique, capitaine d'Artillerie.

Blessé dans la Somme, le 25 septembre 1916, décédé à l'hôpital de la Salpêtrière, à Paris, le 11 octobre suivant.

Motif de la décoration : *Officier d'une éclatante bravoure, n'a cessé d'être pour ses hommes un exemple de courage et d'abnégation. A été grièvement blessé près de sa batterie, le 25 septembre 1916, au moment où il donnait ses ordres pour la préparation de l'attaque. Déjà deux fois cité à l'Ordre.*

[Né à Paris le 16 juin 1887. Fils de M. Jean KELLER et de Mme née LE TELLIER-DELAFOSSE. Petit-fils d'Émile KELLER, député protestataire du Haut-Rhin. Marié à Mlle Marie-Thérèse DE BILLY, fille du Colonel et de Mme née DE PROVENCHÈRES, — dont un enfant.]

KELLER (Léon), ✠, capitaine au 42e d'Infanterie.

Tué en novembre 1915.

KELLER (Victor), sergent au 65e d'Infanterie.

Tué le 21 juin 1916.

KELLER (Joseph), ✠ (étoile), sous-lieutenant au 47e Chasseurs à pied.

Tué le 18 juin 1916, à 20 ans.

KERANFLEC'H KERNEZNE (Alain de), ✱ (posthume), ✠ (étoile), Saint-Cyrien de la promotion de la Grande-Revanche, sous-lieutenant au 28e Chasseurs alpins.

Tué, le 7 mai 1915, devant Metzeral, au cours d'une reconnaissance.

Citation : *Excellent officier, d'un sang-froid et d'une bravoure remarquables. Pendant un violent tir de préparation d'artillerie et de mitrailleuses, s'est, au plus grand mépris du danger, porté à la tête de sa section pour encourager ses chasseurs à la résistance. Est tombé mortellement frappé d'une balle, alors que l'ennemi tentait une contre-attaque, le 7 mai 1915, à Metzeral. A été cité.*

[Né le 7 mai 1895. Fils du Cte DE KERANFLEC'H KERNEZNE, sénateur, chef d'escadrons de réserve de Cavalerie, et de la Ctesse née DE BOISBOISSEL.]

KERANFLEC'H KERNEZNE (Pierre de), ✱ (posthume), ✠ (4 étoiles), sous-lieutenant au 28e d'Artillerie de campagne.

Tué, le 30 mai 1918, sous Bagneux (Aisne), en première ligne, en faisant la liaison avec l'infanterie.

Citation : *Connu de tous par l'admirable bravoure dont il donnait constamment des preuves comme officier de liaison auprès de l'infanterie. Tombé glorieusement à son poste en première ligne, le 30 mai 1918. A été cité.*

[Né le 13 janvier 1897. Frère du précédent.]

KERAUTEM (*Louis*-Henri-Marie de KERMERC'HOU, Vicomte Louis de), O ✱, ✠ (3 palmes), chef de bataillon au 70e d'Infanterie.

Blessé, le 9 mai 1915, en Artois; blessé, le 30 avril 1917, à l'attaque du massif de Moronvilliers; blessé, le 27 septembre 1917, à Verdun; décédé des suites de ses blessures, le 7 octobre 1917, à l'ambulance de Glorieux.

Dernière citation : *Officier supérieur de haute valeur et de la plus belle bravoure. Blessé très grièvement, le 27 septembre 1917, au moment où il quittait un secteur dans lequel il avait arraché à l'en-*

nemi, durant 15 jours de combats acharnés, quelques organisations de haute importance. Deux fois blessé antérieurement et deux fois cité à l'Ordre.

[Né le 7 janvier 1881. Fils du Cte Arthur et de la Ctesse née ROUXEL DE VILLEFÉROX. Marié à Mlle Geneviève MORISSON DE LA BASSETIÈRE, fille de M. et de Mme née SAVARY DE BEAUREGARD, — dont trois fils.]

KERBOUL (Eugène-Alphonse), O ✠, ✠, lieutenant de vaisseau, à bord du *Gallia*.

Englouti avec son bâtiment, le 14 octobre 1916.

KERDELLEAU (Jacques de), ✠, caporal mitrailleur au 85e d'Infanterie.

Fait prisonnier, évadé et repris, mort à Charleroi après dix mois de captivité.

KERDUDAL (*Ernest*-Marie-Alphonse LE MAUFF de), ✠ (posthume), ✠, adjudant au 2e bis de Zouaves.

Tué à Barcy (Bataille de la Marne), le 7 septembre 1914.

Citation : *Excellent sous-officier. Glorieusement tombé pour la France, le 7 septembre 1914, en montant à l'assaut d'une position ennemie, avec un admirable entrain. Est mort en disant aux zouaves qui voulaient le soigner : « Laissez-moi ! continuez de faire votre devoir. » Croix de guerre avec étoile de vermeil.*

KERGALL (Yves), ✠, ✠ (palme), inspecteur de la Banque Russo-Asiatique, *engagé volontaire*, adjudant au 93e d'Infanterie.

Mortellement blessé à Cerny, le 5 mai 1917.

Citation posthume : *Excellent sous-officier mitrailleur, d'une bravoure et d'un esprit de décision remarquables, qui s'est particulièrement distingué à l'attaque du 5 mai 1917. Après avoir installé sa section sur une position difficile, a, par la précision de ses tirs, puissamment contribué à l'avance d'une unité voisine. Blessé grièvement au cours de l'action.*

[Né le 9 juillet 1889. Fils de M. KERGALL, ✶, et de Mme née VARCOLLIER.]

KERGARADEC (*Georges*-Alexandre-Alfred-Henri-Maurice, Vicomte Georges LE JUMEAU de), ✠, ✠, capitaine au 68e d'Infanterie.

Tué à Loos (Pas-de-Calais), le 11 mai 1915.

[Marié, en 1903, à Mlle Berthe DE LAIZER, fille du Cte (décédé) et de la Ctesse née Jeanne DE LA BORIE DE CAMPAGNE, — dont trois enfants.]

KERGARIOU (*Xavier*-Jean-Gérard-René-Marie de), ✠, *engagé volontaire*, caporal au 164e d'Infanterie.

Tué d'une balle au front, le 30 septembre 1918.

[Né en 1898. Fils du Cte (décédé) et de la Ctesse née Suzan-Eliza CLARKE.]

KERGOS (Bernard de KERNAFFLEN de), ✠, ✠, enseigne de vaisseau de 1re classe.

Mort pour la France, le 17 septembre 1918, à 30 ans.

KERGOS (Louis de KERNAFFLEN de), ✠ (posthume), ✠ (6 citations), capitaine au 330e d'Infanterie.

Citation : *Vaillant officier, plein d'allant et de bravoure. Fait chevalier de la Légion d'honneur et trois fois cité à l'Ordre pour sa brillante conduite devant l'ennemi. Mort en brave, le 29 avril 1918.*

KERGURIONNÉ (Robert MARTIN de), ✠, *engagé volontaire,* lieutenant.

Tué le 1er mars 1915.

KERMABON (Yves de), ✠ (posthume), ✠ (palme), capitaine au 1er Zouaves.

Citation : *Officier d'une grande valeur. Exemple de bravoure et de sang-froid. S'est distingué, au cours des combats de Belgique et de l'Aisne, en 1914. A été mortellement blessé, près de la ferme de la Creute, le 24 septembre 1914.*

[Marié à Mlle Pébernard de Langautier.]

KERMEL (Vicomte Louis de), ✠, ✠, chef de bataillon au 109e d'Infanterie.

Tué le 19 août 1914.

Citation (Légion d'honneur) : *A montré des qualités de vigueur et d'énergie remarquables dans la conduite de son bataillon, dans des circonstances difficiles.*

[Marié à Mlle d'Adhémar de Cransac.]

KERMEL (Amaury de), ✠ (posthume), ✠ (palme), *engagé volontaire,* canonnier-conducteur au 7e d'Artillerie.

Citation : *S'est engagé pour la durée de la guerre, quoique d'une santé précaire. Deuxième canonnier conducteur, a insisté pour être affecté à la batterie de tir, où il a toujours fait preuve de courage et de dévouement. Tué à son poste, le 30 juin 1916. A été cité.*

[Né en 1897. Fils du précédent.]

KERMEL (*Jacques-Henri-Marie de*), ✠ (posthume), ✠ (étoile), *engagé volontaire* au 3e Dragons, passa, sur sa demande, au 43e Chasseurs à pied.

Tué d'une balle à la tête, à l'attaque du Forest (Somme), le 3 septembre 1916.

Citation à la Division : *Sous-officier du groupe franc, privé de son officier, a su, dans un bel élan, entraîner ses éclaireurs sous un feu violent de mitrailleuses. Tué en abordant une tranchée ennemie. A été cité.*

[Né le 31 juillet 1895. Fils du Commandant Vte René de Kermel et de la V^{tesse} née Martin le Neuf de Neuville.]

KERMENGUY (*François-Marie-Joseph,* Vicomte François de), maire de Carantec, soldat au 219e d'Infanterie.

Tué le 17 septembre 1914.

[Né le 14 novembre 1884. Fils du Vte et de la V^{tesse} née de Kergrist, décédés.]

KERMENGUY (Raoul-S. de)..............................

KERMOYSAN (Vicomte René de), ✠, capitaine d'Infanterie.

Tué le 5 août 1915.

[Marié à Mlle de la Rivière.]

KERRAOUL (Jehan VITTU de), ✳, ✠ (3 palmes, 2 étoiles), capitaine d'Artillerie, adjoint à l'Inspecteur général de l'Aéronautique. Mort à Metz, en novembre 1918.

[Fils de M. (décédé) et de Mme née Brunaud. Marié à Mlle Lyautey, — dont deux enfants.]

KERROS (Gonzague de), ✳ (posthume), ✠ (3 citations), ✳ (Médaille du Maroc), sous-lieutenant au 52e Colonial.

Citation : *Officier d'un rare courage. Parti à l'assaut avec sa section, n'a cessé, au cours de la progression, de donner à ses hommes le plus bel exemple de courage et d'entrain. Ayant atteint le terme de sa progression, s'est élancé, avec quelques hommes, à l'assaut d'une mitrailleuse qu'il avait mission de reconnaître. A été tué au moment où, sommé de se rendre, il ajustait lui-même son adversaire. A été cité.*

KERROS (Roger-Charles-Marie), ✳ (posthume), ✠, sous-lieutenant au 65e d'Infanterie.

Citation : *A fait preuve de la plus belle énergie, en se maintenant sur les positions conquises, quoique isolé et presque cerné ; ne s'est replié que sur l'ordre du colonel. Tué le 24 octobre 1915. A été cité.*

KERSAINT GILLY DE LA VILLE COLVÉ (Vicomte Hyacinthe de), ⚜ (posthume), ✠, sergent au 71e d'Infanterie.
Mortellement blessé, le 21 août 1914, à Tomines, et bien que cruellement atteint, continua à entraîner ses hommes, jusqu'au moment où il perdit connaissance. Il succomba, le 23 août 1914, à l'hôpital de Florennes (Belgique), après avoir fait, en pleine connaissance, le sacrifice de sa vie pour la France.

Citation : *Après la mise hors de combat des officiers de sa compagnie, a pris le commandement de sa section pour l'entraîner à l'assaut. Très grièvement blessé le 21 août 1914.*

[Né le 9 mai 1891. Fils du Cte de Kersaint Gilly de la Ville Colvé et de la Ctesse née Marguerite Blanchard de la Buharaye.]

KERSAUSON DE PENNENDREFF (*Paul*-Édouard-Joseph-Marie, Vicomte Paul de), ✳ (posthume), ✠ (palme), capitaine au 4e Dragons.

Citation : *A fait preuve du plus grand mépris du danger, s'exposant continuellement pour assurer l'exécution des ordres, sous un bombardement d'une violence inouïe. Tué en fin de combat, à son poste et aux côtés de son chef de bataillon. A été cité.*

[Né le 17 octobre 1873. Fils du Vte et de la V^tesse née Angèle Jan de la Gillardais. Marié, en 1903, à Mlle Kate Cazin d'Honninctun, — dont deux enfants.]

KERSAUSON DE PENNENDREFF (*Jean*-Armand-Marie-Joseph, Vicomte Jean de), ✳ (posthume), ✠, lieutenant au 18e d'Infanterie.

Citation : *Officier d'une bravoure et d'un sang-froid remarquables. Mortellement blessé, le 8 septembre 1914, à la tête de sa section de mitrailleuses qu'il entraînait en avant. A été cité.*

[Né le 5 mars 1879. Frère du précédent.]

KERTANGUY (Hervé SALAÜN de), soldat au 118e d'Infanterie. Tué à Messin, le 22 août 1914.

KERVENOAËL (Louis de JOUAN de), ⚓ (posthume), ✠, *engagé volontaire*, maréchal des logis au 58ᵉ d'Artillerie.

> Citation : *Excellent sous-officier. A montré le plus bel exemple de courage et de sang-froid, comme agent de liaison auprès de l'infanterie et comme chef de pièce. S'est fait remarquer par son complet mépris du danger, le 21 mars 1917, au cours d'un tir de barrage exécuté sous un feu violent de l'artillerie ennemie. Tué, le 27 mars 1917, pendant un bombardement de sa batterie. A été cité.*

[Fils du Vᵗᵉ et de la Vᵗᵉˢˢᵉ E. DE KERVENOAËL.]

KERVENOAËL (Paul de JOUAN de)................

[Fils de M. et de Mᵐᵉ née Marie JÉGOU DU LAZ (décédés). Marié, en 1912, à Mˡˡᵉ Henriette MEYNARD DE FRANC DE MAILLANNE, fille du Mⁱˢ et de la Mⁱˢᵉ née Lucie BERGER DE CASTELLAN.]

KERVYN DE LETTENHOVE (Baron Charles), ✠ (palme), ✠ (Belge), *engagé volontaire*, sous-lieutenant aviateur dans l'Armée Belge.

Tombé, le 15 juillet 1917, au cours d'un combat aérien.

[Né en 1892. Fils du Bᵒⁿ et de la Bᵒⁿⁿᵉ née DE BLONDEL DE BEAUREGARD.]

KERVYN DE LETTENHOVE (Baron J.), brigadier au 3ᵉ Lanciers Belges.

Tué sur l'Yser, le 28 octobre 1914.

KERZERHO (Louis-Noël), C ✠, ✠, colonel.

Dégagé de toute obligation militaire, avait, dès le début des hostilités, pris le commandement sur le front du 10ᵉ, du 88ᵉ, puis du 12ᵉ régiment territorial. Mort, en février 1919, des suites des fatigues de la Campagne.

KEYSER (Jean-Alix-Olivier-Marie de), ✠ (posthume), ✠, sous-lieutenant au 9ᵉ Zouaves.

> Citation : *A été tué, en se portant à l'attaque de la position ennemie, le 20 mai 1917. A été cité.*

KIEFE (Oscar), docteur en droit, avocat à la Cour de Paris, soldat au 352ᵉ d'Infanterie.

Tué, le 14 septembre 1914, à Fontenoy-sur-Aisne.

[Fils de M. et de Mᵐᵉ Max KIEFE.]

KIEFE (Victor), ✠ (posthume), ✠ (palme), lieutenant au 416ᵉ d'Infanterie.

Blessé grièvement en entraînant ses hommes à l'attaque de Champagne, le 26 septembre 1915 ; mourut, le 1ᵉʳ octobre, à l'ambulance de Saint-Rémy-en-Bucy.

> Citation : *Officier d'une bravoure tranquille, s'est porté de lui-même au-devant d'une contre-attaque ennemie qu'il a repoussée. A été mortellement blessé.*

[Frère du précédent.]

KINDBERG (Philippe), ⚓ (posthume), ✠ (palme), adjudant au 37ᵉ d'Infanterie.

Citation : *Adjudant d'une rare audace, s'est élancé, à la tête de sa section, à l'assaut d'une barricade; arrêté par les défenses accessoires, s'est accroché au terrain et a été mortellement frappé au moment où il cisaillait lui-même les fils de fer.*

[Fils de M. John KINDBERG, ✻, agent de change, et de Mme née LÉON-VALÉRY.]

KICÈS (Jean), ❀ (étoile), étudiant en droit, *engagé volontaire*, aspirant au 144e d'Infanterie.

Disparu, le 31 mai 1918, entre Soissons et Villers-Cotterets, lors de la ruée allemande sur Paris.

[Né le 16 avril 1895. Fils du Conseiller à la Cour d'appel de Paris et de Mme née FROMENT.]

KIRSCH (Charles-Edmond), ✻, lieutenant de vaisseau.

Tué à Dixmude, en novembre 1914.

KLEIN (*Léo*-Georges-Auguste), ✻ (posthume), ❀ (palme), capitaine au 4e Zouaves.

Tombé à Ypres, le 11 novembre 1914.

Citation : *Dans la nuit du 10 au 11 novembre 1914, sa compagnie ayant été enveloppée à la suite d'une surprise survenue dans un secteur voisin, a fait preuve de la plus grande valeur en commandant, jusqu'à la dernière extrémité, les échelons en retraite pour retarder la progression de l'ennemi. Est tombé glorieusement avec les derniers débris de sa compagnie.*

[Né le 21 septembre 1883. Fils du Général et de Mme KLEIN. Marié à Mlle Fernande VALLIER.]

KLOPSTEIN (Baron Jean de), ✻, ❀, conseiller général de Meurthe-et-Moselle.

Le 17 novembre 1914, il suivait, d'une des fenêtres de son château de Valet-Châtillon, les péripéties d'un combat qui rendait cette localité à nos troupes, lorsqu'un soldat allemand, en fuyant, lui tira une balle en plein front, et le tua net.

[Né en 1844. Marié à Mlle JARD-PANVILLIER, fille du Bon et de la Bonne, décédés.]

KOCH (Philippe-*Louis*), ✻ (posthume), ❀, capitaine au 137e d'Infanterie.

Blessé grièvement, le 22 août 1914, à la bataille de Maissin (Belgique), mort le 27, à Libin, dans une ambulance tombée au pouvoir de l'ennemi.

Citation : *Tué, le 22 août 1914, en allant, avec une grande bravoure, reconnaître une nouvelle position de mitrailleuses en avant de la ligne d'attaque.*

KOCH (Willy), ❀ (étoile), élève de l'École des Travaux Publics.

Tué, le 6 novembre 1916, à Sailly-Saillisel (Somme).

[Né en 1894. Fils de M. et de Mme Henri KOCH.]

KOLB-BERNARD (*Maurice*-Joseph-Marie), timonier breveté.

Tué, le 20 janvier 1915, à bord d'un torpilleur détruit dans la mer du Nord, par l'explosion d'une mine sous-marine.

[Fils de M. Fernand KOLB-BERNARD et de Mme née Madeleine SAZERAC DE FORGES.]

KOLB-BERNARD (Jean), capitaine aux Spahis Marocains, aviateur.
Fait prisonnier de guerre en 1915, succomba, en septembre
1919, aux suites de sa longue captivité.

[Frère du précédent.]

KOLB-BERNARD (*Pierre*-Émile-Marie-Joseph), ✠ (posthume), ✠
(1 palme, 2 étoiles), lieutenant au 8ᵉ Cuirassiers, observateur à l'Escadrille C. 229.
Passé, sur sa demande, dans l'Aviation. Tué, le 3 septembre
1917, au cours d'un combat aérien acharné contre deux avions
ennemis. Proposé pour la croix de la Légion d'honneur et le grade
de capitaine. Inhumé au cimetière de Vadelaincourt.

> Citation : *Lieutenant passé sur sa demande dans l'aviation, s'est
> révélé tout de suite observateur de tout premier ordre par son ha-
> bileté, son énergie et son audace, faisant l'admiration de ses
> camarades. A trouvé une mort glorieuse, le 3 septembre 1917, au-
> dessus des lignes allemandes, au cours d'un combat acharné contre
> deux avions de chasse ennemis.*

[Né le 19 août 1882. Fils de M. Gustave KOLB-BERNARD et de Mᵐᵉ née Julie HOL-
LANDE.]

KOPFF (Jules-*Pierre*-Martial), avocat, attaché à l'Intendance de la
14ᵉ Région.
Après deux années passées au front (99ᵉ d'Infanterie), fut ramené à l'intérieur par suite de maladie contractée au front, et
succomba le 9 octobre 1918.

[Né le 17 décembre 1877. Fils de M. et de Mᵐᵉ née DELBOS. Marié à Mˡˡᵉ Marguerite
FERRAND, fille de M. et de Mᵐᵉ née MICHEL, — dont cinq enfants.]

KRANTZ (Robert), *engagé volontaire*.......................

[Né en 1885. Fils du Contre-Amiral KRANTZ, GC ✻.]

KRATZ (*Maxime*-André), ✠ (posthume), ✠ (palme), étudiant, *engagé
volontaire*, aspirant au 10ᵉ d'Artillerie.
Tué à la bataille de Moronvilliers, le 30 avril 1917.

> Citation à l'Ordre de l'Armée (12 mai 1917) : *Engagé volontaire à
> 17 ans, a rejoint son régiment en pleine bataille, le 30 avril 1917,
> et est tombé glorieusement en se rendant à son poste de combat.*

[Né le 18 octobre 1898. Fils de M. Henri-O. KRATZ et de Mᵐᵉ née Jeanne JUNON.]

KRETZ (Frédéric), ✻ (Ordre de la Couronne), ✻ (Ordre de Léopold), ✠
(Belge), *engagé volontaire*, lieutenant au 13ᵉ d'Infanterie Belge.
Mortellement atteint, le 14 octobre 1918, en Flandre, en s'élan-
çant à l'assaut à la tête de sa compagnie.

> Citation : *Volontaire de guerre de la première heure, il incar-
> nait les plus belles vertus militaires, constituant le prototype de
> l'attachement au devoir, du courage raisonné et de l'esprit d'abné-
> gation conscient. Par sa culture intellectuelle, ses sentiments élevés
> de patriotisme ardent et éclairé, il exerçait sur ses hommes, dont
> il aimait à façonner le cœur et la mentalité, un ascendant extra-
> ordinaire ; il leur avait inculqué la foi agissante et l'amour de
> l'action agressive qui le caractérisait personnellement. Le 14 oc-
> tobre 1918, à la tête de sa compagnie qu'il conduisit avec une
> décision et un discernement remarquables, il entra d'un seul élan
> au cœur des lignes ennemies de la Flandern Stellung, bousculant*

les groupes de fantassins allemands qui, déconcertés et éperdus, ne pensèrent plus qu'à se rendre. Frappé d'une balle en pleine poitrine, il tomba mortellement blessé au milieu de ses hommes, exaspérés par la perte d'un chef qu'ils aimaient et admiraient. Ses exploits de chef de patrouille lui avaient valu successivement l'attribution de la Croix de guerre et de la Croix de chevalier de l'Ordre de la Couronne. Etait au front depuis le début des hostilités.

[Né le 25 novembre 1889. Fils de M. Armand KRETZ et de Mme née GUEYMARD.]

KREUZNACH (Marie-Joseph-Antoine-Xavier-*Jean* BORHER de),

⚜ (posthume), ✠ (palme), étudiant, *engagé volontaire* à 17 ans, au 21e Chasseurs à cheval.

Tué d'une balle au front, à la Butte de Souain (Champagne), le 16 mars 1917.

Citation : *Jeune brigadier, d'une bravoure et d'une intrépidité confinant à la témérité. Volontaire pour un coup de main, le 16 mars 1917, a été, pendant tout le début de l'attaque, un modèle de calme et de sang-froid ; bien qu'atteint d'un coup de feu en pleine poitrine, a continué à combattre et a été tué d'une balle au front. A été cité.*

[Né le 8 janvier 1898. Fils du Cte DE KREUZNACH, capitaine de Cavalerie en retraite, et de la Ctesse née DE FOUCAULD.]

KRIEG (*Jacques*-Henri-Jean), ✠, ✠ (palme), sous-lieutenant au 243e d'Artillerie.

Blessé mortellement, le 16 août 1917, à Moulins (Aisne), est décédé le 21 à l'ambulance de Longueval (Aisne).

Citation à l'occasion de la nomination de Chevalier de la Légion d'honneur (19 août 1917) : *Jeune officier d'un courage et d'une énergie remarquables, ayant un grand ascendant sur ses hommes. Le 16 août 1917, sa batterie étant soumise à un bombardement violent qui mettait successivement les pièces hors de service, a assuré, jusqu'à ce qu'il ait été très grièvement blessé, l'exécution du tir de barrage.*

[Né le 21 janvier 1897. Fils de M. Edmond KRIEG, industriel, et de Mme née CHOUIPE.]

KRIEN (Athanase-Marie), C ✠, ✠ (palme), Général commandant la 30e Brigade d'Infanterie.

Blessé, le 25 septembre 1914, à l'attaque de l'auberge d'Alger (nord de la Pompelle) [Marne], alors qu'il commandait la 83e Brigade. Blessé de nouveau, le 18 avril 1916, par éclat d'obus, à son P. C. ; mort de ses blessures à Commercy, le 9 mai 1916.

Citation : *Esprit distingué et brillant soldat. A montré, à la tête d'une brigade, de sérieuses qualités de commandement. Blessé le 25 septembre 1914, a été atteint, le 18 avril 1916, d'une nouvelle blessure grave.*

[Né le 23 septembre 1856. Fils de M. et de Mme née DESMOULINS. Marié à Mlle PIAULT.]

KRONN (Georges), industriel, caporal infirmier.

Mort, en 1917, de maladie contractée en service commandé.

[Né le 8 juillet 1882. Fils du chef d'escadron et de Mme née BROS DE PUECHREDON. Marié à Mlle Annette JOURDAN DE LA PASSARDIÈRE, fille du Capitaine de frégate et de Mme née BECHADE.]

KRUG (Auguste), ✳, ✠ (3 citations), lieutenant d'Artillerie.
Tué en Argonne, le 4 octobre 1918.

KUHNHOLTZ-LORDAT (Hervé), ✳ (posthume), ✠ (palme), Saint-Cyrien, lieutenant au 81ᵉ d'Infanterie.
Tué, le 20 août 1914, aux combats de Lorraine, aux environs de Dieuze.

Citation : Le 20 août 1914, a brillamment enlevé sa section à l'assaut sous un feu nourri des mitrailleuses ennemies, et a été blessé mortellement à quelques mètres des positions allemandes. A été cité.

[Né à Montpellier le 30 décembre 1883. Fils de M. et de Mᵐᵉ née VERNAZOBRES.]

L

LAAGE DE MEUX (Joseph de), ✖, ✖ (palme), chef de bataillon au 19ᵉ d'Infanterie.

Ayant reçu, en août 1914, à Messin-Palizeul (Belgique), l'ordre de s'emparer d'une hauteur que dominait un moulin, il n'hésita pas, sous une pluie de mitraille, à se porter en avant pour entraîner ses hommes dans une charge à la baïonnette, contre un ennemi bien supérieur en nombre : une balle reçue en plein cœur l'arrêta brusquement dans cet acte d'héroïsme. Son corps fut enterré non loin de là, dans un jardin dépendant de la ferme des Bruyères.

> Citation : *Avec le plus grand mépris du danger, a enlevé brillamment son bataillon à l'attaque d'un moulin, le 22 août; est tombé glorieusement au moment où il enlevait la position.*

[Marié à Mˡˡᵉ DU HAMEL DE FOUGEROUX.]

LAAGE DE MEUX (Alfred de), ✖, ✖ (5 citations), lieutenant de Cavalerie, pilote à l'Escadrille N. 124.

Cette formation, connue sous le nom d'Escadrille La Fayette, dont il était le créateur, s'est signalée maintes fois par ses hauts faits.

> Dernière citation : *Pilote de chasse, d'une bravoure et d'une adresse remarquables, se dépensant sans compter avec un joyeux courage. N'a cessé d'être, pour ses camarades, un magnifique exemple d'entrain et d'esprit de sacrifice. Mortellement blessé, dans une chute d'avion, le 23 mai 1917.*

LABADIE-LAGRAVE (André-François-Roland), sergent au 401ᵉ d'Infanterie.

Tué à Fleury-Douaumont, le 24 octobre 1916.

[Fils de M. Gaston LABADIE-LAGRAVE (décédé en 1919) et de Mᵐᵉ née DE LA BARRIÈRE.]

LA BARBÉE (Albert-Marie-Dieudonné-*Joseph* GILLES de), prêtre, vicaire général de Mgr l'Evêque de Nantes, caporal infirmier militaire.

Mort, le 11 décembre 1916, à Nantes, des suites d'une maladie contractée dans les trains sanitaires, qui lui avait fait avoir la réforme nº 1.

[Né le 26 février 1871. Fils du Bᵒⁿ (décédé) et de la Bᵒⁿⁿᵉ née Marie-Félicité DE LA BARRE.]

LA BARRE DE CARROY (Vicomte Alain de), Saint-Cyrien, sous-lieutenant au 28ᵉ Chasseurs à cheval, observateur d'Aviation.

Tué le 31 mars 1915.

[Fils du Cᵗᵉ et de la Cᵗᵉˢˢᵉ née Marthe BRAC DE LA PERRIÈRE.]

LA BARRE DE CARROY (André de), ✠, prêtre, aumônier militaire au 102ᵉ d'Infanterie.
Tué le 26 juillet 1915.
[Frère du précédent.]

LA BARRE DE NANTEUIL LE FLÔ (*Alfred*-Pie-Joseph, Vicomte de), ✠ (posthume), ✠ (palme), ✶✶ (Médailles du Tonkin et du Congo), archiviste-paléographe, lieutenant de vaisseau de réserve.
A la mobilisation, fut affecté à la défense du front de mer de Brest, mais son ardeur guerrière ne pouvait se satisfaire de ce poste trop calme. Obtint alors d'être versé à la Brigade des Fusiliers Marins qui combattait rudement depuis plusieurs semaines ; il rejoignit son poste, le 28 octobre 1914, au moment où la bataille de l'Yser battait son plein. — Grièvement blessé à la tête de ses hommes, le 10 novembre, au moment de la ruée sur Dixmude, il fut ramené à Malo-les-Bains, où il expira le 12 novembre au matin, ayant ainsi obtenu de « mourir en France », comme il l'avait demandé en quittant l'ambulance du front.

> Citation : *Grièvement blessé dans sa tranchée, le 10 novembre, a gardé son commandement et continué à diriger et à encourager ses hommes ; mort des suites de ses blessures.*

[Né le 30 septembre 1877. Fils du Cᵗᵉ DE LA BARRE DE NANTEUIL et de la Cᵗᵉˢˢᵉ née LE FLÔ. Marié à Mˡˡᵉ Louise DE MARTIMPREY, fille du Cᵗᵉ et de la Cᵗᵉˢˢᵉ née BRABANT, — dont quatre enfants.]

LA BASSETIÈRE (Édouard MORISSON de), ✠ (posthume), ✠ (étoile), sous-lieutenant au 70ᵉ d'Infanterie.
Tué à La Harazée (Argonne), le 8 septembre 1915.

> Citation : *Chargé de l'artillerie de tranchées, est resté, le 8 septembre, près de ses pièces pendant le plus fort du bombardement, et en a assuré le service jusqu'au dernier moment ; a disparu pendant l'attaque allemande ; tué ou fait prisonnier.*

[Né le 20 janvier 1894. Fils de M. Jean DE LA BASSETIÈRE et de Mᵐᵉ née D'AVIAU DE TERNAY.]

LA BASTIDE (Marie-Joseph-Antoine-*Aymar* de), ✠ (posthume), ✠ (palme), aspirant, observateur à l'Escadrille N. 505.
Tombé glorieusement en combat aérien, à Dédébal (Macédoine).

> Citation : *Venu dans l'aviation après de brillants services dans la cavalerie, s'est fait remarquer, comme observateur, par son audace et sa bravoure. Disparu dans les lignes ennemies au cours d'un bombardement.*

[Fils du Commandant et de Mᵐᵉ née FOUCAULD.]

LABAT (Maurice), aspirant au 176ᵉ d'Infanterie.
Tué le 11 octobre 1917.

LA BAUME DU PUY-MONTBRUN (Raoul de), ✠, sergent au 62ᵉ Chasseurs alpins.
Tué, le 4 novembre 1918, à l'attaque du canal de la Sambre.
[Né en 1899. Fils du Mⁱˢ et de la Mⁱˢᵉ née SORET DE BOISBRUNET.]

LA BAUME-PLUVINEL (Gontran, Marquis de), ✠ (posthume), ✶ (palme), maréchal des logis, attaché à la 1re Division de l'Armée Britannique.

Tué à Hoogue, près d'Ypres, le 31 octobre 1914.

Citation : *Depuis le commencement de la campagne n'a cessé de montrer, en toutes occasions, les plus belles qualités de courage et d'énergie; a constamment fait preuve d'un grand sang-froid devant le danger, et montré un dévouement à toute épreuve. Blessé mortellement en service commandé, le 31 octobre.*

[Né le 20 septembre 1884. Fils du Cte (décédé) et de la Ctesse née Artilia Pozzo di Borgo.]

LA BAUME-PLUVINEL (Vicomte Antoine de), ✶, *engagé volontaire*, éclaireur au 11e Chasseurs à pied.

Tombé à Curlu (Somme), le 17 juillet 1916.

[Né le 29 décembre 1897. Fils du Cte et de la Ctesse née Henriette de Durfort Civrac de Lorge.]

LABBE (*Pierre*-Marie), élève ingénieur, aspirant au 332e d'Infanterie.

A été vu blessé dans un trou d'obus, près du Bois des Consuls (Berry-au-Bac), le 16 avril 1917, mais, nos troupes ayant dû abandonner le terrain, on n'a plus eu aucune nouvelle depuis cette date.

[Né le 28 mars 1895. Fils de M. et de Mme née Lécluselle.]

LABBÉ (*Jacques*-Paul-Édouard), ✶ (posthume), ✶, sous-lieutenant au 226e d'Infanterie.

Tué, le 25 août 1914, au Grand-Couronné de Nancy.

Citation : *A entraîné sa section à l'attaque avec le plus bel élan; a été tué au cours de l'action, le 25 août 1914.*

[Marié à Mme Th. Duran y Rivas.]

LABEAU (Baron Géraud COLINET de), O ✶, ✶, capitaine aux Chasseurs d'Afrique, passé dans l'Infanterie.

Tué le 16 octobre 1915.

LA BÉDOLLIÈRE (Marius GIGAULT de), ✶ (posthume), ✶, capitaine au 24e d'Infanterie.

Tué à Chevresis-Monceau, le 31 août 1914.

Citation : *A conduit sa compagnie avec une vaillance et une intrépidité dignes des plus grands éloges. A su, par son énergie et son exemple, la maintenir sous un feu des plus violents. A été très grièvement blessé au cours de cette action. A été cité.*

[Né à Paris le 5 janvier 1873. Fils de M. et de Mme née Jeanne Euvrard.]

LA BÉGASSIÈRE (*François*-Marie-Joseph du BOUAYS, Comte de), ✶ (posthume), ✶ (palme), capitaine de Cavalerie détaché à l'E.-M. du 1er Corps de Cavalerie.

Officier de réserve, amputé d'un bras, avait repris du service à la déclaration de guerre. La citation qui suit, à l'Ordre de l'Armée (22 décembre 1914), indique les circonstances de sa mort :

A toujours rempli, bien que manchot, avec le plus grand dévouement, les missions souvent périlleuses qui lui ont été confiées;

le 19 septembre, l'Etat-Major du corps de cavalerie se trouvant exposé à une vive fusillade, a été grièvement blessé en s'efforçant de porter secours à son chef, le général Bridoux, mortellement blessé lui-même.

[Né à Paris le 1ᵉʳ août 1875. Fils du Général Mⁱˢ (décédé) et de la Mⁱˢᵉ née DE SAULCY. Marié, en 1900, à Mˡˡᵉ Hélène DE LESSEPS, fille du Cᵗᵉ Ferdinand et de la Cᵗᵉˢˢᵉ née AUTARD DE BRAGARD (décédés), — dont quatre enfants.]

LA BELLIÈRE (Louis-Émile de), ⚜ (posthume), ✠ (étoile), soldat au 2ᵉ d'Infanterie.

Citation : *Bon soldat, dévoué et courageux. Blessé mortellement, le 11 septembre 1914, à son poste de combat, au cours de la première bataille de la Marne.*

LA BENODIÈRE (Joseph FABRE de), ⚜ (posthume), ✠, prêtre, ancien vicaire à La Réole, brancardier dans un régiment d'Infanterie.

Citation : *Brancardier venu sur sa demande d'une ambulance dans un régiment, où il a fait preuve du plus grand dévouement. Le 10 août 1916, a demandé à prendre, derrière les vagues d'assaut, la place d'un camarade chargé de famille; a été mortellement blessé au cours de cette opération, donnant à tous le plus bel exemple d'esprit de sacrifice.*

[Fils de M. (décédé) et de Mᵐᵉ née DERT.]

LA BERNARDIE (Remy-Louis BONDET de), ✠ (posthume), ✠, capitaine au 165ᵉ d'Infanterie.

Tué aux combats de la Meuse, le 10 novembre 1914.

Citation : *Officier plein de bravoure, d'une très belle attitude au feu. Le 6 septembre 1914, son bataillon s'étant heurté, à courte distance, à une crête occupée par l'ennemi, a établi sa compagnie en position défensive, et l'a maintenue énergiquement jusqu'à la nuit, malgré un feu violent de mitrailleuses ennemies, au cours duquel son lieutenant, son sous-lieutenant et son adjudant ont été tués ou mis hors de combat. A été tué lui-même, le 10 novembre 1914, par un éclat d'obus, à son poste de commandement. A été cité.*

[Né en 1879. Fils de M. et de Mᵐᵉ née FLANDIN-DEGUELDRE.]

LA BERNARDIE (Hippolyte BONDET de)...............

[Né en 1888. Fils du Dʳ et de Mᵐᵉ H. DE LA BERNARDIE.]

LA BERRURIÈRE DE SAINT-LAON (*Henry-Anne-Marie-Joseph, Vicomte Henry de*), ✠ (posthume), ✠ (palme), capitaine au 409ᵉ d'Infanterie.

Après s'être distingué au fort de Vaux, fut tué en Picardie, le 10 octobre 1916.

Citation : *A fait preuve des plus belles qualités de bravoure et de sang-froid, dans la journée du 10 octobre 1916. A su maintenir sa compagnie sur les positions conquises, malgré de violentes contre-attaques. Tombé glorieusement pour la France, à son poste de combat. A été cité.*

[Né le 16 décembre 1882. Fils du Cᵗᵉ et de la Cᵗᵉˢˢᵉ née Roselyne DE VILLENEUVE-ESCLAPON. Marié, en 1912, à Mˡˡᵉ Isabelle DE BONY, fille du Bᵒⁿ et de la Bᵒⁿⁿᵉ née Radegonde D'AUBÉRY, — dont deux fils.]

LA BICHE (*Jean*-François de), *engagé volontaire*, sergent au 125ᵉ d'Infanterie.

Grièvement blessé, le 11 novembre 1914, près d'Ypres, au cours d'une charge à la baïonnette, succomba peu après, à 21 ans.

LA BINTINAYE (*Roger*-Marie-Joseph-Édouard, Vicomte Roger de), ✠, capitaine au 7e Hussards.

Mort à l'hôpital Saint-Yves, à Rennes, en octobre 1918.

[Né le 11 juillet 1866. Fils du Vte et de la Vtesse née D'AIGNEAUX, décédés.]

LA BINTINAYE (*René*-Marie-Albéric, Vicomte René de), ✠, ✠, capitaine au 2e Colonial.

Décédé à l'hôpital militaire Villemin, à Paris, le 20 juin 1920, des suites d'une longue maladie contractée au front.

[Né le 12 octobre 1872. Frère du précédent.]

LA BLANCHARDIÈRE (Jean POINÇON de), ✠ (posthume), ✠, sous-lieutenant au 146e d'Infanterie.

Tué, le 20 août 1914, en entraînant sa section à l'attaque.

[Fils du Commandant (décédé) et de Mme née LESBAUPIN.]

LA BOISSIÈRE (*Henri*-Marie-Xavier, Comte Henri de), ✠ (posthume), ✠ (étoile), étudiant, *engagé volontaire*, sergent skieur au 28e Chasseurs alpins.

Engagé à 18 ans, est tombé héroïquement, le 6 avril 1916, au Grand-Ballon de Guebwiller (Alsace); mort le lendemain à l'hôpital de Moosch. Proposé pour le grade de sous-lieutenant.

Citation : *Jeune sergent très courageux; engagé volontaire dès le début de la guerre, a donné en toutes circonstances l'exemple de la plus grande bravoure. Toujours volontaire pour les missions périlleuses, a été blessé mortellement, le 6 avril 1916, contre les fils de fer ennemis, en déterminant l'emplacement d'un poste ennemi qui rendait cet endroit difficile particulièrement dangereux.*

[Né le 22 novembre 1896. Fils du Cte Charles DE LA BOISSIÈRE et de la Ctesse née ROSET.]

LA BOISSIÈRE (*Camille*-Paul-Marie-Joseph BOGUAIS de), ✠ (posthume), ✠ (palme et 2 étoiles), sous-lieutenant au 20e d'Artillerie.

Tué, le 4 mai 1916, au bois d'Esnes, sous Verdun, d'un éclat d'obus, auprès de sa batterie en action.

Citation : *Officier d'un sang-froid et d'un allant remarquables; venait d'en donner de nouvelles preuves en organisant une position de batterie dans le bois d'Esnes, devant Verdun, quand il fut tué, le 4 mai 1916. Une citation antérieure.*

[Né le 20 mai 1891. Fils de M. Joseph DE LA BOISSIÈRE et de Mme née DE HAUTECLOCQUE.]

LA BOISSIÈRE (*Charles*-Maurice-Marie-Joseph BOGUAIS de), étudiant en sciences, sous-lieutenant au 135e d'Infanterie.

Tué d'une balle à la tête, le 7 mai 1916, dans les tranchées de la cote 304, sous Verdun.

[Né le 20 novembre 1895. Frère du précédent.]

LA BOISSIÈRE (Élysée-Antoine de), ✠ (posthume), ✠, soldat au 369e d'Infanterie.

Citation : *Brave soldat. Décédé des suites de ses blessures, reçues le 16 janvier 1915 au Bois Le Prêtre. A été cité.*

LA BONNARDIÈRE (Dominique), soldat au 357e d'Infanterie.
Tué à l'ennemi, au Ban-de-Sapt (Vosges), à 42 ans.

LABORDE D'ARBRUN (Jean de), caporal au 49e d'Infanterie.
Tué en 1914.

[Fils de M. et de Mme née Adrienne LASSERRE.]

LABORDE-NOGUEZ (Marie-Edmond-*Jean* de), ✠ (posthume), ✠,
sous-lieutenant au 10e Dragons.
Tué, le 11 septembre 1914, à la tête de son peloton, en exécutant un mouvement sous le feu de l'artillerie ennemie.

LABORDÈRE (Pierre), O ✠, ✠ (3 palmes), ingénieur en chef des Ponts et Chaussées, chef de bataillon commandant le Génie de la 42e Division d'Infanterie.
Mort de ses blessures, le 18 avril 1917.

[Marié à Mlle MARCHEGAY.]

LABORIE (Léopold-Camille de), ✠ (posthume), 🎖, ✠ (palmes), sous-lieutenant au 8e Tirailleurs.

Citation : *Tué glorieusement à l'attaque du village de Parcy, au moment où, ayant tourné le village et fait tomber la défense, il entraînait ses hommes à la poursuite des Allemands en criant : « En avant ! » Médaillé militaire pour faits de guerre. Trois citations antérieures. Deux blessures.*

LABORY (Jean de), sergent au 144e d'Infanterie.
Blessé à la bataille de Charleroi, fut tué par un obus en 1916.

LABOUCHERE (*Charles*-Louis-Henri), ✠, ✠, capitaine de Cavalerie, pilote-aviateur à l'Escadrille C. 10.
Tué à l'ennemi, à Guiscard, le 3 juin 1917.

[Né à Paris le 9 décembre 1886. Marié à Mlle Hélène JARISLOWSKY.]

LA BOUGLISE (*René*-Dieudonné de), ✠, architecte, soldat au 156e d'Infanterie.
Tué à Crévic (Meurthe-et-Moselle), le 5 septembre 1914.

[Né à Paris le 2 septembre 1886. Fils de M. (décédé) et de Mme née Lucie VIDECOCQ.]

LABOULAYE (Jean de), caporal.
Tué le 12 décembre 1914.

LA BOULAYE (Charles-Joseph-Hubert GEORGETTE DU BUISSON de), 🎖 (posthume), ✠, soldat au 159e d'Infanterie.

Citation : *Brave soldat. Tombé pour la France, à Ablain-Saint-Nazaire, le 16 juin 1915, dans l'accomplissement de son devoir.*

LA BOULLAYE (Gérald de), ✠, ✠, capitaine.
Tué en Champagne, en octobre 1915.

[Marié à Mme MELLIER, — dont trois enfants.]

LA BOURDONNAYE DE BLOSSAC (*Gaston*-Esprit-Marie-Adrien, Comte Gaston de), ✠ (posthume), ✠, *engagé volontaire*, maréchal des logis au 11ᵉ Cuirassiers à pied.

Tué, le 19 juillet 1915, d'une balle au front, dans les tranchées de la Fosse-Calonne.

[Né le 27 février 1894. Fils du Cᵗᵉ Bertrand et de la Cᵗᵉˢˢᵉ née Alice LE BÈGUE DE GERMINY.]

LABOURET (Robert), ✠ (posthume), ✠, Saint-Cyrien de la promotion de la Grande-Revanche, attaché au 113ᵉ d'Infanterie.

Disparu, le 6 septembre 1914, à Laheycourt (Meuse).

Citation : *Reçu, en 1914, à l'Ecole spéciale militaire, s'est engagé, au début de la mobilisation, voulant aller immédiatement au feu. A été tué, le 6 septembre 1914, en donnant à tous ses camarades, par sa fière attitude, le plus bel exemple de courage et de bravoure.*

[Né le 1ᵉʳ janvier 1894. Fils de M. Adrien LABOURET, notaire honoraire (décédé), et de Mᵐᵉ née PRESTAT.]

LA BOUTETIÈRE (René PRÉVOST de), ✠ (posthume), ✠, *engagé volontaire* au 18ᵉ Chasseurs à pied.

Tué à Raucourt, le 27 septembre 1916.

Citation : *Brave chasseur, blessé en se portant à l'assaut de la position ennemie, le 26 septembre 1916. Mort des suites de ses blessures.*

[Né le 22 mai 1896. Fils du Cᵗᵉ Louis DE LA BOUTETIÈRE et de la Cᵗᵉˢˢᵉ née BIZET.]

LA BROCHERIE (Pierre de), ✠ (posthume), ✠, soldat au 11ᵉ d'Infanterie.

Citation : *Brave soldat. Mort des suites de blessures reçues en accomplissant bravement son devoir, le 8 octobre 1914.*

LA BROÏSE (René-Marie de), ✠ (posthume), ✠, soldat au 8ᵉ Zouaves.

Citation : *Est tombé glorieusement pour la France, le 10 juillet 1916, au cours du combat devant Barleux, en faisant vaillamment son devoir. Ancien et brave soldat, très méritant. A été cité.*

LABROQUÈRE (Jean), sous-lieutenant au 98ᵉ d'Infanterie.

Tué sous Sarrebourg, le 20 août 1914.

LA BROSSE (Marie-René GUILLET de), ✠ (posthume), ✠ (palme), sous-lieutenant au 8ᵉ d'Artillerie, observateur à l'Escadrille C. 43.

Citation : *Observateur énergique et courageux, toujours prêt à se signaler. Au cours d'une mission aérienne, le 22 août 1916, a eu son appareil atteint par un obus et a été glorieusement tué. A été cité.*

LA BROSSE (Jean de), ✠, ✠ (3 palmes, 2 étoiles), sous-lieutenant observateur à l'Escadrille C. 64.

Blessé une première fois le 12 août 1916, trouva la mort près de Reims, le 2 mai 1917.

[Né en 1892. Fils de M. René DE LA BROSSE, ingénieur en chef des Ponts et Chaussées, et de Mᵐᵉ née CHAPER, décédée le 13 mai 1917.]

LA BROSSE (Pierre-*Georges* de), ✳ (posthume), ✠, lieutenant au 214ᵉ d'Artillerie.
Tué, le 28 juillet 1918, sur le front de l'Aisne.

Citation : *Officier d'un moral élevé et d'un courage éprouvé. A montré, d'abord comme commandant de compagnie d'infanterie au début de la campagne, puis comme commandant de batterie, les plus grandes qualités militaires d'abnégation et de bravoure. Tué, le 28 juillet 1918, en dirigeant la mise en batterie de ses pièces dans un bond en avant à la poursuite de l'ennemi. A été cité.*

[Marié à Mˡˡᵉ Magnard, — dont deux fils.]

LABROUHE DE LABORDERIE (Joseph de), C✳, ✠, colonel commandant une Brigade d'Infanterie.
Tombé glorieusement à Marre, sous Verdun, le 11 mars 1916.

[Marié à Mˡˡᵉ Louise-Madeleine Chapgier-Delair.]

LABROUHE DE LABORDERIE (*Jean*-Pierre-Joseph de), ✳ (posthume), ✠ (palme), sous-lieutenant au 283ᵉ d'Infanterie.
Blessé grièvement le 23 octobre 1917, succomba le 5 novembre suivant.

Citation : *Officier mitrailleur plein de courage, de bravoure et d'abnégation. Est tombé glorieusement, le 23 octobre 1917, au moment où il arrivait sur la position conquise. A été cité.*

[Né en 1884. Fils de M. (décédé) et de Mᵐᵉ née de Veillechèze de la Mardière.]

LABROUHE DE LABORDERIE (Maurice de), ✠, *engagé volontaire* au 307ᵉ d'Infanterie.
Tué à Moislains (Somme), le 29 août 1914.

[Né en 1888. Frère du précédent.]

LABROUHE DE LABORDERIE (Francis-Frédéric-*Louis* de), ✳ (posthume), ✠ (palme), capitaine au 107ᵉ d'Infanterie.

Citation : *A fait preuve de la plus grande énergie et de la plus grande bravoure, notamment au combat du 31 août 1914. Au combat du 9 septembre sur la Marne, s'est élancé à la tête de sa compagnie pour repousser une attaque de nuit, et a été tué à bout portant au moment où il invitait un groupe ennemi à se rendre. A été cité.*

[Fils de M. et de Mᵐᵉ née Marthe Rogues de Fursac.]

LABROUHE DE LABORDERIE (F. de), sous-lieutenant au 134ᵉ d'Infanterie.
Disparu près Tahure, le 6 octobre 1915.

LABROUSSE (Georges-*Marcel*), ✳ (posthume), ✠ (1 palme, 2 étoiles), docteur en droit, inspecteur aux Chemins de fer du Midi, lieutenant au 21ᵉ d'Infanterie (Fourragère de la Médaille Militaire).
Après une année de campagne, nommé commissaire-rapporteur près d'un Conseil de Guerre du front, demanda, en 1917, à reprendre sa place parmi les combattants. Tué en Champagne, près de Somme-Py, le 29 septembre 1918, au cours d'une attaque, à la tête de sa compagnie.

Citation posthume : *Officier ayant su, par son calme et son mépris du danger, inspirer la plus grande confiance à ses hommes, qu'il a entraînés à l'attaque dans un irrésistible élan ; a brisé la résistance d'un adversaire acharné, se défendant jusqu'à la dernière limite, dans un terrain difficile et hérissé de mitrailleuses. Tué sur la position conquise.*

[Né le 2 juillet 1879. Fils du Pasteur et de M⁰ née SARLAT (décédés). Marié à Mˡˡᵉ Marcelle CASTAING (décédée), fille du Conseiller à la Cour d'appel de Paris, et de Mᵐᵉ née TESSANDIER, — dont un fils.]

LABROUSSE (Jacques), ✳ (posthume), ✠ (1 palme, 2 étoiles), secrétaire technique de la Société des Ingénieurs Civils, capitaine au 49ᵉ d'Artillerie.

Tué, le 7 octobre 1916, à Morval (Somme), au moment où il donnait l'ordre d'ouvrir le feu sur la batterie ennemie.

Citation posthume : *Officier d'une bravoure et d'un sang-froid à toute épreuve. S'est maintes fois dépensé jusqu'à l'extrême limite de ses forces pour remplir les missions qui lui étaient confiées, donnant à ses hommes l'exemple d'une énergie froide et résolue. Frappé mortellement à son poste de combat, le 7 octobre 1916. A été cité.*

[Né le 13 septembre 1886. Fils du Directeur du Comptoir national d'Escompte et de Mᵐᵉ née MAC DERMOTT. Marié à Mˡˡᵉ Gabrielle NORMAND, fille de l'Avocat à la Cour et de Mᵐᵉ née MOREAU, — dont une fille.]

LA BRUNETIÈRE (René DIMIER de), lieutenant au 12ᵉ Dragons, pilote-aviateur.

Tué le 19 mai 1916.

[Fils du Général (décédé en 1918) et de Mᵐᵉ DE LA BRUNETIÈRE.]

LA BRUNETIÈRE (Gaëtan DIMIER de), ✳, ✠ (3 palmes), lieutenant au 4ᵉ Hussards, pilote-aviateur à l'Escadrille N. 69.

Citation posthume : *Modèle de devoir, de courage et de sang-froid. Très grièvement blessé à deux reprises différentes, en combat aérien, a demandé, à peine remis, à rejoindre ses camarades de combat. Toujours aussi ardent à la lutte, faisait l'admiration de tous. Tombé glorieusement pour la France, en combat aérien, le 25 septembre 1917.*

[Frère du précédent.]

LA BRUNIÈRE (Maurice de), ✠, du 104ᵉ d'Infanterie.

Blessé grièvement, le 10 août 1915, mort de ses blessures.

LA BRUYÈRE (Henri de), maréchal des logis de Hussards.

Tué le 9 juillet 1916.

[Né en 1896. Fils du Lieutenant-Colonel et de Mᵐᵉ née D'AMBOIX DE LARBONT.]

LABUSQUETTE (Robert de), capitaine d'Artillerie.

Mort, en 1916, des suites d'une maladie contractée aux Armées.

[Marié à Mˡˡᵉ Geneviève de NOLIVOS.]

LA BUSSIÈRE (Pierre-Marie-François-*Bernard* PERRUCHOT de), architecte, *engagé volontaire* au 56ᵉ d'Infanterie.

Infirmier, parce qu'il était classé dans le service auxiliaire ; blessé grièvement au Bois d'Ailly, le 27 avril 1915, succomba le 29 à l'hôpital de Commercy, où il avait été transporté.

[Né le 19 janvier 1888. Fils de M. Jules DE LA BUSSIÈRE (décédé) et de Mᵐᵉ née Marthe DURAND.]

LAC (Henry du), 🎖, ✠ (2 palmes), propriétaire, adjudant pilote-aviateur.

Par suite d'une blessure à l'œil ne pouvant plus supporter l'éclat du soleil, et ne voulant cependant pas quitter l'aviation, il échangea son Spad contre un Caproni pour effectuer des bombardements de nuit ; c'est au cours de son entraînement qu'il trouva la mort, le 13 juin 1918, à Moissy-Cramoyel.

Citation : *Pilote énergique et plein d'allant, déjà cité pour avoir abattu un avion ennemi. Le 17 décembre 1916, se trouvant en présence de plusieurs avions ennemis, n'a pas hésité à les attaquer et a été grièvement blessé au cours de la lutte.*

[Né le 6 juillet 1886. Fils de M. Joseph DU LAC et de Mᵐᵉ née Marie-Thérèse DE LLOBET.]

LA CASINIÈRE (Marie-Victor-*Pierre* CHIRON de), ✠ (posthume), ✠ (palme), capitaine au 115ᵉ d'Infanterie.

Tué le 20 février 1915.

Citation : *A irrésistiblement entraîné sa troupe à l'assaut d'une position fortement défendue. Est tombé à sa tête en lui montrant le droit chemin. A été cité.*

[Marié à Mᵐᵉ DUMESNIL DE BEAUHAMEL.]

LACAZE (*Jean*-Baptiste-Ferdinand-Marie-Joseph BOTET de), ✠, ✠ (2 palmes, 2 étoiles), Saint-Cyrien, capitaine au 14ᵉ Dragons.

A pris une part glorieuse à de nombreux combats ; blessé à Gerbéviller, il coopéra aux affaires de Hondeghem, près Hazebrouck (3 octobre 1914) ; de Sailly-sur-la-Lys, de Roulers (18 octobre) ; de l'Yser, face à la Maison du Passeur ; de Zonnebeeke (2 novembre) ; etc... Tué, le 3 mai 1917, sur le parapet de la tranchée de Villers-Fanqueux, sous Brimont, au moment où il se dressait pour ordonner le feu.

Quatrième citation (posthume) : *Admirable type de soldat, possédant au plus haut degré toutes les belles qualités de l'officier français. Est tombé glorieusement, le 3 mai 1917, en repoussant, à la tête de son escadron, une attaque ennemie dirigée sur les tranchées de première ligne qu'il occupait. Trois citations antérieures.*

Le Général commandant la 46ᵉ Division a décidé, le 9 mai 1917, que la tranchée reliant le saillant de Villers-Franqueux à l'ouvrage de la Sucrerie porterait le nom de « Tranchée de Lacaze ».

[Né le 17 février 1887. Fils de M. Maxime DE LACAZE, capitaine de Cavalerie (décédé), et de Mᵐᵉ née Elisabeth DE MONTFORT.]

LACAZE (Martial-Henri-René de), 🎖 (posthume), ✠, soldat au 21ᵉ Colonial.

Citation : *Excellent soldat. Est tombé glorieusement au champ d'honneur en faisant vaillamment son devoir, le 24 septembre 1917, à Hurtebise (Aisne). A été cité.*

LACAZE (Charles-F.), ✠, ✠ (2 palmes), capitaine de frégate.

Englouti avec son bâtiment, le *Cassini*, le 28 février 1917.

Citation : *A montré de remarquables qualités de commandement, d'énergie et de sang-froid dans l'exécution des travaux, permettant à son bâtiment, touché par une torpille, de rallier en toute sécurité un port allié. Disparu avec son bâtiment, torpillé par un sous-marin ennemi, en accomplissant son devoir militaire.*

LA CELLE (Marie-Charles-*Aymard* de), ⚜ (posthume), ✠ (étoile), étudiant, canonnier au 176ᵉ d'Artillerie de tranchée.

Tué, le 21 mai 1918, aux Eparges, vers cinq heures du soir, en accomplissant l'ordre de tir, par éclats d'obus.

Citation : *Excellent canonnier-servant, plein d'ardeur, de dévouement et d'entrain, du plus bel exemple pour ses camarades. Tué glorieusement à son poste de combat.*

[Né le 15 février 1897. Fils du Vᵗᵉ DE LA CELLE et de la Vᵗᵉˢˢᵉ née M. GERVAIS DE LAFOND.]

LA CELLE (Mademoiselle Bérengère de), infirmière de la S.B.M.

Titulaire de la Médaille d'argent des Epidémies, a succombé, à l'hôpital de Beauvais, des suites d'une maladie contractée au chevet des blessés dans une ambulance du front.

LA CHAPELLE (Baron Bernard de), ✠ (posthume), ✠ (palme), lieutenant au 91ᵉ Chasseurs à pied.

Tué à Souchez, le 25 septembre 1915.

Citation : *Officier calme, zélé et courageux; tué à la tête de sa section, le 25 septembre 1915, à Souchez, en atteignant la 5ᵉ ligne ennemie. A été cité.*

[Né le 31 octobre 1883. Fils du Bᵒⁿ Lionel DE LA CHAPELLE et de la Bᵒⁿⁿᵉ née DE JOYBERT (décédée). Marié, en 1910, à Mˡˡᵉ Louise DE PENGUERN, fille du Lieutenant de vaisseau (décédé) et de Mᵐᵉ née Marguerite BARAZER DE LANNURIEN, décédée, — dont trois enfants.]

LA CHAPELLE (Charles-*Roger*, Baron Roger de), ✠ (posthume), ✠ (palme), capitaine au 15ᵉ Dragons, attaché à l'E.-M. de la 122ᵉ Brigade d'Infanterie.

Officier de Cavalerie démissionnaire, reprit du service à la mobilisation. Tué par un obus au cours d'une reconnaissance, près de Tracy-le-Mont (Oise), le 16 mars 1916.

Citation : *Ancien capitaine de cavalerie démissionnaire, animé du sentiment le plus élevé du devoir et du patriotisme; bien que dégagé de toute obligation militaire, a repris du service dès la mobilisation. N'a cessé de donner des preuves de sa bravoure, de son insouciance du danger et de son dévouement. Tué glorieusement, le 16 mars 1916, dans l'exécution d'une reconnaissance dangereuse. A été cité.*

[Né le 4 mai 1862. Fils du Bᵒⁿ Émile DE LA CHAPELLE et de la Bᵒⁿⁿᵉ née DE CHISEUIL. Marié à Mˡˡᵉ DE SAINT-LOUP, fille de M. Joseph DE SAINT-LOUP et de Mᵐᵉ née DE MISSERY, — dont trois enfants.]

LA CHAPELLE (Henri-Marie-*Roger* LAMY de), O✠, ✠, chef d'escadrons, commandant d'Etapes de la IIᵉ Armée.

Mort pour la France, à Bar-le-Duc, le 25 octobre 1916.

[Fils de M. et de Mᵐᵉ née DE HEURTAUMONT. Marié à Mˡˡᵉ LE RICHE DE CHEVEIGNÉ.]

LA CHAPELLE (Bernard LAMY de), aspirant au 3ᵉ Hussards.

Mort pour la France, le 14 décembre 1916.

[Né le 8 octobre 1894. Fils du Commandant et de Mᵐᵉ née DE LA BONNINIÈRE DE BEAUMONT.]

LA CHAPELLE (Charles-Louis-Jean de), ✵, ✵, sous-lieutenant au 61ᵉ Chasseurs à pied.
Tué, le 24 juillet 1918, à Boully (Marne).
[Né le 17 septembre 1894. Fils de M. et de Mᵐᵉ née DU BUISSON DE LA BOULAYE.]

LA CHAPELLE (Jean-Xavier-*Maurice* de), ✵, ✵, ✵ (Médaille Coloniale), *engagé volontaire*, capitaine au 7ᵉ Colonial.
Tué à Saint-Vincent (Belgique), le 22 août 1914.
[Né le 4 août 1875. Fils de M. et de Mᵐᵉ née DESSALLES. Marié à Mˡˡᵉ Mathilde GINESTOUS, — dont une fille.]

LA CHAPELLE (Jean-Xavier-*Camille* de), ✵ (posthume), ✵, attaché à la Compagnie Forestière Sangha-Oubangui (Congo), sergent de réserve au 220ᵉ d'Infanterie.

   Citation : *A toujours servi en brave et excellent soldat, donnant en toute circonstances la valeur de son dévouement. Mort glorieusement pour la France, le 10 août 1915.*
[Né le 27 septembre 1886. Frère du précédent.]

LA CHAPELLE DE CROISEL (Alexandre-Henri-*Robert* de), ✵ (posthume), ✵ (palme), capitaine au 161ᵉ d'Infanterie.

   Citation : *Caractère froidement résolu, calme au feu, énergique, donnant à tous les siens l'exemple du devoir. Commandait la compagnie depuis le début ; a été tué héroïquement, le 25 septembre 1915, en entraînant sa compagnie à l'assaut d'une position ennemie très fortement organisée avec des abatis et des réseaux de fils de fer. A été cité.*

LA CHARIE (*Jacques*-Marie-Louis-Gabriel BRUNET de), ✵ (posthume), ✵, caporal au 124ᵉ d'Infanterie.

   Citation : *Gradé très énergique. A été mortellement blessé, le 22 août 1914, à Virton (Belgique), en se portant, avec le plus grand mépris du danger, à l'assaut des positions ennemies sous un feu très meurtrier de mitrailleuses.*

LA CHASSAIGNE (Dieudonné de), ✵, ✵ (palme), *engagé volontaire.*
Tué à Saint-Mihiel, en 1915.

LACHASSE (*Georges*-Eugène), ✵ (posthume), ✵ (palme), agriculteur (lieutenant en congé), capitaine au 103ᵉ d'Infanterie.
Avait pris part à la bataille de la Marne, avec le IVᵉ Corps d'Armée. Tué, le 25 février 1915, à l'assaut de Perthes-les-Hurlus, en Champagne.

   Citation : *Blessé d'une balle à la cuisse et, voulant rassurer ses hommes, a crié, en ramassant un fusil : « Ce n'est rien. » A conservé le commandement de sa compagnie jusqu'à ce qu'il fût atteint d'une balle en pleine poitrine.*
[Né le 23 octobre 1872. Fils du Général LACHASSE, C ✵, et de Mᵐᵉ née GUYOT. Marié à Mˡˡᵉ LEJEUNE, fille de l'ancien Député et de Mᵐᵉ née AUGER, — dont trois enfants.]

LACHASSE (*Jean*-Antoine-Henri), ✵ (posthume), ✵ (étoile de bronze), publiciste, sergent-major au 254ᵉ d'Infanterie.

Avait fait campagne en Argonne dès le début de la guerre. Tué, le 20 décembre 1914, à Soupir, près Vailly (Aisne).

Citation : *N'étant pas de service dans la tranchée, s'y est porté au cours d'un violent bombardement, pour réconforter les hommes. A été tué par l'explosion d'un projectile dans la tranchée.*

[Né le 11 juillet 1889. Frère du précédent.]

LA CHAUME (Pierre-Henri-Jean CHANARD de), ✠ (posthume), ✠ (2 palmes, 2 étoiles), aspirant à l'Ecole de Saint-Maixent, capitaine au 121e d'Infanterie.

Tué, à la tête de sa compagnie qu'il entraînait à l'attaque, devant Saint-Quentin, le 13 avril 1917.

Quatrième citation (posthume) : *Est tombé mortellement atteint d'une balle, le 13 avril 1917, alors qu'il entraînait avec une bravoure magnifique sa compagnie à l'assaut. A été cité.*

[Né le 9 février 1891. Fils de M. et de Mme née Jane CLARKE DE DROMANTIN.]

LA CHAUSSÉE (Marie-*Pierre* MOUSSERON de), ✠ (posthume), ✠ (palme), capitaine au 284e d'Infanterie.

Blessé grièvement, le 19 février 1915, près de Beauséjour, mort des suites de ses blessures, à l'ambulance 6 du Ier Corps, le 27 février 1915.

Citation : *Officier vigoureux, plein d'entrain et de courage, d'une splendide attitude au feu et d'un moral au-dessus de tout éloge. Mortellement blessé au cours d'une tournée qu'il effectuait dans une tranchée démolie qu'occupait sa compagnie à proximité de l'ennemi.*

[Né le 23 août 1869. Fils du Colonel et de Mme née Berthe DE GÉMASSE. Marié à Mlle Gabrielle-Marie MARIANI, fille de M. et de Mme née LUZU, — dont un enfant.]

LA CHAUSSÉE (François-Auguste-Marcel de), ⚜ (posthume), ✠ (étoile), premier canonnier-servant au 58e d'Artillerie.

Citation : *Canonnier courageux et plein d'entrain, ayant donné de nombreuses preuves de sa bravoure et de son sang-froid. Mort bravement pour la France, à la ferme de Cuissy, près Soissons.*

LA CHENELIÈRE (Marie-Aimé-Achille-*Gaston* ERNOUL de), ✠ ✠ (2 palmes), chef de bataillon au 130e d'Infanterie.

Blessé, le 4 novembre 1914, devant Andechy, mort le 22 suivant à l'hôpital de Montdidier.

[Né le 28 avril 1869. Fils de M. et de Mme née DUBARD. Marié à Mlle Françoise DU GROS DE BOISSÉGUIN, fille de M. et de Mme née DE L'ESTOURBEILLON, — dont cinq enfants.]

LA CHESNAYE (Raoul-Émile-Marie GLEYO de), ⚜ (posthume), ✠, sergent-fourrier au 25e d'Infanterie.

Citation : *Sur le front depuis le début. Sous-officier ayant un très haut sentiment du devoir. Tombé glorieusement, le 1er juin 1915, en maintenant sa section à son poste sous un violent bombardement, montrant à ses hommes l'exemple de l'énergie et du sang-froid. A été cité.*

LA CHEVASNERIE (Jean LIBAULT de), ✠ (posthume), ✠ (palme), capitaine au long cours, *engagé volontaire*, lieutenant au 258e d'Infanterie.

Tué, le 20 mars 1916, au bois de Malancourt.

Citation : *Engagé volontaire pour la durée de la guerre dès le début de la campagne, succomba à une grave blessure (bras arraché) reçue à un poste d'observation, le 20 mars 1916, à Malancourt. N'a cessé de donner, comme soldat, puis comme officier, les preuves du plus brillant courage, de sang-froid et d'énergie.*

LACK (*Maurice*-Robert), 🎖 (posthume), ✠ (étoile), caporal au 132e d'Infanterie.

Tombé au champ d'honneur, le 22 août 1914, à Beuveille (Meurthe-et-Moselle).

Citation : *Caporal courageux et dévoué. Tombé glorieusement pour la France, le 22 août 1914, à Doncourt, dans l'accomplissement de son devoir.*

[Né le 12 avril 1891. Fils de M. Théodore LACK, compositeur de musique, et de Mme née TISSIER.]

LACLERGERIE (..... de LAPRIMANDAIS de), ✠, capitaine d'Infanterie Coloniale.

Mort de ses blessures, le 9 juillet 1917.

LACOMBE DE LA TOUR (*Jean*-Charles-Gabriel, Baron), O ✳, commandant breveté d'Etat-Major.

Mort, le 27 mars 1918, à Marseille, des suites d'une maladie contractée au service des Armées.

[Né le 8 octobre 1861. Fils du Cte et de la Ctesse née DE DRAYFUS. Marié à Mlle LOGEROTTE, fille de M. et de Mme née DE WERBROUCK (décédés), — dont un enfant.]

LA COMBE DE MOLINES (..... BLANC de), ✳ (posthume), ✠, *engagé volontaire*, sous-lieutenant au 48e d'Infanterie.

Citation : *Engagé volontaire pour la durée de la guerre, malgré une santé délicate qui le dispensait du rude service de l'infanterie. Glorieusement tombé au champ d'honneur, en entraînant sa section à l'attaque, le 28 août 1916, devant Verdun. A été cité.*

LACOME D'ESTALENX (Joseph-Jules), ✳ (posthume), ✠ (palme), capitaine au 230e d'Infanterie.

Citation : *Vaillant officier, dont la bravoure lui avait déjà valu une citation à l'Ordre. Mort glorieusement pour la France, le 14 juillet 1917.*

LA CONDAMINE (Jean de LADREIT de), chasseur au 12e Bataillon d'Alpins.

Mort à l'hôpital de Nyons, le 18 avril 1915, à 22 ans.

LA CORNILLÈRE (Charles-*Henry*, Marquis de), ✳ (posthume), ✠, lieutenant de réserve au 276e d'Infanterie.

Tué, le 5 septembre 1914, aux combats de la Somme, à Villeroy, alors que, debout sous la mitraille, il réglait le tir de ses hommes; inhumé dans la grande tombe de Neufmoutiers, près de Meaux.

Citation : *Officier plein d'allant et d'entrain, a fait preuve, le 5 septembre 1914, d'un magnifique sang-froid sous un feu intense d'infanterie et de mitrailleuses, et a entraîné son peloton d'une façon superbe à l'attaque de la ligne ennemie. A été tué. A été cité.*

[Né le 22 avril 1880. Fils du Colonel Cte DE LA CORNILLÈRE, O ✳ (décédé), et de la Ctesse née Angèle ALBERTI.]

LA COSTE DE LAVAL (Mademoiselle de), infirmière à l'hôpital de Saintes.

Décédée, le 15 mars 1916, des suites d'une affection pulmonaire infectieuse contractée dans son service.

LACOUR, née Madeleine de MICHEAUX (Madame Pierre), infirmière volontaire à l'hôpital militaire n° 9, à Lyon.

Décédée, le 23 juillet 1915, à l'âge de 51 ans, dans l'exercice de ses dévouées fonctions.

LACQUEMENT DE LA PULMETZ DE LANDAS (Auguste).

Tué le 4 septembre 1916.

LACRETELLE (Étienne), ⚜ (posthume), ✠, maréchal des logis au 15ᵉ Chasseurs à cheval.

Tué aux combats de la Meuse, en faisant la liaison, le 20 septembre 1914.

Citation : Brave sous-officier ayant toujours bien fait son devoir. Maréchal des logis éclaireur, est tombé mortellement frappé, le 20 septembre 1914, en assurant bravement la liaison du régiment avec la brigade, dans un terrain parcouru par une patrouille ennemie.

LACROISADE (Jacques-Louis), sous-lieutenant au 53ᵉ Chasseurs alpins.

Disparu, le 13 juin 1918, à Dickebusch (Belgique).

[Né le 18 octobre 1893. Fils du Général et de Mᵐᵉ née CASTÉNEAU.]

LACROISADE (Joseph-Auguste), ✠ (posthume), ✠ (palme), sous-lieutenant au 234ᵉ d'Infanterie.

Tué à l'ennemi, le 14 juillet 1917, près de Cerny-en-Laonnois.

Citation : Officier mitrailleur d'un courage et d'une énergie exemplaires. A maintenu ses pièces en batterie à découvert sous un bombardement d'une extrême violence, et en déclanchant le feu au moment opportun ; a contribué à arrêter une attaque ennemie. A été tué à son poste de combat, donnant à tous un bel exemple d'esprit de sacrifice.

[Né le 9 mars 1896. Frère du précédent.]

LA CROIX DE SAINT-CYPRIEN (Marie-Joseph-Édouard-*Jehan* de), ✠, ✠ (palme), capitaine au 114ᵉ d'Infanterie.

Blessé grièvement à Zonnebeeke (Belgique), le 2 novembre 1914, mort le lendemain à l'ambulance d'Ypres ; inhumé au cimetière d'Ypres.

Citation (Légion d'honneur) : D'une grande bravoure, de beaucoup d'énergie et de vigueur, a fait preuve, dans tous les combats de la campagne, des plus belles qualités militaires. Grièvement blessé d'une balle dans l'aine, en se portant à courte distance à un poste d'observation dangereux, afin de fournir à l'artillerie des indications sur les points à battre ; est mort le lendemain à l'hôpital d'Ypres, le 5 novembre 1914.

[Né à Angoulême le 16 juin 1876. Fils de M. Marc DE LA CROIX DE SAINT-CYPRIEN et de Mᵐᵉ née Marguerite DE LA SAUZAYE (décédée). Marié à Mˡˡᵉ Antoinette DE COSSÉ-BRISSAC, fille du Cᵗᵉ et de la Cᵗᵉˢˢᵉ née Charlotte DE BIENCOURT, — dont deux enfants : Marguerite et François.]

LA CROIX DE SAINT-CYPRIEN (Marie-Joseph-*Henri* de), ✠ ✠ (1 palme, 2 étoiles), capitaine adjudant-major au 4e Zouaves.

Grièvement blessé, près Fleury (Meuse), le 8 août 1916, mort le 16 suivant à l'ambulance 9, et inhumé au cimetière de Landrecourt.

> Citation (Légion d'honneur) : *Officier énergique et bravé, remarquable par son sang-froid et son mépris du danger. — Déjà deux fois blessé, deux fois cité à l'Ordre. — A été de nouveau très grièvement blessé, le 8 août 1916, au cours d'une reconnaissance périlleuse.*

[Né en 1876. Frère du précédent.]

LA CROIX DE SAINT-CYPRIEN (François-Marie-*Xavier* de), ✠ (posthume), ✠ (palme), propriétaire-agronome, sous-lieutenant au 138e d'Infanterie.

Tué à l'ennemi, le 3 octobre 1915; inhumé au cimetière militaire d'Anzin-Saint-Aubin, près Arras.

> Citation : *Officier remarquable par son entrain et sa bravoure; a fait brillamment toute la campagne, a pris une part active aux attaques des 25 et 26 septembre 1915, en dirigeant avec calme des tirs précis de mitrailleuses sur les tranchées et les communications d'où l'ennemi effectuait des feux violents sur nos troupes. Tué à son poste, le 3 octobre 1915.*

[Né à Angoulême le 9 avril 1884. Frère des précédents.]

LA CROIX DE VAUBOIS (Comte Hervé LE POITTEVIN de), ✠ (posthume), ✠ (palme et étoile), étudiant de Saint-Cyr, sous-lieutenant au 19e Chasseurs à pied.

Voyant le feu pour la première fois, le 22 janvier 1915, au bois de la Gruerie, s'est de suite fait remarquer par de belles qualités de tenue et de sang-froid, maintenant sa section, malgré des pertes énormes, dans une tranchée bouleversée par des projectiles ennemis et y recevant sans faiblir une attaque de l'infanterie.

> Citation : *Jeune officier admissible à Saint-Cyr. Ame d'élite, caractère noble, splendide soldat. Dès son arrivée au bataillon, en janvier 1915, se signale dans toutes les affaires auxquelles il prend part; est cité à l'Ordre et, malgré sa jeunesse, parvient de suite à s'imposer à ses chasseurs. Le 27 septembre 1915, au cours d'une attaque générale, entraîne sa section avec un brio extraordinaire, franchit les fils de fer et va tomber héroïquement à la tête de ses hommes en abordant les lignes ennemies; a poussé si loin en avant de notre ligne de fin de combat que son corps ne put être retiré que deux mois plus tard, à la faveur d'une nuit obscure. A été cité.*

[Né le 17 décembre 1895. Fils du Cte, chef d'escadrons au 10e Dragons, et de la Ctesse née Marguerite CASTAN.]

LA CROMPE DE LA BOISSIÈRE (Jacques-Marie-Joseph-Gaston-*Jean* de), sergent au 6e d'Infanterie.

Tué d'une balle au front dans les tranchées de Vendresse-Troyon (Aisne), le 27 octobre 1914.

[Né le 14 novembre 1891. Fils de M. Gaston DE LA CROMPE DE LA BOISSIÈRE, et de Mme née PASTOUR DE NEUFVILLE.]

LA CROMPE DE LA BOISSIÈRE (Ferdinand-Marie-Raymond de), ✠ (posthume), ✠, capitaine au 71e d'Infanterie.

Tué à Saint-Nicolas (Pas-de-Calais), le 16 juin 1915.

Citation : *A enlevé sa compagnie à l'assaut d'une tranchée allemande avec un courage et une énergie admirables, s'en est emparé et est tombé mortellement frappé. Déjà cité à l'Ordre de l'Armée pour les combats des 3 et 5 octobre 1914.*

[Né le 21 mars 1874. Fils de M. et de Mme née DU CHEYRON DU PAVILLON. Marié à Mlle Cécile ROGIE.]

LA CROUÉE (Michel-Charles-*Gérard* THIÉBAULD de), ✳ (posthume), ✠ (1 palme, 1 étoile d'or), agent général d'Assurances, capitaine au 36e d'Infanterie.

Parti comme caporal de réserve, arriva jusqu'aux galons de capitaine. A été tué, le 20 mai 1918, à six heures un quart du matin, près du Mont Kemmel ; mutilé par des éclats d'obus, il n'a survécu que peu d'instants après ses blessures et repose dans le cimetière de Remy, près Poperinghe.

Citation : *Commandant de compagnie d'une bravoure exceptionnelle et possédant une autorité morale remarquable sur ses hommes. A été mortellement blessé à la tête de sa compagnie, en la conduisant, sous un feu violent, aux emplacements qui lui avaient été assignés. A été cité.*

[Né le 17 août 1886. Fils de M. Charles de LA CROUÉE et de Mme née DE LANGLE. Marié à Mlle LE TOURNEUR-DUBREUIL, fille de M. et de Mme née DE MALHERBE.]

LACROZE (Abbé DUMONTET de), ✠, ancien directeur du Séminaire de Bourges, aumônier du 322e d'Infanterie.
Tué le 23 avril 1916.

LADAN-BOCKAIRY (Pierre), ✠, maréchal des logis pilote-aviateur.
Mort en service commandé, en 1917.

LADAN-BOCKAIRY (Maurice-Georges), ⬤ (posthume), ✠, soldat au 91e d'Infanterie.

Citation : *Très bon soldat, courageux et discipliné, très belle attitude au feu. Tué à son poste de combat, le 12 août 1914, au cours d'une attaque, à Mangiennes.*

LA DÉBUTERIE (Marie-Louis-Antoine-Yvon de), ✳ (posthume), ✠ (palme), sous-lieutenant au 2e Zouaves, pilote-aviateur à l'Escadrille 163.

Citation : *Officier superbe d'allant et d'entrain. Pilote de chasse hors ligne. Remarquable chef de patrouille, s'étant imposé à tous par sa science du combat et son mépris du danger. Vainqueur officiel de quatre avions ennemis. N'est pas rentré de mission à la suite d'un combat qu'il a livré à la tête de sa patrouille et au cours duquel un avion ennemi a été abattu.*

LA DEVÈZE (Charles-Henri-Théodore DEVÈZE de), ✳ (posthume), ✠ (palme), lieutenant au 16e escadron du Train, pilote-aviateur à l'Escadrille B.R. 282.

Citation : *Le 30 octobre 1918, a montré dans une reconnaissance son opiniâtreté et son allant. Ayant une mission à remplir, arrêté par une patrouille très supérieure en nombre, a tenté sept fois de suite d'accomplir sa tâche ; a trouvé une mort glorieuse, son avion s'étant abattu en flammes.*

LADONCHAMPS (*Pierre - Marie - René* LEFEBVRE de), ✠ (posthume), ✠, Saint-Cyrien, lieutenant au 4ᵉ Tirailleurs Indigènes.

Avait fait la campagne du Maroc Occidental, du 24 août 1913 au 12 septembre 1914; venu aussitôt après en France, il tombait glorieusement à Lassigny, le 21 septembre 1914.

> Citation : *Tué glorieusement, le 21 septembre 1914, à la tête de sa section de mitrailleuses, au moment où, avec un superbe mépris du danger, il observait, à la jumelle, la partie des lignes allemandes sur laquelle il voulait ouvrir le feu. A été cité.*

[Né le 9 décembre 1886. Fils de M. Henry DE LADONCHAMPS et de Mᵐᵉ née DE LA COTTIÈRE.]

LADONNE (E.-Arthur-Antoine), ✠, lieutenant de vaisseau à bord de la *Surprise*.

Englouti avec son bâtiment, le 3 décembre 1916.

LA DURE (Louis AUJAY de), ✠, ✠ (palme), lieutenant au 107ᵉ d'Infanterie.

Tombé, le 28 août 1914, à Beaumont (Ardennes), mort le lendemain de ses blessures.

> Citation (Légion d'honneur) : *A reçu une balle dans les reins en entraînant sa section au feu; état très grave.*

LAEDERICH (Charles-Roger), ✠, secrétaire d'Ambassade, lieutenant d'Artillerie de réserve.

Mort à Zillebeeke, près Ypres, le 30 novembre 1914. Tué avec son capitaine, par un éclat d'obus, dans un observatoire.

D'origine alsacienne, n'a jamais voulu, malgré son âge, renoncer à son grade dans l'armée. A fait la campagne, pendant quatre mois, avec l'entrain d'un jeune homme.

[Né le 3 juin 1860. Fils de M. Charles LAEDERICH et de Mᵐᵉ née KUNZER.]

LAËNNEC (Jean), ✠, sous-lieutenant au 20ᵉ Chasseurs à pied.

Tué le 9 octobre 1914.

LA FAY (Robert CROZET de), ✠ (posthume), ✠ (palme), Saint-Cyrien de la promotion de la Moskowa, sous-lieutenant au 10ᵉ Chasseurs à pied.

Tué à l'ennemi, le 25 août 1914, au combat de Sainte-Barbe, près Rambervilliers (Vosges).

> Citation : *Le 25 août, a ramené trois fois sa section au feu, et a été tué au moment où il allait donner l'assaut. A été cité.*

[Né le 9 mars 1890. Fils de M. et de Mᵐᵉ née DECROSO.]

LA FAY (Guy CROZET de), ✠ (posthume), ✠ (2 palmes, 1 étoile), Saint-Cyrien de la promotion de la Croix du Drapeau, capitaine au 140ᵉ d'Infanterie.

Tué à l'ennemi, le 18 mars 1916, devant Douaumont.

> Citation : *Jeune officier, ardent, plein de cœur et de courage. A été tué d'une balle dans la tête, au combat du 18 mars, en suivant des yeux, par-dessus le parapet de la première ligne, la progression de l'attaque allemande, et en indiquant à ses hommes les différents objectifs à atteindre. A été cité.*

[Né le 16 juillet 1893. Frère du précédent.]

LAFAYE DE MICHEAUX (Elavic-Marie-Jean), ✠ (posthume), ▓, sous-lieutenant au 18ᵉ Chasseurs à cheval.

> Citation : *Le 2 juin 1918, s'est bravement porté en avant de ses hommes, dans un endroit particulièrement battu, pour reconnaître les forces ennemies et les contre-attaquer. Est tombé mortellement atteint. A été cité.*

LAFAYE DU BOURGOIN (François-Léonard-Marie-Joseph-*Camille* de), ⚜ (posthume), ✠ (étoiles de bronze), propriétaire, maréchal des logis au 109ᵉ d'Artillerie lourde.

Tué, dans la nuit du 21 au 22 septembre 1917, à Dolegna (zone de guerre Italienne), par une explosion de moteur, au moment où il essayait de sauver sa batterie en feu.

> Citation : *Sous-officier d'élite, réunissant les qualités les plus hautes. Méprisant le danger, n'a jamais cessé de donner le plus bel exemple de courage et de dévouement. Déjà cité au cours de la campagne ; glorieusement tué dans la nuit du 21 au 22 septembre 1917, par une explosion, au moment où il essayait de sauver les chevaux de sa batterie en feu. A été cité.*

[Né à Brossac le 7 novembre 1885. Fils de M. Georges DE LAFAYE DU BOURGOIN, O ✠, et de Mᵐᵉ née Jeanne LATAPIE. Marié à Mˡˡᵉ DE SÉVERAC, fille du Bᵒⁿ et de la Bᵒⁿⁿᵉ née DELBREIL, — dont un fils posthume.]

LA FAYETTE (Marie-*Gilbert* de POURCET DE SAHUNE DU-MOTTIER de), ⚜ (posthume), ✠ (palme), maréchal des logis éclaireur au 31ᵉ d'Artillerie.

Tué en Champagne, le 12 juin 1918.

> Citation : *Sous-officier d'une très haute valeur morale et d'un rare courage. S'est distingué à de nombreuses reprises comme éclaireur par les renseignements clairs et précis envoyés de première ligne, malgré les plus violents bombardements ennemis. Dans une affaire récente, alors que sa batterie était soumise à un violent bombardement et que ses fonctions d'éclaireur ne l'obligeaient pas à rester à la position, a refusé de la quitter pour aller se mettre à l'abri, ne voulant pas abandonner ses camarades. A été blessé mortellement quelques instants après. Déjà cité.*

[Né en 1895. Fils du Mⁱˢ et de la Mⁱˢᵉ née LIOUVILLE.]

LA FAYOLLE DE MARS (Henri de)........................

[Fils de M. et de Mᵐᵉ née VACHON DE LESTRA, décédés.]

LA FERRIÈRE (Vicomte Henri ARTHAUD de), ✠, sergent au 317ᵉ d'Infanterie.

Tué à Tracy-le-Mont (Oise), le 13 septembre 1914.

[Fils du Vᵗᵉ et de la Vᵗᵉˢˢᵉ née Marguerite JUNOT D'ABRANTÈS, décédée en 1919.]

LA FERRIÈRE (Vicomte Jean ARTHAUD de), ✠ (posthume), ▓ (6 citations), lieutenant au 151ᵉ d'Infanterie.

> Citation : *Officier de la plus haute valeur. A pris une part extrêmement brillante à toutes les actions de son régiment pendant quarante mois. Le 10 juin 1918, quoique affaibli par une brûlante fièvre, tint à mener au combat sa compagnie qui l'adorait, et, dans ces circonstances tragiques, sut inspirer à tous un sacrifice héroïque. Trouva une mort glorieuse en entraînant sa compagnie à une contre-attaque. Deux blessures. Cinq citations antérieures.*

[Frère du précédent.]

LA FERRIÈRE (Adolphe-*Georges* GAULTIER de), ✳ (posthume), ✳ (2 palmes, 2 étoiles), chef de bataillon au 95e d'Infanterie.
Blessé, le 20 août 1914, au combat de Sarrebourg, sans interrompre son service, fut tué le 5 mars 1915. Inhumé le 7 au cimetière de Boncourt, où son Général retraça, en termes émus, ses vertus militaires.

Citation : *Officier d'une grande valeur morale, adoré de tout son bataillon, qui, depuis le début de la guerre, s'est dépensé sans compter ; une blessure, trois citations, dont l'une à l'Ordre du corps d'Armée. A été tué, le 5 mars, pendant qu'il exécutait une reconnaissance des plus périlleuses qu'il avait tenu à faire lui-même. A été cité.*

[Né le 30 septembre 1871. Fils de l'ancien Député (décédé) et de Mme née Aline Yvon. Marié à Mlle Marie de Fontenay, fille du Vte, ancien Consul général, et de la Vtesse née de Fontenay, — dont cinq enfants.]

LA FERRIÈRE (Marie-Lucien-Jacques GAULTIER de), ✳ (posthume), ✳, sous-lieutenant au 95e d'Infanterie.
Tué à l'ennemi, le 25 octobre 1918.

Citation : *Jeune officier d'un entrain et d'un courage admirables. Le 25 octobre 1918, a participé à l'enlèvement d'une forte position ennemie, sous un violent bombardement et malgré des réseaux de fils de fer presque intacts. A capturé un groupe d'une trentaine d'Allemands et pris une mitrailleuse. A été mortellement blessé au moment où, sous un barrage d'artillerie et de mitrailleuses, il allait faire atteindre à sa section l'objectif assigné. Deux citations antérieures.*

[Né en 1899. Fils du précédent.]

LA FERTÉ-SÉNECTÈRE (Comte Jacques THIBAULT DE LA CARTE de), ✳ (posthume), ✳ (palme), lieutenant au 232e d'Infanterie.

Citation : *Sur le front depuis le début de la campagne, et passé sur sa demande de la cavalerie dans l'infanterie. N'a cessé de donner les plus admirables exemples de courage et d'énergie à ses hommes. Blessé mortellement, le 4 juillet 1917, lors d'un violent bombardement, au moment où il venait de s'assurer que chacun était à sa place dans la tranchée de première ligne. A été cité.*

[Marié à Mlle Saillenfest de Sourdeval.]

LAFFARGUE (François), ✳, ✳ (palme), colonel du 130e d'Infanterie.

Citation : *Commandait, à la déclaration de guerre, le 150e régiment d'infanterie depuis un an. A fait preuve, le 10 août 1914, de la plus grande bravoure. Le 22 août 1914, avec la même bravoure et la même ardeur communicative, a entraîné son régiment, très éprouvé précédemment, à l'attaque des positions ennemies. A été tué à proximité des tranchées allemandes ; admiré et pleuré par tout son régiment.*

[Marié à Mlle Clicquot de Mentque.]

LAFFARGUE (Bernard), ✳ (posthume), ✳ (palme), Saint-Cyrien de la promotion de la Croix du Drapeau, sous-lieutenant au 124e d'Infanterie.
Citation : *Jeune officier d'une très grande bravoure ; a été mortelle-*

*ment blessé en entraînant ses hommes à l'assaut d'une tranchée
ennemie, le 25 août 1914.*

[Fils du précédent.]

LAFFON (*Gustave-Émile-André*), ✠, ⚓, ✠ (4 palmes), étudiant,
engagé volontaire, sous-lieutenant pilote-aviateur à l'Escadrille
N. 31.

Mort en service commandé, à Vadelaincourt (Meuse), le 2 décembre 1916.

> Citation principale : *Excellent pilote, aussi brave que dévoué. A
> abattu plusieurs avions ennemis. Blessé le 4 septembre 1915, au
> cours d'une reconnaissance, a été atteint, le 2 décembre 1916, d'une
> nouvelle blessure très grave en exécutant une mission de chasse.
> Déjà médaillé militaire et trois fois cité à l'Ordre.*

[Né le 4 octobre 1895. Fils de M. Gustave LAFFON, ✠ (décédé), et de M⁰ᵉ née
MERCADÉ.]

LAFFOREST (*Jean*-Marie POUMEAU de), ✠, ✠ (palmes et étoile),
capitaine au 2ᵉ Chasseurs à cheval.

Tué le 31 mai 1918.

> Citation : *A fait preuve de belles et solides qualités militaires.
> Chargé d'assurer, en première ligne, la liaison entre deux batail-
> lons d'infanterie, a porté son détachement en avant avec beaucoup
> de hardiesse et d'à-propos. A été blessé mortellement au moment
> où, ayant envoyé des patrouilles, il organisait la défense d'une
> ferme.*

LA FILOLIE (Louis de), ⚓ (posthume), ✠, canonnier-conducteur au
13ᵉ d'Artillerie.

> Citation : *Du 16 au 27 septembre 1916, sous des bombardements
> violents par obus de gros calibre, a montré, comme conducteur
> d'un caisson de ravitaillement, beaucoup de courage et de sang-
> froid. A été tué.*

LAFON (Jean), soldat réserviste.

Tué à Vauquois, le 17 avril 1915.

[Marié à Mˡˡᵉ PRÉVÔT-LEYGONIE.]

LAFOND (Comte Robert), ✠, maréchal des logis au 13ᵉ Dragons.

Tué en Champagne, le 27 octobre 1915.

> Citation : *Le 27 octobre 1915, étant de quart lors d'une attaque
> allemande précédée de gaz asphyxiants, s'est fait remarquer par
> son attitude énergique, ne songeant qu'à prévenir les cavaliers et
> à les encourager. Est resté à son poste de combat, en donnant
> l'exemple du calme et du sang-froid jusqu'à ce qu'il tombe mor-
> tellement intoxiqué.*

[Fils du Cᵗᵉ et de la Cᵗᵉˢˢᵉ née Claire DE VALLOMBROSA.]

LAFONT (Jean), ✠, maréchal des logis au 5ᵉ Chasseurs d'Afrique.

Tombé au champ d'honneur, à Aflak (Turquie), en juin 1920.

[Fils du Cᵗᵉ et de la Cᵗᵉˢˢᵉ née BUDAN DE RUSSÉ, décédée.]

LAFONT (*Jean*-Marie-Augustin-Charles), ✠ (posthume), ✠ (1 palme,
2 étoiles), notaire, capitaine au 344ᵉ d'Infanterie.

Mort, le 8 août 1917, au lazaret de Pierrepont (Aisne), des suites de ses blessures reçues, le 31 juillet 1917, à Coucy (Chemin-des-Dames).

Troisième citation (posthume) : Officier d'une bravoure et d'une ardeur magnifiques. Le 31 juillet 1917, pendant une attaque allemande, se trouvant assailli par un fort détachement à l'entrée de son P. C., lui a tenu tête, seul, lui infligeant de lourdes pertes dans un combat à la grenade, jusqu'au moment où il fut glorieusement blessé. Mort pour la France quelques jours après.

[Né le 4 mai 1883. Fils de M. et de Mme née DREVET (décédés). Marié à Mlle CASTILLON DU PERRON, fille de M. et de Mme née BEYLARD, — dont un enfant.]

LAFONT (. . . . .), ✳, ✠ (palmes), Saint-Cyrien de la promotion de la Grande-Revanche, capitaine aviateur.

Tombé glorieusement, après avoir abattu 4 avions, à l'âge de 22 ans.

Citation : Pilote de tout premier ordre, d'un entrain et d'une audace que rien ne pouvait modérer, donnant à tous le plus bel exemple de devoir et de l'esprit de sacrifice.

LA FONTAINE (Louis-Joseph-*Emmanuel* de), ⚜ (posthume), ✠, vicaire à Bourg-de-Thizy (Rhône), soldat au 140ᵉ d'Infanterie.

Tué, le 29 août 1914, à Saint-Michel-sur-Meurthe (Vosges), à 26 ans.

LAFONTAN DE GOTH (Marie-Joseph-Louis-Gérard de), ✳ (posthume), ✠ (palme), sous-lieutenant au 20ᵉ d'Infanterie.

Citation : Officier d'un grand courage, ayant un haut sentiment du devoir. Volontaire pour les missions périlleuses, s'est signalé par sa brillante conduite dans tous les combats auxquels il a pris part. Mortellement blessé, le 31 mars 1918, à Haudiomont, au cours d'un coup de main. A été cité.

[Né en 1894. Fils de M. et de Mme née DE BASTOUÎLH.]

LAFORCADE (Marie-Bruno-*Jacques* de), ⚜ (posthume), ✠, adjudant de réserve au 167ᵉ d'Infanterie.

Citation : Brave sous-officier. A repris un élément de tranchée bouleversée par l'explosion d'un fourneau de mine, et s'y est maintenu sous un feu violent. Très gravement blessé au cours de l'action. Mort des suites de ses blessures, le 21 mars 1915. A été cité.

[Fils de M. et de Mme née BARRAULT DE SAINT-ANDRÉ. Marié, en 1914, à Mlle Geneviève MICHEL D'ANNOVILLE, fille de M. et de Mme née GUILLE-DESBUTTES, — dont un enfant.]

LAFORCADE (Paul-Gabriel de), ✳ (posthume), ✠, lieutenant au 142ᵉ territorial d'Infanterie.

Citation : Vaillant officier, d'une grande bravoure et d'un beau dévouement. Mort au champ d'honneur, le 23 octobre 1914.

[Marié à Mlle Eulalie CARRIÈRE.]

LA FOREST-DIVONNE (*Robert*-René-Marie-Joseph-Hippolyte, Comte Robert de), ✳ (posthume), ✠ (palme), lieutenant au 62ᵉ d'Infanterie.

Grièvement blessé au combat de Maissin (Belgique), le 22 août 1914, et mort de ses blessures, le 26 août, sur le champ de bataille, sans avoir pu être relevé.

Citation : *Soldat sans peur, brave jusqu'à la témérité ;-est tombé, la cuisse fracassée, en entraînant sa section avec un remarquable courage, sous un feu de mitrailleuses très violent. N'a pu être re-levé. A succombé, après un martyre de 30 heures de douleurs et d'angoisses. A été cité.*

[Né le 19 mars 1875. Fils du Cte Henri (décédé) et de la Ctesse née Jeanne LE ROUX DE PUISIEUX. Marié, en 1904, à Mlle Anne DE MAINVILLE, fille du Cte et de la Ctesse née DE BEAUPRÉAU.]

LA FOREST-DIVONNE (*Gilbert*-Marie-Léon-Sylvain, Comte Gilbert de), ✠ (posthume), ✠, capitaine au 176e d'Infanterie.

Blessé en Lorraine, en 1914, fut tué aux Dardanelles, à Seddul-Bahr, le 21 juin 1915, en entraînant ses hommes à l'assaut des tranchées turques.

Citation : *Ayant franchi la première tranchée turque à l'assaut du 21 juin, à la tête de sa compagnie, a été blessé mortellement en arrivant à la deuxième tranchée. A été cité.*

[Né le 10 mars 1879. Frère du précédent. Marié, en 1908, à Mlle Marguerite MAU-RICE, fille de l'ancien Député et de Mme née LEMERRE, — dont six enfants.]

LA FOREST-DIVONNE (Comte Henri de), soldat au 170e d'Infanterie.

Blessé à la Marne, le 20 mars 1915, mort le 23 suivant des suites de ses blessures.

[Né le 9 mars 1893. Fils du Cte Raoul (décédé) et de la Ctesse née Jeanne DE RIVOIRE.]

LA FOREST-DIVONNE (*Léon*-Pierre-Marie, Comte Léon de), ⚬ (posthume), ✠ (étoile d'argent), soldat au 121e bataillon de marche de Chasseurs à pied.

Trouva une mort glorieuse à l'attaque du Lingekopf, le 4 août 1915.

Citation : *Le 28 juillet 1915, ayant été enseveli par un obus de gros calibre, a réussi à se dégager, et, bien que sérieusement con-tusionné, au lieu d'aller se faire panser au poste de secours, a continué à faire bravement le coup de feu. Est tombé glorieusement à son poste de combat. A été cité.*

[Né le 29 août 1894. Fils du Cte Paul DE LA FOREST-DIVONNE (décédé) et de la Ctesse née Jeanne ROMÉE DE GUISEUIL.]

LA FOURNIÈRE (Jean-Charles-Guillaume de), ✠ (posthume), ✠, consul de France, sous-lieutenant au 49e Chasseurs à pied.

Citation : *Officier du plus grand courage. Blessé une première fois, le 27 août 1914, a refusé de se faire évacuer. Est tombé glo-rieusement à la tête de ses chasseurs, le 31 août 1914, à Le Préféré.*

LA FOYE (*Henry*-Frédéric-Marie-Eugène de), ✠, ✠, capitaine au 9e Zouaves.

Tué, le 16 avril 1917, à Vendresse (Aisne).

[Fils du Général, C ✠ (décédé), et de sa première femme née Alix DE KERAUTEM, décédée.]

LA FOYE (*Eugène*-Henry-Marie de), ✠, ✠ (palme), capitaine au 131e d'Infanterie.

Ancien officier de Cavalerie, passé, sur sa demande, le 2 avril 1915, dans l'Infanterie. Blessé le 5 septembre 1915, décédé des suites de ses blessures, le 11 suivant, à l'ambulance des Islettes (Meuse).

Citation : *Officier plein d'entrain, donnant, depuis le début de la campagne, le plus bel exemple de bravoure et de dévouement. Ayant su prendre en peu de temps un grand ascendant sur sa troupe qu'il commandait avec énergie, vient d'être grièvement blessé en faisant, dans un petit poste, une observation sur les lignes ennemies.*

[Né le 2 juillet 1883. Fils du Général, C ✲ (décédé), et de Mme née DE LA MONNE-RAYE. Marié à Mlle Germaine DE PUÎTESSON, fille de M. et de Mme née DE LA GRANDIÈRE (décédés), — dont deux enfants.]

LAFREGEYRE (Charles-François de ROBERT de), ⊛ (posthume), ✠, caporal au 14ᵉ d'Infanterie.

Citation : *A fait preuve du plus grand courage et du plus grand dévouement en restant à son poste de combat, malgré un tir d'artillerie des plus violents, et est ainsi glorieusement tombé, le 15 mai 1915, devant Souchez. A été cité.*

LA GARANDERIE (*Roland*-Léopold-Stanislas, Vicomte Roland PAYEN de), ✠ (posthume), ✠ (étoile de vermeil), attaché à la Banque de France, sous-lieutenant au 65ᵉ d'Infanterie.

Blessé mortellement, le 25 septembre 1915, à l'attaque de la Butte du Mesnil, en Champagne, et mort quelques heures après, à l'ambulance Américaine de la Croix, en Champagne, des suites de ses blessures.

Citation : *A été grièvement blessé en arrivant, avec sa section, en face d'une tranchée allemande garnie de fils de fer barbelés. A été cité.*

[Né le 9 juin 1892. Fils du Commandant PAYEN DE LA GARANDERIE, ✲, et de Mme née JULLIOT-TEYSONNIER.]

LAGARDE (Laurent-Marie-*Henry* VYAU, Comte de), ✠ (posthume), ✠ (2 palmes, 1 étoile), capitaine d'Artillerie, attaché à l'E.-M. de la 124ᵉ Division d'Infanterie.

Ancien élève de l'Ecole Polytechnique (promotion 1892). Capitaine d'Artillerie démissionnaire en 1908. Partit le 1ᵉʳ août 1914, attaché à l'E.-M. de la 8ᵉ Division de Cavalerie, qu'il quitta, sur sa demande, en avril 1915, et fut alors versé à l'E.-M. de la 124ᵉ Division d'Infanterie. Proposé quatre fois pour la Croix de la Légion d'honneur, que sa mort foudroyante l'empêcha de recevoir. C'est devant Verdun, au fort de Tavannes, qu'il tomba glorieusement le 1ᵉʳ juin 1916.

Citation : *Ancien officier de l'armée active. S'est toujours dépensé sans compter, donnant partout et toujours l'exemple d'un courage souriant et réfléchi. S'est exposé à maintes reprises en remplissant les missions les plus périlleuses. Est tombé au champ d'honneur, devant Verdun, au poste d'observation où il avait été envoyé. A été cité.*

[Né le 22 avril 1872. Fils du Lieutenant-Colonel Cte et de la Ctesse née Marie DE TERRIER-SANTANS. Marié à Mlle FERRAND, fille du Cte et de la Ctesse née Henriette DE LA BÉRAUDIÈRE, — dont deux enfants.]

LAGARDE (*Jean*-Marie de), ✠ (posthume), ✠ (palme), sous-lieutenant au 30ᵉ d'Artillerie.

Tué en Argonne, le 3 mai 1916, à 20 ans.

LAGARDE (Pierre de), ✠, lieutenant.
Décédé, en 1919, des suites de blessures de guerre.

[Tous deux fils du Colonel et de Mᵐᵉ née PERROY.]

LAGARDE (Émile de), ✠ (posthume), ✠, soldat au 14ᵉ d'Infanterie.

Citation : *Bon soldat, courageux et dévoué, qui s'est fait remarquer par sa belle conduite au feu. Mort glorieusement pour la France, le 22 décembre 1914, devant Perthes-les-Hurlus.*

LAGARENNE (François-Léon-Marie-Joseph-Ghislain MARETTE de), ✠ (posthume), ✠ (1 palme, 2 étoiles), ✠ (Saint-Stanislas de Russie), capitaine commandant au 3ᵉ Hussards.
Tué d'un éclat d'obus à La Clytte (Belgique), le 29 avril 1918.

Citation : *Tué le 29 avril, à son poste de commandement, alors qu'il alertait sa compagnie en vue d'une prise de position, sous la menace d'une attaque ennemie. Officier rempli de valeur et de courage. A été cité.*

[Né le 24 décembre 1885. Fils du Général de Division, O ✠, et de Mᵐᵉ née Geneviève JOUBERT.]

LAGARRIGUE (Joseph de), Saint-Cyrien, sous-lieutenant au 14ᵉ d'Infanterie.
Tué le 17 février 1915.

LAGARRIGUE (Jean-Cyprien CAJARC de), ✠ (posthume), ✠, soldat au 21ᵉ Colonial.

Citation : *Excellent soldat. Est tombé glorieusement au champ d'honneur en faisant vaillamment son devoir, le 25 septembre 1915, à Massiges (Marne). A été cité.*

LAGASNERIE (Charles-Étienne DANIEL de), ✠ (posthume), ✠ (palme), chef de bataillon au 126ᵉ d'Infanterie.

Citation : *S'est porté, le 7 avril 1915, à la tête des compagnies d'assaut de son bataillon, pour les entraîner par son exemple. Tué d'une balle au front, au moment où il disait à un téléphoniste blessé : « Allons ! tu devrais être joyeux ; tu vas voir comment le 2ᵉ bataillon va entrer dans les tranchées ennemies. » A été cité.*

[Marié à Mˡˡᵉ LAMY DE LA CHAPELLE.]

LAGASNERIE (Auguste-Honoré-Charles DANIEL de), ✠ (posthume), ✠ (étoile de vermeil), capitaine au 117ᵉ d'Infanterie.
Tué après une lutte opiniâtre de 22 heures, en tête de sa compagnie, à Montigny-devant-Sassey (Meuse), le 31 août 1914.

Citation posthume : *Les 30 et 31 août 1914, faisant partie, avec sa compagnie, d'un centre de résistance (Montigny) sur lequel l'ennemi avait fait converger, 22 heures durant, un feu d'artillerie d'une extrême violence, a maintenu, par son énergie inlassable et son courage personnel, ses hommes dans le devoir. Attaqué par des forces considérables, a continué à tenir jusqu'à l'assaut pendant lequel il a été tué. A été cité.*

[Né le 1ᵉʳ avril 1873. Fils de M. et de Mᵐᵉ née Marie IMBERT. Marié à Mˡˡᵉ Germaine ROGIER, fille de M. et de Mᵐᵉ née Émilie BERTHAULT, — dont une fille.]

LAGENESTE (Pierre de), ✠ (posthume), ✠ (palme), maréchal des logis pilote-aviateur.

Tombé glorieusement en Champagne, en avril 1917.

[Marié à Mlle DE PIERREFEU.]

LAGENESTE (Marie-Félix-*René* DUCHAMP de), 🎖 (posthume), ✠ (1 palme, 2 étoiles), sergent au 4e Zouaves.

> Citation : *Sous-officier d'une rare énergie morale, jointe aux plus belles qualités de cœur et d'intelligence; déjà cité deux fois pour sa belle conduite au feu, adoré de ses hommes auxquels il inspirait une confiance absolue. A trouvé une mort glorieuse, le 5 avril 1916, en conduisant à l'attaque d'un fortin allemand, sous un violent feu de grenades, un groupe d'éclaireurs volontaires. A été cité.*

LA GIRAUDIÈRE (Maurice LONGUET de), ✠, soldat au 76e d'Infanterie.

Tué à l'ennemi, le 21 décembre 1914.

[Fils de M. et de Mme Charles de LA GIRAUDIÈRE.]

LAGONDE (Louis-Marie-Alexandre-*René* LARRATON de), ✠ (posthume), ✠ (2 étoiles), lieutenant mitrailleur au 14e d'Infanterie.

Récompensé par une première citation pour sa vaillante conduite, en juillet 1916, sous Verdun, au ravin de la Mort (Damloup). Tué à la Fosse-Froide, massif de Moronvilliers, le 30 avril 1917 ; inhumé au cimetière militaire de Mourmelon-le-Petit.

> Citation posthume : *Officier très courageux et très calme au feu. Le 30 avril 1917, est monté à l'assaut d'une position fortement organisée; arrivé sur la position conquise, a mis ses pièces en batterie sur un terrain particulièrement battu par les mitrailleuses ennemies. A été tué dans l'accomplissement de sa mission.*

[Né le 9 juin 1881. Fils de M. Julien DE LAGONDE (décédé) et de Mme née Louise DAINEZ. Marié à Mlle Blanche PÉRIER, — dont un fils : Julien.]

LAGONTERIE (Marie-Gabriel-*Jean* MOSSION de), 🎖, ✠ (palme), étudiant, *engagé volontaire*, brigadier au 15e Dragons.

Blessé grièvement, le 17 juillet 1918, en accomplissant volontairement un service de liaison entre son régiment et le 14e Colonial. Mort de ses blessures, le 5 août suivant, à l'hôpital complémentaire 45, à Lyon,

> Citation : *Excellent gradé. Le 17 juillet, chargé d'assurer la liaison avec une unité d'infanterie au cours d'une attaque, a montré une bravoure et un sang-froid, qui ont provoqué l'admiration de tous. A été grièvement blessé en accomplissant sa mission.*

[Né le 1er avril 1892. Fils de M. et de Mme née Marie DESSALLINES D'ORBIGNY. Était fiancé à Mlle Françoise THÈZE, de Rochefort-sur-Mer.]

LAGOUTTE DU VIVIER (Sébastien de), adjudant au 79e d'Infanterie.

Tué aux combats de Belgique, en 1914.

LA GRANDIÈRE (Auguste BENOIST de), médecin aide-major à l'hôpital de Châlons-sur-Marne.

Mort pour la France, le 18 février 1917.

[Né en 1873. Marié à Mlle Thérèse TRUC, — dont quatre enfants.]

LA GRANDIÈRE (*Roger*-Marie de), ✠ (posthume), ✠ (palme), sous-lieutenant au 106e Chasseurs à pied.

Tombé vaillamment, le 17 juin 1916, à l'attaque du bois de la Naive, sous Verdun, à quelques mètres de la tranchée ennemie.

Citation : *Brillant officier d'une bravoure hors pair. Le 17 juin 1916, a mené sa section à l'assaut avec une fougue irrésistible. Tombé bravement à quelques pas de la tranchée allemande, en avant de sa section, elle-même décimée par les mitrailleuses.*

[Né le 4 août 1895. Fils du Vte, C ✠, intendant militaire (décédé), et de la Vtesse née Jeanne ARRIGHI DE CASANOVA, des Ducs DE PADOUE.]

LA GRANDVILLE (Marie-*Charles* de LA CHEVARDIÈRE de), ✠ (posthume), ✠, cavalier au 5e Spahis.

Citation : *Agent de liaison. Les 6 et 7 décembre 1915, a assuré les communications avec une rapidité et un mépris du danger remarquables. Tué en sortant bravement des tranchées, devant un éboulement infranchissable. A été cité.*

LA GRANGE (Jacques de), ✠ (posthume), ✠, capitaine au 121e d'Infanterie.

Mort, le 13 septembre 1915, des suites de ses blessures.

LA GRANGE (François de), ✠ (posthume), ✠ (palme), sous-lieutenant au 44e d'Infanterie.

Citation : *Excellent officier, plein d'entrain et de courage. Est mort pour la France à son poste de combat, le 24 mai 1915, sur le plateau de Rouvron.*

LA GRANGE (Charles-Xavier de), ✠ (posthume), ✠, soldat au 171e d'Infanterie.

Citation : *Bon soldat. Tué, le 11 septembre 1914, en se portant à l'attaque des lignes ennemies d'Aspach.*

LAGRANGE-CLAVERIE (Fernand de), ✠ (posthume), ✠, sous-lieutenant au 204e d'Infanterie.

Tué sous Soissons, le 14 septembre 1914.

Citation : *Officier dévoué, énergique et brave; a fait preuve du plus grand courage pendant les combats des 6 et 8 septembre 1914. Tué par éclats d'obus au combat de Soissons, le 14 septembre 1914. A été cité.*

LAGRÉSILLE (Paul), O ✠, ✠, capitaine de vaisseau.

Mort pour la France, le 15 septembre 1915.

LAGRÈZE (*Robert*-Jules-Gaston-Oscar, Vicomte Robert BASCLE de), ✠ (posthume), ✠, capitaine au 67e d'Infanterie.

Tombé héroïquement aux Eparges, le 6 avril 1915, en montant à l'assaut des tranchées ennemies.

[Marié à Mlle Catherine-Marguerite FINLAY.]

LA GROUDIÈRE (*Louis*-Marie-Antoine QUENAULT de), ✠ (posthume), ✠ (1 palme, 1 étoile de vermeil), Maire du Dézert, Président de la Jeunesse Catholique de la Manche, capitaine commandant au 2e d'Infanterie.

Ancien officier, reprit du service à la déclaration de guerre. A participé, comme officier de liaison attaché à la 39e Brigade, aux batailles de la Sambre, de Guise, de la Marne, où il fut blessé et eut son cheval tué sous lui. Le 16 juin 1915, grièvement blessé à l'assaut d'une tranchée ennemie à Roclincourt (Artois), et transporté à Douai, où il mourut, amputé du bras droit, le 7 juillet suivant.

Deuxième citation (à l'Ordre de l'Armée) : Blessé en entraînant vaillamment ses hommes à l'assaut d'une tranchée allemande. Blessé déjà le 6 septembre 1914. A été cité.

[Né le 11 octobre 1876. Fils de M. (décédé) et de Mᵐᵉ née Le Filleul de Long-thuit. Marié à Mˡˡᵉ de Cussy de Jucoville (décédée), fille du Mⁱˢ (décédé) et de la Mⁱˢᵉ née de Cornulier.]

LAGUARRIGUE DE SURVILLIERS (Saint-Isle-Paul-*Édouard*), ✠ (posthume), ✠ (palme), capitaine au 21e d'Artillerie.
Tué à Mamez, le 5 avril 1915.

Citation : Officier d'un grand mérite et d'une intrépidité remarquable. A été tué, dans la nuit du 5 au 6 avril 1915, à son poste d'observation, d'où il avait dirigé pendant toute la journée, avec le plus grand calme, un tir très précis sur les tranchées ennemies.

[Né le 19 juin 1881. Marié à Mˡˡᵉ Garreau-Gaschereau.]

LA GUÈRE (*Bernard*-Gustave-Marie PANTIN, Comte de), ✠ (posthume), ✠, étudiant pour Saint-Cyr, aspirant au 113e d'Infanterie.

Fut atteint par un obus, le 16 avril 1917, devant le Bois des Buttes, près la Ville-au-Bois et Craonne, sous un tir de barrage allemand, en progressant du boyau de Londres à la tranchée Joffre pour s'élancer en avant. Le soir même, après la bataille, son corps fut reporté en arrière par ses hommes, dont il était adoré, et inhumé au cimetière militaire de la Sablière, après une bien touchante cérémonie.

Citation : Chef de section d'un rare sang-froid, possédant, malgré son jeune âge, un grand ascendant sur ses hommes ; a fait preuve des plus belles qualités militaires. Très brave. Tué, le 16 avril 1917, au début du combat.

[Né le 8 novembre 1894. Fils du Mⁱˢ et de la Mⁱˢᵉ née de Saint-Phalle.]

LA GUÉRIVIÈRE (Fernand du PIN de), O ✠, ✠, commandant.
Décédé, en octobre 1919, après une longue maladie contractée aux Armées.

[Marié à Mˡˡᵉ Ivane de Clervaux, — dont deux enfants.]

LA GUERRANDE (Gaston de), ✠ (posthume), ✠, aspirant de Dragons, observateur aviateur.
S'était déjà distingué, en novembre 1914, alors qu'il était dans la Cavalerie ; porté disparu en 1917.

Citation : Observateur bombardier, plein d'adresse, d'audace, d'énergie et de sang-froid ; a pris part à de nombreux bombardements. Au retour de l'un d'eux, a disparu dans les lignes ennemies avec son pilote.

LA GUILLONNIÈRE (Charles-Gabriel-Jacques SARREBOURSE de), ✻, ✠ (7 citations), chef d'escadrons, passé, sur sa demande, chef de bataillon au 31ᵉ d'Infanterie.

> Citation : *Officier de cavalerie servant, sur sa demande, dans l'infanterie. Le 30 septembre et le 1ᵉʳ octobre 1918, a entraîné son bataillon à l'attaque d'une forte position et a conquis tous ses objectifs, capturant 5 canons dont 3 de 210, 8 mitrailleuses et de nombreux prisonniers. Blessé mortellement, le 1ᵉʳ octobre 1918 ; au front depuis le début de la campagne. Chevalier de la Légion d'honneur pour faits de guerre. Quatre fois cité.*

[Fils du Colonel, C ✻, ✠, et de Mᵐᵉ née Marie MESNET DE LA COUR.]

LA GUILLONNIÈRE (Marie-Joseph-*Hervé* SARREBOURSE de), ✠ (posthume), ✠ (palme), sergent réserviste au 66ᵉ d'Infanterie.
Tué, le 8 septembre 1914, au combat de Fère-Champenoise.

> Citation : *Venu volontairement au feu avant son tour, en remplacement d'un camarade chargé de famille ; s'y est héroïquement fait tuer, le 8 septembre 1914, en chargeant à la tête de sa section. A été cité.*

[Né le 10 novembre 1883. Fils de M. Gaston DE LA GUILLONNIÈRE et de Mᵐᵉ née MAYAUD. Marié à Mˡˡᵉ Germaine DE LÉZARDIÈRE, fille du Cᵗᵉ et de la Cᵗᵉˢˢᵉ née Marie DE MAYNARD, — dont un enfant.]

LA HAMAYDE (François-*Maximilien* de), ✻ (posthume), ✠, capitaine au 26ᵉ Dragons, détaché au 115ᵉ d'Infanterie.
Tué en Champagne, le 26 septembre 1915.

> Citation : *Venu de la cavalerie, remarquable de sang-froid et de calme audace. A été mortellement frappé à la tête de sa compagnie, soumise à un violent bombardement. A été cité.*

[Fils de M. et de Mᵐᵉ née Renée DE BROSSES. Marié à Mˡˡᵉ Yvonne DE NUCHÈZE.]

LA HAMELINAYE (Yves de), ✠, lieutenant au 51ᵉ d'Artillerie.
Tué le 8 septembre 1914.

LA HAYE (Marquis de), du 1ᵉʳ escadron du Train.
Décédé, en octobre 1918, des suites d'un accident survenu au cours des premières opérations de la campagne.
[Marié à Mˡˡᵉ Elisabeth LE COURT DE BÉRU, — dont trois enfants.]

LA HAYE (Marie-Louis-*Pierre* de), ✻ (posthume), ✠ (palme), capitaine commandant au 132ᵉ d'Infanterie.
Tombé glorieusement, le 30 mars 1918, devant Montdidier.

> Citation : *Officier ayant le moral le plus élevé, un haut sentiment du devoir et un ascendant remarquable sur sa troupe. Commandant un bataillon engagé dans de durs combats, s'est particulièrement distingué dans l'attaque d'un village et d'un ravin qu'il a brillamment enlevés. Blessé mortellement, au moment où il entraînait son bataillon à l'assaut d'une position ennemie. A été cité.*

LA HAYE (Jacques de), du 20ᵉ escadron du Train.
Mort, le 19 août 1918, des suites d'une maladie contractée aux Armées.

[Frère du précédent.]

LA HAYE-DUPONSEL (Eugène de) . . . .

LA HOUSSAYE (Carlos de), soldat.
Tué aux combats de l'Aisne, le 12 octobre 1914.

LA HUBAUDIÈRE (*Guy*-Charles-Marie, Comte de), ✠ (posthume), ✠ (2 citations), sous-lieutenant au 262e d'Infanterie.
Parti volontairement sur le front, le 5 août 1914, a été tué, à la tête de ses hommes, dans la tranchée allemande, près de Foucaucourt (Somme), le 31 août 1916.

Citation : *A l'attaque du 31 août, a brillamment enlevé sa section à l'assaut des tranchées allemandes, et l'a maintenue plusieurs heures sur un terrain complètement bouleversé, soumis à un violent tir de barrage, contre-attaqué par des forces supérieures; a été tué au moment où il organisait un barrage très avancé.*

[Né le 9 juin 1880. Fils de M. et de Mme née MALHERBE DE LA BOUËXIÈRE (décédés). Marié à Mlle Cécile LE JOLIFF, fille de M. et de Mme née CRISTIANI, décédés, — dont un fils.]

LAHURE (*Alfred*-Alexis), ✠ (posthume), ✠ (étoile de bronze), industriel, adjudant-chef au 302e d'Infanterie.
Tué, le 19 mars 1915, à l'attaque des Éparges.

Citation : *Le 19 mars 1915, a fait preuve d'un remarquable courage et d'un mépris absolu du danger. A secondé avec le plus grand dévouement son commandant de compagnie dans des circonstances difficiles, et a été tué à ses côtés en portant la compagnie en avant, sous un très violent bombardement. A été cité.*

[Né le 22 octobre 1879. Fils de M. Alexis LAHURE, O ✠, éditeur, et de Mme née LEQUESNE. Marié à Mlle HENNEBERT, fille de M. et de Mme née LECOMTE, — dont un enfant.]

LAIGNEAU (*Xavier*-Marie-Joseph-Étienne de), ✠, ✠ (palme), ✠ (Médaille du Maroc), maréchal des logis au 6e Chasseurs d'Afrique.
Blessé mortellement, le 16 février 1915, devant le fort de Brimont (Marne); décédé, le 8 mars suivant, à l'ambulance de Sapicourt.

Citation : *Très belle conduite au cours d'une attaque. Blessures multiples, dont l'une, particulièrement grave, ayant nécessité l'amputation de la jambe droite.*

[Né le 18 mars 1891. Fils du Commandant, ✠ (décédé), et de Mme née DE BERTRAND DE CROZEFON.]

LAIR (Mademoiselle Marthe), ✠, infirmière.
Victime, le 11 avril 1918, du bombardement de Paris, dans une crêche d'enfants, où elle exerçait ses saintes fonctions. Sur son cercueil, le Sous-Secrétaire d'Etat à la Guerre était venu attacher la Croix de guerre.

LAITRE (*François*-Marie-Charles-Joseph, Baron de), ✠ (posthume), ✠ (1 palme, 2 étoiles d'argent), propriétaire-agriculteur, sous-lieutenant au 95e d'Infanterie.
Blessé grièvement, en 1915, en marchant bravement à la tête d'une équipe de grenadiers. Tué par un obus, le 17 avril 1917, au bois de la Grille, après avoir pris les hauteurs du massif de Moronvilliers.

Citation : *Homme de devoir et soldat d'une haute valeur morale; a pris le commandement de sa compagnie, le 17 avril 1915, son commandant étant mortellement atteint ; a résisté sur une position récemment conquise et soumise à un bombardement violent et prolongé ; a soutenu le moral de ses hommes en leur donnant un exemple personnel admirable. A été blessé mortellement. Déjà cité.*

[Né à Meaux le 30 juin 1879. Fils du Vᵗᵉ, ✳, et de la Vᵗᵉˢˢᵉ née Juliette JOBEZ.]

LA JARTRE (Aristide-Adolphe-Émile-*Guy* BERNARD de),
(posthume), ✠, soldat au 108ᵉ d'Infanterie.
Mort à Brienne, le 11 septembre 1914.

Citation : *Soldat d'une intrépidité remarquable. Le 24 août, sous un feu intense, a secouru, avec le plus grand sang-froid, ses camarades. Blessé mortellement le 8 septembre 1914. A été cité.*

[Né le 6 avril 1888. Fils de M. et de Mᵐᵉ née BAVRET.]

LA JONKAIRE (Roger de), ✠, sous-lieutenant au 225ᵉ d'Artillerie.

Citation : *Jeune officier d'une ardeur infatigable et d'un courage à toute épreuve. S'est particulièrement distingué au cours des opérations du 9 au 12 septembre 1918. Chargé d'assurer la liaison avec l'infanterie, s'est dépensé sans compter, se portant constamment, au mépris de tout danger, jusqu'aux éléments les plus avancés, pour obtenir des renseignements plus précis et mieux ajuster les tirs de l'artillerie, contribuant ainsi grandement à la progression de nos troupes.*

LA JONKAIRE (*Bernard-Louis-Gustave* LEROUX de), (posthume), ✠, *engagé volontaire*, brigadier au 3ᵉ Hussards.

Lors de l'attaque des Monts de Flandres, il participa à cette marche célèbre dans les annales de la guerre, où la cavalerie effectua des étapes de 120 kilomètres par jour, sans laisser sur la route ni un homme ni un cheval. Le 25 avril 1918, son régiment se portait à l'assaut du Mont Kemmel, sous un déluge de fer. Son lieutenant étant blessé, il quitta les lignes pour lui porter assistance et le conduire au poste de secours ; un obus arriva, alors, qui les renversa tous les deux, l'engin éclata et lui trancha l'artère fémorale, blessure à laquelle il succomba peu après.

Citation : *Blessé, le 25 avril 1918, s'est néanmoins porté au secours de son officier blessé lui-même. Mort des suites de ses blessures. A été cité.*

[Né le 3 mars 1897. Fils du Conseiller à la Cour de Rouen et de Mᵐᵉ DE LA JONKAIRE.]

LA JONQUIÈRE (*Étienne*-Ernest LUNET de), (posthume), ✠ (palme), *engagé volontaire*, aspirant au 23ᵉ Colonial.

Engagé dans la Cavalerie, passa, sur sa demande, dans l'Infanterie coloniale. Tué à l'ennemi, à Ailles (Aisne), au cours d'une reconnaissance, dans la nuit du 30 au 31 octobre 1917.

Citation à l'Ordre de l'Armée : *Exemple remarquable et constant de discipline et de bravoure. Fait preuve, en toutes circonstances, de la plus belle conception du devoir. Le 16 octobre, en plein jour, est allé chercher des renseignements sur le corps d'un Allemand tombé entre les lignes au cours d'un coup de main. Le 31 octobre 1917, chef d'une reconnaissance particulièrement difficile, a été mortellement blessé.*

[Né le 17 février 1895. Fils du Commandant d'Infanterie coloniale en retraite, O✳, ✠, et de Mᵐᵉ née PERNET DE FLEURY.]

LAJUDIE (André BOURDEAU de), ✠ (posthume), ✠, capitaine au 33e Colonial.

Citation : *Vaillant officier. Tombé glorieusement à la tête de sa compagnie, après avoir enlevé la première ligne, le 25 septembre 1915, devant Souain. A été cité.*

[Fils de M. Roch DE LAJUDIE et de Mme née Jeanne DE PÉLACOT. Marié à Mlle Josèphe DE GIMEL, fille de M., ✠, et de Mme née DE LERCY.]

LAJUDIE (Pierre BOURDEAU de), ✠, ✠ (palme et étoile), lieutenant aviateur, commandant l'Escadrille M.F. 63.

Saint-Cyrien de la promotion de la Croix du Drapeau, sous-lieutenant au 28e Dragons, fut blessé grièvement, en février 1915, dans les tranchées de l'Yser. A peine guéri, passa, sur sa demande, dans l'Aviation; tué glorieusement sous Verdun, à Souilly (Meuse), le 19 juin 1916, et inhumé au cimetière de Vadelaincourt.

Citation : *Officier d'une haute valeur morale. Pilote vigoureux, plein d'allant, toujours prêt à accomplir les missions les plus difficiles. Ne cesse de faire preuve des plus belles qualités de courage, de dévouement et d'énergie.*

[Né en 1894. Fils de M. André DE LAJUDIE et de Mme née Antoinette BARDI DE FOURTOU.]

LAJUSAN (Daniel), ✠, ✠ (3 citations), consul de France, lieutenant au 77e bataillon Sénégalais.

Tombé au champ d'honneur, à 29 ans, le 5 juin 1918, au bois de la Cohette (Marne).

LALAGADE (Georges-*Jules* BEDENNE de), ✠ (posthume), ✠ (palme), ingénieur, lieutenant au 58e d'Artillerie.

Citation : *Dans les combats livrés dernièrement, occupant fréquemment un poste d'observation en avant d'un fort soumis à des tirs prolongés de 210, 380 et 420, a effectué, avec le plus grand sang-froid, des tirs d'une précision remarquable. Tué, le 16 mars 1916, en se rendant au poste d'observation. A été cité.*

[Fils du Conseiller à la Cour d'Alger.]

LA LANDE DE CALAN (*Joseph*-Marie-Charles, Vicomte Joseph de), brigadier automobiliste au 20e escadron du Train.

Mort pour la France, le 21 juin 1916, à Vadelaincourt (Meuse).

[Né à Paris le 28 mai 1885. Fils du Cte (décédé) et de la Ctesse née AUBÉ DE BRACQUEMONT. Marié à Mlle AUDREN DE KERDREL, décédée.]

LA LANDE DE CALAN (Paul-Louis-Marie-Joseph-*René* de), ✠ (posthume), ✠ (palme), capitaine au 49e Chasseurs à pied.

Tué au combat de Fontaine-sous-Montdidier.

Citation : *Officier d'une énergie admirable et d'une splendide beauté morale. Le 29 mars 1918, à Fontaine-sous-Montdidier, a tenu l'ennemi en échec pendant sept heures, lui infligeant de grosses pertes, et est tombé à la tête de ses chasseurs. A été cité.*

[Né le 8 août 1891. Frère du précédent.]

LA LAURENCIE (Vicomte Paul de FORNEL de), ✠ (posthume), ✠, capitaine au 37e d'Artillerie.

Tué aux combats de la Meuse, sous Saint-Mihiel, le 1er octobre 1914.

Citation : S'est distingué, depuis le commencement de la campagne, par son calme et sa bravoure, dans les circonstances les plus critiques, en particulier le 1er octobre 1914 ; a appuyé efficacement les attaques de l'infanterie en commandant, avec le plus grand sang-froid, sa batterie sous un feu extrêmement violent de l'artillerie ennemie. A été tué à son poste de combat.

LA LAURENCIE (Comte Louis de FORNEL de), ✷, ✶, capitaine au 29e Chasseurs à pied.

Citation : Officier d'élite, brave, expérimenté, d'une haute valeur morale. Commandant provisoirement son bataillon, est tombé glorieusement à son poste de commandement, sous un bombardement d'obus de gros calibre, le 6 février 1916. Déjà cité à l'Ordre de l'Armée et chevalier de la Légion d'honneur pour des affaires antérieures.

[Marié à Mlle BROSSET-HECKEL.]

LA LAURENTIE (Henry de), du 161e d'Infanterie.

Blessé et porté disparu au combat de Mercy-le-Haut, en 1914.

LALÈNE-LAPRADE (Paul-E. de), O✷, ✶ (2 palmes), chef de bataillon commandant le 31e Chasseurs à pied.

Tombé glorieusement en mai 1915.

Citation : Officier de la plus haute valeur et d'une bravoure communicative ; tué glorieusement à la tête de son bataillon, qu'il entraînait à l'attaque des tranchées ennemies.

LALLIER (Paul), soldat au 8e Zouaves.

Tombé, atteint d'une balle à la tête, devant Cœuvres (Aisne), le 13 juin 1918.

[Né le 10 août 1893. Fils de M. Maurice LALLIER et de Mme née GARRIC.]

LA LONDE (*Louis*-Félix, Marquis de), ✷, ✶ (3 étoiles), chef d'escadrons au 4e Cuirassiers à pied.

Tombé glorieusement à la tête de son bataillon, près Ville-sur-Tourbe, le 26 septembre 1918.

Citation : Officier de la plus haute valeur morale. Du 9 au 11 juin, dans les circonstances les plus critiques et au milieu des plus violents combats, a fait preuve d'un dévouement, d'une activité et d'une bravoure au-dessus de tout éloge.

[Né le 5 janvier 1872. Fils du Mis (décédé) et de la M^ise née Henriette PASSY. Marié à Mlle Cécile DE PONTALBA, fille de M. et de Mme née Henriette DE MOUSSAC, — dont deux enfants.]

LALOUETTE (Léon) [*alias* Robert DUVAL], ✶, caporal pilote-aviateur.

Tombé à l'ennemi, le 10 novembre 1918, à 21 ans.

LA LOYÈRE (*Georges*-Albéric-Marie-Joseph de BEUVERAND, Comte de), ✷ (posthume), ✶ (palme), Saint-Cyrien de la promotion de Montmirail, sous-lieutenant au 24e d'Infanterie.

Blessé mortellement aux combats de Belgique, le 22 août 1914, en se portant avec sa section au secours d'une compagnie en danger.

Citation : S'est élancé héroïquement à la tête de sa section, le 22 août 1914, à Anderlues, pour permettre la retraite d'un régi-

ment pressé par un ennemi très supérieur en nombre. Mortellement frappé d'une balle à la poitrine, est glorieusement tombé pour la France. A été cité.

[Fils du Mis (décédé) et de la M^{ise} née Madeleine DE SAINTE-MARIE D'AGNEAUX.]

LA MADELAINE (René PHILIPON de), *engagé volontaire*, maréchal des logis au 25e Dragons.

Blessé, le 2 novembre 1914, à Saint-Éloi, près d'Ypres, et mort le surlendemain à Dickenbusch (Belgique).

[Né à Nantes le 9 janvier 1891. Fils du Colonel et de Mme née LE BRETON DES GRAPILLIÈRES.]

LA MAIRIE (Marie-Anatole-*René* JARRET de), ✳ (posthume), ✠, sous-lieutenant au 26e d'Infanterie.

Passé, sur sa demande, du 12e Cuirassiers dans l'Infanterie, a été tué, le 25 septembre 1915, à l'assaut de la Butte-du-Mesnil.

Citation : Officier d'une trempe et d'une audace peu communes. Avait su communiquer à ses hommes son ardeur et son enthousiasme. A été tué au moment où il prenait pied, à la tête de ses hommes, sur la position ennemie. Disait, au départ, à son capitaine : « Rien ne vaut un pareil moment ! » A été cité.

[Né le 5 mai 1891. Fils de M. Humbert DE LA MAIRIE et de Mme née HALLAMEL DE BOURNET, décédée.]

LA MAISONNEUVE (Henri BOUVET de), sergent au 219e d'Infanterie.

Tué le 12 septembre 1914.

[Marié, en 1910, à Mlle Geneviève LEGRAND.]

LA MAISONNEUVE (Mademoiselle Noëlie BOUVET de), infirmière-major à l'hôpital de Pierrefonds.

Prodiguant ses soins aux blessés depuis le début de la campagne, a succombé, en février 1918, aux suites d'une maladie contractée au chevet des blessés.

LAMAIZIÈRE (Joseph-Pierre), canonnier au 60e d'Artillerie.

Mort pour la France, le 18 février 1915.

[Né le 11 mai 1892. Fils de M. et de Mme née PIGNET.]

LAMARCHE DE MOYENCOURT (Joseph), ✳, ✠ (2 palmes), chef de bataillon au 137e d'Infanterie.

Blessé grièvement en Champagne, à la tête de son bataillon; décédé, le 29 octobre 1915, dans une ambulance du front. Cité en juillet 1915, pour avoir contribué à la prise de Touvent, fait chevalier de la Légion d'honneur, le 10 octobre 1915.

[Né à Brest. Fils du capitaine de frégate et de Mme née NAVAILLES. Marié à Mlle Alix DE BEAUPUY DE GÉNIS, fille du Mis et de la M^{ise} née D'AIGNAN, — dont deux enfants.]

LA MARDIÈRE (*Yves*-Augustin-Hilaire de VEILLECHÈZE de), ✳ (posthume), ✠ (palme et étoile de bronze), avocat à la Cour d'Appel, lauréat de la Faculté de Droit de Poitiers, sous-lieutenant au 325e d'Infanterie.

Grièvement blessé et disparu, le 5 avril 1918, à l'attaque de la ferme Fourchon, à Aubvillers (Somme) ; son corps fut retrouvé en juillet et inhumé au cimetière de Paillart (Somme).

Deuxième citation : *A conduit sa troupe à l'attaque avec une énergie et un entrain admirables. Est tombé glorieusement au cours du combat. A été cité.*

[Né le 26 mai 1892. Fils de M. Jean DE LA MARDIÈRE (décédé en janvier 1920) et de Mᵐᵉ née Marguerite LETARD DE LA BOURALIÈRE.]

LA MARE (Charles de), ✠ (posthume), ✠ (palme), capitaine au 39ᵉ d'Infanterie.

Citation : *Officier ayant les plus belles qualités militaires. Est tombé glorieusement, le 2 octobre 1915, à la tête de sa compagnie qu'il enlevait à l'assaut des tranchées ennemies, avec la plus grande bravoure.*

LA MARLE (Jean), lieutenant au 91ᵉ d'Infanterie.
Tué en décembre 1914.

LA MARIOUSE DE CLAVIGNY (Baron Jean de), ✠ (posthume), ✠ (étoile), *engagé volontaire*, maréchal des logis au 26ᵉ Dragons. Tué par un éclat d'obus, au combat du Mont-Noir, près Poperinghe (Belgique), le 17 avril 1918.

Citation : *Appelé par son âge à servir dans la réserve de l'armée territoriale, a contracté un engagement pour la durée de la guerre, afin de servir au front, donnant ainsi le plus bel exemple d'abnégation et de sentiment du devoir patriotique. Refusant les emplois moins exposés pour conserver sa place dans le rang, il s'est toujours dépensé sans compter pour remplir au mieux les missions qui lui ont été confiées. A été tué à son poste de combat.*

[Né le 22 août 1875. Fils du Général Bᵒⁿ DE LA MARIOUSE et de la Bᵒⁿⁿᵉ née PATHIER. Marié à Mˡˡᵉ MÜNTZ, fille du Colonel et de Mᵐᵉ née RIGAUT.]

LA MARNIERRE (Daniel-Marie-Maurice-*Alain* PHELIPPES de), ✠ (posthume), ✠, attaché d'Ambassade, sous-lieutenant de réserve au 361ᵉ d'Infanterie.
Tué aux combats de la Marne, en septembre 1914, à 23 ans.

Citation : *Officier très brave. A été tué, le 5 septembre 1915, en entraînant bravement sa section qui formait la tête de sa compagnie, chargée de repousser un mouvement que l'ennemi tentait sur la droite du 6ᵉ bataillon. A été cité.*

LAMARRE (Marcel de), ✠ (posthume), ✠ (palme), maréchal des logis au 14ᵉ d'Artillerie, mitrailleur à l'Escadrille B.R. 45.
Tombé glorieusement en combat aérien, le 18 mai 1918.

Citation : *Remarquable mitrailleur, du plus haut esprit de dévouement et d'abnégation. A eu de nombreux combats où il a réussi, par son sang-froid et son habileté, à écarter des ennemis très supérieurs en nombre. Le ....., a trouvé une mort glorieuse en luttant contre plusieurs avions pour protéger la mission qu'il accompagnait.*

LA MARRE (Ferdinand - Marie - Marcel de), ✠ (posthume), ✠ (5 citations), lieutenant au 325ᵉ d'Infanterie.

Citation : *Jeune officier d'une bravoure légendaire et de très haute valeur militaire. S'est particulièrement distingué, le ....., à l'assaut d'une position boisée. Alors qu'une mitrailleuse enne-*

mie ouvrait un feu de barrage, a fait tomber sa résistance ; a assuré sa capture en s'élançant résolument à la tête de sa section, malgré plusieurs blessures très graves. Mort à la suite de ses blessures. A été cité.

LAMASSE (Marie-Henry), �, ✠ (6 citations), capitaine au 2e Dragons, pilote-aviateur, commandant l'Escadrille B.R. 224.

Tombé glorieusement en combat aérien, le 2 septembre 1918, à 26 ans.

Dernière citation : Officier d'élite. A fait dans l'aviation, pendant trois ans, l'admiration de tous par son courage, son activité inlassable et la joyeuse ardeur avec laquelle il accomplissait toutes les missions qui lui étaient confiées. Glorieusement tombé pour la France au retour d'une reconnaissance, le 2 septembre 1918. Chevalier de la Légion d'honneur pour faits de guerre. Quatre fois cité à l'Ordre.

LAMASSE (Jean), ✠, lieutenant de Dragons, pilote-aviateur.

Tué le 12 septembre 1915.

[Frère du précédent.]

LAMASSE (Xavier), ✠, lieutenant d'Artillerie Coloniale.

Tué le 9 juin 1918.

[Frère des précédents.]

LA MATHE (Jules BRAIT de), ✻ (posthume), ✠, sous-lieutenant au 208e d'Infanterie.

Tué le 20 juillet 1916.

Citation : Officier d'une grande bravoure. A été tué en entraînant sa section à l'assaut, en juillet, à Soyécourt. A été cité.

[Marié à Mlle Henriette-Jeanne DARDEL.]

LAMAZE (Henri de), ✠ (3 citations), officier d'Infanterie.

Tombé au combat de Senones, le 13 mai 1918.

[Fils de M. (décédé) et de Mme Edmond DE LAMAZE.]

LAMBEL (Marie-Joseph-Alfred-*Thierry*, Vicomte de), ⚜ (posthume), ✠ (étoile), licencié ès lettres, avocat à la Cour de Paris, élève-officier de réserve, maréchal des logis au 20e d'Artillerie.

Blessé, le 30 août 1914, au combat de Faulx-la-Montagne (Ardennes), au cours de la retraite de Charleroi, en remplissant les fonctions de brigadier de tir et signaleur, est mort au Mans, le 11 septembre suivant, des suites de sa blessure.

Citation : Passé, sur sa demande peu de temps avant la guerre, des secrétaires d'État-Major au service de troupes, a fait preuve d'une volonté et d'une énergie remarquables. A rendu d'excellents services dès le début des hostilités comme brigadier de tir. Notamment au combat de Faulx, où il a été mortellement blessé. Modèle de courage et de résignation.

[Né le 11 mai 1892. Fils du Cte (décédé) et de la Ctesse née Geneviève DE LA MOTTE.]

LAMBERT (*Gabriel*-Henri-Marie-Anthelme de), ✻, ✠ (palme), capitaine au 49e d'Infanterie.

Mortellement blessé, à Hurtebise, le 26 septembre 1914 ; décédé le 27 à l'ambulance de Glennes (Aisne).

Citation : *S'est remarquablement conduit à toutes les affaires où le régiment a pris part. Blessé deux fois, le 5 et le 16 septembre, s'est chaque fois fait panser sommairement, et est resté quand même à la tête de sa compagnie.*

[Né le 2 février 1882. Fils de M. Louis DE LAMBERT (décédé) et de Mᵐᵉ née MOLIÈRE. Marié, en 1911, à Mˡˡᵉ Yvonne PAPIN DE LAGAUCHERIE, fille de M. et de Mᵐᵉ née LAVERGNE DE PEYREDOULLE, — dont trois enfants.]

LAMBERT (Ennemond de), ✠, ✠ (3 citations), lieutenant mitrailleur au 86ᵉ d'Infanterie.

Deux fois blessé, il succomba à ses blessures, le 4 avril 1918, à 31 ans.

LAMBERT (Paul de), ✠ (posthume), ✠ (étoile), *engagé volontaire*, sergent au 6ᵉ d'Infanterie.

Fit d'abord la campagne sur mer, puis passa dans l'Infanterie où il devait trouver la mort sous Verdun, le 20 août 1917, à 19 ans.

Citation : *Sous-officier de tout premier ordre, qui a toujours fait preuve d'un courage remarquable et d'un absolu mépris du danger. Au cours de l'attaque du 20 août 1917, malgré un très violent bombardement, s'est spontanément porté en avant pour se rendre compte de la situation. Est tombé glorieusement en accomplissant cet acte de bravoure.*

[Frère du précédent.]

LAMBERT (Henry), ✠, ✠, ingénieur des Ponts et Chaussées, chef de bataillon du Génie.

Mort pour la France, en 1915.

LAMBERT (P.-J.-A.), ✠ (posthume), ✠ (palme), lieutenant de vaisseau du *Danton*.

Citation : *A assuré sur la passerelle l'exécution des ordres du commandant, et n'a quitté le bâtiment qu'au dernier moment.*

LAMBERT (Ludovic), ✠, *engagé volontaire*, aspirant.

Tué au combat de Soissons, le 1ᵉʳ septembre 1918.

[Né en 1900. Fils du précédent.]

LAMBERT DE SAINTE-CROIX (Alexandre), ✠, ✠, écrivain, chef d'escadrons.

Dès la déclaration de la guerre, il était parti pour le front, à soixante ans. Sa brillante conduite pendant la retraite de Charleroi avait été récompensée par la Croix de guerre et par celle de chevalier de la Légion d'honneur. Envoyé, au début de l'hiver de 1917, dans l'Est, pour y exercer un commandement, il y dépensa une activité qui était au-dessus de ses forces, et il succomba en février 1917.

LAMBERT DES CHAMPS DE MOREL (*Jacques*-Marie-Joseph de), ✠ (posthume), ✠ (étoile), Saint-Cyrien, capitaine au 124ᵉ d'Infanterie.

Tué d'une balle en plein front, à Spincourt, le 24 août 1914. Son lieutenant, le voyant fléchir, lui cria : « Mon capitaine, vous êtes blessé ! » — « Non, je suis mort ! » répondit-il en tombant inanimé.

Citation : *Le 24 août 1914, chargé avec sa compagnie, à l'aile gauche du bataillon, de l'attaque des hauteurs de Spincourt, a, sous un feu des plus violents d'artillerie et d'infanterie, entraîné sa compagnie avec une énergie, une ardeur et une bravoure dignes d'admiration. Est tombé mortellement frappé au moment où il se portait en tête de sa troupe pour donner l'assaut. A été cité.*

[Né le 19 mai 1869. Fils de M. et de Mᵐᵉ née Pauline LECOMTE. Marié à Mˡˡᵉ Marguerite BRAULT, fille de M. et de Mᵐᵉ née Louise DELAUNAY, — dont trois fils.]

LAMBERTERIE DU CROS (*Albéric*-Jean, Baron Albéric de), ✳ (posthume), ✠ (3 citations), lieutenant au 8ᵉ Cuirassiers à pied, pilote-aviateur à l'Escadrille C. 9. Fisme.

Citation : *Officier pilote ayant donné de nombreuses preuves de son audace et de son sang-froid. A été tué sur son avion, le 25 juillet 1917, au cours d'une reconnaissance. Bien que se sentant perdu, a eu la présence d'esprit de couper l'allumage de son moteur, ce qui a permis à son compagnon d'échapper à la mort. Trois citations antérieures.*

[Né le 8 octobre 1885. Fils du Bᵒⁿ et de la Bᵒⁿⁿᵉ née Marie DE MORCOUR, décédés.]

LAMBILLY (*Jean*-Germain-Marie, Vicomte Jean de), ✳, lieutenant-colonel au 205ᵉ d'Infanterie.

Tué à Tahure, en Champagne, le 9 août 1915. Dans la journée du 8, venait de prendre une part heureuse à l'expulsion des Allemands de ce village, quand il fut blessé grièvement à la tête et à la cuisse par des éclats d'obus. Il fut conduit pour recevoir les premiers soins à l'ambulance provisoire qui était dressée dans la cave d'une maison ; vers une heure du matin, cette maison, particulièrement visée, fut atteinte par une rafale de gros projectiles sous laquelle elle s'effondra jusqu'en ses fondements, ensevelissant l'ambulance et tous ceux qui s'y trouvaient.

[Né le 29 février 1864. Fils du Vᵗᵉ Rogatien et de la Vᵗᵉˢˢᵉ née Marie DE CORNULIER-LUCINIÈRE. Marié à Mˡˡᵉ Jeanne DE MONTAGU, fille du Mⁱˢ et de la Mⁱˢᵉ née VARÉLIAUD, — dont deux enfants.]

LAMBOI (Paul), ✳, ✠ (palme), chef de bataillon au 2ᵉ d'Infanterie. Tué, le 17 décembre 1914, à l'attaque du village de Saint-Laurent.

Citation : *Chargé du commandement de la droite de l'attaque lancée le 17 décembre sur le village de Saint-Laurent, a enlevé de haute lutte plusieurs points d'appui. Est tombé mortellement frappé en ralliant des hommes qui avaient atteint un mur crénelé et hésitaient, sous un bombardement intense de grenades à main et de pétards d'explosifs.*

[Fils de M. et de Mᵐᵉ née DUPRÉ. Marié à Mˡˡᵉ Amélie CUZON DU REST, fille de M. et de Mᵐᵉ née SINY, — dont un enfant.]

LA MESSELIÈRE (*Gabriel*-Marie-Pierre-Paul, Comte FROTIER de), ✳, ✠, chef de bataillon au 8ᵉ Tirailleurs Algériens. Englouti, le 3 novembre 1915, avec le *Calvados*, qui fut torpillé en Méditerranée.

Citation : *Officier supérieur d'un courage et d'un dévouement remarquables. Est mort glorieusement pour la France, le 4 novembre 1915, en Méditerranée, au cours du torpillage du Calvados. Chevalier de la Légion d'honneur pour faits de guerre.*

[Fils du Cᵗᵉ et de la Cᵗᵉˢˢᵉ née DE CHALUS, décédés.]

LA MESSELIÈRE (Vicomte Jacques FROTIER de), ✠ (posthume), ✠ (étoile d'argent), avocat à la Cour de Poitiers, capitaine au 153e d'Infanterie.

Tombé au champ d'honneur, le 8 mars 1916, à Douaumont.

Citation : *Commandant de compagnie très brave et très énergique. Mortellement blessé au moment où, à son poste de combat, il s'efforçait de donner confiance à ses hommes, soumis à un très violent bombardement d'artillerie lourde. A été cité*

[Né le 9 juin 1878. Fils du Vte Roger et de la Vtesse née Marie DURCOT DE PUITESSON.]

LA MESSELIÈRE (Joseph-Marie-Antoine-Henri, Vicomte Joseph FROTIER de), ✠ (posthume), ✠ (3 citations), capitaine au 44e Colonial.

Mortellement blessé, le 14 octobre 1916, à Kenali (Serbie), décédé le 15 à l'ambulance de Vakufkoj (Grèce).

Citation : *Mortellement blessé en se portant à l'assaut, avec le plus grand mépris du danger, donnant à ses hommes un bel exemple du devoir. A été cité.*

[Né le 7 février 1888. Fils du Cte Élie, ✠, et de la Ctesse née DE VERDILHAC.]

LA MESSELIÈRE (François-Xavier-Marie, Vicomte François FROTIER de), ✠ (posthume), ✠, lieutenant au 106e d'Infanterie.

Tué, le 22 août 1914, à Cons-la-Granville (Meurthe-et-Moselle), victime de la déloyauté de l'ennemi qui avait fait entendre la sonnerie : « Cessez le feu ! », suivie d'une décharge à bout portant.

Citation : *Brillant officier. A été mortellement frappé, le 22 août 1914, à Cons-la-Granville, au moment où, debout, impassible sous de violentes rafales de mitrailleuses, il cherchait, avec le plus grand sang-froid, à déterminer des objectifs à sa section. A été cité.*

[Né le 3 avril 1889. Frère du précédent.]

LA MESSELIÈRE (Bernard-Louis-Marie, Vicomte Bernard FROTIER de), ✠ (posthume), ✠, sergent-major au 156e d'Infanterie.

Tué, le 10 novembre 1914, devant Wulverghem (Belgique).

Citation : *Sous-officier superbe au feu par son calme et sa bravoure. S'est brillamment conduit dans les combats auxquels il a participé, notamment les 28 et 29 octobre où, ses officiers ayant tous été mis hors de combat, il a pris le commandement de sa compagnie dans les circonstances les plus difficiles, et mérité une proposition pour sous-lieutenant. Tombé glorieusement quelques jours après.*

[Né le 27 avril 1891. Frère des précédents.]

LA METTRIE (*Maurice*-Marie-Joseph, Vicomte Maurice de LA CHOÜE de), ✠, ✠ (palme), capitaine commandant au 5e Hussards.

Tué, le 4 juillet 1916, en reconnaissance près de Vaux, dans la Somme ; sa mort fut foudroyante. Son Colonel écrivait à sa famille :

Il est tombé en héros, frappé mortellement d'une balle au cœur en allant au secours d'un de ses lieutenants.

Citation : *Officier d'une grande bravoure ; a été tué, le 4 juillet, en appuyant un détachement de son escadron engagé devant une position fortement défendue par l'ennemi.*

[Né le 15 juin 1869. Fils du Vte et de la V^tesse née Magon de la Villehuchet. Marié à Mlle Madeleine Laigre-Lessart, fille de M. et de Mme née Boulard, — dont quatre enfants.]

LA METTRIE (*Joseph*-Marie-Mériadec, Vicomte Joseph de LA CHOÜE de), ✠ (posthume), ✠, capitaine au 85e d'Infanterie. Tué le 22 avril 1915.

Citation : *A toujours donné le plus bel exemple de courage et de dévouement. Est entré en tête des colonnes d'assaut de la compagnie dans les tranchées ennemies. Mort au champ d'honneur. A été cité.*

[Frère du précédent.]

LAMIRAULT (Félix-*André* de), ✠, ✠ (palme), lieutenant-colonel au 347e d'Infanterie.

Citation : *Officier supérieur de la plus haute valeur. Le 8 juin 1916, devant Douaumont, les Allemands ayant prononcé une forte attaque sur les lignes défendues par son régiment, est sorti de son poste de commandement pour mieux se rendre compte de la situation. Cerné par l'ennemi, s'est défendu à coups de revolver jusqu'à ce qu'il tombe tué à bout portant. Chevalier de la Légion d'honneur.*

[Né en 1866. Fils du Cte et de la Ctesse née Claire Lanty (décédés). Marié à Mlle Yvonne Pacotte.]

LA MORANDIÈRE (*Henri*-Jules POTIER de), élève à l'École Polytechnique, sous-lieutenant au 46e d'Artillerie.

Blessé à Berry-au-Bac, le 14 septembre 1914, succomba à ses blessures, à l'ambulance des Frères de Saint-Jean-de-Dieu, le 28 octobre suivant.

[Né en 1892. Fils de M. et de Mme née Henriette Darcel.]

LA MORINERIE (Maurice de), ✠, sergent aviateur.

Mobilisé dans l'Infanterie, blessé en Argonne, passa dans l'Aviation où il fut tué en service commandé, en novembre 1917.

LA MORINIÈRE (Comte Jean LE BAULT de), caporal à la 9e section d'Infirmiers.

Mort, le 15 juin 1917, à la suite d'une maladie contractée dans son service.

[Né en 1884. Fils du Cte (décédé) et de la Ctesse née Jeanne Dugas. Marié à Mlle Marie de la Forest d'Armaillé, fille du Cte et de la Ctesse née Raymonde de Nicolay.]

LA MORLAIS (*Raoul*-Jules-Marie, Vicomte Raoul DES PREZ de), ✠, ✠, capitaine au 270e d'Infanterie. Tué en 1914.

Citation : *Officier d'une bravoure et d'un sang-froid remarquables. Est tombé glorieusement, en s'élançant à l'assaut, à la tête de sa compagnie.*

[Fils du Vte et de la V^tesse née Le Blanc de Boisricheux, décédés.]

LA MORTIÈRE (Jean SIMON de), ✠ (posthume), ✠, lieutenant au 17e Chasseurs à cheval.

Tué au cours d'une reconnaissance en Meurthe-et-Moselle, le 14 août 1914.

Citation : *S'est montré, dès les premiers jours, officier hardi, entreprenant et plein de vigueur ; a été tué, le 14 août 1914, au cours d'une reconnaissance audacieuse à Moncourt.*

[Marié, en 1914, à Mlle MÉNARD DE ROCHECAVE.]

LA MORTIÈRE (René SIMON de), ✠, ✠, capitaine au 10ᵉ d'Infanterie.

Tué le 17 avril 1918.

[Frère du précédent.]

LAMOTHE (Marie-Antoine-*François* de), ✠ (posthume), ✠, Saint-Cyrien de la promotion de la Croix du Drapeau, lieutenant au 11ᵉ Chasseurs alpins.

Citation : *Officier très remarquable, intelligent, instruit. A toujours fait preuve d'une grande bravoure et a donné le plus bel exemple à ses hommes. Très grièvement blessé, le 14 juillet 1916, à Curlu. Mort pour la France. A été cité.*

[Né en 1895. Fils du Général et de Mme née Antoinette DE PAILLOT.]

LAMOTHE (René-Louis de), ✠, sous-lieutenant d'Infanterie.
Tué en 1915.

[Fils de M. et de Mme Henri DE LAMOTHE.]

LAMOTHE (Eugène-Alfred de), ✠ (posthume), ✠ (palme), capitaine au 27ᵉ territorial d'Infanterie.

Citation : *Officier qui s'imposait à tous par sa haute valeur morale et sa belle attitude au feu. Le 1ᵉʳ février 1917, commandant une compagnie de première ligne, a été victime de l'émission de gaz allemands, en prodiguant son activité et son dévouement pour organiser la résistance. Mort pour la France.*

[Marié à Mlle Jeanne-Marie ASTRE.]

LAMOTHE DE MONDION (Xavier), ✠, ✠ (3 palmes, 4 étoiles), Saint-Cyrien de la promotion de la Grande-Revanche, lieutenant au 151ᵉ d'Infanterie (Fourragère).
Tué, le 10 septembre 1917, devant Verdun.

Septième Citation (posthume) : *Officier d'élite estimé et apprécié de tout le régiment à cause de son courage, de son entrain et de sa haute valeur morale. Tombé glorieusement, le 10 septembre 1917, à la tête de sa compagnie qu'il conduisait à l'assaut.*

[Né le 6 janvier 1894. Fils de M. Edmond LAMOTHE DE MONDION et de Mme née Eliette DE GIRESSE LA BEYRIE.]

LAMOTTE, née Henriette-Ernestine-*Jacqueline* de ROUGÉ (Vicomtesse Pierre PAULTRE de), infirmière-major de la S. B. M. à l'hôpital auxiliaire n° 21, à Meaux.
Décédée, le 12 janvier 1915, d'une maladie infectieuse contractée au chevet des blessés.

[Née en 1870. Fille du Cte Jacques DE ROUGÉ et de la Ctesse née HUTTEAU D'ORIGNY (décédée). Mariée, en 1891, au Vte Pierre PAULTRE DE LAMOTTE, ✠, — dont quatre enfants.

LA MOTTE (René COLLAS de), cycliste au 247ᵉ d'Infanterie.
Tué à Perthes, le 1ᵉʳ août 1915.

LA MOTTE DE BROONS DE VAUVERT (Vicomte André de),

Saint-Cyrien de la promotion de la Croix du Drapeau, lieutenant au 11e Hussards.
Mort pour la France.

[Né le 26 octobre 1894. Fils du Cte (décédé) et de la Ctesse née Adeline ROGER.]

LA MOTTE DE RÈGES (Yves FRIZON de). . . . .
Tué en 1914.

[Fils de M. et de Mme née Yvonne TOURELLE.]

LA MOTTE DE RÈGES (René FRIZON de), brigadier au 25e Dragons.
Tué en 1914.

[Fils de M. et de Mme née MARTIN DE LA ROCHE.]

LAMOTTE D'INCAMPS (Georges-Denys), ✳ (posthume), ✠ (palme), capitaine au 283e d'Infanterie.
Tué, le 24 août 1914, à Amel (Meuse).

Citation : Chargé, le 24 août 1914, d'une mission de couverture très difficile, a su maintenir sa compagnie sous un feu extrêmement violent, tenant tête pendant plusieurs heures à un ennemi très supérieur en nombre. Frappé mortellement pendant le mouvement de repli au moment où, sous une grêle de balles, il venait de s'arrêter pour réconforter ceux qui tombaient et soigner lui-même un de ses sous-officiers blessé.

LA MOTTE-ROUGE (Marie-Raoul-René-Antoine-*Alain* de LA MOTTE de), ✳ (posthume), ✠ (1 palme, 2 étoiles), Saint-Cyrien de la promotion de la Grande-Revanche, *engagé volontaire*, lieutenant au 48e d'Infanterie.
Prit part aux opérations suivantes : Chantecler (9 mai 1915), Saint-Nicolas (16-17 mai 1915), Roclincourt, où il fut blessé (21 juin 1915), Avocourt (9 avril 1916), Mort-Homme et Cumières (31 mai 1916), Chattancourt (juillet), Thiaumont (fin août), la Somme (18 mars 1917) ; entra le premier à Ham, à la tête de sa compagnie. Tombé, le 4 mai 1917, au Mont Cornillet, en entraînant ses hommes à l'assaut.

Citation : Jeune officier plein d'ardeur et d'énergie ; adoré de ses hommes ; s'est distingué aux cours des différentes opérations auxquelles il a pris part. Frappé mortellement, le 4 mai 1917, en entraînant sa compagnie à l'attaque d'une position ennemie fortement organisée. A été cité.

[Né au château de Kerbic le 24 août 1895. Fils du Vte et de la Vtesse née DE LAUNAY.]

LA MOTTE-ROUGE (*Jacques*-Marie-Victor, Vicomte Jacques de LA MOTTE de), ✳ (posthume), ✠ (palme), *engagé volontaire*, sous-lieutenant au 32e Dragons.
Admissible à Saumur, nommé sous-lieutenant sur le champ de bataille, a été tué d'une balle au front, le 18 décembre 1914, sur le front du Nord.

Citation : ... A été tué, le 18 décembre 1914, au moment où il faisait organiser une nouvelle tranchée sur une position rapprochée de l'ennemi qu'il venait d'occuper. A été cité.

[Né le 18 août 1891. Fils du Vte et de la Vtesse née DE MAS DE TOURRIS.]

LA MOTTE-ROUGE (*Jean*-Marie-Louis, Vicomte Jean de LA MOTTE de), � (posthume), ✝ (palme), lieutenant au 5ᵉ Cuirassiers, pilote à l'Escadrille N. 96.

Tombé au champ d'honneur, le 14 janvier 1918.

Citation : *Officier d'un moral très élevé, ayant au plus haut point le respect de la tradition et le sentiment du devoir. A trouvé une mort glorieuse au départ d'une mission sur l'ennemi.*

[Frère du précédent.]

LA MOTTE SAINT-PIERRE (Henry de), brigadier-fourrier au 13ᵉ d'Artillerie.

Mort pour la France, le 8 juin 1915, à l'hôpital d'Amiens.

[Fils de M. et de Mᵐᵉ née MAUSSION-MONTGOUBERT. Marié à Mˡˡᵉ Suzanne COCHIN.]

LA MOTTE SAINT-PIERRE (Robert-*Philippe* de), ✲ (posthume), ✝, lieutenant au 6ᵉ Dragons, passé volontairement au 84ᵉ d'Infanterie,

Tué en Woëvre, le 14 avril 1915.

Citation : *Officier d'un allant superbe, ayant au plus haut degré le sentiment du devoir militaire. Tombé glorieusement le 14 avril 1915. A été cité.*

[Frère du précédent.]

LAMOUR BECHET DE LÉOCOUR (Baron Georges), ✲ (posthume), ✝, capitaine au 29ᵉ d'Artillerie.

Tué à Charleroi, en août 1914.

Citation : *Officier de grande valeur, ayant fait de sa batterie une unité remarquable. Tué à son poste d'observation. A été cité.*

[Fils du Bᵒⁿ (décédé) et de la Bᵒⁿⁿᵉ née DE LA BROSSE. Marié à Mˡˡᵉ Renée MICHEL, fille de M. et de Mᵐᵉ née Laure DESROUSSEAUX, — dont deux enfants.]

LAMOUR DE BEAUMONT (Pierre), ✼ (posthume), ✝, soldat au 327ᵉ d'Infanterie.

Citation : *A toujours été un vaillant soldat, faisant constamment preuve de courage et de dévouement. Tombé glorieusement pour la France, le 15 juin 1915. A été cité.*

LAMURE (*Roger*-Paul-Antoine), ✼ (posthume), ✝ (palme), aspirant au 54ᵉ d'Artillerie.

Tombé à la bataille de Courmas, bois d'Écueil (Marne), le 9 juin 1918.

Citation : *Jeune aspirant, remarquable par son sang-froid et son mépris du danger ; le 9 juin 1918, a assuré l'exécution de nombreux tirs de barrage, malgré la violence du bombardement ennemi par obus de tous calibres et toxiques. A été tué à son poste de combat.*

[Né le 29 septembre 1898. Fils de M. et de Mᵐᵉ née ANTOINE-DAUPHIN.]

LAMY (Henry), ✼ (posthume), ✝ (étoile d'argent), ingénieur des Mines et métallurgiste, sergent-fourrier au 132ᵉ d'Infanterie.

Blessé une première fois, en septembre 1914, à Rambécourt (Meuse). Retourné au front dès son rétablissement, fut tué, le 27 septembre 1915, à la butte de Souain, en Champagne.

> *Citation : Sous-officier très intelligent et très consciencieux, agent de liaison du chef de bataillon. A été blessé mortellement, le 27 septembre 1915, en portant un ordre.*

[Né le 28 octobre 1891. Fils de M. Lucien LAMY, courtier assermenté du Tribunal de Commerce de la Seine, et de Mme née M.-Th. DOLBEAU.]

LA MYRE-MORY (Marie-Fernand-*Arnold* de), ✠ (posthume), ✠,

sous-lieutenant au 4e mixte d'Infanterie Coloniale.
Tué aux Dardanelles, le 7 juin 1915.

> *Citation : Nature d'élite, soldat dans la plus noble acceptation du terme. Après s'être particulièrement distingué par son attitude héroïque au cours du combat de nuit du 1er au 2 mai, n'a cessé de se signaler à nouveau par sa bravoure à toute épreuve et par sa haute conception de ses devoirs militaires, au cours des rudes combats qui ont suivi, comme dans les périodes de repos, jusqu'au jour où il est tombé glorieusement pour la France, frappé à la tête à son poste d'observation. A été cité.*

LANCESSEUR (*Henri*-Michel-Marie-Joseph de), ✠ (posthume), ✠

(étoile), sergent au 79e territorial d'Infanterie.
Enveloppé dans une vague de gaz asphyxiants, à Boesinghe (Flandres), en avril 1915, au moment où il allait faire la relève dans les tranchées de première ligne à la tête de sa section, il se trouva isolé avec quelques camarades, au milieu d'un groupe d'ennemis : se défendant jusqu'à la mort, il fut frappé d'une balle qui le terrassa; relevé et emporté à l'ambulance de Woesten après onze heures d'indicibles souffrances.

> *Citation : Mortellement blessé, le 22 avril 1915, en entraînant à l'attaque, avec la plus grande énergie, la section qu'il commandait. A été cité.*

[Né le 18 février 1879. Fils de M. et de Mme née BOUDIER DE LA VALLENERIE. Marié à Mlle POUSSARD, fille de M. et de Mme née HEUYRARD, — dont quatre enfants.]

LANÇON (Henri), littérateur.
Tué aux Eparges, en avril 1915.

LANCRENON (Georges), ✠, capitaine au 11e Dragons.
Tué le 10 octobre 1914.

[Fils de M. et de Mme née LABOURÉ.]

LANCRENON (Pierre), ✠, ✠, chef d'escadron au 239e d'Artillerie.
Tué, le 28 juin 1917, au Bois Camard.

[Frère du précédent.]

LANCRENON (Marc), ✠ (posthume), ✠, lieutenant à l'E.-M. du
500e d'Artillerie (Tanks).
Tué le 13 juin 1918.

> *Citation : Tombé glorieusement au champ d'honneur, en accomplissant une reconnaissance aux premières lignes d'une position nouvellement conquise.*

[Frère des précédents.]

LANDEL (Émile), ✠, ✠, colonel du 44e d'Artillerie.
Tué en novembre 1915.

LANDRIAN DE FISSON DU MONTET (Jean de), ✠ (posthume), ✠ (palmes), lieutenant au 18e Dragons, pilote-aviateur, commandant l'Escadrille 71.

Tombé glorieusement, le 2 février 1917, au cours d'un combat contre trois fokkers.

Citation : *Commandant d'escadrille d'une énergie et d'une bravoure exemplaires, prenant toujours pour lui les missions les plus dangereuses. Le 2 février 1917, au cours d'un vol photographique dans les lignes allemandes, a tenu tête, durant un quart d'heure, à trois avions de chasse ennemis. A trouvé une mort glorieuse dans ce combat inégal. A été cité.*

[Fils du Cte et de la Ctesse née DE LALLEMAND DE MONT.]

LANDRIAU (Gaston), avocat à la Cour de Paris, caporal au 360e d'Infanterie.

Disparu, le 25 août 1914, au combat d'Hoéville (Meurthe-et-Moselle).

[Né le 17 mars 1887. Fils du Lieutenant-Colonel (décédé) et de Mme née TOURET DE WINTON.]

LANDRON (Jacques), ✠, maréchal des logis au 11e Cuirassiers à pied.

Tué, le 2 octobre 1918, à 23 ans.

LANESSAN (Georges-Camille de), ✠ (posthume), ✠, sergent au 132e d'Infanterie.

Citation : *Excellent sous-officier, chef de section. A été tué, le 10 novembre 1914, aux Eparges, dans l'accomplissement de son devoir. A été cité.*

LA NEUVILLE (Hubert-Jean-François-Marie TESTART de), ✠ (posthume), ✠, lieutenant au 354e d'Infanterie.

Tué le 27 septembre 1915.

Citation : *Le 28 septembre 1915, a conduit énergiquement à l'assaut des tranchées allemandes la compagnie qu'il commandait depuis la veille. Dans un élan superbe, est parti en avant de ses hommes et est arrivé un des premiers sur le réseau de fils de fer allemand, où il est tombé mortellement atteint, le corps criblé de balles. Avait toujours, depuis le début de la campagne, fait preuve du plus bel esprit militaire. A été cité.*

LANGEL (V.-P.-M.), ✠ (posthume), ✠ (palme), lieutenant de vaisseau commandant l'*Utrecht*.

Citation : *Blessé grièvement dans un combat contre un sous-marin, a donné un bel exemple d'abnégation et de sacrifice en refusant d'évacuer son bâtiment et en coulant avec lui.*

LANGENHAGEN (Jean de), ✠ (posthume), ✠ (palme), médecin auxiliaire au 23e d'Infanterie.

Citation : *Médecin auxiliaire plein d'entrain et de courage. Blessé deux fois comme soldat combattant au début de la campagne. Le 16 avril 1917, étant parti immédiatement après la vague d'assaut, a été tué par une balle de mitrailleuse, au moment où il se portait au secours des hommes qui venaient d'être blessés. A été cité.*

LANGLADE (Maurice), ✠, ✠ (2 palmes), homme de lettres, lieutenant au 21ᵉ d'Infanterie.

Mort de ses blessures à Nœux-les-Mines, le 1ᵉʳ mai 1915.

LANGLAIS (*Félix*-Esprit), ☙ (posthume), ✠ (2 étoiles), docteur en médecine, médecin aide-major de 1ʳᵉ classe au 114ᵉ d'Artillerie lourde.

Mort, le 29 septembre 1918, à l'hôpital de Châlons-sur-Marne, de la grippe infectieuse contractée aux Armées.

> Citation : *Versé sur sa demande dans une unité combattante, a assuré son service jusqu'au moment où, trahi par ses forces, il a consenti à se laisser évacuer. Mort quelques jours plus tard à l'hôpital de Châlons.*

[Né le 1ᵉʳ juin 1879. Fils du Dʳ, ✠ (décédé), et de Mᵐᵉ née COLLIN. Marié à Mˡˡᵉ Madeleine ALIX, fille du Capitaine de frégate, O ✠ (décédé), et de Mᵐᵉ née HERVÉ, — dont trois enfants.].

LANGLAIS (Raymond), ✠, lieutenant pilote-aviateur.

Mort pour la France, le 27 juillet 1917.

[Fils de M. et de Mᵐᵉ née Madeleine FORCK. Marié à Mˡˡᵉ Adrienne BROUDEHOUX.]

LANGLE (Jean-Joseph-Marie de), ✠ (posthume), ✠ (palme), sous-lieutenant au 41ᵉ d'Infanterie.

> Citation : *Officier plein d'allant et de bravoure, qui a fait preuve, dans toutes les circonstances de la guerre, d'une rare énergie et d'un magnifique sang-froid. En particulier le 31 mars 1918, chargé d'exécuter un coup de main avec sa section, s'est élancé le premier dans la tranchée ennemie, où il est tombé grièvement blessé après avoir abattu de sa main une sentinelle allemande. Est décédé des suites de ses blessures. Une citation antérieure.*

LANGLOIS (Emmanuel), ✠, ✠ (palme), lieutenant de vaisseau.

> Citation : *Officier possédant au plus haut degré toutes les qualités et vertus militaires, a assuré, pendant dix-huit mois d'un commandement particulièrement actif, la protection de nombreux transports et navires de commerce ; a disparu avec son bâtiment, le 6 septembre 1917, en accomplissant son devoir militaire.*

LANGLOIS (Paul), ✠ (posthume), ✠, ingénieur-agronome, sous-lieutenant d'Infanterie.

Tué, le 8 juin 1915, à Neuville-Saint-Vaast.

> Citation : *A été tué au moment où, sous un bombardement terrible et sous une pluie de balles, il entraînait sa compagnie à l'assaut des maisons d'un village.*

LANGLOIS (Charles), ☙ (posthume), ✠, *engagé volontaire*, caporal d'Infanterie.

Tué à Hébuterne, le 8 juin 1915 (le jour même où tomba son frère, qui précède).

> Citation : *A énergiquement maintenu ses hommes dans la tranchée ennemie, sous une pluie de grenades. A été tué en repoussant, à coups de fusil, la contre-attaque allemande.*

LANGSDORFF (Baron Alain de), sergent au 15ᵉ territorial d'Infanterie.

Tué sous Verdun, au cours d'une reconnaissance, le 28 septembre 1914.

[Fils du B^on, O ✳, et de la B^onne née Alice d'Harcourt.]

LANLAY (Joseph-Casimir-Marie-*Raymond* BAHEZRE de), ✳ (posthume), ✠ (palme), lieutenant au 147e d'Infanterie.

Décédé des suites de ses blessures, le 10 septembre 1914, à l'hôpital de Montereau.

Citation : *A donné, le 28 août 1914, un très bel exemple de bravoure et d'abnégation. Ayant été très grièvement blessé en entraînant ses hommes à l'attaque, a refusé de se laisser transporter en arrière pour ne pas distraire les hommes de la ligne de feu. Est mort des suites de ses blessures. A été cité.*

[Fils de M. et de Mme née Zoé Salaün de Kertanguy.]

LANLAY (Anne-Marie-*François* BAHEZRE de), ✳ (posthume), ✠, sous-lieutenant au 5e Tirailleurs Algériens.

Citation : *Jeune et brillant officier, d'une bravoure splendide, d'un zèle incomparable. A fait l'admiration de tous pendant les attaques des 17 et 18 avril 1917. Frappé mortellement, tandis qu'il dirigeait les feux de peloton de mitrailleuses sous un violent bombardement ennemi. A été cité.*

[Né en 1894. Fils de M. (décédé) et de Mme née Louise de Peyronny.]

LANNES (Paul), soldat au 2e d'Artillerie lourde.

Mort pour la France, le 22 avril 1915.

[Né le 9 février 1896. Fils de l'Ingénieur en chef de la Compagnie Transatlantique, ✳, et de Mme née Gachassin-Lafite.]

LANNURIEN (..... BARAZER de), ✳ (posthume), ✠ (palme), capitaine adjudant-major au 2e bataillon du régiment de marche de la Légion Etrangère.

Citation : *Officier de grande valeur, exemple permanent de courage, d'entrain et de dévouement, légionnaire dans l'âme, aimé et admiré de tous. A magnifiquement conduit son bataillon à l'attaque des lignes ennemies, le 2 septembre 1918, communiquant à tous son enthousiasme et sa confiance dans le succès. A été grièvement blessé au moment où, pendant l'arrêt sur le premier objectif, il réorganisait les compagnies d'assaut dont tous les officiers étaient tombés. Tombé sous le feu d'une mitrailleuse, y demeura pendant quelques heures, défendant à ses hommes de le secourir pour ne pas augmenter les pertes. Mort des suites de ses blessures.*

LANNURIEN (*Étienne*-Guillaume-Marie BARAZER de), ✳ (posthume), ✠ (1 palme, 2 étoiles), sous-lieutenant de réserve au 34e d'Infanterie Coloniale.

Tué, le 20 juillet 1916, à l'attaque de Barleux (Somme).

Citation : *Officier consciencieux et brave, ayant toujours eu une superbe conduite devant l'ennemi. Mort en brave, le 20 juillet 1916, à Barleux.*

[Né le 18 août 1882. Fils de M. et de Mme née Mazurie de Pennanech.]

LANNURIEN (Hervé BARAZER de), ✠, maréchal des logis au 35e d'Artillerie.

Mort à l'hôpital de Nancy, en mai 1919.

LA NOË (Paul-Louis de), ✠, ✠ (8 citations), chef de bataillon au 320ᵉ d'Infanterie.

A succombé, le 22 février 1919, aux suites de ses blessures.

LA NOË (Jean de), ⚜ (posthume), ✠ (palme), fusilier breveté au bataillon de Fusiliers Marins.

Citation : *Resté volontairement comme veilleur sous un violent bombardement, a été atteint très grièvement, tandis qu'il mettait sa pièce en batterie, au moment de l'attaque. A continué à porter le trépied de sa mitrailleuse jusqu'à la position où il est tombé, sa tâche achevée.*

LANOUVELLE (Charles VEAU de), ⚜ (posthume), ✠ (étoile), rédacteur au Ministère de l'Instruction publique, sergent au 346ᵉ d'Infanterie.

Blessé grièvement, le 5 juin 1915, au Bois Le Prêtre, succomba le lendemain à l'hôpital de Pont-à-Mousson.

Citation : *Sous-officier d'une bravoure exceptionnelle, toujours prêt à accomplir les missions les plus périlleuses. Blessé grièvement d'un obus, en posant des défenses accessoires, le 5 juin; est mort le lendemain.*

[Né le 17 janvier 1885. Fils de M. Henri DE LANOUVELLE, magistrat (décédé), et de Mᵐᵉ née BRUGUIER-ROURE.]

LANSADE (Amédée de), ✠ (posthume), ✠ (4 citations), *engagé volontaire* dans la Cavalerie, sous-lieutenant d'Infanterie.

Tombé glorieusement, le 30 avril 1918.

Dernière citation : *Jeune officier plein d'entrain, se proposant toujours pour les coups de main ou les missions délicates. D'une bravoure allant jusqu'à la témérité. Le 29 avril 1918, a entraîné d'une façon superbe sa section à l'assaut des positions ennemies; a conquis l'objectif qui lui était assigné, l'a conservé malgré un tir très violent de mitrailleuses ennemies et un bombardement intense. A été tué, le 30 avril, au moment où il parcourait la ligne pour encourager ses hommes.*

[Né le 2 septembre 1894. Fils du Cᵗᵉ DE LANSADE, Bᵒⁿ DE JONQUIÈRES, et de la Cᵗᵉˢˢᵉ née Elisabeth DE JUVENEL.]

LANSON (*Michel*-Jean-Antoine), ⚜ (posthume), ✠ (étoile), aspirant au 156ᵉ d'Infanterie.

Tué à Beauséjour, le 26 septembre 1915.

Citation : *Ayant reçu l'ordre de déplacer rapidement sa section pour dégager un boyau d'accès aux premières lignes, n'a pas hésité à monter sur le parapet, sous un feu violent, pour aller reconnaître la nouvelle position. A été tué au cours de cette reconnaissance.*

[Né à Paris le 21 octobre 1895. Fils du Professeur, O ✠, et de Mᵐᵉ née LEGENDRE.]

LANTIN (Robert), ⚜ (posthume), ✠ (étoile), sergent au 360ᵉ d'Infanterie.

Tué, le 27 mai 1915, à Ablain-Saint-Nazaire.

Citation posthume : *A montré beaucoup de courage en se portant à l'assaut d'une tranchée, malgré une violente fusillade. A été tué en défendant la position conquise.*

[Né le 12 janvier 1887. Fils de M. LANTIN et de Mᵐᵉ née DE BAECQUE.]

LANTIVY DE TRÉDION (*René*-Charles-Marie, Vicomte René de), ✠ (posthume), ✠ (palmes), capitaine au 115e d'Infanterie.

Trouva la mort, le 22 août 1914, au combat de Virton (Luxembourg Belge), alors que, déjà blessé, un fusil à la main, il entraînait ses hommes ; frappé d'une balle en plein front, il tomba inanimé.

> Citation : *Frappé mortellement, en donnant à tous un exemple de courage et d'énergie. A été cité.*

[Né le 12 juin 1873. Fils du Vte et de la Vtesse née Guillemette HÉRON DE VILLEFOSSE (décédés). Marié à Mlle Marie MICHEL DE LA MORVONNAÏS, fille de M. et de Mme née DE RUBIN DE RAYS, — dont deux enfants.]

LANTY (*Marcel*-Charles de), ✠ (posthume), ✠ (palme), capitaine au 121e d'Infanterie.

Tombé glorieusement au champ d'honneur, le 21 août 1914, à Harzweiler, près Sarrebourg.

Cité à l'Ordre de l'Armée « pour sa brillante conduite et sa » belle attitude au feu dans les combats du 14 au 21 août 1914 ».

[Né le 8 janvier 1874. Fils de M. et de Mme née THONIER LA FORÊT. Marié à Mlle CORBIN DE GRANDCHAMP, — dont deux filles.]

LANTZ (*Jacques*-Louis), ✠ (posthume), ✠ (palme), étudiant en médecine, sous-lieutenant au 27e d'Artillerie de campagne.

Tombé glorieusement, le 21 juillet 1917.

> Citation : *Jeune officier possédant les plus belles qualités militaires : entrain, bravoure, esprit de sacrifice. Au cours des opérations de l'Yser, n'a pas hésité à grimper sur les arbres pour faire le repérage du terrain ; sous les balles ennemies, a fait un croquis perspectif détaillé et a rapporté de précieux renseignements sur les organisations allemandes. Blessé grièvement, le 21 juillet 1917, est mort des suites de ses blessures.*

[Né le 17 juin 1897. Fils de M. J.-G. LANTZ, Président de Section au Tribunal civil de la Seine, et de Mme née TANON.]

LANTZ (*Robert*-Élie) soldat au 120e d'Infanterie.

Mort pour la France, à Verdun, le 13 mai 1915.

[Né à Paris le 18 novembre 1897. Fils du Commandant, ✠, ✠, et de Mme née SALOMON.]

LANZAC DE LABORIE (Marie-Joseph-Léonard-*Jean* d'ESTRESSE de), ✠, lieutenant-colonel au 3e Spahis.

Tué sous Reims, le 14 septembre 1914.

[Né en 1863. Fils de M. et de Mme née Émilie DE PERRY LABORIE. Marié, en 1893, à Mlle Marguerite CHAUDRU DE RAYNAL, — dont deux enfants.]

LANZAC DE LABORIE (Pierre d'ESTRESSE de), Saint-Cyrien de la promotion de la Grande-Revanche, sous-lieutenant d'Infanterie.

Mort, le 6 septembre 1916, des suites d'une maladie contractée aux Armées.

[Né en 1896. Fils du précédent.]

LAPALUD (Henri-F. de), ✠ (posthume), ✠ (palme), soldat au 2e Étranger.

Tombé au Maroc, en 1916.

Citation : *Au combat d'X..., le 23 janvier 1916, son chef de section étant entouré par un fort groupe d'ennemis, s'est porté seul résolument à son secours; a tué plusieurs adversaires à la baïonnette et n'a succombé que sous le nombre.*

LAPARRA (Adolphe-Émile), O ✠, ✠ (palme), colonel commandant le 264e d'Infanterie.

Tombé glorieusement, le 25 mai 1915, à la carrière Mingasson, près Tracy-le-Mont (Oise), en effectuant une reconnaissance dans les tranchées de première ligne.

Citation (officier de la Légion d'honneur) : *A brillamment commandé son régiment depuis le début de la campagne. S'est emparé de deux villages. A reçu deux blessures, dont une grave.*

LAPERGUE (Roger), ✠, ✠ (6 citations), ✠ (Belge), lieutenant d'Artillerie, observateur à l'Escadrille B. R. 219.

Tombé en combat aérien, le 9 juillet 1918, à 25 ans.

LAPÉROUZE (*Paul*-Jean), ✠ (posthume), ✠ (1 palme, 1 étoile), licencié en droit, admissible à l'Ecole Polytechnique, sous-lieutenant au 13e d'Artillerie.

Tué, le 21 septembre 1916, à Bouchavesnes (Somme).

Citation : *Officier animé du plus haut sentiment du devoir; employé fréquemment comme observateur en première ligne, y a toujours fait preuve des plus brillantes qualités de calme et de bravoure; a montré les mêmes qualités, du 14 au 21 septembre, alors que sa batterie était en butte à des bombardements extrêmement violents d'obus de tous calibres. Tué à son poste, le 21 septembre 1916.*

[Né le 29 septembre 1892. Fils de M. Paul LAPÉROUZE, chef de service à la Banque de France, et de Mme née VUILLAUME.]

LAPÉROUZE (*Henri*-Alfred-Camille), ✠ (2 étoiles), *engagé volontaire*, sergent au 66e Chasseurs à pied, pilote-aviateur.

Tué accidentellement à l'Ecole d'Aviation de Pau, le 6 juin 1917.

Citation : *Blessé en plaçant personnellement, sans s'inquiéter du danger, chaque homme de sa demi-section. D'une bravoure exceptionnelle.*

[Né le 3 octobre 1896. Frère du précédent.]

LA PERRAUDIÈRE (*René*-Marie LE TOURNEUX de), ✠ (posthume), ✠ (palme), religieux de la Compagnie de Jésus, sergent au 409e d'Infanterie.

Tué sous Verdun, le 8 mars 1916.

Citation : *Blessé une première fois, est revenu au feu. A pris le commandement de sa section avec un grand courage. A été blessé une deuxième fois. Est enfin tombé glorieusement à la tête de sa troupe, à laquelle il avait communiqué son énergie et son abnégation.*

[Né le 3 avril 1892. Fils du Commandant, ✠, et de Mme née PANON DESBASSAYNS DE RICHEMONT.]

LA PERRAUDIÈRE (*Henri*-Marie LE TOURNEUX de), ✠ (posthume), ✠ (palme), étudiant (se préparait à Saint-Cyr), sous-lieutenant au 77e d'Infanterie.

Tué près d'Arras, le 8 juin 1915.

Citation : *Jeune sous-officier de 20 ans, plein d'ardeur et de bravoure. N'a cessé, pendant un violent bombardement, d'exalter le courage de ses hommes. Glorieusement tué à son poste de combat. A été cité.*

[Né le 15 août 1895. Frère du précédent.]

LA PERRIÈRE (Paul BRAC de), ✠ (étoile), capitaine au 112ᵉ d'Infanterie.

Tombé glorieusement à Wassincourt, le 8 septembre 1914.

Citation : *Mort à son poste de combat, après avoir brillamment mené sa compagnie à l'assaut d'un village défendu par des mitrailleuses.*

[Fils de M. et de Mᵐᵉ née DE BESSE. Marié à Mˡˡᵉ Jeanne DE LAPLANCHE, fille de M. et de Mᵐᵉ née DES ROZIER, — dont un fils.]

LA PERRIÈRE (Marie-Louis-*André* BRAC de), ✳ (posthume), ✠ (palme), sous-lieutenant au 75ᵉ d'Infanterie.

Tué, le 25 août 1914, à Moyenmoutier (Vosges).

Citation : *A été tué glorieusement, le 25 août 1914, à la tête de sa section qu'il entraînait avec ardeur dans une charge à la baïonnette. A été cité.*

[Né en 1891. Fils de M. et de Mᵐᵉ née GRUIN.]

LA PILLIÈRE (*Yves-Marie-Bernard* MORIN de), ✳ (posthume), ✠, sous-lieutenant au 1ᵉʳ Chasseurs à pied.

Citation : *A brillamment entraîné son peloton à l'attaque d'une forte position ennemie, sous un feu très violent de mitrailleuses. A été mortellement blessé au moment où il donnait le signal de la reprise du mouvement en avant, le 15 mai 1915, à Notre-Dame-de-Lorette. A été cité.*

LA PINTIÈRE (Maurice THOMAS de), ✠, sergent au 54ᵉ Chasseurs à pied.

Mort des suites de ses blessures à l'hôpital de Colmar, le 9 mai 1915.

[Né en 1884. Fils du Colonel, O ✳ (décédé en 1920), et de Mᵐᵉ née Marie GIRAUD.]

LA PINTIÈRE (Louis THOMAS de), ⊛ (posthume), ✠, caporal au 125ᵉ d'Infanterie.

Tué à l'assaut d'une tranchée, près de Neuville-Saint-Vaast, le 16 juin 1915.

Citation : *A brillamment entraîné son escouade à l'assaut, le 16 juin 1915. Est tombé mortellement frappé entre les deux lignes. A été cité.*

[Né en 1891. Frère du précédent.]

LAPLACE (André), ✳ (posthume), ✠ (1 palme, 2 étoiles), ✳ (Valeur Militaire Italienne), étudiant en médecine, *engagé volontaire*, sous-lieutenant au 253ᵉ d'Artillerie.

A pris part aux combats de Verdun (1916), de la Boucle de la Cerna (Macédoine Serbe, 1917), avec l'Armée Italienne, et de Locre-Kemmel (Belgique), où il a été tué le 30 mai 1918.

Citation : *S'est porté, avec le plus grand mépris du danger, vers un observatoire repéré battu systématiquement par le tir ennemi, et près duquel trois officiers avaient déjà trouvé la mort. Mortelle-*

ment blessé après l'accomplissement de sa mission, qu'il avait remplie avec son courage ordinaire et un complet mépris du danger.

[Né le 30 juin 1896. Fils du Professeur au Lycée Blaise-Pascal et de Mme née BÉGUÉ, directrice du Lycée Jeanne-d'Arc, à Clermont-Ferrand.]

LA POËZE (Henri-*Olivier*-Yves-Charles-Marie, Comte Olivier de), ※, ※ (1 palme, 2 étoiles bronze et argent), maréchal des logis au 11ᵉ Cuirassiers, puis sous-lieutenant détaché aux Auto-mitrailleuses et Auto-canons du 27ᵉ Dragons.

Est tombé glorieusement à la porte ouest d'Ingelmunster (Belgique). Après l'attaque qui lui valut la citation ci-après avec Légion d'honneur, son immense charité le poussa, quoique ce fût en opposition avec sa situation d'officier combattant, à retourner dans une zone très dangereuse et sous un bombardement particulièrement intense, au secours de blessés d'un peloton de soutien qui avait opéré sous ses ordres dans la journée. Il fut retrouvé mortellement frappé à côté d'un des blessés qu'il était allé secourir, récitant le chapelet avec lui. Il avait séjourné environ trois heures sur le terrain, perdant son sang en abondance, et mourut quelques heures plus tard à l'ambulance de Roulers (Belgique), où il avait été transporté.

Troisième citation (Légion d'honneur) : *Commandant une section d'auto-mitrailleuses et d'auto-canons, a conduit, les 15 et 16 octobre 1918, avec un brio remarquable, une reconnaissance offensive sur Abeele-Ingelmunster. A traversé à deux reprises la ligne ennemie et ramené des prisonniers. A été grièvement blessé en portant secours, sa mission terminée, à des cavaliers de son peloton de section. Une blessure antérieure. Deux citations.*

[Né le 11 avril 1890. Fils du Cte et de la Ctesse née Marguerite LEGOUX, décédée en 1920.]

LA POMÉLIE (Joseph - Philippe - Marie - Camille - *Jean* de), ※ (posthume), ※, capitaine mitrailleur au 131ᵉ d'Infanterie.

Tué en avril 1916.

Citation : *Officier d'une intrépidité remarquable. Dans une violente contre-attaque de l'ennemi, tous les officiers supérieurs ayant été tués, a pris énergiquement la direction du combat et a organisé la défense. Est tombé en rendant compte, sous le feu, de la situation et des mesures qu'il prenait. A été cité.*

LAPORTALIÈRE (Albert-Joseph-*René* TAILLEFER de), ※, ※ (1 palme, 2 étoiles), ※ (Médaille du Maroc), capitaine à l'E.-M. du 9ᵉ Groupe de Chasseurs alpins.

Tué au Chemin-des-Dames (Aisne), le 20 octobre 1917.

Citation à l'Ordre de l'Armée : *Officier très brave, qui s'est brillamment conduit dans tous les combats auxquels il a pris part. A été grièvement blessé à son poste de combat, le 20 octobre 1917. Déjà deux fois cité à l'Ordre.*

[Né le 13 juillet 1882. Fils de M. Adrien TAILLEFER DE LAPORTALIÈRE, avocat à la Cour d'appel de Toulouse, ancien bâtonnier, et de Mme née Marthe SAZERAC DE FORGE. Marié à Mlle Françoise DE BELLOMAYRE, fille de M. Emmanuel DE BELLOMAYRE, ancien magistrat, et de Mme née Denise LE MOLT, — dont quatre enfants.]

LAPORTE (*Henri*-Ernest-Louis de), ※ (étoile), docteur en droit, sergent au 305ᵉ d'Infanterie.

Blessé à Puisieux, le 8 septembre 1914 ; reparti pour le front, sur sa demande, le 3 novembre, sans être guéri ; tué à Fontenoy, le 12 novembre 1914, d'une balle à la tête, en sortant de la tranchée pour entraîner ses hommes à l'assaut.

[Né le 14 février 1886. Fils de M. Charles DE LAPORTE et de Mme née CHASSAIGNE-GOYON.]

LA PORTE (Arnaud-Paul-Marie-*Ferdinand* de), ✠ (posthume), ✠ (palme et étoile), lieutenant au 4ᵉ Dragons.

Tué à Locre (Belgique), le 29 avril 1918.

> Citation : *Officier superbe d'enthousiasme et d'ardeur combative. A donné un magnifique exemple de courage en enlevant ses sections, très éprouvées par un violent bombardement, à des contre-attaques contre un ennemi très supérieur en forces, qu'il a repoussé. A été tué en se maintenant sur la position conquise. A été cité.*

[Né le 8 mai 1888. Fils du Commandant et de Mme née LE BEL.]

LA PORTE (Pierre), ✠ (posthume), ✠ (palme), enseigne de vaisseau commandant le *Blanc-Nez*.

> Citation : *Mort à bord de son bâtiment. Avait pris part à de nombreux dragages depuis le début de la guerre, donnant constamment un bel exemple d'énergie, de courage et d'abnégation.*

LA PORTE AUX LOUPS, Comte d'HUST (Henri-*Armand* de), C ✠, ✠, Général de Brigade.

Décédé, à Bar-le-Duc, le 3 octobre 1916, des suites d'un accident survenu en service commandé.

> Citation : *Belles aptitudes de chef et vigoureuses qualités de soldat. A donné, en toutes circonstances, à la tête d'une brigade, puis d'une division, des preuves d'énergie, de vigueur et de sens tactique.*

[Né le 23 novembre 1855. Fils du Cte et de la Ctesse née DE LESCOURS (décédés). Marié à Mlle DE GLOS, — dont quatre enfants.]

LAPORTE-BISQUIT (Martial-Hubert-René-*Michel*), ✠ (posthume), ✠, brigadier au 12ᵉ Dragons.

> Citation : *Excellent brigadier, plein d'énergie et de courage. A été tué à son poste de combat, le 26 avril 1918, en assurant le commandement de son équipe de F. M. — A été cité.*

LA PORTE DU THEIL (Gabriel de), ✠, lieutenant au 21ᵉ d'Artillerie.

Après avoir pris part, dès le début des hostilités, aux principales offensives sur le front français, il faisait partie du Corps expéditionnaire d'Italie ; c'est là qu'il contracta la maladie qui devait l'emporter le 12 décembre 1918. Officier brave et énergique, il s'était refusé à se laisser évacuer, voulant prendre part aux derniers combats sur le Piave, où son régiment se distingua.

[Marié à Mlle DE GAALON, — dont un fils.]

LAPORTERIE (Raymond de), lieutenant au 234ᵉ d'Infanterie.

Tué en 1916.

[Fils de M. Louis DE LAPORTERIE et de Mme née Alice DE NAŸS-CANDAU. Marié à Mlle Suzanne LE DESCHAULT DE MONREDON.]

LAPORTERIE (Marie-Joseph-Charles-*Henri* de), ingénieur-électricien, sous-lieutenant d'Artillerie, observateur à l'Escadrille V. 212.

Mort pour la France, en Champagne, à la suite d'un accident, pendant un vol de nuit, le 19 mars 1916.

Son Colonel a rappelé sur sa tombe que « son habitude était » de s'offrir pour les missions périlleuses, que, brigadier au début » de la guerre, il avait gagné ses galons sur les divers champs de » bataille, que sa bravoure éclatante n'avait d'égale que son ca- » ractère charmant et sa bonne humeur inaltérable...........»

[Né le 4 novembre 1892. Frère du précédent.]

LA POTTERIE (Henri de), ✲, ✠, capitaine.
Tué à Charleroi, le 22 août 1914.

LAPOYADE (Jean-*Robert* de), ✧ (posthume), ✠, sergent-major mitrailleur au 74e d'Infanterie.
Tué au Chemin-des-Dames, le 27 mai 1918.

LA PREUGNE (*Jean*-Louis-Antoine AUFRÈRE de), ✲ (posthume), ✠ (palmes), ingénieur, lieutenant au 53e d'Artillerie, observateur à l'Escadrille C. 47.

Tombé en combat aérien, devant Verdun, le 17 octobre 1917.

Citation : *Officier d'une haute valeur professionnelle et morale. Observateur en avion plein d'allant et d'une bravoure légendaire. S'est particulièrement distingué pendant les attaques de Champagne, de la Somme et de l'Aisne, en survolant les tranchées à très basse altitude, revenant chaque fois avec un appareil criblé de balles et d'éclats. Le 17 octobre 1917, pour aller mitrailler les tranchées et boyaux de communication ennemis, a trouvé une mort glorieuse au cours d'un combat aérien. A été cité.*

[Né le 1er septembre 1884. Fils de M. et de Mme née Berthe LOYSSON DE GUINAUMONT.]

LA QUÉRIÈRE (Henry de), ✠.............................

LARDEMELLE (Maurice de), ✲, ✠, colonel du 5e d'Infanterie.
Décédé, en 1914, à l'hôpital de Versailles, des suites de blessures reçues au cours des premiers combats.

LARDEMELLE (Joseph-Marie-*Henri* de), ✲ (posthume), ✠, capitaine au 48e d'Infanterie.

Citation : *Admirable soldat, réputé de sang-froid, d'énergie et de fermeté d'âme. Mortellement blessé, le 29 août 1914, a refusé de se laisser emporter et de quitter le commandement du bataillon qu'il menait à l'attaque. A été cité.*

LARDEMELLE (..... de), ✲, ✠ (4 citations), capitaine au 12e Cuirassiers.
Blessé le 12 juin 1918, a succombé le lendemain.

[Tous trois fils du Général et de Mme DE LARDEMELLE.]

LAREINTY-THOLOZAN (Honoré de BAILLARDEL, Comte de), ✲ (posthume), ✠, lieutenant aviateur à l'Escadrille M.F. 14.

Aviateur d'avant-guerre, rendit de grands services au début de la campagne. A fait une chute mortelle, en 1916, en procédant à des essais avec un nouvel appareil.

> Citation : *Officier d'un allant et d'une audace hors de pair, s'est employé à la chasse, depuis plus de six mois, avec ardeur. Au cours de nombreuses rencontres, a toujours forcé ses adversaires, parfois plus nombreux et mieux armés, à fuir. Mort en avion au cours d'un vol d'essai dont il n'avait voulu confier le soin à aucun autre pilote.*

[Né le 6 septembre 1887. Fils du B⁰ⁿ DE LAREINTY, ancien député, et de la B⁰ⁿⁿᵉ née DE PUYSEGUR, décédés.]

LARÈRE (Joseph), ✠, capitaine au 130ᵉ d'Infanterie.
Tué en octobre 1914.

LA RÉSIE SAINT-MARTIN (Pierre-Justin de), ✠ (posthume), ⚭, ✠,
adjoint au Commandant d'un bataillon de Chasseurs alpins.
Tué, le 22 juillet 1915, à 41 ans.

LA REVELIÈRE (*Louis*-Marie-Henri, Marquis de), ✠ (1 palme, 2 étoiles), sergent d'Infanterie.
Tué, le 1ᵉʳ novembre 1918, en Champagne.

[Né le 28 février 1869. Fils du Mⁱˢ et de la Mⁱˢᵉ née DE MAISONPRÉ.]

LARGEAU (Victor-Emmanuel-Étienne), C ✠, ✠ (palmes), Général de Brigade.

> Citation : *Officier général de haute valeur. A commandé en chef les troupes françaises qui, de concert avec les Anglais, ont conquis les positions allemandes de l'Afrique centrale. Pourvu récemment d'un commandement sur le front, a apporté dans l'accomplissement de cette nouvelle tâche l'ardeur, la bravoure et la haute intelligence dont il a toujours fait preuve dans une carrière brillamment remplie. Blessé mortellement le 26 mars 1916.*

LA RIVIÈRE (Louis-Marie-Victor-Auguste-*Jacques* de), ✠, ✠ (palmes), capitaine au 42ᵉ d'infanterie.

> Citation : *Officier accompli et d'une haute valeur morale. Exemple constant du devoir et de l'héroïsme. Tué, le 15 janvier 1915, en maintenant sa compagnie sous une furieuse attaque allemande. Une citation antérieure.*

LARIVIÈRE (Roger de), maréchal des logis au 6ᵉ Hussards, pilote-aviateur.
Victime d'un accident survenu, le 23 février 1916, dans la zone des Armées.

[Né en 1895. Fils de M. et de Mᵐᵉ née MONOD.]

LARIVIÈRE (*Pierre*-Paul-Georges PARJADIS de), ✠ (posthume), ✠ (palme), lieutenant au 3ᵉ d'Artillerie.
Blessé mortellement par un éclat d'obus, au combat de Saacy (Montagne de Reims), mort, le 15 juillet 1918, à l'hôpital de La Veuve (Seine-et-Marne).

> Citation : *Jeune officier d'artillerie, qui a donné en toutes circonstances des preuves de sa grande valeur. A pris, le 15 juillet 1918, pendant la bataille de Champagne, le commandement d'une batterie très éprouvée par de nombreuses pertes en personnel et dont le capitaine venait d'être blessé grièvement. A, par son sang-froid et sa grande influence personnelle, maintenu un moral très élevé dans cette batterie. Blessé mortellement à son poste. A été cité.*

LARIVIÈRE (Augustin), Saint-Cyrien, sous-lieutenant au 70ᵉ d'Infanterie
Tué à Saint-Nicolas-lès-Arras, le 9 mai 1915.

LARMANDIE (Bertrand de), ☬, ✠ (palme), brigadier au 366ᵉ d'Artillerie lourde.
Blessé grièvement le 20 juin 1918, succomba à ses blessures le 4 juillet suivant.

[Fils du Cᵗᵉ et de la Cᵗᵉˢˢᵉ née MARION, décédée.]

LARMANDIE (François de), canonnier au 412ᵉ d'Artillerie lourde.
Tué à Grandlup-Fay, le 4 novembre 1918.

[Frère du précédent.]

LARMINAT (Marie-Roger-*André* de), ☬ (posthume), ✠, caporal au 3ᵉ Génie.
Grièvement blessé au combat de Beauséjour, le 28 février 1915, succomba à ses blessures le 27 mars suivant.

Citation : *Gradé dont la bravoure et l'entrain faisaient l'admiration de tous. Revenu volontairement sur le front après une première blessure, a été mortellement frappé de plusieurs balles, alors qu'il s'élançait, à la tête de son escouade, à l'assaut des tranchées ennemies à Beauséjour.*

[Fils de M. et de Mᵐᵉ Jean DE LARMINAT.]

LARMINAT (Marie-*Bernard* de), ✳ (posthume), ✠ (3 citations), sous-lieutenant au 16ᵉ Dragons.

Citation : *Officier d'une bravoure exemplaire. A été tué, le 19 juillet 1918, au moment où il entraînait sa section sur une position avancée pour combattre des mitrailleuses qui couvraient la retraite ennemie (combat de Montvoisin). Déjà cité à la Division et à l'Armée.*

[Frère du précédent.]

LARMINAT (Paul de), sous-lieutenant de Cavalerie, pilote-aviateur.
Tué, le 16 avril 1918, à Bourg-et-Comin (Aisne). Voyant que la progression de notre infanterie était gênée par des mitrailleuses ennemies, il tournoya au-dessus d'elles en les mitraillant à son tour. Une balle partie de terre détoriora son appareil et le força d'atterrir ; c'est alors qu'il fut atteint par les mitrailleuses ennemies. Mais son intervention avait permis à l'infanterie de déborder et de faire tomber la position.

[Fils du Lieutenant-Colonel et de Mᵐᵉ DE LARMINAT.]

LA ROBERTIÈRE (Marc de), ☬ (posthume), ✠, soldat au 418ᵉ d'Infanterie.

Citation : *Soldat digne de tous éloges, toujours volontaire pour les missions périlleuses. Blessé mortellement à Vendresse (Aisne). Mort pour la France, le 19 avril 1917. A été cité.*

LA ROCHE-AYMON (*Hély-Jean-Auguste*, Comte Hély de), ✳ (posthume), ✠ (palmes), *engagé volontaire*, lieutenant au 16ᵉ Dragons.
Blessé grièvement, le 27 mars 1918, à Marquivillers (Somme) ;

mort, le 7 avril suivant, des suites de ses blessures à l'hôpital de Guise.

Citation : *Modèle de bravoure et de courage. Dans le combat du..., a fait preuve de la plus grande initiative en assurant avec ses mitrailleuses le repli de sa compagnie serrée de très près, et, grièvement blessé, a refusé de se laisser emporter. Décédé des suites de ses blessures. A été cité.*

[Né le 11 avril 1885. Fils du Cte et de la Ctesse née Alix de Mérode.]

LA ROCHEBROCHARD (*Jean*-Marie-Henri BROCHARD, Vicomte Jean de), ☩ (posthume), ✠ (étoile), brigadier au 31e Dragons.
Mort des suites de ses glorieuses blessures, en mai 1918.

Citation : *Excellent brigadier, plein de bravoure et d'entrain. A été grièvement blessé, le 29 avril 1918. Mort pour la France, à la suite de ses blessures. Une citation antérieure à l'Ordre de la Division.*

[Né le 1er juin 1889. Fils du Cte et de la Ctesse née Saulnier de Pierrefonds, décédés.]

LA ROCHEBROCHARD (*Hervé*-Pélage-Marie BROCHARD de), ✠ (posthume), ✠ (2 palmes), Saint-Cyrien (promotion de la Grande-Revanche), *engagé volontaire*, sous-lieutenant au 114e d'Infanterie.
Tué, le 7 mai 1916, à la cote 304 (Verdun).

Citation : *Les 6 et 7 mai 1916, a maintenu sa section sous un bombardement ininterrompu de 36 heures. A contribué à repousser un assaut en donnant à sa troupe le plus magnifique exemple de bravoure, de calme et de sang-froid. Tué glorieusement à son poste de combat.*

[Né le 9 septembre 1895. Fils du Vte Jacques de La Rochebrochard (décédé), et de la Vtesse née Marie Rolland du Noday.]

LA ROCHEBROCHARD (..... BROCHARD de), ✠, ✠ (palme), capitaine au 36e bataillon Sénégalais.
Disparu à Vaux-Chapitre, le 4 septembre 1916.

LA ROCHECANTIN (Guy de LA MORINIÈRE de), ✠, sous-lieutenant au 2e Cuirassiers.
A succombé, en 1914, aux suites de blessures reçues dans les combats du Nord.

[Fils du Cte (décédé) et de la Ctesse née de Menou.]

LA ROCHEFORDIÈRE (Comte Guy de), ✠ (posthume), ✠ (5 citations), sous-lieutenant d'Artillerie, pilote-aviateur, commandant une Escadrille de chasse.
Tombé glorieusement en combat aérien, le 11 juin 1918, après avoir abattu deux avions.

Citation : *Véritable chef et entraîneur d'hommes. Ayant pris depuis peu de temps le commandement d'une escadrille, a su lui donner une merveilleuse impulsion, en l'entraînant aux combats les plus durs contre les patrouilles ennemies. A été grièvement blessé en accompagnant, avec son audace habituelle, l'attaque de notre infanterie. Quatre citations.*

[Marié à Mlle Anne-Marie Heurtaux, — dont une fille.]

LA ROCHEFOUCAULD (*Georges*-Marie-François, Comte Georges de), ✠ (posthume), ✠, lieutenant aviateur.

Tombé à Marchiennes (Nord), le 4 juillet 1915.

Citation : Exécutant une reconnaissance à longue portée dans une zone particulièrement dangereuse défendue par l'artillerie ennemie, a accompli courageusement sa mission, engagé le combat contre des avions rapides et puissamment armés, et a été tué glorieusement au cours de ce combat. A été cité.

[Né le 30 mars 1889. Fils du Cte Alfred DE LA ROCHEFOUCAULD et de la Ctesse née Pauline PISCATORY DE VAUFRELAND.]

LA ROCHEFOUCAULD (*Henri*-Olivier-Marie, Comte Henri de), ✚ (posthume), ✖, sous-lieutenant au 9e Cuirassiers à pied.

Détaché à l'E.-M. du régiment, comme officier de renseignements, trouva la mort au cours d'une mission, le 9 juin 1918.

Citation : Officier de valeur et de la plus grande distinction morale. Placé à la tête du service des renseignements, a obtenu des résultats inappréciables dans l'organisation de ce service où son érudition, sa conscience et sa haute conception du devoir se sont largement manifestées. Le 9 juin 1918, a su renseigner le commandement d'une façon parfaite sur les mouvements de l'ennemi. Est tombé mortellement frappé en pleine action. A été cité.

[Né le 18 janvier 1883. Fils du Cte Guy DE LA ROCHEFOUCAULD (décédé) et de la Ctesse née Marie DE ROCHECHOUART-MORTEMART. Marié, en 1911, à Mlle Gabrielle GOURY DU ROSLAN, décédée.]

LA ROCHEFOUCAULD (*Jean*-Charles-Joseph, Comte Jean de), ✚, ✖ (étoile d'argent), capitaine au 11e Chasseurs à cheval.

Libéré de toute obligation militaire, avait repris du service pour la durée de la guerre. Mort, le 12 janvier 1917, à l'hôpital militaire Astoria, d'une maladie contractée aux Armées.

[Né le 3 février 1865. Fils du Cte Arthur DE LA ROCHEFOUCAULD (décédé) et de la Ctesse née Luce DE MONTBEL. Marié, en 1889, à Mlle Marie LE TONNELIER DE BRETEUIL (décédée en octobre 1918), fille du Cte et de la Ctesse née Charlotte FOULD, — dont deux enfants : Cte Gaston et Mlle Françoise DE LA ROCHEFOUCAULD.]

LA ROCHETHULON (*Henri*-Marie-Fernand, Comte Henri THIBAULT de), ✚ (posthume), ✖ (1 palme, 3 étoiles), Saint-Cyrien de la promotion de la Grande-Revanche, lieutenant au 60e d'Infanterie.

Engagé tout d'abord au 125e de ligne, en 1914, il partait sur le front comme sous-lieutenant au 232e, et prit part, au Signal de Xon, à une affaire assez chaude; passa ensuite au 60e qui, du 21 février au 15 mars 1916, se battit sous Verdun, et enfin fut envoyé dans la Somme. C'est là qu'il fut tué, le 12 août 1916, par un obus de gros calibre, à 2 heures du matin, quelques heures avant une attaque qu'il devait faire en tête de sa compagnie.

Quatrième citation : Jeune officier plein d'allant et d'entrain; s'était distingué, au cours de la campagne, par son joyeux courage. Tombé glorieusement, le 12 août 1916, au cours d'un bombardement par obus de gros calibre. Déjà cité trois fois.

[Né à Paris le 16 avril 1895. Fils du Cte Olivier DE LA ROCHETHULON et de la Ctesse née DES COURTILS DE MERLÉMONT.]

LA ROCHETHULON (Marie-Emmanuel-Jean THIBAULT de), *engagé volontaire* au 15e Dragons.

Décédé, le 2 septembre 1915, à l'hôpital mixte de Libourne,

des suites d'une chute de cheval, faite sur le champ de manœuvres en service commandé.

[Né le 9 avril 1897. Fils du Cte Georges DE LA ROCHETHULON, ancien député, et de la Ctesse née Cécile DE LAS CASES.]

LA ROCHETTE (Jean de), interprète à la mission Franco-Britannique en Pays Rhénans.

Tué en service commandé, à Cologne, le 27 novembre 1919.

[Fils du B^on et de la B^onne née BOCHER.]

LA ROCHETTE (Antoine-Jérôme-Ferdinand RIMOZ de), ✠ (posthume), ✠ (palme), ancien ingénieur, directeur d'Assurances à Lyon, sous-lieutenant au 217e d'Infanterie.

Partit, le 2 août 1914, comme simple soldat; tué à Reillon-Leintrey, le 20 juin 1915.

Citation : *Tombé glorieusement, en combattant avec un courage et une énergie dignes des plus grands éloges, au cours de contre-attaques violemment livrées à l'ennemi dans ses tranchées. A été cité.*

Ses soldats allèrent, sous les balles, relever son corps, qui fut inhumé dans le village de Fréménil, près de la cote où il livra son dernier combat.

[Né le 12 juillet 1881. Fils de M. et de Mme née JUTIER. Marié, en 1913, à Mlle Laurence OLPHE-GALLIARD, fille de M. et de Mme née FAYARD DE MILLE, — dont un enfant.]

LA ROCHETTE DE BARCELONNE (*Alfred*-Louis-Antoine-Paul, Comte Alfred SIMON de), ✠ (posthume), ✠ (3 citations), lieutenant au 11e Dragons.

Citation : *Officier d'une haute valeur morale, d'une rare énergie. Grièvement blessé, le 28 septembre 1915, a rejoint le front incomplètement guéri. Est tombé mortellement frappé, le 1er juillet 1916, dans un poste de guetteurs, au cours d'un combat de nuit. A été cité.*

LA ROCHETTE DE ROCHEGONDE (*Fernand*-Emmanuel, Vicomte Fernand de), ✠, ✠, capitaine au 162e d'Infanterie.

Blessé devant Verdun, en 1915, retourna au front incomplètement guéri, pour prendre part à l'offensive de la Somme, où il devait trouver la mort du soldat; il fut frappé d'un éclat d'obus en plein cœur, le 13 juillet 1916, à La Maisonnette, près Péronne.

Citation : *S'est distingué d'une façon toute particulière, dans les journées de combat des 12 et 13 juillet, par son sang-froid, sa décision et sa bravoure. A su, par son calme et son autorité, sous un violent bombardement, maintenir son unité dans le plus grand ordre et la tenir prête à l'action. Est tombé bravement, le 13 juillet, à son poste de combat, en disposant son unité pour l'exécution d'une contre-attaque.*

[Né le 23 septembre 1869. Fils du Cte Alexandre et de la Ctesse née Laure DU PUITS DE CHEVREUSE (décédés). Marié, en 1907, à Mlle Madeleine LEMAIGRE, fille de M. LEMAIGRE DE GUITARD et de Mme née ROUGIÉ.]

LAROCQUE (Charles-Antoine de), ✠ (posthume), ✠, caporal au 74e territorial d'Infanterie.

Citation : *Caporal énergique et brave. Glorieusement mort pour la France, le 5 juin 1918, à son poste de combat. A été cité.*

LA ROCQUE DE SEVERAC (Comte Raymond de), ✳, ✚ (2 palmes, 1 étoile), ✳ (Médaille Coloniale), chef de bataillon au 37e d'Infanterie.

Tué, le 23 mai 1915, à Neuville-Saint-Vaast.

Citation : *Au cours de l'attaque de positions fortement retranchées, a, de sa propre initiative, couvert le flanc droit des troupes qui le précédaient, et a ainsi contribué, pour une large part, à la progression de toute la ligne. Tué quelques jours après par un éclat d'obus.*

[Né en 1875. Fils du Général et de la Ctesse née SOLLIER, décédés.]

LA RONCIÈRE (Jean-Roch BOUREL de), lieutenant au 269e d'Infanterie.

A succombé à ses blessures, au Mans, le 6 juillet 1915, à 31 ans.

LA RONDE (Louis de)...

Tué dans l'Argonne, le 14 mars 1915.

[Marié à Mlle Charlotte DE SAINT-SAUVEUR-LORRAINE, — dont quatre enfants.]

LA ROQUE (Camille-Lucien de), ✿ (posthume), ✚, aspirant au 139e d'Infanterie.

Citation : *Jeune aspirant, plein d'entrain et de bravoure. Brillante attitude au combat du 4 septembre 1916. Est tombé mortellement atteint d'une balle en plein front, au moment où, à la tête de sa section, il sautait le premier dans la tranchée ennemie. A été cité.*

LAROQUE (*Henri*-Jean-Marie de), soldat au 158e d'Infanterie.

Mort pour la France, le 25 juillet 1915.

[Né le 30 juillet 1894. Fils de M. et de Mme née DUHOMME.]

LA ROSA (Jean de), ✿ (posthume), ✚ (palme), canonnier au 38e d'Artillerie.

Citation : *Tué à son poste après avoir assuré, avec un courage remarquable, le service de son mortier à 50 mètres des tranchées ennemies.*

LA ROULIÈRE (Lionel CHEBROU de), soldat cycliste au 67e territorial d'Infanterie.

Mort à l'ambulance de Saint-Pierre-Aigle (Aisne), le 16 juillet 1915.

[Fils de M. et de Mme née DE TUDERT, décédée. Marié à Mlle DE LASTIC SAINT-JAL.

LA ROULIÈRE (Jean CHEBROU de), ✳ (posthume), ✚ (palme), sous-lieutenant au 174e d'Infanterie.

Tué à Douaumont, le 3 mars 1916.

Citation : *Vaillant officier, d'une grande bravoure et d'un beau dévouement. Le 3 mars 1916, s'est élancé crânement à l'assaut des positions ennemies, les a enlevées et a trouvé une mort glorieuse en défendant le terrain conquis contre les retours offensifs de l'adversaire.*

[Frère du précédent.]

LA ROUSSERIE (*André*-Pierre GOSSET de), ✳ (posthume), ✠ (3 étoiles), inspecteur à la Compagnie d'Assurances *Le Monde*, capitaine au 53ᵉ Colonial.

Tombé, à la tête de sa compagnie, le 16 avril 1917, à l'offensive de l'Aisne, en abordant la troisième tranchée allemande, au sud-ouest d'Ailles.

> Citation posthume : *Commandant de compagnie aimé de ses hommes, a entraîné sa troupe à l'assaut, le 16 avril 1917, avec le plus brillant courage. A trouvé une mort glorieuse en abordant la troisième tranchée allemande. A été cité.*

[Né le 5 août 1878. Fils de M. et de Mᵐᵉ née DE BARREY.]

LA ROUTIÈRE (Gaston LONGUÉTY de), ✠, maréchal des logis au 1ᵉʳ d'Artillerie.

Décédé en Belgique, à 33 ans, des suites de ses blessures.

LARRARD (*Pierre*-Louis-Joseph de), ✳, ✠ (palme), *engagé volontaire*, sous-lieutenant au 259ᵉ d'Artillerie.

Tué aux combats de l'Aisne, le 24 octobre 1917.

> Citation : *Dégagé, par son âge, de toute obligation militaire, s'était engagé au début de la campagne. Nature ardente et généreuse, brave jusqu'à la témérité, était d'un noble exemple pour les hommes de son régiment où il avait conquis tous les cœurs. Tombé glorieusement, le 24 octobre 1917, au cours d'une reconnaissance.*

[Marié à Mˡˡᵉ Marthe-Suzanne DERAMÉ.]

LARREGUY DE CIVRIEUX (Marc).

Tué sous Verdun, le 18 novembre 1916, à 21 ans.

LARROQUE (Pierre-Lucien-Louis-Marie de), ✳ (posthume), ✠, sous-lieutenant au 33ᵉ Colonial.

> Citation : *Brillant officier, plein de mordant et d'énergie. Est tombé glorieusement, le 16 avril 1917, en entraînant sa section à l'assaut de la première position allemande au Chemin-des-Dames. A été cité.*

LARROZE (Jean), ✠ (palme), lieutenant au 32ᵉ d'Infanterie.

Tué au Mont Toulon (Lorraine), le 21 août 1914.

[Né le 1ᵉʳ mai 1880. Fils de M. et de Mᵐᵉ née BUFFET. Marié à Mˡˡᵉ Magdeleine GIRAUD, fille de M. et de Mᵐᵉ née JACQUAND, décédée.]

LARUE (Alexandre-Rémy de) ⚓ (posthume), ✠, sergent au 94ᵉ d'Infanterie.

> Citation : *Sergent brave et dévoué. A été blessé mortellement, le 17 septembre 1914, à la Montagne de Reims.*

LA RÜE DU CAN (René de), brigadier au 3ᵉ Dragons, interprète à l'Armée Britannique.

Tué en 1915.

LA RUELLE (Louis-Joseph-*Clément* de), ⚓ (posthume), ✠, *engagé volontaire* au 2ᵉ Chasseurs à pied.

Tué le 20 août 1918, sous Soissons.

> Citation : *Fusilier-mitrailleur de fière bravoure et au cœur bien*

accroché. Tombé glorieusement à son poste de combat, le 20 août 1918, en repoussant une violente contre-attaque. A été cité.

[Né en 1899. Fils du Colonel et de Mᵐᵉ F. DE LA RUELLE.]

LASAGEAS DE COMBEMOREAUX (Antoine-Marie-Jean de), 🎖 (posthume), ✠, soldat au 69ᵉ d'Infanterie.

Citation : *Excellent soldat, qui s'est fait remarquer par son énergie et son endurance au cours de la retraite de la Marne, refusant de se laisser évacuer, bien que malade et éclopé. Tombé glorieusement, le 21 décembre 1914, à Jonchery, au cours de l'attaque d'une tranchée ennemie, en faisant bravement son devoir.*

LA SALLE (Pierre COLLINET de), chasseur à pied.
Mort, en 1915, à l'hôpital militaire de Beaune.

[Né en 1896. Fils du Cᵗᵉ et de la Cᵗᵉˢˢᵉ Georges DE LA SALLE.]

LA SALLE (Louis SEGUIN de), ✠, littérateur.
Tué le 7 octobre 1915.

LA SEIGLIÈRE (Henry-Raphaël-*Jean* de), 🎖 (posthume), ✠ (palmes), *engagé volontaire*, maréchal des logis au 8ᵉ Cuirassiers à pied.
Engagé à 17 ans 1/2, fut tué, le 4 avril 1918 (Journée des Cuirassiers), à Moreuil, d'une balle au cœur, en entraînant ses hommes à l'assaut. Avait, en avril 1917, pris part brillamment à l'offensive de Champagne.

Citation : *Frappé mortellement, le 4 avril 1918, au cours d'une violente attaque où il a fait preuve des plus belles qualités de courage et de sang-froid. Déjà cité.*

[Né le 12 novembre 1897. Fils de M. James DE LA SEIGLIÈRE (décédé) et de Mᵐᵉ née PERRIER.]

LA SELLE (Jacques-Auguste-*Gérard* de), 🎖 (posthume), ✠ (étoile), *engagé volontaire*, aspirant au 4ᵉ Cuirassiers.
Blessé mortellement, le 5 mai 1917, à l'attaque du Moulin de Laffaux; mort le lendemain à l'ambulance de Crouy.

Citation : *Jeune aspirant, plein d'entrain, de courage et d'allant. Blessé mortellement, à Laffaux, en entraînant ses hommes à l'attaque, le 5 mai 1917. A été cité.*

[Né le 13 octobre 1896. Fils de M. Roger DE LA SELLE et de Mᵐᵉ née BALSAN.]

LA SELVE (Albert CHANNAC de), ✠, commandant.
Décédé des suites d'un accident survenu en service commandé, le 9 janvier 1915.

[Marié à Mˡˡᵉ Marie-Yvonne RIVET.]

LASELVE (Auguste de), ✠, ✠, chef de bataillon au 222ᵉ d'Infanterie.
Tué en Lorraine, le 30 août 1914.

[Marié à Mˡˡᵉ DE MONTLUISANT.]

LA SERRE (Henry BARBIER de), sergent au 140ᵉ d'Infanterie.
Tué le 25 août 1914.

LA SERVIÈRE (Marie-Joseph-Victor-*Henri* de GALLERY de), ✠ (posthume), ✠, capitaine au 70ᵉ d'Infanterie.

Citation : *Officier d'une grande bravoure, qui a été chargé d'une reconnaissance très périlleuse et s'est parfaitement acquitté de sa mission. A été très dangereusement blessé en défendant brillamment, le 21 août 1914, avec sa compagnie, des passages de la Sambre. Mort pour la France. A été cité.*

[Né en 1872. Marié à Mlle Caroline DE BALTHASAR DE GACHÉCO.]

LA SOUDIÈRE (*André*-Louis-Jules-Bernard REGNAULD de), ☉ (posthume), ✠ (2 palmes, 1 étoile), interne des hôpitaux, médecin aide-major au 85e d'Infanterie.

Citation : *Jeune médecin de la plus haute valeur morale, qui a fait preuve, en toutes circonstances, d'un dévouement envers les blessés et d'un courage absolument remarquables. Tué, le 25 février 1916, devant Verdun, en allant relever, en avant des lignes, son chef de corps grièvement blessé.*

[Né le 15 mars 1891. Fils de M. et de Mme née BÉLARD.]

LASSAGNE (Comte Joseph de GRENIER de), Saint-Cyrien, capitaine à l'E.-M., officier d'ordonnance du Général commandant le XVIIe Corps.

Blessé à Bertrix, son cheval ayant été tué sous lui alors qu'il portait un ordre ; est mort, le 26 février, des suites de maladie contractée au front.

[Né le 22 octobre 1871. Fils du Cte et de la Ctesse née BADUEL D'OUSTRAC. Marié à Mlle Anne FORGET, fille de l'Intendant et de Mme née CHEVALLIER, — dont trois enfants.]

LASSAT DE PRESSIGNY (Pierre de)............................

[Fils de M. et de Mme née Jeanne DE MEYNARD DE LA FARGE.]

LASSAT DE PRESSIGNY (Barnabé-Jules-*Robert* de), ✳, ✠ (2 palmes), capitaine au 329e d'Infanterie.
Tué, le 27 septembre 1915, à Tahure.

[Né en 1876. Marié à Mlle Marie DE KERROS, — dont deux enfants.]

LASSENCE (*Mortimer*-Eugène-Auguste de), ✳ (posthume), ✠ (palme), capitaine au 2e Chasseurs d'Afrique.
Tué dans les Flandres, près de Langemarck, le 9 octobre 1917.

Citation : *Chargé d'assurer la liaison avec les troupes d'attaque britanniques, a fait l'admiration de tous par son courage et son mépris du danger. A été tué par un éclat d'obus dans l'accomplissement de sa mission. A été cité.*

[Né à Pau le 18 décembre 1877. Fils de M. et de Mme née GODIN. Marié à Mlle DUBOYS D'ANGERS, fille du Cte et de la Ctesse née LEDDET, — dont trois enfants.]

LASSUCHETTE (Jean du COURTHIAL de), ☉ (posthume), ✠ (étoile), *engagé volontaire*, brigadier au 9e Dragons.

Faisant partie d'un détachement de reconnaissance, s'est trouvé entouré par les colonnes ennemies, et est tombé mortellement frappé aux côtés de son officier, en chargeant les lignes ennemies, dans le village de Jeancourt (Aisne).

Citation : *Le 28 août 1914, est tombé aux côtés de son officier de peloton en chargeant les lignes allemandes pour rejoindre son régiment. A été cité.*

[Né le 7 octobre 1893. Fils du Lieutenant-Colonel, ✳, et de Mme née Jeanne DE MARNOT, décédée en 1915.]

LASSUS SAINT-GENIÈS (*Charles*-Jean-Gaston, Baron de), ✴ (posthume), ✖ (palme), ingénieur des Arts et Manufactures, lieutenant au 29e d'Artillerie (2e Corps Colonial).

Lieutenant de réserve, titularisé, sur sa demande, dans l'armée active, en août 1916; tué à Berny, le 14 octobre 1916; inhumé à Dompierre (Somme).

> Citation : *Officier d'une très grande valeur, d'une froide bravoure et d'une forte énergie, toujours calme, animé au plus haut degré du sentiment du devoir. A donné, en toutes circonstances, depuis le début de la guerre, les plus belles preuves de ses remarquables qualités militaires. Est tombé glorieusement à son poste de combat, le 14 octobre 1916. A été cité.*

[Né le 8 octobre 1887. Fils du Bᵒⁿ, ✴, ancien combattant de 1870 (décédé), et de la Bᵉⁿⁿᵉ née GOUNOD. Marié, en 1914, à Mˡˡᵉ Anne BOURCERET, fille de M. et de Mᵐᵉ née RATER, — dont deux enfants.]

LASTEYRIE, Comte du SAILLANT (*Guy*-Louis-Gaspard-Charles de), ✴, ✖ (palme), chef de bataillon au 146e d'Infanterie.

Tué à Beauséjour, le 25 septembre 1915.

> Citation : *A fait preuve du plus brillant courage, le 25 septembre 1915, en s'élançant à la tête de son bataillon à l'assaut des lignes allemandes qu'il a contribué largement à enlever. Est tombé mortellement frappé. Avait été une première fois grièvement blessé.*

[Né le 10 novembre 1868. Fils de Horace DE LASTEYRIE, Mⁱˢ DU SAILLANT, et de la Mⁱˢᵉ née DU PRÉ DE BLARANSART. Marié en premières noces à Mˡˡᵉ Anna SOLOMIRSKY, et en secondes noces à Mˡˡᵉ Angèle D'ABBADIE D'ARRAST, — dont neuf enfants.]

LASTEYRIE, Baron du SAILLANT (*Louis*-Marie de), ✴, ✖ (2 palmes), lieutenant aviateur.

Au début de la guerre, était lieutenant de réserve au 43e Chasseurs à pied. Trois blessures, le 25 août 1914, le font tomber aux mains de l'ennemi. Prisonnier jusqu'au 18 décembre 1917, il s'évada après plusieurs tentatives infructueuses, rentra en France et demanda à servir dans l'aviation. Le 6 mai 1918, il fut tué au cours d'un combat aérien sur les lignes ennemies.

> Citation : *Officier d'une haute valeur, prisonnier en Allemagne, évadé après plusieurs tentatives, dont la dernière prouve au plus haut point son inlassable énergie et sa volonté. Rentré en France, a immédiatement demandé à reprendre sa place au front et dans l'aviation. S'est aussitôt fait remarquer par un allant et un courage au-dessus de tout éloge. Le ..., au cours d'un bombardement, a combattu avec la dernière énergie trois avions de chasse ennemis qui s'acharnaient contre lui; a probablement abattu l'un d'eux. Est revenu avec un avion criblé de balles. Le 6 mai, a trouvé une mort héroïque dans un combat livré dans les lignes ennemies contre une patrouille de chasse.*

[Né le 19 juillet 1878. Frère du précédent.]

LASTEYRIE (Robert-Louis, Vicomte de), lieutenant de réserve au 7e d'Infanterie.

Mort le 9 janvier 1915.

[Né le 1ᵉʳ juin 1885. Fils du Cᵗᵉ DE LASTEYRIE, O ✴, membre de l'Institut, et de la Cᵗᵉˢˢᵉ née BOUCHER-DEFFORGES.]

LA TAILLE (Marie-Joseph-*Bernard* de), ⚜ (posthume), ✖ (palme), *engagé volontaire*, aspirant au 1ᵉʳ groupe Cycliste de la 1ʳᵉ Division de Cavalerie.

Tombé glorieusement à Venteuil, le 16 juillet 1918, est mort dans des sentiments de parfait chrétien.

> Citation : *Pendant toute la journée du 16 juillet 1918, a été un exemple pour tous, faisant preuve à chaque instant du plus magnifique esprit de courage et de dévouement. D'un calme héroïque devant le danger, a parcouru volontairement les lignes à plusieurs reprises sous les balles pour stimuler les chasseurs. Mortellement frappé, a dit avant de mourir : « Ne vous apitoyez pas sur mon sort, je suis content de mourir pour mon pays. » A été cité.*

[Né le 9 septembre 1898. Fils de M. Maurice DE LA TAILLE, conservateur honoraire des Forêts, et de Mᵐᵉ née Berthe DE LUZY.]

LATAPIE DE BALAGUIER (René de),

Commandant en retraite, avait repris du service au début des hostilités ; a succombé, en 1916, à l'excès des fatigues qu'il avait subies.

LATARD DE PIERREFEU (Fernand de), ✠, sergent au 23ᵉ d'Infanterie.

Tombé à Oulchy-le-Château, en juillet 1918, à 24 ans.

LA TEILLAIS (Olivier-*Patrick* CHEVALIER de), ✶, ✠ (palmes),

Saint-Cyrien, capitaine au 51ᵉ d'Infanterie, détaché à l'Aéronautique (Escadrille Spad 215).

> Citation : *Excellent officier et merveilleux pilote. A donné, au cours de nombreuses reconnaissances aériennes, toute la valeur de son courage et de son habileté. Est mort glorieusement pour la France, le 2 septembre 1918, en remplissant une mission de protection dans des circonstances particulièrement périlleuses et pour laquelle il s'était proposé comme volontaire.*

[Né en 1895. Fils du Cᵗᵉ, ✶, et de la Cᵗᵉˢˢᵉ née GRAVIER.]

LA TEYSSONNIÈRE (*Henri*-Marie-Joseph, Vicomte Henri de),

✶ (posthume), ✠ (palme), lieutenant au 22ᵉ d'Infanterie.

Tué, le 28 novembre 1914, à l'attaque des tranchées allemandes devant Fäy (Somme), en entraînant sa section à l'assaut.

> Citation : *Le 28 novembre, à l'attaque de Fäy, a, sous un feu très intense, brillamment enlevé sa section à la baïonnette, se jetant en avant. A été tué.*

[Né le 1ᵉʳ mai 1885. Fils du Cᵗᵉ DE LA TEYSSONNIÈRE et de la Cᵗᵉˢˢᵉ née DE FUSSY.]

LATHAM (Raoul-Albert), ✶ (posthume), ✠, sous-lieutenant au 24ᵉ territorial d'Infanterie.

> Citation : *Sa compagnie étant dans les tranchées, est allé passer l'inspection de ses postes au moment où le tir de l'artillerie ennemie devenait plus intense. A été tué pendant cette inspection. A été cité.*

LA TOUANNE (*Maurice*-Pierre-Marie, Comte Maurice de BIGOT de), ✶ (posthume), ✠ (palme et étoile), fondé de pouvoirs à la *Mutuelle Française* du Mans, capitaine au 209ᵉ d'Infanterie.

Grièvement blessé le 27 octobre 1915.

Citation : *Officier de haute valeur, intelligent et énergique. Le 27 octobre, commandant sa compagnie lors d'une attaque avec émission de gaz asphyxiants. Quoique fortement intoxiqué, n'a voulu quitter son poste que sur l'ordre formel de son chef de bataillon.*

Est mort le lendemain à l'ambulance de Mourmelon-le-Petit (Marne).

[Né le 28 juin 1875. Fils du Vte et de la V^tesse née Lefèvre du Breuil (décédés). Marié à Mlle Fitz Gerald, fille de M. et de Mme née du Boistaillé, — dont trois enfants.]

LA TOUCHE (*Édouard*-Alexis-Renaud-Marie, Vicomte LE VASSOR de), caporal au 74e territorial d'Infanterie.

Atteint par les gaz axphyxiants, le 15 avril 1915, dans les tranchées de Langemarck, sur l'Yser, fut fait prisonnier inanimé et transporté en Allemagne. Il y mourut au feld-lazaret de Meschede, le 21 mai 1915.

[Né à Saint-Brieuc le 11 avril 1874. Fils du Cte et de la Ctesse née du Fresnay (décédés). Petit-neveu de l'Amiral Cte de La Touche-Tréville.]

LA TOUCHE (Marie-*Henri* LE LIÈVRE de), ✠ (posthume), ✠ (palme), capitaine au 61e d'Artillerie.

Tué au bois d'Haumont, le 21 février 1916.

Citation : *Officier d'un rare mérite et d'un rare courage, d'un dévouement complet à son unité, payant sans compter de sa personne. Tué le 21 février 1916, alors qu'il commandait le tir de sa batterie sous les rafales incessantes de 305. A été cité.*

[Marié à Mlle Marcelle Rousseau.]

LATOUR (*Jehan*-Pierre-Henri, Comte Jehan de), ✠, ✠ (palmes), colonel du 13e Dragons.

Tombé héroïquement dans les combats du Nord, le 11 octobre 1914.

Citation : *Chef de corps d'un rare mérite. A brillamment entraîné ses cavaliers au cours des premiers combats de la campagne. Glorieusement tombé pour la France, le 11 octobre 1914.*

[Marié à Mlle Éléonore de Neufville, — dont cinq fils.]

LATOUR (Jehan-Marie-*Hubert* de), ✠, sous-lieutenant au 7e Dragons.

Mort pour la France, à Dunkerque, le 28 janvier 1915.

[Né le 15 novembre 1888. Fils du précédent.]

LATOUR (Olivier-Jehan-Marie de), ✠ (posthume), ✠ (palme), capitaine mitrailleur au 127e d'Infanterie.

Citation : *Officier d'un courage et d'un sang-froid remarquables. Le 16 avril 1917, a conduit sa compagnie de mitrailleuses à l'attaque avec beaucoup d'entrain, enlevant une mitrailleuse ennemie et faisant plusieurs prisonniers. A installé ses pièces sous un violent bombardement et résisté à toutes les contre-attaques ennemies. A été tué en fin de combat. A été cité.*

LA TOUR (Jean de), ✠, commandant breveté.

Décédé, en 1917, des suites des fatigues de la guerre. Était l'auteur du *Maréchal Niel*, ouvrage couronné par l'Académie Française.

LA TOUR (Marie-Joseph de), ✠ (posthume), ✠ (palme), lieutenant au 126e d'Infanterie.

Citation : *Excellent officier, d'une bravoure exemplaire et d'un entrain remarquable au combat. Par sa belle conduite constante en présence de l'ennemi, avait su communiquer à toute sa compagnie le feu sacré qui l'animait et en avait fait, sous son commandement, une des plus belles unités du régiment. Déjà deux fois blessé au cours de la campagne et titulaire d'une citation à l'Ordre de l'Armée pour sa belle conduite au combat du 25 septembre 1915, vient de tomber glorieusement, le 17 avril 1917, sur la quatrième ligne de tranchées allemandes en enlevant brillamment sa compagnie à l'assaut du dernier objectif qui lui était assigné.*

LA TOUR (Adrien-Octave-*Maurice* BONNET de), ✠ (posthume), ✠, maréchal des logis au 50e d'Artillerie.

Tué à Massiges, le 5 octobre 1915, à 23 ans.

Citation : *Excellent sous-officier, chef de l'équipe téléphonique du groupe. S'est signalé en toutes circonstances par son dévouement et son mépris absolu du danger. A été tué, le 5 octobre 1915, à Massiges, à son poste, en réparant une ligne téléphonique sous un feu violent d'artillerie. A été cité.*

LA TOUR (François TENANT de), ✠ (posthume), ✠, capitaine au 8e Cuirassiers, passé au 78e d'Infanterie.

Tombé glorieusement sur les tranchées conquises, le 13 avril 1915.

LA TOUR (Raymond TENANT de), ✠, lieutenant au 126e d'Infanterie.

Blessé une première fois aux Éparges, en avril 1915, puis en Champagne, au mois de septembre suivant, trouva la mort, le 17 avril 1917.

[Frère du précédent. Marié à Mlle Marie-Berthe LACOMBE.]

LA TOUR (Mathieu TENANT de), ✠, ✠, capitaine aviateur, commandant l'Escadrille 26.

Officier d'Infanterie au début de la campagne, passa dans l'Aviation, où il se distingua particulièrement, puisqu'il avait abattu officiellement onze avions ennemis. Tombé en décembre 1917.

[Frère des précédents.]

LA TOUR D'AUVERGNE (Comte Gaston de), *engagé volontaire,* caporal au 6e Colonial.

Mortellement blessé en Argonne, le 9 août 1915.

[Né le 5 janvier 1888. Fils du Cte (décédé) et de la Ctesse née DE COURBOULÈS DE MONTJOLY.]

LA TOUR DU PIN CHAMBLY DE LA CHARCE (*François*-René-Thomas-Ernest, Comte François de), ✠ (posthume), ✠ (palme), lieutenant de réserve au 298e d'Infanterie.

Tué, le 8 septembre 1914, au cours de la bataille de l'Ourcq, près de la ferme Nogeon, à Réez-Fosse-Martin (Oise).

Citation : *Le 8 septembre 1914, parvenu à 150 mètres de l'ennemi, avec sa compagnie, dont la moitié venait d'être mise hors de com-*

bat, s'est porté en avant avec la plus grande bravoure sous un feu des plus violents. A été frappé mortellement. A été cité.

[Né le 28 janvier 1878. Fils du Cte Aymar et de la Ctesse née Marie MICHON DE VOUGY (décédée). Marié, en 1904, à Mlle Brigitte O'CONNOR, fille de M. et de Mme née DE GANAY, — dont trois enfants.]

LATOUR DU ROCH (Joseph de BOUCHER de), *engagé volontaire.*

Mort, le 7 décembre 1914, à Châlons.

LA TOUR FONDUE (*Jean*-Marie-Henri, Vicomte Jean de COUSIN de), ✳ (posthume), ✖, sous-lieutenant au 295e d'Infanterie.

Citation : *Officier d'élite, d'une haute valeur morale et d'un patriotisme ardent, accouru du Canada, aux premiers bruits de guerre, pour défendre son pays. A donné un magnifique exemple de courage et de sang-froid, le 11 octobre 1915, en s'élançant le premier à l'attaque de la position ennemie et a été mortellement atteint en cherchant à entraîner ses hommes. Croix de guerre avec étoile de vermeil.*

[Marié à Mlle Marie DE CORIOLIS.]

LA TOUR-LANDORTHE (Marie-Joseph-François-*André* de), ✳ (posthume), ✖, lieutenant au 9e Chasseurs à cheval, détaché au 14e d'Infanterie.

Citation : *Officier de grande valeur et d'un courage remarquable. S'est tout particulièrement distingué, le 24 avril 1918, par son opiniâtreté à défendre le terrain attaqué par l'ennemi. A été tué, le 5 juin 1918, en entraînant sa compagnie à l'assaut sur un terrain violemment battu par les mitrailleuses ennemies. A été cité.*

[Né en 1895. Fils du Mis et de la M^ise née Pauline DE GALARD-TERRAUBE.]

LA TOURRASSE (Bernard-Amédée-*Guy* de SORBIERS de), soldat au 29e Chasseurs à pied.

Disparu au combat d'Aix-Noulette, le 20 décembre 1914.

[Né le 16 décembre 1886. Fils de M. et de Mme née GILLAUD.]

LA TOURRASSE (Louis-Ganelon-*François* de SORBIERS de), ✖ (palme), ✳ (Military Cross), secrétaire de la direction de l'*Intransigeant*, brigadier-fourrier au 11e Dragons, pilote moniteur aviateur.

Mort en service commandé, au camp d'Avord, le 15 février 1918.

[Né le 13 juin 1889. Frère du précédent.]

LA TOURRASSE (Vicomte Raoul de SORBIERS de), *étudiant,* soldat au 146e d'Infanterie.

Tombé victime de son dévouement héroïque, au combat de Zonnebeeke, près d'Ypres, en 1914. La tranchée était inondée et la sentinelle devait se tenir debout hors de la tranchée. Il voulut monter seul la garde pour sa première nuit pendant que ses camarades restaient couchés. Debout à 100 mètres de l'ennemi, c'était s'exposer à une mort certaine. « Il est mort pour nous ! » ont-ils dit.

[Né le 30 mars 1894. Fils du Vte et de la V^tesse née Gabrielle ENGELHARD.]

LA TOURRETTE (*Emmanuel*-Marie-Joseph-Antoine-Léon-Alfred, Vicomte Emmanuel de **LA RIVOIRE** de), ⚜ (posthume), ✠, soldat au 129ᵉ d'Infanterie.

Blessé aux combats de Reims le 17 septembre 1914, mort des suites de ses blessures le 25 suivant.

[Né en 1890. Fils du Mⁱˢ (décédé) et de la Mⁱˢᵉ née AUBRY.]

LATTRE (Henri de), ✠ (posthume), ✠ (palme), lieutenant au 136ᵉ d'Infanterie.

Citation : *Très brillant officier, qui avait donné le plus bel exemple de bravoure depuis le début des hostilités. Tombé glorieusement, le 11 octobre 1914, au cours d'une reconnaissance devant Arras.*

LATTRE (Edmond-Georges-Marie de), ⚜ (posthume), ✠, soldat au 66ᵉ d'Infanterie.

Citation : *Bon soldat courageux et dévoué, qui s'est fait remarquer par sa belle conduite au feu. Mort glorieusement pour la France, le 8 août 1917, à Chevreux (Aisne). Une citation antérieure.*

LATTRE DE TASSIGNY (*Jean*-Alfred-Louis de), ✠ (posthume), ✠ (palme), chef de bataillon au 409ᵉ d'Infanterie.

Tué sous Verdun, au fort de Vaux, en mars 1916.

Citation : *Officier supérieur de grande valeur. A brillamment conduit une charge à la baïonnette. Est tombé glorieusement à la tête de son bataillon.*

[Marié à Mⁱˡᵉ Anna BEDINGFELD.]

LATTRE DE TASSIGNY (Pierre de), sergent mitrailleur au 247ᵉ d'Infanterie.

Blessé, le 30 août 1915, dans les Ardennes, à son poste de tir, avait refusé de se laisser emporter afin de permettre le sauvetage de la mitrailleuse qu'il commandait. Emmené en captivité en Allemagne, y a succombé à ses blessures.

[Fils du précédent.]

LATTY (*Pierre*-Marie-Michel), ✠, ✠ (palme), Saint-Cyrien de la promotion de la Moskowa, capitaine au 51ᵉ d'Infanterie.

Blessé le 31 août 1914, il était fait chevalier de la Légion d'honneur, le 8 septembre, avec cette citation :

Blessé, n'a pas voulu se laisser évacuer et a pris part, depuis, à toutes les opérations et combats, malgré les souffrances occasionnées par sa blessure.

Il prit part aux journées glorieuses de la Marne, et un officier d'État-Major écrivait à sa famille :

Il était un peu à ma gauche à Blesmes, et il nous a souvent fourni des renseignements précieux... comme en bien d'autres occasions du reste. Il passait pour l'un des meilleurs officiers du régiment, et le général disait souvent qu'il y avait chez lui l'étoffe d'un grand chef.

Le 18 septembre 1914, il tombait glorieusement au combat de Saint-Thomas, en Argonne.

[Né le 21 novembre 1889. Fils du Dʳ LATTY et de Mᵐᵉ née DELORME.]

LAUGARDIÈRE (Gabriel de), ✠, capitaine au 227e d'Infanterie. Tué en septembre 1914.

LAUJARDIÈRE (Émile de), soldat au 154e d'Infanterie.
Blessé précédemment aux combats de l'Argonne, tué le 4 mai 1916.

[Fils de M. et de Mme née DE GUERRY DE BEAUREGARD.]

LAULANIÉ DE SAINTE-CROIX (Jean-Pierre-Marie-Charles de), ✠ (posthume), ✠ (palme), Saint-Cyrien, lieutenant aux Tirailleurs Marocains.
S'était vaillamment conduit au Maroc, où le trouva la déclaration de guerre. Venu presque aussitôt en France, il tombait, le 5 septembre 1914, à 27 ans, à Blesmes, au cours de la bataille de Montmirail.

> Citation : *Belle figure de soldat qui, au cours des combats auxquels il a pris part au début de la campagne, a fait l'admiration de ses chefs, de ses camarades et de ses subordonnés. Le 5 septembre 1914, est tombé glorieusement en s'emparant d'une batterie allemande.*

LAUMONT (Étienne-*Jacques* BENOIST de), ☖ (posthume), ✠ (palme), rentier, sergent au 66e d'Infanterie.
Tous ses chefs s'accordent à dire que c'était un soldat très brave, trop brave même, et toujours à l'affût des missions difficiles, se jouant de tous les obstacles. Tué le 25 septembre 1915.

> Citation : *Glorieusement tombé en entraînant, le 25 septembre 1915, sa demi-section à l'assaut des tranchées ennemies sous un feu violent d'infanterie et d'artillerie. A été cité.*

[Né le 26 septembre 1894. Fils du Bon DE LAUMONT, O ✠, ancien officier supérieur de Cavalerie (décédé), et de la Bonne née DE SASSENAY.]

LAUNAY (Pierre de), ✠, ✠ (palme), sous-lieutenant aviateur.
Sous-lieutenant d'Artillerie, passé, sur sa demande, dans l'Aviation. Tombé à Ham, au cours d'une mission volontaire, le 23 avril 1917.

> Citation : *Observateur jeune et ardent, qui s'est toujours fait remarquer par son entrain et sa bravoure. Le 23 août 1917, est parti à trois reprises pour accomplir une mission aérienne, malgré des circonstances atmosphériques défavorables. A été très grièvement blessé à la troisième tentative.*

[Né le 28 août 1897. Fils de M. Louis DE LAUNAY, ✠, membre de l'Institut, et de Mme née ALFRED-CORNU.]

LAUNAY (Marie-Charles-Maurice de), ☖ (posthume), ✠, *engagé volontaire*, caporal au 95e d'Infanterie.

> Citation : *N'a cessé de donner, au cours de la campagne, le plus bel exemple de courage et d'énergie. Étant en reconnaissance à Douaumont, a été mortellement frappé d'une balle au front, alors qu'il observait l'ennemi. A été cité.*

LAUNAY DE LA MOTHAYE (Maurice de).
Décédé, le 20 décembre 1915, des suites d'une maladie contractée au service.

[Fils de M. (décédé) et de Mme née Jeanne DES AUBIERS.]

LAURAINE (Pierre), étudiant, *engagé volontaire* au 118ᵉ d'Artillerie lourde.

Engagé à 17 ans, est décédé, le 9 juin 1916, des suites d'une maladie contractée au corps.

[Né le 12 juin 1898. Fils de M. Octave Lauraine, député de Saintes, ancien sous-secrétaire d'Etat de la Guerre, et de Mᵐᵉ née Triplon.]

LAURANS (Albert-Paul-*Henri*), ✳ (posthume), ✳ (1 palme, 1 étoile), *engagé volontaire*, lieutenant au 207ᵉ d'Artillerie.

Sur le front dès le début des hostilités, a été tué à Plainville, d'un éclat d'obus, en même temps que son capitaine, le 13 mai 1918.

Citation : *Jeune officier remarquable de courage et de dévouement. Le 13 mai 1918, ayant accompagné son commandant de groupe dans une batterie bombardée, n'a pas voulu quitter son chef au milieu du danger bien que ce dernier lui conseillât de se mettre à l'abri. A été tué à ses côtés.*

[Né le 10 juin 1893. Fils de M. André Laurans et de Mᵐᵉ née Henriette Richaud.]

LAURAS (Régis), ✳ (posthume), ✳ (palme), ingénieur, sous-lieutenant au 37ᵉ territorial d'Infanterie.

Tué à la bataille de l'Yser, le 15 novembre 1914.

Citation : *Au cours d'un assaut, est tombé mortellement frappé à la tête de sa section, en criant : « Vive la France ! Vive le 57ᵉ ! »*

[Né le 29 mai 1877. Fils de M. et de Mᵐᵉ née Coste. Marié à Mˡˡᵉ Gabrielle Foiret, fille du Colonel et de Mᵐᵉ Foiret.]

LAURENCY (*Jean-Zéphyr-Cyrille*), ✳, ✳ (1 palme, 3 étoiles), agriculteur, lieutenant au 28ᵉ d'Artillerie de campagne.

Blessé grièvement à Ostel, à l'attaque du 23 octobre 1917, d'une fracture frontale produite par un éclat d'obus, est mort à l'ambulance de Saint-Gilles (Marne), le 27 octobre, et inhumé au cimetière militaire de cette ambulance.

Quatrième citation (Légion d'honneur) : *Excellent officier, qui s'est constamment distingué, depuis le début de la campagne, par sa bravoure au feu et son sang-froid dans les situations difficiles. A été blessé très grièvement, le 23 octobre 1917, en faisant vaillamment son devoir. Une blessure antérieure.*

[Né le 16 novembre 1890. Fils de M. Raymond Laurency et de Mᵐᵉ née Marie Frison.]

LAURENS DE LA BARRE (Marie-Ernest-*Henri* du), ✳ (posthume), ✳ (3 citations), avocat à Morlaix, *engagé volontaire*, sous-lieutenant de réserve au 236ᵉ d'Infanterie.

Tué à Thiescourt, le 2 mai 1918.

Citation : *A toujours été un exemple pour ses subordonnés par son courage et sa conception du devoir. Mortellement blessé, le 2 mai 1918, en procédant, sous un bombardement violent, à une reconnaissance en première ligne.*

[Né en 1888. Fils de M. (décédé) et de Mᵐᵉ née Marthe Cleret de Langavant. Marié, en 1913, à Mˡˡᵉ Paule de Kerros, fille de M. et de Mᵐᵉ née Eugénie de Lécluse.]

LAURENS DE LA BARRE (Jean-Ernest-*René* du), ⚕ (posthume), ✳, docteur-médecin, aide-major au 130ᵉ d'Infanterie.

Tué à l'Épine de Vedegrange, le 25 septembre 1915.

[Né le 17 octobre 1885. Fils de M. et de Mᵐᵉ née DE LACROSSE.]

LAURENT (Georges), ✠, capitaine mitrailleur au 62ᵉ d'Infanterie.
Tué le 19 juin 1916.

LAURENT (Pierre), ✠, sous-lieutenant au 44ᵉ d'Artillerie.
Tué aux combats de l'Artois, le 8 février 1916.

LAURENT-ATTHALIN (Louis), ⚜ (posthume), ✠ (palme), sergent au
339ᵉ d'Infanterie.

> Citation : *Jeune sergent d'un allant extraordinaire. Volontaire
> à toute occasion, entre autres pour l'attaque du ....., a entraîné
> son détachement avec une ardeur sans égale, riant aux rafales
> d'une mitrailleuse allemande. Est tombé mortellement frappé en
> essayant de l'atteindre à la grenade. Cinq citations antérieures.*

LAURENTIE (Sébastien-Marie-Joseph-Henri-Hubert), ⚜ (posthume),
✠ (étoile de vermeil), élève au Lycée Louis-le-Grand, *engagé volontaire* au 52ᵉ d'Artillerie.
Canonnier à la 103ᵉ batterie de 58 (crapouillots), fut tué à son
poste, le 24 septembre 1915, à Neuville-Saint-Vaast.

> Citation : *Au cours de l'attaque du 24 septembre 1915, la pièce
> de tranchée qu'il servait ayant été prise à partie par le feu ennemi,
> a continué son service avec le plus grand courage et a été tué à
> son poste.*

[Né à Paris le 21 novembre 1897. Fils de M. Joseph LAURENTIE, avocat à la Cour,
et de Mᵐᵉ née ROYER-COLLARD.]

LAURENTIE (Marie-Joseph-*François*), ✠, soldat au 27ᵉ territorial
d'Infanterie.
Tué à Roclincourt (Pas-de-Calais), le 12 janvier 1915.

[Né à Paris le 24 juillet 1874. Fils de M. et de Mᵐᵉ née GENTY DE BUSSY. Marié à
Mˡˡᵉ Antoinette MOUNIER.]

LAURENTIE (Marie-Joseph-*Gabriel*), ⚜ (posthume), ✠, sergent au
29ᵉ territorial d'Infanterie.
Tué au Bois-de-Ville (Meuse), le 9 février 1916.

> Citation : *Sous-officier des plus courageux, d'un dévouement
> sans égal, accomplissant avec grand sang-froid toutes les missions
> qui lui étaient confiées. Engagé volontaire pour la durée de la
> guerre. Est tombé glorieusement, le 9 février 1916, en allant faire
> une ronde en avant des réseaux. A été cité.*

[Frère du précédent. Marié à Mˡˡᵉ M.-Th. JUILLET.]

LAURÈS (Adrien-Noël-Benjamin-René de), ⚜ (posthume), ✠, brigadier au 5ᵉ Chasseurs à cheval.

> Citation : *Excellent brigadier possédant un très haut sentiment
> du devoir. A toujours montré au feu un grand courage et un beau
> sang-froid. Mort glorieusement au cours d'une charge, le 8 sep-
> tembre 1914. A été cité.*

LAURIÈRE (René de), ✠ (posthume), ✠, sous-lieutenant au 16ᵉ
Chasseurs à pied.
Après avoir vu tomber son Commandant de compagnie, en

plein assaut, a pris le commandement; blessé grièvement les 27 et 28 septembre 1916, est mort des suites de ses blessures.

LAURISTON-BOUBERS (*Jacques*-Alfred LAW de), ✠ (posthume), ✠ (palme et étoile), Saint-Cyrien, lieutenant au 66e d'Infanterie.

Lieutenant de Cavalerie, passé, sur sa demande, dans l'Infanterie. Tué, le 18 octobre 1916, à l'assaut des tranchées allemandes, près de Sailly-Saillisel (bataille de la Somme), ayant été frappé de trois balles au front et d'une au bras.

Citation : *Officier de cavalerie, passé sur sa demande dans l'infanterie, d'une bravoure remarquable, s'est distingué dans de nombreux combats. Est tombé glorieusement à la tête de sa section, au cours de l'attaque du 18 octobre 1916, en faisant progresser sa compagnie en manœuvrant sous un feu violent de mitrailleuses.*

[Né le 24 octobre 1893. Fils de M. et de Mme née FABRE-LUCE, décédée.]

LAURISTON-BOUBERS (Mademoiselle Claire de), infirmière de la S. B. M.

Victime du bombardement de l'église Saint-Gervais, le Vendredi-Saint, 29 mars 1918.

[Fille de M. et de Mme née DE MARSAY.]

LAUWEYREYNS DE ROSENDAËLE (Maurice de), ✠ (posthume), ✠, lieutenant au 327e d'Infanterie.

Tué à Franqueville (Aisne), le 30 août 1914.

Citation : *Vaillant officier. A trouvé, le 30 août 1914, au combat de Saint-Pierre, une mort glorieuse à la tête de sa section qu'il avait su entraîner brillamment sous le feu intense de l'ennemi. A été cité.*

[Né le 13 avril 1882. Fils de M. et de Mme née MIZON.]

LAUZON (*Henry*-Marie-Armand-Guy, Comte Henry de), ✠ (posthume), ✠ (étoile d'or), docteur en droit, lieutenant mitrailleur au 335e d'Infanterie.

Attaché à l'E.-M. de la 59e Division d'Infanterie, qu'il quitta volontairement pour prendre du service actif. Se distingua aux combats du Signal de Xon (février 1915). Mort sur le coup, le 20 janvier 1917, aux tranchées, dans un abri de bombardement qui s'effondra sous un obus, au ravin du Helly, sous Verdun.

Citation : *Jeune officier des plus distingués par l'élévation de ses sentiments et sa manière de servir. A sollicité, dès le début des hostilités, son affectation à une formation sur le front. A fait preuve, pendant toute la campagne, d'entrain, d'endurance et de courage. A été tué, le 20 janvier 1917, à son poste de combat. A été cité.*

[Né le 19 août 1885. Fils du Cte Antoine DE LAUZON et de la Ctesse née Sophie DUTFOY.]

LAUZON (*François*-Marie-Césaire-Armand, Comte François de), ✠ (posthume), ✠ (1 palme, 1 étoile d'argent), capitaine au 4e Tirailleurs Indigènes.

Lieutenant au 29e Dragons, cité à l'Ordre de la 5e Division de Cavalerie; passa, sur sa demande, à la Division Marocaine et fut nommé capitaine au 4e de marche de Tirailleurs. Blessé mortellement, le 9 juillet 1916, à l'attaque de Belloy-en-Santerre (Somme), par un éclat d'obus ; ne survécut pas plus d'une heure.

Citation : *Officier de cavalerie, passé sur sa demande aux tirailleurs, a constamment donné à tous, dans les circonstances les plus sévères, l'exemple d'un calme et souriant mépris du danger. Tombé glorieusement, le 9 juillet 1916. A été cité.*

[Né le 8 novembre 1886. Frère du précédent.]

LAVALETTE, Vicomte du COËTLOSQUET (*Jean*-Raoul-Marie CHICOYNEAU de), ✠ (posthume), ✠ (palme), O ✠ (Saint-Stanislas de Russie), capitaine au 125e d'Infanterie.

Tué à Réméréville (Meurthe-et-Moselle), le 25 août 1914, à la bataille du Grand-Couronné.

Citation : *S'est signalé par sa conduite héroïque. Blessé une première fois, a continué quand même à commander sa compagnie et a été frappé mortellement en entraînant ses hommes dans une charge à la baïonnette.*

[Né à Metz le 13 février 1869. Fils du Général de Division Bon DE LAVALETTE, GO ✠, et de la Bonne née DU COËTLOSQUET, décédés. Marié à Mlle PIOERRON DE MONDESIR, — dont deux enfants.]

LAVALETTE (François CHICOYNEAU de), ✠, adjudant de réserve au 247e d'Infanterie.

Mort pour la France, le 21 décembre 1914, à Souain (Marne), en entraînant, quoique déjà blessé, sa section à l'attaque des tranchées ennemies.

[Né en 1879. Fils de M. Armand DE LAVALETTE et de Mme née DE POSTEL. Marié à Mlle DU BREIL DE PONTBRIAND, — dont trois enfants. Cousin issu de germain du précédent.]

LAVALETTE (Marie-Antoine-*Pierre* VEYRENC de), ✠ (posthume), ✠ (2 palmes), Saint-Cyrien (promotion de la Grande-Revanche), lieutenant au 43e Colonial.

Tué de deux balles à l'assaut du fort de Vaux, devant Verdun, le 3 août 1916.

Citation : *Officier du plus brillant courage, s'étant fait remarquer à maintes reprises depuis le début de la campagne, et déjà cité pour sa belle conduite. Mortellement atteint, le 3 août 1916, en entraînant sa section à l'assaut d'une position défendue par des mitrailleuses. Est tombé en encourageant ses hommes. A été cité.*

[Né le 9 décembre 1895. Fils de M. et de Mme née CANAT DE CHIZY.]

LA VALETTE (Alban MAURIN de), capitaine................

LAVALETTE (Christian de)..............................

LAVALETTE (Louis-Marie-*Jacques* de), brigadier au 9e d'Artillerie.

Mort de ses blessures, le 22 septembre 1916, à Barleux (Somme), à 26 ans.

LAVALETTE-BARAIGNE (Marquis de), ✠, ✠, *engagé volontaire.*

Mort, en 1918, des suites de ses blessures.

[Marié à Mlle DE TURENNE D'AYNAC.]

LA VALETTE-MONBRUN (Mademoiselle Germaine de), ✠, infirmière de la S. B. M.

Détachée au service de la Propagande, fut tuée d'un éclat d'obus au moment où, sur le front, elle accompagnait des Dames Américaines, le 19 octobre 1918.

LAVARÈNE (Vicomte *Rémy-Louis* CHAIX de), ✳ (posthume), ✵ (palmes), Saint-Cyrien, capitaine au 3ᵉ Zouaves.

Tué, le 20 septembre 1914 (le jour même où il était nommé capitaine), au bois Saint-Mard, à la tête de deux compagnies.

> Citation : *Chargé, avec deux compagnies placées momentanément sous son commandement, de rétablir un point de ligne particulièrement menacé, a conduit son demi-bataillon avec le plus grand sang-froid, et, après avoir électrisé ses hommes par quelques paroles vibrantes, a abordé l'ennemi à la baïonnette par un vigoureux assaut au cours duquel il a été mortellement atteint. A été cité.*

[Né le 14 octobre 1883. Fils du Colonel et de la Cᵗᵉˢˢᵉ née D'AVRANGES DE KERMONT. Marié à Mˡˡᵉ Marthe DU CASSE, fille du Bᵒⁿ et de la Bᵒⁿⁿᵉ née CROÜIGNEAU.]

LA VAULX (*Alain-Pierre-Marie-Gabriel* de), ✳ (posthume), ✵ (palme), Saint-Cyrien (promotion de la Grande-Revanche), sous-lieutenant au 23ᵉ d'Infanterie.

Après avoir pris part, en février 1915, au combat de La Fontenelle (Vosges), est glorieusement tombé, le 2 avril suivant, dans une reconnaissance près de La Chapelle (Vosges), frappé d'une balle au cœur.

> Citation : *Jeune officier d'une bravoure à toute épreuve, mise au service d'une intelligence remarquable. A été glorieusement frappé au moment où il se découvrait, face à l'ennemi, pour mieux étudier le secteur de défense de sa section. A été cité.*

[Né le 14 mars 1896. Fils du Cᵗᵉ Roger DE LAVAULX, ✳, ancien officier supérieur (décédé), et de la Cᵗᵉˢˢᵉ née BERGEROT.]

LAVAUR-CHARRY (Pierre de), sous-lieutenant au 125ᵉ d'Infanterie.

Mort à Nancy, en septembre 1914, des suites de ses blessures.

LAVEAUCOUPET (Marie-François-Sylvain-*Jules* MERLE DE LA BRUGIÈRE, Vicomte Jules de), ✳ (posthume), ✵ (palme), élève à Saint-Cyr, sous-lieutenant au 39ᵉ d'Infanterie.

Tué, le 6 septembre 1914, à Escardes, près Courgivaux (Marne), au moment de la contre-attaque des grenadiers de la Garde Prussienne.

> Citation : *Excellent officier, très ardent et très brave, véritable exemple de courage et de sang-froid. Tombé glorieusement, le 6 septembre 1914, au combat d'Escardes, en entraînant ses hommes à l'assaut d'une position puissamment défendue.*

[Né en novembre 1893. Fils du Colonel et de la Vᵗᵉˢˢᵉ née DOCTEUR, décédée.]

LAVEISSIÈRE (Paul), ✵ (palme), sergent pilote-aviateur à l'Escadrille 264.

Tombé devant Verdun, au cours d'une mission aérienne, le 16 mai 1918.

LAVENNE DE LA MONTOISE (Marcel-Camille), ✳ (posthume), ✳, lieutenant au 65ᵉ d'Infanterie.
Blessé mortellement à Beau-Mesnil, le 28 août 1914.

Citation : *Officier de grand courage. S'est fait remarquer par sa belle attitude au combat et particulièrement le 28 août 1914. Blessé mortellement en entraînant vaillamment sa compagnie à l'assaut. A été cité.*

[Fils de M. (décédé) et de Mᵐᵉ née HAUTEFORT.]

LAVERGNE (Pierre-Arsène de), O ✳, ✳ (6 citations), chef de bataillon au 14ᵉ Chasseurs alpins.

Citation posthume : *Officier supérieur d'un entrain et d'une bravoure incomparables. Légendaire, dans tous les corps où il a servi, par son audace et son mépris du danger. Le 17 août 1918, est parti avec les premières vagues d'assaut pour entraîner ses chasseurs dans des circonstances particulièrement difficiles. Est tombé mortellement frappé à la tête de son bataillon.*

LAVERGNE (Jean), ✳ (posthume), ✳ (3 citations), lieutenant.
Trois fois blessé antérieurement, tomba glorieusement en Champagne, le 15 juillet 1918.

[Né en 1898. Fils du Général, GO ✳, ✳, et de Mᵐᵉ née MASSALOUP.]

LAVERGNE DE CERVAL (Maurice de)......................

LAVÉRINE (*Albert*-François-Joseph-Léon de), ✳, ✳, (palme) capitaine au 267ᵉ d'Infanterie.
Blessé et fait prisonnier au combat de Montceau (Oise), le 28 août 1914, mort de ses blessures à Charleroi, le 10 octobre suivant.

Citation : *Chargé, le 28 août 1914, de protéger la retraite en défendant, avec sa compagnie, le passage d'une rivière, et attaqué par des forces très supérieures en nombre, a résisté héroïquement jusqu'au sacrifice. Est tombé blessé aux mains de l'ennemi et a succombé aux suites de ses blessures.*

[Né le 20 juillet 1865. Fils de M. Léonard DE LAVÉRINE et de Mᵐᵉ née D'AMBERT DE SÉRILHAC. Marié à Mˡˡᵉ LOGEROTTE, fille du Député et de Mᵐᵉ née WERBROUCK, — dont trois enfants.]

LA VERNÈDE (*Roger*-Louis de MOLEN de), ✳ (posthume), ✳ (palme), capitaine mitrailleur au 172ᵉ d'Infanterie.

Citation : *A été mortellement frappé, le 14 mai 1917, en contre-attaquant en tête de sa compagnie. Jeune officier d'un merveilleux courage et d'une abnégation complète. A été cité.*

LA VERNETTE SAINT-MAURICE (Baron Henry BERNARD de), sergent au 56ᵉ d'Infanterie.
Tué le 25 novembre 1914, à 22 ans.

LA VERNETTE SAINT-MAURICE (Maurice BERNARD de), ✳ (posthume), ✳, sous-lieutenant au 56ᵉ d'Infanterie.

Citation : *Chargé d'exécuter une contre-attaque, a conduit sa compagnie à l'assaut avec la plus belle bravoure et a été blessé mortellement (bois d'Ailly), le 14 mai 1915. A été cité.*

LA VERRERIE (..... LECONTE de), ✳, ✳, chef de bataillon au 135ᵉ d'Infanterie.
Disparu à Agny, le 25 septembre 1915.

LAVÈZE (*Henry-Louis-Marie-Jules, Comte de*), capitaine au 412ᵉ d'Infanterie.
Tué dans les lignes allemandes, en se portant à l'assaut des tranchées ennemies, au combat de Ville-sur-Tourbe (Marne), le 25 septembre 1915.
[Né le 7 avril 1875. Marié à Mˡˡᵉ DE BUREY.]

LA VIEUVILLE (Henri-Charles-Paul-Antoine MICAULT de), ✳ (posthume), ✳, lieutenant au 17ᵉ Dragons.

    Citation : *Chef d'une haute valeur morale. Personnifiant le devoir, avait pris un grand ascendant sur ses camarades et sur ses hommes qui l'adoraient. En Alsace, le 6 août 1914, a franchi la Largue sous un feu nourri, a reconnu les positions de Metzen et Fullen fortement occupées, faisant preuve sous le feu du plus grand sang-froid. Le 12 août 1914, de nouveau en reconnaissance, s'est heurté à une ligne fortement tenue, et a été tué en cherchant à la franchir pour accomplir quand même sa mission. A été cité.*

LA VIEUVILLE (*Maurice*-Louis MICAULT de), ✳ (posthume), ✳ (palme), sergent mitrailleur au 299ᵉ d'Infanterie.
Tué le 24 octobre 1916.

    Citation : *Sous-officier des plus distingués, qui s'est toujours fait remarquer par son zèle intelligent et son sang-froid inaltérable. A été tué au moment où il quittait la parallèle de départ pour suivre une vague d'assaut.*

LA VIEUXVILLE (Gaston BESNARD de), caporal au 65ᵉ d'Infanterie.
Tombé pour la France, à Cheveuges, en août 1914.
[Fils de M. et de Mᵐᵉ née COLLIN DE LA CONTRIE.]

LA VILLARMOIS (*Michel*-Marie-Joseph ARTUR de), ⚜ (posthume), ✳, maréchal des logis au 24ᵉ Dragons.
Sur le front depuis le début, il était, le 18 juin 1915, atteint d'une balle au front dans les tranchées de Souain, à 30 mètres de l'ennemi ; mort le soir même à l'ambulance de Suippes.

    Citation : *Brave sous-officier, d'un grand dévouement, donnant à ses hommes le plus bel exemple en toutes circonstances. Tombé glorieusement pour la France, le 18 juin 1915.*
[Né le 10 avril 1889. Fils du Cᵗᵉ (décédé en 1918) et de la Cᵗᵉˢˢᵉ née Alix DE GOUVELLO DE KÉRIAVAL.]

LA VILLARMOIS (*Jacques*-Marie-Xavier ARTUR de), canonnier au 29ᵉ d'Artillerie.
Sur le front depuis le début, fut atteint d'une maladie de cœur à la suite des grandes fatigues de la retraite ; le 18 juin 1915, mort, à l'hôpital civil de Grenoble, d'une fièvre typhoïde contractée au front.
[Né le 24 avril 1891. Frère du précédent.]

LA VILLARMOIS (*Gabriel* - Antoine - Alexis ARTUR de), ✠ (posthume), ✠ (étoile), *engagé volontaire*, sergent au 293e d'Infanterie.

Tué, le 26 septembre 1915, à l'attaque devant Ville-sur-Tourbe.

> Citation : *Le 25 septembre 1915, a vaillamment entraîné ses hommes à l'assaut ; a disparu au cours des contre-attaques du 26 après avoir courageusement contribué au maintien des positions conquises.*

[Né le 17 mai 1896. Frère des précédents.]

LA VILLE-BAUGÉ (Marquis de), ✠, ✠ . . . .

LA VILLE-BAUGÉ (Comte Félix de), ✠, lieutenant au 4e Hussards. . . . .

LAVILLE DE LACOMBE (Édouard-*André* de), caporal au 20e d'Infanterie.

Tué à Thiaumont, sous Verdun, le 26 juillet 1916.

[Né le 12 octobre 1887. Fils de M. et de Mme née Marie BAZELLE.]

LA VILLEBIOT (Georges GUILLEMOT-KERGOFF de), capitaine au 71e territorial d'Infanterie.

Avait repris du service au début de la guerre, à l'âge de 60 ans; est mort, le 13 janvier 1915, à Angers, d'une pneumonie contractée en menant des renforts près d'Ypres.

[Fils de M. et de Mme née DE MEAULNE. Marié à Mlle LEMONNIER DE LORIÈRE, fille de M. et de Mme née ROUSSEAU DE MONFRAND.]

LA VILLEHERVÉ (François-Marie-*Pierre* LE MINIHY de), ✠ (étoile), *engagé volontaire*, maréchal des logis au 9e Cuirassiers (Fourragère).

Glorieusement tombé au combat du plateau de Saint-Claude (Oise), le 9 juin 1918.

> Citation : *A ramené seul et sous un violent bombardement son officier blessé. A pris ensuite le commandement de sa section et l'a conduite avec énergie et sang-froid dans des circonstances critiques.*

[Né le 3 février 1893. Fils de M. Richard de LA VILLEHERVÉ, avocat au barreau du Havre, et de Mme née Madeleine HAILLARD.]

LA VILLÉON (*Gaëtan*-Marie-Joseph-Gabriel de), ✠ (posthume), ✠ (étoile), maréchal des logis au 13e Hussards.

Blessé mortellement, le 22 août 1914, à Arsimomt (Belgique), au cours d'une reconnaissance.

> Citation : *Chargé, le 22 août, d'aller reconnaître une position ennemie alors que les deux infanteries étaient en contact, s'est acquitté de sa mission avec la plus grande bravoure, a envoyé un renseignement important et a été blessé mortellement.*

[Né le 22 juillet 1891. Fils du Cte et de la Ctesse née Gabrielle DE FRANCE.]

LA VILLÉON (André de), ✠, ✠ (palme et étoile d'argent), ancien élève de l'Ecole Polytechnique, ingénieur, lieutenant au 58e d'Artillerie de campagne.

Mort pour la France, sous Verdun, à la défense de la cote 304, le 22 mai 1916.

[Né le 15 avril 1887. Fils de M. Emmanuel DE LA VILLÉON et de Mme née DE CHARANT.]

LA VILLERABEL (Arthur-*Jean*-Victor-Marie du BOIS-JAGU, Comte Jean de), ✳ (posthume), ✠ (palme et étoile), ✳ (Médaille Coloniale Afrique Occidentale Française), capitaine aviateur à l'Escadrille 68.

Capitaine de Cavalerie, passa dans l'Aviation, sur sa demande, et remplit les fonctions d'observateur d'Escadrille. Tué dans un combat d'avions, en Lorraine, le 10 avril 1916.

Citation : *Officier de grande valeur, devenu très rapidement un observateur de premier ordre, joignant à un courage et à un sang-froid hors pair, un coup d'œil remarquable qui lui a permis de rendre les services les plus importants. Au cours d'une reconnaissance à longue portée, a été tué dans un combat engagé contre deux appareils ennemis.*

[Né le 27 mai 1872. Fils du Cte et de la Ctesse née Adèle DE KERSAUSON DE PENNENDREFF (décédés). Marié, en 1903, à Mlle FONDET DE MONTUSSAINT, — dont six enfants.]

LAVISSE (Émile-Charles), O ✳, ✠ (palme), Général commandant la 12e Brigade d'Infanterie.

Citation : *A fait preuve en toutes circonstances de beaucoup de sang-froid, de bravoure et d'à-propos, se tenant constamment au milieu de ses troupes de première ligne, pendant quatorze jours consécutifs de combats incessants de jour et de nuit qu'a livrés victorieusement sa brigade.*

LAVIT (André-Albin DONNADIEU de), ✧ (posthume), ✠ (étoile), sergent au 296e d'Infanterie.

Citation : *Brave sergent. Sur le front au début de la campagne, s'est fait remarquer par sa courageuse attitude dès les premiers combats. Tombé glorieusement pour la France, le 18 octobre 1914.*

LAVOINNE (Édouard), ✳, ✠, ✳ (Valeur Militaire Italienne), sous-lieutenant observateur-aviateur.

Mort à l'hôpital militaire d'Auteuil, en janvier 1919.

[Fils du Député de la Seine-Inférieure.]

LAVRIGNAIS (Joseph-Guillaume-*Guy*-Hubert-Donatien ROBIOU de), ✠ (étoile), licencié en droit, diplômé des Sciences Politiques, *engagé volontaire*, sous-lieutenant au 84e d'Artillerie lourde.

Décédé à Paris, le 27 septembre 1918, des suites d'une maladie contractée aux Armées.

Citation : *Le 6 mars 1916, se trouvant à l'observatoire de la cote de l'Oie (cote 265), malgré un bombardement violent de l'observatoire et le tir des mitrailleuses, est resté à son poste et a continué d'observer jusqu'à ce qu'il ait reçu l'ordre d'évacuer.*

[Fils de M. H. DE LAVRIGNAIS, député et conseiller général de la Vendée, et de Mme née GOURRAUD DE LA PROUSTIÈRE.]

LAYR (*Gaston*-Jean-Marie de), ✧, ✠ (palme), *engagé volontaire*, sergent au 92e d'Infanterie.

Tué à la bataille de l'Aisne, le 23 septembre 1914, à l'âge de 24 ans.

Citation posthume : *Bien que déjà gravement blessé, s'est élancé à l'assaut, à la tête de sa section, donnant ainsi le plus bel exemple de courage et de volonté. A été tué d'une balle au front.*

LAZ (Vicomte Adolphe JÉGOU du), ✻, ✠ (palme), lieutenant au 163e d'Infanterie.

Blessé gravement en août 1914, fut tué au bois de Mortmare, en Woëvre, le 6 avril 1915.

Citation : *Est tombé glorieusement à la tête de sa compagnie qui se lançait à l'assaut des tranchées ennemies, donnant le plus bel exemple à sa troupe.*

[Né le 6 août 1888. Fils du Cte et de la Ctesse née Berthe GAUDIN DE SAINT-RÉMY. Marié, en 1914, à Mlle Cécile AUDRÉN DE KERDREL, fille du Vte et de la V^{tesse} née Cécile DU FOU DE KERDANIEL, — dont un enfant.]

LAZ (Vicomte Fernand JÉGOU du), soldat au 116e d'Infanterie. Tué en 1914.

[Frère du précédent.]

LE BACHELIER DE LA RIVIÈRE (Anatole-Charles-Marie-Joseph), ⚜ (posthume), ✠, brigadier au 21e Dragons.

Citation : *Brigadier modèle et se faisant de son devoir l'idée la plus haute. Mortellement atteint, le 15 août 1914, à Sohier, au cours d'une patrouille où il donna à ses hommes le plus bel exemple de bravoure.*

LE BARBIER DE PRADUN (*Henri*-Denis), ⚜ (posthume), ✠, sergent au 65e d'Infanterie.

Citation : *Tué le 4 octobre 1915, en se portant courageusement en avant, malgré un feu violent de mousqueterie ennemie. A été cité.*

LEBARBIER DE TINAN (Louis-Bernard-Gustave POCHET), ✻ (posthume), ✠, sous-lieutenant au 146e d'Infanterie.

Citation : *Est tombé glorieusement à la tête de son peloton en l'entraînant à l'assaut des tranchées ennemies, sous une grêle de balles et les feux croisés des mitrailleuses ennemies, donnant à tous l'exemple du plus grand courage et du mépris absolu du danger. A été cité.*

LE BER (Marie-Fernand-*Gabriel*), ✻ (posthume), ✠ (palme et étoile), avocat à la Cour de Paris, sous-lieutenant au 74e d'Infanterie.

Sergent dans la territoriale à la mobilisation, fut nommé, sur sa demande, interprète à l'Armée Anglaise, le 20 août 1914, puis passa au 74e de ligne, le 18 janvier 1915. Blessé aux combats du Labyrinthe, le 11 juin 1915, fut tué, le 22 mai 1916, à la prise de Douaumont (Verdun), en entraînant sa section.

Citation : *Officier de grande valeur, ayant beaucoup d'autorité sur ses hommes auxquels il donnait en toutes circonstances les plus beaux exemples de bravoure et de sang-froid. Le 22 mai 1916, a enlevé magnifiquement sa section à l'assaut des tranchées allemandes et s'est accroché au terrain conquis sur lequel il s'est maintenu malgré de furieuses contre-attaques de l'ennemi. A été blessé à mort.*

[Né le 11 juin 1880. Fils de M. et de Mme née DURAND (décédés). Marié à Mlle A. RICHET, fille du professeur Charles RICHET, C ✻, membre de l'Institut et de l'Académie de Médecine, et de Mme née AUBRY, — dont trois enfants.]

LE BER (André).
Mort pour la France.

[Frère du précédent.]

LE BERTRE (Adrien-Marie), ✠ (posthume), ✠, capitaine au 22ᵉ territorial d'Infanterie.

Citation : *Officier d'une rare bravoure, lequel donnait l'exemple de la plus belle abnégation. A été tué devant ses hommes, le 1ᵉʳ octobre 1914, à la ferme Beauregard ; est mort en leur criant : « En avant ! » A été cité.*

LE BIDOIS (Jacques), ✠, aspirant.
Tué le 3 juillet 1918.

LE BIDOIS (Raymond).
Tué en 1915.

[Tous deux fils du Professeur à l'Institut catholique et de Mᵐᵉ Le Bidois.]

LE BLANC (Marcel), adjudant au 366ᵉ d'Infanterie.
Maréchal des logis de Cuirassiers, passa, sur sa demande, dans l'Infanterie. Tué à Vermandovilliers (Somme), le 4 septembre 1916, à 27 ans.

LEBLANC (Émile), ✠, colonel.
Tué en décembre 1914, en Argonne.

LEBLANC (Michel), ✠, ✠, sous-lieutenant.
Mort, à l'hôpital mixte de Châteauroux, des suites d'une blessure reçue en Artois, en juin 1915.

[Fils du précédent. Marié à Mˡˡᵉ Yvette Benoist d'Anthenay.]

LE BLEU (Henry), avoué à Besançon, sergent d'Infanterie.
Mort, le 19 septembre 1917, à l'hôpital de Bar-le-Duc, des suites d'une maladie contractée au front Macédonien.

[Né en 1883. Fils de M. (décédé) et de Mᵐᵉ née Coze.]

LE BORGNE DE KERAMBOSQUER (Henry), ✠ (posthume), ✠ (palme et étoile), sous-lieutenant pilote-aviateur.

Citation posthume : *Courageux et plein d'entrain, a pris part à de nombreuses opérations sur les fronts de terre et de mer. A effectué de nombreuses sorties à la poursuite des sous-marins dans des conditions souvent périlleuses. A trouvé la mort, au cours d'une reconnaissance, dans un amerrissage en pleine brume.*

LE BOULLEUR DE COURLON (Pierre-Pascal-E.-L.), ✠ (posthume), ✠ (palme), sous-lieutenant au 9ᵉ d'Infanterie.
Tué le 15 mai 1915.

Extrait de la citation : ..... *Blessé avant l'attaque, n'a pas voulu abandonner son commandement et est tombé mortellement frappé au moment où il se portait en avant pour entraîner sa section à l'assaut. A été cité.*

LE BOURGEOIS (Jacques), ✠, ✠, capitaine au 124ᵉ d'Infanterie.
Tué en 1914.

[Marié à Mˡˡᵉ Lehec de Montossé.]

LE BRECQ (Henri), ✠ (2 citations), sergent d'Infanterie territoriale.
Tué, le 27 mai 1918, au Chemin-des-Dames.

LE BRETON (Jean), ✠ (posthume), ✠ (palme), enseigne de vaisseau
de 1re classe au bataillon des Fusiliers Marins.
Tué, le 14 septembre 1918, à l'attaque du Moulin de Laffaux.

 Citation : *D'un entrain et d'un courage merveilleux, insouciant
du danger. L'enseigne de vaisseau Le Breton avait brillamment
entraîné son peloton de mitrailleuses derrière les premières vagues
d'attaque et s'occupait à mettre des pièces en batterie sur les positions conquises, lorsqu'il fut frappé à bout portant par un ennemi
qui surgit brusquement et tomba glorieusement face à l'ennemi.*

[Né en 1894. Fils du Général et de Mme LE BRETON.]

LEBRUN, ✠ (posthume), ✠ (palme), sous-lieutenant au 60e d'Artillerie,
détaché à l'E.-M. de la 77e Brigade.

 Citation : *Jeune officier du plus grand mérite, joignant à l'allant
de la jeunesse les qualités de l'âge mûr. S'est dépensé sans compter,
jour et nuit, depuis le début de la campagne, remplissant avec
sang-froid et la plus grande bravoure toutes les missions qui lui
étaient confiées. A été tué, le 28 septembre 1915, alors que, sous un
bombardement ennemi très intense, il observait avec le plus grand
calme les progrès d'une attaque.*

[Fils du Général et de Mme LEBRUN.]

LE CAMUS (Michel), O ✠, ✠ (palmes), colonel du 316e d'Infanterie.

 Citation : *Malgré une santé affaiblie par une longue carrière
coloniale, a été pour le régiment un modèle d'énergie et de belle
humeur. Le 19 septembre 1914, a donné à tous le plus bel exemple
de bravoure en se maintenant avec un de ses bataillons dans une
ferme violemment bombardée, où il a trouvé une mort glorieuse
au moment où il donnait des ordres pour la défense de la position.*

LE CAMUS (Bernard), ⚓ (posthume), ✠ (étoile), ingénieur-agronome,
aspirant au 268e d'Infanterie.
Blessé à la bataille de Charleroi, et, à peine guéri, retourné sur
le front, il fut tué, le 25 septembre 1915, au combat de Blainville
(Pas-de-Calais), à la tête de sa section chargeant à la baïonnette.

 Citation : *Tombé glorieusement à la tête de ses hommes en les
entraînant à l'assaut d'une tranchée allemande.*

[Né à Poitiers le 28 novembre 1892. Fils du Cte et de la Ctesse née LECOINTRÉ.]

LE CAMUS (Maurice), ✠ (posthume), ✠, Saint-Cyrien de la promotion de la Grande-Revanche, sous-lieutenant au 21e Chasseurs à
pied.
Tué à Souchez, le 25 septembre 1915.

 Citation : *Jeune officier plein d'allant, d'un courage poussé jusqu'à la témérité. Tué en enlevant brillamment ses chasseurs à
l'assaut d'une position ennemie fortement organisée, le 25 septembre 1915.*

[Fils du Cte et de la Ctesse née GEOFFROY DE BRAIRY.]

LE CAMUS (Gaston), ✠, capitaine d'Artillerie au groupe d'Afrique.
Tué à El-Berry (Maroc), le 13 novembre 1914.

LE CARBONNIER DE LA MORSANGLIÈRE (*Norbert*-Raoul-Louis-Antoine), ✠ (posthume), ✠ (palme et étoiles vermeil), capitaine au 12e d'Infanterie.

Tombé à Louvemont, devant Verdun, le 20 août 1917, à l'assaut des tranchées ennemies.

> Citation : *Officier de tout premier ordre, portant au plus haut degré le sentiment de l'honneur et du devoir, véritable entraîneur d'hommes. Au front depuis le début de la campagne, n'a cessé de prendre une part très active, comme commandant de compagnie, à toutes les actions du régiment : Charleroi, l'Oise, la Marne, l'Aisne, la Champagne, Verdun. Le 20 août 1917, s'est porté à l'attaque des lignes ennemies avec enthousiasme à la tête de ses hommes. Est tombé glorieusement au moment où, avec un sang-froid admirable, boussole en main et la carte déployée, il corrigeait une petite erreur de direction dans la marche de sa troupe près de Louvemont. Déjà cité à l'Ordre.*

[Né le 26 mars 1881. Fils de M. et de Mme née Jeanne DU LAC DE FUGÈRES. Marié à Mlle Marguerite DE VASSEROT, fille de M. et de Mme née Jeanne PARIS, — dont un fils : Jean.]

LE CARBONNIER DE LA MORSANGLIÈRE (Marie-René-Alfred-*Gaston*), ✠ (posthume), ✠, docteur en droit, sous-lieutenant de réserve au 43e Colonial.

Tué le 28 septembre 1915.

> Citation : *Au front depuis le début de la campagne, a pris part avec le régiment à toutes les opérations en Lorraine, sur la Somme, en Artois, dans le secteur de Chuignes. A montré beaucoup d'allant et de dévouement. Tombé à la tête de sa section, le 28 septembre, à l'assaut des tranchées allemandes. A été cité.*

[Frère du précédent. Marié, en 1910, à Mlle Hélène YVER DE LA BRUCHOLLERIE, fille de M. et de Mme née MARAIS.]

LE CERF (*Léon*-Louis-Célestin), ✠ (posthume), ✠ (étoile), Conseiller d'arrondissement, lieutenant de réserve au 7e d'Artillerie.

Blessé mortellement au combat d'Arsimont (Belgique), est mort pendant son transport à Fosses.

> Citation : *Tué, le 21 août 1914, en exécutant, sous un feu violent d'artillerie, une reconnaissance pour mettre un groupe chargé d'appuyer une attaque en mesure d'accomplir sa mission. Officier d'une grande valeur et d'une rare énergie.*

[Né le 20 juillet 1880. Fils de l'ancien Député des Côtes-du-Nord (décédé) et de Mme née Louise MONNIER.]

LÉCHALAS (Henri-Marie-Médéric), ✠, ✠, prêtre, professeur, ingénieur civil des Mines, capitaine au 8e Génie.

Tué à Haudromont (Meuse), le 27 septembre 1917; à 33 ans.

LECHAT (*Julien*-Jacques-Joseph), soldat au 73e d'Infanterie.

Tué, le 15 juillet 1918, au combat de Dormans, lors de notre offensive victorieuse. Mobilisé depuis peu, il était au front depuis huit jours à peine.

[Né le 18 mars 1898. Fils de l'Artiste peintre (décédé) et de Mme née Suzanne DORÉMIEUX.]

LÉCHÉ (Oswald, Vicomte CHENON de), ✠ (posthume), ✠ (1 palme, 2 étoiles), Saint-Cyrien de la promotion de la Croix du Drapeau, sous-lieutenant au 129e d'Infanterie.

Passé comme volontaire au 7e Génie pour exécuter des travaux de première ligne, trouva la mort près de Liévin (Pas-de-Calais), à l'offensive du 18 juin 1915.

> Citation : *Blessé deux fois à Courgivaux, le 7 septembre 1914, à la défense d'une position qu'il tint jusqu'à l'arrivée des renforts, ayant eu son capitaine tué à ses côtés. Revient au front, ses blessures imparfaitement guéries, est affecté à une compagnie auxiliaire du Génie. Tué au moment où il exhortait ses hommes décimés à rester sur le terrain, malgré un bombardement excessivement violent.*

[Né le 23 février 1893. Fils du Cte et de la Ctesse née D'HARANGUIER DE QUINCEROT.]

LECHERBONNIER (Pierre), ⚜ (posthume), ✠ (étoile), étudiant en droit, *engagé volontaire,* maréchal des logis au 214e d'Artillerie de campagne.
Tué le 8 avril 1917.

> Citation : *Sous-officier d'une haute valeur morale et de grand courage, tué à son poste de combat en remplissant sa mission, le 8 avril 1917.*

[Né à Paris le 15 février 1896. Fils de M. Georges LECHERBONNIER, O ✻, Conseiller à la Cour de Cassation, et de Mme née HARTH.]

LECLERC (Henri), ✠, *engagé volontaire,* sergent au 8e Tirailleurs.
Tombé à la bataille de Carlepont, le 20 août 1918.

[Né en 1896. Fils de M. et de Mme née Thérèse DE CATHELINEAU.]

LECLERC (Gaston), ✠, lieutenant d'Artillerie, observateur à l'Escadrille M.F. 8.
Tombé en Champagne, le 30 octobre 1915.

LECLÈRE (Jean-*René*), ✳, ✠ (palme), capitaine au 36e d'Artillerie.
Tué en octobre 1914.

> Citation (Légion d'honneur) : *S'est particulièrement distingué en enrayant, avec sa batterie, une violente attaque de l'ennemi. A été grièvement blessé.*

LÉCLUSE-TREVOËDAL (*Guy-Henri-Pierre-Marie-Emile de*), étudiant (classe 1915).
Mort à Arcachon, le 14 juin 1917, des suites d'une maladie contractée au service.

[Né le 5 septembre 1895. Fils de M. H. DE LÉCLUSE-TREVOËDAL, ✻, ✠, capitaine au 20e Dragons, et de Mme née LA BROUSSE DE BEAUREGARD.]

LECOCQ (G.-T.), ✳ (posthume), ✠ (palme et étoiles), enseigne de vaisseau des Canonniers Marins.

> Extrait de la citation : *Du 8 au 24 juillet 1915, s'est dépensé sans compter pour apporter l'aide de sa section d'auto-canons et d'auto-mitrailleuses à la fraction chargée d'attaquer la position ennemie, et, au combat du 24, a réussi à faire taire une mitrailleuse dont le tir d'écharpe très meurtrier arrêtait la marche de la colonne d'attaque. A donné, depuis sa venue au corps des canonniers marins, de nombreuses preuves d'intelligente initiative et de courage dans un poste très exposé. A été tué à ce poste, le 26 juin 1916.*

LECŒUR (Henri-Pierre-Louis), ✳, médecin principal de la Marine. Tué à Dixmude, en novembre 1914.

LE COINTE (Pierre), avocat à la Cour de Paris, sergent au 119e d'Infanterie.

Disparu, le 29 octobre 1914, au combat de la Ferme de Luxembourg.

LECOMTE (Marcel), ✳ (posthume), ✺ (palme et étoile), ingénieur, sous-lieutenant au 269e d'Infanterie.

Blessé à Vermelles, retourné aussitôt au front, a été tué, debout sur la tranchée ennemie, en entraînant ses hommes à l'assaut, le 9 mai 1915, à Carency.

> Citation : *Officier qui a été pour sa troupe un modèle d'honneur et de bravoure. Le 25 août 1914, avait rapporté, sous le feu de l'ennemi, une mitrailleuse abandonnée. Mortellement blessé, le 9 mai 1915, en dirigeant, debout, l'assaut donné par sa section à une tranchée ennemie. Mort digne d'un héros. A été cité.*

[Né le 21 octobre 1887. Fils de M. Georges Lecomte, O ✳, Président de la Société des Gens de lettres.]

LE CONTE (*Louis-Charles-Eugène*), ✳, ✺ (1 palme, 4 étoiles), chef d'escadrons au 5e Dragons.

Glorieusement tombé à l'attaque de Marigny-Sainte-Geneviève, le 2 juin 1918, en entraînant son bataillon de cavaliers à pied. Proposé pour la rosette d'officier de la Légion d'honneur.

> Citation posthume : *Officier supérieur de haute valeur morale, pénétré de l'idée du devoir et de l'esprit de sacrifice. Le 2 juin 1918, a entraîné à l'attaque son bataillon de cavaliers à pied avec une superbe bravoure et est tombé mortellement frappé à peu de distance des lignes ennemies.*

[Né le 26 novembre 1875. Fils de M. et de Mme née Gallice. Marié à Mlle Germaine Chrestien de Poly, fille de M. et de Mme née Larribe, — dont quatre enfants.]

LE CORVAISIER DE SAINT-LAURENT (. . . .), ✳, ✺ (4 citations), capitaine au 128e d'Infanterie.

Tombé le 25 juillet 1918, après 48 mois de front.

LE COUPÉ DESVILLES (René), ✳, ✺, sous-lieutenant au 359e d'Infanterie.

Tué le 13 juin 1918, à 22 ans.

LE COUR GRANDMAISON (Didier), ✳, ✺ (palmes), capitaine de Cavalerie, pilote à l'Escadrille C. 46.

> Citation : *Officier de grande valeur. Brillant chef d'escadrille. Doué d'exceptionnelles qualités d'entrain et de courage, pilote remarquable, a créé une escadrille de triplaces de combat qu'il menait chaque jour à l'ennemi et en a obtenu les plus magnifiques résultats. Le 10 mai 1917, a attaqué seul un groupe de cinq avions de chasse ennemis et a trouvé une mort héroïque au cours du combat.*

LE COUR GRANDMAISON (Adolphe), ⚜ (posthume), ✺ (palme), maréchal des logis, pilote-aviateur.

Citation : *Admirable d'entrain et d'audace. Au cours d'une chasse, le 23 septembre 1916, a piqué sur un avion ennemi, l'a abordé et l'a entraîné dans sa chute.*

LE COURBE (Vicomte Georges), ✠, ✠, lieutenant-colonel au 53e territorial d'Infanterie.

Mort, le 28 juin 1915, des suites d'une maladie contractée au service.

Citation : *A montré, depuis le début de la campagne, des qualités d'énergie, de valeur et d'esprit militaire, qui ont fait du 53e territorial un régiment brillant face à l'ennemi. N'a quitté son commandement qu'après s'être trouvé épuisé par les fatigues de huit mois de tranchées.*

[Né le 29 avril 1857. Fils de M. Charles LE COURBE, Conseiller à la Cour, et de Mme née DIDIER. Marié à Mlle PAL, fille de M. et de Mme née SOUSSELIER, — dont quatre enfants.]

LE COURT DE BILLOT (Georges), ✠ (posthume), ✠, lieutenant au 91e d'Infanterie.

Citation : *Officier énergique, modèle de bravoure et de dévouement. Tué à son poste de combat, le 1er décembre 1917. A été cité.*

LE COURTOIS DU MANOIR (Léon), lieutenant au 1er Colonial.

Tué le 15 septembre 1915.

[Fils de M. (décédé) et de Mme née DE BRÉVEDENT.]

LE COUTEULX DE CAUMONT (Robert), ✠, maréchal des logis au 32e Dragons.

Tué le 1er juin 1918, à 20 ans.

LE COUTEULX DU MOLAY (*Jean*-Léon-Marie), ✠ (posthume), ✠ (palme), lieutenant au 7e Chasseurs à cheval, affecté au 4e groupe d'Aviation de bombardement.

Citation : *A toujours été pour tous un modèle de bravoure. Dans la nuit du 15 au 16 mars, a attaqué avec succès et à très faible altitude (150 mètres) un terrain d'aviation à la bombe et à la mitrailleuse. Dans celle du 26 au 27 mars, a effectué une reconnaissance à moins de 200 mètres. Tombé à l'ennemi, le 21 mars 1918, à la suite d'un combat très dur au cours d'une mission importante de bombardement du champ de bataille.*

LÉCROART (Félix), ✠ (posthume), ✠ (palme), capitaine aviateur.

Capitaine de Cavalerie, détaché à l'Aviation. Tombé glorieusement dans un combat aérien, sur le front de Verdun, le 21 mars 1916.

Citation : *Officier observateur-mitrailleur. Audacieux, énergique et plein de sang-froid. Les 17 et 19 mars, au cours d'une mission de barrage, au delà des lignes, a eu de sérieux engagements avec des avions ennemis qu'il a obligés à fuir. A disparu, le 21 mars 1916, au cours d'une mission analogue.*

[Né le 18 août 1880. Fils de M. Paul LÉCROART et de Mme née Amélie BERNARD.]

LEDOCHOWSKA (Comtesse).

Etant prisonnière à Soissons, fut tuée d'un éclat d'obus, le 20 juillet 1918.

LE DOUGET (F.-L.-C.), ✠ (posthume), ✠ (palme), lieutenant de vaisseau des Fusiliers Marins.

> Citation : *Brillante conduite dans un combat où il a trouvé la mort en repoussant un assaut.*

LEDOUX DE BEAUMÉNIL (Gaston), ✠, capitaine.
Tué le 6 avril 1916.

LEDREUX (Jean), avocat à la Cour de Paris.
Tué en Lorraine, le 25 août 1914.

LEDUC (*André*-Anatole), ✠ (posthume), ✠ (palme), étudiant, *engagé volontaire*, aspirant au 81e d'Artillerie.
Tué, le 25 mai 1916, par un éclat d'obus, à Belrupt, sous Verdun.

> Citation : *Chef de section d'une intelligence, d'un dévouement, d'une conscience remarquables. S'imposait à tous, malgré son extrême jeunesse, par sa valeur morale, son énergie, son jugement. A eu une belle attitude au feu dans les journées du 22 au 25 mai 1916. A été tué, le 25, par un éclat d'obus.*

[Né le 25 octobre 1897. Fils du Professeur à la Faculté des Sciences de Paris, et de Mme née DUTILLEUL.]

LE FAUCHEUX (Marie-Alexandre-Lucien-*Henry*), ✠, ✠ (1 palme, 1 étoile), sous-lieutenant au 117e d'Infanterie.
Passé du 32e Dragons dans l'infanterie. Tombé dans un assaut, à la tête de sa section, le 6 octobre 1915, près de Tahure. Mort le lendemain à l'ambulance de Cuperly (Marne).

> Citation : *Modèle d'audace, de bravoure et de sang-froid. Grièvement blessé à l'attaque du 6 octobre 1915 à proximité des réseaux de fils de fer ennemis.*

[Né le 3 juillet 1890. Fils de M. et de Mme née DE MOLLERAT DU JEU.]

LE FAUCHEUX (Marie - Joseph - Antonin - Albin - *Pierre*), ✠ (posthume), ✠ (palme), Saint-Cyrien de la promotion de la Croix du Drapeau, sous-lieutenant au 165e d'Infanterie.
Tombé glorieusement, le 1er septembre 1914, à la tête de sa section, dans un assaut contre le bois de Consenvoye (Meuse); mort sur le champ de bataille, le 3 septembre 1914.

> Citation : *Jeune officier plein d'allant et de bravoure. Le 1er septembre 1914, a entraîné sa section à l'assaut du bois de Consenvoye, avec un élan admirable, en criant : « C'est pour la France, courage, mes amis ! » Est tombé frappé de deux balles. A été cité.*

[Né le 28 septembre 1892. Frère du précédent.]

LE FEBVRE (Joseph), ✠, capitaine.....................................
[Fils de M. et de Mme née DE LA FERRIÈRE.]

LEFEBVRE (François), ✠ (posthume), ✠ (1 palme, 1 étoile), ingénieur chimiste et électricien, sous-lieutenant d'Artillerie, observateur à l'Escadrille C. 28.
Tombé glorieusement au cours d'un combat aérien, le 15 mars 1916.

> Citation à l'Armée : *Jeune officier, plein d'avenir, qui s'était distingué par ses services dans l'aéronautique depuis six mois. Le*

15 mars 1916, a trouvé une mort glorieuse dans un combat aérien, frappé au moment où il venait de contraindre à atterrir un avion ennemi qui cherchait à passer nos lignes.

[Né en 1892. Fils de M. Eugène LEFEBVRE (décédé) et de Mme née WIRIOT.]

LEFEBVRE DE BÉHAINE (Édouard-Auguste-Louis-*Jean*), ✠ (posthume), ✠, élève de Saint-Cyr, sous-lieutenant au 156e d'Infanterie.

Disparu, le 30 mai 1915, dans un combat devant Arras.

Citation : *Jeune officier plein de courage, qui a été tué en entraînant sa section à l'assaut des tranchées ennemies, le 30 mai 1915. A été cité.*

[Né le 13 octobre 1894. Fils du Cte et de la Ctesse née GERVAIS.]

LE FEBVRE DES NOËTTES (Jacques-Marie-*Richard*), ✠ (posthume), ✠, lieutenant au 3e Cuirassiers, détaché au 105e d'Artillerie.

Mort de ses blessures, en juin 1918, près de Catenoy (Oise).

Citation : *Très grièvement blessé à l'attaque du 9 juin 1918, au milieu de sa batterie, où il tenait sous un bombardement violent, donnant à tous l'exemple du devoir et du sacrifice. Décédé des suites de ses blessures. A été cité.*

[Né le 28 décembre 1886. Marié à Mlle Simone CRESSON.]

LEFÈVRE (A.-C.-J.-M.), ✠ (posthume), ✠ (palme), enseigne de vaisseau de 1re classe.

Citation : *Pendant l'engloutissement du* Léon-Gambetta, *a éclairé les échelles inférieures avec des lampes de poche ou des allumettes, permettant ainsi à l'équipage de monter sur le pont et de se sauver. A travaillé ensuite à mettre les embarcations à la mer, a contribué par ses paroles et son exemple à maintenir l'ordre sur le pont, a été jeté à la mer par le chavirement du navire et y a trouvé la mort.*

LEFÈVRE DE BOULLETZ (Louis-Lucien-Arthur), ✠ (posthume), ✠, soldat au 327e d'Infanterie.

Citation : *Jeune soldat de la classe 1916, plein d'ardeur et de bravoure au combat. Tombé glorieusement pour la France, le 14 avril 1917, devant Beauvieux (Aisne).*

LE FILLEUL DES GUERROTS (Jacques), ✠, étudiant, maréchal des logis au 15e d'Artillerie.

Blessé, le 11 juin 1918, à Villers-Cotterets; décédé des suites de ses blessures, le 17 octobre 1918, à Saint-Junien (Haute-Vienne).

Citation : *Pendant l'offensive des Flandres, juillet à décembre 1917, s'est distingué par son courage, son sang-froid et son esprit d'initiative. Faisant fonction de chef de pièce à la batterie de tir, a obtenu le meilleur rendement de son personnel, en lui montrant l'exemple de sa bonne humeur et de son endurance dans les circonstances pénibles et dangereuses de cette longue période d'attaques.*

[Né le 17 août 1896. Fils de M. et de Mme née Thérèse ALLARD DE VILLERMONT.

LEFLAIVE (Abel), ✠, lieutenant au 62e d'Artillerie, aviateur-observateur.

Tué le 14 octobre 1915.

LEFORT (Pierre-Désiré-*Jules*), ✠, avocat au Conseil d'État et à la Cour de Cassation, lieutenant au 254ᵉ d'Infanterie.

Tué à Grand-Fay, le 26 août 1914, à 35 ans.

-LEFRANC (Robert), ✠, aspirant au 2ᵉ Chasseurs à pied.

Tué le 4 février 1918.

[Né en 1894. Fils du Professeur au Collège de France et de Mᵐᵉ née VAUTHIER.]

LE GALLAIS (Pierre), ✠ (2 étoiles), ✠ (Médaille du Maroc), attaché à la Compagnie des Messageries Maritimes, *engagé volontaire*, sergent au 56ᵉ Colonial.

Mort, le 14 novembre 1917, des suites de ses blessures à l'ambulance du front Iven, secteur de Monastir.

> Citation : *Sous un feu violent, a enlevé sa section avec la plus grande bravoure. A rempli une mission délicate avec intelligence et intrépidité.*

[Né à Sarzeau le 30 juillet 1892. Fils de l'ancien Conseiller général du Morbihan et de Mᵐᵉ née Marie DE LAMARZELLE.]

LEGENDRE (Marcel), *engagé volontaire*, sergent au 2ᵉ Chasseurs à pied.

Tué le 5 mai 1917.

[Né en 1897. Fils de M. et de Mᵐᵉ Alfred LEGENDRE.]

LE GOAËSBE DE BELLÉE (*Léon*-Guy), ☗ (posthume), ✠, étudiant en droit, caporal au 47ᵉ d'Infanterie.

Tombé glorieusement à Arras, le 6 octobre 1914, à la tête de sa section de mitrailleuses.

[Né le 15 décembre 1889. Fils de M. et de Mᵐᵉ née CASTEX.]

LE GOFF (Joseph-Marie-Olivier), ✠ (palme), brigadier au 501ᵉ d'Artillerie d'assaut.

> Citation : *Après avoir participé de la façon la plus brillante, soit comme mécanicien, soit comme chef de char-mitrailleuse aux combats de juin et juillet 1918, a trouvé une mort glorieuse, le 27 septembre, dans un combat où il s'était engagé avec son audace habituelle, dépassant largement l'infanterie pour mieux assurer la sécurité de sa progression.*

LE GOFF (Lucien), ✠ (4 citations), aide-major de 1ʳᵉ classe.

Décédé, le 17 octobre 1918, à Châlons-sur-Marne, des suites d'une maladie contractée en Champagne.

LE GONIDEC DE PÉNLAN (Marie-Constantin-*Yves*), ✠ (posthume), ✠ (palmes), *engagé volontaire*, sous-lieutenant au 158ᵉ d'Infanterie.

Blessé le 29 mai 1918, avait rejoint le front à peine guéri; a été tué en octobre suivant.

> Citation : *Officier d'un entrain et d'un courage hors pair. Le 27 septembre, a brillamment entraîné sa compagnie, a refoulé l'ennemi en gagnant trois kilomètres de terrain en profondeur. S'est maintenu sur son objectif avec un superbe entrain, repoussant deux contre-attaques d'un ennemi agressif et très supérieur en nombre. A donné de nouvelles preuves de sa vaillance dans la journée du 4 octobre 1918 et est glorieusement tombé au champ*

d'honneur en laissant à tous le plus beau souvenir d'abnégation et de dévouement. A été cité.

[Né en 1897. Fils du Cte et de la Ctesse née Élisabeth Le Gonidec de Pénlan.]

LE GOUAIS (François), lieutenant au Corps de Volontaires Italiens.
Tombé à Courte-Chausse, le 5 janvier 1915.

LEGRAIN (*Marcel*-Jean), ✠ (posthume), ✠, sergent au 74e d'Infanterie.
Blessé une première fois à Courgivaux, le 7 septembre 1914; tomba au champ d'honneur, le 10 juin 1915, au Labyrinthe.

    Citation : *Sous un bombardement intense, a donné pendant cinq jours le plus bel exemple de sang-froid et de mépris du danger. A été tué au moment où il reconnaissait les abords de la position ennemie qu'il devait attaquer le soir.*

[Né le 14 juin 1890. Fils de M. Alphonse Legrain (décédé) et de Mme Berthe-Blanche Riffaud.]

LE GRAND (Alexandre), ✠ (posthume), ✠, sous-directeur technique de la *Bénédictine*, lieutenant d'Infanterie.
Tombé glorieusement devant Thil, sous Reims, le 26 septembre 1914.

    Citation : *Vaillant officier, poussé à plus de 400 mètres de la ligne de bataille, s'est maintenu face à l'ennemi et a contribué à repousser une attaque ennemie. A été tué à l'ennemi quelques jours après, en entraînant sa compagnie à l'attaque d'une tranchée allemande.*

LE GRAND (F.-A.), ✠ (posthume), ✠ (palme), enseigne de vaisseau des Fusiliers Marins.

    Citation : *Jeune officier nouvellement arrivé au corps, avant fait preuve, pendant les opérations du 9 au 24 septembre 1918, du plus grand courage. A trouvé une mort glorieuse dans une tranchée ennemie qui venait d'être enlevée et où il s'était porté en renfort à la tête de sa section.*

LEGRAND (Marc), ✠, ✠ (palme), lieutenant de vaisseau.
Tué d'une balle à la tête de sa compagnie de Fusiliers Marins, à Nieuport, le 13 septembre 1915.

[Né en juin 1875. Fils du Capitaine de vaisseau et de Mme née Étienne.]

LEGRAND (Frantz), ✠, ✠ (palme), ✠ (Médaille du Maroc), lieutenant de vaisseau.
A disparu à son poste avec le cuirassé *Bouvet*, glorieusement coulé à la bataille de Chanak (Dardanelles), le 18 mars 1915.

    Citation : *A assuré, pendant tout le combat du 18 mars, le service des transmissions au poste central dans de parfaites conditions, malgré les continuels changements d'objectifs au transport du tir d'un bord à l'autre sans cessation de feu. Est mort à son poste quand le bâtiment a chaviré.*

[Né le 16 août 1877. Frère du précédent. Marié à Mlle de Boisboissel, fille du Cte et de la Ctesse née Libman, — dont deux enfants.]

LEGRAND (André), ✠ (étoile), étudiant en droit, sergent élève-officier au 51e d'Infanterie.

Citation : *Très bon sous-officier, très énergique, avait beaucoup d'ascendant sur les hommes de la section qu'il commandait aux Éparges.*

[Né le 29 juin 1894. Fils de M. Charles Legrand, C ✷, ancien Président de la Chambre de Commerce de Paris, et de Mme née Millot.]

LEGRAND DES CLOIZEAUX (Alfred - Amédée - *Jacques*), ✷ (posthume), ✷ (palme), maréchal des logis au 2e Hussards.

Mort de ses blessures, le 2 septembre 1914, à Oulchy-le-Château.

Citation : *Chargé d'une reconnaissance difficile ayant pour but de reconnaître un bois d'où partait une fusillade intense, s'est acquitté de sa mission avec la plus grande audace et n'a pas hésité à charger une patrouille ennemie supérieure en nombre. A eu son cheval tué sous lui et est tombé mortellement blessé. A été cité.*

[Fils de M. et de Mme née Aline Lescanne.]

LE GUAY (*François*-Marie-Louis), ✷ (posthume), ✷ (2 palmes), lieutenant au 89e d'Infanterie.

Saint-Cyrien de la promotion de la Grande-Revanche, fut grièvement blessé à l'assaut de Vauquois, le 1er mars 1915. Revenu au front aussitôt guéri, trouva la mort, le 26 septembre 1916, au combat de Bouchavesnes ; inhumé à Liéramont, village voisin de ce champ de bataille.

Deuxième citation : *Excellent commandant de compagnie, possédant au plus haut degré les qualités du véritable officier français ; blessé grièvement à la tête de sa compagnie, le 25 septembre 1916, en entraînant ses hommes à l'attaque d'une position ennemie. Mort des suites de ses blessures.*

[Né le 27 octobre 1895. Fils de M. Louis Le Guay, agent de change à Paris, et de Mme née Rondeleux.]

LE HECHO (J.-M.), ✷ (posthume), ✷ (palme), enseigne de vaisseau des Fusiliers Marins.

Citation : *Officier plein de sang-froid et de courage. Venu à la brigade comme volontaire, a été tué à son poste de combat, en tranchée de première ligne, au cours d'un violent bombardement, le 1er novembre 1915.*

LEHMANN (Jacques), soldat réserviste au 46e d'Infanterie.

Disparu, le 24 août 1914, au cours d'un assaut, pendant le combat de la ferme de Haut-Val, près Longuyon.

[Né le 25 octobre 1888. Fils de M. Théophile Lehmann et de Mme née Picard.]

LEIRIS (Henri de), ✷, ✷ (3 palmes), chef de bataillon au 170e d'Infanterie.

Blessé le 2 mai 1916, mort le 5 suivant dans une ambulance du front.

[Né en 1874. Marié à Mlle Gloxin.]

LE JAMTEL (Henri), ✷ (posthume), ✷ (palme), sous-lieutenant au 136e d'Infanterie.

Tué, le 29 août 1914, à la Vallée-aux-Bleds.

[Né le 7 juillet 1881. Fils de M. et de Mme née Gruyer. Marié à Mlle Louise Mill…]

LE JARIEL (R.-M.-J.), ✠, capitaine de Cavalerie.
Tué le 18 décembre 1914.

[Marié à Mlle Claire-Gabrielle DU PAN.]

LEJAY (Léon), ✠, capitaine au 5e d'Artillerie.
Tombé aux combats de la Meuse, le 29 août 1914.

LEJAY DE BELLEFOND (René), ✠ (palme), lieutenant mitrailleur au 6e Dragons.
Tué, le 24 mars 1918, à Nonreuil (Aisne).

LEJÉAS (Comte Olivier), ✠, capitaine de Cavalerie, commandant la réserve n° 5 des Convois Automobiles.
Décédé, le 21 septembre 1918, d'une fièvre typhoïde contractée au front.

[Né en 1884. Marié à Mlle Madeleine GEOFFRAY, — dont trois enfants.]

LEJEUNE (*Edgard*-Jules-Marie, Baron Edgard), ✳ (posthume), ✠ (palme), lieutenant au 5e Cuirassiers, détaché à la 1re Division de Cavalerie Britannique.
Blessé grièvement, le 23 novembre 1914, à La Clytte (Belgique), d'un éclat d'obus, succomba le jour même à l'hôpital de Bailleul.

> Citation : *Attaché depuis le début de la campagne à la 1re division de cavalerie britannique comme officier de liaison; y a fait preuve en toutes circonstances de belles qualités militaires; chargé à plusieurs reprises de reconnaissances importantes, s'y est fait remarquer par son audace et sa bravoure; toujours prêt à risquer sa vie, a failli plusieurs fois tomber entre les mains de l'ennemi. Blessé mortellement en service commandé, le 25 novembre 1914.*

[Fils du B^on et de la B^onne née TAIGNY (décédée). Marié, en 1912, à la P^cesse Marguerite MURAT, fille de S. A. le P^ce MURAT et de S. A. la P^cesse née Cécile NEY D'ELCHINGEN.]

LE JOLIS DE VILLIERS (*Louis*-Paul-Léon-Marie-Raymond), ✳ (posthume), ✠, capitaine au 72e d'Infanterie.

> Citation : *S'est particulièrement distingué au cours des affaires des 8, 9, 10 septembre 1914, autour de la forêt de Saint-Paul, en entraînant ses hommes dans une lutte opiniâtre à travers les taillis. Est tombé mortellement frappé dans une embuscade. Officier d'une bravoure à toute épreuve. A été cité.*

[Marié à Mlle Jeanne DE SAINTIGNON, — dont cinq enfants.]

LELARGE D'ERVAU (.....), ✠, capitaine.
Tué le 7 décembre 1915.

L'ELEU (Roger-L.), O ✳, ✠ (3 citations), chef du 14e bataillon de Chasseurs alpins.

> Citation : *Chef de corps d'élite, modèle de toutes les vertus militaires. Grièvement blessé, le 20 juillet 1915, à la tête de son bataillon, a été tué, le 20 juillet 1916, au moment où il entraînait sa première vague à l'assaut des tranchées ennemies.*

LE LIEUR DE VILLE-SUR-ARCE (*Charles*-Louis-Joseph, Vicomte), ✠ (posthume), ✠, caissier à la Société du Crédit Industriel et Commercial, sergent au 101e d'Infanterie.
Tué à Suippes (Marne), le 26 février 1915.

> Citation : *Excellent gradé, énergique et dévoué, donnant à ses hommes le plus bel exemple de courage et de sang-froid. Mortellement blessé à la tête de sa section, en se portant vaillamment à l'assaut des lignes ennemies, le 26 février 1915.*

[Né le 4 novembre 1878. Fils du Cie et de la C^iesse née DAMAS.]

LELIÈVRE DU BRŒUILLE (Félix-Charles-Édouard), ⚱ (posthume), ✠, soldat au 7e d'Infanterie.

> Citation : *Soldat brave et dévoué, ayant toujours fait preuve des plus belles qualités. Mort glorieusement pour la France, le 7 mars 1915, devant Souain.*

LELORRAIN (Eugène), ✻, ✠, capitaine au 4e d'Infanterie. Tué aux combats de Belgique, le 22 août 1914.

[Fils du Général et de Mme LELORRAIN. Marié à Mlle LE CONTE.]

LE MAIRE (Jean), sous-lieutenant au 226e d'Infanterie. Tué le 18 mai 1915.

LEMAÎTRE (*Henry*-Frédéric-Philippe), ✻ (posthume), ✠ (palme), Saint-Cyrien de la promotion de la Croix du Drapeau, sous-lieutenant au 30e Dragons.

Tué, le 12 octobre 1914, dans la reconnaissance de la ferme Beaupré, près La Gorgue. La mort de ce jeune officier, tombé en héros, a imposé à nos ennemis assez de respect pour les déterminer à vouloir lui rendre les honneurs; a été inhumé au cimetière de Lestrein (Pas-de-Calais).

> Citation : *En reconnaissance, voyant tomber un de ses éclaireurs, s'est porté pied à terre à son secours, et a été tué au moment où il accomplissait ce geste héroïque. Avait toujours montré une bravoure exceptionnelle, craignant de ne pas faire assez pour son pays. Silencieux et modeste, ne quittait son attitude effacée que pour revendiquer des postes périlleux.*

[Né le 23 juillet 1894. Fils de M. Philippe LEMAÎTRE et de Mme née REBOUL.]

LEMAITRE (André), *engagé volontaire*, caporal pilote-aviateur.

Engagé au 22e d'Artillerie, passa ensuite, sur sa demande, dans l'Aviation. Tué en service commandé, le 6 septembre 1917, à Beauzé, sous Verdun.

LE MARCHAND (Henri), ✻, ✠, Saint-Cyrien, capitaine au 1er Cuirassiers, passé, sur sa demande, dans l'Artillerie. Tué, le 25 août 1918, au front de l'Oise.

[Marié à Mlle Élisabeth VERGÉ DU TAILLIS, — dont deux enfants.]

LE MASNE (*Henri*-Joseph-Marie), ✻, ✠, lieutenant de vaisseau, commandant le sous-marin *Diane*.

> Citation : *Officier de haute valeur, commandant de sous-marin accompli, d'une énergie inlassable et d'un dévouement absolu, toujours prêt pour toute mission de guerre, a trouvé sur la Diane, qu'il commandait, une mort glorieuse au cours d'une opération militaire délicate, pour laquelle l'avaient tout particulièrement désigné le succès d'une opération semblable, ses brillantes qualités personnelles, et la valeur qu'il avait su donner à son bâtiment.*

LEMERCIER (Georges), lieutenant au 16e d'Infanterie.

Mort de ses blessures à Laon, le 13 novembre 1918.

LE MINTIER DE LA MOTTE-BASSE (*Henry-Marie-Joseph-Raphaël, Comte Henry*), ✠ (posthume), ✠ (2 étoiles), Saint-Cyrien, capitaine au 248e d'Infanterie.

Lieutenant au 2e Hussards, passa ensuite dans l'Infanterie. Tué, le 6 juillet 1916, d'une balle au front, à l'attaque de Thiaucourt, devant Verdun; inhumé au cimetière de Glorieux.

> Citation : *Vaillant officier, courageux et dévoué. Est tombé glorieusement en conduisant sa compagnie à l'attaque. Avait été précédemment deux fois cité à l'ordre pour sa brillante conduite devant l'ennemi. A été cité.*

[Né le 20 août 1891. Fils du Mis et de la Mise née Élianne DE PALYS.]

LE MIRE (*Ludovic-Marie-Noël*), ✠ (étoile d'or), *engagé volontaire*, aspirant au 44e d'Infanterie.

Engagé à 17 ans, est tombé, le 26 septembre 1915, à la tête de la section qu'il entraînait, près de Jonchery, à l'offensive de Champagne.

[Né le 25 juillet 1897. Fils de M. Joseph LE MIRE et de Mme née DE BOISSIEU.]

LE MOAL (*Marc-Armand*), ✠ (posthume), ✠ (palme), élève de mathématiques spéciales, sous-lieutenant au 135e d'Infanterie.

Le 11 juin 1918, en conduisant sa section à l'attaque, fut blessé grièvement à la poitrine, en avant de Méry (Oise), à quelques mètres des lignes allemandes. Le soir, plusieurs patrouilles tentèrent d'aller le chercher, mais ne parvinrent pas à approcher du trou d'obus où il était tombé. Fut porté disparu.

> Citation : *Officier d'une froide bravoure. Le 11 juin 1918, a fait face avec sa section à une contre-attaque ennemie; a été blessé grièvement au moment où il mettait lui-même en batterie un fusil-mitrailleur, sous des rafales incessantes et nourries de mitrailleuses.*

[Né le 16 février 1897. Fils de M. et de Mme née ROY.]

LE MOINE DES MARES (Étienne), ✠, maréchal des logis aviateur-mitrailleur.

Mort à Châlons, le 11 octobre 1915, des suites de ses blessures.

[Fils du Capitaine de vaisseau, O ✠, et de Mme née MENGIN DE VALDAILLY.]

LE MOINE DES MARES (*Henry*), ✠, ✠, sous-lieutenant mitrailleur au 106e d'Infanterie.

Tué le 23 juin 1916.

[Frère du précédent.]

LE MONIÈS DE SAGAZAN (Marie-*René*), ✠ (posthume), ✠ (étoile), lieutenant au 130e d'Infanterie.

Disparu au combat de Virton, le 22 août 1914.

[Marié à Mlle DE LÉOBARDY.]

LEMONNIER (*Jacques-Gabriel*), ☉ (posthume), ✠ (1 étoile de vermeil, 1 étoile d'argent), avocat à la Cour de Paris, diplômé des Sciences

Politiques, sergent-chef de section au 1er mixte de Zouaves et Tirailleurs.

Tué à l'ennemi, le 11 mai 1917, à Cerny-en-Laonnois ; inhumé au boyau Allegrine, à Beaulne-Chivry (Aisne).

> *Dernière citation : Sous-officier courageux, faisant l'admiration de tous par son calme et son sang-froid. Au cours d'une attaque ennemie, s'est découvert complètement pour mieux voir le terrain et se rendre compte de la situation. Est tombé glorieusement frappé.*

[Né à Flers-de-l'Orne, le 30 juin 1890. Fils du Dr Gabriel LEMONNIER et de Mme née BINETEAU.]

LEMUT (François), ⚜ (posthume), ✠ (1 palme, 1 étoile), étudiant en sursis d'étude à la mobilisation, maréchal des logis d'Artillerie, pilote-aviateur.

Blessé, le 9 avril 1916, comme maréchal des logis d'Artillerie, à Verdun, il passa, à sa sortie de l'hôpital, dans l'Aviation, et fut envoyé à Salonique comme pilote de chasse. Fut tué au cours d'un combat aérien, où, laissé seul, il se porta à l'attaque de trois avions ennemis. Son nom a été donné à l'un des ravins affluents du Vardar, près de Guevguéli, où il tomba le 18 février 1917.

> *Deuxième citation : Pilote de chasse d'une grande bravoure. Tué glorieusement au cours d'un combat aérien en entraînant son adversaire dans sa chute.*

[Né le 7 août 1892. Fils du Lieutenant-Colonel de Cavalerie et de Mme née Marguerite BARBIER.]

LENCHÈRES (Gaston de), sergent.
Tué, le 27 septembre 1914, à Fresnes, près Reims.

L'ENCLOS (Jean-André de), ✻ (posthume), ✠ (palme), capitaine au 153e d'Infanterie.
Mort glorieusement à Morhange, le 20 août 1914.

[Né le 24 mars 1878. Marié à Mlle SHADE.]

L'ENCLOS (Maurice-Franz de), ⚜ (posthume), ✠, sergent au 81e d'Infanterie.

> *Citation : Sous-officier d'élite, blessé, le 8 août 1916, au combat de Thiaumont. Mort de ses blessures en captivité. A été cité.*

LENCQUESAING (Jacques de), ⚜ (posthume), ✠ (étoile), caporal de réserve au 201e d'Infanterie.
Blessé grièvement à Béthény (défense de Reims), le 15 septembre 1914, décédé le lendemain à l'hôpital civil de Reims.

[Né le 22 octobre 1883. Fils de M. Albéric DE LENCQUESAING et de Mme née Antoinette D'HESPEL DE FLENCQUES.]

LENGAIGNE (Georges), ✠, capitaine au 7e d'Artillerie.
Tué sur le front des Ardennes, à Tourteron, le 30 août 1914.

LENOIR (Henri), ✻ (posthume), ✠ (palme), lieutenant de réserve au 33e d'Artillerie.
Tué sous Ypres, en novembre 1914.

> *Citation : S'est distingué, dès le début de la guerre, par son dé-*

vouement et son courage. Est bravement tombé en rétablissant sous le feu de l'ennemi la liaison entre le commandant de l'artillerie et celui de l'infanterie, au moment le plus critique du combat.

LENOIR DE LA COCHERIE (Georges), ✠ (posthume), ✠ (étoile), étudiant, téléphoniste au 117e d'Infanterie.
Tué, le 23 avril 1916, à Massiges.

   Citation : *N'a jamais cessé de donner les preuves du dévouement le plus absolu dans l'emploi de téléphoniste qu'il exerçait avec zèle depuis février 1915. A été tué à Massiges, le 23 avril 1916, pendant qu'il installait un poste sous un violent bombardement.*

[Né le 13 octobre 1894. Fils de M. et de Mme née Clotilde Demazel.]

LE NOIR DE TOURTEAUVILLE (Albert), ✠, ✠, juge de paix à Paris, *engagé volontaire*, capitaine au 1er d'Artillerie à pied.
Tué le 31 août 1914.

   Citation posthume : *Officier de complément ayant repris du service à l'âge de 60 ans, s'est toujours signalé par son activité et son intrépidité. Le 31 août 1914, sa batterie étant en butte à un bombardement intense, a fait abriter tout son personnel, et, resté seul à son poste d'observation, y a trouvé une mort héroïque en dirigeant le tir de ses pièces.*

LENONCOURT (Jean SUBLET D'HEUDICOURT de), ✠, du 56e Chasseurs à pied.
Blessé mortellement à l'attaque d'Hooglede (Belgique), le 14 octobre 1918, succomba le 15 à Rosendaël.

[Né en 1898. Fils du Vte et de la V^tesse née Hélène Jeannerod.]

LENTAIGNE DE LOGIVIÈRE (Bernard de), *engagé volontaire*.
Engagé à 50 ans au début de la campagne, a succombé, en avril 1918, à une grave affection contractée au front.

[Marié à Mlle Yvonne Bocquet de Chanterenne, — dont huit enfants.]

LÉO (*Philippe*-Gabriel-Richard), ✠, ✠, sous-lieutenant au 2e groupe d'Aviation.
Tué à l'ennemi, le 28 avril 1916.

[Fils de M. et de Mme née Vernes.]

LÉON (Jean-Richard), ✠ (posthume), ✠ (étoile), *engagé volontaire*, sous-lieutenant au 28e d'Infanterie.
Tombé au champ d'honneur, le 26 mai 1915, au combat de Aix-Noulettes-Souchez.

   Citation posthume : *A entraîné très énergiquement sa section à l'assaut des tranchées ennemies et a été blessé mortellement à quelques mètres du but.*

[Né à Paris le 19 avril 1893. Fils de M. Richard Léon, avoué à la Cour de Paris, et de Mme née Marguerite Léon.]

LÉON-LÉVY (*Jacques*-Alexandre), ✠ (posthume), ✠ (palme), élève à l'École nationale supérieure des Mines, sous-lieutenant au 22e d'Artillerie.
Tué à Hardaumont (Meuse), le 18 décembre 1916.

   Citation : *A trouvé une mort glorieuse, en effectuant, à côté de son capitaine, une audacieuse reconnaissance sur un terrain constamment battu par l'ennemi. A été cité.*

[Né le 14 septembre 1894. Fils de M. Léon-Lévy, directeur de la Compagnie des Forges de Commentry et Neuves-Maisons, et de Mme née Lange.]

LÉOTARD (M.-J.-Gaëtan de), ✠, ✠ (2 palmes), **capitaine au 417e d'Infanterie.**

Citation : ... *A été frappé mortellement, le 30 novembre 1915, au milieu de ses soldats employés à réparer une tranchée qui avait été démolie par un bombardement, alors qu'il stimulait leur zèle et les encourageait par son entrain et sa belle humeur.*

[Marié à Mlle Delaroche de Lage.]

LE PAN DE LIGNY, née Gabrielle MARCHIS DE LA CHAMBRE (Madame), infirmière militaire bénévole.
Décédée, en 1917, des suites de blessures reçues en service, à l'hôpital de Saint-Gilles-Fismes, aux Armées.

LE PARGNEUX (Louis), maréchal des logis au 6e Dragons.
Tué, le 22 août 1914, au combat de Rossignol (Belgique).

LEPERCQ (Georges), séminariste à Issy, soldat au 157e d'Infanterie.
Tué le jour même de son arrivée au front, le 24 mai 1915, au bois de Mortmare, près Flirey, et inhumé à Bernécourt (Meurthe-et-Moselle).

[Né le 12 janvier 1894. Fils de M. et de Mme née Fichet.]

LE PIN (Louis-*Léon*), ✠, **sergent au 18e d'Infanterie.**
Venu de Russie dès la mobilisation, fut mortellement blessé, le 25 janvier 1915, au bois Foulon.

LÉPINAY (Georges JANNET de), ✠ (posthume), ✠, **soldat au 48e Chasseurs à pied.**

Citation : *Chasseur d'un sang-froid et d'une bravoure exceptionnels. Est resté à son poste de guetteur, le 15 septembre 1916, pendant deux heures, sous un bombardement des plus violents et n'a quitté son poste que très grièvement blessé. Est mort des suites de ses blessures. A été cité.*

L'ÉPINE (Paul de), ✠ (posthume), ✠, **capitaine au 248e d'Infanterie.**
Blessé en août 1914, tué à Souain (Marne), le 20 novembre 1914.

[Né en 1870. Marié à Mlle de Boutiny, — dont deux enfants.]

LÉPINE (André), ✠ (étoile), **interne des hôpitaux de Paris, médecin auxiliaire de réserve au 13e Chasseurs à pied.**
Mort, le 1er novembre 1914, au lieudit « Dansant de la fête », près du col de Sainte-Marie-aux-Mines, dans les circonstances suivantes : Accompagnant un détachement qui battait en retraite dans le bois après avoir exécuté une diversion près du col, il apprend qu'un officier est resté en arrière blessé. Il se porte dans cette direction et trouve l'arrière-garde du détachement démoralisée et prête à se débander par suite de la perte de son officier et de tous les gradés. Il prend le commandement, reforme les

rangs, mais, s'apercevant que l'ennemi va cerner la petite troupe, il donne à ses camarades l'ordre de se retirer, et, comme ceux-ci veulent l'emmener avec lui, il répond simplement : « Je suis médecin et il y a un blessé. » Quelques instants après, comme il pansait cet officier, les Allemands l'entourent et, à 50 mètres, le fusillent lui et le blessé. Ils lui ont depuis élevé une tombe sur l'emplacement même, avec cette inscription : « Ici reposent un officier français et le médecin militaire André LÉPINE. »

> *Citation : Montre depuis le début de la campagne un dévouement au-dessus de tout éloge, suit les combattants pied à pied, s'empressant au péril de sa vie auprès des blessés et assurant leur évacuation rapide dans les conditions les plus difficiles. Debout nuit et jour, excite le dévouement et l'enthousiasme des hommes, s'est notamment distingué le 5 septembre, au bois de Behouille.*

[Né le 20 octobre 1884. Fils de M. Louis LÉPINE, GC ✳, membre de l'Institut, et de Mᵐᵉ née DULAC.]

L'ÉPINOIS, née *Jeanne*-Eugénie-Marie de **TOUCHEBŒUF-CLERMONT** (Comtesse Paul de), ✳, ✖ (palme), infirmière de la S. B. M.

Blessée mortellement au bombardement de l'hôpital de Vadelaincourt, près Verdun, le 5 septembre 1917, succomba à ses blessures à l'hôpital de Jeand'heurs, le 9 septembre 1917.

Décorée de la Légion d'honneur avec cette citation :

> *Titres exceptionnels. Avec un remarquable courage et le plus grand calme, a aidé au sauvetage des blessés et leur a prodigué ses soins pendant le bombardement et l'incendie de l'hôpital, le 20 août 1917. Sa présence et son attitude au milieu du danger ont été, pour tout le personnel, un bel exemple de courage et de sang-froid. S'est de nouveau signalée pendant le bombardement du 4 septembre, au cours duquel elle a été très grièvement blessée.*

[Née le 9 février 1877. Mariée au Cᵗᵉ Paul DE L'ÉPINOIS, ✳, ✖, chef d'escadron d'Artillerie.]

LE PRADO (Stanislas), avocat, sergent au 135ᵉ d'Infanterie.
Disparu en Artois, le 25 septembre 1915.

LE QUEN D'ENTREMEUSE (Étienne), ✳, ✖, sous-lieutenant.
Tué, le 28 juin 1916, à Neuves-Maisons.

[Marié, en 1914, à Mˡˡᵉ Marie-Rose SCHUSTER.]

LERCHE (*Jules*-Adrien-Adolphe), ✳ (posthume), ✖ (1 palme, 2 étoiles), étudiant, *engagé volontaire*, sous-lieutenant au 221ᵉ d'Artillerie légère.

Mort au champ d'honneur, le 21 juillet 1918, devant Fère-en-Tardenois (Aisne).

> *Troisième citation : Jeune officier d'une bravoure et d'une énergie remarquables ; a su acquérir, par son intelligence, l'estime de ses chefs et de ses camarades. Grièvement blessé à son poste de combat alors que sa batterie était soumise à un violent bombardement.*

[Né le 20 août 1896. Fils de M. Adolphe LERCHE et de Mᵐᵉ née Louise PETIT.]

LERCHE (*Georges*-Jean-Adolphe), étudiant, *engagé volontaire*, maréchal des logis pilote-aviateur au 2ᵉ groupe d'Aviation.

Tout jeune engagé volontaire, le 4 mars 1915, dans l'Artillerie, il prit part à l'offensive de Champagne, aux affaires de la Main de Massiges, et ensuite aux combats de Verdun, où il se distingua à la cote 304. Gravement atteint par les gaz en février 1917, il fut obligé de quitter momentanément le front. Mais bientôt, animé toujours par la plus belle ardeur, il partait dans l'Aviation ; brillant pilote, plein de hardiesse, il trouva glorieusement la mort en Champagne, le 3 juillet 1918.

[Né le 22 juillet 1897. Frère du précédent.]

LERÉ (Pierre-Auguste-Georges), C ✠, ✠ (palmes), Général commandant la 92e Division Territoriale.

Mort des suites d'une maladie contractée aux Armées, à Mazingarbe (Pas-de-Calais), le 15 février 1915.

Citation : *Mis à la tête d'un secteur, en a organisé la défense d'une manière remarquable. S'est dépensé dans sa tâche jusqu'à la dernière limite de ses forces, n'a quitté son commandement que terrassé par la maladie, donnant à tous le plus bel exemple de dévouement au devoir militaire et au pays.*

[Né le 8 octobre 1851. Fils de M. et de Mme née LAGARDE. Marié, en 1886, à Mlle Delphine GUILHERMET.]

LERICHE (Marc), ✠, statuaire, Grand-Prix de Rome en 1914, sergent au 359e d'Infanterie.

Blessé de guerre, mort à Lyon, en 1918.

LEROLLE (Paul-Alain-*François*), ✠ (posthume), ✠ (palme), lieutenant au 45e Chasseurs à pied.

Citation : *Officier de grand mérite, adoré de ses hommes. Modèle de bravoure. Le 29 août 1914, est mort glorieusement à la tête de sa compagnie qu'il commandait depuis le commencement de la campagne. A été cité.*

LEROLLE (André), du 119e d'Infanterie.

Mort en captivité.

[Tous deux fils du Député de la Seine et de Mme née DELACOMMUNE, décédée en 1919.]

LE ROUVILLOIS (Ernest-Étienne-Alfred), ⚜ (posthume), ✠, sergent au 39e d'Infanterie.

Citation : *Très bon sous-officier, dévoué, consciencieux, d'un calme exemplaire. Pendant un bombardement par engins de tranchées, le 19 avril 1917, au bois du Jury, a été grièvement blessé à son poste de combat. Mort pour la France, des suites de ses blessures. A été cité.*

LE ROUX (*Robert*-Hugues), ✠ (posthume), ✠ (palme), publiciste, sous-lieutenant au 356e d'Infanterie.

Tombé glorieusement en 1914.

Citation : *A fait preuve du plus grand courage en s'efforçant d'entraîner, malgré un feu meurtrier, sa section à l'attaque des tranchées ennemies. A été blessé grièvement en se portant au secours de son chef de bataillon atteint mortellement.*

LEROY-BEAULIEU (Pierre), ✠, ancien député de l'Hérault, capitaine au 13e d'Artillerie.

Mort de ses blessures à Anizy-le-Château, le 17 janvier 1915.

[Né le 25 septembre 1871. Marié à Mlle Marcelle Hourblin.]

LE ROY DE BONNEVILLE (Robert), ✠, sergent mitrailleur au 403e d'Infanterie.

Tué, le 28 mai 1918, à 26 ans ; inhumé au cimetière militaire de Besny, près Laon.

LE ROY D'ÉTIOLLES (Gaston), du 155e d'Infanterie.

Tué le 20 septembre 1914.

LE SASSIER-BOISAUNÉ (*Joseph*-Marie-Bernard), ✠, ✠ (palme), lieutenant-colonel commandant le 330e d'Infanterie.

Tué sous Verdun, le 17 mai 1915.

> Citation : *Libéré de toute obligation militaire, a tenu à participer à l'œuvre de défense nationale par son exemple, notamment les 24 août, 1er, 7, 18 et 20 septembre 1914, a formé son régiment ; le 9 avril, quoique n'exerçant aucun commandement, s'est rendu jusque sur les positions de combat pour soutenir, par sa présence, un de ses bataillons placé en réserve et appelé sur la ligne sous un violent tir de barrage d'artillerie ; tué, le 17 mai, à son poste de commandement, d'un éclat d'obus.*

[Né le 22 mai 1857. Fils de M. et de Mme née DE LA CHOLTIÈRE. Marié à Mlle Adrienne LE MONNIER DE LORIÈRE, fille de M. et de Mme née ROUSSEAU DE MONFRAND.]

L'ESCAILLE (Baron de), O ✠, ✠ (6 citations), chef de bataillon au 129e d'Infanterie.

Tombé glorieusement le 27 janvier 1917.

[Marié à Mlle Émélie-Suzanne AGNIEL DE CHÈNELETTE.]

L'ESCALE (..... de), ✠, capitaine.

Disparu le 25 avril 1915.

[Marié à Mlle Marcelle ALLIZÉ, — dont un enfant.]

LESCAN DU PLESSIX (Jules), médecin de 1re classe de Marine.

Englouti avec l'*Amiral-Charner*, coulé par une mine sur la côte de Syrie, le 8 février 1916.

LESCHENAULT DU VILLARD (*Henry*-Joseph-François), ✠, ✠ (étoile), C ✠ (Double Dragon de Chine), ✠ (Médaille Coloniale Maroc), capitaine au 29e d'Infanterie.

En reconnaissance avec son colonel, auquel il était adjoint, sur une crête dominant Saulcy-sur-Meurthe, le 30 août 1914, fut mortellement atteint par deux éclats d'obus à l'épaule droite et au ventre ; transporté à l'hôpital de Besançon, il succomba deux jours plus tard.

> Citation posthume : *A parfaitement secondé son chef de corps et rempli à maintes reprises, sous un feu violent, les missions qui lui ont été confiées. Cet officier, déjà mis à l'Ordre du jour au Maroc, a été blessé mortellement le 30 août 1914.*

[Né le 9 juillet 1866. Fils de M. et de Mme née FURET DE PRÉBARON. Marié à Mlle Hélène MASSIAS, fille de M. et de Mme née Victoire DE LALOT, — dont un fils : Henry.]

LESCHEVIN DE PRÉVOISIN (*Joseph*-Christian-Georges, Vicomte Joseph), �֎ (posthume), ✠ (palme), Saint-Cyrien, chef d'escadrons au 21ᵉ Dragons.

Mortellement atteint d'un éclat d'obus, le 4 novembre 1914, en service de reconnaissance sur la route de Wulverghem à Neuve-Eglise (Belgique), fut évacué d'abord sur Hazebrouck et ensuite dirigé sur Boulogne-sur-Mer (Clinique du Docteur Houzel), où il mourut des suites de ses blessures le 10 novembre 1914.

> Citation : *A fait preuve en toutes circonstances d'une vigueur d'un entrain et d'un courage que tous ont admirés. S'est fait remarquer par l'intelligence, le sang-froid et la hardiesse avec laquelle il a exécuté plusieurs reconnaissances difficiles, fournissant des renseignements précieux. A été mortellement blessé le 4 novembre 1914. A été cité.*

[Né à Vannes le 18 mars 1871. Fils du Cᵗᵉ et de la Cᵗᵉˢˢᵉ née Berthe BÉARD DU DÉZERT. Marié à Mˡˡᵉ Marie DESPRÉS, fille du Conseiller général d'Ille-et-Vilaine, et de Mᵐᵉ née PIRAULT.]

LESCURE (Antoine-Marie-Eugène-*François* de), ✠ (posthume), ✠, Saint-Cyrien, sous-lieutenant au 37ᵉ d'Infanterie.

Tué, le 11 mai 1915, à Neuville-Saint-Vaast.

> Citation : *Jeune officier d'une énergie et d'un courage remarquables. A été tué à la tête de sa section, qu'il entraînait à l'attaque d'un cimetière, le 11 mai 1915. A été cité.*

[Fils du Vᵗᵉ et de la Vᵗᵉˢˢᵉ née Marie DE LA CHAPELLE, décédée.]

LESDOS (Charles), O ✠, ✠ (5 citations), ✠ (Médaille du Maroc), ✠ (Aigle Blanc de Serbie), chef de bataillon au 62ᵉ d'Infanterie.

Tombé glorieusement le 30 mars 1918.

LESDOS (Georges), ✠ (posthume), ✠ (palme), capitaine au 62ᵉ d'Infanterie.

Mort de ses blessures le 21 octobre 1914.

> Citation : *A remarquablement commandé son bataillon; s'est fait distinguer par ses qualités de commandement et son courage. A été l'objet d'une citation à l'Ordre. Blessé, le 2 octobre 1914, à la tête de son bataillon en le guidant pendant le combat avec sa bravoure ordinaire.*

[Frère du précédent.]

LESÈBLE (Robert), ✠, chef de bataillon.

Tué en Alsace, le 13 janvier 1916.

LÉSÉLEUC DE KEROUARA (*Olivier*-Pierre-Michel-Marie-Davy), ✠ (posthume), ✠ (3 étoiles), caporal mitrailleur au 206ᵉ d'Infanterie.

Frappé, le 1ᵉʳ août 1918, par une balle au front, au moment où, à la tête de ses hommes, il atteignait l'objectif désigné.

> Troisième citation : *Caporal d'un courage et d'un mordant remarquables; est tombé mortellement blessé à la tête de ses hommes qu'il menait à l'assaut.*

[Né le 1ᵉʳ octobre 1893. Fils du Cᵗᵉ Jean DE LÉSÉLEUC DE KEROUARA et de la Cᵗᵉˢˢᵉ née Ludocie ROLAND DU NODAY.]

LE SENNE (Jean-Émile), soldat au 19e Chasseurs à pied.
Blessé grièvement, le 11 novembre 1914, à Wytscaëte (Belgique), succomba à ses blessures, le 14, à Lille.
[Né à Paris le 13 novembre 1881. Fils de M. et de Mme née DUBARLE.]

LE SENNE (Jean-Camille-Henri), aspirant au 127e d'Infanterie.
Tué à Mesnil-les-Hurlus, le 19 février 1915.
[Né le 13 novembre 1891. Frère du précédent.]

LE SOUFACHÉ (*Charles*-Vincent-Marie), �֍ (posthume), ✖ (2 étoiles), architecte, capitaine au 235e d'Artillerie.
Tué à son poste de commandement, le 23 avril 1917, à Berry-au-Bac.
Citation : *Très belle conduite au feu, en particulier du 5 au 25 avril 1917, sous un bombardement intense et journalier. Frappé mortellement à son poste de combat, le 25 avril 1917. Déjà cité à l'Ordre de la Brigade.*
[Né le 11 novembre 1874. Fils de M. Pierre LE SOUFACHÉ (décédé) et de Mme née CARIS. Marié à Mlle Hilda EWALD, fille de M., ✖, et de Mme née JODON, — dont quatre enfants.]

LE SOUFACHÉ (Vincent), caporal au 306e d'Infanterie.
Disparu au Mort-Homme, le 31 mai 1916.

LE SOURD (Antoine), ✖ (2 étoiles d'or), lieutenant au 31e Dragons, détaché à la 9e S. M. A. du 120e d'Artillerie lourde.
Tué, le 6 avril 1917, à Bouffigneux (Aisne).
[Né le 25 juillet 1873. Fils de M. Georges LE SOURD, ministre plénipotentiaire (décédé), et de Mme née PHELAN.]

LESPARDA (Henry de), ✖, ✖, lieutenant de vaisseau sur le *Léon-Gambetta*.
Disparu le 27 avril 1915, lorsque ce vaisseau fut torpillé.
Citation : *Aussitôt que s'est produite l'explosion des deux torpilles lancées sur le bâtiment, monte sur la passerelle se mettre aux ordres du commandant, et y reste jusqu'au dernier moment, mourant à son poste.*
[Né en 1876. Fils du Bon et de la Bonne née COUTURIER. Marié à Mlle LEROY DE LA BRIÈRE.]

LESPINAY (*Jean*-Alexis-Marie, Marquis de), ✖ (posthume), ✖ (6 citations), lieutenant au 3e Dragons.
Citation : *A exécuté, dans la période de combat du 26 septembre 1918, une série de missions sous le feu, avec son courage et son sang-froid habituels. En particulier, le 4 novembre, un tir d'artillerie s'étant déclanché sur le village occupé par le P. C. de l'I. D., s'est spontanément offert pour aller faire mettre en sûreté les isolés de corps différents qui circulaient dans le village. A été frappé mortellement par un obus au cours de cette mission. A été cité.*
[Né le 20 octobre 1886. Fils du Mis (décédé) et de la Mise née M.-Th. BENOIST D'AZY. Marié, en 1913, à Mlle Yvonne DE SESMAISONS, fille du Cte Gabriel DE SESMAISONS (mort pour la France) et de la Ctesse née DE TRÉDERN.]

LESQUEN DU PLESSIS-CASSO (*Pierre*-Charles-Marie, Vicomte Pierre de), ✖, ✖ (palme), chef de bataillon au 74e d'Infanterie.

Citation : *Officier supérieur d'une bravoure et d'un allant remarquables. S'est exposé sans compter, au début de la campagne, pour donner confiance à ses hommes. A été mortellement blessé, le 18 septembre 1914, à la tête de son bataillon qu'il menait à l'assaut des positions ennemies.*

[Né le 19 octobre 1866. Fils du Cte et de la Ctesse née ROBERT DE SAINT-VINCENT. Marié, en 1902, à Mlle DE MASIN, — dont deux enfants.]

LESQUEN DU PLESSIS-CASSO (*Léopold*-Athanase-Marie, Vicomte Léopold de), ✠, capitaine de frégate.

Mort à Brest, à bord de la *Gloire*, le 8 décembre 1916.

[Né le 24 janvier 1868. Frère du précédent. Marié, en 1897, à Mlle Clémence BRÉART DE BOISANGER, — dont dix enfants.]

LESQUEN DU PLESSIS-CASSO (*René*-Raphaël-Marie-Joseph, Vicomte René de), ✠, ✠ (palme), capitaine aux Tirailleurs Marocains.

Citation : *Tué glorieusement, le 15 janvier 1915, en chargeant à la tête de sa compagnie contre un ennemi très supérieur en nombre et qui a été refoulé par cette attaque.*

[Né le 24 octobre 1879. Frère des précédents.]

LESSE (André de), ✠, ingénieur-agronome et littérateur, capitaine au 45e territorial d'Infanterie.

Décédé, le 20 mars 1918, à la suite d'une longue maladie contractée aux Armées.

[Marié à Mlle Hélène LÉVÊQUE DE VILMORIN.]

LESSEPS (*Bertrand*-Marie, Comte Bertrand de), ✠ (posthume), ✠ (4 citations), docteur en droit, capitaine commandant au 20e Chasseurs à cheval.

Tué en reconnaissance devant Écuvilly, le 28 août 1918.

Dernière citation : *Est glorieusement tombé, le 28 août 1918, au cours d'une reconnaissance hardie, effectuée pour reprendre le contact de l'ennemi en retraite. A été cité.*

[Né le 3 février 1875. Fils du Cte Ferdinand DE LESSEPS et de la Ctesse née AUTARD DE BRAGARD (décédés). Marié à Mlle FAVRE, fille du Président de la Banque de Mulhouse, — dont un fils.]

LESSEPS (Comte Robert de), ✠ (posthume), ✠ (palme), lieutenant au 21e Dragons, détaché au 7e groupe mixte d'auto-canons et auto-mitrailleuses.

Tombé glorieusement à l'attaque de Cléry-sur-Somme, le 4 septembre 1916.

Citation : *Ayant reçu, le 3 septembre 1916, l'ordre de tenir une position avec trois sections de mitrailleuses, le lieutenant de Lesseps a rempli sa mission avec un courage et une entente au-dessus de tout éloge; il a maintenu sa fraction à sa place de combat, en dépit d'un bombardement des plus violents et ne l'a dirigée sur sa position d'abri que sur un ordre formel, quittant son poste le dernier. Il a été blessé par un obus dont l'explosion l'a enseveli, a formellement prescrit aux hommes qui l'ont déterré au péril de leur vie de l'abandonner pour veiller à leur sûreté, ce qui eût entraîné pour lui une mort certaine. Officier du plus grand courage. Mort des suites de ses blessures. A été cité.*

[Né en mai 1882. Frère du précédent. Marié à Mlle Marthe ALLARD, fille du Sénateur de Belgique et de Mme née WITTOUCK, — dont deux enfants.]

LESSEPS (*Ismaïl*-Ferdinand-Marie, Comte Ismaïl de), ✻, ✠, capitaine au 3e Chasseurs d'Afrique.

Tué à la Main de Massiges, le 30 septembre 1915.

Citation : *Appelé à marcher avec son escadron, a conduit personnellement son groupe de grenadiers, les entraînant par son exemple et sa bravoure. Blessé mortellement au cours de cette attaque, n'a cessé d'exciter et d'encourager ses chasseurs dans leur rôle périlleux. N'a pas fait entendre une plainte. Restera un modèle de courage vrai et complet.*

[Frère des précédents. Marié à Mlle Valentine DE LA FONTAINE-SOLARE.]

LESSEVILLE (Marie-Charles-Tancrède-Louis-*Yves* LE CLERC, Baron d'AUTHON, Vicomte de), *engagé volontaire* au 25e Dragons.

Réformé par suite d'un accident, s'est rengagé, en 1916, au 4e Hussards, puis versé au 501e d'Artillerie d'assaut. Mort, le 23 septembre 1918, à Mantes, d'une grippe infectieuse contractée aux Armées.

[Né le 31 juillet 1880. Fils du Cte et de la Ctesse née BECKER (décédée). Marié à Mlle Maggie DINAUX DES ARSIS, fille du Commandant et de Mme née MARTINIÈRE, — dont une fille.]

LESTANG (Vicomte René de), automobiliste au 283e d'Artillerie lourde.

Décédé à Poitiers, le 10 février 1919, d'une maladie contractée au front.

[Né en 1883. Fils du Cte et de la Ctesse née PRÉVOST DE SANSAC DE TRAVERSAY.]

LESTANG (Pierre-Marie-*Bernard* de), ✻ (posthume), ✠, lieutenant au 15e Dragons.

Citation : *Avait maintes fois déjà fait preuve de courage et de sang-froid au cours de la campagne. Le 22 novembre 1917, pendant que l'ennemi tentait un coup de main, a été tué glorieusement au moment de conduire sa section à son emplacement de combat. A été cité.*

[Né le 1er août 1888. Frère du précédent.]

LESTANG (Pierre BOREL de), ⚜ (posthume), ✠, soldat au 327e d'Infanterie.

Citation : *Soldat valeureux. A toujours donné entière satisfaction tant par sa belle attitude au feu que par sa manière habituelle de servir. Tombé pour le salut de la patrie, le 5 août 1917, à Bixschoote (Belgique). Une citation antérieure.*

[Né en 1896. Fils de M. et de Mme André DE LESTANG.]

LESTANVILLE (Hubert LUCAS de)..........................

Tué aux combats des Ardennes, en août 1914.

LESTANVILLE (Guy LUCAS de)..........................

Tué à Bouchavesnes, le 7 octobre 1917.

[Tous deux fils de M. et de Mme Maurice DE LESTANVILLE.]

LESTANVILLE (Jean-Marie LUCAS de), ✻ (posthume), ✠ (étoile), sous-lieutenant au 110e d'Infanterie.

Tué à la bataille de Guise, le 28 août 1914.

Citation : Jeune officier ardent et d'une bravoure remarquable. Chargé avec sa section de protéger le flanc de son bataillon, a tenu en place, en dépit des efforts de l'ennemi. Blessé mortellement le 28 août 1914.

LESTAPIS (*Adrien*-Marie-François-Henry-Victor de), ✠ (posthume), ✠ (palme et étoile), candidat à l'Ecole Polytechnique, *engagé volontaire*, sous-lieutenant au 6e d'Artillerie de tranchée.

Tué, le 2 juillet 1917, à la Caverne du Dragon, en faisant le réglage du tir de sa batterie.

Dernière citation : Officier de première valeur, d'une ardeur et d'une bravoure au-dessus de tout éloge. Remarquable entraîneur d'hommes. Toujours au poste le plus exposé, y a été grièvement blessé, le 2 juillet 1917; mort des suites de ses blessures. A été cité.

[Né le 17 juillet 1895. Fils du Commandant de LESTAPIS et de Mme née DUGAS.]

LESTAPIS (Bruno de), *engagé volontaire*, soldat d'Infanterie.

Tué au bois Le Chaume, le 22 octobre 1917.

[Né en 1898. Fils de M. et de Mme née VANEY.]

LESTAPIS (Marie-*François* de), ✠ (posthume), ✠ (palme), Saint-Cyrien de la promotion de la Croix du Drapeau, sous-lieutenant au 14e Dragons.

Tué à Laversine, près Villers-Cotterets, le 12 septembre 1914.

Citation : Vaillant officier, chargé, le 12 septembre 1914, de couvrir une colonne, a été tué en accomplissant sa mission.

[Né en 1894. Fils du Colonel et de Mme née FARÉ.]

LESTERPS DE BEAUVAIS (Pierre-Marie de), ✠ (posthume), ✠, maréchal des logis au 34e d'Artillerie.

Citation : Très bon sous-officier. Mort pour la France, le 6 septembre 1914, au combat de la Rivière. A été cité.

L'ESTOILE (Charles-Marie-*Julien* de), ✠ (posthume), ✠ (palme), capitaine au 20e d'Infanterie.

Tué, le 27 août 1914, à Mouzon.

Citation : Le 27 août, chargé avec sa compagnie d'empêcher la réfection d'un pont détruit, est resté au contact de l'adversaire durant une partie de la matinée, remplissant sa mission avec audace et adresse. A été tué d'une balle par des fantassins ennemis qui s'avançaient dans la rue principale de la localité en poussant devant eux un groupe d'habitants. A été cité.

[Marié à Mlle DE MORLAINCOURT.]

L'ESTOILE (Auguste-Marie-*Paul* de), ✠, ✠, capitaine au 77e d'Infanterie.

Citation : Officier de tout premier ordre, d'une grande bravoure et d'un admirable entrain. Mort pour la France, le 22 juillet 1916, en Champagne. Une blessure antérieure.

LESTRAC (*Bernard*-Honoré de), ✠ (posthume), ✠ (palme), Saint-Cyrien de la promotion de la Croix du Drapeau, sous-lieutenant au 5e d'Infanterie.

Tué à la bataille de Guise, le 29 août 1914.

Citation : *Modèle de vertus militaires, malgré sa jeunesse ; est tombé glorieusement à la tête de sa section qu'il entraînait au feu, le 29 août 1914.*

[Né le 29 décembre 1894. Fils du Général (décédé en avril 1919) et de Mᵐᵉ née M.-C. BRUNET.]

LESTRAC (Louis-Antoine-*Paul* de), ✳ (posthume), ✠ (palme), lieutenant au 158ᵉ d'Infanterie, passé au 7ᵉ Tirailleurs Algériens.
Tué, le 28 août 1914, à la Fosse-à-l'Eau (Ardennes).

Citation posthume : *Excellent officier, plein d'allant et d'énergie. Le 28 août 1914, commandant sa section de mitrailleuses, a appuyé son bataillon se portant à l'attaque des positions allemandes, en se portant lui-même en avant, sous un feu violent d'artillerie et de mitrailleuses, avec une audace et un sang-froid remarquables. Tombé mortellement frappé en abordant l'ennemi. A été cité.*

[Fils de M. et de Mᵐᵉ Lucien DE LESTRAC.]

LESTRADE DE CONTI (*Alexandre*-Jean-Louis-François-Gabriel-Marie, Comte Alexandre de), avocat, sous-lieutenant au 50ᵉ d'Infanterie.
Tué à Auberive-sur-Suippe, le 30 septembre 1914.

[Né le 8 novembre 1886. Fils du Cⁱᵉ et de la Cᵗᵉˢˢᵉ née DE GRANDSAIGNES D'HAUTERIVE. Marié à Mˡˡᵉ Marie COANDA.]

LESTRANGE (*Antoine*-Raoul-Hubert, Vicomte Antoine de), ✳ (posthume), ✠ (2 palmes, 1 étoile), ✳ (Valeur Militaire Italienne), admis à l'Institut Agronomique, sous-lieutenant au 109ᵉ d'Artillerie.
Tombé glorieusement, le 24 octobre 1917, sur le front de l'Isonzo (Italie), au mont Globocar, à son poste de commandement.

Dernière citation : *Officier d'une admirable vaillance, titulaire de deux citations, dont une à l'Ordre de l'Armée. Grièvement blessé le 14 octobre 1916, est revenu au front imparfaitement guéri. Mortellement atteint sur le front de l'Isonzo, le 24 octobre 1917, alors qu'il exécutait les ordres de tir ; a donné jusqu'à son dernier soupir un superbe exemple de fermeté et d'abnégation. A été cité.*

[Né le 6 mai 1894. Fils du Vⁱᵉ Raoul DE LESTRANGE et de la Vᵗᵉˢˢᵉ née Gabrielle TREUILLE.]

LESTRANGE (*Jean*-Marie, Baron Jean de), ✳, ✠ (palme), capitaine au 24ᵉ Dragons.

Citation : *Tué, le 2 novembre 1914, en dirigeant le feu de son escadron contre une violente attaque d'infanterie allemande parvenue à 50 mètres des tranchées.*

[Né le 21 décembre 1865. Fils du Cⁱᵉ et de la Cᵗᵉˢˢᵉ née AYMAR DE PALAMINY, décédés. Marié à Mˡˡᵉ Marie-Thérèse ANGINIEUR, — dont un fils.]

LESTRANGE (Comte Guy de ROMANET de), ✳ (posthume), ✠ (palme), sous-lieutenant au 13ᵉ Chasseurs alpins.
Tué, le 15 juin 1915, à Hilsenfirts (Alsace).

Citation : *Venant des cadres de la cavalerie. Nommé sur sa demande dans l'infanterie, s'est maintes fois signalé à l'attention de tous par sa manière brillante de conduire des patrouilles ou de procéder à des reconnaissances difficiles. Le 15 juin 1915, entraînant sa section à l'assaut d'une position ennemie fortement organisée, est tombé glorieusement frappé. A été cité.*

[Fils du Mⁱˢ et de la Mⁱˢᵉ Audouin DE LESTRANGE.]

LESTRE DE REY (.....), ✠, lieutenant.
Tué le 24 juin 1916.

[Marié à Mlle Cécile-Louise Aubry.]

LE TERSEC (Maurice), ✠, commandant.
Décédé, le 8 juillet 1915, des suites d'un accident survenu en service commandé.

[Marié à Mlle Chauveau de Quercize, fille de M. et de Mme née Duchet de Langes, décédés.]

LETHIELLEUX (Pierre), caporal au 82e d'Infanterie.
Tué à la Fille-Morte (Argonne), le 1er septembre 1915.

LETHIMONNIER, née Jeanne de BRIDIERS (Madame Léon).
LETHIMONNIER (Jacques), son fils.
Victimes du bombardement de l'église Saint-Gervais, le Vendredi-Saint, 29 mars 1918.

LETIXERANT (Félix), ✠, sous-lieutenant au 27e Dragons.
Tué le 28 septembre 1915.

LETONDOT, O ✠, ✠, lieutenant-colonel, commandant le 115e d'Infanterie.
Blessé mortellement le 16 juillet 1918.

LE TOURNEUR (Yves), aspirant au 255e d'Artillerie.
Tué, le 19 août 1918, à Nampcel.

LE TROADEC (Louis-André-Yvon), sergent pilote-aviateur.
Mort pour la France, à Saint-Dizier, le 29 janvier 1917.

[Né le 24 mai 1889. Fils du Député des Côtes-du-Nord et de Mme née Julie Nanquette.]

LEUSSE (Comte Georges de), ✠, chef d'escadrons de Cavalerie.
Bien que malade et à la retraite, avait voulu reprendre du service au début de la guerre. Mort en 1916.

[Marié à Mlle Berthier.]

LE VASSEUR (Robert), soldat au 10e Chasseurs à pied.
Tué, le 6 octobre 1916, à Carency (Aisne).

[Fils du Lieutenant-Colonel et de Mme Henri Le Vasseur.]

LE VAVASSEUR-BAUDRY (Louis-Ernest-Marie, Marquis), ✠ (posthume), ✠ (4 citations), capitaine au 74e d'Artillerie.

Citation : *Officier remarquablement doué au point de vue de l'intelligence et de l'entrain. A mis successivement au point des unités d'artillerie lourde à grande puissance, de calibres divers, et en a fait de merveilleux instruments de combat. A pris part aux batailles de la Champagne (1915), de la Somme (1916), de l'Aisne et des Flandres (1917), d'Amiens, Château-Thierry et Villers-Cotterets (1918). A toujours été un modèle de courage pour son personnel. Blessé mortellement à son poste de combat, le 14 août 1918. A été cité.*

[Marié à Mlle de Longuemar, fille du Général et de la Ctesse de Longuemar.]

LEVESQUE DU ROSTU (Paul-*Guillaume*), ✳ (posthume), ✳, capitaine au 1er Chasseurs à pied.
Tué à Souain, le 24 septembre 1914.

Citation : *Officier des plus braves, animé du plus grand esprit du devoir. Tué, le 24 septembre 1914, en faisant une reconnaissance. A été cité.*

[Marié à Mlle Bernard-Deschampsneufs.]

LEVESQUE DU ROSTU (Jean-Baptiste-Marie-*Guy*), ✳ (posthume), ✳ (palme), lieutenant au 8e Chasseurs à pied.

Citation : *Officier modèle, passé sur sa demande de la cavalerie dans l'infanterie, ayant le sentiment du devoir poussé au plus haut point. Mortellement blessé, le 20 août 1917, en se précipitant sur une mitrailleuse ennemie qui arrêtait la progression de sa section. A été cité.*

[Fils du précédent.]

LÉVRIER (Joseph), ✳ (posthume), ✳ (palme), enseigne de vaisseau de 1re classe.
Disparu, le 28 février 1917, avec son contre-torpilleur *Cassini*, coulé par un sous-marin allemand, en Méditerranée.

LÉVY (André), ✳ (4 étoiles), licencié ès lettres, sous-lieutenant au 356e d'Infanterie.
Tombé glorieusement, le 11 juin 1918, à Vinly, près Château-Thierry.

Quatrième citation : *Officier d'une bravoure remarquable. Au combat du 8 juin 1918, par son calme et son sang-froid, a maintenu sa section sur la position, malgré un bombardement des plus violents. Blessé, ne s'est rendu au poste de secours qu'une fois le combat terminé.*

[Né le 15 décembre 1893. Fils de M. Armand Lévy et de Mme née Wellhoff.]

LÉVY (*Jacques*-Paul), ✳ (posthume), ✳ (étoile), négociant, licencié en philosophie, sous-lieutenant de réserve au 31e d'Infanterie.
Blessé une première fois à la bataille de la Marne, trouva la mort, le 8 janvier 1915, au bois de Bolante (Argonne).

Citation : *Est tombé mortellement frappé, le 8 janvier 1915, en se portant à l'attaque, à la tête de ses hommes qu'il entraînait par son entrain et sa bravoure.*

[Né en 1884. Fils de M. Camille Lévy et de Mme née Blanche Blum. Marié à Mlle Esther Lévi, fille du Grand Rabbin et de Mme née Zadoc Kahn, — dont un enfant posthume.]

LÉVY-FINGER (Raymond), ✳, ✳ (palme), sous-lieutenant au 19e Chasseurs à pied.
Tué, le 27 août 1918, à 24 ans.

LÉVY-FLEUR (Robert), ✳ (posthume), ✳, avocat à la Cour de Paris, sous-lieutenant au 330e d'Infanterie.
Mortellement blessé par éclat d'obus, le 24 août 1914.

LÉVYLIER (Paul-Max), ✳ (posthume), ✳, sous-lieutenant au 25e Dragons.

Citation : *Officier d'un très grand mérite. A donné, en de nombreuses circonstances, l'exemple du courage, de l'énergie et du calme au feu. Adoré de ses hommes, est tombé mortellement frappé, le 6 octobre 1915, à la tête de sa troupe. A été cité.*

LEYENDECKER (Robert), ✠ (posthume), ✠ (palme), capitaine au 23e Colonial.

Citation : *Frappé mortellement, le 23 août 1914, au moment où, déjà blessé, il entraînait son bataillon à l'assaut des lignes ennemies. A été cité.*

L'HARPE (Frédéric de), ✠, ✠, chef de bataillon au 220e d'Infanterie.
Tué le 8 avril 1915.

Citation posthume : *Tombé glorieusement à l'attaque du 8 avril, à la tête de son bataillon, auquel il donnait l'exemple du courage calme et résolu.*

LHERM (Gabriel-Théodore-Baptiste CÉNAT de), ⚕ (posthume), ✠, soldat au 75e d'Infanterie.

Citation : *Brave soldat. Mort pour la France, le 31 octobre 1914, à son poste de combat, à Lihons.*

L'HERMITE (Alphonse-Auguste-Marie-Joseph-Tristan, Vicomte de), O ✠, chef d'escadrons de Cavalerie.
Décédé, en juillet 1918, des suites d'une maladie contractée aux Armées.

[Né en 1857. Marié à Mlle DE LARRELDE-DIUSTEGUY, — dont deux enfants.]

L'HORTET (Édouard COLLIN de), ✠ (posthume), ✠, inspecteur à la Compagnie des Chemins de fer de l'Indo-Chine et du Yunnam, *engagé volontaire*, sous-lieutenant au 56e bataillon de Tirailleurs Sénégalais.
Tué d'un éclat d'obus à son poste de combat, pendant qu'au cours d'un bombardement, il allait vérifier l'emplacement de ses hommes, le 31 août 1918 (front de Salonique).

[Né le 3 août 1883. Fils de M. Albert DE L'HORTET et de Mme née DE TINAGERO.]

L'HOTTE (André-Joseph), ✠, sous-lieutenant au 31e Dragons.
Tué, le 7 mars 1915, à Parroy (Meurthe-et-Moselle).

L'HUILLIER (Mademoiselle Marcelle), ✠ (palme), infirmière de la S. B. M.

Citation : *Infirmière de haute valeur, ayant rempli un rôle difficile avec le plus grand dévouement et le plus grand esprit de sacrifice, sachant prodiguer aux blessés ses soins et ses paroles réconfortantes. Admirable de courage, a suscité l'admiration de tous. Affectée au service des contagieux et des grands blessés, s'y est consacrée avec la plus grande assiduité et le plus grand dévouement, joints à une discrétion et un tact parfaits. Succombée, en 1919, des suites de fatigues contractées au cours de la campagne dans les formations sanitaires.*

L'HUILLIER DE LAMARDELLE (Maxime-Charles), ✠ (posthume), ✠, lieutenant au 13e Dragons.

Citation : *Officier d'élite, plein d'activité, de joyeuse vaillance et de sang-froid. Détaché au service d'observation divisionnaire, a rendu, dans des circonstances difficiles, les plus précieux services. Le 25 septembre 1918, est tombé mortellement atteint à son poste de combat. A été cité.*

LIASSE (A.-L.), ✻ (posthume), ✠ (palme), **aspirant de Marine du** *Léon-Gambetta.*

Citation : *Alors que son bâtiment, torpillé deux fois, était sur le point de chavirer, a donné l'exemple du calme le plus admirable en faisant le sacrifice de sa vie pour permettre à un plus grand nombre des hommes de l'équipage de prendre place dans les embarcations. A été englouti avec son bâtiment.*

LIEDEKERKE (Comte de), *engagé volontaire* dans l'Armée Belge. Blessé en 1914, à Anvers, puis envoyé en Galicie avec le groupe d'auto-mitrailleuses que le Gouvernement Belge équipa pour la Russie, il y trouva la mort en juillet 1917.

[Né en 1897. Fils du Cte et de la Ctesse née DE BARANDIARAN D'ALBUQUERQUE.]

LIEDEKERKE-BEAUFORT (*Aymar-Alfred-Marie*, Comte Aymar de), ✻ (posthume), ⚜, ✠ (2 palmes, 1 étoile), **lieutenant au 4ᵉ Chasseurs à pied.** Trois fois blessé à l'ennemi, est tombé au champ d'honneur à Douaumont, le 29 février 1916.

Citation : *Officier d'un courage et d'une bravoure exemplaires. Mort, le 29 février 1916, des blessures reçues à l'ennemi.*

[Fils du Cte (décédé) et de la Ctesse née BÉRANGER.]

LIÉNARD (Henri-Alexandre-*Guy* de), ✻ (posthume), ✠, **lieutenant au 13ᵉ Hussards.** Tué, le 22 août 1914, à Charleroi.

Citation : *A fait preuve de bravoure et de décision dans plusieurs reconnaissances périlleuses ; a su, le 14 août 1914, éviter une embuscade où l'ennemi voulait l'attirer avec un drapeau blanc. Envoyé, le 22 août, sur l'ordre d'un général, à un village qu'il savait occupé, a marché courageusement à la mort et a été tué. A été cité.*

[Fils de M. et de Mme née Édith DE BERNARD DE GAUTRET (décédés). Marié à Mlle DE FERRON DU CHESNE.]

LIÉNARD DE SAINT-DELIS (*Charles-Marie-Stanislas*, Comte), propriétaire, lieutenant de réserve au 5ᵉ Dragons. En août 1914, fut affecté à l'E.-M. de la défense de Reims ; en octobre suivant, envoyé à la place de Compiègne, où il assura son service dans des conditions périlleuses ; en 1916, il passa à l'E.-M. des 1re et 15ᵉ Subdivisions. Avait été proposé pour le grade de capitaine et la croix de la Légion d'honneur. Décédé, le 16 janvier 1918, à l'hôpital militaire de Villers-Cotterets, des suites d'une maladie contractée aux Armées ; à ses obsèques, le Général CHABAUD a retracé en termes émus la vie de ce brave officier.

[Né le 1er janvier 1873. Fils du Cte (décédé) et de la Ctesse née MATHIEU DE PIEUTIN. Marié à Mlle Pauline FOURNINAL, fille de M. et de Mme née BOURAIN, — dont une fille : Anne-Marie.]

LIENCOURT (*Jean*-François-Marie de), ✠ (posthume), ⚔ (1 palme, 2 étoiles), capitaine au 31ᵉ d'Artillerie, attaché à l'E.-M. de la 131ᵉ Division.

Tué sous Verdun, le 6 juillet 1916.

> Citation : *Officier d'une belle bravoure et d'un dévouement à toute épreuve, ayant le mépris du danger. A pris part avec une batterie aux combats les plus durs de la campagne, et y a montré les plus brillantes qualités militaires. Affecté récemment à un État-Major de division, y a rendu les plus grands services en allant chercher, à proximité de l'ennemi, les renseignements intéressants pour le commandement. Chargé, le 6 juillet 1916, de la reconnaissance d'une position, n'a pas hésité, bien que sa mission ne l'y obligeât pas, à pénétrer dans une zone violemment bombardée par l'ennemi pour rapporter des renseignements plus complets. A été tué au cours de cette reconnaissance. A été cité.*

[Né le 17 septembre 1884. Fils de M. et de Mᵐᵉ née DE BLAVETTE (décédée). Marié, en 1914, à Mˡˡᵉ Marie DE BEGOUËN, fille du Cᵗᵉ et de la Cᵗᵉˢˢᵉ née DE CHOLET (décédée), — dont deux enfants.]

LIGNAC (Gaston-*Gérard* BABIN de), ⚓ (posthume), ⚔ (palme), aspirant au 70ᵉ Chasseurs alpins.

Tué, le 12 décembre 1917, au mont Tomba (Italie).

> Citation : *Jeune chef d'une audace remarquable. Le 12 décembre 1917, s'est porté en plein jour en avant d'une écoute pour mieux observer. A discerné, à une vingtaine de mètres, un emplacement de petit poste ennemi. S'est précipité sur les occupants ; a été tué, en ramenant un prisonnier qu'il avait capturé, par la vive fusillade du petit poste mis en éveil. A été cité.*

LIGNE (Prince *Beaudouin*-Henri LAMORAL de).

Tué le 8 septembre 1914.

[Né à Bruxelles le 28 janvier 1896. Fils du Pᶜᵉ Ernest DE LIGNE et de la Pᶜᵉˢˢᵉ née Diane DE COSSÉ BRISSAC.]

LIGNE (Prince Georges LAMORAL de).

Tué, le 18 août 1914, aux combats de Liège.

[Né à Bruxelles le 10 décembre 1879. Fils du Pᶜᵉ Édouard DE LIGNE et de la Pᶜᵉˢˢᵉ née DE SOLMS-BRAUNFELS.]

LIGNIÈRES (Marie-Joseph-Henri-*Georges* de), ✠ (posthume), ⚔ (palme), sous-lieutenant au 4ᵉ d'Infanterie.

> Citation : *S'est porté à l'attaque, en entraînant sa section au chant de la Marseillaise ; est tombé très grièvement blessé à quelques mètres des tranchées allemandes. A été cité.*

LIGNIÈRES (*Pierre*-Armand-Marie-Joseph, Baron Pierre de), ✠ (posthume), ⚔ (palme), lieutenant au 110ᵉ d'Artillerie, observateur à l'Escadrille S.P.A. 42.

Tombé glorieusement, le 11 février 1918, à 25 ans.

> Citation : *Officier observateur de la plus haute valeur morale. Déjà blessé dans l'artillerie, le 26 septembre 1915, est passé, sur sa demande, dans l'aviation, où il a donné à tous l'exemple d'une grande bravoure et d'une rare modestie. A trouvé la mort au cours d'une mission. A été cité.*

LIGNIÈRES (*Robert*-Marie-Gustave-Gabriel de), ⚓ (posthume), ⚔

(2 étoiles), étudiant, *engagé volontaire*, maréchal des logis au 3e d'Artillerie Coloniale.

Dans la Cavalerie au début de la campagne, passa, sur sa demande, dans l'Artillerie de tranchées. Toujours volontaire pour les actions périlleuses, est tombé, le 7 octobre 1916, devant Berny-en-Santerre.

Citation : *Sous-officier d'une bravoure au-dessus de tout éloge, toujours volontaire pour les missions périlleuses. Mortellement blessé, le 7 octobre 1916, en assurant la réparation des lignes téléphoniques sous un violent bombardement.*

[Né le 13 février 1886. Fils du Lieutenant-Colonel, ✳, et de la Bonne née DE LIGNIÈRES.]

LIGONDÈS (*Jacques-Marie-Charles-Joseph*, Vicomte du), ✳ (posthume), ✠ (2 palmes), Saint-Cyrien de la promotion de Montmirail, capitaine au 10e d'Infanterie.

Tombé glorieusement, le 5 août 1916, atteint d'une balle à la gorge, lors de l'attaque victorieuse de Vaux-Chapitre. Blessé quelques jours avant et refusant de se faire évacuer, s'est porté dans l'action à la tête de ses hommes, où il fut mortellement frappé.

Citation posthume : *Officier calme et plein de sang-froid et de bravoure. Blessé, le 2 août 1916, d'un éclat d'obus à la cuisse, a refusé de se laisser évacuer. Tué au cours d'un combat, le 5 août. A été cité.*

[Né le 23 novembre 1891. Fils du Colonel Vte DU LIGONDÈS, O ✳ (décédé), et de la Vtesse née Hermine DISNEMATIN DE SALLES.]

LILLIAC (*Robert*-Paul-Joseph GRANIER de), ⬟ (posthume), ✠ (palme), étudiant, *engagé volontaire*, caporal au 62e d'Infanterie. Tué à Foucaucourt (Somme), le 1er juillet 1916.

Citation : *Tombé au champ d'honneur, en entraînant vaillamment son escouade en avant.*

[Né le 8 octobre 1895. Fils de M. Armand GRANIER DE LILLIAC et de Mme née Cécile CANOLLE.]

LIMET (*Pierre*-Edmond-Louis), ✳ (posthume), ✠ (1 palme, 3 étoiles), élève au Lycée Janson de Sailly, sous-lieutenant au 61e d'Artillerie, observateur en avion à l'Escadrille M.F. 41.

Tué en avion, au cours d'une mission photographique, le 24 juillet 1916.

Citation : *Jeune et brave officier, déjà cité à l'Ordre du jour, recherchant toujours les missions périlleuses ; a été tué en descendant, à une faible hauteur, sur les lignes ennemies, pour photographier un point important.*

[Né le 6 septembre 1895. Fils de M. Louis LIMET, ✳, ingénieur civil, et de Mme née HARTUNG.]

LINARDS (Comte de GAIN de).
Mort, au front, des suites d'une maladie contractée au service, le 20 octobre 1918.

[Marié à Mlle SABBAGH BEY, — dont un fils.]

LINDAUER (*Pierre-Edmond*), ✳ (posthume), ✠ (2 étoiles), élève de 8e au Collège Chaptal, sous-lieutenant au 201e d'Infanterie.

Tué d'un éclat d'obus, en conduisant la première vague d'assaut à l'attaque, dans les Flandres, le 31 juillet 1917.

> Citation : *Bel officier, plein d'entrain et d'allant. A toujours donné des preuves de belles qualités militaires. Tué, le 31 juillet 1917, en entraînant ses hommes à l'attaque d'une position ennemie. Déjà cité.*

[Né à Paris le 18 août 1897. Fils de M. Émile Lindauer, graveur en médailles, et de Mᵐᵉ née Molliex.]

LINGUA DE SAINT-BLANQUAT (Loys de), sergent d'Infanterie.

Blessé quatre fois, prisonnier en Allemagne pendant trois ans; mort, en 1918, des suites de ses blessures et de ses souffrances.

[Fils du Cᵗᵉ et de la Cᵗᵉˢˢᵉ née de Zélicourt.]

LINIERS (Alfred de), ⚙ (posthume), ✠ (étoile), soldat au 276ᵉ d'Infanterie.

> Citation : *Bon soldat, courageux et dévoué, qui s'est fait remarquer par sa belle conduite au feu. Mort glorieusement pour la France, le 26 mai 1915, à Carency.*

LINTIER (*Paul*-Michel), maréchal des logis au 44ᵉ d'Artillerie.

Tombé glorieusement, le 15 mars 1916, à Arraye (Meurthe-et-Moselle). Avait publié, au début de la guerre, *Ma Pièce,* volume qui eut un grand succès par ses aperçus littéraires.

[Né le 13 mars 1893. Fils de M. et de Mᵐᵉ née Lambert.]

LISLE (A.-P. COQUELIN de), O ✠, ✠, Saint-Cyrien, professeur à l'Ecole Supérieure de Guerre, colonel commandant la 255ᵉ Brigade.

> Citation : *Le 11 juillet 1916, en pleine bataille de Verdun, chargé de la défense du secteur de Fleury, et apprenant que l'ennemi venait de crever sa première ligne et menaçait d'encercler son poste de commandement, en est sorti un fusil à la main, après avoir détruit tous ses papiers, a combattu en simple soldat pour se frayer un passage et est tombé en brave, préférant la mort glorieuse du combattant à la captivité.*

[Né le 10 juillet 1863. Marié à Mˡˡᵉ Renouard.]

LISLE (Antonin-Charles COQUELIN de), ✠, ✠, chef d'escadrons au 8ᵉ Cuirassiers à pied.

Tué dans la région de Soissons, le 29 mai 1918.

> Citation : *Officier supérieur ayant un haut sentiment du devoir, doué de solides qualités militaires et d'une bravoure à toute épreuve. Récemment nommé, avait aussitôt pris sur son bataillon un ascendant de chef bienveillant et énergique, inspirant une confiance absolue. Tué, le ..., à la tête de sa troupe violemment engagée.*

[Frère du précédent.]

LISLE (Jean COQUELIN de), ✠, lieutenant au 134ᵉ d'Infanterie.

Tué au bois de Mortmart, en octobre 1914.

LISLE DU DRENEUC (Vicomte Guy de), ✠, ✠ (3 palmes, 1 étoile), capitaine adjudant-major au 241ᵉ d'Infanterie.

Gravement blessé, le 31 octobre 1914, à Berry-au-Bac; fut tué, devant Verdun, d'une balle en plein front, au moment où il entraînait son bataillon à l'assaut du village de Fleury, le 27 juin 1916.

Citation : Officier d'une très haute valeur, ayant fait preuve, depuis le début de la campagne, des plus belles qualités de commandement, de bravoure, de dévouement et d'abnégation. A déjà été cité à l'Ordre de l'Armée et à l'Ordre du Régiment. Grièvement blessé en 1914, est revenu sur le front incomplètement guéri. A été tué au moment où, aux côtés de son commandant, il entraînait son bataillon à l'assaut d'un village fortement occupé par l'ennemi.

[Né le 29 juillet 1884. Fils du Vᵗᵉ et de la Vᵗᵉˢˢᵉ née DE LA PEYRADE. Marié à Mˡˡᵉ BOUCHER, — dont deux enfants : Jean et Marguerite-Marie.]

LIVONNIÈRE (Vicomte Scévole POCQUET de), ✳ (posthume), ✠, capitaine au 313ᵉ d'Infanterie.

Blessé grièvement, le 10 septembre 1914, à Lisle-en-Barrois, mort des suites de ses blessures, le 22 suivant, à Bar-le-Duc.

Citation : Dans les combats du 6 au 10 septembre 1914, a lutté avec une ténacité remarquable, repoussant avec sa compagnie plusieurs attaques, faisant des prisonniers, dont trois officiers, et entraînant sa troupe jusqu'au moment où il fut frappé mortellement. A été cité.

[Fils du Cᵗᵉ et de la Cᵗᵉˢˢᵉ née TASSIN DE BEAUMONT. Marié à Mˡˡᵉ LOISEL DE DOUZON.]

LIZÉ (*Lucien - Zacharie - Marie*), C ✳, ✠ (3 palmes, 1 étoile d'argent), ✳ (Médaille du Tonkin), ✳ (Compagnon de l'Ordre du Bain), Général de Brigade, commandant l'Artillerie de l'Armée Française en Italie.

Tué, à Castelfranco (Italie), par une bombe d'avion, le 5 janvier 1918.

Citation : Officier général de grande valeur, qui, dans le commandement de l'artillerie de deux armées, a fait preuve d'une activité, d'un esprit d'organisation et de méthode, et d'une compétence technique remarquables, se dépensant en personne sans compter, d'un calme imperturbable sous le feu. A pris une part brillante à la longue lutte du Chemin-des-Dames, d'avril à octobre 1917, et largement contribué au succès des opérations. Tué en Italie, à son poste de commandement, le 5 janvier 1918.

[Né le 25 février 1864. Fils de M. et de Mᵐᵉ née LEFORT (décédés). Marié à Mˡˡᵉ Alice SAFFLET, fille de M. et de Mᵐᵉ née GRANDGUILLOT (décédés), — dont trois filles.]

LLAMAS (Charles de), *engagé volontaire*, infirmier à la 22ᵉ Section.

Mort d'une maladie contractée en service commandé.

[Fils de M. et de Mᵐᵉ Emmanuel DE LLAMAS.]

LLANAS (Louis), ✳ (posthume), ✠ (palme), chef de bataillon au 280ᵉ d'Infanterie.

Citation : Pendant les journées des 16 et 17 décembre 1914, au cours de l'attaque d'une position allemande, n'a cessé de montrer la plus grande activité et le plus grand courage pour faire gagner du terrain en avant à son bataillon sous un feu violent. A été tué, le 17 décembre, en reconnaissant le terrain où il allait de nouveau faire progresser sa troupe.

LOBEL-MAHY (Gaston), religieux de la Compagnie de Jésus, sergent au 13ᵉ d'Infanterie.

Tué à l'âge de 22 ans.

LOCHON, née MERCIER (Madame), infirmière-major de la S.B.M.
Titulaire de la Médaille d'honneur des Epidémies et de la palme en or des Infirmières, a succombé, en février 1919, aux suites d'une maladie contractée au chevet de nos soldats blessés.

LOCHET (*Eugène*-André), 🎖 (posthume), ✠ (palme), employé de banque, sergent au 21ᵉ Chasseurs à pied.
Tué à Soyécourt (Somme), le 17 septembre 1916.

> Citation : *Sous-officier d'une rare énergie et de grand sang-froid. A vaillamment entraîné ses hommes à l'attaque du 15 septembre 1916. A été grièvement blessé, le 17 septembre, en maintenant ses hommes sous un feu violent des grenadiers ennemis. Est mort, le même jour, des suites de ses blessures.*

[Né le 22 juin 1883. Fils de M. et de Mᵐᵉ née LEMONNIER. Marié à Mˡˡᵉ BRIÈRE, fille de M. et de Mᵐᵉ née PAILLARD.]

LOCQUIN (Maurice), artiste peintre, soldat au 213ᵉ d'Infanterie.
Tué le 23 juin 1915. — Envoyé en patrouille par son capitaine, fut pris sous le feu d'une mitrailleuse qui le blessa d'abord au pied, puis à la tête. Il demeura sur le terrain pendant plusieurs heures avant d'expirer; ce n'est qu'à la nuit tombante que les brancardiers purent aller le ramasser. Mais il avait cessé de vivre. Son corps repose dans un petit bois de sapins, près de Metzeral (Haute-Alsace).

[Né le 15 septembre 1885. Fils de M. et de Mᵐᵉ née BERNOT.]

LOIRAY (Vicomte Jean de SALMON de), ✠, ✠, lieutenant aviateur à l'Escadrille L. 48.
Tué le 19 mars 1916.

LOISNE (*Pierre*-Charles-Philippe-Marie, Comte Pierre MENCHE de), ✠ (posthume), ✠ (palme et étoile), lieutenant de réserve au 64ᵉ d'Infanterie.
Parti à la mobilisation, comme sergent au 272ᵉ d'Infanterie; prit part à la bataille de Vitry-le-François, puis, en Argonne, à plusieurs assauts de tranchées. Blessé au Bois Le Prêtre, fut nommé sous-lieutenant au 64ᵉ d'Infanterie, puis lieutenant. Porté disparu le 25, à l'attaque de Tahure et cité à l'Ordre du XIᵉ Corps, dans les termes qui suivent :

> *Officier d'un sang-froid et d'une bravoure remarquables. A l'attaque du 25 septembre, a entraîné sa section à l'assaut des tranchées ennemies avec une ardeur magnifique.*

[Né le 14 octobre 1887. Fils du Cᵗᵉ, ✠, et de la Cᵗᵉˢˢᵉ née Marie FOUCHER DE BRANDOIS.]

LOISY (Edmond-*Louis* CARRELET de), ✠ (posthume), ✠ (palme), lieutenant au 29ᵉ d'Infanterie, observateur en avion au G. B. 3.
Tombé près de Thiaucourt, le 12 septembre 1918, à 33 ans.

> Citation : *Officier d'élite, ayant dû devoir la conception la plus élevée. Observateur-bombardier tout particulièrement expérimenté et rapportant toujours de précieux renseignements. Malgré le surcroît de labeur que lui imposaient ses fonctions particulières, a exécuté, depuis le 1ᵉʳ mars 1918, soixante-quinze bombardements, au cours desquels il a abattu un avion ennemi et désemparé plu-*

sieurs autres. Est tombé dans les lignes ennemies, le 12 septembre, à la suite d'un combat contre une forte patrouille allemande. Une blessure. Trois citations.

LOMBARDON CACHET DE MONTEZAN (Vicomte Guy de), (posthume), (étoile), agent général de la Compagnie d'Assurances l'*Urbaine*, sergent au 3ᵉ d'Infanterie.

Tué glorieusement, le 23 septembre 1914, dans le bois de Malancourt (Meuse).

Citation : A, dans la matinée du 23 septembre 1914, quoique souffrant et reconnu malade, pris le commandement de sa section, et, dans l'accomplissement d'une mission périlleuse, a trouvé la mort en donnant à ses hommes l'exemple du plus grand courage et du plus beau dévouement. A été cité.

[Né le 24 janvier 1883. Fils du Cᵗᵉ et de la Cᵗᵉˢˢᵉ née DE COYE DE CASTELET. Marié à Mˡˡᵉ Léonie CHAUMÉRY DE SORVAL, fille de M. et de Mᵐᵉ née LEVASSOR DE SORVAL, — dont trois enfants.]

LOMÈDE (Fernand DEL PUECH de), (posthume), (palme), capitaine au 418ᵉ d'Infanterie.

Tué à Woesten (Belgique), le 26 avril 1915.

Citation : Appelé à prendre le commandement de son bataillon dans des conditions particulièrement difficiles, a trouvé une mort glorieuse en entraînant ses hommes à l'assaut d'un village. Ses dernières paroles furent : « En avant, mes amis ! En avant ! »

[Marié à Mˡˡᵉ DE BERTERÈCHE DE MENDITTE.]

LOMÉNIE (Louis de), brancardier.

Porté disparu à Craonne, le 9 mai 1917.

LONCLE DE FORVILLE (Charles), , caporal au 65ᵉ d'Infanterie.

Mort, le 14 novembre 1914, à l'hôpital de Châlons, des suites de ses blessures.

LONFIER (Émile), capitaine au 72ᵉ d'Infanterie.

Tué le 28 août 1914.

LONGEAUX (Marie - Joseph - Xavier - Sébastien - *Jean* de), (posthume), (palme), Saint-Cyrien de la promotion de Montmirail, sous-lieutenant au 149ᵉ d'Infanterie.

C'est exactement entre les Grands-Bois de Glonville et le village de Bazien, le 25 août 1914, qu'il fut atteint d'une balle dans le ventre. Le 20ᵉ d'Infanterie Bavaroise le releva et l'emmena à Azerailles, où il est mort, le 28 août, assisté par un aumônier bavarois.

Citation : Officier d'une très grande bravoure. Au cours d'un combat, a montré le mépris le plus absolu du danger en entraînant sa section en avant sous une grêle de balles. A été blessé mortellement, le 25 août 1914, à Menil-sur-Belvitte, en résistant jusqu'au bout contre un ennemi très supérieur en nombre. A été cité.

[Né le 5 mai 1892. Fils de M. et de Mᵐᵉ née VOISIN, fille du Général, ancien gouverneur de Lyon.]

LONGEAUX (*Henri-Anne-Marie-Albert-Auguste* de), (posthume), , maréchal des logis au 35ᵉ d'Artillerie.

Citation : Sur le front depuis le début des hostilités, a toujours eu une belle attitude au feu. Tué à son poste de chef de pièce, le 22 septembre 1915. A été cité.

LONGES (François de) ....

LONGEVIALLE (Marie-Joseph-Auguste-*Robert* FALCON de), ✻ (posthume), ✠ (palme), lieutenant au 75e d'Infanterie.

Tué, le 25 septembre 1915, d'une balle à la tête, à Perthes, en Champagne.

Citation : Militaire d'une trempe exceptionnelle, a fait, à plusieurs reprises, l'admiration de tous par sa bravoure et son calme imperturbable sous le feu le plus violent. A été glorieusement tué, le 25 septembre 1915, sur les tranchées ennemies qu'il venait de conquérir à la tête de sa compagnie.

[Né le 16 novembre 1880. Fils de M. Gabriel FALCON DE LONGEVIALLE, ✻, ancien officier des Mobiles en 1870 (décédé), et de Mme née Jeanne DUGAS.]

LONGEVIALLE (Émilien-Marie-*Joseph* FALCON de), ✻ (posthume), ✠ (palme), instructeur à l'Ecole des Mines de Saint-Etienne, lieutenant mitrailleur au 38e d'Infanterie.

Tué, le 27 août 1914, d'une balle au cœur, à Doncières, près Rambervillers (Vosges).

Citation : Belle attitude au feu. Sous des rafales d'artillerie et de mousqueterie extrêmement violentes, a continué le tir de la section de mitrailleuses qu'il commandait, contribuant ainsi à maintenir le moral d'un bataillon fortement éprouvé.

[Né le 18 février 1882. Frère du précédent.]

LONGEVIALLE (Marie-François-*Louis* FALCON de), ✻, ✠ (palme et étoile), sous-lieutenant au 158e d'Infanterie.

Tué, le 14 mai 1915, par un éclat d'obus à la tête, à Souchez (Pas-de-Calais).

Citation : Tué à l'ennemi, le 14 mai 1915, à la tête de sa troupe, conduite à l'assaut avec un dévouement complet.

[Né le 28 octobre 1883. Frère des précédents. Marié à Mlle MORAND, fille de M. et de Mme née DU LOUVAT DE CHAMPOLLON, — dont deux enfants.]

LONGEVIALLE (Marie-*Albert* FALCON de), ⚜ (posthume), ✠ (palme), caporal au 75e d'Infanterie.

Tué, le 31 octobre 1914, d'une balle au front, à Lihons-Lihu.

Citation : Sous-officier d'une extrême bravoure. Lors de l'attaque de Lihons-Lihu, le 31 octobre, a, pour exalter le courage de ses hommes et les encourager à se dresser pour tirer plus rapidement sur les Allemands qui avançaient, fait le coup de feu à découvert au-dessus du parapet. A été tué d'une balle dans la tête.

[Né le 5 octobre 1887. Frère des précédents. Marié, en 1914, à Mlle LEORAT, — dont un enfant.]

LONGEVIALLE (Marie-Louis-René-*Guy* FALCON de), ✻ (posthume), ✠ (1 palme, 2 étoiles), Saint-Cyrien de la promotion de la Grande-Revanche, capitaine au 3e bis de Zouaves.

Tué, le 17 avril 1917, d'une balle au cœur, au Mont-Haut.

Citation : Est tombé glorieusement, le 17 avril 1917, en entraî-

*nant, avec un brio admirable, sa compagnie à l'assaut des posi-
tions ennemies. A été cité.*

[Né le 13 décembre 1893. Frère des précédents.]

LONGEVIALLE (Alban FALCON de), ✠, *engagé volontaire,*
aspirant au 134e d'Infanterie.
    Porté disparu en 1918.

[Fils de M. Louis DE LONGEVIALLE et de Mme née DE JERPHANION.]

LONGUEMAR (Pierre LE TOUZÉ de).
    Tombé au début de la campagne, en 1914.

[Fils du Général, GO ✠, et de la Ctesse née DE FERRON DE LA VAIRIE.]

LONGUEMARE (*Pierre*-Joseph-Xavier de), ✠ (posthume), ✠ (palme),
docteur en droit, diplômé des Sciences Politiques, fondé de pouvoirs d'Agent de change, lieutenant de réserve au 236e d'Infanterie.
    **Tué glorieusement au Labyrinthe (Neuville-Saint-Vaast), le 2
juin 1915.**

        Citation : *Son capitaine étant blessé, a pris sous le feu le com-
mandement de sa compagnie, et, pendant trois jours et trois nuits,
a tenu tête, avec un sang-froid et une énergie rares, aux assauts
répétés des Allemands. A été tué par un obus.*

[Né le 6 avril 1884. Fils de M. Paul DE LONGUEMARE, Conseiller général du Calvados, et de Mme née MANCHON. Marié à Mlle Yvonne GUYON DE GUERCHEVILLE,
fille du Cte et de la Ctesse née DE CAVELIER DE MONTGEON.]

LONGUEVAL (François de), ✠, ✠ (6 citations), lieutenant au 147e
d'Infanterie.
    Mort, à l'hôpital du Panthéon, des suites de ses blessures.

LONGUEVILLE (Marie-*Jean* de), ⚜ (posthume), ✠, soldat au 115e
d'Infanterie.
    **Tué, le 6 octobre 1918, à 36 ans, en établissant une ligne télé-
phonique sur un terrain constamment battu par l'artillerie.**

LOONEN (*Robert*-Louis-Henri), sous-lieutenant au 13e d'Artillerie.
    Mort pour la France, aux Islettes, le 9 janvier 1915.

[Né à Paris le 6 décembre 1878. Fils de M. et de Mlle née MAHLER.]

LOPES DE RODES (Armand-Léon), ✠ (palme), sous-lieutenant au
14e d'Infanterie.
    Tué en 1916.

LOQUEYSSIE (*Roger*-Paul-Louis-Émile LACHAUD de), *engagé
volontaire,* canonnier au 58e d'Artillerie.
    Mort, le 4 mars 1916, à l'hôpital militaire 35, à Bordeaux.

[Né en 1897. Fils du Bon et de la Bonne née Elsa DE GROSSER.]

LORDAT DE LAUNAY (L.-M.-J.-R. de), enseigne de vaisseau.
    Embarqué sur le *Dunois*, décédé à Brest, le 1er avril 1918.

LORENCHET DE MONTJAMONT (Henri-Louis-Marie-*Roger*),
✠ (posthume), ✠ (palme), capitaine au 23e d'Infanterie.

Citation : *Très belle attitude au feu. A résisté énergiquement, pendant près d'une journée, à des forces très supérieures, et est tombé mortellement blessé au moment où il entraînait sa compagnie à une contre-attaque à la baïonnette. A été cité.*

LORGE (Guy de DURFORT DE CIVRAC DE LORGE, Duc de), ✠, sous-lieutenant de réserve au 32e Dragons.

Le 23 janvier 1917, il surveillait le départ des cavaliers de son peloton et pressait les derniers de quitter l'abri, menacé par les projectiles qui tombaient abondamment; il se tenait près de l'entrée de l'abri, adossé à l'une des parois du boyau et appuyé d'une main à la paroi opposée, attendant que le dernier cavalier fût sorti pour partir à son tour. C'est là et dans cette attitude qu'il fut frappé par un éclat d'obus qui lui enleva une partie de la boîte crânienne. Il fut tué sur le coup.

[Né le 7 janvier 1890. Fils du Duc (décédé) et de la D^{sse} née Henriette DE COSSÉ-BRISSAC.]

LORGERIL (*Amaury-Marie-Antoine-Olivier, Vicomte Amaury de*), ✠ (posthume), ✠ (palme), enseigne de vaisseau des Fusiliers Marins. Tombé à Dixmude, à la tête de ses Fusiliers Marins.

Citation : *Grièvement blessé le 10 novembre 1914; est resté à son poste jusqu'à la relève. Mort des suites de ses blessures.*

[Né le 15 décembre 1893. Fils du Vte et de la V^{tesse} née Marie HUET DE LA TOUR DU BREUIL.]

LORGERIL (*Tanneguy-Léon-Louis-Yves-Marie, Vicomte Tanneguy de*), canonnier.

Glorieusement tombé, le 1er avril 1919, au cours de l'expédition d'Aïn-Medionnah (Maroc).

[Né le 19 octobre 1891. Fils du Vte et de la V^{tesse} née Antoinette BLANQUET DU CHAYLA.]

LORGERIL (Pierre-Charles-Léon. de), ✠ (posthume), ✠, maître-pointeur au 175e d'Artillerie de tranchée.

Citation : *Courageux et plein d'entrain, ayant donné de nombreuses preuves de sa bravoure et de son sang-froid. Mort bravement pour la France, le 12 mai 1918, en Belgique.*

LORGNIER DU MESNIL (Antoine), soldat au 162e d'Infanterie. Tué en novembre 1915.

LORIN DE REURE (François), ✠ (posthume), ✠, juge au Tribunal de Nogent-le-Rotrou, sergent au 3e d'Infanterie. Tué en Argonne, le 15 novembre 1914.

Citation : *Sous-officier courageux, qui a fait vaillamment son devoir dès les premiers combats de la campagne. Mort glorieusement pour la France, le 15 novembre 1914, au bois de Malancourt.*

[Né en 1881. Fils de M. et de Mme Victor LORIN DE REURE. Marié à Mlle HÉROLD.]

LORIOL (Vicomte Alfred du PORT de), ✠ (posthume), ✠ (étoile de vermeil), capitaine au 42e d'Infanterie. Tué à Autrèches (Oise), le 20 septembre 1914.

Citation : *Excellent commandant de compagnie; s'est distingué dans toutes les affaires auxquelles son régiment a pris part au début de la campagne. Est tombé à la tête de sa compagnie, en luttant contre une violente attaque de nuit, le 20 septembre 1914. A été cité.*

[Né le 14 janvier 1874. Fils du V*te* et de la V*tesse* née D'ORMOY. Marié à M*lle* VIAL-LANES, fille de M. et de M*me* née LAVIEILLE, — dont un fils.]

LORME (Jacques de), ✳, ✠ (6 citations), capitaine au 65e d'Infanterie.

Mort à Nantes, le 16 juin 1920, des suites d'une intoxication par les gaz.

[Né en 1893. Fils du Colonel et de M*me* Charles DE LORME.]

LORMEL (Marquis Henry de), ✳ (posthume), ✠ (palme), capitaine au 2e Chasseurs à pied.

Tué le 25 février 1916.

Citation posthume : *Jeune et brillant capitaine de cavalerie, venu sur sa demande dans l'infanterie, et qui donnait les plus grands espoirs, est tombé héroïquement au moment où il donnait le plus bel exemple de mépris du danger, en se portant au point le plus battu par des torpilles aériennes, pour encourager ses chasseurs et exalter leur esprit de sacrifice. A été cité.*

LORMIER (Charles), ✳, ✠, sous-lieutenant au 403e d'Infanterie.

Tué le 28 octobre 1918.

[Né en 1889. Fils de M. et de M*me* née MARIE.]

LOROIS (Édouard), sous-lieutenant au 3e Dragons, détaché au 265e d'Infanterie.

Tué le 4 septembre 1916.

LORT-SÉRIGNAN (Amédée-Louis-Auguste de), ✳ (posthume), ✠, capitaine au 43e d'Infanterie.

Tué à l'ennemi, le 6 septembre 1914, à la bataille de la Marne.

[Né le 30 décembre 1874. Fils de M. et de M*me* née GROULT.]

LORY (Pierre), ✳, ✠ (4 citations), lieutenant de Dragons, détaché au 59e d'Infanterie.

Tué le 17 septembre 1918.

[Né en 1897. Fils de M. et de M*me* née DELIMOGES.]

L'ORZA DE MONT-ORZO DE REICHENBERG (*Maurice*-Jules-Jean, Marquis de), ✠ (palme), capitaine au 410e d'Infanterie.

Tué, le 3 juin 1915, à Etinhem (Somme).

[Né à Redon le 2 novembre 1879. Fils de M. Valentin DE L'ORZA et de M*me* née Marie FOURÉ, décédés.]

LOSME (*Marcel*-Philippe-Lucien-Joseph, Baron Marcel de), ♟ (posthume), ✠ (étoile d'argent), avocat à Marseille, *engagé volontaire,* sergent au 116e Chasseurs alpins (Fourragère).

Tué à la reprise du fort de Douaumont (Verdun), au bois de la Fosse-Côte, le 26 octobre 1916.

Citation : *Excellent sous-officier, très aimé pour sa bonté et son courage; d'un moral très élevé, a brillamment conduit sa fraction à l'assaut du 24 octobre 1916 ; tué à son poste le 26 octobre.*

[Né le 4 septembre 1887. Fils du B^{on} DE LOSME et de la B^{onne} née RICHAUD.]

LOSQUES (Daniel THOUROUDE, dit de), ⚜ (posthume), ✠ (palme), sergent bombardier à l'Escadrille V.B. 110.

Artiste dessinateur de talent, dont les dernières peintures (fresques à l'Hôtel des Invalides) eurent un grand succès au début de la guerre; fut attiré par l'Aviation, où il devait trouver une mort glorieuse.

Citation : *Ayant eu son appareil gravement endommagé par dix éclats d'obus, dont l'un traversa le capot de part en part, et blessé lui-même à la main au moment où il se disposait à lancer un obus, a fait preuve du plus grand sang-froid en poursuivant sa mission jusqu'au bout.*

LOSTALOT-BACHOUÉ (Félix-*Gaston* de), ⚜ (posthume), ✠, soldat au 14ᵉ d'Infanterie.

Tué à Raucourt, le 27 août 1914.

Citation : *A fait vaillamment son devoir dès les premiers combats de la campagne. Tombé glorieusement pour la France, le 27 août 1914. A été cité.*

[Né le 22 avril 1894. Fils du D^r et de Mme née GRILLIÈRES.]

LOSTIE DE KERHOR DE SAINT-HIPPOLYTE (Eugène-Marcel), ⚜ (posthume), ✠, soldat au 129ᵉ d'Infanterie.

Citation : *Vaillant soldat. Mort pour la France, le 28 janvier 1915, à Eupen. A été cité.*

LOTA (Tony), ✠ (posthume), ✠ (4 citations), *engagé volontaire,* sous-lieutenant au 59ᵉ Chasseurs à pied.

Tué le 25 juillet 1918.

LOTURE (*Bernard*-Marie de LILLE de), ✠ (posthume), ✠ (palme), secrétaire d'Ambassade, lieutenant au 26ᵉ Dragons, pilote-aviateur à l'Escadrille B.R. 127.

Tombé dans les lignes ennemies, à Oulchy-le-Château, le 3 juin 1918.

Citation posthume : *Excellent pilote, audacieux, calme et adroit, a pris part à vingt et un bombardements de jour, dont plusieurs à grande distance. Disparu au cours d'un combat, en soutenant avec ses camarades une lutte inégale contre dix-huit avions ennemis.*

[Né en 1890. Fils de M. (décédé) et de Mme née DE VIENNE.]

LOUBÈRE DE LONGPRÉ (*Maurice*-Eugène), ✠, ✶ (Médaille Coloniale), capitaine au 4ᵉ Colonial.

Grièvement blessé en Argonne, le 28 août 1914, a succombé à Silly-l'Abbaye, près Mézières, le 14 septembre suivant.

[Né le 21 septembre 1870. Fils du Colonel LOUBÈRE et de Mme née DE LONGPRÉ.]

LOUBERS (Lucien-Émile-*Henri*), professeur agrégé, sergent au 122ᵉ d'Infanterie.

Tué à Vlamertinghe, le 1ᵉʳ novembre 1914.

[Né le 21 juin 1884. Fils du Conseiller à la Cour de Cassation et de Mme LOUBERS.]

LOUCHET (François), ✠ (posthume), ✠, capitaine au 146ᵉ d'Infanterie.

Tué en Lorraine, le 7 septembre 1914.

> Citation : *Déjà cité pour faits antérieurs, n'a pas cessé jusqu'à sa mort de montrer le plus complet mépris du danger en restant debout à côté de ses hommes. Tué, le 7 septembre 1914, à la tête de sa compagnie, qu'il enlevait brillamment à la contre-attaque.*

[Fils de M. et de Mᵐᵉ Auguste LOUCHET.]

LOUCHET (Paul-Albert), ✠ (posthume), ✠, sous-lieutenant au 331ᵉ d'Infanterie.

Tué à Bouchavesnes, le 20 septembre 1916.

> Citation : *Chef de section, d'un courage et d'une énergie admirables, déjà cité deux fois au cours de la campagne. A été tué à la tête de sa section, le 20 septembre 1916, en contre-attaquant des forces très supérieures. A été cité.*

[Né à Paris le 22 mai 1883. Fils de M. et de Mᵐᵉ née DESCHAMPS. Marié à Mˡˡᵉ Odette TASSU.]

LOUIT (Charles-Émile), ⚜ (posthume), ✠, brigadier au 12ᵉ Dragons.

> Citation : *S'est signalé, dès le début de la campagne, par son courage et son sang-froid. Le 23 septembre 1914, devant Marchelopol, a trouvé une mort glorieuse à la tête de son escouade, qui avait reçu l'ordre de reconnaître une position occupée par l'ennemi. A été cité.*

LOUSTAL (Marie-Gaspard-*Patrice* de), ✠ (posthume), ✠ (palme), sous-lieutenant au 151ᵉ d'Infanterie.

Tué à Soissons, le 28 juillet 1918.

> Citation : *Beau type de héros français. A combattu volontairement aux côtés de son frère, avant même d'être en âge de porter les armes, s'est engagé à dix-sept ans, a fait preuve en toutes circonstances des plus belles qualités militaires, notamment au cours des combats de juin et juillet 1918. A conquis sur le champ de bataille son galon de sous-lieutenant, s'imposant à tous par son ardeur juvénile et sa superbe bravoure. A été tué, le 18 juillet 1918, à son poste de combat. A été cité.*

[Né en 1899. Fils du Lieutenant-Colonel et de Mᵐᵉ DE LOUSTAL.]

LOUSTAL (Charles-*Pierre* de), caporal au 27ᵉ territorial d'Infanterie.

Mort de ses blessures à Saint-Martin-sur-Écaillon (Nord), le 25 août 1914, à 36 ans.

LOUVAT (Mademoiselle Marcelle), infirmière-major à l'ambulance de l'École Polytechnique.

Décédée, en octobre 1918, des suites d'une grippe infectieuse contractée au chevet des blessés.

[Fille du Général, O ✠, et de Mᵐᵉ née BIBARD.]

LOUVENCOURT (*Alof*-Charles-Marie, Comte Alof de), ✠ (posthume), ✠ (étoile de bronze), maire de Seux (Somme), capitaine au 12ᵉ territorial d'Infanterie.

Blessé, dans la nuit du 10 au 11 novembre 1914, à Lombaërtzyde, par un éclat d'obus au côté, au moment où il sortait de sa tranchée ; succomba le lendemain, à l'ambulance de Furnes, des suites de sa blessure.

> Citation : *A été blessé, le 5 octobre 1914, devant Achiet-le-Petit, alors qu'il prenait ses dispositions pour exécuter une contre-attaque. Revenu sur le front après un mois d'absence, a été de nouveau blessé cette fois grièvement, le 10 novembre suivant, à son poste de combat, à Lombaërtzyde, lors d'une attaque de nuit faite par l'ennemi. Décédé à Furnes, le 12, des suites de sa blessure. A fait preuve d'entrain et de courage exceptionnels dans tous les combats auxquels il a pris part.*

[Né le 22 mai 1875. Fils du Cte Adrien DE LOUVENCOURT et de la Ctesse née Julienne DE LOUVEL D'AULT DU MESNIL (décédée). Marié, en 1901, à Mlle Marguerite HÉMART DU NEUFPRÉ, fille de M. et de Mme née DE LA FONS DE LA PLESNOYE.]

LOUVENCOURT (*Maurice*-Roch-Georges-Jean-Marie, Comte Maurice de), canonnier au 2e d'Artillerie de montagne.

Décédé, en décembre 1917, des suites d'une maladie contractée aux Armées.

[Né le 17 août 1885. Fils du Cte Guillaume DE LOUVENCOURT (décédé), et de la Ctesse née BOHRER DE KREUZNACH. Marié, en 1911, à Mlle Cécile DE MULTEDO, fille du Mis et de la M^ise née DE LATENA, — dont deux enfants.]

LOUVET (Jean), caporal au 107e d'Infanterie.

Tué près de Vitry-le-François, le 8 septembre 1914.

LOUVIÈRES (Antoine de), ✳ (posthume), ✠ (étoile d'argent), Saint-Cyrien, lieutenant au 154e d'Infanterie.

Tombé glorieusement au combat de Fillières (Meurthe-et-Moselle), le 22 août 1914.

> Citation : *S'est élancé à l'attaque, le 22 août 1914, avec un superbe mépris du danger ; a été frappé au moment où, malgré des pertes sérieuses, il avait amené sa section au contact immédiat de l'ennemi.*

[Né le 18 juin 1889. Fils de M. Léon DE LOUVIÈRES et de Mme née COLIN. Marié à Mlle Yvonne DE MAUSSION, fille du Cte DE MAUSSION (tué le 29 mars 1918 au cours du bombardement de l'église Saint-Gervais) et de la Ctesse née ROLAND.]

LOUYOT (Marie-Marcel-*Gabriel*), ✠, du 22e d'Artillerie.

Tué à Tracy-le-Mont, le 17 décembre 1915.

[Fils de M., ✳, et de Mme Émile LOUYOT.]

LOWYS (Robert), avocat à la Cour de Paris.

Mort à Verdun, le 29 octobre 1914, des suites de blessures reçues en service commandé.

[Né le 15 avril 1877. Fils de M. Maurice Lowys et de Mme née Rosalie HECHT.]

LOYE (Jean-Marie-Joseph de), ⚜ (posthume), ✠, brigadier au 9e d'Artillerie.

> Citation : *Excellent brigadier. Mortellement blessé, le 4 juin 1915, en coopérant volontairement, sous le feu de l'ennemi, au ravitaillement d'une pièce de la batterie, afin d'éviter un ralentissement du tir d'efficacité qu'elle exécutait. A été cité.*

LOYNES DE FUMICHON (Marie-Joseph-*Roger* de), ⚜ (posthume), ✠ (étoile), maréchal des logis au 20e Chasseurs à cheval.

Tué, le 12 octobre 1914, d'une balle au front, sur les remparts de Lille.

Citation : *Tombé mortellement blessé en luttant contre l'ennemi jusqu'à la fin et avec la plus belle énergie. A été cité.*

[Né le 14 décembre 1889. Fils du B⁰ⁿ et de la B⁰ⁿⁿ° née TASSIN DE CHARSONVILLE.]

LUART (Comte Georges LE GRAS du), ⚰ (posthume), ✠, adjudant au Groupe d'Automobiles.

Blessé grièvement, le 24 juin 1915, à Saint-Michel-sur-Meurthe, mort le surlendemain à Bruyères (Vosges).

Citation : *A été blessé par des éclats d'obus alors qu'il était resté, avec son capitaine, le dernier pour surveiller une manœuvre très difficile, permettant de sauver un convoi pris sous le feu violent de l'ennemi. Est mort le lendemain des suites de ses blessures.*

[Fils du C¹⁰ Robert et de la C¹⁰ˢˢᵉ née DE GUERCHEVILLE, décédée.]

LUBERSAC (*Pierre-*Léon de), ⚰ (posthume), ✠ (palme et étoile), élève-ingénieur, caporal au 39e d'Infanterie.

Tué, le 8 juin 1915, à Neuville-Saint-Vaast.

Son capitaine, en annonçant la nouvelle à ses parents, écrivit :

..... Je résume toutes mes pensées émues en disant que c'était un « homme ». Il est mort en héros, à la tête de son escouade qu'il entraînait à l'assaut. Un éclat de grenade en plein front l'a foudroyé !...

Citation : *Excellent gradé. A toujours fait preuve de la plus grande bravoure. A été frappé mortellement, le 8 juin 1915, en enlevant, avec sa compagnie, un village fortement tenu par l'ennemi.*

[Né le 28 novembre 1892. Fils du V¹ᵉ René DE LUBERSAC et de la V¹ᵉˢˢᵉ née Marie-Louise DUNOYÉ.]

LUBRANO DI SBARAGLIONE (Joseph-Léonard), ⚰ (posthume), ✠, soldat au 41e Colonial.

Citation : *Bon soldat, courageux et dévoué. Mort au champ d'honneur, le 21 avril 1917, à Laffaux, en faisant vaillamment son devoir.*

LUC (Louis du), O ✠, ✠ (2 palmes, 2 étoiles), inspecteur d'Assurances, capitaine au 401e d'Infanterie.

Mortellement blessé, le 27 octobre 1917, aux lisières de la forêt d'Hollhoust, dans les Flandres ; succomba, le 31 octobre, à Linde (Belgique).

Citation : *Officier d'un grand caractère, ayant une haute conception de ses devoirs ; a toujours été pour ses hommes un modèle de bravoure et d'énergie. Le 26 octobre 1917, a conduit sa compagnie à l'attaque avec une décision et un entrain remarquables, malgré les grandes difficultés de terrain. A été grièvement blessé au cours de l'action. Une blessure antérieure. Fait déjà chevalier de la Légion d'honneur pour faits de guerre et cité à l'Ordre.*

[Né en 1884. Fils de M. Roger DU LUC, ancien officier (décédé) et de Mᵐᵉ née DU REPAIRE.]

LUC (Charles du), lieutenant.

Tué à l'ennemi, le 22 mai 1917.

LUCAS (A.-F.-M.), ✠, lieutenant de vaisseau.
Tué à Dixmude, en novembre 1914.

LUCCA (Gaëtan de), sergent au 341e d'Infanterie.
Tué à Chauvoncourt, le 16 novembre 1914.

[Né le 10 juin 1889. Fils de M. et de Mme née BONANNO.]

LUCIEN-BRUN (Paul), ✠ (posthume), ✠ (palme), élève de l'École des Mines de Saint-Étienne, sous-lieutenant au 121e d'Infanterie.
Mortellement blessé, le 21 août 1914, à Hartzwiller, près de Sarrebourg, à la tête de sa section, laissée en extrême arrière-garde et presque enveloppée. Il est mort, le 24 août, au lazaret allemand de Niederweiler.

Citation : *A donné la preuve de son courage calme et réfléchi, en portant, pendant la nuit du 20 au 21 août, un ordre à son colonel, à proximité de l'ennemi. A été tué, le 21 août, dans des conditions exigeant un complet esprit de sacrifice et de dévouement.*

[Né le 30 juin 1888. Fils de M. Emmanuel LUCIEN-BRUN et de Mme née MEAUDRE.]

LUCY DE FOSSARIEU (Victor-*Jean* de), ✠ (étoile), sous-lieutenant au 122e d'Infanterie.
Tué à Soupir (Aisne), le 1er mai 1916.

[Né le 20 février 1894. Fils de M. et de Mme née ARTOIS.]

LUMIÈRE (*Louis*-Marie-Robert), ✠, ✠ (3 palmes, 2 étoiles), agriculteur, sous-lieutenant au 328e d'Infanterie (était proposé pour lieutenant).
Tué sur les bords du canal de l'Aisne, le 19 septembre 1918. Ce vaillant officier avait reçu trois blessures antérieures : le 12 septembre 1914, les 1er avril et 5 mai 1917.

Cinquième citation : *Accompagnant volontairement une patrouille chargée d'une mission périlleuse et de la plus grande importance, a été tué en remplissant cette mission.*

[Né le 20 juin 1887. Fils de M. (décédé) et de Mme née CHEVRIER. Marié à Mlle Thérèse GENÈS, fille de M. et de Mme née HERVEY-PICARD (décédés), — dont deux enfants.]

LUMIÈRE (Édouard), ✠, sergent pilote à l'Escadrille M.F. 123.
Mort, le 29 janvier 1917, à 35 ans.

LUQUET DE SAINT-GERMAIN (Auguste)..................

LURCY-LÉVY (Claude de), lieutenant au 94e d'infanterie.
Tué le 7 janvier 1915.

LURION DE L'ÉGOUTHAIL (*Louis*-Claude-François-Marie de), ✠ (posthume), ✠ (palmes), Saint-Cyrien de la promotion du Maroc, lieutenant au 149e d'Infanterie.
Tué au combat du Col de la Chipote (Vosges), le 26 août 1914.

Citation : *A été tué au combat du 26 août 1914, en se portant en avant de sa section, afin d'observer les mouvements de l'ennemi. Avait fait preuve, depuis le commencement de la campagne, de brillantes qualités d'énergie et d'entrain.*

[Né le 19 décembre 1886. Fils de M. et de Mme née Marie LEGIER DE LAGARDE.]

LUX (*René*-Willem), ingénieur, sergent-fourrier au 69ᵉ Chasseurs à pied.

Tué d'une balle au front, en Champagne, le 27 septembre 1915, en entraînant ses hommes à l'assaut de la Butte de Souain.

[Né le 20 janvier 1884. Fils du Dʳ, O ✳, et de Mᵐᵉ E. Lux. Marié à Mˡˡᵉ Suzanne Martin, — dont deux enfants.]

LYSNIEWSKI (Adrien de), ✠, soldat au 111ᵉ d'Infanterie.

Tué le 10 avril 1915.

LYSNIEWSKI (*Eugène*-Gaëtan-Marie de), ✳ (posthume), ✠ (palme), lieutenant au 166ᵉ d'Infanterie.

Citation posthume : *Jeune officier de valeur. A montré, dans toutes les circonstances de la campagne, de brillantes qualités. Au combat, ardent, calme, très belle attitude sous le feu. Dans la tranchée, actif, observateur attentif et passionné. A été tué, le 9 juin 1916, par une torpille allemande, alors qu'il s'efforçait de découvrir l'emplacement de l'engin qui lançait ces projectiles sur le front occupé par l'unité qu'il commandait. A été cité.*

LYSNIEWSKI (Maurice-Adrien OSTRZESZ de), ⚜ (posthume), ✠, soldat au 4ᵉ Zouaves.

Citation : *Zouave brave et dévoué. A fait courageusement son devoir. Est mort au champ d'honneur, le 22 octobre 1914, à la Creute, au cours d'une attaque.*

M

MABILLE DE PONCHEVILLE (*Albert*-Victor), ✳ (posthume), ✠ (palme), sous-lieutenant au 5ᵉ Cuirassiers à pied.

> Citation : *Jeune officier de réserve plein d'allant, de courage et d'entrain. Le 12 octobre 1916, au cours d'un violent bombardement de sa tranchée, s'est porté spontanément au secours de ses hommes blessés. Grièvement blessé lui-même, a dit à son capitaine : « Laissez-moi, on a besoin de vous ailleurs. » A été cité.*

A succombé le lendemain à ses blessures.

MABILLE DU CHESNE (Joseph-Jean), ✳ (posthume), ✠, capitaine au 124ᵉ d'Infanterie.
Tué à Mont-devant-Sassey, le 30 août 1914.

> Citation : *A la bataille de Virton, a rallié des hommes battant en retraite, leur a fait crier : « Vive la France ! », les a ramenés au complet et maintenus sous un feu violent pendant plusieurs heures. Tombé au champ d'honneur, le 30 août 1914. A été cité.*

[Né le 27 décembre 1873. Marié à Mˡˡᵉ Germaine Béthery de la Brosse.]

MABILLE DU CHESNE (Georges-Paul), maréchal des logis au 20ᵉ Chasseurs à cheval.
Disparu à Lille, le 10 octobre 1914.

[Né le 29 juillet 1892. Fils de M. et de Mᵐᵉ née Imbert.]

MABIRE (Pol), sous-lieutenant au 70ᵉ Alpins.
Disparu à Maurepas, le 13 août 1916.

MADELIN (Sébastien-Marie-*Léon*), ✳ (posthume), ✠ (2 palmes), commandant au 3ᵉ Chasseurs à pied.

> Citation : *Le 8 mai 1915, a conduit son bataillon à l'attaque d'un ouvrage ennemi solidement fortifié et s'en est emparé. Faisant ensuite, seul, une reconnaissance dangereuse, a été mortellement atteint. Relevé quelques minutes plus tard, a demandé à être emmené debout pour que ses chasseurs ne sachent pas qu'il avait été atteint. Ce furent ses dernières paroles. Officier très brillant, d'un grand courage personnel, qui s'est toujours admirablement comporté depuis le début de la campagne. A été cité.*

MADELIN (Jean), ✠, sous-lieutenant d'Artillerie, observateur à l'Escadrille C. 51.
Tué le 1ᵉʳ avril 1916.

MADELIN (Victor), ✳ (posthume), ✠ (5 citations), lieutenant au 26ᵉ Chasseurs à pied.
Tué, le 9 août 1918, à l'offensive de Montdidier.

> Citation : *Jeune officier, qui s'était acquis dans le bataillon une réputation de sang-froid et de bravoure hors pair. Toujours vo-*

lontaire pour les missions les plus périlleuses. A été tué à la tête de sa section qu'il entraînait avec son courage habituel pour forcer le passage d'un pont solidement tenu par l'ennemi. Quatre citations antérieures.

[Né en 1878. Fils de M. Jules MADELIN, ✳, inspecteur des Forêts, et de Mme née ZELLER.]

MADIER (*Joseph*-Ulysse-Denis), ✸, lieutenant au 155ᵉ d'Infanterie. Tué à Bulainville, le 6 septembre 1914.

[Né à Paris le 24 août 1884. Marié à Mlle Juliette SEGOND.]

MADINHAC (Raymond ROUS de), ✳ (posthume), ✸, sous-lieutenant au 259ᵉ d'Infanterie.

Citation : *Excellent officier ; tué, le 7 mars 1916, en défendant la position qu'il était chargé d'occuper. A été cité.*

[Fils de M. et de Mme née BURROU.]

MADINIER (Pierre), ✳ (posthume), sous-lieutenant au 59ᵉ d'Artillerie. Tué le 24 août 1914.

MAFFRE DE BAUGÉ (Jean-Marie-Louis-Emmanuel), ✳ (posthume), ✸, capitaine au 4ᵉ mixte de Zouaves et Tirailleurs.

Citation : *Le 25 septembre 1915, a entraîné vigoureusement sa compagnie à l'attaque des tranchées allemandes. A été tué au moment où il abordait un abri de mitrailleuses. A été cité.*

MAGALLON D'ARGENS (Xavier-*Paul* de), ✳ (posthume), ✸ (5 citations), ✸ (Belge), lieutenant au 155ᵉ d'Infanterie, observateur à l'Escadrille S.P.A. 102.

Dernière citation : *Observateur d'élite, d'un allant et d'une énergie magnifiques. A exécuté, avec le plus bel entrain, plus de soixante-dix reconnaissances à longue portée avec un plein succès, se distinguant particulièrement pendant la période d'opérations de mai à août 1918, où, malgré l'activité ennemie et le mauvais temps, il est toujours revenu avec les documents photographiques demandés. Le 15 août, a complètement terminé sa reconnaissance, malgré une lutte contre cinq avions, loin dans les lignes, revenant avec un appareil criblé de balles. Le 29 août, au cours d'une mission, est tombé glorieusement au champ d'honneur. A été cité.*

[Né en 1895. Fils du Mis et de la M^{ise} née GIRAUDY.]

MAGDINIER (*Jean* - François - Marie), ✳ (posthume), ✸ (1 palme, 1 étoile de bronze), médecin des Hôpitaux de Saint-Etienne, *engagé volontaire*, aide-major au 2ᵉ d'Artillerie de campagne.
Tué, le 24 septembre 1916, devant Verdun, au cours d'un bombardement très violent de la position de batterie de nos 75.

Citation : *Quoique réformé, avait demandé à venir sur le front, où il a montré un dévouement constant et une haute conscience de son devoir, n'hésitant jamais à se porter aux endroits dangereux pour apporter ses soins aux blessés. Par son calme, sa bravoure et sa volonté, avait su se faire apprécier de tous, supérieurs et inférieurs. A été tué, le 24 septembre 1916, au milieu d'une batterie soumise à un très gros bombardement de gros calibre. A été cité.*

[Né le 26 février 1884. Fils de M. et de Mme Paul MAGDINIER (décédés). Marié à Mlle Isabelle DÉCHELETTE, — dont trois enfants.]

MAGNARD (*Albéric*-Denis-Gabriel), compositeur de musique.
Assassiné par les Allemands, qui mirent ensuite le feu à sa maison, le 3 septembre 1914, à Baron (Oise), Manoir des Fontaines.

> Celui-là qui, rebelle à toute trahison,
> Et préférant la Muse à toute Walkyrie,
> A défendu son Art contre la Barbarie,
> Devait ainsi mourir défendant sa maison.
>
> Edmond ROSTAND, de l'*Académie française*.

[Né le 9 juin 1865. Fils de M. François MAGNARD, rédacteur en chef du *Figaro*, et de Mᵐᵉ née BAUDUER (décédés). Marié à Mˡˡᵉ Julia CRETON, — dont deux enfants.]

MAGNIN (Louis), lieutenant au 86ᵉ d'Infanterie.
Tué sous Baccarat, le 24 août 1914.

MAGNY (Emmanuel-Constantin de), capitaine au 160ᵉ d'Infanterie.
Blessé et fait prisonnier le 20 août 1914, rapatrié en 1918, a succombé aux suites de sa captivité.

[Né en 1886. Fils de M. et de Mᵐᵉ née DE RENEVILLE.]

MAGON DE LA VILLEHUCHET (René), ✠, ✠, chef d'escadron d'Artillerie.
Tué en octobre 1914.

Citation : *A donné, en toutes circonstances, les preuves de la plus brillante valeur. Tué en conduisant énergiquement ses hommes au feu.*

MAHÉ (François), ✠, ✠.
Tué à l'ennemi.

[Marié à Mˡˡᵉ Charlotte DE LA GIRAUDIÈRE.]

MAHIEU (Michel), ✠, ✠, capitaine pilote-aviateur.
Aviateur d'avant-guerre, il rendit, dès le début des hostilités, de signalés services; le 20 novembre 1914, il bombardait avec succès les batteries de Brimont. Le 17 mai 1917, venant d'effectuer son centième bombardement, il était promu capitaine; il prit une part active contre la dernière offensive allemande et était porté disparu dans la nuit du 2 au 3 mai 1918.

[Né en 1896. Beau-fils et fils du Colonel MORGON, ✠, et de Mᵐᵉ née M.-L. FERRY D'ANDREIS.]

MAHIEU (Auguste), ✠, soldat au 50ᵉ Chasseurs à pied.
Tombé à son poste, le 22 février 1916, au Bois des Caures, sous Verdun.

[Frère du précédent.]

MAHISTRE (Émile-Germain-*Olivier*), ✠ (posthume), ✠ (palme), clerc de notaire, canonnier au 35ᵉ d'Artillerie, versé, sur sa demande, dans l'Infanterie, aspirant au 20ᵉ de ligne.
Disparu, le 10 mars 1915, sur la route de Perthes-les-Hurlus, à Tahure.

Citation : *Le 10 mars 1915, ayant été appelé à partir à l'assaut avec sa section, a fait preuve de sang-froid et a montré le plus bel*

*exemple à ses hommes en montant le premier au talus de la tran-
chée où il a été tué.*

[Né le 27 octobre 1892. Fils de M. et de Mme née Andrée VALZ.]

MAHON (Benjamin-Léon-Marcelin-*Patrice*), ✠, ✠ (palme), lieute-
nant-colonel au 62e d'Artillerie.

Glorieusement tombé en défendant ses pièces, le 22 août 1914.
Écrivain, a publié plusieurs ouvrages remarqués, sous le pseudonyme de ART ROË.

Citation : *A fait preuve d'une héroïque bravoure, le 22 août, en
se faisant tuer sur ses pièces pour donner l'exemple et empêcher un
recul précipité.*

[Marié à Mlle F. GOYET DE SAVY, décédée en septembre 1920.]

MAIGNIAL (Charles), ✠, lieutenant au 15e d'Infanterie.
Tué en octobre 1914.

MAILHARD DE LA COUTURE (*Jacques-Marie-Joseph-Bernard*),
✠ (posthume), ✠ (étoile d'argent), étudiant, maréchal des logis au 4^e
Cuirassiers à pied.

Blessé grièvement au combat d'Ugny-le-Gay (Aisne), le 24 mars
1918, d'une balle à la cuisse gauche, intima l'ordre à ses deux
compagnons, qui le transportaient au poste de secours, de l'abandonner afin qu'ils ne puissent pas être faits prisonniers par les
Allemands qui avaient continué d'avancer.

Citation : *Sous-officier aussi modeste que consciencieux, d'une
bravoure exemplaire. Pendant les combats des 23 et 24 mars 1918,
a dirigé sa section avec beaucoup de méthode, infligeant de très
lourdes pertes à l'ennemi. Blessé grièvement au cours du combat,
a donné l'ordre aux brancardiers qui le transportaient de le laisser
sur le terrain pour éviter qu'ils fussent pris par l'ennemi.*

[Né le 20 novembre 1891. Fils de M. et de Mme née BOUDET.]

MAILLARD (René de), ✠ (posthume), ✠, capitaine au 116e d'In-
fanterie.

Citation : *Conduite très brillante au cours du combat de Mais-
sain (Belgique), 22 août 1914, où, sous le feu violent des mitrailleuses, il a été tué de plusieurs balles tandis qu'il entraînait sa
compagnie à l'assaut du village. A été cité.*

[Fils du Cte et de la Ctesse née DE MONEY D'ORDIÈRES. Marié à Mlle FAUCHER DE
CORN.]

MAILLÉ DE LA TOUR LANDRY (Jean-Marie-Robert-*Jacquelin*,
Marquis de), ✠ (posthume), ✠ (5 citations), sous-lieutenant au 99^e
d'Infanterie.

Ancien officier de Cavalerie, blessé en 1916, passé volontairement dans l'Infanterie. Tué, le 28 juillet 1918, au cours d'une
reconnaissance, dont il avait demandé à prendre le commandement,
sur les lignes de Moronvillers (près de Lunéville), aux environs de
la position appelée « Les Ouvrages blancs » (forêt de Parroy).

Citation : *Officier modèle de bravoure et de dévouement. Au cours
d'un coup de main, a demandé à prendre le commandement des
éclaireurs, pénétrant à leur tête dans les organisations allemandes,
malgré un violent feu d'artillerie. Est tombé glorieusement, en*

poursuivant sa mission au delà de la première ligne ennemie. A été cité.

[Né le 5 juillet 1891. Fils du Duc et de la D^{esse} née Carmen DE WONDEL. Marié, en 1917, à Mlle Aliette DE ROHAN-CHABOT, fille du Cte et de la Ctesse née Cécile AUBRY-VITET, — dont un enfant.]

MAILLÉ DE LA TOUR-LANDRY (Comte Urbain de), ✠, ✳

(Croix de Saint-Georges), lieutenant aviateur.

Tombé, sur le front roumain, à Simnecea, au cours d'un combat aérien, le 25 novembre 1916.

[Né le 22 avril 1892. Fils du Cte et de la Ctesse née Catherine DIGEON, des Barons DIGEON, décédée.]

MAILLÉ DE LA TOUR-LANDRY (Jehan de), ✠, maréchal des

logis, pilote-aviateur.

Mort à l'hôpital de Versailles, le 30 août 1918, des suites de blessures reçues en service commandé.

[Né le 10 octobre 1895. Frère du précédent.]

MAILLEFERT (Maurice), ✳, ✠ (2 palmes, 1 étoile de vermeil), chef de

bataillon au 139e d'Infanterie.

Tombé à l'attaque de Chaulnes (Somme), le 4 septembre 1916.

[Né le 19 septembre 1875. Fils de M. et de Mme née PÉNAULT. Marié à Mlle DE GUERRIN DE VILLIERS, fille du Vte et de la V^{tesse} née ARGENTON.]

MAILLENCOURT (Constant de), ✠, sous-lieutenant.

Tué le 2 juin 1916.

MAINGUET (André), ⚜ (posthume), ✠ (étoile de vermeil), imprimeur-

éditeur (Plon-Nourrit et Cie), adjudant de réserve au 102e d'Infanterie.

Tué, le 4 novembre 1914, à Andechy.

Citation : *Le 4 novembre, à l'attaque d'Andechy, a donné l'exemple d'un sang-froid et d'une intrépidité remarquables, en entraînant sa section sous un feu meurtrier, et, blessé mortellement, en l'encourageant à maintenir sa marche en avant. A été cité.*

[Né en septembre 1886. Fils de M. Pierre MAINGUET, ✳, et de Mme née NOURRIT.]

MAIRE DU POSET (Bernard), ⚜ (posthume), ✠ (1 palme, 1 étoile),

étudiant en droit, aspirant au 172e d'Infanterie.

Tué glorieusement, le 26 octobre 1916, à la prise de Bouchavesnes (Somme).

Citation : *Mort en brave, le 26 octobre 1916, au cours d'une attaque allemande, que l'attitude énergique de sa troupe a rapidement arrêtée. Est tombé en disant : « Je suis content de mourir pour la France. »*

[Né le 16 avril 1894. Fils de M. Xavier MAIRE DU POSET, agriculteur, et de Mme née D'ARGILLIÈRES.]

MAISMONT (Joseph FENAUX de), ✳ (posthume), ✠ (palme), capi-

taine au 18e Chasseurs à pied.

Tué, le 6 septembre 1914, à Pargny-sur-Saulx.

Citation : *A pris une part brillante à tous les premiers combats de la campagne, et a trouvé une mort glorieuse en défendant opiniâtrement les passages de la Saulx, le 6 septembre 1914, à un adversaire très supérieur en nombre. A été cité.*

[Né en mars 1871. Fils de M. et de Mme née DE GLOS.]

MAISON (*Louis*-Hippolyte-Aristide), ✠ (posthume), ✠ (palme), élève de l'Ecole Polytechnique, sous-lieutenant au 32ᵉ d'Artillerie de campagne.

Venait d'être reçu brillamment à l'École Polytechnique, en 1914, lorsque la guerre éclata. Il contracta aussitôt un engagement au 22ᵉ d'Artillerie de campagne et fut nommé, le 3 janvier 1915, sous-lieutenant au 32ᵉ, qui faisait partie de la 38ᵉ Division, chargée de la défense de l'Yser à son embouchure. Envoyé aux Armées en mars 1915, il fut tué, le 24 janvier 1916, dans son poste d'observation, à Nieuport, au cours d'une violente attaque des Allemands, d'un obus qui le frappa en pleine poitrine. Il dirigeait alors le feu de sa batterie et, malgré la remarque qui lui fut faite à plusieurs reprises par son téléphoniste que son observatoire était repéré, il ne voulut pas quitter son poste pour descendre à l'abri de bombardement.

> Citation à l'Ordre de l'Armée : *Jeune officier de la plus belle intelligence, du plus ardent courage, toujours prêt pour les missions les plus périlleuses ; s'était distingué, dès son arrivée au front, en assurant, le 9 mai 1915, le tir de sa batterie d'un observatoire fortement bombardé. A toujours fait preuve des qualités militaires les plus solides et donnait de brillantes espérances. Mortellement frappé, le 24 janvier 1916, en dirigeant le tir de sa batterie sous un feu extrêmement violent.*

[Né à Dijon le 25 mai 1894. Fils du Colonel F. MAISON, O ✠, ✠, inspecteur général des Mines, et de Mᵐᵉ née Jeanne BOBIN.]

MAISON (*Pierre*-Alexandre-Ferdinand), ✠ (posthume), ✠ (1 palme, 3 étoiles : 1 d'or, 1 d'argent, 1 de bronze), *engagé volontaire* au 22ᵉ d'Artillerie, où avait été son frère Louis.

Admis à l'Ecole d'Artillerie de Fontainebleau au mois de janvier 1916, il fut nommé aspirant, le 13 juin 1916, au 29ᵉ d'Artillerie, qu'il alla retrouver devant Péronne, dès les premiers jours de juillet, et ne quitta plus. Il prit part à toutes les offensives, à toutes les attaques auxquelles participa son régiment, montrant un courage, une audace, un mépris de la mort qui faisaient l'admiration de ses camarades et de ses hommes. Nommé sous-lieutenant le 1ᵉʳ avril 1917. Mort pour la France, le 18 octobre 1918, à l'ambulance de Cuperly, de la grippe infectieuse contractée à son poste de combat, qu'il ne voulait pas quitter.

> Quatre citations, dont les deux dernières : Ordre du Corps d'Armée : *Officier toujours prêt à exécuter les missions les plus dangereuses ; s'est particulièrement signalé les 4 et 12 juin 1918, où, sous les bombardements les plus violents, il a maintenu l'ordre dans la batterie, malgré des pertes considérables en personnel (16 juillet 1918).* — Ordre de l'Armée : *Officier d'un courage à toute épreuve et d'un dévouement inlassable ; a succombé aux suites d'une maladie contractée à son poste de combat, qu'il n'a consenti à abandonner qu'à l'extrême limite de ses forces.*

[Né à Dijon le 3 septembre 1897. Frère du précédent.]

MAISONNEUVE DES CHAPELLES (André), ✠ (posthume), ✠ (palme), enseigne de vaisseau de réserve.

Tué, le 12 juillet 1917, à 24 ans.

Citation : *Mort en accomplissant son devoir militaire lors du torpillage de son bâtiment par un sous-marin ennemi, le 12 juillet 1917.*

MAISONS (Pierre-André-*Jean* des), ✳ (posthume), ✳, lieutenant au 119e d'Infanterie.

Citation : *Tué, le 25 août 1914, au combat de Malines-Fontenelle, en faisant très bravement son devoir.*

MAISTRASSE (*Pierre - Alexandre*), ✳ (posthume), ✳ (étoile d'or), élève-architecte à l'Ecole Nationale des Beaux-Arts, *engagé volontaire*, aspirant au 108e d'Artillerie lourde.

Engagé en 1915, au front dès le 1er juillet 1916, était tué glorieusement à son poste de combat, à Herbécourt (Somme), le 29 juillet 1916, en commandant le tir de sa batterie sous un violent bombardement. Frappé au front par un éclat d'obus, il expirait sans une plainte, donnant aux hommes qui l'entouraient un grand exemple de courage et d'abnégation.

Citation : *Jeune aspirant récemment arrivé à la batterie, très allant, toujours prêt pour les missions périlleuses, a fait preuve en plusieurs circonstances d'un grand courage et d'un dévouement absolu ; a été tué, le 29 juillet 1916, à son poste de combat, en dirigeant le tir de sa section sous un violent bombardement.*

[Né à Paris le 26 mars 1897. Fils de M. Alexandre MAISTRASSE, architecte du Gouvernement et de la Ville de Paris, et de Mme née TACNET.]

MAISTRE (*André-Marie-Louis-Ghislain-Ignace* de), ✳ (posthume), ✳ (palme), élève à l'Ecole des Eaux et Forêts, sous-lieutenant au 356e d'Infanterie.

Frappé mortellement au combat de Lironville, le 23 septembre 1914.

Citation à l'Ordre de l'Armée : *A fait l'admiration de ses soldats, de ses camarades et de ses chefs, par son attitude au feu et son mépris complet du danger. A été tué dans une attaque, au moment où, debout en terrain découvert, il exhortait ses hommes par ses paroles et son exemple. A été cité.*

[Né le 1er janvier 1892. Fils du Général Bon André DE MAISTRE, C.✳, et de la Bonne née Geneviève DE VILLAINES.]

MAISTRE (Baron Bernard de), ✳ (posthume), ✳, capitaine au 223e d'Infanterie.

Tué à Leintrez (Lorraine), le 8 octobre 1915.

Citation : *Son point d'appui étant tourné par l'ennemi, s'est cramponné au terrain, a rallié tous ses hommes autour de lui, a fait le coup de feu avec eux et a été tué d'une balle au front, donnant à tous l'exemple d'un véritable héroïsme. A été cité.*

[Né le 17 mai 1876. Fils du Bon Yvan DE MAISTRE et de la Bonne née CAMARET (décédés). Marié à Mlle Louise BRETILLOT, — dont cinq enfants.]

MAISTRE (Joseph de), ✳, capitaine de Dragons, passé dans l'Infanterie.

Tué à Sailly-Saillisel.

[Né le 4 décembre 1886. Frère du précédent.]

MAISTRE (*Henry-Marie-Ernest*, Baron Henry de), O ✳, colonel de Cavalerie en retraite.

Blessé à Gravelotte en 1870, reprit du service au début de la campagne, à 69 ans, et succomba de fatigue et d'épuisement.

[Né le 7 mars 1845. Oncle des précédents. Marié, en 1876, à Mlle Clémence Sérurier, des Comtes Sérurier (décédée), et en secondes noces, en 1886, à Mlle Madeleine DE CORIOLIS D'ESPINOUSE, — dont une fille du premier lit, et cinq enfants du second lit.]

MAISTRE (Comte Henri de), ✠, caporal-fourrier au 97e d'Infanterie.

Tué à Souchez, le 25 septembre 1915.

[Né le 14 avril 1891. Fils du Cte Rodolphe DE MAISTRE (décédé) et de la Ctesse née Marie ROSSET DE LÉTOURVILLE.]

MAISTRE (Paul de), ✠, religieux de la Compagnie de Jésus......

[Né le 30 septembre 1865. Fils du Cte Eugène DE MAISTRE et de la Ctesse née DE MENTHON, décédés.]

MAISTRE (Maurice de), ✻ (posthume), ✠ (palme), chef d'escadrons au 6e Hussards.

Citation : *Envoyé en liaison dans les tranchées, s'y est trouve au moment où les Allemands les attaquaient, après y avoir jeté un liquide enflammé. A immédiatement, avec ses hommes, tenté une contre-attaque ; a disparu au cours de cet engagement.*

[Né le 10 novembre 1868. Frère du précédent. Marié à Mme Louise DE FROISSARD, — dont sept enfants.]

MAITRE (René), ✻ (posthume), ✠ (étoile), lieutenant de réserve au 155e d'Infanterie.

Tombé à Beauzée (Meuse), le 6 septembre 1914.

Citation : *N'a cessé, au cours des opérations du début de la guerre, de donner des preuves éclatantes de sa valeur morale et de son énergie.*

[Né le 25 octobre 1882. Fils du Lieutenant-Colonel (décédé) et de Mme née Thérèse CABROL. Marié à Mlle BÉRAUD.]

MAITRE (Jean), ✠ (posthume), ✠ (palme), adjudant de réserve au 236e d'Infanterie.

Tombé à Mametz (Somme), le 17 décembre 1914.

Citation : *Le 17 décembre, par son courage, son ardeur et son énergie, a su communiquer le plus bel élan à sa section, qu'il a entraînée à l'assaut des tranchées allemandes de Mametz. Parvenu dans la tranchée ennemie et sommé de se rendre, a combattu vaillamment jusqu'à sa mort.*

[Né le 3 février 1887. Frère du précédent. Marié à Mlle DE SOMMER, fille de M. et de Mme née DE LACOMBE.]

MAITRE (Lucien), soldat au 36e d'Infanterie.

Tombé à Charleroi, le 22 août 1914.

[Né le 5 octobre 1889. Frère du précédent.]

MAITROT (Jean), *engagé volontaire*, canonnier au 70e d'Artillerie.

Mort, à Châlons, des suites d'une maladie contractée aux Armées.

[Né en 1899. Fils du Général et de Mme MAITROT.]

MALAFOSSE (Ferdinand-*Roger*), ✠, sous-lieutenant au 80e d'Infanterie.

Tué à Perthes, le 24 mai 1915.

[Né le 16 janvier 1892. Fils du Général et de Mme MALAFOSSE.]

MALANÇON (*Paul*-Léon), ✠ (posthume), ✠ (palme), avocat à la Cour de Paris, pilote-aviateur à l'Escadrille C. 56.

Adjudant au 5e Hussards, passa, sur sa demande, dans l'Aviation ; tombé glorieusement en combat aérien, devant Verdun, le 10 décembre 1917.

Citation : *Le 10 décembre 1917, attaqué par plusieurs avions ennemis alors qu'il était chargé d'escorter un appareil de réglage, a fait bravement face à ses adversaires et a lutté héroïquement jusqu'à la mort pour accomplir sa mission.*

[Né le 25 mars 1882. Fils de M. Léon MALANÇON (décédé après la mort de son fils) et de Mme née Berthe DE KINKELIN.]

MALCOR (Marc), ✠ (posthume), ✠ (2 palmes), sous-lieutenant au 9e Cuirassiers, promu lieutenant pilote à l'Escadrille B. V. 101.

Citation : *Dès son arrivée en escadrille sur le front, a fait preuve d'une grande énergie et des plus belles qualités morales. Par son allant, son courage, sa haute conscience du devoir, était un exemple frappant pour ceux qui ont pu le voir à l'œuvre. Est tombé glorieusement au cours d'une expédition de nuit, le 7 avril 1916, effectuée dans des circonstances particulièrement périlleuses.*

[Fils du Général et de Mme MALCOR.]

MALEISSYE (Régis de TARDIEU de), ✠, ✠ (1 palme, 1 étoile), *engagé volontaire*, sous-lieutenant au 6e Chasseurs alpins.

Engagé à 17 ans, au 8e Hussards, fit dès le début la guerre de tranchées, et, le 22 juillet, à son premier combat à la Malmaison, il était cité à l'Ordre. A trouvé la mort glorieuse du soldat, le 13 septembre 1918, à l'attaque de la ferme Moisy, près Laffaux et et Vauxaillon ; entraînant ses chasseurs à l'assaut, il tombait frappé d'une balle à la tête, et survécut peu à ses blessures. Proposé pour la Légion d'honneur, son capitaine, détachant sa croix, l'épingla sur la poitrine du vaillant officier. La veille de l'attaque, il écrivait à sa grand'mère, Madame la Comtesse DE RODELLEC DU PORZIC : « Je ne donnerais pas ma place pour un Empire ! » C'était un jeune héros, et tous ses chefs se sont accordés pour reconnaître ses belles qualités ; l'un d'eux a dit qu'au 6e Chasseurs, on disait couramment : « Brave comme MALEISSYE. »

[Né le 21 avril 1898. Fils du Mis DE MALEISSYE, ✠, chef d'escadrons d'État-Major, et de la M^ise née Béatrix BURNETT-STEARS, décédée.]

MALEPRADE (*Jean*-Alfred-Frédéric de), ✠ (posthume), ✠, soldat au 9e d'Infanterie.

Blessé au cours d'un assaut, à Perthes-les-Hurlus (Champagne), le 5 mars 1915, mort à Châlons, le 10 avril suivant.

Citation : *S'est brillamment conduit à l'attaque du 5 mars, en entraînant sa section à l'assaut. Malade, a fait preuve de la plus grande énergie en voulant continuer à faire son service en première ligne jusqu'à la relève. A bout de forces, a été évacué et a succombé, quelques jours après, aux suites de surmenage.*

MALEPRADE (*Hélie*-Étienne-Gabriel de), ✠ (posthume), ✠, aspirant au 18ᵉ d'Artillerie.

Tué sous Verdun, le 1ᵉʳ septembre 1916.

> Citation : *Chef d'une section détachée en un point très exposé, a déployé, pour l'installation de son unité, une inlassable activité et un magnifique mépris du danger. A été glorieusement tué à son poste par un obus de gros calibre, le 1ᵉʳ septembre 1916, au cours de la mission qui lui était confiée.*

[Frère du précédent.]

MALET (*Louis*-Édouard, Comte Louis de), ✠ (posthume), ✠ (palme), Saint-Cyrien, capitaine au 9ᵉ d'Infanterie.

Tombé glorieusement à la tête de sa compagnie, le 27 août 1914, en la portant à l'attaque de Noyers-Pont-Mangis, près Sedan, frappé d'une balle en plein front, à 300 mètres du village, alors que nos troupes s'efforçaient de s'opposer au passage de la Meuse par les Allemands.

> Citation : *A montré sous le feu un calme et un sang-froid remarquables. A conduit sa compagnie à l'assaut d'un village, le 27 août 1914, et est tombé à sa tête mortellement frappé. A été cité.*

[Né à Issac (Dordogne) le 5 novembre 1876. Fils du Cᵗᵉ Élie DE MALET (décédé) et de la Cᵗᵉˢˢᵉ née Antonie DE FAUBOURNET DE MONTFERRAND. Marié, en 1909, à Mˡˡᵉ Ida LIAN (décédée en 1917), fille du Capitaine LIAN (décédé) et de Mᵐᵉ née LAFON, — dont deux enfants : Élie et Mabel.]

MALEVERGNE DE FRESSINIAT (Félix-Marie-Frédéric), ✠, ✠, chef d'escadron au 34ᵉ d'Artillerie.

Tué en septembre 1914.

MALEVERGNE DE FRESSINIAT (Régis-Louis-Jacques), ✠ (posthume), ✠, lieutenant au 95ᵉ d'Infanterie.

> Citation : *Officier plein d'entrain, d'une rare bravoure et d'un moral particulièrement élevé. Mort glorieusement pour la France, le 8 novembre 1914, en forêt d'Apremont. A été trois fois cité.*

MALÉZIEU DE MENNEVIL (Jean de), ✠ (posthume), ✠ (palme), Saint-Cyrien de la promotion de Montmirail, capitaine au 99ᵉ d'Infanterie.

Blessé à Foucaucourt (Somme), retourna au front en février 1615, et trouva la mort sous Verdun, le 1ᵉʳ juillet 1916, au cours d'une reconnaissance nocturne près du fort de Tavannes.

> Citation : *Officier d'élite, d'une bravoure réputée, toujours au premier rang dans les moments difficiles. Après avoir donné pendant la campagne toute la valeur de son héroïsme, est glorieusement tombé pour la France, le 1ᵉʳ juillet 1916, au cours d'une reconnaissance devant Verdun.*

[Né le 27 avril 1891. Fils du Vᵗᵉ et de la Vᵗᵉˢˢᵉ née DE PALLARÈS.]

MALÉZIEUX (Henri), ✠, ✠ (palme), chef de bataillon au 108ᵉ d'Infanterie.

> Citation : *Officier supérieur d'un grand mérite. A toujours fait preuve d'entrain, de courage, de mépris du danger. Le 14 mai, est tombé mortellement frappé devant l'ennemi, au cours d'une reconnaissance effectuée dans une tranchée avancée.*

MALÉZIEUX (Robert), ✳, ✳ (2 palmes, 2 étoiles), Saint-Cyrien de la promotion de la Croix du Drapeau, lieutenant au 5ᵉ Hussards, détaché à l'Artillerie d'assaut.

Blessé mortellement, le 19 juillet 1918, à l'attaque de Soissons, mort le 20 à Senlis.

[Né le 1ᵉʳ août 1894 à Paris. Fils du Colonel et de Mᵐᵉ née FABRY.]

MALÉZIEUX (Émile), ✳, ✳ (4 citations), capitaine au 128ᵉ d'Infanterie.

Blessé quatre fois, a trouvé la mort le 21 mai 1918.

[Né en 1895. Fils de M. et de Mᵐᵉ née VANDELET.]

MALGLAIVE (Marie-Charles-Louis-Joseph de), ✳, ✳, lieutenant-colonel commandant le 349ᵉ d'Infanterie.

Glorieusement tombé le 23 août 1914.

    Citation : *A fait preuve des plus brillantes qualités militaires; s'est fait tuer à la tête de son régiment, en l'entraînant à l'assaut, le 25 août.*

MALGLAIVE (Marie-Eugène-*Bernard* de), ✳ (posthume), ✳, sous-lieutenant au 7ᵉ de marche de Zouaves.

Mort, le 28 octobre 1914, dans une ambulance du front, des suites de ses blessures.

    Citation : *Au cours d'une attaque de nuit, le 27 octobre 1914, à Saint-Laurent, contre les tranchées allemandes, a vigoureusement enlevé son peloton malgré un feu violent. Frappé mortellement, a succombé quelques heures après sans proférer une plainte. A été cité.*

MALHERBE (Guillaume-Marie-*François* de), ✳ (posthume), ✳, lieutenant sous-écuyer à l'École de Cavalerie de Saumur, attaché à l'État-Major de la 53ᵉ Division d'Infanterie.

Frappé d'une balle à la tête, le 31 août 1914, à Pont-à-Courson, en portant des ordres la nuit; succomba à Coucy-le-Château le lendemain, 1ᵉʳ septembre.

[Né le 5 juin 1882. Fils du Cᵗᵉ DE MALHERBE et de la Cᵗᵉˢˢᵉ née Zoé D'ESPINAY-SAINT-LUC.]

MALHERBE (Charles-René de), ✳ (posthume), ✳ (4 citations), sous-lieutenant au 118ᵉ d'Infanterie.

    Citation : *Officier d'une bravoure exceptionnelle, sollicitant toujours les missions périlleuses. A trouvé, le 7 mai 1917, une mort glorieuse, en entraînant crânement sa section à l'assaut d'une position fortement défendue à Hurtebise (Aisne). A été cité.*

MALIBRAN-SANTIBAÑEZ (*Charles*-Achille de), ✳ (posthume), ✳ (1 palme, 2 étoiles), étudiant en droit, sous-lieutenant au 74ᵉ d'Infanterie.

Déjà blessé au Labyrinthe, en 1915, fut tué, le 19 janvier 1917, à la tranchée de Calonne.

    Citation : *Officier remarquable de bravoure et de sang-froid, ayant une haute conscience de ses devoirs militaires, très allant. Tombé glorieusement, le 19 janvier 1917, dans le secteur de Mouilly.*

[Né le 16 novembre 1894. Fils de M. (décédé) et de Mᵐᵉ née ERNEST-SERRET.]

MALIBRAN-SANTIBAÑEZ (André - Marie - Alphonse - *Robert* de), ✠ (posthume), ✠ (2 étoiles), *engagé volontaire*, sous-lieutenant au 136ᵉ d'Infanterie.

Tué, le 30 mai 1915, à l'assaut de Roclincourt.

Citation : *A été mortellement blessé, en entraînant sa section à l'assaut des tranchées ennemies, le 30 mai 1915. A été cité.*

[Né le 10 juillet 1896. Frère du précédent.]

MALJEAN (*André*-Georges), ✠ (posthume), ✠ (1 palme, 1 étoile), *engagé volontaire*, lieutenant au 102ᵉ d'Infanterie.

Se préparait à Saint-Cyr au moment de la déclaration de guerre. Engagé aussitôt ses 18 ans, était aspirant en avril 1914, sous-lieutenant six mois après, lieutenant en août 1916 et commandant de compagnie au mois d'octobre suivant. Blessé et cité à l'Ordre du Régiment pour avoir, le 15 décembre 1917, au cours d'un coup de main ennemi sur le front de sa compagnie, fait preuve d'un réel sang-froid en assurant l'exécution des dispositions pour y parer, il allait être promu capitaine, à 21 ans, lorsqu'il fut tué à la tête de sa compagnie, le 1ᵉʳ mars 1918, au mont Cornillet.

Citation à l'Ordre de l'Armée : *Jeune officier, animé des plus nobles sentiments et de la plus grande bravoure. A été tué alors que, debout sur le terrain, il dirigeait de son poste de commandement l'action de sa compagnie engagée dans un violent combat.*

[Né le 9 septembre 1896. Fils de M. Georges MALJEAN et de Mᵐᵉ née MOULIEZ.]

MALLARMÉ (Martial). . . . .

[Fils du Vice-Amiral et de Mᵐᵉ MALLARMÉ.]

MALLERAY (Henri-Charles-Joseph MICHE de), O✠, ✠ (palme), lieutenant-colonel commandant le 210ᵉ d'Infanterie.

Citation : *Chef de corps d'une haute intelligence et d'un admirable courage, véritable entraîneur d'hommes. Entré avec son régiment dans une position enlevée d'assaut, en a immédiatement organisé la défense, a repoussé plusieurs contre-attaques et est tombé à son poste de commandement, glorieusement frappé par un éclat d'obus, le 29 mars 1916.*

[Marié à Mˡˡᵉ Lucie PARANTHOËN.]

MALLERAY (Jacques-Henri-Lucien MICHE de), ✠ (posthume), ✠, adjudant au 227ᵉ d'Infanterie.

Citation : *Adjudant brave et dévoué, ayant toujours fait preuve des plus belles qualités. Tué glorieusement pour la France, le 17 décembre 1914, à Pagny-sur-Meuse.*

[Fils du précédent.]

MALLET (Arthur-Henri-*Gérard*), ✠ (posthume), ✠ (palme), sous-lieutenant au 165ᵉ d'Infanterie.

Passé, sur sa demande, de la territoriale dans l'active, antérieurement blessé, puis détaché au 47ᵉ d'Infanterie Américaine, a trouvé la mort le 7 août 1918.

Citation : *Bien qu'appartenant à l'armée territoriale par son âge, a servi depuis le début de la campagne dans un régiment actif. Aussi brave que modeste, a toujours été un modèle de dévouement et d'énergie, possédant pau lus haut point l'idée du devoir.*

Officier informateur dans un régiment américain, pendant les combats du 18 juillet au 7 août 1918, a fait preuve d'un courage intrépide et d'un merveilleux esprit de sacrifice. Est tombé très gravement atteint, le 7 août, au cours d'une attaque. Une blessure antérieure. Une citation.

[Né en 1878. Fils de M. et de Mᵐᵉ Frédéric MALLET. Marié à Mˡˡᵉ Marie DE SAINT-AFFRIQUE.]

MALLEVILLE (René), 🎖 (posthume), ✠ (palme), sergent au 281ᵉ d'Infanterie.

    Citation : *Est entré le premier dans une tranchée allemande, après avoir énergiquement entraîné sa demi-section à l'assaut. Est tombé mortellement blessé, en poursuivant les défenseurs de cette tranchée, le 1ᵉʳ décembre 1914. A été cité.*

[Fils de M. (décédé) et de Mᵐᵉ née DE MAS MÉZERAN DE SAINT-MARTIN.]

MALMUSSE (Louis COLLAS de), religieux de la Compagnie de Jésus, caporal au 113ᵉ d'Infanterie.
Disparu le 6 septembre 1914.

[Fils de M. et de Mᵐᵉ née Lucie DE L'ESTOILE.]

MALMUSSE (Raoul COLLAS de), ✠, capitaine au 12ᵉ Cuirassiers.
Décédé à Versailles, le 5 juin 1915, des suites de ses blessures.

[Frère du précédent.]

MALMUSSE (Xavier COLLAS de), maréchal des logis d'Artillerie d'assaut.
Tué accidentellement au Camp de Mailly, en juillet 1918.

[Frère des précédents.]

MALTERRE (Comte Louis de), 🎖 (posthume), ✠ (étoile), aspirant au 14ᵉ Hussards.
Tombé, le 22 août 1914, frappé d'une balle à la tête, au cours d'une reconnaissance dans les bois de Saint-Léger (Luxembourg Belge); il venait de porter secours à son officier en mettant pied à terre sous les balles.

    Citation : *Sous-officier très courageux et très entreprenant. A mis pied à terre sous un feu violent, pour dégager un officier pris sous son cheval et lui a sauvé la vie. Le même jour, a été glorieusement tué d'une balle en essayant de porter secours à son officier de peloton mortellement blessé.*

[Né le 23 mai 1890. Fils du Cᵗᵉ DE MALTERRE et de la Cᵗᵉˢˢᵉ née DE CHEZELLES.]

MANCERON (Pierre), ✳ (posthume), ✠, capitaine au 30ᵉ d'Artillerie.

    Citation : *Officier de la plus haute distinction et du plus grand mérite. Modèle de courage calme et de conscience dans l'accomplissement de son devoir. S'est distingué pendant les opérations de 1914, au cours des offensives de Verdun (1916) et de l'Aisne (1917), en exerçant le commandement d'un groupement de quatre batteries de campagne. Tombé glorieusement, le 25 juin 1917, à Pontavert.*

MANCHON (Roger), ✠, capitaine au 11ᵉ Cuirassiers.
Détaché, sur sa demande, dans l'Infanterie, adjudant-major au 68ᵉ de ligne, a été tué le 23 août 1918.

[Fils de M. (décédé) et de Mᵐᵉ née HUET.]

MANDAT-GRANCEY (*Martial*-Georges-Louis-Marie-Galiot, Baron Martial de), ✠ (posthume), ✠ (1 palme, 1 étoile), sous-lieutenant au 39e d'Artillerie, détaché comme officier de renseignements auprès de la 56e Brigade d'Artillerie Américaine.

Au cours de l'attaque menée, le 6 septembre 1918, dans les parages de Fismes, par la 28e D. I. Américaine, l'infanterie était décimée par un feu violent de mitrailleuses. Attaché au 107e régiment d'Artillerie de campagne Américain, il n'hésita pas et installa en première ligne un observatoire pour les combattre. L'installation à peine achevée, il fut tué d'une balle de mitrailleuse à la tête. Ses camarades transportèrent son corps au château de Fresnes-en-Tardenois, où sa dépouille glorieuse repose dans une sépulture de famille.

> Citation du Général PÉTAIN (22 septembre 1918) : *Modèle de bravoure et de sang-froid, admiré de tous pour son audace et son mépris du danger. A fait de nombreuses patrouilles et reconnaissances difficiles avec l'infanterie de la division américaine à laquelle il est affecté. Le 6 septembre 1918, alors qu'il accompagnait la première vague d'une troupe d'assaut, a été très gravement atteint d'une balle à la tête en installant un observatoire à hauteur de la première ligne d'infanterie. Une citation.*

[Né le 7 avril 1895. Fils du Bᵒⁿ Guillaume DE MANDAT-GRANCEY, ✠, ancien attaché naval à Berlin, et de la Bᵒⁿⁿᵉ née Sarolta D'ERDÖDY, décédée.]

MANDAT-GRANCEY (*Jean*-Charles, Baron Jean de), ⊛ (posthume), ✠ (palme), brigadier au 81e d'Artillerie lourde.

Grièvement blessé, le 3 décembre 1916, aux abords de Barleux (Somme), au cours d'une reconnaissance en terrain découvert. Transporté à l'ambulance divisionnaire de Cappy, y est mort le 4 décembre au matin.

> Citation du Général DEBENEY (15 mai 1917) : *A donné, en toutes circonstances, l'exemple de la bravoure et du devoir. Mortellement blessé, le 3 décembre 1916, en accomplissant une reconnaissance périlleuse.*

[Né le 21 avril 1896. Frère du précédent.]

MANDIARGUES (David PIEYRE de), ⊛, ✠ (palme), �֎ (Military Cross), ingénieur civil des Mines, officier interprète près l'Armée Britannique.

Grièvement blessé, le 3 août 1916, près d'Albert (Somme), mort à l'ambulance Anglaise de Rouen, le 9 août 1916.

[Marié à Mˡˡᵉ BERARD.]

MANDIN (J.-A.), ✠ (palme), mécanicien de 1ʳᵉ classe à bord du *Bouvet*.

Englouti avec son bâtiment, le 18 mars 1915, aux Dardanelles.

MANGIN (Louis), ✠ (posthume), ✠, ingénieur civil des Mines, sous-lieutenant au 4e d'Artillerie.

Passé, sur sa demande, au 228e d'Infanterie, porté disparu, le 10 juin 1915, au Labyrinthe.

> Citation : *Le 10 juin 1915, au cours d'un bombardement, a été blessé à la tête et a refusé de se faire évacuer ; le lendemain, alors*

*qu'il venait de prendre le commandement de la compagnie, est
tombé mortellement au moment où il parvenait à la tranchée
ennemie.*

[Fils de M. et de Mme Henry MANGIN, décédés. Cousin du Général Charles MANGIN.]

MANGINI (*Lucien*-Lazare), ☖ (posthume), ✠ (étoile d'or), docteur en
médecine, ancien interne des hôpitaux de Lyon, préparateur d'his-
tologie à la Faculté, aide-major au 147e d'Infanterie.

Mobilisé dès le début de la guerre, fit la campagne des Vosges
dans un bataillon de Chasseurs alpins, puis dans un Groupe de
Brancardiers divisionnaires. Evacué en 1915, et devançant l'appel,
il rejoignait le front. Le 18 avril 1916, sous Verdun, il était enseveli sous les murs de la Redoute ; toute la nuit, il avait pansé là
ses blessés, au milieu desquels il mourut.

> Citation : *Par son dévouement et son abnégation, a fait l'admi-
> ration de tous ; il est mort glorieusement à son poste de secours,
> à 200 mètres des lignes ennemies, le 18 avril 1916.*

[Né le 18 novembre 1887. Fils de M. Félix MANGINI, O ✱, ingénieur, et de Mme née
SEGUIN. Marié à Mlle Marguerite THÉOBALT, docteur en médecine, fille de M. THÉO-
BALT, O ✱, officier en retraite, et de Mme née FORMAT.]

MANHEIM (*Paul*-Ernest), ☖ (posthume), ✠, employé, *engagé volontaire*, maréchal des logis au 32e Dragons, détaché à la Mission
Française à Berlin.

Assassiné à Berlin, le 11 juillet 1919.

> Citation : *Jeune sous-officier dévoué et plein d'entrain. Est mort
> pour la France, le 11 juin 1919, à Berlin, dans l'accomplissement
> de son devoir. A été cité.*

[Né en 1898. Fils de M. et de Mme née SCHLOSS.]

MANHES (*Antoine*-Joseph-Marie), négociant, sapeur au 8e Génie.

Mobilisé le 2 août 1914, et au front depuis le 6 mai 1915, a
succombé, le 14 janvier 1919, aux suites d'une maladie contractée
aux Armées, à l'hôpital de Royallieu, à Compiègne.

[Né le 10 novembre 1880. Fils de M. et de Mme née DEBEAUNE. Marié à Mlle Blan-
dine RAMBAUD, fille de M. et de Mme née BERLOTY, — dont quatre enfants.]

MANOIR DE JUAYE (Stanislas du)......................

[Fils du Colonel Cte et de la Ctesse née KOUROWSKY.]

MANONCOURT (*Charles*-Auguste), ✱ (posthume), ✠ (palme), capitaine au 106e d'Infanterie.

Tué devant Berry-au-Bac, le 19 septembre 1914.

> Citation : *Officier très brave, d'un bel exemple pour ses subor-
> donnés ; a été blessé mortellement, le 19 septembre 1914, aux côtés
> de son colonel.*

[Né le 19 juin 1870. Fils de M. et de Mme née PARISOT.]

MANTHÉ (Gaston de), aviateur.

Décédé, en mars 1917, des suites de blessures reçues à la
bataille de la Marne, alors qu'il était dans l'Infanterie. Aviateur
d'avant-guerre, avait pris part à plusieurs raids et avait battu le
record de la hauteur.

MAQUILLÉ (Guy-Charles-Marie-Antoine, Comte Guy du BOIS de), ✠ (posthume), ✠, sergent-fourrier au 144e d'Infanterie.
Blessé à Craonne, en septembre 1914, puis fait prisonnier, succomba à ses blessures, le 24 suivant, en captivité.

MARACHE (GAULTIER du), du 138e d'Infanterie.
Tué dans les Ardennes, en 1914.

MARANDAT (Albert), ✠, ✠, chef de bataillon au 27e d'Infanterie.
Tué en septembre 1914.

MARAUMONT (Henri-Marie-Albert AUBRY de), ✠ (posthume), ✠, soldat au 135e d'Infanterie.
Citation : *Bon soldat, courageux. A été tué glorieusement pour la France, à Agny, le 25 septembre 1915. A été cité.*

MARCÉ (Comte Louis de), étudiant, soldat au 144e d'Infanterie.
Blessé une première fois, en septembre 1914 ; retourné au front et mortellement blessé dans les tranchées de Vendresse (Aisne), le 18 novembre 1914. Mort à l'ambulance de Longueval, le 21 novembre 1914.
[Né le 2 février 1893. Fils du Cte et de la Ctesse née Clotilde DE SEGUIN.]

MARCÉ (Comte Gérard de), ✠ (posthume), ✠, étudiant, soldat au 144e d'Infanterie.
Mortellement blessé à la bataille de Charleroi et décédé à l'hôpital du Havre, le 10 septembre 1914.
[Frère jumeau du précédent.]

MARCHAL (*André*-Maurice-Paul), étudiant, soldat au 51e d'Infanterie.
Tué par un obus, en marchant contre l'ennemi et à son premier contact avec lui, au bois de Villers-la-Loue, près de Virton (Belgique), en août 1914.
[Né le 8 novembre 1892. Fils de M. et de Mme née Marguerite RUMEAU.]

MARCHANT (G.-Gérard), ✠, maréchal des logis au 8e Hussards.
Tué le 2 juin 1918.
[Fils du Dr (décédé) et de Mme née BALESDENS. Marié à Mlle Geneviève SERPETTE, — dont trois enfants.]

MARCHON (Paul-Charles), ✠, inspecteur des Finances, capitaine au 293e d'Infanterie.
Blessé déjà en 1914, a été porté disparu en 1917.

MARCIEU (*Paul*-Hermann-Chantal-Guy-Joseph-Hélye-Ghislain, Comte Paul EMÉ de), ✠ (posthume), ✠ (palme), étudiant, *engagé volontaire*, brigadier pilote-aviateur à l'Escadrille F. 201.
Engagé au 1er Dragons, breveté pilote civil de l'Aéro-Club de France, passa, sur sa demande, dans l'Aviation. Blessé deux fois (en 1916 et le 5 juin 1917), mourut, le 12 juin 1917, à l'hôpital de Courlandon, d'une congestion pulmonaire, au moment où il allait être évacué.

Citation : Jeune pilote, toujours prêt à partir en mission sur les lignes. Blessé gravement, le 5 juin, par accident d'avion en service commandé. Déjà blessé, en 1916, dans un accident au cours d'un vol de nuit.

[Né à Wimille le 9 juillet 1896. Fils du Cte Humbert DE MARCIEU, ✳, et de la Ctesse née Pauline DE BEAUFFORT.]

MARCILLE (Louis), ✳ (posthume), ✠, arbitre au Tribunal de Commerce de la Seine, sous-lieutenant au 26e territorial d'Infanterie.
Tué le 13 mai 1916.

[Fils de M. et de Mme née FLICHE.]

MARCILLY (Louis PETITJEAN de), ✳, ✠ (palme), lieutenant-colonel au 69e d'Infanterie.
Tué dans un assaut, à Mouchy-aux-Bois, près d'Arras, le 29 octobre 1914.

Citation : Ayant reçu l'ordre de pousser, coûte que coûte, une colonne d'attaque sur un village, a été blessé mortellement en s'efforçant de faire progresser la colonne, arrêtée par le feu violent d'un ennemi fortement retranché à 100 mètres.

[Marié à Mlle Marie-Anne DES BOUILLONS.]

MARCO (Adrien di), ✳ (posthume), ✠ (palme), sous-lieutenant au 146e d'Infanterie.

Citation : ..... Tué glorieusement à la tête de sa compagnie, au moment où il atteignait la tranchée ennemie. A été cité.

MARCORELLES (Abbé Jean), ✠, vicaire à Saint-Julien de Marseille, lieutenant de Chasseurs alpins.
Tué en mars 1915.

MARCOT (Louis-François), C ✳, ✠, Général commandant la 81e Division territoriale.
Ancien commandant de l'École spéciale de Saint-Cyr, fut tué à l'ennemi par un obus, le 4 octobre 1914, à Bucquoy-sous-Bapaume.

[Né le 22 août 1845. Fils de M. et de Mme née BECKER. Marié à Mlle Louise RATISBONNE.]

MARCOTTE DE QUIVIÈRES (Marie-William-Guy), ✳ (posthume), ✠ (2 palmes, 3 étoiles), sous-lieutenant au 20e Chasseurs à pied.
Blessé en septembre 1915 et plus grièvement en mars 1916, fut tué, le 28 juin suivant, en Champagne, en conduisant une attaque à la tête de ses chasseurs.

Cinquième citation : Officier d'élite, très beau tempérament de soldat, d'une bravoure qui n'avait d'égale que sa modestie, toujours prêt à accepter les missions délicates et périlleuses. Blessé deux fois au cours de la campagne. Le 28 juin 1916, lors de la préparation d'un coup de main de nuit sur les lignes ennemies, a réclamé pour son groupe de grenadiers l'honneur de prendre part à l'opération ; a été tué glorieusement en conduisant sa troupe à l'attaque, sous la fusillade subitement déclenchée par l'ennemi. A été cité.

[Né le 28 juillet 1885. Fils de M. et de Mme née MAC-BRIDE.]

MARCOTTE DE SAINTE-MARIE (Baron Georges), ✠, ✠, capitaine de frégate.

Fut tué d'une balle en plein front, le 7 novembre 1914, aux glorieux combats de Dixmude.

[Fils de M. et de Mme née DUTEY-HARISPE, décédée en 1917.]

MARCOTTE DE SAINTE-MARIE (*Jean*-Marie-Joseph), ✠ (posthume), ✠, lieutenant au 273e d'Infanterie.

Citation : *Officier de l'armée territoriale, passé sur sa demande dans la réserve de l'armée active, n'a pas cessé, depuis le début de la campagne, de faire preuve d'un courage, d'un entrain, d'une énergie remarquables. Est tombé glorieusement, le 6 octobre 1915, en entraînant sa section à l'assaut d'une position fortement organisée, et alors qu'ayant traversé le réseau de fils de fer, il allait le premier, à la tête de ses hommes, pénétrer dans la tranchée ennemie. A été cité.*

[Frère du précédent.]

MARCY (*Edme*-Pierre, Vicomte Edme ANDRAS de), ✠, ✠ (palme), lieutenant au 2e Hussards.

Mortellement blessé à Nieuport-Bains, au combat des Dunes, le 17 décembre 1914, alors qu'il commandait la section de mitrailleuses de la 4e Brigade légère, 4e Division de Cavalerie. Mort, le 29 décembre, à l'hôpital français de Furnes (Belgique).

Citation : *A fait preuve, depuis le début de la campagne, des plus belles qualités militaires. Toujours au premier rang dans les circonstances les plus périlleuses, a été du meilleur exemple pour tous par son sang-froid, son courage et son abnégation. A rendu de grands services par l'emploi judicieux de ses mitrailleuses. Officier dont la valeur n'avait d'égale que sa modestie. Malheureusement, vient d'être blessé très gravement par une balle qui lui a fracassé la mâchoire après lui avoir traversé le bras, et l'épaule.*

[Né le 6 mars 1886. Fils du Cte DE MARCY, qui, à 64 ans, reprit du service, et de la Ctesse née Marie DE PLANTA DE WILDENBERG.]

MARCY (Louis-*Fernand*-Joseph, Baron ANDRAS de), ✠, ✠ (palme), Saint-Cyrien, chef de bataillon au 2e Zouaves.

Servit 14 ans au 5e bataillon de Chasseurs, passa dans l'État-Major, puis au 2e Zouaves. Mortellement blessé, le 14 septembre 1914, près de Crouy (Aisne), à la tête de son bataillon, succomba le 16 à ses glorieuses blessures.

Citation : *Officier supérieur de grande valeur, et doué des plus belles qualités militaires ; a été mortellement frappé, le 14 septembre 1914, en entraînant son bataillon pour le porter à l'assaut de positions formidablement retranchées.*

[Né à Nevers le 3 novembre 1864. Fils du Cte DE MARCY et de la Ctesse née Blanche DE BOUILLÉ. Marié à Mlle Marguerite POMMERET DES VARENNES, fille de M. et de Mme née DE FLAVIGNY, — dont trois enfants.]

MARDUEL (Fleury), ✠, capitaine au 54e d'Artillerie.

Tué en septembre 1914.

MARÉCHAL (*Louis*-Pierre), ✠, ✠ (palme), chef d'escadron d'Artillerie.

Mort à Sapicourt, en Champagne, le 18 janvier 1917, des suites d'une maladie contractée aux Armées.

[Né le 12 juillet 1858. Fils du Capitaine MARÉCHAL, O ✳, et de Mme née BRUGNON (décédés). Marié à Mlle TABOULÉ, fille du Capitaine TABOULÉ, ✳ (décédé), et de Mme née HÉRICOURT, — dont une fille, décédée en 1918.]

MARENCHES (Henri de), lieutenant.

Mort, en 1918, à la suite d'une longue maladie contractée aux Armées.

MARESCOT (Jean), sergent au 205e d'Infanterie.

Tué à Mametz, le 17 décembre 1914.

MARESCOT (Robert), caporal au 368e d'Infanterie.

Tué sous Pont-à-Mousson, le 20 septembre 1914.

[Tous deux fils de M., ✳, et de Mme Paul MARESCOT.]

MARESTE (Simon de), ✳ (posthume), ✶ (palme), sous-lieutenant au 2e mixte de Zouaves et Tirailleurs.

Disparu à Angres (Pas-de-Calais), en mai 1915.

Citation : *Officier de très grande valeur, déjà proposé pour une citation au cours du combat du 29 avril 1915 ; est tombé en entraînant très courageusement sa section à l'assaut, au cours du combat du 25 mai 1915.*

MAREUIL (Joseph-*Pierre* DURANT, Baron Pierre de), ✳ (posthume), ✶ (palme et étoile), capitaine au 2e Tirailleurs de marche.

Parti à la mobilisation comme sous-lieutenant de réserve au 7e Cuirassiers ; blessé près d'Ypres, en 1914 ; titularisé dans l'armée active en 1915, passa, sur sa demande, dans l'Infanterie en août 1916, et nommé capitaine au 2e Tirailleurs de marche. Tombé glorieusement à l'attaque du 15 décembre 1916, sous Verdun.

Citation : *Remarquable officier à tous égards, venu de la cavalerie, commandait une compagnie de mitrailleuses avec distinction. Le 15 décembre 1916, à l'attaque des positions ennemies fortement organisées, a dirigé, sous le feu, ses sections avec un sang-froid admirable, faisant lui-même le coup de feu. Est tombé glorieusement frappé à bout portant. A été cité.*

[Né le 9 janvier 1885. Fils du Colonel B^on DE MAREUIL et de la B^onne née BOURDON DE VATRY (décédée). Marié, en 1912, à Mlle Odette DU PONTAVICE DE HEUSSEY, fille du Vte et de la V^tesse née D'OLLONE, — dont deux enfants.]

MAREUIL (Marie-Georges-Charles-*Raymond* DURANT, Baron Raymond de), ☖ (posthume), ✶ (palme), adjudant au 102e d'Artillerie lourde.

Tué glorieusement sur le front Italien, le 21 septembre 1917.

Citation : *Sous-officier d'une bravoure exemplaire. Dans la nuit du 21 au 22 septembre 1917, est mort héroïquement, en se précipitant au milieu d'une section de munitions d'artillerie en flammes, pour participer au sauvetage des premiers blessés. A été cité.*

[Né le 30 novembre 1890. Frère du précédent.]

MARGARITIS (Jacques), ✳ (posthume), ✶ (2 palmes), associé d'Agent de change, capitaine au 101e d'Infanterie.

Glorieusement disparu dans les lignes ennemies au Mont-Sans-Nom (Champagne), le 25 septembre 1915. A entraîné ses hommes jusqu'aux deuxièmes lignes allemandes, en leur disant : « Allons,

» en avant ! les enfants. Ne regardez pas en arrière ; il n'y a plus
» de femmes, plus d'enfants, il n'y a plus rien que la France. En
» avant pour le Pays ! »

> *Dernière citation : Officier d'élite, ayant toujours fait preuve de la plus belle bravoure et du plus magnifique entrain depuis le début de la campagne. Le 25 septembre 1915, devant le Mont-Sans-Nom, a enlevé, dans un superbe élan, sa compagnie à l'assaut des tranchées ennemies fortement organisées et vigoureusement défendues. Est tombé au moment où, encourageant ses hommes, il allait atteindre l'objectif qui lui avait été assigné.*

[Né le 28 août 1881. Fils de l'Agent de change et de Mme née Félix-Voisin. Marié à Mlle Jeanne Drouet, fille de M. et de Mme née Couvreur.]

MARGERIE (Antonin JACQUIN de), O ✻, colonel d'Artillerie.
Ancien chef d'Etat-Major des VIe et XIe Corps d'Armée, avait commandé sur le front, au début de la campagne, la 13e Brigade d'Artillerie. Mort à Clermont-Ferrand, en 1914.

MARGON (Guy-Théophile-Jean-Marie-Joseph-*René*, Comte LE MOINE, Baron de), ✻ (posthume), ✠ (6 citations), capitaine commandant au 61e d'Artillerie.
Très gravement atteint par les gaz, une première fois en 1916, et une seconde fois en 1917, a succombé, dans une ambulance du front, le 5 novembre 1918, à une troisième intoxication subie dans la région de Vouziers, au moment où se livraient les derniers combats.

> *Citation : Commandant de batterie de haute valeur. Deux fois blessé, six fois cité à l'Ordre, remarquable par l'intelligence, le sang-froid, le coup d'œil, avec lesquels il fit toujours face aux situations les plus difficiles, n'a cessé de donner entière satisfaction à l'infanterie par la conscience et la sûreté avec lesquelles il réglait ses tirs des observatoires les plus exposés. A su maintenir dans sa batterie, en dépit des pertes sévères qu'elle subit, notamment en Champagne, à Verdun, sur la Somme et sur l'Aisne, un haut sentiment du devoir et une confiance inébranlable dans le succès de nos armes. Mort pour la France, le 6 novembre 1918, des suites de très graves intoxications par les gaz. Déjà cité.*

[Né en 1882. Fils du Cte (décédé) et de la Ctesse née d'Escrienne.]

MARHEU (Joseph), ✻ (posthume), ✠ (étoile), avocat à la Cour de Paris, sous-lieutenant au 247e d'Infanterie.
Chef de la section des bombardiers de la 23e compagnie, fut blessé mortellement au Bois Sabot, le 12 avril 1915. Evacué à l'hôpital militaire de Châlons-sur-Marne, il y mourut, le 14 mai 1915, des suites de ses blessures.

> *Citation : A toujours fait preuve, depuis le début de la campagne, de beaucoup de courage, d'activité et de sang-froid ; s'est particulièrement distingué dans le commandement de l'équipe des bombardiers au Bois Sabot, où il a été blessé. Est mort des suites de ses blessures.*

[Né à Dinan le 9 novembre 1887. Fils de M. Edmond Marheu, Bâtonnier de l'Ordre des avocats près le Tribunal de Dinan, et de Mme née Henriette Le Branchu, décédée quelques mois après la mort de son fils.]

MARICHAL (Jean), littérateur, soldat au 4e Zouaves.
Poète, il a laissé quelques vers délicats, réunis sous le titre : *Le*

Verger d'amour. Après avoir fait la campagne de Belgique, il tombait à Villers-le-Sec (Aisne), le 30 août 1914.

MARIDOR (*René*-Charles), sergent au 316e d'Infanterie.

Tombé héroïquement, mortellement blessé, le 7 septembre 1914, au bois de Montrolles (Oise), à la bataille de la Marne.

MARIE (Gérard de), ✠. ....

MARIE (Louis de)..

MARIN (*Pierre*-Georges-Jean), ✠, ✠ (3 palmes et étoiles), principal clerc de notaire à Paris, sous-lieutenant aviateur, pilote de chasse à l'Escadrille N. 87.

Deux fois blessé, tombé en pays ennemi, à Reichental (Alsace annexée), le 26 février 1918, avec son appareil en flammes, après un combat héroïque, seul contre six ou sept gros monoplaces allemands.

> Citation : *Excellent pilote. A livré des combats sévères les 25 mai, 14 juillet, 28 juillet et 12 novembre 1917. Le 26 mai, a mitraillé à très basse altitude les tranchées ennemies. A réussi de nombreuses missions photographiques à longue portée, en monoplace. Le 12 novembre 1917, attaqué par trois avions, a poursuivi sa mission, bien que son appareil fût criblé de balles.*

[Né le 18 avril 1887. Fils de M. Albert MARIN, de Nonancourt, et de Mme née Juliette BERRIER.]

MARIN DES BOULLIÈRES, née de TSCHUDY DE GLARIS (Madame de), infirmière à l'hôpital 46.

Décédée des suites des fatigues endurées dans ses dévoués services aux blessés.

MARINGER (Georges-Marie-*Antoine*), ✠ (posthume), ✠, étudiant, aspirant au 60e d'Infanterie.

Commandant une section de mitrailleuses à 150 mètres des tranchées allemandes devant Vouziers, fut intoxiqué par les gaz le 9 octobre 1918 et mourut le 11 à l'ambulance.

> Citation : *Excellent sous-officier. S'est particulièrement distingué dans les combats du bois de la Puce (5-10 octobre 1918), donnant constamment aux hommes l'exemple du courage et de l'énergie. Gravement intoxiqué, le 9 octobre 1918, et décédé des suites de son intoxication. A été cité.*

[Né le 17 décembre 1897. Fils de M. et de Mme Albert MARINGER.]

MARJOULET (André), ✠ (posthume), ✠, sous-lieutenant au 60e d'Infanterie.

> Citation : *Blessé une première fois, en septembre 1914, à la bataille de la Marne, est revenu sur le front, à peine guéri ; a été tué à la tête de sa section, le 12 janvier 1915, en résistant énergiquement à la poussée d'une violente contre-attaque allemande. Avait déjà reçu une première blessure à son poste de combat, le 12 janvier 1915, au matin, avant d'être mortellement frappé ; mais avait refusé, voyant le danger qui menaçait sa section, de s'en éloigner pour aller se faire panser au poste de secours.*

[Fils du Général et de Mme MARJOULET.]

MARLIAVE (Marie-*Joseph* de), ✠ (posthume), ✠ (palme), critique musical, capitaine au 214ᵉ d'Infanterie.
Tué, le 24 août 1914, à la bataille d'Étain-Spincourt (Meuse).

> Citation posthume : *Le 24 août 1914, à Senon, a maintenu sa compagnie sous un feu violent avec une énergie farouche, debout au milieu de ses hommes, les exhortant de la voix et leur donnant, par son attitude, le plus bel exemple de la bravoure et de l'esprit de sacrifice. Très grièvement blessé, a refusé de se laisser porter en arrière par ses hommes. Mort au champ d'honneur. A été cité.*

[Né le 16 novembre 1873. Marié à Mˡˡᵉ Marguerite LONG.]

MARLIO (André-*Jacques*), ✠ (posthume), ✠, avocat à la Cour de Paris, lieutenant de réserve au 267ᵉ d'Infanterie.

> Citation : *Chargé, le 28 août 1914, de défendre, avec sa section, un passage de rivière, et ayant été blessé au bras, est demeuré à son poste sans se faire panser. A été mortellement blessé. A été cité.*

MARMIER (*François*-Raynald-Étienne, Marquis de), ✠, ✠ (étoile), ✠ (Médaille Coloniale Soudan), ✠ (Nicham Iftikar), capitaine au 210ᵉ d'Infanterie.
Tué, le 25 août 1914, au combat de Rozelieures ; il entraînait ses troupes à l'assaut du village quand il fut frappé d'un éclat d'obus. Ses hommes voulurent l'emporter, mais il refusa, et le soir de la bataille on le retrouva sans vie.

> Citation : *Est mort en preux pour la France, l'épée à la main, entraînant sa troupe à l'assaut.*

[Né le 17 juillet 1866. Fils du Duc et de la Dᵉˢˢᵉ née Marguerite DE MOUSTIER. Marié, en 1908, à Mˡˡᵉ Solange DE PECHPEYROU-COMMINGES DE GUITAUT, fille du Cᵗᵉ (décédé) et de la Cᵗᵉˢˢᵉ née Louise SOULT DE DALMATIE.]

MARNHAC (Paul-*Louis* BOUT de), ✠ (posthume), ✠, sous-lieutenant au 22ᵉ d'Artillerie.
Tué à Berthonval (Pas-de-Calais), le 5 juillet 1915.

MARNIÈRE DE GUER (René-Auguste-Ludovic-*Jean* de), ☁ (posthume), ✠, brigadier au 3ᵉ Cuirassiers.
Tué à l'ennemi, le 6 avril 1918, à la tête d'une patrouille dont il avait sollicité le commandement.

> Citation : *Jeune brigadier, plein d'allant et de sentiments généreux. Le 6 avril 1918, sous les violentes rafales de mitrailleuses ennemies à l'assaut desquelles il se portait, s'est volontairement découvert pour utiliser un fusil mitrailleur abandonné, et a été tué pendant qu'il se servait de cette arme. A été cité.*

[Fils du Mⁱˢ et de la Mⁱˢᵉ DE GUER, née Henriette CORMERAIS.]

MAROLLES (Louis-Fernand de), ✠, ✠ (palmes), chef de bataillon au 150ᵉ d'Infanterie.
Glorieusement tombé le 16 avril 1917.

> Citation : *A été tué à la tête de son bataillon, alors qu'il pénétrait dans la première tranchée allemande. Tout jeune officier supérieur, d'un calme et d'un courage extrêmes.*

[Né en 1891. Fils du Vice-Amiral, GO ✠, et de Mᵐᵉ DE MAROLLES.]

MAROLLES (Jacques de), ✠ (posthume), ✠, aspirant au 6e d'Infanterie.

Tombé héroïquement sous Verdun.

Citation : *Sous-officier consciencieux, dévoué et plein d'entrain, tombé glorieusement, le 2 janvier 1917, à son poste de combat.*

Né en 1898. Frère du précédent.]

MAROLLES (*Jules-Armand-Georges de*), ✠, ✠, colonel du 137e d'Infanterie.

Tué, le 27 août 1914, à Pont-Maugis (Ardennes).

Citation : *A vaillamment conduit le 137e dans les premiers jours de la campagne, maintenant par son calme et sa bravoure la valeur morale du régiment; est tombé glorieusement en le conduisant à l'attaque d'un bois.*

[Oncle des précédents. Marié à Mlle HUE DE MATHAN, — dont un fils.]

MAROLLES (Henry de GAIGNERON JOLLIMON de), ✠ (posthume), ✠, capitaine au 47e d'Infanterie.

Citation : *Chef dans toute l'acception du mot. Chargé d'une mission à la fois offensive et défensive, a su, par son ascendant, assurer le départ et provoquer l'élan de fractions d'attaque et maintenir les autres pendant cinq jours consécutifs sous un bombardement d'une violence inouïe. A été tué, le 16 juin 1915, alors qu'il mettait la dernière main aux préparatifs d'une nouvelle attaque.*

[Marié à Mlle Renée DURAND.]

MARQUÈS DU LUC (Marie-Louis-*Charles*), ✠ (posthume), ✠ (palme), sous-lieutenant au 41e Chasseurs à pied.

Tué, le 23 mai 1917, au combat de Craonne, à 33 ans.

Citation : *Officier d'un courage et d'un sang-froid à toute épreuve; blessé mortellement au moment où, sous un violent bombardement d'artillerie lourde, il s'assurait que tout le monde était à son poste, une contre-attaque étant attendue. A été cité.*

MARQUESSAC (Comte Joseph de), ✠, ✠ (2 palmes), chef de bataillon d'Infanterie.

Citation : *Chargé d'une mission délicate et périlleuse, a, pour en assurer l'exécution, tenu à se porter lui-même dans une tête de sape très exposée, et y a été tué au moment où, avec le plus grand courage et sans souci du danger, il observait les positions ennemies.*

MARQUESTE (Pierre), ✠, docteur-médecin, aide-major de 1re classe.

Refusant de rester au dépôt où le retenaient les suites d'une blessure, obtint de partir pour le Tchad, où il succomba à Fort-Lamy, en service commandé, en janvier 1919.

[Fils de M. L. MARQUESTE, C ✠, statuaire, membre de l'Institut, et de Mme née BIENVENU.]

MARQUET (Georges), O ✠, ✠ (palme), Général commandant la 17e Brigade d'Infanterie.

Tué à l'ennemi, le 16 septembre 1914, à Varennes (Meuse).

Citation : *Blessé et à peine guéri, est revenu. A été tué au moment où, sous un feu violent, il actionnait vivement sa brigade.*

[Né le 3 mai 1855. Fils de M. et de Mme née RUBILLON. Marié à Mlle TORTERA.]

MARQUÉZY (René), ✠, chef de bataillon au 21e Chasseurs à pied. Tué le 27 septembre 1915.

MARQUISAN (Jean), ⚜ (posthume), ✠ (palme), élève à l'École des Hautes Etudes Commerciales, brigadier pilote-aviateur à l'Escadrille C. 18.
Tué au cours d'un combat aérien, le 24 mars 1917, à l'est de Verdun.

Citation : *Jeune pilote allant et énergique, a fait preuve de remarquables qualités d'audace et de sang-froid dans toutes les missions dont il a été chargé. Le 24 mars 1917, attaqué par un avion particulièrement rapide et puissant, lui a courageusement tenu tête, et, mortellement blessé, a eu l'énergie de ramener son avion dans nos lignes et est mort quelques instants après l'atterrissage.*

[Né le 30 septembre 1892. Fils de M. Henri MARQUISAN, ✻, ingénieur, et de Mme née Isabelle DE BERCHOUX.]

MARRAST (*Pierre*-Marie-Vincent), ✠ (posthume), ✠, lieutenant de vaisseau.
Tué au Moulin de Laffaux, en entraînant sa compagnie de Fusiliers Marins à l'assaut. Pour perpétuer le souvenir de ce brave officier, son nom a été donné au sous-marin allemand *U. 162*, livré à la France.

MARROU (*Germain*-Simon-Paul), sous-lieutenant au 1er d'Artillerie.
Tué à bord de l'*Éloby*, le 19 juillet 1917.

[Né le 21 février 1894. Fils de M. MARROU, député, et de Mme née GAUDELON.]

MARS (Pierre-*Antony*), étudiant, *engagé volontaire*, brigadier pilote-aviateur.
Engagé, en 1914, au 8e Chasseurs à cheval, prit part aux combats de l'Argonne, de la Champagne et de la Somme, où son régiment remplaça les fantassins dans les tranchées. Passa, sur sa demande, dans l'Aviation de chasse ; fit un stage rapide au Bourget, où il était affecté, et demanda à passer dans une Escadrille de bombardement pour rejoindre plus rapidement le front. Se tua en service commandé, au camp d'aviation du Plessis-Belleville, le 5 février 1918.

[Né le 24 mars 1895. Fils de M. et de Mme Antony MARS.]

MARSAY (Marie-*Pierre*, Vicomte Pierre de), ⚜ (posthume), ✠ (étoile), *engagé volontaire*, brigadier au 20e Chasseurs à cheval.
Blessé, le 25 septembre 1914, par un obus, il resta cependant à cheval quelque temps, et succomba le 29 à l'hôpital de Commercy.

Citation : *Brigadier très brave. Tué à l'ennemi en entraînant avec une très belle énergie son escouade à l'attaque du bois de la Haute-Carrière (Bouconville). A été cité.*

[Né en 1893. Fils du Vte et de la V^tesse née DE SERS.]

MARTEL (Marcel-Émile-Aymar de), *engagé volontaire*, brigadier au 6e Spahis.

Engagé à 17 ans, en 1915, prit part aux combats de l'Oise et de l'Aisne, puis, après avoir été au Maroc avec son escadron, il revenait en Lorraine, où il trouva la mort, le 14 juillet 1916, à Gélacourt (Meurthe-et-Moselle).

[Né en 1898. Fils du Dr, ✳, ✖, et de la Vtesse née SAINT-MARTIN.]

MARTEL (Étienne de)..............................

MARTEL DE JANVILLE (*Geoffroy*-Gaston-Charles-Marie, Vicomte Geoffroy de), ⚜ (posthume), ✖ (palme), caporal au 131e d'Infanterie.

Tombé au champ d'honneur, lors du premier assaut de Vauquois, le 9 décembre 1914, en allant, comme volontaire, cisailler les fils de fer allemands, mission qu'il avait instamment sollicitée.

Citation : Brave jusqu'à la témérité, a rendu de très grands services par ses reconnaissances approfondies des travaux de défense devant Vauquois ; puis, par la destruction, au moyen d'une cisaille, du réseau de fils de fer au moment de l'assaut. A été blessé mortellement, le 9 décembre 1914, dans l'accomplissement de cette mission.

[Né au château de Goubérville le 24 avril 1893. Fils du Vte DE MARTEL DE JANVILLE et de la Vtesse née DU MESNILDOT.]

MARTHILLE (Jean de), ✖, maréchal des logis au 6e Dragons.
Tué le 31 mai 1916.

MARTIMPREY (Comte Jean de), ✳ (posthume), ✖, capitaine au 4e d'Infanterie.

Tombé à la Haute-Chevauchée (Argonne), le 13 juillet 1915.

Citation : Officier de la plus haute valeur. Blessé très grièvement au cours du combat du 13 juillet 1915, a refusé de se laisser évacuer, encourageant ses hommes à résister pied à pied. Entouré d'ennemis, a lutté jusqu'au bout avec son revolver. A été cité.

[Fils du Lieutenant-Colonel Cte Albert DE MARTIMPREY, ✳, et de la Ctesse née DE MÉRONA (décédée). Marié à Mlle Gabrielle DAVY DE CHAVIGNÉ DE BALLOY, fille de M. et de Mme née Marie TIERSONNIER.]

MARTIMPREY (Comte Henri de), ✳ (posthume), ✖, lieutenant au 9e Dragons.

Atteint d'une balle au cœur, le 27 août 1914, à Jaucourt (Aisne), en se sacrifiant pour sauver ses hommes. Les Allemands ont écrit de lui : « Cet officier est mort en brave. »

Citation : Le 28 août 1914, cherchant à se faire jour avec son escadron au travers des lignes ennemies, s'est lancé à la charge sur l'infanterie avec la plus grande bravoure, et est tombé mortellement atteint. A été cité.

[Frère du précédent. Marié à Mlle Mériem DAVY DE CHAVIGNÉ DE BALLOY, sœur de la Ctesse Jean, qui précède.]

MARTIMPREY (Mademoiselle Odette de), ✳ (Médaille des Épidémies), infirmière de la S. B. M.

Décédée, le 25 août 1918, des suites d'une maladie infectieuse contractée au chevet des blessés, à l'hôpital 6, à Saumur.

[Sœur des précédents.]

MARTIN (Gabriel), lieutenant d'Artillerie, pilote-aviateur.
Tué à La Croix-Champagne, le 19 mars 1916.

MARTIN (Jean-Bienvenu)...
[Fils de l'ancien Ministre et de Mme née GERST.]

MARTIN DE BELLERIVE (A. de), ❖...........................

MARTIN-DECAEN, née Marie-*Zélie* DECAEN (Madame Léon),
❖ (étoile), surveillante générale de l'hôpital auxiliaire 11, à Senlis.
Présidente du Comité de la Croix-Rouge, morte, le 23 mai
1917, à la suite des fatigues subies en soignant les blessés.
[Mariée à M. Léon MARTIN-DECAEN, ancien député de l'Oise, — dont six enfants.]

MARTIN-DECAEN (André), ⚜ (posthume), ❖ (2 étoiles), ecclésias-
tique, agrégé d'Histoire, lauréat de l'Académie Française, maréchal des logis au 58e d'Artillerie.
Tué, le 12 juin 1917, à la Tuilerie, plateau de Craonne.

> Citation : *Sous-officier plein d'entrain et d'allant, toujours prêt
> à exécuter les missions les plus périlleuses. A donné de belles
> preuves de courage et de sang-froid en assurant, comme maréchal
> des logis éclaireur, sur l'Aisne et en Argonne, la liaison et l'obser-
> vation en première ligne. Le 12 juin, employé aux signaux de
> correspondance avec l'avion de réglage, a été mortellement atteint
> à son poste par une bombe provenant d'un avion ennemi.*

[Fils de la précédente.]

MARTIN DE CALAMO (Édouard-Marie-Léonce), �֍ (posthume),
❖, sous-lieutenant au 20e d'Infanterie.

> Citation : *A montré beaucoup de courage et de sang-froid pen-
> dant qu'il occupait avec sa section un point très dangereux de
> tranchée. Dans la nuit du 21 au 22 mars 1915, a maintenu l'ordre
> et le calme dans sa section, soumise à une véritable pluie de gre-
> nades. A été tué au milieu de ses hommes par l'explosion d'une
> bombe. A été cité.*

MARTIN DE GIBERGUES (*Anthelme*-Marie-Joseph), �֍, ❖
(4 palmes), élève de l'Ecole Polytechnique, diplômé des Sciences
Politiques, candidat à l'Inspection des Finances, lieutenant d'Artillerie, observateur à l'Escadrille F. 7.
Tué glorieusement en combat aérien, le 5 mai 1917, à l'attaque
du Chemin-des-Dames, près Vailly.

> Citation : *A rendu des services exceptionnels au cours des at-
> taques d'avril 1917, dirigeant avec une rare compétence le travail
> de son escadrille, et se réservant pour lui-même les missions les
> plus périlleuses. A été tué glorieusement en combat aérien, le
> 5 mai, alors qu'il venait de fixer avec précision la position des
> lignes ennemies après la progression de notre infanterie.*

[Né le 18 mars 1889. Fils de M. P. MARTIN DE GIBERGUES, ✖, Conseiller à la Cour
des Comptes, et de Mme née FORTOUL.]

MARTIN DE GIBERGUES (Charles), licencié en droit, Président
de l'Association des élèves de l'Institut Catholique, sergent au
74e d'Infanterie.

Tombé au champ d'honneur, le 8 septembre 1914, devant Montmirail.

[Né le 19 mars 1892. Frère du précédent.]

MARTIN DE LA ROUVIÈRE (Henry), ✠, religieux de la Compagnie de Jésus, agent de liaison au 163e d'Infanterie.
Tué le 15 décembre 1914.

MARTIN DE LA TOUR (.....), ✠, capitaine................

MARTIN DES PALLIÈRES (Émile).
Tué à Mesnil-les-Hurlus.

MARTIN DES PALLIÈRES (Gabriel), ✠, ✠, (palme), lieutenant de vaisseau.
Tué à Dixmude.

    Citation : *A été tué à la tête de ses hommes, en repoussant brillamment les attaques d'un ennemi très supérieur.*

MARTIN DU NORD (Charles-Marie-Fernand, Baron), ✠ (posthume), ✠, capitaine au 28e territorial d'Infanterie.
Tué à Paillencourt (Nord), le 26 août 1914.

    Citation : *A été blessé mortellement après avoir fait preuve du plus grand courage, en se sacrifiant, à la tête d'un peloton, pour sauver des pièces d'artillerie dont il avait la garde comme soutien, le 26 août 1914. A été cité.*

[Marié à Mlle VIELLARD.]

MARTIN DU PUYTISON (Joseph-Charles), ✠ (posthume), ✠ (palme), lieutenant au 16e Chasseurs à pied.

    Citation : *Jeune et brillant officier, paré des plus belles qualités morales. Le 1er novembre 1918, a été tué en entraînant sa section avec une rare énergie à l'assaut des positions ennemies, hérissées de mitrailleuses. A été cité.*

MARTIN SAINT-LÉON (Pierre), ✠, ✠ (palmes), capitaine à l'É.-M. d'une Brigade d'Infanterie.

    Citation : *Sur le front depuis le début de la campagne. Officier d'une bravoure exceptionnelle. En dernier lieu, le 25 septembre 1915, étant à l'Etat-Major de la brigade, s'est spontanément mis à la tête d'une fraction d'infanterie qui avait perdu son chef et une partie de ses cadres, l'a entraînée sur une contre-attaque allemande, contribuant puissamment à rétablir la situation. A été grièvement blessé.*

MARTINAUD (*Adrien*-Juste-Louis), sergent au 2e d'Infanterie.
Tué, le 17 décembre 1914, à Saint-Laurent-Blangy (Pas-de-Calais).

[Né le 16 août 1886. Fils de M. et de Mme née BASSET. Marié à Mlle LARRALDE.]

MARTINET (Marcel), licencié en droit, caporal au 146e d'Infanterie.
Porté disparu, le 27 juin 1915, devant Neuville-Saint-Vaast, il fut établi, longtemps après, qu'il tomba au cours de l'attaque contre les tranchées allemandes.

MARUELLE (Mademoiselle Suzanne), infirmière de la S. B. M.
Décédée en octobre 1918, au Mans, après une courte maladie contractée au chevet des blessés.

[Née en 1889. Fille de M., ✳, et de Mme née DE GUIGNÉ.]

MARVEILLE DE CALVIAC (Maurice-Émile-Henri-*Roger* DUMAS de), ✳ (posthume), ✠ (étoile), capitaine au 158e d'Infanterie.
Avait fait toute sa carrière au 6e Cuirassiers ; nommé capitaine en passant dans l'Infanterie, le 1er avril 1915. Est tombé mortellement frappé, sur la tranchée dés Saules, à Noulette (Pas-de-Calais), à l'offensive d'Artois, le 14 mai 1915, en entraînant ses hommes à l'assaut.

Citation : *Tué à l'ennemi à la tête de sa troupe, conduite à l'assaut avec un dévouement complet. A été cité.*

[Né le 17 avril 1880. Fils de M. Jules DE MARVEILLE DE CALVIAC (décédé) et de Mme née Blanche DE BLAGNY.]

MAS DE PAYSAC (Gontran du), *engagé volontaire*.
Mort pour la France, en août 1915.

MASCART (D.-E.), ✳ (posthume), ✠ (palme), capitaine au 8e Tirailleurs Indigènes.

Citation : *Etant grièvement blessé, a continué à conduire sa compagnie en avant jusqu'au moment où une deuxième balle l'a tué.*

MASCLE (Louis), ✳ (posthume), ✠ (palme), lieutenant au 41e Colonial.

Citation : *Brillant officier, plein d'allant, de gaieté et d'espoir. Tué glorieusement, le 5 octobre 1915, en montant à l'assaut d'une tranchée énergiquement défendue par la Garde prussienne. A été cité.*

MASCUREAU (Marie-Frédéric-*Paul*, Comte Paul de), ✳, ✠, chef d'escadrons au 24e Dragons.
Tombé glorieusement, le 10 août 1914, au combat de Marville (Meuse).

Citation posthume : *Est tombé mortellement frappé, en chargeant vaillamment l'infanterie ennemie à la tête de ses escadrons.*

[Né le 8 novembre 1861. Fils du Cte et de la Ctesse née PELLETIER DE MONTIGNY. Marié à Mlle Jeanne DE RICHER DE BEAUCHAMPS, fille du B^on et de la B^onne née LE BARROIS DE LEMMERY, — dont six enfants.]

MASIN (Comte Joseph de), ✳, ✠, *engagé volontaire*, lieutenant d'Artillerie d'assaut.
Grièvement blessé à l'attaque du 11 juin 1918, a succombé le 9 juillet suivant.

[Fils du Cte (décédé) et de la Ctesse née Berthe DE LOUVOIS.]

MASIN (*Jean*-Paul-Marie-Augustin, Vicomte Jean de), ✳ (posthume), ✠ (palme), lieutenant au 229e d'Infanterie.
Blessé mortellement, le 20 août 1914, au col de Saales ; mort à la suite de ses blessures, le 22, à Steige (Alsace).

Citation : *Officier superbe de bravoure et d'allant. Ayant dû prendre le commandement de sa compagnie, son capitaine tué, a résisté vigoureusement sur sa position, permettant ainsi le repli du bataillon fortement accroché, le 20 août 1914, à Steige. Y a été tué.*

[Né à Toulouse le 8 février 1882. Fils du Colonel Vte DE MASIN, ✻ (décédé), et de la V^tesse née Marie DE JOUVENEL. Marié, en 1910, à Mlle Olga DE SERVINS D'HÉRICOURT, fille du Mis (décédé) et de la M^ise née Olga HUGO DE SPITZEMBERG, — dont un fils.]

MAS LATRIE (*Jean*-Marie-Pierre-Xavier, Comte Jean de), ✻ (posthume), ✠ (étoile), capitaine au 15e Chasseurs à cheval.

Attaché, comme officier de liaison, à la Mission Britannique, a été atteint mortellement d'une balle au front, alors qu'il était en reconnaissance, le 4 septembre 1914, aux environs de Rebais (Seine-et-Marne).

Citation : *Brillant officier, d'une bravoure et d'un sang-froid exceptionnels ; attaché à l'armée britannique, est tombé mortellement blessé, le 4 septembre 1914, au cours d'une reconnaissance aux environs de Rebais. A été cité.*

[Né le 23 novembre 1879. Fils du Cte (décédé) et de la Ctesse née DAWANS. Marié à Mlle Marguerite DE CANOLLE, fille du Mis (décédé) et de la M^ise née DE MONTESQUIEU, — dont deux enfants.]

MAS LATRIE (Hubert de), *engagé volontaire*, maréchal des logis de Cavalerie.

A succombé, en octobre 1918, aux suites d'une maladie contractée au front d'Orient.

[Né en 1897. Fils de M. (décédé) et de Mme née Yolande DE ROUMEFORT DU CLUZEAU.]

MASNOU (Joseph - Georges - Antoine), C ✻, ✠ (palme), Général commandant une Division à l'Armée d'Orient.

Blessé par éclats d'obus, à son poste de commandement, le 12 juillet 1915. Mort de ses blessures à bord de *La Bretagne*, le 17 juillet 1915.

Citation : *Depuis le début des opérations dans la presqu'île de Gallipoli, a fait preuve chaque jour des plus hautes qualités de chef militaire. Très grièvement blessé à la tête et à la jambe lors de l'engagement du 12 juillet.*

[Né le 29 août 1855. Fils de M. et de Mme née BARILLIER. Marié, en 1890, à Mlle Marie TRANCHARD.]

MASPERO (Jacques-*Jean*-Gaston), ☉ (posthume), ✠ (étoile), agrégé d'Histoire et de Géographie, ancien membre de l'Institut Français d'Archéologie Orientale du Caire, aspirant au 31e d'Infanterie.

Blessé aux deux jambes, à Cheppy (Argonne), le 23 septembre 1914. Tué à Vauquois, le 17 février 1915, d'une balle au front.

Citation : *Sous-officier d'élite, a montré, pendant les combats de septembre 1914, une énergie et une endurance remarquables ; a été blessé. Revenu au front le 4 février 1915, est tombé en héros pendant l'assaut de Vauquois, le 17 février 1915, en tête de la section qu'il commandait.*

[Né le 20 décembre 1885. Fils de M. Gaston MASPERO, secrétaire perpétuel de l'Académie des Inscriptions et Belles-Lettres (décédé), et de Mme née D'ESTOURNELLES DE CONSTANT REBECQUE.]

MASPERO (Pierre-Adrien), ☉ (posthume), ✠, soldat au 27e d'Infanterie.

Citation : Soldat courageux. Très belle attitude au feu, aux combats de juillet-août 1916. Tué à son poste de combat. A été cité.

MASQUELIER (*Joseph*-Émile-Paul), ✳ (posthume), ✠ (palme), directeur particulier de la Compagnie d'Assurances Générales, lieutenant de réserve au 4ᵉ Dragons.

Tué net, le 29 avril 1918, à Locre (Belgique), par l'éclat d'un obus de gros calibre, pendant qu'il transmettait des ordres à un sous-officier à proximité du poste de commandement, qui était soumis à un violent tir de destruction.

Citation : Officier de renseignements d'un bataillon de marche, n'a cessé, au cours d'un bombardement des plus intenses du poste de commandement, d'assurer son service avec le plus grand mépris du danger. Mortellement atteint au cours de l'action.

[Né le 21 novembre 1882. Fils de M. Valéry MASQUELIER et de Mᵐᵉ née CLERC.]

MASSA (*Jacques*-Charles-Philippe REGNIER, Comte Jacques de), ✳ (posthume), ✠ (palme), capitaine au 31ᵉ Dragons.

Tombé glorieusement aux combats des Flandres, le 15 octobre 1918.

Citation : Officier énergique, plein d'audace et d'entrain. A rendu, au cours de la campagne, les meilleurs services partout où il a été employé. Tué, le 15 octobre 1918, à la tête de son escadron. A été cité.

[Né le 5 mai 1887. Fils du Mⁱˢ (décédé) et de la Mⁱˢˢ née Madeleine COPPENS.]

MASSACRÉ (Vicomte Édouard de), ✠, brigadier au 33ᵉ d'Artillerie.

Tué à Zuydcoote, le 20 décembre 1914.

[Fils du Vᵗᵉ, ✳, et de la Vᵗᵉˢˢᵉ née DE WALL. Marié à Mⁱˡˡᵉ M.-Th. DE MOLORÉ DE SAINT-PAUL, fille de M. et de Mᵐᵉ née ERTAULT DE MOULINS.]

MASSAVY D'ARMANCOURT (Victor-Auguste), ✠, capitaine au 6ᵉ Colonial.

Tué à l'ennemi.

[Né le 12 avril 1877. Marié à Mⁱˡˡᵉ Marguerite MISTRE.]

MASSE (*Georges*-Charles-Léon), ⚕, ✠ (2 palmes, 1 étoile), étudiant en droit, élève des Sciences Politiques, aspirant au 36ᵉ d'Infanterie.

Tombé, le 12 avril 1916, au bois de la Caillette, devant Verdun.

Dernière citation (posthume) : Excellent chef de section, ayant toujours fait preuve de la plus grande énergie et du plus beau sang-froid dans toutes les affaires auxquelles il a pris part à Neuville-Saint-Vaast, la Folie, la Caillette. Deux fois blessé, a tenu à revenir chaque fois au front, à peine guéri. A été mortellement atteint, le 12 avril 1916, alors qu'avec sa bravoure habituelle il repoussait, au milieu de ses hommes, une attaque ennemie, sous un violent bombardement.

[Né le 6 septembre 1895. Fils de M. Édouard MASSE, ✳, Président de Chambre honoraire, et de Mᵐᵉ née SIMON.]

MASSE DE LA FONTAINE (Gustave-Étienne), ✳ (posthume), ✠ (palme), sous-lieutenant au 366ᵉ d'Infanterie.

Citation : Officier entreprenant, plein d'entrain, d'allant et de sang-froid. A fait preuve, en toutes circonstances, de la plus grandé bravoure et du plus grand mépris du danger. Le 6 septembre 1916, a été tué en conduisant magnifiquement sa section à l'assaut des positions ennemies. A été cité.

MASSIAS DE BONNE (Louis-Marie-*Émile* de), caporal au 155e d'Infanterie.

Tué au bois de la Grurie, le 10 février 1915.

[Fils de M. et de Mme née Marie VILLENEUVE.]

MASSIN (Édouard), ✠ (posthume), ▩ (étoile), sous-lieutenant au 10e d'Infanterie.

Tué à l'ennemi, le 26 avril 1915.

Citation : *Mortellement frappé en faisant la reconnaissance de l'organisation défensive de sa section.*

[Né le 23 janvier 1889. Fils de M. Charles MASSIN, éditeur, et de Mme née NAUD.]

MASSIN (Pierre), ▩, aspirant d'Artillerie.

Tué, le 24 mai 1918, près de Berny-sur-Noye, à 28 ans.

MASSIN (Jean), ▩, sous-lieutenant au 55e Chasseurs à pied.

Tué le 25 juillet 1916.

MASSON (Pierre-Maurice), littérateur, lieutenant d'Infanterie.

Tombé glorieusement sous Verdun, le 16 avril 1916. Auteur de plusieurs ouvrages appréciés, l'Académie lui avait décerné à deux reprises le prix d'éloquence pour son *Vigny* et son *Lamartine*.

MASSON D'AUTUME (Adrien-Marie-Régis-*Henri* de), ✠ (posthume), ▩ (palme et étoile), ✳ (Médaille du Maroc), sous-lieutenant au 5e Chasseurs à pied.

Tué, le 21 juin 1915, au combat de Metzeral (Alsace).

Citation : *A été glorieusement frappé au cours d'une attaque, en passant, pour accomplir plus rapidement la mission qui lui était confiée, dans un endroit qui lui avait été signalé comme particulièrement dangereux. A été cité.*

[Né en décembre 1890. Fils du Mis et de la M^{ise} née PERNOT DE FONTENELLE.]

MASSON D'AUTUME (Jean de), ▩, sous-lieutenant de Chasseurs alpins.

Tué le 1er novembre 1916.

MASSON DE LA SAUZAYE (Henry), *engagé volontaire* au 146e d'Infanterie.

Engagé le 3 septembre 1914, mort pour la France, à Ablain-Saint-Nazaire, en chargeant l'ennemi, le 23 mai 1915.

[Fils de M. et de Mme née DE CHAMPAGNAC.]

MASSON DE SAINT-FÉLIX (Jacques-Antoine-*Guy* de), ⚬ (posthume), ▩ (étoiles), maréchal des logis au 21e Chasseurs à cheval.

Grenadier d'élite volontaire, fut tué, le 3 septembre 1917, à Mesnil-les-Hurlus (Champagne).

Dernière citation : *Volontaire pour un coup de main, le 5 septembre 1917 ; a été mortellement blessé à côté de son officier, alors qu'il conduisait bravement ses grenadiers d'élite à l'assaut des positions ennemies. A été cité.*

[Né le 12 avril 1892. Fils de M. Emmanuel DE MASSON DE SAINT-FÉLIX et de Mᵐᵉ née Madeleine DE CAMP.]

MASSOT DE LAFOND (Marie-Joseph-Gaston-Henri de), ⚜ (posthume), ✠, avocat, *engagé volontaire* au 7ᵉ Cuirassiers.

A perdu à Ypres, en 1914, la vision de l'œil droit; renvoyé à son dépôt, passa, sur sa demande, au 3ᵉ Zouaves de marche. Blessé deux fois à Verdun, est tombé au champ d'honneur, le 8 août 1918, au bois de Moreuil, d'une balle au front.

[Né le 7 février 1894. Fils de M. et de Mᵐᵉ née DE SAINT-JEAN.]

MASSOULLE (Louis), vice-consul de France, soldat au 315ᵉ d'Infanterie.

Tué à Auberive-sur-Suippe, le 25 septembre 1915.

[Né le 20 mai 1879. Fils de M. et de Mᵐᵉ née NONAT. Marié à Mˡˡᵉ Jeanne SAGNI-MORTE.]

MATHELY (Raymond), ⚜ (posthume), ✠ (étoile), avocat à la Cour de Paris, sergent au 305ᵉ d'Infanterie.

Tué, le 6 septembre 1914, à Puisieux, près Meaux (Seine-et-Marne), à la bataille de l'Ourcq, atteint d'une balle au front en entraînant sa section à la charge.

Citation : *Brillant chef de section, tombé glorieusement, le 6 septembre 1914, à la bataille de la Marne.*

[Fils de M. et de Mᵐᵉ née FONTAINE. Marié à Mˡˡᵉ Marie BESSON, fille de l'ancien membre de l'Assemblée nationale, et de Mᵐᵉ née LABAUME, — dont trois enfants.]

MATHERON (Henri), licencié ès lettres et en droit.

Mort, le 31 décembre 1915, à l'ambulance du front 2/4, de maladie contractée aux Armées.

[Né en 1892. Fils de M. C. MATHERON, directeur de la Compagnie Algérienne (décédé), et de Mᵐᵉ née MONGELLAS.]

MATHÉUS (Louis-Napoléon-Eugène, Vicomte), ✠ (posthume), ✠ (étoile d'or), capitaine au 29ᵉ Dragons.

Disparu, le 25 septembre 1915, au lieudit La Ferme de Navarin.

Citation : *A fait preuve des plus belles qualités d'entrain et d'énergie au combat du 25 septembre 1915, où il est tombé grièvement blessé.*

[Né le 19 juin 1878. Fils du Cᵗᵉ et de la Cᵗᵉˢˢᵉ née Eugénie COLONNA WALEWSKA. Marié à Mˡˡᵉ Marguerite JULY, fille de M. et de Mᵐᵉ née PARENT, — dont six enfants.]

MATRON (Émile), ✠, ✠ (2 palmes, 1 étoile), ingénieur des Arts et Manufactures (Maison Breloux et Cⁱᵉ), capitaine d'Artillerie.

A succombé, le 13 septembre 1918, à l'hôpital 37, d'une grippe infectieuse contractée à Lorient au cours d'un voyage en service commandé par le Ministère de l'Armement. Les médecins ont constaté que l'état d'épuisement complet amené par quatre années de campagne et l'état de ses poumons profondément atteints par les gaz asphyxiants ne permettaient pas de lutter contre la maladie.

Dernière citation : *Au cours du combat du 9 juin 1918, a maintenu sa batterie en action jusqu'à la dernière extrémité, ne se repliant avec son personnel qu'au moment où la position allait être envahie par l'infanterie ennemie.*

[Né le 6 janvier 1876. Fils de M. Étienne MATRON, industriel, et de Mme née BRELOUX. Marié à Mlle DANION, fille du Conseiller à la Cour d'appel et de Mme née LALANNE, — dont un enfant.]

MAUBEUGE (*Henri*-François-Rodolphe, Baron Henri LAVELAINE de), ✠, ✠ (palme et étoile d'argent), administrateur de *La Dépêche Marocaine, engagé volontaire,* sous-lieutenant au 13e d'Artillerie (Auto-Canons).

Fut atteint par éclats d'obus, le 26 septembre 1915, au cours d'une reconnaissance opérée dans le but d'installer une batterie de pièces de 37 en vue d'opérations contre les hauteurs de Vimy. Grièvement mutilé (œil droit arraché, œil gauche exorbité), il put néanmoins être transporté à l'hôpital d'Aubigny (Pas-de-Calais), où il succomba, le 11 octobre 1915, après avoir reçu la croix de la Légion d'honneur; repose dans le cimetière d'Aubigny.

Citation (Légion d'honneur) : *A fait preuve de belles qualités militaires au cours de la campagne, en particulier d'une belle attitude au feu. A été grièvement blessé. A perdu l'œil droit.*

[Né le 18 juillet 1882. Fils du Bon Édouard DE MAUBEUGE et de la B^{onne} née Louise DE SOLLIERS.]

MAUBLANT (André), ✠ (étoile), avocat, sous-lieutenant au 20e territorial d'Infanterie.

Décédé, le 5 décembre 1918, des suites des fatigues de quatre années de front, à 44 ans.

Citation : *Pendant les six premiers mois de la campagne de l'Yser, dans lesquels le régiment a été constamment au contact de l'ennemi, n'a cessé de se faire remarquer par son entrain et son courage.*

MAUD'HUY (Jehan de), ✠, ✠, *engagé volontaire,* pilote-aviateur.

Tombé glorieusement, en juillet 1918, au cours des combats en Albanie.

[Né en septembre 1896. Fils du Vte et de la V^{tesse} née LIORAN.]

MAUD'HUY (Simon de), ✠ (posthume), ✠ (palme), sous-lieutenant de Cavalerie, pilote-aviateur à l'Escadrille M.F. 5.

Tué au cours d'un vol de bombardement, sur le front de Verdun.

Citation : *Officier d'élite, dont les magnifiques qualités morales provoquaient l'admiration de tous. Pilote ardent et brave; a trouvé la mort, le 22 septembre 1915, au cours d'une mission de bombardement accomplie dans des circonstances atmosphériques exceptionnellement difficiles.*

[Né en décembre 1895. Fils du Général, député de Metz, et de la Ctesse née AUDIAT.]

MAULDE (Comte Hugues de), ✠ (posthume), ✠ (étoile d'or), *engagé volontaire,* aspirant au 6e Cuirassiers.

Retenu prisonnier à Hanovre au début de la guerre (il avait 16 ans), réussit à s'évader et contracta aussitôt un engagement. Porté disparu à Hargicourt, le 30 mars 1918, ce n'est que plusieurs mois après que son corps put être retrouvé.

Citation : A fait preuve d'un grand sang-froid dans la nuit du 29 au 30 mars 1918, dans le commandement de son peloton. A exécuté avec un plein succès un mouvement de repli difficile, conformément aux ordres reçus, alors que sa troupe était débordée et sérieusement menacée sur l'un de ses flancs.

[Né à Lille le 11 janvier 1898. Fils du Cte René de MAULDE et de la Ctesse née Avon, fille du Général et de Mme Avon.]

MAULDE LA CLAVIÈRE (Robert de), ✠, lieutenant au 23e territorial d'Infanterie.

Mort, en 1919, des suites d'une maladie contractée aux Armées.

[Fils de M. et de Mme née DE MARICOURT.]

MAULDE LA CLAVIÈRE (Bruno de), ⚜, ✠, maréchal des logis au 4e Spahis, pilote-aviateur.

Tombé héroïquement dans les lignes ennemies, le 11 août 1918.

[Frère du précédent.]

MAULJEAN (Joseph-André de), ⚜ (posthume), ✠, soldat au 45e Chasseurs à pied.

Citation : Chasseur remarquable par son courage et son dévouement. Blessé grièvement à son poste de combat, en faisant courageusement son devoir. Mort pour la France, des suites de ses blessures, le 16 janvier 1915.

MAUMIGNY (Joseph de)..

MAUPAS DU JUGLART (*Pierre*-Alexis, Comte Pierre de), ✳ (Médaille des Épidémies).

Mort, le 20 février 1917, des suites d'une maladie contractée aux Armées.

Citation : A fait preuve d'un réel courage et de beaucoup de sang-froid, à Montépilloy, près Senlis, le 14 septembre 1914, en se précipitant sans armes sur un officier allemand qui cherchait à se dissimuler au milieu de nombreux blessés ennemis et à s'échapper à contre-voie d'un train sanitaire. En l'empêchant de rejoindre un groupe d'autres Allemands (composé d'officiers et de soldats) que l'on apercevait en armes derrière la haie de chemin de fer, réussit à le ramener et provoqua ainsi la reddition de tout le groupe.

[Né à Clermont-Ferrand le 17 janvier 1886. Fils du Cte DE MAUPAS DU JUGLART, camérier de S. S. Benoît XV, et de la Ctesse née Marie PARET.]

MAUPEOU (Pierre de), ⚜ (posthume), ✠ (2 palmes), ingénieur-électricien, sergent au 10e Génie (Compagnie 20/11).

Cité une première fois pour sa belle conduite à Carency, en février 1915, tomba glorieusement à Ablain-Saint-Nazaire, le 28 mai suivant.

Deuxième citation : A trouvé une mort glorieuse, le 28 mai 1915, dans une reconnaissance périlleuse ayant pour objet l'organisation d'un point d'appui enlevé à l'ennemi.

[Né le 22 février 1890. Fils du Cte DE MAUPEOU, O ✳, chef d'escadron d'Artillerie, et de la Ctesse née HARTMANN.]

MAURE (Jacques), ✠, Saint-Cyrien, sous-lieutenant d'Infanterie.

Tué au Bois d'Ailly (Meuse), le 23 avril 1915.

MAURE (René), ✠, lieutenant au 369ᵉ d'Infanterie.
Tué au Bois Le Prêtre, le 4 juillet 1915.

MAURICHEAU-BEAUPRÉ (François-Charles-*Paul*), ✠ (posthume), ✠ (palme), ingénieur-chimiste, secrétaire technique de la Société d'Electro-chimie, lieutenant au 269ᵉ d'Infanterie.
Tué d'une balle au cœur, le 2 octobre 1914, au combat d'Izel-lez-Esquerchin (Pas-de-Calais), quand il s'en retirait le dernier, à la tête de la 20ᵉ compagnie dont il avait le commandement.

> Citation : *Officier réputé pour son calme et son mépris du danger. Chargé avec sa compagnie, le 2 octobre 1914, de couvrir le repli de son bataillon, après un violent combat, s'est sacrifié, avec la dernière fraction de son unité, pour remplir sa mission. A été cité.*

[Né le 7 août 1880. Fils de M. J. MAURICHEAU-BEAUPRÉ, ancien avocat à la Cour de Paris, et de Mᵐᵉ née MONIER.]

MAURIN (Félix-*Gaston*), ⚜ (posthume), ✠ (étoile), avocat-stagiaire, caporal réserviste au 272ᵉ d'Infanterie.

> Citation : *Caporal d'une énergie rare. A résisté jusqu'à épuisement de ses forces ; a été évacué malgré ses protestations et a succombé quelques jours après, à Sainte-Menehould, le 13 octobre 1914.*

[Né le 3 juin 1884. Fils de M. Albert MAURIN, GO ✠, intendant général, et de Mᵐᵉ née Madeleine GOËRT.]

MAURY, ✠, ✠ (2 palmes), lieutenant-colonel commandant le 135ᵉ d'Infanterie.

> Citation : *A constamment fait preuve d'un entrain, d'une énergie et d'une bravoure remarquables. Blessé deux fois au début de la campagne, a rejoint avant complète guérison. A mené avec succès son régiment dans toutes les attaques où il l'a conduit. Est tombé glorieusement, le 26 octobre 1914, frappé d'une balle à la tête, en menant son régiment à l'assaut des positions ennemies.*

MAUSSION (*Jean*-Albert-Marie, Comte Jean de), *engagé volontaire*, soldat au 8ᵉ Génie, à la tour Eiffel.
Victime du bombardement de l'église Saint-Gervais, le Vendredi-Saint, 29 mars 1918.
Extrait d'une lettre écrite à sa veuve par le capitaine du Génie BRENOT, chef du Centre radio-télégraphique de Paris.

> ...... Au nom du poste de T. S. F. de la tour Eiffel, au nom de tous les camarades de votre mari, au nom de tous ses chefs, je tiens à vous dire notre très profonde douleur. Aimé de tous, homme de devoir d'une haute conscience, M. de Maussion est le premier de nous qui ait été, à Paris, victime de l'Allemand, et son sacrifice est ennobli encore par l'ignominie du coup qui l'a frappé. Nous le saluons très bas, et dans notre humble devoir, rempli scrupuleusement chaque jour, nous trouverons le moyen de le venger.....

[Né le 26 août 1879. Fils du Général et de la Cᵗᵉˢˢᵉ née DE TERTU. Marié à Mˡˡᵉ ROLAND, fille de M. et de Mᵐᵉ née DOMERGUE.]

MAUSSION DE CANDÉ (Comte Pierre de), ✠, ✠, lieutenant de vaisseau, commandant une compagnie de Fusiliers Marins.
Tué à la bataille de Dixmude, le 19 octobre 1914.

Citation : *A été tué à la tête de ses hommes, en repoussant brillamment les attaques répétées d'un ennemi très supérieur.*

[Né en 1879. Fils du Cte (décédé) et de la Ctesse née DE LORGERIL. Marié à Mlle d'HORRER.]

MAUVAISIN, née de MONTBEL (Comtesse Édouard de COUSIN de), infirmière à l'hôpital du Jardin Colonial.

Décédée, en 1918, des suites d'une maladie contractée au chevet des blessés.

MAXWELL (Roger), ✳ (2 citations), officier d'information, détaché au 369e d'Infanterie Américaine.

Mort pour la France, le 14 octobre 1918.

[Né en 1888. Fils de M., ✳, et de Mme née Sidonie BERNARD.]

MAYAUD (François), sergent au 66e d'Infanterie.

Prit part aux combats de l'Argonne, à la Grurie et au Four de Paris, puis à l'Epine de Védégrange en septembre 1915. Trahi par ses forces, et ayant refusé d'être évacué, il mourut à Tours, le 30 avril 1917.

[Né en 1880. Fils de M. (décédé) et de Mme née DE LA BOUILLERIE.]

MAYER (P.-Gaston), avocat au Conseil d'État et à la Cour de Cassation . . . .

[Marié à Mlle LEVYLIER.]

MAYNARD (Pierre-M. de), ✳ (posthume), ✳ (palme), lieutenant au 1er Colonial.

Citation : *Mortellement blessé, le 27 avril 1915, à la tête de sa compagnie qu'il entraînait avec le plus grand courage à l'attaque des positions allemandes, sous un feu intense d'artillerie et de mitrailleuses.*

MAYNARD (René-Ferdinand de), ✳ (posthume), ✳, aumônier militaire du groupe de brancardiers du XVIIIe Corps d'Armée.

Citation : *Libéré de tout service militaire, missionnaire en Chine, rentrait en France comme convalescent au moment de la mobilisation. Est parti, le 4 août 1914, comme aumônier titulaire du 18e corps d'armée. A pris part à toutes les actions où le corps d'armée a été engagé. Courage admirable. Le 10 mai 1917, un obus, tombant à côté de lui, tue deux hommes et blesse un autre très grièvement ; se porte au secours de ce dernier et, sur le terrain, sous le bombardement violent et continu, avec le plus grand calme, l'a pansé et a arrêté l'hémorragie.*

MAYRAN (Étienne), ✳, ✳ (palmes), aspirant au 14e Chasseurs alpins.

Tué, le 1er septembre 1918, en entraînant sa section à l'attaque.

[Né en 1894. Fils du Colonel et de Mme née DE BONNAY DE BREUILLE. Petit-fils du Général MAYRAN, tué devant Sébastopol.]

MAZARÉ (Pierre-Auguste-*Georges*), ✳, ✳, lieutenant de vaisseau.

Commandant l'*Étendard*, sortit de Dunkerque avec la flotille de la mer du Nord et engagea et soutint jusqu'au bout un rude combat contre une escadrille de destroyers ennemis trois fois supérieure ; disparut avec son bâtiment. Pour perpétuer sa mé-

moire, son nom fut donné au torpilleur allemand *S. 136*, livré à
la France.

MAZAUBRUN (Marie-François-*Jacques* du BOUCHAUD de),
prêtre à Chalus (Haute-Vienne), caporal au 65ᵉ d'Infanterie.
Disparu, le 15 octobre 1915, à Mesnil-les-Hurlus.

MAZIÈRES, née Marguerite de FROISSARD DE BROISSIA
(Madame Michel de), infirmière de la S. B. M.
Décédée, le 21 septembre 1918, à la suite d'une longue et dou-
loureuse maladie contractée en Orient au chevet des blessés.
[Née le 1ᵉʳ juillet 1858. Fille du Cᵗᵉ et de la Cᵗᵉˢˢᵉ Édouard DE FROISSARD DE BROISSIA
(décédés). Mariée, en 1883, à M. Michel DE MAZIÈRES, décédé.]

MAZIS (P.-A. des), ✳, ✠ (palme), lieutenant-colonel au 146ᵉ d'Infanterie.
Tombé glorieusement le 25 septembre 1914.
Citation : *A conduit brillamment son régiment sous un feu violent d'artillerie, de mitrailleuses et d'infanterie, de 9 heures à
10 heures, et à cette heure, arrivé à 100 mètres de la lisière d'un
village, s'est porté devant la chaîne de tirailleurs à l'assaut de
l'entrée principale de cette localité. Est tombé mortellement blessé
et est décédé quatre heures après.*

MAZODIER (Frédéric), ✠, lieutenant au 146ᵉ d'Infanterie.
Tué à Frémery (Alsace), le 20 août 1914.

MEAUDRE-DESGOUTTES (Charles-Marie-Hugues), étudiant, ca-
poral au 279ᵉ d'Infanterie.
Tombé à Ercheux (Somme), le 25 mars 1918.
[Né le 17 janvier 1896. Fils de M. et de Mᵐᵉ née LEGENDRE.]

MEAUDRE-DESGOUTTES (Marie-Louis-Hubert-Pierre), étudiant,
infirmier.
Décédé à l'hôpital 42, à Joinville-sur-Marne, de l'épidémie de
grippe contractée en soignant ses camarades.
[Né le 24 août 1897. Frère du précédent.]

MEAUX SAINT-MARC (Marie-*Paul*), ⚜ (posthume), ✠, ✳ (Médaille
des Épidémies), interne des hôpitaux de Paris, médecin auxiliaire au
21ᵉ Colonial.
Mort pour la France, le 22 août 1914, à Neufchâteau (Belgique).
Citation : *Excellent médecin auxiliaire. Est tombé glorieusement
au champ d'honneur, le 22 août 1914, à Neufchâteau (Belgique), en
faisant bravement son devoir.*
[Né le 10 mars 1888. Fils du Lieutenant-Colonel, O ✳, et de Mᵐᵉ née JUMEL.]

MECKENHEIM (Comte Jacques de), ✳ (posthume), ✠, lieutenant
au 236ᵉ d'Infanterie.
Tué aux combats de Foucaucourt, le 20 juillet 1916.
Citation : *Officier plein de bravoure, qui a toujours fait l'admiration de ses chefs et de ses subordonnés par son calme et son
sang-froid dans les circonstances les plus difficiles. A été mortelle-*

ment frappé, le 20 juillet 1916, en entraînant sa section à l'attaque des positions ennemies.

[Fils du Cte et de la Ctesse née DE MECKENHEIM D'ARTAIZE.]

MECKENHEIM (Paul de), *engagé volontaire*, soldat au 9e Zouaves.

Engagé au 22e Dragons, passa dans l'Infanterie. Tué d'un éclat d'obus, le 18 août 1916, à la prise de Maurepas.

[Né à Orléans le 23 juin 1892. Fils du Cte Fernand et de la Ctesse née GASSELIN DE BOMPART, décédée.]

MEEÛS (Comte Jacques de), ✠ (posthume), ✠ (4 citations), lieutenant aviateur.

Tombé dans une lutte aérienne, le 15 juillet 1917.

[Fils du Cte et de la Ctesse René de MEEÛS.]

MÈGE DE MALMONT (René-Hippolyte-Marcel), ✠ (posthume), ✠, sergent au 121e Chasseurs à pied.

Citation : *Sous-officier brave, courageux et plein d'allant. A trouvé une mort glorieuse à son poste de combat, le 11 juin 1918, à Courcelles (Oise).*

MÉHÉRENC DE SAINT-PIERRE (*Paul*-Auguste-Marie, Comte Paul de), ✠ (posthume), ✠, ancien élève de l'École Polytechnique, lieutenant au 33e d'Artillerie.

Tué d'une balle en pleine poitrine, le 11 septembre 1914, dans une embuscade, à Ecury-sur-Coole (Marne).

Citation : *A fait preuve, pendant la retraite de la Marne, de belles qualités d'entrain et de courage. A été mortellement blessé.*

[Né le 27 février 1889. Fils du Mis et de la Mise née Élisabeth-Jeanne COQUEBERT DE MONTBRET.]

MEIFFRE (Louis), ✠, ✠ (palmes), capitaine aviateur, commandant l'Aéronautique d'un Corps d'Armée.

D'abord lieutenant de réserve à l'E.-M. de l'Artillerie d'un Corps d'Armée, il avait été nommé, avec le grade de capitaine, au commandement d'un secteur aéronautique. En dépit de ses absorbantes fonctions, il s'imposait de voler presque chaque jour et accomplissait des prodiges de hardiesse et de sang-froid ; on l'appelait « l'as de la liaison d'infanterie ». Glorieusement tombé en survolant les lignes ennemies, le 1er mai 1918, à 28 ans.

MEIGNEN (Alexis-François-Marie de), ✠ (posthume), ✠, sergent au 118e d'Infanterie.

Citation : *Sous-officier remarquable par son énergie, son courage et son initiative; a eu une belle conduite aux combats de Tahure et de Vaux. Tombé glorieusement pour la France, le 15 novembre 1916, à Vaux. Deux citations antérieures.*

MEINER (Georges-*Edmond*), ✠, (70), industriel, capitaine honoraire.

A fait toute la campagne de 1870-71 comme engagé volontaire. Nommé capitaine par ses soldats sur le champ de bataille, fut officiellement promu. Capitaine au service d'Etat-Major de la 7e Région et maintenu dans les cadres, fut mobilisé le 3 août 1914, et versé aux auxiliaires de la Place de Besançon. Réformé pour cause de maladie par fatigue excessive, est décédé des suites d'une maladie contractée au service.

[Né le 23 octobre 1845.]

MELCHIOR (*Maurice*-Charles-Paul), ✠, ✠ (palme), enseigne de vaisseau de réserve.

Blessé à la prise de Dixmude, le 10 novembre 1914, a succombé aux suites d'une maladie contractée aux Armées.

> Citation : *A montré une grande valeur professionnelle dans l'attaque du cimetière de Dixmude, où il a repris à la baïonnette une tranchée occupée par l'ennemi.*

[Né le 5 décembre 1886. Fils du Vice-Amiral (décédé) et de Mme née PETIET. Marié à Mlle Louise PARTIOT, fille du Ministre plénipotentiaire (décédé) et de Mme née DRAGON DE GOMIÉCOURT, — dont deux enfants.]

MELLANVILLE (Louis-*Germain* BOISSEAU de), ✠ (posthume), ✠, statuaire, capitaine au 130ᵉ d'Infanterie.

> Citation : *A été tué, le 27 septembre 1915, en conduisant vaillamment sa compagnie à l'assaut en Champagne. A été cité.*

[Marié à Mlle Gabrielle-Adrienne FOUCAULT.]

MELLERIO (*Paul*-Marie-Raphaël), adjudant au 76ᵉ d'Infanterie.
Tué à La Chalade (Meuse), le 21 décembre 1914.

[Né le 29 mars 1882. Fils de M. et de Mme née Jeanne CHENARD. Marié à Mlle Suzanne PATIN.]

MELLIER (Jean), ✠, lieutenant au 68ᵉ d'Infanterie.
Blessé et disparu, le 26 septembre 1914, aux combats de Tuisy (Marne).

MELLO-VIEIRA (Lucien de), *engagé volontaire*, lieutenant aviateur.

Appartenant à une grande famille brésilienne, il s'engagea au service de la France dès la déclaration de guerre. Il fut victime, le 28 janvier 1918, du même accident qui coûta la vie au pilote Duc DE CHEVREUSE, étant observateur sur le même avion.

MÉNAGÉ (Louis), ✠, poète et sculpteur, sous-lieutenant.
Tué à Vingré, en entraînant sa compagnie, le 3 octobre 1914.

MÉNARD (Henri JOSEPH-), ✠ (posthume), ✠ (étoile), avocat à la Cour de Paris, sergent.
Tué, le 20 septembre 1914, au Bois Brûlé, combat de Martincourt.

> Citation : *Sous-officier plein d'entrain et d'audace ; lors de l'attaque d'un bois, a demandé à partir le premier, et a été tué à son poste, le 20 septembre 1914.*

[Né le 20 novembre 1890. Fils de M. JOSEPH-MÉNARD, ancien député de Paris (décédé), et de Mme née MANGIN.]

MÉNARD (*André*-Joseph-Louis), ✠ (posthume), ✠ (palme), industriel, adjudant au 204ᵉ d'Infanterie.

Tué, le sourire aux lèvres, le 31 mai 1915, à Bully-Grenay (Pas-de-Calais). Etait proposé pour le grade de sous-lieutenant.

> Citation : *Nature d'élite, qui n'a cessé de donner l'exemple des plus belles vertus militaires ; venu volontairement sur le front, en septembre 1914, comme simple soldat, s'est constamment signalé par sa valeur professionnelle dans tous les grades, jusqu'à celui d'adjudant où il a été tué à son poste de combat.*

[Né le 25 juin 1881, Fils de l'ancien Greffier en chef de la Cour de cassation et de M᷅ᵐᵉ née WELDON (décédée en 1916). Marié à M¹¹ᵉ Marie FORESTIER (décédée en 1917), fille de l'Inspecteur général des Ponts et Chaussées et de Mᵐᵉ née HERMITE, — dont un enfant.]

MÉNARD DE CHAUGLONNE (Théodore-Gabriel), ✳ (posthume), ✠, capitaine au 92ᵉ d'Infanterie.

Tué en 1915.

> Citation : *Vaillant officier. A su maintenir sa compagnie dans un village violemment attaqué, et malgré les pertes des deux tiers de son effectif. A été tué par une balle devant ses hommes, à qui il donnait un bel exemple de ténacité et de courage.*

MENDES (Jean-Primice-Catulle), ✠, brigadier au 103ᵉ d'Artillerie lourde.

Tué, le 23 avril 1917, à Prosnes, ferme de Moscou (Marne).

[Né le 8 juillet 1896. Fils de M. Catulle MENDÈS, homme de lettres (décédé), et de Mᵐᵉ née Jeanne METTE.]

MENGIN DE LA BESSIÈRE (Henri).........................

MÉNÉTREZ (Gaston), ✳ (posthume), ✠, capitaine au 25ᵉ Chasseurs à pied.

Blessé mortellement, le 17 novembre 1914, au combat de Chauvoncourt, en entraînant sa compagnie à l'assaut.

[Fils du Général, GO ✳, et de Mᵐᵉ MÉNÉTREZ.]

MENGIN-LECREULX (Albert), ✳ (posthume), ✠ (5 citations), lieutenant au 5ᵉ Cuirassiers à pied.

Blessé mortellement le 30 mai 1918, succomba, le 3 juin suivant, à l'hôpital Janson-de-Sailly.

> Citation : *Officier qui a déjà trois blessures et quatre citations ; s'est distingué particulièrement, les 29 et 30 juin, dans la défense d'un point d'appui (Bonne-Maison) attaqué par des forces supérieures. Très grièvement blessé, décédé à la suite de ses blessures.*

MÉNIÈRE (*Jacques*-Claude, Baron NÉRIN-), ☸ (posthume), ✠ (palme et 3 étoiles), sergent au 328ᵉ d'Infanterie.

Tombé au cours des combats de la Somme, le 31 octobre 1916.

> Dernière citation : *Sergent chef de section, a, au cours d'un séjour aux tranchées, dans un secteur particulièrement bombardé, fait preuve d'un calme et d'un sang-froid absolus. A été blessé mortellement, le 31 octobre 1916, en parcourant la ligne occupée par sa section qui subissait un violent bombardement. A été cité.*

MENOU (Tony de), ✠ (étoile d'or), sous-lieutenant au 1ᵉʳ Chasseurs à pied.

Blessé une première fois le 25 septembre 1914, tomba glorieusement, le 25 mai 1915, devant Notre-Dame-de-Lorette.

[Né le 19 mai 1891. Fils du Vte et de la V^tesse née DE VASSAL-RIGNAC.]

MENOU (Jacques de), ※ (étoile d'or), sergent au 151e d'Infanterie.
Blessé une première fois à la bataille de la Marne, le 8 septembre 1914, puis en Champagne, le 25 septembre 1915, il était porté disparu, le 10 juin 1918, à Gournay-sur-Aronde, devant Compiègne.

[Né le 10 janvier 1893. Frère du précédent.]

MENOU (Jean-Marie de), ※ (posthume), ※, capitaine au 41e Colonial.

Citation : *Officier d'élite qui, le 1er octobre 1915, a brillamment entraîné sa compagnie à l'attaque d'une position ennemie. Mortellement blessé au cours de l'action.*

MENTQUE (Vicomte Max CLICQUOT de), ※ (posthume), ※ (palme), aspirant au 11e Dragons.
Tué, le 10 octobre 1914, à Monchy-au-Bois, près d'Arras; il avait eu un cheval tué sous lui à la prise d'Altkirch.

Citation : *Le 10 octobre 1914, au cours d'une attaque à pied, a mené une section de territoriaux avec la dernière énergie, sous un feu très violent. A été tué. Avait fait preuve, au cours de la campagne, d'une vigueur peu commune. A été cité.*

[Beau-fils et fils de M. Georges LOCHE et de Mme née CONTE.]

MENU DE MENIL (Marcel), ※ (posthume), ※ (palme), lieutenant au 6e Chasseurs à pied.
Tué le 5 novembre 1918.

Citation : *Magnifique officier qui a entraîné sa compagnie, pour le passage du canal, de la façon la plus brillante. Est tombé mortellement frappé alors que, debout sur la berge du canal, sous un feu intense de mitrailleuses et au milieu d'un violent bombardement, il encourageait ses chasseurs et leur donnait un sublime exemple de dévouement. A été cité.*

MENU DE MENIL (Emmanuel), ※ (posthume), ※, *engagé volontaire*, sous-lieutenant au 25e Chasseurs à pied.

Citation : *Jeune officier, engagé volontaire à dix-sept ans, dont le cœur ardent incarnait les plus belles vertus morales, les plus beaux sentiments d'honneur, de tradition et de sacrifice. Le 21 août 1918, électrisa ses chasseurs par sa bravoure et sa vaillance, les conduisant sur la position ennemie avec un élan irrésistible. Pris sous des feux de mitrailleuses et restant debout pour mieux observer l'ennemi, fut tué, le sourire aux lèvres, d'une balle en plein cœur. A été cité.*

[Tous deux fils du Colonel et de Mme MENU DE MENIL.]

MÉQUILLET (Jacques), *engagé volontaire*, aspirant au 286e d'Artillerie lourde.
Tué le 15 août 1918.

[Né en 1899. Fils du Député de Lunéville et de Mme née Nelly CORDIER.]

MERCIER DE BEAUROUVRE (Pierre-Camille), ✠ (2 citations), sous-lieutenant.

Blessé à la bataille de la Marne, il prit part aux combats de Champagne et à ceux de Verdun. Tombé glorieusement le 10 octobre 1916.

[Né en 1892. Fils du C⁰ Frédéric MERCIER DE BEAUROUVRE, ✻, ministre plénipotentiaire.]

MÉRIC (*Pierre*-Raoul-Étienne de), soldat au 114ᵉ d'Infanterie.

Mort de ses blessures, le 10 novembre 1914, à Vlamertinghe (Belgique).

[Né le 6 avril 1892. Fils de M. et de Mᵐᵉ née Anne VALENTIN.]

MÉRIC DE BELLEFON (Antoine-Henri-*Jean* de), ✻, ✠ (2 palmes, 2 étoiles), chef de bataillon au 153ᵉ d'Infanterie.

Chef d'escadrons de Cavalerie, passé, sur sa demande, dans l'infanterie, fut blessé mortellement au Mont Kemmel, le 29 avril 1918; succomba pieusement à l'hôpital de Berck-Plage, le 15 mai suivant.

> Dernière citation : *Officier supérieur d'une rare énergie, d'une activité inlassable, d'une bravoure allant jusqu'à la témérité; a été mortellement blessé au moment où, au cours d'un violent bombardement par obus de gros calibres, il sortait de son poste de commandement pour aller s'assurer par lui-même que toutes mesures de sécurité étaient prises par ses compagnies. N'a consenti à se laisser évacuer qu'après avoir passé son commandement à son successeur.*

[Né le 12 avril 1878. Fils de M. Aloys DE MÉRIC DE BELLEFON et de Mᵐᵉ née FRAISSEIX DE VEYVIALLE. Marié à Mˡˡᵉ Magdeleine TARDU, fille de M. et de Mᵐᵉ née JACOB, — dont un enfant.]

MÉRIC DE BELLEFON (Charles-Marie-Joseph de), ✻ (posthume), ✠, lieutenant au 65ᵉ d'Infanterie.

> Citation : *Tué, le 26 août 1914, au combat de la Marfée, à la tête de sa section entraînée à l'assaut des positions allemandes sous un feu violent d'artillerie. A été cité.*

[Marié à Mˡˡᵉ DE VUILLEFROY DE SILLY.]

MÉRILLON (Charles-Stewart), ⚜, ✠ (palmes), maréchal des logis au 10ᵉ Hussards.

Grièvement blessé, puis amputé du bras droit, a succombé à ses blessures en octobre 1918.

MÉRINE (Pierre), ✻ (posthume), ✠ (palme), Saint-Cyrien, lieutenant au 103ᵉ d'Infanterie.

> Citation : *Cerné avec sa section dans les bois de Saint-Léger, au nord d'Ethe, le 22 août 1914, a rallié tous les isolés qu'il a rencontrés, et a combattu avec eux pendant deux jours pour essayer de se frayer un passage. Est tombé glorieusement le 24 août, près de Robelmont, dans l'accomplissement de cette tâche.*

[Né le 10 mars 1886. Marié, en 1913, à Mˡˡᵉ Marie-Anne DE LOUSTAL.]

MERLE DES ISLES (Antony), ⚜ (posthume), ✠ (palme), maréchal des logis au 3ᵉ Chasseurs d'Afrique, pilote-aviateur à l'Escadrille V. 114 (escadre 11).

Tué au commencement de 1918.

> Citation : *Sous-officier de réserve, réunissant les plus belles qualités d'hommes et de soldat. Arrivé en escadrille depuis trois semaines, s'était fait déjà remarquer et aimer. Récemment, pendant la nuit, a insisté pour bombarder, malgré des conditions de départ particulièrement dangereuses, où il a trouvé la mort.*

MERLI (Jacques), avocat à la Cour de Paris.

Tué à Roye, en novembre 1914.

MERLIN (Baron), ✠, conseiller municipal de Paris, chef d'escadrons de Cavalerie, attaché à l'E.-M. de la IIᵉ Armée.

Mort, le 23 juin 1917, de maladie contractée au front.

[Né le 10 novembre 1856. Marié à Mˡˡᵉ Gabrielle DE SAUGY.]

MERLIN (Baron Jacques), ✠ (étoile), lieutenant au 25ᵉ d'Infanterie.

Disparu, le 13 octobre 1916, lors d'une violente attaque devant Chaulnes.

[Né le 3 mars 1891. Fils du précédent.]

MERLIS (Marie-Louis-*Henri* GOURSAUD de), ✠, ✠ (3 citations), chef de bataillon au 77ᵉ d'Infanterie.

Tué d'une balle au front, le 16 juin 1915, à l'assaut de la cote 123 entre Souchez et Neuville-Saint-Vaast ; inhumé au cimetière de la Motte, à Mont-Saint-Eloy.

> Citation posthume : *Très brave, très courageux ; au cours du combat du 16 juin 1915, a superbement entraîné tout son bataillon à l'assaut des tranchées ennemies, a continué à marcher malgré deux blessures à la main et à l'épaule ; est tombé ensuite glorieusement atteint à la tête.*

[Né le 12 août 1871. Fils de M. et de Mᵐᵉ née DE PICHON. Marié à Mˡˡᵉ Suzanne DE GÉSINCOURT, fille de M. et de Mᵐᵉ née DE CHARGÈRES, — dont un fils.]

MERLIS (Jacques GOURSAUD de), ✠, aspirant au 236ᵉ d'Infanterie.

Tombé au champ d'honneur, devant Tahure.

[Fils de M. et de Mᵐᵉ Charles DE MERLIS.]

MERLIS (Carl GOURSAUD de), ✠ (posthume), ✠ (palme), sous-lieutenant observateur en avion à l'Escadrille C. 61.

Tué le 23 septembre 1916.

> Citation : *Jeune officier observateur qui, en quelques mois de présence dans l'aviation, avait déjà donné des preuves nombreuses de courage, de dévouement et d'habileté professionnelle. Tombé glorieusement, en septembre 1916, au cours d'un combat aérien. A été cité.*

MERTIAN DE MÜLLER (*Daniel-Marie-Henri*), ✠ (posthume), ✠ (1 palme, 1 étoile d'argent), étudiant se préparant à l'École Centrale, sous-lieutenant au 11ᵉ d'Artillerie (batteries de 58).

Tombé, le 31 juillet 1916, au ravin de Souvaux, secteur des Éparges, à la première riposte de son tir. Relevé immédiatement par ses hommes, est mort entre leurs bras. Ses chefs lui procurèrent la cérémonie religieuse et l'inhumation avec honneurs militaires dans le cimetière de Notre-Dame-de-Rupt, en Woëvre.

Citation : Jeune officier de grand mérite, plein de courage et d'allant, qui s'est fait remarquer en toutes circonstances et dans les situations les plus périlleuses, par sa décision et son mépris du danger. Est tombé glorieusement, le 31 juillet 1916, à son poste de combat. A été cité.

[Né le 20 octobre 1894. Fils de M. MERTIAN DE MÜLLER, O ✳, commissaire de la Marine, et de Mme née AVED DE MAGNAC.]

MERVILLE (Louis DESHAYES de), maréchal des logis au 242e d'Artillerie.

Tué à l'ennemi, au combat d'Yarbachi (Cilicie), le 16 mai 1920.

[Fils de M. (décédé) et de Mme L. DE MERVILLE.]

MESCHINET DE RICHEMOND (*Adolphe*-Samuel-Louis), ✳ (posthume), ✠ (palme), O ✳ (Dragon de l'Annam), Pasteur de l'Église Réformée, aumônier au Corps des Troupes Coloniales.

Blessé au poste de secours de Virginy pendant que, la nuit, il encourageait et soutenait les blessés, il fut évacué, malgré lui, par ordre du Médecin-chef, et mourut dix jours après, à l'hôpital militaire de Châlons-sur-Marne, le 15 février 1915.

Citation : A assuré son ministère avec un dévouement remarquable, n'hésitant pas à se porter aux endroits les plus exposés pour encourager les hommes. Grièvement blessé par un éclat d'obus, le 5 février, est mort des suites de ses blessures.

[Né à La Rochelle le 3 juillet 1870. Fils de M. et de Mme née GUESNON DES MESNARDS. Marié à Mlle Hélène LEENHARDT, fille du D^r et de Mme née Florence DOXAT, — dont six enfants.]

MESGUICH (René), ✳, ⚜, ✠ (palmes), sergent-pilote à l'Escadrille M.S. 12, promu lieutenant d'Artillerie, pilote d'hydravion.

Dernière citation : Chef d'une section d'hydravions, modèle d'énergie et d'entrain malgré son âge (45 ans) ; très compétent en matière d'aviation. Quatre citations à l'Ordre du jour, dont deux d'armée ; services exceptionnels rendus à l'aviation, tant sur le front terrestre qu'en mer, à la recherche de mines et de sous-marins ennemis. Disparu en mer au cours d'une reconnaissance aérienne, en accomplissant son devoir militaire.

MESLIER DE ROCAN (Léon-Georges), ✳ (posthume), ✠, lieutenant au 3e bis de Zouaves.

Citation : Officier plein d'entrain et d'une belle attitude au feu. Est tombé glorieusement, le 1er octobre 1918, en entraînant sa section à l'assaut des positions ennemies. A été cité.

MESMAY (Jean-*Robert* de), ✳ (posthume), ✠, lieutenant au 37e d'Infanterie.

Tué à l'ennemi, le 9 mai 1915.

Citation : Véritable héros. A, sous un feu de mitrailleuses tellement violent que ses hommes hésitaient à sortir de la parallèle de départ, donné un exemple magnifique de mépris du danger en montant debout sur le parapet pour lancer sa compagnie à l'attaque ; l'a électrisée par son exemple, et est tombé mortellement frappé après avoir enlevé successivement trois lignes de tranchées. A été cité.

[Né le 15 novembre 1882. Fils de M. et de Mme née Edith DE LA PORTE.]

MESNAGER (*Jean*-Baptiste-André), ✠ (posthume), ✠ (palme), aspirant au 82ᵉ d'Artillerie lourde.

Entré le 15ᵉ à l'Ecole Polytechnique, en 1916, partit volontairement au front, et, le 9 août, dans les Flandres, il trouvait la mort du soldat à son poste d'observation.

> Citation : *Jeune aspirant de grande valeur, ayant, en toutes circonstances, et particulièrement du 27 juillet au 4 août 1917, où tous les officiers de sa batterie étaient évacués, fait preuve d'une ardeur au travail, d'un courage et d'une énergie dignes d'éloges. A, du 1ᵉʳ au 5 août, contribué largement à la reconnaissance et à l'installation des observatoires. Le 9 août, s'étant porté à découvert pour mieux voir le terrain, a été tué à son poste d'observation.*

[Né à Périgueux le 12 janvier 1898. Fils de l'Ingénieur en chef des Ponts et Chaussées, Lieutenant-Colonel du Génie territorial, O ✠, et de Mᵐᵉ née TABOREL.]

MESNILDOT (Pierre-Marie-Raymond du), ✠ (posthume), ✠, lieutenant au 14ᵉ Hussards.

> Citation : *Officier dévoué et très brave. Tué glorieusement, le 22 août 1914, au combat d'Ethe (Belgique), à la tête de sa section de mitrailleuses qu'il avait mise en batterie pour arrêter une attaque de flanc. A été cité.*

MESNILDOT (Auguste du), ✠ (posthume), ✠ (palme), prêtre, soldat brancardier au 235ᵉ d'Infanterie.

Mort, en 1914, des suites de ses blessures.

> Citation : *Grièvement blessé en pansant un de ses camarades, a, en plusieurs circonstances, fait preuve de beaucoup de courage et d'un grand dévouement.*

[Né en 1886. Fils de l'ancien Député et de Mᵐᵉ née Marguerite DE PIERRE DE BERNIS, décédés.]

MESSIER COLLET DE SAINT-JAMES (Jean), caporal au 131ᵉ d'Infanterie.

Disparu, le 14 octobre 1918, près Primat, dans la région de Vouziers.

MÉTHÉ DE FONRÉMIS (Eugène-Camille-*André*), maréchal des logis, détaché au 234ᵉ d'Infanterie.

Tué à Reillon (Meurthe-et-Moselle), le 21 juin 1915.

[Né le 7 novembre 1889. Fils de M. et de Mᵐᵉ née Marie URVOY DE CLOSMADEUC.]

METTETAL (*Robert*-Lucien-Amédée), ✠, lieutenant au 60ᵉ d'Infanterie.

Tué à Hautebraye, le 12 novembre 1914.

[Né le 28 septembre 1887. Marié à Mᵐᵉ Augusta WIDMANN.]

METZ (François de), ✠, ✠, capitaine d'Artillerie.

Tué le 16 mars 1916.

[Fils de M. (décédé) et de la Mᵐᵉ née DE LA CHAISE. Marié à Mᵐᵉ LE JOINDRE.]

METZ (Gérard de), ✠, ✠, sous-lieutenant d'Artillerie.

Mort des suites de ses blessures, à 20 ans.

[Fils du Colonel et de Mᵐᵉ née ÉLIE.]

MEUNIER (Hippolyte), ✳, ✠, commandant le Génie d'une Division à l'Armée d'Orient.
Mort pour la France, le 3 novembre 1918, à Kniajévatz (Vieille Serbie).
[Né en 1879. Fils de M., O ✳, et de Mme Gaston MEUNIER.]

MEUNIER (Maurice), ⚜ (posthume), ✠ (palme et étoile), avocat à la Cour d'Appel, sergent au 19e d'Infanterie territoriale.
Tué au Bois Le Prêtre, le 28 mai 1915.

 Citation : *A fait preuve du plus grand dévouement et d'un mépris absolu du danger en allant relever des morts sur les premières lignes. A été tué, le 28 mai 1915, au Bois Le Prêtre, en accomplissant sa mission.*

[Né à Thann (Alsace) le 4 décembre 1876. Fils de M. Charles MEUNIER, ingénieur, et de Mme née DOLLFUS. Marié à Mlle Léonie VILAY, fille de M. et de Mme née HENTSCH, — dont un enfant.]

MEY (Eugène de), ⚜ (posthume), ✠, soldat au 2e Chasseurs à pied.
Tombé glorieusement, le 21 juillet 1916.

MEYNARD (*Antoine*-Marie-Joseph de), ✳ (posthume), ✠ (palme), Saint-Cyrien de la promotion de la Grande-Revanche, sous-lieutenant au 125e d'Infanterie.
Tué, le 16 juin 1915, à Neuville-Saint-Vaast.

 Citation : *Glorieusement tué, le 16 juin, en entraînant sa section sous le feu des mitrailleuses de l'infanterie et de l'artillerie ennemies. A été cité.*

[Né le 19 juin 1896. Fils du Cte DE MEYNARD, O ✳, ✠, capitaine de vaisseau, et de la Ctesse née DELARUE CARON DE BEAUMARCHAIS.]

MEYNARD (*Jean*-Bernard-Marie-Martin, Baron Jean de), ✳ (posthume), ✠ (palme), capitaine au 66e d'Infanterie.
Frappé d'une balle au cœur, au combat de Fère-Champenoise (bataille de la Marne), le 8 septembre 1914.

 Citation : *A montré, en des circonstances particulièrement graves, une énergie et une bravoure remarquables. Glorieusement tué à la tête de sa compagnie, le 8 septembre 1914. A été cité.*

[Né le 20 août 1877. Fils du Bon Charles DE MEYNARD (décédé) et de la B^onne née Madeleine D'ARGENT DE DEUX-FONTAINES. Marié à Mlle Jeanne VILFEU, fille du Député de la Sarthe (décédé) et de Mme née Blanche DE REISET, — dont deux fils : Guy et Hubert.]

MEYNARD (Pierre de), ✠, lieutenant au 1er régiment de marche.
Mort, le 3 avril 1915, à l'hôpital de Poperinghe (Belgique).

MEYNARD DE FRANC DE MAILLANE (Marie-Justinien-*Maxime* de), ✳ (posthume), ✠ (palme), sous-lieutenant au 168e d'Infanterie.

 Citation : *Officier de grande valeur, qui a toujours fait preuve, en toutes circonstances, du plus grand courage et d'une très haute conception de son devoir. Le 20 avril 1917, est tombé mortellement atteint d'une balle en plein front, en emmenant avec un entrain admirable ses hommes à l'assaut d'un fortin énergiquement défendu par l'ennemi. A été cité.*

[Né le 30 décembre 1887. Fils du Mis (décédé) et de la M^ise née BERGER DE CASTELLAN.]

MEYNIS DE PAULIN (Dominique).
Décédé, à l'hôpital militaire de Moulins, en juin 1917, des suites d'une maladie contractée aux Armées.
[Né en 1875. Marié à Mme Suzanne QUATRELLES-L'ÉPINE.]

MEYNOT (Ernest), ✠, capitaine au 1er mixte de Zouaves et Tirailleurs.
Tué le 6 octobre 1915.

MEYNOT (Jean), ✠, lieutenant au 138e d'Infanterie.
Tué en septembre 1914.

MÉZIÈRE (Henri), ✳, ✠, colonel.
Tué aux combats de la Marne, en septembre 1914.

MICARD (René), ✠, capitaine au 149e d'Infanterie.
Tué aux combats d'Alsace, le 21 août 1914.

MICHAELSEN (Carl), sergent.
Tué le 5 juillet 1916.
[Marié à Mlle Yvonne DEMAY DE CERTAN.]

MICHAUX-BELLAIRE (Louis - Marie - Auguste), ✿ (posthume), ✠, brigadier au 15e Chasseurs à cheval.
> *Citation : Le 15 octobre 1914, à Neuf-Berquin, s'est offert pour remplir une mission de liaison qu'il a remplie entièrement sous un feu violent. Tué à son poste de combat quelques instants après son retour. A été cité.*

MICHEL (Henri-*Robert-André*), archiviste aux Archives nationales, ancien membre de l'Ecole Française de Rome, sergent au 204e d'Infanterie.
Tué, le 13 octobre 1914, au combat de Crouy.
[Fils de M. André MICHEL, membre de l'Institut, et de Mme née CROSNIER DE VARIGNY. Marié à Mlle ORMOND.]

MICHEL (André), maréchal des logis au 19e Dragons.
Tué à Maisnil (Nord), le 19 octobre 1914.

MICHEL-DANSAC (Valéry-Robert-*André*), ✠, aspirant au 16e Chasseurs à pied.
Tué à Raucourt (Somme), le 28 septembre 1916.
[Fils du Dr et de Mme Adrien MICHEL-DANSAC.]

MICHELER (Henry), GO ✳, ✠, Général de Division.
Né à Phalsbourg (Lorraine), il avait rempli une brillante carrière. Entré à l'Ecole de Saint-Cyr en 1870, il sorti sous-lieutenant le 1er septembre 1871. Lieutenant-colonel en 1897, il fut promu général de brigade en 1908 et général de division en 1912. Blessé grièvement dès le début des opérations en Belgique, puis, une seconde fois, sous Verdun, il ne s'était jamais remis, et avait été conduit, le 8 août 1917, pour y subir une opération, dans une clinique de Lyon, où il succomba peu après, à 66 ans.

MICHELS (Baron Alexis des), ✴, ⚜, ✴, ✴ (Médailles du Maroc et du Sahara), lieutenant-colonel au 2ᵉ Dragons.

Sorti brillamment de Saint-Cyr, sorti second de Saumur, fit deux fois la campagne du Maroc, deux fois cité à l'Ordre, chef d'escadrons au début de la guerre, fut, a dit son Général, « de la Lorraine aux Flandres, la gloire de la VIᵉ Division ». Nommé lieutenant-colonel sur le champ de bataille, le 1ᵉʳ novembre 1914, fut tué glorieusement le lendemain, face à l'ennemi, près d'Ypres.

[Né le 26 juillet 1867. Fils du Bᵒⁿ DES MICHELS, C ✴, ambassadeur (décédé), et de la Bᵒⁿⁿᵉ née DE LAS CASES.]

MICHELS (Jehan des), ✴, apprenti marin, candidat à l'École Navale.

Englouti avec le *Suffren*, le 8 juillet 1915, aux Dardanelles.

MICHOUD (Eugène), ✴, lieutenant au 19ᵉ d'Artillerie.
Tué le 13 janvier 1915.

MIEULLE (Comte Ludovic de).

Sorti de Saint-Cyr, fut sous-lieutenant aux Chasseurs de la Garde et prit part à la guerre de 1870, comme officier d'ordonnance du maréchal CANROBERT. Fait prisonnier à la capitulation de Metz, il fut envoyé en captivité à Weimar. Au début de la guerre, en 1914, sur sa demande, il avait été mobilisé comme capitaine à Guingamp. C'est à la suite du surmenage occasionné par son service qu'il contracta le mal qui l'a enlevé en 1916.

[Veuf de Mˡˡᵉ HAREL, marié en secondes noces à Mˡˡᵉ DE SAUNHAC DU FOSSAT, ✴.]

MIGNATON (*Maurice*-Jean-Frédéric), ✴, ✴ (palme et étoile), Saint-Cyrien, lieutenant au 44ᵉ Chasseurs à pied.
Tué sous Verdun, le 31 mars 1916, en avant du fort de Vaux.

Citation : *A fait preuve d'un courage exceptionnel dans la journée du 31 mars 1916 ; a été tué à son poste de combat.*

[Né le 14 juillet 1894. Fils de M. Paul MIGNATON, avocat à la Cour de Paris, et de Mᵐᵉ née LEFORT, décédée.]

MIGNEROT (Philibert-Henry), ✴, ✴ (palme), chef de bataillon au 2ᵉ Tirailleurs.

Citation : *Chargé d'assurer, dans la nuit du 28 au 29 août 1914, avec son bataillon, la couverture d'un repli ordonné, a tenu, plusieurs heures durant, contre des forces ennemies très supérieures en nombre aidées par l'artillerie. S'est fait tuer à la tête de son bataillon pour assurer l'exécution de sa mission.*

MIGNOT (Léon-F.-Marius), ✴, mécanicien en chef à bord du *Danton*.
Englouti avec son bâtiment, le 19 mars 1917.

MIJOLA (Xavier de), ✴, sous-lieutenant au 97ᵉ d'Infanterie.
Tué, le 19 août 1914, au combat de Flaxlanden, à 25 ans.

MILCENT (*Bernard*-Joseph-Édouard), propriétaire-agriculteur, caporal au 25ᵉ d'Infanterie.
Blessé à la poitrine, à la bataille de Charleroi, le 22 août 1914,

succomba le 26 à l'hôpital de Lambersart; il resta 36 heures sur le champ de bataille, et la fièvre ardente qui le prit empêcha tout espoir de guérison : il avait les poumons perforés.

[Né le 30 avril 1890. Fils de M. Ernest MILCENT (décédé) et de Mme née LE CORBEILLER.]

MILCENT (*Joseph-André-Alphonse*), ✠ (posthume), ✠ (palme), sous-lieutenant au 36e d'Infanterie.

Tué d'une balle en plein front, le 29 août 1914, à la bataille de Guise. Son corps n'a pu être retrouvé.

[Né le 20 mars 1892. Frère du précédent.]

MILLERET (Norbert), ✠ (posthume), ✠ (palmes), lieutenant au 49e d'Infanterie, détaché près d'une Division d'Infanterie Américaine.

Passé, à sa demande, du régiment de Cuirassiers auquel il appartenait, dans l'Infanterie, avait conquis ses galons au combat : lieutenant, décoré de la Croix de guerre, deux fois cité, trois fois blessé, toujours en entraînant sa section à l'assaut sous les bombardements les plus violents. Cet officier si hardi et si brave était cependant la sollicitude même quand il s'agissait de sauvegarder la vie de ses hommes et de ménager leur sang : une citation l'a constaté de manière expresse. Tombé glorieusement, tué sur le coup par un éclat d'obus, le 19 octobre 1918, à Grandpré (Argonne).

> Dernière citation : *Officier informateur près d'une brigade américaine, avait su déjà hautement se faire apprécier de tous par sa connaissance de son métier, son allant et sa crânerie. Continuant vaillamment sa tâche en Argonne, est tombé gravement atteint à son poste devant Grandpré, lors de l'attaque finale.*

[Né en 1891. Fils du Colonel, C ✠, et de Mme née LARRIEU.]

MILLEVILLE (Marcel de), infirmier à l'ambulance 16/1.

Mort, le 13 septembre 1918, dans un hôpital près de Sézanne.

[Fils de M. et de Mme née PAILLARD D'HARDIVILLIERS. Marié à Mlle Antoinette DE LA ROQUE, — dont trois enfants.]

MILLEVOYE (Henri), ✠ (posthume), ✠ (palme et étoile), **avocat** à la Cour de Paris, ancien secrétaire de la Conférence, lieutenant au 74e d'Infanterie.

Mobilisé comme sergent, avait conquis tous ses grades sur les champs de bataille. Tué à la tête de sa section, d'une balle au front, au combat de Neuville-Saint-Vaast, le 25 septembre 1915.

> Citation du Général D'URBAL (29 octobre 1915) : *Officier d'une bravoure à toute épreuve, qui a su faire de sa section une unité d'élite. Est tombé mortellement frappé, le 25 septembre, en entraînant sa section à l'assaut des tranchées allemandes. A été cité.*

[Né à Hyères (Var). Fils de M. Lucien MILLEVOYE, député de Paris (décédé en 1918), et de Mme née Adrienne DAMIRON. Marié à Mlle Marie-Rose POUPINEL, fille du D^r et de Mme née BACHELIER.]

MILLEVOYE-LILIENTHAL (Charles-*Pierre*), ✠ (posthume), ✠, avocat, sous-lieutenant au 359e d'Infanterie.

Tué en 1915.

> Citation : *A fait preuve de la plus belle énergie, dans la ma-*

nière dont il a entraîné sa section à l'assaut d'une position ennemie formidablement retranchée. A été tué au moment où ses efforts allaient être couronnés de succès. A été cité.

[Fils de M. Jules MILLEVOYE et de Mme née LILIENTHAL.]

MILLON DE VILLEROY (Jean), ✠ (posthume), ✠ (palme), sous-lieutenant au 293e d'Infanterie.

Citation : *Excellent officier, d'un courage et d'un dévouement à toute épreuve. Mort pour la France, le 8 juin 1916, à Verdun. A été cité.*

MILLOUR (Jean-*Paul*), étudiant, caporal au 8e Zouaves.

Tué, le 15 juin 1915, à Ablain-Saint-Nazaire-Souchez, le premier jour, à la première heure et à sa première attaque.

[Né le 8 mai 1895. Fils de M. et de Mme née BAILLOU.]

MILLY (Jacques de), ✠ (posthume), ✠ (palme), sous-lieutenant au 99e d'Infanterie.

Citation : *Officier modèle de bravoure et de dévouement. Au cours d'un coup de main, a demandé à prendre le commandement des éclaireurs, pénétrant à leur tête dans les organisations allemandes, malgré un violent feu d'artillerie. Est tombé glorieusement en poursuivant sa mission au delà de la première ligne ennemie (1918).*

MILLY (Marie-Lucien-Gabriel de) ✠ (posthume), ✠, sergent au 141e d'Infanterie.

Citation : *Parfait sous-officier, courageux et dévoué. A conduit très brillamment, dans la nuit du 2 au 3 mai 1916, une corvée à la cote 304, malgré le feu violent de l'artillerie et l'a ramenée sans perte. Tué, le 4 mai 1916, à Montzeville. A été cité.*

MIMAUD (Charles), ✠, ✠, chef de bataillon.

Tué aux combats de la Somme, le 30 juillet 1916.

MIMAUD GRAND-CHAMPS (*Henry*-Pierre-Marie-Maurice), ✠ (posthume), ✠ (palme et étoile de vermeil), secrétaire du Salon de l'Automobile, lieutenant mitrailleur au 307e d'Infanterie (Fourragère).

Parti sergent en août 1914, il a succombé, le 21 septembre 1918, aux suites d'une intoxication par les gaz hypérites reçus à Gury, le 11 avril 1918; venait d'être proposé pour le grade de capitaine.

Citation : *Son commandant de compagnie ayant été blessé la veille de l'attaque du 7 novembre 1916, a pris à l'improviste le commandement de sa compagnie de mitrailleuses, qu'il a dirigée avec la plus grande autorité, occupant tous les objectifs qui lui étaient assignés.*

[Né le 19 novembre 1884. Fils de M. et de Mme née NAVARRE. Marié à Mlle Geneviève BIGLE, fille de M. et de Mme née LAUWICK-RIESENER, — dont deux filles.]

MIMAUD GRAND-CHAMPS (René-Maurice-*Robert*), ✠ (posthume), ✠ (palme), lieutenant observateur à l'Escadrille V. 114.

Citation : *Passé dans l'aviation en mai 1917, après avoir brillamment accompli son devoir dans l'infanterie, s'est révélé observateur de premier ordre, admirable d'entrain et de courage. Tombé dans les lignes ennemies, le 18 août 1917, au cours d'une expédition de nuit. A été cité.*

MIMEREL (*Jacques*-Antoine-Floris-Édouard), ✠, avocat à la Cour de Paris, sous-lieutenant au 61ᵉ d'Infanterie.
Tué à Vergaville, le 20 août 1914.
[Né à Paris le 13 février 1885. Fils de M. et de Mᵐᵉ née Hélène SAUZET. Marié à Mˡˡᵉ Madeleine PORQUET-DEBAUGE.]

MIMEREL (*Jean*-Baptiste-Eugène), ✻ (posthume), ✠ (palme), sous-lieutenant au 159ᵉ d'Infanterie.
Citation : *Jeune et brillant officier, plein d'entrain, fier d'aller au feu, crâne et souriant sous la mitraille, tombé glorieusement à la tête de sa compagnie en allant, devant ses hommes, à l'attaque du col de la Chipotte, le 6 septembre 1914.*
[Né à Paris le 12 février 1892. Frère du précédent.]

MIMEREL (*Marc*-Edmond), caporal au 137ᵉ d'Infanterie.
Tué à Thiaumont (Meuse), le 12 juin 1916.
[Né à Paris le 17 mars 1896. Frère des précédents.]

MINART (Édouard-Gustave), ✻, chef de bataillon, commandant le 159ᵉ d'Infanterie.
Tombé sous Arras, le 23 octobre 1914.

MINEHY (Charles du)..............................

MINERVAL (Camille-Augustin **BARTHE** de), ⚜ (posthume), ✠, maréchal des logis au 5ᵉ Spahis.
Citation : *Sous-officier brave et dévoué, ayant toujours fait preuve des plus belles qualités. Tombé glorieusement pour la France, le 27 mai 1917.*

MINGASSON (Maurice), ✻ (posthume), ✠ (palme), **chef de bataillon au 85ᵉ d'Infanterie.**
Citation : *Blessé le 15 août 1914, blessé à nouveau le 19 août, est resté chaque fois après pansement à son poste de combat. Bravoure et énergie peu communes. Mort au champ d'honneur, le 19 septembre 1914.*

MINGASSON (Joseph), ✻ (posthume), ✠ (palme), **sous-lieutenant au 121ᵉ d'Infanterie.**
Citation : *A été tué, le 17 septembre 1914, après avoir donné, depuis le début de la guerre et en toutes circonstances, des preuves répétées du plus grand courage.*
[Fils du précédent.]

MINISCLOUX (Alexandre-Daniel-*André*), secrétaire d'Ambassade, lieutenant au 50ᵉ d'Artillerie.
Tué sous Ypres, le 30 octobre 1914.

MINTEGUIAGA (Paul de), ✻ (posthume), ✠ (palme), lieutenant au 12ᵉ Chasseurs à cheval, pilote à l'Escadrille S.A.L. 47.
Citation : *Officier pilote d'une bravoure exemplaire. Glorieusement tombé (1918).*

MIOL-FLAVARD (*Émile*-Joseph de), ✻ (posthume), ✠, sous-lieutenant de réserve au 16ᵉ d'Artillerie.

Citation : *Officier de réserve remarquable par son dévouement, sa bravoure, son haut sentiment du devoir. Grièvement blessé le 27 novembre 1914, en avant d'Ypres, est mort le lendemain de ses blessures. A été cité.*

MIOLLIS (Marie-François-André de), (posthume), soldat au 144e d'Infanterie.

Citation : *Brave soldat. A été blessé grièvement, le 50 août 1914, au combat de Pleine-Selve. Est mort des suites de ses blessures.*

MIOT (*Paul*-Charles-Louis), (posthume), du 28e Dragons, adjudant pilote à l'Escadrille N. 87.

A trouvé la mort glorieuse à Saint-Clément, près de Lunéville, s'étant élancé bravement pour combattre seul un avion allemand beaucoup plus vite et mieux armé que lui ; il tomba de 4.000 mètres.

Citation : *Pilote de chasse, remarquable de courage et d'allant. Après s'être courageusement porté à l'attaque d'un avion ennemi, est glorieusement tombé en combat aérien.*

[Né le 21 janvier 1887. Fils de M. et de Mme née PIÉRARD. Marié à Mlle Henriette NICOLLE DE MONTJOYE, fille de M. et de Mme née VACHET.]

MIQUEL (André), capitaine au 15e Chasseurs à cheval.

Disparu, en 1915, aux combats de Champagne.

MIR (Louis-Paul-Auguste), (palme), chef de bataillon au 59e d'Infanterie.

Tombé au combat du 22 août 1914.

Citation : *Tué à la tête de son bataillon, qu'il conduisait à l'assaut de tranchées ennemies très sérieusement défendues.*

MIRABAUD (Jacques), (posthume), (palme), banquier, lieutenant de réserve, commandant la section de mitrailleuses du 54e Chasseurs alpins.

Fait prisonnier le 27 août 1914 ; emmené en captivité à Weingarten (Wurtemberg), où il est mort, le 7 févrler 1916, des suites d'une opération.

Citation : *Blessé grièvement, le 27 août 1914, à Ménil-sur-Belvitte, alors qu'il dirigeait avec beaucoup de sang-froid la mise en batterie de sa section de mitrailleuses, sous un feu violent d'infanterie et d'artillerie. A été cité.*

[Né le 25 mars 1878. Fils de M. Albert MIRABAUD et de Mme née KOECHLIN (décédée). Marié à Mlle DOLLFUS (décédée), fille de M. Maurice DOLLFUS (décédé) et de Mme née CHANU, — dont quatre enfants.]

MIRIBEL (Henri-*Adrien*-Vivant, Vicomte Adrien COPPIN de), (posthume), lieutenant au 21e Chasseurs à pied.

Tué le 25 septembre 1915.

Citation : *Blessé très grièvement, le 9 septembre 1914 ; à peine guéri, a rallié le bataillon sur sa demande. A été tué en enlevant sa compagnie à l'attaque des tranchées allemandes, avec un brio remarquable. A été cité.*

[Fils du Cte et de la Ctesse née DE FLEURIEU.]

MIRIEU DE LA BARRE (Jacques), (posthume), (palme), admissible à Saint-Cyr, sous-lieutenant au 96e d'Infanterie.

Citation : ..... *Tué d'une balle au front, le 27 septembre 1915, à 19 ans, au moment où son capitaine étant atteint mortellement, il se portait près de lui en terrain découvert pour prendre ses ordres. A été cité.*

[Fils de M. et de Mme née DE HEREDIA.]

MIRON D'AUSSY (Paul-Louis-Henry-*François*), O �֍, ✠, lieutenant-colonel de Cavalerie.

Mort, le 11 novembre 1917, des suites d'une courte maladie contractée aux Armées.

[Marié à Mlle DE LESTRE DU SAUSSOIS, — dont cinq enfants.]

MIRON DE L'ESPINAY (Antoine-Hilaire-Michel-*Jean*), ✖, ✠ (palme), sous-lieutenant au 131e d'Infanterie.

Mort de ses blessures, le 8 juin 1916, à Sainte-Menehould.

[Né le 26 janvier 1898. Fils de M. et de Mme née Louise DE MONTFLEURY.]

MISSIESSY (Comte Jean de BURGUES de), ✖, ✠ (palme), capitaine au 10e Chasseurs à pied.

Commandait le bataillon depuis le 20 août 1914, jour où son chef fut tué. Blessé grièvement, le 13 septembre suivant, à Suippes (bataille de la Marne), il succombait le 18 novembre 1914, à Cannes, aux suites de ses blessures.

Citation : *A pris le commandement du bataillon après la mort du chef de bataillon, l'a conduit courageusement au feu, a été blessé.*

[Né en 1868. Fils du Cte et de la Ctesse née DE LEUSSE. Marié à Mlle MORET DE ROCHEPRISE.]

MISSIESSY (Baron Bernard de BURGUES de), ✖ (posthume), ✠ (palme), sous-lieutenant au 173e d'Infanterie.

Tué le 24 avril 1915.

Citation : *A toujours fait preuve du plus grand courage. A été tué au moment où il enlevait sa section à la baïonnette pour repousser une attaque allemande. A été cité.*

[Fils du Vte et de la V^{tesse} née DE FONTAINE DE RESBECQ.]

MISSOFFE (Marie-*François*), ✖ (posthume), ✠ (palme), *engagé volontaire*, lieutenant au 61e Chasseurs à pied.

Tué aux combats de Champagne, en juillet 1918.

Citation : *Officier d'élite, a fait l'admiration de tous par sa bravoure et son sang-froid. A trouvé une mort glorieuse à la tête de ses hommes, en se portant à l'attaque du bois de Cournas, le 23 juillet 1918. Déjà titulaire de trois citations. Une blessure. A été cité.*

MISSOFFE (Victor-*Jean*), ✖ (posthume), ✠, lieutenant au 106e d'Infanterie.

Citation : *Officier des plus brillants, remarquable entraîneur d'hommes. Blessé le 23 août 1914, et revenu sur le front en février 1915, a fait preuve, à la tête d'une compagnie, des plus remarquables qualités de commandement. S'est particulièrement distingué au cours d'attaques par son sang-froid et sa bravoure. A été blessé mortellement, le 18 février 1915, aux Éparges, en entraînant sa troupe à l'assaut des tranchées ennemies. A été cité.*

[Tous deux fils de M. et de Mme née Marguerite BÉVIÈRE.]

MITHOUARD (André), ✠ (posthume), ✠, cavalier au 7ᵉ Dragons.

Citation : *Mort glorieusement pour la France, le 6 janvier 1916, aux Marquises. A toujours été l'exemple du cavalier dévoué, plein d'entrain et de la plus grande bravoure. A été cité.*

MITHOUARD (Édouard), ✠ (posthume), ✠ (palme), capitaine au 9ᵉ Cuirassiers à pied.

Tué, le 2 octobre 1918, à 31 ans.

Citation : *Officier ardent et animé des plus nobles sentiments du devoir. Entraîneur d'hommes, marche à toutes les attaques en tête de sa compagnie. S'est fait remarquer par cet allant pendant les journées des 26, 27 et 28 septembre 1918, enlevant plusieurs lignes de tranchées et faisant des prisonniers. Le 2 octobre, resté seul officier, a essayé de faire progresser sa section en tête dans une tranchée prise d'enfilade. Tombé grièvement blessé en portant son unité à l'assaut d'un îlot de résistance. A été cité.*

[Frère du précédent. Marié à Mˡˡᵉ Germaine MONIER, — dont un fils.]

MITRY (Comte Jacques de), ✠ (posthume), ✠ (palme), lieutenant au 61ᵉ d'Artillerie.

Mort, le 26 mai 1916, à l'hôpital de Bar-le-Duc, des suites de ses blessures.

Citation : *Vaillant officier, dont la brillante conduite devant l'ennemi et les plus belles qualités militaires lui avaient déjà valu deux superbes citations. Mort glorieusement pour la France, le 26 mai 1916, des suites de blessures reçues à l'ennemi.*

[Fils du Cⁱᵉ et de la Cᵗᵉˢˢᵉ née DE GARGAN, décédés.]

MITRY (Nicol de), ✠, Saint-Cyrien, sous-lieutenant d'Infanterie.

Tué le 6 octobre 1915.

[Frère du précédent.]

MODET (Simon-J.-Charles), ✠, lieutenant de vaisseau.

Tué à Dixmude, en 1914.

Citation posthume : *Débordé par des forces ennemies très supérieures, a maintenu ses hommes à leur poste et a tenu jusqu'à la dernière extrémité. A été cité.*

MOELLER, née CARLSTROEM (Madame Émile), infirmière bénévole à l'Union des Femmes de France (hôpital 93).

Décédée dans l'exercice de ses fonctions, le 8 février 1917.

[Fille de M. CARLSTROEM et de Mᵐᵉ née AMILON. Mariée à M. Émile MOELLER, Conseiller du Commerce extérieur, — dont un enfant.]

MOIDREY (Joseph TARDIF de), ✠, ✠ (palme), médecin auxiliaire au 41ᵉ d'Infanterie.

Grièvement blessé le 21 mai 1917, a succombé à ses blessures le 25 suivant.

Citation (Médaille militaire) : *Médecin auxiliaire qui a fait preuve, en toutes circonstances, de dévouement, de zèle et d'abnégation en prodiguant ses soins aux blessés, sans souci des fatigues et des dangers. A été grièvement blessé, le 21 mai, en assurant son service sous un violent bombardement.*

MOIRON (Jules-Louis-Wolsey-*Flavien* PARENT du), ✠ (posthume), ✠ (palme), capitaine au 66ᵉ d'Infanterie.

Tué dans sa tranchée, le 14 novembre 1914, au nord de Langemarck (Belgique).

> Citation : *A fait preuve, pendant trois mois de campagne, d'un sang-froid, d'un dévouement et d'un courage des plus remarquables. Tué par un obus, le 14 novembre, au cours d'un terrible bombardement subi par sa compagnie, tandis qu'il maintenait et encourageait tout son monde par ses paroles et son exemple. A été cité.*

[Né le 6 novembre 1882. Fils de M. Emmanuel DU MOIRON et de Mᵐᵉ née Antoinette GERBÉ DE THORÉ. Marié, en 1912, à Mˡˡᵉ Marie-Thérèse DINAUX DES ARSIS fille du Commandant, ✳, et de Mᵐᵉ née MARTINIÈRE.]

MOISANT (Louis), agent de liaison au 103ᵉ d'Infanterie.

Tué le 4 juin 1918; avait été proposé pour la Médaille militaire.

[Né en 1892. Fils de M. (décédé) et de Mᵐᵉ née PHILLIPS.]

MOISMONT (Marie-Gaston-Guy BEAUVARLET de), ✳ (posthume), ✱ (étoile), ingénieur de l'Institut Aérotechnique, sous-lieutenant au 7ᵉ d'Artillerie.

Remplissant les fonctions d'officier téléphoniste, a été tué par un obus, à Arras, le 31 mai 1915.

> Citation : *Excellent officier, modèle du devoir. A donné de nombreuses preuves de son courage et de son esprit de sacrifice, en particulier aux attaques d'Arras, le 31 mai 1915, où il a trouvé une mort glorieuse en réglant le tir de sa batterie. A été cité.*

[Né le 20 octobre 1888. Fils du Lieutenant-Colonel, ✳ (décédé), et de Mᵐᵉ née CHRESTIEN DE LIHUS.]

MOISSAC (Louis - Marie - Joseph - *André* d'HILLAIRE de), ✶ (posthume), ✱, *engagé volontaire*, maréchal des logis au 49ᵉ d'Artillerie.

Blessé grièvement, le 5 mai 1915, à Brielen (Belgique); décédé des suites de sa blessure, le 19 juin 1915, au Mans.

> Citation : *Sous-officier modèle, d'un dévouement au-dessus de tout éloge, d'une froide bravoure, d'une élévation de sentiment exceptionnelle. Par son attitude au feu et sa rare abnégation, avait su prendre un ascendant énorme sur son personnel, qui l'aimait et l'estimait. Blessé en se portant au secours d'un caisson du ravitaillement, dont les deux conducteurs avaient été blessés et les chevaux tués. Mort de ses blessures. A été cité.*

[Né le 20 juin 1891. Fils de M. et de Mᵐᵉ née Marguerite VÉZIEN DE MONTMARTIN.]

MOISSAC (Marie-Joseph-*Pierre* d'HILLAIRE de), ✳ (posthume), ✱, sous-lieutenant au 2ᵉ Colonial.

Tué, le 16 avril 1917, au Chemin-des-Dames (secteur de Paissy).

> Citation posthume : *Jeune officier plein d'allant, qui, au cours du combat du 16 avril, a eu une très brillante attitude au feu; a été blessé mortellement en enlevant ses hommes pour repousser une contre-attaque. A été cité.*

[Né le 26 septembre 1894. Frère du précédent.]

MOISSAN (Ferdinand-Marie-*Louis*), sous-lieutenant au 102ᵉ d'Infanterie.

Tué à Billy-sous-Mangiennes, le 10 août 1914.

MOISSENET (Louis), ✶, lieutenant-colonel commandant le 262ᵉ d'Infanterie.
Tué le 15 septembre 1914.

MOLAING (*Jean*-Adhémar-Georges LESNE de), ✶, ✶ (3 palmes, 2 étoiles), capitaine commandant le 3ᵉ Groupe du 33ᵉ d'Artillerie.
Tué à Craonne, le 11 juillet 1917, d'une balle à la tête, alors qu'il observait le tir de ses batteries.

> Citation : *Commandant un groupe de batteries, a toujours fait preuve des plus belles qualités militaires. Homme de devoir, dont la conscience n'avait d'égale que le mérite.. A fait de son groupe une unité tactique de premier ordre, et a su l'employer dans les circonstances les plus difficiles, avec une habileté remarquable. Tué glorieusement d'une balle à la tête, le 11 juillet 1917, en réglant lui-même, des tranchées de première ligne, dans un poste particulièrement exposé, les tirs de ses batteries.*

[Né le 13 novembre 1880. Fils de M. et de Mᵐᵉ née DE CHALUS. Marié à Mˡˡᵉ Cécile DE SEGUIN, fille de M. et de Mᵐᵉ née DE COMBETTES DU LUC, — dont trois enfants.]

MOLÉNAT (Maurice), ✶, lieutenant au 28ᵉ d'Infanterie.
Tué en septembre 1914.

MOLEUX (Pierre), ✶ (posthume), ✶, capitaine au 103ᵉ d'Infanterie.
Tombé à Perthes-les-Hurlus, le 25 février 1915..

MOLIN DE TEYSSIEU (Jacques), ✶ (posthume), ✶ (étoile), *engagé volontaire*, lieutenant au 15ᵉ Dragons.
Commandait l'escorte de la 68ᵉ Division. Tombé au champ d'honneur, le 26 juin 1917, à Salency (Oise).

> Citation : *Excellent officier, très brave et plein d'allant ; a vigoureusement conduit, comme officier de peloton, des coups de main dans la région de Leintrey. A fait preuve, comme officier de liaison, d'un entrain et d'un mépris absolu du danger au cours de missions exécutées dans le secteur de Verdun.* -

[Né le 29 janvier 1891. Fils du Chef d'escadrons, O ✶, et de Mᵐᵉ née REBIERRE-LABORDE.]

MOLITOR (Mademoiselle Nicole).
Victime du bombardement de l'église Saint-Gervais, le Vendredi-Saint, 29 mars 1918.

MOLLANS (Comte Charles d'AMÉDOR de), ✶, ✶, lieutenant au 2ᵉ Groupe Cycliste.
Glorieusement tombé à Reillon, le 22 juin 1915.

> Citation : *A conduit son peloton sous un feu d'artillerie et d'infanterie extrêmement violent, avec un sang-froid et un entrain extraordinaires. A été blessé par une balle qui lui a traversé la jambe au-dessous du genou, et n'a pu, malgré ses efforts, continuer à assurer le commandement de son peloton, étant complètement immobilisé par sa blessure.*

[Fils du Cᵗᵉ (décédé) et de la Cᵗᵉˢˢᵉ née DE SIMONY. Marié à Mˡˡᵉ Berthe DE FERRIÈRE LE VAYER, fille du Mⁱˢ et de la Mⁱˢᵉ née BÉGÉ, décédée.]

MOLY (Paul-Charles de), ✶ (posthume), ✶ (palme), capitaine au 168ᵉ d'Infanterie.

> Citation : *Le 13 décembre 1914, a conduit sa compagnie dans le*

plus grand ordre à l'assaut d'une tranchée ennemie, qu'il a enlevée sous un feu violent de front et de flanc. A été mortellement frappé au moment où, presque à découvert, il repoussait, en coopérant avec la compagnie voisine, une violente contre-attaque de l'ennemi. A été cité.

[Marié à M{le} Julienne CLAUSEL DE COUSSERGUES.]

MONCLIN (Louis-Jules-*Henry* THIÉRION de), ✠ (posthume), ✠ (palme), capitaine au 69e d'Infanterie.

Tué à Montauban (Somme), le 28 septembre 1914.

Citation : *Officier d'élite, aussi capable que courageux. Le 28 septembre 1914, a fait une fois de plus preuve d'un grand courage. Quoique blessé, a refusé d'aller se faire panser, en trouvant avec la moitié de sa compagnie une mort des plus héroïques, pour protéger le repli d'un bataillon voisin. A été cité.*

[Fils de M. René DE MONCLIN, ✠ (décédé en 1918), et de Mme née Jeanne DE WIMPFFEN. Marié à Mlle Geneviève LEMUT, fille de M. et de Mme née MAXIME-BARBIER.]

MONCLIN (Eugène-Maurice-René-*André* THIÉRION de), ✠ (posthume), ✠, sous-lieutenant au 147e d'Infanterie.

Tué le 28 février 1915.

Citation : *Commandant sa compagnie à l'attaque d'un bois fortement organisé, a donné le plus bel exemple d'énergie et de bravoure. A été tué sur le parapet de la tranchée ennemie, à la tête de ses hommes. A été cité.*

[Frère du précédent. — Un autre frère, Léon DE MONCLIN, lieutenant au 5e Goum marocain, avait été tué au Maroc, le 2 septembre 1912.]

MONCOURT (Jacques SIFFAIT de), ✠ (posthume), ✠ (étoile), ingénieur agricole, maréchal des logis au 13e Dragons.

Mort, le 1er décembre 1918, des suites d'une maladie contractée au front après trois ans de campagne.

Citation : *Sous-officier d'une haute tenue morale. Dans plusieurs reconnaissances à cheval au début de la campagne, et patrouilles aux abords des lignes ennemies aux tranchées d'Artois et de Champagne, a donné la mesure de son audacieux sang-froid. Le 31 mars 1916, au cours d'un très violent bombardement de nos tranchées menacées d'un coup de main ennemi, a, par son exemple courageux et son ascendant personnel, contribué puissamment à maintenir très élevés le moral et la valeur combative de la troupe.*

[Né le 21 novembre 1892. Fils de M. et de Mme née AUDE.]

MONDONVILLE (Joseph PARIS de), ✠ (posthume), ✠ (palme), sous-lieutenant au 6e d'Infanterie.

Citation : *Jeune officier plein d'entrain et d'énergie, modèle de courage et de bravoure. Frappé mortellement, le 25 septembre 1914, devant Craonne, au moment où il entraînait ses hommes à l'attaque.*

MONÉGIER DU SORBIER (Jacques), étudiant, caporal au 126e d'Infanterie.

Blessé d'une balle, en posant des fils de fer barbelés en avant de la tranchée, le 25 novembre 1914, succomba le lendemain à l'hôpital de Villers-Marmery.

[Né le 25 novembre 1892. Fils du B{on} (décédé) et de la B{onne} née Antoinette RIVIÈRE.]

MONFERRAND (Marie-Joseph-Albert-*Pierre* de), ✠ (étoile), associé d'Agent de change, capitaine au 65ᵉ d'Infanterie territoriale.

Mort, le 4 novembre 1918, à l'hôpital complémentaire 69, d'une
maladie contractée aux Armées.

[Né le 11 mars 1879. Fils de M. et de Mᵐᵉ née Thérèse Grivot (décédés). Marié à
Mˡˡᵉ Marguerite-Marie de Thannberg, fille du Cˡᵉ (décédé) et de la Cˡᵉˢˢᵉ née
Marguerite de Meynard.]

MONIER (René), ✠ (posthume), ✠ (étoile), administrateur des Services Civils de l'Indo-Chine, lieutenant au 43ᵉ Colonial.

Rentré en France sur sa demande, prit part aux combats de
Souchez, et succomba, le 28 septembre 1915, après 15 jours de
présence aux Armées.

    Citation : *Excellent officier de réserve. Quoique pouvant rester
en Indo-Chine, par suite de sa fonction de Chef du secrétariat du
Gouverneur général, a demandé à venir en France servir sur le
front. Y a trouvé une mort glorieuse, le 28 septembre 1915, en conduisant sa section à l'assaut des tranchées ennemies.*

Avait rendu de tels services en Indo-Chine, que les Indigènes
reconnaissants lui firent élever, à Thaï-Binh, un monument commémoratif inauguré, en 1916, par M. le Gouverneur général.

[Né le 22 septembre 1886. Fils de M. Fernand Monier, C ✠, ancien premier Président à la Cour de Paris (décédé en 1919), et de Mᵐᵉ née Marthe.]

MONIOTTI (Pierre), étudiant en droit, soldat au 97ᵉ d'Infanterie
alpine.

Tué, le 25 mai 1915, à l'attaque du Cabaret-Rouge, à Souchez.

[Né le 1ᵉʳ octobre 1893. Fils de M. et de Mᵐᵉ née Chambisseur.]

MONLÉON (*Guy*-Jean-Jérôme-Charles-Louis, Comte Guy de), ✠
(posthume), ✠ (palme), lieutenant au 23ᵉ Chasseurs alpins.

S'était distingué, le 20 août 1914, à Gélucourt, où sa section de
mitrailleurs fut en partie décimée, ayant sauvé le fanion tricolore
qu'il avait roulé autour de sa ceinture. Tué, le 30 août suivant, au
bois de Saint-Mansuy, près Lunéville (Meurthe-et-Moselle); provisoirement inhumé dans le cimetière d'Hériménil.

    Citation : *A été tué le 30 août en s'efforçant, sous un feu intense,
de placer sa section de mitrailleuses à proximité immédiate de la
ligne ennemie ; avait donné, en toutes occasions, l'exemple d'une
bravoure et d'un sang-froid à toute épreuve. A été cité.*

[Né le 11 août 1879. Fils du Mⁱˢ Paul de Monléon. Marié à Mˡˡᵉ Marie-Thérèse de
Zurich, fille du Cˡᵉ et de la Cˡᵉˢˢᵉ née de Reynold, — dont une fille : Roselyne.]

MONLÉON (François de), ✠ (posthume), ✠ (palme), enseigne de
vaisseau.

Tué à bord du contre-torpilleur l'*Étendard*, au cours du combat
naval livré au large de Dunkerque, les 24 et 25 avril 1917.

    Citation : *Officier courageux et d'un moral élevé, disparu dans
un combat inégal, où son bâtiment a péri glorieusement.*

[Né en 1896. Fils de M. et de Mᵐᵉ Sylvio de Monléon.]

MONMINOUX, ✠, avoué à Fontainebleau, *engagé volontaire*,
lieutenant au 289ᵉ d'Infanterie.

Tué, en 1918, en chargeant à la tête de sa compagnie.

MONNIER (Georges), ✳, lieutenant-colonel au 3ᵉ d'Artillerie.
Tué à Vaubecourt (Meuse), le 7 septembre 1914.

[Marié à Mᴵˡᵉ DUTILLEUL.]

MONNIER (Bernard), ✳, ✠ (palme et étoile), sous-lieutenant au 47ᵉ
d'Infanterie.

Blessé mortellement, le 9 septembre 1917, à la cote 344, nord
de Verdun, au moment où il venait de repousser victorieusement
un assaut de l'ennemi.

    Citation : *Vaillant officier, plein d'allant et de courage. Le 9 septembre 1917, violemment attaqué par les Allemands, a défendu avec une héroïque ténacité le terrain confié à sa garde. Après avoir enrayé la progression de l'ennemi, a reçu deux graves blessures en entraînant sa section de réserve à la contre-attaque. Déjà cité à l'Ordre.*

[Né le 14 janvier 1894. Fils de M. André MONNIER et de Mᵐᵉ née Henriette THURET.]

MONNIER (Georges), ✳ (posthume), ✠ (étoile), Saint-Cyrien de la
promotion de la Grande-Revanche, sous-lieutenant au 147ᵉ d'Infanterie.

Tué à son premier engagement, le 28 février 1915, près de
Mesnil-les-Hurlus, au Bois-Trapèze.

    Citation : *Jeune officier d'une belle bravoure. Blessé mortellement, le 28 février 1915, en entraînant sa section à l'assaut des positions ennemies.*

[Né le 20 septembre 1895. Frère du précédent.]

MONNIER (*Pierre*-Rodolphe-Alfred-Médéric), ✳ (posthume), ✠
(2 palmes), licencié en droit, lieutenant de réserve au 46ᵉ d'Infanterie.

Prit une part glorieuse aux combats sous Verdun. Gravement
blessé au cours d'une charge à la baïonnette, ne consentit à quitter
le combat qu'après la réussite de cette attaque. Revenu sur le front
à peine guéri, se distingua de nouveau : le 8 janvier 1915, fut
atteint d'une balle au cœur, en défendant héroïquement le P. C.
de son colonel blessé.

    Dernière citation : *Officier rempli d'allant et de bravoure. Le 8 janvier 1915, au cours d'une attaque allemande qui était parvenue jusqu'au poste de commandement de son colonel, s'est élancé sur l'assaillant à la tête de quelques braves ; est tombé glorieusement au cours de l'action. A été cité.*

(Né le 5 juin 1891. Fils de M. Louis MONNIER et de Mᵐᵉ née Cécile THURET.]

MONNIER (*Jacques*-Marie-Emmanuel), ✳ (posthume), ✠ (palme),
étudiant, *engagé volontaire*, officier d'Artillerie.

    Citation : *Jeune officier d'une bravoure ardente ; le 20 mai 1916, alors que sa batterie était soumise à un violent bombardement, s'est porté entre les pièces qui subissaient le plus de pertes, a maintenu par son attitude l'excellente tenue de son personnel, qui n'a cessé de fournir les tirs demandés par l'infanterie. Très grièvement atteint par un éclat d'obus, n'a consenti à se laisser emporter qu'après l'évacuation de tous les canonniers blessés.*

Mort des suites de ses blessures, le 1ᵉʳ avril 1918, à l'hôpital
Clermont, de Besançon.

[Né le 14 juillet 1896. Fils de M. et de Mᵐᵉ née JOURDAN.]

MONOD (Jean), pasteur, sergent infirmier.

Mort pour la France, à Vadelaincourt (Meuse).

MONROE (*Melchior*-Robert-Marie-Daniel), ⚜ (posthume), ✠ (étoile), maréchal des logis au 2ᵉ d'Artillerie de campagne.

Tué devant Verdun, à la position de batterie du Bois de l'Hôpital, le 17 septembre 1916.

> Citation : *Sous-officier de réserve venant de la cavalerie, plein de conscience et de dévouement, a demandé avec insistance à prendre le commandement d'une pièce à la batterie de tir, où il a été mortellement blessé le 17 septembre 1916. A donné à ses hommes un admirable exemple de sang-froid et de calme, entre le moment où il a été frappé et l'instant de sa mort.*

[Né le 4 juin 1885. Fils de M. Louis Monroe et de Mᵐᵉ née Gaillard. Marié, en 1915, à Mˡˡᵉ Marthe Henriet, fille de M. Albert Henriet et de Mᵐᵉ née de Gail, — dont une fille.]

MONROË, dit ROË (Donald), ✠, lieutenant au 27ᵉ Chasseurs alpins.

Tué le 20 août 1914.

MONS (Henri de), ✠, agent d'Assurances, lieutenant de réserve au 236ᵉ d'Infanterie.

Tué à Berry-au-Bac, le 16 septembre 1914, d'une balle au front.

[Né le 29 mars 1878. Fils de M. et de Mᵐᵉ née Marie de Cyresme. Marié à Mˡˡᵉ Amélie Vaudoré, fille de M. et de Mᵐᵉ née Bosguillot, — dont cinq enfants.]

MONS (Marie-Joseph-*Pierre* de), ✠ (posthume), ✠ (palme), agent d'Assurances, lieutenant de réserve au 19ᵉ Chasseurs à pied.

Tué à Chapton (Marne), le 8 septembre 1914, d'une balle au front.

> Citation : *S'est particulièrement signalé à la bataille de la Marne par sa bravoure. A été tué, le 8 septembre, en entraînant sa compagnie à l'assaut d'une position.*

[Né le 13 mars 1883. Frère du précédent. Marié, en 1910, à Mˡˡᵉ Antoinette Fauville, — dont trois enfants.]

MONS (Henri-Marie-Alfred de), ⚜ (posthume), ✠, maréchal des logis au 24ᵉ Dragons.

> Citation : *Sous-officier courageux. Le 2 novembre 1914, à Saint-Éloi, est resté sur le terrain après avoir bravement accompli son devoir. A été cité.*

MONSABERT (Maurice - Anne - Joseph - Marie de GOISLARD, Comte Maurice de), ⚜ (posthume), ✠ (étoile), soldat au 268ᵉ d'Infanterie.

Tué, le 24 janvier 1916, à Aix-Noulette (Pas-de-Calais), il ne put être retrouvé que le lendemain, vu les éboulements et la force de projection des corps.

Extrait d'une lettre de son Colonel :

> Le secteur occupé par le régiment subissait un bombardement d'une intensité extraordinaire : torpilles de tous volumes, obus de tous calibres, rien ne manquait à cet infernal tintamarre. Une torpille tombant sur la position de tranchées occupée par Maurice de Monsabert, l'a tué sur le

coup. Pour n'avoir rien de l'éclat glorieux de la mort dans une charge en plein soleil, cette mort obscure n'en est pas moins celle d'un brave...

Citation : *Tué le 24 janvier 1916, dans la tranchée de première ligne, en accomplissant courageusement son service de surveillance sous un bombardement violent. A été cité.*

[Né le 10 septembre 1884. Fils du Cte Henri de Monsabert et de la Ctesse née de Cumont (décédés). Marié, en 1911, à Mlle Germaine Charbonnier.]

MONSPEY (Cœur-Marie-Joseph-André-Elizée-*Louis*, Comte de), ✳, ✳ (palme), ✳ (Saint-Stanislas de Russie), ✳ (Aigle Blanc de Serbie), ✳ (Ordre de Malte), capitaine au 8e Cuirassiers à pied.

Ancien officier de l'armée active, avait été nommé, durant la guerre, capitaine d'Etat-Major. Sur sa demande, il obtint de suivre un cours d'infanterie et fut nommé commandant du 10e escadron au 8e Cuirassiers à pied. Grièvement blessé à l'Allée-Noire, en vue de Reims, il fut l'objet de la citation suivante à l'Ordre de l'Armée :

Officier d'une haute conscience, plein de bravoure et de sang-froid. Au cours d'une attaque ennemie, accompagnée d'un violent bombardement, n'a pas hésité à sortir de son poste abrité pour se porter à un observatoire. Gravement atteint par un obus, ne s'est laissé évacuer qu'après avoir fait, avec le plus grand calme, toutes les recommandations nécessaires sur la situation.

Mort de ses blessures, le 20 février 1918, à Paris, à l'Hospice de la Salpêtrière.

[Né le 11 août 1874. Fils du Colonel Mis de Monspey, Cte d'Arziny, O ✳, et de la M^ise née Alix de Sinéty. Marié, en 1902, à Mlle Paule Bayon (décédée), fille de M. et de Mme née Marie Forissier, — dont deux fils : Henri et Jean.]

MONTAGNAC (*Gérard*-Élizé-Joseph, Baron Gérard de), ✳ (posthume), ✳ (étoile), capitaine-commandant au 28e Dragons.

Tué à Mont-Notre-Dame (bataille de la Marne), le 11 septembre 1914.

[Né le 10 octobre 1873. Fils du B^on et de la B^onne née Pauline Parent. Marié, en 1902, à Mlle Sabine Le Beuf de Montgermont, fille du Cte et de la Ctesse née de Villeneuve-Guibert, — dont cinq enfants.]

MONTAGNY (Maurice), ✳, ✳ (palmes), étudiant, sous-lieutenant au 41e d'Infanterie.

Mort, le 29 avril 1917, au champ d'honneur, à Moronvilliers, à l'assaut du Mont-Haut. Transporté à l'ambulance militaire n° 232, à Mourmelon (blessé par un éclat d'obus à la tête, et la jambe droite broyée), est mort sans avoir repris connaissance. Enterré à Mourmelon-le-Petit.

Citation : *Officier d'une grande bravoure, versé dans l'infanterie sur sa demande; très grièvement blessé à son poste en première ligne, le 29 avril 1917, au cours d'un violent bombardement.*

[Fils de M. et de Mme née Thévenet, qui épousa en secondes noces M. Auguste Gorguet, ✳, artiste peintre.]

MONTAIGU (Louis-*Charles* TASSIN de), ✳, ✳ (1 palme, 4 étoiles), ✳ (Belge), lieutenant-colonel au 328e d'Infanterie.

Officier supérieur de Cavalerie, fut détaché au 147e de ligne, puis au 328e, montra toujours la plus grande bravoure; tombé dans l'Argonne, le 26 avril 1918, frappé d'un éclat d'obus au cœur.

Dernière citation : *Officier supérieur d'une haute valeur militaire, s'imposant à la troupe par une bravoure et une bienveillance naturelles, donnant toujours l'exemple du devoir rigoureusement et modestement accompli. Mortellement blessé, le 26 avril 1918, au cours d'une reconnaissance en première ligne.*

[Né le 7 avril 1868. Fils de M. et de M⁰ᵉ née PERRAULT. Marié à M¹¹ᵉ REDON DE BEAUPREAU, fille du Cᵗᵉ et de la Cᵗᵉˢˢᵉ née BORDIER DU BIGNON (décédés), — dont deux filles.]

MONTAIGU (Louis TASSIN de), ✳ (posthume), ✠ (palme), capitaine au 7ᵉ Hussards.

Tombé en chargeant l'ennemi, à Attigny, près Rethel, le 30 août 1914.

Citation : *Chargé de couvrir le flanc de la 17ᵉ division d'infanterie qui se portait à l'attaque, a arrêté, par une charge magnifique, une contre-attaque de l'ennemi. Est tombé glorieusement à la tête de ses cavaliers.*

[Marié à M¹¹ᵉ Marie FROGER DES CHÊNES.]

MONTAIS (Robert LABBÉ de), ingénieur, pilote-aviateur.

Tué, le 12 octobre 1916, au cours d'un bombardement des usines Mauser.

MONTAL (Charles-Valentin-Stanislas-*Guillaume* de), ✳ (posthume), ✠ (étoile), sous-lieutenant réserviste.

Citation : *Promu sous-lieutenant au cours de la campagne, s'est imposé à l'attention de ses chefs et de ses subordonnés par sa belle attitude au cours des divers combats. Blessé grièvement, le 22 septembre, au bois de la Hazelle ; est mort des suites de ses blessures.*

Succomba, le 3 octobre 1914, à l'hôpital de Chambéry.

[Né le 14 novembre 1890. Fils de M. Fernand DE MONTAL et de M⁰ᵉ née Élisabeth DE MONTEYNARD.]

MONTALEMBERT (Comte Charles de), brigadier au 9ᵉ d'Artillerie.

Décédé, le 3 octobre 1918, à l'hôpital militaire de Troyes, des suites d'une maladie contractée au front.

[Né le 12 avril 1885. Marié à M¹¹ᵉ D'URSEL, — dont deux enfants.]

MONTALEMBERT D'ESSE (*Jehan* - Raoul - Charles - Auguste, Comte Jehan de), ✠, lieutenant au 228ᵉ d'Infanterie.

Mort pour la France, le 12 février 1915.

[Né le 20 janvier 1890. Fils du Cᵗᵉ et de la Cᵗᵉˢˢᵉ née Alix DE CHOISEUL-BEAUPRÉ, décédée.]

MONTALET-ALAIS (Alfred TRONO DE BOUCHONY, Marquis de), ✠, garde général des Forêts, commandant la 16ᵉ compagnie de Chasseurs forestiers.

A pris part aux combats de Verdun, puis de Champagne; mort, à 40 ans, des suites d'une maladie contractée en service.

MONTALIVET (Pierre de), ✳ (posthume), ✠, Saint-Cyrien de la promotion de la Grande-Revanche, sous-lieutenant au 154ᵉ d'Infanterie.

Blessé dans les réseaux allemands, le 22 mai 1916, à la ferme de Thiaumont (Verdun), et porté disparu depuis cette date.

Citation : *Le 22 mai 1916, a fait preuve d'une énergie et d'un courage dignes de tout éloge. Bien que blessé à la figure par l'éclatement d'un fusil lance-fusée, a tenu à rester à la tête de son peloton, désigné pour prendre part à une attaque. L'a vaillamment entraîné à l'assaut d'une tranchée ennemie, et est tombé frappé d'une balle dans les réseaux allemands.*

[Né le 1er août 1895. Fils du Cte Charles DE MONTALIVET, ✠, et de la Ctesse née DUVERGIER DE HAURANNE.]

MONTARBY (*Jean*-Arthur-Joseph, Comte Jean de), ✠ (posthume), ✠ (palme), ✠ (Valeur Militaire Italienne), sous-lieutenant au 104e d'Artillerie lourde.

Maréchal des logis de Dragons au début de la campagne, passa ensuite dans l'Artillerie. Tué, le 8 mai 1917, par un obus de 150, à l'observatoire de la boucle de la Cerna (Macédoine).

Citation : *Officier remarquable par sa calme bravoure. A assuré, dans des conditions très difficiles, le service d'un observatoire et le service de liaison auprès du commandant du secteur, en particulier le 12 février, lors de l'attaque par les liquides enflammés, et les 6, 7 et 8 mai 1917. A été tué, le 8 mai 1917, à son poste de liaison, par un obus de 150. A été cité.*

[Né le 10 mai 1886. Fils du Colonel Cte DE MONTARBY, C ✠ (décédé), et de la Ctesse née Jeanne MOLLOT. Marié, en 1911, à Mlle Jeanne DE VERCHÈRE, fille de M., ✠, et de Mme née Edith BOBIERRE, — dont deux enfants : Edith et Claude.]

MONTARDY (Bernard de), ✠ (posthume), ✠, *engagé volontaire*, soldat au 174e d'Infanterie.

Citation : *Soldat calme et courageux, qui a toujours fait brillamment son devoir. Pendant l'attaque du 4 mai 1917, n'a pas hésité à traverser un feu violent de mitrailleuses pour transmettre un ordre à son capitaine. Tombé glorieusement en accomplissant sa mission.*

[Né le 2 avril 1897. Fils de M. et de Mme née DE FERRÉ DE PÉROUX.]

MONTAUDOÜIN (Stanislas de), cavalier au 4e Chasseurs d'Afrique.
Tué, le 16 juin 1915, aux Dardanelles.

[Fils du Commandant, ✠, et de Mme née Marguerite DES BRIDEBÈRES.]

MONTAUT-BRASSAC (Arnauld de), *engagé volontaire* au 11e Cuirassiers à pied.
Mort le 4 mai 1919.

[Né en 1900. Fils du Mis et de la Mise née DE PINS.]

MONTBEL (Joseph-André de), ✠, ✠, lieutenant au 409e d'Infanterie.
Tué, le 26 septembre 1918, à Souain, à 20 ans.

MONTBRON (Comte Bernard de CHÉRADE de), ✠........

[Né le 14 octobre 1889. Fils du Cte et de la Ctesse née Louise DE MARCELLUS.]

MONTCABRIER (*Jacques*-Paul-Marie-Fernand, Comte Jacques de PEYTES de), ✠, ✠ (2 palmes), capitaine au 20e d'Artillerie.
Tué, le 2 décembre 1914, à Ypres (bataille des Flandres).

Citation : *Déjà cité une première fois pour sa brillante conduite dans divers combats, le 15 novembre 1914. N'a cessé depuis cette époque de donner un magnifique exemple de courage et de dévoue-*

ment, en occupant journellement les postes de commandement les plus dangereux. Tué glorieusement, le 2 décembre 1914, à hauteur de la première tranchée. A été cité.

[Né le 19 août 1885. Fils du Cte Fortuné DE MONTCABRIER (décédé récemment), et de la Ctesse née DEL PUECH DE COMEIRAS.]

MONTCABRIER (*Gérard-Marie-Valentin-Odolie*, Comte Gérard de **PEYTES** de), ✠ (posthume), ✠ (1 palme, 1 étoile de bronze), maréchal des logis de Cavalerie, pilote à l'Escadrille N. 62.

Tué, le 22 juillet 1917, au cours d'une mission aérienne périlleuse, sollicitée par lui.

Citation : *Maréchal des logis de cavalerie, détaché, sur sa demande, dans un corps d'infanterie, s'est toujours fait remarquer par son courage et sa belle énergie. Affecté ensuite comme pilote à la N. 62, a sollicité, dès son arrivée à l'escadrille, l'honneur d'accomplir une mission importante, au cours de laquelle il a trouvé une fin glorieuse.*

[Né le 2 novembre 1890. Frère du précédent.]

MONTCABRIER (Vicomte de **PEYTES** de), ✠ (posthume), ✠ (palme), capitaine à l'E.-M. d'un Corps d'Armée.

Tué d'un éclat d'obus, en 1916.

Citation : *Étant retraité et dégagé de toute obligation militaire, a repris du service dès le début de la guerre. Affecté à l'État-Major d'un corps d'armée, a toujours sollicité les missions les plus périlleuses. A été mortellement atteint d'un éclat d'obus, au cours d'une reconnaissance des tranchées de première ligne ennemies, pendant un violent bombardement. A fait preuve, pendant ses derniers moments, d'un esprit complet de sacrifice et de dévouement à la Patrie.*

MONTCABRIER (*Paul-Henri-Arthur-François* de **PEYTES** de), ✠ (posthume), ✠, brigadier au 20e Chasseurs à cheval.

Citation : *Tué, le 10 octobre 1914, dans une reconnaissance sur le village de Lezennes. A fait preuve en maintes circonstances, spécialement dans cette journée, d'un courage admirable et d'un absolu mépris du danger. A été cité.*

MONTCHEUIL (Pierre de), *engagé volontaire*.

Tué, le 24 juin 1916, à l'assaut de Thiaumont.

[Né en 1897. Fils du B^on, commissaire principal de la Marine, et de la B^onne née DE MERLIS.]

MONTEBELLO, Prince de **SIÉVERS** (Marquis Maurice **LANNES** de), ✠, capitaine au 24e d'Artillerie.

Ancien Conseiller général de la Charente-Inférieure, mobilisé dès le début de la guerre dans la zone des Armées, comme lieutenant au 6e escadron territorial de Chasseurs, détaché sur sa demande au 24e d'Artillerie, sur le front, il y fut promu capitaine, proposé pour la Légion d'honneur. Décédé, le 1er août 1917, d'une grave blessure faite dans une chute de cheval pendant une reconnaissance sur le front de la Somme.

Citation : *D'une énergie et d'un entrain remarquables ; a fait preuve, sur la Somme, en janvier et février 1917, de courage et de sang-froid dans les reconnaissances méthodiques des positions, dans le secteur qui lui était assigné.*

[Né en 1865. Fils du Duc et de la D^{esse} née O'TARD DE LA GRANGE DE KEITH. Marié à Mlle HAY, — dont un fils.]

MONTÉCLAIN (Achille-E. MOISSON-MARESCHAL de), ✠, capitaine au 50ᵉ d'Artillerie.

Tué d'un éclat d'obus, le 29 novembre 1914, près de La Bassée.

[Marié à Mlle Odette DE SUAU DE LA CROIX, — dont quatre enfants.]

MONTERA (Louis de), ✠ (posthume), ✠ (palme), ✠ (Belge), avocat et publiciste, sous-lieutenant au 8ᵉ Tirailleurs.

Tué, en septembre 1916, dans la Somme, à 29 ans.

Citation : *Très grièvement blessé aux deux jambes alors que, sous un feu violent d'infanterie, il menait sa section à l'assaut d'un village. Très belle attitude au feu.*

MONTERGON (Adolphe-Marie-Joseph-*Henri* MAUVIF de), ✠ (posthume), ✠ (palme), sous-lieutenant au 135ᵉ d'Infanterie.

Citation : *Officier modeste et d'une grande bravoure. S'est distingué aux combats de Prosnes (septembre 1914), et à l'attaque et la prise de Zonnebeeke (25 octobre 1914). Le 12 novembre 1914, s'est défendu héroïquement, à la tête de sa compagnie cernée de toutes parts ; est sorti de sa tranchée revolver au poing, a abattu plusieurs ennemis et est tombé frappé d'une balle au front.*

MONTERNIER (Louis-*Henri*), ✠, ✠, soldat au 315ᵉ d'Infanterie, détaché dans l'Aviation.

Tué, le 24 mai 1916, près de Ville-sur-Tourbe.

[Né le 7 novembre 1878. Fils de M. et de Mme, née WUICHER.]

MONTESQUIEU (*Jean*-Marie-Henri-Pie, Baron Jean de SECONDAT de), ✠ (posthume), ✠ (étoile), Saint-Cyrien, capitaine au 77ᵉ d'Infanterie.

Tué, le 9 septembre 1914, à l'assaut du château de Mondement (bataille de la Marne), au moment où il se baissait pour porter secours à son Commandant, M. DE BEAUFORT, mortellement frappé.

Citation : *Tué glorieusement à la tête de la troupe qu'il a bravement entraînée dans toutes les affaires auxquelles le régiment a pris part (Launois, Coizard, Faux, Prosnes). A été cité.*

[Né le 10 juillet 1876. Fils du Bon Gérard DE MONTESQUIEU et de la B^{onne} née Marie DE KERGORLAY. Marié à Mlle Alice DE PERRIEN DE CRENAN, fille du Vte et de la V^{tesse} née Alice ROGER DE SIVRY, — dont deux fils : Raoul et Godefroy.]

MONTESQUIOU-FEZENSAC (Comte Léon de), ✠ (posthume), ✠ (palme), lieutenant de réserve au 2ᵉ Etranger.

Tombé glorieusement en Champagne, le 25 septembre 1915, en s'emparant d'une mitrailleuse ennemie.

[Né en juillet 1873. Fils du Cte Odon DE MONTESQUIOU-FEZENSAC (décédé) et de la Ctesse née P^{sse} Marie BIBESCO.]

MONTEUX (Marcel), avocat à la Cour de Paris, maréchal des logis de réserve au 13ᵉ Dragons.

Décédé, le 18 janvier 1917, des suites d'une maladie contractée aux Armées. Avait été proposé pour une citation « pour avoir

» donné le plus bel exemple d'abnégation de soi-même, et de vo-
» lonté dans l'accomplissement de son devoir, alors même qu'il
» était terrassé par la maladie ».

[Né à Paris le 30 octobre 1889. Fils de l'Avocat à la Cour et de Mme née Louise WEIL.]

MONTEVILLE (Henri de), ✠ (2 citations), sous-lieutenant au 5e Cuirassiers.
Tué, le 12 juin 1918, à Saint-Pierre-Aigle, à 22 ans.

MONTEZUMA (Gaston), ✠, avocat à la Cour de Paris, capitaine.
Tué le 22 novembre 1915.

[Marié à Mlle Louise GENY DE FLAMMERECOURT.]

MONTFERRAND (Comte Jean de FAUBOURNET de), ✠ (posthume), ✠ (palme), Saint-Cyrien, lieutenant au 11e Dragons.

> Citation : *A la tête de vingt-quatre de ses hommes, a exécuté, dans la nuit du 25 septembre 1916, un coup de main audacieux dans la tranchée allemande. Après avoir minutieusement préparé l'attaque, l'a conduite avec un admirable courage, électrisant ses hommes par son exemple : a trouvé dans ce combat la mort glorieuse du soldat. A été cité.*

[Né le 6 mai 1892. Fils du Mis et de la M^ise née Suzanne DE LESTRADE.]

MONTFERRAND (Comte Guillaume de FAUBOURNET de), ⚜, ✠ (palme), sous-lieutenant au 60e d'Artillerie.
Déjà blessé grièvement en 1916, est tombé glorieusement le 13 juin 1918.

[Frère du précédent.]

MONTFERRE (Jacques de BANYULS, Comte de), ⚜ (posthume), ✠ (étoile), *engagé volontaire*, sergent au 26e Chasseurs à pied.
Engagé au 14e Hussards où il devint maréchal des logis, passa, sur sa demande, dans l'Infanterie. Tombé glorieusement, le 19 décembre 1915, au cours d'une mission périlleuse, qu'il avait sollicitée.

> Citation : *Venu de la cavalerie au bataillon sur sa demande, s'y est montré un sous-officier plein d'entrain et de courage ; maintes fois volontaire pour diriger le placement des défenses accessoires, à très faible distance des lignes ennemies ; a été tué glorieusement au cours d'une de ces missions. A été cité.*

[Né le 25 octobre 1894. Fils du Mis et de la M^ise née Thiburgette DE VINCENS DE CAUSANS.]

MONTFERRE (Raymond de BANYULS, Vicomte de), ⚜ (posthume), ✠ (1 palme, 1 étoile), ✸ (Médaille du Maroc), étudiant, *engagé volontaire*, maréchal des logis au 2e Chasseurs d'Afrique.
Le 23 novembre 1915, fut frappé d'une balle au cœur, à 50 mètres d'un blockhaus allemand, situé au sommet du Dialtrepoin (Vosges), et qu'il avait mission de reconnaître.

> Citation : *Le 23 novembre 1915, s'est offert spontanément pour constituer, le jour, la pointe d'une reconnaissance des lignes allemandes en terrain très difficile, et a fait preuve de la plus belle*

énergie en abordant, devant un poste ennemi occupé, le réseau de fils de fer où il est tombé mortellement atteint.

[Né le 7 septembre 1890. Fils du Cte et de la C^{esse} née Marie Prévost de la Boutetière.]

MONTFORT (Baron Joseph de BARTHÈS de), ✳ (posthume), ✠ (palme), lieutenant au 6ᵉ d'Artillerie.

Tombé aux combats de l'Yser, le 21 décembre 1914.

> Citation : *Après avoir reconnu un emplacement pour sa pièce, à 400 mètres d'un fortin ennemi, a passé 24 heures avec sa pièce. Le lendemain, a demandé instamment d'être maintenu en permanence dans ce poste périlleux tant que durerait la mission attribuée à sa pièce. Tombé mortellement frappé, en retournant à son poste avec l'équipe de relève, à Boesinghe (Belgique).*

[Marié à Mlle Thérèse Drouilhet de Sigalas, — dont trois enfants.]

MONTFORT (Marie-*Albert* ARCHAMBAULT de), ✳ (posthume), ✠ (palme), élève à l'Ecole d'Electricité, sous-lieutenant au 404ᵉ d'Infanterie.

Tué, le 2 septembre 1916, de deux balles au front, à Estrées-Deniécourt (Somme).

> Citation : *Officier de grande valeur, d'un courage et d'une bravoure remarquables. Tombé glorieusement, le 2 septembre 1916, à Estrées, en effectuant une reconnaissance dangereuse. A été cité.*

[Né le 25 février 1894. Fils de M. et de Mme née Lecer.]

MONTFORT (Charles-René STOQUERT de), ✳ (posthume), ✠, sous-lieutenant au 1ᵉʳ de marche du Maroc.

> Citation : *Volontaire pour commander un groupe dans un détachement chargé au cours d'un coup de main, a rempli entièrement sa mission, sous un barrage violent de mitrailleuses et d'artillerie ennemies. A été cité.*

MONTGERMONT (*Hervé*-Georges-Marie-Maurice, Vicomte Hervé DROUET de), ✳ (posthume), ✠, sous-lieutenant au 304ᵉ d'Infanterie.

Tué, le 7 septembre 1914, à la bataille de la Marne.

> Citation : *Officier très brillant au feu. Adjoint au chef de bataillon, a été tué glorieusement, le 7 septembre 1914, au moment où il s'efforçait de porter en avant des fractions dont les chefs avaient été tués dans le combat. A été cité.*

[Fils du Vte et de la V^{esse} née Genreau, décédés. Marié à Mlle Davy de Boisroger.]

MONTGOLFIER (*Charles*-Noël-Joseph de), ✳ (posthume), ✠ (palme), sous-lieutenant au 80ᵉ d'Infanterie.

Tué au bois de Vulcain, le 20 août 1914, à 22 ans.

> Citation : *Grièvement blessé, a refusé de quitter la ligne de feu, et, par sa fière attitude, a su maintenir sa troupe sous le feu le plus violent, et repousser une troupe ennemie qui menaçait le flanc de la position. Est mort le jour même, avant d'atteindre le poste de secours. A été cité.*

MONTGOLFIER (Henri de), ✠, lieutenant au 116ᵉ d'Artillerie lourde.

Mort, le 16 mars 1917, des suites d'une maladie contractée au front.

[Né en 1891. Fils du D' et de Mme née MIGNOT.]

MONTGOLFIER (*Pierre*-Paul de), ⚜ (posthume), ✠, caporal au 99e d'Infanterie.

Citation : *Excellent caporal, d'un courage exemplaire. A été tué, le 25 avril 1916, à Thiaumont, en résistant vaillamment à une attaque allemande. Une citation antérieure.*

[Né en 1892. Frère du précédent.]

MONTGOLFIER (Julien de), ✠, soldat au 111e d'Infanterie.
Mort, le 6 février 1915, à l'hôpital d'Antibes.

MONTGOLFIER (Marcel de), ✠ (posthume), ✠ (palme), enseigne de vaisseau de 1re classe, à la Brigade des Fusiliers Marins.
Tombé à Dixmude le 10 novembre 1914; inhumé à Alveringhem.

Citation : *La poitrine traversée par une balle, le 10 novembre, est mort en disant : « C'est pour la France, tout est bien ! »*

[Né en 1882. Fils de M. et de Mme née VIGNAT.]

MONTGOLFIER (Yves-Augustin-Eugène-Joseph de), ⚜ (posthume), ✠ (palme), *engagé volontaire,* maréchal des logis au 234e d'Artillerie.

Citation : *Sous-officier modèle de courage et de dévouement. Etant en liaison au poste de commandement d'un chef de bataillon d'infanterie, a été tué à son poste de combat, le 24 septembre 1918, au cours d'un violent bombardement. Une citation antérieure.*

[Fils de M. et de Mme Augustin DE MONTGOLFIER.]

MONTGOMERY (Lope-Jacques de), ✠ (posthume), ✠ (4 citations), ancien officier belge, lieutenant au 1er Étranger.

Citation : *Officier énergique et courageux, plein d'ardeur et de sang-froid. A été mortellement blessé, le 7 septembre 1918, en entraînant sa compagnie à l'assaut des positions ennemies, sur le plateau de Laffaux.*

MONTGRAND (Marquis de), soldat d'Infanterie Coloniale.
Mort, en 1915, à l'hôpital militaire de Toulon.

MONTHUCHON (Louis-Marie-*Pierre* MICHEL de), Saint-Cyrien, lieutenant d'Infanterie Coloniale.
Glorieusement blessé en entraînant sa section à l'attaque de Lassigny, le 21 septembre 1914; succomba à ses blessures, à Compiègne, le 7 octobre suivant.

[Né le 25 juin 1888. Fils de M. Louis MICHEL DE MONTHUCHON et de Mme née Marguerite LE CHARTIER DE SÉDOUY.]

MONTI DE REZÉ (*Marc*-Marie-Étienne-Robert, Vicomte Marc de), ✠ (posthume), ✠ (palme et étoile), Saint-Cyrien de la promotion de Montmirail, lieutenant au 156e d'Infanterie.
Tombé à la tête de sa compagnie, le 9 mai 1915, à l'assaut de Neuville-Saint-Vaast.

Citation : *Plein d'entrain et de vigueur, ayant acquis sur ses hommes, malgré sa jeunesse, une autorité remarquable ; blessé mortellement, le 9 mai, à la tête de sa compagnie qu'il conduisait à l'assaut d'une position extrêmement forte. A été cité.*

[Né le 14 novembre 1892. Fils du Cte Henri DE MONTI DE REZÉ et de la Ctesse née Marie DE SAINT-MELEUC.]

MONTIGNY (*Alfred*-Paul-François-Joseph, Comte Alfred de), soldat au 7e Colonial.

Tué à Ville-sur-Tourbe, le 25 septembre 1915.

[Né le 15 janvier 1888. Fils du Cte et de la Ctesse née LASSANCE, décédée.]

MONTIGNY (Baron Pierre de), soldat à la Compagnie 5/1 du 1er Génie.

Blessé à Vauquois en 1916, puis à Craonne en 1917, fut tué, le 1er septembre 1918, dans la région de Soissons, par une bombe d'avion.

[Né à Paris le 24 août 1886. Fils du B^{on} et de la B^{onne} Gaston DE MONTIGNY, née Antoinette DE BUSSY, fille du Général et de Mme DE BUSSY.]

MONTIGNY (Hippolyte de), sergent au 26e territorial d'Infanterie.

Tué en 1915.

MONTIGNY (Maurice de), ✠, sous-lieutenant au 41e d'Infanterie.

Tué au printemps de 1917, à 26 ans.

MONTIGNY (*René*-Marie LE PITANCIER de), ⚜ (posthume), ✠ (2 palmes, 1 étoile), maréchal des logis pilote-aviateur à l'Escadrille 524 (3e groupe d'Aviation).

Incorporé au 25e Dragons au début de la guerre, passa dans l'Aviation en décembre 1916; fut envoyé à l'Armée d'Orient au commencement de janvier 1917 et versé dans l'aviation Serbe. Le 15 novembre 1917, chargé de la protection d'un avion de réglage, fut tué au cours d'un combat aérien, près de Zavic (Serbie).

Citation : *A été un pilote merveilleux de courage et d'élan. Il s'offrait volontairement pour les missions les plus périlleuses. Le 15 novembre, durant un combat avec un avion ennemi, il fut abattu et trouva la mort dans son appareil qui brûlait.*

[Né le 13 juin 1894. Fils de M. et de Mme née Marie DE BRÉMOND D'ARS.]

MONTIGNY-TURPIN (Vicomte E. de).

Mort pour la France, le 9 avril 1917.

MONTILLET DE GRENAUD (*Aymé*-Leu-Marie, Marquis Aymé de), ✠ (posthume), ✠ (palme), lieutenant au 14e d'Infanterie.

Tué, le 22 août 1914, à Anloy (Luxembourg Belge).

Citation : *S'est efforcé, avec la plus grande bravoure, d'enrayer l'avance ennemie. Blessé grièvement, n'a consenti à aller se faire panser que lorsque ses forces le trahissaient. Tué en gagnant le poste de secours, après avoir montré à sa troupe le plus bel exemple de courage et du mépris de la mort. A été cité.*

[Fils du Mis et de la M^{ise} née DE MONTILLET DE GRENAUD.]

MONTJOU (Marc de), ⚜ (posthume), ✠ (palme), étudiant pour l'Ecole Polytechnique, *engagé volontaire*, aspirant au 22e d'Artillerie.

A peine sur le front depuis trois semaines, commandant les crapouillots, fut tué par un obus, au combat de Loos, le 7 octobre 1915, en portant ses pièces à l'avant.

Citation : Dégagé de toute obligation militaire, s'est engagé pour la durée de la guerre, et a montré, dès son arrivée sur le front, les plus belles qualités de calme, de sang-froid et de mépris du danger. Blessé mortellement à son poste, le 7 octobre.

[Né le 24 février 1896. Fils du Lieutenant-Colonel Cte René DE MONTJOU, ✳, et de la Ctesse née LABBÉ.]

MONTLAUR (*Guy*-Marie-Humbert, Vicomte Guy de VILLARDI de), ✳ (posthume), ✠ (1 palme, 1 étoile), sous-lieutenant au 139e d'Infanterie.

Citation : S'est fait remarquer en toutes circonstances par son entrain et son allant, qui lui ont valu la Croix de guerre. Dans la nuit du 30 au 31 août 1915, exécutant des travaux en avant des lignes, a été frappé mortellement par un éclat d'obus. A été cité.

[Fils du Cte et de la Ctesse née DE BARRAL.]

MONTLAUR (Vicomte Bernard de VILLARDI de), *engagé volontaire* au 9e Dragons.

Tué aux combats de Champagne, le 21 juillet 1916.

[Frère du précédent.]

MONTLEAU (*Gaëtan*-Jean-Marie-Ernest, Vicomte Gaëtan de TERRASSON de), 🎖 (posthume), ✠, maréchal des logis au 7e Chasseurs à cheval, pilote-aviateur.

Tombé pour la France, le 9 août 1917, à l'Ecole de Combat de Pau, en service commandé, à la veille de son retour au front comme pilote de chasse.

Citation : Sous-officier toujours prêt à se dévouer, aussi modeste que brave. A fait preuve, dans plusieurs reconnaissances et en particulier à la bataille de Guise, de belles qualités de sang-froid et de courage. Détaché sur sa demande dans l'aviation, y a été tué dans l'accomplissement de son devoir, en service commandé.

[Né le 29 novembre 1893. Fils du Cte Guy DE TERRASSON DE MONTLEAU et de la Ctesse née Elisabeth AUBURTIN.]

MONTLIBERT (Aimé-*Xavier* de), 🎖 (posthume), ✠, caporal au 372e d'Infanterie.

Tué, le 6 août 1918, en Albanie.

Citation : Très bon caporal mitrailleur. Est tombé à son poste de combat, le 6 août 1918, alors que, pendant un bombardement violent, il tentait de s'opposer à la progression de l'ennemi avec le plus grand courage, en assurant la continuité du tir de sa pièce. A été cité.

[Né en 1896. Fils de M. et de Mme née Berthe MOULLIN DE TORBÉCHET, décédée.]

MONTLIVAULT (*Emmanuel*-Marie-François, Comte GUYON de), ✳, ✠ (1 palme, 1 étoile), propriétaire, capitaine de Cavalerie, détaché au 32e groupe d'Artillerie lourde.

Mort, le 3 juin 1918, à l'hôpital militaire de Toul, des suites d'une courte maladie provenant des fatigues contractées au front.

Citation : A la tête de son escadron depuis le début de la cam-

*pagne, a fait preuve en toutes circonstances de sang-froid, d'énergie
et d'un complet mépris du danger, aussi bien en secteur en Alsace
et dans les Vosges qu'au cours de la bataille de la Somme, où son
exemple personnel et ses dispositions judicieuses ont épargné toute
perte à son escadron dans des circonstances particulièrement délicates.*

[Né le 20 janvier 1867. Fils du Cte et de la Ctesse née Lucienne DE VONNE. Marié à
Mlle Jeanne DE VONNE, fille de M. et de Mme née Jeanne DE SAZILLY, — dont sept
enfants.]

MONTLIVAULT (Isère GUYON de), *engagé volontaire* dans la Cavalerie, passé, sur sa demande, dans l'Infanterie.

Porté disparu, le 23 mai 1916, après être entré, avec son régiment, dans le fort de Douaumont.

MONTLOVIER-ROYNAC (Louis-Laurent-*René* de), ✳, ✳, Saint-Cyrien, capitaine au 338e d'Infanterie.

Est tombé frappé au front, au côté de son chef de bataillon, le
20 septembre 1914, dans un combat entre Tracy-le-Mont et Tracy-
le-Val. L'intensité de l'action n'a pas permis de le secourir, le terrain ayant été occupé par l'ennemi.

Citation : *Officier plein de bravoure et de sang-froid, d'une remarquable tenue au feu. Est glorieusement tombé, à la tête de
ses hommes, au moment du départ pour une attaque à la baïonnette.*

[Né le 16 septembre 1867. Fils de M. Gustave DE MONTLOVIER-ROYNAC, ✳, ancien
officier de Marine (décédé), et de Mme née Blanche-Marie WOIDIER.]

MONTLUC (*Armand*-Fabien-Gilles de), propriétaire, *engagé volontaire*, sous-lieutenant au 57e d'Artillerie.

Décédé à la suite de fièvres paludéennes, à l'hôpital de Florina,
le 17 janvier 1919.

[Né le 27 février 1879. Fils de M. et de Mme née ORIOT. Marié à Mlle GIRARD,
décédée.]

MONTMARIN (Comte Pierre de MARIN de), ✳ (posthume), ✳ (palme et étoile vermeil), ✳ (Médaille du Maroc), Saint-Cyrien, capitaine au 2e Tirailleurs de marche.

Sur le front depuis son retour du Maroc, qui eut lieu le 24 mai
1915, fut tué glorieusement devant Louvemont, pour la défense
de Verdun, le 25 février 1916.

Citation : *Officier au cœur élevé et généreux, caractère noble et
chevaleresque. S'est fait tuer bravement à la tête de sa compagnie,
en défendant avec acharnement, le 25 février 1916, un village violemment attaqué par un ennemi très supérieur en nombre.*

[Né le 27 août 1880. Fils du Cte Arthur DE MONTMARIN (décédé) et de la Ctesse née
Louise DE ROUX DE PUIVERT. Marié à Mlle Madeleine AUBOURG DE BOURY, fille
du B^{on} (décédé) et de la B^{onne} née Jeanne LE BASTIER DE THÉMÉRICOURT, — dont
quatre enfants.]

MONTMORILLON (Bernard, Comte de), maréchal des logis au 8e Dragons.

Mort pour la France, en 1917.

[Fils du Mis et de la M^{ise} née DE VAULCHIER DU DESCHAUX. Marié, en 1910, à
Mlle Édith ESPIVENT DE LA VILLESBOISNET DE CATUÉLAN.]

MONTOUSSE (Théogène-Alexandre-Jules-Armand FOURNIER de), ✳ (posthume), ✳ (palme), capitaine au 45ᵉ d'Artillerie.

> Citation : *Officier de très grande valeur, ayant, en toute circonstance, fait preuve du plus grand courage et de brillantes qualités militaires. Tué, le 20 septembre 1916, à son poste d'observation. A été cité.*

[Marié à Mˡˡᵉ Odette-Marguerite COURANT.]

MONTOUSSÉ DU LYON (*Louis*-Jean-Jules-Marie), ✳ (posthume), ✳ (étoile), licencié en droit, aspirant au 143ᵉ d'Infanterie.

Tombé au Bois Sabot (Marne), le 9 mars 1915, en entraînant sa section à l'assaut.

> Citation : *Jeune gradé, superbe de courage, d'entrain, et possédant un grand ascendant moral sur ses hommes. Blessé mortellement à l'attaque du 9 mars 1915.*

[Né le 21 septembre 1893. Fils de M. Jules MONTOUSSÉ DU LYON (décédé) et de Mᵐᵉ née GRABIAS-BAGNÉRIS.]

MONTOZON-BRACHET (Gustave), ✳, ✳, chef de bataillon, chef d'E.-M. de la 25ᵉ Division d'Infanterie.

Tué, le 17 septembre 1914, à Bethencourt.

[Marié à Mˡˡᵉ DE CORN.]

MONTOZON-BRACHET (François-Antoine), ✳ (posthume), ✳, sergent-fourrier au 50ᵉ d'Infanterie.

> Citation : *Excellent sous-officier, très courageux. Agent de liaison du commandant de la compagnie, a été tué au moment où il allait transmettre un ordre aux chefs de section, le 26 septembre 1915. A été cité.*

MONTRICHARD (*Jean*-François, Comte Jean de), ✳ (étoile), artiste peintre (Société des Artistes Français), maréchal des logis au 28ᵉ Dragons.

Tué le 10 mars 1915.

> Citation : *Le 5 septembre 1914, a, sous le feu de l'ennemi, ramené à son capitaine, grièvement blessé, son cheval pour lui permettre de rejoindre ; celui-ci étant tué, a recueilli les papiers dont il était porteur.*

[Né le 6 mars 1885. Fils du Mⁱˢ et de la Mⁱˢᵉ née COCHARD, décédée.]

MONTRICHER (Emmanuel-Henri MAYOR de), ✳, chef d'escadron d'Artillerie.

Décédé, le 11 janvier 1916, des suites d'un accident survenu en service commandé.

[Marié à Mˡˡᵉ Louise-Adrienne EYNIER.]

MONTRION (René), ✳, *engagé volontaire* au 108ᵉ d'Infanterie, pilote-aviateur à l'Escadrille 48.

Tombé, en juillet 1918, près de Villers-Hellouin.

MONT-SERRAT (Comte Georges de), ✳ (posthume), ✳, capitaine au 66ᵉ d'Infanterie.

> Citation : *Officier très brave, plein de sang-froid et d'énergie.*

Glorieusement tué, le 16 juin 1918, à la tête de sa compagnie qu'il portait à l'attaque d'une tranchée allemande. A été cité.

[Fils du Cte (décédé) et de la Ctesse née DE CHASSY. Marié à Mlle Suzanne DE VALORI, fille du Général (décédé) et de la Ctesse née Jeanne DE FARET DE FOURNÈS.]

MONTS DE SAVASSE (Comte Robert de), ☗, ✠ (palme), lieutenant de réserve au 11e d'Infanterie.

Grièvement blessé en 1915, succomba le 26 mars 1919.

[Fils du Cte et de la Ctesse née de MONTEYNARD. Marié à Mlle Marie DU BOIS DU BAIS, — dont six enfants.]

MONTS DE SAVASSE (Vicomte de), ✵, ✠ (5 citations), chef d'escadron au 310e d'Artillerie.

Officier démissionnaire ayant repris du service au début de la guerre, décédé en quelques jours à l'hôpital de Bruyères (Vosges), en novembre 1918, à la suite d'une maladie contractée au front, après quatre ans de campagne.

[Né en 1860. Marié à Mlle DE JALLERANGE (décédée), — dont quatre enfants.]

MONTVALON (Robert-Michel-Marie de), ✵ (posthume), ✠ (palme), sous-lieutenant au 216e d'Infanterie.

Citation : *Jeune officier, doué des plus belles qualités militaires et d'une haute valeur morale. Le 24 juillet 1918, a entraîné sa section à l'attaque d'une position vigoureusement défendue par un feu violent d'artillerie et de mitrailleuses. Frappé mortellement au moment où il faisait face à une forte contre-attaque ennemie. A été cité.*

MONTYON (Marc de) . . . .

MONVAL (Jean FREYSE de), ☗, ✠ (palme), brigadier au 11e Hussards.

Mort, en 1914, des suites de ses blessures dans un hôpital des Vosges.

Citation : *A fait preuve d'un courage et d'un sang-froid remarquables. A reçu une blessure grave.*

[Fils de M. et de Mme née BOURNAT.]

MORA (Gilbert-Amédée-Maurice de), ☗ (posthume), ✠, soldat au 57e d'Infanterie.

Citation : *Sur le front depuis le début de la campagne, modèle de bravoure et d'énergie. Le 5 mai 1917, au cours de l'attaque du plateau de Vauclère, a rempli ses fonctions d'agent de liaison avec un mépris absolu du danger. A été blessé mortellement en portant des ordres à son commandant de compagnie. Avait déjà donné des preuves d'une belle crânerie en assurant bravement son service de liaison sous un violent bombardement. A été cité.*

MORAND, née Marguerite PASSANT (Comtesse).

Victime du bombardement de l'église Saint-Gervais, le Vendredi-Saint 29 mars 1918, succomba à ses blessures, le 31 suivant.

MORAND (*Louis-Marie-Charles-Claude*, Comte Louis), ☗ (posthume), ✠ (étoile), étudiant en droit, canonnier au 87e d'Artillerie lourde.

Tué sur le coup par un obus, le 26 décembre 1916, à Feuillères (Somme).

> Citation : *Excellent canonnier, dévoué et courageux, tué par un éclat d'obus en ravitaillant les batteries.*

[Né à Orléans le 10 février 1894. Fils du Cte MORAND, chef de bataillon (décédé en 1914), et de la Ctesse née Marguerite PASSANT, qui précède. Petit-fils du Général, mort en 1870, et arrière-petit-fils du Général du premier Empire.]

MORAND (Séraphin), ✳, ✠, capitaine au 2e Zouaves.
Tué le 17 mai 1915.

MORAND (Pierre), ✠, sous-lieutenant au 298e d'Infanterie.
Tué à la Fosse-Martin (Oise), le 6 septembre 1914.

MORAND (Marcel), soldat au 170e d'Infanterie.
Disparu, le 4 mai 1917, au Bois du Champ-du-Seigneur, près Reims.

MORANGIÈS (Louis-Napoléon, Marquis de MOLETTE de), ✳, ✠ (palme), ✳ (Médaille du Maroc), O ✳ (Nicham Iftikar), chef de bataillon au 110e d'Infanterie.
Tué à l'ennemi, le 1er septembre 1914, à Gerbeviller (Vosges), au moment où il ramenait des soldats égarés à leurs positions.

[Né à Lyon le 10 juillet 1860. Fils du Mis et de la M^ise née Rosalie LOUVAT. Marié à Mlle DE BOUCHARD D'AUBETERRE DE SAINT-PRIVAT, fille du Cte et de la Ctesse née DE DOUHET DE VILLOSSANGES, — dont un fils : Guy.],

MORANT (Charles, Marquis de), *engagé volontaire.*
Mort, en mars 1917, des suites de maladie contractée aux Armées.

[Né le 4 juin 1894. Fils du Mis (décédé en 1904) et de la M^ise née Pauline DE CHABANNES.]

MORANT (Guy de), ⚜ (posthume), ✠, séminariste, soldat au 147e d'Infanterie.
Tombé à Avocourt, le 1er août 1917, en défendant seul sa tranchée, ne voulant pas abandonner un camarade blessé.

> Citation : *Le 1er août 1917, au cours d'une violente attaque allemande, l'ennemi ayant pris pied dans la tranchée qu'il occupait, est resté à son poste de combat et s'est défendu jusqu'au moment où il a été mortellement atteint d'une balle à la tête. A été cité.*

[Né le 23 avril 1897. Frère du précédent.]

MORANT (Henri de), ✠, lieutenant au 262e d'Infanterie.
Tombé, le 27 août 1914, en défendant héroïquement l'enceinte du château de Sailly-Saillisel.

[Né le 19 juin 1883. Fils du Cte Hippolyte DE MORANT et de la Ctesse née MARTIN, décédée.]

MORANT (Pierre de), ⚜ (posthume), ✠ (palme), sergent au 119e d'Infanterie.
Tué, le 6 juin 1917, au Chemin-des-Dames, dans un combat à la grenade.

> Citation : *Grièvement blessé au début de la campagne. Revenu au front, a toujours été le type du sous-officier modèle, animé d'un profond sentiment du devoir. A pris le commandement de sa section dans des circonstances particulièrement délicates. Le 6 juin 1917, attaqué de front et à revers, a lutté jusqu'au bout. Mortellement*

blessé entre les deux lignes, a crié aux hommes qui allaient à son secours : « Ne bougez pas, je suis perdu. Il est inutile de vous faire tuer. » A été cité.

MORAS (Marie-Alexandre-Maxime de), ✠ (posthume), ▲, ✠ (palmes), sous-lieutenant au 147ᵉ d'Infanterie.

    Citation : Officier très énergique, ayant de belles qualités morales, très brave. Tué d'un éclat d'obus, le 20 novembre 1916, à son poste de combat. Médaillé militaire. Une citation antérieure.

MOREAU-NÉLATON (Dominique), ▲ (posthume), ✠ (2 étoiles), étudiant se préparant à l'Ecole des Chartes, *engagé volontaire,* aspirant au 44ᵉ d'Infanterie.

    Tué d'un éclat d'obus au milieu de la section qu'il commandait, près du Kemmel (Belgique), le 13 mai 1918.

    Citation : Jeune et héroïque sous-officier, plein d'enthousiasme et d'entrain, tombé glorieusement, le 13 mai 1918, au cours d'une attaque ennemie.

    [Né le 9 avril 1894. Fils de M. Étienne MOREAU-NÉLATON, ✠, artiste peintre, et de Mᵐᵉ née BRAUN, décédée en 1897 au Bazar de la Charité.]

MOREL (Pierre de).

    A succombé, le 15 décembre 1915, aux suites d'une maladie contractée aux Armées.

    [Né en 1893. Fils de M. et de Mᵐᵉ née DE SAINT-GERMAIN.]

MOREL (*Henri*-Charles-Eudes), ✠ (posthume), ✠ (3 étoiles), Saint-Cyrien, capitaine au 9ᵉ Chasseurs à cheval, passé au 4ᵉ mixte de Zouaves et Tirailleurs.

    Le 23 octobre 1917, à l'attaque du fort de la Malmaison, sa compagnie arrivait en un seul et superbe élan sur la première tranchée de la formidable ligne Hindenburg. Il entra, suivi de ses hommes, dans un abri où l'ennemi présentait une dernière résistance; un Allemand, qui ne s'était pas rendu, jeta une grenade dont un éclat l'atteignit au-dessus de l'œil droit; il s'affaissa sans prononcer une parole.

    Citation posthume : Officier d'élite ; adoré de ses tirailleurs dont il avait exalté le moral, ayant de son devoir la plus haute conception. Le 23 octobre 1917, a brillamment entraîné sa compagnie à l'assaut des positions ennemies. A été tué glorieusement au moment où il venait d'atteindre l'objectif assigné à son unité.

    [Né le 6 novembre 1882. Fils du Général de Cavalerie MOREL, O ✠, et de Mᵐᵉ née Jeanne MARGUERIE. Marié à Mˡˡᵉ Yvonne ENOUF, fille de M. et de Mᵐᵉ née Marie BIRÉ, — dont deux enfants.]

MOREL (Claude-*Louis*-Jasmin), docteur en droit, caporal au 372ᵉ d'Infanterie.

    Décédé à Belligneux (Ain), le 20 décembre 1916, des suites d'une maladie contractée au front.

    [Né le 26 février 1884. Fils de M. Jean MOREL et de Mᵐᵉ née Clotilde BERTHIER.]

MOREL (*Martial*-Eugène-Joseph), ✠ (posthume), ✠ (1 palme, 3 étoiles), étudiant, sous-lieutenant au 7ᵉ Génie, Compagnie 7/2.

    Tué à Bouchavesnes (Somme), le 13 septembre 1916.

Citation : *Officier doué d'une grande valeur morale, d'un grand esprit de sacrifice, qui, du 27 août au 15 septembre, s'est dépensé sans compter à des travaux d'organisation excessivement périlleux, soutenant ses hommes par son ardeur personnelle au travail, montrant, en un mot, toutes les qualités d'un véritable chef; a été mortellement blessé à son poste de combat.*

[Né le 12 avril 1891. Frère du précédent.]

MORÈRE (*Benjamin*-Justin), ✳, ✠ (palme), capitaine au 102ᵉ d'Infanterie.

Tué en Champagne, le 25 septembre 1915.

Citation : *Officier de valeur et d'un grand courage. Au combat du 25 septembre 1915, s'est élancé à la tête de sa compagnie au-devant des tranchées ennemies, s'y est jeté le premier et a combattu jusqu'à la dernière extrémité. A disparu.*

[Né le 9 novembre 1882. Fils de M. et de Mᵐᵉ née SANYAS. Marié à Mˡˡᵉ Suzanne DELETTE, fille de M. et de Mᵐᵉ née ZELLER, — dont deux enfants.]

MORET (*Henri*-Jean-Alexandre), ✳ (posthume), ✠ (palme), étudiant en droit, sous-lieutenant au 153ᵉ d'Infanterie.

Tué, le 9 mai 1915, à l'attaque de Neuville-Saint-Vaast (Pas-de-Calais).

Citation : *Officier d'une haute valeur morale. Passé, sur sa demande, de la cavalerie dans l'infanterie, a su de suite prendre un grand ascendant sur ses hommes. Tué à la tête de sa section, en attaquant bravement un village.*

[Né à Paris le 3 septembre 1892. Fils de M. Edmond MORET, ✳, Directeur de la Banque de Paris et des Pays-Bas, et de Mᵐᵉ née Valentine FABRE.]

MORET (André), avocat à la Cour de Paris, maréchal des logis.

Décédé, en avril 1919, à l'hôpital du Val-de-Grâce, des suites d'une affection contractée aux Armées.

[Fils de l'Avocat au Conseil d'État, ancien député, ✳, et de Mᵐᵉ Arthur MORET.]

MORGUES (Henri de), ⬙ (posthume), ✠, *engagé volontaire*, sergent au 29ᵉ d'Infanterie.

Citation : *A entraîné vigoureusement sa section à l'attaque des tranchées allemandes. Est tombé mortellement frappé, le 23 avril 1915. A été cité.*

MORGUES (Pierre de), ✠, *engagé volontaire*, lieutenant de réserve au 16ᵉ d'Artillerie.

Décédé, le 13 janvier 1920, des suites d'une maladie contractée au front.

[Né en 1898. Fils de M. et de Mᵐᵉ née LETOURNEUR.]

MORHÉRY (Émile-Jean ROBIN de), ⬙ (posthume), ✠, aspirant au 1ᵉʳ Génie.

Tué d'une balle au front, le 24 novembre 1915.

Citation : *Sous-officier plein d'ardeur. Dès son arrivée à la compagnie, a fait fonction de chef de section et s'est dépensé sans compter au cours de l'organisation d'une position nouvellement conquise. Tué, le 24 novembre 1915, en faisant, au petit jour, l'inspection des tranchées sommaires ébauchées la nuit précédente. A été cité.*

MORIAMÉ (Mademoiselle Henriette), ✠ (palme).

Habitant Saint-Vaast-la-Vallée (Nord), elle se consacra, pendant l'occupation, à l'œuvre de rapatriement des soldats de l'Avesnois. Ayant pu échapper à l'arrestation et à ses suites, elle entra en religion et s'éteignit, le 28 août 1918, au monastère des Rédemptoristines de Maffles, en Belgique.

> Citation posthume : *A rendu des services exceptionnels au cours de la campagne. Décédée en août 1918.*

MORICE (*Georges*-Marie-Eugène), ⚜ (posthume), ✠ (étoile), étudiant en droit, aspirant au 1ᵉʳ d'Infanterie.

A pris part aux attaques de Champagne (1915); Verdun, la Somme (1916); les Flandres (1917); et enfin de Villers-Cotterets (de mai à juillet 1918). Il tombait glorieusement, le 23 juillet 1918, à l'assaut de la ferme Martinpré, près de Soissons.

> Citation : *Chef de section d'un sang-froid et d'une bravoure à toute épreuve. A brillamment entraîné sa section à l'assaut, le 23 juillet 1918, sous un feu violent de mitrailleuses. Blessé mortellement au moment où il atteignait la ligne ennemie.*

[Né le 4 janvier 1895. Fils du Capitaine (décédé) et de Mᵐᵉ née POSTEL.]

MORIÈRE (Baron Edme CHABREL de), ✳ (posthume), ✠ (palme), capitaine au 7ᵉ Colonial.

> Citation : *Officier possédant au plus haut point le sentiment du devoir. Blessé assez sérieusement au pied, a refusé de se laisser évacuer et a conservé le commandement de son unité. Le 30 mai 1918, au combat de Muizon, se voyant entouré par l'ennemi, s'est élancé à la tête de sa seule liaison sur un groupe d'Allemands, et est tombé mortellement frappé.*

[Né le 4 juin 1890. Fils du Bᵒⁿ et de la Bᵒⁿⁿᵉ née D'ALEYRAC DE COULANGE.]

MORILLON (Edmond), ✠, capitaine au 73ᵉ d'Infanterie.
Tué en octobre 1914.

MORILLOT (Comte Roland), ✳ (posthume), ✠ (palme), ✳ (Médaille d'or du Mérite militaire d'Italie), lieutenant de vaisseau, commandant le sous-marin *Monge.*

Mort glorieusement à son poste, le 29 décembre 1915, lorsque son bâtiment fut coulé dans l'Adriatique.

> Citation : *Son sous-marin ayant, dans une attaque de nuit, éprouvé des avaries très graves, qui le mettaient en danger de couler sur-le-champ, a su, par sa présence d'esprit, son énergie, son habileté technique, le ramener en surface. A pu ainsi assurer le sauvetage de son personnel. Resté à bord le dernier, a été glorieusement englouti avec son bâtiment.*

En souvenir de cette mort héroïque, le nom de MORILLOT fut donné à un sous-marin allemand, le *UB-26*, coulé par des marins français, au printemps de 1916, puis relevé, réparé et armé.

[Fils du Cᵗᵉ (décédé) et de la Cᵗᵉˢˢᵉ née DUCROS. Marié à Mˡˡᵉ Marguerite DE MAROLLES.]

MORILLOT (Georges), ✠, élève à l'École Normale, sous-lieutenant au 27ᵉ d'Infanterie.
Tué dans la forêt d'Apremont, le 11 décembre 1914.

MORIN DE LA RIVIÈRE (*Jean-Marie-Julien*), ✠ (posthume), ✠ (étoile), enseigne de vaisseau de 1re classe.

Mort dans le torpillage du *Monte-Cristo*, en Méditerranée, le 1er juillet 1918.

> Citation : *Projeté à la mer lors du torpillage de son bâtiment par un sous-marin, a fait preuve de grand courage et de sang-froid en remontant à bord pour contribuer au sauvetage de l'équipage ; a assuré le salut d'un homme blessé et a quitté le navire le dernier. Disparu victime de son devoir.*

[Né le 21 septembre 1891. Fils du Cte MORIN DE LA RIVIÈRE, Ô ✠, capitaine de vaisseau, et de la Ctesse née DUPORT.]

MORINEAU (Adrien-Philippe-Joseph de), ✠ (posthume), ✠, capitaine au 15e d'Infanterie.

Tué le 29 septembre 1915.

> Citation : *Durant les attaques des 26, 27 et 28 septembre 1915, a conduit sa compagnie avec beaucoup de sens tactique et de bravoure. Prenant le commandement d'un bataillon, a été tué en venant prendre les ordres du colonel. A été cité.*

[Fils de M. et de Mme née DAUDIN-CLAVOUD. Marié à Mlle DE CÉRÉ.]

MORIZOT (Louis), 🎖, ✠ (3 citations), sous-lieutenant pilote-aviateur à l'Escadrille 155.

Décédé à Lyon, le 11 octobre 1918, après une courte maladie contractée au front.

[Fils du Colonel et de Mme Gaston MORIZOT.]

MORIZOT (André), ✠, sous-lieutenant.

Tué, le 9 janvier 1915, en Champagne.

[Frère du précédent.]

MORIZOT - THIBAULT (*Adrien* - Victor - Antoine - Marie), ✠ (posthume), ✠ (palme), avocat à la Cour de Paris, lieutenant adjoint au Colonel du 282e d'Infanterie.

Tué à Souchez, le 29 septembre 1915.

> Citation : *Officier de grande bravoure. Au cours d'une contre-attaque ennemie sur une tranchée nouvellement conquise, est monté debout sur le parapet et a été tué d'une balle au front. A été cité.*

[Né le 9 septembre 1888. Fils de M. Ch. MORIZOT-THIBAULT, Membre de l'Institut, Conseiller à la Cour d'Appel, et de Mme née TURQUET.]

MORNAC (Emmanuel-Raoul-*Adrien* BOSCAL DE RÉALS, Comte de), ✠, ✠ (palme), capitaine au 10e Hussards.

Décédé, le 20 décembre 1918, à Sarcelles (Seine-et-Oise), d'une pneumonie grippale, après quatre ans de guerre au front, et deux blessures.

[Né le 9 août 1875. Fils du Cte et de la Ctesse née Alice RAFFENEAU DE L'ISLE. Marié à Mlle DESMIERS DE CHENON, fille du Cte et de la Ctesse née Hélène DE LESTANG, — dont deux enfants.]

MORNAC (Raymond-*François* BOSCAL DE RÉALS, Vicomte François de), ✠ (posthume), ✠ (3 palmes, 1 étoile), lieutenant de réserve d'Artillerie, observateur en avion à l'Escadrille C. 225.

A disparu dans les lignes ennemies, à Courtecon, le 5 mai 1917, au cours d'une mission périlleuse qu'il accomplissait sur sa demande.

> Citation : *Observateur ayant au plus haut point le sentiment du devoir. Chef des observateurs à l'escadrille, a demandé à accomplir une mission particulièrement dangereuse, au cours de laquelle il a disparu.*

[Né le 30 novembre 1884. Fils du Général Vte DE MORNAC (décédé) et de la V^{tesse} née Hélène DE CANTALAUSE.]

MORTEMARD DE BOISSE (Eugène-*Paul*), soldat au 3e bis de Zouaves de marche.
Tué à Écurie, le 6 février 1915.

[Né le 29 août 1883. Fils de M. et de Mme née LASSERRE, décédés.]

MORTREUIL (Nicolas-Louis-Marc), ✳, ✠ (palme), lieutenant-colonel commandant le 3e d'Infanterie Coloniale.
Tombé glorieusement le 22 août 1914.

MOSTUÉJOULS (*Fernand*-Paul-Raymond, Comte Fernand de), ✳ (posthume), ✠ (palmes), lieutenant au 21e Chasseurs à pied.
Passé volontairement de la Cavalerie dans l'Infanterie. Ayant sollicité, le 23 octobre 1917, une mission périlleuse, y trouva la mort glorieuse du soldat.

> Citation : *Jeune et bel officier. Tombé dans toute l'ardeur de sa bouillante jeunesse, après avoir enlevé une mitrailleuse en pleine action, et tandis qu'il poursuivait l'ennemi la baïonnette aux reins. A été cité.*

[Né en 1895. Fils du Cte et de la Ctesse Gaston DE MOSTUÉJOULS.]

MOTAS D'HESTREUX (Paul), ✠, capitaine d'Infanterie.
Tué le 24 septembre 1914.

MOTAS D'HESTREUX (Jean-Claude-*Henri*), ✳ (posthume), ✠, sous-lieutenant à la 6e division de Cavalerie.
Tué à l'ennemi, le 25 août 1914, à 25 ans.

> Citation : *Très belle attitude au feu. Officier plein d'ardeur et de sang-froid. Le 25 août 1914, à Rozelieures, après avoir entraîné, au milieu d'un feu violent, ses chasseurs hors d'un bois, est tombé à leur tête, frappé de quatre balles. A été cité.*

MOTTE (Alfred), ✳, ✠ (1 palme, 2 étoiles), industriel, sous-lieutenant pilote-aviateur au Groupe des Escadrilles de reconnaissances (groupement Weilles).
Soldat au 243e d'Infanterie, passa en 1915 dans l'Aviation, à l'Escadrille Br. 224, puis au groupe ci-dessus indiqué. Mort de la grippe, le 31 octobre 1918, à l'hôpital de Sézanne, quelques jours après la libération de Roubaix.

> Citation (Légion d'honneur) : *Sous-officier pilote du plus magnifique courage, faisant preuve chaque jour d'un allant intrépide et inlassable. Spécialisé dans les reconnaissances lointaines, a su rapporter au commandement de très importants renseignements recueillis en pénétrant, par le combat très loin, dans les lignes ennemies. Le 16 août 1918, au cours d'une mission photographique, fut attaqué par huit monoplans allemands à 20 kilomètres chez*

l'ennemi, soutint le combat avec une énergie farouche, et réussit à rejoindre nos lignes, sa mission terminée, malgré son avion criblé de balles et avec son observateur tué à bord.

[Né le 2 juin 1887. Fils de M. Albert MOTTE, ✻ (décédé en 1918 dans Roubaix occupé), et de Mme née LEPOUTRE. Marié, en 1909, à Mlle Simone TERNYNCK, — dont trois enfants.]

MOTTES (Émile-Hippolyte de), ⚬ (posthume), ✠, soldat au 8ᵉ Zouaves.

Citation : *Bon zouave, brave et dévoué. Le 29 août 1914, a été mortellement atteint en repoussant avec acharnement les assauts répétés de l'ennemi, permettant ainsi l'évacuation des blessés et des animaux entassés dans Launoy (Ardennes). Mort des suites de ses blessures.*

MOUCHOT (Georges-Louis-*Roger*), ⚬ (posthume), ✠ (étoile), élève-architecte de l'Ecole nationale supérieure des Beaux-Arts, sergent au 71ᵉ d'Infanterie.

Tué le 31 mai 1916, à Chattancourt, d'un éclat d'obus au front.

Citation : *Bon sous-officier, brave et dévoué ; s'est particulièrement distingué, le 16 juin 1915, au cours d'un violent bombardement, en portant secours à une partie de sa section ensevelie. A été tué à son poste de combat, le 31 mai 1916.*

[Né le 8 avril 1895. Fils de M. Léon MOUCHOT, ✻, homme de lettres, ancien capitaine de l'Armée territoriale, et de Mme née Jeanne BRANÇON.]

MOUCHOT (*André*-Georges-Louis), ⚬ (posthume), ✠ (palme), étudiant de Lettres, soldat au 147ᵉ d'Infanterie.

Tué, le 1ᵉʳ août 1917, au bois d'Avocourt.

Citation : *Jeune soldat de la classe 1917, montant en ligne pour la première fois le 19 juillet 1917, et chargé, comme agent de liaison, d'assurer une liaison de nuit avec un régiment voisin et dans un secteur inconnu, a accompli sa mission rapidement et sans se soucier d'un violent tir ; a fait preuve, pendant la période de combat du 19 juillet au 1ᵉʳ août, de telles qualités de sang-froid, de calme et d'énergie, et d'un tel mépris du danger, qu'il a forcé l'admiration de ses vieux camarades. A été tué glorieusement pendant l'attaque du 1ᵉʳ août 1917.*

[Né le 28 février 1897. Frère du précédent.]

MOUGENOT (Fabien), O ✻, ✠, capitaine-commandant.

Décédé, le 24 juillet 1920, des suites de paludisme contracté en Orient pendant la guerre.

[Marié à Mlle Marthe DE GATINES.]

MOUGINS-ROQUEFORT (Vicomte Paul de), ✻, ✠ (palme), chef de bataillon breveté au 31ᵉ d'Infanterie.

Glorieusement tombé à l'assaut de Vauquois, le 1ᵉʳ mars 1915.

Citation : *Grièvement blessé en entraînant ses troupes à l'assaut d'une position fortement défendue, a exigé que les brancardiers le maintiennent sur une civière au milieu de ses soldats, qu'il a continué à encourager jusqu'au moment où il fut tué par un éclat d'obus.*

[Marié à Mlle DE CHARMASSE, fille de M. et de Mme née DE MAIZIÈRE, décédée.]

MOUGINS-ROQUEFORT (Joseph-*Albert* de), ✠ (posthume), ✠ (palme et étoile), capitaine au 305e d'Infanterie.

Tué à Fontenoy (Aisne), le 13 septembre 1914, alors qu'il commandait depuis peu le bataillon.

Citation : *Blessé le 7 septembre à la bataille de la Marne, alors qu'il portait brillamment sa compagnie à l'assaut. A trouvé, le 13 septembre, une mort glorieuse en maintenant sa compagnie sur le plateau de Noudron.*

[Né à Aix-en-Provence le 17 mars 1866. Fils du Cte et de la Ctesse née RAVEL. Marié à Mlle DE BARRAL DE MONTAUVRARD, fille du Cte et de la Ctesse née LACOSTE, — dont quatre enfants.]

MOUGINS-ROQUEFORT (André-Marie de), ✠ (posthume), ✠, soldat au 311e d'Infanterie.

Citation : *Jeune soldat, modèle superbe de bravoure et d'abnégation, demandant toujours à marcher à la place de ses camarades plus âgés et de situation plus intéressante que la sienne. A donné le plus bel exemple de sacrifice à tous au cours des rudes combats à la Somme en avril, mai 1918, où, malgré les violents bombardements d'obus à gaz, il a assuré les missions les plus périlleuses. Intoxiqué par les gaz, ne s'est laissé évacuer que terrassé par le mal. Mort pour la France des suites de cette intoxication.*

MOUILLESAUX DE BERNIÈRES (Théodore-Pierre-Auguste), ✠ (posthume), ✠, lieutenant au 273e d'Infanterie.

Citation : *Blessé une fois lors de la bataille de la Marne, a demandé à revenir immédiatement sur le front. Adoré de ses hommes, est tombé frappé de plusieurs balles au moment où il s'élançait héroïquement sur une mitrailleuse pour s'en emparer, le 6 octobre 1915, à la ferme Navarin. A été cité.*

MOULLARD DE ROUX (Maurice), ✠ (posthume), ✠ (3 citations), sous-lieutenant de Chasseurs alpins, observateur en avion.

Tué, le 7 décembre 1917, au cours d'un combat aérien.

[Né en 1894. Fils du Commandant et de Mme MOULLARD.]

MOUNIER (Jacques), ✠, capitaine d'Infanterie.

Tombé aux combats d'Alsace, le 16 juin 1915.

[Fils du Général (décédé) et de Mme née MALOUET.]

MOUNIER (Jean), étudiant (Arts décoratifs), *engagé volontaire* au 20e Chasseurs à pied.

Passé dans l'aviation après deux ans de front, mort en service commandé, le 8 avril 1917, à Chartres. Ses chefs s'accordaient pour reconnaître en lui un futur pilote de premier ordre.

[Né le 3 mai 1897. Fils du Dr et de Mme née PHELLIPON.]

MOURAT (Jean-Paul-Marie de), ✠ (posthume), ✠, soldat au 226e d'Infanterie.

Citation : *A toujours été un vaillant soldat, faisant constamment preuve de courage et de dévouement. Tombé glorieusement pour la France, le 9 mai 1915, devant Carency (attaques de l'Artois).*

MOURET (Léon-Louis-Auguste), ✠ (posthume), ✠ (étoile), étudiant en droit, maréchal des logis du service automobile de la 26e Division.

Blessé à Badonvilliers, le 25 août 1914, alors au 92e d'Infanterie, fut tué d'un éclat d'obus, le 19 mars 1918, à Haudinville (Meuse).

Citation : *Sous-officier dévoué, consciencieux et brave. Chef du service automobile de la Division, a fait preuve, au cours d'un violent bombardement du Q. G., des plus belles qualités de sang-froid et de décision, et d'un mépris absolu du danger. A été mortellement blessé.*

[Né le 30 mai 1890. Fils du Dr Pierre MOURET, chirurgien à Brioude, et de Mme née DENIER.]

MOURGUE D'ALGUE (Casimir-Émile), ✱ (posthume), ✠, lieutenant au 120e Territorial d'Infanterie.

Tué le 22 mai 1915.

Citation : *Officier d'un grand mérite, plein de calme et de résolution. Venu volontairement au front bien qu'il fût dans des conditions à demeurer au dépôt. Blessé mortellement devant l'abri de sa section, où se tenaient ses hommes alertés pendant une opération d'attaque. A été cité.*

[Marié à Mlle KUNKLER, — dont quatre enfants.]

MOURGUES (Gabriel-Victor-*Georges* de), ⚜ (posthume), ✠, maréchal des logis au 7e Hussards, détaché au 305e d'Infanterie.

Mort de ses blessures, le 23 septembre 1914, à Fontenoy (Aisne).

Citation : *Brave sous-officier d'un dévouement absolu, donnant à ses hommes le plus bel exemple en toutes circonstances. Tombé glorieusement pour la France, le 23 septembre 1914.*

[Né le 28 novembre 1888. Fils de M. et de Mme née Bos.]

MOURICAUD DES BESSIÈRES (. . . . . de), ✱, ✠, capitaine au 165e d'Infanterie.

Mort, le 22 avril 1918, dans une ambulance du front.

MOURIER DE LALANDE (Edmond), ✱, ✠ (palme), chef de bataillon au 138e d'Infanterie.

Tué, le 24 septembre 1914, au fort de la Pompelle, près Reims.

Citation : *A eu la plus belle attitude sous le feu depuis le début de la campagne, notamment aux combats des 3, 23 et 24 septembre 1914. A été tué à la tête de son bataillon, au moment où il prenait des dispositions pour repousser une contre-attaque ennemie.*

[Né le 28 janvier 1860. Marié à Mlle CHABROL.]

MOUROUSY (Prince Paul), O ✱, ✠, capitaine au 9e Cuirassiers à pied.

Roumain d'origine, avait, dès le début des hostilités, demandé à prendre du service dans l'Armée française. Tombé glorieusement à la tête de sa compagnie, le 3 novembre 1918.

Citation : *Officier de l'armée roumaine, récemment naturalisé français, modèle de bravoure et d'énergie. A pris part à tous les combats du régiment, du 28 septembre au 1er novembre 1918. A été blessé très grièvement, le 1er novembre, en accomplissant une re-*

connaissance à la tête de sa compagnie, pour se rendre compte de la situation de l'ennemi en avant du front de la division. Une citation.

[Marié à Mlle Marie MAVROCORDATO, décédée.]

MOUSSY (Jean-Baptiste-Albert), C ✠, ✠ (2 palmes), général commandant la 33e Brigade d'Infanterie.
Tué à l'ennemi par éclats d'obus, à son P. C., le 21 mai 1915, à Grenay (Pas-de-Calais).

Citation : *A pris part, avec sa brigade, à tous les combats depuis le début des opérations. A fait preuve de la plus belle bravoure en conduisant personnellement une contre-attaque, et a été cité à l'Ordre de l'Armée.*

[Né à Paris le 4 novembre 1855. Marié à Mlle Louise RIVIÈRE.]

MOUSTIER (*Guy-Renaud-Marie, Comte Guy de*), ✠ (posthume), ✠ (2 étoiles), lieutenant au 29e Dragons.
Glorieusement blessé par une balle en pleine poitrine et fait prisonnier près de Montdidier, le 27 mars 1918, est mort de sa blessure à l'ambulance allemande de Guise, le 24 mai suivant. Blessé déjà antérieurement, il avait été l'objet de la citation suivante :

Officier d'une bravoure exemplaire, entraîneur d'hommes sans égal. Au combat du 27 mars 1918, a su inculquer à ses hommes l'esprit de sacrifice dont il était animé, défendant le terrain pied à pied, luttant héroïquement contre un ennemi supérieur en nombre et lui infligeant de lourdes pertes. Blessé grièvement. Est mort des suites de ses blessures. A été cité.

[Né le 30 juin 1890. Fils du Cte Georges DE MOUSTIER et de la Ctesse née Louise THIBAULT DE LA ROCHETHULON.]

MOUSTIER (Yves-Gabriel-Marie, Vicomte de), ✠ (posthume), ✠, lieutenant au 41e d'Infanterie.

Citation : *Officier plein de flamme, d'énergie et de courage. A su communiquer sa foi ardente à ses hommes, qu'il a toujours su entraîner et maintenir sous les feux les plus violents. Est tombé aux mains de l'ennemi, grièvement blessé au combat de la Neuville, le 5 octobre 1914. A été cité.*

[Marié, en 1902, à Mlle DE QUÉLEN, fille du Cte et de la Ctesse née GAY DE PLANHOL, décédés.]

MOUSTIER (Emmanuel de), religieux de la Compagnie de Jésus...

MOUTARD (*Paul*), ✠ (posthume), ✠, caporal au 129e d'Infanterie.
Tué, le 29 août 1914, à la bataille de Guise.

Citation : *Bon gradé, a fait vaillamment son devoir dès les premiers combats de la campagne. Tombé glorieusement pour la France à la bataille de Guise (août 1914). Croix de guerre avec étoile de bronze.*

[Né le 24 avril 1892. Fils de M. Édouard MOUTARD (décédé en 1919) et de Mme née RIEUNIER.]

MOUTON (Honoré), ✠, chef de bataillon au 118e d'Infanterie.
Tué en septembre 1914.

MOUTON (Paul), ✠, capitaine au 3ᵉ Cuirassiers, détaché au 21ᵉ d'Infanterie.
Tué le 12 mars 1915.

MOUY (Henri-Jérôme de), ✠, commandant...................

MOYSE (Samuel-Salvador-*Paul*), ✠ (posthume), ✠ (palme), Saint-Cyrien, fondé de pouvoirs d'Agent de change, capitaine de réserve au 119ᵉ d'Infanterie, détaché à l'E.-M. de la 75ᵉ Brigade.
Mobilisé en Algérie, est venu au front sur sa demande. Tué d'une balle à la tête, au Mort-Homme, le 14 mars 1916.

> Citation : *Au cours des combats du mois de mars 1916, a montré un courage et un sang-froid remarquables, en exécutant les missions de son chef sous un bombardement des plus intenses. A été tué d'une balle à la tête au moment où il faisait réoccuper une tranchée de première ligne par les débris d'une troupe qui l'avait évacuée sous un tir d'artillerie des plus violents.*

[Né le 23 mars 1876. Fils de M. (décédé) et de Mᵐᵉ née GOMMÈS. Marié à Mˡˡᵉ BLOCH-CARDOZO, — dont une fille.]

MULLENHEIM-REICHBERG (*Henri*-Marie-Louis-Bourcard, Baron de), ✠, ✠ (palmes), capitaine au 31ᵉ Dragons.
Tué à l'ennemi, le 28 avril 1918.

> Citation : *Officier de grande valeur, très crâne ; au front depuis le début de la campagne, a donné, dans les moments les plus difficiles, un bel exemple de courage et de sang-froid. A été mortellement blessé dans l'accomplissement de son devoir.*

MÜLLER (Charles), ✠ (posthume), ✠, homme de lettres, sous-lieutenant d'Infanterie.
Parti sergent dès les premiers jours de la mobilisation, devint sous-lieutenant pour un glorieux fait d'armes accompli vers la fin d'août 1914, et fut frappé mortellement d'un éclat d'obus, le 26 septembre 1914, à Longueval, près d'Albert. — Son œuvre principale, celle qui a le plus contribué à le faire connaître et qui a le plus de chances de rester comme un document sur notre époque, ce sont ses deux volumes *A la manière de...*, pour lesquels il collabora avec M. Paul REBOUX. Il était âgé de 37 ans.

> Citation : *Officier brave, énergique et plein d'entrain. S'est signalé, comme sergent, les 23 et 24 août 1914, à Antoing et à Orchies, en tenant courageusement tête à des patrouilles allemandes. Nommé sous-lieutenant pour sa belle conduite, a été mortellement blessé, le 26 septembre 1914, à Longueval, au moment où, debout à un point balayé par la mitraille, il rassemblait sa section un instant dispersée.*

MULLER (*Julien*-Marie-Léon), ✠ (posthume), ✠ (2 étoiles), lieutenant mitrailleur au 340ᵉ d'Infanterie.
Sur le front depuis le début des hostilités, n'a eu d'autres interruptions que celles consécutives à ses quatre blessures. Le 24 avril 1918, au cours de l'attaque allemande menée avec des forces considérables entre Somme et Avre, il fut mortellement atteint par une balle au cou, en position de défense au Bois Sénécat.

> Citation : *Officier de la plus haute valeur. Le 24 avril 1918, au*

bois de Sénécat (Somme), a dirigé, avec un calme et un sang-froid remarquables, le feu de sa section de mitrailleuses sur les vagues d'assaut ennemies, leur causant des pertes sanglantes. Mortellement atteint, alors qu'à découvert il observait son tir, est tombé en criant à ses hommes : « Très bien, les enfants ! Continuez ! » Déjà cité.

[Né le 21 mai 1891. Fils de l'Inspecteur aux Chemins de fer de l'État et de Mme née BAZELY.]

MULLOT DE VILLENAUT (*Alain*-Gabriel-Joseph de), ✠ (posthume), ✠ (palme), Saint-Cyrien, capitaine au 8e Chasseurs à pied.

Porté disparu le 25 septembre 1915. On l'a vu tomber blessé devant les fils de fer de la tranchée allemande, à Aubérive-sur-Suippe, et depuis lors toutes recherches et toutes démarches sont restées sans réponses.

Citation : *Le 25 septembre 1915, a fait preuve du plus grand courage et de la plus grande énergie en enlevant sa compagnie pour la porter à l'attaque d'une tranchée allemande très fortement organisée. A réussi à enlever une ligne de tranchées ennemies ; a été grièvement blessé.*

[Né le 29 mars 1882. Fils de M. Octave MULLOT DE VILLENAUT et de Mme née DE LAUZANNE. Marié à Mlle Eugénie DUGAS, fille de M. et de Mme née NEYRAND, — dont un enfant.]

MULTZER O'NAGHTEN (Marie-*Jacques*), ✠ (posthume), ✠, sous-lieutenant au 29e d'Infanterie.

Citation : *Le 26 août 1914, a été mortellement frappé en se portant au secours de son capitaine grièvement blessé. Jeune Saint-Cyrien, plein d'ardeur et de courage. A été cité.*

MURARD DE SAINT-ROMAIN (Pons-Antoine-Marie-*Pierre*, Comte Pierre de), ✠ (posthume), ✠ (palme et étoile), ✠ (Médaille du Tonkin), ✠ (Médaille de Chine, Boxers 1900-1901), ✠ (Dragon de l'Annam), propriétaire-agriculteur, lieutenant au 8e Chasseurs à cheval.

Tué par un éclat d'obus, en assurant à cheval une liaison sous un violent bombardement, le 19 octobre 1914, au Four-de-Paris (Argonne).

Citation : *A exécuté, depuis le début de la campagne, plusieurs missions des plus périlleuses. Tué par un éclat d'obus en assurant une liaison. A été cité.*

[Né le 11 avril 1873. Fils du Cte et de la Ctesse née Antoinette DE PÉRUSSE DES CARS (décédés). Marié à Mlle Marguerite DE BOURBON (décédée en 1917), fille du Cte DE BOURBON-CHÂLUS et de la Ctesse née Yolande DE POLIGNAC, — dont trois enfants : Guy, Yolande et Marie-Antoinette.]

MURAT (*Louis*-Marie-Michel-Joachim-Napoléon, Son Altesse Prince Louis), ✠ (posthume), ✠, étudiant, *engagé volontaire*, maréchal des logis au 5e Cuirassiers à pied.

Mort glorieusement, le 21 août 1916, au Bois Crepey (Somme), au cours d'une reconnaissance.

Citation : *Engagé volontaire pour la durée de la guerre. Excellent sous-officier, modèle de discipline et d'entrain, a montré, en plusieurs circonstances, beaucoup de courage et de sang-froid. A été tué par un obus en faisant la reconnaissance d'une tranchée. A été cité.*

[Né le 8 septembre 1896. Fils de S. A. le Pce MURAT et de S. A. la Pcesse née Cécile NEY D'ELCHINGEN.]

MUSNIER DE PLEIGNES (Pierre), ✳ (posthume), ✵ (palme), élève à l'Ecole nationale des Mines, sous-lieutenant de réserve au 7e d'Artillerie de campagne.

Chargé, le 8 septembre 1915, du service d'observation aux tranchées de première ligne, à la Harazée (Argonne), il était à peine arrivé à son poste qu'un violent bombardement se déclenchait, coupant ses fils téléphoniques et l'obligeant à se replier sur le poste de commandement et prit une part très active à l'organisation de la défense, faisant lui-même le coup de feu. C'est là qu'il trouva la mort, au bout de plusieurs heures de lutte acharnée.

Citation : *Officier d'un dévouement absolu et d'une bravoure exceptionnelle. Observateur d'artillerie aux tranchées, s'est rendu aux premières lignes, le 8 septembre, sous un bombardement intense. Au moment de l'attaque, a pris un fusil et s'est fait tuer en défendant la tranchée avec l'infanterie.*

[Né le 1er août 1891. Fils de M. Étienne MUSNIER DE PLEIGNES, ✳, Conseiller-maître à la Cour des Comptes, et de Mme née TOURNYER.]

MUSSET (François), lieutenant au 77e d'infanterie.

Tué sous Ypres, en novembre 1914.

MUTEAU (Alfred), O ✳, ancien député et ancien vice-président du Conseil général de la Côte-d'Or.

Engagé mineur volontaire en 1870, s'était fait mobiliser à l'âge de 66 ans. Mort d'une maladie aiguë contractée sous les drapeaux. Sa famille a reçu, le 9 avril 1916, un diplôme de « Mort pour la France ».

[Né en 1850. Fils du Conseiller à la Cour de Paris (décédé) et de Mme née JOBARD. Marié à Mlle MAILLET.]

MUTEL (André), avoué au Tribunal civil de la Seine, caporal au 226e d'Infanterie (XXe Corps).

Parti le 3 août 1914, fut blessé mortellement, le 25 août 1914, à la bataille de Courbesseaux, en Lorraine, et mourut, le 29 suivant, à l'ambulance des Instituteurs, à Nancy.

[Né le 22 août 1880. Fils de M. et de Mme née BROCHOT (décédés). Marié à Mlle Louise-Marie MARCHAND, fille de M. (décédé) et de Mme née LEBLANC, — dont deux enfants.]

MUTEL (*Jean*-Louis), ✳, ✵ (4 palmes, 2 étoiles), élève-ingénieur des Mines, capitaine commandant l'Escadrille F. 19.

Tué par l'éclatement d'obus, le 17 août 1917, dans la forêt de Hesse (Verdun), au moment où, venant d'établir une liaison avec sa division, il montait en auto pour rejoindre son escadrille.

Citation : *Escadrille d'élite; a montré, sous la direction du capitaine MUTEL, modèle de toutes les vertus militaires, mort au champ d'honneur, les plus hauts exemples de vaillance et d'abnégation. A réussi plus de 1.000 réglages, 350 reconnaissances photographiques, 125 missions d'infanterie et livré plus de 100 combats; a toujours travaillé en liaison complète avec l'infanterie et l'artillerie, malgré le mauvais temps et un vent violent. Descendant à faible altitude pour renseigner le commandement, a puissamment aidé à la préparation et à l'exécution d'août 1917 et abattu 4 avions ennemis.*

[Né le 30 avril 1891. Fils de M. Alexandre MUTEL, professeur honoraire, et de Mme née VIVIER.]

MYTHON D'HARCELINES (*Henri* - Laurent - Marie de), ☀
(posthume), ✠ (palme), Saint-Cyrien, lieutenant au 21e Dragons.

Le plus jeune lieutenant de sa promotion, mort pour la France, le 8 septembre 1914, à Ormoy-le-Davien (bataille de l'Ourcq), refusant de se rendre et tirant sur l'infanterie allemande, un revolver dans chaque main.

Citation : A fait preuve d'une grande bravoure, le 8 septembre, en couvrant la retraite de son escadron. N'a cessé, sous un feu violent, d'exhorter ses hommes et d'aider les blessés. A refusé le cheval qui lui était amené, et est tombé lui-même mortellement atteint au moment où il achevait de rallier son peloton, donnant ainsi le plus bel exemple de dévouement et de mépris du danger. A été cité.

[Né le 26 mai 1890. Fils du Cte Jean et de la Ctesse née L'ÉPINE, décédée.]

N

NABIAS (Jacques de), ✠, élève à l'École Centrale, sous-lieutenant au 23ᵉ d'Artillerie Coloniale.

Tué le 1ᵉʳ novembre 1918.

[Né en 1898. Fils de M. (décédé) et de Mᵐᵉ née RANCOLE.]

NADAILLAC (Mademoiselle Marie-Cécile-*Marcelle* du POUGET de), ✠ (étoile de bronze), infirmière de la Croix-Rouge.

Tout d'abord infirmière à l'ambulance de Saint-Apais, à Melun, puis à l'hôpital des Jacobins, de Troyes, fut envoyée à Salonique, où elle devait trouver la mort, le 5 septembre 1916, dans l'exercice de ses saintes fonctions.

Citation à l'Ordre du jour du Service de Santé des Armées d'Orient :

> *Étant atteinte d'une maladie contractée au chevet des malades, a voulu quand même assurer le service jusqu'à l'extrême limite de ses forces, et ne s'est alitée que pour mourir.*

[Née à Paris le 29 janvier 1881. Fille du Général Mⁱˢ DE NADAILLAC, C ✠, ✠; et de la Mⁱˢᵉ née Claude DE MAILLÉ DE LA TOUR-LANDRY.]

NAILLY (*Édouard*-Albert-Marie-Joseph LE FEBVRE de), ✠, ✠ (4 palmes, 1 étoile d'or), capitaine au 18ᵉ Dragons, détaché au 26ᵉ Chasseurs à pied.

Trois fois blessé depuis le début de la campagne, tomba glorieusement à Grivesnes (Somme), le 30 mars 1918, alors qu'il parcourait le front de sa compagnie pour encourager ses hommes à la résistance contre un ennemi très supérieur en nombre.

> *Cinquième citation (posthume) : Le 30 mars 1918, sa compagnie étant déployée sur un front très étendu, l'a, par son calme, sa bravoure et son énergie, maintenue pendant six heures sur la position, en infligeant à l'ennemi des pertes sérieuses. Se promenant debout derrière son unité, a été grièvement blessé ; a succombé à ses blessures sept jours après.*

[Né le 13 octobre 1886. Fils de M. René DE NAILLY et de Mᵐᵉ née ARMYNOT DU CHATELET.]

NAJAC (Raoul de), homme de lettres...........................

NAMUROY (Joseph-Gabriel-Édouard de), soldat au 91ᵉ d'Infanterie.

Tué, le 8 novembre 1914, d'une balle au front, au cours d'un combat à Saint-Hubert (Argonne).

[Né le 1ᵉʳ juillet 1880. Fils de M. et de Mᵐᵉ née CARLIER, décédés.]

NANSOUTY (Charles-*Max* CHAMPION de), ✠ (posthume), ✠ (palme), lieutenant au 113ᵉ d'Infanterie.

Citation : *Excellent officier, qui s'est distingué pendant les premiers combats. Blessé grièvement à Signeux, le 22 août 1914, à la tête de sa section. Mort des suites de ses blessures, le 8 novembre 1914. A été cité.*

[Fils de M. et de Mme née Augustine ARMAND.]

NAPOLY (*Pierre-Edmond-Albert*), ✠ (posthume), ✠ (palme), séminariste, sergent au 156e d'Infanterie.

Tombé à Samogneux, le 19 mars 1918.

Citation : *Jeune sous-officier, connu de tous pour sa bravoure et son sang-froid. Glorieusement tué au cours d'une attaque ennemie, en se portant près d'un de ses groupes de combat violemment engagé. Une blessure.*

[Né le 29 mai 1895. Fils de M. et de Mme Edmond NAPOLY.]

NAQUET-RADIGUET (Jean), ✠ (posthume), ✠, lieutenant au 360e d'Infanterie.

Citation : *A été tué, le 9 mai 1915, en entraînant sa compagnie avec une fougue admirable à l'assaut des tranchées allemandes.*

[Fils de M. (décédé en juillet 1919) et de Mme née DURANT DES AULNOIS. Marié à Mlle Paule HUSSENOT-DESENONCHES.]

NARBONNE-LARA (Aymeri de), ✠, ✠ (3 citations), *engagé volontaire*, sous-lieutenant au 28e Chasseurs alpins.

Engagé au début de la guerre au 3e Hussards, passa, sur sa demande, dans l'Infanterie. Tombé, le 5 novembre 1916, à l'attaque du Bois de Saint-Pierre-Vaast (Somme).

[Né en 1895. Fils du Cte et de la Ctesse née TIBY, décédée.]

NAS DE TOURRIS (Marie-Camille-Victor), ✠ (posthume), ✠, sergent au Régiment Colonial du Maroc.

Tué aux combats de l'Aisne, le 16 avril 1917.

Citation : *Récemment arrivé du Maroc, d'où il était venu, sur sa demande, pour combattre sur le front français. Glorieusement tombé, le 16 avril 1917, en tête de sa demi-section qu'il entraînait à l'assaut. A été cité.*

[Né le 22 mai 1884. Fils de M. et de Mme née MORANGE.]

NAUD (Alexandre), chef d'escadrons au 5e Cuirassiers, détaché au ...^e d'Infanterie.

Tué le 25 septembre 1915.

NAUD DE FONTERMANN (Clément-Achille-*René*), sergent-aviateur au 2e Groupe d'Aviation.

Mort pour la France, le 5 mai 1915, à Agnez-les-Duisans, à 19 ans.

NAUROIS (*Jean*-Louis-Marie, Comte Jean JACOBÉ de), ✠, ✠ (palme), chef de bataillon au 355e d'Infanterie.

Chef d'escadrons de Cavalerie, passa, en avril 1915, dans l'Infanterie. Tombé glorieusement, le 16 avril 1917, à la tête de son bataillon partant à l'assaut.

Citation : *Officier de valeur, possédant les plus belles vertus militaires. Modèle de bravoure et de courage. A été mortellement blessé en se portant, à la tête de son bataillon, à l'assaut d'une forte position ennemie.*

[Fils du Cte et de la Ctesse née DUBOIS DE L'ESTANG (décédée). Marié à Mlle PREUX-CHOPPY, fille du Cte et de la Ctesse née O'TOOLE DE LEINSTER.]

NAVACELLE (*Charles*-Napoléon FABRE-ROUSTAN-CANRO-BERT de), ✠ (posthume), ✠ (2 palmes, 1 étoile), lieutenant au 338e d'Infanterie.

Officier de Cavalerie, passé, sur sa demande, dans l'Infanterie, tomba glorieusement le 19 décembre 1915.

Citation : *Officier d'une bravoure et d'un sang-froid incomparables, ayant toujours donné l'exemple de l'abnégation et du mépris du danger ; déjà cité à l'Ordre de l'Armée et de la Division. Tué debout sur les tranchées de première ligne, en accomplissant sa mission, à 50 mètres d'un poste ennemi. A été cité.*

[Né en 1892. Fils du B^on et de la B^onne née CANROBERT.]

NAVAILLES-BANOS (Charles-Marie-Joseph-*Jean* de), ⚜ (posthume), ✠, *engagé volontaire*, sergent au 34e d'Infanterie.

Faisant fonction de lieutenant, est tombé glorieusement, le 23 mai 1916, à l'assaut du fort de Douaumont.

Citation : *Très brave sous-officier, d'un courage exemplaire. A été tué glorieusement à son poste de combat, le 23 mai 1916. Titulaire de deux citations. A été cité.*

[Fils du B^on (décédé) et de la B^onne née Jeanne DE PONTHAUD.]

NAYRAL (Jacques), ✠, homme de lettres.

Auteur de plusieurs ouvrages très appréciés des lettrés, parmi lesquels on peut citer : *L'Étrange Histoire d'André Léris* et *Le Sculpteur de Gloire*, a trouvé une mort glorieuse au cours d'une brillante charge à la baïonnette.

[Marié à Mlle GLEIZES.]

NAZELLE (Henri-*Erhard*, Marquis du CAUZÉ de), ✠, capitaine au 21e Dragons.

Avait repris du service au début de la guerre. Mort, le 9 août 1916, des suites d'une maladie contractée aux Armées.

[Né le 16 décembre 1859. Fils du Mis et de la M^ise née D'AUBILLY. Marié à Mlle WERLÉ, fille du Cte et de la Ctesse née DE MONTEBELLO, — dont cinq enfants.]

NAZELLE (*Charles*-Herard, Comte Charles du CAUZÉ de), ✠ (posthume), ✠, lieutenant au 166e d'Infanterie.

Lieutenant au 13e Cuirassiers, passa dans l'Infanterie. Tué d'une balle au front, à Marcheville (Verdun), le 20 mars 1915.

Citation : *Officier d'élite plein d'entrain, commandant avec un brio remarquable son unité sur laquelle il exerçait un ascendant digne de tous éloges. N'a cessé, depuis le début de la campagne, de faire preuve du plus grand mépris du danger. Tué d'une balle au front, au moment où il observait une tranchée ennemie à moins de 80 mètres. A été cité.*

[Né le 12 mai 1890. Fils du précédent.]

NÈGRE (Pierre), ✠, capitaine détaché à l'É.-M. de la VIIIe Armée.

Décédé, le 18 octobre 1918, à l'hôpital de Saint-Nicolas-du-Port.

[Né en 1881. Marié à Mlle CORMOULS-HOULÈS, — dont deux fils.]

NEGRO (L.-P.-D.), ✠ (palme), mécanicien de 2e classe à bord du *Bouvet*.

Englouti avec son bâtiment, le 18 mars 1915, aux Dardanelles.

NEMOURS GODRÉ (*François*-Pierre-Maurice-Dominique), étudiant, soldat au 74e d'Infanterie.

Décédé, le 29 mai 1918, des suites d'une maladie contractée au service.

[Né le 11 avril 1898. Fils de M. Louis NEMOURS-GODRÉ, homme de lettres, et de Mme née FORTIER.]

NÈPLE (Auguste-Marie-Raphaël), ✳, ✠ (palme), colonel du 23e d'Infanterie Coloniale.

Citation : *Blessé mortellement, le 22 août 1914, en faisant bravement son devoir.*

NEPPER (Henri), chef des travaux de physiologie pathologique au Collège de France, *engagé volontaire*, médecin aide-major de 1re classe.

Décédé, à 37 ans, des suites d'une maladie contractée en service.

NÉRET (Maurice), ✳ (posthume), ✠ (palme), ingénieur, lieutenant au 42e d'Artillerie.

Citation : *S'est distingué, pendant toute la campagne, par son courage et son activité; a rendu les plus grands services comme observateur ; ayant, le 17 juin 1915, contribué à régler un tir dans les tranchées de première ligne, a tenu, malgré les excellents résultats obtenus, à vérifier une fois de plus les données de tir, et a été grièvement blessé pendant qu'il procédait à cette dernière vérification. Est mort des suites de ses blessures, le 26 juin 1915.*

NERVO (*Robert*-Marie, Baron Robert de), ✳, ✠ (1 palme, 1 étoile d'argent), élève à l'Ecole Polytechnique, sous-lieutenant au 113e d'Artillerie lourde.

Grièvement blessé à son poste de combat, à Essigny-le-Grand (Aisne), le 19 avril 1917; transporté à l'hôpital de Chauny, il y succomba le lendemain.

Citation à l'Ordre de l'Armée : *Officier de haute valeur morale, ayant montré, en toutes circonstances, les plus belles qualités militaires. Au cours des dernières opérations, a constamment dirigé le tir de sa batterie sous des bombardements d'une extrême violence, donnant à ses hommes l'exemple du calme et du dévouement. Très grièvement blessé à son poste de combat, le 19 avril 1917. Déjà cité à l'Ordre.*

[Né le 13 janvier 1895. Fils du Commandant Bon DE NERVO, ✳, ✠, et de la Bonne née Henriette DAVILLIER. Marié à Mme Berthe LE NOIR DE BECQUINCOURT, fille de M. et de Mme née Eléonore DE CHASSEPOT DE PISSY.]

NESMES-DESMARETS (Camille de), ✠ (2 citations), lieutenant au 66e d'Infanterie.

Tombé glorieusement à la tête de sa section, au combat de Moreuil (Somme).

NÈTRE (Roger), ✳ (posthume), ✠ (palme et étoile), *engagé volontaire*, sous-lieutenant au 45e d'Artillerie.

Sur le front depuis dix mois, le 16 avril 1917, a trouvé glorieusement la mort au Bois des Buttes (région de la Ville-au-Bois), en partant à l'assaut des positions ennemies.

> Citation : *Engagé volontaire. Officier d'artillerie de grande valeur, d'un courage et d'un sang-froid remarquables. A, en toutes circonstances, fait preuve de la plus grande ardeur combattive et du mépris du danger le plus absolu. Le 16 avril 1917, sa mission terminée, s'est précipité, avec l'infanterie, à l'assaut des positions ennemies, et a trouvé, en chargeant, une mort glorieuse. A été cité.*

[Né le 21 janvier 1898. Fils de M. Georges NÈTRE, O ✳, administrateur des Manufactures de l'État, et de Mme née GOLDSCHMIDT.]

NETTANCOURT-VAUBECOURT (*Jean*-Charles-Marie-Emmanuel-Eugène, Comte Jean de), 🎖 (posthume), �֎, Lauréat de l'Académie Française, maréchal des logis de réserve de Cavalerie, détaché au 161ᵉ d'Infanterie.

Blessé une première fois en mars 1915, fut frappé mortellement par un éclat d'obus, au cours d'une mission de ravitaillement, près Saint-Hilaire-le-Grand (bataille de Champagne), le 27 septembre 1915, mort à Paris, le 4 octobre 1915, après avoir subi l'amputation d'une jambe.

> Citation : *Sous-officier du plus grand dévouement. Blessé une première fois en mars 1915, a refusé d'être évacué. Blessé à nouveau le 27 septembre 1915, a dû subir immédiatement l'amputation d'une jambe. Est mort des suites de ses blessures. A été cité.*

En son souvenir, sa mère a fait à l'Académie Française un legs de 600 francs de rente 5 °/₀, en vue de créer une fondation à perpétuité qui portera le nom de : « Fondation Jean de Nettancourt-Vaubecourt », destinée à contribuer à l'éducation d'un enfant du sexe masculin, né dans l'ancienne province de Lorraine, de parents français de race, qui aura perdu son père, de préférence à la guerre.

[Né à Thillombois (Meuse) le 27 octobre 1876. Fils du Cte, ✳ (décédé), et de la Ctesse née Marguerite P^{cesse} DE BAUFFREMONT. Marié à Mlle DE ROUGÉ DE CAYLUS, fille du Cte DE ROUGÉ, Duc DE CAYLUS (décédé), et de la Ctesse née Agnès DE ROHAN-CHABOT, — dont deux fils : Jacques et François.]

NEUILLAC (Abbé de)...

NEUVILLE (Vicomte Louis de), cavalier au 6ᵉ Dragons.
   Tombé le 24 mars 1918.

[Fils du Cte et de la Ctesse née Anne-Marie DE ROBIEN.]

NEUVILLE (Charles-Yves COQUEBERT de), ✳, �֎ (7 citations), capitaine au 118ᵉ d'Infanterie.

> Citation : *Officier de très grande valeur. A commencé la campagne comme officier de cavalerie. A demandé à passer dans l'infanterie en décembre 1916, et y a fait toute la guerre ; n'a cessé de montrer l'abnégation la plus complète, donnant à ses hommes l'exemple du devoir accompli et de l'amour le plus profond de la patrie. Officier aux sentiments les plus nobles. Le 26 septembre 1918, commandant le 2ᵉ bataillon du régiment, il le conduit à l'attaque de la ferme Navarin, prend une large part à l'enlèvement de cette position puissante, et tombe glorieusement en organisant la position conquise.*

NÈVE (François-Félix de), 🎖 (posthume), �֎, sergent au 157ᵉ d'Infanterie.

Citation : *Sous-officier énergique, remarquable par son sang-froid. Tué glorieusement, le 28 août 1914, en entraînant sa troupe à l'assaut du bois d'Anglemont (Vosges). A été cité.*

NEVERLÉE (*Gaston* - Gérard - Henri, Comte Gaston de), ✠ (posthume), ✠ (1 palme, 1 étoile), lieutenant au 266e d'Artillerie de campagne.
Tombé glorieusement à Craonne, le 22 mai 1917.

Citation : *Officier très brave et très courageux. Le 22 mai, commandant un détachement d'observation et de liaison, envoyé auprès d'un chef de bataillon allant prendre part à une attaque, n'a pas hésité à traverser à découvert un plateau balayé par une grêle de balles de mitrailleuses et d'obus de tous calibres, pour se porter à un observatoire avancé et installer une ligne téléphonique entre cet observatoire et le poste de commandement du chef de bataillon. A été atteint mortellement à la tête par une balle de mitrailleuse, en accomplissant sa mission. A été cité.*

[Né en 1882. Fils du Cᵗᵉ (décédé) et de la Cᵗᵉˢˢᵉ née Nicole D'AUDIFFRET–PASQUIER. Marié à Mˡˡᵉ Madeleine PICOT DE VAULOGÉ, fille du Lieutenant-Colonel Vᵗᵉ et de la Vᵗᵉˢˢᵉ née DE LUDRE, — dont deux enfants.]

NEYRAND (Auguste), sergent au 159e d'Infanterie.
Tué sous Arras, le 9 mai 1915.

NEYRAND (François), ✠ (3 palmes), lieutenant d'Artillerie, aviateur.
Tué le 2 août 1918.

[Tous deux fils de M. et de Mᵐᵉ Eugène NEYRAND.]

NEYRAND (Louis), ✠, lieutenant au 3e bis de Zouaves.
Tué en Belgique, le 24 avril 1915.

NEYRET (Jacques), ✠, maréchal des logis pilote-aviateur.
Tué le 19 juillet 1918.

NICOLAS DES FOSSETTES (*Roger*-Marie-Joseph), ✠, ✠ (palme), ✳ (Médaille du Maroc), chef de bataillon au 49e d'Infanterie.
Tombé glorieusement à Gozée, près Charleroi, le 23 août 1914, à la tête de son bataillon, en voulant reprendre le village occupé la veille par l'ennemi.

Citation : *A fait preuve de décision, de bravoure et de grande énergie en exécutant, le 23 août 1914, une contre-attaque qui permit de reprendre un point d'appui qui venait de tomber au pouvoir de l'ennemi ; a été tué à la tête de son bataillon.*

[Né le 23 septembre 1866. Fils de M. Victor NICOLAS DES FOSSETTES et de Mᵐᵉ née DE L'HORTET.]

NICOLAŸ (.....), ✳, ✠, chef de bataillon au 321e d'Infanterie.
S'illustra à la prise de Douaumont ; tué sous Verdun, le 15 décembre 1916.

NICOLÉTIS (Alec), ✳ (posthume), ✠, *engagé volontaire*, sous-lieutenant au 5e d'Artillerie.

Citation : *Officier de très grande valeur ; a toujours été un modèle de bravoure pour ses hommes, se dépensant sans compter, et a su, par la précision de son tir, faire énormément de mal aux batteries ennemies. A été tué à son poste de combat, le 25 juin 1916, au bois d'Esnes.*

[Fils du Dᵣ et de Mᵐᵉ née EATON.]

NICOLLE DU LONG-PRAŸ (Léopold-Londolphe-Marie-*Gabriel* COLLAS), ✳, ▩ (palme), Saint-Cyrien, capitaine au 140ᵉ d'Infanterie.

A été fait chevalier de la Légion d'honneur, le 25 octobre 1914, devant le front des troupes, à Rosières-en-Santerre, au bruit de la canonnade, — pour avoir pris, le 2 octobre, la ferme de Lihu, — avec la mention suivante :

> *Rentré au dépôt, à la suite d'une blessure à l'épaule, bien qu'incomplètement guéri ; a pris, le matin du 2 octobre 1914, le commandement d'une compagnie qui a été engagée aussitôt ; a été blessé à l'oreille dès le début de l'action ; a conduit néanmoins, à deux reprises différentes, sa compagnie à l'attaque à la baïonnette contre les tranchées ennemies, et n'est venu se faire panser qu'à la fin de la journée.*

Le 30 octobre 1914, cinq jours après sa décoration, il s'emparait du Quesnoy-en-Santerre, en conduisant une charge superbe au milieu du village en flammes. Il a été blessé grièvement en repoussant une contre-attaque nocturne, et mourut en novembre suivant.

[Né le 19 août 1881. Fils de M. et de Mᵐᵉ née FRANCONIE. Marié à Mˡˡᵉ Étiennette ITIER, fille de M. et de Mᵐᵉ née BLANCHET, — dont deux enfants.]

NIEÜIL (Henri-Marie-Olivier de PERRY, Marquis de), ✳ (posthume), ▩ (palme), sous-lieutenant au 54ᵉ d'Infanterie.

> Citation : *Officier qui s'est montré le digne héritier des plus belles traditions militaires. A fait preuve, pendant son service au front, d'un superbe dévouement, d'une conscience exemplaire. Remarquablement brave, a été tué, le 5 août 1918, en tête de ses hommes qu'il entraînait à l'attaque.*

[Fils du Mⁱˢ (décédé) et de la Mⁱˢᵉ née Hélène MERVEILLEUX DU VIGNAUX.]

NIGNON (*Marcel*-Édouard), soldat au 160ᵉ d'Infanterie.
Tué à La Boisselle (Somme), le 18 octobre 1914.

[Né le 28 avril 1899. Fils de M. et de Mᵐᵉ née LUCAS.]

NIVELLEAU DE LA BRUNIÈRE (*Maurice*-Marie), ✳ (posthume), ▩ (palme), lieutenant au 104ᵉ d'Infanterie.

> Citation : *Officier très brave, plein d'entrain et de sang-froid. A été blessé mortellement, le 25 septembre 1915, en chargeant à la tête de sa section. Troué de balles, s'est relevé pour crier : « En avant ! Vive la France ! Dites aux miens que je suis tombé face à l'ennemi, en tête de mes hommes. » A été cité.*

NIVELLEAU DE LA BRUNIÈRE (Jean), ✸ (posthume), ▩, signaleur d'Infanterie.

> Citation : *Soldat crâne et dévoué. Dans la journée du 9 mars 1917, a assuré son service d'observation malgré un violent bombardement d'obus de gros calibre. A été tué à son poste.*

NOAILLAN (Comte de), ✳, ▩, chef de bataillon.
Officier dans sa jeunesse et demeuré longtemps capitaine de

l'Armée territoriale, il n'hésita pas, au début de la guerre, à reprendre du service, bien qu'il atteignît sa soixantième année et que sa santé fût déjà très altérée. Attaché à un état-major, il demanda bientôt à être envoyé au front et s'y distingua ; mais il avait trop présumé de ses forces : terrassé par la maladie qui devait l'emporter, il dut quitter l'armée, et succomba au début de l'année 1919.

NOBLENS (*Bernard*-Émile-François CHEYNIER LE JOUHAN de), ✠ (posthume), ✠, propriétaire-agriculteur, maréchal des logis au 19ᵉ escadron du Train, interprète auprès de l'Armée Anglaise.

Mort, à l'hôpital d'évacuation d'Ytres (Somme), le 29 novembre 1917, des suites de blessures multiples reçues la veille à la bataille de Cambrai.

> Citation : *Brave sous-officier, d'un dévouement absolu, donnant le plus bel exemple en toutes circonstances. Mort glorieusement pour la France, le 29 novembre 1917.*

[Né le 11 août 1883. Fils du Lieutenant-Colonel, ✱, et de Mᵐᵉ née WEST.]

NOBLENS (*Gérard*-Augustin-Paul CHEYNIER LE JOUHAN de), ✠ (posthume), ✠ (étoile), ingénieur, caporal au 97ᵉ d'Infanterie alpine.

Passé, sur sa demande, de la Cavalerie dans l'Infanterie. Disparu à l'attaque de Barleux (Somme), le 4 septembre 1916.

> Citation : *Volontaire pour une mission périlleuse, a fait preuve d'un grand sang-froid. Bel exemple de bravoure pour ses hommes.*

[Né le 20 août 1891. Frère du précédent.]

NOBLENS (*Olivier*-Jean-Joseph CHEYNIER LE JOUHAN de), ✠ (posthume), ✠ (palme), étudiant, *engagé volontaire*, sous-lieutenant au 65ᵉ d'Infanterie.

Engagé au 17ᵉ Chasseurs à cheval, passé, sur sa demande, de la Cavalerie dans l'Infanterie. Tué à l'attaque d'Hébuterne (Somme), le 12 juin 1915.

> Citation : *Jeune officier des plus brillants. Bravoure calme, dévouement absolu, esclave de son devoir. Tué, avec cinq hommes, au milieu de sa compagnie, qu'il réconfortait par son exemple et par ses paroles d'encouragement. A été cité.*

[Né le 9 mars 1894. Frère des précédents.]

NODET (Pierre), ✠, élève à l'École nationale des Mines, lieutenant d'Artillerie, observateur à l'Escadrille 8.

Tombé glorieusement, le 18 juillet 1918, à 24 ans.

NOÉ (Maurice de), ✠ (posthume), ✠ (3 citations), sous-lieutenant au 20ᵉ d'Infanterie.

Tué, le 25 septembre 1915, à l'attaque d'Arras.

> Citation : *Le 10 juin, s'est porté volontairement jusqu'à trente mètres des tranchées ennemies pour effectuer une reconnaissance, et a enlevé trois fanions aux couleurs allemandes, autrichiennes et turques, que les Allemands avaient placés par défi en avant de leurs tranchées. A donné ainsi à sa compagnie un honorable exemple de crânerie et de sang-froid.*

[Fils du Cᵗᵉ (décédé en 1918) et de la Cᵗᵉˢˢᵉ Francis DE NOÉ.]

NOËL (Marc de)...

NOËL (*Joseph*-Gustave), artiste peintre, caporal au 17e territorial d'Infanterie.

Portraitiste de grand talent, il s'était établi à Rome, où son atelier, très fréquenté par les étudiants romains et étrangers, était devenu un véritable centre artistique français. Rentré en France au premier appel de la mobilisation, il fut tué à Berles-au-Bois (Pas-de-Calais), le 9 octobre 1914.

[Né à Paris le 13 mars 1874. Fils de M. Charles Noël, actuaire, et de Mme née Aubrespy. Marié à Mlle Gamberi, fille de M. et de Mme née Berretti, — dont trois enfants.]

NOGARET (Henry de), ⚭ (posthume), ✠.
Tué à l'offensive du Chemin-des-Dames, le 13 avril 1917.

Citation : *Brave soldat. A toujours donné l'exemple du calme et du courage. A toujours eu une très belle attitude aux tranchées. Tué, le 13 avril 1917, en faisant bravement son devoir.*

[Né le 6 mai 1893. Fils du B^on et de la B^onne née Lucie de Baudinet de Courcelles.]

NOGUÈS DE CASTELGAILLARD (Vicomte Aimery du), O ✠, ✠, capitaine au 308e d'Infanterie.
Tué sous Bapaume, le 28 août 1914.

[Fils du B^on (décédé) et de la B^onne née Noémie Poydenot.]

NOIR (Louis), ✠, capitaine d'Infanterie Coloniale.
Tué aux combats de la Somme, le 28 juin 1916.

NOIRET (Henri de), ⚭ (posthume), ✠, caporal au 73e d'Infanterie.
Tué glorieusement, le 10 septembre 1916, à l'assaut des positions ennemies devant Combles.

NOLEN (Albert), ✳, ✠, ✳ (Médaille Coloniale Sahara), capitaine au 65e d'Infanterie.

Tombé glorieusement, le 8 septembre 1914, au combat de Fère-Champenoise, le revolver au poing, étant cerné de toutes parts, mais ayant reçu l'ordre de tenir quand même. Avait été proposé pour le grade supérieur.

Citation : *Le 28 aout, a conduit sa troupe jusqu'à l'assaut, de la manière la plus brillante, malgré la vivacité du feu de l'ennemi.*

NOLHAC (Marie-Jean-Cyrille-Georges de), ⚭ (posthume), ✠, canonnier au 107e d'Artillerie lourde.

Citation : *Téléphoniste courageux, dévoué et plein d'entrain. A toujours donné entière satisfaction à ses chefs. Tué, à son poste de téléphoniste, sous un barrage violent, le 27 aout 1916. A été cité.*

NONANCOURT (*Henri*-Marie de), ✳ (posthume), ✠ (palmes), élève à l'Ecole Centrale, lieutenant d'Artillerie, observateur à l'Escadrille F. 41.
Tombé, le 25 septembre 1917, en combat aérien, à Douaumont.

Citation : *Observateur hors ligne, qui s'était distingué dans toutes les missions dont il était chargé, réglages, infanterie, commande-*

ment. Est tombé glorieusement, le 25 septembre 1917, en voulant terminer un réglage, après avoir subi une première fois l'attaque de quatre avions ennemis.

[Né en 1890. Fils du Général et de Mme DE NONANCOURT.]

NONVILLE (Adrien-Joseph-Marie, Baron Adrien ANTHEAULME de), ✠ (posthume), ✠ (2 palmes), capitaine au 168e d'Infanterie.

Saint-Cyrien, était en congé de 3 ans à la mobilisation. Parti aussitôt la déclaration, il était porté disparu le jour de l'attaque de l'Argonne, à la Harazée, le 25 septembre 1915.

Citation : A fait preuve, en toutes circonstances, d'une ardeur et d'une bravoure admirables, notamment dans l'assaut du 25 septembre 1915, où il a entraîné brillamment sa compagnie dans les lignes ennemies ; a été grièvement blessé pour la deuxième fois. A été cité.

[Né le 24 décembre 1881. Fils du B^{on} et de la B^{onne} née LE PELLETIER DE GLATIGNY. Marié à Mlle Isabelle D'ESCROT D'ESTRÉE, fille du Cte et de la Ctesse née DE SAVIGNAC, — dont deux enfants.]

NONY (Jean), ✠, élève de l'Ecole Polytechnique, sous-lieutenant au 51e d'Artillerie.

Tué sous Verdun, le 12 juin 1916.

[Né en 1895. Fils de M., ✠, et de Mme Alexandre NONY.]

NORBERG (Jean), éditeur d'art, soldat au 5e d'Infanterie.

Disparu, le 25 septembre, dans un combat sous Reims (Ferme du Godat).

[Né le 31 octobre 1879. Fils de M. Charles NORBERG, O ✠, ancien éditeur, et de Mme née WALBAUM.]

NORTIER (Charles-*Édouard*), ✠ (posthume), ✠ (palme), député de la Seine, maire de Neuilly, capitaine au 73e d'Infanterie.

Tombé glorieusement au cours des combats sur le front du Nord, en 1914.

Citation : Modèle d'entrain et de bravoure. S'est fait particulièrement remarquer par son sang-froid, lors de l'occupation des tranchées, le 24 octobre 1914. Blessé mortellement d'un éclat d'obus le 5 novembre 1914, a trouvé la force de volonté nécessaire pour contenir ses souffrances et rendre compte du résultat de la mission qu'il venait d'accomplir, quelques instants auparavant, près le général de division. A été cité.

Pour commémorer la gloire de ce vaillant, la Municipalité de Neuilly-sur-Seine a donné son nom à l'une de ses principales voies, dans laquelle il habitait avant la guerre.

NOÜEL DE KERANGUÉ (Yves), ✠ (posthume), ✠ (2 palmes), littérateur, enseigne de vaisseau des Canonniers Marins.

Blessé précédemment en avril 1915, tombait glorieusement aux Éparges, le 27 octobre suivant.

Citation : ..... En dernier lieu, s'est distingué dans le commandement d'une artillerie à grande puissance, en accomplissant de la façon la plus brillante le rôle qui lui avait été attribué. Tombé glorieusement, au moment où il se rendait à l'appel d'un de ses chefs.

NOÜEL DE KERANGUÉ (*Alain*-Charles-Henri), sous-lieutenant au 2e Groupe d'Aviation.
Mort de ses blessures, le 13 janvier 1916, à 24 ans.

NOURISSON (Jean), séminariste du Diocèse de Paris.
Tué, le 5 mai 1918, sur le front du Nord.
[Né en 1893. Fils de M. et de Mme née MOREL D'ARLEUX.]

NOURRIT (Adolphe), ✠, ✠ (1 palme, 1 étoile), imprimeur-éditeur, capitaine au 1er Chasseurs alpins.
Mort, le 26 septembre 1915, à l'ambulance de Francport (Oise), des suites de ses blessures.
> Citation : *Officier très énergique et très brave, qui a fait preuve, au cours de la campagne, des plus belles qualités militaires. A été très grièvement blessé, le 11 septembre 1915, à son poste de combat.*
[Né le 29 décembre 1869. Fils de M. Robert NOURRIT (décédé) et de Mme née PLON. Marié à Mlle BOREL.]

NOUVEL DE LA FLÊCHE (*Henri*-Arthur-Anselme-Marie), ✠ (posthume), ✠ (étoile), élève du cours de Marine à Saint-Brieuc, *engagé volontaire* comme candidat à l'Ecole Navale, puis versé au 58e d'Artillerie.
Tombé au champ d'honneur, près de Maurepas, le 10 septembre 1916.
> Citation : *Jeune soldat, arrivé récemment sur le front, très calme et très brave au feu ; tué à son poste le 10 septembre 1916.*
[Né à Quimper le 1er février 1897. Fils de M. et de Mme née DE TUÄULT.]

NOVÉ-JOSSERAND (*Henri*-Antoine-Jean), ✠ (posthume), ✠ (1 palme, 1 étoile), élève de l'Ecole Centrale Lyonnaise, maréchal des logis au 56e d'Artillerie.
Tué dans la tranchée de première ligne, le 18 septembre 1915, à Berry-au-Bac.
> Citation : *A montré le plus beau courage et le plus beau sang-froid en accompagnant, avec une pièce de 58, l'infanterie dans sa progression. A été tué, au cours de l'opération, le 18 septembre 1915. A été cité.*
[Fils de M. et de Mme née PERRET.]

NOVÉ-JOSSERAND (Antoine), ✠ (posthume), ✠, soldat au 333e d'Infanterie.
> Citation : *Excellent soldat, très courageux et très dévoué. Glorieusement tombé, le 26 octobre 1916, en se portant vaillamment à l'attaque des positions ennemies, au fort de Vaux.*

NOVILLE (Mademoiselle Thérèse THIRION de), infirmière de la Croix-Rouge à l'hôpital d'Issy-les-Moulineaux.
A succombé, le 19 novembre 1914, aux suites d'une maladie contractée au chevet de nos soldats blessés; était titulaire de la Médaille du Maroc et de la Médaille d'honneur des Epidémies.

NOYER DE LESCHERAINES (Antoine FAVIER du), brigadier à la 102e batterie de Bombardiers.
Tué le 2 octobre 1915.
[Fils du Bon (décédé) et de la Bonne née DE PRANDIÈRES.]

NOYER DE LESCHERAINES (François FAVIER du), ✠, lieutenant au 167ᵉ d'Infanterie.

Disparu, le 25 septembre 1915, à Saint-Thomas (Argonne).

NUCÉ DE LAMOTHE (*Gaston* - Jean - Baptiste - Louis de), ✠ (posthume), ✠ (étoile d'or), directeur d'usine, sergent au 9ᵉ d'Infanterie.

Disparu, dans la nuit du 20 au 21 juillet 1916, à Fleury, près Verdun. On l'a vu étendu devant la tranchée allemande, ne faisant plus aucun mouvement.

> Citation : *Sous-officier plein d'ardeur. Pendant la relève, est parti spontanément reconnaître à découvert les positions ennemies en face de sa fraction. A été mortellement atteint le 20 juillet 1916. A été cité.*

[Né le 28 avril 1883. Fils de M. et de Mᵐᵉ née AUDUBERT DU THEIL. Marié, en 1914, à Mˡˡᵉ DE PERRY DE NIEÜIL, fille du Mⁱˢ (décédé) et de la Mⁱˢᵉ née MERVEILLEUX DU VIGNAUX, — dont une fille.]

NUCHÈZE (*Louis*-Alphonse, Comte Louis de), ✕ (posthume), ✠ (palme), sous-lieutenant au 125ᵉ d'Infanterie.

Tombé glorieusement à Loos, le 11 mai 1915, à la tête de sa section partant à l'assaut.

> Citation : *Vaillant officier. Frappé glorieusement à la tête de sa section, en entraînant brillamment ses hommes à l'assaut des tranchées ennemies. Tombé en criant : « Vive la France ! » A été cité.*

[Né le 17 novembre 1880. Fils du Cᵗᵉ et de la Cᵗᵉˢˢᵉ née D'OIRON. Marié, le 14 mai 1914, à Mˡˡᵉ Germaine RABO DU MATZ, fille de M. (décédé) et de Mᵐᵉ née DE BRIE DE THÉOBON.]

NUCHÈZE (Comte Marc de), ✕, ✠ (2 palmes), capitaine au 68ᵉ d'Infanterie.

Tombé glorieusement le 25 septembre 1915. Blessé le 25 mai précédent, il était décoré avec cette citation :

> *Officier d'une bravoure admirable. Le 25 mai, s'est précipité, avec sa section, dans l'entonnoir creusé après l'explosion d'une mine, et s'y est maintenu sous un bombardement violent. Son capitaine ayant été mis hors de combat, et lui-même ayant été blessé, a pris néanmoins et gardé jusqu'à la fin le commandement de sa compagnie.*

[Né le 5 avril 1883. Frère du précédent. Marié, le 5 mai 1914, à sa cousine, Mˡˡᵉ Marie D'OIRON, fille du Bᵒⁿ et de la Bᵒⁿⁿᵉ née DE DREUILLE.]

NUGENT (*Richard*-Félix-Henri, Comte Richard de), soldat au 346ᵉ d'Infanterie.

Blessé d'un éclat d'obus, le 29 août 1914, au combat de Crévic, mort le 30 à l'hôpital de Saint-Nicolas-du-Port.

[Fils du Cᵗᵉ Patrice DE NUGENT (tué au cours de la campagne du Tonkin) et de la Cᵗᵉˢˢᵉ née Christine D'ESPAGNET.]

O

O'BRIEN (Paul), sergent au 44e d'Infanterie.
Tué, le 29 août 1914, à Morcourt-Proyart (Somme).

O'BYRNE (John-Joseph-*Gabriel*), ✳, ✠ (palme), lieutenant de vaisseau.
Commandait le sous-marin *Curie* ; il entreprit de forcer les barrages du port de Pola (Autriche), et réussit à franchir les passes et à pénétrer dans le port où il fut arrêté par un barrage à quelques centaines de mètres des cuirassés autrichiens, au moment où il allait les torpiller, le 20 décembre 1914. Pour sauver l'équipage, il remonta en surface et fut accueilli par un bombardement effroyable, le bateau fut coulé, les hommes sauvés, le commandant blessé fut fait prisonnier avec ses hommes ; emmené à Pola, puis à Gratz et ensuite à Krems ; enfin rapatrié, le 19 novembre 1916, il mourut, le 21 mars 1917, des suites de sa blessure.
Pour commémorer la mort de ce vaillant officier, son nom a été donné, en mai 1919, à un nouveau sous-marin.

Extrait de la citation : ...... *Honneur et gloire aux officiers et aux équipages du* Curie. *Ils ont bien mérité de la Patrie.*

[Né le 20 février 1878. Fils de M. et de Mme née DU BOURG. Marié à Mlle DE GAUDEMARIS, fille du Cte et de la Ctesse née LACAVE LA PLAGNE BARRIS, — dont six enfants.]

ODENT (Eugène), ✳ (posthume), ✠, industriel, maire de Senlis (Oise).
Ne voulut pas quitter son poste, malgré l'abandon de la ville par la plupart des autorités et des notables. Seul à la mairie lors de l'arrivée des Allemands, il fut emmené en otage, brutalisé et assassiné sans jugement. — « Les troupes françaises avaient tiré ! » on le rendit responsable de cet acte.

Citation : *Maire de Senlis, pris comme otage ; tué à l'ennemi dans l'exercice de ses fonctions, 2 septembre 1914.*

Inhumé au lieudit « Le Poteau », ses restes furent solennellement transférés, en avril 1919, au cimetière de Senlis.

[Né le 25 août 1855. Fils de M. H. ODENT, ✳, maire de Senlis en 1870, et de Mme née SUGNY (décédés). Marié à Mlle ODENT, fille du Président du Tribunal de Montdidier et de Mme née CABOCHE (décédés), — dont deux enfants.]

ODENT (Joseph), ✳, ✠, lieutenant-colonel commandant le 68e d'Infanterie.
Tué le 5 mai 1916.

O'DIETTE (Paul-Louis-Marie-Léopold), ✳, ✠, lieutenant-colonel au 159e d'Infanterie.
Tué à l'ennemi, le 16 juin 1915, à Cambligneul (Pas-de-Calais).
[Né en 1862. Marié à Mlle Magdeleine CHAMPY.]

OGIER DE BAULNY (*Charles*-François-Marie), ✤, ✤, Saint-Cyrien, capitaine au 317ᵉ d'Infanterie.

Tué près de Roye, en Picardie, le 26 septembre 1914.

> Citation : *A fait preuve, dans ses fonctions de capitaine-adjoint et pendant une période difficile, d'un zèle de tous les instants et d'un dévouement inlassable. Le 9 septembre, a rassemblé, sous un feu violent, une compagnie dont tous les officiers avaient été blessés, et l'a reportée en avant en donnant l'exemple de la plus grande intrépidité. A été tué, le 26 septembre 1914, en même temps que le lieutenant-colonel commandant le régiment.*

[Né le 5 août 1867. Fils de M. Gaston OGIER DE BAULNY et de Mᵐᵉ née HUVIER DU MÉE (décédée). Marié à Mˡˡᵉ Jeanne AMYOT D'INVILLE, — dont quatre enfants.]

OGIER DE BAULNY (*Amédée-Jean*-Marie), ✤, ✤, Saint-Cyrien, chef de bataillon au 115ᵉ d'Infanterie.

Tué, le 6 octobre 1915, en Champagne.

> Citation : *Commandant un bataillon de soutien, a montré la plus grande vigueur en l'entraînant à la suite du bataillon d'attaque, assurant ainsi, et malgré ce mélange des unités, l'enlèvement d'une position fortement organisée et tenue. Officier supérieur remarquable de calme et de sang-froid. Est tombé mortellement blessé, en guidant lui-même son bataillon sur un terrain soumis à un violent bombardement.*

[Né le 23 janvier 1871. Frère du précédent. Marié à Mˡˡᵉ Marthe HUCHET DE CINTRÉ, — dont quatre enfants.]

O'GORMAN, née Anne-Louise-Marie de **CHÉRISEŸ** (Comtesse Gaston), ✤ (Médaille de vermeil des Épidémies), dame infirmière à l'hôpital temporaire nᵒ 11.

Décédée, le 22 octobre 1914, d'une maladie infectieuse contractée au chevet des blessés.

> Extrait de la citation du Général LEGRAND : *Tombée à son poste de combat avec autant de vaillance que le soldat frappé sur la ligne de feu. Le dévouement dont elle a été victime constitue, pour la Société d'infirmières à laquelle elle appartenait, un nouveau titre d'honneur. En saluant respectivement sa tombe, et en adressant aux Sociétés d'infirmières l'expression de ses vives condoléances, le Général commandant la 18ᵉ région tient à associer tous les militaires sous ses ordres au deuil qui frappe la Croix-Rouge française, et à rendre un nouvel hommage à la vaillance et au dévouement de cette Association.*

[Fille du Mⁱˢ DE CHÉRISEŸ et de la Mⁱˢᵉ née Marguerite BOSCARY DE ROMAINE. Mariée au Cᵗᵉ O'GORMAN, fils du Cᵗᵉ et de la Cᵗᵉˢˢᵉ née Alice D'HOFFELIZE.]

O'KERINS D'HUST (*Gérard*-Marie-Charles, Comte Gérard), ⚰ (posthume), ✤, soldat réserviste au 69ᵉ d'Infanterie.

Tué aux combats de la Somme, à Carnoy, le 30 septembre 1914.

O'KERINS D'HUST (Comte Patrice), soldat au 167ᵉ d'Infanterie.

Mort de ses blessures, le 4 avril 1915, à Neufchâteau.

[Né le 12 mai 1875. Marié à Mˡˡᵉ Marie BRENNAN.]

OLCHANSKI (Jack), ✤, ✤ (1 palme, 4 étoiles), coulissier à la Bourse des valeurs, capitaine au 99ᵉ d'infanterie.

Parti comme simple soldat, conquit tous ses grades et la croix de la Légion d'honneur au cours de la campagne. Tombé héroïquement devant Reims, le 6 juin 1918.

Cinquième citation : *Officier d'une bravoure tout·à fait remarquable, ayant une conception élevée du devoir. A obtenu d'une compagnie nouvellement formée un rendement exceptionnel depuis son entrée en action. et en particulier dans une récente affaire, où il a puissamment contribué à arrêter les attaques allemandes sur le front du régiment. A été grièvement blessé à son poste de combat. Une blessure antérieure. Quatre citations.*

[Né à Paris le 20 janvier 1891. Fils de M. Louis OLCHANSKI èt de Mme née Séphora FRANCK.]

OLDEKOP (*Yvan*-Charles-Marie), ⚜ (posthume), ✠ (étoile), propriétaire, *engagé volontaire*, caporal.

S'étant proposé comme agent de liaison, c'est en accomplissant cette périlleuse mission sous un bombardement intense qu'il trouva la mort aux Eparges (tranchée de Calonne), le 5 mai 1915.

Citation : *Très belle attitude au feu. Pendant une violente attaque des Allemands, ajustait son monocle pour observer l'ennemi par-dessus le parapet, et donnait des renseignements à ses camarades. A été tué.*

[Né le 23 février 1881. Fils de M. Carl OLDEKOP et de Mme née BONTEMPS-DUBARRY. Marié à Mlle Marie DE BLIVES, fille de M. et de Mme née LE ROY, — dont deux enfants.]

OLÉON (*Henri* - Joseph - Guillaume de BONET d'), �֎ (posthume), ✠ (palme), lieutenant au 2e Etranger.

Tombé glorieusement à Morto-Bay (Dardanelles), le 12 mai 1915.

Citation : *Mortellement blessé, le 12 mai 1915, au moment où, sous un feu violent, il dirigeait avec un calme et un sang-froid remarquables l'établissement des tranchées de sa compagnie sur un terrain difficile.*

[Né le 19 décembre 1888. Fils de M. Frédéric DE BONET D'OLÉON et de Mme née DU LAURENS D'OISELAY.]

OLGIATI (P.-M.), �֎ (posthume), ✠ (palme), enseigne de vaisseau de 1re classe, aviateur.

Citation : *Officier d'élite, chef d'escadrille d'hydravions, remarquable et plein d'entrain, ayant accompli de nombreux vols à la recherche de sous-marins ennemis. Mort à la suite d'une chute de son appareil.*

OLIGSCHLAGER (Émile), ✠, chef de bataillon au 86e d'Infanterie.
Tué à Baccarat, le 25 août 1914.

OLIVIER (François), ✠, lieutenant au 4e d'Artillerie, observateur à l'Escadrille V.
Tombé le 25 mai 1916.

OLLAGNIER (François-Augustin), élève à l'École des Hautes Etudes Commerciales, caporal au 128e d'Infanterie.
Blessé mortellement par un éclat d'obus, le 7 décembre 1914, dans une tranchée au bois de la Grurie, décédé le lendemain à Sainte-Menehould.

[Né le 5 octobre 1893. Fils de M. Claude OLLAGNIER, directeur de la Société des Aciéries de Huta-Bankowa, et de Mme née COUCHARD.]

OLLÉ-LAPRUNE (Paul-Marie-*Joseph*), ✠, ✠ (palme), C ✠ (Couronne d'Italie), O ✠ (Saints-Maurice et Lazare), premier secrétaire de l'Ambassade de France à Rome, lieutenant au 140e d'Infanterie.

Tué à Lihons, le 16 février 1915.

> Citation : *Premier secrétaire de l'ambassade de France à Rome, accouru à l'armée le premier jour de la guerre, ayant sollicité et obtenu son envoi sur le front; y a donné, depuis son arrivée, l'exemple des plus nobles vertus et de la plus religieuse fidélité à tous les devoirs. A été tué, le 16 février 1915, en cherchant, au mépris de sa propre existence, à mettre à l'abri des obus ennemis un soldat qui l'accompagnait dans les tranchées de première ligne. A été cité.*

[Né le 5 février 1875. Fils du Membre de l'Institut (décédé) et de Mme née Saint-René Taillandier. Marié à Mlle Alice Gavoty, fille de M. et de Mme née Jacques.]

OLLENDON (*Antoine*-Pierre d'OUËZY, Baron Antoine d'), (posthume), ✠ (étoile), brigadier au 3e Dragons.

Blessé au bois de Diefmatten (Alsace), le 15 août 1915, mort le 19 à l'hôpital militaire de Belfort.

> Citation : *Brave gradé. A l'attaque du 15 août, a été blessé en s'exposant crânement au feu de l'ennemi, pour mieux surveiller le terrain. A donné à tous un bel exemple de courage. A été cité.*

[Né le 20 août 1891. Fils du Bon (décédé) et de la Bonne née Béatrice de Beaumont.]

OLLENDON (*Guillaume*-Charles d'OUËZY d'), *engagé volontaire*, brigadier au 49e d'Artillerie.

Engagé le 5 août 1914, décédé à Poitiers, le 22 juin 1915, d'une maladie contractée au service.

[Né le 24 juillet 1895. Frère du précédent.]

OLLIVIER, ✠, ✠ (palme), chef de bataillon au 2e Colonial.

> Citation : *Brillante conduite au feu, le 26 septembre 1914, où il a été mortellement blessé, en faisant la reconnaissance de la ligne ennemie.*

OLLIVIER (Ernest), ✠, sous-lieutenant au 4e Colonial.

Tué le 5 novembre 1915.

OLLONE (*Charles*-Marie-Alexandre-Céleste, Comte Charles d'), ✠, ✠ (étoile), O ✠ (Saints-Maurice et Lazare), O ✠ (Éléphant Blanc), ✠ (Cincinnatus), chef d'escadrons de Cavalerie.

Attaché à la Mission militaire Française en Italie, décédé, le 15 juillet 1918, des suites d'une maladie contractée au front et contre laquelle il lutta jusqu'au dernier moment, ne voulant pas abandonner son poste au moment de l'offensive autrichienne. Il était rentré en France, mourant, quelques jours auparavant.

[Né en 1865. Fils du Cte (décédé) et de la Ctesse née d'Amandre. Marié à Mlle Anne de Terves, fille du Cte et de la Ctesse née du Rouzay (décédés), — dont deux enfants.]

O'MAHONY (Vicomte Léonce), ✠ (étoile d'or), sous-lieutenant au 176e d'Infanterie.

Blessé grièvement, le 9 juin 1915, aux Dardanelles; décédé le 27 juillet suivant à l'hôpital d'Alexandrie (Egypte).

[Né le 10 janvier 1891. Fils du Cte et de la Ctesse née de Pontballanger.]

OMBREDANNE (Maurice), ✠, sergent pilote à l'Escadrille A.R. 253. Tombé en combat aérien, dans le secteur de Verdun, en 1918, à 25 ans.

OMEZON (*Léopold*-Marie-Louis de Gonzague d'), ✠, ✠ (1 palme, 1 étoile), ✠ (Couronne Royale d'Italie), Saint-Cyrien, capitaine au 24e Chasseurs alpins.
Avait combattu en Alsace, dans les Flandres, sous Verdun, etc. Blessé grièvement, le 15 juin 1915, à l'attaque de Metzeral (Alsace), en conduisant ses chasseurs à l'assaut, décédé le 20 dans une ambulance du front. En tombant, il put s'écrier encore : « En avant, mes enfants, et du courage ! »
[Né le 15 janvier 1880. Fils de M. Philippe D'OMEZON, O ✠, et de Mᵐᵉ née BREST. Marié à Mˡˡᵉ Yvonne GÉRARD DE LUBAC, fille de M. et de Mᵐᵉ née DE CLÉRISSY DE ROUMOULES, — dont trois enfants.]

O'NEILL (Gabriel), ✠ (posthume), ✠ (3 citations), sous-lieutenant au 250e d'Artillerie.
Tué en juin 1918, dans la forêt de Villers-Cotterets.
[Fils du Colonel et de Mᵐᵉ O'NEILL.]!

ONFFROY DE VÉREZ (Marquis Roger), ⚜, ✠ (palme), soldat patrouilleur au 313e d'Infanterie.
Blessé antérieurement à Vauquois, il le fut mortellement, en 1916, au cours d'une patrouille volontaire : le poignet emporté, les deux pieds broyés, le front ouvert, il eut l'énergie de regagner sa tranchée; évacué à l'hôpital de Sainte-Menehould, il ne put survivre à ses blessures.
[Fils du Mⁱˢ et de la Mⁱˢᵉ Achille ONFFROY DE VÉREZ.]

ONFFROY DE VÉREZ (Charles-Jules-Marie-Arthur), ✠, ✠, chef de bataillon au 53e d'Infanterie.
Citation : *Officier supérieur d'une bravoure remarquable et d'un sang-froid admirable. Le 18 mars 1915, chargé avec son bataillon d'enlever une tranchée ennemie, s'est élancé magnifiquement à la tête de son unité; a conquis la position qui lui avait été assignée comme objectif et sur laquelle il trouva une mort glorieuse.*
[Marié à Mˡˡᵉ Manuele VENGUD.]

O'QUIN (Paul-Émile), aspirant d'Artillerie.
Tué, le 9 juin 1918, à Ressons-sur-Matz, au cours d'une lutte au mousqueton contre les Allemands arrivant sur sa batterie.

ORCHYMONT (Charles-Joseph d'), ⚜ (posthume), ✠ (étoile), soldat au 147e d'Infanterie.
Citation : *Bon soldat, brave, dévoué et toujours plein d'entrain. Tué glorieusement à son poste de combat, le 31 octobre 1914, au bois de la Grurie.*

ORÉ (Joseph), ⚜, ✠ (palme), adjudant au 4e Tirailleurs Indigènes.
Mort, en novembre 1915, des suites de ses blessures reçues à l'offensive de Champagne.

O'REILLY (Laurent), ✠, ✠, chef de bataillon d'Infanterie. Tué en août 1917.

[Marié à Mlle GAUTIER.]

ORENS (Fernand), ✠, lieutenant de Chasseurs d'Afrique, détaché à l'Artillerie d'assaut. Tombé glorieusement le 18 juillet 1918.

ORFILA (Gaston-Gabriel-*Michel*), ✠ (posthume), ✠ (palme), sous-lieutenant au 4e Chasseurs à pied.

> Citation : *Jeune officier, très brave. Frappé d'une balle en pleine poitrine, a continué à pousser ses chasseurs en avant, jusqu'au moment où il est tombé épuisé. Est mort des suites de ses blessures (1er octobre 1915).*

[Né le 3 octobre 1894. Fils de M. et de Mme née LEVERD.]

ORGEMONT (Auguste d') . . . .

ORIGNY (Henri-Antoine, Vicomte HUTTEAU d'), ✠ (posthume), ✠, sous-lieutenant au 42e Chasseurs à pied. Glorieusement tombé devant Souchez, le 16 juin 1915.

> Citation : *Chef d'une section de mitrailleuses, a appuyé vigoureusement l'attaque d'une compagnie de première ligne. A rempli noblement son devoir en portant sa section en première ligne. A été tué en remplissant sa mission, le 16 juin 1915. A été cité.*

[Né en 1869. Marié à Mlle Augusta PÉCOUL.]

ORIGNY (Vicomte Louis HUTTEAU d'), ✠, ✠ (palme), lieutenant-colonel commandant le 285e d'Infanterie. Tombé glorieusement le 16 janvier 1915.

> Citation : *Officier supérieur de la plus haute valeur et d'une éclatante bravoure. A fait preuve des plus belles qualités militaires pendant toute la campagne, comme chef d'Etat-Major d'une division et comme chef de corps. Frappé mortellement par un obus au moment où son régiment, dans un très bel élan, sautait dans les tranchées ennemies.*

[Marié à Mlle DE BEAUPLAN.]

ORIGNY (Jacques HUTTEAU d'), ✠ (posthume), ✠ (palme), sous-lieutenant au 59e d'Artillerie.

> Citation : *A été blessé et a disparu en restant, malgré le feu de l'ennemi, en observation en avant de nos tranchées.*

[Fils du précédent.]

ORIVAL DE MISEREY (*Raoul*-Charles-Eugène d'), O✠, ✠, lieutenant-colonel de Cavalerie, adjoint à un régiment d'Infanterie.

Chef d'escadrons en 1906, il était passé dans la réserve quelque temps avant la guerre et avait été nommé lieutenant-colonel au cours de la campagne. Grièvement blessé le 8 juillet 1917, il succombait le lendemain à l'ambulance.

[Né le 7 mai 1859. Fils de M. (décédé) et de Mme née DE FRASNOIS. Marié à Mlle Isabelle D'HUART.]

ORIVAL DE MISEREY (Jean d'), maréchal des logis au 21e Chasseurs à cheval.

Décédé des suites d'une maladie contractée aux Armées, à 22 ans.

[Fils du précédent.]

ORLAN DE POLIGNAC (*Guy-Pierre-Marie* d'), 🎖 (posthume), ✠, sergent au 26ᵉ d'Infanterie.

> Citation : *Sous-officier courageux et dévoué, ayant eu au feu une belle attitude. Le 10 octobre 1914, est tombé glorieusement pour la France, devant Monchy-au-Bois. A été cité.*

ORLÉANS ET BRAGANCE (S. A. R. Prince *Antoine*-Gaston-Philippe-François d'Assise-Marie-Michel-Gabriel-Gonzague d'), ✠ (posthume), ✠ (palme), ✠ (Military Cross), officier aviateur dans l'Armée Britannique.

En 1914, lieutenant dans un régiment de Hussards Autrichiens, donna sa démission et prit du service dans l'Armée Britannique où il se signala à maintes reprises. Le *Journal Officiel* a publié l'Ordre du 14 février 1919, avec cette citation :

> *A, le 25 mai 1917, exécuté, en plein jour, une reconnaissance des positions ennemies, et, malgré un feu violent d'artillerie, a marqué sur une carte les positions exactes et le nombre de la garnison.*

Mort en service commandé, le 29 novembre 1918.

[Né à Paris le 9 août 1881. Fils de S. A. R. Mᵍʳ le Prince Gaston D'ORLÉANS, Comte D'EU, et de S. A. R. née Princesse Impériale DU BRÉSIL.]

ORNANO (Marcel d'), ✠ (posthume), ✠ (palme), sous-lieutenant au 141ᵉ d'Infanterie.

> Citation : *Officier d'élite, brave et dévoué. Après avoir donné toute la valeur de son héroïsme, est mort pour la France, le 17 mai 1916.*

ORNANT (Henri-Marie-Édouard-Albert d'), 🎖 (posthume), ✠, canonnier-conducteur au 28ᵉ d'Artillerie.

> Citation : *A donné de nombreuses marques de courage. Atteint mortellement, le 1ᵉʳ décembre 1915, en traversant une zone battue de projectiles, pour l'accomplissement de sa mission. A été cité.*

[Fils du Bᵒⁿ et de la Bᵒⁿⁿᵉ D'ORNANT.]

ORNANT (*Jean*-Félix-Marie-Henri, Baron d'), ✠ (posthume), ✠ (2 étoiles), élève de l'Ecole Polytechnique (1913), lieutenant au 31ᵉ d'Artillerie.

Tombé au champ d'honneur, dans son abri, entre Prosnes et Thuisy (Marne), à la défense du mont Cornillet, le 27 juillet 1917. Inhumé dans le cimetière militaire de Mourmelon-le-Petit.

> Citation : *Jeune officier ayant pris le commandement d'une batterie au cours de la bataille, alors qu'il avait perdu deux commandants de batterie en huit jours ; a réussi à maintenir le moral du personnel éprouvé par de lourdes pertes. Tombé glorieusement à son poste de combat, le 27 juillet 1917. A été cité.*

[Né à Vannes le 9 novembre 1892. Fils du Commandant Charles D'ORNANT (décédé) et de Mᵐᵉ née LAMBRECHT.]

ORNANT (Marie-Gontran-Charles-*Édouard* d'), Saint-Cyrien de la promotion de la Grande-Revanche, sous-lieutenant au 147e d'Infanterie.

Tombé au champ d'honneur, le 1er mars 1915, au combat du Bois-Trapèze, Mesnil-les-Hurlus (Champagne).

[Né à Vannes le 6 avril 1895. Frère du précédent.]

ORSANNE (Henri-Jacques-Marie-*Antoine* d'), attaché au Crédit Industriel et Commercial, caporal au 153e d'Infanterie.

Frappé par des éclats d'obus à la poitrine et à la tête, dans la matinée du 30 juin 1916, à Maricourt (Somme); il succomba immédiatement à ses blessures. Il n'était sur le front que depuis trois mois et avait participé, en avril 1916, à la défense de Verdun.

[Né le 14 février 1894. Fils de M. et de Mme née Le Roux de Bretagne.]

ORSETTI (Comte Alexandre d'), ✠ (posthume), ✠ (palmes), lieutenant au 25e Dragons.

Au front depuis le début de la campagne, est tombé glorieusement le 22 mai 1918.

[Né en 1889. Fils du Cte et de la Ctesse née Rose de Kronenberg.]

OSMONT DE COURTISIGNY (*Pierre*-Charles), étudiant, *engagé volontaire*, sergent au 87e d'Infanterie.

Tué à l'ennemi, le 22 juin 1915, à la tranchée de Calonne.

[Né le 12 juillet 1894. Fils du Procureur de la République à Reims, ✠, et de Mme née Marguerite Osmont, décédée.]

OSSUDE (Guy-*Jean*-Marie), ✠, sous-lieutenant au 169e d'Infanterie.
Tombé au Bois Le Prêtre, le 1er novembre 1914, à 32 ans.

OSTER (Max), ✠ (posthume), ✠ (1 palme, 2 étoiles), docteur en droit, lauréat des Sciences Politiques, lieutenant mitrailleur au 162e d'Infanterie.

Blessé grièvement, le 20 avril 1917, au cours d'une reconnaissance, décédé le 29 à l'hôpital de La Rochelle.

> Citation : *Très brillant officier, joignant à de belles qualités de technicien de réelles qualités de commandement. Très brave au feu, plein de fougue et d'énergie, est un vivant exemple pour sa compagnie, dont il a su faire une unité d'élite. S'est dépensé sans compter, le 12 avril, à l'attaque de positions fortement défendues, pour pousser en avant et placer ses sections. A judicieusement occupé une position conquise. Le 18 avril, a occasionné de fortes pertes à l'ennemi qui contre-attaquait, par un tir précis de ses pièces et malgré un violent bombardement. A été blessé, le 20 avril, pendant une reconnaissance.*

[Né le 27 novembre 1889. Fils de M. et de Mme née Errera.]

OTT (*Edmond*-Georges), ✠ (palme), lieutenant au 41e Colonial.
Tué à la tête de sa section, le 5 octobre 1915, au nord de Souchez.

[Fils de M. et de Mme née Hjorstberg. Marié à Mlle Touret.]

OUDART (Maurice), ✠, ✠ (1 palme, 2 étoiles), *engagé volontaire*, lieutenant au 91e d'Infanterie.
Passé, sur sa demande, de l'Artillerie dans l'Infanterie, était tou-

jours volontaire pour les missions périlleuses; au cours de l'une d'elles, a trouvé une mort glorieuse, en 1918, à Buzancy (Ardennes).

[Né en 1898. Fils de M. et de Mme née BERGERAT.]

OUDOT (Marcel), ✠ (posthume), ✠ (étoile), avocat à la Cour de Paris, lieutenant au 37e d'Infanterie.

Tombé, le 1er septembre 1914, à Maixe (Meurthe-et-Moselle).

Citation posthume : *Officier de la plus grande valeur morale et du plus beau courage. Tué glorieusement à la tête de sa section qu'il entraînait dans une attaque contre l'ennemi, le 1er septembre 1914.*

[Né le 6 avril 1881. Fils de M. et de Mme née Marie CABANY. Marié à Mlle Alice LEGRAND, fille de M. et de Mme née OUTHENIN-CHALANDRE, — dont trois fils.]

OULMAN (René), secrétaire du *Petit Bleu*.

Réformé, puis réengagé, est mort, en 1918, à l'hôpital Astoria, des suites de maladie contractée sur le front de Verdun.

[Fils de M. et de Mme Alfred OULMAN. Marié à Mlle LHOTELLIER.]

OULTREMONT (Comte Henry d'), major de Grenadiers Belges.

Ce nom évoque un des épisodes les plus héroïques de la bataille de l'Yser, la charge du bataillon d'Oultremont, qui cloua l'ennemi sur place. Au moment où ses grenadiers gravissaient derrière lui la berge de l'Yser, le major d'Oultremont tomba face à l'ennemi. — Son corps ne fut retrouvé qu'en 1920, dans la boucle de l'Yser, près de la Ferme-Rouge, au fond d'une fosse commune avec les cadavres de trente-cinq grenadiers.

OUSSIÈRES (Georges - Jean - Baptiste - Marie CRESTIN d'), ✠ (posthume), ✠, sous-lieutenant au 60e d'Infanterie.

Citation : *Officier remarquablement brave et énergique. A été blessé grièvement, le 25 septembre 1915, en maintenant ses hommes dans une tranchée violemment bombardée en Champagne. Mort pour la France. A été cité.*

OUTHENIN-CHALANDRE (Arnaud-*Jacques*), ✠ (posthume), ✠ (palmes), lieutenant au 43e d'Artillerie, observateur en avion.

Il avait fait toute la campagne au 43e d'Artillerie et était passé, sur sa demande, dans l'Aviation, en septembre 1916. Tué près de Cerny-en-Laonnois.

Dernière citation : *Officier de la plus grande valeur et du plus beau courage; observateur remarquable par son habileté et son audace. Le 15 août 1917, au cours d'un réglage, a été attaqué par deux avions de chasse, et est tombé en flammes dans les lignes ennemies. A été cité.*

[Né en 1890. Fils de M. et de Mme née BAUDELOT.]

OUTHIER (*Jean*-Étienne-Henry), ✠ (posthume), ✠ (étoile), *engagé volontaire*, caporal au 17e d'Infanterie.

Blessé mortellement, le 24 juin 1915, près de Notre-Dame-de-Lorette, est décédé le 26 à l'ambulance d'Hersin (Pas-de-Calais).

Citation : *A quitté la cavalerie, sur sa demande, pour servir dans l'infanterie. A reçu deux blessures graves, et n'a pas quitté son poste pour donner confiance à ses hommes. Très crâne.*

[Né le 11 janvier 1897. Fils du Général de Division (décédé) et de Mme née OZANNEAUX.]

OZANNE (Jean), ✠, caporal au 140ᵉ d'Infanterie.
Tué, le 22 juillet 1918, en Champagne, à 21 ans.

P

PACAUD (Paul), ✠, sous-lieutenant pilote-aviateur.
Tombé le 9 octobre 1918.

[Fils de l'ancien Député de la Vendée et de Mme R. PACAUD.]

PACHTÈRE (Georges-*Félix* de), ✠ (posthume), ✠ (palme), ancien
élève de l'Ecole Normale, archéologue, sous-lieutenant au 2e de
marche d'Afrique.
Héroïquement tombé, frappé d'une balle à la tête, le 26 septembre 1916, sur le front d'Orient, à 33 ans.

> Citation : *Glorieusement tombé pour la France en entraînant
> sa troupe à l'assaut d'une position bulgare formidablement défen-
> due par les feux d'artillerie. A été cité.*

PADIRAC (Raymond-Marie-Édouard-Henry de FOULHIAC de),
✠ (posthume), ✠ (palme), sous-lieutenant au 23e Colonial.

> Citation : *Officier courageux, qui a fait vaillamment son devoir
> dès les premiers combats de la campagne. Tombé glorieusement
> pour la France, le 22 août 1914, à Rossignol.*

PAEPE (Louis-Maurice de), ✠ (posthume), ✠, soldat au 94e d'Infanterie.
Mort glorieusement pour la France, le 6 février 1916.

PAGUELLE DE FONTENAY (Robert).........................

PAILLOT (André), ✠, soldat au 44e Chasseurs à pied.
Tué à Carency, le 27 mai 1915.

[Fils du Conseiller à la Cour de Cassation et de Mme Edmond PAILLOT.]

PAÏTARD (Alexandre-Marie-*René*), C ✠, ✠ (2 palmes), C ✠ (Danilo
de Monténégro), Saint-Cyrien, colonel breveté du 17e d'Infanterie.
Tué, le 1er juin 1918, à Pernant (Aisne), dans son poste de commandement, de deux éclats d'obus dans la poitrine; inhumé au
cimetière de Laversine.

> Citation (promotion au grade de Commandeur) : *Chef de corps ad-
> mirable, modèle de toutes les vertus militaires, d'un courage
> héroïque, dépensant sans compter toute sa force intellectuelle et
> physique pour obtenir le maximum de rendement, d'efforts et de
> résistance du régiment qu'il commande depuis plus de deux ans.
> Grâce à sa science militaire accomplie, à son esprit de sacrifice, à
> son activité inlassable sur le champ de bataille, a réussi à endi-
> guer un ennemi très supérieur en nombre, en maintenant l'ordre,
> le calme et l'énergie combattive de son unité, dans une lutte achar-
> née et ininterrompue pendant plus de cinq jours. A été blessé très
> grièvement à son poste de combat.*

[Né le 14 juin 1865. Fils de M. et de Mme née DESDOUITS. Marié à Mlle Henriette
WOLF, fille de M. et de Mme née MONIÉ, — dont trois filles.]

PAIX DE CŒUR (*Jehan*-Marie de), 🎖 (posthume), ✠ (étoile d'or), caporal, agent de liaison au 74e d'Infanterie.

Cité à l'Ordre du Corps d'Armée pour son service d'agent de liaison au bois de la Caillette. Blessé mortellement au fort de Souville, le 10 avril 1916, mort à l'hôpital de Bévaux (Verdun), le 13 avril 1916.

[Né le 31 octobre 1895. Fils du Mis DE PAIX DE CŒUR (décédé) et de la Mise née BRANDIN DE SAINT-LAURENS.]

PALIKAO (COUSIN-MONTAUBAN, Comte de), maréchal des logis de Cavalerie.

Décédé, au printemps de 1918, d'une congestion pulmonaire, suite d'une grave intoxication par les gaz asphyxiants.

[Fils du Général (décédé) et de la Ctesse née DE GRICOURT.]

PALLAIN (Jacques), ✠, administrateur de la Banque nationale de Crédit, capitaine d'Artillerie de réserve.

Décédé, en avril 1919, des suites d'une longue maladie contractée aux Armées.

[Fils de M. Georges PALLAIN, GO ✠, gouverneur de la Banque de France, et de Mme née HUNEBELLE. Marié à Mlle BLACHEZ.]

PALLARÈS (Jean-Cyr-Gustave-Charles-Alexis de), ✠ (posthume), ✠, sous-lieutenant au 9e d'Artillerie.

Citation : *Officier dévoué et courageux. Étant en liaison près d'un colonel d'infanterie, dans le secteur du bois d'Avocourt (région de Verdun), s'est porté en première ligne pour recueillir des renseignements sur l'ennemi. A été tué par un obus, au cours de la reconnaissance. A été cité.*

PALLIÈRES (Guy FOUBERT de), automobiliste aux Armées.

Décédé, le 5 octobre 1918, à l'hôpital Condé, à Chantilly, d'une maladie contractée dans son service au front.

[Marié à Mlle MOREL D'ARLEUX.]

PALLU DE LESSERT (Jean-Cyprien-Marie-Clément), ✠ (posthume), ✠ (3 citations), sous-lieutenant au 369e d'Infanterie.

Tombé à la tête de sa section, à 24 ans, le 11 août 1918, dans le secteur de Machemont (Oise).

Citation : *Officier du plus grand mérite, d'un courage et d'un sang-froid à toute épreuve. Mortellement atteint à l'attaque d'une position fortement organisée et énergiquement défendue. A été cité.*

PALLUAT DE BESSET (*Jacques*-Jean-Olivier-Marie), ✠ (posthume), ✠ (palme et étoile), Saint-Cyrien de la promotion de la Grande-Revanche, lieutenant au 121e d'Infanterie.

Tué à l'attaque de Moulin-sous-Touvent, près de Saint-Quentin, le 13 avril 1917.

Citation à l'Armée : *Jeune officier, remarquable par son entrain, sa bravoure et son énergie. Le 13 avril, après avoir enlevé, malgré les feux de nombreuses mitrailleuses, l'objectif qui lui était assigné, a été mortellement blessé en repoussant, à la tête de sa section, une très violente contre-attaque. A été cité.*

[Né en 1894. Fils du Cte et de la Ctesse née D'ADHÉMAR.]

PALLUAT DE BESSET (Marie-André-*Bernard*), ✠ (posthume), ✠ (2 étoiles), sous-lieutenant au 216e d'Infanterie.

Blessé grièvement, le 3 novembre 1916, à Lihons (Somme), décédé des suites de ses blessures, le 17 décembre 1918.

Dernière citation : *Le 30 octobre 1916, le secteur du régiment étant très violemment bombardé, s'est dévoué avec le plus pur esprit d'abnégation pour assurer le service dans un poste pris à partie par l'artillerie ennemie. A été blessé, le 5 novembre 1916, pendant la relève du régiment, et n'a eu que des paroles de regret d'être obligé de quitter momentanément son poste de combat. Officier brave et consciencieux, ayant la plus haute conception de son devoir militaire. A été cité.*

[Né le 15 février 1882. Fils du Cte et de la Ctesse née D'HUMIÈRES.]

PAMPELONNE (Marie-Ferval-*Antoine* de GUYON DE GEIS de), ✠ (posthume), ✠ (palmes), sous-lieutenant au 135e d'Infanterie.

Citation : *Jeune officier réputé pour son courage. Après avoir brillamment pris part, en tête de sa section, aux attaques victorieuses des 16 et 17 août 1918, a été mortellement frappé en dirigeant à découvert, avec le plus beau mépris du danger, le feu sur l'ennemi qui contre-attaquait. Trois citations antérieures.*

[Fils du Bon, O ✠, et de la Bonne née Gabrielle DE RAOUSSET-BOULBON.]

PAMPELONNE (*Joseph*-Ange-Marie de GUYON DE GEIS de), ✠ (posthume), ✠ (palme), enseigne de vaisseau de 1re classe.

Commandant en second le contre-torpilleur *Daxa*, a sombré glorieusement en mer avec son bâtiment, coulé par l'ennemi, le 28 juin 1917.

Citation : *Disparu avec son bâtiment torpillé par un sous-marin ennemi en accomplissant son devoir militaire.*

[Né le 8 avril 1895. Fils du Bon (décédé) et de la Bonne née DE BOYER DE SAINTE-SUZANNE.]

PANAFIEU (*Jacques*-Marguerite de), ✠ (posthume), ✠ (palme), étudiant, *engagé volontaire* au 5e Cuirassiers, passé, sur sa demande, dans l'Infanterie, sous-lieutenant au 93e d'Infanterie.

Tué à Thiaumont, sous Verdun, le 14 juin 1916, d'un éclat d'obus à la tête.

Citation : *Jeune officier d'un allant et d'un entrain remarquables. Est glorieusement tombé à son poste de combat, après avoir accompli la mission qui lui était assignée. A été cité.*

[Né le 5 juillet 1896. Fils du Chef d'escadrons, O ✠, ✠, et de Mme née RICHERAND, décédée.]

PANDIN DE LUSSAUDIÈRE (Eugène), ✠ (posthume), ✠, caporal au 303e d'Infanterie.

Citation : *Caporal plein d'entrain, dévoué et consciencieux. Mortellement frappé en montant à l'assaut des positions ennemies, le 20 aout 1914.*

PANTET-DEPLAND (Marie-Jean-René), lieutenant au 297e d'Infanterie.

Tué sous Thiaumont, le 29 juin 1916.

[Né le 26 août 1887. Fils de M. et de Mme née RAÏSSAC.]

PAPIN (*Jacques*-René), ✠ (posthume), ✠ (2 citations), officier des Haras, lieutenant de Cavalerie de réserve, affecté au 204ᵉ d'Infanterie, d'abord comme officier de liaison, puis comme officier de renseignements et téléphoniste.

Tué glorieusement à son poste, le 27 avril 1916, au Bois des Buttes (nord de l'Aisne), dans la région de Berry-au-Bac. Fut l'objet, le 8 mai, de la citation posthume suivante :

> *Officier de renseignements et téléphoniste, modèle de dévouement et de bravoure. En toutes circonstances, a toujours assuré son service avec calme et sang-froid sous les plus violents bombardements, et en particulier les 25 et 26 avril. Tué glorieusement, le 27, à son poste de combat. A été cité.*

[Né à Paris le 30 octobre 1884. Fils de M. Robert PAPIN, ✠, et de Mᵐᵉ née BAILLIE. Marié à Mˡˡᵉ Marcelle LUC, fille de M. et de Mᵐᵉ née GAUDET.]

PAQUIER (E.-V.), ✠ (posthume), ✠ (palme), lieutenant de vaisseau du *Bouvet*.

> Citation : *Est mort bravement à son poste de combat, englouti avec son bâtiment (18 mars 1915, Dardanelles).*

PARAF-JAVAL (Georges-Eugène), ✠ (posthume), ✠, soldat au 289ᵉ d'Infanterie.

> Citation : *A toujours été un vaillant soldat, faisant constamment preuve de courage et de dévouement. Tombé glorieusement pour la France, le 15 septembre 1914, devant Vauxrot.*

PARC (Vicomte Raphaël du), ✠ (Ordre de Léopold Iᵉʳ avec glaives), ✠ (Belge), *engagé volontaire*, promu sous-lieutenant d'Infanterie de l'Armée Belge.

Tué d'une balle en plein front, devant Dixmude, le 4 mars 1918.

[Né en 1896. Fils du Vᵗᵉ DU PARC DE LOCMARIA et de la Vᵗᵉˢˢᵉ née Marie-Th. DE LA WOESTYNE.]

PARCEVAUX (Jean de), ✠ (posthume), ✠ (palme), *engagé volontaire*, sous-lieutenant mitrailleur au 106ᵉ d'Infanterie.

> Citation : *Jeune et brillant officier, ardent et courageux. A été tué, le 25 septembre 1916, en se portant crânement à l'attaque en tête de sa section de mitrailleuses, sous un feu d'artillerie et de mitrailleuses des plus violents. A été cité.*

[Fils du Commandant et de Mᵐᵉ née BAILLOUD DE MASCLARY.]

PARDIEU (*Charles*-Marie-Yves de), élève à l'Ecole nationale des Eaux et Forêts, sous-lieutenant au 160ᵉ d'Infanterie.

Tombé à l'attaque de Fricourt (Somme), le 4 octobre 1914.

[Né le 13 septembre 1890. Fils du Mⁱˢ (décédé) et de la Mⁱˢᵉ née DE JOYBERT, décédée en 1915.]

PARDON (Jean), ✠ (posthume), ✠ (1 palme, 2 étoiles), capitaine commandant le 2ᵉ groupe d'Artillerie d'assaut.

Prit part au début de la campagne, comme lieutenant d'Infanterie, aux combats de l'Argonne, et s'engagea volontairement dans les Tanks où il gagna ses galons de capitaine. Grièvement blessé, le 16 avril 1917, en emmenant son groupe à l'attaque ; mort de ses blessures sur le champ de bataille où il avait été abandonné entre les lignes. Porté disparu, ses restes glorieux furent retrouvés à l'endroit même où il était tombé, c'est-à-dire à Juvincourt, près de Berry-au-Bac.

[Né le 5 juillet 1882. Fils de M. et de Mme née Siméon. Marié à Mlle Suzanne Combe, fille du D^r et de Mme née Rocquencourt, — dont trois enfants.]

PARENT DU CHÂTELET (Emmanuel), 🎖 (posthume), ✠ (2 étoiles), aspirant au 2ᵉ Cuirassiers, pilote-aviateur à l'Escadrille F. 209.

Tué au cours d'une reconnaissance, à Antheuil (Oise), le 25 septembre 1916.

Deuxième citation : Pilote d'un avion chargé d'effectuer des reconnaissances photographiques et ayant eu son appareil endommagé par un tir très précis de l'ennemi, a fait preuve du sang-froid et du dévouement les plus grands en continuant à tenir l'air malgré un vent soufflant en tempête, et a permis ainsi à son observateur de regagner nos lignes, une fois sa mission remplie. Tué à l'atterrissage, le 25 septembre 1916, au retour d'une reconnaissance. A été cité.

[Né le 12 juin 1891. Fils de M. et de Mme née Cécile Froger des Chesnes.]

PARFOURU (Joseph-Fernand-*Guy* ABAQUESNÉ de), ✠ (posthume), ✠ (palme), capitaine au 317ᵉ d'Infanterie.

Tué, le 9 septembre 1914, à Boissy, près Nanteuil-le-Haudoin (Oise).

Citation : Le 9 septembre, à la bataille de l'Ourcq, après avoir maintenu sa compagnie sous un feu violent d'artillerie et d'infanterie, s'est fait tuer bravement en venant lui-même sur la ligne encourager ses hommes sous un feu terrible de mitrailleuses. A été cité.

[Né le 1er novembre 1871. Fils de M. et de Mme née de Mésenge. Marié à Mlle Aline de Glos, fille de M. et de Mme née de Dompierre d'Hornoy, — dont trois enfants.]

PARFOURU (Joseph-*Hugues* ABAQUESNÉ de), ✠ (posthume), ✠ (palme), capitaine au 236ᵉ d'Infanterie.

Glorieusement tombé à Berry-au-Bac.

Citation : Belle figure d'officier, avisé, froid et très brave, payant sans cesse de sa personne dans les circonstances les plus difficiles. Tué glorieusement au champ d'honneur, le 14 septembre 1914.

PARISOT DE LA BOISSE (Henri de DURAND de), ✠, ✠ (palme), commandant le 22ᵉ Chasseurs alpins.

Tué, le 3 septembre 1914, à l'attaque de la tête de Béhouille (Vosges).

À l'occasion de cette brillante attaque, le 22ᵉ Chasseurs fut cité à l'Ordre en ces termes :

Chargé d'attaquer un ennemi fortement retranché, ce bataillon montra un entrain et une vigueur remarquables en chargeant à la baïonnette à trois reprises différentes : il enleva la position et s'y maintint malgré les pertes qu'il avait éprouvées et qui avaient réduit son effectif à 500 hommes.

Et la citation particulière suivante fut faite pour ce vaillant chef :

Conduisant pour la troisième fois ses chasseurs à l'attaque à la baïonnette, tomba mortellement frappé à 10 mètres en avant de la ligne qu'il entraînait héroïquement.

[Né le 2 janvier 1871. Fils de M. et de Mme née CAPELLE. Marié à Mme Anne D'EXÉA, fille du Mis et de la M^{ise} née de DAMPIERRE, — dont cinq enfants.]

PARMENTIER (Louis-Jules-Eugène), ✳, ✠ (2 palmes), notaire à Paris, lieutenant de réserve au 67e d'Infanterie.

Tombé glorieusement sans avoir pu être relevé, le 20 février 1915, sur la crête des Eparges.

Citation : *Déjà blessé deux fois et décoré pour sa belle conduite au feu, a entraîné sa compagnie à l'assaut des tranchées ennemies et est tombé en héros en avant de ses hommes au delà des positions occupées.*

[Né le 31 août 1878. Fils de M. et de Mme née COMBIER. Marié à Mlle Germaine PLUCHE, fille de M. (décédé) et de Mme née DALLEMAGNE, — dont deux enfants.]

PARSCAU DU PLESSIX (*Hervé*-François-Joseph de), ✳ (posthume), ✠ (1 palme, 2 étoiles), lieutenant au 132e d'Infanterie.

Caporal au début de la guerre. Blessé grièvement deux fois, à la Marne et sous Verdun, est tombé glorieusement, le 17 mai 1917, au Chemin-des-Dames.

Troisième citation : *Officier d'une grande valeur morale, attirant l'admiration de tous par son courage et son énergie. Blessé trois fois depuis le début de la campagne, a insisté pour revenir sur le front, malgré une blessure grave à peine guérie. Le 17 mai 1917, voyant refluer d'un poste avancé qu'il avait mission de garder, une section composée de soldats venant au feu pour la première fois, s'est précipité hors de sa tranchée sous un feu violent de mitrailleuses, a ramené ses hommes à leur poste, s'est fait tuer à leur tête. A été cité.*

[Né le 2 mars 1892. Fils de M. Philippe DE PARSCAU DU PLESSIX et de Mme née Bénédicte DULONG DE ROSNAY.]

PARSCAU DU PLESSIX (Olivier de), ✳ (posthume), ✠ (palme), enseigne de vaisseau de 2e classe, observateur en hydravion.

A disparu en mer, le 3 mai 1918, avec l'hydravion qu'il commandait, près de Boulogne, au cours d'une reconnaissance contre sous-marin.

Citation : *Officier énergique et plein d'allant. A toujours montré les plus belles qualités dans l'accomplissement de ses devoirs. Mort au cours d'une reconnaissance contre un sous-marin.*

[Né le 21 novembre 1898. Fils du Colonel DE PARSCAU DE PLESSIS, O ✳, ✠, et de Mme née Antoinette D'AUBIGNY.]

PARSEVAL (Adolphe de), ✳, ✠ (palme), chef de bataillon au 94e d'Infanterie.

Citation : *Officier d'une énergie et d'un courage admirables; blessé une première fois, le 24 août 1914, et une deuxième fois, le 6 novembre, a été frappé mortellement à X..., le 10 novembre 1914, à son poste de commandement qu'il s'était refusé à abandonner.*

[Marié, en 1913, à Mme Odette DE MALGLAIVE (veuve du Vte Léon DE CAVELIER DE CUVERVILLE), fille de M. Maurice DE MALGLAIVE et de Mme née OLIVIER.]

PARSEVAL (Jacques de), ✳, ✠ (palme), ✠ (Maroc), capitaine d'Infanterie.

Blessé grièvement le 24 août 1916, succomba le 24 octobre suivant à ses blessures.

[Fils de M. Louis DE PARSEVAL et de Mme née DE FROTTÉ.]

PARSEVAL (Alexandre-*André*-Edmond-Eugène de), ✳ (posthume), ▓ (3 citations), capitaine au 147e d'Infanterie.

Citation : *Officier d'élite. Les 25 et 26 octobre 1918, a entraîné sa compagnie à l'assaut de positions puissamment organisées, exécutant une importante progression sous un feu de mitrailleuses et d'artillerie d'une violence inouïe. A été mortellement blessé au moment où, parmi les éléments les plus avancés de sa compagnie, il observait les mouvements de l'ennemi. A été cité.*

[Fils du Commandant et de Mme P. DE PARSEVAL.]

PARTIOT (Gérard), ingénieur-chimiste diplômé, pilote-aviateur. Tué le 5 octobre 1915.

[Né le 24 novembre 1880. Fils du Ministre plénipotentiaire (décédé) et de Mme née Charlotte DRAGON DE GOMIECOURT.]

PAS (*Charles*-Mizaël-Édouard, Comte romain Charles LE MESRE de), ⚙ (posthume), ▓ (palme), licencié en droit, bombardier au 201e d'Infanterie. Tué au Moulin de Souain (Champagne), le 8 mars 1915.

Citation : *S'étant dévoué pour aller relever, en pleine action, des blessés en avant de nos lignes, a été frappé mortellement d'une balle au moment où il revenait portant un blessé sur le dos.*

[Né le 13 décembre 1885. Fils du Cte Édouard DE PAS et de la Ctesse née BAILLIEU D'AVRINCOURT. Marié à Bruges, en 1914, à la B^{onne} AGNÈS VAN CALOEN, fille du Bon Ernest VAN CALOEN et de la B^{onne} née Marguerite VAN CALOEN.]

PAS (*Gérard*-Antoine-Ghislain-Jean, Comte romain Gérard LE MESRE de), ✳ (posthume), ▓ (palme et étoile), sous-lieutenant au 43e d'Infanterie. Blessé, le 2 janvier 1915, à l'attaque du fortin de Beauséjour, tué, le 17 septembre 1915, dans les tranchées d'approche à La Neuville (Marne); enterré à Hermonville.

Citation : *Officier d'une bravoure remarquable. Glorieusement tombé, le 17 septembre 1915, à la Neuville, au cours d'une reconnaissance périlleuse qu'il a exécutée en plein jour avec une hardiesse incomparable. Une citation antérieure.*

[Né le 2 juillet 1889. Frère du précédent.]

PAS (*Robert*-Joseph-Henri-Fernand, Comte Robert LE MESRE de), ✳ (posthume), ▓ (palme et étoile d'or), lieutenant au 29e d'Artillerie. Tué d'une balle à la tête, le 3 juin 1918, à la Râperie de Sainte-Créaude, près de Soissons.

Deuxième citation à l'Armée : *A terminé par une mort glorieuse une vie trop courte, tout entière de devoir et de dévouement. Est tombé en défendant jusqu'au dernier moment sa batterie envahie par l'ennemi, assurant par son sacrifice la mise en sûreté de ses hommes et de son matériel. A été cité.*

[Né le 15 juillet 1894. Fils du Cte Jules DE PAS (décédé) et de la Ctesse née DU MAISNIEL DE SAVEUSE.]

PASCAL (Albert), ✠, ✠, colonel du 31ᵉ Dragons.

Mort des suites de ses blessures, le 21 octobre 1918, à l'hôpital auxiliaire 24, à Lyon.

[Marié à Mˡˡᵉ DE SOLLIERS, — dont trois enfants.]

PASCAL D'AUDOUX (Jean-Baptiste), ⚓ (posthume), ✠, soldat au 365ᵉ d'Infanterie.

Citation : *Jeune soldat de la classe 1916, plein d'ardeur et de bravoure au combat. Tombé glorieusement pour la France, le 19 juillet 1917, en Champagne.*

PASSADENA (Morice de), *engagé volontaire*.

Californien, qui, dès le début de la campagne, avait contracté un engagement dans nos Armées, et blessé grièvement, a succombé, à Los Angeles, aux suites de ses blessures.

PASSERAT DE LA CHAPELLE (*Georges*-Charles-Félix), ⚓ (posthume), ✠ (étoile), étudiant pour Saint-Cyr, *engagé volontaire*, sergent au 31ᵉ d'Infanterie.

Engagé le 1ᵉʳ septembre 1914, trouva la mort à Vauquois (Argonne), le 6 juin 1915.

Citation : *Sous-officier courageux et dévoué. A été tué, le 6 juin 1915, à Vauquois, au cours d'un violent bombardement.*

[Né le 30 mars 1895. Fils du Bᵒⁿ et de la Bᵒⁿⁿᵉ née Aline MAYAUD.]

PASSERAT DE LA CHAPELLE (Maurice), sergent au 2ᵉ Zouaves.
Disparu à Charleroi, le 24 août 1914.

[Né le 5 janvier 1886. Fils du Bᵒⁿ (décédé) et de la Bᵒⁿⁿᵉ née TACHON.]

PASSERAT DE LA CHAPELLE (Joseph-Paul-Henri-Marie), ⚓ (posthume), ✠, maréchal des logis au 13ᵉ Chasseurs à cheval.
Tué en Serbie, le 16 mai 1917, à 22 ans.

Citation : *Très belle attitude au combat du 16 mai 1918. Est glorieusement tombé en entraînant à l'attaque sa section de mitrailleuses. A été cité.*

[Fils du Bᵒⁿ et de la Bᵒⁿⁿᵉ née MUNET.]

PASSERAT DE LA CHAPELLE (Guy), ✠ (posthume), ✠ (palmes), sous-lieutenant au 2ᵉ Chasseurs à cheval, pilote-aviateur à l'Escadrille B.R. 118.

Citation : *Pilote hors de pair, d'une habileté consommée et d'un courage sans égal. A effectué plus de trente expéditions, et a engagé cinq combats, au cours desquels son avion a été sérieusement endommagé. Le 4 juin dernier, après une lutte inégale contre dix avions ennemis, est tombé désemparé dans les lignes allemandes. Trois citations.*

PASSY (René-*Gérard*), licencié en droit, diplômé des Sciences Politiques, cavalier au 27ᵉ Dragons.

Tombé au champ d'honneur, à Courcelles-le-Comte, près d'Arras, le 28 septembre 1914. Inhumé à Béhagnies (Pas-de-Calais).

[Né le 9 mai 1893. Fils de M. et de Mᵐᵉ née Geneviève ERHIS DE CORNY, décédés.]

PASSY (Hippolyte-Edgar-*Fernand*), ✠, ✠ (palme), Saint-Cyrien de la promotion de la Croix du Drapeau, lieutenant au 13e Chasseurs alpins.

Grièvement blessé aux combats de Belgique, le 28 mai 1918, succomba le 30 à l'hôpital de Zuydcoote.

[Né en 1895. Frère du précédent.]

PASTEAU (Maurice), ✠, licencié en droit, lieutenant au 243e d'Infanterie.

Tué à Hébuterne, le 10 juin 1915.

PASTEAU (Georges), religieux de la Compagnie de Jésus, caporal au 87e d'Infanterie.

Tué à Longlier (Belgique), le 20 août 1914.

[Tous deux fils de M. (décédé) et de Mme née PELTIER.]

PATEY (René), ⚜ (posthume), ✠ (2 étoiles), avocat à la Cour de Paris, sergent au 289e d'Infanterie.

Tué, le 16 mars 1916, à la tête de sa section, en repoussant une attaque au Bois des Buttes, près la Ville-aux-Bois (Aisne).

Citation posthume : *Brave et excellent sous-officier, déjà cité à l'Ordre du Régiment ; a été tué, le 16 mars 1916, alors qu'il se portait, en tête de sa demi-section, au secours d'un poste attaqué violemment par l'ennemi, dont la progression a été arrêtée.*

[Né le 12 juillet 1879. Fils de M. PATEY, avoué honoraire, et de Mme née GENEVOIX. Marié à Mlle Andrée FERTÉ, fille de M. Jules FERTÉ, avoué, et de Mme née LECLERC, — dont un enfant.]

PATIN DE SAULCOURT (René-Adolphe-Auguste), ⚜ (posthume), ✠, caporal au 41e territorial d'Infanterie.

Citation : *Caporal remarquable par son courage et son dévouement. Blessé grièvement à Verdun. Mort des suites de ses blessures, le 25 décembre 1914. A été cité.*

PATRIMONIO (Comte Christian), ✠, ✠, lieutenant au 4e Chasseurs à pied.

Tombé glorieusement le 2 septembre 1918.

Citation : *Officier âgé, venu comme volontaire, sur sa demande, dans un bataillon de chasseurs. Est tombé glorieusement à la tête de sa section, au moment où, sous un violent feu d'artillerie, il donnait à tous l'exemple du plus beau mépris du danger.*

[Fils du Cte et de la Ctesse née LIMPERANI.]

PATRIS DE BREUIL (Louis), du 16e Chasseurs à pied.

Porté disparu, le 25 septembre 1915, dans le secteur d'Auberive, en Champagne.

PATUREAU-MIRAND (Marie-Laurent-Jean-Julien-Antoine), ✠ (posthume), ✠, sous-lieutenant au 23e d'Infanterie.

Citation : *Jeune Officier plein d'ardeur, ayant su communiquer à ses hommes sa bravoure, a entraîné brillamment sa section à l'assaut. A été mortellement blessé et n'a cessé jusqu'à la dernière minute de donner à tous le plus bel exemple de courage malgré les journées de souffrance qu'il a dû supporter jusqu'à sa mort. A été cité.*

PATY, Marquis de CLAM (Ferdinand MERCIER du), O ✳, ✳ (palme), ✳ (Médaille Coloniale Algérie-Tunisie), lieutenant-colonel breveté d'Etat-Major.

Ayant combattu, en 1870, comme chasseur au 16e Chasseurs à pied; lieutenant-colonel au 117e d'Infanterie; fait officier de la Légion d'honneur après la prise du Quesnoy-en-Santerre. Commandant le 17e territorial d'Infanterie. Mort pour la France des suites de ses blessures, le 3 septembre 1916.

> Citation à l'Ordre de l'Armée (Général JOFFRE, 24 novembre 1914) : *Lieutenant-colonel au 117e régiment d'infanterie, a donné les plus beaux exemples de courage et d'autorité, en entraînant la troupe au feu et à l'assaut. Atteint de deux blessures au bras et à la figure, a néanmoins conservé son commandement jusqu'à la fin de l'action. Evacué, a repris son poste le 10 octobre. A, le 30 octobre, contribué à l'enlèvement d'un village, puis au maintien de nos positions, en risquant sa vie pour exécuter une contre-attaque ennemie.*

[Né à Paris le 21 février 1853. Fils du Général MERCIER DU PATY, Mis DE CLAM, et de la Mise née Adèle BAYARD DE LA VINGTRIE. Veuf en premières noces de Mlle Charlotte DARAS, a épousé en secondes noces Mlle NAU DE CHAMPLOUIS, en 1894.]

PATY DE CLAM (*Michel*-Élysée-Marie, Comte Michel MERCIER du), ✳, ✳ (palme), ✳ (Valeur Militaire Italienne), lieutenant de vaisseau, commandant le sous-marin *Archimède*.

A glorieusement péri en Adriàtique, le 14 janvier 1917.

> Citation française à l'Ordre de l'Armée : *Officier de la plus haute valeur ; s'est fait remarquer par son audace et son initiative, au cours d'opérations périlleuses, sur les deux sous-marins qu'il a commandés depuis le début de la guerre. Enlevé par la mer sur le pont de l'Archimède.*

> Citation italienne : *Commandant son submersible, surprenait et torpillait un vapeur ennemi transportant des troupes, tandis qu'il s'acheminait vers le port ; noble victime du devoir, il trouvait la mort, arraché du submersible par un violent coup de mer.*

[Né le 27 février 1882. Fils du précédent. Marié à Mlle Alix D'ABEL DE LIBRAN.]

PAUFFIN DE SAINT-MOREL (Maurice), ✳ (posthume), ✳ (4 citations), lieutenant d'Artillerie, observateur à l'Escadrille 122.

Tombé glorieusement le 7 mars 1917.

[Fils du Général et de Mme PAUFFIN DE SAINT-MOREL.]

PAUL (Jean de), soldat au 325e d'Infanterie.

Mort en captivité, le 10 janvier 1919, à Guben (Allemagne), à 39 ans.

PAUL (Félix), ✳ (posthume), ✳ (2 citations), sous-lieutenant au 11e Cuirassiers à pied.

Tombé glorieusement à la tête de sa section, le 1er octobre 1918, au plateau de Condé-lez-Autry (Ardennes).

> Première citation : *Dans la nuit du 9 janvier 1918, sous un bombardement extrêmement violent, a fait preuve du plus grand courage et d'un sang-froid remarquable, en entraînant les hommes de sa section et en les dirigeant au combat, malgré le tir de barrage.*

[Né le 29 octobre 1892. Fils de M. Adrien PAUL, banquier à Étain (Meuse), et de Mme née THIERY.]

PAULIAN (Charles), ✠ (posthume), ✠ (palme et étoile), caporal du Génie.

> Citation : *Cité à l'Ordre de la Division par son courage, le 4 mai 1916; a donné au combat du 16 mai le plus brillant exemple, en entraînant un détachement de grenadiers sur les tranchées ennemies, où il fit de nombreux prisonniers. A été tué glorieusement, le 23 mai 1916.*

PAULMIER (Emmanuel), ✠ (posthume), ✠ (3 citations), lieutenant au 147ᵉ d'Infanterie.

Tué à la tête de sa section pendant un assaut, le 17 juillet 1918.

> Dernière citation : *Officier brave et plein d'allant. Le 17 juillet 1918, sous le feu de nombreuses mitrailleuses, a enlevé magnifiquement sa section à l'assaut, s'est accroché au terrain conquis, permettant ainsi le succès de l'attaque de sa compagnie. Tombé glorieusement à son poste.*

[Né le 21 septembre 1895. Fils de M. Edgard PAULMIER et de Mᵐᵉ née-MAXEIN.]

PAULO (Édouard de), ✠ (posthume), ✠ (palme), médecin auxiliaire au 5ᵉ Cuirassiers à pied.

> Citation : *Jeune médecin, au cœur ardent et dévoué. Pleinement conscient de ses devoirs de médecin militaire. Tué en se portant au secours d'un blessé, en juin 1918.*

PAULTRE (Maurice), ✠, capitaine de Dragons.

Affecté au commandement d'une compagnie de mitrailleuses, trouva la mort à Douaumont, le 24 mai 1916.

PAULUS (Georges-*Edmond*), ✠ (posthume), ✠ (étoile de vermeil), chef du Secrétariat particulier du Sous-Secrétaire d'Etat des Affaires Etrangères, sous-lieutenant de réserve au 20ᵉ Chasseurs à pied.

Mort pour la France, le 9 mai 1915, à l'attaque de Notre-Dame-de-Lorette.

> Citation : *Le 9 mai 1915, à l'attaque des tranchées allemandes de Notre-Dame-de-Lorette, a donné l'exemple à sa section et l'a entraînée, en se portant à sa tête sur l'objectif qui lui était assigné. A été tué en arrivant sur le parapet.*

[Né le 5 mars 1887. Fils de l'Intendant militaire, C ✠, et de Mᵐᵉ née MAIRE.]

PAULZE D'IVOY DE LA POYPE (*Roland-Marie-Xavier*, Vicomte Roland), ✠ (posthume), ✠ (palme), capitaine au 409ᵉ d'Infanterie.

Ancien officier de réserve de Chasseurs d'Afrique, revenu de Salonique pour servir, sur sa demande, dans l'Infanterie, est tombé glorieusement le 10 octobre 1916.

> Citation : *Officier ayant du devoir militaire la plus haute conception. S'est dépensé sans compter pendant tout le cours de l'action, donnant à tous le plus bel exemple de courage, d'abnégation et d'entrain. Mortellement blessé par un obus au cours d'une reconnaissance. A été cité.*

PAVIN DE LAFARGE (Léon de), ✠, ancien officier de Cavalerie, *engagé volontaire*, capitaine au 226ᵉ d'Infanterie.

Engagé à 49 ans, tomba glorieusement le 20 mai 1915.

PAVIN DE LAFARGE (Antoine de), soldat au 158e d'Infanterie.

Tué, le 8 juillet 1915, dans un poste d'observation des tranchées de Calonne; inhumé à Aix-Noulette.

PAVIOT DU SOURBIER (Alfred-Charles), ✠, capitaine.

Tué le 2 octobre 1916.

[Marié à Mlle Christiane EHRHARD.]

PAYEN (Adrien), ✠ (étoile), sergent au 282e d'Infanterie.

Tombé à Notre-Dame-de-Lorette, le 1er juin 1915.

[Fils de M. (décédé en 1914) et de Mme Paul PAYEN.]

PAYRAT (Marie-*Henri*-Gérard NOËL du), ✱, ✠ (1 palme, 3 étoiles), *engagé volontaire*, lieutenant au 4e Cuirassiers à pied, détaché au 363e d'Infanterie.

Tombé à l'attaque du bois de Cernay-en-Dormois (Marne), le 28 septembre 1918.

Citation : *Officier d'une bravoure magnifique. A été tué, le 28 septembre 1918, en servant une mitrailleuse qu'il avait installée lui-même, pour repousser une contre-attaque ennemie inopinée. Sa mort a été aussi belle que sa vie. A été cité.*

[Né le 12 août 1896. Fils de M. et de Mme née THIEFFOINE.]

PAYRET DE CADILLON (Abbé Joachim de), ✠, ✠ (palme et étoile), clerc tonsuré du Diocèse de Versailles, ancien élève de l'Institut Catholique de Paris, caporal au 21e d'Infanterie.

Récupéré en septembre 1917 et ayant le droit de choisir son arme, il demanda à servir dans l'Infanterie. Sur le front depuis juillet 1918, il participa à l'offensive de l'armée GOURAUD, de septembre 1918, où sa magnifique conduite fut citée « pour avoir contribué, pour une large part, à la réussite des attaques de sa compagnie, notamment à Aure et à Orfeuil. — Tué, le 1er novembre 1918, en donnant l'assaut, en première vague, au combat de Saint-Fergeux, près Château-Porcien (Ardennes).

Citation à l'Ordre de l'Armée : *Jeune caporal, d'un courage et d'un dévouement remarquables. Le 1er novembre 1918, a brillamment entraîné ses camarades à l'assaut des tranchées ennemies ; a été tué à la tête de son escouade, en cherchant à progresser sous une rafale de mitrailleuses.*

[Né le 12 juillet 1896. Fils du Cte et de la Ctesse née Louisa-Victoria FOX.]

PAZANAN (Paul-*Pierre* SERRE de), ✱ (posthume), ✠ (palme), *engagé volontaire*, lieutenant au 97e d'Infanterie.

Citation : *Très bon officier, plein d'allant et d'entrain. En campagne depuis le début de la guerre. Tombé glorieusement le 5 septembre 1916, alors qu'il prenait les dispositions nécessaires pour mettre ses hommes à l'abri d'un violent bombardement. A été cité.*

[Né en 1895. Fils de M. et de Mme DE PAZANAN.]

PEAUCELLIER (André-Félix-Marie), ✱ (posthume), ✠, capitaine de Cavalerie affecté à l'Aéronautique, puis au 51e d'Infanterie.

Tombé glorieusement à Mesnil-les-Hurlus, le 28 février 1915.

[Né le 6 juin 1877. Fils du Général, GO ✱ (décédé en 1919), et de Mme née STHÈME DE JUBÉCOURT.]

PÉCHAUD DE FERVAL (*Antoine*-Marie-Joseph), ✵, ✠ (1 palme, 1 étoile), avoué, capitaine de réserve à l'E.-M. de la 50e Brigade d'Infanterie.

A été blessé, le 16 mai 1915, à Cuvilly (Oise), alors qu'il allait volontairement organiser l'extinction d'un incendie occasionné par le bombardement ennemi; est mort de la suite de ses nombreuses blessures, après amputation d'une jambe à l'ambulance de Cuvilly-Seyehelles.

Citation : *S'est dépensé sans compter depuis le début de la campagne. A assuré à plusieurs reprises des liaisons délicates, dans des circonstances difficiles et périlleuses. Cité déjà à l'Ordre de la Brigade, pour le courage et la bravoure dont il a toujours fait preuve. Grièvement blessé à Cuvilly, le 16 mai, en organisant, sous le feu de l'artillerie ennemie, l'extinction de l'incendie allumé par les obus allemands. Bravoure et dévouement.*

[Né le 24 avril 1874. Fils de M. et de Mme née Jeanneau. Marié à Mlle Favatier, fille de M. et de Mme née Guérin, — dont deux enfants.]

PECON DE LAFOREST (Marcel), ✵, ✠, chef de bataillon d'Infanterie Coloniale.

Citation : *Officier supérieur d'une grande bravoure et d'une haute valeur morale, qui a su inculquer à sa troupe un enthousiasme et un élan remarquables. Le 27 septembre 1914, aux « Marquises », a été tué au moment où, à la tête de son bataillon, il partait à l'assaut des tranchées ennemies.*

[Marié à Mlle Bourgoin, fille de M. et de Mme née Gasner, décédée en 1918.]

PÉGOUD (Adolphe), ✵, ✇, ✠ (palmes), sous-lieutenant aviateur.

Aviateur d'avant-guerre, il se rendit célèbre par divers exploits; c'est lui qui, le premier, boucla la boucle. Engagé volontaire lors de la campagne du Maroc, il rendit, sur le front français, de signalés services dès le début de la campagne. Il trouva la mort en combattant, le 30 août 1915, tué par une balle ennemie, à 26 ans, au-dessus du bois de la Fontenelle. Le 6 septembre, un avion allemand est venu jeter, sur un terrain voisin, une couronne avec cette inscription : « A Pégoud, mort en héros, son adversaire ! »

Citation : *A, à plusieurs reprises, poursuivi des avions ennemis. Le 5 février 1915, a attaqué à bonne distance un monoplan et en provoqua la chute; presque immédiatement après il put attaquer deux biplans successivement, provoquer la chute du premier et forcer le second à l'atterrissage.*

PÉGUY (Charles), ✵ (posthume), ✠, littérateur, officier de réserve. Tombé glorieusement sur le front de Champagne.

Heureux ceux qui sont morts pour quatre coins de terre...

Heureux ceux qui sont morts dans les grandes batailles,
Couchés dessus le sol à la face de Dieu...

Heureux ceux qui sont morts pour leur âtre et leur feu
Et les pauvres honneurs des maisons paternelles...

Heureux ceux qui sont morts, car ils sont retournés
Dans la première argile et la première terre.
Heureux ceux qui sont morts dans une juste guerre.
Heureux les épis mûrs et les blés moissonnés.

Ainsi exprimait-il son sentiment profond et peut-être même

l'essence de sa doctrine dans le volume intitulé *Ève*, paru quelques mois seulement avant sa fin héroïque.

> Citation : *Officier d'une grande valeur morale. A fait preuve du plus grand courage dans des circonstances très critiques. A été tué à la tête de la troupe qu'il conduisait à l'attaque. A été cité.*

PEIGNOT (Maurice-*André*), ✠ (posthume), ✠, industriel, capitaine au 43e Colonial.
Tué à Chuignes (Somme), le 25 septembre 1914.

> Citation : *Depuis le début de la campagne, a fait preuve des plus brillantes qualités militaires. A montré à tous les engagements la plus grande bravoure, le plus grand calme, et a été un exemple vivant pour ses troupes. A été tué, le 25 septembre 1914, d'une balle au cœur en chargeant à la tête de sa compagnie. A été cité.*

PEIGNOT (Rémi), industriel, maréchal des logis au 57e d'Artillerie.
Tué à son poste, le 15 mai 1915.

PEIGNOT (René-Albert), ✠ (posthume), ✠, caporal-fourrier au 19e Chasseurs à pied.

> Citation : *D'un absolu dévouement et d'un grand courage. A été tué le 50 août 1918, alors qu'il suivait les vagues d'assaut, dans la Somme, pendant le nettoyage d'un bois qui venait d'être conquis. A été cité.*

PÉLAGEY (*Henry*-Joseph BERNARD de), ✠ (posthume), ✠, clerc de notaire, secrétaire du Colonel du 140e d'Infanterie.
Blessé d'un éclat d'obus à l'épaule, le 26 septembre 1915, lors de la progression victorieuse vers Tahure. Tombé en s'écriant : « La Victoire a des ailes ! Vive la France ! » Succomba, le 29 octobre suivant, après douze hémorragies, « ayant ainsi versé tout son » sang jusqu'à la dernière goutte, pour la France immortelle », ainsi que nous l'écrit le père de ce brave.

> Citation : *A fait preuve d'un entrain et d'un courage remarquables dans les journées des 25 et 26 septembre 1915. A été blessé. Mort des suites de ses blessures. A été cité.*

[Né le 10 mars 1890. Fils de M. Raymond DE PÉLAGEY et de Mme née VEYRON-LACROIX-DUPLAN.]

PELECIER (Henri), ✠ (posthume), ✠ (palme), lieutenant au 80e d'Infanterie.

> Citation : *Étant en renfort, s'est porté avec sa compagnie au secours de la première ligne violemment attaquée par l'ennemi sous un feu intense d'artillerie, l'a menée à l'assaut. Venant d'être mortellement frappé, a demandé à ses hommes de le soulever afin qu'il put voir si l'on avançait.*

PELICHET (Daniel), ✠ (posthume), ✠ (2 palmes), enseigne de vaisseau, pilote-aviateur au centre d'Aviation maritime de Corfou.

> Citation : *Pilote plein d'allant et de courage. A toujours donné le plus bel exemple des vertus militaires. Mort au champ d'honneur.*

PÉLISSIER (*Maurice*-Marie-Joseph-Urbain-Léon, Comte Maurice de), ✳ (posthume), ✳ (2 étoiles), ingénieur des Arts et Manufactures, lieutenant au 246ᵉ d'Infanterie de campagne (Fourragère).

Blessé grièvement à Feuillères (Somme), mort le 25 octobre 1917.

> Citation : *Adjoint au commandant de l'artillerie d'un sous-secteur particulièrement délicat, a remarquablement organisé la liaison avec l'infanterie de ce sous-secteur au cours des combats des 19, 21 et 23 mai, a constamment renseigné le commandement et assuré sous un violent bombardement la transmission des ordres avec un courage et un dévouement au-dessus de tout éloge.*

[Né le 16 décembre 1888. Fils du Cᵗᵉ et de la Cᵗᵉˢˢᵉ née DE CHEVRY.]

PÉLISSIER (*Herman*-Marie-Joseph-Urbain-Eugène, Comte Herman de), ✳ (posthume), ✳ (palme), Saint-Cyrien de la promotion de Montmirail, sous-lieutenant au 91ᵉ d'infanterie.

Tué à Servon (Marne), le 1ᵉʳ octobre 1914, alors qu'il essayait de reconnaître une mitrailleuse qui décimait sa section.

> Citation : *Jeune Saint-Cyrien, a fait preuve d'un entrain et d'une intrépidité remarquables jusqu'au 1ᵉʳ octobre 1914, jour où il est tombé glorieusement en maintenant sous un feu très meurtrier sa section dans la position qui lui avait été assignée. A été cité.*

[Frère cadet du précédent.]

PELLAN (Guillaume de), *engagé volontaire*, maréchal des logis au 85ᵉ d'Artillerie lourde.

Engagé, en 1914, dans la Cavalerie, il avait combattu sur tous les fronts de France. Versé dans l'Artillerie, et parti pour Salonique, il y succomba en septembre 1918.

[Né en 1896. Fils du Cᵗᵉ et de la Cᵗᵉˢˢᵉ née DEL MONTE, décédée.]

PELLARIN (Auguste-Marie-Joseph-Emmanuel), O ✳, ✳, Général de Brigade commandant l'Artillerie du IXᵉ Corps.

Décédé à Rue (Somme), le 12 mars 1916.

[Né le 14 février 1856. Fils de M. et de Mᵐᵉ née FRENCH.]

PELLAT (Yvés-Marie-*René*), ✳ (posthume), ✳ (palme et étoile d'or), Saint-Cyrien de la promotion de la Grande-Revanche, sous-lieutenant au 164ᵉ d'Infanterie.

Tombé glorieusement en entrant le premier dans le fortin de Biaches (Somme), le 9 juillet 1916; debout sur le parapet de l'ouvrage ennemi, l'héroïque officier lançait des grenades, lorsqu'il fut frappé d'une balle au front, qui le tua sur le coup.

> Citation : *Officier d'une très grande bravoure, le 9 juillet 1916, s'est précipité à la tête de sa section, à l'assaut d'un fortin ennemi; a été tué au moment où il entrait le premier dans un boyau occupé par l'adversaire.*

[Né à Nîmes le 18 mars 1895. Fils de M. Stéphane PELLAT et de Mᵐᵉ née M.-Th. DE GOUSSE.]

PELLAT (Henri-*Gaston*), ✳ (posthume), ✳ (étoile), architecte, ancien élève de l'Ecole Polytechnique, lieutenant au 5ᵉ groupe d'Artillerie d'assaut.

Mortellement frappé près de Juvincourt (Aisne), dans la journée du 16 avril 1917, succomba la nuit suivante aux suites de ses blessures.

Citation : *Officier brave et dévoué. Au combat du 16 avril, s'est porté audacieusement au delà de la troisième ligne ennemie. Très grièvement blessé au cours de l'action.*

[Né le 11 septembre 1880. Fils de M. et de Mᵐᵉ née BOREL. Marié à Mˡˡᵉ Sabine DE VILLEDON DE COURSON, fille du Cᵗᵉ et de la Cᵗᵉˢˢᵉ née CLOUET, — dont un fils : Alain.]

PELLÉ DE QUÉRAL (Joseph-*Gustave*), ✳, ✠, capitaine au 6ᵉ Régiment mixte.

Tombé glorieusement, le 26 avril 1915, à Koum-Kalé (Turquie).

PELLEPORT (*Wladimir*-Louis-William, Comte de LA FITE, Marquis de), ⚜ (posthume), ✠ (palme), propriétaire, *engagé volontaire* au 29ᵉ d'Infanterie.

Engagé, le 1ᵉʳ août 1914, comme simple soldat (à 58 ans). Dans la nuit du 20 au 21 août 1914, a été mortellement blessé à la bataille de Sarrebourg; relevé le lendemain sur le terrain par les Allemands, il mourut dans la nuit du 26 août pendant qu'on le transportait de la gare d'Heilbronn (Wurtemberg) à l'hôpital de cette ville.

Citation : *A donné le plus bel exemple de patriotisme en s'engageant à cinquante-huit ans pour la durée de la guerre. A pris part à toutes les opérations du début de la campagne, faisant l'admiration du régiment par son endurance, son entrain et la beauté de son caractère. Le 20 août, à Sarrebourg, s'est précipité à l'assaut, en tête de sa compagnie, a eu la cuisse et le bassin fracassés par un éclat d'obus. Est mort au champ d'honneur.*

[Né le 18 janvier 1856. Fils du Mⁱˢ et de la Mⁱˢᵉ née Marguerite MAC-KECHNEY. Marié à Mˡˡᵉ Gabrielle DE RUFFI DE PONTEVÈS-GÉVAUDAN (décédée en 1920), fille du Colonel et de Mᵐᵉ née DE CHARPENTIER, — dont quatre enfants.]

PELLETIER-DOISY (Charles), ingénieur-agronome.
Tué le 31 août 1914.

PELLETIER-DOISY (Jean), ✳ (posthume), ✠, Saint-Cyrien de la promotion de la Grande-Revanche, lieutenant au 1ᵉʳ d'Infanterie.
Tué à la tête de sa compagnie, le 23 juillet 1918.

[Tous deux fils du Capitaine de frégate et de Mᵐᵉ née MORIAU.]

PELLETRAT DE BORDE (Somméré-Marie), ✳ (posthume), ✠, sous-lieutenant au 15ᵉ Chasseurs à pied.

Citation : *Est parti, le 14 décembre 1916, à la tête de sa section, à l'attaque, et l'a fait progresser sous un feu violent de mitrailleuses. Est tombé glorieusement au moment d'aborder l'objectif. A été cité.*

PELTEREAU (Joseph), sous-lieutenant au 7ᵉ Chasseurs.
Tué sous Reims, en octobre 1914.

PELTEREAU-VILLENEUVE (Eugène-Gabriel-*René*), ✳ (posthume), ✠ (palme), capitaine de Dragons, détaché au 21ᵉ Chasseurs à pied.
Tué à Notre-Dame-de-Lorette, le 9 mai 1915.

Citation : *Le 9 mai, a enlevé sa compagnie à l'assaut des tranchées allemandes, donnant l'exemple du plus brillant courage. A été tué sur la tranchée allemande. A été cité.*

PENDEZEC (Pierre-Gabriel-Jean), ✠ (posthume), ✠ (4 citations), capitaine d'Artillerie Coloniale.
Tombé glorieusement le 12 juin 1918.
[Fils du Général et de Mme PENDEZEC.]

PÉNICAUT (Jacques-J.-B.-Ernest), ✠, ✠ (palme), chef de bataillon au 300e d'Infanterie.
Citation : *Le 24 septembre 1914, s'est porté de sa personne sur la ligne pour l'entraîner à la baïonnette. Est tombé mortellement frappé d'une balle au front à la tête d'une section qu'il entraînait ainsi en disant : « Continuez à combattre, ne vous occupez pas de moi, je vais mourir. »*

PENNÈS (*Paul*-Édouard), étudiant, *engagé volontaire*, soldat au 360e d'Infanterie.
Tombé au champ d'honneur, à Carency, le 9 mai 1915.
[Né le 9 septembre 1895. Fils de M. Édouard PENNÈS, maire-adjoint du Ve arrondissement de Paris, et de Mme née BARAT.]

PÉON (Louis-Joseph-Émile RAMOS de), ✠, capitaine au 46e Chasseurs alpins.
Tué en avril 1917.

PÉPHAU (*Jacques*-Pierre), ✠ (posthume), ✠ (palme), capitaine au 12e d'Artillerie.
Tombé glorieusement au Mont Kemmel, le 27 mai 1918.
Citation : *Devant le Mont Kemmel, sa batterie étant soumise à un bombardement des plus violents, a pris les dispositions les plus judicieuses pour limiter les pertes parmi son personnel, tout en continuant à remplir sa mission. A personnellement montré en cette occasion la crânerie superbe et le mépris du danger qui lui étaient habituels. Glorieusement tombé à son poste, le 27 mai 1918. A été cité.*
[Fils de M. et de Mme A. PÉPHAU.]

PÉPIN D'ESCURAC (Joseph), ✠ (posthume), ✠ (palme), sous-lieutenant au 2e régiment de marche de Zouaves.
Citation : *Nouvellement promu, a toujours montré le plus bel exemple de bonne humeur et de courage; s'est précipité à l'attaque du 19 juillet 1916 avec un élan remarquable; est arrivé un des premiers au but assigné. A été tué le lendemain d'une balle à la tête, au moment où il donnait à sa section des instructions concernant les travaux à exécuter. A été cité.*
[Fils de M. et de Mme née DE LAFAYE, décédés.]

PEPIN LEHALLEUR (*Élie*-Jean-Alfred), ✠ (posthume), ✠ (1 palme, 4 étoiles), *engagé volontaire*, sous-lieutenant au 232e d'Artillerie, détaché à l'É.-M. du 152e d'Infanterie.
Tombé, le 14 octobre 1918, devant Roulers, frappé d'un éclat d'obus à la tête, alors qu'il remplissait, auprès du bataillon d'Infanterie qui menait l'attaque, les fonctions périlleuses d'officier chargé d'assurer la liaison de l'Artillerie et de l'Infanterie.
Cinquième citation à l'Ordre de l'Armée : *Officier d'élite qui n'a cessé de rendre les meilleurs services à son groupe, comme officier chef du détachement de liaison. S'est signalé à maintes reprises*

par son cran et son sang-froid dans les circonstances les plus critiques, apportant à l'infanterie qu'il appuyait le concours le plus efficace. Tombé glorieusement, à l'attaque des positions ennemies, le 14 octobre 1918. A été cité.

Par une distinction exceptionnelle, l'Ordre du jour suivant, signé du Colonel, a été lu aux troupes après la mort de ce brave officier :

Chef du détachement de liaison auprès du commandant d'un bataillon de première ligne, il remplissait sa mission avec le courage tranquille, la lucidité sereine, l'ardent désir de renseigner et le souverain mépris du danger que nous lui connaissions tous.

Un éclat d'obus l'a frappé dans l'accomplissement de son devoir, mettant en deuil, une fois de plus, l'artillerie de la 164ᵉ Division, d'un de ses plus chers enfants.

Honneur à cet officier d'élite.

Honneur à ce jeune héros qui pratiquait toutes les vertus militaires.

Son nom brillera parmi les plus beaux dans l'historique du 232ᵉ régiment, et son souvenir sera toujours vivant parmi nous.

[Né le 13 avril 1898. Fils de M. et de Mᵐᵉ née Cavaré.]

PERCIN (*Jean*-Gaston-Maurice, Comte Jean de), ⚜ (posthume), ✠, adjudant au 236ᵉ d'Infanterie.

Citation : *Sous-officier d'un moral élevé, plein d'allant, qui a fait preuve d'une très grande bravoure et a toujours donné à ses hommes l'exemple du dévouement. A été mortellement blessé, le 27 septembre 1914, à Berry-au-Bac, à son poste de combat. A été cité.*

[Fils du Cᵗᵉ et de la Cᵗᵉˢˢᵉ J. de Percin.]

PÉRÉMÉ DE GROSBOIS (François), ✠ (3 citations), maréchal des logis au 43ᵉ d'Artillerie.

Tombé, le 6 avril 1917, à 42 ans.

PÉRÈS (Xavier), ✠, sous-lieutenant au 57ᵉ d'Artillerie.

Tué à Somme-Suippes, en Champagne, le 11 décembre 1914.

PÉRET (Maurice de), ✳ (posthume), ✠ (palme), sous-lieutenant au 30ᵉ d'Infanterie.

Citation : *Officier de cavalerie venu dans l'infanterie sur sa demande. Le 23 octobre 1917, a entraîné sa section à l'attaque avec une ardeur remarquable. Est arrivé un des premiers sur son objectif, a été très grièvement blessé au moment où il réduisait les dernières résistances ennemies. A dit au sous-officier qui le pansait : « Tournez-moi face à l'ennemi, que je meure en le regardant. »*

PÉRET (Eugène), ✳, ✠ (palme), chef de bataillon au 56ᵉ d'Infanterie.

Citation : *Blessé à la cuisse le 1ᵉʳ octobre 1914, est resté, après un pansement sommaire, à la tête de sa troupe, l'a entraînée à l'assaut, et a été tué glorieusement à dix mètres des retranchements ennemis.*

PERETTI (Jean-Paul de), ⚜, ✠ (5 palmes), lieutenant aviateur.

Tombé glorieusement au cours d'un combat aérien.

PERETTI DELLA ROCCA (*Valère*, Don Charles de), ⚜ (posthume),

✠ (3 étoiles), externe à l'hôpital Broca, à Paris, *engagé volontaire*, médecin auxiliaire au 169ᵉ d'Infanterie.

Mortellement blessé, le 25 septembre 1915, sur la lisière du bois de la Grurie, alors qu'avec son bataillon il était parti à l'assaut des lignes ennemies; mort le 26 à l'hôpital Valmy, à Sainte-Menehould. Avait précédemment pris part aux sanglants combats du Bois Le Prêtre; il fut proposé pour une citation à l'Armée et la Médaille militaire, mais la mort alla plus vite !...

> Citation : *Le 25 septembre 1915, est sorti des tranchées après le départ du bataillon d'assaut, pour venir panser sur la ligne de feu, balayée par les mitrailleuses et un bombardement intense d'artillerie, les nombreux blessés qui venaient de tomber. A été tué.*

Pour honorer la mémoire de ce vaillant, la ville de Sartène (Corse), a décidé de donner son nom à une voie publique et de placer sur la façade de sa maison natale une plaque commémorative.

[Né le 17 décembre 1890. Fils de Don Charles DE PERETTI DELLA ROCCA, juge de paix de Sartène, et de Mᵐᵉ née Antoinette DE ROCCA-SERRA.]

PEREZ (Fernand-José-Marie-*Octave*, Baron Octave), ✠ (posthume), ✠ (palme), *engagé volontaire*, aspirant au 5ᵉ Hussards.

Fut l'un des premiers morts pour la France. Le lendemain de la déclaration de guerre, le 4 août 1914, faisant une reconnaissance en avant de Nancy, à Brin-sur-Seille, fut tué d'une balle au front.

> Citation : *Le 4 août 1914, chef d'une des premières reconnaissances dirigées sur la frontière, s'est avancé en brave et a été tué en accomplissant sa mission.*

[Né le 14 février 1890. Fils du Général Bᵒⁿ PEREZ, C ✠, et de la Bᵒⁿⁿᵉ née DE CORNULIER-LUCINIÈRE.]

PERIER (Joseph).
Mort pour la France, en 1917.

[Fils de M. et de Mᵐᵉ Ferdinand PERIER.]

PERLÈS (Raymond), ✠ (posthume), ✠ (étoile d'argent), courtier de change, aspirant au 150ᵉ d'Infanterie.

Blessé mortellement en Champagne, le 20 octobre 1915; inhumé à Mourmelon-le-Grand.

> Citation : *S'est toujours fait remarquer par son courage et son sang-froid, notamment dans les combats des 25, 26 septembre et 6 octobre 1915. A été blessé mortellement, le 20 octobre 1915, en maintenant ses hommes dans une tranchée de première ligne, sous le feu violent de l'artillerie ennemie.*

[Né le 12 janvier 1892. Fils de M. et de Mᵐᵉ née Rose ROGERS.]

PERON (P.-M.), ✠ (posthume), ✠ (palme), enseigne de vaisseau des Fusiliers Marins.

> Extrait de la citation : *Quelques jours plus tard, a dirigé très énergiquement une opération de reconnaissance au cours de laquelle il a infligé à un ennemi très supérieur en nombre des pertes sérieuses et a rapporté les renseignements demandés. Tué, le 29 septembre 1918, en entraînant vigoureusement sa compagnie à l'attaque d'un point de passage solidement tenu par l'ennemi.*

PÉRONNE (*Henri*-Lucien-Marie), ✠ (posthume), ✠ (palme), lieutenant au 32e d'Infanterie.

Tué à Pilken (Belgique), le 30 avril 1915.

> Citation : *S'est élancé avec une magnifique bravoure, à la tête de quelques volontaires, pour repousser les Allemands faisant irruption dans une tranchée. Est tombé glorieusement au cours de la charge.*

[Né le 7 novembre 1887. Fils de M. et de Mme née THUREAU.]

PÉRONNE (*Jean*-Marie-Raymond), ✠, sous-lieutenant au 410e d'Infanterie.

Tué à Ville-sur-Tourbe, le 25 septembre 1915.

[Né le 21 novembre 1889. Frère du précédent.]

PÉROTEL (Paul), ✠, ✠, chef de bataillon au 279e d'Infanterie.

Tué dans un assaut, le 14 septembre 1918.

PERPIGNA (Vicomte Joseph de), ingénieur, capitaine au 85e d'Artillerie lourde.

Décédé, en 1918, à l'hôpital de Gien, d'une maladie contractée au service.

[Né le 14 septembre 1879. Fils du Cte et de la Ctesse née Thérèse DES HERMEAUX. Marié à Mlle Lydie DE BENITEZ ALVEAR.]

PERRAS (Charles-Marie-Marcel-*Maurice*), ✠, ✠ (4 palmes, 1 étoile), chef de bataillon, au 372e d'Infanterie.

Fut porté disparu, le 27 novembre 1916, en Orient, au nord de Monastir, à la cote 1248, en se portant, à la tête de son bataillon, à l'attaque d'une tranchée bulgare. Blessé grièvement au bras et à la poitrine, en pénétrant dans la tranchée ennemie, il y resta, et nul ne put, depuis lors, donner aucun indice sur son sort.

[Né le 31 mars 1874. Fils de M. Alfred PERRAS (décédé en 1918) et de Mme née DAUMAS, fille du Général. Marié à Mlle Charlotte VIENNOT, fille de M. et de Mme née BELIME (décédés), — dont trois enfants.]

PERREAU-PRADIER (Gabriel), ✠ (2 étoiles), avoué-avocat, *engagé volontaire*, lieutenant aux Tirailleurs Marocains.

Décédé à l'hôpital militaire 46, à Béziers, le 21 octobre 1918.

[Né le 30 décembre 1878. Frère du Député de l'Yonne. Marié à Mlle Hélène FÈVRE, fille de M. et de Mme née BROT, — dont deux enfants.]

PERRETTI (Hugues-François de), ✠, ✠ (palmes), adjudant au 363e d'Infanterie.

> Citation : *Adjudant d'élite, d'une bravoure réputée, toujours au premier rang dans les moments difficiles. Après avoir donné au début de la campagne la valeur de son héroïsme, est glorieusement tombé pour la France, le 31 octobre 1914.*

PERRETTI (Joseph-Annibal de), ✠ (posthume), ✠, soldat au 51e d'Infanterie.

> Citation : *A fait preuve dans les premiers combats d'une crânerie et d'un entrain admirables. A été tué, le 10 septembre 1914, en se portant au secours de son capitaine sous un feu violent. A été cité.*

PERRICHON (C.-M.), ✳ (posthume), ✠ (palme), enseigne de vaisseau sur l'*Étendard*.

> Citation : *Officier courageux et d'un moral élevé. A péri glorieusement avec son bâtiment dans un combat inégal.*

PERRIER (*Gabriel*-Pierre-Marie-Charles**)**, ✳, ✠ (étoile), chef d'escadrons de Cavalerie, commandant les T. R. de la 43e Division d'Infanterie.
Victime d'un accident, étant sur le front, le 3 avril 1917.

> Citation : *A dirigé depuis le début de la campagne le ravitaillement de la Division. A fait preuve d'une activité, d'une fermeté et d'un courage, grâce auxquels le bon fonctionnement de ce service a pu être assuré dans les circonstances les plus difficiles des batailles de Verdun et de la Somme.*

[Né le 27 septembre 1858. Fils de M. Émile PERRIER et de Mme née PERROT. Marié à Mlle DANYAU, — dont trois enfants.]

PERRIER (*Georges*-Marie-Antoine**)**, ✳ (posthume), ✠ (palme), enseigne de vaisseau de 2e classe à bord du torpilleur *Doxa*.
Disparu en Méditerranée le 27 juin 1917, a été vu pour la dernière fois essayant de mettre une baleinière à l'eau pour sauver ses hommes.

> Citation : *Disparu avec son bâtiment torpillé par un sous-marin ennemi, en accomplissant son devoir militaire.*

[Né le 18 octobre 1895. Fils du précédent.]

PERRIER DE LA BÂTHIE (Marie-Camille-*Auguste***)**, ✳ (posthume), ✠ (palme), lieutenant au 54e Chasseurs alpins.
Tué au Linge, le 5 août 1915.

> Citation : *Dégagé de toute obligation militaire, a repris du service pour la durée de la guerre. A brillamment enlevé sa compagnie sous un bombardement violent pour prononcer une contre-attaque au cours de laquelle il est mort pour la France. A été cité.*

PERRIN (Maurice), caporal-fourrier au 31e d'Infanterie.
Blessé à deux reprises au cours du combat du Bas-Jardinet, à la Haute-Chevauchée (Argonne), fut tué le 11 décembre 1914.

[Fils de M. et de Mme Émile PERRIN.]

PERRIN (Léon), maréchal des logis, observateur à l'Escadrille 267.
Tué en combat aérien, le 30 octobre 1918.

PERRIN (Henri), cavalier au 27e Dragons.
Tué à l'ennemi, le 16 juillet 1918.

[Tous deux fils de M. et de Mme née AERTS.]

PERRON (Michel du), ⚜ (posthume), ✠, *engagé volontaire*, soldat au 34e d'Infanterie.

> Citation : *Soldat très énergique, remarquable par son courage et son mépris du danger. A été glorieusement tué, le 22 novembre 1917, en transmettant, comme agent de liaison, un renseignement sous un violent bombardement.*

PERROQUIN (C.-L.), ✳ (posthume), ✠ (palme), enseigne de vaisseau des Fusiliers Marins.

Citation : *A déployé sous le feu, dans l'attaque d'un village, les plus brillantes qualités.*

PERROT (René), ✠ (2 citations), sergent d'Infanterie.
Tombé aux derniers combats de 1918.

[Né en 1897. Fils du Professeur et de Mme Émile PERROT.]

PERROT, ✠ (posthume), ✠ (palme), religieux de la Compagnie de Jésus, aumônier militaire.

Citation : *Depuis le début de la campagne a, par son attitude exemplaire, son énergie et son patriotisme, contribué à élever le moral des hommes. Le 25 septembre 1915, étant parti avec les premières vagues à l'assaut des tranchées allemandes, est tombé mortellement frappé au moment où il secourait un blessé.*

PERROT (Charles), poète.
Tué sous Arras, le 23 octobre 1915.

PERROT DU VERNAY (Hervé), ✠ (posthume), ✠ (palme), élève-officier à Saumur, sous-lieutenant au 11e Cuirassiers.
Tué à Souain, le 29 septembre 1915.

Citation : *Tombé glorieusement près de Souain le 29 septembre 1915, en entraînant avec le plus beau courage et une énergie admirable son peloton à l'attaque d'une position fortement occupée par l'ennemi.*

[Né à Compiègne le 2 juin 1889. Fils du Commandant et de Mme née DE CHATEAU-NEUF-RANDON, décédés.]

PERROT DU VERNAY (René), ✠ (posthume), ✠ (palme), Saint-Cyrien de la promotion de la Grande-Revanche, sous-lieutenant au 125e d'Infanterie.
Tué à l'assaut de Loos (Pas-de-Calais), le 11 mai 1915.

Citation : *Le 11 mai, a entraîné sa section jusqu'à la deuxième tranchée allemande. Est tombé glorieusement près des tranchées ennemies.*

[Né à Saumur le 15 septembre 1895. Frère du précédent.]

PERRUCHE DE VELNA (Georges), ✠ (posthume), ✠ (palme), sous-lieutenant au 22e d'Infanterie.
Tué, le 5 juin 1917, à 23 ans.

Citation : *Jeune et ardent officier, remarquable par son entrain, sa joyeuse bravoure et son dévouement. Se trouvant auprès d'un dépôt de grenades ayant pris feu, a fait mettre à l'abri tous les hommes présents et n'a songé à lui-même qu'après s'être assuré qu'il ne restait personne auprès du dépôt. Mortellement atteint par l'explosion des grenades et ayant auprès de lui son colonel blessé, a supplié le médecin de panser son chef avant de s'occuper de lui-même.*

PERRUSSON (Roger), soldat au 210e d'Infanterie.
Blessé, le 26 août 1914, au combat d'Essey (Vosges), fut, après sa guérison, envoyé en Orient ; fut tué, le 2 avril 1917, en Serbie, près du lac Presba, au cours d'un combat contre les Turcs.

[Né le 12 juin 1895. Fils de M. et de Mme née GARBAN.]

PERRY (Henri de), sergent-major d'Infanterie Coloniale.........

PESME (*Louis*-Paul-Marie), Saint-Cyrien de la promotion de la Croix du Drapeau, sous-lieutenant au 150e d'Infanterie.

Disparu au combat de Mercy-le-Haut, le 22 août 1914, où il aurait été tué face à l'ennemi.

[Né le 17 septembre 1894. Fils du Lieutenant-Colonel PESME et de Mme née MENGIN-LECREULX.]

PESME (*Gilbert*-Paul-Marie), élève à l'Institut Catholique d'Arts et Métiers de Lille, soldat au 66e d'Infanterie.

Tué, le 19 juillet 1917, sur le plateau de Vauclerc, en défendant sa tranchée.

[Né le 20 août 1897. Frère du précédent.]

PESQUIDOUX (Henri DUBOSC de)........................

[Marié à Mlle Jeanne VERDIER.]

PETELOT DE MALAINCOURT (Raymond), soldat d'Infanterie.
Tué le 15 juillet 1915.

PETIT (*Louis*-Marcel), ✳ (posthume), ▩ (2 palmes, 2 étoiles), agriculteur, licencié ès sciences, lieutenant de réserve au 169e d'Infanterie.

Tombé glorieusement devant Verdun, au bois de Vaux-Chapitre, le 13 juillet 1916, au cours d'une brillante attaque.

> Citation à l'Ordre de l'Armée : *Officier d'une haute valeur morale, entraîneur d'hommes. S'est distingué par son énergie et sa bravoure ardente dans les combats du Bois Le Prêtre où il a été grièvement blessé. A rejoint son régiment avant complète guérison. Le 13 juillet 1916, a entraîné brillamment sa section sous un feu violent d'artillerie et de mousqueterie. Est tombé glorieusement en abordant les lignes ennemies.*

[Né le 10 novembre 1881. Fils de M. Henri PETIT, ✳, vice-président de la Société des Agriculteurs de France, et de Mme née RABOURDIN. Marié à Mlle Anne-Marie OSSUDE, fille de M. Paul OSSUDE, avoué, et de Mme née PRADEAU (décédés), — dont trois enfants.]

PETIT (Jacques), ▧ (posthume), ▩ (étoile), *engagé volontaire*, aspirant au 27e Chasseurs à pied.

Tué, le 23 octobre 1917, à Pargny-Filain (Chemin-des-Dames).

> Citation posthume : *Sous-officier très courageux. Toujours gai et plein d'entrain, même dans les moments les plus pénibles. A été mortellement frappé le 23 octobre 1917 en entraînant bravement sa section de mitrailleuses à l'assaut des positions ennemies.*

[Né le 2 avril 1896. Fils de M. et de Mme née LE MOINE, décédés.]

PETIT (Maurice), ▩, ingénieur..............................

[Fils de M. et de Mme née FAUCONNEAU-DUFRESNE.]

PETIT (Charles-Gustave), ✳ (posthume), ▩, sous-lieutenant au 165e d'Infanterie.

> Citation : *Vaillant officier, ayant toujours eu au feu une conduite digne d'éloges ; mort glorieusement pour la France le 14 décembre 1914, à Ormes (Meuse).*

[Fils de M. et de Mme Charles PETIT. Marié à Mlle STEINHEIL.]

PETIT-DELCHET (Jules-Désiré-*Maxence*), maréchal des logis au
9e Cuirassiers.
Mort pour la France, le 29 décembre 1915.

[Né le 21 mai 1863. Marié à Mᵐᵉ Marie DELCHET.]

PETIT-DELCHET (Jacques)...............................

[Fils du précédent.]

PETIT-DELCHET (André), ⚜, ✠ (7 palmes), adjudant pilote-aviateur.
Tombé en partant en patrouille, le 28 juillet 1918. Quelques
jours auparavant, il était décoré de la Médaille militaire, avec cette
citation :

> *Sous-officier pilote d'un grand courage. Se distingue chaque*
> *jour par sa valeur, sa ténacité et l'exemple qu'il donne à tous.*
> *Toujours volontaire pour les missions les plus périlleuses. A*
> *remporté sa cinquième victoire en incendiant un drachen.*

[Frère du précédent.]

PETIT-DOSSARIS (Albert), rédacteur à la Préfecture de la Seine,
soldat au 60e d'Infanterie.
Mobilisé dès le début de la guerre au 48e territorial d'Infanterie,
a participé sans interruption à toutes les opérations de guerre.
Versé, avec les jeunes classes, au 60e de ligne (Régiment d'attaque,
dont le drapeau a été décoré de la Croix de guerre), a pris part à
la défense de Verdun. Le 15 septembre 1916, a été frappé mortellement par un éclat d'obus, au combat de Bouchavesnes (Somme).

[Né le 11 mars 1878. Fils de M. Charles PETIT-DOSSARIS, chef d'escadron d'Artillerie, et de Mᵐᵉ née LEFÉBURE.]

PETIT LE ROY (Jacques), ✠ (posthume), ✠ (étoile d'or), lieutenant
de réserve au 155e d'Infanterie.
Tué en Argonne, d'une balle au front, le 29 janvier 1915.

> Citation : *Les tranchées qu'il défendait avec sa compagnie dont*
> *il avait le commandement, ayant été prises après un violent bom-*
> *bardement, a ramené son unité avec beaucoup de sang-froid et a*
> *réussi, par son énergie et sa ténacité, à réoccuper une grande*
> *partie des tranchées. Tué au cours du combat. A été cité.*

[Né le 17 avril 1883. Fils de M. René PETIT LE ROY, ✳, premier secrétaire d'Ambassade honoraire, et de Mᵐᵉ née RIGAUD.]

PETITON SAINT-MARD (Pierre), O ✠, ✠, chef d'escadrons.
Mort, le 25 décembre 1918, à l'hôpital militaire de Nancy, en
rejoignant son nouveau front, des fatigues de 35 mois d'Orient.

PETITON SAINT-MARD (Clément-Roch-Édouard-*Urbain*), ✠,
✠ (palme), chef de bataillon au 32e d'Infanterie.

> Citation : *Officier supérieur d'une grande valeur, a demandé à*
> *quitter le dépôt, pour prendre le commandement d'un bataillon.*
> *A été tué le 30 avril 1915 au moment où, monté debout sur une*
> *tranchée, il lançait à l'attaque deux compagnies de son bataillon.*

[Né le 20 octobre 1865. Frère du précédent. Marié à Mᵐᵉ Jeanne LAWLESS.]

PETITON SAINT-MARD (*Clément*-Alain-Jules), ✠, lieutenant au
48e d'Infanterie.

Tué à Saint-Richaumont, le 28 août 1914.

[Frère des précédents.]

PETIT-THOUARS DE SAINT-GEORGES (*Louis*-Georges-Marie-Félix, Comte Louis AUBERT du), ✠ (posthume), ✠ (palme), lieutenant de vaisseau.

A bord du sous-marin *Joule*, fut coulé avec l'équipage, le 1er mai 1915.

Citation : *A fait preuve d'un grand héroïsme en accomplissant une mission des plus périlleuses. Est mort à son poste, avec son bâtiment.*

[Né le 7 février 1882. Fils du Cte (décédé) et de la Ctesse née LAMBRECHT.]

PETIT-THOUARS DE SAINT-GEORGES, née Jacqueline de FLEURY (Comtesse Jean AUBERT du), ✠ (palme), ✠ (Médaille d'or des Épidémies), infirmière de la S. B. M. aux Armées.

Décédée, le 22 octobre 1918, à l'ambulance du Mont Frenet, des suites d'une maladie infectieuse contractée en soignant les blessés.

Citation posthume: *Après avoir, sans interruption, depuis le début de la campagne, donné la mesure de son dévouement auprès de contagieux ou de blessés, et, souvent dans des circonstances de guerre périlleuses, s'est encore dépensée auprès d'eux en septembre-octobre 1918, jusqu'au delà de ses forces. A contracté, en leur donnant des soins, une maladie mortelle.*

[Fille du Bon André DE FLEURY et de la Bonne née DE MAILLÉ DE LA TOUR LANDRY. Mariée au Cte Jean DU PETIT-THOUARS. Belle-sœur du précédent.]

PETROWSKA-COUCHETÉ (Mademoiselle Eugénie), ✠ (palme), infirmière de la Fondation *de Baye*, centre hospitalier de Dugny.

Des avions ennemis s'acharnaient, depuis le 14 juillet 1918, sur cette formation; ils étaient revenus le 22 juillet, puis le 3 août et chaque jour ensuite, du 10 au 18, faisant de nombreuses victimes. Pendant cette longue épreuve, les infirmières ne vivaient que pour leurs blessés, s'efforçant de les mettre à l'abri, de maintenir l'ordre et donnant constamment l'exemple du calme et du sang-froid. Le 18, le bombardement prit une violence particulière. Mademoiselle Petrowska et deux de ses compagnes tombèrent frappées à mort, en même temps que cinq autres infirmières étaient blessées.

Citation : *Infirmière des plus dévouées et d'un grand courage. Tuée à son poste, le 18 août 1917, lors du bombardement de sa formation.*

PEUGEOT (André), ✠ (posthume), ✠, instituteur, caporal au 44e d'Infanterie.

Le premier tué de la grande guerre. Le 2 août 1914 (alors que la déclaration ne data que du lendemain), une patrouille allemande s'avançait jusqu'à 12 kilomètres en territoire français. A Joncherey, près de Delle, elle rencontra un petit poste français : le caporal PEUGEOT lui fit les sommations d'usage, auxquelles l'officier allemand répondit par trois coups de revolver, le blessant mortellement.

Citation : *Le 2 août 1914, son escouade, de garde à une issue du village de Joncherey, a arrêté et dispersé la première patrouille allemande qui violait le territoire français. A été tué par le lieutenant commandant cette patrouille, au moment où il mettait en joue lui-même cet officier et le blessait mortellement. A été cité.*

PEUTY (Paul-Fernand du), ✳, ▨, chef de bataillon au 4ᵉ Zouaves. Disparu à Orvillers (Oise), le 30 mars 1918.

[Né le 6 juillet 1878. Fils de M. et de Mᵐᵉ née GOUPIL.]

PEYDIÈRE DE VÈZE (Pierre), ▨, lieutenant au 23ᵉ d'Infanterie. Tué au col de Mandray (Vosges), le 2 septembre 1914.

[Marié à Mˡˡᵉ LOGEROT, fille du Général.]

PEYRELONGUE (Charles - Marie - Joseph d'AUBER de), ✳ (posthume), ▨ (2 palmes), capitaine au 11ᵉ Chasseurs à pied. Tombé glorieusement, le 31 juillet 1915, au combat du Barrenkopf.

Citation : *Remarquable commandant de compagnie, adoré de ses chasseurs, d'un sang-froid et d'une bravoure à toute épreuve; est tombé glorieusement le 29 juillet au moment où, debout sur le parapet de la tranchée, il donnait le signal de l'assaut à sa compagnie qui, électrisée par son exemple et brûlant de venger sa mort, est partie avec une cohésion et un élan superbes en chantant la Marseillaise. A été cité.*

[Né le 9 juillet 1876. Fils de M. et de Mᵐᵉ née DE TERME.]

PEYROCHE (Jean), ✳ (posthume), ▨ (1 palme, 4 étoiles), étudiant pour Saint-Cyr, *engagé volontaire*, lieutenant au 174ᵉ d'Infanterie. Est entré le premier, à la tête de sa section, le 13 juin 1918, dans le village de Bussiares (Aisne), occupé par les Allemands. Tombé frappé d'une balle au cœur, le 20 juillet 1918, **au Bois de Givry, commune de Belleau.**

Citation à l'Ordre de l'Armée : *Jeune officier plein d'allant et de bravoure froide. A entraîné d'un bel élan sa section à l'assaut d'une position formidable. A été tué en abordant l'objectif.*

[Né à Saint-Dizier le 5 octobre 1896. Fils de M. Louis PEYROCHE et de Mᵐᵉ née BARROIS.]

PEYRON (Victor-*Armand*), ✳ (posthume), ▨, capitaine au 82ᵉ d'Infanterie. Mort de ses blessures, le 30 septembre 1914.

Citation : *Excellent officier. Blessé au moment où il s'efforçait de maintenir l'ordre dans sa compagnie sous un violent bombardement. Est mort des suites de ses blessures. A été cité.*

[Fils de l'Amiral (décédé) et de Mᵐᵉ PEYRON. Marié à Mˡˡᵉ Marie PAUMIER.]

PEYROUX (*Henri*-Albert-Alphonse-Marie-Joseph, Marquis Henri du), propriétaire, conducteur au T. P. Mort, le 3 juillet 1918, des suites d'une maladie contractée aux Armées.

[Né le 7 février 1874. Fils du Mˡˢ et de la Mˢᵉ née DE BISEAU DE BOUGNIES. Marié à Mˡˡᵉ DE MALINGUEHEN, fille du Bᵒⁿ et de la Bᵒⁿⁿᵉ née DE BOURGOGNE, — dont trois enfants.]

PEYSSONNIÉ (Henri), élève de l'École de Sèvres (Céramique), soldat au 77ᵉ d'Infanterie.

Le 14 décembre 1914, aux environs du château d'Hérentage, derrière la route d'Ypres à Menin, au cours de combats violents, fut grièvement blessé à la cuisse; il put cependant regagner la tranchée, mais il succomba dans la nuit.

> Vous pouvez être fier de votre neveu, écrivit le Colonel du 77ᵉ, il s'est toujours battu vaillamment, et il a fait son devoir jusqu'au bout.

[Né le 10 mai 1880. Fils du Dʳ et de Mᵐᵉ née Buteaux. Marié à Mˡˡᵉ Suzanne Clichy, — dont un fils.]

PHELIPPON (Jacques), ✠, capitaine au 23ᵉ d'Artillerie.
Tué, le 25 avril 1918, pendant qu'il dirigeait le tir de sa batterie.

[Né en 1892. Fils de M. et de Mᵐᵉ née Lefebvre.]

PHILIPPAR (Valery), élève à l'École des Travaux Publics, soldat au 62ᵉ d'Infanterie.
Tombé entre la première et la deuxième ligne de tranchées allemandes, à l'attaque de Tahure, le 25 septembre 1915, et porté disparu.

[Né le 20 août 1892. Fils de M. Philippar, directeur honoraire de l'École de Grignon (décédé), et de Mᵐᵉ née Cormier.]

PHILIPPON (Marc), sergent au 158ᵉ d'Infanterie.
Tué à Auberive, en Champagne, le 24 septembre 1915.

PIAT-DESVIAL (G.), ✼ (posthume), ✠ (palme), aspirant de Marine à bord du *Bouvet*.

> Citation : *A assuré le service d'adjudant du tir avec un parfait sang-froid, et a rendu les plus grands services dans l'observation des batteries et la surveillance des mines flottantes. Mort à son poste lorsque le Bouvet a sombré, le 18 mars 1915.*

PICARD (*Charles*-Louis-Édouard), ✼ (posthume), ✠ (palme), inspecteur des Finances, caporal au 204ᵉ d'Infanterie.
Tué de deux balles dans la tête, sur la colline de Crouy, près Soissons, le 8 janvier 1915.

> Citation : *A constamment fait preuve de la plus grande bravoure et a donné le meilleur exemple à ses hommes. A été tué.*

[Né le 19 mars 1884. Fils de M. Émile Picard, O ✼, secrétaire perpétuel de l'Académie des Sciences, et de Mᵐᵉ née Hermite.]

PICARD (Armand), O ✼, commandant d'Artillerie.
Mort, le 18 octobre 1914, en service commandé.

[Né le 12 septembre 1851. Fils de M. et de Mᵐᵉ née Liotel. Marié à Mˡˡᵉ Tréfousse, fille de M. et de Mᵐᵉ née Merton, — dont deux enfants.]

PICARD DU CHAMBON (Alexandre), ⚓ (posthume), ✠, soldat au 2ᵉ Colonial.

> Citation : *Vaillant soldat. Mort pour la France, le 18 avril 1917, des suites de blessures reçues en faisant courageusement son devoir au Chemin-des-Dames.*

PICHON (Alfred), ancien élève de l'École Normale, officier d'administration du Service de Santé.

Décédé, en août 1918, des suites d'une maladie contractée aux Armées.

[Marié à Mlle Boutroux, fille du Membre de l'Académie Française, et de Mme née Aline Poincaré.]

PICHON LONGUEVILLE (Bernard de), 🎖 (posthume), ✠, *engagé volontaire*, soldat au 8ᵉ Chasseurs à pied (Fourragère aux couleurs de la Médaille militaire).

Engagé au 65ᵉ d'infanterie, passa, sur sa demande, aux Chasseurs à pied. Tombé glorieusement, le 31 mai 1918, devant Hangard (Somme). Son Chef de corps a dit de lui : « C'était un chic chas-» seur, je voulais en faire un officier. Je le vengerai ! »

> Citation : *Engagé volontaire avec la classe 1918, parti au front sur sa demande, a su, par sa belle tenue, son entrain et son mépris du danger, conquérir l'estime de ses chefs et l'admiration de ses camarades. A été tué glorieusement à son poste de combat, le 31 mai 1918. A été cité.*

[Né le 17 février 1900. Fils du Bon Richard DE PICHON LONGUEVILLE et de la B^{onne} née Gabrielle ESPIVENT DE LA VILLESBOISNET.]

PICOT (James), O ✳, ✠, ingénieur, capitaine au 10ᵉ d'Artillerie.

Tombé glorieusement à son poste de commandement d'un Groupe, le 15 juillet 1918.

[Né en 1884. Fils de M. Émile PICOT, membre de l'Institut (décédé), et de Mme née Berthe GRENELL. Marié à Mlle Edith JEANNET, — dont trois enfants.]

PICOT DE PERSILHON (André), ✳, ✠ (palmes), capitaine au 6ᵉ Génie (24ᵉ Division d'Infanterie).

Tué sous Verdun, le 24 avril 1916.

> Citation : *Chef dont le courage et l'entrain sont restés légendaires dans la compagnie qu'il a commandée en campagne pendant près de deux ans. A été mortellement frappé à Verdun en se rendant à la Citadelle, où son service l'appelait.*

PICOT DE PERSILHON (François), ✳ (posthume), ✠ (palme), *engagé volontaire*, sous-lieutenant au 8ᵉ Dragons.

Tombé glorieusement devant Soissons le jour de notre grande offensive, le 18 juillet 1918.

> Citation : *Jeune officier énergique et brave ; a toujours fait vaillamment son devoir. Tué en exécutant un service de liaison à cheval dans une région où des centres de résistance ennemis s'étaient maintenus.*

[Tous deux fils du Commandant PICOT, O ✳, ancien député (décédé en juin 1919), et de Mme PICOT.]

PICQUET (*Emmanuel*-Bernard), ✳ (posthume), ✠ (3 citations), sous-lieutenant d'Artillerie, observateur en avion.

Mobilisé, le 4 août 1914, comme maréchal des logis d'Artillerie, prit part avec son régiment aux batailles de Charleroi, de la Marne et de l'Artois, en qualité d'éclaireur et agent de liaison ; il eut trois chevaux tués sous lui. Passé dans l'aviation, il tombait glorieusement le 30 avril 1917.

> Dernière citation : *Excellent observateur en avion, ayant toujours fait preuve de calme, de courage et d'énergie. A trouvé la mort le*

30 avril 1917, alors qu'il survolait les lignes ennemies à faible altitude, avec le mépris de danger le plus absolu, pour suivre l'attaque de notre infanterie.

[Né le 30 janvier 1890. Fils de M. E. Picquet, avocat au Barreau de Dinan, et de Mᵐᵉ née Le Saige de Landecot de la Villesbrunne.]

PIÉGU (André), ✠, maire de Bueil (Indre-et-Loire), sergent d'Infanterie.

Tué aux combats de la Somme, le 19 avril 1918, à 34 ans.

PIERARD DE MAUJOUY (*Maurice*-François-Ignace), ✠ (posthume), ✠ (palme), capitaine au 173ᵉ d'Infanterie.

Blessé grièvement, le 26 août 1914, à Mont en Lorraine, succomba le 28, à l'ambulance de Domelièvres.

Citation : *A brillamment conduit sa compagnie à l'attaque d'un village ; a été blessé mortellement au moment où il entraînait ses hommes en avant. A été cité.*

[Né en 1876. Marié à Mˡˡᵉ de Salve-Villedieu.]

PIERRES (*Stéphane*-Eugène, Vicomte Stéphane de), ✠ (posthume), ✠ (palme), sous-lieutenant au 371ᵉ d'Infanterie.

Tué aux combats d'Alsace, le 12 mai 1915, à l'Hartmannswillerkopf.

Citation : *Jeune officier de la plus grande bravoure, modèle d'héroïsme militaire, ayant pris sur ses hommes un superbe ascendant moral. A été mortellement frappé dans une tranchée, alors qu'il exaltait le courage des défenseurs de la tranchée pour résister à une violente attaque de nuit de l'ennemi. A été cité.*

[Fils du Vᵗᵉ (décédé) et de la Vᵗᵒⁿˢᵉ née Verminck.]

PIERRES (*Joseph*-Amédée-Jean-Baptiste de), cavalier au 7ᵉ Hussards, détaché au 32ᵉ d'Infanterie.

Mort pour la France, le 23 février 1915, à Zuydcoote (Nord).

[Né le 3 juin 1887. Fils du Bᵒⁿ et de la Bᵒⁿⁿᵉ née Marie Deneux.]

PIERSON (*André*-Henri), aspirant au 46ᵉ d'Infanterie.

Né de parents hollandais, avait opté pour la France en 1914. Incorporé au 131ᵉ d'Infanterie, passa ensuite au 46ᵉ, qui était en Argonne. Il reçut le baptême du feu lors de la première attaque de Vauquois. Dans la nuit du 27 au 28 février 1915, il partit à la seconde attaque de Vauquois, qui eut lieu le 28 février et les jours suivants. Dès le début, il tomba au champ d'honneur, atteint par un éclat d'obus à la tête. Le journal *Le Temps* donna, le 23 mars, un article que le sergent de sa section avait écrit sur l'attaque de Vauquois, il y donne en détail la description de la mort d'un jeune aspirant : c'était André Pierson.

[Né le 19 septembre 1894. Fils de M. Johannes Pierson, O ✠, et de Mᵐᵉ née Beetz.]

PIERSON (Louis-*Georges*), étudiant à la Faculté protestante de Théologie, sergent au 116ᵉ d'Infanterie.

Avait, comme son frère, opté pour la nationalité française, en 1915. Mort, le 2 décembre 1918, des suites d'une longue maladie contractée aux Armées.

[Né le 21 juin 1896. Frère du précédent.]

PIERSON (Alexandre), ✠ (palme et étoile), lieutenant aviateur. Tué le 9 avril 1917.

[Né le 23 novembre 1892. Fils de M., ✸, et de Mme née SAVORNIN-LOHMAN.]

PIETREQUIN DE PRANGEY (Pierre-Charles de), ⚜ (posthume), ✠, soldat au 41e Chasseurs à pied.

Citation : *Chasseur aussi consciencieux que courageux, qui, dès le début de la campagne, a donné la valeur de son héroïsme et de son amour de la patrie. Mort glorieusement, le 7 décembre 1914, des suites de ses blessures.*

PIEYRE (Alfred-*André*), ✠, soldat au 40e d'Infanterie. Tué aux combats de la Meuse, le 8 septembre 1914.

[Né le 18 août 1888. Fils du B^{on} (décédé) et de la B^{onne} PIEYRE.]

PIGACHE DE SAINTE-MARIE (*Joseph*-Eugène-Marie, Baron Joseph de), O ✸, ✠, lieutenant-colonel au 362e d'Infanterie. Blessé grièvement en 1915, est mort des suites de ses blessures à l'hôpital de Verdun.

[Né en 1857. Fils du B^{on} et de la B^{onne} née CASTELLA (décédés). Marié, en 1887, à Mlle Isabelle DE MORACIN DE RAMOUZENS, — dont trois fils.]

PIGHETTI DE RIVASSO (Comte Raoul de), ✸, ✠, homme de lettres, chef de bataillon commandant le 2e Chasseurs à pied. Blessé quatre fois, décoré pour action d'éclat, trouva la mort glorieuse du soldat au combat de Béthune, en septembre 1914.

Citation (Légion d'honneur) : *Blessé deux fois. Bien qu'incomplètement guéri, a tenu à venir prendre le commandement du 2e bataillon de chasseurs auquel il avait été affecté et qu'il a conduit au feu avec un remarquable sang-froid.*

PIGLOWSKI (Jehan), élève à l'École Normale, sous-lieutenant au 253e d'Infanterie. Sur la tombe de ce brave, refusant d'abandonner une mitrailleuse hors de service et prenant le fusil d'un soldat blessé pour se défendre jusqu'à la mort, les Allemands ont élevé une stèle avec cette inscription :

Ci-gît le sous-lieutenant Jean PIGLOWSKI, de la section de mitrailleuses du régiment d'infanterie 253, au milieu de ses braves soldats, mort pour la patrie le 18 février 1916. — Des soldats allemands ont érigé ce monument.

PIGNY (Edmond-Marie-Joseph de), ⚜ (posthume), ✠, sergent au 85e d'Infanterie.

Citation : *Sous-officier d'une activité et d'une bravoure remarquables. A été tué glorieusement, le 17 avril 1917, en arrivant dans les tranchées ennemies. A été cité.*

PILET (M.-L.-G.-E.), ✸ (posthume), ⚜, ✠ (palme), *engagé volontaire,* enseigne de vaisseau des Ballons captifs.

Citation : *Officier dont la conduite au cours de la guerre est un exemple pour tous. Engagé en décembre 1914 dans l'artillerie, passé dans l'infanterie sur sa demande. Médaillé militaire en octobre 1915 pour sa conduite au cours d'un assaut. Venu dans la marine en janvier 1916. Mort, le 13 août 1917, au cours d'une ascension en ballon captif.*

PILLET-WILL (*Alexis-Élie-Aimery*, Comte Alexis), ✠ (posthume), ✠ (palme et 1 étoile), étudiant en philosophie, sous-lieutenant au 289e d'Infanterie.

Tué d'un éclat de torpille à la tête, près du bois d'Apremont, à Saint-Aignant (Meuse), le 24 avril 1917.

> Citation : *Jeune officier doué des plus belles qualités morales et militaires, d'une bravoure et d'un sang-froid remarquables. A trouvé une mort glorieuse le 24 avril 1917, en allant encourager ses hommes par sa présence sous un très violent bombardement.*

[Né le 12 décembre 1894. Fils du Cte PILLET-WILL et de la Ctesse née DE COMMINGES, décédée.]

PILLON (René), ✠ (posthume), ✠ (2 palmes), lieutenant au 301e d'Infanterie.

Tué à Dammartin-la-Montagne, le 26 avril 1915.

[Né le 7 juillet 1892. Fils de M. et de Mme née GOUVERNEL.]

PIMODAN (Pierre de RARÉCOURT DE LA VALLÉE de) [Comte et Duc romain Pierre de PIMODAN], licencié ès lettres et avocat, maréchal des logis de réserve au 500e d'Artillerie d'assaut.

Mort subitement à Noisy-le-Sec, le 31 mai 1918, au moment où, quoique malade des fatigues de la guerre, il allait rejoindre son corps au front après une permission.

[Né le 3 octobre 1886. Fils du Cte et Duc romain DE PIMODAN, O ✠, ✠, Lieutenant-Colonel de Cavalerie de réserve, breveté d'E.-M., et de la Ctesse née Ctesse Georgina DE MERCY-ARGENTEAU. Marié à Mlle DE BROSSIN DE MÉRÉ, fille du feu Cte et de la Ctesse née PAULZE D'IVOY DE LA POYPE, — dont un fils.]

PIMODAN (Henri de RARÉCOURT DE LA VALLÉE de) [Comte et Duc romain Henri de PIMODAN], ✠ (posthume), ✠ (palme), licencié ès sciences, ingénieur et avocat, capitaine de réserve au 237e d'Infanterie.

Tué sous Arras, le 25 octobre 1914.

Cité à l'Ordre de l'Armée pour le motif suivant :

> *A maintenu sa compagnie sous un feu très violent d'artillerie. Blessé grièvement, a refusé de quitter son commandement; ne s'est retiré que sur l'ordre donné à sa troupe d'occuper une autre position. A été mortellement blessé au moment où ses hommes l'aidaient à se déplacer. A été cité.*

[Né le 7 décembre 1887. Frère du précédent. Mort sans alliance.]

PIN DE SAINT-ANDRÉ (*Henry*-Marie du), ✠ (étoile), ✠ (Mérite Italien), étudiant, *engagé volontaire*, maréchal des logis au 19e d'Artillerie de campagne.

Engagé le 7 août 1914, il prit part aux combats de la Champagne, l'Argonne, Verdun, puis partit pour l'Orient le 2 février 1917. Évacué, le 16 novembre 1917, de la position de combat qu'il occupait à la cote 1050, près de Monastir, pour maladie grave qu'il y avait contractée au cours d'une attaque bulgare; transporté à Sakulévo, y est décédé le 24 du même mois.

> Citation : *Sous-officier d'une tenue parfaite au feu. A eu une conduite des plus brillantes le 8 novembre 1917 en assurant son*

service de liaison auprès de l'infanterie. Atteint par la maladie, ne s'est fait évacuer qu'à la dernière extrémité et a succombé.

[Né le 4 décembre 1894. Fils du Commandant Mis DU PIN DE SAINT-ANDRÉ et de la M^{ise} née Béatrix DE SOYE. Petit-fils du Contre-Amiral Mis DU PIN DE SAINT-ANDRÉ.]

PINCZON DU SEL (*Olivier*-Marie-Auguste-Adrien), ✠, capitaine au 109e d'Infanterie.
Tué le 19 août 1914.

[Né le 11 février 1871. Fils de M. et de Mme née DE CASTEL (décédés). Marié, en 1899, à Mlle Marie PINCZON DU SEL DES MONTS, fille de M. et de Mme née Hélène DU CLÉSIEUX, — dont quatre enfants.]

PINDRAY (Maurice de), avocat à la Cour de Paris.
Décédé, à 43 ans, en 1920, des suites d'une maladie contractée aux Armées.

PINEAU DE MONTPEIROUX (Pierre), ✳ (posthume), ✠, sous-lieutenant au 59e d'Infanterie.

Citation : *Officier d'une remarquable bravoure. S'était distingué à diverses reprises par son allant. Est glorieusement tombé le 27 septembre 1915, frappé d'une balle à la tête, alors qu'il parlait à ses hommes avant le départ à l'assaut. A été cité.*

[Fils de M. et de Mme Antoine PINEAU DE MONTPEIROUX.]

PINEL DE GRANDCHAMP (Gaston), ⚜ (posthume), ✠, soldat au 69e d'Infanterie.

Citation : *Très bon soldat. Tué glorieusement à l'ennemi, le 5 juin 1915, à Ablain-Saint-Nazaire. A été cité.*

PINET (*Marcel*-François), ✠, sous-lieutenant au 129e d'Infanterie.
Mort de ses blessures à Abbeville, le 2 octobre 1915.

[Né le 23 janvier 1895. Fils de M. et de Mme née LEREDU.]

PINOTEAU (*Jean*-Pierre-Armand, Baron Jean), ✳ (posthume), ✠, sous-lieutenant au 130e d'Infanterie.
Blessé en janvier 1916, puis plus grièvement le 25 mai 1917, refusa d'être évacué. Tombé glorieusement deux jours plus tard, à la tête de sa section.

Citation : *Officier de la plus belle et haute valeur morale et d'un courage éprouvé. Blessé une première fois, est resté néanmoins à son poste de combat. A été tué, le 27 mai 1917, à la tête de sa section, alors que, sous un bombardement inouï, il l'entraînait à une contre-attaque qui a complètement réussi. A été cité.*

[Fils du B^{on} et de la B^{onne} PINOTEAU.]

PINOTEAU (Baron Raymond), ✠, capitaine d'Infanterie.
Tombé, le 22 août 1914, au combat de Messin (Belgique).

[Marié à Mlle DE COURSON DE LA VILLENEUVE.]

PINOTEAU (*Jacques*-Marie), ✳ (posthume), ✠ (palme), lieutenant au 1er Colonial.

Citation : *Le 28 août 1914, au combat de la Fosse-à-l'Eau, a été mortellement frappé en tête de sa section qu'il entraînait vigoureusement à la contre-attaque. A été cité.*

PINOTEAU (*Bernard*-Marie-Maurice), ✠ (posthume), ✠ (palme et étoile), sous-lieutenant au 8ᵉ Tirailleurs Indigènes.

> Citation : *Belle attitude au combat du 30 août 1914, où, par son énergie et son sang-froid, il a réussi à maintenir l'ordre dans les trois sections dont il avait le commandement dans une tranchée, malgré un feu très violent d'artillerie. Frappé mortellement en exécutant la mission périlleuse qui lui avait été confiée. A été cité.*

[Tous deux fils du Colonel, O ✠, et de Mᵐᵉ née DE MAUDUIT.]

PINS (Comte Roger de), ✠ (posthume), ✠, maréchal des logis au 10ᵉ Hussards, détaché au 18ᵉ d'Infanterie.
A succombé, en 1917, aux suites d'une maladie contractée au service.

> Citation : *Ayant reçu l'ordre de battre en retraite au cours d'une attaque de nuit, où son détachement était serré de très près, est resté en arrière pour emporter un de ses camarades tué, malgré le danger très sérieux qui en résultait pour lui.*

[Né le 16 août 1880. Fils du Cᵗᵉ et de la Cᵗᵉˢˢᵉ née DE SUFFREN, décédés.]

PINS (*Henri*-Raoul-Marie, Comte Henri de), ✠ (posthume), ✠, maréchal des logis au 21ᵉ Chasseurs à cheval.

> Citation : *Brave sous-officier ; a pris part, depuis la mobilisation, à toutes les opérations du régiment comme brigadier et maréchal des logis ; a toujours été pour tous un exemple de gaieté, d'entrain et de bravoure. Tué à son poste, dans la tranchée, le 2 mars 1916. A été cité.*

[Frère du précédent.]

PINTA (Pierre), ✠ (posthume), ✠ (palme), sous-lieutenant au 132ᵉ d'Infanterie.
Tué en Lorraine, le 22 août 1914.

PINTA (Jean-Chrysostôme-*André*), aspirant au 228ᵉ d'Infanterie.
Tué à Neuville-Saint-Vaast, le 15 mai 1915.

[Fils de M. et de Mᵐᵉ née Jeanne LEROUX.]

PIOGER (Yves de), maréchal des logis au 4ᵉ Chasseurs d'Afrique.
Mort sur le front d'Orient, le 26 juin 1917.

[Né en 1893. Fils du Cᵗᵉ et de la Cᵗᵉˢˢᵉ née D'ACY.]

PIOGER (Yvan de).
Tué le 16 juin 1915.

[Fils du Vᵗᵉ et de la Vᵗᵉˢˢᵉ née DE PIOGER.]

PIOGER (Jacques), *engagé volontaire*, sergent.
Tué aux Éparges le 5 avril 1915.

PIOGER (Jean), ✠, *engagé volontaire*, Saint-Cyrien de la promotion de Sainte-Odile, aspirant au 4ᵉ Zouaves de marche.
Tué à la tête de sa section de mitrailleuses, le 18 juillet 1918.

[Tous deux fils du Capitaine de frégate et de Mᵐᵉ née LEPAGE.]

PION (François-Jean-Baptiste), enseigne de vaisseau de réserve.
Tué, le 17 décembre 1914, à l'attaque de Steenstraete (Yser).

PIQUE (*Jacques*), ✠, lieutenant aviateur.

Tué en combat aérien, le 12 juin 1918.

[Fils du Colonel et de Mme Lucien PIQUE.]

PIREY (*Alfred*-Marie ARNOULX de), ✠, ✠ (étoile), ✠ (Médaille du Tonkin), ✠ (Dragon de l'Annam et Kin-Kahm), capitaine au 6ᵉ d'Infanterie Coloniale.

Au cours de ses campagnes en Annam, avait reçu du Général CORONNAT une lettre de félicitations. Tué, le 5 septembre 1916, à la tête de ses hommes se portant à l'assaut des positions ennemies.

Citation : *Officier brave et énergique. Le 5 septembre 1916, a entraîné brillamment sa compagnie à l'assaut des tranchées allemandes. A été tué au cours de l'action.*

[Né le 8 mars 1869. Fils de M. Ferdinand DE PIREY et de Mme née Caroline MARESCHAL DE LONGUEVILLE. Marié à Mlle Marie LAFITTE.]

PIREY (*Léopold*-Marie-Philibert-Philippe ARNOULX de), ✠, ✠ (palme et étoile), capitaine au 14ᵉ Chasseurs à cheval.

A trouvé une fin glorieuse au cours de l'offensive allemande du printemps de 1918, sur la Somme. Blessé grièvement, le 5 avril, à Fontenoy, près Chauny, transporté à l'ambulance d'Amblemy, près Vic-sur-Aisne, il succombait aux suites de plusieurs blessures à la gorge et à la poitrine, produites par des éclats d'obus. Venait d'être proposé pour le grade supérieur.

Citation : *Officier de la plus grande bravoure. Blessé très grièvement au cours d'une relève, a donné un magnifique exemple d'abnégation, de courage et d'énergie, en restant à la tête de sa troupe pendant huit heures, au risque de rendre sa blessure mortelle, pour conduire lui-même et installer tous ses éléments en ligne.*

[Né le 29 juin 1871. Frère du précédent. Marié à Mlle Marguerite-Marie DE SANBUCY DE SORGUE, fille du B^{on} et de la B^{onne} née Nathalie ANDUZE DE LA BAUME, — dont six enfants : Bernard, Simone, Geneviève, Odette, Maurice et Germaine.]

PIREY (*Albert*-Marie-Joseph ARNOULX de), ✠ (posthume), ✠ (palme et étoile), capitaine au 14ᵉ Chasseurs à cheval, passé, sur sa demande, au 35ᵉ d'Infanterie.

Tombé glorieusement pour la France, le 25 septembre 1915, tué net d'une balle dans la poitrine, alors qu'ayant atteint le premier la tranchée ennemie, il lançait des grenades aux Allemands.

Citation : *Officier extrêmement brave ; d'un courage et d'un entrain tout à fait remarquables. A été frappé mortellement, au moment où il conduisait sa compagnie à l'assaut des lignes allemandes. A été cité.*

[Né le 16 décembre 1874. Frère des précédents. Marié à Mlle Anne DE L'HERMITE (décédée en 1919), fille du Cte et de la Ctesse née DU MARTRAY, — dont quatre enfants.]

PITET (*Pierre*-Robert), ✠ (posthume), ✠, capitaine au 41ᵉ Chasseurs à pied.

Tué à Petit-Mont, près Cirey, le 12 novembre 1914.

Citation : *Ayant jugé nécessaire, au cours d'une opération confiée à sa compagnie, de reconnaître un point particulièrement dangereux, avant d'engager sa compagnie dans une région diffi-*

cile, s'est porté audacieusement en avant avec deux chasseurs, et a été frappé mortellement au cours de cette reconnaissance.

[Né le 30 octobre 1876. Fils de M. et de Mme née JOURDAN. Marié à Mlle Fernande REICHENBERG, — dont un enfant.]

PITRAY-SÉGUR (*Paul*-Marie-Louis, Baron de SIMARD de), docteur en droit, avocat à la Cour de Paris, caporal au 5e d'Infanterie.

Est tombé frappé à la poitrine, le 23 août 1914, au soir (bataille dite de Charleroi-Somzée-Tarcienne). Demeuré sur le champ de bataille, il ne mourut que le lendemain soir, 24 août, entre les bras du paysan belge Clément Mathieu, qui avait tenté de le secourir. Ses dernières paroles furent : « Dites à mes parents que » ma dernière pensée a été pour eux et que je meurs, après avoir » fait mon devoir, en bon Français. »

[Né le 29 mars 1890. Fils du Vte DE SIMARD DE PITRAY-SÉGUR et de la V^{tesse} née T. DELACROIX.]

PITRAY (Yves-Charles de SIMARD de), ✳ (posthume), ✳ (palme), sous-lieutenant au 49e d'Infanterie.

Citation : *Jeune officier de la plus splendide bravoure. Le 9 juin 1918, complètement cerné par l'ennemi, réussit à lui échapper. Ayant pris aussitôt après le commandement d'une autre section dont le chef venait d'être tué, arriva à son poste au moment où l'ennemi déclenchait une violente attaque, fit l'admiration de tous par sa belle attitude. Tombé glorieusement pour la France. Deux citations antérieures.*

PITTIÉ (Maurice), canonnier au 66e d'Artillerie antiaérienne.

Mort sur le front de Verdun, en novembre 1918.

[Né en 1898. Fils de M. et de Mme née Marie COURT.]

PLAFFAIN (Jean), ✳, sergent.

Gravement blessé au combat de Lacroix-sur-Meuse, le 24 septembre 1914, relevé après trois jours par l'ennemi, a succombé à l'hôpital Saint-Clément, à Metz, le 5 mars 1915, après cinq mois de souffrances.

[Né en 1891. Fils de M. et de Mme née FRÉMURA, décédée.]

PLAGINO (Jean de), ✳ (posthume), ✳ (palme), adjudant pilote à l'Escadrille R. 214.

Citation : *Pilote d'une bravoure et d'un dévouement exemplaires, qui a accompli des missions très pénibles et livré de durs combats. S'est tué, le 29 janvier 1917, en atterrissant, avec un avion criblé de balles, au retour d'un combat acharné.*

PLAN (Émile BILLION du), ✳, ✳ (5 citations), capitaine pilote-aviateur, commandant l'Escadrille N. 65.

Tué, le 29 avril 1917, en combat aérien, dans le secteur de Champagne.

PLANCHENAULT DE LA MORINIÈRE (F.), ✳ . . . .

PLANCHON (André), ✳ (posthume), ✳ (palme et étoile), chimiste, caporal au 328e d'Infanterie.

Disparu à Tahure, le 30 octobre 1915.

Citation : *Pendant un violent bombardement des tranchées, est resté courageusement à son poste, et, au moment de l'attaque allemande, bien qu'indisposé par les gaz asphyxiants, s'est porté, dans un élan superbe, à la première ligne qui venait d'être anéantie, et a contribué à repousser les assaillants. A été blessé. (Disparu.)*

[Né le 18 août 1895. Fils de M. Victor PLANCHON, industriel, et de Mme née Fos.]

PLANIOL (Jean), ✠ (3 palmes), maréchal des logis, aviateur à l'Escadrille Spad 68.

Mort pour la France, à Faverolles (Aisne), le 29 juin 1918.

[Fils de M. et de Mme Marcel PLANIOL.]

PLANQUE (Florent-Édouard-Robert de), ⚜ (posthume), ✠, maréchal des logis au 275e d'Artillerie.

Citation : *Très bon chef de pièce ; a toujours fait preuve d'un courage et d'un sang-froid remarquables. Mortellement blessé à son poste, le 9 avril 1918. A été cité.*

PLAS (André-Gaston-Pierre de ROBINET de), ✠ (posthume), ✠ (2 palmes), capitaine au 24e Colonial.

Citation : *Est tombé glorieusement, le 25 septembre 1915, à la tête de sa compagnie de mitrailleuses, en la portant en avant avec les troupes d'assaut. A été cité.*

[Fils du Cte et de la Ctesse Ludovic DE PLAS.]

PLAS (René de ROBINET de), ⚜ (posthume), ✠ (palme), sergent au 287e d'Infanterie.

Citation : *Sous-officier plein d'allant ; très belle attitude au feu, le 21 mai 1916, à Verdun. Très grièvement blessé à la tête de ses hommes, en les conduisant à l'assaut d'une tranchée ennemie.*

PLEIGNIÈRE (*Guy*-Raymond-Alexandre HÉBERT de la), ⚜ (posthume), ✠ (2 étoiles), maréchal des logis au 9e Cuirassiers, versé au 1er Génie.

Glorieusement tombé à Prosnes, en Champagne, le 22 décembre 1917.

Citation : *Sous-officier énergique, courageux. A toujours accompli avec intelligence et dévouement les missions les plus délicates et les plus périlleuses, donnant constamment l'exemple du sang-froid et du sacrifice noblement consenti. Blessé mortellement au cours d'une d'entre elles, le 22 décembre 1917.*

[Né à Melun le 28 avril 1889. Fils du B^on DE LA PLEIGNIÈRE, ✠, ancien officier de Cavalerie (décédé en 1919), et de la B^onne née AMYOT.]

PLENNEAU (F.-V.), ✠ (posthume), ✠ (palme), lieutenant de vaisseau, pilote-aviateur.

Citation : *Officier de tout premier ordre, pilote remarquable. A effectué plus de 100 heures de vol en zone ennemie. A trouvé la mort dans l'accomplissement de son devoir.*

PLESSIER (Louis-Victor), C ✠, ✠ (palme), Général commandant la 88e Brigade.

Citation : *Blessé mortellement, le 19 août, au milieu de ses troupes, en leur donnant l'exemple de l'intrépidité.*

Mort de ses blessures à Lyon, le 27 août 1914.

[Né le 19 mai 1856. Fils de M. et de Mme née Foureau. Marié à Mlle Dumant.]

PLESSIS (Armand PRESLE du), 🎖, ✠ (3 palmes), sergent pilote-aviateur à l'Escadrille N. 97.

> Dernière citation : *Très bon pilote, qui a fait preuve en toutes circonstances d'un courage et d'une audace exemplaires. Attaqué dans les lignes ennemies par de nombreux avions, en a abattu deux et fait tomber un troisième désemparé. Le 26 août 1917, a été grièvement blessé dans un nouveau combat contre deux adversaires. Deux fois cité à l'Ordre.*

[Né en 1893. Fils de M. et de Mme née Barraute, décédée.]

PLESSIS DE GRENÉDAN (*Raoul*-Guy-Alexandre, Comte Raoul du), �֍ (posthume), ✠, lieutenant au 22e Dragons.
Tué sous Péronne, le 20 septembre 1914.

> Citation : *Le 20 septembre, à l'affaire du Pavé, 14 kilomètres sud de Cambrai, a entraîné bravement ses hommes à l'attaque de l'escorte d'un convoi, en tuant ou faisant prisonniers tous les hommes qui la composaient. Est tombé mortellement frappé. A été cité.*

[Né le 23 avril 1881. Fils du Cte et de la Ctesse née Denis de Senneville (décédés). Marié à Mlle de La Torre y Mier, — dont un fils.]

PLESSIX (*Yves*-Marie GARNIER du), ✖, ✠ (4 palmes), lieutenant au 66e d'Infanterie, pilote-aviateur à l'Escadrille 227.
Tombé sur le front de Verdun, au cours d'un combat aérien, le 21 août 1917, à 24 ans.

> Citation : *Officier pilote de la plus haute valeur, plein d'entrain et de dévouement. A eu de nombreuses fois, au cours de ses missions, son avion atteint par les projectiles ennemis. Le 25 mai, a soutenu un combat difficile contre un avion de chasse ennemi et l'a descendu en flammes. Le 21 août, a trouvé une mort glorieuse dans une lutte inégale contre trois avions de chasse ennemis. Déjà trois fois cité à l'Ordre.*

PLESSIX (Félix-Louis-Yves-Marie JOCHAUD du), O ✖, ✠, colonel du 10e Dragons.
Avait pris part à de nombreux combats depuis le début de la campagne ; mort en quelques jours, en 1917, des suites d'une maladie contractée aux Armées.

> Citation (Officier de la Légion d'honneur) : *Chef de corps énergique et ardent. A obtenu des résultats remarquables au cours des combats au début de la campagne.*

PLESSIX (Bertrand-Joseph-Marie JOCHAUD du), 🎖 (posthume), ✠, soldat au 50e d'Artillerie.

> Citation : *A toujours été un vaillant canonnier, faisant constamment preuve de courage et de dévouement. Tombé glorieusement pour la France, le 24 avril 1916, à Verdun.*

PLESSIX-SCULFORT (Roger), ✖ (posthume), ✠ (3 citations), *engagé volontaire*, sous-lieutenant au 13e d'Artillerie.
Tué, le 28 octobre 1918, à 21 ans.

PLEUMARTIN (*Louis*-Marie-Antoine YSORÉ, Marquis d'HER-VAULT, Marquis de), ✠ (étoile), *engagé volontaire*, maréchal des logis au 1er Dragons.
Mort, le 11 juillet 1917, d'une maladie contractée aux Armées.
[Né le 13 mai 1884. Fils du M¹¹ d'Hervault, C¹º de Pleumartin, et de la C¹ºⁿⁿ⁰ née Mathilde Nivière, des Bºⁿˢ Nivière.]·

PLICQUE (Lucien), ✠, brigadier au 7e Cuirassiers.
Tué sous Massiges (Marne), le 2 octobre 1915.
[Fils de M. et de Mᵐᵉ Maurice Plicque.]

PLINVAL (Gustave LE FEBVRE, Vicomte de), ✸, ✠ (5 citations), chef de bataillon au 369e d'Infanterie.
Glorieusement blessé pour la France, à l'attaque de Mesbrecourt (Aisne), le 23 octobre 1918, a succombé le 29 suivant dans un lazaret allemand, à Fourmies.

> Citation : *Officier supérieur d'une bravoure et d'un sang-froid réputés. Chef d'élite dans toute l'acception du terme. Le 23 octobre 1918, a brillamment conduit son bataillon à l'attaque de la cote 117, position très fortement organisée et âprement défendue. A réalisé dans des conditions extrêmement difficiles une importante progression vers son objectif brisant plusieurs contre-attaques et faisant de nombreux prisonniers. Electrisant ses hommes par son exemple, a essuyé, avec une poignée d'entre eux, un violent retour offensif des Allemands. Grièvement blessé au cours de l'action.*

[Marié à Mᵐᵉ de Lilate, — dont une fille.]

PLINVAL (Baron Louis LE FEBVRE de), ingénieur, soldat au 306e d'Infanterie.
Disparu à Vailly-sur-Aisne, le 30 octobre 1914.
[Né le 25 janvier 1886. Fils du Bºⁿ (décédé en 1919) et de la Bºⁿⁿᵉ née de Sinéty. Marié à Mˡˡᵉ Isabelle d'Arlot de Saint-Saud, fille du C¹º et de la C¹ºⁿⁿ⁰ née de Rochechouart, — dont une fille.]

PLOCQUE (Henri), caporal au 27e territorial d'Infanterie.
Disparu à Miraumont, le 27 septembre 1914.
[Fils de M. et de Mᵐᵉ Alfred Plocque, décédés.]

PLUCHE (*André*-Marie-Henri), sergent-fourrier au 67e d'Infanterie.
Tué à Calonne, le 21 juin 1915.
[Fils de M. et de Mᵐᵉ née Dallemagne.]

PLUMENT DE BAILHAC (Henri de), ✸ (posthume), ✠ (palme), capitaine au 137e d'Infanterie.
Tué à l'attaque de la ferme de Moulin-sous-Touvent, le 7 juin 1915.

> Citation : *Malgré un terrible tir de l'artillerie allemande et le feu des mitrailleuses, n'a pas hésité à lancer à l'heure prescrite sa compagnie à l'assaut des tranchées ennemies, qu'il a enlevées dans un élan superbe. A été mortellement frappé en prenant pied dans ces tranchées, le 7 juin 1915. A été cité.*

[Marié à Mᵐᵉ Marguerite-Marie Gervais.]

PLUNERET (Abbé de)......................................

PLUVIE (Hubert de), sous-lieutenant.
Tué à Charleroi, le 21 août 1914.

[Fils du Cte et de la Ctesse née DE KERSAUSON.]

PLUYETTE (Jean), �֍ (posthume), ▧ (2 palmes), avocat à la Cour de Paris, sous-lieutenant au 122ᵉ d'Infanterie.

Citation : *Officier d'une extrême bravoure ; a entraîné brillamment sa section pour traverser un réseau de fils de fer qu'il avait été reconnaître lui-même, et a été tué en s'efforçant de faire une brèche dans un deuxième réseau intact qui arrêtait son élan (6 octobre 1915).*

POCHET (Henri), ▧ (étoile d'argent), élève architecte à l'École des Beaux-Arts, lieutenant au 3ᵉ Génie.
Blessé grièvement au faubourg Pané, à Verdun, le 23 juin 1916, expira en arrivant à l'ambulance où il avait été transporté.

Citation : *Officier plein d'allant et brave. A été audacieux dans ses reconnaissances, a su maintenir l'ordre à son peloton travaillant, sous un bombardement intense, à l'organisation d'un village pendant la période du 5 au 19 juin.*

[Né le 30 septembre 1891. Fils de M. G. POCHET, ▧, agréé à Paris, capitaine d'État-Major (engagé volontaire), et de Mme née DE LA LOGE D'AUSSON.]

POINSOT (Gaston), ✖, ▧ (palme), avoué à Paris, capitaine au 101ᵉ territorial d'Infanterie.
Mort de ses blessures à Verdun, le 23 décembre 1916.

[Né le 19 février 1864. Marié à Mlle HERVEL.]

POINTIS (Baron SAINT-JEAN de), ▧, lieutenant au 59ᵉ d'Infanterie.
Blessé le 17 avril 1917, puis plus grièvement le lendemain à Moronvilliers, succomba à ses blessures, le 28 suivant.

[Né en 1883. Fils du B^on et de la B^onne née DE CASTELPERS.]

POIROT DE CHEFDUBOIS (G.), ✖, ▧, commandant, attaché à l'E.-M. des Armées d'Orient.
Mort à Salonique, en février 1919.

POISSON DE VILLARNOUX (André), ▧, lieutenant au 21ᵉ Dragons, pilote-aviateur.
Victime d'un accident d'aviation, mort à 26 ans.

POLIGNAC (*Henri*-Marie-Joseph, Prince Henri de), ✖, ▧ (2 palmes), maire de Guidel (Morbihan), capitaine au 103ᵉ d'Infanterie.
Officier démissionnaire, reprit du service à la déclaration de guerre. Tombé au champ d'honneur, en entraînant sa compagnie à l'assaut d'une tranchée allemande, le 25 septembre 1915, à Auberive (Champagne).

Citation : *Officier brave et résolu, qui avait su gagner la confiance et l'affection de tous ses hommes. Avait été fait chevalier de la Légion d'honneur pour sa belle conduite antérieure. A été tué au moment où il partait, en tête de sa compagnie, à l'assaut d'une tranchée allemande.*

[Né le 2 janvier 1878. Fils du Duc et de la D^{sse} née Odette FROTIER DE BAGNEUX (décédés). Marié à Mlle Diane DE POLIGNAC, fille du Mis (décédé) et de la M^{ise} née POMMERY, — dont sept enfants.]

POLONCEAU (*Guy-Pierre-Ernest*), (posthume), (1 palme, 1 étoile), caporal aviateur à l'Escadrille B.R. 127.

Disparu, le 31 mars 1918, dans la vallée de l'Avre, en allant mitrailler à faible hauteur les colonnes ennemies.

Dernière citation : *Observateur de tout premier ordre, tireur remarquable, d'une conscience et d'une énergie au-dessus de tout éloge. Blessé au cours d'un combat, à plus de 70 kilomètres dans les lignes allemandes.*

[Né le 11 mai 1897. Fils de M. (décédé) et de Mme née DELAPALME.]

POMMEREAU (François-Édouard de), (posthume), (1 palme, 1 étoile); lieutenant au 31e d'Artillerie, observateur en avion.

Tombé, le 10 novembre 1916, au cours d'un combat aérien sur le front de Champagne.

Citation : *Observateur adroit autant que brave. Le 25 septembre 1916, étant en reconnaissance avec un jeune pilote, l'a guidé dans l'attaque d'un avion ennemi et a réussi, après un combat à très courte distance, à abattre son adversaire en flammes dans ses lignes. A été cité.*

POMMERY (Gaston-Hubert BERTHE de), , , chef d'escadrons au 31e Dragons.

Tombé glorieusement devant le Mont Kemmel, le 28 avril 1918.

Citation : *Chargé d'organiser défensivement et de tenir une position importante, s'est acquitté remarquablement de sa mission. Superbe de sang-froid, d'entrain et de belle humeur sous les bombardements, dans une atmosphère de gaz toxiques, a su maintenir le moral de sa troupe au degré le plus élevé. A été blessé mortellement pendant l'accomplissement de sa mission.*

[Né en 1869 à Nancy. Marié à Mlle DE FRÉGEVILLE, — dont onze enfants.]

POMMIER (J.-L.), (posthume), (palme), aspirant de Marine à bord de l'*Italia*.

Citation : *Disparu avec son bâtiment, torpillé par un sous-marin, en accomplissant son devoir militaire.*

POMPÉE (Auguste-*Léon*), (posthume), (palme et étoile d'or), sergent au 30e d'Infanterie.

Blessé grièvement devant Dompierre, le 26 février 1915, mort à l'ambulance d'Harbonnières, le 3 mars suivant.

Citation : *Blessé très grièvement, le 26 février, pendant qu'il jalonnait le réseau de fils de fer à poser devant les tranchées de sa section. A déjà été cité à l'Ordre du Corps d'Armée, pour le courage et l'énergie avec lesquels il a participé à une contre-attaque, ramenant de nombreux prisonniers. A fait preuve, depuis le début de la campagne, de la plus grande bravoure.*

[Né en 1879. Fils de M. E. POMPÉE, architecte, et de Mme née FILLION-DELERCE, décédés.]

POMPERY (Vicomte Hugues de), (posthume), (3 citations), *engagé volontaire*, sous-lieutenant au 24e Chasseurs alpins.

Engagé dans l'Artillerie, passa, sur sa demande, dans les Chasseurs. Tué à l'assaut de Le Forest (Somme), le 3 septembre 1916.

Dernière citation : Plein de crânerie sous le feu, a obtenu de son personnel, éprouvé par un violent bombardement, le rendement maximum. A été grièvement blessé à son poste, le 29 juillet 1915. Enterré par un obus la veille de l'attaque et fortement contusionné, n'a pas voulu se rendre au poste de secours, sachant qu'il partait le lendemain avec la première vague d'assaut. Tombé au cours de l'attaque, le 3 septembre 1916. Cité trois fois.

[Né en 1892. Fils du Vte Charles DE POMPERY et de la V^tesse née Marie-Elysabette DE KERMEL, décédée.]

PONCE DE LÉON (Jacques-Raymond), ✠ (posthume), ✠ (palme), sous-lieutenant au 43e Colonial.

Citation : Commandant une compagnie de mitrailleuses, chef énergique, a fait preuve de belles qualités militaires, d'énergie et de courage. Antérieurement cité à l'Ordre de la Brigade. Mortellement blessé à son poste de combat, en observant les lignes ennemies. A été cité.

PONCET (Jacques), sous-lieutenant au 63e Chasseurs alpins.
Mort pour la France, le 13 octobre 1918.

[Fils de M. et de Mme née Gabrielle DOYON.]

PONCET DES NOÜAILLES (Jean-Joseph-René-Georges-Marie-Daniel), ✠, ✠ (palme), lieutenant-colonel breveté au 47e d'Infanterie.

Blessé à Guise, le 29 août 1914, tué le 9 septembre suivant à la Marne.

Citation : A brillamment conduit une contre-attaque au combat du 29 août ; tué à l'ennemi le 9 septembre.

[Marié à Mlle Marguerite DE JARNAC.]

PONCHALON (*Gaston*-Théophile-Herbert-Henri, Comte Gaston des FRANÇOIS de), ✠ (posthume), ✠ (1 palme, 3 étoiles d'argent), officier de réserve spécial, capitaine au 170e d'Infanterie.

Tué glorieusement d'une balle au front, le 4 mai 1917, au Champ-du-Seigneur, nord-ouest de Berméricourt (Marne).

Quatrième citation : Officier de grande valeur et digne des plus grands éloges. Le 4 mai 1917, a pris, au cours du combat, le commandement du bataillon dont le chef venait d'être mis hors de combat. A été tué glorieusement d'une balle au front, alors que, sous un feu violent de mitrailleuses et sous la poussée de violentes contre-attaques, il donnait des ordres pour assurer coûte que coûte le maintien de la position atteinte.

[Né le 5 septembre 1875. Fils du Colonel Cte DE PONCHALON (décédé) et de la Ctesse née DE VICHY. Marié à Mlle DE LOUBENS DE VERDALLE, fille du Cte et de la Ctesse, — dont quatre enfants.]

PONGERVILLE (Albert SANSON de), ✠ (posthume), ✠ (palme), sous-lieutenant au 8e Zouaves.

Citation : Le 16 juin 1915, a fait preuve, pendant toute l'attaque, d'un courage exceptionnel, entraînant brillamment ses hommes en avant sous un feu d'une grande violence, et remontant leur moral par une attitude des plus belles. A été tué en se portant en avant de sa section pour reconnaître le terrain. A été cité.

[Marié à Mlle Marie-Camille BOSTE.]

PONTAL (Édouard), sergent-fourrier au 59e d'Infanterie.

Blessé une première fois à Proyart, sous Péronne, le 24 septembre 1914, a été tué d'un éclat d'obus, le 22 mai 1915, à Saint-Nicolas-lez-Arras, au moment où il attaquait, en tête de sa section.

[Né le 21 mai 1891. Fils de M. et de Mme Louis PONTAL.]

PONTAVICE DE HEUSSEY (*Hervé*-Marie-Germain-Robert du), (posthume), (2 palmes), maréchal des logis au 3e Spahis, pilote-aviateur à l'Escadrille 51.

Tombé glorieusement le 17 juillet 1918.

> Citation posthume: *Sous-officier pilote ayant une très haute idée du devoir. A accompli de nombreuses missions importantes pendant la dernière bataille, et a abattu un avion ennemi. A trouvé une mort glorieuse au cours d'une reconnaissance aérienne effectuée par temps mauvais et défavorable, son appareil s'étant mis en vrille, est venu s'écraser sur le sol.*

Né le 11 mars 1890. Fils du Vte Olivier DU PONTAVICE DE HEUSSEY et de la Vtesse née D'OLLONE.]

PONTAVICE DE HEUSSEY (*Bernard*-Marie-Joseph-Yves du), (2 étoiles), *engagé volontaire*, maréchal des logis pilote-aviateur.

Engagé au début de la guerre au 32e Dragons, passa, sur sa demande, dans l'Aviation. A trouvé glorieusement la mort, le 18 mars 1918, au cours d'un raid en Lorraine. Son appareil étant tombé dans nos lignes, les honneurs militaires ont pu lui être rendus au cimetière de Nancy (Meurthe-et-Moselle). Avait obtenu deux citations, dont voici la dernière :

> *Brigadier courageux, d'un courage et d'un sang-froid remarquables ; a participé jour et nuit, pendant quinze jours, aux reconnaissances les plus audacieuses contre les postes ennemis. Au cours d'un coup de main tenté contre les organisations allemandes, commanda l'escouade de soutien, et est resté le dernier à son poste pour protéger le retour de son groupe.*

[Né le 12 juillet 1895. Frère du précédent.]

PONTAVICE (*Jacques*-Marie du), (posthume), (étoile), étudiant pour l'Ecole Polytechnique, *engagé volontaire*, brigadier au 50e d'Artillerie.

Proposé pour la Médaille militaire qui n'a pu lui être remise avant sa mort ; admis à l'Ecole d'Aspirants de Fontainebleau. Tué d'un éclat d'obus, le 30 avril 1917, à Moronvilliers.

> Citation : *Jeune engagé volontaire, plein de cœur, magnifique de courage et d'entrain. S'est dépensé sans compter, depuis le début de l'offensive actuelle, au cours de laquelle il n'a cessé de solliciter les missions les plus dangereuses. Très grièvement blessé le 30 avril 1917. A été cité.*

[Né le 1er janvier 1897. Fils du Vte Roger DU PONTAVICE et de la Vtesse née Anne ROLAND DU NODAY.]

PONTAVICE (*Roland*-Arthur-Georges-Hervé du), soldat d'Infanterie.

Tué au bois de la Caillette, le 7 mai 1916.

[Né le 5 octobre 1895. Fils du Vte Ulric DU PONTAVICE et de la Vtesse née Claire BACONNIÈRE DE SALVERTE.]

PONTBRIAND (Armand - Achille - Marie - *Albert* du BREIL de), sergent.

Tué le 26 septembre 1915.

[Né le 28 mai 1894. Fils du Cte et de la Ctesse née DUMONT-SAUZEY, décédée.]

PONTBRIAND (*Alain*-François, Vicomte Alain du BREIL de), ✠ (posthume), ✠, Saint-Cyrien, lieutenant au 130ᵉ d'Infanterie.

Tué à Virton, le 22 août 1914.

 Citation : *Officier d'un courage à toute épreuve. A été blessé mortellement, le 22 août 1914, à la tête de sa section, à laquelle il donnait le plus bel exemple de courage. A été cité.*

[Né le 20 juin 1882. Fils du Vte et de la V^{tesse} née Jeanne D'ESCEPEAUX. Marié à Mlle Françoise LEFEBVRE DE SAINT-AIGLAN.]

PONTBRIAND DE MARZAN (*Bernard*-François-Alphonse-Marie-Joseph, Vicomte Bernard du BREIL de), ✠, ✠ (palme), lieutenant au 3ᵉ Cuirassiers.

Tué, le 15 novembre 1914, devant une ferme belge, sur le canal de l'Yser, au moment où il sortait d'une tranchée de première ligne. Son corps repose à l'endroit même où il est tombé.

 Citation : *Très brave officier, d'une bravoure et d'un courage au-dessus de tout éloge. Blessé mortellement devant Zuideschotte, en entraînant son peloton à l'attaque des positions ennemies.*

[Né le 25 avril 1882. Fils du Vte Gildas et de la V^{tesse} née DE BODIN DE BOISRENARD, décédée.]

PONT DE ROMÉMONT (Louis-Jules-Marie-*Pierre* du), ✠ (posthume), ✠ (palme), sous-lieutenant au 79ᵉ d'Infanterie.

Blessé deux fois les 6 mars et 9 mai 1915, a été tué le 30 mars 1916.

 Citation : *A maintenu, par son exemple, sa section en ordre parfait, sous un bombardement violent et prolongé. A été tué au moment où, croyant à une attaque ennemie, il entraînait ses hommes au parapet sous les obus. A été cité.*

[Fils de M. (décédé) et de Mme née DE BELLIVIER DE PRIN.]

PONT DE ROMÉMONT (Jules-Marie-*Jean* du), ✠ (posthume), ✠, sous-lieutenant au 11ᵉ d'Artillerie.

 Citation : *Au front depuis le début de la guerre, s'est maintes fois fait remarquer par son courage et son mépris du danger, notamment en septembre 1915. Lors de l'attaque de Champagne, le 19 octobre 1916, a su maintenir l'ordre et la discipline dans sa section sous un bombardement violent, au cours duquel il a été mortellement frappé. A été cité.*

PONTHIER DE CHAMAILLARD (*Adrien*-François-Marie-Yves), ✠, ✠ (palme et étoile), sous-lieutenant au 311ᵉ d'Infanterie.

Blessé au Mort-Homme, le 14 juin 1916, décédé des suites de ses blessures, à l'hôpital de Chatel-Guyon, le 3 juillet 1916.

[Fils du Sénateur (décédé) et de Mme née MOREL.]

PONTHIER DE CHAMAILLARD (Marie-Yves-René), ✠ (posthume), ✠ (palme), sous-lieutenant au 21ᵉ Chasseurs à pied.

 Citation : *Officier très brave, donnant toujours l'exemple du cou-*

rage et de l'abnégation. Blessé mortellement, le 8 septembre 1918, au cours d'une attaque, en poussant ses hommes en avant avec une grande crânerie. A été cité.

[Fils de M. et de Mme E. DE CHAMAILLARD.]

PONTHON (Auguste de), 🎖 (posthume), ✠, adjudant au 2e Zouaves.

Citation : *Excellent gradé ; s'est distingué aux combats des 22 et 29 août 1914, et en particulier aux opérations du 20 au 24 septembre 1914. A été mortellement blessé à la tête de sa section, qu'il menait à l'assaut des tranchées ennemies. A été cité.*

PONTICH (*Adrien*-Henri de), 🎖 (posthume), ✠ (1 palme, 1 étoile), externe des hôpitaux de Paris, médecin aide-major de 2e classe au 5e bataillon du 224e d'Infanterie.

Sur le front depuis novembre 1914, a été tué à Vauxaillon, le 1er juin 1917.

Citation : *A toujours donné, comme médecin du bataillon, des preuves nombreuses d'une science, d'un esprit de sacrifice et d'une bravoure exceptionnels. Le 1er juin 1917, sommairement installé dans un poste de secours des plus précaires, constamment battu par les gros projectiles, a continué à panser, avec le plus grand mépris du danger, les blessés qui y affluaient. Mortellement atteint à son poste. Déjà cité.*

[Né le 24 juillet 1891. Fils de M. Henri DE PONTICH, Receveur municipal, Trésorier de la Ville de Paris.]

PONTOI PONTCARRÉ (Frédéric, Comte de), du 152e d'Infanterie.

Tué aux combats d'Alsace, le 28 décembre 1914.

PONTON D'AMÉCOURT (*Maurice*-Marie-Joseph, Comte Maurice de), ✠, ✠ (palme), ✗ (Saint-Stanislas de Russie), lieutenant-colonel au 1er Chasseurs à cheval.

Blessé mortellement à Spincourt (Meuse), le 23 août 1914, succomba le 27 à l'hôpital Miribel, à Verdun.

Citation : *Officier supérieur de grande valeur. Mort héroïquement des suites de blessures reçues, le 25 août 1914, près de Spincourt, en couvrant, avec le groupe d'escadrons qu'il commandait, la retraite de sa division.*

[Né le 31 mai 1859. Fils du Cte DE PONTON D'AMÉCOURT, O ✗, inspecteur général des Ponts et Chaussées, et de la Ctesse née Mathilde DE BENGY. Marié à Mlle Blanche LYAUTEY (sœur du Général), fille de M. Just LYAUTEY, ✗, inspecteur général des Ponts et Chaussées, et de Mme née DE GRIMOULT DE VILLEMOTTE, — dont trois fils.]

PONTON D'AMÉCOURT (Comte Henry de), ✗, ✠ (5 palmes, 1 étoile), ancien élève de l'Ecole Polytechnique, lieutenant du Génie, commandant l'Escadrille F. 211.

Tombé, le 26 septembre 1916, en combat aérien, à Rancourt (Somme), au retour d'une reconnaissance.

Citation : *Officier de tout premier ordre ; pilote hors ligne, joignant à une grande habileté une valeur professionnelle et une grande bravoure. Commandant l'escadrille 211, a toujours montré l'exemple, en accomplissant lui-même les missions les plus périlleuses. A trouvé, le 26 septembre 1916, une mort glorieuse au cours d'un combat contre trois avions ennemis.*

[Né le 27 janvier 1893. Fils du précédent.]

PONTON D'AMÉCOURT (*Henry*-François-Joseph-Marie, Vicomte Henry de), ✳, ✠ (palme), ✳ (Médaille de Tunisie), ancien officier, *engagé volontaire*, capitaine au 174e d'Infanterie.
Tombé glorieusement à Mesnil-les-Hurlus, le 12 mars 1915.

> Citation : *A été blessé grièvement à la tête de sa compagnie, qu'il entraînait à l'assaut d'une tranchée ennemie.*

[Né le 4 août 1859. Fils du Vte DE PONTON D'AMÉCOURT et de la Vtesse née DUMONT DE SIGNÉVILLE. Marié à Mlle DU HAMEL DE BREUIL, fille du Cte et de la Ctesse née DUPIN, — dont trois enfants.]

POORTER (Georges-Eugène-Jules-Henri de), ✳ (posthume), ✠ (étoile), soldat au 201e d'Infanterie.

> Citation : *Bon soldat, courageux et dévoué, qui s'est fait remarquer par sa belle conduite au feu. Mort glorieusement pour la France, le 19 septembre 1916, à Rancourt.*

PORCARO (Marie-Joseph-Michel-*Robert* de), attaché au Secrétariat de l'Institut de France, lieutenant au 247e d'Infanterie.
Tué, le 16 août 1917, au Calvaire de Bezonvaux (Verdun).

[Fils de M. DE PORCARO et de Mme née MONCET.]

PORET (Comte Bernard de), ✳, ✠ (palmes), capitaine au 5e Cuirassiers à pied.
Tombé héroïquement, le 29 mai 1918. Son commandant écrivait :

> Blessé très grièvement, le 29 mai, vers cinq heures du matin, pendant qu'il faisait le coup de feu sur la première ligne de son escadron, obligé de se retirer, il a été transporté à l'arrière et est mort entre les bras de ses hommes.

> Citation (Légion d'honneur) : *Officier de la plus haute valeur morale et doué des plus belles qualités militaires, s'est déjà fait remarquer à cheval par de brillantes reconnaissances. Passé aux escadrons à pied, s'y est toujours distingué. Le 4 avril 1918, au combat de Moreuil, a contenu avec son escadron la progression de l'ennemi, permettant ainsi à son bataillon de se dégager.*

[Fils du Cte et de la Ctesse née DE MOUSIN DE BERNECOURT. Marié à Mme Madeleine DE LA MORINIÈRE.]

PORTALIS (Comte Étienne), ✳, ✠, capitaine au 44e d'Artillerie.
Grièvement blessé, le 31 août 1914, au combat de Stenay, a succombé le 8 septembre suivant, à l'hôpital de Troyes.

> Citation : *A fait preuve, dès les premières rencontres, d'un calme et d'un sang-froid remarquables. Blessé mortellement, le 31 août, lorsqu'il venait de contrebattre avec succès deux batteries lourdes ennemies.*

[Fils du Cte et de la Ctesse née MOUNIER, décédés. Marié à Mlle Suzanne HARTY DE PIERREBOURG, — dont trois enfants.]

PORTES (Jean-René-Marie-Ernest-*Frédéric* des), ✳, ✠ (2 palmes), capitaine au 152e d'Infanterie.
Tué à l'Hartmannswillerkopf, le 22 décembre 1915.

[Né à Paris le 26 décembre 1882. Fils de M. et de Mme née Geneviève BONAMY DE VILLEMEREUIL.]

POSSE (Charles), ✳ (posthume), ✠ (palme et étoile), *engagé volontaire*, sous-lieutenant d'Artillerie, observateur à l'Escadrille Sal. 47.

Disparu, le 9 mars 1918, en mission dans le secteur de Saint-Mihiel.

Citation : *Très bon observateur, plein d'allant, d'une bravoure à toute épreuve. Le 9 mars 1918, chargé d'une mission photographique à l'intérieur des lignes ennemies, n'a pas hésité à l'entreprendre seul, bien que l'avion de protection n'ait pu le rejoindre à cause d'une avarie de moteur. Est tombé dans les lignes ennemies, à la suite d'un combat au cours de cette mission.*

[Né le 19 septembre 1896. Fils de M. Eduardo POSSE Y MUZQUIZ et de Mme née Eugénie RODRIGUES.]

POSSEL-DEYDIER (Jacques-Yves-Georges de), ✠ (posthume), ✠ (palme), sous-lieutenant au 17e Chasseurs à pied.

Citation : *Officier d'un patriotisme éprouvé, véritable entraîneur d'hommes. Tombé glorieusement pour la France, à la tête de ses chasseurs, le 6 octobre 1915, devant Vimy.*

POSSESSE (*Jacques*-Marie-Maurice HAUDOS de), propriétaire, industriel, *engagé volontaire*, brancardier.

Décédé, le 20 septembre 1916, à l'ambulance 12/20, près de Verdun, de maladie et blessures contractées en service commandé.

[Né le 20 juillet 1880. Fils de l'ancien Député de Loir-et-Cher et de Mme née DE LA BOUSSINIÈRE. Marié à Mlle DE LÉZARDIÈRE, fille du Cte et de la Ctesse née DE MAYNARD.]

POSSESSE (Antoine HAUDOS de), ✠ (posthume), ✠ (palme), sous-lieutenant au 21e Colonial (62e bataillon de Sénégalais).

Quelques mois avant sa mort, il avait pris le commandement, comme sous-lieutenant, d'une compagnie de Sénégalais, puis, sur sa demande, celui d'un corps franc, formé de volontaires fournis par tout le régiment. C'est en dirigeant une reconnaissance confiée à ces volontaires qu'il est tombé frappé d'une balle en plein front, le 9 août 1917; il n'a survécu que peu d'instants à sa blessure.

Citation : *Officier d'une intrépidité admirable. Blessé le 5 octobre 1916, est revenu au front à peine guéri. D'un courage communicatif digne des plus grands éloges. Est tombé mortellement frappé, le 9 août 1917, en coopérant personnellement, avec son courage habituel, à la défense d'un poste avancé confié à sa garde et attaqué furieusement par l'ennemi.*

[Né en 1895. Fils de M. (décédé) et de Mme née DE ROUSSY DE SALES.]

POTERIN DU MOTEL (Pierre), ✠, ✠ (4 citations), artiste peintre, *engagé volontaire*, aspirant au 1er Chasseurs à pied.

Engagé dans la Cavalerie, passa, sur sa demande, dans l'Infanterie. Tué, le 30 septembre 1917, dans les Ardennes. C'était un jeune artiste, d'un talent délicat et fin; ses envois du front aux Salons des Humoristes avaient été remarqués.

POTERIN DU MOTEL (Jacques), maréchal des logis au 70e d'Artillerie lourde.

Décédé, le 17 novembre 1918, à l'hôpital de Chambéry, des suites d'une maladie contractée aux Armées.

POTHUAU (Alfred-Jean-Marie), sous-lieutenant au 168e d'Infanterie.

Tué à Champenoux, le 12 septembre 1914, à 24 ans.

POTREL (*Daniel*-Eugène-Paul), ✳ (posthume), ✠, capitaine au 84e d'Infanterie.

Tué, le 17 septembre 1914, au parc d'aviation de Reims.

Citation : *Officier d'une haute valeur morale, plein d'entrain. Tué glorieusement à la tête de sa compagnie, le 17 septembre 1914, près de Reims.*

POTTECHER (Jean), ⚕, ✠ (1 palme, 5 étoiles), étudiant ès sciences, infirmier au 59e Chasseurs à pied.

Infirmier, passé, sur sa demande, aux Chasseurs à pied. Atteint de quatre balles, dans le bois de la Tournelle (Aisne), sur le corps d'un ami qu'il pansait.

Dernière citation : *Infirmier qui, par sa haute valeur morale et ses multiples actes d'héroïsme, s'était acquis l'admiration et la confiance de tous les chasseurs du bataillon. A trouvé une mort glorieuse, le 25 juillet 1918, en se portant, sous le feu des mitrailleuses, au secours d'un officier blessé aux avant-postes. A été cité.*

[Né le 18 mars 1896. Fils de M. Maurice POTTECHER, ✳, homme de lettres, et de Mme née C. DE SAINT-MAURICE.]

POTTER (William Clarkson), ✠ (étoile), ✠ (Américaine), 1er lieutenant, pilote-aviateur (Armée Américaine).

Tué à l'ennemi, le 10 octobre 1918.

[Né le 31 juillet 1896. Fils de M. Clarkson POTTER et de Mme née Mathilde ALLIEN.]

POTTIER (*Jean*-Albert-Paul), ✳ (posthume), ✠ (palme), sous-lieutenant au 152e d'Infanterie.

Tué à l'Hartmannswillerkopf, le 22 décembre 1915.

Citation : *A fait preuve, au cours du combat du 21 décembre 1915, d'une énergie et d'un dévouement remarquables. Est mort glorieusement pour la France, en entraînant sa section à l'assaut des tranchées ennemies.*

[Né à Paris le 5 mai 1891. Fils du Membre de l'Institut, O ✳, et de Mme Edmond POTTIER.]

POUCHIN (Gabriel), soldat au 332e d'Infanterie.

Blessé et disparu, le 13 septembre 1914, à Aguilcourt-sur-Suippe (Aisne).

POUGIN DE LA MAISONNEUVE (G.), ✳, ✠, commandant.

Décédé, en 1916, des suites d'une maladie contractée aux Armées.

POUGIN DE LA MAISONNEUVE (Marie-Adolphe-Georges-Pierre), ✳ (posthume), ✠, lieutenant au 147e d'Infanterie.

Tué aux combats des Ardennes, le 28 août 1914.

Citation : *Officier doué d'une énergie admirable. A entraîné sa section à l'assaut, le 28 août 1914, et l'a maintenue en position, malgré un bombardement d'une extrême violence. A été blessé mortellement. A été cité.*

[Fils du précédent.]

POULAIN DE CORBION (Pierre), ✠ (posthume), ✠ (palme), sous-lieutenant au 51e d'Artillerie.

Tué le 15 juin 1916.

Citation : *Officier d'une bravoure et d'un sang-froid exceptionnels, toujours volontaire pour les missions dangereuses. S'est signalé d'une façon spéciale pendant les attaques en Artois et en Champagne; vient d'être tué à son poste d'observation, d'où il continuait à diriger le tir de sa demi-batterie, malgré un violent bombardement.*

POULAIN DE CORBION (Jean-Ernest-Louis), ✠ (posthume), ✠, sous-lieutenant au 342e d'Infanterie.

Citation : *Officier courageux et dévoué, mort pour la France, à son poste de combat, en faisant vaillamment son devoir, le 24 mai 1915, devant Perthes. A été cité.*

POULLETIER DE GANNES (Charles-Antoine), ✠ (posthume), ✠ (palme), capitaine au 91e d'Infanterie.

Citation : *Officier très brave et plein d'entrain. Tué, le 26 avril 1915, en contre-attaquant l'ennemi avec succès.*

[Fils de M. et de Mme née HERET. Marié à Mlle Anita GAILHAC.]

POULPIQUET DE BRESCANVEL (*Louis*-Paul-Marie-Jean-Baptiste de), ✠ (posthume), ✠ (palme), propriétaire, capitaine au 51e d'Infanterie.

Tué aux Eparges, le 9 janvier 1915.

Citation : *Officier de première valeur, montrant, en toutes circonstances, le plus grand mépris du danger. Tué le 9 juillet 1915, au moment où il dirigeait les travaux d'aménagement des tranchées de sa compagnie, aux Eparges.*

[Né le 12 août 1887. Fils de M. et de Mme née AUDREN DE KERDREL. Marié à Mlle Renée GILARD DE KERANFEC'H, fille de M. et de Mme née Marie POLIERNE DE LA HOUDUSSAY, — dont trois enfants.]

POUPARDIN DU RIVAGE (Étienne-Paul-*Gabriel*), ✠ (posthume), ✠, lieutenant au 7e Chasseurs à cheval.

Citation : *Officier d'une haute valeur morale et d'une bravoure magnifique, adoré de ses hommes. Tué, le 12 septembre 1914, à Prouilly (Marne), au cours d'une reconnaissance. A été cité.*

POUPINEL (Jean), ✠, lieutenant d'Artillerie.

Blessé mortellement à son poste, décédé, le 8 avril 1918, des suites de ses blessures.

POURCHER (Joseph), ✠, ✠, chef d'escadrons au 25e Dragons.

Tué en septembre 1914.

POURPE (Marc), ✠ (posthume), ✠ (2 palmes), ✠ (Nicham Iftikar), aviateur colonial, *engagé volontaire.*

Mort dans la Somme, le 2 décembre 1914.

Citation : *A fait une reconnaissance de longue durée par un temps particulièrement dangereux, temps couvert, vent violent et froid rigoureux. Pris, au retour, dans un banc de nuages de plus de 700 mètres d'épaisseur, a perdu l'équilibre et a fait une chute qui a causé sa mort.*

[Né le 17 mai 1889. Fils de M. Armand POURPE, lieutenant de vaisseau, et de Mme née Anne-Marie CHASSAIGNE, mariée en secondes noces au P^{ce} Georges GHIKA.]

POUVOURVILLE (Vicomte Gérard de), ✠, lieutenant à l'É.-M. du XIIIe Corps d'Armée.

Tué près de Vic-sur-Aisne, en septembre 1914.

[Marié à Mlle Germaine DESSIRIER, fille du Général (décédé) et de Mme DESSIRIER.]

POUVOURVILLE (René de), ✠.................................

POUZOLS (Alfred-Pierre de), ✠ (posthume), ✠, capitaine au 2e d'Infanterie.

Blessé le 29 août 1914, tomba glorieusement, le 17 décembre suivant, en entraînant sa compagnie à l'assaut des tranchées allemandes.

POYEN-BELLISLE (Marie-Benoît-Armand de), ✠ (posthume), ✠ (palme), sous-lieutenant au 21e d'Infanterie.

Mort de ses blessures à Suippes, le 1er octobre 1914.

Citation : *Jeune et brillant officier, plein de bravoure et d'entrain. Ayant reçu l'ordre d'attaquer une position ennemie puissamment défendue, dans des circonstances particulièrement difficiles, est parti avec un élan superbe, à la tête de sa section, malgré un feu des plus meurtriers. A été tué glorieusement au cours de l'action.*

[Né le 6 juillet 1890. Fils de M. et de Mme née Louise DE MASSIAS DE BONNE.]

POZZI (Lucien), ✠, médecin-major.

Citation : *Médecin de haute valeur scientifique ; a su conserver les effectifs du groupe pendant l'épidémie de 1918 ; a remarquablement soigné les blessés des durs combats de cette année, et a été ainsi un précieux auxiliaire du commandement.*

POZZO DI BORGO (.....), ✠, chef de bataillon au 415e d'Infanterie.

Tué le 25 septembre 1915.

POZZO DI BORGO (Albert-Armand), ✠ (posthume), ✠ (palme), *engagé volontaire*, sous-lieutenant au 54e Chasseurs à pied.

Citation : *Engagé volontaire pour la durée de la guerre ; devenu, en raison de ses brillantes qualités militaires, officier adjoint au chef de corps, a pris le commandement des défenseurs d'un point d'appui privés de leur chef, les a maintenus contre un ennemi très supérieur en nombre, jusqu'à ce qu'il tombe mortellement frappé, le 22 février 1915, en Alsace.*

POZZO DI BORGO (Jean-Duc), ✠ (posthume), ✠ (palme), sous-lieutenant au 112e d'Infanterie.

Citation : *Officier du plus beau courage. Calme, énergique ; a été frappé mortellement, le 22 mai 1916, à son poste de combat.*

POZZO DI BORGO (Paul), ✠ (posthume), ✠, *engagé volontaire*, caporal au 6e Chasseurs à pied.

Tué, le 23 octobre 1917, à 18 ans.

Citation : *Gradé courageux et dévoué. Très belle attitude au com-*

bat du 23 octobre 1917. Tué, à la tête de son escouade, en se por-
tant à l'attaque des positions ennemies du fort de Malmaison. A
été cité.

POZZO DI BORGO (Pierre), ✳ (posthume), ❖, sous-lieutenant au
14ᵉ d'Infanterie.

Citation : *Officier d'une rare valeur. Tué glorieusement en en-*
traînant ses hommes à l'assaut, le 8 septembre 1915, à la Harazée.
A été cité.

PRACOMTAL (Henri de), ☗, ❖.
Blessé mortellement en 1917.

[Fils du Mⁱˢ et de la Mⁱˢᵉ née DE SAINT-VALLIER.]

PRACOMTAL (Armand de), ❖, sous-lieutenant pilote-aviateur.
A trouvé la mort dans des circonstances particulièrement douloureuses, le 13 juin 1918. Rentrant de croisière, il s'est heurté dans
un câble de drachen. Son avion, les ailes brisées, est venu s'écra-
ser sur le sol. Ce jeune officier, dont l'énergie et l'audace étaient
légendaires dans l'aviation, était tombé une fois à l'ennemi. Blessé
et prisonnier, il était parvenu à s'évader aussitôt guéri, parcourant à pied, en plein hiver et de nuit, plus de 300 kilomètres.

[Frère du précédent.]

PRACOMTAL (*François-Marie-Jean-Gonzague*, Vicomte François
de), étudiant, soldat au 136ᵉ d'Infanterie.
Tué, le 9 septembre 1914, à Charleville, où il était parti volontairement en patrouille.

[Né le 24 novembre 1891. Fils du Cᵗᵉ et de la Cᵗᵉˢˢᵉ née PÀRIS DE MONDONVILLE,
décédée.]

PRACOMTAL (Comte Alain ROSTAING de), ✳ (posthume), ❖
(palme et étoile), sous-lieutenant au 60ᵉ Chasseurs à pied.
Tué le 28 septembre 1915.

Citation : *Déjà cité à l'Ordre de la Division, et blessé le 9 mai*
1915. A vigoureusement entraîné sa section à l'attaque d'une tran-
chée allemande ; y est arrivé le premier. A été tué sur le parapet.

[Né le 3 octobre 1893. Fils du Cᵗᵉ (décédé) et de la Cᵗᵉˢˢᵉ née HAROUARD DE SUAREZ
D'AULAN.]

PRADEL (Henri du), ❖, lieutenant.
Tué en Champagne, le 8 mai 1917.

PRADEL DE LAMASE (Léopold-Marie-*Joseph* de), ✳ (posthume),
❖ (palme et étoile), ✳ (Médaille du Maroc), Saint-Cyrien, capitaine au
4ᵉ Zouaves et Tirailleurs.
A fait la campagne du Maroc, où il s'est distingué et a été cité.
Rentré en France à la déclaration de guerre. Blessé une première
fois le 26 avril 1915 (main droite traversée par une balle de
shrapnell), a rejoint son poste avant l'expiration de sa convalescence ; blessé mortellement le 25 septembre 1915, est mort le 30
au poste de secours de Barcy.

Citation : *Officier très brave, plein de courage et d'ardeur, d'une*
très belle attitude au feu. Le 25 septembre, a entraîné sa compa-

gnie jusqu'à la deuxième tranchée allemande, protégée par un profond réseau de fils de fer, et malgré un feu violent d'artillerie et de mitrailleuses. Mortellement blessé au cours de l'action. A été cité.

[Né le 9 juin 1882. Fils du Cte et de la Ctesse née DU GARREAU.]

PRADEL DE LAMASE (François-Xavier-Marie-*Hugues* de), Saint-Cyrien de la promotion de la Croix du Drapeau, sous-lieutenant au 15e d'Infanterie.

Disparu, le 5 novembre 1914, à Wytschaëte (Belgique).

[Né le 15 juin 1892. Frère du précédent.]

PRADEL DE LAMASE (Marie-*Henri* de), ✳ (posthume), ✠ (2 palmes), *engagé volontaire*, sous-lieutenant au 14e d'Infanterie.

A combattu successivement en Champagne, sous Arras, en Argonne et enfin à Verdun. Blessé deux fois légèrement, le fut mortellement le 9 juillet 1916. Inhumé au cimetière de Belleray (Meuse).

Citation posthume : *Officier d'une bravoure et d'un calme au feu remarquables. S'est signalé particulièrement en entraînant ses hommes à l'attaque d'une position allemande, le 27 juin 1916 ; légèrement blessé, a tenu à conserver son commandement. A été tué glorieusement le 9 juillet 1916. A été cité.*

[Né le 10 juillet 1896. Fils de M. Honoré DE PRADEL DE LAMASE et de Mme née DE LABARRIÈRE. Marié à Mlle Marie DE LABARRIÈRE, fille de l'Amiral et de Mme née Augusta PIGHETTI, — dont cinq enfants.]

PRADEL DE LAMASE (Jean de), ⚜, ✠ (palme et étoile), maréchal des logis de Dragons, détaché au 23e d'Artillerie.

Mort le 18 avril 1916.

Citation : *Excellent sous-officier, proposé pour officier et déjà cité à l'Ordre du jour du Régiment. Blessé grièvement à son poste de combat, le 29 mars 1916, a maintenu son personnel à la pièce de 240 qu'il commandait, et a fait continuer le tir.*

PRADEL DE LAMASE (Jules-Daniel-*Charles* de), ⚜ (posthume), ✠, *engagé volontaire*, brigadier au 21e Chasseurs à cheval.

Tué, à 19 ans, à Roclincourt, le 5 janvier 1916.

Citation : *Gradé exemplaire, plein d'entrain et d'énergie, bravoure à toute épreuve. Tombé glorieusement en avant des tranchées, le 5 janvier 1916, au nord de Roclincourt (Pas-de-Calais). A été cité.*

PRADELS (Edmond-*André*), compositeur de musique, lieutenant au 306e d'Infanterie.

Tué devant le fort de Vaux, le 8 avril 1916.

[Né le 22 juillet 1878. Marié à Mlle MARQUET.]

PRANDIÈRES (Maurice de), caporal au 30e d'Infanterie.

Tué en Alsace, le 22 août 1914, à 24 ans.

PRAT (Louis du), ✳, ✠, chef de bataillon au 15e d'Infanterie.

Mort des suites de ses blessures, en septembre 1914.

PRAT (.....), ✳, ✠ (palme), lieutenant-colonel commandant le 21e territorial d'Infanterie.

Citation : Depuis quatre jours seulement à la tête du 21° régiment territorial d'infanterie, a été blessé grièvement d'un éclat d'obus, le 19 octobre 1914, à son poste de combat, occupant des tranchées avec deux de ses bataillons. A fait preuve d'une grande énergie en dictant un ordre d'adieu, dans lequel il indiquait à son régiment la conduite à tenir pour chasser les Allemands de notre pays. Est décédé le soir même, à l'ambulance, des suites de sa blessure.

PRAT DE SABA (Eugène-Marius), ⚙ (posthume), ✠, soldat au 23ᵉ d'Infanterie.

Citation : Bon mitrailleur, donnant toute satisfaction. A été tué glorieusement, le 21 avril 1917, par une balle de mitrailleuse, sur le talus où sa compagnie s'était organisée. A été cité.

PRÉAUDET (Georges GUYOMARD de), ⚙ (posthume), ✠, *engagé volontaire*, cavalier au 16ᵉ Chasseurs à cheval.

Citation : Engagé volontaire pour la durée de la guerre, à 41 ans, a demandé aussitôt à partir pour le front. Le 25 septembre 1914, précédant comme éclaireur de pointe de reconnaissance, a été tué devant la lisière du bois d'Ailly. A donné, pendant son séjour au 16ᵉ chasseurs, un splendide exemple à ses jeunes camarades. A été cité.

PREAULX (*Raoul*-Marie-Antoine, Vicomte Raoul de), ✠, ✠ (palme), propriétaire, lieutenant de réserve au 290ᵉ d'Infanterie.

Grièvement blessé d'une balle à la poitrine, est mort des suites de cette blessure, à Nevers, le 26 novembre 1914.

Citation : Aux combats des 23 août, 9 et 25 septembre 1914, a montré beaucoup de vigueur et d'énergie. Le 25 septembre, a brillamment enlevé sa compagnie à l'assaut des tranchées ennemies, où il a reçu trois blessures, dont une grave.

[Né le 16 septembre 1880. Fils du Cᵗᵉ (décédé) et de la Cᵗᵉˢˢᵉ née DE GUÉHÉNEUC DE BOISHÜE.]

PREAULX (Vicomte Carl de), ✠ (posthume), ✠ (5 citations), lieutenant au 4ᵉ Cuirassiers.

Décédé des suites de ses blessures, le 24 janvier 1920, à l'hôpital Desgenettes, à Lyon.

[Né en 1885. Frère du précédent.]

PRÉCOURT (Félix-Marie-Stanislas-*Raoul*, Baron LE VAVASSEUR de), ✠, ✠ (palmes), capitaine à l'E.-M. de la 38ᵉ Division.

Tué par un obus de 210, le 17 septembre 1917.

Dernière citation : Officier plein d'entrain et d'une inaltérable bonne humeur, toujours volontaire pour les missions dangereuses, s'est fait remarquer maintes fois par sa bravoure et son sang-froid lors de ses reconnaissances en premières lignes. Tombé glorieusement au P. L. de la division, le 17 septembre 1917.

[Fils du Bᵒⁿ et de la Bᵒⁿⁿᵉ née DE LA TOURRETTE (décédés). Marié à Mˡˡᵉ Antoinette DE PANISSE-PASSIS, — dont deux enfants.]

PRÉMOREL (Comte René de DURAND de), O ✠, ✠, commandant le 26ᵉ Chasseurs à pied.

Mort à l'hôpital 60, à Toulouse, le 1ᵉʳ janvier 1917.

[Fils du Bᵒⁿ et de la Bᵒⁿⁿᵉ née Marie de CHAMPEAUX, décédés. Marié à Mˡˡᵉ Marcelle DE BOUTEILLER.]

PREMOREL (Comte Roland de DURAND de), ✳ (posthume), ✠ (palme), capitaine au 85ᵉ d'Infanterie.
Tombé, le 19 août 1914, à Sarrebourg.

Citation : *A conduit sa compagnie à l'attaque, avec un calme et une bravoure remarquables, sous un feu intense. Tué au champ d'honneur, le 19 août. A été cité.*

[Frère du précédent. Marié à Mˡˡᵉ DE BENOIST DE GENTISSART.]

PRÉMOREL (Charles de DURAND de), garde général des Forêts, lieutenant.
Mort des suites de ses blessures, le 4 mai 1915.

[Frère des précédents.]

PRENANT (Joseph-Théophile-André), ✠, sergent au 4ᵉ Chasseurs à pied.
Tué au Bois Camard, nord d'Esnes (Meuse), le 21 avril 1916.

[Fils du Membre de l'Académie de Médecine, ✳, et de Mᵐᵉ Auguste PRENANT.]

PRESSE (Henri de), ⊚ (posthume), ✠, soldat au 167ᵉ d'Infanterie.

Citation : *Fusilier mitrailleur d'une rare audace. A été tué, le 24 avril, après avoir épuisé trois chargeurs sur l'ennemi, qu'il mitraillait du haut du parapet de la tranchée. A été cité.*

PRESSIGNY (Albert-Bruno-Jean-Jacques de), ✳ (posthume), ✠, sous-lieutenant au 44ᵉ d'Infanterie.

Citation : *A été tué à la tête de sa section, qu'il entraînait avec le plus grand brio sur la position ennemie, à Crouy, le 14 janvier 1914. A été cité.*

PRÉTET (Pierre), étudiant en droit, sergent au 22ᵉ d'Infanterie.
Tué à Foucaucourt, le 25 septembre 1914.

[Né le 5 novembre 1892. Fils du Colonel Stéphane PRÉTET (décédé) et de Mᵐᵉ née GEOFFROY.]

PRÉTET (Jean-Paul), ✠, Saint-Cyrien de la promotion de la Croix du Drapeau, sous-lieutenant au 52ᵉ d'Infanterie.
Tué d'une balle à la tête, le 25 août 1914, dans les bois de Saint-Blaise (Vosges).

[Né le 9 décembre 1894. Frère du précédent.]

PREUVE (Jacques-Léon-Georges de), ⊚ (posthume), ✠, sergent au 328ᵉ d'Infanterie.

Citation : *Bon sous-officier d'une rare énergie, possédant une notion élevée du devoir. Le 18 avril 1917, a donné le plus bel exemple de courage en entraînant sa section sur un terrain violemment battu par les mitrailleuses et les obus de gros calibre. A été tué. A été cité.*

PRÉVAL (Claude de), ✠ (4 citations), capitaine au 4ᵉ Cuirassiers à pied.
Attaché à l'É.-M. de l'Armée Française en Belgique, a succombé, le 28 octobre 1918, aux suites d'une maladie foudroyante contractée au service.

[Fils du Général et de la Bᵒⁿⁿᵉ née DELMAS DE LA COSTE.]

PRÉVAL (Louis de), ✠, ✠ (2 palmes, 1 étoile), Saint-Cyrien (promotion de 1914), capitaine au 87e d'Infanterie.

Tué le 7 mai 1917; il avait été antérieurement blessé à trois reprises différentes.

[Né en 1894. Frère du précédent.]

PRÉVAL (*Marc*-Marie SÉGUINEAU de), ✠ (posthume), ✠ (palme), élève à l'Ecole des Sciences Politiques, *engagé volontaire*, sous-lieutenant au 4e Chasseurs à pied.

Engagé au 8e Dragons, passa, sur sa demande, aux Chasseurs à pied. Tué, le 6 mai 1917, devant le Chemin-des-Dames, au nord, à Braye-en-Laonnois.

Citation : *Jeune officier ardent, courageux et brave, nature d'élite, convaincu de son devoir jusqu'au sacrifice. A eu, pendant l'attaque du 5 mai 1917, une attitude particulièrement brillante, progressant au pas, à la grenade, en tête de ses chasseurs. A été tué le lendemain en s'élançant spontanément, avec sa section, à la contre-attaque d'un fort détachement ennemi. A été cité.*

[Né à Orléans le 4 octobre 1895. Fils du Lieutenant-Colonel d'Artillerie DE PRÉVAL, ✠, ✠, et de Mme née Marie DE FAULTRIER.]

PRÉVERAUD DE VAUMAS (Pierre), ✠, ✠ (4 palmes), ingénieur, directeur des Papeteries du Marais, capitaine au 7e d'Artillerie.

Blessé deux fois, fut tué glorieusement le 9 juillet 1916.

Citation : *Père de huit enfants, a demandé, malgré son âge, à prendre le commandement d'une batterie de 75. Payant beaucoup de sa personne et donnant à tous le plus bel exemple du devoir intégralement accompli, est tombé glorieusement le 16 juillet 1916, frappé par un obus, alors qu'il encourageait les hommes de sa batterie, fortement éprouvée par le tir de l'artillerie ennemie.*

[Né en 1873. Marié à Mlle DOGNIN, — dont huit enfants.]

PRÉVILLE (Christian de ROUSSEL de), téléphoniste observateur au 281e d'Artillerie.

Mort dans une ambulance du front, le 19 septembre 1918, à 20 ans.

PRÉVILLE (..... BARBIER de), ✠ (posthume), ✠ (palme), lieutenant au 122e d'Infanterie.

Citation : *Officier de la plus grande bravoure. Blessé grièvement en 1914. Revenu au front à peine guéri de ses blessures. A trouvé une mort glorieuse dans les tranchées de Beauséjour, en 1915.*

PRÉVILLE (Jean BARBIER de), ✠, lieutenant.

Tué d'un éclat d'obus, le 31 mars 1917.

[Fils de M. et de Mme née Madeleine DE ROUSIERS.]

PRÉVILLE (Jean de), ✠ (posthume), ✠, caporal au 128e d'Infanterie.

Citation : *Gradé d'une belle bravoure. A été tué en allant au secours d'un camarade blessé, le 17 juillet 1915. A été cité.*

PRÉVOST DE SAINT-CYR (Pierre), ✠, ✠, lieutenant au 13e Dragons.

Tué en novembre 1915.

[Fils du Bon et de la Bonne née Marguerite REYNAL.]

PREVÔT-LEYGONIE (Xavier), ✠ (posthume), ✠ (palme), novice de l'Ordre des Capucins, capitaine au 125e d'Infanterie.

> Citation : *Officier du plus grand mérite. D'une haute valeur morale, qui lui a valu l'affection et le respect de ses hommes. A commandé superbement sa compagnie, les 11 et 13 juin 1918, et en a obtenu des résultats remarquables. Tué à la tête de sa compagnie, le 13 juin. A été cité.*

[Fils de M. et de Mme née LANDRY.]

PRIEUR (C.-M.-J.), ✠ (posthume), ✠ (palme), enseigne de vaisseau, officier observateur en hydravion.

> Citation : *Plein d'entrain, aussi courageux que modeste. A été tué au cours d'une reconnaissance de guerre.*

PRIEUR DE LA COMBLE (*Florian*-Romain-Hubert), ✠ (posthume), ✠ (étoile), agent général de la Compagnie d'Assurances *L'Abeille*, sous-lieutenant de réserve au 13e Chasseurs alpins.

Tué, le 3 septembre 1916, au combat de Le Forest (Somme).

> Citation : *Belle âme de soldat, la bravoure et le sang-froid personnifiés. Tombé glorieusement, le 3 septembre 1916, en entraînant de façon splendide sa section à l'attaque d'une position redoutable, et donnant un dernier et bel exemple de résolution, de courage et d'abnégation. A été cité.*

[Né à Chambéry le 1er juillet 1890. Fils de M. Henri PRIEUR DE LA COMBLE, chef d'escadrons de Cavalerie en retraite, et de Mme née CHAROST-BORÉ DE LA CHAVANNE.]

PRINCE (Jules), ✠, ✠ (3 citations), chef de bataillon au 42e d'Infanterie.

Tombé héroïquement, le 14 octobre 1918, à Roulers.

[Né en 1885. Fils du Conseiller à la Cour d'Aix et de Mme née VERMOT.]

PRINS (Léon de), ✠ (posthume), ✠, téléphoniste au 43e d'Infanterie.

Tué à son poste, sous Verdun, le 25 septembre 1916.

> Citation : *Soldat téléphoniste dévoué et brave, qui, le 25 septembre 1916, n'a pas hésité à parcourir une zone battue par l'artillerie allemande, pour établir une communication téléphonique. Est glorieusement tombé en accomplissant son devoir. A été cité.*

PRINS (Gérard de), ✠ (posthume), ✠, caporal au 1er Etranger.

> Citation : *Excellent gradé, donnant sans cesse l'exemple du courage et du mépris du danger. A été mortellement blessé alors qu'il se portait bravement, en tête de sa demi-section, à l'attaque du bois de Hangard. Mort des suites de ses blessures, le 26 avril 1918. A été cité.*

PRIVAT-DESCHANEL (Jean-Paul), ✠ (posthume), ✠, élève du Lycée Louis-le-Grand, *engagé volontaire*, soldat au 45e d'Artillerie de campagne.

Au front depuis une semaine, et pour donner l'exemple, il demanda à aller avec l'infanterie dans les tranchées de Bourreuilles, où il fut bombardier-torpilleur. C'est là qu'il fut tué d'un éclat d'obus, le 29 juin 1915.

Citation : *Brave canonnier. Tombé glorieusement à son poste de combat, face à l'ennemi, le 29 juin 1915, en Argonne.*

[Né à Paris le 4 juillet 1895. Fils du Professeur au Lycée Condorcet et de Mme née SALLÉ.]

PROM (Lionel), *engagé volontaire*, maréchal des logis au 7e Dragons, pilote-aviateur à la section Nieuport 556.

Engagé, à 18 ans, dans la Cavalerie ; après cinq mois au Dépôt, demanda à partir au front où il resta 14 mois, passa, sur sa demande, dans l'Aviation. Mort en service commandé, le 4 septembre 1917.

[Né à Bordeaux le 28 mars 1897. Fils de M. Léon PROM et de Mme née BOUDES.]

PROMSY (Paul), docteur en droit, lauréat de l'École de Droit de Paris, diplômé des Sciences Politiques, caporal au 91e d'infanterie.

Tué à l'ennemi, le 7 septembre 1914, au combat de Thiéblemont-Farémont (bataille de la Marne).

[Né le 25 janvier 1892. Fils de M. Léon PROMSY, juge honoraire, et de Mme née Thérèse PÉRARDEL.]

PROST (Léon-Marie-*Armand*), lieutenant au 102e d'Infanterie.
Mort en captivité, le 18 mars 1915.

[Né le 3 mars 1879. Marié à Mlle Gabrielle GAZIER.]

PROTON DE LA CHAPELLE (Camille), ⚜, ✠, brancardier au 23e d'Infanterie.

Tué, le 29 juillet 1918, à la contre-offensive qui nous rendit Oulchy-le-Château.

[Né en 1891. Fils de M. et de Mme née GUY.]

PROUST (Louis-Isidore-*Paul*), ✠, avocat à la Cour de Paris, député de la Savoie, sergent au 97e d'Infanterie.
Tué à Vaucourt (Pas-de-Calais), le 24 octobre 1914.

PROUST (Daniel), ✠, capitaine au 7e Hussards.
Décédé, le 18 octobre 1918, à l'hôpital d'évacuation de Dijon, des suites d'une maladie contractée aux Armées.

PROUVÉ - DROUOT (Hubert), ✠ (posthume), ✠ (palme et étoile de vermeil), Saint-Cyrien de la promotion de la Grande-Revanche, sous-lieutenant au 154e d'Infanterie.

Tombé, le 19 novembre 1915, en accomplissant par un clair de lune éclatant une mission périlleuse à quelques mètres des mitrailleuses allemandes.

Citation : *Jeune officier d'une grande bravoure, au moral très élevé ; s'est toujours brillamment comporté dans les combats livrés par son unité. A été tué, le 19 septembre 1915, dans une reconnaissance périlleuse qu'il a tenu à accomplir lui-même, à quelques mètres du réseau de fils de fer allemand. Déjà cité à l'Ordre du Corps d'Armée.*

[Né en octobre 1893. Fils de M. et de Mme née HOUËL.]

PROVENCHÈRES (Marie-Jérôme-*Raoul* de), ✠ (posthume), ✠ (étoile d'or), propriétaire, capitaine au 164e d'Infanterie.

Tué, le 8 juillet 1916, à Biaches (Somme), la veille d'une attaque.

Citation : *A demandé à quitter la cavalerie pour l'infanterie, afin de prendre une part active aux opérations. S'est montré un chef énergique et résolu, qui a brillamment conduit sa compagnie, et a été tué glorieusement. A été cité.*

[Né en octobre 1870. Fils de M. Charles DE PROVENCHÈRES (décédé) et de Mᵐᵉ née GASSOT DE CHAMPIGNY.]

PROVENCHÈRES (Marie-*Pierre* de), ✻ (posthume), ✠ (palme), capitaine au 16ᵉ d'Infanterie.

Tué à Sarrebourg, le 20 août 1914.

Citation : *Au cours du combat du 20 août 1914, a donné à tous ses subordonnés le plus bel exemple de fermeté, et a maintenu, pendant une journée entière, sa compagnie sous le plus violent feu d'artillerie et de mousqueterie. A été tué glorieusement dans la tranchée de combat.*

[Marié à Mˡˡᵉ OLLIVIER.]

PROYART DE BAILLESCOURT (Comte Pierre de), ✻ (posthume), ✠, ingénieur agricole, sous-lieutenant au 1ᵉʳ d'Infanterie.

Blessé mortellement à Beauséjour (Marne), le 17 février 1915, succomba à ses blessures, à l'hôpital de Troyes, le 18 mars suivant.

Citation : *Officier de haute valeur ; a fait preuve d'une brillante bravoure pendant une attaque, au cours de laquelle il tomba grièvement blessé. Mort des suites de ses blessures, le 18 mars 1915. A été cité.*

[Né le 6 juin 1892. Fils du Cᵗᵉ et de la Cᵗᵉˢˢᵉ née PRIOUX.]

PROYE (Jean-Baptiste-Joseph), C ✻, ✠, Général commandant la 45ᵉ Brigade d'Infanterie.

Mort, le 10 décembre 1915, des suites d'une maladie contractée aux Armées.

Citation : *Chef vigoureux, très énergique, plein de cœur, ayant une grande autorité sur ses subordonnés. A pris la part la plus active à la campagne, d'abord à la tête d'un régiment, puis d'une brigade.*

[Né le 18 juin 1859. Fils de M. et de Mᵐᵉ née DUCAMPS. Marié à Mˡˡᵉ PELTIER.]

PRUNELÉ (Comte Eugène de), ✻ (posthume), ✠ (étoile), lieutenant au 2ᵉ Dragons.

Disparu, le 2 novembre 1914, au combat de Zonnebeeke (Belgique).

Citation : *S'est distingué dans plusieurs reconnaissances délicates. A constamment montré une énergie et un sang-froid à toute épreuve, notamment à l'affaire de Zonnebeeke. Disparu le 2 novembre 1914.*

[Né le 26 novembre 1885. Fils du Cᵗᵉ Alexis DE PRUNELÉ et de la Cᵗᵉˢˢᵉ née DE KERGORLAY.]

PSICHARI (*Ernest*-Jean-Spiridion-Nicolas), ✻ (posthume), ⚓, ✠, ✻ (Médaille Coloniale), lieutenant au 2ᵉ d'Artillerie Coloniale.

Citation : *Le 22 août 1914, pendant la défense rapprochée d'un village, a fait preuve d'une bravoure exemplaire, en faisant amener à bras une pièce de 75 qu'il plaça dans le village et avec laquelle il tira efficacement sur les masses ennemies qui cherchaient à y en-trer. Est tombé glorieusement près de sa pièce. A été cité.*

[Né à Paris le 27 septembre 1883. Fils de M. Jean PSICHARI et de M™⁰ née Noémi RENAN.]

PSICHARI (*Michel*-Jean-Arnal-Nicolas), ✳ (posthume), ✠ (2 étoiles), rédacteur à l'*Illustration*, sous-lieutenant au 27ᵉ d'Infanterie.
Tué à l'ennemi, en Champagne.

Citation : *Chef de section de la plus haute valeur. Pendant l'at-taque du 1ᵉʳ août 1916, bien que blessé dès le début de l'action, a conservé son commandement. Par son énergie et son commande-ment magnifique, a maintenu ses hommes sur une position parti-culièrement menacée, et a repoussé tous les assauts en nombre. Resté après la relève avec un autre régiment, a fait l'admiration de tous pendant une nouvelle attaque.*

[Né le 5 mars 1887. Frère du précédent. Marié à M¹¹ᵉ Suzanne FRANCE, fille de M. Anatole FRANCE, de l'Académie Française, — dont un enfant : Lucien.]

PUGET (André), ✠ (étoile), littérateur, soldat au 146ᵉ d'Infanterie.
Tué, le 9 mai 1915, à Neuville-Saint-Vaast.

[Né le 12 janvier 1882. Fils du Conseiller à la Cour d'appel de Paris et de M™ᵉ née TOURNEUR.]

PUIG (René), ✳, ⚜, ✠ (5 citations), lieutenant aviateur.
Tombé glorieusement, le 15 août 1918, à Rembercourt, au cours d'un bombardement.

PUISEUX (*Gustave*-Louis, Comte de), ⚜ (posthume), ✠ (étoile), in-venteur d'appareils d'aviation, *engagé volontaire*, agent de liaison, canonnier au 43ᵉ d'Artillerie.
Faisait la liaison entre son régiment et l'É.-M. de la 81ᵉ Division. Blessé mortellement à Bully-Grenay, le 21 septembre 1915, suc-comba le jour même à l'ambulance de Houdain (Pas-de-Calais).
Extrait d'une lettre d'un de ses supérieurs à sa famille :

..... Celui qui vient de vous être enlevé était de ceux qui, au cours de leur vie, prodiguent également, et sans compter, leur fortune, leur dévouement et leur sang. Mais, n'est-ce pas ainsi que se font les héros ? Il a illustré votre nom d'un nouveau titre de gloire.....

Citation : *Canonnier remarquable par son courage et son dé-vouement. Blessé grièvement à son poste de combat. Mort des suites de ses blessures, le 21 septembre 1915. Croix de guerre avec étoile de bronze.*

[Né le 21 avril 1878. Fils du Cᵗᵉ DE PUISEUX, ex-zouave de Charette (décédé en 1918), et de la Cᵗᵉˢˢᵉ née Olga DE BIEDERMANN DE ÜSZÖGH.]

PULLY (Comte Enguerrand RANDON de), ✳ (posthume), ✠, docteur en droit, lieutenant au 41ᵉ d'Infanterie.
Tué au cours des combats de la Somme, le 25 avril 1918.

Citation : *En dépit d'un bombardement intense et d'un tir de mi-trailleuses particulièrement meurtrier, a réussi, le 27 avril 1918, à entraîner sa section en avant. Est tombé glorieusement à la tête de son unité, à quelques pas de l'objectif qui lui avait été assigné, à Hangard-en-Santerre. A été cité.*

PUYFONTAINE (*Guy*-Eugène-Antoine-Auguste CONTE-ROY,

Comte Guy de), ✲ (posthume), ✠ (palme et étoile de vermeil), capitaine-commandant au 5e Dragons.
Tué à l'ennemi, près d'Arras, le 2 octobre 1914.

 Citation : *Très énergique au feu, où il a montré de réelles qualités de commandement ; s'est particulièrement distingué le 28 août et le 24 septembre. A maintenu son escadron à pied en soutien d'artillerie, sous un bombardement intense d'artillerie de gros calibre. Le 2 octobre 1914, a été tué au milieu de ses tirailleurs. A été cité.*

[Né le 24 août 1877. Fils du C¹ᵉ (décédé) et de la C¹ᵉˢˢᵉ née Epstein. Marié à M¹¹ᵉ Fernande Balny d'Avricourt, fille du C¹ᵉ, ministre de Monaco, et de la C¹ᵉˢˢᵉ née Spitzer.]

PUYMAIGRE (*Jean*-Joseph-Marie, Comte Jean BOUDET de),
✲ (posthume), ✠, sous-lieutenant au 72e d'Infanterie.

 Citation : *Le 15 septembre 1917, à Saint-Servon, étant atteint de deux blessures, est retourné au feu après s'être fait panser, et a été ensuite mortellement atteint. Mort pour la France. A été cité.*

PUYSEGUR (Mademoiselle Marthe de CHASTENET de).
S'est éteinte à Bordeaux, en juillet 1917, après une longue et douloureuse maladie contractée au chevet des blessés.

[Née le 30 novembre 1889. Fille du C¹ᵉ Bernard de Puysegur (décédé en 1890) et de la C¹ᵉˢˢᵉ née de Cadier de Veauce, qui a épousé en secondes noces le V¹ᵉ de Lignac.]

PUYTORAX (Élie de), ✿ (posthume), ✠, soldat au 77e d'Infanterie.
 Citation : *Agent de liaison près du chef de bataillon. Au cours de l'attaque du 18 avril 1918, au bois Senecat, n'a cessé d'assurer son service sur un terrain rasé par les mitrailleuses ennemies. A été mortellement atteint dans l'accomplissement de sa mission. Jeune soldat d'une bravoure exemplaire. A été cité.*

Q

QUATREBARBES (*Bernard*-Marie-Henri-Xavier, Comte Bernard de), ✠ (posthume), ✠ (palmes), lieutenant au 3ᵉ Dragons, passé au 106ᵉ Chasseurs alpins, puis pilote-aviateur à l'Escadrille Br. 129.

> Citation : *Officier pilote, doué des plus belles qualités militaires et animé des sentiments les plus élevés. Cavalier passé, sur sa demande, dans un bataillon de chasseurs ; est venu à l'aviation après deux ans et demi d'infanterie. S'est imposé à tous par l'allant dont il a fait preuve dans de nouveaux bombardements, au cours desquels il a soutenu des combats sévères. A été très grièvement blessé, le 12 septembre 1918, en prenant, dans des conditions atmosphériques particulièrement difficiles, le départ pour un bombardement. A été cité.*

[Né le 10 janvier 1891. Fils du Cᵗᵉ et de la Cᵗᵉˢˢᵉ née Madeleine DE VILLOUTREYS DE BRIGNAC.]

QUATREBARBES (Comte Hyacinthe de).

Dès le début de la guerre, il fut atteint, au combat de Virton, de quatre blessures très graves; l'une d'elles lui avait rendu très pénible l'usage du bras et de la main gauche. Après une longue convalescence, ne put admettre d'accepter la réforme que semblaient lui imposer ses blessures; il repartit en hâte pour le front, où il s'employa à des tâches souvent ingrates, aussi dangereuses et plus méritoires, peut-être, que bien des combats. Mort à l'hôpital militaire de Troyes, en 1918.

[Né le 10 février 1887. Fils du Cᵗᵉ et de la Cᵗᵉˢˢᵉ née Marthe DE CHAVAGNAC.]

QUELLENEC (Marius-*Frédéric*), ✠, caporal pilote-aviateur.
Tombé près de Laon, le 31 mars 1916.

[Né le 11 février 1888. Fils de M. et de Mᵐᵉ née Madeleine CHAPEU.]

QUENTIN-BAUCHART (Pierre), ✠ (posthume), ✠ (2 palmes), homme de lettres, conseiller municipal de Paris, capitaine au 72ᵉ d'Infanterie.

Tombé glorieusement à Bouchavesnes (Somme), le 8 octobre 1916. Pour perpétuer sa mémoire, la Ville de Paris a donné le nom de ce brave officier à une voie de la capitale.

> Citation : *Officier d'une haute valeur militaire et morale. Plein d'entrain, d'une énergie et d'un courage à toute épreuve, adoré de ses hommes et de ses camarades. A été frappé mortellement, le 8 octobre 1916, en faisant au petit jour la reconnaissance des positions qu'occupait sa compagnie, en vue d'une nouvelle attaque.*

[Né le 28 avril 1881. Fils de M. (décédé) et de Mᵐᵉ née CAMBRONNE. Marié à Mˡˡᵉ Antoinette DUFOUR, fille de M. et de Mᵐᵉ née CRÉPON, — dont trois enfants.]

QUERENET (Maurice), ✠ (palme), lieutenant au 228ᵉ d'Infanterie.
Mort pour la France, à Villers-Bretonneux, le 2 avril 1915.

Citation : *S'est distingué au combat du 28 août 1914. Le 29, a sauvé tout son matériel de mitrailleuses au prix des plus grandes difficultés, pendant le repli de son bataillon. A largement contribué, par son entrain et son mépris du danger, à soutenir le moral de ses hommes, se révélant ainsi comme un chef doué des plus belles qualités.*

[Né le 3 août 1890. Fils de M. et de Mme née Guyot-Sionnest.]

QUERHOËNT DE KERGOURNADEC'H (*Xavier*-Henri-Albert-Jules-Marie-Sébastien, Vicomte Xavier de), ⚜ (posthume), ✠ (étoile), étudiant, *engagé volontaire*, canonnier au 210ᵉ d'Artillerie.

Glorieusement et mortellement blessé, à la cote du Poivre, sous Verdun, le 1ᵉʳ octobre 1917; succomba le lendemain à l'ambulance de Glorieux, et fut inhumé provisoirement dans le cimetière de cette ambulance.

Citation : *Jeune conducteur, engagé de la classe 1918, plein d'entrain et de courage; grièvement blessé, le 1ᵉʳ octobre 1917, en amenant un canon sur la position de batterie alors violemment bombardée.*

[Né le 20 janvier 1898. Fils du Cte de Querhoënt, capitaine de Cavalerie, et de la Ctesse née Thaïs Lasnier de Loizellerie.]

QUESNEL (Émile), ✠ (posthume), ✠ (palme), ✻ ✻ (Saint-Stanislas et Sainte-Anne), administrateur de Sociétés d'Importation, membre correspondant de la Chambre de Commerce de Rochefort, vice-consul de Russie, lieutenant de réserve au 8ᵉ Cuirassiers, détaché, sur sa demande, au 23ᵉ d'Artillerie.

Tombé glorieusement dans les Flandres, le 29 avril 1918.

Citation : *Officier remarquable de bravoure et de ténacité. Mortellement atteint à la tête de sa batterie, dont il venait de prendre le commandement.*

Pour honorer la mémoire de ce vaillant, la ville de Rochefort-sur-Mer a voulu donner son nom à l'un des quais du port de Commerce, à l'activité duquel Emile Quesnel contribua puissamment avant la guerre.

[Né en 1874. Fils de M. Edmond Quesnel, juge au Tribunal civil de Saumur (décédé), et de Mme née Julie Larrieu (remariée au Colonel d'Artillerie René Milleret, C ✠, ✠). Marié à Mlle Hüe, fille de M. et de Mme née Chevance, — dont trois enfants.]

QUEYRIAUX (Mademoiselle Marie-Antoinette-Jeanne-*Yvonne* de), ✻ ✻ (Médaille d'honneur des Épidémies en argent et de l'Insigne spécial en or des Infirmières), infirmière militaire *bénévole*, titulaire de 3ᵉ classe.

Décédée, le 7 mars 1918, après trois années de service actif, des suites d'une longue maladie contractée au chevet des blessés, à l'hôpital bénévole n° 26 ᵗᵉʳ d'Eymoutiers, fondé par son père.

Citation : *Depuis le début des hostilités, a fait preuve, au détriment de sa santé, d'un remarquable dévouement et d'une abnégation absolue auprès des blessés et des malades.*

[Née le 26 octobre 1895. Fille du Bon de Queyriaux et de la B^{onne} née de Souris. Petite-fille du Colonel de Queyriaux, qui, en 1870, reprit Orléans aux Prussiens, le 9 novembre, soir de la bataille de Coulmiers.]

QUILLET (Jules), ✠, ✠ (palme), ✻ (Médaille du Maroc), chef de bataillon au 1ᵉʳ Zouaves.

Tué au pont de Drie-Grachten (Belgique), le 30 octobre 1914, à 42 ans.

QUILLET (Paul), O ✠, ✠, chef de bataillon au 125ᵉ d'Infanterie.
Décédé, en juin 1920, des suites d'une longue et douloureuse maladie contractée aux Armées.

QUINQUET (Paul) ✠ (posthume), ✠ (palme), Saint-Cyrien, lieutenant au 95ᵉ d'Infanterie.
Tombé au champ d'honneur, le 15 août 1914, à Blamont (Meurthe-et-Moselle).

> Citation : *A chargé à la baïonnette, à la tête de sa section, le 15 août 1914, et est tombé mortellement blessé en entrant dans la tranchée ennemie. A été cité.*

[Né le 18 septembre 1889. Fils de M. Quinquet, ✠, ingénieur en chef de la Compagnie P.-L.-M., et de Mᵐᵉ née Girard-Delaroche.]

QUINSONAS (Comte Pierre POURROY DE LAUBÉRIVIÈRE de), ✠, maréchal des logis, pilote-aviateur au 1ᵉʳ Groupe d'Aviation Marocaine.
Mort tragiquement en service commandé, en juillet 1917.

[Né le 12 avril 1886. Fils du Cᵗᵉ et de la Cᵗᵉˢˢᵉ née Geisler, décédés.]

QUIQUANDON (G.-F.-E.), ✠ (posthume), ✠ (palme), enseigne de vaisseau de 1ʳᵉ classe sur la *Provence*.

> Citation : *Jeune officier plein d'entrain et d'ardeur, d'un exemple admirable. Tué à la tête de ses hommes.*

QUIROS (Cristobal BERNALDO de), ✠ (posthume), ✠, soldat au 1ᵉʳ Étranger.

> Citation : *Soldat d'un courage et d'un entrain remarquables. Observateur, le 5 juillet 1916, a rendu de très précieux services, montrant un absolu mépris du danger dans les situations les plus périlleuses. Tué à son poste. A été cité.*

R

RABASTÉ (Théophile), ⚜ (posthume), ✠ (palme), médecin auxiliaire au 3e Colonial.

> Citation : *A fait preuve du plus grand dévouement, durant la campagne 1914-1915. Est mort glorieusement pour la France, lors du torpillage de la* Provence.

RABIER (Henri), ✠, colonel du 85e d'Infanterie.
Tué en septembre 1914.

RABOT (Eugène-L.-Joseph), ✠, capitaine de frégate.
Tué à Dixmude, en novembre 1914.

RADZIWILL (Prince Stanislas), aide de camp du Général commandant en chef l'Armée Polonaise.

Engagé volontaire dans l'Armée Russe lors de la campagne de Mandchourie, débuta dans la campagne de 1914, comme officier dans la division des Tcherkess du Caucase, passa ensuite dans les régiments de la Garde et prit part aux pénibles combats des Carpathes. Tué, en mai 1920, aux environs de Kieff, à la tête d'un régiment de Cavalerie.

[Fils du Pᶜᵉ et de la Pᶜᵉˢˢᵉ née Marie DE CASTELLANE.]

RAFFARD (Jean-Gabriel), ✠ (posthume), ✠, banquier, sous-lieutenant au 160e d'Infanterie.

> Citation : *Officier d'une grande bravoure. A fait preuve, au combat, d'une conscience parfaite et d'un esprit de sacrifice absolu. Tué à son poste de combat, le 1ᵉʳ octobre 1914, à Fricourt.*

RAFFENEL (Léon-Amédée-François), O ✠, ✠ (palme), Général de Brigade, commandant la 3e Division d'Infanterie Coloniale.

Tombé glorieusement, le 22 août 1914, au combat de Saint-Vincent-Rossignol, où sa division était entourée par près de cent mille Prussiens.

> Après une rude journée de combat, vers cinq heures du soir, le Général RAFFENEL, voyant la bataille perdue, ne songea plus qu'à mourir ; il prit un fusil et s'élança à la tête de ce qui lui restait d'hommes de sa division, donnant ainsi le plus noble exemple de sacrifice et de grandeur militaire, en soldat, face à l'ennemi. (Extrait d'un article de M. Ernest Renauld, publié dans la *Revue.*)

RAGEOT DE LA TOUCHE (V.-M.), O ✠, ✠ (palme), capitaine de vaisseau, commandant le *Bouvet.*
Englouti avec son vaisseau, le 18 mars 1915.

> Citation : *Après avoir soutenu un combat très vif avec les batteries des côtes ennemies, a conservé le plus grand sang-froid lorsque*

son bâtiment a été touché par une mine. Est resté à son poste, où il a trouvé une mort glorieuse.

Pour perpétuer le souvenir de ce brave officier, le torpilleur allemand *H. 145*, livré à la France, a reçu le nom de ***Rageot-de-la-Touche***.

RAGUENEL DE MONTMOREL (*Joseph*-Marie-Alexandre de), ✠, ✠, Saint-Cyrien, chef de bataillon au 261e d'Infanterie.

Prit part, dès le début de la campagne, aux combats d'Alsace (26 août 1914), de Richemont (28 septembre), de Mortmare (14-16 décembre), Flirey (avril 1915), Ferme de Navarin (septembre), enfin sous Verdun, à Thiaumont, où, le 28 juin 1916, il était grièvement blessé; transporté à l'hôpital de Vadelaincourt, il succomba à ses blessures, le 4 juillet 1916.

Citation : *Officier supérieur d'une haute valeur morale. A fait preuve des plus belles qualités militaires, au cours des attaques des 27, 28 et 29 juin 1916; a été grièvement blessé, et est mort le 4 juillet.*

[Né le 15 août 1867. Fils de M. et de Mme née Geneviève Besnier. Marié à Mlle Germaine Pean de Ponfilly, fille de M. et de Mme née Elisabeth de Chivré, — dont huit enfants.]

RAGUENEL DE MONTMOREL (*Jean*-Marie-Joseph de), ✠ (posthume), ✠, étudiant, *engagé volontaire*, sergent au 22e d'Infanterie.

Tué, le 25 septembre 1915, au Trou-Bricot, près Perthes-les-Hurlus, non loin de son père, qui, à cette époque, étant près de là, à la Ferme Navarin, put faire un douloureux pèlerinage à sa tombe.

Citation : *Blessé par un éclat d'obus peu de temps avant l'assaut, a tenu à rester à son poste, et a été tué en entraînant sa demi-section à l'assaut.*

[Né le 25 mai 1895. Fils du précédent.]

RAGUENEL DE MONTMOREL (*André*-Marie-Achille de), ✠ (posthume), ✠, étudiant, *engagé volontaire*, aspirant au 158e d'Infanterie.

En Alsace (janvier 1916), revint en septembre dans la Somme, où, le 15 octobre, il était tué raide d'une balle à l'attaque de Sailly.

Citation : *Sous-officier d'un courage et d'un entrain exceptionnels; a entraîné vaillamment sa section à l'assaut le 15 octobre 1916, et est tombé glorieusement en donnant à ses hommes un magnifique exemple d'énergie et de sang-froid.*

[Né le 13 août 1896. Frère du précédent.]

RAGUENEL DE MONTMOREL (*Pierre*-Joseph-Marie de), ✠ (posthume), ✠, capitaine au 71e d'Infanterie.

Prit part aux combats de Rocroy (17 août 1914), Charleroi (21 août), où il fut blessé. Le 29 du même mois, pendant la retraite, entre Guise et Vervins, fut porté disparu.

Citation : *Officier d'une haute valeur et d'un brillant courage. Blessé, le 21 août, d'une balle au bras, a conservé le commandement de sa compagnie; blessé de nouveau le 29 août, au commen-*

cement du combat, est encore resté à son poste et y a été atteint mortellement. A été cité.

[Né le 28 mars 1879. Frère de Joseph et oncle de Jean et d'André, qui précèdent. Marié, en 1905, à Mlle Yvonne DE BRECEY, — dont une fille.]

RAGUENEL DE MONTMOREL (Jacques de), ⚜ . . . .

RAGUENET DE SAINT-ALBIN (Paul), ⚜ (posthume), ⚜ (2 étoiles), brigadier au 20e Chasseurs à Cheval.

Tué, le 1er juin 1918, à Belval (Marne), près de la Montagne de Reims, d'un éclat d'obus en plein front.

Citation : *Brigadier extrêmement méritant et dévoué; chargé, le 1er juin, sur sa demande, d'une mission périlleuse, a été tué dans l'accomplissement de sa tâche.*

[Né le 5 janvier 1882. Fils de M. Henry RAGUENET DE SAINT-ALBIN, ✠, et de Mme née COLAS DES FRANCS. Marié à Mlle Marie-Antoinette DU BOUSQUET DE LAURIÈRE, fille de M. et de Mme née DELMAS DE GRAMMONT.]

RAGUENET DE SAINT-ALBIN (*Raymond*-Marie), ✠ (posthume), ⚜ (1 palme, 1 étoile), propriétaire, ingénieur, capitaine au 409e d'Infanterie.

Tombé au champ d'honneur, le 27 septembre 1918, après avoir pris, à la tête de sa compagnie, la butte de Souain (Champagne).

Citation : *Commandant de compagnie, d'un calme et d'un sang-froid remarquables. Le 27 septembre 1918, a donné à sa troupe le plus bel exemple d'opiniâtreté et d'esprit de sacrifice. Après avoir attaqué trois fois la tranchée de Cassel, âprement défendue par des mitrailleuses allemandes, a lancé une quatrième fois sa compagnie à l'assaut et s'est emparé, après une lutte très dure, de son objectif. Est tombé frappé d'une balle de mitrailleuse, à la tête de ses hommes. A été cité.*

[Né le 20 janvier 1882. Fils de M. Gaston RAGUENET DE SAINT-ALBIN (décédé) et de Mme née DE CHAPELAIN DE GRAS. Marié à Mlle Fernande DU BOUSQUET DE LAURIÈRE, fille de M. et de Mme née DELMAS DE GRAMONT.]

RAGUENET DE SAINT-ALBIN (*Félix*-Marie-Frédéric), ⚜, capitaine au 131e d'Infanterie.

Tué, le 22 août 1914, au combat de Cussigny (Meurthe-et-Moselle).

RALLIER DU BATY (*Félix*-Joseph-Marie), ✠, ⚜ (1 palme, 2 étoiles), docteur-médecin à Lamballe, médecin-major au 29e Chasseurs à pied.

Blessé mortellement à Mailly-Raineval, le 6 avril 1918, et décédé le 8 à l'hôpital Jeanne-Hachette, à Beauvais.

Citation : *Médecin d'un dévouement absolu et d'une bravoure superbe. Pendant une période de durs combats, a assuré, dans des conditions difficiles, le bon fonctionnement de son service, circulant sur le champ de bataille pour surveiller ses postes, et y apportant le réconfort de sa présence. Très grièvement blessé, a fait preuve d'un sang-froid et d'une sérénité qui ont fait l'admiration de tous.*

[Né le 4 décembre 1875. Fils du Capitaine de vaisseau, C ✠, et de Mme née DUPORTAL. Marié à Mlle Marie FRÉLANT-DUCOMS, fille de M. (décédé) et de Mme, — dont quatre enfants.]

RALLIER DU BATY (Henry), ⚜, capitaine.

Tué le 21 février 1916.

[Frère du précédent. Marié, en 1912, à Mlle Marguerite LEVALLOIS.]

RALLIER DU BATY (Léon), ✻, ✼, capitaine au 2ᵉ d'Artillerie Coloniale.

Tué le 27 mars 1918.

RAMBAUD (*Jacques-Marie-Albert*), ✻ (posthume), ✼ (palme), professeur à l'Université de Bordeaux, lieutenant au 226ᵉ d'Infanterie.

Tombé, le 2 octobre 1914, à Bois-Bernard (Pas-de-Calais).

> Citation : *Ayant reçu l'ordre de tenir jusqu'au bout dans un bois, n'a cessé de donner à sa troupe le plus bel exemple de courage et d'énergie, et s'est fait tuer sur place plutôt que de céder du terrain. A été cité.*

[Né le 9 décembre 1878. Fils de M. et de Mᵐᵉ née CONTAL.]

RAMEAU-LABAIGT (*Marcel-Jean*-Jules-Laurent-André), ✻ (posthume), ✼ (palme), licencié ès lettres, licencié en droit, inspecteur de la Société Générale, sergent au 218ᵉ d'Infanterie.

Sur le front depuis les premiers jours d'août 1914, passa, sur sa demande, comme interprète aux écoutes d'une armée. Mortellement blessé, le 8 août 1916, dans le bois d'Avocourt, près de Verdun, est mort le lendemain.

> Citation à l'Ordre de l'Armée (Général NIVELLE) : *Soldat plein de courage et d'abnégation ; s'est toujours acquitté du service délicat qui lui était confié avec le plus grand entrain et au mépris absolu du danger, s'exposant sans hésiter aux plus violents bombardements pour assurer la continuité des liaisons. A été mortellement blessé, le 8 août 1916, dans l'accomplissement de sa mission.*

— [Né le 6 décembre 1884. Fils de M. Jean RAMEAU-(LABAIGT), ✻, homme de lettres, et de Mᵐᵉ née OWENS.]

RAMEL (Vicomte Jean de), ✻ (posthume), ✼ (2 palmes), Conseiller général du Gard, avocat à la Cour de Paris, lieutenant porte-drapeau du 329ᵉ d'Infanterie (Fourragère).

Tombé glorieusement à l'assaut de la Butte de Tahure, en Champagne, le 27 septembre 1915.

> Dernière citation : *A toujours donné l'exemple du plus grand sang-froid et du courage. Au cours d'un bombardement écrasant d'artillerie lourde, a été mortellement atteint à son poste de combat. A été cité.*

[Né en 1880. Fils du Cᵗᵉ Fernand DE RAMEL, ancien député (décédé en 1915), et de la Cᵗᵉˢˢᵉ née Marguerite LABADIE.]

RAMOLINO DE COLL'ALTO (Louis), ✼, aspirant au 6ᵉ Génie.

Tué le 13 septembre 1915.

[Fils du Cᵗᵉ et de la Cᵗᵉˢˢᵉ née CLOUËT DES PESRUCHES, décédée en mars 1919.]

RAMPAL (Mademoiselle Madeleine), ✻ (Médaille d'argent Dévouement et Épidémies), ✼ (Palmes en or du Service de Santé militaire), infirmière de la S. B. M. (Croix-Rouge Française).

Infirmière volontaire, a succombé, le 25 mars 1919, aux suites d'une maladie contractée dans les hôpitaux où elle soigna les blessés et les malades pendant quatre années.

[Née à Marseille le 15 mars 1889. Fille unique de M. Ivan RAMPAL, ancien juge au Tribunal de Commerce, et de Mᵐᵉ née ROSSOLLIN.]

RAMPILLON DES MAGNILS (Guillaume), ✝ (posthume), ✝ (palme), caporal au 11ᵉ escadron du Train, pilote-aviateur.

> Citation : *Caporal pilote d'une remarquable énergie. Affecté à l'escadrille Spa 112, a accompli vaillamment plusieurs missions périlleuses. Le 2 juin 1918, est mort glorieusement pour la France des blessures reçues en combat aérien.*

RANCHICOURT (*Guy*-Louis-Reymond-Ghislain-Marie DAMIENS de), ✝ (posthume), ✝ (palme), *engagé volontaire*, sergent au 70ᵉ Chasseurs alpins.

Mort le 11 décembre 1917, à Paghano d'Asolo (province de Trévise), des suites de ses blessures reçues le 4 décembre.

> Citation : *Jeune sous-officier très audacieux et très brave, ayant une haute conception du devoir; s'est fait particulièrement remarquer comme chef de patrouilles, exécutées dans des circonstances très périlleuses. A été très grièvement blessé, le 4 décembre 1917. A été cité.*

[Né le 21 mai 1898. Fils du Cᵗᵉ DE RANCHICOURT et de la Cᵗᵉˢˢᵉ née Élisabeth DU HAŸS, décédée.]

RANCOURT DE MIMÉRAND (*Albert*-Marie-Joseph de), ✝ (posthume), ✝ (étoile), inspecteur aux Tramways électriques de Curytiba-Parana (Brésil), sergent au 109ᵉ d'Infanterie.

Mort des suites de ses blessures à l'ambulance de Clamecy (Champagne), le 25 juin 1917.

> Citation : *Le 24 juin 1917, a été mortellement blessé dans la tranchée, au moment où il surveillait l'exécution des travaux de sa demi-section. Sous-officier énergique et d'une très belle attitude au feu.*

[Né le 27 mai 1886. Fils de M. Octave DE RANCOURT DE MIMÉRAND et de Mᵐᵉ née Zélie DU CHESNE, décédée.]

RAOUL-DUVAL (Charles-*Édouard*), ✝, sous-lieutenant au 8ᵉ Cuirassiers.

Mort pour la France, le 23 août 1915, à 24 ans.

RAOUL-DUVAL (René), ✝, ingénieur civil des Mines, officier interprète.

Mort pour la France, le 12 novembre 1916.

[Marié à Mˡˡᵉ Jessie GAVIN.]

RAOUL-DUVAL (*Maurice*-Auguste), ✝ (posthume), ✝, capitaine au 66ᵉ d'Infanterie.

Tué à la cote 304, sous Verdun, le 5 mai 1916, à 52 ans.

RAQUINE (*Guy*-Louis-Pierre, Comte Guy du COURRECH de), ✝ (posthume), ✝, avocat à la Cour de Bordeaux, lieutenant au 220ᵉ d'Infanterie.

Tué à Etain, le 24 août 1914.

> Citation : *Le 24 août, a maintenu, avec une énergie remarquable, sa section sous un feu excessivement violent. Blessé mortellement à la tête, a dit à son capitaine : « Quelle belle mort ! Vive la France ! » A été cité.*

[Né à Lugon (Gironde). Fils du Cᵗᵉ (décédé) et de la Cᵗᵉˢˢᵉ née DE MÉREDIEU.]

RATER (Jacques), ✠, capitaine au 6e Dragons.

Nommé capitaine à la bataille du 22 août 1914, a rendu par la suite de grands services lors de la retraite de Serbie, puis pendant la période où il était en couverture dans le massif de Gandar. Mort à Salonique, le 11 octobre 1916.

[Fils de M. et de Mme née Bertin.]

RATISBONNE (*René*-Achille-Sigismond), ✱ (posthume), ✠ (palme et étoile), lieutenant au 2e Hussards.

Tué aux tranchées de Chilly (Somme), le 17 novembre 1916, alors qu'il venait d'effectuer un service de ronde.

Citation : *Au front depuis le début de la campagne. A toujours montré de brillantes qualités d'énergie et de sang-froid. A été notamment d'un bel exemple pour ses hommes aux tranchées, pendant de fréquents bombardements. A été tué par un service de ronde.*

[Né le 26 août 1879. Fils de M., ✱ (décédé), et de Mme née Stern. Marié à Mlle Bocher, fille de M. (décédé) et de Mme née Polack, — dont un enfant.]

RAUCOURT (Jacques PONCELIN de), ✱ (posthume), ✠ (palme), lieutenant au 4e de marche du 1er Etranger.

Le 5 janvier 1915, au combat de Courtechausses (Argonne), il entra le premier dans les tranchées allemandes; fit cent prisonniers, prit deux mitrailleuses, quand à la contre-attaque il fut tué raide d'une balle au cœur. Avait été proposé pour la Légion d'honneur après le combat de Bolante.

Citation : *Est tombé frappé d'une balle au cœur, en défendant une tranchée qu'il venait d'enlever.*

RAUDOT D'ORBIGNY (*Henri*-Joseph-Claude), ✱, ✠, chef de bataillon.

Tué à l'ennemi.

[Fils de M. et de Mme née Delacour, décédés.]

RAUGLAUDRE (François-Joseph-*Jacques* de), ✱ (posthume), ✠, novice de l'Ordre de Saint-Benoît, caporal au 32e d'Infanterie.

Citation : *Le 12 juillet 1917, s'est porté résolument à la contre-attaque, contribuant, par son ardeur, à infliger à la Garde prussienne une sanglante défaite et à la rejeter dans ses lignes. Tombé glorieusement, au cours de l'action, au plateau de Craonne. A été cité.*

RAULIN DE GUETTEVILLE DE RÉAL-CAMP (Robert de), ✱ (posthume), ✠ (2 palmes), capitaine au 25e Chasseurs à pied.

Tué le 27 mars 1915.

Citation : *Sérieusement blessé, le 24 août, en regroupant son unité pendant un mouvement de repli. Non encore complètement remis de sa blessure, quinze jours après a rejoint son corps, bien que compris dans un convoi d'évacuation sur l'intérieur. Tué glorieusement à la tête de sa compagnie qu'il entraînait à l'assaut. A été cité.*

RAVARIN (Aimé-Charles-*Robert*), ✱ (posthume), ✠ (2 palmes, 1 étoile), sous-lieutenant pilote-aviateur à l'Escadrille de bombardement V. 109.

Mobilisé comme simple soldat au 109e d'Infanterie, dès le début de la guerre; passé dans l'aviation en septembre 1915. — Abattu, dans la nuit du 2 au 3 septembre 1917, au cours d'un raid de bombardement dans les lignes allemandes, au-dessus de Lichtervelde (Belgique), tombé en flammes, avec son bombardier, et complètement carbonisé. — Inhumé provisoirement par les Allemands dans le cimetière d'honneur de Lichtervelde.

Citation : Pilote de tout premier ordre, joignant aux plus belles qualités morales un courage et une énergie au-dessus de tout éloge. Tué glorieusement pour la France, le 3 septembre 1917, en effectuant son cinquantième bombardement de nuit. A été cité.

[Né le 19 février 1890. Fils du Député du Rhône et de Mme FLEURY-RAVARIN.]

RAVEAU (Alfred), ⚗, ✝ (palmes et étoiles), ✦ (Distinguished Service Order), sergent pilote-aviateur à l'Escadrille S. P.
Tombé héroïquement en 1918.

RAVENEAU (Jean), sergent au 360e d'Infanterie.
Tué, le 25 août 1914, aux combats de Courbesseaux-Réméréville.

[Fils de M. Prosper RAVENEAU, ✦, agent de change à Paris, et de Mme née ÉCORCHEVILLE.]

RAVINEL (*Étienne*-Charles-Marie-Dieudonné de), ✦ (posthume), ✝ (palme), *engagé volontaire*, sous-lieutenant au 12e d'Artillerie.

Citation : Jeune officier d'une admirable tenue au feu, d'un grand sang-froid, modèle de courage et de bravoure. S'est particulièrement distingué, comme commandant d'une batterie de tranchée, au cours de l'offensive de la Somme. Mortellement atteint, le 19 juin 1917, au moment où il donnait ses ordres, a fait l'admiration de tous par son stoïcisme et sa force d'âme. A été cité.

[Né en 1897. Fils du Bon et de la Bonne née Solange DE RAYNAL.]

RAVINEL (Marie-*Gabriel* de), ✦, ✝ (palme), chef de bataillon au 90e d'Infanterie.
Blessé antérieurement en août 1914, puis en 1916, devant Verdun, il trouva la glorieuse mort le 12 juillet 1917.

Citation : Remarquable officier supérieur, deux fois blessé au cours de la campagne, et dont l'esprit de devoir et l'entrain au feu étaient au-dessus de tous les éloges. Tué au cours d'une reconnaissance dans un secteur particulièrement dangereux, le 12 juillet 1917.

[Marié à Mlle Jeanne-Marie CHATILLON.]

RAY (Stéphan), lieutenant d'Artillerie.
Tué au Mont Kemmel, le 8 mai 1918.

[Né en 1893. Fils de M. et de Mme née THUREAU.]

RAYMOND-CAHUZAC (Adolphe de), ✦ (posthume), ✝ (palme), sous-lieutenant au 66e d'Infanterie.
Tombé le 22 décembre 1914.

Citation : A brillamment entraîné la compagnie qu'il commandait à une contre-attaque à la baïonnette, contre une colonne allemande qui tentait d'enlever nos tranchées. Tué glorieusement à la tête de sa troupe en refoulant l'ennemi.

RAYMOND-CAHUZAC (Aymes de), ✻ (posthume), ✻ (palme), sous-lieutenant au 211e d'Infanterie.

> Citation : *La section qu'il commandait ayant été, après des pertes très sérieuses, complètement cernée, a refusé de se rendre, et est tombé héroïquement frappé à bout portant, après avoir déchargé son revolver sur l'ennemi qui l'entourait, le 6 mars 1916, devant Verdun. A été cité.*

RAYNAUD (Jean-Joseph de), ✻ (posthume), ✻, caporal au 16e d'Infanterie.

> Citation : *A l'attaque du 13 avril 1917, devant Saint-Quentin, chargé, avec son escouade de grenadiers, du nettoyage de la deuxième tranchée allemande, n'a pas hésité à engager un corps à corps avec un groupe d'Allemands. A succombé bravement, après avoir mis plusieurs ennemis hors de combat. Très bon caporal, héroïque et brave. A été cité.*

REAL DEL SARTE (Serge).

Mortellement blessé à l'attaque du Moulin de Laffaux, a succombé à Soissons, le 1er mai 1917.

REAU DE LA GAIGNONNIÈRE (*Maurice*-Marie-Henri, Comte Maurice du), ✻ (posthume), ✻, propriétaire, sous-lieutenant au 287e d'Infanterie.

Blessé deux fois : à Spincourt, le 24 août 1914, et au Bois des Buttes, le 15 janvier 1917, tomba glorieusement au champ d'honneur, à Berry-au-Bac, le 14 mai 1917.

> Citation : *Au combat de Spincourt, le 24 août, malgré un feu d'artillerie très meurtrier, il a entraîné ses hommes et s'est élancé, avec la plus grande bravoure, à l'assaut des tranchées allemandes.*

[Né le 19 avril 1880. Fils du Cte Maurice DU REAU DE LA GAIGNONNIÈRE et de la Ctsse née Thérèse DE LA ROCHEBROCHARD. Marié à Mlle Françoise BRETON DE VAUJUAS-LANGAN, fille du Cte (décédé) et de la Ctsse née Émilie DE VAUJUAS-LANGAN, — dont quatre enfants.]

REAU DE LA GAIGNONNIÈRE (*Jean*-Marie-Joseph-Hyacinthe, Comte Jean du), docteur en droit, sergent au 135e d'Infanterie.

Tué d'une balle au cœur, près de Vert-la-Gravelle, le 5 septembre 1914.

[Né le 12 mars 1885. Frère du précédent.]

REAU DE LA GAIGNONNIÈRE (*Joseph*-Marie-Henri-Louis du), ✻ (posthume), ✻ (2 étoiles), sous-lieutenant mitrailleur au 25e d'Infanterie.

Blessé sur l'Yser, à Zonnebeeke, le 25 octobre 1914, revint sur le front, en Argonne, où il se distingua devant Chilly (août-septembre 1916), puis devant Chaulnes, en décembre suivant. Tombé glorieusement devant Prunay, le 30 avril 1917.

> Deuxième citation (posthume) : *Le 30 avril 1917, appuyant au plus près, avec une de ses sections, l'attaque d'une tranchée ennemie très fortement organisée, a fait preuve des plus belles qualités de courage, d'énergie et de sang-froid. Les servants d'une de ses pièces ayant été mis hors de combat, a continué lui-même le tir, occasionnant ainsi de grosses pertes à l'ennemi. Blessé au cours de l'action, a succombé peu après. Déjà cité.*

[Né le 20 octobre 1890. Frère des précédents.]

REAU DE LA GAIGNONNIÈRE (Zacharie du), ✳, ✳, chef de bataillon au 158e d'Infanterie.

> Citation : *Officier supérieur, de haute valeur morale et d'un courage admirable. A été tué, le 8 octobre 1914, lors d'une violente attaque ennemie, au moment où il soutenait le courage des hommes de son bataillon. Déjà chevalier de la Légion d'honneur.*

[Fils du Cᵗᵉ et de la Cᵗᵉˢˢᵉ née DE COUËSSIN DU BOISRIOU.]

RÉBELLIAU (Léon-Joseph-Antoine-*Maurice*), ✳ (étoile d'or), engagé volontaire, caporal au 65e d'Infanterie.
Disparu à Mesnil-les-Hurlus, le 25 septembre 1915.

[Né le 8 mai 1896. Fils du Membre de l'Institut et de Mᵐᵉ Alfred RÉBELLIAU.]

REBOUL (Henri de), ✳ (posthume), ✳ (palme), sous-lieutenant au 76e d'Infanterie.
Tué le 2 avril 1915.

> Citation : *A eu, au cours d'un violent bombardement, l'occasion de montrer tout son courage, en procédant lui-même au dégagement de trois de ses hommes ensevelis sous un éboulement. A été tué en encourageant sa troupe. A été cité.*

REBOUL (*François-Marie-Antoine*), ✳ (étoile), externe lauréat des hôpitaux de Lyon, médecin aide-major d'Artillerie.
Mort dans la zone des Armées (ambulance de Noyon), le 25 octobre 1917, après une courte maladie contractée sur le front.

> Citation : *Jeune médecin auxiliaire ayant, d'après ses supérieurs du service de santé, l'étoffe d'un médecin de grande valeur. A fait preuve des plus brillantes qualités de dévouement, de courage et de bravoure. N'a jamais hésité à faire plus que son devoir sous les bombardements les plus intenses, tels que celui du 16 janvier 1916, où son bataillon, alors en première ligne, reçut en six heures près de dix mille obus ; a eu son poste traversé par des obus.*

[Né à Lyon le 29 juin 1894. Fils du Dʳ et de Mᵐᵉ née MARNAS.]

REBOUL (Henry), ✳, ✳ (2 étoiles), licencié en droit, sous-lieutenant au 7e Cuirassiers.
Tombé glorieusement pour la France, au Mont Kemmel, le 25 avril 1918.

> Deuxième citation : *Jeune officier, plein d'audace, est allé au combat avec le plus grand enthousiasme ; a entraîné sa section en avant, sous un bombardement des plus violents ; est tombé glorieusement, face à l'ennemi, le 25 avril 1918.*

[Né le 9 décembre 1891. Fils de M. J. REBOUL, notaire honoraire, (décédé), et de Mᵐᵉ née BALME.]

REBOUL-LACHAUX (Henry), O ✳, ✳, médecin inspecteur des Troupes Coloniales.
Mort, le 19 janvier 1919, des suites d'une maladie contractée sur le front.

RÉCAMIER (Max), ✳ (posthume), ✳ (1 palme, 1 étoile), ✳✳ (Médailles de Chine et du Maroc), capitaine-commandant au 2e Spahis.
Arrivé du Maroc en congé au moment de la mobilisation, demanda de suite à servir en France. Fut affecté au 23e Dragons, et pris part aux combats du Grand-Couronné de Nancy, puis de

l'Artois : Mont Saint-Eloi, Notre-Dame-de-Lorette, Carency, etc. Rappelé au Maroc, en mars 1916, se distinguait au combat contre les Beni-Ouarain et les Riata, et trouvait une mort glorieuse, le 25 juin 1916, à Taza.

> Citation à l'Armée (Général LYAUTEY) : *Glorieusement tombé à la tête de son escadron, le 25 juin 1916, au combat d'El-Khemis, au moment où, après avoir occupé son premier objectif, il préparait, avec son commandant de groupe, une nouvelle attaque. A été cité.*

[Né le 8 juin 1874. Fils du Général RÉCAMIER, C ✳, et de Mme née Gabrielle DE ROQUEFEUIL, décédée.]

RÉCAMIER (Étienne), ⚝ (posthume), ✠ (étoile), élève au Collège Stanislas, *engagé volontaire*, aspirant au 363e d'Infanterie.

Engagé à 17 ans, en 1914. Deux fois blessé en Artois, fut tué, le 4 mai 1917, à l'assaut de Berméricourt (Aisne).

> Citation : *Chef de section ardent et brave ; s'est porté, avec une audace remarquable, à l'assaut d'un noyau de résistance qu'il était chargé de faire tomber. Mortellement frappé au cours du combat.*

[Né le 9 février 1897. Fils du Dr Joseph RÉCAMIER et de Mme née Geneviève DUBOIS.]

RÉCAMIER (Antoine-*Pierre*), ⚝ (posthume), ✠, adjudant au 102e d'Infanterie.

> Citation : *Le 4 octobre 1914, au cours d'une attaque, s'est porté bravement en avant pour entraîner sa section, et a été grièvement blessé par un éclat d'obus. Est mort pour la France, le 18 juin 1915, des suites de ses blessures. A été cité.*

[Né le 27 mai 1876. Fils de M. et de Mme née LAPORTE. Marié à Mlle Fanny MAYOUSSIER.]

RECHAPT (*Camille*-Léon-Jean-Pascal de), ⚝ (posthume), ✠ (étoile), docteur en médecine, médecin aide-major au 16e d'Artillerie.

Parti pour le front le 7 août ; s'est battu, à Badonvilliers, avec cinq uhlans qui l'avaient attaqué, et les a tenus en respect jusqu'à l'arrivée d'une compagnie d'Infanterie ; a essuyé le même jour le feu des Bavarois, postés dans le grenier d'une maison de la même ville. Tué, le 21 août 1914, par un gros obus allemand, dans un chemin creux, à 30 mètres des dernières maisons de Voyers (Lorraine).

> Citation : *Médecin aide-major qui a fait preuve, au début de la campagne, d'un dévouement au-dessus de tout éloge. Le 21 août 1914, ne voulant pas abandonner le poste de secours établi en avant du village de Voyers, fortement bombardé, a été très grièvement blessé et est resté sur le champ de bataille. A été cité.*

[Né le 14 juillet 1882. Fils du Dr Léon DE RECHAPT et de Mme née MANLHIOT.]

RECHAPT (Gaston-Léon), ⚝ (posthume), ✠, soldat au 355e d'Infanterie.

> Citation : *Excellent soldat. Glorieusement tombé pour la France, le 7 octobre 1916, en montant à l'assaut d'une position ennemie, avec un admirable entrain, à Morval.*

RÉDARÈS DE LAMARTINE (Michel), ⚝ (posthume), ✠, soldat d'Infanterie.

Tombé en Champagne, le 1er février 1917.

Citation : *Chef de poste intelligent, énergique, actif; a donné, jusqu'au dernier moment, l'exemple du devoir et du dévouement. Est mort à son poste, remplissant son devoir jusqu'au bout.*

[Né à Nîmes le 23 septembre 1874. Fils de M. et de Mme M. RÉDARÈS DE LAMARTINE.]

REDON (Michel-Marie-*Pierre* de), caporal au 9e d'Infanterie. Tué à Perthes-les-Hurlus, le 30 décembre 1914.

[Né le 19 janvier 1882. Fils de M. et de Mme née DE GRAMONT DE VILLEMONTÈS.]

RÉGAMEY (René), ✠ (palmes), sous-lieutenant pilote-aviateur. Tué en service commandé, à Villacoublay, le 6 mai 1919.

[Fils de M. et de Mme née HEILMANN.]

REGNARD (*Henri*-Jean-Joseph), ingénieur civil, sous-lieutenant d'Infanterie. Tombé en Champagne, devant Auberive, le 25 septembre 1915.

[Né le 21 août 1884. Fils de M. Eugène REGNARD, ingénieur, et de Mme née GEROME. Marié à Mlle GAZIER, fille du Professeur honoraire à la Sorbonne et de Mme née ROGUET, — dont deux enfants.]

REGNARD (*Émile*-Jean-Joseph), licencié ès lettres naturelles, brigadier d'Artillerie. Tombé dans la Somme, près de Maurepas, le 18 septembre 1916.

[Né le 24 février 1888. Frère du précédent.]

REGNAULT DE LA MOTHE (Joseph-Jean-*Louis*), ✠, ✠ (2 palmes), Saint-Cyrien, capitaine au 28e Chasseurs alpins. Décoré de la Légion d'honneur après la prise de la Tête-de-Faux, en Alsace, où il commandait un détachement de quatre compagnies; c'est au Schneifenrieth qu'il est tombé glorieusement, le 17 avril 1915, frappé à bout portant. La balle, qui lui a traversé le corps, aurait été tirée par un sous-officier blessé, qui se trouvait au fond de la tranchée, au moment où le capitaine REGNAULT faisait, aux occupants, signe de se rendre.

Citation : *Officier d'une bravoure hors d'éloges, qui s'est dépensé sans compter depuis le début de la campagne; chargé de nombreuses missions délicates, s'en est toujours acquitté dans la perfection; le 17 avril, en entraînant dans un élan admirable deux compagnies à l'assaut d'une position extrêmement fortifiée, a été mortellement frappé à bout portant en arrivant sur les tranchées ennemies.*

La cote 1025, en Alsace, porte maintenant le nom de « Camp REGNAULT », avec plaque commémorative.

[Né le 24 mai 1875. Fils de M. REGNAULT DE LA MOTHE et de Mme née DE FONTANGES.]

RÉGNAULT DE LA SUSSE (Eugène-*Robert*), ✠ (posthume), ✠ (palme), administrateur des Services civils en Indo-Chine, sous-lieutenant au 7e Chasseurs alpins.

Citation : *Vaillant officier, dévoué et courageux, qui, dès les premiers combats de la campagne, s'est distingué par sa belle attitude devant l'ennemi. Mort glorieusement pour la France, le 17 novembre 1914. Croix de guerre avec palme.*

REIBELL (Louis), ✠, ✠ (palmes), sous-lieutenant d'Artillerie, observateur en avion à l'Escadrille 215.

Tombé en combat aérien, le 1er août 1918.

[Né en 1899. Fils du Général, C ✠, et de Mme née VARLOUD.]

REILLE SOULT, Duc de DALMATIE (*René*-Charles-Jean de Dieu), ✠ (posthume), ✠ (1 palme, 1 étoile), député du Tarn, lieutenant au 62e d'Artillerie, commandant la 45e section d'Autos-canons.

Tué sous Saint-Quentin, le 21 juin 1917, à minuit, répondant à l'appel de son nom : REILLE était le mot d'ordre de cette nuit (21-22 juin 1917) ; enterré à Ham (Somme).

Dernière citation : *Excellent officier, plein d'allant, qui a fait preuve, depuis le début de la campagne, de belles qualités militaires, de courage et de sang-froid. Le 21 juin 1917, blessé une première fois au cours d'un violent bombardement de sa section, est tombé mortellement frappé quelques instants après, au moment où il donnait des ordres pour assurer la sécurité de son personnel. A été cité.*

[Né le 10 février 1888. Fils du Bon André REILLE, député du Tarn (décédé en 1898), et de la Bonne née Delphine VAÏSSE, mariée en secondes noces au Vte G. D'AVENEL.]

REILLE SOULT DE DALMATIE (*Jean de Dieu*-Marie-Victor, Baron), ✠ (posthume), ✠, propriétaire et fondateur d'estancias en Patagonie Argentine, *engagé volontaire*, cavalier au 1er Chasseurs à cheval.

Engagé le 22 août 1914, fut tué, le 15 avril 1915, dans la tranchée de Calonne, aux Eparges. Enterré à Rupt-en-Woëvre (Meuse).

Citation : *Voyant fléchir le courage de ses camarades employés à une corvée, sur un point battu par l'artillerie ennemie, a demandé à se joindre à eux et a été mortellement blessé. A été cité.*

[Né le 27 décembre 1889. Frère du précédent.]

REILLE SOULT DE DALMATIE (*Charley*-Honoré-Germain, Baron), ✠ (posthume), ✠ (4 citations), *engagé volontaire*, sous-lieutenant au 1er Chasseurs à cheval.

Engagé le 22 août 1914, fut tué, le 29 septembre 1918, en Champagne. Enterré à Somme-Bione (Marne).

Dernière citation : *Officier d'une rare valeur intellectuelle et morale. Chef de peloton accompli, adoré de ses hommes. Détaché comme officier de liaison à l'Etat-Major d'une division d'infanterie. A toujours sollicité les missions les plus périlleuses, donnant l'exemple du courage et de la foi dans le succès. Frappé mortellement, le 29 septembre 1918, au cours de la poursuite de l'ennemi. A été cité.*

[Né le 8 mars 1896. Frère des précédents.]

REINACH (Adolphe), ✠ (posthume), ✠, ancien membre de l'École d'Athènes, lieutenant de Cavalerie, détaché au 46e d'Infanterie (officier de liaison).

Tombé au champ d'honneur, le 30 août 1914, à Fossé (Ardennes).

Citation : *En toutes circonstances, s'est particulièrement distingué par son sang-froid et sa bravoure exceptionnels. Le 30 août, à la ferme des Tyranes, dans un moment difficile, a groupé autour de lui une dizaine d'hommes et, tout en restant à cheval, les a en-*

*traînés à l'assaut, permettant ainsi à un bataillon de se maintenir
sur ses positions.*

[Né en 1887. Fils de M. Joseph REINACH, ✽, ancien député, homme de lettres, et de Mme, décédée en 1918.]

REINACH-CESSAC (Comte Gérard de), ☩ (posthume), ✠ (étoile), *engagé volontaire* au 246e d'Infanterie.

Tombé, le 25 septembre 1915, à la prise des tranchées ennemies, à Souchez, en Artois.

Citation : *A occupé un des premiers la tranchée allemande, et l'a défendue énergiquement dans des conditions difficiles en attendant du renfort.*

[Né en 1885. Fils du Cte et de la Ctesse née DE CESSAC, décédée en 1920.]

REISET (*Maurice*-Frédéric-Auguste-Xavier de), ☩ (posthume), ✠ (étoile), caporal au 67e d'Infanterie.

Tué aux Eparges, le 24 avril 1915.

Citation : *Blessé d'une balle au mollet le 22 mars, une seconde fois, en avril, à la lèvre supérieure ; a été tué, le 24 du même mois, à la tranchée de Calonne, en faisant bravement son devoir. Bon caporal, qui était très apprécié dans sa compagnie.*

[Né le 24 novembre 1889. Fils de M. Frédéric DE REISET et de Mme née DOWNING.]

REITLINGER (Guy-F.), ✠ (2 palmes), capitaine.

Tombé à l'ennemi, sous Verdun, le 7 novembre 1917.

[Né en 1891. Fils de M. Frédéric REITLINGER, O ✽, et de Mme née CATTAUI, décédés.]

REITLINGER (Arthur), ✽ (posthume), ✠, sous-lieutenant au 26e d'Artillerie.

Tombé glorieusement en Champagne, le 16 juillet 1918.

Citation : *Jeune officier très courageux et d'un entrain remarquable. A traversé à plusieurs reprises, sous un feu extrêmement violent d'artillerie ennemie, un bois complètement bouleversé par ce tir, pour porter des ordres au commandant du groupe ; appelé le lendemain à prendre le commandement d'une batterie très éprouvée, a su maintenir parmi le personnel un moral remarquable et assurer complètement toutes les missions. Blessé mortellement à son poste de combat, vers la fin de la journée. A été cité.*

[Né en 1892. Fils de M. et de Mme Benoît REITLINGER.]

REIX DE LAPLANE (Roger de), ✽ (posthume), ✠ (palme), lieutenant de réserve au 250e d'Infanterie.

Mort de ses blessures, le 10 janvier 1915, en captivité.

Citation : *Officier très brave. A été grièvement blessé, dans la nuit du 7 au 8 octobre 1914. A refusé de se laisser emporter pour ne pas exposer ses hommes. Fait prisonnier, est mort des suites de ses blessures. A été cité.*

[Fils de M. (décédé) et de Mme née DE JAURIAS.]

REMACLE (*Alfred*-Louis-Marie-Bernard, Comte Alfred), ✠, capitaine au 1er d'Infanterie.

Tué à Jonchery-sur-Vesle, le 28 juin 1915.

[Né le 5 août 1874. Fils du Cte (décédé) et de la Ctesse née Louise BRUN. Marié à Mlle FAUCILLON.]

REMLINGER (Auguste), ✠, ✠, capitaine au 78e d'Infanterie.
Tué en septembre 1914.

Citation : *A fait preuve de la plus grande ténacité le 28 août, et, finalement, a été blessé à la tête d'un éclat d'obus.*

RENARD (*Soulange*-Georges-Antoine), étudiant, maréchal des logis au 12e Cuirassiers.
Tué, le 22 septembre 1914, au cours d'une reconnaissance sur les Hauts de Meuse, près de Buxerulles.

[Né le 24 avril 1891. Fils de M. Soulange RENARD et de Mme née REY.]

RENARD (Émeric).
Tué en 1915.

[Fils de M. et de Mme née MESSAGER.]

RENAUDEAU D'ARC (M.-A.-Georges), ✠, colonel de Cavalerie.
Mort en mai 1916.

RENAUDEAU D'ARC (Jacques), ✠ (posthume), ✠, sergent au 365e d'infanterie.

Citation : *Sous-officier courageux et dévoué. Mort au champ d'honneur, le 13 juillet 1918, au combat de la Montagne-de-Paris, en faisant vaillamment son devoir.*

RENDU (Ernest-Marie-*Jacques*), ✠ (posthume), ✠ (palmes), sous-directeur de la Caisse Commerciale et Industrielle de Paris, sergent au 233e d'Infanterie.

Citation : *Sous-officier modèle, d'une conscience parfaite, d'un courage exceptionnel et d'un calme admirable dans le danger. Tué à la tête de sa demi-section, qu'il entraînait à l'assaut de trois lignes de tranchées ennemies, qui furent occupées d'un seul élan.*

[Né en février 1879. Fils du Dr (décédé) et de Mme née LABRIC. Marié à Mlle LE CONTE, fille de M. (décédé) et de Mme née GAILLARD, — dont trois enfants.]

RENÉVILLE (Antoine-Régis-Louis PUTE-COTTE de), ✠ (posthume), ✠ (étoile), lieutenant au 22e d'Infanterie.
Tué d'une balle au front, au Chemin-des-Dames (Aisne), le 13 mai 1917.

Citation : *Brillant officier, d'une bravoure et d'un entrain superbes. Adoré de ses hommes, à la tête desquels il a vaillamment repoussé, le 11 mai 1917, une très violente attaque allemande. A été tué en effectuant, à la pointe du jour (4 heures), une reconnaissance très périlleuse, en vue de la consolidation du terrain occupé par sa compagnie.*

[Né le 13 février 1891. Fils du Vte Ludovic DE RENÉVILLE et de la Vtesse née Marguerite TERME.]

RENGERVÉ (*Jacques*-Marie-Ambroise, Comte Jacques de ROLLAND de), ✠ (posthume), ✠, sous-lieutenant au 137e d'Infanterie.
Tué, le 27 août 1914, le jour où son régiment enlevait un drapeau à l'ennemi.

Citation : *Dans un combat de nuit, a maintenu, avec une bravoure héroïque, sa section derrière une barricade du village, restant seul debout au milieu de la route et sous une grêle de balles, dans la lueur des incendies que les Allemands avaient allumés. A été tué, le 27 août 1914, alors qu'en tête de sa section il enlevait d'assaut une ferme. A été cité.*

RENGERVÉ (Bertrand-Pierre de ROLLAND de), ✠ (posthume), ✠, sergent au 99e d'Infanterie.
Tué sous Verdun, le 18 mars 1916.

Citation : *Déjà blessé trois fois dans le courant de la campagne. Est tombé mortellement frappé, dans la nuit du 17 au 18 mars 1916, tandis que, sans le moindre souci du danger, il s'efforçait de mettre ses hommes à l'abri. A été cité.*

[Fils de M. et de Mme née Yvonne PARENT DU CHÂTELET.]

RENIÉ (Jean), ✾, ✠, chef du 27e bataillon de Chasseurs alpins.
Tué à Dieuze, le 20 août 1914.

RENOS (Gonzague de), sous-lieutenant.
Tué, le 14 avril 1917, à 23 ans.

RENOUARD (Jean-Antoine-Lucien), ✾, ✠ (palme), chef de bataillon au 17e Chasseurs à pied.
Mort de ses blessures, le 11 mai 1915, à Hersin-Coupigny (Pas-de-Calais).

Citation : *Officier remarquable à tous égards ; a trouvé une mort glorieuse à la tête de son bataillon, au cours de l'attaque des tranchées ennemies.*

RENOUARD (Étienne-Just-Edmond), ✾, ✠ (palme), chef de bataillon au 59e Chasseurs à pied.
Tué sous Verdun, le 22 février 1916.

RENTY (Baron Ludovic de), ✠, ingénieur agricole.
Décédé, en juin 1919, des suites d'une maladie contractée au front.

[Fils du Bon et de la Bonne née DE MONTREUIL.]

RENTY (Auguste-Jacques-Victor-Joseph de), ✠ (posthume), ✠, caporal au 1er d'Infanterie.

Citation : *Brave caporal, donnant toujours à ses hommes le plus bel exemple de courage. Mort glorieusement pour la France, le 28 août 1916.*

RESSÉGUIER (Amaury de), ✾, ✠ (palme), lieutenant-colonel au 59e d'Infanterie.
Tombé glorieusement au combat du 27 août 1914.

Citation : *Venant de prendre le commandement du régiment, l'a conduit d'une façon brillante à l'attaque de positions très fortes, jusqu'au moment où il est tombé.*

[Marié à Mlle MOLINIÉ-YTURBIDE.]

RESSÉGUIER (Robert de).
Tué le 29 avril 1918.

[Fils du Cte et de la Ctesse née DE CASTELLANE.]

RESZKÉ (Jean de), ✠ (posthume), ✠, *engagé volontaire*, sous-lieutenant au 4ᵉ Chasseurs à pied.
Tué d'une balle au front, près de Méry, en juin 1918.

> Citation : *Officier polonais, venu dans nos rangs servir au titre étranger. A trouvé une mort glorieuse, au combat du 10 juin 1918, en portant sa section à l'assaut. A été cité.*

[Fils de M. Jean DE RESZKÉ et de Mᵐᵉ née DE GOULAINE.]

RETZ (*Jean*-Paul-Louis de), ✠ (palme), capitaine au 7ᵉ Colonial.
Tué, le 25 septembre 1915, aux combats de Champagne.

REVEILLE (Marie-Victor), ✠, capitaine de vaisseau.
A sombré avec la *Provence II*, en 1916, alors que, dès le début de la catastrophe, il aurait pu prendre passage sur une embarcation.
Pour perpétuer la mémoire de ce brave, le nom de *Victor-Reveille* a été donné au sous-marin *U-79*, livré à la France.

REVEL (*Henry*-Hugues du PERRON DE REVEL, Comte Henry de), ✠, ✠ (2 citations), ✠ (Médaille du Maroc), capitaine de Cavalerie, détaché au 10ᵉ Chasseurs à pied.
Tué à l'ennemi, au Bois-Carré (Pas-de-Calais), le 3 juin 1915.

> Citation : *Officier des plus distingués, tant par ses services que par ses hautes qualités militaires. Adoré de ses subordonnés, dont il savait tout obtenir. Tué à son poste de commandement, le 3 juin 1915, par un obus.*

[Né le 30 août 1883. Fils du Colonel Cᵗᵉ DE REVEL, C ✠, ✠, et de la Cᵗᵉˢˢᵉ née BENGASSE. Marié à Mˡˡᵉ Germaine DU FAUR DE PIBRAC, fille du Cᵗᵉ et de la Cᵗᵉˢˢᵉ née CALLUAU, — dont deux filles.]

REVEL (*Guy*-Paul du PERRON DE REVEL, Comte Guy de), ✠ (posthume), ✠ (palme), ✠ (Médaille du Maroc), ✠ (Nicham Iftikar), secrétaire d'Ambassade, lieutenant de réserve au 1ᵉʳ Tirailleurs Indigènes Marocains.
Tué à Chaudun (Aisne), le 11 septembre 1914.

> Citation : *Glorieusement tombé à la tête de sa section, qu'il entraînait dans un bel élan à l'attaque d'un village. A été cité.*

[Né le 27 juillet 1885. Frère du précédent.]

REVEL (*Bruno*-Louis du PERRON DE REVEL, Comte Bruno de), ✠, ✠ (palme), ✠ (Médaille du Maroc), capitaine de Cavalerie, détaché au 159ᵉ d'Infanterie.
Mortellement blessé, le 4 septembre 1916, devant Barleux (Somme), décédé le 6 à l'ambulance.

> Citation : *Officier d'une grande valeur, ayant au plus haut degré toutes les qualités intellectuelles et morales. Versé, sur sa demande, de la cavalerie dans un régiment d'infanterie, où il s'était promptement acquis une situation hors de pair. A été mortellement frappé, le 4 septembre 1916, en entraînant sa compagnie à l'assaut de la position ennemie.*

[Né le 19 septembre 1889. Frère des précédents.]

REVENAZ (Gonzague), ✠ (posthume), ✠ (palme), sergent au 213ᵉ d'Infanterie.

Tué, le 19 octobre 1914, à Sainte-Anne (Alsace).

Citation : *A fait preuve de courage et d'audace, en se précipitant seul sur huit Allemands, au cours d'une reconnaissance exécutée, le 19 octobre, à Sainte-Anne (Haute-Alsace). A été grièvement blessé.*

[Né en 1885. Fils de M. et de Mme née DE LESTAPIS.]

REVERDY (*Paul*-Marie-Louis), ⚜, ✠ (2 palmes, 3 étoiles), étudiant en droit, sous-lieutenant au 129e d'Infanterie.

Tué, le 3 septembre 1918, à la tête de sa compagnie, à l'attaque du plateau de Crouy (Aisne).

Citation : *Jeune sous-lieutenant au beau passé militaire. A pris part et dirigé de nombreux coups de main ; le 3 septembre 1918, jeté avec sa compagnie en première ligne pour assurer la liaison avec un régiment voisin, s'est porté en tête de sa compagnie au-devant de l'adversaire, donnant un bel exemple aux jeunes soldats qu'il commandait. Est tombé glorieusement à son poste.*

[Né le 25 septembre 1895. Fils de M. Henry REVERDY, avocat à la Cour de Paris, et de Mme née CHOLLET.]

REVIERS DE MAUNY (*Xavier*-Marie-René-Joseph, Vicomte Xavier de), ✠ (posthume), ✠, sous-lieutenant au 128e d'Infanterie.

Tué d'un éclat d'obus, le 9 mars 1915, à Beauséjour (Marne).

Citation : *Officier d'un calme et d'un sang-froid remarquables. S'est particulièrement distingué, pendant les journées du 7 et du 8 mars 1915, à Beauséjour. Mort à son poste de combat, le 9 mars 1915. A été cité.*

[Né le 10 octobre 1891. Fils du Vte (décédé) et de la Vtesse née RIOULT DE NEUVILLE.]

REY (Marius-Abel-Jean, Baron), O ✠, ✠, Général commandant la 5e Brigade de Dragons.

Mort des suites d'une maladie contractée aux Armées, le 18 décembre 1918.

[Né le 2 septembre 1862. Fils de M. et de Mme née CORBIÈRE. Marié, en 1887, à Mlle Henriette COURTOIS DE VIÇOSE.]

REY (Jean-Marc-*Barthélemy*), ✠, banquier, *engagé volontaire*, sous-lieutenant interprète.

Tué, le 11 mars 1918, devant le Ministère de la Guerre, où il accourait pour aider au sauvetage.

Citation (Légion d'honneur) : *Dans la nuit du 11 au 12 mars, ayant remarqué un incendie provoqué par la chute de bombes d'avions ennemis, est descendu spontanément dans la rue pour porter secours, et a été grièvement atteint par les éclats d'une autre bombe, au moment même où il arrivait sur le lieu du sinistre.*

[Né le 6 janvier 1858. Fils de M. William REY et de Mme née BOUVIER. Marié à Mlle Lucie MATTER, fille de M. et de Mme née BLECH, — dont quatre fils.]

REY (*Philippe*-Robert-Hugues), ⚜ (posthume), ✠ (étoile), brigadier au 275e d'Artillerie de campagne.

Tué à Gueux (Marne), le 29 mai 1918.

Citation : *Arrivé au front depuis peu, s'est fait remarquer par son courage. Pendant un bombardement de la batterie, a sollicité un emploi périlleux dans lequel il a trouvé la mort.*

[Né le 4 septembre 1898. Fils du précédent.]

REY (*Jean-Gabriel-Paul*), ✠, ✠ (1 palme, 1 étoile), étudiant en droit, sous-lieutenant au 274ᵉ d'Infanterie.

Blessé à la tête, en septembre 1914, à la défense de Loivre, n'a pas voulu être évacué, se fit panser et revint prendre immédiatement le commandement de sa section. La Croix de guerre lui fut décernée pour ce fait. Blessé à nouveau, en septembre 1915, à Neuville-Saint-Vaast, demanda à repartir comme volontaire à Verdun, où il prit part aux combats du bois de la Caillette. Le 10 avril 1916, fut mortellement atteint en se portant au secours d'un de ses hommes enfoui et blessé. Il mourut à l'ambulance de Bévaux, le 11 avril, après avoir été décoré de là Légion d'honneur.

> Citation : *Officier de complément très dévoué et d'un moral très élevé, qui, malgré son âge l'admettant à la territoriale, avait tenu à servir dans un régiment actif. Mort pour la France, le 26 avril 1915, à Fresnes-en-Woëvre, au cours d'un violent bombardement.*

[Né le 24 avril 1893. Fils de M. Gabriel Rey, notaire à Paris (décédé), et de Mᵐᵉ née DE LONGUEIL.]

REYDET DE VULPILLIÈRES (*Xavier-Henri-François-Marie-Joseph de*), O ✠, ✠ (4 palmes, 3 étoiles), chef de bataillon au 6ᵉ Tirailleurs.

Tué le 21 juillet 1918.

> Citation : *Officier supérieur de la plus haute valeur morale et du plus grand courage. Après avoir mené son bataillon à l'assaut et organisé le terrain conquis, est tombé glorieusement, tué par un obus de gros calibre allemand, alors qu'il parcourait la ligne de ses unités, donnant l'exemple du plus grand calme et de l'esprit d'abnégation le plus complet.*

[Marié à Mˡˡᵉ. DE COURRÈGES.]

REY-HERME (Alexandre), lieutenant mitrailleur au 344ᵉ d'Infanterie. Tué à Flirey-en-Woëvre, le 29 décembre 1915.

REYMOND (Émile), ✠, ✠ (2 palmes), chirurgien, sénateur de la Loire, commandant observateur en avion.

A été, sur sa demande, au premier jour de la mobilisation, détaché du Service de Santé pour être attaché à l'Aviation. Après de nombreux raids où il fut tantôt pilote, tantôt observateur, a été blessé mortellement au moment où il atterrissait près de nos lignes au bois de Mortmare, le 21 octobre 1914; a succombé le lendemain à l'hôpital de Toul, après avoir rendu compte de sa mission.

> Dernière citation : *A exécuté, avec une grande bravoure, de nombreuses reconnaissances aériennes des plus audacieuses; s'est chargé, le 21 octobre, d'une reconnaissance extrêmement périlleuse, qu'il n'a pu accomplir avec fruit qu'en descendant au-dessous de nuages très bas, exposé au feu très violent d'infanterie et d'artillerie. A fait preuve, en cette circonstance, d'un véritable héroïsme ; obligé d'atterrir à 50 mètres des lignes allemandes, devant le bois de Mortmare, a été blessé grièvement, n'a pu être relevé qu'à la nuit, et, malgré son extrême faiblesse, a trouvé l'énergie de faire un compte rendu très précis de sa reconnaissance. Est mort le lendemain des suites de sa blessure.*

Un monument commémoratif, œuvre du sculpteur Bartholomé, a été inauguré solennellement à Montbrison, le 24 mai 1920.

[Né le 9 avril 1865. Fils de M. Francisque REYMOND, sénateur de la Loire, et de Mᵐᵉ née BLANC. Marié à Mˡˡᵉ DE LAUNAY, fille de M. et de Mᵐᵉ née CHASTELLAIN.]

REYMOND-DE BROUTELLES (Henri), ✠, *engagé volontaire*, pilote-aviateur.

Pilote sur un appareil de chasse Spad, trouva une mort glorieuse, le 11 mai 1917, en patrouille au Mont Cornillet.

[Fils de M. et de Mᵐᵉ Maurice REYMOND-DE BROUTELLES.]

REY-MURY (Paul), commerçant, caporal au 140ᵉ d'Infanterie.

Tombé à Douaumont, sous Verdun, le 18 mars 1916.

[Né le 14 août 1895. Fils de M. et de Mᵐᵉ née CORCELETTE.]

REYNAUD (Théodore-Clovis-Clément de), ⚜ (posthume), ✠, soldat au 332ᵉ d'Infanterie.

Citation : *Fusilier-mitrailleur très méritant, d'une audace et d'une bravoure remarquables. A été tué glorieusement, en se portant à l'assaut des tranchées ennemies, le 20 août 1917, devant Verdun. A été cité.*

REYNAUD (*Albert*-Alexandre), commissionnaire-exportateur, sergent au 26ᵉ territorial d'Infanterie.

Tué au Transloy, près Bapaume (Pas-de-Calais), le 26 septembre 1914, d'un éclat d'obus à la tête, alors qu'il entraînait à l'assaut sa demi-section.

[Né le 6 décembre 1876. Fils de M. (décédé) et de Mᵐᵉ née GASSIER. Marié à Mˡˡᵉ Charlotte COURIOT, fille de M. et de Mᵐᵉ née COUROT, — dont trois enfants.]

REYNAUD DE BRULLIARD (André), ✠, sous-lieutenant de Chasseurs à pied.

Tué à Douaumont (Verdun), en 1916.

REYNAUD DE LA JOURDONNIE (Justin)..................

REYNES (Henri de), ⚜, ✠ (palme), sergent au 23ᵉ Colonial.

Grièvement blessé par une torpille, le 23 octobre 1917, au Chemin-des-Dames, succomba deux jours après, à 21 ans.

Citation (Médaille militaire) : *Sous-officier modèle. Le 23 octobre 1917, a montré les plus belles qualités de courage, de sang-froid et d'esprit de devoir, en restant à son poste de guetteur, en première ligne, pendant un bombardement des plus violents. A été grièvement blessé.*

REYNIER (Frédéric-Georges-Hubert-*Philippe*), ⚜ (posthume), ✠ (étoile), étudiant, directeur de *La Presqu'île*, cahier d'art et de pensée du front, *engagé volontaire*, canonnier au 82ᵉ d'Artillerie.

Dix-huit mois de campagne, notamment devant Craonne et sur l'Yser. Le 10 octobre 1918, au nord de Reims, atteint de quatre éclats d'obus, il a trouvé la force de crier à ses camarades : « Ne vous occupez pas de moi, mettez-vous à l'abri. » Et il est tombé.

Citation : *Engagé volontaire pour la durée de la guerre. A toujours fait preuve, dans le service, de sentiments élevés et du plus bel entrain. Mortellement blessé dans l'accomplissement de son devoir.*

[Né le 11 septembre 1898. Fils de M. Gustave REYNIER, professeur à la Sorbonne, et de Mᵐᵉ née GEORGES-PERROT.]

REYSS (Lucien), sergent mitrailleur.

Tombé en Argonne, à l'attaque du saillant de Marie-Thérèse, le 8 septembre 1915.

[Né en 1893. Fils du Trésorier-Payeur à Dakar et de Mᵐᵉ G. REYSS.]

RHODEN (T.-F. de), capitaine.

Mort pour la France, le 25 mars 1918.

[Marié à Mˡˡᵉ TALLOIS.]

RHODEN (Louis-Charles-Henri de), ⚜ (posthume), ✠, aspirant au 22ᵉ Chasseurs alpins.

Citation : *Est tombé glorieusement, mortellement frappé à son poste de combat, sur le plateau des Casemates, le 2 septembre 1917. A été cité.*

RIANCEY (*Pierre*-Henry-Georges CAMUSAT de), ✠ (posthume), ✠ (1 palme, 2 étoiles), Saint-Cyrien de la promotion de la Grande-Revanche, sous-lieutenant au 151ᵉ d'Infanterie.

Blessé de deux balles, le 1ᵉʳ mars 1915, en Argonne, à la tête de sa section, chargeant à la baïonnette. Tombé pour la France, le 9 avril 1916, en s'élançant à l'attaque du Mort-Homme (Verdun). Mort, le 10 avril 1916, à l'ambulance de Jouy en Argonne.

Citation : *Saint-Cyrien de la Grande-Revanche et officier d'une exceptionnelle valeur, remarquable par son sang-froid et son calme sous le feu. Déjà cité deux fois pour son admirable attitude. A, dans une contre-attaque furieuse qu'il organisait lui-même, le 9 février 1916, reçu une balle au ventre qui a entraîné la mort. A été cité.*

[Né en 1896. Fils du Capitaine Vᵗᵉ et de la Vᵗᵉˢˢᵉ née D'ESTAINTOT.]

RIANT (Comte Paul), ✠, interprète attaché à l'Armée Britannique.

Mort de ses blessures, en 1918, à l'hôpital de Paris-Plage.

[Fils du Membre de l'Institut et de la Cᵗᵉˢˢᵉ née D'OFFÉMONT, décédés.]

RIBAINS (Antoine-Joseph-*Louis* de FRÉVOL D'AUBIGNAC, Vicomte Louis de), ✠, ✠ (1 palme, 2 étoiles), *engagé volontaire,* lieutenant au 5ᵉ Cuirassiers à pied.

Tombé glorieusement à Moreuil (Somme), le 4 avril 1918.

Citation : *Etant aux avant-postes, a combattu, avec sa section, avec la dernière énergie, et, l'ordre de repli lui étant parvenu, n'a reculé que pas à pas, faisant lui-même le coup de feu. A abattu une dizaine d'Allemands et recherchant, au péril de sa vie, la liaison avec l'unité voisine, a permis le regroupement du gros des forces derrière lui. Blessé grièvement et disparu. Deux citations antérieures.*

Le corps du jeune héros ne fut retrouvé et identifié que six mois après, alors que Moreuil fut repris par nos troupes; il avait encore sous lui le mousqueton avec lequel il avait abattu si fièrement tant d'ennemis, et il fut enterré à l'endroit même où il était tombé accablé sous le nombre.

[Né le 19 août 1893. Fils du Cte (décédé) et de la Ctesse née COLLAS DE CHATELPERRON.]

RIBALLIER DES ISLES (Raymond-Louis), ✠, ✠ (palmes), sous-lieutenant de réserve.

> Citation : *Excellent officier à tous égards, d'un courage et d'un dévouement à toute épreuve, adjoint au chef de bataillon, a été très grièvement blessé au moment où, sortant du P. C., il se portait à un observatoire pour examiner la situation, la grande intensité du tir de l'artillerie faisant présager une attaque de la première ligne. Déjà cité à l'Ordre.*

RIBALLIER DES ISLES (Émilien-Claude-*Jean*), ✠ (posthume), ✠, sergent au 317ᵉ d'Infanterie.

> Citation : *Est tombé mortellement blessé en entraînant sa section au feu avec une superbe bravoure, au combat du 25 septembre 1914. A été cité.*

[Frère du précédent.]

RIBEAUX (J.-H. de), ✠, capitaine au 73ᵉ d'Infanterie.
Tué à Esternay, le 6 septembre 1914.

RIBEROLLES (Louis-Marie-Joseph-Jean de), ✠, ✠ (1 palme, 2 étoiles), garde général des Eaux et Forêts, capitaine au 129ᵉ d'Infanterie.
Tombé à la reprise du fort de Douaumont, le 22 mai 1916.

> Citation : *Officier d'une haute valeur morale, d'une bravoure au-dessus de tout éloge, admiré des hommes dont il a toute la confiance. Grièvement blessé en organisant une attaque avec sa compétence habituelle et avec un sang-froid qui a fait l'admiration de tous.*

[Né le 23 novembre 1888. Fils de M. et de Mme née Marie ANDRAUD DU RONZEIX, décédés.]

RIBEROLLES (Joseph-Henri-Marie-*Robert* de), ✠ (posthume), ✠, sergent au 23ᵉ d'Infanterie.
Blessé le 7 septembre 1914, décédé le 7 février 1915.

> Citation : *A toujours fait preuve du plus grand courage au feu. A conduit avec bravoure sa demi-section à l'attaque; a été très grièvement blessé au moment où il encourageait sa troupe qui traversait un terrain fortement battu par une mitrailleuse ennemie. A été amputé d'une jambe et est mort des suites de cette blessure. A été cité.*

[Né en 1894. Fils de M. et de Mme née JURON.]

RIBERPRAY (Georges-Émile-Joseph), O ✠, ✠ (palmes), Général de Brigade, commandant une Division d'Infanterie.

> Citation : *Officier général de la plus haute valeur morale et du plus beau caractère, n'ayant jamais connu d'autres soucis que ceux du bien de l'armée et de l'accomplissement de ses devoirs militaires. Adoré de ses officiers et de ses hommes, leur prêchait le mépris du danger en leur donnant chaque jour l'exemple du plus beau courage. Tombé glorieusement, le 11 septembre 1917, en visitant, en plein combat et sous le feu de l'artillerie et des mitrailleuses, ses régiments de première ligne.*

RIBOUD (*Jules*-Joseph), ✠ (posthume), ✠ (1 palme, 2 étoiles), directeur de la Société Lyonnaise de Dépôts et Comptes Courants et de Crédit Industriel, lieutenant au 12ᵉ Chasseurs alpins.

Parti simple soldat, a demandé en septembre 1914, après la retraite de Charleroi, de piloter une auto-mitrailleuse (campagne du Nord et de Belgique); nommé officier, fut affecté, sur sa demande, à un bataillon alpin. Officier adjoint au Chef de corps et commandant des mitrailleuses du bataillon, il prit part aux combats des Vosges, d'avril à décembre 1915, et fut tué à l'ennemi, à son poste de combat, à l'Hartmannswillerkopf (Alsace), le 29 décembre 1915.

Citation : D'une bravoure et d'un allant remarquables, n'a cessé de se prodiguer pour assurer les liaisons difficiles, sous des feux très violents d'artillerie lourde. Le 29 décembre 1915, dans le but de faire une reconnaissance avec toute la précision nécessaire, s'est porté sur un point particulièrement dangereux, qui était l'objectif de l'armée ennemie, et y a trouvé une mort glorieuse.

[Né le 2 juillet 1881. Fils de M. Antoine RIBOUD et de Mᵐᵉ née Marguerite BOURGEOT.]

RIBOULOT (Lucien-Émile), ✠, ✠, chef de bataillon.

Blessé, en septembre 1914, d'un éclat d'obus, pendant la bataille de la Marne, resta à son poste. Tombé au champ d'honneur, le 10 novembre suivant, aux combats de l'Yser.

Citation : Officier supérieur de grand mérite; blessé une première fois, le 9 septembre 1914, d'un éclat d'obus, est resté à son poste et a continué à se faire remarquer, par ses belles qualités militaires, dans toutes les affaires auxquelles le régiment a pris part. Tué, le 10 novembre 1914, par un obus de gros calibre, à son poste de commandement, pendant la bataille d'Ypres.

[Né le 12 décembre 1863. Marié à Mˡˡᵉ BERNARD, — dont deux enfants.]

RICARD (..... de), caporal.

Tué le 7 mai 1917, à 21 ans.

RICAUMONT (*Hervé*-Alpinien MIEULET de), ✠ (posthume), ✠ (palme), sous-lieutenant mitrailleur au 114ᵉ d'Infanterie.

Citation : A brillamment entraîné son peloton de mitrailleuses à l'attaque du 23 juillet 1918, et a été tué glorieusement à la tête de ses sections, qu'il plaçait en batterie pour combattre le feu d'une mitrailleuse ennemie et permettre la progression de nos troupes. Une blessure. A été cité.

[Né en 1896. Fils du Chef d'escadrons et de la Bᵒⁿⁿᵉ DE RICAUMONT.]

RICHARD (Claude-Louis-*Jacques*), ✠ (posthume), ✠ (1 palme, 1 étoile de vermeil), capitaine au 8ᵉ Hussards, détaché au 51ᵉ d'Infanterie.

Tué à l'ennemi, le 12 avril 1915, à Marcheville (Meuse).

Citation : Officier de la plus grande bravoure. A été tué au moment où il entraînait sa compagnie à l'assaut des tranchées ennemies.

[Né le 28 septembre 1881. Fils du Colonel d'Artillerie en retraite Gabriel RICHARD, O ✠, et de Mᵐᵉ née RODE.]

RICHARD (Émile), ✠, lieutenant-colonel au 41ᵉ d'Artillerie.

Tué en 1914.

RICHARD (Ernest), lieutenant au 54e d'Infanterie.
Disparu, le 20 juin 1915, à la tranchée de Calonne (Lorraine).
[Fils du Général Fleury RICHARD, C ✳, et de Mme née GAYET.]

RICHARD (*Albert*-Jean-François), architecte, caporal mitrailleur au 2e Zouaves.
Disparu, le 25 février 1916, au Bois-des-Fosses, près Louvemont (Meuse), le premier jour de l'offensive de Verdun.
[Né le 8 janvier 1881. Fils de M. et de Mme née RAPP, petite-fille du Général RAPP.]

RICHARD (*Henri*-Eugène-Francisque), ✳ (posthume), ✠ (2 étoiles), chef du cabinet du Préfet de la Marne, lieutenant au 116e d'Infanterie.
Citation posthume : *Est tombé glorieusement dans la tranchée occupée par sa section, le 31 mars 1916, alors qu'il était sorti de son abri pour secourir des blessés.*
[Né le 18 novembre 1885. Frère du précédent.]

RICHARD (Georges), ✠ (posthume), ✠ (étoile), maréchal des logis au 28e Dragons.
Tué en Champagne, le 27 mai 1916.
Citation : *A été blessé grièvement au moment où il allait rentrer dans la tranchée, après avoir fait passer tous ses cavaliers devant lui. A donné ainsi le plus bel exemple à sa troupe.*

RICHARD (Pierre), ✠ (posthume), ✠ (étoile), sergent au 129e d'Infanterie.
Tué en Artois, le 25 septembre 1915.
Citation : *Jeune sergent plein d'entrain. Tué, le 25 septembre 1915, en entraînant ses hommes à l'assaut d'une position ennemie très fortement organisée.*

RICHARD D'IVRY (Comte Paul de), ✳ (posthume), ✠ (palme), chef de bataillon au 273e d'Infanterie.
Tué sous Verdun, le 25 février 1916.
[Marié à Mlle Sophie-Suzanne ROQUES SALVAZA.]

RICHAUD (André-Gaston-Albert de), ✠ (posthume), ✠ (palme), sergent-fourrier au 261e d'Infanterie.
Citation : *Dans le combat du 20 décembre 1914, son chef de section ayant été tué, a pris le commandement de sa section et porté ses hommes en avant en leur criant : « Allons-y, les enfants ; c'est pour la France que nous travaillons. » A été tué. A été cité.*

RICHE DES MOTTES (Georges-Joseph), ✠ (posthume), ✠, *engagé volontaire*, cavalier au 8e Hussards.
Citation : *Engagé volontaire, plein de courage et d'entrain, faisant preuve du plus haut sentiment du devoir. Mortellement blessé en se portant à l'attaque, devant Bixschoote, en novembre 1914.*

RICHELIEU (Henri), ✳, ✠ (palme), lieutenant au 3e Zouaves.
Tombé à Launois (Ardennes), le 28 août 1914, à 28 ans.

RICHELIEU (Armand), ✠, ✠ (2 palmes), lieutenant observateur à l'Escadrille M.F. 20.

Tombé au cours d'un combat aérien, le 1er mai 1916, sur Verdun, à 24 ans.

RICHELIEU (René), ✠ (posthume), ✠ (1 palme, 2 étoiles), lieutenant au 232e d'Infanterie.

Blessé à Chavigny (Aisne), le 28 août 1918, fait prisonnier, succomba à ses blessures à Wurtzbourg (Bavière), le 5 septembre suivant, à 22 ans.

> Citation : *Tombé glorieusement sous les balles ennemies, le 28 août 1918, pendant une attaque, alors qu'il se portait en reconnaissance en avant de sa compagnie. Jeune officier plein de courage et d'entrain. A été cité.*

[Tous trois fils de Mme et de M. Victor RICHELIEU, ✠, officier d'administration, décédé en 1916.]

RICHER D'ARREL (Henri)..............................

RICHET (Albert), ✠, ✠ (8 citations), lieutenant au 92e d'Infanterie, aviateur à l'Escadrille B.R. 117.

Parti simple soldat au début de la campagne, s'était rapidement distingué dans l'Aviation de bombardement, et il avait exécuté des raids retentissants sur Sarrebruck, Sarrebourg et Stuttgart. Disparu le 29 août 1918, alors qu'il conduisait son escadrille au combat; sa tombe fut retrouvée par nos troupes, lors de notre avance, près de la gare d'Anizy-le-Château, à côté des débris de son appareil.

> Dernière citation : *Officier admirable, tant par son courage légendaire que par ses qualités de commandement. Était un modèle pour tous les groupes, prenant part à toutes les expéditions et entraînant son escadrille par son exemple, a exécuté plus de cent bombardements. Blessé au cours d'un combat aérien, est revenu toujours aussi ardent. Tombé à l'ennemi, le 29 août, au cours d'une expédition.*

[Fils du Professeur RICHET, C ✠, membre de l'Institut et de l'Académie de Médecine, et de Mme née Amélie AUBRY.]

RICHOUFFTZ DE MANIN (Erich de), ingénieur civil, élève-officier au 128e d'Infanterie.

Tombé au champ d'honneur, le 22 août 1914, au combat de Meix-sous-Virton (Belgique). Fait prisonnier par les Allemands, mort au lazaret de Sarreguemines, le 15 septembre 1914.

[Né le 28 février 1891. Fils du Cte et de la Ctesse née DE FRESNOYE DE FLERS.]

RICOUR DE BOURGIES (L.-A.), ✠, ✠, lieutenant-colonel au 125e d'Infanterie.

Tombé glorieusement le 27 septembre 1915.

RIDGWAY (Richard-Jean), cavalier au 6e Cuirassiers.

Mort de ses blessures, le 5 septembre 1914.

[Né à Paris le 17 décembre 1892. Fils de M. Charles-Henry RIDGWAY (décédé) et de Mme née Ellen MUNROË.]

RIEU DE MAYNADIER (Joseph - Antoine - *Christian* du), ✳
(posthume), ✠ (1 palme, 2 étoiles), *engagé volontaire*, sous-lieutenant
au 63ᵉ d'Infanterie.

Blessé mortellement, le 18 octobre 1918, à la ferme de la Par-
donne, près Vouziers (Ardennes); son corps repose à Saint-Morel.

> Citation : *Mortellement blessé en entraînant sa section au com-
> bat du 18 octobre 1918. A été pour tous un exemple de bravoure et
> de sang-froid, en renforçant la ligne au cours d'une contre-attaque
> ennemie, dans des circonstances particulièrement difficiles. A été
> cité.*

[Né le 16 juin 1895. Fils de M. et de Mᵐᵉ née DE CARBONNIÈRES DE SAINT-BRICE.]

RIEUX D'ANCEZUNE (Comte Lionel SARLANDIÉ des), ✳
(posthume), ✠, ✠ (2 palmes), homme de lettres, sous-lieutenant au
112ᵉ d'Infanterie.

Passé, sur sa demande, de la territoriale dans l'armée active,
trouva une mort glorieuse, le 27 février 1915, à l'attaque du bois
de Malancourt (Meuse).

> Citation : *A fait preuve des plus brillantes qualités pendant l'at-
> taque du 26 février, excitant l'admiration de tous par son calme,
> son courage et son mépris du danger. A été tué le lendemain à
> la tête de sa section. A été cité.*

[Né à Neufchâteau (Lorraine) le 20 novembre 1870.]

RIEUX DE LA VILLOUBERT (Jehan-Anne-Marie-Raoul des), ✳
(posthume), ✠ (palme), capitaine au 28ᵉ Chasseurs à pied.

> Citation : *Officier d'une haute valeur morale, ayant un senti-
> ment élevé du devoir. Après s'être fait remarquer par sa crânerie
> dans les combats de 1914, a été grièvement blessé. Revenu au front
> comme officier d'État-Major, a trouvé une mort glorieuse à l'at-
> taque de Tardenois, le 25 juillet 1918.*

RIEUX DE LA VILLOUBERT (Charles-Marie-Paul-Anne des),
✳ (posthume), ✠, lieutenant au 248ᵉ d'Infanterie.

Tué à l'ennemi, à Saint-Hilaire-le-Grand, le 18 septembre 1914.

> Citation : *Officier d'un courage et d'un sang-froid remarquables.
> S'est brillamment conduit au cours de la retraite de Belgique et
> de la retraite de la Marne. Blessé mortellement, le 18 septembre
> 1914, à la tête de sa compagnie, en contre-attaquant l'ennemi qui
> tentait de s'emparer d'une de nos positions. A été cité.*

[Né le 23 avril 1886. Fils de M. et de Mᵐᵉ née Marie DUCHEMIN DE VAUBERNIER.]

RIGAL (Jean-Amans de), ✠ (posthume), ✠, sapeur au 4ᵉ Génie.

> Citation : *Brave et courageux. A été surpris et enseveli dans une
> galerie par une explosion allemande, le 25 avril 1915.*

RIGAUD (Jean-Ludovic-*Stanislas* de), ✳ (posthume), ✠ (palme),
sous-lieutenant au 4ᵉ Hussards.

> Citation : *A tenu, le 19 octobre 1914, jusqu'au dernier moment,
> le passage près de la gare de Zaren, où il a été tué d'une balle en
> plein front, au moment où il recevait l'ordre de se replier. A été
> cité.*

RIGAUD (Hubert de)..

RIHOUËT (René-Marie-François), ✠, ✠, lieutenant de vaisseau.
Disparu à bord de son contre-torpilleur, coulé en Méditerranée.

RITZ (Jean-Eugène-Louis), ✠ (posthume), ✠, lieutenant.

> Citation : *Le 28 septembre 1914, a enlevé brillamment ses hommes, sous le feu de l'artillerie allemande, pour les porter à l'attaque d'un village, donnant l'exemple du plus beau courage ; a été blessé mortellement en pleine action, laissant d'unanimes regrets chez ses camarades et ses hommes. A été cité.*

[Fils de M. et de Mme née GENTIEU.]

RIVET (Louis), religieux de la Compagnie de Jésus, lieutenant au 1er Etranger.
Tué sous Arras, le 9 mai 1915.

RIVET DE SABATIER (Alfred), docteur en droit, sergent au 117e Territorial, versé, sur sa demande, au 55e d'Infanterie.
Tué, le 30 janvier 1915, à Montzéville, près Verdun.

[Né le 20 juillet 1894. Fils de M. et de Mme née GARDIES.]

RIVIÈRE (*Jean-Louis-Marie-Joseph*), ✠ (posthume), ✠ (1 palme, 2 étoiles), artiste peintre, sous-lieutenant au 78e d'Infanterie.
Tombé, le 8 août 1918, frappé d'un éclat d'obus, sur l'Altipiano d'Asago (Italie).

> Citation : *Alliant le cœur le plus vaillant à l'âme la plus haute. Mort pour la patrie, le 8 août 1918, après l'avoir servie pendant près de quatre ans avec un dévouement absolu. Deux citations antérieures.*

[Né le 11 mars 1894. Fils de M. Maurice RIVIÈRE et de Mme née NORMANDIN.]

RIVIÈRE (Louis-René), ✠ (posthume), ✠ (étoile), Saint-Cyrien de la promotion de la Croix du Drapeau, sous-lieutenant au 128e d'Infanterie.
Tué, le 26 novembre 1914, dans le bois de la Grurie, en Argonne.

> Citation : *Rentré au corps après convalescence pour deux blessures, a été tué sur la ligne, pendant qu'il dirigeait les travaux de tranchées de sa compagnie, à laquelle il avait su donner une impulsion énergique. Il avait montré, depuis le début des hostilités, un courage et un calme devant le danger au-dessus de tout éloge.*

[Né le 4 février 1893. Fils de M. Albert RIVIÈRE, ✠, ancien magistrat, et de Mme née FÉLIX-VOISIN.]

RIVOIRE (Ernest-Marie-Joseph-*Hubert* DUPORT de), ☗ (posthume), ✠, ingénieur agricole, sergent de réserve au 8e d'Infanterie Coloniale.
Tombé à Massiges, le 28 décembre 1914. Avait été proposé pour la Médaille militaire et pour sous-lieutenant, pour avoir pris une mitrailleuse dans des circonstances périlleuses.

> Citation : *Sous-officier remarquable. Tombé glorieusement, le 28 décembre 1914, à la tête de sa section qu'il entraînait à l'assaut d'une tranchée ennemie, sous un feu des plus violents.*

[Né le 5 mai 1889. Fils du B^{on} DE RIVOIRE et de la B^{onne} née DE ROMANS-FERRARI.]

RIVOIRE (Joseph-Marie-*Albéric* DUPORT de), ✳ (posthume), ✠ (palme), sous-lieutenant au 171e d'Infanterie.

Il se conduisit si bravement en Alsace pendant la campagne qu'y fit le régiment durant près de deux mois, qu'il avait été proposé pour chevalier de la Légion d'honneur, dans les termes suivants : « N'a cessé de montrer le plus grand courage depuis le » début de la campagne. »

Le 2 octobre 1914, au bois d'Ailly, l'ordre fut donné d'attaquer les tranchées allemandes. A quelques mètres de la tranchée conquise, fut blessé mortellement d'une balle en haut du poumon droit. A son capitaine et à ses hommes, dont il était adoré pour sa bonté et sa bravoure, il dit : « Ce n'est rien. En avant! en avant! » Transporté à l'ambulance de Lerouville, il y mourut en arrivant d'une hémorragie interne.

Citation : *Frappé mortellement en entraînant sa troupe à l'assaut. A été cité.*

[Né le 24 décembre 1890. Frère du précédent.]

RIVOIRE (Raoul-Marie-Joseph-*Pierre* DUPORT de), employé au Crédit Lyonnais, soldat au 30e d'Infanterie.

Fait prisonnier à Rothau (Basse-Alsace), le 22 août 1914, après s'être battu 4 jours, sans boire ni manger. Envoyé à Cimund, puis en représailles, près de Grodno, au fond de la Pologne Russe; il fut à nouveau, après quelques jours passés à Stuttgard, renvoyé en représailles, cette fois sur le front français. Il est mort le 1er avril 1917 et est inhumé au cimetière militaire de Bugnicourt. Il est à présumer qu'il a été blessé mortellement par un projectile français, puisqu'entré au lazaret Wurtemburgeois 505, le 31 mars, il y est mort le lendemain d'une péritonite généralisée. C'est une des victimes de la barbarie allemande.

[Né le 28 avril 1892. Frère des précédents.]

RIVOIRE DE LA BATIE (Vicomte Eugène de), ✳ (posthume), ✠ (palme), ✳ (Médaille du Maroc), *engagé volontaire*, sous-lieutenant au 54e Chasseurs alpins.

Fit une campagne de deux ans au Maroc, où il prit part à plus de vingt combats. De retour en France peu avant la déclaration de guerre, afin de passer ses examens pour l'Ecole de Saint-Maixent, partit aussitôt après avec son bataillon dans les Vosges, puis en Artois, où il fut tué à Hénin, environs d'Arras, le 2 octobre 1914.

Citation : *Depuis le début de la campagne, n'a cessé de faire preuve, en toutes circonstances, d'activité, d'énergie et de courage. A été mortellement frappé, le 2 octobre 1914, alors qu'il effectuait en terrain découvert la reconnaissance d'une position difficile et dangereuse. A été cité.*

[Né le 30 août 1890. Fils du Cte A. DE RIVOIRE DE LA BATIE et de la Csse née MONTALAND.]

RO (Léon de), soldat au 160e d'Infanterie.

Tué au combat de Saint-Eloi (Belgique), le 10 novembre 1914.

ROBARDEY DE FEULE (Edmond), ✠, capitaine............

ROBERT (Édouard-Auguste de), ✠, ✠ (palmes), capitaine au 16ᵉ d'Infanterie.

> Citation : *Officier d'une haute valeur morale et militaire, merveilleux entraîneur d'hommes. Le 29 juillet 1918, est parti en tête de sa compagnie, avec sa bravoure habituelle. Dès le matin, son chef de bataillon ayant été tué, a pris le commandement de son bataillon et n'a pas cessé de montrer une admirable activité pour continuer la progression, organiser sa ligne de résistance et encourager ses hommes. A résisté à plusieurs attaques ennemies, contre-attaquant lui-même à la baïonnette en tête de ses unités. A trouvé une mort glorieuse au cours de ces opérations. Légion d'honneur pour faits de guerre. Une blessure et trois citations antérieures.*

ROBERT (Angel-*Léon*-Démosthène de), ✠ (posthume), ✠ (palme), ✳ (Maroc), *engagé volontaire*, sous-lieutenant au 81ᵉ d'Infanterie.

Tombé au champ d'honneur, à la prise de Vermelle, le 15 octobre 1914, en se portant à l'attaque des positions ennemies.

> Citation : *A entraîné ses hommes sous un feu des plus violents, et n'a pas hésité à s'engager le premier pour enlever la position sur laquelle il est tombé frappé mortellement.*

[Né le 6 août 1880. Fils de M. et de Mᵐᵉ née Catherine LASSERRE. Marié à Mˡˡᵉ Germaine ROUANET, fille de M. et de Mᵐᵉ née Marianne BENOIT, — dont un enfant.]

ROBERT (Claude-François-Louis), C✠, ✠, (70), ✳ (Médaille Coloniale), colonel de réserve du Génie.

Mort des suites de maladie contractée aux Armées.

[Né le 26 mai 1847. Marié à Mˡˡᵉ FAUVEL, fille de M. et de Mᵐᵉ née BAUMET.]

ROBERT (Jean), ✠, ✠ (2 palmes, 1 étoile), lieutenant de Cavalerie, pilote-aviateur.

Tué en combat aérien, le 24 mai 1916.

[Fils de M. Antoine ROBERT, inspecteur général des Ponts et Chaussées, et de Mᵐᵉ née TOURNAIRE.]

ROBERT (Maurice), ✠, avocat, adjudant au 84ᵉ d'Artillerie lourde.

Blessé grièvement au début de la guerre, tué à l'ennemi, à Combles (Somme), le 19 octobre 1916, à 25 ans.

ROBERT DE MASSY (*Paul*-Romain-Nicolas), ☉ (posthume), ✠ (étoile), étudiant, *engagé volontaire*, aspirant au 32ᵉ d'Infanterie.

Tué, le 24 juin 1915, à Neuville-Saint-Vaast. Il adressait à ses parents les touchants adieux suivants :

> ..... Ne pleurez pas en lisant cette lettre, elle vous apporte une mauvaise nouvelle. Soyez forts, votre fils est mort pour la France. Son seul regret est la douleur qu'il vous cause en partant. Vous m'avez permis de m'engager, je vous en remercie pour ma Patrie. Adieu à tous. — Votre PAUL.

> Citation : *Engagé à dix-sept ans, d'une exceptionnelle bravoure au feu. Proposé pour officier après la bataille du 16 juin. Tué le 24 juin 1915. A été cité.*

[Né le 29 janvier 1897. Fils de M. et de Mᵐᵉ née PAYN.]

ROBERT DE SAINT-VINCENT (Vicomte Henri), lieutenant au S. F. A.

Mort, le 22 novembre 1918, des suites d'une maladie contractée aux Armées.

[Marié à Mlle DE NOLET DE MALVOÜE, décédée.]

ROBIDA (*Henry*-Albert-François), ✠ (posthume), ✠, architecte diplômé par le Gouvernement, sous-lieutenant au 29e Chasseurs à pied.

Tué, le 22 septembre 1914, dans le bois de Sénonville (Meuse).

Citation : *Revenu précipitamment du Siam, dès la mobilisation, pour prendre sa place au bataillon. A été tué, le lendemain de son arrivée, en allant chercher, sous le feu de l'ennemi, le corps d'un de ses chasseurs blessé.*

La citation dit par erreur le lendemain de son arrivée au corps, c'est huit jours après, au moment des combats autour des Eparges et de Spada. Le bataillon se repliait à la lisière des bois. Le sous-lieutenant ROBIDA, ramenant sa compagnie, vit tomber son fourrier et, pour essayer de le sauver, rentra dans le bois. Le soir, deux officiers d'un autre bataillon retrouvèrent son corps, entouré de quelques Allemands tués.

[Né le 1er juin 1888. Fils de M. Albert ROBIDA, ✠, artiste peintre, et de Mme née Cécile NOIRET.]

ROBIEN (*Guy*-Léon-Marie, Comte de), O ✠, ✠, chef de bataillon au 1er Zouaves.

Célèbre héros breton, que toute la presse patriote a salué comme l'un des plus nobles héros de cette guerre. L'*Echo de Paris*, le *Gaulois*, plus de quarante grands journaux lui ont consacré des articles enthousiastes en tête de leurs colonnes. Sous ce titre : *L'Idéal français dans un cœur breton* (Plon, éditeur, 18e édition), son fils a élevé à la mémoire de ce héros un monument impérissable.

Officier aux cheveux blancs, en retraite depuis plusieurs années, a non seulement demandé à reprendre du service, mais — après un pèlerinage émouvant à Domrémy, au cours duquel ce nouveau Croisé avait fait un vœu héroïque par lequel il s'offrait en victime expiatoire pour le rachat de la France — a sollicité le commandement d'un bataillon de Zouaves. La Presse a célébré cette magnifique campagne du « Père des Zouaves » à la tête de ses enfants d'Afrique, dont plus d'un épisode merveilleux rappelle certaines pages de nos récits de chevalerie et de nos chansons de geste.

A été tué, en janvier 1915, dans un dernier acte de dévouement envers ses zouaves, au moment où il venait d'être nommé lieutenant-colonel.

Cité à l'Ordre du jour de l'Armée et nommé officier de la Légion d'honneur sur le champ de bataille.

[Fils du Mis DE ROBIEN et de la Mise née COËTNEMPREN DE KERSAINT. Marié à Mlle Marie DU FRETAY, — dont un fils, le Cte Guy DE ROBIEN, auteur de l'*Idéal français*.]

ROBIEN (*François*-Antoine-Joseph-Marie **de**), aspirant au 25e Chasseurs à pied.

Au front depuis cinq mois, tué d'une balle à la tête, au combat de Souain, en entraînant sa section, le 26 septembre 1915, à la veille d'être promu sous-lieutenant.

[Né le 10 mai 1895. Fils du Cte André de Robien, ✸, et de la Ctesse née Marthe Denion du Pin, décédée.]

ROBIEN (Mathieu-Wilfrid-Paul-Christophe-Anne-Marie-*Joseph*, Comte Joseph **de**), ✸ (posthume), ✠ (palmes), lieutenant au 1er Dragons, pilote-aviateur, commandant l'Escadrille V.R. 121.

> Citation : *Chef d'escadrille remarquable, exerçant sur son unité un grand ascendant personnel et donnant à tous l'exemple du plus beau courage et de l'audace la plus réfléchie. A effectué 49 bombardements, dont plusieurs sur des objectifs nécessitant un parcours de 150 kilomètres dans les lignes ennemies. Tué à l'ennemi, au cours d'une expédition de bombardement, dans la nuit du 15 au 16 septembre 1918. A été cité.*

[Né le 14 août 1891. Fils du Colonel Cte Thibault de Robien et de la Ctesse née Élisabeth de Virieu, décédée en 1917.]

ROBIEN (*Jehan*-Marie-Joseph-Christophe-Henri **de**), candidat à l'Ecole Navale, *engagé volontaire*.

Engagé dans la Marine, en mars 1915, mort à l'hôpital de Ferry-Ville, près Bizerte (Tunisie), le 9 juillet 1915, d'une maladie contractée à Seddul-Bahr (expédition des Dardanelles).

[Né le 15 juillet 1897. Frère du précédent.]

ROBINET DE PEIGNEFORT (Raymond-*Léonce*-Louis), ✸ (posthume), ✠, sergent au 44e territorial d'Infanterie.

Mort de ses blessures, le 8 mars 1916, à Bar-le-Duc.

> Citation : *Grièvement blessé, le 27 février 1916, à Verdun, à la tête de sa section. N'a consenti à rejoindre le poste de secours qu'après avoir conduit son unité à son emplacement de combat. A été cité.*

[Né le 14 octobre 1877. Marié à Mlle Ménard.]

ROBINOT DE LA PICHARDAIS (R.), ✸ . . . .

ROBLOT (*Étienne*-Antoine-Ferdinand), ✸ (posthume), ✠ (étoile), *engagé volontaire*, caporal au 96e d'Infanterie.

Engagé au 119e de ligne, partit, sur sa demande, aux Dardanelles. Rentré malade en France, reprit du service au 96e aussitôt guéri. Tombé, le 4 août 1916, sur le front de Verdun, en avant de Fleury.

> Citation : *Caporal s'étant toujours fait remarquer par son courage et son esprit de sacrifice. Le 31 juillet 1916, contusionné par un obus en entraînant ses hommes, revint, aussitôt pansé, reprendre sa place de combat et continuer l'attaque. Le 4 août, au moment d'une violente contre-attaque allemande, résista sur place jusqu'au corps à corps, et disparut entouré d'ennemis contre lesquels il combattit jusqu'au bout.*

[Né le 1er septembre 1896. Fils de M. et de Mme née Delondre.]

ROBUSTE DE LAUBARIÈRE (Michel), soldat au 107ᵉ d'Infanterie.

Tué, le 8 septembre 1914, à Châtelraould (Marne).

[Né le 19 octobre 1880. Fils de M. et de Mᵐᵉ née ROUGET-LAFOSSE (décédés). Marié à Mˡˡᵉ Marguerite SIMONNET, fille de M. et de Mᵐᵉ née Emily KEW, — dont deux enfants.]

ROCCA-SERRA (François-*Robert* de), ✠ (posthume), ✠ (palme), sous-lieutenant au 173ᵉ d'Infanterie.

Citation : *Le 30 juin 1916, sa section de mitrailleuses étant soumise à un violent bombardement, a su, par son courage et son sang-froid, maintenir l'ordre parmi ses hommes. Voyant se déclancher une attaque allemande, s'est porté dans un espace découvert pour s'assurer des intentions de l'ennemi. A été tué d'une balle pendant son observation. A été cité.*

ROCHAID, née **PICCIONI** (Comtesse Joseph), infirmière-major de l'hôpital 52, à Dinard.

Décédée, le 29 septembre 1915, des suites d'une longue maladie infectieuse contractée au chevet des blessés. Voici en quels termes, quelque temps avant sa maladie, le Médecin-Chef de l'hôpital de Dinard appréciait, dans un rapport officiel, les services qu'elle rendait :

A fait preuve, en toutes circonstances, d'un tact, d'une autorité des plus remarquables, et a donné un exemple de discipline, de zèle et de dévouement, auquel je suis heureux de rendre un trop juste hommage.

[Fille du Mˡˢ PICCIONI et de la Mˡˢᵉ née DE MULTEDO. Mariée au Cᵗᵉ Joseph ROCHAID, — dont trois filles.]

ROCHAMBEAU (Jean LACROIX DE VIMEUR, Marquis de), ✠ (posthume), ✠, lieutenant au 8ᵉ Cuirassiers, détaché aux Chasseurs alpins.

Tué en Haute-Alsace, le 14 juin 1915.

Citation : *Vrai type du jeune officier français, totalement indifférent au danger, cœur ardent, animé de sentiments les plus nobles. Le 14 juin 1915, a trouvé une mort glorieuse en attaquant l'ennemi à la tête de sa section de mitrailleuses. Deux citations antérieures. Croix de guerre avec palme.*

[Fils du Mˡˢ (décédé) et de la Mˡˢᵉ née AUVRAY.]

ROCHAMBEAU (Hubert LACROIX DE VIMEUR de), ✠ (posthume), ✠ (palme), aspirant au 32ᵉ d'Infanterie.

Citation : *D'une énergie et d'une autorité remarquables ; malgré son jeune âge, d'un entrain superbe et d'une bravoure toujours souriante face au danger. A fait preuve, dans tous les combats, de très belles qualités de commandement et de fidélité à de glorieuses traditions militaires. Est tombé glorieusement au champ d'honneur, le 5 mai 1916.*

[Frère du précédent.]

ROCHAS (E.-M.-G.), ✠ (posthume), ✠ (palme), aspirant de Marine à bord de l'*Italia*.

Citation : *Disparu avec son bâtiment, torpillé par un sous-marin, en accomplissant son devoir militaire.*

ROCHAS D'AIGLUN (*Pierre*-Joseph-Romain, Vicomte Pierre de), ✠ (posthume), ▨ (étoile), Saint-Cyrien, capitaine au 108ᵉ d'Infanterie.

Tué, le 22 août 1914, à Névraumont, près Charleroi.

> Citation : *Officier d'un grand mérite, d'un moral très élevé ; a été tué, le 22 août 1914, à la tête de sa compagnie, à Névraumont (Belgique). A été cité.*

[Né le 11 juin 1874. Fils du Vᵗᵉ (décédé) et de la Vᵗᵉˢˢᵉ née Marie DE COPPIER. Marié à Mˡˡᵉ Valentine DE FOUQUET, fille de M. et de Mᵐᵉ née DE BORDES DE FORTAGE. — dont une fille : Solange.]

ROCH-BRAULT (René)..........

Mort, à Cambo, le 29 avril 1918, des suites d'une maladie contractée aux Armées.

[Né le 15 avril 1886. Fils de M. et de Mᵐᵉ née BLONDEL LA ROUGERY.]

ROCH-BRAULT (Jacques), ✠ (posthume), ▨ (palme), sous-lieutenant au 274ᵉ d'Infanterie.

Tué sous Verdun, le 10 avril 1916.

> Citation : *Officier sur le front depuis le début de la campagne ; a montré, dans toutes les affaires auxquelles il a pris part, des qualités d'initiative, d'énergie et de bravoure ; a maintenu sa section sur une position soumise à un très violent bombardement. Blessé mortellement à son poste de combat. A été cité.*

[Né le 11 septembre 1892. Frère du précédent.]

ROCHE (Achille-François de), ▨ (posthume), ▨, caporal au 150ᵉ d'Infanterie.

> Citation : *Excellent chef de pièce, dont la conduite n'a jamais mérité que des éloges. Tué à son poste de combat, le 21 avril 1917. A été cité.*

ROCHECOUSTE (Philippe de), *engagé volontaire* au 13ᵉ d'Artillerie.

Mort en 1917.

[Fils de M. et de Mᵐᵉ Edgard DE ROCHECOUSTE.]

ROCHEFORT (Comte Louis DUFAURE de), maire de Belhade (Landes), sergent au 205ᵉ d'Infanterie.

Tombé glorieusement, le 2 septembre 1914, à Neuville (Aisne), tué d'une balle en pleine poitrine, en conduisant sa section au feu.

[Né le 15 décembre 1880. Fils du Cᵗᵉ (décédé) et de la Cᵗᵉˢˢᵉ née Marie LAMBERT DE SAINTE-CROIX.]

ROCHEFORT (Noël-*Hugues* de), ✠, ▨, ▨ (palmes), ✠ (Military Cross), sous-lieutenant pilote à l'Escadrille N. 26.

> Dernière citation : *Le 14 septembre 1916, a abattu son sixième avion ennemi. Disparu le 15 septembre au cours d'une mission aérienne.*

[Fils du Cᵗᵉ et de la Cᵗᵉˢˢᵉ née GANNEVAL, décédée en mars 1920.]

ROCHEFORT (Alexandre d'AUTHIER de), ▨ (posthume), ▨, soldat au 303ᵉ d'Infanterie.

> Citation : *Vaillant soldat, courageux et plein d'entrain. Frappé mortellement en participant à l'attaque d'une tranchée énerg-*

quement défendue par l'ennemi, à Flirey, devant le bois de Mort-mare, le 30 décembre 1914.

ROCHEREAU DE LA SABLIÈRE (Emmanuel), ✠ (3 citations), aspirant au 31e Chasseurs à pied.

Tué, le 3 octobre 1918, au combat d'Orfeuil (Ardennes).

ROCHETTE DE LEMPDES (Paul), ⚜ (posthume), ✠, *engagé volontaire* au 44e d'Infanterie.

A prit part aux combats de Verdun et de la Somme. Tombé glorieusement en première ligne dans une attaque au bois de Hem (Somme). Le Colonel lui-même a été tué dans cette brillante action où son régiment a obtenu par sa valeur et son courage cette citation à l'Ordre du jour :

Citation : *Brave soldat. Tombé glorieusement pour la France, à son poste de combat, le 9 août 1916, au cours de la bataille de la Somme.*

[Né le 14 avril 1895. Fils de M. et de Mme née DE RIVÉRIEULX DE VARAX.]

ROCHETTE DE LEMPDES (Henri), ⚜ (posthume), ✠ (étoile de vermeil), sergent mitrailleur au 366e d'Infanterie.

A pris part aux combats de la Somme et de Verdun. Glorieusement tombé à la cote 304, le 18 mars 1917, en préparant avec sang-froid, à la tête de sa section, la résistance à une attaque ennemie.

Citation : *Est tombé à son poste de combat en dirigeant la mise en batterie de ses pièces, sous un violent bombardement faisant présager une attaque. A été cité.*

[Né le 2 août 1896. Frère du précédent.]

ROCHON DU VERDIER (Serge), ⚜ (posthume), ✠, prêtre, sergent au 30e d'Infanterie.

Citation : *Aussi modeste que brave, a donné le plus bel exemple d'abnégation et d'esprit de sacrifice. Tombé mortellement frappé, le 7 septembre 1914, au col d'Anozel, en tête de sa section qu'il faisait déployer pour une contre-attaque. A été cité.*

ROCQUE (*Théodore*-Jehan-Louis de), propriétaire, maréchal des logis au 26e d'Artillerie.

Resté 16 mois au front au 26e Dragons, puis versé dans l'Artillerie, fut tué à Cappy (Somme), le 28 juin 1916, le lendemain de son arrivée à son nouveau poste.

[Né le 2 mai 1875. Fils de M. Arthur DE ROCQUE et de Mme née Marie DIEUDONNÉ. Marié à Mlle Anne ROGIER, fille de M. et de Mme née Émilie BERTHAULT.]

ROCQUENCOURT-KERAVEL (*Élie*-Marie-Joseph CHANCE-RELLE de), ✳ (posthume), ✠, capitaine au 115e d'Infanterie.

Tué en Luxembourg Belge, le 22 août 1914.

Citation : *Commandant de compagnie de premier ordre. Le 22 août 1914, sous une grêle de balles et d'obus, a déployé sa compagnie face aux assaillants, restant seul debout, alors qu'il exigeait que tous se couchassent. A ceux qui s'inquiétaient de sa témérité, il répondit : « On s'habitue à cette musique, elle fait plus de bruit que de mal ; j'aurais payé cette place dix louis. » Tombé, peu après, frappé mortellement. A été cité.*

ROCQUIGNY DU FAYEL (Étienne de), ✠, ✠ (2 palmes), capitaine à l'E.-M. de la 2e Brigade Coloniale.

Disparu, le 29 septembre 1915, au cours d'un combat en Champagne, près la ferme Navarin. S'était élancé hors de la tranchée, à la tête d'une troupe nombreuse de Coloniaux sans chef qu'il avait ralliés au cri de : « En avant, les Marsouins ! »

Citation : *Le 12 août 1915, par son énergique activité, a puissamment contribué à réunir et à actionner les éléments ébranlés de deux bataillons pour faire face à une violente attaque allemande. A réussi à organiser un barrage assurant l'inviolabilité d'une partie du front. S'était déjà fait remarquer précédemment par ses belles qualités militaires, qui lui ont valu une citation à l'Ordre de l'Armée.*

[Né le 15 septembre 1878. Fils de M. et de Mme née Juliette DOUVILLE DE FRANSSU. Marié à Mlle Alice DU PASSAGE, fille de M. et de Mme née Louise DE HAU DE STAPLANDE, — dont quatre enfants.]

ROCQUIGNY DU FAYEL (Jacques de), ✠ (posthume), ✠ (1 palme, 2 étoiles), lieutenant au 167e d'Infanterie.

A succombé, le 24 avril 1915, dans son abri, qui s'est effondré sous le choc d'une torpille aérienne, à la Croix-des-Carmes, lisière du Bois Le Prêtre.

Citation : *Ayant pris le commandement de sa compagnie au cours d'un violent combat, l'a maintenue sur les positions occupées, malgré les difficultés de la situation. Officier remarquable de bravoure et d'audace. A déjà été blessé le 28 septembre.*

[Né le 9 juin 1888. Frère du précédent.]

ROCQUIGNY-ADANSON (Marie-*François* de), soldat au 63e d'Infanterie.

Disparu, le 5 avril 1915, à Régnéville-en-Haye, près de Montfaucon (Meuse). On l'a vu étendu devant la tranchée allemande, ne faisant aucun mouvement pendant plusieurs heures.

[Né le 6 septembre 1890. Fils de M. Guillaume DE ROCQUIGNY et de Mme née DOUMET-ADANSON. Marié, en 1913, à Mlle Madeleine DU BOUT DE LIMÉ, — dont une fille.]

RODELLEC DU PORZIC (Yvan de), ✠, ✠, lieutenant au 64e d'Infanterie.

Mort des suites de ses blessures, le 22 novembre 1915.

RODELLEC DU PORZIC (Édouard de), ✠ (posthume), ✠, sous-lieutenant au 108e d'Infanterie.

Tué, le 26 septembre 1915, à Neuville-Saint-Vaast.

Citation : *Tombé glorieusement à la tête de sa section, qu'il entraînait à l'assaut des tranchées ennemies. A été cité.*

[Fils de M. et de Mme née Alice CRUCY DU VAU. Marié, en 1907, à Mlle Isabelle DE LORGERIL, fille du Cte et de la Ctesse née DE MONTI.]

RODET (*Paul*-Alexandre-Émile), ✠ (posthume), ✠ (1 palme, 2 étoiles), étudiant, *engagé volontaire*, sous-lieutenant au 13e Chasseurs à cheval.

Le 29 avril 1918, près de Poperinghe (Belgique), au retour d'une liaison qu'il avait sollicitée, fut frappé mortellement en se portant au secours d'un de ses cavaliers blessé.

Dernière citation : *Excellent officier, modèle d'entrain et de crâ-nerie; s'est proposé pour faire la liaison entre son chef d'escadron et le P. C. du colonel, sous un bombardement des plus violents. A été blessé grièvement et est mort des suites de ses blessures. Déjà titulaire de deux citations.*

[Né le 7 avril 1894. Fils de M. et de Mme née CHAVANIS.]

RODET (*Georges*-Marie-Albert), ✠, ✠ (2 palmes, 2 étoiles), licencié ès sciences, sous-lieutenant au 411e d'Infanterie.

Grièvement blessé, le 16 juin 1918, à Giraumont, après avoir fait mettre tous ses hommes à l'abri sous un violent bombarde-ment; mort, le 20, à l'hôpital du Fayel (Oise).

Citation (Légion d'honneur) : *Jeune officier d'une bravoure et d'un dévouement au-dessus de tout éloge. A, au cours des récents com-bats, repoussé une attaque ennemie devant sa section, puis a pris part à un détachement de poursuite. A été grièvement blessé, quel-ques jours après, alors qu'il prenait, sous le bombardement, des dispositions en vue de protéger sa troupe. Une blessure antérieure. Deux citations.*

[Né le 28 janvier 1894. Fils de M. et de Mme née Gabrielle TRAYVOUS.]

ROFFIGNAC (*Martial*-Marie-Élie, Comte Martial de), ✠, ✠ (3 étoiles), chef d'escadron au 16e d'Artillerie.

Décédé, le 1er octobre 1918, à l'ambulance de Villotte, devant Louppy (Meuse), d'une maladie contractée à son poste de combat. Le Lieutenant-Colonel, par un Ordre du 2 octobre, disait à son régiment :

..... Il fit toute la campagne avec le régiment, prit part à tous les combats qu'il eut à soutenir, et contribua, par ses belles qualités de chef éclairé et valeureux, à lui assurer son prestige. Tout récemment encore, il se distinguait à la tête de son groupe. Le régiment perd en lui un officier d'élite.....

[Né le 30 novembre 1878. Fils du Cte Jules DE ROFFIGNAC et de la Ctesse née Pauline MARCHAIS. Marié à Mlle Mathilde DUFAURE, fille de M. (décédé) et de Mme née JOBEZ, — dont trois enfants.]

ROFFIGNAC (*Hélie*-Anne-Marie-Casimir, Comte Hélie de), ✠ (posthume), ✠ (palme), capitaine au 85e d'Infanterie.

Tué au bois de la Louvière, le 5 décembre 1914. Avait été nommé capitaine sur le champ de bataille.

Citation : *A été tué d'une balle au front, le 5 décembre 1914, au bois de la Louvière, en dirigeant les travaux d'aménagement des tranchées où sa compagnie venait de s'installer. Officier d'une haute intelligence, d'une activité débordante, d'une vigueur excep-tionnelle, dont la vie, depuis le début de la campagne, a été un modèle pour tous. A été cité.*

[Né le 15 décembre 1880. Fils du Cte Martial DE ROFFIGNAC (décédé) et de la Ctesse née DE VION DE GAILLON. Marié à Mlle Marcelle DE BEAUMONT, — dont deux enfants : Raynald et Bernardette.]

ROFFIGNAC (Comte Renaud de), ✠, capitaine au 2e Colonial. Disparu en juillet 1917.

[Né le 4 novembre 1873. Fils du Cte Gaston DE ROFFIGNAC (décédé) et de la Ctesse née Noémie D'ABZAC DE LA DOUZE. Marié, en 1909, à Mlle Marcelle CHASSERY.]

ROGELET (Victor-*Marcel*), ✠ (posthume), ✠, *engagé volontaire*, médecin auxiliaire au 37e d'Artillerie.

Mort pour la France, le 22 octobre 1916.

Citation : *Engagé volontaire pour la durée de la guerre. Quoique exempté pour sa mauvaise vue, a donné, depuis 1914, maintes preuves d'un dévouement absolu et d'un courage tranquille. S'est porté spontanément et de nuit à un point soumis à un violent bombardement, pour donner des soins à des blessés ; a été tué au moment où il arrivait près d'eux. A été cité.*

[Fils de M. et de Mme Camille ROGELET. Marié à Mlle Jeanne LEMOINE, — dont un enfant.]

ROGER (*Marcel*-Léon), ✳ (posthume), ✠ (palme), auditeur au Conseil d'Etat, lieutenant de réserve au 40e d'Infanterie.

Citation : *Désigné pour remplir les fonctions d'officier-adjoint au commandant du 2e bataillon, au moment même où se produisait une violente contre-attaque contre nos lignes, n'a pas hésité à se porter, au milieu des balles, auprès de son chef. A été tué.*

[Né le 16 octobre 1881. Fils de M. et de Mme née DUMAS.]

ROGERIE (Martial), ✳, ✠ (palmes), capitaine aux Tirailleurs Marocains.

Citation : *Doué des plus belles qualités militaires, n'a cessé de se signaler depuis le début de la campagne. Est tombé glorieusement au moment où il conduisait à l'attaque le bataillon qu'il commandait.*

[Fils du Général et de Mme ROGERIE, née CANÈBE.]

ROGIER (*Jean*-Baptiste-François-Joseph-Henri), licencié en droit, propriétaire-agriculteur, soldat au 2e Zouaves.

A voulu faire son devoir, en dépit d'une santé délicate, mais n'a pu supporter plus de trois semaines les exercices violents des régiments de Zouaves. Atteint de broncho-pneumonie, transporté à l'hôpital temporaire n° 11, à Lyon, expira 48 heures plus tard, en offrant ses souffrances pour la France. Avec lui s'éteint le nom d'une famille établie en Bourbonnais depuis le XVIe siècle et qui a fourni de nombreux officiers à l'armée.

[Né le 15 juillet 1888. Fils de M. Joseph ROGIER, Conseiller général de l'Allier, et de Mme née BERTHAULT.]

ROGIER D'ARMOND (Marie-Léon-Alfred), ✵ (posthume), ✠, soldat au 369e d'Infanterie.

Citation : *Soldat aussi consciencieux que courageux, qui, dès le début de la campagne, a donné la valeur de son héroïsme, de son dévouement et de son amour pour la patrie. Tombé glorieusement pour la France, le 5 juillet 1915, au bois Le Prêtre. Une citation antérieure.*

ROGUIN (Albert), ✠, chef de bataillon au 22e Colonial.

Tué à la Main de Massiges (Champagne), le 25 septembre 1915.

ROHAN (Charles-Marie-Joseph-Gabriel-Henri-*Josselin* de ROHAN-CHABOT, Prince de LÉON, Duc de), ✳, ✠ (3 palmes, 1 étoile), député et conseiller général du Morbihan, capitaine au 4e Chasseurs à pied.

Dans la nuit du 12 au 13 juillet 1916, fut tué à Hardecourt, dans la Somme, au cours d'une reconnaissance, à 10 mètres des fils de fer ennemis. Avait été fait chevalier de la Légion d'honneur pour sa brillante conduite dans les journées du 25 au 27 février 1916.

> Dernière citation : *Soldat merveilleux, aimé de tous pour son profond mépris du danger, son audace chevaleresque, ses belles qualités d'entraîneur d'hommes. Officier de cavalerie, passé sur sa demande au 4e bataillon de chasseurs à pied, décoré de la croix de la Légion d'honneur pour sa magnifique conduite lors des premières attaques de Verdun, où il fut blessé ; revenu au front à peine guéri, a été frappé mortellement, le 13 juillet, à quelques mètres des tranchées allemandes, alors qu'il effectuait une reconnaissance très périlleuse, en vue d'une opération qu'il était appelé à conduire.*

[Né le 4 avril 1879. Fils du Duc DE ROHAN (décédé) et de la Desse née Hermine DE LA BROUSSE DE VERTEILLAC, ✳, ✠, infirmière-major à l'hôpital complémentaire V.G. 81 (Hôtel de Rohan). Marié, en 1906, à Mlle Marguerite DE ROHAN-CHABOT, fille du Cte Auguste DE ROHAN-CHABOT, Cte DE JARNAC, et de la Ctesse née Félicie OLRY (décédée), — dont trois enfants.]

ROHAN-CHABOT (*Gilbert*-Marie-Joseph-Thibaud-Armand, Comte Gilbert de), ✳ (posthume), ✠ (palmes), *engagé volontaire*, sous-lieutenant au 1er Cuirassiers.

> Citation : *Officier animé du plus bel esprit de devoir. Le 16 juillet 1918, chargé de reconnaître un village (Montvoisin, Marne) tenu par l'ennemi, a rempli sa mission avec une grande adresse et une belle audace, sous un bombardement extrêmement violent, donnant à ses hommes un superbe exemple de calme et de courage. Est tombé glorieusement au cours de sa mission. A été cité.*

[Né le 13 janvier 1897. Fils du Cte DE ROHAN-CHABOT, Duc DE RAVÈSE, ✠, capitaine à l'E.-M. de l'Armée Tchéco-Slovaque, et de la Ctesse née Cécile AUBRY-VITET.]

ROHMER (André), ✳, ✠, médecin aide-major.
Mort, le 29 janvier 1919, à Darmstadt, en service commandé, de maladie contractée au chevet des prisonniers rapatriés.

ROHMER (Jean), ⬙, ✠, maréchal des logis, pilote-aviateur.
Tombé en avril 1917.

[Tous deux fils du Professeur à la Faculté de Médecine de Nancy.]

ROINCÉ (Maurice BOREAU de), ✠, capitaine au 1er Colonial.
Tué à l'ennemi, à Ville-sur-Tourbe, le 15 septembre 1914.

ROIZEL (Charles-Lucien-Camille-Sainte-Marie de), ✳ (posthume), ✠, lieutenant au 67e d'Infanterie.

> Citation : *Officier d'une très grande valeur, qui a donné de nombreuses preuves de courage. A maintenu sa compagnie pendant trois jours dans le plus grand ordre, sous un bombardement des plus intenses, et a été tué glorieusement au moment où il parcourait les rangs pour encourager ses hommes. A été cité.*

ROLAND-GOSSELIN (Marie-Maurice-Gabriel-*Michel*), ⬙ (posthume), ✠ (étoile), fondé de pouvoirs d'Agent de change, adjudant au 12e Cuirassiers, versé au 27e Dragons.
Alors qu'il était aux tranchées à la Carrière de Blamont (Artois), il fut blessé mortellement le 11 janvier 1916, et mourut le 13 à l'ambulance de Barly (Pas-de-Calais).

Citation : *A donné, pendant son service aux tranchées, le plus bel exemple de calme et de bravoure; mortellement blessé le 11 janvier 1916.*

[Né le 21 janvier 1889. Fils de M. Eugène ROLAND-GOSSELIN, agent de change, et de Mme née HOSKIER (décédée). Marié à Mlle Anne-Marie ROULAND, fille du Sénateur et de Mme née PIERRET, décédée.]

ROLAND-GOSSELIN (*Louis-François-Marie-Joseph*), ✠ (posthume), ✠, maréchal des logis au 15e Dragons.

Mortellement blessé au combat d'Arras, le 4 octobre 1914, et décédé le jour même à l'hôpital d'Arras, après avoir reçu, en pleine connaissance, les derniers sacrements.

Citation : *Sous-officier très brave et très allant. Le 4 octobre 1914, s'est porté hardiment sur une crête occupée par l'ennemi pour la reconnaître. Mortellement blessé, a donné le plus bel exemple de courage et d'abnégation, en disant au camarade qui venait le chercher sous les balles : « Laisse-moi, tu risques de te faire tuer pour venir chercher un mourant. Va-t'en. » Est mort en murmurant : « Pour la France! » A été cité.*

[Né le 12 mai 1891. Fils de M. Pierre ROLAND-GOSSELIN et de Mme née Claire-Marie VATIN.]

ROLAND-GOSSELIN (*Jean-Joseph*), ✠ (posthume), ✠, caporal au 4e Zouaves.

Tombé au champ d'honneur, le 21 juillet 1918, lors de notre offensive victorieuse.

Citation : *Caporal ayant la plus haute conception du devoir. Le 21 juillet 1918, a brillamment entraîné ses hommes à l'assaut des positions ennemies, contribuant, pour une large part, à la réduction de deux centres de résistance importants. Frappé mortellement au cours de l'action. A été cité.*

[Né en 1898. Frère du précédent.]

ROLIN (*É.-E.*), ✠ (posthume), ✠ (palme), enseigne de vaisseau des Fusiliers Marins.

Citation : *A maintenu sa section de mitrailleuses sous un feu violent, pendant toute une journée. Grièvement blessé le soir, au moment où il faisait ses préparatifs pour repousser une contre-attaque. Mort des suites de ses blessures (mai 1915).*

ROLLAND DU NODAY (*Michel-Cyrille*), ✠ (posthume), ✠, engagé volontaire, soldat au 65e d'Infanterie.

Citation : *Jeune engagé volontaire de dix-sept ans, d'une grande bravoure. Etant volontaire pour une mission périlleuse, est tombé mortellement blessé, le 24 octobre 1915, en donnant à son commandant de compagnie les renseignements les plus précieux sur l'ennemi. A été cité.*

ROLLET (*Pierre-Joseph*), ✠, ✠ (palme et étoile), interne des hôpitaux de Lyon, aide-major à l'Ambulance chirurgicale n° 1.

Mort, le 3 décembre 1918, après 53 mois de front.

Citation : *Excellent aide-major, de dévouement absolu; a fait preuve, lors des bombardements des H. O. E. de Wiencourt et de Bray, de belles qualités de courage et de sang-froid. A, depuis, rendu les plus grands services à Noyon et au centre chirurgical de Roosbrugghe.*

[Né le 29 décembre 1890. Fils du Professeur ROLLET et de Mme née AUDIFFRED.]

ROLMER (Lucien), littérateur.
Tué à Douaumont, le 28 février 1916. Il avait publié plusieurs romans et deux volumes de vers : *Chants perdus*.

ROMAIN-DESFOSSÉS (Georges-Louis-*Jean*), ✠ (posthume), ✠, capitaine mitrailleur au 8e Colonial.
Tué aux combats de la Somme, le 1er juillet 1916.

Citation : *Commandant d'une compagnie de mitrailleuses. Officier de haute valeur, qui avait fait preuve, depuis le début de la campagne, des plus hautes qualités militaires. A été grièvement blessé au moment où, avec le commandant de bataillon, il se portait de la première dans la deuxième ligne allemande, dans la Somme. Est mort des suites de ses blessures. A été cité.*

ROMAN (Victor-Ernest), ✠, ingénieur civil des Mines, capitaine au 330e d'Artillerie lourde.
Tué à son poste, le 22 octobre 1918.

ROMAN (André).
Mort en 1917.

[Tous deux fils de M. et de Mme née Montaud.]

ROMANCE (Marie-Godefroy-*Louis* de), ✠ (posthume), ✠, capitaine au long cours, lieutenant au 75e d'Infanterie.

Citation : *Brillant officier, d'un calme imperturbable en toutes circonstances. A fait montre, depuis son arrivée au front, d'un grand courage et d'un réel mépris du danger. Déjà cité à l'Ordre pour les combats de septembre 1915. S'est de nouveau signalé dans un secteur difficile, les 10 et 11 mars 1916. A été tué, le 11, d'une balle en pleine tête, en surveillant l'ennemi. A été cité.*

ROMANCE (Jacques de), ✠ (posthume), ✠, lieutenant au 75e d'Infanterie.

Citation : *Officier d'une grande bravoure et d'un sang-froid admirable. A été grièvement blessé après avoir traversé, à la tête de sa compagnie, une partie du réseau de fil de fer ennemi, le 27 septembre 1915, devant Perthes-les-Hurlus. Mort des suites de ses blessures. A été cité.*

ROMANCE DE MESMON (*Georges*-Henri-Marie, Baron de), ✠, ✠ (palme), Saint-Cyrien, chef de bataillon au 64e d'Infanterie.
Blessé, le 6 septembre 1914, à Fère-Champenoise; mort, à Ancenis, des suites de ses blessures, le 30 octobre 1914.

Citation : *Très brillante conduite à Messin (22 août), où son bataillon enlève le village d'assaut, s'y maintient jusqu'au lendemain avec une poignée d'hommes. Très belle attitude à Bulson (26 août) et sur la Marne. Blessé à Fère-Champenoise (6 septembre), est mort des suites de ses blessures.*

[Né le 16 juin 1863. Fils du Bon et de la Bonne née de Gourcy. Marié à Mlle Armelle de Saint-Pern, fille du Vte et de la Vtesse née de Montaigu, — dont cinq enfants.]

ROMANET (Pierre BARNY de), O ✠, ✠, lieutenant-colonel d'Artillerie.
Décédé, en mars 1918, des suites d'une maladie contractée aux Armées.

ROMANET (*Joseph*-Jean-Baptiste-Marie BARNY de), ✹ (posthume), ✠ (palme), capitaine au 7ᵉ d'Infanterie.

Le 5 mars 1915, devant Perthes-les-Hurlus, au petit jour, il s'emparait avec sa compagnie d'une tranchée allemande attaquée vainement depuis deux jours, et tombait atteint d'une balle au ventre.

> Citation : *A brillamment enlevé sa compagnie en chargeant à sa tête ; l'a conduite jusqu'aux tranchées ennemies, qui ont été conquises ; est tombé mortellement atteint, au moment où il allait y pénétrer. A été cité.*

ROMANET (Marie-Fernand-*Hubert* BARNY de), ✹ (posthume), ✠ (2 citations), brigadier au 8ᵉ Hussards.

> Citation : *Jeune gradé de la plus belle tenue au feu. Tué, le 9 mars 1917, en portant un pli sans se soucier du bombardement le plus violent. A été cité.*

[Né en 1897. Fils de M. et de Mᵐᵉ Fernand DE ROMANET.]

ROMANET (Léonard de), ✹, ✠, capitaine commandant au 16ᵉ Chasseurs à cheval.

Mort, le 16 février 1915, à l'Hôtel-Dieu de Beaune, d'une maladie contractée aux Armées.

ROMANET (Henry), ✹ (posthume), ✠ (étoile), conseiller à la Cour d'Appel de la Guyane, sergent de territoriale, *engagé volontaire* au 60ᵉ d'Infanterie.

Le 29 septembre 1914, à Vicq-sur-Aisne, après onze jours de combats acharnés, fut blessé mortellement d'un éclat d'obus au moment où il prenait le commandement de sa compagnie, tous les officiers ayant été tués ; évacué sur Chartres, où il succomba le 21 octobre 1914.

[Né le 9 mars 1872. Fils de M. Albert ROMANET, ✹, directeur honoraire des Contributions indirectes, et de Mᵐᵉ née Berthe RIONDET DE LACOUR (décédée). Marié, en 1896, à Mˡˡᵉ Yvonne DE BLESSON, — dont deux enfants.]

ROMANET DE BEAUNE (François-Marie-*Jehan* de), ✹ (posthume), ✠ (étoile d'argent), docteur en philosophie scolastique, élève du Séminaire Français à Rome, brancardier divisionnaire à la 4ᵉ Section d'Infirmiers.

Fut frappé à mort, le 10 août 1916, au bois de Hem (Somme), vers trois heures du matin ; fut transporté au milieu d'horribles tortures dans deux postes de secours et une ambulance où il mourut au bout d'environ dix heures.

> Citation : *Dévoué et courageux, s'est dépensé sans compter lors des derniers combats ; a été grièvement blessé, à proximité des lignes, en rapportant un blessé.*

Le R. P. Le FLOCH, supérieur du Séminaire Français, fit allusion en ces termes à sa mort, dans l'allocution qu'il prononça en recevant S. Em. le Cardinal Dubois, le 8 décembre 1916 :

> ..... A une réquisition de volontaires pour une relève de blessés, il se présente le premier. Il rentrait au poste de secours, portant sur ses fortes épaules de 20 ans un brancard chargé. Survient alors un violent tir de barrage. « Il faut, avant tout, sauver le blessé ! » crie-t-il à son compagnon. Et, mettant à terre le corps sanglant et mutilé, il le re-

couvre de son propre corps, comme d'un bouclier..... Notre cher séminariste est broyé sous les éclats d'obus, mais le blessé, ainsi protégé, ne reçoit aucune atteinte.

[Né le 24 septembre 1893. Fils du Vte et de la V^tesse née Jeanne DE BERTHIER-BIZY.]

ROMANN (Marcel), ✠, lieutenant au 11e Chasseurs alpins.
Blessé grièvement, le 20 juillet 1918, a succombé le lendemain
à l'ambulance de Gué à Tresmes.

[Né en 1885. Fils de M. et de Mme Auguste ROMANN. Marié à Mlle Amélie GAR-
RIGUES.].

ROMAZOTTI (Pierre), ✠, lieutenant au 62e d'Infanterie.
Tombé aux combats de Belgique, en août 1914.

ROMEU (Albert de), ✠ (posthume), ✠ (palme), ingénieur, professeur
à l'Ecole Centrale, lieutenant au 5e d'Artillerie lourde.
Tué le 12 janvier 1915.

> Citation : *Etant adjoint au commandant de groupe, a pris vo-
> lontairement la place du sous-lieutenant Hervé, qui venait d'être
> tué à son poste de combat ; a rempli les fonctions de lieutenant de
> tir pendant deux jours, sous un feu intense, et est tombé à son
> tour, au même endroit que son prédécesseur, donnant ainsi à ses
> hommes le plus bel exemple de courage et de dévouement à la pa-
> trie. A été cité.*

RONDONY (Charles), O ✠, ✠ (palme), Général commandant la 3e
Brigade d'Infanterie Coloniale.
Tombé glorieusement le 22 août 1914.

RONIN (Eugène-Marie-Auguste-*Yves*), capitaine au 31e d'Artillerie.
Mort pour la France, le 23 septembre 1915.

[Né le 18 juin 1872. Marié à Mlle Isabelle DE LA GATINERIE, fille du B^on et de la
B^onne née GARCIA-MANSILLA.]

RONNE (Fernand-Désiré de), ✠ (posthume), ✠, caporal au 165e
d'Infanterie.
Tué à son poste de combat, le 19 mars 1915.

RONOT (*Claude*-Marie-Pierre-Étienne), ✠ (étoile), docteur en médecine, aide-major de 1re classe au 2e mixte de Zouaves et Tirailleurs.
Décédé à l'Hôtel-Dieu de Lyon, le 13 mars 1919, des suites
d'une maladie contractée au front.

> Citation : *A fait preuve d'une initiative très intelligente, d'une
> grande activité pendant plusieurs jours de combats, se dépensant
> sans compter nuit et jour auprès des blessés.*

[Né le 6 mars 1887. Fils du Capitaine (décédé) et de Mme née LABLATINIÈRE. Marié
à Mlle LAVOCAT, fille de M. et de Mme née DURAND.]

RONSERAY (*Gaston*-Raymond-Léon, Comte Gaston de), ✠
(posthume), ✠ (palme), sous-lieutenant d'Artillerie, observateur à
l'Escadrille N. 15.
Tué au cours d'un combat aérien, le 30 septembre 1915.

> Citation : *Affecté, sur sa demande, à une escadrille de chasse, y
> a fait preuve des plus hautes qualités militaires. Le 30 septembre*

1915, n'a pas hésité à franchir les lignes à basse altitude pour effectuer une reconnaissance importante et à la continuer, malgré la poursuite d'avions ennemis. A été tué en combattant l'un d'eux. A été cité.

[Fils du Cte, ✳, capitaine d'Artillerie territoriale, et de la C^{esse} née Ita THOMAS DE BOJANO (décédée). Marié à Mlle Anne DELARUE, fille du Lieutenant–Colonel, O ✳, et de Mme DELARUE.]

RONSERAY (Guy de), ✳ (posthume), ✠ (palme), sous-lieutenant au 11e Cuirassiers à pied.

Prit part aux combats de Dixmude en 1914 ; blessé en décembre 1916, il tombait glorieusement, le 23 octobre 1917, conduisant sa section en soutien des chars d'assaut, à la victoire de la Malmaison.

Citation : *Officier de la plus haute valeur, plein d'allant, d'énergie, de courage. A l'attaque du 23 octobre, marchant à la tête d'une section d'accompagnement d'A. S., a fait 17 prisonniers, puis est tombé mortellement blessé en poursuivant sa progression.*

[Né en 1894. Fils de M. et de Mme née LE ROUX.]]

ROQUAN (Jean COREX du), ⬤ (posthume), ✠, caporal au 143e d'Infanterie.

Citation : *Brave soldat, ayant toujours fait courageusement son devoir. Mort glorieusement à son poste de combat, le 11 novembre 1914.*

ROQUEFEUIL (Henri de), ⬤ (posthume), ✠, aspirant au 12e d'Infanterie.

Citation : *Jeune aspirant remarquable par son énergie, sa bravoure et son sang-froid. Au cours des durs et sanglants combats du 8 au 12 octobre 1918, a entraîné deux fois sa section à l'assaut des positions ennemies. Le 15 octobre, en plein combat, son commandant de compagnie ayant été tué, a brillamment enlevé l'objectif qui lui était assigné. Est tombé mortellement frappé en plein succès. A été cité.*

ROQUEFEUIL (Aymar de), ⬤ (posthume), ✠ (palme), sergent au 87e d'Infanterie.

Citation : *A toujours fait preuve du plus grand courage. Le 26 avril 1915, a entraîné sa section avec une énergie remarquable. A été tué glorieusement. A été cité.*

[Né le 4 juillet 1893. Fils du Vte et de la V^{tesse} née Alix DE PRIOUL.]

ROQUES (*Charles-Auguste-Henri*), O ✳, ✠, Général commandant la 10e Division d'Infanterie.

Tué, le 6 septembre 1914, près de Laheycourt (Meuse).

Citation : *Tué après avoir prouvé, à la tête d'une brigade mixte et plus tard à la tête de la 10e division, que son sang-froid et son intrépidité raisonnée, ses connaissances tactiques et ses qualités de chef étaient à hauteur des situations les plus difficiles.*

[Né le 4 juillet 1858. Marié à Mlle Marie-Louise DOUMERGUE.]

ROQUES (Ernest), ✳ (posthume), ✠ (2 palmes), lieutenant au 7e Hussards, observateur-tireur en avion.

Citation : *Officier d'une grande valeur. A montré, dans l'exécution de toutes les missions qui lui ont été confiées, le plus bel esprit de sacrifice et de dévouement. Disparu avec son pilote, au cours d'une mission de bombardement, le 15 juin 1915, après avoir rendu, comme observateur, les services les plus signalés.*

ROQUETAILLADE (Henri de), ✠, sous-officier au 14ᵉ d'Infanterie.

Disparu, le 29 septembre 1916, à Tahure, dans un trou d'obus, où, pour la dernière fois, on l'a vu blessé.

[Né en 1880. Fils de M. Adolphe DE ROQUETAILLADE. Marié à Mˡˡᵉ Jeanne HYON, — dont une fille : Simone.]

ROQUETAILLADE (François de), ✠ (posthume), ✠ (palme), sous-lieutenant au 158ᵉ d'Infanterie.

Blessé à Gerbevillers, passé à l'Armée du Nord; tué d'une balle, à l'assaut de Notre-Dame-de-Lorette, le 16 mars 1915, au moment où il poursuivait les fuyards allemands.

Citation : *Entraîné par son ardeur et son courage, s'est précipité, avec sa section, jusqu'aux abords immédiats d'un village, à la poursuite de fuyards allemands. A été tué d'un coup de fusil à bout portant, au moment où il menaçait de son revolver un groupe de soldats ennemis pour l'obliger à se rendre. A été cité.*

[Né en 1889. Frère du précédent.]

ROSA (Octave-*Antoine* de), ✠ (posthume), ✠, caporal au 26ᵉ Chasseurs à pied.

Tué aux combats de la Meuse, le 22 septembre 1914, à Saint-André.

ROSA (Joseph-Louis de), ✠ (posthume), ✠, adjudant au 22ᵉ Dragons.
Tué le 8 juin 1915.

Citation : *Commandant un peloton dont la tranchée avait subi un bouleversement complet par suite d'un violent bombardement, a été tué debout, à son poste, au moment où il donnait des ordres en vue d'assurer coûte que coûte la surveillance du terrain du côté de l'ennemi. A été cité.*

ROSAMEL (*Édouard*-Louis-Joseph-Marie du CAMPE de), ✠, ✠ (1 palme, 3 étoiles), lieutenant-colonel d'Artillerie.

Mort, le 17 octobre 1917, des suites de maladie et de fatigues contractées à la guerre, alors qu'il était en congé de convalescence.

Citation : *Au début des combats sur l'Aisne, a pris le commandement d'un groupe d'artillerie de campagne qui, pendant soixante jours, a opéré sur le front de l'armée en des combats incessants. Dans les situations les plus diverses et souvent délicates, a fait preuve d'un jugement droit, d'une intelligence fertile et avisée, et d'un brillant courage. Officier supérieur remarquablement doué, d'un constant et entier dévouement.*

[Né le 9 mars 1872. Fils de M. et de Mᵐᵉ née Cécile RÉMY. Marié à Mˡˡᵉ Louise DE FRANCE, fille de M. et de Mᵐᵉ née Emmeline DE ROCQUIGNY DU FAYEL, — dont quatre enfants.]

ROSBO (Comte Albert KERLÉRO de), ✠, ✠ (palmes), *engagé volontaire*, maréchal des logis de Hussards.

Volontaire et médaillé de 1870, s'est engagé en août 1914, à l'âge de 63 ans; a fait toute la campagne au front. Mort, le 17 janvier 1918, à l'hôpital de Châlons-sur-Marne.

> Citation : *Modèle de courage et de vertus militaires. Blessé au début d'un bombardement, ne s'est fait panser qu'après s'être occupé de ses hommes, et, aussitôt le pansement fait, est revenu à son poste ; a constamment fait preuve des plus belles qualités de bravoure et d'entrain.*

ROSE (Charles de TRICORNOT, Marquis de), O. ✳, ✠ (4 palmes), ✳ (Saint-Sava), ✳ (Aigle Blanc de Serbie), chef d'escadrons de Cavalerie, chef du Service Aéronautique d'une Armée.

Aviateur d'avant-guerre, a rendu, dès le début de la campagne, d'inappréciables services par des reconnaissances stratégiques et tactiques. Nommé chef du Service Aéronautique d'une Armée, il commandait un groupe de 14 Escadrilles de bombardement et de chasse, auxquels il prenait souvent une part glorieuse. A trouvé la mort, le 11 mai 1916, à Villemontoire (Aisne), par suite d'un accident à bord de son avion. Cité quatre fois à l'Ordre de l'Armée, voici les motifs de la dernière citation (23 mai 1916) :

> *Officier de la plus haute valeur, tant comme chef que comme pilote. Ayant reçu le commandement d'un groupe d'avions de combat, chargé de reprendre la maîtrise de l'air dans une situation difficile, a su rapidement, grâce à son entrain et à son allant, obtenir de ses escadrilles les plus brillants résultats. Partant lui-même en chasse à la tête de ses pilotes, a livré plusieurs combats aériens, notamment le 14 mars où, ayant attaqué à deux reprises, à courte distance, un avion ennemi, il l'a mis en fuite complètement désemparé.*

[Né le 14 octobre 1876. Fils du Mis DE ROSE (décédé) et de la Mise née DE NAUROIS. Marié à Mlle Madeleine TAVERNIER, fille de M. et de Mme née SELLERIER, — dont quatre enfants.]

ROSEL DE SAINT-GERMAIN (Jean du), ✳ (posthume), ✠, lieutenant au 223e d'Infanterie.

> Citation : *S'est fait remarquer en toutes circonstances par son sang-froid et sa bravoure. A été tué, le 27 septembre 1915, en entraînant sa compagnie à l'attaque, sous un feu extrêmement violent d'artillerie et de mitrailleuses. A été cité.*

[Fils de M. et de Mme née Germaine DE VAUBLANC.]

ROSEL DE SAINT-GERMAIN (Henry du), vicaire auxiliaire à Notre-Dame-du-Travail à Paris, sergent au 319e d'Infanterie.

Mort pour la France, le 30 mars 1918, au combat de Rollot (Somme).

[Frère du précédent.]

ROSEMONT (Hervé-Georges-Marie de), ✡ (posthume), ✠ (palme), maréchal des logis, pilote-aviateur à l'Escadrille Spa 85.

> Citation : *Jeune pilote d'une adresse et d'un allant exceptionnels, modèle d'entrain, de courage, méprisant le danger. Est tombé dans les lignes ennemies, le 18 août 1918, à la suite d'un combat aérien.*

ROSENAU (Alfred), ✡ (posthume), ✠ (palme), aspirant au 24e d'Infanterie.

> Citation : *Recevant le baptême du feu, a entraîné, dans un grand élan, sa troupe en avant ; est tombé, mortellement frappé, à la tête de sa section.*

ROSIÈRE (Henri DONIN de), 🎖 (posthume), ✠ (étoile), élève de l'Ecole des Sciences Politiques, étudiant en droit, soldat au 109e d'Infanterie.

Disparu au combat de Notre-Dame-de-Lorette, le 16 juin 1915.

Citation : Jeune soldat de la classe 1915 ; le 16 juin 1915, s'est élancé bravement à l'assaut de la tranchée allemande, donnée comme objectif à sa compagnie. A été tué en arrivant un des premiers sur la position ennemie.

[Né à Lyon le 12 août 1894. Fils de M. Louis DE ROSIÈRE, directeur général de la Banque Privée, et de Mme née RIEUSSET.]

ROSIÈRE (François DONIN de), ✳, ✠, chef de bataillon au 92e d'Infanterie.

Tué à Hochwalsch, près Sarrebourg, le 20 août 1914.

[Né en 1866. Marié à Mlle Blanche DE COURTEN, — dont quatre enfants.]

ROSIÈRE (Joseph DONIN de), ✠, religieux de la Compagnie de Jésus, radiotélégraphiste au 254e d'Infanterie.

Tombé au champ d'honneur, le 21 février 1918.

[Né en 1887. Fils de M. (décédé) et de Mme née DE BALATHIER-LANTAGE.]

ROSIÈRE (Godefroy-Philippe-Fernand DONIN de), ✳ (posthume), ✠, lieutenant au 26e d'Infanterie.

Tué à Plainval, le 25 août 1914.

Citation : Officier de valeur et plein d'entrain. S'est distingué, les 14 et 15 août, au signal allemand, en maintenant avec fermeté ses hommes sous un feu violent d'artillerie de gros calibre. Est tombé glorieusement, le 25 août 1914, en s'élançant avec le plus beau courage, à la tête de sa troupe, à l'attaque des positions ennemies, dont sa compagnie s'empara brillamment. A été cité.

[Né le 6 janvier 1877. Marié à Mlle Jeanne WURSTHORN.]

ROSNY (Eugène de LA GORGUE de) , ✳, ✠ (3 palmes), pilote à l'Escadrille F. 59, détaché comme chef pilote à l'Ecole d'Aviation militaire d'Etampes.

Au début de la guerre, était parti comme adjudant dans l'Infanterie ; nommé sous-lieutenant, il fut blessé devant Verdun, en 1914 ; sur sa demande, passa dans l'Aviation. A succombé aux suites d'un accident de vol, en service commandé.

Citation : Beaux services au front dans l'infanterie et dans l'aviation, cité trois fois à l'Ordre. A été victime, comme chef pilote à l'Ecole d'aviation d'Etampes, d'un grave accident d'avion.

[Marié à Mlle Isabelle DE SENEVAS, fille du Bon et de la Bonne née Élise CARMIER.]

ROSSIGNOL (Alexandre de), ✳ (posthume), ✠, lieutenant au 360e d'Infanterie.

Tué le 2 octobre 1914.

Citation : Officier brave et dévoué ; s'est fait remarquer, dès les premiers combats, par son allant et son esprit de sacrifice. Glorieusement tombé pour la France, en octobre 1914.

[Marié à Mlle LAVIGNE, — dont deux enfants.]

ROSTAN D'ANCEZUNE (Pierre-Marie-Joseph), ✳ (posthume), ✠ (3 étoiles), sous-lieutenant au 94e d'Infanterie.

Tué près d'Auberive, en Champagne, le 25 septembre 1915, d'une balle à la tête et d'un éclat d'obus dans la poitrine.

Troisième citation : *Tué, le 25 septembre 1915, au moment où, après avoir une dernière fois encouragé ses hommes, il s'élançait à l'heure convenue vers les tranchées ennemies, en criant : « Et maintenant, en avant ! » A été cité.*

[Né le 17 août 1891. Fils de M. et de Mme née SIGNORET.]

ROSTANG (Comte Paul de), ✠, ✠, capitaine d'Infanterie Coloniale.

Tué à Souilly (Meuse), le 7 septembre 1914.

[Marié à Mlle Marie-Marguerite DE CHARRY.]

ROTH (A.), préfet du Morbihan.........................

ROTHIACOB (*Raymond*-Henri-Tony-Marie, Baron Raymond de), ✠, sergent au 21e territorial d'Infanterie.

Tué à Fonquevillers, le 9 octobre 1914.

ROTIVAL (Louis), ✠, ✠ (palme), étudiant, *engagé volontaire*, sergent pilote-aviateur, Armée d'Orient, Escadrille N. 387.

Mortellement blessé au retour de plusieurs combats dans la même journée; succomba, le 1er mars 1917, à Florina, près Monastir.

Citation : *Pilote d'une grande valeur, qui compte de nombreux combats. A donné la mesure de son courage en attaquant de très près et en poursuivant jusque sur leur terrain deux avions ennemis. Est revenu prendre des munitions à l'escadrille, pour aller attaquer un troisième avion qu'il a mis en fuite. Blessé très grièvement au retour de cette mission.*

[Né le 18 septembre 1893. Fils de M. Jules ROTIVAL, O ✠, et de Mme née HARET.]

ROÜAULT DE LA VIGNE (*Alain*-Marie-Aristide), ✠ (posthume), ✠ (étoile d'argent), sous-lieutenant au 48e d'Infanterie.

Mobilisé, le 2 août 1914, comme simple soldat, conquit ses grades sur les champs de bataille. Blessé une première fois à Charleroi, puis à l'assaut de Chantecler (Artois), en mai 1915, il était tué, le 29 du même mois, à Roclincourt.

Citation : *A fait toute la campagne; et s'y est fait remarquer par son énergie et son audace comme patrouilleur volontaire. Nommé sous-lieutenant, à la suite de sa brillante conduite à l'assaut des retranchements ennemis, le 9 mai. Vient d'être tué dans une tranchée de première ligne, devant Roclincourt. A été cité.*

[Né le 15 avril 1888. Fils de M. Jules ROÜAULT DE LA VIGNE et de Mme née S. LE BOURGEOIS.]

ROUBIN (*Victor*-Marie-Pierre-Louis, Baron de), lieutenant de Dragons.........................

[Né le 31 juillet 1884. Fils du Bon DE ROUBIN (décédé) et de la Bonne née DE LICHY DE LICHY. Marié, en 1910, à Mlle Elisabeth DE BARDON DE SEGONZAC, — dont une fille.]

ROUBIN (*Octave*-Marie-Philibert-Armand, Baron Octave de), ✠ (posthume), ✠ (palme), Saint-Cyrien, lieutenant au 5e Dragons.

Tué à l'ennemi, à la victoire de la Marne, le 9 septembre 1914.

Citation : *Chargé d'enlever un groupe de maisons occupées par de l'infanterie, et qui flanquaient un village attaqué par le régiment, a marché à l'assaut à pied, entraînant son peloton devant lequel il fut tué, le 9 septembre 1914, à quelques mètres des maisons. A été cité.*

[Né le 6 février 1889. Frère du précédent. Marié, le 9 avril 1912, à Mˡˡᵉ Thérèse DE BARDON DE SEGONZAC, fille du Bᵒⁿ et de la Bᵒⁿⁿᵉ née DE BEAUCHAMP, — dont une fille : Magdeleine.]

ROUCH (Maurice de), caporal au 4ᵉ Colonial.
Tué à Massiges, le 3 février 1915.

ROUCY (Siméon-Marie-Robert, Comte de), ✳, ✠, lieutenant de vaisseau, officier d'E.-M. de la Marine.
Mort des suites de ses blessures, en mai 1919, reçues au cours des combats livrés par la vaillante brigade de Fusiliers Marins.

ROUCY (François-Joseph-*André* de), ✳, ✠ (2 palmes, 2 étoiles), lieutenant au 347ᵉ d'Infanterie.
Glorieusement tombé à Mossch (Haut-Rhin), le 12 octobre 1916.

[Né le 4 septembre 1894. Fils de M. et de Mᵐᵉ née D'HAUSEN DE WEIDESHEIM.]

ROUCY (Gaston de), maire de Morlincourt, près Noyon.
Fait prisonnier par les Allemands, parce qu'il voulut s'opposer au pillage de sa commune, il fut envoyé, en septembre 1914, au camp de Wetzlar, où il succomba en 1915.

ROUDAUD (Henri-Étienne-François), ✳, ✠ (palme), chef de bataillon au 139ᵉ d'Infanterie.

Citation : *A enlevé vigoureusement deux compagnies de son bataillon, à l'attaque d'un bois, pour en chasser l'ennemi, le 16 septembre 1914. A été tué d'une balle au front, à la tête de sa troupe.*

ROUGÉ (*Bertrand*-Eugène-Louis-Marie, Comte Bertrand de), ✝ (posthume), ✠, maréchal des logis, détaché au 8ᵉ Tirailleurs Indigènes.
Décédé, en novembre 1918, à l'ambulance de Ham, des suites de ses blessures.

Citation : *Sous-officier brave et dévoué, d'une belle tenue au feu. Est mort glorieusement pour la France, le 9 octobre 1918.*

[Fils du Cᵗᵉ Pierre DE ROUGÉ (décédé) et de la Cᵗᵉˢˢᵉ née Berthe DE KEROÜARTZ.]

ROUGEOT (Jules-Edmond-*Marcel*), ✳, ✠ (palme), lieutenant-colonel breveté, commandant le 8ᵉ d'Infanterie.
Tué à l'ennemi, le 17 septembre 1914, à Pontavert (Aisne).

[Né le 13 mars 1866. Fils de M. et de Mᵐᵉ née DUFAŸ.]

ROUGET (*Augustin*-Charles-Désiré), ✳ (posthume), ✠ (palme), élève de l'Ecole Normale Supérieure, licencié ès lettres, lieutenant au 43ᵉ d'Infanterie.
Parti volontairement au front, le 24 août 1914, il trouvait une mort glorieuse, le 5 avril 1915, au bois de Pareid (Meuse).

Citation : *Blessé dès le début de l'action, n'a pas voulu abandonner le commandement de sa section, qu'il a tenu à honneur de conduire lui-même, à travers un terrain difficile et battu par des feux croisés d'artillerie et de mitrailleuses, jusqu'au pied du réseau de fils de fer allemands. Mortellement blessé à son arrivée, a recommandé à ses hommes d'être vaillants et de le venger.*

[Né le 9 décembre 1893. Fils de M. et de Mme née Duboz.]

ROUGET DE GOURCEZ (André), ✳ (posthume), ✠ (palme), capitaine au 135ᵉ d'Infanterie.

Citation : *Le 26 septembre 1914, s'est élancé hors de sa tranchée, sous un feu d'une extrême violence, pour secourir un de ses soldats grièvement blessé, à quelques mètres de sa tranchée, et que ses camarades hésitaient à aller chercher. A été mortellement blessé en accomplissant cet acte de bravoure.*

ROUGIER (Michel), ✳, lieutenant d'Artillerie d'assaut.
Tué sur le front de Champagne, le 26 septembre 1918.

[Né en 1895. Fils du Colonel et de Mme née Fauconneau-Dufresne.]

ROUILLON DE GIRONVILLE (*René*-Louis-Augustin), ✳ (posthume), ✠ (étoile), lieutenant au 29ᵉ Dragons.
Tué à Aix-Noulette, le 5 octobre 1914.

Citation : *Officier connu pour sa bravoure et sa belle attitude au combat. S'est signalé par la hardiesse et le succès des reconnaissances qu'il a faites en août et septembre 1914. Revenait d'une reconnaissance parfaitement menée, lorsqu'il apprit que son escadron allait charger. Il courut à la tête de son peloton, où il fut tué au moment où il abordait l'infanterie ennemie, le 5 octobre 1914, à Aix-Noulette. A été cité.*

[Né le 7 janvier 1889. Fils de l'Intendant militaire et de Mme née Neucourt.]

ROULIER (Jean), ✳ (posthume), ✠ (palme), enseigne de vaisseau, pilote-aviateur.
Attaché au centre de Venise, fut tué au cours d'un raid, au-dessus de Trieste.

Citation : *Pilote aviateur hardi et courageux, qui s'est signalé dans de nombreuses opérations. Tué à l'ennemi au cours d'un combat aérien. Déjà cité à l'Ordre de l'Armée.*

Pour perpétuer la mémoire de ce brave, le nom de *Jean-Roulier* a été donné au sous-marin allemand *U-166*, livré à la France.

ROUMAIN DE LA TOUCHE (Arsène-Jean-*Georges*), ✳ (posthume), ✠ (5 citations), lieutenant au 6ᵉ d'Infanterie.
Tombé glorieusement à la veille de l'armistice.

Citation : *Vaillant officier, d'une bravoure presque téméraire. Déjà trois fois cité pour sa brillante conduite devant l'ennemi. Mort glorieusement pour la France, le 4 novembre 1918.*

[Fils de M. (décédé) et de Mme née Avril de Pignerolle.]

ROURE (*Henri*-Charles-Clément-Marie DESROYS du), ⚙ (posthume), ✠ (étoile), homme de lettres, lauréat de l'Académie Française, sergent au 369ᵉ d'Infanterie.
Tué à Flirey (Meurthe-et-Moselle), le 21 septembre 1914, en couvrant, à la tête de la section dont il avait pris le commandement, la retraite de son bataillon.

[Né le 29 août 1883. Fils du Directeur honoraire au ministère des Finances, O ✳, et de Mme née Hamelin, décédée.]

ROUSSE (Pierre), ✠ (posthume), ✠ (palmes et étoiles), *engagé volon-
taire*, capitaine au 321e d'Infanterie.
Tombé glorieusement, le 19 septembre 1918, devant Saint-
Quentin.

> Dernière citation : *Jeune et brillant officier, d'un courage déjà
> éprouvé ; mortellement frappé au combat du 19 septembre 1918, au
> moment où il abordait l'ennemi à la tête de sa section. Nommé
> capitaine au champ d'honneur.*

ROUSSE-LACORDAIRE (Télèphe), ✠, ✠ (palme), chef de bataillon au 31e Chasseurs alpins.

> Citation : *A conduit ses chasseurs à un assaut à la baïonnette,
> le 27 août 1914, avec un courage admirable et un complet mépris
> de la mort. A été tué au cours de l'assaut.*

ROUSSEAU (Jean-Louis-Théodore-Lucien), O ✠, ✠, Général
commandant la 137e Brigade d'Infanterie.
Tué à l'ennemi, le 20 septembre 1914, à Carmicy (Marne).

> Citation : *Officier général d'une bravoure et d'un calme au feu
> admirables, qui s'est signalé d'une façon particulière dans les
> combats du début de la campagne, sur la Sambre, au cours de la
> retraite, et sur l'Aisne. A été tué à son poste de commandement, le
> 20 septembre 1914, pendant les opérations qui venaient de permettre
> à un régiment de sa brigade de reprendre Berry-au-Bac.*

[Né le 26 juin 1852. Marié à Mlle Cécile DARESTE DE LA CHAVANNE.]

ROUSSEAU (Michel), ✠, lieutenant aviateur.
S'est tué, le 12 juin 1918, en atterrissant à Londres, où il avait
été envoyé en mission.

[Fils du précédent.]

ROUSSEAU-DUMARCET (André), ✠, Saint-Cyrien, sous-lieutenant au 118e d'Infanterie.
Tué à la Boisselle, sous Albert, le 15 janvier 1915.

ROUSSEL (J.-C.-P.), ✠ (posthume), ✠ (palme), lieutenant de vaisseau.

> Citation : *Chef de quart sur la passerelle du Léon-Gambetta, au
> moment où le bâtiment a été touché par deux torpilles, est resté
> auprès du commandant jusqu'au dernier moment, assurant la
> transmission de ses ordres. Est mort à son poste.*

ROUSSY DE SALES (Comte Antoine de), sous-lieutenant de la
Canadian Cavalry.
Tué en août 1918.

[Fils du Mis et de la Mise née DE PERRINELLE, décédée en 1920.]

ROUTY DE CHARODON (*Ludovic*-Gérard-Joseph), ✠, ✠ (palme),
chef d'escadrons au 25e d'Artillerie.
Tué, le 5 avril 1915, à Nouilly-en-Woëvre.

> Citation : *A fait preuve des plus brillantes qualités de calme, de
> sang-froid et de savoir technique, en dirigeant, sous un bombar-
> dement des plus violents, le tir de nombreuses batteries chargées de
> la préparation d'une attaque contre une position fortifiée. A été
> tué à son poste de commandement, le 5 avril 1915.*

[Né le 8 février 1868. Marié à Mlle DE MONTILLE.]

ROUTY DE CHARODON (Joseph-Marie-*Pierre*), ⚙ (posthume), ✠ (palme), aspirant au 67ᵉ Chasseurs alpins.

Blessé grièvement, le 4 novembre 1918, près d'Oisy (Aisne), succomba le lendemain à Remaucourt.

Citation : Jeune aspirant, modèle de courage et d'allant. Le 4 novembre 1918, au passage du canal de la Sambre, manœuvrant sans cesse, a réussi à réduire successivement trois nids de mitrailleuses, dont les occupants ont été tués ou mis en fuite. A été grièvement blessé au moment où, pour la quatrième fois, il attaquait un centre de résistance qui gênait la progression de sa compagnie.

[Né le 1ᵉʳ septembre 1899. Fils du précédent.]

ROUVÈZE (Tristan-Robert-Olivier-Edmond d'AOUST de), ⚙ (posthume), ✠, caporal au 41ᵉ d'Infanterie.

Citation : Caporal musicien, a demandé instamment à rentrer dans le rang pour combattre. Arrivé l'un des premiers au parapet, a combattu à coups de grenade, et est tombé mortellement frappé le 7 juin 1915. A été cité.

ROUVILLE (*Gaston*-Marie, Baron Gaston de BLANQUET de), ⚙ (posthume), ✠ (palme), adjudant au 289ᵉ d'Infanterie.

Atteint mortellement, le 5 juin 1918, près Moulin-sous-Touvent, en se jetant, à la tête de quatre ou cinq hommes de sa section, au-devant d'un groupe ennemi qui tentait de s'infiltrer dans un vallon boisé. A la suite d'un violent bombardement, est tombé mortellement blessé, mais arrêta l'ennemi.

Citation : Sous-officier animé des plus beaux sentiments militaires. Atteint mortellement en se jetant, à la tête de quelques hommes, au-devant d'une attaque ennemie dirigée sur nos lignes.

[Né le 5 juin 1880. Fils du Colonel Bᵒⁿ (décédé) et de la Bᵒⁿⁿᵉ née DE BENGY DE PUYVALLÉE. Marié à Mˡˡᵉ Jeanne CAIGNART DE MAILLY, — dont deux enfants.]

ROUVILLE (Marie - Joseph - *Jacques* de BLANQUET de), ✠ (posthume), ✠, lieutenant au 10ᵉ Dragons.

Tué le 23 août 1914.

Citation : En reconnaissance, le 23 août, n'a pas hésité à charger, avec six cavaliers, un peloton de uhlans qui lui barraient la route. Atteint d'un coup de lance et désarçonné, a été tué d'un coup de revolver par l'officier allemand. A été cité.

[Frère du précédent.]

ROUVILLE (Joseph de BLANQUET de), ✠, sous-lieutenant au 160ᵉ d'Infanterie.

Mort en mai 1917, à 28 ans.

[Frère des précédents.]

ROUVRE (Jacques BOURLON de), adjudant au 8ᵉ Génie.

Mort en septembre 1917.

[Fils de M. et de Mᵐᵉ née Geneviève LEBAUDY.]

ROUVRE (*Robert*-Henri de), ⚙, ✠ (palme), élève de l'École Normale Supérieure, *engagé volontaire*, aspirant d'Artillerie légère.

Atteint mortellement par un éclat d'obus à la tête, étant à son poste de combat, le 12 juin 1918. Décédé à l'hôpital de Sézanne le 15 du même mois. Avait mérité, en deux mois de front, la Médaille militaire et la Croix de guerre avec palme, qui lui ont été remises par le Général F..., sur son lit d'hôpital.

[Né le 20 mars 1898. Fils de M. Charles DE ROUVRE, ✳, homme de lettres, et de Mme née THURARD.]

ROUX, ✳, ✷ (palme), chef d'escadron d'Artillerie Coloniale.

> Citation : *Au combat du 28 août 1914, chargé d'apporter l'ordre d'attaquer une position ennemie à un chef de bataillon qui venait d'être tué, s'est porté en tête du bataillon afin d'en mieux diriger l'attaque, conformément aux ordres donnés. A entraîné la troupe par son admirable énergie, l'emmenant à la baïonnette jusqu'à quelques mètres des canons ennemis, devant lesquels il tombait mortellement frappé.*

ROUX (Cœcilian), sergent au 141e d'Infanterie.
Tué à Vauquois, le 4 mars 1915.

[Fils aîné du poète Saint-Pol ROUX.]

ROUX DE BÉZIEUX (Jean), ingénieur, sous-officier au 65e d'Infanterie.
Tué le 23 janvier 1917.

[Né en 1890. Fils de M. et de Mme née GAUTIER.]

ROUX JOFFRENOT DE MONTLEBERT (Jean-Maurice), ✳ (posthume), ✷, *engagé volontaire*, sous-lieutenant au 215e d'Artillerie.
Tombé glorieusement le 16 avril 1917.

ROVIRA DE ROQUEVAIRE (Baron de), sous-lieutenant au 342e territorial d'Infanterie.
Ancien secrétaire de BRAZZA, qu'il avait suivi au Congo et sur le lac Tchad; décédé, en 1916, d'une maladie contractée sur le front de Picardie.

ROYAUMONT (Philippe BAUDIER de).
Blessé mortellement en 1916.

[Marié à Mlle LELOIR, fille de M. et de Mme Maurice LELOIR.]

ROYER (*Louis-Ernest-François de*), ✳, ✷ (2 palmes, 1 étoile), lieutenant au 18e Chasseurs à cheval.
Blessé, le 6 octobre 1914, en Lorraine, à la tête d'une section de mitrailleuses, tomba glorieusement au Signal de Xon, le 17 février 1915.

> Troisième citation : *Brillante conduite au feu. A été très grièvement blessé, le 17 février, et a dû subir l'opération du trépan. Avait déjà été blessé et cité au début de la campagne.*

[Né le 30 septembre 1887. Fils de M. et de Mme née DE SONIS.]

ROYER-DUPRÉ (Ernest-Louis-*Pierre* de), ✳ (posthume), ✷, sous-lieutenant au 355e d'Infanterie.

> Citation : *Vaillant officier. A entraîné ses hommes, sous une grêle de balles, jusqu'aux fils de fer ennemis. Tombé mortellement blessé, le 28 septembre 1915. A été cité.*

ROYOU (Henri de), ✠, ✠ (palme), lieutenant au 4e Dragons.

Blessé à Rozelieures (Meurthe-et-Moselle), le 25 août 1914; succomba à ses blessures, le 30 du même mois, à l'hôpital de Charmes (Vosges).

[Né à Saint-Germain-en-Laye le 26 décembre 1879. Fils de M. Adolphe DE ROYOU et de Mme née DE MISSY. Marié à Mlle Odette LAJOUMARD DE BELLABRE, fille de M. et de Mme née DE FERRAND, — dont deux enfants.]

ROZAT DE MANDRES (*Charles*-Nicolas-Léonce), O ✠, chef d'escadrons breveté au 7e Cuirassiers.

Mort, le 28 mars 1917, à l'hôpital Desgenettes, à Lyon, des suites d'une maladie contractée aux Armées.

[Né à Paris le 26 janvier 1859. Fils de M. et de Mme née BURTHE D'ANNELET. Marié à Mlle Jeanine LEPIC, fille du Cte et de la Ctesse née Scévole DE BARRAL, — dont deux enfants.]

ROZAT DE MANDRES (*Ludovic*-Nicolas-Jean), ⚕ (posthume), ✠ (2 palmes), ✠ (Médaille Coloniale du Maroc : Taza), ✠ (Nicham Allaouïte), maréchal des logis au 1er Spahis.

Tombé glorieusement, le 26 septembre 1915, à El-Khrébia (Maroc occidental).

Citation : *Conduite héroïque, le 26 septembre 1915, à Koudiat Bou-Mansour. Son escadron étant dans une situation critique, a pris le commandement de deux escouades, combattant à pied, et dont les chefs avaient été mis hors de combat. S'est précipité avec ses hommes dans la mêlée, où il a lutté jusqu'à la mort.*

[Né le 8 décembre 1891. Fils du précédent.]

ROZAT DE MANDRES (Guillaume-*Victor-Napoléon*), ✠ (posthume), ✠ (1 palme, 3 étoiles), lieutenant au 4e Cuirassiers à pied.

Tué, le 5 mai 1917, à l'assaut des lignes allemandes, à Laffaux.

Citation : *Officier mitrailleur d'élite, une blessure, trois citations. Est tombé glorieusement, le 5 mai 1917, au moment où il entraînait sa section sur le flanc d'une vague d'assaut, et où il contribuait, pour une large part, à l'enlèvement d'un objectif. A été cité.*

[Né le 21 février 1888. Fils du Général ROZAT DE MANDRES et de Mme née BROUZET.]

ROZAT DE MANDRES (Édouard-Félix), ⚕ (posthume), ✠, brigadier au 15e Chasseurs à cheval.

Citation : *Brigadier actif, dévoué, énergique; blessé mortellement, le 18 août 1915, en surveillant l'exécution des ordres de son officier. A été cité.*

ROZEVILLE DES GROTTES (Marc-Marie-Jean-Julien), ⚕ (posthume), ✠, adjudant au 206e d'Infanterie.

Citation : *Sous-officier brave et consciencieux, au front depuis le début de la guerre. A été tué le 18 septembre 1916, à la tête de sa section, en voulant la soustraire au bombardement excessivement violent auquel elle était soumise dans le secteur de Fleury (Verdun).*

ROZIÈRES, Gentilhomme de **LAVELINE** (*Pierre*-Fourier de), ✠, ✠ (3 palmes, 1 étoile d'argent), homme de lettres, lieutenant de réserve au 360e d'Infanterie.

S'était distingué au combat de Champenoux-Réméréville (Grand-

Couronné), le 25 août 1914, puis en mai 1915, dans l'assaut d'Ablain-Saint-Nazaire, où il fut blessé et décoré. Enfin il trouva la mort glorieuse du soldat à l'attaque de Vimy, le 1er octobre 1915.

Quatrième citation (posthume) : *A été tué en faisant avec ses chefs de section la reconnaissance du terrain d'attaque.*

[Né le 4 juillet 1887. Fils de M. Antoine DE ROZIÈRES, gentilhomme DE LAVELINE, ✠, ancien Conseiller général des Vosges, et de Mme née PERNOT DU BREUIL.]

RUAULT DU PLESSIS-VAIDIÈRE (Joseph-Henri), ✠ (posthume), ✠, sous-lieutenant au 361e d'Infanterie.

Citation : *Vaillant officier. A été tué, le 25 août 1914, à Saint-Jean-les-Buzy, à la tête de sa section, qu'il entraînait bravement, malgré un feu violent de l'ennemi, ce qui a permis à sa compagnie de s'opposer à un mouvement offensif prononcé par l'ennemi sur la gauche du bataillon. A été cité.*

RUBAT DU MÉRAC (Adrien).

Tué le 9 mars 1915.

[Né en 1879. Fils de M. et de Mme née WENGER.]

RUBAT DU MÉRAC (André), caporal-fourrier au 146e d'Infanterie.

Tué, le 9 mai 1915, à l'attaque de Neuville-Saint-Vaast.

[Né le 21 août 1881. Frère du précédent Marié à Mlle Marthe ROBERT.]

RUBERCY (Abel LANGLOIS de), ✠ (posthume), ✠ (palme), Saint-Cyrien de la promotion de la Croix du Drapeau, sous-lieutenant au 19e Chasseurs à pied.

Frappé mortellement d'une balle à la tête, le 8 septembre 1914, à Soisy-aux-Bois, près des marais de Saint-Gond, et décédé le 14 septembre à l'hôpital de Sézanne.

Citation : *Jeune Saint-Cyrien; fait, dès le début, l'admiration de tous par son énergie et son courage ardent. Tombé glorieusement, le 8 septembre, pendant la bataille de la Marne.*

[Né le 1er octobre 1892. Fils de M. et de Mme née Marguerite BARAZER DE LANNURIEN, décédée.]

RUBLE (Joseph de), ✠ (posthume), ✠ (palme), prêtre, vicaire à Vitry-sur-Seine, aumônier *volontaire*, groupe des Brancardiers de la 31e Division d'Infanterie.

Mort glorieusement le 24 août 1915.

Citation : *Sur le front depuis huit mois, a toujours fait preuve d'un réel mépris du danger et d'un inlassable dévouement, pour apporter aux blessés et aux soldats de première ligne le réconfort de son sacerdoce. A été grièvement blessé dans les tranchées, le 20 août 1915, en exerçant son ministère ; est mort des suites de ses blessures, le 24 août 1915.*

[Né le 23 novembre 1887. Fils du Bon Armand DE RUBLE et de la Bonne née DE CHASTELAIN DE BELLEROCHE.]

RUDEVAL (Vicomte Charles RAOULT de), ✠, *engagé volontaire*, maréchal des logis du Train des Equipages.

Mort en 1914.

[Né en 1866. Fils de M. et de Mme née Bernet, décédés. Marié, en 1910, à Mlle Louise DE FERRON DE LE VAIRIE, fille du Général et de la V^tesse née DU COUÉDIC.]

RUDEVAL (*Auguste-Louis-Joseph* RAOULT de), ✳ (posthume), ✠ (palme), chef de bataillon au 2e d'Infanterie.

Citation : *Officier supérieur plein d'ardeur et d'audace. Tué, le 9 octobre 1914, au combat d'Agny (Pas-de-Calais), à la tête de son bataillon, au cours d'une attaque de nuit. A été cité.*

[Né en 1870. Frère du précédent. Marié à Mlle Marie DE BEAUSIRE.]

RUDEVAL (Jean RAOULT de), *engagé volontaire*, caporal au 8e d'Infanterie.
Tué le 20 septembre 1914.

[Né en 1895. Fils de M. et de Mme née Antoinette O'GARVEY DE NERVRY.]

RUDOWSKY (Julien de), ☉ (posthume), ✠ (palme), sergent pilote à l'Escadrille C. 10.

Citation : *Pilote remarquable par son énergie et son courage. Glorieusement tombé le 24 janvier 1917.*

RUELLAN (*Julius*-Marie-Anne), ✳, ✠ (2 palmes, 1 étoile d'argent, 1 étoile vermeil), ✳ (Médaille Italienne), prêtre, vicaire à Argenteuil, capitaine au 93e d'Infanterie.
Mort héroïquement en conduisant sa compagnie à l'assaut de Notre-Dame-des-Champs, à Sainte-Marie-Py, le 1er octobre 1918.

Quatrième citation : *Officier d'un courage et d'un sang-froid remarquables, aimé et admiré de tous. Pendant deux jours consécutifs, a mené sa compagnie à l'attaque, entraînant ses hommes par son exemple. A été tué à leur tête, au moment où il s'emparait de son objectif.*

[Né le 5 janvier 1874. Fils de M. Jules RUELLAN et de Mme née DU RIVAU.]

RUELLAN (*Louis*-Alexandre-Marie-Anne), ✳ (posthume), ✠ (palme), inspecteur de la Compagnie d'Assurances *La Providence*, capitaine au 308e d'Infanterie.
Tué, le 22 novembre 1916, à Ablaincourt, au moment de la relève, quelques jours après avoir magnifiquement contribué à la prise de ce village. Atteint par un obus en plein front, sa mort a été instantanée.

Citation : *Officier d'une rare énergie et d'une grande bravoure. Parti en tête de sa compagnie à l'assaut du village d'Ablaincourt, a atteint son objectif et a maintenu et organisé ses positions.*

[Né le 13 août 1878. Frère du précédent. Marié à Mlle Marguerite DENOIX DE SAINT-MARC, fille de M. et de Mme née VILLIET, — dont six enfants.]

RUELLAN (*André*-Marie-Anne), ☉ (posthume), ✠ (1 palme, 1 étoile d'argent), agriculteur de l'Amérique du Sud, sergent au 7e d'Infanterie Coloniale.
Tombé dans une contre-attaque, à Ville-sur-Tourbe, dans la nuit du 15 au 16 mai 1915. — Éclaireur de la compagnie, il se porta en avant, et, donnant l'exemple à ceux qui l'entouraient, il monta sur un parapet qui dominait l'ennemi et se mit à lancer des grenades. Atteint lui-même en pleine tête, il succomba quelques instants après.

Citation : *Chef des éclaireurs de la compagnie, déjà cité; toujours volontaire pour les opérations périlleuses, vient de se signaler par une ardeur remarquable dans une contre-attaque à la baïonnette pendant la nuit du 15 au 16 mai. Il est mort, atteint d'une balle en pleine tête.*

[Né le 13 octobre 1885. Frère des précédents.]

RUELLAN (*Bernard*-Joseph-Marie-Anne). ✠ (posthume), ✠ (palme), agriculteur en Algérie, adjudant-chef au 3e bis de Zouaves.

Mortellement blessé à Roclincourt, le 17 février 1915. Chef des éclaireurs de sa compagnie, il avait magnifiquement attaqué, pénétrant le premier dans la 1re et la 2e ligne allemande, faisant des prisonniers et soutenant un combat acharné de plusieurs heures avec les plus résistants. L'attaque étant terminée, il aperçut dans un boyau un Joyeux blessé sur lequel s'acharnaient plusieurs Allemands. Il se précipita à son secours, abattit quatre ou cinq de ses ennemis avec son revolver et tomba mortellement blessé d'une balle dans le poumon. Transporté à l'arrière, il mourut à l'hôpital de Frévent, le 28 février 1915.

Citation : *S'est précipité, avec quelques hommes, dans la tranchée de deuxième ligne allemande; a fait de sa main un officier et plusieurs hommes prisonniers. A soutenu plusieurs heures un combat acharné à coups de pétards; n'a cessé de faire preuve d'activité et d'audace jusqu'au moment où il est tombé grièvement blessé. A été cité.*

[Né le 16 mars 1888. Frère des précédents.]

RUELLAN (Jean-*Berchmans*-Marie-Anne), ✠ (posthume), ✠ (1 palme, 1 étoile de bronze), ✠ (Médaille Italienne), *engagé volontaire* au 27e Dragons, lieutenant au 23e Chasseurs alpins.

Tombé en tête de sa compagnie, à une attaque à l'est du lac de Dichbusch (Belgique), le 31 mai 1918. Au moment où il atteignait son objectif, des mitrailleuses ennemies s'étant dévoilées, il commanda à ses hommes de se coucher; lui, restant debout pour repérer l'emplacement des mitrailleuses, fut atteint en plein front et tué sur le coup.

Citation : *A conduit brillamment sa compagnie à l'attaque. Tombé glorieusement pendant l'action, alors que seul, debout au milieu de ses chasseurs, il cherchait à repérer les mitrailleuses ennemies qui arrêtaient notre progression. Officier d'une haute valeur morale et d'une admirable tenue au feu. A été cité.*

[Né le 21 août 1890. Frère des précédents.]

RUELLAN (*Henri*-Marie-Anne), ✠ (posthume), ✠ (étoile d'argent), brigadier au 7e d'Artillerie.

Tué à Vauquois, écrasé dans son abri, le 27 février 1916.

Citation : *A assuré le ravitaillement de sa batterie, du 22 au 27 février 1916, sous un bombardement violent et continu, avec la plus belle bravoure. S'était signalé, le 28 août 1914, en ramenant sous le feu, après le départ de la batterie, son lieutenant mortellement blessé. Tué à son poste, le 27 février 1916. A été cité.*

[Né le 17 octobre 1892. Frère des précédents.]

RUELLAN DU CREHU (André), sergent au 73ᵉ territorial d'Infanterie.

Tué le 25 octobre 1914.

RUELLÉ DU CHÊNÉ (Pierre de).

Tué le 1ᵉʳ octobre 1914.

RUES (Eugène-Julien des), ⚜ (posthume), ✠, caporal au 270ᵉ d'Infanterie.

Citation : *Brave caporal, courageux et énergique ; a toujours fait vaillamment son devoir. Tué à l'ennemi, à la bataille de l'Artois, le 13 octobre 1914. A été cité.*

RUFFIER DES AIMES (Jules-Michel-Joseph), ⚜ (posthume), ✠, soldat au 30ᵉ d'Infanterie.

Citation : *Soldat brave et dévoué. A été tué, le 3 novembre 1914, au combat du Quesnel.*

RUFFIEU (René-Alexis-Victor, Vicomte René COMPAGNON de), interprète militaire auprès de l'Armée Britannique.

Réformé de la classe 1903, a sollicité au début des hostilités le poste d'interprète, et fut attaché au XIVᵉ Corps d'Armée. Il contracta, au cours de ses missions, de grandes fatigues compliquées d'une méningite cérébro-spinale, dont il mourut, le 13 juillet 1915, à Nantes.

[Né le 15 avril 1883. Fils du Cᵗᵉ et de la Cᵗᵉˢˢᵉ née ROCHEREAU. Marié à Mˡˡᵉ Madeleine DE LAPEYRÈRE, fille du Cᵗᵉ et de la Cᵗᵉˢˢᵉ née DE CHÉRISEY, — dont une fille.]

RUISSEAUX (Fernand-Pierre-Désiré du), ⚜ (posthume), ✠, sergent-fourrier au 106ᵉ Chasseurs à pied.

Citation : *Agent de liaison très brave. Le 11 juin 1918, n'a cessé de porter des ordres, malgré les violentes rafales de mitrailleuses. A été tué en accomplissant sa mission. A été cité.*

RUSQUEC (Vicomte Julien de L'ESTANG du), sergent au 219ᵉ d'Infanterie.

Interné en Suisse à la suite de quatre années de captivité en Allemagne, y est mort, le 19 juillet 1918, des suites de privations. Avait été blessé et fait prisonnier le 28 août 1914.

[Né en 1887. Fils du Cᵗᵉ (décédé) et de la Cᵗᵉˢˢᵉ née DE PENHOAT. Marié à Mˡˡᵉ DE KERMENGUY, — dont un fils.]

RUSQUEC (Adrien de L'ESTANG du), caporal au 118ᵉ d'Infanterie.

Disparu, le 22 août 1914, au combat de Messin.

[Né en 1892. Frère du précédent.]

RUSQUEC (Charles de L'ESTANG du), ✠ (posthume), ✠ (palme), sous-lieutenant au 355ᵉ d'Infanterie.

Frappé d'une balle au cœur en conduisant bravement sa compagnie à l'assaut au combat de la Vesle, le 5 août 1918.

Citation : *Excellent officier, plein d'ardeur et d'entrain. A trouvé une mort glorieuse, le 5 août 1918, à la tête de sa section, qu'il entraînait vaillamment à l'attaque des positions ennemies.*

[Né en 1895. Frère des précédents.]

RUSQUEC (Jacques de L'ESTANG du), (posthume), *engagé volontaire*, brigadier au 50e d'Artillerie.

Tombé, sous un obus de gros calibre, au Bois Le Chaume, près Verdun, le 9 novembre 1917.

Citation : *Brigadier très brave et d'un grand sang-froid. A été blessé mortellement, au combat du 9 novembre 1917, sur la position du ravin de la Dame. A été cité.*

[Né en 1897. Frère des précédents.]

S

SAAL (René), ✠, adjudant au 24ᵉ d'Infanterie.
  Grièvement blessé, disparu aux combats de Verdun (Tunnel de Tavannes), le 7 avril 1916.
  [Marié à Mˡˡᵉ Deseilligny, fille de M., ✠, et de Mᵐᵉ née Mazerat.]

SABATIER (Jacques), avocat à la Cour de Paris . . . .
  [Marié à Mˡˡᵉ Élisabeth Rey.]

SABATIER-PLANTIER (Maurice de), ✠ (posthume), ✠, sous-lieutenant au 40ᵉ d'Infanterie.
  Citation : *Officier d'une haute valeur morale, très brave, adoré de ses hommes. Mort pour la France, par suite du torpillage de l'Amiral-Magon, où il a disparu, après avoir assuré le sauvetage de ses hommes.*

SABOT DE MEAUSSÉ (Étienne), ✠ (posthume), ✠, soldat au 14ᵉ d'Infanterie.
  Tombé glorieusement au cours d'un assaut de la tranchée ennemie, à Fleury (Verdun), le 27 juin 1916.
  Citation : *Soldat plein de courage. A été tué à l'assaut d'une tranchée ennemie, le 27 juin 1916, devant Verdun. A été cité.*
  [Né en 1896. Fils de M. Edmond Sabot (décédé) et de Mᵐᵉ née de Meaussé.]

SABOULIN-BOLLENA (Marie - Joseph - Antoine - *Xavier* de), ✠ (posthume), ✠, adjudant au 61ᵉ d'Infanterie.
  Citation : *S'est distingué, aux combats des 20 et 21 décembre 1914, en aidant son commandant de compagnie à entraîner ses hommes dans le mouvement de progression. A été tué glorieusement. A été cité.*

SACILLY (Dimitri), ✠, ✠ (2 palmes), ✠ (Médaille du Maroc : Casablanca), ingénieur-électricien, caporal téléphoniste à la 83ᵉ compagnie du 1ᵉʳ Groupe d'Aérostation.
  Blessé à son poste, le 3 septembre 1917, par un éclat d'obus, fut transporté à l'hôpital auxiliaire de Fleury-sur-Aire, où il succomba, le 14 du même mois, aux suites de sa blessure.
  [Né en février 1885. Fils de M. Nicolas Sacilly et de Mᵐᵉ née Vafiadaki.]

SACY (*Paul*-Marie-Émile SILVESTRE de), ✠ (posthume), ✠ (palme), capitaine au 161ᵉ d'Infanterie.
  Tué d'une balle au front à l'offensive de Champagne, le 25 septembre 1915.

Citation : *Officier de grande valeur et de sentiments très élevés. Il aimait ses soldats qui avaient en lui une confiance absolue. Comme commandant d'une compagnie de mitrailleuses, a appuyé très efficacement, le 25 septembre 1915, les compagnies d'une première ligne d'attaque. A été tué glorieusement, au moment où il dirigeait personnellement la mise en batterie de ses pièces sur la position conquise.*

[Né le 3 octobre 1884. Fils de M. et de Mᵐᵉ née Clotilde VINIT. Marié à Mˡˡᵉ Lucie BEAU, fille de M. et de Mᵐᵉ née Marguerite BADQULLEAU, — dont deux enfants.]

SAGARRIGUE (Albin-Marie-Joseph de), ✳ (posthume), ✠, sous-lieutenant au 14ᵉ d'Infanterie.

Citation : *Vaillant officier. A trouvé, le 16 février 1915, une mort glorieuse, en donnant un bel exemple de courage pour sa section pendant la charge. A été cité.*

SAGE (Maurice-Gérard), ⚜ (posthume), ✠ (étoile), étudiant en droit, *engagé volontaire*, brigadier à la 101ᵉ batterie de bombardiers de 58 du 54ᵉ d'Artillerie.

Tué glorieusement, le 24 octobre 1916, à la reprise du fort de Douaumont (Verdun), d'un éclat d'obus à la tête ; il tomba raide mort.

Citation : *Volontaire pour le tir du 24 octobre 1916, où il a trouvé une mort glorieuse, après avoir servi sa pièce sous un violent bombardement.*

[Né le 26 juillet 1896. Fils de M. Antoine SAGE (de Lyon) et de Mᵐᵉ née Stella BOLLE, d'Anvers.]

SAGET (Henri-*Georges* du BERNARD de), ✳, ✠ (palme), capitaine au 108ᵉ d'Infanterie.

Citation : *Officier d'une haute valeur morale, d'un courage et d'un sang-froid au-dessus de tout éloge. Tué, le 11 août 1915, au cours d'une reconnaissance entre les lignes ennemies. Venait d'être fait chevalier de la Légion d'honneur pour sa brillante conduite au cours des récents combats.*

[Marié à Mˡˡᵉ Geneviève FAUCHER DE CORN.]

SAGLIO (Florent-*Charles*), ✳, ✠ (2 palmes, 1 étoile), chef d'escadrons, chef d'E.-M. de la 3ᵉ Division de Cavalerie.

Tué en première ligne, le 29 décembre 1915.

Troisième citation : *Officier supérieur du plus grand mérite ; chargé, comme chef d'État-Major d'une Division de cavalerie, de l'organisation d'un secteur, s'est acquitté de cette mission avec le plus entier dévouement. Tué, le 29 décembre 1915, au cours d'une inspection dans les tranchées de première ligne.*

[Né à Belfort le 25 juin 1870. Fils de M. Florent SAGLIO, ingénieur, et de Mᵐᵉ née Marie CATOIRE. Marié à Mˡˡᵉ Gertrude DELORME, fille de M. et de Mᵐᵉ née DELA-PALME, — dont quatre enfants.]

SAGLIO (Paul-Alphonse-*Georges*), ✳ (posthume), ✠ (1 palme, 1 étoile), sous-lieutenant au 213ᵉ d'Infanterie.

Tué le 17 mai 1917.

Citation : *Jeune officier, d'une belle énergie et d'une magnifique bravoure ; sentant sa responsabilité de chef dans une situation difficile, sous un bombardement violent, a donné à sa troupe, par sa superbe attitude, l'exemple du calme, du sang-froid et du ferme courage. A été tué à son poste de combat, le 17 mai 1917.*

[Né le 7 mai 1889. Fils de M. Alphonse SAGLIO, ingénieur, et de Mme née Louise REVERCHON.]

SAGLIO (Abbé), ✠, ✠ (4 citations), vicaire général à Carcassonne, aumônier militaire.

Blessé grièvement en novembre 1918, a succombé peu après à ses blessures.

SAHUQUÉ (Marie-Clément-*Pierre* de), maréchal des logis au 10e Dragons, adjudant pilote-aviateur.

Décédé, en juin 1919, des suites de maladie contractée aux Armées.

[Né le 5 décembre 1892. Fils de M. et de Mme née Jenny LAUZUN.]

SAHUQUE DE GOTY (René-Jean), ✠ (posthume), ✠, sous-lieutenant au 4e Chasseurs à pied.

    Citation : *Officier énergique et brave, venu de la cavalerie sur sa demande. A fait preuve, depuis le début de la campagne, des plus belles qualités militaires. Glorieusement tombé, le 21 août 1916, à son poste de combat. A été cité.*

SAIGNES (Marie-Joseph-Henri-René, Comte de LA GARDE de), ✠ (posthume), ✠, lieutenant au 58e d'Infanterie.

Tué, le 30 juillet 1917, sur le front d'Orient.

    Citation : *Officier de l'armée territoriale servant, sur sa demande, dans un régiment actif. Sur le front depuis le début de la campagne, a donné maintes preuves des plus belles qualités militaires du courage, de l'abnégation, du dévouement. Avait été blessé en restant à la porte d'un abri pour y faire rentrer ses hommes, au début d'un bombardement. Cité, à Verdun, pour sa belle conduite pendant le bombardement d'un fort. A été tué, pendant une relève, en faisant la reconnaissance de ses postes et des défenses accessoires en avant des tranchées. A été cité.*

[Marié à Mme DE MISSOLZ, — dont quatre enfants.]

SAIGNES (Baron Émile de LA GARDE de), ✠ (posthume), ✠, maréchal des logis au 8e Cuirassiers.

    Citation : *Sous-officier d'une bravoure calme et d'une audace réfléchie, ayant su conduire sa troupe avec intelligence et hardiesse dans les circonstances les plus difficiles. Mortellement blessé, le 31 mars 1918, à Remiéucourt (Somme). A été cité.*

SAILLARD (Pierre), ✠, lieutenant à la Légion d'Orient.

Mort pour la France, le 1er mars 1919.

[Fils du Lieutenant-Colonel et de Mme SAILLARD.]

SAINT-ALBAN (Richard-Henri-Albert de), ✠ (posthume), ✠, sergent au 17e Chasseurs à pied.

    Citation : *Au cours de l'attaque du 16 avril 1917, chargé d'assurer la liaison avec sa demi-section entre la première ligne du régiment et d'un régiment voisin, a accompli sa mission avec courage et sang-froid. Revenant en rendre compte, a été mortellement blessé. A été cité.*

SAINT-ALBIN (Jean de), ✱, ✠, sous-lieutenant.
Tué le 7 octobre 1915.

SAINT-AMAND (Raoul-Gustave-Alphonse de FOURNIER de), ⊕ (posthume), ✠, caporal au 273e d'Infanterie.

Citation : *Modèle de discipline et d'énergie. Blessé à la jambe par une balle de mitrailleuse, s'est relevé aussitôt pour encourager ses hommes, et a été mortellement frappé au moment où il leur indiquait l'élément de tranchée à atteindre. A été cité.*

SAINT-AMANT (Comte de), ✱, ✠, capitaine de Chasseurs à pied.
Capitaine au 2e Chasseurs à cheval, passé, sur sa demande, dans l'Infanterie; blessé le 20 août 1918, refusant d'être évacué, tué quelques heures plus tard par un éclat d'obus qui lui fracassa l'épaule.

SAINT-ANDRE (Guy DURANT de), ✱ (posthume), ✠ (palme), Saint-Cyrien de la promotion de Montmirail, sous-lieutenant au 351e d'Infanterie.
Tué à Pintheville (Meuse), le 13 octobre 1914.

Citation : *A donné, en toutes circonstances, le plus bel exemple de bravoure ; est tombé mortellement frappé d'une balle au front, le 13 octobre 1914, en s'exposant, debout sur la tranchée, pour surveiller son secteur pendant une attaque de nuit. A été cité.*

[Né le 12 janvier 1894. Fils de M. et de Mme née LE MOUTON DE BOISDEFFRE, décédée.]

SAINT-ANDRE (Jean DURANT de), prêtre, du 113e d'Infanterie.
Tué le 23 mars 1918.

SAINT-ANDRE (François-Marie PEITEVIN de), ✱ (posthume), ✠, sous-lieutenant au 80e d'Infanterie.

Citation : *Le 5 novembre 1914, par son attitude énergique, a maintenu l'occupation d'une tranchée qu'un peloton venait d'évacuer à la suite d'un bombardement très violent ; a été enseveli par un obus. Tué à la tête de la 2e compagnie qu'il menait à l'attaque du Bois 40, le 15 décembre 1914, donnant l'exemple du plus grand courage et de l'esprit de sacrifice le plus absolu. A été cité.*

SAINT-ANGEL (Baron Yves de), ✱ (posthume), ✠, sous-lieutenant au 18e Chasseurs à pied.
Antérieurement blessé à deux reprises, a été tué en juillet 1917.

Citation : *Excellent officier, d'une trempe morale à toute épreuve, accomplissant son devoir avec un zèle scrupuleux. Placé avec sa section, du 20 au 27 juillet 1917, dans une position avancée récemment conquise et non encore organisée, battue par l'artillerie de l'ennemi et constamment harcelée par des reconnaissances, a fait preuve d'une activité, d'une énergie et d'une bravoure remarquables, ne craignant pas de s'exposer pour montrer l'exemple à ses chasseurs, dont la plupart voyaient le feu pour la première fois. Mortellement blessé en visitant ses postes sous le bombardement. A été cité.*

[Né en 1891. Fils du Bon et de la Bonne née Jeanne DE FLEURY.]

SAINT-ANGEL (Charles-Marie-*Jacques* de), ⊕ (posthume), ✠ (palme), aspirant au 144e d'Infanterie.

Citation : Excellent sous-officier au courage inébranlable, possédant au plus haut point l'esprit de sacrifice et d'abnégation. A été tué au cours d'un bombardement par bombes, en faisant prendre à sa demi-section les emplacements de combat à la Harazée, le 15 juillet 1916.

[Frère cadet du précédent.]

SAINT-AUBERT (..... MARET de), ✠, ✶ (Saint-Georges), lieutenant au 32e Chasseurs alpins, pilote-aviateur.

Tombé en mai 1918.

[Né en 1895. Beau-fils et fils du B^{on} et de la B^{onne} DE DAVID DES ÉTANGS.]

SAINT-AULAIRE (*Hervé*-Marie-Anatole, Comte Hervé de BEAU-POIL de), ✠, ✠ (1 palme, 2 étoiles), étudiant, *engagé volontaire* au 11e Chasseurs alpins.

Mortellement blessé au N.-E. de Saint-Quentin, le 4 octobre 1918, succomba à ses blessures, le 3 décembre, à l'hôpital auxiliaire de Saintes.

Citation : Beau type de chasseur, remarquable pour sa bravoure, son allant et sa bonne humeur, coutumier des actes d'audace. A été blessé gravement, le 4 octobre 1918, alors qu'ayant dépassé l'objectif fixé et franchi notre barrage d'artillerie, il poursuivait l'ennemi sous un feu violent de mitrailleuses.

[Né le 22 octobre 1895. Fils du Cte et de la Ctesse née Gabrielle LOGEROTTE.]

SAINT-AVID (Ernest-*André* MOUGENC de), ✠ (posthume), ✠ (palme), adjudant au 300e d'Infanterie.

Citation : Est monté à l'assaut, le 25 septembre 1915, sous une grêle de balles et d'obus, à côté de son chef de bataillon. Ce dernier étant tombé frappé à mort, a tenté de lui porter secours et a été tué à ce moment. A été cité.

SAINT-BON (Henri PACORET, Comte de), ✠ (posthume), ✠ (palme), capitaine au 225e d'Infanterie, aide de camp du Vice-Amiral, Préfet maritime de Cherbourg.

Blessé mortellement, le 8 septembre 1914, au combat de Lenharrée (Marne).

Extrait de la citation : ..... Ayant vu, le 7 septembre 1914, tous les officiers et sous-officiers de sa compagnie tomber successivement autour de lui, a, pendant tout l'après-midi et la nuit suivante, assuré à lui seul la défense du village contre des forces très supérieures. Mortellement blessé à quatre heures du matin, a défendu à ses hommes de lui porter secours, leur criant : « N'approchez pas, ne vous faites pas tuer pour me sauver ! » A été cité.

[Né le 27 janvier 1870. Fils du Cte et de la Ctesse née Théodule DE LAPEYROUSE DE BONFILS. Marié à Mlle Marie BOUCHER DE MORLAINCOURT, fille du Général Cte et de la Ctesse née DE LATOUCHE, — dont deux enfants.]

SAINT-BONNET (..... VINCENT de), ✶, ✠, lieutenant au 216e d'Infanterie.

Tué le 24 juillet 1918.

[Marié à Mlle PUVIS DE CHAVANNES, — dont un enfant.]

SAINT-CHAMANS (*Henry*-Bertrand-Amant, Marquis de), ✶ (posthume), ✠ (palme et étoile), lieutenant de réserve au 8e Cuirassiers à pied.

Tombé glorieusement, le 31 mai 1918, dans la tranchée à Autrèches, frappé d'un éclat d'obus en plein cœur.

Citation : *Brillant officier de réserve, animé des plus hauts sentiments de devoir et d'honneur. Ame d'élite, ayant toujours donné à ses hommes le plus bel exemple d'esprit de sacrifice, de courage et de sang-froid. Tué à son poste de combat en première ligne, au moment où, dans une situation difficile, il exaltait le moral de sa troupe soumise à un très violent bombardement. Avait refusé de se laisser évacuer, quelques jours avant, pour fatigue générale. A été cité.*

[Né le 17 janvier 1891. Fils du Mis (décédé) et de la M^ise^ née Anne LE CLERC DE JUIGNÉ. Marié à Mlle Edmée CORNUDET, fille du Vte, député de Seine-et-Oise, et de la V^tesse^ née DE VILLENEUVE-BARGEMON, décédée.]

SAINT-CHAMANT (Guillaume COUDERC de), ✠, *engagé volontaire au 83e d'Artillerie.*

Tombé au champ d'honneur, en Lorraine, le 12 janvier 1918.

[Né en 1899. Fils de M. et de Mme née Marie-Thérèse JOÜBERT.]

SAINTE-CHAPELLE (René), ✳, ✺, capitaine.

Tué le 31 mars 1916.

SAINTE-CHAPELLE (Marc), ✠ (posthume), ✺ (palme), lieutenant au 29e Dragons, détaché à une Escadrille.

Citation : *Type le plus pur de l'officier français. Cavalier, fantassin, aviateur, a laissé dans ces trois armes le souvenir d'une ardeur splendide et d'une souveraine maîtrise de soi dans le danger. Au cours d'un bombardement sur Chaulnes, le 4 mai 1918, a lutté avec une farouche énergie contre plusieurs avions rapides. Blessé grièvement à la main, a continué à tirer. Tué glorieusement d'une balle en plein cœur.*

[Tous deux fils du Colonel et de Mme SAINTE-CHAPELLE.]

SAINT-CHRISTOPHE (Charles-René de)...... ....

SAINTE-CLAIRE (Guy-Marie-Léon SUISSE de), ⚓ (posthume), ✺ (étoile), brigadier au 8e Hussards.

Sur le front depuis février 1915, a été tué, le 2 juin 1918, à l'attaque de la ferme de la Loge-aux-Bœufs, près La Ferté-Milon, en voulant se porter au secours de son sous-officier blessé.

Citation : *A toujours fait preuve de courage et d'entrain ; glorieusement tué d'une balle au cours d'une attaque en terrain découvert, en portant secours à son sous-officier grièvement blessé. A été cité.*

[Né le 20 novembre 1894. Fils de M. Édouard DE SAINTE-CLAIRE, secrétaire d'Ambassade, et de Mme née FURCY-RAYNAUD.]

SAINTE-CLAIRE (Maurice SUISSE de), ✺, Saint-Cyrien, sous-lieutenant au 45e d'Infanterie.

Tué le 9 juin 1915.

SAINTE-CLAIRE DEVILLE (Charles-Henri-Jean), ✠ (posthume), ✺, lieutenant au 28e d'Artillerie, observateur en avion.

Citation : *Officier observateur, d'une conscience et d'un courage admirables. S'est dépensé sans compter pendant les attaques de*

Verdun. Le 21 août 1917, attaqué par trois avions de chasse enne-mis, a soutenu courageusement un combat inégal, au cours duquel il a trouvé la mort. A été cité.

SAINTE-CROIX (Pierre-Maurice de), ☉ (posthume), ✠, caporal au 69ᵉ Chasseurs à pied.

Citation : *Brave caporal, d'un dévouement absolu, donnant à ses hommes le plus bel exemple en toutes circonstances. Tombé glo-rieusement pour la France, le 19 août 1918, à Roye. Une citation antérieure.*

SAINT-CYR (Adrien de), ✻, ✠ (3 citations), lieutenant d'Artillerie d'assaut.

Grièvement blessé, le 30 octobre 1918, alors qu'il se portait au secours d'un officier atteint d'un éclat d'obus, il succombait peu après à ses blessures dans une ambulance du front.

SAINT-DENIS (Jean-Baptiste de), ☉ (posthume), ✠, soldat au 136ᵉ d'Infanterie.

Citation : *Brave soldat. Mort pour la France, le 17 septembre 1916, des suites de blessures reçues à son poste de combat devant Chilly.*

SAINT-DIDIER (René HUBERT de), ✻, ✠ (6 citations), capitaine au 44ᵉ Chasseurs à pied.

Tué, en avant de Cléry, le 13 septembre 1916. Son héroïsme était légendaire. En Artois, grièvement blessé à la tête et en trai-tement à l'ambulance, apprenant que sa compagnie va contre-attaquer, quitte sans armes et sans casque la formation sanitaire, rejoint sa troupe et conduit l'opération, qui aboutit à un succès complet. De nouveau blessé grièvement, le 2 avril 1916, au bois de la Caillette, il avait repris son commandement peu de temps avant de tomber à l'ennemi.

Citation : *Officier d'une bravoure magnifique, blessé trois fois. Cité sept fois à l'Ordre depuis le début de la campagne, a toujours donné le plus pur exemple d'audace, de courage et d'esprit de sa-crifice. Glorieusement tombé en tête de sa compagnie, à l'attaque d'un point important des lignes ennemies.*

[Né en 1886. Fils du Colonel Bᵒⁿ, O ✻, et de la Bᵒⁿⁿᵉ née DE VALLÉE.]

SAINT-DIDIER (..... HUBERT de), aviateur.
Tombé à Vaux, sous Verdun, en mars 1916.

SAINT-DIÉ (André de)...

SAINT-ÉTIENNE (Robert-Adolphe-Albert de), cavalier au 1ᵉʳ Cui-rassiers à pied.
Disparu à Plessier-de-Roye, le 9 juin 1918.
[Né le 6 décembre 1891. Fils de M. et de Mᵐᵉ née DEPITRE.]

SAINT-ÉTIENNE (Robert-Charles DUFFAUD de), ✻ (posthume), ✠, sous-lieutenant au 60ᵉ d'Infanterie.

Citation : *A fait preuve, le 7 août 1914, à Altkirch, de sang-froid et de bravoure, en entraînant à l'assaut sa section, à la tête de laquelle il a été blessé mortellement. A été cité.*

[Fils de M. et de Mᵐᵉ née Yolande DE LA ROQUE.]

SAINT-EXUPÉRY (*Hélie*-Marie-Jean-Baptiste-Maxime, Vicomte Hélie de), ✠, ✠, capitaine au 11e d'Infanterie.

Après avoir pris part aux combats de l'Artois (septembre 1915), de Fleury (avril 1916) et d'Haudremont, il fut blessé grièvement à Moronvilliers, le 19 avril 1917, et succomba le 26 suivant à l'ambulance de Bouy (Marne).

> Citation (Légion d'honneur) : *Officier d'une haute valeur morale, modèle de courage, d'énergie et de sang-froid, ayant su inspirer à ses hommes la confiance la plus absolue. A été grièvement blessé en entraînant sa compagnie, dans un élan magnifique, à la contre-attaque du 19 avril 1917.*

[Né le 7 mai 1883. Fils du Mis (décédé) et de la M^{ise} née Marthe DE CASTILLON DE MONCHAU. Marié, en 1913, à Mlle Simonne DE BEAUMONT-BEYNAC.]

SAINT-EXUPÉRY (*Roger*-Jean-Baptiste-Martin, Vicomte Roger de), ✠, ✠ (palme), ✠ (Médaille de Madagascar), chef de bataillon au 65e d'Infanterie.

Blessé en Belgique, le 22 août 1914, succomba aux suites de ses blessures, le 9 septembre suivant, à l'hôpital de Charleville.

> Citation : *Officier supérieur ayant montré, le 22 aout 1914, de brillantes qualités en conduisant son bataillon au combat. Blessé mortellement au cours du combat.*

La Société de Géographie lui a décerné le prix Heckman pour ses voyages et ses travaux sur la Cyrénaïque, Oasis de Siouah (Soudan Égyptien).

[Né le 15 janvier 1865. Fils du Cte Fernand DE SAINT-EXUPÉRY et de la Ctesse née BLOUQUIER DE TRÉLAN (décédée). Veuf en premières noces de Mlle Valentine BAZIN, épousa en secondes noces Mlle Laure TROUSSEL, — dont sept enfants.]

SAINT-GENEST (Antoine-Pierre COURBON de), ✠ (posthume), ✠ (palme), sous-lieutenant pilote-aviateur à l'Escadrille F. 8.

Tombé sur le front de l'Aisne, le 12 juillet 1917.

> Citation : *Officier très brillant et pilote remarquable, qui s'était imposé à l'admiration de tous par son allant, son audace et sa haute conscience du devoir. Est tombé glorieusement, le 12 juillet 1917, à la suite d'un combat aérien qu'il avait recherché.*

[Fils du B^{on} et de la B^{onne} Antoine DE SAINT-GENEST.]

SAINT-GENYS (*Pierre*-François-Marie-Joseph, Vicomte Pierre de), ✠ (posthume), ✠ (étoile), ingénieur aux Aciéries de la Marine et d'Homécourt, brigadier-fourrier au 14e Dragons.

Tué, le 4 septembre 1914, au cours d'une reconnaissance, à Luzarches.

> Citation : *En entrant, le 4 septembre 1914, en pointe d'une reconnaissance d'officier, dans le village de Luzarches, y a été tué par des cyclistes allemands. Avait toujours demandé à faire partie des missions les plus délicates et les plus périlleuses, et y avait montré les plus belles qualités de sang-froid et d'intelligence.*

[Né le 13 avril 1889. Fils du Cte et de la Ctesse née Jeanne DE MONTGOLFIER.]

SAINT-GERMAIN (Comte Hubert TOUSSAINT DE REÜLLE de), soldat.

Tué au combat de Foucaucourt, le 1er septembre 1914.

[Né en 1883. Fils du Cte et de la Ctesse née CHEVREL DES LANDES.]

SAINT-GERMAIN (Gaston GAILLARD de), ✠, capitaine au 248ᵉ d'Infanterie.
Tué le 12 octobre 1915.
[Marié à Mˡˡᵉ Suzanne DUFLOT.]

SAINT-GERMAIN (Marie-Maurice-*Joseph* GAILLARD de), ✠, ✠ (palme), sous-lieutenant au 26ᵉ d'Infanterie.
Mort de ses blessures, le 30 septembre 1915, à Somme-Suippes.

Citation : *Officier d'une grande bravoure volontaire pour toutes les missions périlleuses ; a porté brillamment sa section en avant, au cours de l'attaque du 27 septembre, et a été très grièvement blessé.*

[Né le 23 décembre 1884. Fils de M. et de Mᵐᵉ née BRANDIN DE SAINT-LAURENS, décédée.]

SAINT-GERMAIN (Pierre-Marie GAILLARD de), ✠ (posthume), ✠, capitaine au 246ᵉ d'Infanterie.

Citation : *Excellent commandant de compagnie, d'une valeur morale élevée, plein d'allant et d'énergie réfléchie. A su, à l'attaque du 11 octobre 1918, en Artois, pousser vigoureusement sa compagnie. A été tué au moment où il donnait ses ordres pour l'occupation et l'organisation de la position conquise. A été cité.*

SAINT-GUILHEM (Comte Emmanuel de), ✠.
Décédé, en octobre 1920, des suites de blessures de guerre, à 51 ans.

SAINT-HILLIER (François-Joseph-Marie-*Amédée* de), ✠, ✠, élève à l'Ecole Normale, sous-lieutenant au 28ᵉ Chasseurs alpins.
Très grièvement blessé, le 27 mai 1915, mort le 1ᵉʳ juin suivant, à Bussang, à 21 ans.

Citation : *A fait preuve de beaucoup de courage et de sang-froid au combat du 27 mai, se portant résolument, à la tête de sa section, à l'assaut d'une corne de bois, sous le feu violent d'une mitrailleuse.*

[Fils de M. DE SAINT-HILLIER, O ✠, ✠, Lieutenant-Colonel du 10ᵉ Dragons, et de Mᵐᵉ née DE CHÉRISEY.]

SAINT-JAMES (Raoul), ✠, capitaine aux Tirailleurs Marocains.
Blessé grièvement le 19 juillet 1918, a succombé le 24 suivant à Saconin (Aisne).

[Né en 1882. Fils du Colonel, C ✠, et de Mᵐᵉ SAINT-JAMES.]

SAINT-JEAN (Charles-Jean-Baptiste de), ✠ (posthume), ✠ (palme), sous-lieutenant au 201ᵉ d'Infanterie.

Citation : *Officier de la plus grande bravoure et d'un sang-froid remarquable. Le 24 août 1916, a brillamment entraîné sa section à l'assaut d'une tranchée ennemie fortement organisée, dans laquelle de nombreux prisonniers ont été faits. A été tué au cours de l'attaque. Déjà cité.*

SAINT-JEAN (François-Eugène de), ✠ (posthume), ✠, caporal au 219ᵉ d'Infanterie.

Citation : *Caporal brave et dévoué. A été tué, le 8 septembre 1914, à Fère-Champenoise, au moment où il portait un ordre.*

SAINT-JEAN (Nicolas-Paul de), ✠ (posthume), ✠, soldat au 51ᵉ d'Infanterie.

> Citation : *Excellent soldat, d'un grand courage. Tombé en brave, le 8 août 1918, à Braches (Somme). A été cité.*

SAINT-JEAN (Constant-Pierre de), ✠ (posthume), ✠, soldat au 355ᵉ d'Infanterie.

> Citation : *Soldat d'une bravoure remarquable. Est mort glorieu- sement pour la France, le 29 octobre 1916, à Feuillère, en faisant vaillamment son devoir.*

SAINT-JEAN (Étienne de), ✠ (posthume), ✠, soldat au 245ᵉ d'In- fanterie.

Mort pour la France.

SAINT-JEAN LENTILHAC (..... de), lieutenant.

Décédé, en septembre 1918, des suites de maladie contractée au front, à l'hôpital militaire de Bourges.

[Fils du Mⁱˢ et de la Mⁱˢᵉ née OPPENHEIM.]

SAINT-JORES (Louis de), ✠ (posthume), ✠, soldat au 56ᵉ Chas- seurs à pied.

> Citation : *Excellent chasseur, plein d'entrain. Tué glorieuse- ment, le 24 octobre 1918, en se portant à l'attaque de Peteghem (Belgique).*

SAINT-JORES (Louis-François de), ✠ (posthume), ✠, soldat au 25ᵉ d'Infanterie.

> Citation : *Brave soldat. Frappé mortellement, le 22 août 1914, à Aiseau, dans l'accomplissement de son devoir.*

SAINT-JORES (Albert-Jean-Alexandre de), ✠ (posthume), ✠, soldat au 136ᵉ d'Infanterie.

> Citation : *Brave soldat. Tombé pour la France, le 31 octobre 1914, à son poste de combat, au cours d'une violente contre-attaque allemande, à Saint-Laurent-Blangy.*

SAINT-JOUAN (Yves-*Pierre* LE SAULNIER de), ✳ (posthume), ✠ (1 palme, 2 étoiles), Saint-Cyrien, capitaine au 131ᵉ d'Infanterie.

Tué dans son poste de commandement, au Bois-Bolante, en Argonne, le 12 juillet 1915.

> Citation : *Officier de haute valeur, qui a su faire, en très peu de temps, de sa compagnie une unité de combat de premier ordre. Tué dans son poste de commandement. A été cité.*

[Né le 10 août 1888. Fils du Lieutenant-Colonel, ✳, et de Mᵐᵉ née LE BORGNE DE LA TOUR.]

SAINT-JULIEN (Jos.-Marcelin de), soldat au 147ᵉ d'Infanterie.

Tué à Favresse (Marne), le 8 septembre 1914.

SAINT - JUST D'AUTINGUES (*Robert*-Marie-Xavier de), ✳ (posthume), ✠ (palme), sous-lieutenant au 150ᵉ d'Infanterie.

Disparu, le 22 août 1914, à Joppécourt (Meuse).

> Citation : *Le 22 août 1914, a fait preuve d'énergie et de bravoure en s'élançant, à la tête de sa section, dans une contre-attaque à la*

baïonnette ; est tombé mortellement frappé en arrivant sur la ligne ennemie. A été cité.

[Né le 27 janvier 1892. Fils du Général et de Mme née Suzanne MONTHIERS.]

SAINT-LAUMER (René BILLARD de), caporal.
Tué le 25 septembre 1915.

[Fils de M. (décédé) et de Mme née M.-Th. DE RAVINEL.]

SAINT-LAUMER (Marie-Agricole-*Marc* BILLARD de), ⚜ (posthume), ✠ (étoile), caporal au 113e d'Infanterie.
Tombé frappé d'une balle au cœur, le 6 avril 1915, au cours de l'attaque d'une tranchée allemande, dans la forêt de l'Argonne.

 Citation : *S'est porté hardiment, le 6 avril 1915, malgré une très violente fusillade, à l'attaque d'une tranchée ennemie. A franchi le premier, pour entraîner ses hommes, l'un des gradins de franchissement. A été tué au cours de cette attaque.*

[Né le 18 août 1894. Fils de M. et de Mme née Marie GUIOT DE LA ROCHÈRE.]

SAINT-LAURENS (*Pierre*-Christian-Edmond), ✠, ✠ (2 palmes, 2 étoiles), lieutenant au 71e d'Infanterie.
Parti simple soldat, le 6 août 1914, au 14e de ligne, aspirant en mai 1915 sous Arras, blessé deux fois sans vouloir se laisser évacuer. Seul sous-officier arrachant aux Allemands son peloton, à La Harazée (Argonne), en septembre 1915, où presque tout le 14e d'Infanterie resta aux mains de l'ennemi ; passa au 71e ; cité à Thiaumont, puis nommé sous-lieutenant à la tranchée de Calonne, et enfin décoré de la Légion d'honneur pour avoir, à la tête de sa compagnie, mené l'attaque de Moulin-sous-Touvent. Mortellement blessé, le 20 juillet 1918, à l'assaut devant Saint-Remy-Blanzy (Aisne), expira quelques heures après, le sourire aux lèvres.

 Citation : *Commandant de compagnie de premier ordre ; a conduit sa troupe à l'assaut dans un ordre parfait, atteint rapidement ses objectifs, brisé toutes les résistances rencontrées et ramené un nombre important de prisonniers après avoir infligé des pertes sévères à l'ennemi.*

[Né le 25 février 1892. Fils de M. Édouard SAINT-LAURENS, administrateur du Chemin de fer à voie étroite du Tarn, et de Mme née GAVOY.]

SAINT-LAURENT (René de), ✠, lieutenant au 19e d'Infanterie.
Tué, le 27 août 1914, à l'assaut de la Marfé.

SAINT-LAURENT (Stanislas-Marie-*Jean* de THOMAS de), ✠ (étoile), lieutenant de Dragons, observateur à l'Escadrille M. F. 16.
Mort le 13 mars 1916, en Artois, au cours d'une reconnaissance aérienne.

 Citation : *Comme agent de liaison, a assuré jusque sur la ligne de feu, aux combats du 30 août et des jours suivants, l'exécution des ordres du chef de corps.*

[Né le 6 février 1886. Fils du Cte et de la Ctesse née BOLOT D'ANCIER.]

SAINT-LÉGER (*Henri*-Marie-Louis-François CLERGET de), O ✠, ✠ (5 citations), chef de bataillon au 7e de marche des Tirailleurs Algériens.
 Dernière citation : *Magnifique conducteur d'hommes, vénéré et*

admiré de tous, et qui avait su faire de son bataillon une superbe unité de combat. Toujours sur la brèche, méprisant le danger, a été mortellement blessé, le 30 mai 1918, en se portant, en tête de son bataillon, à la position de départ de l'attaque. Une blessure antérieure, trois citations.

SAINT-LÉGER (Léon-Henri de), ⚕ (posthume), ✠, soldat au 74ᵉ d'Infanterie.

Tombé glorieusement, le 21 décembre 1915, à Herleville.

SAINT-LÉGIER DE LA SAUSAYE (Xavier-Alexis-René-*Robert* de), ⚕ (posthume), ✠, soldat au 72ᵉ d'Infanterie.

Tué, le 10 septembre 1914, au combat d'Heiltz-le-Maurupt.

Citation : *Modèle de courage, toujours volontaire pour les missions périlleuses. S'est offert pour porter un renseignement au chef de bataillon après que trois de ses camarades étaient tombés en cherchant à accomplir la même mission. A été tué. A été cité.*

[Fils du Mᵗ (décédé) et de la Mᵐᵉ née POTIER DE POMMEROY.]

SAINT-LÉGIER D'ORIGNAC (*Jacques*-Marie-Joseph-Henri, Vicomte Jacques de), ✠, sergent de réserve au 6ᵉ d'Infanterie.

Mortellement blessé à Gernicourt (Aisne), le 16 septembre 1914, et décédé le 19 septembre à l'ambulance militaire d'Epernay.

[Né le 22 juillet 1888. Fils du Cᵗᵉ et de la Cᵗᵉˢˢᵉ née DE PONT.]

SAINT-MARC (Jacques), ⚕ (posthume), ✠, industriel, maréchal des logis au 38ᵉ groupe d'Artillerie spéciale (500ᵉ d'Artillerie).

Brigadier au 15ᵉ Dragons, blessé grièvement en service commandé, le 23 décembre 1913, allait être réformé quand éclata la guerre. Il renonça spontanément à cette situation, rejoignit son régiment, le 2 août 1914, et partit sur le front de Lorraine, où il participa aux tout premiers combats de la guerre, puis aux batailles de 1914-1915. Passé dans les Autos-Canons en 1916, il fut parmi les premiers à s'inscrire comme volontaire pour la conduite des chars d'assaut (tanks français). D'abord instructeur, en 1917, au camp de Marly, il demanda bientôt à être versé dans une unité combattante, qui fut : le 38ᵉ groupe d'Artillerie spéciale. C'est dans un char de cette unité qu'il trouva la mort glorieuse, le 18 juillet 1918, au combat de Missy-aux-Bois (Aisne). Le char a été, en effet, détruit corps et biens par l'artillerie allemande, alors qu'il était en pleine action offensive. De tous les occupants, il n'est resté que quelques débris calcinés et dispersés qu'on n'a même pas pu inhumer régulièrement.....

Citation : *A montré le plus beau courage et le plus bel entrain au combat du 18 juillet 1918, en pénétrant dans les lignes ennemies.*

[Né à Bordeaux le 14 juillet 1891. Fils de M. Raoul SAINT-MARC, Conseiller municipal de Bordeaux, et de Mᵐᵉ née DELBURG. Marié à Mˡˡᵉ Marthe ULM, fille de M. et de Mᵐᵉ née ROGGENMOSER (de Mulhouse), — dont une fille.]

SAINTE-MARESVILLE (Claude-Valérie-Joseph de), ⚕ (posthume), ✠, soldat au 109ᵉ d'Infanterie.

Citation : *Très bon soldat, courageux et dévoué, ayant toujours eu une belle attitude au feu. Mort pour la France, le 30 août 1915, à Notre-Dame-de-Lorette, en faisant bravement son devoir. A été cité.*

SAINTE-MARESVILLE (Victor de), ⚓ (posthume), ✠, soldat au 18e Chasseurs à pied.
Tombé glorieusement au Four de Paris, en octobre 1914.

SAINTE-MARIE (*Louis*-Edmond de), ⚓ (posthume), ✠, sergent au 302e d'Infanterie.

     Citation : *Brave sous-officier. A été tué glorieusement, le 20 mars 1915, aux Eparges (Meuse), à la tête de la section qu'il commandait ; avait constamment donné l'exemple du calme et de la bravoure. A été cité.*

[Né le 6 septembre 1886. Fils de M. et de Mme née MICHELOT.]

SAINTE-MARIE (*Pierre*-Jean LEFEBVRE de), ✠ (étoile), caporal-fourrier au 9e Zouaves de marche.
Tué à Maricourt, le 12 août 1916.

[Né à Paris le 17 avril 1893. Fils de M. et de Mme née Jeanne BEGUINOT.]

SAINT-MARS (*André*-Louis de), ✠ (posthume), ✠ (2 palmes), sous-lieutenant au 405e d'Infanterie.

     Citation : *Jeune commandant de compagnie du plus grand mérite ; a témoigné, en toutes circonstances, des plus belles vertus militaires. Les 21 et 22 juin 1916, a contribué à repousser une violente attaque allemande, puis a assuré la relève de son unité dans des conditions particulièrement difficiles. A été mortellement blessé au moment où il s'efforçait, avec un beau mépris de la mort, de faire sortir de la zone dangereuse sa compagnie dans un tir de barrage. A été cité.*

Mort de ses blessures à Dugny, le 23 juin 1916, à 24 ans.

SAINT-MARTIN (Louis-Charles-Marie-Martial-Félix, Comte ARTAU de), pilote-aviateur à l'Ecole Belge d'Aviation de Juvisy.
A fait une chute mortelle, en service commandé, le 24 avril 1918.

SAINT-MARTIN (Gabriel de), ✠, maréchal des logis chef au 24e d'Artillerie.
Tué le 10 octobre 1915.

SAINT-MARTIN (Édouard-Léon-Pierre de), ⚓ (posthume), ✠ (étoile), caporal au 25e d'Infanterie.

     Citation : *Brave caporal. Frappé mortellement, au bois de la Grurie, dans l'accomplissement de son devoir (août 1915).*

SAINT-MARTIN (Armand de), ✠.
Décédé, en mai 1919, des suites d'une maladie contractée aux Armées.

SAINT-MARTIN (Émile de), ⚓ (posthume), ✠, sergent au 93e d'Infanterie.

     Citation : *Très bon sous-officier, belle conduite au feu en toutes circonstances. Blessé grièvement, le 19 mars 1916, en faisant exé-*

cuter des travaux de terrassement sous un violent bombardement. Mort des suites de ses blessures, le 5 avril 1916. Une citation antérieure.

SAINT-MARTIN (Julien de), ⚜ (posthume), ✠, caporal au 60ᵉ Chasseurs à pied.

Citation : *Tué glorieusement, le 31 mars 1916, tandis qu'il faisait creuser une tranchée, en dépit du bombardement. A été cité.*

SAINT-MARTIN (Léon-Émile BURDIN de), ⚜ (posthume), ✠, adjudant au 163ᵉ d'Infanterie.

Citation : *Chef de section de mitrailleuses, remarquable par son courage et son sang-froid. Sérieusement blessé en se portant, à la tête de sa section, à l'attaque de l'observatoire Bellevue, le 28 septembre 1918. Mort des suites de ses blessures.*

SAINT-MARTIN (Robert BURDIN de), ✳ (posthume), ✠, lieutenant au 3ᵉ groupe Cycliste.
Tué à Fromelle, le 20 octobre 1914.

Citation : *S'est brillamment distingué à tous les engagements du groupe par son courage et son sang-froid. Chargé, le 20 octobre 1914, de la défense d'une ferme, a résisté à toutes les attaques d'infanterie, malgré un violent bombardement et l'absence de tranchées et de défenses accessoires. A été tué au moment où il parcourait le front de son peloton pour exhorter ses chasseurs à la résistance. A été cité.*

[Marié à Mlle CHOURY DE LAVIGERIE.]

SAINT-MARTIN (*Ludovic* - Henri - Marie GOUZE de), ✳, ✠ (3 palmes), chef de bataillon au 59ᵉ d'Infanterie.
Tué, le 17 avril 1917, au Mont Cornillet (massif de Moronvilliers).

Citation : *Officier supérieur d'un grand courage. Le 17 avril 1917, a brillamment enlevé son bataillon à l'attaque des positions ennemies, dans le secteur de Moronvilliers. A été mortellement atteint par plusieurs balles de mitrailleuses, au cours d'une reconnaissance exécutée en plein combat, avec un mépris absolu du danger. Tombé glorieusement au moment où il se préparait à donner l'ordre de marcher sur le deuxième objectif. Etait déjà décoré pour faits de guerre.*

[Né en 1868. Marié à Mlle DE BONNEFOY.]

SAINT-MARTIN (Charles-Louis-*Patrice* LAGROY DE CROUTTE de), ✳ (posthume), ✠, sous-lieutenant au 11ᵉ Dragons.

Citation : *Le 9 octobre 1914, a donné dans un combat à pied contre un ennemi très supérieur en nombre et armé de mitrailleuses, et a montré le plus beau courage. Est mort héroïquement à son poste, en donnant un bel exemple de résignation et d'énergie. A été cité.*

SAINT-MARTIN LACAZE (*Jean*-Pierre, Vicomte Jean de), ✳ (posthume), ✠, capitaine au 57ᵉ d'Infanterie.
Blessé à la bataille de Guise, le 28 août 1914, tombé héroïquement le 28 septembre suivant.

Citation : *Le 28 septembre, est resté, malgré une première blessure, à la tête de son bataillon jusqu'au moment où, frappé à mort, il eut encore le courage et l'énergie d'adresser un compte rendu à son colonel, avant d'abandonner son commandement. A été cité.*

[Né en 1877. Fils du Vte (décédé) et de la V^{tesse} née Moreau de Gournay. Marié à Mlle Théonie de Guyonnet.]

SAINT-MARTIN LACAZE (Emmanuel de), ⚜ (posthume), ✠, maréchal des logis de Cuirassiers.

Citation : *Excellent sous-officier, mitrailleur d'élite courageux et très ardent. Est tombé, le 24 mars 1918, à son poste de combat, alors qu'il tentait d'arrêter une attaque ennemie.*

[Frère du précédent. Marié à Mlle Germaine de Portets.]

SAINT-MAUR (Jean du PRÉ de), soldat au 113e d'Infanterie.
Disparu en Belgique, le 22 août 1914.

SAINT-MAUR (Gérard du PRÉ de), soldat au 7e Tirailleurs de marche.
Disparu en Champagne, le 6 octobre 1915.

[Tous deux fils de M. et de Mme née de Frégeville.]

SAINT-MAURICE DE MONTCALM-GOZON (Antoine-Dieudonné-Victor-*Robert* de BARBEYRAC, Comte de), ✠ (posthume), ✠ (3 citations), sous-lieutenant au 151e d'Infanterie.

Citation : *Venu de la cavalerie. Ardent, enthousiaste ; blessé très grièvement, le 15 avril 1917, au cours d'une reconnaissance dans un secteur d'attaque. A succombé à ses blessures. A été cité.*

[Né en 1896. Fils du Mis et de la M^{ise} née Valentine Pozzo di Borgo, décédée en 1917.]

SAINT-MÉLOIR (Bertrand de), ⚜ (posthume), ✠ (palme), *engagé volontaire*, aspirant au 248e d'Infanterie.
Tombé en entraînant sa section, à 20 ans.

Citation : *Le 14 août 1918, a magnifiquement conduit sa section à l'attaque. Violemment contre-attaqué, a été mortellement frappé au moment où il venait d'abattre personnellement un Allemand et de réussir à repousser l'assaut de l'ennemi.*

[Un de ses frères a été porté disparu le 20 juillet 1918.]

SAINT-MLEUX (Pierre), ⚜ (posthume), ✠, caporal au 47e d'Infanterie.

Citation : *Energique et vaillant gradé, ayant montré au cours des premiers combats le courage le plus enthousiaste. Tombé glorieusement, le 29 août 1914, en entraînant ses hommes à l'assaut près de Guise. A été cité.*

SAINT-OLIVE (Jules-*Louis* de), ⚜ (posthume), ✠, sergent mitrailleur au 129e d'Infanterie.
Tué, le 3 septembre 1918, au combat de Crouy.

Citation : *Sous-officier énergique et brave, faisant toujours preuve de courage. Tombé glorieusement à son poste de combat, au cours des affaires de septembre. A été cité.*

[Né en 1893. Fils de M. (décédé) et de Mme née Juliette Collart-Dutilleul.]

SAINT-OLIVE (Armand de)..........................
Tué aux Eparges, le 3 septembre 1916.

[Frère du précédent.]

SAINTE-OPPORTUNE (*Robert*-Marie LECARPENTIER de), ✼ (posthume), ✠ (palme), sous-lieutenant au 147e d'Infanterie.

> Citation : *Jeune officier de la plus grande valeur. Après avoir conduit, au cours de la bataille du ..., une reconnaissance avec décision et un admirable courage, tuant de sa main plusieurs Allemands, a été tué glorieusement, le ... 1918, après avoir tenu jusqu'au dernier instant, suivant les ordres reçus, la position importante dont il avait la garde. A été cité.*

SAINT-OUEN (Gérard DUPONT de), canonnier au 1er d'Artillerie. Mort, en 1919, à son retour de captivité.

SAINT-OURS (François-Samuel-Virgile-Édouard de), ✼ (posthume), ✠ (palme), sous-lieutenant au 216e d'Infanterie.

> Citation : *Officier très vigoureux, modèle de courage, d'entrain et de dévouement. Tué, le 25 octobre 1916, en procédant à la reconnaissance d'une position ennemie que sa compagnie devait enlever.*

SAINT-PAUL (Yvan MESNAUD de), ⚜ (posthume), ✠ (étoile d'argent), *engagé volontaire*, maréchal des logis éclaireur au 20e d'Artillerie.

Intoxiqué par les gaz, le 8 août 1918, au sud du hameau de Thuisy, a succombé le 15 à l'ambulance 3/63, à Chantilly.

> Citation : *En liaison à l'infanterie, du 17 avril 1918 au soir, au 18 avril au soir, chargé de la transmission des renseignements venant du bataillon d'attaque, a parfaitement réussi dans sa mission, en réparant lui-même plusieurs fois la ligne téléphonique sous un feu violent d'obus et de mitrailleuses, de 5 heures à 15 heures ; s'est déjà signalé dans les mêmes fonctions qu'il exerce depuis deux ans, et notamment le 5 avril 1918.*

[Né le 16 avril 1896. Fils de M. et de Mme née DE LESTRADE DE CONTY.]

SAINT-PAUL DE SINÇAY (Pierre), ⚜ (posthume), ✠ (étoile), sergent au 414e d'Infanterie.

Blessé une première fois à Hamel, le 2 octobre 1914, il l'était de nouveau grièvement, le 8 mai 1917, devant Craonne, en assurant la liaison. Mort de ses blessures.

> Citation : *Sous-officier ayant déjà rendu les plus grands services au cours de la campagne. Modèle de courage et d'abnégation, toujours prêt pour les missions les plus périlleuses. Mortellement blessé à son poste, au moment où il observait les effets d'un violent tir de pilonnage, le 8 mai 1917. A été cité.*

[Fils de M Albert SAINT-PAUL DE SINÇAY, officier de marine (décédé), et de Mme née DE LA MONNERAYE.]

SAINT-PAUL DE SINÇAY (Jean), pilote-aviateur au 1er Groupe d'Aviation.

Mort, en 1919, des suites d'une maladie contractée aux Armées.

[Né en 1895. Frère du précédent.]

SAINT-PERN (Xavier-René-Jean-*Roger* de), ✼, ✠ (1 palme, 1 étoile de vermeil), Saint-Cyrien de la promotion de la Croix du Drapeau, lieutenant d'Infanterie, pilote-aviateur.

Tué, le 10 novembre 1916, dans un combat d'avions, près de

Souain (Marne); inhumé à Auve. — Avait été proposé pour capitaine.

[Né le 3 janvier 1895. Fils du Vte, O ✳, capitaine de vaisseau, et de la V^{tesse} née Mélanie DE PLOEUC.]

SAINT-PHALLE (*Thibault*-Marie-Henri, Comte Thibault de), soldat à la 22e Section d'Infirmiers.
Mort pour la France, à Gray, le 4 janvier 1915.

[Né le 7 mars 1888. Fils du Cte et de la Ctesse née Catherine DE CHABANNES LA PALICE.]

SAINT-PIERRE (Marc-Anatole-*Guy* de GROSOURDY, Comte de), ✵ (posthume), ✵ (2 palmes, 1 étoile), pilote-aviateur de chasse.
Aviateur civil breveté avant la guerre, mobilisé comme artilleur, passa, sur sa demande, dans l'Aviation. Brigadier, puis maréchal des logis à l'Escadrille 38 (était proposé pour sous-lieutenant), a pris part aux combats de Verdun, d'Égypte, des Dardanelles, de Salonique, puis de Champagne. Tué, le 7 septembre 1916, d'une balle au cœur, au cours d'un combat aérien, à Puisieulx, près Reims.

Citation : *Pilote audacieux et brave, dont l'entrain égale la modestie. Le 29 juillet 1916, s'est porté spontanément au secours d'un appareil ami attaqué par deux fokker, et les a contraints à la fuite. Le 7 septembre 1916, a trouvé une mort glorieuse en combat aérien.*

[Né le 13 décembre 1893. Fils du Mis et de la M^{ise} née Geneviève POTIER DE COURCY, décédés.]

SAINT-PIERRE (Charles LEMPEREUR de), ✵ (posthume), ✵, sous-lieutenant au 101e d'Infanterie.

Citation : *Dans la nuit du 25 août 1915, au cours d'une attaque allemande, a assuré avec beaucoup d'énergie la défense de sa tranchée, que sa section venait de creuser à 450 mètres en avant de nos lignes, et a montré constamment le plus grand mépris du danger. A été tué d'une balle au front. A été cité.*

[Né en 1894. Fils de M. (décédé) et de Mme née DE CHÉNELETTE.]

SAINT-PIERRE (Paul de), lieutenant au 33e d'Artillerie.
Tué en septembre 1914.

SAINT-POL (Vicomte André de), du 304e d'Infanterie.
Tué, le 7 septembre 1914, au combat de Rambercourt (Meuse).

[Fils du Cte et de la Ctesse née Marguerite ROCHERON D'AMOY. Marié à Mlle Jeanne SENOT DE LA LONDE, fille de M. et de Mme née Jeanne DE VALLOIS (décédée), — dont un fils.]

SAINT-POL (Lucien-Achille-François de), ✵ (posthume), ✵, lieutenant au 150e d'Infanterie.

Citation : *Le 30 juin 1915, a complètement arrêté l'ennemi sur le front où il combattait et où il a trouvé la mort. A été cité.*

SAINT-PULGENT (Alexis-*Paul* CHAMBODUC de), ✵ (posthume), ✵ (5 citations), garde général des Eaux et Forêts, chef de bataillon au 264e d'Infanterie.
Tombé au champ d'honneur, le 5 octobre 1918, à 32 ans.

Citation : *Chef dans toute l'acception du terme, par sa claire intelligence des choses, sa tranquille bravoure, son zèle de tous les instants ; s'était acquis l'estime et l'amitié de ses chefs, l'affection et la confiance de ses hommes. Cinq fois cité pour sa magnifique conduite au feu. Tombé glorieusement, le 5 octobre 1918, à Saint-Pierre-à-Arnes (Ardennes), en entraînant son bataillon à l'assaut. A été cité.*

SAINT-QUENTIN (Comte Guy DOYNEL de), �† 🎖 (posthume), ✠, sergent au 205e d'Infanterie.
Blessé grièvement en 1914, succombait peu après à ses blessures.

Citation : *A constamment donné des exemples du plus beau courage et du plus grand dévouement. Le 2 septembre en particulier, après avoir transmis un ordre, sous un feu violent d'infanterie à trois sections de sa compagnie, a rallié une fraction de sa compagnie dont il a pris le commandement, et, grâce à son maintien énergique, a permis au reste de la compagnie de se dégager. Ne s'est replié lui-même que sur l'ordre de son commandant de compagnie. Blessé mortellement, le 28 septembre 1914, à Berry-au-Bac, et mort des suites de ses blessures. A été cité.*

[Fils du Cte DE SAINT-QUENTIN, sénateur du Calvados, et de la Ctesse née LIÉGEARD.]

SAINT-QUENTIN (Marie-Louis-Alfred-*Henry* de), ✠ (posthume), ✠, capitaine au 71e d'Infanterie.
Disparu à Guise, le 29 août 1914.

Citation : *Officier d'une haute valeur. Tué, le 29 août 1914, à la tête de la compagnie qu'il conduisait vaillamment à l'assaut des positions allemandes. A été cité.*

[Marié à Mlle DE ROTHIACOB, décédée en 1917.]

SAINT-RAYMOND (Joseph-Bernard), ✠, lieutenant de vaisseau.
Englouti avec le cuirassé *Danton*, le 19 mars 1917.

SAINT-RAYMOND (Étienne), soldat au 74e d'Infanterie.
Disparu à Douaumont, le 24 mai 1916, à 23 ans.

SAINT-RIQUIER (Marcel-Georges de), 🎖 (posthume), ✠ (palme), aspirant au 128e d'Infanterie.

Citation : *S'est prodigué sans compter du 18 au 26 juillet, et en particulier le 24 juillet 1918, où il s'est élancé en tête de sa section à l'attaque d'un point d'appui, sous une grêle de balles de mitrailleuses. Enseveli, le 27 juillet, sous un bloc de pierres et fortement contusionné, est resté à son poste de combat. Est tombé mortellement frappé, le 2 août, au moment où il criait : « En avant ! »*

SAINT-ROMAN (Henri de SERRES de), sergent au 115e d'Infanterie.
Tué sous Roye, en octobre 1914.

[Fils du Vte (décédé en 1918) et de la Vtesse née Pauline DE LA BARRE.]

SAINT-SAUVEUR (Marie-*Henri* DURTELLE de), ✠, ✠ (6 citations), chef de bataillon au 418e d'Infanterie.
Tombé glorieusement devant Soissons, le 18 juillet 1918.

Citation : *Chef magnifique, suivi aveuglément partout par ses hommes. Le 18 juillet 1918, a placé son bataillon pour l'attaque des hauteurs de Soissons avec un coup d'œil remarquable, au milieu de difficultés de toutes sortes. Blessé avant le débouché, n'en a rien laissé voir ; s'est élancé à la tête de son bataillon, malgré les souffrances de sa blessure. Contraint de s'arrêter en pleine victoire, est tombé sous les coups de l'artillerie ennemie, pendant que ses hommes achevaient le succès qu'il avait préparé.*

[Fils de M. (décédé) et de Mme née RABILLON DU LATTAY. Marié à Mlle M.-Th. HALNA DU FRETAY, — dont trois enfants.]

SAINT-SAUVEUR-BOUGAINVILLE (Comte Albert de), ✳ (posthume), ✣, lieutenant au 141e d'Infanterie.

Tué à Dieuze (Lorraine), en septembre 1914, en accomplissant une mission périlleuse qu'il avait sollicitée.

[Fils du Cte (décédé) et de la Ctesse née D'ANGLARS DE BASSIGNAC.]

SAINT-SAUVEUR-LORRAINE (Louis-*Henri*-Georges BOTOT de), ✳, ✣ (1 palme, 1 étoile d'or), Saint-Cyrien, capitaine d'Etat-Major.

Au front depuis le début des hostilités, où il donnait un bel exemple de courage et de dévouement. Blessé mortellement le 29 mars 1918, succomba, le 3 avril suivant, à l'ambulance de Villers-Daucourt (Marne).

Citation : Officier d'Etat-Major d'une haute valeur morale, montrant au feu un absolu mépris du danger. Constamment aux tranchées, rend au commandement d'inappréciables services par la sûreté de son jugement et son activité intellectuelle et physique.

[Né le 22 mai 1878. Fils de M. (décédé) et de Mme née D'ESPARBÈS DE LUSSAN. Marié à Mlle Jeanne D'AURAY DE SAINT-POIS, fille du Cte et de la Ctesse née BEZUEL D'ESNEVAL, — dont six enfants.]

SAINT-SAUVEUR-LORRAINE (*René*-Louis BOTOT de), ✳ (posthume), ✣, Saint-Cyrien, lieutenant au 7e mixte Colonial.

Tué d'une balle au front, à Seddul-Bahr (Dardanelles), le 9 mai 1915.

Citation : Brave officier, énergique et plein d'allant. A fait preuve des plus belles qualités militaires pendant les attaques auxquelles il a participé, en s'acquittant héroïquement des missions les plus périlleuses au cours de bombardements d'une rare violence. Tombé glorieusement au champ d'honneur, le 9 mai 1915, à Seddul-Bahr.

[Né le 26 août 1884. Frère du précédent.]

SAINT-SEINE (Bénigne-*Henri*-Dominique, Comte Henri LE GOUZ de), ⚜ (posthume), ✣ (palmes), ✶ (Distinguished Service Order), brigadier interprète auprès de la 1re Division Américaine.

Tombé à l'ennemi, près de Wacquemoulins, le 12 juin 1918.

Citation : Interprète d'une grande bravoure et animé du plus haut esprit de sacrifice ; toujours volontaire pour les missions périlleuses. Chargé, comme chef de détachement, de choisir deux interprètes qui devaient servir d'agent de liaison dans un secteur violemment bombardé, s'est désigné lui-même et a été grièvement atteint dans l'accomplissement de son devoir. Mort des suites de ses blessures. A été cité.

SAINT-SERNIN (Comte Fernand de LAPARRE de), ✳, ✣, commandant le 133e territorial d'Infanterie.

Tué le 25 novembre 1915.

[Marié à Mme DE VERNEILH-PUYRAZEAU, — dont dix enfants.]

SAINT-SERNIN (Marie-Théophile-*Jean* de LAPARRE de), �֍ (posthume), ✠, ingénieur, lieutenant au 17ᵉ d'Artillerie.
Grièvement blessé le 12 avril 1915, succomba le 18 suivant.

> Citation : *Officier de liaison entre le colonel et le chef commandant le 1ᵉʳ groupe ; a montré partout les plus grandes qualités de bravoure, de sang-froid et d'intelligence ; a obtenu les félicitations pour les services qu'il avait rendus comme observateur dans des conditions particulièrement difficiles. Mortellement blessé, comme observateur, dans les tranchées de première ligne, le 18 avril 1915. A été cité.*

[Fils du précédent.]

SAINT-SERNIN (Pierre de LAPARRE de), ☷ (posthume), ✠, *engagé volontaire*, soldat au 230ᵉ d'Infanterie.

> Citation : *Engagé volontaire, discipliné et brave. A toujours fait vaillamment son devoir. Est tombé, le 30 septembre 1916, à son poste de combat, dans le secteur de Vaux-Chapitre.*

SAINT-STEBAN (Joseph-Marie de), ✖ (posthume), ✠ (palme), sous-lieutenant au 73ᵉ d'Infanterie.

> Citation : *Officier d'un entrain et d'une bravoure remarquables. Tué à la tête de ses hommes, le 6 septembre 1914, en les entraînant à l'attaque des positions ennemies.*

SAINT-SULPICE (Daniel de), caporal au 160ᵉ d'Infanterie.
Tué à Haraucourt, en 1914.

SAINTE-SUZANNE (Paul-Eugène DESCHAMPS de), ☷ (posthume), ✠, soldat au 109ᵉ d'Infanterie.

> Citation : *A été très grièvement blessé. Est mort pour la France des suites de ses blessures. A été cité.*

SAINT-TRIVIER (Antoine-Marie-Joseph-*Henri* BELLET DE TAVERNOST, Baron de), ✖ (posthume), ✠ (palme), capitaine au 10ᵉ Cuirassiers.
Tombé glorieusement au combat de Vieux-Berquin, le 13 octobre 1914, en défendant l'entrée du village.

> Citation : *Mortellement blessé, le 13 octobre 1914, devant Vieux-Berquin, en donnant à tous ses hommes un admirable exemple de sang-froid, de courage et de valeur. A été cité.*

[Né le 18 décembre 1870. Fils du Vᵗᵉ (décédé en 1917) et de la Vᵗᵉˢˢᵉ née Aline DE FRICON. Marié, en 1898, à Mˡˡᵉ Anne-Antoinette DOYON, — dont trois filles.]

SAINT-VICTOR (Vicomte Louis de), du 50ᵉ d'Artillerie.
Tué aux combats de l'Oise, en septembre 1914.

SAINT-VICTOR (François-Raymond ROBERT de), ☷ (posthume), ✠, sergent au 74ᵉ d'Infanterie.

> Citation : *A brillamment enlevé sa fraction à l'assaut d'une tranchée allemande, le 11 juin 1915, et a été mortellement blessé au moment où il allait prendre pied dans cette tranchée, au Labyrinthe (Artois). A été cité.*

SAINT-VICTOR (Marie-Charles ROBERT de), ☷ (posthume), ✠, caporal au 23ᵉ d'Infanterie.

Citation : *Bon caporal, courageux et plein d'entrain. Tombé glorieusement en entraînant ses hommes à l'attaque d'Oulchy-le-Château, le 25 juillet 1918.*

SAINT-VINCENT-BRASSAC, Comte de BRASSAC (Roland de), ✠ (posthume), ✠ (étoile), *engagé volontaire*, sous-lieutenant au 153e d'Infanterie.

Maréchal des logis au 8e Dragons, passa volontairement dans l'Infanterie. Le 6 avril 1916, il était blessé une première fois par des éclats d'obus au visage, mais il refusa de se faire évacuer. Quelques jours plus tard, le 16, il devait trouver la mort glorieuse, à Craonne, en conduisant bravement ses hommes à l'attaque ; son corps repose à Beaulne-et-Chivry.

Citation : *Officier de cavalerie passé, sur sa demande, dans l'infanterie. Est parti à l'attaque de puissantes organisations enne-mies avec un courage magnifique, entraînant sa section à travers une zone battue par des feux de mitrailleuses, et, après l'avoir tra-versée, est entré résolument dans un bois très fortement occupé par l'ennemi. A pris par son attitude l'ascendant sur celui-ci, a fait des prisonniers et est tombé mortellement frappé, au cours de sa progression, par une balle tirée à bout portant. A été cité.*

La mère de ce brave, Madame la Marquise de SAINT-VINCENT-BRASSAC, a fait à l'Académie Française, en souvenir de son fils, une donation de 600 francs de rente, dont les arrérages seront consacrés à l'instruction d'un jeune homme natif du Tarn ou de la Haute-Garonne, — qui aura perdu son père, de préférence à la guerre, — soit pendant son séjour dans une grande école du gou-vernement, soit pendant la période des cours préparatoires à une de ces écoles.

[Né le 30 mars 1891. Fils du Mis et de la M^{ise} née D'ANDRÉ. — Neveu du Colonel Cte D'ANDRÉ, tué à Ypres.]

SAINT-VIS (Paul-Lucien de), ☙ (posthume), ✠, motocycliste au 82e d'Artillerie lourde.

Citation : *Agent de liaison, d'un dévouement et d'un courage exemplaires. Tué à l'ennemi, le 51 mars 1916, devant Verdun.*

SAINT-VULFRAN (Georges-Joseph-Marie NAGUET de), ☙ (posthume), ✠ (étoile), caporal au 132e d'Infanterie.

Citation : *Caporal brave et consciencieux. Tombé glorieusement pour la France, au moment où il abordait, avec un élan superbe, les lignes ennemies, le 6 avril 1915, aux Eparges.*

SAINT-VULFRAN (Marie-Gustave-Jean NAGUET de), élève à l'Ecole d'Artillerie de Fontainebleau.

Mort pour la France, le 11 septembre 1918, à 20 ans.

SAINT-YVES-MÉNARD (Pierre)..............................

[Fils de M. (décédé) et de Mme née DE LAFORCADE.]

SAISSET (J.-A.-N.), ✠, ✠ (palme), lieutenant de vaisseau.

Englouti avec le *Bouvet*, aux Dardanelles, le 18 mars 1915.

Citation : *Alors que son bâtiment, torpillé deux fois, était sur le point de chavirer, a donné l'exemple du calme le plus admirable en faisant le sacrifice de sa vie pour permettre à un plus grand nombre des hommes de l'équipage de prendre place dans les embarcations. A été englouti avec son bâtiment.*

SAIZIEU (Charles-Antoine-*Raoul* BARTHÉLEMY de), ✠ (posthume), ✠, sous-lieutenant au 11e Cuirassiers.
Tué, le 3 mai 1917, à l'attaque du Moulin de Laffaux.

Citation : *Jeune officier plein de courage et d'entrain. A été tué glorieusement, le 3 mai 1917, en abordant, à la tête de son peloton, une ligne d'abatis dont le franchissement était nécessaire à la progression du bataillon au Moulin de Laffaux. A été cité.*

[Fils du Lieutenant-Colonel Bᵒⁿ DE SAIZIEU, O ✠, ✠, et de la Bᵒⁿⁿᵉ née Donatienne DE VILLÈLE.]

SAIZIEU (Charles-Henri BARTHÉLEMY de), ✠ (posthume), ✠, caporal au 170e d'Infanterie.
Tué, le 18 octobre 1917, à Jouy (Aisne).

Citation : *Excellent caporal, ayant un haut sentiment de son devoir. Passé, sur sa demande, de la cavalerie dans l'infanterie, a pris part à de nombreux combats en Belgique (1915), en Champagne (1915), sur la Somme (1916), faisant preuve d'un courage admirable. A été tué, le 18 octobre 1917, à son poste de combat, pendant un violent tir d'artillerie ennemie. A été cité.*

[Frère du précédent.]

SAIZIEU (Louis-Marie-*Antoine* BARTHÉLEMY de), ✠ (posthume), ✠, lieutenant de vaisseau.

Citation : *Faisant partie de l'État-Major du dirigeable T, a trouvé la mort, le 12 mai 1916, dans la première tentative faite pour accomplir, en dirigeable, la traversée de la Méditerranée.*

[Fils de M. Eugène DE SAIZIEU et de Mᵐᵉ née Marguerite DE FESQUET.]

SAIZIEU (Albert BARTHÉLEMY de), ✠ (posthume), ✠ (palme), capitaine pilote-aviateur.

Citation : *Pilote-aviateur de grande valeur ; parti en reconnaissance sur un avion armé à grande puissance, a trouvé la mort au cours de sa mission.*

[Frère du précédent.]

SAIZIEU (Louis BARTHÉLEMY de), ✠, ✠ (2 palmes), lieutenant de vaisseau, affecté à l'Escadrille d'avions de Port-Saïd.

Citation : *Excellent pilote d'aéroplanes ; a effectué de nombreux vols en pays ennemi et dans des conditions périlleuses. Parti en reconnaissance pour Ber-Saba (presqu'île du Sinaï), le 22 décembre, n'a pas rallié le centre.*

[Marié à Mˡˡᵉ DE LA ROCHE-KERANDRAON.]

SAL (Auguste CHAVEREBIÈRE de), ✠, ✠ (palme), avocat à la Cour de Paris, *engagé volontaire*, bombardier-mitrailleur en avion.
Grièvement blessé, a succombé le 25 avril 1917.

[Né le 17 janvier 1877. Fils de M. Léonce DE SAL, sénateur, et de Mᵐᵉ née GUITTARD. Marié à Mˡˡᵉ Alice COLAÇO-OSORIO.]

SALABERRY (*Antoine*-Marie-Joseph, Comte Antoine d'IRUMBERRY de), ✠ (posthume), ✠ (palme), sous-lieutenant de réserve au 21e d'Infanterie.

Au début de la guerre, sergent au 89e de ligne, fut blessé à l'assaut de Vauquois, le 28 février 1915. Retourné au front comme sous-lieutenant au 21e d'Infanterie, a été tué en Artois, le 12 décembre 1915.

> Citation : *Au cours de la campagne, a donné maintes preuves de calme courage et d'abnégation, notamment le 12 décembre 1915, sur le plateau de Givenchy ; exposé avec sa section pendant de longues heures à un feu violent d'artillerie, a, par son exemple, maintenu chacun à sa place dans la situation la plus critique. A été tué glorieusement. A été cité.*

[Né le 14 mars 1880. Fils du Cte et de la Ctesse née de PEYCHPEYROU COMMINGES DE GUITAUT (décédés). Marié à Mlle Anne DE PAUL, fille de M. (décédé) et de Mme née HUBNER, — dont quatre enfants.]

SALANSON (Dominique), avoué près le Tribunal civil de Versailles, soldat réserviste au 24e d'Infanterie.

Tombé en combattant et porté disparu, le 4 septembre 1914, aux combats de la Marne, aux Thomassets, près d'Orbais-l'Abbaye.

SALATS (Jacques), avoué près le Tribunal civil de la Seine, soldat à la 87e compagnie d'Aérostiers.

Tué en service commandé, le 12 mai 1916, à Mézières (Somme).

[Né le 11 juillet 1877. Fils de M. et de Mme née FORTIER. Marié à Mlle Geneviève MARBEAU, fille de M. et de Mme née H. ADAM, — dont une fille.]

SALEILLES (Casimir-Félix-*Jean*), ✠ (posthume), ✣ (étoile), avocat à la Cour de Paris, lieutenant au 355e d'Infanterie.

Tué à la Ferme Navarin, le 25 septembre 1915.

[Né le 4 novembre 1890. Fils de M. et de Mme née Marguerite BUFNOIR.]

SALENEUVE (Vicomte Jean de), ✠, ✣, commandant.

Mort, le 20 juillet 1918, des suites de blessures reçues à l'ennemi.

[Fils du Cte et de la Ctesse née JOURDANET. Marié à Mlle Marie DE CORNULIER, — dont deux enfants.]

SALIGNAC-FÉNELON (*Bertrand*-Alfred-Marie, Vicomte Bertrand de), ✠, ✣ (palme), secrétaire d'Ambassade, sous-lieutenant au 23e territorial d'Infanterie.

Glorieusement tué à Mametz, le 17 décembre 1914, à 36 ans.

SALIGNAC-FÉNELON (*Hugues*-Marie-François, Baron Hugues de), ✠ (posthume), ✣ (palme), élève à l'Ecole Centrale, sous-lieutenant au 15e d'Artillerie.

Tombé au champ d'honneur, le 17 février 1915, à Beauséjour.

> Citation : *Officier d'une très grande valeur, s'est plusieurs fois signalé par des reconnaissances des plus périlleuses ; tombé glorieusement à son poste, le 17 février 1915, au moment où, sous un feu violent d'artillerie lourde, il se portait spontanément à l'examen des lignes téléphoniques interrompues.*

[Né le 13 mai 1891. Fils du Bon Henri et de la Bonne née DE FRANCE, décédée.]

SALIVET DE FOUCHÉCOURT (Marie-Josselin-Guillaume-Jean de), ✠ (posthume), ✣, lieutenant au 8e Chasseurs à cheval.

> Citation : *A exécuté une série de reconnaissances périlleuses, a*

attaqué avec huit cavaliers un effectif double et ramené prisonnier un officier. Grièvement blessé à la tête de son peloton. Mort des suites de ses blessures, le 8 septembre 1914. A été cité.

SALLANDROUZE LE MOULLEC (François-Albert-Charles), ✠ (posthume), ✠ (1 palme, 2 étoiles), élève à l'Ecole nationale des Ponts et Chaussées, lieutenant au 4e Génie.

Tué à l'offensive de Champagne, le 29 septembre 1915.

Citation : *Officier d'une grande énergie, s'étant fait remarquer à plusieurs reprises par son mépris du danger. A été tué le 29 septembre 1915, après avoir réussi à établir, sur la tranchée ennemie, des passerelles permettant aux colonnes d'assaut de s'élancer sur la dernière position. A été cité.*

SALLANDROUZE LE MOULLEC (Yves), *engagé volontaire,* brigadier pilote-aviateur.

Tombé dans les lignes ennemies, le 12 avril 1918.

[Né en 1896. Fils de M. et de Mme née DEBARD.]

SALLES DE HYS (*Charles-Auguste-*Joseph-Henri, Baron de), ✠, ✠ (2 palmes), chef de bataillon au 202e d'Infanterie.

Blessé déjà en octobre 1914, trouva la mort glorieuse du soldat le 14 octobre 1918.

Citation : *Officier supérieur de grande valeur, qui, grâce à ses belles qualités militaires, a su faire de son bataillon une unité de premier ordre. Le 14 octobre 1918, a donné le plus bel exemple de crânerie, en dirigeant de sa personne, sous le feu le plus violent d'artillerie et de mitrailleuses, le franchissement par son bataillon d'un canal et d'une rivière. Est glorieusement tombé sur la passerelle même, dans l'accomplissement de son devoir.*

[Né en 1872. Fils du B^{on} et de la B^{onne} née Marie GAUZENCE DE LASTOURS.]

SALLIARD (Hugues), ✠ (posthume), ✠ (palme), lieutenant au 7e Hussards.

Tombé, le 6 novembre 1914, à l'attaque de Zillebeeke, frappé d'une balle au cœur.

Citation : *A un moment critique du combat, a fait mettre pied à terre à son peloton et, avec un entrain et un courage magnifiques, lui a fait traverser les lignes d'infanterie, entraînant et précédant même celles-ci et permettant ainsi d'occuper le village attaqué. Tué glorieusement dans cette attaque.*

[Fils de M. et de Mme Adolphe SALLIARD.]

SALMSON (*Jean*-Émile-Aimé), soldat au 1er Groupe d'Aérostation.

Mort à Vaucouleurs (Meuse), le 11 septembre 1914.

[Né le 4 avril 1892. Fils de M. et de Mme née WILHELM.]

SALOMON-KŒCHLIN (J.), ✠, ✠ . . . .

[Fils de M. SALOMON, O ✠, ingénieur, et de Mme née KOECHLIN.]

SALOMONEVITCH (Charles), ✠, maréchal des logis au 27e Dragons.

Blessé grièvement le 26 mars 1918, succomba peu après à Rouen.

SALVA (Pierre), ✠ (posthume), ✠ (1 palme, 1 étoile d'argent), avocat à la Cour de Paris, capitaine au 153e d'Infanterie.

Mobilisé dans un régiment territorial, employé aux services de l'arrière, passa, sur sa demande, dans un régiment de réserve au front. Blessé au Bois Le Prêtre, en juillet 1915; reparti à l'avant à peine guéri, et blessé de nouveau, le 23 novembre 1915, à Maisons-de-Champagne, mort le 2 décembre des suites de ses blessures.

> Citation : *Officier d'un zèle, d'un dévouement et d'un courage à toute épreuve. A trouvé la mort en partant, seul en avant des tranchées, pour exécuter une reconnaissance. Déjà cité à l'Ordre de la Division, le 25 juillet 1915.*

[Né le 21 octobre 1875. Fils de M. Auguste SALVA, O ✠, inspecteur général des Ponts et Chaussées (décédé), et de Mᵐᵉ née DROUOT. Marié à Mˡˡᵉ Antoinette VIDIL, fille de M. (décédé) et de Mᵐᵉ née DAUCHEZ, — dont deux enfants.]

SALVAT (François), ✠, capitaine à l'É.-M. de l'Artillerie du XXXVᵉ Corps.

Mort pour la France, le 9 octobre 1918.

[Né en 1885. Fils du Commandant (décédé) et de Mᵐᵉ née DECENCIÈRE DE LA FERRAUDIÈRE.]

SALVERT BELLENAVE (Marie-Joseph-*Charles*-Étienne-Noé DUTOUR de), ✠ (posthume), ✠ (1 palme, 1 étoile), étudiant, *engagé volontaire*, lieutenant au 35ᵉ d'Artillerie (Fourragère).

Serait mort, le 27 mai 1918, de ses blessures, le jour même de l'attaque du Chemin-des-Dames, où sa magnifique conduite lui a valu la citation ci-dessous. Il avait dit, après avoir fait sauter sa dernière pièce : « Nous sommes cernés, il n'y a plus qu'à mourir ! » Les détails de la mort sont encore inconnus. On croit qu'environné d'ennemis, il n'a pas voulu se rendre et qu'armé de son revolver, il s'est défendu énergiquement jusqu'à son dernier soupir...

> Citation : *Officier d'une bravoure et d'un sang-froid admirables. Le bombardement ennemi ayant détruit trois de ses canons, tira jusqu'au dernier moment avec la seule pièce restée disponible, puis fit sauter cette pièce. Dirigea alors la retraite de ses canonniers sous les rafales de mitrailleuses, jusqu'au moment où il dut s'arrêter, intoxiqué par les gaz.*

[Né le 9 août 1897. Fils du Mⁱˢ et de la Mⁱˢᵉ née Élisabeth DE JESSÉ LEVAS.]

SALVERTE (*Jean*-Marie-Charles BACONNIÈRE de), ✠ (posthume), ✠ (2 citations), Saint-Cyrien de la promotion de la Grande-Revanche, lieutenant au 281ᵉ d'Infanterie.

Mort, le 7 février 1919, des suites d'une maladie contractée en captivité; avait été fait prisonnier, le 9 juin 1918, aux combats de Mortemer.

> Citation : *Officier calme et résolu, déjà cité; le 16 avril 1918, étant chargé de faire une reconnaissance détaillée d'une de nos anciennes tranchées, et une patrouille ennemie lui étant signalée, a pris rapidement la décision de lui couper la retraite. A entraîné sans hésitation ses hommes jusque dans la première tranchée ennemie, y a engagé la lutte, et ne s'est replié qu'après avoir mis l'ennemi en fuite.*

[Né le 2 juillet 1894. Fils de M. et de Mᵐᵉ née DE LOISY D'ARCELOT.]

SALVY (Edmond), ✠, lieutenant au 4ᵉ Colonial.

Tué à Stenay, en août 1914.

SALVY (Guy), ✠, ✠, lieutenant au 261e d'Infanterie.
Mort, le 13 novembre 1917, des suites de ses blessures, à 31 ans.

SAMAZEUILH (*François-Jean*), ✠ (posthume), ✠ (8 citations), ✠ (Cambodge), lieutenant au Régiment d'Infanterie Coloniale du Maroc.
Engagé à 18 ans au 49e d'Infanterie, passa au 4e Zouaves et, son engagement terminé, fut, sur sa demande, nommé dans la Garde Indigène du Cambodge. Sur ses demandes réitérées, il revint en France, en mai 1916, et prit une part glorieuse à toutes les affaires où son régiment fut engagé. Au dernier assaut, le 21 octobre 1918, il tombait mortellement frappé, à Olizy, ayant fait tout son devoir pour la France.

> Dernière citation : *Excellent officier, d'une énergie et d'un courage remarquables. A volontairement quitté l'Extrême-Orient, où il était en service, pour venir prendre sa place sur le front français. S'est constamment montré un véritable entraîneur d'hommes, enthousiaste, ardent, plein d'allant et de bravoure. Dans tous les combats auxquels il a pris part, s'est dépensé sans compter avec ses mitrailleurs, à qui il a toujours donné le plus bel exemple. Glorieusement tué par un éclat d'obus, le 21 octobre 1918, à Olizy, au moment où il venait de prendre les ordres de son chef de bataillon pour le combat du lendemain. Citations antérieures.*

[Né le 21 août 1888. Fils de M. et de Mme Samazeuilh, née Quillateau. Marié à Mlle Jeanne Crabières, fille de M. et de Mme née Boudet, — dont deux fils : Louis et Jean.]

SAMMARCELLI (Vital-Ange-Antoine), ✠, ✠ (palme), chef du 54e Chasseurs à pied.
Tombé glorieusement en 1914.

> Citation : *A commandé avec la plus grande vigueur et le plus brillant courage son bataillon, soutien de cavalerie. A été tué à sa tête le jour même où il avait été promu ; avait été l'objet d'un témoignage d'admiration de l'armée anglaise pour la conduite de son bataillon, qui avait été cité la veille à l'Ordre de l'Armée.*

SAMPIGNY (*Henry*-Michel-Antoine, Comte Henry REHÈS de), propriétaire, maire de Chézy (Allier), Saint-Cyrien, capitaine-commandant au 3e Chasseurs à cheval.
Quoique libéré de tout service militaire au moment de la guerre, demanda à reprendre du service et fut nommé capitaine-commandant au 3e Chasseurs, à Clermont-Ferrand. C'est là qu'un accident de cheval, en service commandé, lui arriva le 7 août 1915, aux suites duquel il a succombé, neuf jours après, le 16 août.

[Né le 31 octobre 1869. Fils du Cte Ignace de Sampigny et de la Ctesse née Marie du Chambon. Marié à Mlle Jeanne de Larminat (décédée en 1915), fille de M. et de Mme Henry de Larminat, — dont trois enfants.]

SAMPIGNY (*Raoul*-Marie-Joseph, Comte Raoul REHÈS de), ✠ (posthume), ✠, capitaine au 357e d'Infanterie.

> Citation : *Officier d'une rare énergie, ayant su faire de sa compagnie une troupe d'élite et lui inspirer, par ses enseignements, son expérience, le mépris le plus absolu du danger. Le 5 mai 1915, l'a électrisée par son exemple ; se plaçant à sa tête, l'a enlevée à l'assaut d'une position formidablement organisée au sommet d'une colline ; s'est brillamment emparé d'une première ligne de tranchées, et est tombé glorieusement frappé, alors qu'il se dépensait*

sans compter pour encourager à une résistance opiniâtre ses hommes violemment contre-attaqués. A été cité.

[Frère du précédent. Marié à Mlle DE SAINT-GUILHEM.]

SAMPIGNY (Comte Pierre REHÈS de), O ✠, ✠, chef de bataillon au 1er Étranger (Fourragère de la Légion d'honneur).

Blessé en 1916 et en avril 1918, il était rentré à son régiment depuis deux jours, imparfaitement guéri, quand, le 19 juillet 1918, il fut atteint par un éclat d'obus.

[Frère des précédents. Marié à Mlle Élisabeth COLLAS.]

SAMPIGNY (Joseph-Alise-Eugène HUSSON de), ✠, ✠ (palme), capitaine au 10e Hussards, détaché au 42e d'Infanterie.

Citation : *Glorieusement tombé, le 25 octobre 1917, d'une balle à la tête, alors que, dressé de toute sa taille en avant de la tranchée où ses hommes attendaient son signal, il achevait d'examiner la position ennemie et de donner ses ordres pour l'attaque (Verdun).*

[Marié à Mlle DESPATYS, fille du B^{on} (décédé en 1918) et de la B^{onne} née JOUVE.]

SAMPIGNY (Marie-Alexandre-Raoul-Octave HUSSON de), ✠ (posthume), ✠, capitaine au 13e Chasseurs à pied.

Citation : *A fait preuve de la plus belle intrépidité au combat du 20 août, comme commandant de compagnie, et a trouvé une mort glorieuse, le 30 août 1914, alors qu'il parcourait une tranchée au mépris du danger, pour exciter le moral de ses chasseurs exposés à un feu violent de grosse artillerie. A été cité.*

[Marié à Mlle Pauline-Aimée LASCOUX.

SANGLE-FERRIÈRE (Jean-Alexandre-Paul-Ambroise), ⚓ (posthume), soldat au 14e d'Infanterie.

Citation : *Bon et courageux soldat. Mort, le 24 août 1917, d'une chute d'avion en service commandé.*

SAN MIGUEL (Miguel DA MOTTA de), ✠ (posthume), ✠ (étoile), sous-lieutenant de réserve au 39e d'Infanterie.

A été tué d'une balle au front, le 6 septembre 1914 (bataille de la Marne).

Citation : *Jeune officier du plus grand courage ; a été tué en entraînant sa section à l'attaque d'une position ennemie. A été cité.*

[Né le 24 mars 1885. Fils du B^{on}, ✠, ancien membre du Parlement portugais (décédé en 1918), et de la B^{onne}. DE SAN MIGUEL.]

SANONER (*Georges*-Louis-Nicolas), ⚓ (posthume), ✠ (étoile vermeil), brigadier au 49e d'Artillerie.

Tué au Chemin-des-Dames, le 2 août 1917.

Citation : *Modèle d'énergie et de bravoure, d'une initiative et d'un entrain remarquables, toujours à la recherche des missions les plus périlleuses, qu'il accomplit avec une conscience et un dévouement au-dessus de tout éloge. Le 22 juillet 1917, a été intoxiqué par les gaz, et a demandé à revenir sur la position avant guérison complète. Tué le 2 août 1917, alors que, un certain nombre de servants ayant été mis hors de combat, il assurait, quoique chef de pièce, les fonctions de tireur.*

[Né le 13 février 1897. Fils de l'ancien Membre du Tribunal de Commerce de la Seine, et de Mme née FISCHER.]

SANTOS-MALHADO (C.-J. dos), lieutenant de réserve au 15e
d'Infanterie.
Tué le 20 septembre 1914.

[Marié à Mlle Marie-Sabine Oddo.]

SAPORTA (*Fernand-Anne-Fort-Louis, Comte Fernand de*), �
(posthume), ✖ (palme), ancien élève de l'Ecole Polytechnique, capitaine au 2e d'Artillerie.
Le 13 juillet 1915, chargé du commandement des 43e et 44e
batteries et apprenant que l'une d'elles était en danger à la Haute-
Chevauchée (Argonne), il s'y porta aussitôt et fit tirer ses artilleurs
jusqu'au bout pour arrêter l'assaut allemand; l'infanterie ennemie
parvint à encercler la batterie; alors, sommé de se rendre, il refusa
et tomba percé de coups de baïonnette.

Citation à l'Armée : *Officier de grande valeur et d'une bravoure
remarquable. Blessé une première fois, n'a pas voulu se laisser évacuer. Est tombé mortellement frappé, le 13 juillet 1915, en faisant
tirer, jusqu'à la dernière extrémité, ses pièces attaquées par l'infanterie ennemie. A été cité.*

[Né le 12 mai 1880. Fils du Mis et de la M^ise née de Ginestous. Marié, en 1906, à
Mlle Anne-Marie de Coetnempren de Kersaint, fille du Cte et de la Ctesse née de
Mailly-Nesle, — dont deux enfants.]

SARAY DE VIGNOLES (Guy du), ✸ (posthume), ✖, Saint-Cyrien,
sous-lieutenant au 1er Colonial.
Tué aux combats d'Argonne, le 14 juillet 1915.

Citation : *Tombé glorieusement à la tête de sa section qu'il entraînait à l'attaque des tranchées allemandes. A été cité.*

SARCEY (Henri-*Raoul*), ⚜ (posthume), ✖ (étoile), élève au Conservatoire (classe de Déclamation), caporal au 128e d'Infanterie.
Blessé d'un éclat d'obus à la tête, en novembre 1914, fut tué à
la tranchée de Calonne, le 24 juin 1915.

Citation : *Caporal brave et énergique. Aux attaques de mai 1915,
s'est spontanément offert pour porter, sous un violent bombardement, des cartouches à des éléments de sa compagnie placés en
avant de la tranchée. Est glorieusement tombé à la tranchée de
Calonne, le 24 juin 1915. A été cité.*

[Né le 19 mars 1893. Fils de M. Francisque Sarcey, critique dramatique (décédé),
et de Mme née Carbonari.]

SARCILLY (Marquis Jean de), ✖, maréchal des logis au 14e Hussards.
Mort, le 5 octobre 1918, à l'hôpital Rollin, des suites d'une
maladie contractée aux Armées, à 29 ans.

SARCUS (*Joseph*-Marie-Édouard, Comte Joseph de), fondé de
pouvoir au Crédit Lyonnais, sergent au 319e d'Infanterie.
Tué à Mametz, le 17 décembre 1914.

[Né le 7 mars 1881. Fils du Cte Georges de Sarcus et de la Ctesse née de Révilliasc.
Marié à Mlle Thérèse de Séguin, fille de M. et de Mme née de Graveron, — dont
un fils : Pierre.]

SARCUS (Marie-Charles-*Louis* de), ✸ (posthume), ✖, sous-lieutenant au 136e d'Infanterie.

Tué à Roclincourt, le 30 mai 1915.

> Citation : *A fait preuve, au cours de la campagne, d'une énergie, d'un courage et d'un entrain remarquables. A été tué en entraînant sa section à l'attaque d'une tranchée ennemie. A été cité.*

SARLANDIE DE LA ROBERTIE (*Marcel*-Joseph), soldat au 50e d'Infanterie.

Tué à Auberive (Marne), le 24 septembre 1914.

SARLIN (*Paul*-Eugène), ✠ (étoile), sous-lieutenant au 128e d'Infanterie.

Tué à Belloy-en-Santerre, le 4 septembre 1916.

[Né à Paris le 24 novembre 1890. Fils de M. et de Mᵐᵉ née Marie PÉRIVIER.]

SARRAU (Vicomte Gérald de), ✻ (posthume), ✠, lieutenant au 108e d'Infanterie.

> Citation : *Officier très courageux ; a brillamment enlevé sa compagnie à l'assaut du 26 septembre 1915. A été tué, non loin de la tranchée ennemie, à Neuville-Saint-Vaast. A été cité.*

[Fils du Cᵗᵉ et de la Cᵗᵉˢˢᵉ née MÖLLER.]

SARRAVAL (Jean-François de), ⚜ (posthume), ✠, soldat au 230e d'Infanterie.

Tombé en brave, le 16 juin 1915, à Ambermesnil.

SARREBOURSE D'AUDEVILLE (Marie - Mathieu - *Henri*), ⚜ (posthume), ✠, cavalier au 8e Cuirassiers.

Tué, le 29 mai 1918, à 20 ans.

> Citation : *Tirailleur d'une bravoure exemplaire. S'était déjà brillamment distingué en avril 1918. Blessé mortellement en mai 1918. A été cité.*

SARRET DE COUSSERGUES (Baron Henri de), lieutenant au 32e Dragons.

Mort à l'hôpital militaire de Versailles, le 20 avril 1915.

[Fils du Bᵒⁿ et de la Bᵒⁿⁿᵉ née DE CAULAINCOURT DE VICENCE, décédée.]

SARRET DE VAURS (André), ⚜ (posthume), ✠ (étoile), caporal au 102e d'Infanterie.

> Citation : *Gradé courageux et dévoué. A été mortellement blessé, à la tête de sa troupe, le 16 septembre 1914, au cours d'une attaque.*

SARRIEU (Guy de), sergent au 18e d'Infanterie.

Blessé et disparu, le 14 septembre 1914, à la Ville-aux-Bois (Aisne).

[Fils de M. et de Mᵐᵉ née DE LESTAPIS.]

SARS (*Edmond*-Lajos-Anatole, Comte Edmond de), ✻, ✠ (2 palmes), capitaine au 79e d'Infanterie.

Tué au combat de la cote 123, à Neuville-Saint-Vaast, le 29 septembre 1915.

> Citation : *Ayant pris le commandement de son bataillon, l'a entraîné de sa propre initiative à l'assaut de la première ligne*

allemande, l'a dirigé jusqu'à la deuxième ligne, où il fut mortellement blessé.

[Né le 2 octobre 1866. Fils du Cte et de la Ctesse née DE NEMETH (décédés). Marié à Mlle Thérèse AUBRY, fille de M. et de Mme née Aimée STEVENEL, — dont huit enfants.]

SARS (*Albert*-Léon-Henri-Pierre, Vicomte Albert de), ✠, lieutenant au 25e territorial d'Infanterie.
Disparu, le 28 septembre 1914, à Grandcourt.

[Né le 22 août 1875. Fils du Vte et de la V^tesse née Léonie HARDOUIN DU PARC. Marié à Mlle Mathilde COLLINET DE LA SALLE, fille du Cte et de la Ctesse DE LA SALLE, — dont trois enfants.]

SARS (Jacques-Ulmar-Philippe-Joseph de), ✠ (posthume), ✠ (palme), caporal pilote-aviateur à l'Escadrille C. 207.

Citation : *Très bon pilote, qui a donné toutes preuves de courage et de dévouement. En particulier, le 28 octobre 1916, chargé d'une mission périlleuse, n'a pas hésité à l'accomplir, malgré la tempête ; a disparu au cours de cette mission.*

SARTHE (M.-G.-B.-G.), ✠ (posthume), ✠ (palme), commissaire de 1re classe à bord du *Bouvet.*
Englouti avec son bâtiment, le 18 mars 1915, aux Dardanelles.

SARTIAUX (Eugène-Charles-*Louis*), ✠ (posthume), ✠ (palme), lieutenant au 287e d'Infanterie.
Tué à Villiers-Saint-Georges, le 6 septembre 1914.

Citation : *Vaillant officier, plein d'entrain et de bravoure. S'est toujours conduit d'une façon remarquable dans tous les engagements auxquels il a pris part. Glorieusement tombé au champ d'honneur, le 6 septembre 1914.*

[Né à Paris le 18 août 1884. Fils de M. et de Mme Eugène SARTIAUX.]

SARTIGES (*Eugène*-Louis-Marie, Comte Eugène de), ✠ (posthume), ✠ (palme), capitaine au 80e d'Infanterie.
Capitaine de Cavalerie passé dans l'Infanterie, a été tué à la tête de sa compagnie, le 26 janvier 1917.

Citation : *A entraîné, dans un magnifique élan, sa compagnie à l'assaut d'une position ennemie vigoureusement défendue, qu'il est parvenu à occuper. Est tombé glorieusement, devançant et enlevant sa troupe aux cris de : « En avant, les Français ! » A été cité.*

SARTIGES (Comte Georges de), ✠, capitaine au 1er Tirailleurs Marocains.
Tué à Neufmoutiers (bataille de la Marne), le 5 septembre 1914.

[Fils du Cte (décédé) et de la Ctesse née DE MEYNARD.]

SARTIGES (Dominique-Maximilien-*Christophe* de), ✠ (posthume), ✠, sergent-fourrier au 92e d'Infanterie.
Tué à Plain-Wœlsch (Lorraine), le 20 août 1914, à 23 ans.

Citation : *Très bon sous-officier. Tombé glorieusement en entraînant ses hommes à l'assaut des positions ennemies (janvier 1915). A été cité.*

SAUGÈRES (Claude de), ✠ (posthume), ✠, maréchal des logis au 3e Dragons.

Tué au cours d'une reconnaissance sous Ypres, le 1er novembre 1914.

Citation : *Dans la nuit du 31 octobre au 1er novembre 1914, s'est porté seul en avant pour reconnaître une troupe que l'on croyait amie. Tué glorieusement au cours de sa mission ; mais sa mort a permis d'ouvrir le feu sur l'ennemi. A été cité.*

SAULIEU DE LA CHAUMONERIE (Marie-Joseph-Augustin-*Jacques* de), ✳ (posthume), ✠, sous-lieutenant au 4ᵉ Zouaves de marche.

Caporal au 295ᵉ de ligne à la mobilisation, puis sergent, passa aux Zouaves sur sa demande. Tué par un éclat d'obus dans les tranchées de première ligne, près de Cerny-en-Laonnais (Chemin-des-Dames), le 3 juillet 1917.

Citation : *Pendant la nuit du 3 au 4 juillet 1917, lors d'un bombardement intense de nos premières lignes, imposa à ses hommes ses qualités de sang-froid et de bravoure. A fait preuve d'un grand courage et a montré de grandes qualités de commandement ; a été tué au cours de l'action. Déjà blessé au début de la campagne, est revenu au front sur sa demande. A été cité.*

[Né le 19 avril 1876. Fils de M. et de Mᵐᵉ née Jeanne DE BAR. Marié, en 1906, à Mˡˡᵉ Germaine DE BAR, fille du Cᵗᵉ et de la Cᵗᵉˢˢᵉ née Edith DE BAR (décédée en 1919), — dont cinq enfants.]

SAULNAYS (Émile-Victor LOAISEL de), ✠ (posthume), ✠ (palme), ✳ (Médaille du Maroc), lieutenant au 2ᵉ bis de Zouaves.

Citation : *Officier d'un grand courage ; sa belle conduite constante était un bel exemple pour ses hommes. A trouvé une mort glorieuse, le 31 mai 1915, en défendant un passage sur l'Yser. Une citation antérieure.*

SAULNIER (Jean), *engagé volontaire*, sous-lieutenant.
Mort pour la France, le 27 avril 1918, à 20 ans.

SAUNHAC (*Guillaume*-Marie-Henri-Armand, Comte Guillaume de), ✳, ✠ (3 palmes, 1 étoile), capitaine au 6ᵉ Hussards, détaché, sur sa demande, au 12ᵉ d'Infanterie.

Le 10 octobre 1918, chargé depuis quelques jours du commandement d'un bataillon, il venait de poursuivre l'ennemi en fuite et préparait une nouvelle attaque, quand il fut atteint mortellement par un éclat d'obus. Il ne consentit a être emporté que quand il fut sûr que ses ordres avaient été bien compris et seraient ponctuellement exécutés. Il est mort le lendemain à l'ambulance de Germaine (Aisne).

Dernière citation : *Brillant officier, splendide de calme, d'énergie et de bravoure. Le 20 juin 1918, dans une contre-attaque irrésistible, a rejeté l'ennemi des positions qu'il avait un moment occupées. Le lendemain, encerclé par des forces importantes, a réussi à se frayer un passage à travers les lignes ennemies, après un sanglant corps à corps. Le jour suivant, s'est offert avec sa compagnie pour dégager les éléments de son bataillon encerclé dans un village, et s'est acquitté brillamment de sa mission.*

[Né le 24 octobre 1882. Fils du Cᵗᵉ DE SAUNHAC, ✳, inspecteur général honoraire des Haras, et de la Cᵗᵉˢˢᵉ née Blanche DE TUÉZAN.]

SAUTAI (Maurice), capitaine au 201ᵉ d'Infanterie.
Tué en mars 1915.

SAUVEJUNTE (Charles-Joseph-Émile de), ⚜ (posthume), ✠, soldat
au 12ᵉ d'Infanterie.

> Citation : *Brave soldat, qui a toujours servi à l'entière satis-
> faction de ses chefs. Mortellement frappé à son poste de combat,
> en accomplissant courageusement son devoir, le 12 juin 1916, à
> Verdun.*

SAUZEY (François), lieutenant au 1ᵉʳ Étranger.
Tué le 9 mai 1915.

SAVIGNAC (Pierre de), caporal-fourrier au 22ᵉ Colonial.
Tué le 25 septembre 1915.

SAVIGNON (Comte Léon de), ✠ (posthume), ✠ (2 étoiles), avocat
à la Cour de Rennes, capitaine au 41ᵉ d'Infanterie.

Cité une première fois pour sa belle conduite pendant la campagne de l'Yser ; le fut une seconde fois pour le combat de Roclincourt, près d'Arras, où il trouva la mort, le 15 juin 1915, d'un
éclat de torpille à la gorge, au moment où il préparait sa compagnie pour l'assaut.

[Né à Guéret le 16 mai 1880. Fils du Cᵗᵉ et de la Cᵗᵉˢˢᵉ née TOURNYOL DU CLOS.]

SAZERAC DE FORGE (Léonide), ✠, ✠, capitaine au 202ᵉ d'Infanterie.
Tué à Tourteron (Ardennes), le 30 août 1914.

SAZILLY (*Joseph*-Marie, Comte Joseph TORTERÜE de), ✠, ✠
(palme), colonel commandant le 3ᵉ régiment de marche de Chasseurs d'Afrique.

A la tête de ses chasseurs, dès le 25 octobre 1914, prenait part
à la campagne ; il ménagea si peu ses forces et se prodigua avec
une telle activité qu'au mois de juin 1915, il tomba d'épuisement.
Evacué par ordre supérieur dans l'hôpital militaire auxiliaire Saint-
Michel, il y mourut, le 18 juillet suivant, avec le regret de n'avoir
pu verser son sang sur le champ de bataille, en chargeant à la tête
de son régiment.

> Citation : *Chef de corps des plus distingués, donnant à tous
> l'exemple d'un dévouement et d'une activité sans bornes, s'étant
> dépensé sans compter au service du pays jusqu'à usure complète,
> refusant de quitter le front jusqu'au moment où, terrassé par la
> maladie, il tombait d'épuisement physique.*

[Fils du Cᵗᵉ et de la Cᵗᵉˢˢᵉ née Gabrielle NICOLAS. Marié à Mˡˡᵉ Marguerite DE LA
VALETTE DE MONBRUN, — dont deux enfants.]

SAZILLY (*Guillaume*-Jehan-Marie-Joseph TORTERÜE de), ✠
(posthume), ✠ (palme et 2 étoiles), ingénieur, lieutenant au 66ᵉ d'Infanterie.

Entraînant ses hommes pour s'emparer d'un bois occupé par
l'ennemi, tomba glorieusement atteint par des balles au cœur et

en plein front, au moment où il atteignait les tranchées allemandes, le 16 juillet 1918, à Comblizy (Marne).

> Citation : *Le 16 juillet 1918, s'élança avec un courage remar- quable, en tête de sa section, pour s'emparer d'une lisière de bois fortement occupée par l'ennemi ; après avoir, sous le feu violent des mitrailleuses, traversé une clairière, est tombé glorieusement en arrivant sur la ligne ennemie. A été cité.*

[Né le 17 octobre 1887. Fils de M. Paul DE SAZILLY (décédé) et de Mme née Marie DROUËT D'AUBIGNY.]

SCHACHER (Léon), ✠ (palme), capitaine au 361e d'Infanterie.
Tué à Saconin-et-Breuil (Aisne), le 12 septembre 1914.

[Né le 5 octobre 1868. Fils de M. et de Mme née BLAGONOROSKY. Marié à Mlle Mar- guerite POUVREAU.]

SCHACHER (Maurice), médecin aide-major de 1re classe.
Mort pour la France, à Boursault (Marne), le 23 avril 1916.

[Né le 22 février 1877. Marié à Mlle Jeanne CALVET.]

SCHAËFFER (Comte Henri), ✠, ✠ (2 palmes), capitaine d'Infan- terie.
Tué sous Verdun, le 11 mars 1916.

[Fils du Cte et de la Ctesse née DE ROYÈRE-PEYREAUX.]

SCHALBAR (Pierre-André), ✠ (posthume), ✠, sous-lieutenant aviateur.

> Citation : *Jeune officier, remarquable par sa froide bravoure et ses qualités d'observation. Depuis dix-huit mois à l'escadrille, mal- gré de durs combats, allait toujours à la bataille avec la même ardeur joyeuse. Au cours des dernières opérations, a exécuté jour- nellement des reconnaissances lointaines. Attaqué par six avions ennemis, à 25 kilomètres à l'intérieur des lignes, a obligé l'un d'eux à atterrir. Depuis a exécuté, à plus de 40 kilomètres en ter- ritoire occupé par l'ennemi, une mission particulièrement impor- tante. Tombé glorieusement, au cours d'un combat acharné, le 1er juillet 1918.*

SCHALCK (Louis), O ✠, ✠, ✠ (Valeur Militaire Italienne), chef de bataillon au 149e d'Infanterie.
Tombé glorieusement, le 29 mai 1918, près d'Arcy-Sainte-Res- titue.

SCHAUENBURG - JONGHOLZ (Marie-Alexis-*Joseph* de), ✠ (posthume), ✠, cavalier au 5e Hussards.
Mort des suites de ses blessures, le 8 octobre 1915.

> Citation : *Cavalier courageux et dévoué. Blessé grièvement à son poste de combat. Mort pour la France, le 8 octobre 1915.*

SCHEIDEKER (Yvan), ✠ (posthume), ✠, adjudant au 175e d'Infan- terie.

> Citation : *Volontaire pour une action offensive qu'il savait de- voir être dangereuse, a été tué glorieusement, le 17 mars 1917, au moment où il organisait l'objectif qu'il venait de conquérir.*

[Fils de M. (décédé) et de Mme Édouard SCHEIDEKER.]

SCHEIKEVITCH (Victor), ✠ (posthume), ✠, avocat à la Cour de Paris, ancien secrétaire de la Conférence, sous-lieutenant au 103e d'Infanterie.

Tué le 15 septembre 1914, faisant office de capitaine, à la tête de sa compagnie, à Tracy-le-Val.

Citation : *A pris le commandement de sa compagnie, après la disparition de tous les officiers plus anciens. A fait preuve, dans ce commandement, des plus belles qualités militaires, et a trouvé une mort glorieuse, le 15 septembre 1914, à la tête de sa compagnie qu'il entraînait par son exemple à l'assaut de la position ennemie.*

[Né le 28 janvier 1885. Fils de l'Avocat à la Cour d'appel de Moscou.]

SCHLŒSING (François-Charles-*Édouard*), ✠ (posthume), ✠ (étoile vermeil), élève ingénieur au corps des Ponts et Chaussées, lieutenant au 2e Génie, compagnie 16/51.

Parti d'Alger sous-lieutenant dans la compagnie du Génie 19/2, attachée à la 38e Division d'Infanterie d'Afrique, a assisté à la bataille de Charleroi, à celle de la Marne, et a été blessé, le 4 octobre 1914, dans les carrières de Paissy. Attaché comme officier de liaison à la 21e Division de l'Armée Britannique, a assisté à la bataille de Loos. Promu lieutenant, allait passer dans l'Aéronautique, lorsqu'il a été tué dans les tranchées à l'ouest de Tahure, le 5 décembre 1915, d'une balle au front.

Citation : *Blessé le 4 octobre 1914 et revenu sur le front, y a fait preuve des plus belles qualités militaires ; et a été glorieusement tué, lors d'une attaque allemande, en défendant, avec son revolver, les approches d'une galerie de mines où travaillaient ses hommes. A été cité.*

[Né le 25 avril 1891. Fils de M. et de Mme née Isabelle FROSSARD.]

SCHLUMBERGER (Daniel). . . . .

[Marié à Mlle Fanny DE TURCKHEIM.]

SCHLUMBERGER (André-Raoul-*Christian*), ✠ (posthume), ✠ ✠ (2 palmes, 1 étoile), adjudant au 6e Cuirassiers, pilote-aviateur à l'Escadrille 162.

A trouvé glorieusement la mort au cours d'un combat aérien contre une patrouille de douze avions allemands, le 28 juin 1918, tombé dans les lignes ennemies, dans la région de Vierzy (Aisne).

Dernière citation : *S'est signalé par les missions accomplies avec dévouement dans son secteur particulièrement actif. Déjà blessé en combat aérien, a été de nouveau très grièvement atteint dans une lutte inégale contre une patrouille ennemie, à Longpont. A été cité.*

[Né le 18 janvier 1889. Fils de M. Georges SCHLUMBERGER et de Mme née MALLET.]

SCHLUMBERGER (Jacques-Charles-Emmanuel-*Raymond*), soldat au 69e d'Infanterie, puis caporal pilote-moniteur à l'Ecole d'Istres.

Mort le 9 janvier 1918.

[Né le 18 mars 1891. Frère du précédent.]

SCHNEIDER (Henri-Paul), ✠, ✠ (palme), lieutenant pilote-aviateur à l'Escadrille Spad 49.

Le 23 février 1918, au cours d'un combat aérien, atteint très grièvement, il dut atterrir brusquement tout près des premières lignes et ne put être dégagé que sous le feu des mitrailleuses allemandes ; il expirait quelques heures après, ayant reçu la croix de la Légion d'honneur avec cette citation :

Officier d'une haute valeur morale, ayant fait preuve, pendant son séjour à l'escadrille, des plus belles qualités d'entrain et de bravoure. Le 23 février 1918, à très basse altitude, et malgré des circonstances atmosphériques particulièrement défavorables, a abattu dans les lignes adverses un avion rencontré à 200 mètres, le mitraillant jusqu'au sol. Au cours de la même patrouille, n'a pas hésité à attaquer six avions ennemis. Blessé très grièvement au cours de ce combat, n'a dû qu'à son énergie et son habileté de ramener son appareil dans nos lignes.

[Né en 1896. Fils de M. Eugène SCHNEIDER, ancien député, et de Mme née DE RAFELIS SAINT-SAUVEUR.]

SCHNEIDER (*Frédéric-Albert*), ✳, ✠ (palme), lieutenant au 60e d'Infanterie.

Tué à Suippes (Marne), le 25 septembre 1915, à 34 ans.

[Fils du Général (décédé) et de Mme SCHNEIDER.]

SCHOMMER (Jacques), ✳ (posthume), ✠ (3 étoiles), élève à l'École nationale des Beaux-Arts, sous-lieutenant au 170e d'Infanterie.

Tué, le 1er novembre 1918, devant Banogne-Recouvrance, région de Château-Porcien, en entraînant sa section au combat.

Citation : *Le 1er novembre 1918, est tombé glorieusement en entraînant sa section qui franchissait difficilement un barrage intense d'artillerie. Dédaignant les obus, a enlevé son unité afin de porter appui aux éléments de première ligne.*

[Né le 25 septembre 1895. Fils de M. François SCHOMMER, O ✳, artiste peintre, et de Mme née FOUCART.]

SCHUTTENBACH (Marcel de), sergent-major au 51e d'Infanterie.

Tué à La Harazée (Marne), le 5 janvier 1915.

SCHWAEBELÉ (Paul-Eugène-Gaston), ✳, ✠ (palme), chef de bataillon au 277e d'Infanterie.

Tué le 20 août 1914, sur la chaîne des tirailleurs, en entraînant en avant son bataillon entièrement déployé.

SCHWEND (Henri), ✳ (posthume), ✠ (palme), capitaine au 45e d'Artillerie.

Citation : *A fait preuve, en toutes circonstances, d'une bravoure et d'un entrain exceptionnels. Étant à son poste d'observation, n'a pas hésité à se découvrir pour déterminer l'emplacement d'un mortier allemand qui tirait sur nos troupes, et a été blessé mortellement. A été cité.*

Mort de ses blessures, à Septmonts, le 5 décembre 1914.

[Né le 10 juillet 1881. Marié à Mlle BAUDOIRE.]

SCIAMA (Henry), ✳ (posthume), ✠, sous-lieutenant de réserve au 18e Chasseurs à pied.

Citation : *Tombé héroïquement à la tête de sa section, avant-garde de la compagnie chargée d'une contre-attaque. A été cité.*

[Né le 22 octobre 1883. Fils de M. Gaston SCIAMA, O ✳, et de Mme née CORNELY. Marié à Mlle Suzanne PARENT, fille de M. et de Mme née DALSÈME.]

SCITIVAUX DE GREISCHE (Louis-Marie-*Roger* de), ✠ (posthume), ✠ (palme), propriétaire, sous-lieutenant de réserve au 5e Hussards.

Blessé grièvement, le 19 août 1914, à la bataille de Morhange, succomba le 22 suivant.

Citation : Officier d'une très grande bravoure et d'une haute valeur morale. En reconnaissance, le 19 août 1914, a été blessé d'une balle au ventre en pénétrant dans le village de Hampont, tenu par une arrière-garde ennemie. A, malgré ses souffrances, poursuivi sa mission jusqu'à épuisement de ses forces, donnant à son peloton un exemple admirable de bravoure et de haute compréhension du devoir. Est mort deux jours après des suites de sa blessure.

[Né en 1888. Fils de M. et de Mme née DE RIVOCET. Marié à Mlle HUYN DE VERNÉVILLE, fille de M. et de Mme née DE CALAN, — dont un fils.]

SCORRAILLE (*Jean*-Marie-François, Comte Jean de), ⚜ (posthume), ✠ (palmes), caporal mitrailleur à l'Escadrille F. 55.

Tombé glorieusement le 30 septembre 1917.

Citation : Caporal mitrailleur d'une grande valeur morale. Appartenant à la réserve de l'armée territoriale. Malgré son âge et une grave blessure reçue dans un accident d'aviation, avait gardé un allant merveilleux, toujours volontaire pour les missions les plus périlleuses, les accomplissant de la façon la plus parfaite. Disparu au cours d'un combat contre plusieurs avions ennemis.

[Né le 1er août 1875. Fils du Mis (décédé) et de la M^{ise} née Noémie DE ROQUETTE-BUISSON.]

SCORRAILLE (Raoul-Marie-Bernardin-*Raymond*, Baron de), ⚜ (posthume), ✠, soldat au 261e d'Infanterie.

Après avoir combattu sous Verdun, où il fut blessé à Thiaumont, il fit la campagne en Italie, puis sur la Somme et enfin sur l'Ailette. C'est là, au combat de Bagneux (Aisne), qu'il a trouvé sa glorieuse mort, le 25 août 1918, frappé par trois balles de mitrailleuses. Inhumé dans le cimetière militaire de Chevillecourt (Oise), il est abrité, avec 500 de ses camarades, par le monument dédié « Aux Morts de l'Ailette ».

Citation : Soldat d'un dévouement à toute épreuve. A, par sa belle attitude, entraîné ses camarades à progresser. Blessé, le 25 août 1918, au cours de l'attaque. A été cité.

[Né le 10 juillet 1888. Fils du B^{on} (décédé en 1917) et de la B^{onne} née DE LA GARDELLE-MALHERBE.]

SCORRAILLE (Armand-Marie-*Géraud* de), ⚜ (posthume), ✠ (2 étoiles), caporal-fourrier au 16e Chasseurs à pied.

Blessé sur la Marne le 6 septembre 1914, puis sur l'Yser le 14 décembre suivant. Le 11 juillet 1916, tomba glorieusement en entraînant ses hommes à l'assaut, à la contre-attaque de Reillon (Lorraine).

Citation posthume : Le 11 juillet 1916, s'est porté vaillamment à l'assaut des tranchées ennemies, donnant un bel exemple de courage et de mépris du danger. Gradé d'un sang-froid admirable. A été tué au cours de l'attaque.

[Né le 16 avril 1892. Frère du précédent.]

SCOTT DE MARTINVILLE (François-Joseph-André), ✠ (posthume), ✠, lieutenant au 4e territorial d'Infanterie.

> Citation : *Excellent officier, d'une bravoure au-dessus de tout éloge. Glorieusement tué à la tête de sa section, le 6 septembre 1914.*

SCRIVE (René), sergent au 84e d'Infanterie.
Disparu, le 16 février 1915, au combat de Beauséjour.

[Né en 1890. Fils de M. et de Mme Gustave SCRIVE.]

SECOND (*Victor*-Louis), ✳, ▨, lieutenant au 92e d'Infanterie.
Mort de ses blessures, à Brocourt (Meuse), le 5 mai 1916.

[Né le 14 juillet 1872. Marié à Mlle GUILLEMOT.]

SECOND (Maurice), ✳ (posthume), ▨, avoué à Versailles.

> Citation : *Vaillant officier, d'un courage et d'un dévouement remarquables. Très grièvement blessé, a dit aux soldats qui voulaient le relever : « Laissez-moi là, mes chers amis, j'ai mon affaire ; continuez à marcher à l'ennemi, et prenez la tranchée. » Mort glorieusement pour la France des suites de sa blessure.*

SÉDAN (*Henry*-Jean-Marie), ✳, ▨ (1 palme, 2 étoiles), interne des hôpitaux de Paris, licencié ès sciences, aide-major de 1re classe au 109e d'Infanterie.
Tué, le 8 septembre 1918, pendant la relève du 109e d'Infanterie, dans les tranchées devant Tahure (Champagne).

> Citation : *Jeune médecin de haute valeur, qui s'est fait remarquer par son courage, son dévouement, son abnégation dans les circonstances les plus périlleuses. A été très grièvement blessé, le 8 septembre 1918, en accomplissant son devoir au cours d'un violent bombardement. Deux citations.*

[Né le 18 mai 1892. Fils du Dr Frédéric SÉDAN, O ✳, et de Mme née Marguerite CALVÉ. Petit-fils du Commissaire général de la Marine CALVÉ, C ✳.]

SEEGER (Alan), ▨ (posthume), ▨ (étoile), poète, *engagé volontaire* au Régiment de marche de la Légion Etrangère.
Engagé en août 1914, est mort glorieusement au cours de l'attaque de Belloy-en-Santerre par la Légion, le 4 juillet 1916.

> Citation : *Jeune légionnaire, enthousiaste et énergique, aimant passionnément la France ; engagé volontaire au début des hostilités, a fait preuve, au cours de la campagne, d'un entrain et d'un courage admirables. Glorieusement tombé le 4 juillet 1916.*

Ses « Lettres et Journal » et ses « Poèmes », écrits pendant la guerre, ont été publiés par Charles Scribner's Sons (New-York) et par Constable & Co (Londres). Traduction en français par Payot & Cie (Paris).

[Né le 22 juin 1888. Fils de M. Charles-Louis SEEGER et de Mme née Elsie ADAMS.]

SÉGANVILLE (Auguste-Marie-*Jean* de), ✳ (posthume), ▨, sous-lieutenant au 12e Chasseurs à cheval.

> Citation : *Jeune officier des plus brillants, se donnant tout entier à son devoir. Le 4 avril 1918, s'est porté près des guetteurs pour mieux observer l'ennemi au cours d'un violent tir de préparation. A été frappé glorieusement à son poste. A été cité.*

[Né en 1898. Fils du Colonel B^on et de la B^onne née JOURDAN.]

SEGOGNE (Antoine-Jean de), ▨ (posthume), ▨, *engagé volontaire*, sergent au 4e de marche de Zouaves.

Tué sous Verdun, au combat de Vaux-Chapitre, le 5 août 1916.

> Citation : *Brave sous-officier, passé sur sa demande de la cavalerie aux zouaves. Sous-officier remarquable au feu. A été tué glorieusement, le 5 août 1916, devant Verdun, au cours d'une attaque, au moment où, par son exemple et son mépris du danger, il exaltait le moral de ses hommes et repoussait brillamment une attaque ennemie. A été cité.*

[Fils de l'Avocat au Conseil d'État et de Mᵐᵉ née HERSANT.]

SEGONZAC (Marie-Marc-Vincent de Paule-*Louis* de BARDON, Vicomte de), Saint-Cyrien, lieutenant au 5ᵉ Dragons.

Entré le 13ᵉ de sa promotion, en 1903, à l'Ecole spéciale militaire de Saint-Cyr, sorti le 7ᵉ du cours des sous-lieutenants élèves à l'Ecole d'Application de Cavalerie. Démissionnaire en 1912. Tombé, en service commandé, le 24 juin 1918, après avoir fait, avec son régiment, toute la campagne depuis le début.

[Né le 25 mars 1884. Fils du Bᵒⁿ et de la Bᵒⁿⁿᵉ née ROBERT DE BEAUCHAMP. Marié à Mˡˡᵉ Charlotte DE COURONNEL (décédée en 1914), fille du Mⁱˢ et de la Mⁱˢᵉ née DE BÉTHUNE.]

SÉGUIN PAZZIS D'AUBIGNAN (*Henri*-Marie-Alexis, Comte Henri de), ✠ (posthume), ✠, capitaine au 3ᵉ d'Artillerie lourde.

Blessé grièvement à son poste de commandement, le 25 août 1914, à proximité de Dombasle (Meurthe-et-Moselle), d'éclats d'obus à la tête et à la jambe, fut transporté à l'ambulance de Sommervillers, où il expirait la nuit suivante.

> Citation : *Officier d'un entrain et d'une bravoure remarquables. A été, le 25 août 1914, mortellement frappé à son poste de commandement, alors qu'il continuait à faire tirer sa batterie, prise d'écharpe par une batterie ennemie. A été cité.*

[Né le 16 août 1871. Fils du Cⁱᵉ et de la Cⁱᵉˢˢᵉ née LABBÉ DE CHAMPGRAND. Marié à Mˡˡᵉ Suzanne DE LABOULAYE, fille de M. et de Mᵐᵉ née DE PRADOU, — dont trois fils.]

SEILHAC (Louis-Édouard-Marie de RODOREL de), ✠ (posthume), ✠, enseigne de vaisseau, de la Brigade des Fusiliers Marins.
Disparu à Dixmude, le 10 novembre 1914, à 20 ans.

> Citation : *Débordé par des forces ennemies très supérieures, a maintenu ses hommes à leur poste et résisté jusqu'à la dernière extrémité. A été cité.*

SEILLIÈRE (Aimé), sous-lieutenant d'Artillerie.
Glorieusement tombé le 27 septembre 1918.

[Né en 1899. Fils du Bᵒⁿ Ernest SEILLIÈRE, membre de l'Institut, et de la Bᵒⁿⁿᵉ née Germaine DEMACHY.]

SEISSAN DE MARIGNAN (Baron Olivier de), ✠ . . . .
[Fils du Bᵒⁿ et de la Bᵒⁿⁿᵉ née DE LUSTRAC.]

SEISSAN DE MARIGNAN (Pierre-Marie de), ✠ (posthume), ✠ (palme), sous-lieutenant au 4ᵉ Chasseurs à pied.

> Citation : *Excellent officier venu de la cavalerie, d'une bravoure et d'un courage à toute épreuve. S'était déjà signalé à X... par sa belle tenue au feu et son absolu mépris du danger, et dans la journée du 20 juillet 1916, en circulant debout le long de la chaîne des*

tirailleurs, arrêtés par les mitrailleuses allemandes. A été tué glorieusement, le 18 août, en sautant dans la tranchée ennemie en tête de ses chasseurs.

SEISSAN DE MARIGNAN (Jean-Marie-Crescent-*Hubert* de), ✠ (posthume), ❈ (1 palme, 1 étoile), ingénieur-électricien, maréchal des logis réserviste au 14ᵉ d'Artillerie.

Faisant le service d'observateur, a été très grièvement blessé à ce poste le 28 janvier 1915. Décédé des suites de ses blessures, à l'hôpital de Nœux-les-Mines (Pas-de-Calais), le 20 février 1915, faisant l'édification de tous par son courage, ses sentiments et sa grande piété.

Citation : *Observateur volontaire d'artillerie, depuis le mois de novembre, dans les tranchées de première ligne ; a rendu les plus grands services dans le tir des batteries de son groupe. Le 28 janvier 1915, très grièvement blessé dans un abri de mitrailleuses par un éclat d'obus, a simplement exprimé le regret de ne pouvoir continuer sa mission et l'espoir d'avoir été utile à son pays. Mort des suites de sa blessure.*

[Né le 30 mars 1882. Fils de M. et de Mᵐᵉ née DE DORDAYGUE.]

SÉLANCY (Jean LHOTE de), ❈, ❈, chef de bataillon au 94ᵉ d'Infanterie.

Tué le 7 octobre 1915.

[Marié à Mˡˡᵉ Magdeleine FARINOLE.]

SELIGMANN-LUI (*Gustave*-Pierre), C ❈, C ✳ (Ordre de Léopold), inspecteur général des Télégraphes, lieutenant-colonel, directeur de la Télégraphie au G. Q. G.

Mort aux Armées, le 9 décembre 1915, des fatigues de son service pour la Défense Nationale.

Citation (Commandeur de la Légion d'honneur), 22 novembre 1914 : *Fonctionnaire de la plus haute valeur, dont l'incontestable compétence n'a d'égal que son extrême dévouement. A rendu, depuis le commencement de la campagne, d'inappréciables services, dans une tâche que les événements ont rendue parfois très ardue.*

[Né le 29 octobre 1855. Fils de l'Intendant militaire, C ❈, et de Mᵐᵉ née BRÉAL (décédés). Marié à Mˡˡᵉ ALEXANDRE-LANGE, — dont deux filles.]

SELIGMANN-LUI (*Jean*-André), brigadier au 2ᵉ d'Artillerie.

Tué à Eix (Meuse), le 24 mars 1916.

[Né le 14 juin 1897. Fils de M. et de Mᵐᵉ née BERNARD.]

SELVE DE SARRAN (*Guy*-Jean-Joseph, Comte Guy de), ❈, O ✳ (Nicham Iftikar), Saint-Cyrien, chef de bataillon au 78ᵉ d'Infanterie.

Le 19 septembre 1914, à Quennevières (Oise), le bombardement étant très violent, le Commandant, de sa propre initiative, organisa la relève des blessés et fut mortellement atteint par un obus, au moment où il s'assurait du bon fonctionnement de cette organisation. Il expirait le lendemain à Attichy (Oise).

[Né le 11 mars 1861. Fils du Cᵗᵉ (amputé du bras droit à Solférino) et de la Cᵗᵉˢˢᵉ née DE BARGUES. Marié à Mˡˡᵉ Marguerite LAISNÉ DES HAYES, fille de M. et de Mᵐᵉ née DESCOURS-DESACRES, — dont deux enfants.]

SELVES (René de), ✠ (posthume), ✠ (palme), sous-lieutenant au 2e bis de Zouaves de marche.

> *Citation : Jeune et brillant officier, qui, pendant tous les combats en novembre 1916, avait été pour sa troupe un modèle d'audace et d'entrain, marchant toujours en tête, toujours le premier à l'attaque. Après avoir pris la meilleure part à la conquête de la cote, s'était élancé dans les tranchées ennemies pour les nettoyer à la grenade. A disparu, dans une violente lutte corps à corps, avec les défenseurs de ses tranchées.*

SEMINARIO (Rodolphe), soldat au 2e de marche Étranger.
Tué à Blanc-Sablon (Aisne), le 10 novembre 1914.

SÉNÉCHAL DE LA GRANGE (Robert), ✠ (posthume), ✠ (3 palmes, 1 étoile d'argent), ✠ (Serbie), ✠ (Roumanie), élève de l'École Centrale, lieutenant au 62e d'Artillerie, observateur en avion.

Parti volontairement en Serbie comme pilote, fut grièvement blessé à la tête, à Vodena. Passé pilote de chasse et blessé de deux balles en Champagne, a rejoint chaque fois le front sans attendre sa complète guérison. Tué, le 26 février 1918, en combat aérien : son appareil ayant explosé, est tombé dans nos lignes, et les honneurs militaires ont pu lui être rendus au cimetière de Villers-Cotterets. Etait au front sans interruption depuis février 1915.

> *Citation : Officier d'une énergie et d'une bravoure au-dessus de tout éloge ; a livré de nombreux combats, donnant à tous l'exemple des plus belles qualités d'audace et de sang-froid. Glorieusement tombé, le 26 février 1918, en attaquant un avion ennemi.*

[Né le 2 juin 1891. Fils de M. et de Mme née Jeanne TROTAIN.]

SENÈS (Victor-Baptistin), O ✠, ✠, Contre-Amiral commandant la 2e Division légère de la Ire Armée Navale.

Tombé glorieusement, le 27 avril 1915, victime du torpillage du croiseur cuirassé *Léon-Gambetta*, qui portait son pavillon. Il était contre-amiral depuis 1911, et était âgé de 58 ans.

> *Citation : Officier général de la plus haute valeur ; très belle attitude pendant les opérations de sauvetage de l'équipage du Léon-Gambetta, exhortant au calme, alors que la situation était des plus critiques, et se laissant engloutir avec le bâtiment portant son pavillon.*

Son corps, qui avait été recueilli au moment de la catastrophe, fut transporté récemment, de Brindisi à Toulon, par le croiseur *Latouche-Tréville*. Pour perpétuer la mémoire de ce brave marin, le nom d'*Amiral-Senès* a été donné au torpilleur allemand S. 113, livré à la France.

SENEVAS (Raoul-Émile-Marie-Barthélemy, Baron Raoul TERRASSON de), ✠ (posthume), ✠ (1 palme, 2 étoiles), sous-lieutenant au 16e Chasseurs à pied.

De la Cavalerie passa dans l'Infanterie. Tué, le 30 juin 1915, à Bagatelle (Argonne).

> *Citation : Officier d'une bravoure chevaleresque. Tué, le 30 juin, en entraînant sa section à l'assaut sous un feu violent. A été cité.*

[Né à Boulogne-sur-Mer le 1er janvier 1891. Fils du B^{on} et de la B^{onne} née Élise CARMIER.]

SENILHES (*Louis*-Marie-Cristophe-Eugène LACROIX DE CA-
RIÈS de), ✠ (étoile), Saint-Cyrien de la promotion de la Moskowa,
lieutenant au 165ᵉ d'Infanterie.

Disparu au combat d'Ormes (Meuse), le 14 décembre 1914.

[Né le 25 octobre 1890. Fils du Lieutenant-Colonel et de Mᵐᵉ née RIFFAULT.]

SENNEVILLE-GRAVE (Comte Henri de), ✠, sergent au 67ᵉ
d'Infanterie.

Tué d'une balle au cœur, le 24 septembre 1914, au combat de
Saint-Rémy, au moment où, restant en avant et continuant à tirer
sur l'ennemi, il protégeait la retraite de sa section.

[Fils du Cᵗᵉ DE SENNEVILLE (décédé) et de la Cᵗᵉˢˢᵉ née DE GRAVE. Marié à
Mˡˡᵉ THÉRY.]

SENNEVILLE (Guy de), ✠, *engagé volontaire* au 131ᵉ d'Infanterie.

Blessé en Argonne, le 1ᵉʳ octobre 1914, d'une balle au front,
succomba à sa blessure deux jours après.

SENOT DE LA LONDE (Maurice), ✠, ✠, capitaine de réserve
au 135ᵉ d'Infanterie.

Tué aux combats de Belgique, le 12 novembre 1914, dans une
attaque de nuit.

SERAINCOURT (Vicomte Gaëtan CHOPPIN de), ✠, ✠ (2 palmes),
capitaine au 1ᵉʳ Chasseurs alpins.

Décoré pour son héroïque bravoure au combat de Saint-Blaise,
trouva la mort au Col de la Chipotte (Vosges), le 14 septembre
1914.

Citation : *Officier de tout premier ordre, qui, après s'être couvert
de gloire au moment de l'entrée en Alsace, sut, pendant les journées de la Chipotte (fin août 1914), par son mépris du danger et
son ascendant, maintenir l'énergie et le moral de sa compagnie,
engagée dans un combat des plus rudes. A été mortellement blessé
au cours de ce combat.*

[Marié, en 1913, à Mˡˡᵉ Louise DE BIZEMONT, fille du Vᵗᵉ (décédé) et de la Vᵗᵉˢˢᵉ née
MATHIEU DE VIENNE.]

SERAINCOURT (Vicomte Adhémar CHOPPIN de), ✠, sergent
au 51ᵉ d'Infanterie.

Tué le 20 novembre 1914.

[Frère du précédent.]

SERBRUN (Paul-Louis-Victor de), ✠ (posthume), ✠, sous-lieutenant
au 51ᵉ Chasseurs à pied.

Citation : *Officier d'un beau courage et d'une énergie à toute
épreuve. En novembre 1914, s'est porté avec sa compagnie à l'attaque des positions occupées par l'ennemi. Est tombé mortellement
frappé à la tête de ses hommes, le 17 novembre 1914, au moment
où il obligeait les Allemands à battre en retraite. A été cité.*

[Marié à Mˡˡᵉ Marguerite FAILLENOT.]

SÉRÉ DE LANAUZE (Marie-Joseph-Robert-Jean-*Bernard* de),

✠ (posthume), ✠ (palme et étoile), sous-lieutenant mitrailleur au 1er Régiment Léger.

S'était distingué comme aspirant au début de la campagne : le 9 août 1914, près de Marche; le 1er octobre, près de Douai; puis devant Saint-Quentin. A été tué d'une balle au cœur, le 28 avril 1917, au Cavalier-de-Courcy, près Reims.

Dernière citation : A demandé comme une faveur la mission d'accompagner la vague d'assaut. A été tué, en réglant le tir de ses pièces, le 28 avril 1917. A été cité.

[Né le 5 juin 1889. Fils de M. (décédé) et de Mme née Marie DE VASSAL-CADILLAC.]

SÉRÉ DE LANAUZE (Pierre), ⚜ (posthume), ✠, caporal au 144e d'Infanterie.

Citation : Bon soldat. A été tué glorieusement, dans le village de Craonne (Aisne), au cours du combat du 14 septembre 1914. A été cité.

SÉRÉ DE RIVIÈRES (Raymond), ⚜ (posthume), ✠ (palme), sergent au 60e Chasseurs à pied.

Tombé glorieusement sous Arras, le 27 décembre 1914.

Citation : S'est tout particulièrement distingué en attaquant, à la tête de sa section, jusqu'au moment où il est tombé glorieusement au Mont Saint-Eloi.

[Fils du Bon SÉRÉ DE RIVIÈRES (décédé) et de la Bonne née Blanche DE NAUROIS.]

SÉRÉ DE RIVIÈRES (Gabriel), ⚜ (posthume), ✠, sergent au 226e d'Infanterie.

Fait prisonnier de guerre, fit plusieurs tentatives d'évasion. Au cours de la dernière, il était tué d'une balle par une sentinelle allemande.

Citation : A sauté avec sa section dans une tranchée allemande, devant Carency. A été tué, le 6 septembre 1915, par une sentinelle allemande, en cherchant, pour la troisième fois, à s'évader et à rejoindre nos lignes. A été cité.

[Frère du précédent.]

SEREN (M.-C.), ✠ (posthume), ✠ (palme), enseigne de vaisseau.

Citation : Pendant l'engloutissement du Léon-Gambetta, a éclairé les échelles intérieures avec des lampes de poche ou des allumettes, permettant ainsi à l'équipage de monter sur le pont et de se sauver. A travaillé ensuite à mettre les embarcations à la mer, a contribué par ses paroles et son exemple à maintenir l'ordre sur le pont, a été jeté à la mer par le chavirement du navire et y a trouvé la mort.

SERGE-BASSET, ✠, ✠ (palme), directeur de Théâtre, journaliste, correspondant de Guerre sur le front.

A été tué, le 29 juin 1917, au nord de Lens, en observant les positions ennemies (front Britannique). Les Anglais lui ont rendu les honneurs militaires. Inhumé dans le petit cimetière de Nœux-les-Mines.

Citation à l'Ordre de l'Armée : A montré, dans l'exercice de sa profession aux Armées, la plus grande conscience alliée à un re-

marquable sang-froid. Tombé bravement, frappé d'une balle, en observant les positions ennemies.

[Né le 21 juin 1865.]

SERIEYX (Eugène), ✠ (posthume), ✠ (palme), enseigne de vaisseau de 1ʳᵉ classe des Fusiliers Marins.
Tombé à Dixmude, en octobre 1914.

    Citation : *A été tué, à la tête de ses hommes, en repoussant brillamment les attaques répétées d'un ennemi très supérieur.*

SERIONNE (Jean-Henri de), ✠ (posthume), ✠, soldat au 19ᵉ escadron du Train.

    Citation : *Le 31 octobre 1918, s'est rendu de sa propre initiative dans le village d'Engle-Fontaine, violemment bombardé par l'ennemi afin de rechercher des archives et des objets précieux abandonnés par les habitants lors de leur évacuation. A été tué en accomplissant cette mission. A été cité.*

SERIZAY DE GRILLEMONT (Comte Yves de), sergent au 67ᵉ d'infanterie.
Blessé et porté disparu à Longuyon, en 1914.

[Né le 29 septembre 1890. Fils du Vᵗᵉ (décédé) et de la Vᵗᵉˢˢᵉ née Carmen DURAN-BORRERO, remariée en secondes noces à M. Constant PÉRET DE VILLIERS.]

SEROUX (Jean-Jules-Eugène-Léon-Henri de), ✠ (posthume), ✠, lieutenant au 9ᵉ Zouaves.

    Citation : *Tombé glorieusement à la tête de sa section qu'il entraînait à l'assaut d'une tranchée allemande. A été cité.*

SERRANT (Albéric de WALSH de), ✠, maréchal des logis au 35ᵉ d'Artillerie.
Tombé glorieusement aux avant-postes, le 3 avril 1917.

[Fils du Vᵗᵉ et de la Vᵗᵉˢˢᵉ née DE BOISFOSSÉ.]

SERRES (Gaston d'ARNAL de), ✠ (posthume), ✠, lieutenant au 75ᵉ d'Infanterie.
Tué, le 24 août 1914, à 27 ans.

    Citation : *A toujours fait preuve d'un courage exceptionnel, d'une énergie calme et ferme, d'un bel ascendant sur ses soldats. N'a cessé de témoigner des plus belles vertus militaires, jusqu'au moment où il a été glorieusement tué devant l'ennemi, le 20 août 1914. A été cité.*

SERRES (Anne-Marc d'ARNAL de), ✠ (posthume), ✠, capitaine au 2ᵉ Zouaves.

    Citation : *A brillamment entraîné à l'assaut sa compagnie. Est glorieusement tombé au champ d'honneur, le 25 septembre 1915, sous un feu violent de mitrailleuses et de mousqueterie. A été cité.*

SERRES DE MESPLÈS (*Olivier-Marie-Joseph-Michel, Baron Olivier de*), ✠ (posthume), ✠ (étoile), ✠ (Danilo de Monténégro), secrétaire archiviste du Consulat de France à Turin, soldat au 34ᵉ Colonial.
Tué, le 7 septembre 1914, à Beauzée-sur-Aire (Meuse).

    Citation : *Est tombé mortellement frappé, le 7 septembre 1914, en faisant vaillamment son devoir.*

[Né en 1883 à Saint-Fons (Rhône). Fils du Cte et de la Ctesse Paul DE SERRES DE MESPLÈS. Marié à Mlle Geneviève SICARD, fille de M. et de Mme née Marie VIGIÉ, — dont deux enfants.]

SERRET (Marcel), C ✠, ✠ (3 palmes), Général commandant la 66e Division d'Infanterie.

Blessé dans les derniers jours de décembre 1915, mort de ses blessures, le 6 janvier 1916, à l'ambulance de Moosch (Alsace).

Citation : *Officier général de valeur exceptionnelle et de la plus haute distinction. Commande depuis plus de onze mois une division d'élite dont il a su porter le moral au degré le plus élevé par son activité de tous les instants, son ardeur guerrière, sa foi dans le succès et l'élévation de ses sentiments. A fait preuve d'une éclatante bravoure et d'une entière compréhension de ses devoirs de chef en se portant, sous un feu extrêmement violent, jusqu'aux tranchées de première ligne pour juger personnellement de la situation et se montrer à ses troupes. A été grièvement blessé, amputé de la jambe droite.*

[Né le 25 novembre 1867. Fils de M. et de Mme née DIEUDONNÉ. Marié à Mlle LAMARQUE D'ARROUZAT.]

SERRY (Mademoiselle Cécile de), ✠, infirmière à l'ambulance 4/45.

Elle fut citée à l'Ordre pour sa vaillante conduite lors du bombardement de l'hôpital de Vadelaincourt. Décédée, le 5 septembre 1918, après seize jours de maladie, d'une dysenterie grave contractée près des malades qu'elle soignait. Elle repose au milieu des officiers tués au champ d'honneur.

[Fille du Lieutenant-Colonel et de Mme DE SERRY, décédée.]

SERVEL (Michel), ✠, sous-lieutenant au 18e Tirailleurs.

Blessé en 1918 sur le front français, tomba glorieusement à l'ennemi, le 17 août 1920, au cours des combats près de Mersina (Cilicie).

[Fils du Commandant et de Mme SERVEL.]

SERVIN (*Edmond*-Louis-Marie, Comte), ✠ (posthume), ✠ (étoile), secrétaire d'Ambassade honoraire, *engagé volontaire*, sous-lieutenant au 32e Dragons.

Blessé mortellement par un obus, au Mont Jard (Aisne), le 17 juin 1916, au cours d'une reconnaissance.

Citation : *Très grièvement blessé au cours d'une reconnaissance, a montré la plus belle énergie en donnant ses ordres pour la continuation de son service et a fait preuve de l'esprit de sacrifice le plus complet et du sentiment le plus élevé de son devoir, jusqu'au dernier moment; a succombé deux heures après ses blessures.*

[Né à Troyes le 7 mars 1879. Fils de M. (décédé) et de Mme née CORPECHOT. Marié à Mlle Nicole SAILLARD DU BOISBERTRE, fille du B^on (décédé) et de la B^onne née LEPEL-COINTET.]

SERVOIS (*Edgard*-Georges-Marie), ✠ (posthume), ✠ (1 palme, 1 étoile), sous-lieutenant au 37e d'Artillerie.

Prit part aux combats de Lorraine, des Vosges, de la Marne, des Hauts-de-Meuse, du Bois d'Ailly. Blessé à Bouchavesnes, le 6 octobre 1916, a succombé, le 7, à Etinehem, où il avait été transporté.

Citation : *Jeune officier plein de courage et d'allant. A peine arrivé au Corps, a donné la mesure de sa valeur en faisant une reconnaissance en première ligne pour rapporter à son Chef de groupe le détail des positions avancées. Grièvement blessé au cours de cette mission, est mort des suites de ses blessures.*

[Né à Paris le 25 février 1891. Fils de M. et de M⁰ᵉ née MARTIN-ZÉDÉ.]

SESMAISONS (*Gabriel*-Albert-Marie, Comte Gabriel de), ✠, ✚ (2 palmes, 1 étoile), ✳ (Saint-Stanislas de Russie), maire de Champteussé (Maine-et-Loire), chef d'escadrons adjoint au Colonel du 62ᵉ d'Infanterie.

Officier de réserve de Cavalerie, passé, sur sa demande, dans l'Infanterie. Tué, le 28 septembre 1917, au nord de Jouy (Chemin-des-Dames), d'un éclat d'obus à la tête.

Citation : *Officier supérieur de premier ordre, qui, dans les différents emplois qu'il a occupés, depuis le début de la guerre, s'est toujours fait remarquer par sa vive intelligence, sa conscience, son courage et son dévouement de tous les instants. Après s'être distingué comme officier de liaison auprès d'une armée alliée, a rendu les plus grands services comme chef d'escadrons adjoint au Chef de corps. Tombé au champ d'honneur le 28 septembre 1917.*

[Né le 31 mars 1865. Fils du Général Cᵗᵉ R. DE SESMAISONS et de la Cᵗᵉˢˢᵉ née DE TILIÈRE. Marié à Mˡˡᵉ DE TREDERN, — dont trois enfants.]

SESSEVALLE (Antoine de), ✚, religieux de la Compagnie de Jésus, aspirant au 88ᵉ d'Artillerie lourde.

Tué aux combats de l'Aisne, le 15 septembre 1918, à 22 ans.

SÉVERAC (Marie-Casimir-*Henri* de), ✠ (posthume), ✚, *engagé volontaire*, sous-lieutenant d'Infanterie.

Après avoir pris part aux combats de Charleroi, la Marne, Dixmude, la Maison du Passeur, Verdun, il trouva la mort glorieuse du soldat, le 20 avril 1917, près de Berry-au-Bac, en entraînant sa section à l'assaut.

Citation : *Jeune officier adoré de ses hommes, toujours sur la brèche. Tué à la tête de sa section, le 20 avril 1917. A été cité.*

[Né en 1895. Fils du Bᵒⁿ Jean DE SÉVERAC-MAURENS et de la Bᵒⁿⁿᵉ née Jeanne D'ELBREIL.]

SEVIN (Thierry de), brigadier élève-pilote au 1ᵉʳ Groupe d'Aviation.

Mort le 10 juillet 1915.

SEYNES (*Jacques*-Maurice de), ⚜ (posthume), ✚ (étoile de vermeil), *engagé volontaire*, aspirant au 5ᵉ d'Artillerie.

Tué, le 15 mai 1916, à la bataille de Verdun.

Citation : *Aspirant donnant les plus brillantes espérances. A dirigé pendant deux mois le tir de sa section avec le plus grand calme et le plus grand sang-froid, sur des positions non organisées et battues jour et nuit, avec une extrême intensité, par l'artillerie ennemie. Blessé grièvement au moment où la batterie exécutait un tir de barrage. Mort au champ d'honneur.*

[Né le 27 décembre 1895. Fils de M. Louis DE SEYNES, ✠, ✚, et de Mᵐᵉ née Suzanne DE CAZENOVE.]

SEYSSEL (Arthaud-Marie-Louis-Joseph de), ✚, sergent-major au 23ᵉ d'Infanterie.

Tombé à la tête de sa section, dans les combats des Vosges, le 31 août 1914.

SIBEN (Pierre), ✠ (posthume), ✠ (palme), sous-lieutenant au 320e d'Infanterie.

    Citation : *Jeune officier mitrailleur d'une téméraire bravoure. Entouré par un ennemi dix fois supérieur, et servant lui-même sa dernière pièce, est tombé frappé par une grenade, en criant : « Vive la France ! » après avoir épuisé toutes ses munitions. A provoqué l'admiration de tous.*

SIBEN (Georges), ✠ (posthume), ✠, sous-lieutenant au 44e Chasseurs à pied.

    Citation : *Jeune officier d'une bravoure exceptionnelle. Tué au moment où il se portait en avant de sa section pour renforcer une ligne attaquée. A été cité.*

[Tous deux fils de l'Avocat général près la Cour d'appel de Paris et de Mme née WIMPFFEN.]

SIBILLE (Charles-Antoine), O ✠, ✠ (palme), Général commandant la 64e Brigade d'Infanterie.
Tué à l'ennemi, le 27 septembre 1914, à Beaumont.

    Citation : *A contribué au succès de la bataille, le 25 août, en dirigeant habilement les opérations de sa brigade et en donnant à tous l'exemple du courage et du sang-froid. A été tué, le 27 septembre, au moment où il se portait en avant avec son état-major, sous un feu violent, pour reconnaître la position qu'il avait reçu l'ordre d'attaquer.*

[Né le 28 septembre 1853. Fils de M. et de Mme née DANIN.]

SICARD (Jean), docteur en médecine.
Tué par une bombe d'avion, le 25 juillet 1917, à l'ambulance de Vaux-Varennes.

SIEGFRIED (Ernest), ✠, lieutenant d'Infanterie.
Au front depuis le début de la campagne, a succombé sur le front d'Orient, aux suites d'une maladie contractée au service, en octobre 1918.

[Né en 1887. Fils de M. Jules SIEGFRIED, O ✠, député, ancien ministre, et de Mme née PUAUX.]

SIEYES DE VEYNES (*Joseph*-Amédée-Antonin, Comte Joseph de), ✠ (posthume), ✠ (1 palme, 2 étoiles), agent des Messageries Maritimes à Shanghaï, capitaine au 62e Colonial.
Tué à l'attaque de Belloy-en-Santerre (Somme), le 13 octobre 1916. Avant l'attaque, sa compagnie occupant un emplacement balayé par l'artillerie ennemie, il l'avait fait mettre à l'abri, restant seul au poste désigné, où il fut tué et enseveli par un obus. Adoré de ses hommes, il fut ramené par eux au village de Chuignolles, où eurent lieu ses obsèques.

    Citation : *Officier d'une haute valeur morale, d'une bravoure et d'un dévouement au-dessus de tout éloge. Est tombé glorieusement en donnant à ses hommes le plus bel exemple de sang-froid et de courage, sous un bombardement d'artillerie lourde d'une extrême violence. Déjà blessé en juillet 1915.*

[Né le 5 décembre 1888. Fils du Mis, ✳, et de la Mme née D'INDY.]

SIFFLET DE BERVILLE (Jean), du 30e d'Artillerie.

Mort des suites de maladie contractée aux Armées, le 2 mai 1918, à 19 ans.

SIGALDI (*Raoul*-Pierre-Félix, Comte Raoul de), ⚓ (posthume), ✠ (palme), aspirant au 163e d'Infanterie.

Citation : *Jeune chef de section d'une bravoure et d'une valeur exceptionnelles. A fait l'admiration de tous au cours des engagements des 10 et 11 août 1917. A renforcé spontanément, avec sa section, les groupes d'attaque d'une compagnie qui venaient de s'emparer d'une tranchée. A organisé le terrain conquis, établi la liaison avec la compagnie d'attaque voisine et, occupant le poste le plus dangereux, a repoussé plusieurs contre-attaques. Attaqué le 13 par des liquides enflammés, est tombé glorieusement à la tête d'un groupe de grenadiers en refoulant l'ennemi hors de nos lignes. A été cité.*

[Né en 1894. Fils du Cte et de la Ctesse née MOURGUYE, décédés.]

SILHOL (Jacques), ✳ (posthume), ✠ (palme), avocat à la Cour de Paris, lieutenant au 256e d'Infanterie.

Citation : *Se portant, en tête de sa compagnie, pour renforcer la ligne de feu, a été frappé mortellement par un obus et a dit à haute voix, aux brancardiers qui l'emportaient, qu'il ne regrettait rien, puisqu'il mourait pour son pays.*

Mort de ses blessures, à Sailly-Labourse, le 14 février 1915.

[Né à Paris le 9 septembre 1884. Fils de M. et de Mme née VERDET.]

SILLAN (*Louis*-Marie-Jules), ✳ (posthume), ✠ (palme et étoile), Saint-Cyrien de la promotion des Marie-Louise, élève de Saumur (1914), lieutenant au 3e Cuirassiers, observateur en avion.

Etant lieutenant au 3e Cuirassiers, fut blessé grièvement au genou, à Angres, le 14 juillet 1915 ; sa blessure ne lui permettant plus de servir dans son arme, sollicita, quoique non guéri, son entrée dans l'Aviation. Attaché, comme observateur, à l'Escadrille C. 42, en juin 1916, a été tué, le 28 juin 1917, à Saint-Gilles, dans un accident d'avion, en préparant une mission importante qu'il devait remplir le lendemain.

Citation : *Officier d'une intelligence remarquable, d'une grande bravoure et d'une rare modestie. Blessé très grièvement dans son arme, avait sollicité, quoique non guéri, l'honneur de revenir au front, où il a fait plus que son devoir. Tué, le 28 juin 1917, dans un accident d'avion.*

[Né le 29 mars 1892. Fils de M. Joseph SILLAN et de Mme née SAUVAIRE-JOURDAN.]

SILVA (Lucien de), ⚓ (posthume), ✠, sergent au 165e d'Infanterie.

Mortellement atteint, le 14 septembre 1918, alors qu'il entraînait ses hommes à l'assaut des lignes ennemies.

SIMÉON (Raoul)...

[Fils de M. et de Mme née DE NARCILLAC. Marié à Mlle DE BAZILLAC, fille de M. et de Mme née DE LA TULLAYE.]

SIMON-BARBOUX (Marie-Henri-*Roger*), ✠ (posthume), ✠ (étoile d'argent), avocat à la Cour de Paris, sous-lieutenant de réserve au 329ᵉ d'Infanterie.

Tué d'une balle au front, à Lansprelle (Belgique), le 22 août 1914.

Citation : *Chargé d'éclairer et de flanquer le régiment à l'affaire de Chamboyneau, près Charleroi, a rempli sa mission avec beaucoup d'intelligence et de bravoure. Tué d'une balle au front.*

[Né le 5 octobre 1888. Fils de M. René SIMON, avocat à la Cour de Paris, et de Mᵐᵉ née BARBOUX (décédée). Petit-fils de M. Henri BARBOUX, ancien Bâtonnier, membre de l'Académie Française. Marié, en 1913, à Mˡˡᵉ Solange DE RIDDER (décédée en 1918), fille de M. Gustave DE RIDDER, notaire à Paris, et de Mᵐᵉ née MASSON, — dont un fils.]

SIMONET (Dolphy), O ✠, ✠ (2 palmes), ✠✠ (Médailles de Chine et du Japon), Saint-Cyrien, capitaine adjudant-major au 23ᵉ Colonial.

A fait toute la campagne du Tchad; sur sa demande, est revenu en août 1916 sur le front français.

Citation posthume : *Le 1ᵉʳ août 1917, a accompli de jour, avec un sang-froid et un courage remarquables, une reconnaissance périlleuse, en terrain très exposé aux vues de l'ennemi; a été grièvement blessé au moment où il achevait sa mission, et est mort le 2 août.*

[Né le 13 juin 1879. Fils de M. et de Mᵐᵉ née Berthe RITOIT.]

SIMONNET (Paul), ✠ (posthume), ✠ (étoile), brigadier au 20ᵉ Dragons, versé au 35ᵉ d'Infanterie.

Tué à Berméricourt (Marne), le 16 avril 1917, d'un éclat d'obus à la poitrine.

Citation : *Gradé brave et brillant. S'est distingué en entraînant ses hommes à l'assaut des positions allemandes. A été blessé en maintenant son escouade sous un violent bombardement.*

[Né le 20 juin 1889. Fils de M. Edme SIMONNET (décédé) et de Mᵐᵉ née Emily KEW.]

SIMONNET (André), caporal au 151ᵉ d'Infanterie.

Tué dans les tranchées du Bois de la Grurie (Marne), le 24 mars 1915.

[Né le 4 février 1894. Frère du précédent.]

SIMONSON (Georges), élève de l'École supérieure d'Électricité, radiotélégraphiste au 8ᵉ Génie.

Mort à l'hôpital militaire d'Angoulême, le 5 octobre 1916, des suites de maladie contractée en service commandé.

[Né le 11 novembre 1896. Fils de M. Félix SIMONSON et de Mᵐᵉ née Ida REITTINGER.

SIMYAN (Alfred), ✠ (posthume), ✠, vice-consul attaché au Consulat de France à Milan, lieutenant au 157ᵉ d'Infanterie.

Tué à Mesnil-sous-Belvitte, le 28 août 1914.

[Né le 5 mai 1889. Fils du Député de Saône-et-Loire et de Mᵐᵉ née CASASSA.]

SINET (Ferdinand-Victor de), ✠ (posthume), ✠, soldat au 132ᵉ d'Infanterie.

Citation : *Jeune soldat qui a fait preuve de l'esprit de sacrifice le plus absolu pendant les derniers combats. A été tué le 28 septembre 1916. A été cité.*

SINGER (E.-J.-R.), ✠ (posthume), ✠ (palme), médecin à bord du *Casablanca*.

> Citation : *A pris une part brillante au sauvetage de l'équipage du* Casablanca. *Mort à son poste après l'explosion du bâtiment.*

SINGLY (Joseph-*Maurice* de), ✠ (posthume), ✠ (5 citations), capitaine au 39ᵉ d'Infanterie, détaché à l'E.-M. de la 37ᵉ D. I.

> Citation : *Brillant officier d'état-major, d'une valeur remarquable et d'un dévouement absolu. Le 30 août 1918, le poste de commandement de la division étant violemment bombardé, s'y est maintenu pour assurer lui-même l'évacuation des blessés. A été mortellement atteint dans l'accomplissement de cette mission. A été cité.*

[Fils du Vᵗᵉ et de la Vᵗᵉˢˢᵉ Joseph SINGLY.]

SINSIRGUE (Roger ISIDOFF de), ⚭ (posthume), ✠ (palme), caporal au 93ᵉ d'Infanterie.

> Citation : *Est glorieusement tombé à son poste de combat, le 7 mai 1917, au moment où l'ennemi surgissant de ses lignes s'élançait à l'attaque. A largement contribué à l'échec de cette tentative. A été cité.*

[Né en 1896. Fils de M. et de Mᵐᵉ Henry DE SINSIRGUE.]

SIRE (Jules-*Louis*), professeur agrégé au Lycée de Bastia, sergent au 42ᵉ d'Infanterie.

Disparu à Autrèches, aux environs de Soissons, le 17 septembre 1914.

[Né le 7 octobre 1888. Fils de M. et de Mᵐᵉ Pierre SIRE. Marié à Mˡˡᵉ Françoise ROMAIN DE GENTILE, fille de M. et de Mᵐᵉ née VADI.]

SIRIEZ DE LONGEVILLE (*Henry*-Adolphe), maire de La Caloterie (Pas-de-Calais), interprète à l'Armée Britannique.

Mobilisé dès le début de la campagne, est mort, le 12 avril 1918, à l'hôpital nᵒ 45, à Berck, des suites des fatigues contractées aux Armées.

[Né le 8 août 1876. Fils de M. et de Mᵐᵉ née FOUGEROUX DE CAMPIGNEUILLES. Marié à Mˡˡᵉ Clothilde BECQUET DE MÉGILLE, fille de M. et de Mᵐᵉ née DE LOEN D'ENSCHEDÉ, — dont cinq enfants.]

SIRY (Jean-George-*Étienne*), ✠, ✠ (2 palmes, 1 étoile), fondé de pouvoirs d'Agent de change, capitaine au 2ᵉ Chasseurs à pied.

Parti comme lieutenant d'Infanterie au début de la campagne, fut blessé trois fois et chaque fois regagna le front à peine rétabli. Passé, sur sa demande, dans les Chasseurs à pied, est tombé face à l'ennemi, le 6 février 1918, au Bois des Fosses (Meuse); mort à l'hôpital de Glorieux.

> Citation : *Très brillant officier, vigoureux entraîneur d'hommes, frappé mortellement dans les premières lignes, le 6 février 1918. Se sentant irrémédiablement atteint, a eu la plus belle tenue devant la mort, ne se préoccupant que de l'échec ennemi sur le front du bataillon dont il avait la garde.*

[Né le 13 novembre 1882. Fils de M. et de Mᵐᵉ née REDELSPERGER. Marié à Mˡˡᵉ Colette WORTH, fille de M. et de Mᵐᵉ née GÉRARD, — dont deux enfants.]

SIVRY (. . . . . de), ✠, capitaine . . . .

SMEYTÈRE (Alfred de), ☉ (posthume), ✠, soldat au 89e d'Infanterie.

> Citation : *Bon soldat, brave et dévoué, ayant participé aux durs combats du début de la campagne où il s'est vaillamment comporté. Mort des suites de blessures reçues à son poste de combat, le 5 septembre 1914. A été cité.*

SOL (Henri-Charles-Victor), ✠ (posthume), ✠, enseigne de vaisseau.

> Citation : *Grièvement blessé, le 22 décembre 1914, en menant ses hommes à l'assaut. Mort des suites de ses blessures. A été cité.*

SOLACROUP (Charles-Émile), ✠ (posthume), ✠ (étoile), capitaine au 69e Chasseurs à pied.
Tué à l'ennemi, le 27 septembre 1915.

> Citation : *Officier de rare valeur, a lancé sa compagnie à l'attaque au cri de « En avant, les chasseurs ! » Est tombé mortellement atteint sur les réseaux de fils de fer ennemis.*

[Né le 21 mars 1878. Fils de M. et de Mme née Hébert.]

SOLACROUP (*Jean*-Virgile), ✠, ✠, lieutenant au 53e d'Artillerie.
Mort de ses blessures à Autrey, le 14 septembre 1914.

[Né le 1er janvier 1884. Frère du précédent.]

SOLAGES (Joseph-Marie-*Raymond*, Comte Raymond de), *engagé volontaire* à la 16e Section d'Infirmiers Militaires.
Évacué du front pour surmenage et mis en réforme temporaire le 17 octobre 1916, il succombait à Paris, le 24 novembre 1916, des suites de fatigues contractées aux Armées.

[Né le 5 mai 1890. Fils du M{is} et de la M{ise} née Marie Reille, des C{tes} Reille, décédée.]

SOLAGES (*Hugues*-Marie-Albert-Henri, Comte Hugues de), ☉, ✠ (palmes), *engagé volontaire*, sergent au 65e d'Infanterie.
Grièvement blessé au combat de la Boisselle, le 19 janvier 1915, fait prisonnier, réussit à s'échapper, et, recueilli par les Français, succomba à ses blessures, le 28 février 1916, à Amiens.

> Citation : *Le 26 décembre 1914, a fait preuve d'un grand courage et d'une très grande énergie en entraînant les hommes de sa section à l'attaque d'une tranchée allemande.*

[Né le 15 juin 1881. Fils du Cte (décédé) et de la Ctesse née Isabelle DE Monteynard. Marié, en 1905, à Mlle Jeanne Magnier de Maisonneuve, — dont trois filles.]

SOLANET (Aymar), ✠, adjudant au 19e Dragons.
A succombé, le 25 avril 1916, à l'hôpital des Sablons, à Compiègne, à 31 ans, des suites de 22 blessures reçues à Tracy-le-Val, le 17 août 1915.

SOLEILLE (Roger), brigadier au 19e Dragons.
Tué à Lerrain (Vosges), le 17 novembre 1914.

SOLÈRE (*Charles*-Ernest-Marie de), ✠ (posthume), ✠ (3 étoiles), Saint-Cyrien de la promotion de la Grande-Revanche, lieutenant au 1er d'Infanterie (Fourragère).
Blessé, en 1915, à la Main de Massiges; en 1916, dans les Flan-

dres; puis en avril 1918, à Craonne ; fut tué, le 28 mai suivant, à Couvrelles, près Soissons.

> Dernière citation : *Brave officier possédant les plus belles vertus militaires ; le 28 mai 1918, chargé de ralentir la progression d'un ennemi très supérieur en nombre, n'a pas hésité à engager le combat. — Tombé glorieusement en conduisant sa section à l'assaut.*

[Né le 28 mars 1894. Fils de M. et de Mme née LOGEROT.]

SOLÈRE (*Louis-Alfred-Marie de*), ✸, ✖ (palme), étudiant, *engagé volontaire*, canonnier au 8e d'Artillerie.

Blessé une première fois, le 8 août 1916, retourné au front après un mois d'hôpital. Blessé une seconde fois, à Barleux, le 13 novembre 1916 ; mort des suites de ses blessures, le 28 novembre 1916, à l'hôpital de Marcelcave, près d'Amiens.

> Citation : *Soldat très courageux, qui a toujours eu une belle attitude au feu. A été très grièvement blessé à son poste de combat, le 13 novembre 1916.*

[Né le 6 octobre 1897. Frère du précédent.]

SOLIER D'ALARET (Alfred), ✸ (posthume), ✖, *engagé volontaire*, soldat au 22e Chasseurs à pied.

> Citation : *Engagé volontaire de la classe 1918, donnant toujours l'exemple de courage et de bonne humeur à ses camarades. Est tombé grièvement blessé pendant l'attaque du 27 août 1916. Mort pour la France. A été cité.*

SOLIGNAC (Marie-Louis de), ✖ (posthume), ✖, sous-lieutenant au 56e d'Artillerie.

Mortellement blessé, à 20 ans, le 23 février 1918, en Haute-Alsace.

SOLLEVILLE (Charles), ✸ (posthume), ✖ (étoile), agent de liaison d'Infanterie.

Disparu à la cote 304, le 26 mai 1916.

> Citation : *Agent de liaison intelligent, très brave et très courageux, actif et déterminé, guide précieux à l'occasion, animé du sentiment du devoir le plus développé, a disparu au cours d'un très violent bombardement, le 26 mai 1916, alors qu'il rentrait à son poste, venant de conduire un groupe en première ligne.*

SOLMINIHAC DE CHAUNES (Comte Georges de), ✖ (posthume), ✖, capitaine au 71e d'Infanterie.

> Citation : *Blessé mortellement au combat du 21 août 1914, en entraînant avec une énergie admirable sa compagnie à l'attaque d'une position fortement occupée par l'ennemi. A été cité.*

[Né le 20 octobre 1866. Fils de M. (décédé) et de Mme née Maria TERRIER DE LAISTRE. Marié, en 1912, à Mlle Marguerite LE ROY DE VALANGLART, — dont six enfants.]

SOLOMIAC (Henri), ✖ (étoile), étudiant, *engagé volontaire*, lieutenant au 117e d'Artillerie lourde.

Blessé mortellement à Narcy (est de Saint-Quentin), le 16 octobre 1918; décédé, à Paris, des suites de ses blessures à l'hôpital des Frères Saint-Jean de Dieu, le 1er novembre suivant.

[Né le 17 octobre 1895. Fils de M. Roger Solomiac, capitaine d'Artillerie, et de Mme née Bessaignet.]

SON-DUMARAIS (Joseph-Pierre-René-Jean), ✳ (posthume), ▦, lieutenant d'Infanterie.

Citation : *Officier d'une grande bravoure. Le 7 avril 1917, s'est porté à l'attaque à la tête de sa compagnie et a été blessé mortellement en abordant la position ennemie. A été cité.*

SON-DUMARAIS (Joseph-Marie), ⚓ (posthume), ▦, quartier-maître timonier (Aviation Maritime).

Citation : *Pilote d'hydravion habile, ayant déjà fait preuve d'énergie, de sang-froid, d'allant dans des circonstances souvent difficiles. Disparu en mer au cours d'une reconnaissance aérienne de guerre. A été cité.*

SONNERY (Maurice), ▦, *engagé volontaire au 4e Zouaves.*
Blessé grièvement au cap Hellès (Dardanelles), le 6 mai 1915; succomba à ses blessures, le 23 juin suivant, à l'hôpital de Philippeville.

SONNIER (Louis), automobiliste, détaché à l'Armée d'Orient.
Mort à l'hôpital de Port-Saïd (Egypte), en 1918.

[Né en 1894. Fils de M. et de Mme née Verpilleux.]

SOPHER (*Edmond*-Michel), ▦, lieutenant au 43e d'Infanterie.
Tué aux combats de Belgique, le 24 août 1914.

[Né le 11 octobre 1875. Marié à Mlle Hélène Fallot.]

SORBIER DE POUGNADORESSE (Pierre-Joseph-Victor de), ✳ (posthume), ▦, lieutenant au 14e Dragons.
Tué à Rozelieures (Lorraine), le 26 août 1914.

Citation : *Officier de la plus haute valeur morale, type de l'officier mitrailleur, toujours désireux de s'employer; s'est distingué en plusieurs circonstances dès le début de la campagne. A trouvé, le 26 août 1914, une mort glorieuse, en dirigeant le feu de ses mitrailleuses à courte distance de l'ennemi avec le plus grand sang-froid et la plus grande habileté. A été cité.*

[Fils de l'Inspecteur général des Finances et de Mme née de Laprade.]

SOREAU (Paul), ⚓ (posthume), ▦ (palme), ancien élève de l'École des Hautes Etudes Commerciales, étudiant en droit, mitrailleur en avion.
Tout d'abord dans la Cavalerie, où il s'était distingué, fut tué, le 16 mai 1916, au cours d'une mission aérienne.

Citation : *Sur le front, dans la cavalerie, depuis le début de la guerre, s'est fait remarquer de ses chefs par sa bravoure, son esprit du devoir et son dévouement. Versé dans les troupes d'aéronautique, et occupant un poste à l'abri du danger, a été employé, sur sa demande instante, comme mitrailleur en avion. A trouvé une mort glorieuse, le 16 mai 1916, au cours d'une mission aérienne.*

[Né le 30 octobre 1894. Fils de M. Rodolphe Soreau, ✳, vice-président de l'Aéro-Club de France, et de Mme née de Préaumont.]

SOUBEYRAN (Charles-Marie de), ✠, ✠, commandant.
Mort, le 20 février 1915, à l'hôpital militaire de Bussang (Vosges).

SOUBEYRAN (Guy de), sergent pilote-aviateur.
Mort en août 1917.

[Fils de M. et de Mme Alfred DE SOUBEYRAN.]

SOUICH (Alban du), O ✠, ✠, capitaine au 23ᵉ Colonial.
Plusieurs fois blessé et cité, fut fait prisonnier à Château-Porcien, le 20 octobre 1918 ; amputé durant sa captivité ; rapatrié à l'armistice, succomba, le 2 septembre 1919, à ses glorieuses blessures.

SOUICH (Paul du), ✠, ✠, capitaine au 85ᵉ d'Infanterie.
Blessé gravement, le 19 août 1914, à Sarrebourg, et capturé dans son ambulance, ne put être rapatrié comme grand blessé que le 10 juillet 1917 ; a succombé aux suites de sa longue captivité à l'hôpital d'Issy-les-Moulineaux, le 15 octobre 1917.

[Marié à Mlle Marie-Albertine SISSON.]

SOUICH (Bernard du), ✠ (posthume), ✠ (palme), lieutenant au 2ᵉ de marche d'Afrique.

    Citation : *Vaillant officier, brave et calme ; a entraîné sa section à l'assaut des tranchées turques, le 22 mai 1916, sous un feu des plus violents d'artillerie et de mousqueterie. A été vu tombant grièvement blessé et a été porté disparu.*

[Marié à Mlle DE LA TOUR, — dont trois fils.]

SOUICH (Jacques-François-*Robert* du), ✠ (posthume), ✠, sous-lieutenant au 141ᵉ d'Infanterie.
Tombé près de Dieuze, le 19 août 1914.

    Citation : *Officier d'un courage digne d'éloges. S'est élancé brillamment à l'assaut du village de Bidetroff, le 19 août 1914. A été blessé grièvement en entraînant ses hommes. Mort pour la France des suites de ses blessures.*

SOULAS (Marie-Jehan-*Guy* GONTIER du), ✠ (posthume), ✠ (3 étoiles), étudiant, *engagé volontaire*, caporal au 412ᵉ d'Infanterie.
Engagé au 21ᵉ Chasseurs, passa ensuite dans l'Infanterie. Tombé glorieusement, le 21 août 1917, après l'assaut victorieux et la prise de la cote 304, sous Verdun.

    Citation : *Gradé consciencieux et brave, très estimé de ses hommes. Tombé à son poste de combat, le 21 août 1917.*

[Né au château du Soulas le 10 juin 1895. Fils de M. et de Mme née AZAÏS.]

SOULIÉ (Pierre), ✠ (palme), sous-lieutenant au 11ᵉ d'Infanterie.
Tombé glorieusement le 18 juillet 1918 ; avait été proposé pour la Légion d'honneur.

SOULIER (*Albert*-Armand-Camille), ✠ (posthume), ✠ (étoile), étudiant, *engagé volontaire*, caporal au 57ᵉ d'Infanterie.
Intoxiqué par les gaz en Champagne, en novembre 1917 ; éva-

cué le 1er janvier 1918, succomba, le 19 février 1919, au sanatorium de Buzenval, des suites de cette intoxication.

Citation : Excellent gradé. Engagé volontaire pour la durée de la guerre. S'est montré en toutes circonstances d'un allant et d'un courage remarquables. S'est particulièrement distingué dans l'exécution de patrouilles en avant de nos lignes, au cours desquelles il a donné les plus belles preuves d'énergie et de sang-froid.

[Né le 10 décembre 1897. Fils de M. le Pasteur Édouard SOULIER, député de Paris, et de Mme née DUPIN DE SAINT-ANDRÉ.]

SOUZA DE BARROS, Marquis de VALENCE (Raymond-Louis-Marcel de), ✠ (posthume), ✠ (étoile), lieutenant de réserve au 163e d'Infanterie.
Tué le 19 août 1914.

Citation : Officier d'un courage à toute épreuve. Ayant reçu l'ordre de réoccuper un fortin, s'y est installé malgré le feu nourri de l'ennemi. Mortellement frappé au moment où il encourageait ses hommes, en leur criant : « Tirez. En avant ! »

SOUZY (Pierre DURIEU du), médecin auxiliaire au 61e d'Infanterie.
Mort, en 1918, des suites d'une maladie contractée aux Armées.

SOYER (Xavier), ✠, Saint-Cyrien de la promotion de la Croix du Drapeau, lieutenant au 20e Chasseurs à pied.
Tombé en Champagne, le 29 septembre 1918.

[Né en 1895. Fils du Général et de Mme née DE BARNEVILLE.]

SOYRES (Jean de), ✠ (posthume), ✠, sergent au 344e d'Infanterie.

Citation : Sous-officier plein d'énergie; a toujours donné à ses hommes le plus bel exemple. Tué glorieusement aux tranchées de Flirey, en accomplissant son devoir. A été cité.

SPIESS (Georges), ✠ (posthume), ✠, sergent à la 53e Compagnie automobile d'Aérostiers.
Mort pour la France, à Bras (Meuse), le 5 mai 1916.

Citation : Sergent aérostier, d'une bravoure au-dessus de l'ordinaire, étant chargé d'étudier et de mettre au point les liaisons optiques entre le ballon et l'infanterie. A trouvé la mort au cours d'une descente en parachute, préférant tout plutôt que d'être fait prisonnier. A été cité.

[Fils de M. (décédé) et de Mme Georges SPIESS.]

SPIRAL (Augustin), ✠, capitaine au 136e d'Infanterie.
Tué sous Arras, le 6 octobre 1914.

SPIRAL (*Charles*-Marie-François), ✠ (posthume), ✠ (étoile), étudiant, caporal au 35e d'Infanterie.
Blessé mortellement à Blémerey (Meurthe-et-Moselle), le 28 mars 1918.

Citation : Jeune gradé d'élite, ayant une conception très haute du devoir, joignant à une énergie et un courage très grands les plus belles qualités d'esprit. Est tombé pour son pays, à son poste de combat, le 28 mars 1918.

[Fils de M. Alphonse SPIRAL, ingénieur E. C. P., et de Mme née PERDREAU.]

SPITZER (*Georges*-Benjamin), ✠, ✠ (6 citations), ✠ (Military Cross), chef d'escadrons au 5e Cuirassiers à pied.

Tué, le 12 juin 1918, au début de l'attaque allemande sur la forêt de Villers-Cotterets.

Dernière citation : Officier supérieur de première élite, qui s'est distingué par son courage et son intelligente activité chaque fois que le régiment a été employé depuis le..... Mortellement blessé le..... pendant qu'il s'assurait, avec son habituel mépris du danger et sous un bombardement de la plus extrême violence, des dispositions prises pour arrêter une très forte attaque allemande. Trois citations antérieures.

[Marié à Mlle VIALLET.]

SQUIBAN (E.-J.-M.), ✠ (posthume), ✠ (palme), aspirant de Marine sur le *Casablanca*.

Citation : Mort à son poste, broyé par l'explosion du bâtiment sur une mine.

STEEG (Charles)..

[Fils du Sénateur et de Mme née BONET-MAURY.]

STIÉGLITZ (Paul), ✠, chef de bataillon d'Infanterie Coloniale. Tué le 25 septembre 1915.

STIRN (Paul), O✠, ✠ (palmes), Général commandant la 88e Brigade d'Infanterie.

Citation : Officier de grand mérite, d'une intelligence et d'une vigueur remarquables ; tué à son poste de commandement, le lendemaen du jour où il venait d'être nommé au commandement d'une division.

[Né le 12 avril 1867. Marié à Mlle Berthe FERRON.]

STRAUSS (*Pierre*-Henri-Adolphe), ✠ (posthume), ✠ (palme), sous-lieutenant au 43e d'Infanterie.

Tué glorieusement au Bois Pareid (Les Éparges), le 5 avril 1915.

Citation : Officier très brave, qui a donné un bel exemple de courage et de ténacité, en entraînant brillamment sa section à l'assaut d'une tranchée allemande qu'il était chargé d'attaquer. A traversé sans arrêt, et avec un mépris superbe de la mort, les terrains longs et difficiles qui le séparaient de la position ennemie. Est tombé mortellement frappé de plusieurs balles, au moment où il atteignait le réseau de fils de fer ennemi.

[Né le 7 juin 1892. Fils de M. Charles STRAUSS et de Mme née Marguerite BAUMANN.]

STUTZ (E.-H.), ✠, ✠ (palme), lieutenant de vaisseau à bord du *Bouvet*.

Englouti avec son bâtiment, le 18 mars 1915, aux Dardanelles.

SUBERCASEAUX (Pierre-Jean-Louis de), ✠ (posthume), ✠ (palme), lieutenant au 14e d'Infanterie.

Citation : Officier de premier ordre. Tombé glorieusement sur le champ de bataille, en se portant à l'assaut des positions ennemies, le 18 avril 1918, à Berteaucourt.

SUDRE (Gaston de), ⚜ (posthume), ✠, sergent au 95e d'Infanterie.

Citation : *Bon et brave sous-officier. Mort glorieusement pour la France, le 25 novembre 1914, au combat du bois Brulé, en forêt d'Apremont.*

SUGNY (Camille MEAUDRE de), O ✳, ✠ (3 palmes, 2 étoiles), lieutenant-colonel au 128e d'Infanterie.
Tombé au champ d'honneur, le 27 janvier 1917, en effectuant une reconnaissance en Lorraine.

Quatrième citation : *Chef de corps doué des plus belles qualités militaires et d'une bravoure remarquable. A fait preuve, en toutes circonstances, d'une énergie et d'un dévouement inlassables. S'est particulièrement distingué lors de l'attaque du 16 août 1916. S'était déjà fait remarquer plusieurs fois au cours de la campagne, notamment en enlevant le bois de X... et le village de Y...*

[Né le 28 février 1865. Fils de M. (décédé) et de Mme née Sabine PRENAT. Marié, en 1908, à Mlle DE LA REVELIÈRE, fille du Mis et de la Mise née GUIGNARD, — dont deux enfants.]

SUREMAIN (Albert-Marie-Guillaume de), ✳ (posthume), ✠ (palme), capitaine au 8e Chasseurs à cheval.

Citation : *Excellent capitaine commandant, zélé, dévoué, plein d'entrain et de vigueur ; a fait preuve de bravoure et d'énergie en maintes circonstances, particulièrement aux combats du 5 et du 6 septembre 1914. Tombé glorieusement, au combat du 10 novembre 1914, en assurant, sous un feu très violent, l'exécution d'ordres qu'il venait de recevoir.*

[Marié à Mlle DE VALDAHON.]

SURIAN (Alfred-Eudoxe-Joachim-Gustave de), ✳, ✠, chef d'escadrons, détaché au 159e d'Infanterie alpine.
Glorieusement tombé aux combats de la Marne, le 16 juillet 1918.

Citation : *Brave et intrépide soldat, particulièrement doué. A laissé un nom et une réputation de bravoure qui seront cités en exemple. Tombé glorieusement, au cours des durs combats au sud de la Marne, en juillet 1918, en observant sur un terrain très battu par l'artillerie ennemie, où il tenait à être pour suivre et voir la bataille, afin d'y engager plus rapidement son bataillon.*

[Marié, en 1916, à Mlle Winefride WOODWARD.]

SURREAUX (Jean-Paul-*Pierre*), avocat à la Cour de Paris, sergent au 290e d'Infanterie.
Tué à la cote 304 (Meuse), le 5 mars 1916.

[Né le 21 janvier 1888. Fils du Sénateur de la Vienne et de Mme née Zulma MAIRAT.]

SURREL DE SAINT-JULIEN-MONCHAND (*Maurice*-Noël-Marie-Joseph-Amédée, Vicomte Maurice de), ⚜ (posthume), ✠, soldat au 32e d'Infanterie.
Tué d'un éclat d'obus, le 5 mai 1916, à la cote 287, sous Verdun.

Citation : *Se maintenant bravement à son poste de combat, pendant un bombardement d'une violence et d'une durée exceptionnelles ; y est mort frappé en héros. A été cité.*

[Né le 3 mars 1894. Fils du Cte et de la Ctesse née GRENOT DU PAVILLON.]

SURY D'ASPREMONT (Marie-*Pierre* de), ✠ (posthume), ✠, chef de bataillon au 149e d'Infanterie.

> Citation : *A été mortellement blessé, le 9 août 1914, après avoir conduit à l'attaque son bataillon contre les tranchées fortement organisées par plusieurs bataillons ennemis. Au cours de l'attaque, s'est porté à plusieurs reprises en avant, malgré un feu très meurtrier, pour encourager, par son exemple, les tirailleurs arrêtés à moins de cinquante mètres des tranchées ennemies. N'a voulu à aucun prix abandonner le terrain conquis, au delà de la frontière et, grâce à son opiniâtreté, a permis d'attendre l'arrivée des renforts. A été cité.*

[Marié à Mlle Marie-Adélaïde LE COAT DE SAINT-HAOUEN.]

SUSINI (J. de), ✠, capitaine.
Tué le 11 octobre 1915.

[Marié à Mlle Constance MEYNIER.]

SUSS (Marcel), ✠ (posthume), ✠ (étoile), ingénieur des Arts et Manufactures, sous-lieutenant au 38e d'Artillerie.
Tué, le 9 septembre 1914, à Condé-en-Barrois (bataille de la Marne).

> Citation : *A témoigné, en toutes circonstances, des plus solides qualités militaires. A eu au feu une attitude remarquable. Tué à son poste, le 9 septembre 1914.*

[Né le 1er mars 1888. Fils de M., ✠, et de Mme née LÉOPOLD.]

SUYROT (Maurice de), caporal au 152e d'Infanterie.
Tué en 1918.

[Fils de M. et de Mme née Élisabeth DE LESPINAY. Marié à Mlle DESCLOS DE LA FONCHAIS, fille du Cte et de la Ctesse née DE LA RÜE DU CAN.]

SZUYSKI (Ladislas de), volontaire Polonais, soldat au 1er Étranger.
Tué aux Marquises (Marne), le 29 novembre 1914, à 39 ans.

T

TACHARD (*Louis*-André), ☩, ✠ (2 palmes, 1 étoile), élève à l'École nationale des Beaux-Arts, *engagé volontaire*, maréchal des logis, pilote-aviateur à l'Escadrille Spad. 60.

Engagé au 12e Cuirassiers, passa, sur sa demande, dans l'Aviation. A trouvé glorieusement la mort, le 26 octobre 1917, aux environs du Bois Pinon (Aisne), à la suite d'une chute qu'il fit au cours d'une mission remplie avec succès. Il fut attaqué sur le chemin du retour par quatre avions de chasse ennemis et blessé par deux balles de mitrailleuses avant de tomber. Il succomba à l'ambulance de Sermoise, près Soissons, quelques heures après sa chute, d'une fracture du crâne.

> Citation (Médaille militaire) : *Excellent pilote plein de courage et d'entrain. A rempli avec succès toutes les missions qui lui ont été confiées, grâce à sa hardiesse et à son sang-froid. A été grièvement blessé, le 26 octobre 1917, au cours d'une mission, dans une lutte inégale contre quatre avions de chasse ennemis. Déjà cité à l'Ordre.*

[Né le 22 février 1893. Fils de M. et de Mme André TACHARD.]

TACHET DES COMBES (*Hubert*-Marie-Gustave-Joseph), ✳ (posthume), ☩ (palme), capitaine au 158e d'Infanterie.

> Citation : *A brillamment enlevé sa compagnie à l'assaut du 25 septembre ; après avoir traversé huit lignes de tranchées allemandes, a été blessé au bras ; a conservé le commandement de sa compagnie jusqu'à la nuit ; n'a été évacué qu'après avoir été blessé grièvement à la jambe. A été cité.*

Mort de ses blessures le 16 octobre 1915.

[Né le 2 novembre 1890. Fils de M. et de Mme née Marguerite DE GRENAUD DE SAINT-CHRISTOPHE.]

TACHET DES COMBES (*Xavier*-Marie-Louis-Joseph), ☩ (posthume), ✠, sergent au 30e d'Infanterie.

Venu de la Cavalerie, trouva la mort à Perthes-les-Hurlus, le 25 septembre 1915.

> Citation : *Sous-officier d'élite, sur qui on pouvait compter en toutes circonstances ; était toujours prêt pour les missions périlleuses qu'il sollicitait. A été tué, le 25 septembre 1915, à la tête de sa troupe qu'il entraînait à l'assaut, au combat de Perthes. A été cité.*

[Né le 18 décembre 1892. Frère du précédent.]

TACHET DES COMBES (*Pierre*-Stanislas-Marie-Joseph), soldat au 27e Chasseurs à pied.

Disparu au Lingekopf, le 2 août 1915.

[Né le 15 février 1895. Frère des précédents.]

TACONET (*Raymond*-Marie-Léon), ⚜ (posthume), ✠ (étoile), étudiant, caporal au 129ᵉ d'Infanterie.

Tué au combat de Roselies (Belgique), le 22 août 1914.

> Citation : *Gradé énergique et brave ; tombé glorieusement au combat de Roselies, le 22 août 1914, alors que, sous un feu meurtrier de mitrailleuses et sous les rafales d'obus, il cherchait à entraîner les hommes de son escouade en criant : « Mieux vaut mourir en avançant que reculer. Suivez-moi, en avant et vive la France ! »*

[Né le 5 juillet 1893. Fils de M. Maurice Taconet, et de Mᵐᵉ née Pochet de Tinan.]

TAIGUY (Guy-Olivier MONT du), ⚜ (posthume), ✠, aspirant au 106ᵉ d'Infanterie.

Tué à Bouchavesnes, le 9 octobre 1916.

> Citation : *Sous-officier des plus méritants ; s'est bravement comporté aux combats de septembre 1915 et septembre 1916. A été tué à son poste de combat.*

TAILHANDIER DU PLAIX (Hubert), ⚜ (posthume), ✠, cavalier au 17ᵉ Dragons.

Tué à Lanshar (Haute-Alsace), le 10 août 1914.

> Citation : *Éclaireur plein d'entrain, d'une audace rare. Dès le début de la campagne, a toujours demandé à être employé aux missions difficiles. Le 10 août 1914, éclaireur d'une patrouille et rencontrant cinq dragons allemands près de Lauvser, a foncé résolument sur le groupe, lance au poing, et les a mis en fuite. Est tombé un quart d'heure après dans une embuscade, frappé au cœur. A été cité.*

[Né le 26 décembre 1893. Fils de M. et de Mᵐᵉ née de Plauzolles.]

TAINE (Victor), ✠, ✠ (palme), ✶ (Nicham), ✶ ✶ (Médailles de Sauvetage), chef de bataillon au 224ᵉ d'Infanterie.

Glorieusement tombé à l'ennemi, le 26 septembre 1914.

> Citation : *A fait preuve d'un courage éclatant, les 14 et 15 septembre 1914. Blessé à la main, a conservé le commandement de son bataillon, qu'il a conduit à l'attaque sous un feu violent. A été blessé mortellement, le 26 septembre 1914, en faisant une reconnaissance.*

[Né le 17 octobre 1866. Fils de M. et de Mᵐᵉ née Lacroix. Marié à Mˡˡᵉ Germaine Doyen, fille de l'ancien Chef du Cabinet du Ministre de la Guerre, et de Mᵐᵉ née Sarazin, — dont deux filles.]

TAILLIANDIER (Albert), avocat au Conseil d'État et à la Cour de Cassation, député du Pas-de-Calais, sous-lieutenant au 8ᵉ territorial d'Infanterie.

S'étant offert au « Groupe Parlementaire des Régions Envahies » pour distribuer des secours aux populations de sa région délivrées par le recul de l'ennemi, fut tué, dans sa mission, le 25 mars 1917, par l'explosion à retardement de l'hôtel de ville de Bapaume.

[Né le 28 avril 1875. Fils de M. et de Mᵐᵉ née Tailliandier. Marié à Mˡˡᵉ Feuillade, fille de M. et de Mᵐᵉ née Boucher, — dont trois enfants.]

TALHOUËT DE BOISHORAND (Marie-Jacques-*René* de), ✠ (posthume), ✠, Saint-Cyrien, sous-lieutenant au 271ᵉ d'Infanterie.

Tué à Suippes, en Champagne, le 12 février 1915.

Citation : *A pris le commandement de sa compagnie après la mort de son capitaine, et est tombé frappé d'une balle dans la tête, tirée à bout portant, au moment où il entraînait brillamment sa compagnie à l'assaut des tranchées de deuxième ligne ennemies. A été cité.*

[Né le 28 juillet 1894. Fils du M^i^ et de la M^ise^ née Marthe ROULLET DE LA BOUILLERIE.]

TALIN D'EYZAC (André), ✠, capitaine aux Tirailleurs Sénégalais.

Tué à Dixmude, en novembre 1914.

TALLANDIER (*Maurice*-Emmanuel), étudiant, soldat au 148e d'Infanterie.

A contracté la fièvre typhoïde, en octobre 1914, à son cantonnement, et succomba à l'hôpital militaire de Vannes, le 3 novembre suivant.

[Né en décembre 1894. Fils de M. Jules TALLANDIER, ✠, éditeur, et de Mme née Julia LINÉ.]

TALON (H.-L.), ⚓ (posthume), ✠ (palme), médecin auxiliaire à bord du *Danton*.

Citation : *Jeune médecin de beau sang-froid, de grand courage et de dévouement remarquable; disparu avec le* Danton.

TANNENBERG (Ivan de), sapeur au 8e Génie.

Décédé à Salonique, le 23 octobre 1918, des suites d'une maladie contractée au front.

TANOUARN (Saturnin-Marie-Joseph-*Jean* de), ⚓ (posthume), ✠, soldat au 47e d'Infanterie.

Citation : *Vaillant soldat, remarquable par son calme et sa bravoure. Tombé glorieusement à son poste de combat, le 6 octobre 1914. A été cité.*

Mort à Mercatel, près Arras, le même jour, des suites de ses blessures.

[Né en 1894. Fils de M. et de Mme née Marie POINÇON DE LA BLANCHARDIÈRE.]

TANOUARN (Yves de), ⚓ (posthume), ✠, sapeur au 9e Génie.

Citation : *Jeune sapeur de la classe 1915. Employé à la construction d'un observatoire particulièrement exposé. Mortellement frappé, le 10 septembre 1915, à son poste de combat. A été cité.*

Mort au Camp de Chalons, le 11 septembre 1915, des suites de ses blessures.

[Né en 1895. Frère du précédent.]

TARDIEU (Edmond), ✠, aspirant au 404e d'Infanterie.

Tombé à la tête de sa section, à l'attaque du 23 octobre 1917.

[Né en 1895. Fils de M. et de Mme née GONDINET.]

TARDIEU (Eugène), ✠ (posthume), ✠ (palme), médecin-chef à l'ambulance alpine n° 7.

Citation : *Médecin-chef réunissant les plus belles qualités de l'intelligence et du cœur. Au cours de la marche sur Elbassan, alors que tous ses aides et la moitié de son personnel étaient ter-*

rassés par la grippe, s'est dépensé nuit et jour pour soigner seul des centaines de malades et blessés. Atteint lui-même par cette affection, ne s'est alité que pour mourir (front d'Orient).

TARDIEU (Jean), lieutenant d'Artillerie.
Tué sur le front de la Marne, le 1er janvier 1916.

TARRAGON (*Joseph*-Louis-Marie-Arthur-Adrien, Comte Joseph de), ✳ (posthume), ✠, capitaine au 22e Dragons.
Glorieusement tombé le 20 octobre 1914.

    Citation : *Officier ayant fait preuve des meilleures qualités militaires. Blessé grièvement, a été fait prisonnier. Mort des suites de ses blessures. A été cité.*

[Né le 12 mars 1870. Fils du Cte et de la Ctesse née Félicie DE QUERHOËNT, décédés. Marié à Mlle LEBŒUF DE VALDAHON, fille du Cte et de la Ctesse née Béatrix DE FRESQUIENNE, — dont quatre enfants.]

TARTIÈRE (Hervé), ✳, ✠ (palme), sous-lieutenant au 296e d'Infanterie.
Tué par un obus, le 22 mai 1916, au Mort-Homme, alors que, à la tête de sa section, il défendait ses tranchées contre l'attaque ennemie.

    Citation posthume : *Excellent officier, énergique et plein d'allant ; revenu du Maroc à la mobilisation pour servir immédiatement au front, y a conquis son grade d'officier. Passé sur sa demande dans l'infanterie, a été tué au Mort-Homme, le 22 mai 1916, au moment où il donnait à sa troupe le plus bel exemple de stoïque courage, sous un intense bombardement.*

[Né le 18 décembre 1891. Fils du Médecin principal de l'Armée (décédé) et de Mme née Anne-Marie AUBIGNAT.]

TASCHER (*Louis*-Marie-Clément, Vicomte Louis de), réserviste au 159e d'Infanterie.
Arrivé au front le 5 septembre 1914, fut tué dans les Vosges, au col du Haut-du-Bois, le 7 septembre 1914.

[Né en avril 1882. Fils du Cte et de la Ctesse née DE RODOREL DE SEILHAC.]

TASCHER (Louis-Marie-Jean-*Pierre* de), ⚜ (posthume), ✠ (palme), sergent au 2e de marche d'Afrique.

    Citation : *Sous-officier possédant une réelle énergie. S'est porté, avec sa section de mitrailleuses, sur une position nouvellement conquise et fortement arrosée par les obus. Blessé successivement deux fois, est resté à son poste malgré tout, continuant à organiser la position. Tombé glorieusement quelques instants après (19 avril 1917). A été cité.*

TASSIGNY (Charles d'ANGLEMONT de), ✳ (posthume), ✠ (palme), lieutenant au 48e territorial d'Infanterie.
Tué au bois des Cent-Chênes, le 10 avril 1916.

    Citation : *Vaillant officier, donnant toujours l'exemple des plus nobles vertus militaires. Déjà titulaire d'une citation pour sa brillante conduite devant l'ennemi. Mort en brave, le 10 avril 1916.*

[Né le 1er mai 1876. Fils de M. et de Mme née RENARD.]

TASSIGNY (Jean d'ANGLEMONT de), conducteur-automobiliste à l'E.-M. du VIe Corps.

Mort pour la France, à Marats-la-Grande (Meuse), le 25 juin 1915.

[Né le 4 août 1885. Frère du précédent. Marié à Mlle Marie DE BREUIL.]

TASSIN (Marie-*Jean*-Ferdinand), étudiant en droit, caporal au 159e d'Infanterie.

D'abord soldat au 132e de ligne, passa dans l'Aviation à Courcy, puis quitta l'Aviation, en octobre 1914, pour se battre; il prit part à la bataille d'Arras. Décédé, le 27 décembre 1914, de la fièvre typhoïde, à l'hôpital militaire de Saint-Pol (Pas-de-Calais).

[Né le 4 mars 1893. Fils de l'Avocat à la Cour et de Mme née MAUREL.]

TASSIN DE VILLEPION (Lionel), ⚜ (posthume), ✠, soldat au 23e d'Infanterie.

Citation : *Soldat très dévoué, s'est montré très courageux dans les affaires auxquelles il a pris part. Tué pendant un violent bombardement, lorsque sa section occupait sa position de combat, le 15 février 1915. A été cité.*

TASSY DE MONTLUC (Raymond-*Ernest*-Balany de), ✹, ✠ (palme), capitaine au 42e d'Infanterie.

Mort de ses blessures à Belfort, le 19 août 1914, à 46 ans.

TATTET (*Louis*-Eugène-Philibert), ✹ (posthume), ✠ (palme), Saint-Cyrien de la promotion de la Grande-Revanche, sous-lieutenant au 18e Chasseurs à pied.

Tombé glorieusement au combat de Mesnil-les-Hurlus (cote 196), le 4 mars 1915, en dégageant le plateau, à la tête de sa section; poursuivant l'ennemi, il tua deux Allemands à coups de revolver.

Citation : *Mortellement blessé à la tête de sa section, en poursuivant l'ennemi dans une section dont il venait de s'emparer.*

[Fils de M. et de Mme née BONNEMAISON, décédés.]

TAUPIN (Maurice-Charles-Alphonse), C✹, ✠ (palme), colonel commandant la 74e Brigade d'Infanterie.

Blessé, le 24 août 1914, à Charleroi. Mort le 25 à l'ambulance de Marienbourg (Belgique).

Citation : *Colonel commandant par interim une brigade d'infanterie. A dirigé brillamment l'engagement de sa brigade, les 22, 23 et 24 août. Le 25 août, a assuré personnellement la défense de deux villages, et a résisté pendant toute la journée aux attaques d'un ennemi très supérieur en nombre. A été tué sur la ligne des tirailleurs.*

[Né le 26 juillet 1855. Marié à Mlle Victorine BARANT.]

TAUZIN (*Paul*-Louis), ⚜ (posthume), ✠, élève à l'Institut électrotechnique de Lille, caporal au 74e d'Infanterie.

En sursis d'appel à cause de ses études d'ingénieur, appelé le 12 août au 74e d'Infanterie, il demanda, après seulement 15 jours d'instruction militaire, à partir en renfort pendant la retraite de la Marne. Devant son insistance, on le laissa rejoindre le 28 août, et, le 12 septembre, le dernier jour de l'avance victorieuse sur la Marne, il tombait au combat du Thillois, près de Reims.

Citation : *Soldat d'élite, ayant au plus haut point le sentiment du devoir. Venu au front sur sa demande, le 28 août 1914, s'est fait remarquer de suite par son courage et son sang-froid. Est tombé mortellement frappé, le 12 septembre 1914, au cours d'une reconnaissance dont il avait instamment demandé à faire partie. A été cité.*

[Né le 20 juillet 1892. Fils de l'Inspecteur général des Mines et de Mᵐᵉ née MAR-SAUT.]

TAUZIN (*Georges*-Louis), ✠ (posthume), ✠ (2 citations), sous-lieutenant au 118ᵉ d'Infanterie.

Tombé glorieusement en Champagne, à la tête de sa section, le 26 septembre 1918.

Citation : *Officier d'une bravoure remarquable, toujours volontaire pour les missions les plus délicates et les plus périlleuses. Le 26 septembre 1918, après l'enlèvement des fortes positions de la ferme Navarin, est tombé mortellement blessé, alors que, debout sur la tranchée, il organisait la résistance contre une violente contre-attaque dirigée sur le flanc gauche du bataillon. A été cité.*

[Né en 1895. Frère du précédent.]

TAUZIN (*Raymond*-Jean-Louis), ✠ (posthume), ✠ (1 palme, 1 étoile d'argent), négociant, lieutenant au 350ᵉ d'Infanterie.

Tombé glorieusement à Grivesnes, le 31 mars 1918, en défendant, avec sa compagnie, les abords du château.

Citation : *Officier de haute valeur morale et d'un grand courage. Est tombé glorieusement en maintenant, sous un bombardement d'extrême violence, l'intégrité de la ligne dont il assurait la défense.*

[Né le 27 décembre 1883. Fils de M. Jean TAUZIN et de Mᵐᵉ née Flora LETELLIER.

TAVERNIER (Edmond de), O ✠, chef de bataillon d'Infanterie Coloniale.

Mort au Maroc, le 6 décembre 1916.

[Fils de M. (décédé) et de Mᵐᵉ née Marie DE LADOUE. Marié à Mˡˡᵉ BARON.]

TAVERNIER (Paul-Richard-*Joseph*), ✠ (étoile), étudiant en droit, sergent au 94ᵉ d'Infanterie.

Mort pour la France, à l'hôpital militaire de Châlons-sur-Marne, le 15 octobre 1915.

Citation : *Excellent sergent grenadier. Brave et énergique, discipliné et de bonne tenue ; s'est signalé dans plusieurs circonstances, notamment les 13 et 14 juillet 1915, lors d'une contre-attaque ayant pour objet la reprise à la grenade d'éléments de tranchées dans lesquels l'ennemi avait réussi à prendre pied. A contribué par sa belle attitude au succès de l'opération. Mort, en octobre 1915, des suites d'une affection consécutive aux fatigues de la campagne.*

[Né le 19 mars 1894. Fils de M. Léon TAVERNIER, avocat à la Cour de Paris, et de Mᵐᵉ née GONZALEZ SOLAR.]

TAVERNIER (Léon-Edmond-Paul), ✠, ✠ (étoile), étudiant en droit, *engagé volontaire*, caporal au 205ᵉ d'Infanterie.

Tombé glorieusement en Champagne, le 29 septembre 1915.

Citation : *Parti volontairement en patrouille le 28 septembre. A été tué, au moment où il entraînait ses hommes en avant avec la plus grande bravoure.*

[Frère du précédent.]

TAVERNOST (Jean-*Ludovic* BELLET de), ⚜ (posthume), ✸ (3 étoiles), *engagé volontaire*, maréchal des logis au 55ᵉ d'Artillerie de campagne.

Tué par un obus, le 27 octobre 1917, à Merckem (Belgique).

Citation : *Excellent sous-officier. Faisant partie d'un détachement de liaison avec l'infanterie, a été tué au cours d'une attaque, en remplissant, malgré les tirs de barrage, la mission dont il était chargé. A été cité.*

[Né le 15 mai 1895. Fils du Bᵒⁿ et de la Bᵒⁿⁿᵉ née DE JULIEN DE PÉGUEIROLLES.]

TAXIS DU POËT (Aimé de), *engagé volontaire* dans les Équipages de la Flotte.

Canonnier sur le *Bouvet*, il participa à toutes les opérations dirigées contre les Dardanelles, jusqu'au jour (18 mars 1915), où son navire sauta sur une mine.

TAYLOR (Paul WALWEIN, Baron), ✸, ✸ (palme), ✸ (Belge), C ✻ (Ordres du Danebrog et de Saint-Olaf), colonel du 19ᵉ d'Infanterie.

Blessé et disparu, le 27 mai 1918, au Chemin-des-Dames. — Parti à la mobilisation comme chef d'escadrons au 13ᵉ Hussards, il avait été blessé une première fois, en 1914, à la tête de ses escadrons. Nommé attaché militaire en Danemark et Norwège en 1915, il avait sollicité et obtenu, en 1916, son rappel en France et un commandement d'Infanterie.

Citation : *Officier supérieur de tout premier ordre, joignant à une expérience consommée du combat les plus belles qualités de courage, de sang-froid et d'abnégation ; a su faire de son régiment une unité de choc remarquable, qu'il a commandée pendant quatorze mois. Le 27 mai 1918, au Chemin-des-Dames, après avoir résisté avec acharnement sur les positions prescrites, a passé au travers des groupes ennemis qui le cernaient dans son poste de commandement, et ralliant quelques débris de son régiment, a organisé lui-même un nouveau centre de résistance qui infligea à l'adversaire de lourdes pertes. Cerné à nouveau et sommé de se rendre, s'écria : « Prisonnier, jamais ! » et tomba mortellement frappé en essayant de résister jusqu'au bout.*

[Marié, en 1907, à Mˡˡᵉ Simonne DE VILLEBOIS-MAREUIL, fille du Colonel et de Mᵐᵉ née ESTRANGIN (décédés). — dont trois enfants.]

TEIL (*Joseph*-Pierre-Marie, Baron Joseph du), ✸, ✸ (étoile), chef d'escadron d'Artillerie (É.-M. du Vᵉ Corps d'Armée).

Désigné à la mobilisation pour faire partie du cabinet du Ministre de la Guerre, fut ensuite nommé à l'Etat-Major d'un Corps d'Armée. Auteur de plusieurs ouvrages historiques, dont l'un a été couronné par l'Institut, ses rares qualités d'intelligence, d'érudition et de cœur l'avaient fait apprécier dans le monde, de tous ses chefs militaires, ainsi que de tous ceux qui l'avaient approché. Mort, le 21 janvier 1918, d'une maladie contractée aux Armées.

Citation : *Bien que dégagé de toute obligation militaire, a été affecté, sur sa demande, à une unité du front, où, pendant près d'un an, il s'est dépensé sans compter dans l'exécution des missions les plus délicates et de nombreuses reconnaissances dans un secteur particulièrement actif, jusqu'au moment où, arrivé à la limite de ses forces, il a été contraint à un repos momentané, que ses chefs ont été obligés de lui imposer.*

[Fils du B°ⁿ et de la B°ⁿⁿ° (décédés). Marié à M¹¹° Marie CHAIX D'EST ANGE, fille de l'ancien Député et de M°° née SIPIÈRE.]

TEILHAC (Henri), ✠, sous-lieutenant pilote-aviateur à l'Escadrille 131.

Tombé en combat aérien, au-dessus de la gare de Conflans, le 14 septembre 1918.

[Né en 1896. Fils du Lieutenant-Colonel et de M°° TEILHAC.]

TEILHARD DE CHARDIN (Olivier), ✠, ingénieur, capitaine d'Artillerie.

Tué en avril 1918.

TEILHARD DE CHARDIN (Gonzague).

Tué, le 12 novembre 1914, au combat de Fontenoy.

[Tous deux fils de M. et de M°° née DE DOMPIERRE D'HORNOY.]

TEILLARD-CHAMBON (Jean), ✠, lieutenant au 126ᵉ d'Infanterie.

Tué à La Besace, près Rethel, le 28 août 1914.

TEISSÈDRE DE LAROCHE (Félix)............................

TEISSERENC (Fulcran), maréchal des logis d'Artillerie.

Mort, en 1918, des suites d'une longue maladie contractée aux Armées.

TEISSET (*Jean*-Jacques), ✻ (posthume), ✠ (étoile d'argent), ingénieur-chimiste, directeur des Usines de produits chimiques Teisset-Kessler, lieutenant de réserve au 236ᵉ d'Infanterie.

Tué, à la tête de sa compagnie, le 14 septembre 1914, en partant à l'assaut devant Berry-au-Bac, remplissant les fonctions de capitaine depuis quelques jours.

Citation : *Officier remarquable, d'un moral très élevé et entraîneur d'hommes. Très énergique, n'a cessé de donner l'exemple du courage et du devoir depuis le commencement de la guerre jusqu'au jour où il est tombé glorieusement, en résistant avec ténacité sur sa position. A été cité.*

[Né à Chartres le 6 août 1886. Fils de M. Jules TEISSET, ✻, ingénieur, et de M°° née Marguerite KESSLER.]

TELLIER (*Anselme*-Joseph), ✻ (posthume), ✠ (palme), lieutenant de réserve au 118ᵉ d'Infanterie.

Blessé une première fois, le 22 août 1914, à Maissin, retourna au front à peine guéri. Tombé glorieusement le 10 janvier 1915.

Citation : *Blessé au début de la campagne, a rejoint le front dès que son état de santé le lui a permis. A toujours fait preuve d'une belle attitude au feu. Ayant, le 10 janvier, reçu l'ordre d'aller renforcer une compagnie engagée devant le village, a été blessé mortellement en enlevant ses hommes sous un feu violent de l'ennemi.*

[Né à Douai le 7 octobre 1886. Fils de M. Georges TELLIER, ✻, président du

Chambre à la Cour d'appel de Douai, et de Mme née Hélène CARMICHAËL. Marié, en 1912, à Mlle SAGEBIEN, fille du Préfet honoraire, Conseiller général de la Somme, et de Mme née Rachel CARMICHAËL, — dont une fille.]

TEMMERMANN (Augustin-Léon de), (posthume), soldat au 57e Chasseurs à pied.

Citation : *Très bon chasseur, ayant donné la valeur de son courage et de son dévouement au cours de durs combats. Mort pour la France, le 22 février 1917, des suites de blessures glorieusement reçues à son poste de combat. Une blessure antérieure.*

TENAILLE D'ESTAIS (*André*-Pierre-Marie), *engagé volontaire*, caporal au 120e d'Infanterie.
Tué, le 9 mars 1915, à Mesnil-les-Hurlus.

[Né le 8 août 1897. Fils du Capitaine de frégate et de Mme née LE VAILLANT DE BRUSLE.]

TENAILLON (*Louis*-Marie-Joseph), clerc d'avoué, officier d'Administration (Service de Santé).
Tué, le 11 février 1916, par un éclat d'obus, à Hersin-Coupigny (Pas-de-Calais).

[Né le 20 juin 1882. Fils de M. et de Mme née HOUDART, décédés.]

TENAILLON (*Paul*-Charles-Marie), (posthume), (étoile), clerc d'avoué, sous-lieutenant au 231e d'Infanterie.
Tué, le 12 janvier 1915, à Crouy (Aisne).

Citation : *A entraîné ses hommes à l'assaut d'une tranchée allemande, et a été frappé mortellement d'une balle au moment où il organisait, avec un sang-froid remarquable, le travail de fortification sur la position conquise.*

[Né le 15 février 1888. Frère du précédent.]

TERLIKOWSKI (Stéphane de), Gentilhomme, artiste peintre, *engagé volontaire*, caporal au 1er Etranger.
Artiste, membre de la Société des Humoristes, profondément attaché à la France, ce jeune Polonais s'engageait en août 1914 et rejoignait le front presque aussitôt. Le 9 mai 1915, à l'assaut de Notre-Dame-de-Lorette, il fut grièvement blessé, fait prisonnier, et expirait le 15 suivant à l'hôpital de Douai.

[Né en 1885. Fils de M. Paul DE TERLIKOWSKI et de Mme née Marie DE ZIELINSKA.]

TERLINE (Ferdinand - Marie - *Jehan* MACQUART de), , (3 palmes, 1 étoile), maréchal des logis aviateur à l'Escadrille N. 38.
Le *Communiqué Officiel* français du 29 juillet 1916 a donné — exception unique jusqu'à ce jour — un court récit du duel aérien où l'aviateur français succomba au milieu de son triomphe :

Dans la matinée du 27 juillet, un avion français, piloté par le maréchal des logis DE TERLINE, a attaqué un appareil ennemi qui survolait Châlons. Le pilote français venait d'ouvrir le feu, lorsque sa mitrailleuse s'enraya. L'ennemi prenait la fuite. Deux de nos avions virent alors le maréchal des logis DE TERLINE foncer à toute vitesse sur son adversaire, le culbuter et l'entraîner dans sa chute. Le pilote français et les deux aviateurs allemands tombés dans nos lignes ont été tués. Le maréchal des logis DE TERLINE avait déjà abattu deux avions ennemis et venait de recevoir la Médaille militaire.

Deux fois cité à l'Ordre pour avoir abattu un Fokker, le 2 juillet 1916, et un Aviatik quelques jours après.

Dernière citation : Pilote de chasse d'une bravoure héroïque. Sublime exemple du dévouement le plus absolu. Le 27 juillet 1916, voyant deux de ses camarades, qui attaquaient avec lui un avion ennemi, tomber désemparés, s'est précipité sur son adversaire et l'a entraîné avec lui dans sa chute.

[Né le 21 juillet 1892. Fils du B^{on} et de la B^{onne} née Yolande DE HAUTECLOCQUE.]

TERNAY (*Henri*-Joseph-Charles-Marie d'AVIAU DE PIOLANT de), prêtre, ancien élève du Séminaire d'Issy, caporal au 32e d'Infanterie.

Frappé à mort, d'une balle en plein front, à Hooge (front belge), le 25 février 1915.

[Né à Nantes le 25 janvier 1892. Fils du Cte et de la Ctesse née DU VAL DE CURZAY.]

TERNAY (*Louis*-Marie-Joseph d'AVIAU DE PIOLANT de), ✳ (posthume), ✠ (palme), Saint-Cyrien de la promotion de Montmirail, sous-lieutenant au 99e d'Infanterie.

Le 24 août 1914, à 3 heures du matin, sa section chargeait à Vert-Pré, en Alsace, lorsque retentit le signal : « Cessez le feu ! » Il arrêta ses hommes, se porta seul en avant, puis revint aussitôt vers eux, leur criant : « En avant ! Ce sont les Bavarois ! » et il tomba criblé de balles.

[Né à Nantes le 13 février 1893. Frère du précédent.]

TERNISIEN (*Georges*-Jean), ✳ (posthume), ✠ (palme), sous-lieutenant au 294e d'Infanterie.

Tué, le 15 mars 1916, en Champagne, à l'ouest de la Ferme Navarin.

Citation : Officier d'une bravoure et d'un sang-froid remarquables. A entraîné avec une rare énergie sa section à l'assaut d'une tranchée ennemie qu'il a enlevée d'un seul élan. A été mortellement frappé en se portant au-devant d'une contre-attaque ennemie.

[Né le 6 mai 1892. Fils de M. Eugène TERNISIEN, ✳, et de Mme née DE DELVA.]

TERRAIL-COUVAT (Fernand-Auguste du), ⚜ (posthume), ✠, soldat au 30e d'Infanterie.

Citation : Soldat très brave. Le 2 octobre 1914, devant Dompierre, a été mortellement frappé à son poste de guetteur, où il était resté quoique déjà blessé. A été cité.

TERSSAC (Comte Jean FAYDIT de), ancien élève de l'École des Chartres, licencié en droit, maire de Saint-Lizier, caporal au 44e Colonial.

Mortellement blessé au combat de Lacroix-sur-Meuse ; décédé à l'hôpital Saint-Maur, à Verdun, le 25 septembre 1914.

[Né le 15 août 1884. Fils du Cte Urbain DE TERSSAC (décédé) et de la Ctesse née Madeleine VAN DER DOUGHT.]

TERTRE, Comte d'HUST (Charles-Emmanuel du), ✳ (posthume), ✠ (1 palme, 1 étoile de vermeil), ingénieur civil, sous-lieutenant au 46e d'Artillerie, pilote à l'Escadrille Spad 68.

Élève de l'École des Ingénieurs de Marseille, affecté à l'Artillerie, fut blessé, le 4 septembre 1916, à Vermandovillers (Somme). Pilote-aviateur en 1917, il montra dans ses nouvelles fonctions le même grand courage ; il fut mortellement blessé, le 2 mai 1918, au cours d'un combat aérien où, seul contre cinq adversaires, il combattit vaillamment au-dessus des lignes allemandes; il put néanmoins ramener son avion en terre française, et expira peu après à l'ambulance de Baccarat.

> Citation : *Officier d'une haute valeur morale, donnant à tous l'exemple d'une bravoure exceptionnelle. Au cours de ses patrouilles, a livré de très brillants combats à de puissants groupes d'avions ennemis. Très grièvement blessé au cours de l'attaque d'un Drachen. Mort à la suite de ses blessures.*

[Né le 13 janvier 1892. Fils du Vte DU TERTRE, Cte D'HUST, et de la V^{tesse} née VINCENTI.]

TESSIÈRES (Étienne de), maréchal des logis.
Mort des suites de ses blessures, en 1915.

TESTARD-VAILLANT (Mademoiselle Alice), infirmière de la Croix-Rouge.
Décédée à Paris, en 1916, d'une maladie contractée dans son service d'hôpital.

TEXIER D'ARNOULT (Jean-Marie), ⚔ (posthume), ✠, caporal au 219e d'Infanterie.

> Citation : *Caporal d'un dévouement absolu, donnant à ses hommes le plus bel exemple en toutes circonstances. Tombé glorieusement pour la France, le 4 septembre 1916, devant Deniécourt.*

TEYSSIER DE SAVY (Jules-*Guy*), soldat au 140e d'Infanterie.
Tué à Serre (Pas-de-Calais), le 10 juin 1915.

TEYSSIÈRES (Marie-François-Joseph-*Pierre* de), �֎ (posthume), ✠ (palme), lieutenant au 93e d'Infanterie.
Tombé glorieusement au Chemin-des-Dames, le 27 mai 1918.

> Citation : *Officier admirable de sang-froid et de courage. Le 27 mai 1918, sous un bombardement d'une violence inouïe, s'est dépensé sans compter, montrant à tous le plus bel exemple d'abnégation et de mépris absolu du danger. A été mortellement blessé en défendant la position qui lui était confiée, refusant de se rendre et préférant la mort à la captivité.*

TEYSSONNIÈRE DE GRAMONT (Pierre), capitaine au 15e Dragons, détaché au Régiment Indigène du Tchad.
Après dix-huit mois passés au front, il était parti comme volontaire pour l'Afrique, et c'est après deux ans de séjour qu'il a succombé à Garoua (Cameroun), le 3 janvier 1919, au moment où il rentrait en France.

[Marié à Mlle Suzanne SORBÉ.]

TEYSSONNIÈRE DE GRAMONT (André), ✠ (étoile), sous-lieutenant au 109e d'Infanterie.
Tué à Tahure, le 21 avril 1916, au cours d'une reconnaissance.

[Né le 9 janvier 1888. Fils de M. et de Mme née BAOUR. Marié à Mlle Rachel DE WITT, fille de M. et de Mme née DE LA BRUYÈRE, — dont deux fils.]

TÉZENAS (René), sergent au 414e d'Infanterie.
Tué à Souchez, le 4 octobre 1915.

[Fils du Général et de Mme TÉZENAS.]

TÉZENAS DU MONTCEL (Antoine-Hubert-Marie-Joseph), (posthume), ✠, médecin auxiliaire au 114e d'Infanterie.

Citation : *Jeune médecin auxiliaire ayant la plus haute conception de son devoir. Le 9 août 1918, sous un feu violent de mitrailleuses et d'obus, a accompagné les vagues d'assaut, assurant sans aucun souci du danger les soins aux blessés. Est tombé mortellement frappé au cours de sa glorieuse mission. Belle figure de soldat français. Une citation antérieure.*

[Né le 14 juillet 1897. Fils de M. et de Mme née PONCHON.]

THALLER (Gustave-Marie-Joseph-*Jean*), ✠, sous-lieutenant au 8e Chasseurs à pied.
Tué à Cumières, le 11 avril 1916.

[Né le 9 mars 1894. Fils de M. (décédé) et de Mme née MAS.]

THÉBAUD (Édouard), ✱ (Médaille des Épidémies), docteur-médecin, aide-major de 1re classe.
Décédé à Pontivy, le 19 octobre 1916, des suites d'une maladie contractée dans son service.

[Né le 1er février 1871. Fils de M. et de Mme née PORTEAU. Marié à Mlle Henriette MUSSET (décédée en 1917), fille de M. et de Mme née DRILHON, — dont six enfants.]

THELLIER DE PONCHEVILLE (Comte Georges), ✱ (posthume), ✠ (palme), sous-lieutenant au 246e d'Infanterie.
Tué le 28 juin 1915.

Citation : *Officier d'une grande bravoure. S'est porté en avant, à la tête de sa section, sous le feu de mitrailleuses ennemies, pour aller occuper une tranchée où l'on ne pouvait arriver qu'en rampant, et a été tué en accomplissant une mission dont il savait à l'avance tout le danger.*

[Né en 1877. Fils du Cte et de la Ctesse née Mathilde LE FEBVRE. Marié à Mlle Élisabeth MATHIS DE GRANSEILLE.]

THÉROINNE (Félix-Alexandre-Jules), ✱, lieutenant de vaisseau.
Tué à bord du *Mousquet*, le 28 octobre 1914.

THEVEN DE GUÉLÉRAN (Ovide-Charles-Joseph-Amédée), (posthume), ✠, caporal mitrailleur au 338e d'Infanterie.

Citation : *A toujours rempli ses fonctions de caporal brancardier avec beaucoup de dévouement. A trouvé une mort glorieuse à son poste de combat, le 6 juin 1918. A été cité.*

THÉVENARD (Alfred-Marie-Yves de), ✱ (posthume), ✠, *engagé volontaire*, sous-lieutenant au 278e d'Infanterie.
Tombé glorieusement à Vauxaillon (Aisne), à 20 ans.

Citation : *Jeune officier brave autant que modeste ; a entraîné sa section à la contre-attaque de la position ennemie, donnant à ses hommes le plus bel exemple du devoir. A été tué au cours de la progression, le 27 juin 1917. A été cité.*

THIBAUDIER (Antoine), ✠ . . . .

[Fils de M. (décédé) et de Mme née BRENIER DE MONTMORAND.]

THIBAULT (Louis-Marie), ✠, sous-lieutenant au 11e Chasseurs alpins.
Tué à Metzeral, le 21 juin 1915.

THIÉBAUD (Yvan), *engagé volontaire.*
Blessé le 19 février 1918, mort le 24 suivant à l'hôpital de Châlons-sur-Marne.

[Né en 1898. Fils de M. et de Mme née GIROD DE BEAULIEU.]

THIEFFRIES DE LAYENS (*Hubert*, Marquis de), maréchal des logis de Cavalerie.
Mort du typhus, le 13 octobre 1914, à l'hôpital militaire de Sainte-Menehould.

[Né le 10 novembre 1890. Fils du Cte (décédé) et de la Ctesse née DE BOISDENEMETS.]

THIEFFRIES DE LAYENS (Comte Édouard de), ✠ (posthume), ✠ (palme), *engagé volontaire*, maréchal des logis aviateur à l'Escadrille N. 48.
Tué à bord de son avion, en service commandé, le 29 avril 1915.

> Citation : *Remarquable pilote, plein d'entrain et de courage. A exécuté depuis six mois de nombreuses reconnaissances à longue portée ; a à son actif plus de vingt combats aériens à courte distance, dans lesquels il a eu constamment l'avantage, obligeant souvent son adversaire à atterrir brusquement ; le 20 décembre, a attaqué à très courte distance un appareil ennemi, qui est tombé dans ses lignes.*

[Né le 24 janvier 1893. Frère du précédent.]

THIERRY-MIEG (*Jean*-Robert), ✠ (posthume), ✠, sergent au 15e Chasseurs à pied.
Tué à Uffholz (Alsace), le 4 février 1915.

THIERSANT (Philibert-*Jacques* DABRY de), ✠ (posthume), ✠, lieutenant au 357e d'Infanterie.

> Citation : *Officier d'une bravoure remarquable et d'un dévouement à toute épreuve ; à l'attaque du 23 juin 1915, dans les Vosges, son capitaine venant d'être tué, a pris le commandement de la compagnie, l'a entraînée par son exemple, et a trouvé une mort glorieuse sur les retranchements ennemis. A été cité.*

THIEULLOY (Henri JOURDAIN de), ✠, ✠ (palme), licencié en droit, diplômé des Sciences Politiques, maréchal des logis au 11e Cuirassiers à pied.
Blessé mortellement près de Laffaux, le matin du 3 mai 1917. Décédé le soir même en arrivant à l'hôpital de Soissons.

> Citation : *Très bon sous-officier, dévoué, brave et énergique. Très grièvement blessé le 3 mai 1917, a fait preuve d'une endurance et d'un sang-froid remarquables.*

[Né le 10 décembre 1893. Fils du Cte et de la Ctesse née Yvonne DE LESTANVILLE.]

THIRIAL (*Maurice*-Paul-Émile-Victor-Auguste), caporal au 67e d'Infanterie.

Tué à Mouilly-Saint-Remy, le 24 septembre 1914.

[Né le 9 février 1886. Fils de M. et de Mme née MERCIER.]

THIVEL (Georges), ✠, chef de bataillon au 60e d'Infanterie.
Tué en Champagne, le 25 septembre 1915.

THIVEL (Jacques-*Marcel*), ✠ (posthume), ✠ (étoile), étudiant en droit, *engagé volontaire*, maréchal des logis au 2e Dragons.
Prit part à l'offensive de Champagne de septembre 1915 (Main de Massiges), à celle de Berry-au-Bac au printemps de 1917, puis, en avril 1918, était appelé sur le front des Flandres. Blessé le 17 de ce mois au Mont Noir, il succombait le 22 à l'ambulance anglaise de Proven (Belgique).

> Citation : *Sous-officier d'élite, cachant sous des dehors doux et frêles une âme ardente et un cœur généreux. Très grièvement blessé, n'a pas eu une plainte, ne pensant qu'à remercier les cavaliers qui le portaient au poste de secours sous un bombardement des plus violents, et demandant pour eux une récompense.*

[Né le 10 avril 1897. Fils de M. et de Mme née DORIER.]

THOISY (*Adrien*-Marie-Octave, Baron de), ✠ (posthume), ✠ (palme), capitaine au 18e Chasseurs à cheval.
Tombé glorieusement en tête de son escadron.

> Citation : *S'est jeté, à la tête de sa compagnie, à l'assaut d'un village, qu'il a emporté dans un élan irrésistible. A été tué en disputant sa conquête, à une contre-attaque, le 23 janvier 1917. A été cité.*

[Fils du B^{on} et de la B^{onne} née DELAHANTE (décédés). Marié à Mlle COTTIN.]

THOMAS (Maxime), ✠ (étoile), interne des Hôpitaux de Paris, aide-major au 289e d'Infanterie.
De janvier à juillet 1915, en premières lignes, il connut les terribles combats de l'Artois. A la fameuse attaque de Carency, il fut atteint grièvement par les gaz ; sérieusement intoxiqué, il voulut quand même faire son devoir jusqu'à la limite de ses forces, et, médecin-radiographe dans la région de Meaux, il se dépensa sans compter au soulagement des blessés. Vaincu par le mal qui, peu à peu, avait progressé de jour en jour, il succombait, le 1er août 1917, après une agonie de près de deux ans.

> Citation : *Au cours des journées des 29, 30 juin et 1er juillet, s'est tenu en permanence dans les tranchées de première ligne, soumises à un bombardement violent ; n'a cessé de prodiguer ses soins aux blessés avec le plus grand dévouement et le mépris le plus absolu du danger.*

[Né le 25 mars 1891. Fils du Dr Ernest THOMAS, ✠, et de Mme née DENOT.]

THOMAS DE COLLIGNY (François-Louis-Frédéric), O ✠, ✠, colonel breveté d'Etat-Major.
Il commandait le 152e d'Infanterie au début des hostilités et eut l'honneur d'entrer le premier, à la tête de son régiment, dans l'Alsace reconquise. Mort, en février 1919, des suites de la campagne.

THOMAS DE COLLIGNY (Yves-Albert-*Jean*), sergent au 130e d'Infanterie.

Disparu à Virton, le 22 août 1914.

[Né le 24 décembre 1890. Fils de M. et de Mme née VAN WICH.]

THOMAS-FALATEUF (Henri), ✠, avocat à la Cour de Paris, maréchal des logis de Cavalerie, détaché au 3e Tirailleurs Algériens.

Tué à Aix-Noulette, le 16 juin 1915.

[Né à Paris le 11 avril 1888. Marié à Mlle Antoinette CROUËT.]

THOMASSIN DE MONTBEL (Charles-Fernand-Marie-Maurice de), ⚜ (posthume), ✠, soldat au 107e d'Infanterie.

Citation : *Soldat d'un courage et d'un dévouement dignes d'éloges. S'est dépensé sans compter comme agent de liaison de compagnie dans le secteur du Labyrinthe, où il a été tué le 9 octobre 1915. A été cité.*

THOME (André), ✻, ✠, député de Seine-et-Oise, sous-lieutenant d'Etat-Major.

Avait pris part au début de la campagne comme maréchal des logis de Cavalerie. Le 10 mars 1916, étant en reconnaissance au bois des Corbeaux, sous Verdun, fut tué d'un éclat d'obus avec son Colonel; son corps fut inhumé, à côté de celui de son chef, dans le cimetière de Blercourt.

[Marié à Mlle DERVAUX.]

THOMÉ DE CHARAIX (Georges), ✻ (posthume), ✠ (étoile), ingénieur, lieutenant de réserve au 248e d'Infanterie.

Tombé glorieusement à la tête de la compagnie qu'il commandait, le 8 septembre 1914, à Sommesous (Marne), après avoir reçu quatre blessures successives, et ayant refusé de se laisser évacuer.

Citation : *Le 8 septembre 1914, blessé une première fois à la tête, est resté à la tête de sa compagnie, l'a maintenue sous un feu des plus violents, est tombé ensuite mortellement frappé en criant : « Feu, les gas, nous les tenons ! »*

[Né le 2 décembre 1881. Fils de M., ✻, et de Mme née Orianne DE GAYARDON DE FENOYL. Marié à Mlle Andrée DE LA BLANCHARDIÈRE, fille du Commandant (décédé) et de Mme née LESBEAUPIN, — dont deux enfants.]

THOMINE-DESMAZURES (René), ✻ (posthume), ✠ (palme), capitaine de Dragons, écuyer à l'Ecole Supérieure de Guerre, attaché à l'E.-M. du IIIe Corps.

Tué à la bataille de la Marne, le 4 septembre 1914.

Citation : *Conduite héroïque au feu. Le 4 septembre, en mission, apercevant des unités d'infanterie qui retraitent, il les rallie, se met à leur tête et marche à l'attaque. Une balle en plein cœur le frappe à 300 mètres de l'ennemi. A été cité.*

THOURAUD DE LAVIGNÈRE (Léon-Henri), ✻ (posthume), ✠, capitaine au 118e d'Infanterie.

Tué, le 17 avril 1916, à Douaumont.

Citation : *Excellent officier, d'une bravoure éprouvée. Chef de troupe remarquable ; a brillamment conduit sa compagnie plu-*

sieurs fois à l'assaut dans la période des combats du 25 septembre au 8 octobre 1915. Blessé, le 4 novembre 1915, d'un éclat de grenade à la tête, est revenu au front aussitôt guéri. A été tué, le 17 avril 1916, en conduisant sa compagnie à une contre-attaque. A été cité.

[Né en 1895. Fils du Colonel, O ✳, ✠, et de Mme DE LAVIGNÈRE.]

THUET DE MANGOU (Marie-Henri-*Maurice* CHENU de), ✳ (posthume), ✠ (palme et étoile), sous-lieutenant au 205e d'Artillerie.
Tué à Ressons-sur-Matz, le 25 août 1918, à 24 ans.

    Citation : *Légèrement blessé quelques jours auparavant, n'avait pas voulu se faire panser avant d'avoir terminé la mission de reconnaissance et l'installation de sa pièce avancée. A été blessé mortellement à son poste de combat, le 25 août 1918.*

THURET (*Pierre*-Gustave-Théodore), ✳, ✠ (palme), lieutenant au 5e Tirailleurs Algériens.
Tué à Nieuport, le 28 juin 1915.

[Né à Paris le 22 octobre 1888. Fils de M. Daniel THURET (décédé) et de Mme née Ida DE BERCKHEIM.]

THY (Marie-Louis-Bernard-Pierre de), ⚓ (posthume), ✠, sergent au 10e d'Infanterie.

    Citation : *Bien que n'étant pas désigné pour la colonne de contre-attaque, s'est glissé parmi les assaillants. Est tombé au premier rang, mortellement blessé, le 25 janvier 1918, au bois d'Ailly. A été cité.*

TIERNY (*Michel*-Jean-Joseph), ✳ (posthume), ✠ (2 étoiles), étudiant, sous-lieutenant au 56e Chasseurs alpins.
    Glorieusement tombé à Pébéghem (Belgique), le 23 octobre 1918 ; ayant fait abriter ses hommes sous un violent feu de mitrailleuses, il resta lui-même à découvert pour observer l'ennemi et fut frappé d'une balle à la tête.

[Né le 27 décembre 1896. Fils de M. Alphonse TIERNY, avocat à Arras, et de Mme née Thérèse BOUTHON.]

TIERNY (Christian-Joseph), mitrailleur au 144e d'Infanterie.
Tombé le 14 septembre 1918, à 20 ans.

TIERSONNIER (Auguste), ✳ (posthume), ✠ (palme), capitaine au 7e Chasseurs alpins.
    Tué, le 14 juin 1915, à Langenfeldkopf (Alsace).

    Citation : *Officier d'une très grande bravoure ; le 14 juin 1915, a enlevé d'un seul élan, avec sa compagnie, le premier objectif qui lui était assigné. A été tué en faisant sa reconnaissance avant l'attaque du deuxième objectif.*

[Né le 8 juillet 1884. Fils de M. et de Mme née Antoinette DES AAGES (décédés). Marié, en 1912, à Mlle Blanche DE CHALVRON, fille de M. et de Mme née Marguerite DE SOUVIGNY, — dont un fils.]

TILLAYE (Pierre), ✳, ✠, lieutenant d'Infanterie.
    Venu d'Angleterre, où il était établi au moment de la mobilisation, il avait fait campagne avec le 1er Colonial et avait été grièvement blessé ; il était une deuxième fois, en août 1916, à Verdun, atteint d'une blessure qui exigeait qu'on lui désarticulât l'épaule. Resté infirme, il participa à un service d'intérieur, mais il ne tarda

pas à demander à retourner au front, où il trouva une fin glorieuse, le 16 juillet 1918.

TINGUY (Gaston-Louis-Marie-*André* de), soldat au 116e d'Infanterie.

Disparu à Messin (Belgique), le 22 août 1914.

[Né le 6 septembre 1899. Fils du Cte et de la Ctesse née Berthe DE MÉHÉRENC DE SAINT-PIERRE.]

TINGUY (Raymond-Auguste-Marie de), (posthume), , soldat au 18e Chasseurs à pied.

Citation : *Glorieusement tombé, le 21 juin 1915, en se portant à l'attaque à la baïonnette avec beaucoup d'allant et d'entrain. A été cité.*

TIXIER (*Jacques*-Léon-Nicolas), (posthume), (palme), élève à l'École de Grignon, *engagé volontaire* au 219e d'Artillerie.

Il revenait des lignes et était arrêté sur le bord de la route de Charpentry à Viry, lorsqu'il fut tué par un obus, dans la nuit du 1er au 2 octobre 1918, à Viry (Meuse).

Citation : *Bon et brave chauffeur de tracteur. Après s'être fait distinguer en Champagne et sur la Meuse, en assurant un ravitaillement difficile avec un grand courage, a trouvé une mort glorieuse sur son tracteur, le 1er octobre 1918.*

[Né le 23 février 1899. Fils de M. TIXIER, notaire à Evreux, et de Mme née LECHAT.]

TOLLENAERE (Gustave-Louis-Dominique de), (posthume), , clairon au 294e d'Infanterie.

Citation : *Soldat remarquable par son courage et son dévouement. Blessé grièvement à son poste de combat. Mort des suites de ses blessures, le 21 septembre 1914.*

TOMMY MARTIN (François-*Jacques*), (posthume), (étoile), Saint-Cyrien, capitaine au 110e d'Infanterie.

Blessé mortellement par des mitrailleuses en entraînant sa compagnie dans une attaque à la baïonnette, le 17 septembre 1914, dans le bois de la Mine, près la Ville-aux-Bois (Aisne); resté dans les lignes ennemies.

Citation : *Officier d'élite, qui a fait l'admiration de tous pendant la campagne de Belgique et à la bataille de la Marne (août-septembre 1914). Le 17 septembre, mortellement atteint en entraînant sa compagnie à l'assaut dans un élan magnifique, est tombé en criant : « En avant, c'est pour la France! »*

[Né le 18 juin 1878. Fils de M. et de Mme née NICOLAS DE MEISSAS (décédés). Marié, en 1914, à Mlle Marie BENOIT, fille de M. et de Mme née MARX (décédée), — dont un fils.]

TONNAC-VILLENEUVE (Max de), (posthume), (palme), Saint-Cyrien, capitaine au 73e d'Infanterie.

Lieutenant au 19e Dragons, passa dans l'Infanterie, sur sa demande réitérée. Frappé d'un éclat d'obus à la tête, dans la nuit du 9 au 10 septembre 1916, à Etinehem (Somme), il expira le lendemain à l'hôpital de Bray-sur-Somme, à l'heure où il était proposé pour la Légion d'honneur.

Citation à l'Ordre de l'Armée : *Chargé de faire établir un boyau de liaison avec la première ligne, pour assurer la reprise du mouvement en avant, a dirigé pendant toute la nuit le travail de sa compagnie sous un bombardement d'une extrême violence, payant constamment de sa personne afin de stimuler le zèle de ses hommes. A été très grièvement blessé au cours de sa mission.*

[Né le 14 avril 1886. Fils de M. Joseph DE TONNAC-VILLENEUVE, O ✻, chef d'escadrons de Hussards, ancien combattant de 70 (Armée de la Loire) et de 71 (Kabylie), où il a été cité au combat de Tizi-Ouzou (décédé le 16 janvier 1914), et de Mme née DU MESNIL DE MARICOURT. Marié à Mlle RICARD.]

TONNAC-VILLENEUVE (François de), cavalier au 10e Dragons.

Disparu lors de son premier engagement, le 24 août 1914, au combat d'Etain, près d'Affléville (Meuse) ; a été vu, renversé et inanimé dans un bois, près de Rouvres.

[Né le 16 octobre 1887. Frère du précédent.]

TONNAY-CHARENTE (Marie-Joseph-Laurent-Victurnien-François de ROCHECHOUART DE MORTEMART, Prince de), ✻, ✻ (6 citations), sous-lieutenant au 7e Chasseurs à cheval, pilote à l'Escadrille S. P. A. 23 (Fourragère).

S'était rapidement distingué dans l'Aviation et avait abattu 12 avions ennemis. Le 16 mars 1918, à la suite d'un rude combat aérien, il était porté disparu, mais on apprit bientôt par le communiqué allemand que l'on ne pouvait conserver aucun espoir.

Citation : *Pilote remarquable d'audace et de sang-froid. Héritier des plus belles traditions guerrières : c'est en donnant, une fois de plus, un exemple magnifique d'abnégation et de sacrifice qu'il disparut le ...., à la suite d'un combat aérien.*

[Né le 22 mars 1881. Fils du Duc DE MORTEMART, ancien officier de Cavalerie, et de la D^esse née Ctesse D'HUNOLSTEIN (décédée). Marié, en 1907, à Mlle Marguerite DE LA ROCHEFOUCAULD-DOUDEAUVILLE, fille du Vte (décédé) et de la V^tesse née P^esse DE LA TRÉMOÏLLE, — dont deux fils.]

TONQUEDEC (Guy de QUENGO, Vicomte de), ✻ (posthume), ✻, sous-lieutenant au 2e Tirailleurs Sénégalais.

Citation : *Vaillant officier. Tombé glorieusement, le 26 mai 1917, au Chemin-des-Dames, en entraînant vigoureusement à l'assaut ses hommes.*

[Fils de M. (décédé) et de Mme née DE GOUYON DE COIPEL. Marié à Mlle Élisabeth DU CHALARD.]

TORCY (Marquis de), ✻, lieutenant mitrailleur.

Tué le 1er avril 1916.

[Fils du Mis et de la M^ise née DE TAISNE (décédés). Marié à Mlle Foy, fille du Cte et de la Ctesse née GÉRARD, décédée.]

TORQUAT DE LA COULERIE (*Paul*-François-Marie-Victor de), ✻ (posthume), ✻ (1 palme, 4 étoiles), Saint-Cyrien de la promotion de la Croix du Drapeau, capitaine au 410e d'Infanterie.

Tué, le 29 mai 1918, sur le plateau de Bagneux (Aisne).

Cinquième citation : *Officier remarquable, d'une bravoure tranquille et d'une modestie au-dessus de tout éloge. Le 29 mai, après avoir fait des prodiges d'énergie durant deux jours de combats pour assurer le repli de son régiment, est resté avec les derniers éléments de sa compagnie, où il trouva une mort glorieuse en combattant pied à pied un ennemi supérieur en nombre, à qui il avait infligé des pertes très importantes.*

[Né le 21 février 1892. Fils de M. et de Mme née GUYOT D'ASNIÈRES DE SALINS.]

TORQUAT DE LA COULERIE (*François*-Marie-Joseph de), ✠ (posthume), ✠ (palme), capitaine au 48e d'Infanterie.

Officier démissionnaire, établi au Canada, revint prendre du service au début de la campagne. Tué le 9 mai 1915.

Citation : *Officier démissionnaire établi à l'étranger, est accouru en France dès l'annonce des hostilités. Beau type d'officier, caractère chevaleresque, nature d'élite. Blessé dès le début de l'action, n'en a pas moins continué d'entraîner sa compagnie, avec une magnifique bravoure, à l'assaut des retranchements ennemis, le 9 mai 1915, malgré un feu violent de mitrailleuses. Est tombé mortellement frappé. A été cité.*

[Né le 11 juillet 1878. Fils de M. et de Mme née JOUANJAN (décédée). Marié à Mlle Magdeleine DE BEAUDRAP, fille du Commandant, ✠, et de Mme née Jeanne DE CACQUERAY DE SAINT-QUENTIN (décédée), — dont trois enfants.]

TOUCHARD (Victor), ✠ (posthume), ✠ (palme), ✠ (Médaille du Maroc), chef de bataillon au 120e d'Infanterie.

Commandant de Cavalerie breveté, passa, sur sa demande, dans l'Infanterie. Tué le 24 avril 1915.

Citation : *Nommé chef d'escadrons pour faits de guerre au Maroc ; passé sur sa demande dans l'infanterie, s'est, dès les premiers combats, affirmé comme un chef de premier ordre, et s'est particulièrement distingué, les 7 et 8 avril, en entraînant ses hommes à l'attaque des positions ennemies. Est glorieusement tombé le 24 avril 1915.*

[Né le 9 août 1870. Fils de M. et de Mme née DRAMARD. Marié à Mlle Madeleine CARPENTIER, fille de M. et de Mme née GRIPON, — dont cinq enfants.]

TOUCHES (Jean PANIER des), ✠, Saint-Cyrien, sous-lieutenant au 19e Chasseurs à pied.

Tué en Argonne, le 15 septembre 1915.

TOUCHET (*Ulrich*-Joseph-Marie-Antoine de), ✠ (posthume), ✠ (palme et étoile d'argent), *engagé volontaire*, maréchal des logis pilote à l'Escadrille F. 60.

Engagé le 20 août 1914 au 7e Chasseurs à cheval, passa dans l'Aviation. Tombé, le 6 juillet 1917, sur les pentes du Mont-Haut (Champagne), atteint par un obus en plein vol.

Cité à l'Ordre de la IVe Armée : *Excellent pilote, plein d'entrain et d'énergie. Au cours de plusieurs missions délicates heureusement remplies, avait donné les plus belles preuves de courage et d'énergie. Le 6 juillet 1917, chargé d'accompagner l'attaque du Mont-Haut, volait à l'assaut à la tête des fantassins, quand il est glorieusement tombé au milieu d'eux.*

[Né à Saint-Omer le 28 septembre 1894. Fils du Mis DE TOUCHET, ✠, lieutenant-colonel de Cavalerie en retraite, et de la Mise née Marie HENNEGART.]

TOUCHET (*Gabriel*-Amédée de), ✠ (posthume), ✠ (étoiles d'argent et de vermeil), admissible à Saint-Cyr, *engagé volontaire*, sous-lieutenant au 24e d'Infanterie.

Tombé le 25 septembre 1915, à Neuville-Saint-Vaast, à l'attaque du chemin des Carrières; mort de ses blessures, le 5 octobre suivant, à l'ambulance 13/3, à Haute-Avesnes (Pas-de-Calais).

Citation : A donné un bel exemple de courage, de décision, d'énergie et d'entrain en enlevant sa section et en la lançant à l'assaut d'une forte position ennemie, sous un feu très meurtrier; a été blessé au cours de cette attaque. A été cité.

[Né à Lunéville le 11 juin 1894. Fils du Cte DE TOUCHET et de là Ctesse née Clotilde LE SERGEANT DE MONNECOVE, décédés.]

TOUCHOIS DE BELHOIR (Raymond), � (posthume), ✤ (étoile),

licencié en droit et ès sciences mathématiques, diplômé des Sciences Politiques, attaché au Secrétariat de la Banque de Paris et des Pays-Bas, sous-lieutenant de réserve au 360e d'Infanterie.

Tombé au combat d'Oppy, près Arras, le 2 octobre 1914; mort à Cambrai, des suites de ses blessures, le 3 novembre suivant.

Citation : Officier animé du plus grand esprit du devoir. Le 2 octobre 1914, a été grièvement blessé en défendant énergiquement une position violemment attaquée; est mort des suites de ses blessures. A été cité.

[Né le 10 septembre 1884. Fils de M. et de Mme née WORMS DE ROMILLY.]

TOUCHOIS DE BELHOIR (Jacques), ✤ (posthume), ✤ (2 palmes,

3 étoiles), Saint-Cyrien, capitaine au 66e d'Infanterie.

Passé de la Cavalerie dans l'Infanterie, s'était distingué tout d'abord à la bataille de la Marne; blessé au Bois Triangulaire, trouva la mort au combat d'Agny, près Arras, le 25 septembre 1915.

Dernière citation : Passé sur sa demande de la cavalerie dans l'infanterie, a fait preuve, aux combats de mai et de septembre, des plus belles qualités de calme et de courage, et y est glorieusement tombé, le 25 septembre 1915, en entraînant sa compagnie à l'assaut des tranchées ennemies. A été cité.

[Né le 2 août 1886. Frère du précédent.]

TOULZA, née de SAMBUCY DE SORGUE (Comtesse de),

surveillante générale à l'hôpital auxiliaire 41, à Yvetot.

A succombé, en mars 1919, victime de son dévouement jusqu'à l'épuisement complet de ses forces. Avait reçu la Médaille de vermeil des Epidémies avec cette citation :

A fait preuve d'un inlassable dévouement dans l'organisation et le fonctionnement de l'hôpital auxiliaire n° 41, à Yvetot. A contracté, au cours de son service, une affection grave à laquelle elle a succombé.

TOURDONNET (Justin-Antoine JOUSSINAUD de), O✤, ✤

(palmes), chef de bataillon au 233e d'Infanterie.

Glorieusement tombé le 2 février 1918.

Citation : Officier d'une valeur morale exceptionnelle, donnant en toutes circonstances, avec une aisance digne d'admiration, l'exemple des vertus militaires les plus hautes. A été blessé mortellement en opérant, avec sa résolution et son calme habituels, une reconnaissance sous un bombardement intense.

TOURDONNET (Louis JOUSSINAUD de)..................

TOURDONNET (Roger JOUSSINAUD de)................

TOURNADRE (*Hervé*-Jean-Marie de), ✹ (posthume), ✠ (palme), lieutenant au 10ᵉ Chasseurs à cheval.
Tué le 30 juillet 1918.

> Citation : *Le 30 juillet 1918, après avoir, par une intelligente et énergique intervention, à la tête de deux sections américaines, fait prisonnier un groupe de combat ennemi qui venait de lui enlever un sous-officier, a tenu à poursuivre son généreux dessein en se lançant courageusement à la recherche de son maréchal des logis. A été retrouvé, le 31 juillet, sur le terrain, le front troué d'une balle, à quelques mètres du corps percé de coups de ce sous-officier. A donné, par son sacrifice, un superbe exemple de sa haute conception de son devoir de chef et de son dévouement à ses hommes. A été cité.*

[Fils du Général et de Mᵐᵉ DE TOURNADRE.]

TOURNADRE (*Henry*-Joseph-Maxime de), ✹ (posthume), ✠, lieutenant de réserve au 7ᵉ Cuirassiers.
Tué à Voormezele (Belgique), le 31 octobre 1914.

> Citation : *Officier de grand courage. Tué le 31 octobre 1914 en portant son peloton en avant sous un feu violent d'artillerie. A été cité.*

TOURNASSUS (Raymond), ✠, avoué à Valence, sous-lieutenant au 275ᵉ d'Infanterie.
Tué à Seicheprey, en Woëvre, le 1ᵉʳ septembre 1915.

[Né le 8 janvier 1886. Fils de M. et de Mᵐᵉ née CHATELUS.]

TOURNEUR (Eugène), ✠, capitaine au 145ᵉ d'Infanterie.
Tué à Maubeuge, le 1ᵉʳ septembre 1914.

TOURNEUR (Georges), docteur en droit, maréchal des logis au 16ᵉ Dragons.
Blessé et fait prisonnier après un combat acharné, le 27 mars 1918, sous Montdidier (Somme); mort des suites de ses blessures, en captivité, au lazaret de Wittenberg (Saxe), le 12 juin 1918.

[Né à Reims le 3 août 1885. Fils de M. et de Mᵐᵉ née GONTAUT.]

TOURNOUËR (*Jacques*-Joseph-Marie), ✠ (posthume), ✠, *engagé volontaire*, caporal au 2ᵉ de marche de Zouaves.
Tué à Quennevières, le 6 juin 1915.

> Citation : *Brave caporal, énergique et dévoué. A trouvé une mort glorieuse, le 6 juin 1915, devant Quennevières (Oise), en entraînant ses hommes à l'attaque des positions ennemies sans tenir compte du violent tir de barrage des mitrailleuses allemandes. Une citation antérieure.*

[Né à Vendôme le 21 mars 1884. Fils de M. Maurice TOURNOUËR, capitaine de Cavalerie, et de Mᵐᵉ née Cécile LAFFITTE.]

TOURNOUËR (*René*-Marie-Raoul), ✹ (posthume), ✠ (palmes), sous-lieutenant au 2ᵉ de marche de Zouaves (où il voulut remplacer son frère).
Tué, le 20 juillet 1916, à la Chapelle-Sainte-Fine, sous Verdun.

> Citation : *Magnifique officier, ayant obtenu sur ses instances*

réitérées de venir servir au 2ᵉ zouaves, où son frère venait d'être tué. Tombé glorieusement, le 20 juillet 1916, en entraînant ses hommes à l'attaque sous un violent bombardement. A été cité.

[Frère du précédent.]

TOURRET (L.-Émile-Étienne-*Ary*), ✳, ✠ (palme), colonel du 95ᵉ d'Infanterie.

Tombé aux combats de Lorraine, le 21 août 1914.

Citation : *A eu une admirable attitude au feu aux combats des 15, 18, 20 et 24 août ; a été tué dans ce dernier combat.*

TOURSKY (Stéphane-Luc-Alexis de), ✳ (posthume), ✠ (palme), capitaine adjudant-major au 162ᵉ d'Infanterie.

Citation : *Jeune officier plein d'allant, d'activité et de courage, véritable type de soldat. A fait, pour l'installation du bataillon dont il était l'adjudant-major, en vue de l'attaque du 25 septembre 1916, des reconnaissances incessantes et périlleuses. A été tué au retour de l'une d'elles. A été cité.*

TOURTAY (Jean), ✳, ⬤, ✠ (3 palmes, 2 étoiles d'or), lieutenant aviateur.

Tué glorieusement sur son avion, au printemps de 1918, à Châlons-sur-Marne.

[Fils de l'Inspecteur général des Ponts et Chaussées et de Mᵐᵉ née Brisson.]

TOURTEL (Henry-Marie-*Jean*), ✳, ✠ (palmes et étoile), administrateur de la Brasserie de Tantonville, lieutenant de réserve de Hussards, détaché au 26ᵉ d'Infanterie.

En Lorraine, le 22 août 1918, reçut huit blessures auxquelles il ne survécut que deux jours.

Dernière citation : *Officier plein d'entrain et de bravoure. Le 22 août 1918, ayant reçu l'ordre d'assurer un service important dans une localité soumise à un violent bombardement par avions, s'est mis en route sur-le-champ, sans souci du danger, et a été grièvement blessé dans l'accomplissement de sa mission. Deux citations.*

[Né à Tantonville le 20 décembre 1882. Fils de M. Félix Tourtel (décédé) et de Mᵐᵉ née Gérard.]

TOUTAIN (Jacques), ✳, ✠ (2 palmes, 2 étoiles), lieutenant au 2ᵉ Zouaves.

Passé, sur sa demande, de la Cavalerie dans l'Infanterie. Frappé mortellement, le 29 août 1918, à la prise de Noyon.

Dernière citation : *Type parfait de l'officier français. Revenu à peine guéri d'une très grave blessure reçue à Verdun, pour reprendre sa place à la tête de ses zouaves, est tombé le 29 août 1918, un soir de victoire, après avoir, toute la journée, combattu avec une ardeur et un courage splendides, et emporté de haute lutte tous les centres de résistance que l'ennemi avait accumulés aux abords du quartier de cavalerie de Noyon.*

[Né le 22 mai 1894. Fils du Conseiller référendaire à la Cour des Comptes et de Mᵐᵉ née Grimpel.]

TOUTTÉE (*Jehan*-Marie-Léonce), ✳ (posthume), ✠ (palme et étoile), Saint-Cyrien, capitaine au 20ᵉ Dragons.

Tué glorieusement devant Locre, le 25 avril 1918.

Citation : *Chef modèle ; est mort glorieusement, la jambe emportée par un obus, pendant qu'il s'exposait pour entraîner sa troupe en avant, sous un intense bombardement.*

[Né le 6 mars 1883. Fils de M. Émilien TOUTTÉE et de M{{me}} née Thérèse FABRE.]

TOUZE (M.-J.-B.-P.), ✠ (posthume), ✠ (palme), **enseigne de vaisseau sur le *Renaudin*.**

Citation : *Officier plein d'entrain, ayant toujours fait preuve des plus belles qualités militaires. Tué à l'ennemi, à bord du* Renaudin, *le 18 mars 1915.*

TOYTOT (Pierre-Jean de), ✠ (posthume), ✠, **capitaine au 243e d'Infanterie.**

Citation : *Mortellement blessé à son poste de combat, le 7 octobre 1915, a fait preuve du plus grand courage et s'est laissé panser en disant : « Cela ne fait rien, vive la France ! » A été cité.*

[Fils de M. (décédé) et de M{{me}} née DE VIGNET DES ÉTOILES. Marié à M{{lle}} Geneviève THOMY.]

TRARBACH (.....), ✠, ✠ (palme), **chef de bataillon au 4e Zouaves. Tué en 1914.**

Citation : *Chargé de conduire une attaque, n'a écouté que son courage pour entraîner son bataillon, et a réussi à progresser au prix de sa vie.*

TRÉBONS (Comte Pierre des MARES de).
Décédé, en février 1920, des suites d'une maladie contractée aux Armées.

TRÉDICINI DE SAINT-SÉVERIN (Comte André), ✠, ✠ (1 palme, 3 étoiles), **lieutenant au 7e Cuirassiers, pilote-aviateur.**
Blessé plusieurs fois antérieurement, ayant pris part, en 1914, au combat de Passchendaele, puis, sur le front d'Orient, a trouvé une mort glorieuse, le 25 juin 1917, au cours d'un combat aérien contre huit avions ennemis.

Dernière citation : *Officier d'élite, excellent pilote, d'une bravoure et d'un dévouement au-dessus de tout éloge. Le 25 juin 1917, au cours d'une croisière de chasse, ayant rencontré un groupe de huit avions ennemis dans les lignes allemandes, s'est résolument porté à l'attaque avec le plus complet mépris du danger ; a été grièvement blessé dans cette lutte inégale. A déjà été blessé et trois fois cité à l'Ordre.*

Le capitaine LUC PIPAT, commandant la 79e Escadrille (qui devait tomber à son tour deux mois plus tard), avait écrit à la famille une lettre émue, pleine d'éloges, se terminant par ces mots : « Je m'incline bien bas devant sa tombe et le salue avec admiration. »

[Né à Douvaine le 8 juillet 1890. Fils du M{{is}} et de la M{{ise}} née DE VARINE.]

TRÉGOMAIN (Maxime-*Fernand* AUBERT de), ✠, ✠, **capitaine au 92e d'Infanterie.**
Blessé grièvement au début de la campagne, a succombé, en septembre 1914, à l'hôpital d'Epinal.

Citation : *Excellent officier, qui a toujours été un modèle de bravoure en même temps qu'un chef habile et aimé de ses hommes. Blessé très grièvement par des éclaireurs allemands et décédé, le 6 septembre 1914, des suites de ses blessures.*

[Né en 1872. Fils du Cte et de la Ctesse née Denise CHABANON, décédée.]

TRÉLAT (Ulysse-Émile-*Robert*), 🎖 (posthume), ✠ (étoile), licencié en droit, élève de l'Ecole des Sciences Politiques, brigadier au 12e Cuirassiers.

Mortellement blessé au combat de Richebourg-l'Avoué (Pas-de-Calais), le 11 octobre 1914 ; mort quelques heures après.

> Citation : *A montré beaucoup de sang-froid au combat de Richebourg-l'Avoué, en tenant avec quelques cavaliers une lisière de village devant un ennemi très rapproché. Frappé d'une balle au cœur en dirigeant le feu de son escouade.*

[Né le 7 juin 1893. Fils de M. Marcel TRÉLAT, O ✻, maître des requêtes honoraire au Conseil d'Etat, et de Mme.]

TRÉMAUDAN (Théodore-Marie-*Georges* de), 🎖 (posthume), ✠, sergent au 71e d'Infanterie.

Tué, le 5 juin 1918, d'une balle à la tête, à 21 ans.

> Citation : *Sous-officier d'une bravoure éprouvée et animé d'un haut sentiment du devoir. Le 5 juin 1918, devant Vingré, après s'être battu avec un allant admirable, est tombé glorieusement en défendant pied à pied le terrain confié à sa garde. A été cité.*

TRENQUALYE (Alban-Joseph-Armand de), 🎖 (posthume), ✠, soldat au 3e Zouaves.

> Citation : *Brave zouave. Mort pour la France à son poste de combat, le 20 septembre 1914, en faisant courageusement son devoir.*

TRENTINIAN (René de), brigadier pilote-aviateur.

Mort, le 26 octobre 1917, d'une chute de 1.200 mètres, par suite de la rupture des ailes de son appareil.

[Fils du Général et de Mme DE TRENTINIAN.]

TREPPOZ (Emmanuel), candidat à Saint-Cyr, sergent au 150e d'Infanterie.

Tombé glorieusement à Jonquery (Marne), le 1er juin 1918.

[Né le 28 décembre 1897. Fils de M. et de Mme née MARTIN.]

TRESCA (*Pierre*-Léon), 🎖 (posthume), ✠ (étoile), étudiant, brigadier au 2e Dragons.

Parti avec la 6e Division de Cavalerie le jour de la déclaration de guerre, a fait, avec son régiment, les Vosges, la Marne et l'Yser. Blessé très grièvement, le 2 novembre 1914, dans une attaque très violente, où son escadron a été presque anéanti, est mort, le 25 décembre 1915, des suites de sa blessure après quatorze mois de souffrances.

> Citation : *Blessé grièvement, le 2 novembre 1914, est tombé dans les lignes allemandes ; a réussi, grâce à son énergie, à regagner les lignes françaises sous un feu violent.*

[Né le 27 avril 1893. Fils de M. Pierre TRESCA, ✻, et de Mme née RIBOUD.]

TRESSAN (*Georges*-Antoine-François-Ludovic, Marquis de LA VERGNE de), ✳ (posthume), ✠ (palme), ✳ (Soleil Levant du Japon), capitaine breveté d'E.-M. au 41e d'Infanterie.

Tombé glorieusement, le 4 octobre 1914, à Neuville-Saint-Vaast (Pas-de-Calais), au moment où il sortait de la tranchée pour examiner la situation de sa compagnie.

Citation : *Remarquable commandant de compagnie, qui s'est distingué dans plusieurs actions par son entrain, sa bravoure et la confiance absolue qu'il inspirait aux siens. A été mortellement frappé, le 4 octobre 1914, à Neuville-Saint-Vaast, au moment où, attaqué par des forces très supérieures, il se multipliait pour maintenir les débris de sa compagnie sur la position qui lui était confiée.*

[Né le 3 mai 1877. Fils du Mis (décédé) et de la M^ise née DE LA MOUSSAYE. Marié à Mlle Noële MORILLOT, fille du Cte Léon MORILLOT, ancien député (décédé), et de la Ctesse née DUCROS, — dont cinq enfants.]

TRESVAUX DU FRAVAL (Bernard), caporal au 10e Génie.

Mort en septembre 1918.

[Fils de M. et de Mme Charles TRESVAUX DU FRAVAL.]

TRÉVENEUC (Henri CHRESTIEN, Vicomte de), ✳ (posthume), ✠ (palme), Saint-Cyrien de la promotion de la Grande-Revanche, sous-lieutenant au 48e d'Infanterie.

Blessé une première fois en Artois; tué à Roclincourt, près d'Arras, le 21 juin 1915.

Citation : *Jeune officier, plein d'enthousiasme, de bravoure. Blessé dans le courant de mars, a rejoint à peine guéri et a insisté pour venir directement au front prendre sa place en première ligne. Blessé mortellement le 21, a montré la plus grande force d'âme. A été cité.*

[Né le 14 mars 1894. Fils du Cte DE TRÉVENEUC, ✳, ✠, sénateur des Côtes-du-Nord, et de la Ctesse née DE BARTÉLEMY.]

TREVERRET (Léon-Jean-Camille de), ⊕ (posthume), ✠, caporal au 176e d'Infanterie.

Citation : *Caporal vaillant et aimé de ses hommes. Tué glorieusement, le 21 juin 1915, au cours d'un combat violent.*

TRÉZEL (Jacques), lieutenant de Cavalerie.

Décédé, en 1917, des suites d'une maladie contractée aux Armées.

[Fils de M. et de Mme née PESSOT.]

TRIBOULET (. . . . .), ✠, pilote-aviateur.

Tué sur le front, en 1917, en prenant le départ pour une croisière. Chasseur de haute valeur, il avait abattu trois avions allemands, descendu des Drachen et accompli avec le plus grand succès de difficiles missions.

[Fils du D^r, ✳, et de Mme Henri TRIBOULET.]

TRICORNOT (Jean-Baptiste-Marie-Joseph-*Henri* de), ✳ (posthume), ✠, capitaine au 4e Chasseurs à cheval.

Tué le 26 avril 1915.

Citation : *Chargé d'une reconnaissance préparatoire à une at-*

taque, a demandé à aller en personne sur la première ligne pour orienter le chef de cette attaque au moment du combat. Frappé à cet instant d'une première blessure, a été ensuite mortellement atteint par un obus dans la tranchée. A été cité.

[Marié à Mlle Charlotte-Nicole DE TRICORNOT.]

TRIGER (Marcel), aspirant.
Tombé à Massiges, en 1916.

TRIGER (Yves), ✠, maréchal des logis au 231e d'Artillerie.
Mort, le 13 septembre 1918, des suites d'intoxication par les gaz.

[Tous deux fils du D^r et de Mme TRIGER.]

TRINITÉ-SCHILLEMANS (A.), ✠ (posthume), ✠ (palme), enseigne de vaisseau à bord du *Normandy*.

Citation : A fait preuve des plus belles qualités militaires au cours d'un combat contre un sous-marin, et a su obtenir de l'équipage un rendement exceptionnel.

Pour perpétuer la mémoire de ce brave, son nom a été donné au sous-marin allemand *U. B. 194*, livré à la France.

TRISTAN (Marie-Jean-*Jacques* de), ✠ (posthume), ✠, Saint-Cyrien de la promotion de la Croix du Drapeau, sous-lieutenant au 120e d'Infanterie.

Citation : A brillamment participé à toutes les affaires du régiment, et a fait preuve de la plus grande activité et du plus beau courage dans le bois de la Grurie. Mortellement blessé à la tête de sa section, le 4 novembre 1914. A été cité.

[Né le 2 juin 1893. Fils du Vte et de la V^tesse née Marie D'ORLÉANS, décédée.]

TRISTAN (Charles de), ✠, ✠ (3 citations), Saint-Cyrien de la promotion de la Grande-Revanche, capitaine au 333e d'Infanterie.
Grièvement blessé le 17 juillet 1917, a succombé le 20 août suivant dans une ambulance du front.

[Né le 24 décembre 1894. Frère du précédent.]

TROCHON DE LORIÈRE (Jean-Charles-Raymond), ✠ (posthume), ✠, maréchal des logis au 14e Dragons.

Citation : S'est fait remarquer, dès le début de la campagne, par sa bravoure et sa hardiesse. Le 2 novembre 1914, a déployé le plus grand courage au cours des attaques dirigées contre nos lignes et s'y est défendu avec acharnement. Tué à la suite de ce combat.

TROCHU (*Pierre*-Marie), ✠ (posthume), ✠ (palme), Saint-Cyrien de la promotion des Marie-Louise, sous-lieutenant au 151e d'Infanterie.
Tombé au champ d'honneur, le 22 août 1914, sur le plateau de Doncourt (Meurthe-et-Moselle), porté précédemment comme disparu. Il repose près du village de Baslieux-en-Pierrepont, avec 132 officiers et soldats.

Citation : Tué à la tête de son unité, après l'avoir dirigée avec la plus grande énergie au combat du 22 août. A été cité.

[Né à Brest le 20 mai 1893. Fils de M. Paul TROCHU, ✠, administrateur en chef de l'Inscription maritime à Rouen, et de Mme née HAMONNO.]

TRONQUOY (Louis-Amédée-*René*), lieutenant au 67ᵉ d'Infanterie. Disparu aux Eparges, le 20 février 1915.

[Né à Paris le 19 mars 1884. Fils du Conseiller à la Cour d'Appel et de Mᵐᵉ née COTELLE.]

TROPLONG (*Maurice*-Georges-Pierre-Marie), ✠ (posthume), ✠ (palme), Saint-Cyrien, sous-lieutenant au 152ᵉ d'Infanterie.

A été tué, le 26 mars 1915, à l'attaque de l'Hartmannswillerkopf, d'une balle au front; inhumé au cimetière de Willer. Après l'attaque, vers trois heures de l'après-midi, pendant que l'on fortifiait les positions conquises, on s'aperçut que l'ennemi cherchait à tourner la position. Le sous-lieutenant TROPLONG envoya un homme pour faire la liaison avec l'unité voisine; le soldat ne revint pas. Un autre se présenta pour faire cette liaison; le sous-lieutenant ne voulut pas le laisser aller et s'offrit pour le remplacer. Il fut tué presque immédiatement, et son corps ne fut retrouvé que le lendemain.

Citation : *Glorieusement tombé en assurant lui-même, pour ménager la vie de ses hommes, la liaison avec une unité voisine. S'était montré intrépide dans l'attaque. A été cité.*

[Né le 20 juin 1896. Fils de M. Octave TROPLONG, lieutenant de vaisseau, et de Mᵐᵉ née Marie DE THÉVENARD, décédés.]

TROUETTE (Jean), ✠, médecin-major au 31ᵉ d'Artillerie.

Au front depuis le 2 août 1914, succomba, en mars 1919, des suites d'une maladie contractée dans son service.

[Né en 1881. Fils de M. et de Mᵐᵉ née Emma GUY DE FERRIÈRES. Marié à Mˡˡᵉ Mathilde GUY DE FERRIÈRES.]

TROUFLEAU (Charles), ✠ (posthume), ✠, élève de l'École Normale Supérieure, professeur au Lycée de Bordeaux, poète, capitaine d'Infanterie.

A succombé aux blessures reçues à la bataille de Florina, le 27 septembre 1916, à 38 ans.

Citation : *Officier particulièrement courageux, ayant un absolu mépris du danger. Au cours d'une violente contre-attaque ennemie, a été blessé mortellement au moment où, quittant son P. C., il se portait sur la première ligne pour encourager les hommes par sa présence.*

Il laisse trois volumes de vers, dont *Entre les murs*, son œuvre capitale, essai d'épopée sociale.

TROUSSURES (*Fernand*-Marie-Joseph, Comte Fernand LE CARON de), ✠ (posthume), ✠, capitaine au 6ᵉ Cuirassiers.

Citation : *Officier d'élite, d'une ardeur et d'un entrain admirables, véritable entraîneur d'hommes, toujours prêt pour les missions périlleuses, modèle de l'officier de cavalerie. Le 14 octobre 1914, a insisté auprès du général de division pour partir quand même en reconnaissance, malgré la situation très périlleuse. N'a pas hésité à charger l'ennemi dès qu'il l'a rencontré, et est tombé frappé de trois balles à bout portant, en criant à ses hommes : « En avant ! » A été cité.*

[Fils du Cᵗᵉ (décédé) et de la Cᵗᵉˢˢᵉ née Geneviève LOUET DE TERROUENNE.]

TROUVÉ (Noël), avocat à la Cour de Paris, caporal au 54e d'Infanterie.

Tué à Dannevoux (Meuse), le 1er septembre 1914.

[Marié à Mlle Marie-Cécile CHAMBON.]

TRUBERT (*Jean-Émile-Étienne*), *engagé volontaire*.

Mort, le 14 mars 1918, des suites d'une maladie contractée aux Armées.

[Né le 13 juin 1880. Fils de l'ancien Député (décédé) et de Mme née GAILLARD.]

TRUCHIS DE LAYS (*Albert*-Jean-Marie, Vicomte Albert de), ⚰ (posthume), ✠ (étoile), soldat au 46e d'Infanterie.

Mort des suites de ses blessures sur le champ de bataille de Fossé (Ardennes), le 30 août 1914.

Citation : *Soldat courageux, aux sentiments particulièrement élevés ; mortellement atteint, le 20 août 1914, alors qu'il chargeait au premier rang.*

[Né le 3 décembre 1892. Fils du Vte Victor DE TRUCHIS DE LAYS et de la Vtesse née BROCARD.]

TRUCHIS DE VARENNES (*Henri*-Charles-François de), ✠, ingénieur, sergent au 21e d'Infanterie.

Blessé le 9 octobre 1916 et fait prisonnier, est mort en captivité au camp de Mersebourg (Saxe), à 26 ans.

[Fils du Vte et de la Vtesse née Marguerite DE MONTILLET DE GRENAUD.]

TRUMELET-FABER (Corneille-Gustave-Ernest), GO ✠, ✠, Général commandant la 81e Division Territoriale.

Le 8 décembre 1914, à Oost-Dunkerque, sortant de son poste de commandement, un obus éclata à quelques pas, dont les débris lui broyèrent le bras et le blessèrent mortellement à la hanche. Il put être transporté à Paris, à l'hôpital d'Ecosse, où il succomba après plusieurs mois de souffrances. Avait fait presque toute sa carrière dans nos colonies ; atteint par la limite d'âge en 1914, il fut réintégré dans les cadres au mois d'août, et, en octobre, prenait le commandement de la 81e Division Territoriale, dont le chef venait d'être tué.

TUAL (Auguste-Joseph-*Paul*), ⚰ (posthume), ✠, maréchal des logis au 9e Cuirassiers.

Tué à Bertrix (Belgique), en août 1914.

Citation : *Au cours d'un engagement où son peloton poursuivait un peloton ennemi, qui l'attira sur des hommes à pied embusqués à la lisière d'un bois, fit preuve de beaucoup d'allant à la poursuite. Fut tué, le 11 août 1914, de deux balles, en essayant de se frayer un chemin pour aborder les tireurs abrités derrière les fils de fer. A été cité.*

[Fils de M. et de Mme née MOINERY.]

TUFFIER (Louis-Maurice), ✠, sous-lieutenant au 58e Chasseurs à pied.

Tué au Chesnois, le 30 août 1914.

[Né le 16 août 1892. Fils de M. et de Mme née DE CHAZAL.]

TURENNE (Comte Emmanuel de), ✳ (posthume), ✠ (palme), chef de bataillon au 67ᵉ d'Infanterie.

Citation : *Officier d'une magnifique bravoure. A été glorieusement tué en tête de son bataillon, le 25 septembre 1915.*

TURENNE (Comte Jean de), ✳, ✠ (2 palmes), lieutenant-colonel au 205ᵉ d'Infanterie.

Tombé au champ d'honneur, le 22 septembre 1915, à l'assaut de la Butte de Tahure.

Dernière citation : *Chef de corps de haute valeur, se dépensant sans compter et animant tout son régiment de son esprit offensif. Aux attaques de septembre, a donné de nouvelles preuves de ses brillantes qualités militaires. A été tué à la tête de son régiment, qu'il conduisait personnellement à l'assaut des positions allemandes.*

[Né le 7 décembre 1866. Frère du précédent. Marié à Mˡˡᵉ COLAS DES FRANCS, fille de M. et de Mᵐᵉ née DE LUZY, — dont huit enfants.]

TURGIS (Édouard-Pierre), ✳, ✠ (palme), vicaire de l'église de la Trinité de Paris, aumônier de la 46ᵉ Division d'Infanterie.

Mort de blessures de guerre, le 26 août 1916, à Etinehem (Somme), à 43 ans.

TURPAUD (Roger).

Tué à Crouy (Aisne), le 27 janvier 1915.

TURPIN (Édouard), ✳, ✠, lieutenant-colonel d'Artillerie.

Tué à Reims, le 6 octobre 1914.

TURQUET (*Paul*-Louis), ✠ (posthume), ✠, industriel, brigadier au 1ᵉʳ Cuirassiers.

Tué à la tranchée de Tracy-le-Val, à son poste de guetteur, le 19 janvier 1917.

Citation posthume : *Cavalier d'élite, considéré par ses camarades comme un modèle de bravoure, s'étant distingué depuis le début de la guerre et en toutes circonstances par son courage et son mépris du danger. Tué, le 19 janvier 1917, dans un poste particulièrement dangereux. A été cité.*

[Né le 3 janvier 1889. Fils de M. (décédé en 1918) et de Mᵐᵉ née Catherine DUFLOCQ, décédée.]

TURQUET DE BEAUREGARD (Jules), ✠, avocat, sergent de réserve au 48ᵉ d'Infanterie.

Tué à l'ennemi, en 1916.

U

UMBDENSTOCK (Marcel-*Émile*), ✠ (posthume), ✠ (palme), sous-lieutenant observateur à l'Escadrille C. 4.

> Citation : *Blessé dans l'artillerie de tranchée à un poste particulièrement exposé. Passé dans l'aviation, s'y était distingué par sa bravoure et son entrain. Tué, le 5 juin 1917, au retour d'une reconnaissance. A été cité.*

URBAL (Henri d'), O ✠, ✠ (palme), ✠✠ (Médailles du Dahomey et du Tonkin), chef de bataillon au 2e Zouaves.

Tué à l'ennemi, le 7 septembre 1914, sous Barcy, au cours de la bataille de la Marne.

> Citation : *Dans le combat du 7 septembre, à la tête de son bataillon, a fait preuve de la plus grande énergie et d'une bravoure héroïque jusqu'au moment où il est tombé mortellement frappé.*

[Né le 10 novembre 1862. Fils du B⁰ⁿ et de la B⁰ⁿⁿᵉ née DE RAINVILLE. Veuf en premières noces de Mˡˡᵉ Marguerite DE SAINT-GÉRAND, remarié à Mˡˡᵉ Paola GUGLIELMI.]

URSEL (Comte Édouard), officier de l'Armée Belge.
Tué, le 8 juillet 1917, devant Dixmude.

URSEL (Comte Wolfgang d'), lieutenant au 2e Guides Belges.
Tué sous Tirlemont, le 18 août 1914.

URVOY DE PORTZAMPARC (*Charles*-Étienne-Marie, Vicomte Charles), ✠, adjudant au 64e d'Infanterie.
Tué à Mesnil, le 26 octobre 1915.

[Né le 10 février 1884. Fils du Cᵗᵉ (décédé) et de la Cᵗᵉˢˢᵉ née Charlotte GUÉROULT D'HUBERVILLE. Marié, en 1911, à Mˡˡᵉ Anne DE LA TAILLE, — dont un fils.]

URVOY DE PORTZAMPARC (Louis-Marie-Henri), ✠ (posthume), ✠ (palme), lieutenant au 51e d'Artillerie.
Tué dans la Somme, le 15 octobre 1916.

> Citation : *Sur le front depuis le début de la campagne ; déjà cité pour sa belle conduite devant Verdun. Mortellement blessé, le 15 octobre 1916, en amenant des munitions aux batteries, a eu, avant de se laisser emporter, une attitude héroïque : s'est occupé d'abord de ses hommes et s'est assuré que son ravitaillement s'était exécuté. A été cité.*

[Né le 5 mai 1885. Fils du précédent. Marié, en 1911, à Mˡˡᵉ Élisabeth MARTIN DE FRÉMONT, — dont deux fils.]

USSEL, Baron de **CHATEAUVERT** (Marc-Anne-Marie, Marquis d'), ✠, ✠, chef d'escadrons.
Mort à Bar-le-Duc, le 17 avril 1916.

Citation : *Inspecteur des dépôts de remonte de l'Armée, d'une énergie et d'une activité inlassables ; a obtenu des résultats remarquables, malgré de réelles difficultés dont son intelligente initative a toujours su triompher ; s'est dépensé sans compter jusqu'au moment où, terrassé par la maladie, il a succombé à sa tâche.*

[Né en 1860. Fils du Mis (décédé) et de la M^ise née MARTIN DE PUYTISON. Marié à Mlle Clémence GIRAULT.]

USSEL (Vicomte Jean d'), ✠ (posthume), ✠ (palme), inspecteur adjoint des Eaux et Forêts, littérateur, lauréat de l'Académie des Sciences Morales et Politiques, capitaine de réserve au 263e d'Infanterie.

Tué, le 28 août 1914, en entraînant ses hommes au cours du désastreux combat de Sailly-Saillisel, près de Bapaume, où son colonel a été tué, son chef de bataillon blessé et fait prisonnier, et où le champ de bataille, couvert de morts et de blessés, est resté aux mains de l'ennemi.

Citation : *Officier d'une haute valeur morale, qui, dès le début de la campagne, a fait preuve de qualités exceptionnelles de bravoure et de sang-froid. Le 27 août 1914, a maintenu sa compagnie sous un feu violent d'artillerie lourde, fumant tranquillement sa pipe sous la mitraille, véritable exemple de crânerie et de conscience de chef. Glorieusement tombé le lendemain à son poste de combat.*

[Né le 31 mars 1874. Fils du Cte D'USSEL, O ✠, et de la Ctesse née Marguerite DARCEL (décédée en 1919). Marié à Mlle Marie D'USSEL, fille du Mis, qui précède, et de la M^ise née GIRAULT, — dont une fille.]

USSEL (Baron Georges d'), ingénieur, sergent au 17e d'Infanterie.

Parti comme simple soldat en août 1914, il fut blessé à la retraite de Charleroi. Grâce à ses connaissances professionnelles, fut sollicité pour un poste à l'arrière, mais il ne voulut à aucun prix quitter son régiment. En janvier 1915, la maladie qui devait l'emporter s'était déclarée, mais il fit l'impossible pour ne pas être dirigé sur un hôpital, et ce n'est que beaucoup plus tard, le 6 février 1917, qu'il fut enfin évacué sur Château-Thierry, où il succomba le 13 suivant.

[Né en 1881. Fils du B^on (décédé) et de la B^onne née Lucie DARCEL.]

USSEL (Baron Guy d'), ✠ (posthume), ✠, sous-lieutenant au 80e d'Infanterie.

Tombé, en mars 1917, à la tête de sa compagnie de mitrailleuses, en participant au dégagement de Soissons.

Citation : *Excellent officier, de haute valeur morale. Mort pour la France, le 12 mars 1917, à Presle.*

[Frère du précédent. Marié à Mlle Anne DE SAINT-GENYS, fille du Cte et de la Ctesse née Jeanne DE MONTGOLFIER.]

USTON DE VILLEREGLAN (Baron Julien d'), ✠, ✠ (palme), lieutenant-colonel commandant le 325e d'Infanterie.

Tombé glorieusement, le 20 août 1914, à Nomény, près Nancy.

Citation : *Tué le 20 août 1914, à la tête de son régiment, où, debout en avant de la chaîne des tirailleurs, il tenait son képi à bout de bras, en criant : « En avant ! »*

[Né le 21 novembre 1858. Fils du B^on et de la B^onne née DE NATTES DE FONTCOUVERTE. Marié à Mlle Emilie CALVET, fille de M. et de Mme née VERNAZOBRES, — dont quatre enfants.]

USTON DE VILLEREGLAN (Jacques d'), 🎖 (posthume), ✠ (étoile), Saint-Cyrien, aspirant au 172e d'Infanterie.

Blessé aux combats de Verdun, à la prise du fort de Damloup, revint, aussitôt guéri, rejoindre son unité près de Soissons, où il trouva la mort, le 18 août 1916, d'un éclat de grenade à la tête.

Citation : Le 4 juillet 1916, a conduit à l'assaut avec bravoure un groupe de la ligne de combat qui lui avait été confié, sous un feu violent de mitrailleuses. Malgré de lourdes pertes, a réussi à atteindre son objectif et à s'y maintenir. Relevé, a porté sur son dos, jusqu'au poste du colonel, un sergent blessé.

[Né à Castelnaudary le 10 décembre 1896. Fils du précédent.]

V

VACHAT DE BELLAY (Laurent-*Joseph*-Rambert JUVANON du), �֍ (posthume), ✠, capitaine au 133ᵉ d'Infanterie.
Tué, le 8 juillet 1915, aux combats des Vosges.

> Citation : *Dégagé de toute obligation militaire, a repris du service au début de la campagne, faisant preuve d'abnégation et de sentiment du devoir en toutes circonstances. Est tombé mortellement frappé en entraînant avec énergie sa compagnie à l'assaut. A été cité.*

[Né en 1869. Fils de M. (décédé) et de Mᵐᵉ née RAMBAUD.]

VACQUIER DE VERRAYON (Louis-Léon-Victor-*Bertrand*), ✷ (posthume), ✠, sous-lieutenant au 21ᵉ Chasseurs à pied.

> Citation : *A montré beaucoup d'entrain, de courage et de sang-froid à l'assaut des tranchées allemandes, le 19 mai 1915, en maintenant ses positions malgré un feu violent d'artillerie. Blessé mortellement à la tête de sa compagnie. A été cité.*

VADON (L.-V.), ✷ (posthume), ✠ (palme), enseigne de vaisseau sur la *Justice*.

> Citation : *Officier d'une rare conscience, d'un bel exemple ; tué en défendant une position.*

VAILLANT DE GUÉLIS (Raoul), maréchal des logis d'Artillerie.
Mort, le 12 avril 1916, dans une ambulance du front.

[Né en 1873. Fils de M. et de Mᵐᵉ Théodule VAILLANT DE GUÉLIS.]

VAILLANT DE GUÉLIS (Hervé-Marie-Théodule), ⚜ (posthume), ✠, sergent au 15ᵉ d'Infanterie.

> Citation : *Sous-officier énergique et d'un rare courage. S'est toujours conduit d'une manière remarquable au feu. Tué le 20 avril 1916. A été cité.*

VAINS (Max-Jules-Augustin-René-Benoît-Joseph-Marie, Baron REGNOUF de), ✷ (posthume), ✠ (palme), sous-lieutenant au 136ᵉ d'Infanterie.

> Citation : *Officier d'une haute valeur morale, ayant montré sans cesse le plus bel exemple de calme bravoure. Blessé grièvement en s'élançant crânement, à la tête de sa section, vers les positions ennemies. Mort pour la France, le 12 octobre 1915, des suites de ses blessures. A été cité.*

[Né le 30 juin 1884. Fils du Bᵒⁿ et de la Bᵒⁿⁿᵉ née Marie POUJOL D'ACQUEVILLE. Marié à Mˡˡᵉ Marie PICOT DE VAULOGÉ.]

VAL DE GUYMONT (Baron Fernand de), ⚜ (posthume), ✠, caporal au 364ᵉ d'Infanterie.

Citation : *Excellent caporal, dévoué et donnant à tous l'exemple du devoir. A été tué, le 12 octobre 1914, à l'attaque du village de Champion (Meuse). A été cité.*

VALADY (Henry-Ildefonse-Marie, Marquis d'YZARN DE FREISSINET de), ✠ (posthume), ✠ (étoile), sous-lieutenant au 9ᵉ Cuirassiers à pied.

Seul officier survivant de sa compagnie, les 9 et 10 juin 1918, au cours des attaques du Plémont, et commandant cette compagnie dans la résistance et la contre-attaque à l'ouest de Ribécourt ; a voulu aller lui-même, le 11 juin au matin, relever l'un de ses gradés blessé la nuit pendant la retraite. Grièvement atteint d'une balle à l'épaule gauche, n'a pu être rapporté et est demeuré dans les lignes ennemies.

Citation : *Jeune officier d'un entrain communicatif ; a fait, dans les journées des 9 et 10 juin, des reconnaissances hardies et fructueuses. Le 11 juin, a pris le commandement de sa compagnie dans des circonstances critiques, et a su obtenir d'elle des efforts énergiques malgré la fatigue de plusieurs journées de combat ; a été grièvement blessé en se portant au secours d'un de ses hommes blessé. (A disparu.)*

[Né le 15 juillet 1892. Fils du Mⁱˢ (décédé en 1917) et de la Mⁱˢᵉ née Anne DE BEAUMONT DU REPAIRE.]

VALAT (Jules), ⚜ (posthume), ✠ (2 étoiles), industriel, brigadier au 226ᵉ d'Artillerie.

Tué par un obus, le 23 octobre 1917, en montant à l'assaut à Sancy (Aisne), lors de l'attaque du Chemin-des-Dames, étant volontaire pour l'Artillerie d'assaut ; inhumé au cimetière de Condé-sur-Aisne.

Citation : *Chef de pièce d'un courage et d'un dévouement exemplaires ; a dirigé le tir de sa pièce sous un bombardement très violent. Volontaire pour servir des canons d'accompagnement d'infanterie d'assaut pendant l'attaque, est tombé glorieusement à la tête de ses hommes. Déjà cité.*

[Né le 28 juin 1888. Fils de M. Armand VALAT et de Mᵐᵉ née COMBES.]

VALDIEU (Comte Pierre de).

A succombé, en mai 1919, aux suites de ses blessures.

VALENCE DE MINARDIÈRE (Joseph-François-*Henry* de), ⚜ (posthume), ✠, soldat au 134ᵉ d'Infanterie.

Tué à Tahure (Marne), le 7 octobre 1915.

Citation : *Cycliste de liaison en campagne depuis le début, a toujours accompagné son chef de bataillon dans toutes les circonstances même les plus difficiles. D'un courage à toute épreuve assurant, sous le feu, le service de liaison. Tué le 7 octobre 1915, à côté de son chef de bataillon, en se portant à l'assaut des positions ennemies. A été cité.*

[Fille du Cⁱᵉ et de la Cⁱᵉˢˢᵉ née Suzanne DE VALENCE DE MINARDIÈRE.]

VALENCE DE MINARDIÈRE (Joseph-Jules-Jean de), ⚜ (posthume), ✠, sergent au 42ᵉ Chasseurs à pied.

Citation : *Modèle de courage, possédant au plus haut point le sentiment du devoir. Venu de la cavalerie sur sa demande. A fait preuve en toutes circonstances des plus belles qualités. Blessé au combat du 30 mars 1918, n'a pas voulu quitter le terrain qu'il défendait et, après sept heures d'un combat ininterrompu, a été tué d'une balle dans la tête, face à l'ennemi. Déjà cité.*

VALENSI (Robert), ✠ (palme), ✳ (Médaille des Épidémies), ✳ (Nicham Iftikar), docteur en médecine, médecin-major.

Trois fois blessé, trois fois cité, était proposé pour la Légion d'honneur.

> Troisième citation : *A fait preuve, pendant les combats des 2 et 25 novembre, de courage et de dévouement en donnant ses soins aux blessés, sous les bombardements ennemis ; blessé lui-même, a continué à panser les blessés avant de se soigner.*

[Né à Turin en 1884. Fils de M. J. VALENSI (décédé) et de Mme née LÉRY. Frère de M. Théodore VALENSI, avocat à la Cour de Paris ; neveu du Général de Division G. VALENSI. Marié à Mlle Aline MALLET, — dont une fille : Renée.]

VALENTIN (Robert), sergent au 21e Chasseurs à pied.

Tué à Fosse-Calonne, près Lens, le 7 octobre 1914.

VALICOURT (*Joseph*-Auguste-Marie, Vicomte Joseph de), ✳ (posthume), ✠ (palme et étoile), lieutenant au 17e Chasseurs à cheval, puis, sur sa demande, au 47e d'Artillerie.

A été tué par un éclat d'obus, le 25 juin 1917, au poste d'observation de sa batterie, à Thil (Marne).

> Citation : *Officier de grande valeur, joignant aux plus belles vertus militaires une bravoure et une énergie exceptionnelles. Le 25 juin, s'étant offert spontanément pour guider en première ligne le colonel commandant l'artillerie de la division, est glorieusement tombé à ses côtés. Déjà cité.*

[Né le 23 septembre 1886. Fils du Cte (décédé) et de la Ctesse née D'AMONVILLE DES NOTS.]

VALICOURT (de), O ✳, commandant.

Engagé volontaire en 1870, avait repris du service au début des hostilités. A succombé, le 13 mars 1919, aux suites d'une maladie contractée aux Armées.

[Marié à Mlle DE COMMARQUE.]

VALICOURT DE SÉRAUVILLERS (*Maurice*-Marie-Henri-Joseph de), ✳, ✠ (1 palme, 3 étoiles), capitaine au 102e Chasseurs à pied (Fourragère).

Tué, le 28 mars 1918, sous Moreuil, après avoir pris part aux combats de Dinant, Charleroi, la Champagne, l'Argonne, l'Alsace et de Verdun.

> Citation : *Homme de devoir dans toute la noblesse du terme. S'est fait tuer bravement à la tête de sa compagnie, le 28 mars 1918, plutôt que de céder un pouce de terrain à l'ennemi.*

VALICOURT DE SÉRAUVILLERS (Emmanuel de), ✠, sergent.

Tué en septembre 1914.

[Frère du précédent.]

VALICOURT DE SÉRAUVILLERS (Auguste-Léon de), ✠, sergent mitrailleur au 74e d'Infanterie.

Mort, en juillet 1918, à l'hôpital Cochin, des suites de ses bles-sures.

VALLÉE (Joseph de), ✳ (posthume), ✠ (palme), sous-lieutenant au 5e Colonial.

> Citation : *Au combat du 29 septembre 1915, s'est porté brillam-ment, à la tête de sa compagnie, à l'assaut d'une tranchée alle-mande fortement défendue. A été tué.*

VALLÉE (Jean-Carl de), peintre et graveur, canonnier au 82e d'Artillerie lourde.

Mort, le 25 mai 1917, des suites d'une maladie contractée aux Armées.

[Né en 1894. Fils de M. et de Mᵐᵉ née Madeleine DE ROZIÈRE.]

VALLÉE (Jean), ✳, ✠ (4 citations), lieutenant au 4e Cuirassiers.

Mortellement frappé, à la tête de sa compagnie, au combat d'Ugny-le-Gay, le 24 mars 1918.

[Fils du Colonel et de Mᵐᵉ née MARESSAL.]

VALLETON DE BOISSIÈRE (Jean), ✳ (posthume), ✠, sous-lieu-tenant au 126e d'Infanterie.

> Citation : *Chef de section de grande valeur morale. Le 22 no-vembre 1916, a été tué glorieusement à la tête de ses hommes devant Barleux.*

[Fils de M. et de Mᵐᵉ née SAINT-MARTIN DE VEYRAN.]

VALLIÈRES (*Pierre-Émile* des), O ✳, ✠ (palmes), 5 ✳ (Étrangères), Général de Brigade, commandant une Division d'Infanterie.

Glorieusement tombé, le 28 mai 1918, dans la région de Sois-sons. Quand la guerre éclata, il était chef d'escadrons et profes-seur de tactique de cavalerie à l'Ecole de Guerre. Parti comme chef d'Etat-Major d'un Corps d'Armée, il devint chef d'Etat-Major du général DE MAUD'HUY à la Xe Armée. Promu colonel, il fut appelé au commandement d'une brigade. Nommé chef de la Mis-sion Française auprès du G. Q. G. Anglais et promu général de brigade, il fut, sur sa demande, appelé au commandement d'une division.

> Citation : *Officier général de la plus haute valeur, qui joignait à des qualités morales exceptionnelles une science professionnelle particulièrement étendue. Connaissant parfaitement la troupe et aimé de ses soldats, avait su faire de sa division une division d'élite. Le ...., est tombé glorieusement sur le champ de bataille, où il s'était porté pour encourager ses bataillons par sa présence et donner sur le terrain même les ordres nécessaires.*

[Né à Paris le 14 novembre 1868. Fils de M. (décédé) et de Mᵐᵉ Ernest DES VAL-LIÈRES. Marié à Mˡˡᵉ HART.]

VALLOIS (Georges de), ✳ (posthume), ✠ (palme), sous-lieutenant au 21e Chasseurs à pied.

Tombé glorieusement à Notre-Dame-de-Lorette.

> Citation : *A montré de remarquables qualités d'intelligence, de coup d'œil et de bravoure. Tombé, le 9 mai 1915, en enlevant sa sec-tion à l'assaut des tranchées allemandes. A été cité.*

[Né en 1895. Fils du Capitaine, ✳, et de Mᵐᵉ DE VALLOIS.]

VALLOIS (Henry de), ✠ (posthume), ✠, brigadier au 8ᵉ Cuirassiers.

> Citation : *Brigadier très brave et énergique. Tué à son poste de combat, le 24 avril 1917, en secteur de Sapigneul (Aisne). A été cité.*

[Né en 1896. Frère du précédent.]

VALLOIS (Pierre de), sergent au 79ᵉ d'Infanterie.

Tombé, le 25 août 1914, en tête de sa section dans le secteur de Champenoux-Courbesseaux.

[Fils de M. et de Mᵐᵉ René DE VALLOIS.]

VALLOIS (Roger de), sergent au 123ᵉ d'Infanterie.

Tué, en février 1918, dans les environs de Tahure ; inhumé à Suippes.

VALMON (Fernand-Auguste BRULON de), ✠ (posthume), ✠ (palme), sous-lieutenant au 330ᵉ d'Infanterie.

> Citation : *Belle figure d'officier. Glorieusement tombé à son poste de combat, en se portant à l'attaque de Marcheville, le 15 avril 1915.*

VALORI (*Louis*-Marie-Hervé, Comte Louis de), maréchal des logis au 3ᵉ Colonial.

A péri, le 26 février 1916, à bord de la *Provence*, qui fut torpillée par un sous-marin.

[Né le 13 janvier 1885. Fils du Général (décédé) et de la Cᵗᵉˢˢᵉ née Jeanne PARET DE FOURNÈS.]

VALOU (Jacques de), ✠ (posthume), ✠, sergent au 67ᵉ Chasseurs à pied.

> Citation : *Excellent sous-officier, blessé mortellement à la tête de sa section, qu'il portait en avant sous bois, le 7 septembre 1914.*

VAN BROCK (*Gérard*-Gaston), ✠ (posthume), ✠ (1 palme, 2 étoiles), candidat à l'Ecole Polytechnique, *engagé volontaire*, sous-lieutenant au 10ᵉ d'Artillerie.

Trouva une mort glorieuse à Moronvilliers, le 17 avril 1917, au cours d'une mission triplement volontaire. Selon son habitude, il avait insisté dès le début de l'attaque pour prendre liaison avec l'Infanterie ; puis, de son plein gré, bien que son service ne l'exigeât en rien, il avait accompagné le Colonel dans la troisième vague d'assaut ; lorsqu'il arriva en toute première ligne, c'est de lui-même encore qu'il s'offrit pour reconnaître l'emplacement des mitrailleuses ennemies qui arrêtaient la progression de notre Infanterie. A moins de cent mètres des lignes allemandes, une balle ennemie le frappa en plein cœur. Ce ne fut qu'à la faveur de la nuit que son corps put être retiré, puis pieusement enseveli à l'endroit même d'où tirait son groupe, et non loin de la tranchée qui porte aujourd'hui son nom.

> Citation : *Officier d'une bravoure remarquable. S'est particulièrement fait remarquer, le 4 septembre 1916 et le 25 mars 1917, comme chef de détachement d'observation et de liaison. Le 17 avril 1917, a de nouveau demandé à être en liaison pour l'attaque, a fait preuve une fois de plus du plus beau sang-froid et du mépris*

absolu du danger. A été tué en premières lignes ennemies par une balle de mitrailleuse. A été cité.

[Né le 14 mars 1896. Fils de M. Gaston VAN BROCK, O ✻ (décédé), et de Mme née BRANDON.]

VANDAME (Maurice), sous-lieutenant au 9e Cuirassiers.

Tombé, à la tête de sa section, le 9 juin 1918, après 46 mois de front.

[Né en 1893. Fils de M. et de Mme née VAN DE WYNCKÈLE.]

VANDAMME (Mademoiselle Jeanne), ✠ (palme), infirmière de la S. B. M. à l'hôpital temporaire 12, à Vadelaincourt.

Le 20 août 1917, il était arrivé, dans la journée, environ 250 blessés à cet hôpital, sur la rive gauche de la Meuse. A 11 heures du soir, les infirmières étaient encore occupées à panser les derniers d'entre eux, lorsque quatre bombes tombèrent sur les baraques, éclatèrent au milieu des lits de malades et mirent le feu. Mademoiselle VANDAMME, qui était au chevet d'un soldat que le médecin venait d'opérer, eut l'artère carotide coupée et expira en quelques instants.

Citation : *Infirmière des plus dévouées et d'un grand courage. Tuée à son poste, le 20 août 1917, lors du bombardement de sa formation.*

VAN DEN BROUCKE (Julien-Joseph), ✻ (posthume), ✠, sous-lieutenant au 101e d'Infanterie.

Tué, le 24 février 1915, au Trou-Bricot, près de Perthes-les-Hurlus, à 38 ans.

Citation : *Officier de territoriale. A demandé à servir dans un régiment actif. Est sorti de la tranchée, malgré un feu très violent de l'ennemi, pour entraîner sa troupe. Est tombé aussitôt mortellement blessé, le 1er mars 1915. A été cité.*

VAN DEN BRULE (Jehan-Xavier-Ernest-Louis-*Alfred*), ✻ (posthume), ✠, sous-lieutenant d'Artillerie, observateur aéronaute.

Tué d'un éclat d'obus, à son poste, le 4 juin 1918.

Citation : *Observateur en ballon captif, d'une haute valeur morale, modèle de dévouement, de modestie. Pendant deux années consécutives, n'a cessé de rendre les plus précieux services par la sûreté de ses observations. Malgré les attaques et les bombardements les plus violents, a toujours rempli jusqu'au bout ses missions. Est tombé glorieusement à son poste, le 4 juin 1918. A été cité.*

[Fils du Cte et de la Ctesse née Lucie DUBOIS DE CARTERET.]

VAN DEN VAERO (Hubert), ✪ (posthume), ✠ (palme), adjudant de réserve au 49e d'Infanterie.

Tombé glorieusement, le 26 septembre 1914, devant la ferme d'Hurtebise.

Citation : *A fait preuve d'un grand courage et d'un grand sang-froid en montant, malgré un feu violent, debout sur le parapet de sa tranchée, afin de mieux préparer ses hommes à repousser une attaque ennemie. A été tué à ce moment d'une balle en plein front. A été cité.*

[Fils du Général et de Mme née BELVALETTE.]

VAN DER ELST (Gaston), soldat au 31e d'Infanterie.

Mort, en 1915, des suites d'une maladie contractée dans les tranchées de Vauquois.

VAN DER HAEGHEN (René-Théodore-Benjamin), ✠ (posthume), ✠, adjudant au 108e d'Infanterie.

Citation : *Sous-officier plein d'entrain et d'un courage à toute épreuve; a maintenu sa section, le 8 septembre 1914, sous un feu violent d'artillerie. Tué ce même jour. A été cité.*

VANDIÈRE DE VITRAC (*Guy*-Jacques-Joseph de), ✠ (posthume), ✠, lieutenant au 13e Hussards.

Citation : *Officier plein d'allant et d'énergie, frappé mortellement près de Colonfay, en accomplissant bravement une mission de liaison.*

[Fils du Cte et de la Ctesse née DE MARTRIN-DONOS.]

VAN EECKHOUT (R.), ✠ (posthume), ✠ (palme), capitaine au 18e Dragons, détaché au 43e d'Infanterie.

Citation : *Est tombé mortellement atteint au pied même du réseau de fils de fer ennemi, à la tête de sa compagnie qu'il avait brillamment conduite à l'assaut des tranchées allemandes, à travers six cents mètres de terrain découvert et formidablement battu.*

VANEY (Jean-Emmanuel-*Jacques*), ✠, ✠, capitaine au 346e d'Infanterie.

Tué à Lérouville, le 23 septembre 1914.

Citation : *Tombé glorieusement en entraînant sa compagnie à l'assaut.*

[Né le 6 juin 1868. Fils de M. et de Mme née PEPIN-LEHALLEUR. Marié à Mlle Germaine CHABROL.]

VAN LEEMPOËL DE NIEUWMUNSTER (Roger), maréchal des logis au 7e d'Artillerie Coloniale.

Mort à l'hôpital Saint-Mandrier, le 10 octobre 1917.

[Fils du Vte et de la Vtesse née DESPESSAILLES.]

VAN MARCKE DE LUMMEN (Jean), ✠, ✠ (palme), artiste peintre, sous-officier.

Attaché à une section de camouflage, fut tué, le 2 juin 1918, au cours d'une reconnaissance.

[Fils de l'artiste peintre (décédé) et de Mme née ROBERT.]

VAN MERLEN (Dierick), ✠, lieutenant au 5e Chasseurs.

Tué le 3 mars 1915.

[Fils du Lieutenant-Colonel et de Mme VAN MERLEN.]

VANSSAY (Alfred-Marie-*René* de), ✠ (posthume), ✠ (1 palme, 2 étoiles), capitaine adjudant-major au 94e d'Infanterie.

Passé des Chasseurs à pied dans la Ligne; blessé trois fois (trois citations); tué par un obus, le 30 mars 1916, à Douaumont, sous Verdun.

Dernière citation : *S'est porté, le 30 mars 1916, sur la ligne de feu, sous un bombardement des plus intenses, pour renseigner son chef de bataillon sur les causes d'une alerte qui venait de se produire en première ligne. A accompli cette reconnaissance avec le plus grand sang-froid et le plus entier mépris du danger. A été tué par un obus au moment où il revenait pour rendre compte de sa mission. A été cité.*

[Né le 11 novembre 1885. Fils du Vte, ✳, officier de Cavalerie (décédé), et de la V^tesse née SANLOT-BAGUENAULT.]

VANSSAY (Marie-Roger-*Maurice* de), ✳ (posthume), ✳, lieutenant au 104e d'Infanterie.

Citation : *Sur le front depuis le début de la campagne, s'est toujours fait remarquer par sa bravoure, son sang-froid, son zèle et sa modestie. Tué par une balle, le 17 janvier 1916, en effectuant une reconnaissance d'emplacement de mitrailleuses à quelques mètres des tranchées allemandes, devant Ville-sur-Tourbe. A été cité.*

VANSSAY (Marie-Merry-*Paul* de), ✳ (posthume), ✳, lieutenant au 104e d'Infanterie.

Tué en Champagne, le 25 septembre 1915.

Citation : *Excellent officier, courageux, dévoué et calme. Aux attaques du 25 septembre 1915, devant Auberive, est tombé glorieusement en entraînant sa compagnie à l'assaut des tranchées allemandes, sous un feu violent de mitrailleuses. A été cité.*

VANSSAY (*Jacques*-Marie-Roger de), ✳, ✳ (palme), *engagé volontaire*, Saint-Cyrien, aspirant au 8e Hussards.

Sur le front dès le 1er octobre 1915, il fut détaché comme officier de liaison au 11e d'Artillerie, et prit part aux combats de la Somme jusqu'au 20 juillet, jour où, accompagnant un bataillon d'Infanterie à l'assaut d'une tranchée à Asservillers, il recevait une blessure profonde dans le côté droit, à laquelle il devait succomber, le 26 juillet 1916, à l'ambulance de Harbonnières (Somme).

Citation (Médaille militaire) : *Excellent sous-officier, doué des plus belles qualités militaires, s'est particulièrement distingué par sa belle conduite pendant le combat du 20 juillet 1916, au cours duquel il a été très grièvement blessé.*

[Né le 28 avril 1897. Fils du Lieutenant-Colonel Vte DE VANSSAY, ✳, et de la V^tesse née Jeanne DE LA MOUSSAYE.]

VANSSAY DE BLAVOUS (*René*-Marie-Paul de), ✳ (posthume), ✳ (palme), capitaine au 140e d'Infanterie.

Tué à Chaulnes, le 24 septembre 1914.

Citation : *S'est porté bravement, en tête de sa compagnie, pour reconnaître l'ennemi qui attaquait le village de Chaulnes, dans la nuit du 24 au 25 septembre, et a été mortellement blessé au cours de cette reconnaissance. A été cité.*

[Né le 26 octobre 1873. Fils de M. (décédé) et de Mme née COQUERET. Marié à Mlle REVERONY, fille de M. et de Mme née DE MONTAIGUT, — dont trois enfants.]

VANSSAY DE BLAVOUS (*Gabriel*-Marie-Joseph de), ✳ (posthume), ✳ (palme), lieutenant au 5e Cuirassiers.

Citation : *Officier d'une haute valeur morale. Avait su conquérir, par l'exemple et en payant de sa personne, un grand ascendant sur sa troupe, et donné à plusieurs reprises des preuves du plus grand courage. Tué à son poste de combat pendant une violente préparation d'attaque de l'ennemi, en donnant le plus noble exemple de calme et d'esprit du devoir. A été cité.*

[Né le 10 mai 1888. Fils de M. et de Mme née Augustine DE BRÉVEDENT D'ABLON.]

VAN VOLLENHOVEN (Joost), ✠ (posthume), ✷ (palmes), ancien Gouverneur général de l'Afrique occidentale française, capitaine d'Infanterie Coloniale du Maroc.

Il avait fait ses débuts en Afrique occidentale; après un passage de deux ans au cabinet du Ministre des Colonies, il était parti pour l'Indo-Chine, où il fut Gouverneur général intérimaire de 1914 à 1915. Enfin, il devenait Gouverneur général de l'Afrique occidentale au début de 1917, poste qu'il quitta en janvier 1918. Revenu en France, en février 1915, comme sergent de Zouaves, il avait fait au front un premier séjour de plus d'un an, au cours duquel il fut deux fois blessé et cité à l'Ordre, d'abord du régiment colonial du Maroc, puis à l'Etat-Major de la Brigade Messimy. Retourné, sur sa demande, à son ancien régiment, il tombait glorieusement, à la tête de sa compagnie, le 18 juillet 1918.

> Citation : *Officier d'une valeur et d'une vertu antiques, incarnant les plus belles et les plus solides qualités militaires. Mortellement frappé le 18 juillet au moment où, électrisant sa troupe par son exemple, il enlevait une position ennemie opiniâtrement défendue. A placer au rang des Bayard et des La Tour d'Auvergne et à citer en exemple aux générations futures, ayant été un des plus brillants parmi les plus braves.*

VANWAETERMEULEN (Henri-Alexis-Joseph), O ✠, ✷ (palmes), Général de Brigade de l'Infanterie Coloniale.

Tué au cours des combats de septembre 1918. Il avait fait presque toute sa carrière aux colonies et avait servi notamment au Tonkin, où il prit part à plusieurs campagnes fort dures. Lieutenant-colonel en 1912, colonel en février 1915, il commanda le 21ᵉ Colonial pendant deux ans et prit part, à sa tête, à toutes les grandes opérations de 1914 à 1916. Il fut cité à l'Ordre de l'Armée après les batailles de la Marne, en septembre 1914, cité de nouveau et nommé officier de la Légion d'honneur après la grande offensive de Champagne, en septembre 1915. Mis à la tête d'une brigade, il fut blessé le 15 juillet 1916 et cité une fois de plus avec les plus brillants motifs. Il était âgé de 56 ans.

VARAX (Henri de RIVÉRIEULX, Vicomte de), ✠, ✠ (Ordre de Roumanie), chef d'escadron, commandant l'Equipage de pont n° 2.

Capitaine de Cavalerie démissionnaire, reprit du service au début de la campagne. Dans un ordre à son escadron partant pour le front, nous relevons ces fières paroles :

> L'équipage a l'honneur d'être envoyé sur le front. Mes amis, après un souvenir à nos familles, à ceux qui nous sont chers, nous irons tous au devoir jusqu'au bout, hardiment et gaîment, à la française.
> Que Dieu vous garde, et vive notre France immortelle !

Mort pour la France, à Amiens, le 11 juillet 1916.

[Né le 29 mars 1861. Fils du Cte et de la Ctesse née DE JERPHANION. Marié, en 1893, à Mlle Misel HOUÏTTE DE LACHESNAIS, fille de M. et de Mme née BONNARDEL, — dont quatre fils.]

VARAX (Jean de RIVÉRIEULX de), *engagé volontaire* au 32ᵉ Dragons.

Mort, le 18 juin 1916, à l'hôpital militaire de Versailles.

[Né le 24 mars 1897. Fils du précédent.]

VARAX (Emmanuel-Marie-*Henry* de RIVÉRIEULX de), ⚜, ✠ (palme), *engagé volontaire* au 28ᵉ Chasseurs alpins.

Blessé grièvement, le 1ᵉʳ septembre 1918, au combat de Vauxaillon et mort des suites de sa blessure, le 18 septembre 1918, à l'ambulance de Jaulzy (Oise).

[Né le 28 avril 1899. Fils du Cᵗᵉ Jehan DE VARAX, ✻, ✠, et de la Cᵗᵉˢˢᵉ née Marie-Agnès DE VIRIEU.]

VARAX (Vicomte Bernard de RIVÉRIEULX de), ✻, ✠, capitaine adjudant-major au 38ᵉ d'Infanterie.

Tué le 10 octobre 1916.

Citation : *Officier d'une haute valeur morale, qui n'a cessé de faire preuve, depuis le début de la campagne, d'un grand courage et d'un dévouement absolu. A été blessé très grièvement le 10 octobre 1916, alors qu'il observait la position ennemie que son bataillon allait attaquer.*

[Né le 19 octobre 1879. Fils du Cᵗᵉ et de la Cᵗᵉˢˢᵉ née Marguerite DE POMEY DE ROCHEFORT (décédée). Marié, en 1909, à Mˡˡᵉ Agnès DE LIMOGE DARESTE DE SACONAY, fille de M. et de Mᵐᵉ née DE RIVÉRIEULX DE CHAMBOST, — dont trois enfants.]

VARAX (*Étienne*-Victor-Marie, Comte Étienne de RIVÉRIEULX de), canonnier au 10ᵉ d'Artillerie.

Mort en service à Hargicourt (Somme), le 15 février 1917.

[Né le 12 avril 1872. Fils du Cᵗᵉ Jules DE VARAX et de la Cᵗᵉˢˢᵉ née AUBEL DE LA GENESTE. Marié à Mˡˡᵉ Marie-Antoinette D'AVOUT, fille du Bᵒⁿ et de la Bᵒⁿⁿᵉ née PUISSANT DU LÉDO, — dont une fille.]

VARAX (Maurice de RIVÉRIEULX de), ⚜ (posthume), ✠, Saint-Cyrien, aspirant au 26ᵉ Dragons.

Tombé au champ d'honneur, aux combats de Champagne, en 1917.

Citation : *Tout jeune aspirant sortant récemment de Saint-Cyr, a montré, pendant les quelques jours qu'il est resté au front, les plus belles qualités d'entrain et de courage; est mort pour la France, à son poste de combat, le 31 août 1917, aux tranchées de Ludes. A été cité.*

[Né le 3 novembre 1898. Fils du Vᵗᵉ et de la Vᵗᵉˢˢᵉ née Hélène RUFFIER D'ÉPENOUX.]

VARAX (Vicomte Louis de RIVÉRIEULX de), ✠, lieutenant au 344ᵉ d'Infanterie.

Porté disparu.

[Né le 29 novembre 1873. Fils du Cᵗᵉ et de la Cᵗᵉˢˢᵉ née POMEY DE ROCHEFORT, décédée. Veuf de Mˡˡᵉ Mathilde DE MAZENOD, épousa en secondes noces, en 1912, Mˡˡᵉ Hélène DE MASSON D'AUTUME.]

VAREILLES - SOMMIÈRES (Eugène-Marie-Claude-Jean-*François* de LA BROÜE, Comte de), ✻ (posthume), ✠ (palme), lieutenant au 90ᵉ d'Infanterie.

Passé de la Cavalerie dans la Ligne, fut tué, le 7 septembre 1914, à la bataille de la Marne.

Citation : *Vaillant officier, ayant su s'acquérir la confiance et l'affection de ses hommes auxquels il avait toujours donné le plus bel exemple. Héroïquement tombé pour la France, le 7 septembre 1914, à Aulnizeux (bataille de la Marne).*

[Né le 15 août 1884. Fils du Mis (décédé) et de la M^{ise} née DE LABROUHE DE LABORDERIE.]

VAREILLES-SOMMIÈRES (Louis-Jean-Marie-Augustin-*Charles* de LA BROÜE, Vicomte de), ✳, ✳ (palme et étoile), ingénieur-chimiste, sous-lieutenant de réserve au 362e d'Infanterie.

Blessé au début de la campagne, rejoignit le front, sur sa demande, à peine guéri; tué, le 15 décembre 1914, à la tête de ses hommes.

Citation : *Glorieusement tué, le 15 décembre, en entraînant ses hommes à l'attaque des tranchées ennemies.*

[Né le 30 juin 1889. Frère du précédent.]

VARENNE (Jacques-François-Joseph-*Bernard*, Comte BURIGNOT de), ✳ (posthume), ✳ (palme), lieutenant au 10e Chasseurs à cheval.

Tombé glorieusement à la bataille de l'Aisne, le 7 septembre 1914.

Citation (Ordre général signé du Général FOCH : *Après s'être prodigué au cours de nombreuses reconnaissances et avoir été légèrement blessé, a été tué le 7 septembre 1914 en allant reconnaître les abords d'un village. A été cité.*

[Né à Buxy (Saône-et-Loire) le 19 avril 1881. Fils du Cte et de la Ctesse née Louise BERTHAULT. Marié à Mlle Marguerite ESMANGART DE BOURNONVILLE, fille du Cte et de la Ctesse née Amélie AUGIER, — dont trois enfants : Louise, Andrée et Jacques.]

VARIOT (Gaston), ✳ (posthume), ✳, médecin de 2e classe, auxiliaire de la Marine.

A succombé, en septembre 1918, à l'hôpital maritime de Brest, des suites d'un mal contracté au chevet des malades. Aux obsèques, le médecin général DUVAL a rappelé le dévouement du jeune docteur qui, après dix-huit mois de front de guerre et une année de campagne sur le *Waldeck-Rousseau*, est tombé victime du devoir.

Citation : *Jeune médecin plein d'entrain, animé d'un haut esprit de sacrifice. Tombé, le 16 septembre 1918, victime de son devoir professionnel au chevet des malades pendant l'épidémie de grippe maligne qui a sévi à Brest, en septembre 1918. A été cité.*

[Né en 1894. Fils du D^r et de Mme née FINLAY.]

VARIOT (Henri), ✳ (posthume), ✳ (3 palmes, 1 étoile), *engagé volontaire*, adjudant pilote-aviateur à l'Escadrille N. 156.

Tombé héroïquement, le 19 janvier 1918, au cours d'un combat aérien à l'est de Tahure, où il a été inhumé par l'ennemi.

Dernière citation : *Pilote d'une conscience élevée et d'une bravoure à toute épreuve, chasseur remarquable, déjà cité trois fois; le 19 janvier 1918, seul contre six avions ennemis, a soutenu un combat dans les lignes ennemies et n'a succombé qu'après une lutte acharnée.*

[Né le 14 novembre 1897. Frère du précédent.]

VARLOUD (André), ✠ (palme), sous-lieutenant d'Artillerie, observateur en avion.

Tombé héroïquement en combat aérien, le 11 août 1918.

[Né en 1894. Fils du Général, GO ✠, et de Mme VARLOUD.]

VASSAL-MONTVIEL (Comte Eugène de), ✠, ✠, chef d'escadrons au 7e Chasseurs à cheval.

Mort, le 25 juin 1917, des suites d'une longue maladie contractée aux Armées.

[Né en 1864. Fils du Cte (décédé) et de la Ctesse née DE VASSAL-CADILLAC. Marié à Mlle Hélène DE ROMEUF, fille du B^{on} (décédé) et de la B^{onne} née AZEVEDO, — dont une fille.]

VASSOIGNE (Comte Emmanuel de), ✠, sous-lieutenant au 3e Tirailleurs Algériens.

Tombé glorieusement devant Douaumont, le 10 mai 1916.

VASSON (Jean de), *engagé volontaire* au 20e d'Artillerie.

Passé, sur sa demande, à l'Artillerie d'assaut, trouva la mort dans le secteur de Montfaucon, en septembre 1918.

[Né en 1899. Fils de M. et de Mme née DELILLE.]

VATHAIRE DU FORT (Marie-Joseph-Hubert de), ☙ (posthume), ✠ (palme), soldat au 89e d'Infanterie.

Tué aux combats de Montfaucon, le 22 septembre 1914.

Citation : *Bon soldat, brave et dévoué. A pris part aux durs combats du début de la campagne, où il s'est vaillamment comporté. A été tué à son poste de combat, en septembre 1914, à Montfaucon (Meuse).*

VATHAIRE DU FORT (Robert de), ☙ (posthume), ✠, *engagé volontaire*, brigadier au 2e d'Artillerie.

Citation : *Bon brigadier, servant avec courage et dévouement. Tombé, le 19 juillet 1919, dans l'accomplissement de son devoir. A été cité.*

[Frère du précédent.]

VAUCEY (Basile-*Eugène* du), ✠ (posthume), ✠ (palmes), capitaine observateur à l'Escadrille 255.

Tombé, le 21 juillet 1918, à Dommiers (Aisne).

Citation : *Observateur plein d'allant. Arrivé récemment à l'escadrille, s'est de suite imposé par la précision et la sûreté de ses renseignements. N'a pas hésité, le 21 juillet, à pénétrer, à moins de vingt-cinq mètres d'altitude, à plusieurs kilomètres dans les lignes ennemies, pour se rendre compte de l'organisation d'un point où l'ennemi résistait, et y a trouvé une mort glorieuse.*

[Né le 19 mai 1883. Fils de M. et de Mme née BEAUMONT.]

VAUCHAUSSADE DE CHAUMONT (René), ✠ (posthume), ✠ (palme), lieutenant au 15e Dragons.

Citation : *Le 24 août 1914, envoyé avec sa section de mitrailleuses en soutien d'un escadron en combat à pied, qui avait reçu l'ordre de tenir le plus longtemps possible, a continué bravement, sous un feu intense d'artillerie, à diriger le tir, et n'a ordonné de remonter ses pièces qu'à la dernière extrémité, alors qu'elles al-*

*laient être tournées par l'ennemi. A été tué d'un éclat d'obus en
plein cœur. A été cité.*

[Marié à Mlle Christine-Alice AUCLAIRE.]

VAUCHAUSSADE DE CHAUMONT (.....).
Tué le 7 octobre 1915.

[Marié à Mlle Eugénie PAQUIN.]

VAUCORBEIL (Louis-Marie-*Hubert* de), 🎖 (posthume), ✠, attaché à la Banque de France, sergent au 414e d'Infanterie.
Tué aux combats de la Somme, le 19 avril 1915.

 *Citation : Excellent sous-officier, courageux, animé de l'esprit du
devoir. Mortellement blessé, le 19 avril 1915, à Foucaucourt
(Somme). A été cité.*

[Né en 1893. Fils de M. et de Mme née DE CHARRY-LURCY.]

VAUCORBEIL (Marie-Charles-*Antoine* de), ✳ (posthume), ✠, sous-lieutenant au 140e d'Infanterie.
 *Citation : Jeune officier plein de bravoure. Tombé glorieusement,
le 24 août 1914, en portant secours à son capitaine, qui venait
d'être mortellement atteint.*

[Né en 1894. Frère du précédent.]

VAUCORBEIL (Marcel de), 🎖, ✠ (1 palme, 2 étoiles), *engagé volontaire*, brigadier au 55e d'Artillerie.
Blessé grièvement sous Verdun, le 22 mars 1916, succomba le 4 avril suivant; inhumé au cimetière de Brocourt (Meuse).

[Né en 1896. Frère des précédents.]

VAUDOYER (Michel), 🎖 (posthume), ✠ (étoile), caporal-fourrier au 224e d'Infanterie.
Tombé glorieusement à la bataille de la Marne, le 6 septembre 1914, à l'âge de 29 ans.

 *Citation : Excellent gradé, très brave au feu. A été tué le 6 sep-
tembre 1914, aux combats de Monceau-les-Provins, en assurant,
sous une canonnade intense, son service d'agent de liaison du chef
de bataillon.*

VAUGELAS (Armand VINCENT de), ✳, ✠ (palme), ancien inspecteur des Finances, capitaine de réserve au 90e d'Infanterie.
Décédé à l'hôpital de Rosendaël, le 31 janvier 1915, d'une maladie contractée aux Armées. Peu de temps avant sa mort, en novembre 1914, avait été décoré de la Légion d'honneur et cité en ces termes :

 *A improvisé, le 6 novembre, la défense du pont du chemin de
fer de Verbrauden-Molen, et s'y est maintenu pendant cinq jours
sous les attaques les plus violentes, montrant des qualités remarquables de ténacité et de décision. Ne cesse de se distinguer, payant
de sa personne en toutes circonstances.*

[Né le 5 juin 1882. Fils de M., ✳, et de Mme née DE JUMILHAC. Marié à Mlle RAMEL,
— dont deux enfants.]

VAULCHIER (Paul-*Guy* de), ✳ (posthume), ✠ (palme), Saint-Cyrien de la promotion de la Grande-Revanche, lieutenant au 42e d'Infanterie.

Glorieusement tué à l'ennemi, en 1916.

> Citation : *Excellent commandant de compagnie. Blessé grièvement une première fois, est revenu sur le front à peine guéri. A donné dans toutes les affaires le plus bel exemple de calme et de sang-froid. Est tombé dans une tranchée soumise à un violent bombardement d'artillerie lourde, alors qu'il encourageait ses hommes. A été cité.*

[Né en 1894. Fils du Vte et de la V^{tesse} née Jeanne DILLON.]

VAULGRENANT (Charles-Marie-Laurent-*Jean* PETING de), ✠ (posthume), ✠ (palme et étoile), Saint-Cyrien, de la promotion de la Croix du Drapeau, lieutenant au 1er Chasseurs à pied.

Tué glorieusement à Soyécourt (Somme), le 22 septembre 1916.

> Dernière citation : *Officier d'une bravoure exceptionnelle. Au cours des attaques du 17 septembre 1916, a entraîné brillamment sa section à l'attaque de tranchées ennemies fortement défendues. Est tombé glorieusement à la tête de sa section, le 22 septembre.*

[Né le 7 novembre 1894. Fils du B^{on} DE VAULGRENANT, O ✠, Colonel du 14e Chasseurs, et de la B^{onne} née Hélène DE CHASTELLUX.]

VAULX (Hugues de), soldat au 29e d'Infanterie.

Tué au combat de Saint-Agnant (Meuse), le 26 septembre 1914.

VAULX (Jules de), prêtre du Diocèse de Paris, caporal au 162e d'Infanterie.

Tué le 8 mai 1916.

VAULX (Louis de), ✠, ✠ (palme), sergent d'Infanterie.

Grièvement blessé le 17 juin 1916, succomba le 13 juillet suivant.

VAUPLANE (Marie-Amable-André-*Jacques* BERLIER de), ✠ (posthume), ✠ (palme et étoile), Saint-Cyrien, lieutenant au 7e Cuirassiers.

Tué à Sailly-sur-la-Lys (Pas-de-Calais), le 15 octobre 1914, d'une balle au front.

> Citation : *S'est fait bravement tuer en amenant du renfort à une barricade, le 15 octobre 1914, au village de Sailly. A été cité.*

[Né le 14 octobre 1885. Fils de M. Henri DE VAUPLANE et de Mme née Ctesse PIGHETTI.]

VAUPLANE (Marie-Gaston-*Robert* BERLIER de), ✠ (étoile), étudiant, *engagé volontaire*, maréchal des logis au 19e d'Artillerie.

Mort, le 16 avril 1917, dans le torpillage du *Sontay*, au large de Malte, se rendant, de l'Armée d'Orient, à l'Ecole d'Artillerie de Fontainebleau.

> Citation (juin 1916, Verdun) : *Très bon sous-officier, s'est toujours signalé par sa façon intelligente de remplir ses missions ; s'est particulièrement distingué, le 22 juin 1916, en dirigeant une relève de nuit dans des conditions extrêmement pénibles.*

[Né le 5 août 1896. Frère du précédent.]

VAUREIX (Joseph-Ernest-Michel-Lucien-*Raymond* de), ✠ (posthume),

✠ (étoile), étudiant, *engagé volontaire*, cavalier au 24e Dragons, éclaireur monté au 13e Tirailleurs Algériens.

Frappé d'un éclat d'obus à la tête, devant Villers-Hélon (Aisne), alors qu'il portait à cheval un ordre aux bataillons d'attaque, le 18 juillet 1918; mourut le 20 à l'ambulance de Villers-Cotterets.

Citation : *Éclaireur intelligent, dévoué et courageux. N'a cessé d'assurer, pendant l'attaque, la liaison à cheval avec les unités en ligne. A été grièvement blessé en portant un ordre.*

[Né le 13 décembre 1894. Fils du Général et de Mᵐᵉ née BIDAULT.]

VAUREIX (Emmanuel de), caporal au 8e d'Infanterie.
Tué aux premiers combats de Belgique, le 15 août 1914.

VAUREIX (André de), sergent au 12e territorial d'Infanterie.
Tué à Lombaertzyde, en novembre 1914.

VAUTIBAULT (Jacques-Gilbert de), de l'Artillerie d'assaut.
Tué glorieusement à bord de son tank, le 19 juillet 1918, à 22 ans.

VAUTOUR (Lucien), ✠, ✠ (3 citations), *engagé volontaire*, sous-lieutenant d'Infanterie.
Blessé grièvement, le 2 octobre 1918, à Monthois, a succombé le 15 suivant à ses blessures.

[Né en 1897. Fils du Commandant et de Mᵐᵉ née CRESPIN.]

VAUVINEUX (*Henri*-Robert-Abel, Comte Henri POTTIN de), lieutenant au 6e Chasseurs à cheval.
Tué à Andregnies, le 24 août 1914, à 48 ans.

VAUX DE CHABANOLLE (*Ernest*-Félix-Marcel de JOURDA de), ⚜ (posthume), ✠ (palme), *engagé volontaire*, canonnier au 54e d'Artillerie.
Détaché comme canonnier-servant au 64e d'Infanterie, est glorieusement tombé à son poste, le 17 octobre 1916.

Citation : *Engagé volontaire à dix-sept ans, plein d'entrain et de bravoure. S'est toujours fait remarquer par sa belle tenue sous les bombardements les plus violents. Atteint mortellement, le 16 octobre, par un obus de gros calibre et n'ignorant rien de son état, a montré un courage magnifique et un esprit de sacrifice remarquable. A dit au docteur, au moment de mourir : « Il est bien préférable que ce soit moi qui aie été touché qu'un père de famille. » A été cité.*

VAUX DE SANCY (Comte Alain de), ✠ (posthume), ✠, lieutenant au 9e Dragons.
Tué aux combats de Belgique, le 28 décembre 1914.

Citation : *Frappé mortellement d'un éclat d'obus dans une tranchée de première ligne, où il avait réussi à maintenir son peloton sous un feu violent. A été cité.*

VAUX DE SANCY (Raymond de), ⚜, ✠ (palme), sergent au 106e Chasseurs à pied.
Mortellement blessé, le 10 mai 1918, à 24 ans.

VAUX SAINT-CYR (Marie-Maurice CARRA de), ✠ (posthume), ✠ (1 palme, 2 étoiles), *engagé volontaire*, lieutenant au 154e d'Infanterie.

Lieutenant au 4e Dragons, détaché dans l'Infanterie. Tombé à Rancourt (Somme), le 30 septembre 1916; son bataillon venait de prendre Rancourt lorsqu'il est tombé frappé par un obus; il avait été nommé sous-lieutenant de Cavalerie à titre définitif, à la suite de sa brillante conduite au Mort-Homme, en mai 1916.

> Citation : *Venu comme volontaire des sous-officiers de cavalerie, a participé aux combats de l'Argonne, de Champagne et de Verdun. Cité à l'Ordre de la Division et du Corps d'Armée, s'est toujours montré brave et plein d'entrain. Commandant la compagnie depuis mars 1916, s'est acquitté avec honneur de ses fonctions. S'est distingué dans les journées des 27, 28, 29, 30 septembre 1916. A été tué à son poste de combat le 30 septembre 1916. A été cité.*

[Né le 22 septembre 1892. Fils du Vte DE VAUX SAINT-CYR et de la Vtesse née DE GARNIER DES GARETS.]

VAYNE D'ARCHE (Eugène), ✠ (posthume), ✠, Saint-Cyrien, lieutenant au 126e d'Infanterie.

Tué d'un éclat d'obus, en 1914.

> Citation : *Profitant d'un feu violent parti de nos tranchées, a reconnu avec deux hommes un passage à travers des réseaux de fils de fer protégeant un poste ennemi situé à 40 mètres d'une tranchée allemande, y a jeté sa demi-section et s'y est maintenu malgré un tir acharné de l'ennemi.*

VEAU (Jeanne), ✠, infirmière principale de la Place de Belfort.

Morte pour la France, le 22 mai 1919.

VEAUDEAU (Jean), élève de l'École Centrale, sous-lieutenant d'Artillerie.

Blessé grièvement, le 18 juin 1918, devant Reims, succomba à ses blessures le 23 suivant.

[Né en 1894. Fils de M. et de Mme née Marie KRAFFT.]

VENANCOURT (Émile de), adjudant au 315e d'Infanterie.

Tué en Argonne, le 21 novembre 1915.

VENDEGIES D'HUST (Comte BOUCHELET de)............

VENDEGIES D'HUST (Comte Louis BOUCHELET de), ✠ (posthume), ✠ (palme), sous-lieutenant au 310e d'Infanterie.

> Citation : *Officier d'une belle attitude au feu. S'est particulièrement distingué aux combats de l'Aisne, en 1915. Est tombé grièvement blessé, le 6 octobre 1915, à Souain, en entraînant ses hommes à l'assaut des lignes ennemies. Mort des suites de ses blessures.*

[Tous deux fils du Cte (décédé) et de la Ctesse née DE BONNIÈRES, ✠.]

VENDEUVRE (Guy-Charles-Joseph-Augustin, Vicomte Guy LE FORESTIER de), ✠ (posthume), ✠ (palme et étoile), capitaine adjudant-major au 25e d'Infanterie.

Tué, le 30 avril 1917, en entraînant ses hommes à l'attaque du Mont Cornillet; avait déjà été blessé une première fois, près de

Charleroi, en 1914, et deux fois, près d'Arras, en 1914 et 1916.

Deuxième citation (posthume) : Officier très brave, toujours prêt pour les missions périlleuses, plusieurs fois blessé et cité. A donné, le 30 avril 1917, le plus bel exemple de courage en entraînant une partie de son bataillon à l'attaque d'une position fortement organisée. A été mortellement frappé à 80 mètres de la ligne de résistance ennemie. A été cité.

[Né le 12 novembre 1884. Fils du Cte et de la Ctesse née Marthe DE PARSEVAL. Marié à Mlle DE VERNOU-BONNEUIL, fille du Mis et de la M^ise née ROBILLOT, — dont un fils.]

VENEL (Vicomte Jules de), ✠ (posthume), ✠ (2 palmes), chef de bataillon breveté au 1er mixte de Zouaves et Tirailleurs.

Blessé, en 1914, aux combats de l'Aisne, a trouvé une mort glorieuse le 16 mai 1915.

Citation : Déjà blessé grièvement, le 17 octobre 1914, à l'attaque d'un village, est tombé glorieusement en s'élançant, à la tête de ses hommes, à l'assaut d'une position ennemie.

[Marié, en 1895, à Mlle Henriette ZÉDÉ, fille du Général (décédé), et de Mme née Laurence DUPUY DE LÔME.]

VENEL (Pierre de), sergent au 7e d'Infanterie.

Mort le 12 janvier dans une ambulance du front, à 19 ans.

[Fils du précédent.]

VENGOECHEA ou BENGOECHEA (Jaime-*Hernando* de), ✠, homme de lettres, *engagé volontaire* au 1er Etranger.

Après avoir passé six mois dans les tranchées de la région de Reims, tomba glorieusement, le 9 mai 1915, à la bataille d'Arras, après l'enlèvement des Ouvrages-Blancs, près du village de La Targette.

Citation : Tous les gradés et la plupart des servants de sa section de mitrailleuses étant tombés pendant la marche en avant, a continué à porter sa pièce à travers un terrain violemment battu par les feux d'infanterie et d'artillerie, et a été mortellement frappé en mettant en batterie.

[Né à Paris le 3 mai 1889. Fils de M. (décédé) et de Mme née DE VALENZUELA.]

VERBIGIER DE SAINT-PAUL (G.-J. de), ✠, ✠, capitaine......

VERCKEN DE VREUSCHMEN (Léon-Fernand-René-*Jean*), ✠ (posthume), ✠ (4 citations), avocat à la Cour de Paris, capitaine mitrailleur au 408e d'Infanterie.

Tué, le 14 octobre 1918, dans le secteur de Vouziers.

Citation : Pendant les combats des 2 et 9 octobre 1918, lors de l'offensive de Champagne, a fait preuve, comme commandant d'une compagnie de mitrailleuses, des plus belles qualités militaires, plaçant lui-même ses sections sur un terrain balayé par les balles; a contribué pour une large part à la progression du bataillon, puis à la conservation de terrain conquis, malgré les violentes contre-attaques allemandes. A été mortellement frappé au moment où il s'occupait de porter sa compagnie en dehors d'un village violemment bombardé. A été cité.

[Né en 1888. Fils de l'Ingénieur et de Mme née Alice DE HEREDIA. Marié à Mlle CHEVALIER, — dont quatre enfants.]

VERDALLE (*Olivier*-Gilbert-Joseph, Comte Olivier de LOU-BENS de), ⚕ (posthume), ✠ (étoile), chef de service au Comité des Assureurs Maritimes, caporal au 38e d'Infanterie.

Tombé mortellement frappé par une grenade allemande, à l'attaque du village de Vermandovillers (Somme), le 17 septembre 1916; il mourut quelques instants après sur le champ de bataille, et en pleine connaissance, faisant par son calme et son courage l'admiration de tous.

Citation : *A été tué en s'élançant parmi les premiers à l'attaque d'un fortin dont les occupants opposaient une résistance acharnée.*

[Né le 15 mai 1882. Fils du Cte et de la Ctesse née DE TROCHEREAU (décédés). Marié, en 1914, à Mlle Odette DE DIESBACH DE BELLEROCHE, fille du Cte, ✶ (décédé), et de la Ctesse née DE LA CELLE, — dont une fille.]

VERDELHAN DES MOLLES (Louis-Marie-*Bernard* de), ✠ (posthume), ✠ (2 palmes), ✶ (Médaille de la Société de Secours aux Naufragés), enseigne de vaisseau de 1re classe, observateur en hydravion.

Disparu en mer, près de Plateali (Grèce), le 14 mai 1918.

Deuxième citation : *Chef d'escadrille d'une endurance et d'un entrain remarquables, toujours prêt à payer de sa personne. 120 heures de vol. Mort au cours d'une reconnaissance. (Déjà cité à l'Ordre de l'Armée en 1917.)*

[Né le 3 octobre 1895. Fils de M. et de Mme née DE COLOMBET DE LANDOS.]

VERDELHAN DES MOLLES (Edmond de), cavalier aux Chasseurs d'Afrique.

Tué le 29 août 1915.

VERDENAL (Jean), médecin-major.

Tombé glorieusement en Orient.

VERDENAL (André), ✠, ✠ (palmes), sous-lieutenant d'Infanterie.

Grièvement blessé, le 30 juillet 1918, à l'attaque du Bois Meunière (deuxième victoire de la Marne), succomba le 15 août suivant à l'ambulance de Montmirail.

[Tous deux fils du D^r et de Mme née MASSINOT.]

VERDET (Frédéric), ✠ (étoile), sous-lieutenant au 258e d'Infanterie.

Glorieusement tombé à Chauvoncourt, près Saint-Mihiel, le 26 septembre 1914.

VERDET (Jean), ⚕, ✠ (palmes), maréchal des logis au 11e Hussards, détaché au 82e d'Infanterie.

Mort des suites de ses blessures, en février 1918.

[Tous deux fils de M. (décédé) et de Mme née DE NEUFLIZE.]

VERDIER (Louis), ✠, ✠ (palmes), lieutenant aviateur.

Tombé glorieusement en 1918.

VERDILHAC (Raymond de), *engagé volontaire* en 1914 au 21e Chasseurs à cheval, maréchal des logis au 4e Dragons.

Mort des suites de maladie contractée aux Armées.

[Marié à Mlle DE LA TOUR DU BREUIL.]

VERGESE DU MAZEL (Charles-Germain-Louis de), ✠ (posthume), ✠, soldat au 129ᵉ d'Infanterie.

> Citation : *Bon et brave soldat, mort pour la France, le 10 mai 1915, en captivité, des suites de glorieuses blessures reçues au champ d'honneur en faisant courageusement son devoir. A été cité.*

VERGNETTE DE LAMOTTE (Vicomte Hubert de), ✠, capitaine de Cavalerie à l'Ecole Supérieure de Guerre, détaché à un E.-M. de Corps d'Armée.

Tombé glorieusement le 12 septembre 1914.

[Marié à Mˡˡᵉ Marie-Jeanne FEUTREN.]

VERGOIGNAN (Odet), ✠, ✠ (palme), capitaine de frégate.

> Citation : *Tué à bord d'un des bâtiments placés sous ses ordres par l'explosion d'une mine allemande, au cours d'une opération de dragage particulièrement délicate qu'il avait tenu, avec son entrain et son ardeur habituels, à diriger personnellement. Déjà cité à l'Ordre du jour du Corps d'Armée, le 8 mai 1916.*

VERLHAC (Fernand-Louis), ✠ (posthume), ✠ (1 palme, 1 étoile d'or), élève à l'Ecole des Travaux Publics, aspirant au 162ᵉ d'Infanterie.

Tué à l'ennemi, le 16 mars 1918, à Flirey (Meurthe-et-Moselle), en défendant son secteur contre un coup de main des Allemands.

> Citation : *Tué dans un corps à corps, à son poste de combat, en assurant le repli de ses petits postes, lors d'une attaque ennemie.*

[Né le 3 août 1895. Fils du Dʳ et de Mᵐᵉ née MANSON.]

VERMOREL (Claudius), ✠, ✠, sous-lieutenant au 45ᵉ d'Artillerie.

Tué, le 18 avril 1917, à 29 ans.

VERMOT DES ROCHES (Sylvain), ✠ (posthume), ✠, caporal au 170ᵉ d'Infanterie.

> Citation : *Caporal énergique et courageux. A été tué à son poste de combat, le 29 septembre 1916. A été cité.*

VERNE (Marie-Louis-*Albert* du), ✠ (posthume), ✠ (2 palmes, 1 étoile d'argent), Saint-Cyrien de la promotion de la Grande-Revanche, lieutenant au 37ᵉ d'Infanterie.

Tombé au début de l'offensive de la Somme, le 1ᵉʳ juillet 1916, devant le village de Curlu, frappé de deux balles à la tête alors qu'il s'efforçait d'entraîner ses hommes à la prise de ce village occupé par les Allemands.

> Dernière citation (posthume) : *Jeune et brillant officier ayant toutes les belles qualités de notre race, s'est élancé très en avant de sa compagnie à l'assaut d'un point d'appui fortifié. Est tombé en héros, forçant l'admiration de ses soldats qu'il électrisait par son exemple. A été cité.*

[Né le 19 novembre 1894. Fils de M. Louis DU VERNE et de Mᵐᵉ née Marie BOUCHET.]

VERNE (René-Roger-Joseph-Marie du), *engagé volontaire*, maréchal des logis au 5ᵉ Cuirassiers à pied, pilote-aviateur.

Engagé en 1914 dans la Cavalerie, passa, sur sa demande, dans l'Aviation. A fait une chute mortelle, en évoluant sur les Landes d'Artix, près Pau, le 4 février 1918.

[Né le 30 mars 1896. Fils du Commandant et de Mme née JOLLY DE BUSSY.]

VERNE (Marie-Jean-*André*), ⚓ (posthume), ✳ (étoile), bibliothécaire au Conservatoire National des Arts et Métiers, chef adjoint du Cabinet du Ministre du Travail, sergent au 363e d'Infanterie.

Décédé, des suites de ses blessures reçues sur le front des Vosges, le 25 août 1918, à Montpellier.

> Citation : *A été admirable de calme et de sang-froid pendant l'action engagée, le 1er octobre 1914, devant la Poterosse ; son lieutenant ayant été blessé, a pris résolument le commandement de la section et l'a conservé jusqu'au moment où il a été atteint lui-même coup sur coup par deux projectiles.*

[Né le 3 février 1884. Fils de M. (décédé) et de Mme née HOMMEY.]

VERNES (*Marcel*-Raoul-Auguste), ✳, ✳ (3 palmes, 2 étoiles), ingénieur des Arts et Manufactures, lieutenant aviateur à l'Escadrille F. 7.

Lieutenant au 46e d'Artillerie, passa, sur sa demande, dans l'Aviation. S'est particulièrement distingué dans les combats de Verdun, de la Somme et de l'Aisne. Tué, le 24 mars 1917, dans un combat aérien contre six avions ennemis, près d'Ostel (région du Chemin-des-Dames).

> Cinquième citation (posthume) : *Officier admirable et d'une grande valeur. Tué glorieusement, le 24 mars 1917, dans un combat aérien livré au cours d'une mission photographique particulièrement périlleuse.*

[Né à Saint-Germain-en-Laye le 9 août 1886. Fils de M., ✳, et de Mme née SAUTTER.]

VERNEUIL (Marie-Antoine-Albert-*Jacques* HUARD de), sergent au 90e d'Infanterie.

Tué, le 23 août 1914, au Rembêtant, commune de Marangeville.

VERNEUIL (Bernard QUARRÉ de), ⚓ (posthume), ✳, sergent au 408e d'Infanterie.

Tombé sous Verdun, le 8 mars 1916.

> Citation : *Vaillant sous-officier. Tombé glorieusement au champ d'honneur en entraînant sa demi-section à l'attaque, le 8 mars 1916, devant le fort de Vaux.*

[Né en 1896. Fils du Lieutenant-Colonel (décédé en 1917) et de Mme née FERRUS.]

VERNEUIL (Ludovic RILLART de), maire de Verneuil-Courtonne (Aisne).

Tué à son poste, en septembre 1914, en organisant la défense de son pays et de ses administrés contre l'ennemi envahisseur.

[Marié à Mlle Marguerite DE RICHEMONT DE RICHARD'SON.]

VERNHES (Paul), ingénieur, adjudant au 4e Génie.

Tué dans le secteur de Béthune-La Bassée, le 14 février 1915, à 27 ans.

VERNISY, née Amélie de **MARTENE** (Madame Albert de), Présidente de l'Association de Notre-Dame de Salut de Grenoble.

Morte d'épuisement le 25 décembre 1917, s'étant consacrée pendant plus de trois années à la Ligue patriotique, donnant ses soins dans les hôpitaux de la Croix-Rouge. Mère de sept fils sur le front depuis le début de la guerre, dont trois qui suivent.

[Mariée à M. Albert DE VERNISY, administrateur de la Croix-Rouge (S. B. M.), à Grenoble.]

VERNISY (Louis-Jean-Marie-*Roger* de), ✠ (posthume), ✠ (1 palme, 1 étoile), Saint-Cyrien, capitaine au 105e d'Infanterie.

Grièvement blessé à Cirey, le 14 août 1914, reparti, aussitôt guéri, dans la Somme, où il était, le 30 août 1915, mortellement blessé par des éclats multiples d'obus. Succomba le lendemain à l'hôpital de Montdidier.

    Citation : *A fait preuve du plus grand entrain et d'un courage remarquable, en dirigeant toutes les nuits les travaux d'approche exécutés dans son secteur ; a été grièvement blessé dans la nuit du 31 août au 1er septembre 1915. Est mort peu de temps après son arrivée à l'hôpital. A été cité.*

[Né à Grenoble le 29 décembre 1877. Fils des précédents. Marié, en 1906, à Mlle Yvonne POIDEBARD, — dont trois enfants.]

VERNISY (Jean-Marie-*Marcel* de), ✠, ✠, ✠ (Médaille du Tonkin), Saint-Cyrien, capitaine au 140e d'Infanterie.

Tombé au bois de la Tronche-Saint-Pragel, près Moyenmoutier (Vosges-Alsace), le 24 août 1914, en pleine action, au moment où, le fusil en main, après avoir abattu plusieurs Allemands, il essayait de reprendre ses hommes blessés qui l'appelaient à leur secours ; mourut entouré de son sous-lieutenant et de plusieurs de ses soldats.

    Citation : *Officier d'un rare entrain, d'un courage brillant. A, le 21 août 1914, pris une large part à la prise de la position solidement fortifiée du bois de Frécourupt. La lisière enlevée, a spontanément pris la tête d'une reconnaissance fouillant l'intérieur. Tué le 24 août 1914, en voulant assurer à tout prix le transport dans nos lignes de ses blessés, transport que la nature escarpée du sol rendait d'une difficulté inouïe.*

[Né à Grenoble le 8 mai 1879. Frère du précédent. Marié, en 1913, à Mlle Geneviève LOUCHET, — dont un fils posthume.]

VERNISY (Marie-*Louis* de), ✠ (posthume), ✠, propriétaire en Argentine, maréchal des logis au 13e Chasseurs à cheval.

Abandonnant sa propriété à la déclaration de guerre, revint aussitôt en France, et prit part, en février 1915, aux sanglants combats des Vosges, où il eut son cheval tué sous lui. Mortellement atteint, le 3 mars suivant, au col de la Schlucht, succomba le lendemain à Gérardmer, où il fut inhumé dans le caveau d'une famille pieuse, qui avait regardé cet acte comme un honneur pour elle.

    Citation : *Brave sous-officier. Tué le 3 mars 1915, d'un éclat d'obus en ravitaillant les tranchées de première ligne dans les Vosges.*

[Né le 27 mars 1889. Frère des précédents.]

VERNY (René), ✠, sous-lieutenant au 20ᵉ Dragons.
Tombé dans le secteur d'Arras, le 8 octobre 1914.

VERNY (Paul), maréchal des logis au 55ᵉ d'Artillerie.
Tué aux combats de la Meuse, le 20 décembre 1914.

VERRIER (Georges), capitaine breveté à l'É.-M. de la 68ᵉ Division.
Tué le 5 août 1918.

[Fils du Général et de Mᵐᵉ VERRIER. Marié à Mˡˡᵉ Suzanne OLIVIER.]

VERRIET DE LITARDIÈRE (J.), ✠ (posthume), ✠, lieutenant de réserve au 52ᵉ d'Artillerie.

    Citation : *Excellent officier, plein de zèle et d'entrain. Tué glorieusement à l'ennemi, le 7 septembre 1914, au cours de la bataille de la Marne.*

VESCO (Marie-Henri), ✠, ✠ (palme), capitaine de frégate.
    Commandant la *Provence II*, est resté jusqu'au dernier moment sur la passerelle, et a été englouti avec son bâtiment en dirigeant le sauvetage de son équipage (25 février 1916).
    Pour perpétuer la mémoire de ce brave, son nom a été donné au torpilleur allemand *S. 134*, livré à la France.

VÉSIAN (Guy de), soldat au 120ᵉ d'Infanterie.
Tombé en Argonne, le 31 décembre 1914.

VÉSINE-LARUE (*Charles*-Henri), ✠ (posthume), ✠ (palme), capitaine au 3ᵉ Zouaves.

    Citation : *Au combat du 30 septembre 1914, étant adjoint au chef de corps, s'est spontanément offert pour aller, sur la ligne de feu, prendre le commandement d'une troupe, dont le chef venait de tomber grièvement blessé, et a été tué en tête de cette troupe.*

VÉSINE-LARUE (Emmanuel-Georges), ✠ (posthume), ✠, capitaine au 3ᵉ bis de Zouaves.

    Citation : *Officier modèle, d'une bravoure et d'un entrain légendaires. A pris part aux combats de la Marne, de Soissons, de Crouy (septembre 1914) et d'Arras (octobre 1914). Est tombé glorieusement, le 28 octobre 1914, à Anzin-Saint-Aubin, au moment où il rassemblait sa compagnie qui devait prendre part à de nouveaux combats. A été cité.*

VESVROTTE (*Just*-Marie RICHARD de), ✠ (posthume), ✠ (3 citations), ingénieur, lieutenant au 310ᵉ d'Artillerie lourde.
Tombé glorieusement le 9 juin 1918.

    Citation : *Officier de tout premier ordre, dont le mérite, la bravoure, la compétence lui ont valu l'estime de tous ses chefs et les éloges les plus mérités. Sang-froid remarquable et dévouement absolu. A rendu au groupe les plus grands services. Tué à son poste, lors d'une récente attaque ennemie. Deux citations antérieures. A été cité.*

VEUILLOT (Louis-Marie-Joseph-*Bernard*), aspirant au 172ᵉ d'Infanterie.
Tué à la Butte de Souain (Champagne), le 7 décembre 1915.

VEUILLOT (Louis-Marie-Joseph-*Henri*), caporal au 172e d'Infanterie.
Tué à Souain (Marne), le 1er octobre 1915.

VEYRON LA CROIX (J.-C.), ✠ (posthume), ✠ (2 palmes), capitaine au 6e d'Artillerie.

Citation : *Arrivé sur le front le 28 octobre 1914, a toujours montré beaucoup de calme et de sang-froid au feu, toujours attentif aux questions de tir, a obtenu le meilleur rendement de son unité. Tombé malade pendant une permission de six jours, a tenu néanmoins à rejoindre son poste afin de donner l'exemple de la fidélité au devoir militaire. Mort des suites des fatigues de la campagne.*

[Fils de M. (décédé) et de M⁰⁰ née DROJAT.]

VEYSY (Marcel-Victor-Adolphe de), ⚙ (posthume), ✠, maréchal des logis au 31e d'Artillerie.

Citation : *Superbe attitude au feu. Tué par un obus à Roye, le 26 septembre 1914, en assurant une liaison sous un violent bombardement. A été cité.*

VEZINS (*Antoine*-Charles-Louis-Marie, Comte Antoine de LEVEZOU de), ✠ (posthume), ✠ (palme), lieutenant au 26e Dragons, promu capitaine au 27e d'Infanterie.
Tué, le 22 février 1916, au Bois Brûlé.

Citation : *Officier d'une grandeur d'âme exceptionnelle ; venu comme volontaire dans l'infanterie, a su, par sa valeur militaire, sa bonté, sa bravoure chevaleresque, conquérir l'admiration affectueuse de ses chefs et de ses hommes. A été tué à son poste de combat, le 22 février 1916. Une citation antérieure.*

[Né le 5 juin 1880. Fils du Cᵗᵉ (décédé en 1920) et de la Cᵗᵉˢˢᵉ née Béatrice DE LEVEZOU DE VEZINS. Marié, en 1912, à Mˡˡᵉ Marie-Thérèse LOMBARD DE BUFFIÈRES, fille du Cᵗᵉ et de la Cᵗᵉˢˢᵉ née Marguerite DE QUINSONAS.]

VIAL (Jacques de), caporal.
Tué le 27 mai 1916.

[Fils de M. et de M⁰⁰ née VERMOND.]

VIAL DE KERDEC-CHENY (Faustin-Amédée), ⚙ (posthume), ✠, aspirant au 52e d'Artillerie.

Citation : *Plein d'allant et d'une belle bravoure, toujours aux points les plus périlleux. A été tué par une torpille ennemie, le 4 février 1916, en observant le tir d'une section violemment bombardée. A été cité.*

VIBRAYE (*Hubert*-Ignace-Marie-Maxence, Comte Hubert HURAULT de), ✠ (posthume), ✠ (palme), sous-lieutenant au 6e Dragons.
Tué au pied du calvaire du village de Rossignol (Belgique), le 22 août 1914.

Citation : *Officier d'une haute valeur morale. Tué le 22 août 1914, en Belgique, à la tête de son peloton qu'il animait de son courage et de son entrain remarquables.*

[Né le 23 avril 1887. Fils du Cᵗᵉ Maxence DE VIBRAYE et de la Cᵗᵉˢˢᵉ née DE DAMAS D'ANLEZY, décédée.]

VIDAL DE LA BLACHE (Henri-Marie-*Joseph*), ✠ (posthume), ✠ (palme), homme de lettres, chef de bataillon au 150e d'Infanterie. Tué au Bois de la Grurie, en Argonne, le 29 janvier 1915.

> Citation : *A chargé vigoureusement à la tête de son bataillon, donnant le plus bel exemple de bravoure et d'intrépidité ; est tombé devant la tranchée ennemie. A été cité.*

[Fils du Membre de l'Institut et de Mme VIDAL DE LA BLACHE (décédés). Marié à Mlle ROOS VAN DEN BERG (décédée), — dont deux enfants.]

VIDAL DE LAUSUN (Bernard-Marie-Pierre), ✠ (posthume), ✠, sous-lieutenant au 40e d'Infanterie.

> Citation : *S'est distingué au combat du 14 août 1914 (Coincourt-Montcourt), au cours duquel il a pu, grâce à sa très grande énergie, enlever sa section soumise à de violents feux d'infanterie et d'artillerie. Au combat du 20 août, est tombé mortellement frappé à la tête de ses hommes, alors qu'il les entraînait à l'assaut. A été cité.*

VIDAL DE LIRAC (André-Camille-Valentin de), ⚜ (posthume), ✠, sergent au 57e d'Infanterie.

> Citation : *Sous-officier d'une haute conscience et d'une ardeur magnifique. Le 15 septembre 1914, a brillamment enlevé sa demi-section à l'attaque des positions allemandes de la Ville-au-Bois. A été grièvement blessé dans cette lutte héroïque. Décédé des suites de ses blessures, le 19 septembre 1914.*

VIDIL (*Roger*-Auguste), ✠ (posthume), ✠, élève de l'École Normale Supérieure, agrégé de Mathématiques, lieutenant au 2e Zouaves. Porté disparu à Ecurie, le 27 novembre 1914 ; inhumé au cimetière de cette localité, le 17 septembre 1917.

> Citation : *Belle conduite au feu. Très grièvement blessé en tête de sa section, en se portant à l'assaut, devant Ecurie, le 27 novembre 1914. Mort pour la France. A été cité.*

[Né le 30 septembre 1891. Fils de M. VIDIL, inspecteur primaire à Lyon, et de Mme née Hélène DOUMERGUE.]

VIEILLARD (*Henry*-Gabriel-Jean), ✠ (posthume), ✠ (étoile d'or), lieutenant au 5e Groupe d'Artillerie d'Afrique. Tombé grièvement blessé, le 22 avril 1915, au combat de Langemarck (Belgique); présumé mort, resté aux mains de l'ennemi.

> Citation : *Adjoint au chef d'escadron dans des circonstances difficiles, où le groupe a été pris sous un feu d'artillerie extrêmement violent et sous des feux rapprochés et croisés d'infanterie, a fait preuve d'un sang-froid admirable. Très grièvement blessé.*

[Né le 9 janvier 1886. Fils du Général (décédé) et de Mme née DE CACQUERAY DE BEAUMONT.]

VIEL DES RIVIÈRES (Marquis Léon), ✠, ✠, sous-lieutenant au 7e Chasseurs à cheval. Tombé glorieusement en juillet 1916.

VIENNAY (Comte Jacques PINEAU de), ⚜ (posthume), ✠ (étoile), étudiant, *engagé volontaire*, soldat au 29e d'Infanterie. Tué au Bois Brûlé, près Apremont (Meuse), le 26 décembre 1914.

Citation : *Engagé dans l'artillerie, est passé sur sa demande dans l'infanterie. Très brave soldat, énergique et plein d'allant, ayant l'esprit d'abnégation et du devoir poussé à un haut degré. A été tué, le 26 décembre 1914, au cours d'une attaque.*

[Né le 9 juillet 1896. Fils du M¹ˢ DE VIENNAY (décédé) et de la Mᵐᵉ née Marguérite LOIR.]

VIENNE (Comte Robert de), ✳ (posthume), ✠ (palme), **sous-lieutenant au 6ᵉ Chasseurs à cheval.**
Tué le 30 juillet 1915.

Citation : *Apprenant que des sapeurs du génie, partis en reconnaissance dans une mine après l'explosion d'un camouflet, n'étaient pas revenus, a dit à ses camarades : « Certainement les Allemands ont envahi la galerie de mine, et nos sapeurs se battent avec eux. » A pris le fusil et la baïonnette d'un de ses hommes, s'est porté courageusement à leur recherche ; est tombé victime de son dévouement, asphyxié par les gaz délétères.*

VIENNOT (Jean), ✠, **capitaine pilote-aviateur.**
Blessé grièvement alors qu'il voulait sauver son observateur, est mort peu après à l'hôpital de Belfort.

VIGAN (*François-Régis-Jules-Marie de*), ✠ (posthume), ✠ (palme), **maréchal des logis au 121ᵉ d'Artillerie lourde.**

Citation : *A toujours montré, dans ses fonctions de maréchal de logis éclaireur, le plus grand dévouement ; n'hésitait jamais à se porter aux endroits les plus exposés pour assurer la liaison et l'observation. S'est dépensé sans compter depuis trois mois, en particulier le 20 septembre, pour assurer le ravitaillement en munitions de la batterie, sous un feu violent qui a causé des pertes sérieuses. Mort au champ d'honneur le 27 septembre 1916. A été cité.*

[Né en 1895. Fils de M. et de Mᵐᵉ née LE COUSTURIER DE SAINT-JAMES.]

VIGAN (Antonin-*Louis* de), ✳ (posthume), ✠, **lieutenant au 206ᵉ d'Infanterie.**
Tué le 1ᵉʳ août 1918.

Citation : *Après avoir subi, du 29 juillet au 1ᵉʳ août 1918, de violents tirs d'artillerie et de mitrailleuses, s'est porté, le 1ᵉʳ août, à l'attaque sur un terrain violemment battu par l'artillerie et les mitrailleuses ; a été tué au cours de l'assaut. A été cité.*

[Frère du précédent.]

VIGIER (Comte Louis), ✠, **maréchal des logis au 3ᵉ Hussards.**
Mort à l'hôpital de Châlons-sur-Marne, le 15 mai 1916.
[Fils du Cᵗᵉ et de la Cᵗᵉˢˢᵉ née DE GRANVAL.]

VIGNON (Marie-Clément-*Robert*), ✳ (posthume), ✠ (palme), **avocat à la Cour de Paris, lieutenant au 79ᵉ territorial d'Infanterie.**
Tué, le 22 avril 1915, à Boesinghe.

Citation : *A brillamment pris part à toutes les actions dans lesquelles sa compagnie a été engagée, depuis le début de la guerre ; a été tué le 22 avril, à la tête de sa troupe, en contre-attaquant vigoureusement l'ennemi.*

[Né le 29 novembre 1877. Marié à Mᵐᵉ Élisabeth BOLLAËRT.]

VIGOUROUX (J.-L.-M.), ✻ (posthume), ✠ (palme), enseigne de vaisseau des Fusiliers Marins.

> Citation : *Officier courageux, plein d'entrain. Blessé au combat. Mort des suites de ses blessures.*

VIGOUROUX D'ARVIEU (Abbé de)..........................

VILAR (Henri-Clément-*Gaston* de), ⚜ (posthume), ✠, cavalier au 12ᵉ Cuirassiers.

Tué à Sailly-Saillisel.

> Citation : *Au front depuis la formation d'un escadron à pied. Très bon soldat, intelligent et très dévoué. Toujours volontaire pour les missions dangereuses. A été tué le 20 novembre 1916, au cours d'un violent bombardement, dans la Somme. A été cité.*

VILAR (Marie-*Léon* de), ⚜ (posthume), ✠, sergent au 215ᵉ d'Infanterie.

Tué à Diedesheim (Alsace), le 19 août 1914.

> Citation : *Brave sous-officier. A fait vaillamment son devoir dès les premiers combats de la campagne. Mort glorieusement pour la France, le 19 août 1914, en Alsace.*

[Fils de M. et de Mᵐᵉ née Marie PALLARÈS.]

VILHET (Jacques-Léopold-Louis-Hippolyte de), ⚜ (posthume), ✠, caporal au 76ᵉ d'Infanterie.

> Citation : *Brave caporal. Le 13 juillet 1915, en Argonne, a été grièvement blessé en accomplissant son devoir. Est mort pour la France, en captivité, des suites de ses blessures.*

VILLAINE (*François*-Marie-Joseph-Achille de), ✻, ✠ (palme et étoile), lieutenant au 11ᵉ Cuirassiers à pied, détaché au 240ᵉ d'Artillerie.

Mortellement blessé, le 1ᵉʳ mai 1917, au bois de Beau-Marais (sous Craonne), au cours d'un bombardement très violent, après avoir éteint un incendie dans un dépôt de munitions. Mort le lendemain à l'ambulance de Courlandon (Marne).

> Citation : *Officier d'une haute valeur morale. Blessé grièvement le 1ᵉʳ mai 1917, au cours d'un violent bombardement, est resté néanmoins à son poste, donnant à tous un magnifique exemple d'énergie et de courage. Déjà cité à l'Ordre.*

[Né le 10 juillet 1888. Fils de M. Hector DE VILLAINE et de Mᵐᵉ née Jeanne VIALLET.]

VILLAINE (*Louis*-Marie-Félix de), ⚜ (posthume), ✠ (étoile d'argent), *engagé volontaire*, maréchal des logis au 14ᵉ Dragons.

Tué d'une balle au cœur, le 13 octobre 1914, à Neuf-Berquin (Nord), où il a été inhumé.

> Citation : *Mortellement frappé devant Neuf-Berquin, en secondant son chef de peloton dans une lutte très vive contre un ennemi mordant et tenace. Était venu spontanément prendre part au combat, auquel une mission spéciale aurait pu le dispenser de participer. A été cité.*

[Né le 10 octobre 1890. Frère du précédent.]

VILLANTROYS (Jean-Cyr de), ⚜ (posthume), ✠ (palme), *engagé volontaire*, aspirant au 5ᵉ Cuirassiers à pied.

Citation : *Engagé volontaire pour la durée de la guerre à dix-sept ans, a suivi le cours d'élèves aspirants de Saint-Cyr. Toujours volontaire pour les missions risquées. Le 7 octobre 1916, au moment où il rendait compte à son capitaine d'une reconnaissance qu'il venait de faire jusque dans les fils de fer allemands, a été tué d'une balle dans la tête. A été cité.*

VILLARD (Marie-Victorin-Honoré de), ✻ (posthume), ✣ (palme), chef d'escadron au 47e d'Artillerie.
Tombé glorieusement en Champagne.

Citation : *Officier supérieur qui a fait preuve pendant toute la campagne, et notamment pendant la bataille de la Marne, d'un courage et d'une conscience admirables dans l'accomplissement de son devoir. Le 25 septembre 1915, s'est porté en avant des premières lignes d'infanterie pour effectuer une reconnaissance, et a été tué au cours de celle-ci. A été cité.*

VILLARET (Paul), ✻, ✣, conseiller général du Gard, capitaine de Chasseurs alpins.
Grièvement blessé, le 18 juillet 1918, d'un éclat d'obus en pleine poitrine, succombait peu après à l'hôpital de Meaux.

VILLARS (*Paul*-Marie-Louis-Hector de), ✻ (posthume), ✣ (palme), capitaine au 115e Chasseurs à pied.
Tombé glorieusement le 4 septembre 1916.

Citation : *Officier d'une haute valeur morale et d'une bravoure hors de pair. A été tué en entraînant au point du jour une vague d'assaut sur une position battue par des feux de mitrailleuses, dont il a assuré la possession. A été cité.*

VILLARTAY (Marie-Louis-Joseph-*Fernand* JARNOÜEN de), ✣ (posthume), ✣, sergent au 132e d'Infanterie.
Tué au Bois Sabot (Champagne), le 26 septembre 1915.

Citation : *Sous-officier chef de demi-section, d'un grand courage, possédant les plus belles qualités, aimé de ses hommes sur lesquels il avait un grand ascendant. Est tombé glorieusement pour la France, le 26 septembre 1915, au Bois Sabot.*

VILLEBOIS-MAREUIL (Henri-Raymond-*Godefroy*, Baron de), ✻ (posthume), ✣ (palme et étoile d'argent), agriculteur, *engagé volontaire*, sous-lieutenant au 4e de Zouaves de marche.
Engagé à 57 ans, comme brancardier volontaire, passa bientôt aux Zouaves, où son père trouva une mort glorieuse en 1870 ; grièvement blessé dans la tranchée par des grenades ennemies, fut envoyé à Milly. Le 16 juillet 1917, encore mal remis d'une grave blessure à la poitrine, demandait à rejoindre le front, et, le 23 octobre suivant, tombait héroïquement à l'offensive de l'Aisne.

Citation : *Engagé pour la durée de la guerre à cinquante-sept ans, a été, pendant trois ans, un modèle constant de courage, d'abnégation et de patriotisme. Grièvement blessé une première fois, est revenu au front incomplètement guéri, dans un régiment d'attaque où il avait sollicité l'honneur de servir. Glorieusement tombé à l'assaut, le 23 octobre 1917, à la tête de ses hommes électrisés par son exemple. A été cité.*

[Né le 5 février 1858. Fils du B⁰ⁿ et de la B⁰ⁿⁿᵉ née DE CLERVAUX (décédés). Marié, en 1887, à Mˡˡᵉ Constance BERNARD DE DANNE, fille du Vᵗᵉ et de la Vᵗᵉˢˢᵉ née DE GARGILESSE, — dont une fille : Cécile, mariée au Vᵗᵉ Charles DE CHANGY, mort pour la France.]

VILLEBONNE (Roger CAPITANT de), ✠ (posthume), ✖ (palme), lieutenant de Cavalerie, détaché au 260ᵉ d'Infanterie.

Tué sous Monastir, le 20 mars 1917.

Citation : *Tombé glorieusement, en défendant jusqu'au dernier homme les positions conquises dont il avait la garde. A été cité.*

[Né en 1888. Fils de M. et de Mᵐᵉ née DE BOUILLÉ (décédée). Marié à Mˡˡᵉ Marthe DE SAINT-POL.]

VILLE D'AVRAY (Baron Arthur de), ✖, *engagé volontaire,* lieutenant au 5ᵉ Chasseurs.

Engagé comme simple soldat, conquit tous ses grades pendant la campagne. Mort des suites de ses blessures, le 8 février 1919, au Val-de-Grâce.

VILLE DE TRAVERNAY (Joseph-Léopold-Eugène-Marie, Marquis de), ✠ (posthume), ✖, lieutenant au 99ᵉ d'Infanterie.

Tué au combat d'Herleville (Somme), le 25 septembre 1914.

Citation : *A entraîné brillamment sa compagnie à l'attaque du bois d'Herleville, le 25 septembre 1914, et a été tué glorieusement en tête de ses hommes. A été cité.*

VILLEDEUIL (Charles-André-Louis LAURENT de), ☗ (posthume), ✖, *engagé volontaire,* aspirant au 5ᵉ Chasseurs alpins.

Déjà blessé grièvement en 1917, tomba glorieusement dans le secteur de la Somme, le 31 août 1918, à 20 ans.

Citation : *Gradé très courageux, possédant toutes les qualités militaires. A été, pendant la journée du 31 août 1918, d'un bel exemple pour ses chasseurs. Tué à son poste de combat. A été cité.*

VILLEDEY DE CROZE (Charles), ✖, Saint-Cyrien de la promotion de la Croix du Drapeau, sous-lieutenant au 38ᵉ d'Infanterie.

Tombé glorieusement, le 25 août 1914, à la contre-attaque de Baccarat, frappé de trois balles au front, à l'épaule et au ventre, en entraînant sa section dans une charge à la baïonnette; décédé le lendemain à Gélacourt (Meurthe-et-Moselle).

[Né le 11 mai 1894. Fils de M. Julien VILLEDEY DE CROZE et de Mᵐᵉ née Marie RIANT.]

VILLEDIEU (Henri HOULIER de), ✠ (posthume), ✖ (palme), capitaine au 403ᵉ d'Infanterie.

Citation : *Superbe soldat, qui a toujours fait preuve des plus belles qualités morales et du plus grand esprit de sacrifice. Estimé au plus haut point de ses hommes et de ses chefs. Tombé glorieusement, le 4 juin 1918, au combat de Lavertene, après avoir opposé une résistance acharnée à l'ennemi.*

VILLEDIEU (Hilaire-Pierre-Marie HOULIER de), ✠, ✖, capitaine au 59ᵉ Chasseurs à pied.

Tué en Woëvre, le 9 octobre 1914.

VILLEDIEU (Jean HOULIER de), ✠ (posthume), ✠, caporal au 72ᵉ d'Infanterie.

Mort de ses blessures aux Islettes, le 20 juillet 1915.

Citation : *Au cours d'un violent combat à coups de grenades, n'a pas hésité à établir lui-même un barrage dans le boyau menacé. Est mort des suites de ses blessures. A été cité.*

[Tous deux fils de M. et de Mᵐᵉ née Auvynet.]

VILLEDIEU DE TORCY (Aimé-Augustin-Marie-*Pierre*), ✠ (posthume), ✠, lieutenant mitrailleur au 14ᵉ Hussards.

Citation : *Officier (réserve) ayant l'âme d'un héros. Mortellement blessé, le 1ᵉʳ avril 1916, à son poste de combat aux tranchées de première ligne, en donnant l'exemple du mépris du danger. A été cité.*

VILLEDIEU DE TORCY (Roger), ✠ (posthume), ✠ (palme), enseigne de vaisseau de 1ʳᵉ classe.

Tué, le 28 octobre 1914, à bord du *Mousquet*, dans le combat que ce contre-torpilleur livra au croiseur allemand *Emden*, à Penang (Indo-Chine).

Citation : *Au moment de l'attaque du* Mousquet *par le croiseur allemand* Emden, *a pris la direction de la pièce de 65 AV. et a été tué à son poste de combat.*

[Né le 3 février 1890. Fils de M. (décédé en février 1919) et de Mᵐᵉ née Alice Droz des Villars, décédée en mai 1919.]

VILLEDIEU DE TORCY (Joseph-Marie-Ange-*Pierre*), ✠ (posthume), ✠, sous-lieutenant au 229ᵉ d'Infanterie.

Tué, le 19 avril 1917, à l'attaque de Brimont.

Citation : *Officier d'un courage magnifique. Parti à l'assaut de la tranchée ennemie en tête de sa section, est tombé mortellement blessé. Avant d'expirer, a eu l'énergie de faire à trois reprises le geste « En avant ! » A été cité.*

[Né en 1884. Frère du précédent. Marié à Mˡˡᵉ Édith Croizier, — dont trois enfants.]

VILLEDON DE COURSON (*Gabriel*-Antoine, Marquis de), ✠ (posthume), ✠ (étoile d'or), capitaine au 4ᵉ Colonial.

Mort à l'hôpital de Laval, en septembre 1914, des suites de ses blessures reçues le 27 août 1914 à Jaulnay.

Citation : *Le 27 août, entraînant bravement sa compagnie à l'assaut de la ligne allemande, a été mortellement blessé à la tête par un éclat d'obus, alors que, le premier, il chargeait les Allemands. A été cité.*

[Né le 1ᵉʳ mars 1874. Fils du Cᵗᵉ et de la Cᵗᵉˢˢᵉ née Strehl. Marié à Mˡˡᵉ Gilberte de Pallarès, fille de M. et de Mᵐᵉ née Baquère, — dont un enfant.]

VILLÈLE (Alain de), ✠ (posthume), ✠ (palme), capitaine au 10ᵉ Chasseurs à pied.

Citation : *Officier de réserve des plus distingués, tant par sa bravoure que par l'expérience qu'il avait acquise du commandement. Mortellement blessé le 4 mars 1915, a passé le commandement à son lieutenant avec le plus grand calme, et quitté sa compagnie en criant : « Adieu ! Vive la France ! » A été cité.*

[Né le 8 octobre 1884. Fils de M. Gaston de Villèle (décédé) et de Mᵐᵉ née Amélie de France.]

VILLÈLE (Guillaume de), soldat d'Infanterie Coloniale.
Tué le 4 octobre 1915.

[Né le 16 avril 1895. Frère du précédent.]

VILLÈLE (Yves de), sergent au 410e d'Infanterie.
Porté disparu, après avoir été vu blessé, près de Tahure, le 24 février 1916.

[Né le 17 mai 1896. Frère des précédents.]

VILLÈLE (Jehan de), ✠ (posthume), ✠ lieutenant au 13e Hussards, pilote-aviateur à l'Escadrille 132.
Il faisait partie d'une Escadrille de bombardement de jour, qui fut attaquée, le 14 septembre 1918, par des forces supérieures. Tandis qu'il combattait avec une suprême énergie, il fut atteint par une balle; son appareil incendié, de même que celui de son adversaire le plus acharné, tomba en flammes dans les lignes allemandes.

> Citation : *Officier pilote, dont le courage splendide et la ténacité indomptable ont tracé à ses compagnons une voie glorieuse. D'une bravoure, d'un esprit de devoir et de sacrifice légendaires, a soutenu son dernier combat, le 14 septembre 1918, environné d'adversaires, avec un calme et une maîtrise sublimes, un fier mépris de la mort inévitable, qui attachent à son souvenir une gloire impérissable.*

[Frère des précédents.]

VILLÈLE (Robert de), ⚜ (posthume), ✠ (palme), *engagé volontaire*, sergent au 149e d'Infanterie.
Dans l'attaque du 3 mars 1915, à Notre-Dame-de-Lorette, il tomba frappé d'une balle au front, au moment où il amenait sa section de renfort à la lisière d'un bois pour soutenir ses camarades sur le point d'être débordés.

> Citation : *Réserviste de l'Armée territoriale, n'a pas hésité à s'engager pour la durée de la guerre. Chef de section de mitrailleuses, sous-officier d'une grande bravoure. A été tué le 3 mars 1915, à la tête de sa section, en contribuant par son action énergique à repousser une attaque allemande.*

[Né le 17 septembre 1872. Fils de M. Paul DE VILLÈLE et de Mme née Camille WETCH. Marié à Mlle Marie-Madeleine LE TORS DE CRÉCY, fille de M. et de Mme née Thérèse DE SAINT-DIDIER, — dont quatre enfants.]

VILLELUME (Comte Henri de), ✠, ✠ (palme), chef de bataillon au 7e d'Infanterie.
Tué aux combats de Belgique, le 27 août 1914.

> Citation : *Excellent officier supérieur. Très belle conduite au feu. A trouvé une mort glorieuse, le 27 août 1914, à Angecourt, au cours d'une reconnaissance de positions.*

[Né en 1863. Marié, en 1891, à Mlle Élisabeth DE BELLAIGUE DE BUGHAS, — dont cinq enfants.]

VILLELUME (Victor de), ✠ (posthume), ✠ (palme et étoile), sous-lieutenant au 5e Chasseurs à cheval.
Blessé grièvement à Langemarck (Belgique), le 13 novembre 1914 ; succomba à ses blessures, à Furnes, le surlendemain.

Citation : *Officier de grande valeur, ayant déjà eu une citation, le 22 octobre 1914, à l'Ordre de la Division, pour sa belle conduite au feu. Occupant le 13 novembre 1914, avec son peloton cycliste, une position qu'il défendait avec la plus grande opiniâtreté, a été blessé mortellement.*

[Fils du précédent.]

VILLELUME (Marie-Joseph-Étienne-Paul de), ✠ (posthume), ✠, sous-lieutenant au 23e Colonial.

Citation : *Officier d'une bravoure, d'un sang-froid et d'une énergie remarquables. Estimé de ses chefs, très aimé de ses soldats. Glorieusement tué le 6 septembre 1914, au combat d'Ecriennes.*

VILLELUME-SOMBREUIL (Vicomte Jules de), ✠, officier de Cavalerie, passé, sur sa demande, capitaine au 136e d'Infanterie.
Mort de maladie contractée aux Armées, le 3 septembre 1915.

[Né le 24 mai 1864. Fils du Cte et de la Ctesse née Rosset. Marié à Mlle Eugénie Miquet, fille de M. et de Mme née Thomé.]

VILLEMANDY DE LA MESNIÈRE (*Henry*-Marie-Myrtil de), ✠, ✠ (palme), ingénieur, sous-lieutenant au 49e d'Artillerie.
Tué le 16 mai 1918.

Citation : *Excellent officier, d'une bravoure et d'un sang-froid remarquables. A assuré, au cours de récents combats, avec intelligence et succès, des liaisons très périlleuses avec les troupes de première ligne. A été grièvement blessé au poste de commandement du groupe en remplissant les fonctions d'officier téléphoniste sous un bombardement continu.*

[Né le 24 mai 1892. Fils de M. (décédé) et de Mme née Fontaneau.]

VILLEMANT (Charles), soldat.
Blessé mortellement, le 20 novembre 1914, à La Chalade (Argonne); succomba le lendemain à ses blessures.

[Fils de M. et de Mme née Irène Duleep Singh.]

VILLEMIN (Jean), ✠, ✠, sous-lieutenant au 60e d'Infanterie.
Mort des suites de ses blessures, le 26 juillet 1918.

[Né en 1895. Fils du Dr et de Mme Paul Villemin.]

VILLENEUVE (François de), ✠, du 19e Dragons, pilote-aviateur.
Tué en combat aérien, le 30 septembre 1917.

[Né en 1883. Fils du Mis et de la Mise née de Fesquet.]

VILLENEUVE-ALLIX (Maurice BOULARD de), ✠, ✠ (4 citations), lieutenant d'Infanterie.
Passé, sur sa demande, de la Cavalerie dans l'Infanterie au début de la guerre, il avait pris part à toutes les attaques et avait été blessé en 1916, puis plus grièvement le 18 juillet 1918, succombant à ses blessures deux jours plus tard à l'ambulance de Coulommiers.

VILLENEUVE-BARGEMON (*Xavier*-Elzéar-Alban, Comte Xavier de), ✠ (posthume), ✠ (palme), ✠ (Médaille Coloniale), ✠ (Médaille du Maroc), lieutenant au 5e Colonial.

Blessé mortellement au combat de Mesnil, le 25 août 1914, succomba le 4 septembre suivant à l'hôpital de Baccarat.

> Citation : *Officier animé du plus grand dévouement et d'une héroïque bravoure ; allait au feu comme en se jouant et savait communiquer à ses hommes sa belle énergie et son audace. A été tué en se portant en avant, afin de reconnaître une position pour ses mitrailleuses. A été cité.*

[Né le 29 septembre 1883. Fils du Colonel, ✠, et de la Cᵗᵉˢˢᵉ née Cécile DE VILLE-NEUVE-BARGEMON (décédée en février 1919). Marié à Mˡˡᵉ Henriette DE MAISTRE, — dont deux enfants : Raymond et Cécile.]

VILLENEUVE-BARGEMON (Romée-Marie-*Alban* de), ⚓, ✠ (palme), *engagé volontaire*, aspirant au 15ᵉ d'Artillerie.

Pris par les gaz dans la nuit du 12 au 13 juin 1918, avec toute sa batterie en action près de Faverolles (Aisne), fut évacué sur l'ambulance de Senlis, où il succomba le 26 suivant.

> Citation (Médaille militaire) : *Gradé d'une très belle tenue au feu, modèle de conscience et de dévouement. Lors de récents combats, a fait preuve des plus belles qualités d'initiative et d'intelligence ; s'est dépensé jusqu'à l'extrême limite de ses forces. A été grièvement intoxiqué à son poste de combat.*

[Né le 3 septembre 1898. Frère du précédent.]

VILLENEUVE-ESCLAPON (*Hélion*-Marie-Charles-Louis, Comte Hélion de), ✠, ✠ (2 palmes), ✠ (Military Cross), Saint-Cyrien, chef de bataillon au 246ᵉ d'Infanterie.

Blessé une première fois à la bataille d'Arras, et le 30 mai 1915 à l'attaque du Labyrinthe, fut mortellement atteint, le 12 octobre suivant, à Tahure ; succomba à ses blessures, le 26 du même mois, à l'ambulance de Croix-en-Champagne.

> Citation : *A fait preuve, à la tête de sa compagnie, de son bataillon ensuite, des plus belles qualités militaires, et donné l'exemple du sang-froid et de la bravoure. Très grièvement blessé le 12 octobre.*

[Né à Avignon le 31 octobre 1873. Fils du Cᵗᵉ et de la Cᵗᵉˢˢᵉ née Mathilde DE THYSE-BAËRT. Marié, en 1902, à Mˡˡᵉ Marie-Thérèse DE ROUBIN, fille du Bᵒⁿ et de la Bᵒⁿⁿᵉ née DE SAINT-LÉGIER, — dont trois enfants.]

VILLENEUVE-ESCLAPON (*Pierre*-Joseph-Marie de), ⚓ (posthume), ✠ (palme), sergent pilote-aviateur à l'Escadrille Spa. 153.

Tombé en combat aérien, sur le front de Lorraine, le 14 septembre 1918.

> Citation : *Pilote d'un allant et d'un courage merveilleux, toujours volontaire pour les missions périlleuses. Le 14 septembre 1918, au cours d'un combat contre deux monoplans ennemis, a succombé, après s'être bravement battu. Une citation.*

[Né le 2 juin 1897. Fils du Cᵗᵉ et de la Cᵗᵉˢˢᵉ née Odette DE GIRARD DE CHATEAU-VIEUX.]

VILLEPIN (*Jacques*-Marie-Paul VARANGUIEN de), ✠ (posthume), ✠ (palme et étoile), Saint-Cyrien de la promotion de la Grande-Revanche, sous-lieutenant au 103ᵉ d'Infanterie.

Tué, le 26 septembre 1915, devant Auberive-sur-Suippe.

> Citation : *Jeune officier plein d'entrain et insouciant du danger. Blessé une première fois, le 24 février, a été mortellement frappé,*

le 26 septembre, au moment de partir à l'assaut, donnant jusqu'au bout à sa section l'exemple du courage et du sang-froid.

[Né le 24 janvier 1893. Fils de M. (décédé) et de Mᵐᵉ née DE MOREL.]

VILLERS (Georges DURAND de), ✠ . . . .

VILLERS (Robert DURAND de), ✠, lieutenant au 32ᵉ d'Infanterie.
Décédé, le 11 mai 1919, des suites des fatigues de la campagne.

[Fils du Général et de Mᵐᵉ DURAND DE VILLERS.]

VILLERS (Guy-Marie-Joseph GUILHE LA COMBE de), ✠ (posthume), ✠, caporal au 41ᵉ d'Infanterie.

Citation : *Caporal brave et dévoué. Tombé glorieusement pour la France, le 22 août 1914, alors qu'il se portait à l'attaque des positions ennemies, devant Hal-sur-Sambre.*

VILLERS DE WAROUX (Comte Frédéric de), ✶ (Ordre de Léopold), ✠ (Belge), *engagé volontaire*, lieutenant au 24ᵉ d'Infanterie Belge.
Tué à l'attaque de Merckhem, le 6 septembre 1918.

[Né en 1891. Fils du Cᵗᵉ et de la Cᵗᵉˢˢᵉ née DE LA WŒSTYNE.]

VILLERSLAFAYE (Raoul-Marie-James de), ✠, ✠ (palme), capitaine au 28ᵉ Dragons.

Citation : *Officier d'élite, ayant pris une part glorieuse aux durs combats du début de la campagne. Frappé mortellement, le 5 septembre 1914, à la tête de son escadron.*

[Marié à Mˡˡᵉ Louise-Solange DE MONTAGU.]

VILLIÈRES-PUYCHÉRIE (. . . . . de BONNEFOY de), capitaine.
Mort, en juillet 1916, des suites d'une trépanation.

VILLIÈRES-PUYCHÉRIE (Louis de BONNEFOY de).
Tombé en Artois, le 25 septembre 1915.

[Frère du précédent.]

VILLIERS (Luc-Jacques-Marie-Léon-Martin, Comte ADAM de), C ✠, ✠, lieutenant-colonel au 23ᵉ Colonial.
Mort, le 17 mars 1919, des suites de la campagne.

VILLIERS (Jacques ADAM de), ✠, aspirant au 6ᵉ Chasseurs à cheval.
Mort, le 12 mars 1919, à Wiesbaden.

VILLIERS (Joseph-Édouard-Adrien ADAM de), ✠ (posthume), ✠ (palme et étoile), *engagé volontaire*, brigadier au 37ᵉ d'Artillerie.

Citation : *Libre de toute obligation militaire, s'est engagé pour la durée de la guerre. Blessé grièvement, le 24 avril 1915, en disputant victorieusement sa pièce à l'infanterie allemande. A rejoint sa batterie encore incomplètement guéri. Tué, le 20 septembre 1916, en assurant, sous un feu violent, la liaison entre l'observatoire du capitaine et la batterie. Modèle de courage simple et d'absolu dévouement. Déjà cité à l'Ordre du Corps d'Armée.*

VILLIERS (Maurice-Antoine-Armand-Gabriel ADAM de), ✠ (posthume), ✠, soldat au 9ᵉ Colonial du Maroc.

Citation : *Est tombé glorieusement pour la France, le 27 avril 1915, au cours des combats au nord d'Ypres (Belgique). A été cité.*

VILLIERS DU TERRAGE (Baron René de), ✠ (posthume), ✠ (palme), maréchal des logis au 5ᵉ Cuirassiers, passé sur sa demande au 22ᵉ Colonial, nommé sous-lieutenant.

Tué, le 26 septembre 1915, à Massiges (Champagne), d'une balle au front.

Citation : *Officier d'une bravoure remarquable. Mortellement frappé au cours de l'attaque du 26 septembre 1915, au moment où, debout, il donnait à sa section les indications utiles pour le tir. A été cité.*

[Fils du Vᵗᵉ, ancien secrétaire d'Ambassade, et de la Vᵗᵉˢˢᵉ née Jeanne DE LA FONS DES ESSARTS.]

VIMAL DU MONTEIL (*Henri*-Jean), ✠ (posthume), ✠ (3 citations), sous-lieutenant au 169ᵉ d'Infanterie, détaché à l'Escadrille S.P.A. 124.

Tombé le 17 mars 1918.

Citation : *Officier d'une haute valeur morale. Pur exemple d'audace et de courage. Grièvement blessé dans l'infanterie où il s'était fait remarquer par ses belles qualités, est passé dans l'aviation où il s'est aussitôt dépensé sans compter. Entraîneur infatigable, montrant à tous le chemin du devoir, a livré des combats où sa supériorité s'est toujours fait remarquer. A trouvé la mort dans un vol de patrouille. A été cité.*

VIMONT (Robert de), brigadier au 4ᵉ Cuirassiers à pied.

Disparu au Plémont, le 9 juin 1918.

VINARD (Jean), ✠ (posthume), ✠ (palme et étoile de bronze), étudiant en droit, sous-lieutenant au 156ᵉ d'Infanterie.

Tué à Maisons-de-Champagne, à la tête de sa compagnie, le 29 septembre 1915.

Citation : *Officier très énergique, des plus consciencieux et des plus dévoués. Blessé légèrement à la main, le 25 septembre, par un obus dont l'explosion lui causa une violente commotion, n'a passé que 24 heures à l'ambulance, et s'est empressé de rejoindre son unité en première ligne, où il a été tué le 29.*

[Né le 15 juillet 1893. Fils de M. le Pasteur VINARD et de Mᵐᵉ née ELLENBERGER.]

VINCELLES (Charles-Amédée-*Jean* AUBERT de), ✠ (posthume), ✠ (palme), Saint-Cyrien de la promotion de la Croix du Drapeau, sous-lieutenant au 120ᵉ d'Infanterie.

Tué à Cheminon (Marne), le 8 septembre 1914.

[Né le 26 septembre 1894. Fils du Vᵗᵉ et de la Vᵗᵉˢˢᵉ née BOSCALS DE RÉALS.]

VINCENS (Marie-Félix-Émile-Joseph-*Charles*), ✠, ✠, chef de bataillon au 127ᵉ d'Infanterie.

Mortellement blessé, le 23 août 1914, au combat de Saint-Gérard (Belgique).

Citation : *Superbe attitude et admirable énergie au feu ; est tombé mortellement blessé en entraînant son bataillon à l'attaque.*

[Né le 3 décembre 1864. Fils de M. et de Mᵐᵉ née HARDŸ DE PÉRINI, décédée en 1920.]

VINCENT (*Georges*-Marie-Joseph-André), ✠ (posthume), ✠ (palme), industriel, lieutenant de réserve au 38e d'Artillerie.

Tué d'un éclat d'obus, le 1er octobre 1915, à Craonnelle.

Citation : ..... constituant le personnel d'une pièce contre avions, ont continué le tir sous une série de rafales ennemies, jusqu'à ce qu'ils aient été tous tués ou blessés à leur poste.

[Né le 10 août 1888. Fils du Général VINCENT, C ✠, et de Mme née GROS.]

VINCENT (*Pierre*-Marie-Charles), ✠ (posthume), ✠ (palme), ancien élève de l'Ecole Polytechnique, lieutenant au 33e d'Artillerie.

Tué d'une balle au cœur, le 11 mai 1915, devant la Targette.

Citation : Agent de liaison entre le commandement de l'artillerie et un groupe de batteries qui, à la suite d'une violente attaque de l'ennemi, se sont trouvées immobilisées pendant plusieurs heures à moins de 600 mètres des tirailleurs ennemis, a fait preuve d'autant d'intelligence que de courage et de sang-froid en assurant la liaison, de façon régulière, à travers une grêle de balles (13 novembre 1914).

[Né le 10 décembre 1890. Frère du précédent.]

VINCENT (*Joseph*-Marie-Gabriel), ✠ (posthume), ✠, ancien élève de l'Ecole de Saint-Cyr, lieutenant au 164e d'Infanterie.

Tué d'une balle au front, au Bois de Ville, devant Verdun, le 21 février 1916.

Citation : Chargé de la défense du Bois de Ville (Verdun), les 20 et 21 février 1916, s'est fait héroïquement tuer sur cette position, donnant à tous le plus bel exemple du devoir accompli et faisant noblement le sacrifice de sa vie pour retarder l'avance ennemie.

[Né le 22 juin 1894. Frère des précédents.]

VINCENT (*Eugène*-François-Marie-Joseph), chasseur au 10e Chasseurs à pied.

Blessé, le 4 avril 1916, devant le fort de Vaux (Verdun), mort à Lyon, le 11 suivant, des suites de ses blessures.

[Né le 3 juillet 1882. Fils du Dr Eugène VINCENT, professeur agrégé à la Faculté de Lyon, et de Mme née Marguerite ROUSSELON.]

VINCENT (Pierre), ✠, ✠ (4 citations), médecin-chef au 233e d'Infanterie.

Tombé au champ d'honneur, le 5 septembre 1918.

[Fils de l'ancien Préfet et de Mme L. VINCENT.]

VINCENT-DARASSE (Henry-Jean-Paul-Alexis), ✠, maréchal des logis pilote-aviateur.

Tombé en combat aérien, sur le front de la Somme, le 10 octobre 1916.

[Fils de M. et de Mme Paul VINCENT-DARASSE.]

VINCKLER (J.-A.-M.-C.), ✠ (posthume), ✠ (palme), enseigne de vaisseau, commandant la flottille du lac de Presba.

Citation : Officier aussi brave que dévoué, commandant d'une flottille bombardée à plusieurs reprises par l'aviation ennemie. A trouvé une mort glorieuse dans un combat de nuit en escortant un convoi.

VIOLET (Pierre), ⚜ (posthume), ✠ (6 palmes), ✳ (Military Cross), adjudant pilote-aviateur.

Tué en combat aérien, à Ormes (front de Verdun), le 27 décembre 1916.

VIOLOT DE BEER (Claude-Marie-Jean-*Christian*), ✳ (posthume), ✠ (étoile vermeil), sous-lieutenant au 9ᵉ d'Infanterie.

Tué, le 2 août 1916, devant Fleury, en portant ses hommes en avant contre l'ennemi en retraite.

> Citation : *Venu de la cavalerie sur sa demande, a fait preuve, depuis son arrivée au régiment, du plus bel entrain. Blessé le 3 juillet par un éclat d'obus, est resté à son poste. N'a cessé de donner l'exemple du courage et de l'énergie pendant les travaux d'approche devant Beaurains.*

[Né le 19 juin 1889. Fils de M. Claudius VIOLOT (décédé) et de Mᵐᵉ née DE BEER. Il était, par sa mère, arrière-neveu de LAMARTINE.]

VIRAUT (Raymond), ✳ (posthume), ✠ (palme), étudiant, *engagé volontaire*, sous-lieutenant pilote-aviateur à l'Escadrille M.F. 63.

Tué en combat aérien, au-dessus d'Avocourt, le 19 mai 1916.

> Citation : *Pilote sur le front depuis fin septembre 1915, a toujours fait preuve du plus bel entrain ; depuis l'attaque de Verdun, a livré 27 combats aériens ; a tenu tête, le 8 avril, à quatre avions à l'intérieur des lignes ennemies. Dans la nuit du 25 au 26 avril, a pris part à un raid de bombardement sur une gare, à 70 kilomètres du front. A mis cinq projectiles au but, malgré une violente canonnade.*

[Né le 22 mai 1895. Fils de l'Avocat à la Cour de Paris, et de Mᵐᵉ née HENRY-LEPAUTE.]

VIREL (Arthur-Guillaume-*Conrad* du FRESNE de), canonnier automobiliste au 13ᵉ d'Artillerie.

Mort pour la France, le 28 octobre 1915.

[Fils du Vᵗᵉ et de la Vᵗᵉˢˢᵉ DE VIREL (décédés). Marié à Mˡˡᵉ Antoinette BAGOT DE BLANCHECOUDRE.]

VIRIEU (Marie-Joseph-Gabriel-Bernard-*Jacques* de), ⚜ (posthume), ✠ (palme), caporal au 12ᵉ Chasseurs alpins.

Tué, le 31 août 1915, au Lingekopf.

> Citation : *Défendant un poste d'écoute important, ne s'est retiré qu'après avoir combattu jusqu'au dernier de ses hommes. Blessé, est néanmoins resté dans la tranchée ; a été tué en défendant l'accès du boyau d'écoute. A été cité.*

[Né le 15 décembre 1895. Fils du Cᵗᵉ Geoffroy DE VIRIEU et de la Cᵗᵉˢˢᵉ née Béatrix DE DURFORT DE CIVRAC DE LORGE, décédée.]

VIROT (*Henri*-Octave-Eugène), caporal au 119ᵉ d'Infanterie.

Tué à Aix-Noulette, le 26 juin 1915.

[Né le 18 septembre 1878. Fils de M. et de Mᵐᵉ née MONET. Marié à Mˡˡᵉ Marguerite DE POUILLY.]

VISME (Jacques-F. de), ✳ (posthume), ✠ (palme), capitaine au 146ᵉ d'Infanterie.

Officier de Dragons, avait demandé à passer dans l'Infanterie ; il prit part, en février 1916, à la défense de Verdun ; blessé dès le début, refusa de se faire évacuer et tomba le 6e jour de la bataille, foudroyé par une balle, devant Douaumont.

> Citation : *Passé sur sa demande de la cavalerie à l'infanterie, et placé à la tête de la compagnie de mitrailleuses, a fait preuve, pendant l'attaque allemande du 2 mars 1916, d'un grand sang-froid et du mépris de tout danger. A été tué d'une balle au moment où il dirigeait en personne l'installation d'une de ses pièces sur le parapet de la tranchée. A été cité.*

[Fils de M. et de Mme née DE WEGMANN.]

VISME (André-*Pierre* de), ⚜ (posthume), ✠, adjudant au 127e d'Infanterie.

Tombé, le 3 septembre 1916, en entraînant sa section à l'assaut.

> Citation : *D'un calme et d'un sang-froid admirables. A conduit sa section avec une maîtrise complète au cours d'un engagement difficile ; le 3 septembre 1916, a maintenu l'ennemi qui attaquait de front et de flanc, et est tombé au cours de l'action. A été cité.*

[Né en 1894. Frère cadet du précédent.]

VISME (Jean-Joël de), soldat au 10e d'Artillerie à pied.
Tué au ravin de Chiagnes (Somme), le 24 juin 1916.

[Né le 21 septembre 1881. Marié à Mlle CAPART.]

VISME (Alexandre-Casimir-Édouard de), ✠ (posthume), ✠ (palme), capitaine au 74e d'Infanterie.
Tué à Vaux-Douaumont, le 3 avril 1916.

> Citation : *A eu une brillante attitude à l'attaque du 3 avril 1916. A su enlever sa compagnie qui formait une première vague d'assaut et lui a fait gagner du terrain. A été tué au cours de cet assaut. A été cité.*

[Fils de M. et de Mme née TATTET.]

VISSEC (Vicomte Maurice DELPON de), ✠, ✠ (palme), chef de bataillon.

> Citation : *...... A minutieusement préparé pendant plusieurs jours l'attaque du 9 mai 1915 et a contribué, sans conteste, à en assurer la réussite. La première tranchée allemande enlevée, a poussé en avant, sans arrêt, toutes les unités qui lui tombaient sous la main. A été grièvement blessé, après une progression de 2.500 mètres, au pied des nouvelles positions allemandes.*

[Fils du Cte et de la Ctesse Charles DE VISSEC, décédés.]

VITROLLES (Vicomte d'ARNAUD de), caporal au 27e Chasseurs à pied.
Tué le 27 décembre 1914.

VITRY (Fernand), ✠, ✠ (1 palme, 2 étoiles), membre du Cercle Catholique de Montalembert, fondateur du Secrétariat populaire de Saint-Joseph, lieutenant mitrailleur au 14e d'Infanterie.

Frappé mortellement au milieu de ses mitrailleuses, le 4 juin 1918, sur la lisière Est de la forêt de Villers-Cotterets. Transporté à l'ambulance du château d'Ognon, près Barberie (Oise), y succomba le 8 juin.

> Citation (Légion d'honneur) : *Officier d'une haute valeur morale et d'une bravoure exemplaire, antérieurement cité deux fois à*

*l'Ordre de la Division; a été grièvement blessé le 4 juin en faisant
la reconnaissance des emplacements de ses mitrailleuses. A déclaré,
pendant son transport au poste de secours, qu'il faisait volontiers
à la patrie le sacrifice de sa vie.*

[Né le 27 septembre 1887. Fils du Commandant Alexis VITRY, ✻, et de M᷊ née
LESUEUR, décédée.]

VIVIE DE REGIE (Marie-Jean de), ✻ (posthume), ✠ (palme), sous-
lieutenant au 273ᵉ d'Infanterie.

Citation : *Jeune et vaillant officier, déjà cité à l'Ordre pour sa
brillante conduite devant l'ennemi. Grièvement blessé en résistant
énergiquement à une forte attaque ennemie. Est mort en captivité
des suites de ses blessures.*

VIVIERS (Robert-Olivier de), aspirant au 226ᵉ d'Infanterie.
Tué le 31 mars 1916.

VOGELIN (René-Jules-Maurice-Marie), ✻ (posthume), ✠ (1 palme,
2 étoiles), lieutenant pilote-aviateur à l'Escadrille S.O.P. 279.
Brigadier, puis maréchal des logis au 37ᵉ d'Artillerie, puis sous-
lieutenant mitrailleur au 95ᵉ d'Infanterie, passé, sur sa demande,
dans l'Aviation. A trouvé une mort glorieuse, le 4 juin 1918, en
avant de La Ferté-Milon, au cours d'une mission de surveillance
du front, en mitraillant l'ennemi à très basse altitude.

Citation : *Excellent pilote; modèle de courage et de conscience.
Tombé glorieusement en mitraillant des rassemblements ennemis.
A été cité.*

[Né le 10 mai 1893. Fils du Dʳ Maurice VOGELIN, médecin principal de 1ʳᵉ classe,
et de Mᵐᵉ née BAILLY.]

VOGÜÉ (Comte Charles de), ✻ (posthume), ✠ (palme), lieutenant
de réserve au 264ᵉ d'Infanterie.

Citation : *Officier de grand mérite; a toujours fait preuve du
plus grand sang-froid et de la plus belle abnégation dans les combats d'août et de septembre 1914. Blessé mortellement par un éclat
d'obus en reconnaissant la position de sa compagnie. A été cité.*

[Né le 17 décembre 1882. Fils du Cᵗᵉ Arthur DE VOGÜÉ, ✻, et de la Cᵗᵉˢˢᵉ née DE
CONTADES. Marié, en 1906, à Mˡˡᵉ Diane-Marie PASTRÉ, fille du Cᵗᵉ et de la
Cᵗᵉˢˢᵉ André PASTRÉ, — dont un fils.]

VOGÜÉ (Comte Henri de), ⚜, ✠ (palmes).
Mort de ses blessures dans une ambulance du front, en 1915.

[Né le 1ᵉʳ septembre 1879. Fils du Vᵗᵉ Melchior DE VOGÜÉ, de l'Académie Française,
et de la Vᵗᵉˢˢᵉ née ANNENKOF, décédés.]

VOGÜÉ (Comte Pierre de), lieutenant pilote-aviateur.
Mort victime d'un accident d'aéroplane, à l'Ecole d'Aviation
de Pau, le 30 avril 1918.

[Frère du précédent.]

VOISIN (Alfred-Jean-Félix), ✻ (posthume), ✠ (étoile), *engagé volontaire,* cavalier au 4ᵉ Cuirassiers à pied.
Engagé en janvier 1915 au 27ᵉ Dragons, passa aux Cuirassiers.
Blessé à Ville-sur-Tourbe (Champagne), le 25 juillet 1918, est
mort le même jour à l'ambulance de Villers-Daucourt (Marne).

Citation : *Jeune officier d'une belle bravoure. Le 25 juillet 1918, a été mortellement frappé à son poste de commandement, où il exaltait le moral de tous par son exemple. Déjà cité.*

[Né le 12 octobre 1916. Fils de M. et de Mme née BRÉMARD.]

VOITURET (Ernest-Augustin), ⚜ (posthume), ✠, brigadier au 2e Dragons.

Citation : *Au combat du 29 août 1914, au cours d'une reconnaissance, s'est montré plein de hardiesse et d'entrain. Blessé mortellement par un éclat d'obus, a fait preuve d'un courage admirable, criant : « Vive la France ! Je meurs pour elle, je suis content » ; a expiré en essayant de chanter* la Marseillaise.

VOMECOURT (Maxime de CREVOISIER de), ✠ (posthume), ✠, *engagé volontaire*, lieutenant au 6e d'Artillerie.

Citation : *Libéré de toute obligation militaire et engagé volontaire pour la durée de la guerre, a donné dans toutes les occasions l'exemple du calme et du courage. Le 20 décembre 1914, à Ypres (Belgique), venant au poste de commandement du capitaine lui rendre compte d'un tir exécuté sous sa direction, a été mortellement blessé par l'explosion d'un obus ennemi. A été cité.*

VONDERHEYDEN (Charles - Jules - Frédéric), ✠ (posthume), ✠ (palme), capitaine au 8e Hussards.

Citation : *Officier de grande valeur, ayant un escadron remarquablement tenu et entraîné. Mortellement frappé le 2 juin 1918, au moment où il entraînait magnifiquement sa compagnie à l'attaque de la position ennemie, sous un barrage formidable d'artillerie de gros calibre et un feu violent de mitrailleuses, donnant à tous un superbe exemple de bravoure et de mépris du danger. A été cité.*

[Né le 14 avril 1879. Marié à Mlle Denise D'ADHÉMAR.]

VONDERHEYDEN (Henri - Ernest - Auguste), ✠ (posthume), ✠ (palme), lieutenant au 62e d'Infanterie.
Tué à Messin, le 22 août 1914, à 29 ans.

Citation : *Très brave et très courageux au feu ; a su imprimer à sa section un allant superbe. Payant d'exemple. Toujours le premier. A été mortellement frappé au moment où il portait en avant son unité.*

VORON (André-Philibert-Antoine), ✠, étudiant, *engagé volontaire*, brigadier au 54e d'Artillerie.
Tué au combat du Hamel (Aisne), le 2 avril 1917.

[Né le 7 mai 1897. Fils de M. et de Mme née LARUE.]

VOSSEAUX (Benoît-Louis-André des), ✠ (posthume), ✠, sous-lieutenant au 162e d'Infanterie.
Tombé en Argonne, le 1er juillet 1915.

Citation : *Excellent officier. Profondément dévoué à ses devoirs et ayant toujours donné le plus bel exemple à ses hommes. Tué à son poste de combat le 1er juillet 1915. A été cité.*

VOSSEAUX (Louis-Bernard-Xavier des), ✠ (posthume), ✠, ingénieur-agronome, sous-lieutenant au 89e d'Infanterie.
Tué à Vauquois, le 28 mai 1915.

> Citation : *Le 28 mai 1915, n'hésita pas, malgré le feu intense dirigé par l'ennemi, à sortir la tête de la tranchée pour examiner les résultats du tir sur les tranchées allemandes. A été frappé mortellement. A été cité.*

VOUILLON (François), 🎖 (posthume), ✠ (étoile d'or), étudiant en médecine, médecin auxiliaire.
Mort le 28 juillet 1916.

> Citation : *Médecin auxiliaire dans un ouvrage de première ligne, n'a cessé, malgré un état de santé devenu très précaire, de donner des soins dévoués aux blessés, et, son état empirant, a refusé de se faire évacuer. N'y a consenti qu'après une émission de gaz suffocants qui l'a rendu incapable de continuer son service. Est mort peu de temps après.*

[Né le 13 juillet 1895. Fils de M. Jules VOUILLON et de Mᵐᵉ née DU LOCLE.]

VREGILLE (Marie-Louis-*André* COURLET de).
Versé en 1914 aux Services auxiliaires, a demandé à être affecté au Service des Ambulances de la Croix-Rouge. Nommé administrateur de l'hôpital auxiliaire Saint-Ferréol à Besançon, y est mort, le 10 mai 1916, d'une maladie contractée dans son service.

[Né le 28 juillet 1880. Fils de M. Albert DE VREGILLE, ancien officier de Cavalerie, et de Mᵐᵉ née PIÉGAY. Marié, en 1909, à Mˡˡᵉ Thérèse D'ORIVAL DE MISEREY, — dont quatre enfants.]

VREGILLE (Pierre-Marie-*Jacques* COURLET de), ✠, ✠ (4 palmes, 2 étoiles d'or), ✠ (Saint-Georges de Russie), *engagé volontaire*, sous-lieutenant au 8ᵉ Hussards, passé sur sa demande au 146ᵉ d'Infanterie.
Grièvement blessé trois fois, à Douaumont, à Hardecourt (Somme), en 1916, et au Chemin-des-Dames, le 16 mai 1917.
Mort des suites de ses blessures à l'hôpital à Paris, le 2 juillet 1917.

> Dernière citation : *Officier venu volontairement de la cavalerie dans l'infanterie. A toujours fait preuve de la plus haute conception du devoir, se montrant un modèle d'abnégation, de bravoure et d'entrain. S'est particulièrement distingué aux combats du 16 avril 1917. Grièvement blessé le 16 mai en faisant placer devant sa section des fils de fer.*

[Né le 30 septembre 1887. Frère du précédent.]

VREGILLE (Marie-Armand-*Bernard* COURLET de), 🎖 (posthume), ✠, religieux de la Compagnie de Jésus, caporal au 152ᵉ d'Infanterie.
Proposé pour sergent, en a refusé les galons et a été maintenu dans ses fonctions comme agent de liaison. A fait l'Alsace et les Vosges, et a été emporté par un obus, le 28 novembre 1914, au plateau de Charémont, près Saint-Dié.

[Né le 7 juillet 1892. Frère des précédents.]

VRIES (Guillaume de), 🎖 (posthume), ✠, caporal au Groupe Cycliste de la 6ᵉ Division de Cavalerie.

> Citation : *Mortellement atteint en entraînant ses chasseurs à l'assaut d'une position fortement organisée. A été cité.*

VUILLARD (*Jules*-Simon), ✠, ✠ (palme), directeur des Établissements Rivat (Lyon), capitaine au 67ᵉ d'Infanterie.

Mort à Lyon, le 31 octobre 1918, de maladie contractée au service et aggravée des suites d'une blessure reçue à l'attaque de Champagne, en 1915.

> Citation : *Officier d'une grande bravoure, le 26 septembre 1915, a brillamment entraîné sa compagnie à l'assaut des tranchées allemandes. Grièvement blessé, a fait preuve de sang-froid et d'énergie en continuant à encourager les hommes, ne s'est laissé transporter au poste de secours qu'après évacuation des soldats blessés en même temps que lui.*

[Né le 27 septembre 1870. Fils de M. et de Mᵐᵉ née BOUVARD. Marié à Mˡˡᵉ CHAVASSIEU, fille de M. et de Mᵐᵉ née PAPILLON.]

VUILLAUME (Jean), ✠, *engagé volontaire*, maréchal des logis au 270ᵉ d'Artillerie.

Tombé, le 17 mai 1918, à 20 ans.

VUITTON (Pierre-Eugène), ✠, ✠ (palme), sous-lieutenant au 101ᵉ d'Infanterie.

Tué le 28 septembre 1917.

W

WACHET (Marie-François-Louis-*Henry*), ⚜ (posthume), ✠ (1 palme, 2 étoiles), ✴ (Médaille du Maroc), avocat à la Cour de Paris, adjudant au 8ᵉ Zouaves.

Blessé le 25 août 1914, ne quitta pas le front; prit part à la bataille de la Marne, puis à tous les combats où se signala la Division Marocaine, à laquelle appartenait son régiment. Blessé grièvement, le 30 mai 1918, au S.-O. de Soissons, il expirait le jour même; inhumé à Dommiers.

> Citation : *Jeune sous-officier aussi brave que dévoué, ayant une très haute idée de son devoir. Le 30 mai 1918, a brillamment entraîné sa section pour arrêter une attaque allemande débouchant à une centaine de mètres. A pleinement réussi dans sa mission en causant de lourdes pertes à l'ennemi. Blessé très grièvement, ne s'est fait évacuer qu'après avoir assuré le commandement de son unité.*

[Né le 14 novembre 1889. Fils du Commandant et de Mᵐᵉ née FRYSON. Marié à Mˡˡᵉ Hélène POISOT, fille de M. et de Mᵐᵉ née DAUZOY.]

WACHOWSKI (J.-A.-J.), ✴ (posthume), ✠ (palme), enseigne de vaisseau de 1ʳᵉ classe.

> Citation : *Pendant l'engloutissement du Léon-Gambetta, a éclairé les échelles inférieures avec des lampes de poche ou des allumettes, permettant ainsi à l'équipage de monter sur le pont et de se sauver. A travaillé ensuite à mettre les embarcations à la mer, a contribué par ses paroles et son exemple à maintenir l'ordre sur le pont, a été jeté à la mer par le chavirement du navire et y a trouvé la mort.*

WADDINGTON (*Frédéric*-Charles-Pendrell), ⚜ (posthume), ✠ (palme), étudiant en sciences, maréchal des logis au 17ᵉ Dragons, pilote-aviateur à l'Escadrille V. 116.

Etait au service au 17ᵉ Dragons quand la guerre éclata. Fit la campagne d'Alsace et fut envoyé, sur sa demande, à l'Ecole d'Aviation d'Ambérieu. Breveté pilote sur Voisin, en février 1916, fut envoyé le 5 avril à l'Escadrille V.C. 116. Il disparut en mer au large d'Ostende, le 17 mai 1916, alors qu'il attaquait un contre-torpilleur ennemi. Son corps fut retrouvé, le 11 juin 1916, par un bateau-pilote hollandais qui le ramena à Yumiden (Hollande), où il fut provisoirement inhumé avec les honneurs militaires, le 16 juin 1916.

> Citation : *Au cours d'une patrouille en mer, le 17 mai 1916, a fait preuve d'un beau courage en descendant très bas au-dessus d'un torpilleur ennemi, qu'il a canonné. Est disparu en mer au cours de ce combat.*

[Né à Lyon le 3 mars 1892. Fils de M. Albert WADDINGTON, professeur à la Faculté des Lettres de Lyon (engagé volontaire, officier interprète au G. Q. G.), et de Mᵐᵉ née FERRAND.]

WAGRAM (Louis-Marie-Philippe-*Alexandre* BERTHIER, Prince Duc de), ✳, ▨ (palme), capitaine au 66ᵉ Chasseurs à pied.

Le 28 mai 1918, il se trouvait près de Soissons avec ses hommes quand, au milieu de la nuit, l'alerte fut donnée ; en même temps, il recevait par téléphone l'ordre de se porter sur un point déterminé du front d'attaque. Soudain, la petite troupe fut, en raison de l'extrême obscurité qui régnait en cet endroit, surprise et cernée de tous côtés par des détachements ennemis très importants qui s'y trouvaient dissimulés, et c'est dans cette lutte que le valeureux officier succomba glorieusement.

> Citations : 15 novembre 1914 : *A fait exécuter, la nuit du 14 novembre 1914, un bond en avant de 600 mètres dans un silence complet. Cette belle manœuvre de nuit, au nez des soldats de la Garde impériale allemande, fait honneur aux commandants de compagnie et aux chasseurs du 66ᵉ.*
>
> 22 novembre 1914 : *Le 12 novembre, s'est porté pendant la journée, avec l'adjudant* Bohain, *sur le chemin de la Brayelle, pour reconnaître l'emplacement que devait occuper sa compagnie pendant la nuit. L'adjudant* Bohain *ayant été blessé mortellement, a continué sa reconnaissance avec beaucoup de courage et d'intelligence.*
>
> 1ᵉʳ septembre 1915 (Légion d'honneur) : *A chargé à la tête de sa compagnie, le 13 juillet 1915, le fusil à la main, et a brillamment entraîné tous ses chasseurs ; officier réputé pour sa bravoure.*

[Né le 30 juillet 1883. Fils du Pᶜᵉ Duc DE WAGRAM et de la Pᶜᵉˢˢᵉ née Berthe-Claire DE ROTHSCHILD, décédés. — Arrière-petit-fils du Maréchal BERTHIER, Prince DE WAGRAM.]

WAIDMANN, née Clémentine BOUDET (Madame), ▨ (palme), infirmière à l'hôpital de Remiremont.

> Citation : *Attachée à l'hôpital auxiliaire de l'Union des Femmes de France à Remiremont, depuis le début de la guerre, n'a cessé de prodiguer ses soins aux blessés de cet hôpital avec le plus grand dévouement, y joignant une action morale très remarquée. A contracté à leur chevet une affection à laquelle elle a succombé, après avoir donné un bel exemple de courage et d'abnégation.*

WALCKENAER (Marie-Clément-*Charles*), ✳ (posthume), ▨ (palme), lieutenant au 18ᵉ Dragons.

> Citation : *Officier d'une haute valeur morale, modèle de courage et de bravoure. A fait preuve en toutes circonstances des plus belles qualités militaires. Mortellement frappé le 6 octobre 1914, à la tête de ses hommes qu'il électrisait par son exemple. Une citation antérieure.*

[Fils du Bᵒⁿ et de la Bᵒⁿⁿᵉ née LABROSSE-LUUYT, décédée.]

WALDECK (Georges-Gaston de), ⚜ (posthume), ▨, soldat au 171ᵉ d'Infanterie.

> Citation : *Excellent soldat. Tombé glorieusement à son poste de combat, le 5 mai 1917, au Chemin-des-Dames.*

WALDMANN (André), ⚜ (posthume), ▨ (palme et étoile), maréchal des logis, pilote-aviateur à l'Escadrille C. 39.

Tué au cours d'un combat aérien, le 26 juillet 1916.

> Citation : *Sous-officier pilote, ayant toujours fait preuve des plus grandes qualités de courage et d'entrain. Au cours de bom-*

bardements et de reconnaissances à longue portée, a reçu maintes fois des projectiles dans son appareil. Malgré les difficultés rencontrées, a toujours réussi les missions dont il était chargé. Le 26 juillet, au cours d'un bombardement, a glorieusement succombé en soutenant, à 10 kilomètres dans les lignes, un combat contre trois avions ennemis.

[Né le 23 février 1892. Fils de M. Léon WALDMANN, ingénieur en chef des Ponts et Chaussées (décédé), et de Mme née POLACK.]

WALEWSKI (Charles COLONNA, Comte), O ✳, lieutenant-colonel.

A succombé, en 1916, aux suites d'une maladie contractée au service de la France.

[Marié à Mlle Félicie DOUAY.]

WALLACE (Georges-Richard-Edmond), ✳ (posthume), ✵, lieutenant au 89e d'Infanterie.

Tué à Vauquois, le 28 février 1915, à 39 ans.

Citation : *Officier brave et intelligent, possédant les plus hautes vertus militaires. A trouvé une mort glorieuse, le 28 février 1915, en montant à l'assaut de Vauquois, à la tête de ses hommes. A été cité.*

WALLER (*Maurice*-Louis), caporal au 164e d'Infanterie.

Mort pour la France, le 26 octobre 1915.

[Né le 15 décembre 1887. Fils de M. et de Mme Paul WALLER.]

WALLON (*Albert*-Léon-Paul), ⚜ (posthume), ✵ (étoile), externe des Hôpitaux de Paris, *engagé volontaire*, médecin auxiliaire au 2e bataillon du Régiment de marche de Tirailleurs Marocains.

Citation : *A trouvé la mort, le 14 mars 1915, en prodiguant ses soins aux blessés dans les tranchées de première ligne, à la cote 196 (Mesnil-les-Hurlus).*

[Né le 22 juillet 1888. Fils du Professeur au Lycée Janson-de-Sailly et de Mme née DUPONT.]

WALRAND (Pierre), ⚜ (posthume), ✵, étudiant ingénieur, maréchal des logis au 30e d'Artillerie.

Parti au front fin avril 1915, il tombait glorieusement, le 24 mai suivant, au plateau de Berthonval; inhumé au cimetière d'Ecoivres, près le Mont Saint-Eloi.

Citation : *Chargé d'observer les signaux de l'infanterie, est resté à son poste sous un feu d'artillerie des plus violents. A été tué près de sa pièce.*

[Né le 4 mai 1893. Fils de M. (décédé en 1914) et de Mme née Gabrielle BENCTEUX.]

WARENGHIEN (Marie-*Michel*-Paul de), ✳ (posthume), ✵ (1 palme, 4 étoiles), capitaine adjudant-major au 8e Cuirassiers à pied.

Tombé glorieusement, le 30 mai 1918, à Chavigny (Aisne), au cours d'une contre-attaque allemande.

Citation : *Dans la journée du 30 mai 1918, s'est dépensé sans compter pour assurer les différentes liaisons du bataillon. Dans un moment critique, a rallié des éléments d'unités voisines qui refluaient pour les porter en avant. A été tué à son poste de combat. Remarquable officier d'une bravoure réputée. A été cité.*

[Né le 24 juillet 1876. Fils de M. (décédé) et de Mᵐᵉ née Pauline AKERMANN. Marié à Mˡˡᵉ Marie PIÉRARD, fille de M. et de Mᵐᵉ née Berthe SEMAL, — dont deux enfants.]

WARREN (Comte William de), ☀, ✠ (palme), maréchal des logis.
Mort au champ d'honneur, le 26 août 1917.

[Né en 1874. Fils du Cᵗᵉ et de la Cᵗᵉˢˢᵉ DE WARREN. Marié à :..., — dont trois fils.]

WASER (*Félicien*-Auguste), ☀ (posthume), ✠ (étoile d'argent), architecte, élève de l'Ecole nationale des Beaux-Arts, soldat au 26ᵉ d'Infanterie.
Tué à l'assaut des tranchées allemandes, d'une balle en plein front, le 9 mai 1915, à Neuville-Saint-Vaast.

> Citation : *Très brave soldat. A l'attaque du 9 mai 1915, a vivement entraîné ses camarades jusqu'aux tranchées ennemies, où il a été frappé mortellement.*

[Né à Paris le 24 mai 1894. Fils de M. Aug. WASER, architecte du Gouvernement.]

WAUBERT DE GENLIS (*Eric*-Marie-Joseph de), ✳ (posthume), ✠ (palme), sous-lieutenant de Cavalerie, observateur à l'Escadrille S.O. 107.
Mort pour la France, le 13 juillet 1917.

> Citation : *Sur le front depuis le début de la campagne, a pris part à de nombreux combats, où il a toujours fait preuve de belles qualités militaires. Passé dans l'aviation comme observateur bombardier, a exécuté douze bombardements de nuit, dont quelques-uns dans des circonstances atmosphériques très défavorables. Officier plein d'entrain, donnant la preuve de son mépris complet du danger. Intoxiqué par les gaz et blessé au cours de bombardements, a refusé de se laisser évacuer.*

[Fils de M. et de Mᵐᵉ née DE LA PALME.]

WAUBERT DE GENLIS (Jean de), ✳, ✠, capitaine.
Mort, en décembre 1919, à 25 ans, à Przemysl, des suites de ses blessures.

WAVRECHIN (Louis-Adolphe-Jules-*Roland* de), ☀ (posthume), ✠, brigadier au 22ᵉ d'Artillerie.
Tué sous Verdun, le 15 avril 1915.

> Citation : *Arrivé depuis peu sur le front, a toujours demandé à remplir les missions les plus périlleuses. Mortellement blessé en réparant une ligne téléphonique sous le feu, le 15 avril 1915. A été cité.*

[Fils de M. et de Mᵐᵉ née DU CLOSEL. Marié à Mˡˡᵉ Jehane FERAY.]

WEHRLÉ (Marie-Charles), ✳, ✠, ✱✱ (Médailles de Chine et du Tonkin), O✱ (Dragon de l'Annam), Saint-Cyrien, chef de bataillon au 2ᵉ Colonial.
Tombé glorieusement, le 22 août 1914, au combat de Rossignol-Saint-Vincent (Luxembourg Belge).

> Citation : *Officier supérieur, modèle de bravoure et de courage ; frappé mortellement, le 22 août 1914, à Rossignol, pendant qu'il combattait avec une énergie farouche, un fusil à la main, à la tête*

de sa troupe, pour arrêter l'ennemi qui débouchait de la forêt de Neufchâteau.

[Né le 14 mai 1871. Fils de M. Adolphe WEHRLÉ et de M⁰⁰ née KAUFFEISEN. Marié à M¹¹ᵉ Louise BOHN, fille de M. et de M⁰⁰ née MAGENHANN.]

WEIL (*Georges*-Charles-Napoléon), lauréat de l'Ecole des Sciences Politiques, rédacteur à *La République Française*, lieutenant de réserve au 131ᵉ d'Infanterie.

Tué en Argonne, le 7 octobre 1914.

[Né le 11 avril 1881. Fils du Commandant et de M⁰⁰ née LANDAUER. Marié à M¹¹ᵉ HIRSCH, fille de M. (décédé) et de M⁰⁰ Albin VALABRÈGUE, née PERUGIA, — dont trois enfants.]

WEINDEL (Henri-Maurice de), ✠ (posthume), ✠ (palme), sous-lieutenant au 5ᵉ Cuirassiers.

Citation : *Jeune officier, faisant l'admiration de tous par son zèle et sa bravoure. A maintenu sa position malgré un bombardement de quatre heures, résistant aux plus violentes attaques ; est tombé mortellement blessé en couvrant la retraite de son escadron, le 4 avril 1918, à Morisel. A été cité.*

WÉLY, née CIPRIANI (Madame), ✠, infirmière militaire de 1ʳᵉ classe.

A succombé, à l'hôpital de Troyes, en 1919, à une maladie foudroyante contractée au chevet de nos soldats. Enrôlée dans la Croix-Rouge depuis 1914, elle ne cessa de prodiguer ses soins sur le front français et sur le front d'Orient.

WELLES (Pierre d'), ✠, capitaine d'E.-M.

Mort des suites de ses blessures, en novembre 1919.

WESSBECHER (Marcel-Robert-*André*), ✠ (posthume), ✠, adjudant aviateur à l'Escadrille 279.

Citation : *Observateur en avion. A rendu d'excellents services pendant la dernière offensive allemande. Tombé glorieusement en mitraillant des rassemblements ennemis, le 8 juin 1918. A été cité.*

WESSBECHER (Henry), ✠ (posthume), ✠, sous-lieutenant au 60ᵉ d'Artillerie.

Tué à son poste le 7 septembre 1918.

Citation : *Officier de tout premier ordre, a toujours été un sujet d'admiration de la part de tous par son zèle, son sang-froid et son courage ; mortellement frappé en se portant à la batterie violemment bombardée, donnant ainsi le plus bel exemple de dévouement. A été cité.*

[Né en 1892. Frère du précédent. Marié à M¹¹ᵉ Germaine TISSOT.]

WHITCOMB (Armand-*Adolphe*), ✠ (posthume), ✠, conseiller général des Landes, lieutenant à l'E.-M. de la 110ᵉ Brigade d'Infanterie.

Tué à Yverny (Seine-et-Marne), le 5 septembre 1914.

Citation : *Officier plein d'allant et d'un dévouement absolu. A été tué le 5 septembre 1914 en portant un ordre sous un feu d'une extrême violence. A été cité.*

[Né le 23 février 1880. Fils de M. et de M⁰⁰ née VION. Marié à M¹¹ᵉ Marguerite THURET, fille de M. et de M⁰⁰ née DE BERCKHEIM, — dont deux enfants.]

WIDRANGES (Comte Raymond de), ⚜ (posthume), ✠, sergent au 227ᵉ d'Infanterie.

Tué, le 18 août 1914, à Obersteuzel (Lorraine), à 18 ans.

> Citation : *Sous-officier courageux et brave. A été blessé grièvement en accomplissant son devoir. Est mort des suites de ses blessures.*

WIESENGRUND (Armand), ✠ (posthume), ✠, banquier, lieutenant de réserve au 262ᵉ d'Infanterie.

Etant en Russie à la déclaration de guerre, revint aussitôt en France pour y trouver presque aussitôt la mort glorieuse du soldat.

> Citation : *Blessé mortellement en entraînant sa section à l'attaque, le 5 septembre 1914, à Rémeréville. Mort pour la France.*

WIGNACOURT (Comte Alof de), ✠, sous-lieutenant de Cavalerie.

Décédé à Cambo, en août 1920, des suites d'une longue maladie contractée au front.

[Né le 9 août 1892. Fils du Général et de la Cᵗᵉˢˢᵉ Simon DE WIGNACOURT, née D'ÉVRY.]

WILDEMAN (Joseph-Émile de), ⚜ (posthume), ✠, soldat au 1ᵉʳ d'Infanterie.

> Citation : *Soldat courageux, qui a fait son devoir dès les premiers combats de la campagne. Mort pour la France, le 15 novembre 1914, des suites de glorieuses blessures reçues à Soupir.*

WILLEMIN (Michel-*André*), ✠, ✠ (1 palme, 2 étoiles), étudiant, *engagé volontaire* au 32ᵉ Dragons, officier pilote-aviateur.

Disparu, le 27 mars 1918, au cours d'une reconnaissance à basse altitude, dans le secteur de Noyon.

> Citation : *A tenu, par ses reconnaissances quotidiennes, le commandement au courant de la situation ; volant à très faible altitude, mitraillant les rassemblements ennemis et revenant journellement avec son avion criblé de balles. Parti en reconnaissance le 27 mars 1918, n'est pas rentré.*

[Né le 31 août 1896. Fils du Commandant et de Mᵐᵉ née RABOURDIN.]

WILLENICH (Pierre-Victor-Joseph de), ⚜ (posthume), ✠ (palme), maréchal des logis au 60ᵉ d'Artillerie.

> Citation : ..... *Mortellement blessé le 27 juin 1915, à son poste de combat, est mort en criant : « Vive la France ! »*

WILMET (Jean), ✠, maréchal des logis.

Mort pour la France.

[Fils du Général et de Mᵐᵉ F. WILMET.]

WISMES (Henri-Léon-Maxime-Marie-*René* de BLOCQUEL DE CROIX de), ✠ (posthume), ✠ (2 palmes), élève de l'Ecole Centrale, lieutenant au 263ᵉ d'Artillerie.

Grièvement blessé en Champagne, en 1915, retourna au front à peine guéri. De Verdun il alla au Chemin-des-Dames, où il devait trouver la mort, déchiqueté par un obus de gros calibre, le 18 avril 1917, sur la première ligne du plateau de Vauclerc.

> *Citation : Commandant de batterie de haute valeur morale et de savoir technique éprouvé, d'une bravoure tranquille et souriante, qui, malgré sa jeunesse, l'avait imposé à tout son personnel. Tué glorieusement le 18 avril 1917, au moment où, dans les premières lignes conquises et à peine organisées, il recherchait un observatoire pour continuer efficacement le tir de sa batterie. Déjà blessé grièvement en septembre 1915 et cité à l'Ordre de l'Armée.*

[Né le 18 juin 1892. Fils du B°ⁿ Gaëtan DE WISMES et de la B°ⁿⁿᵉ née LE LOUP DE LA BILIAIS.]

WITASSE (Joseph de), *engagé volontaire.*

Décédé, à l'hôpital de Bourges, des suites d'une maladie contractée au front, le 15 octobre 1918.

[Né en février 1886. Fils de M. Raoul DE WITASSE et de Mᵐᵉ née D'HESPEL.]

WITKOWSKI (Jacques MARTIN de), canonnier au 107ᵉ d'Artillerie lourde..

[Fils de M. et de Mᵐᵉ née GIRAUD.]

WITTE (Raymond-François-Marie-*Jacques* de), �֎ (posthume), ✠ (palme), sous-lieutenant au 117ᵉ d'Infanterie.

Passé, sur sa demande, de la Cavalerie dans la Ligne, est tombé glorieusement, le 6 octobre 1915, en Champagne.

> *Citation : Officier plein d'entrain et de bravoure. Frappé mortellement à la tête de sa section, en faisant exécuter des travaux en vue de la marche en avant. A été cité.*

WITTE (Jean-Gaston-René-Marie-*Gontran* de), �֎ (posthume), ✠ (palme), lieutenant au 24ᵉ Dragons.

Tombé héroïquement, le 29 juin 1917, à la cote 304 (Verdun).

> *Citation : Commandant un détachement de cavaliers chargés d'occuper une tranchée de première ligne attaquée par des groupes de grenadiers ennemis accompagnées de lance-flammes, a su, par son énergie et son ascendant moral sur ses hommes, faire organiser rapidement les barrages nécessaires et arrêter les progrès de l'ennemi. A été tué glorieusement en maintenant l'occupation de la position qui lui avait été confiée. A été cité.*

[Fils du Général et de la B°ⁿⁿᵉ née DE LA CELLE, décédée.]

WITTERSHEIM (Henri), ⚜ (posthume), ✠ (étoile), brigadier au 12ᵉ Cuirassiers.

Tué au combat de Langemarck (Belgique), le 26 octobre 1914.

> *Citation : Brigadier entreprenant et hardi. A pris part à toutes les reconnaissances de son peloton, a sollicité et brillamment accompli de périlleuses missions de liaison avec les troupes britanniques pendant les combats de Langemarck. A fait preuve d'intrépidité et de sang-froid au combat du 26 octobre 1914 en assurant, à plusieurs reprises, sous un violent bombardement, l'exécution des ordres de son capitaine. A été tué au cours de sa mission.*

[Né à Paris le 1ᵉʳ octobre 1894. Fils de M. Louis WITTERSHEIM et de Mᵐᵉ née LOŸ.]

WITWER DE FROUTIGUEN (Jean-*Joseph*), ⚜ (posthume), ✠, mitrailleur au 11ᵉ Cuirassiers à pied.

Grièvement blessé, le 22 octobre 1918, dans la région de la Ferme Echaude (Marne); succomba le lendemain dans une ambulance du front.

Citation : *Bon cavalier brave et dévoué. A été mortellement blessé, en octobre 1918, près de Condé-les-Autry, en faisant vaillamment son devoir. Croix de guerre avec étoile de bronze.*

WOLODKOWICZ (Comte PAIRIER de)..........................

[Fils de M. et de Mme née Marie DE WOLODKOWICZ (décédée). Marié à Mlle Odile HENNET DE GOUTEL, — dont deux enfants.]

WOLTZ (A.-P.-A.), ✵ (posthume), ✠ (palme), lieutenant de vaisseau, pilote-aviateur.

Citation : *Officier de la plus haute valeur morale, a été, pour l'escadrille qu'il commandait, un exemple constant des plus belles qualités de dévouement et de valeur militaire ; a conduit dans des conditions difficiles plusieurs opérations de bombardement. A livré combat au cours de ces opérations à un hydravion ennemi, obligeant son adversaire à amerrir. A disparu en mer dans une poursuite d'appareils ennemis.*

WORMS (*André*-Yves), caporal au 131e d'Infanterie. Mort de ses blessures à Châtel, le 27 mars 1915.

[Né à Paris le 3 mars 1887. Fils de M. et de Mme née SALMON.]

WORMSER (*André*-Maurice), ✵ (posthume), ✠ (palme), étudiant, aspirant au 311e d'Infanterie. Tombé au champ d'honneur, le 18 avril 1918.

Citation : *Chef de section d'un courage magnifique. Le 18 avril 1918, a entraîné vigoureusement sa section à l'attaque d'un bois organisé. Est tombé glorieusement au cours d'une contre-attaque, au moment où il allait servir une mitrailleuse dont tous les servants avaient été mis hors de combat. A été cité.*

[Né le 16 septembre 1894. Fils de M. Lucien WORMSER et de Mme née BLOCH.]

X

XAMBO (*Jacques*-Charles), ✳ (posthume), ✸ (palme et étoile), étudiant en médecine, *engagé volontaire*, sous-lieutenant au 23ᵉ Dragons, pilote-aviateur.

Tué dans un combat livré à 4.000 mètres d'altitude, le 3 juin 1918, au nord-est d'Oulchy-le-Château.

> Citation : *Officier d'élite, pilote habile et courageux, cherchant à remplir les missions les plus périlleuses. Disparu au cours d'un combat, en soutenant, avec ses camarades, une lutte inégale contre 18 avions ennemis. Une blessure. Une citation.*

[Né le 12 juillet 1896. Fils de M. Albert XAMBO, ancien avocat à la Cour de Paris, et de Mᵐᵉ née COURT.]

XAMBO (Jean), enseigne de vaisseau de 1ʳᵉ classe.

Décédé, en 1920, des suites d'une maladie contractée pendant la guerre.

[Frère du précédent.]

Y

YANVILLE (*Daniel*-Thibault-Henry, Comte Daniel CONSTANT d'), ✹ (posthume), ✠ (palme), sous-lieutenant au 5e Dragons.

Tombé glorieusement sous Ypres, frappé d'un éclat d'obus à la tête, le 3 novembre 1914.

Citation : *A fait preuve du plus grand courage en maintenant, sous un feu violent, le 3 novembre 1914, son peloton composé de réservistes qui voyaient le feu pour la première fois. A été atteint mortellement au moment où il portait ses hommes en avant. A été cité.*

[Né le 30 novembre 1890. Fils du Cᵗᵉ et de la Cᵗᵉˢˢᵉ née Marguerite VIVIER-DESLANDES.]

YVAN (*Antoine*-Louis-Eugène), ✹ (posthume), ✠ (palme), homme de lettres, lieutenant au 247e d'Infanterie.

Tué à l'ennemi, le 30 août 1914, au combat de la Cour des Rois, près de Guincourt.

Citation : *Blessé sérieusement à la main au combat du bois de X..., le 28 août 1914, a refusé de se faire évacuer, voulant conserver le commandement de sa compagnie. Le 30 août 1914, au combat de Y..., a pu, par une vigoureuse contre-attaque, dégager sa compagnie entourée par les Allemands. A été tué en entraînant ses soldats aux cris de : « En avant ! Vive la France ! »*

M. le Président de la République a tenu à honorer d'une façon toute particulière ce héros en remettant la croix de guerre à son jeune fils.

[Né le 28 octobre 1880. Fils de M. Henri YVAN (dit Théodore HENRY), O ✹, homme de lettres, et de Mᵐᵉ née RAVE. Marié à Mˡˡᵉ Madeleine BRAULT, fille de M. et de Mᵐᵉ née MASQUELIER, — dont deux enfants.]

YVER DE LA BRUCHOLLERIE (Charles), caporal cycliste au 21e territorial d'Infanterie.

Tombé, le 4 octobre 1914, à Puisieux, au cours d'une reconnaissance.

YVER DE LA BRUCHOLLERIE (Georges-Marie), ✹ (posthume), ✠ (palme), sous-lieutenant au 137e d'Infanterie.

Citation : *Officier territorial passé dans un régiment actif. Tué en se portant en première ligne, le 12 juin 1916.*

Z

ZAEPFFEL (Marcel), ✠, ✠ (2 palmes, 2 étoiles), docteur en médecine, médecin-chef du 27ᵉ Chasseurs à pied.

Tué au Chemin-des-Dames, le 10 août 1917, en prodiguant ses soins aux blessés.

> Citation : *Médecin-chef d'un dévouement absolu, d'une grande bravoure, d'une haute valeur morale ; sur le front depuis le début de la campagne ; trois fois cité pour sa conduite héroïque au feu. A été grièvement blessé, le 10 août 1917, en prodiguant ses soins aux blessés au cours d'une violente attaque allemande lancée sur le front du bataillon.*

[Né le 18 septembre 1884. Fils du Dʳ, médecin principal de l'Armée, et de Mᵐᵉ née MÉNAGE.]

ZÉDÉ (*Louis*-Henri), soldat au 112ᵉ d'Infanterie.

Faisant l'office d'agent de liaison, fut tué d'une balle au front, au cours d'une mission, à Moncourt (Lorraine), le 15 août 1914.

[Fils du Général (décédé) et de Mᵐᵉ née Laurence DUPUY DE LÔME.]

ZÉLICOURT (Yves de), ✠, sous-lieutenant.

Tombé à Douaumont.

[Fils de M. et de Mᵐᵉ née Laurence D'UZARD.]

ZENS (*Ernest*-Pierre-Émile), conducteur automobiliste au 19ᵉ escadron du Train.

Mort de ses blessures à Nomexy (Vosges), le 12 septembre 1914.

ZENTZ D'ALNOIS (Jean-Félix-*Raymond*), ✠, ✠ (1 palme, 2 étoiles), chef d'escadrons au 5ᵉ Cuirassiers à pied, faisant fonctions de lieutenant-colonel adjoint au Chef de Corps.

Tombé glorieusement dans la Somme, devant Moreuil, le 4 avril 1918.

> Citation : *Officier supérieur de la plus haute valeur morale et professionnelle, exemple vivant pour tous. Au cours d'un bombardement d'une violence inouïe, a été mortellement frappé par un obus au moment où il s'assurait de l'exécution d'un ordre donné. Déjà cité.*

[Né le 20 juillet 1872. Fils du Général et de Mᵐᵉ née MAVET. Marié à Mˡˡᵉ COEURET DE SAINT-GEORGES, fille du Général et de Mᵐᵉ née BARROT, — dont un enfant.]

ZIVY (*André*-Marcel-Maurice), ✠ (posthume), ✠ (palme), capitaine au 121ᵉ d'Artillerie lourde.

> Citation : *Officier d'un cran et d'une bravoure légendaires, toujours prêt à remplir des missions délicates et périlleuses. A fait de sa batterie une unité excellente sous tous les rapports. A fait exé-*

cuter, en de nombreuses circonstances, des tirs qui occasionnèrent à l'ennemi des pertes sévères. Est tombé mortellement blessé, le 23 septembre 1918, en mettant ses canons en batterie sur une position violemment bombardée et à proximité des premières lignes. A été cité.

ZOLLA (Albert-*Bernard*-Louis), ✠, ✠, soldat au 105ᵉ d'Artillerie lourde.

Mort de ses blessures à Froidos (Meuse), le 24 août 1916.

[Né le 17 novembre 1896. Fils de M. et de Mᵐᵉ née MOUCHEZ.]

ZUBER (Paul-*André*), ✠ (posthume), ✠ (palme et étoile), ancien élève de l'Ecole Polytechnique, lieutenant au 225ᵉ d'Artillerie.

Tombé, le 24 avril 1917, frappé par un obus de 150, près de la ferme « Cour Soupir », sur la route de Soupir à Ostel (Chemin-des-Dames).

Citation : *Officier dont la bravoure et le sang-froid font l'admiration de tous ; s'est fait remarquer par son mépris absolu du danger. A commandé une batterie avec la plus grande autorité, se portant toujours aux postes d'observation les plus avancés. A été tué le 24 avril 1917. A été cité.*

[Né le 15 octobre 1891. Fils de M. Henri ZUBER, O ✠, artiste peintre, ancien officier de marine (décédé), et de Mᵐᵉ née Hélène RISLER.]

ZUBER (*Marc*-Eugène), ✠, ✠ (4 palmes), élève de l'Ecole Polytechnique, lieutenant au 21ᵉ d'Artillerie, observateur à l'Escadrille 219.

Tombé à Venise, le 28 juin 1917, lors d'une mission en Italie, à la suite d'un accident d'hydravion, au cours d'un vol d'observation sur le front.

Citation (Légion d'honneur) : *Observateur de grande valeur ; s'est toujours proposé pour les missions les plus difficiles et les plus dangereuses. Très grièvement blessé au cours d'un vol d'observation sur le front.*

[Né le 7 avril 1895. Frère du précédent.]

ERRATA ET ADDENDA

[Ce chapitre contient les renseignements et documents parvenus à l'Editeur pendant l'impression de l'ouvrage.
L'astérisque (*) qui précède les noms indique que ceux-ci figurent déjà dans la Liste générale alphabétique, et que la mention nouvelle corrige ou complète la précédente.]

A

*ABBADIE D'ARRAST (Antoine d') [page 22]. Ajouter : ✠ (posthume), ✠, avec cette citation :

> *Officier ayant bravement donné sa vie pour la France, le 19 septembre 1914, au cours des durs combats du début de la campagne.*

ABBADIE D'ARRAST (Antoine-Jean d'), ✠ (posthume), ✠, sous-lieutenant au 3ᵉ d'Artillerie Coloniale.

> Citation : *Officier plein d'entrain et de bravoure. Tombé glorieusement aux tranchées de premières lignes, alors qu'il procédait à un réglage du tir de sa batterie, le 4 mai 1916, à Violu. A été cité.*

*ABBATUCCI (Jean-Charles), aspirant au 106ᵉ Chasseurs à pied [page 22]. Ajouter : ✠ (posthume), ✠, avec cette citation :

> *Brave aspirant, donnant toujours à ses hommes le plus bel exemple de courage. Mort pour la France, le 22 juillet 1916, des suites de ses glorieuses blessures.*

*ABBATUCCI (Antoine) [page 22]. Compléter ainsi : ✠ (posthume), ✠, caporal au 24ᵉ Chasseurs alpins.

> Citation : *Caporal qui s'est signalé par son courage et son sang-froid ; a conduit plusieurs patrouilles jusqu'aux fils de fer de l'ennemi. A été tué pour la France, le 1ᵉʳ mars 1916, au moment où il reconnaissait de jour le terrain qu'il devait parcourir la nuit avec sa patrouille. A été cité.*

ABBATUCCI (Victor) ✠ (posthume), ✠, soldat au 23ᵉ Colonial.

> Citation : *Soldat brave et dévoué. Tombé glorieusement, le 20 juillet 1916, en se portant résolument à l'attaque du village de Barleux.*

*ABEILLE (Pierre) [page 22]. Ajouter : ✠ (posthume).

*ABEILLE (François-Marie) [page 23]. Ajouter : ✠ (posthume).

*ABET DE BOURGOGNE (J.-M.-L.) [page 23]. Ajouter : ✠ (posthume).

*ABOUCAYA (David-*Robert*), ✠ (posthume), ✠, sous-lieutenant au 136e d'Infanterie [page 24]. Compléter par le texte de cette citation :

> *Jeune officier, ayant montré le plus bel entrain aux premières affaires de la campagne. S'est signalé au combat de Falisolle en maintenant, sous un feu meurtrier d'infanterie et d'artillerie, sa section engagée à petite distance de l'ennemi, paralysant ainsi pendant plusieurs heures l'effort de l'infanterie allemande. Frappé mortellement à la tête de sa section, le 14 septembre 1914, dans les marais de Sillery.*

*ABOVILLE (Bernard d') [page 24]. Ajouter : ✠ (posthume), avec cette citation :

> *A fait preuve, à plusieurs reprises, de sang-froid et d'une belle audace. A été tué, le 19 septembre 1914, en effectuant très hardiment une reconnaissance au delà des lignes allemandes. A été cité.*

*ADAM (Étienne) [page 25]. Ajouter : ✠ (posthume), ✠ (1 palme).

*AESCHIMANN (Jacques) [page 26]. Ajouter : ✠ (posthume), ✠, avec cette citation :

> *Sous-officier doué des plus hautes qualités morales. Modèle de courage et d'entrain. Ayant pris le commandement d'une section en plein combat, a été mortellement blessé à Rothau (Alsace), le 20 août 1914.*

AIGREMONT (François-Rémy d'), ✠ (posthume), ✠, soldat au 91e d'Infanterie.

> *Citation : Bon et brave soldat, belle attitude au feu. Tué à son poste de combat, le 15 juin 1918, au cours d'une violente attaque allemande, dans la forêt de Retz.*

*AIGUILLON (Henri d') [page 27]. Ajouter : ✠ (posthume).

*AILHAUD DE BRISIS (François-*Roger* d') [page 27]. Ajouter : ✠ (posthume), ✠, avec cette citation :

> *Est mort glorieusement en faisant face à l'ennemi, le 20 août 1914. A été cité.*

*AILLAUD (Jean) [page 28]. Ajouter : ✠ (posthume).

*AILLIÈRES (François CAILLARD d') [page 28]. Ajouter : ✠ (posthume).

*ALBON (Comte d') [page 30]. Ajouter : ✠ (posthume), avec cette citation :

> *Jeune officier du plus grand mérite. Déjà cité et blessé. Tué à son poste de combat devant Verdun, le 23 juin 1916.*

*ALÈGRE DE LA SOUJEOLE (Charles) [page 30]. Ajouter : ✠ (posthume).

ALLEAU DES CORMIERS, ⊕ (posthume), ✠ (palme), caporal au 120ᵉ Chasseurs à pied.

> Citation : *Caporal d'un courage à toute épreuve. A été tué au cours d'un violent bombardement, le 20 mai 1918, au Sherpenberg, alors qu'il donnait à ses hommes un grand exemple de courage et de sang-froid.*

ALLMEN (Maurice-Jean-François d'), ⊕ (posthume), ✠, aspirant au 132ᵉ d'Infanterie.

> Citation : *Plein de force et d'ardeur, s'est toujours montré d'une grande bravoure confinant à la témérité. A été tué le 3 juin, au moment où il appréciait la distance qui séparait la tranchée française des tranchées allemandes. A été cité.*

***AMBRIÈRES (Georges GOUIN d') [page 34]. Ajouter :** ✠ (posthume), lieutenant au 1ᵉʳ d'Artillerie à pied.

> Citation : *Tué glorieusement, le 24 décembre 1914, dans la tour des Templiers, à Nieuport, où il exerçait les fonctions d'observateur. A été cité.*

***AMIOT (Philippe) [page 35]. Ajouter :** ⊕ (posthume).

***AMYOT D'INVILLE (Jean) [page 37]. Ajouter :** ✠ (posthume), avec cette citation :

> *Officier animé d'un grand esprit du devoir, très énergique et très brave. Tué à l'attaque de Saint-Georges, le 28 décembre 1914. A été cité.*

***ANDURAIN DE MAŸTIE (Clément d') [page 39]. Ajouter :** ✠ (posthume).

***ANGELI (Marie-*Jacques* de), brigadier au 28ᵉ Dragons [page 39]. Ajouter :** ⊕ (posthume), ✠, avec cette citation :

> *Gradé discipliné et dévoué. Tué en reconnaissance à Petion, le 22 août 1914, en entraînant bravement ses cavaliers à l'attaque d'un détachement ennemi.*

ANTOINE-MAY (Maurice-Alfred), ✠ (posthume), ✠ (palme), lieutenant au 5ᵉ Dragons.

> Citation : *Vaillant officier, parti au secours d'une reconnaissance aux prises avec l'ennemi, a attaqué vaillamment les forces ennemies très supérieures en nombre. Tombé glorieusement au cours de cet engagement.*

[Fils de M. et de Mᵐᵉ René ANTOINE-MAY.]

***ARBAUMONT (Jean MAULBON d') [page 43]. Ajouter :** ⊕ (posthume).

ARDIER-FRANCK (Marie-Joseph d'), ⊕ (posthume), ✠, sergent-fourrier au 418ᵉ d'Infanterie.

> Citation : *Sous-officier très brave. A toujours donné à ses hommes un exemple admirable de courage et d'énergie. Tombé glorieusement, le 19 août 1915, à Maurepas.*

ARDIN D'ELTEIL (Henri-Charles-Philibert), ⊕ (posthume), ✠, sergent au 334ᵉ d'Infanterie.

Citation : *Excellent sous-officier, ayant toujours eu une très belle attitude au feu. Mort glorieusement pour la France au Chemin-des-Dames, le 24 juillet 1917, au cours de l'attaque.*

*ARDOUIN-DUMAZET (Maurice) [page 45]. Ajouter : � (posthume).

ARGENCE (Léon - Raymond - Jacques ACHARD JOUMARD TIZON d'), ✳ (posthume), ✠, sous-lieutenant au 11ᵉ Cuirassiers à pied.

Citation : *Commandant une section de mitrailleuses sur la ligne avancée, qui était abordée en forces par l'ennemi, a fait continuer sans interruption le tir, malgré la violence du bombardement. A été tué sur sa pièce, en héros, en prenant la place de son dernier tireur blessé. A été cité.*

[Frère de Roland D'ARGENCE, page 45.]

ARGENCOURT (Michel d'), ✠ (posthume), ✠, soldat au 216ᵉ d'Infanterie.

Citation : *Soldat très courageux. Dans la nuit du 7 au 8 août 1917, a été très grièvement blessé au cours d'une corvée sous le feu de l'artillerie ennemie. Mort pour la France. A été cité.*

*ARGENTON (François de BILLEHEUST d') [page 46]. Ajouter : ✠ (posthume), ✠, avec cette citation :

Le 24 août 1914, a conduit sa section à l'attaque avec une grande bravoure. Durant toute la nuit du 24 au 25, est allé de sa propre initiative porter secours aux blessés et reconnaître sous le feu les positions ennemies. Le 25, quoique blessé, a maintenu ses hommes avec une énergie admirable sous un feu des plus meurtriers, jusqu'à ce qu'il fût mortellement blessé. A été cité.

*ARGENTON (Henry de BILLEHEUST d') [page 46]. Ajouter : ✳ (posthume), ✠, lieutenant au 105ᵉ d'Artillerie lourde.

Citation : *A donné au cours de la campagne les plus beaux exemples de bravoure et d'intrépidité. Tombé glorieusement frappé par un obus, alors qu'il observait le tir sous le feu de l'ennemi. A été cité.*

*ARLIN (Marcel) [page 46]. Ajouter : ✠ (posthume).

*ARMAU DE POUYDRAGUIN (François d') [page 47]. Ajouter : ✳ (posthume), ✠ (palme), avec cette citation :

Jeune sous-lieutenant sortant de Saint-Cyr, a rejoint son régiment en 1914 sur le front de l'Yser, où il s'est immédiatement imposé par les plus belles qualités militaires. Est tombé glorieusement, le 9 mai 1915, à l'assaut du Labyrinthe, en entraînant sa section, sous le feu des mitrailleuses ennemies, avec un calme et un sang-froid admirables.

ARNAUD (Aimé-Laurent d'), ✠ (posthume), ✠, soldat au 158ᵉ d'Infanterie.

Citation : *Très brave soldat. Mort pour la France, le 4 septembre 1916, des suites de blessures reçues à l'ennemi.*

*ARNAUD (William) [page 47]. Ajouter : ✳ (posthume).

*ARONIO DE ROMBLAY (*Henry-Charles-Joseph*) [pages 48-49]. Ajouter : ✠ (posthume), ✠, avec cette citation :

Chargé de tenir coûte que coûte, a été mortellement blessé, le 27 mars 1918, en remplissant sa mission de sacrifice avec un courage et une abnégation admirables, donnant à tous le plus bel exemple de bravoure.

***ARRAS (Maurice d')** [page 49]. Ajouter : ✵ (posthume), avec cette citation :

Officier plein d'allant et d'entrain. Blessé deux fois au cours de la campagne. Est tombé frappé à mort dans les tranchées de première ligne, le 25 mars 1916, au Four-de-Paris. A été cité.

***ARRAS (Jean d')** [page 49]. Ajouter : ✵ (posthume), avec cette citation :

Officier d'une grande bravoure et d'un sang-froid remarquable. Le 28 août 1914, est glorieusement tombé à Bouvincourt en se jetant audacieusement au milieu d'un parti ennemi dont il devait reconnaître la force. A été cité.

***AUBERJON (Comte Serge d')** [page 51]. Ajouter : ✵ (posthume), avec cette citation :

Officier d'élite. Tué, le 18 août 1914, au cours d'une reconnaissance exécutée à Doloing. A été cité.

***AUBIGNY (Daniel DROUËT d')** [page 52]. Ajouter : ✦ (posthume).

***AUBIN DE LA MESSUZIÈRE (François-Xavier)** [page 52]. Ajouter : ✦ (posthume), ✚, avec cette citation :

Brave brigadier, détaché comme interprète auprès de l'Armée anglaise. Tué glorieusement dans les tranchées de l'Yser, le 4 juillet 1915.

AUDEMARD D'ALANÇON (Marcel-Eric), ✵, ✚, lieutenant-colonel.

Mort des suites d'un accident en service commandé, le 6 septembre 1917.

[Marié à Mlle SASKI, — dont neuf enfants.]

***AUDRAS (Hubert)** [page 53]. Ajouter : ✦ (posthume).

AUDRY (*Jules*-Jean-René), ✚, lieutenant de vaisseau.

Commandant le sous-marin *Bernouilli*, disparut avec lui après avoir attaqué et détruit un contre-torpilleur ennemi. — Pour perpétuer la mémoire de ce brave, le nom de *Jules-Audry* a été donné au sous-marin allemand *U-119*, livré à la France.

***AUFERVILLE (Bernard BROCHAND d')** [page 53]. Ajouter : ✵ (posthume).

***AUGIER DE MAINTENON (Jean)** [page 54]. Compléter ainsi : ✵ (posthume), ✚, lieutenant au 38e Colonial.

Citation : Revenu sur le front à peine guéri d'une blessure très grave, a été mortellement blessé, le 10 août 1915, au moment où il observait l'ennemi. A été cité.

AULNAY (Jules RIVIÈRE d'), ✦ (posthume), ✚, soldat au 276^c d'Infanterie.

Citation : *Soldat courageux, qui a fait vaillamment son devoir dès les premiers combats de la campagne. Tombé pour la France, le 8 septembre 1914, à Villeroy.*

*AUSSEUR (Pierre) [page 55]. Ajouter : ✻ (posthume).

*AUTEROCHE (Christian CHAPPE d') [page 56]. Ajouter : ✻ (posthume).

*AUTRIC (*Jean*-Baptiste-Pierre-Marius) [page 56]. Ajouter : Pour perpétuer la mémoire de ce brave officier, son nom a été donné au sous-marin allemand *U-105*, livré à la France.

*AUVIGNY (Gabriel BOYELDIEU d') [page 56]. Ajouter à la citation :

Tué au cours de l'action, le 10 novembre 1916, à Ablaincourt.

AYGALLIÈRES (Charles d'), ⊛ (posthume), ✠, caporal au 214e d'Infanterie.

Citation : *Brave et courageux caporal. Mort pour la France, des suites de blessures reçues sur le champ de bataille du Bois Le Prêtre, dans l'accomplissement de son devoir.*

*AZAMBUJA (Emmanuel d') [page 59]. Ajouter : ⊛ (posthume).

B

*BABERT DE JUILLÉ (Charles-Marie-Henri) [page 60]. Compléter ainsi : ⊛ (posthume), aspirant au 66e d'Infanterie.

Citation : *Chargé, le 18 novembre 1915, d'un poste avancé dangereux, s'y est fait anéantir plutôt que d'abandonner le poste qui lui avait été confié. A été cité.*

BABIN-CHEVAYE (J.-B.-Louis-Marie), ⊛ (posthume), ✠, médecin auxiliaire au 52e Colonial.

Citation : *Sur le front depuis la formation du régiment, comme sergent brancardier, puis comme médecin auxiliaire, a toujours eu une très belle attitude au feu. A été mortellement blessé, le 16 avril 1917, alors qu'avec un beau courage et un sang-froid remarquable, sous une grêle de balles, il se portait au secours des blessés derrière la vague d'assaut. A été cité.*

BACKER (Louis-Lucien de), ⊛ (posthume), ✠, caporal au 14e d'Infanterie.

Citation : *Brave et dévoué caporal, d'un courage exemplaire. Tombé glorieusement sur le champ de bataille, le 11 août 1917.*

BADOUREAU (Yver-Olaf-René-Émile), ✻ (posthume), ✠, élève à l'Ecole Polytechnique, sous-lieutenant d'Artillerie.

Blessé, le 26 septembre 1914, à Longueval (Somme); décédé le 22 octobre suivant à l'hôpital d'Amiens.

Citation : *S'est courageusement exposé pour porter des ordres aux batteries engagées à courte distance de l'ennemi, le 26 sep-*

tembre 1914. Très grièvement blessé. Mort des suites de ses blessures.

[Né le 25 décembre 1893. Fils de M. et de Mme Albert BADOUREAU.]

BAILLET (Charles-Tiburce de), ⚜ (posthume), ✠, caporal au 26e d'Infanterie.

> Citation : *Caporal très brave. Tué glorieusement à son poste de combat, le 9 mai 1915, au Labyrinthe.*

*BAILLIENCOURT-COURCOL** (Gaëtan de) [page 61]. Ajouter : ⚜ (posthume).

*BAILLOT** (Albert) [page 61]. Ajouter : ✠ (posthume).

*BAIR** (René) [page 62]. Ajouter : ✠ (posthume).

BAL (Albert-Alexandre-Louis de), ⚜ (posthume), ✠, soldat au 208e d'Infanterie.

> Citation : *Jeune soldat de la classe 1917, plein d'ardeur et de bravoure au combat. Tombé glorieusement pour la France, le 16 avril 1917, à Craonne.*

*BALESTRIER** (Marcel de) [page 63]. Ajouter : ⚜ (posthume).

*BALLY** (Michel) [page 64]. Ajouter : ⚜ (posthume).

*BALORRE** (Vicomte François IMBERT de) [page 64]. Ajouter : ⚜ (posthume), ✠, avec cette citation :

> *Caporal brave et dévoué. A été mortellement blessé, le 18 septembre 1916, à Chaulnes.*

BANZET (Charles), ✠ (posthume), ✠ (palme et étoile), Saint-Cyrien de la promotion de la Grande-Revanche, sous-lieutenant au 6e Chasseurs alpins.

Tombé glorieusement, le 4 juin 1915, au Braunkopf (Alsace), au cours de la préparation de l'attaque de Metzeral.

BARANOWSKI DE RAWIEZ (Étienne-François), ⚜ (posthume), ✠, sergent au 111e d'Infanterie.

> Citation : *Brave sous-officier. Tombé au champ d'honneur, le 29 septembre 1914, en faisant courageusement son devoir devant Verdun.*

*BARBANÇOIS** (Comte de) [pages 66-67]. Ajouter : ✠ (posthume), ✠ (palme), avec cette citation :

> *Officier plein d'allant et d'énergie. En reconnaissance sur la Seille, le 24 août 1914, s'est porté seul en avant de sa troupe pour reconnaître un point important et dangereux. Est tombé mortellement frappé par un feu de salve tiré à bout portant, près de Bey-Allaincourt.*

*BARBARY DE LANGLADE** (Jacques) [page 67]. Compléter ainsi : ⚜ (posthume), ✠, caporal au 7e Colonial.

> Citation : *Brave caporal. Mort pour la France, le 13 octobre 1915, des suites de blessures glorieusement reçues à son poste de combat.*

*BARBOU DES COURIÈRES (Aymar) [page 67]. Ajouter : ⚖ (posthume).

BARDIÈRE (Camille-Hippolyte de), ⚖ (posthume), ✝, soldat au 240e d'Infanterie.

> Citation : *Soldat courageux, qui a fait vaillamment son devoir dès les premiers combats de la campagne. Tombé glorieusement pour la France, le 9 décembre 1914.*

BARGE (Alphonse de), ⚖ (posthume), ✝, adjudant au 166e d'Infanterie.

> Citation : *Brave sous-officier. A été tué, le 18 mars 1915, au moment où il entraînait sa section à l'assaut avec la plus grande énergie, à Riaville (Meuse). A été cité.*

*BARRAU (*Paul*-Xavier-Bernard de) [page 69]. Ajouter : ⚖ (posthume), avec cette seconde citation :

> *Bon et brave chasseur. Mortellement atteint au champ d'honneur dans l'accomplissement du devoir, le 20 septembre 1916, à Bouchavesnes. Une citation antérieure.*

*BARRAUD-DUCHÉRON (A.-P.) [page 70]. Ajouter : ⚖ (posthume).

BARRET DE NAZARIS (Dominique), ⚖ (posthume), ✝, maréchal des logis au 271e d'Artillerie.

> Citation : *Chef de pièce n'ayant sous ses ordres que des jeunes soldats n'ayant jamais vu le feu. A obtenu de sa pièce un rendement remarquable dans les journées du 11 au 15 septembre 1918. Tué à son poste en faisant exécuter un tir de barrage sous un violent bombardement. A été cité.*

*BARRIAL DU BREUIL (Paul-Marie-Charles) [page 70]. Ajouter : ✝ (posthume), avec cette citation :

> *Officier remarquable par sa bravoure et son énergie. Mort glorieusement pour la France, le 6 mars 1915, à la tête de sa compagnie, à Beauséjour.*

*BARRIN DE CHAMPROND (Baron Joseph de) [page 70]. Ajouter : ✝ (posthume), ✝, avec cette citation :

> *A toujours été un modèle de bravoure et d'audace. A été tué, le 5 avril 1915, en abordant une tranchée ennemie, après avoir tué de sa main plusieurs ennemis. A été cité.*

*BARTHÉLEMY (Jacques) [page 71]. Ajouter : ⚖ (posthume).

*BARTHOU (Max) [page 72]. Compléter ainsi : ⚖ (posthume), brigadier de Cavalerie.

> Citation : *Appelé à collaborer à la première administration française de l'Alsace, s'est donné avec toute son intelligence et tout son cœur à l'accomplissement d'une œuvre dont il avait senti la noblesse et l'honneur. A été tué dans l'exercice de ses fonctions, le 14 décembre 1914. A été cité.*

*BARY (Georges de) [page 72]. Compléter ainsi : ⚖ (posthume), ✝, sergent au 67e d'Infanterie.

> Citation : *Serviteur modèle, qui, en toutes circonstances, a mon-*

tré un courage résolu et un cœur ardent et dévoué. Blessé mortelle-ment, le 8 avril 1915, au cours d'une reconnaissance dans le secteur des Éparges. A été cité.

***BATAILLE-FURÉ** (Vincent de) [page 73]. Ajouter : ✵ (posthume).

BATTISTI (Maurice de), ✪ (posthume), ✠, aspirant au 147e d'Infan-terie.

> Citation : *Sous-officier admirable de courage et de bravoure, d'un entrain magnifique, faisant toujours preuve d'un sang-froid et d'une décision remarquables. Tué glorieusement à la tête de ses hommes, le 5 avril 1915, devant Pareid (Meuse).*

***BAUDREUIL** (Pierre de) [page 75]. Ajouter : ✵ (posthume).

***BEAUCHAMP** (Jean ROBERT de) [page 78]. Compléter ainsi : ✵ (posthume), sous-lieutenant au 418e d'Infanterie, passé, sur sa demande, dans l'Aviation.

> Citation : *A peine arrivé à l'escadrille, en cours de bataille, a eu à soutenir un combat particulièrement dur, au cours duquel il fut descendu dans les lignes ennemies. A fait preuve du plus grand sang-froid et de la plus belle énergie. Lâché pendant trois heures au milieu des fantassins allemands, a réussi à leur échapper, puis à franchir le barrage français pour rejoindre nos troupes, rapportant au commandant des renseignements précieux sur l'of-fensive en cours. A été cité.*

***BEAUDIEZ** (Joseph-Marie-*Charles* du) [page 78]. Ajouter : ✵ (posthume), avec cette citation :

> *Vaillant officier. Mort pour la France en faisant vaillamment son devoir, le 27 avril 1917, devant Troyon.*

BEAUDRAP (Jean-Marie-Joseph de), ✪ (posthume), ✠, caporal au 136e d'Infanterie.

> Citation : *Caporal d'une bravoure remarquable, toujours volon-taire pour les missions périlleuses. Mort pour la France, le 1er mars 1915.*

***BEAUFOND** (Alfred-Marie-Bernard LE MERLE de) [page 79]. Ajouter : ✪ (posthume), ✠, caporal au 27e d'Infanterie, et cette ci-tation :

> *A donné un bel exemple de courage et de mépris du danger pen-dant l'attaque du 1er août 1916, en tirant à découvert sur l'ennemi s'élançant à l'assaut. A été tué à son poste de combat devant Ver-dun. A été cité.*

***BEAUFORT** (André de GROUT de) [page 79]. Ajouter : ✵ (posthume).

***BEAUFORT** (Maurice de GROUT de) [page 79]. Ajouter : ✵ (posthume).

BEAUGRAND (René-Henri de), ✪ (posthume), ✠, cavalier au 13e Chasseurs à Cheval.

> Citation : *Chasseur plein de zèle et de dévouement. A été blessé grièvement, étant en vedette à un poste d'écoute avancé. A conservé*

tout son calme et sa bonne humeur, donnant ainsi un bel exemple du devoir à ses camarades. A succombé à ses blessures. A été cité.

*BEAUMONT (Comte Guy de) [page 80]. Ajouter : ✻ (posthume).

BEAUMONT (André de), ⊕ (posthume), ✠, caporal au 26e d'Infanterie.

Citation : *Bon caporal, belle attitude au feu. Tombé glorieusement, le 26 mars 1916, à Verdun.*

*BEAUNE DE LA FRANQUE (Charles de) [page 81]. Compléter ainsi : ✻ (posthume), ✠ (palme), capitaine au 6e Tirailleurs Algériens.

Citation : *Capitaine plein d'ardeur et d'entrain. A fait preuve des plus belles qualités militaires. Blessé à Mettet, le 23 août 1914, est revenu, sur le front où il fut à nouveau grièvement blessé. Mort, le 25 septembre 1915, des suites de ses blessures.*

BEAUPRÉ (Eugène BELIARD de), ⊕ (posthume), ✠, soldat au 30e d'Infanterie.

Citation : *Excellent soldat. Est tombé en brave, au moment où sa section s'élançait à l'assaut des crêtes d'Allemant, le 23 octobre 1917.*

*BEAUREGARD (Henri SOURDEAU de) [page 82]. Ajouter : ⊕ (posthume).

*BEAUREGARD (Jean SAVARY de) [page 82]. Ajouter : ✻ (posthume), ✠, avec cette citation :

Officier de valeur, a su tenir sa troupe sous le feu dans des circonstances critiques. Modèle de courage et d'abnégation. Est tombé glorieusement, le 8 mars 1916. A été cité.

*BEAUREGARD (Hubert SAVARY de) [pages 82-83]. Ajouter : ⊕ (posthume), ✠.

*BEAUREGARD (Henry) [page 83]. Ajouter : ⊕ (posthume).

*BEAUREPAIRE DE LOUVAGNY (Vicomte Gérard de) [page 83]. Ajouter : ✻ (posthume).

*BEAUSIRE SEYSSEL (Vicomte Jean de) [page 84]. Ajouter : ✻ (posthume), avec cette citation :

Belle conduite au feu. A été tué glorieusement le 2 octobre 1914. A été cité.

*BEAUSSE (Baron Gaston de) [page 84]. Ajouter : ✻ (posthume), avec cette citation :

A été tué en chargeant à la tête de sa section, au combat du 29 août 1914. Mort pour la France. A été cité.

*BÉCHILLON (Comte Joseph de) [page 85]. Ajouter : ✻ (posthume), ✠, lieutenant au 22e Colonial.

Citation : *Le 22 août 1914, à l'attaque de Termes, a entraîné sa section en avant avec un magnifique courage, sur un terrain dé-*

> couvert et balayé par un feu intense. Est tombé glorieusement au
> moment où il chargeait. A été cité.

***BÉCHILLON (Hilaire de)**, sergent-fourrier au 82e d'Infanterie
[page 86]. Ajouter : 🎖 (posthume), ✠, avec cette citation :

> Très bon sous-officier, brave et énergique. Blessé grièvement, en
> assurant la liaison sous un violent bombardement ennemi, à
> Evrès, le 6 septembre 1914. Mort des suites de ses blessures glo-
> rieuses.

***BÉGENNE-LAMOTTE (Pierre)** [page 86]. Ajouter : 🎖 (posthume).

BEGOUËN, ✠, ✠, lieutenant-colonel.
A succombé, en octobre 1920, aux suites d'une cruelle maladie
contractée aux Armées.

BEGOUEN-DEMEAUX (Guillaume), ✠ (posthume), ✠, sous-lieutenant au 224e d'Infanterie.

> Citation : Jeune officier ayant donné à maintes reprises un bel
> exemple de courage au combat. A été tué dans l'attaque de nuit du
> 3 au 4 juin 1915, à Neuville-Saint-Vaast, au moment où, à la tête
> de quelques hommes, il se portait bravement en avant pour effec-
> tuer la reconnaissance de la position ennemie. A été cité.

***BELLABRE (Guillaume FRADIN de)** [page 88]. Ajouter : ✠
(posthume).

***BELLETRUD (Paul)** [page 89]. Ajouter : 🎖 (posthume).

BELLEVAL (Maurice-Albert de), 🎖 (posthume), ✠, soldat au 74e
d'Infanterie.

> Citation : Bon et brave soldat, ayant toujours fait son devoir.
> Tombé glorieusement, le 20 septembre 1914, à Brimont.

***BELLEVILLE (Jean HARPEDANNE de)** [page 90]. Ajouter : ✠
(posthume).

***BELLEVILLE (André HARPEDANNE de)** [page 90]. Ajouter :
🎖 (posthume).

BELMONT (Ferdinand), ✠, ✠ (3 citations), docteur en médecine,
capitaine au 51e Chasseurs alpins.
Blessé mortellement, le 28 décembre 1915, par un obus de 130,
qui l'atteignit dans son abri, à l'Hartmannswillerkopf. Mort des
suites de ses blessures.

> Troisième citation : Médecin de profession, a demandé à servir
> dans les troupes combattantes ; excellent commandant de compa-
> gnie, a fait preuve dans les combats de la plus belle bravoure et
> d'un sentiment très haut de ses devoirs de chef. Blessé grièvement
> le 28 décembre 1915, au cours d'un violent bombardement, a subi
> l'amputation du bras et est mort le lendemain.

BELMONT (Joseph).
Tué dans l'Argonne, le 10 juillet 1915.
[Frère du précédent.]

BELMONT (*Jean*).
Tué, le 29 août 1914, au col d'Anozel, près Saint-Dié.
[Frère des précédents.]

BELVALET (Albert de), ☖ (posthume), ✠, soldat au 155e d'Infanterie.

    Citation : *Mort glorieusement pour la France, le 6 septembre
1914, à Bulainville.*

BELVALET (Arsène de), ☖ (posthume), ✠, soldat au 208e d'Infanterie.

    Citation : *Brave soldat, courageux et dévoué. Tombé pour la
France, le 18 juillet 1918, à Passy-en-Valois, dans l'accomplissement de son devoir.*

*BELVALLE (Charles-Louis COSSIN de) [page 91]. Compléter
ainsi : ☖ (posthume), ✠, soldat au 24e Chasseurs à pied.

    Citation : *Brave chasseur. Tombé pour la France, le 1er novem-
bre 1917, à Vailly, en faisant courageusement son devoir.*

*BENTZMANN (Gaston de) [page 92]. Ajouter : ☖ (posthume).

BÉRAIL (*Paul*-Louis-Jean-Marie de), ☖ (posthume), ✠, caporal au
24e Colonial.

    Citation : *Caporal courageux et dévoué. Tombé glorieusement
au champ d'honneur, le 6 octobre 1915, à Massiges, en accomplissant bravement son devoir.*
[Fils de M. et de Mme née Beauchamps de Salevert.]

*BÉRANGER (Ch.-M.) [page 92]. Ajouter : ✳ (posthume).

*BÉRAUD (Victor) [page 93]. Ajouter : ☖ (posthume).

*BERCEGOL DU MOULIN (Albéric de) [page 94]. Ajouter : ✳
(posthume), ✠ (palme), avec cette citation :

    *Officier de cavalerie passé sur sa demande dans l'infanterie dès
le mois de novembre 1914 ; y a fait preuve, dès les premiers jours,
des plus belles qualités militaires ; a été désigné pour commander
une compagnie au milieu de laquelle il s'est fait tuer au cours
d'une attaque ennemie, le 12 novembre 1914.*

*BEREND (H.-S.) [page 94]. Ajouter : ☖ (posthume).

*BERGER (Eugène) [page 95]. Ajouter : ✳ (posthume).

*BERLET (François) [page 95]. Ajouter : ✳ (posthume).

*BERNARD DE LAUZIÈRE (François de) [page 96]. Ajouter :
☖ (posthume).

*BERNE (André) [page 97]. Ajouter : ✳ (posthume).

BERNHEIM (Gaspard-Henri), ✳, ✠, *engagé volontaire*, lieutenant
au 10e d'Infanterie.
    Mort pour la France.
[Fils de M. et de Mme née Ditisheim.]

*BERNIER (Maximin) [page 97]. Ajouter : ⚫ (posthume).

*BERNOÜIS (Julien BOUAÏSSIER de) [page 98]. Ajouter : ✳ (posthume), avec cette citation :

> *Officier du plus brillant courage et animé de l'esprit de sacrifice le plus absolu. Le 29 août 1914, sa compagnie étant soumise, dans la ville de Rambervilliers, à un bombardement intense par obus de 210, et alors que, prise de panique, elle se dispersait de tous côtés, a réussi à la rassembler, grâce à son ascendant sur ses hommes, et à la mettre à l'abri hors de la ville. A payé de sa vie ce geste d'abnégation. S'était déjà signalé par sa crânerie et son allant à l'attaque de Cirey. A été cité.*

*BERSAUCOURT (René SERPETTE de) [page 99]. Ajouter : ⚫ (posthume), ✠, avec cette citation :

> *Soldat courageux et dévoué. A fait vaillamment son devoir dès les premiers combats de la campagne. Est mort pour la France, le 16 novembre 1914, des suites de glorieuses blessures reçues au bois de la Grurie, en faisant vaillamment son devoir.*

BERT DE LA BUSSIÈRE, ⚫ (posthume), ✠, caporal au 210e d'Infanterie.

> Citation : *Gradé remarquable d'entrain et de dévouement, d'une tenue exemplaire au feu. Tué glorieusement à l'ennemi, le 7 juillet 1917.*

BERTAULT-SEGUIN (Gaston-Pierre-Augustin), ⚫ (posthume), ✠, maréchal des logis au 27e Dragons.

> Citation : *A fait preuve en toutes circonstances d'un mépris absolu du danger, notamment le 25 septembre 1914, où, pendant une reconnaissance devant Cantigny, il a été mortellement blessé dans un brillant engagement contre des cavaliers ennemis, très supérieurs en nombre. A été cité.*

BERTIER (Marie-Eugène de), ✳ (posthume), ✠ (palme), sous-lieutenant au 249e d'Infanterie.

> Citation : *Officier remarquable, ayant une haute conception de ses devoirs, d'une grande bravoure, deux fois cité à l'Ordre. Tué glorieusement, le 5 mai 1917, à Craonnelle, en entraînant, avec son intrépidité habituelle, sa troupe à l'assaut d'une position furieusement défendue.*

*BERTIER DE SAUVIGNY (Alexis de) [page 100]. Ajouter : ⚫ (posthume).

*BESLAY (François) [page 102]. Ajouter : ✳ (posthume).

*BESNARD (François) [page 102]. Compléter ainsi : ✳, ✠, sous-lieutenant.

Tombé glorieusement à Moronvilliers, le 17 avril 1917.

*BÉTHENOD (Henry) [page 103]. Ajouter : ✳ (posthume).

BÉTHUNE (Édouard-Jean de), ⚫ (posthume), ✠, canonnier au 58e d'Artillerie.

> Citation : *Téléphoniste courageux et dévoué. A toujours, avec le plus grand sang-froid et la plus grande abnégation, assuré les*

liaisons de groupe, alors que, malgré la violence des bombardements, il venait de rétablir une ligne. A été cité.

BEULE (Henri-Armand de), ☸ (posthume), ✠, soldat au 346e d'Infanterie.

Citation : Brave soldat. Désigné sur sa demande pour faire partie d'une patrouille, a, dans l'exécution de sa mission, fait preuve de la plus grande bravoure. A été blessé mortellement, le 21 décembre 1914, au Bois-le-Prêtre. A été cité.

BEUTOM (Erich), �֎ (posthume), ✠ (palme), ingénieur, lieutenant au 1er d'Artillerie à pied.

Citation : Affecté au service des projecteurs à Calais, a demandé à être affecté à une section d'autos-mitrailleuses improvisée. S'est porté avec beaucoup de courage dans de nombreuses reconnaissances extrêmement périlleuses. Enfermé dans Douai, a cherché, sous un déguisement, à rejoindre les lignes françaises. Reconnu par les Allemands, a été fusillé le 7 janvier 1915.

*BÉVOTTE (Abel GENDARME de) [page 105]. Ajouter : ☸ (posthume).

*BEZANÇON (Hector), ✠, docteur en droit, avocat à la Cour de Paris, conseiller général de l'Yonne, *engagé volontaire*, greffier-avocat au Conseil de guerre de Moudros (île de Lemnos) [page 105].

Décédé à l'hôpital de Moudros, le 7 novembre 1915. Malgré des infirmités douloureuses et la maladie qui le minait, a rempli avec zèle et abnégation ses fonctions au Conseil de Guerre, insistant pour continuer ses services jusqu'au jour où, gravement atteint, il fallut le transporter à l'hôpital où il succomba.

[Né le 18 septembre 1879. Fils de M. Hector BEZANÇON, notaire (décédé), et de Mme née GOLFIER. Marié à Mlle Suzanne AUFFRAY, fille de M. et de Mme François AUFFRAY, née RATIER.]

*BIBAL DES ANGES (Jacques BARREAU de) [page 105]. Ajouter : �֎ (posthume), ✠ (palme), sous-lieutenant au 344e d'Infanterie.

Citation : Vaillant officier, qui a toujours fait preuve des plus belles qualités militaires. Brave jusqu'à la témérité. Déjà titulaire de quatre citations. Mort glorieusement pour la France, le 15 août 1918, à Virly.

*BIDEAUX (René) [page 105]. Ajouter : ☸ (posthume).

*BIÉVILLE (Henri DESNOYERS de) [page 106]. Ajouter : ✖ (posthume).

BIÈVRE (Ernest-Philibert de), ☸ (posthume), ✠, soldat au 123e d'Infanterie.

Citation : Brave soldat, ayant toujours eu une belle attitude au feu. A été mortellement blessé dans l'accomplissement de son devoir, le 19 janvier 1915, au cours du combat de Troyon.

BIOLLES (Louis-Eugène des), ☸ (posthume), ✠, canonnier au 2e d'Artillerie de montagne.

Citation : Canonnier brave et dévoué. A toujours montré de belles qualités de sang-froid. Tombé pour la France, le 28 novembre 1917, au col de Grumbach.

***BLACHEZ** (*Paul*-Charles) [page 110]. Compléter ainsi : ☗, ✠, licencié en droit, sergent au 77ᵉ d'Infanterie.

Tué, le 8 septembre 1914, à Fère-Champenoise, en défendant le drapeau du 32ᵉ d'Infanterie, cerné dans un bois de sapins.

> Citation : *Brave et dévoué, a pris part aux combats d'août 1914, au cours desquels il se fit remarquer par sa belle conduite. Mortellement frappé à Fère-Champenoise, le 8 septembre 1914.*

[Né le 25 décembre 1884. Fils de M. René BLACHEZ, avocat à la Cour de Paris, conseiller général de Maine-et-Loire, et de Mᵐᵉ née VERSTRAETE.]

***BLACHEZ** (*René*-Georges-Henri) [page 110]. Compléter ainsi : ☗, ✠ (étoiles), licencié en droit, diplômé des Sciences Politiques, sergent au 90ᵉ d'Infanterie.

Blessé à Neuville-Saint-Vaast, le 12 juin 1915, et à Massiges, le 30 mars 1916 ; fut tué, le 25 juillet 1917, à Hurtebise (Chemin-des-Dames).

> Citation : *Sous-officier d'une bravoure et d'un sang-froid dignes d'éloges. S'est particulièrement distingué pendant la journée du 25 juillet 1917. Tué en entraînant brillamment ses hommes à l'assaut.*

[Né le 17 juillet 1893. Frère du précédent.]

***BLANCARD DE LÉRY** (Raoul-Jules) [page 111]. Ajouter : ☗ (posthume), ✠, avec cette citation :

> *Caporal courageux. A été blessé mortellement à son poste de combat, le 24 octobre 1915, à Loos.*

***BLANGERMONT** (Jean LE MOINE de) [page 112]. Ajouter : ☗ (posthume), ✠, avec cette citation :

> *Très bon gradé, courageux et dévoué. Mortellement blessé à son poste de combat, le 16 mars 1915, à la ferme du Luxembourg.*

***BLAVETTE** (Jacques) [page 113]. Ajouter : ✠ (posthume).

BLAY (René-Victor-Auguste CONTEPOIX de), ☗ (posthume), ✠, brigadier au 12ᵉ Cuirassiers.

> Citation : *Excellent gradé, très brave. Tué à son poste de combat, le 7 avril 1918, au bois Sénécat. A été cité.*

***BLIN DE BAILLEUL** (René-Camille-Désiré) [page 114]. Ajouter : ☗ (posthume), ✠, avec cette citation :

> *Très bon soldat, très belle attitude au feu. A été tué glorieusement, le 15 octobre 1914, au pont de Godat (Marne), en se portant à l'assaut des lignes ennemies.*

***BLOTTEFIÈRE** (*Marcel*-Paul de) [page 116]. Ajouter : ✠ (posthume), ✠, avec cette citation :

> *S'est élancé, à l'attaque du 22 août 1914, avec un superbe mépris du danger. A été frappé au moment où, avec des pertes sérieuses, il avait mené sa section au contact immédiat de l'ennemi devant Fillières. A été cité.*

*BLUMENFELD - SCIAMA (André) [page 116]. Ajouter : ✳
(posthume).

*BO (Valentin-Charles de) [page 116]. Corriger ainsi : soldat au
69e d'Infanterie. Ajouter : ⚜ (posthume). — Tué à Gomecourt, le 8
octobre 1914.

*BOBY DE LA CHAPELLE (Édouard) [page 117]. Ajouter : ✳
(posthume), avec cette citation :

> *Pilote merveilleux. Exemple d'audace et d'énergie. Tué glorieusement en combat aérien, le 26 septembre 1918, sur le front de Champagne. Une citation antérieure.*

BOCK (Fernand de), ⚜ (posthume), ✠, soldat au 43e d'Infanterie.

> Citation : *Excellent soldat, brave et dévoué. Tué glorieusement, le 20 novembre 1914, à son poste de combat.*

*BODARD DE LA JACOPIÈRE (Diégo de) [page 117]. Ajouter : ✳ (posthume), avec cette citation :

> *Officier d'une grande bravoure. N'a cessé de donner le plus bel exemple d'entrain et de bravoure. Toujours aux endroits les plus périlleux. A été tué glorieusement en entraînant sa section à l'assaut d'une tranchée en Champagne. A été cité.*

BOIS (Joseph-Julien de), ⚜ (posthume), ✠, soldat au 367e d'Infanterie.

> Citation : *Bon soldat, courageux et dévoué. Mort au champ d'honneur, le 18 décembre 1915, au Bois Le Prêtre, en faisant vaillamment son devoir.*

*BOISBRUNET (Gérard SORET de) [page 120]. Ajouter : ✳
(posthume), avec cette citation :

> *Officier plein d'allant. Blessé une première fois, le 21 juin 1915 ; blessé à nouveau, le 11 novembre 1915, en luttant à coups de grenades et en donnant l'exemple à ses hommes. Mort pour la France, le 14 janvier 1916. A été cité.*

*BOISMONTBRUN (Baron de) [page 121]. Ajouter : ⚜ (posthume).

*BOISMORIN-LASSEAU (Marcel de) [page 121]. Ajouter : ✳
(posthume), ✠, avec cette citation :

> *Officier plein d'entrain, qui a rendu les plus grands services à son régiment, comme commandant de la section de mitrailleuses, par ses connaissances générales et son activité. Tué le 17 décembre 1914. A été cité.*

*BOISSEAU (J.-M.-E.) [page 122]. Ajouter : ⚜ (posthume).

*BOISSET (Camille) [page 122]. Ajouter : ⚜ (posthume).

*BOISSY D'ANGLAS (Robert) [page 124]. Ajouter : ⚜ (posthume).

BOITEL (Charles-Albert), licencié en droit, licencié ès lettres, soldat au 23e d'Infanterie.

Mort des suites de maladie contractée au service de la France, le 17 mai 1919.

[Né le 8 mars 1888. Fils de M. BOITEL, ancien magistrat, et de Mme née DURAND.]

***BOLLAËRT** (Raymond) [page 124]. Ajouter : ✻ (posthume).

***BONAND DE MONTARET** (Henri de) [page 126]. Ajouter : ✻ (posthume).

BONDY (Lionel TAILLEPIED de), ✻ (posthume), ✠, sous-lieutenant au 5e d'Infanterie.

> Citation : *Brillant officier, d'une grande bravoure. Tombé glorieusement au cours d'une attaque en Artois, le 26 septembre 1915.*

BONFAIT (Robert), ✻ (posthume), ✠, maréchal des logis au 16e Dragons, puis sous-lieutenant au 42e d'Infanterie.

> Citation : *A été blessé mortellement, en entraînant sa section à l'assaut des premières lignes allemandes. Officier de la plus haute valeur morale. A été cité.*

[Fils du Général et de Mme née CLAUDIO JANNET.]

BONNAL (Émile), ✻ (posthume), ✠, *engagé volontaire*, sous-lieutenant au 38e Colonial.

Tué, le 2 mai 1916, aux postes d'écoute de la tranchée de Lihons.

[Né en 1894. Fils de M. et de Mme Raoul BONNAL.]

***BONNAY** (Paul de) [page 129]. Ajouter : ⊛ (posthume), ✠, soldat au 105e d'Infanterie.

> Citation : *Brave soldat. Grièvement blessé, le 24 novembre 1914, aux Éparges, dans l'accomplissement de son devoir. Mort pour la France.*

***BONNEFOUS DE CAMINEL** (Guy de) [page 129]. Ajouter : ✻ (posthume), ✠, avec cette citation :

> *Officier s'étant déjà signalé par sa bravoure au Maroc oriental. Arrivant d'Algérie, a pris avec autorité le commandement d'une compagnie du régiment dans des circonstances difficiles. A montré, au cours des combats du 4 au 11 juillet 1916, les plus belles qualités militaires de calme, de sang-froid et d'énergie, et a été tué le 11 juillet 1916, à la tête de sa compagnie qu'il maintenait dans le plus grand ordre sous un violent bombardement, et au moment où le régiment se disposait à l'attaque. A été cité.*

***BONNET** (René) [page 131]. Ajouter : ⊛ (posthume).

BONNET DES CLAUSTRES (Léon-Emmanuel-Jules-Édouard), ✻ (posthume), ✠, capitaine au 120e territorial d'Infanterie.

> Citation : *A donné, depuis le commencement de la campagne, l'exemple du devoir gaiement et courageusement accompli. Le 27 mars 1916, s'est dévoué le premier en organisant, sous un violent bombardement, le déblaiement d'un abri où étaient ensevelis plusieurs sous-officiers de la compagnie. A été blessé grièvement, le 19 avril 1916, dans son poste de commandement de première ligne. Est mort, le 4 mai 1916, des suites de ses blessures. A été cité.*

***BONNEVAL** (Comte André de) [page 131]. Ajouter : ⊛ (posthume), ✠, et cette citation :

Excellent sous-officier, de très grande bravoure et d'un sang-froid remarquable. Mort pour la France, le 8 octobre 1914, de ses glorieuses blessures.

*BONY DE LAVERGNE (Raymond de) [page 134]. Ajouter : ✶ (posthume).

BORDEAUX (Lucien), ✠, *engagé volontaire*, lieutenant au 8e Tirailleurs.

Après avoir pris part à la Grande Guerre, fut envoyé, sur sa demande, au Maroc, après l'armistice. Tué, le 19 mai 1920, au cours d'une opération au sud de Taza.

[Né en 1900. Fils de M. et de Mme née PERRIER DE LA BÂTIE.]

*BOS (René du) [page 136]. Ajouter : ⚜ (posthume), ✠, avec cette citation :

Brave sous-officier, donnant toujours à ses hommes le plus bel exemple de courage. Mort glorieusement pour la France, le 20 septembre 1914. A été cité.

BOÜAYS DE COUESBOUC (Yves-Marie-Olivier du), ⚜ (posthume), ✠, brancardier à la 24e Section d'Infirmiers Militaires.

Citation : *Depuis le début de la campagne, a fait preuve d'un dévouement absolu pour le transport des blessés. Tué en se rendant aux tranchées pour la relève des blessés, le 18 mai 1915. A été cité.*

*BOUCHER D'ARGIS DE GUILLERVILLE (Jean) [page 138]. Ajouter : ⚜ (posthume), avec cette citation :

Excellent sous-officier, brave et dévoué. Tué à son poste de combat, en Argonne, le 27 novembre 1915.

*BOUDÈNE-PEREZ (Henri) [page 139]. Ajouter : ✶ (posthume), avec cette citation :

Jeune officier ayant donné, en toutes circonstances, la preuve d'un entrain et d'une conscience remarquables. Tué à son poste de combat, le 17 juillet 1918, alors qu'il était à 100 mètres de l'ennemi, à la lisière d'un bois, donnant ses ordres pour la reconnaissance précédant l'attaque d'un village. A été cité.

*BOUËXIC DE LA DRIENNAYS (Pierre du) [page 140]. Ajouter : ⚜ (posthume), ✠, avec cette citation :

Sous-officier dévoué et très courageux. Parti comme chef d'équipe pour dépanner un char soumis à un très violent bombardement, a été tué au cours de l'opération, le 18 août 1918. A été cité.

*BOUILHAC DE BOURZAC (Comte Jean de) [page 140]. Ajouter : ⚜ (posthume), soldat au 50e d'Infanterie.

Citation : *Excellent soldat, d'une bravoure qui faisait l'admiration de tous. Tué au cours d'un violent combat, à la tête de son escouade qu'il électrisait par son exemple. Une blessure antérieure. Deux citations. Croix de guerre avec palme.*

*BOUILLONNEY (Bernard-Louis-Marie-François du) [page 141]. Ajouter : ✶ (posthume), avec cette citation :

Officier d'une grande bravoure. A été tué glorieusement, le

27 septembre 1915, en conduisant vaillamment sa compagnie à l'assaut en Champagne. A été cité.

***BOULLENOIS DE SENUC** (Marcel-Joseph de) [page 141]. Compléter ainsi : ⚕ (posthume), ✠, soldat au 366e d'Infanterie.

> Citation : *Soldat courageux et dévoué. Mort pour la France, le 6 février 1916, des suites de blessures reçues dans l'accomplissement de son devoir, devant Verdun.*

***BOURBON, Vicomte de LIGNIÈRES** (Philippe de) [page 142]. Ajouter : ⚕ (posthume) [*Journal Officiel* du 1er octobre 1920].

***BOURDEL** (Henri) [page 143]. Ajouter : ✠ (posthume).

***BOURÉLY** (Paul) [page 144]. Ajouter : ✠ (posthume), avec cette citation :

> *Officier d'une grande bravoure. Est arrivé dans les premiers aux fils de fer de la tranchée allemande. Le 6 octobre 1915, a été mortellement blessé pendant qu'il prenait les mesures nécessaires pour continuer la progression en avant. A été cité.*

***BOURG** (Paul MERLE du) [page 144]. Ajouter : ⚕ (posthume).

***BOURGEOIS** (Pierre) [page 144]. Ajouter : ⚕ (posthume).

***BOURIAT** (Jacques) [page 145]. Ajouter : ✠ (palme), avec cette citation :

> *A participé aux opérations de dragages poursuivies en 1917 et 1918, dans des circonstances particulièrement dangereuses et avec succès, devant un port important dont l'accès a été maintenu libre. Est resté à son poste jusqu'au bout de ses forces, et a succombé aux suites des fatigues de ces opérations.*

***BOURNONVILLE** (Comte Charles ESMANGART de) [page 146]. Ajouter : ⚕ (posthume).

BOURNONVILLE (René-Georges DELATTRE de), ⚕ (posthume), ✠, sergent au 77e d'Infanterie.

> Citation : *Le 19 juillet 1917, a fait preuve d'une grande bravoure en contribuant à empêcher l'ennemi de sortir de sa tranchée. A fait l'admiration de tous en tirant lui-même, et pendant tout le cours de la journée sur l'ennemi, avec plusieurs fusils que lui chargeaient ses hommes. A causé des pertes sérieuses à l'ennemi. Attitude très crâne sous le feu. A été tué pendant la relève. A été cité.*

BOURRAN (Pierre-Émile BOUSON de), ⚕ (posthume), ✠, sergent au 160e d'Infanterie.

> Citation : *Sous-officier de grande valeur, a toujours fait preuve d'un dévouement et d'un courage à toute épreuve. A trouvé une mort glorieuse, le 11 mai 1915, à Neuville-Saint-Vaast.*

***BOURY** (Vicomte de) [page 147]. Ajouter : ✠ (posthume).

***BOUSQUET** (Henri du) [page 147]. Ajouter : ⚕ (posthume).

***BOUSSENOT DU CLOS** (Étienne) [page 148]. Ajouter : ⚕ (posthume).

*BOUTINY (Louis de) [page 149]. Compléter par la citation suivante à l'Ordre de l'Armée :

> *Officier du plus grand mérite et du plus grand courage, ayant effectué un grand nombre de reconnaissances souvent très périlleuses. Le 1ᵉʳ juillet 1915, a attaqué un avion ennemi armé d'une mitrailleuse. Après avoir tiré toutes ses cartouches, et quoique blessé, a continué la lutte à coups de mousqueton, et ne l'a abandonnée que lorsque le moteur, percé de balles, a failli brusquement. A été sérieusement blessé.*

[Né en 1883. Fils de M. Joseph DE BOUTINY (décédé) et de Mᵐᵉ née DE LA FAY.]

*BOUTINY (Ernest de) [page 149]. Ajouter : ✼ (posthume), avec cette citation :

> *Observateur ardent, glorieusement tombé pour la France en combattant un avion ennemi (Armée d'Orient).*

[Né en 1893. Frère du précédent.]

BOUVINES (Henri-Louis-Pierre de), ⚜ (posthume), ✠, caporal au 5ᵉ d'Infanterie.

> Citation : *Très bon gradé, belle conduite au feu. Tué glorieusement à son poste de combat, le 20 octobre 1918, à Gramène.*

*BOYER DE BOUILLANE (Henry) [page 152]. Ajouter : ⚜ (posthume).

*BOYSSON (Xavier de) [page 152]. Ajouter : ⚜ (posthume).

*BRAGELONGNE (Édᵈ de) [page 153]. Ajouter : ⚜ (posthume), ✠.

BRAS DE FER DE L'ÉTANG (Joseph - Baudin - Louis de), ⚜ (posthume), ✠, soldat au 49ᵉ d'Infanterie.

> Citation : *Excellent soldat. Blessé grièvement, le 19 juin 1916, en service commandé. Mort des suites de ses blessures.*

*BRASIER DE THUY (Xavier) [page 154]. Ajouter : ⚜ (posthume).

BRAUER (Marie-Joseph-Henri-Pierre de), ✼ (posthume), ✠, sous-lieutenant au 9ᵉ Dragons.

> Citation : *Parti en campagne le 31 juillet 1914, a pris part à la marche sur Liège, aux combats de Gembloux, de Charleroi, rétrogradant jusqu'à Péronne. Faisant partie d'un escadron chargé de couvrir un débarquement d'infanterie, il fut encerclé avec son unité, le 28 août 1914. Le soir de ce jour, le sous-lieutenant DE BRAUER, cherchant avec quelques volontaires à se frayer un passage à travers les lignes allemandes, est tué en chargeant à la tête de ses cavaliers. A été cité.*

*BRÉCHARD (Vicomte Henri de CHAMPS DE SAINT-LÉGER de) [page 155]. Ajouter : ⚜ (posthume).

*BREGHOT DU LUT (Joseph) [page 156]. Ajouter : ⚜ (posthume), ✠, avec cette citation :

> Citation : *Gradé très brave et très consciencieux. Est tombé mortellement frappé au cours des durs combats de Notre-Dame-de-Lorette, le 29 mars 1915.*

***BREUVAND (Adhémar GAUTIER de)** [page 159]. Ajouter : ✳ (posthume), ✠, avec cette citation :

> *Officier d'une grande bravoure. Est tombé glorieusement, le 19 août 1914, en allant à un groupe encourager ses hommes qui subissaient un feu meurtrier d'artillerie. A été cité.*

***BREVEDENT DU PLESSIS (Jean-Marie de)** [page 160]. Ajouter : ✳ (posthume), ✠ (palme), avec cette nouvelle citation :

> *Excellent officier, ayant montré de très belles qualités dans la cavalerie. Passé dans l'aviation, sur sa demande, en décembre 1915. Mort en avion pour la France, le 25 octobre 1916. Déjà cité à l'Ordre.*

***BRICHE (Vicomte Jean de)** [page 160]. Ajouter : ☉ (posthume), ✠, avec cette citation :

> *Le 9 septembre 1914, faisant partie de la section d'avant-garde du bataillon, a été blessé d'une balle à la jambe. A répondu à un de ses camarades qui venait le panser : « Tout à l'heure, je puis encore tirer. » Au même moment il a été atteint d'une balle au cœur. A été cité.*

***BRIDIERS (René de)** [page 160]. Ajouter : ☉ (posthume).

***BRIEY (Comte Pierre de)** [page 161]. Ajouter : ✳ (posthume), avec cette citation :

> *Officier d'une énergie admirable, d'un courage et d'un sang-froid à toute épreuve. Le 27 mars 1918, à Marquivilliers, commandant une S. M., a fait subir à l'ennemi de lourdes pertes, brisant pendant plus de deux heures tous ses efforts par la précision de ses feux. Chargé de couvrir le repli des unités voisines, a continué son tir jusqu'à épuisement complet de ses munitions; entouré de toutes parts, a poursuivi encore la lutte, presque seul, la carabine à la main, pour permettre à ses hommes de sauver leurs pièces jusqu'au moment où il est tombé mortellement atteint. A été cité.*

***BRION (Pierre de)** [page 162]. Ajouter : ✳ (posthume), avec cette citation :

> *Officier de grande valeur, d'un courage calme et communicatif. Le 15 juillet, sa batterie étant soumise à un violent bombardement, a assuré la continuité du tir. A été tué en se portant au secours de ses hommes, qu'un obus venait de blesser. A été cité.*

***BRISSY LE CHOLLEUX (Charles)** [page 163]. Ajouter : ✳ (posthume).

***BROCHAND D'AUBERVILLE (Bernard)** [page 163]. Supprimer cette mention qui, par erreur de nom, fait double emploi avec la mention : D'AUFERVILLE [page 53].

***BROSSET-HECKEL (Emmanuel)** [pages 164-165]. Ajouter : ✳ (posthume), avec cette citation :

> *Envoyé en reconnaissance sur Geryvilliers, où on lui avait signalé la présence de cavaliers ennemis, s'est porté sur la partie occupée du village pour les en chasser. A été tué d'un coup de feu au moment où, personnellement, il fouillait une maison, le 26 août 1914. A été cité.*

BROTONNE (Marcel de).
Décédé, en juillet 1920, à l'âge de 37 ans, des suites d'une longue et pénible maladie contractée sur le front.

*BRUHL (Roger) [page 166]. Ajouter : 🎖 (posthume).

BRUN D'ARTIS (Adrien), 🎖 (posthume), ✠, soldat au 352e d'Infanterie.
Mort glorieusement le 13 janvier 1915.

*BRUNEL DE PEERARD (Jacques) [page 167]. Ajouter : 🎖 (posthume), avec cette citation :

Exemple d'endurance et de courage pour ses camarades, tué à Saint-Thierry, le 26 septembre 1914, à l'âge de 26 ans, alors que, sans souci du danger, il transmettait, sous un violent bombardement, les ordres du commandant de sa batterie. A été cité.

L'Académie Française lui a décerné une part du Prix Monthyon pour son « Carnet de Route ».

BRUNET-LECOMTE (Jean-Marie), �֍ (posthume), ✠, capitaine au 29e d'Infanterie.

Citation : *Frappé mortellement en entraînant bravement sa troupe à l'assaut, le 6 octobre 1914. A été cité.*

BRUSC (Prosper de), 🎖 (posthume), ✠, soldat au 288e d'Infanterie.

Citation : *A toujours été un vaillant soldat, faisant constamment preuve de courage et de dévouement. Tombé glorieusement pour la France, le 12 août 1918, devant Chevincourt.*

BRUYNE (Jules-Gustave de), 🎖 (posthume), ✠, soldat au 165e d'Infanterie.

Citation : *Brave soldat. A toujours eu une belle attitude au feu. A été tué à son poste de combat, le 22 septembre 1914, à Abancourt.*

*BUDAN DE RUSSÉ (Jacques) [page 169]. Ajouter : ✖ (posthume), ✠ (palme), avec cette citation :

Brave officier, modeste autant que dévoué. Tombé glorieusement pour la France, à Saint-Pierre-de-Bitry, le 5 octobre 1914.

*BUFFET (Pierre) [page 169]. Ajouter : 🎖 (posthume).

*BUHOT DE LAUNAY (R.-P.-G.) [page 169]. Ajouter : ✖ (posthume).

BUNLE DE MARSAC (Joseph-Louis-Stanislas), 🎖 (posthume), ✠, soldat au 94e d'Infanterie.

Citation : *Soldat brave et dévoué. A été frappé mortellement, le 27 septembre 1916, à Rancourt.*

*BUOR DE VILLENEUVE (Henry de) [page 170]. Ajouter : 🎖 (posthume), avec cette citation :

Excellent sous-officier, courageux et dévoué. Au front depuis le début de la campagne, s'est maintes fois distingué par son énergie et son absolu mépris du danger. A été tué à son poste de combat, le 25 septembre 1915, au mont Sans-Nom. Une citation antérieure.

*BUOT DE L'ÉPINE (*Pierre*-Victor) [page 170]. Ajouter : ✵ (posthume), ✠ (palme), avec cette citation :

Officier d'élite, brave et dévoué. Après avoir donné, dès les premiers combats de la campagne, la valeur de son héroïsme, est mort glorieusement pour la France, le 20 novembre 1914, à Souain.

*BURGUE (Richard de) [page 170]. Compléter ainsi : ✵ (posthume), ✠ (palme), sous-lieutenant au 15e d'Infanterie.

Citation : *Officier d'élite, sans cesse sur la brèche et possédant la confiance entière de ses chefs et de ses hommes. S'est affirmé comme un brave dans tous les combats auxquels il a pris part. Mort glorieusement pour la France, le 12 février 1916.*

*BUROS (Baron Gérard BROSSIER de) [page 171]. Ajouter : ✵ (posthume).

BUS (Désiré-François de), ◉ (posthume), ✠, soldat au 76e d'Infanterie.

Citation : *Brave et bon soldat. Le 30 mars 1915, à Vauquois, a été tué à son poste de combat en défendant glorieusement sa patrie.*

*BUSSY (Gilles LE CLERC de) [page 171]. Ajouter : ✵ (posthume).

*BUSSY (*Louis*-Paul-Marie-Eugène de) [page 172]. Ajouter : ✵ (posthume), ✠ (palme), avec cette citation :

Excellent officier de Cavalerie légère, ardent, audacieux, d'une bravoure exceptionnelle. Le 12 septembre 1914, reconnaissant le village de Lépine, a fait mettre bas les armes à trente fantassins allemands, face à ses quatre hommes de pointe; continuant dans le village et sommant les occupants de se rendre, a rencontré un gros d'ennemis à travers lequel il a dû se frayer un passage. Est tombé glorieusement au cours de cet engagement.

*BUTLER (*Enguerrand*-Raymond de) [page 172]. Ajouter : ✵ (posthume), lieutenant au 8e Tirailleurs.

Citation : *Officier très brave, superbe au feu. Est tombé glorieusement, le 22 septembre 1914, à la tête de sa section qu'il entraînait à l'attaque de la lisière d'un village. A été cité.*

C

*CABAT (Louis) [page 173]. Ajouter : ◉ (posthume).

CADENET (François-Alexandre de), ◉ (posthume), ✠, soldat au 72e d'Infanterie.

Citation : *Soldat brave et courageux, plein d'entrain, toujours prêt à marcher et qui était du meilleur exemple pour son escouade. S'est vaillamment comporté, le 22 février 1915, au cours d'un combat où il fut mortellement blessé. A été cité.*

*CADET DE VAUX (René) [page 173]. Ajouter : ◉ (posthume), ✠, avec cette citation :

Sous-officier brave et dévoué. A été frappé mortellement à son poste de combat, en août 1914, aux environs de Pierrepont, en s'élançant à l'assaut des positions ennemies.

*CADORET (Georges) [page 173]. Ajouter : ✳ (posthume).

*CADORET (Marcel) [page 174]. Ajouter : ✳ (posthume).

*CAMBEFORT (Robert) [page 176]. Ajouter : ⚜ (posthume).

*CAMPEAU (Albéric de) [page 176]. Ajouter : ⚜ (posthume).

CANELLE DE LALOLLE (Eugène-Alphonse), ⚜ (posthume), ✠, soldat au 170ᵉ d'Infanterie.

> Citation : *Soldat brave et dévoué. Tué à son poste de combat, à Notre-Dame-de-Lorette, le 5 décembre 1915.*

*CANNAC (L.-P.) [page 177]. Ajouter : ⚜ (posthume).

*CAPPE (Antony) [page 178]. Ajouter : ✳, ✠.

CARHEIL (Pierre-Marie de), ✳ (posthume), ✠, sous-lieutenant au 247ᵉ d'Infanterie.

> Citation : *Officier ardent et d'une rare bravoure. A commandé le groupe de grenadiers d'élite et exécuté avec lui une série de reconnaissances hardies qui ont permis de renseigner le commandement. Au cours de l'attaque allemande du 16 août 1917, a résisté avec une énergie acharnée à un ennemi bien supérieur en nombre et empêché sa progression dans nos lignes. A été mortellement blessé. A été cité.*

*CARINI (Prince Rodolphe de LA GRUA DE TALAMANCA de) [page 179]. Ajouter : ⚜ (posthume), soldat au 66ᵉ d'Infanterie.

*CARISSAN (Jacques) [page 180]. Ajouter : Pour perpétuer la mémoire de ce brave officier, son nom a été donné au sous-marin allemand *U.B. 190*, livré à la France.

*CARNÉ (Comte Jean de) [page 180]. Ajouter : ✳ (posthume), avec cette citation :

> *Officier très brave. Le 18 août 1918, a montré le plus complet mépris du danger en entraînant sa section à l'assaut des positions ennemies fortement défendues. Est tombé glorieusement au cours de l'action. A été cité.*

CARPENTIER (Jacques), ✳ (posthume), ✠, lieutenant au 5ᵉ Génie.

> Citation : *Chargé, le 1ᵉʳ septembre 1914, de la destruction du souterrain de Vierzy et voulant s'assurer que l'explosion avait été efficace, pénétra trop tôt dans le souterrain et fut asphyxié par les gaz. Mort pour la France, victime de son dévouement. A été cité.*

[Fils de M. et de Mᵐᵉ née YZÈBE.]

CARTIER (Antoine), ✳ (posthume), lieutenant au 28ᵉ Chasseurs alpins.

> Citation : *Blessé très grièvement d'une balle au moment où il allait installer sa section de mitrailleuses en batterie à courte distance de l'ennemi. Mort des suites de ses blessures. A été cité.*

[Fils du Commandant CARTIER ; petit-fils du Général baron GABET.]

***CASAMAJOR** (Paul de) [page 183]. Ajouter : ⚜ (posthume), ✠, avec cette citation :

> *A toujours servi en brave et excellent soldat, donnant en toutes circonstances la valeur de son dévouement. Tombé glorieusement pour la France, le 21 octobre 1915.*

***CASENAVE** (Robert) [page 184]. Compléter ainsi :
Entré le premier à Vauquois, le 28 mars 1915; blessé et mutilé le 2 mars, reparti volontairement au front en septembre de la même année. De nouveau grièvement blessé, le 25 mars 1918, à Tirlancourt (Aisne). Mort des suites de ses blessures, dans une douloureuse captivité, à Monceau-le-Neuf, le 7 avril 1918, à 23 ans.

> *Dernière citation : Est tombé glorieusement au moment où, circulant debout sous les rafales de mitrailleuses ennemies, il organisait le repli de son groupe débordé par l'ennemi.*

***CASSIDANIUS** (Marcel) [page 185]. Compléter ainsi : ✳ (posthume), médecin aide-major au 137e d'Infanterie.

> *Citation : Médecin de bataillon d'une conscience et d'un dévouement absolus, poussant la bravoure jusqu'à la témérité. A été blessé mortellement en prodiguant ses soins à découvert, en pleine bataille, à proximité de la ligne de feu, le 1er octobre 1918, à Somme-Py. A été cité.*

CASTELVIET (André-Ernest de), ⚜ (posthume), ✠, soldat au 106e Chasseurs à pied.

> *Citation : Chasseur particulièrement brave et dévoué. S'est toujours fait remarquer par son courage, sa constante bonne humeur et sa crânerie aux heures les plus pénibles. Le 20 mai 1918, est tombé mortellement frappé à son poste de combat. A été cité.*

CASTERAS SOURNIA (Louis-Antoine-Jean de), ⚜ (posthume), ✠, caporal au 172e d'Infanterie.

> *Citation : Brave caporal. Tombé au champ d'honneur pour le salut de la patrie, le 14 décembre 1914, au cours d'une patrouille en forêt d'Apremont.*

***CASTILLA** (*Joseph*-Marie-Paul de) [page 188]. Ajouter : ⚜ (posthume), ✠, avec cette citation :

> *Brave sous-officier. Glorieusement tombé pour la France, le 21 décembre 1914, en montant à l'assaut d'une position dans la Somme.*

CASTILLO (Valero-François del), ⚜ (posthume), ✠, soldat au 43e d'Infanterie.

> *Citation : Le 31 mars 1918, s'est porté avec le plus grand entrain à l'assaut des positions ennemies, malgré le tir violent de mitrailleuses. A été blessé mortellement au cours de cette opération. A été cité.*

***CAUBERT DE CLÉRY** (Pierre) [page 189]. Ajouter : ⚜ (posthume).

***CAUSANS** (Marquis de) [page 156]. Ajouter : ⚜ (posthume), avec cette citation :

> *Bien qu'appartenant à la R. A. T., a demandé et a obtenu d'être*

affecté dans un régiment actif. A rempli avec calme et entrain ses fonctions d'aumônier bénévole dans des circonstances particulièrement pénibles. Est tombé glorieusement le 15 juillet 1916. A été cité.

*CAZENOVE (Arnaud de) [page 191]. Ajouter : ✠ (posthume).

*CESSOLE (Vicomte Raymond de) [page 192]. Ajouter : ⚜ (posthume).

*CHABERT (Georges) [page 193]. Ajouter : ✠ (posthume).

*CHAIX-BRYAN (Joseph) [page 196]. Ajouter : ✠ (posthume).

CHALANQUI-BEURET (Vicomte Jacques) ✠, capitaine de Cavalerie.

Décédé, en 1920, des suites d'une longue maladie contractée au front.

[Marié à Mlle Yvonne RAFFENEL, — dont un enfant.]

*CHALIGNY (Jean SALLONNYER de), caporal au 27e d'Infanterie [page 196]. Ajouter : ⚜ (posthume), ✠, avec cette citation :

Était pour ses hommes un exemple de courage et de devoir. S'est distingué en Lorraine, où, le 16 août 1914, il est allé chercher, sous un feu violent, un soldat de sa section blessé pour le ramener dans nos lignes. A été mortellement blessé par les éclats d'une bombe, le 14 décembre 1914, à la redoute du bois Brûlé, dans la forêt d'Argonne. A été cité.

CHALUS (Adolphe-François-Louis de), ⚜ (posthume), ✠, soldat au 273e d'Infanterie.

Citation : *Soldat brave et dévoué, ayant toujours fait preuve des plus belles qualités. Tombé glorieusement pour la France, le 31 mai 1918, au combat de Vierzy.*

*CHAMPETIER DE RIBES (Alfred) [page 201]. Ajouter : ⚜ (posthume), avec cette citation :

Très bon soldat. A été tué par un éclat d'obus, à son poste de combat, le 26 avril 1916. A été cité.

CHANZY (. . . . .), ✠, capitaine au 3e Chasseurs d'Afrique.

Mort à Souk-Ahras (Algérie), en 1920, des suites d'une longue captivité.

[Fils du Général CHANZY.]

CHARGÈRES (Marie-Joseph-Jean de), ⚜ (posthume), ✠, sergent-major au 8e Tirailleurs Indigènes.

Citation : *Est mort noyé, après avoir donné l'exemple de la plus noble énergie pour organiser le sauvetage. A été cité.*

*CHARLET-REYJAL (Maurice) [page 207]. Ajouter : ⚜ (posthume), ✠, et cette citation :

Caporal brave et dévoué. Mort pour la France, le 30 septembre 1914, au Four-de-Paris, en entraînant ses hommes à l'assaut.

***CHARPIN-FEUGEROLLES** (Vicomte Pierre de) [page 208].
Compléter la mention par cette citation :

> *Blessé mortellement, le 17 février 1915, en entraînant sa com-*
> *pagnie à l'assaut des tranchées ennemies. A été cité.*

***CHASSINCOUR** (Raoul de) [page 210]. Compléter ainsi : ☉
(posthume), ✠, sergent au 162ᵉ d'Infanterie.

> Citation : *Après avoir réussi à reprendre un poste d'écoute aux*
> *Allemands, a demandé à y rester toute la nuit pour en inter-*
> *dire l'entrée aux ennemis. Mort glorieusement pour la France, le*
> *15 juillet 1915. A été cité.*

***CHASTANG** (F.) [page 211]. Ajouter :

Fait prisonnier à Dixmude, fut tué par un obus français alors
qu'il donnait ses soins à des blessés français, prisonniers comme
lui. Pour perpétuer sa mémoire, son nom a été donné au torpilleur allemand *S. 135*, livré à la France.

CHATAIGNIER (*Émile*-Félix-Antoine), ✳, ✠ (palme), ✳, capitaine
au 404ᵉ d'Infanterie.

Mort glorieusement pour la France, le 29 mars 1916, sur cette
belle terre du Soissonnais qui lui était si chère. Les soldats de sa
compagnie lui ont élevé un mausolée pour perpétuer sa mémoire.

> Citation : *N'a cessé de donner, depuis le début de la campagne,*
> *comme commandant de compagnie, l'exemple de l'entrain, de la*
> *hardiesse et de la plus belle bravoure. A été mortellement frappé,*
> *le 29 mars, en visitant un poste avancé de sa compagnie.*

Un de ses camarades écrivait à sa famille : « Sa mort m'a dé-
» chiré le cœur et mon affliction est grande, elle est partagée par
» tous les officiers du régiment auprès desquels il jouissait de la
» plus grande estime. Ses hommes, qui l'adoraient pour son en-
» train et sa belle tenue, le regretteront toujours et garderont
» fidèlement sa mémoire. »

[Né le 15 février 1876. Fils de Mᵐᵉ A. Cambel. Marié à Mˡˡᵉ Bocquet, — dont deux
enfants.]

***CHAUDÉ** (Henry) [page 213]. Ajouter : ✳ (posthume).

***CHAVIGNY** (Georges de) [page 217]. Ajouter : ☉ (posthume), ✠,
avec cette citation :

> *Blessé de deux balles à la poitrine, en septembre 1914, est re-*
> *venu au front à peine guéri. A été mortellement frappé, le 24 fé-*
> *vrier 1915, en entraînant sa demi-section à l'assaut. A été cité.*

***CHENU-LAFITTE** (Comte René) [page 218]. Compléter ainsi :
☉ (posthume), ✠, caporal au 360ᵉ d'Infanterie.

> Citation : *Caporal très énergique, ayant le mépris absolu du*
> *danger. A été tué à la tête de son escouade, le 12 septembre 1916,*
> *en pénétrant dans la tranchée ennemie. A été cité.*

***CHEVEIGNÉ** (Michel LE RICHE de) [page 219]. Ajouter : ☉
(posthume), ✠, avec cette citation :

> *Brave aspirant, donnant toujours à ses hommes le plus bel*
> *exemple de courage. Tombé glorieusement pour la France, le*

17 juin 1915, en entraînant sa section à l'attaque des positions ennemies en avant de Neuville-Saint-Vaast.

*CHEVIGNÉ (Vicomte Guillaume de) [page 219]. Ajouter : ⚙ (posthume), avec cette citation :

Le 2 juin 1916, devant Verdun, resté seul sous-officier de sa compagnie, a puissamment secondé son commandant de compagnie par son activité. S'est élancé, à la tête de sa section, à l'assaut des tranchées ennemies sous un violent bombardement. A été tué au cours de l'action. A été cité.

CHOISY (Auguste HIREL de), ⚙ (posthume), ✠, soldat au 79ᵉ d'Infanterie.

Citation : Soldat brave et dévoué, ayant toujours fait preuve des plus belles qualités. Tombé glorieusement pour la France, le 7 octobre 1914, à Mourmelon-le-Petit.

*CLÉDAT DE LA VIGERIE (Jean) [page 226]. Ajouter : ⚙ (posthume), ✠, avec cette citation :

Sous-officier énergique et plein d'entrain. A l'attaque du 20 juillet 1916, a entraîné sa section vaillamment à l'assaut des tranchées ennemies, et est tombé glorieusement en arrivant sur le parapet, à Belloy-en-Santerre. A été cité.

*CLÉDAT DE LA VIGERIE (Jules-Jacques) [page 226]. Ajouter : ⚙ (posthume), ✠, avec cette citation :

Brave sous-officier. Après avoir pris part à de nombreux combats, en Alsace et Lorraine, a trouvé une mort glorieuse au Linge, le 20 juillet 1915.

*CLERCQ (Comte Robert-Emmanuel de) [page 227]. Compléter ainsi : ⚙ (posthume), sergent brancardier au 413ᵉ d'Infanterie.

Citation : Excellent sous-officier. S'est prodigué, du 25 au 27 avril 1918, pour assurer l'évacuation des blessés sous de violents bombardements, donnant un bel exemple de courage tranquille et de conscience professionnelle. Grièvement blessé à son poste, est mort des suites de ses blessures. A été cité.

*CLERVAUX DE FONTVILLIERS (Paul-Henri-Charles-Marie), ✻, ✠, capitaine au 8ᵉ Colonial [page 228]. Ajouter cette citation posthume :

Officier courageux, qui a fait vaillamment son devoir dès les premiers combats de la campagne. Tombé glorieusement pour la France, face à l'ennemi, le 10 septembre 1914.

*CLOQUEMIN (Caronny) [page 228]. Ajouter : ✻ (posthume).

CLUZEL (Aimé-Marien du), ⚙ (posthume), ✠, soldat au 6ᵉ Chasseurs à pied.

Citation : Chasseur courageux, qui a fait vaillamment son devoir dès les premiers combats de la campagne. Tombé glorieusement pour la France, le 19 août 1914, en Lorraine.

*COATGOUREDEN (René de) [page 230]. Ajouter : ✻.

COCQ (Ferdinand-Maurice-Jean de), ⚙ (posthume), ✠, soldat au 151ᵉ d'Infanterie.

Citation : *Excellent soldat, d'une bravoure incomparable. Tombé glorieusement, le 15 octobre 1916, au combat de Sailly-Saillissel.*

COLLIN DE BARIZIEN DE CIVRY (du), (posthume), , sergent au 56e d'Infanterie.

Citation : *Très bon chef de demi-section. A été tué glorieusement le 7 octobre 1915, en Champagne, en avant de la tranchée, après avoir pris le commandement de la section, le chef ayant disparu. A été cité.*

COLOMBANI DE NIOLO (Marcel-Georges-Joseph), (posthume), , lieutenant au 154e d'Infanterie.

Citation : *Officier plein d'entrain et de vigueur. A été très grièvement blessé en conduisant sa compagnie sous un feu d'extrême violence, le 30 mai 1916, devant Verdun. Mort pour la France. A été cité.*

COLONNA D'ARRO (Jules), (posthume), , caporal au 34e Colonial.

Citation : *Très belle attitude, le 29 juillet 1915, aux tranchées du bois Le Prêtre, a donné le plus bel exemple à ses camarades sous un violent bombardement d'artillerie de gros calibre, et a été tué glorieusement à son poste de combat. A été cité.*

***COMMINES DE MARSILLY (Philippe de)** [page 237]. Ajouter : (posthume), avec cette citation :

Brancardier d'un grand courage, plein d'entrain et de dévouement. Tombé en brave, le 17 janvier 1916, à Vingré.

***CONDÉ (Fernand de)** [page 237]. Ajouter : (posthume), , et cette citation :

Officier animé des plus beaux sentiments d'honneur et de bravoure. Tué à la tête de sa compagnie qu'il entraînait à la charge, le 25 août 1914, à Hoeville.

CONINCK (Léon de), (posthume), , soldat au 89e d'Infanterie.

Citation : *Brave soldat, au front depuis le début de la campagne. Tué glorieusement à son poste de combat, devant Vauquois, en avril 1915.*

CONINCK (François-Laurent de), (posthume), , soldat au 6e Chasseurs à pied.

Citation : *Chasseur courageux, qui a fait vaillamment son devoir dès les premiers combats de la campagne. Tombé glorieusement pour la France, le 15 juin 1915, au Braünkopf.*

***CORMIER DES FOSSES (Auguste)** [page 242]. Ajouter : (posthume), avec cette citation :

Excellent sous-officier, plein d'entrain et de sang-froid. Au front depuis le début de la campagne. Tué glorieusement à son poste de combat, le 8 octobre 1915, au Labyrinthe.

***CORNET D'HUNVAL (Jacques)** [page 242]. Ajouter : (posthume), , avec cette citation :

Soldat courageux et dévoué, s'est vaillamment porté à l'assaut des tranchées ennemies, le 25 septembre 1915. A été mortellement

*blessé alors qu'il organisait, à proximité de l'ennemi, un enton-
noir dans lequel il avait pénétré un des premiers. A été cité.*

***COSNAC (Comte Daniel de)** [page 243]. Ajouter : ✵ (posthume),
✠, et cette citation :

*A trouvé une mort glorieuse en partant exécuter un bombarde-
ment au-dessus des lignes ennemies, le 26 février 1916. A été cité.*

COSTARD (Hubert de), ⛨ (posthume), ✠, sergent au 7e Colonial.

Citation : *Excellent sous-officier, modèle de courage et de dévouement. Blessé mortellement, le 15 avril 1917, en accomplissant
bravement son devoir. A été cité.*

COSTE DES COMBES (Francis-Donat), ⛨ (posthume), ✠, soldat
au 60e d'Infanterie.

Citation : *Brave soldat. Tué glorieusement à son poste de combat, aux environs de Soissons.*

***COUBERTIN (Guy FRÉDY de)** [page 246]. Ajouter : ✵ (posthume).

***COURBET DE CHAMPROUGE (René)** [page 249]. Ajouter :
⛨ (posthume), ✠, avec cette citation :

*Excellent sous-officier, très brave au feu. Glorieusement tombé,
le 20 février 1915, aux Eparges, en entraînant bravement ses
hommes à l'assaut.*

COURCELLES (Jean-Marc de GARS de), ⛨ (posthume), ✠, caporal au 134e d'Infanterie.

Citation : *Jeune gradé d'une grande bravoure. Le 7 juillet 1915,
sa compagnie se trouvant engagée dans une contre-attaque extrêmement violente, fit l'admiration de ses hommes et de ses chefs
par son intrépidité et son sang-froid. Mortellement atteint par un
obus après une journée de combat acharné. A été cité.*

***COURS (Marie-Paul-Alfred de)** [page 250]. Ajouter : ✵ (posthume),
✠, avec cette citation :

*Commandant de compagnie de haute valeur morale. A été blessé
mortellement, le 17 avril 1917, à l'assaut des lignes allemandes,
devant le mont Cornillet. A été cité.*

***COURSON DE LA VILLENEUVE (*Yves-Henri-Marie-Robert*
de)** [page 251]. Ajouter : ✵ (posthume), ✠, avec cette citation :

*Jeune officier au cœur chaud, d'un allant et d'un courage re-
marquables. Tué à la tête de sa compagnie, aux Eparges, le 7 avril
1915.*

COURTILS DE MERLEMONT (René, Comte des).

Décédé, en novembre 1920, des suites d'une maladie contractée aux Armées.

[Né le 19 juillet 1894. Fils du Vte (décédé) et de la Vtesse née Yvonne THIBAULT DE
LA ROCHETHULON.]

COURTOIS-SUFFIT (Jacques-Octave-Alphonse), ⛨ (posthume), ✠,
aspirant au 19e Chasseurs à pied.

Citation : *Hardi et entreprenant. A, dans la nuit du 26 au 27 février 1916, conduit une patrouille jusqu'à une tranchée ennemie*

et rapporté des renseignements importants ; s'est conduit bravement pendant le combat du lendemain, faisant tête à l'ennemi, un revolver dans chaque main. Mort au cours de l'action. A été cité.

COUSIN DE PUYMARCEL (Antoine-Alexandre), ⚜ (posthume), ✠, soldat au 59ᵉ d'Infanterie.

Citation : Soldat énergique et brave. Le 24 décembre 1914, a franchi sans hésitation un violent tir d'obus de gros calibre, pour se porter à proximité d'une tranchée ennemie. Tué au cours de l'action.

***COUTAUD-DELPECH** (Edmond) [page 254]. Compléter ainsi : ✠ (posthume), ✠, lieutenant au 6ᵉ Chasseurs à cheval.

Citation : Officier observateur. Tombé mortellement frappé en avion, au cours d'un combat aérien, le 2 décembre 1916.

***COYREAU DES LOGES** (Jean) [page 255]. Ajouter : ⚜ (posthume), ✠, avec cette citation :

Brave et vigoureux soldat. Blessé le 17 septembre 1914, à Baconnes, reparti sur le front le 4 novembre 1914. Tombé glorieusement à Poëlcapelle au cours d'une attaque. A été cité.

***CRÈVECŒUR** (Jean de), caporal au 89ᵉ d'Infanterie [page 258]. Ajouter : ⚜ (posthume), avec cette citation :

Blessé le 13 juillet 1915, a refusé de se laisser panser pour donner ses soins à son lieutenant. A été frappé mortellement en accomplissant cet acte de dévouement. A été cité.

CUREL (Robert de), Saint-Cyrien de la promotion de Sainte-Odile, lieutenant aviateur.
    Tué à l'ennemi, près de Taza (Maroc), en 1920.

[Fils du Bᵒⁿ et de la Bᵒⁿⁿᵉ née Jeanne DE PARTZ DE PRESSY.]

CUYPER (Ferdinand-Lucien de), ⚜ (posthume), ✠, soldat au 160ᵉ d'Infanterie.

Citation : Brave soldat. A été tué, le 25 mai 1915, à Neuville-Saint-Vaast, en accomplissant courageusement son devoir.

D

DAMAR DE SAINT-RIVILY (Georges-Théophile), ⚜ (posthume), ✠, sergent au 21ᵉ Chasseurs à pied.

Citation : Le 25 septembre 1915, au combat de Souchez, est mort glorieusement pour la France, en faisant courageusement son devoir. A été cité.

DANEY DE MARCILLAC (Justinien), ⚜ (posthume), ✠, soldat au 43ᵉ Colonial.

Citation : A toujours été un vaillant soldat, faisant preuve de courage et de dévouement. Mort glorieusement pour la France, le 6 juillet 1918, par suite d'intoxication par gaz asphyxiants.

DARBLAY (Henry), ☆, �֎ (3 citations), maréchal des logis, pilote-aviateur, Escadrille de chasse 69.
Tué dans la Somme, le 22 décembre 1916.
[Fils de M. et de Mme née Thérèse JACOB.]

DARCY (Georges-Claude-Mayeul), ✳ (posthume), ✖, sous-lieutenant au 1er Zouaves.
Citation : *Officier d'un grand courage et d'un dévouement sans bornes. Mort glorieusement pour la France, le 22 septembre 1914, à Sézanne.*

DAUVILLE D'HIRRIBARN (Maurice), ☆ (posthume), ✖, adjudant au 5e d'Infanterie.
Citation : *A été mortellement blessé en se portant à l'attaque des tranchées ennemies, le premier, en septembre 1915, devant Neuville-Saint-Vaast. A été cité.*

DECHELETTE (André-Joseph), ☆ (posthume), ✖, sergent-fourrier au 98e d'Infanterie.
Citation : *Sous-officier d'une grande bravoure. A fait preuve, au combat du 20 août 1914, des plus belles qualités militaires. Chargé, le 22 septembre 1914, d'assurer la liaison entre son chef de bataillon et son commandant de compagnie, a accompli sa mission avec le plus grand dévouement, malgré de très violents tirs d'artillerie et de mitrailleuses. Tombé glorieusement pour la France. A été cité.*

***DECORIO-SAINT-CLAIR** (Jehan) [page 270]. Ajouter : ☆ (posthume), ✖, avec cette citation :
Excellent gradé. Le 11 août 1914, auprès de Marville, a eu trois chevaux tués sous lui et a continué jusqu'au bout la mission donnée par son chef de peloton. Grièvement blessé, est mort, le 31 août 1914, des suites de sa blessure. A été cité.

DEFLY-DIEUDÉ (Jean-Paul-Pierre), ✳ (posthume), ✖, lieutenant au 5e Tirailleurs Algériens.
Citation : *Vaillant officier. Tué glorieusement, le 13 novembre 1914, au combat d'El-Herry (Maroc).*

***DELACHENAL** (Jean) [page 273]. Compléter ainsi : ☆ (posthume), ✖, caporal au 131e d'Infanterie.
Citation : *Excellent caporal, dont la conduite au feu fut remarquable. Tué, le 22 août 1914, en se portant à l'assaut du village de Gorcy, fortement tenu par l'ennemi.*

***DELAGE** (Marcel) [page 273]. Ajouter :
Ancien commandant du 1er régiment de Fusiliers Marins à Dixmude, Steenstraete et Nieuport, puis commandant du cuirassé *Danton*, volontairement englouti avec son bâtiment. Pour perpétuer sa mémoire, le nom de *Marcel-Delage* a été donné au torpilleur allemand *H. 147*, livré à la France.

DELAYEN (Georges-Léon), ☆ (posthume), ✖, caporal au 31e d'Infanterie.
Citation : *A fait preuve, pendant le combat du 24 août 1914, d'un*

bel esprit du devoir et d'une rare bravoure en se portant sous une grêle de balles au secours de son capitaine grièvement blessé. A été mortellement frappé. A été cité.

DELAYEN (André-Victor), ⚓ (posthume), ✠, caporal au 31e d'Infanterie.

> Citation : *Caporal courageux et dévoué. Blessé grièvement à son poste de combat de Cheppy. Mort pour la France, le 25 septembre 1914.*

DELIGNY (Marie-Léon-*Gabriel*), ✳, ✠, commissaire principal de la Marine.

Embarqué sur le *Léon-Gambetta*, disparut avec lui après avoir fait l'admiration de tous par son calme, dédaigneux de toute tentative pour se sauver lui-même. Pour perpétuer sa mémoire, son nom a été donné au torpilleur allemand *S.139*, livré à la France.

*DELOMBRE (Roger), ⚓ (posthume), ✠, docteur en droit, diplômé des Hautes Études Commerciales, secrétaire général du Comité d'Etudes et de Défense Sociales, soldat au 226e d'Infanterie [page 276].

Tué, le 11 septembre 1914 (le dernier jour de la bataille de la Marne), à la lisière du Bois de Saint-Paul, commune de Réméréville (Meurthe-et-Moselle), au moment de la poursuite contre l'ennemi.

> Citation : *Au front au début de la campagne, s'est fait remarquer par sa courageuse attitude dès les premiers combats. Mort pour la France, le 11 septembre 1914.*

[Né le 17 mai 1884. Fils de M. Paul DELOMBRE, C ✳, ancien ministre, et de Mme née REGNAULT.]

DELORT DE NOGARO (Georges-Charles-Gaston), ⚓ (posthume), ✠, soldat au 125e d'Infanterie.

> Citation : *Brave soldat ayant toujours eu une belle attitude au feu. A été mortellement blessé dans l'accomplissement de son devoir, le 18 mars 1915, au cours du combat de Vendresse et Troyon.*

DEMAY DES ROCHES (Albert-Paul), ⚓ (posthume), ✠, soldat au 360e d'Infanterie.

> Citation : *A toujours servi en brave et excellent soldat, donnant en toutes circonstances la valeur de son dévouement. Tombé glorieusement pour la France, le 1er avril 1916, devant Verdun.*

*DENOYEL (Jean) [page 278]. Compléter ainsi : ✳ (posthume), lieutenant au 22e Dragons.

> Citation : *Officier d'un courage et d'un dévouement éprouvés. Mort glorieusement pour la France, le 14 août 1918, devant Lignières. A été cité.*

DERBANNE (Joseph), ✳ (posthume), ✠, ingénieur-agronome, lieutenant au 228e d'Infanterie.

Tombé glorieusement à Macquigny (Aisne), le 29 août 1914.

DESGLANDS DE CESSIAT (Georges - François - Xavier), ✪ (posthume), ✠, soldat au 139e d'Infanterie.

Tombé glorieusement, le 22 septembre 1914, à Senones.

*DESHAIS DU PORTAIL (Maurice) [page 281]. Ajouter : ✪ (posthume), ✠, avec cette citation :

Brave soldat. A été mortellement blessé dans l'accomplissement de son devoir, le 17 août 1917, au cours du combat de Hirtzbach, en Alsace.

DESJOBERT (Jules-Alphonse), ✪ (posthume), ✠, sergent au 204e d'Infanterie.

Citation : *A donné le meilleur exemple de sang-froid en maintenant ses hommes sous un violent bombardement d'artillerie. Blessé mortellement le 15 juin 1915. A été cité.*

*DESJOYEAUX (Noël) [page 282]. Ajouter : ✠ (posthume), avec cette citation :

Officier de cavalerie, affecté dans l'infanterie, où il s'est spécialisé comme mitrailleur. A rendu les plus grands services dans la reconnaissance qu'il a faite des secteurs occupés par le bataillon et des secteurs voisins, pour assurer la liaison par le feu entre les différentes unités dans des circonstances particulièrement difficiles. A trouvé une belle mort devant l'ennemi. Vivement regretté de ses chefs et de ses subordonnés pour ses qualités militaires, l'aménité de son caractère et de son dévouement à toutes épreuves. A été cité.

*DITTE (Pierre) [pages 290-291]. Ajouter cette citation :

Noble exemple de patriotisme et de dévouement au devoir. Libéré de ses obligations militaires, a demandé sa réintégration dans l'infanterie. Mort au champ d'honneur, le 17 septembre 1914, près de Vic-sur-Aisne, en maintenant ses hommes pendant plus de vingt-quatre heures sous un très violent bombardement. Croix de guerre avec palme.

*DOGNON DE POMERAIT (Comte Louis VIDAUD du) [page 293]. Ajouter : ✠ (posthume), avec cette citation :

Officier très brave, dirigeant avec beaucoup de courage les travaux de sa compagnie, chargée d'organiser des points d'appui en arrière d'une troupe exécutant un mouvement offensif. A été tué d'un éclat d'obus le 17 octobre 1914, à Hannequin. A été cité.

*DORGUIN DE LAVEAU (Charles) [page 295]. Ajouter : ✠ (posthume), avec cette citation :

Excellent officier, très énergique, ayant beaucoup d'ascendant sur ses hommes, de qui il était très aimé. A été mortellement blessé, le 31 octobre 1914, à Zillebecke, alors qu'il prenait les ordres de son chef de bataillon en vue d'une attaque prochaine. Est mort pour la France des suites de ses blessures, le 9 novembre 1914.

DREYFUS (Léon-Louis), ✪ (posthume), ✠, caporal au 89e d'Infanterie.

Citation : *Gradé courageux et dévoué. A toujours fait vaillamment son devoir. Tué glorieusement, le 31 août 1914, en se portant à l'attaque.*

[Fils de M. et de Mme Edmond DREYFUS.]

DUCOUDRÉ (Raymond), ✴.
Décédé, en 1920, des suites de ses blessures.
[Né en 1893. Fils de M. et de Mᵐᵉ née DUFAU.]

DUCOULOMBIER (Charles), du 243ᵉ d'Infanterie.
Mort pour la France, à Hébuterne, le 10 juin 1915.

DUCRET DE CLERMONT (Gaston), ⚕ (posthume), ✴, soldat au 230ᵉ d'Infanterie.
Citation : *Soldat brave et dévoué, ayant toujours eu une belle attitude au feu. A été frappé mortellement, le 29 septembre 1916, devant Verdun.*

DUCROCQ (Jean-Théophile-Charles), ✴ (posthume), ✴, enseigne de vaisseau.
Citation : *Services exceptionnels ; commandant, sur sa demande, un peloton d'infanterie du détachement de l'Est-Cameroun et se trouvant en reconnaissance avec quarante tirailleurs, a été brusquement attaqué par une compagnie allemande de cent quarante fusils : a su se dégager en causant à l'ennemi des pertes très considérables. Décédé, le 1ᵉʳ mai 1917, des suites de paludisme et d'affection organique contractée au service. Deux citations.*

DULION DE LAUNOIS (Stéphen), ⚕ (posthume), ✴, soldat au 131ᵉ d'Infanterie.
Citation : *Très bon soldat, d'un courage et d'un dévouement exemplaires. A été mortellement blessé, le 27 septembre 1916, à son poste de combat. A été cité.*

DUMONT (Georges), ⚕ (posthume), ✴, canonnier au 46ᵉ d'Artillerie.
Citation : *Jeune canonnier superbe de courage et d'entrain. Engagé pour la première fois aux combats des 1ᵉʳ, 2 et 3 juin 1918, a fait l'admiration de tous par sa belle tenue au feu. Grièvement blessé à son poste de combat. Mort des suites de ses blessures. A été cité.*
[Fils de M. et de Mᵐᵉ Camille DUMONT.]

DUPARCQ (Michel), sergent au 27ᵉ Tirailleurs Algériens.
Mort pour la France, le 21 octobre 1920, à Avana (Cilicie).
[Né en 1899. Fils de M. et de Mᵐᵉ Alfred DUPARCQ.]

DUPIN DE JUNCAROT (Jean-Marie-Léon), ⚕ (posthume), ✴, caporal au 12ᵉ d'Infanterie.
Citation : *Gradé d'un moral élevé, très pénétré de son devoir. Venu du Chili, comme volontaire, à la mobilisation, n'a cessé pendant toute la campagne de donner un bel exemple de courage et d'abnégation. Tué à l'ennemi, le 28 février 1917. A été cité.*

***DURSUS DE CARNANVILLE (Paul) [page 313]. Ajouter : ⚕ (posthume), ✴, avec cette citation :**
Jeune sous-officier d'un moral élevé et d'une belle ardeur au combat. S'était déjà fait remarquer pendant les journées de l'Argonne, notamment en juillet 1915. Frappé mortellement, le 9 avril 1916, en repoussant une contre-attaque allemande dirigée sur la tranchée qu'occupait sa section. A été cité.

***DURUP DE BALEINE DE BUSSY (Charles)** [page 313]. Ajouter : ✠ (posthume), avec cette citation :

> *Officier animé des plus nobles sentiments. Prisonnier des Allemands au début de la campagne, n'a eu qu'une pensée : rentrer en France. A donné un bel exemple de courage, d'énergie et de persévérance en réussissant à s'évader malgré l'insuccès des deux dernières tentatives. A rejoint le front où il a fait vaillamment son service, jusqu'au moment où il est tombé glorieusement, le 26 février 1917. Croix de guerre avec palme.*

E

ÉCOCHARD (Édouard-Léon-Victor), ✠ (posthume), ✠ (palme), lieutenant au 8ᵉ Colonial.

> Citation : *Officier d'élite, qui a fait preuve en toutes circonstances d'un grand courage et d'une grande énergie. Commandant une section de mitrailleuses, est tombé mortellement frappé en dirigeant la mise en batterie de ses pièces, le 22 août 1914, en Belgique.*

ENGREMONT (Jules-Alphonse d'), ✠ (posthume), ✠, soldat au 1ᵉʳ d'Infanterie.

> Citation : *Soldat courageux. Tombé bravement pour la France, le 15 octobre 1914, à la Neuville.*

ENGREMONT (Léopold-Georges d'), ✠ (posthume), ✠, soldat au 410ᵉ d'Infanterie.

> Citation : *Soldat d'une bravoure réputée. Est mort glorieusement pour la France, le 7 juillet 1915, en faisant vaillamment son devoir.*

ENNETIÈRES (René-Ernest-Joseph d'), ✠ (posthume), ✠, caporal au 131ᵉ d'Infanterie.

> Citation : *Gradé très dévoué et d'un grand courage, ayant, par sa conduite, conquis l'estime de ses camarades. Le 18 mai 1918, a été mortellement blessé, alors qu'il entraînait bravement son escouade à l'assaut des lignes ennemies. A été cité.*

***ESCLAIBES D'HUST** (Comte d'), sous-lieutenant au 17ᵉ Chasseurs à pied [page 323]. Lire : Tué à Barleux, le 3 septembre 1916..., et rétablir dans la citation : 1916 au lieu de 1914.

***ESPIÈS** (Gabriel de COSSART d') [page 324]. Compléter par cette citation :

> *Officier d'une grande bravoure. Après avoir donné au cours de durs combats toute la valeur de son héroïsme, est glorieusement tombé pour la France, le 27 août 1917, à Verdun. Croix de guerre avec palme.*

ESTRABAUT (Paul-J.), étudiant, attaché au Comptoir National d'Escompte, caporal S. E. M. au G. M. P. (Justice militaire).

Mort, le 16 novembre 1919, à la suite d'une longue et douloureuse maladie contractée au service.

[Né le 6 août 1895. Fils du Juge au Tribunal de la Seine et de Mᵐᵉ née Marthe PAUL-SCHMIDT.]

EUDEVILLE (Marie-Joseph-Charles-Emmanuel EUDES d'), ✠ (posthume), ✠, lieutenant au 109e d'Infanterie.

> Citation : *Jeune officier aussi calme que brave. A commandé avec distinction une compagnie aux attaques de septembre 1915. A été tué, le 14 décembre 1915, par éclat d'obus, alors qu'il se tenait au milieu de sa compagnie soumise à un violent bombardement. A été cité.*

EVAIN (Auguste-Louis-Marie), ✠ (posthume), ✠, cavalier au 3e Dragons.

> Citation : *Excellent cavalier. Volontaire pour les patrouilles. Modèle de simplicité et d'exactitude dans le devoir. Tombé à son poste de combat le 1er juin 1918. A été cité.*

F

FABER (Jacques), ✠ (posthume), ✠, sous-lieutenant au 149e d'Infanterie.

> Citation : *Officier d'un allant et d'une valeur morale hors pair, d'un courage et d'une intrépidité remarquables, s'est toujours imposé à sa troupe dans les circonstances les plus critiques; deux blessures, plusieurs citations.*

[Cousin du Général TRUMELET-FABER, mort pour la France.]

FABRY (Maurice-Jean de), ✠ (posthume), ✠, soldat au 15e Chasseurs à pied.

> Citation : *Chasseur d'un courage et d'un sang-froid remarquables, a toujours fait l'admiration de ses chefs au combat. Tué à l'ennemi, à l'assaut du 14 septembre 1916, faisant preuve, une dernière fois, d'une grande bravoure. A été cité.*

FAURE (Gabriel-Marie-Paul), ✠ (posthume), ✠, caporal au 34e d'Infanterie.

> Citation : *Tué glorieusement, le 29 mars 1918, devant Assainvillers, au moment où il portait son escouade de F. M. à l'attaque des lignes ennemies sous un feu violent de mitrailleuses.*

[Fils de M. et de Mme Paul FAURE.]

*****FAUTEREAU** (Comte EUDES de) [page 334]. Ajouter cette citation :

> *Brave sous-officier. Glorieusement mort pour la France, au bois de Saint-Prix, en septembre 1914.*

*****FAYE** (Paul GERARD de) [page 335]. Compléter ainsi : ✠ (posthume), ✠, soldat au 156e d'Infanterie.

> Citation : *Soldat énergique et courageux. Tué pour la France, le 16 mai 1915, au combat de la Targette, dans l'accomplissement de son devoir.*

FAYET DE LA TOUR (Jean-André du), ✠ (posthume), ✠, soldat au 131e d'Infanterie.

> Citation : *A fait preuve des plus belles qualités militaires pendant les combats de mars 1918. Blessé le 24 mars 1918, puis le 15*

juillet 1918, à son poste de combat, sous un violent bombardement. Mort pour la France. A été cité.

FEIGENHEIMER (Jacques), ✠ (posthume), ✠, professeur au Lycée de Clermont-Ferrand, caporal au 91e d'Infanterie.

Citation : *Mort pour la France. Gradé énergique et courageux, donnant à tous le plus bel exemple. A été tué glorieusement le 18 juin 1915. A été cité.*

[Né en 1894. Fils de M. et de Mme Max FEIGENHEIMER.]

FERNANDEZ DE CORDOHA (Luis), ✠ (posthume), ✠, sergent au 2e Etranger.

Citation : *Sous-chef de section ayant été tué à l'attaque d'un fortin, le 18 avril 1917. S'est élancé bravement à la tête de ses grenadiers, a continué à progresser et est tombé mortellement blessé, au moment où il touchait au but (secteur d'Auberive). A été cité.*

FERRI-PISANI (Jean-André), ✠ (posthume), ✠, caporal au 36e Colonial.

Citation : *Tombé glorieusement, le 29 septembre 1915, en se portant, à la tête de son escouade, sur un terrain battu par un violent feu de mitrailleuses. A été cité.*

FERROUIL (Martin-Léon-Pierre-Lin de), ✠ (posthume), ✠, soldat au 42e Colonial.

Citation : *Soldat brave et dévoué, ayant toujours fait preuve des plus belles qualités. Mort glorieusement pour la France, le 25 septembre 1915, devant Souain.*

FERUSSAC (DAUDEBARD de), ✠ (posthume), ✠, sergent au 228e d'Infanterie.

Citation : *Brave sergent, d'un dévouement absolu, donnant à ses hommes le plus bel exemple en toutes circonstances. Tué glorieusement pour la France, le 11 juillet 1915, à Neuville-Saint-Vaast.*

*FEUILLÂTRE (*Paul*-Benjamin) [page 340]. Ajouter cette citation posthume :

Pour porter un ordre à son chef de bataillon au combat du 21 septembre 1914, n'a pas hésité à traverser un terrain découvert fortement battu; a été tué en accomplissant sa mission. A été cité.

*FEUILLET (Georges de) [page 340]. Ajouter cette citation posthume :

Jeune Saint-Cyrien, plein d'allant et de bravoure. Tué en tête de sa section qu'il conduisait à l'attaque, le 25 août 1914. A été cité.

FÉVRIER (Corentin), soldat au 148e d'Infanterie.

Tué à l'ennemi, au combat de Sokol Rovne Baukné (Armée d'Orient).

FÉVRIER (Jean), soldat au 25e d'Infanterie.

Disparu du 9 au 15 juin 1915, après avoir été grièvement blessé.

*FEYDEAU DE SAINT-CHRISTOPHE (François de) [page 341]. Ajouter : ✠ (posthume), ✠, avec cette citation :

Sergent remarquable par son courage et son dévouement. Blessé grièvement à son poste de combat. Mort des suites de ses glorieuses blessures, le 16 octobre 1914.

FLASSCHŒN (Carlo-*Fernand*), ☗ (posthume), ✠, soldat au 296ᵉ d'Infanterie.

> Citation : *Soldat courageux et dévoué. Blessé grièvement à son poste de combat. Mort pour la France des suites de ses blessures, le 11 novembre 1914.*

***FLOGNY (Émile-Pierre de)** [page 345]. Ajouter : ☗ (posthume), avec cette citation :

> *Toujours prêt pour accomplir les missions les plus périlleuses, s'est porté, le 10 juin 1915, vers le point qui lui permettait le mieux de voir le terrain malgré le bombardement intense de l'ennemi. A été mortellement blessé à Ville-sur-Tourbe. A été cité.*

***FLYE-SAINTE-MARIE (Bernard)** [page 347]. Ajouter cette citation posthume :

> *A toujours été un vaillant sous-officier, faisant constamment preuve de courage et de dévouement. Mort pour la France, le 21 septembre 1918, des suites de glorieuses blessures reçues à l'ennemi.*

***FOLLEVILLE (Henri de)** [page 348]. Ajouter : ☗ (posthume), avec cette citation :

> *Chef de section de mitrailleuses d'une exceptionnelle bravoure, s'est particulièrement distingué et a fait l'admiration du régiment par son esprit de sacrifice pendant les dures journées de mars 1918. Mort pour la France, le 5 avril 1918, à Saint-Quentin.*

***FONTAINES (Guy de)** [page 349]. Compléter ainsi : ☗ (posthume), ✠, soldat au 125ᵉ d'Infanterie.

> Citation : *Le 9 mai 1915, s'est élancé à l'assaut des tranchées allemandes avec beaucoup de bravoure. Est tombé entre les deux tranchées. Avait auparavant, au péril de sa vie, emporté une caisse de grenades mise en feu par un obus, sauvant ainsi ses camarades. A été cité.*

FONTUNIE DE REYROLS (Odilon-Michel), ☗ (posthume), ✠, caporal au 142ᵉ d'Infanterie.

> Citation : *Très bon caporal, brave et courageux. A toujours fait preuve de sang-froid et d'énergie. Blessé mortellement à son poste de combat, le 29 septembre 1914, à Souain.*

FORTOUL (Charles-Jean-Henri), ✸ (posthume), ✠, sous-lieutenant au 2ᵉ Dragons.

> Citation : *Officier brave et énergique, a fait preuve de belles qualités militaires en maintes circonstances. Tué à son poste de combat aux tranchées de première ligne, le 14 décembre 1915, en forêt de Paroy. A été cité.*

FOURCADE DE BERTRAND (Paul-Joseph), ☗ (posthume), ✠, soldat au 131ᵉ d'Infanterie.

> Citation : *Brave soldat. Mortellement frappé pour la France, le 15 juillet 1915, en Argonne.*

FOURNIER DES CORATS (Henri-Marie), ✠ (posthume), ✠ (palme), sous-lieutenant au 3e Chasseurs à cheval.

> Citation : *Officier d'une grande bravoure. Après avoir donné, au cours de durs combats, toute la valeur de son héroïsme, est tombé glorieusement pour la France, le 22 mars 1917, à Avocourt.*

FOURNIER DES CORATS (Robert), 🎖 (posthume), ✠, brigadier au 3e Chasseurs à cheval.

> Citation : *Brigadier courageux et dévoué. Est tombé au champ d'honneur, le 28 août 1914, devant Rambervilliers. Mortellement frappé au cours d'une reconnaissance.*

FOURREL DE FRETTES (Georges-Eugène), 🎖 (posthume), ✠, maréchal des logis au 6e d'Artillerie.

> Citation : *Brave sous-officier, d'un dévouement absolu, donnant à ses hommes le plus bel exemple en toutes circonstances. Mort pour la France de ses glorieuses blessures. A été cité.*

***FRAIX DE FIGON (Pierre de)** [page 359]. Ajouter : 🎖 (posthume), ✠, avec cette citation :

> *Sous-officier brave et courageux. Est tombé glorieusement au champ d'honneur, le 24 septembre 1914, à Canny-sur-Matz.*

***FRANCS (Michel COLAS des)** [page 362]. Ajouter cette citation posthume :

> *Officier très brave. Mortellement blessé, le 28 août 1914, en se portant courageusement, seul, en avant pour rechercher une bonne position pour des mitrailleuses. Mort le lendemain des suites de ses blessures. Croix de guerre avec palme.*

***FRAVAL DE COATPARQUET (Armand)** [page 365]. Ajouter : ✠ (posthume), avec cette citation :

> *Mort glorieusement d'une balle dans la tête, alors qu'il entraînait sa compagnie à l'assaut de Kortecker-Cabaret, le 10 novembre 1914. A été cité.*

FRESNEL (Alexandre DOLLIN du), 🎖 (posthume), ✠, caporal au 170e d'Infanterie.

> Citation : *Gradé brave et énergique. N'a cessé de faire preuve d'une grande abnégation pour ses hommes. A été tué, au cours de l'attaque du 16 juin, à Aix-Noulette. A été cité.*

G

GACHES DE VENZAC (Jacques-Louis de), 🎖 (posthume), ✠, *engagé volontaire*, maréchal des logis au 34e d'Artillerie.

> Citation : *Sous-officier plein d'entrain. Engagé pour la durée de la guerre, s'est déjà distingué sous le feu, en maintes circonstances, comme brigadier téléphoniste et comme maréchal des logis éclaireur. A été tué à son poste de combat, à Asiago, le 15 juin 1918. A été cité.*

GALARD-BÉARN (Jean-Henri de), ✠ (posthume), ✠, sous-lieutenant au 7e Colonial.

Citation : *Officier d'une haute valeur morale. Tombé glorieusement pour la France, le 10 juillet 1915, au Bois Le Prêtre, dans
l'accomplissement de son glorieux devoir.*

GALLÉ (Maurice-Philippe-Louis), ⚜ (posthume), ✠, aspirant au
106e d'Infanterie.

Citation : *Sous-officier d'élite, ardent et brave. Glorieusement
tombé, le 25 septembre 1916, à Bouchavesnes, en exécutant, avec
un courage et un sang-froid remarquables, une mission périlleuse
pour laquelle il s'était offert volontairement. A été cité.*

GALLONI D'ISTRIA (Paul), ⚜ (posthume), ✠, soldat au 159e d'Infanterie.

Citation : *Soldat remarquable par son courage et son dévouement. Blessé grièvement à son poste de combat aux attaques de
Souchez. Mort des suites de ses blessures, le 29 septembre 1915.*

GARCIA DE LA FUENTA (Antonio), ⚜ (posthume), ✠, soldat au
1er Étranger.

Citation : *Légionnaire d'une grande bravoure. A été mortellement blessé au cours de l'attaque du 20 juillet 1918, sur Buzancy.
Deux citations antérieures.*

GAREBŒUF DE BAUPLAS (Jean-André), ⚜ (posthume), ✠, soldat au 78e d'Infanterie.

Citation : *Le 21 décembre 1914, est allé deux fois, jusqu'aux réseaux de fils de fer ennemis, pour chercher des renseignements. A
été tué en se portant au secours de son chef de bataillon, blessé.
A été cité.*

GARREAU (Fernand), ✖ (posthume), ✠, docteur en médecine, aide-
major de 1re classe au 110e territorial d'Infanterie.
Mort glorieusement sous Verdun, le 1er juin 1916.

GASQUET (Jean-Emmanuel de), ⚜ (posthume), ✠, maréchal des
logis au 9e Hussards.

Citation : *Étant en reconnaissance, le 23 août 1914, vers la montagne du Climont (Alsace), où se faisait entendre une vive fusillade, a laissé ses hommes en arrière, leur prescrivant de ne pas
venir le chercher s'il ne revenait pas, est entré sous bois et est
tombé grièvement blessé. Mort à l'ambulance quelques jours après,
des suites de ses blessures. A été cité.*

GASQUET (Marcel-Marie de), ⚜ (posthume), ✠, soldat au 10e
Chasseurs à pied.

Citation : *Chasseur modèle. Blessé mortellement, le 18 juin 1915,
au combat de Noulette, dans l'accomplissement de son devoir.*

GAVARDIE (Pierre-Jean-Édouard DUFAUR de), ⚜ (posthume), ✠,
soldat au 49e d'Infanterie.

Citation : *Soldat dévoué et courageux. Bien que territorial, par
sa classe, est passé volontairement dans un régiment actif, où il a
été tué à son poste de combat, le 11 octobre 1914, à Oulches.*

*GAVINI (Sampiero) [page 383]. Ajouter : ✖ (posthume), avec cette
nouvelle citation :

Très bon officier, courageux et dévoué. Mort pour la France, le 16 août 1918, au cours du torpillage du Balkan.

***GENOUILLAC (Jean du VERDIER de) [page 385]. Compléter ainsi : lieutenant au 41e d'Artillerie.**

Citation : *Officier d'une rare bravoure. S'est courageusement porté au secours de soldats du génie en danger d'asphyxie dans un rameau de mine, à la suite de l'explosion d'une contre-mine, et y est resté asphyxié, victime de son dévouement, le 31 juillet 1915, à la Neuvillette. A été cité.*

GÉRAUD DE GALASSUS (Étienne-Marie-Henry), (posthume), soldat au 279e d'Infanterie.

Citation : *Soldat d'un courage exemplaire; le 25 mars 1918, au cours d'un combat corps à corps, a fait preuve d'un réel sang-froid en combattant un ennemi qui cherchait à s'emparer de lui. Est tombé glorieusement, le 30 juillet 1918, devant Fère-en-Tardenois, en allant à l'assaut. A été cité.*

GIRARD-MADOUX (Joanny-François), (posthume), caporal au 133e d'Infanterie.

Citation : *Caporal fusilier-mitrailleur, d'un calme et d'un courage au feu extraordinaires. S'est particulièrement distingué, le 31 septembre 1917, en protégeant sa section prise sous un tir violent de l'artillerie ennemie, et est tombé glorieusement frappé en accomplissant sa mission. Deux citations antérieures.*

GIRARD-MADOUX (Pierre), (posthume), sergent au 159e d'Infanterie.

Citation : *Brave sous-officier. Mort pour la France, le 17 mai 1915, des suites de blessures reçues au bois de Berthonval, dans l'accomplissement de son devoir.*

***GIVENCHY (Robert TAFFIN de) [page 395]. Ajouter : (posthume), avec cette citation :**

Soldat modèle, très crâne au feu. A été tué à son poste de combat, au cours d'un violent bombardement, le 15 juillet 1918. A été cité.

***GOSSET - GRAINVILLE (André) [page 399]. Ajouter : (posthume).**

***GOÜIN (Pierre) [page 400]. Compléter ainsi : (posthume), lieutenant au 66e d'Infanterie.**

Citation : *Excellent officier, dévoué et plein de courage. Tué à la tête de son unité, le 26 octobre 1914, à Langemarck, en donnant un bel exemple de sang-froid et de mépris de la mort.*

***GOÜIN (J.-J.-Eugène) [page 400]. Compléter par ces renseignements :**

Chargé de défendre le cimetière de Dixmude avec sa compagnie de fusiliers marins, resta à son poste malgré une première blessure. Il y fut mortellement atteint au moment où les Allemands s'emparaient de la position, la plupart des défenseurs étant hors de combat.

[Fils de M. Louis Goüin et de Mme née Cottin.]

GOYENECHE (Jules-Henri de), ☉ (posthume), ✠, soldat au 123ᵉ d'Infanterie.

> Citation : *Originaire du Chili, venu volontairement en France dès le début des hostilités, évacué pour maladie grave contractée au front, il refusa de se laisser proposer pour la réforme, et revint à son régiment à peine guéri, continua à se faire remarquer par sa bravoure, le 7 mai 1916, devant Verdun; au moment où les Allemands tentent d'aborder nos lignes, il constate l'allongement du tir, et il crie à ses camarades : « Attention, ils allongent le tir », puis, se dressant sur la tranchée, voit l'infanterie ennemie en marche, et crie : « Aux armes, les voilà! » Il est, à ce moment, tué par un obus, mais ses camarades, prévenus, garnissent à temps la tranchée et l'attaque échoue. A été cité.*

GOYER DE SENNECOURT (Alain-Charles-Albert de), ☉ (posthume), ✠, soldat au 369ᵉ d'Infanterie.

> Citation : *Brave soldat. Tué à son poste de combat, le 27 avril 1917, au Bois Le Prêtre. A été cité.*

GOYRIENA (Jean-Louis de), ☉ (posthume), ✠, caporal au 123ᵉ d'Infanterie.

> Citation : *Brave caporal ayant toujours eu une belle attitude au feu. A été mortellement blessé dans l'accomplissement de son devoir, le 29 décembre 1915, au cours du combat de Troyon.*

GRABIAS-BAGNÉRIS (Paul-Marie-Joseph-René), ✸ (posthume), ✠, sous-lieutenant au 23ᵉ Dragons.

> Citation : *Officier d'une jeunesse ardente et généreuse. S'est distingué, dès le début de la campagne, par son allant et son courage. Le 2 octobre 1914, n'a pas hésité à aller, accompagné d'un cavalier, reconnaître un moulin qu'on soupçonnait d'être occupé par une mitrailleuse. Glorieusement tué au cours de cette reconnaissance. A été cité.*

***GRAND D'ESNON** (Henri) [page 406]. Ajouter : ✸ (posthume), avec cette citation :

> *Officier de haute valeur morale. A été tué, le 18 août 1914, à Perwez, au cours de la reconnaissance du village qu'il avait faite de la façon la plus méthodique et la plus brillante. A été cité.*

GRANDSAIGNE (Gilbert-Antoine TREILLE de), ☉ (posthume), ✠, soldat au 305ᵉ d'Infanterie.

> Citation : *Soldat brave et dévoué. Mort pour la France, le 8 septembre 1914, des suites de glorieuses blessures de guerre.*

GRAUW (André-Léon-Auguste de), ✸ (posthume), ✠, sous-lieutenant au 21ᵉ Chasseurs à pied.

> Citation : *Le 1ᵉʳ novembre 1918, est tombé glorieusement pour la France, au cours d'un violent combat à Saint-Fargeux. Jeune officier incarnant au plus haut point la vaillance et la distinction de l'officier français. A été cité.*

***GRIMALDI D'ESTRA** (F.-A.) [page 412] : Ajouter : ✸ (posthume), avec cette citation :

> *Officier enthousiaste, au cœur généreux et ardent. A enlevé, dans un élan splendide, le premier objectif qui lui était assigné. Est*

tombé face à l'ennemi au moment où il se préparait à bondir sur la deuxième ligne, au nord de Cléry, en septembre 1916. A été cité.

GROTTES (André-Marie-François de Sales-Julien des), ✠ (posthume), ✠, caporal au 417e d'Infanterie.

Citation : *Brave et courageux caporal. Mort pour la France, le 5 mai 1915, des suites de blessures reçues au champ d'honneur.*

*****GROTTES (André MARRAUD des) [page 413]. Ajouter :** ✠ (posthume), ✠, avec cette citation :

Le 1er juillet 1916, à la cote 304 (Verdun), en tête d'une escouade de grenadiers, s'est précipité sur un groupe de quatre Allemands, qui tentaient de faire irruption dans un boyau, et les a mis en fuite. A été tué à la fin de cet engagement. A été cité.

GUÉHÉNEUC DE LANOS (Auguste-Léon), ✠ (posthume), ✠, soldat au 298e d'Infanterie.

Citation : *Brave soldat. Tombé pour la France, le 23 septembre 1914, à son poste de combat.*

GUÉRIN DE LA HOUSSAYE (Carlos-Henri-Alexandre), ✠ (posthume), ✠, soldat au 12e d'Infanterie.

Citation : *Courageux soldat. Mortellement frappé au combat d'Oulches, le 12 octobre 1914, en accomplissant vaillamment son devoir.*

[Cette mention annule, en la complétant, celle parue à la page 415.]

*****GUÉRINES (Henri MICOLON de) [pages 416-417]. Ajouter :** ✠ (posthume), avec cette citation :

Brigadier très brave, chef d'un poste d'observation. Le 15 juillet 1918, a assuré la surveillance de son secteur, au cours de la préparation et de la progression de l'attaque ennemie, sous un bombardement intense. A été blessé mortellement à son poste. A été cité.

GUIBERT (Émile-Léonce-*Maurice*), ✠, ✠, *engagé volontaire,* sous-lieutenant au 52e d'Artillerie.

Commandant une batterie de tranchées, fut tué à l'ennemi, à Biaches (Somme), le 2 décembre 1916.

[Né le 18 janvier 1895. Fils du Lieutenant-Colonel et de Mme née ROBINEAU-BOURG-NEUF.]

GUILHOT DE LAGARDE (Marie-Gustave), ✠ (posthume), ✠, maréchal des logis au 18e d'Artillerie.

Citation : *A fait vaillamment son devoir dès les premiers combats de la campagne. Mort pour la France, le 13 septembre 1914. A été cité.*

GUILLO LOHAN (René-Marie), ✠ (posthume), ✠, soldat au 10e d'Infanterie.

Citation : *Brave soldat, animé de l'esprit du devoir. A été mortellement blessé à son poste de combat, le 2 mars 1915, au Bois Brûlé.*

*GUILLOCHET DE LA PERRIÈRE (Charles) [page 422]. Ajouter : ☖ (posthume), avec cette citation :

> *Caporal très allant et dévoué. A pris part aux durs combats du début de la campagne. A été tué, le 31 mars 1915, à l'attaque des blockhaus du Bois Le Prêtre âprement défendus.*

*GUINY (Jean du) [page 423]. Ajouter cette citation posthume :

> *Rentré au Tonkin, en mars 1915, est venu prendre sa place au front, aussitôt débarqué. A été tué par un éclat d'obus dans une tranchée de première ligne, en donnant à ses hommes un bel exemple de calme et d'énergie, le 18 avril 1915, devant Massiges. A été cité*

*GUYOT D'ASNIÈRES DE SALINS (Fernand) [page 426]. Compléter ainsi : ☖ (posthume), ✠, maréchal des logis au 3e Groupe d'Artillerie de campagne d'Afrique.

> Citation : *Très brave sous-officier, qui a fait vaillamment son devoir. Mort glorieusement pour la France, le 25 septembre 1914.*

H

HAENTJENS (Gustave-François), ☖ (posthume), ✠, soldat au 348e d'Infanterie.

> Citation : *Tombé au champ d'honneur pour le salut de la patrie, le 12 juin 1916, à Verdun.*

HAILLECOURT (Jean-Marie-Sigisbert d'), ☖ (posthume), ✠, soldat au 128e d'Infanterie.

> Citation : *Beau et brave soldat. Mort pour la France, en novembre 1914, au bois de la Grurie.*

HAILLECOURT (Oscar d'), ☖ (posthume), ✠, soldat au 208e d'Infanterie.

> Citation : *Bon soldat, courageux et dévoué, qui s'est fait remarquer par sa belle conduite au feu. Mort glorieusement pour la France, le 23 octobre 1914, à Saint-Léonard.*

HAILLET DE LONGPRÉ (Louis-Henri), ☖ (posthume), ✠, sergent-fourrier au 404e d'Infanterie.

> Citation : *Gradé énergique et dévoué. Est tombé, le 1er août 1916, en exécutant, malgré la violence du bombardement ennemi, la reconnaissance des travaux à effectuer sur la position conquise, à Belloy-en-Santerre. A été cité.*

*HALBRONN (Chéri-Robert) [page 427]. Ajouter :
Pour perpétuer la mémoire de ce brave aviateur, son nom a été donné au sous-marin allemand *U-139*, livré à la France.

*HALFON (André) [page 427]. Ajouter : ☖ (posthume) [*Journal Officiel* du 19 juillet 1920].

HALLUIN (Georges-Julien d'), ☖ (posthume), ✠, soldat au 127e d'Infanterie.

Citation : *Au front depuis le début de la campagne, a toujours montré le plus grand sang-froid et le plus complet dévouement. A été mortellement frappé dans la tranchée de première ligne, en relevant un blessé, le 4 septembre 1916. A été cité.*

HALLUIN (Maurice-Paul d'), ⚜ (posthume), ✠, soldat au 87e d'Infanterie.

Citation : *Soldat brave et dévoué. Tué glorieusement, le 1er novembre 1914, à Neufchâteau-et-Longlier, en accomplissant son devoir.*

HAMEL, née de TROMENEC (Madame du), infirmière-major de l'hôpital auxiliaire n° 5, à Brest.

Décorée de l'insigne spécial en or et de la palme de vermeil, a reçu la médaille posthume de la Reconnaissance française, avec cette citation :

A fait preuve d'autant de capacité que de dévouement; s'est dépensée sans compter pendant cinq ans. Epuisée par le surmenage, est morte victime de son courage le 2 mars 1920.

*HARMENON (André d') [page 433]. Ajouter : ⚜ (posthume), ✠, avec cette citation :

Sous-officier de haute valeur, qui a fait preuve d'une grande bravoure dans toutes les affaires auxquelles il a pris part. S'est particulièrement distingué à l'attaque du 9 mai 1915, où il a, par son mépris du danger, entraîné ses chasseurs à l'assaut des lignes ennemies, leur donnant ainsi le plus bel exemple de bravoure et d'abnégation. Mort pour la France, le 5 juin 1915, en Artois. Une blessure antérieure.

HAUDRY DE JANVRY (André), ⚜ (posthume), ✠, sergent au 366e d'Infanterie.

Citation : *Brave sous-officier, d'un dévouement absolu, donnant à ses hommes le plus bel exemple en toutes circonstances. Tombé glorieusement pour la France, le 20 janvier 1916, aux Eparges.*

HAUDRY DE JANVRY (André-Napoléon-Paul), ⚜ (posthume), ✠, caporal au 168e d'Infanterie.

Citation : *Excellent caporal, ayant donné les preuves de la plus belle ardeur au combat. A trouvé une mort glorieuse, le 23 février 1915, au Bois Le Prêtre.*

HAUGER-GOUNOUILHOU (Étienne-François-Joseph), ✴, ✠, chef de bataillon au 18e Tirailleurs Algériens.

S'est distingué pendant la campagne de France, comme capitaine au 2e d'Infanterie légère d'Afrique. Après l'armistice, partit dans l'Armée du Levant; commandant la garnison d'Ourfa, il tomba à la tête de ses troupes, dans le guet-apens du 11 avril 1920, après avoir vaillamment soutenu un siège de deux mois.

HAUSSY (André d'), ⚜ (posthume), ✠, soldat au 71e d'Infanterie.

Citation : *Soldat radiotélégraphiste, d'un dévouement exemplaire. A donné en maintes circonstances des preuves de sa vaillance et de son courage. Mortellement frappé à son poste tandis qu'il assurait son service sous un violent bombardement. A été cité.*

HAUT (Marie-Octave-Marc de), ⚜ (posthume), ✠, aspirant au 66ᵉ Chasseurs à pied.

> Citation : *Sous-officier d'une grande bravoure. Sous le feu de l'artillerie ennemie, a remis par deux fois en batterie sa section de mitrailleuses ensevelie. A fait preuve, pendant cinq jours, sur une position fortement bombardée, de sang-froid, bravoure et belle humeur. Blessé mortellement pendant une reconnaissance devant Verdun, le 16 novembre 1916. A été cité.*

HAYE (Lucien de), ⚜ (posthume), ✠, soldat au 166ᵉ d'Infanterie.

> Citation : *Bon soldat, ayant fait preuve d'audace et de sang-froid en maintes circonstances. Tué au combat de Vermandovillers, le 4 septembre 1916, en accomplissant bravement son devoir.*

***HENDECOURT (Vicomte Edward LE SERGEANT d')** [page 439]. Ajouter : ⚜ (posthume), avec cette nouvelle citation :

> *Évadé d'Allemagne après deux tentatives périlleuses. A été versé dans le service automobile, où il n'a cessé de se conduire en soldat consciencieux, dévoué et brave. A été blessé mortellement à son poste, près de Verdun, le 7 septembre 1917. A été cité.*

HENNEZEL (Albert d'), ⚜ (posthume), ✠, soldat au 154ᵉ d'Infanterie.

> Citation : *Excellent soldat, courageux et dévoué. Blessé mortellement à son poste de combat, le 24 septembre 1915, à Saint-Hilaire-le-Grand.*

HERMY (Émile-Victor-Eugène d'), ⚜ (posthume), ✠, soldat au 84ᵉ d'Infanterie.

> Citation : *Soldat courageux et dévoué. Tombé au champ d'honneur pour le salut de la patrie, le 24 septembre 1914, à Hérie-la-Viéville. Mort en brave.*

HERRGOTT (Paul-Marie), ✠ (posthume), sous-préfet de Sedan.

> Citation du Ministre de l'Intérieur : *Successivement, depuis 1885, avocat stagiaire, attaché de cabinet de préfet, conseiller de préfecture du Morbihan, de la Haute-Marne, du Cher, sous-préfet de Figeac, de Vitry-le-François, de Nogent-sur-Seine, de Lure, de Toul, de Sedan; délégué dans les fonctions du contrôle des services de reconstitution des régions libérées. Tué par un éclat d'obus, le 10 avril 1918, dans l'exercice de ses fonctions.*

HERVE (Pierre-Célestin-Jean-Marie d'), ⚜ (posthume), ✠ (palme), soldat au 164ᵉ d'Infanterie.

> Citation : *Jeune soldat d'un courage et d'une énergie au feu qui ont toujours fait l'admiration de ses camarades. Tué, le 26 octobre 1918, à Vesles-et-Caumont, en portant secours à son caporal blessé grièvement.*

HESPEL DE FLENCQUES (*Pierre*-Ghislain-Séraphin-Joseph d'); ⚜, ✠ (5 citations), maréchal des logis, auto-mitrailleur, pilote-aviateur.

Décédé, en novembre 1920, après une longue et pénible maladie contractée en captivité.

HOFF (Fernand), ✠, homme de lettres, lieutenant.

Tué à l'ennemi, à l'âge de 20 ans. A laissé un recueil *En face de la mort*, couronné par l'Académie Française.

HOGENDORP (Maxime-Léonce de), ⚜ (posthume), ✠, maréchal des logis au 4e Chasseurs à cheval.

> Citation : *Sous-officier intelligent, adroit, audacieux. S'est distingué à plusieurs reprises au cours de la guerre, notamment à Verdun, où il a effectué de nombreuses et périlleuses liaisons. Passé sur sa demande dans l'Aviation. Mort pour la France, le 17 août 1917, au-dessus de Verdun.*

HONDT (Jules-Jean-Baptiste d'), ⚜ (posthume), ✠, soldat au 165e d'Infanterie.

> Citation : *Bon soldat. A toujours eu une belle attitude au feu. A été tué à son poste de combat, le 8 juin 1917, devant Verdun.*

HONT (Marcel-Charles d'), ⚜ (posthume), ✠, soldat au 72e d'Infanterie.

> Citation : *Brave soldat, qui a fait dignement son devoir de Français. A été cité.*

HOPPENOT (Marie-Georges-François), ⚜ (posthume), ✠, sergent au 359e d'Infanterie.

> Citation : *Le 17 avril 1915, a entraîné sa section à l'assaut avec le plus grand courage. Est tombé glorieusement frappé à quelques mètres des tranchées ennemies. A été cité.*

HOUSSIN DE SAINT-LAURENT (Jean-Baptiste-Julien), ⚜ (posthume), ✠, caporal au 2e d'Infanterie.

> Citation : *Brave caporal. Blessé mortellement pour la France, en se portant à l'assaut des positions ennemies de Charleville, le 6 septembre 1914.*

HUBERT (Louis-Joseph d'), ⚜ (posthume), ✠, soldat au 354e d'Infanterie.

> Citation : *Brave soldat. A fait vaillamment son devoir dès les premiers combats de la campagne. Tombé glorieusement pour la France, le 11 septembre 1914, aux combats de Puisieux.*

HUET (Georges)..
Tombé au champ d'honneur.

[Fils de M. et de Mᵐᵉ née DE MAEYER.]

*****HUGLEVILLE (Vicomte d')** [page 453]. Ajouter : ✠ (posthume), ✠ (palme), avec cette citation :

> Citation : *Vaillant officier, n'a cessé d'être un véritable exemple de bravoure et d'héroïsme. Mortellement frappé à son poste de combat, aux Éparges. Mort pour la France, le 27 avril 1915.*

*****HUGONNEAU DE BOYAT (Paul d')** [page 453]. Ajouter : ⚜ (posthume), ✠, aspirant au 28e d'Infanterie.

> Citation : *Excellent chef de section, bel exemple de courage et d'abnégation. Tué glorieusement le 26 mai 1915, à Noulette, en faisant une reconnaissance avant l'attaque.*

HUGUES (Victoire-Maurice d'), ☖ (posthume), ✠, soldat au 44ᵉ d'Infanterie.

> Citation : *Brave soldat. Est mort pour la France à son poste de combat, le 14 janvier 1915, sur le plateau de Crouy.*

HULSTER (Gustave-Pierre-Louis-Léonard d'), ☖ (posthume), ✠, sergent au 3ᵉ Génie.

> Citation : *Excellent sous-officier, qui a fait preuve en toutes circonstances du plus grand courage. A donné à tous l'exemple de la bravoure et du mépris du danger au cours de la bataille de la Somme. A été tué durant l'action à Frégicourt, le 25 septembre 1915. Une citation antérieure.*

HUME (André-Émile d'), ☖ (posthume), ✠, soldat au 167ᵉ d'Infanterie.

> Citation : *Très bon soldat. Tombé glorieusement, le 22 septembre 1914, en se portant à l'attaque d'un village organisé et âprement défendu par l'ennemi.*

***HUMIÈRES** (*Henri*-Philippe-Marie, Comte Henri d') [page 456]. Compléter ainsi :

[Né le 23 juin 1880. Fils du Cᵗᵉ Roger d'HUMIÈRES et de la Cᵗᵉˢˢᵉ née DE LESTAPIS.]

I

IMHAUS DE MAHY (François-Césaire), ☖ (posthume), ✠ (palme), caporal au 22ᵉ Colonial.

> Citation : *Caporal d'un courage exemplaire. Engagé volontaire pour la durée de la guerre. Blessé le 28 août 1914 au moment où, à la tête de sa section, il combattait courageusement. Est resté sur la ligne de feu, continuant à encourager ses hommes à la lutte. Blessé mortellement dans le courant de l'après-midi. Est mort pour la France des suites de ses blessures.*

J

JARRY (Christian), ✠ (palme), capitaine aviateur, commandant d'Escadrille.

Tué accidentellement à Meknès (Maroc), le 29 août 1920, en partant en mission de bombardement.

JAYET DE BEAUPRÉ (Bernard-René-Delphin), ☖ (posthume), ✠, soldat au 23ᵉ Colonial.

> Citation : *Soldat brave et courageux. Mort à la suite de blessures reçues au feu, le 29 août 1914, au bois Jaulnay, en accomplissant vaillamment son devoir.*

JAYET DE GERCOURT (René-Marie), ☖ (posthume), ✠, sergent au 87ᵉ territorial d'Infanterie.

> Citation : *Brave sous-officier. Est glorieusement tombé, le 25 octobre 1914, à Thiepval.*

JEAN (Martin de), ⚜ (posthume), ✠, soldat au 43e Colonial.

Citation : *Bon soldat, courageux et dévoué, qui s'est fait remarquer par sa belle conduite au feu. Mort glorieusement pour la France, le 17 avril 1917, à Vauxaillon.*

JEANNERET DE LA COUDRE (Léon-François-Joseph), ⚜ (posthume), ✠, soldat au 149e d'Infanterie.

Citation : *Soldat courageux et dévoué. Mortellement atteint le 8 novembre 1914, près Ypres.*

*JEAUFFREAU DE LAGÉRIE (Robert) [page 466]. Ajouter : ⚜ (posthume), avec cette citation :

Blessé le 4 septembre 1914, est revenu au front à peine guéri. A été tué, le 4 novembre 1914, à l'attaque d'Andéchy, en chargeant à la tête de sa demi-section. A été cité.

JOHANNOT DE CROCHART (Charles), ⚜ (posthume), ✠, soldat au 15e d'Infanterie.

Citation : *Brave soldat. Mortellement frappé le 14 janvier 1915, à son poste de combat, devant Zillebecke.*

JOLY BLASON DU SABLA (Roland), ⚜ (posthume), ✠, soldat au 411e d'Infanterie.

Citation : *Soldat remarquable par son courage et son dévouement. Blessé grièvement à son poste de combat. Mort des suites de ses blessures, le 11 janvier 1916.*

JONCIÈRES (Louis-Marie-Joseph de), ⚜ (posthume), ✠, sergent au 132e d'Infanterie.

Citation : *Excellent gradé, a toujours été pour ses hommes un modèle de bravoure. Tombé glorieusement pour la France, à son poste de combat, aux Eparges, le 25 mars 1915.*

JONGHE (François-Joseph de), ⚜ (posthume), ✠, soldat au 1er d'Infanterie.

Citation : *Brave soldat. A fait vaillamment son devoir dès les premiers combats de la campagne. Tombé pour la France, à Beauséjour, en 1915.*

JONGHE (Léopold de), ⚜ (posthume), ✠, soldat au 84e d'Infanterie.

Citation : *Soldat courageux et dévoué. Tombé au champ d'honneur pour le salut de la patrie, le 10 février 1915, à Beauséjour.*

JOUBAIRE (Alfred), ✵ (posthume), ✠, sous-lieutenant au 124e d'Infanterie.

Tué, le 2 juin 1916, en défendant, à la tête de ses hommes, les tranchées du Bois Fumin.

Citation : *Le 2 juin 1916, blessé grièvement dans sa tranchée, soumise à un violent bombardement d'obus de gros calibre, n'a cessé un seul instant d'encourager ses hommes et d'exalter leur moral. Est mort glorieusement à son poste de combat.*

*JOÛBERT (André) [page 470]. Ajouter : ✵ (posthume), ✠, avec cette citation :

S'est élancé à la tête de sa section à l'attaque d'une position difficile, l'a enlevée et est tombé ensuite, victime de son courage et de sa hardiesse, en cherchant à établir la liaison avec les sections voisines, le 7 juin 1915, à Pontavert. A été cité.

***JOUBERT DE LA MOTHE (Henry) [page 470]. Ajouter : ☉ (posthume), avec cette citation :**

Brave aspirant, a fait preuve en toutes circonstances de belles qualités militaires, donnant à tous l'exemple d'un dévouement absolu et d'une bravoure exceptionnelle. En juillet 1918, s'est distingué aux combats de Champagne. Chef de détachement de liaison auprès de l'infanterie, a été mortellement blessé en se portant à un poste d'observation avancé particulièrement exposé au feu de l'ennemi, à Chaumuzy. A été cité.

***JOUËT-PASTRÉ (M.-H.-J.-P.) [page 470]. Ajouter : � (posthume), ✠ (palme), et cette citation :**

Très brillant officier. S'est distingué véritablement par son énergie en toutes circonstances. S'est fait tuer dans la tranchée et face à l'ennemi, au moment où il sortait pour exécuter une reconnaissance, le 29 septembre 1914.

***JOURDAN DU MAZOT (André) [page 471]. Ajouter : ☉ (posthume), ✠, sergent au 213e d'Infanterie.**

Citation : A l'attaque du 18 juin 1915, a donné le plus bel exemple de courage en entraînant sa demi-section à l'attaque d'une tranchée allemande. A été tué. A été cité.

***JOUVENCEL (Comte de) [page 471]. Compléter par les renseignements suivants :**

Porté comme disparu, le 22 août 1914, a été, le 6 juin 1919, l'objet d'un jugement déclaratif de décès au champ d'honneur, jugement rendu sur la demande du Ministre de la Guerre. Sa tombe a été identifiée, en 1920, au cimetière militaire des Rapes (paroisses de Ethe et Gomery, Belgique).

***JUBÉCOURT (Gaston STHÈME de) [page 472]. Ajouter : ☉ (posthume), ✠, et cette citation :**

Sous-officier d'une haute valeur morale, a toujours fait l'admiration de tous partout où il a combattu. Est tombé glorieusement, le 29 septembre 1914, en entraînant ses hommes à l'assaut des positions ennemies. A été cité.

***JUDET DE LA COMBE (Félix) [page 473]. Ajouter : ✠ (posthume), avec cette citation :**

Excellent officier. Mort glorieusement pour la France, à bord d'un navire torpillé, le 26 février 1916.

K

KERDANET (Charles-Daniel-Marie MIORCEC de), ☉ (posthume), ✠, sergent au 36e territorial d'Infanterie.

Citation : Sous-officier très courageux et d'un beau dévouement.

A été tué par une bombe d'avion en faisant vaillamment son devoir, le 23 mars 1918. A été cité.

***KERGARIOU (Xavier de) [page 478]. Ajouter : ⚜ (posthume), avec cette citation :**

Caporal d'un courage et d'un sang-froid éprouvés. Toujours volontaire pour les missions périlleuses. Tué, le 29 septembre 1918, au combat de Pargny-Filain. Croix de guerre avec palme.

***KERMENGUY (Vicomte François de) [page 479]. Ajouter : ⚜ (posthume), ✠, et cette citation :**

Soldat courageux et dévoué. Blessé grièvement à son poste de combat dans l'accomplissement de son devoir. Mort pour la France des suites de ses blessures, le 17 septembre 1914.

***KERMOYSAN (Vicomte René de) [page 479]. Ajouter : ✳ (posthume), capitaine au 219ᵉ d'Infanterie.**

Citation : Officier d'élite, animé du plus beau sentiment du devoir. Tombé glorieusement, le 5 août 1915, devant Berry-au-Bac. Croix de guerre avec palme.

L

***LABADIE-LAGRAVE (André) [page 486]. Ajouter : ⚜ (posthume), ✠, sergent au 370ᵉ d'Infanterie.**

Citation : Sous-officier d'une bravoure allant jusqu'à la témérité. Chargé d'une mission spéciale de liaison pendant l'assaut du 24 septembre 1916, a fait preuve de beaucoup d'initiative et d'abnégation. Mort au champ d'honneur. A été cité.

LA BARRIÈRE (Yvart de), ⚜ (posthume), ✠, soldat au 33ᵉ d'Infanterie.

Citation : Soldat dévoué et courageux. A été tué glorieusement le 19 avril 1917, à Craonne, en se portant à l'attaque des positions ennemies.

LABARRIÈRE (Auguste de), ⚜ (posthume), ✳, sergent au 209ᵉ d'Infanterie.

Citation : A l'attaque du 12 février 1915, en Champagne, a conduit sa demi-section à l'assaut avec un courageux entrain; appelé par les circonstances à prendre le commandement de la section, l'a portée vaillamment en avant malgré ses pertes : blessé mortellement, a assuré la transmission de ses ordres pendant encore quelques minutes, au bout desquelles il a expiré. A été cité.

***LA BAUME-PLUVINEL (Vicomte Antoine de) [page 488]. Ajouter : ⚜ (posthume), avec cette citation :**

Jeune chasseur de la plus grande intelligence et du plus beau dévouement. Après avoir donné de nombreuses preuves de sang-froid et de son calme, a trouvé, le 17 juillet 1916, une mort glorieuse aux côtés de son chef de section, à Curlu. A été cité.

***LA BICHE (Jean de) [pages 489-490]. Ajouter : ⚜ (posthume), ✳, avec cette citation :**

Brave sous-officier. A fait vaillamment son devoir dès les premiers combats de la campagne. Mort glorieusement pour la France, à Saint-Julien, le 10 novembre 1914.

LA BOUÈRE (François-Marie de), 🎖 (posthume), ✠, soldat au 75ᵉ territorial d'Infanterie.

Citation : *Soldat brave et dévoué, ayant toujours fait preuve des plus belles qualités. Tombé glorieusement pour la France, le 10 mai 1915, devant le fort de Brimont.*

***LA BOUGLISE (René de) [page 491]. Ajouter :** 🎖 (posthume), avec sa citation :

Au cours du combat de la Gruerie, a donné un bel exemple d'audace et de sang-froid en montant sur le parapet de la tranchée pour tirer sur l'ennemi qui cherchait à progresser en rampant. Est tombé glorieusement le même jour. A été cité.

***LA BUSSIÈRE (Bernard PERRUCHOT de) [page 494]. Ajouter :** 🎖 (posthume), ✠, avec cette citation :

Brave soldat. Mort pour la France, le 29 avril 1915, des suites de blessures glorieusement reçues à son poste de combat.

LA CHAPELLE (Henri-Jules de), 🎖 (posthume), ✠, soldat au 17ᵉ Chasseurs alpins.

Citation : *Brave chasseur. Tombé glorieusement au champ d'honneur, le 12 mai 1915, devant Lorette.*

LACOSTE DE LAVAL (Charles-Marie-Henri de), ✖ (posthume), ✠ (palme), capitaine au 101ᵉ d'Infanterie.

Citation : *Officier d'une bravoure légendaire au régiment. Grièvement blessé pour la seconde fois, est revenu au front à peine guéri pour prendre part aux attaques de Champagne. S'est surpassé, le 25 septembre 1915, en entraînant ses hommes à l'assaut du Mont Sans-Nom et sautant le premier dans la tranchée ennemie où il a trouvé une mort glorieuse.*

LACROIX-HERPIN (Christian-Arsène-Augustin de), 🎖 (posthume), ✠, sergent au 124ᵉ d'Infanterie.

Citation : *Brave sous-officier, animé des plus belles qualités militaires, d'entrain et de courage. Glorieusement tombé à son poste de combat au cours d'un violent bombardement, le 28 février 1915, à Perthes-les-Hurlus.*

LA CROMPE DE LA BOISSIÈRE (Jacques-Marie-Joseph-Gaston-Jean de), 🎖 (posthume), ✠, sergent au 418ᵉ d'Infanterie.

Citation : *Sous-officier courageux et dévoué, qui a fait vaillamment son devoir, dès les premiers combats de la campagne. Tombé glorieusement pour la France, le 27 octobre 1914, à Vendresse.*

LA FENESTRE (Henri-Joseph de), 🎖 (posthume), ✠, caporal au 238ᵉ d'Infanterie.

Citation : *Excellent caporal, volontaire pour toutes les missions périlleuses. Glorieusement tué à son poste de combat, alors qu'il maintenait ses hommes sous un violent bombardement, le 20 juin 1916, à Fleury, devant Douaumont. A été cité.*

*LA FERRIÈRE (Vicomte Henri ARTHAUD de) [page 504].
Ajouter : 🎖 (posthume), avec cette citation :

Sous-officier de grande valeur. Avait toujours fait preuve des plus belles qualités militaires. Tué, le 13 septembre 1914, aux côtés de son capitaine, en résistant à une violente attaque de nuit. A été cité.

*LA FOREST-DIVONNE (Comte Henri de) [page 508]. Ajouter : 🎖 (posthume), ✠, avec cette citation :

Belle attitude au feu. A été grièvement blessé en abordant la tranchée ennemie, devant Mesnil-les-Hurlus. Mort des suites de ses blessures, le 23 mars 1915. A été cité.

LA FOURNIÈRE (Bernard de), 🎖 (posthume), ✠, maréchal des logis au 500e d'Artillerie d'assaut (Tanks).

Citation : *Sous-officier d'une bravoure exemplaire. Tué glorieusement à son poste de combat, le 8 octobre 1918. Une citation antérieure.*

*LA GIRAUDIÈRE (Maurice LONGUET de) [page 511]. Ajouter : 🎖 (posthume), avec cette citation :

Bon et brave soldat. A été tué, le 21 décembre 1914, d'une balle à la tête en se portant vaillamment à l'assaut des tranchées ennemies sous un feu violent de mitrailleuses. A été cité.

LAGORCE (Lucien de), 🎖 (posthume), ✠, sergent au 168e d'Infanterie.

Citation : *Excellent sous-officier, ayant donné les preuves de la plus belle ardeur au combat. A trouvé une mort glorieuse, le 3 avril 1916, au Bois Le Prêtre.*

LA GUILLAUMIE (Léon-Jean-Joseph de), 🎖 (posthume), ✠, soldat au 139e d'Infanterie.

Citation : *Brave soldat. Mort pour la France, le 9 avril 1917, devant Saint-Quentin.*

*LA HAMELINAYE (Jean-Yves POINÇON DE LA BLAN-CHARDIÈRE de) [page 514], sous-lieutenant au 51e d'Artillerie. Ajouter : ✠ (posthume), avec cette citation :

Officier d'une grande énergie, ayant fait preuve de la plus belle tenue au feu dans des circonstances difficiles et sous les bombardements violents de l'ennemi. Tué glorieusement au combat de Villers-Saint-Genest, le 8 septembre 1914. A été cité.

LA HAYE DE SAINT-AURE (Louis de), ✠ (posthume), ✠, sous-lieutenant au 18e d'Infanterie.

Citation : *Excellent officier ; a fait vaillamment son devoir au combat du 16 septembre 1914, où il a été mortellement blessé.*

LA MADELAINE (Baron Emmanuel PHILIPON de), ✠.
Décédé, en novembre 1920, des suites d'une maladie contractée au front.

[Né en 1884. Frère aîné de René (page 549). Marié à Mlle DE BOUILLÉ.]

***LA MAISONNEUVE (Henri BOUVET de)** [page 519]. Ajouter : ⚅ (posthume), ✠, avec cette citation :

> *Excellent sous-officier, ayant eu au feu une belle attitude. Tombé au champ d'honneur, pour le salut de la patrie, à Saint-Soupplets.*

LAMEY (Jean-Alfred), ✳, colonel commandant la 42ᵉ Brigade d'Infanterie.

Tombé héroïquement, en 1914, à la bataille de la Marne.

LAMEY (Jean), ✳ (posthume), ✠, sous-lieutenant au 49ᵉ d'Infanterie.

> Citation : *Mort pour la France. Ancien sous-officier de cavalerie passé sur sa demande dans l'infanterie, a été mortellement blessé, le 24 mai 1916, alors qu'il donnait un bel exemple de courage et de mépris du danger en allant reconnaître une position fortement bombardée devant Douaumont. A été cité.*

[Fils du précédent.]

***LA MORANDIÈRE (Henri POTIER de)** [page 525]. Ajouter : ✳ (posthume), ✠ (palme), avec cette citation :

> *Jeune officier qui a fait preuve de belles qualités d'entrain. A été blessé mortellement, le 14 septembre 1914, dans l'Aisne, alors qu'il donnait à tous le plus bel exemple de sang-froid au milieu du danger.*

LA MORINIÈRE (Guy-Jacques-Janvier LE BAULT de), ✳ (posthume), ✠, sous-lieutenant au 2ᵉ Cuirassiers.

> Citation : *Officier animé des sentiments les plus élevés et qui a montré, dès les premiers combats de la campagne, les plus belles qualités militaires. Mortellement blessé au combat de Neuve-Chapelle, le 29 octobre 1914. A servi d'exemple à tous par la courageuse et mâle attitude dont il n'a cessé de faire preuve. A été cité.*

LAMOTTE (Joseph-Marie-Paul BOUVIER de), ✳ (posthume), ✠ (palme), capitaine au 9ᵉ Zouaves.

> Citation : *Officier d'un beau courage et d'un grand dévouement, donnant à ses hommes le plus bel exemple d'abnégation. Est tombé glorieusement pour la France, le 6 octobre 1915, devant Rouvray.*

LA MOTTE (Alexandre-Joseph-Alfred LE SCELLE de), ⚅ (posthume), ✠, soldat au 119ᵉ d'Infanterie.

> Citation : *Soldat très courageux, toujours volontaire pour les missions les plus périlleuses. A été tué, le 12 février 1916, à son poste de guetteur dans la tranchée, où il était malgré un jet de grenades ennemies très violent. A été cité.*

***LANGSDORFF (Baron Alain de)** [pages 531-532]. Ajouter : ⚅ (posthume), ✠, avec cette citation :

> *Sous-officier d'une bravoure incontestable, toujours prêt pour les missions les plus périlleuses. A été tué, le 28 septembre 1914, au cours d'une reconnaissance dans un village. A été cité.*

LA PALLIÈRE (Antoine-François de), ⚅ (posthume), ✠, soldat au 41ᵉ d'Infanterie.

> Citation : *Soldat consciencieux et dévoué, mortellement frappé à son poste de combat au Mont-Haut, le 22 avril 1917.*

LA PERRIÈRE (Paul BRAC de) [page 536]. Ajouter : ✳ (posthume), avec cette citation :

Commandant de compagnie d'une grande bravoure. A été blessé grièvement au champ d'honneur, en entraînant son unité à l'assaut au combat de Vassincourt. Mort pour la France, le 11 septembre 1914. Croix de guerre avec palme.

LA PINTIÈRE (Maurice THOMAS de) [page 536]. Ajouter : ⚜ (posthume), avec cette citation :

Revenu du Canada, dès la déclaration de la guerre, a fait preuve, au cours des combats auxquels il a assisté, des plus belles qualités morales et militaires. A été grièvement blessé, le 22 février 1915, à Stosswhir, combat au cours duquel sa conduite lui avait valu une citation à l'Armée. Mort, le 10 mai 1915, des suites de ses blessures. A été cité.

LA PORTE (Henri de) [pages 537-538]. Ajouter : ⚜ (posthume), avec cette citation :

Sous-officier très brave et d'un grand sang-froid. Mortellement blessé pour la France, le 12 novembre 1914, à Fontenoy.

LA POUSSARDIÈRE (Roger-Alexandre-Louis de), ⚜ (posthume), ✠, *engagé volontaire*, soldat au 64e Chasseurs à pied.

Citation : *Bon et brave chasseur, engagé pour la durée de la guerre. Tombé glorieusement devant Aizy, le 27 octobre 1917, en faisant courageusement son devoir.*

LA ROCHE DE KERANDRAON (Hilaire-François-Joseph-Marie de), ✳ (posthume), ✠, lieutenant au 271e d'Infanterie.

Citation : *Le 26 août 1914, au combat de Donchery, a défendu avec acharnement une position qu'il tenait depuis la veille avec sa section. A reçu pendant le combat quatre blessures, dont deux très graves. Brillant officier, dont la bravoure et le moral élevé ont fait l'admiration de ceux qui l'ont assisté après ses blessures et ont été contraints de l'abandonner sur le terrain où il est tombé aux mains de l'ennemi. Mort pour la France. A été cité.*

LAROQUE (Henri de) [page 545]. Ajouter : ⚜ (posthume), ✠, et cette citation :

Bon et brave soldat. Mortellement blessé en faisant courageusement son devoir, le 25 juillet 1915.

LARUE-CHATAIGNIER (Émile-Joseph-Marie), ⚜ (posthume), ✠, soldat au 73e d'Infanterie.

Citation : *S'est distingué, le 22 août 1914, par sa bravoure exceptionnelle. Est tombé mortellement frappé, le 18 septembre 1914, au cours d'une charge à la baïonnette, en criant : « En avant, les gars, ils se sauvent, vive la France ! » A été cité.*

LA SELLE DE LIGNÉE (Amaury-Marie-Ernest de), ⚜ (posthume), ✠, soldat au 131e d'Infanterie.

Citation : *Brave soldat, ayant toujours fait son devoir. Grièvement blessé, est mort pour la France, le 24 octobre 1914.*

LA TOUCHE (Vicomte LE VASSOR de) [page 551]. Ajouter : ⚜ (posthume), ✠, et cette citation :

Brave caporal donnant toujours à ses hommes le plus bel exemple de courage. Mort pour la France, le 11 juin 1915, des suites de ses glorieuses blessures.

***LAUGARDIÈRE** (Gabriel de) [page 555], sous-lieutenant au 227e d'Infanterie. Ajouter : ✠ (posthume), avec cette citation :

Vaillant officier, d'un entrain remarquable. Mortellement atteint à son poste de combat, le 20 août 1914, en Lorraine.

***LAUJARDIÈRE** (Émile BRILLAUD de) [page 555], sergent au 154e d'Infanterie. Ajouter : ✠ (posthume), ✠, et cette citation :

Sous-officier d'élite. Dans les circonstances les plus périlleuses, s'est toujours fait remarquer par son profond mépris du danger. Est tombé glorieusement à la tête de sa troupe, le 4 mai 1916, devant Verdun. A été cité.

LAUNAY (Jean-Paul de), ✠ (posthume), ✠, caporal-fourrier au 25e d'Infanterie.

Citation : *Agent de liaison, courageux et très dévoué. A été mortellement frappé, le 25 décembre 1915, à l'Hartmannswillerkopf, en accomplissant une de ses dangereuses missions.*

LAUTHIER (Daubenas-Félicien de), ✠ (posthume), ✠, sergent au 24e Chasseurs à pied.

Citation : *Est mort en brave, le 31 août 1917, en attaquant une position ennemie fortement défendue, sous des feux de mitrailleuses et de grenades. A été cité.*

***LAVALETTE** (Jacques de) [page 559], brigadier au 4e d'Artillerie. Ajouter : ✠ (posthume), ✠, avec cette citation :

Brigadier brave et dévoué, ayant toujours fait preuve des plus belles qualités. Mort glorieusement pour la France, le 22 septembre 1916, à Barleux.

***LAVALETTE BARAIGNE** (Marquis de) [page 559]. Compléter ainsi :

Réformé de tout service actif à la suite d'une terrible chute de cheval pendant son service militaire, s'est engagé, le 1er septembre 1914, au 13e d'Artillerie. Blessé une première fois en octobre 1914, reparti, sur sa demande, au front, avec le 8e Groupe d'Autosmitrailleuses, en 1915, blessé grièvement et mort, à l'hôpital, des suites de ses blessures, le 14 décembre 1918.

[Né le 14 octobre 1880. Fils du Mis et de la M^{ise} née DE POUY. Marié à Mlle DE TURENNE D'AYNAC, fille du Mis et de la M^{ise} née P^{cesse} DE WAGRAM, — dont deux enfants : Jean et Guyonne.]

***LAVERGNE DE CERVAL** (Maurice de) [page 561]. Compléter ainsi : ✠ (posthume), ✠, sergent au 7e d'Infanterie.

Citation : *Très brave et très courageux sous-officier. Mortellement frappé au cours des combats destinés à enrayer la marche de l'ennemi, le 30 août 1914.*

LA VILLE DE MIRMONT (Yvon-Alexandre-Jean de), ✠ (posthume), ✠, sergent au 57e d'Infanterie.

Citation : *Excellent sous-officier, d'une bravoure remarquable ;*

se fit remarquer au cours des combats du 2 novembre 1914. Tombé glorieusement, le 29 novembre 1914, à Verneuil.

[Fils de M. et de Mme née MALAN.]

LAWTON (Jean), ✠ (posthume), ✪, sergent au 170e d'Infanterie.

Citation : Anglais d'origine, et ayant acquis la nationalité française peu d'années avant la campagne, a toujours donné le plus bel exemple de sang-froid, de calme et d'énergie au cours des combats auxquels il a pris part. Avait été blessé et cité une fois. Tué au nord-ouest de Lorette, le 22 mai 1915.

*LAZ (Vicomte Fernand JEGOU du) [page 565]. Corriger ainsi : ✠ (posthume), ✪, soldat au 18e Chasseurs à pied.

Citation : Brave chasseur, blessé une première fois le 22 août 1914. Tombé au champ d'honneur, le 25 octobre 1914, au Four-de-Paris. A été cité.

*LE COUTEULX DE CAUMONT (Robert) [page 571]. Corriger ainsi : ✠ (posthume), maréchal des logis au 21e Dragons.

Citation : Véritable entraîneur d'hommes. Le 1er juin 1918, près de Vandières, a fait preuve de la plus grande bravoure au moment des attaques allemandes. A su inspirer le calme autour de lui par sa superbe attitude sous un violent bombardement et un feu de mitrailleuses des plus violents. A contribué pour une large part à enrayer la position allemande. Est tombé mortellement frappé à son poste de combat. A été cité.

LE JAMTEL (Charles), ✻ (posthume), ✪, médecin aide-major au 41e d'Infanterie.

Citation : A toujours fait preuve, comme médecin de bataillon, non seulement de qualités professionnelles de premier ordre, mais d'un sang-froid et d'un dévouement sous le feu dignes de tout éloge. S'est particulièrement distingué, pendant la période du 9 au 25 mai 1915, en donnant des soins aux blessés avec un zèle infatigable, malgré le bombardement ininterrompu et la proximité de l'ennemi. Est tombé mortellement frappé, le 8 juin 1915, alors qu'il se rendait à son poste de secours. A été cité.

*LEJAY DE BELLEFOND (René) [page 577]. Ajouter : ✻ (posthume), avec cette citation :

Ses pièces étant enrayées au moment d'une attaque de l'ennemi, a commandé à ses hommes de les emporter pour les sauver ; puis, prenant un mousqueton, est resté seul avec trois hommes pour protéger le retrait de ce matériel. Entouré et sommé de se rendre par un officier allemand, a continué à faire le coup de feu et est tombé glorieusement à son poste sous les coups de cet officier. A été cité.

*LENONCOURT (Jean SUBLET D'HEUDICOURT de) [page 581]. Ajouter : ✠ (posthume), avec cette citation :

Bon fusilier-mitrailleur, courageux et énergique. Au cours de la progression du 14 octobre 1918, s'est particulièrement distingué par sa belle conduite au feu. Tombé glorieusement pour la France. A été cité.

LENS (Eugène de), ✠ (posthume), ✪, soldat au 73e d'Infanterie.

Citation : Bon soldat, courageux et dévoué. Tué, le 24 juillet 1918, à son poste de combat, à Vassy.

*LE ROY D'ÉTIOLLES (Gaston) [page 585]. Corriger ainsi : ☉ (posthume), ✠, soldat au 355ᵉ d'Infanterie.

> Citation : *Bon et brave soldat, d'une belle conduite au feu. Mortellement blessé, le 6 septembre 1914.*

*LESTAPIS (Bruno de) [page 590]. Compléter ainsi : ☉ (posthume), ✠, soldat au 42ᵉ d'Infanterie.

> Citation : *Jeune engagé volontaire, plein de qualités généreuses de cœur et d'entrain. Faisait l'admiration de ses chefs et de ses camarades par son courage et sa bravoure. Glorieusement tombé le 25 octobre, à l'ouvrage du Buffle devant Verdun, au cours d'une violente attaque ennemie.*

LESTERPS DE BEAUVAIS (Yves de), ✠, *engagé volontaire* au début de la guerre.

Décédé, en novembre 1920, des suites d'une longue maladie contractée au front.

[Né en 1896. Fils de M. et de Mᵐᵉ née DE LA VÉRONNE.]

*LÉVY (André) [page 593]. Ajouter : �֍ (posthume).

LEYE (Siméon-Irénée de), ☉ (posthume), ✠, caporal au 26ᵉ Chasseurs à pied.

Tué glorieusement à son poste de combat, le 16 mars 1916, à la Ferme Navarin.

*LINTIER (Paul) [page 598]. Ajouter : ☉ (posthume), ✠, et cette citation :

> *Sous-officier de haute valeur, d'un moral extrêmement élevé, entraîneur d'hommes de première qualité. Déjà blessé en septembre 1914. A été tué glorieusement à son poste de combat, le 15 mars 1916.*

*LOBEL-MAHY (Gaston de) [page 599]. Ajouter : ☉ (posthume), ✠, avec cette citation :

> *Le 17 avril 1917, au mont Cornillet, a montré un mépris absolu du danger. A été tué glorieusement, alors que, debout, malgré le feu des mitrailleuses, il dirigeait sa demi-section. A été cité.*

LONGEVILLE (Raoul PERRUCHOT de), ☉ (posthume), ✠, soldat au 233ᵉ d'Infanterie.

> Citation : *Soldat ayant le mépris complet du danger. A été tué à Craonne, d'une balle de mitrailleuse, le 16 avril 1917, en portant un compte rendu à son chef de bataillon. A été cité.*

*LONGUEMAR (Pierre LE TOUZÉ de) [page 603]. Compléter ainsi : ✖ (posthume), ✠, sous-lieutenant au 279ᵉ d'Infanterie.

> Citation : *Jeune officier animé des plus beaux sentiments d'honneur et de courage. Tué en combattant avec la dernière énergie à la tête de ses hommes, le 25 août 1914, à Courbesseaux.*

*LOPES DE RODES (A.-L.) [page 603]. Ajouter : ✖ (posthume), avec cette citation :

> *Officier d'une attitude splendide au feu. A été glorieusement tué*

au cours d'une attaque dans laquelle il gardait la tête, donnant le plus bel exemple, le 28 juin 1916, devant Verdun. A été cité.

LOS RIOS (Fernand de), ✠ (posthume), ✠, soldat au 230e d'Infanterie.

Citation : *Soldat courageux et dévoué. Toujours volontaire pour les missions périlleuses. Brillante conduite au cours d'une contre-attaque, le 27 mai 1917. Tué glorieusement en s'élançant à la tête de ses camarades, à l'assaut des positions ennemies. A été cité.*

***LUCY DE FOSSARIEU (Jean de) [page 610]. Ajouter : ✠ (posthume), avec cette citation :**

Officier d'une grande bravoure. Après avoir donné, au cours de durs combats, toute la valeur de son héroïsme, est glorieusement tombé pour la France, le 1er mai 1916, à Soupir. Croix de guerre avec palme.

LUUYT (Jacques), ✠, ✠, lieutenant au 1er Génie.
Mort pour la France, le 29 septembre 1915, à Saint-Hilaire-le-Grand (Marne).

M

MAC CONNELL (James-Roger), ✠ (posthume), ✠, *engagé volontaire,* sergent au 2e Groupe d'Aviation.

Citation : *Citoyen américain engagé au service de la France. Pilote modeste autant que courageux, disait souvent à ses camarades : « Tant mieux si je dois tomber, puisque c'est pour la France. » A trouvé la mort glorieuse, le 19 mars 1917, au cours d'un combat contre des avions ennemis. A été cité.*

MADRID DE MONTAIGLE (Louis de), ✠ (posthume), ✠, caporal au 87e d'Infanterie.

Citation : *Brave caporal. Grièvement blessé à Villers-Bretonneux, le 15 septembre 1916. Est mort glorieusement pour la France des suites de ses blessures.*

MAHÉ DE BERDOUARE (Édouard-Arthur), ✠ (posthume), ✠, maréchal des logis au 28e d'Artillerie.

Citation : *Sous-officier dévoué et courageux, sollicitant les missions périlleuses. A été tué en se rendant aux tranchées de première ligne, le 30 avril 1915. A été cité.*

MAJO-DURAZZO (Charles-Louis-Sébastien de), ✠ (posthume), ✠, caporal au 36e d'Infanterie.

Citation : *Caporal courageux et dévoué. Mort pour la France dans l'accomplissement de son devoir, le 16 mai 1918, en Belgique.*

***MALEISSYE (Régis de TARDIEU de) [page 620]. Ajouter cette citation :**

Officier de première valeur, qui, en toutes circonstances, a montré un courage et une bravoure au-dessus de tous éloges. Est tombé mortellement frappé d'une balle au front en conduisant sa section à la contre-attaque, le 16 septembre 1918, au mont des Singes. A été cité.

MALLEBAY - VACQUEUR (Paul-Jean-Victor), ⚕ (posthume), ✠, soldat au 353e d'Infanterie.

> Citation : *Excellent soldat, d'un grand courage, plein d'entrain et de dévouement. Tombé en brave le 12 avril 1915.*

*****MARACHE** (Georges GAULTIER du) [page 627]. Compléter ainsi : ⚕ (posthume), ✠, sergent au 138e d'Infanterie.

> Citation : *Excellent sous-officier, belle attitude au feu. Mort pour la France, le 31 août 1914, en entraînant sa section à l'attaque du Chesne.*

MARION DE PROCÉ (Clément-Donatien), ⚕ (posthume), ✠, caporal au 14e d'Infanterie.

> Citation : *Le 20 août 1917, a vigoureusement entraîné son escouade à l'assaut des tranchées ennemies. A défendu la position conquise contre de violentes contre-attaques. A été tué à son poste de combat en résistant victorieusement. Gradé d'une grande bravoure et d'un parfait dévouement. A été cité.*

*****MARTHILLE** (Jean DESAINT de) [page 636]. Ajouter : ⚕ (posthume), avec cette citation :

> *Sous-officier d'une audace, d'une endurance et d'un courage dignes des plus grands éloges. Commandant une des équipes de grenadiers de son régiment, a exécuté avec elles pendant quinze jours des patrouilles quotidiennes de jour et de nuit, fournissant de précieux renseignements sur les organisations allemandes. Tué glorieusement à la tête de ses grenadiers, au cours d'un coup de main, contre un poste ennemi, le 31 mai 1916, à Marquivillers. A été cité.*

MARTIGNAT (Maurice-Claude MUYARD de), ⚕ (posthume), ✠, caporal au 79e d'Infanterie.

> Citation : *Brave caporal, estimé de ses chefs et de ses camarades. Tué à l'ennemi, le 22 mai 1915, à Neuville-Saint-Vaast.*

*****MARTIN DES PALLIÈRES** (Émile) [page 638]. Compléter ainsi : ✠, *engagé volontaire*, sergent au 72e d'Infanterie.

> Citation : *Engagé volontaire à l'âge de quarante-sept ans, a toujours fait preuve de la plus grande bravoure. Le 25 février 1915, s'est élancé à l'assaut à la tête de ses hommes. Blessé mortellement, a expiré en disant : « Je suis heureux de mourir pour la patrie. Vive la patrie ! » A été cité.*

*****MASSAVY D'ARMANCOURT** (Victor-Auguste) [page 641]. Lire : lieutenant au 6e Colonial. Ajouter : ✻ (posthume), et cette citation :

> *Le 5 septembre 1914, a été lancé à la tête d'un détachement de renfort qui arrivait du dépôt et n'avait pas encore été incorporé. Est tombé mortellement blessé à la tête de ses troupes qu'il venait d'enlever brillamment. A été cité.*

*****MASSON D'AUTUME** (Jean de) [page 642]. Ajouter : ✻ (posthume), avec cette citation :

Jeune officier consciencieux et plein d'ardeur, d'un mépris absolu du danger. Ayant eu deux blessures, revenu au front pour la troisième fois, il tomba glorieusement, en donnant à ses chasseurs le plus grand exemple du devoir, aux tranchées de Kruiss, le 1er novembre 1916. A été cité.

MATHAREL (Comte Camille de), O ✻, ✠, colonel d'Infanterie. Décédé, en novembre 1920, des suites d'atteintes de gaz asphyxiants.

[Marié à Mlle D'ARCY, — dont un fils.]

MAULJEAN (Jules-Alphonse de), ◉ (posthume), ✠, soldat au 2e Chasseurs à pied.

Citation : *Chasseur courageux et plein d'entrain, ayant donné de nombreuses preuves de sa bravoure et de son sang-froid. Mort glorieusement pour la France, le 16 juin 1915, à Noulette.*

*MENOU (Tony de) [pages 651-652]. Ajouter : ✻ (posthume), avec cette citation :

Officier modèle de bravoure et de conscience, plein d'énergie et d'allant. Tué glorieusement, le 25 mai 1915, au cours des attaques devant Angres, en chargeant à la tête de ses hommes. Croix de guerre avec palme.

MÉPLAIN (Anatole), ◉ (posthume), ✠, cavalier au 8e Cuirassiers. Mort pour la France, le 21 avril 1917, à la cote 108, près Berry-au-Bac (Aisne).

MESSEY (Fernand de), ◉ (posthume), ✠, soldat au 147e d'Infanterie. Tombé glorieusement au champ d'honneur, comme agent de liaison, le 31 juillet 1918.

MESSIMY (Jean-Auguste-Étienne des RIOUX de), ◉ (posthume), ✠, sergent au 21e d'Infanterie.

Citation : *Agent de liaison auprès du Chef de bataillon de première ligne. Le 26 juin 1917, devant Laffaux, a fait preuve d'un élan extraordinaire en transmettant un pli sous un bombardement des plus violents. A été tué au cours de sa mission. A été cité.*

METTELAL (Alfred-Paul), ◉ (posthume), ✠, maréchal des logis au 2e d'Artillerie.

Citation : *Excellent sous-officier, très brave et très dévoué. Déjà blessé d'une balle de mitrailleuse, a refusé de se faire évacuer et a repris son service aussitôt. Tué à sa pièce, le 15 mars 1915, au Mont-de-Villers, au cours d'un tir rapide sur Vauquois.*

METTETAL (Paul-Gustave), ◉ (posthume), ✠, soldat au 107e Chasseurs à pied.

Citation : *Chasseur remarquable par son courage et son dévouement. Blessé grièvement à son poste de combat. Mort des suites de ses glorieuses blessures, le 28 octobre 1916.*

*MINISCLOUX (André) [page 662]. Compléter ainsi : ✻ (posthume), ✠, secrétaire d'Ambassade à Vienne à la déclaration de guerre.

Citation : *Sous un feu des plus violents, s'est spontanément porté dans les tranchées avancées de l'infanterie pour rétablir les communications téléphoniques avec ses batteries. Y a été mortellement frappé.*

MINVIELLE (Raymond-François-Joseph-Vincent de), ⚕ (posthume), ✠, soldat au 167ᵉ d'Infanterie.

> Citation : *Modèle de bravoure et d'abnégation, s'offrant toujours le premier pour les missions les plus dangereuses. A assuré la liaison sous de violents bombardements d'artillerie lourde, les 8, 9 et 10 septembre 1917. A été tué pour la France en accomplissant une mission sur le plateau des Caurières, le 15 septembre 1917. A été cité.*

MIOLLIS (Francis de), ⚕ (posthume), ✠, soldat au 12ᵉ d'Infanterie.

> Citation : *Soldat brancardier des plus courageux, se prodiguant sans compter pour porter secours à ses camarades. Grièvement blessé dans l'accomplissement de sa mission. Mort des suites de ses blessures le 25 juin 1916. A été cité.*

*****MONROË, dit ROË (Donald) [page 671]. Lire : capitaine, et ajouter : ✠ (posthume), avec cette citation :**

> *Admirable officier, plein d'entrain, de cœur, de sang-froid, de bravoure. En août 1914, bien qu'atteint de plusieurs blessures, a continué à entraîner sa compagnie à l'assaut jusqu'au moment où il est tombé pour la France, mortellement frappé, à Dieuze. A été cité.*

*****MONTBRON (Comte Bernard de CHÉRADE de) [page 674]. Compléter ainsi : ✠ (posthume), sous-lieutenant au 20ᵉ Dragons, aviateur.**

> Citation : *Sous-lieutenant de la 1ʳᵉ Division d'Escadrille B. M., n'a cessé de donner, depuis le début de la campagne, le plus bel exemple d'entrain et de dévouement comme cavalier, comme mitrailleur d'infanterie et comme aviateur. Le 6 octobre 1915, en préparant la défense de la Division d'Escadrille B. M., est mort d'une chute d'avion. A été cité.*

*****MONTCHEUIL (Pierre MOREAU de) [page 675]. Lire : soldat au 63ᵉ d'Infanterie. Ajouter : ⚕ (posthume), ✠, et cette citation :**

> *Tombé glorieusement au champ d'honneur, en montant à l'assaut des tranchées allemandes puissamment défendues, le 25 juin 1916, à Thiaumont. A été cité.*

*****MONTHUCHON (Pierre MICHEL de) [page 679]. Ajouter : ✠ (posthume), ✠ (palme), et cette citation :**

> *Officier de haute valeur morale. Grièvement blessé, le 21 septembre 1914, en donnant à ses hommes un bel exemple d'héroïsme en des circonstances particulièrement critiques. Mort, le 7 octobre, des suites de ses glorieuses blessures.*

*****MONTIGNY-TURPIN (Vicomte Émile de) [page 680]. Ajouter : ⚕ (posthume), ✠, avec cette citation :**

> *Sous-officier très brave et très méritant, a toujours montré une très belle attitude au feu. A été mortellement frappé à son poste de combat, le 9 avril 1917.*

*****MORGUES (Pierre de) [page 687]. Ajouter : ✠ (posthume), ✠ (palme), et cette citation :**

Officier d'une bravoure remarquable. N'a cessé, pendant toute la campagne, d'être un modèle de courage calme et de belle attitude au feu. Grièvement intoxiqué le 8 octobre 1918. Mort pour la France.

MOULIN DE BAUDÉAN (Marcel-François-Léon), ☥ (posthume), ✠, soldat au 4ᵉ Colonial.

Citation : A été tué glorieusement, le 8 février 1916, devant Thions, au cours d'une patrouille, au moment où il était arrivé à quelques mètres d'un petit poste ennemi qu'il allait reconnaître. A été cité.

*MOUSSY (Général) [page 694]. Compléter ainsi : ✠ (3 palmes). Le héros de Saint-Gond et d'Ypres avait eu cette première citation, le 17 novembre 1914 :

A donné le plus bel exemple en se portant bravement, à un moment critique de l'action, avec son officier d'Etat-Major, en avant de sa ligne d'infanterie qui commençait à fléchir sous le nombre, et l'a, sous un feu violent d'infanterie et d'artillerie, ramenée à l'offensive, refoulant l'ennemi, et regagnant à sa tête des tranchées momentanément abandonnées.

Puis, le 19 février 1920, pour perpétuer sa glorieuse mémoire, cette troisième citation posthume :

Officier général d'une bravoure légendaire, adoré de ses hommes et unanimement estimé pour ses hautes qualités militaires et morales. Tué par un éclat d'obus à son poste de commandement, à Grenay, le 21 mai 1915, alors qu'il prenait ses dispositions en vue d'une attaque prochaine. Par son abnégation et son calme souriant devant la mort, a été pour tous ceux qui l'entouraient un exemple admirable.

[Marié à Mᵐᵉ Gabrielle RIVIÈRE DE LA POUSSARDIÈRE.]

N

*NAMUROY (J.-G.-E. de) [page 699]. Ajouter : ☥ (posthume), ✠.

*NESMES DESMARETS (Camille de) [page 702]. Ajouter : ✠ (posthume), avec cette citation :

Officier d'une superbe bravoure, véritable exemple du devoir. Tombé glorieusement, le 18 avril 1918, devant la ferme d'Anchin, en entraînant sa section, malgré des pertes terribles, et avec un courage splendide, sous une grêle de balles.

NEUVILLE (Henri-Marcel de), ✠ (posthume), ✠ (palme), sous-lieutenant au 14ᵉ d'Artillerie.

Citation : Officier d'une haute valeur morale et d'un courage remarquable. Mortellement blessé à Pinon, le 28 septembre 1918, pendant la poursuite, au moment où il faisait pointer une pièce de sa section.

NOYERS (Benoît-Jean-François-Chrysostôme de), ☥ (posthume), ✠ (palme), soldat au 128ᵉ d'Infanterie.

Citation : Soldat d'une belle bravoure et d'un sang-froid remarquable; s'était déjà distingué par sa brillante conduite au feu. Mort glorieusement pour la France, à Adoye, le 16 octobre 1918.

O

OESER (Eugène-Marie), (posthume), , caporal au 49ᵉ Chasseurs à pied.

S'était distingué comme patrouilleur, s'offrant toujours spontanément pour les incursions à faire dans les lignes ennemies.

> Citation : *Excellent gradé, volontaire pour toutes les missions périlleuses. Mort des suites de ses blessures. A été cité.*

OP DE BRECK (Paul-Émile), (posthume), , soldat au 17ᵉ d'Artillerie.

> Citation : *Téléphoniste plein de dévouement et de bravoure. A été blessé mortellement pour la France, le 21 février 1916. A été cité.*

***ORIGNY** (Jacques HUTTEAU d') [page 716]. Ajouter cette citation posthume :

> *Jeune et brave officier, extrêmement dévoué et animé du plus bel esprit de sacrifice. A été grièvement blessé, le 16 octobre 1914, en s'approchant des défenses ennemies pour se rendre compte de l'efficacité de tir de son groupe. Mort des suites de ses blessures. A été cité.*

ORNANO (François d'), (posthume), , soldat au 54ᵉ d'Infanterie.

> Citation : *Plein de sang-froid et de courage, a été tué, le 4 février 1916, à son poste de guetteur. A été cité.*

***ORSETTI** (Comte Alexandre d') [page 718]. Ajouter cette citation :

> *Brillant officier, remarquablement doué, énergique et brave. En 1915-1916, a rendu les plus grands services dans l'aviation en qualité d'observateur. Blessé gravement dans un combat d'avions, à la suite duquel un pilote fut tué à son côté. Tué pendant la traversée d'Amiens, le 2 mai 1918.*

OUTHENIN-CHALANDRE (René), (posthume), , adjudant au 12ᵉ Chasseurs à pied.

> Citation : *Brave adjudant. Mort pour la France, le 15 novembre 1915, des suites de blessures reçues au combat du 15 octobre 1915, sur les hauteurs du Linge.*

P

PAIX DE CŒUR (Paul-Maurice-Valentin de), (posthume), , soldat au 28ᵉ d'Infanterie.

> Citation : *Très bon soldat. Le 28 septembre, devant le bois de la Folie, a été pris sous un éboulement et, fortement contusionné dans la matinée, n'en est pas moins parti à l'assaut, le soir, et a été tué glorieusement en abordant la position ennemie.*

PANDIN DE LUSSAUDIÈRE (Jules-Théodore-Henri), ⚜ (posthume), ✠, caporal au 367e d'Infanterie.

Citation : *Caporal aussi brave que modeste. S'est élancé à l'assaut des tranchées ennemies, à la lisière du Bois Le Prêtre, le 20 mai 1915. Après leur conquête, a contribué à repousser à la grenade plusieurs contre-attaques ennemies, au cours desquelles il a été mortellement blessé. A été cité.*

PARADA (Ernest-René de), ⚜ (posthume), ✠, caporal au 91e d'Infanterie.

Citation : *Très bon caporal, brave et courageux, très belle attitude au feu. Tué à son poste de combat le 13 octobre 1914, au cours d'une attaque à Saint-Hubert.*

PAYNOT (Adrien-Joseph de), ⚜ (posthume), ✠, soldat au 121e d'Infanterie.

Mort pour la France, le 21 août 1914, au combat d'Hartzwiller.

PERDRIGEON DU VERNIER (André-Octavien-Julien), ⚜ (posthume), ✠, soldat au 70e d'Infanterie.

Citation : *Brave soldat. Tombé glorieusement pour la France à son poste de combat, le 19 octobre 1915.*

PERETTI (Jean-Grégoire de), ⚜ (posthume), ✠, sergent au 54e d'Infanterie.

Citation : *Sous-officier courageux jusqu'à la ténacité ; blessé légèrement deux fois pendant la première partie de la campagne, a été tué le 14 mars 1915, dans une tranchée où il utilisa sa grande adresse comme tireur en faisant le coup de feu au-dessus du parapet. A été cité.*

PERETTI (Antoine-Padoue de), ⚜ (posthume), ✠, soldat au 4e Colonial du Maroc.

Tombé glorieusement le 2 octobre 1914.

PERETTI (François-Marie de), ⚜ (posthume), ✠, soldat au 22e Colonial.

Mort au champ d'honneur, le 27 août 1914, au bois de Jaulnay.

PESLOÜAN (Charles LUCAS de), ⚜ (posthume), ✠, soldat au 52e Colonial.

Citation : *Soldat énergique et brave. Tombé à son poste de combat, le 18 février 1917, en luttant à la grenade. A été cité.*

PIC (Eugène), sous-lieutenant au 75e d'Infanterie.

Tué, à la tête de ses hommes, le 23 mars 1917, dans les combats du canal de Saint-Quentin.

[Fils du Professeur à la Faculté de Droit de Lyon et de Mᵐᵉ PIC.]

PICHARD DE SAINT-JULIEN (Louis - Marie - Adrien de), ⚜ (posthume), ✠, soldat au 98e d'Infanterie.

Citation : *Soldat brave et courageux. Grièvement blessé au combat des Loges. Est mort des suites de ses blessures, le 8 janvier 1915.*

PIERREPONT (Gustave-Pierre-Jules de), ⚜ (posthume), ✠, soldat au 36ᵉ d'Infanterie.

> Citation : *Soldat brave et énergique. A été tué au combat du 5 juin, alors qu'il s'élançait à l'assaut d'une barricade ennemie, sous une fusillade et un bombardement intenses. A été cité.*

PIGAULT DE L'ÉPINAY (Charles-Guillaume), ⚜ (posthume), ✠, soldat au 66ᵉ d'Infanterie.

> Citation : *Brave soldat, s'étant fait remarquer par son courage et son endurance pendant son long séjour sur le front. Tombé glorieusement pour la France, le 21 juin 1918, à Gournay-sur-Aronde, dans l'accomplissement de son devoir.*

PLAS (Éloi-Julien des), ⚜ (posthume), ✠, soldat au 21ᵉ Colonial.

> Citation : *Excellent soldat. S'est toujours comporté au feu avec une grande bravoure. Tué le 1ᵉʳ juillet 1916, alors qu'il travaillait à retourner contre l'ennemi une tranchée qui venait d'être enlevée. A été cité.*

*PLESSIX-SCULFORT (Roger) [page 757]. Ajouter cette citation :

> *Officier d'élite, sans cesse sur la brèche et possédant la confiance entière de ses chefs et de ses hommes. S'est affirmé comme un brave dans tous les combats auxquels il a pris part. A trouvé une mort glorieuse, le 28 octobre 1918, à Château-Porcien.*

*PLUVIÉ (Hubert de) [page 759]. Compléter ainsi : ✠ (posthume), ✠ (palme), sous-lieutenant au 48ᵉ d'Infanterie.

> Citation : *Jeune Saint-Cyrien ayant donné l'exemple de la plus grande bravoure en chargeant en tête de sa section, en gants blancs et en casoar, à Fosse, le 22 août 1914. Mortellement frappé au cours de l'action.*

POITOU-DUPLESSY (Edgard-Paulin-Louis-Joseph), ✠ (posthume), ✠, capitaine au 93ᵉ d'Infanterie.

> Citation : *Officier de grande valeur; s'est brillamment élancé en tête de sa compagnie, qu'il a conduite avec un entrain superbe à l'assaut des tranchées ennemies. A réussi à dépasser, avec quelques éléments, une ligne de défenses accessoires presque intacte, en dépit d'un feu violent de mitrailleuses. Est tombé glorieusement au cours du combat, le 25 septembre 1915, à Mesnil-les-Hurlus. A été cité.*

PONFILLY (Édouard-Georges PEAU de), ⚜ (posthume), ✠, soldat au 227ᵉ d'Infanterie.

> Citation : *Soldat très courageux. Grièvement atteint au cours d'un combat en Orient. Est mort des suites de ses blessures, le 4 août 1917.*

PONS DE GUIGNES (Justin-Pierre), ⚜ (posthume), ✠, soldat au 357ᵉ d'Infanterie.

> Citation : *Brave soldat, dévoué et courageux. Mort pour la France, le 27 juillet 1915, des suites de blessures reçues au Linge-kopf, en accomplissant vaillamment son devoir.*

*POTHUAU (A.-J.-M.) [page 767]. Ajouter : ✠ (posthume), ✠ (palme), et cette citation :

Vaillant officier, d'un entrain remarquable. Tué glorieusement à l'ennemi le 10 septembre 1914, au combat de Champenoux.

POZZO DI BORGO (Félix), ☖ (posthume), ✠, soldat au 229ᵉ d'Infanterie.

> Citation : *Excellent soldat, d'un grand courage, plein d'entrain et de dévouement. Tombé en brave, le 5 septembre 1915, à son poste de combat.*

***PRACOMTAL (Vicomte François de) [page 770]. Ajouter :** ☖ (posthume), ✠, et cette citation :

> *Brave soldat. Mort glorieusement, le 20 août 1915, des suites de blessures reçues à son poste de combat.*

PROST (Georges de), ☖ (posthume), ✠, soldat au 30ᵉ d'Infanterie.

> *Courageux et dévoué. Est tombé en brave, le 25 octobre 1918, à Saint-Germainmont.*

PROST (Julien de), ☖ (posthume), ✠, soldat au 404ᵉ d'Infanterie.

> Citation : *Brave soldat. Blessé grièvement à son poste de combat, au cours d'un violent bombardement, devant Belloy-en-Santerre. Mort pour la France, le 1ᵉʳ octobre 1916.*

R

RAGET (Louis-Achille du), ☖ (posthume), ✠, caporal au 155ᵉ d'Infanterie.

> Citation : *Caporal énergique et d'un moral très élevé. Mort glorieusement pour la France, le 9 mars 1917, à Gernicourt.*

RAUCOURT (Joseph-Marie-Léon-Jules de), ☖ (posthume), ✠, sergent au 88ᵉ d'Infanterie.

> Citation : *Sous-officier énergique et plein d'entrain. Tombé glorieusement, le 2 avril 1916, devant Verdun.*

***RETZ DE SERVIÈS (Louis-Paul-Jean-Guy de) [page 798]. Ajouter :** ✠ (posthume), avec cette citation :

> *Commandant de compagnie d'une bravoure et d'un élan superbes. Est tombé glorieusement au cours de l'attaque des positions ennemies de Ville-sur-Tourbe, en septembre 1915. A été cité.*

REYDELLET (Eugène), ✠ (posthume), ✠ (palme), capitaine au 120ᵉ d'Infanterie.

> Citation : *Officier de complément très dévoué et d'un moral très élevé, qui, malgré son âge l'admettant à la territoriale, avait tenu à servir dans un régiment actif. Mort pour la France, le 26 avril 1915, à Fresnes-en-Woëvre, au cours d'un violent bombardement.*

RHODEN (Fernand-Émile de), ☖ (posthume), ✠ (palme), *engagé volontaire,* caporal au 30ᵉ Chasseurs à pied.

> Citation : *Engagé volontaire à dix-sept ans; animé du désir de venger deux de ses frères déjà tués à l'ennemi. Vaillant, d'un dé-*

vouèment absolu, a donné, dès son arrivée au front, les plus belles preuves de son héroïsme. Nommé caporal, a toujours donné à ses hommes le plus noble exemple. A trouvé la mort des braves, en avant de Cléry, le 24 septembre 1916, en se préparant à l'attaque.

***RIBEAUX (Jacques-Édouard-Richard de)** [page 803]. Corriger et compléter ainsi : ✠ (posthume), lieutenant au 73ᵉ d'Infanterie.

Citation : *Vaillant officier. A été tué, le 6 septembre 1914, en entraînant sa section de mitrailleuses à l'assaut du château d'Esternay.*

***RICHOUFFTZ DE MANIN (Erich de)** [page 806]. Ajouter : ⚜ (posthume), ✠, avec cette citation :

Agent de liaison d'une belle et froide bravoure. Blessé le 22 août 1914, dans l'accomplissement d'une mission périlleuse. Mort pour la France des suites de ses blessures.

ROBERT DE BOUSQUET (Gabriel de), ⚜ (posthume), ✠, sergent au 14ᵉ d'Infanterie.

Citation : *Brave et courageux sous-officier, véritable modèle d'abnégation et de devoir. Mort au champ d'honneur.*

***ROCHEREAU DE LA SABLIÈRE (Emmanuel)** [page 815]. Ajouter : ⚜ (posthume), avec cette citation :

Exemple vivant de courage et de sang-froid. Grièvement blessé à la tête de sa section, le 3 octobre 1918, pendant l'assaut d'Orfeuil. Mort pour la France. A été cité.

ROCQ (Maurice-Albert de), ⚜ (posthume), ✠, sergent au 131ᵉ d'Infanterie.

Citation : *Sergent d'une très grande bravoure. A été tué, le 15 juillet 1917, devant Juvincourt.*

***ROFFIGNAC (Comte Renaud de)** [page 817]. Ajouter : ✠, avec cette citation qui corrige la mention :

Officier d'un grand mérite. A fait preuve de bravoure au feu. Mort pour la France, le 14 juillet 1915, au bois Baurin.

ROGALLE DE PEY (Jean-Baptiste), ⚜ (posthume), ✠, sergent au 418ᵉ d'Infanterie.

Citation : *Sous-officier brave et intrépide, donnant sans cesse à ses hommes un exemple d'admirable courage. Mort au champ d'honneur, le 26 septembre 1915, à Beauséjour.*

ROLAND (François), ✠, brigadier.
Tombé au champ d'honneur, en Champagne, le 1ᵉʳ juillet 1917.
[Fils du Sénateur de l'Oise et de Mᵐᵉ née DELEPIERRE.]

S

SABBATHIER (Pierre de), ✠ (posthume), ✠, capitaine au 415ᵉ d'Infanterie.

Citation : *Blessé, le 10 septembre 1914, à Maucourt, a conduit sa* compagnie à l'assaut des tranchées allemandes avec la plus grande énergie et avec un entrain remarquable. A été tué, le 25 septembre 1915, devant Perthes-les-Hurlus, en poursuivant l'ennemi. Officier de valeur, très énergique et très dévoué. A été cité.

[Fils de M. et de Mᵐᵉ née DE SABBATHIER.]

SACONAY DU FOUG (Marcel-Henri-Marius de), ✠ (posthume), ✠, soldat au 175ᵉ d'Infanterie.

Citation : *Bon soldat. Mort au champ d'honneur le 5 juin 1915, au combat de Kérévès-Déré.*

SAINT-ACHEUL (Henri-Eugène de), ✠ (posthume), ✠, sergent au 94ᵉ d'Infanterie.

Citation : *Sous-officier brave et dévoué. Glorieusement tombé au champ d'honneur, le 18 mai 1916, à son poste de combat, au Mort-Homme.*

*SAINTE-CLAIRE** (Maurice SUISSE de) [page 845]. Corriger ainsi : ✠ (posthume), sous-lieutenant au 47ᵉ d'Infanterie.

Citation : *A donné le plus bel exemple de courage à ses hommes en les entraînant à l'assaut d'un ouvrage ennemi. A été tué dans la position conquise, le 9 mai 1915, au Labyrinthe. A été cité.*

SAINT-JULIEN (François-Marie de), ✠ (posthume), ✠, caporal au 342ᵉ d'Infanterie.

Citation : *Brave caporal. Mort pour la France, à Neuville-aux-Bois, le 19 juillet 1916, dans l'accomplissement de son devoir.*

SAINT-POL (Jean-Antoine de), ✠ (posthume), ✠, soldat au 6ᵉ Colonial.

Citation : *Brave soldat. Mort pour la France des suites de blessures reçues à l'ennemi en faisant bravement son devoir, le 26 décembre 1914, à Ypres.*

*SAINT - SAUVEUR - BOUGAINVILLE** (Comte Albert DESPRÉAUX de) [page 858]. Ajouter : ✠ (posthume), avec cette citation :

Officier plein d'allant ; a fait preuve en toutes circonstances de bravoure, de dévouement et de mépris du danger. Mort pour la France, le 20 août 1914, à Biedestroff, en accomplissant vaillamment son devoir.

*SARLANDIE DE LA ROBERTIE** (Marcel) [page 868]. Ajouter : ✠ (posthume), ✠, et cette citation :

Soldat brave et dévoué, ayant toujours fait preuve des plus belles qualités. Tombé glorieusement pour la France, le 24 septembre 1914, à Auberive.

*SENILHES** (Louis LACROIX DE CARIÈS de) [page 880]. Compléter ainsi : ✠ (posthume), capitaine au 165ᵉ d'Infanterie.

Citation : *Véritable entraîneur d'hommes, officier de valeur. Est tombé glorieusement, le 14 décembre 1914, au combat des Jumelles-d'Orne, en entraînant sa compagnie à l'assaut avec une vigueur remarquable. A été cité.*

SUSINI (Noël-Césare de), ☥ (posthume), ✠, soldat au 6ᵉ Colonial.

> Citation : *Brave et loyal soldat, ayant la plus haute conception de ses devoirs. Glorieusement tombé au champ d'honneur, le 13 février 1916, en contre-attaquant l'ennemi qui avait réussi à pénétrer dans nos lignes, malgré de violents tirs d'artillerie et des rafales de mitrailleuses.*

T

TESSIÈRES (Marie-François-Joseph-Pierre de), �֎ (posthume), ✠, lieutenant au 93ᵉ d'Infanterie.

> Citation : *Officier admirable de sang-froid et de courage. Le 27 mai 1918, sous un bombardement d'une violence inouïe, s'est dépensé sans compter, montrant à tous le plus bel exemple d'abnégation et de mépris absolu du danger. A été mortellement blessé en défendant la position qui lui était confiée, refusant de se rendre et préférant la mort à la captivité. A été cité.*

THIBAULT DE MONBOIS (Félix-Georges-Léopold), ☥ (posthume), ✠, sergent au 2ᵉ de marche de Zouaves.

> Citation : *Sous-officier actif et dévoué, d'un sang-froid à toute épreuve. A montré, au cours de l'attaque du 20 août 1917, les plus belles qualités de bravoure en installant, sous le plus violent feu de l'ennemi, une liaison par coureurs dont il sut obtenir, par son admirable exemple, le meilleur rendement. Mort pour la France, le 27 août 1917. A été cité.*

TULLY (Georges-Pierre-Martin de), ☥ (posthume), ✠, brigadier au 42ᵉ d'Artillerie.

> Citation : *Brigadier courageux et dévoué. Blessé grièvement à son poste de combat, dans l'accomplissement de son devoir. Mort pour la France, des suites de ses blessures, le 31 mars 1917.*

U

***URVOY DE PORTZAMPARC** (Vicomte Charles) [page 927]. Ajouter : ☥ (posthume), avec cette citation :

> *Blessé à Hébuterne, en juin 1915, après avoir fait noblement son devoir au cours d'un bombardement qui a suivi l'attaque ; est tombé héroïquement en Champagne, le 24 octobre 1915, en entraînant sa section. A été cité.*

V

***VAUVINEUX** (Comte Henri POTTIN de) [page 943]. Ajouter : �֎ (posthume), ✠, et cette citation :

> *Vaillant officier. Détaché auprès de la Cavalerie Anglaise. Mort pour la France, le 24 août 1914, en Belgique.*

INDEX ALPHABÉTIQUE

Cet Index n'intéresse que les noms composés, avec renvoi (—) au nom principal, soit à la Liste générale alphabétique, soit à l'Addenda, page 982. — Les noms commençant par L', LA, LE, sont classés à la lettre L.

A

Abaquesné. — de Parfouru.

Abbadie (d'). — de Barrau.

Ablon (d'). — de Brévedent.

Achard. — d'Argence. — de Bonvouloir.

Adam. — de Villiers.

Agnos (d'). — de Courrèges.

Aiglepierre (d'). — Junet.

Aiglun (d'). — de Rochas.

Aimes (des). — Ruffier.

Alançon (d'). — Audemard.

Alaret (d'). — Solier.

Albert de Luynes (d'). — de Chevreuse.

Albis (d'). — de Gissac.

Alefsen. — de Boisredon.

Algue (d'). — Mourgue.

Allées (des). — Brumauld.

Allens (d'). — de Celléry.

Allimes (des). — Dujat.

Amaudric. — du Chaffaut.

Amécourt (d'). — de Ponton.

Amédor (d'). — de Mollans.

Ancezune (d'). — Rostan.

Ancy (d'). — Collignon.

Andras. — de Marcy.

Anges (des). — de Bibal.

Anglas (d'). — Boissy.

Anglemont (d'). — de Tassigny.

Anlézy (d'). — de Damas.

Antheaulme. — de Nonville.

Anthès (d'). — de Heeckeren.

Antony (d'). — Bourdeau.

Aoust (d'). — de Rouvèze.

Arbrun (d'). — de Laborde.

Arc (d'). — Renaudeau.

Archambault. — d'Alayer. — de Montfort.

Arche (d'). — Vayne.

Arcier (d'). — Faivre.

Arènes (d'). — de Barral.

Argens (d'). — de Magallon.

Argis de Guillerville (d'). — Boucher.

Armancourt (d'). — Massavy.

Armand (d'). — de Chateauvieux.

Armond (d'). — Rogier.

Arnal (d'). — Flotard. — de Serres.

Arnaud. — de Fouard.

Arnault. — de Vitrolles.

Arnoult (d'). — Texier.

Arnoulx. — de Pirey.

Arrast (d'). — d'Abbadie.

Arrel (d'). — Richer.

Arro (d'). — Colonna.

Ars (d'). — de Brémond. — des Garets.

Arthaud. — de La Ferrière.

Artis (d'). — Brun.

Artur. — de La Villarmois.

Arvieu (d'). — de Vigouroux.

Asnières de Salins (d'). — Guyot.

Aspremont (d'). — de Sury.
Auber (d'). — de Peyrelongue.
Aubert. — du Petit-Thouars. — de Trégomain. — de Vincelles.
Aubignac (d'). — de Ribains.
Aubignan (d'). — de Séguin Pazzis.
Aubin. — de Jaurias.
Aubourg. — de Boury.
Aubry. — de Maraumont.
Audeville (d'). — Sarrebourse.
Audoux (d'). — Pascal.
Aufray (d'). — Bois.
Aufrère. — de Lapreugne.
Aujay. — de La Dure.
Aussy (d'). — Joly.
Authier (d'). — de Rochefort.
Autingues (d'). — de Saint-Just.
Autume (d'). — de Masson.
Auvergne (d'). — de La Tour.
Avenas (d'). — de Guillin.
Aviau (d'). — de Ternay.
Avray (d'). — de Ville.
Aymar (d'). — de Chateaurenard.
Azy (d'). — Benoist.

B

Babin. — de Lignac.
Bachoué (de). — de Lostalot.
Baconnière. — de Salverte.
Bacourt (de). — Fourier.
Bahezre. — de Lanlay.
Bailhac (de). — de Plument.
Baillardel. — de Lareinty-Tholozan.
Baillescourt (de). — de Proyart.
Bailleul (de). — Blin.
Balaguier (de). — de Latapie.
Balaine (de). — Durup.
Balanda (de). — Bertran.
Bancalis. — d'Aragon.
Banos. — de Navailles.
Banyuls (de). — de Montférré.
Barazer. — de Lannurien.
Barbara. — de Boisseson.
Barbat. — du Closel.

Barbeyrac (de). — de Sniat-Maurice-Montcalm.
Barbier. — de La Serre. — de Préville.
Barboux. — Simon-Barboux.
Bard. — de Coutance.
Barde. — Bourdonneau.
Bardon. — de Segonzac.
Bargemon. — de Villeneuve.
Barizien (de). — du Collin.
Barluet. — de Beauchesne.
Barny. — de Romanet.
Barreau. — de Bibal.
Barry (du). — de Gérard.
Barthe. — de Minerval.
Barthélemy. — Jeanbernat. — de Saizieu.
Barthez (de). — de Montfort.
Bascle. — de Lagrèze.
Baty (du). — Rallier.
Baucheron. — de Boissoudy.
Baudean (de). — Moulin.
Baudier — de Royaumont.
Baugé (de). — Maffre.
Baulny (de). — Ogier.
Bauplas (de). — Garebœuf.
Bays (de). — Disson.
Bearn (de). — de Galard.
Beaubert (de). — Dauchez.
Beauchaine (de). — Isle.
Beaufort (de). — de Gouyon. — de Liedekerke.
Beaulens (de). — de Bazon.
Beauménil (de). — Ledoux.
Beaumont (de). — Lamour.
Beaune (de). — Archambault. — de Romanet.
Beaupoil. — de Saint-Aulaire.
Beaupré (de). — Jayet.
Beauregard (de). — de Chazelles. — Costa. — de David. — de Guerry. — Turquet.
Beaurouvre (de). — Mercier.
Beauvais (de). — Lesterps.
Beauvarlet. — de Moismont.
Beauvoir (de). — de Guillebon.
Bechevort (de). — Bocquet.
Bedenne. — de Lalagade.
Béer (de). — Violot.

Béhaine (de). — Lefebvre.

Belhoir (de). — Touchois.

Belhomme. — de Franqueville.

Beliard. — de Beaupré.

Bellay (de). — du Vachat.

Belle (de). — Bouchié.

Bellée (de). — Le Goaësbe.

Bellefon (de). — de Méric.

Bellefond (de). — Lejay.

Bellenave. — de Salvert.

Belleroche. — de Diesbach.

Bellet. — de Saint-Trivier. — de Tavernost.

Bellisle. — de Poyen.

Bengoechea (de). — de Vengoecha.

Benoist. — de Laumont.

Bérard. — de Fozières.

Berdouare (de). — Mahé.

Berlier. — de Vauplane.

Bernard. — de Courville. — de Danne. — de La Jartre. — de La Vernette Saint-Maurice. — de Saget.

Bernières (de). — Mouille-saux.

Berthe. — de Pommery.

Berthier. — de Wagram.

Bertrand (de). — Fourcade.

Bertrand. — de Crozefon.

Berville. — Sifflet.

Bès. — de Berc.

Besnard. — de La Vieuxville.

Besset (de). — Palluat.

Bessières (des). — de Mouri-caud.

Beuverand (de). — de La Loyère.

Beyssac (de). — Conilh.

Bézieux (de). — Roux.

Biaudos (de). — de Castéja.

Bigault (de). — de Cazanove. — de Granrut.

Bigot. — de La Touanne.

Billard. — de Saint-Laumer.

Billeheust (de). — d'Argenton.

Billion. — du Plan.

Billot (de). — Le Court.

Billy (de). — Crespin.

Blanc. — de La Combe de Molines.

Blandin. — de Chalain.

Blanquet. — de Rouville.

Blason. — Joly.

Blavous (de). — de Vanssay.

Blocquel (de). — de Wismes.

Blondel. — de Joigny.

Blossac (de). — de La Bour-donnaye.

Blot (de). — de Chauvigny.

Bocquet. — d'Anthenay.

Bodin (de). — de Boisrenard. — de Galembert.

Boggs. — d'Ivoley.

Boguais. — de La Boissière.

Bois (du). — de Maquillé.

Boisanger (de). — Bréart.

Boisauné. — Le Sassier.

Boishorand (de). — de Tal-houët.

Boishue (de). — de Guéhé-neuc.

Bois-Jagu (du). — de La Vil-lerabel.

Boisrouvray (de). — de Jac-quelot.

Boisse (de). — d'Escodeca. — Mortemard.

Boisseau. — de Mellanville.

Boissière (de). — Valleton.

Boitel. — de Dienval.

Bole. — de Chaumont.

Bollena. — de Saboulin.

Bondet. — de La Bernardie.

Bonet. — d'Oléon.

Bonne (de). — de Massias.

Bonneau. — de Beauregard.

Bonnefoy. — de Villières.

Bonnet. — de La Tour.

Bonneville (de). — Le Roy.

Bonnin. — de Beaumont. — de Fraysseix.

Bonniot. — de Fleurac.

Borda (de). — de Cardenau.

Borde (de). — Pelletrat.

Bordenave (de). — d'Abartia-gue.

Boreau. — de Roincé.

Borel. — de Lestang.

Borgo (di). — Pozzo.
Bohrer. — de Kreuznach.
Borne (de). — Dorlhac.
Boscal de Réals. — de Mornac.
Bostmembrun. — de Bois-
   montbrun.
Bostquénard (de). — Forge-
   mol.
Botet. — de Lacaze.
Botot. — de Saint-Sauveur-
   Lorraine
Bouaille (de) — de Fromont.
Bouaïssier. — de Bernoüis.
Bouays (du). — de La Bégas-
   sière.
Boubers. — de Lauriston.
Bouchaud. — du Mazaubrun.
Bouchelet. — de Beaurain. —
   de Vendegies d'Hust.
Boucher. — de Latour du
   Roch.
Boucheron (du). — Bramaud.
Bouchony (de). — de Monta-
   let-Alais.
Boudet. — de Puymaigre.
Boudoux. — d'Hautefeuille.
Bouëxic du). — de Guichen.
Bougainville. — de Saint-Sau-
   veur.
Bouhélier (de). — Hirsch.
Bouillane (de). — Boyer.
Boulard. — de Gatellier. —
   de Villeneuve-Allix.
Boulletz (de). — Lefèvre.
Boullières (des). — de Marin.
Bourdeau. — de Lajudie.
Bourdeille (de). — Chassaing.
Bourdier. — de Beauregard.
Bourel. — de La Roncière.
Bourgies (de). — Ricour.
Bourgogne (de). — Abet. —
   de Geslin.
Bourgoin (du). — Lafaye.
Bourlon. — de Rouvre.
Bourzac (de). — de Bouilhac.
Bouson. — de Bourran.
Bousquet (de). — de Robert.
Bout. — de Marnhac.
Bouvet. — de La Maisonneuve.
Bouvier. — de Lamotte.

Boyat (de). — d'Hugonneau.
Boyeldieu. — d'Auvigny.
Boyer. — de Fonscolombe.
Brac. — de La Perrière.
Bragance (de). — de Bourbon.
Brait. — de La Mathe.
Brassac. — de Montaut. — de
   Saint-Vincent.
Brassier. — de Jocas.
Breck (de). — Op.
Breil (du). — de Pontbriand.
Brescanvel (de). — de Poulpi-
   quet.
Breuil (de). — Patris.
Breuil (du). — Barrial.
Breyne (de). — Courdier.
Briailles. — Chandon.
Brillaud. — de Laujardière.
Brisis (de). — d'Ailhaud. —
   d'Hérail.
Brissac (de). — de Cossé.
Broch. — d'Hotelans.
Brochand. — d'Auferville.
Brochard. — de La Roche-
   brochard.
Brœuille (du). — Lelièvre.
Broissia (de). — de Froissard.
Brôons (de). — de La Motte.
Brossier. — de Buros.
Broussillon (de). — Bertrand.
Brugière. — de Barante.
Bruguière. — du Cayla.
Brulliard (de). — Reynaud.
Brulon. — de Valmon.
Brun (Lucien). — Lucien-Brun.
Brunel. — de Bonneville.
Brunet. — de La Charie.
Bruzaud (de). — de Catala.
Bughas (de). — de Bellaigue.
Buis (du). — Benoist.
Buisson (du). — de Courson.
   — de La Boulaye.
Burdin. — de Saint-Martin.
Burgues (de). — de Missiessy.
Burignot. — de Varenne.
Busserolle (de). — Carrée.
Busset (de). — de Bourbon.
Bussy (de). — de Bouchaud.
   — Durup de Balain.

C

Cabannes (de). — de Cauna.
Cachet. — de Lombardon.
Cadillon (de). — du Payret.
Cahuzac. — de Raymond.
Caïez. — d'Epinay.
Caillard. — d'Aillières.
Cajarc. — de La Garrigue.
Calamo (de). — Martin.
Calan (de). — de La Lande.
Calviac (de). — de Marveille.
Caminel. — de Bonnefous.
Campagnac (de). — d'Auzac.
Campe (du). — de Rosamel.
Camusat. — de Riancey.
Can (du). — de La Rue.
Candé (de). — de Maussion.
Capitant. — de Villebonne.
Carbonnières. — Carles.
Cardinal de Cuzey. — Frank.
Carnanville (de). — Dursus.
Carpentier. — de Changy.
Carrelet. — de Loisy.
Carroy (de). — de La Barre.
Case (de). — de Fresquière.
Casson (de). — Boux.
Castelgaillard (de). — du No-
  guès.
Casteljau (de). — de Fajet.
Caubeyres (de). — Chapelain.
Caudron. — de Coquereau-
  mont.
Caumia (de). — de Baillenx.
Caumont (de). — Le Couteulx.
Cauzé (du). — de Nazelle.
Cavelier. — de Cuverville.
Céloron. — de Blainville.
Cénat. — de Lherm.
Cerval (de). — de Lavergne.
Cessac (de). — de Reinach.
Cessales (de). — d'Ax.
Cessiat (de). — Desglands.
Chabanole (de). — de Vaux.
Chabrel. — de Morière.
Chaix. — de Lavarène.
Chamaillard (de). — Ponthier.
Chambaudoin (de). — d'Erce-
  ville.

Chamboduc. — de Saint-Pul-
  gent.
Chambon (du). — Picard.
Chambord (de). — Devaulx.
Champion. — de Nansouty.
Champrond (de). — de Barrin.
Champrouge (de). — Courbet.
Champs de Morel (des). — de
  Lambert.
Champs de Saint-Léger (de).
  — Bréchard.
Chanard. — de La Chaume.
Chancerelle. — de Rocquen-
  court.
Channac. — de La Selve.
Chapelles (des). — Maison-
  neuve.
Chappe. — d'Auteroche.
Charaix (de). — Thomé.
Chardin (de). — Teilhard.
Chariol (du). — de Bouillé.
Charmeil (du). — Bellier.
Charnacé (de). — d'Ecurolles.
Charodon (de). — Routy.
Charry. — de Lavaur.
Chassey (de). — de Burětel.
Chateau-Regnault (de). —
  d'Aligny.
Chateauvert. — d'Ussel.
Châtelet (du). — Parent.
Chatillon. — d'Anglejan.
Chatouville (de). — Decan.
Chauglonne (de). — Ménard.
Chaumes (des). — Bidault.
Chaumont (de). — Vauchaus-
  sade.
Chaunes (de). — de Solmi-
  nihac.
Chaverebière. — de Sal.
Chavigné. — de Balloy.
Chebrou. — de La Roulière.
Chefdubois (de). — Poirot.
Chemin. — de Chasseval.
Chéné (du). — de Ruellé.
Chenon (de). — Desmier. —
  de Léché.
Chenu. — de Thuet.
Chérade. — de Montbron.
Chesne (du). — de Ferron. —
  Mabille.

Chevalier. — de La Teillais.
Chevrier. — de Corcelles.
Cheynier. — de Noblens.
Chicoyneau. — de Lavalette.
Chiron. — de La Casinière.
Choppin. — de Seraincourt.
Chrestien. — de Tréveneuc.
Citres. — Dufaure.
Civrac (de). — de Lorge.
Civrieux (de). — Larreguy.
Civry (de). — du Collin.
Clairbois (de). — de Finance.
Clam (de). — du Paty.
Claret. — de Fleurieu.
Claustres (des). — Bonnet.
Claverie. — de Lagrange.
Clavigny. — de La Mariouse.
Clerget. — de Saint-Léger.
Clermont (de). — Ducret.
Clerville (de). — Jollan.
Cléry (de). — Caubert.
Clésio (du). — Bourdonnay.
Clesmes (de). — de Crozé.
Clicquot. — de Mentque.
Cloizeaux (des). — Legrand.
Clos (du). — Boussenot.
Closets (des). — Cosnard.
Coatparquet (de). — Fraval.
Coëtlosquet (du). — de Lava-
  lette.
Cœur (de). — de Paix.
Cogolin (de). — de Cuers.
Coigny (de). — de Gramont.
Coiquaud. — de Fontanes.
Colas. — de Malmusse. —
  des Francs.
Colet (du). — Blanc.
Colinet. — de Labeau.
Coll' Alto (de). — Ramolino.
Collart (de). — Hulot.
Collas. — de La Motte.
Colligny (de). — Thomas.
Collin. — de L'Hortet.
Collinet. — de La Salle.
Colombiers (des). — de Bois-
  marmin.
Combemoreaux (de). — de La-
  sageas.
Combes (des). — Coste. —
  Tachet.

Compagnon. — de Ruffieu.
Constant. — d'Yanville.
Conte Roy. — de Puyfontaine.
Contepoix. — de Blay.
Conti (de). — de Lestrade.
Coppin. — de Miribel.
Coquebert. — de Neuville.
Coquelin. — de Lisle.
Corats (des). — Fournier.
Corbion (de). — Poulain.
Corex. — du Roquan.
Cormiers (des). — Alleau.
Cossart (de). — d'Espiès.
Costemore (de). — d'Alayer.
Costigliole (de). — Crotti.
Couderc. — de Saint-Cha-
  mant.
Couesbouc (de). — du Bouaÿs.
Courbon. — de Saint-Genest.
Courcol. — de Bailliencourt.
Courières (des). — Barbou.
Courjamont (de). — Huet.
Courlet. — de Vregille.
Courlon (de). — Le Boulleur.
Courrech (du). — de Raquine.
Courson (de). — de Villedon.
Courthial (du). — de Lassu-
  chette.
Courtisigny (de). — Osmont.
Courtot. — de Cissey.
Cousin. — de La Tour-Fon-
  due. — de Palikao.
Coussergues (de). — de Sar-
  ret.
Créhu (du). — Ruellan.
Créquy (de). — de Courtivron.
Crestin. — d'Oussières.
Crétet. — de Crouzas.
Crevoisier (de). — de Vome-
  court.
Crochart (de). — Johannot.
Croisel (de). — de La Cha-
  pelle.
Croix (de) — de Wismes.
Cros (du). — de Lamberterie.
Croutte (de). — de Saint-Mar-
  tin.
Croze (de). — Villedey.
Crozet. — de La Fay.
Crublier. — de Fougères.

Curières (de). — de Castelnau.
Cuzey (de). — Frank Cardinal.

D

Dabry. — de Thiersant.
Dalmassy (de). — Chavane.
Dalmatie (de). — Reille-Soult.
Damiens. — de Ranchicourt.
Daniel. — de Lagasnerie.
Daudenard. — de Ferussac.
David (de). — des Etangs.
David. — de Floris.
Davy. — de Balloy.
Delattre. — de Bournonville.
Deleutre. — d'Ivoi.
Delfau. — de Belfort.
Del Pech. — de Frayssinet. —
de Lomède.
Delpon. — de Vissec.
Deltour. — de Chazelles.
Démongeot. — de Confévron.
Denis. — d'Haussy.
Denys. — de Bonnaventure.
Desaint. — de Marthille.
Desavenelle. — de Grandmai-
son.
Deschamps. — de Sainte-Su-
zanne.
Désert (du). — Denis.
Deshayes. — de Merville.
Desmarets. — de Nesmes.
Desnoyers. — de Biéville.
Despréaux. — de Saint-Sau-
veur-Bougainville.
Desroys. — du Roure.
Devèze. — de La Devèze.
Deydier. — de Possel.
Dimier. — de La Brunetière.
Dinechin (de). — Dupont.
Divonne (de). — de La Forest.
Dollin. — du Fresnel.
Donin. — de Rosière.
Donnadieu. — de Lavit.
Doynel. — de Saint-Quentin.
Dragon. — de Gomiécourt.
Dreneuc (du). — de L'Isle.
Drouet. — d'Aubigny. — de
Montgermont.

Dubois. — de Beauregard. —
de Belleiame. — de Gennes.
Dubosc. — de Pesquidoux.
Duchamp. — de Lageneste.
Duché. — de Bricourt. — de
Gurgy.
Ducos. — de Gelas.
Dufaur. — de Gavardie.
Dufaure. — de Rochefort.
Duffaud. — de Saint-Etienne.
Dumas. — de Marveille.
Dumazet. — Ardouin-Dumazet.
Dumontet. — de Lacroze.
Dumottier. — Hennoque.
Duparc. — Hardouin.
Dupont. — de Saint-Ouen.
Duport. — de Rivoire.
Durand. — de Fontmagne. —
de Grossouvre. — de Pari-
sot. — de Prémorel. — de
Villers.
Durant. — de Mareuil. — de
Saint-André.
Durfort (de). — de Lorge.
Durieu. — du Souzy.
Durtelle. — de Saint-Sauveur.
Dutour. — de Salvert-Belle-
nave.

E

Echallens (d'). — Favre.
Ecole (d'). — Boysson.
Elsloo (d'). — de Geloes.
Elteil (d'). — Ardin.
Emé. — de Marcieu.
Engente (d'). — Bigot.
Entremeuse (d'). — Le Quen.
Epesses (des). — de Crussol.
Ernoul. — de La Chenelière.
Ervau (d'). — Lelarge.
Esclapon. — de Villeneuve.
Escurac (d'). — Pepin.
Esgranges (d'). — de Contes.
Esmangart. — de Bournon-
ville.
Esnon (d'). — Grand.
Espérey (d'). — Franchet.
Espic. — de Ginestet.
Espinay (d'). — Dard.

Essards (des). — Davrillé.

Essé (d'). — de Montalembert.

Estais (d'). — Tenaille.

Estalenx (d'). — Lacôme.

Estienne. — de Colleville.

Estoublon (d'). — de Grille.

Estresse (d'). — de Lanzac de Laborie.

Ethis. — de Corny.

Etiolles (d'). — Le Roy.

Eudes. — d'Eudeville.

Eyzac (d'). — Talin.

F

Fabre. — de La Bénodière. — de Navacelle.

Falcon. — de Longevialle.

Falletans (de). — Garnier.

Faubournet. — de Montferrand.

Faure. — de Fondclair.

Favier. — de Coulomb. — du Noyer de Lescheraines.

Faydit. — de Terssac.

Faye (de). — Forest.

Fayel (du). — de Rocquigny.

Fenaux. — de Maismont.

Fénelon. — de Salignac.

Ferque (de). — Brouttin.

Ferval (de). — Péchaud.

Feugère. — des Forts.

Feugerolles. — de Charpin.

Feule (de). — Robardey.

Feuquières (de). — d'Alvimare.

Feyssal (de). — de Bernard.

Fezensac (de). — de Montesquiou.

Fiesnet (du). — Ansart.

Figon (de). — de Fraix.

Fisson (de). — de Landrian.

Flamen. — d'Assigny.

Flavard. — de Miol.

Flencques (de). — d'Hespel.

Fonbrune (de). — Dussumier.

Fondouce (de). — Cazalis.

Fonrémis (de). — Méthé.

Fontenay (de). — Bourdéau. — Paguelle.

Fontvilliers (de). — de Clervaux.

Forges (de). — Sazerac.

Fornel. — de La Laurencie.

Fort (du). — de Vathaire.

Forville (de). — Loncle.

Fossarieu (de). — de Lucy.

Fossé (du). — de Bosmelet.

Fosses (des). — Cormier.

Fossettes (des). — Nicolas.

Fouchécourt (de). — de Salivet.

Foucher. — de Brandois.

Foug (du). — de Saconay.

Foulhiac (de). — de Padirac.

Fournier (de). — de Saint-Amand.

Fournier. — de Montoussé.

Fradin. — de Bellabre.

Fraissinette (de). — de Brugerolle.

Franc (de). — Meynard.

François (des). — de Ponchalon.

Franssu (de). — Douville.

Fraval (du). — Tresvaux.

Fraville (de). — Duval.

Frédy. — de Coubertin.

Freissinet — de Valady.

Frenais. — de Coutard.

Fresne (du). — de Virel.

Fresnes (du). — Culhiat.

Fressinat (de). — Malevergne.

Fretay (du). — Halna.

Frettes (de). — Fourrel.

Frévol d'Aubignac. — de Ribains.

Freyse. — de Monval.

Frizon. — de La Motte de Règes.

Frontignan (de). — Wittwer.

Frotier. — de La Messelière.

Fumichon (de). — de Loynes.

Furé. — de Bataille.

G

Gaborit. — de Montjou.

Gaigneron (de). — de Marolles.

Gaillard. — de Saint-Germain.

Gain. — de Linard.

Galassus (de). — Géraud.

Galbaud. — du Fort.

Gallery (de). — de La Servière.

Gannes (de). — Poulletier.

Gardonne (de). — de Banes.

Gargas. — d'Izarny.

Garnier. — de Boisgrollier. — des Garets. — du Plessix.

Garret. — Chaumette.

Garrigues. — de Flaujac.

Gars (de). — de Courcelles.

Gaude (de). — Ferrat

Gaultier. — de La Ferrière. — du Marache.

Gautier. — de Breuverand.

Gautrand (de). — Coubé.

Geis (de). — de Pampelonne.

Gendarme. — de Bévotte.

Genebrias. — de Gouttepagnon.

Genet. — de Chatenay

Genlis (de). — Waubert.

Georgette. — de La Boulaye.

Gerard. — de Faye.

Gercourt (de). — Jayet.

Ghaisne (de). — de Bourmont.

Gibergues (de). — Martin.

Gigault. — de la Bédollière.

Gilet. — de Chalonge.

Gilles. — de Fontenailles. — de La Barbée.

Giraudet. — de Boudemange.

Gironville (de). — Roüillon.

Gislain (de). — de Bontin.

Givré (de). — Desmousseaux.

Gleyo. — de la Chesnaye.

Goislard. — de Monsabert.

Gonsans. — de Jouffroy.

Gontier. — de Biran. — du Soulas.

Gorguette. — d'Argœuves.

Gosset. — de La Rousserie.

Goth (de). — de Lafontan.

Goty (de) — Sahuqué.

Gouin. — d'Ambrières.

Gourcez (de). — Rouget.

Goursaud. — de Merlis.

Gourville (de). — Gilbert.

Goutel (de). — Hennet.

Gouttes (des). — du Coignet.

Gouze. — de Saint-Martin.

Gozon. — de Saint-Maurice.

Grainville — Gosset.

Gramont (de). — Boubée. — Teyssonnière.

Grancey. — de Mandat. —

Grandchamp (de). — Pinel.

Grandpré (de). — de Borne.

Granier. — de Cassagnac. — de Lilliac.

Grave. — de Senneville.

Greische (de). — de Scitivaux.

Grellet. — de Fleurelle.

Grenaud (de). — de Montillet.

Grenedan (de). — du Plessis.

Grenier. — de Lassagne.

Grillemont (de). — de Sérizay.

Gros (du). — de Boisséguin.

Grosbois (de). — Perêmé.

Grosourdy (de). — de Saint-Pierre.

Grottes (des). — Rozeville.

Grout. — de Beaufort.

Guêche (de). — Chenu.

Guéléran (de). — Theven.

Guélis (de). — Vaillant.

Guer (de). — de Marnière.

Guérin. — d'Agon. — du Grandlaunay.

Guerrots (des). — Le Filleul.

Guignes (de). — Pons.

Guilhe. — de Villers.

Guillemin. — de Montjay.

Guillemot. — de La Villebiot.

Guillerville (de). — Boucher d'Argis.

Guillet. — de La Brosse.

Guillien. — de Chalvron.

Guymont (de). — du Val.

Guyomard. — de Préaudet.

Guyon. — de Montlivault. — de Pampelonne.

Guyot. — de Camy.

H

Hagerue (d'). — de Beugny.
Harcelynes (d'). — de Mython.
Harpedanne. — de Belleville.
Haudos. — de Possesse.
Hauterives (d'). — de Grand-saignes.
Hayes (des). — de Gassart.
Hébert. — de Champozou. — de la Pleignière.
Henrys. — d'Aubigny.
Herbiers (des). — Chavanne.
Herouël (d'). — Fouquier.
Hertault (d'). — de Beaufort.
Hérve (de). — de Goër.
Hestreux (d'). — Motas.
Heudicourt (d'). — de Lenon-court.
Heussey (de). — du Pontavice.
Hillaire (d'). — de Moissac.
Hirel. — de Choisy.
Hirribarn (d'). — Dauville.
Houlier. — de Villedieu.
Huard. — de Verneuil.
Huart (d'). — Clément.
Hubert. — de Castex. — de Saint-Didier.
Huc de Monsegou (d'). — Del-casse.
Hue de Carpiquet. — de Bougy.
Huet. — de Froberville. — de Guerville.
Hugo (de). — Brackers. — d'Etchandy.
Huguet. — d'Etaules.
Hunval (d'). — Cornet.
Hurault. — de Vibraye.
Husson. — de Sampigny.
Hust (d'). — d'Esclaibes. — de Laporte. — O'Kerrins. — du Tertre. — de Vende-gies.
Hutteau. — d'Origny.
Hys (de). — de Salles.

I

Imbert. — de Balorre.

Incamps (d'). — de La Motte.
Inville (d'). — Amyot.
Irumberry (d'). — de Sala-berry.
Isidoff. — de Sinsirgue.
Isles (des). — Merle. — Ri-ballier.
Istria (d'). — Colonna. — Gal-loni.
Ivoy de la Poype (d'). — Paulze.
Ivry (d'). — de Richard.

J

Jacobé. — de Goncourt. — de Naurois.
Jacquelin. — du Buisson.
Jacquin. — de Margerie.
Jandin (de). — Bernard.
Jannet. — de L'Epinay.
Janville (de). — de Martel.
Janvry (de). — Haudry.
Jaquot. — d'Andelarre.
Jarnieu (de). — Chomel.
Jarnouën. — de Villartay.
Jarret. — de La Mairie.
Jassoneix (du). — Binet.
Javon (de). — de Baroncelli.
Jégou. — du Laz.
Jenlis (de). — Bosquillon.
Jessey (de). — Bazin.
Jochaud. — du Plessix.
Jollimon. — de Marolles.
Jollivet. — du Coudray.
Joly. — de Bammeville.
Jouan (de). — de Kerve-noaël.
Joumard. — d'Argence.
Jourda (de). — de Vaux.
Jourdain. — de Thieulloy.
Joussinaud. — de Tourdonnet.
Juaye (de). — du Manoir.
Juglart (du). — de Maupas.
Juillé (de). — Babert.
Julien. — de Roquetaillade.
Juncarot (de). — Dupin.
Juvanon. — du Vachat.

K

Kerambosquer (de). — Le Borgne.
Kerandraon. — de La Roche.
Kerangué (de). — Nouel.
Keravel. — de Rocquencourt.
Kerdec-Cheny (de). — Vial.
Kergoualer (de). — du Couëdic.
Kergournadec'h (de). — de Querhoënt.
Kériaval (de). — de Gouvello.
Kerhor (de). — de Lostie.
Kerlero. — de Rosbo.
Kernafflen (de). — de Kergos.
Kernezne. — de Keranflec'h.
Kerouara (de). — Leseleuc.

L

La Badonnière (de). — Dupuy.
Labaigt. — Rameau.
La Barben. — de Forbin.
La Barre (de). — de Danne. — des Farges de Filley. — du Laurens. — Mirieu.
La Bâthie (de). — Perrier.
La Batie (de). — de Rivoire.
Labbé. — de Champgrand. — de Montais.
La Bellotrie (de). — de Boisséson.
La Bessière (de). — Mengin.
La Blache (de). — Vidal.
La Blanchardière (de). — de La Hamelinaye.
La Boisse (de). — de Parisot.
La Boissière (de). — du Boulet. — de La Crompe.
La Boissony (de). — Dugas.
La Bonninière (de). — de Beaumont.
Laborderie (de). — de Labrouhe.
Laborie (de). — de Lanzac.
La Boulaye (de). — de Champeaux.
Labriolle (de). — Champagne.

La Brosse (de). — Béthery. — de Fournas.
La Broue. — de Vareilles.
La Bruchollerie (de). — Yver.
La Brunière (de). — Nivelleau.
La Bussière (de). — Bert.
La Carrère (de). — Cap.
La Carrière (de). — Carron.
La Caze. — de Saint-Martin.
La Chapelle (de). — Boley. — Passerat. — Proton.
La Charce (de). — de La Tour du Pin.
Lachaud. — de Loqueyssie.
La Chaumonerie (de). — de Saulieu.
La Chavanne (de). — Dareste.
La Chavignerie (de). — Bellier.
La Chevalerie (de). — Daufresne.
La Chevardière (de). — de La Grandville.
La Choüe (de). — de La Mettrie.
La Clavière. — de Maulde.
La Cocherie (de). — Lenoir.
La Combe (de). — Judet. — de Laville.
La Combe. — de Villers.
La Comble (de). — Prieur.
La Contrie (de). — de Charette. — Collin.
La Coquerie (de). — Bain.
La Cotte (de). — Hême.
La Coudre (de). — Jeanneret.
La Coulerie (de). — de Torquat.
La Couture (de). — de Cantillon. — Mailhard.
La Croix (de). — de Castries. — de Rochambeau.
La Croix de Cariès. — de Senilhes.
Ladevèze (de). — Escalier.
La Deyte (de). — Grellet.
Ladreit. — de La Condamine.
La Driennays (de). — du Bouëxic.
Lafarge (de). — de Pavin.

La Fitte (de). — de Pelleport.
La Flêche (de). — Noüvel.
Lafond (de). — de Massot.
La Fontaine (de). — Masse.
La Forest (de). — d'Armaillé.
Laforest (de). — de Boüard. — Pécon.
La Forgue (de). — de Bellegarde.
La Fosse (de). — Coëssin.
La Franque (de). — de Beaune.
La Fuye (de). — Allotte.
La Gaignonnière (de). — du Reau.
La Garde (de). — Betgé. — de Chambonas. — Guilhot. — de Saignes.
Lagérie (de). — Jauffreau.
La Gorgue (de). — de Rosny.
La Grand'Rive (de). — Dupuy.
La Grange (de). — Sénéchal.
Lagroy. — de Saint-Martin.
La Groye (de). — des Courtis.
La Houssaye (de). — Guérin. — Jan.
La Jacopière (de). — de Bodard.
La Jambertie (de). — Desvignes.
Lajamme (de). — de Belleville.
Lajaumarie (de). — Castillon.
La Jourdonnie (de). — Reynaud.
Lalande (de). — Mourier.
La Largère (de). — Hardy.
Lalolle (de). — Canelle.
La Londe (de). — Senot.
La Maisonneuve (de). — Pougin.
La Mardelle (de). — L'Huillier.
La Mare (de). — Bourdas.
Lamarre (de). — Forty.
Lamartine (de). — de Rédarès.
Lamaurelle (de). — Fabre.
Lamaze (de). — de Pradel.
La Mechenie (de). — du Garreau.

La Mesnière (de). — de Villemandy.
La Messuzière (de). — Aubin.
La Monnoye (de). — d'Affry.
La Montoise (de). — de Lavenne.
La Morinière (de). — de La Rochecantin. — Planchenault.
La Morsanglière (de). — Le Carbonnier.
La Mothaye (de). — de Launay.
La Mothe (de). — Joubert. — de Nucé. — Regnault.
La Motte (de). — de Vergnette.
La Motte-Ango (de). — de Flers.
La Motte-Basse (de). — Le Mintier.
La Mure (de). — de Chaptal.
Lamy. — de La Chapelle.
Lanauze (de). — Séré.
Landorthe. — de La Tour.
Lanète David. — de Floris.
Langavant (de). — Cléret.
Langlade (de). — Barbary.
Langle (de). — Fleuriot.
L'Angle-Beaumanoir (de). — Hautière.
Langlois. — d'Estaintot. — de Rubercy.
Lannes. — de Montebello.
La Noë (de). — Harel.
Lanos (de). — Guéhéneuc.
Lansac (de). — de Guilhem.
Laparre. — de Saint-Sernin.
La Perrière (de). — Guillochet.
La Perrotine (de). — de Dianous.
Lapeyrère (de). — Boué.
La Pichardais (de). — Robinot.
Laplane (de). — de Reix.
La Poix (de). — de Fréminville.
La Porte (de). — le Gouvello.
La Poype (de). — Paulze d'Ivoy.

Laprade. — de Lalène.
Laprimandais (de). — de Laclergerie.
La Pulmetz (de). — Lacquement.
Lara. — de Narbonne.
La Rivière (de). — Coustis. — Le Bachelier. — Morin.
La Rivoire (de). — de La Tourrette.
La Robertie (de). — Sarlandie.
La Robrie (de). — Hervouet.
Laroche (de). — Teissèdre.
La Rougery. — Blondel.
La Rouvière (de). — Martin.
La Sablière (de). — Rochereau.
La Sablonière (de). — Dubois.
Lasalle (de). — Julien.
La Saussaye (de). — de Saint-Légier.
La Sauzaye (de). — Masson.
Lasbordes (de). — d'Aussaguel.
La Scelle. — de La Motte.
La Soujeole (de). — Alègre.
La Source (de). — Hoarau.
Lasseau. — de Boismorin.
La Susse (de). — Régnault.
La Thuillerie (de). — Dufour.
La Touche (de). — Rageot. — Roumain.
La Tour (de). — Blanchon. — du Fayet. — de Grenier. — Lacombe. — Martin.
La Tour Landry (de). — de Maillé.
Latreille. — de Fozières.
La Tremblaye (de). — Coué.
Latrie. — de Mas.
Laubarière (de). — Robuste.
Laubérivière (de). — de Quinsonas.
Laudonnière (de). — Jahan.
L'Aulnoit (de). — Houzé.
Launay (de). — Buhot. — de Lordat.
Launois (de). — Dulion.
Laurent. — de Villedeuil.

Lausun (de). — Vidal.
Lauwe (de). — Chombert.
Lauzière (de). — de Bernard.
Laval (de). — de Lacoste.
Lavalade (de). — de Chadebec.
La Vallée (de). — de Pimodan.
Laveau (de) — Dorguin.
Lavelaine (de). — de Maubeuge.
Laveline (de). — de Rozières.
La Vergne (de). — de Tressan.
Lavergne (de). — de Bony.
Laverrie (de). — Eymard.
La Vigerie (de). — Clédat. — Duboys.
La Vigne (de). — Rouault.
Lavignère (de). — Thouraud.
La Ville (de). — Duchef.
La Villecolvé (de). — de Kersaintgilly.
La Ville du Bost (de). — Aubugeois.
La Villehuchet (de). — Magon.
La Villemarqué (de). — Hersart.
La Villeneuve (de). — de Courson.
La Villesboisnet (de). — Espivent.
La Villetanet (de). — Dibart.
La Villoubert (de). — des Rieux.
La Voy (de). — de Buor.
Law. — de Lauriston.
Layens (de). — de Thieffries.
Lays (de). — de Truchis.
Le Bault. — de La Morinière.
Le Bègue. — de Germiny.
Le Beschu. — de Champsavin.
Lebigot. — de Beauregard.
Le Boucher. — d'Hérouville.
Le Bouëtoux. — de Bréjerac.
Leca (de). — Colonna.
Le Caron. — de Chocqueuse. — de Troussures.
Le Carpentier. — de Sainte-Opportune.
Le Cholleux. — Brissy.

Le Clerc. — de Bussy. — de Lesseville.
Le Compasseur. — de Courtivron.
Le Comte. — de Colombier.
Leconte. — de La Verrerie.
Ledesve. — d'Heudières.
Le Febvre. — de Ladonchamps. — de Nailly. — de Plinval. — de Sainte-Marie.
Lefer. — Blech.
Le Flô. — de La Barre de Nanteuil.
Leforestier. — de Vendeuvre.
Le François. — des Courtis de la Groye.
L'Egouthail (de). — de Lurion.
Le Gouvello. — de Gouvello.
Le Gouz. — de Saint-Seine.
Le Gras. — du Luart.
Lehalleur. — Pepin.
Le Jumeau. — de Kergaradec.
Le Lièvre. — de La Touche.
Le Mauff. — de Kerdudal.
Le Mesre. — de Pas.
Le Minihy. — de La Ville-hervé.
Le Moine. — de Blangermont. — de Margon.
Le Monnier. — de Gouville.
Le Mouton. — de Boisdeffre.
Lempdes (de). — Rochette.
Lempereur. — de Saint-Pierre.
L'Enclos (de). — Avril.
Le Nez Cotty. — de Brécourt.
Lentilhac. — de Saint-Jean.
Léocour (de). — Lamour.
Léon (de). — Ponce. — de Rohan.
L'Epine (de). — Buot.
Le Pitancier. — de Montigny.
Le Poittevin. — de La Croix de Vaubois.
L'Eprevier (de). — Grandin.
Le Prévost. — d'Iray.
Le Riche. — de Cheveigné.
Le Rouge. — de Guerdavid.
Le Roux. — de Bretagne.
Leroux. — de La Jonkaire.

Léry (de). — Blancard.
Le Saulnier. — de Saint-Jouan.
Lescheraines (de). — du Noyer.
Le Sellier. — de Chazelles.
Le Sergeant. — de Bayenghem. — d'Hendecourt.
Lesne. — de Molaing.
Lesparre (de) — de Gramont.
Lespéroux (de). — de Gestas.
L'Espinay (de). — Miron.
Lespinois (de). — Bonnescuelle.
Lessert (de). — Pallu.
L'Estang (de). — du Rusquec.
L'Etang (de). — Bras de Fer. — Chaillou.
Le Tonnelier. — de Breteuil.
Le Tourneux. — de La Perraudière.
Le Touzé. — de Longuemar.
Le Vassor. — de La Touche.
Le Vavasseur. — de Précourt.
Le Vayer. — de Ferrière.
Levezou (de). — de Vesins.
Lézard (du). — de Bizien.
Lhote. — de Selancy.
Libault. — de La Chevasnerie.
Liffort. — de Buffévent.
Lignée (de). — de La Selle.
Lille (de). — de Loture.
Limé (de). — du Baret.
Lirac (de). — de Vidal.
L'Isle (de). — Burot. — Courtet.
Litardière (de). — Verriet.
Livernière. — de Bruc.
Loaisel. — de Saulnays.
Lodelinsart (de). — Cogneaux.
Loges (des). — Coyreau.
Logivière (de). — de Lentaigne.
Longeville (de). — Siriez.
Long-Pray (du). — Nicolle.
Longpré (de). — Haillet. — Loubère.
Longuet. — de La Giraudière.
Longuéty. — de La Routière.
Longueville. — de Pichon.

Lorière (de). — Trochon.
L'Orme (de). — de Cisternes.
Lorme (de). — de Fréville.
Lorraine. — de Saint-Sauveur.
Lou (du). — des Grées.
Loubens (de). — de Verdalle.
Louvagny (de). — de Beaurepaire.
Loynes (de). — d'Estrées.
Loyzeau. — de Grandmaison.
Luc (du). — Marquès.
Lucas. — de Lestanville. — de Pesloüan.
Lucinière. — de Cornulier.
Luget (de). — Delage.
Lunet. — de Lajonquière.
Lussaudière (de). — Pandin.
Lut (du). — Breghot
Luynes (de). — de Chevreuse.
Lyon (du). — de Montoussé.
Lys (du). — de Baillard. — Castel.

M

Mac Carthy. — Dugué.
Macquart. — de Terline.
Magnils (des). — Rampillon.
Mahy (de). — Imhaus.
Maindreville (de). — Doë.
Maintenon (de). — Augier.
Maisonneuve (de). — Blaize.
Maison-Rouge (de). — d'Arnoux.
Majoubert (de). — Dupin.
Malabry (de). — Bosquet.
Malaincourt (de). — Pételot.
Malavas (de). — Bérard.
Malberck ou Malberg. — Carré.
Maleville (de). — Courtois.
Mallet. — de Chauny.
Malmont (de). — Mège.
Mandouls. — de France.
Mandres (de). — Rozat.
Mangou (de). — de Thuet.
Mangoux (de). — Corbin.
Manin (de). — de Richoufftz.
Manoir (du). — Le Courtois.

Marands (des). — Jouvet.
Marcelier. — de Gaujac.
Morcillac (de). — Daney.
Marcillac. — de Cruzy.
Mares (des). — Le Moine. — de Trébons.
Mareschal. — de Montéclain.
Maret — de Saint-Aubert.
Marette. — de Lagarenne.
Marignan (de). — de Seissan.
Marin (de). — de Montmarin.
Marraud. — des Grottes.
Mars (de). — de La Fayolle.
Marsac (de). — de Bunle.
Marsilly (de). — de Commines.
Martin. — d'Arnal de Surdun. — d'Ayguesvives. — du Colombier. — de Frémont. — de Witkowsky.
Martinville (de). — Scott.
Marville (de). — Duclaux.
Marzac (de). — de Carbonnier.
Masjambost (du). — Ardant.
Massilian (de). — Captier.
Massy (de). — Robert.
Maujouy (de). — Piérard.
Maulbon. — d'Arbaumont.
Mauny (de). — de Réviers.
Maurel (de). — d'Aragon.
Maurin. — de La Valette.
Mauvif. — de Montergon.
May. — Antoine-May.
Maynadier (de). — du Rieu.
Mayor. — de Montricher.
Maytie (de). — d'Andurain.
Mazel (du). — de Vergese.
Mazet (de). — Cassany.
Mazot (du). — Jourdan.
Meaussé (de). — Sabot.
Medrano (de). — Desrousseaux.
Meeus. — Allard-Meeus.
Melville (de). — Cottin.
Menche. — de Loisne.
Ménil (de). — Menu.
Meniolle. — de Cizancourt.
Mennevil (de). — de Malézieu.
Mérac (du). — Rubat.

Mercier. — du Paty de Clam.
Méret (du). — de Boulloche.
Merle. — du Bourg.
Merle de la Brugière. — de Laveaucoupet.
Merlemont (de). — des Courtils.
Mesmon (de). — de Romance.
Mesnaud. — de Saint-Paul.
Mesnil (du). — Couëspel. — Lorgnier.
Mesplès (de). — de Serres.
Meux (de). — de Laage.
Micault. — de La Vieuville.
Miche. — de Malleray.
Micheaux (de). — Lafaye.
Michel. — d'Annoville. — de Monthuchon.
Micolon. — de Guérines.
Mieulet. — de Ricaumont.
Mille (de). — Fayard.
Mimérand (de). — de Rancourt.
imeure (de). — de Buyer.
Minardière (de). — de Valence.
Miorcec. — de Kerdanet.
irmont (de). — de La Ville.
iserey (de). — d'Orival.
oisson. — de Montéclain.
olen. — de La Vernède.
olette. — de Morangiès.
olines (de). — de La Combe.
olles (des). — de Verdelhan.
onbois (de). — Thibault.
onchand. — de Surrel.
onclar (de). — de Gavardie.
ondion (de). — Lamothe.
onsegou (de). — Delcasse d'Huc.
ontaigle (de). — de Madrid.
ontaret (de). — de Bonand.
ontbel (de). — de Thomassin.
ontbert (de). — Boucher.
ontbez (de). — Fabre.
Montcalm (de). — de Saint-Maurice.
Montcarville (de). — Benet.
ontcel (du). — Tezenas.
onteil (du). — Vimal.
ontespieu (de). — de Juge.

Montet (du). — de Landrian.
Montezan (de). — de Lombardon.
Montgailhard (de). — Desazars.
Montigny (de). — Babey.
Montjamont (de). — Lorenchet.
Montjoye (de). — de Fayet.
Montlaur (de). — du Bousquet.
Montlebert (de). — Roux.
Montluc (de). — de Tassy.
Montmorel (de). — de Raguenel.
Mont-Orzo (de). — de L'Orza.
Montpeiroux (de). — Pineau.
Monts (des). — Dorat. — Pinczon du Sel.
Montussaint (de). — Fondet.
Montviel. — de Vassal.
Monvel (de). — Boutet.
Moreau. — de Bellaing. — de Bonrepos. — Frédéric-Moreau. — de Montcheuil.
Morel (de). — de Lambert des Champs.
Morin. — de La Pillière.
Morisson. — de La Bassetière.
Mortemart (de). — de Tonnay-Charente.
Mory. — de La Myre.
Mossion. — de Lagonterie.
Mottes (des). — Riche.
Mougenc. — de Saint-Avid.
Moulin (du). — de Bercegol.
Moulinais (des). — Brindejonc.
Mousseron. — de La Chaussée.
Moyencourt (de). — Lamarche.
Müller (de). — Mertian.
Mussy (de). — Gueneau.
Muyard. — de Martignat.

N

Naguet. — de Saint-Vulfran.
Namur. — d'Halluin.

Nanteuil (de). — de La Barre.
Nazaris (de). — Barret.
Neuvier (de). — Huot.
Nicolazo. — de Barmon.
Nieuwmünster (de). — Van Leempoël.
Noday (du). — Rolland.
Noël. — du Payrat.
Noëttes (des). — Lefebvre.
Nogaro (de). — Delort.
Noguèz. — de Laborde.
Nouailles (des). — Poncet.
Nouette. — d'Andrezel.
Novillars (de). — Girod.

O

Oissel (d'). — Hély.
O'Naghten. — Multzer.
Ophove (d'). — Harlé.
Orbigny (d'). — Raudot.
Orignac (d'). — de St-Légier.
Orléans (d'). — de Bourbon.
Ormeaux (des). — Baguenier.
Ortail (d'). — Caze.
Orth (d'). — de Geyer.
Ostland. — de Chabert.
Ouezy (d'). — d'Ollendon.

P

Pacoret. — de Saint-Bon.
Pagan (de). — de Joannis.
Paillères (des). — Goupil.
Paillette (de). — Deschamps.
Pairier. — de Wolodkowicz.
Pallières (des). — Gauquelin. — Martin.
Panier. — des Touches.
Pantin. — de La Guère.
Parent. — de Curzon. — du Moiron.
Paris. — de Bollardière. — de Mondonville.
Parjadis. — de Larivière.
Pasqueron. — de Fontmervault.
Patris (de). — Combes.
Paul (de). — Duprat.
Paulin (de). — Meynis.

Pavans. — de Ceccaty.
Payen (de). — Court. — de La Garanderie.
Paysac (de). — du Mas.
Pazzis (de). — de Seguins.
Peau. — de Ponfilly.
Peignefort (de). — Robinet.
Peitevin. — de Saint-André.
Pelletier. — de Chambure.
Pellissier. — de Féligonde.
Penlan (de). — Le Gonidec.
Pennendreff (de). — de Kersauson.
Pepin. — de Bellisle.
Perier. — Casimir-Perier.
Périès (de). — de Firmas.
Perini (de). — Hardy.
Péroux (de). — de Ferré.
Perrault. — de Jotemps.
Perron (du). — Favier. — de Revel.
Perruchot. — de La Bussière. — de Longeville.
Perry (de). — de Nieuil.
Persilhon (de). — Picot.
Perussé (de). — des Cars.
Péting. — de Vaulgrenant.
Pétitjean. — de Marcilly.
Pey (de). — Rogalle.
Peyran (de). — du Bosc.
Peyreville (de). — Becquié.
Peytes (de). — de Montcabrier.
Phelippes. — de La Marnierre.
Philipon. — de La Madelaine.
Piermont (de). — Baudens.
Pierrefeu (de). — Dedons. — de Latard.
Pierrefitte (de). — de Bort.
Pierrot. — Deseilligny.
Pieyre. — de Mandiargues.
Pin (du). — de La Guerivière. — du La Tour du Pin.
Pindray (de). — d'Ambelle.
Pineau. — de Viennay.
Pinel. — de Colleville.
Plaix (du). — Tailhandier.
Pleignes (de). — Musnier.
Plessis (du). — de Brévedent.

Q

R

Renneville (de). — de Guerpel.
Repaire (du). — de Beaumont.
Resbecq (de). — de Fontaine.
Reülle (de). — de Saint-Germain.
Reure (de). — Lorin.
Revel. — de Broglie.
Rey (de). — Lestre.
Reyrols (de). — Fontunie.
Rezé (de). — de Monti.
Ribes (de). — Champetier.
Ricault (de). — d'Héricault.
Richard. — d'Ivry. — de Vesvrotte.
Richemond (de). — Meschinet.
Rillart. — de Verneuil.
Riols. — de Fonclare.
Rioux (des). — de Messimy.
Rivage (du). — Poupardin.
Rivasso (de). — de Pighetti.
Riverieulx (de). — de Chambost. — de Varax.
Rivière. — d'Aulnay.
Rivières (de). — Séré.
Rivières (des). — Viel.
Robert (de). — de Lafrégeyre.
Robert. — de Beauchamp. — du Gardier.
Robillard — de Beaurepaire.
Robin. — de Morhéry.
Robinet (de). — de Plas.
Robiou. — de Lavrignais.
Rocan (de). — Meslier.
Roch (du). — de Latour.
Rochegonde (de). — de La Rochette.
Rochely (de). — Johanny.
Roches (des). — Chauveau. — Demay. — Ducler. — Vermot.
Rodorel (de). — de Seilhac.
Roger. — Dard d'Espinay.
Rolland. — de Rengervé.
Romanet (de). — de Lestrange.
Romblay (de). — Aronio.
Romemont (de). — du Pont.
Romenay (de). — Coquille.
Roquefort (de). — de Mougins.
Roquevaire (de). — de Rovira.

Rosier (de). — Gentil.
Roslan (du). — Goury.
Rostaing (de). — de Pracomtal.
Rostu (du). — Levesque.
Rouffignac (de). — Arbellot.
Roulhac. — Albert-Roulhac.
Rous. — de Madinhac.
Roussel (de). — de Courcy. — de Préville.
Roustan (de). — Flachaire.
Roustan. — de Navacelle.
Roux. — Charles-Roux.
Roy. — de Puyfontaine.
Roynac. — de Montlovier.
Roziers (des). — Burin.
Ruffier. — d'Epenoux.
Ruinart. — de Brimont.
Ruppierre (de). — de Bazelaire.
Russé (de). — Budan.

S

Saba (de). — Prat.
Sabatier (de). — Rivet.
Sabla (du). — Joly.
Sachy (de). — Auguez.
Sagardiburu (de). — de Chorivit.
Sagazan (de). — Le Moniès.
Sahune (de). — de La Fayette.
Saillant (du). — de Lasteyrie.
Saint-Albin (de). — Raguenet.
Saint-André (de). — du Pin.
Saint-Aure (de). — de La Haye.
Saint-Aurin (de). — Gallet.
Saint-Blanquat (de). — de Lingua.
Saint-Christophe (de). — de Feydeau.
Sainte-Croix (de). — de Laulanié.
Saint-Cyprien (de). — de La Croix.
Saint-Cyr (de). — de Gouvion. — Prévost. — de Vaux.
Saint-Delis (de). — Liénard.

Saint-Félix (de). — Cassaignau. — de Masson.

Saint-Foulc (de). — Dat.

Saint-Geniès (de). — de Lassus.

Saint-Georges (de). — du Petit-Thouars.

Saint-Germain (de). — du Breuil. — Luquet. — du Rosel.

Saint-Gonant (de). — de Beauregard.

Saint-Henis (de). — Ayrault.

Saint-Hilaire (de). — Jousselin.

Saint-Hippolyte (de). — de Lostie.

Saint-James (de). — Messier.

Saint-Julien (de). — Pichard. — de Surrel.

Saint-Lambert (de). — Double.

Saint-Laon (de). — de La Berrurière.

Saint-Laurent (de). — Houssin. — Le Corvaisier.

Saint-Léger (de). — de Bréchard.

Saint-Luc. — d'Espinay.

Saint-Mard. — Petiton.

Sainte-Marie. — Marcotte. — Pigache.

Saint-Martin (de). — de Bourguignon. — Dean. — de La Résie.

Saint-Maurice (de). — de Lavernette.

Saint-Mauris. — d'Huart.

Saint-Morel (de). — Pauffin.

Saint-Paul (de). — de Verbigier.

Saint-Pierre. — de La Motte. — de Méhérenc.

Saint-Pierremont (de). — de Finfe.

Saint-Rivily (de). — Damar.

Saint-Romain (de). — de Murard.

Saint-Severin (de). — Tredicini.

Saint-Sulpice (de). — d'Hébrard.

Saint-Victor (de). — Robert.

Saint-Vincent (de). — Robert.

Salaün. — de Kertanguy.

Salernes. — de Castellane.

Sales (de). — de Roussy.

Saligny (de). — du Bois.

Salins (de). — Guyot d'Asnières.

Salel. — de Chastanet.

Sallonnyer. — de Chaligny.

Salmon. — du Loiray.

Salvador. — du Fesq.

Salvaing. — de Boissieu.

Samson. — de Pongerville.

Sancy (de). — Aurran. — de Vaux.

Sarcignan (de). — Dussumier.

Sarlandié. — des Rieux.

Sarran (de). — de Selve.

Sarrebourse. — de La Guillonnière.

Sarton. — du Jonchay.

Saulcourt (de). — Patin.

Saulnier. — d'Anchald.

Sauvan (de). — d'Aramon.

Sauvigny (de). — de Bertier.

Savary. — de Beauregard.

Savasse (de). — de Monts.

Savigny (de). — Druard.

Savy (de). — Teyssier.

Sbaraglione (de). — Lubrano.

Scœux (de). — Hugon.

Segonzac (de). — Dunoyer.

Seguin. — de Broin. — de La Salle.

Seguineau. — de Préval.

Sel (du). — Pinczon.

Sénectère. — de La Ferté.

Sennecourt (de). — de Goyer.

Senuc (de). — de Boullenois.

Sérauvillers (de). — de Valicourt.

Serignan. — de Lort.

Serpette. — de Bersaucourt.

Serre. — de Pazanan.

Serres (de). — de Saint-Roman.

Serviès (de). — de Retz.

Servins (de). — d'Héricourt.
Severac (de). — de La Rocque.
Seyssel (de). — de Beausire.
Siévers (de). — de Montebello.
Siffait. — de Moncourt.
Sigoyer (de). — de Bernardy.
Silvestre. — de Sacy.
Simard (de). — de Pitray.
Simon. — de La Mortière.
Sinçay (de). — Saint-Paul.
Soleuvre (de). — de Cressac.
Sombreuil. — de Villelume.
Sommières. — de Vareilles.
Sorbier (du). — Monégier.
Sorbiers (de). — de La Tour-
    rasse.
Soret. — de Boisbrunet.
Soria (de). — Diaz.
Soult de Dalmatie. — Reille.
Sourbier (du). — Paviot.
Sourdeau. — de Beauregard.
Sournia. — de Casteras.
Sthème. — de Jubécourt.
Stoquert. — de Montfort.
Sublet d'Heudicourt. — de
    Lenoncourt.
Suisse. — de Sainte-Claire.
Surdun (de). — d'Arnal.
Surgères (de). — de Granges.
Surigny (de). — Desvignes.
Survilliers (de). — La Guar-
    rigue.
Svazzéma (de). — Carly.

T

Taffin. — de Givenchy.
Taillefer. — de Laportalière.
Taillepied (de). — de Bondy.
Talpayrac. — de Carayon.
Tardieu. — de Maleissye.
Tardif. — de Moidrey.
Tarrieux (de). — de Chaude-
    saigues.
Tassigny (de). — de Lattre.
Tassin. — de Charsonville. —
    de Montaigu.
Tavernost (de). — de Saint-
    Trivier.
Tenant. — de La Tour.

Terrage (du). — de Villiers.
Terrasson. — de Senevas.
Testart. — de La Neuville.
Teyssieu (de). — Molin.
Thabaud. — Deshoulières.
Theil (du). — de Laporte.
Thibaud. — de La Roche-
    thulon.
Thibault. — de La Ferté-
    Sénectère.
Thibeuf (du). — Esgonnière.
Thiébauld. — de La Crouée.
Thierion. — de Monclin.
Thirion. — de Noville.
Tholozan. — de Lareinty.
Thomas. — de Bosmelet. —
    de La Pintière. — de Saint-
    Laurent. — de Boismarmin.
Thuy (de). — Brasier.
Tilly (du). — Hayaux.
Tinan (de). — Lebarbier.
Tizon. — d'Argence.
Torcy (de). — Villedieu.
Torterue (de). — de Sazilly.
Touly (de). — Cocquebert.
Tournoëlle. — de Chabrol.
Tourris (de). — de Nas.
Tourteauville (de). — Le Noir.
Toussaint de Reülle. — de
    Saint-Germain.
Travernay (de). — de Ville.
Trécesson. — de Carné.
Trédion (de). — de Lantivy.
Treille. — de Grandsaigne.
Trevoëdal. — de Lécluse.
Tricornot (de). — de Rose.
Trono de Bouchony. — de
    Montalet-Alais.
Truchet. — Abel-Truchet.

V

Vabres (de). — Donnedieu.
Val (du). — de Dampierre.
Valaurie (de). — Hugues.
Valence (de). — de Souza-
    Barros.
Vallerin (de). — Gudin.
Valménier. — de Cacqueray.
Valolive. — de Caqueray.

Varenard. — de Billy.
Varenghien (de).—de Villepin.
Varennes (de). — de Truchis.
Varennes (des). — Crépon.
Vaslet. — de Fontaubert.
Vaubois (de). — de La Croix.
Vaulx (de). — de Bermond.
Vaumas (de). — Préveraud.
Vaurs (de). — Sarret.
Vauvert (de). — de La Motte de Brôons.
Vaux (de). — Cadet.
Veau. — de Lanouvelle.
Veillechèze (de). — de La Mardière.
Velna (de). — Perruche.
Vendières (de). — Desrousseaux.
Venel (de). — d'Espinassy.
Venzac (de). — de Gaches.
Verdal. — de Barrême.
Verdier (du). — de Genouillac. — Perdrigeon. — Rochon.
Vérez (de). — Onffroy.
Vernay (du). — Perrot.
Verrayon (de). — Vacquier.
Vertamy (de). — de Brye.
Veynes (de). — de Sieyes.
Veyrenc. — de Lavalette.
Vèze (de). — Peydière.
Vidaud. — du Dognon.
Vignal. — Gautier.
Vignoles (de). — du Saray.
Villaine (de). — Gaudin.
Villard (du). — Leschenault.
Villardi (de). — de Montlaur.
Villarnoux (de). — Poisson.
Villars (des). — Droz.
Villeblanche (de). — Geffroy.

Villemontès (de). — de Gramont.
Villenaut (de). — de Mullot.
Villeneuve (de). — de Buor. — Hébrard. — de Tonnac.
Villepion (de). — Tassin.
Villeréglan (de). — d'Uston.
Villeroy (de). — Millon.
Ville sur Arce (de). — Le Lieur.
Villiers (de). — Bombes. — des Cressonnières. — Le Jolis.
Villossanges (de). — de Douhet.
Vimeur (de). — de Rochambeau.
Vincent. — de Champorin. — de Saint-Bonnet. — de Vaugelas.
Viollet. — du Breil.
Vion (de). — de Gaillon.
Virgile (de). — Cahours.
Vitrac (de). — de Vandière.
Vittu. — de Kerraoul.
Vivier (du). — de Lagoutte.
Vulpillières (de). — de Reydet.
Vyan. — de Lagarde.

W

Walweyn. — Taylor.
Wierre (de). — de Bonnières.

Y

Ysoré. — de Pleumartin.
Yzarn (d'). — de Valady.

TABLE DES MATIÈRES

BIBLIOGRAPHIE

de la

GUERRE 1914-1918

PRINCIPALES PUBLICATIONS ÉDITÉES PAR :

BERGER–LEVRAULT, Éditeurs

PARIS, 5, rue des Beaux-Arts (6e) — NANCY-STRASBOURG — (Tél. Gob : 16-79)

BIBLIOGRAPHIE DE LA GUERRE

SKUB, ou du rôle de la cavalerie d'Afrique dans la Victoire, par le Général JOUINOT-GAMBETTA. Préface de M. A. Briand. — Armée d'Orient, dessins de Bernard Naudin. — Net. . . . . 15 »

drien BERTRAND. — **LA VICTOIRE DE LORRAINE.** — (Lunéville, Vitrimont, Mont-sur-Meurthe, Buissoncourt, Hénaménil) 5 75

aymond GENTY. — **LA FLAMME VICTORIEUSE.** — Meurthe-et-Moselle (Fouquescourt), Somme (Hébuterne, Doullens) 5 75

ndré DOLLÉ. — **LA COTE 304.** — Meuse (Esnes, le Mort-Homme) et la Belgique (Nieuport) 5 75

rnest COLIN. — **SAINT-DIÉ SOUS LA BOTTE.** — Vosges (Saint-Dié). 3 »

ALTIER-BOISSIÈRE. — **EN RASE CAMPAGNE.** — L'Aisne (Boncourt, Sampigny); la Meuse (Apremont, Etain), la Meurthe-et-Moselle (Cons-la-Grandville), le Pas-de-Calais (Souchez). 5 75

aston PASTRE. — **TROIS ANS DE FRONT.** — Belgique, Aisne, Champagne, Verdun, Argonne, Lorraine 5 75

apitaine RIMBAUT. — **JOURNAL DE CAMPAGNE D'UN OFFICIER DE LIGNE.** — Sarrebourg, la Mortagne, Forêt d'Apremont. . . 5 75

enri LIBERMANN. — **FACE AUX BULGARES.** — La Macédoine Serbe 5 75

ieutenant HERSCHER. — **QUELQUES IMAGES DE LA GUERRE.** — La Woëvre, Verdun, Dombasle, le Mort-Homme. 5 75

apitaine DELVERT. — **HISTOIRE D'UNE COMPAGNIE.** — La Main de Massiges, Verdun 5 75

illy BRETON. — **UN RÉGIMENT BELGE EN CAMPAGNE.** — La Belgique (Mons, Eppeghem, Anvers, Dixmude). 2 25

Christian FROGÉ. — **MORHANGE.** — La Lorraine (Vitrimont, Lunéville, Château-Salins, le Grand-Couronné). 5 75

ARRILLO. — **LE SOURIRE SOUS LA MITRAILLE.** — Arras, Champs de bataille de l'Artois, Belfort, Thann, Mulhouse, Saint-Dié) 5 75

énéral DE DARTEIN. — **LA 56e DIVISION AU FEU.** — (De la Woëvre à l'Ourcq, à l'Aisne et à l'Oise) . . . . 6 »

e POUVOURVILLE. — **JUSQU'AU RHIN.** — Meuse, Moselle, Vosges. . . 5 75

apitaine DELVERT. — **QUELQUES HÉROS.** — Région de Reims, Soissons, Verdun, la Somme 5 75

LEURY-LAMURE. — **CHARLEROI** 2 25

ELEUX. — **FEUILLES DE ROUTE D'UN AMBULANCIER.** — Alsace, Vosges, Marne, Aisne, Artois, Belgique. 2 25

wen Spencer WATKINS. — **AVEC LES FRANÇAIS EN FRANCE ET EN FLANDRE.** — Marne, Aisne, Arras, Ypres, Armentières. . . 3 »

F. BERTRAND. — **CARNET DE ROUTE D'UN OFFICIER D'ALPINS.**

    1re Série. — (Lorraine, Bataille de la Marne) 2 25

    2e Série. — (En Argonne, sur l'Yser, en Artois). 2 25

ommandant GRASSET. — **VINGT JOURS DE GUERRE AUX TEMPS HÉROIQUES.** — Meuse, Meurthe-et-Moselle, Belgique . . . 5 75

LIBRAIRIE LAROUSSE, 13-17, rue Montparnasse, PARIS (6°)

LA FRANCE HÉROÏQUE
ET SES ALLIÉS

Par Gustave GEFFROY, LÉOPOLD-LACOUR et L. LUMET

Remarquablement documenté et animé d'une saisissante illustration photographique, ce magnifique ouvrage présente, par le texte et par l'image, le tableau d'ensemble le plus intéressant et le mieux coordonné des faits essentiels qui se sont déroulés sur tous les fronts depuis la mobilisation jusqu'à la conclusion de la paix, des vicissitudes politiques et diplomatiques, de la vie sociale pendant la guerre, etc.

Deux volumes in-4° (format 32 × 26 cent.), sur papier couché, 1279 gravures photographiques, 51 hors-texte en noir et en couleurs, 26 cartes en noir et en couleurs. — Broché, **110** *fr.*
Relié demi-chagrin (reliure artistique originale) . . . **175** *fr.*

LA MARINE FRANÇAISE
PENDANT LA GRANDE GUERRE

Par G. CLERC-RAMPAL

Historique complet du rôle de notre marine pendant la guerre : les opérations navales, le blocus, la guerre sous-marine, etc. — Un vol. in-8°, 90 gravures, 1 carte, couverture en couleurs . . . . **7** *fr.* **50**

TABLETTES CHRONOLOGIQUES
DE LA GUERRE

Tous les événements au jour le jour sur les différents fronts. — Dix séries en vente : chacune des huit premières séries, **2** *fr.;* **9°** *série,* **2** *fr.* **50;** **10°** *série,* **3** *fr.* **50. (Paraîtra prochainement :** *11° et dernière série).*

CARTES LAROUSSE
(ATLAS DE LA GUERRE)

41 fascicules in-4° (32 × 26), contenant chacun 6 planches en noir et en couleurs. — Chaque fascicule . . . . **1** *fr.* **30**

LES MOTS HÉROÏQUES
DE LA GUERRE

Par Paul SOUCHON. — *Un volume in-8°, broché* . . . . **4** *fr.*

ANTHOLOGIE DES ÉCRIVAINS FRANÇAIS
MORTS POUR LA PATRIE
Par Carlos LARRONDE

Les plus belles pages de Charles Péguy, Ernest Psichari, Art Roë, Despax, Ch. Muller, etc., avec préface de Maurice Barrès. — Quatre brochures à **1** *fr.* **25**

Librairie Académique PERRIN et Cie, Éditeurs

35, Quai des Grands-Augustins, PARIS (6e)

PUBLICATIONS DE LA GUERRE
1914-1918

ÉDITIONS JULES TALLANDIER, 75, rue Dareau, PARIS (XIVᵉ)

ENCYCLOPÉDIE GÉNÉRALE D'HISTOIRE ET DE CHRONOLOGIE
depuis les origines (Juillet 1914) aux Fêtes de la Victoire (Juillet 1919),
complétée par les textes abrégés des Armistices et Traités de Paix.

LE PANORAMA DE LA GUERRE

par les plus célèbres historiens, littérateurs, écrivains
militaires, chefs d'États, hommes politiques, publicistes,
—— *avec Préface et nombreuses Chroniques par le* ——

Lt-Colonel ROUSSET

Le plus important, le plus complet de tous les ouvrages publiés en France, celui qui fixe
pour toujours le reflet exact des années de guerre, donnant chronologiquement et par
théâtres d'opérations le récit de tous les faits militaires sur terre, sur mer et dans les airs.

SEPT BEAUX VOLUMES ENTIÈREMENT PUBLIÉS

(Format in-4°, 0.325 × 0.25)

3.800 pages comprenant :
5.300 photographies, 466 portraits,
914 scènes de batailles et documents,
248 plans, cartes géographiques et panoramiques, et

**137 planches hors texte en camaïeu et en couleurs,
dont 3 grands panoramas en couleurs de 1ᵐ × 0.325**

—— **PRIX ET CONDITIONS DE LA SOUSCRIPTION** ——

275 francs — L'ouvrage broché sous couverture forte et chaque volume contenu dans un bel étui protecteur.

375 francs — L'ouvrage relié genre amateur, avec coins, fers spéciaux et médaille de Verdun tirée en or sur le plat.

Paiement au comptant 10 % d'escompte
Paiement en 4 échéances mensuelles 5 % d'escompte

Envoi Franco sur demande du Prospectus détaillé

Chalon-sur-Saône, Imprimerie Française et Orientale E. BERTRAND. 871

www.ingramcontent.com/pod-product-compliance
Lightning Source LLC
Chambersburg PA
CBHW051803150726
47998CB00001B/5